Klaus Hildebrand
Das vergangene Reich

Klaus Hildebrand

Das vergangene Reich

Deutsche Außenpolitik
von Bismarck bis Hitler
1871–1945

Deutsche Verlags-Anstalt · Stuttgart

Dieses Werk wurde gefördert durch einen einjährigen
Forschungsaufenthalt am Historischen Kolleg in München. Träger
des Historischen Kollegs sind der Stiftungsfond Deutsche Bank
zur Förderung der Wissenschaft in Forschung und Lehre und
der Stifterverband für die Deutsche Wissenschaft.

Die Deutsche Bibliothek – CIP-Einheitsaufnahme

Hildebrand, Klaus:
Das vergangene Reich : deutsche Außenpolitik
von Bismarck bis Hitler 1871–1945 /
Klaus Hildebrand. – 2. Aufl. –
Stuttgart : Deutsche Verlags-Anstalt, 1996
ISBN 3-421-06691-4

2. Auflage 1996
© 1995 Deutsche Verlags-Anstalt GmbH, Stuttgart
Alle Rechte vorbehalten
Lektorat: Ulrich Volz
Typographische Gestaltung: Christine Wegener
Vorsatzkarten: Ditta Ahmadi, Berlin
Satz: Utesch Satztechnik GmbH, Hamburg
Druck und Bindearbeit: Kösel, Kempten
Printed in Germany
ISBN 3-421-06691-4

Inhalt

Im Zeichen der Saturiertheit: Die Ära Bismarck 1871–1890

Von der Reichsgründung zur »Krieg in Sicht«-Krise:
Das Problem der »halben Hegemonie« (1871–1875) 13
    Widersprüchliche Urteile 13
    Das merkwürdige Reich 15
    Europäische Reaktionen 18
    »Dem Geist der Zeit entgegen« 20
    Deutsche Bürden 21
    Die einsame Großmacht 24
    »Lehrstück für die Zukunft« 28

Orientalische Frage und österreichischer Zweibund:
Eine »Periode der kontinentalen Hochspannung« (1875–1879) 34
    Innerer Umbau 34
    Die balkanische Dauerkrise 38
    Eine unmögliche Option 40
    Zar und Sultan im Krieg 45
    Das Kissinger Diktat 47
    Der Berliner Kongreß 50
    Der unvollendete Zweibund 57

Dreikaiservertrag und Kolonialepisode:
Das »Jahrfünft verhältnismäßiger Entlastung« (1879–1884/85) . 65
    »Ermittlung« in London 65
    Russisches Einlenken 67
    Das Bündnis der drei Kaiser 70
    Der Dreibund 74
    Das »Spiel mit den fünf Kugeln« 79
    Kolonien für Deutschland 86
    »Rapprochement« mit Frankreich 90

West-östliche Gefahr und »Großmacht Diplomatie«:
Das »System der Aushilfen« (1885–1890) 95
    Destruction totale 95
    Die große Doppelkrise 100
    Das Sisyphuswerk der Bündnisse 110

Rückversicherung mit Rußland 118
Alternative Krieg? 123
Entscheidung für England? 132
Vom Nutzen und Nachteil der Zukunftslosigkeit 140

Im Banne des Prestiges: Das wilhelminische Reich 1890–1918

»Mitteleuropa« zwischen England und Rußland:
»Neuer Kurs« ohne festes Ziel (1890–1897) 149
    Zeitenwandel 149
    Ohne russische Rückversicherung 155
    Krieg: jeweils für das »nächste Frühjahr« 161
    Ökonomie als Schicksal? 166
    »Springende Unruhe« 172
    Die Kontinentalliga 182
    Machtverfall und Kraftgefühl 184

Politik der freien Hand und deutscher Schlachtflottenbau:
Die Isolierung des Reiches (1897–1908/09) 190
    Über den Halys 190
    Der »Tirpitz-Plan« 200
    England – Freund oder Feind? 213
    Weltpolitik im Umbruch 222
    Marokko – Teil eins 227
    Auskreisung als »Einkreisung« 236
    Die bosnische Annexionskrise 244

Détente oder Krieg: Bethmann Hollwegs
außenpolitische Wahlchancen (1909–1914) 249
    Der englische Pivot 249
    Die russische Rochade 255
    Marokko – Teil zwei 260
    Die Haldane-Mission 269
    »Weltpolitik und kein Krieg« 277
    Der unruhige Balkan 283
    Die Liman-von-Sanders-Affäre 296

Julikrise und Weltkrieg:
Um das Kriegsziel eines Friedensschlusses (1914–1918) 302
    »Die Direktion verloren« 302
    Abschied vom Kabinettskrieg 315
    Septemberdenkschrift und Novemberräsonnement 321
    Ein separater Frieden? 335

Wilson und Lenin 356
Das Imperium im Osten 363
Ende und Auftakt 373

Das Streben nach Revision: Die Weimarer Republik 1919–1932

Zwischen Versailles und Rapallo:
Das ungeteilte Deutschland (1919–1922) 383
   Die neue Welt 383
   Ein Mirakel des Deutschen Reiches? 390
   Die verdrängte Niederlage 396
   Die Chance von Versailles 407
   Die Last der Probleme 411
   Die halbierte Staatsräson 419
   Eine dramatische Normalisierung 422

»Rekonstruktion«, »Geist von Locarno« und Berliner Vertrag:
Stresemann und das Problem der »Ost-West-Balance«
(1923–1926) 433
   Deutschlands Ende? 433
   Auftakt zur Ära Stresemann 438
   Primat der Ökonomie? 445
   Viel Neues im Westen 452
   Kein »Ost-Locarno« 460
   Argwohn der Sowjets 466
   Eine Art von Rückversicherung 469

Völkerbund, Thoiry und Europaidee:
Möglichkeiten und Grenzen außenwirtschaftlicher Revision
(1926–1929) 475
   Republikanische Außenpolitik 475
   Eine besondere Normalität 483
   Grenzen der Außenwirtschaft 488
   Ächtung des Krieges 492
   Zwischen Erfolg und Scheitern 497
   »Das Europäische an Europa…« 502
   Neue alte Zeit 505

Präsidialkabinette und Pariser Friedensordnung:
»Jeder für sich, keiner für alle« (1930–1932) 509
   1930: Die Wende von Weimar 509
   Aufbruch in die Isolierung 516
   Die österreichische Zollunion 526

Brünings Primat der Außenpolitik 534
Option für Frankreich? 548
Russische Neigungen 554
Nationalistisch – nicht nationalsozialistisch 557

Der Fluch des Dogmas: Hitlers Diktatur 1933–1945

Von der »Machtergreifung« zur »Rheinlandkrise«:
Revision und Expansion als Elemente deutscher Außenpolitik
(1933–1936) 563
   Der »geschichtliche Auftrag« 563
   Die Gefahr der Isolierung 578
   Die polnische Überraschung 586
   Erfolge und Rückschläge 593
   Das englische Flottenabkommen 600
   Vabanquespiel am Rhein 604
   Geräusch und Signale 612

Wien – München – Prag:
Hitlers Weg in den Krieg (1936–1939) 618
   Weltpolitisches Szenario 618
   Entscheidungsjahr 1937 632
   Der »Anschluß« 644
   Die Vertagung des Krieges 651
   Das Ende der Tschechoslowakei 666
   Die Entfesselung der Bellona 678
   Mißachtete Chancen? 700

Feldzüge und Planungen:
Die nationalsozialistische Utopie vom »Großgermanischen Reich«
(1939–1942) 705
   Das polnische Opfer 705
   Der Sprung nach Norden 715
   Triumph über Frankreich 719
   Der gefesselte Sieger 729
   Um Raum und Rasse: »Barbarossa« 740
   Amerika im Weltkrieg 760
   Gezeitenwechsel 767

Der Untergang des Reiches:
Die »deutsche Katastrophe« und Europa (1942–1945) 770
    Der totale Krieg 770
    West vor Ost 782
    »Sonderfrieden«? 787
    Die englische Illusion 805
    Außenpolitik und Widerstand 813
    Verbrannte Erde 835
    Finis Imperii 843

Epilog

Das Deutsche Reich oder Die Versuchung des Unendlichen . . . 849

Anhang

Dank 901
Anmerkungen 903
Literatur 965
Personenregister 1043

Für Erika

Im Zeichen der Saturiertheit: Die Ära Bismarck 1871–1890

Von der Reichsgründung zur »Krieg in Sicht«-Krise:
Das Problem der »halben Hegemonie«
(1871–1875)

Widersprüchliche Urteile

Mit der Gründung des Deutschen Reiches, die in der Kaiserproklamation am 18. Januar 1871 im Spiegelsaal des Schlosses von Versailles ihren ebenso glanzvollen wie bombastischen Ausdruck fand, begann ein neues Kapitel der Weltgeschichte. Ahnungsvoll kommentierte Benjamin Disraeli, der führende Repräsentant der englischen Konservativen, am 9. Februar 1871 das historische Ereignis vor den ehrenwerten Abgeordneten im Parlament von Westminster. Der Ausgang des deutsch-französischen Krieges und die Entstehung des neuen Nationalstaates erschienen ihm als »die deutsche Revolution, ein größeres politisches Ereignis als die französische Revolution des vergangenen Jahrhunderts«.

Disraelis aufrüttelnde Feststellung, wonach »das Gleichgewicht der Macht ... völlig zerstört und das Land, welches am meisten leidet und die Wirkungen dieser großen Veränderung am meisten spürt, ... England«[1] sei, muß nicht zuletzt auch als gezielte Einlassung eines kämpferischen Oppositionsführers verstanden werden. Mit kalkulierter Leidenschaft attackierte er den ihm lendenlahm und verzagt vorkommenden »Non-Interventionismus«, jene Außenpolitik einer weitgehenden Zurückhaltung des liberalen Kabinetts Gladstone. Doch über diesen aktuellen Anlaß hinaus kann die Tatsache nicht übersehen werden, daß Disraeli schon frühzeitig, im April 1848, gleichfalls vor dem Unterhaus, gefordert hatte, man müsse den Anfängen der Befreiungspolitik der Deutschen – »that dreamy and dangerous nonsense called ›German nationality‹«[2] – im Interesse des europäischen Friedens widerstehen.

Über solcher Beschwörung der Gefahr, die von der Existenz der jungen Großmacht drohte und bei ihren europäischen Nachbarn Unruhe auslöste, ist eine ganz andere Stimme im zeitgenössischen Chor der Meinungen indes gleichfalls nicht zu überhören. Im Vorwort zu der 1873 veröffentlichten, »vom Verfasser durchgesehenen und vermehrten deutschen Ausgabe« seiner Geschichte über »Das heilige römische Reich«, deren erste Auflage bereits 1864 erschienen war, wagte der englische Historiker James Bryce abschließend »die Bemerkung, daß, trotz aller voreiligen und einfältigen Aeußerungen eines gewissen Theiles der englischen Presse, die Erfolge, welche Deutschland in jüngster Zeit durch die Erlangung seiner staatlichen Einheit, die Wiedererwerbung lange verlorener Provinzen, die Züchtigung einer Nation und Herrscherfamilie, welche die ewigen Ruhestörer des europäischen Friedens waren, errungen hat, von dem größten Theil der Engländer, deren Kenntniß der continentalen Geschichte der letzten vier Jahrhunderte ihrem Urtheil einen besonderen Werth verleiht, mit aufrichtiger Theilnahme und Freude verfolgt worden sind«[3].

Geschichte aber ist in der Regel weder schwarz noch weiß gefärbt. Am 7. September 1876 gab die Londoner *Times* dem wohl vorherrschenden Empfinden des Landes Ausdruck, als sie, der Tendenz nach zwar mit Wohlwollen auf das »neue Reich« blickend, dennoch konstatierte: »Wir stehen unter dem Eindruck, daß eine ungeheure Macht, die sich zum Guten oder zum Bösen entwickeln kann, einigermaßen plötzlich in unserer Mitte aufgetaucht ist, und daher bemühen wir uns mit interessierter Aufmerksamkeit darum, ihren Charakter und ihre Absichten auszumachen.«[4]

Gewiß war Europa spätestens seit den Erschütterungen des Krimkrieges (1854–1856), des sardinisch-französischen Krieges gegen Österreich um die Begründung des italienischen Nationalstaates (1859) und der deutschen Einigungskriege von 1864, 1866 und 1870/71 längst nicht mehr jener »wohlverwahrte Welttheil«[5], von dem Carl von Rotteck im Jahre 1834 mit Blick auf das vom Wiener Kongreß neu eingerichtete Staatensystem gesprochen hatte. Doch über die Bedingungen und Wirkungen der internationalen Konstellation und des gesellschaftlichen Zusammenhangs hinaus, die ihr Denken und Handeln prägten, kam es nunmehr darauf an, wie die Generation der Reichsgründung mit ihrem unerwarteten Glück, als das sie die Formierung des deutschen Nationalstaates vorwiegend empfand, zurechtkommen würde. »Was zwanzig Jahre der Inhalt alles Wünschens und Strebens gewesen, das ist nun in so unendlich herrlicher Weise erfüllt«, schrieb der Historiker Heinrich von Sybel am 27. Januar 1871 an seinen Freund Hermann Baumgarten und warf, von resignierter Zufriedenheit über das Erreichte erfüllt, aber auch von tastender Neugier auf Zukünftiges geleitet, die Frage auf: »Woher soll man in meinen Lebensjahren noch einen neuen Inhalt für das weitere Leben nehmen?«[6]

Geradezu erschrocken fragt sich der heutige Betrachter, der Höhen und Tiefen, Glanz und Elend der deutschen Geschichte zwischen 1871 und 1945 überblickt, ob oder inwieweit von einer solchen Stimmung getragene Zeitgenossen imstande waren, das politisch Mögliche nüchtern zu erkennen und das Notwendige maßvoll zu tun. Der hochgemuten Empfindung, »der Zufriedenheit Deutschlands, der Sicherheit Europas« habe »die Einheit des deutschen Reiches gefehlt«[7], verlieh der neue Reichstag als Sprecher zwar den selbstgewissen Ausdruck. Allein, die optimistische Annahme traf nicht nur auf die abwartende Skepsis der Nachbarn in Europa. Unzufrieden mit dem Erreichten, gaben nicht wenige Deutsche ihrem rastlosen Ungenügen über die unvollendete Gestalt des Reiches beredten Ausdruck, während andere die unabwendbar erscheinende Notwendigkeit der expandierenden Bewegung voraussahen.

Deutschland könne sich »als noch unvollendeter Nationalstaat seiner Natur nach keinerlei Grenzen ziehen lassen durch bindende Verträge«, diagnostizierte der dem großdeutschen Gedanken verpflichtete konservative Publizist und Begründer der bayerischen Patriotenpartei, Joseph Edmund Jörg, ahnungsschwer: »Es muß sich vielmehr vorbehalten, bei nächster Gelegenheit auch noch die außen stehenden Teile deutscher Nationalität in seinen Rahmen einzubeziehen.«[8] Der kritischen Stimmen und der nachdenklichen Betrachtungen ungeachtet: Aus unterschiedlichen Motiven standen viele, allzu viele durch das unvermutet eingetroffene, gar nicht recht begriffene Glück wie geblendet da.

Wie so häufig erwies sich die Stunde der Ekstase auch dieses Mal als die Feindin der Nüchternheit. Daß »ein großer Sieg ... eine große Gefahr« bedeutet und »die menschliche Natur ... ihn schwerer als eine Niederlage« erträgt, diese Warnung Friedrich Nietzsches hatte in einer Zeit der allgemeinen Begeisterung kaum eine Chance auf Beachtung. Und gar noch die »Exstirpation des deutschen Geistes zugunsten des ›deutschen Reiches‹«[9] vorauszusagen, wirkte eher blasphemisch als überzeugend. Es gibt nun einmal in der Geschichte Augenblicke, in denen ihr Verlauf so eindeutig zu sein scheint, daß sie den tragischen Grundzug gar nicht freigibt, der ihr durchgehend anhaftet. Dazu gehört vor allem eine Erfahrung des Historischen: Zuweilen gehen langersehnte Wünsche in Erfüllung, und dann stellt sich, oftmals erst viel später und in grundsätzlich gewandelter Lage, heraus, daß entweder die Wünsche falsch waren oder die Menschen mit den daraus hervorgegangenen Realitäten nicht auszukommen verstanden. Doch in solche Zweifel verfiel die stolze Gründergeneration vorläufig kaum, obwohl gewisse Merkwürdigkeiten der neuen Entwicklung unübersehbar waren.

Das merkwürdige Reich

Im Vergleich zu den alten Nationalstaaten im Westen und Süden Europas zwar verspätet, war es auch in der Mitte des Kontinents endlich gelungen, die äußere Form eines zeitgemäßen Zusammenlebens zu finden. Jahrhundertelang war Deutschland, das der natürlichen Grenzen weitgehend entbehrte und sich dem ausstrahlenden Einfluß der großen Politik der europäischen Mächte ausgesetzt sah, oftmals stärker Objekt als Subjekt der Geschichte gewesen. An die Stelle des Deutschen Bundes, dessen Fähigkeit zur Balance und zur Verteidigung den Bestand der in Wien 1814/15 eingerichteten Ordnung so lange konstitutiv getragen hatte, war »im Herzen von Europa ... eine Macht« getreten, »die, ohne selbst eine erobernde zu sein, so stark« war, »daß sie ihren Nachbarn den Krieg verbieten«[10] konnte. Über ein solches Selbstverständnis hinaus, das der Chef des preußischen Generalstabes, Helmuth von Moltke, bereits 1868 als das verbindliche Bewegungsgesetz für das kommende Reich entwarf, war jedoch die davon für Europa ausgehende Gefährdung gar nicht zu verkennen. Wie vor ihm der preußische Staat gehörte der massiv gefügte Block inmitten des alten Kontinents »nicht zu den nationalen Potenzen uralter Berechtigung«[11]. »Unter dem ... bedrohenden Gewehranschlag des übrigen Europa«[12] entstanden, hatte Deutschland eben nicht nur genügend Kraft, um sich gleichzeitig an zwei Fronten zu verteidigen, sondern war auch noch so stark, »daß es seine Nachbarn ängstigte«[13].

Was immer die Repräsentanten der neuen Großmacht wollten, deren geographischer Nachteil angeborener Enge ebenso unverkennbar war wie ihr erworbener Vorteil stattlicher Potenz – durch ihre schiere Existenz übte sie Macht aus und besaß die Fähigkeit zum Angriff. Als Ausdruck des grundlegend Gewandelten hatte sich das Zentrum kontinentaleuropäischer Politik mit dem Jahre 1871 von Paris nach Berlin verlagert.

Im übrigen haftete diesem jungen Gebilde etwas merkwürdig Doppeldeutiges an, das Zeitgemäßes und Vergangenes verwirrend miteinander mischte. Der moderne Nationalstaat der Deutschen entlehnte Namen und Symbolbegriffe der alten Reichsvorstellung. Wenn auch die Äußerlichkeit solcher Taufe auf der Hand lag und der Unterschied zur universalen Monarchie des Heiligen Römischen Reiches evident blieb, ein Paradoxon bedeutete es allemal und aufgrund der ihm anhaftenden Unbestimmtheit auch eine Belastung. Auf der einen Seite hatten die Deutschen endlich zur zeitgemäßen Form des staatlichen Zusammenschlusses gefunden; das entsprach dem entwickelten Zustande und der vorwaltenden Tendenz in Europa. »Denn geschichtlich sind Nation und Europa nicht Gegensätze, sondern Wechselbegriffe: daß es Nationen gibt, ist historisch das Europäische an Europa.«[14] Auf der anderen Seite erhielt dieser moderne Nationalstaat – wie seine Vorläufer im übrigen Europa der ursprünglichen Idee nach im Zeichen der »Humanität« geboren und in der sich vollziehenden Wirklichkeit längst noch nicht in den Bannkreis der »Bestialität«[15] geraten, mit den Errungenschaften der Gleichheit vor dem Gesetz, der Rechtssicherheit und der sozialstaatlichen Fürsorge ausgestattet – mit dem Begriff des Reiches einen seltsam unmodernen Namen. Er klang so vieldeutig und vage, so unabgrenzbar und unbestimmt, daß sich für die europäischen Nachbarn, vornehmlich im Westen des Kontinents, die Begründung des neuen Deutschland von Anfang an im Zeichen des altbekannten Phänomens der deutschen Unberechenbarkeiten, der *incertitudes allemandes*, vollzog.

Rückblickend tritt zudem immer deutlicher hervor, daß die preußisch-kleindeutsche Lösung der nationalen Frage »seit dem Scheitern des ersten großdeutschen Revolutionsversuches« von 1848/49 »etwas Vorgegebenes, nur noch Einzuholendes war«[16]. Gerade die so passioniert für den Nationalstaat eintretenden Liberalen, denen, wie Heinrich von Sybel beispielsweise, das alte Reich schlichtweg als ein »Irrweg der deutschen Geschichte«[17] vorkam, waren daher, als sie sich für die Übernahme der mit den Begriffen von Kaiser, Reich und Kanzler einhergehenden Legitimation entschieden, gleichzeitig »von einem tiefen Unbehagen erfüllt und sich bewußt, in die Gefahr zu geraten, ... ein Stück großdeutsch-universalistischer Tradition zu übernehmen«[18]. Bereits in dem Augenblick, als sie ungeachtet solcher Bedenken mit der Wahl des Namens ein historisches Erbe für den neuen Nationalstaat antraten, waren sie bestrebt, diese geschichtliche Tradition mit einer »inneren Distanzierung«[19] von ihr zu verbinden und das Wesen des Nationalen an die Stelle des Universalen zu rücken. »Diese Problematik einer historischen Kontinuität« aber gab Europa ob der Unentschiedenheit der Deutschen Rätsel auf, weil sie Überkommenes zu »berufen« und gleichzeitig zu »verleugnen«[20] bemüht waren.

Möglich geworden war die deutsche Reichsgründung, weil sich im Gefolge des Krimkrieges in Europa ein »Wellental« auftat. Seine Existenz ließ die »großen Mächte um einiges kleiner« und »die kleinen um vieles größer«[21] erscheinen. An den Flügeln der Staatenwelt schenkten England und Rußland, aus jeweils vergleichbaren Gründen, aber mit verschiedenen Zielen, anderen Aufgaben als denen, die mit der Entwicklung im Zentrum des alten Kontinents verbunden waren, ihre bevorzugte Beachtung. Für eine Zeitlang jedenfalls wurde die Tatkraft beider durch innenpolitische Reformen und außenpolitische Herausforderungen im Empire bzw. in Asien absorbiert. Auf diese Weise entstand in Mitteleuropa ein Machtvakuum, das die allgemeine Voraussetzung für die Ermöglichung des deutschen Nationalstaates bildete.

Diese spezifische Lage, die einmal abgekürzt als »Krimkriegssituation«[22] charakterisiert worden ist, also das Desinteressement der Briten und Russen, später der Amerikaner und Sowjets gegenüber der europäischen Mitte, blieb für die Entwicklung des modernen Deutschland insgesamt von vorrangiger Bedeutung. Daß auch die amerikanische Union eine Generation lang bis zur Jahrhundertwende mit ihrer nationalen »Rekonstruktion« die tiefgehenden Folgen des verheerenden Bürgerkrieges aus den Jahren zwischen 1861 und 1865 zu überwinden hatte, vergrößerte den europäischen Manövrierraum noch einmal beträchtlich. Ja, von der Zäsur der Reichsgründung ganz abgesehen, war es eben diese selbstgenügsame Konzentration der Amerikaner auf ihr eigenes kontinentales Geschick, welche eine historische Entwicklung verzögerte, die frühe Propheten in der ersten Hälfte des 19. Jahrhunderts bereits als amerikanisch-russisches Kondominium über die Welt vorausgesehen hatten.

Noch einmal wurde der seit Jahrhunderten ausgeprägte Drang der Europäer zur globalen Herrschaft begünstigt. Er gipfelte im Fiebertaumel des Imperialismus und leitete gleichzeitig damit den Umschlag von der Allmacht Europas im 19. Jahrhundert zum Machtverlust der Alten Welt im 20. Jahrhundert ein. In diesem weltgeschichtlichen Zusammenhang markierte die nachgeholte Nationalstaatsbildung der Deutschen den besonders charakteristischen Fall, gleichsam im Schatten der zurückgezogenen oder schlummernden Potenzen der

Zukunft mit atemberaubender Zügigkeit an gegenwärtiger Macht zu gewinnen. In einem Wettlauf mit der Zeit, die andere stärker begünstigen mochte, als sie die eigene Sache zu fördern versprach, gelang es, die nationale Existenz dem Schicksal in kühnem Anlauf abzujagen.

Das verwegen Ertrotzte zu behaupten, beschrieb die nicht minder schwierige Aufgabe der Zukunft, die als bleibende Herausforderung umgehend zutage trat. Mit ihr hatten sich die deutschen Staatsmänner von nun an in fortwährender, noch zunehmender Anstrengung auseinanderzusetzen, und sie ließ nicht selten unübersehbare, sogar krisenhafte Symptome ruinöser Überbürdung erkennen. Doch erst einmal war »Deutschland ... endlich ... in die Reihe der politischen Großmächte des Welttheils« eingetreten. Der Historiker Friedrich Christoph Dahlmann hatte diese Forderung bereits über zwei Jahrzehnte zuvor in der Frankfurter Nationalversammlung erhoben, als er »die Bahn der *Macht*« als »die einzige« pries, »die den gährenden Freiheitstrieb befriedigen und sättigen«[23] werde. Nun aber, da dieses Werk getan war, erhob sich die Frage, wie Europas große Mächte auf die Gründung des neuen Reiches reagieren würden.

Europäische Reaktionen

Was den Areopag der europäischen Staaten anging, die für den Gang der Welt und somit auch für die Deutschen maßgeblich waren, nahm sich die allgemeine Lage für den neu Hinzugetretenen nicht von vornherein nachteilig aus. Allein Frankreich vermochte die Demütigung des zurückliegenden Krieges nicht zu verwinden. Wie schon des öfteren zuvor in seiner Entwicklung brachte es keinen Sinn für das Relative der Macht auf. Über dem, was sie verloren hatte, versäumte die »Grande Nation« nämlich zu erkennen, was ihr noch alles verblieben war. In revanchistischer Feindseligkeit weigerte sie sich, die im Frankfurter Frieden am 10. Mai 1871 festgelegten Realitäten als definitiv zu akzeptieren.

Dafür war nicht allein die Annexion von Elsaß-Lothringen verantwortlich. Vielmehr verwies den in der Seele tief Verletzten diese offene Wunde seines Körpers nur ein ums andere Mal auf das Eigentliche seines Leidens. Es lag darin begründet, daß Frankreich seine in Europa als natürlich beanspruchte Führungsrolle eingebüßt hatte. Deutschland aber, bislang eine eher ungefährliche Föderation in der Mitte des Kontinents und im Dienste des europäischen Gleichgewichts nur zur eigenen Verteidigung imstande, hatte nunmehr als kraftvoll geeinter Machtstaat auch die Fähigkeit gewonnen, die andere Großmächte längst besaßen, nämlich zu attackieren.

Dagegen hatte sich die Besiegte im »eisernen Würfelspiele«[24] des preußisch-österreichischen Bruderkrieges, die Doppelmonarchie der Habsburger, rasch mit den neuen Gegebenheiten der Reichsgründung abgefunden. Aus innen-

und außenpolitischen Gründen ließ ihr der deutsche Sieg über Frankreich kaum eine andere Wahl. Schon unter Reichskanzler Beust, erst recht aber unter seinem Nachfolger im Amt des Außenministers, Andrássy, suchte sie ihren europäischen Platz als Großmacht an der Seite des Deutschen Reiches.

Durch seine wohlwollende Neutralität war Rußland geradezu ein Protektor der Reichsgründung gewesen. Demgemäß erwartete das Zarenreich nunmehr von dem nach wie vor als Juniorpartner angesehenen Nachfolger Preußens großzügiges Entgegenkommen. Die Bereitschaft dazu ließ Kaiser Wilhelm I. in einem Telegramm gegenüber dem russischen Herrscher erkennen. Sehr zum Mißfallen seines Kanzlers hieß es dort: »Nie wird Preußen vergessen, daß es Ihnen verdankt, daß der Krieg nicht äußerste Dimensionen angenommen hat.«[25] Ein weiteres Wachstum des neuen Reiches, gar auf Kosten der baltischen Provinzen des Zaren, war für Rußland allerdings ganz und gar ausgeschlossen. Bismarcks glaubwürdige Beteuerungen, wonach die Territorien an der Ostsee für Berlin »keine politische Bedeutung«[26] besäßen, genügten Sankt Petersburg bald jedoch nicht mehr. An die Stelle eines Verhältnisses von bilateraler Gleichberechtigung zwischen zwei großen Mächten sollte die einseitige Unterordnung des Deutschen unter das russische Reich treten. Erst einmal betrachtete es den rasant aufgestiegenen Parvenü an seiner westlichen Grenze ganz unverkennbar von oben herab, nicht direkt feindselig oder aggressiv, aber ziemlich gouvernantenhaft und mit »Protektormiene«[27].

Wenn also Österreich-Ungarn und Rußland aus je verschiedenen Gründen eigener Schwäche und Stärke die Existenz des Deutschen Reiches akzeptierten und wenn sich auch Frankreich, ressentimentgeladen, aber nicht zum Kriege fähig, zunächst damit abfinden mußte, so vermochte Großbritannien in der Weltmachtperspektive, die für seine Staatsräson der *British interests* ausschlaggebend war, dem in Europa eingetretenen Wandel rasch Positives abzugewinnen. Diese Feststellung gilt ungeachtet anderslautender Warnungen, die im Lande gleichfalls zu vernehmen waren, das Urteil und Handeln der Regierenden allerdings vorläufig kaum zu bestimmen vermochten.

Ausschlaggebend für die britische Haltung, in der sich abwartende Gelassenheit und zurückhaltender Optimismus gegenüber der neuen Konstellation mischten, war die dreifach gewichtige Tatsache, daß die deutsche Einigung kleindeutsche Gestalt besaß; daß das Reich auf den Bau einer großen Flotte verzichtete; und daß die junge Großmacht keinen kolonialpolitischen Ehrgeiz in Übersee entwickelte. Daher kam die Gründung des deutschen Nationalstaates den politisch Verantwortlichen in Großbritannien, soweit es um die absehbaren Erfordernisse der äußeren Politik des Landes ging, eher als Chance und kaum als Nachteil vor. Noch viel weniger, als dies für das übrige Europa galt, gab es für die Briten wirklich zureichenden Grund, das neue Reich im Zentrum des Kontinents, das sich dem Zeitgeist in so mannigfacher Art und Weise entgegenstellte, von vornherein abzulehnen oder gar zu bekämpfen.

»Dem Geist der Zeit entgegen«

Auf Gedeih und Verderb, so stellt es sich jedenfalls rückblickend dar, hing die Zukunft des Deutschen Reiches davon ab, daß sich jene Politik der Mäßigung, die Bismarck 1866 und 1871 ebenso überraschend wie überzeugend an den Tag gelegt hatte, fortsetzen ließ. Der Reichskanzler seinerseits zeigte sich fest entschlossen, den Kurs der Enthaltsamkeit nicht zu verlassen, hatte er doch bereits umgehend nach der Reichsgründung die neue Großmacht für saturiert erklärt. Die entscheidende Frage lautete indes, ob er diesem heilsamen Grundsatz mit voranschreitender Zeit im wachsenden Spannungsverhältnis von »alter Gesellschaft und ... neuen Massen«[28] überhaupt treu bleiben konnte.

Die historische Leistung Otto von Bismarcks bestand darin, die nationalstaatliche Einheit der Deutschen in einem begrenzten Rahmen, der für das europäische Umfeld gerade noch verträglich war, geschaffen zu haben. Der innenpolitische Preis dafür war, daß die Parlamentarisierung nach klassischem, also englischem Vorbild, nicht aber in ihrer konstitutionellen, also deutschen Ausprägung zurückgestellt wurde. Die Mehrheit einer Generation, der die tiefe Enttäuschung über die mißlungene Nationalstaatsbildung vom Jahre 1848 durchaus noch gegenwärtig war, für die im übrigen Rankes Maxime kaum bestrittene Gültigkeit besaß, wonach ein Staat »alle inneren Verhältnisse zu dem Zwecke einzurichten« hat, »sich zu behaupten«[29], akzeptierte diese Entwicklung, vorläufig jedenfalls, mit viel mehr Selbstverständlichkeit als Spätlebende sich das offenbar vorzustellen vermögen.

Durch eine Politik vielfältig gezügelter, entsagungsvoller Mäßigung bemühte sich das Reich darum, seine Position im europäischen Staatensystem zu finden und zu festigen. Ob es allerdings, von vornherein zur Existenz in den Grenzen des Bestehenden verurteilt, auch zukünftig überleben konnte, wurde schon bald zu einem Problem, das die Deutschen und ihre Nachbarn gleichermaßen beschäftigte und zunehmend beunruhigte. Denn das eigenartige und besondere Schicksal des Deutschen Reiches lag darin, nicht so sein zu dürfen, wie alle anderen waren, also expansionistisch und bald imperialistisch aufzutreten. Nicht nur in innenpolitischer und in verfassungsrechtlicher Hinsicht wurde es in gewissem Sinne »dem Geist der Zeit entgegen«[30] errichtet. Vielmehr mußte es diesem Prinzip gemäß auch in außenpolitischer und internationaler Perspektive sein Dasein gestalten. Denn in mancherlei Hinsicht war nun einmal mit dieser belastenden Hypothek der unzeitgemäßen Bewegungslosigkeit die bleibende Hoffnung seiner zukünftigen Existenz nahezu unaufhebbar verbunden. Nicht ohne Grund war beispielsweise den Briten durchaus klar, daß spätestens seit den Tagen der Frankfurter Paulskirche ein aggressiver Nationalismus viel stärker von den Kräften des deutschen Liberalismus ausging, den sie innenpolitisch favorisierten und außenpolitisch fürchteten, als von jenem »Eisernen

Kanzler«, dem sie innenpolitisch mit tiefem Mißtrauen begegneten und dessen außenpolitische Zurückhaltung sie zunehmend schätzen lernten.

Halten wir in unseren Betrachtungen über die Stellung des neuen Reiches im alten Europa kurz ein, dann bietet sich folgender Befund: Der deutsche Nationalstaat, soweit er Bismarcks Entwurf entsprach, fügte sich, gewiß mit Biegen, aber eben ohne Brechen, in die europäische Staatenwelt und ihre Maßstäbe ein, ohne diese umgehend zu sprengen. Bis zu einem gewissen Grade zumindest behauptete diese Tatsache, sogar ungeachtet einer ökonomischen Expansion, die sich gerade in Deutschland enorm bemerkbar machte, ihre Gültigkeit. Die »Kontinuität wirtschaftlichen Wachstums«, das gerade am Beginn einer Entwicklung oftmals eher Unruhe als Stabilität stiftet, wurde allerdings zu einer »der wichtigsten Grundtatsachen«[31] der deutschen Geschichte seit 1871. Nahezu ohne Unterlaß, gleichsam mit nötigender Kraft, wies sie in den kommenden Jahrzehnten immer verlangender darauf hin, daß die innen- und außenpolitische Gestalt Deutschlands seiner ökonomischen Potenz zunehmend weniger entsprach. Gefährlicher Wildwuchs mußte sich zwangsläufig ergeben, solange die fortschrittlichen Resultate der modernen Entwicklung das wenig akzeptierte Beiwerk im fortbestehenden Obrigkeits- und Militärstaat blieben.

Neben dieser Elementarbedingung deutscher Geschichte, die in ihrer Janusköpfigkeit aus wirtschaftlichen Vorzügen und politischen Bürden für den Gang der Dinge allgemein maßgeblich wurde, sind vier weitere Grundelemente zu berücksichtigen, die Bismarcks Außenpolitik, in einem engeren Sinne, von vornherein prägten. Von den innenpolitischen Problemen des jungen Nationalstaates abgesehen, die uns im Verlauf der Darstellung immer wieder begegnen werden, stellten sie ohne Zweifel allesamt Belastungen dar, die schwer und nachhaltig die Entwicklung des Reiches begleiteten.

Deutsche Bürden

Im Verlauf der Zeit geriet Reichskanzler Otto von Bismarck immer stärker in die fatale Abhängigkeit überpersönlich wirkender Zwangslagen, die seinen politischen Handlungsspielraum zunehmend einengten. Unübersehbare Vorteile, die den preußischen Staat während der zurückliegenden sechziger Jahre schöpferisch gefördert hatten, erwiesen sich nunmehr als schwerwiegende Nachteile, die zumindest die äußere Politik des Deutschen Reiches von nun an eher belasteten. Hatten beispielsweise die Kraft des Ökonomischen oder die Macht der Nationalbewegung bis zur Reichsgründung das kühne Handeln des »weißen Revolutionärs« förderlich getragen, war Bismarck von jetzt an wie einst der alte Fürst Metternich ohne Unterlaß darum bemüht, ihre explodierende Dynamik notdürftig einzudämmen.

Eines der grundlegenden Dilemmata, die Deutschlands Entwicklung spezifisch beschwerten, ist bereits genannt. Ursächlich hatte seine Existenz mit der Rastlosigkeit einer Zeit zu tun, die den verantwortlichen Staatsmann unaufhörlich dazu zwang, »aus dem Druck der Verhältnisse ein Element der freien Wahl zu retten«[32]: Wollte das Deutsche Reich nicht unliebsame Reaktionen Europas herausfordern, durfte sein Territorium auf gar keinen Fall größer werden. In einer Zeit rapiden internationalen und gesellschaftlichen Wandels, der schon bald in die Epoche des imperialistischen »Raumrausches«[33] einmündete, zeitigte diese selbstauferlegte Genügsamkeit eine unausweichliche Konsequenz. Während alle anderen an Kraft zunahmen, wurde das Land in der Mitte vergleichsweise immer schwächer. Denn jede Macht, »in allem von ihrer Umwelt abhängig«, so hat bereits Jean-Jacques Rousseau im Hinblick auf das Staatensystem des Ancien Régime über das »Relativitätsgesetz des politischen Wettbewerbs« geurteilt, »mag sich vornehmen, in sich zu ruhen, ohne etwas zu gewinnen, ohne etwas zu verlieren, und sie wird doch schwach oder stark – je nachdem, ob ihr Nachbar sich ausdehnt oder schrumpft, stark oder schwach wird«[34].

Einem anderen Hemmnis, das Deutschlands außenpolitische Bewegung von Beginn an einengte, sind wir auch schon begegnet. Nur wenige Monate nach dem Ende des deutsch-französischen Krieges, im August 1871, geriet Bismarck, der die Annexion von Elsaß-Lothringen ansonsten aus gleichgewichtspolitischen und militärstrategischen Erwägungen für geboten hielt, sogar darüber in zweifelndes Nachdenken, als er dem Geschäftsträger des Quai d'Orsay in Berlin gegenüber einräumte: »Einen Fehler haben wir begangen, indem wir es [Elsaß-Lothringen] euch wegnahmen, wenn der Friede dauerhaft sein sollte; denn für uns sind diese Provinzen eine Verlegenheit ... Ein Polen mit Frankreich dahinter.«[35] Ohne Zweifel: Die abgrundtief eingefressene Feindschaft mit dem westlichen Nachbarn führte dazu, daß »wir«, wie Bismarcks Mitarbeiter und Widersacher Holstein es 1886 diagnostizierend umschrieb, »tatsächlich durch Frankreich immobilisiert«[36] sind.

Schließlich existierten noch zwei weitere Fundamentalbelastungen deutscher Außenpolitik. Die eine trat umgehend zutage, während sich die andere erst allmählich, dafür aber um so nachhaltiger auszuwirken begann.

Preußens und Deutschlands in den Jahren zwischen 1864 und 1870/71 siegreich geführte Kriege ließen die Luft im Reich ebenso wie in Europa auf einmal viel eisenhaltiger schmecken als zuvor. Gegen den entschiedenen Willen Otto von Bismarcks machte sich eine Stimmung gefahrvoll breit, die in Richard Wagners von spöttischer Begeisterung geprägter Wortschöpfung der »Moltkenkur«[37] mitschwang. Ohne Ausnahme ließen sich die kontinentaleuropäischen Mächte damals dazu verleiten, eine scheinbar zwingende Schlußfolgerung aus den Resultaten dieser Waffengänge zu ziehen. Sie huldigten, was sich rückblickend als ein schicksalhaftes Mißverständnis erwies, dem Primat des Kriegshandwerks.

In diesem Sinne bekannte sich selbst der Außenminister eines »so altertümlichen und empfindlichen Gebildes wie [der] Habsburger Monarchie«, die in ihrer »Existenz nach innen und außen auf ein Klima von Vertragstreue, Liberalität und Ausgleich angewiesen«[38] war, zu einer grassierenden Militarisierung des Politischen. In Anwesenheit des Kaisers und der militärischen Spitzen erklärte Graf Andrássy zu Beginn einer Geheimkonferenz am 17. Februar 1872 mit realpolitischer Entschlossenheit: »Die Folge der letzten Kriege ist, ›daß Macht über Recht geht‹; heute ist also kein Staat sicher, sein Recht auch behaupten zu können, außer die Grundlage aller seiner Kombinationen ist, dasjenige, was er friedlich anstrebt, auch mit den Waffen in der Hand erfolgreich durchführen zu können. Keine Politik soll sich von Traditionen leiten lassen, sondern durch richtige Kombinationen die Chancen des Erfolges sichern; jene äußere Politik ist richtig, die auch strategisch richtig ist.«[39]

Mit voranschreitender Entwicklung trat, vor allem an entscheidenden Weggabelungen der deutschen Geschichte, ein weiterer Mangel ihrer schwierigen Existenz immer problematischer hervor. Allgemein hatte er wohl damit zu tun, daß die edleren Anliegen des Kulturellen und Geistigen hinter den robusten Bedürfnissen der späten Neugründung, die im Ökonomischen und Soldatischen lagen, erst einmal zurücktreten mußten. Und im besonderen zeigte sich dieses keineswegs zu unterschätzende Defizit darin, daß dem Deutschen Reich ein »ostensibler Missionsauftrag«[40] fehlte. Anders als der Westen und Osten Europas, anders als der von Bismarck gefürchtete »Gladstonianismus« und »Panslawismus«, die in späteren Epochen der Weltgeschichte, von angelsächsischer wie von sowjetischer Seite aus, durch nicht minder zugkräftige Parolen abgelöst wurden, entbehrte Deutschland einer zivilisatorischen Idee, die schiere Macht zu veredeln und allgemeine Anziehung auszuüben imstande gewesen wäre. Denn die »drei historischen Tatsachenreihen«, in denen sich aus vormoderner Zeit bis in die Gegenwart hinein »das Ideelle« mit »den Fakten« der deutschen Geschichte mischte – »die Erhaltung der abendländischen Kaiserwürde beim deutschen Volk, die Abwehr nichteuropäischer Machtwellen, die zivilisatorische Erschließung des europäischen Ostens«[41] –, vermochten, soweit sie dem außenpolitischen Handeln des Deutschen Reiches nicht überhaupt abträglich waren, mit den mächtigen Weltanschauungen seiner Nachbarn kaum mehr zu konkurrieren.

Im neu heraufziehenden Zeitalter der Massen aber mutete die schließlich noch verbliebene Tradition der preußisch-deutschen Staatsidee als überlebt an im Vergleich mit den Ideologien von Gesellschaften, die mehr und mehr über den »Zwang der Staatsnotwendigkeiten«[42] triumphierten. Auf diesen Mangel einer charakteristischen Ideenarmut werden wir, in spezifisch gewandelter Erscheinung, während des gesamten Verlaufs der deutschen Geschichte ebenso wie auf den Zwang zur Bewegungslosigkeit und die Sprengkraft des Ökonomischen immer wieder stoßen. Bereits unmittelbar nach der Reichsgründung zogen sich diese Probleme in jener zentralen Frage zusammen, die für die Existenz des Deutschen Reiches entscheidend wurde. Sie verlangte nach einer Antwort darauf, ob und unter welchen Bedingungen die auf dem Kontinent »vorwaltende«[43] Macht in die geographische und »geistige Landkarte«[44] der Alten Welt hineinpaßte. Würde sie es vorziehen, im Zusammenwirken mit Europa den notwendigen Ausgleich mit den überlieferten Bedingungen der Zeit zu finden, oder würde sie versuchen, sich im Widerspruch zu Europa als einsame Großmacht ihren von allen unabhängigen Weg durch die Staatenwelt zu bahnen?

Die einsame Großmacht

Die deutsche Nation war, aus der Tiefe des Säkulums bis in die Ära der Reichsgründung nachwirkend, aus der Auflehnung gegen die napoleonische Hegemonie entstanden. Beängstigend schlugen sich »Wucht und Dynamik der patriotischen Begeisterung«[45] darin nieder, den Feldzug von 1870 als den »Schluß der unvollendeten Freiheitskriege«[46] zu feiern; und zweifellos übte ein Staat wie das Deutsche Reich allein schon durch seine Größe, ob er das nun wollte oder nicht, maßgeblichen Einfluß aus. Nicht zu überhören waren zudem die Stimmen nicht eben unmaßgeblicher Repräsentanten im neuen Reich, die Europas altes Problem von Gleichgewicht und Hegemonie törichterweise für gelöst hielten. Unter dem überwältigenden Eindruck des militärischen Triumphes in der Sedanschlacht verwechselte der preußische Kriegsminister Roon bereits die Existenz von einer Million deutscher Soldaten leichtfertigerweise mit dem Gleichgewicht der Zukunft; übermütig warf er die fast frevlerisch klingende Frage auf: »Ist nicht Preußens Schwert heute das Scepter von Europa?«[47]

Solche Tollkühnheit, die jedes europäische Volk vom Spanien Philipps II. über das Frankreich Ludwigs XIV. bis hin zum Empire Napoleons I. auf dem Höhepunkt seiner Entwicklung angesteckt hat, erschwerte nur die ohnehin komplizierte Aufgabe, die den Deutschen jetzt zum ersten Mal in ihrer jüngeren Geschichte gestellt war. Denn sie hatten sich »mit dem verhängnisvollen Paradoxon des Gedankens einer auf Macht beruhenden Sicherheit auseinanderzusetzen: Je stärker und daher theoretisch sicherer ein Staat zu sein scheint, desto ängstlicher und mißtrauischer sind seine Nachbarn und Gegner. Um so wahrscheinlicher ist auch die Bildung feindlicher, gegen ihn gerichteter Koalitionen«[48].

Angesichts dieser Gefahr aber war der deutsche Friede, »la paix allemande«[49], wie die Franzosen Bismarcks europäische Ordnung ablehnend einschätzten, kaum mehr als eine latente oder »halbe Hegemonie«[50]. Zum einen beabsichtigte das Kaiserreich während der Ära Bismarck keineswegs, in der Spur eines napoleonischen Eroberungszuges zur Vormacht aufzusteigen. Zum anderen war von Beginn dieser neuen Epoche der Weltgeschichte an gar nicht zu übersehen, daß das Zarenreich sich im Grunde als Hegemon Europas fühlte: »So mächtig das neue Deutsche Reich auch ist«, gab der *Russki Mir* dieser stolzen Empfindung unter dem Datum des 4. September 1874 den gar nicht so unzutreffenden Ausdruck, »ohne die Erlaubnis Rußlands darf weder dieser noch ein anderer Staat von seiner Macht Gebrauch machen; das letzte Wort bleibt bei allen irgend wichtigen Fragen dem Kaiser von Rußland.«[51]

Ohne Zweifel: Nur eine seltene Gunst der historischen Konstellation hatte dafür gesorgt, daß die deutsche Frage zu weit vorangeschrittener Stunde des geschichtlichen Verlaufs die ersehnte Antwort fand. Welche schwerwiegenden Probleme jedoch zurückblieben oder neu hinzukamen, war dem, der sehen wollte, nicht verborgen. Ungeachtet einer erst einmal alles in allem vorteilhaften Lage blieb daher für Otto von Bismarck Furcht in doppelter Hinsicht »der Urquell seiner Diplomatie« seit der Reichsgründung: »Furcht vor einem Überborden der deutschen Nationalkraft«, die er, freilich längst nicht ein für allemal, gebändigt hatte; »Furcht vor Koalitionen gegen seine Schöpfung, die deutsche Großmacht«[52], die er in nimmermüden Versuchen vor Schaden zu bewahren suchte.

Die Aufgabe, die den Reichskanzler die nächsten zwanzig Jahre lang in Anspruch nahm, lag also darin, das fast draufgängerisch Erstrittene behutsam vor den mißlichen Folgen der stolzen Errungenschaften zu bewahren. Dabei leitete ihn, der die aus der preußischen Geschichte überlieferte Gefahr der eingepferchten Enge ebenso scharfblickend erkannte, wie er der davon ausgehenden »Philosophie des Umstelltseins«[53] nervös erlag oder sie kaltblütig benutzte, ein außerordentlich empfindliches Gespür für die nach wie vor gefährdete Stellung seines Europa mühsam abgetrotzten Werkes und für dessen »ungeschickte Größe«[54]. Zu mächtig und zu abstoßend wirkte das Deutsche Reich auf der Landkarte des alten Kontinents; zu klein und zu abhängig war es aber gleichzeitig, um aus eigener Kraft mit England und Rußland wirklich konkurrieren und schwere Niederlagen tatsächlich auf Dauer überleben zu können.

Über diese sorgenvollen Einsichten vermochten den Reichskanzler optimistische Anwandlungen kaum hinwegzutäuschen. Im Sommer 1872 beispielsweise, noch ganz im hochgemuten Gefühl der prosperierenden Gründerjahre, äußerte er fast übermütig, das Geschick Europas könne von ihm »stets in 10 bis 15 Minuten beim ersten Frühstück abgemacht, gekämmt und gebürstet«[55] werden. Als Bismarck dies von sich gab, dauerte jene wirtschaftliche Konjunktur noch gerade an, die im darauffolgenden Jahr merklich abflaute. Die Euphorie wich dem Katzenjammer der sogenannten Gründerkrise, die in eine lang andauernde Abschwungphase der Wirtschaft einmündete. Über die Zäsur des Jahres 1890 hinaus anhaltend, begleitete sie drückend all die Jahre der Ära Bismarck. Maßgeblich trug ihre depressive Existenz dazu bei, daß – ungeachtet aller Erfolge und Leistungen auf dem Feld der Innen- und vor allem der

Außenpolitik, nicht zuletzt der Bewahrung des äußeren Friedens – eine gar nicht zu verheimlichende Stimmung mürrisch-verdrossener Unzufriedenheit über der Regierungszeit Otto von Bismarcks lag.

Das hatte natürlich auch mit jenen Bruchlinien der inneren Politik zu tun, die zunehmend schroffer hervortraten. Im Politischen und Sozialen, im Religiösen und Ethnischen belasteten sie die junge Nation, die noch immer mit der Aufgabe sich auszubilden befaßt war, erheblich. Nicht eben zum Geringsten aber hingen diese innenpolitischen Verwerfungen mit jener außenpolitischen Verpflichtung zusammen, die Bismarck dem Reich prinzipiell auferlegt hatte. Denn die aus Gründen des Überlebens gewählte Politik der Saturiertheit, mit der der Kanzler die bedrohlichen Folgen der drei siegreichen Kriege und eine Koalition der Mächte gegen das Reich abzuwehren bestrebt war, bedeutete für eine Generation, der die Erfolge der Reichsgründung schon bald als selbstverständlich vorkamen, nichts anderes als unerträglichen Stillstand. Daß allein, zumindest im Grundsatz, Genügsamkeit und Selbstbescheidung den Bestand des Reiches zu garantieren vermochten, Veränderung und Ländererwerb dagegen mit seinem Untergang gleichbedeutend sein würden, war dem 1815 geborenen Bismarck noch durchgehend bewußt; einer neuen Generation aber geriet diese schwierige Einsicht mehr und mehr in Vergessenheit. Auch in dieser Perspektive hatte der Kanzler das Reich gegen den Geist der Zeit errichtet.

Doch erst einmal ging Otto von Bismarck, das eine Mal vorsichtig und tastend, das andere Mal zupackend und mutig, daran zu erproben, wie das Werk seines »Machtspiels« (Theodor Schieder) zu sichern sei. Dabei wählte er einen Weg, der das Ziel verfolgte, die deutsche Innen- und Außenpolitik in weitgehender Übereinstimmung mit den Interessen der konservativen Mächte Europas zu führen. Die noch überall auf dem alten Kontinent, bis in das parlamentarische England und in die republikanische Schweiz hinein, wache Erinnerung an die Schrecken der Pariser Kommune bot ihm dazu willkommene Gelegenheit. Insofern ergriff er die Chance, die ein von Berlin aus dirigiertes Europa gewährte, nämlich Frankreich zu isolieren. »Diese Rothäute in Lackstiefeln«, faßte er seine Strategie 1873 bildhaft zusammen, sollten über den Augenblick hinaus auch für die Zukunft als »die unverbesserlichen Friedensstörer Europas«[56] angeprangert werden.

Aus solchen Überlegungen heraus bevorzugte er im übrigen für Frankreich die Staatsform der Republik. Sie schien dem Land, nach seinem Dafürhalten jedenfalls, eher zum Nachteil zu gereichen. Daher machte der Kanzler auch heftig Front gegen den Botschafter des Reiches in Paris, der für eine Restauration der Monarchie eintrat. Dies ist zumindest ein sachlicher Beweggrund für Bismarcks Handeln in der berühmt-berüchtigten »Affäre Arnim«. Ansonsten wurde sie nämlich aus trüberen Quellen der politischen Ranküne und der persönlichen Rivalität zwischen dem Reichskanzler und einem unbotmäßigen Diplomaten gespeist, der sein politischer Konkurrent war.

Doch die Voraussetzungen für eine Politik der konservativen Solidarität und der damit verbundenen Auskreisung Frankreichs erwiesen sich nicht als dauerhaft. Gewiß, bis 1873 war französisches Territorium von deutschen Truppen besetzt, machtpolitisch war der »Erbfeind« vorläufig lahmgelegt und in der Tat weitgehend isoliert. Mit Österreich-Ungarn und Rußland kam es zu Beginn der siebziger Jahre unter konservativen Vorzeichen zum erwünschten Arrangement. Zwar führte die Zusammenkunft der drei Kaiser im September 1872 nicht zu festen Verbindungen zwischen ihren Reichen, doch knüpfte sie, zumindest nach außen, das Band monarchischer Solidarität enger.

Konkrete Versicherungen enthielt dagegen die von den Feldmarschällen Graf Moltke und Graf Berg am 6. Mai 1873 in Sankt Petersburg unterzeichnete und noch am selben Tag von den Monarchen ratifizierte deutsch-russische Militärkonvention. Dagegen blieb das am 6. Juni 1873 zwischen Kaiser Franz Joseph und Zar Alexander II. geschlossene Schönbrunner Abkommen, dem Kaiser Wilhelm I. am 22. Oktober durch Akzession beitrat und das als Dreikaiserabkommen bekannt wurde, dahinter zurück. Immerhin einigten sich die Monarchen darauf, »den gegenwärtig in Europa herrschenden Friedenszustand zu befestigen« und »auf dem Gebiete der Grundsätze«[57] einander zu unterstützen.

Das Neuartige und der Vorzug dieses Abkommens, das an den Überzeugungen konservativer Solidarität orientiert war, lagen zumindest darin, daß Goethes düster spottendes Wort widerlegt wurde, wonach man immer nur Unheil vernommen hat, wenn Könige zusammengekommen sind. Denn das Verbindende der monarchischen Zusammenkunft war dieses Mal, über den Frieden zu sprechen, nicht jedoch, den Kriegsfall vorzubereiten. Ja, die Herrscher trafen einander nicht einmal aus dem naheliegenden Grund, um im Sinne der Heiligen Allianz des Fürsten Metternich die Intervention für den Fall zu beschließen, daß die konservativen Prinzipien monarchischer Legitimität verletzt würden. Den Erhalt des Bestehenden allein mit den Mitteln der verteidigenden Abwehr, nicht aber unter Einmischung offensiver Methoden zu behaupten, beschrieb das zentrale Ziel des Vereinbarten. Im Grundsatz und der Idee nach hielt Bismarck an dieser konservativen Formation der europäischen Kontinentalpolitik fest.

Allerdings: Schon bald wurde offenkundig, daß die Solidarität der Monarchen brüchig war. Während des gesamten Jahres 1874 bis in die Anfangswochen des Jahres 1875 hinein zeichnete sich »das Scheitern der Entente à trois« immer deutlicher ab. Gleichzeitig aber trat »die Vereinsamung des Deutschen Reiches im Kreis der europäischen Großmächte«[58] zunehmend krasser zutage. Das hatte mit Entwicklungen in West und Ost zu tun, die aus Bismarcks Sicht der Dinge die soeben gewonnene Unabhängigkeit der neuen Großmacht beeinträchtigten, sogar in Frage stellten. Eine internationale Krise zog herauf: Sie trieb das Reich und Europa bis an den Rand des allgemeinen Krieges und wurde für Otto von Bismarck zum »großen Lehrstück für die Zukunft«[59].

»Lehrstück für die Zukunft«

Bereits im Winter 1873/74 verdichteten sich die latenten Spannungen des Reiches mit Frankreich, das durch den Abzug der deutschen Besatzungstruppen aus seinen Ostdepartements wieder uneingeschränkt souverän und bündnisfähig geworden war. Das zarische Rußland vor allem näherte sich der französischen Republik stärker an, als es Bismarck für das Land in der Mitte wünschenswert – und mit dem Dreikaiserabkommen verträglich – erschien. In den Kulturkampf, den der Kanzler aus innenpolitischen, religiösen und persönlichen Gründen im Reich gegen die katholische Kirche führte, griffen die französischen Bischöfe ein und unterstützten den deutschen Episkopat. Mehr noch: In ihren Kirchen ließen sie für die Wiedervereinigung Elsaß-Lothringens mit Frankreich beten: Bismarck war alarmiert! Er argwöhnte eine, auch von dem deutschen Botschafter in Paris, Arnim, beschworene »Verquickung von Revanche und Religion«[60], die es zu bekämpfen galt.

Diese Gefahr im Westen ging mit einer Entfremdung zwischen Rußland und Deutschland einher, die sich anfangs nur schleichend bemerkbar machte, sich dann aber deutlich beschleunigte. Die Russen gingen auf antideutschen Kurs; die Spannungen zwischen Sankt Petersburg und Berlin wuchsen. Eine Vielzahl vorwiegend alltäglicher, in der Regel gar nicht hochkarätiger Probleme in der internationalen Politik und in der bilateralen Diplomatie ließen die beiden Kaiserreiche über Gebühr schroff, direkt unversöhnlich aufeinanderprallen. Mit kompromißloser Entschiedenheit verteidigte Bismarck jeden Zollbreit an Einfluß und Prestige, dessen Verlust die soeben erst errungene Unabhängigkeit Deutschlands zu bedrohen schien; zur Wehr setzte er sich vor allem dagegen, die von Sankt Petersburg beanspruchte Vormachtstellung in Europa anzuerkennen. Von Spanien bis Dänemark, von Polen bis zum Balkan, von der Auseinandersetzung über eine »Handelsvertragsfrage mit Rumänien«[61] bis zum »Streit um die Rangverhältnisse im Belgrader Konsularcorps«[62] zog sich die immer breiter werdende Spur der deutsch-russischen Entfremdung.

In charakteristischer Übertreibung des Tatsächlichen hielt Bismarck den Gleichheitsgrundsatz für extrem gefährdet, der ihm für den Verkehr zwischen beiden Großmächten unaufgebbar erschien. Dagegen verlangte Rußland immer offener nach der Führungsrolle im Abkommen der drei Kaiser, die Bismarck seinerseits für das Deutsche Reich beanspruchte.

Das Zerwürfnis mit dem traditionellen Alliierten ging einher mit einer Annäherung der Österreicher und der Russen, die seit der Petersburger Entrevue zwischen Kaiser Franz Joseph und Zar Alexander II. im Februar 1874 nicht mehr länger zu verkennen war. Ihre Folgen konnten, nach Bismarcks unruhiger Einschätzung der prekären Lage, für das Deutsche Reich nur Nachteile mit sich bringen. Deutsch-österreichische Spannungen, die über der strittigen Nordschleswig-Problematik aufbrachen, spitzten die Entwicklung der Dinge zu.

Sie kulminierte schließlich darin, daß, Ende 1874, sogar von seiten Österreich-Ungarns und Rußlands dem deutschen »Erbfeind« Frankreich »Anerkennung« gezollt wurde für eine der »Ruhe Europas ersprießliche Politik«[63]. Gleichzeitig hatte sich das Reich gegen die »immer häufiger werdenden Gerüchte über deutsche Annexions-, Vergewaltigungs- und Einmischungsabsichten«[64] zu wehren. Was beispielsweise nur die wilden Spekulationen über einen erneuten Waffengang gegen Österreich-Ungarn angeht, so machen sie umgehend deutlich, daß diese gefährlich ins Kraut schießenden Mutmaßungen über sinistre Absichten der Deutschen tatsächlich allesamt jeder Grundlage entbehrten.

Die zunehmend intensivierten Versuche Bismarcks allerdings, zuletzt auch mit Hilfe einer außenpolitischen Instrumentalisierung des innenpolitischen Kulturkampfes durch eine zugleich antikatholische und antipolnische Kampagne, Rußland zurückzugewinnen und an das Reich zu binden, scheiterten vollständig: Ende 1874 sah der Kanzler, der sich durch innere und äußere »Reichsfeinde« bedroht fühlte, die Kaunitzsche Koalition des 18. Jahrhunderts zwischen Österreich, Frankreich und Rußland heraufziehen. Ob die aufgeregte Wahrnehmung der sich türmenden Gefahr wirklich einer objektiven Existenz tatsächlicher Bedrohung entsprach, mag umstritten sein; unumstritten ist dagegen, daß Bismarcks subjektives Urteil für die Gestaltung der deutschen Außenpolitik während der kommenden Wochen und Monate im Zeitraum der Jahre 1874/75 maßgeblich war. Gegen das, was sich für Deutschland düster zusammenbraute, galt es vorzugehen, wollte man das ohnehin schon bedenklich entglittene Gesetz des Handelns nicht ein für allemal aus der Hand geben!

Nicht zuletzt mit dem Blick auf Frankreich, das sich ebenso rasch erholte, wie es seinem östlichen Nachbarn gegenüber unversöhnlich blieb, verstärkte das Deutsche Reich bereits im Mai 1874 seine militärische Schlagkraft. Zwar vermochte auch die eindrucksvolle Tatsache, daß man zukünftig über 400000 Mann unter Waffen zu halten gedachte, die zentrale Existenzfrage des jungen Nationalstaates nicht zu lösen. Bohrend verlangte sie eine Antwort darauf, welche Chancen überhaupt bestanden, die immer herausfordernder wirkende Isolierung des Reiches zu überwinden. Immerhin war militärische Schlagkraft, die in einem erheblichen Maße die Unabhängigkeit der jungen Großmacht garantierte, die grundlegende Voraussetzung dafür, diplomatisch aktiv zu werden. Denn noch galt die Maxime Friedrichs des Großen uneingeschränkt, wonach Verhandlungen ohne Waffen wie ein Konzert ohne Noten seien.

Wie aber konnte, darüber hinaus, die gleichsam natürliche Anfälligkeit des Landes gelindert oder behoben werden? Auf die exponierte Lage in der Mitte wiesen schon zeitgenössisch so unterschiedliche Repräsentanten des geistigen und politischen Lebens wie Dostojewski und Gladstone zugleich warnend und drohend hin. Am wenigsten entging diese Achillesferse seines ansonsten übermächtigen Nachbarn natürlich dem französischen Feind: Im Vergleich mit den anderen Großmächten Europas stellte sich die angeborene Situation des Reiches von Natur aus nachteilig dar. »Durch seine Mittellage«, so diagnostizierten die Diplomaten des Quai d'Orsay die unverkennbare Schwäche eines ansonsten beängstigend Starken, war Deutschland »den ständigen Gefahren ausgesetzt, vor denen allein schon die Geographie die Mehrzahl seiner Nachbarn bewahrt«[65].

Vor diesem Hintergrund existierten drei grundsätzliche Wahlchancen deutscher Außenpolitik, die von Bismarck in diesem Zusammenhang erwogen wurden. Zum einen konnte er versuchen, sich im Stile der Konvenienzpolitik vergangener Jahrhunderte auf Kosten kleinerer, möglicherweise auch größerer Staaten mit den für das Reich bedeutenden Großmächten im Westen oder Osten Europas zu arrangieren. Zum zweiten konnte in einer günstigen internationalen Konstellation gewagt werden, das politische Geschick des Reiches auf militärische Weise in einem als Prävenire verstandenen Krieg zu lösen. Und drittens gab es die diplomatische Option, Spannungen ganz unterschiedlicher Qualität, echte und benutzte, künstlich entfachte und sorgsam kontrollierte, vom Zentrum an die Peripherie des alten Kontinents zu lenken, auf diese Weise Entlastung zu finden und die Rolle eines für Europa unentbehrlichen Schiedsrichters zu gewinnen.

Bismarck wollte im Grunde nur das Erreichte sichern, nicht aber Zusätzliches erobern. Dies wurde klar, als er Sankt Petersburg gegenüber schon im Februar 1874 beteuerte: »Wir verfolgen keine Macht-, sondern eine Sicherheitspolitik.«[66] Daß der Status quo auch mit offensiven Mitteln verteidigt werden konnte, stand auf der Kehrseite dieser politischen Medaille. Sehr bald schon stellte sich heraus, daß die erste dieser Optionen nicht zu verwirklichen war. Um die Lage, die sich im Fortgang des Jahres 1874 zunehmend verschlechterte, allgemein zu testen und um insbesondere herauszufinden, welche Intensität die beargwöhnten Verbindungen zwischen Sankt Petersburg und Paris inzwischen gewonnen hatten, schickte der Reichskanzler im Februar 1875 unter dem Vorwand normaler diplomatischer Tätigkeit den von ihm besonders geschätzten Gesandten von Radowitz auf eine Mission an die Newa. Er war zu erkunden beauftragt, inwieweit sich die zwischen den Kaiserreichen existierenden Spannungen beseitigen ließen und Rußland mit Deutschland auf gleichberechtigtem Fuß zusammenzuarbeiten bereit war.

Doch ganz offensichtlich hat es mit der geheimnisumwitterten »Mission Radowitz« noch weit mehr auf sich gehabt. Vieles spricht nämlich dafür, daß Bismarcks Emissär die Bereitschaft der Russen zur Garantie des Deutschen Reiches einschließlich der den Franzosen entwundenen Provinzen sondiert hat und herauszufinden bemüht war, ob das Zarenreich bei einem deutsch-französischen Krieg Neutralität wahren würde. Dafür scheint er die deutsche Geneigtheit in Aussicht gestellt zu haben, zu Lasten der Donaumonarchie, deren Bestand als Großmacht freilich nicht zur Disposition stand, die südosteuropäischen Interessen Rußlands zu fördern. Allein, Sankt Petersburg winkte ab. Damit schied die

Wahlchance eines großangelegten Kompensationsgeschäfts im Zusammenwirken mit Rußland, vorläufig jedenfalls, aus. Ob Bismarck mit der »Mission Radowitz«, wie argumentiert worden ist, in erster Linie Rußland und Österreich-Ungarn, dazu noch in verschärfter Frontstellung gegeneinander, in die Balkanhändel zu ziehen versuchte, um der deutschen Mitte die erforderliche Erleichterung zu verschaffen, oder ob es ihm maßgeblich darum ging, wie einleuchtender geurteilt worden ist, mit dem Zarenreich im Osten zum Ausgleich zu gelangen, um nach Westen hin Frankreich gegenüber an Handlungsfreiheit zu gewinnen, fest steht dies: Der erste Teil einer politischen Offensive, die auf den östlichen Nachbarn des Deutschen Reiches gezielt hatte, war gescheitert.

Da sich die internationale Konstellation, nach außen hin kaum sichtbar, Bismarcks Einschätzung der Lage zufolge aber weiter zugespitzt hatte, alarmierte ihn die Tatsache über Gebühr, daß die französische Kammer am 13. März 1875 ein Kadergesetz annahm: Es verbesserte zukünftig die militärische Schlagkraft Frankreichs, wurde in seiner Tragweite allerdings »zunächst vom deutschen Generalstab überschätzt«[67]. Ohne eine militärische Auseinandersetzung wirklich zu wollen, freilich unter massiver Aufbietung der verfügbaren Mittel politischer Machtprojektion, ließ Bismarck die gespannte Lage bis zu einer europäischen Krise anwachsen, »um die aus seiner Sicht verschärfte Kriegsgefahr nun auf dem direkten Weg gegen Frankreich zu bannen«[68].

Der Knoten schürzte sich, als am 8. April ein von dem Publizisten Constantin Rößler verfaßter Artikel in der nicht selten für offiziöse Zwecke verwendeten *Post* erschien, der in seiner Überschrift die Frage aufwarf: »Ist der Krieg in Sicht?«. Das stellte eine Provokation dar, die Bismarck nicht ungelegen kam. Er nutzte sie, um aufs neue die allgemeine Lage in der europäischen Staatenwelt zu sondieren: Der zweite Teil jener politischen Offensive war eröffnet, die zuerst, mit vergeblichem Ausgang, nach Osten hin vorgetragen worden war und die sich nunmehr, mit angespannter Erwartung, auf den Westen richtete. Wie würde Europa sich verhalten, wenn das Deutsche Reich Frankreich ernsthaft drohte und die Rücknahme des Kadergesetzes verlangte? Hätte der besiegte Nachbar dieser Forderung der Deutschen nachgegeben, wäre er auf die Stufe einer zweitrangigen Macht abgesunken. Eine revolutionäre Aussicht, die Europas Staaten aufschrecken mußte! Das erkannte nicht zuletzt der französische Außenminister Decazes, der von der Mitte des Monats April an, als die Spannungen schon abzuklingen begannen, den Spieß umdrehte und alle Welt alarmierte.

Die Flügelmächte Großbritannien und Rußland nahmen die politische Herausforderung des Deutschen Reiches ernst; unmißverständlich demonstrierten sie Bismarck die Grenze deutscher Möglichkeiten. Ungeachtet ihrer globalen Rivalität eilten Russen und Briten den ihnen bedrängt vorkommenden Franzosen zu Hilfe; das dem Griff nach der Hegemonie verdächtigte Deutschland wurde in seine Schranken gewiesen. Als sich der Zar mit seinem Kanzler Gortschakow und Englands Botschafter Odo Russell zwischen dem 10. und 13. Mai zur endgültigen Regelung der bereits abgeebbten »Alerte« in Berlin traf, wurde den Deutschen mit ernüchternder Klarheit demonstriert, daß Europa, ohne jedes Wenn und Aber, »ein Frankreich auf der Karte« sehen wolle, wie sich Bismarcks triumphierender Erzrivale Gortschakow vernehmen ließ, »um das Gleichgewicht aufrechtzuerhalten«[69].

Die französische Schranke zu überwinden, würde dem Deutschen Reich also nur um den riskant hohen Preis des allgemeinen Krieges möglich sein. Unübersehbar trat seine Abhängigkeit von England und Rußland hervor, die ihrerseits für Frankreichs und Österreich-Ungarns Handeln in hohem Maße mitbestimmend waren. Die deutsche Bewegungsfreiheit schien auf dramatische Weise geschrumpft. Im Prinzip war damit nur offenbar geworden, was dem deutschen Nationalstaat seit seiner Gründung anhaftete: Er unterlag dem natürlichen Zwang einer ererbten Beengtheit. Diese fundamentale Tatsache deutscher Geschichte im Zuge einer bis an den Abgrund des Krieges verfolgten Krisenstrategie zu korrigieren, war nach dem Scheitern der diplomatischen Sondierungen im Osten nunmehr auch nach Westen hin mißlungen. Daher nimmt es nicht wunder, daß »1875« dem zurückblickenden Bismarck, wie er unter dem Datum des 31. Dezember vermerkte, als »ein übles Jahr«[70] im Gedächtnis blieb.

Im Verlauf der »Krieg in Sicht«-Krise hatten der Gesandte von Radowitz und der Chef des preußischen Generalstabes, Graf Moltke, ausländischen Diplomaten gegenüber sogar Präventivkriegsabsichten zu erkennen gegeben. Der Reichskanzler selbst wollte, wie zuvor schon im Jahre 1867 und wiederum danach im Jahre 1887, von dieser außenpolitischen Option nichts wissen! Ihm ging es in erster Linie darum, Frankreich zu isolieren, aber auch Österreich-Ungarn die Macht des Deutschen Reiches drohend vor Augen zu führen. Durch die Intervention der Russen und Engländer fand er sich dann auf einmal selbst in der Rolle des Isolierten wieder. Unverzüglich zog er aus dem über Deutschland plötzlich hereingebrochenen Unheil eine dauerhafte Konsequenz. Unter Hintanstellung anderer Wahlchancen, wie Konvenienzstrategie und Präventivkrieg, konzentrierte er sich darauf, seine bereits unmittelbar nach der Reichsgründung aufgenommene Politik der Saturiertheit durch überlegene Diplomatie zu entwickeln. In sich ruhend, wollte Deutschland, nach der Absicht seines Reichskanzlers, nichts anderes als Frieden für sich und die anderen.

Schlagartig war Otto von Bismarck die Gefahr bewußtgemacht worden, die mit dem Versuch verbunden war, die deutsche Position der »halben Hegemonie« zu verbessern. Das Gleichgewicht der europäischen Mächte weiter zugunsten des Reiches zu verschieben, also unterschwellig oder offen, absichtlich oder gezwungen nach der Vormacht zu streben, warf für den jungen Nationalstaat unkalkulierbare Probleme auf, die bis zur Existenzfrage reichen konnten. Bleibend prägte sich dem verantwortlichen Staatsmann die Gefahr der Isolierung Deutschlands durch die großen Mächte Europas ein, die ihr »Bis hierher und nicht weiter!« unmißverständlich signalisiert hatten.

Das Bedrohliche der allgemeinen Konstellation, in die das Reich sich auf einmal versetzt sah, und die tiefe Verärgerung über die anmaßende Haltung des russischen Kanzlers Gortschakow, der sich nach der Abwendung der Kriegsgefahr als alleiniger Friedensstifter feierte, mögen Bismarck daran gehindert haben, im überwältigend Negativen des krisenhaften Zusammenhangs das verborgen Positive zu würdigen. Denn alles in allem bezog sich die Garantie des europäischen Status quo durch Rußland und England auch auf den Bestand des neu gegründeten Deutschen Reiches. Gewiß durfte Bismarck vor dem Hintergrund seiner Erfahrungen aus der »Mission Radowitz« nicht damit rechnen, daß Deutschlands territorialer Status quo im Hinblick auf die Annexion von Elsaß-Lothringen bereits als legitim akzeptiert worden war. Allein, die neue Großmacht hatte sich ungeachtet ihres diplomatischen Rückzuges in einer erbitterten Auseinandersetzung mit den anderen Mitgliedern der Pentarchie im Grunde behauptet und sich somit im Rankeschen Sinne als eine wirklich »große Macht« erwiesen.[71] Daher war auch von seiten der anderen europäischen Staaten gar nicht erst versucht worden, die Reichsgründung bei der ersten sich bietenden Gelegenheit rückgängig zu machen.

Was aber die einzelnen Elemente der gesamten Entwicklung angeht, so hatte Bismarck eingesehen, daß Frankreich als Großmacht ebenfalls nicht zur Disposition stand, sondern gleichsam sakrosankt war; daß England und Rußland zusammenarbeiteten, wenn Europa von Deutschland her Gefahr drohte; daß die traditionelle Verbindung mit dem Zarenreich an Wert verloren und daß demgemäß, in vielfacher Hinsicht, die Habsburgermonarchie an Bedeutung für Deutschland gewonnen hatte. Insgesamt waren in der »Krieg in Sicht«-Krise des Frühjahrs 1875 die Möglichkeiten und Grenzen deutscher Außenpolitik sichtbar geworden. Die europäische Machtlage zum Vorteil Deutschlands im Stile von Großmacht-Verabredungen über territoriale Interessenzonen oder durch die radikale Lösung eines präventiven Krieges zu verändern, war dem Reich offensichtlich verwehrt. Was verblieb, war im Grunde die Chance, die beileibe nicht geringzuschätzen, aber zweifellos schwieriger zu nutzen war, nämlich: Europas Frieden und Deutschlands Existenz durch eine Diplomatie des Gleichgewichts zu bewahren, die auf militärischer Schlagkraft beruhte. »Wir halten Frieden, indem wir uns kampfbereit zeigen«, entwarf der Reichskanzler die Grundlinien seiner äußeren Politik und fuhr fort: »Man greift nicht leicht jemand an, dem der Degen lose in der Scheide sitzt.«[72]

Als sich bald darauf die orientalische Frage wiederum regte, stellte sie die europäischen Mächte vor neue Probleme und lenkte ihre Aufmerksamkeit auf die Peripherie der Staatenwelt. Daß sich für das Deutsche Reich daraus eine vordergründige Entlastung ergab, darf über die Tatsache nicht hinwegtäuschen, daß es damit gleichzeitig eine »Periode der kontinentalen Hochspannung«[73] zu durchmessen hatte.

Orientalische Frage und österreichischer Zweibund: Eine »Periode der kontinentalen Hochspannung« (1875–1879)

Innerer Umbau

Bereits einige Jahre bevor Otto von Bismarck, um einer wachsenden Anzahl den Staat und die Gesellschaft belastender Probleme Herr zu werden, die deutsche Innen- und Wirtschaftspolitik auf neue Grundlagen stellte, waren im Verlauf der »Krieg in Sicht«-Krise die Gefährdungen und Risse des Deutschen Reiches für einen historischen Augenblick lang lebensgefährlich aufgebrochen. Im Inneren wie im Äußeren war ganz offensichtlich die Zeit der Bewegung abgelaufen; um nahezu jeden Preis Stabilität zu gewinnen, lautete für den jungen Nationalstaat von nun an das eherne Gebot.

Gewiß, im Außenpolitischen hatten sich die Gewitterwolken rasch verzogen, nachdem der vermeintlich hervortretende Anspruch Deutschlands auf die europäische Hegemonie durch die Intervention anderer Großmächte zurückgewiesen worden war. Vor allem England, das seit vielen Jahren erstmals direkt ins kontinentale Geschehen eingegriffen hatte, zog sich davon vorläufig wieder zurück. Unter seinem konservativen Premierminister Disraeli, der schon im Jahre 1866, als Preußen und Österreich sich um die Vorherrschaft in Deutschland duellierten, bezeichnenderweise davon gesprochen hatte, sein Land sei mittlerweile »stärker eine asiatische als eine europäische Macht«[1], konzentrierte es sich erneut auf seine imperialen Aufgaben: Der Erwerb der relativen Mehrheit der Suezkanal-Aktien Ende 1875 signalisierte diese Tendenz ebenso wie die Übernahme des Titels einer Kaiserin von Indien durch Königin Viktoria am 1. Januar 1877.

Ungeachtet der willkommenen Erleichterung, die damit für Deutschlands äußere Politik einherging, war doch vor allem dreierlei klargeworden:

Das Reich besaß eine Größenordnung, die für das Gleichgewicht Europas kritisch war. Latent schien die Hegemonie in ihr angelegt zu sein und rief im Fall des Falles, wie eh und je seit dem Beginn der neueren Geschichte, die große Koalition Europas auf den Plan.

Erworbene Sicherheit war unaufhebbar mit zukünftiger Unsicherheit verwoben. Denn die als »ein günstiger fortificatorischer Verschluß der Gränze Deutschlands gegen Frankreich«[2] vollzogene Annexion Elsaß-Lothringens erwies sich, wie der Reichskanzler verspätet einsah, auf einmal als fehlerhafte »Verlegenheit«, »wenn der Friede dauerhaft sein sollte«[3].

Das Ausmaß und die Frontlinien der Krise waren so beschaffen, daß diese, bis zu einem gewissen Grade wenigstens, wie »ein Vorschatten des Ersten Weltkrieges«[4] wirkte – ohne damit, einlinig und verfehlt, die noch vor uns liegende, also offene Entwicklung der Dinge zur reinen Vorgeschichte des scheinbar Unausweichlichen zu machen, das in Wirklichkeit den noch nicht gefällten Entscheidungen der Zukunft unterlag.

Im Außenpolitischen jedenfalls war das Instabile des neuen Reiches blitzartig erhellt worden. Noch schwerer als zuvor belastete den Reichskanzler von nun an der von einem französischen Journalisten einmal so genannte *cauchemar des coalitions*, der Alp der Koalitionen. Dem ganz vergleichbar plagte ihn im Innenpolitischen der von Theodor Schieder als *cauchemar des révolutions* charakterisierte Alp des Umsturzes[5]. Der Kulturkampf dauerte immer noch an, als die neue Sozialistengefahr bereits auftauchte. Die ökonomische Gründerkrise enttäuschte die wild spekulierenden Investoren tief, deren überoptimistische Zukunftshoffnungen wie Seifenblasen zerplatzten. Sogar das wirtschaftliche Wachstum, das im übrigen während der allzu pauschal so genannten Großen Depression von 1873 bis 1896 keineswegs ausblieb, versiegte zwischen 1874 und 1880 für einige Jahre, die sich dem subjektiven Empfinden der Miterlebenden nach über Gebühr lange hinzogen. Insgesamt nahm sich die Gefühlslage der Bevölkerung deprimierter aus als die Ertragslage vieler Unternehmen, die auch nicht eben zum Enthusiasmus animierte, aber auf gar keinen Fall so schlecht wie die allgemeine Stimmung war.

Die Konjunkturkrise der Industrie wurde schon bald von einer Strukturkrise der Landwirtschaft begleitet. Die Einfuhr von billigem Getreide aus Übersee, vor allem aus dem Mittleren Westen der Vereinigten Staaten von Amerika, hatte die agrarische Misere kraß sichtbar gemacht. Beide Krisen zusammen, die von Textil und Stahl ebenso wie die von Boden und Getreide, ließen wirtschaftliche Interessenverbände wie Pilze emporschießen; auf die Innen- und Außenpolitik nahmen sie ihren nicht selten rabiaten Einfluß. Das einigermaßen neuartig Hereinbrechende zeitigte im zweiten Fall vorläufig noch weniger Wirkung als im ersten. Diese Feststellung zu treffen, bestreitet nicht die Tatsache, daß innere Faktoren, wenn auch insgesamt in geringerem Maße als oftmals angenommen, das äußere Geschehen mitgeprägt haben. Die entsprechenden Konzessionen, die Otto von Bismarck im Inneren gewährte, erscheinen dabei nicht selten als Preis für die Autonomie im Äußeren, die er alles in allem bewahrte. Auf beiden Feldern trachtete der Reichskanzler danach, die hinderliche Unruhe dauerhaft zu bannen; daher fand seine innere und äußere Politik bald zur Deckungsgleichheit. Das alleinige Heil suchte sie im beharrlichen Bemühen um konservative Stabilität. Eben das aber kam nicht wenigen als unschöpferische Bewegungslosigkeit vor und ließ sie erneut in gefährliche Unrast verfallen.

Ende der siebziger Jahre schlug das Klima im Inneren um: Die liberale Ära wurde von der schutzzöllnerischen abgelöst; auf Bismarcks Zusammenarbeit mit den Nationalliberalen folgte die mit dem Zentrum. Der Weg in eine konservative Ära war gebahnt. Allein, natürliche Stabilität stellte sich im Verlaufe ihrer Entwicklung kaum zureichend ein, so daß das unruhige Ganze vor allem durch die Autorität des Reichsgründers seinen Halt fand. Bismarcks umstrittene Neuorientierung seiner inneren Politik schwächte die Liberalen, die in Freihändler und Protektionisten zerfielen. Sie flankierte den Übergang zum Schutzzoll mit einer zukunftweisenden Initiative zur Vorsorge treffenden Sozialpolitik, um die neuen Massen an den alten Staat zu binden. Sie erwirkte eine Neuverteilung des Steueraufkommens, die der Finanzlage des Reiches entgegenkam. Sie legte im Zuge ihrer Wendung von den Nationalliberalen zum Zentrum endlich den Kulturkampf bei und trat mit derselben entzweienden Unversöhnlichkeit von nun an in eine erbitterte Auseinandersetzung mit der Sozialdemokratie ein. Alles in allem blieb die Lage zwischen Staat und Gesellschaft, zwischen Regierung und Parlament auf Jahre prekär.

Seinem Bemühen um eine Konservierung des Bestehenden im Inneren entsprach Bismarcks Kurs der Genügsamkeit nach außen: Zunehmend heftiger geriet beides in die Schußlinie der Kritik. Daß er seine Außenpolitik der Mäßigung, mit der die Existenz des Reiches so eng verbunden war, hin und wieder, wenn die Gunst der Stunde dies zu erlauben schien, mit skrupulöser Behutsamkeit zu verlassen versucht hat, wird noch im einzelnen sichtbar werden. Daß er sich darauf allen Bedenken zum Trotz einließ, hatte mit der fatalen Tatsache zu tun, die ihm bedrückend klar vor Augen stand: Wer nicht vorangeht, der fällt zurück! Diesem Geburtsfehler seines Werkes beizukommen, also das Künstliche der mühsam verordneten Abstinenz im Natürlichen eines schwer zu begrenzenden Wachstums aufgehen zu lassen, konnte sich, wenn überhaupt, nicht offen, sondern nur indirekt vollziehen: »Larvatus prodeo«, vermummt voranschreiten – dieser Maxime Descartes' mußte auch Bismarck folgen. Ansonsten würde er, wie sich im Frühjahr 1875 erschreckend gezeigt hatte, das gerade erst begründete Reich umgehend gefährden. Sollten selbst umsichtig gewagte Experimente einer ohne Aufhebens initiierten Gestaltkorrektur seiner gefährdeten Schöpfung mißlingen, dann sah er sich allerdings ausschließlich auf die Methode einer kunstvoll-künstlichen Diplomatie beschränkt. Ihre Fäden verstand er zwar immer feiner und gekonnter zu ziehen; daß sein Tun insgesamt zunehmend artifizieller und verletzlicher wirkte, blieb darüber freilich kaum verborgen.

Nach innen und außen galt es die Unruhe der Zeit zu dämpfen. Dieses gewissermaßen zukunftlose Ziel avancierte zu einem gleichsam statischen Bewegungsgesetz. An ihm orientierte Bismarck, den die Angst umtrieb, das Reich drohe zu verfallen, die Räson seines Handelns.

Nun stellte die Wendung zum Neomerkantilismus, sieht man einmal von England ab, ein für Europa allgemein kennzeichnendes Phänomen dar. Die Ära des Freihandels, in der eine optimistische Erwartung auf dauerhaften Frieden vorherrschte, ging zu Ende. Internationale Verträge und einvernehmlicher

Ausgleich galten jetzt weniger als nationale Alleingänge und einseitiges Handeln. Das liberale Zeitalter mußte der imperialistischen Epoche weichen. Sein weltoffenes Bekenntnis zum universalen Menschenglück wurde von der engstirnigen Begeisterung für nationalistische Weltanschauungen abgelöst. Dem russischen Panslawismus und dem britischen Jingoismus, dem französischen Revanchismus und dem deutschen Reichsnationalismus, der schon bald üppig ins Kraut schoß, haftete gleichzeitig heilvolle und unheilvolle, bindende und sprengende Kraft an. Nach innen entwickelten sie willkommene Fähigkeiten, die gesellschaftlichen Körper der einzelnen Staaten zu festigen; nach außen gefährdete ihre ruinöse Herrschsucht die ausbalancierte Bauform der europäischen Staatenwelt.

Über die allgemeinen Voraussetzungen der Zeit hinaus, in deren verpflichtendem Zusammenhang sich die neue Innen- und Wirtschaftspolitik des Reiches bewegte, gab es indes auch Elemente der Entwicklung, die für Deutschland spezifisch blieben. Zwar begünstigte der Zolltarif vom Sommer 1879, der die Wende von der liberalen Vergangenheit zur konservativen Zukunft veranschaulichte, innerhalb des schwierigen »Bündnisses zwischen Roggen und Eisen« die Schwerindustriellen mehr als die Agrarier. Insgesamt aber ließ der preußisch-deutsche Staat, anders als das in der englischen Geschichte des 19. Jahrhunderts der Fall war, nicht zu, daß seine Landwirtschaft ernsthaft beeinträchtigt und den »nichtkapitalistischen Kräften in Adel und Bauerntum«[6] die wirtschaftliche Grundlage wirklich entzogen worden wäre. Für den Staat selbst und seine Gesellschaft, für Regierung und Parlament, für Innen- und Außenpolitik, für Gegenwart und Zukunft zeitigte diese übergreifende Entwicklungstendenz weitreichende Folgen, die in krisenhaften Entscheidungslagen der deutschen Geschichte auf ihrem Weg von Bismarck bis Hitler immer wieder hervortraten.

Doch im allgemeinen paßte die konservative Wende des Deutschen Reiches erst einmal durchaus in die kontinentaleuropäische Landschaft. Mit charakteristischen Unterschieden im einzelnen standen, was nicht zuletzt den Bereich der äußeren und internationalen Politik anging, die Zeichen der Zeit auf Ruhe, Konsolidierung und Eindämmung – bevor die Alte Welt dann noch einmal zu einer globalen Expansion aufbrach, die dem Bestehenden nur kurzfristig diente und es in Wirklichkeit gründlich zerrüttete.

Doch wir sind dem Gang der Dinge vorausgeeilt. Für Deutschland ging es vorerst darum, eine im Außenpolitischen riskant gewordene Lage zu bestehen, also gerade den gefährlichen Strudeln internationaler Krisen die freilich immer nur vorläufige Sicherheit politischer Lösungen zu entreißen. Niemals in Vergessenheit geraten durfte bei solchen Rettungsaktionen der paradoxe Grundsatz: Stark war Deutschland nur dann, wenn es seine Schwächen erkannte, mächtig nur dann, wenn es sich mit der Enge seiner Grenzen abfand, von Bestand nur dann, wenn es die Landkarte Europas und der übrigen Welt, so wie sie nun einmal war, akzeptierte. Denn eine wirkliche Aufgabe und ein bleibender Sinn konnten dem Reich aus dem Blickwinkel der großen Mächte Europas allein dadurch zuwachsen, daß es, stabil und berechenbar, von der kontinentalen Mitte aus den allgemeinen Frieden organisierte – nicht aus notorischer Schwäche wie einst der Deutsche Bund, sondern mit gezügelter Stärke, aber mit vergleichbarem Ergebnis: Europa zum Nutzen.

Ob es sich, im Besitz der spät gewonnenen Einheit und ihrem Erhalt zuliebe, damit begnügen konnte, beschrieb die Existenzfrage seiner Zukunft. Aus tiefer Einsicht in die zwingende Notwendigkeit, weil also gar nichts anderes zu tun übrigblieb, war Bismarck von der Verpflichtung überzeugt, diese Herausforderung annehmen zu müssen. Die über das gewöhnliche Maß hinaus schwere Last willig zu schultern und die Ausnahme als Normalität zu akzeptieren, bedeutete nicht, es jemals zu unterlassen, mit umsichtiger Behutsamkeit nach Möglichkeiten zu spähen, um die unnatürliche Bürde des Reiches zu erleichtern. Eine solche Außenpolitik der zurückhaltenden Vorsicht beruhte darauf, aus der Europa entgegenkommenden Tätigkeit eigenen Vorteil zu ziehen, zu dienen, ohne sich darin zu verzehren, sondern gerade davon zu leben. Die grundlegende Voraussetzung für ein solches Handeln nach außen aber war nach Bismarcks Eindruck, daß alles, zumindest weitgehend, so blieb, wie er es im Zuge des großen Reichsumbaus am Ende der siebziger Jahre eingerichtet hatte: »Agrarstaat mit industriellem Zusatz, Obrigkeitsstaat mit dem berühmten Tropfen demokratischen Öls, kontinentaler Militärstaat ohne weltpolitische Machtprojektion«[7].

Die erste Chance, die tiefe Erschütterung der »Krieg in Sicht«-Krise hinter sich zu lassen, die Energien der Mächte von der Mitte Europas an dessen Ränder zu lenken und die neutrale Friedensfähigkeit des Reiches für den Bestand des allgemeinen Gleichgewichts zu aktivieren, tauchte auf, als, nahezu unmittelbar im Anschluß an die dramatischen Begebenheiten im Westen, die südosteuropäische Peripherie des Kontinents aufs neue erbebte: Wieder einmal schob sich die balkanische Dauerkrise auf die Agenda der Weltpolitik.

Die balkanische Dauerkrise

Seit dem ausgehenden 18. Jahrhundert haftete Europa die orientalische Frage wie ein ererbtes Gebrechen an. Der Grund für ihre Existenz lag in der notorischen Schwäche des Osmanischen Reiches. Sein Zerfall wurde immer wieder erwartet, und doch sollte der »kranke Mann am Bosporus«, wie Totgesagte es zuweilen an sich haben, noch lange leben. Weltgeschichtliche Begebenheiten von säkularem Ausmaß begünstigten den Aufschub des anstehenden Kampfes um seinen Besitz, von dem sich im Laufe der Zeit ein Teil nach dem anderen ablöste. Am Ende des 18. Jahrhunderts war es die Geschichtsmacht der Französischen Revolution gewesen, die den sich zwischen Rußland, Österreich und England schürzenden Konflikt um die Herrschaft der türkischen Meerengen »vertagt«[8] hatte. Danach aber, im 19. Jahrhundert, war es die Rivalität der europäischen Mächte gewesen, die das Fortleben der moribunden Türkenherrschaft Dekade auf Dekade gefördert hatte. Da sich die potentiellen Erben über die Verteilung des zu Erwartenden nicht einig waren, verständigten sie sich immer wieder darauf, den osmanischen Patienten nicht sterben zu lassen. Der wachsende Nationalismus, der dem zeitgemäßen Freiheitsdrang der vorwiegend christlichen Völker Südosteuropas zusätzliche Schubkraft gab, ließ es vor allem dem österreichischen Vielvölkerstaat ratsam erscheinen, die Existenz des türkischen Reiches zu bewahren.

Weil der Ruf nach mehr Freiheit im 19. Jahrhundert nun einmal zum größeren Teil ein Schrei nach der Macht war und deren konkurrierende Ausbreitung im Wirrwarr der Nationalitäten des Balkans zum Krieg führen mußte, waren die großen Mächte darauf bedacht, die Büchse der Pandora möglichst geschlossen zu halten. Bald war keiner von ihnen mehr so recht davon überzeugt, dieses Problem ließe sich dem Worte Shakespeares gemäß regeln, wonach ein kleines Feuer leicht auszutreten sei, das, erst geduldet, Flüsse nicht mehr löschen können. Über lange Zeiträume hinweg übte man sich daher in einer Art von kalkulierter Resignation, die den verhängnisvollen Ausbruch des großen Konflikts zu vermeiden half. Schon im Vorfeld des Kongresses von Verona (1822) war es, Friedrich von Gentz zufolge, zu einer »Art von Courtoisie geworden, nie über die türkischen Angelegenheiten zu sprechen«[9]. Zuweilen kann man in der Geschichte darauf vertrauen, daß die abschleifende Wirkung der voranschreitenden Zeit die sich auftürmenden Konflikte der eigenen Entwicklung langsam abträgt. In einem Jahrhundert freilich, das die Herausforderung des überkommenen Mächtesystems durch die zunehmende »Nationalisierung«[10] der europäischen Politik zu bestehen hatte, mußte diese Rezeptur schließlich versagen.

Im Juli/August 1875 kam es in Bosnien und der Herzegowina, danach in Bulgarien im Mai 1876 zu Aufständen gegen die türkische Herrschaft. Sie mündeten in ein kriegerisches Vorgehen der Serben und Montenegriner gegen das Joch der Osmanen ein. Der südosteuropäische Konflikt bescherte dem Deutschen Reich insofern außenpolitische Erleichterung, als das allgemeine Interesse vom deutsch-französischen Gegensatz abgezogen wurde. Gleichzeitig brachte die neue Krise für Deutschland jedoch unübersehbare Schwierigkeiten mit sich. Sie erwuchsen aus der Rivalität zwischen den Russen und Österreichern. Ihre Interessen kreuzten sich auf dem Balkan; mit dem Deutschen Reich aber waren beide Mächte verbündet.

Ohne Zweifel bot der balkanische Streitfall den Deutschen die günstige Gelegenheit, den eingenisteten Argwohn Europas zu überwinden. Jetzt konnten sie beweisen, daß sie die Spur der Eroberungen längst verlassen hatten und statt dessen eine »Gleichgewichtspolitik der uninteressierten Macht der Mitte«[11] verfolgten. Gerade weil der deutsche Nationalstaat in dieser Region kein direktes Interesse besaß, vermochte er Europa überzeugend vor Augen zu führen, »daß die deutsche Politik, nachdem sie die injuria temporum, die Zersplitterung der Nation, gutgemacht hat, friedliebend und gerecht sein will«.

Die »verdienstlose Tatsache«, daß man in diesem entfernten Wetterwinkel der Weltpolitik keine eigenen Belange zu vertreten hatte, entsprach zu dieser Zeit durchaus noch jener von Bismarck so genannten »Objektivität des deutschen Charakters«[12]. Damit umschrieb der Reichskanzler die Tatsache, daß der Großmachtinstinkt der jungen Nation sich gerade erst regte, aber längst noch nicht voll erwacht war. Zudem vermochte ihr gerade ein »Consilium Asiaticum«[13], insbesondere gegenüber Rußland, die dringend benötigte Erleichterung zu verschaffen. Daß man sich, *nolens volens*, in eine schwebende Angelegenheit einmischte, deren ungewisse Entwicklung den risikovollen Übergang von der indirekten Neutralität zur direkten Parteinahme erforderlich machen konnte, beschrieb den anfallenden Preis, wollte man den sich bietenden Vorteil nehmen.

Die willkommene Chance, erst einmal Entlastung zu finden, ja die Existenznotwendigkeit einer die Gewichte ausgleichenden Großmacht sinnfällig werden zu lassen, war gleichzeitig mit dem unvorteilhaften Zwang zur außenpolitischen Option verbunden, die zu treffen für das Reich an sich unmöglich war.

Eine unmögliche Option

Sollten sich die Deutschen auf die Seite der Österreicher oder auf die der Russen schlagen? Die Antwort auf diese Frage war für die Deutschen deshalb schwierig, weil sie sich auf beide Mächte angewiesen fühlten, die in der Balkankrise so unversöhnlich miteinander stritten. Eng lagen Vor- und Nachteil einer Politik beisammen, die dafür eintrat und davon lebte, durch kontrollierte Handhabung machtpolitischer Konkurrenz Ausgleich zu schaffen und durch gezügelte Pflege internationaler Spannungen Frieden zu stiften. Die intensive Beschäftigung mit der Sache ließ aber sogleich jene Bedrohung aufblitzen, in die das dazwischenstehende Deutsche Reich durch eine isolierende Entfremdung von seinen Partnern geraten konnte. Würde es gelingen, lautete die für das Überleben der deutschen Großmacht zentrale Frage, die Balance Europas, die durch die Reichsgründung verändert erschien, zu bewahren, weil eben Gleichgewicht erforderlich war, um das Reich zu erhalten?

Bevor sie aus der komplizierten Lage einigen Gewinn zu ziehen vermochten, wurde es für die Deutschen bitterernst! Zwischen den aufbrechenden Fronten seiner konservativen Alliierten sah Deutschland sich vor allem der nötigenden Erwartung des Zarenreiches auf nahezu vorbehaltlose Unterstützung ausgesetzt. Die anfängliche Erleichterung durch die Ablenkung der allgemeinen Aufmerksamkeit vom europäischen Geschehen schwand rasch dahin; schlagartig lautete auf einmal das Gebot der Stunde, den orientalischen Konflikt überhaupt »zu überstehen, ohne mit diesen unseren Freunden in weniger gutes Verhältnis zu geraten als bisher«[14].

Dennoch blieb Otto von Bismarck auch weiterhin geneigt, die orientalische Frage als ein »Gebiet« zu betrachten, »auf welchem wir unsern Freunden nützlich und unsern Gegnern schädlich sein können, ohne durch direkte eigene Interessen wesentlich gehemmt zu werden«[15]. Seitdem Bismarck diese Einsicht im November 1862 als preußischer Außenminister niedergelegt hatte, waren die Zeiten grundsätzlich andere geworden. Ohne Zweifel erschien Deutschland inzwischen so stark, daß es die Mächte, bis zu einem hohen Maße jedenfalls, dazu zwingen konnte, vorsichtig einen Umweg um den Koloß in der Mitte herum zu wählen. Gleichzeitig mußte es jedoch erkennen, daß Großmächte nun einmal nur schwer Neutralität wahren können, weil sie für alle anderen einfach zu gewichtig sind.

Diese Gesetzmäßigkeit der Staatenwelt schlug jetzt im Zuge der sogenannten Livadia-Affäre durch. Ungeachtet ihrer Bedeutung oder gerade deswegen drang sie, ganz anders als die Krise vom Frühjahr 1875, gar nicht an die Öffentlichkeit. In ihrem heftigen Verlauf trat, für die deutsche Seite abschreckend, zutage, daß der Zar von ihr mehr verlangte, als sie zu geben bereit und mit egoistischer Rücksichtnahme auf Österreich-Ungarn auch zu geben imstande war. Dabei hatte der Reichskanzler keinen Zweifel daran gelassen, »daß Deutschland« dem Zarenreich gegenüber »die freundschaftliche Gesinnung« bewahre, die dieses seinerseits in den drei Einigungskriegen »tatsächlich bewahrt« habe[16].

Um diese Haltung zu bekräftigen, aber auch um den Zaren zu beruhigen, war Feldmarschall von Manteuffel, der Rußland in tiefer Zuneigung verbunden war, am 3. September 1876 mit einem kaiserlichen Handschreiben nach Warschau geschickt worden, wo der Herrscher aller Reußen sich gerade aufhielt. In dem Brief Wilhelms I. fand sich ein Passus, der für die deutsche Sache nicht eben förderlich war. Dort wurde wiederholt, was schon einmal, sehr zum Verdruß des Reichskanzlers, den auf Kompensation erpichten Russen versichert worden war: »Die Erinnerung an Deine Haltung für mich und mein Land von 1864 bis 1870/71 wird meine Politik gegenüber Rußland bestimmen.«[17] Großzügig räumte der weitgehende Zusatz ein: »quoi qu'il arrive« – was auch immer kommen mag!

Dieses Mal ergriffen die Russen, wegen der balkanischen Krise stärker als zuvor auf deutsche Unterstützung angewiesen, die sich bietende Gelegenheit umgehend. Mit ihren freundschaftlichen Bekundungen gedachten die Deutschen dem Zarenreich unter defensiven Vorzeichen zu bezeugen, »daß wir uns unter keinen Umständen zu feindlichen, auch nur diplomatischen Manövers gegen Rußland hergeben werden«[18]. Doch ein solches Versprechen genügte dem offensiven Begehren der Russen keineswegs. Sie forderten Rückendekkung für die Eventualität eines Vorgehens, das an die Substanz des europäischen Status quo rührte und damit auch den Erhalt des Deutschen Reiches als einer unabhängigen Großmacht betraf. Mit kaum zu überbietender Rücksichtslosigkeit warfen sie die tückische Frage auf, ob das Deutsche Reich dazu bereit sei, sich *für* Rußland und *gegen* Österreich-Ungarn zu entscheiden. Daß ihr forsch, einigermaßen frech vorgetragenes Ansinnen so gänzlich unverhüllt den Berliner Adressaten erreichen konnte, hatte einen besonderen Grund. Denn zum ungeschickten Träger dieser undiplomatischen Botschaft ließ sich, sehr zum Unwillen Bismarcks, der Militärbevollmächtigte in Sankt Petersburg, Generalleutnant von Werder, benutzen – »mißbrauchen«, wie der Reichskanzler aufgebracht tadelte.

Sein Gegenspieler Gortschakow, mit allen Finessen des machiavellistischen Rankünespiels vertraut, umging den üblichen Weg der diplomatischen Anfrage. Hätte er ihn gewählt und sein Anliegen selbst vorgetragen, hätte er sich leicht eine Blöße gegeben und wahrscheinlich ganz rasch einen Korb erhalten. Ein geschulter Diplomat wäre so ohne weiteres nicht dazu bereit gewesen, eine derart unorthodoxe, aus dem Rahmen fallende Frage überhaupt weiterzuleiten. General von Werder dagegen, im Metier nicht bewandert und voll guten Glaubens, saß Gortschakow auf. Am 1. Oktober 1876 telegraphierte er aus der kaiserlichen Residenz zu Livadia, der Zar erwarte, »daß, wenn es zum Kriege mit Österreich kommen sollte, Seine Majestät der Kaiser geradeso handeln würde, wie er es 1870 getan. Der Kaiser von Rußland sprechen mir fast täglich davon und wünschen dringend eine Bestätigung«[19]. »Krieg mit Österreich« – diese zutiefst befremdliche Vorstellung der russischen Politik ging Bismarck durch Mark und Bein!

Was sollte er tun? Für wen er sich in der verhaßten Zwangslage auch immer entschied, die Folgen mußten nachteilig sein. Denn zu optieren hieß grundsätzlich, an kostbarer Bewegungsfreiheit einzubüßen, abhängiger zu werden, als man als souveräne Großmacht sein wollte und durfte. Daher kam es darauf an, eben diese Gefahr zu umgehen. Einen verheerenden Krieg zwischen Österreich-Ungarn und Rußland, die mit Deutschland das Dreikaiserabkommen geschlossen hatten, galt es ebenso zu vermeiden wie auch, eine Entscheidung zwischen Sankt Petersburg und Wien zu umgehen, die für Berlin nur unliebsame Auswirkungen mit sich bringen konnte.

Allein durch das spannungsreiche Zusammenwirken der drei konservativen Mächte vermochte das Deutsche Reich seine spezifische Eigenständigkeit zu bewahren. Verständlich daher, daß Bismarck es zurückwies, sich im russischen Sinne festzulegen. Er lehnte es ab, auf die ihm vorgelegte »Doktorfrage«[20] gleichsam »in abstracto, losgelöst von allen tatsächlichen Voraussetzungen«[21] eine Antwort zu geben. Gelindert werden konnte die Enttäuschung auf russischer Seite nur dadurch, daß ihr mit gezielter Unabsichtlichkeit zu Gehör kam, das Reich habe sich auf entsprechende Bemühungen anderer Mächte ebenso spröde verhalten. Damit gewann die den Russen unterbreitete Antwort Bismarcks zumindest überzeugende Kontur, wenn sie auch nicht eben begeisterte Zustimmung fand. Echte Neutralität zu wahren, hat es nicht selten an sich, daß alle Betroffenen weniger die daraus erwachsenden Vorteile als vielmehr die damit verbundenen Nachteile wahrnehmen.

Dessenungeachtet ließ der Reichskanzler, über den Anlaß der russischen Anfrage hinaus zum Grundsätzlichen seiner äußeren Politik vorstoßend, eindrucksvoll das deutsche Interesse daran unterstreichen, eine Entzweiung zwischen dem Zarenreich und der Habsburgermonarchie vermeiden zu wollen. Für den Fall aber, daß dies mißlinge, so wurde eingeräumt, könne es deutschen Interessen »nicht entsprechen, durch eine Koalition des gesamten übrigen Europa, wenn das Glück den russischen Waffen ungünstig wäre, die Machtstellung Rußlands wesentlich und dauernd geschädigt zu sehen«. Doch wie einst der alte Fürst Metternich als leibhaftiger »Baron de balance« handelte, folgte auf das scheinbare Zugeständnis an die eine Seite umgehend die austarierende Einschränkung nach der anderen hin: »Ebenso tief aber würde es die Interessen Deutschlands berühren, wenn die österreichische Monarchie in ihrem Bestande als europäische Macht oder in ihrer Unabhängigkeit derart gefährdet würde, daß einer der Faktoren, mit denen wir im europäischen Gleichgewicht zu rechnen haben, für die Zukunft auszufallen drohte.«[22]

Im Sinne der Bewahrung von Frieden und Status quo, mit denen das Deutsche Reich seine Existenz verband, klang solch ausgewogene Einlassung überzeugend. Für Rußland, das den Status quo gerade zu ändern bestrebt und dafür den Krieg zu riskieren bereit war, nahm sich das entsprechende Interesse ganz anders aus. Je nachdem, welche der russischen Optionen jetzt zum Tragen kam, konnte Deutschland am Ende in gefährlicher Isolierung dastehen – und so entwickelte es sich dann auch tatsächlich.

Vertan war für die Russen die Wahlchance eines Zusammengehens mit Deutschland. Am stürmischen Beginn des Jahres 1875 und dann noch einmal in der prekären Lage vom Herbst 1876 war das Reich bereit gewesen, Rußlands südosteuropäische Interessen auf Gegenseitigkeit unter zwei Bedingungen zu unterstützen: keine Opferung Österreich-Ungarns und Garantie der deutschen Westgrenze einschließlich von Elsaß-Lothringen. Das eine wollte Rußland ebensowenig zusagen wie das andere, weil es sich im Grunde alle Möglichkeiten des Handelns ohne Rücksichtnahme auf deutsche Belange vorbehalten wollte.

Die zweite Wahlchance, die das Zarenreich sondierte, verlangte von Deutschland, sich durch Unterstützung die Petersburger Auffassung zu eigen zu machen, wonach Rußland »ein Recht hat, als Mandatar Europas unerträglichen Zuständen ein Ende zu machen«[23], das heißt aber: Der Zar wollte den Sultan mit allen zur Verfügung stehenden Mitteln bis hin zur kriegerischen Intervention zu den lange überfälligen Reformen für die christlichen Untertanen des Osmanischen Reiches auf dem Balkan zwingen. Damit wäre Rußland zum Protektor über Südosteuropa aufgestiegen! Selbst im »Kongreß-Europa« der Heiligen Allianz war den Russen ein entsprechendes Ansinnen verwehrt worden. Um wie vieles geringer nahm sich die Wahrscheinlichkeit für das Gelingen ihres Versuches jetzt aus, mußte er doch umgehend Österreich-Ungarn und Großbritannien auf den Plan rufen, konnte sogar den allgemeinen Krieg nach sich ziehen, der für Europa und Deutschland nur Nachteile mit sich zu bringen vermochte. Daher beschied Bismarck auch diese Option der Russen abschlägig. Bezeichnenderweise vermerkte er im Varziner Diktat vom November 1876 mit kritischer Ironie: »Ich habe das Wort ›Europa‹ immer im Munde derjenigen Politiker gefunden, die von anderen Mächten etwas verlangten, was sie in eigenem Namen nicht zu fordern wagten; so die Westmächte im Krimkriege, und in der polnischen Frage von 1863, so Thiers im Herbst 1870 und Graf Beust, als er das Mißlingen seiner Koalitionsversuche gegen uns mit dem Worte ausdrückte, ›je ne vois plus l'Europe‹.«[24]

Blieb den Russen nur noch die dritte Wahlchance, die für das Reich mehr als unangenehm wirkte. Denn sie trieb Deutschland in die Isolierung und machte einen Krieg an der Peripherie wahrscheinlich, der das übrige Europa nicht zuletzt angesichts der britischen Orientinteressen durch seine machtpolitischen Rückwirkungen in Mitleidenschaft ziehen mußte. Für die deutsche Außenpolitik kam es nicht vornehmlich auf die »Gestaltung der Verhältnisse des türkischen Reiches« an, sondern vielmehr auf die damit verbundene »Stellung, in welche die uns befreundeten Mächte zu uns und untereinander gebracht werden«[25].

Während Deutschland, Bismarcks berühmtem Diktum in seiner Reichstagsrede vom 5. Dezember 1876 zufolge, für die orientalische Frage nicht die »gesunden Knochen eines einzigen pommerschen Musketiers«[26] zu opfern bereit war, hatten sich Österreich-Ungarn und Rußland paradoxerweise gerade über dieses sie so grundsätzlich entzweiende Objekt zeitweilig geeinigt. Was sich beim russisch-österreichischen Verständigungsversuch von Reichstadt im Sommer 1876 angedeutet hatte, kam nunmehr in einem geheimen Vertrag zwischen den beiden Monarchien in Budapest am 15. Januar 1877 zum Zuge: Für den Fall eines russisch-türkischen Krieges erkaufte der Zar die wohlwollende Neutralität Österreich-Ungarns mit dem Zugeständnis, der Habsburgermonarchie bei siegreichem Ausgang die türkischen Provinzen Bosnien und Herzegowina zu überlassen. Absprachen über eine Demarkation ihrer Interessen trafen darüber hinaus beide für die Eventualität, daß die Osmanen ihre südosteuropäische Herrschaft nicht mehr länger zu behaupten imstande waren.

Alles, was Bismarck angesichts der drohenden Isolierung des Reiches vorläufig tun konnte, war, den Versuch zu wagen, einen Fühler nach England auszustrecken. Vorsichtig bemühte er sich herauszufinden, ob angesichts der Verständigung zwischen Rußland und Österreich-Ungarn mit Großbritannien zu rechnen war. Konnte er vor allem im Hinblick auf eine Annäherung Frankreichs an die russisch-österreichische Formation, insbesondere zur Entlastung im Westen, auf England als Gegengewicht zählen? Das tastende Experiment blieb erfolglos: Zwar zeigten sich die Briten durchaus daran interessiert, europäische Mächte für ihre Belange, beispielsweise in balkanischen Fragen, zu gewinnen, aber ebensowenig waren sie dazu bereit, sich in kontinentale Händel einzulassen. In einsamer Stärke mußte Bismarcks Deutschland abwarten, welche Chancen die Lage in Südosteuropa, die so offensichtlich in einen Krieg zwischen Zar und Sultan einmünden würde, künftighin bot, um die internationale Konstellation für das isolierte Reich erneut vorteilhafter zu fügen.

Zar und Sultan im Krieg

Im Vertrauen auf die österreichische Neutralität griff Rußland am 24. April 1877 in das militärische Ringen auf dem Balkan ein. Alle Bemühungen, die insbesondere von seiten der Briten und Franzosen im Zusammenwirken mit den Österreichern unternommen wurden, um die Türken zu freiwilligen Reformen in Südosteuropa zu bewegen, hatten keinen Erfolg gehabt. Damit war auch der letzte Versuch gescheitert, einer unerwünschten Intervention der Russen vorzubeugen und ihren bedrohlichen Protektorengelüsten auf die krisengeschüttelte Region zuvorzukommen.

Von der proslawischen Bewegung und der antitürkischen Stimmung in seinem Land getrieben, ergriff der Zar die militärische Initiative und eilte den auf die Verliererstraße geratenen Serben bei ihrem Kampf gegen die Osmanen zu Hilfe. Nun mußten Erregung über die türkischen Grausamkeiten in Bulgarien und Begeisterung für das nationale Selbstbestimmungsrecht der unterjochten Völker des Balkans, die in Westeuropa bis dahin im Vordergrund standen, dem machtpolitischen Kalkül Frankreichs und vor allem Großbritanniens zunehmend weichen. Denn zusammen mit seinem Alliierten Rumänien, das seit 1866 von einem Hohenzollern regiert wurde, brach Rußland schließlich den unerwartet hartnäckigen Widerstand, den die Türkei über Monate hinweg vor allem am Schipka-Paß und in der Festung Plewna geleistet hatte. Erst im Dezember 1877 gelang den Russen der Durchbruch nach Süden, der sie bis an das Marmarameer vorstoßen ließ: Konstantinopel lag in greifbarer Nähe!

Hatte Großbritannien während der zurückliegenden Monate bereits seine Flotte in die Nähe des Kriegsschauplatzes beordert, fühlte sich die englische Weltmacht jetzt aufs höchste alarmiert: Im Kabinett setzte sich Disraelis machtpolitischer Standpunkt durch; an der Spitze des Foreign Office löste der realpolitisch orientierte Lord Salisbury den nichtinterventionistisch gesinnten

Lord Derby ab; die britische Garnison auf Malta wurde weiter verstärkt; englische Kriegsschiffe fuhren durch die Dardanellen ins Marmarameer ein, um Konstantinopel zu schützen. Im Zustand höchster Kriegsbereitschaft standen sich die russische und die britische Weltmacht unmittelbar gegenüber.

Als offenbar wurde, daß der triumphierende Zar dem besiegten Sultan maßlose Friedensbedingungen aufzuerlegen vorhatte, die das zwischen Wien und Sankt Petersburg ein Jahr zuvor in Budapest Vereinbarte grob mißachteten, da sah sich auch Österreich-Ungarn Seite an Seite mit Großbritannien dazu aufgerufen, Front gegen das Zarenreich zu machen. Gleichsam am Rande eines Weltkrieges diktierten die vom Erfolg verblendeten Russen den geschlagenen Türken mit trotziger Siegerpose am 3. März 1878 den demütigenden Frieden von San Stefano. Er sah nicht allein vor, Serbien, Montenegro und Rumänien die Unabhängigkeit zu gewähren; weit darüber hinaus wurde festgelegt, ein bulgarisches Fürstentum zu errichten, das nach Ablauf einer auf zwei Jahre befristeten Besatzung durch russische Truppen der Türkei zwar noch tributpflichtig sein sollte, in allen wesentlichen Belangen jedoch von Rußland abhängig sein würde. Das üppig erweiterte Territorium Großbulgariens dehnte sich im Westen bis nach Makedonien und im Süden sogar bis zur Ägäis. Dieses russische Kriegsziel zu verwirklichen, hieß nichts anderes, als die Gewichte auf dem Balkan so grundlegend zu verändern, daß die Balance der Mächte insgesamt auf dem Spiel stand.

Wie das weltpolitische Pokerspiel zwischen Briten und Russen während der ersten Hälfte des Jahres 1877 auch ausgehen mochte, es demonstrierte mit kaum zu übertreffender Deutlichkeit, in welchem Ausmaß die Frage nach Krieg oder Frieden von diesen beiden Mächten abhängig war. Vor solchem Hintergrund benutzte Bismarck die Gelegenheit eines Schriftverkehrs mit dem deutschen Botschafter in Sankt Petersburg, von Schweinitz, um über den akuten Anlaß hinaus die Weltlage grundsätzlich zu betrachten. Auch in diesem Zusammenhang spielte die globale Rivalität zwischen England und Rußland eine zentrale Rolle. Ohne daß der deutsche Reichskanzler den Begriff benutzte, erscheinen sie im Vergleich mit den anderen Staaten Europas als die einzigen Weltmächte der Zeit. Denn anders als die äußere Politik der übrigen Staaten, die teilweise auch außereuropäische Interessen verfolgten und überseeischen Besitz ihr eigen nannten, hatte das außenpolitische Handeln dieser beiden in der Tat, was Großbritannien anging, oder der Tendenz nach, was Rußland betraf, weltweite Orientierung. Sie waren es im Grunde, die das »Große Spiel« im Sinne eines »Global Conflict« (C.J. Bartlett) austrugen: »Die Spannung der englisch-russischen Politik und ihre latente Gegnerschaft war gleichsam das Gewölbe, unter dem sich Europa geborgen fühlte und zu einer relativen Ruhe kam.«[27] Das Ergebnis seiner gedanklichen Auseinandersetzung mit der allgemeinen Weltlage diktierte Otto von Bismarck, der zu einem Kuraufenthalt in Bad Kissingen weilte, seinem Sohn Herbert unter dem Datum des 15. Juni 1877 in die Feder.

Das Kissinger Diktat

Die besonderen Umstände seiner Entstehung verweisen auf den spezifischen Charakter des immer wieder zitierten Kissinger Diktats. Es handelt sich dabei nämlich nicht um einen theoretisch angelegten Traktat wie Machiavellis »Principe« oder den »Anti-Machiavell« des späteren Preußenkönigs Friedrichs des Großen; es stellt auch nicht ein weit in die Zukunft blickendes Vermächtnis dar wie Richelieus »Testamente« oder Washingtons »Farewell Address«. Zwar vermittelt es über den Tag und die akute Lage hinaus allgemeine Einsichten und gültige Handlungsanleitungen; dennoch ist es viel eher in konkreter als in allgemeiner Absicht verfaßt und präsentiert sich stärker als eine grob entworfene Skizze denn als ein ausgereift unterbreitetes Werk: »Wenn ich arbeitsfähig wäre, könnte ich das Bild vervollständigen und feiner ausarbeiten, welches mir vorschwebt.«[28]

Nun, was Bismarck vorschwebte, war die bestmögliche Sicherung des Bestehenden durch kontrollierte Ausnutzung natürlich existierender, nicht aber künstlich herbeizuführender Spannungen. Ein Zustand internationaler Ordnung, mit dem kein Partner des Gesamten so unzufrieden sein durfte, daß er ihn zu revolutionieren trachtete, sondern der vielmehr von allen, auf die es ankam, anerkannt wurde, sollte Deutschland zum Vorteil gereichen. Insofern entwarf er für das Reich ein Ideal, das »nicht das irgend eines Ländererwerbes, sondern das einer politischen Gesamtsituation« zu sein hatte, »in welcher alle Mächte außer Frankreich unser bedürfen, und von Koalitionen gegen uns durch ihre Beziehungen zueinander nach Möglichkeit abgehalten werden«. Zu bannen war vor allem jener Alp der Koalitionen, auf dessen andauernde Gefährlichkeit er besonders einging: »Diese Art Alp wird für einen deutschen Minister noch lange, und vielleicht immer, ein sehr berechtigter bleiben.«

Als unwahrscheinlich sah er in diesem Zusamenhang eine gegen Deutschland gerichtete Allianz an, die England und Rußland gemeinsam umfassen würde. Für realistischer hielt er jedoch die beiden Möglichkeiten einer jeweils unterschiedlich zusammengesetzten Dreierkoalition, an der, von Fall zu Fall verschieden, die eine oder die andere dieser beiden Mächte teilhätte: »Auf westmächtlicher Basis mit Zutritt Österreichs« oder »gefährlicher vielleicht noch auf russisch-österreichisch-französischer«. Vom Kriegsfall einmal abgesehen, mußte eine solche Konstellation die an der Allianz Beteiligten geradezu einladen, übermächtigen Einfluß auf Deutschland auszuüben: in direkter Form durch das Gewicht der drei miteinander verbundenen Staaten; in indirekter Form, wenn »eine große Intimität zwischen zweien der 3 letztgenannten Mächte ... der dritten unter ihnen jederzeit das Mittel zu einem sehr empfindlichen Drucke auf uns bieten« würde.

Eine Gelegenheit, davon Erleichterung zu finden, boten die Spannungen der orientalischen Frage, die sich gerade wieder einmal kriegerisch entladen hatten und in eine große Auseinandersetzung zwischen England und Rußland umzuschlagen drohten. Nach Bismarcks verhalten optimistischem Urteil ließen sie sich zum Vorteil des Deutschen Reiches nutzen. Im Zentrum seiner Überlegungen stand demgemäß der Weltgegensatz zwischen England und Rußland. Über die asiatischen Felder dieser globalen Konkurrenz hinaus verdichtete sich seine Existenz in der orientalischen Frage, lag somit in der Reichweite Europas und bezog alle Mitglieder der Pentarchie ein. Aus der russisch-englischen Rivalität in Konstantinopel und an den Meerengen galt es daher Nutzen zu ziehen: Nutzen für die Erhaltung des europäischen Gleichgewichts, des allgemeinen Friedens und der deutschen Großmacht, die in ihrer innen- und außenpolitischen Eigenart und Autonomie zwischen Ost und West, zwischen Rußland und England, zwischen Autokratie und Parlamentarismus bestehen sollte.

»Ich wünsche«, gab Bismarck gleich am Beginn seiner Überlegungen das ihn leitende Interesse zu erkennen, »daß wir, ohne es zu auffällig zu machen, doch die Engländer ermutigen, wenn sie Absichten auf Ägypten haben.« Im Hinblick auf den darin aufgehobenen Gegensatz zwischen Sankt Petersburg und London fuhr er sodann fort: »Wenn England und Rußland auf der Basis, daß ersteres Ägypten, letzteres das Schwarze Meer hat, einig würden«, umschrieb er das Grundmuster seiner Gedankenbildung, in der sich Ausgleich und Gegensatz der Kontrahenten die Waage hielten und die das Gleichgewicht Europas mit der Existenz Deutschlands verband, »so wären beide in der Lage, auf lange Zeit mit Erhaltung des status quo zufrieden zu sein, und doch wieder in ihren größten Interessen auf eine Rivalität angewiesen, die sie zur Teilnahme an Koalitionen gegen uns, abgesehn von den inneren Schwierigkeiten Englands für dergleichen, kaum fähig macht«.

Wie er vorhatte, Versöhnung und Konflikt im österreichisch-russischen Verhältnis zum Vorteil des Reiches zu mischen und bis auf einen strittigen Rest an territorialer Manövriermasse im übrigen eine Demarkationslinie zwischen den Interessensphären beider Rivalen zu ziehen, gedachte er auch England und Rußland in dauerhaftem Mißtrauen miteinander zu vermählen: Das so widersprüchlich plausibel Entworfene schlug sich im »System des Doppelverschlusses mit den Dardanellen für England und dem Bosporus für Rußland« nieder. Daß diese Lösung für Großbritannien Nachteile enthielt, weil »seine Dardanellenbefestigungen unter Umständen durch Landtruppen leichter genommen als verteidigt werden können«, entging Bismarck dabei nicht. Indes, auch unter diesem Gesichtspunkt zog er nüchtern die Vorläufigkeit des Ganzen in Betracht. Seine Entwicklung blieb letztlich »Sache der Verhandlungen«, also dem zukünftigen Gang der Dinge überlassen: »Das Gesamtergebnis, wie es mir vorschwebt, könnte sich ebenso gut nach, wie vor den entscheidenden Schlachten dieses Krieges ausbilden.«

Zweifellos, es gab unverkennbare Chancen, die solch mechanischem Spiel mit Mächten und Gewichten innewohnten. Gleichzeitig wurde aber auch die

Grenze dessen sichtbar, was Bismarck damit insgesamt verfolgte: nämlich die russischen und englischen Interessen von der Mitte des Kontinents fort nach Südosteuropa zu verlagern; dadurch beide von Aktionen abzuhalten, die gegen Deutschland gerichtet waren; England »von dem uns feindlich bleibenden Frankreich wegen Ägyptens und des Mittelmeers« zu lösen; Rußland durch die englische Konkurrenz im Orient auf Deutschland angewiesen sein zu lassen; kurzum, den antagonistisch kultivierten Ausgleich zwischen London und Sankt Petersburg zu nutzen.

Allerdings: In einen Krieg sollte der als unüberwindlich eingeschätzte Weltgegensatz zwischen »Walfisch« und »Bär«, wie England und Rußland im Sprachgebrauch der Zeit genannt wurden, auf gar keinen Fall umschlagen. Der *casus belli* zwischen den beiden Giganten markierte die Grenze im Kalkül und Handeln Otto von Bismarcks, deren Verletzung rasch zum Gegenteil des Beabsichtigten führen konnte. Den militärischen Konflikt zwischen der Seemacht im Westen und der Landmacht im Osten galt es nicht zuletzt deshalb zu vermeiden, weil seine Existenz sich unkontrollierbar auszuweiten und zerstörerisch einzufressen vermochte. Da im Gefolge solch ganz und gar unerwünschter Entwicklung die innere und äußere Revolution des Bestehenden überhaupt drohte, wäre dadurch auch Deutschlands Existenz in erheblichem Ausmaß gefährdet.

Diese Feststellung zu treffen heißt aber gleichzeitig, das Problem deutscher Handlungsfähigkeit zu benennen: Die Eigenständigkeit der jungen Großmacht hing sehr viel elementarer von England und Rußland ab, als diese vom Deutschen Reich abhängig gewesen wären. Daher konnte sich auch eine Option zugunsten der einen oder der anderen Flügelmacht, mit gefährlicher Leichtigkeit und gleichsam wie von Natur aus, zur Juniorpartnerschaft Deutschlands gegenüber Großbritannien oder dem Zarenreich entwickeln. Die Anlehnung an die eine oder die andere Seite zu vermeiden, fiel dem Reich wiederum mit Gewißheit schwerer, als das umgekehrt der Fall war. Im Rahmen eines Staatensystems, das seine herkömmlichen Dimensionen erweiterte, grundsätzlichem Wandel unterworfen war und nach einer neuen Gestalt suchte, verfügten Engländer und Russen einfach über ein höheres Maß an natürlicher Unabhängigkeit.

Wie eine tickende Zeitbombe lag zudem über allem die lastende Frage, wie lange sich im Widerstreit von Nationalisten und Traditionalisten die kunstvollen Schachzüge der Diplomatie dem ungestümen Zugriff des Volkstümlichen noch würden entziehen können oder wann sie diesem einen wahrscheinlich folgenreichen Tribut leisten mußten. Zunehmend heftiger und ungeduldiger regte sich die seit Jahrzehnten anwachsende Schar der von Franz Schnabel einmal so genannten »Patrioten«[29], die das wankende Gehäuse der überlieferten Staatenwelt ohne Unterlaß berannten.

Im Grunde dauerte dieser prinzipielle Konflikt, der von den Revolutionen des 18. Jahrhunderts seinen Ausgang nahm, bereits seit den Tagen an, da Europa im Jahre 1814/15 auf dem Wiener Kongreß neu geordnet worden war. Metternich, Talleyrand, Nesselrode und Schwarzenberg verteidigten die alte Welt gegenüber den ungarischen, polnischen, tschechischen und italienischen Patrioten vom Schlage eines Kossuth, Kościuszko, Palacký und Mazzini. In Deutschland aber war es, dem scharfsichtigen Urteil Schnabels gemäß, die von Stein, Arndt und Jahn ausgehende, über Dahlmann, Gagern und Hecker bis hin zu Treitschke reichende Bewegung, der das Bismarckreich lediglich als ein unfertiger Nationalstaat vorkam: Seine eigentliche Bestimmung würde Deutschland an neuen Ufern zu suchen haben.

Beunruhigend trat die Fragilität des eben erst Begründeten sowohl im nationalen wie im internationalen Zusammenhang hervor. Auf gar keinen Fall durfte sich ein solch unstetes Verlangen der veränderten Zeit, der Überzeugung Bismarcks zufolge, im kriegerischen Prävenire entladen: »Eine Politik, wie Friedrich II. beim Beginn des Siebenjährigen Krieges machen wir nicht – den sich zum Angriff vorbereitenden Feind plötzlich zu überfallen«. Das hätte »in der Tat« heißen können, wie Bismarck es wenige Tage nach dem Kissinger Diktat bildhaft beschwor, »Eier [zu] zerschlagen, aus welchen sehr gefährliche Kücken kriechen könnten«[30].

Noch deutlicher ließ er seinen Kurs des Maßes und der Zurückhaltung, des Desinteresses am territorialen Erwerb und der Konzentration auf das Bestehende in seiner großen Reichstagsrede vom 19. Februar 1878 gegenüber »einer sich noch vielfach im eigenen Machtgefühl räkelnden deutschen Öffentlichkeit«[31] erkennen. Darin umriß er die mögliche Position, die das Reich auf einem Kongreß zur Beilegung der russisch-türkischen Auseinandersetzung und der orientalischen Krise einnehmen könne. Als nämlich nicht mehr länger zu übersehen war, daß die Balkaninteressen der Donaumonarchie der rücksichtslosen Mißachtung des siegestrunkenen Rußland zum Opfer fallen würden, hatte der Wiener Außenminister Andrássy mit Krieg gedroht, gleichzeitig aber als Alternative dazu die Abhaltung einer Konferenz gefordert. Ihre Aufgabe sollte es sein, die unliebsamen Folgen des russisch-türkischen Krieges beizulegen. Nicht zuletzt auf russisches Drängen hin und mit evidenten Erwartungen des Zarenreiches gegenüber dem preußischen Alliierten aus alten Tagen sollte dieser Kongreß nunmehr in Berlin stattfinden.

Der Berliner Kongreß

Wenn er sich schon der undankbaren Aufgabe zu unterziehen hatte, in der deutschen Hauptstadt Ausgleich unter den europäischen Mächten zu stiften, dann wollte Bismarck dabei keinem Beteiligten über Gebühr zu Gefallen sein. Vielmehr plante er die Gelegenheit zu nutzen, um die »Interessengemeinschaft zwischen der deutschen Sicherheit in der Mitte und dem Frieden Europas«[32] neu einzurichten. Das Reich als »die Blei-Garnierung« zu benutzen, »welche die Figur immer wieder zum Stehen bringe«[33], würde gerade geeignet sein, aller Welt die Unentbehrlichkeit des deutschen Nationalstaates für das europäische Gleichgewicht vor Augen zu führen. Noch schien auch die eigene Kraft auszureichen, um selbst die wirklich Großen, England und Rußland, zum Einlenken zu bewegen. Das berühmt gewordene Bild, das der Kanzler zur Beschreibung seiner Aufgabe wählte, war das des »ehrlichen Maklers, der das Geschäft wirklich zustande bringen will«[34].

Zweifel gegenüber dem Gelingen dieses Vorhabens waren ihm nicht fremd. Sein Bankier Bleichröder nährte sie, da er das Geschäft, aus dem ihm für den Makler nur Nachteile zu erwachsen schienen, im Grunde ablehnte. Dennoch vertraute Bismarck darauf, daß es ihm gelingen werde, weder als »Schiedsrichter« aufzutreten noch gar als »Schulmeister«[35] zu erscheinen. Strikt wollte er alles vermeiden, was irgendwie an das unvorteilhafte Auftreten des kongreßvernarrten Napoleon III. erinnern konnte. Selbstverständlich sah er auch die Risiken, die seiner Mittlerstellung drohten. Denn im Verlauf des Kongresses konnte sich eine Zusammenarbeit zwischen Österreich-Ungarn und England ergeben, die das Abkommen der drei Kaiser gefährden mußte. Gleichzeitig damit, aber auch unabhängig davon mochten sich Rußland und Frankreich einander nähern und Deutschland bedrohlich in die Zange nehmen.

Auch die innenpolitischen Vorbehalte gegenüber der ausgleichenden Rolle des Neutralen, der sich allein darauf beschränkte, das Bestehende zu konsolidieren, waren nicht zu überhören. Von der Sozialdemokratie über das Zentrum bis hin zu den Nationalliberalen fand seine Innen- und Außenpolitik der Bewegungslosigkeit sowieso schon genügend Kritik; sie ging jetzt mit jener antirussischen bzw. antizarischen Überzeugung auf der Linken einher, der Wilhelm Liebknecht am 19. Februar 1878 im Reichstag unmißverständlichen Ausdruck verlieh. Es werde »ein Moment kommen«, prophezeite er in ebenjener Sitzung des Parlaments, in der Bismarck seine Haltung zum Gedanken eines europäischen Kongresses erläuterte, »wo der Friede nicht mehr möglich ist, wo die Macht Rußlands sich in einer Weise geltend macht, daß das Schwert gezogen werden muß«[36].

Alle diese Bedenken galt es indes zurückzustellen, bot sich doch die Chance, die europäischen Großmächte von jener Politik der Saturiertheit und Friedfertigkeit des Reiches zu überzeugen, die der Kanzler im Prinzip seit dessen Gründung verfolgte. Mehr noch: Endlich zeichnete sich die günstige Gelegenheit ab, Europa eine Vorstellung von derjenigen Potenz zu vermitteln, welche die Elemente der inneren und äußeren Unruhe eindämmte. In schwerer Zeit war sie allen zu Diensten und daher gleichsam unentbehrlich.

Insgesamt trug Bismarck noch einmal, wenn auch nur für begrenzte Frist, gleichsam an der Schwelle zu einem neuen Weltalter der gesteigerten Bewegung und der dynamischen Unruhe, die Woge der Zeit. Vor der Reichsgründung hatte sie ihn, der darauf so vorzüglich zu navigieren verstand, von Erfolg zu Erfolg getragen und in den Jahren danach oftmals hinderlich umbrandet. Doch jetzt waren, mit der Absicht seines eigenen Handelns nahezu deckungsgleich, die europäischen Zeichen der Zeit auf die Bewahrung des Status quo und die Eindämmung des Revolutionären gerichtet.

Diese allgemeine Tendenz vermochte, ungeachtet der offenen Frage nach ihrer mehr als ungewissen Zukunftsdauer, seinem wachen »Genie des Gegenwärtigen« nicht zu entgehen. Denn erst einmal dominierte sie, mit bezeichnenden Unterschieden von Land zu Land, auf innen- bzw. parteipolitischem Feld überall in Europa: allen voran in Rußland und in gewisser Hinsicht inzwischen auch in England, der Tendenz nach sogar in Frankreich und bald auch wieder in der Habsburgermonarchie. Daß diese übernationale Entwicklung, für eine Zeitlang jedenfalls, vorwaltete, zeitigte für die Hauptkontrahenten im andauernden Konflikt, für Russen, Briten und Österreicher, außenpolitische Konsequenzen: Aus Gründen der eigenen Überbürdung und der ruinösen Kosten, der gefährlichen Unkontrollierbarkeit und der lauernden Revolutionsgefahr wollten sie den Krieg allesamt vermeiden.

Diese Entwicklung der Dinge kam Bismarcks Absicht entgegen: Mechanisch und schöpferisch zugleich sollte die »Großmacht ohne Staatsidee«[37] von der Mitte Europas aus, unter weitgehender Abstinenz von allen weltanschaulichen Beimischungen in der äußeren Politik, die Disposition der Macht, ihre Freisetzung und Zähmung, ihre Verteilung und Ausbalancierung verantwortlich besorgen. Dieses genial einfache Spiel einer aus dem vorhergehenden Säkulum ins 19. Jahrhundert geretteten Staatskunst, deren gefährdete Anfälligkeit angesichts der nationalen Bewegungen der abhängigen Völker und des inneren Gestaltwandels der großen Mächte kaum zu verkennen war, bestimmte bereits die Verhandlungen, die dem Kongreß vorangingen. Für seinen Verlauf wurden sie wesentlich und erleichterten Bismarcks Konferenzführung erheblich.

Mit seiner unaufdringlich gewährten Hilfe einigten sich, wenn auch unter erheblichen Mühen, England und Rußland darauf, Ostrumelien, das dem so großzügig erweiterten Fürstentum Bulgarien zugeschlagen worden war, dem Osmanischen Reich mit der Auflage zurückzugeben, daß ein christlicher Gouverneur an die Spitze der Provinz trete. Damit behielt die in Sankt Petersburg Maß und Ausgleich suchende Schule der zarischen Diplomatie, insbesondere der Londoner Botschafter Graf Schuwalow, der auch während des Berliner Kongresses dieser moderaten Linie folgte, die Oberhand, während ihre auf Triumph und Gewinn bedachten Widersacher, vor allem der russische Botschafter in Konstantinopel, Graf Ignatjew, der den Frieden von San Stefano weitgehend diktiert hatte, unterlagen.

Daß die Briten den Russen Ostrumelien zugunsten der Osmanen abgerungen hatten, zahlte sich für England aus. Denn nur wenige Tage nach der britisch-russischen Einigung vom 30. Mai 1878 erklärte die Türkei ihre vorläufig noch geheimgehaltene Bereitschaft, England die Insel Zypern zu überlassen: Damit war die britische Weltmacht über den Besitz von Gibraltar und Malta hinaus dem von ihr maßgeblich kontrollierten Suezkanal ganz nahe gerückt und hatte die lebenswichtige Route nach Indien befestigt. Was schließlich das so empfindlich düpierte Österreich-Ungarn anging, erhielt es gleichfalls noch vor Kongreßbeginn zur Sättigung seiner Interessen das Recht darauf, Bosnien und die Herzegowina zu besetzen.

Ungeachtet dieser vorab getroffenen Vereinbarungen verlief der vom 13. Juni bis zum 13. Juli tagende Kongreß beileibe nicht komplikationslos. In seinem Verlauf waren vielmehr immer wieder, denkt man allein an die scheinbar endlos währenden Sitzungen zur Regelung einzelner Grenzverläufe im balkanischen Krisengebiet, die tückischen Klippen vorzeitigen Scheiterns zu umschiffen. Insgesamt war er – noch einmal, ist man zu sagen geneigt – vom »Ideal der Vorurteilslosigkeit und Unbefangenheit« getragen. Unter Verzicht auf »theoretische Staatsideale, pathetische Resolutionen und unfruchtbare Forderungen der öffentlichen Zeitungsmeinung«, so ist im allgemeinen Zusammenhang einmal über das Problem des Gestaltwandels äußerer Politik im Zeitalter der sogenannten Moderne kritisch geurteilt worden, wurde im Grunde alles dem vorwaltenden Prinzip von Macht und Gegenmacht untergeordnet. Ebendas aber war Bismarcks ureigenes Feld, auf dem er sich so sicher wie kaum ein anderer bewegte. Dabei erlag er, was seinen Nachfolgern zunehmend widerfuhr, der reinen Lehre des schieren Machtpokers zu keiner Zeit so sklavisch, daß die Prinzipienlosigkeit, »mit etwas Nietzschescher Herrenmoral oder Darwinistischem Kampf ums Dasein«[38] versetzt, zum verderblichen Dogma aus rastloser Bewegung und zielloser Dynamik verfallen wäre.

Der überlegenen Verhandlungskunst des Reichskanzlers gelang es, den großen Krieg zu vermeiden und zugleich das orientalische »Geschwür«[39] offenzuhalten. Denn die schwärende Wunde auf dem Balkan war es gerade, die Europas Mächte so dringend auf die Heilkunst des deutschen Arztes verwies. Nicht möglich war es dem »ehrlichen Makler« allerdings, gegenüber allen Kongreßteilnehmern gleichermaßen fordernd oder nachgiebig aufzutreten. Dazu war die Kriegsbeute des Zaren einfach zu üppig ausgefallen. Nach seinem eigenen Verständnis der Dinge unterstützte Bismarck die russische Sache so weit, wie das eben möglich war. Alles in allem mußte er jedoch, um in den Genuß des Erfolges zu gelangen, der ihm schließlich auch beschert war, stärker der englischen und österreichischen Sache zuneigen. Kein Wunder, daß sich das Zarenreich arg zurückgesetzt vorkam, ja verletzt fühlte. Begeistert gewürdigt wurde Bismarcks Leistung dagegen in Großbritannien, selbst in Frankreich. Er hatte den allgemeinen Frieden gerettet und Europa gleichzeitig die spezifische Funktion des Deutschen Reiches als des Urhebers dieser glücklichen Entwicklung demonstrativ vor Augen geführt.

Seit dem Berliner Kongreß bürgerte es sich ein, von einem »Zeitalter Bismarcks« zu sprechen, das in so vielfältiger Weise der Erhaltung des Status quo diente. Der konservativen Wendung, die auf außenpolitischem Feld jetzt vor aller Welt sichtbar wurde und die Europa hochwillkommen war, entsprach eine innenpolitische Entwicklung des Reiches, die zu manch kritischem Urteil herausforderte und sich in eben dieser Zeit vollzog. Denn »die Tage des Kongresses waren die Tage der großen Reichstagskrise, die von den beiden Attentaten auf den Kaiser ausgelöst wurde, dann mit der ... Parlamentsauflösung ihren dramatischen Höhepunkt erreichte und endlich die große Wende zu Zollreform und Protektionismus einleitete«[40].

Der außenpolitische Preis für den deutschen Erfolg, der Bismarck aus der souveränen Lenkung des Berliner Kongresses erwuchs, lag in einer tiefen Entfremdung von Rußland, für das der Dreikaiserbund nicht mehr bestand. Die zugleich schlichte und komplizierte Tatsache, daß der Frieden ein Gleichgewicht der Kräfte erforderte und daß dessen Existenz wiederum ein Mindestmaß an Gerechtigkeit voraussetzte, wollten die russischen Staatsmänner unter dem Eindruck ihrer aufgepeitschten Öffentlichkeit nicht akzeptieren. Auf buchstäblichen Umwegen sollten sie in den kommenden Jahren erst zu dieser Einsicht getrieben werden, ohne daß sie sich wirklich dauerhaft in den Boden der Überzeugung aller in Sankt Petersburg Maßgeblichen einzupflanzen vermochte.

Noch zwei Jahre später triumphierte dagegen der britische Premierminister Disraeli, in gewissem Sinne schon übertrieben, aber doch nicht ganz ohne Grund, über das für sein Land Erreichte: »Nächst der Schaffung einer erträglichen Existenz für die Pforte«, bilanzierte er zufrieden, »war unser großes Ziel, das Dreikaiserbündnis zu zerstören und seine Erneuerung für immer zu verhindern, und ich behaupte, daß niemals ein allgemeines diplomatisches Ergebnis vollständiger erreicht worden ist. Natürlich steht das nicht in den Protokollen; es wurde erzielt lediglich durch persönlichen Einfluß sowohl bei Andrassy als auch bei Bismarck.«[41]

Wieviel an vorbedachter Absichtlichkeit und wieviel an unvorhergesehener Zufälligkeit sich auch immer zum stolzen Gelingen britischer Außenpolitik zusammengefügt haben, der Erfolg des Kongresses insgesamt war in nicht unwesentlichem Maße Außenminister Salisbury zu verdanken, auf den es in vielerlei Hinsicht mehr angekommen war als auf seinen Regierungschef. Im Grunde auf Ausgleich bedacht, hatte auch er sich, in engem Zusammenwirken mit Bismarck, jene spezifischen Erfordernisse europäischer Machtpolitik zu eigen gemacht, deren dosierte Anwendung das nüchterne Gelingen des Gesamten erst ermöglichte. Daß der französische Außenminister Waddington sich dieser für den Kongreß bestimmenden Prozedur, also der ganz und gar unideologischen Austarierung der europäischen Gewichte, anschloß, war dem Ziel der Friedensbewahrung gleichermaßen förderlich. Frankreich seinerseits wurde dafür mit der Aussicht auf gesteigerte Handlungs- und Ausdehnungsmöglichkeiten im mittelmeerischen Raum belohnt; bemerkenswerterweise war es Bismarck, der den westlichen Nachbarn des Deutschen Reiches dazu aufforderte.

Daß der konservative Lord Salisbury, einer der klügsten Staatsmänner Englands, mit dem deutsche Politiker bis an die Wende des Jahrhunderts immer wieder auf außenpolitischem Feld zu tun hatten, sich auf eine einvernehmliche Arbeit mit Bismarcks Deutschland einließ, wirkte auf der einen Seite erstaunlich: Die Reichsgründung war von ihm ursprünglich nur mit ablehnendem Mißtrauen kommentiert worden. Auf der anderen Seite verwundert die gewandelte Haltung aber kaum, weil Salisbury – einmal abgesehen davon, daß er wie Bismarck von der produktiven Kraft unideologischer Interessenpolitik überzeugt war – schon Monate vor dem Berliner Kongreß zu der sachlichen Einsicht gelangt war, die für das deutsch-englische Verhältnis förderlich wurde: Es gebe nicht zwei Länder, die so viele Gemeinsamkeiten hätten wie England und Deutschland, unterrichtete er den britischen Botschafter in Berlin, Odo Russell, unter dem Datum des 10. April 1878; daher kenne er auch kaum zwei Staaten, die sich so gut miteinander verständigen könnten. England sei »tatsächlich die einzige Nation nördlich der Alpen, die mit ungeteilter Genugtuung auf die Stellung zu blicken« vermöge, »die das Deutsche Reich erreicht hat«[42].

Was schließlich Bismarcks eigenes Urteil über den Berliner Kongreß anging, so zog er eine gegensätzlich ausfallende Bilanz über das Ergebnis dieser Veranstaltung, die sich im wesentlichen auf die Erhaltung des Bestehenden und die Zähmung des Dynamischen konzentriert hatte. Eher in Dur tönte, was er gegenüber König Ludwig II. von Bayern verlauten ließ, als er feststellte: »Der eigne Frieden blieb gewahrt«, und »unsre Beziehungen zu beiden befreundeten Nachbarreichen sind erhalten und befestigt«[43]. Stärker in Moll gestimmt, vermerkte er dagegen rückblickend einmal: »Die größte Torheit meines politischen Lebens war der Berliner Kongreß.«[44]

Ohne Zweifel, beide Elemente zusammen bilden eine Legierung neuer Zustände, die jedoch insgesamt von vorwiegend positiver Qualität waren. Denn von nun an galt das entschieden konservative Deutschland Bismarcks, das im Vergleich mit der fortschrittlich-liberalen Bewegung der Zeit rückschrittlich erschien, Europa als ein fast notwendiger Garant seines beständig gefährdeten Friedens. Diese europäische Aufgabe, den Sinn zu finden, der seiner Existenz zugute kam, bezahlte das Reich mit der Entfremdung gegenüber Rußland, die das Ideal vom Zusammenwirken der drei Kaiser empfindlich beeinträchtigte.

In weit darüber hinausreichender Perspektive war insgesamt gar nicht zu übersehen, daß sich alle diese Resultate im Verlaufe eines Kongresses einstellten, der die »Wende von einer alten zu einer neuen Zeit«, ja die »Zäsur zwischen dem Zeitalter des europäischen Gleichgewichts... und dem Zeitalter des Imperialismus«[45] markierte. Ungeachtet des nicht eben gering zu veranschlagenden Erfolges, der darin bestand, ein Europa seit dem 18. Jahrhundert beständig beunruhigendes Problem seiner Staatengeschichte, wenn auch nur provisorisch, so doch immerhin unter Umgehung des großen Krieges, gelöst zu haben, fand dieser letzte in der Reihe der großen Kongresse des 19. Jahrhunderts an einer historischen Weggabelung statt. Verwirrend und epochal kreuzten sich die Linien der Weltgeschichte: An ihr Ende gelangte die überlieferte Politik der europäischen Ruhelage, und eine neue Strömung von globaler Bewegung brach sich Bahn. Zwar gelang es noch einmal, die Spannungen und Ansprüche der Großmächte durch traditionelle Konvenienzen in Südosteuropa und im Mittelmeerraum auszubalancieren. Doch mit den zurückhaltend gewährten Konzessionen an die nationalen Bedürfnisse der balkanischen Völker, der Rumänen und der Serben, der Montenegriner und der Bulgaren, kam jener Nationalismus stärker als bisher zur Geltung, der genuin europäischen Ursprungs war, auch außerhalb der alten Nationalstaaten des Kontinents, in Ostmittel- und Südosteuropa, schließlich auch in der kolonialen Welt allgemeine Geltung beanspruchte und ebendadurch die Macht der Pentarchie begrenzte.

Ein stolzer Triumph im Westen und ein bitterer Rückschlag im Osten – so nahm sich die Bilanz des Berliner Kongresses für Bismarck aus. Nichtsdestoweniger kam es für den Reichskanzler, wie eh und je, darauf an, die gefährdete Existenz seiner Schöpfung ohne optierendes Hinabsteigen von der Großmachtposition souveräner Unabhängigkeit erneut zu sichern. Das war durch den endgültigen Zerfall des Dreikaiserabkommens noch schwerer geworden. Doch der Zwang zur Krisenbewältigung begleitete die Ära Bismarck nun einmal durchgehend. Diese Aufgabe gehörte, noch über das allgemeine Verständnis von Diplomatie hinaus, die sich in einem Tag für Tag wiederholten, niemals endenden Ausräumen von Schwierigkeiten erfüllt, zur spezifischen Normalität des Deutschen Reiches.

Als gefährlichste Konsequenz aus der Entfremdung gegenüber dem Zarenreich drohte Deutschland eine Annäherung zwischen Rußland und Frankreich. Diese mißliche Entwicklung konnte sogar noch beschleunigt werden, wenn es zu der Konstellation eines Zusammengehens zwischen dem Deutschen Reich, Österreich-Ungarn und Großbritannien kommen sollte. Zwar favorisierte der Wiener Außenminister Andrássy die Bildung einer solchen Formation; wegen der bekannten Scheu der Engländer vor kontinentalen Bindungen war ihre Entstehung indes nicht allzu wahrscheinlich. Eine Entente zwischen der Habsburgermonarchie und der französischen Republik galt es gleichermaßen zu vermeiden, weil auch ihre Existenz der Isolierung Deutschlands Vorschub leisten würde. Bismarcks außenpolitisches Ziel blieb daher die Erneuerung des Dreikaiserabkommens. Der Weg dorthin gestaltete sich schwierig; er verlief nicht natürlich, sondern wurde künstlich gebahnt; eine entscheidende Station in seinem gewundenen Verlauf markierte der unvollendete Zweibund.

Der unvollendete Zweibund

Die Gefahr einer Verbindung zwischen Paris und Sankt Petersburg, die sich bereits abzeichnete, unterlief Bismarck erst einmal dadurch, daß er mit England und Frankreich in der rumänischen Frage zusammenarbeitete. Eine Handhabe dafür bot die Kongreßakte von Berlin. Als Voraussetzung für die Anerkennung der Souveränität Rumäniens war darin die Emanzipation der Juden des südosteuropäischen Landes niedergelegt. Mit gekonnter Diplomatie verstand der Reichskanzler diese fortschrittliche Angelegenheit für seine politischen Zwecke zu nutzen. Ein moralischer Beweggrund leitete ihn dabei kaum. Am Geschick Rumäniens war er nicht weiter interessiert. Er zielte vielmehr darauf, durch demonstrative Zusammenarbeit mit den westeuropäischen Mächten das Zarenreich zu isolieren. Daß er sich für die Realisierung liberaler Prinzipien auf dem Balkan einsetzte, diente vor allem dem Kalkül, jede Intimität zwischen Frankreich und Rußland, zwischen Republik und Autokratie zu unterbinden.

Mit Nachdruck stellte Bismarck diese Kooperation des Reiches mit den Briten und Franzosen immer wieder zur Schau. Damit wurde nicht zuletzt Österreich-Ungarn, das auf ein gegen das Zarenreich zielendes Bündnis mit Deutschland geradezu erpicht schien, signalisiert, daß für eine antirussische Politik auch andere Partner als nur die Doppelmonarchie bereitstanden. Akuter und ernster wollte er auf diesem Wege gleichzeitig dafür sorgen, daß sich die Briten dazu herbeiließen, für den Fall eines deutsch-russischen Krieges Frankreich von einem Eingreifen gegen Deutschland abzuhalten. Diese hoffnungsvolle Erwartung Bismarcks beschreibt eine immer wiederkehrende Figur in seiner Gedankenbildung.

Allein, dem anvisierten Ziel, England gegen Frankreich in Frontstellung zu bringen, sollte der erwünschte Erfolg niemals beschieden sein. Im Zeichen der zwischen Rußland und Deutschland anwachsenden Spannungen im außenpolitischen Feld, die durch die wirtschaftlichen Verwerfungen des agrarischen Interessengegensatzes zwischen beiden Ländern untermalt, nicht aber verursacht wurden, zog sogar zeitweise Kriegsgefahr herauf. Diese dramatische Entwicklung brachte es mit sich, daß der deutsche Operationsplan, der seit dem Jahre 1871 verbindlich war und den erwarteten Zweifrontenkrieg ins Auge faßte, nunmehr, Ende 1878, geändert wurde. Ursprünglich sollte die rasche Entscheidung im Westen gesucht und die Kriegführung danach auf den Osten konzentriert werden. Jetzt sah Generalfeldmarschall Moltke dagegen vor, unmittelbar nach Kriegsbeginn sogleich in die Offensive gegen Rußland zu gehen.

Deutlich unterhalb der militärischen Schwelle, die Bismarck zu überschreiten nicht vorhatte, ergriff er Maßnahmen, die dazu dienten, den Krieg zu verhindern, aber gleichzeitig geeignet waren, den Russen ihre Isolierung drastisch vor Augen zu führen – um sie zur Wiederannäherung an das Reich zu bewegen.

Als in einigen Gebieten Rußlands eine Rinderpest grassierte, benutzte er die angebliche Seuchengefahr als wohlfeilen Vorwand, um Anfang 1879 die Grenze zum Zarenreich zu schließen. Es gelang ihm sogar, die Österreicher dazu zu bewegen, ihrerseits diesem Beispiel der Deutschen zu folgen. Im Zusammenhang mit dem innenpolitischen Übergang zum wirtschaftlichen Protektionismus wurden zudem Einfuhrbarrieren aufgetürmt, die den russischen Getreideexport empfindlich trafen. Gezielt, Hieb um Hieb gleichsam, sollte der abtrünnige Nachbar im Osten an die deutsche Seite zurückgeprügelt werden. Schließlich ermunterte Bismarck die Franzosen wie schon auf dem Berliner Kongreß dazu, ihren Ambitionen auf Tunesien freien Lauf zu lassen. Frankreich durch afrikanische Exspektanzen für Deutschland zu gewinnen und das Interesse an Europa zu schwächen, sollte den auf diese Weise hofierten Nachbarn im Westen vor allem von einer Zusammenarbeit mit Rußland abhalten, das seine Vereinsamung systematisch zu spüren bekam.

Als der Reichskanzler im Juli 1879 seine liberale Rumänienpolitik einigermaßen plötzlich beendete, da hatte diese Entscheidung nicht in erster Linie, wie man anzunehmen geneigt sein könnte, innenpolitische Gründe. Gewiß, sie fiel in die Zeit, als die Ära des Freihandels zu Ende ging und der Kanzler mit den Nationalliberalen brach, die seine Außenpolitik gegenüber Rumänien favorisierten. Ausschlaggebend wurde vielmehr, daß Rußland, nicht zuletzt durch Bismarcks wohlberechnete Diplomatie in eine bedenkliche Lage umfassender Isolierung geraten, erste Fühler zum Reich auszustrecken begann. Die zaghaften Anzeichen russischen Einlenkens bestärkten den Kanzler nur noch in seinem Vorgehen, die sich andeutende Tendenz des Zarenreiches dadurch nachhaltig zu fördern, daß er Österreich-Ungarn entschieden zur Seite trat – um durch sein bewußt abweisendes Verhalten die Russen weiter aus der Reserve zu locken. Seinem Kurs, den verprellten Partner durch die offene Zurschaustellung des intimen Verhältnisses mit einem Dritten zurückzugewinnen, folgte er noch viel unbeirrter, als das in die Enge getriebene Rußland schwerstes Geschütz auffuhr, um eine Option des Reiches zu seinen Gunsten zu erzwingen.

Dieser Versuch schlug sich in einem Handschreiben des Zaren an den Kaiser nieder, das vom 15. August 1879 datierte und als »Ohrfeigenbrief« in die Geschichte eingegangen ist. Er überhäufte die deutsche Seite mit Vorwürfen und forderte den Monarchen geradezu nötigend auf, die verworrene Lage durch eine Klarstellung zu beenden, welchen Kurs das Reich zukünftig zu nehmen gedenke. Das Ansinnen des russischen Kabinetts glich schon einem vom Zaren vorgetragenen Ultimatum zur definitiven Entscheidung für oder gegen Rußland. Erneut beschwor auch dieser Brief aus Zarskoje Selo die russische Haltung vom Jahre 1870 und klagte Bismarck an, aus persönlicher Aversion dem russischen Kanzler Gortschakow gegenüber die außenpolitischen Beziehungen der beiden Reiche zu gefährden: »Ich würde mir nicht erlaubt haben«, klingt es nicht ohne drohenden Unterton, »Sie daran zu erinnern, aber die Lage wird zu ernst, als daß ich Ihnen meine Befürchtungen verbergen dürfte, deren Folgen für unsere beiden Länder verhängnisvoll werden können.«[46]

Diese Ohrfeige der Russen, die mit persönlichen Vorwürfen gegen den deutschen Reichskanzler einherging, bestärkte Bismarck in seiner Überzeugung, ein Bündnis mit Österreich-Ungarn eingehen zu müssen. Sich just zu diesem Zeitpunkt dagegen im Sinne Kaiser Wilhelms I., der Rußland weit mehr als Österreich-Ungarn zuneigte, für das Zarenreich zu entscheiden, erschien Bismarck, der seinem Monarchen in dieser Angelegenheit resolut, ja höchst erregt entgegentrat, ganz und gar ausgeschlossen: Ein solcher Schritt wäre der um beinahe jeden Preis zu vermeidenden Option gleichgekommen, die Deutschlands Unabhängigkeit als Großmacht schwer beeinträchtigen mußte. Das Juniorverhältnis Preußens gegenüber Rußland, das bis zur Wendemarke des Krimkriegs bestanden hatte, drohte wiederaufzuleben. Aus diesem Grund trat Bismarck von Gastein aus, wo er zur Kur weilte, dem Kaiser gegenüber dafür ein, sich nicht »für immer«[47] aus Dankbarkeit gegenüber Rußland diesem unterzuordnen und darüber letztendlich Österreich-Ungarn zu verlieren.

Der Kanzler riet von Verhandlungen mit dem Zarenreich ab. Diese seien nur dazu geeignet, die Doppelmonarchie zu verprellen und Deutschland »mit Rußlands Liebe allein«[48] zu lassen. Nicht er war es, der die eigene Isolierung riskieren und eine österreichisch-russische Annäherung mit ansehen wollte; genau umgekehrt gedachte er zu verfahren: Denn seit dem Sommer 1878 war er fest davon überzeugt, daß Rußland schließlich zurückkehren werde und der Bund der drei Kaiser zu restaurieren sei. Die »Defensivalliance«[49] mit Österreich-Ungarn, so umriß er seine Politik unter dem Datum des 1. September 1879 gegenüber dem Staatssekretär des Auswärtigen Amtes, von Bülow, werde Rußland zum Einlenken bewegen, auf gleichberechtigtem Fuß wohlgemerkt und nicht etwa in einseitiger Unterordnung. Diese Entwicklung der Dinge führe endlich, wie er dem Kaiser, der sich gegen ein Bündnis mit der Habsburgermonarchie geradezu sträubte, immer wieder versicherte, zu dem an sich »idealen Ziel« seines Strebens, nämlich zum »*Drei*-Kaiser-Bündnis im Sinne einer friedlichen und erhaltenden Politik«[50].

Doch hartnäckig weigerte sich der alte Monarch, diesem Kurs seines Kanzlers zu folgen. Das brachte heftige und sich lange hinziehende Auseinandersetzungen während des Sommers 1879 mit sich. Wilhelm I. wollte von der traditionellen Bindung an Rußland einfach nicht lassen und von einer neuen Verbindung mit Österreich-Ungarn im Grunde nichts wissen. Jahrzehnte günstiger Erfahrungen hatten ihm das Zarenreich immer nähergebracht, und ebenso viele Dekaden entzweiender Erfahrung hatten ihn der Donaumonarchie zunehmend entfremdet. Daher glaubte er daran, sozusagen im Tête-à-tête mit seinem Neffen die widrigen Probleme zwischen beiden Monarchien ausräumen zu können. Noch ganz Repräsentant einer zu Ende gehenden Epoche, hatte er kaum Gespür für die ungestüm hervorbrechenden Kräfte des russischen Nationalismus, die sein Kanzler mit düsterer Ahnung beschwor: »Mit der unberechenbaren Elementargewalt dieser slawischen Revolution ist für uns keine Verständigung möglich, und es ist nicht denkbar, daß der Kaiser, und vielleicht ebensowenig, daß der Thronfolger sich von diesen Einflüssen wieder hinreichend emanzipieren werde, um dem von seiner Regierung künstlich erzeugten Deutschenhaß seiner Untertanen Trotz zu bieten.«[51]

Die von Wilhelm I. auf eigene Faust veranstaltete Zusammenkunft mit Alexander II. in der Grenzstation Alexandrowo am 3. und 4. September 1879 machte auf Bismarck denn auch keinen anderen Eindruck als den eines »embryonischen Olmütz«[52]. Indes, sich noch einmal wie im November 1850 dem demütigenden Diktat des Auslandes zu beugen, konnte nicht die Politik des Staatsmannes sein, der die souveräne Unabhängigkeit und optionslose Mittlerstellung als vornehmstes Gut seiner eigenen Schöpfung, der deutschen Großmacht, wie eine Löwin ihr Junges verteidigte. Mit kühlem Verstand, aber vor aufwallender Leidenschaft fast außer sich, entfaltete Bismarck daher ein ums andere Mal mit insistierender Ausführlichkeit seine Argumente. Ihre Quintessenz lautete: Die Allianz mit Österreich-Ungarn werde Rußland anziehen und das Bündnis der drei Kaiser wiederherstellen.

Doch darüber hinaus steckte in dem, was der Reichskanzler seinem Monarchen in schriftlichen Ausarbeitungen von beträchtlichem Umfang zukommen ließ, noch mehr. Im Prinzip traten nämlich zwei Anliegen seiner äußeren Politik deutlich hervor: Das eine, das schließlich zum Zuge kam, gehört dem konventionellen Zusammenhang des Diplomatischen an; das andere, das parallel dazu scheiterte, verweist auf das experimentelle Wagnis, der zuweilen schon künstlich anmutenden Politik der Bewahrung eine gleichsam natürliche Grundlage zu verleihen. In einem einzigen Satz hat er Bülow gegenüber beide Ziele umrißhaft angedeutet: »Österreich ist sicherer, weil das Volk dafür ist, dabei ungefährlich für uns, bringt England mit und verfällt feindlichen Einflüssen, wenn es den Halt an uns nicht findet.«[53] Die Doppelmonarchie vor einer dauerhaften Entfremdung gegenüber dem Reich zu warnen und zusammen mit ihr, möglicherweise auch mit Großbritannien, den Russen die Notwendigkeit des ausgleichenden Einlenkens bzw. die Gefahr ihrer völligen Isolierung zu demonstrieren, verdeutlicht das diplomatische Kalkül des Kanzlers, das am Ende aufging.

Doch seine Politik reduzierte sich nicht allein darauf. Vielmehr schlug sie bis dahin eher ungewohnte Töne an, die an das großdeutsche Erbe der Nation erinnerten: »Schließlich gestatte ich mir, mit Bezugnahme auf die nationalen Empfindungen im gesamten Deutschen Reiche, noch auf die geschichtliche Tatsache ehrfurchtsvoll hinzuweisen, daß ›das deutsche Vaterland‹ nach tausendjähriger Tradition sich auch an der Donau, in Steiermark und in Tirol noch wiederfindet, in Moskau und Petersburg aber nicht. Diese Tatsache bleibt für die Haltbarkeit und für die Popularität unserer auswärtigen Beziehungen im Parlamente und im Volke von wesentlicher Bedeutung.«[54] Worauf zielte Bismarck im Kern, der doch noch im März 1878 »Bündniserörterungen«[55] mit Andrássy kaum mehr als dilatorisch geführt hatte?

Nun, der Kanzler strebte nach einer Verbindung mit Österreich-Ungarn, die über eine Defensivallianz weit hinausging. Mit dem Vorschlag, das angestrebte Bündnis zwischen Wien und Berlin staatsrechtlich zu sichern, es öffentlich sowie parlamentarisch zu verankern und durch »pragmatische Einrichtungen«, beispielsweise auf dem Zollgebiet, zu entwickeln, visierte er, in zeitgemäßer Abwandlung gegenüber dem historischen Original, eine Renaissance des Deutschen Bundes als »einer Art von gegenseitiger Assekuranz-Gesellschaft für den Frieden«[56] an.

Bei dem Gedanken daran, ein so umfassend entworfenes, »ewiges Bündnis« zu konzipieren, der, *en détail* in ganz unterschiedlicher Ausprägung, den Gang der deutschen Entwicklung seit der Jahrhundertmitte begleitete, ging es Bismarck im Kern weniger um das Motiv einer »tausendjährigen Gemeinsamkeit der gesamtdeutschen Geschichte«[57]. Gewiß, im Felde der innenpolitischen Auseinandersetzungen konnte er damit vor allem dem Zentrum und den Liberalen entgegenkommen. Im Grunde hob er jedoch darauf ab, eine indirekte Lösung für das schier unauflösbare Dilemma des deutschen Nationalstaates zu finden, nämlich gleichzeitig Enthaltsamkeit gegenüber expansiven Versuchungen zu wahren und dennoch einen Verlust an politischer Kraft zu vermeiden. Auf dem nunmehr ins Auge gefaßten Weg versuchte er, der selbstverordneten Bewegungslosigkeit und der damit verbundenen Erstarrung des Reiches zu entkommen. Denn auf einmal tat sich die Chance auf, unterhalb der verbotenen Schwelle territorialer Erweiterung dennoch an Gewicht zuzulegen. Sollte es nämlich gelingen, die mitteleuropäische Basis des Deutschen Reiches im geplanten Sinne großzügig zu gestalten, dann konnte sein allmähliches Zurückfallen im Vergleich mit den sich ausbreitenden Mächten Europas neutralisiert werden. Verstummen mußte daraufhin auch die wachsende Kritik an seinem Regiment der inneren und äußeren Beharrung.

Doch sein Vorhaben, die angeborene Belastung der jungen Großmacht zu erleichtern, ja die Bürde ihrer Beengtheit abzuwerfen, schlug fehl. Zurück blieb, so zentral der Gegenstand die beteiligten Staatsmänner seinerzeit auch beschäftigte und so charakteristisch das nicht zum Zuge Gekommene dem rückblickenden Historiker zweifellos erscheint, nicht viel mehr als eine Quisquilie, die der stürmisch auffrischende Wind der Weltgeschichte längst bis zum beinahe kaum mehr Identifizierbaren verweht hat. Denn Andrássy wollte von solchen Mitteleuropaplänen einfach nichts wissen. Das war nur zu verständlich, da sie im Grunde umzukehren gedachten, was Fürst Schwarzenberg und Minister Bruck um die Jahrhundertmitte zugunsten von Österreich und mit Preußen im Schlepptau vorhatten. Dieses Mal mußte die Existenz eines enger als bisher zusammengefügten Mitteleuropa das inzwischen stärkere Deutschland begünstigen und Österreich-Ungarns Unabhängigkeit beeinträchtigen. Daher bestand der Wiener Außenminister, der nicht mehr, aber auch nicht weniger wollte, auf dem Abschluß einer Defensivallianz, deren abwehrende Spitze vor allem gegen Rußland gerichtet war.

Damit sah sich Bismarck auf die konventionelle Lösung im zweifachen Zusammenhang des Gesamten zurückgeworfen, die gleichfalls von Anfang an ihre maßgebliche Rolle gespielt hatte. Die Vorteile innen- und außenpolitischer Konsolidierung, die sich mit dem mächtigen Entwurf vom »ewigen Bündnis« einstellen sollten, verflüchtigten sich damit tatsächlich, fürs erste jedenfalls, ins Unauffindbare. In *dieser* Hinsicht blieb der Zweibund somit unvollendet, also hinter dem zurück, was Bismarck ursprünglich hatte erreichen wollen. Doch immerhin: Seine Existenz diente dazu, die große Koalition, zu der sich Österreich, Rußland und Frankreich im zurückliegenden Jahrhundert gegen Preußen zusammengefunden hatten, also die »Herstellung jener bedrohlichen Triplealliance aus dem 7jährigen Kriege verhindern« zu »können«[58].

Inzwischen hatte der Reichskanzler seinen Druck auf den Monarchen verstärkt, der sich noch immer gegen das Bündnis mit Österreich-Ungarn sperrte. Allein, als die Position Bismarcks von einflußreichen Repräsentanten in Staat und Armee zunehmend unterstützt wurde und dieser sogar mit seinem Rücktritt drohte, wich das hartnäckige Beharren des greisen Kaisers. Am Ende fand er sich mit dem Unabwendbaren ab, weil ihm das Verbleiben des Kanzlers schlicht unverzichtbar vorkam.

Der mittlerweile fast allmächtig erscheinende Lenker der deutschen Außenpolitik nahm sogar den Nachteil in Kauf, anstelle eines generellen Bündnisses, dessen äußere Bauform von gleichgewichtiger Konstruktion hätte sein müssen, mit einer »partie inégale«[59], die Wilhelm I. scharfsinnig kritisiert hatte, vorliebzunehmen. Denn der im Oktober 1879 abgeschlossene Zweibund, der auf eine Dauer von fünf Jahren datiert wurde und der im Wortlaut, allerdings nicht der Sache nach, geheim blieb, sah den *casus foederis* ausschließlich für den Fall eines russischen Angriffs vor, während er sich über die Eventualität einer französischen Aggression ausschwieg.

Andrássy lehnte es rundweg ab, Frankreich in diesem problematischen Zusammenhang ausdrücklich zu erwähnen. Denn er wollte die Franzosen nicht unbedingt Hals über Kopf in die Arme der Russen treiben, sah die erwartete Annäherung Englands an den Zweibund dadurch unnötig erschwert; und er war, nicht eben zum geringsten, kaum geneigt, Deutschland damit jene Entlastung im Westen gleichsam zu garantieren, welche die Unterstützungsbedürftigkeit des Reiches durch Österreich-Ungarn gemindert hätte. Freilich erhielt Bismarck, ohne daß Frankreich beim Namen genannt wurde, dennoch ausreichenden Ersatz: Abgesehen davon, daß ihm das auf England zielende Argument durchaus einleuchtete, bedachte die Vereinbarung ja den Fall, bei dem Angriff einer dritten Macht wohlwollende Neutralität zu halten. Mehr noch: Sie enthielt sogar die konkreter gefaßte Zusage, sich dann gegenseitig ohne Einschränkung zu unterstützen, wenn eine dritte Macht zusammen mit Rußland angreifen sollte. Dahinter verbarg sich eben nichts anderes als eine indirekte Sicherung gegenüber Frankreich, das ohnehin nur zusammen mit dem Zarenreich attackieren würde.

Im übrigen ging es, von allen Einzelheiten vertraglicher Festlegungen einmal abgesehen, im Prinzip eben nicht darum, mit dem Abschluß dieses Bündnisses die beste Ausgangslage für einen erwarteten Krieg zu schaffen. Bismarck war vielmehr darum bemüht, durch das Zustandekommen der Allianz mit Österreich-Ungarn die aus dem Gleichgewicht geratenen Gewichte zu balancieren und eben so den allgemeinen Krieg zu verhindern. Daher markierte der Zweibund auch keineswegs den Auftakt zu einer Entwicklung, die Europa in antagonistische Blöcke aufspaltete und mit blinder Mechanik zur militärischen Auseinandersetzung trieb. Denn der Geist, in dem Bismarck diesen Vertrag entwarf und handhabte, war nicht in dem Sinne offensiv, daß sich das Deutsche Reich für eine kriegerische Lösung außenpolitischer Probleme zu wappnen angeschickt hätte; ganz im Gegenteil: Er war in einem Sinne defensiv, der dazu beitrug, den Krieg überflüssig zu machen. Daher stellte die Allianz mit Österreich-Ungarn auch kein Bündnis durch dick und dünn dar, wozu es sich erst viel später, in wilhelminischer Zeit, entwickelte; sondern es repräsentierte eine »begrenzte«[60] Option zugunsten der Doppelmonarchie, um von solch günstiger Basis aus zu einer neuen Mächtekonstellation in Europa zu gelangen.

Auch in *dieser* Hinsicht war der Zweibund unvollendet. Denn er sollte keinesfalls darin aufgehen, sich in Selbstgenügsamkeit zu üben. Seine vielfach verwendbare Existenz hatte vielmehr die schöpferische Grundlage dafür abzugeben, die notwendige Herausbildung einer vorteilhaften Formation der europäischen Staatenwelt zu erleichtern. Während der Zweibund also, was sein Ziel anging, sich in einem »ewigen Bündnis« zu veredeln, tatsächlich unvollendet blieb, gelang es Otto von Bismarck, die andere Unvollendetheit dieses Vertrages wunschgemäß zu überwinden. Erst einmal stand jetzt die Frage im Raum: Wie nahm sich die allgemeine Lage nach Abschluß des Zweibundes aus? Blieb Rußland, womit nach Bismarcks Einschätzung der Dinge kaum zu rechnen war und was die nachteiligere von zwei Wahlchancen beschrieb, weiterhin unversöhnlich, dann bot die Allianz mit Österreich-Ungarn die Chance, auch Großbritannien, nicht zuletzt als Gegengewicht zu Frankreich, an diese mitteleuropäische Kombination heranzuziehen. Drastisch wäre den Russen damit vor Augen geführt worden, wie angewiesen sie auf das Deutsche Reich waren, wollte sich die zarische Autokratie nicht mit Haut und Haaren an die französische Republik binden. Zweifellos vorteilhafter nahm es sich aber aus, wenn das multivalente Bündnis mit Österreich-Ungarn und die eventuelle Annäherung an Großbritannien die von Isolierung bedrohten Russen wachrüttelten und zur Wiederannäherung an die beiden anderen Kaiserreiche bewegten. Im neu gefügten Zusammenhang der drei Monarchien würde Deutschland sodann ohne jede Frage mehr als nur eine gleichberechtigte Rolle spielen: Gleichsam natürlich würde ihm die ebenso unauffällig wie wirksam ausgeübte Führung zufallen.

Gewiß, der Abschluß des Zweibundes enthielt auch das unübersehbare Eingeständnis der folgenschweren Tatsache, daß das Deutsche Reich, wenn es diese bevorzugte Position denn überhaupt jemals ohne Einschränkung genießen konnte, die völlig ungebundene Stellung des freien Mittlers zwischen den großen Mächten Europas eingebüßt hatte. Insofern repräsentierte die Existenz des Vertrages tatsächlich »die erste in einer Reihe von außenpolitischen Aushilfen«[61]. Allein, diese nüchtern gezogene Einsicht beschrieb nach Bismarcks Verständnis eine Realität, zu der es kaum eine überlegene Alternative gab – zumal er es, aus subjektiven und objektiven, aus fadenscheinigen und stichhaltigen Gründen ablehnte, das Bestehende insgesamt von Grund auf zu reformieren. Denn prinzipieller Wandel im Inneren konnte nach seinem letztlich nun einmal ausschlaggebenden Dafürhalten leicht zu unwillkommener Bewegung nach außen hin führen. Und das wiederum mußte für die Existenz des Reiches in höchstem Maße bedrohlich werden. Daß seine Politik der konservativen Status-quo-Bewahrung noch einmal das Gebot der Stunde war, erkannte Bismarck ebenso deutlich, wie er sich illusionslos mit der Aussicht abfand, nicht für die Ewigkeit bauen zu können. Daher diente ihm die Aushilfe des Zweibundes, die den Bedrängnissen der Gegenwart buchstäblich abgerungen wurde, als Grundlage, um in der nunmehr anbrechenden Dekade der achtziger Jahre ein Bündnissystem zu errichten, das dem Deutschen Reich zwischen 1879 und 1884/85 ein »Jahrfünft verhältnismäßiger Entlastung«[62] schenkte.

Dreikaiservertrag und Kolonialepisode:
Das »Jahrfünft verhältnismäßiger Entlastung«
(1879–1884/85)

»Ermittlung« in London

Am 16. September 1879, drei Wochen vor der Unterzeichnung des Zweibundvertrages am 7. Oktober, beauftragte Bismarck den deutschen Botschafter in London, Graf Münster, »zu ermitteln«, welche Haltung England einnehmen würde, »wenn wir fortfahren, uns den russischen Zumutungen zu versagen, und darüber mit Rußland in Zerwürfnis geraten sollten«[1]. Der Reichskanzler war einmal mehr darum bemüht auszuloten, ob und inwieweit sich der britisch-russische Weltgegensatz zugunsten der deutschen Position in der Mitte Europas nutzen ließ. Gewiß, bereits seit seinen sommerlichen Zusammentreffen mit dem russischen Gesandten, dem Grafen Pjotr Saburow, im Juli und August 1879 in Bad Kissingen ging Bismarck davon aus, daß das Zarenreich sich Deutschland und damit gleichzeitig der Donaumonarchie erneut anzunähern bereit war. Sicher sein konnte er sich dessen allerdings noch nicht. Für den mißlichen Fall, der nicht eben als wahrscheinlich galt, aber auch nicht auszuschließen war, daß Rußland sich aus Verärgerung über die deutsche Entscheidung für das Zusammengehen mit Österreich-Ungarn vom Reich abwenden und Frankreich annähern werde, war es also notwendig, die britische Reaktion kennenzulernen. Denn »alle Politik« ließ sich damals, nach Bismarcks eigenen Worten, »auf die Formel reduzieren: Versuche, einer von dreien zu sein, solange die Welt durch das unsichere Gleichgewicht von fünf Großmächten regiert wird«[2].

Daß diesem *ballon d'essai*, den er nach England schickte, ebenso wie den Verhandlungen mit Österreich-Ungarn, die sich ihrem Abschluß näherten, das Eingeständnis anhaftete, nicht dazu imstande zu sein, eine äußere Politik der absoluten Freiheit von einschränkenden Bündnissen verfolgen zu können, liegt auf der Hand. Das Ideal vollkommener Bindungslosigkeit, das zudem der inneren Eigenart des neuen Reiches entsprochen hätte und im Prinzip als erstrebenswert erschien, blieb unerreichbar. Im übrigen konnte eine derart singuläre Position vorteilhafter Unabhängigkeit, sollte sie einer kontinentalen Macht jemals beschieden sein, nur allzu leicht in gefährliche Isolierung umschlagen; stolzes Alleinsein mußte dann in tödlicher Einsamkeit enden. Mit Österreich-Ungarn über eine begrenzte Verbindung zu verhandeln und Großbritanniens Haltung allfällig zu erkunden, beschreibt dagegen den Auftakt zu jener kunstvollen Diplomatie der achtziger Jahre, die sich unverwechselbar mit

Bismarcks Namen verbindet: Im ersten Jahrfünft der Dekade erreichte sie ohne Zweifel einen Höhepunkt ihres Erfolgs, während sie in der zweiten Hälfte des Jahrzehnts von trüben Elementen einer zukunftsarm anmutenden Künstlichkeit überschattet wurde.

Darüber hinaus setzte der Reichskanzler mit dem Graf Münster erteilten Ermittlungsauftrag aber auch ein nicht zu übersehendes Signal, dessen warnende Botschaft über den Londoner Umweg ihren Adressaten in Sankt Petersburg suchte. Mit der britischen Sondierung sollte Rußland unmißverständlich vor Augen geführt werden, über welchen Handlungsspielraum das Deutsche Reich verfügte. Sperrte der Zar sich weiterhin, dem Kaiser die Hand zu reichen, dann konnte er sich nur allzu leicht selbst isolieren. Daß Alexander II., der am 13. März 1881 einem terroristischen Anschlag zum Opfer fiel, mit Frankreich, dem Hort der Revolution, zusammengehen würde, war zwar nicht unmöglich, kam Bismarck aber nicht eben naheliegend vor.

Ob der Kanzler, als er den Fühler nach England ausstreckte, sogar daran gedacht hat, Großbritannien an die restaurierte Formation der drei Kaiserreiche heranzuziehen, zollt wohl eher der Verpflichtung zur systematischen Betrachtung seiner äußeren Politik Tribut, als daß sie im tatsächlichen Gang der Dinge eine reale Entsprechung gehabt hätte. Sicherlich, im Sinne jener »politischen Gesamtsituation«, die im Juni 1877 im Kissinger Diktat niedergelegt worden war, hätte diese Entwicklung zur idealen Konstellation schlechthin geführt. Frankreich wäre in eine vollständige Isolierung geraten und der Revision des Frankfurter Friedens jede Spitze genommen worden. Allein, die Chance für eine europäische Verbindung der beiden Weltmächte, England und Rußland, die sich in Mittelasien als erbitterte Rivalen gegenüberstanden, nahm sich vergleichsweise gering aus. Zudem war die Art der Anfrage, die gerade auf den Fall eines deutsch-russischen »Zerwürfnisses«[3] abhob, dazu nicht geeignet.

Immerhin, in dem englischen Erkundungsauftrag, dem Graf Münster nicht eben mit dem allergrößten Geschick nachgekommen zu sein scheint, steckte auf jeden Fall mehr als nur eine Wahlchance deutscher Außenpolitik. Grundsätzlich war Bismarck zwar davon überzeugt, das maritime Großbritannien werde im Falle eines europäischen Konflikts immer am »längern Hebelarm«[4] sitzen und sich daher in vorteilhafter Reserve üben. Die akute Lage schätzte er dennoch so ein, daß England sich angesichts der weltpolitischen Spannungen mit Rußland, vor allem im afghanischen Vorfeld Indiens, auf deutsche Unterstützung angewiesen fühlte.

Den genau umgekehrten Eindruck hinterließ dagegen der deutsche Botschafter beim britischen Premierminister: Vor dem übermächtigen Nachbarn im Osten flüchtete das Deutsche Reich offensichtlich in die Arme der englischen Weltmacht. Da Deutschlands außenpolitische Bewegungsfreiheit empfindlich geschrumpft erschien, brauchte Disraeli, der das von seinem Land abhängige Reich im Falle des großen Konflikts fest an seiner Seite wähnte, nichts zuzusagen, was für britische Interessen irgendwie problematisch sein konnte. Ganz im Sinne eigener Vorteilswahrung beschränkte er sich daher auf die alles andere als altruistische Versicherung, für Frankreichs Neutralität sorgen zu wollen, falls es zwischen Rußland und Deutschland zum Krieg kommen sollte. Ungeschminkter konnte das Selbstsüchtige englischer Außenpolitik kaum hervortreten; kein Wunder also, daß sich Bismarck zu der enttäuscht klingenden Randbemerkung veranlaßt sah, mit der er den entsprechenden Bericht seines Botschafters kommentierte: »Sonst nichts?«[5] Sollte der Kanzler auf eine aktive Unterstützung durch die Engländer spekuliert haben, besaß er jetzt die notwendige Klarheit. Daher bestärkte ihn die ausweichende Antwort Disraelis nur darin, den Kurs weiter zu verfolgen, der bereits mit den Zweibundverhandlungen eingeschlagen worden war: An seinem Ende sollte das erneuerte Bündnis zwischen den drei Kaisern stehen. Wesentliche Voraussetzung dafür, das favorisierte Ziel erreichen zu können, war aber, daß sich die durchaus schon erkennbare Neigung der Russen zum entgegenkommenden Einlenken noch verstärkte.

Russisches Einlenken

Kurz nach dem mehr als dilatorischen Bescheid aus London traf Bismarck erneut mit Saburow zusammen. Schon um vieles gewisser als zuvor in Bad Kissingen wurde jetzt, Ende September 1879, in Berlin sichtbar, daß das Kalkül des Kanzlers aufging. Gegenüber dem russischen Sonderbeauftragten des Zaren erläuterte er seine äußere Politik: »Es ist mir auf diese Weise [durch Verhandlungen über den Zweibundvertrag mit Österreich-Ungarn] gelungen, auszuführen, was ich die erste Etappe meiner Sicherungspolitik nennen möchte, zwischen Österreich und den Westmächten eine Schranke aufzurichten. Trotz den Sommerwolken, die sich meines Erachtens verziehen«, fuhr er gegenüber dem Neffen des russischen Reichskanzlers Gortschakow fort, »verzweifle ich nicht, die zweite Etappe zu erreichen, das heißt, die Wiederherstellung des Dreikaiserbundes, des einzigen Systems, das meiner Meinung nach eine Maximaldauer des europäischen Friedens garantiert.«[6]

Bismarcks Ziel zeichnete sich klar ab. Doch bevor es erreicht werden konnte, mußten erst noch diverse Schwierigkeiten überwunden werden, die dieses Mal vor allem von Österreich-Ungarn ausgingen. Im Hinblick auf England und Rußland aber erfüllte der Zweibund eine doppelte Funktion: In mittelbarer Art und Weise, also ohne spezifische Bindungen aufzuweisen, zog die neue Bündnisformation auf dem Kontinent Großbritannien an, das mit der Donaumonarchie sowieso auf einem traditionell guten Fuß verkehrte. Am 17. Oktober pries Außenminister Salisbury den einen Tag zuvor durch Kaiser Wilhelm I. ratifizierten Zweibundvertrag sogar als eine »frohe Botschaft«[7].

Allein, das deutsch-englische Verhältnis, das in den Jahren der Regierungszeit von Disraeli und Salisbury jenseits von Antagonismus und Allianz schlicht durch bilaterale Normalität gekennzeichnet war, wurde schon bald darauf beeinträchtigt. Denn an die Spitze der britischen Weltmacht, deren mittelasiatische Spannungen mit Rußland indirekt zur europäischen Balance beitrugen, trat im Jahre 1880 der liberale »Professor Gladstone«. Ihm begegnete Bismarck mit tiefem Mißtrauen, hielt er ihn doch nicht allein für antimonarchisch, sondern verdächtigte ihn sogar, ein Revolutionär zu sein. Doch erst einmal, 1879, konnte Bismarck noch von einer alles in allem vorteilhaften Beziehung zu England ausgehen. Bis zu einem gewissen Maße bot sie ein willkommenes Gegengewicht zum Zarenreich. Dennoch war sie nicht so eng gestaltet, daß Rußland die Annäherung erschwert worden wäre, die Deutschland sich wünschte und die mittlerweile Gestalt annahm.

Insofern erfüllte die »begrenzte« Option zugunsten von Österreich-Ungarn auch eine zweite, ungleich wichtigere Aufgabe. Weitblickend hatte der Kanzler sie schon Anfang September dem alten Kaiser vor Augen geführt: »Mit der österreichischen Assekuranz versehen, können wir uns aber erneuten russischen Freundschaftsversicherungen ... ohne Gefahr hingeben und, neben den vertragsmäßig gesicherten Beziehungen zu Österreich, die russische Freundschaft mit aller Sorgfalt und Friedensliebe pflegen.«[8]

Zu Beginn des Jahres 1880 zeigten sich die Russen endlich entschlossen, den seit dem Sommer 1878 andauernden Konflikt mit Deutschland beizulegen. Selbstverständlich war er viel mehr als nur ein eifersüchtiges Duell zwischen zwei rivalisierenden Staatsmännern, Bismarck und Gortschakow, gewesen. Denn im Kern ging es um nichts Geringeres als um die diplomatische, letztlich die politische Vormacht auf dem Kontinent. Als die deutsch-russischen Verhandlungen in Berlin begannen, hatte Bismarck eine weitere Etappe auf seinem Weg zu dem »idealen Ziel«[9] des Dreikaiserbündnisses hinter sich gebracht. Doch jetzt galt es, die von Grund auf kaum behebbaren Verwerfungen wenigstens zu glätten, die der balkanischen Rivalität zwischen Österreich-Ungarn und Rußland entsprangen.

Das nach Bismarcks Eindruck beinahe »krankhaft entwickelte russische Nationalgefühl«[10], das sich vor allem in den für deutsche Ohren unangenehm klingenden Verlautbarungen der Presse des Zarenreiches bemerkbar machte, schien, jedenfalls bis zu einem gewissen Grade, die Verhandlungsbereitschaft der Regierung in Sankt Petersburg nicht länger zu beeinträchtigen. Auf einmal bereitete indes Österreich-Ungarn Schwierigkeiten. Sein neu ins Amt gekommener Außenminister Freiherr von Haymerle sorgte dafür, daß aus Bismarcks optimistischen Erwartungen nichts wurde, die ihn noch im September und Oktober 1879 beflügelt hatten: Bis in den Sommer 1881 zogen sich die Verhandlungen hin.

Hartnäckig wurde zwischen Wien und Sankt Petersburg um die Interessen beider Reiche auf dem Balkan gerungen. Ganz eng beieinander lagen in diesem tiefen Gegensatz zwischen den potentiellen Vertragspartnern des Deutschen Reiches Chancen wie Grenzen für eine Erneuerung des Dreikaiserbündnisses. Aus dem nicht endenden Zwist der Russen und Österreicher bezog Bismarck die andauernde Stärke seiner vermittelnden Position, die beide Konkurrenten, fast ist man geneigt zu sagen, natürlich auf das Reich angewiesen sein ließ. Doch in Sichtweite blieb auch immer die herausfordernde Gefährdung, von der das ebenso gekonnt wie riskant betriebene Spiel nun einmal nicht zu entlasten war: Sollten sich die zerstrittenen Rivalen, wie schon in den siebziger Jahren, zu Lasten des makelnden Dritten einigen, oder gar jeder für sich Anschluß nach Westen hin, vor allem nach Frankreich, suchen, dann nahm das immer wieder beschworene Gespenst der Isolierung für das Deutsche Reich tatsächlich Gestalt an.

Der vorteilbringende Sinn deutscher Vermittlung lag vor allem darin, im Dienste der innen- und außenpolitischen Erhaltung von Frieden und Status quo sowie der Abwehr von Anarchie und Revolution den an sich kaum beizulegenden Konflikt zwischen Österreich-Ungarn und Rußland möglichst nicht zum kriegerischen Ausbruch gelangen zu lassen. Das in dieser Hinsicht Widernatürliche einer solchen Partnerschaft zu dritt, in der zwei der drei Vertragsunterzeichner einander unversöhnlich belauerten, entging Bismarck keineswegs. Dennoch machte er aus natürlichen Gegnern künstliche Verbündete, weil er nur so als dazwischentretender Neutraler den Gegensatz auf dem Balkan einigermaßen zu handhaben imstande war. Der unumgängliche Preis, den er für seine friedenserhaltende Diplomatie zu entrichten hatte, lag im übrigen darin, daß er, wider eigenen Willen, aber mit überpersönlicher Macht, in die südosteuropäischen Unübersichtlichkeiten der Weltpolitik hineingezogen wurde.

Kein Vertrag, so geschickt er auch angelegt sein mochte, konnte die Entzweiung zwischen Österreich-Ungarn und Rußland beheben, die sich längst über das politisch Gestaltbare hinweg ins emotional Unverfügbare ausgeweitet hatte. So geläufig Bismarck diese spezifische Tatsache war, so entschlossen hielt er an der allgemeinen Einsicht fest, wonach der Friede sich »mit Vertrag doch immer noch mehr als ohne« erhalten ließ: »Ein solcher Vertrag, eine solche Garantie, könne aber nur äußerlich erkennbare Staatsaktionen zum Gegenstand haben. Gegen unkontrollierbare diplomatische Einwirkungen und Intrigen kann ein Vertrag keine Bürgschaft herstellen.«[11]

Insgesamt wird gerade im verwirrend widersprüchlichen Zusammenhang mit den langwierigen Verhandlungen auf dem Weg zu einem neuen Abkommen der drei Kaiser erneut deutlich, was es mit Bismarcks Verträgen auf sich hatte. Sie waren allesamt nicht darauf gerichtet, eine bestmögliche Ausgangslage für die zukünftige Kriegführung zu schaffen. Weil sie aufgrund innerer Widersprüche im militärischen Konfliktfall eher von Versagen bedroht als zur

Bewährung geeignet waren, fanden sie ihre Bestimmung fast einseitig, sicherlich überwiegend, darin, den *casus belli* zu vermeiden. Zum Musterbeispiel einer Politik der Friedensbewahrung, die den Gegensätzen der Mächtekonkurrenz abgewonnen wurde, sollte das Bündnis der drei Kaiser avancieren.

Das Bündnis der drei Kaiser

Anfang März 1881 zeichnete sich der schwierige Kompromiß zwischen den österreichischen Ansprüchen auf dem westlichen Balkan und den russischen Forderungen auf dem östlichen Balkan sowie an den Meerengen ab. Selbst als Zar Alexander II. dem schon erwähnten Attentat im März 1881 zum Opfer fiel, hielt sein Nachfolger Alexander III., der sich den bedrohlich regenden Kräften des russischen Nationalismus stärker als sein Vorgänger öffnete, an dem Zusammengehen mit den beiden anderen Monarchien fest. Offenbar bestimmte ihn die unruhige Lage seines Landes, das sich zuweilen am Rande des Aufruhrs zu bewegen schien, dazu nicht zuletzt bei der stabilen Hohenzollernmonarchie Halt zu suchen. Anders als das im Dreikaiserabkommen von 1873 der Fall gewesen war, umgab den neuen Vertrag allerdings kein politischer Zusammenhang aus den weltanschaulichen Elementen konservativer Überzeugung. Denn er beschränkte sich ganz und gar auf eine Wahrnehmung und Vereinbarung wechselseitiger Interessen zwischen den drei Partnern.

Warum kam dieses Vertragswerk, das endlich am 18. Juni 1881 zum Abschluß gebracht wurde, Bismarck als »ein sehr erfreulicher Zuwachs zu den Bürgschaften des allgemeinen Friedens«[12] vor? Nun, zunächst legte das Abkommen, was seine formellen Bestimmungen anging, weitgehende Bündnisverpflichtungen fest. Von den Unterzeichnern verlangte es für den Fall, daß sich einer von ihnen mit einer vierten Großmacht »im Kriege befinden würde«[13], die Einhaltung wohlwollender Neutralität. Daher konnte Deutschland bei einem Krieg im Westen, selbst wenn Frankreich nicht zweifelsfrei als Angreifer galt, der russischen Neutralität sicher sein; auf die entsprechende Haltung Deutschlands vermochte Rußland seinerseits zu zählen, falls es in eine militärische Auseinandersetzung mit England geraten sollte.

Was die Regelung der Probleme betraf, die aus einer unter Umständen anfallenden türkischen Erbschaft hervorgingen, dominierten in der gefundenen Einigung auch auf diesem gleichermaßen einladenden wie unwirtlichen Feld, das vor allem zwischen Österreich-Ungarn und Rußland umstritten und an dem Großbritannien stets interessiert war, unter Absehung von moralischen Kategorien die machtpolitischen Erwägungen. Nüchtern wurde der Ausbruch eines Krieges gegen die Türkei in Betracht gezogen, der nicht vom Osmanischen Reich provoziert war. Als verpflichtend vorgesehen wurde allerdings, daß zwischen den Partnern des Dreikaiservertrags zuvor eine Verständigung über die Ergebnisse eines solchen Waffenganges erzielt wurde. Dieser schwerwiegende Vorbehalt, sich über den zukünftigen Kriegsausgang bereits vorab einigen zu müssen, würde, so nahm es sich jedenfalls vom Standpunkt des Deutschen Reiches aus, das vordergründig an den balkanischen Angelegenheiten gar nicht beteiligt war, den militärischen Konflikt entweder verhindern – oder den Vertrag darüber zerbrechen lassen. Das kollektive Prinzip also, wonach es im territorialen Besitzstand der europäischen Türkei nur dann zu weiteren, vor allem kriegerisch erzielten Veränderungen kommen durfte, wenn die drei Kaiserreiche sich darüber vorab geeinigt hatten, eröffnete Bismarck die beträchtliche Chance zur Kriegsverhinderung und markierte zugleich die unübersehbare Grenze für die Vertragsexistenz.

In der Auseinandersetzung über die strittige Meerengenfrage, die der Berliner Kongreß, da zwischen Großbritannien und Rußland keine Einigung zu erzielen gewesen war, offengelassen hatte, trug das Zarenreich einen Sieg davon, den ihm Deutschland und Österreich-Ungarn gewährten. Insgeheim mögen diese dabei auf jenes britische Gegengewicht vertraut haben, das London im Falle eines Falles mit Sicherheit in die Waagschale werfen würde; der russische Triumph hatte also eher vorläufige als definitive Qualität. Immerhin traten die Österreicher und Deutschen, was dieses mehr als konflikträchtige Problem der Weltpolitik anging, vorläufig dem russischen Standpunkt bei und gingen damit auf Distanz zum britischen Interesse. Denn dem Zarenreich wurde das Recht eingeräumt, auch mit Waffengewalt gegen die Türkei vorzugehen, sollte diese englischen Kriegsschiffen ins Schwarze Meer einzufahren erlauben.

In einem »Zusatz-Protokoll« zum Bündnis der drei Kaiser wurden schließlich noch zwei Probleme der südosteuropäischen Krisenregion mehr oder minder verbindlich geregelt: Klar war, was über die westliche Hälfte des Balkans vereinbart wurde. Österreich-Ungarn erhielt das Zugeständnis, Bosnien und die Herzegowina, die ihm schon 1878 zur militärischen Besetzung überlassen worden waren, zu einem Zeitpunkt zu annektieren, der ihm dafür günstig vorkam. Undeutlich blieb dagegen eine andere Bestimmung, die auf die östliche Hälfte des Balkans zielte. Danach wollten sich die drei Mächte einer eventuellen Vereinigung Bulgariens und Ostrumeliens nicht widersetzen, sollte sich »diese Frage einmal durch die Macht der Umstände ergeben«[14]. Ob den Russen damit die Gelegenheit geboten wurde, ihr Trachten erneut auf die Errichtung jenes stark vergrößerten Bulgarien zu lenken, das sie bereits zuvor mit dem Diktatfrieden von San Stefano begründet hatten und das ihnen danach durch die Beschlüsse des Berliner Kongresses wieder genommen worden war, oder ob ihnen der Weg zu diesem Ziel gerade verstellt werden sollte, war dem »Zusatz-Protokoll« nicht eindeutig zu entnehmen.

Für das Deutsche Reich kamen die Vorzüge des neuen Dreikaiservertrags vor allem in zwei Resultaten zum Tragen: Zum einen, so erklärte Bismarck dem alten Kaiser gegenüber mit Zuversicht, »dürfen wir den Frieden unserer beiden Nachbarn auf Jahre hinaus als gesichert ansehen«[15]. In der Tat sollte diese Voraussage fast ein Jahrfünft lang gelten. Im krisenarmen Verlauf dieses eher ruhigen Lustrums trat vorteilhaft zutage, in welch bedeutendem Maße die Handhabung des Vertrages und die Bewahrung des Friedens dem Reich oblagen.

Fast noch gewichtiger nahm sich das zweite Ergebnis aus, das mit dem Bündnis der drei Kaiser verbunden war. Eine Idee vorteilhafter, als die Tatsachen an sich erlaubten, führte Bismarck diesen elementaren Zusammenhang Wilhelm I. vor Augen: »Außerdem aber wird für Deutschland die Gefahr einer französisch-russischen Koalition vollständig beseitigt.«[16] »Vollständig« wurde diese Bedrohung auf gar keinen Fall gebannt. Immer wieder auftretende Turbulenzen in der Staatenwelt ließen das ebenso erkennen, wie grundsätzliche Bedingungen des Vertragsabschlusses darauf noch viel nachhaltiger verwiesen: Das Abkommen der drei Monarchen vom Jahre 1873 rekurrierte auf die Gemeinsamkeit weltanschaulicher Prinzipien und wurde in aller Öffentlichkeit abgeschlossen; der Vertrag der drei Kaiser vom Jahre 1881 konzentrierte sich auf den Ausgleich machtpolitischer Interessen und kam nur unter Ausschluß der Öffentlichkeit zustande. Seine Basis war also alles andere als breit; vor allem die zarische Regierung mußte das äußere Staatsinteresse, das die Verbindung mit Deutschland und Österreich-Ungarn erforderte, gleichsam im geheimen vor der russischen Gesellschaft retten, deren nationalistische Öffentlichkeit die Annäherung an Frankreich und die Auseinandersetzung mit den westlichen Nachbarn favorisierte.

Dessenungeachtet kam das, was überhaupt kalkulierbar war, einigermaßen leidlich unter Kontrolle. Der darüber hinausgehende Optimismus im Urteil des Reichskanzlers war zweifellos auf den Gemütszustand des alten Kaisers berechnet. Das tatsächlich Erreichte, das wie so vieles in der äußeren Politik im Vorläufigen lag, entsprach der ausgeprägten Neigung Bismarcks, »das Provisorium in allen Dingen, weil es elastischer ist«, mehr zu lieben »als das Definitivum«[17].

Bewußt wahrte der Reichskanzler die kostbare Autonomie, deren die äußere Politik des Reiches so dringend bedurfte, vor dem ruinösen Übergriff wirtschaftlicher Spannungen, denen sich die zwischenstaatlichen Beziehungen zunehmend ausgesetzt sahen. Obwohl ihre störende Existenz die Vorgeschichte des deutsch-österreichischen Zweibundes ebenso durchzog, wie sie das deutsch-russische Verhältnis dieser Jahre begleitete, gelang es Bismarck dennoch, mit der »begrenzten« Option für Österreich-Ungarn Rußland zum Abkommen der drei Monarchien zu bewegen.

Dadurch war, soweit es um die grundsätzlichen Existenzbedingungen des deutschen Nationalstaates in Europa ging, die von Natur aus mangelhafte Machtgrundlage des Reiches nicht verbessert worden; die Kunst der Diplomatie dagegen hatte sehr zu seinem Vorteil triumphiert. In vielfach aufeinander bezogenem Zusammenhang lagen die Möglichkeiten und Hindernisse deutscher Außenpolitik damals eng beieinander. Mit den Abschlüssen des Zweibundes und des Dreikaiservertrages, die die überkommenen Nachteile der deutschen Lage nicht grundsätzlich zu beheben vermochten, war dennoch der Ausgangspunkt für den Aufbau des Bismarckschen Bündnissystems der achtziger Jahre geschaffen, das Europa und dem Reich den Frieden erhielt.

Wohlgemerkt: Der Dreikaiservertrag, der ganz auf das spezifische Feld staatlicher Interessenregelung zwischen Regierungen begrenzt war, diente nicht dem allgemeinen Zweck der nationalen Aussöhnung zwischen den Völkern. Deren aufgepeitschte Leidenschaften drängten geradezu dumpf auf eine Entladung im Krieg; kalkuliert suchte das neue Abkommen dagegen die Erhaltung des Friedens zu wahren. Diese Funktion erfüllte der Vertrag. Daher kam es auch im März 1884 zu seiner Verlängerung. Allerdings wurde der geheimen Vereinbarung bei dieser Gelegenheit eine verändernde Ausweitung zuteil, die im vorausschauenden Blick auf ihr zukünftiges Ende nicht unerheblich war. Die ursprüngliche Einigung darüber, irgendeine Veränderung am europäischen Besitzstand des Osmanischen Reiches nur *nach* einem gemeinsamen Beschluß der drei Mächte vorzunehmen, wurde jetzt, 1884, auf die gesamte Region Südosteuropas ausgedehnt und umschloß damit auch den bulgarischen Zankapfel der Österreicher, Russen und Briten.

Indes, vorläufig konnte das Einverständnis zwischen den Partnern von Berlin aus noch gewahrt werden. Der Erfolg dieser Diplomatie lag in einer Begrenzung gegensätzlicher Wünsche. Bismarck zielte nicht auf das Absolute, verzichtete also darauf, die Heilige Allianz zu restaurieren. Vielmehr beschränkte er sich auf das Erreichbare und verfolgte Interessenpolitik. Daher gelang es ihm zu reüssieren. Unter der vorläufig noch gewahrten Voraussetzung, daß die Erforderlichkeit des Maßhaltens überall einsichtig blieb, bevorzugte der Kanzler, wie er dem österreichischen Bündnispartner gegenüber zu verstehen gab, ein vertraglich geregeltes Verhältnis mit Rußland: Denn »*ohne* vertragsmäßige Versprechungen« schien ihm »das Mißtrauen in die russische Politik immer noch berechtigter ... als nach einer kaiserlichen Zusage, Frieden halten zu wollen«[18]. Freilich, »ein Vertrag mit dem Kaiser und selbst mit dem Thronfolger dazu«, räumte er scharfsichtig ein, »bindet heutzutage nur einen Teil der russischen Macht; ein anderer bleibt unbotmäßig und treibt Politik auf eigene Hand«.[19]

Mit dem Instrument des Dreikaiservertrages verband der Reichskanzler, solange dies eben möglich war, die Sicherung des Status quo sowie des Friedens in Europa; mit diesen allgemeinen Zielen verknüpfte er zugleich die ihm als gefährdet vorkommende Existenz Deutschlands: »Jeder Bruch« zwischen Österreich-Ungarn und Rußland, ließ er sich über die Nachteile aus, die mit einem solchen Zerwürfnis zwischen Wien und Sankt Petersburg für die zentrale Stellung Berlins auf dem Kontinent einhergehen konnten, »würde uns in die schwierige Lage bringen, die Feindschaft des einen direkt auf uns zu nehmen oder es mit beiden zu verderben«[20].

Wenn er noch hinzusetzte, ein solcher Konflikt zwischen den Reichen der Habsburger und der Romanows würde die Festigkeit des monarchischen Prinzips in Europa dem revolutionären gegenüber wesentlich erschüttern, so trifft diese Feststellung zweifellos zu. Nicht zu folgern ist daraus allerdings, daß der künstlich errichtete Dammbau einer traditionellen Diplomatie dazu geeignet sein konnte, das sich, aus Bismarcks Sicht der Dinge, mit erschreckender Natürlichkeit vergrößernde Gewächs der nationalistischen Bewegungen mit ihren ruinösen Konsequenzen für die bestehende Ordnung Europas an seiner zerstörerischen Ausbreitung zu hindern. Denn der Dreikaiservertrag beruhte lediglich auf dem diplomatischen Einverständnis einiger weniger in den Kanzleien der Alten Welt, nicht aber auf der populären Grundhaltung der vielen in den Gesellschaften eines neu heraufziehenden Zeitalters. Die Urgewalt seiner Kräfte blieb Bismarck nicht verborgen; beim Zustandekommen des Zweibundes hat er sich ihrer sogar zu bedienen versucht. Doch im Grunde sah er in diesen kaum mehr kontrollierbaren Elementen der sogenannten Moderne eher die apokalyptischen Symptome einer schreckensvollen als die hochgemut stimmenden Anzeichen einer verheißungsvollen Zukunft.

Ihre aggressive Unbezähmbarkeit drängte auf klare Fronten und verlangte nach der simplen Unterscheidung zwischen Freund und Feind. Solange Bismarck über die Existenz und die Entwicklung des Zweibundes wachte, in dem sich diese anderen Energien gleichfalls verbargen, wurde aus der Allianz auch nicht, wie das schon so bald nach dem Abgang des Kanzlers der Fall sein sollte, ein Bündnis auf Gedeih und Verderb. Stets verstand Bismarck das eine vom anderen zu trennen, das erste zu bewahren, ohne dafür mit dem zweiten zu haften. Wäre der Zweibund einem solchen Gestaltwandel unterworfen worden, dann hätte dieser gerade jene Front aufgerissen und vertieft, die der Dreikaiservertrag zu verdecken und einzuebnen bestrebt war. In einem derart nüchternen Sinne des Urteils hatte Bismarcks Außenpolitik im Jahre 1881 tatsächlich einen Höhepunkt ihrer diplomatischen Fertigkeit erreicht; nun sollte der Dreibund das sinnvoll Geschaffene sogar noch vervollständigen.

Der Dreibund

»Wenn ich mir in der auswärtigen Politik irgend ein Verdienst beilegen kann«, umschrieb Bismarck sein zentrales Anliegen in einem einzigen Satz, »so ist es die Verhinderung einer übermächtigen Coalition gegen Deutschland seit dem Jahre 1871.«[21] Als er diese Bilanz am 14. Juni 1882 vor dem Reichstag zog, blickte er auf die erfolgreich abgeschlossenen Dreibund-Verhandlungen zwischen dem Deutschen Reich, Österreich-Ungarn und Italien zurück. Hinter ihm lag aber auch jene so beunruhigend wirkende, allerdings bewußt hochgespielte »Skobelewepisode«[22], die im Februar 1882 die Gefahr einer russisch-französischen Bedrohung für das Reich erneut hatte aufscheinen lassen. Damals besuchte General Michail Skobelew, ein in seinem Lande populärer Offizier, der sich im Balkankrieg von 1877/78 hervorgetan hatte und auf dessen Wort der neue Zar viel gab, die französische Hauptstadt. In einer vor Studenten gehaltenen Rede attackierte er Deutschland als den natürlichen Feind der Slawen und trat für ein gegen die Zweibundmächte gerichtetes Bündnis zwischen Rußland und Frankreich ein.

Solchen Gedanken huldigten damals nicht eben wenige unter den einflußreichen Militärs an Newa und Seine. Es waren nicht zuletzt Michail Katkow, der Prophet des russischen Nationalismus, und Paul Déroulède, der Protagonist des französischen Revanchismus, die diese von unverhüllter Kriegslust umwehte Idee von nun an immer mächtiger propagierten. Noch folgte der Zar dem Kurs, den Bismarck im Rahmen des Dreikaiservertrages steuerte. Daß diese förderliche Haltung des russischen Herrschers nicht für alle Zukunft gesichert erschien, verwies nur auf die wachsende Ungewißheit der allgemeinen Lage. Gewiß, Skobelews menetekelhafter Auftritt, der Bismarck intensiv beschäftigte, blieb nicht zuletzt durch den frühen Tod des Generals im Juni 1882 eine flüchtige Episode. Doch die revolutionären Kräfte, denen das spukhaft Vergangene akuten Ausdruck gegeben hatte, gewannen an Einfluß. Sie mußten die sowieso schon begrenzte Wirksamkeit des konservativen Interessenbündnisses der drei Kaiser mehr und mehr beeinträchtigen.

Als sich der symptomatische Zwischenfall der »Skobelewepisode« zutrug, liefen schon seit geraumer Zeit jene Verhandlungen, die bald darauf in den Dreibund einmündeten. An ihnen nahm das Deutsche Reich zwar stärker indirekt als direkt teil, es war jedoch ohne Zweifel zentral an ihrem Fortgang interessiert und stand schließlich im buchstäblichen Sinne des Wortes im Mittelpunkt des Gesamten. Wie der Zweibund dem Reich Sicherheit für den Fall eines russischen Angriffs versprach, bot der Dreibund eine abwehrende Spitze gegen Frankreich. Damit komplettierte er den Dreikaiservertrag, der nach wie vor im Zentrum der Bismarckschen Diplomatie stand, in ganz spezifischer Weise. Ergänzend verstärkte er die im Bündnis der drei Monarchien angelegte Sicherheitsgarantie gegen Westen und stellte zudem eine Annäherung Großbritanniens an Österreich-Ungarn und Deutschland in Aussicht.

Grundlage für die neue Bündnisbildung, die Italien an die Seite der Donaumonarchie und des Reiches holte, war der Zweibund. Seine Existenz ging allerdings in keiner Form irgendwie im Dreibund auf. Beide Abkommen hatten ihren jeweils eigenen Bestand, der vom anderen unabhängig und getrennt blieb. In unverkennbarer Analogie zur Politik des Dreikaiservertrages und zum Umgang mit seinen balkanischen Objekten nahm die charakteristische Methode deutscher Außenpolitik auch dieses Mal ihren Ausgang von der unstrittigen Tatsache, daß das Reich an den konkreten Ansprüchen seiner potentiellen Partner desinteressiert war. Indem es sich demonstrativ zurückhielt »und die anderen ermutigte, als Interessenten aufzutreten«[23], stärkte es gerade auf diese Weise die eigene Sicherheit und Existenz. Wie zuvor bereits im östlichen Kontext des Dreikaiservertrages gelang es Bismarck, der die österreichisch-italienischen Verhandlungen hintergründig beeinflußte, erneut, aus zwei an sich »natürlichen« Gegnern außenpolitische Partner zu machen. Wiederum verbanden sich Leistung und Nachteil seiner Diplomatie, Gelungenes und Unfertiges, zu einem kaum mehr voneinander zu unterscheidenden Ganzen.

Daß Italien sich den Mittelmächten näherte, lag in den Expansionsabsichten begründet, die der junge Nationalstaat in Nordafrika hegte und die ihn zwangsläufig in Gegensatz zu Frankreich brachten. Bislang war sein Ausdehnungstrieb jedoch unbefriedigt geblieben, ja mehr als das. Im Mai 1881 errichtete Frankreich, von Bismarck insgeheim dazu animiert, ein Protektorat über Tunesien. Erneut waren die Italiener, deren expansionistischer Drang auf dieses Territorium an ihrer afrikanischen Gegenküste gerichtet war, leer ausgegangen. Wie so oft in der Geschichte des 19. Jahrhunderts triumphierte jetzt auch in Italien das außenpolitische Verlangen über innenpolitische Vorlieben. Bewunderung für das republikanische Frankreich wich der Enttäuschung über den nicht gestillten Landhunger; das innenpolitische Vorbild wurde binnen kurzem zum außenpolitischen Rivalen. Um seinen imperialistischen Neigungen endlich frönen zu können, suchte das Königreich Italien Anlehnung bei Stärkeren, deren Interessen sich mit denen der lateinischen Schwesternation gleichfalls kreuzten. Neben England, dem afrikanischen Konkurrenten Frankreichs, kam dafür das Deutsche Reich in Frage.

Doch Bismarck verharrte in deutlicher Distanz zum italienischen Ansinnen. Denn die römischen Ziele liefen nicht nur den nordafrikanischen Ambitionen des französischen »Erbfeindes« zuwider. Geradezu unvereinbar überschnitten sie sich mit den Ansprüchen des österreichisch-ungarischen Zweibundpartners am Adriatischen Meer und auf dem westlichen Balkan. Noch krasser ließ der italienische Ruf nach den so genannten »unerlösten Gebieten«, Südtirol und Triest, den Gegensatz zur Donaumonarchie hervortreten.

Bevor Bismarck sich dazu imstande sah, italienische Erwartungen auf das nordafrikanische Libyen zu unterstützen, oder gar dazu bereit war, sich mit den Italienern noch enger einzulassen, erschien es ihm unerläßlich, daß sich Rom und Wien zuvor über das zwischen ihnen Strittige einigten. Das habsburgische Reich beurteilte er in dieser beileibe nicht einfachen Konstellation als »das Pivot der Vereinbarungen«[24]. Die Verhandlungen zwischen Italien und Österreich-Ungarn verliefen nicht weniger schwierig als sich vor gar nicht allzu langer Zeit jene strapaziösen Gesprächsrunden zwischen der Donaumonarchie und dem Zarenreich angelassen hatten, die am Ende dennoch in den Abschluß des Dreikaiservertrages eingemündet waren. Um das Zustandekommen eines Bündnisses *à trois* zu fördern, nahm Bismarck auf die Wiener Verhandlungen durchaus Einfluß. Auch dieses Mal stellte sich schließlich der mühevoll ausgehandelte Erfolg ein. Am 20. Mai 1882 wurde der Dreibund zwischen Österreich-Ungarn, Italien und dem Deutschen Reich geschlossen: ein Defensivabkommen mit dem Ziel, Frankreich zu isolieren.

Es war die antifranzösische Spitze des neuen Vertrages, die aus Bismarcks Sicht der Dinge den eigenen Belangen diente. Denn geradeso wie Italien bei einem unprovozierten Angriff von seiten Frankreichs auf die Hilfe der Österreicher und Deutschen rechnen konnte, verpflichtete es sich für den Fall eines französischen Angriffs auf Deutschland, dem attackierten Bündnispartner gleichfalls mit allen Kräften zu Hilfe zu kommen. Da Italiens militärische Schlagkraft nicht allzu hoch bewertet wurde, kam es weit über das Strategische hinaus prinzipiell darauf an, das Land in innenpolitischer und weltanschaulicher Perspektive von Frankreich abzuziehen. Die Option, sich einer für Deutschland nachteiligen Bündnisformation anzuschließen, sollte für den neuen Vertragspartner einfach entfallen. Insofern gehörte es zur erklärten Zielsetzung des Dreibundes, den monarchischen Gedanken und die bestehende Ordnung in allen drei Staaten zu festigen: Im Sinne seiner inneren und äußeren Politik der Erhaltung des Status quo versuchte Bismarck, den republikanischen Strömungen in Italien entgegenzuwirken, die den jungen Nationalstaat in das französische Lager treiben mochten.

Wie die anderen Bündnisse der Bismarckzeit war der Dreibundvertrag, den der neu ins Amt gekommene österreichisch-ungarische Außenminister Graf Kálnoky nur aus der engen Verbundenheit seines Landes mit dem mächtigen Reich, in gewisser Hinsicht schon recht entsagungsvoll, mittrug, im Kern rein defensiv orientiert. Gleichsam rudimentär enthielt er allerdings Vereinbarungen, die eine Tendenz zum Offensiven begünstigten. Ohne Zweifel war das Abkommen noch nicht mit den dynamischen Bestandteilen angereichert, die ihm auf italienisches Drängen hin 1887 bei seiner Erneuerung beigemischt wurden. Sie ließen Italien und Österreich-Ungarn, was ihre Ambitionen auf dem Balkan anging, zu einer regelrechten *societas leonina* zusammenfinden, die nur dem kruden Instinkt folgte, gemeinsam Beute machen zu wollen. Obwohl das risikoreich Vereinbarte den Status quo leicht gefährden konnte, mußte Bismarck sich damit notgedrungen abfinden.

1882 ging es um etwas anderes. Die beiden davon jeweils betroffenen Partner des Vertrages erklärten im Artikel IV des Abkommens ihre Bereitschaft, selbst dann wohlwollende Neutralität zu bewahren, wenn sich Österreich-Ungarn oder Deutschland durch die Drohung einer nicht namentlich genannten Macht, bei der es sich nur um Rußland handeln konnte, genötigt sähen, dem Zarenreich »den Krieg zu machen«[25]. Daß der Gedanke an ein Prävenire auf diesem Wege Eingang in den Vertragstext fand und der Dreibund in dieser Hinsicht bereits anders als der Zweibund konstruiert werden mußte, benennt den nicht unerheblichen Preis, den Bismarcks Außenpolitik für das Zustandekommen dieses Vertrages zu entrichten hatte. Wie das Reich *nolens volens*, indirekt, aber doch unausweichlich, im östlichen Bündniszusammenhang des Dreikaiservertrages in die südosteuropäischen Mißlichkeiten der Weltpolitik hineingezogen wurde, so mischten sich in den Kontext des Dreibundes, vorläufig noch ohne Auswirkungen, andersartige Elemente, die das Defensive seiner Abmachungen in der Zukunft möglicherweise einmal zu beeinträchtigen vermochten.

Worin lag der Vorteil des Dreibundes für die deutsche Außenpolitik? Ganz gewiß nicht auf militärischem Feld. Denn der Vertrag sah klar und unmißverständlich vor, daß Italien umgehend von seiner Allianzpflicht entbunden war, wenn Großbritannien im Falle eines militärischen Konflikts Frankreich zur Seite treten würde. Zu offensichtlich war die maritime Unterlegenheit des jungen Nationalstaates, der der britischen Mittelmeerflotte kaum Paroli zu bieten vermochte; zu ungeschützt boten sich die langgestreckten Küsten der Halbinsel dar, wenn sie einem so überlegenen Gegner, der gar noch mit Frankreich im Bunde stand, als Angriffsziel dienten. Insofern besaß der Dreibund nur dann Allianzwert, »wenn Großbritannien zumindest ein stillschweigender Partner des Vertrages war«[26]. Vorläufig, in der ersten Hälfte der achtziger Jahre, bestand die Notwendigkeit nicht, England zu gewinnen, um Italiens Bündnisrolle zu aktivieren. Der britisch-französische Gegensatz, der sich eben im Jahre des Bündnisabschlusses mit der Besetzung Ägyptens durch die Engländer verschärfte, entwickelte sein eigenes Gewicht. Ein Zusammenwirken der Westmächte lag vorerst außerhalb des Wahrscheinlichen, was die Bedeutung des italienischen Faktors im Rahmen des Dreibundes insgesamt förderte.

Fast noch mehr als die antifranzösische Stoßrichtung des Vertrages, die sich direkt zugunsten des Deutschen Reiches auswirkte, schätzte Bismarck einen sich indirekt ergebenden Vorteil für die eigene Sache: Denn die Entlastung, die Österreich-Ungarn aus dem Abschluß des Dreibundes erwuchs, kam Deutschland umgehend zugute. Ein pointierter Kommentar des Kanzlers, mit dem er seiner Geringschätzung des militärischen Wertes Italiens und seiner Hochschätzung der politischen Bedeutung des Landes bezeichnenden Ausdruck verlieh, illustriert diese nicht auf den ersten Blick einleuchtende Tatsache. Es genüge, skizzierte Bismarck die spezifische Aufgabe des italienischen Dreibundpartners, wenn im Kriegsfall ein Korporal mit der italienischen Flagge die Front gegen Westen (gegen Frankreich) und nicht gegen Osten (gegen Österreich) einnehme[27]. Der Dreibund sollte Österreich-Ungarn den Rücken freihalten und in seiner antirussischen Orientierung bestärken. »Es kam für uns lediglich darauf an«, umschrieb Bismarck das in den Bündnisverhandlungen leitende Strategem der deutschen Außenpolitik, die sich ansonsten gegenüber österreichischen und italienischen Belangen auffällig zurückhielt, »dem uns verbündeten Österreich für den Kriegsfall die Sorge der Deckung seiner italienischen Grenze nach Möglichkeit abzunehmen.«[28]

Jeden Zuwachs an Sicherheit für das Reich nahm der Kanzler dankbar in Anspruch, sei er noch so gering und nur auf indirektem Wege gewährt: Wie im Rahmen des Dreikaiservertrages sollte auch in diesem Fall die Stärkung des eigenen Landes durch eine Verbindung mit der Bewahrung des europäischen Status quo und dem Erhalt des allgemeinen Friedens garantiert werden. Daß diese Vertragskonstruktion unübersehbare Merkmale des Vorläufigen aufwies, lag allein schon im Gegensatz zwischen Italien und Österreich-Ungarn begründet: Unversöhnliche Rivalen, die sie dauerhaft blieben, waren nicht mehr als zeitweilige Partner geworden.

Bismarck nahm für sich den schwierigen Vorzug in Anspruch, ein ums andere Mal das für die Existenz des Reiches notwendige Element der freien Wahl aus den Zwängen der neben- und miteinander existierenden Bündnisformationen zu gewinnen. Doch diese waren – anders als in den kommenden Dekaden der Geschichte – noch nicht so angelegt, daß die Kunst der Diplomatie, in Deutschland ebenso wie im übrigen Europa, im Vollzug der Bündnisse aufging, gleichsam ihr spezifisches Wesen in einem geradezu unnatürlich anmutenden Dienst verleugnete, den schieren Fortbestand militärisch ausgerichteter Allianzen zu kultivieren. Die schöpferische Leistung des Reichskanzlers lag vielmehr darin, sich der Verträge allfällig zu bedienen. Um die eigene Position einer vergleichsweise hohen Unabhängigkeit wahren zu können, mußte er das berühmte »Spiel mit den fünf Kugeln« bis zur Vollkommenheit entwickeln.

Das »Spiel mit den fünf Kugeln«

Im Mittelpunkt der deutschen Diplomatie stand der Dreikaiservertrag; dagegen fiel dem Dreibund, vorläufig jedenfalls, eine nachgeordnete Funktion zu. Während das Abkommen vom Jahre 1882 ein enges Einvernehmen mit England voraussetzte und Frankreich isolierte, tendierte das im Jahr zuvor abgeschlossene Bündnis zu einer Annäherung an Frankreich und betonte die Gegnerschaft zu Großbritannien. Um die letzte der beiden großen Wahlchancen, die der spezifische Zusammenhang einer weitgehend formierten Staatenwelt für das Deutsche Reich bereithielt, weiterverfolgen zu können, schritt Bismarck in den Jahren 1884/85 auf erprobten Wegen voran.

Vergleichsweise reibungslos und mit Erfolg vollzog sich während der ersten Hälfte der achtziger Jahre jenes »Spiel mit den fünf Kugeln«, vor dem schon sein unmittelbarer Nachfolger Caprivi total überfordert kapitulieren sollte. Es folgte dem ebenso einfachen wie komplizierten Grundsatz, »Bindungen an jede europäische Großmacht« aufzuweisen, »ohne doch an eine von ihnen angebunden zu sein«[29].

Natürlich glich das sogenannte System Bismarcks keineswegs, wie der Reichskanzler einmal euphemistisch bemerkte, einem aufgezogenen Uhrwerk, das wie von selbst ablief, sondern bedurfte im geraden Gegenteil dazu fortwährend der schöpferischen Gestaltung. Eindeutig dominierte die »Großmacht Diplomatie«[30], die in der Persönlichkeit und im Handeln des Reichskanzlers verkörpert war, über die sich regenden Stimmen der Militärs, die im Laufe der Zeit noch an Lautstärke und Gewicht zunahmen. Unmißverständlich verlangten sie danach, sich mit der Habsburgermonarchie zusammen auf den Zweifrontenkrieg gegen Rußland und Frankreich einzurichten. Das beschrieb eine in die Zukunft weisende Alternative deutscher Außenpolitik, die sich nahezu grundsätzlich von derjenigen Bismarcks unterschied. In spiegelbildlicher Verkehrung entsprach sie übrigens genau den Vorstellungen, die in »der militärischen Führung Rußlands und Frankreichs«[31] repräsentativ vertreten wurden. Weil man nach Bismarcks Überzeugung zwar wußte, wo ein Krieg anfängt, aber nicht, wo er aufhört, »verwarf« er »prophylaktische Kriege«[32] strikt. Statt dessen hielt er es mit der bewährten Maxime des römischen Geschichtsschreibers Livius, wonach die Gewißheit, Frieden zu haben, wertvoller ist, als auf einen Sieg zu hoffen: »melior tutiorque est certa pax quam sperata victoria«.[33] Der Reichskanzler lehnte das militärische Prävenire ab: »man kann die Wege der göttlichen Vorsehung dazu niemals sicher genug im Voraus erkennen«[34].

Nach Bismarcks Einschätzung der Lage gab es für solch verwegene Überlegungen weder Notwendigkeit noch Bedarf. Denn beinahe leichten Mutes äußerte der ansonsten überall Gefahr Witternde, die Außenpolitik bereite ihm keine schlaflosen Nächte mehr. Auf die Warnung seines innenpolitischen Gegenspielers Windthorst, das Reich sei von Feinden umgeben, erwiderte er selbstbewußt, diese Behauptung gehöre längst der Vergangenheit an; jetzt gelte vielmehr die Feststellung: »Wir sind von Freunden umgeben in Europa.«[35] In der Tat: Der Reichskanzler hatte sein außenpolitisches Ideal nahezu verwirklicht, nämlich den »Dauerzustand politischer Gegensätze« unter den Partnern Deutschlands zu nutzen, »die zwar nicht zu Kriegen zwischen ihnen führten, jeden der drei aber dauernd auf Deutschlands Freundschaft anwiesen«[36]. Daß die englische *Pall Mall Gazette*, noch dazu im Rückblick auf den Sedanstag 1883, die deutsche Suprematie auf dem Kontinent als das »gesündeste Element in der europäischen Lage«[37] würdigte, wirft ein mehr als bezeichnendes Licht auf das außergewöhnlich Vorteilhafte der »politischen Gesamtsituation« des Reiches. Wie so häufig in der Geschichte hing ihr Bestand auch in diesem Fall davon ab, daß »ein Schwert das andere in der Scheide«[38] hielt – ohne daß dieses lebendige Gleichgewicht des Politischen, wie Jahrzehnte später, zu einer tödlichen Balance des Militärischen erstarrte.

Zur Konsolidierung nach außen suchte der Reichskanzler die innenpolitische Parallele. In ebenden Zeitraum, in dem die Sozialistenverfolgung mit ihren immer tiefer in die Gesellschaft getriebenen Keilen die Nation zu spalten drohte, fielen die Anfänge der Sozialversicherungspolitik. In Deutschland begann damit die Ausbildung des modernen Sozialstaates, der für die Existenz des Nationalstaates im 19. und 20. Jahrhundert allgemein konstitutiv wurde. Mit der Einführung der Krankenversicherung von 1883, der Unfallversicherung von 1884 und, einige Jahre darauf, der Invalidenversicherung von 1889 wurde Zukunftweisendes in die Wege geleitet, um gleichzeitig die überlieferte Bauform des Deutschen Reiches, zumindest im großen und ganzen, zu bewahren. Daß es durch teilweise Modernisierung auf den Weg grundlegenden Wandels geführt wurde, vollzog sich, wie von unsichtbarer Hand geleitet, als ein Prozeß des funktionalen Fortschritts, der eher gegen den Willen des Kanzlers verlief, als daß er dessen Förderung gefunden hätte. Denn seine ohne Zweifel fortschrittlichen Reformen dienten einem der mit Gewißheit schwierigsten Experimente politischen Handelns überhaupt, nämlich im reißenden Strom der sich beschleunigenden Zeit feste Plätze geborgener Stabilität zu behaupten. Eine Zeitlang mochte es gelingen, mächtige Tendenzen der modernen Welt zu kanalisieren und der überbordenden Dynamik ihre bedrohliche Schwungkraft zu nehmen. Das Rad der Geschichte auf Dauer bremsen zu wollen, mußte dagegen im Mißerfolg enden.

Daß Bismarck sich auf ein so gewagtes Unternehmen einließ, lag gewiß nicht allein, aber doch vornehmlich in dem Bemühen, die unabhängige Existenz des Deutschen Reiches zu festigen. Doch der fast übermenschliche Kraftakt, der sogenannten Moderne mit ureigenen Elementen ihrer vieldimensionalen Existenz die vorwärtstreibende Bewegung zu entreißen, schlug fehl: Das gibt den Blick auf eine Paradoxie in der Politik Otto von Bismarcks frei, die sich schon zu seinen Lebzeiten abzeichnete. Aber augenscheinlich kümmerte ihn das, was noch vorwaltend in der Zukunft lag, nur wenig, war er doch geradezu fasziniert vom Gegenwärtigen, als dessen Meister er sich ein ums andere Mal erwies. Denn seine »Halbdiktatur«[39], von der Golo Mann einmal mit einer bis ins Bestreitbare zugespitzten Wendung gesprochen hat, mit all ihren zugleich modernen und antimodernen Ingredienzien errichtete er in erster Linie, »um den Frieden zu erhalten«. Der Aufgabe, das Bestehende nach innen und außen zu bewahren, Revolution und Krieg abzuwehren, Status quo und Frieden zu kultivieren, ordnete er alles andere entschieden, ja rigoros und rücksichtslos unter.

Notwendig blieb in diesem Zusammenhang vor allem, das Übergreifen wirtschaftlicher Einflüsse aufs außenpolitische Feld möglichst zu verhindern. Zu dieser gegen die Zeit zielenden Anstrengung verstand sich Bismarck ungeachtet aller Zweifel gegenüber dem bleibenden Bestand solchen Tuns, das angesichts der wachsenden Bedeutung des Ökonomischen zunehmend fraglich wurde. Der bewährte Grundsatz, das eine vom anderen strikt zu trennen, wurde in den Jahren 1883/84 auf die Probe gestellt, als eine wirtschaftliche Krise erneut zu gegensätzlichem Handeln drängte. Bismarck hielt am eingeschlagenen Kurs fest. Die Autonomie des Politischen wurde, alles in allem jedenfalls, vor den Interventionen des Ökonomischen geschützt, um die insgesamt günstige Beschaffenheit der außenpolitischen Lage nicht durch die unkontrollierbaren Einmischungen wirtschaftlicher Begehrlichkeiten zu gefährden. Zumindest vorläufig gelang ihm, was er in dieser Hinsicht wollte. Solcher Erfolg wog schwer in einer Phase der Geschichte, in der die deutsch-französischen und deutsch-russischen Spannungen hinter dem englisch-französischen, dem russisch-österreichischen und dem russisch-britischen Gegensatz eher zurücktraten.

Erfolg hatte der Kanzler vor allem damit, sein Vertragsnetz noch weiter zu spannen. Zu fast allen Mitgliedern der europäischen Staatengesellschaft unterhielt das Deutsche Reich Beziehungen, die über das formal Übliche des diplomatischen Verkehrs in der Regel hinausgingen. Von unterschiedlicher Qualität im einzelnen, bildeten sie ein vertraglich geregeltes und kontrollierbar abgesichertes System, das sein Zentrum in Berlin hatte. Erklärtes Ziel des Gesamten war, Europa in der Balance und Frankreich in der Isolierung zu halten. Doch den verfeindeten Nachbarn im Westen zu demütigen, verführte Bismarck die Gunst der Stunde keineswegs, im Gegenteil: Er unternahm, wenn letztlich auch vergeblich, den Versuch, sich sogar den unversöhnlichen Franzosen zu nähern.

Erst einmal gelang es dem Kanzler, die von ihm präsidierte Versicherungsgesellschaft zur allgemeinen Friedenserhaltung durch südosteuropäische Filialen zu erweitern. Während Serbien über seinen Kontakt mit dem Zweibund bereits dazugehörte, ging es nunmehr darum, Rumänien an diese »Assekuranz« zu binden. Zur Sprache kam die Angelegenheit, als der rumänische König im Sommer 1883 Berlin besuchte. Ein bilaterales Bündnis abzuschließen, lehnte Bismarck ab. Gebietsansprüche, die der junge Balkanstaat gegenüber Rußland, vor allem gegenüber Österreich-Ungarn geltend machte, standen dem entgegen. Die Rumänen mußten sich mit der Donaumonarchie einigen, um Bismarcks europäischer Friedensliga beitreten zu können.

Tatsächlich schlossen Rumänien und Österreich-Ungarn bald darauf einen »Freundschafts- und Beistandsvertrag«, der beide Staaten zu gegenseitiger Unterstützung bei einem unprovozierten russischen Angriff verpflichtete. Diesem Abkommen trat Deutschland in Form einer Akzessionserklärung am 30. Oktober 1883 bei. Die Entscheidung hatte nach Bismarcks Verständnis der Dinge nichts damit zu tun, Vorbereitungen für eine Auseinandersetzung mit dem Zarenreich zu treffen. Sein Gedankengang nahm sich komplizierter aus und hatte einen ganz anderen Sinn. Gewiß, die zwischen Wien und Bukarest zustande gekommene Vereinbarung besaß nicht eben hohen Wert. Sie mußte nicht zuletzt deshalb geheim bleiben, weil es in Rumänien alles andere als populär war, mit den verhaßten Ungarn einen Vertrag einzugehen. Immerhin stand der Doppelmonarchie und Deutschland im Fall des Falles jetzt auch die militärische Hilfe der Rumänen zur Verfügung. Allerdings sollte, dem Kalkül Bismarcks zufolge, die damit einhergehende Verstärkung der Zweibundmächte gerade dazu beitragen, den Krieg mit Rußland unwahrscheinlicher zu machen.

Berücksichtigt man noch die Verbindungen, die der Reichskanzler in fast beiläufig wirkender Form während der kommenden Jahre bis nach Spanien und in die Türkei knüpfte, dann war es ihm im Verlauf der achtziger Jahre, vor allem in ihrer ersten Hälfte, gelungen, den Kontinent unter isolierender Umgehung von Frankreich mit einem dicht gewirkten Netz ganz unterschiedlicher Verträge zu überziehen. Die gegenseitige Abhängigkeit und wechselseitige Haftung ihrer im einzelnen nicht miteinander vergleichbaren Existenz hatten im Grunde nur den einen Zweck, den auf direkte oder indirekte Weise in jedem Abkommen bedachten *casus belli* zu vermeiden: Den Kriegsfall nüchtern zu denken, eröffnete immer wieder Möglichkeiten, seinen Ausbruch überlegt zu verhindern. Unverkennbar im Rahmen des Gesamten war, daß Bismarck das deutsche Interesse mit der europäischen Verantwortung zum Vorteil des Reiches und zum Nutzen des Kontinents zu verknüpfen verstand. Ebenso unübersehbar trat aber auch hervor, daß er seine meisterhafte Diplomatie, die ganz auf den traditionalen Rahmen des Europa der großen Mächte bezogen war, »mehr im Geiste der kontinentalen Überlieferung als der weltpolitischen Zukunft«[40] betrieb.

Wie häufig zuvor und danach, waren Größe und Grenzen deutscher Außenpolitik im Zeitalter Bismarcks kaum voneinander zu trennen. Die bewegliche Ordnung einer umfassend angelegten Kräftebalance zu erhalten, beschrieb eine außerordentlich schwierige Aufgabe äußerer und internationaler Politik. Sie erforderte eine stets zutreffende Einschätzung der Machtverhältnisse, die vor allen Dingen weit über die rein militärische Dimension hinauszureichen hatte. In gewisser Hinsicht verlangte sie eine »absolute Rücksichtslosigkeit«[41], da die Handelnden durchgehend dazu bereit sein mußten, »Freundschaft, Loyalität und alle anderen Rücksichten dem nationalen Interesse zu opfern«. Deshalb setzte diese äußere Politik »eine innenpolitische Struktur« voraus, die solches Handeln zuließ, wenn nicht sogar begünstigte. Der Staat aber, der diesen außenpolitischen Kurs aus wohlverstandenem Interesse wählte, also das Deutsche Reich, seine Partner freilich ebenso, war im Grunde gehalten, keine dauernden Freunde und keine ewigen Feinde zu haben. Beider Existenz nämlich schränkte jene Handlungsfreiheit über Gebühr ein, die zur Pflege des Equilibriums notwendig war.

Diese äußere Politik Bismarcks war über zwei Jahrzehnte lang weitgehend erfolgreich. Das lag neben der überragenden Rolle, die ihr Schöpfer dabei spielte, auch daran, daß der Reichskanzler auf kongeniale Partner traf: Salisbury auf britischer und Giers auf russischer Seite, der Bismarck »geistig und in der Bewältigung des Stoffes und der Methodik der Diplomatie jener Zeit ... nicht unterlegen«[42] war; ganz zu Anfang der Ära Bismarck–Beust, danach schon kaum mehr Andrássy auf österreichischer und Waddington, vielleicht noch Ferry auf französischer Seite. Allesamt trugen sie das ihre zu dem Akkord der Gleichgewichtspolitik bei. Daher konnten sich die zwischenstaatlichen Beziehungen in einer gewissen Normalität vollziehen. Zu den Polen von Freundschaft und Feindschaft hielt sie gleich weiten Abstand; wie er war, wurde der europäische Status quo im großen und ganzen akzeptiert. Territoriale Veränderungen von begrenztem Umfang vermochte es in einem so gesteckten Rahmen durchaus zu geben. Sie konnten sogar, der Theorie nach freilich eher als in der Praxis, auf kriegerischem Wege herbeigeführt werden. Bedingung dafür blieb jedoch, daß Ziel und Methode einer solchen Aktion insgesamt schöpferisch wirkten, also dem Bestand der Ordnung dienten, die im Grundsatz unantastbar sein sollte.

Zur Natur dieses Kräftegleichgewichts gehörte das Bestreben einer jeden der fünf Großmächte, zu den drei Partnern zu gehören, die für eine Zeitlang, aber nicht für eine zu lange Zeit oder gar auf Dauer, den beiden anderen Staaten in relativem, aber beileibe nicht in unerträglichem Maße überlegen waren. Existenz und Erfolg einer solchen Politik der ausgleichenden Balance setzte im wesentlichen voraus, festgefügte Bündnisse von jener einseitigen Beschaffenheit zu vermeiden, die ihr Ziel nicht in der Aufgabe suchten, den gegenwärtigen Frieden zu erhalten, sondern vielmehr durch die Aussicht geleitet wurden, im zukünftigen Krieg zu siegen. Staatsmänner wie Salisbury, Giers und Bismarck handelten in ebendiesem Sinne. Sie wurden von prophylaktischem Pessimismus getragen und von der historischen Einsicht bestimmt, nicht für die Ewigkeit bauen, sondern die Vergänglichkeit der Dinge höchstens für begrenzte Zeit aufhalten zu können. Solche Geisteshaltung ließ sie keineswegs in Fatalismus verfallen, ganz im Gegenteil: Tatkräftig schritten sie gegen das Überhandnehmen der Unordnung ein. Ihr Handeln befolgte insgesamt jene Maxime, der zu gehorchen für das System des Gleichgewichts unerläßlich war, weil seine Mißachtung zum Ruin des Ganzen führen mußte: Verträge und Bündnisse dienten der Bewahrung des Friedens, nicht aber der Vorbereitung des Krieges.

Da sie kaum von hehren Idealen getragen waren, ließen sie sich beileibe nicht aus Humanität und Altruismus gebieten, so zu verfahren. Vorsicht und »Realpolitik«, die aus leidvollen Erfahrungen geboren waren, drängten diese Staatsmänner vielmehr dazu, den Krieg zu vermeiden, der das Chaos auf internationaler und innenpolitischer Ebene nach sich ziehen würde. Insofern lag ihnen auch daran, machtpolitische Verhältnisse nicht gar zu eng an weltanschauliche Elemente zu binden. Allzu leicht konnte sich das Starrsinnige des Ideologischen in das Wandlungsfähige der Tatsachen einfressen und zu einer dauerhaften Verfestigung temporärer Formationen beitragen. Solch unerwünschte Entwicklung hätte, dem beweglichen Spiel der Kräftebalance feindlich, die erforderliche Fähigkeit zum möglicherweise sogar verblüffenden Partnerwechsel, das »renversement des alliances«, über Gebühr eingeschränkt. Unmittelbar und sichtbar oder allmählich und schleichend wäre die Gleichgewichtsordnung dadurch ausgehöhlt worden.

Eben zu dem Zeitpunkt, als das System der europäischen Balance, vom Deutschen Reich aus eingerichtet, in der ersten Hälfte der achtziger Jahre seine größte Wirksamkeit entfaltete, setzte mit der beginnenden Ära des Imperialismus eine säkulare Bewegung ein, die seiner Existenz langfristig entgegenwirkte. Anfangs freilich lenkte sie die überschüssigen wirtschaftlichen, technischen und weltanschaulichen Energien der rapide wachsenden Staaten Europas in die noch unerschlossenen Weiten der übrigen Welt ab. Für das Deutsche Reich, das seit seiner Gründung mit den kaum behebbaren Bedingungen angeborener Enge zu tun hatte, erweiterte dies noch einmal in willkommener Art und Weise den außenpolitischen Bewegungsspielraum.

Doch der einsetzende Wettlauf der Europäer um die letzten nicht verteilten Territorien auf dem Globus schränkte die unverhoffte Gunst der historischen Stunde gleich wieder ein. Nachdem die englische Okkupation Ägyptens im Jahre 1882 den Startschuß zum imperialistischen Zeitalter gegeben hatte, das schon bald der nackten Raumgier verfiel, gerieten die Großmächte allesamt »unter Prestigedruck«: Denn »Verzicht auf Erweiterung sah nach Stagnation, ja Schrumpfung aus«[43]. Kaum ein Mitglied der Pentarchie konnte sich solche Abstinenz erlauben; das System des Gleichgewichts nahm weltweite Gestalt an; für sein deutsches Zentrum stellte sich damit die Existenzfrage. Ohne umgehend hervorzutreten, doch langfristig wirksam, wurde das Reich jetzt noch schärfer mit dem Grundproblem seines Daseins konfrontiert. Angesichts selbstverordneter Bewegungslosigkeit und im Vergleich zu den wachsenden Imperien der anderen drohte es in der Zukunft womöglich nur noch ein Fleck auf der Erdoberfläche zu sein. Bereits 1848 hatte der amerikanische Staatssekretär Daniel Webster auf dermaßen ernüchternde Weise die Größe der Habsburgermonarchie derjenigen der Vereinigten Staaten von Amerika gegenübergestellt.

Drängender als zuvor stellte sich in der nun anbrechenden Epoche des Imperialismus die Frage nach der Zukunftsfähigkeit des Deutschen Reiches. Neue Tendenzen von bislang kaum geahnter Dimension brachen sich binnen kurzem Bahn. Auf dem »politischen Massenmarkt« (Hans Rosenberg) der modernen Zeit fiel die Grenze zwischen staatlicher und gesellschaftlicher Sphäre. Das in Wissenschaft und Kunst bis dahin Gültige wurde durch sensationelle Entdeckungen des in Biologie und Philosophie, in Psychologie und Literatur, in Musik und Malerei bislang Unerforschten und Tabuisierten gesprengt. Parallel zu diesen säkularen Strömungen verlief die geschichtsmächtige Entwicklung, daß sich die überlieferte Ordnung Europas ins unkontrollierbar Globale erweiterte. Die Revolutionierung des internationalen Systems und der geistigen Verhältnisse, deren verborgenen Zusammenhang Hermann Graf Keyserling in dem Paradoxon erhellte, wonach von jetzt an »der kürzeste Weg zu sich selbst ... um die Welt herum«[44] führe, entging Bismarck keineswegs. Denn sie brachte für seine eigene Schöpfung bedrohlich schleichenden Gewichtsverlust mit sich. Einerseits beschränkte der Kanzler sich darauf, die ihn schreckenden Tendenzen einer neuen Zeit einzudämmen. Andererseits suchte er über die Methode der Diplomatie hinaus, deren Wesen im Provisorischen aufgeht, immer wieder nach grundlegenden Alternativen, die Dauer und Zukunft verheißen konnten.

Zu Anfang der achtziger Jahre zählten dazu noch Pläne zur Bildung einer mitteleuropäischen Wirtschafts- und Zollunion. Sie wurden allerdings in der Öffentlichkeit mehr beachtet, als vom Reichskanzler tatsächlich verfolgt. Nicht daß Bismarck solche Ideen grundsätzlich verworfen hätte. Die von dem ungarischen Reichstagsabgeordneten Guido von Baußnern, einem siebenbürgischen Juristen, im Jahre 1880 vorgeschlagene Zolleinigung zwischen Deutschland und Österreich-Ungarn sah er beispielsweise »als das ideale Ziel«[45] an, um in dem heraufziehenden Zeitalter wirtschaftlicher und staatlicher Großreiche bestehen zu können. Allein die enttäuschenden Erfahrungen, die er mit vergleichbaren Vorschlägen im Vorfeld des Zweibundabschlusses sammeln mußte, ließen ihn bewußt davon absehen, das ehrgeizige Anliegen zu einer der leitenden Perspektiven seiner äußeren Politik zu erheben.

Als das Deutsche Reich sodann vom Jahre 1883 an überseeische Kolonialpolitik verfolgte, stellte sich bereits für die Zeitgenossen die Frage, ob Bismarck von nun an auf diesem Weg die eingeengte Basis seiner kontinentalen Schöpfung zu erweitern gedachte. Nahm das deutsche Kaiserreich damit die Spur der Weltpolitik auf? Knüpfte Bismarck mit dem Erwerb von Kolonien für Deutschland gleichsam in globalem Maßstab an seine aggressive Politik des territorialen Erwerbs aus den noch nicht vergessenen sechziger Jahren wieder an?

Kolonien für Deutschland

Ohne Zweifel, was sich in Afrika und in der Südsee in deutschem Namen und unter deutscher Flagge vollzog, erschien ungewöhnlich. Denn Bismarcks unmißverständliche Ablehnung überseeischen Kolonialbesitzes war seit mehr als einem Jahrzehnt bekannt. Er sah darin nichts Gewinnversprechendes, ganz in Übereinstimmung – was das Resultat insgesamt, nicht die Motive im einzelnen anging – mit so manchem Vertreter aus der Wirtschaft. Ferne Kolonien kamen ihm lediglich als überflüssige Prestigeobjekte vor. Für die prekäre Lage des Reiches nach außen brachten sie nichts als zusätzliche Belastungen mit sich. Weitgehend ungeschützte Territorien irgendwo in der fernen Welt zu besitzen, ohne über eine ausreichende Flottenmacht zu ihrer Verteidigung zu verfügen, exponierte das Deutsche Reich nur in unnötiger Art und Weise und lud andere Mächte zum Attackieren geradezu ein. Die daraus erwachsenden Verwicklungen konnten selbstverständlich nicht ohne bedenkliche Rückwirkungen auf das kontinentale Zentrum bleiben.

Als es im Gefolge der französischen Niederlage von 1871 darum ging, aus dem Besitz des Frankreichs »d'outre-mer« eine koloniale Erbschaft, beispielsweise in Indochina, zu übernehmen, hatte Bismarck für ein solches Ansinnen nur Spott übrig. Kolonialbesitz für das Reich kam ihm wie der »seidne Zobelpelz in polnischen Adelsfamilien« vor, »die keine Hemden haben«[46]. Noch eine Dekade später, zu Beginn des Jahres 1881, stellte er definitiv fest: »So lange ich Reichskanzler bin, treiben wir keine Kolonialpolitik.«[47] Ausschlaggebend dafür war nach wie vor die Sorge, die europäische Sicherheit des Deutschen Reiches durch überseeische Angriffsflächen mutwillig aufs Spiel zu setzen: »Wir haben eine Flotte, die nicht fahren kann, und wir dürfen keine verwundbaren Punkte in fernen Weltteilen haben, die den Franzosen als Beute zufallen, sobald es losgeht.«[48]

Im übrigen war der Kolonialgedanke, von spezifischen Interessenvertretungen wie dem 1882 gegründeten Deutschen Kolonialverein einmal abgesehen, kaum in repräsentativem Maße populär. Die Mehrheit des Parlaments, nicht zuletzt seine liberale Opposition, hatte es noch im Jahre 1880 entschieden abgelehnt, einem privatwirtschaftlichen Kolonialunternehmen wie dem schon seit langem in der Südsee tätigen Haus Godeffroy mit staatlichen Mitteln unter die Arme zu greifen.

Dennoch stellte das Deutsche Reich in den Jahren 1884/85 Territorien in Afrika und in der Südsee unter seinen Schutz. Im Vergleich mit den Imperien anderer Mächte nahm sich ihr Umfang eher bescheiden aus; die Fläche Deutschlands übertrafen sie immerhin um ein Vielfaches. Mit der Initiative des Bremer Kaufmanns Adolf Lüderitz 1883 an der Bucht von Angra Pequeña in Südwestafrika setzte die koloniale Landnahme der Deutschen ein. Sie vollzog sich überall nach ähnlichem Muster: Privatpersonen – ein Mann der Geschäftswelt wie Lüderitz in Südwestafrika, ein Repräsentant der Finanzwelt wie Adolph Hansemann in Neuguinea oder ein Abenteurer wie Carl Peters in Ostafrika – gingen voran und schlossen Verträge, durchweg von ungleicher Natur, mit den Eingeborenen, denen sie Schutz versprachen. Je mangelhafter daraufhin die wirtschaftlichen Interessen durch überseeische Kompanien gewahrt wurden, desto lauter erhob sich der Ruf nach der staatlichen Präsenz des Reiches: Die Flagge sollte dem Handel folgen. In einem vergleichsweise kurzen Zeitraum erwarb Deutschland sodann seine afrikanischen Kolonien: Deutsch-Südwestafrika, Deutsch-Ostafrika, Togo und Kamerun; ebenso seine pazifischen Besitzungen: Kaiser-Wilhelm-Land in Neuguinea, den Bismarck-Archipel, die Salomon- und die Marshall-Inseln.

In diesem Zusammenhang trat eine Auffälligkeit zutage, die sich, was die koloniale Landnahme der Deutschen betraf, durchgehend beobachten ließ: Die notwendige Abgrenzung von den Interessen anderer Mächte führte kaum zu nennenswerten Reibungen mit Frankreich, wohl aber zu harschen Auseinandersetzungen mit England. Diese Entwicklung nahm 1883 ihren Anfang. Bismarck bat die Briten um Auskunft darüber, ob sie das Küstengebiet von

Angra Pequeña beanspruchten. Hierauf erfuhr der Reichskanzler, daß England im Grunde nicht gewillt war, zuzulassen, daß sich irgendein anderer Staat in der Region zwischen Portugiesisch-Angola und der Kapkolonie festsetzte. Die Reichsregierung verlangte daraufhin zu erfahren, worauf sich der britische Anspruch stütze und ob England in dem umstrittenen Gebiet ansässige Deutsche zu schützen imstande sei.

Auf eine Antwort aus London mußte Berlin ungewöhnlich lange, bis zum Mai des Jahres 1884, warten. Welche Gründe auf britischer Seite für diese ungebührliche Verzögerung auch immer verantwortlich waren, sie wirkte befremdlich, ja verletzend auf die Deutschen, die nun ihrerseits handelten. Die Lüderitzschen Erwerbungen »nördlich vom Oranjefluß« wurden im April 1884 dem Schutz des Reiches unterstellt. Als sich die Briten dagegen verwahrten und dieses Gebiet ihrerseits beanspruchten, wurde ihnen vom Reichskanzler klargemacht, wie seinem Erlaß an Botschafter Münster vom 4. Juni 1884 zu entnehmen ist, »wir seien nicht in der Lage, eine solche Besitzergreifung« durch England »anzuerkennen«; verschärfend fügte er hinzu: »und bestritten« Großbritannien im übrigen »das Recht dazu«![49]

Der antienglische Ton deutscher Kolonialpolitik war unüberhörbar. Bismarck lehnte es empört ab, den Briten das Privileg einer »afrikanischen Monroe-Doctrin«[50] einzuräumen. Vom Pazifik über Ostafrika bis nach Südwestafrika befand sich das Reich in einem kolonialpolitischen Konflikt mit Großbritannien. Bismarck sah sich schließlich im Juni 1884 dazu veranlaßt, seinen Sohn Herbert in besonderer Mission nach London zu schicken. Mit Nachdruck und Erfolg wurden die deutschen Ansprüche jetzt vertreten. Erstaunlich schnell, scheinbar leicht gaben die Briten nach. Allzu vielen Herausforderungen sahen sie sich 1884/85 fast gleichzeitig ausgesetzt. Erneut fürchteten sie einen Zusammenstoß mit Rußland in Afghanistan, und empfindlich spürten sie die französische Konkurrenz in Ägypten sowie in Schwarzafrika. Mit dem Fall Khartums am 26. Januar 1885 mußten sie um ihre Stellung im Sudan bangen.

Erst in den spannungsgeladenen Jahren der Vorweltkriegszeit, als der deutsch-englische Antagonismus seinem ruinösen Höhepunkt zustrebte, brachen die lastenden Erinnerungen an Bismarcks antienglische Kolonialpolitik wieder auf. In seinem berühmt gewordenen Memorandum vom 1. Januar 1907 rügte der Deutschlandexperte des Foreign Office, Eyre Crowe, den die unvorteilhaften Erfahrungen des kolonialen Streites mit den Deutschen während der achtziger Jahre tief geprägt hatten, das damalige Verhalten des Reichskanzlers gegenüber Großbritannien im Rückblick aufs schärfste. Was England und Deutschland in der Mitte der achtziger Jahre nur kurzfristig trennte, wirkte langfristig nach.

Damit ist die zentrale Frage aufgeworfen, warum Bismarck die kolonialpolitische Enthaltsamkeit des Reiches aufgab und die überseeische Landnahme selbst um den Preis einer zeitweiligen Entfremdung von Großbritannien wagte.

Über dieses Problem ist in der Geschichtswissenschaft schon viel gerätselt worden. Die einen haben Bismarck einen neu erwachten Instinkt für die Belange der Weltpolitik unterstellt, der ihn mit autonomer Gewalt zur Kolonialpolitik getrieben habe. Andere schätzen ökonomische Bedürfnisse der deutschen Volkswirtschaft als maßgeblich ein, denen der Kanzler einfach habe nachgeben müssen. Eine dritte Deutung unterstellt, mit der Entfachung der Kolonialbewegung habe der verantwortliche Politiker an der Spitze des Reiches den erforderlichen Schwung für seine lahmende Regierung und damit die anstehenden Wahlen des Jahres 1884 gewinnen wollen. Wieder andere sprechen davon, mit der Kolonialpolitik habe er auf innenpolitischem Feld gleichsam ein antibritisches Hindernis aufzutürmen beabsichtigt, um es dem liberalen Kronprinzen und seiner Gemahlin Viktoria, »der Engländerin«, unmöglich zu machen, ein deutsches »Kabinett Gladstone« zu favorisieren. Der überseeische Schachzug sei darauf berechnet gewesen, die weitere Parlamentarisierung des Reiches aufzuhalten und der eigenen Herrschaft Dauer zu verleihen. Kurzum, mit außenpolitischem Einsatz, der die Entfremdung von Großbritannien erforderlich machte, habe er das innenpolitische Ziel verfolgt, die »englische« Partei in Berlin auszuschalten. Schließlich ist argumentiert worden, die koloniale Politik habe im Zentrum einer großangelegten Strategie des sozialen Imperialismus gestanden. Ihr habe sich der Reichskanzler verschrieben, um die krisenhaften Probleme der Gesellschaft nach außen abzuleiten, um die drohende »Revolution«[51] durch die imperialistische Tat zu umgehen, um »innere Politik mit der Dampfkraft der auswärtigen zu machen«[52]: Die äußere Bewegung sollte danach dem gesellschaftlichen Stillstand dienen.

Im einzelnen und gemeinsam mögen diese Motive, das eine mehr als das andere, einen Teil des historischen Zusammenhangs bilden, innerhalb dessen Bismarck sich zum Schritt nach Übersee entschlossen hat. Was Zweifel gegenüber jeder der vorgeschlagenen Erklärungen aufkommen läßt, liegt jeweils im episodischen Charakter der Kolonialpolitik begründet. Sang- und klanglos nahm Bismarck von ihr bereits im ersten Viertel des Jahres 1885 seinen Abschied: Ja, von da an war er sogar darauf bedacht, das lästige Erbe der überseeischen Schutzgebiete wieder loszuwerden. Ob die Kolonien am Ende in private Hände deutscher Interessenten oder in eine neue Hoheit auswärtiger Mächte übergingen, scheint ihn als Problem weniger beunruhigt zu haben als die Tatsache, daß er weiterhin für die Schutzgebiete verantwortlich war. Sein entschiedener Kommentar zu diesem leidigen Thema lautete jedenfalls, entweder werde das Auswärtige Amt die Kolonialfragen los oder es werde ihn los.

Nein, die angeblich für den Griff nach Übersee verantwortlichen Motive – der Zwang wirtschaftlicher Verhältnisse und der Druck bevorstehender Reichstagswahlen, der Bedarf nach persönlicher Herrschaftssicherung und die Notwendigkeit zur gesellschaftlichen Stabilisierung – beschreiben grundlegende Phänomene, die das Zeitalter Bismarcks durchgehend begleiteten. Sie bestanden kontinuierlich fort, als Bismarck seine koloniale Politik abrupt abbrach. Die Erfolgsaussicht des eben erst Eingeleiteten wurde gar nicht abgewartet; die angebliche Therapie beendet, bevor sich überhaupt irgendeine Heilwirkung einstellen konnte. Der klaffende Hiatus zwischen dem flüchtig Vorübergehenden und dem fortwährend Bleibenden verweist auf das Unwahrscheinliche von Erklärungen, die beide Erscheinungen in allzu engen Deutungszusammenhang versetzen. Daß sich ein erklärter Gegner der Kolonialpolitik für ein gutes Jahr lang zum originären Weltpolitiker gewandelt haben soll, der dann aufs neue beschloß, wieder der alten Fährte zu folgen, leuchtet gleichfalls kaum ein, zumal diese Interpretation nahezu jeden Belegs entbehrt.

Das maßgebliche Motiv muß daher auf einem anderen Terrain gesucht werden, das Bismarcks Denken und Handeln stets bevorzugten, und zwar auf dem der Außenpolitik. Weil der Reichskanzler fest davon überzeugt war, daß die überlieferte Existenz des deutschen Nationalstaates mit dem heraufziehenden Ideal des imperialistischen Expansionsstaates unvereinbar war und weil er seinen maßgeblichen Beruf im europäischen Friedenserhalt sah, wagte er mit geradezu paradoxer Folgerichtigkeit, die den sich bietenden Gelegenheiten der internationalen Konstellation abgewonnen wurde, das überseeische Unternehmen zu beginnen. Manches Motiv ökonomischer, gesellschaftlicher und innenpolitischer Herkunft mag ihn in diesem Kontext auch bewegt haben; insgesamt ging es ihm aber darum, der Beengtheit des allgemeinen Zustandes ein Stück außenpolitischer Handlungsfreiheit zu entreißen. Denn ungeachtet der Europa überlegen dominierenden Diplomatie des Reiches schwand sein natürlicher Manövrierraum in der Ära des Imperialismus noch viel rapider, als das zuvor schon der Fall gewesen war. Um Verlorenes zurückzuholen und Verlusten vorzubeugen, leitete Bismarck jetzt sogar das »Rapprochement«, die Versöhnung mit Frankreich, ein.

»Rapprochement« mit Frankreich

Mit der kolonialen Landnahme ließ Bismarck sich auf den hintergründig angelegten Versuch ein, mit der vorwaltenden Tendenz der Geschichte Schritt zu halten. An das sich unaufhaltsam Voranbewegende wollte er freilich auf eine spezifische Art und Weise Anschluß gewinnen, die sich vom üblichen Weg territorialer Ausdehnung abhob. Um an Macht zuzulegen, wurde ein indirektes Verfahren der Vorteilsnahme gewählt. Alles drehte sich auch in diesem Fall darum, die eben erst errungene Stellung in Europa behaupten zu können und nicht von den losbrechenden Stürmen der Weltpolitik fortgerissen zu werden.

Im Grunde war Bismarck also nicht daran interessiert, die deutsche Position durch imperialistische Beute aufzuwerten. Aufgrund der kontinentalen Militärgeographie und der maritimen Stärkeverhältnisse kam ihm solche Stärkung viel eher als Schwächung vor. Den Hebel der Kolonialpolitik gedachte er vielmehr anzusetzen, um der Mechanik des europäischen Staatensystems eine grundlegend neue Disposition zu verleihen. Damit sollte ausgeglichen werden, was kaum länger zu verbergen war und die »halbhegemoniale« Kontinentalmacht geradezu bleiern beschwerte: Das Deutsche Reich durfte im Grunde nicht oder nur mit großer Hemmung tun, was alle anderen selbstverständlich und mit ungestümer Rücksichtslosigkeit taten, nämlich expandieren. Es mußte sich mit dem bescheiden, was es besaß, um unter den Bedingungen der Gegenwart zu überleben. Auf Dauer geriet es eben dadurch, weil die anderen an Macht zunahmen, ins Hintertreffen. Diese Entwicklung stellte ihm zumindest insoweit die Daseinsfrage, als sein Großmachtstatus mit Sicherheit gefährdet erschien. Das Gebot der Saturiertheit zeitigte zugleich existenzerhaltende und existenzgefährdende Konsequenzen.

Weil Großbritanniens Spannungen gegenüber Rußland und Frankreich in Mittelasien und Afrika wuchsen, hielt Bismarck die Stunde für gekommen, um dem Geburtsfehler der Entfremdung gegenüber dem französischen Nachbarn beizukommen, der das Deutsche Reich seit seiner Gründung behinderte. Mit dem Kriegsgegner von gestern suchte er jetzt nach einer Verständigung für die Zukunft. Um sich diesem Ziel zu nähern, bezog er mit der Aufnahme deutscher Kolonialpolitik entschieden antibritische Position. Mit unverbindlicher Barschheit, die im Verhältnis zwischen den beiden Staaten bis dahin ungewöhnlich war, trug er den überraschten Briten, die anfangs eher verhalten, im Grunde unaufmerksam, sogar gelangweilt und mit nachlässiger Passivität reagierten, seine überseeischen Forderungen vor. Alles war darauf berechnet, an Frankreichs Seite demonstrativ gegen England Front zu machen.

Schon im Jahre 1880 instruierte er den deutschen Botschafter in Paris, Hohenlohe, darüber, daß »unser Verständigungsgebiet mit Frankreich ... von Guinea bis nach Belgien«[53] reiche. Als mit dem Amtsantritt des französischen Ministerpräsidenten Jules Ferry im Februar 1883 ein Befürworter französischer Weltpolitik, der sich der Idee vom größeren Frankreich in Übersee verpflichtet fühlte, die Regierung übernahm, da wollte sich Bismarck die Gunst der Gelegenheit nicht entgehen lassen. Der Reichskanzler fühlte sich zu dem verlockenden Zweck geradezu eingeladen, den der innenpolitische Gegenspieler Ferrys, Georges Clemenceau, dem Konkurrenten an der Spitze des Kabinetts zum erbitterten Vorwurf machte. Bismarck wolle doch gar nichts anderes, so kam es dem Anhänger französischer Hegemonialpolitik, der ganz vom Gedanken an die kontinentale Revanche in Europa gefangen war, vor, als das französische Volk durch Kolonialpolitik zu korrumpieren.

In der Tat ging es dem Reichskanzler darum, die Schmach von Sedan für Frankreich erträglich zu gestalten. Schließlich sei Waterloo, spekulierte er optimistisch[54], den Briten auch vergeben worden. »Siege in Tonkin und Madagaskar«[55] sollten den Franzosen ruhig zufallen – diese private Äußerung, die er am 8. Januar 1884 gegenüber seinem Hausarzt beiläufig machte, läßt das politische Ziel erkennen, das er zentral verfolgte. Der Reichskanzler ventilierte sogar die Idee, zusammen mit den Franzosen einen Flottenverband aufzustellen, um eine Art von Seeneutralität zu garantieren und sich gegen britische Zumutungen zu verwahren[56].

Die Neuorientierung seiner Außenpolitik, die eine antienglische Stoßrichtung hatte und die französische Zusammenarbeit suchte, ist Botschafter de Courcel von Bismarck im September 1884 umfassend dargelegt worden. Die Welt stehe im Begriff, das europäische Gleichgewicht des letzten Jahrhunderts aufzugeben und sich in globaler Balance neu einzurichten. Diese Ordnung der Zukunft setze »das Gleichgewicht der Meere«[57] voraus. Daher müsse sich England auch an die Idee gewöhnen, »daß eine deutsch-französische Allianz nichts Unmögliches«[58] darstelle.

Am Ende der siebziger Jahre hatte Bismarck Österreich-Ungarn dazu benutzt, um ein dringend notwendiges Gegengewicht zu Rußland zu gewinnen. Jetzt diente ihm Frankreich dazu, die Balance gegenüber Großbritannien zu halten. Denn abhängig werden wollte er von keinem der beiden Großen. Im östlichen Zusammenhang war es ihm gelungen, die Unabhängigkeit gegenüber dem Zarenreich zu wahren und Rußland in das von Deutschland aus dirigierte Dreikaiserbündnis zu manövrieren. Im westlichen Zusammenhang versuchte er nunmehr das Analoge: Dem in akute Bedrängnis geratenen England sollte durch antibritische Kolonial- und schöpferische Frankreichpolitik das rundum Mißliche seiner Lage zu Bewußtsein gebracht werden – sei es, um die beiden Westmächte voneinander zu trennen und die eine gegen die andere auszuspielen; sei es, um Großbritannien mit einem von Deutschland aus etablierten Kontinentalverbund zu konfrontieren, dem selbst Frankreich angehörte; sei es, um in offensichtlicher Parallele zum östlichen System England an das Deutsche Reich heranzuziehen, das seinerseits mit Frankreich auf besserem Fuß als zuvor stand.

War die britische Seemacht, ungeachtet zeitweilig auftauchender Schwierigkeiten, nicht viel zu unabhängig und zu wenig hilfsbedürftig, um sich auf so weitgehende Gedankenspiele überhaupt ernsthaft einzulassen? Hatte die französische Revanchelust mit ihrer leidenschaftlichen Sehnsucht nach den »blauen Kämmen der Vogesen« nicht gar zu umfassend von der gedemütigten Nation Besitz genommen, als daß sie sich über Nacht zum braven Gehilfen deutscher Außenpolitik hätte mausern können? Die beiden Fragen zu stellen, läßt die kaum überwindbaren Grenzen des ehrgeizigen Experiments aufscheinen, das Bismarck, voll nüchterner Hoffnung, angesetzt hatte: Was die Prozedur des Gesamten angeht, mutet sein Kalkül scharfsinnig, fast überklug an; was die maßgebliche Prämisse vom britischen Anlehnungsbedarf betrifft, erscheint sein Urteil als fragwürdig, ja falsch. Daß er mit seinem grundlegenden Vorhaben, durch das England herausfordernde und Frankreich favorisierende Kolonialabenteuer die Voraussetzungen deutscher Außenpolitik tragfähiger und dauerhafter zu gestalten, gescheitert ist, kann, zumindest im Rückblick, nicht überraschen.

Auf der Kongo-Konferenz, die Bismarck zur Regelung mittel- und westafrikanischer Fragen einberief und die vom 15. Dezember 1884 bis zum 26. Februar 1885 in Berlin tagte, gelangte die neue Tendenz der äußeren Politik Deutschlands auf ihren erfolgreichen Höhepunkt, der mit ihrem Wendepunkt fast schon zusammenfiel. Das Ergebnis dieser Zusammenkunft schlug sich in der Generalakte der Veranstaltung nieder. Im Kern legte sie fest, daß nur derjenige Staat Anspruch auf ein Territorium besaß, der dieses auch tatsächlich in Besitz nahm. Neben diversen Grenz- und Gebietsabsprachen, die vor allem in einzelnen Verträgen getroffen wurden, anerkannte die sogenannte »Kongoakte« die Souveränität des belgischen Königs Leopold II. über die gleichnamige Kolonie. Mehr noch: Sie befreite den Handel der Region von Beschränkungen, untersagte das Sklavengeschäft und garantierte die freie Schiffahrt auf Kongo und Niger. Schließlich wurde das Kongobecken neutralisiert, um zu verhindern, daß auf europäischen Kriegsschauplätzen farbige Soldaten kämpfen würden.

Weil die deutsch-französische Zusammenarbeit im Konferenzverlauf immer wieder zutage trat, geriet England häufig in die bedrängte Position unübersehbarer Isolierung. Allerdings war darüber nicht zu verkennen, daß sich die deutsche Forderung nach freiem Handel in Mittelafrika, die mit der Wahrnehmung eigener Geschäftsinteressen in Westafrika einherging, mit den Briten schließlich problemloser als mit den Franzosen verwirklichen ließ. Gescheitert ist der großangelegte Versuch Bismarcks, durch überseeische Politik die europäische Position des Reiches zu stabilisieren, zuallerletzt noch daran, daß der in Frankreich unpopuläre Ministerpräsident Jules Ferry Ende März 1885 zurücktreten mußte. Seine Neigung, mit Deutschland zusammenzuarbeiten, trug nicht wenig dazu bei, daß er unter demütigenden Begleitumständen zu Fall kam.

Beträchtlich früher schon hatte Bismarck dem alten Kaiser empfohlen, dem Gedanken an eine deutsch-französische Allianz, über deren Zustandekommen in der Öffentlichkeit des Reiches spekuliert wurde, mit viel Distanz zu begegnen. Zu leichtfüßig eilte diese betörende Idee der abweisenden Wirklichkeit voraus, zumal unsicher blieb, ob das eine jemals im anderen aufgehen würde. Daher riet der Kanzler seinem Monarchen, »die Zukunft unserer Politik« nicht »auf so unsichere Grundlagen«[59] zu stellen. Im Rückblick auf die nur episodische Zusammenarbeit mit Ferry und unter dem Eindruck einer neu aufgeputschten Revanchestimmung in Frankreich trat ihm die Unmöglichkeit klar vor Augen, daß eine französische Regierung »*feste* Anlehnung« an das Reich »nehmen« könne: »Eine *vorübergehende* ist deshalb von uns noch nicht zu verschmähen«, urteilte er abschließend über sein erfolgloses Experiment, durch die antibritische Rochade französische Sympathien zu finden, »aber wir können keine politischen Häuser darauf bauen; das Mißtrauen gegen uns wird im entscheidenden Augenblick immer noch größer sein als der Ärger über England. Aus diesem Grunde müssen wir uns fortgesetzt enthalten, die Spitze gegen England zu nehmen und französischer zu sein als die Franzosen.«[60]

In diesem Sinne hatte Bismarck bereits wieder begonnen, gegenüber den kurz zuvor noch rüde traktierten Briten einzulenken. Seinem Sohn Herbert, Anfang März 1885 erneut nach London entsandt, gelang es, die durch überseeische Unvereinbarkeiten aufgetretenen Störungen im deutsch-englischen Verhältnis beizulegen. Beendet war jetzt die Zeit der aktiven Kolonialpolitik des Deutschen Reiches, jedenfalls solange Bismarck regiere. Sie hatte keine Funktion mehr, war im Gegenteil überflüssig und hinderlich geworden. Der Fehlschlag, Deutschlands Außenpolitik über den afrikanischen Umweg auf eine tragfähigere Grundlage als auf den schwankenden Boden der »Aushilfen« zu stellen, ließ den Reichskanzler unverzüglich zur Normalität des Vorläufigen zurückkehren. Drei Jahre nach dem Ende der »kolonialen Ehe« mit Frankreich, die im Grunde nicht mehr als eine »vorübergehende Affäre«[61] war, stand das Urteil des Kanzlers über die zutiefst unterschiedliche, sich letztlich widersprechende Bedeutung von Übersee- und Kontinentalpolitik unbeirrbar fest. Gegenüber Eugen Wolf, einem begeisterten Vertreter des Kolonialgedankens, verlieh er seiner Überzeugung mit der bekannten Wendung Ausdruck: »*Ihre* Karte von Afrika ist ja sehr schön, aber meine Karte von Afrika liegt in Europa. Hier liegt Rußland, und hier ... liegt Frankreich, und wir sind in der Mitte; das ist *meine* Karte von Afrika.«[62]

Wie eh und je kam es erneut darauf an, Frankreich mit Hilfe überlegener Staatskunst zu isolieren; zumindest indirekt bedurfte der Reichskanzler dazu des englischen Gegengewichts. Haushoch türmten sich nämlich nach Ferrys Sturz in Frankreich die Wellen aus Deutschenhaß und Revanchismus, die feindselig gegen die westlichen Grenzen des Reiches schlugen. Bald darauf kam in Südosteuropa neue Unruhe auf; sie bedrohte Deutschland an seiner östlichen Flanke. Nachdem der Versuch gescheitert war, die deutsche Außenpolitik auf eine verbesserte Grundlage zu stellen, mußte das Reich die Doppelgefahr aus West und Ost mit den bewährten Mitteln der Diplomatie bekämpfen. Sie zu handhaben wurde schwieriger; ihr provisorischer Charakter stieß auf Kritik; schon bald lehnte mancher Zeitgenosse das »System der Aushilfen« ab.

West-östliche Gefahr und »Großmacht Diplomatie«: Das »System der Aushilfen« (1885–1890)

Destruction totale

In der zweiten Hälfte der achtziger Jahre wurde Bismarcks Bündnissystem, das zeitweilig so vollkommen erschien und dennoch ganz unübersehbar die Züge des Vorläufigen trug, durch eine dramatische Entwicklung der Weltpolitik auf die Existenzprobe gestellt. Zwar hatte sich, durchaus zum Vorteil des Deutschen Reiches, der globale Gegensatz zwischen Rußland und England auf dem afghanischen Glacis zum indischen Subkontinent bedrohlich vertieft. Zudem demonstrierten die britisch-französischen Konflikte, die über den afrikanischen Streitobjekten beider Staaten immer wieder aufbrachen, den 1885 wieder ins Amt gekommenen Konservativen schonungslos jene Isolierung Großbritanniens, die schon zuvor unter der Regierung Gladstone eingetreten war. Zweifellos gereichte diese Entwicklung innerhalb der Staatenwelt der deutschen Großmacht zum Vorteil. Doch insgesamt verschlechterte sich, von Südosteuropa und Frankreich her, ihre Lage ganz unübersehbar.

Empfindlich störte die große west-östliche Doppelkrise Bismarcks »diplomatische Linien« und führte sogar, jedenfalls vorübergehend, zur »vollständigen Auflösung des errichteten Systems«[1]. Indes, was zerstörerisch in das Bestehende einfiel, bot zugleich die Chance, der aufkommenden Anarchie neue Stabilität abzugewinnen. Die Gelegenheit dazu lag in der Praxis des Diplomatischen, die tatsächlich allein übrigblieb, um die Existenz des Reiches zu festigen und um es vor den Wirkungen seiner Gründung zu bewahren. Selbstverständlich gab es andere Alternativen deutscher Außenpolitik. Sich auf ihre Verwirklichung einzulassen, mußte jedoch, zumindest nach Bismarcks Einschätzung der Dinge, eher ruinöse als schöpferische Folgen nach sich ziehen.

Dauerhaft lasteten obendrein die innenpolitischen Sorgen auf dem Reichskanzler: Der nationale Zusammenhalt hatte durch Kulturkampf und Sozialistenverfolgung beträchtlichen Schaden genommen; die parlamentarischen Mehrheiten blieben durchgehend unsicher; die gesellschaftlichen Verhältnisse waren durch das wirtschaftliche Wachstum längst in eine unkontrollierbare Bewegung geraten, die ökonomischen Fortschritt in gewisser Beziehung als sozialen Unruhestifter erscheinen ließ. Kurzum: Nach wie vor plagte die Angst vor dem inneren Umsturz den Reichskanzler. Jetzt wurde sie allerdings von jener erneut aufkommenden Furcht vor der äußeren Koalition überlagert, die Bismarck selbst so beredt zu beklagen wußte. Allein, ihre belastende Existenz gehörte nun einmal zur ungewöhnlichen Normalität deutscher Außenpolitik. Insgesamt blieb diese überhaupt stärker auf die Methode diplomatischer Aushilfen angewiesen, als das für andere Mitglieder der Staatenwelt galt. Sie besaßen eben jene Unverwundbarkeit oder Unüberwindbarkeit, die ihnen das Privileg gaben, eher aus eigener Kraft als große Mächte zu existieren.

Gerade in der virtuosen Meisterung der hereinbrechenden Doppelkrise wurde die über Gebühr starke Abhängigkeit des jungen Nationalstaates von der allgemeinen Konstellation mehr als deutlich. Weil sie für das Deutsche Reich mit der Existenzfrage einherging, wies sie in eine gänzlich andere Dimension, als das im Vergleich mit England und Rußland der Fall war. Bis zu einem gewissen Maße konnten diese an den Rändern ihres weltweiten Expansionsraumes manches verlieren, was ihnen zwar im großen Spiel um die Vormacht in der Welt schadete: Der Bestand ihres europäischen Kerns blieb darüber gleichwohl unversehrt. Was dagegen Deutschland anging, war sein Bestand nach Bismarcks Einschätzung der Lage aufs höchste gefährdet.

In seinem berühmten »Weihnachtsbrief« an den preußischen Kriegsminister Bronsart von Schellendorf zeichnete er am Jahresende 1886 mit fast teilnahmslos wirkender Sachlichkeit ein rabenschwarzes Zukunftsbild: »Wenn wir nach Gottes Willen im nächsten Kriege unterliegen sollten«, sinnierte er über den Ausgang eines möglichen Waffenganges gegen Frankreich und Rußland, der ihm einmal unmittelbar bevorzustehen schien, dann wieder eher unwahrscheinlich vorkam, »so halte ich das für zweifellos, daß unsere siegreichen Gegner jedes Mittel anwenden würden, um zu verhindern, daß wir jemals oder doch im nächsten Menschenalter wieder auf eigene Beine kommen, ähnlich wie im Jahre 1807. Die Aussicht, uns aus unserer damaligen Ohnmacht bis zur Lage von 1814 wieder emporzuarbeiten, wäre eine sehr geringe gewesen ohne die unberechenbare und von uns unabhängige Vernichtung der großen französischen Armee durch den russischen Winter und ohne den Beistand Rußlands, Oesterreichs und Englands. Daß wir auf letzteren wiederum rechnen können, nachdem diese Mächte gesehen haben, wie stark ein einiges Deutschland ist, hat wenig Wahrscheinlichkeit. Nicht einmal auf das einige Zusammenhalten des jetzigen Deutschen Reiches würden wir *nach* einem unglücklichen Feldzuge rechnen können.«[2]

Natürlich ist die Frage kaum zu beantworten, ob die Lage damals tatsächlich so ernst war, wie Bismarck sie einschätzte, und ob die ihrerseits durch Interessen voneinander getrennten Mächte im letzten so einig handeln würden, wie der Reichskanzler es voraussagte. Wie auch immer: Ob sich der Zustand des Reiches nun so miserabel ausnahm, wie sein leitender Staatsmann argwöhnte oder nicht, entscheidend blieb dies: Die preußische Erbschaft der »destruction totale«, das fatale Empfinden, den anderen Staaten gleichsam willkürlich zur Disposition ausgeliefert zu sein, stellte in diesen letzten Jahren seiner Regierung für Bismarcks Gedankenbildung das Faktum dar, das sein Handeln bestimmte.

Diese Einschätzung der Dinge verlieh seiner äußeren Politik, freilich nur bis zu einem gewissen Grade, die Tendenz, ein ums andere Mal die Flucht nach vorn zu suchen – nicht im Sinne einer militärischen Lösung des politisch Komplizierten, sondern ganz im Gegenteil: Aus den Verhältnissen Europas, deren Verdichtung das Deutsche Reich zunehmend beengte, wollte er immer wieder eine diplomatische Wahlchance zum Vorteil der deutschen Unabhängigkeit retten.

Ohne Zweifel, das Erscheinungsbild deutscher Außenpolitik wies inzwischen Züge des Überanstrengten auf, das wohl von Anfang an zu ihr gehörte und nur zeitweise gelindert werden konnte. Die fortwährende Eindämmung grundlegend anderer Alternativen im Inneren und nach außen, die ihrerseits robust in den Vordergrund drängten, vermochte politisch kaum mehr zu überzeugen, weil sie immer künstlicher wirkte. Daran änderte die Tatsache nichts, daß die dafür im Außenpolitischen gewählten Mittel mit einer bisweilen frivol anmutenden Kunstfertigkeit gehandhabt wurden, die tatsächlich einem höchst moralischen Zweck dienten. Noch einmal, wie zuvor in den Tagen Metternichs, erschien die Diplomatie des Kanzlers, die sich allerdings auf den stolzen Besitz beachtlicher militärischer Schlagkraft gründete, als ein geschichtsmächtiges Phänomen *sui generis*. Im gekonnt Artifiziellen, das die gelungene Kehrseite zu den überall wachsenden Schwierigkeiten darstellte, spiegelten sich die Gefahren, die Bismarck voll böser Ahnungen einfach hintanstellen mußte. Hätten sie über ihn die Oberhand gewonnen, wäre sein ganz aufs Gegenwärtige gerichtetes Handeln aus Verzweiflung über das sich zukünftig Vollziehende leicht ins Schicksalhafte abgeglitten.

Unübersehbar deutlich trat jetzt hervor, in welch eingeschränktem Maße das Deutsche Reich eigentlich Lenker seines Geschicks oder gar Schiedsrichter Europas war. Vielmehr erschien es in hohem Maße geprägt, fast abhängig von den autonomen Entwicklungen des europäischen Staatensystems, das sich ins Weltpolitische erweiterte. Doch bevor diese sich erst abzeichnende Tendenz zur vollen Entfaltung gelangte, bot die Existenz des Bedrohlichen, der sich vor allem in Südosteuropa schürzende Konflikt, wie eh und je seit 1871, dem Reich die Chance, das eigene Dasein zu festigen. Davon abgesehen gab es inzwischen nur noch zwei grundsätzliche Wahlchancen deutscher Außenpolitik, um mit den verwickelten Problemen einer immer unübersichtlicher werdenden Lage fertigzuwerden. Die anderen Versuche, über eine mitteleuropäische Blockbildung oder auf überseeischen Umwegen größere Bewegungsfreiheit zu gewinnen und der Unabhängigkeit eine feste Grundlage sowie absehbare Dauer zu verleihen, hatten die Probe aufs Exempel nicht bestanden.

Es blieb zum einen die Möglichkeit übrig, die im Verlauf der achtziger Jahre vor allem führende Militärs, aber auch Repräsentanten des Staates, der Gesellschaft und der Öffentlichkeit immer stärker faszinierte, nämlich den gordischen Knoten innen- und außenpolitischer Gefährdungen durch einen Präventivkrieg zu zerschlagen. Nahezu kategorisch verfiel dieses Ansinnen der Ablehnung Bismarcks, dem »ein großer Krieg« überhaupt als »eine allgemeine Kalamität« vorkam, denn: »er möchte ausfallen, wie er wollte, so würden alle Beteiligten schwer dadurch geschädigt werden«[3]. Doch das riskante Gedankenspiel mit dem Prävenire, das während der Ära Bismarck keine Chance auf Verwirklichung besaß, überlebte den alten Kanzler und gewann im wilhelminischen Deutschland zeitweise populäre Resonanz.

Die andere Option großen Stils bestand darin, sich mit den natürlichen Gegebenheiten der deutschen Großmacht abzufinden und an eine der beiden Weltmächte politische Anlehnung zu suchen. Sich in diesem Sinne für Rußland oder England zu entscheiden hieß aber, jene kostbare Unabhängigkeit einzuschränken oder aufzugeben, die über den Grad der eben erst errungenen Souveränität bestimmte. Im Verständnis der Zeit bedeutete das nicht weniger, als »eine Stufe hinab[zu]steigen«[4]. Ob es sich nach der einen oder der anderen Seite hin orientierte, war insofern gleichgültig, als sich Deutschland damit aufs neue in die Gefahr begeben hätte, auf den Status eines reinen Juniorpartners abzusinken. Diesen unübersehbaren Makel der preußischen Existenz während der ersten Hälfte des 19. Jahrhunderts hatte Bismarck mit der deutschen Reichsgründung gerade überwunden; sie zu bewahren galt ihm als nahezu unaufgebbar – es sei denn, die unmittelbar bevorstehende Drohung des umfassenden Krieges hätte dem Kanzler keinen anderen Ausweg mehr gelassen.

Daß in einem solchen Falle äußerster Not Bismarck die Option zugunsten des Zarenreiches bevorzugte, die in normalen Zeiten aufgrund der antirussischen Stimmung innerhalb des Reiches kaum in Erwägung gezogen werden konnte, wird uns im einzelnen noch ebenso zu beschäftigen haben wie ihr Gegenteil, über das schon jetzt soviel festgestellt sei: Die bald landauf, landab favorisierte Option zugunsten Großbritanniens scheiterte nicht nur an Bismarcks entgegengesetztem Willen, der sich auf eine weltanschauliche Ablehnung des ihm fremden Parlamentarismus gründete. Sie war darüber hinaus mit wesentlichen Schwierigkeiten behaftet, die daraus resultierten, daß Großbritannien weitgehend außerhalb des kontinentalen Zusammenhangs lebte; nicht darauf angewiesen war, sich in festem Verhältnis zu binden; und lediglich den Nutznieß eines kontinentalen Degens suchte. Die englische Option erwies sich nicht zuletzt deshalb als problematisch, weil vor allem die oppositionellen Kräfte, die in der innenpolitischen Auseinandersetzung dafür eintraten und die nach vollständiger Parlamentarisierung des Reiches größeren Einfluß gewonnen hätten, auf außenpolitischem Feld oftmals ehrgeizige Ambitionen hegten, die weit über Bismarcks Politik der »Saturiertheit« hinausgingen und Gefahr mit sich bringen konnten. Auch die britische Wahlchance besaß ihre spezifischen Risiken, die mit der äußeren Existenz der deutschen Großmacht zu tun hatten. Ob diese Herausforderungen durch innenpolitische Übernahme englischer Einrichtungen und durch außenpolitische Anlehnung an die britische

Weltmacht verschwunden wären, hat als interessante Frage gestellt zu werden ebensoviel Berechtigung, wie darauf eine verläßliche Antwort zu geben unmöglich ist.

Dem Kanzler blieb nichts anderes übrig, als aufs neue seine alte, seit den siebziger Jahren vertraute Außenpolitik zu verfolgen. Immer wieder machte er sich daran, das bis in die Grundmauern hinein erschütterte Gebäude seines Bündnissystems auszubessern und wieder aufzurichten. Das geschah allerdings um den Preis einer gar nicht mehr zu verkennenden Kompliziertheit der Konstruktion. Vor allem ein schwerwiegender Unterschied fiel jetzt ins Auge, der Bismarcks gegenwärtige Außenpolitik von derjenigen in den zurückliegenden Jahren maßgeblich abhob. Sie konnte es sich augenscheinlich nicht mehr länger erlauben, die existierenden Gegensätze der Staatenwelt wachsam abzuwarten und geschickt zu nutzen, um Deutschlands Position zu fördern. Vielmehr mußte sie nunmehr darauf bedacht sein, bestehende Spannungen zwischen den anderen Mächten anzufachen, sogar zu schüren, um das Überleben des Reiches zu sichern.

Die unausbleibliche Folge solcher Prozedur war, daß der deutsche Nationalstaat, ungeachtet aller Beteuerungen eigenen Desinteresses insbesondere gegenüber den Problemen der balkanischen Peripherie Europas, weit mehr, als ihm guttat, in die Händel dieser Region verwickelt wurde. Mit voranschreitender Zeit gestaltete es sich daher immer schwieriger, die für das Reich elementare Identität zwischen deutscher Sicherheit und europäischem Frieden zu bewahren. Drohend stellte sich die Frage, wie lange Deutschlands natürliches Gewicht überhaupt noch die nötige Schwere aufbringen würde, um jene Balance der Kräfte in Europa aufrechtzuerhalten, von der die Eigenständigkeit seiner Existenz im wesentlichen abhängig war.

Vorläufig bot das Staatenleben immer wieder Chancen, die dazu geeignet waren, aus den Gegensätzen anderer eigene Kraft zu beziehen, ohne darüber den großen Krieg riskieren zu müssen, der alles verschlingen konnte. In längerfristiger Perspektive freilich entwanden die rauhen Tendenzen der Moderne diesem ziselierten Gleichgewichtsspiel der Vergangenheit mehr und mehr die erforderliche Grundlage. Mit ehernem Zwang spitzten der wirtschaftliche und soziale Wandel den politischen Konflikt zwischen der Tradition und dem Neuen zu. Immer stärker zeigte sich das bis dahin nur der Verfügung weniger Vorbehaltene auf die Legitimation durch viele angewiesen. Das anwachsende Beben der Zeit setzte mächtige Druckwellen frei, die Deutschlands außenpolitische Tektonik nachhaltig unterliefen und neu falteten. Zunehmend unwirsch wendeten sich immer mehr Deutsche vom Kurs der »Saturiertheit« ab; durchaus zeitgemäß huldigten sie dagegen einem Kult der Bewegung. Schonungslos wurden die Grenzen der überlieferten Staatskunst aufgedeckt, ohne daß deren Existenz bereits definitiv zur Disposition gestanden hätte.

Weil er die Macht der neuen Entwicklungen keineswegs unterschätzte, verlegte sich Bismarck ein ums andere Mal auf die allein übriggebliebene Lösung, mit den außenpolitischen Problemen des Deutschen Reiches fertigzuwerden: Das blieb nach wie vor die entsagungsvolle Arbeit alltäglicher Diplomatie, die er wie kaum ein anderer beherrschte. Angesichts »der erwiesenen Unausführbarkeit aller anderen Pläne zur Friedensgarantie« unterzog er sich dem selbstgestellten Auftrag nicht etwa in jener von Friedrich Gentz einmal so genannten »traurigen Hilflosigkeit«[5], die im Zeitalter Metternichs das Handeln der Staatsmänner nach und nach befallen hatte. Mit realistischer Einsicht ins Notwendige konzentrierte er sich vielmehr auf die Vervollkommnung des Provisorischen, weil ihm das Endgültige wie überhaupt in der Geschichte zu schaffen verwehrt blieb. Einer weiteren Bewährungsprobe wurde diese Außenpolitik des Reichskanzlers nunmehr in der großen Doppelkrise unterzogen, die von Westen und Osten hereinbrach.

Die große Doppelkrise

Der Sturz des französischen Ministerpräsidenten Jules Ferry im März 1885 und die ostrumelische Revolution vom September desselben Jahres bildeten den Auftakt zu einer dramatischen Entwicklung der internationalen Politik, aus der dem Deutschen Reich eine elementare Herausforderung erwuchs. Über die unterschiedliche Intensität der Bedrohung, die vom Westen und Osten ausging, ist viel gestritten worden. Ein echtes Zerwürfnis mit dem Vertragspartner Rußland offenbar werden zu lassen, erschien dem Reichskanzler wenig wünschenswert. Ohne Zweifel trat die französische Gefahr schärfer ins Bewußtsein der deutschen Öffentlichkeit, weil ihre Existenz Bismarck besser ins Konzept paßte. Die andauernde Spannung mit dem grollenden Feind im Westen eignete sich dazu, die am Beginn des Jahres 1887 anstehende Heeresvermehrung wirkungsvoll zu begründen. Ohne die verschärfte Spannung mit Frankreich geringzuschätzen und allein aufs Instrumentelle zu reduzieren, bleibt doch unbestritten, daß sie innenpolitisch weidlich genutzt wurde.

Sie diente nicht zuletzt dazu, das Verhältnis zum Zarenreich vorteilhafter erscheinen zu lassen, als es tatsächlich war: Das eigentliche Problem deutscher Außenpolitik zog sich in der östlichen Gefahr zusammen. Für das Reich zu gewinnen war Frankreich, wie sich gerade erst gezeigt hatte, auf absehbare Zeit sowieso nicht. Höchstens als Gegengewicht zu England vermochte es in Bismarcks Politik der Balance eine für Deutschland förderliche Rolle zu spielen. Sollte sich dagegen Rußland vom Bündnis der drei Kaiser abwenden, dann mußte das die deutsche Abhängigkeit von Österreich-Ungarn und England steigern. Ja, für den Fall einer Annäherung des Zarenreiches an Frankreich drohte Deutschland ein tödlicher Zangengriff.

Warum hatte sich die Wetterfront über dem Balkan zusammengebraut, deren Gewitterwolken schon bald Europas Himmel verdunkelten? Seinen Ausgang nahm das Verhängnis vom geteilten Bulgarien. Als Ergebnis des Berliner Kongresses blieb das nördliche Fürstentum, das selbständig geworden war, vom südlichen Ostrumelien getrennt, das ungeachtet seiner Autonomie weiterhin zum Osmanischen Reich gehörte. Es war nicht zuletzt Bismarcks Politik des schiedsrichterlichen Ausgleichs, die, weitgehend anerkannt, vorsah, die Balkanregion in Interessensphären aufzuteilen. Danach zählte der Westen Südosteuropas zum Einflußgebiet der Habsburgermonarchie, der Osten zu dem des Zarenreiches. Bulgarien war also Teil des russischen Rayons. Doch Prinz Alexander von Battenberg, der 1879 mit Unterstützung des Zaren zum Fürsten von Bulgarien gewählt worden war, steuerte einen Kurs, der sich vom übermächtigen Protektor abkehrte: Er stellte sich an die Spitze der bulgarischen Nationalbewegung.

Bereits 1883, zwei Jahre vor der Vereinigung Ostrumeliens mit dem Fürstentum Bulgarien, die der erwachende Nationalismus in erklärtem Gegensatz zu der balancierenden Lösung des Berliner Kongresses erstrebte, war das Verhältnis zwischen dem übermächtigen russischen Schutzherrn und dem aufmüpfigen bulgarischen Vasallen in Feindschaft umgeschlagen. Kein Wunder, daß Bismarck den Wunsch Alexanders, Prinzessin Viktoria, die Tochter des deutschen Kronprinzen und seiner englischen Gemahlin, zu heiraten, im Mai 1884, als die Verlobung bevorstand, resolut unterband. Wenn der Battenberger von seinem Vorhaben nicht ablasse, warnte der allein von den nüchternen Erwägungen der Staatsräson bestimmte Reichskanzler mit sorgenvoller Kompromißlosigkeit, dann werde der aufsässige Potentat unter Umständen sogar sein Fürstentum verlieren.

Die nahezu einzige Grundlage der deutsch-russischen Beziehungen waren nun einmal die dynastischen Bande. Eine Heirat des Fürsten von Bulgarien, der sich gegen den Zaren auflehnte, mit einer Prinzessin aus dem Hause Hohenzollern, dazu noch der Tochter der aus England gebürtigen Kronprinzessin, wäre einer deutschen Erklärung für die Rivalen Rußlands in der bulgarischen Streitfrage, also einem Votum für Österreich-Ungarn und Großbritannien, gleichgekommen. Denn Wien und London förderten das Handeln Alexanders in dem Maße, in dem dieser sich von Sankt Petersburg distanzierte.

Im dynastischen Rahmen ließ sich der heraufziehende Konflikt zwischen den konkurrierenden Partnern des Dreikaiservertrages durch das brutale Machtwort Bismarcks noch aufhalten. Doch wie eine entfesselte Naturgewalt brach die angestaute Spannung los, als sich das nationalistische Element des explosiven Zusammenhangs schließlich entlud. Im September 1885 kam es zu einer revolutionären Erhebung in Ostrumelien. Wie schon am Ende der siebziger Jahre, damals freilich im Einklang mit den Interessen der Russen, vereinigte sich die vom Osmanischen Reich abtrünnige Provinz erneut mit dem Fürstentum. Alexander machte sich zum Fürsprecher des bulgarischen Nationalismus und geriet damit in vertieften Gegensatz zu seinem Vetter, dem Zaren. Unterstützung wurde dem Battenberger durch England zuteil, das sich vor das Schutz suchende Bulgarien stellte. Die neue Regierung der Konservativen unter Lord Salisbury verlängerte den asiatischen Gegensatz zwischen London und Sankt Petersburg ins südosteuropäische Krisengebiet hinein.

Umgehend sah sich Rußland einer mächtigen Koalition gegenüber. Denn nunmehr bezog auch Österreich-Ungarn eine Position, die der russischen Balkanpolitik nicht angenehm sein konnte. Die Donaumonarchie nahm gegen das aufstrebende Bulgarien Stellung, das der großmächtlichen Verabredung nach zur Einflußzone des Zarenreiches gehörte. Mit der antirussischen Entscheidung wurde Serbien unterstützt, das zum österreichischen Interessengebiet zählte. Im Streit der balkanischen Satrapen um die Vorherrschaft in der südosteuropäischen Region fürchteten die Serben, die noch einigermaßen fest an der Seite Österreich-Ungarns standen, gegenüber den Bulgaren ins Hintertreffen zu geraten, die sich der Vormundschaft Rußlands soeben entledigten.

Das Zerwürfnis der Großen ließ den Spielraum der Kleinen wachsen. Bulgarien hatte daraus seinen Nutzen gezogen; Serbien erhob daraufhin ausgleichenden Anspruch. Der österreichische Vasall forderte angemessenen Ersatz für den territorialen Zuwachs, der dem vom Zarenreich abgefallenen Bulgarien zuteil geworden war. Als sein Kompensationsverlangen kein Gehör fand, eröffneten die Serben die militärische Auseinandersetzung gegen das benachbarte Fürstentum, die rasch zum Stellvertreterkrieg wurde. Doch anders, als zu erwarten war, gerieten die Angreifer auf die Verliererstraße. Österreich bekannte umgehend Farbe und stellte sich vor sein von den Bulgaren schwer geschlagenes Mündel. Ungeachtet aller Unbotmäßigkeiten des Battenbergers mußten daraufhin die Russen für das Land eintreten, das in ihrem balkanischen Verfügungsraum lag. Daß es nicht zum Krieg zwischen den beiden Monarchien kam, war nicht zum geringsten Bismarcks Vermittlung zu verdanken. Der Dreikaiservertrag ging darüber freilich in die Brüche und wurde vom Zarenreich für tot erklärt.

Das deutsch-russische Verhältnis war zutiefst gestört. Immer lauter erhob sich in Rußland der Ruf, die Bündnisinteressen neu zu überdenken. Zu einer regelrechten Regierungsanklage wuchsen sich zugespitzte Spekulationen in der öffentlichen Meinung aus, die sich in schrillen Tönen darüber beschwerten, Deutschland sei überhaupt nur aus dem Grunde mächtig, weil es sich des russischen Rückhalts erfreue. Schon bevor die Bildung des gesamtbulgarischen Staates verkündet wurde, bevor Rußlands abenteuerlicher Versuch scheiterte, den Battenberger bis hin zur persönlichen Einschüchterung für die eigenen Belange gefügig zu machen, und bevor sodann mit der Wahl des Prinzen Ferdinand von Sachsen-Coburg-Gotha-Koháry, den Österreich-Ungarn favorisierte und den das Zarenreich ablehnte, zum Nachfolger Alexanders die russische

Niederlage offenbar wurde, hatten das Dreikaiserverhältnis ebenso wie die besonderen Beziehungen zwischen Berlin und Sankt Petersburg schwer reparablen Schaden genommen.

In Rußland gewannen die nationalistischen Kräfte um Katkow, der jetzt endgültig vom traditionalen Konservatismus zum modernen Panslawismus überging, und um Pobedonòszev, den Oberprokurator des Heiligen Synods der russisch-orthodoxen Kirche, mehr und mehr die Oberhand über die gesellschaftlich isolierte Diplomatenschule um Außenminister Giers. Wer im Zarenreich endgültig obsiegen würde, war für Deutschland von großer Bedeutung, wo sich die Kräfte eines jungen Nationalismus gleichermaßen regten und der auf Expansion bedachte Großmachtinstinkt zunehmend erwachte.

In der Tat hatte Bismarck so ziemlich alles versucht, um in der bulgarischen Krise Rußland, das sich zurückgesetzt fühlte, entgegenzukommen und um Österreich, das herausfordernd auftrat, zu beruhigen. Allein, die Habsburgermonarchie war um keinen Preis mehr dazu bereit, ein Protektorat des Zaren über Bulgarien zu akzeptieren. Welches Ziel verfolgte der Reichskanzler im dramatischen Verlauf der bulgarischen Krise, die von ernstzunehmenden Spannungen im Westen begleitet wurde? Es kam ihm vor allem darauf an, den russisch-englischen Weltgegensatz zu nutzen, der für den bulgarischen Konflikt maßgeblich war.

Aufgrund einer ungewöhnlichen Aktivität der Briten, die ansonsten zurückhaltender zu reagieren pflegten, hatte sich die südosteuropäische Krise rasch zugespitzt. Ganz im Banne der überlieferten Tradition der Staatengeschichte, die im Europa der Mächte ihr Zentrum fand, und unter Mißachtung der nationalen Wünsche der Völker, die auch in Südosteuropa mächtig auflebten, interessierte Bismarck Bulgarien im Grunde keinen Deut: Es war ihm schlicht »Hekuba«[6]. Wirklich zu zählen vermochte für ihn nur die Frage, inwieweit es gelingen werde, die am Rande Europas aufgebrochene österreichisch-russische Auseinandersetzung, die ihm höchst ungelegen kam, in einen russisch-britischen Streit, der äußerst vorteilhaft erschien, auszuweiten und zu überführen, ja darin gleichsam aufzuheben. Unabdingbare Voraussetzung für dieses risikoreiche Experiment war und blieb, daß es sich unterhalb der Schwelle des großen Krieges zwischen den weltpolitischen Kontrahenten gestalten ließ, dessen zerstörerische Existenz alles zu verschlingen und zu revolutionieren drohte.

Es ging dem deutschen Kanzler also darum, die Briten in die bulgarische Frage hineinzuziehen, indem er, getreu der balkanischen Demarkation zwischen Österreich-Ungarn und Rußland, dem Zarenreich das Fürstentum gegen österreichische Ansprüche überließ. Dabei spekulierte er darauf, der neue Staat der Bulgaren, der seinen selbständigen Eintritt in die Geschichte durch eine heftige Kontroverse mit seinem ehemaligen Schutzherrn erzwungen hatte, werde sein gefährdetes Dasein auch zukünftig in der fortwährenden Abwehr russischer Begehrlichkeiten behaupten müssen. Wer aber in der südosteuropäischen Krisenregion, wo sich die englischen und russischen Einflußlinien kreuzten, weil beide Mächte die moribunde Existenz des Osmanischen Reiches wachsam im Auge hatten, für die nationalen Belange Bulgariens als eines inzwischen antirussischen Vorpostens eingetreten war, der hatte auch in der kommenden Auseinandersetzung des jungen Balkanstaates mit dem Zarenreich vergleichbar Stellung zu beziehen.

Daß die Parteinahme des Reichskanzlers für die Briten ihre Grenze dort fand, wo Deutschlands Verhältnis zu den Russen im Kern berührt werden konnte, beschreibt auch in diesem Fall, fast wie ein Gesetz, sein Handeln. Auf gar keinen Fall ließ er sich also für englische Zwecke einspannen. Er hielt vielmehr an der bewährten Linie fest, die sein Sohn Wilhelm in die Worte faßte: »Wir würden deshalb England in allen Dingen auch jetzt gern behülflich sein. Nur könnten wir dafür unsere guten Beziehungen zu Rußland nicht opfern.«[7] Die bulgarische Frage mußte ein ewiger Zankapfel zwischen den Weltmächten bleiben, ohne daß es darüber zum Waffengang zwischen beiden kommen durfte. Die Latenz der Entzweiung verschaffte dem Deutschen Reich Erleichterung, ein Umschlag in den Krieg dagegen beschwor Existenzgefahr herauf. In der vergleichsweise derben Sprache, die der andere Sohn Bismarcks, Herbert, zuweilen benutzte, nahm sich dieses machiavellistische Kalkül so aus: »Die ganze Lage muß so gefingert werden, daß England und Rußland sich in unvermitteltem Antagonismus hart gegenüber zu stehen kommen.«[8]

In der Tat, bis zu einem gewissen Maße, wenngleich noch unterhalb des an sich Erwünschten, gelang es, England wieder stärker für die europäischen Angelegenheiten zu interessieren. Nicht zuletzt dadurch konnte die »ganze Krankheit der österreichischen Politik«[9] auf dem Balkan gelindert werden. Erst das britische Gewicht setzte die Doppelmonarchie richtig in den Stand, die machtpolitische Balance gegenüber dem Zarenreich zu halten. Denn eins stand fest: Den Deutschen war es mit der gebotenen Rücksicht auf die Russen verwehrt, den Österreichern allzu offensichtlich zur Seite zu treten. Im großen und ganzen gelang es also während der bulgarischen Krise, Großbritannien und Österreich-Ungarn auf der einen und Rußland auf der anderen Seite gegeneinander Aufstellung nehmen zu lassen. Mehr noch: Bismarck vermochte die Wiener Staatsmänner davon abzuhalten, ihrem leichtsinnigen Wunsch nachzugeben, auch ohne britische Rückendeckung Front gegen das Zarenreich zu machen.

Allein, über allen Teilerfolgen blieb doch der eigentlich schmerzhafte Verlust im Gesamten nicht verborgen. Die Macht der Tatsachen, der Bismarck das für Berlin vorteilhafte Zusammenwirken der Österreicher und Briten zu entwinden verstand, ruinierte die Beziehungen der drei Kaiserreiche untereinander. Denn es mißlang, was Bismarck schon Jahre zuvor beschäftigt hatte, den »wundesten Punkt« zu heilen, »welchen die Deutschland näher angehenden Verhältnisse an sich tragen, der Antagonismus zwischen Oesterreich und Rußland«[10].

Zur Versöhnung dieses Gegensatzes konnte es nicht kommen, weil Österreich-Ungarn die Russen in Bulgarien offen herausforderte und sich dabei von Bismarck nicht aufhalten ließ; weil damit die deutsche Politik der Demarkation scheiterte; und weil sich sodann die westliche und östliche Interessensphäre auf dem Balkan, wie das nach einem geraumen Zwischenstadium der beruhigenden Entzerrung in den letzten Jahren vor dem Beginn des Ersten Weltkrieges erneut der Fall sein sollte, gefährlich überlagerten. Gewiß, die militärische Auseinandersetzung zwischen Wien und Sankt Petersburg wurde umgangen, aber der politische Konflikt zwischen beiden reichte tief. Insofern scheiterte, was Herbert von Bismarck bereits Ende September 1885 als Ziel deutscher Bulgarienpolitik postulierte, nämlich die Entzweiung zwischen der Habsburgermonarchie und dem Zarenreich zu vermeiden: »Jedes andere Resultat ist für uns akzeptabel.«[11] Bismarcks hochfahrender Beteuerung, »zwei Millionen Hammeldiebe«[12] dürften Europa nicht in Brand stecken, war noch unübersehbarer Erfolg beschieden. Sein aufopferndes Bemühen dagegen, sich wegen österreichischer Balkangelüste nicht mit Rußland zu überwerfen, endete in eklatantem Scheitern: Denn im Zuge der südosteuropäischen Krise geriet das Deutsche Reich zwischen diese beiden »bissigen Hunde«[13].

Weil die Östereicher sich im Verlauf des Konflikts um Bulgarien den wiederholten Mahnungen der deutschen Seite widersetzten, im Sinne des Dreikaiservertrages mit Rußland zu verhandeln, und statt dessen in die Offensive gingen, nahm Bismarck für das Zarenreich Stellung: »Wir werden Händel mit Rußland nicht haben«, umriß er seine zwischen Sankt Petersburg und Wien balancierende Politik, »wenn wir nicht bis nach Bulgarien gehen, um sie dort aufzusuchen.«[14] Sich darauf einzulassen, kam ihm wie eine an »Landesverrat« gemahnende Dummheit vor: »Die ganze orientalische Frage ist für uns keine Kriegsfrage. Wir werden uns wegen dieser Frage von Niemand das Leitseil um den Hals werfen lassen, um uns mit Rußland zu brouillieren.«[15]

Die Unterstützung für das Zarenreich fand ihre Grenze freilich dort, wo Österreich-Ungarns Existenz gefährdet erschien. Den Gedanken daran, die Donaumonarchie zugunsten eines besseren Verständnisses mit Rußland fallenzulassen, lehnte Bismarck ab. Sein Sohn Herbert dagegen hat mit dieser Idee im Februar 1886 offensichtlich gespielt, übrigens zum blanken Entsetzen Holsteins, der in wilhelminischer Zeit zur »Grauen Eminenz« des Auswärtigen Amtes aufsteigen sollte: In unverkennbarem Widerspruch zum Regierungskurs war dieser darum bemüht, die bestehenden Verbindungen mit Österreich-Ungarn und Großbritannien zu intensivieren, um Rußland die Stirn zu bieten.

Bestand hatte jedoch, was Bismarck am 10. Oktober 1886 seinem Sohn eröffnete, nachdem sich der Staatssekretär des Auswärtigen Amtes über die Zukunft der österreichisch-ungarischen Monarchie ausgesprochen pessimistisch geäußert hatte. Nach Einschätzung des Reichskanzlers über die »politische Gesamtsituation« konnte sich Deutschland zwar damit abfinden, »daß Österreich eine

Schlacht verlöre, aber nicht, daß es vernichtet oder tödlich verwundet oder von Rußland abhängig würde. Die Russen sind dazu doch nicht maßhaltend genug, daß wir mit ihnen und den Franzosen allein auf dem Kontinent leben könnten. Wenn sie Österreich beseitigt oder in ihrem Gefolge hätten, würden sie erfahrungsgemäß so herrisch gegen uns auftreten, daß der Frieden mit ihnen unhaltbar würde.«[16] Daß der umgekehrte Fall einer österreichischen Dominanz über das Zarenreich, der unwahrscheinlicher, aber in einer für Rußland ungünstigen Konstellation nicht ausgeschlossen war, Deutschland gleichfalls unerwünscht sein mußte, liegt in dieser Politik der austarierten Gewichte beinahe wie ein Gesetz aufgehoben.

Die Balance zu dritt war dahin. Insofern war das Kalkül, nicht nur aus dem russisch-englischen, sondern auch aus dem russisch-österreichischen Antagonismus kontrollierten Vorteil zu ziehen, im ersten Fall aufgegangen, im zweiten Fall aber gescheitert. Immerhin: Daß sich Österreich-Ungarn und Rußland über der bulgarischen Frage so grundsätzlich miteinander überworfen hatten, daß sie, selbst unter deutscher Vermittlung, vorläufig nicht zueinander finden konnten, ließ sie jeden für sich auf das Deutsche Reich angewiesen sein, das für beide bündnisfähig zu bleiben gedachte. Das galt für die Habsburgermonarchie unter den gegenwärtigen Bedingungen noch stärker als für das Zarenreich. Den Russen aber demonstrierte Bismarck, der das unverbindlich existierende Einvernehmen mit Großbritannien dazu gezielt zu benutzen verstand, umgehend die Manövrierfähigkeit des Deutschen Reiches. Wieder einmal wurde dem östlichen Nachbarn die eigene Unterstützungsbedürftigkeit vor Augen geführt. Gerade weil Deutschland sich nicht in Frontstellung gegen Rußland »an einen ungarischen Kometenschweif«[17] binden ließ, konnte es für das Zarenreich ein Partner bleiben.

Um das dafür notwendige Eigengewicht zu vermehren, forcierte Bismarck, dessen gezielte Absicht dabei von der allgemeinen Krisenstimmung getragen wurde, die neue Heeresvorlage. Militärische Schlagkraft blieb die unabdingbare Grundlage seiner friedenerhaltenden Diplomatie. Gleichzeitig ließ er die Russen wissen, er habe nicht vor, Frankreichs Status als den einer europäischen Macht in Frage zu stellen; allein schon um der Balance gegen England willen fühlte er sich auf das französische Gewicht angewiesen.

Das kämpferische Eintreten für die Heeresvermehrung ging im übrigen mit einer unmißverständlichen Absage an den Gedanken des Präventivkriegs einher. Es galt, was der Kanzler in seiner viel zitierten Reichstagsrede vom 11. Januar 1887 in die bekräftigenden Worte faßte: »Der Gedanke, einen Krieg zu führen, weil er vielleicht späterhin unvermeidlich ist und späterhin unter ungünstigeren Verhältnissen geführt werden könnte, hat mir immer fern gelegen, und ich habe ihn immer bekämpft.«[18] Die militärische Aufrüstung wurde mit der französischen Gefahr begründet. Die kriegerischen Töne von der anderen Seite des Rheins waren inzwischen unüberhörbar geworden. Sie lenkten die allgemeine Aufmerksamkeit auf den westlichen Schauplatz der großen Doppelkrise.

Zu der für Deutschland gefahrvollen Entwicklung in Frankreich kam es durch den Wandel der innenpolitischen Verhältnisse in diesem Land. Das martialische Gebaren des neuen Kriegsministers Boulanger signalisierte den Deutschen nichts Gutes. Daher erscheint es verfehlt, das Augenmerk bevorzugt auf den östlichen Schauplatz der großen Doppelkrise zu richten. Sicherlich ist die bulgarische Frage um einiges heruntergespielt worden, so daß sich die Affäre um Boulanger dementsprechend vergrößert hat. Ihre bedrohliche Existenz deswegen aber als von allein künstlicher Natur abzutun, trifft kaum die tatsächliche Entwicklung. Denn der unter Ministerpräsident Clemenceau ins Amt gekommene »Général Revanche« verstand es, die Kräfte der Linken und Rechten durch einen aggressiven Nationalismus zu einen, der sich vornehmlich gegen Deutschland richtete. Wie das im Falle heterogen gemischter Massenbewegungen nicht selten zutrifft, fing er das mannigfach im Lande grassierende Mißbehagen von unterschiedlicher Herkunft wie in einem Brennglas auf, das gegen den feindlichen Nachbarn im Osten gewendet war. Während Boulanger die Republik auf innenpolitischem Terrain in ein neobonapartistisches Regime zu überführen vorhatte, propagierte er auf außenpolitischem Feld den Krieg gegen das Deutsche Reich.

Das fiel in eine Zeit, in der Paul Déroulèdes »Patriotenliga« verstärkte Resonanz fand. 1887 wurde dieser französische Barde eines kriegerischen Nationalismus in Rußland noch stürmischer als im Vorjahr gefeiert. Im Verein mit Katkow, der seine Aversionen gegenüber der revolutionären Republik beiseite geschoben hatte, plädierte er für ein Zusammengehen zwischen Frankreich und Rußland: Die dynastisch-staatlichen Brücken zwischen Berlin und Sankt Petersburg sollten abgebrochen werden. Daß Bismarck die Gunst der ungünstigen Konstellation dazu benutzte, um die fällige Vermehrung des deutschen Heeres um 40 000 Mann unter Dach und Fach zu bringen, erscheint mehr als verständlich. Sich für den *casus belli* zu wappnen, sei es, um seinen Ausbruch durch militärische Abschreckung zu verhindern, sei es, um ihn eintretenden Falles zu bestehen, änderte nichts daran, daß Bismarck dem Grundsatz der Saturiertheit weiterhin treu blieb. In dieser Hinsicht hatte für das Deutsche Reich dominierende Verbindlichkeit, was von seinem Kanzler am Anfang des Jahres 1887 in die inzwischen klassisch gewordene Wendung gefaßt wurde: »Wir haben keine Bedürfnisse, die wir durch das Schwert erkämpfen könnten.«[19]

Daß sich Bismarck in diesem Zusammenhang auf den österreichischen Staatskanzler Metternich berief, unterstrich die defensive Ausrichtung seiner äußeren Politik, an deren Befolgung er den Bestand des Reiches gebunden sah. Der edle Grundsatz, der nicht verletzt wurde, hinderte den Jünger Machiavells, der Bismarck auch war, allerdings nicht daran, seiner inneren Politik durch außenpolitische Attacken den erforderlichen Schwung zu verleihen. Vor allem die besitzenden Schichten suchte er durch drohende Beschwörung düsterer Zukunftsvisionen für sich zu gewinnen. Mit vor Schrecken geweiteten Augen sollten sie die marodierenden Haufen innerer und äußerer Feinde fürchten, gegen die allein nach dem bewährten Motto »aut Caesar aut nihil« der ersehnte Schutz zu finden war. Die große Angst vor den »Fahnen der feindlichen Armee«, auf deren rotem Untergrund man »die sozialistischen Ideen angebracht sehen«[20] würde, lieferte politisches Bindemittel zur notwendigen Befestigung des Bestehenden. Diverse Anzeichen, Pferdeausfuhrverbot und Reservisteneinberufung allen voran, die auf einen bevorstehenden Krieg deuteten, ließen die besorgten Untertanen des Kaisers zusammenrücken.

Die erforderliche Mehrheit im neuen Reichstag zeichnete sich ab. Im sogenannten Kartell kam sie durch das Zusammenwirken zwischen Nationalliberalen und Konservativen zustande. Nachdem sich das alte Parlament mit seiner Mehrheit aus den Kräften der Mitte und der Linken nicht eben willfährig gezeigt und die eingebrachte Militärvorlage nur auf drei Jahre bewilligt hatte, wurde es aufgelöst. Die in den Neuwahlen siegreiche Koalition verabschiedete im September 1887 den Septennat und die Heeresvergrößerung. Mit dem Kartell zu regieren, war jedoch nicht ohne Probleme. Die gesellschaftliche Bruchlinie zwischen industriellen und agrarischen Interessen ließ die Nationalliberalen an der Schutzzollfrage Anstoß nehmen. Unsichere Kantonisten, die sie blieben, verwiesen sie den Kanzler darauf, immer nach neuen Partnern Ausschau zu halten, um über eine Parlamentsmehrheit zu verfügen. Erst einmal war es jedenfalls gelungen, das Wahlvolk und den Reichstag hinter sich zu bringen: Die Stärke des Heeres war vermehrt und auf sieben Jahre festgelegt worden.

Im krisenhaften Verlauf des Jahres 1887 schien sich die deutsch-französische Spannung tatsächlich im Krieg entladen zu wollen. Den geringfügigen Anlaß dazu bot im April 1887 eine mehr als gewöhnliche Affäre. Ein französischer Zollbeamter namens Schnaebele, den die Deutschen im Verdacht hatten, ein Agent zu sein, wurde ins Reich gelockt und festgenommen. General Boulanger wollte den Vorfall zum Kriegsfall machen. Doch er fand im Ministerrat kein Gehör; sein Verlangen nach einem Ultimatum blieb ohne Resonanz. Einen Monat danach schied er aus der Regierung aus und hatte als Führer einer außerparlamentarischen Bewegung keinen dauerhaften Erfolg mehr. Schon vor der französischen Entscheidung, dem Waffengang zu widerstehen, hatte Bismarck die Freilassung Schnaebeles angeordnet, der völkerrechtswidrig verhaftet worden war. Das laut tönende Feldgeschrei, zu dem der Kanzler ursprünglich nicht zu knapp beigetragen hatte, ebbte ab. Die Kriegsgefahr zog vorüber; doch die Umstände und Folgen der sogenannten Schnaebele-Affäre gaben zu denken: Zwischen Deutschland und Frankreich herrschte nach wie vor »Erbfeindschaft«. Dem westlichen Nachbarn gegenüber hatte Bismarcks äußere Politik per Saldo keinen Zollbreit an Manövrierraum gewonnen.

Das lag zwar nicht ursächlich an der Annexion von Elsaß-Lothringen, hing aber doch wesentlich mit ihr zusammen. Daß Frankreich den Verlust der Hegemonie nicht verwinden konnte, wurde durch diese territoriale Schmach genährt. Es half nichts, mochte sie auch noch soviel Fundament in der Sache besitzen, sich an die wohlwollende Begründung zu erinnern, mit der ein sachkundiger Zeitgenosse wie der amerikanische Botschafter in Berlin, George Bancroft, der von Hause aus Historiker war, die umstrittene Landnahme seinerzeit kommentiert hatte. Nach der Reichsgründung hielt der Diplomat es einfach für geboten, »Deutschland durch bessere Grenzen gegen Angriffe von Westen zu schützen, wie sie in so großer Zahl in den letzten 300 Jahren unternommen worden sind«[21]. Ohne die Fortnahme der beiden Provinzen wäre die deutsch-französische Annäherung schwierig geworden; mit ihr aber war sie unmöglich. In der Tat: Was die Franzosen als den Raub von Elsaß-Lothringen empfanden, verlieh dem Vertrackten etwas Unumkehrbares.

Wie sich Bismarck im Osten hinter den Dreikaiservertrag zurück auf den Zweibund reduziert sah, stand er nach dem Zwischenspiel der Zusammenarbeit mit Jules Ferry auch im Westen, wie am Anfang seiner Kanzlerschaft, wiederum auf unversöhnlichem Fuß mit Frankreich. Im Reich deuteten die Zeichen auf Krieg. Gegenwärtig schien er am Rhein unmittelbar bevorzustehen; nur kurze Zeit später drohte er an der entgegengesetzten Flanke: Nicht den Kanzler befiel diese wie zwanghaft wirkende Vorstellung, dafür grassierte sie förmlich bei den Militärs und in Regierungskreisen, im Parlament und in der Öffentlichkeit. Die Unausweichlichkeit eines neuen Feldzuges gegen Frankreich schien geradezu unbestreitbar zu sein, wenn man sich dem zum Waffengang hindrängenden Gedankenspiel anvertraute, dem Rudolf von Bennigsen, der führende Nationalliberale, durchaus repräsentativen und zu allem entschlossenen Ausdruck verlieh: »Dieser zweite Krieg mit Frankreich über Elsaß-Lothringen ist und bleibt eine geschichtliche Notwendigkeit. Nur nachdem derselbe siegreich durchgeführt ist, wird der deutsche Nationalstaat dauernd gesichert sein.«[22]

Das Dilemma des Deutschen Reiches, das sich nicht zuletzt im elsaß-lothringischen Problem zusammenzog, nämlich die Erfolge seiner Gründung behaupten zu können, stand Bismarck während der Doppelkrise zwischen 1885 und 1887 noch klarer vor Augen als zuvor. Um so entschiedener lehnte er es ab, durch Krieg und Expansion die lastenden Probleme, den fortdauernden Alp der Koalitionen und den schleichenden Gewichtsverlust des Reiches, zu lösen. Vielmehr sah er sich, noch viel dringender als bisher schon, auf das Sisyphuswerk der Diplomatie angewiesen.

Das Sisyphuswerk der Bündnisse

Wenn Bismarcks außenpolitisches Handeln mit dem unaufhebbaren Schicksal des steinrollenden Helden aus der griechischen Sagenwelt verglichen wird, dann geschieht dies mit einem differenzierenden Bedacht. Denn das Provisorische, selbst das Vergebliche seines Tuns, das vor allem nach dem Zerbrechen des Dreikaiserbündnisses in der großen Doppelkrise evident wurde, war keineswegs von der antiken Tragik des unbewußt Leidenden umweht. Im vollen Bewußtsein des Fragmentarischen und Fragilen, das allem Menschenwerk im allgemeinen und dem Handeln des Staatsmannes im besonderen anhaftet, ging der Reichskanzler vielmehr aufs neue an den Aufbau des gerade erst Zerstörten. Eine Alternative dazu, die ihm hätte einleuchten können, gab es nicht. Solange die Lösungen, die Endgültiges versprachen, nämlich zu den Waffen zu greifen und nach Ausdehnung zu streben, nur zum Ruin dessen führten, was knapp zwei Jahrzehnte zuvor geschaffen worden war, so lange stellte das, was er tat, den Weg dar, der allein gangbar war. Weit über den speziellen Fall des Deutschen Reiches hinaus, das darauf freilich in über Gebühr hohem Maße angewiesen war, gilt dieses Bewegungsgesetz für jede Diplomatie, die ihrem Namen Ehre macht.

Anders als später Lebenden war einer Generation die Wertschätzung für Stabilität und Frieden noch nicht abhanden gekommen, deren Erinnerung fast bis zum Untergang der alten Ordnung in der Französischen Revolution zurückreichte, der die napoleonische Herausforderung und ihre Überwindung im Wiener Friedenswerk durchaus vor Augen stand und der die wachsenden Gefährdungen der ausbalancierten Staatenordnung durch revolutionäre und kriegerische Einwirkungen im Verlauf des 19. Jahrhunderts nur zu bekannt waren. Bismarck, im Jahr des Wiener Kongresses geboren, lebte mit dem unterschwelligen Empfinden der großen Angst vor dem kommenden Schrecken und mit der trostreichen Gewißheit von der Vorläufigkeit alles menschlichen Tuns.

Die Generation dagegen, die auf ihn folgte und der das Resultat der Reichsgründung nicht mehr länger als ein Kunstwerk, sondern fast schon als eine Selbstverständlichkeit vorkam, strebte zu neuen Ufern. Im Einklang mit der modernen Zeit des 20. Jahrhunderts, von ihrer säkularen Heilserwartung und ihren fordernden Legitimationsbedürfnissen getrieben, verlangte sie nach definitiven Regelungen im Inneren und Zwischenstaatlichen: Um ein für allemal dem Abgrund zu entkommen und das Gute zu bewirken, riskierte sie, unbewußt und optimistisch, so viel, daß sie es am Ende mit dem Gegenteil vom Erträumten zu tun hatte. Doch diese paradoxen, teilweise auch tragischen Tendenzen, die, verheißungs- und verhängnisvoll zugleich, die Geschichte deutscher Außenpolitik auf ihrem Weg zwischen Reichsgründung und Reichsuntergang begleitet haben, existierten im Zeitalter Bismarcks eher am Rande: Ihre Stunde hatte noch nicht geschlagen!

Der Reichskanzler unterzog sich indessen aufs neue der Pflicht des Reparierens und Restaurierens. Dabei konzentrierte er sich ganz auf die Erfordernisse der Gegenwart und ließ sich zudem von den Erfahrungen der Vergangenheit leiten, um das unheimlich drohende, sich immer wieder akut bemerkbar machende »Zeitalter der Kriege mit den mühsamen Anstrengungen einer kunstreichen, aber traditionellen Diplomatie um ein Menschenalter«[23] aufzuschieben. Das kostbare Resultat, das aus den lokalisierten Kriegen der Jahre zwischen 1864 und 1871 hervorgegangen war, galt es gegen die zerstörerische Elementargewalt des »Universalkrieges«[24] zu retten, der, wie die gerade überwundene Krise verdeutlicht hatte, vornehmlich der Büchse der balkanischen Pandora zu entsteigen drohte.

Einem Staatsmann, der ein Handeln in bescheidenem Maße der Resignation mit verheerenden Folgen vorzog, der einer anarchischen Flutwelle durch geduldigen Dammbau entgegentrat und der dem übermächtigen Zwang der internationalen Verhältnisse immer wieder das erforderliche Element der freien Gestaltung abzugewinnen bemüht war, bot gerade die gefährliche Verflüssigung dessen, was einige Jahre lang feste Form gehabt hatte, willkommene Chancen, um der Staatenwelt in einer neuen Ordnung Halt zu geben. Eine Voraussetzung dafür lag in jener Hochrüstung, die Bismarck gerade in der zweiten Hälfte der achtziger Jahre forcierte, ohne sich bevorzugt mit militärischer Abschreckung zu begnügen und allein kalter Kriegführung zu huldigen. Das Waffenarsenal bildete vielmehr die Grundlage für eine Verständigung im Politischen, die ohne die Basis des Strategischen leicht in Kapitulation abgleiten konnte. Unter den erschwerten Bedingungen einer vorangeschrittenen Zeit machte er sich erneut daran, Europa die spezifische Form des Friedens zu verleihen, der auf dem, vom deutschen Zentrum aus kontrollierten, Mechanismus der austarierten Gewichte und Gegengewichte beruhen sollte. In der Einrichtung und Pflege dieser Ordnung, mit der sich vor allem Frankreich nicht abzufinden vermochte, lagen Funktion und Sinn der deutschen Großmacht begründet.

Folgte das Deutsche Reich auch zukünftig der kriegerischen Tendenz seiner späten Geburt, dann mußte es sich mit Gewißheit selbst zerstören. Überwand es diese ursprünglichen Voraussetzungen und leistete es der Staatenwelt den willkommenen Friedensdienst, dann erfüllte es mehr als nur eine Aufgabe, die es während der Ära Bismarck nahezu vorbildlich wahrnahm: In Europa und für Europa gewann die Existenz des deutschen Nationalstaates sodann ganz spezifischen, unverzichtbaren Sinn! Diese Einsicht beschreibt das Vermächtnis des Reichsgründers – ohne darüber die nachteiligen und destruktiven Spuren zu verkennen, die gleichfalls von dieser Zeit ausgingen und auf dem Weg von Bismarck zu Hitler immer breiter wurden. Wie kaum einem anderen waren dem ersten Reichskanzler die Grenzen und Chancen vertraut, die zu respektieren und wahrzunehmen über Deutschlands Geschick entschied. In dieser nicht gerade alltäglichen Fähigkeit, die bis zu einem gewissen Maße sogar voraussetzte, »Genie haben zu müssen«[25], war die belastende, vielleicht auch fatale Schwierigkeit angelegt, nur sehr schwer einen kongenialen Nachfolger finden zu können.

Keinen Zweifel wollte Bismarck darüber aufkommen lassen, daß es sich mit dem zu bescheiden galt, was ein unverhofftes Glück in weit vorangeeilter Stunde der Geschichte mit sich gebracht hatte. Mehr zu wollen, gar nach Macht um der Macht willen zu streben, dem Prestigedruck des neuen Imperialismus zu erliegen, drohte im Katastrophalen einer »sizilischen Expedition« zu enden. Solche Wünsche galt es zu zügeln, weil sie gleichsam über Nacht Wirklichkeit werden konnten; ja rückblickend mochte sich nur allzu leicht herausstellen, daß man die falschen Wünsche gehegt hatte. Unter Inkaufnahme äußerster Anstrengungen und problematischer Opfer hat Bismarck diesem Gebot gehuldigt, das durch Zurückhaltung und Reserve bestimmt war: Seinem Werk hat er damit ohne Zweifel gedient. Daß seine Nachfolger, dem Geist einer veränderten Zeit gemäß, andere Wege gegangen sind, verweist auf ein neues Kapitel in der Geschichte deutscher Außenpolitik zwischen 1871 und 1945.

Die bewährte Diplomatie beibehalten zu können, setzte voraus, sich zukünftig bevorzugt auf den fast schon berstenden Rahmen des überlieferten Staateneuropa zu konzentrieren, weil das gegen diesen traditionalen Zusammenhang revoltierende Völkereuropa mehr Gefahr als Vorteil bot. »Bedenkenlos« hatte Bismarck daher während der zurückliegenden Krise in Südosteuropa »die Interessen des kleinen Bulgarenvolkes« seinem »großen Ziele«[26] untergeordnet, den Krieg zwischen Wien und Sankt Petersburg zu vermeiden; die Briten in Position gegen die Russen zu rücken; und vom Bündnis der drei Monarchen zu retten, was noch zu retten war – wenn davon auch beileibe nicht viel übrig blieb. Dennoch überschattete, wie zuvor und danach, eine grundsätzliche Hilflosigkeit das politische Werk des Kanzlers, die sich vor allem in seiner nicht geführten Auseinandersetzung mit den weltanschaulichen Herausforderungen einer neuen Epoche niederschlug. Verzagt, beinahe erschrocken, begegnete er der westlichen »Demokratie« und dem östlichen »Russismus«; verständnislos und ablehnend wehrte er sich gegen den aufkommenden Nationalismus der kleinen Völker.

Dessenungeachtet: Für die allgemeine Vernünftigkeit, die sich in Otto von Bismarcks Außenpolitik niederschlug, also den europäischen Frieden durch dialektische Bündnisse zu organisieren, spricht vor allem, daß es zu dieser aufwendigen Prozedur keine überlegene Alternative gab – zumindest keine, die über gedankliche Anstrengungen hinaus tatsächlich eine zeitgenössische Chance auf angemessene Verwirklichung besaß. Diese Feststellung gilt selbst für Gladstones Entwurf vom europäischen Konzert. Mit seinen wegweisenden Elementen, den Völkerfrieden durch kollektive Sicherheit zu bewahren, beschrieb er die einzige Konkurrenz zu Bismarcks »unendlich kompliziertem System der Gegengewichte«[27], das aus den Bestandteilen einer jeweils »doppelten Rückversicherung«[28] zusammengesetzt war.

Allein, in den achtziger Jahren war Gladstones zukunftweisender Gedanke, der einer überlegenen, noch lange nicht für das gesamte Europa verbindlichen Stufe der zivilisatorischen Entwicklung entsprechen mochte, erst einmal gescheitert. Denn der idealistische Entwurf des großen Liberalen hatte spätestens mit der ägyptischen Okkupation der Briten im Jahre 1882 abdanken müssen, als, von den unbarmherzigen Notwendigkeiten der Staatenwelt getrieben, »Gladstone wie Bismarck«[29] zu handeln gezwungen war. Wie es zu dem, was der Reichskanzler im außenpolitischen Feld tat, in Deutschland kaum eine vernünftige Alternative gab, so trifft das Entsprechende im europäischen Rahmen für sein kompliziertes Gleichgewichtswerk zu, das er nunmehr, im Jahre 1887, zu restaurieren sich anschickte.

Bei diesem Bemühen kam ihm vor allem die Tatsache entgegen, daß Großbritannien am Ende der Ära Gladstone ziemlich isoliert dastand. Angesichts offener Konflikte in Mittelasien und Nordafrika suchte England Anlehnung an das Deutsche Reich bzw. an den Zweibund. Für Deutschland, dessen Verhältnis zu Rußland gestört war und das unter dem Ende des Dreikaiservertrages litt, bot sich damit die Chance, durch umsichtige Balance eine endgültige Option zu vermeiden. Sie hätte eine wirkliche Beeinträchtigung der deutschen Unabhängigkeit mit sich gebracht. Daher mußte sie umgangen werden, obgleich ihr im gedanklichen Zusammenhang immer wieder Beachtung zuteil wurde – sei es unter britischem, sei es unter russischem Vorzeichen.

Mitten in der großen Ost-West-Krise sinnierte Herbert von Bismarck beispielsweise über die Aussichten einer westlichen Wahlchance. Dazu veranlaßte ihn nicht nur die problematische Verbindung mit dem Zarenreich, dessen gesellschaftliche Repräsentanten Deutschland zunehmend feindlicher begegneten. Daneben legte der besorgte Blick auf den österreichischen Zweibundpartner, der innerlich mehr und mehr zerfiel, an Neues zu denken nahe: Dieses »jesuitische Österreich ist doch sehr heterogen für uns mit seinen päpstlichen Slawen und einem unheilbaren, stets wachsenden Krebsschaden des Dualismus«[30]. Daraus leitete der Staatssekretär des Auswärtigen Amtes das ab, was in außenpolitischer Hinsicht an sich erwünscht war, um es aus innenpolitischen Gründen sofort wieder zu verwerfen: »Wenn die Engländer nur nicht gar so unzuverlässig und demokratisiert wären, so wäre das ja die stärkste und für uns sicherste Gruppierung.«[31]

Die Auseinandersetzung mit der britischen ebenso wie mit der russischen Option beschäftigte die deutschen Staatsmänner, zwar nicht *de facto*, wohl aber *in thesi*, während des letzten Jahrfünfts der Ära Bismarck bezeichnenderweise immer wieder. Daß in dieser Perspektive das eine jeweils als die Auffangstellung gegenüber dem anderen dienen sollte, um einer Katastrophe oder gar dem Ende des deutschen Nationalstaates zu entkommen, markierte den Extremfall einer Entwicklung, die von Bismarck wohl intensiver erwogen wurde, als daß sie tatsächlich gedroht hätte. Das Gegeneinander beider Wahlchancen, die sich die Waage hielten, trug bis zum Ende der Regierungszeit des Reichskanzlers maßgeblich dazu bei, die mit der tatsächlichen Option verbundene Juniorpartnerschaft nach der einen oder der anderen Seite hin zu vermeiden. In diesem positiven Befund liegt, wenn man das Urteil ganz auf den Zusammenhang der Zeit, weniger auf die davon ableitbaren Folgen bezieht, eines der bemerkenswertesten Resultate der Außenpolitik Otto von Bismarcks.

Als der Kanzler jetzt daranging, den britisch-russischen Antagonismus zu nutzen, um die Position des Reiches in Mitteleuropa zu stärken, da galt einmal mehr, was er bereits zuvor festgelegt hatte: »Wir wollen uns also mit England nur so weit einlassen, als wir uns dadurch mit Rußland nicht verfeinden.«[32] In diesem Sinne mußte deutsche Außenpolitik – übrigens weit über die Bismarckzeit hinaus – immer bestrebt sein, jene vorteilhafte Ausgangslage der Weltpolitik, die seit der Mitte des 19. Jahrhunderts die Gründung des deutschen Nationalstaates ermöglicht hatte, im Prinzip, wenn auch in zeitgemäßer Abwandlung, zu bewahren: Existenz, Handlungsfreiheit und Unabhängigkeit des Deutschen Reiches ließen sich durch den globalen Gegensatz der Briten und Russen sichern – sei es, daß diese sich an Europa desinteressierten und einander in Übersee begegneten; sei es, daß sie an der balkanischen Peripherie aufeinanderstießen und ihre erbitterte Rivalität im Zentrum des alten Kontinents Spielraum schaffte.

Konkret ging es Bismarck jetzt darum, Großbritannien deutschen Zwecken verfügbar zu machen. An der Seite Österreich-Ungarns sollte England in Frontstellung gegen Rußland und an der Seite Italiens in Frontstellung gegen Frankreich manövriert werden. Würde es gelingen, nicht Deutschland für englische Interessen auftreten, sondern vielmehr Großbritannien für deutsche Belange wirken zu lassen? Rußland einzudämmen und dadurch an das Deutsche Reich heranzuziehen, Frankreich zu isolieren und dadurch für Bündnisse gegen das Deutsche Reich unfähig zu machen – das war der Entwurf für eine neue Ordnung der Staatenwelt, die Bismarck nunmehr aufzubauen suchte.

Mit Gefahr anzeigender Klarheit trat dabei allerdings zutage, daß Italien inzwischen noch viel begieriger als zuvor schon nach imperialer Beute ausspähte; um seinen kolonialpolitischen Konflikt mit Frankreich für sich zu entscheiden, suchte es komplizengleiche Partner. Die sich neu formierende Lage würde also England und Österreich-Ungarn stärker mit Italien verbinden und das Deutsche Reich von Druck im Osten und Westen entlasten. Unverkennbar blieb darüber freilich, daß Bismarcks eigentliches Ziel nach wie vor darin bestand, »das trianguläre Carré« wiederzubeleben, »welches die drei Kaiserreiche unter sich formieren, wenn der Ausdruck nicht unsinnig wäre«[33]. Daher galt es auch, »das 3 Kaiserbündnis weiter [zu] spinnen, so lange ein Faden daran ist«[34]!

Für den Ausbau und den Erhalt einer jeden Formation, der nach Westen und

Süden hin konstruierten ebenso wie der nach Osten hin gebauten, möglicherweise sogar für den Zweibund, waren Opfer zu bringen, die größer wurden. Diesen Preis mußte das saturierte Deutschland entrichten, wollte es das bislang Bestehende in einer Welt allgemeiner Bewegung aufrechterhalten. Vor diesem Hintergrund das zusammengebrochene Vertragssystem zu erneuern, unternahm der Reichskanzler vom westlichen und südlichen Schauplatz des europäischen Kontinents aus. Indirekt, aber beileibe nicht unerheblich förderte das Reich die Entstehung des Mittelmeerabkommens zwischen England und Italien bzw. Österreich-Ungarn im Februar und März 1887. Durch Ausnutzung der englisch-russischen und französisch-britischen Gegensätze die eigene Position zu entlasten, war dabei das Ziel deutscher Außenpolitik. Aktiv, fast nötigend griff Bismarck ein, um die britische Beteiligung an den Vereinbarungen mit den deutschen Dreibundpartnern, Italien und Österreich, herbeizuführen. Sollte England den europäischen Angelegenheiten gegenüber künftighin nur Desinteresse bezeigen, dann sei er seinerseits nicht mehr länger dazu bereit, »den französischen Wünschen in Ägypten oder den russischen im Orient, wie weit immer dieselben sich erstrecken möchten, unsere Förderung vorzuenthalten«[35].

Schließlich kam es zwischen London und Rom zu jenem Notenaustausch, der das zwischen beiden Staaten Vereinbarte besiegelte. Anstelle eines üblichen Vertrages wurde das neue Abkommen in geheimer Form und ohne parlamentarische Beteiligung abgeschlossen – eine Methode außenpolitischer Bindung, die zumindest für Großbritanniens innenpolitische Verfaßtheit das Äußerste des gerade noch Vertretbaren darstellte. Vereinbart wurde zwischen beiden Mächten, den Status quo im weiten Raum des Mittelländischen und Schwarzen Meeres zu wahren; sich anderen Falles miteinander zu verständigen; und sich zudem bei der Verfolgung spezieller Interessen wechselseitig zu unterstützen: Englands Belange in Ägypten sollten Italiens Förderung finden, Italiens Wünsche in Tripolis und in der Cyrenaika dagegen mit englischer Hilfe rechnen können.

Worin lag für das Deutsche Reich der Vorteil des englisch-italienischen Mittelmeerabkommens vom 12. Februar 1887, dem sich Österreich-Ungarn am 24. März anschloß? Nun, im allgemeinen wurde damit eine Voraussetzung geschaffen, um den Dreibund zu erneuern – dadurch erhielt ein nicht eben einfaches Unternehmen zusätzliche Schubkraft. Im speziellen begünstigte das, was London, Rom und Wien unterzeichnet hatten, Berlin in zweifacher Hinsicht: Zum einen sorgte die antifranzösische Spitze des Mittelmeerabkommens gleichsam indirekt dafür, daß Deutschlands Position nach Westen hin verbessert wurde. Zum anderen gewährte das verbriefte Engagement der Engländer im Mittelmeer den Österreichern zusätzlichen Schutz vor den Russen; das wiederum konnte die Deutschen davon entlasten, ihrerseits dem Zweibundpartner in seinen südosteuropäischen Notlagen beistehen zu müssen.

Über die östliche und westliche Konstellation zusammen, die Bismarck getrennt zu behandeln bestrebt war, obwohl ihre Abhängigkeit voneinander auf der Hand lag, urteilte man in seiner engsten Umgebung damals so: »Wir müssen suchen, die Hände einstweilen frei zu behalten, damit wir nicht gleich hineingezogen werden, wenn es wegen orientalischer Fragen mit Rußland zum Bruche kommt, weil wir alle unsere Kräfte gegen Frankreich brauchen werden. Wenn wir bei einem Kriege Österreichs und seiner Verbündeten gegen Rußland unbeteiligt bleiben, so kann der ganze französische Krieg gespart werden, weil Frankreich sich nicht in der Möglichkeit befindet, kriegerisch aufzutreten, solange wir neutral bleiben und nicht in den Kampf hineingezogen werden.«[36]

Um durch indirekte Teilhabe an einer Peripherievereinbarung die deutsche Sicherheit und den europäischen Frieden zu kräftigen, mußte das Reich einen Preis bezahlen, der sich beim Mittelmeerabkommen freilich in Grenzen hielt. Kostspieliger wurde dagegen die zeitgleich anfallende Erneuerung des Dreibundes. Denn im Grunde hatte Deutschland, das keine territorialen Ambitionen hegte, mit zwei nichtsaturierten Partnern, deren Expansionsrichtungen sich teilweise kreuzten, zu einem Übereinkommen zu gelangen, das insgesamt dem Erhalt des Status quo dienen sollte. Die Frage war also, wie das Beharrungsvermögen der Deutschen auf Dauer mit der Erwerbssucht der Italiener und Österreicher vereinbar war. Denn zum Vertrag gab es zwei Zusatzabkommen, die zwischen Italien und Deutschland und zwischen Österreich-Ungarn und Italien geschlossen wurden.

Das Reich war jetzt dazu bereit, die offensiven Ziele der Italiener in Nordafrika für den Fall eines Krieges mit Frankreich zu unterstützen, der leicht über den kolonialen Streitobjekten an der Gegenküste des Mittelmeeres entbrennen konnte. Das deutsche Zugeständnis wirkte *prima vista* größer, als es tatsächlich war. Denn Bismarck zeigte sich längst fest davon überzeugt, sein Land werde Italien so oder so einmal zu Hilfe kommen müssen – einerlei, aus welchem Grunde es zum Kriegsausbruch kommen werde. Das zweite Abkommen zwischen Rom und Wien regelte die italienisch-österreichischen Gegensätze im Balkan- und Mittelmeerraum. Befriedigt wurden die Wünsche der Italiener dadurch, daß über die Zusicherung hinaus, den Status quo in der Region zu wahren, für den Fall von Veränderungen die italienischen Ansprüche Berücksichtigung finden sollten. Das erste, zwischen Italien und Deutschland geschlossene Abkommen war für die Entstehung und die Existenz des erneuerten Dreibundes wichtig, und Bismarck hat bei seinem Zustandekommen, zuweilen mit unsichtbarer, häufiger aber mit deutlich sichtbarer Hand die Fäden gezogen. Die zweite, zwischen Österreich-Ungarn und Italien eingegangene Vereinbarung blieb ihrer Natur nach problematisch und gab Rom 1914 das Argument an die Hand, nicht an der Seite der Mittelmächte in den Krieg einzutreten.

Worin, so ist wiederum zu fragen, lag für die deutsche Außenpolitik der Nutzen des Gesamten? Zum einen versprach Italien in einer separat abgeschlossenen Militärkonvention, im Kriegsfall tatsächlich mit seinen Streitkräften, sogar nördlich der Alpen, aktiv zu werden. Eine solche Zusage auf Unterstützung ging weit über die symbolische Hilfe hinaus, auf die sich der Vertrag vom Jahre 1882 beschränkt hatte. Zum anderen und wichtiger im Zusammenhang mit den neuen Vereinbarungen blieb aber dies: Österreich-Ungarn hatte für den Fall eines russischen Angriffs die Gefahr einer zweiten Front nicht zu fürchten. Was Wien direkt begünstigte, kam auch Berlin mehr als indirekt zugute. Noch wesentlicher war aber für das Reich die vertraglich geregelte Tatsache, daß Italien auf weitere fünf Jahre ans antifranzösische Lager gebunden wurde und ein Wechsel an die Seite Frankreichs höchst unwahrscheinlich erschien.

Der Aufwand, der sich für Deutschland dadurch ergab, fiel nicht eben gering aus: Die Italien gemachten Zugeständnisse, dem römischen Ausdehnungstrieb in Nordafrika direkt und auf dem Balkan indirekt die Hand zu leihen, trugen zu einem stillschweigenden Wandel der renovierten Bündnisformation bei, die ursprünglich einmal ganz auf die Verteidigung und die Erhaltung des Bestehenden konzentriert war. Um das Vertragswerk überhaupt sichern zu können, mußte die problematische Beimischung offensiv wirkender Elemente in Kauf genommen werden.

Nur mühsam konnte das zerrissene Geflecht der Bündnisse durch die Diplomatie des Kanzlers neu geknüpft werden. Den jeweils vereinbarten Allianzfall durch das Ensemble der Abkommen von vornherein auszuschließen, war ihr alles überragendes Anliegen. Daß sich zum Mandat der Friedensbewahrung nach und nach gegensätzliche Ingredienzen einschlichen, verwies auf ein widersprüchliches Nebeneinander von Friedensabsicht und Kriegsvorbereitung, die freilich noch ganz der lenkenden Kontrolle Bismarcks unterlagen. Solange er die Dialektik der Verträge hütete, hatte das Zerstörerische keine Chance zum Übergriff. Diese Gefahr zog erst herauf, als nach dem Ende der Ära Bismarck die einzelnen Bestandteile der Vereinbarung, jeder für sich, ihr Eigengewicht entwickelten und der Sinn des Gesamten darüber verlorenging. Vorläufig sorgte die ordnende Hand des deutschen Kanzlers dafür, daß im europäischen Zusammenhang Frieden herrschte.

Als die afrikanischen Belange der Spanier und Italiener beide Staaten in einen gemeinsamen Gegensatz zu Frankreich brachten, während sich Rom und Madrid untereinander über ihre kolonialen Interessen zu verständigen wußten, da wurde die Grundlage des von Berlin aus dirigierten Spiels der Gewichte und Gegengewichte nochmals verbreitert: Denn dem italienisch-spanischen Notenaustausch vom 4. Mai 1887, von dem Großbritannien billigend Kenntnis nahm, traten Österreich-Ungarn und Deutschland bei. Der Dreibund war restauriert worden; Spanien hatte sich an ihn angelehnt; und Großbritannien war dieser von Deutschland aus gelenkten Formation näher gekommen. Zu wehren galt es jetzt der sich unverkennbar abzeichnenden Gefahr, daß die Beweglichkeit des Zusammenhangs durch eine automatische Ausbildung starrer Fronten verlorenging. Mit anderen Worten: Die Möglichkeit, für die der Dreibund tatsächlich bereitstand, nämlich: »daß es wirklich zum Schlagen kommt«[37], durfte eben nicht zur Wirklichkeit werden. Aus diesem Grund war Bismarck schon seit längerem damit beschäftigt, den europäischen Frieden über seine westliche Verankerung hinaus erneut auf ein östliches Fundament zu stellen. Im Zuge einer Vereinbarung über das an sich Unvereinbare kam es schließlich zu einer höchst komplizierten Rückversicherung des Deutschen Reiches.

Rückversicherung mit Rußland

Es verwundert nicht, daß Bismarck bereitwillig auf die russische Initiative einging, zwischen Sankt Petersburg und Berlin über eine Ersatzlösung für den 1887 auslaufenden Dreikaiservertrag zu verhandeln, der bereits während der bulgarischen Krise vom Zarenreich für tot erklärt worden war. Dabei leitete ihn die Überlegung, daß eine noch so lose geknüpfte Verbindung mit Rußland wertvoller sei als ein völlig bindungsloser Zustand. Dieser schien ihm nur dazu geeignet, die Russen mit fataler Folgerichtigkeit in Frankreichs Arme zu treiben. Jede gewaltsame Auseinandersetzung mit dem östlichen Nachbarn, nach der im Reich immer lauter und energischer verlangt wurde – davon zeigte sich der Reichskanzler mehr denn je überzeugt –, würde nur das Gegenteil vom Erhofften bewirken: Rußland sei nun einmal nicht »klein« zu »kriegen«[38]. Jeder Angriff auf sein Territorium mußte ihm zur Stärkung gereichen. Ja, der Prozeß seiner inneren Zersetzung, auf den der Reichskanzler angesichts der ansonsten nicht zu erschütternden Urkraft des russischen Riesen spekulierte, würde dadurch nur verlangsamt werden.

Tatkräftig förderte er daher die sich lange hinziehenden Verhandlungen mit dem russischen Unterhändler Graf Paul Schuwalow, der bereits vor der großen Reichstagsdebatte vom 11. Januar 1887 in Berlin eintraf. Vom Mai des Jahres an führten diese Gespräche, die zwischenzeitlich unterbrochen worden waren, zu einem am 18. Juni 1887 abgeschlossenen Vertrag zwischen dem Deutschen Reich und Rußland: Erst geraume Zeit später, als Bismarck den Wert des Abkommens im Rückblick über Gebühr pries, hat er das Vereinbarte als Rückversicherungsvertrag bezeichnet.

Was wurde darin geregelt? Für den Fall, daß entweder Deutschland von Frankreich oder Rußland von Österreich angegriffen würde, verpflichteten sich die Vertragspartner jeweils zu wohlwollender Neutralität. Wie sich die konkrete Lage bei einem *casus belli* tatsächlich ausnehmen würde, stand nach der eigenen Einschätzung des Kanzlers dahin – die erneute Annäherung an das Zarenreich sollte ja gerade durch die austarierende Balance gegenüber den mit Österreich-Ungarn, Italien und Großbritannien eingegangenen Verbindungen dazu dienen, den Kriegsfall zu vermeiden. Prüft man den Vertragstext, schien sich das Deutsche Reich erst einmal den besseren Teil des gemeinsam Verabredeten gesichert zu haben. Ohne Zweifel hatte der Fall eines von Frankreich provozierten Krieges gegen das Reich mehr Wahrscheinlichkeit als der eines österreichischen Angriffs auf Rußland.

Aus diesem Grund, dem sich andere, viel weniger uneigennützige Motive beigesellten, ließ sich Bismarck in einem »ganz geheimen Zusatzprotokoll« zu großen Zugeständnissen an das Zarenreich herbei. Deutschland sagte moralische und diplomatische Unterstützung zu, sollte der Herrscher aller Reußen sich genötigt sehen, »zur Wahrung der Interessen Rußlands selbst die Aufgabe der Verteidigung des Zugangs zum Schwarzen Meer zu übernehmen«. Deutschland versprach Hilfe, falls der russische Kaiser Schritte für notwendig hielt, »um den Schlüssel seines Reiches in der Hand zu behalten«[39].

Die im Geheimvertrag selbst festgelegte Bestimmung, »die geschichtlich erworbenen Rechte Rußlands auf der Balkanhalbinsel und insbesondere die Rechtmäßigkeit seines vorwiegenden und entscheidenden Einflusses in Bulgarien und Ostrumelien anzuerkennen«[40], entsprach ganz der überlieferten Außenpolitik des Reiches, in Südosteuropa eine Demarkation der Interessen zwischen einem »russischen« Bulgarien und einem »österreichischen« Serbien zu fördern. Die darüber hinausweisende Konzession an das Zarenreich im »ganz geheimen Zusatzprotokoll« sprengte diesen Zusammenhang freilich. Warum ging Bismarck mit großer, sogar mit vorantreibender Bereitwilligkeit auf diese Forderung der Russen ein? Graf Schuwalow, der mit den Verhandlungen nicht unerheblichen persönlichen Ehrgeiz verband, bestand auf diesem letztlich nicht unproblematischen Erfolg für die russische Seite; dagegen riet der Bismarck kongeniale Außenminister Giers eher davon ab – zumal sich das Zarenreich just am Tage der Unterzeichnung des Vertrages dazu entschloß, in Zukunft wiederum verstärkt seine fernöstlichen Interessen wahrzunehmen.

Bei seinem eigensüchtigen Entgegenkommen an die Russen ließ sich der Reichskanzler von dem zentralen Gedanken leiten, den er schon zehn Jahre zuvor im Kissinger Diktat niedergelegt hatte: Den englisch-russischen Gegensatz galt es zu stimulieren, um daraus Vorteil zu ziehen und Bewegungsfreiheit in Mitteleuropa zu gewinnen; und es galt ihn zu kalmieren, wenn er in Krieg auszuarten drohte und daraus für Deutschland Schaden erwachsen konnte. Die Notwendigkeit, das Strittige zu vermitteln, ließ die beiden Kontrahenten auf das Reich angewiesen sein. Daher wirkte Bismarck gerne am Zustandekommen dessen mit, was der vorausschauende Giers gerade vermeiden wollte, nämlich Rußland noch »tiefer in die orientalische Sackgasse«[41] zu locken. Dort würde es auf Österreich-Ungarn und Großbritannien treffen, mit denen sich Deutschland kurz zuvor über den Erhalt des Status quo im Mittelmeerraum verständigt hatte.

War Rußland aber erst einmal in Konstantinopel gebunden, würde sich der

Druck auf die Doppelmonarchie vermindern. Daher umschrieb der Kanzler zu Anfang des Jahres 1888 die in diesem verwickelten Zusammenhang wünschenswerte Rolle der Wiener Regierung so: »Die Aufgabe der österr. Politik wäre m.E., die Russen in die türkische Sackgasse zu lassen und erst zu laden, wenn sie *englisches* Pulver vorher gerochen haben.«[42] Letztlich ging es ihm darum, durch das »Abzugspflaster«[43] des Rückversicherungsvertrages russischen Druck von Deutschlands Grenzen zu nehmen. Vor dem Hintergrund der englischen Verpflichtung, die im Orientabkommen vom Jahresende 1887 noch einmal bekräftigt werden sollte, gedachte er, die für den Bestand des Reiches entscheidenden Antipoden in dieser Region am Rande Europas in antagonistische Positionen zu manövrieren: »Wenn Rußland sich dort einläßt, mindert sich seine Gefährlichkeit für uns durch Abziehung von unsrer Grenze und die herausfordernde Spannung, in die es zu den Mittelmeermächten, namentlich zu England und auf die Länge auch zu Frankreich, tritt ... Damit ist dann für England die Unmöglichkeit gegeben, in seiner bisherigen Fiktion einer kühlen Zuschauerrolle zu verharren.«[44] Dieses Mal sollte die unerbittliche Mechanik aus Druck und Gegendruck den Briten einfach keine Chance mehr lassen, weiterhin in der Hinterhand zu bleiben und Bismarcks europäischem System den Tribut zu verweigern.

Allein, der eigentliche Vorteil des Rückversicherungsvertrages lag vor allem in einer »Schutzimpfung für den Zaren gegen französische Ansteckung«[45]: Drei Jahre lang konnte das Deutsche Reich bei einem Angriff Frankreichs auf die Neutralität Rußlands zählen. Entgegen dem russischen Vorschlag hatte der Reichskanzler den Vertrag nicht auf eine Dauer von fünf Jahren abgeschlossen, sondern ihn mit Bedacht begrenzt. Weil der Verlauf der Verhandlungen zwischen beiden Staaten durch ökonomische Konflikte erheblich belastet wurde, sollte das Reich auf gar keinen Fall als derjenige Partner erscheinen, der irgendeiner Hilfe bedurfte. Im Gegenteil: Weil »die Spannung ... sich nicht so sehr aus den wirtschaftspolitischen Gegensätzen direkt, sondern vor allem und entscheidend auf dem Wege über die russisch-österreichischen Gegensätze in Südosteuropa«[46] bildete, wollte er in der Vorhand bleiben. Bei einem Scheitern des zur Friedensbewahrung Konstruierten, an dem Deutschland nicht gelegen sein konnte, gedachte er, Rußland die mißlichen Folgen seines abträglichen Tuns spüren zu lassen: »Sie werden sich dann ganz isoliert fühlen«, prognostizierte Herbert von Bismarck warnend, »sehr ängstlich werden und ihrerseits billiger spielen«.[47] Den »Draht nach Sankt Petersburg« zu knüpfen, blieb aber in jedem Fall eine, wahrscheinlich die grundlegende Aufgabe deutscher Außenpolitik.

Unter den konkreten Umständen des Jahres 1887 war der Vertrag allerdings bei weitem nicht das, wozu ihn nicht zuletzt der seinen »Gedanken und Erinnerungen« mit unübersehbarer Einseitigkeit nachhängende »Kanzler ohne Amt« später stilisiert hat: Das Abkommen stellte »weder die Krönung noch« den »Schlußstein eines geschlossenen Systems« dar, sondern »lediglich eine weitere Aushilfe«[48]. Ja, Herbert von Bismarck kam der Vertrag einen Tag nach Abschluß sogar »ziemlich anodyn«[49] vor. Wie harmlos oder gewichtig die mit den Russen getroffene Übereinkunft zeitgenössisch auch empfunden wurde, sie war auf jeden Fall dazu geeignet, »immer eine Art Druck auf den Zaren« auszuüben, »und hält uns im Ernstfalle die Russen wohl doch 6–8 Wochen länger vom Halse als ohne dem. Das ist doch etwas wert«[50], resümierte der Staatssekretär des Auswärtigen Amtes mit skeptischer Nüchternheit das soeben erzielte Ergebnis abschließend in einem Brief an seinen Bruder Wilhelm.

Dennoch war das, was sich im zeitgebundenen Urteil der Bismarcks so einfach und plausibel ausnahm, durchaus kompliziert und widersprüchlich, wenn man dieses Geheimabkommen mit den anderen Verträgen vergleicht, die das Deutsche Reich geschlossen hatte bzw. noch zu schließen vorsah. Ob der Sachverhalt nun völkerrechtlich tragbar war oder nicht – daß der neue Vertrag im offenen Widerspruch, zumindest aber in schwer zu vereinbarendem Nebeneinander zu Dreibund und Zweibund stand, lag auf der Hand. Gewiß, Bismarck hatte den russischen Unterhändler von der Existenz der Allianz mit Österreich-Ungarn unterrichtet; er hatte dafür sogar die Wiener Billigung erhalten – freilich erst kurz nachdem er sich Schuwalow mitgeteilt hatte. Immerhin war den Russen klar, daß Deutschland das Bündnis mit Österreich aufzugeben nicht bereit war.

Die Widersprüche gegenüber der Doppelmonarchie, die das russische Abkommen in sich trug, erledigten sich für Bismarck dadurch, daß er weder die eine noch die andere Verbindung dazu benutzen wollte, um eine militärische Auseinandersetzung zu führen. Die spannungsreiche Gegensätzlichkeit der diversen Verträge diente ihm vielmehr dazu, den bedrohten Frieden zu sichern. Im Kriegsfalle mußte dieses Gebäude, aus schöpferischen Widersprüchen kunstvoll errichtet, sofort in sich zusammenbrechen. In der Gewißheit, daß die Bewahrung des Friedens dem Kaiser von Österreich und dem Zaren von Rußland ebenso grundsätzliches Anliegen war wie dem deutschen Monarchen, nahm er die für alle Beteiligten arg belastende Unvereinbarkeit der getroffenen Vereinbarungen schlicht in Kauf. Daher hielt er an einem Abkommen fest, das sich bis zur Unwirklichkeit realistisch ausnahm.

Über die in ihm aufgehobenen Gegensätze hinaus, die im Ensemble der Bündnisse ihre vorläufige Harmonie fanden, war der Rückversicherungsvertrag vom 18. Juni 1887 das Produkt einer Diplomatie, die gegen den in beiden Gesellschaften der Unterzeichnerstaaten vorherrschenden Willen der Öffentlichkeit handelte. Einfach unverträglich wirkte das kunstvoll Geknüpfte, auf das sich die beiden Regierungen insgeheim miteinander verständigt hatten, im Vergleich mit den simplen Parolen, die in beiden Ländern laut und feindselig propagiert wurden. Noch einmal triumphierte die Räson der Kabinette über das Verlangen der Völker; ja, in ihrer Mehrheit dachten selbst die Repräsentanten der führenden Kräfte in Rußland und Deutschland über die bündnispolitische Orientierung ihrer Länder bereits ganz anders als die eher isolierten Anhänger des Vertrages.

Bismarck selbst befielen immer wieder Zweifel über den Wert des mit Sankt Petersburg Abgeschlossenen. Ob das Zarenreich bei einem französischen Angriff wirklich dazu imstande war, angesichts »der Macht, zu der die Presse in Rußland gelangt ist«[51], die zugesagte Neutralität zu wahren, erschien ihm alles andere als sicher zu sein. Beide Probleme, das der Verträglichkeit mit der österreichischen Bindung und das des Unzeitgemäßen der russischen Rückversicherung, faßte er – noch ganz unter dem Eindruck der Verhandlungen – zehn Tage nach dem Abschluß des Vertrages so zusammen:

»Ich teile nicht die Ansicht, daß der Kaiser von Österreich mißtrauisch gegen uns werden würde, wenn er den Abschluß unseres geheimen Vertrages mit Rußland erführe; im Gegenteile glaube ich, daß der Kaiser von Österreich einen solchen Abschluß wünscht. Selbst wenn ich mich darin irren sollte, was nur dann der Fall sein könnte, wenn der Kaiser Franz Joseph schon *jetzt* mißtrauisch gegen uns wäre, würde der Effekt eines österreichischen Mißtrauens weniger gefährlich sein als eines solchen des Kaisers Alexander, weil unsere Beziehungen zu Österreich doch auf zu breiter Basis beruhen, um durch vorübergehende Soupçons eines argwöhnischen Souveräns umgeworfen zu werden … In Rußland dagegen beruhen unsere Beziehungen ausschließlich auf der Persönlichkeit des Kaisers Alexander; einen anderen Boden hat das Faß dort nicht: wenn wir denselben ausschlagen, so läuft das Faß aus … Es schadet uns meines Erachtens auch garnichts, wenn die Sache von Rußland ebruitiert wird; im Gegenteil, ich möchte es wünschen. Einmal glaube ich nicht daran, daß der Kaiser von Österreich dadurch beunruhigt werden, sondern vielmehr, daß er eine Beruhigung darin finden würde, namentlich wenn wir inzwischen das österreichische Bündnis nicht kündigen, sondern verlängern. Er wird dann finden, daß wir nur für drei Jahre das russisch-französische Bündnis haben aus der Welt schaffen wollen.«[52]

Doch der artifiziell wirkenden Diplomatie europäischer Friedenssicherung drohte nicht nur auf zwischenstaatlicher Ebene von seiten der Partner und Gegner des Deutschen Reiches, von ihren Staatsführungen und Gesellschaften her massiver Widerstand. Innerhalb des eigenen Landes regte sich die Opposition gegen die selbstgenügsame Politik der Bewegungslosigkeit immer heftiger. Ungeduldig verlangte die neu heraufziehende Zeit nach einer außenpolitischen Alternative, die auch das Risiko des Krieges nicht länger scheute.

Alternative Krieg?

Wie ein unsichtbarer Damm, der nur wenigen Eingeweihten bekannt war, nahm sich der Rückversicherungsvertrag inmitten der nationalistischen Pressefeldzüge aus, mit denen Russen und Deutsche einander damals überzogen. Seine Existenz sollte nach Bismarcks Absicht gerade dafür sorgen, daß die in der wirtschaftlichen und öffentlichen Sphäre tobenden Spannungen nicht in einem heißen Krieg endeten. Das nachteilige Ergebnis dieser emotionsgeladenen Auseinandersetzungen schlug sich allerdings in der belastenden Tatsache nieder, daß die unkontrollierbaren Ströme aufgeputschter Leidenschaften die kunstvoll entworfene Vertragskonstruktion gefährlich unterspülten. Jäh verwies diese Entwicklung auf das Kommen einer anderen Epoche; ihre Maßstäbe mußten Bismarcks äußere Politik vielleicht schon damals hilflos oder gar überlebt erscheinen lassen. Gerade an der Bruchstelle zwischen dem Überlieferten, dem er zum Ausdruck verhalf, und dem Neuen, das sein Recht forderte, griff er immer wieder ins Geschehen der Zeit ein. Den unruhigen Kräften innerhalb der deutschen Gesellschaft, die auf eine Konfrontation mit Rußland drängten, gab er nach, soweit ihre ökonomischen Forderungen betroffen waren. In seinem Sinne versuchte er, ihre Wünsche zu instrumentalisieren, um den geheimen Rückversicherungsvertrag, der nicht mit dem im Volk verbreiteten Gefühl übereinstimmte, durch eine wirtschaftliche Maßnahme zu flankieren, die in gefährlichem Übermaß populär war.

Hier schien sich auf einmal eine Waffe zu bieten, um den Russen eine Lektion zu erteilen. Denn alles, was aus dem Zarenreich nach Deutschland drang, klang so, als habe sich Sankt Petersburg nicht vertraglich mit Berlin, sondern mit Paris verständigt: Bevorzugt attackierten die Nationalisten das Deutsche Reich; nur wenige Monate nach Abschluß des Geheimabkommens mit Deutschland toastete ein russischer Großfürst an Bord eines französischen Kriegsschiffes auf die Waffenbrüderschaft zwischen Zarenreich und Republik. Nun ergriff Bismarck die Gelegenheit, sich den wirtschaftlichen Antagonismus zwischen beiden Ländern nutzbar zu machen, der sich tief eingefressen hatte. »Wenigstens den Versuch« wollte er wagen, so jedenfalls schätzte Herbert von Bismarck den riskanten Entschluß zu einem Rußland treffenden Lombardverbot ein, »dem Zaren durch Keulenschläge seinen Vorteil beizubringen«[53].

Dieser spektakuläre Schritt nahm sich indessen »weder so ungewöhnlich noch so plötzlich oder so drastisch«[54] aus, wie oftmals behauptet worden ist. Daß die aufsehenerregende Entscheidung allerdings an ebendem Tag verkündet wurde, an dem Zar Alexander zu einem Besuch in Berlin eintraf, besaß schon eine schrille Signalwirkung. Die ökonomische Fehde zwischen dem Zarenreich und Deutschland hatte seit dem Frühjahr 1887 einen neuen Höhepunkt erreicht. Sie war von den Russen durch einen Erlaß ihres Herrschers angeheizt worden. Daß Ausländer Grund und Boden in den westlichen Provinzen des russischen Reiches nicht mehr länger besitzen oder nutzen durften, traf vor allem deutsche Interessen empfindlich. Die lautlose Konfiszierung war Teil eines Wirtschafts- und Zollkrieges, der bereits seit dem Ende der siebziger Jahre hin- und herging. Hart traf der deutsche Getreidetarif die agrarischen Exportinteressen des östlichen Nachbarn. Der an sich bereits enorm große Kapitalbedarf Rußlands, das sich anschickte, seine chronische Rückständigkeit durch forcierte Modernisierung zu überwinden, wurde dadurch nochmals verschärft. Um seine Industrie und sein Verkehrswesen auf- und auszubauen, blieb das Land auf ausländisches Geld angewiesen.

Diese Tatsache nährte im Reich, vor allem in Kreisen der Militärs, schon bald die Befürchtung, mit deutscher Unterstützung würden russische Einrichtungen finanziert, die der zukünftigen Kriegführung des Zarenreiches gen Westen dienen sollten. Wie auch immer: Die unverkennbare Abhängigkeit der Russen von deutschem Kapital setzte der Reichskanzler jetzt für seine politischen Zwecke ein. Der ansonsten befolgte Grundsatz, wonach »die wirtschaftlichen und die politischen Beziehungen großer Staaten an sich miteinander nichts zu tun haben«[55] sollten, wurde für eine Zeitlang beiseite geschoben. Bereits eine Woche nach Abschluß des Geheimabkommens vom 18. Juni 1887 kritisierten deutsche Zeitungen, nicht ohne Veranlassung Bismarcks, das russische Wertpapiergeschäft. Die anlaufende Kampagne verschaffte dem Kanzler willkommene Entlastung von innenpolitischem Druck und hatte ihre spezifischen Gründe doch ganz im außenpolitischen Bereich.

Mit dem ökonomischen Prügel sollte der Zar gezwungen werden, den Rückversicherungsvertrag, der für die Mehrzahl der Zeitgenossen unsichtbar blieb, zu halten. Die Entwicklung kulminierte im November 1887, als der Reichsbank verboten wurde, russische Wertpapiere zu beleihen. Der deutsche Kapitalmarkt blieb zukünftig für Interessenten aus dem Zarenreich gesperrt. Doch anders als die bewährten Methoden der Diplomatie, die einen widerspenstigen Partner durch gezielten Druck zum erwünschten Einlenken zu bringen geeignet waren, gehorchten die modernen Mechanismen der Ökonomie anderen Regeln. Das Lombardverbot trug nicht zur Kapitulation der Russen bei, sondern schlug die genau entgegengesetzte Richtung ein. Das russische Anleihebedürfnis wich kurzerhand nach Amsterdam, vor allem aber nach Paris aus.

Dessenungeachtet trifft nicht zu, was Außenminister Giers rückblickend beklagte. Der in seinem außenpolitischen Anliegen, das auf die deutsch-russische Zusammenarbeit zielte, tief Getroffene behauptete nämlich, die Deutschen selbst hätten das Bündnis der Russen mit den Franzosen geschmiedet. Nein, die »Alliance franco-russe« war keineswegs, wie Werner Sombarts Fehldiagnose lautete, »ein reines Bankiergebilde«[56]. Zwar wurden im Zeichen des bis 1894 während den Lombardverbotes von nun an die goldenen Brücken zwischen den künftigen Bündnispartnern an Newa und Seine erbaut; sich auf ihnen zu treffen, blieb jedoch den politischen Entscheidungen der Zukunft vorbehalten.

Dagegen war Bismarck der festen, aber eben nicht zutreffenden Überzeugung, er könne die wirtschaftlichen und finanziellen Faktoren in den Dienst des Politischen nehmen und »je nach Bedürfnis«[57] wieder beliebig fallenlassen. Er war sich ganz sicher, »daß die antirussischen Finanzoperationen ohne unliebsame politische Konsequenzen auslaufen würden, oder aber diese Folgen durch die Politik der Kabinette ausgeglichen werden könnten«[58]. Daß solch leichtgläubige Annahme dem Ritt auf dem Tiger glich, mag er, der angesichts des rapiden Wandels der allgemeinen Verhältnisse in einem unverkennbaren »Widerspruch zur Zeitentwicklung«[59] stand, wohl unterschätzt haben. Mittlerweile hatte er es eben mit Strömungen in Wirtschaft, Gesellschaft und Öffentlichkeit zu tun, die kaum mehr den Gesetzen der Kabinettspolitik gehorchten, wie ihm das während des Jahrzehnts der Reichsgründung im Zusammenwirken mit der Nationalbewegung noch gelungen war. Diese gravierende Tatsache charakterisierte einerseits die autonome Existenz der spezifisch modernen Elemente und markierte andererseits die schärfer sichtbar werdende Grenze seiner überlieferten Politik – die allerdings vorläufig dominierte!

Im gezielten Zusammenwirken von staatlicher Intervention und wirtschaftlichen Bedürfnissen versuchte Bismarck, gesellschaftlichen Forderungen entgegenzukommen. Die Ingredienzen der neuen Zeit seiner traditionellen Rußlandpolitik dienstbar zu machen, beschreibt die Absicht seines Handelns: Die anziehende Schminke der Innenpolitik sollte das abstoßend Unpopuläre seiner Außenpolitik verdecken.

Ganz anders setzte er sich freilich mit den populären Forderungen seiner Zeit in dem kritischen Bereich auseinander, in dem es um die alles überragende Frage staatlicher und zwischenstaatlicher Existenz ging, nämlich um das Problem von Krieg und Frieden. Dagegen gab er im Falle der nicht unproblematischen Germanisierungspolitik in den östlichen Provinzen des Reiches, die vor allem von den Nationalliberalen gefordert und getragen wurde, dem innenpolitischen Verlangen nach, das mit seiner Überzeugung doch stärker übereingestimmt hat, als ursprünglich vermutet worden ist. Daß damit dem Ausland gegenüber Stärke demonstriert wurde, blieb ein zweischneidiges Schwert.

In der elementaren Frage nach Krieg oder Frieden jedoch verschloß er sich den mächtigen Tendenzen des Neuen, die wie unumgängliche Erfordernisse des allein Richtigen vorgetragen wurden, mit unbeirrbarer Konsequenz. Daß sie sich ganz unübersehbar auf dem Vormarsch befanden, erklärt sich aus der Tatsache, daß der Machtbegriff grundlegenden Wandel erfuhr. Die bislang, zumindest alles in allem, im rankeanischen Verständnis vorwaltende »real-geistige Qualität« Europas begann nun dem vitalen Elan des sozialen Darwinismus zu weichen.

Doch der wachsenden Kritik an seiner »extrem-friedlichen«[60] Außenpolitik, die auf immer heftigere Ablehnung stieß, gab er keinen Zollbreit nach. Ihre Vorwürfe, sein altersschwaches Zaudern verspiele die vermeintliche Siegeschance in einem sich zum mutmaßlich günstigen Zeitpunkt geradezu aufdrängenden Krieg, hielt er für ganz und gar unberechtigt, sogar für ausgesprochen gefährlich. Mit der Idee eines Präventivkrieges zu spielen, was in Kreisen der Militärs und der Öffentlichkeit, der Politik und selbst der Diplomatie immer häufiger geschah, weil seiner Politik der Saturiertheit angeblich keine Zukunft beschieden war, hielt er für frevlerisch. In außenpolitisch schwieriger Zeit und beim innenpolitisch problematischen Übergang von Wilhelm I. über Friedrich III. zu Wilhelm II. bekämpfte er diese populäre Alternative durchgehend mit Leidenschaft: Bis zu seinem Abgang im Jahre 1890 hatte er damit Erfolg!

Unter den führenden Militärs trat vor allem der Generalquartiermeister und Stellvertretende Chef des Generalstabes, Graf Waldersee, als entschiedener Anhänger eines kriegerischen Prävenire auf. Im Zeichen der großen Doppelkrise während der Mitte der achtziger Jahre sprach er sich zuerst, 1886/87, für den Krieg gegen Frankreich, im Winter darauf für den Angriff auf Rußland aus. Schließlich plädierte er im Jahre 1888, noch vor seiner Ernennung zum Nachfolger Moltkes als Generalstabschef am 10. August des Jahres, für ein gemeinsames Losschlagen »im Bunde mit Österreich und Italien ... gegen Rußland und Frankreich ...; jeder Aufschub geschieht zu unserem Nachteil«[61].

Im Konflikt zwischen »Staatskunst und Kriegshandwerk«, der jetzt aufs neue verstärkt aufbrach, hielt Bismarck an seiner Überzeugung fest, »die Politik S[einer] M[ajestät] des Kaisers geht in erster Linie dahin, daß dieser Krieg überhaupt vermieden«[62], nicht aber unter günstigen Umständen geführt werde. Dieses Argument wiederholte er mit beinahe verzweifelter Unermüdlichkeit, ohne zu irgendeinem Nachgeben oder Kompromiß bereit zu sein: »An einer andern« Politik »würde ich nicht mitwirken können«, beschied er am Jahresende 1887 den Chef des Militärkabinetts, General von Albedyll, der zu den Befürwortern des Präventivkrieggedankens gehörte; zur Begründung führte er das bekannte Argument an: »Unsre Politik hat die Aufgabe, den Krieg, wenn möglich, ganz zu verhüten, und geht das nicht, ihn doch zu verschieben.«[63]

Noch stand auch der ältere Moltke, der beinahe schon zur Legende gewordene Feldherr der siegreich geführten Einigungskriege, auf seiten der Anhänger des Waffenganges. Am 30. November 1887 forderte der Generalstabschef, »gegen Rußland angriffsweise vorzugehen«: »Der Winter steht einem *Angriffskriege* gegen Rußland, und nur ein solcher bietet uns Chancen, nicht im Wege, im Gegenteil wird der Frost die Wegbarkeit des Kriegsschauplatzes erhöhen und die Möglichkeit bieten, die Stellungen der Russen zu überrunden.«[64]

Dieser Argumentation trat damals, eine einsame Stimme gegenüber dem Chor der vielen, der in Sankt Petersburg akkreditierte Botschafter von Schweinitz entgegen. Der Diplomat, den umfassende Kenntnis der russischen Verhältnisse auszeichnete, gehörte zu den ganz wenigen, die in dieser Existenzfrage des Reiches und Europas noch an Bismarcks Seite standen. Seine beschwörenden Worte klingen wie die menetekelhafte Warnung vor einem unseligen Abenteuer, das für die Geschichte der deutschen Großmacht im 20. Jahrhundert leidvolle Wirklichkeit geworden ist: »Durch einen solchen Angriff würden wir die Macht Rußlands verdoppeln, die unsere halbieren, denn während das friedliebende russische Volk durch einen Einbruch in sein Land zu höchster Opferwilligkeit begeistert werden würde, dürfte die Notwendigkeit eines mit so großen Opfern zu führenden Winterfeldzuges weder unserem Bundesrate noch der deutschen Nation einleuchten.«[65] Noch einmal, wie zuvor schon in den Krisen von 1866 und 1871, entschied Bismarck das Ringen mit den Militärs zu seinen Gunsten. Die Präventivkriegsidee war damit allerdings keineswegs aus der Welt geschafft. Weiterhin beschäftigte sie die Köpfe seiner zahlreichen Kontrahenten und nahm nicht zuletzt Einfluß auf die Gedankenbildung des jungen Kronprinzen, der schon 1888 als Wilhelm II. den Thron bestieg.

Im Dezember 1887, als nach Moltkes Einschätzung der Lage der Zweifrontenkrieg unmittelbar bevorzustehen schien, hielt der Generalstabschef, um dem drohenden Angriff der Feinde aus Ost und West zuvorzukommen, offizielle Beratungen auf höchster militärischer Ebene zwischen Wien und Berlin für unabdingbar. Die defensive Orientierung des Zweibundes, die durch zahlreiche Kontakte zwischen den Generalstäben beider Staaten längst schon beeinträchtigt war, stand zur Disposition. Erneut lehnte Bismarck das Ansinnen Moltkes rundweg ab! Indem er ihn ganz vertraulich in die Existenz des Rückversicherungsvertrages einweihte, überzeugte er den hochbetagten Feldmarschall davon, daß die Furcht vor einem russisch-französischen Angriff unbegründet sei.

Bismarcks alter Weggefährte zeigte sich, vielleicht sogar mit einer gewissen Erleichterung, von den Argumenten des Kanzlers überzeugt. Denn anders als viele ins Politische eingreifende Offiziere, die im herbeigesehnten Waffengang an einen schnellen Sieg nach dem betörenden Vorbild der erfolgreichen Einigungskriege glaubten, plagte Moltke die düstere Vorstellung, eine militärische Auseinandersetzung könne leicht »ein dreißigjähriger Krieg werden«[66]. Denn »die Zeit der Kabinettskriege«, diagnostizierte er zwei Jahre später mit hellsichtiger Ahnung, »liegt hinter uns, – und wir haben jetzt nur noch den Volkskrieg, und einen solchen mit allen seinen unabsehbaren Folgen heraufzubeschwören, dazu wird eine irgend besonnene Regierung sich sehr schwer entschließen.«[67]

Dennoch ging die Vorbereitung für das, was Bismarck um nahezu jeden Preis eindämmen wollte, auf der mittleren Generalstabsebene zwischen Berlin und Wien fort. In das deutsch-österreichische Bündnis, von dem der Reichskanzler der Öffentlichkeit am 3. Februar 1888 mit Bedacht Kenntnis gab, schlich sich nach und nach eine andere Orientierung ein. Solange Bismarck darüber wachte, blieb der ursprüngliche Geist des Vertrages allerdings in Kraft.

Allein, die Befürworter des Präventivkrieges fanden sich nicht nur im Lager der Militärs. Sogar in der unmittelbaren Umgebung des Reichskanzlers, in der Staatsbürokratie, selbst bei seinen engsten Mitarbeitern im Auswärtigen Amt, regte sich die Opposition. An Zustimmung gewann eine außenpolitische Konzeption, die mit dem Instrument des Dreibundes resolut Front gegen Rußland zu machen vorschlug. Der Unterstaatssekretär im Auswärtigen Amt, Graf Berchem, der der ökonomischen Dimension in den zwischenstaatlichen Auseinandersetzungen bevorzugte Beachtung schenkte, sprach sich beispielsweise für eine wirtschaftliche Abhängigkeit des Zarenreiches von deutscher Vormundschaft aus. Falls die Kräfte des Reiches dazu allein nicht genügten, sollte den Russen ein mitteleuropäischer Block entgegengestellt werden. Als letzte Konsequenz einer solchen im Rahmen der Zeit modernen Außen- und Außenwirtschaftspolitik hatte er, wie die Mehrzahl der Widersacher, die sich von Bismarcks Friedenspolitik abkehrten, den als unausweichlich angesehenen Krieg vor Augen. Im Dezember 1887 teilte er dem ebenfalls zur Bismarck-Fronde zählenden Botschafter in Konstantinopel, Radowitz, mit, man solle endlich die Zeit des »Kleisterns und Flickens« beenden, die nur dazu angetan sei, »den Moment zu einer Operation verstreichen zu lassen«[68].

Der Kopf dieser gegen Bismarck opponierenden, aber mit dem Reichskanzler gleichzeitig zusammenarbeitenden Gruppe von Repräsentanten eines anderen Kurses, die im Staatsdienst und in der Diplomatie Schlüsselstellungen bekleideten, war zweifellos der Geheime Rat von Holstein: ein Mann von hoher Begabung und immensem Fleiß, bis zur Realitätsverfehlung scharfsinnig, dem alltäglichen Leben gegenüber fremd und, gewiß mehr Fluch als Segen, mit »Zwangsklugheit überlastet«[69], kurzum: ein moderner Berufsmensch, dessen Zuhause die Wilhelmstraße war. Holsteins außenpolitische Alternative, die zu Anfang eher »eigentümlichem Wunschdenken«[70] entsprang und sich danach in die gefährliche Nähe einer opponierenden »Geheimpolitik«[71] verirrte, stellte eine von Bismarcks Position deutlich, ja grundlegend abweichende Konzeption dar, die inzwischen mehr Resonanz fand als die Außenpolitik des Kanzlers.

Seine vom offiziellen Kurs der auswärtigen Politik des Deutschen Reiches abweichenden Vorstellungen, die ihn bis in den höchst problematischen Bereich eines fast konspirativen Zusammenwirkens mit dem österreichischen Zweibundpartner trieben, kamen den mehr als riskanten Forderungen weit entgegen, auf die vor allem die militärische Führung der Habsburgermonarchie schon seit langem drängte. Insbesondere der deutsche Militärattaché in Wien, von Deines, machte sich der Berliner Zentrale gegenüber zum Sprachrohr der österreichischen Versuche, die Deutschen für ein militärisches Losschlagen gegen das Zarenreich zu gewinnen. Wie eng auch immer Holsteins Verbindungen mit den Kräften in Österreich-Ungarn beschaffen waren, die nach dem Präventivkrieg verlangten, fest steht, daß er vom Winter 1885/86 an eine »Obstruktionspolitik«[72] verfolgte, die dem offiziellen Kurs des Kanzlers entgegenlief. Im Kern zielte sie darauf, den Dreibund zu verstärken, Großbritannien an diese Bündnisformation zu binden und Position gegen Rußland zu beziehen.

Diese außenpolitische Konzeption hatte ihre schicksalhafte Zukunft noch vor sich. Erst viel später sollte sich nämlich zeigen, daß sie den Keim einer auf Dauer ruinösen Entwicklung in sich trug. Sie brachte es mit sich, anstelle flexibler Bündnisse feste Blöcke mit den nachteiligen Folgen entstehen zu lassen, die sich daraus für den allgemeinen Zustand der Staatenwelt ergaben. Doch vorläufig fanden die frondierenden Ideen des Vortragenden Rates, die sich unter Bismarcks Augen und im Gegensatz zu seinen Überzeugungen ausbildeten, viel Resonanz im Auswärtigen Amt und bei den Diplomaten auf Posten im Ausland. Obwohl ihn erhebliche Zweifel plagten, ob dem komplizierten Bündnissystem selbst auf absehbare Zeit noch Bestand vergönnt war, und obwohl er zeitweise mit sich rang, ob Holsteins Vorstellungen nicht doch mehr Beachtung verdienten, folgte Herbert von Bismarck letztlich der Bahn seines Vaters: Der Staatssekretär ließ sich zu keiner Sondertour hinreißen. Doch die Neigung dazu, sich ohne Wenn und Aber klar für den Zwei- bzw. Dreibund zu erklären und mit diesen Bündnissen an der Seite Englands gegen Rußland anzutreten, war weit verbreitet; das Plädoyer für ein militärisches Prävenire fand mehr Zustimmung als Bismarcks Diplomatie der Friedenssicherung.

In der Gesellschaft, bei den Parteien und in der Öffentlichkeit waren es nicht allein Kräfte auf der politischen Rechten, die eine antirussische Orientierung der deutschen Außenpolitik favorisierten, sogar für den Krieg gegen das Zarenreich eintraten. Daß »ein gesunder Krieg einem so krankhaften Frieden«[73] allemal vorzuziehen sei, verlieh auch einer für die liberale Seite repräsentativen Überzeugung sprechenden Ausdruck. Selbst im Lager der Linken fand diese Haltung ihre Parallele, sahen doch die Sozialisten in dem gegebenenfalls mit Waffengewalt zu führenden Kampf gegen den reaktionären Zarismus ein ideologisch gebotenes Ziel.

Als sich das *Berliner Tageblatt* im August 1886 zum martialischen Fürsprecher dieser aufbegehrenden Empfindung machte, war es beileibe nicht die Stimme des einsamen Rufers in der Wüste. Seit dem Sommer 1886 nahm die Zahl ähnlich klingender Forderungen in der deutschen Öffentlichkeit zu, die angesichts der bulgarischen Frage mit Schärfe gegen Rußland aufzutreten verlangten. Mehr und mehr mündeten die akuten Forderungen in eine grundsätzliche Kritik an der blutleeren und lendenlahmen Politik der Stagnation ein, der Bismarck nach dem übereinstimmenden Urteil seiner Kritiker huldigte. Gemeinsam mit denen, die aus wirtschaftspolitischen Motiven nach einem aktiven, gegen Rußland zielenden Vorgehen riefen, steigerten die außenpolitischen Opponenten ihre Vorbehalte gegen das Bestehende bis ins Grundsätzliche, das schon Ende August 1886 in der *Kölnischen Volkszeitung* zur Sprache kam: Wenn Deutschland sich auf eine so bescheidene Rolle in der Weltpolitik beschränken wolle, wurde die Außenpolitik der Regierung heftig angeklagt, dann hätte »das deutsche Volk sich die Ströme von Blut und Schweiß sparen können, welche dazu gehörten, das Deutsche Reich zu gründen«.[74]

Über die Liberalen hinaus, die einer Politik des innen- und außenpolitischen Wandels das Wort redeten und manches Element des »Neuen Kurses« aus der Zeit nach Bismarcks Abgang vorwegnahmen, setzten sich auch das Zentrum und die Sozialdemokratie dafür ein, dem Zarenreich kompromißlos in den Weg zu treten. Daß sie eine militärische Auseinandersetzung mit der russischen Autokratie, die über kurz oder lang doch kommen mußte, unterstützen würden, war eine ausgemachte Tatsache. Sie deutet auf eine Linie deutscher Innen- und Außenpolitik, die während des Wilhelminischen Zeitalters bis in die letzten Tage der Julikrise lebendig blieb.

Mit dieser mächtigen Formation, die sich von der politischen Rechten bis zur Linken erstreckte und die bei Hofe und im Staat, bei den Militärs, in der Gesellschaft und in der Öffentlichkeit auf maßgebliche Anhänger zählen konnte, nahm der Reichskanzler, im Grunde schon isoliert und nur noch von ganz wenigen unterstützt, den Kampf auf. »Hier ist eigentlich alle Welt für den Krieg«, stellte Holstein im Januar 1888 völlig zu Recht fest: »Mit fast alleiniger Ausnahme von S[einer] D[urchlaucht], der die äußersten Anstrengungen macht, um den Frieden zu erhalten.«[75] Bismarck lehnte die sich abzeichnende Alternative eines »Neuen Kurses«, der seine mächtigen Schatten vorauswarf, deshalb ab, weil sie das Risiko des Krieges erhöhte, vielleicht sogar zu diesem Zweck initiiert wurde. Selbst für den Fall, daß ein Waffengang gegen den östlichen Nachbarn siegreich ausgehen sollte, vermochte der Kanzler nicht zu erkennen, welchen Nutzen solcher Erfolg gegenüber dem letztlich doch unverwundbaren Rußland eigentlich mit sich bringen würde. Angesichts seiner »elementaren Kraft«[76] blieb wirklich nichts anderes übrig, als in hoffnungsvoller Ungewißheit auf das abschleifende Mahlen der Geschichte zu vertrauen und die entlastende Entwicklung einer inneren Dekomposition des Riesenreiches abzuwarten.

Ohne Zweifel, die Gefahr, daß es ungeachtet aller entgegenwirkenden Bemühungen doch noch zur großen Schlacht mit Rußland kommen würde, hatte Bismarck beständig vor Augen; übermächtig werden ließ er dieses bedrückende Gefühl jedoch nicht. Die erfindungsreiche Aushilfe des Rückversicherungsvertrages sollte ihm die kostbare Zeit sichern helfen, die nach seiner Einschätzung der Lage nicht den Gegnern an der westlichen und östlichen Grenze Deutschlands, sondern dem zwischen ihnen liegenden Land zugute kam: »Die Zeit läuft mehr zu unsern als zugunsten der Gegner; in Frankreich wie in Rußland sind die Zustände gespannter als bei uns und können zu inneren Entwicklungen dieser Länder führen, welche uns eines Kampfes von so riesigen Dimensionen überheben würden. Wir dagegen glauben in 2 bis 3 Jahren stärker zu sein wie heut, im Innern wie nach außen; die volle Kraft des deutschen Volkes werden wir aber *nur* für einen defensiven Krieg, für Abwehr eines Angriffs in Tätigkeit bringen können. Den Beweis, daß wir den Krieg, weil er später doch ausgebrochen wäre, *jetzt* führen müßten, und daß die Umstände dazu heut günstiger wären wie später, wird man nicht einmal den Parlamenten, viel weniger dem Volke führen können, und niemand kann vorhersehn, ob der Erfolg der Behauptung entsprechen wird, daß der Zeitpunkt zum Losschlagen *jetzt* der günstige sei.«[77]

In diesem Sinne ein vergleichendes Urteil über die allgemeinen Zustände Europas zu fällen, erscheint in zeitgenössischer Perspektive gewiß plausibler als im Rückblick auf die Geschichte des deutschen Nationalstaates. Doch davon abgesehen: Erst einmal kam Bismarcks spezifischer Einschätzung über die Gegenwart und Zukunft des russischen, französischen und deutschen Staates entscheidende Bedeutung zu, weil sie für die Definition der inneren und äußeren Räson des Reiches, also für das Festhalten am Bestehenden, verbindlich war. Die Dinge so zu sehen, wie sie sich dem Kanzler darstellten, hatte seinen Grund zweifellos darin, daß das in vielem autoritäre Preußen-Deutschland dem Zarenreich nicht nur an zivilisatorischer Modernität, sondern vor allem als ein entwickelter Rechtsstaat allemal überlegen war. Was aber den Vergleich mit Frankreich anging, schien das Reich die Wettbewerbsfähigkeit seiner konstitutionellen Verfaßtheit durch wirtschaftlichen und militärischen Erfolg längst unter Beweis gestellt zu haben.

Seine außenpolitische Position faßte Bismarck in seiner großen Rede vor dem Reichstag am 6. Februar 1888 erneut zusammen. In ihr geißelte er den russischen Chauvinismus, während er gleichzeitig das gute Verhältnis zum Zaren unterstrich. Daß er sein Bekenntnis zur nüchternen Interessenpolitik, der er ohne Abweichung folgte, in beifallsträchtige Bekundungen kleidete, die dem allgemeinen Volksempfinden weit entgegenkamen, verweist auf die in Deutschland populäre Stimmung. In diesem Sinne hat der danach oftmals mißverständlich angeführte Satz »*Wir Deutsche fürchten Gott, aber sonst Nichts in der Welt*« mehr Applaus gefunden, als die sich daraus ergebende Konsequenz Gehör fand: »Und die Gottesfurcht ist es schon, die uns den Frieden lieben und pflegen läßt.«[78]

Mit seiner Absage an ein deutsches »Periklitieren« in der Weltpolitik, mit der er die unruhig schweifenden Forderungen der wachsenden Opposition negativ beschied, riet er dem Parlament zur Annahme der zur Debatte stehenden Heeresvorlage. Wiederum diente sie allein dem Zweck, den drohenden Krieg zu verhindern, ihn zumindest aber zu verschieben. Denn vor allem aufgrund eigener Stärke existierte überhaupt noch jene zerbrechliche Verbindung mit Rußland, die das Reich davon entband, mit allen Konsequenzen zum balkanischen Erfüllungsgehilfen der Österreicher zu werden. Die »Sicherheit« der deutschen Beziehungen zur Donaumonarchie beruhte also, ungeachtet der entgegenlaufenden Tendenzen, nach wie vor »zum großen Teile auf der Möglichkeit, daß wir, wenn Österreich uns unbillige Zumutungen macht, uns auch mit Rußland verständigen *können*«[79].

Wie weit der Reichskanzler, über die gesuchte Austarierung des russischen und österreichischen Gewichts hinaus, im extremen Falle einer Existenzbedrohung für das Deutsche Reich Sankt Petersburg im Sinne einer grundsätzlichen Option entgegenzukommen bereit war, wurde erst rückblickend im Jahre 1895 bekannt. Damals berichtete Botschafter Hatzfeldt von Bismarcks – im Grunde verzweifelt anmutender – Erwägung, »die russische Neutralität bei einem Konflikt zwischen uns und Frankreich sogar noch im letzten Augenblick zu erkaufen, indem er dann Österreich fallen ließ und den Russen damit den Orient überlieferte«[80]. Bei dieser Alternative jemals Zuflucht suchen zu müssen, sollte vor allem dadurch verhindert werden, daß das Reich erneut vom säkularen Gegensatz zwischen Rußland und England profitierte. Jeder der beiden Großen konnte schon für sich allein dem Deutschen Reich zum ernsten Problem werden. Sollten sie sich gar gegen die europäische Mitte verbünden, stand Deutschlands Existenz auf dem Spiel. Weil sie aber einander in spannungsvoller Konkurrenz die europäische Balance hielten, zog die deutsche Großmacht daraus den kostbaren Vorteil ihrer stets gefährdeten Unabhängigkeit.

Nach Osten und Westen beständig auf der Hut zu sein, um sich für Unerwartetes allfällig zu wappnen, beschrieb die tägliche Aufgabe der Diplomatie Otto von Bismarcks. Sollte der Kanzler, was nicht auszuschließen, wenn auch alles andere als erwünscht war, irgendwann doch zwischen Rußland und Großbritannien optieren müssen, dann galt seine unbestrittene Vorliebe der östlichen Wahlchance. Angesichts der antirussischen Stimmung im Reich, wo nicht wenige auf die große Entscheidungsschlacht mit dem Zarenreich geradezu erpicht waren, bestand im Frieden dafür kaum eine Chance. Nur im Zustand äußerster Not, vor allem im Fall des drohenden Krieges, konnte eine grundsätzliche Bewegung in diese Richtung überhaupt in Frage kommen. Normalerweise besaß dagegen die britische Option viel mehr Chancen, auf breite Zustimmung zu stoßen. Daher wurden nunmehr die Möglichkeiten einer Entscheidung für England während der Jahre von 1887 bis 1889 ausgelotet.

Entscheidung für England?

Großbritannien in sein Spiel mit den fünf Gewichten stärker einzubeziehen, als die Engländer das je wünschten, repräsentierte ein prinzipielles Anliegen der äußeren Politik des Reichskanzlers. Neben anderen Motiven wurde es jedoch nicht zuletzt von dem innenpolitischen Vorbehalt beeinträchtigt, der den deutschen Schritt in die englische Richtung zu tun nicht gerade erleichterte: Großbritannien war ein parlamentarisch verfaßter Staat.

Doch in der zweiten Hälfte des Jahres 1887 stellte sich die Notwendigkeit drängender, die Kapazität des britischen »non-valeur«[81] zu aktivieren. Was mit der Heranziehung Englands durch den Abschluß der Mittelmeerentente und des Dreibundes eingeleitet worden war, sollte verstärkt fortgesetzt werden: nämlich die Balance gegenüber Rußland zu stabilisieren. Die britische Beteiligung zu sichern, war allein schon deshalb erforderlich, um der unnatürlichen Partnerschaft zwischen Wien und Rom hinlängliche Beständigkeit zu verleihen: »Um Österreich und Italien dauernd zusammenzuhalten«, urteilte Herbert von Bismarck, »bedarf es des englischen Kitts.«[82] Angesichts der im November 1887 arg angespannten Beziehungen zwischen Deutschland und Rußland ging es allerdings noch viel mehr darum, durch Indienstnahme des britischen Faktors das beeinträchtigte Gleichgewicht auszutarieren. Um den geheimen Rückversicherungsvertrag zu festigen, um die russische Kriegspartei zu dämpfen und um dem widerspenstigen Zarenreich insgesamt den deutschen Bewegungsspielraum vor Augen zu führen, kam es jetzt auf eine intensivere Nutzung der britischen Kraft an.

Mit einer »Mischung aus freundschaftlicher Zuneigung und kühler Reserve«[83] entwickelte Bismarck dem englischen Premierminister Salisbury, dem seinerseits an deutscher Hilfe zugunsten britischer Balkaninteressen gelegen war, die allgemeine Lage. Anlaß dafür, daß Bismarck dem englischen Regierungschef am 22. November 1887 in einer brieflichen Form antwortete, die ihrem Rang nach einer Staatsschrift glich, war eine Anfrage Lord Salisburys, aus der eine gewisse Unruhe der Briten sprach. Sie bezog sich auf Englands Beitritt zu dem geplanten Orientdreibund und hob auf die innenpolitischen Ungewißheiten in Deutschland ab. Da der inzwischen fast in biblischem Alter stehende Kaiser Wilhelm I. nicht mehr lange leben würde und der liberal orientierte Kronprinz todkrank war, richtete sich das Interesse auf den präsumtiven Nachfolger. Daher betonte Bismarck in einem in englischer Sprache geschriebenen Privatbrief an Lord Salisbury, der dem offiziellen, auf Französisch verfaßten Antwortschreiben beigegeben wurde, der junge Prinz Wilhelm sei nach Kenntnisnahme des Textes mit allem einverstanden, was die Note darlege. Für den englischen Premierminister war entscheidend, daß der Kanzler dem Vorhaben eines Orientabkommens zwischen Österreich-Ungarn, Italien und England zustimmte.

Bismarck war darüber hinaus daran gelegen, die britischen Sorgen im Hinblick auf die Unübersichtlichkeit der Thronfolge im Reich ein für allemal zu zerstreuen. Die deutsche Außenpolitik, argumentierte er Lord Salisbury gegenüber, könne kaum mehr dem subjektiven Willen der Monarchen unterliegen, weil das mit dem objektiven Bewegungsgesetz eines modernen Staates einfach nicht zu vereinbaren sei. Seine treffende Einsicht in den tiefen Gestaltwandel der äußeren Politik, der vor allem durch die Einführung der allgemeinen Wehrpflicht und die Existenz millionenstarker Heere bedingt war, ließ ihn zu der Schlußfolgerung gelangen, Kriege im Stil der vergangenen Jahrhunderte zu führen sei längst nicht mehr möglich. Gerade das Deutsche Reich, das eine auf der staatlichen Konskription beruhende Armee von beträchtlichem Ausmaß unterhielt, schien ihm nur dann dazu imstande zu sein, die Nation zu den Waffen zu rufen, wenn die Bürger davon überzeugt waren, daß sie ihr Vaterland gegen einen Angriff verteidigten. Ebendarin erblickte Bismarck, was er sich jetzt zum Argument machte, eine friedensfördernde Tendenz der neuen Zeit. Gleichzeitig war ihm, anders als der Mehrzahl seiner innenpolitischen Opponenten auf dem Felde der äußeren Politik, nur allzu bewußt, daß ein Krieg der Völker, wenn er einmal ausgebrochen war, weitaus verheerender wirken mußte als jener überlebte Krieg der Könige, der die Untertanen viel weniger in Mitleidenschaft gezogen hatte.

Zurückhaltend und doch ausreichend klar bezog Bismarck für den Fall Stellung, daß es aus orientalischem Anlaß zum europäischen Krieg kommen sollte. Solange dabei kein deutsches Interesse auf dem Spiel stand, also vor allem Österreich-Ungarn nicht wesentlich bedroht war, versprach das Reich Neutralität. Was aber Großbritannien betraf, gab der Kanzler seiner Erwartung Ausdruck, es solle im Kreise der befreundeten Mächte antirussische Position beziehen, wenn es im Orient um den Schutz von Interessen gehe, mit denen Deutschland nichts zu tun habe.

Um den Briten die Dringlichkeit ihrer Teilnahme am europäischen System der Gewichte und Gegengewichte noch demonstrativer vor Augen zu führen, verwies er nahezu beschwörend auf die deutsche Kalamität eines Zweifrontenkrieges mit Rußland und Frankreich. Selbst bei einem siegreichen Ausgang würde er ohne Zweifel ein großes Unglück für sein Land darstellen. Daher würde von deutscher Seite aus zuvor sicherlich versucht werden, den Waffengang durch eine freundschaftliche Verständigung mit Rußland abzuwenden, vor allem für den Fall, »daß wir denselben ohne Bundesgenossen führen müßten«[84]. Auf jeden Fall in das Ringen einzugreifen habe Deutschland aber dann, »wenn die Unabhängigkeit Österreich-Ungarns durch einen russischen Angriff bedroht wäre, oder wenn England oder Italien Gefahr liefen, durch französische Heere überflutet zu werden«[85].

Die ausgemalte Gefahr tangierte die Briten inzwischen allerdings so wenig, daß Salisbury in seiner ansonsten zustimmenden Antwort vom 30. November darauf gar nicht mehr einging. Weil sich die Interessenlage der Engländer und Deutschen spezifisch voneinander abhob, kam ihnen das rivalisierende bzw. feindliche Frankreich eben in unterschiedlichem Grade bedrohlich vor. Daher stellte der am 12. bzw. 16. Dezember 1887 abgeschlossene Orientdreibund, an dessen Zustandekommen Bismarck gelegen war, in dominierendem Maße ein Instrument antirussischer Eindämmung dar.

Auch das neue Abkommen zwischen Österreich-Ungarn, Italien und Großbritannien erhielt, wie bereits zuvor beim Mittelmeerabkommen im Februar und März des Jahres, die Form eines Notenaustausches. Im Kern bekräftigte es den Status quo in Südosteuropa, erteilte aller Kompensationspolitik eine gezielte

Absage und beschwor die Unabhängigkeit der Türkei »als Hüterin wichtiger europäischer Interessen«[86]. Ausdrücklich wurden die Osmanen dazu angehalten, ihre Hoheitsrechte über Bulgarien keiner anderen Macht zu überlassen: eine Bestimmung, die sich eindeutig gegen Rußland richtete. Und in bezug auf die strittige Freiheit der Meerengen wurde der Türkei auferlegt, weder »einen Teil ihrer Souveränitätsrechte abzutreten noch ihre Autorität in Kleinasien einer anderen Macht zu übertragen«[87].

Was Bismarck mit der Entstehung dieser Vereinbarung billigte, sogar bewußt förderte, stand ohne Zweifel in diametralem Gegensatz zu dem, worauf er sich nur ein halbes Jahr zuvor im Rückversicherungsvertrag mit Rußland eingelassen hatte: Das galt für die bulgarische Frage, in der er, seiner Politik der Demarkation gemäß, das russische Interesse gewürdigt hatte; das galt für die Meerengenfrage, wo er den Zaren zu Abenteuern in Richtung Konstantinopel geradezu ermuntert hatte. Dagegen schloß er sich jetzt der englischen Auffassung über die Meerengenbestimmungen des Berliner Vertrages vom Jahre 1878 an, die seitdem strittig geblieben waren. Anders als die Russen traten die Briten dafür ein, es der türkischen Entscheidung anheimzustellen, ob der Sultan die Meerengen für die Durchfahrt fremder Kriegsschiffe schloß oder öffnete. Es lag im englischen Interesse, dem Osmanischen Reich, das sich von Rußland bedroht fühlte und auf die Hilfe Großbritanniens angewiesen war, die Freiheit zuzugestehen, die Einfahrt der englischen Flotte durch die Dardanellen ins Marmarameer zu erlauben und den russischen Kriegsschiffen die Ausfahrt aus dem Schwarzen Meer durch den Bosporus zu untersagen.

Was bewog Bismarck dazu, sich so widersprüchlich, ja ohne Zweifel treulos zu verhalten? Sein zwielichtiges Vorgehen diente dem eindeutigen Ziel, Russen und Briten in die türkische Falle zu locken und ihr Interesse von Mitteleuropa abzuziehen. Zum Krieg zwischen beiden sollte es darüber auf keinen Fall kommen. Denn eine militärische Auseinandersetzung würde mit hoher Wahrscheinlichkeit globales Ausmaß annehmen und schließlich alles, gewiß aber die widerstreitenden Bündnisse, verschlingen.

Einer definitiven Lösung der osmanischen Spannung zwischen London und Sankt Petersburg stand er jedoch ebenso ablehnend gegenüber. Wenn beispielsweise »die Russen nach Konstantinopel gingen und die Dardanellen nähmen«, wogegen das Deutsche Reich im Grunde »absolut nichts dawider« hatte, dann würde, für die deutschen Belange insgesamt nachteilig, »Rußland ... für England nahezu unangreifbar«[88] sein. Es kam also darauf an, unterhalb der zerstörerischen Schwelle des großen Krieges günstige Frontlinien zu ziehen und die beteiligten Mächte in Atem zu halten: Gemeinsam mit den Österreichern, die freilich auf sich allein gestellt für die Kraftprobe mit dem Zarenreich zu schwach waren und daher immer nur im nachgeordneten Glied hinter den verbündeten Engländern antreten durften, sollten die Briten gegen die Russen in Stellung gehen.

Die bis zum Verwirrspiel komplizierte Diplomatie des deutschen Kanzlers war, in hohem Maße jedenfalls, schon lange nicht mehr der freien Gestaltung eines überlegenen Demiurgen unterworfen, der alle Fäden souverän in der Hand hielt. Vielmehr glichen ihre nicht selten irritierenden Resultate, in weiten Teilen zumindest, dem reagierenden Handeln eines von den Verstrickungen der Weltpolitik Gefesselten, dem die blanke Not der außenpolitischen Lage zu tun vorschrieb, wofür er sich jeweils zu entscheiden hatte.

Wie beengt sich der zur Verfügung stehende Spielraum jedoch ausnahm, entscheidend blieb vor diesem Hintergrund eine historische Tatsache: Bismarck sah zu dem, was er tat, keine Alternative, die geeignet war, Deutschland die notwendige Ruhe zu bescheren. Diese im Inneren mehr und mehr abgelehnte Politik von künstlicher Gekonntheit kam manchem fast frivol vor, weil sie das Unvereinbare für vereinbar erklärte. Und manchem erschien sie schon lange überlebt zu sein, weil sie mit der vermeintlichen Siegeschance des für unausweichlich gehaltenen Krieges einfach Raubbau trieb. Ihren Kritikern widerstrebte ebendas, was Bismarcks Außenpolitik gerade konstituierte: Sie basierte auf den ihr innewohnenden Widersprüchen und setzte »eine Prämie auf friedliches Verhalten«[89] aus.

Nur in diesem spezifischen Zusammenhang ist die viel umrätselte Bündnissondierung Bismarcks gegenüber England zu Anfang des Jahres 1889 zu verstehen. Eine Annäherung beider Staaten herbeizuführen, war ihr erklärtes Ziel. Da der Friede Briten und Deutschen »gleichmäßig erwünscht«[90] war, schlug Bismarck »den Abschluß eines Vertrages zwischen Deutschland und England« vor, »durch welchen beide Mächte sich für einen begrenzten Zeitraum zu gemeinschaftlicher Abwehr eines französischen Angriffs auf eine von beiden verpflichten« sollten. Einigermaßen ungewöhnlich für die Form des Vertragsabschlusses war, was er in seiner an Botschafter Hatzfeldt gerichteten Instruktion vom 11. Januar so erläuterte: »Ein *geheimer* Vertrag der Art, wenn er möglich wäre, würde beiden Mächten erhebliche Sicherheit für den *Ausgang* eines solchen Krieges gewähren, die *Verhinderung* desselben aber würde nur von dem *öffentlichen* Abschluß erwartet werden können.« Bismarcks Absicht, mit dem englischen Premierminister »in Gemeinschaft die Frage zu prüfen, ob wir auf dem vorgeschlagenen Wege durch *öffentliche* und dreiste Anerkennung des Friedensbedürfnisses Europas und durch *parlamentarische* Vertretung desselben den Krieg hintenanhalten können, wenigstens pro tempore, vielleicht für lange Zeit«[91], enthielt durchaus die Möglichkeit einer grundsätzlichen Option des Reiches zugunsten der Briten.

Im Fall äußerster Bedrängnis konnte sich für Deutschland eine zweifache Konsequenz ergeben: Die Tatsache einer englisch-französischen Kriegskoalition gegen das Reich erforderte eine weitgehende Anlehnung an Rußland; die Gefahr einer russisch-französischen Kriegskoalition mußte Deutschland dagegen in die Arme der Briten treiben. Beide Notfälle wollte Bismarck tunlichst vermeiden: Die erste Wahlchance war im Reich so unpopulär, daß sie tatsächlich nur dann in Frage kam, wenn der *casus belli* keinen anderen Ausweg mehr übrigließ. Die zweite Option war populär, aber für Bismarck gleichermaßen unerwünscht.

Zu optieren hieß so oder so, an Unabhängigkeit der deutschen Großmachtstellung einzubüßen, und eben das wollte der Kanzler vermeiden. Zudem konnte ein endgültig wirkender Schritt leicht zu einer militärischen Blockbildung führen, die seinem Verständnis vom politischen Gleichgewicht entgegenlief. Schließlich blieb unverkennbar, daß gerade die liberalen Kräfte in Deutschland, die nach dem außenpolitischen Zusammengehen mit Großbritannien verlangten und damit den innenpolitischen Wunsch nach der klassischen Parlamentarisierung verbanden, ihrerseits selbstbewußte Forderungen gegenüber Europa und der Welt anmeldeten. Leicht konnten sie mit den globalen Interessen Englands kollidieren, das den edlen Wunsch nach der inneren Fortentwicklung des deutschen Konstitutionalismus favorisierte. Daher blieb die russische ebenso wie die britische Option ein politischer Rettungsanker, um die *ultima ratio*, den Krieg, entweder noch einmal zu umgehen oder um ihn eintretenden Falles zu überleben.

Daß Großbritannien, was tatsächlich einer Verwirklichung der englischen Wahlchance des Deutschen Reiches gleichgekommen wäre, einer parlamentarischen Ratifizierung des zwischen beiden Staaten Vereinbarten zustimmen würde, schien von vornherein eher unwahrscheinlich. Die ausgesprochene Vorsicht der deutschen Sondierung, die Salisbury sehr viel Spielraum ließ, kalkulierte eine ablehnende Antwort der Briten durchaus ein, wurde dem Premierminister doch sogar versichert, die Beziehungen zwischen beiden Ländern würden im negativen Fall keinen Schaden nehmen, sondern vielmehr die alten bleiben. Immerhin gab, weniger grundsätzlich orientiert und eher konkret berechnet, Bismarcks britische Rochade den Russen einen drohenden Wink auf den immer noch vorhandenen Manövrierraum deutscher Außenpolitik. Der englische Vorstoß diente nicht zuletzt dazu, den französischen Tendenzen in Sankt Petersburg das Wasser abzugraben und die Russen im Sinne des Rückversicherungsvertrages zur Annäherung an das Reich zu bewegen. Zudem sollte die Donaumonarchie, mit der es vor kurzem erst zu »Unstimmigkeiten«[92] im Bündnis gekommen war, von einer einseitigen Annäherung an Rußland abgehalten werden.

Würden die Briten auf die deutsche Sondierung eingehen, mußte das die internationale Stellung des Reiches, fürs erste und bis zu einem gewissen Maße jedenfalls, begünstigen. Da der kritische Fall des drohenden Krieges nicht bevorstand, hätte sich für Deutschland die willkommene Chance ergeben, mit seiner großen Armee eine bevorzugte Position der schiedsrichterlichen Reserve, sozusagen der doppelten Hinterhand gegenüber »Walfisch« und »Bär« zu beziehen. Daß Bismarck damit, zumal in einer sich rapide wandelnden Staatenwelt, zuviel für das kontinentale Reich zwischen West und Ost zu gewinnen trachtete, sein Eigengewicht überschätzte und sein Vermögen letztlich überbürdete, wurde schon bald, zumindest im Umriß, klar.

Die Briten lehnten Bismarcks Bündnisvorschlag ab. Dem deutschen Emissär, der eigens nach London gekommen und kein Geringerer als Staatssekretär Herbert von Bismarck war, wurde von Lord Salisbury, der den Vorschlag zwei Monate lang unbeantwortet gelassen hatte, kaum viel Förderliches mitgeteilt: »Einstweilen lassen wir die Sache auf dem Tisch liegen, ohne ja oder nein zu sagen: das ist unglücklicherweise alles, was ich zur Zeit tun kann.«[93] Großbritannien konnte es sich erlauben, in stärkerem Maße außerhalb des von Bismarck geregelten Systems zu bleiben, als das anderen Mächten vergönnt war. Am allerwenigsten aber vermochten sich die Deutschen diesen Luxus zu leisten, waren sie doch zugleich Herren und Knechte ihrer internationalen Umgebung.

Gewiß, Deutschland und England hatten sich jeweils mit Rußland und Frankreich auseinanderzusetzen. Diese formale Gemeinsamkeit enthielt indes keine wirkliche Chance für eine tatsächliche Interessenkongruenz: Das Reich fühlte sich durch Russen und Franzosen an seinen eigenen Grenzen bedroht; Großbritannien erlebte ihre Herausforderungen an den weit entfernten Rändern seines Empire. Hier bestand der Wunsch, den russisch-französischen Druck an die Peripherie des Kontinents abzuleiten, um die Mitte zu entlasten; dort herrschte dagegen die Absicht vor, ihn von den Rändern fortzunehmen und im europäischen Zentrum zu bündeln. Unvereinbarer konnte sich die Interessendifferenz zwischen zwei Staaten gar nicht ausnehmen. Das heißt aber: Sowenig sie dazu angetan war, Großbritannien und Deutschland in den bilateralen Konflikt zu treiben, so wenig war sie dazu geeignet, beide Staaten zum bilateralen Bündnis finden zu lassen. Es mangelte einfach an grundlegender Übereinstimmung, selbst an akuten Anlässen, um im Sinne der gemeinsamen Kriegverhinderung oder Kriegführung intensiver als bisher zusammenzuarbeiten. Jenseits der Pole von Allianz und Antagonismus blieb das englisch-deutsche Verhältnis freundschaftlich und distanziert zugleich, wie das bereits bislang der Fall gewesen war. Diese Tatsache, im Grunde bekannt und aufs neue bestätigt, brachte es mit sich, daß dem deutschen Reichskanzler schließlich wieder »das russische Hemd lieber ... als der englische Rock«[94] sein konnte.

Mit seinem Angebot an Salisbury, das die Ablehnung Großbritanniens bis zu einem gewissen Grade von vornherein einkalkulierte, hatte Bismarck den Opponenten seines Kurses, welche die äußere Politik des Kanzlers heftig kritisierten und entschieden nach Anlehnung an die parlamentarische Inselmacht verlangten, gezeigt, daß mit den Engländern kein Bündnis abzuschließen war. Alles mußte so bleiben, wie es war: Für die eine oder die andere Seite zu optieren schien unmöglich; an der freilich arg eingeschränkten Politik einer freien Hand festzuhalten, war daher geboten. Bis zu seiner Entlassung im März 1890 ist es dem Reichskanzler gelungen, die definitive Festlegung nach Westen oder Osten ebenso wie den alles gefährdenden Krieg zu vermeiden. Zwischen Großbritannien und Rußland balancierte das Deutsche Reich auf einem Grat, der das eine Mal schmaler zu werden drohte und den es das andere Mal wieder zu erweitern glückte. Auf mühevolle Art und Weise wurde, ohne die unverkennbare Zukunftgefährdetheit des jungen Nationalstaates damit zu unterschätzen, die anfällige Ungebundenheit der deutschen Großmacht gewahrt.

Hin und wieder kam die Ahnung auf, daß dem Deutschen Reich die volle Unabhängigkeit, die Bismarck im Kissinger Diktat als das Ideal seiner äußeren Politik entworfen hatte, auf Dauer doch wohl verwehrt bleiben würde. Um seiner schieren Fortexistenz willen schützende Anlehnung bei natürlich Stärkeren zu suchen, sollte gleichwohl nur der letzte Ausweg sein. Vorläufig allerdings bestand an der mächtigen Realität der mit allen Mitteln verteidigten Autonomie kein Zweifel – mochte sich ihr Erhalt auch schwieriger gestalten als vordem und das verlockende Ziel der ungebundenen Freihandpolitik inzwischen in weite Ferne gerückt sein.

Die Politik eines Züngleins an der Waage zu verfolgen, erforderte neben unverzichtbarer Eigenmacht, die nicht zuletzt in militärischer Schlagkraft liegen mußte, viel an diplomatischem Können. Bismarck hat dem jungen Kronprinzen und Kaiser davon weiterzugeben versucht, was ihm notwendig erschien und möglich war. Doch »Wilhelm der Plötzliche«[95], wie der süddeutsche Volksmund das unstete Temperament des ehrgeizigen Hohenzollern schon bald bespöttelte, wollte von diesen komplizierten Zusammenhängen und aufwendigen Praktiken nicht viel wissen. Gewiß, im Innenpolitischen begab er sich, fast instinktiv, auf einen schöpferischen Weg und verließ den starren Konfrontationskurs, den sein Kanzler gegenüber der Arbeiterschaft steuerte. Der Versuch einer Aussöhnung mit dem Vierten Stand repräsentierte zweifellos das Zukunftweisende für einen Staat, der sich im raschen Übergang von der Agrar- zur Industriegesellschaft befand.

Im Außenpolitischen zog es Wilhelm dagegen wie magisch auf eine himmelstürmende Bahn, die ihn nach oben, ins verheißungsvoll Ungewisse zu tragen versprach: Sich mit den anstrengenden Lektionen der äußeren Politik abzuplagen, die der ihm überlegene Kanzler bereithielt, kam ihm dabei nur lästig vor. Er wollte vor allem sein eigener Herr sein. »Sechs Monate will ich den Alten verschnaufen lassen«, beschied er mit naßforscher Ignoranz, wenn auch mit dem Anspruch der Zukunft, vielleicht sogar mit dem Recht der Geschichte auf seiner Seite, die Warnungen des Reichsgründers, »dann regiere ich selbst.«[96]

Nach den Parlamentswahlen vom 20. Februar 1890, die für Bismarcks Regiment katastrophal ausgingen, hatte er endgültig den innenpolitischen Rückhalt, nicht zum geringsten das monarchische Vertrauen verloren, auf das er als »kurbrandenburgischer Vasall« seines Königs für die äußere Politik der deutschen Existenzsicherung und der europäischen Friedensbewahrung stets angewiesen blieb. Der junge Kaiser war allerdings der letzte, der bereit und imstande gewesen wäre, Nutzen und Nachteil der merkwürdig zukunftslos wirkenden Außenpolitik Otto von Bismarcks ernsthaft gegeneinander abzuwägen.

Vom Nutzen und Nachteil der Zukunftslosigkeit

In der Tat verlangt die umstrittene Frage nach den Chancen und den Grenzen, nach dem Erfolg oder dem Scheitern, nach der Zukunftsfähigkeit oder der Zukunftslosigkeit deutscher Außenpolitik während der Ära Bismarck nach einer Antwort. Dabei darf man die schlichte Tatsache, die oftmals viel Verständnisschwierigkeit bereitet, nicht aus dem Auge verlieren, daß alles »vergänglich ist ..., was der Staatsmann leistet, und jede Entscheidung ist auf die Dauer falsch. Es gäbe keine ›Geschichte‹, wenn dem nicht so wäre. Dem einen glückt das etwas Dauerhaftere, dem anderen nur das Stückwerk für den Tag. Das aber, wovon man sagen könnte: hier hat einer endgültig recht gehandelt, daraus ist nur Gutes, daraus ist kein Widerspruch und kein Schaden gekommen – das glückt niemandem.«[97]

Sicherlich war Bismarcks außenpolitisches System alles andere als eine Lösung auf Dauer, aber auch alles andere als der Beweis für Versagen. Gewiß muß man sich mit Hermann Oncken der Tatsache »bewußt bleiben, daß sie [Bismarcks Außenpolitik] der äußersten Erprobung nicht unterworfen wurde«[98]. Zum einen ist es schwierig anzugeben, was mit dieser Finalität wohl gemeint sein kann. Zum anderen ist zu bedenken, daß die Umgehung solch »äußerster Erprobung« möglicherweise, sogar wahrscheinlicherweise gerade durch die von Bismarck gewählte Außenpolitik des Deutschen Reiches maßgeblich beeinflußt worden ist.

Angesichts der für sie charakteristischen Kennzeichen des Improvisierten, des Fragilen und des Vorläufigen, die niemand schärfer als der Reichskanzler selbst erkannt hat, wird mit Recht davon gesprochen, Bismarcks äußere Politik habe zunehmend einem »System der Aushilfen«[99] geglichen. Das beschreibt ihre Normalität, die, wenigstens zu einem guten Teil, der auswärtigen Politik jedes anderen Staates ebenso zu eigen ist. Auf diesem Weg jedenfalls ist es dem Reichsgründer gelungen, die beständige Gefährdung des Vorübergehenden, das seiner Schöpfung unverkennbar anhaftete, zu bannen; der verständliche Versuch der Wilhelministen dagegen, den ungenügenden Zustand des Episodischen dauerhaft aufzuheben, endete in vermehrter Gefahr.

Der abwertende Begriff von einem »System der Aushilfen«, das sich der Aufgabe zu unterziehen versäumt habe, zukunftweisende Alternativen zu entwickeln, kann leicht der Gefahr erliegen zu verkennen, daß solche Wahlchancen allesamt größere Affinität zum Krieg aufweisen als Bismarcks äußere Friedenspolitik. Tatsächlich gehörte der Reichskanzler zu den an Zahl stetig abnehmenden Repräsentanten einer Generation, die angesichts der ihnen noch lebendig vor Augen stehenden Schrecken der Kriege des 19. Jahrhunderts und angesichts des darin zum Vorschein gekommenen Zerstörungspotentials in den militärischen Auseinandersetzungen der Moderne von einer Entfesselung der Bellona auf jeden Fall mehr Schaden als Nutzen für das Deutsche Reich erwarteten.

Gar nicht zu übersehen ist allerdings, daß die Grenzen der äußeren Politik Bismarcks am Ende augenfälliger hervortraten als die ihr innewohnenden Chancen. Allein, diese Tatsache festzustellen, wirft umgehend die Frage auf, welche außenpolitische Alternative es zu diesem unfertigen System denn eigentlich gab und unter welchen innenpolitischen Vorzeichen sie realisiert werden konnte. Eine innere Parlamentarisierung, die dem Zug der Zeit in mancherlei Hinsicht entsprach, hätte die riskante Tendenz zur äußeren Expansion wohl eher gefördert als kontrolliert. Denn schon seit der Mitte des 19. Jahrhunderts galt, was im Zeitalter Bismarcks mächtig nach vorne drängte und für die wilhelminische Ära verbindlich blieb: »Auch die volkstümliche Bewegung also und gerade sie«, hat Franz Schnabel diesen zwischen Innen- und Außenpolitik oszillierenden Tatbestand einmal diagnostiziert, »mußte über Europa Unruhe und Krieg bringen, sobald sie frei sich auswirken konnte.«[100]

Ob eine vollständige Parlamentarisierung des deutschen Verfassungslebens, die mit einer Übernahme der Regierungsverantwortung durch die liberalen Kräfte einhergegangen wäre, solch rohen Trieb umgehend veredelt und vor zerstörerischem Wuchern zuverlässig bewahrt hätte, bleibt unbeweisbar, erscheint jedoch eher fragwürdig als wahrscheinlich. Denn das in diesem Zusammenhang gern angeführte Beispiel Gustav Stresemanns kann doch gar nicht übersehen lassen, daß seinem Wandel vom Saulus der Annexions- zum Paulus der Verständigungspolitik die elementare Erfahrung eines verlorenen Weltkrieges zugrundelag. Ob ohne diese ruinöse Probe, die Deutschlands Existenz in extremem Maße aufs Spiel gesetzt hatte, dieselbe maßvolle Einsichtsfähigkeit von einer Generation erwartet werden konnte, die den Krieg bislang nur als Sieg kennengelernt hatte und die das damit Erreichte allein als die Grundlage für den Aufbruch zu neuen Ufern anzusehen vermochte, die, ohne der Katastrophe jemals ins Auge gesehen zu haben, gleichsam im Zenit einer aufsteigenden Nation ans Ruder des Staatsschiffes gekommen wäre, erscheint mehr als unsicher.

Daß sie dagegen dem natürlichen Trieb ihres Expansions- und Prestigebedürfnisses gefolgt wäre, ist wahrscheinlicher als die hochgemute Annahme, daß parlamentarische Diskussion, wenn es denn über dieser Frage überhaupt zu einem prinzipiellen Dissens gekommen wäre, sie daran gehindert hätte. Daß der Konflikt mit anderen Großmächten Europas dadurch nur gefördert worden wäre, liegt gleichsam in der Notwendigkeit solcher Entwicklung eingeschlossen, deren Bedrohlichkeit nicht von der Hand zu weisen ist. Gewiß kennzeichnet den Parlamentarismus in späteren Zeiten eine vorwaltende Tendenz zur Friedfertigkeit; das darf allerdings nicht darüber hinwegsehen lassen, daß er in anderen Epochen durchaus einem anderen Bewegungsgesetz zu folgen bereit war.

Das auf außenpolitischem Feld verständliche Verlangen nach klaren Lösungen führte in den Dekaden nach 1890, ohne daß es dazu hätte kommen müssen, zu einer verhängnisvollen Blockbildung, die die Staatenwelt polarisierte: Das Handeln der Diplomaten konzentrierte sich am Ende stärker auf die Kultivierung der Bündnisse als auf die Bewahrung des Friedens. In gewisser Hinsicht gab es – und das markiert Stärke und Schwäche, Stabilität und Anfälligkeit deutscher Außenpolitik im Zeitalter Bismarcks – zum »System der Aushilfen« kaum eine Alternative. Im übrigen baut keine äußere Politik für die Ewigkeit und ist immer auf Aushilfen angewiesen. In Deutschland war diese Methode, weil das Reich der genügenden Eigenmacht und ausreichenden Unverwundbarkeit, beispielsweise im Vergleich mit England und Rußland, entbehrte, allerdings in ungewöhnlichem Maße ausgebildet.

Seine äußere Norm hatte, was bereits in anderem Zusammenhang hervorgetreten ist, in der selbstverordneten Bewegungslosigkeit zu liegen, während für alle anderen Großmächte sich auszudehnen als normal galt. Innen- und außenpolitische Kräfte von durchaus zeitgemäßer, zukunftverheißender Qualität, wenn auch mit letztlich nachteiligen, allerdings nicht auf den ersten Blick absehbaren Folgen, wurden daher während der Ära Bismarck coupiert oder eingedämmt, um den Status quo des Deutschen Reiches, seinen Bestand und seine Gestalt, zu sichern. Ausschließlich in diesem eingeschränkten, bedenklichen Sinne, der für weite Teile der Gesellschaft eine schmerzliche Entfremdung vom Staat mit sich brachte, bot der preußisch-deutsche Konstitutionalismus einem Staatsmann wie Bismarck auf außenpolitischem Feld »die besten Wirkungsmöglichkeiten«[101]. Hoch war der Preis, der entrichtet wurde, um Deutschland in direktem Widerspruch zur voraneilenden Zeit das eherne Gebot des unpopulären Immobilismus aufzuerlegen. Denn zu tun, was die übrigen Staaten in dieser Zeit taten: nämlich zu wachsen, erschien dem Reichsgründer, im Rückblick betrachtet nicht zu Unrecht, viel zu riskant.

War dieses »System der Aushilfen« durch Zukunftslosigkeit oder Entwicklungsfähigkeit gekennzeichnet? Die darauf von Fall zu Fall unterschiedlichen Antworten zeigen nur, was schon deutlich geworden sein mag: Die innere und äußere Staatsräson des Reiches, von Bismarck in ganz spezifischer, wenngleich zunehmend mühsam bewahrter Form zur Deckungsgleichheit gebracht, fielen nahezu unvereinbar auseinander. Denn eine Zunahme innerer Freiheit, die vielen erwünscht war, entfesselte aller Wahrscheinlichkeit nach gerade jene außenpolitische Unruhe, die es zu vermeiden galt. Außenpolitische Saturiertheit, die das nationalstaatliche Dasein sicherte, unter innenpolitisch erheblich gewandelten Bedingungen an den Tag zu legen, hätte vor allem für die deutsche Öffentlichkeit und eine liberale Parlamentsmehrheit einen Widerspruch in sich dargestellt. Denn sie verkörperten gleichsam programmatisch den innen- wie außenpolitischen Aufbruch zu neuen Grenzen.

In dieser Unverträglichkeit von innerer Freiheit und äußerem Frieden, die dem Bismarckreich, in einem gewissen Maße jedenfalls, zu eigen war, lag eine unverkennbare »Tragik« seiner Existenz begründet, über die Max Weber im Hinblick auf den Kanzler einmal bemerkt hat: »Ein Vierteljahrhundert stand an der Spitze Deutschlands der letzte und größte der Junker, und die Tragik, welche seiner staatsmännischen Laufbahn neben ihrer unvergleichlichen Größe anhaftete..., wird die Zukunft wohl darin finden, daß unter ihm das Werk seiner Hände, die Nation, der er die Einheit gab, langsam und unwiderstehlich ihre ökonomische Struktur veränderte und eine andere wurde, ein Volk, das andere Ordnungen fordern mußte, als solche, die er ihm geben und denen seine cäsarische Natur sich einfügen konnte.«[102] In der Tat: Jene »Ausgleichung«[103] des Unvereinbaren, die nach dem Eindruck Goethes das Tragische schwinden läßt, war dem Staate Bismarcks nur schwer oder gar nicht möglich.

Über die innenpolitischen Voraussetzungen der Geschichte hinaus waren es der inzwischen voll erwachte Großmachtinstinkt der Deutschen und die sich grundlegend wandelnde Konstellation der Staatenwelt, die ihre spezifischen Konsequenzen zeitigten: Sie förderten das Dasein eines nach allen Seiten hin unabhängigen deutschen Nationalstaates mittlerweile weniger, als seine Entstehung einst von der historischen Entwicklung begünstigt worden war. Ohne Zweifel war das, was Bismarck auf außenpolitischem Feld tat oder unterließ, im Sinne der Zeit rückwärtsgewandt, und das, was er damit abwehrte oder verdrängte, in dieser Perspektive fortschrittlich. Deutschlands äußere Politik hatte tatsächlich die Grenzen einer neuen Ära erreicht, in die sie nicht mehr so recht hineinzupassen schien und die zumindest ihre Zerbrechlichkeit schonungslos aufdeckte. Tatsächlich kam nunmehr eine neue »Weltanschauung« auf, »welche 1890 über die des Reichsgründers triumphierte«[104].

Daß eine sich im Internationalen und Innenpolitischen rapide umgestaltende Zeit nach zügiger Veränderung verlangte und auf das säkular Endgültige zielte, blieb Otto von Bismarck, der die Beständigkeit des Provisorischen dem Zweifelhaften des Definitiven vorzog, zutiefst fremd. Daß der Reichskanzler stets aufs Ganze der Gegenwart ergeben war und das Kommende im allgemeinen eher als nachgeordnet einschätzte, beschreibt gleichzeitig das zentrale Merkmal seiner äußeren Politik. In ihrer existenzsichernden Zukunftslosigkeit finden sich Chance und Grenze, Nutzen und Nachteil seines Handelns in kaum voneinander zu trennender Legierung miteinander verbunden: »In der inneren Politik«, urteilte der konservative Diplomat von Schweinitz, der Bismarck ebenso wohlgesonnen war, wie er ihm gegenüber genügend unvoreingenommen blieb, »hatte er ähnliche Mittel wie in der äußeren angewendet; wie in dieser die Kabinette, so mußten in jener die Parteien seinen Zwecken dienen; er gewann sie oder schüchterte sie ein, benutzte die einen gegen die anderen, zog sie heran, stieß sie ab und setzte stets zur Erreichung des momentan angestrebten Zieles, auch wenn es kein sehr hohes war, alle Kräfte ein; wenn es der Vernichtung eines persönlichen Feindes, der Beseitigung hemmender Einflüsse oder einem hochpolitischen, ökonomischen oder soziologischen Zwecke galt, einer Staatsaktion oder einer kleinlichen Hofintrige, immer war Bismarck bereit, alles in die Schanze zu schlagen, seine Person, seine Stellung, die heiligsten Prinzipien, die Würde der Monarchie und die Wohlfahrt des Vaterlandes. Hierdurch und dank der wunderbaren Vereinigung von Vorsicht und rücksichtsloser Kühnheit, die ihn bis noch vor kurzem vor allen Staatsmännern auszeichnete, hat Bismarck während zwanzig, ja fast fünfundzwanzig Jahren fast immer seinen Willen durchgesetzt.«[105]

Woran es dem ganz dem Augenblicke Ergebenen mangelte, war – von den im einzelnen bekannten Fehlern oder Versäumnissen seiner äußeren Politik abgesehen, sondern vielmehr im Grundsätzlichen betrachtet – vor allem »die Einsicht, daß es in einer so verworrenen Welt Aufgaben gibt, die weit über den Staat hinausgehen, und daß es dringend notwendig wurde, den Staat auf seinen ursprünglichen Zweck zurückzuführen, nämlich das Gute, das Rechte, die höhere Ordnung verwirklichen zu helfen. Er blieb dabei, daß die Aufgabe des Staatsmannes sich darin erschöpfe, den Staat zur Entfaltung zu bringen. Ob es Staatslenker gegeben hat, die weiter blickten, steht dahin. Aber er war nun einmal der erste Mann seiner Zeit geworden; von ihm hing der weitere Verlauf wesentlich ab. In der Geschichte jedoch behaupten sich nur jene Mächte, die sich weltgeschichtlichen Zielen widmen. Und es ist der einzige Maßstab, nach dem Völker und Kulturen gemessen und unterschieden werden können, ob in ihnen ein Glaube lebte an eine höhere Weltordnung.«[106]

Es liegt auf der Hand, daß dieses gravierende Manko eines wahren Künstlers der nüchternen Zweckmäßigkeit, der das Ideelle gewiß eher geringschätzte als verehrte, den unaufschiebbaren Erfordernissen des Alltäglichen gerade vorteilhaft diente. Der darin eingebettete Mangel seiner Persönlichkeit aber übertrug sich in gewisser Hinsicht auf sein Werk. Daher blieb es zukünftigen Generationen in Staat und Gesellschaft vorbehalten, das anfangs noch arg Unfertige der Reichsgründung im letztlich doch Bleibenden der Nation aufgehen zu lassen.

Weit über Bismarck hinaus hat das grundlegende Problem der ideellen Armut die Geschichte der »europäischen Großmacht Deutsches Reich«[107] begleitet. Zwar bemächtigte sich der Deutschen im dramatischen Verlauf einer nicht gerade langlebigen Entwicklung hin und wieder sogar das betörende Gefühl, einer historischen Mission zu dienen, ohne daß sie tatsächlich eine ostensible Idee dieses geschichtlichen Auftrags besäßen, zumindest keine solche, die sich mit der Wertewelt des Westens oder des Ostens, mit Parlamentarismus und Demokratie auf der einen, mit Panslawismus und Kommunismus auf der anderen Seite zu messen imstande war. Doch es hieße einen Menschen zu überfordern, lastete man ihm, neben allem Geleisteten, noch an, dieser erlesenen Aufgabe nicht genügt zu haben, die Ranke in seiner Auseinandersetzung mit der Französischen Revolution so postulierte: »Ein großes Volk, sowie ein selbständiger Staat, werden nicht allein daran erkannt, daß es seine Feinde von den Grenzen abzuwehren wisse. Die Bedingung seiner Existenz ist, daß er dem menschlichen Geiste einen neuen Ausdruck verschaffe, ihn in neuen, eigenen Formen anspreche und ihn neu offenbare. Das ist sein Auftrag von Gott.«[108] Seine nicht selten gefährdete Schöpfung gleichsam gegen die Zeit gerettet zu haben, ist Otto von Bismarck, der damit dem Nutzen Europas gedient hat, zwar durchaus gelungen; ihr für die Zukunft bleibenden Sinn verliehen zu haben, ohne den die Welt nicht mehr auszukommen vermochte, ist ihm dagegen verwehrt geblieben.

Da seine äußere Politik für das Überleben Deutschlands und den Frieden Europas von zentralem Belang war, hinterließ »der große Mann« in einem sehr doppeldeutigen Sinne des Wortes von Hermann Baumgarten tatsächlich »eine große Not«[109]. Sie kam den europäischen Nachbarn der Deutschen rascher zu Bewußtsein als diesen selbst. Im Gegenteil: Im Reich herrschte offene Erleichterung darüber, daß die viel beklagte Zeit des inneren und äußeren Stillstandes nun endlich vorbei war. Erst sehr spät dämmerte die Einsicht, wonach man den Wert einer überragenden Persönlichkeit kaum bemerkt, »wenn sie gegenwärtig ist«, und ihres Verlustes erst dann inne wird, »wenn die Stelle leer ist, die sie einnahm«[110].

Über Bismarcks Außenpolitik und das deutsche Beispiel einer besonders stark ausgebildeten Unvereinbarkeit zwischen innerer und äußerer Staatsräson hinaus erhebt sich aber die grundsätzliche Frage, ob die im Geburtsjahr des Reichsgründers 1815 eingerichtete Gleichgewichtsordnung Europas überhaupt noch auf längere Zeit zu überleben imstande war. Bis zum Jahre 1890 erfüllte das »System der Aushilfen«, dessen Alternative eher im alles ruinierenden Krieg als im dauerhaft stabilisierten Frieden lag, seinen Zweck, den *casus belli* zu bannen. Ihre aus den unheilvollen Erfahrungen des noch andauernden Jahrhunderts gespeiste Neigung, den Frieden als das kostbarste Gut zu hegen, ließ eine jetzt allmählich abtretende Generation hingebungsvoll am Bestehenden festhalten.

Repräsentanten und Völker einer neuen Epoche, die solchen historischen Erfahrungen inzwischen ferner waren, sahen dagegen in der Politik des Status quo, weil sie nicht zuletzt um den Preis innerer Freiheit und nationaler Entfaltung erkauft wurde, eher das Nachteilige. So unverzichtbar für Bismarck der Erhalt des Friedens war, so unvermeidbar erschien seinen Nachfolgern die Gewißheit des zukünftigen Krieges. Daher trieben sie, weil alles in der Geschichte seine Zeit hat, verständlicherweise eine andere Politik. Daß sie letztlich fatale Folgen zeitigte, hatte auf gar keinen Fall mit irgendeiner historischen Notwendigkeit zu tun, sondern war vielmehr durch Entscheidungen Verantwortlicher bedingt. Inwieweit aber die äußere Politik Deutschlands die leidige Ausnahme vom allgemeinen Zusammenhang oder sein krasses Symptom darstellte, stand unbeantwortet im Raum, als das wilhelminische Reich im Banne des Prestiges einen »Neuen Kurs« einschlug.

Im Banne des Prestiges:
Das wilhelminische Reich
1890–1918

»Mitteleuropa« zwischen England und Rußland: »Neuer Kurs« ohne festes Ziel (1890–1897)

Zeitenwandel

»Das Amt des wachhabenden Offiziers auf dem Staatsschiff ist mir zugefallen. *Der Kurs bleibt der alte, und nun Volldampf voraus!*«[1] Mit dieser telegraphischen Äußerung vom 22. März 1890 richtete der junge Kaiser Wilhelm II. den Blick in eine Zukunft, in der er seine Untertanen »herrlichen Tagen«[2] entgegenzuführen versprach. Freilich blieb »der Kurs« beileibe nicht »der alte«; vielmehr ging es mit »Volldampf« auf den »Neuen Kurs« der wilhelminischen Ära. Insofern markiert der Abgang Bismarcks im März 1890 eine tiefe Zäsur in der deutschen und europäischen Geschichte. Diese Feststellung zu treffen soll nicht die Spuren verwischen, die aus der nun anbrechenden Zeit in die vergangene Epoche zurückreichen, ja sogar unmittelbar in der Politik des Reichsgründers aufzufinden sind.

Ohne Zweifel waren sie für eine Entwicklung mitverantwortlich, die zum Verhängnisvollen führte. Allerdings ist über den Strängen historischer Kontinuität nicht die spezifische Differenz der Jahrzehnte vor und nach 1890 zu verkennen. Was unter Bismarck an gleichsam wilhelminischen Tendenzen vorhanden war, wurde an den Rand gedrängt, ohne ins Zentrum zu gelangen, wurde rigoros unterdrückt und nicht überschwenglich gefördert. Nur so rettete der Kanzler sein Werk und sich selbst gegen die mächtigen, ausgesprochen aggressiven Strömungen eines heraufziehenden Zeitalters, die sein Amtsverständnis, als »Schildwache des europäischen Friedens«[3] zu fungieren, mehr und mehr erschwerten.

Europa war mittlerweile in die Epoche des Imperialismus eingetreten, und die großen Mächte wetteiferten um den Besitz der letzten noch freien Gebiete auf dem Erdball. Der Globus wurde zum Beuteobjekt der weißen Menschheit, der sich bald schon das landhungrige Japan beigesellte. In weltweitem Maßstab setzte, ohne den zwar oftmals übertretenen, aber immerhin als gültig empfundenen Regeln der europäischen Staatenwelt noch irgendeine Beachtung zu schenken, eine Völkerrivalität von bislang nicht gekanntem Ausmaß ein. Aus Angst, zu spät oder zu kurz zu kommen, verfielen die imperialistischen Konkurrenten in einen Prestigetaumel und Raumwahn ohne Beispiel. Bis zur Herrschaft über die Welt wurde Europas Macht jetzt gesteigert und rief doch gleichzeitig bereits jene langwirkenden Gegenkräfte hervor, die zur künftigen Ohnmacht des alten Kontinents im Verlauf des 20. Jahrhunderts erheblich beitragen sollten.

Die äußere und internationale Politik unterlagen einem Wandel ihrer Form und Gestalt. Immer maßgeblicher wirkten wirtschaftliche Faktoren auf den politischen Zusammenhang ein. Die Einflußnahme der Öffentlichkeit auf das Handeln der Kabinette nahm beständig zu. In bedrohlichem Maße drangen die Argumente des »Kriegshandwerks« in die Kalkulationen der »Staatskunst« ein. Äußere Expansion und militärische Rüstung übten innenpolitische Wirkung auf die einem tiefgehenden Wandel unterworfenen Gesellschaften aus. Das Verständnis vom Sinn der Bündnisse änderte sich, zumindest was die deutsche Außenpolitik angeht, von Grund auf: Hatten sie bislang bevorzugt dazu gedient, Kriege möglichst überflüssig zu machen, wurden sie nun mit der Absicht geschlossen, militärische Auseinandersetzungen siegreich zu bestehen. Fatal machte sich schließlich das Gefühl von der Unausweichlichkeit des großen Krieges breit,' das wie ein übermenschliches Schicksal bleischwer auf dem Tun der Verantwortlichen lagerte. Die spannungsreiche Zusammengehörigkeit des überlieferten Ideenbestandes von *imperium* und *libertas* zerfiel vollends: »Macht und Herrschaft« zogen die Völker ungleich mehr an als »Freiheit und Unabhängigkeit«[4], zumal der selbstgewisse Glaube dominierte, die emanzipatorischen Werte ließen sich gerade in den autoritativen Zielen am besten verwirklichen.

Von der allgemeinen Bewegung der neuen Zeit wurde auch das spät in den Kreis der Nationalstaaten getretene Deutschland voll ergriffen. Die rasante Stetigkeit seiner wirtschaftlichen Entwicklung war es vor allem, die der bislang praktizierten Saturiertheit des Reiches diametral entgegenwirkte. Ungeachtet der allgemeinen Depression, die das Wirtschaftsleben noch bis in die Mitte der neunziger Jahre belastete, wurden vom Beginn des vorhergehenden Jahrzehnts an erneut ökonomisches Wachstum und zunehmende Investitionstätigkeit verzeichnet. Das staatliche Gehäuse des Bismarckreiches wurde in der Caprivi- und Hohenlohe-Zeit immer enger. Es geriet aus den Fugen und wandelte sich parallel mit der Entwicklung Deutschlands vom Agrar- zum Industriestaat, die sich in den Jahren der Kanzlerschaft Hohenlohes endgültig vollzog, grundlegend.

Die innen- und außenpolitischen Folgen dieses säkularen Vorgangs stimmten die Mehrheit der Zeitgenossen optimistisch, trat doch endlich an die Stelle innerer Entzweiung Versöhnung und an die Stelle äußeren Stillstandes Bewegung. Im Reich breitete sich ein Gefühl der Zuversicht aus und löste die eher gedrückten Empfindungen der zurückliegenden Ära Bismarck ab. Die Entscheidung, sich vom paternalistischen Staat der Vergangenheit zu verabschieden und die industrielle Massengesellschaft der Zukunft zu fördern, ging mit einer sichtbaren Verbesserung der Lebensbedingungen aller Klassen einher.

Der allgemeine Wandel ließ die politische Haltung der Deutschen nicht unberührt: Sie legten das Gefühl ab, stets die Gefährdetheit ihres Nationalstaates vor Augen haben zu müssen. Bald schon sahen sie sich als ein zu Besonderem auserkorenes Volk, das für die Zukunft große – wie man zeitgenössisch nicht erkannte: zu große und vor allem zu vage – Erwartungen hegte. Eine wachsende Politisierung des Gesellschaftlichen und eine ansteigende Vergesellschaftung des Staatlichen verschärften, insbesondere durch den damit verbundenen Druck mächtiger Interessenorganisationen – anfangs der Agrarier und der Industriellen, dann auch des Handels und des Gewerbes – auf die gouvernementale Sphäre, die ungeduldige Forderung nach innerer Teilhabe und äußerem Erfolg. Ohne auch nur im entferntesten ein Robert Peel zu werden, wie auf freisinniger Seite erwartungsvoll gehofft wurde, versuchte Reichskanzler Caprivi den gewandelten Zeiten im Rahmen des Möglichen entgegenzukommen: »Wir müssen«, konstatierte er einsichtig, »auf die öffentliche Meinung viel mehr Rücksicht nehmen als zu Fürst Bismarcks Zeit«[5].

Gewiß erhielt mancher der allgemeinen Epochenzüge durch die bizarre Persönlichkeit des deutschen Kaisers eine Wendung ins abstoßend Extreme. Dennoch war gar nicht zu übersehen, daß starke Tendenzen der Entwicklung insgesamt und das Kaisertum Wilhelms II. im besonderen »eine integrative Kraft von erstaunlicher Wirksamkeit«[6] entwickelten. Über die etatistische Gründung »von oben« hinaus erhielt der neue Staat jetzt, deutlich sichtbarer als zuvor, seine nationale Fundierung. Ungeachtet der giftigen Früchte, die das emporschießende Gewächs des neuen Nationalismus trieb und die auf der einen Seite für die Signatur der imperialistischen Epoche so charakteristisch waren, wie sie auf der anderen Seite für den Bestand der deutschen Großmacht auf Dauer Probleme schufen, förderte das stolz aufkeimende Empfinden von der überlegenen Unverwechselbarkeit der eigenen Existenz erst einmal die erforderliche Integration der immer noch nicht vollendeten Nation. Aus dem Alten und Überlieferten bildete sich Neues und Zukunftweisendes; im Reich der Fürsten gewann die Nation der Deutschen ihre Gestalt und Kraft, dauerhaften Bestand und vielversprechenden Auftrieb.

Deutschland blühte unverkennbar auf, von der schweren Last des alten Kanzlers glücklich befreit und vom beflügelnden Aktionsdrang des jungen Kaisers schwungvoll geführt, der für das Zeitgemäße einer industriellen Gesellschaft durchaus Instinkt bewies, der ihren Erfordernissen, bis zu einem gewissen Maße zumindest, entsprach und der ihnen dann, aufs Ganze jedenfalls, doch entgegenhandelte. Wichtig war, daß die inneren Spannungen – sicherlich zeitweise, alles in allem auch der Tendenz nach – gegenüber der Vergangenheit abnahmen. Im übrigen litt Deutschland weit weniger unter innenpolitischen Beschwernissen als andere Staaten Europas, die elementare Gefährdungen zu bestehen hatten: Sie kamen in der französischen Dreyfus-Affäre zum Ausbruch, erschütterten das Zarenreich in der Winterrevolution und lähmten die Donaumonarchie im Nationalitätenkampf.

Von solch ernsten Spannungen verschont, alles andere als innerlich krank und auf keinen Fall vom Todeskeim gezeichnet, stand das junge Reich gesund und tatenfroh da. Ja, es schäumte vor Vitalität und Kraft gleichsam über, streifte die ihm schon lange lästigen, wenngleich rückblickend notwendigen Fesseln eines tatsächlich überalterten Regiments endlich ab und spähte neugierig nach neuen Ufern aus. Daß der ersehnte Aufbruch dem übermütigen Tun des jungen Ikarus gleichen sollte, ahnte damals kaum jemand unter denen, die der strengen Herrschaft des alten Dädalus längst überdrüssig waren. Schon bald geriet das stolze »Schiff ohne Kompaß«, weil ein festes Ziel seiner stürmischen Fahrt nicht auszumachen war, in außenpolitisch gefährliches Fahrwasser. Jedes der immer wieder und immer riskanter unternommenen Wendemanöver endete letztlich in neuer Ausweglosigkeit, die nach geraumer Zeit in ein Gefühl der Vereinsamung und am Ende sogar der Angst einmündete. Doch diese Perspektiven des Zukünftigen anzudeuten, greift der Entwicklung deutscher Außenpolitik weit voraus.

Die bürgerlichen Kräfte, die durch den wirtschaftlichen und gesellschaftlichen Wandel der Zeit beständig an Einfluß zunahmen, teilten im Sinne einer seit 1848 andauernden Tradition ohne jede Einschränkung das, was Max Weber in seiner Freiburger Antrittsvorlesung vom Jahre 1895 programmatisch forderte. Weil es in seiner Zeitbefangenheit so ungemein repräsentativ erscheint, ist es danach immer wieder angeführt worden: »Wir müssen begreifen, daß die Einigung Deutschlands ein Jugendstreich war, den die Nation auf ihre alten Tage beging und seiner Kostspieligkeit halber besser unterlassen hätte, wenn sie der Abschluß und nicht der Ausgangspunkt einer deutschen Weltmachtpolitik sein sollte.«[7]

Ging es während der Regierungszeit des neuen Reichskanzlers Caprivi in erster Linie noch nicht um Weltmacht-, sondern um Kontinentalpolitik, so änderte sich doch von Grund auf die Art und Weise, wie diese von nun an geführt wurde. In der Wilhelmstraße war nicht mehr länger wie zu Zeiten Bismarcks allein der Kanzler entscheidend, vielmehr verteilte sich diese Kompetenz auf verschiedene Persönlichkeiten, die zuweilen sogar gegeneinander handelten, noch häufiger aneinander vorbei agierten und nur selten miteinander kooperierten.

Auch dieser Befund entsprach, jedenfalls bis zu einem gewissen Grade, einer allgemeinen Entwicklung in allen Staaten Europas. Mit dem Abgang Bismarcks, durch diesen weniger hervorgerufen als sichtbar geworden, entstand ein Vakuum, nicht nur in Deutschland, sondern im Europa der Großmächte überhaupt. Weit über das persönliche Schicksal des alten Kanzlers hinaus wurde dem hervortretenden Zug der Zeit nach die Staatsklugheit der wenigen durch die Leidenschaft der vielen immer häufiger überrollt. Die Macht schien sich zu verflüchtigen und der Kontrolle der Staatsmänner zu entgleiten. Das Regieren wurde zunehmend komplizierter, und als Folge davon stellte sich ein »Politikverlust« ein, dessen Wirkungen Lord Salisbury am Neujahrstag 1895 ebenso zutreffend wie ratlos umschrieb: »Regierungen können heute so wenig bewirken und so wenig verhindern. Die Macht ist den Händen der Staatsmänner entglitten, aber ich wäre überfordert zu sagen, in welche Hände sie gegangen ist. Alles ist ins Gleiten geraten, indem wir uns stromabwärts bewegen, können wir gelegentlich Zusammenstöße verhindern; aber wohin gehen wir eigentlich?«[8]

Die ziellose Entwicklung fand in Deutschland zu verstärkter Ausprägung, weil die Integration des Politischen unter dem Mangel eines nur unzureichend ausgebildeten Parlamentarismus litt. Zudem war an die Stelle des über Nacht nicht mehr besetzten Machtzentrums in der Wilhelmstraße ein unerfahrener Monarch getreten, der seiner Aufgabe, das Auseinanderstrebende zusammenzufügen, nicht gewachsen war und der den Kanzlern, sofern sie dazu in der Lage waren, diese Aufgabe zu erledigen unmöglich machte. Neben Caprivi und dem neuen Staatssekretär des Äußeren, Marschall von Bieberstein, der auf außenpolitischem Gebiet ein unbeschriebenes Blatt war, gewann daher vor allem der unbestrittene Experte innerhalb der Behörde, Friedrich von Holstein, spürbar an Einfluß. Der ebenso scharfsinnige wie überspannte Fachmann, durchaus realistisch und zugleich merkwürdig sentimental, avancierte zwar nicht zum alles bewegenden Drahtzieher hinter den Kulissen, aber immerhin: Weil er über ein Konzept verfügte, das er in Opposition zu Bismarck seit Jahren ausgebildet hatte, hörte man jetzt auf ihn.

Die fehlende Homogenität deutscher Außenpolitik, deren unterschiedliche Richtungen und voneinander abweichende Auffassungen ohne geordnete Harmonie nebeneinander existierten, fand in der schillernden Persönlichkeit Wilhelms II. ihre geradezu verhängnisvoll typische Verkörperung, zumal sein sprunghafter Zickzackkurs zeitweise eine Kraft *sui generis* in der Diplomatie des Reiches darstellte. Dieser unvorteilhafte Zustand begünstigte wild wuchernde Entwicklungen auf einem lebenswichtigen, aber auch lebensgefährlichen Terrain, auf dem bislang die Stetigkeit der deutschen Außenpolitik Europa den Frieden gesichert hatte. Beschleunigt wurde eine schicksalhaft anmutende Tendenz, die wie blind dahin zu drängen schien, daß sich die überschießenden Energien des Reiches nicht mehr länger neutralisieren ließen: Die Zeit Bismarcks, die zuletzt in manchem ihrer grundlegenden Züge derjenigen Metternichs geglichen hatte, war definitiv zu Ende!

Was änderte sich, im Grundsätzlichen betrachtet, beim Übergang von der Ära Bismarck in das wilhelminische Zeitalter? Nach dem Einschnitt des Jahres 1890 wurde die gezähmte Macht von ihren überflüssig erscheinenden Bindungen befreit. Die ältere Generation hatte die Reichsgründung als einen Glücksfall empfunden, der, spät gewährt, Deutschlands Geschichte im Nationalstaat vollendet hatte. Doch ihre Nachkommen empfanden ebendieses Geschenk als etwas Unzureichendes. Wie eine zwanghafte Verpflichtung sahen sie es als ihre historische Aufgabe an, über das Ererbte hinaus nach Ehrgeizigerem zu streben. Es waren nicht mehr länger Österreich-Ungarn und Frankreich, die ihnen, wie vordem, zum Vergleich für Deutschlands Möglichkeiten und sein Handeln dienten. Zukünftig zu messen gedachte man sich vielmehr an Großbritannien, an Rußland und an den Vereinigten Staaten von Amerika.

Bismarck hatte die Kraft, über die der deutsche »Riese im Herzen Europas«[9] nicht zuletzt in militärischer und in wirtschaftlicher Hinsicht verfügte, beschränkt, um sie mit dem europäischen Status quo in Einklang zu bringen; die neue Generation aber wollte gerade diesen Status quo ändern, um ihn der deutschen Macht anzupassen. Bismarck schätzte den Erhalt des Bestehenden in nationaler, gesellschaftlicher und internationaler Perspektive als Bedingung für die Bewahrung des Deutschen Reiches ein; seine Nachfolger erblickten in solch freiwilliger Begrenzung nur mehr eine hinderliche Belastung. Auf innen- und außenpolitischem Feld wurden jetzt die Fesseln gelöst: Eine gewisse Konzessionsbereitschaft im Inneren, nicht zuletzt gegenüber dem Vierten Stand, ging einher mit einem tiefgreifenden Wandel der äußeren Verhältnisse.

Die lange bewährte Politik des Reichskanzlers hatte sich am Ende fast nur noch in Reaktion erschöpft; der »Neue Kurs« der wilhelminischen Ära setzte dagegen auf Aktion. Bismarcks Strategie der Saturiertheit hatte in erklärtem Gegensatz zur allgemeinen Stimmung der Deutschen gestanden. Von den höheren Ständen bis in die unteren Klassen herrschte das aus verschiedenartigen Motiven gespeiste Gefühl vor, daß sein um fast jeden Preis moderates Handeln der wirtschaftlichen Entwicklung, den gesellschaftlichen Bedürfnissen und der öffentlichen Meinung kaum entsprach. Die neue Politik einer unermüdlichen Rührigkeit lebte damit viel eher in Übereinstimmung.

Daß den Deutschen unter Umständen verwehrt sein mochte, was als normal galt, nämlich dem neuerwachten Großmachttrieb zu folgen, war inzwischen an den Rand des allgemeinen Bewußtseins geraten. Daß die große Chance, die späte Existenz als Nationalstaat zu bewahren, in der entsagungsvollen Pflege des Bestehenden liegen konnte, war kaum mehr vorstellbar und befand sich in nationaler wie in internationaler Perspektive in eklatantem Widerspruch zu den herrschenden Ideen der Zeit. Daß die Normalität seines Daseins im Außergewöhnlichen solcher Abstinenz liegen sollte, war nicht mehr recht begreifbar für ein Volk, das auf jedem Gebiet seiner ökonomischen und kulturellen, seiner militärischen und politischen Entwicklung einen zukunftsfrohen, steilen Aufstieg nahm: Ruhmessehnsucht und Tatendurst traten an die Stelle von Nüchternheit und Bescheidung; nicht das Besinnen aufs Vertraute, sondern die Lust aufs Neue wurde zum Bewegungsgesetz der Nation und verdrängte die überlieferte Räson des Staates.

Was im Rückblick auf den Weg des Reiches zwischen seiner Gründung und seinem Untergang in eher negativem Licht erscheint, nahm sich vor dem offenen Horizont der noch ungewissen Zukunft für die Zeitgenossen ganz anders aus. Von den beengenden Zwängen der überkommenen Sicherheits- und Friedenspolitik sowie von ihren innenpolitischen Begleitumständen und Folgen endlich befreit, entwickelte sich Deutschland erst einmal kühn und stürmisch, in gewisser Hinsicht auch stabil und dauerhaft zum Nationalstaat. Es war ein und dieselbe Entwicklung, die ebenso unübersehbar Keime zum Untergang des Reiches als Groß- bzw. Weltmacht in sich trug, wie sie gleichzeitig seine Vollendung zur Nation beförderte: Als Idee und Wirklichkeit überdauerte ihre zeitgemäße Existenz am Ende den Begriff und Gedanken vom Reich, das an der würdevoll überlebten Unzeitgemäßheit seiner gefährlich unbestimmten Gestalt litt. Im Sinne einer so widersprüchlich zusammengesetzten Mischung aus Elementen des Alten und Neuen diagnostizierte Theodor Fontane, mitten im Zeitenwandel dieser Jahre, in der Persönlichkeit und Politik Kaiser Wilhelms II. das Typische des allgemeinen Vorgangs: »Was mir an dem Kaiser gefällt, ist der totale Bruch mit dem Alten, und was mir an dem Kaiser *nicht* gefällt, ist das im Widerspruch dazu stehende Wiederherstellenwollen des Uralten.«[10] Langwierig, kostspielig, ja blutig gestaltete sich der geschichtliche Zerfall dieser unverträglichen Gemengelage; am Ende blieb ein Resultat, das sich alles in allem eher unbeabsichtigt als gezielt einstellte. Im Spannungsfeld von »Weltbürgertum und Nationalstaat« war es, an seinen Opfern gemessen, gewiß kaum vertretbar und behauptete sich schließlich dennoch: Der uralte Traum vom Reich verging; die traditionelle Gestalt des Staates wandelte sich; das moderne Phänomen der Nation hatte in geläuterter Form Bestand.

Erst einmal verlieh das verwirrende Nebeneinander von Vergangenheit und Zukunft der neuen Entwicklung eine fast explosive Schubkraft. Im außenpolitischen Feld führte sie, unter der wilhelminischen Tünche von »viel Blendwerk und wenig Substanz«[11], anfangs noch verdeckt, zu problematischer Richtungslosigkeit. Ihre unheilvolle Existenz hatte auch damit zu tun, daß Fehleinschätzungen der internationalen Lage Entscheidungen begünstigten, die in langfristiger Perspektive negative Folgen zeitigten. Was die beiden markanten Weichenstellungen des Jahres 1890 anging, handelte es sich beide Male um eine Nichtverlängerung: innenpolitisch um die der Sozialistenverfolgung, was sich auf Gesellschaft und Nation vorteilhaft auswirkte; außenpolitisch um die des Rückversicherungsvertrages, was die Zukunft Deutschlands und Europas nachteilig belastete.

Ohne russische Rückversicherung

Die Lage des neu ins Amt gekommenen Reichskanzlers Caprivi »war tatsächlich kompliziert«[12]. Umgehend hatte er eine Entscheidung zu treffen, deren Ausmaß er damals kaum in vollem Umfang übersehen hat. Zufällig fielen Bismarcks Entlassung und das Ende des deutsch-russischen Rückversicherungsvertrages zeitlich zusammen. Doch schon am Ausgang des Jahres 1889 war im Zarenreich der Entschluß bekräftigt worden, für den Außenminister Giers den zögernden Herrscher gewonnen hatte: Rußland wollte das Abkommen mit Deutschland erneuern und widerstand der Verlockung eines Bündnisses mit Frankreich. Seit dem 10. Februar 1890 war der alte Reichskanzler über diese Absicht der Russen im Bilde.

Als der Botschafter des Zaren endlich am 17. März mit dem förmlichen Verlängerungsangebot vorstellig wurde, wollte Sankt Petersburg auf die problematischen Vorzüge des »ganz geheimen Zusatzabkommens« verzichten. Giers fiel es sogar ausgesprochen leicht, von diesen unübersichtlichen Vereinbarungen abzulassen. Denn sie schienen ihm lediglich geeignet zu sein, sein Land mit eben zu vermeidender Unausweichlichkeit in die osmanische Sackgasse zu treiben. Gegenwärtig aber überragten Rußlands ostasiatische Interessen sein Verlangen nach Konstantinopel, so daß auf deutsche Hilfe an den Meerengen bereitwillig verzichtet werden konnte.

Einen Tag nachdem Botschafter Schuwalow die Angelegenheit der Vertragsprolongierung vorgetragen hatte, mußte Otto von Bismarck die Wilhelmstraße verlassen. Sein Sohn Herbert versuchte den unzutreffenden Eindruck zu erwecken, als verbände der Zar die Erneuerung des Rückversicherungsvertrages mit der Person des Reichskanzlers. Das war keineswegs so. Als Wilhelm II. dem russischen Botschafter in der Nacht zum 21. März seinen Willen zur Verlängerung bekundete, schien alles geregelt zu sein. Mit verhaltener Genugtuung nahm der russische Herrscher diese Nachricht aus Berlin auf. Besseres habe man nicht erwarten können, lautete sein vorläufig zufriedener Kommentar, der freilich den skeptischen Vorbehalt machte abzuwarten, ob den Worten die Taten folgen würden.

Diese fielen keineswegs im erwarteten Sinne aus! Die Entscheidung darüber wurde in Berlin am 23. und am 27. März 1890 getroffen. Der neue Reichskanzler Caprivi fühlte sich von der außerordentlichen Kompliziertheit des Bismarckschen Systems schlicht überfordert. Auf die entscheidende Frage, wie er sich zum Rückversicherungsvertrag stelle, antwortete er mit entwaffnender Ehrlichkeit, er könne nicht »mit fünf Glaskugeln spielen, er könne nur zwei Glaskugeln gleichzeitig halten«[13]. Einer anderen Art der Gedankenbildung als Bismarck verpflichtet, der die Widersprüchlichkeit des Vereinbarten als Garantie für den Frieden bewertete, wollte der neue Mann überschaubare Fronten schaffen, die sich in dem sicher erwarteten Krieg der Zukunft als tauglich erweisen würden.

Mehr noch: Es ging nicht allein darum, die verwirrende Bündnisformation zu vereinfachen, sondern sie darüber hinaus mit dem Volkswillen in Übereinstimmung zu bringen: »Was sind denn Bündnisse heutzutage überhaupt wert«, äußerte sich Caprivi über den Nutzen von Allianzen, »wenn sie nicht auf Interessengemeinschaft gegründet sind? Seit die Nationen, ihre Interessen und Stimmungen, in einer so viel wesentlicheren Art, als etwa im siebenjährigen Kriege an Krieg und Frieden beteiligt sind, reduziert sich der Wert einer Allianz von Regierung zu Regierung erheblich, wenn das Bündnis nicht die Stütze in der öffentlichen Meinung findet. Ob diese in Deutschland dahinzubringen wäre, ihr Heil in unverbrüchlichem Festhalten an Rußland zu suchen, ist sehr die Frage; daß aber die öffentliche Meinung in Rußland uns nicht als gleichberechtigten Bundesgenossen akzeptieren würde, ist fraglos. Ob Herr von Giers oder wer sonst die Geschäfte in Rußland leitet, keiner kann uns die Sicherheit geben, daß unser Bündnis mit Rußland nicht im gegebenen Augenblick durch den Druck der Massen gesprengt wird.«[14] In diesem Sinne mag das ansonsten höchst anfechtbare Urteil eines Zeitgenossen gewisses Verständnis finden, wenn es auch unter dem Aspekt der zukünftigen Konsequenzen keinerlei Berechtigung beanspruchen kann: »Der Verzicht [auf die Verlängerung des Rückversicherungsvertrages] war ein Fehler, wenn Bismarck blieb, er war eine Notwendigkeit, wenn er ging.«[15]

Am 23. März wurde Caprivis Zögern von Unterstaatssekretär Berchem sowie von den Vortragenden Räten Holstein und Raschdau ausschlaggebend bestärkt. Das gegenüber der Außenpolitik Bismarcks oppositionelle Konzept setzte sich durch: Die Verlängerung des Rückversicherungsvertrages wurde abgelehnt! Irrigerweise ging man davon aus, der Vertrag begünstige Rußland mehr als Deutschland. Vor allem sei er mit dem Zweibund, mit dem Dreibund und mit der rumänischen Verpflichtung nicht vereinbar. Gegenüber Österreich-Ungarn wirke er unaufrichtig, England halte er von einer Annäherung an den Dreibund ab, und Rußland verleihe er zuviel Macht über Deutschlands Außenpolitik, vor allem über sein Bündnis mit der Habsburgermonarchie. Zudem werde eine russisch-französische Annäherung, wie sich während der zurückliegenden Jahre nur allzu deutlich gezeigt habe, durch die geheime Verbindung mit Sankt Petersburg sowieso nicht verhindert.

Vier Tage darauf gelang es, den Kaiser umzustimmen, der sich nicht eben tief auf die komplizierte Materie eingelassen hatte. Inzwischen war der neue Staatssekretär Marschall ebenfalls auf die Seite der nunmehr regierenden Fronde getreten. Ohne in den Dingen sehr gut bewandert zu sein, drohte er sogar mit Rücktritt, wenn der Vertrag verlängert würde. Raschdau machte zwar noch gewisse Bedenken geltend, wenn es zu einer Auflösung des Vertrages komme, und er plädierte zudem für Behutsamkeit in der Prozedur, obwohl er insgesamt die Argumente der für die Nichtverlängerung Eintretenden teilte. Denn das Vertragssystem des alten Kanzlers würde »uns im entscheidenden Moment isolieren, weil es uns nicht gestattete, der Freund unserer Freunde und der Feind unserer Feinde zu sein«[16].

Mit diesem durchschlagenden Argument wurde schließlich sogar der aus Sankt Petersburg herbeigeholte Botschafter Schweinitz für die Nichtverlängerung gewonnen – der schon bald darauf wieder ganz anders über die Sache urteilte. Erst einmal willigte er in das offenbar Unvermeidliche ein: Die ernsthaft beschworene Unverträglichkeit des russischen Abkommens mit den anderen Verpflichtungen des Reiches, vor allem mit dem rumänischen Bündnis, beeindruckte ihn. In welch schwerwiegender Art und Weise geringfügige Tatbestände und kleine Mächte in einer sich ausprägenden Freund/Feind-Konstellation und vor dem Hintergrund um sich greifenden Blockdenkens auf einmal über Gebühr an Bedeutung und Gewicht erlangen können, tritt in dieser historischen Entscheidungslage erstmals hervor. Kraß hebt sich das neue Denken von dem der Bismarckzeit ab, als gewisse Verträge nur marginale Funktion besaßen und ein Staat wie Rumänien nicht mehr als eine beliebige Masse im maßgeblichen Spiel der Kräfte darstellte. Als Wilhelm II. von dem Einlenken des Botschafters Schweinitz erfuhr, war er umgestimmt; oberflächlich tönte er: »Nun, dann geht es nicht, so leid es mir tut.«[17]

Weil der russische Außenminister Giers einen grundlegenden Systemwechsel befürchtete, von dem Botschafter Schuwalow im Hinblick auf die Berliner Außenpolitik sprach, machte er den Deutschen weiterhin Angebote. Anstelle eines Vertrages sahen sie lediglich einen Notenwechsel vor und reduzierten sich sogar auf das Angebot eines Briefaustauschs zwischen den beiden Herrschern; eine Verbindung, selbst wenn sie das Reich begünstigte, wollte Giers auf jeden Fall zustande bringen.

Da die Russen sich, wie der Außenminister den Deutschen mit unmißverständlicher Resignation drohte, um der Isolierung zu entgehen ansonsten anderweitig orientieren müßten, riet Botschafter Schweinitz jetzt dringend dazu, auf die russischen Offerten einzugehen. Im ablehnenden Falle komme das Bündnis des Zarenreiches mit Frankreich; mit etwas Schriftlichem wäre man zumindest für vier Wochen der russischen Neutralität bei einem französischen Angriff auf Deutschland sicher.

Indes, in Berlin war die Entscheidung gefallen; sie umfaßte auch die Ablehnung anderer Vereinbarungen mit dem Zarenreich. Zwar fuhr Giers – selbst in den kommenden Jahren noch, als die russisch-französische Allianz bereits im Entstehen war – darin fort, sich um eine Wiederannäherung an den westlichen Nachbarn zu bemühen. Doch erst einmal befahl der Zar, der den außenpolitischen Kurswechsel der neuen Männer in der Wilhelmstraße nüchtern registrierte, sich auf alle daraus ergebenden Konsequenzen gefaßt machte und nicht mehr länger um die abweisenden Deutschen werben wollte, seinem Außenminister am 11. Juni, die Tatsache der Nichtverlängerung anzuerkennen und sich in das Unerwünschte zu fügen.

Die Russen befürchteten, isoliert zu werden, weil Deutschland nicht allein auf Distanz zum Zarenreich ging, sondern sich zur gleichen Zeit England annäherte. Denn am Tag, als der Rückversicherungsvertrag erlosch, wurde bekannt, daß sich das Reich und Großbritannien über ein Abkommen einigen würden, das den Tausch zwischen afrikanischen Kolonialobjekten und der Insel Helgoland vorsah. Darüber hatte schon Bismarck, freilich in einem anderen Zusammenhang der Staatenwelt, während des Jahres 1889 verhandelt. Am 1. Juli 1890 wurde der Vertrag geschlossen, der Deutschland das seit 1815 britische Helgoland überließ. Dafür wurde die englische Schutzherrschaft über die Inseln Sansibar und Pemba anerkannt. Zudem fielen bislang zum Deutschen Reich gehörige Territorien auf dem afrikanischen Kontinent unter britisches Protektorat: »Deutschland verpflichtet sich, die Schutzherrschaft Großbritanniens anzuerkennen über die verbleibenden Besitzungen des Sultans von Sansibar mit Einschluß der Insel Sansibar und Pemba, sowie über die Besitzungen des Sultans von Witu und das benachbarte Gebiet bis Kismaju, von wo die deutsche Schutzherrschaft zurückgezogen wird.«[18]

Der Tausch löste im Reich Unruhe aus. Heftige Vorwürfe wurden laut, man habe für den »Hosenknopf« Helgoland verantwortungslosen Verzicht in Afrika geleistet. Die hochgehende Empörung trug mit dazu bei, daß jetzt der Allgemeine Deutsche Verband, der sich vom 1. Juli 1894 an Alldeutscher Verband nannte, begründet wurde: Als nationale Opposition attackierte er die schlappe Regierung, der Kraft- und Mutlosigkeit vorgeworfen wurde. In der Tat: Mit Kolonien hatte Reichskanzler Caprivi nicht eben viel im Sinn. Die neue Bewegung der Alldeutschen dagegen machte sich diese Frage ebenso zur Aufgabe, wie sie überhaupt, bald schon mit völkischem Anspruch, überall auf der Welt maßlose Forderungen für das Deutsche Reich erhob.

Was die Entwicklung der internationalen Konstellation und der deutschen Außenpolitik anging, gewann zweierlei nachhaltige Relevanz: Zum einen war Rußland unübersehbar in eine augenblickliche Isolierung geraten; und zum anderen hatte das Reich genau in dem historischen Augenblick, als Bismarck entlassen wurde, eine neue Außenpolitik eingeleitet. Alles geriet in orientierungslose Bewegung, die langfristig den verhängnisvollen Auftakt zu steinharter Blockbildung legte. Über Jahre hinweg hatte der Rückversicherungsvertrag das französisch-russische Bündnis verhindert. Seine Nichtverlängerung führte die Allianz zwischen Paris und Sankt Petersburg zwar nicht umgehend herbei, beschleunigte aber ihre Entstehung durchaus. Der letzte Anstoß für die grundlegende Umorientierung der zarischen Außenpolitik war gegeben.

Gegen das sich nunmehr Schürzende half auch kaum ein abwiegelnder Kommentar des Reichskanzlers. Das drohende Zusammengehen zwischen Autokratie und Republik, das schon im Sommer 1890 erkennbar wurde und bei dem Besuch eines französischen Flottengeschwaders in Kronstadt vom 23. Juli bis zum 8. August den frenetischen Beifall der Massen erhielt, versuchte Caprivi als etwas Normales herunterzuspielen. Wilhelm II. reagierte auf die nachdenkenswerte Vorhaltung hin, Rußland sei nach der abrupten Wendung der deutschen Außenpolitik isoliert, nur mit dem einfältigen Kommentar: »sehr gesund«[19]. Sein Kanzler empfand die schwerwiegende Konsequenz, die sich daraus unmittelbar ergab und die Verbindung des Zarenreiches mit Frankreich intensivierte, nicht als beunruhigend. Dabei handele es sich um nichts anderes, ließ er in öffentlicher Rede verlauten, als »die Feststellung eines europäischen Gleichgewichts, wie es früher bestanden habe«[20].

»Gleichgewicht« – in der Ära Bismarck hatte es vorwiegend politische Qualität gehabt. Jetzt ging Europa in ein Zeitalter, in dem seine Balance, immer riskanter, auf militärische Blöcke gestellt wurde. Der Leidtragende dieser Entwicklung war am Ende Deutschland. Mit Rußland verlor es nämlich das entscheidende Gegengewicht, um sich zum einen vor österreichischen Zumutungen auf dem Balkan zu schützen und um zum anderen mit England auf einigermaßen unabhängigem Fuß zu verkehren, ja Großbritannien sogar an sich zu binden. Doch nicht nur die Doppelmonarchie gewann gegenüber dem Reich an Einfluß. Auch Italien und kleinere Staaten der Bündnisformation nahmen an Bedeutung zu. Zwischen Frankreich und Rußland herrschte zwar noch keine echte Kongruenz ihrer Ziele: Das französische Interesse richtete sich gegen Deutschland, das russische gegen England. Dennoch kamen sich der westliche und der östliche Nachbar Deutschlands immer näher: Ebendiese Tatsache verschaffte Großbritannien die dominierende Rolle des europäischen Schiedsrichters!

Würde es dagegen dem Zarenreich gelingen, was der erfahrene Außenminister Giers mit seinen fortgesetzten Bemühungen um die deutsche Verbindung im Auge hatte, neben der sich anbahnenden Allianz mit Frankreich auch mit Deutschland erneut zu einem berechenbaren Einverständnis zu gelangen, dann nahm sich die russische Position in Europa einmalig günstig aus: Denn solch neue Rückversicherung hätte Sankt Petersburg zu dem Vorteil gereichen müssen, den zuvor Berlin genommen hatte; sie hätte ihm auf einmal die überlegene Position der Hinterhand gesichert, die bis dahin das Bismarckreich als Zünglein an der Waage aller europäischen Verträge erfolgreich genutzt hatte. Wie sich die Dinge auch immer entwickeln würden, ihre Tendenz zeichnete sich ab: Gleichsam über Nacht hatte Deutschland eine krasse Machteinbuße erlitten.

Im anfälligen Spiel der aufeinander wirkenden Kräfte hatte das Reich seinen russischen Halt verloren. Teuer war der Systemwechsel bezahlt worden, hatte doch vor allem Großbritannien jetzt noch weniger Veranlassung als zuvor schon, sich Deutschland zu nähern. Kein Geringerer als der außenpolitisch versierte Lord Salisbury erfaßte diese Tatsache umgehend. Gegenüber dem österreichisch-ungarischen Botschafter erläuterte er Anfang Dezember 1891 seinen Eindruck, »daß überhaupt beim Berliner Kabinett in letzter Zeit eine gewisse Nervosität zutage trete, die ihm nicht ganz begründet scheine; bald fürchte es eine Allianz zwischen dem Sultan und Rußland, bald französische Annexionspläne in Afrika. Er habe danach geforscht, wie sich diese Erscheinung der deutschen Politik erklären könne, und sei zu dem Schluß gekommen, daß Fürst Bismarck mit Rußland trotz äußerlicher Gegnerschaft doch immer geheime Beziehungen unterhalten habe, und daß seine geheimen russischen Sympathien dort maßgebenden Ortes bekannt waren. *Dieses Verhältnis habe ihm eine gewisse Stütze geliehen, weil er sich immer* sagen konnte, daß er gegebenenfalls doch *noch mit Rußland* im letzten Augenblick vor Ausbruch eines Krieges sich *verständigen könnte.* Dieser Überzeugung sei es zuzuschreiben, daß damals das Berliner Kabinett für Fragen, die Deutschland nicht gleich in erster Linie tangierten, eine so große Gleichgültigkeit an den Tag legte. *Anders sei es heute,* wo diese Fäden, welche noch das deutsche und das russische Kabinett verbanden, zur Gänze zerrissen seien; *dieser mögliche Rückhalt fehle dem deutschen Kabinett, und dieses,* vermute er, *sei der Grund, warum man jetzt in Berlin so unruhig und nervös sei bei jeder auftauchenden Frage, welche auch Deutschland keineswegs direkt berühre«*[21].

Doch vorläufig bemerkten die neuen Männer in der Wilhelmstraße nicht, daß sie bereits die Kontrolle über die sich wandelnde Staatenwelt Europas zu verlieren im Begriff standen. Fest glaubten sie noch daran, freie Hand zu haben und mit dem »Neuen Kurs« eine Außenpolitik zu verfolgen, die derjenigen Bismarcks überlegen schien, zumindest aber überschaubarer war. Welche Motive und Ziele trieben sie letztlich voran, für die unmittelbar die ersten Preise fällig wurden, ja mehr und mehr Opfer zu bringen waren? Während die immer wieder beschworene Furcht vor dem mit fataler Sicherheit erwarteten Krieg zu grassieren begann, war den Verantwortlichen im Prinzip kaum, geschweige denn im Ausmaß, bereits bewußt, was sie sich leichtfertig aufzugeben und langfristig aufzuhalsen anschickten.

Krieg: jeweils für das »nächste Frühjahr«

Anders als zu den Zeiten Bismarcks, in denen der Reichskanzler die Außenpolitik bestimmt hatte und abweichende Meinungen am Rande existierten, brachen sich jetzt ganz verschiedene Entwürfe und Vorstellungen ihre Bahn. Nur unzureichend wurden sie koordiniert, weil der zuständige Monarch im Grunde gar »nicht regieren konnte«[22]. Bismarck als Machtzentrum *sui generis* war ausgefallen, und seine Nachfolger im Amt des Reichskanzlers vermochten das Vakuum nicht auszufüllen, Hohenlohe noch weniger als Caprivi.

Wie es sich bereits in dem speziellen Fall um die Nichtverlängerung des Rückversicherungsvertrages abgezeichnet hatte, erlangte daher auch im allgemeinen großes Gewicht, was der bald führende Kopf im Auswärtigen Amt, der Vortragende Rat von Holstein, favorisierte. Diese unverkennbare Tatsache erhielt im übrigen eine noch gesteigerte Bedeutung, weil ihn beispielsweise eine der großen Botschafterpersönlichkeiten jener Jahre, Graf Hatzfeldt, für eine geraume Zeit fast uneingeschränkt unterstützte. Anders als im letzten Jahrfünft der Ära Bismarck trat Holstein jetzt nicht mehr für den Präventivkrieg gegen Rußland ein. Nach wie vor ging es ihm aber darum, das Bündnis mit Österreich-Ungarn zu festigen, den Allianzpartner sogar in seiner Balkanpolitik zu unterstützen. Geradezu zwangsläufig wurden die südosteuropäischen Staaten, die bislang eher Bauerndienste geleistet hatten, ungemein aufgewertet und übten auf die Großen der Staatenwelt viel mehr Einfluß aus, als das zuvor der Fall gewesen war – eine Entwicklung der internationalen Politik, die sich von hier aus bis in die unmittelbare Vorgeschichte des Ersten Weltkrieges hinein verfolgen läßt.

Neben dem Zweibund zielte Holstein, um für die heraufziehende Auseinandersetzung mit dem sich ausbildenden russisch-französischen Zweierverband gewappnet zu sein, auf eine Verstärkung des Dreibundes. Daher suchte er engere Annäherung an Großbritannien. Allerdings wollte er, zumindest der Tendenz nach, kein Bündnis mit England schließen. Sich zu verpflichtend binden zu müssen und für britische Ziele benutzt werden zu können, scheute er. Alles in allem versuchte er, im Zuge einer insgesamt vorsichtigen, bis zu einem gewissen Maße konservativen Außenpolitik, die sich vornehmlich auf den Kontinent konzentrierte und sich um das Überseeische wenig kümmerte, dem Ideal der freien Hand zu huldigen. In diesem Sinne sollte das Reich auch nicht, wie ihm das in den zurückliegenden Jahren unter Otto von Bismarck der Fall gewesen zu sein schien, aufgrund zuvor eingegangener Bindungen – vornehmlich gegenüber Rußland, weniger gegenüber Großbritannien – zu irgendwelchen Entscheidungen gezwungen sein. Vielmehr sollte es so frei wie eben möglich über sein Tun beschließen und »von keiner fremden Macht abhängig sein«[23].

Solcher Kurswechsel beschleunigte die allgemeine Bewegung der Staatenwelt. Zum einen wurde jetzt auf allen Seiten die Blockbildung forciert; zum anderen erschien das Reich auf einmal viel unberechenbarer als zuvor. Über allem schwebte die damals kaum genügend beachtete Frage: War Deutschland, dessen Existenz sich eher aus der Verträglichkeit mit den Interessen der großen Mächte ableitete als von der Tatsache in sich ruhender Eigenmacht, für eine solche Außenpolitik überhaupt stark genug?

Eher auf die wirtschaftliche Dynamik des prosperierenden Nationalstaates richteten sich die außenpolitischen Vorstellungen eines anderen Repräsentanten im Auswärtigen Amt, der gleichfalls zur Opposition der späten Bismarckzeit gezählt hatte: Unterstaatssekretär Berchem schlug vor, durch wirtschaftliche Zusammenarbeit mit Frankreich die nach Westen hin offenen Wunden zu heilen und dadurch nach Osten hin das russische Riesenreich zu isolieren.

Beide Tendenzen, die Holsteins mit ihrer militärpolitischen Betonung des Dreibundes und die Berchems mit ihrer wirtschaftlichen Akzentuierung äußerer Politik, fanden in gewissem Sinne in dem Kurs Berücksichtigung, den Reichskanzler Caprivi verfolgte und der danach, während der Regierungszeit Hohenlohes, von ganz anderen Konzepten abgelöst wurde. Denn ab 1897 brach das Reich in die Weltpolitik auf; unter Caprivi dagegen dominierte seine kontinentale Ausrichtung, obwohl im ökonomischen Zusammenhang durchaus bereits globale Überlegungen angestellt wurden. Nichts zu tun haben wollte der neue Mann an der Spitze allerdings mit dem deutschen Kolonialbesitz: »Je weniger Afrika, desto besser für uns«[24], lautete seine Maxime.

Im Prinzip gedachte Caprivi, die Außenpolitik auf zwei Grundelemente zu stützen, die Deutschlands Stärke ausmachten: Das war zum einen der traditionelle Faktor des Militärischen, und das war zum anderen die moderne Komponente des Wirtschaftlichen. Weil der General »den Zweifrontenkrieg« jeweils für das »nächste Frühjahr«[25] erwartete, verstärkte er, um dafür gewappnet zu sein, die Rüstung des Reiches. Zusammen mit inneren Reformen, die sich auf das Feld des Arbeiterschutzes, der Steuerpolitik und des Wahlrechts bezogen, setzte er in entschiedenem Maße die andauernde Tendenz zur Heeresvermehrung fort: Zwischen 1886 und 1893 stiegen die einschlägigen Militärausgaben auf das Doppelte! Nach dem Scheitern der großen Vorlage vom Jahre 1892 und nach den Neuwahlen zum Reichstag im Jahr darauf gelang es, wenn auch nur knapp, nämlich mit den Stimmen der im Parlament vertretenen polnischen Minderheit, die Heeresstärke auf 552000 Mann anzuheben: Das waren 150000 Soldaten mehr als rund eine Dekade zuvor. Solche Verstärkung diente nicht der gezielten Vorbereitung auf einen geplanten Krieg, den Caprivi nicht wollte. Vielmehr war sie Teil jener kalkulierten Abschreckung durch furchterregende Machtprojektion, auf die der Kanzler setzte. Damit wurde die allgemeine Tendenz der Zeit verstärkt, die sich dem Zustand eines bewaffneten Friedens, ja eines »geräuschlosen Krieges«[26] immer mehr näherte.

Diesem Verständnis seiner äußeren Politik diente auch, daß Caprivi, in Übereinstimmung mit Staatssekretär Marschall, vor allem jedoch mit dem Vortragenden Rat Holstein, bevorzugt auf das Instrument des Dreibundes setzte, der im Mai 1891 verlängert wurde. Daß der Kanzler England an diese Formation heranzuziehen gedachte, verband ihn ebenfalls mit den grundlegenden Vorstellungen seines einflußreichen Ratgebers auf dem außenpolitischen Feld, Holstein, wenn er selber auch zeitweise stärker als dieser zu einer regelrechten Quadrupelallianz tendierte.

Dazu bestand in England jedoch ganz und gar keine Neigung. Gerade eine Polarisierung der kontinentalen Entwicklung bot der insularen Macht unschätzbaren Vorteil. Im übrigen erschienen dem Foreign Office damals Rußland und Frankreich, die ihre Annäherung in den Jahren zwischen 1891 und 1894 bis zur Militärallianz verdichteten, als »die beiden unruhigen Mächte in Europa«, während »der Dreibund Deutschlands, Österreichs und Italiens« als »die beständige, ruhige Gruppe«[27] galt. Der enger werdende Zusammenschluß zwischen Paris und Sankt Petersburg richtete sich im übrigen, was Frankreich anging, vornehmlich gegen Deutschland, und was Rußland betraf, eher gegen England. Erst 1899, als anstelle des ursprünglichen Ziels, sich miteinander zu verabreden, um den Frieden aufrechtzuerhalten, der Bestand des Gleichgewichts zum Vertragszweck zwischen Franzosen und Russen erhoben wurde, trat die antideutsche Richtung des Zweierverbandes in einer gewandelten Konstellation der europäischen Staatenwelt eindeutig hervor. Doch soweit war es noch nicht.

Dessenungeachtet zeigte Caprivis im Hinblick auf Krieg und Frieden vollkommen defensive Außenpolitik im Wesen eine gänzlich andere Qualität, als sie die auswärtige Politik seines Vorgängers charakterisiert hatte. »Jede politische Frage reduziert sich zuletzt auf einen militärischen Faktor«[28], umschrieb der in die Diplomatie verschlagene General am 23. November 1892 vor dem Reichstag das Credo seiner Außenpolitik. Durch militärische Rüstung und wirtschaftliche Offensive versuchte sie, die Ungunst der äußeren Lage des Reiches zu überwinden.

Denn neben militärischer Abschreckung setzte Caprivi zur Wahrung, ja zur Mehrung des nationalen Interesses in friedlicher Absicht auf die beträchtliche Macht der deutschen Außenwirtschaft. Über die konventionellen Instrumente des bestehenden Zwei- und Dreibundes hinaus wollte er, zunächst einmal, Mitteleuropa für die ökonomische Kraft des Deutschen Reiches erschließen, ja seinen sich beständig ausdehnenden Erfordernissen zugänglich machen. Die Ökonomie, die dem jungen Nationalstaat in vielfacher Hinsicht zum Schicksal wurde und fast nötigend auf den Wandel seiner Politik Einfluß nahm, sollte nunmehr zum neuartigen Instrument seiner Machtausübung auf dem Kontinent genutzt werden. Der durchaus zeitgemäße Entschluß hatte sogar weltpolitische Dimension, da der Reichskanzler, anders als Bismarck das getan hatte, im Kampf ums Dasein der Nationen dem Ökonomischen hohe Bedeutung beimaß. Mit Hilfe einer neuen Wirtschaftsordnung, die im europäischen Rahmen unter deutscher Ägide entstehen sollte, galt es die kommende Auseinandersetzung mit den großen Imperien des Zeitalters, vor allem mit den Vereinigten Staaten von Amerika, zu bestehen. Durch eine vergeltungsfähige Abschreckung im Militärischen für alle Fälle gerüstet, nahm Caprivi die außenwirtschaftliche Offensive auf, um Deutschlands Position in Europa zu stärken.

Damit wurde eine Entwicklung eingeleitet, an der vor allem das Zarenreich Anstoß nahm. Im Zusammenhang mit der deutschen Handelsvertragspolitik zeigte sich bald die natürliche Grenze der kühn ausgedachten Initiative. Aufs militärische Fundament gegründet und von wirtschaftlicher Schwungkraft getragen, nahm sich die neue Außenpolitik zugleich traditionell und modern aus, wirkte ebenso überlegt wie riskant. Sie war weit entfernt von Blauäugigkeit und Unruhe, die Wilhelm II. hin- und herschwanken ließen: Einmal trat der Monarch für das Zusammengehen mit England ein, dann wiederum für das mit Rußland und schließlich sogar für das mit beiden. Ja, im Grunde leitete ihn ein außenpolitischer Traum, den zu verwirklichen unwahrscheinlich und den zu verfolgen gefährlich war: »Ich hoffe«, plauderte er mit schwerwiegender Unverbindlichkeit auf der Nordlandfahrt im Sommer 1892, »daß Europa allmählich den Grundgedanken meiner Politik durchschauen wird: Die *Führung* im friedlichen Sinn – eine Art Napoleonische Suprematie-Politik, die ihre Ideen mit Gewalt der Waffen zum Ausdruck brachte, – in friedlichem Sinn. Ich habe die Ansicht, daß es schon ein Erfolg ist, daß ich, in jungen Jahren zur Regierung gekommen, an der Spitze der *deutschen* Kriegsmacht mein Schwert in der Scheide gelassen habe und die ewige Beunruhigungspolitik Bismarcks einer friedlichen Lage nach außen Platz gemacht hat, die wir lange Jahre nicht kannten. Man wird allmählich zu diesem Bewußtsein kommen.«[29]

Von solch riskanten Gedankenspielen ganz abgesehen, mußten die Staaten Europas auch im Blick auf Caprivis »Neuen Kurs« feststellen, daß Deutschland die beiden Mittel systematisch pflegte und bereitstellte, die seine politische Stärke ausmachten, nämlich das militärische und das ökonomische. Strategische Abschreckung und wirtschaftliche Offensive, Altes und Neues, mischten sich in dieser Außenpolitik des wilhelminischen Reiches. Um eine rundum freie Hand zu bewahren, wies sie russische Sondierungen zurück, die abgebrochene Verbindung aus den vergangenen Jahren zu erneuern. Gleichzeitig sollte England, um dem betörenden Ideal der eigenen Ungebundenheit einschränkungslos frönen zu können, zur Annäherung an den Dreibund gezwungen werden. Gewiß, im sicheren Besitz der französischen Allianz strebte Rußland nach deutscher Rückversicherung, um nun selbst – wie einst das Bismarckreich – eine politisch überlegene Position in Europa zu beziehen. Und Großbritannien hatte an einer Verbindung mit Deutschland vornehmlich deshalb Interesse, weil es Unterstützung für seine weltpolitischen Belange zu finden hoffte. Doch ungeachtet der eigensüchtigen Ziele, die andere verfolgten, zeichnete sich bald der problematische Befund dessen ab, was die Deutschen taten: Militärische Stärke und wirtschaftliche Erfolge des Reiches beförderten, parallel zur Existenz des russisch-französischen Zweierverbandes, die Bildung feindlicher Lager in Europa und ließen den überlieferten Gedanken an die friedenserhaltende Existenz eines flexiblen Gleichgewichts in gefährlich weite Ferne rücken: Man ging dazu über, dem Extremfall des Kriegsausbruchs mehr Beachtung zu schenken als dem Normalfall der Friedensbewahrung.

Solchem Denken und Handeln unterlag eine sozialdarwinistische Tendenz der Zeit. In den wirtschaftlichen Auseinandersetzungen der großen Reiche sahen viele den Überlebenskampf der Zukunft voraus; daher schien es auch für die Deutschen dringend geboten zu sein, von ihrem bisherigen »Phäakendasein«[30] Abschied zu nehmen. Unterschwellig fanden die Elemente des Aggressiven Eingang in die äußere Politik der europäischen Mächte, so auch in die des Deutschen Reiches. Dieser schicksalhafte Zug war sogar in der an sich friedlichen Initiative der modernen Handelsvertragspolitik aufgehoben. Ihre Pflege und ihr Abschluß standen in der Tat im Zentrum der Innen- und Außenpolitik Caprivis.

Außenwirtschaftliche Erfolge hatten das ökonomische Wachstum des Landes zu fördern: Über die gesellschaftliche Unruhe hinaus, die in aller Regel von der autonomen Macht wirtschaftlicher Vorgänge ausgelöst wird, sollte die prosperierende Entwicklung schließlich zur sozialpolitischen Konsolidierung des Deutschen Reiches beitragen. Noch zielte niemand in der Wilhelmstraße auf eine Revolutionierung des internationalen Systems, und doch wirkte so manches, was jetzt in die Wege geleitet wurde, gleichsam revolutionär. Längst vergangen waren die Zeiten, in denen sich Bismarck mit widersprüchlichen Verträgen und gewagten Schachzügen, fast ganz dem Augenblick ergeben, die Meisterung der unmittelbaren Gegenwart und der absehbaren Zukunft angelegen sein ließ. Seine Nachfolger dagegen spekulierten in langfristiger Perspektive über die politische, militärische und wirtschaftliche Existenz Deutschlands. Nur im mitteleuropäischen Verbund, so hatte es den sicheren Anschein, konnte sie gegenüber den Russen, Engländern und Amerikanern behauptet werden.

Auf seine Art führte Caprivi ebenfalls den entbehrungsreichen Kampf, durch Rüstung und Ökonomie »die stärksten Gesetze, welche die Staaten regieren, die der Geographie«[31] ein für allemal zu überwinden. Unübersehbar vorbei waren die Tage des Vorläufigen und des Behelfsmäßigen. Die offene, bange Frage, die über allem schwebte, lautete freilich, inwieweit eine äußere Politik des Reiches, die diesen Namen verdiente, vornehmlich vom Militärischen und Wirtschaftlichen, also von Mars und Merkur abhängen durfte. Blieb die eigenmächtige Qualität des spezifisch Politischen, die mit den beiden nunmehr bevorzugten Elementen der Strategie und Ökonomie keineswegs identisch war, nicht doch unaufgebbar? Anders als seine Nachfolger hatte Otto von Bismarck in dieser Kunst, nicht aber im Handwerk des Soldatischen oder Kaufmännischen das Schicksal gesehen.

Ökonomie als Schicksal?

Die Tatsache, daß die Wirtschaft in hohem Maße auf die Entwicklung des Reiches einwirkte, das ohnehin schwierige Handeln seiner Staatsmänner dadurch nochmals beschwerte, ihnen aber zugleich gesteigerte Macht zur Verfügung stellte, prägte Caprivis Außenpolitik. Diese Feststellung charakterisiert nicht allein die Haltung des Kanzlers. Vielmehr erscheint sie für eine Zeit repräsentativ, die sich, »augenblicklich ruhig und wolkenlos«[32], im Hinblick auf viele ihrer führenden Köpfe darin einig war, »auf national-ökonomischen Fragen« baue »sich heutzutage die innere und äußere Politik auf«[33]. In der Tat, während dieser Jahre »rückte« die zuvor gleichsam wie neutralisiert daliegende Sphäre der Wirtschaft »aus dem Bannkreis ihrer sachlichen Existenz in die Bewegtheit des politischen Lebens hinüber«[34]; über ihre vorläufig noch kontinentale Orientierung hinaus drängte sie bald schon ins Globale. Auch in dieser Perspektive wuchs »dem kontinental gemeinten Reich« unter der Hand »eine überkontinentale Aufgabe«[35] zu.

Indes: Die säkulare Tendenz führte nicht zu einer umgehenden Ablösung der alten Kabinettspolitik. Das neue Machtpotenial wurde, jedenfalls versuchsweise, erst einmal in den Dienst des Überlieferten gestellt. Das erscheint zum einen verständlich, wenn man sich die zähe Beharrungskraft der jahrhundertelang dominierenden Tradition europäischer Staatengeschichte vor Augen hält. Zum anderen ist darüber hinaus gar nicht zu verkennen, daß bei aller Würdigung der zunehmenden Bedeutung des Ökonomischen im »Völkerkampf der Zukunft« immer noch die Einsicht von Friedrich List Gültigkeit besaß, wonach »Macht... wichtiger als Reichtum« ist: »warum aber ist sie wichtiger? weil die Macht der Nation eine Kraft ist, neue produktive Hilfsquellen zu eröffnen, und weil die produktiven Kräfte der Baum sind, an welchem die Reichtümer wachsen, und weil der Baum, welcher die Frucht trägt, wertvoller ist als die Frucht selbst. Macht ist wichtiger als Reichtum, weil eine Nation vermittelst der Macht nicht bloß sich neue produktive Quellen eröffnet, sondern sich auch im Besitz der alten und ihrer früher erlangten Reichtümer behauptet, und weil das Gegenteil von Macht – die Unmacht – alles, was wir besitzen, nicht nur den Reichtum, sondern auch unsere produktiven Kräfte, unsere Kultur, unsere Freiheit, ja unsere Nationalselbständigkeit in die Hände derer gibt, die uns an Macht überlegen sind, wie solches hinlänglich aus der Geschichte der italienischen Republiken, des Hansabundes, der Belgier, der Holländer, der Spanier und der Portugiesen erhellt.«[36]

Aus einer gleichsam autonomen Entwicklung der modernen Zeit – vornehmlich auf dem industriellen Sektor –, deren gesellschaftliche und internationale Folgen das Regieren um vieles schwieriger gemacht hatten, wollte Caprivi für das Reich Vorteil ziehen. Nachhaltig gedachte er, seine innere und äußere Politik mit ökonomischem Schwung zu befördern. Die industriewirtschaftliche Tendenz wurde zum Katalysator für seine Außenpolitik der Handelsverträge und für seine Innenpolitik der Versöhnung. Ein mitteleuropäischer Wirtschaftsraum mit 130 Millionen Menschen sollte den alten Erdteil in den Stand setzen, die überseeische Herausforderung der robust vorwärts drängenden Amerikaner zu bestehen. Die entschiedene Förderung der industriellen Belange würde gleichzeitig im Inneren sozialen Ausgleich stiften. In dieser Hinsicht wollte Caprivi tatsächlich Grundlegenderes bewirken, als wenige Jahre darauf in der Ära Bülow/Tirpitz beabsichtigt wurde: Nach der Jahrhundertwende dienten kolonial- und weltpolitische Erfolge erklärtermaßen als die beruhigend verordneten Palliative für die unteren Schichten, mehr nicht.

Caprivi handelte, was ihre innenpolitische Konsequenz anging, im Sinne einer erfolgreichen Tradition preußischer Geschichte, nämlich durch die rechtzeitige Einleitung zukunftweisender Reformen von oben das gefährliche Aufkommen revolutionärer Forderungen von unten gar nicht erst entstehen zu lassen. Bis zu einem gewissen Maße war solch ein kühnes Handeln zweifellos zeitgemäß, zumal es sich des modernen Instruments der industriellen Wirtschaft aufgeschlossen bediente. Daß der Kanzler schließlich scheiterte, lag, von anderen Umständen persönlicher und überpersönlicher Art abgesehen, in der kaum kontrollierbaren Gemengelage aus Tradition und Moderne aufgehoben, die für den allgemeinen Zustand des in riskante Unruhe verfallenen Reiches kennzeichnend war: Regelmäßig triumphierte in diesem Zusammenhang, durch die eigenständige Potenz des monarchischen Willens und die angereicherten Bestände der preußisch-deutschen Entwicklung bedingt, das Alte über das Neue.

Gewiß, Caprivi versicherte immer wieder, entscheidende Grundlage und maßgebliche Kraft des Staates müsse die Landwirtschaft bleiben. Doch davon abgesehen zog er aus dem rasanten Aufstieg Deutschlands zu einem führenden Industriestaat wesentliche Konsequenzen, die für seine innere und äußere Politik wegweisend wurden: »Wir müssen exportieren: entweder wir exportieren Waren oder wir exportieren Menschen. Mit dieser steigenden Bevölkerung ohne eine gleichmäßig zunehmende Industrie sind wir nicht in der Lage weiter zu leben.«[37] Eine so erklärte Absicht begünstigte die industriellen Kräfte; zielte auf den Freisinn und die Sozialdemokratie; klang nach einem neuen Konzept innerer und äußerer Politik.

Ihrer vielversprechenden Spur zu folgen, hatte eng damit zu tun, eine in ganz spezifischer Hinsicht vorteilhafte Position des Deutschen Reiches zu wahren: Sie ergab sich aus der Tatsache, daß eine Reihe von Handelsverträgen mit anderen Staaten existierten, die im Jahre 1892 ausliefen. Was gebot oder erlaubte in dieser Entscheidungslage die sich neu formierende Konstellation? In ökonomischer Parallele zum politischen Instrument des Zwei- und Dreibundes eine mitteleuropäische Zollunion zu bilden, wäre im Sinne des Auswärtigen Amtes geradezu ideal gewesen. Caprivi näherte sich diesem Ziel, ob er es nun voller Absicht anstrebte oder eher unbewußt verfolgte, auf indirektem Wege. Mit bilateralen Abschlüssen bemühte er sich darum, die unbestreitbaren Vorzüge des liberalen Handelssystems der achtziger Jahre zu erhalten und zu erweitern. Daß dieses Bestreben früher oder später eine Vormachtstellung Deutschlands mit sich bringen mußte, lag in der Natur jener Überlegenheit, die der Volkswirtschaft des Reiches zu eigen war. Im schlichten Grundsatz des jeweils kompliziert Ausgehandelten ging es für die deutsche Seite darum, ihre agrarischen Schutzzölle zu reduzieren und als Gegenleistung dafür die Einfuhr industrieller Produkte in die Länder der Vertragspartner zu sichern. Das zeitigte innen- und sozialpolitische Folgen, die für die davon betroffenen Gruppen der in rapidem Wandel begriffenen Gesellschaft einmal heftiger und einmal milder ausfielen; das zielte auf eine europäische »Gesamtsituation«, in der die außenwirtschaftliche Meistbegünstigung der deutschen Industrie willkommenen, aber auch notwendigen Spielraum verschaffte.

Ohne außenpolitische Reibungen, so mochte es sich verheißungsvoll darstellen, würde eine solche Entwicklung dem Deutschen Reich im friedlichen Wettbewerb, wie von der unsichtbaren Hand überlegener Sachlogik geführt, großzügig entgegenkommen; störende Verwerfungen, die sich auf innen- und außenpolitischem Felde auftürmten, würden fast wie von selbst verschwinden. In diesem Sinne schöpferisch vorzugehen, schien sich sogar gegenüber Frankreich als zukunftweisend auszunehmen. Bislang waren alle Versöhnungsbemühungen mit dem revanchistischen Nachbarn im Westen gescheitert, nicht zuletzt ein dilettantisch eingeleiteter Versuch des jungen Kaisers: Zu Beginn des Jahres 1891 hatte er seine Mutter, die Kaiserin Friedrich, nach Paris reisen lassen, um auf persönlichem Wege das politische Ziel einer deutsch-französischen Entspannung zu erreichen. Doch anstelle des erhofften Erfolges gab es nur ärgerlichen Eklat, der das ohnehin gespannte Verhältnis zwischen Berlin und Paris noch einmal verschlechterte.

Allein, die Veredelung des Politischen durch das Ökonomische gelang weder im Inneren noch nach außen hin, damals sowenig wie oftmals danach: Die Autonomie des Politischen, seine jahrhundertelang überlieferten Bestände und sein genuin wirkender Machtbegriff dominierten; wieder einmal triumphierte Niccolò Machiavelli über Adam Smith. Immerhin: Die Handelspolitik lieferte entscheidende Impulse für die große Politik nach außen und für den sozialen Ausgleich innerer Gegensätze. Kurzum: In bezug auf die anstehenden Handelsverträge ließ sich das neu Geplante erst einmal erfolgreich an.

Die außenwirtschaftliche Neuorientierung zielte nämlich vorläufig auf Staaten, die ungeachtet ihrer teilweise stark agrarischen Verfaßtheit keine außergewöhnliche Belastung für die deutsche Landwirtschaft darstellten. Kein Wunder, daß die auf zehn Jahre abgeschlossenen Verträge mit Österreich-Ungarn, Italien, Belgien und der Schweiz 1891 satte Mehrheiten im Reichstag fanden. Verhielten sich die Deutsch-Konservativen auch ablehnend, so stimmten die Sozialdemokraten bemerkenswerterweise für die Regierungsvorlage. Selbstredend repräsentierte die zufällige Logik einer außergewöhnlichen Konstellation beileibe keine sichere Mehrheit, sondern nahm sich in vielem eher künstlich aus.

Schon formierte sich der Widerstand gegen die nächste Runde der Handelsvertragspolitik, die noch beträchtlicher als zuvor über eine außenwirtschaftliche Konsolidierung der Zweibund- und Dreibundformation hinausging. Weil vor allem der 1893 gegründete radikale Interessenverband »Bund der Landwirte« inzwischen mit massiver Gegenagitation auf den Plan getreten war, wurde es zunehmend schwieriger, die Abkommen mit Spanien, Serbien und Rumänien 1893/94 zu verabschieden. Das zentrale Problem freilich, das über das Schicksal der Regierung Caprivis mitentschied, stellte der Vertrag mit Rußland dar. Die agrarischen Gegner des »Kanzlers ohne Ar und Halm« lehnten ihn ab, aus militärischen Kreisen wurden spezifische Bedenken erhoben. Dagegen befürwortete das Auswärtige Amt im Zuge einer auffälligen Umorientierung seiner Großen Politik den Abschluß des Handelsvertrages mit dem Zarenreich ebenso, wie die deutsche Industrie darauf drängte.

Zwischen Deutschland und Rußland herrschte inzwischen erneut ein erbitterter Zollkrieg, der den Handel beinahe zum Erliegen brachte. Er verlief parallel zur enger werdenden Beziehung zwischen Paris und Sankt Petersburg, die 1893 im Besuch eines russischen Marinegeschwaders im französischen Kriegshafen Toulon gipfelte. Nach dem vorhergehenden Kronstadter Ereignis vom Jahre 1891 wurde ein zweites Mal vor aller Welt sichtbar, mit welch geradezu überschwenglichem Jubel die Schiffe des Zaren nun in Frankreich gefeiert wurden und daß die sich zwischen beiden Staaten verdichtende Verbindung populär war. Vor diesem Hintergrund trat das Auswärtige Amt, das, von England inzwischen arg enttäuscht, sich Rußland aufs neue anzunähern gedachte, für den Vertrag ein, um den inzwischen hochgekommenen Willen zur angestrebten Kehrtwendung zu demonstrieren. In gewisser Beziehung sollte das Handelsabkommen den Rückversicherungsvertrag ersetzen: Zurück zu Bismarcks russischer Politik, lautete das Ziel, dem es sich dieses Mal auf außenwirtschaftlichem Weg zu nähern galt. Doch als der Vertrag zu Anfang des Jahres 1894 schließlich zustande kam, stellte Graf Waldersee, für nicht wenige im Offizierskorps repräsentativ, fest: »Wir haben in der Tat aus Furcht vor Rußland kapituliert und helfen nun, die wirtschaftliche Lage des bis an die Zähne gegen uns gerüstet stehenden Feindes zu verbessern.«[38]

Wenn sich der Kaiser auch für das Zustandekommen der Vereinbarung eingesetzt und die industrielle Tendenz über die agrarischen Belange dominiert hatte, war, aus vielen innen- und außenpolitischen Gründen, Caprivis Regierung bald danach am Ende. In der Innen- und Parteipolitik mehr und mehr isoliert, ging der Kanzler den einen, die industrielle Entwicklung und soziale Bewegung forderten, nicht weit genug, und den anderen, die landwirtschaftliche Interessen und soziale Beharrung vertraten, viel zu weit. Der Monarch, so sehr er dem Modernen zugetan war, wollte und konnte seinen Kanzler nicht mehr unterstützen. Er ließ ihn gerade deshalb fallen, weil er daran glaubte, »das Neue«, dem er anhing, »mit ganz Altem besorgen zu können«[39], von dem er nicht lassen mochte. Am Ende hielt er es stärker mit dem preußischen Militär und dem ostelbischen Landadel als mit Caprivis innen- und außenpolitischen Erneuerungsversuchen.

Dieses Grundproblem des wilhelminischen Reiches diagnostizierte Theodor Fontane bereits zeitgenössisch im Jahre 1897: »... alle militärischen Anstrengungen kommen mir vor, als ob man Anno 1400 alle Kraft darauf gerichtet hätte, die Ritterrüstung kugelsicher zu machen, – statt dessen kam man aber schließlich auf den einzig richtigen Ausweg, die Rüstung ganz fortzuwerfen. Es ist unausbleiblich, daß sich das wiederholt; die Rüstung muß fort, und ganz andre Kräfte müssen an die Stelle treten: Geld, Klugheit, Begeisterung. Kann sich der Kaiser dieser Dreiheit versichern, so kann er mit seinen 50 Millionen Deutschen jeden Kampf aufnehmen; durch Grenadierblechmützen, Medaillen, Fahnenbänder und armen Landadel, der ›seinem Markgrafen durch dick und dünn folgt‹, wird er es aber *nicht* erreichen ... Preußen – unmittelbar ganz Deutschland – krankt an unsren Ost-Elbiern. Über unsren Adel muß hinweggegangen werden; man kann ihn besuchen wie das Ägyptische Museum und sich vor Ramses und Amenophis verneigen; aber das Land *ihm* zuliebe regieren, in dem Wahn: *dieser Adel* sei das Land – das ist unser Unglück, und solange dieser Zustand fortbesteht, ist an eine Fortentwicklung deutscher Macht und deutschen Ansehens nach außen hin gar nicht zu denken. Worin unser Kaiser die *Säule* sieht, das sind nur *tönerne Füße*. Wir brauchen einen ganz andren Unterbau. Vor diesem erschrickt man; aber wer nicht wagt, nicht gewinnt. Daß Staaten an einer kühnen Umformung, die die Zeit forderte, zugrunde gegangen wären, – *dieser* Fall ist sehr selten. Ich wüßte keinen zu nennen. Aber das Umgekehrte zeigt sich hundertfältig.«[40]

Der Versuch, sich Rußland erneut zu nähern, konnte mit dem nunmehr an die Spitze der Regierung berufenen Fürsten Hohenlohe-Schillingsfürst möglicherweise eher verwirklicht werden. Vor allem aber gestattete der Wechsel dem Kaiser, ohne jedes Hindernis selbst zu tun, was ihm beliebte: Das »persönliche Regiment« Wilhelms II. wurde endgültig etabliert. In ebendieser Zeit, während der Jahre von 1894 bis 1897, machten sich aber die ersten Anzeichen bemerkbar, die caprivische Kontinentalpolitik zugunsten der wilhelminischen Flotten- und Weltpolitik aufzugeben.

Es bleibt vorläufig festzustellen, daß Caprivis Handelspolitik der prosperierenden Wirtschaft diente, und daß seine inneren Reformen, wenngleich sie scheiterten, Perspektiven friedlicher Entwicklung aufzeigten. Der Mißerfolg des Kanzlers war noch keineswegs Beweis für die Reformunfähigkeit des Bestehenden, wenn auch die Größe der Schwierigkeiten in diesem Zusammenhang überdeutlich sichtbar wurde. Der außenpolitische Systemwechsel, von dem Botschafter Schuwalow ahnungsvoll gesprochen hatte, symbolisierte, weit über die deutsche Schwenkung von der russischen Rückversicherung zur englischen Annäherung hinaus, einen tiefgreifenden Wandel innerhalb der Staatenwelt. Das Reich hatte dazu nicht unwesentlich beigetragen. An die Stelle des flexiblen Gleichgewichts der Vergangenheit schob sich die zwanghafte Vorstellung einer Balance aus polarisierten Blöcken. Das wirtschaftliche Element, das während der Ära Bismarck am Rande des Außenpolitischen neutralisiert worden war, trat mehr und mehr ins Zentrum der äußeren Politik, diente ihren vorwaltenden Gesetzen freilich eher, als daß es diese in gleichsam rationaler Manier zu überwinden und aufzuheben vermochte.

Beim Abschluß des Handelsvertrages mit Rußland wurde mit der versuchten Rückwendung zum Zarenreich der berüchtigte Zickzackkurs der wilhelminischen Außenpolitik geradezu vor aller Welt offenbar: Ohne feste Orientierung schwankte das Reich wie hilflos zwischen den maßgeblichen Kräften der Staatenwelt, den Briten und Russen, hin und her. Voll von gefährlichen Illusionen huldigte es dem bereits überholten Glauben daran, zwischen den beiden ihm augenfällig Überlegenen wählen zu können. Längst schon hatte, von den »deutsch-englischen Beziehungen« abgesehen, auf die sich Hermann Onckens treffende Feststellung im besonderen bezieht, »ein merkwürdiges Element springender Unruhe«[41] die wilhelminische Außenpolitik befallen.

»Springende Unruhe«

Auf gleichberechtigtem Fuß suchte sich das Deutsche Reich am Beginn der Regierungszeit Caprivis der englischen Weltmacht zu nähern. Als der erwünschte Erfolg ausblieb, schwenkte es nach der anderen Seite hin zum Zarenreich zurück. Doch mittlerweile mochten die Russen eine solche Annäherung der Deutschen nur noch als Juniorpartnerschaft akzeptieren. Unterdessen wuchs die Kluft zu den Briten. Daß Deutschland ungeachtet seiner furchterregenden Militärmacht und seiner stolzen Wirtschaftskraft über Gebühr stark vom allgemeinen Zustand des internationalen Systems abhing, trat kraß hervor; die Politik der freien Hand konnte in gefährlicher Isolierung enden; Züge der Desorientierung waren kaum mehr zu übersehen.

Aufs neue machte sich zudem der für die preußisch-deutsche Geschichte charakteristische Gegensatz zwischen »Staatskunst und Kriegshandwerk« bemerkbar. Zu Bismarcks Zeiten hatten beide Elemente, wenn auch zunehmend mühsamer, die erforderliche Koordinierung durch den Ministerpräsidenten bzw. den Reichskanzler gefunden. Damit war es jetzt vorbei: Denn mit der Annäherung des Deutschen Reiches an Großbritannien ging im Jahre 1891 ein Wandel seiner Militärstrategie einher, der diesem außenpolitischen Konzept mit nicht zu vereinbarender Direktheit widersprach. Die deutsche Außenpolitik nahm chaotische Züge an.

Angesichts einer gewandelten Beurteilung der kontinental-europäischen Stärkeverhältnisse begann der Waldersee 1891 nachgefolgte Chef des Generalstabes, Schlieffen, damit, den Aufmarschplan für den mit Sicherheit erwarteten Zweifrontenkrieg zu ändern. Der letzte Entwurf des älteren Moltke, der im Zeichen der rapiden Verschlechterung des deutsch-russischen Verhältnisses während der späten Bismarckzeit vorgelegt worden war, gab dem Krieg gegen das Zarenreich die Priorität. Dagegen plante der Nachfolger jetzt, zuerst gegen den Westen und danach gegen den Osten zu marschieren. Eben in dem Augenblick, in dem die deutsche Außenpolitik einen englandfreundlichen Kurs einschlug, entschieden sich die Militärs für eine Strategie, die damit ganz und gar unverträglich war: Denn im Konfliktfall mußte das vom Generalstab Vorgesehene die kontinentaleuropäische Balance gefährden und die Existenz neutraler Staaten verletzen. Dadurch würde Großbritannien in einem genau konträren Sinne zu dem, was die Wilhelmstraße wollte, auf den Plan gerufen werden.

Diese offene Kluft zwischen äußerer Politik und militärischer Planung begleitete die wilhelminische Ära von nun an durchgehend, bis sie sich in der Julikrise 1914, ebenso verwirrend wie verhängnisvoll, zu einem gähnenden Abgrund erweiterte.

Die ehrgeizige Absicht, der Freihandpolitik zu huldigen und die Briten an den Dreibund zu ziehen, ja für deutsche Belange dienstbar zu machen, hatte, recht betrachtet, kaum Chancen. Gewiß, bis 1892 hielt Lord Salisbury, ohne sich diesem deutschen Begehren auch nur im entferntesten zu fügen, am außenpolitischen Kurs einer distanzierten Parallelität mit dem Dreibund fest. Doch über diese im Unverbindlichen bleibende Geste hinaus, die im übrigen zunehmend äußerlicher wurde, gab es für das Reich inzwischen kein Druckmittel mehr, um darüber Hinausgehendes von Großbritannien verlangen zu können: Den dazu allein geeigneten, unbedingt notwendigen russischen Hebel hatten die Deutschen mutwillig aus der Hand gegeben!

Nur einen Monat nach der Kronstadter Begebenheit vom Juli 1891, die den einsetzenden »Umsturz der Bündnisse«[42] und die französich-russische Verbindung signalisierte, trat die englische Entschlossenheit deutlicher denn je zutage, die traditionelle Handlungsfreiheit des Inselstaates auf gar keinen Fall zugunsten einer nun erst recht nicht mehr erforderlichen Option für den Dreibund aufzugeben. Nahezu verzweifelte Anstrengungen unternahmen Holstein und Hatzfeldt im Herbst 1891, um Großbritannien gefügig zu machen. An den Meerengen versuchten sie, England in Frontstellung gegen Rußland zu bringen; in Ägypten und Marokko wollten sie Großbritannien die Gegnerschaft Frankreichs aufzwingen. Weil die Künstlichkeit solcher Versuche nicht verborgen blieb, waren die Rückwirkungen auf die englische Politik gegenüber dem Dreibund gleich Null.

Es drohte eine fast dramatische Verschlechterung der deutschen Position! Kein Wunder, daß einer der maßgebenden Protagonisten des radikalen Kurswechsels, Botschafter Hatzfeldt, schon sehr früh, noch vor dem ungünstigen Verlauf der Dinge im Sommer 1891, darüber nachdachte, wie sich die Lage für das Reich bei einem alles andere als erwünschten Regierungswechsel in Großbritannien und angesichts einer französisch-italienischen Annäherung ausnehmen werde: »Kommt einmal über Nacht die große europäische Krisis und wir stehen allein mit Österreich, ohne Italien und mit einem Ministerium Gladstone in England, ... so werden wir vielleicht genötigt sein, zu dem Bismarckschen Rezept zu greifen, und unseren Frieden mit Rußland und à tout prix, d.h. mit Aufopferung von Österreich, zu machen.«[43]

Im Sommer 1892 kam es zu diesem von Hatzfeldt in seinem Privatbrief an Holstein gefürchteten Umschwung in Großbritannien. Der neue Außenminister Lord Rosebery verließ Salisburys bewährten Kurs, dessen freundlich-ferne Haltung zum Dreibund für das Deutsche Reich alles in allem noch recht vorteilhaft gewirkt hatte. Von nun an verharrte England gegenüber Deutschland,

Österreich-Ungarn und Italien in einer sichtlich abgekehrten Position der überlegen abwartenden Neutralität. Für die kontinentalen Mächte, die sich in Blöcken zu formieren begannen, gewann Großbritannien zentrale Bedeutung: Der Mittelpunkt europäischer Politik verlagerte sich nach London! Weil die Briten im Vergleich mit dem Zarenreich an Unabhängigkeit gewonnen hatten und nicht mehr eine russisch-deutsche Kombination befürchten mußten, konnte England sich sogar aus seiner Teilnahme an der Seite des Dreibundes im Rahmen der Mittelmeer-Entente lösen. Der neue Außenminister war nicht dazu bereit, entsprechenden Wünschen der Deutschen weiterhin entgegenzukommen. Eine fortwirkende Geltung der Vereinbarung, gar eine Erweiterung ihres Bereichs wurde in verbindlicher Form nicht mehr bestätigt.

Anders als Hatzfeldt, der am Ziel des englischen Bündnisses weiterhin festhielt, rückte Holstein jetzt von Großbritannien ab. Denn inzwischen war bitter klar geworden: Eine deutsche Annäherung erwog Großbritannien überhaupt nur dann, wenn das Reich ihm als Juniorpartner entgegenkam. Ebendas aber war nach dem Verständnis der Berliner Staatsmänner zuviel verlangt. Vom August 1892 an schwenkte Holstein zur russischen Seite zurück. Sein riskantes Wendemanöver schien nicht ganz ohne Chancen zu sein, war die Allianz zwischen Sankt Petersburg und Paris doch noch längst nicht unauflöslich geschmiedet. Dennoch: Ungeachtet seiner Vorbehalte gegenüber dem republikanischen Frankreich der Großen Revolution verwarf der Zar eine schlichte Rückkehr zum System Bismarcks. Er verlangte entschieden mehr; im Grunde trat er noch fordernder auf als die Briten.

Was die Russen eigentlich wollten, konnte auch nicht durch ein deutsches Einlenken in dem zwischen beiden Staaten andauernden Zollkrieg erfüllt werden. Ebensowenig nützte demonstrative Nachgiebigkeit, die nunmehr in den Verhandlungen über den Handelsvertrag von deutscher Seite aus an den Tag gelegt wurde. Das außenwirtschaftliche Abkommen ersetzte eben nicht, wie die Deutschen voller Optimismus zeitweise glaubten, den Rückversicherungsvertrag, und zwar deshalb nicht, weil die Russen den bismarckschen Spieß inzwischen umgedreht hatten und ihrerseits über Deutschland verfügten. Die nur schwer umkehrbare Tendenzwende im deutsch-russischen Verhältnis trug zwei Möglichkeiten in sich, die jede auf ihre Weise für das Reich entweder bedrohlich oder unannehmbar erschienen.

Mit seiner Entscheidung für die französische Allianz, die er einerseits nur widerwillig fällte und die andererseits doch zwingend heranreifte, verband der Zar Deutschland gegenüber erschreckend radikale Vorstellungen. Sie stellten sogar den Bestand des Reiches – als Großmacht gewiß, als Nationalstaat möglicherweise – in Frage. In diesem Sinne sprach er sich im Frühjahr 1892 für das Bündnis mit Frankreich aus, um im Falle eines deutsch-französischen Krieges seinen westlichen Nachbarn ohne zeitlichen Verzug angreifen zu können. Die auf Deutschland lastende Ungunst der militärischen Zweifrontenlage gedachte er zielstrebig auszunutzen, um »die Fehler der Vergangenheit« zu beseitigen und das Reich niederzuwerfen.

Für den bündnispolitisch entgegengesetzten Fall einer deutschen Wiederannäherung an das Zarenreich aber verlangte er gleichsam »als Vorbedingung für eine deutsch-russische Verständigung die Anerkennung des russischen Führungsanspruchs«[44]. Damit wäre Deutschland, einem vergrößerten Preußen gleich, in seiner Entwicklung um Jahrzehnte zurückgeworfen worden. Unvermutet rasch fand sich das Deutsche Reich, nachdem der Lotse von Bord gegangen war, zwischen der russischen Scylla und der englischen Charybdis wieder, nachteilig auf den österreichisch-ungarischen Zweibundgenossen angewiesen, dessen Einfluß unangenehm wuchs. Während das überstürzte Wendemanöver gegenüber Rußland noch in vollem Gange war, wurde bereits spürbar, daß jene gute Beziehung zu England nicht mehr länger bestand, die Deutschland bislang das notwendige Gewicht dem Zarenreich gegenüber verliehen hatte. Im Gegenteil: In den kommenden Jahren verschlechterte sich das Verhältnis zu Großbritannien von Zwischenfall zu Zwischenfall.

Zu diesen kam es vornehmlich in ganz fernen Regionen der Welt. Selbstverständlich entstanden sie im jeweils spezifischen Zusammenhang erst einmal aus eigenständigen Motiven und Bedingungen. Dennoch ließ sich in ihnen, was die deutschen Absichten betraf, nicht selten das Ziel ausmachen, entweder England zu treffen, um es zum Einlenken zu bewegen, oder Rußland zu drohen, um es zum Kommen zu veranlassen. Darüber hinaus trat bei solchen Gelegenheiten immer wieder jenes abstoßende Prestigegebaren hervor, dem sich der deutsche *homo novus* auf der weltpolitischen Bühne beträchtlich stärker hingab als die *beati possidentes* der Staatenwelt. Von parvenühafter Unsicherheit getrieben, suchten die Deutschen, so jedenfalls mußte es den anderen zuweilen vorkommen, sogar dort Händel, wo diese ganz überflüssig erschienen. Auf diese Weise einen der beiden Großen an Deutschlands Seite zu locken, mißlang denn auch rundum. Berlins aufdringlicher Aktionismus trug im Gegenteil dazu bei, Briten und Russen gründlich zu verprellen und die beiden Weltmächte der Tendenz nach auf den Weg der Verständigung zu verweisen. Doch bis dahin war es noch eine lange Strecke mit unübersichtlichen Windungen und entscheidungsoffenen Kreuzungen, deren Existenz darauf verweist, daß der Gang der Dinge auch eine andere Richtung hätte nehmen können.

Am Jahresende 1892 kam es zwischen Großbritannien und dem Deutschen Reich zum Streit über den Eisenbahnbau im türkischen Anatolien. Den Deutschen für die Fortführung der Strecke bis zu dem südlich von Ankara gelegenen Konia die Konzession zu überlassen, lehnten die Briten ab; umgehend ließ ihr Widerstand das Reich auf Gegenkurs zur englischen Ägyptenpolitik einschwenken. Daß man sich letztendlich über das jeweils Strittige zu einigen verstand, blieb doch auf Dauer hinter einer nicht mehr weichenden Verstimmung zwischen Berlin und London zurück.

Schon im Sommer des darauffolgenden Jahres verfolgte das Reich den zwischen Großbritannien und Frankreich in Siam hin- und hergehenden Konflikt mit unverhohlener Enttäuschung. Es hoffte auf ein beherztes Auftreten der Briten, um die Schiedsrichterrolle zwischen den Entzweiten übernehmen zu können. Es schien sogar darauf spekuliert zu haben, mit den Engländern zusammen antifranzösische Politik betreiben zu können, die kontinentale Folgen zeitigen sollte. Allein, das britisch-französische Zerwürfnis vermochte friedlich beigelegt zu werden. Mit ihren Empfindungen über die schlappe Haltung der Engländer hielten die Deutschen nicht hinter dem Berg. Grundsätzlich verkannten sie darüber, daß Großbritannien und Frankreich ebenso wie England und Rußland, anders als das Deutsche Reich, über genügend koloniale Masse verfügten, um sich auf diplomatischem Wege arrangieren und die kriegerische Auseinandersetzung vermeiden zu können.

Mit zunehmendem Befremden beobachteten die deutschen Staatsmänner sodann die britische Reaktion, als der österreichisch-ungarische Außenminister Kalnóky unter dem dominierenden Eindruck einer italienischen Entfernung vom Dreibund daranging, die lahmende Formation zu aktivieren, und vor allem danach trachtete, England zu gewinnen. Definitiv wollte der Ungar die Briten dazu bewegen, sich über ihre Haltung in der Meerengenfrage zu erklären und endlich an die Seite des Dreibundes zu treten. Damit sollte Italien bei der Stange gehalten und nicht zuletzt das Deutsche Reich stärker für die südosteuropäischen Belange der Habsburgermonarchie gewonnen werden. Doch England verharrte in spröder Zurückhaltung und ließ sich kein entgegenkommendes Wort mehr als die karge Feststellung entlocken, einer durch Frankreich verursachten Niederlage Italiens werde es nicht gleichgültig zusehen. Für den Dreibund war das eine unbefriedigende Auskunft. Das Auswärtige Amt in Berlin wurde nur darin bestärkt, die abrupte Rückwendung zur russischen Seite hin fortzusetzen.

Diese Neigung zur Reorientierung nach Osten nahm noch zu, als Lord Rosebery seinerseits den Dialog mit der Doppelmonarchie zu Anfang des Jahres 1894 wiederaufnahm. Mit seiner Initiative wollte er nunmehr, in spiegelbildlicher Verkehrung des zuvor von Kalnóky Versuchten, den Dreibund für britische Zwecke gewinnen. Für den Fall eines Krieges zwischen seinem Land und dem Zarenreich an den Meerengen, den England auf keinen Fall in erobernder Absicht, sondern nur um der defensiven Bewahrung des Bestehenden willen zu führen gedachte, wollte er sich der Hilfe des Dreibundes gegen Frankreich versichern.

Das englische Ansinnen, gar nicht von vornherein mit militärischem Einsatz gegen Frankreich vorzugehen, sondern es erst einmal mit politischen Mitteln gegen russische Anfälligkeiten zu immunisieren, verfiel der unmißverständlichen Ablehnung durch Deutschland. Das Risiko, auf diese Weise mit dem verfeindeten Nachbarn im Westen in einen Krieg verwickelt zu werden, kam den

Deutschen zu groß und insbesondere zu unkalkulierbar vor. Zu einer solchen Konzession, die in der Tat weit ging und schwer überschaubar blieb, waren sie nur dann bereit, wenn sich England regelrecht und dauerhaft mit dem Dreibund zu verbinden versprach. Daß Großbritannien, wenn man ihm weiterhin nur die kalte Schulter zeigte, zu einer Verständigung mit Rußland geradezu getrieben werden könnte, traf in Deutschland auf Unglauben. Die vorausschauenden Warnungen des österreichisch-ungarischen Außenministers, der, wenn es schon nicht zum Bündnis reichte, nach irgendeiner Verbindung mit England strebte, verpufften. »Walfisch« und »Bär«, wie es in der Sprache der Zeit hieß, seien auf immer verfeindet, lautete die Prämisse deutscher Außenpolitik. Angesichts der so eingeschätzten Weltkonstellation das ohne Zweifel hohe Risiko eines Krieges gegen Frankreich – ohne Not, wie es schien – auf sich zu nehmen, leuchtete nicht ein. Das Verhältnis zu Großbritannien aber entwickelte sich nicht eben vorteilhaft!

Denn nach den Zwistigkeiten im Nahen Osten, in Asien und in Europa häuften sich nun auch die Reibereien ganz marginaler Art in anderen, weit entfernten Winkeln der Erde, von Südwestafrika über Singapur bis nach Samoa. Selbst in die englisch-französischen Rivalitäten in Schwarzafrika und um Ägypten ließ sich die deutsche Außenpolitik, von unstet suchender Aktivität verführt, in beinahe überflüssiger Weise hineinziehen. Im März 1894 kam sie den Franzosen durch eine territoriale Abtretung des kamerunischen Hinterlandes entgegen, das sie ihrerseits erst kurz zuvor von England erhalten hatte. Damit begünstigte sie den französischen Imperialismus in seinem west- und mittelafrikanischen Ausdehnungsdrang und legte dem gegenläufigen Streben der Briten indirekt Steine in den Weg. Weil Caprivi, beileibe kein »Kolonialschwärmer«, offenbar noch einmal den Anlauf zu einem sogar Elsaß-Lothringen umfassenden Ausgleich mit Frankreich nehmen wollte, wurden die Engländer erneut vor den Kopf gestoßen – und zwar zu einer Zeit, als die russische Rückwendung der deutschen Außenpolitik längst noch nicht gelungen, vielmehr höchst zweifelhaft war.

Als Großbritannien seinerseits in einem am 12. Mai 1894 abgeschlossenen Vertrag mit dem Kongostaat Frankreich und Deutschland überspielte und sogar gültige Rechtsansprüche des Reiches verletzte, da fiel der deutsche Protest, der in der Sache berechtigt war, in der Form so heftig aus, daß sich der Streit vertiefte. Die bewährte Politik der ungebundenen Parallelität zwischen Großbritannien und dem Dreibund war unübersehbar zerfallen; weltweit häuften sich die deutsch-englischen Konflikte. Nunmehr sah sich die britische Regierung, obwohl sie sich mit dem jüngsten Vertragsabschluß ins Unrecht gesetzt hatte, dazu genötigt, den deutschen Tadel vom 27. Mai unmißverständlich zu rügen. So rüde, wie das Reich sich geäußert habe, könne man »mit Monaco umgehen«[45], aber nicht mit England.

Wenn die Sache auch friedlich beigelegt werden konnte und Rosebery am

Jahresende 1894 sogar erklärte, sein Land wolle weiterhin auf gutem Fuß mit dem Dreibund verkehren, blieb doch unverkennbar, daß ein großes Mißtrauen auf dem Verhältnis zwischen Deutschland und Großbritannien lastete. Diese nachhaltig wirksame Tatsache ließ die englische Außenpolitik einen alles andere als leicht beschreitbaren Weg suchen, den Staatssekretär Marschall, durch den österreichischen Zweibundpartner warnend darauf hingewiesen, einfach für ungangbar erklärte. Rosebery sondierte nämlich die Annäherung Englands an Rußland; im November 1894 führte das zu einer begrenzten Verständigung zwischen den globalen Konkurrenten im mittelasiatischen Pamirgebiet. Ja, der britische Außenminister erwog Entsprechendes sogar gegenüber Frankreich, was sich aufgrund der englischen Okkupation von Ägypten vorläufig noch viel schwieriger anließ. Immerhin: Großbritannien besaß, und zwar in erheblichem Ausmaß, Handlungsspielraum, der Deutschland abging! Insofern waren Entwicklungen möglich, die man in Berlin für ausgeschlossen hielt, die einfach am Reich vorbeilaufen konnten und die Deutschland schlicht ins Abseits der Weltpolitik zu drängen vermochten.

Ungeachtet der verdeckten Existenz dieser vorläufig noch nicht wahrgenommenen Gefährdung wuchsen die deutsch-englischen Dissonanzen. Von der Seite des Reiches aus wurden sie beileibe nicht gemieden, sondern in überzogener Gleichberechtigungssucht oftmals gesucht. Die bestehenden Meinungsverschiedenheiten zwischen beiden Staaten vertieften sich nochmals, als der 1895 wieder ins Amt gekommene Premierminister Salisbury, vorsichtig und unbestimmt, den immer wieder einmal debattierten Gedanken an eine Aufteilung des Osmanischen Reiches erneut zur Diskussion stellte. Viel entscheidender als die akuten Zwistigkeiten, die daraufhin zutage traten, wurde die dauerhafte Tatsache, daß von hier aus eine geschichtsmächtige Entwicklung ihren langwirkenden Anfang nahm.

Das nachlassende Interesse der Briten am Bestand des Osmanischen Reiches brachte es mit sich, daß sie ihre imperiale Verteidigungslinie vom Jahre 1895 an von Konstantinopel nach Kairo verlegten. Das Deutsche Reich wiederum hatte sein wirtschaftliches und militärisches Engagement in der Türkei mittlerweile erheblich gesteigert. Zudem war es mit der Habsburgermonarchie, deren geradezu existentielles Interesse am gefährdeten Fortbestand des türkischen Imperiums auf der Hand lag, exklusiver als jemals zuvor verbündet: Mithin waren es die Deutschen, die jetzt in Konstantinopel anstelle der Briten gegen die Russen Position bezogen. Nur wenige Jahre waren vergangen, daß Bismarck angesichts des traditionellen Desinteresses des Deutschen Reiches gegenüber der orientalischen Frage Rußland und Großbritannien in die osmanische Sackgasse gelockt hatte; jetzt verstand England es, ohne sich an das Deutsche Reich zu binden oder ihm irgendein kompensatorisches Entgegenkommen zu gewähren, Deutsche und Russen an den Meerengen in konfrontierende Ausgangsstellungen zu manövrieren.

Als sich Briten, Russen und Franzosen, die sich im übrigen viel eher voll Mißtrauen belauerten, als daß sie gemeinsam zu handeln imstande gewesen wären, anschickten, die »armenischen Greuel« beizulegen, mit denen der Sultan in den Jahren 1894/95 die zivilisierte Welt einmal mehr entsetzte, ging es wiederum nicht ohne deutsch-englische Spannung ab. Das Reich wollte zumindest gefragt, ja beteiligt sein – zumal es den Verdacht hegte, Großbritannien taste sich, ohne auf die Deutschen Rücksicht zu nehmen, an die türkische Erbschaft heran. Erneut nahmen die deutsch-englischen Beziehungen Schaden. Darüber hinaus aber scheiterte auch der Versuch Berlins, in diesem Zusammenhang mit Sankt Petersburg gemeinsam zu handeln, um dessen Draht nach Paris zu kappen.

Am gefährlichsten brach der deutsch-britische Gegensatz zu Anfang des Jahres 1896 auf, als das Reich an der englischen Südafrika-Politik Anstoß nahm: Zweifellos vergiftete die nur kurz darauf eingeleitete Flottenrüstung des wilhelminischen Deutschland das Verhältnis zu England weit nachhaltiger; im zeitgenössischen Zusammenhang wirkte dagegen das burische Zerwürfnis zwischen Briten und Deutschen ungleich heftiger, nämlich viel unmittelbarer.

Am letzten Tag des Jahres 1895 traf in Berlin eine Nachricht ein, die vor allem Kaiser Wilhelm II. elektrisierte. Schon in den zurückliegenden Monaten hatte sich der Monarch wiederholt gegenüber dem britischen Militärattaché in Berlin, Colonel Swaine, zu den Beziehungen zwischen beiden Staaten geäußert. Seine temperamentvollen Vorhaltungen mündeten in den halb drohend erhobenen, halb werbend gemeinten Vorwurf ein, Premierminister Salisbury handele unklug, wenn er nicht das Bündnis mit dem Reich suche. Nun wurde dem Herrscher der berühmt-berüchtigte »Jameson-Raid« gemeldet. Dr. Jameson, ein führender Repräsentant der britischen »South Africa Company«, war auf eigene Faust und ohne Billigung der Londoner Regierung mit einer Streitmacht von etwa 500 Mann von Betschuanaland aus in das von den Buren beanspruchte Gebiet des Transvaal eingefallen. Der Vorfall wühlte den Kaiser auf: Er drängte zu einer isolierten Aktion des Deutschen Reiches gegen Großbritannien. Am 3. Januar erschien Wilhelm II. persönlich in der Reichskanzlei! Den Burenpräsidenten Ohm Krüger wollte er unterstützen, die deutsche »Schutzherrschaft« über den Transvaal anbieten und seine Marineinfanterie auf Kriegsschiffen nach Südwestafrika entsenden. Mit fataler Wahrscheinlichkeit hätte solche Reaktion die afrikanische Marginalie zum globalen Krieg gesteigert. Deutschland und England wären unter beengender Beimischung militärischer Drohungen in eine direkte Konfrontation geraten.

Staatssekretär Marschall, der den Ernst der Lage durchaus erkannte, gelang es, obwohl sein Verhältnis zum Kaiser ansonsten denkbar schlecht war, den erregten Monarchen von seiner kriegsschwangeren Idee vorläufig abzubringen. Statt dessen schlug er ihm vor, dem Präsidenten Krüger erst einmal per Telegramm einen Glückwunsch zu schicken, weil es den Buren gelungen war, den Handstreich der Eindringlinge abzuwehren. Das beschreibt den Ursprung jener Krüger-Depesche, die das deutsch-englische Verhältnis tiefgehend störte und sich im kollektiven Gedächtnis beider Völker festsetzte. Auf die verhängnisvollen Konsequenzen einer solchen telegraphischen Initiative wies denn auch umgehend der Vortragende Rat von Holstein hin, der in einem Vorzimmer den Gang der Unterredung mit dem Monarchen abgewartet hatte. Doch es bestand keine Chance, den Staatssekretär von dem abzubringen, was er dem Kaiser soeben geraten hatte – nicht ohne Grund, wie man trotz allem einräumen muß, denn: Als bekannt wurde, was Wilhelm II. eigentlich wollte, erschien die Depesche in der Tat als das kleinere Übel!

Dessenungeachtet steht fest: Großbritannien wurde mit dieser im Grunde überflüssigen Sympathiebekundung für die Buren unnötig provoziert. Dies gilt um so mehr, als der Einfall des Dr. Jameson inzwischen gescheitert und Lord Salisbury schon dabei war, die leidige Angelegenheit beizulegen. Die deutschen Glückwünsche für Ohm Krüger, er und die Buren hätten sich, ohne die Hilfe anderer Mächte zu beanspruchen, aus eigener Kraft behaupten können, goß Öl in das bereits niedergehende Feuer.

Den antideutschen Protesten in England entsprach eine antibritische Stimmung im Reich, welche die deutsche Öffentlichkeit in kräftige Wallung brachte. Schrill wurde der weltpolitische Anspruch des Reiches reklamiert und trotzig die Forderung nach einer großen Flotte erhoben. Ohne Augenmaß für die sich abzeichnenden Folgen hoffte Holstein auf einen »kleinen diplomatischen Erfolg für Deutschland und eine kleine politische Lektion für England«[46]. Verblendet täuschte er sich mit solcher Erwartung über die Realität hinweg. Überschätzt wurden die eigenen Möglichkeiten, die begrenzt waren, und verkannt wurden die verhängnisvollen Wirkungen, die weit reichten. Der deutsche Anspruch, England gegenüber in allen Teilen der Welt auf umfassender Gleichberechtigung zu bestehen, erinnerte auf fatale Weise an jenes »Periklitieren«, vor dem Bismarck gegen Ende seiner Regierungszeit eindringlich gewarnt hatte. Es entfremdete Großbritannien und das Deutsche Reich nämlich nicht allein für den bitteren Moment der andauernden Spannung, sondern ließ die belastende Erinnerung daran selbst nach fortgeschrittener Zeit immer wieder aufkommen – und das nicht zuletzt deshalb, weil die antienglische Stimmung des Transvaal-Zwischenfalls in die nunmehr eingeleitete Ära der wilhelminischen Flottenpolitik überging und diese anfangs kräftig trug.

Doch bereits bevor diese weltpolitische Entscheidung in der Ära Bülow/Tirpitz definitiv fiel, kreuzte das deutsche Staatsschiff, pausenlos unter Volldampf, aber ohne festes Ziel, auf gefährlichem Kurs. Wie in einem verwirrenden Nachspiel zu seinem aktionistischen Interventionsdrang während des südafrikanischen Konfliktes legte Deutschland sich in der andauernden Orientkrise eine undurchsichtige Selbstgenügsamkeit auf und verharrte in stolzer Zurückhaltung. Dagegen versuchten die europäischen Mächte gemeinsam, das erneut virulent gewordene kretische Problem beizulegen. Nicht zuletzt durch eine Flottenblockade gelang es, die Forderung der Kreter einzudämmen, mit dem griechischen Mutterland eins zu werden. Der Versuch, den Krieg der Griechen gegen die Türken in Makedonien zu unterbinden, blieb dagegen vergeblich. Die militärische Auseinandersetzung dauerte bis zum Mai 1897 an und ließ die allzuoft totgesagten Osmanen wieder einmal siegen.

Was die Deutschen und im Grunde auch ihr österreichischer Zweibundpartner zu den Friedensbemühungen der übrigen Großmächte beitrugen, war kaum der Rede wert. Verständlicher, berechtigter Argwohn beschlich die europäischen Partner der Staatenwelt, das Deutsche Reich spekuliere offensichtlich darauf, im trüben zu fischen. Sollten sich die anderen bei südosteuropäischen Händeln doch ruhig die Köpfe einschlagen, selbst hielt man sich zurück und sein Pulver trocken. Man täuschte Desinteresse vor und wahrte gerade dadurch seine Belange, suchte scheinbar die Abstinenz und nahm tatsächlich den eigenen Vorteil. Was bei oberflächlicher Betrachtung an Bismarcks Diplomatie erinnern mochte, entpuppte sich bei näherem Hinsehen allerdings als etwas ganz anderes: Die vermeintliche Gunst der freien Hand glich, weil sich die »politische Gesamtsituation« inzwischen radikal verändert hatte, bereits arg einer fatalen Isolierung.

Dem Caprivi 1894 im Amt nachfolgenden Reichskanzler Hohenlohe gelang es noch eine Zeitlang, den Kurs der fehlenden Linie als eine Politik vorteilhafter Unabhängigkeit erscheinen zu lassen. Tatsache war, daß Deutschland seit der Krüger-Depesche in Großbritannien als Rivale angesehen wurde. Vom ursprünglichen Ziel des »Neuen Kurses«, der Großbritannien an Reich und Dreibund zu binden vorgehabt hatte, war man, vorläufig jedenfalls, weiter entfernt als jemals zuvor. Allein auf sich gestellt, wogen die Deutschen, was ihr Kräftemessen mit den Engländern anging, einfach zu leicht; das zur austarierenden Balance notwendige Gegengewicht des Zarenreichs hatten sie leichtfertig fallengelassen. Insofern leuchtet ein, daß der einer Verbindung mit Rußland zuneigende Hohenlohe im Jahre 1897 die Nichtverlängerung des Rückversicherungsvertrages als »die größte Sottise«[47] der deutschen Außenpolitik seit Bismarcks Entlassung verurteilte.

Das Deutsche Reich war bereits gefährlicher zwischen die Fronten der internationalen Politik geraten, als das den Verantwortlichen in Berlin bewußt sein mochte. Denn Bernhard von Bülow, der unter dem grandseigneuralen Regiment Hohenlohes durch die Gunst des selbstherrlichen Kaisers und die Intrigen der höfischen »Entourage« ins Zentrum der Macht gelangt war, wo er nach dem großspurigen Wort Wilhelms II. vom ersten Weihnachtstag 1895 »mein Bismarck werden«[48] sollte, empfahl am 20. Oktober 1896 mit weltläufiger Ignoranz, Großbritannien und Rußland »gegenüber in pomadiger Reserve [zu] bleiben«[49]. Holstein, der die allgemeine Lage insgesamt hintergründiger und ahnungsvoller einschätzte, fand an dem verhängnisvollen Ratschlag *nolens volens* Gefallen: Weil die geplante Annäherung an England ebenso mißlungen war wie die versuchte Rückwendung zu Rußland, machte er aus der Not eine Tugend und erhob das bis dahin im Prinzip verbindliche »Freihand«-Konzept nunmehr zum geradezu absoluten Maßstab deutscher Außenpolitik.

Wollte man vorher, mit England oder mit Rußland zusammen, aus einer Position der Ungebundenheit über die Probleme der Weltpolitik entscheiden, blieb mittlerweile gar nichts anderes übrig, als sich ohne die Verbindung mit Großbritannien oder mit dem Zarenreich diese Freiheit einfach zu nehmen. Die Kehrseite solch waghalsigen Anspruchs war die drohende Isolierung; die unübersehbare Stärke der reklamierten Bindungslosigkeit verwies auf eine empfindliche Schwäche der äußeren Politik des Reiches; das stolze Alleinsein, nur auf den österreichischen Allianzpartner gestützt, aber durch seine lastende Hilfe auch unverkennbar beschwert, wies problematische Züge von zunehmender Überanstrengung auf.

Dieser schwerlich verbesserungsfähige Zustand ließ sich entweder durch eine Option im Sinne unterordnender Anlehnung an eine der beiden Weltmächte lindern; das freilich lief dem Selbstverständnis der jungen Nation, die sich vor Kraftgefühl kaum zu bergen wußte, direkt entgegen. Oder es blieb übrig, die leidige Misere durch eine außenpolitische Offensive zu überwinden, die das überkommene Erbe der kontinentalen Enge zu sprengen versuchte. Andere Alternativen deutscher Außenpolitik existierten kaum. Denn der kühne Gedanke, unter Führung des Reiches eine unüberwindbare Kontinentalliga gegen die angelsächsischen Seemächte der Briten und Amerikaner zu schmieden, war von vornherein kaum mehr als ein verführerisch gefährlicher Traum.

Die Kontinentalliga

Die napoleonische Idee vom kontinentaleuropäischen Block spielte im Verlauf der wilhelminischen Außenpolitik zumindest zeitweise eine gewisse Rolle. Ihre Ursprünge waren vor allem mit der unsteten Persönlichkeit und den schillernden Vorstellungen des Kaisers eng verbunden. Die Konstruktion eines Kontinentalbundes tauchte 1895 auf und beschäftigte, für etwa ein Jahrzehnt lang, immer wieder einmal die schweifenden Überlegungen der außenpolitisch Verantwortlichen. Zu Recht ist davon gesprochen worden, daß solche Erwägungen mit Regelmäßigkeit dann hervortraten, »wenn ein Tiefpunkt in den deutschenglischen Beziehungen erreicht war«[50]. Diese Tendenz gehört gewissermaßen zur Tradition der europäischen Staatengeschichte. Seit dem Beginn der Neuzeit war im Spannungsfeld zwischen Hegemonie und Gleichgewicht von Zeit zu Zeit immer wieder von dem ehrgeizigen Plan die Rede, die Einigung des Kontinents unter der Führung einer Vormacht als Mittel antibritischer Politik einzuschätzen. Dieses historische Muster werden wir in spezifischer Konstellation deutscher Außenpolitik auf ihrem Weg bis zum Jahre 1945, vor allem während des Ersten und Zweiten Weltkrieges, immer wieder entdecken.

Wie gesagt: Es war der Monarch, der von diesem blendend wirkenden Gedanken angezogen wurde; fast gleichzeitig beschäftigte die betörend kühne Idee das Auswärtige Amt. Was für den einen, wenn er denn überhaupt jemals gründlich darüber nachgedacht hat, ein eigenständiges Ziel beschrieb, das schien dem Vortragenden Rat Holstein eine Handhabe zu bieten, um die Briten zu isolieren und zur Annäherung an das Reich zu bewegen.

Vor diesem Hintergrund bezog Deutschland im Japanisch-Chinesischen Krieg der Jahre 1894/95 Stellung. Das Reich trat Rußland und Frankreich an die Seite, die sich im übrigen nur widerwillig, fast dissonant zu gemeinsamem Handeln zusammengefunden hatten. In der Tonlage unversöhnlicher als alle anderen Beteiligten, machte Deutschland regelrecht Front gegen Japan. Das zielte gegen Großbritannien, das einen russischen Erfolg in Ostasien nicht dulden konnte. Indes: Mehr als eine von den Deutschen verursachte Verstimmung der Japaner, die beträchtlich viel von den im Frieden von Schimonoseki im April 1895 den Chinesen entwundenen Gewinnen zurückgeben mußten, kam bei der deutschen Einmischung nicht herum. Die ostasiatische »Gelegenheitsgruppe«, die sich gegen Japan und England gebildet hatte, blieb ohne Bestand. Großbritannien wurde keineswegs zum Einlenken gezwungen; die temporäre Frontstellung gegen England reichte allein nicht aus, um Frankreich und Rußland für die im Unbestimmten bleibende Idee eines Kontinentalbundes zu gewinnen.

Die von Selbstsucht getäuschte Hoffnung der Deutschen scheiterte von vornherein am elsaß-lothringischen Hindernis. Hinzu kam, daß der russisch-französische Zweierverband der Führung aus Berlin keineswegs bedurfte. Es nutzte auch nichts, daß der Kaiser im Sommer 1895 die russische Westgrenze zu garantieren in Aussicht stellte, um dem Zarenreich für seine ostasiatische Kulturmission die erforderliche Rückenfreiheit zu gewähren. Seine exaltiert anmutenden Bekenntnisse, wonach Europas Völker ihre »heiligsten Güter« gemeinsam gegen die fernöstliche Gefahr verteidigen sollten, verhallten ohne Resonanz: Die Bemühungen, eine Kontinentalliga zusammenzubringen, verloren sich rasch im Unrealisierbaren.

In funktionaler Absicht versuchte dagegen Holstein, sich dieses Konzepts anzunehmen. Seit Ende 1895 näherte er das Reich planmäßig an Rußland und Frankreich an, um mit der Drohung der kontinentalen Machtfülle die Briten für die eigene Sache zu gewinnen. Einst hatte Bismarck mit dem englischen Faktor die russische Freundschaft gefestigt und mit dem russischen Gewicht die britische Orientierung gebunden. Ohne die dialektische Balance des realen Austarierens sollte jetzt, allein durch die schemenhafte Drohung mit dem Kontinentalbund, die englische Weltmacht in Verlegenheit gebracht und zum Kommen bewegt werden. Daß solch vages Vorhaben scheiterte, kann nicht überraschen. Es mißlang selbst, als Holstein im Zuge der für England kritischen Transvaal-Krise den entsprechenden Versuch unternahm. Denn Großbritannien fühlte sich, weil Russen und Franzosen sich nun einmal nicht so verhielten, wie die Deutschen das wünschten, keineswegs kraß isoliert.

Der ehrgeizige Versuch mißlang erneut, als England im Zuge der kretischen Wirren zeitweise wirklich allein dastand. Indes: Der periphere Anlaß war viel zu gering, um genügend Schubkraft zu entwickeln, die europäische Konstellation grundlegend neu zu formieren. Die überschwengliche Hoffnung des Kaisers, sogar der Stärkste, also Großbritannien, müsse einlenken, wie er Zar Nikolaus II. sinngemäß zu überzeugen versuchte, wenn der gesamte Kontinent in ungebrochener Front zusammenhalte, erfüllte sich nicht. Als Wilhelm II. den russischen Monarchen im September 1896 in Breslau traf, gab er die anvisierte Einigung des europäischen Kontinents sogar als schlichtes Erfordernis aus, um sich den Vereinigten Staaten von Amerika gegenüber behaupten zu können.

Anders als die durchaus ernst zu nehmenden Versuche einer wirtschaftlichen Blockbildung, die in der Caprivizeit bis zu einem gewissen Grad antiamerikanische Färbung trugen, handelte es sich bei den eher unverbindlichen Entwürfen für eine politische Kontinentalliga um nicht mehr als belanglos-gefährliche Spukgebilde – und damit hatte es auch zukünftig sein Bewenden. Die allgemeine Lage war einfach nicht danach, einen deutsch geführten Kontinentalbund gegen England und die Vereinigten Staaten von Amerika entstehen zu lassen; daher mußte Großbritannien eben nicht, worauf Holstein erwartungsvoll setzte, klein beigeben. Ungeachtet seiner weltpolitischen Rivalität mit Rußland und seiner akuten Spannungen mit Frankreich in Nordafrika und Ägypten hatte sich Englands Position alles in allem verbessert. Das Deutsche Reich, in dem Machtverfall und Kraftgefühl wie zwei Seiten einer Medaille nebeneinander existierten, hatte dagegen erheblich an Boden verloren.

Machtverfall und Kraftgefühl

Welche Bilanz deutscher Außenpolitik läßt sich sieben Jahre nach dem Rücktritt Otto von Bismarcks ziehen? Der Glanz wirtschaftlicher und militärischer Stärke ließ die Zeitgenossen nicht im entferntesten so klar erkennen, was sich im Rückblick deutlich abzeichnet: In nahezu dramatischem Umfang hatte das Deutsche Reich im internationalen Feld Einbußen hinnehmen müssen. Die Nachfolger des Reichsgründers hatten mit dem Wandel der Weltpolitik, die sie zu steuern meinten und von der sie doch zunehmend abhingen, kaum zu verkennende Schwierigkeiten. Der außenpolitische Einfluß des Reiches, in Friedenszeiten bis zu einem gewissen Maße die unmittelbare Ausformung von tatsächlicher Macht, war beträchtlich zurückgegangen. Die ökonomisch geprägte Mitteleuropa-Konzeption der Ära Caprivi hatte nicht dazu beitragen können, das eigentliche Dilemma der deutschen Großmacht, nämlich ihre Abhängigkeit von den Weltmächten Großbritannien und Rußland, durch Vergrößerung der eigenen Machtbasis zu lindern.

Diese Feststellung gilt um so mehr für die Außenpolitik seines Nachfolgers Hohenlohe, die wir bis in das Entscheidungsjahr 1897 hinein verfolgt haben. Die Schattenexistenz dieser Kanzlerschaft war in erster Linie eine Zeit der innen- und außenpolitischen, vor allem auch der personalpolitischen Inkubation: Mit der Amtsübernahme der Staatssekretäre von Bülow und von Tirpitz ging sie vom Jahre 1897 an in eine neue Phase der wilhelminischen Epoche über, die sich von der Ära Bismarck ebenso grundlegend abhob wie von der Regierung Caprivis. Ihre ehrgeizige Welt- und Flottenpolitik wurde vor dem verwirrenden Hintergrund eines ziemlich desolaten Terrains eröffnet: Innerhalb seiner verschwimmenden Grenzen regierten Zerfahrenheit und Chaos stärker als Berechenbarkeit und Ordnung.

Die Macht des Bismarckschen Deutschland hatte darin bestanden, Europa im vorteilhaften Zustand des flexiblen Gleichgewichts zu halten: Dieser überließ dem Berliner Zentrum die indirekte Führung. Funktion und Sinn des jungen Reiches manifestierten sich gerade in der Aufgabe, den allgemeinen Frieden zu wahren und, gleichzeitig damit, die eigene Existenz zu sichern. Der von den Nachfolgern des Reichsgründers eingeleitete Kurswechsel zielte dagegen auf die überschaubare Ausbildung klarer Fronten. Sie förderten eine Aufspaltung Europas in Blöcke. Diese Tendenz entkleidete Berlin seiner zentralen Rolle. Im März 1897 kommentierte der französische Außenminister Gabriel Hanotaux das deutsche Abseitsstehen während der kretischen Krise mit den schwerwiegenden Worten: »C'est la fin du concert européen«[51]. Im übertragenen Sinne bezog sich die zutreffende Bemerkung auf Deutschlands zwanzig Jahre lang dominierende Stellung, die es den zuwiderlaufenden Tendenzen der Weltpolitik beständig abzuringen verstanden hatte.

Das Gravitationszentrum europäischer Politik hatte sich inzwischen nach Großbritannien verlagert. Durch die Spannung zwischen Dreibund und Zweierverband hatte England noch mehr Spielraum gewonnen, als es aufgrund seiner Weltmachtposition ohnehin schon besaß. Auch Rußland und Frankreich hatten an Gewicht und Einfluß zugenommen; sie konnten, weil sie in Europa den Zweibund gemeinsam in Schach hielten, auf Dauer sogar ihre weltpolitischen Aktivitäten verstärken. Deutschland dagegen kettete sein Schicksal notgedrungen enger an die Habsburgermonarchie, mußte italienischen Zudringlichkeiten nachgeben und sogar die Forderungen kleinerer Staaten ernstnehmen, die ihm bis dahin lediglich als Objekte gedient hatten.

Während die Staaten des alten Erdteils noch vor wenigen Jahren dem Deutschland Bismarcks mit respektvollem Vertrauen begegnet waren, ließ sich mittlerweile eine bedenkliche Entfremdung des Reiches von Europa nicht mehr länger verkennen. Auf einmal sah sich Deutschland der Gefahr einer Isolierung ausgesetzt: Selber hatte es Tendenzen der internationalen Politik initiiert, gefördert und zugelassen, deren ungünstige Auswirkungen es inzwischen zu spüren bekam. Vor allem Rußland und England hatten zuvor bestehende Bindungen abgestreift, mit denen das Deutsche Reich die beiden Großen gegenseitig neutralisiert und an sich gezogen hatte. Der Rückversicherungsvertrag war nicht verlängert worden, ohne daß er in irgendeiner Art und Weise durch Entsprechendes zureichend ersetzt wurde. Großbritannien hatte sich zwischen 1892 und 1896 aus der Mittelmeer-Entente und dem Orientdreibund gelöst, ohne daß Deutschland, vom russischen Partner geschieden, dagegen etwas Wirksames zu tun vermochte. Denn seit 1895 standen sich nicht mehr, wie einst zu Bismarcks Zeiten, Russen und Briten in Konstantinopel gegenüber. Durch geschickten Kurswechsel in der orientalischen Frage war es England vielmehr gelungen, die Deutschen in die türkische Falle zu locken, wo sie von nun an bis in die Liman-von-Sanders-Krise der Jahre 1913/14 hinein den Russen begegnen sollten.

Die Machteinbuße des Reiches, an der nicht länger zu zweifeln war, schlug sich vor allem darin nieder, daß Rußland inzwischen, zumindest der Tendenz und den Möglichkeiten nach, die begehrte Erbschaft jener günstigen Schlüsselposition angetreten hatte, die bislang vom Bismarckschen Deutschland behauptet worden war: Mit Hilfe des Zweierverbandes konnten sich die Russen, wie Bismarck zuvor mit der Stütze des Zweibundes, vergleichsweise leicht den begehrten Vorteil nehmen, eine Verbindung mit dem westlichen Nachbarn als Rückversicherung einzugehen, falls sie das wünschten. Eben zu diesem Zweck hatte der Reichsgründer zu seiner Zeit den »Draht nach Petersburg« gezogen. Dagegen war mittlerweile fast unwahrscheinlich geworden, daß sich noch einmal das Umgekehrte ergeben sollte, also die Rückkehr des Zarenreiches in eine Partnerschaft, die von Deutschland dominiert wurde.

Was aber England anging, zeigte sich die Unabhängigkeit seiner europäischen und globalen Außenpolitik, die bereits während der achtziger Jahre sichtbar geworden war, jetzt noch viel deutlicher. Anders als Holstein vermutet hatte, bemühte Großbritannien sich keineswegs darum – gleichsam als natürliche Reaktion auf die zwischen Frankreich und Rußland entstehende Allianz, also nach den Signalen von Kronstadt und Toulon – Anschluß an den Dreibund zu suchen. Das Gegenteil war der Fall. In Europa, wo Franzosen und Russen dem zwischen ihnen liegenden Reich sogar ernsthaft drohten, kam es nicht zu einer Einigung Englands mit Deutschland und seinen Verbündeten. Vielmehr ging Großbritannien, das von Rußland und Frankreich zwar an den Rändern des Empire, nicht aber in seiner insularen Geborgenheit herausgefordert wurde, daran, sich mit dem russischen und französischen Rivalen über die außereuropäischen Konfliktzonen zu verständigen. Das war ein keineswegs leichtes Unterfangen; bis zu seinem glücklichen Gelingen gingen noch viele Jahre französisch-englischer Kriegsgefahr und russisch-britischer Spannungen ins Land. Der sich durchsetzenden Tendenz nach nahm damit allerdings eine zukunftweisende Entwicklung der Weltpolitik ihren geschichtsmächtigen Verlauf, die mit überlegener Gewalt an Deutschland vorbeizog und das Reich zunehmend vereinsamt zurückließ.

Die neue Richtung der internationalen Entwicklung zeichnete sich ab, ohne den in Deutschland Verantwortlichen damals sogleich zu vollem Bewußtsein zu kommen. Dennoch ahnten sie, von notorischer Unruhe befallen, daß sich zumindest die weltpolitischen Giganten, Briten und Russen also, längst von den Zügeln befreit hatten, an denen sie selber, einmal in diese und dann wieder in jene Richtung, mit unmotivierter Erregung zerrten.

Gewiß, in wirtschaftlicher Perspektive ging es mit dem Reich voran. Erst recht nach dem Ablauf der sich lange hinziehenden Depression blühte es seit der Mitte der Dekade von Jahr zu Jahr stolzer auf. Die Prosperität setzte ihrerseits Kräfte frei, die weit über die kleindeutsche und kontinentale Gestalt des Bismarckreiches hinausdrängten. Mit übertriebenem Selbstbewußtsein, mit der eher ein Programm entworfen wurde, als daß damit Tatsachen festgestellt worden wären, gab Wilhelm II. einer weitverbreiteten Empfindung, die sich nicht zum geringsten auf die ökonomischen und wissenschaftlichen, technischen und zivilisatorischen Erfolge der Zeit gründete, den ersehnten Ausdruck, als er ein Vierteljahrhundert nach der Nationalstaatsgründung mit Emphase verkündete: »Aus dem Deutschen Reiche ist ein Weltreich geworden.«[52] Das tatenfrohe Wort entsprach ganz dem verlangenden Trachten auf seiten der liberalen Imperialisten, die sich von der Mitte der neunziger Jahre an mit machtvoller Ungeduld regten: Vom Nationalismus des Alldeutschen Verbandes charakteristisch abgehoben und dennoch in unverkennbarer Parallelität mit den Radikalen artikulierte der Kaiser das auf Ausdehnung erpichte Lebensgefühl der neuen Generation.

Eindrucksvoll, ja einschüchternd wirkte Deutschlands Stärke auch deshalb, weil seine Militärmacht furchterregend war. Nach und nach gelangte sie freilich an spezifische Grenzen. Diese waren dort markiert, wo die erforderliche Quantität des modernen Volksheeres die überlieferte Qualität einer königstreuen Armee sprengte. Wie die janusgesichtige Existenz der expandierenden Wirtschaft zugleich Chancen und Belastungen bereitstellte, wies diese widersprüchliche Tendenz deutscher Geschichte auf den historischen Zusammenhang von Fortschritt und Tradition, von Bewegung und Beharrung, der den antinomischen Charakter des »verspäteten« Nationalstaates hervortreten ließ: »Der Imperialismus ist in Preußen undenkbar. Schon deshalb, weil er die Republikanisierung des Offizierkorps zur Voraussetzung haben würde«[53], schrieb Philipp Eulenburg, der Vertraute des Kaisers, am 8. Juni 1896 an seinen Freund Bernhard von Bülow.

Zieht man jedoch in Betracht, daß die zwingenden Notwendigkeiten moderner Kriegführung auf eine zahlenmäßige Steigerung der militärischen Schlagkraft drängten und daß die am Überkommenen festhaltenden Repräsentanten im preußischen Kriegsministerium auf Dauer kaum eine reelle Chance gegenüber den auf Modernisierung drängenden Vertretern im Großen Generalstab besaßen, dann war die sogenannte »Republikanisierung« geradezu unausweichlich. Diese Entwicklung verlieh ebenjenen Kräften Auftrieb, die den »Imperialismus« favorisierten, den Philipp Eulenburg »in Preußen« für »undenkbar« hielt. Mit anderen Worten: Der innenpolitische Exponent des von Grund auf überlebt erscheinenden, sogar korrupt anmutenden »persönlichen Regiments«, der sich einer echten Parlamentarisierung strikt verweigerte, trat einer gleichfalls zeitgemäßen Tendenz der vielfach widersprüchlichen Moderne entgegen, die den Expansionismus gefährlich förderte.

Anders als Philipp Eulenburg, jener in vielem abstoßend wirkende Vertreter einer reaktionären Hofkamarilla, der im Grunde nach innen und außen hin auf den Erhalt des Bestehenden bedacht war, hingen fortschrittliche Kräfte, die eine Parlamentarisierung der politischen Verfaßtheit und eine »Republikanisierung« des aristokratischen »Offizierkorps« favorisierten, gerade jenem liberal tingierten Imperialismus an, der über Deutschlands angeborene Gestalt mit riskantem Verlangen hinausstrebte. Zweifellos förderte das, was der Höfling tat, den Frieden, während das, was die »Progressiven« forderten, in dieser Hinsicht Gefahren barg. Mächtig strebte der Zug der Zeit, dem die Völker Europas fast instinkthaft folgten, ins Weite, zum Globalen. Sich daran zu beteiligen, erschien den Deutschen selbstverständlich. Dennoch: Konnte für das erst in geschichtlich weit vorangerückter Stunde geschaffene Deutschland gelten, was für die anderen natürlich war, deren nationalstaatliche Existenz bereits seit langem und nahezu unbestreitbar Bestand hatte?

Diese Otto von Bismarck niemals verlassende Frage zu stellen und den weltpolitischen Auftrag der Deutschen somit anzuzweifeln, war im zeitgenössischen Zusammenhang alles andere als populär. Denn die Sucht nach Veränderung wirkte geradezu übermächtig. Sich in unbekannte Strömungen der Weltpolitik zu stürzen, denen sich zu nähern Bismarck mit wohlbedachter Ängstlichkeit vermieden hatte, zog die Deutschen wie magisch an. Ihrem Tun war in der Tat etwas zu eigen, das an den Abhängigen erinnert und dennoch ihrer Entscheidung unterlag. Freiwillig und getrieben zugleich trafen sie Entschlüsse, die sich nicht selten wie eine Flucht nach vorn ausnahmen. Seit seiner Gründung lag die Künstlichkeit des Reiches darin, daß seine Existenz stärker von den Weltmächten abhing, als daß sie auf eigener Kraft beruhte. Zwischenzeitlich hatte sich dieser problematische Zustand nicht gebessert, sondern verschlechtert. Die deutsche Großmacht im europäischen Rahmen zu sichern, war in den Jahren nach Bismarck eher mißlungen als geglückt: Nun aber, vom Jahre 1897 an, übersprang das Reich auf einmal eine Stufe seiner Entwicklung. Bevor es den notwendigen Halt auf dem Kontinent gefunden hatte, nahm es die ehrgeizige Spur der Weltpolitik auf! Danach verlangte der optimistische Wille einer jungen Nation mit gebieterischem Nachdruck: Der kleindeutsche Nationalstaat erschien endgültig zu eng; die gestaltlose Reichsidee zu füllen, entwickelte unwiderstehliche Anziehungskraft.

Kaum daß ihr Land die »normale nationalstaatliche Daseinsform gewonnen« hatte, brachen die Deutschen zu einer Expedition ins Ungewisse auf. Bewußt, ohne freilich die Folgen zu ahnen, die mit dem Bau der großen Schlachtflotte verbunden waren, überschritten sie den außenpolitischen Rubikon. Die wilhelminischen Staatsmänner fühlten sich zu einer »neuen Formwandlung« gleichermaßen »gezwungen«, als sie sich aus freien Stücken für diese Teilhabe an der Weltpolitik entschieden, um sich »in dem werdenden Weltstaatensystem als eine der führenden Mächte, als ›Weltmacht‹, aufrechtzuerhalten«[54]. Die beengten Voraussetzungen einer gefährdeten Existenz, unter denen das eingepfercht geborene Deutschland angetreten war, sollten nicht mehr länger, wie Bismarck es praktiziert hatte, mit politischen Mitteln erträglich gestaltet werden; sie sollten auch nicht mehr länger, wie Caprivi es entworfen hatte, auf außenwirtschaftlichen Wegen umgangen werden; sondern sie sollten wie in einem Hasard um alles oder nichts durch den Übergang zur Flotten- und Weltpolitik ein für allemal überwunden werden.

Dem objektiv eingetretenen Machtverfall entsprach ein subjektiv gewachsenes Kraftgefühl; Einsicht in die drohende Ausweglosigkeit der kontinentalpolitischen Lage wurde von der Lust aufs verlockend Neue einer weltpolitischen Zukunft verdrängt; für Besinnung blieb wenig Platz, weil die Bewegung alles ergriff. Die deutsche Schlachtflotte sollte im schützenden Schatten einer Politik der freien Hand entstehen und das aufstrebende Dasein des jungen Reiches symbolisieren. Daß am bitteren Ende des hochgemut Begonnenen nur tödliche Isolierung übrigblieb, lag vorerst noch, kaum erkennbar, in ferner Zukunft.

Politik der freien Hand und deutscher Schlachtflottenbau: Die Isolierung des Reiches (1897–1908/09)

Über den Halys

Um die Jahrhundertwende erreichte das Zeitalter des Imperialismus seinen Zenit. In die nervöse Schwüle jener Jahre hinein erschallte überall in den europäischen Staaten, die »die Welt als Beute«[1] betrachteten, immer lauter der Ruf nach Expansion. Diese Feststellung gilt auch für die deutsche Geschichte. Zum einen drängte die wirtschaftliche Entwicklung schon seit geraumer Zeit über die territorialen Grenzen des jungen Nationalstaates hinaus, so daß sich rückblickend der übermächtige Eindruck geradezu suggestiv aufdrängte, dem der Historiker Siegfried August Kaehler in einem Brief vom 8. Juli 1945 an seinen Kollegen Peter Rassow, weit über die ökonomische Dimension hinaus, sprechenden Ausdruck verlieh: »Wir sind an uns selbst erstickt.«[2] Zum anderen trieb das inzwischen voll erwachte Bewußtsein, in einer Zeit des Sozialdarwinismus und des Völkerkampfes zu leben, dazu an, nicht nur mithalten zu wollen, sondern, als ein »zu spät« Gekommener, Versäumtes nachholen zu müssen.

Sogar der englische Premierminister Salisbury, der die wechselnden Zeitläufe vor dem Hintergrund einer langen Erfahrung mit kühler Distanz einschätzte, sprach damals, 1898, von den »lebenden« und den »sterbenden«[3] Nationen der Epoche. Vor diesem zeitgenössischen Hintergrund bestand in Deutschland überhaupt kein Zweifel daran, auf der Seite derjenigen Staaten zu stehen, denen die Zukunft gehörte. Die Briten gingen von der Existenz dreier mächtiger Imperien aus: des englischen, des russischen und des amerikanischen Weltreiches. Dagegen war für die Deutschen selbstverständlich, daß ihnen auf dem Kontinent die Führung des vierten Weltreiches anvertraut sei; mit Sicherheit würde diesem die Zukunft eher als dem britischen Empire gehören.

Im Zeichen eines rapide voranschreitenden, nahezu galoppierenden inneren und internationalen Wandels vollzog sich zwischen den verschwimmenden Grenzlinien des ausgehenden Zeitalters der Kabinette und der anbrechenden Ära der Massen ein grundlegender Umbruch des Politischen. Das über Krieg und Frieden entscheidende Experiment, die pure Macht zu zähmen, war offensichtlich an sein Ende gelangt. Die sich kollidierend aneinander brechenden Strömungen des Nationalen und Sozialen galt es miteinander zu versöhnen. In zukunftweisender Synthese wollte Friedrich Naumann, wortgewaltiger Repräsentant des neuen, zugleich nationalen und sozialen Liberalismus, »Demokratie und Kaisertum«[4] wechselseitig veredeln, als er einem in Deutschland vorwaltenden Empfinden zu bemerkenswertem Ausdruck verhalf. In seinem »Nationalsozialen Katechismus« von 1897 warf er die entscheidende Frage auf und beantwortete sie umgehend in einer für die Zeit charakteristischen Art und Weise: »Was ist das Nationale? Es ist der Trieb des deutschen Volkes, seinen Einfluß auf der Erdkugel auszudehnen.«[5]

Einem Programm gleich beschreibt eine derart fordernde Feststellung den schwerwiegenden Abschied von den vergleichsweise lange gültig gewesenen Verbindlichkeiten der Bismarckschen Reichsgründung. Der ungewiß erwartungsvolle Übergang zu einer neuen Phase deutscher Geschichte wird damit markiert. Sie sollte einer zweiten Gründung der jungen Großmacht gleichkommen, einer Begründung, die zeitgemäß erschien und doch verhängnisvoll war. Der historische Auftrag des gerade erst ein Vierteljahrhundert alten Nationalstaates sollte von nun an, gewissermaßen in einer aktualisierten und damit völlig veränderten Entsprechung zur universalen Unbestimmtheit des alten Reichsbegriffs, in der globalen Ausdehnung liegen.

Das auftrumpfende Gedankenspiel entsprach ganz dem Geist einer Zeit, in der das Erbe des Weltbürgerlichen längst dem Sog des Nationalstaatlichen anheimgefallen war. Der vertrauensvolle Glaube einer liberalen Weltzivilisation erwies sich als trügerisch, wonach das freie Wort in jedem Fall aufklärerisch wirken und die wachsende Teilhabe vieler an der inneren Macht mit moralischer Verbesserung im äußeren Leben der Staaten gleichsam natürlich einhergehen müsse. Nicht Victor Hugos optimistische Prognose triumphierte, die von der sympathischen Prämisse ausging, mit der stetigen Zunahme einer politischen Beteiligung der bis dahin Unmündigen fielen den Völkern »die Waffen aus den Händen«[6]. Vielmehr bewahrheitete sich die düstere Warnung des jungen Winston Churchill, der am 13. Mai 1901 im Unterhaus vorhersagte: »Die Demokratie ist rachsüchtiger, als es die Kabinette sind. Der Krieg der Völker wird schrecklicher sein als derjenige der Könige.«[7]

Was immer an Gutem und Bösem in der Zeit lag und was für alle anderen Staaten gleichfalls verbindlich war, gewann für das Deutsche Reich eine besondere Bedeutung mit weitreichenden Folgen. Endgültig ging es jetzt dazu über, die ihm von Bismarck mit eiserner Widernatürlichkeit angepaßten Beschränkungen seiner Gründung abzulegen und das ersehnte Heil in der stolzen Flucht ins unbestimmt Ferne zu suchen. So zu handeln entsprach durchaus dem Lebensprinzip einer großen Macht, wurde im Grunde zu allen Zeiten von allen Staaten dieser Kategorie befolgt und übte insbesondere jetzt, auf dem Höhepunkt des imperialistischen Zeitalters, eine nahezu nötigende Anziehung aus. Damit hebt sich im übrigen der Großstaat vom Kleinstaat ab, der in aller Regel Anlehnung und Neutralität sucht. Die Großmacht dagegen wird, zumindest der Tendenz nach, vom Vakuum des freien Raumes angezogen, weil sie auch außerhalb ihrer eigenen Grenzen gestalten will.

Der künstliche Riegel innenpolitischer Enthaltsamkeit, den Otto von Bismarck zum Selbstschutz des Reiches vor seiner eigenen Kraft und zur Sicherung seiner europäischen Verträglichkeit gelegt hatte, war schon vom »Neuen Kurs« beiseite geschoben worden. Nunmehr, nach der Zäsur des Jahres 1897, als das »persönliche Regiment« des Kaisers Bernhard von Bülow und Alfred von Tirpitz zu den maßgeblichen Posten der Staatssekretäre im Auswärtigen Amt und im Reichsmarineamt verhalf, sollte eine andere Schranke durchbrochen werden, die das Deutsche Reich als beengend empfand: Großbritanniens weltweite Suprematie und seine traditionelle Politik des europäischen Gleichgewichts gerieten ins Fadenkreuz der wilhelminischen Politik.

Begleitet und beflügelt wurde solch riskantes Tun von den zeitgemäßen, nichtsdestoweniger gefährlichen Träumereien der neurankeanischen Historikerschule. Sie zeigte sich davon überzeugt, daß inzwischen der historische Zeitpunkt gekommen sei, da man sich auf die englische Erbfolge einzurichten habe. Das bislang für die Organisation der Alten Welt verbindliche Prinzip von Gleichgewicht oder Hegemonie mündete offensichtlich in einen globalen Zusammenhang ein: Darin würde Deutschland entweder eine, vielleicht sogar die führende Rolle spielen oder aber den Großmachtstatus verlieren. Daß Großbritannien im rhythmischen Zusammenhang vom Auf- und Abstieg der Mächte eher verfiel, Deutschland dagegen wuchs, war die offen erklärte oder indirekt unterstellte Annahme, die diesen gedanklichen Experimenten durchweg zugrunde lag.

In der Tat: Wenn das quantitative und qualitative Wachstum im Demographischen und im Ökonomischen, ja im Zivilisatorischen allgemein als einschlägiger Indikator diente, dann war das Deutsche Reich neben den Vereinigten Staaten von Amerika die einzige Macht, die das Bestehende, mit Englands Existenz eng Verbundene zu ändern vermochte. Denn Frankreich galt, will man den allgemeinen Zustand jener Jahre beispielsweise von dem fortschrittlichen Standpunkt eines zeitgenössischen Liberalen aus betrachten, als ein absteigender, sterbender Staat, Rußland aber als ein innerlich zerrissener Koloß: Die Erschütterungen der Dreyfusaffäre auf der einen und der Winterrevolution auf der anderen Seite schienen diese Einschätzung deutlich unter Beweis zu stellen.

Alle anderen Staaten kamen für das große Spiel ums Ganze nicht in Betracht. Die Vereinigten Staaten von Amerika reckten zwar machtvoll ihren Riesenkörper nach allen Seiten hin. 1898 versetzten sie der abgetakelten Kolonialmacht Spanien den kriegerischen Todesstoß und jagten ihr die Philippinen, Kuba sowie Puerto Rico ab. 1905 schmiedeten sie zwischen dem Zarenreich und Japan, der zweiten neu auftauchenden Großmacht in dem sich ins Globale weitenden Staatensystem, den Frieden von Portsmouth. Dennoch waren sie vom europäischen Zentrum der sich grundlegend wandelnden Staatenwelt nach wie vor weit entfernt. Nein, wen die Zeit zu tragen schien, das waren in der Tat die Deutschen, und ihre Rivalen waren ohne Zweifel die Briten. Wo immer

Deutschland in der Welt oder zur See sein Glück suchte, es traf auf England – jedenfalls nahm sich das in einer fragwürdigen Verengung des zeitgebundenen Blickwinkels so aus.

Dabei wurde der Ruf nach Betätigung außerhalb der eigenen Grenzen zunehmend verlangender und schriller. Sowohl diejenigen, die eine innere Liberalisierung als notwendige Voraussetzung außenpolitischer Kraftentfaltung betrachteten, als auch diejenigen, die äußere Machterweiterung für ein innenpolitisches Integrationsmittel hielten, trafen sich nicht selten in der gemeinsam erhobenen Forderung nach Weltpolitik. Die aggressive Rastlosigkeit jener Zeit, die Admiral Mahan sinngemäß beschwor, der als amerikanischer Theoretiker der modernen Seemacht die Gedankenbildung des Admirals von Tirpitz, des Schöpfers der deutschen Schlachtflotte, entscheidend prägte, beschrieb ein Stück geläufiger Normalität; dennoch: Für die Deutschen warf sie die Frage nach ihrer Existenz auf.

Diese Feststellung gilt vor allem in zweifacher Hinsicht: Zum einen war das Streben nach der Weltpolitik durch das Vage und Unbestimmte seiner Richtung gekennzeichnet. Während sich die Ziele des britischen, französischen und russischen Imperialismus in Afrika und Asien eher auf identifizierbare Objekte bezogen, tauchte das Reich wie ein Irrlicht überall gleichzeitig auf. Unberechenbar und unstet forderte es seinen »Platz an der Sonne«[8], ohne daß ein konkretes Anliegen verbindlich genannt oder dauerhaft erkennbar wurde. Dabeizusein und, mit Friedrich Naumanns Worten, »irgend etwas in der Welt erobern wollen, um selbst etwas zu sein«[9], also belohnt zu werden, weil man einfach stark und präsent war – so lautete das Unruhe stiftende Bewegungsgesetz der wilhelminischen Politik, der die Legitimation der ausstrahlenden Idee augenscheinlich abging. Kein Wunder, daß Moltkes ehemaliger Nachfolger als Chef des Generalstabes, Graf Waldersee, kurz bevor er als »Weltmarschall« zum Sinnbild solch objektlos vagabundierender Geschäftigkeit aufstieg, seinem Tagebuch am 13. Juli 1900 ratlos anvertraute: »Wir sollen Weltpolitik treiben. Wennn ich nur wüßte, was das sein soll; zunächst doch nur ein Schlagwort.«[10] Immerhin, Begriffe stiften Realität: Der Hang zur Weltpolitik und ein unkoordinierter Aktionismus sorgten für allgemeine Beunruhigung.

Entscheidend wurde zum anderen, daß die schemenhafte Weltpolitik der Deutschen in ihrem Flottenbau drohende Gestalt annahm. Bevor die kontinentale Basis der Großmacht konsolidiert war, stieß das Reich mit der Schlachtflotte ins Weltpolitische vor und traf direkt auf Großbritannien. Weil es nicht gelungen war, zumindest aber bevor es gelungen war, die gefährdete Position in Europa zu festigen, wollte man den englischen Verschluß fortschieben oder aufbrechen, der dem Deutschen Reich im nassen Dreieck der Nordsee den Zugang zur Welt versperrte. Riskant, fast übermütig, ja leichtfertig setzte man zum weltpolitischen Sprung an. Ein hasardeurhafter Zug des alles oder nichts haftete der Entscheidung zum Flottenbau an. Mit voller Absicht, erst recht aber mit der eintretenden Wirkung wurde das internationale System aufgrund des deutschen Vorgehens revolutioniert; auf eine neue Grundlage sollte seine veraltet erscheinende Existenz gestellt werden, sei es durch politische Machtprojektion oder durch militärisches Handeln.

Grundlegend veränderte sich damit die Qualität der deutschen Außenpolitik. Der Risikogedanke nahm von ihr Besitz: in Gestalt der Tirpitzschen Schlachtflotte, die mit Großbritannien um die Vorherrschaft pokern wollte; in Gestalt des Schlieffen-Plans, der, kraftvoll und verzweifelt zugleich, auf die alles entscheidende Vernichtungsschlacht im Stile eines Cannae setzte; in Gestalt der erstaunlich undiplomatischen Englandpolitik des Deutschen Reiches an der Jahrhundertwende, die nur Freund oder Feind zu kennen schien und die zwischen Allianz und Antagonismus liegende Normalität eines bilateralen Verhältnisses mißachtete.

Die in dem überlieferten Reichsgedanken angelegte Neigung zum Unabgrenzbaren, zum Unbegrenzten, zum Unendlichen ging eine zutiefst illegitime Verbindung mit den modernsten Möglichkeiten einer nationalstaatlichen Großmacht des 20. Jahrhunderts ein. Wie geblendet setzte diese jetzt zum Sturm nach vorn an, bis zu einem gewissen Maße in objektloser Disposition und dennoch England irgendwie stets im Visier: Entweder einlenken oder kapitulieren sollte die britische Weltmacht! Bei aller Tollkühnheit der Offensive hafteten der deutschen Entscheidung auch unübersehbare Elemente eines ins Freie strebenden Ausbruchs aus kleinräumigen Verhältnissen an. Endlich sollte die angeborene Enge, die zu respektieren Kern der Bismarckschen Staatsräson gewesen war, ein für allemal überwunden werden: Man ging aufs Ganze!

Dieses Grundmuster, aus tatsächlicher oder vermeintlicher Bedrängnis die Flucht nach vorn anzutreten, hat die Geschichte deutscher Außenpolitik auf ihrem Weg von der Reichsgründung bis zum Reichsuntergang durchgehend begleitet: An der Jahrhundertwende tritt es überdeutlich zutage; das entging auch den Zeitgenossen keineswegs. In einem Artikel, der die deutsche Politik eher kritisch als freundlich betrachtete, diagnostizierte beispielsweise der Journalist James L. Garvin im Jahre 1906 die Zwangslage des »gefangenen Reiches«: »In der auswärtigen Politik allen Sentimentalitäten abhold..., haben wir durchgehend anerkannt, daß vom deutschen Standpunkt aus die Ziele der deutschen Politik vollkommen gerechtfertigt sind. Der einzige Einwand gegen sie ist, daß sie in keinem Teil der Welt verwirklicht werden können, ohne das Bestehende zu erschüttern bzw. die Sicherheit und Unabhängigkeit existierender Staaten zu zerstören. Das ist das Unglück, nicht aber die Schuld der Deutschen.«[11]

In ihrer großen und repräsentativen Zahl kam den Deutschen der Schritt in die Weltpolitik wie eine Entscheidung ohne Alternative vor, einfach natürlich, sogar notwendig. Ebenso unvermeidlich war aber, daß damit für Europa und für das Reich schwerwiegendere Komplikationen verbunden waren, als das für ein gleiches Handeln anderer imperialistischer Mächte zutraf. Ohne Zweifel begleitete diesen Sprung in die Welt- und Flottenpolitik, so unumgänglich, wie er sich ausnahm, so schemenhaft, wie er anmutete, so verhängnisvoll, wie er wirkte, viel Unverfügbares. Das gibt es in der Weltgeschichte häufiger, als der planende Geist der Zeitgenossen ahnt oder der rekonstruierende Beruf des Historikers annimmt. »Ich weiß nicht«, sinnierte Leopold von Ranke über die preußische Politik vor der Katastrophe von 1806, »ob man mit Recht so viel von gemachten Fehlern, versäumten Gelegenheiten, eingetretenen Vernachlässigungen reden darf, wie es geschieht. Alles entwickelt sich über die Köpfe der Beteiligten hin mit einer Nothwendigkeit, welche etwas Unvermeidliches, wie ein Fatum in sich trägt.«[12]

Diese Einsicht trifft auch in unserem Zusammenhang einen guten Teil der historischen Wirklichkeit. Dennoch: Der Charakter des Gesamten, sich zur Offensive auf außenpolitischem Feld und zur Revolutionierung des international Bestehenden zu entscheiden, ist keineswegs zu verkennen. Von überpersönlichen Zwängen zweifellos abhängig, wurde der Entschluß nichtsdestoweniger eigenständig getroffen. Selbst die Knechtschaft des sich daraus Ergebenden kann nicht verleugnen, daß die triebhaft und planvoll, instinktiv und überlegt Handelnden beim ersten Schritt noch vergleichsweise frei agierten.

Indes: Nicht allein das muskelprotzende Kraftmeiertum, das den revolutionären Qualitätssprung in die globale Dimension unangenehm begleitete, war alles andere als naturgegeben. Spezifisch und nachteilig wirkten die typisch wilhelminischen Begleitumstände des »persönlichen Regiments«. Seine undurchsichtige Existenz verbarg die latente Verfassungsproblematik eines polykratischen Regierungsgefüges durch die bramarbasierende Geste des Herrschers, durch den vorauseilenden Gehorsam des »Königsmechanismus«[13] seiner ratgebenden Höflinge sowie durch das tollkühne Spiel um See- und Weltmacht. Entscheidungen, die sich scheinbar natürlich ergaben und dennoch tatsächlich zu treffen waren, liegen also der definitiven Absage an den Grundsatz der Saturiertheit, der als unzeitgemäß und überholt angesehen wurde, ebenso zugrunde wie der vorläufigen Nichtbeachtung jener weltwirtschaftlichen Alternative deutscher Außenpolitik, die rückblickend verheißungsvoll erscheint, an der Wende zum 20. Jahrhundert jedoch noch nicht ausreichend gereift war.

Mit resoluter Entschiedenheit wurde jede radikal- oder sozialdemokratische Kritik am Risikokurs der Welt- und Flottenpolitik zurückgewiesen. Strikt wurde sie an den Rand des politischen Lebens verbannt, weil nur das, was sich im Zentrum der Macht vollzog, repräsentativ war. Wenn das, was eingeleitet wurde, auch eher mit dumpfer Absichtlichkeit als unter bedächtiger Abwägung aller Umstände getan wurde, der risikobehaftete Entschluß, um alles oder nichts zu würfeln und die bestehende Staatenwelt herauszufordern, wurde selbstverständlich, wie hätte es anders sein können, von den Verantwortlichen getroffen. In eben dem historischen Augenblick, als die kolumbianische Ära europäischer

Welteroberung zu Ende ging und außereuropäische Mächte in der Arena auftauchten, als Wesen und Gestalt des internationalen Systems sich radikal veränderten und erste Rückwirkungen des Imperialismus auf die Mutterländer erkennbar wurden, betraten die Deutschen die weltpolitische Szene. Mit gewollter Zielgerichtetheit, nicht zuletzt aber durch die indirekten Folgen ihres auftrumpfenden Handelns forderten sie vor allem Großbritannien unübersehbar heraus. Das Normale expansionistischer Aktion erhielt dadurch den Zug des Spezifischen; der Imperialismus der Deutschen wurde singulär.

Der »zu spät« gekommenen Nation mit ihrer ungefestigten Ausgangsbasis drohte vom Poker um die Neuverteilung der Welt, der »redivision of the globe«[14], welche die deutsche Öffentlichkeit an der Jahrhundertwende ohne Unterlaß beschäftigte, eine viel ernstere Gefahr als anderen Großmächten. Die »Normalität der deutschen Außergewöhnlichkeit«[15] ging der Bismarck nachfolgenden Generation als schwierige Einsicht und verpflichtende Handlungsmaxime verloren. Im unbewußten Kraftakt eines weltpolitischen Hasards sollte sie schlicht verschwinden. Das gefährliche Unternehmen steigerte noch einmal die bis dahin schon notorische Unberechenbarkeit wilhelminischer Prestigepolitik. Gewiß hatte ihre fatale Existenz auch mit der spezifischen Verfaßtheit des »persönlichen Regiments« zu tun, die der monarchischen oder parlamentarischen Koordination entbehrte, unverkennbare Züge einer dauerhaften Krise aufwies und bereits zeitgenössisch krasse Schwächen zu erkennen gab.

Dennoch: Der Vergleich mit anderen, ungleich gefährdeteren Regimen der Zeit wiederum schien für den deutschen Konstitutionalismus zu sprechen. Die Hast freilich, mit der der verspätet Angekommene nach der Beute gierte, die Kluft, die zwischen vorhandener Kraft und fehlender Anerkennung gähnte, und die unverkennbare Schwäche des Regierungssystems, das jetzt ohne den unnatürlichen Halt der Bismarckschen Lenkung auskommen mußte und den erforderlichen Filter eines kontrollierenden Parlaments noch nicht besaß, stifteten in vielfältiger Weise Unruhe. Sie machte das Deutsche Reich zu einer zunehmend mißtrauisch beäugten Großmacht, zu einer verdächtigen Nation. »Die Gabe, die uns in der Politik vor allem versagt ist«, räumte rückblickend selbst der gescheiterte Bülow ein, »scheint mir das Maß zu sein. Wir sind zu geneigt, in die Extreme zu gehen. Dadurch bekommt unsere Geschichte etwas Sprunghaftes.«[16]

Das ehrgeizige Bemühen, dem angestammten Erbe durch die fluchtartige Offensive zu entkommen und die kontinentale Gefährdung im flottenpolitischen Duell mit England abzustreifen, wurzelte in erster Linie keineswegs im Bewußtsein einer inneren Krisenhaftigkeit des Reiches, die auf diesem Wege versuchsweise überspielt werden sollte. Nein, maßgeblich dafür war vielmehr die überschäumende Kraft einer wirtschaftlich, wissenschaftlich und technisch an die Spitze drängenden Nation. Diese unstrittige Tatsache verlieh den Deutschen das verblendete Empfinden der Überlegenheit. Daher forderten sie mit unbekümmerter Natürlichkeit das, was ihnen an sich durch den kaum wettzumachenden Nachteil, als Nationalstaat erst in sehr später Stunde geboren worden zu sein, verwehrt bleiben mußte, nämlich imperialistische Ausdehnung, weltpolitische Gleichberechtigung und ein ebenbürtiger Platz neben den ganz Großen der Weltgeschichte. Erst einige Zeit nach den grundlegenden Entscheidungen der Jahrhundertwende, als von der Mitte der neuen Dekade an die riskante Offensive ins Schlingern geriet und als die äußere Politik des Reiches auf die defensive Linie des kontinentalen Primats zurückzuschwenken versuchte, ohne darüber allerdings die Flottenrüstung aufzugeben, mischte sich, ziemlich unverkennbar sogar, Furcht in die draufgängerischen Aktionen des Deutschen Reiches.

Gewiß, es gab – mit Bedacht geäußert, manchmal nur beiläufig hingeworfen – der späteren Interpretation bis zur Verfehlung des Tatsächlichen ausgelieferte Bemerkungen, wonach beispielsweise ein »kleiner außenpolitischer Erfolg«[17] willkommen sei, um innenpolitische Verwerfungen zu glätten. Solche Äußerungen stellen kein deutsches Spezifikum dar. Vor allem beschreiben sie nicht das vorwaltende Bewegungsgesetz, dem die Außenpolitik des Reiches damals folgte: Sie besaß zweifellos hohe Eigenständigkeit. Insofern war die auf innenpolitischem Feld seit 1897 eingeleitete Sammlungspolitik, die mit einer Rückkehr zum schutzzöllnerischen Tarif die Industriellen und Agarier zu versöhnen trachtete, die Voraussetzung für die Flotten- und Weltpolitik Bülows. Vom Jahre 1900 an Reichskanzler, verstand er es, die äußere Politik Deutschlands, wenigstens für einige Jahre, stärker zu prägen und zu formieren, als das in wilhelminischer Zeit ansonsten üblich war. Das heißt aber: Flotten- und Weltpolitik wurden auf gar keinen Fall aus dem primären Grund, die innere Sammlungspolitik zu fördern, eingeleitet – das Umgekehrte war der Fall.

Sicherlich, auch in diesen Jahren eines optimistischen Aufbruchs im Feld der Außenpolitik vertiefte sich im Inneren die Kluft zwischen den extremen Lagern von rechts und links. Doch politische Zersplitterung konnte die Zuversicht der Regierenden und weiter Kreise der Regierten ebensowenig beeinträchtigen wie die immer wieder neu aufbrechenden Streiks: Im Vergleich mit anderen Nationen genoß Deutschland trotz allem ein erfreuliches Maß an allgemeiner Stabilität und besaß insbesondere den unschätzbaren Vorteil einer fortschrittlichen Rechtsstaatlichkeit. Während der innenpolitischen Ära Posadowsky zwischen 1897 und 1907 wurde die aktive Repressionspolitik gegenüber der SPD gemildert, zunehmend sogar aufgehoben; unmittelbar im neuen Jahrhundert wurde sodann die Sozialgesetzgebung unter Mitwirkung der Sozialdemokratie weiter ausgebaut.

Dessenungeachtet waren die gesellschaftlichen Gräben nach wie vor tief; es herrschte Klassenkampf. Allein, dieser Befund nimmt sich im allgemeinen Zusammenhang des Zeitalters weniger problematisch oder gar abnorm aus als die im Grunde offene Verfassungsfrage. Schonungslos brach sie am Ende des Jahres 1908 in der »*Daily Telegraph*-Affäre«[18] auf und ließ die ungewisse Entwicklung des wilhelminischen Regierungssystems in eine sich lange hinziehende Agoniephase übergehen. Betrachtete man in dem ansonsten wohlorganisierten Deutschland die ausschlaggebende Sphäre der politischen Verantwortlichkeit, dann bot sich einem tatsächlich ein deprimierendes Bild: Dort herrschte nämlich nicht allein »Durcheinander«, sondern schlichtweg »Chaos«[19], das sich nach außen hin freilich im gleichen Schritt und Tritt zu präsentieren verstand.

Allein, der schwerwiegende Mangel trat nicht umgehend so klar zutage, wie er sich rückblickend darstellt. Denn im Spannungsfeld von Autorität und Masse, von weltpolitischen Aufgaben und innenpolitischen Bedingungen schien der Zug der Zeit eine Konzentration der Macht geradezu erforderlich zu machen. Fraglos wurden damit jene cäsaristischen Tendenzen begünstigt, die im deutschen Konstitutionalismus ebenso angelegt waren, wie er parlamentarische Entwicklungsmöglichkeiten in sich barg. Daher sah Friedrich Naumann im Volkskaisertum, ohne damit im besonderen das Regime Wilhelms II. zu meinen, die zukünftige Chance wirkungsvoller Regierungstätigkeit. Im Zuge des grundlegenden Wandels, den der herkömmliche Politikbegriff erfuhr, gab es selbst in Großbritannien Bestrebungen – die auf Dauer allerdings nicht zum Zuge kamen – den überlieferten Parlamentarismus den scheinbar übermächtigen Sachzwängen der imperialistischen Ära anzupassen. Mit realitätsfremdem Scharfsinn erkannte Holstein im Wechselspiel zwischen Innen- und Außenpolitik in Frankreich und in den Vereinigten Staaten von Amerika jene fragwürdigen Teile des Ganzen, die es immer gibt, da nichts vollkommen ist. Weil er das Nachteilige mit dem ihm eigenen Hang zur verzerrenden Zuspitzung ins zentrale Blickfeld rückte, gelangte er zu der insgesamt falschen Diagnose, möglicherweise müßten diese Großstaaten ihre parlamentarische bzw. demokratische Gestalt unter dem übermächtigen Druck militärpolitischer Notwendigkeiten aufgeben.

Alles in allem: Wenn man von den Problemen, die in der Person des Kaisers lagen, einmal absah, dann schien die deutsche Mischform aus monarchischer Gewalt, bürokratischem Anstaltsstaat und parlamentarischer Beteiligung im rechtsstaatlich verfaßten Konstitutionalismus für einen kontinentalen Großstaat durchaus zeitgemäß zu sein, ja überhaupt zu einer Macht zu passen, die unter dem Zwang der Erfordernisse des imperialistischen Zeitalters zu handeln hatte. In dieser für Staat und Gesellschaft typischen Gemengelage aus alten und neuen Elementen waren es im übrigen der Kaiser und sein Hof, also das überkommene System aus Adelsprivilegien und Günstlingswirtschaft, die ungeachtet arroganten Getöses und martialischer Posen im Grunde stets auf die Erhaltung des Friedens bedacht waren. Den Krieg zur Verwirklichung politischer Ziele in Kauf zu nehmen, dazu zeigten sich viel eher die auf Modernisierung bedachten Repräsentanten aus dem nationalliberalen Lager bereit, die in der inneren Reform vornehmlich das notwendige Mittel für die äußere Machtentfaltung erblickten.

Es sah so aus, als sei das Reich in innen- und außenpolitischer Perspektive geradezu prädestiniert, um, vor Kraft, Tüchtigkeit und Tatendrang berstend und vom expansionistischen Strom der Zeit getragen, ganz weit nach vorne zu gelangen. Gewiß, der sträfliche Leichtsinn und die verhängnisvolle Übertreibung verwöhnter Erben, denen das vordem mühsam Erworbene nicht mehr genügte und die heißhungrig auf das Neue erpicht waren, verdunkelten hier und da schon einmal das ansonsten strahlende Bild. Aber es war nicht nur törichte Ruhmsucht, die die Deutschen blind vorantrieb. Vielmehr spürten sie auch die edle Verpflichtung, das ihnen Überantwortete zu mehren und säkularen Entwicklungen der Epoche zu genügen. Um den nötigenden Forderungen ihrer Zeit nachzukommen und sich die ehrgeizigen Träume ihrer Sehnsucht zu erfüllen, überschritten sie jetzt, kurz vor der Wende des Säkulums, den Halys – mit ebender hochgemuten Erwartung am hoffnungsvollen Anfang und ohne das vorausblickende Wissen vom beklagenswerten Ende der schicksalsträchtigen Expedition, zu der im 6. Jahrhundert vor Christi Geburt der Lyderkönig Krösus den unheilbringenden Entschluß gefaßt hatte.

Was die Erben Bismarcks im »Neuen Kurs« eingeleitet hatten, der anfangs noch im kontinentalen Rahmen geblieben war, das wurde nunmehr durch die Flottenpolitik des Wilhelminismus endgültig zu einem todernsten Spiel um Weltmacht oder Untergang. Daß die fordernden Notwendigkeiten und die drängenden Wünsche zu einer nachteiligen Fehleinschätzung der allgemeinen Weltlage und der eigenen Möglichkeiten führten, wurde nicht umgehend offenbar. Gerade die selbstbewußten Repräsentanten des radikalen Nationalismus, der sich auf bemerkenswert breiter Grundlage konstituierte, vermochten sich kaum vorzustellen, daß ihre im Außenpolitischen ehrgeizigen Ziele falsch sein könnten. Daß die zwingende Chance zu überleben, ja im Grunde das große Los der jungen Nation, überhaupt zu existieren, an ihren kontinentalen Großmachtstatus gebunden waren, nicht aber in einer England, Rußland und die Vereinigten Staaten von Amerika herausfordernden Weltpolitik lagen, war längst in tiefe Vergessenheit geraten. Daß maßvolle Zurückhaltung unter Umständen einen Zuwachs an reellen Chancen auf kolonialpolitischem Feld, vor allem im vertrauensvollen Zusammenwirken mit anderen besitzenden Staaten eröffnen konnte, als daß sich die entsprechenden Gelegenheiten dadurch zu bieten vermochten, die mit territorialen Gütern Gesegneten der Weltgeschichte frontal vor den Kopf zu stoßen, erschien als ein ganz und gar abwegiger, zutiefst unpopulärer Gedanke.

Die überwiegende Mehrheit der politisch Verantwortlichen war einfach nicht dazu imstande oder bereit, sich vorzustellen, daß ihre ehrgeizig gesteckten Ziele im Grunde unerreichbar waren, so probat die dafür eingesetzten Mittel auch sein mochten. Daher traf fallweise geübte Kritik bevorzugt die subjektiv als unzulänglich angeprangerten Methoden, weil das prinzipiell Anvisierte objektiv für realisierbar gehalten wurde. Diese Tatsache festzustellen beschreibt die kognitive Fehlleistung und die politische Verantwortung, die zeitgenössische Verhaftetheit und das fortwirkende Verhängnis wilhelminischer Außenpolitik, kurzum: Als der »Tirpitz-Plan« entworfen wurde, entschieden sich die Männer an der Spitze des Reiches bewußt für das riskant Maßlose und handelten dennoch ohne Zweifel im überpersönlichen Banne unverfügbarer Bedingungen.

Der »Tirpitz-Plan«

Die Faszination der Macht, der die Deutschen jetzt anheimfielen, verkörperte sich in der Person Bernhard von Bülows. Mit beachtlichem Geschick gelang es diesem politischen Routinier, der als Höfling nicht nur den Monarchen für sich zu gewinnen verstand, sondern auch eine sichere Witterung für das der Öffentlichkeit Genehme besaß, den gerade im Feld der Außenpolitik immer wieder störend aufbrechenden Wirrwarr der Ideen und Konzepte zumindest in gewissen Grenzen zu halten. Für einige Jahre konnte er zuweilen sogar Schlimmeres verhüten; durchweg war er nämlich auf die Erhaltung des Friedens bedacht. Das hatte seinen Grund unter anderem darin, daß Bülows äußere Politik weitgehend im Dienste eines militärpolitischen Ziels stand: des Flottenbaus. Dafür war vorläufig Ruhe erforderlich. Denn es kam darauf an, eine weltpolitische Gefahrenzone möglichst ungestört zu durchqueren, bis Deutschland mit dem in aller Stille geschärften Schwert in der Hand hervortreten konnte.

Dem lautlosen Vorgehen, das erst dann, wenn genügend gerüstet war, mit einem die Welt aufrüttelnden Paukenschlag beendet werden sollte, wirkten in gewissem Sinne die großen und großspurigen Worte entgegen, die der Staatssekretär und Reichskanzler so liebte. Der Öffentlichkeit sprach er ohne Zweifel aus der Seele, wenn er den »Platz an der Sonne« forderte; wenn er dem Reich verordnete, »Hammer« sein zu müssen, um nicht zum »Amboß« zu werden; und wenn er im Streit um die Ehre der deutschen Armee die Engländer auf »Granit beißen« ließ. Solches Gebaren gehörte aber zu den Voraussetzungen, mit denen die Öffentlichkeit für die Weltpolitik und den Flottenbau zu begeistern war. Vor dem allgemeinen Hintergrund der imperialistischen Ära wirkte es im übrigen anders als für heutige Ohren, gehörten doch Schlagworte wie das von der »Bürde des weißen Mannes« und vom »großen Knüppel« in England und Amerika beispielsweise ganz selbstverständlich zur Sprache der Zeit.

Wie gesagt: Bülows äußere Politik stand insgesamt im Banne, ja unter dem Primat jener Flottenrüstung, die vom Staatssekretär des Reichsmarineamtes, Alfred von Tirpitz, tatkräftig in die Wege geleitet wurde. Bülow schuf die Rahmenbedingungenn dafür, daß sich Tirpitz' Forderung: »Mund halten und Schiffe bauen«[20] verwirklichen ließ. So gut es ging, war er darauf bedacht, daß sich Deutschland bei Konflikten anderer neutral verhielt, sich möglichst von der Weltpolitik verabschiedete, bis die Schlachtflotte endlich bereitstehen würde. Sich so zu verhalten, entsprach seinem Ziel, ein neues »Weltgleichgewicht«[21] zu schaffen, mehr noch: Im Besitz der Flotte und im Bündnis mit Rußland zielte er letztlich darauf, »das Britische Imperium aus den Angeln zu heben« und »einen großen Teil des kolonialen Erbes«[22] der Engländer zu übernehmen. Bis dahin galt es, gleichsam versteckt die Waffen zu schmieden und sich aus möglichst vielem herauszuhalten.

Zweifellos lag dieser Idee etwas Utopisches zugrunde, nämlich anzunehmen, man könne im schützenden Windschatten bleiben und am potentiellen Gegner vorbei aufrüsten. Bald kam, in krassem Gegensatz zu dieser naiven Hoffnung, im Reich selbst die beunruhigende Erinnerung an eines der maritimen Husarenstücke Lord Nelsons in der englischen Auseinandersetzung mit dem napoleonischen Empire auf: Die Furcht grassierte, die Briten könnten der noch im Bau befindlichen Flotte ein »Kopenhagen« bereiten! Wie ernst diese Gefahr auch immer war, die ihrerseits umgehend in den propagandistischen Dienst der neuen Flottenpolitik genommen wurde, deutlich wurde dies: Mit der vorzeitigen Aufdeckung des eigenen Tuns durch den zentral Herausgeforderten wurde gerechnet.

In aller Heimlichkeit aufs Ganze zu gehen, engte die Chancen für eine Außenpolitik des friedlichen Wandels beträchtlich ein. Denn die Reaktion der britischen Seemacht, wollte sie nicht ohne Gegenwehr abdanken, mußte unter solch verdächtigen Vorzeichen kompromißlos ausfallen. In der Tat, Englands Reaktionen verhärteten sich früh und bleibend: Anfangs aus Not und gezwungen, danach zwanghaft und ohne Not reduzierten die Briten ihr traditionelles Verständnis von einem politischen Gleichgewicht flexibler Gewichte auf den neuen Grundsatz von einer militärischen Balance starrer Allianzen. Die Mechanik des Rüstungswettlaufs, die sich der politischen Verfügbarkeit mehr und mehr entzog, entwickelte ihre selbstläufige Wirkung. Das Deutsche Reich hatte das Wettrüsten eingeleitet, die »kalte Offensive«[23] ergriffen und mit dem »Tirpitz-Plan« den »›trockenen‹ Krieg«[24] eröffnet.

Die Schrecken verbreitende Waffe zur umfassenden Attacke war ein gigantischer Flottenbau. Alles auf einmal suchten die Deutschen damit zu erreichen, bündelten ihre politischen Wahlchancen in einem militärischen Instrument. Es sollte »eine Art von Bündnisersatz«[25] sein und den Ausbruch aus der kontinentalen Enge fördern; es sollte gleichermaßen der Bevölkerungszunahme wie dem Industriewachstum Rechnung tragen und darüber hinaus die Prestigesucht im Lande stillen; es sollte die außenpolitische Unabhängigkeit sichern und weltpolitische Größe schenken, die ihrerseits, wie das Abgeleitete zuweilen dem Ursprünglichen zu dienen vermag, vorteilhafte Wirkungen im Sinne einer innenpolitischen Konsolidierung des Bestehenden entfalten konnten.

Diese tollkühne Planung, ein berauschendes Gemisch aus moderner Technik und atavistischer Gewalt, aus rationalem Kalkül und utopischem Ziel, aus defensivem Empfinden und offensivem Geist, aus Angst vor englischer Überlegenheit und Auflehnung gegen die britische Weltordnung, traf auf eine begierig ausgebildete Disposition Kaiser Wilhelms II. für den Flottenbau. Zu Anfang schwankte der Herrscher noch geraume Zeit: Sollte er eine Kreuzerflotte bauen lassen, die zum Schutze der Kolonien deutsche Präsenz auf allen Weltmeeren demonstrieren konnte, oder sollte er sich für eine Schlachtflotte entscheiden, die in der Nordsee gegen Großbritannien zu stationieren war?

Unter dem argumentationsmächtigen Einfluß des Staatssekretärs von Tirpitz befahl der Monarch schließlich, die zweite Alternative zu verwirklichen: Sie nahm sich auf jeden Fall um vieles riskanter aus als die erste! So wie nahezu jede weltpolitische Krise während der neunziger Jahre die ohnehin ausgeprägte Neigung des Kaisers für den Flottenbau erneut angefacht hatte, war es auch im Entscheidungsjahr 1897 eine fast marginale Begebenheit, die Wilhelm II. noch einmal in seiner vorgefaßten Meinung bestärkte. Damals unterbreitete England, nachdem es einen bis dahin existierenden Handelsvertrag gekündigt hatte, dem Deutschen Reich den Vorschlag für ein neues Abkommen, der gegenüber dem bisher Gültigen für die deutsche Seite mit erheblichen Nachteilen verbunden war. Dem erregten Monarchen erschien der britische Vorstoß »gleichbedeutend« zu sein »mit dem Beginne eines Krieges bis aufs Messer«[26] gegen die wirtschaftliche Basis seines aufstrebenden Reiches: »Hätten wir eine starke, achtunggebietende Flotte gehabt, wäre Kündigung nicht erfolgt«[27], faßte er seinen Eindruck dem Reichskanzler Hohenlohe gegenüber dramatisch zusammen. Um so dringender meinte er aufs neue fordern zu müssen: »caeterum [sic!] censeo naves esse aedificandas«[28].

Von heftigen Pressefehden auf beiden Seiten des Kanals begleitet, die den deutsch-britischen Beziehungen abträglich und den maritimen Aufrüstungsplänen im Reich förderlich waren, trieb der neue Staatssekretär im Marineamt sein ehrgeiziges Werk voran. Mit den beiden Flottengesetzen von 1898 und insbesondere dem von 1900, das die künftige Entwicklung der deutschen Seerüstung im Kern bestimmte, wurde der Grundstein für den zu Recht als »Tirpitz-Plan«[29] bezeichneten Schlachtflottenbau gelegt; seine systematisch angepaßten Ergänzungen fand er in den Novellen von 1906, 1908 und 1912. Über einen extrem langen Zeitraum von zwei Dekaden sollte eine Schlachtflotte von Linienschiffen erbaut werden, die England Paroli zu bieten vermochte. Erst mit der Existenz dieser furchtgebietenden Waffe Deutschlands sollte seine »wahre ... Autonomie«[30] als Großmacht zur Geltung kommen.

Ein martialisches Signum sollte gleichsam die zweite Gründung des Reiches charakterisieren. Im Schlachtflottenbau und in seiner Zielsetzung mischten sich mannigfache Motive. Ob Angriff oder Abwehr im Vordergrund des Geplanten standen, sei vorläufig dahingestellt; fest steht zweifellos dies: Das Aufrüstungsprogramm zur See markierte einen Qualitätssprung in der deutschen Außenpolitik und im internationalen System! Daran änderte die Tatsache nichts, daß der deutsche Botschafter in London, Graf Metternich, die antienglisch aufgeladenen Aktivitäten des Reiches in aller Welt und zur See als einen »Jugendstil der Politik«[31] ironisierte und daß eine im Auswärtigen Amt maßgebliche Persönlichkeit wie Holstein an der kontinentalen Orientierung Deutschlands festzuhalten entschlossen war. Denn im Vergleich mit dem überall grassierenden Imperialismus der Zeit, der mit dem Navalismus der Staaten einherging, und im Vergleich mit der auf allen Seiten wachsenden Überzeugung von der zukünftigen Unausweichlichkeit des großen Krieges, den nicht wenige als eine gründlich reinigende Kraft geradezu erwarteten, erhielt der deutsche Imperialismus durch den nunmehr eingeleiteten Flottenbau einen spezifischen, einen geradezu »singulären Zug«[32].

Mit gezielter Absichtlichkeit ebenso wie durch ihr schieres Vorhandensein forderten die Tirpitzschen Schlachtschiffe Großbritannien heraus; und zwar nicht an der nordafrikanischen oder ägyptischen Peripherie, nicht am mittelasiatischen oder chinesischen Rand seines Empire. Direkt vor seiner Haustür zielten sie vielmehr zentral auf das Mutterland des britischen Weltreiches. Ebendas lag in Tirpitz' Absicht, der mit seinem militärischen Instrument Außen- und Englandpolitik verfolgte!

Daß der Flottenbau, der im Zeichen einer äußeren Zielsetzung stand, auch innere Wirkungen zeitigen konnte, verweist gewissermaßen auf ein Epiphänomen. Seine Beobachtung darf nicht dazu führen, das eine mit dem anderen zu verwechseln und den Vorrang der Außenpolitik als einen Primat der Innenpolitik mißzuverstehen. Insgesamt legte nämlich Bülows Diplomatie, die den »Tirpitz-Plan« abschirmte, ihren Hauptakzent auf die auswärtige Politik, ließ sich freilich gleichzeitig von der Überzeugung leiten, gerade auf diesem Wege in innenpolitischer Hinsicht »helfen, versöhnen, beruhigen, sammeln, einigen«[33] zu können.

Gewiß gehörte es zur politischen Taktik des außerordentlich versierten Staatssekretärs an der Spitze des Reichsmarineamtes, die Entscheidungs- und Bewilligungskompetenz des Parlaments durch langfristige Fixierung des Geschwaderbaus zu beschränken. Eine Eternisierung sollte den Abgeordneten die Chance nehmen, einzelne Schiffsbauprojekte von Fall zu Fall zu bewilligen oder zu streichen. Indes, in diesem Rahmen verzichtete auch der Monarch auf einen Teil seiner Verfügungsgewalt über die Zukunftsentwicklung der Reichsmarine. Wie der Kaiser begeistert für das eintrat, was Tirpitz vorschlug, so fand der Gesetzgebungsprozeß im Reichstag ebenfalls immer wieder Mehrheiten. Spätestens 1902 wurden die Bedenken der Konservativen gegen die »häßliche und gräßliche Flotte«[34] durch eine Zolltarifbegünstigung im agrarischen Sektor beigelegt. Danach beschränkte sich die parlamentarische Opposition im wesentlichen auf den Freisinn und die Sozialdemokratie. Sie sahen sich ihrerseits dem wachsenden Druck der öffentlichen Flottenbegeisterung ausgesetzt; diese ließ Tirpitz in ganz systematischer Art und Weise durch die Propagandatätigkeit seines »Nachrichtenbureaus« anheizen. Enthusiastisch getragen wurde sie vor allem von den akademischen Schichten, beispielsweise von den sogenannten Flottenprofessoren.

Kein Zweifel: Die Kriegsmarine war populär; sie repräsentierte ein Instrument des immer noch zusammenwachsenden Nationalstaates und seines aufstrebenden Bürgertums; sie bot in der Offizierskarriere Chancen für die Söhne aus dieser Schicht, die im Heer nach wie vor an den lästigen Adelsschranken scheitern mußten. Doch diese innenpolitischen und gesellschaftlichen Nebenwirkungen können ebensowenig wie die ökonomisch gespeiste Vorliebe der Schwerindustrie für den Flottenbau und das bis in die Gewerkschaften hinein wirkende Argument von den daran hängenden Arbeitsplätzen die primäre Tatsache verdrängen: Die Schlachtflotte stellte eine außenpolitische Waffe in der sich abzeichnenden Auseinandersetzung mit England dar! Ihre machtvolle Existenz sollte die Gleichberechtigung mit Großbritannien erzwingen; sollte, wenn der Fall drohte, bereitstehen für die alles entscheidende Hochseeschlacht gegen die Royal Navy; sollte schließlich durch die von ihr ausstrahlende Kraftentfaltung Große Politik machen, insgesamt: Sie sollte den Geburtsfehler in Vergessenheit bringen, daß das moderne Deutschland »eingepfercht«[35] zur Welt gekommen war.

Unaufhebbar gingen Offensives und Defensives in den unübersichtlich anmutenden, durchaus mit dieser Absicht entworfenen Risikogedanken ein. Er stand, die Aufgaben von Speer und Schild miteinander verbindend, im Zentrum des »Tirpitz-Plans«. Die deutsche Schlachtflotte sollte so stark sein, daß sie anzugreifen für die Briten zum abschreckenden Risiko wurde. Sollte es dennoch zum militärischen Konflikt kommen, würde ein Sieg der Royal Navy nur noch dem ruinösen Triumph des Pyrrhus gleichen. Denn mit Gewißheit mußte Großbritannien darüber den ohnehin schon zweifelhaft gewordenen »Two Power Standard« einbüßen und konnte, von der amerikanischen Kriegsmarine ganz abgesehen, leicht zum Opfer der dann überlegenen Seestreitkräfte der Franzosen und Russen absinken.

Die machtpolitische Quintessenz dieser kalten Offensive, durch lautlose Rüstung im weltpolitischen Hinterhalt gleichberechtigten Einfluß zu gewinnen, zur entscheidenden Schlacht mit den Briten ebenso bereit zu sein wie England durch das schiere Dasein der deutschen Schlachtflotte herauszufordern, ja die bestehende Staatenwelt zu revolutionieren, faßte Tirpitz für einen Vortrag beim Kaiser im ostpreußischen Rominten unter dem Datum vom 28. September 1899 stichwortartig zusammen: »Abgesehen von den für uns durchaus nicht aussichtslosen Kampfverhältnissen wird England aus allgemein politischen Gründen und von rein nüchternem Standpunkt des Geschäftsmannes aus jede Neigung uns anzugreifen, verloren haben und infolgedessen Euer Majestät ein solches Maß an Seegeltung zugestehen und Euer Majestät ermöglichen, eine große überseeische Politik zu führen.«[36]

Doch dem Versuch, mit dem »Tirpitz-Plan« die ererbten Bedingungen der Geschichte und Geographie schlagartig hinter sich zu lassen, haftete von vornherein etwas Unwirkliches an: Es lag darin begründet, daß eine große Macht sich kaum einige Jahre lang von der Weltpolitik verabschieden kann, um in aller Ruhe ungestört aufzurüsten. Es hatte damit zu tun, daß Großbritannien selbstverständlich auf die Herausforderung reagierte. Vom Jahre 1904 an kam es zu einer Arbeitsteilung zwischen der englischen und der französischen Flotte, die sich bevorzugt auf das Mittelmeer konzentrierte, so daß die britischen Seestreitkräfte in der Nordsee verstärkt werden konnten. Vollends sichtbar wurde der irreale Kern des deutschen Schlachtflottenbaus, als die Engländer mit der Konstruktion eines neuen, qualitativ überlegenen Schiffstyps, der »Dreadnought«-Klasse, vom Jahre 1906 an dem Rüstungswettlauf eine veränderte Dimension gaben. Es dauerte nicht mehr lange, bis sich das Scheitern des »Tirpitz-Plans« im Jahre 1908 abzuzeichnen begann.

Weit darüber hinaus aber war der Flottenbau, nach dem rückblickenden Urteil des Bülow im Amt folgenden Reichskanzlers Bethmann Hollweg, vor allem »politisch ein Fehler«: innen- und finanzpolitisch, weil die Deutschen in ein »Danaidenfass« schöpften; insbesondere aber außenpolitisch, weil der »Tirpitz-Plan« das Reich »mit England ... in einen ... Zustand latenten Krieges« verwickelte. Neben der kontinentalen »Zwangslast« der deutsch-französischen Gegnerschaft hat diese Entwicklung das Reich ruiniert: »Aber überlastet wurden wir durch das englische Gewicht: Innerpolitisch, weil das Rüstungsfieber nunmehr den gesamten Volkskörper ergriff; finanziell, weil die Flotte auf die nun einmal unvermeidliche Heeresstärke drückte; außenpolitisch, weil die russisch-französische Wagschale [sic!] sinken mußte, wenn auch noch die englischen Gewichte hinzukamen. Und gezwungen waren wir nicht, auch noch den englischen Mühlstein uns um den Hals zu hängen. Auch nicht durch unser Hineinwachsen in die Weltpolitik. Eine achtunggebietende Flotte brauchte keine Risikoflotte und damit eine Drohflotte zu sein. Die Vorstellung, daß wir ohne sie nur ein Vasallendasein gefristet hätten, verwechselt äußeren Schein mit Realitäten.«[37]

In gewisser Hinsicht symbolisierten die Schlachtschiffe des Admirals von Tirpitz das Doppelgesicht des Deutschen Reiches. In ihrer indifferent grauen Erscheinung mischten sich das strahlend Helle zeitgemäßer Technik und das bedrückend Dunkle traditioneller Machtpolitik. Durchgesetzt hatte sich der Gedanke, die industrielle Effizienz der Fabrikhallen und Werften in den politischen Dienst eines militärischen Offensiv- und Abschreckungsinstruments zu stellen. Mit dem Werkzeug der Moderne sollten die Bedingungen der Vergangenheit gesprengt werden, die dem Deutschen Reich von der europäischen Staatenwelt diktiert wurden. Gerade dieser revolutionäre Versuch aber konnte nicht gelingen. Anstatt geduldig abzuwarten, reagierten die anderen nämlich tatkräftig. Rüstung konnte Politik nun einmal nicht ersetzen, so daß die bürgerliche Schlachtflotte des Kaisers »den Deutschen nicht über ihr nationales Trauma« hinwegzuhelfen vermochte: »als ein seit jeher zwischen zwei machtvollen Konkurrenten – einem auf Vergeltung für 1870 sinnenden, unversöhnlichen Frankreich und dem russischen Reich mit seinen unerschöpflichen Reserven – eingeklemmtes Volk militärisch besonders verwundbar zu sein«[38].

Doch die in diesem Befund aufgehobene Lehre Bismarcks war schon lange in Vergessenheit geraten: Daß die Stärke des Reiches nur darin liegen konnte, die spezifische Schwäche seiner Gründung anzuerkennen, und daß seine Sicherheit nur dann gewährleistet war, wenn es gelang, die Unsicherheit der Nachbarn erträglich zu halten, beschrieb für die Generation der Jahrhundertwende fast die »Erforderlichkeit des Unmöglichen«. Nach den mißlungenen, nichtsdestoweniger zukunftweisenden Versuchen der Caprivizeit, im »Neuen Kurs« die mitteleuropäische Basis des Reiches wirtschaftlich und militärisch, also auf moderne und überlieferte Weise zu festigen, setzten die wilhelminischen Weltpolitiker alles auf eine Karte: Frontal forderten sie Großbritannien heraus und spielten mit der Schrecken einflößenden Risikoflotte um höchsten Einsatz.

Dem Verlangen nach Ruhe, die Tirpitz zum geräuschlosen Durcheilen der rüstungspolitischen Risikozone benötigte, standen die lauten Forderungen einer sich zunehmend exaltierter gebärdenden Öffentlichkeit nach weltpolitischen Erfolgen entgegen. Darin lag ein grundlegendes Dilemma für die Außenpolitik Bülows. Der »Tirpitz-Plan« machte im Grunde Unvereinbares notwendig: klug gewahrte Zurückhaltung, um ohne Störungen von außen aufrüsten zu können; lauthals propagierte Gewinne, beispielsweise in Form von kolonialen Vorzeigeobjekten, damit die steuerzahlende Bevölkerung die vermeintlichen Segnungen der hyperteuren Flotte umgehend bestaunen konnte. Kein Wunder also, daß Bülow bei so mancher der weltpolitischen Unternehmungen eher zur Besonnenheit mahnte, als daß er zur Aktion drängte. Weil er den Schlachtflottenbau ständig vor Augen hatte, wollte er keine Gefahr heraufbeschwören.

Der grundsätzliche Widerspruch zwischen der kalkulierten Forderung des Reichsmarineamtes nach Konfliktvermeidung und dem emotionalen Bedürfnis der Öffentlichkeit nach Ruhmestaten durchzog Bülows äußere Politik von Anfang an. Immer wieder griff sie über den europäischen Kontinent hinaus, ohne daß eine klare Zielsetzung der wilhelminischen Weltpolitik erkennbar geworden wäre. Insofern eignete dem richtungs- und ziellosen Treiben der Deutschen, das die gefährliche Hektik des »zu spät« Gekommenen, Verpaßtes überstürzt nachholen zu wollen, unangenehm hervortreten ließ, etwas Schemenhaftes an. Auf die anderen Staaten jedenfalls wirkte es bedrohlich, weil die junge Großmacht, ideenarm und prestigesüchtig zugleich, im Grunde nur »mächtig ... um der Macht willen«[39] sein wollte. Nicht verwunderlich, daß wertvolles Porzellan aus dem nur schwer ersetzbaren Stoff des internationalen Vertrauens fast überall dort zerbrach, wo immer das unruhige Reich in der Welt, begründet oder unmotiviert, mit anderen zusammen oder für sich allein, zumeist aber rüde und polternd auftrat.

Den Erwerb von Kiautschou und des chinesischen Hinterlandes (1897/98) bezahlte das deutsche Kaiserreich letztlich mit dem Mißtrauen der Briten und Russen, die sich ansonsten gegenseitig im Fernen Osten argwöhnisch, nachgerade feindselig belauerten. Seine Haltung im amerikanisch-spanischen Krieg (1898), als deutsche Schiffe vor dem von den Amerikanern blockierten Manila kreuzten, führte zu ernsten Spannungen mit den Vereinigten Staaten und dem an ihrer Seite ausharrenden Großbritannien. Die überflüssig anmutende Auseinandersetzung mit den Angelsachsen, insbesondere mit den Briten, über die Samoa-Frage (1898/99) zeitigte für das Reich beinahe katastrophale Folgen. Für eine vermehrte Teilnahme am britisch-amerikanisch-deutschen Kondominium über das romantische Eiland in der fernen Südsee, das nicht einmal die dem deutschen Steuerzahler entstehenden Kosten seiner Verwaltung deckte, riskierten die in Berlin Verantwortlichen grundlegenden Streit mit England, standen am Ende düpiert da und fühlten sich von den Briten schnöde überspielt. Der marginale Anlaß suggerierte Wilhelm II. einmal mehr die scheinbare Dringlichkeit, den deutschen Flottenbau mit allen Kräften zu forcieren, um England künftighin besser die Zähne zeigen zu können. Verhängnisvoll schlug sich das Ausmaß des Schadens in solch törichten Schlußfolgerungen nieder. Flottenbau und Weltpolitik glichen unverträglichen Zwillingen, die sich gegenseitig so empfindlich störten, daß sie miteinander überhaupt nicht handlungsfähig werden konnten.

Die Erfolge des globalen Ausgreifens blieben minimal. Anstelle des Anteils an den Philippinen, auf den sie im Zusammenhang mit dem Manila-Zwischenfall vom Jahre 1898 gehofft hatten, vermochten die Deutschen am 30. Juni 1899 lediglich einige pazifische Splitterterritorien zu erwerben, die Karolinen-, Palau- und Marianeninseln. Selbst im Rahmen gemeinsamer Aktionen der großen Mächte verstand das Reich es, Mißtrauen auf sich zu ziehen, statt Vertrauen zu gewinnen.

Als der deutsche Gesandte von Ketteler den Wirren des chinesischen Boxeraufstandes zum Opfer fiel und ermordet wurde, erwartete Wilhelm II. von den anderen Mächten, daß sie das gemeinsame Expeditionskorps, das die Revolte in China niederschlagen sollte, einem deutschen Oberbefehlshaber anvertrauten. Ohne Bülow und Tirpitz damit zu befassen, war der Monarch mit dieser Idee vorstellig geworden. Bei der Verabschiedung des deutschen Truppenkontingents hielt er am 27. Juli 1900 eine Ansprache, durch die Deutschlands Soldaten und ihr »Weltmarschall« Waldersee von vornherein unvorteilhaft aus der Reihe der anderen Interventionsstaaten ausscherten. In der berüchtigten »Hunnen-Rede«, in deren »offiziell und offiziös verbreiteten Fassungen das Wort ›Hunne‹ gar nicht vorkam«[40] und die schon damals in der deutschen

Öffentlichkeit auf Vorbehalte und Kritik stieß, fielen die fatalen, noch lange nachhallenden Worte: »Pardon wird nicht gegeben; Gefangene nicht gemacht. Wer Euch in die Hand fällt, sei in Eurer Hand. Wie vor tausend Jahren die Hunnen unter ihrem König Etzel sich einen Namen gemacht, der sie noch jetzt in der Überlieferung gewaltig erscheinen läßt, so möge der Name Deutschland in China in einer solchen Weise bekannt werden, daß niemals wieder ein Chinese es wagt, einen Deutschen auch nur scheel anzusehen.«[41]

Obwohl den so Verabschiedeten nach ihrer Ankunft kaum noch etwas zu tun blieb, weil der Aufstand von den internationalen Streitkräften, die zuvor schon in das Krisengebiet geschickt worden waren und zu denen auch Deutsche gehört hatten, inzwischen bereits beigelegt war, fiel doch ein insgesamt schlechtes Licht auf das Deutsche Reich: Wieder einmal war Wilhelm II., der schwadronierende Unheilbringer, dafür verantwortlich! Vor allem das Verhältnis zu England wurde erneut in Mitleidenschaft gezogen. Gewiß taten sich bald darauf Chancen zur Zusammenarbeit mit den Briten auf, dennoch: Die bösen Worte wurden nicht vergessen. Durch die flottenpolitische Herausforderung und die gescheiterten Sondierungen mit Großbritannien nochmals verstärkt, hafteten sie im Gedächtnis des Inselvolkes und vergifteten das allgemeine Klima der Zeit.

Als das Reich im Jahre 1902, um einen vorausschauenden Blick in die an sich noch offene Zukunft des deutsch-englischen Verhältnisses zu werfen, von Venezuela mit Recht materielle Genugtuung für Reichsangehörige forderte, die durch revolutionäre Begebenheiten in dem südamerikanischen Land Schaden genommen hatten, tat die Wilhelmstraße alles, um sich in einem dafür mit Großbritannien einvernehmlich verabredeten Zusammenhang zu bewegen, das in Caracas ebenfalls einschlägigen Bedarf geltend machte. Dessenungeachtet fiel die antideutsche Presse in Großbritannien so vehement über das Reich her, daß sich die Regierung Balfour innerem Druck beugte, eine Zusammenarbeit unmöglich war und Deutschland am Ende nur durch größte Konzessionsbereitschaft das Äußerste verhindern konnte. Doch bis dieser Tiefpunkt des Zerwürfnisses zwischen beiden Völkern erreicht wurde, blieben noch viele Stufen der Entfremdung zwischen den Staaten zu nehmen.

Selbst auf der Haager Konferenz vom Jahre 1899 und auf der nachfolgenden im Jahre 1907 erregten die Deutschen als taktlose Störenfriede abstoßendes Aufsehen. Damals wurden die ersten zaghaften Versuche unternommen, sich über eine Abrüstung der Waffenarsenale und eine Zähmung der Kriegsfurie zu verständigen. Es ging beileibe noch nicht darum, eine grundsätzliche Alternative zum internationalen System der Zeit zu entwerfen. Zudem war im Prinzip keine Großmacht zu echten Zugeständnissen bereit. Nur langsam nahm der sich organisierende Pazifismus an Bedeutung zu. Gegenüber dem reißenden Strom der Realpolitik blieb diese revolutionäre Bewegung im Grunde bis 1914 nur ein kraftloses Rinnsal, das sich erst durch die Hekatomben der Weltkriegsopfer verbreitete. Daher gab es im Grunde keine Macht auf der Konferenz, die willens war, sich der vom Reich gefürcheteten »Ochlokratie der kleineren Staatswesen«[42] zu unterwerfen. Es war kein Geheimnis, daß der Zar die sodann im Haag stattfindende Veranstaltung nur angeregt hatte, weil seinem Land angesichts des aufwendigen Rüstungswettlaufs der finanzielle Ruin drohte. Lord Salisbury beispielsweise nahm das Ganze nicht gerade ernst; andere Repräsentanten des europäischen »Monde« äußerten sich, freilich hinter vorgehaltener Hand, noch weit drastischer über das ihnen unsinnig erscheinende Unterfangen.

Indes steigerte sich Wilhelm II. aus übertriebener Angst davor, den Deutschen könnten in ihrer exponierten Kontinentallage gleichsam auf dem Verhandlungswege die Waffen aus den Händen genommen werden, in eine mehr als unangemessene Stimmung. Denn im Grunde handelte es sich bei der ersten wie bei der zweiten Haager Konferenz nach Theodor Mommsens spottendem Urteil um nichts anderes als um einen »Druckfehler der Weltgeschichte«[43]. Ohne auch nur den staatsklugen Gedanken zu erwägen, dem Vorbild des alten Fürsten Metternich zu folgen, der einst aus dem phantastisch anmutenden Vorschlag des Zaren Alexander, die Heilige Allianz ins Leben zu rufen, realpolitisches Kapital für das österreichische Interesse zu schlagen verstand, um das europäische Gleichgewicht zu stabilisieren; ohne also auf den eigenen Vorteil zu sinnen und das universal Edle dem national Opportunen anzupassen, kommentierte Wilhelm II. nur schnodderig: »Die Conferenzkomödie mache ich mit, aber den Degen behalte ich zum Walzer an der Seite.«[44]

Im Prinzip sprach der mißachtende Kommentar nur aus, was alle anderen Großmächte ebenso dachten. Dennoch war es das unverbrämt militante Auftreten der Deutschen, das diesen ersten im Haag unternommenen Versuch, durch Abrüstung dem Frieden näherzukommen, zur Wirkungslosigkeit verurteilte. Gerade erst hatten sie die Bühne der Weltpolitik betreten, waren von unstillbarem Nachholbedürfnis getrieben und gingen mit der gegen England zielenden Flotte aufs Ganze, da sollte ihnen, argwöhnten sie mit an Verblendung grenzendem Mißtrauen, die Hände gefesselt werden, mit denen sie auch weiterhin in ungebundener Eigenständigkeit über ihr stolzes Waffenarsenal zu verfügen gedachten. Daher lautete der bezeichnende Kommentar des Kaisers zum Abschlußbericht des Staatssekretärs des Auswärtigen Amtes über die erste Haager Konferenz: »Aber werde in meiner Praxis auch für später mich nur auf Gott und mein scharfes Schwert verlassen und berufen!«[45] Im Potsdamer Kasinoton fügte er noch mit schneidiger Gewöhnlichkeit hinzu: »Und sch... auf die ganzen Beschlüsse.« Weitsichtig erkannte dagegen Holstein: »Der Abrüstungsgedanke wird nicht mehr sterben.«[46]

Was aber das Feld der Welt- und Kolonialpolitik insgesamt anging, belasteten, abgesehen vom kleinen Togo, die Kolonien den Haushalt des Staates mit vergleichsweise hohem Aufwand. Volkswirtschaftlichen Gewinn warfen sie beileibe nicht ab. Doch diese Tatsache spielte, ganz im Sinne der Zeit, keine Rolle: Mit überseeischem Besitz war vor allem politisches Prestige verbunden. Bedrohlicher als die finanziellen Kosten nahmen sich aber die außenpolitischen Probleme aus, die der Erwerb oder die Ausdehnung von überseeischen Gebieten mit sich brachten. Vergleichsweise gering blieben dagegen die innenpolitischen Erfolge, die sich aus den aufwendigen Unternehmungen ableiten ließen. Sie stellten sich, zumindest aus dem Blickwinkel des Kanzlers betrachtet, beispielsweise ein, als der seit Jahren andauernde Kolonialkrieg in Südwestafrika dazu benutzt wurde, aus den sogenannten »Hottentottenwahlen« vom Jahre 1906 eine im »Bülow-Block« zusammengeschweißte Parlamentsmehrheit aus Konservativen und Liberalen hervorgehen zu lassen.

In dem sich hinziehenden Verlauf dieses schmutzigen Krieges kam es in beträchtlichem, ja schrecklichem Umfang zur gezielten Ausrottung eingeborener Völker. Der Druck der Kritik, die in der Öffentlichkeit und im Reichstag dagegen vorgetragen wurde, half mit, die Kolonialpolitik des Kaiserreichs in eine liberaler geführte Bahn zu lenken. Für die rechtsstaatliche Grundlage, ja für die politische Entwicklungstendenz des deutschen Konstitutionalismus mag diese aus dem schöpferischen Geist der öffentlichen Debatte entstandene Neuorientierung als charakteristisch gelten. Allerdings: Die Geschichte der Deutschen blieb zum Guten wie zum Bösen hin offen. Nur eine Generation später wurden die menetekelhaften Beispiele des Völkermordes durch Hitlers »Drittes Reich« zu totalitärem Unmaß übersteigert.

Vom afrikanischen und asiatischen Kolonialbesitz des Deutschen Reiches abgesehen, dem der Vorzug geschlossener Gestalt durchweg abging, verdichteten sich das Unstete wilhelminischer Weltpolitik und ihr imperialistisches Streben nach Befriedigung der politischen sowie der wirtschaftlichen Bedürfnisse Deutschlands noch in einem anderen Gebiet der inzwischen nahezu aufgeteilten Welt: Kleinasien, das gleichsam die Brücke zwischen dem Zentrum des Kontinents und seiner asiatischen Peripherie bildete, avancierte zum begehrten Objekt wilhelminischen Tatendrangs. Am ehrgeizigen Unternehmen des Baus der sogenannten Bagdadbahn, der in typisch imperialistischer Manier die Expansion durch die Eisenbahnführung vorantrieb und den Bosporus mit dem Persischen Golf zu verbinden trachtete, beteiligten sich die Deutschen, zusammen mit anderen Interessenten aus europäischen Staaten, zunehmend lebhafter. Diese Aktivität fiel ins Auge, nachdem bereits die Orientreisen des Kaisers in den Jahren 1889 und 1898 das Interesse des Reiches an dieser Region bekundet hatten. Sie konvenierte zudem mit dem gewachsenen wirtschaftlichen und militärpolitischen Engagement der Deutschen in der Türkei. Diese Betätigung paßte schließlich in das neue Muster einer äußeren Politik, die sich gerade auf dem orientalischen Terrain gegenüber der Bismarckzeit gründlich verändert hatte: Denn anders als vordem unterstützte sie inzwischen die risikoträchtigen Belange des österreichisch-ungarischen Bundesgenossen auf dem Balkan und im Osmanischen Reich.

Das gewachsene Interesse Deutschlands an der kleinasiatischen Region stiftete, umgehend spürbar, größere Probleme, als sie durch die unruhigen Odysseen wilhelminischer Weltpolitik im Pazifik oder in Ostasien hervorgerufen wurden: Die deutsche Beteiligung an der Bagdadbahn zielte nämlich, aus britischer Sicht der Dinge, auf eine »Schlagader des Empire«[47]. Über die Briten hinaus fühlten sich auch die Russen durch die Präsenz der Deutschen in diesem Krisengebiet der Weltpolitik angesprochen. Kurzum: Von der Jahrhundertwende an gab es für die beiden Weltmächte an der südosteuropäischen Peripherie eine wachsende Herausforderung durch das Deutsche Reich, das sich in diesem fernen Winkel der Erde zwischen die russische und britische Einflußsphäre zwängte.

Diese Entwicklung ging das Zarenreich womöglich noch ernster an als Großbritannien, das seine ägyptische Bastion ausbaute und dafür seine türkische Präsenz verdünnte. Nichtsdestoweniger: Der Nahe Osten bildete eine zentrale strategische und wirtschaftliche Verbindung mit der indischen Kronkolonie; er gewann noch einmal maßgeblich an Bedeutung, als seine Ölvorkommen zur Energieversorgung genutzt werden konnten. Daß die deutsche Konkurrenz dazu beitrug, die großen Rivalen aus Ost und West auf den Weg der Verständigung zu führen, der im Jahre 1907 mit dem Abschluß der britisch-russischen Konvention vollendet wurde, lag noch ganz außerhalb der Vorstellungskraft der wilhelminischen Staatsmänner. Im Gegenteil: Nach wie vor glaubten sie die Rivalität zwischen Russen und Briten ausnutzen zu können. Wie eh und je wollte man, so hat der Vortragende Rat im Auswärtigen Amt, von Mühlberg, weit über den orientalischen Anlaß hinaus, die für die Ära Bülow/Tirpitz typische Außenpolitik der neutralen Unverbindlichkeit damals umschrieben, »bald mit einer Verbeugung vor dem britischen Löwen, bald mit einem Knix [sic!] vor dem russischen Bären unsere Bahn bis Kuweit am Persischen Golfe hindurchschlängeln.«[48]

Diese Hoffnung stellte sich schon bald als »tödliche Illusion«[49] heraus: Das deutsche Vorgehen beförderte, ohne daß der gigantische Bahnbau jemals an seinen Zielort gelangte, die Entfremdung des Reiches von den beiden Weltmächten, die für sein Schicksal entscheidend waren. Gewiß, in den Jahren nach der Jahrhundertwende hielt die Geschichte durchaus noch die eine oder andere Chance bereit, um mit den Russen und den Briten auf leidlich normalem, vielleicht sogar gutem Fuß zu verkehren. Indes: Die sich inzwischen auftürmenden Lasten der wilhelminischen Weltpolitik trugen so nachhaltig zur Verschlechterung der Lage bei, daß am Ende nur das Scheitern übrigblieb.

Solange das Verhältnis zu England normal und nicht gespannt, freundschaftlich und nicht feindlich gewesen war, ließen sich die nicht zu unterschätzenden Bürden der latenten Hegemonie für die Deutschen aushalten. Umgekehrt hatte die Existenz des neuen Nationalstaates die Briten nicht beunruhigt; gegenüber ihren russischen und französischen Konkurrenten konnten sie daraus sogar Vorteil ziehen. Was die blühende Handelsbilanz des Deutschen Reiches anging, die manches Neidgefühl auf englischer Seite weckte, so war sie doch letztlich, weil im übrigen beide Seiten vom florierenden Warenaustausch wechselseitig profitierten, nicht ausschlaggebend.

Von allen Reibereien in fernen Gegenden der Welt abgesehen, entwickelten sich im Grunde zwei Faktoren zu einer bleibenden Belastung des bilateralen Verhältnisses zwischen Berlin und London. Ihre Existenz empfand England tatsächlich als Gefahr! Sie veränderten die äußere Politik der insularen Macht grundlegend, schränkten ihre austarierende Beweglichkeit empfindlich ein und ließen die komfortable Freiheit ihrer diversen Wahlchancen in festen Bündnisformationen verschwinden.

Das eine Belastungselement war, wie gesagt, Deutschlands Auftauchen in Kleinasien und im Nahen Osten; das andere war, weit entscheidender, die Stationierung der deutschen Schlachtflotte in der Nordsee. Beim ersten Schritt noch frei, danach aber mehr und mehr der Gefangene des waghalsig Eingeleiteten, hatte sich das Deutsche Reich, von mannigfachen Umständen getrieben, dafür entschieden, *va banque* zu spielen. Mit einer Schrecken verbreitenden Waffe in der Hand gedachte es, rational und romantisch zugleich, alles auf einmal zu lösen: die außenpolitische Erbschaft der Enge, die ungewöhnlich war, und die innenpolitischen Probleme der Gesellschaft, die normal erschienen.

Grundlegend, fast dramatisch hatte sich im Vergleich mit der Bismarckzeit das Verhältnis zwischen »Staatskunst und Kriegshandwerk« gewandelt. Denn für Bernhard von Bülow, der sich gern in der eitlen Pose eines künftigen Weltreichsgründers präsentierte, bevor er unsanft auf die kontinentalen Erforderlichkeiten zurückgeworfen wurde, lag »die höchste Aufgabe der Diplomatie«, ganz anders als für den erfolgreichen Reichsgründer Otto von Bismarck, nicht mehr länger darin, den Frieden unter nahezu allen Umständen zu erhalten. Ihm kam es vielmehr darauf an, »den Staat so zu führen, daß er eventuell unter möglichst günstigen Vorbedingungen in einen Krieg eintreten«[50] konnte.

Alles in allem: Die tatsächliche Entwicklung der Dinge, das provozierende Handeln des Deutschen Reiches und die zunehmend unversöhnlichen Reaktionen im eigenen Land schichteten für Großbritannien eine Herausforderung auf, die nicht so ohne weiteres abzutragen war. Andersherum gewendet: Für die Existenz und Zukunft des Reiches wurde die Gestaltung der Beziehungen zur englischen Weltmacht ausschlaggebend. Noch immer waren im deutsch-britischen Verhältnis vielfältige Entwicklungschancen angelegt; und bald schon stand die zentrale Frage zur Entscheidung an, ob England eher als Freund oder als Feind der Deutschen zu gelten habe.

England – Freund oder Feind?

Ungeachtet aller Belastungen, die das deutsch-englische Verhältnis beschwerten, bot sich an der Jahrhundertwende, zwischen 1898 und 1901, noch einmal die Gelegenheit zum Ausgleich. Im Kern der Sache stand dabei nicht – was von deutscher Seite aus eher verkannt wurde – ein umfassendes Allianzprojekt zwischen beiden Staaten zur Debatte. Den Briten ging es vielmehr darum zu sondieren, ob Möglichkeiten vorhanden waren, dem aufkommenden Antagonismus durch beruhigende Normalisierung zu wehren; mehr noch: Sie wollten herausfinden, inwieweit sich durch begrenzte Teilabsprachen, vielleicht sogar durch defensive Bindungen ein bilaterales Einvernehmen herstellen ließ.

Diese kostbare Chance, über die zwischen deutschen und britischen Repräsentanten gesprochen wurde, nahmen die für die Außenpolitik des Reiches Verantwortlichen kaum angemessen wahr. Sie wollten nämlich Ehrgeizigeres und Besseres, verlangten im Grunde alles oder nichts von England. Entweder sollten die Briten zum Freund an der eigenen Seite werden oder der Feind auf der anderen Seite sein; normale Partnerschaft dagegen wurde geringgeschätzt, eher sogar als lästig empfunden.

Worum ging es im deutsch-englischen Dialog an der Jahrhundertwende? Bislang war bevorzugt von den Begebenheiten in den Beziehungen zwischen Berlin und London die Rede, die dazu angetan waren, das zwischenstaatliche Leben zu erschweren. Es hieße jedoch, das Bild düsterer zu zeichnen, als es ohnehin schon war, und der Zukunft ihre Offenheit zu nehmen, wenn man es dabei bewenden ließe. Denn es gab durchaus Entwicklungen, die dem Ganzen noch eine andere Richtung zu geben imstande waren, als der Verlauf der Geschichte sie tatsächlich nahm. Gewiß existierte eine kommerzielle Rivalität zwischen den beiden Wirtschaftsgiganten, die freilich keine ausschlaggebende Bedeutung erlangte, sondern nur nachgeordnete Wirkung besaß. Neben Faktoren imperialistischer Rivalität war es die deutsche Flottenrüstung, die seit ihren Anfängen, von der kommenden Entwicklung ganz abgesehen, das Verhältnis zu Großbritannien wesentlich verschlechterte. Ihre Existenz erschien den Briten inzwischen mindestens so gefährlich, wie das bis dahin für die russische Bedrohung Indiens gegolten hatte. Das Klima der öffentlichen Meinungen diesseits und jenseits des Kanals war derart miserabel geworden, daß Zeitungen hier wie dort wechselseitig über die Vernichtung des anderen schwadronierten.

Eine vorteilhafte Gelegenheit zur Besserung der Beziehungen ergab sich, als den Briten an der Jahrhundertwende ihre globale Überforderung bewußt wurde. Diese aufrüttelnde Einsicht ließ die Engländer sogar, vom Außenpolitischen abgesehen, darüber nachdenken, ob ihre innenpolitische Verfaßtheit noch zeitgemäß sei. Das führte keineswegs zu grundlegenden Veränderungen des Bestehenden, hielt aber dazu an, prinzipiell seinen Sinn zu erörtern. Im Mutterland des Parlamentarismus wurde die zentrale Frage gestellt, inwieweit die überlieferte innere Bauform des Landes seinen akuten weltpolitischen Herausforderungen noch gewachsen sei. Ließ sich das Empire nach wie vor von Westminster aus regieren? Oder wurden dafür nicht, wie einst im Falle des Imperium Romanum, dessen anwachsende Probleme den Vätern des Senats entglitten und die nach dem »Cäsar« verlangten, neue Formen stärker konzentrierter Machtausübung erforderlich? Wenn schon die innenpolitischen Überlegungen auf englischer Seite eine so grundsätzliche radikale Qualität annahmen, dann konnten außenpolitische Schritte, um die evidente Überforderung Großbritanniens zu lindern, nicht ausbleiben.

Jüngere Mitglieder des englischen Kabinetts hoben sich in ihrer kritischen Einschätzung der allgemeinen Lage deutlich von Premierminister Salisbury ab. Zu den Befürwortern der Initiative, zwischen 1898 und 1901 Fühler nach Deutschland auszustrecken, zählten beispielsweise Arthur Balfour, der seinem Onkel Lord Salisbury bald darauf, im Jahre 1902, als Regierungschef nachfolgte, und vor allem der einflußreiche Kolonialminister Joseph Chamberlain: Seinem dynamischen Talent verwehrten die altfränkischen Traditionen des bestehenden Parlamentarismus – so kam es jedenfalls Lord Milner, einem der großen Prokonsuln des britischen Weltreichs, vor –, auf außenpolitischem Feld in einem Atemzug »mit den Richelieus«[51] genannt zu werden.

Als die Briten vom März/April 1898 an ihr Augenmerk auf das Deutsche Reich richteten, ging es ihnen vornehmlich um zweierlei: einmal um eine allgemeine Verbesserung des bilateralen Verhältnisses; zum anderen um ein defensives Zusammenwirken mit dem Reich auf einzelnen Schauplätzen der internationalen Politik, insbesondere in China. Dort wollte England mit deutscher Unterstützung seine antirussische Position stärken. Darin lag für die Deutschen die erste Schwierigkeit einer solchen Zusammenarbeit begründet: Sie wollten sich nicht für englische Ziele einspannen lassen, vor allen Dingen nicht gegen Rußland. Zwischen den Weltmächten neutral zu bleiben, war ihr bewußtes Anliegen. Sie wollten freie Hand behalten, um an Briten und Russen vorbei, den als unversöhnlich Eingeschätzten, die Flotte zu bauen und Orientpolitik zu treiben. Bevor man England in der Form, die die Briten wünschten, entgegenkommen konnte, sollten diese ihre angestammte Position der *splendid isolation* aufgeben und Bereitschaft zum Abschluß eines umfassenden Bündnisses mit dem Deutschen Reich bzw. mit dem Dreibund an den Tag legen.

Damit war die Unvereinbarkeit der Positionen markiert: Die englische Weltmacht erwartete, ohne eine weitgehende Bindung eingehen zu wollen, von den Deutschen Hilfe auf fernab vom Mutterland gelegenen Schauplätzen ihres Empire. Die deutsche Kontinentalmacht verlangte im Zuge einer förmlichen Bindung Unterstützung von Großbritannien an ihren im Zentrum Europas gefährdeten Grenzen in Ost und West. Ob sich aus einer entgegenkommenden Einlassung auf das britische Begehren die nachfolgende Chance für die tatsächliche Verwirklichung des eigenen Wunsches ergeben konnte, erschien ihnen unkalkulierbar und riskant. Jedenfalls wagten die Deutschen nicht, auf die in der Hinterhand bleibenden Briten mit einer derart generösen Konzession zuzugehen.

Im übrigen waren sie fest davon überzeugt, England werde, wenn man nur ausdauernd genug abwarte, zu noch weit günstigeren Bedingungen kommen, weil es sich in der ungünstigeren Lage befinde. Daß die allgemeine Entwicklung in die genau entgegengesetzte Richtung verlief, entging den wilhelminischen Staatsmännern – Bülow, den oberflächlicher Optimismus an dieser Einsicht hinderte, ebenso wie Holstein, der den Kern der Dinge wieder einmal mit Scharfsinn verfehlte. Erschwerend kam hinzu, daß das eigenmächtige Wirken des Legationsrates von Eckardstein, des Ersten Sekretärs an der Londoner Botschaft des Deutschen Reiches, die Lage stets aufs neue verwirrte und die Mißverständnisse auf beiden Seiten steigerte. Seine unzutreffenden Versicherungen, die Briten seien zu einer regelrechten Allianz durchaus bereit, erscheinen jedoch im Rückblick für Verlauf und Scheitern des Gesamten kaum ursächlich gewesen zu sein. Ausschlaggebend wurde vielmehr die Tatsache, daß schon bei den Sondierungen des Jahres 1898 das Grundmuster einer tiefen Unvereinbarkeit zwischen beiden Staaten sichtbar wurde.

Als Chamberlain den tastenden Versuch unternahm, die Deutschen in begrenztem Umfang für die eigene Sache zu gewinnen, da ließ er bereits ohne Umschweife erkennen, daß eine Chance wie die, die sich jetzt biete, nicht beliebig wiederholbar sei; das Glück komme nur einmal und danach nie wieder. Doch die Offerten des Kolonialministers, die er dem Deutschen Reich und den Vereinigten Staaten von Amerika in seinen Reden vom Mai und vom November 1898 auch öffentlich unterbreitete, blieben ohne Antwort. Allzu durchsichtig gestaltete Versuche des Kaisers, die britische Wendung der Deutschen in der von Holstein so genannten »großen Weltfrage« umgehend den Russen gegenüber zum eigenen Vorteil zu nutzen, schlugen völlig fehl. Von einem scheinbar drohenden Zusammengehen Großbritanniens mit Deutschland ließ sich das Zarenreich nicht verwirren. Denn in Sankt Petersburg wurden, von der deutschen Seite sträflich mißachtet, durchaus schon Anzeichen dafür registriert, die darauf hindeuteten, daß man in England, wenn sich diese Verständigung auch schwieriger als ein Arrangement mit dem Reich ausnahm, über einen Ausgleich mit dem anderen weltpolitischen Giganten nachdachte.

Die Entwicklung des deutsch-englischen Dialogs, den die Briten nicht so alternativlos führten, wie die wilhelminischen Staatsmänner fahrlässig annahmen, wurde von Vorgängen auf kolonialem Feld flankiert. *Prima vista* schienen sie den zentralen Verlauf der Dinge zu begünstigen – bevor beide Elemente des deutsch-britischen Verhältnisses, der europäische wie der koloniale Akkord, in einem einzigen schrillen Mißklang endeten. Im Sommer 1898 vermochte Portugal, das seiner innenpolitischen Labilität kaum noch Herr zu werden verstand, mit seinen finanziellen Belastungen allein nicht mehr fertigzuwerden, die vor allem aus dem afrikanischen Kolonialbesitz des Landes erwuchsen. Hilfesuchend wandte es sich an England, seinen ökonomischen Patron seit den Tagen des Methuen-Vertrages vom Jahre 1703. Da trat das Deutsche Reich auf den Plan! Von Großbritannien verlangte es, sich mit Deutschland über eine mögliche Erbschaft des portugiesischen Besitzes zu verständigen. Berlin hatte Erfolg: London mußte einwilligen, und es kam zur Zusammenarbeit.

Am 30. August 1898 einigten sich das Deutsche Reich und England vertraglich über die eventuelle Aufteilung der portugiesischen Kolonien in Afrika. Aus deutscher Sicht hatte man sich lediglich über ein Detailproblem gemeinsam verständigt, ein englisch-deutsches Einvernehmen in einer Einzelfrage erzielt – mehr Bedeutung wollte insbesondere Holstein dem Abkommen auf gar keinen Fall beimessen. Tatsächlich war, freilich in einem anderen Sinne, als die Deutschen sich das wünschten, die geheime Vereinbarung noch viel weniger wert. Zu dem Vertrag, in dem sich die beiden Mächte gegen eine Intervention dritter Staaten in Moçambique, in Angola und auch in Portugiesisch-Timor verwahrten, hatten sich die Engländer nicht eben freiwillig verstanden, mehr noch: Sie fühlten sich in der gesamten Angelegenheit von den Deutschen schlicht erpreßt! In das Unvermeidliche zähneknirschend eingewilligt hatten sie nur deshalb, um durch ein vertraglich umgrenztes Zugeständnis das unstet nach Beute ausspähende Reich von drohenden Übergriffen in anderen Teilen Afrikas abzuhalten, über die zwischen London und Berlin nichts entsprechend Verbindliches vereinbart worden war.

Die deutschen Hoffnungen, die unangenehme Option zwischen England und Rußland zu vermeiden, sich also nicht in China an die Seite Großbritanniens gegen das Zarenreich zu stellen, sondern sich statt dessen mit den Engländern in Afrika zu einigen und kolonialen Gewinn zu machen, schlugen fehl. Denn die Briten dachten nicht daran, treu zu erfüllen, was ihnen schmählich abgetrotzt worden war; vielmehr gingen sie daran, es zu unterlaufen. Am 14. Oktober 1899 schlossen Großbritannien und Portugal, gleichfalls im geheimen, den Windsor-Vertrag. Darin wurde, in Anknüpfung an eine seit dem 17. Jahrhundert lebendige Tradition, der territoriale Bestand Portugals nicht nur in Europa, sondern auch in Übersee garantiert. Die englisch-portugiesische Vereinbarung lief dem, was mit dem Reich geregelt worden war, diametral entgegen! Sie war auch keineswegs *bona fide* abgeschlossen worden, sondern durchaus in treuloser Absicht. Schlagartig trat das Gegensätzliche der Standpunkte hervor: Die Deutschen hatten eine Übereinkunft getroffen, um den Status quo in der Welt zu verändern; die Engländer hatten ein Abkommen geschlossen, um das Bestehende zu festigen. An die Stelle gemeinsamen Tuns trat tiefe Verstimmung.

Dennoch nahm das stets gefährdete Annäherungsmanöver zwischen beiden Staaten seinen vorläufigen Fortgang. Weiterhin zu sondieren, um zu einem Bündnis zu gelangen, befürwortete der in hohem Grade maßgebliche Holstein durchaus, hielt einen Abschluß zum gegenwärtigen Zeitpunkt allerdings noch für inopportun. Gegenüber dem am 11. Oktober 1899 in Südafrika ausgebrochenen Burenkrieg wahrte Deutschland dieses Mal, anders als beim Jameson-Raid einige Jahre zuvor, strikte Neutralität. Sie wog um so schwerer, als sich Englands Lage dramatisch verschlechterte! Neben den Herausforderungen auf dem fernen Kriegsschauplatz am afrikanischen Kap hatte sich Großbritannien gleichzeitig der Franzosen in Nordafrika, der Russen in Afghanistan, sogar spanischer Ansprüche auf die britische Kronkolonie von Gibraltar zu erwehren. Da hätte Deutschland leicht den Ausschlag geben können.

Bestimmt wurde die Zurückhaltung des Reiches von dem Kalkül, wegen eines weit entfernten Konflikts dürfe man sich nicht auf Dauer mit England überwerfen. Einer proburischen Versuchung nachzugeben, erschien überflüssig und töricht. Das hieß aber beileibe noch nicht, daß Deutschland nunmehr dazu bereit gewesen wäre, auf eine erneute Offerte Joseph Chamberlains einzugehen, die er in seiner Rede am 30. November 1899 in Leicester unterbreitete. Eine allgemeine Verständigung, die Chamberlain den Deutschen und Amerikanern offerierte, war Berlin zu wenig; und ein echtes Bündnis, das man sich wünschte, war noch nicht angeboten worden.

Allein, das Zusammenwirken mit England dehnte sich jetzt sogar auf das chinesische Terrain aus; mit Rücksicht auf Rußland hatten die Deutschen das bislang vermieden. Am 16. Oktober 1900 kam es zwischen den beiden Mächten zum Abschluß des Jangtse-Abkommens. Für das riesige Gebiet des vor allem wirtschaftlich bedeutenden Stromtals wurde die Gleichberechtigung des Handels aller, also eine Politik der offenen Tür, vereinbart. Wiederum ging es den Briten darum, das Bestehende in Zusammenarbeit mit den Deutschen, die ungestüm nach vorne drängten, zu wahren. Diese waren ihrerseits darauf aus, endlich den Status quo zu verändern, vor allem aber den Briten ohne Not nicht noch mehr zu überlassen, als diese ohnehin schon besaßen. Vom chinesischen Ergebnis dieser deutsch-englischen Verständigung machte Premierminister Salisbury nicht viel Aufhebens, denn: Auf das, was die Briten eigentlich wollten, ließen sich die Deutschen partout nicht ein. Mit verständlicher Berechtigung scheuten sie davor zurück, englische Kastanien aus dem russischen Feuer holen zu sollen. Daher kam ein gegen das Zarenreich gerichtetes Bündnis zwischen Deutschland und Großbritannien nicht zustande!

Insofern war, was die hoffnungsvolle Beurteilung des Vereinbarten durch die deutsche Seite anging, mit dem chinesischen Geschäft auch keineswegs »eine günstige Weichenstellung«[52] in die britische Richtung vorgenommen worden. Fälschlicherweise wähnte man sich »in Rufnähe von England«[53]. Das Gegenteil war richtig! Was in Berlin als »ein zweiter Schritt auf der Bahn des portugiesischen Vertrags«[54] beurteilt wurde, beschrieb eben nicht die »Einleitung für weiteres«[55], sondern es endete wie die portugiesische Angelegenheit in gegenseitiger Enttäuschung. Der britische Wunsch nach Konsolidierung und das deutsche Streben nach Veränderung paßten selbst im chinesischen Winkel der Weltpolitik nicht zueinander. Das scheinbar Gemeinsame geriet zum eklatanten Fehlschlag. Die Deutschen waren ungehalten, weil die Briten ihnen nicht entgegenkamen, sondern sie für die ostasiatischen Sicherheitsinteressen des Empire zu benutzen versuchten.

Dessenungeachtet traten die deutsch-englischen Sondierungen, vom ungeduldig agilen Joseph Chamberlain aufs neue angeregt, in ihre nächste Phase ein: Sie sollte, in diesem Zusammenhang des bilateralen Verhältnisses, die letzte sein. Stärker als zuvor trug sie von Anfang an den Charakter der Entscheidung und Züge des Definitiven. Als die deutsch-britischen Gespräche Mitte Januar 1901 wiederaufgenommen wurden, betonte Chamberlain unmißverständlich, sein Land werde sich, falls mit Deutschland kein Einvernehmen herzustellen sei, mit Rußland oder Frankreich einigen. Sich dafür zu entscheiden, erschien ihm angesichts der allgemeinen Weltlage sogar dann geboten zu sein, wenn der zu entrichtende Preis das übersteigen sollte, was bei einem Ausgleich mit Deutschland anfallen würde.

Daß der britische »Walfisch« allen Ernstes ein Arrangement mit dem russischen »Bären« in Betracht zog, signalisierte den Deutschen, daß Gefahr im Verzug war. In der Berliner Zentrale wurde die sich anbahnende Entwicklung allerdings noch nicht als so schwerwiegend eingeschätzt, wie das an sich erforderlich gewesen wäre. Tatsächlich aber begannen »viele einsichtige Männer in England ... die Frage ernsthaft ins Auge zu fassen«, resümierte Richard von Kühlmann, der deutsche Vertreter in Teheran, am Ende des Jahres 1901, was er von seinem britischen Kollegen, Sir Charles Hardinge, im Verlauf einer eingehenden Unterredung erfahren hatte: »Was trennt uns eigentlich von Rußland, was müssen wir Rußland bieten, um zu einer Verständigung zu gelangen?«[56]

Was die bilateralen Beziehungen zwischen Berlin und London anging, zeichnete sich ein zweifacher Befund ab: Offenbar waren die Zeiten vorbei, in denen sich das deutsch-britische Verhältnis jenseits von Antagonismus oder Allianz ausgeglichen entwickeln konnte. Unter dem Druck internationaler und innenpolitischer Wandlungen stand man jetzt am Scheidewege und hatte die eine oder die andere Richtung der Weltpolitik zu wählen. Auf der Strecke blieb damit jener Zustand zwischenstaatlicher Normalität, deren austarierende Beweglichkeit in der Regel den allgemeinen Frieden fördert. Ihre Existenz hatte, in den langen Jahren der Ära Bismarck, darauf beruht, daß das Bestehende im großen und ganzen als akzeptiert galt und grundlegender Wandel nicht erwünscht war. Diese vorteilhafte Qualität hatte das deutsch-britische Verhältnis mittlerweile eingebüßt. Das reißend in Fluß Geratene drängte auf eine neue Formation der Staatenwelt. Sie sollte den Akteuren letztlich viel weniger Spielraum als zuvor überlassen und ihre außenpolitischen Optionen auf die alternativen Pole von Revolution und Reaktion reduzieren. Drohend, freilich nicht angemessen wahrgenommen, zeigte sich für die Deutschen, daß England über weit mehr außenpolitische Wahlchancen verfügte als das Reich.

Bereits seit Jahren deutete sich an, daß die Weltmächte England und Rußland ebenso wie die Kolonialrivalen Großbritannien und Frankreich durchaus dazu imstande waren, sich miteinander zu vereinbaren. Über außereuropäische Objekte Verständigung zu erzielen, war allemal vorteilhafter, als darüber Krieg zu führen. Doch diese Tatsache wollte die deutsche Seite immer noch nicht wahrhaben. Chamberlains deutlichen Wink, sich sogar mit Rußland einigen zu wollen, tat sie einfach als ein »zu unserer Einschüchterung erfundenes Schreckgespenst«[57] ab. Denn in der Wilhelmstraße herrschte die optimistische Überzeugung vor, England stehe sozusagen im Begriff, auf das Reich zuzukommen. Wenn ihm zuweilen auch schon mulmig zumute war, weil ihn die böse Ahnung beschlich, genau zwischen die Stühle der russischen und englischen Weltmacht zu fallen, schien Reichskanzler Bülow die deutsche Position doch insgesamt viel eher der des lachenden Dritten zu gleichen. Ein ums andere Mal beschworen die wilhelminischen Staatsmänner, voll von selbstgewisser Erwartung, die allmählich in selbstberuhigende Ungeduld überging, die vermeintliche Ausweglosigkeit der britischen Weltmacht. Allein, die scheinbar zwingende Schlußfolgerung, die sie davon mechanisch ableiteten, blieb aus: Die Briten waren keineswegs geneigt, sich dem Reich ohne weiteres zu nähern.

Um sich in Ostasien Erleichterung zu verschaffen, nahm Großbritannien im März 1901 Kontakt zu Japan auf. Noch immer verharrte Deutschland in stolzer Einsamkeit. Nach wie vor gab es sich der täuschenden Hoffnung hin, die Aussichten für eine Einigung mit Großbritannien würden mit voranschreitender Zeit immer besser. Im März des Jahres 1901 fragte Außenminister Lansdowne bei den Deutschen an, ob sie dazu bereit seien, im Falle eines russisch-japanischen Konflikts den französischen Bündnispartner des Zarenreiches gemeinsam mit England in Schach zu halten. Durch eine vorteilhafte Reaktion aus Berlin wenigstens von der gewachsenen Sorge befreit zu werden, wegen einer fernöstlichen Verwicklung den allgemeinen Krieg riskieren zu müssen, war für die Engländer nicht zuletzt deshalb wichtig, weil sich die beunruhigenden Symptome einer auf Großbritannien gerichteten Gegnerschaft der Russen und Franzosen verdichteten.

Doch von Reichskanzler Bülow hörten die Briten wiederum nur das hinlänglich bekannte Nein – es sei denn, sie hätten ein förmliches und umfassendes Bündnis zu schließen im Sinn. Doch dieses spektakuläre Angebot hat es in der deutsch-englischen »Komödie der Irrungen«[58], außer vielleicht in der Phantasie des Freiherrn von Eckardstein, niemals gegeben. Die Deutschen spielten, ob das anmaßende Wort nun am Ende der Gespräche von ihrer Seite aus gefallen ist oder nicht, um alles oder nichts. In diesem Sinne forderte Botschafter Hatzfeldt am 23. Mai 1901, England müsse einen entsprechenden Vertrag nicht allein mit dem Reich, sondern auch mit dem Dreibund schließen.

Die kontinentaleuropäischen Verpflichtungen, die sich für Großbritannien daraus ergeben konnten, überstiegen bei weitem alle Vorteile, die damit für die Inselmacht verbunden waren. So lautete jedenfalls die nüchterne Quintessenz, die der alte Premierminister Salisbury in seinem berühmten Memorandum vom 29. Mai 1901 daraus zog. Höchst eindrucksvoll plädierte es für die Vorzüge der *splendid isolation*. Überzeugend legte der große Staatsmann, dessen überlegenes Plädoyer inzwischen bereits wie die verhallende Beschwörung aus einer anderen Zeit wirkte, im einzelnen dar, was er schon fünf Jahre zuvor so zusammengefaßt hatte: »Isolation ist die geringere Gefahr gegenüber der, in Kriege verwickelt zu werden, die uns nichts angehen.«[59]

Was das deutsch-englische Verhältnis betraf, beschrieb das denkwürdige Dokument, weil es sich in *dieser* Hinsicht ausnahmsweise im Einklang mit der kommenden Entwicklung befand, bereits den Auftakt zum Ende der bilateralen Sondierungen. An der Neige des Jahres gelangten die deutsch-englischen Gespräche zu ihrem Abschluß. Die anfragenden Vorstöße, die Lord Lansdowne im November und Dezember 1901 unternahm und die wiederum kein allgemeines Bündnisangebot enthielten, blieben auf deutscher Seite ohne entsprechende Resonanz. Die Chance zur Zusammenarbeit war der Realität der Entfremdung gewichen!

Joseph Chamberlain, für den es von Anfang an um die Alternative zwischen begrenzter Zusammenarbeit oder umfassender Gegnerschaft gegangen war, hatte schon im Oktober 1901 die Deutschen in öffentlicher Rede hart attakkiert. Die Stimmung im Lande kam einer Entente mit dem Reich kaum mehr entgegen. Vorläufig war der Draht zwischen Berlin und London gekappt; der neue König Eduard VII. betonte seinem Neffen Wilhelm II. gegenüber die Unmöglichkeit, zwischen beiden Staaten ein umfassendes Bündnis abzuschließen.

Wie reagierten die Deutschen auf das sie enttäuschende Verhalten der Briten? Nun, Reichskanzler Bülow ließ es nicht nur bei seinem überheblich wirkenden »Requiescat in pace« bewenden. Vor dem Reichstag antwortete er Chamberlain, der angebliche Ausschreitungen der deutschen Kriegführung im Waffengang von 1870/71 kritisiert hatte, mit der berüchtigten »Granitbeißer-Rede«[60]: »Laßt den Mann gewähren und regt Euch nicht auf, *er beißt auf Granit.*« Als ein »Krüger-Telegramm in Taschenformat«[61] haben die provozierenden Äußerungen Holstein geradezu entsetzt!

Grundlegend hatte sich das deutsch-englische Verhältnis gewandelt. Die Normalität der Bismarckzeit war dahin; zur Allianz hatte es nicht gereicht, und der Antagonismus begann sich einzufressen. Die fatale Entwicklung hatte übrigens weniger mit innenpolitischen Bedingungen deutscher Außenpolitik zu tun, als später zuweilen angenommen wurde. Gewiß, die Feindschaft zu England auf der einen Seite und diejenige zu Rußland auf der anderen Seite lieferten gesellschaftliche Bindemittel, um die ansonsten divergierenden Interessen aus der Industrie und der Landwirtschaft miteinander zu versöhnen. Die nach außen drängende Disposition innerer Kräfte mag »atmosphärischen Druck«[62] geschaffen haben, der dem an sich außenpolitisch davon Unabhängigen noch einmal zusätzliche Schubkraft verliehen hat. Das Ursprüngliche der Entfremdung von Großbritannien ergab sich aber daraus, daß die deutschen Staatsmänner die spezifische Situation einfach überforderten. Anstatt zu versuchen, aus Marginalem nach und nach mehr entstehen zu lassen, forderten sie alles auf einmal. Sie wollten diejenige Macht, die wie keine andere auf der Welt für die internationale Politik im allgemeinen und für die deutsche Außenpolitik im besonderen entscheidend war, durch den Flottenbau zugleich abschrecken und beerben; durch ein umfassendes Bündnis auf die eigene Seite ziehen und zur Anerkennung der deutschen Gleichberechtigung zwingen. Das war zuviel, zuviel vor allem auf einmal!

»Ein Bündnis macht man überdies nicht in der Weise«, lautete die mißachtete Lehre Bismarcks, »daß man es etwa mit der Verkündigung proklamiert: ›Man wäre bereit mit einem anderen durch dick und dünn zu gehen‹. Ein solches kann sich immer nur faktisch durch *gemeinsame* Politik bilden, namentlich mit einem Lande, dessen auswärtige Politik von Ministerwechseln abhängt; ohnedem bleibt die Idee der Proklamierung ein Luftschloß«[63]. Wohlgemerkt: Weil es im deutschen Sinne gar kein englisches Angebot eines umfassenden Bündnisses gab, wurde damals auch nicht *die* große Chance verspielt oder verpaßt. Gelegenheit zur Annäherung an Großbritannien aber bot sich durchaus. Sie ging mit der westlichen Option einher, die sich dem Deutschen Reich seit der späten Bismarckzeit in innen- und außenpolitischer Perspektive von Zeit zu Zeit immer wieder anbot. Dieses Mal wurde sie nicht genutzt, weil die Deutschen sie zugunsten der äußeren Politik einer freien Hand und der inneren Politik ihres konstitutionellen Eigenwegs nicht wahrnehmen wollten.

Symptom und Ursache des gegenüber England gestörten Verhältnisses aber kamen in einem explosiven Gemisch von offensiven und defensiven Elementen zum Vorschein, das Friedrich Naumann an der Wende zum 20. Jahrhundert zu der trotzig entschlossenen Voraussage verleitete: »Wenn irgend etwas in der Weltgeschichte sicher ist, so ist es der zukünftige ›Weltkrieg‹, das heißt der Krieg derer, die sich vor England retten wollen.«[64] Auch in dieser Entscheidungslage taucht wiederum jene Grundfigur deutscher Außenpolitik auf, in der sich Angriffsgeist und Angstgefühl miteinander vermählten. Die gefährliche Verbindung ließ eine unberechenbare Gefühlslage aufkommen. Sie animierte die Deutschen geradezu, sich der angestammten Bedrängnis ihrer als mißlich empfundenen Ausgangslage durch die waghalsige Flucht nach vorn zu entziehen. Das alles vollzog sich vor dem Hintergrund einer grundlegenden Wandlung der internationalen Konstellation. In verwirrender Linienführung suchten sich die Ströme der Weltpolitik gänzlich neue Bahnen: Gezeitenwechsel hieß die Losung der Stunde.

Weltpolitik im Umbruch

Während sich die deutschen Staatsmänner noch fest davon überzeugt zeigten, die englisch-russische und die britisch-französische Rivalität gereiche der eigenen Sache automatisch zum Vorteil, vollzog sich mit beinahe atemberaubendem Tempo eine Revolution der internationalen Politik. Sie eilte gleichsam am Deutschen Reich vorbei, das in gewisser Hinsicht in ein selbst verursachtes Abseits geriet. Deutschland hatte die Geschicke des alten Kontinents so lange Zeit unauffällig zu lenken vermocht, wie es der Erhaltung des Status quo und des Friedens aktiv gedient hatte. Als es sich danach hochmütig zurücklehnte und neutral abwartete, ohne sich wirklich zu engagieren oder zu binden, wurde sein Verhalten auffällig. Das Unheimliche seiner Forderungen, die wenig konkret ausfielen, sondern scheinbar ins Uferlose zielten, säte bei den anderen Mächten Mißtrauen.

Zentrale Bedeutung für das Reich kam seinen Beziehungen mit England zu. Durch den Flottenbau wurden sie zunehmend belastet; und die Sondierungen um eine Verbesserung des Verhältnisses zu Großbritannien waren gescheitert. Daraufhin gingen die Engländer – geradeso, wie Joseph Chamberlain es im Verlauf der mit der deutschen Seite geführten Gespräche angekündigt hatte – zu einer globalen Flurbereinigung über.

Nach allen Seiten hin nahmen sie nun ihre außenpolitischen Wahlchancen wahr. Bis zu einem gewissen Grade gezielt, ansonsten aber eher absichtslos, durch den Gang der Dinge bewirkt, wurden die Deutschen kaltgestellt. Bedrohlich trat auf einmal zutage, in welch entscheidendem Maße der brüchige Dreibund in seinem gefährdeten Dasein von der stillschweigenden Partnerschaft Englands abhing. Aufgrund der fortschreitenden Entfremdung im deutsch-britischen Verhältnis existierte er, im Jahre 1902 ohnehin nur unter großen Schwierigkeiten erneuert, von nun an eher auf dem Papier als in der Realität. Italien orientierte sich zunehmend auf die britische und französische Seite. Dadurch wurde der Gegensatz zu Österreich-Ungarn noch tiefer, als das zuvor schon der Fall gewesen war. Um so dringender waren die Deutschen, ohne es vorerst wahrhaben zu wollen, auf den problematischen Bestand des fragwürdigen Bündnisses angewiesen, denn: Nachdem die Entente zwischen England und Frankreich im April 1904 zustande gekommen war, konnte sich das Deutsche Reich eine Entfernung vom Dreibund gar nicht mehr erlauben.

Noch einige Jahre zuvor hatte Bülow selbstsicher geäußert, für sein Land sei der Dreibund »nicht mehr eine absolute Notwendigkeit«[65]. Die italienische Hinwendung zu Frankreich versuchte er damals zu relativieren, indem er mit großzügiger Gelassenheit bemerkte, »in einer glücklichen Ehe« müsse »der Gatte auch nicht gleich einen roten Kopf kriegen, wenn seine Frau einmal mit einem anderen eine unschuldige Extratour tanzt«[66]. Indes: Schon binnen kurzer Zeit mußte der Reichskanzler seine borniert Überlegenheit aufgeben und seine gelangweilt wirkende Meinung über die abfällig beurteilte Bündnisformation ändern. Denn die scheinbar guten Zeiten waren plötzlich verflogen, und der steif auffrischende Wind einer neuen Epoche der internationalen Beziehungen blies den Deutschen unangenehm ins Gesicht. Der Umbruch der Weltpolitik setzte ihre Position einer sich auftürmenden Welle nicht erwarteter Widrigkeiten aus. Fast drohte sie die Fundamente des Reiches einzureißen und unterspülte sie mit Gewißheit. Auf einmal galt es, den Dreibund wenigstens noch *pro forma* zu retten. Sonst würde man »(und nicht nur in Frankreich) sagen, daß unsere Politik nach dem Rücktritt des Fürsten Bismarck erst das Bündnis mit Rußland, dann die guten Beziehungen zu England und endlich den Dreibund preisgegeben hätte«[67]. Als der Reichskanzler im Mai 1904 die Lage ernster einzuschätzen begann, war Deutschland tatsächlich in die Defensive geraten.

Die Welt der Mächte hatte sich buchstäblich gedreht. Die Kraft aber, die das diplomatische *renversement* ausgelöst hatte, war England gewesen! Nach allen Himmelsrichtungen hatte es sich darum bemüht, Spannungen abzubauen und Kompromisse zu suchen. Das britische Streben bezog sich nicht allein auf die traditionellen europäischen Rivalen und die bekannten überseeischen Konflikte. Im globalen Kontext galt das vielmehr auch für die außereuropäischen Staaten, die neu auf die weltpolitische Szene getreten waren.

Schon seit der Mitte des zurückliegenden Jahrhunderts datierte jene britische Politik der demonstrativen Nachgiebigkeit gegenüber den Vereinigten Staaten von Amerika, die kurz nach der Jahrhundertwende durch die Einigung zwischen beiden Mächten über den Bau des Panamakanals unterstrichen wurde. Das Unnatürliche eines Krieges zwischen den angelsächsischen Staaten hatte Arthur Balfour bereits einige Jahre zuvor während der ersten Venezuela-Krise im Jahre 1896 beschworen.[68] Jetzt mündete das britisch-amerikanische Verhältnis, ungeachtet immer wieder einmal aufbrechender Reibereien, in eine stillschweigende Entente ein. Der unausgesprochene Grund dieser geschichtsmächtigen Entwicklung lag darin, daß die Briten, hätten sie sich in extremer Wahl zwischen einer Pax Americana und einer Pax Germanica zu entscheiden gehabt, immer die erste gewählt hätten. Denn »die amerikanische Hegemonie schien in den Augen der führenden Klassen Londons noch immer etwas von der englischen Hegemonie zu bewahren, während die deutsche als fremd, demütigend und unannehmbar empfunden worden wäre«[69].

Akuter als die abgeklungene Rivalität mit England erschien den Amerikanern mittlerweile die verschärfte Konkurrenz mit Japan. Nicht zuletzt nach dem Friedensschluß von Portsmouth im Juli 1905, den Washington zwischen Sankt Petersburg und Tokio vermittelt hatte, verschlechterte sich das Verhältnis zwischen den Vereinigten Staaten und Japan in dem Maße, in dem der Ausgleich zwischen den Reichen des Zaren und des Tenno, zügiger als erwartet, voranschritt. Allein, zum kriegerischen Konflikt steigerte sich das politische

Zerwürfnis zwischen den pazifischen Rivalen nicht. Wie im Zusammenhang mit so mancher anderen Spannung innerhalb der Staatenwelt war gerade über diesen nicht eingetretenen Fall in Berlin, weniger begründet als vielmehr recht luftig, spekuliert worden. Die Hoffnung auf ein Zusammenwirken mit den USA, das sich daraus möglicherweise ergeben konnte, war in diesem Zusammenhang genährt worden – vergeblich.

Gleichfalls ohne deutsche Beteiligung, die ursprünglich einmal in Aussicht gestanden hatte, schloß Großbritannien, um in Ostasien Entlastung zu finden, im Jahre 1902 mit Japan eine Defensivallianz ab. Damit löste das fernöstliche Kaiserreich seinen unübersehbaren Optionszwang auf und entschied sich für die Briten gegen die Russen. Nur zwei Jahre später gelang es den Engländern sodann, die immer wieder bis an den Rand des Kriegerischen treibende Rivalität mit Frankreich in der berühmten »Entente cordiale« beizulegen. Zustande kam sie durch eine Einigung über Kolonialprobleme, die zwischen beiden Mächten strittig waren. Was die Essenz des Vereinbarten anging, so gewährte sie den Franzosen freie Hand in Nordafrika und überließ den Engländern dafür Ägypten. Entwunden war den Deutschen damit jener Hebel, mit dem sie für lange Zeit Großbritannien immer wieder zu beeinflussen versucht, ja zu beeinflussen vermocht hatten. Weder dem Buchstaben noch dem Geist nach war dieser britisch-französische Kolonialausgleich direkt gegen Deutschland gerichtet. Doch seine Existenz zeitigte Folgen und zog Ergänzungen nach sich, die teilweise mit Bedacht initiiert wurden, teilweise ihre Eigenständigkeit entwickelten. Kurzum: Im Gefolge der Entente machten sich bald Wirkungen bemerkbar, die für das Reich alles andere als förderlich ausfielen.

Kaum sechs Jahre war es her, daß Engländer und Franzosen nahe beim sudanesischen Faschoda militärisch aufeinandergestoßen waren und ein großer Krieg zwischen ihnen fast unvermeidbar erschien. Im Poker der Mächte hielt das Deutsche Reich damals alle Trümpfe in der Hand! Mit Großbritannien konnte es Front gegen Frankreich machen oder sich zu Lasten Englands – in einer womöglich günstigeren Lage, als sie für den entsprechenden Versuch Bismarcks ein halbes Menschenalter zuvor zur Verfügung gestanden hatte – mit Frankreich arrangieren. Weil es allzu selbstsüchtig auf den europäischen Konflikt zwischen den in Afrika Verfeindeten spekulierte, huldigte es einer Politik der fragwürdigen Neutralität; für die Illusion seiner freien Hand ließ es damals vielleicht eine weltpolitische Chance passieren. Daß der überaus ernste Zwischenfall von Faschoda durch den Sudanvertrag, den Paris und London am 21. März 1899 miteinander schlossen, erstaunlich rasch beigelegt wurde, verwies nicht zuletzt auf die mannigfachen Möglichkeiten britischer Weltpolitik, unterstrich aber auch die Fehleinschätzung der deutschen Seite, die mit der Dauerhaftigkeit englisch-französischer Spannungen kalkulierte.

Auch die miteinander alliierten Russen und Franzosen vollzogen während dieser Zeit eine Wendung, die Großbritannien nützte und Deutschland schadete. Im Jahre 1899 änderten sie nämlich den Wortlaut ihres Bündnisses. Bis dahin war sein Vertragszweck, indirekt mit viel antienglischem Pulver geladen, allein auf die Erhaltung des Friedens gerichtet. Von nun an machte er sich, mit einer unverkennbaren Spitze gegen das Reich, die Bewahrung des europäischen Gleichgewichts zur Aufgabe. Dadurch schritt die Annäherung des kontinentalen Zweierverbandes an ihren insularen Rivalen voran. »Für Rußland wie für Frankreich ist England ein Rivale, ein Konkurrent, der oftmals recht unangenehm auftritt«, charakterisierte der neu ernannte Außenminister der französischen Republik, Théophile Delcassé, nur kurze Zeit nach der eben abgeklungenen Faschoda-Krise am Jahresende 1898 die internationale Konstellation, »aber es ist kein Feind und vor allem nicht *der* Feind!«[70].

Zwei Monate vor Abschluß der Entente mit England, die aus französischer Sicht die bestehende Allianz mit Rußland ergänzte, ließ Delcassé dann erkennen, wer seinem Land als der eigentliche Feind vorkam. Denn über die Beilegung der Spannungen mit Großbritannien hinaus dachte er an ein Zusammenwirken zwischen Frankreich, Rußland und England, um Deutschland gegenüber Stärke zu demonstrieren: »Aber glauben Sie ja nicht, daß ich mich damit zufrieden geben werde. Diese Beilegung [der englisch-französischen Spannungen] wird uns bis zur politischen Allianz mit England führen, und ich will, daß es dazu kommt. Mein lieber Freund, welch schöne Aussichten würden sich dann vor uns auftun! Stellen Sie sich das einmal vor! ... Wenn wir uns gleichzeitig auf Rußland und England stützen könnten, wie stark würden wir Deutschland gegenüber dastehen!«[71]

Doch bis zum Abschluß der Entente am 8. April vermochte nichts in Berlin die Ruhe zu stören, mit der man das Weltgeschehen um sich herum recht selbstgefällig betrachtete. Daß es bereits am eigenen Interesse vorbeilief, sich sogar schon dagegen zu kehren begann, entging den Verantwortlichen. Die einschlägigen Warnungen des deutschen Botschafters in London, Hatzfeldt, der über die Gefahr einer englisch-französischen Einigung berichtete, wurden in den Wind geschlagen. Nur ein Jahr vor der diplomatischen Revolution der »Entente cordiale« tat Reichskanzler Bülow die heraufziehende Entwicklung mit seiner Standardfloskel ab: »Wir können *meo voto* die Dinge gar nicht pomadig genug nehmen.«[72] Selbst nach Abschluß der Entente empfahl er, um den Flottenbau die Gefahrenzone geräuschlos passieren zu lassen, »daß wir mit Geduld und Spucke über die nächsten Jahre wegkommen, keine Zwischenfälle hervorrufen, keinen sichtbaren Grund zu Argwohn geben«[73]. Doch ebendas zu erreichen erwies sich als unmöglich!

Einer der ersten, der die »Geduld« verlor, dem die »Spucke« wegblieb und der vom *cauchemar des coalitions* zunehmend geplagt wurde, war der Kaiser. Schon die Entente cordiale zwischen Briten und Franzosen gab ihm »doch nach mancher Richtung hin zu denken«[74]; mehr und mehr zeigte er sich sodann, entgegen seinen offiziellen Beteuerungen, doch davon überzeugt, die neuen Paktpartner führten »gegen Deutschland ernstlich Böses im Schilde«[75]. Mit der aggressiven Absicht, die Wilhelm II. ihnen unterstellte, taten die westlichen Mächte das keineswegs. Immerhin waren sie aber dazu übergegangen, die unruhigen Deutschen an die Kette zu legen und die eigene Bewegungsfreiheit auszudehnen.

Der eingetretene Wandel der internationalen Lage verbot nach dem Urteil Holsteins, in das sich zunehmend defensive Töne zu mischen begannen, ein »Zurückweichen Deutschlands vor dem französisch-englischen Widerstande«[76]. Insgesamt war die Entwicklung nunmehr »keineswegs geeignet«, um »bessere deutsch-englische Beziehungen anzubahnen«[77]. Um so wichtiger wurde das Verhältnis des Reiches zu Rußland. Nachteilig machte es sich jetzt bemerkbar, daß Bülow ein Bündnisangebot des russischen Außenministers Lambsdorff vom Februar 1902 schlicht und kommentarlos zurückgewiesen hatte. Obwohl der Kanzler *à la longue* durchaus eine Zusammenarbeit mit dem konservativen Zarenreich befürwortete, war er vorläufig mit Rücksicht auf den Primat der Marinerüstung auf eine strikte Neutralität seines Landes bedacht. Es sollte gar nicht lange dauern, bis die Deutschen ihrerseits vor dem Hintergrund des japanisch-russischen Krieges, der den Zaren sowieso schon in eine natürliche Abhängigkeit von seinem westlichen Nachbarn geraten ließ, mit einer entsprechenden Offerte an die Russen herantraten.

Sichtbar und nachhaltig war die Weltpolitik in Bewegung geraten! Der »grand tournant de la politique mondiale«[78] ließ neue Konstellationen der sich auflösenden und gleich wieder verfestigenden Formationen entstehen. Deutschlands Lage wurde dadurch empfindlich beeinträchtigt. Die Interessen der großen Mächte, die fast eine Generation lang durch überseeische Expansion an die Peripherien gelenkt worden waren, konzentrierten sich erneut auf das europäische Zentrum. Die militärischen Niederlagen der Italiener im Kolonialkonflikt mit Abessinien 1896 und der Russen im Krieg gegen Japan 1904/05 wirkten wie Vorboten einer Götterdämmerung der weißen Menschheit. Vor allem die Flügel- und Weltmächte, Rußland und Großbritannien, die nicht zuletzt durch Deutschlands Orient- und Flottenpolitik dazu angehalten wurden, den eingeschlagenen Kurs gegenseitiger Annäherung nicht wieder zu verlassen, sahen sich auf ihre europäischen Belange zurückverwiesen. Fernöstliche Verlockungen konnten den Russen, von der Jahrhundertwende an, die osmanischen Ziele nicht mehr länger ersetzen. Doch an den umstrittenen Meerengen trafen sie inzwischen auf die österreichischen und deutschen Zweibundpartner, während ihr alter Rivale England seine türkische Präsenz reduzierte.

Was die Briten anging, hatten auch sie allen Anlaß, ihre Aufmerksamkeit wieder verstärkt Europa zuzuwenden. Die Gefahr einer deutschen Hegemonie auf dem Kontinent, die bald schon im Verlauf der ersten Marokkokrise auftauchte, und die gleichzeitige Bedrohung durch die deutsche Schlachtflotte, die vor den Küsten des englischen Mutterlandes Flagge zeigte, hielten dazu mit Dringlichkeit an. Vom Jahre 1904 an begann sich ein »Ring« um das Deutsche Reich zu legen. In einem fatalen Zusammentreffen vollzog sich diese wirkungsmächtige Entwicklung mit einer sich überall in Europa ausbreitenden Empfindung von der schicksalhaften Unvermeidbarkeit des kommenden Krieges.

Ohne seinen eigenen Anteil und vor allem den der auswärtigen Politik seines Landes am Zustandekommen dieser Konstellation selbstkritisch zu berücksichtigen, witterte, neben dem habituell aufgeregten Monarchen, vor allem Holstein mit seiner frappierenden, nicht selten allerdings in die Irre gehenden Klugheit den dramatischen Wandel der Weltpolitik. Ansonsten überdauerte in der Wilhelmstraße erst einmal viel unbedachte Sorglosigkeit: Die Revolution der Staatenwelt war noch nicht ins Bewußtsein aller Verantwortlichen gedrungen. Kein Wunder, daß die deutsche Außenpolitik, die dringend auf einen demonstrativen Erfolg angewiesen war, vor dem Hintergrund der russischen Schwächung im Gefolge des Krieges mit Japan und der Erschütterungen durch die Winterrevolution in Sankt Petersburg, die marokkanische Krise benutzte, um die tatsächliche Beständigkeit der gewandelten Konstellation zu prüfen.

Marokko – Teil eins

Noch einmal kam eine selten günstige Entwicklung der internationalen Politik dem Deutschen Reich weit entgegen. Diese Gelegenheit stellte sich nicht ganz und gar überraschend ein. Mit einem Krieg zwischen Japan und Rußland wurde vielmehr allgemein gerechnet. Als er schließlich zu Beginn des Jahres 1904 ausbrach, eröffnete sich freilich nicht jene singuläre Chance, auf die eine deutsche Überspekulation nunmehr begierig ihr Augenmerk richtete: Zur globalen Auseinandersetzung zwischen England, das mit Japan alliiert war, und Rußland, das mit Japan im Kampf lag, führte dieser ostasiatische Konflikt nicht. Dennoch nahm der Waffengang einen unerwarteten Verlauf; er endete mit einer russischen Niederlage. Unvorhersehbar und schlagartig begünstigte diese Entwicklung das Deutsche Reich: Die Gefahr der kontinentalen Front im Osten war erheblich gemindert, ja für einen gewissen Zeitraum entfiel sie praktisch.

Vor dem Kriegsausbruch und während der Auseinandersetzung hatten die Deutschen Rußland unterstützt, freilich in begrenztem Maße. Zu einer Koalition kam es nicht. Im Gegensatz zum Kaiser, der dafür eintrat, war der Reichskanzler ursprünglich sogar auf strikte Neutralität bedacht. Während der Monarch die »gelbe Gefahr« ablehnend beschwor, sah Bülow im Aufstieg Japans, das seine Bündnisfähigkeit eindrucksvoll demonstrierte, eine Chance für das Deutsche Reich: »Der Vorteil für uns liegt darin«, bilanzierte der Reichskanzler am Jahresende 1904, »daß wir durch Amerika und Japan aus dem Schmollwinkel herausgeholt werden, in welchem uns nicht nur England, sondern auch Rußland zu halten suchen.«[79]

Die Absichten der deutschen Regierung hatten sich gewandelt, nachdem der Krieg im Fernen Osten mit dem japanischen Angriff auf Port Arthur am 8. Februar 1904 eröffnet worden war. Das ereignete sich zwei Monate vor dem Abschluß der französisch-britischen Entente. Ihr kolonialer Ausgleich bezog sich, neben weiteren Regelungen, nicht zuletzt auf Marokko, den anderen Krisenherd der Zeit. Die neuen Ententepartner Frankreich und Großbritannien gehörten verschiedenen Lagern an, der eine der russisch-französischen Allianz, der andere dem japanisch-englischen Bündnis: Es gelang ihnen, den *casus foederis* dieser Mächtegruppierungen zu vermeiden, die sich gegenseitig die Balance hielten.

Zwar milderte sich die Bedrohung der Zweifrontenlage für das Deutsche Reich allein schon dadurch, daß die Russen unter dem Druck des fernöstlichen Krieges ihre westliche Grenze militärisch entblößten. Unverkennbar blieb dennoch, daß die bestehenden Verbindungen nicht in die Brüche gingen, sondern Bestand hatten. Vor allem die Annäherung zwischen Großbritannien und Rußland, von der man in Berlin nichts wissen wollte, wurde, deutschen Erwartungen entgegen, auch durch das ostasiatische Duell nicht rückgängig gemacht. Nur einige Tage lang, im Oktober 1904, schien es tatsächlich zum großen Konflikt zwischen den Giganten zu kommen, die für Deutschlands Schicksal ausschlaggebend waren: Mit selbstsüchtiger Erwartung wurde in Berlin mit dem Krieg zwischen Großbritannien und Rußland gerechnet! Bis dahin hatte das Deutsche Reich, weil es die russische Ostseeflotte auf ihrem langen Seeweg nach Ostasien mit Kohle versorgte, bereits den Unwillen der Briten auf sich gezogen. Nun aber gerieten Russen und Engländer, beinahe zumindest, direkt aneinander.

In der Nacht vom 21. auf den 22. Oktober 1904 kam es in der Nordsee auf der Höhe von Hull an der Doggerbank zu einem ernsten Zwischenfall. In der irrigen Annahme, den japanischen Gegner vor sich zu haben, eröffnete die russische Marine das Feuer. Sie traf englische Fischerboote; britische Staatsbürger kamen zu Tode. Die Spannung drohte in Krieg überzugehen. In England wurde freilich sogleich alles getan, um die aufgepeitschte Stimmung zu beruhigen. Tatkräftig sekundierten die Franzosen dem britischen Bemühen, den eingetretenen Schaden möglichst zu begrenzen. Den Engländern war offensichtlich daran gelegen, den Russen mit demonstrativer Großzügigkeit zu begegnen, um später einmal mit dem Zarenreich, wie König Eduard VII. forderte, »auf besseren Fuß zu kommen«[80].

Die Entrüstung im Lande richtete sich, erstaunlich und bezeichnend zugleich, vielmehr gegen Deutschland. Ihm wurde, zu Unrecht übrigens, Mitschuld am Doggerbank-Zwischenfall vorgeworfen. Völlig aus der Luft gegriffen war die vergiftende Behauptung, mit gezielten Nachrichten hätten die Deutschen die russische Flotte gleichsam zum Abfeuern des ersten Schusses animiert. Tatsache ist, daß dem Deutschen Reich ein Krieg zwischen Großbritannien und Rußland sehr willkommen erschien; ebenso unbestritten ist aber, daß es seinen Ausbruch nicht durch schnöde Hinterlist herbeizuführen versucht hat.

Die britisch-französische Annäherung ließ in Berlin den Entschluß reifen, den Versuch zu unternehmen, sich Rußland zu nähern, dessen Fühlungnahme noch zwei Jahre zuvor abgelehnt worden war. Der Kaiser verband damit, als er an den Zaren Nikolaus II. herantrat, seine Lieblingsvorstellung, über Rußland hinaus sogar dessen Alliierten Frankreich für eine kontinentale Bündniskonstellation zu gewinnen. Sie sollte gegen England zielen. Dort zog, vom Zwischenfall an der Doggerbank ausgelöst, die Presse erbittert gegen den deutschen Flottenbau zu Felde. Reichskanzler Bülow sah in einem Kontinentalblock, einer »gegenseitigen Feuerversicherungsgesellschaft gegen Brandstiftung«[81], wie Wilhelm II. sein ehrgeizig trugbildhaftes Vorhaben charakterisierte, »eine wirklich großartige und für die zuschauende Welt gänzlich unerwartete Weichenstellung«[82]. Seinem außenpolitischen Konzept gemäß legte er im großzügigen Rahmen der anvisierten Übereinkunft mehr Wert auf das deutsch-russische Zusammengehen als auf die zusätzliche Beteiligung Frankreichs an einer kontinentalen Verbindung – doch wie auch immer: Die Tatsache, daß das Zarenreich den ihm am 30. Oktober 1904 übergebenen Bündnisentwurf von vornherein mit dem französischen Partner beriet, besiegelte bereits sein Scheitern.

Unter den Verantwortlichen in Berlin befiel vor allem den Kaiser blanke Furcht. Denn die allgemeine »Situation« schien ihm inzwischen »immer mehr derjenigen vor dem 7jährigen Krieg zu gleichen«[83]. Daher verwundert es nicht, daß der Monarch an seiner Idee vom russischen Ausgleich und vom kontinentalen Bund weiterhin festhielt. Gewiß, die deutsch-russischen Verhandlungen waren Ende 1904 erst einmal ergebnislos verlaufen. Doch angesichts der dramatisch zugespitzten Rivalität mit England, dem die Absicht, einen präventiven Schlag gegen die deutsche Flotte führen zu wollen, vor dem aufgewühlten Hintergrund chauvinistischer Drohungen in Großbritannien unterstellt wurde, unternahm der Kaiser im Juli 1905, angesichts der sich schürzenden Krise um Marokko, einen weiteren Versuch, um Rußland zu gewinnen und den Kontinentalblock zu schmieden.

Bei einer Begegnung mit seinem Vetter Nikolaus in den finnischen Schären bei Björkö schlug er den Russen einen Defensivvertrag vor. Den Herrscher aller Reußen vermochte er dafür am 24. Juli zu gewinnen. Doch das zwischen den Monarchen Vereinbarte hielt nicht stand, als es in Sankt Petersburg auf seine Verträglichkeit mit den russischen Verpflichtungen gegenüber Frankreich geprüft wurde. Für das Reich stellte der Vertrag, wäre er denn zustande gekommen, gleichfalls alles andere als einen berauschenden Erfolg dar. Sein Radius wurde ausdrücklich »auf Europa« begrenzt. Russische Entlastung in Asien für den Fall einer englischen Verwicklung auf dem alten Kontinent sah er nicht vor. Daher kam er Bülow schlechthin wertlos vor, während Holstein ihn durchaus noch als vorteilhaft beurteilte.

Wichtig wurde schließlich, daß sein Scheitern »die scheußliche Greifzange Gallien–Rußland«[84] weiterbestehen ließ und daß die englische Annäherung an diese Allianz voranschritt. Als die Russen nach dem Friedensschluß mit Japan vom 29. August 1905 der Deutschen nicht mehr so dringend bedurften, erfolgte im November des Jahres die endgültige Absage des Zaren. Mitten in der marokkanischen Krise deutete sich die bedrohliche Isolierung des Reiches bereits an. Im Verlauf der bald darauf einberufenen Konferenz von Algeciras, auf der der marokkanische Streitfall beigelegt werden sollte, trat sie offen zutage. Die Gründe dafür lagen nicht weit zurück: Zwischen 1898 und 1901 hatte Deutschland die Annäherung an Großbritannien und zwischen 1902 und 1904 diejenige an Rußland verpaßt. Denn ungeachtet aller Gespräche und Bemühungen, sich mit der einen oder der anderen Weltmacht zu vergleichen, genoß *ein* Ziel deutscher Außenpolitik durchgehend Priorität: Als Neutraler plante man, die Gefahrenzone des Flottenbaus möglichst unbemerkt zu durcheilen, um sodann mit geschärftem Schwert die weltpolitische Bühne erneut zu betreten!

In charakteristischer Mischung zeigten sich die Vor- und Nachteile, unter denen sich Deutschlands Außenpolitik im Zeichen der marokkanischen Krise vollzog. Durch die militärische Niederlage des Zarenreiches und die revolutionären Erschütterungen in Rußland war der östliche Druck auf die deutschen Grenzen bedeutend geringer geworden, so daß sich die Last der Zweifrontenlage insgesamt erleichtert hatte. Dagegen war die Konfliktgefahr mit Großbritannien unübersehbar gewachsen und wurde in dem andauernden Streit um Marokko beträchtlich angefacht.

In dieser Lage hatte der Chef des Generalstabes, Graf Schlieffen, im Dezember 1905 die Arbeiten an dem nach ihm benannten Aufmarschplan abgeschlossen. Mit verzweifelter Kühnheit setzte er auf die westliche Offensive und riskierte die Verletzung der belgischen Neutralität. Für den Kriegsfall rechneten die Spitzen der Reichsleitung damals schon mit der englischen Gegnerschaft. Allerdings: Eine militärische Auseinandersetzung zu diesem Zeitpunkt auszulösen, hatten sie nicht vor. Die lapidare Feststellung gilt ungeachtet des suggestiven Hintergrundes, vor dem die deutsche Führung damals ihre Entscheidungen traf: Wenn für ein kriegerisches Vorgehen des Reiches überhaupt jemals eine Chance auf Erfolg bestand, dann jetzt, da Rußland entscheidend geschwächt war. Insofern nahm sich die Situation weit günstiger aus als im Sommer 1914; dennoch wollten die Verantwortlichen keinen Krieg.

Diese Auffassung teilte auch der Kaiser. Dem Reichskanzler gegenüber, der angesichts des Björkö-Debakels vom vergangenen Sommer zurückzutreten beabsichtigt hatte, erläuterte er am Ende des Jahres 1905 seinen Standpunkt. Der martialische Satz dieses immer wieder angeführten »Sylvesterbriefs«[85]: »Erst die Sozialisten abschießen, köpfen und unschädlich machen – wenn nötig per Blutbad – und dann Krieg nach außen. Aber nicht vorher und nicht a tempo« ist, seiner erschreckenden Bekundungen ungeachtet, nicht selten mißverstanden worden. Im Grunde benennt er die Motive, die zu erkennen geben, warum für den Monarchen die militärische Entscheidung damals nicht in Frage kam. Deutschland war innen- und außenpolitisch, zu Lande und zu Wasser, nicht auf einen Krieg vorbereitet. Ihn um der marokkanischen Krise wegen im Stile des zurückliegenden Kabinettszeitalters zu entfachen, erschien in innenpolitischer Perspektive nahezu unmöglich.

Was die militärische Seite der schillernden Medaille anging, so stand selbst im Angesicht der russischen Schwäche nicht fest, ob Frankreich ohne erhebliches Risiko zügig besiegt werden könnte. Um Schlieffens nach dem Vorbild von Cannae entworfene Planung zu verwirklichen, fehlten noch acht Armeekorps. Insofern haftete dem Schlieffen-Plan, der am Jahresende 1905 in einer *prima vista* günstigen Konstellation entworfen worden war, doch viel Unberechenbares an: Seine Tollkühnheit glich einer Revolte gegen das Aussichtslose.

Die nach wie vor drückende Last der eingeklemmten Mittellage gedachte er gewaltsam abzuwerfen. Denn die natürliche Ungunst der Geographie, die nicht zuletzt durch außenpolitisches Handeln und Unterlassen der Deutschen selbst bedrohliche Gestalt angenommen hatte, existierte ungeachtet der russischen Niederlage gegen Japan fort. Gewiß würde der unheimliche Koloß im Osten auf absehbare Zeit empfindlich geschwächt bleiben. Dafür wurde dem feindlichen Frankreich mittlerweile durch Großbritannien, das den russischen Gewichtsverlust auszugleichen bemüht war, um so intensiver gewährte Unterstützung zuteil. Der politische Versuch, die sich abzeichnende, aber im ganzen Umfang noch nicht richtig wahrgenommene Isolierung zu überwinden, wurde unter bewußter Inkaufnahme eines militärischen Risikos geplant. Die Zeitgleichheit der marokkanischen Krise und des japanisch-russischen Krieges brachte vor allem eine Tatsache bedrohlich zum Vorschein: Großbritannien hatte sich dem französischen Ententepartner, der gleichzeitig Rußlands Alliierter war, mit großen Schritten angenähert. Die von den Deutschen initiierte Marokkokrise stellte im Grunde einen Test dar, in dem sich herausstellen mußte, wie fest die Engländer sich den Franzosen verbunden fühlten.

Darüber hinaus gab es eine Vielzahl sich teilweise widersprechender Konzeptionen und Ziele, die von deutscher Seite aus im Zusammenhang mit der marokkanischen Affäre verfolgt wurden. Sie trugen vorwiegend kontinentalpolitischen Charakter und nahmen erst im Verlauf der Entwicklung zusätzlich kolonialpolitische Züge an. Zu Anfang herrschte der Eindruck vor, angesichts der »englisch-französische(n) Verständigung« und der »italienisch-französische(n) Annäherung« benötige man wieder einmal »einen Erfolg in der auswärtigen

Politik«[86]. Mehr noch: Holstein plädierte dafür, der Gefahr entgegenzutreten, die das Deutsche Reich inzwischen aus allen Himmelsrichtungen umfaßte: »Wir müßten, bevor der Ring der anderen Großmächte uns einschnürte, mit aller Energie und mit einem auch vor dem Äußersten nicht zurückschreckenden Entschluß versuchen, diesen Ring zu sprengen.«[87]

Deutschlands außenpolitische Wahlchancen hatten sich dramatisch verringert: Ohne Krieg führen zu wollen, sollte mit der militärischen Drohung die Ungunst einer äußeren Lage verbessert werden, die man nicht zuletzt selber heraufbeschworen hatte. Die ägyptische Frage, die bis dahin stets die erwünschte Hebelwirkung besaß, um das englisch-französische Verhältnis zu beeinflussen, hatte sich seit der »Entente cordiale« erledigt. An ihrer Stelle galt es nunmehr die marokkanische Frage zu nutzen, um das englisch-französische Einvernehmen aufzulösen: sei es, um mit Frankreich zu einer Verständigung zu gelangen, die in einen Kontinentalblock einmündete; sei es, um sich mit Großbritannien zu arrangieren, so daß Frankreich in die Enge geriet.

Ihren weltpolitischen Test auf die Festigkeit der neuen Konstellation eröffneten die Deutschen mit einem Paukenschlag. Instinktiv richtig hatte sich der Kaiser anfangs geraume Zeit dagegen gewehrt, mit herausforderndem Gestus in einem marokkanischen Hafen an Land zu gehen. Schließlich ließ er sich doch dazu überreden, seine »Lohengrin-Fahrt«[88] anzutreten: Am 31. März 1905 landete er in Tanger! Die Bedingungen für das anlaufende Unternehmen waren nicht schlecht: Nach dem Fall von Port Arthur am 2. Januar 1905, nach der Niederlage der Russen in der sich lange hinziehenden und blutig gestaltenden Schlacht von Mukden am 10. März und, schließlich, nach dem japanischen Seesieg bei Tsuschima am 27. Mai konnte Frankreich kaum mehr auf seinen Alliierten zählen, der zudem durch die revolutionären Wirren im Inneren seines Landes gelähmt war. Hinzu kam, daß das Deutsche Reich mit den Vereinigten Staaten von Amerika auf gutem Fuß stand. Mit Entschiedenheit trat Deutschland nämlich für eine »Politik der offenen Tür« in Marokko ein, die auch die Amerikaner favorisierten und gegen die sich die Franzosen sträubten.

Im Gegensatz zur Rechtslage versuchte Frankreich Marokko zu durchdringen und seinem Einfluß zu unterwerfen. Die Zeit schien in jeder Hinsicht dafür reif zu sein; so jedenfalls nahm sich die Lagebeurteilung in Berlin aus, um der Welt zu verdeutlichen, daß wir »uns aber jetzt in Marokko« nicht »stillschweigend auf die Füße treten«[89] lassen wollen. Auf keinen Fall dürfe es Frankreich gelingen, »uns vor der Welt zu blamieren«[90]. Noch während der andauernden Krise zog der bayerische Gesandte in Berlin, Graf Lerchenfeld, unter dem Datum des 13. Oktober 1905 ein zutreffendes Zwischenresümee über das mit gefährlicher Dramatik Inganggesetzte: »Wenn ich die Interessen Deutschlands richtig verstehe, so hat es sich in der ganzen Marokko-Sache weniger um die Stellung des Reiches in diesem afrikanischen Staate, als um die deutsche Weltstellung gehandelt. Man hatte versucht, uns im Konzert der Mächte zu isolieren und lahm zu legen. Gegen diesen Versuch wurde mit Fug und Recht die Marokko-Aktion eröffnet und mit Erfolg durchgeführt. *Deutschland hat bewiesen, daß man es nicht ungestraft übersehen kann.*«[91]

Holstein, dem es in erster Linie weder um Kolonialerwerb noch um Kriegführung ging, rechnete nur mit einer »platonischen«[92] Geste der Briten für ihren französischen Ententepartner. Diesem sollte die bittere Lektion zuteil werden, auf deren Erteilung Wilhelm II. entschlossen bestand, daß eine »Flotte ›keine Räder‹« hat[93]. Diese Annahme barg einen grundsätzlichen Fehler, der Holsteins Kalkül scheitern ließ. Im Verlauf der marokkanischen Krise und im Zuge ihrer Nachwirkungen zeigte sich nämlich, daß die Briten sogar zum militärischen Einsatz auf dem Kontinent bereit waren, um angesichts der russischen Schwäche Frankreich zu helfen und die Gefahr einer deutschen Hegemonie abzuwehren.

Die Kontroverse zwischen dem Reich und Großbritannien versteifte sich zu bedrohlicher Unbeweglichkeit, die unversehens in den kriegerischen Konflikt umschlagen konnte. Nachdem der Kaiser in Marokko auf wahrlich spektakuläre Weise für die Rechte des Sultans eingetreten war, sah Holstein keinen anderen Ausweg mehr als unbeirrt durchzuhalten: »Zurückweichen, nachdem man einmal Stellung genommen, hat dieselben Folgen wie das Kneifen beim Duell, d.h. [man] setzt sich weiteren, größeren Avanien aus.«[94] Der sich verbohrenden Mentalität auf der einen Seite entsprach die sich verfestigende Haltung auf der anderen. Außenminister Lansdowne bot den Franzosen in so unerwartet großzügigem Maße Unterstützung an, daß die demonstrative Offerte beinahe schon einem Allianzversprechen gleichkam. Fast war, was die Briten an Gutem tun wollten, den Franzosen zuviel, erhöhte allzu provozierend bereitgestellte Hilfe doch leicht die allgemeine Kriegsgefahr.

Was die deutsch-französischen Auseinandersetzungen anging, so hat es, wie chancenreich sie im einzelnen auch immer gewesen sein mögen, durchaus Verständigungsmöglichkeiten gegeben. Sie zu nutzen weigerte sich Reichskanzler Bülow bewußt. In greifbare Nähe gerückt schien eine Einigung zwischen Berlin und Paris, als Außenminister Delcassé Anfang 1905 zurücktreten mußte. Die Deutschen hatten den Sturz des Mannes verlangt, der ihnen als einer der Architekten der »Entente cordiale« zutiefst verhaßt war; die in Frankreich zum Einlenken bereiten Kräfte hatten den zum Konflikt mit Deutschland Entschlossenen gestürzt, da ihnen das Risiko des Krieges zu groß geworden war. Ministerpräsident Rouvier zeigte Bereitschaft, sich mit dem Deutschen Reich zu vergleichen.

Doch Bülow wollte viel mehr – und erhielt am Ende viel weniger. Der deutsche Reichskanzler bestand darauf, eine internationale Konferenz zu veranstalten. Die Souveränität Marokkos und die »Politik der offenen Tür« zu proklamieren, vor allem aber, das verfeindete Frankreich zu isolieren, war sein damit verfolgtes Ziel. Anstatt dem Pfad der Versöhnung zu folgen, um sich mit Frankreich zu verständigen, sollte ein Areopag der Mächte das »kaudinische Joch«[95] aufrichten, um den Rückzug der Franzosen, wie es einst das Los der von den Samnitern besiegten Römer gewesen war, unter Demütigungen zu inszenieren. Doch wie nicht selten in der Geschichte, führte Maßlosigkeit auch dieses Mal zum Gegenteil des Beabsichtigten. Der Wunsch nach der Konferenz erfüllte sich zwar, aber er stellte sich als fatal heraus. Die deutschen Staatsmänner freilich erkannten den für sie schädlichen Verlauf der Dinge nicht rechtzeitig genug. Nach wie vor wollten sie weder Krieg noch strebten sie, zumindest nicht in beträchtlichem Umfang, nach Kolonialbesitz. Gewiß, von einem marokkanischen Küstenstützpunkt war schon die Rede; aber eigentlich ging es ihnen um das auf dem Spiel stehende Prestige und um die aus ihrem Blickwinkel erforderliche Trennung Frankreichs von England.

Auf der großen Konferenz, die vom Januar bis zum April 1906 im südspanischen Algeciras tagte, kam freilich alles ganz anders. Der Teilnehmer nämlich, der in die Isolierung geriet, war das Deutsche Reich! Die zu Anfang des Jahres 1906 in England neu ins Amt gekommene liberale Regierung enttäuschte umgehend die deutschen Erwartungen, die auf einen außenpolitischen Kurswechsel Großbritanniens spekuliert hatten. Im Gegenteil: Mit intensivierter Entschiedenheit hielt sie an der Entente fest; ja mehr noch: Es kam zu ersten, noch unverbindlichen Besprechungen und Abmachungen zwischen den britischen und französischen Militärs. Nur vom todtreuen Österreich-Ungarn und vom unbedeutenden Marokko unterstützt, ansonsten aber völlig allein gelassen, gingen die Meinungen an der Spitze des Deutschen Reiches jetzt darüber auseinander, was am besten zu tun sei. Holsteins verbissener Rat, im Zuge einer fortgesetzten Politik der unverminderten Stärke weiter durchzuhalten, wurde verworfen. Bülow und der Kaiser lenkten ein, um – mit erheblichem Schaden zwar, aber ohne den großen Krieg – dem unkalkulierbar gewordenen Konflikt gerade noch zu entkommen.

Die Konferenz von Algeciras endete mit einer eindeutigen Niederlage der Deutschen. Der völkerrechtlichen Anerkennung des Scherifenreiches, für die sich Deutschland stark gemacht hatte, kontrastierte die ungleich schwerer wiegende Konzession gegenüber Frankreich, Marokko nach seinem Willen erschließen zu dürfen. Die überdeutliche, fast unheimliche Abhängigkeit der Deutschen vom österreichisch-ungarischen Zweibundpartner konnte allzu leicht problematische, riskante, unter Umständen sogar lebensbedrohende Konsequenzen nach sich ziehen. Diese Tendenz wurde durch ein diplomatisch unkluges, ausgesprochen leichtfertiges Telegramm nochmals verstärkt. Als Wilhelm II. wieder einmal die Weltpolitik mit einem Paukboden verwechselte, depeschierte er am 13. April 1906 an den österreichisch-ungarischen Außenminister Goluchowski: »Sie haben sich als brillanter Sekundant auf der Mensur erwiesen und können gleichen Dienstes im gleichem Fall auch von mir gewiß sein.«[96]

Holstein nahm über dem marokkanischen Debakel seinen Abschied, lieh den Verantwortlichen in der Wilhelmstraße aber auch danach noch regelmäßig seinen Rat. Dieser zielte im Grunde dahin, weil der große Krieg gegen Rußland, Frankreich und England drohte, die Wiederannäherung an Großbritannien zu suchen. Dem stand allerdings viel, zuviel entgegen. Bülow und der Kaiser hielten unter dem Einfluß von Tirpitz am Primat der Marinepolitik fest. Durchgehend zog der Reichskanzler die außenpolitische Unabhängigkeit von allen anderen Mächten der verpflichtenden Verbindung mit irgendeiner vor. Die englische Regierung ihrerseits segelte ohne Zielkorrektur auf dem Ententekurs mit Frankreich weiter. In Paris wurden, unter dem polarisierenden Einfluß des in der neuen Regierung Sarrien mächtigen Innenministers Clemenceau, die chauvinistischen Töne lauter.

Doch im übrigen: Warum sollte Großbritannien sich gerade jetzt den Deutschen nähern, die ihrerseits das Inselreich in jeder Beziehung herausforderten – zur See durch die Schlachtflotte und auf dem Kontinent durch Hegemonialgelüste? Man vereinbart sich nun einmal nicht ohne Not mit dem, der einen mit Fußtritten traktiert! Friedlicher Wandel ist zudem kaum möglich, wenn ein Partner zu ungestüm, drohend und revolutionär auftritt. Für das besitzende England, das alles andere als ein freudiger Geber war, nahm sich die Lage zudem recht günstig aus. In der zurückliegenden Krise war die britische Überlegenheit dem Deutschen Reich gegenüber mehr als deutlich hervorgetreten. Mit den Mitteln, über die die deutsche Kontinentalmacht gegenwärtig verfügte, war der englischen Weltmacht nicht beizukommen. Ob das Reich daraus Folgerungen für einen Abbau der Gegensätze ziehen würde, blieb im sich verschärfenden Wettrüsten der Flotten abzuwarten. Veranlassung für Großbritannien, sich Deutschland zu nähern, gar ein Bündnis mit ihm einzugehen, gab es jetzt noch weniger als zuvor.

Die Chance, sich auf gleichberechtigtem Fuß mit Rußland und England zu arrangieren, war für die Deutschen vergangen; aufgrund der objektiven Voraussetzungen hatte sie kaum jemals wirklich existiert. Das Deutsche Reich war eben keine Weltmacht. Es verfügte nicht über das unabdingbare Maß an eigener Stärke, um im russischen oder englischen Sinne unantastbar zu sein; im Gegenteil: Seine komplizierte Gestalt war von Geburt an extrem gefährdet. Es besaß nicht einmal genügend koloniale Kompensations- und Gestaltungsmasse, um sich, wie das den Franzosen in ihrer Auseinandersetzung mit den Briten möglich gewesen war, durch großzügigen Ausgleich an den fernen Peripherien der Erde verständigen zu können. Notgedrungen ging es für das Reich immer um mehr, im Grunde um das Äußerste, nämlich um den Erhalt seiner Existenz. Nach der ersten Marokko-Krise war diese stärker noch als zuvor an militärische Kraft und strategisches Kalkül, an die mehr als problematische Flotte und an den letzten noch verbliebenen Alliierten gebunden. Wie lange die einsame Expedition durch eine Welt, die sich weiterhin zuungunsten der eigenen Sache veränderte, noch gutgehen konnte, schien bald nur noch eine Frage der Zeit zu sein.

Nach wie vor, an sich akuter denn je, stand das grundsätzliche Problem zur Entscheidung an: Würde das Deutsche Reich am Ende nicht doch, und wenn ja, dann hoffentlich rechtzeitig genug, zwischen West und Ost optieren und Anlehnung bei dem einen oder dem anderen der Großen suchen müssen? Bei England, wenn die deutsche Flotte das nicht verhinderte; wenn das gestörte Verhältnis der Deutschen zum französischen Ententepartner der Briten das zuließ; und wenn die innere Entwicklung des deutschen Konstitutionalismus womöglich in die parlamentarische Verfaßtheit überging, die ihm als Chance innewohnte. Bei Rußland, wenn es nach Bülows freilich auf ein Verhältnis der Gleichberechtigung zielendem Willen ging; wenn die im weltpolitischen Halbschatten mit heimlicher Hast aufgebauten Schlachtschiffe bereitstehen würden; und wenn die innere Entwicklung des deutschen Konstitutionalismus jene autoritäre Tendenz entfaltete, die gleichfalls in ihm aufgehoben war. Auf jeden Fall hatte sich vieles in den ersten Jahren des neuen Säkulums zuungunsten der Deutschen verändert, die diese nachteilige Entwicklung allerdings in hohem Maße mit zu verantworten hatten. Allein: Daß die laut beklagte »Einkreisung« auch eine selbst verursachte Auskreisung darstellte, blieb denen, die zugleich Täter und Opfer waren, noch lange verborgen.

Auskreisung als »Einkreisung«

Unter den außenpolitischen Wahlchancen, die dem Deutschen Reich zukünftig noch zur Verfügung standen, ist die einer Anlehnung an eine der beiden Weltmächte erwähnt worden. Nicht zum geringsten mündeten die damit verbundenen Schwierigkeiten in die Frage ein, ob die wilhelminische Gesellschaft, von wirtschaftlicher Dynamik mitgerissen, von unbändigem Kraftgefühl beseelt, vom stolzen Bewußtsein des Besonderen getragen und dem erwachten Großmachtinstinkt ergeben, eine solche Option einfach hinnehmen würde.

Chancen mochte ein solches »Olmütz« weiser Nachgiebigkeit und bescheidener Beschränkung höchstens noch bei denen haben, die, auf den ersten Blick vielleicht erstaunlich, in innen- und außenpolitischer Perspektive am Überkommenen festhielten, also am Regiment der monarchischen Günstlingsherrschaft und an der Sicherung des äußeren Friedens. Dagegen waren jene, die das innenpolitisch marode System kritisierten und außenpolitisch sogar um den Preis des Krieges mehr wollten als nur den Status quo, zu so viel entsagungsvoller Zurückhaltung weit weniger bereit. In dem gerade jetzt anhebenden, sich über Jahre hinziehenden und wohl spektakulärsten Gesellschaftsskandal der wilhelminischen Epoche, im Streit zwischen dem Kaiserfreund Philipp Eulenburg und dem Publizisten Maximilian Harden, personifizierte sich diese widersprüchlich-verquere Problematik von Innen- und Außenpolitik geradezu, die das Deutsche Reich seit seiner Gründung in unterschiedlichen Erscheinungsformen begleitete.

Über die grundlegende Möglichkeit der anlehnenden Option hinaus existierte noch eine andere Wahlchance deutscher Außenpolitik. Sie lag in der mehr oder minder berechtigten Hoffnung, daß die Energien der Feinde Deutschlands durch Konflikte an den Peripherien gebunden würden. Angesichts der zwischen den großen Kolonialmächten getroffenen Arrangements war die Wahrscheinlichkeit dieser Entwicklung allerdings geringer geworden. Blieb noch die hoffnungsvolle Erwartung einer Dekomposition Rußlands, die dem Zarenreich seit den Erschütterungen vom Jahre 1904/05 tatsächlich zu drohen schien.

Der sich verschlechternden Wirklichkeit am nächsten kam jedoch eine dritte unter den außenpolitischen Wahlchancen, die diesen Namen kaum mehr zu Recht verdient. Denn im Grunde hatte sie nichts mehr von einer Entscheidung an sich, sondern wirkte wie ein Zwang. Ihre vermeintliche Chance wurde vom damit einhergehenden Risiko fast erdrückt. Gemeint ist ein fluchtartig anmutender Ausweg, der dem Deutschen Reich verblieb. Er zog sich darin zusammen, *va banque* zu spielen, alles oder nichts zu riskieren.

Mit dem Rücken zur Wand stehend, antwortete das Deutsche Reich auf die Niederlage von Algeciras mit neuen Rüstungsanstrengungen. Sie kamen jedoch nicht, wie es jetzt vor allem vom Reichskanzler, nicht von den Militärs gefordert wurde, dem Heer zugute. Im Mittelpunkt stand nach wie vor die Marine. Die neue Flottennovelle vom Jahre 1906 sah eine Typenvergrößerung der Schiffe vor und steigerte noch einmal beträchtlich den finanziellen Aufwand. Zwei Jahre darauf wurde beschlossen, die Lebensdauer der Linienschiffe von 25 auf 20 Jahre zu senken und den Übergang zum Vierertempo bis 1911 fortzusetzen. Auch danach gingen die ebenso detaillierten wie gigantischen Planungen kontinuierlich, fast ist man geneigt zu sagen: zwanghaft fort. Mit visionärer Nüchternheit erstreckten sie sich bis in die zwanziger Jahre des gerade erst begonnenen Jahrhunderts hinein. Militärische Notwendigkeiten, die sich der politischen Gestaltung weitgehend entzogen, diktierten den langfristig entworfenen Rhythmus der jährlichen Bauquote, vom jetzt eingeschlagenen Vierertempo über das darauffolgende Zweiertempo bis hin zum schließlich wieder verbindlichen Dreiertempo. Allein, das technisch Verselbständigte blieb in vielem planerische Blaupause. Unverkennbar gingen dem Reich die finanziellen Mittel aus; die veränderte Weltlage wirkte auf die eigenläufige Existenz des inzwischen unheimlich anmutenden Flottenbaus zurück; am Ende der Ära Bülow zeichnete sich der einsetzende Verfall des »Tirpitz-Plans« deutlich ab.

Trotz drohender Symptome, die in eine andere Richtung deuteten, dominierte in Berlin noch immer die Ansicht, Großbritannien und Rußland, die für Deutschlands Existenz maßgebenden Rivalen, könnten nicht zueinander finden. Die Entwicklung freilich verlief anders. Wie die Bereitschaft zur Vereinbarung mit Großbritannien in Frankreich nach dem Debakel von Faschoda im Jahre 1898 gewachsen war, nahm diese Tendenz auch in Rußland nach der innen- und außenpolitischen Zäsur des Jahres 1905 zu.

In Großbritannien, das mittlerweile vom Zarenreich umworben wurde, entsprach dem eine Bewegung, die im Foreign Office binnen kurzem gewaltig an Einfluß gewann, ja bald schon das Sagen hatte: Ihre Vertreter sahen weit stärker in Deutschland als in Rußland den eigentlichen Gegner Englands! Die Bedrohung durch die deutsche Schlachtflotte, nicht mehr länger der russische Druck auf Indien erschien jetzt als die zentrale Herausforderung. Ernster genommen wurde sie deshalb, weil sie unmittelbar vor der Haustür lag. Daher kennzeichnete Außenminister Grey die nicht mehr ganz unwahrscheinliche Eventualität einer russisch-französisch-britischen Zusammenarbeit als eine absolute Sicherheitsvorkehrung, um Deutschland erforderlichen Falles im Zaum zu halten: »Eine *Entente* zwischen Rußland, Frankreich und uns«, legte er am 20. Februar 1906 in einem Memorandum nieder, »würde absolute Sicherheit bieten: Wenn es sich als notwendig erweisen sollte, Deutschland Paroli zu bieten, könnte es auf diese Weise bewerkstelligt werden.«[97]

Anders als in späteren Jahren seiner Amtszeit befand Edward Grey sich noch ganz im Einklang mit jener Gruppe jüngerer Diplomaten und Beamten im Foreign Office, die vor der deutschen Gefahr warnten und den Schulterschluß mit Frankreich forderten. Diese folgenreiche Entwicklung kulminierte in dem berühmten Memorandum, das Eyre Crowe, der Deutschlandexperte des englischen Außenamtes, unter dem Datum des 1. Januar 1907 vorlegte. Darin wurden Hegemoniestreben und Kriegswillen als Konstanten preußischer und deutscher Geschichte verurteilt. Deutschland gegenüber kompromißlose Unnachgiebigkeit an den Tag zu legen, lautete sein eisenharter Ratschlag. Diese unversöhnliche Haltung der »Falken« siegte über die verständigungsbereite Empfehlung des ehemaligen Unterstaatssekretärs Sanderson, eines Repräsentanten der inzwischen abgedankten Salisbury-Schule. Über ein notwendiges Maß an Entschlossenheit hinaus sprach er sich im Grunde genommen dafür aus, dem jungen Rivalen durch Konzessionen entgegenzukommen und sich mit dem Deutschen Reich zu vereinbaren.

Doch solche Ermahnung, die aus dem Bewußtsein heraus gegeben wurde, über dem, was man abtrat, nicht das zu verkennen, was man behielt, paßte nicht länger in die neue Zeit des gesteigerten Wettrüstens. Zugeständnisse zu machen galt nicht mehr als der Ausweis relativer Stärke, sondern schien nur den Beleg vollständiger Schwäche zu liefern. Jedes Nachgeben wurde verurteilt – und darüber vor allem vergessen, was man auf diesem Wege zu erreichen imstande war. Unter der lastenden Wucht der deutschen Herausforderung hatten Englands politische Reaktionen ihre angestammte Flexibilität und ihre sprichwörtliche Gelassenheit eingebüßt; sie wurden starrer, erschienen fast kontinental geprägt. Würden sie zu einem späteren Zeitpunkt, wenn der Wettlauf eindeutiger zu den eigenen Gunsten entschieden war, die alte Überlegenheit zurückgewinnen? Nicht zuletzt von der Antwort auf diese Frage hing Europas Frieden ab. Doch der Ausgang dieser Debatte lag in weiter Zukunft, die Großbritannien mittlerweile viel aktiver und erfolgreicher als das Reich zu gestalten verstand.

Dessen innen- und außenpolitische Lage im Jahre 1906 war – anders als die optimistischen Beruhigungen Bülows in der Öffentlichkeit es schönfärberisch ausmalten – eher beklagenswert. Reichsverdrossenheit griff um sich; lange andauernde Arbeitskämpfe sorgten für Unruhe; konfessionelle Konflikte, der Schulstreik der preußischen Polen in Oberschlesien und die fundamentale Opposition der SPD beeinträchtigten das innere Leben empfindlich. Im außenpolitischen Bereich traf die ätzende Kritik des sozialdemokratischen Parteiführers August Bebel den Nagel auf den Kopf. Der Unfähigkeit der eigenen Diplomatie stellte er die Erfolge der britischen demonstrativ gegenüber, der es gelungen war, die eigene Position durch Bündnisse und Freundschaften aufs vortrefflichste zu festigen. Bülows öffentliche Beschwichtigungen und Euphemismen halfen nicht mehr; sie waren nichts als Ausreden und Ausflüchte.

Seine äußere Politik, die zwischen den Zwangslagen der internationalen und der inneren Verhältnisse zu lavieren hatte, war doppeldeutig geworden: Auf der einen Seite wurde öffentlich beteuert, alles stehe zum besten, und auf der anderen Seite wurde stillschweigend versucht, die überhandnehmende Misere zu beheben. Schon im Mai des Jahres hatte Bülow nämlich damit begonnen, den Kurs der Flotten- und Weltpolitik zu korrigieren. Wie der ihm nachfolgende Bethmann Hollweg versuchte er, die Aufrüstung zur See zu beschränken und wieder eher den kontinentalen Erfordernissen Rechnung zu tragen. Das Heer sollte gegenüber der Marine erneut verstärkte Beachtung finden. Das Bündnis mit Österreich-Ungarn, das in der Hochzeit der Weltpolitik, Holstein zufolge, eine »totale quantité négligeable«[98] war, galt es nunmehr aufs neue unzerreißbar zu knüpfen. Doch die geplante Rekontinentalisierung der deutschen Außenpolitik wurde umgehend gestört.

Am 10. Februar 1906 lief das erste englische Kriegsschiff vom Stapel, dessen Panzerung und Schlagkraft, einem qualitativen Schub gleich, alles bislang Bekannte bei weitem übertraf. Das maritime Wettrüsten erhielt eine neue Dimension. Der »Dreadnought«-Sprung, nach dem Namen dieses britischen Schiffs benannt, versetzte dem »Tirpitz-Plan« den ersten großen Schlag. Ungeachtet der Tatsache, daß sich Großbritannien mit dieser strategischen Innovation ebenfalls auf einen Streich viel veraltetes Kriegsgerät geschaffen hatte, begann jetzt im Grunde ein neuer Wettlauf: Er sollte die deutschen Reserven überfordern, während Großbritanniens Wirtschafts- und Finanzkraft diese Konkurrenz zu bestehen vermochte. Geradezu beschwörend warnte Holstein davor, die

Flottenrivalität weiter mitzumachen und darüber die kontinentalen Aufgaben zu vernachlässigen.

In der Tat gingen die wuchernden Auswirkungen der ruinösen Konkurrenz noch viel weiter. Der forcierte Rüstungswettlauf erstickte alle wohlgemeinten Ansätze, zu einer grundlegenden Verbesserung der überlieferten Machtpolitik zu gelangen, die beispielsweise im Zusammenhang mit der zweiten Haager Konferenz erörtert wurden. Unter dem phasenweise hysterischen Druck der öffentlichen Meinung diktierten Sachzwänge des Strategischen das Tun der Diplomatie. Was einmal machtpolitischen Ursprungs gewesen war, gewann durch die Erregung der ausufernden Debatte verschärfte Qualität; der originäre Antagonismus erhielt weltanschauliche Eigenschaft. Stärker nach außen hin als tatsächlich davon überzeugt, vertrat Bülow noch im Juli 1907 die hanebüchene Auffassung, die Zeit arbeite im Grunde für Deutschland. Wie »papierne Wurfgeschosse«[99], beruhigte man sich wirklichkeitsverloren in der Wilhelmstraße, fielen die Planungen und Attacken »der uns unfreundlich gesinnten Nationen« an dem »festen Block, den wir mit Österreich in Zentraleuropa bilden, ... machtlos«[100] nieder.

Wenn es tatsächlich noch des schlagenden Gegenbeweises zum leichtsinnig Beteuerten bedurfte, wurde er nur wenige Wochen darauf geliefert. Am 31. August 1907 schlossen Großbritannien und Rußland eine Konvention ab, mit der sie ihre nahöstlichen und mittelasiatischen Gegensätze in Persien, Afghanistan und Tibet beilegten. Die Abmachung richtete sich nicht ausdrücklich gegen Deutschland, schloß das Reich allerdings von unerwünschter Einflußnahme auf die territorialen Vertragsgegenstände aus und hatte europäische Rückwirkungen. Auf einmal ging das Wort von der »Einkreisung« des Deutschen Reiches um!

Die »Einkreisungspolitik« nehme, so der Kaiser im Oktober 1907, »ihren ruhigen unveränderlichen Gang«[101]. Bald darauf nannte auch der Reichskanzler in einem Rundschreiben an die preußischen Gesandten die Gefahr beim Namen. Doch sein oberflächlicher Optimismus bewahrte ihn lange Zeit und immer wieder davor, allzu gefährliche Konsequenzen aus der an sich niederdrückenden Einsicht zu ziehen – mochte er sich auch in der noch vor ihm liegenden Annexionskrise um Bosnien und die Herzegowina als zum Krieg entschlossen zeigen. Alles in allem war Bülow allerdings eher geneigt, die militärische Auseinandersetzung als letzte Konsequenz einer gescheiterten Politik zu umgehen. Sein gewissenhafter Nachfolger Bethmann Hollweg dagegen faßte, ganz am Ende seiner gescheiterten Détentepolitik, auch diese furchtbare Möglichkeit als unumgängliches Mittel der Konfliktaustragung um des eigenen Überlebens willen ins Auge: Es führte zu nichts anderem als zum zerstörerischen Gegenteil des in bester Absicht Unternommenen.

Erst einmal wurde auf die neue Herausforderung der Briten mit vermehrter Rüstungsanstrengung reagiert. Ihren Niederschlag fand sie in der Marinevorlage vom Jahre 1908. Der Reichskanzler trug diese Entscheidung mit, vielleicht ein letztes Mal – gewiß gegen seine Überzeugung, ist man zu ergänzen geneigt. Denn zunehmend mehr suchte Bülow die Verständigung mit England, und er suchte sie zu Lasten der deutschen Flottenrüstung. Diese unabdingbare Korrektur der Außenpolitik des Reiches, die der Kanzler einzuleiten und sein Amtsnachfolger fortzusetzen bemüht war, vollzog sich vor dem für Deutschland düster gewordenen Hintergrund einer dramatisch veränderten Weltlage.

Längst verspielt war die Politik der freien Hand. Die seit den neunziger Jahren des vergangenen Jahrhunderts unruhig vagabundierende Prestigepolitik der Deutschen in Übersee, der seit der Jahrhundertwende begonnene Flottenbau, die seit der Zäsur des Jahres 1905 gewachsene Gefahr einer kontinentalen Hegemonie des Reiches hatten die Mächte zu Reaktionen geradezu provoziert. Auf die beabsichtigte Revolutionierung des globalen Status quo hatten sie mit einer diplomatischen Revolution der Staatenwelt geantwortet. Sie führte zu einer Auskreisung des wilhelminischen Deutschland, die dieses nicht zum geringsten selbst verursacht hatte und die es nunmehr als »Einkreisung« beklagte.

Halten wir kurz inne und betrachten das Geschehene in systematischer Perspektive, dann zeichnen sich folgende Entwicklungen und Resultate ab:

Etwa am Ende des ersten Lustrums im neuen Jahrhundert vollzog sich die Rückwendung der internationalen Politik von der überseeischen Peripherie nach dem europäischen Zentrum. Damit kehrte sich eine geschichtsmächtige Tendenz der Weltpolitik um: Sie hatte seit dem Ende des Krimkriegs angedauert, war von zeitweise gegenläufigen Unterbrechungen während der Ära Bismarck begleitet worden und hatte im anbrechenden Zeitalter des Imperialismus noch einmal kräftigen Auftrieb gewonnen. Vollends im Sommer 1907, mit dem Abschluß der russisch-britischen Asienkonvention, waren die überseeischen Auseinandersetzungen der alten Kolonialmächte Europas beigelegt, wenn auch nur vorläufig und notdürftig. Was ihr Verhältnis zu den neu aufgestiegenen Potenzen der außereuropäischen Welt, den Amerikanern und Japanern, anging, so schien es bis auf weiteres geklärt, alles in allem freilich schwer überschaubar. Gefährlich fluteten die zerstörerischen Energien zurück, die der alte Kontinent hervorgebracht hatte und die lange Zeit an die Ränder der Erde abgeschoben worden waren: Europa sah sich einer Zerreißprobe ausgesetzt. Im latenten Kriegszustand dieser Jahre wurde, zwischen überseeischen Territorien und europäischem Zentrum, der Balkan, die nun aufs neue von den Russen beanspruchte »Ersatzkolonie« der Österreicher, zur Lunte am Pulverfaß.

Hochgerüstet belauerten sich die antagonistischen Lager des Dreibundes der Deutschen, der Österreicher und der nur noch mißmutig mittrabenden Italiener auf der einen Seite und des Dreierverbandes der Russen, der Franzosen und der politisch noch nicht ganz dazugehörenden Briten auf der anderen Seite. An die Stelle einer lebendigen Balance des Systems, die den Frieden förderte, war ein mechanisches Gleichgewicht der Mächte getreten, das für den

Kriegsfall berechnet war. Bündnispflege, nicht aber Konfliktvermeidung stieg zum primären Beruf der Diplomaten auf. Parallel zur Polarisierung der Staatenwelt machte sich eine verhängnisvoll wirkende Ideologisierung der bestehenden Gegensätze bemerkbar. Wohlgemerkt: Verursacht hatte sie diese Entwicklung nicht, zweifellos aber verstärkt. Sie trug dazu bei, daß aus Gegnern Feinde und aus Staatenkrieg Völkerringen wurde; daß sich die Antagonismen vertieften und daß ihre Existenz unaufhebbar erschien. Der grundlegende Gestaltwandel der internationalen Politik ließ kleinere Staaten auf einmal über Gebühr an Einfluß gewinnen, weil die großen zunehmend der trügerischen Faszination des quantitativen Machtbegriffs verfielen. Die Gefahr unkontrollierbarer Entwicklungen zog herauf. Der bestehenden Staatenordnung, die in Erstarrung verfallen und von Selbstlähmung heimgesucht war, drohte eine revolutionäre Anarchisierung, die nicht vom Gesellschaftlichen, sondern vom Internationalen her ihren systemsprengenden Ausgang nahm.

In der Tat: Daß sich die Kleinen den Großen nahezu folgenlos zu entziehen verstanden, daß die Knechte ihre Herren gar in Dienst zu nehmen vermochten, das hatte es in der Welt der Mächte und ihrer Satrapen bislang noch nicht gegeben: »Es ist das erste Mal in der Geschichte der orientalischen Frage«, diagnostizierte im Verlauf der großen Balkankrise im Jahre 1912 der französische Geschäftsträger in Sankt Petersburg, Doulcet, dieses Symptom einer »kalten Kriegführung« der beiden Blöcke, »daß die kleinen Staaten sich wie ein Mann *ohne die großen* aufrichten und glauben, sie könnten nicht nur auf diese verzichten, sondern sie sogar in ihrem Schlepptau mitreißen«[102].

Die revolutionären Veränderungen im internationalen System zogen tiefgehende Wandlungen im Inneren der Nationen nach sich; und in vergleichbarem Maße galt auch das Umgekehrte. Innenpolitisch lange Zeit Vorbereitetes wurde unter dem Druck äußerer Verhältnisse freigesetzt; *vice versa* wirkten die emanzipatorischen Kräfte des Gesellschaftlichen auf das Feld der Außenpolitik zurück. Ein ums andere Mal trat diese doppelgesichtige Verbindung des einen mit dem anderen während dieser Jahre europäischer Geschichte zutage. Selbst diejenigen Staaten, die im Rahmen ihrer jeweiligen Bündnisformation am mächtigsten und stabilsten erschienen, England und Deutschland, hatten mit diesem kardinalen Problem der modernen Zeit zu kämpfen. Die äußere Last unterwarf das innere Leistungsvermögen einer bis dahin unbekannt harten Probe. Auf den Prüfstand gestellt war in beiden Ländern, ungeachtet der tiefgehenden Unterschiede, die diese im grundsätzlichen und im einzelnen voneinander trennten, die Legitimation des Bestehenden.

Im außenpolitischen Feld gehörte die Tatsache zu den bemerkenswerten, entscheidenden Differenzen zwischen beiden Staaten, daß der parlamentarische Filter des englischen Systems den Premier- und Außenminister vor den direkten Interventionen gesellschaftlicher und patriotischer Verbände der sich neu formierenden Öffentlichkeit wirkungsvoller schützte, als das im Rahmen des deutschen Konstitutionalismus der Fall war. Daher war beispielsweise Greys außenpolitischer Spielraum durchgehend großzügiger bemessen als derjenige Bülows oder Bethmann Hollwegs.

Doch nicht allein in Deutschland gewann die Auseinandersetzung mit der immer stärker als »Einkreisung« wahrgenommenen Außenpolitik der Isolierung zunehmend an Schärfe. Empfindlich schränkte sie das Handlungsvermögen der Verantwortlichen ein. Verlangender und schriller vorgetragen wurden inzwischen die radikalen Forderungen auf den extremen Flügeln des politischen Spektrums. Zur Gesundung der als krank empfundenen Verhältnisse erscholl zur Linken der Ruf nach der Revolution und zur Rechten der nach dem Staatsstreich; die einen spekulierten auf den revolutionär umwälzenden und die anderen auf den patriotisch konsolidierenden Krieg.

Selbst in Großbritannien, wo die vorwaltende Strömung des etablierten Parlamentarismus mit den bewährten Prinzipien des Freihandels, der Bereitschaft zur Reform und dem Hang zum Kompromiß nicht abriß, wurde die alte Frage nach der Verträglichkeit von Empire und Demokratie, von globalen Verpflichtungen und inneren Voraussetzungen, von militärischer Überbürdung und gesellschaftlichem Wandel immer wieder erörtert. Die Ausgaben für die Rüstung, die das Land hart, freilich nicht zerstörerisch belasteten, mußten mit der Notwendigkeit sozialer Reformen in Einklang gebracht werden.

Angesichts einer auf beiden Seiten weit zugespitzten Konstellation blieb an sich, wollte man nicht im Krieg enden, der die Revolution leicht nach sich ziehen konnte, nur übrig, sich zu verständigen. Bedingung der Briten dafür war ein deutsches Entgegenkommen in der Flottenfrage. Weil die schreckliche Zeit schon längst die »Höhen des Idealismus« verlassen hatte und »unaufhaltsam zum Fanatismus«[103] abfiel, weil schicksalhafte Auswegslosigkeit sich breitmachte und wie ein überpersönlicher Zwang zum militärischen Austrag drängte, schien Bülow jetzt, im Sommer 1908, bereit, auf die Bedingung der Engländer einzugehen. Doch unter dem Einfluß der Marineführung winkte der Kaiser schroff ab. Obwohl er sich hin und wieder kompromißbereit zeigte, hörte er insgesamt doch mehr auf Tirpitz als auf Bülow. Überhaupt hatte der Regierungschef beim Monarchen erheblich an Terrain verloren und verspielte über der berühmt-berüchtigten »*Daily Telegraph*-Affäre« vom November 1908 endgültig die Gunst Wilhelms II. Bevor es indes zum Kanzlerwechsel kam, hatte das Reich die bosnische Annexionskrise zu bestehen, die bis an den Rand des Krieges trieb und sich bereits seit einiger Zeit auf dem Balkan anbahnte.

Die bosnische Annexionskrise

Mit den Vereinbarungen, die Rußland und Österreich-Ungarn in den Jahren 1897 und 1903 getroffen hatten, war die balkanische Rivalität beider Staaten eingehegt worden. Doch bereits vor der jungtürkischen Revolution regte sie sich erneut und brach schließlich voll auf. Die innere Lähmung des Osmanischen Reiches, wo Reformer westlichen Zuschnitts an die Stelle des gestürzten Sultans traten, benutzte die Donaumonarchie, um Bosnien und die Herzegowina, die seit 1878 *de facto* zum Habsburgerreich gehörten, formell zu annektieren. Die tiefergehende Befürchtung, daß eine modernisierte Türkei, erholt und kraftvoll, einem solchen Ansinnen der Österreicher zukünftig entschiedener und wirkungsvoller begegnen könnte, veranlaßte Außenminister Aehrenthal dazu, in diesem Augenblick zur lange erwogenen Tat zu schreiten. Nicht eben zimperlich ging er zu seinen eigenen Gunsten davon aus, sich im September 1908 mit dem russischen Außenminister Iswolski über das jetzt Eingeleitete verständigt zu haben.

Als die Annexion der beiden Provinzen am 5. Oktober 1908 vollzogen wurde, ließ die aufgebrachte Reaktion der Russen umgehend erkennen, daß das zwischen Wien und Sankt Petersburg Verabredete nicht so eindeutig war, wie die Österreicher vorgaben. Worin die Mißverständnissse im einzelnen auch immer gelegen haben, das Vorgehen des deutschen Zweibundpartners war einseitig, barsch und ungewöhnlich. Im Vergleich mit der behutsamen Orientpolitik, der die europäischen Mächte im 19. Jahrhundert, um die Büchse der Pandora nur ja geschlossen zu halten, in der Regel gefolgt waren, fiel die spektakuläre Aktion des Ballhausplatzes unangenehm aus dem Rahmen des Üblichen. Gleichzeitig erklärte Bulgarien seine Unabhängigkeit vom Osmanischen Reich, und Kreta proklamierte seinen Anschluß an das griechische Mutterland. Europa stand die nächste Krise bevor!

In ihrem Verlauf zeigte sich, was die Außenpolitik Deutschlands anging, vor allem zweierlei: Zum einen stach hervor, in welch starkem Maße das Reich für die Balkaninteressen Österreich-Ungarns eintrat. Den Unterschied zur Ära Bismarck konnte nichts markanter beschreiben als das Drängen Bülows auf Einhaltung der Allianzverpflichtungen, mehr noch: als sein geradezu beschwörender Aufruf zur Bündnistreue: »Wir dürfen ... nicht die Hauptsache vergessen, nämlich, daß wir das Bündnis mit Österreich-Ungarn unversehrt erhalten und das Vertrauen der Österreicher zu uns nicht erschüttern lassen dürfen.«[104] Und mit ernst entschlossener Rührseligkeit stand Wilhelm II. »als unerschütterlicher Freund und Bundesgenosse«[105] an der Seite der Donaumonarchie.

Zum anderen war es aber nicht nur »Nibelungentreue«, die die Deutschen ohne Wenn und Aber dazu veranlaßte, sich das balkanische Anliegen der Österreicher zu eigen zu machen. Sie versuchten vielmehr, die Krise um Bosnien und die Herzegowina zu ihren Gunsten zu nutzen. Wie sie die britisch-französische

Entente während der ersten Marokko-Krise einer Haltbarkeitsprobe unterzogen hatten, machten sie jetzt einen Test auf die Festigkeit der russisch-englischen Konvention. Auch dieses Mal hielt die Formation der Gegner. Sollten die Folgen seines Sieges es auch teuer zu stehen kommen, erst einmal setzte sich das Reich zusammen mit Österreich-Ungarn und zugunsten der Habsburgermonarchie durch.

Im Verlauf der Krise allerdings verschoben sich die Initiativen und die Gewichte, was das Vorgehen des Zweibundes anging, in zunehmendem und bezeichnendem Maße: Österreich-Ungarns südosteuropäischer Streich lieferte dem Reich einen entschlossen genutzten Anlaß für seinen Versuch, den sogenannten »Einkreisungsring« der Feinde auf politischem Weg, wenn erforderlich mit kriegerischem Risiko, zu sprengen. Aus diesem Grund wurde der Allianzpartner von Deutschland zu hartem Auftreten geradezu ermuntert. Für Holstein, der trotz seines Ruhestandes den Verlauf der Krise maßgeblich beeinflußte, ging es darum, die Donaumonarchie ohne Verzagen zu unterstützen: »Österreich kämpft heute – aus egoistischen Gründen – unseren Kampf gegen das Concert Européen, alias englische Hegemonie, alias Einkreisung.«[106] Weil die Donaumonarchie Deutschlands Interesse wahrnehme, müsse man zu ihr stehen. Insbesondere von Kongreßlösungen wollte der einschlägig enttäuschte Holstein nichts wissen. »Bis zu Ende durchhalten«, lautete markig die alternativlose Parole; denn nur so könne Österreich-Ungarn »festbleiben«[107].

Bülow folgte der riskanten Strategie, zu der ihm außer Holstein der im Zeichen der bosnischen Annexionskrise von seinem Bukarester Gesandtenposten in die Berliner Zentrale beorderte Kiderlen-Wächter riet. Ein Balkan-Konflikt schien auf jeden Fall geeigneter als andere Anlässe zu sein, um mit Österreich-Ungarn zusammen die umschließende Phalanx der Feinde aufzulösen. Ein deutscher Streit mit Frankreich oder Großbritannien berührte die Donaumonarchie ihrerseits viel weniger. Wie es jetzt aussah, würde Österreich-Ungarn ohne Zweifel an der Seite des Deutschen Reiches stehen. Bei einer südosteuropäischen Querele schien zudem erst einmal sicherer Abstand zwischen der Mitte Europas und seiner Peripherie zu liegen.

Die russische Bitte um Vermittlung, die Außenminister Iswolski in Berlin vortrug, während er drohend bemerkte, man nähere sich einem Weltkrieg, lehnte die Wilhelmstraße ab. Die Annäherung zwischen Großbritannien und Rußland, die sich vor gar nicht langer Zeit mit der monarchischen Entrevue zwischen Eduard VII. und Nikolaus II. in Reval deutlich zu erkennen gegeben hatte, ließ die Deutschen fest an der österreichischen Seite verharren. Hoffnungsvoll setzten sie auf einen Zerfall der britisch-russischen Verständigung. Am 30. September 1908 stellten die Deutschen ihrem Zweibundpartner einen Blankoscheck aus: Was immer die Habsburgermonarchie gegen Serbien zu unternehmen gedachte, das der Wiener Außenpolitik bereits vor der Annexionskrise ein Dorn im Auge gewesen war und jetzt immer zentraler ins Fadenkreuz ihrer offensiven Absichten geriet – Deutschland versprach, hinter dem Bundesgenossen zu stehen. Das hieß aber: Das Deutsche Reich nahm bewußt das Risiko in Kauf, sich mit dem Schutzherrn der Serben und dem Balkanrivalen der Österreicher, mit Rußland, zu schlagen.

In dieselbe Richtung zielte, worüber sich die beiden Generalstabschefs Moltke und Conrad von Hötzendorf in ihrem Briefwechsel zu Beginn des Jahres 1909 verständigten: Bei südosteuropäischen Verwicklungen konnte Österreich-Ungarn auf deutsche Hilfe zählen. Daß das Reich in der bosnischen Annexionskrise die Führung übernahm und sie für eigene Belange zu nutzen verstand, beschreibt die Kehrseite seiner unverkennbaren Abhängigkeit von Österreich-Ungarn, die sich noch verstärken sollte.

Parallel zur äußeren Krise kam es gegen Ende des Jahres 1908 zur »*Daily Telegraph*-Affäre« im Inneren. Ihr Verlauf und ihr Ausgang trugen erheblich dazu bei, daß die »Selbstausschaltung des Kaisers«[108] von der konstitutionellen Verantwortung voranschritt. Der Skandal um ein Interview im englischen *Daily Telegraph*, in dem der Monarch wieder einmal mit unreifen Äußerungen zur auswärtigen Politik für Aufregung gesorgt hatte, zeitigte, vor allem in innenpolitischer Perspektive, schwerwiegende Folgen für den voranschreitenden Wandel des bestehenden Regierungssystems.

Auf internationalem Feld stand Rußland, das militärisch keineswegs, wie sein Kriegsminister Rödiger einräumen mußte, zum Kampf fähig war, allein da. England stärkte ihm zwar mit politischen Mitteln den Rücken; der französische Alliierte jedoch schreckte noch vor einem Waffengang zurück. Weil sie den Russen zu Mäßigung rieten, erfuhren die Franzosen demonstratives Entgegenkommen von seiten des Deutschen Reiches: Im Sommer 1909 schlossen Berlin und Paris ein Abkommen über Marokko, das dem französischen Anspruch auf das nordafrikanische Land sehr weit entgegenkam.

Alles in allem: Deutschland verhalf Österreich-Ungarn zu einem insgesamt verhängnisvollen Sieg, der im März 1909 feststand. Am Ende hatte das Reich den Russen keine andere Wahl gelassen, als ja oder nein zu sagen, die Annexion anzuerkennen oder den Krieg zu riskieren. Europa werde sich wohl »für einige Jahre ... an die Hegemonie Deutschlands«[109] gewöhnen müssen, argwöhnte der russische Außenminister Iswolski mit provozierender Ratlosigkeit.

Der Triumph der Zweibundmächte, das Zurückweichen des Zarenreiches und die deutsche Flottenrüstung verstärkten Englands Wachsamkeit und sein Mißtrauen. Während Bülow inzwischen für eine Verständigung mit den Briten plädierte, um sie nicht endgültig an die Gegner des Reiches zu verlieren, hielt Tirpitz nach wie vor an seinem Schiffsbauprogramm fest, um den Engländern dereinst die Bedingungen im Spiel der Mächte diktieren zu können. Ohne Zweifel, Großbritannien verfiel von einer Panikstimmung in die andere. Die martialische Kehrseite der grassierenden Furcht war die wachsende Entschlossenheit, mit der das Land jetzt aufrüstete. Was Botschafter Metternich am

1. Januar 1909 prognostiziert hatte, bewahrheitete sich: »Es wäre ein verhängnisvoller Irrtum, anzunehmen, daß die vorhandene Furcht England schließlich dazu treiben wird, sich uns in die Arme zu werfen.«[110] Das Gegenteil trat ein: Großbritannien wappnete sich in diesem Jahr mit einem Marineetat, der den Auftakt zum Ende des »Tirpitz-Plans« einleitete. Noch kurz vor seinem Tode drängte Holstein Reichskanzler Bülow in einem Brief vom 6. April 1909, »die détente mit England« zu suchen, nur sie könne »den sicheren Frieden bringen«[111].

Sogar der Kaiser schien mittlerweile zugänglicher zu sein, wenn es darum ging, die Chancen für einen Ausgleich mit Großbritannien auf dem Sektor der Flottenrüstung zu prüfen. Allein, auf der großen Konferenz im Reichskanzlerpalais am 3. Juni 1909 setzte sich Tirpitz erneut durch. Wenn man nur ruhig Blut bewahre, lautete seine bekannte Argumentation, würden die Briten schon kommen. Das Protokoll dieser Besprechung über die Frage einer Verständigung mit England gibt sein Plädoyer so wieder: »Eine Initiative zu einer Verständigung mit England unsererseits zu ergreifen, halte er ... nicht für angezeigt, ja für gefährlich. England solle seinerseits zunächst mit Vorschlägen hervortreten, *dann könne man ja hören, was angeboten wird, und danach sein Gegenangebot machen.*«[112]

Bülow und Metternich, die zu rüstungspolitischen Konzessionen bereit waren, hatten keinen Erfolg. Der Staatssekretär des Inneren, Bethmann Hollweg, gab mit dem aufschlußreichen Hinweis, man könne nicht zuletzt auf kolonialpolitischem Weg an das Ziel einer Détente mit England zu gelangen versuchen, Möglichkeiten seiner zukünftigen Außenpolitik zu erkennen. Sie sollte es im übrigen noch viel dramatischer mit dem erbitterten Widerstand durch Tirpitz zu tun bekommen.

Doch erst einmal war Bülow aus innenpolitischen Gründen am Ende seiner Laufbahn angelangt: Die seit der »*Daily Telegraph*-Affäre« schwelende Vertrauenskrise zwischen ihm und dem Kaiser und der aus der Finanzreform geborene Streit mit den Konservativen und dem Zentrum ließen ihn um seinen Abschied bitten, der im Juli 1909 gewährt wurde.

Eine merkwürdige Stimmung des Gegensätzlichen lag damals über dem Deutschen Reich. Wirtschaftliches Hochgefühl und außenpolitische Furcht, Bramarbasieren und Verzagtheit, Anmaßung und Angst begleiteten und beeinflußten seine äußere Politik. Die inneren Fronten versteiften sich; der Grat, auf dem eine reformerische Politik vorankommen konnte, wurde schmaler. Indes: Die alle Schichten des Volkes verbindende Kraft eines integrierenden Nationalismus schweißte vieles zusammen, was ansonsten auseinanderzubrechen drohte – um den nicht zu vermeidenden Preis allerdings, daß damit erneut innere, vor allem aber äußere Sprengwirkung entfaltet wurde. Für die deutsche Außenpolitik ging es jetzt – fast schon wie um Leben und Tod – darum, die machtpolitische Isolierung des Reiches, also jene als »Einkreisung« empfundene, durch eigene wie durch fremde Einwirkung herbeigeführte Auskreisung so rasch und so gründlich wie möglich zu überwinden. Diese Aufgabe spitzte sich für den Bülow nachfolgenden Bethmann Hollweg auf die außenpolitische Alternative zu, entweder die Détente mit England erreichen zu können oder Krieg führen zu müssen.

Détente oder Krieg:
Bethmann Hollwegs außenpolitische Wahlchancen
(1909–1914)

Der englische Pivot

Der neue Reichskanzler Theobald von Bethmann Hollweg trat ein außenpolitisches Erbe an, das als schwere Bürde auf dem Deutschen Reich lastete. Fast hatte sich jener »eiserne Ring«[1] von Feinden geschlossen, dessen Existenz der sozialdemokratische Abgeordnete Philipp Scheidemann schon am Jahresende 1908 beklagt hatte. Wenn das warnende Wort Otto von Bismarcks über den »Alp der Koalitionen« jemals akute Gültigkeit besessen hat, dann im Sommer des Jahres 1909, als die mit betörendem Optimismus begonnene Ära Bülow in einem innen- und außenpolitisch unübersehbaren Katzenjammer ihr Ende fand.

Großbritannien und Rußland, zwischen denen nach Holsteins nur wenige Jahre zurückliegendem Eindruck das Deutsche Reich »als Zünglein der Erdwaage«[2] zu fungieren gedachte, waren einander nähergekommen. Die Entwicklung hatte sich zu Deutschlands Lasten vollzogen, vorläufig noch eher indirekt als direkt, eher im Atmosphärischen spürbar denn im Tatsächlichen erhärtet. In nicht unerheblichem Maße hatten sich die Deutschen die arg unbekömmliche Suppe selbst eingebrockt, die sie nun auslöffeln mußten. Die Entfremdung gegenüber dem Zarenreich, die seit 1890, wenn auch von zwischenzeitlichen Unterbrechungen abgelöst und für andere Entwicklungsmöglichkeiten offen, vorangeschritten war, wurde durch die deutsche Orientpolitik vertieft. Der Schlachtflottenbau des Reiches hatte die ursprüngliche Normalität, von der das Verhältnis zu Großbritannien lange geprägt war, nach dem entscheidenden Interludium, in dem die Möglichkeiten bilateraler Allianzbildung ausgelotet wurden, in den deutsch-englischen Antagonismus verwandelt.

An dieser Stelle beschloß Bethmann Hollweg den Hebel anzusetzen. Im Grundsatz galt nach wie vor, daß Rußland an sich für England den ernster zu nehmenden Gegner darstellte; im globalen Zusammenhang erschien Deutschland als der weniger bedrohliche Konkurrent – mit einer gravierenden Ausnahme: Gleichsam übermächtig fesselte die deutsche Flotte die Briten an den europäischen Kontinent. Diese Zwangslage wollte Bethmann Hollweg aufbrechen; das kam ihm als die unbestreitbar dringlichste Aufgabe vor, ein wahres Herkuleswerk! Auf innenpolitischem Feld zeitigte der Flottenbau, vor allem aufgrund seiner finanziellen Belastungen, ruinöse Wirkungen, und in außenpolitischer Hinsicht machte er England, was noch viel entscheidender war, zum Feind des Reiches. Mit Frankreich und Rußland, den angestammten Rivalen auf dem Kontinent, konnte man zur Not fertigwerden. Trat England, das man sich nach Bethmann Hollwegs Urteil durch das Wettrüsten zur See unnatürlich, nachgerade überflüssig zum Gegner gemacht hatte, zu dieser Formation hinzu, dann nahm sich die Lage nahezu hoffnungslos aus.

Daher ließ der Reichskanzler auch nicht von der Orientpolitik ab. Sie verband das Reich mit dem noch verbliebenen Alliierten Österreich-Ungarn, auf den man angewiesen war; und sie entsprach wirtschaftlichen Erfordernissen, die sich in der Türkei konzentriert hatten. Rußland schätzte er im übrigen sowieso als Gegner Deutschlands ein. Dagegen führte er systematisch fort, was sich schon am Ende der Bülowzeit angedeutet hatte: Er ging auf Distanz zum Schlachtflottenbau und akzentuierte die Kontinentalpolitik des Reiches. Was bedeutete das?

Der neue Kanzler, ein ausgewiesener Verwaltungsfachmann, war auf außenpolitischem Feld eher unerfahren. So gut es überhaupt ging, versuchte er einen Trennungsstrich zu jener allzu riskanten Ausformung imperialistischer Aktivität zu ziehen, die bis dahin dominiert hatte. Unklar und gefährlich zugleich, sah sie ihre schillernde Bestimmung darin – wie einmal in anderem Zusammenhang geurteilt worden ist –, »Geschichte zu machen und eine ›Weltmacht‹ zu sein«[3]. Diese geräuschvolle Politik von großartiger Unbestimmtheit unterzog er einer Klangprobe.

Von heute auf morgen trat an die Stelle der berauschenden Rhetorik des alten Kanzlers der bittere Ernst seines Nachfolgers. Überraschend zügig entschied er sich für ein außenpolitisches Konzept, das darauf gerichtet war, den drohenden Krieg durch eine Détente mit England zu vermeiden. Seine Bemühungen darum, das Verhältnis zu Großbritannien zu verbessern, stellten keinen gezielten Versuch dar, auf diesem Weg die militärische Auseinandersetzung gegen Frankreich und Rußland zu ermöglichen und ihrem Ausgang die Siegeschance zu sichern. So zu argumentieren verkennt das Wesentliche der Außenpolitik Bethmann Hollwegs, die den Reichskanzler bis in die Julikrise 1914, ja sogar bis in die ersten Tage des Weltkrieges hinein geleitet hat.

Im Grunde genommen schickte Bethmann Hollweg sich an, den außerordentlich schwierigen, beinahe ausweglosen Zusammenhang der deutschen Konstellation durch eine grundsätzliche Entscheidung erträglich zu machen, das heißt aber: Er mußte zwischen Rußland und England optieren. Der Kanzler bevorzugte die westliche Wahlchance, also Großbritannien.

Bei diesem mühsamen Wendemanöver versuchte er sich an nichts geringerem als an der Quadratur des Kreises: Er entschied sich für die anlehnende Zusammenarbeit mit der einen Weltmacht, die mit einer unübersehbaren Distanzierung von der anderen einhergehen mußte. Gleichzeitig war er darauf bedacht, den bitteren Verlust oder auch nur eine einschränkende Einbuße an Souveränität zu vermeiden, die erst ein gutes Menschenalter zuvor erstritten worden war und die zum kostbarsten Besitz jeder Großmacht zählte. Mit anderen Worten: Zum einfachen Erfüllungsgehilfen der Briten abzusteigen, kam Bethmann Hollweg nicht in den Sinn. Solche Absicht zu hegen, wäre mit dem Geist der Zeit unvereinbar gewesen, hätte die Gefühle der Mitlebenden tief verletzt. Nüchtern versuchte der neue Mann in der Wilhelmstraße vielmehr, die Voraussetzungen und Bedingungen des Nationalstaates mit den Wünschen und Erfordernissen des Expansionsstaates in Einklang zu bringen.

Ohne kontinentale Sicherheit vermochte das Reich nach seinem Verständnis deutscher Außenpolitik keine Weltmacht zu sein. Weil es den Schritt auf das globale Terrain ohne europäische Konsolidierung gewagt hatte, war es jener ruhelosen Dynamik verfallen, die schließlich zu seiner außenpolitischen Isolierung geführt hatte. Daher kam es darauf an, Großbritannien durch eine marinepolitische Entspannung zu gewinnen; auf dem Kontinent Entlastung zu finden; die europäische Großmachtstellung zu festigen; und an der Seite sowie im Einvernehmen mit England als Großmacht-Juniorpartner des Weltmacht-Seniors kolonialpolitische Gewinne zu verbuchen, durchaus also Weltpolitik zu treiben.

Die auf außenpolitischem Feld erstaunlich rasch getroffene Entscheidung Bethmann Hollwegs, der an sich als schwerer Pflüger galt und von gewissenhaft tatenscheuer Natur war, hatte in innenpolitischer Hinsicht ihre Entsprechung: Sie konvenierte mit der vorsichtig ausgeprägten Neigung des Kanzlers zu einem verhaltenen Reformkurs, der notwendigerweise nur mit äußerster Behutsamkeit verfolgt werden konnte. Von der bisweilen forsch entzweienden Politik Bülows wollte er sich entfernen und eher einer Linie des inneren Ausgleichs folgen. Beide, seine inneren und äußeren Reformversuche, sind letztlich gescheitert.

Mit ihrer westlichen Option für die Détente mit Großbritannien im Außenpolitischen und für die Bewegung zum Wandel im Innenpolitischen lassen sie dessenungeachtet erkennen, daß das Deutsche Reich als große Macht und als konstitutioneller Staat spezifische Entwicklungschancen besaß. Gewiß, die dem entgegenarbeitenden Kräfte obsiegten am Ende, nicht zum geringsten in einem verwirrenden Zusammenspiel mit den internationalen Verhältnissen, die schon längst nicht mehr beweglich waren, sondern fast erstarrt anmuteten. Dennoch erschien das Deutsche Reich nicht von Anfang an wie eine Monstrosität der Geschichte. Viele Zeitgenossen im In- und Ausland sahen in seiner Existenz, ungeachtet der politischen und gesellschaftlichen Zerklüftungen, die ihm anhafteten, eine zeitgemäße, zukunftsfähige Daseinsform des modernen Nationalstaates.

Unstrittig ist daher die Tatsache, daß das wilhelminische Deutschland keineswegs mit der Karikatur identisch gewesen ist, die Heinrich Mann in seinem Roman »Der Untertan« von ihm gezeichnet hat. Ebensowenig ist allerdings zu verkennen, daß Bethmann Hollweg nicht dazu imstande – auch nicht willens – war, eine preußische Reformzeit wie vor hundert Jahren einzuleiten. Seine Innen- und Außenpolitik wurde von seinen Widersachern zur Rechten und zur

Linken auf das bescheidene Minimum an verbleibender Handlungsfähigkeit eingeengt, das der Kanzler als »Politik der Diagonale« verfolgte. Zwischen »Bebel und Bassermann«: der sozialdemokratischen Fundamentalopposition, der sich neu formierenden Fortschrittspartei sowie der sich rührenden antiagrarischen Bewegung des bürgerlichen Hansabundes auf der einen Seite; den innen- und außenpolitischen Hartköpfen der Konservativen und Nationalliberalen mit ihrer Massengefolgschaft aus Alldeutschem Verband, Bund der Landwirte, Ostmarkenverein, Flottenverein und – seit 1912 – Wehrverein auf der anderen Seite mußte er auf einem schmalen Pfad wandern: Viel Spielraum, außenpolitisch Vernünftiges zu tun, gab es von Anfang an nicht. Diesem Anliegen wirkte eine in Deutschland wie England gleichermaßen verbreitete Massenhysterie entgegen. Die einen fürchteten sich vor einem englischen Überfall auf die deutsche Flotte; die anderen phantasierten von einer militärischen Landung Pickelhauben tragender Preußen an der englischen Südküste: Das seit 1871 periodisch in England auftretende »Battle of Dorking«-Fieber ging erneut um.

Vor dem Hintergrund einer derart aufgeputschten Stimmung auf außenpolitische Entspannung zu setzen, war mutig, sogar kühn. Denn der Rechten war die Détente so verhaßt, wie sie der Linken stets unzureichend vorkam; beim Monarchen traf sie auf Mißtrauen, was nicht eben verwundert; bei der parlamentarischen Mehrheit war sie nicht zweifelsfrei beliebt, was zu verstehen erst einmal schwerfällt. »Wenn neuerdings viele meinen, der Übergang zum parlamentarischen Regiment hätte der deutschen Vorkriegspolitik ihre militanten Züge genommen, so hält die Wirklichkeit da eine andere Lektion bereit: nicht selten war es das Parlament, das antrieb, und die Regierung, die bremste. Von den Konservativen und den Nationalliberalen, aber auch von den Flottenenthusiasten des Zentrums war, bei realistischer Betrachtung, wenig an Einsicht in die Gefahr der Lage zu erwarten. Wie aber hätte ohne sie das Reich parlamentarisiert werden können?«[4]

Nun, wenn es überhaupt eine Chance für die außenpolitische Verständigung und den innenpolitischen Ausgleich gab, dann mußte der Weg zu ihr vom ersten zum zweiten, von außen nach innen führen. In einer Zeit, die im Banne der äußeren Politik stand, und für eine Gesellschaft, die ihren Zusammenhalt durch den Nationalismus fand, konnte Bethmann Hollweg gar nicht anders vorgehen. Gelang es ihm, sich mit Großbritannien zu vereinbaren, an Englands Seite weltpolitische Vorteile zu erzielen, kurzum: die äußere Lage des Reiches zu verbessern, dann verschafften ihm diese Resultate den erforderlichen Freiraum für innere Reformen. Er zeigte sich im übrigen, obwohl konservativ gesinnt, im Grunde davon überzeugt, daß mit der Sozialdemokratie auf Dauer zusammengearbeitet werden müsse. Ob sich derart prinzipiell Umstrittenes verwirklichen ließ, das hing, so erschien es ihm jedenfalls, vom außenpolitischen Erfolg ab, den er gegenüber und zusammen mit England suchte.

Wie konnte man an dieses Ziel gelangen? Der deutsche Botschafter in London, Graf Metternich, schlug ebenso wie der im Juni 1910 ins Amt gekommene Staatssekretär des Äußeren, Kiderlen-Wächter, vor, sich mit den Briten über Objekte minderer Bedeutung zu einigen, allmählich die Atmosphäre zwischen beiden Staaten zu entspannen und sodann zum Eigentlichen zu kommen. Davon wollte Bethmann Hollweg, zumindest vorläufig, nichts wissen und ging sogleich aufs Ganze. Vom Sommer 1909 an verhandelte er, unter strikter Geheimhaltung, mit den Engländern über die zentrale Frage, die das deutsch-britische Verhältnis belastete. Der Reichskanzler stellte Zugeständnisse auf dem Sektor der Flottenrüstung in Aussicht und erwartete dafür von den Briten ein umfassendes Abkommen im außenpolitischen Bereich.

Bethmann Hollweg gedachte, weil der Kaiser und Tirpitz ihm mehr auf gar keinen Fall anzubieten gestatteten, den Briten mit der Konzession entgegenzukommen, das an sich vorgesehene Bautempo der deutschen Schlachtflotte zu verlangsamen. Was ihre Stärke anging, war der Staatssekretär des Reichsmarineamtes lediglich bereit, ein Verhältnis von 3:2 – und das erst einmal nur in bezug auf die Neubauten – zugunsten von Großbritannien einzuräumen. Angesichts der globalen Verpflichtung der englischen Weltmacht und bei der massierten Konzentration der deutschen Flotte vor den britischen Küsten war dieser Vorschlag alles andere als ungünstig für das Reich.

Für flottenpolitisches Entgegenkommen strebte der Kanzler ein englisches Entgegenkommen an. Verbindlich sollte Großbritanniens Neutralität für den Fall festlegt werden, daß Deutschland sich gegen einen Angriff der russisch-französischen Allianz zu verteidigen hatte oder bei einer russischen Attacke auf Österreich-Ungarn seiner Bündnispflicht genügen mußte. Die Forderung ging den Engländern entschieden zu weit, war für sie überhaupt nicht vorteilhaft. Zum einen verlangten sie, deutsche Abrüstung habe politischen Konzessionen von ihrer Seite voranzugehen. Zum anderen sahen sie in einer deutsch-britischen Détente, die das Reich so offensichtlich begünstigte, eine Gefährdung ihrer Ententen mit Rußland und vor allem mit Frankreich: Diese Verbindungen nicht aufs Spiel zu setzen, war ihnen letztlich wichtiger. Was denn, lautete die mißtrauisch wirklichkeitsnahe Frage auf englischer Seite, wenn die Deutschen, die ihr Interesse wieder mehr dem Kontinent zuwendeten und die das gegen Rußland und Frankreich parat stehende Heer schon bald verstärkten, die britische Neutralitätszusage zum kontinentaleuropäischen Hegemonialkrieg mißbrauchten?

Daß Bethmann Hollweg solche Absichten nicht hegte, war selbst im Foreign Office, dem Hort der Ablehnung gegenüber dem Deutschen Reich, einigermaßen akzeptiert. Man war sich schon darüber im klaren, daß es dem Kanzler um »die Aufrechterhaltung des Gleichgewichts und des Friedens«[5] ging. Im Protokoll über das Treffen zwischen Wilhelm II. und Nikolaus II. von Baltischport wurde dieses Ziel ausdrücklich hervorgehoben. Indes, Bethmann Hollwegs

Sicht der Dinge war nicht unumstritten. Selbst sein Staatssekretär Kiderlen-Wächter konnte, wie er dem Kanzler gegenüber im südosteuropäischen Zusammenhang durchblicken ließ, dem »Schlagwort«[6] vom Gleichgewicht nicht viel abgewinnen, da es ihm vor allem den Vormachtanspruch zu verbergen schien.

Dem Reichskanzler ging es beileibe nicht um Hegemonie und Krieg. Doch wer konnte verbürgen, daß eine gegenseitig gültige Vereinbarung über Rüstungsbeschränkung und Neutralität nicht von anderen zu ebendiesen frevelhaften Zwecken benutzt wurde? Daher mißtrauten Englands »Falken«, die ihre äußere Politik auf der Grundlage des schlechtesten aller denkbaren Fälle entwarfen, den »Falken« in Deutschland, die im Prinzip jede echte Konzession auf dem Gebiet der Flottenrüstung ablehnten. Kein Wunder also, daß sich die komplizierten Verhandlungen, mit Unterbrechungen freilich, bis ins Jahr 1912 hinzogen und in der Haldane-Mission noch einmal kulminierten. Danach nahmen die deutsch-britischen Beziehungen einen anderen Verlauf. Denn inzwischen hatte Bethmann Hollweg eingesehen, daß man über Marginales zum Zentralen, mit kleinen Schritten zum großen Ziel, über koloniale Absprachen zu europäischen Regelungen gelangen mußte. Doch bis dahin war noch ein weiter Weg zurückzulegen, der viele gefährliche Hindernisse aufwies und auf dem manche krisenhafte Verengung zu passieren war.

Im Mittelpunkt des Interesses stand dabei nicht zuletzt die Frage, warum Großbritannien sich durchgehend unnachgiebig verhielt; warum der Ratschlag Crowes, hart zu bleiben, Gehör fand, während die Empfehlung Sandersons, sich konzessionsbereit zu zeigen, ohne Resonanz blieb. Angesichts der Entwicklung, die sich zwischen England und Deutschland abzeichnete, erscheint diese Haltung, zumindest auf den ersten Blick, erstaunlich. Vom Jahre 1909 an standen die Briten im Begriff, den Rüstungswettlauf zur See für sich zu entscheiden, und zwei Jahre später konnten sie davon ausgehen, ihn gewonnen zu haben. Selbst Tirpitz ahnte, daß Deutschland die Konkurrenz verloren hatte, als er am 24. Oktober 1910 dem Kaiser gegenüber einräumte: »Läßt sich englische Flotte dauernd und grundsätzlich so stark machen und erhalten, daß Angriff auf Deutschland *kein Risiko*, so war die deutsche Flottenentwicklung *vom historischen Standpunkt* aus ein Fehler, die Flottenpolitik Euerer Majestät ein historisches Fiasko.«[7] Liegt die eigentliche Lehre, die im konkreten wie im überzeitlichen Zusammenhang daraus zu ziehen ist, vielleicht darin, daß es in erster Linie nicht mehr darauf ankam, »vor Aggressoren auf der Hut zu sein«, sondern darin, »daß die Verweigerung eines vernünftigen Ausgleichs mit den Emporkömmlingen zerstörerische Konsequenzen«[8] zeitigte?

Nun, was heute einige Plausibilität aufzuweisen vermag, wirkte damals in einer aufs äußerste angespannten Lage ganz anders. Der deutsche Flottenbau kam ja beileibe nicht zum Abschluß, sondern schritt weiter voran; und hinter Bethmanns lichter Gestalt drohte ein ums andere Mal der dunkle Schatten seines Gegenspielers Tirpitz. Vom Versuch des Reichskanzlers diametral verschieden, den großen Krieg durch die Détente zu umgehen, tönten die Stimmen derjenigen, die seine baldige Eröffnung lauthals forderten. Die Neutralität, die Bethmann Hollweg unter innenpolitischem Aspekt als Ertrag für eine Reduktion der Flottenrüstung vorweisen mußte und die in außenpolitischer Perspektive die »Einkreisung« mildern sollte, konnte für andere Repräsentanten des wilhelminischen Deutschland geradezu die Voraussetzung bilden, um den Waffengang auf dem Kontinent zu riskieren.

Überhaupt: Wenn Englands außenpolitische Entschiedenheit den deutschen Reichskanzler an den Verhandlungstisch gebracht hatte, warum sollte man jetzt vom bewährten Weg abweichen? Vor allem aber: Warum die neue Sicherheit, die aus den Verbindungen mit Frankreich und Rußland erwachsen war, aufs Spiel setzen? Warum an ihrer Stelle auf deutsche Verlockungen reflektieren und sich dafür wie an der Jahrhundertwende möglicherweise isolieren? Der Erhalt der existierenden Bündnisse rangierte in der Gedankenbildung britischer Politiker bereits ganz obenan, prägte das Tun der Diplomaten in entscheidendem Maße: Bündnispflege wurde wichtiger als Friedenserhalt, wobei die Handelnden diese Ziele selbstverständlich miteinander identifizierten.

Doch von allen diesen Tatsachen, Erwägungen und Empfindungen abgesehen, hat man sich etwas sehr Schlichtes vor Augen zu führen, das im alltäglichen Leben ebenso gilt wie im Verkehr der Staaten: Es war viel zuviel verlangt, sich gegenüber demjenigen generös zu verhalten, der einem selbst immer wieder barsch begegnete, und gerade denjenigen am Entwurf neuer Spielregeln für die internationale Politik zu beteiligen, der die bestehenden fortwährend verletzte.

Innen- und außenpolitisch balancierte Bethmann Hollweg auf einem schmalen Grat. Er benötigte einen außenpolitischen Erfolg, um seine innenpolitischen Gegner mundtot zu machen; gleichzeitig war er auf innenpolitische Konzessionen dieser ihm abholden Repräsentanten angewiesen, um den Briten auf außenpolitischem Feld Handfestes anbieten zu können. Das glich, wie erwähnt, der Quadratur des Kreises, die aufzulösen für den Reichskanzler gleichwohl unumgänglich war. Ansonsten würde der Détenteversuch doch noch im Kriegsausbruch enden. Um den englischen Pivot in die für seine Verständigungspolitik notwendige Position zu rücken, unternahm er gleichzeitig zur anderen Seite der Staatenwelt hin eine russische Rochade.

Die russische Rochade

Mehr denn je hingen Gedeih und Verderb der jungen Großmacht in Europas Mitte von den Weltmächten Rußland und Großbritannien ab. Vorläufig verstärkte die deutsche Seite ihre Bemühungen um die Détente mit England. Nachdem im ersten Anlauf kein Ergebnis erzielt worden war, versuchte sie es im Oktober 1910 erneut, für eine ihrerseits entgegenkommende Vereinbarung über den Flottenbau, der England beeinträchtigte, von den Briten ein umfassendes politisches Abkommen zu erlangen, an dem ihr gelegen war. In zweierlei Hinsicht erschien das Vorgehen der Deutschen jetzt verändert: Einmal boten sie den Engländern einen wechselseitigen Informationsaustausch über den aktuellen Stand der Marinerüstungen an. Zum anderen modifizierte Bethmann Hollweg, in gewisser Vorwegnahme des ab 1912 eingeschlagenen Weges, seine Verhandlungsmethode. Er ließ Bereitschaft erkennen, von den großen Objekten bilateralen Interesses abgesehen, über andere Fragen der Weltpolitik zu gemeinsamen Absprachen zu gelangen. Vergeblich – denn zu einem tatsächlichen Entgegenkommen, geschweige denn zu einem einlenkenden Kommen waren die Briten nicht zu bewegen.

Da schien sich, wenn die deutsch-englische Verständigung nicht einvernehmlich zu erzielen war, ein Weg zu bieten, den schon Machiavelli gewiesen und Bismarck oft beschritten hatte. Mit dem drohenden Wink des österreichischen Zweibundes hatte der alte Kanzler seinerzeit den Zaren zum Dreikaiservertrag gedrängt; und hatte danach, am Ausgang der achtziger Jahre, den Russen mit der britischen Karte und den Briten mit dem russischen Trumpf wechselseitig ihre Abhängigkeit vom Deutschen Reich vor Augen geführt. Eine vergleichbare Gelegenheit schien sich zu bieten, als es am 3. und 4. November 1910 zur Potsdamer Entrevue des deutschen und russischen Monarchen kam.

Gewiß sind die damals geführten Verhandlungen und vereinbarten Ergebnisse nicht nur als Ableitungen deutscher Englandpolitik zu verstehen. Sie spiegeln vielmehr die Eigenständigkeit des deutschen Bestrebens, das seit der bosnischen Annexionskrise gespannte Verhältnis zum Zarenreich wieder freundlicher zu gestalten. Folgt man den offiziellen Verlautbarungen, gelang das auch bis zu einem gewissen Grade. Es kam sogar zu einer Flurbereinigung im nahöstlichen Spannungsgebiet, auf dem sich Deutsche und Russen nicht eben gerne begegneten. Rußland sagte zu, nicht mehr länger dem deutschen Interesse am Bagdadbahnbau entgegenzuwirken, und das Deutsche Reich erkannte Persien als russische Interessensphäre an.

Allerdings: Darüber ein formelles Abkommen zu schließen, es gar zu veröffentlichen, dazu war das Zarenreich nicht bereit. Was bereits im Zuge der deutsch-englischen Flotten- und Détentegespräche zutage getreten war, wurde erneut sichtbar: Auch den Russen war der Bestand ihrer Allianz mit Frankreich und ihrer Konvention mit England wichtiger als eine Einigung mit Deutschland. Wurde das mit dem Reich Verabredete in der von den Deutschen gewünschten Form dokumentiert, bestand die Gefahr, daß Frankreich am Bündnis zweifeln könnte und Rußland am Ende isoliert dastehen würde. Die Schwerkraft der Allianzen obsiegte einmal mehr über die Elastizität der Diplomatie.

Rußlands peinlich genaue Rücksichtnahme auf den französischen Bündnispartner war, so verhängnisvoll sie sich auf die Dauer auswirken sollte, in diesem

Falle geboten; die allgemeine Lage ließ ihm keinen anderen Ausweg. Das wiederum hatte nicht zum geringsten mit der Tatsache zu tun, daß Deutschland nicht mehr, wie noch zu Bismarcks Zeiten, über ausreichende Freiheit in der orientalischen Politik verfügte. Abhanden gekommen war ihm die Möglichkeit, sich im äußersten Notfall in bezug auf diese Region zu Lasten österreichischer Interessen mit den Russen zu verständigen. Weil dieser Handlungspielraum fehlte, gab es keine Manövriermasse mehr, um ein gründliches *renversement* der Verhältnisse zu initiieren, das die bestehenden Verbindungen der Staatenwelt hätte in Frage stellen können. In wirtschaftlicher und politischer Hinsicht, für sich allein und zusammen mit Österreich-Ungarn hatte das Deutsche Reich Rußland gegenüber in dieser Weltgegend eine inzwischen unaufgebbare Stellung bezogen. Damit war aber die grundlegende Möglichkeit entfallen, dem Zarenreich den Orient zu überlassen und die eigene Existenz zu sichern. Als dieser Bismarcksche Gedanke dem Reichskanzler noch einmal in verzweifelter Lage während der Julikrise 1914 durch den Kopf schoß, erwies er sich umgehend als obsolet, weil die mittlerweile nochmals angewachsenen Sachzwänge mit nötigender Gewalt dagegen sprachen. Die Russen waren allerdings aus einem anderen Grund gleichermaßen gut beraten, sich den deutschen Avancen gegenüber zurückzuhalten. Denn sowohl der Reichskanzler als auch der neue Staatssekretär des Auswärtigen Amtes, Kiderlen-Wächter, ein »schwäbischer Bismarck«[9], der sein großes Vorbild nicht selten gründlich mißverstand und »Realpolitik« zuweilen mit dem unwirklichen Realismus Holsteins verwechselte, verfolgten den Zweck, das Zarenreich zum Bauern deutscher Englandpolitik zu degradieren.

Der Kanzler unternahm den Versuch, die Briten zum erwünschten Abkommen über die Flotten- und Neutralitätsfrage zu bewegen, indem er ihnen die alternative Möglichkeit einer deutsch-russischen Verständigung warnend vor Augen zu halten bemüht war. Tatsächlich bestand diese Chance schon längst nicht mehr, weil Deutschland einfach nicht genug zu bieten hatte. Daher konnte es keine Renaissance der traditionellen Rußlandpolitik im Stile der Bismarckzeit geben. Bethmann Hollwegs stolze Erfolgsmeldung, beide Regierungen seien übereingekommen, Konstellationen zu meiden, die geeignet wären, mit aggressiver Absicht gegen den jeweils anderen vorzugehen, war insgesamt nicht soviel wert, wie es *prima vista* erscheinen mochte; und das vor allem deshalb nicht: Es war dem Kanzler nicht gelungen, die Russen für das Zugeständnis einer Erklärung zu gewinnen, mit der sie versichern sollten, sich nicht an einer außenpolitischen Orientierung zu beteiligen, die von Großbritannien aus gegen das Deutsche Reich zielte.

Eine solche Äußerung des Zarenreiches mußte zum Zerwürfnis mit der Inselmacht führen; danach würde den Briten gar nichts anderes übrigbleiben, als sich den Deutschen zu nähern: »Die auf das Verhältnis zu England bezügliche russische Zusicherung ist für mich das Alpha und Omega der ganzen Abmachung«, erläuterte Kiderlen-Wächter dem deutschen Botschafter in Sankt Petersburg das intrigante Spiel und bat darum, den Brief mit der entlarvenden Nachricht sofort nach Lektüre zu verbrennen: »Sie muß so ausfallen, daß sie am Tage, wo sie zur englischen Kenntnis kommt, für die Russen kompromittierend wirkt.«[10] Die russische Rochade des Reiches sollte also vor allem ein »Sprungbrett für eine Verständigung mit England«[11] bieten, so jedenfalls beschrieb der Reichskanzler vertraulich sein Strategem.

Bethmann Hollweg war klar: Seine Position als kontinentale Großmacht zu behaupten und wie einst zu Bismarcks Zeiten als »unauffällige Vormacht«[12] zu wirken, vermochte Deutschland nur im Einvernehmen mit England. Dieser Absicht war die deutsche Rußlandpolitik, ohne sie damit als eine rundum funktionale Erscheinung abzutun, stark untergeordnet. Die unübersehbare Kehrseite des rankünehaft Eingefädelten verweist auf einen ernüchternden Befund: Deutschlands Manövrierraum hatte sich inzwischen gefährlich verengt; das Reich war auf England unverkennbar angewiesen; eine echte Chance, sich auf die entgegengesetzte Seite zu schlagen, bestand kaum. Diese Feststellung gilt um so mehr, als der Reichskanzler die russische Gefahr für groß, sogar für akut hielt.

In der deutschen Öffentlichkeit standen sich, was die Einschätzung des östlichen Nachbarn betraf, zwei gegensätzliche Urteile gegenüber: Zum einen wurde die elementare Gewalt des Landes hochgeschätzt, ja gefürchtet; zum anderen ging die abfällige Rede vom tönernen Koloß um, der verachtet, ja unterschätzt wurde. Bethmann Hollweg seinerseits neigte mehr und mehr zu einer pessimistisch warnenden Beurteilung der russischen Bedrohung. Als die zu seinem Gut in Hohenfinow an der Oder führende Lindenallee mit neuen Bäumen bepflanzt werden sollte, bestritt er den Sinn der Aktion mit der bezeichnenden Wendung, »in wenigen Jahren wären die Russen ja doch da«[13].

Nun, der spitzfindig ausgeklügelte Schachzug verfing nicht, mit der russischen Rochade die englische Weltmacht, den Pivot deutscher Außenpolitik, zu überlisten. Außenminister Grey hielt an den Vereinbarungen mit dem Zarenreich fest. Wegen seiner rußlandfreundlichen Politik wurde er vom radikalen Flügel seiner liberalen Partei immer wieder attackiert, der die zarische Autokratie als Partner ablehnte und ein Zusammengehen mit dem Deutschen Reich vorzog. Vom eingeschlagenen Kurs abzubringen vermochte diese öffentliche Kritik das Foreign Office nicht. Die Russen ließen sich ihrerseits in keine Falle locken, die schmerzhaft zuschlagen und die Verbindung nach England durchtrennen konnte. Der Gegensatz zwischen Deutschland und Großbritannien schien vorerst unüberbrückbar zu sein, obwohl Bethmann Hollweg längst noch nicht aufgab, ihn zu überwinden.

Der Befund des deutsch-britischen Antagonismus hat immer wieder dazu geführt, nach seinen Ursachen zu fragen. Lagen sie stärker im Bereich der internationalen Beziehungen oder der inneren Politik beider Staaten, eher in ihrem äußeren Verhalten oder in ihrer gesellschaftlichen Verfaßtheit? Das Problem aufzuwerfen, lenkt den Blick auf Unterschiede und Ähnlichkeiten des wilhelminischen Deutschland und des edwardianischen England. Dabei betonen die einen die inneren Systemunterschiede zwischen beiden Ländern mit Nachdruck; die außenpolitischen Strategien Großbritanniens und des Deutschen Reichs werden sodann in mehr oder minder direkter Abhängigkeit von den innenpolitischen Verhältnissen erklärt. In diesem Zusammenhang wird dem liberal und offen eingerichteten Parlamentarismus der Engländer eine auf den friedlichen Wandel hin angelegte Politik der Konfliktvermeidung zugeschrieben. Der autoritär und geschlossen verfaßte Konstitutionalismus der Deutschen scheint, im Rahmen dieses Deutungsmusters, dagegen eher die Tendenz zur kriegerischen Auseinandersetzung in sich getragen zu haben.

Andere betonen stärker die Ähnlichkeiten zwischen beiden Ländern. Über die innenpolitische Bauform hinaus werden Entstehung und Entwicklung der deutsch-britischen Entfremdung vor dem Hintergrund anderer Faktoren wie internationaler Konstellationen und außenpolitischer Entscheidungen betrachtet. Tatsächlich fällt das sich in beiden Staaten Gleichende ins Auge, das durch das industrielle Zeitalter und die moderne Entwicklung herbeigeführt wurde. Deutschland und England befanden sich im Übergang »von der Honoratiorenpolitik zum politischen Massenmarkt, von der Kabinetts- zur imperialistischen Weltpolitik, von den Parteien als ›communities of sentiment‹ zu soziale Interessen integrierenden Volksparteien«[14]. Schwäche der Führung und Verflüssigung der Macht als Folgen tiefgreifenden sozialen und internationalen Wandels waren keineswegs deutsche Besonderheiten, die aus der spezifischen Anlage der sogenannten »Reichsgründung von oben« und der von Bismarck konstruierten Verfaßtheit des Konstitutionalismus resultierten. Im parlamentarischen Großbritannien waren sie gleichfalls anzutreffen. Die Probleme, Auseinandersetzungen und Konflikte ähnelten sich in beiden Ländern, insbesondere nach der Jahrhundertwende, in gewissem Sinne durchaus, denkt man beispielsweise an die diesseits und jenseits des Kanals gleichermaßen auffälligen Aktionen und Reaktionen im »Klassenkampf von oben«.

Gewiß, die Unterschiede zwischen dem Konstitutionalismus hier und dem Parlamentarismus dort sind evident. Dennoch vermag eine Interpretation, die der innenpolitischen Verankerung der äußeren Politik des Deutschen Reiches und Großbritanniens die ausschlaggebende Bedeutung beimißt, nicht den Weg beider Staaten in den Konflikt, gar ihren Entschluß zum Krieg hinreichend zu erklären. Plausibel zu machen versteht die Betrachtung dieses Sachverhalts dagegen die wachsende Hartnäckigkeit und die zwanghafte Unumkehrbarkeit des sich auf beiden Seiten verselbständigenden Wettrüstens, das seinen Initiatoren und Trägern mehr und mehr entglitt. Angesichts der fortbestehenden deutschen Herausforderung dauerte das britische »Sicherheitsdilemma«[15] an.

In diesem Zusammenhang entfaltete der weltanschauliche Unterschied zwischen den politischen Regimen seine polarisierende Wirkung, die den Machtkampf ideologisch überhöhte. Wohlgemerkt: Das hinzutretende Element hat den ursprünglichen Konflikt nicht verursacht, hat ihn nach seinem Ausbruch jedoch verstärkt, sogar grundlegend gewandelt. Daß so beschaffene »Konstellationen, die auf einem ideologisierten Gegensatz verschiedener Systeme beruhen«, großes Beharrungsvermögen entwickeln, steht fest; nochmals hervorzuheben ist allerdings, daß »der Gegensatz *gesellschaftlicher* Systeme ... als solcher nicht außenpolitisch konstellationsbildend«[16] wirkt.

Der deutsch-britische Antagonismus, den Bethmann Hollwegs Politik der Détente nicht in den großen Krieg einmünden lassen wollte, wurde für die internationale Entwicklung dieses unheilschwangeren Zeitraums maßgeblich: Rückblickend hat man spätestens jetzt von den sogenannten »Vorkriegsjahren« zu sprechen. Auch die zweite Marokkokrise, die Europa nunmehr, im Sommer 1911, erschütterte, vollzog sich im Banne der deutsch-britischen Konkurrenz.

Marokko – Teil zwei

Der marokkanische Streitfall störte Bethmann Hollwegs Kurs der Verständigung gegenüber Großbritannien nachhaltig. Staatssekretär Kiderlen-Wächter, der die deutsche Außenpolitik während des Sommers 1911 vergleichsweise unabhängig vom Reichskanzler verfolgte, sie sogar mit nicht zu übersehender Geheimnistuerei Bethmann Hollweg gegenüber umgab, ging von der irrigen Annahme aus, man werde die beeinträchtigte Position des Deutschen Reiches nur durch einen Beweis der Stärke verbessern können. Für den Verlauf der Krise, die sich bis an den Rand des großen Krieges steigerte, rechnete er vor allem nicht mit der entschiedenen Reaktion der Briten, die sich wider sein Erwarten einstellte.

Dabei waren die Voraussetzungen für Bethmann Hollwegs Versuch, zwischen Ost und West, zwischen Rußland und Großbritannien für die englische Option einzutreten, ohnehin schon schwierig genug. Daß das isolierte Reich irgendwo Erleichterung finden und Anlehnung suchen mußte, war klar geworden. Gegen die Rückkehr zur russischen Verbindung sprachen noch mehr Faktoren als gegen den Versuch, sich zur britischen Seite hin zu orientieren. Im Grunde nahmen sich beide Wahlchancen problematisch aus. Dennoch: Das Zarenreich war durch seine Allianz stärker an die französische Republik gebunden, als das, bis jetzt jedenfalls, für Großbritanniens »Entente cordiale« mit Frankreich zutraf. Rußland und Deutschland wurden zudem durch den österreichisch-ungarischen Zweibundpartner des Reiches und durch die mittlerweile stark gewachsenen Interessen Berlins im Orient voneinander getrennt. Diese Hindernisse kamen Bethmann Hollweg noch schwerer aufhebbar vor als der Rüstungswettlauf zur See, der einen tiefen Keil zwischen Deutschland und England getrieben hatte: Ihn zu beseitigen, sah er gerade noch als möglich an.

Die antirussische Stimmung, bis ins linksliberale und sozialdemokratische Lager des Parteienspektrums und der Gesellschaft hinein, hielt sich mit der antibritischen Orientierung in der Öffentlichkeit, vor allem auf konservativer und nationalliberaler Seite, die Waage. Bei einer derart unentschiedenen Lage im Inneren suchte der Reichskanzler, mit äußerst behutsamer Neigung zum innenpolitischen Reformkurs, auch in dieser Perspektive die britische Option: Zumindest *à la longue* zog er das Parlamentarische dem Autokratischen vor. Wie gering seine Chance zur Verwirklichung auch immer war, Bethmann Hollweg sah den Ausweg aus einer mehr als schwierigen Lage in der innen- und außenpolitischen Entscheidung für den Westen, zumal sie die lebenswichtige Détente gegenüber Großbritannien bevorzugt einschloß.

Nach den ersten vergeblichen Anläufen in der zurückliegenden Zeit seiner Regierung unternahm er im April 1911 einen weiteren Vorstoß, um mit England über ein Neutralitätsabkommen zwischen beiden Staaten zu verhandeln. Allein, diesen Versuch, den zwischen den hochgerüsteten Kontrahenten hin- und hergehenden »latenten Krieg«[17] zu beenden, störten die internationalen Verwicklungen um Marokko, nicht zuletzt das eigenmächtige Vorgehen seines Staatssekretärs Kiderlen-Wächter in diesem Zusammenhang.

Bereits im März 1911 war es im nordafrikanischen Scherifenreich zu Unruhen gekommen, die Frankreichs Aufmerksamkeit erregten. Die Stellung des Sultans, der sich französischem Schutz anbefohlen hatte, war erschüttert worden. Im Mai des Jahres marschierten die Franzosen auf Fez und besetzten die Stadt. Der Bruch bestehender Rechtsverhältnisse lieferte dem Deutschen Reich den willkommenen Anlaß zur Intervention, die schon drei Wochen zuvor ins Auge gefaßt worden war. Kiderlen-Wächter wollte die Chance nutzen und in Marokko ein Faustpfand nehmen. Im Tausch dafür schwebte ihm vor, an einen großen Kolonialbesitz in Afrika zu kommen. »Im A. A. richtige Ansicht«, kommentierte der persönliche Sekretär und Ratgeber Bethmann Hollwegs, Kurt Riezler, das Vorgehen einer kleinen Gruppe Eingeweihter in der Wilhelmstraße, »daß wir was ordentliches von den Franzosen trotz deren Willen uns zu compensieren, nur bekommen, wenn wir Faustpfand besetzen«[18].

Was unter diesem »Ordentlichen« zu verstehen war, gab Kiderlen-Wächter klar zu erkennen, als er über die vordergründige Erwerbsabsicht auf »den ganzen französischen Kongo« hinaus das eigentliche Ziel seiner um alles oder nichts pokernden Aktion preisgab: »wir müssen bis an den belgischen Kongo heran, damit wir mittun, falls dieser einmal aufgeteilt werden sollte, und damit wir, solange dieses Gebilde noch besteht, durch ihn die Verbindung nach unserem Ostafrika erhalten«[19]. Nur für den Fall, daß daraus nichts wurde, spekulierte der Staatssekretär auf einen Gebietsgewinn für das Reich in Südmarokko.

Diese Möglichkeit erwog er allerdings ungern, da sie das Verhältnis zu England belasten würde, das Kiderlen ebenfalls zu verbessern trachtete.

Der Staatssekretär verfolgte eine Politik, die den Krieg zwar nicht suchte, aber durchaus kriegsbereit war. Mehr noch: Sie zeigte sich, falls erforderlich, sogar kriegsentschieden, an Kaiser und Kanzler vorbei, denen nach einem Abenteuer in Nordafrika nicht gerade der Sinn stand. Auf eigene Faust ging der von sich überzeugte Mann voran; herrisch wollte er den Erfolg herbeizwingen. An sich ein typischer Kabinettspolitiker aus vergangenen Tagen, arbeitete er nunmehr mit wirtschaftlichen Interessenten und nationalistischen Kräften zusammen, ohne daß ihm die unkontrollierbare Macht moderner Kollektivphänomene ausreichend bewußt gewesen wäre. Er wagte den Tiger zu reiten, ohne sich über dessen Gefährlichkeit wirklich im klaren zu sein; kein Wunder, daß er ihm am Ende beinahe zum Opfer gefallen wäre. Ganz ein Routinier des außenpolitischen Betriebs der herkömmlichen Art, verstand er im Grunde kaum etwas von den Bedingungen der neuartigen Szene im industriellen Zeitalter, die er mit leichter Hand zu beherrschen gedachte und deren rauhe Unübersichtlichkeit ihn schmerzhaft zu Boden gehen ließ.

Über territorialen Gewinn hinaus, den einzuheimsen sich mit dem marokkanischen Unternehmen jetzt die Gelegenheit zu bieten schien, ging es Kiderlen-Wächter darum, bitter benötigtes Prestige für das arg lädierte Reich zu gewinnen. Ein großer Erfolg würde nicht zuletzt die deutsche Position in den Verhandlungen mit England verbessern, die er ebenso wie Bethmann Hollweg für erforderlich hielt; er würde zudem, in einem eher nachgeordneten Sinn, die innenpolitische Lage der Regierung bei den bevorstehenden Reichstagswahlen vorteilhafter gestalten. In dieser Richtung Überlegungen anzustellen, hatte kaum etwas mit der gezielten Absicht zu tun, mit einem außenpolitischen Paukenschlag die Wahlchancen der Sozialdemokratie zu unterlaufen. Daß diese im Januar 1912 mit sensationellem Resultat siegen würde, glaubte vorläufig kaum jemand. Kiderlen-Wächter dachte weniger daran, mit einem ausgeklügelten Schachzug einen konkreten Zusammenhang durch die beabsichtigte Indienstnahme des außenpolitischen Erfolgs für die innenpolitischen Belange zu manipulieren; es ging ihm, viel allgemeiner, darum, durch einen spektakulären Fortschritt im Äußeren ein günstiges Klima für die Regierung im Inneren zu schaffen. Daher hielt er, anders als der bedächtige Bethmann Hollweg und der in diesem Falle zurückhaltende Kaiser, dafür, »zunächst einmal mit der Faust auf den Tisch zu schlagen«[20].

Zur Vorbereitung seines Coups ließ er sich auf eine Zusammenarbeit mit Vertretern der Wirtschaft ein, die auf seine Veranlassung hin ihr Interesse an Marokko bekundeten. Daß die Gebrüder Mannesmann, die sich am intensivsten in Marokko engagiert hatten, in diesem Zusammenhang nicht auftauchten, wirkt erstaunlich: Offensichtlich triumphierte das improvisiert Vorläufige, kam es auf eine schiere Demonstration zugunsten deutscher Ansprüche auf das nordafrikanische Land stärker an als auf die tatsächliche Absicht, diese vor Ort wirklich wahrzunehmen.

Für den Verlauf der Krise, den Kiderlen-Wächter anfangs inszenierte und der ihm danach Zug um Zug entglitt, wurde der nachhaltig wirkende Umstand wichtig, daß der Staatssekretär den Alldeutschen Verband unter seinem Vorsitzenden Heinrich Claß zur Agitation für Marokko anhielt. Die Liaison entpuppte sich spätestens als Mesalliance, als der Staatssekretär in gefährlich vorangeschrittenem Stadium der krisenhaften Entwicklung einzulenken versuchte und sich mit Kompensationen zufriedengeben wollte: Die waghalsig eingegangene Koalition mit der »nationalen Opposition« wirkte jetzt wie eine selbstgegrabene Grube. Denn die einmal mobilisierten Alldeutschen ließen von ihrer lauthals propagierten Forderung nach marokkanischen Erwerbungen nicht ab; ihre Flugschrift »Westmarokko deutsch« sprach aus, was sie wollten. Mehr noch: Im Zuge der kriegsträchtigen Zuspitzung des an sich marginalen Streits erhoben sie extreme Erwerbsansprüche, die sogar europäisches Territorium umfaßten und nach Übersee ausgriffen.

Vorläufig zweifelte Kiderlen-Wächter nicht an seiner Fähigkeit, den Sturm der Öffentlichkeit nach Belieben anblasen und wieder abflauen lassen zu können. Dieser optimistische Glaube erwies sich als grundlegende Fehleinschätzung, die einmal mehr auf das bereits eingetretene Ende der klassischen Kabinettspolitik verwies. Der andere Irrtum, der einem diplomatischen Experten wie Kiderlen-Wächter noch viel weniger hätte unterlaufen dürfen, lag in seiner eklatanten Fehleinschätzung der britischen Reaktion begründet. Sie wurde für den Ausgang der Krise entscheidend und hatte sogar weit darüber hinausgehende Wirkungen.

Robust setzte sich der Staatssekretär vorerst gegenüber dem abwartenden Kaiser und dem bewußt mangelhaft informierten Reichskanzler mit seinen ehrgeizigen Plänen durch. Am 1. Juli 1911 landete das deutsche Kanonenboot »Panther« im marokkanischen Agadir, angeblich, um deutsche Staatsbürger im Süden des Scherifenreiches zu schützen. Mit dem in der Presse so genannten »Panthersprung nach Agadir« hatte das Reich die schwelende Krise ausgelöst. War das deutsche Kriegsschiff auch nur so beschränkt verwendungsfähig, daß es schon zwei Jahre darauf abgewrackt werden sollte, der schrille Effekt dieser symbolischen Aktion zeitigte große Wirkung.

Von deutscher Seite wurde damit eine Politik des Bluffs und der Widersprüche eingeleitet. Sie gab sich martialisch, ohne den Krieg zu wollen. Sie mobilisierte die öffentliche Meinung und geriet in deren Abhängigkeit. Sie wurde von einem kleinen Zirkel Verantwortlicher in der Wilhelmstraße betrieben und hatte doch, mehr schlecht als recht, mit einem »Fünfeckverhältnis zwischen dem Auswärtigen Amt, den Gebrüdern Mannesmann, ihrem Pariser Unterhändler Walther Rathenau, den anderen Marokkointeressenten und dem Alldeutschen Verband« zurechtzukommen, ohne daß sie das dadurch erzeugte »Spannungsfeld«[21] zu kontrollieren vermochte. Als eine außenpolitische Flucht nach vorn war sie im Grunde eher der Ausdruck einer »machtpolitischen Demonstration der Stärke als eines mit Konflikt rechnenden Kurses«[22]. Über ihre eigene Existenz hinaus verwies die zweite Marokkokrise darauf, daß – mehr unabsichtlich als gezielt, eher blind sich vollstreckend als luzide geplant – eine weitere Runde im Kampf um Bewahrung oder Revolutionierung des internationalen Status quo, um Hegemonie oder Gleichgewicht in Europa eingeläutet worden war und daß, bis zu einem gewissen Maße jedenfalls, »die Ursache der Krise« auch »im bestehenden System selbst«[23] lag.

Am 13. Juli ließ Kiderlen-Wächter erkennen, was er, vom Prestigeerwerb abgesehen, eigentlich wollte. Anders, als Holstein es im Verlauf der ersten Marokkokrise anvisiert hatte, ging es dieses Mal nicht in erster Linie darum, die englisch-französische Verbindung durch direkte Einwirkung zu sprengen. Der Staatssekretär hatte vielmehr vor, an ihr vorbei zu handeln, sie gleichsam abseits zu stellen und damit zu unterminieren. In diesem Sinne wollte Kiderlen-Wächter im bilateralen Kontakt mit Frankreich den Kongobesitz des westlichen Nachbarn für das Deutsche Reich erwerben. Durch zunehmend gesteigerten Druck auf den britischen Ententepartner der Franzosen versuchte er, dieses Ziel zu erreichen; ohne ihn letztlich zu wollen, ging er dabei so weit, mit Krieg zu drohen.

Zwar zeigte er sich davon überzeugt, »die letzte Gelegenheit« vor sich zu haben, um »ohne zu fechten – etwas Brauchbares in Afrika ... erhalten« zu können. Dennoch galt ihm, kriegsbereit zu erscheinen, unbedingt erforderlich zu sein: »Wenn wir das nicht dokumentieren, erhalten wir für unseren Rückzug aus Marokko kein Äquivalent, das ein Staatsmann vor dem deutschen Volke vertreten könnte.«[24] Wie der Reichskanzler wollte im Prinzip auch Kiderlen-Wächter im Zusammenwirken mit England und ohne das Risiko der Kriegführung koloniale Erfolge verbuchen. Anders, als Bethmann Hollweg es bevorzugte, ließ er sich, um diesen Zweck zu erreichen, auf ein fast verantwortungsloses Glückspiel ein und trieb die Welt an den Rand eines Waffenganges, den auch er im Grunde vermeiden wollte. Im Verlauf dieser Auseinandersetzung stand, aus englischer Sicht der Dinge, plötzlich die französische Position in Europa zur Debatte!

Nach und nach wuchs die Entwicklung der Marokkokrise Kiderlen-Wächter gleich in zweifacher Weise über den Kopf. Als der Staatssekretär – im Gegensatz zum leidenschaftlich Geforderten, nämlich den deutschen Einfluß in Marokko zu sichern, aber durchaus im Sinne des vertraulich Geplanten, nämlich durch festes Auftreten gegenüber Frankreich in dem nordafrikanischen Land Entschädigungen aus dem französischen Kolonialbesitz im mittleren Afrika zu erpressen – bald den Anschein der Konzessionsbereitschaft erweckte, trafen ihn die wütenden Attacken der alldeutschen Kritik. Wie weggeblasen war die trügerische Harmonie des gemeinsamen Anfangs. Einmal mehr wurde der Regierung in aller Öffentlichkeit Schlappheit vorgeworfen. Die Alldeutschen hielten daran fest, das attraktive Marokko zu fordern, und wollten vom armen Kongogebiet der Franzosen nichts wissen.

Viel maßgeblicher aber wurde, daß die marokkanische Krise jetzt eine weltpolitische Dimension erhielt! Der britische Außenminister Grey befürchtete, Frankreich werde dem deutschen Druck weitgehend nachgeben; die Regierung Caillaux stehe geradezu im Begriff einzulenken; der westmächtliche Ententepartner werde sich von England abwenden und auf Deutschland hin gravitieren: War das der Anfang einer Entwicklung, an deren Ende Großbritanniens Isolierung drohte?

Dieser nicht zu unterschätzenden Herausforderung entgegenzutreten, übernahm Schatzkanzler Lloyd George in seiner berühmten Mansion-House-Rede vom 22. Juli 1911. Mit überraschender Entschiedenheit trat er für Frankreichs Sache ein und machte sie zu derjenigen Englands. Die demonstrative Erklärung beeindruckte um so mehr, als Lloyd George bislang im Widerstreit der innenpolitischen Lager seines Landes in der vordersten Linie derjenigen gestanden hatte, die den Ausgaben für soziale Reformen Priorität vor den Aufwendungen für die äußere Verteidigung einräumten. Jetzt trat der kämpferische Waliser, in vertraulich getroffener Abstimmung mit Außenminister Grey, auf die andere Seite über, warnte vor der deutschen Gefahr und versprach dem französischen Ententepartner Hilfe.

Englands Furcht vor der Hegemonie des Reiches und seine Sorge um den Erhalt der Entente verweisen auf einen fast schon nötigend voneinander abhängigen Zusammenhang zwischen britischer Außenpolitik und internationaler Entwicklung. Mit trotzigem Behauptungswillen überspielte England die äußere Zwangslage, in die es ganz unübersehbar geraten war: »Die Hammerschläge, die in Kiel und in Wilhelmshafen ertönten«, reduzierte Winston Churchill, zwischen 1911 und 1915 Erster Lord der Admiralität, im Rückblick auf diese Zeit das vielschichtig Gefaltete mit rechtfertigender Vereinfachung auf eine suggestive Kausalität, »schmiedeten das Bündnis der Völker zusammen, die Deutschland Widerstand leisteten und es schließlich besiegten«[25].

Freilich war diese Allianz noch nicht Wirklichkeit. Die andauernde Krise löste vielmehr auf allen Seiten manchen Zweifel aus, was die Verläßlichkeit der Bündnisformationen anging. Wiederholt stand der Ausgang des Kräftemessens im Sommer 1911 auf Messers Schneide. In Deutschland breitete sich Kriegsstimmung aus. Der Generalstab zeigte sich unter seinem Chef, dem jüngeren Moltke, zu allem entschlossen. Endlich die Gelegenheit zu ergreifen, um den sowieso unausweichlichen Krieg herbeizuführen, solange die Lage für Deutschland noch einigermaßen günstig schien, dafür traten die Militärs jetzt entschiedener ein als zuvor. Ähnlich lauteten die Forderungen in der Öffentlichkeit: Nachdrücklich sprach sich der Nationalliberale Bassermann für den Waffengang aus. Den mächtigen Parteiführer leitete dabei eine Konzeption, die sein »junger Mann«, Gustav Stresemann, damals in Stichworten für einen Vortrag skizzierte: »Deutsches Reich groß nach außen, frei im Inneren. Das ist das Ziel unseres Kampfes.«[26]

Dagegen übten Kaiser und Kanzler Zurückhaltung. Kiderlen-Wächter, der sich festgeblufft hatte, hielt unbeirrt am Konfrontationskurs fest. Obwohl sich das Scheitern des Unternehmens absehen ließ und der »Eigensinn«[27] des Staatssekretärs das Verhältnis zum Regierungschef strapazierte, war an eine Entlassung des Unbotmäßigen nicht zu denken. Im Gegenteil: Sein persönlicher, politischer und öffentlicher Einfluß war groß genug, um den Monarchen und den Reichskanzler mit Rücktrittsdrohungen wiederholt zu einem widerwilligen Einlenken auf den harten Kurs seiner riskanten Krisenstrategie zu zwingen, zu der Wilhelm II. und Bethmann Hollweg an sich aufgrund der damit verbundenen Kriegsgefahr eher gehörigen Abstand wahren wollten.

Die deutsche Entschiedenheit zeitigte, ungeachtet der britischen Hilfszusage für den französischen Ententepartner, jenseits des Rheins Wirkung, allerdings nicht ganz so, wie Staatssekretär Kiderlen-Wächter gehofft hatte. Zur französischen Bereitschaft, sich mit den Deutschen zu einigen, trug nicht unerheblich bei, daß Frankreichs russischer Allianzpartner vernehmlich erklärte, die Krise um Marokko beschreibe für ihn nicht den Bündnisfall – wie die zurückliegende Krise um Bosnien und die Herzegowina im Jahre 1908/09 für Frankreich nicht den *casus foederis* an Rußlands Seite ausgelöst hatte.

Auch die deutschen Dreibundpartner Österreich-Ungarn und Italien waren nicht dazu bereit, dem Reich in einer militärischen Auseinandersetzung beizustehen, sollte diese zwischen Deutschen und Franzosen über den marokkanischen Händeln ausbrechen. Der nordafrikanische Krisenherd, an der Peripherie Europas gelegen, ließ den Mechanismus der Allianzen nicht automatisch zuschnappen. Daher nahmen, von hier und jetzt an, die konflikttreibenden Anstrengungen auf allen Seiten verhängnisvoll zu, die Bündnisse und Ententen auszubauen – die Fähigkeit zur Zerstörung wurde perfektioniert!

Doch zunächst einigten sich, Anfang November 1911, Deutschland und Frankreich in ihrem marokkanischen Streit. Im Grunde überließ das Reich den Franzosen das nordafrikanische Land, verzichtete auf politische Einflußnahme und begnügte sich mit der wirtschaftlichen Meistbegünstigung. Die Deutschen erhielten Gebiete des französischen Kongo und traten den Franzosen einen Teil von Togo ab: wahrhaftig alles andere als ein strahlender Erfolg, wenn man bedenkt, daß er mit unverantwortlich hohem Risiko und immens nachteiligen Konsequenzen errungen worden war. Kein Wunder, daß das Vereinbarte dem empörten Protest einer erregten Öffentlichkeit anheimfiel, zumal es auch innerhalb der Reichsregierung, beim Kolonialamt beispielsweise, keine ungeteilte Billigung fand. Die erworbenen Territorien im mittleren Afrika waren nämlich weitgehend wertlos. Von Interesse konnten sie für das Reich nur deshalb sein, weil sie an den belgischen Kongo grenzten, der fürwahr ein reiches Beuteobjekt darstellte.

Letztlich war es das unerwartet resolute Eintreten Großbritanniens für Frankreich gewesen, das Kiderlen-Wächter überraschend schnell von der »Politik der gepanzerten Faust« zur »Politik des Samthandschuhs«[28] übergehen ließ. Als die große Entscheidung tatsächlich unmittelbar bevorzustehen schien, zog er den mageren Kolonialkompromiß einem opferreichen Weltkrieg vor. Der deutsche »Panthersprung« war in der Tat, wie es dem damals als Kriegsminister amtierenden Lord Haldane vorkam, entweder zuviel oder zuwenig.

Weil die im Reich hochgesteckten Erwartungen unerfüllt geblieben waren, brach sich der angestaute Mißmut jetzt seine mit Vorwürfen an die Regierung gespickte Bahn. Am 9. und 10. November 1911 ging es im Reichstag hoch her. Die Parteien der Rechten, Konservative und Nationalliberale, warfen dem Kanzler den verantwortungslosen Ausverkauf nationaler Interessen vor. Mit dem schändlichen Rückzug aus der marokkanischen Krise habe sich Deutschland »aus der Reihe der Großmächte«[29] definitiv verabschiedet. Die scharfmacherischen Worte des konservativen Parteiführers von Heydebrand und der Lasa, die Großbritannien als den eigentlichen »Feind«[30] des deutschen Volkes angriffen, wurden von dem unreifen Kronprinzen, der zusammen mit einem seiner jüngeren Brüder von der Zuschauertribüne des Parlaments aus die Debatte verfolgte, demonstrativ beklatscht.

Dagegen bemühte sich Bethmann Hollweg mit großem Ernst darum, die aufgeputschten Leidenschaften zu beruhigen. »Der Starke« habe es nicht nötig, »sein Schwert... im Munde zu führen«, und die Liebe zum Vaterland dürfe nicht »um utopischer Eroberungspläne und um Parteizwecke willen«[31] mißbraucht werden. Das war, weil für weite Kreise im Reich höchst unpopulär, mutig gesprochen. Fernab von innenpolitischen Beweggründen trieb tiefe Sorge um den Erhalt des Friedens, der nach seinem äußerst kritischen Eindruck im zurückliegenden Sommer leichtfertig aufs Spiel gesetzt worden war, den Kanzler zu seiner ebenso beherzten wie besonnenen Intervention. Kaum vermochte sie allerdings die fatalen Auswirkungen aufzuheben, die Kiderlen-Wächters gescheiterte Politik des Bluffs langfristig überdauerten. Verwundern kann dieser tiefgehende Effekt an sich kaum: Europa hatte während der Krise, die durch Deutschland vom Zaun gebrochen worden war, tatsächlich in den Abgrund des Krieges geblickt.

Zeitweise schien der fatale Hang zum militärischen Schlag im Deutschen Reich geradezu übermächtig. Mitte August, nach dem vorläufigen Abbruch der diplomatischen Beziehungen zu Frankreich, hatte Generalstabschef Moltke seinen von düsterer Entschlossenheit geprägten Empfindungen über »die unglückselige Marokko-Geschichte« den nämlichen Ausdruck verliehen: »Wenn wir aus dieser Affäre wieder mit eingezogenem Schwanz herausschleichen, wenn wir uns nicht zu einer energischen Forderung aufraffen können, die wir bereit sind, mit dem Schwert zu erzwingen, dann verzweifle ich an der Zukunft des Deutschen Reiches. Dann gehe ich.«[32] Nun, der ebenso nervös erregbare wie leicht apathische Neffe, der jetzt die Position seines großen Oheims bekleidete, harrte aus; bestehen blieb aber auch die spezifische Bereitschaft der Militärs zum Präventivkrieg, die das politische Geschehen bis in die Julikrise 1914 hinein prägte.

In allen Himmelsrichtungen Europas setzte nun ein verstärktes Wettrüsten ein; schlugen die Wogen des aufgepeitschten Nationalismus hoch; nahm die Bedeutung des Militärischen nochmals zu. Bebels schon oft angeführte Prophezeiung vom »großen Kladderadatsch«, der den gigantischen Rüstungsvermehrungen sowie dem »großen Generalmarsch« folgen und »16 bis 18 Millionen Männer«[33] in Europa dahinraffen werde, war mehr als nur eine sozialistische Endzeiterwartung, die darauf spekuliert hätte, mit der Drohung des Apokalyptischen der eigenen Weltanschauung zum Sieg zu verhelfen.

Schon während der marokkanischen Krise verabredeten die Generalstäbe Großbritanniens und Frankreichs einen gemeinsamen Operationsplan, um für die Eventualität eines Krieges gegen Deutschland vorbereitet zu sein. Ein Jahr später einigten sich die westlichen Ententepartner darauf, die französische Kanalflotte ins Mittelmeer und Teile der britischen Mittelmeerflotte in die Nordsee zu verlegen. Der strategischen Arbeitsteilung zur See folgte im November 1912 der berühmte Briefwechsel zwischen Englands Außenminister Grey und Frankreichs Botschafter Cambon, der eine enge Kontaktnahme für den Fall eines Krieges gegen Deutschland vorsah und die britisch-französische Entente fester fügte. In Frankreich dominierte inzwischen die Politik des *nouvel esprit*; ein scharfer Rechtsruck brachte im Januar 1912 den konservativen Republikaner Raymond Poincaré an die Regierung. In Deutschland trieben die daran interessierten Parteien, Verbände und Kräfte der Öffentlichkeit die Sturmflut des Nationalismus so hoch, daß sie die Politik der Détente immer wieder überspülte und den Forderungen nach Rüstungsvermehrung gewaltigen Auftrieb verlieh. Die kriegsschwangere Entwicklung fiel in eine aufgewühlte Zeit, schien es doch endgültig so zu sein, als habe der Endkampf um die osmanische Erbfolge tatsächlich begonnen.

Während die marokkanische Krise noch andauerte, war im September 1911 zwischen Italien und der Türkei der Krieg um Tripolitanien und die Cyrenaika entbrannt. Abgesehen davon, daß die Italiener dem Sultan den Waffengang geradezu ultimativ aufnötigten, entsprang er einem obsessiven Gefühl, das sich mit galoppierender Unheimlichkeit überall in Europa breitmachte. Es zog sich nach dem fast ratlos klingenden Urteil des italienischen Außenministers Antonio di San Giuliano darin zusammen, daß »ein allgemeines, unbestimmtes Verlangen, etwas zu tun«[34], die Menschen gleichsam zwanghaft befiel und sie hysterisch handeln ließ.

Deutschland stand zwischen dem ihm vielfältig verbundenen Osmanischen Reich, um dessen Bestand es nun gehen sollte, und dem ihm nur noch formal alliierten Italien, hatte der ein gutes Jahr später erneuerte Dreibund seine ursprüngliche Funktion doch längst verloren. Erneut rückte der Balkan, der Europas Peripherie und Zentrum miteinander verband, ins Blickfeld der internationalen Beziehungen wie der äußeren Politik Deutschlands. Die von der Türkei unterjochten Völker Südosteuropas witterten die Morgenluft der Freiheit und lehnten sich gegen die Osmanen auf. Bevor diese Entwicklung zum kriegerischen Austrag kam, gipfelten die deutsch-englischen Détentebemühungen in der berühmt gewordenen Mission Lord Haldanes vom Februar 1912.

Die Haldane-Mission

Den enttäuschenden Ausgang der Marokkokrise versuchte die deutsche Marineführung, von einer antienglisch aufgeputschten Öffentlichkeit getragen, für eine neue Anstrengung auf dem Sektor der Flottenrüstung zu benutzen. Schon zuvor waren die Bemühungen der Männer um Tirpitz darauf gerichtet, möglichst zu verhindern und zu ihren Gunsten zu verbessern, was das Flottengesetz vom Jahre 1908 vorgesehen hatte. Daß anstelle des gegenwärtig verbindlichen »Vierertempos« vom Jahre 1912 an vorläufig nur noch zwei große Schiffe pro Jahr gebaut werden sollten, war ihnen ein Dorn im Auge. Jetzt, im Sommer 1911, schien dem Staatssekretär des Reichsmarineamtes die Gelegenheit gekommen, um die ungeliebten Planungen vor dem Hintergrund der Agadir-Krise zu korrigieren. Schlagartig schien unstrittiger denn je zu sein, daß man, um in der Welt mitsprechen zu können, eine größere Kriegsmarine bitter nötig hatte. Mit dieser dem erregten Zeitgeist abgewonnenen Begründung kündigte Tirpitz noch mitten in der großen Auseinandersetzung um Marokko dem Reichskanzler Ende August sein Vorhaben einer weiteren Flottennovelle an.

Im Reich formierten sich, was den Kurs der Außen- und Rüstungspolitik anging, die Fronten. Der Kaiser und Tirpitz plädierten für eine kräftige Verstärkung der Marine, um England die Zähne zu zeigen und für die Weltpolitik gewappnet zu sein. Der Reichskanzler und sein Staatssekretär des Auswärtigen hielten dagegen. Sie waren nach dem Ende der zweiten Marokkokrise noch fester als zuvor davon überzeugt, nur eine Détente mit Großbritannien werde Deutschland den friedlichen Weg auf das weltpolitische Terrain bahnen.

Die Wogen der Debatte schlugen hoch; tief fraßen sich die Leidenschaften ein. Auf seiten der »Falken« agitierte eine aufgewiegelte Massenbewegung. Englandhaß und Flottenbegeisterung stachelten die nationalistischen Verbände an, allen voran der Alldeutsche Verband, der Flottenverein und der vor der Gründung stehende Wehrverein, der, vom Jahre 1912 an, eigentlich die Belange des gegenüber der Marine zu kurz gekommenen Heeres vertrat. Auf einmal wurde mit Händen greifbar, worüber der kurz nach dem Ende des großen Krieges in grüblerische Resignation verfallene Kanzler räsonierte: »Der halb gebildete

Mittelstand war im letzten Menschenalter viel zu sehr an Renommisterei und Kraftmeiertum gewöhnt worden, als daß er nicht unter dem täglichen Einfluß einer hetzenden Presse gern mitgemacht hätte.«[35]

Wenn er die Flottennovelle schon nicht verhindern konnte, ging es für Bethmann Hollweg zumindest darum, ihren Schaden zu begrenzen. Mit dem sich darüber einstellenden Erfolg oder Mißerfolg standen und fielen seine Außen- und Englandpolitik, sein Konzept und seine Position. Mit offenem Visier konnte er gegen Tirpitz' Flottenpläne freilich nicht Front machen; dafür war die Stellung der Rüstungsenthusiasten bei Hofe und im Reichsmarineamt, im Parlament und in der Öffentlichkeit einfach zu mächtig. Im indirekten Verfahren, das nicht selten wie eine lahmende Prozedur »umgangener Entscheidungen«[36] anmutete, stellte er darauf ab, das Schlimmste zu verhüten, indem er Gegenkräfte mobilisierte.

Dieses Mal machte er sich die Finanzsorgen des Reichsschatzamtes zu eigen. Den Monarchen erzürnte er damit bis hin zu Wilhelms II. selbstherrlicher Drohung, den Kanzler des Reiches und den Staatssekretär des Schatzamtes zu entlassen. Zudem stellte Bethmann Hollweg sich hinter den Admiralstab, der in einer grundlegenden Fehde mit dem Reichsmarineamt lag. Anstatt neue Quantitäten im Schiffsbau zu fordern, legte er Wert auf die verbesserungsbedürftige Qualität der Mannschaften. Vor allem ermunterte der Reichskanzler aber das Heer dazu, seinen Nachholbedarf endlich geltend zu machen. Seit langem hatte die Armee hinter der Flotte zurückstehen müssen, so daß eine Verstärkung der Landstreitkräfte angebracht erschien. Sie entsprach im übrigen der außenpolitischen Zielsetzung des Kanzlers, der kontinentalen Sicherheit gegenüber Rußland und Frankreich erneut mehr Beachtung zu schenken, während die Flottenrüstung seiner Politik der Détente mit England direkt entgegenwirkte.

Dem Gedanken einer Heeresvermehrung, dem der um die gesellschaftliche Exklusivität der Truppe fürchtende preußische Kriegsminister von Heeringen im Gegensatz zu dem vom Gesetz der Zahl abhängigen Generalstab nur mit Zögern begegnete, trat der Kaiser bei. Daß Wilhelm II. der Armee, was die Verteilung der zur Verfügung stehenden Mittel anging, nunmehr gegenüber der Marine den Vorzug einräumte, vermochte den grundlegenden Streit um die deutsche Flottenpolitik jedoch längst noch nicht zu beenden. Erbittert ging er vielmehr zwischen dem Reichskanzleramt sowie dem Auswärtigen Amt auf der einen Seite und dem Reichsmarineamt sowie der nationalistischen Öffentlichkeit auf der anderen Seite weiter.

Den Warnungen des in London akkreditierten Botschafters Metternich, mit einer Flottennovelle nicht die Détente mit Großbritannien aufs Spiel zu setzen, bot der gleichfalls an der Londoner Botschaft tätige Marineattaché, an seinem Vorgesetzten vorbei und im direkten Kontakt mit dem Monarchen, ein ums andere Mal Paroli. Ernste Besorgnisse zerstreute Widenmann mit der fahrlässigen Behauptung, aufzurüsten sei in gar keinem Fall von Nachteil. Im Sinne des sattsam bekannten Arguments versicherte er vielmehr, nur militärische Stärke zur See werde England zu politischem Einlenken bewegen.

Unversöhnlich prallten die Positionen der Orthodoxen und der Gemäßigten aufeinander, wenn es darum ging, sich über die Bedingungen für die ins Auge gefaßten Verhandlungen mit Großbritannien zu einigen. Tirpitz schien einen Verzicht auf die neue Flottennovelle überhaupt nur dann erwägen zu wollen, wenn man mit den Briten zu einer wirklich vorteilhaften Lösung im Außenpolitischen gelangen könne. Diese dürfe, wie Bethmann Hollweg, der sich dem maximalistischen Standpunkt der Unnachgiebigen zu nähern hatte, Metternich unter dem Datum des 22. November 1911 unterrichtete, von »einer Art Neutralitätsabkommen«[37] nicht weit entfernt bleiben. Da kaum zu erwarten war, daß Großbritannien sich zu bedingungsloser Neutralität verstehen und den Kontinent seinem Schicksal überlassen werde, ging es dem Admiral letztlich darum, seinen großen, seit der Jahrhundertwende verbindlichen Plan ohne Kompromiß zu verwirklichen: Bis zum Jahre 1920 sollten sechzig moderne Schlachtschiffe oder Schlachtkreuzer vom Stapel laufen, die permanent zu ergänzen und zu modernisieren waren.

Dagegen zeigte sich Bethmann Hollweg zu großen Konzessionen bereit: Er stellte das Problem der Flottenfrage in den allgemeinen Zusammenhang der deutsch-englischen Beziehungen und gedachte über Rüstungsbegrenzung, Kolonialprobleme und politische Abkommen mit Großbritannien zu verhandeln. Der auf Ausgleich bedachten Neigung des Kanzlers waren, von der mächtigen Opposition der Marineführung ganz abgesehen, die innere Lage und die aufgeregte Stimmung im Reich nicht gerade förderlich. Gewiß, das wilhelminische Deutschland war insgesamt »weit davon entfernt ... zusammenzubrechen und sich aufzulösen«, sondern war »innenpolitisch ungewöhnlich ruhig und wesentlich stabiler ..., als jeder andere größere europäische Staat, vielleicht außer Großbritannien«[38]. Akut hatte es dennoch mit einer Reihe von innenpolitischen Problemen zu kämpfen, die der Stetigkeit seiner Außenpolitik eher abträglich waren. »Die Rezession von 1911 erzeugte Massenarbeitslosigkeit, Unzufriedenheit und Ressentiment. Die Machtpolitik am Rande des Krieges verstärkte die Angst vor der Zukunft. Zum erstenmal war das große optimistische Fortschrittsbewußtsein der Epoche tief verstört. Das Gespenst des Krieges und die Teuerung des Brotes, Angst um den Arbeitsplatz und drohende Reden im Reichstag«, die mit dem Staatsstreich von rechts auf die Gefahr einer Revolution von links antworteten, und die »den ›Leutnant und zehn Mann‹ (Oldenburg-Januschau) zum Schiedsrichter der politischen Konflikte erhoben, ließen ein Gefühl der Bedrohung und die Bereitschaft zum Protest entstehen«[39].

Über die politische Dimension hinaus und auf diese zurückwirkend, lagen die Bruchlinien der wilhelminischen Gesellschaft schmerzhaft blank. Von den großindustriellen Interessen abgesehen, verliefen sie jetzt vor allem zwischen der agrarischen Front des konservativen Protektionismus und der sich im Hansabund neu organisierenden Sammlungsbewegung der modernen Kräfte des Handels, des Gewerbes und der mittelständischen Industrie. Die Reichstagswahlen vom Januar 1912 spiegelten die innere Zerklüftung. Bei hoher Wahlbeteiligung wurde ein Parlament gewählt, das eine starke Tendenz zur Unregierbarkeit mit sich brachte und in dem die SPD ihre Zahl der Mandate auf 110 verdoppelte, somit stärkste Fraktion wurde. Wollte Bethmann Hollweg mit diesem Parlament regieren, konnte er das nur zusammen mit der Linken aus Sozialdemokratie und Fortschritt, ja in Abhängigkeit von ihr tun; sich gegen ihre Macht zu stellen, war schwierig, fast unmöglich. Der Kanzler verließ sich, ohne die Kraft und den Willen zur echten Reform von oben aufzubringen, aufs Hergebrachte, widersetzte sich im Reichstag »einer weiteren Demokratisierung unserer Verfassung«[40] und verlegte sich aufs Regieren über den Parteien.

Im Zentrum seiner Absichten und seines Handelns stand die äußere Politik. Angesichts der alptraumartigen Größe der Probleme, die auf dem Reich lasteten und über seine Existenz entschieden, erscheint diese Haltung des Kanzlers plausibel. Während es in der inneren Politik auf gewichtige Art und Weise um das Wie des nationalen Zusammenlebens ging, war in der äußeren Politik ein Punkt erreicht, wo die Frage nach dem Ob des nationalen Überlebens anstand. Daß die äußeren Erfordernisse des Staates innere Genügsamkeit voraussetzten, beschrieb eine zeitgenössische Empfindung, die weniger Widerspruch fand, als man rückblickend zuweilen anzunehmen geneigt ist. Daher gehörte das, was Friedrich Meinecke schon 1910 formuliert hatte, zum weithin akzeptierten Gemeingut, wonach »die innere Politik ihr Gesetz zu empfangen [habe] von der auswärtigen Politik, die heute mehr wie je in der Wahrung der großen Lebens- und Zukunftsinteressen der Nation kulminiert«[41].

In einer so die Prioritäten setzenden Perspektive mußte es aus der Sicht des Kanzlers zu Verhandlungen mit Großbritannien kommen. Vermittlerdienste dazu leistete der Hamburger Reeder Albert Ballin. Angesichts der reichen Vorteile, die aus dem miteinander Handel treibenden Verkehr moderner Zivilisationen erwuchsen, erkannte er schärfer als viele seiner Zeitgenossen das Überflüssige kriegerischer Konflikte; im verzweifelten Rückblick auf das letztendlich unabwendbar Gebliebene verurteilte er »den großen Krieg immer wieder als einen ›dummen Krieg‹ oder den ›dümmsten aller Kriege‹«[42]. Ende Januar 1912 konnte er, von dem britischen Bankier Sir Ernest Cassel unterstützt, einen Vorschlag der englischen Regierung in Berlin unterbreiten, der über das bilaterale Verhältnis, die Flottenfrage und das Kolonialproblem zu verhandeln vorsah.

Wilhelm II., der von den engen Kontakten zwischen dem Reeder und der Reichskanzlei nichts wußte, frohlockte. Der Monarch glaubte, die Politik der Stärke trage ihre Früchte, die Briten lenkten offensichtlich ein. Wie sie sich jetzt zu verhandeln gezwungen sähen, würde es auch noch gelingen, sie zum Bündnisabschluß zu treiben.

Tatsache war aber lediglich, daß die englische Regierung unter dem Liberalen Asquith, nicht zuletzt um der Opposition in den eigenen Reihen Verhandlungsbereitschaft zu demonstrieren, ihren Kriegsminister Lord Haldane, einen hervorragenden Deutschlandkenner, im Zuge einer privat gestalteten Mission über den Kanal entsandte, um die Lage zu sondieren. Der Empfang für den britischen Emissär in Berlin war alles andere als einladend. Am 7. Februar, einen Tag vor der Ankunft Haldanes, kündigte Kaiser Wilhelm II. in seiner Thronrede jene neue Flottennovelle an, durch die England sich zutiefst beunruhigt fühlen mußte. Damit nicht genug: Apodiktisch erklärte Tirpitz, Großbritannien müsse für einen Verzicht des Reiches auf die Vorlage der Novelle, selbst für eine Verminderung ihres Inhalts den Deutschen maximal entgegenkommen, nämlich ein Stärkeverhältnis zur See von 2:3 und ein bedingungsloses Neutralitätsabkommen zugestehen.

Für die britische Seite waren das unannehmbare Forderungen. Angesichts der globalen Verpflichtungen der Engländer hätten sie die maritimen Kapazitäten resolut zu Ungunsten Großbritanniens verschoben und hätten zudem den europäischen Kontinent seinem Schicksal überlassen. Derart extreme Bedingungen der Reichsregierung konnten nur dazu geeignet sein, Verhandlungen von vornherein zu unterlaufen.

In seinem ersten Zusammentreffen mit Haldane unternahm Bethmann Hollweg am 8. Februar dennoch den bis zu einem gewissen Grade sogar erfolgreichen Versuch, konstruktive Gespräche zu führen; weil er kaum Alternativen zu Verhandlungen mit Großbritannien sah, trieb ihn der Wille zum Erfolg, der sich wahrscheinlich kaum sofort einstellen würde. Auf deutscher Seite verbreitete der Kanzler vorsichtigen Optimismus.

Am Tage darauf verhandelten der Kaiser und Tirpitz in Abwesenheit Bethmann Hollwegs mit Lord Haldane. Das Äußerste, wozu der Staatssekretär des Reichsmarineamtes sich bewegen ließ, war, ohne auf die Novelle zu verzichten, eine Verlängerung der Bauzeiten in Aussicht zu stellen. Die geringfügige Konzession schien Haldane, der sich weitgehend rezeptiv verhielt, nach dem Eindruck seiner deutschen Gesprächspartner sogar zu befriedigen. Auch im kolonialen Bereich, selbst im außenpolitischen Zusammenhang schien er für dieses bescheidene Entgegenkommen, zusammen mit eher marginalen Kompromissen über die Zahlenverhältnisse bei den Flottenstärken, zu weitgehenden Zugeständnissen bereit zu sein.

Sicherlich, die zentrale Formel zur Regelung der bilateralen Beziehungen fiel, nach dem Eindruck von Bethmann Hollweg, vorläufig noch etwas mager aus. Denn die Engländer waren nur dann Deutschland gegenüber neutral zu bleiben bereit, wenn ein kontinentaler Krieg, ohne irgendeinen Zweifel, vom Reich zu defensivem Zweck, aus dem Anlaß der Verteidigung, geführt werden mußte; ansonsten wollte Großbritannien sich die Freiheit seiner Entscheidung bewahren: »Neither power will make or prepare to make any unprovoked attack upon the other or join in any combination or design against the other for purposes of aggression, or become party to any plan or naval or military enterprise alone or in combination with any other power directed to such an end.«[43] So lautete die von Lord Haldane »für das politische Agreement« vorgeschlagene, von Bethmann Hollweg in englischer Sprache aufgezeichnete »Formel«[44].

Dieses britische Angebot blieb hinter gewissen Erfordernissen zurück, die sich aus den deutschen Verpflichtungen gegenüber Österreich-Ungarn im Hinblick auf einen russischen Waffengang des deutschen Zweibundpartners ergeben konnten; ganz zu schweigen davon, daß es mit elementaren Voraussetzungen des Schlieffen-Plans kollidierte. Indes: Angesichts der internationalen Konstellation nunmehr das Umgekehrte zu tun, also die militärischen Entwürfe den politischen Notwendigkeiten anzupassen, wurde nicht einmal erörtert. Der Primat des Strategischen triumphierte über die Logik des Politischen! Nur ein Jahr darauf ging sogar der letzte Rest an politischer Beweglichkeit verloren, der noch außerhalb des Räderwerks der Mobilmachung verblieben war. 1913 wurde die Option einer nach Osten gerichteten Aufmarschplanung fallengelassen; alles konzentrierte sich auf eine einzige, die westliche Karte. Das bedächtige Abwägen der politischen Chancen reduzierte sich alternativlos auf den militärischen Hasard eines tödlichen Spiels.

Noch glaubte Bethmann Hollweg, es könne gelingen, die englische Neutralitätsformel für das Deutsche Reich günstiger zu gestalten: nicht aus dem sinistren Grunde, im sicheren Besitz des britischen Desinteressements nach der kontinentalen Hegemonie zu greifen, sondern um die Balance gegenüber Frankreich und Rußland leichter bewahren, den allgemeinen Frieden besser erhalten und zusammen mit England Weltpolitik treiben zu können.

Allerdings: Lord Haldanes Verhalten bei den Berliner Gesprächen hatte auf deutscher Seite falsche Erwartungen geweckt! Die britische Regierung zeigte sich über die dürftigen Resultate der sowieso nur mit erheblichen Vorbehalten eingeleiteten Mission tief enttäuscht. Sie vermißte ein echtes Entgegenkommen der Deutschen auf dem Gebiet der Flottenrüstung, das sie als unabdingbare Voraussetzung für weitere Verhandlungen ansah.

Rasch wurde das Mißverständnis in Berlin offenbar; die Lage spitzte sich jählings zu. Als die Briten nunmmehr eine Verstärkung ihrer Nordseeflotte in Aussicht stellten, faßte Wilhelm II. diese Absicht als Kriegsdrohung auf. Eine englische Flottenvermehrung wollte er mit der deutschen Mobilmachung beantworten. Ohne sich um geregelte Zuständigkeiten zu kümmern, wies er den deutschen Botschafter in London an, in diesem Sinne bei der britischen Regierung vorstellig zu werden. Mit mehr als problematischer Willkür mischte er sich in die auswärtigen Belange ein; drohte gleichzeitig sogar, die Flottennovelle und die Heeresvorlage, falls Bethmann Hollweg sich weiterhin sperre, ohne Gegenzeichnung durch den Reichskanzler in Kraft zu setzen.

Daraufhin bat der Reichskanzler um seine Entlassung. Er begründete die

Notwendigkeit seiner Détentepolitik mit dem schwerwiegenden Argument, das Reich dürfe nicht ohne zwingende Not, also leichtfertig mit der *ultima ratio* des Krieges spielen. Einem aufgenötigten Waffengang wollte er nicht aus dem Wege gehen, sondern ihn vielmehr »schlagen und mit Gottes Hilfe nicht dabei untergehen. Unsererseits aber einen Krieg heraufbeschwören, ohne daß unsere Ehre oder unsere Lebensinteressen tangiert sind, würde ich für eine Versündigung an dem Geschicke Deutschlands halten, selbst wenn wir nach menschlicher Voraussicht den völligen Sieg erhoffen könnten«[45].

Bethmann Hollweg setzte sich durch; er blieb auf seinem Posten; die Verhandlungen mit England gingen weiter. Mit dem Angebot der Briten, bei heraufziehenden Konflikten rechtzeitig Kontakt miteinander aufzunehmen, wollte der Kanzler sich erst einmal zufriedengeben. Was für Bismarck der »Draht nach Petersburg« gewesen war, mochte er am Ende auch beängstigend dünn geworden sein, das war für Bethmann Hollweg der Draht nach London, mochte er vorläufig so rissig wie ein Fädchen wirken. Indes: Seine innenpolitischen Gegenspieler hielten von alledem nichts. Für die gegenseitige Versicherung, sich in krisenhaften Zeiten direkt miteinander in Verbindung zu setzen, also für die Einrichtung eines »roten Telefons«, um das Intendierte in der Sprache der modernen Abrüstungsdiskussion zu umschreiben, gedachte Tirpitz nicht die geringste Konzession zu machen. Unter »einem Schutzbündnis«[46], das die englische Neutralität verbürgte, ließ er sich auf nichts ein.

Vom Monarchen unterstützt, obsiegte der Admiral einmal mehr. Vom erschreckend Wenigen, das im Zuge der Haldane-Mission angebahnt worden war, blieb nichts übrig. Wollte Bethmann Hollweg nicht unmittelbar nach dem soeben beigelegten in den nächsten großen Konflikt mit dem Kaiser geraten, der nicht so glücklich ausgehen mußte, wie der gerade überstandene Streit geendet hatte, dann blieb ihm, fürs erste jedenfalls, gar nichts anderes zu tun als einzulenken. Gegen seine persönliche Überzeugung sah er sich dazu gezwungen, den Briten das Tirpitzsche Maximalverlangen nach dem uneingeschränkten Neutralitätsabkommen als deutsche Bedingung für »einen Verzicht auf wesentliche Bestandteile der geplanten Flottennovelle«[47] mitzuteilen.

Die Haldane-Mission war gescheitert; die Verhandlungen zwischen Berlin und London hatten zu nichts geführt. Im Deutschen Reich wisse hinter wohlgeordneter Fassade, wie Lord Haldane die gefährliche Unübersichtlichkeit eines unkoordinierten Regierungssystems nach seiner Rückkehr auf die Insel mit sich mokierender Nachdenklichkeit charakterisiert hat, die eine Hand nicht, was die andere tue. Vor solchem Hintergrund ermunterte damals selbst August Bebel, ganz im Gegensatz zur verbindlichen Linie seiner Partei und der Internationale, die an sich das Wettrüsten als Ursache und Symptom des existierenden Unheils in der Welt anprangerten, die Briten zu einer festen Haltung gegenüber Deutschland, die der politischen Konfrontation nicht aus dem Wege gehen sollte. Der Vorsitzende der SPD trat »die Flucht in die Geheimdiplomatie«[48] an und forderte die englische Regierung in diesen Jahren wiederholt dazu auf, die Deutschen durch eine Rüstungsoffensive zum Einlenken zu zwingen.

Ebendieser Kurs, sich dem Argument der Waffen zu überlassen, triumphierte im Reich. Über die Heeresvermehrung hinaus wurde mit der Flottennovelle die Hoffnung verbunden, England werde das maritime Wettrüsten nicht zuletzt aus finanziellen Gründen verlieren. Ein im Hinblick auf Großbritanniens wirtschaftliche Überlegenheit geradezu grotesker Irrtum; das genaue Gegenteil sollte eintreten! Daß die Briten im übrigen darangingen, mit ihren Planungen für eine Fernblockade der Nordsee der deutschen Flotte mit ihrem begrenzten Einsatzradius jede entscheidende Wirksamkeit zu nehmen, entging der Marineführung nahezu vollkommen.

Bethmann Hollweg und Kiderlen-Wächter hatten ein entscheidendes Gefecht im Kampf um Détente oder Wettrüsten verloren, während ihre Kontrahenten im Reichsmarineamt, bei Hofe, im Parlament und in der Öffentlichkeit einen verhängnisvollen Sieg feierten. Unversöhnlich standen sich »Falken« und »Tauben« gegenüber. Die einen bestanden darauf, für flottenpolitische Zugeständnisse an Großbritannien eine bedingungslose Neutralitätszusage der Engländer zu gewinnen. Die sich am Kontinent desinteressierende Garantie der insularen Macht sollte Deutschlands kriegerisches Risiko gegenüber Rußland und Frankreich kalkulierbar machen, so daß die Hegemonie zu erringen und Weltpolitik zu treiben, als Ziele in greifbare Nähe rückten. Die anderen hofften darauf, für ein England begünstigendes Entgegenkommen auf dem Sektor der maritimen Rüstung ein bedingtes Neutralitätsversprechen der Briten zu erhalten. Die Deutschlands außenpolitische Bürden erleichternde Zusage der am Bestand des Gleichgewichts dennoch nach wie vor interessierten Engländer sollte ermöglichen, das Risiko eines kontinentalen Krieges zu verringern, den deutschen Großmachtstatus zu festigen und an der Seite Großbritanniens Weltpolitik ohne Krieg zu führen.

Doch erst einmal ergriff die Staaten allesamt panikartige Furcht und trieb sie zur Flucht in die Aufrüstung. Wie eine Epidemie grassierte die Zwangsvorstellung von der Heilkraft militärischer Macht. Wenn Abrüstungsgespräche scheitern, ist das Vertrauen oftmals noch tiefer erschüttert als zuvor. So war es auch jetzt nach dem Mißlingen des deutsch-englischen Dialogs. Das verstärkte Wettrüsten wirkte wie eine hilflose Antwort auf einen kaum behebbaren Mangel. Das »Sicherheitsdilemma« der Staaten verschärfte sich; der Wettlauf nach immer mehr Waffen verkam zum Selbstzweck; die Diplomatie geriet ins Hintertreffen.

Dennoch sahen Bethmann Hollweg und Kiderlen-Wächter nach wie vor Chancen, um diesen Teufelskreis aus Mißtrauen und Säbelklirren zu durchbrechen. Ansonsten drohte tatsächlich eine todbringende Irrfahrt der europäischen Zivilisation. Zumindest im Rückblick erscheint der katastrophale Untergang des für unsinkbar erklärten Luxusdampfers »Titanic«, der auf seiner kein Risiko scheuenden Jagd nach dem blauen Band im April 1912 im nördlichen Atlantik einen Eisberg streifte, wie ein menetekelhaftes Symbol dessen, was dem in hybridem Stolz in sein Unheil galoppierenden Europa insgesamt drohte.

Ungeachtet aller Rückschläge hielt Reichskanzler Bethmann Hollweg an seiner Überzeugung fest, daß Großbritannien der »Schlüssel«[49] deutscher Außenpolitik sei. Doch der Weg ins Zentrum bilateraler Verhandlungen war vorläufig blockiert. Um das deutsch-englische Verhältnis zu entspannen, mußte der Umweg über die Peripherie gewählt werden: Sicherheit für die Briten in der Nordsee und für die Deutschen auf dem Kontinent; Bannung des großen Krieges und Konsolidierung des europäischen Status quo; Kolonialgewinn für Deutschland im Einvernehmen mit England – das waren die Ziele, die Bethmann Hollweg damals nach dem Grundsatz »Weltpolitik und kein Krieg« verfolgte.

»Weltpolitik und kein Krieg«

In den deutsch-britischen Kolonialverhandlungen, die parallel zu den Détentegesprächen schon im Verlauf des Jahres 1911 einsetzten und sich bis in den Sommer 1914 hineinzogen, verfolgte die Reichsregierung ein zweifaches Ziel: Zum einen wollte sie der Einbahnstraße starrer Konfrontation entkommen; wollte den ruinösen Gedanken, England niederzurüsten, obsolet erscheinen lassen; und wollte die von Krise zu Krise schwindende Beweglichkeit der europäischen Politik auf außereuropäischen Umwegen zurückgewinnen.

Zum anderen zollte ein solches Vorgehen dem »imperialistischen Charakter« (Hannah Arendt) der Epoche Tribut, in der alle großen Mächte letztlich um der Expansion willen expandierten. Zudem war ein Schritt nach Übersee dazu geeignet, die unruhig nach kolonialem Erwerb verlangende Öffentlichkeit zu beruhigen. Denn »sehr häufig«, und dieser Zeitpunkt schien jetzt zuweilen ganz nahe zu sein, »sind die Kriege nicht von den Regierungen geplant und herbeigeführt worden«, diagnostizierte Bethmann Hollweg diese spezifische Gefahr der Moderne, die sich unübersehbar gesteigert hatte, am 22. April 1912 vor dem Reichstag: »Die Völker sind vielfach durch lärmende und fanatisierte Minoritäten in Kriege hineingetrieben worden (sehr richtig! rechts). Diese Gefahr besteht noch heute (sehr richtig! links), und vielleicht heute in noch höherem Maße als früher (hört! hört! links), nachdem Öffentlichkeit, Volksstimmung, Agitation an Gewicht und Bedeutung zugenommen haben.«[50] Womöglich konnte auch diese übermächtige Strömung der Zeit mit kolonialen Erfolgen in die gouvernementale Bahn gelenkt werden.

Bereits im Jahre 1908 hatte Max Weber darüber Klage geführt: Angesichts der Tatsache, daß mit Wilhelm II. ein »*Dilettant ... die Fäden* der Politik in der Hand«

halte, laute die »Consequenz« daraus: »So lange das dauert, *Unmöglichkeit* einer ›Weltpolitik‹«[51]. Doch war eben dieser Kurs mittlerweile aufgenommen worden: Das deutsch-englische Verhältnis durch weltpolitischen Ausgleich zu verbessern, sollte mit kolonialer Vorteilsnahme für das Reich einhergehen. Neben dem Staatssekretär des Kolonialamtes, Dernburg, rieten vor allem der Londoner Botschafter Metternich und sein Mitarbeiter von Kühlmann, der spätere Staatssekretär des Auswärtigen Amtes, dem Reichskanzler zu dieser Politik. Ihre Zielvorstellung faßte den Erwerb eines mittelafrikanischen Reiches unter Einschluß des nördlichen Teils des belgischen Kongos als deutschen Besitz ins Auge. Wenn die »Betonköpfe« des Reichsmarineamtes dafür auch nicht über eine echte Reduzierung der Flottenrüstung zu verhandeln bereit waren, schritten der Reichskanzler und die deutsche Diplomatie doch auf diesem Weg voran. Ihre Bemühungen richteten sich insbesondere auf das Osmanische Reich, auf die portugiesischen Kolonien und auf den belgischen Kongo.

Nach dem Scheitern der Haldane-Mission nahm die bis dahin vorhandene Bereitschaft der Briten zu erwägen, den Deutschen durch afrikanische Zugeständnisse entgegenzukommen, allerdings erst einmal ab. Gleichwohl gingen in England die Bemühungen derjenigen Kräfte weiter, die teilweise sogar im Kabinett vertreten waren und die im Gegensatz zum liberal-imperialistischen Kurs der Regierung darauf hinwirkten, Deutschland stärker entgegenzukommen, um die virulente Kriegsgefahr zu verringern. Über eine auf kolonialpolitischem Feld initiierte Détente mit dem Deutschen Reich wollte beispielsweise ein politischer Repräsentant wie Kolonialminister Lewis Harcourt nicht zuletzt die nach seinem Dafürhalten zu einseitig ausgerichtete Entente mit Frankreich relativieren.

Es gab also durchaus gewisse Erfolgschancen für jene Konzeption, die der mit Richard von Kühlmann in London eng zusammenarbeitende Hans Plehn im Jahre 1913 unter dem programmatischen Titel in der Schrift »Deutsche Weltpolitik und kein Krieg«[52] entwickelte. Reichskanzler Theobald von Bethmann Hollweg handelte in offensichtlicher Übereinstimmung mit diesem Entwurf, der, bis zu einem gewissen Grade zumindest, eine außenpolitische Option für Großbritannien voraussetzte. Bevorzugt im Einklang mit der englischen Weltmacht sollte die deutsche Großmacht überseeische Politik betreiben, um mit dem vorwaltenden Streben des imperialistischen Zeitalters nach territorialer Expansion wenigstens einigermaßen Schritt zu halten. Weltpolitische Erfolge würden die prekäre Situation des Reiches in innen- und außenpolitischer Hinsicht stabilisieren; das sich ausbreitende Gefühl erfolgreicher Saturiertheit würde die Deutschen von dem für alle schädlichen Gedanken Abstand nehmen lassen, nach der Hegemonie auf dem Kontinent zu greifen oder Großbritannien zur See herauszufordern. Alles in allem: Die Détente mit England stand am Ende der kolonialpolitischen Verständigung und diente gleichzeitig als Voraussetzung für ihr Gelingen. Das bilaterale Miteinander im Kolonialpolitischen war zugleich Vehikel und Ziel für die deutsch-britische Einigung im Außenpolitischen.

Unter diesen Vorzeichen kam es im Sommer 1912 zwischen Großbritannien und Deutschland zu neuen Verhandlungen über koloniale Probleme. Sie zogen sich in die Länge und führten erst im April 1913 zu einem Abkommen über den portugiesischen Besitz. Die vorgesehenen Vereinbarungen, die eine deutsche sowie britische Interessensphäre zu respektieren festlegten und dritte Mächte aus diesem Territorium gemeinsam auszuschließen versprachen, waren für das Reich insgesamt günstiger als der 1898 mit England abgeschlossene Vertrag.

Dennoch bot die Übereinkunft nicht umgehend Grund zur Freude. Denn über die sich schwierig gestaltende Frage, ob man das zwischen beiden Staaten Beschlossene veröffentlichen solle, gerieten die gerade erst vertraglich miteinander Verbundenen in hitzige Auseinandersetzung. Die Briten bestanden auf der Publikation, um ihrem portugiesischen Klienten gegenüber nicht in den Verdacht der Hinterhältigkeit zu geraten und um vor aller Welt zu bekunden, daß über das Schicksal dieser Kolonien nicht ohne Portugals Beteiligung entschieden werden sollte. Nicht zuletzt aus diesem Grund protestierten die Deutschen gegen eine Bekanntmachung des Vereinbarten, würde die komplizierte Vertragslage, ihrer Befürchtung zufolge, doch nur dazu beitragen, wirtschaftliche Interessenten von einem Engagement in diesen Territorien abzuhalten. Indes, ausschlaggebender für die deutsche Haltung war ein anderes Motiv: Eine Veröffentlichung des Vertrages mußte den mit Stolz proklamierten Erfolg vor der eigenen Öffentlichkeit erheblich mindern. Der Streit ging hin und her, zu einer Einigung kam es nicht; das am 20. Oktober 1913 paraphierte Kolonialabkommen blieb ohne Verbindlichkeit.

Über staatliche Vereinbarungen hinaus boten sich im imperialistischen Zeitalter auch gewisse Möglichkeiten, durch wirtschaftliche und finanzielle Betätigungen indirekten Einfluß zu gewinnen. Deutsche Unternehmen und Banken verbuchten damit, vor allem in Afrika, durchaus Erfolge, bis sich in den Jahren zwischen 1911 und 1914 zwei Hemmnisse bemerkbar machten. Zum einen bremste ein gar nicht zu übersehender Kapitalmangel der deutschen Volkswirtschaft solche Aktivitäten; zum anderen setzte von seiten der Franzosen die entsprechende Gegenbewegung ein.

Nachdem der deutsche Versuch, mit den Engländern über den belgischen Kongo zu verhandeln, gescheitert war, trat die außenpolitische Option, ein mittelafrikanisches Kolonialreich zu erwerben, vorläufig in den Hintergrund. Erst im Verlauf des Weltkrieges wurde sie erneut aktuell.

Im Zusammenhang des Versuchs, Weltpolitik ohne Krieg zu treiben, blieben somit noch drei Wahlchancen übrig: zum einen die weitere wirtschaftliche sowie finanzielle Durchdringung der europäischen Anrainerstaaten, die bereits mächtig vorangeschritten war. Vom Jahre 1911 an kam sie allerdings nicht mehr so zügig voran wie vordem, ja die von Frankreich ausgehende Renationalisierung der internationalen Wirtschaftsbeziehungen bereitete ihr sogar unübersehbare Schwierigkeiten. Dessenungeachtet beschrieb diese außen*wirtschaftliche* Tendenz ganz ohne Zweifel eine außen*politische* Option, die Zukunft verhieß. Allerdings: Letztlich vermochte sie die traditionelle Machtpolitik doch nicht zu überwinden. Den Erfolgschancen dieser modernen Variante nationaler Außenpolitik verlieh Hugo Stinnes im September 1911 anschaulichen Ausdruck, als er unter entschiedener Absage an kriegerische Abenteuer seine optimistische Überzeugung bekundete, es bedürfe nur »noch 3–4 Jahre ruhiger Entwicklung, und Deutschland ist der unbestrittene wirtschaftliche Herr in Europa«[53].

Nun, es kam anders. Nicht die Wirtschaft bestimmte das Schicksal Europas, sondern die Politik – und diese ging beileibe nicht im ökonomischen Zusammenhang auf. Mit geradezu hilflos anmutender Verzweiflung über das himmelschreiende Ausmaß an nicht zu bezähmender Unvernunft, die dem Politischen offensichtlich innegewohnt hatte, fragte rückblickend, im März 1915, Otto H. Kahn, ein Brite deutscher Herkunft, der in einer amerikanischen Finanzgesellschaft als Bankier tätig war: »Warum Deutschland sich dazu bewegen ließ, diese seit Jahrzehnten mit bewundernswertester Tüchtigkeit und Zielbewußtheit und geradezu beispiellosem Erfolge befolgte Methode friedlicher, aber nichtsdestoweniger wirklicher Eroberung plötzlich über den Haufen zu werfen und statt dessen die bereits errungenen und die in sicherer Aussicht stehenden glänzenden Resultate auf die furchtbare Karte des Krieges zu setzen, ist mir rein vom Standpunkt nationalen Vorteils betrachtet, ohne die Frage von Recht oder Unrecht oder humanistischen Erwägungen in Betracht zu ziehen, gänzlich unerklärlich.«[54]

Die zweite Wahlchance deutscher Außenpolitik, die sich trotz gewisser Verbindungen alles in allem von der weltwirtschaftlichen Orientierung abhob, wurde damals mit dem Schlagwort »Mitteleuropa« umrissen. Tatsächlich führte sie ein stärker die Publizistik als die Diplomatie beschäftigendes Dasein. Denn bei aller Zukunftsträchtigkeit, die sie dieser Idee durchaus beimaß, ließ sich die Berliner Regierung nicht von ihrer Praxis bilateraler Handelspolitik abbringen. Mitteleuropa zu bauen hätte im übrigen umgehend über das Ökonomische hinaus die politische Frage nach der kontinentalen Vormacht aufgeworfen.

Weit attraktiver als die beiden Optionen: »Weltwirtschaft« oder »Mitteleuropa«, weit aussichtsreicher zudem als die Spekulationen auf den Erwerb mittelafrikanischen Kolonialbesitzes erschien die dritte Wahlchance, die den Deutschen bei ihrem Versuch, Weltpolitik ohne Krieg zu treiben, noch verblieb: Sie bezog sich auf das Objekt Kleinasien, wo das Reich sich wirtschaftlich und politisch engagiert hatte. An der Seite Österreich-Ungarns wollte man, im Zusammenwirken mit Großbritannien, vor allem gegenüber Rußland und Frankreich den erworbenen Einfluß verteidigen. Deutschlands Aktivitäten in dieser Region der Welt waren insgesamt so bedeutend geworden, daß man sich dafür inzwischen sogar militärisch einzusetzen bereit war. Weil die Erhaltung des Bestehenden eine Maxime britischer Außenpolitik war, zielte das Vorgehen der deutschen Regierung auch darauf, mit ihrem Eintreten für den kleinasiatischen Status quo die Verbindung mit Großbritannien zu festigen, mit den Engländern zusammen in Kleinasien Politik zu machen. Die antirussischen Untertöne blieben in diesem Zusammenhang nicht verborgen: Das Osmanische Reich dem Wunsch des Zaren gemäß aufzuteilen, traf auf Deutschlands Widerspruch.

Über das Wirtschaftliche und Politische hinaus gewann die deutsche Aktivität im nahöstlichen Raum zunehmend den Rang einer Kulturmission. Im Urteil »ethischer Imperialisten« vom Schlage eines Paul Rohrbach oder Ernst Jaeckh überhöhte der zivilisatorische Auftrag die politischen, wirtschaftlichen und militärischen Interessen des deutschen Imperialismus in der umstrittenen Region. Im suggestiven Schlagwort, eine Einfluß sichernde Verbindung »Von Berlin nach Bagdad« zu schaffen, zogen sich die schweifenden Wünsche der Deutschen nach Ausdehnung und Größe zusammen.

Über das Projekt der Bagdadbahn kam es in diesen Jahren zwischen den Interessierten zu diversen Zerwürfnissen und Einigungen, die für die finanzimperialistischen Unternehmungen der europäischen Mächte vor dem Ersten Weltkrieg allgemein charakteristisch waren. Was die deutsche Beteiligung am Bau der gigantischen Eisenbahnlinie im besonderen angeht, so wurde ihr von britischer und französischer Seite aus viel Mißtrauen, teilweise sogar Obstruktion entgegengebracht. Dennoch kam es nach entsprechenden Verhandlungen am 15. Februar 1914, fürs erste, zu einem Abkommen, in dem die beteiligten Finanzträger aus Deutschland und Frankreich ihre territorialen Ansprüche gegenüber anderen abschirmten und gegenseitig absteckten.

Wichtiger, aber auch entschieden schwieriger war es, sich über dieses Paradestück imperialistischer Durchdringung mit den Briten zu einigen. In den Verhandlungen, die schließlich am 15. Juni 1914 zum deutsch-englischen Bagdadbahn-Abkommen führten, gelang das nicht zuletzt dadurch, daß das Reich die britische Vorherrschaft am Persischen Golf ausdrücklich anerkannte. Um sich über das Gesamte mit den Engländern verständigen zu können und um von diesen Unterstützung zu erhalten, verzichteten die Deutschen – neben weiteren Zugeständnissen an die englische Seite – darauf, die Teilstrecke von Basra zum Persischen Golf zu bauen.

Die Tendenz zur Zusammenarbeit zwischen deutschen und britischen Banken und Gesellschaften erstreckte sich auf mannigfache Objekte im niedergehenden Osmanischen Reich. Insgesamt diente sie der von Berlin aus verfolgten Strategie, sich möglichst ohne die Anwendung kriegerischer Mittel in Kleinasien und in Übersee zu betätigen. Was im Wirtschaftlichen an Gemeinsamkeit kultiviert wurde, sollte nach und nach die Qualität des Politischen annehmen.

Erst der Kriegsausbruch schnitt diese aufsteigende Linie deutscher Außen- und Außenwirtschaftspolitik abrupt ab. Obwohl sie nicht ohne Bedacht entworfen und nicht ohne Erfolg entwickelt worden war, scheiterte sie, aufs Ganze gesehen, doch: Letztlich fiel sie den angereicherten Beständen der überlieferten Außenpolitik zum Opfer, deren zentrale Kategorie, die Macht, sich eben längst nicht im Ökonomischen zu genügen vermag.

Das Herkömmliche erwies sich dem Modernen gegenüber in atavistischer Manier als stärker. Es zerstörte die neu hergestellten wirtschaftlichen Abhängigkeitsverhältnisse der miteinander rivalisierenden und kooperierenden Finanzimperialismen. Solange die ökonomischen Potenzen ihren kalkulierbaren Interessen des wirtschaftlichen Gewinnstrebens autonom zu folgen vermochten, waren ihre Divergenzen in der Regel ausgleichbar; gerieten diese dagegen unter den Einfluß der traditionellen Machtpolitik, verstärkten sie ganz maßgeblich deren eigenständige Tendenz zum militärischen Konflikt. Es waren somit nicht, wie zuweilen vereinfacht angenommen wird, die ökonomischen und wirtschaftlichen Antriebskräfte, die den Krieg unumgänglich gemacht hätten. Allerdings erwies sich ihre Vernunft stiftende Kraft auch nicht als unabhängig und als kräftig genug, um die urtümliche Gewalt der traditionellen Machtpolitik zu bändigen. Verfiel das Ökonomische gar dem alles verschlingenden Sog des Politischen, dann verstärkte es nochmals die Neigung zum Konflikt, entwickelte zusätzliche Schubkraft, die das der Mechanik der Staatenwelt ohnehin schon Anhaftende verstärkte.

Per Saldo waren die Bewegungen des Wirtschaftlichen von der Orientierung durch das Politische in Staat und Staatenwelt abhängig. Noch jedenfalls vermochten sie dem herkömmlich Unfriedlichen nicht die heilende Kraft ihrer zum Friedenserhalt neigenden Vernünftigkeit aufzuzwingen. Nicht Merkur, sondern Mars erwies sich im säkularen Widerstreit der historischen Potenzen am Ende der jetzt ausrinnenden Epoche als stärker. Denn für seine in friedlicher Absicht gewachsenen Interessen in Kleinasien war das Deutsche Reich, darüber ließen die Verantwortlichen in Berlin keinen Zweifel aufkommen, erforderlichenfalls Krieg zu führen bereit. Diese mit der *ultima ratio* des Militärischen rechnende Tendenz beherrschte die äußere Politik aller großen Mächte; sie schlug sich im Wettlauf der Rüstungen nieder. Als der balkanische Raum, an den Deutschland sich stärker als jemals zuvor gebunden hatte, erneut in gefährliche Unruhe geriet, stand Europa wieder einmal vor der Frage nach Krieg oder Frieden.

Der unruhige Balkan

Innenpolitische Belastungen, die sich zunehmend stärker bemerkbar machten, und außenpolitische Gefahren, die aus der Isolierung resultierten, ließen im Reich Besorgnis und Angst aufkommen. Nach und nach beschlich dieses Empfinden die Regierenden ebenso wie die Regierten. Zum optimistischen Kraftgefühl der Zeit, das nach wie vor anzutreffen war, bildete es einen merkwürdigen Kontrast. Eine brisante Mischung aus Furcht und Überheblichkeit verdichtete sich zu der zwanghaften Absicht, man müsse die unvorteilhafte Defensive, in die man geraten war, irgendwie überwinden, am besten offensiv. Nach außen hin herrschte eine unangenehm aggressive, fast kriegerische Stimmung, die das ihr auch zugrunde liegende Motiv banger Verstörtheit fast vergessen machte.

Ein Buch beispielsweise wie das aus der Feder des Generals a. D. Friedrich von Bernhardi »Deutschland und der nächste Krieg«[55], das im Frühjahr 1912 erschien, umgehend Aufsehen erregte und in kurzer Zeit viele Auflagen erlebte, plädierte offen für einen als Präventivkrieg dargestellten Angriff auf Frankreich. Den Deutschen hielt es vor Augen, nach der militärisch erstrittenen Einigung des Reiches stünden sie nunmehr vor der noch größeren Herausforderung, sich nämlich von der kontinentalen Großmacht zu einer wirklichen Weltmacht zu erheben. Eine noch im gleichen Jahr von dem einflußreichen Militärschriftsteller vorgelegte Publikation »Unsere Zukunft«[56] räumte zwar ein, bei vermehrter Rüstung ließe sich das ehrgeizige Ziel sogar durch schiere Machtprojektion, also ohne Blutvergießen erreichen. Dennoch blieb, im Gegensatz zur Außenpolitik des Reichskanzlers, unverkennbar, daß beide Positionen in bezug auf ihre Haltung zum Problem von Krieg und Frieden fast bis ins Grundsätzliche hinein voneinander verschieden waren. Die ausgesprochen antibritische Orientierung des populären Autors hob sich scharf vom Détentekurs ab, den Bethmann Hollweg gegenüber England verfolgte.

Ausgleich suchte der Kanzler jedoch nicht nur mit der Weltmacht im Westen. Im Sommer 1912 unternahm er einen entsprechenden Versuch gegenüber dem Zarenreich. Doch das Unternehmen von Baltischport, wo sich die beiden Monarchen trafen, schlug fehl. Damit war nicht allein die direkt initiierte Verständigung mit Rußland gescheitert. Mißlungen war die darüber hinausweisende Absicht, die Manövrierfähigkeit der Deutschen den Briten gegenüber unter Beweis zu stellen. Die Russen zeigten sich keineswegs dazu bereit, für eine Verabredung mit dem Reich über die Interessenzonen in Kleinasien sowie für ein Entgegenkommen Berlins in bezug auf die Meerengenprobleme das Bündnis mit Frankreich auch nur im entfernten zu lockern, geschweige denn in Frage zu stellen. Im Gegenteil: Weil Allianzpflege mehr und mehr zum Politikersatz avancierte, schlossen Paris und Sankt Petersburg im Juni 1912 ein Marineabkommen, das die bestehende Verbindung nochmals verstärkte.

Inzwischen verbreitete sich auf dem Balkan erneut Unruhe. Ein heftiger Ausbruch südosteuropäischer Spannungen führte dazu, das mehr und mehr in feindliche Lager aufgeteilte Europa zu beschäftigen. Die uns schon in anderem Zusammenhang bekannt gewordene Empfehlung von Friedrich Gentz, wonach es lange Zeit »eine Art von Courtoisie« des europäischen »Monde« darstellte, »nie über die türkischen Angelegenheiten zu sprechen«[57], scheiterte mittlerweile mit unerbittlicher Notwendigkeit an dem engen Zusammenhang, der das alte Europa und die orientalische Frage mit eiserner Klammer im südosteuropäischen Krisengebiet aneinanderfesselte. Allgemeine Kriegsgefahr zog herauf, als Objekte auf dem Balkan nicht mehr allein Spielbälle der Großmächte waren, sondern ihrerseits das europäische Zentrum in verhängnisvollen Bann zogen.

Unter russischer Anleitung schlossen Serbien und Bulgarien im Frühjahr 1912 den Balkanbund; seine offensive Spitze zielte gegen die Türkei. Gleichzeitig war sein abwehrender Schild gegen Österreich-Ungarn gerichtet, das an weiterer Ausdehnung in Südosteuropa gehindert werden sollte. Denn es wurde als sicher angenommen, daß ein türkischer Rückzug umgehend eine österreichische Inbesitznahme des zwischen Serbien und Montenegro gelegenen Sandschaks von Novibazar nach sich ziehen würde, der, *de iure* zumindest, nach wie vor zum Osmanischen Reich gehörte. Dagegen wurde jetzt Vorsorge getroffen. Indirekt prallten wieder einmal Rußland und Österreich-Ungarn aufeinander: Die latente Frage, wer die Hegemonie in Südosteuropa besaß, und ob Österreich-Ungarn den Balkan als seinen Expansionsraum betrachten konnte, war akut geworden.

Nachdem im Mai Griechenland und im August Montenegro dem Balkanbund beigetreten waren, wurde der Türkei am 17. Oktober 1912 der Krieg erklärt, in dem die Osmanen rasch unterlagen. Für ihren andauernden Waffengang mit Italien ergaben sich daraus umgehend Konsequenzen: Nur einen Tag später, im Friedensschluß von Lausanne am 18. Oktober 1912, mußten die in höchste Bedrängnis geratenen Türken in Nordafrika einen territorialen Preis aufbringen und ihre Provinzen Tripolitanien und die Cyrenaika abtreten.

Aufs neue befand sich das Reich in der Zwickmühle zwischen seinen türkischen Bindungen und seinen italienischen Verpflichtungen. Nur weil es den römischen Dreibundpartner unbeeinflußt gewähren ließ, vermochte die anstehende Erneuerung des außerordentlich problematisch gewordenen Bündnisses der drei Monarchien überhaupt noch einmal zu gelingen. Daß es nach langwierigen Verhandlungen am 5. Dezember 1912 zur Verlängerung des Dreibundes kam, wurde im übrigen damit erkauft, daß Italien Kompensationsrechte im adriatischen Raum gewährt wurden, sollte der österreichisch-ungarische Partner und Konkurrent dort neue Gewinne erzielen. In den zurückliegenden Verhandlungen war nämlich klargeworden, was auch im allgemeinen Zusammenhang der österreichischen Außenpolitik hervortrat: Die praktisch zur äußeren Bewegungslosigkeit verdammte Habsburgermonarchie sammelte noch einmal ihre verbliebene Kraft und ging auf offensiven Kurs.

Weit stärker als im italienisch-türkischen Streit tat sich damit für die deutsche Außenpolitik ein grundlegendes Dilemma auf. Es bestand seit den Tagen Otto von Bismarcks und dauerte bis in die Julikrise 1914 hinein an. Auf der einen Seite lag es im eigenen Interesse Berlins, den Großmachtstatus ihres letzten noch übriggebliebenen Alliierten zu erhalten. Dieser war, bis zu einem gewissen Grad, mit einer vorwaltenden Stellung der Monarchie in Südosteuropa verbunden. Auf der anderen Seite galt es zu verhindern, in allzu riskanter Art und Weise in die österreichischen Balkanangelegenheiten verstrickt zu werden. Die bosnische Annexionskrise hatte die damit verbundenen Gefährdungen drastisch vor Augen geführt.

Daher unternahm Staatssekretär Kiderlen-Wächter jetzt den Versuch, gewissermaßen auf Bismarcks Kurs zurückzuschwenken. Angesichts der gründlich gewandelten Lage konnte das bündnispolitische Wendemanöver allerdings nur bedingt vollzogen werden. Österreich-Ungarn bei seinem Existenzkampf beizustehen, nicht zuletzt um des deutschen Interesses willen, beschreibt die eine Seite der auf schmalem Grat balancierenden Zweibundpolitik des Reiches; in balkanischen Händeln dagegen, wiewohl es selbst in dieser Hinsicht Unterstützung, sogar Ansporn von deutscher Seite aus für Österreich-Ungarn geben konnte, darauf bedacht zu sein, den Anlaß nicht ausufern zu lassen, verweist auf ihre andere Seite.

»Nach unseren Verträgen und Abmachungen«, umschrieb der deutsche Staatssekretär des Auswärtigen am 2. September 1912 die neue Richtlinie, die für das Verhältnis zur Doppelmonarchie gelten sollte, »sind wir nicht verpflichtet, Österreich-Ungarn in seinen orientalischen Plänen, geschweige denn Abenteuern zu unterstützen. Sind wir in den letzten Zeiten wiederholt über diese Verpflichtungen hinausgegangen, so haben wir dies getan im Interesse der Stärkung und Festigung unseres Bündnisses nach außen hin. Wir müssen uns aber unsere Stellungnahme zum österreichischen Vorgehen in orientalischen und Balkanfragen stets von Fall zu Fall vorbehalten. Wenn die österreichischen Überraschungen mit Schritten, die der österreich-ungarische Minister *ohne vorherige Fühlung mit uns* sofort bei *sämtlichen* Mächten unternimmt, sich häufen sollten, so würde leicht der Fall eintreten können, daß wir uns in einem Spezialfall von unserem Bundesgenossen trennen müssen. ... Den österreichischen Satelliten im Orient wollen wir nicht machen.«[58]

Gegenüber dem Zweibundpartner schlug Kiderlen-Wächter einen merklich veränderten Kurs ein und hielt zur Außenpolitik des Bethmann Hollweg im Amt vorausgehenden Reichskanzlers einen unübersehbaren Abstand. Alles in allem war er darum bemüht zu verhindern, daß für Berlin Gewichtiges in Wien entschieden wurde. Obwohl der inzwischen verabschiedete Bülow in der zurückliegenden Balkankrise von 1908/09 viel aktiver vorgegangen war, als von Zeitgenossen und Späterlebenden oftmals angenommen wurde, sollte der Zügel auf jeden Fall eindeutiger als bisher von Berlin aus angezogen oder gelokkert werden, wenn es um die Balkanpolitik des österreichischen Alliierten ging. Das konnte eine Distanzierung von seinen Ambitionen beinhalten, was wohl den Regelfall der bilateralen Beziehungen zwischen Berlin und Wien kennzeichnete; das konnte aber auch ein verstärktes Engagement der Deutschen mit sich bringen, sollten sie einmal daran interessiert sein, in die südosteuropäischen Belange ihres Verbündeten steuernd einzugreifen. Klar wurde auf jeden Fall, was Maxime der Regierung Bethmann Hollweg war. Dem Wiener Außenminister Berchtold wurde die neue Orientierung der Berliner Außenpolitik beim Buchlauer Zusammentreffen am 6. September 1912 vom Reichskanzler verdeutlicht: Deutschland war nicht mehr länger dazu bereit, einseitige Aktionen der Österreicher auf dem Balkan um jeden Preis zu decken.

Bald schon, im November 1912, spitzte sich die durch den ersten Balkankrieg in heftige Bewegung versetzte Entwicklung in Südosteuropa zu: Die Gefahr eines österreichisch-russischen Krieges drohte. Mit aller Kraft machten die Wiener Staatsmänner dagegen Front, daß sich der serbische Schutzbefohlene des Zarenreiches bis an die Adria ausdehnte; statt dessen plädierten sie für die Schaffung eines unabhängigen Albanien. Allein, noch vor dem Beginn der Botschafterkonferenz der europäischen Großmächte, die am 28. Dezember 1912 in London zusammentrat, um den Streitfall zu regeln, wurde seine friedliche Beilegung wahrscheinlich. Denn die Russen hatten ihren serbischen Klienten dadurch zur Mäßigung angehalten, daß sie ihm zu verstehen gaben, für seine adriatischen Interessen keinen Krieg gegen Österreich-Ungarn führen zu wollen. Die Habsburgermonarchie ihrerseits hatte bekundet, daß sie sofort zum Einlenken bereit sei, wenn Serbien sich von seinem Ziel löse, bis an die Adria vorzudringen. Was aber das Deutsche Reich anging, so hatte es seinerseits die überhitzten Gemüter der österreichischen Heißsporne durch einen »kalten Wasserstrahl«[59] abgekühlt, den Kiderlen-Wächter durch einen offiziösen Artikel der *Norddeutschen Allgemeinen Zeitung* vom 25. November 1912 nach Wien »hinspritzen« ließ.

Die österreichische »Kriegspartei« (Helmut Rumpler) um Generalstabschef Conrad von Hötzendorf mußte zurückstecken; Franz Josephs »Politik des Friedens«[60] obsiegte, zumal auch der Thronfolger Franz Ferdinand inzwischen von Conrads kriegerischen Plänen abgerückt war und in ihnen nichts als ein schieres Verhängnis zu erblicken vermochte. Durch einen Krieg gegen Serbien mit Rußland aneinanderzugeraten, schien ihm mit Sicherheit dazu angetan, die Revolution zu fördern, der der österreichische Kaiser und der russische Zar zum Opfer fallen würden: »Wenn wir den großen Krieg entamieren«, vertraute der Erzherzog sein »Glaubensbekenntnis« Außenminister Berchtold »in steter Freundschaft« unter dem Datum des 1. Februar 1913 an, »so ist dies ein Unglück ...«[61].

Der weisen Absicht der österreichischen Friedenspartei kam entgegen, daß auf deutscher Seite der Kaiser, im Gegensatz zu den kriegswilligen Militärs, keinerlei Bereitschaft zeigte, um des adriatischen Streites zwischen Österreich-Ungarn und Serbien willen den großen Krieg zu führen: Eine so weitreichende Entscheidung zu treffen, kam ihm angesichts des geringfügigen Anlasses kaum als vertretbar vor.

Bis zu seinem plötzlichen Tod am 30. Dezember 1912 vermochte Kiderlen-Wächter den außenpolitischen Kurs der Regierung zu halten: Österreich wurde bedingt unterstützt, damit es beim deutschen Bündnispartner verblieb; nicht länger wurde die Monarchie aber dazu ermutigt, auf eigene Faust zu handeln. Damit verband der Staatssekretär, ganz im Sinne der Englandpolitik Bethmann Hollwegs, das übergeordnete Ziel, die andauernde Krise im engen Zusammenwirken mit Großbritannien beizulegen und das Verhältnis zu den Engländern im allgemeinen zu verbessern. »Sicher sei«, erläuterte er sein Vorhaben, durch gemeinsames Krisenmanagement an der europäischen Peripherie zu einem bilateralen Einvernehmen in zentralen Fragen zu gelangen, »daß ein praktisches Zusammengehen mit England in einer wichtigen Frage der allgemeinen Politik heilsamer als alle Verbrüderungsfeste und papierene Verträge gerade auf unsere Beziehungen zu den Vettern jenseits des Kanals einwirken würde«[62].

Nachdem den Russen klargeworden war, daß ihre Interessen an den Meerengen, besonders in Konstantinopel, im Verlauf der sich hinziehenden Krise nicht berührt waren, und nachdem die Österreicher sicher sein konnten, daß Serbien nicht an der Adria Fuß fassen würde, trat für beide der Gedanke an einen Krieg zurück. Der Londoner Botschafterkonferenz war der Weg zum Erfolg gebahnt. Weil Rußland, Österreich-Ungarn und Deutschland keine militärische Auseinandersetzung wollten, konnten die diplomatischen Verhandlungen in England reüssieren.

Unübersehbar problematisch war dagegen für das Deutsche Reich, daß die Partner der »Entente cordiale«, Großbritannien und Frankreich, in diesem krisenhaften November des Jahres 1912 noch näher zusammengerückt waren. Am 22./23. November hatten sie in einem uns schon beiläufig bekannt gewordenen Briefwechsel zwischen dem britischen Außenminister Grey und dem französischen Botschafter in London Cambon ihre Zusammenarbeit auf militärischem Gebiet zu intensivieren vereinbart. Ungeachtet der nicht ungünstig erscheinenden Aussicht auf eine Einigung mit Großbritannien blieb Deutschlands Lage angespannt.

In seiner großen Reichstagsrede vom 2. Dezember 1912 nahm der Kanzler dazu Stellung. Hatte Staatssekretär Kiderlen-Wächter Österreich-Ungarn nur wenige Tage zuvor zur Mäßigung aufgerufen, warnte Bethmann Hollweg jetzt Rußland in einem überraschend entschiedenen Ton davor, es um der südosteuropäischen Frage willen zum Äußersten kommen zu lassen. Sollte der Zweibundpartner vom Zarenreich angegriffen werden, würde Deutschland an der Seite der Donaumonarchie kämpfen. Die zuversichtliche Vermutung des Kanzlers, »daß wir bei einer solchen Politik das ganze Volk hinter uns haben werden«[63], erfuhr schon im Anschluß an seine Reichstagsrede eine überzeugende Bestätigung. Bis in die Sozialdemokratie hinein war das, was er, an Rußlands Adresse gerichtet, warnend ausgeführt hatte, im innenpolitischen Rahmen populär.

Dagegen rief seine Rede auf außenpolitischem Terrain Mißverständnisse in England hervor. Dort wurde befürchtet, die entschlossene Sprache der Deutschen werde die Konfrontation zwischen Rußland und Österreich-Ungarn nur noch verschärfen. Für den sich daraus ergebenden Kriegsfall – Angriff der Donaumonarchie auf Serbien, Unterstützung Rußlands für seinen Schutzbefohlenen, *casus foederis* des Zweibundes mit Deutschlands Eingreifen an Österreich-Ungarns Seite – befürchteten die Briten, das Reich werde, im Sinne seiner militärtechnischen Aufmarschplanung, der russisch-französischen Allianz durch einen raschen Sieg im Westen Europas beikommen wollen. »Eine Niederwerfung der Franzosen«[64], die damit leicht verbunden sein konnte, wollte Großbritannien jedoch auf gar keinen Fall hinnehmen – so jedenfalls ließ Lord Haldane nur einen Tag nach Bethmann Hollwegs Rede den deutschen Botschafter in London, Fürst Lichnowsky, unmißverständlich wissen: Für England waren die Gefährdung der Existenz Frankreichs sowie des Bestands der mittlerweile militärisch verankerten Entente Kriegsgründe!

Als Wilhelm II. einige Tage später von diesem wahrhaftig alarmierenden Bericht an den Kanzler Kenntnis erhielt, war die akute Kriegsgefahr bereits abgeklungen. Doch der Monarch steigerte sich noch einmal in eine regelrechte Panik, sah er das Reich doch von drei zum Krieg bereiten, ja sprungbereiten Feinden umstellt: »Der eventl. Existenzkampf, den die Germanen in Europa (Österreich, Deutschland) gegen die von Romanen (Galliern) unterstützten Slaven (Rußland) zu fechten haben werden«, so stellte sich ihm die allgemeine Lage dar, wobei er die staatlichen Gegensätze von Nationen und Reichen in eine rassisch eingefärbte Terminologie tauchte, »findet die Angelsachsen auf der Seite der Slaven. Grund: Neidhammelei, Angst unseres zu groß werdens!«[65] Daher wurde, ohne den Reichskanzler davon zu unterrichten oder daran zu beteiligen, vom Monarchen am 8. Dezember 1912, einem Sonntag, eine Konferenz der militärischen Spitzen einberufen. Der große Krieg, über einer Balkanfrage ausgelöst, schien dem Kaiser unmittelbar bevorzustehen. Ironisch apostrophierte der erst eine Woche später von dieser Konferenz unterrichtete Reichskanzler das Zusammentreffen als einen »Kriegsrat«, der nach den Worten von Admiral von Müller, dem Chef des Marinekabinetts, »so ziemlich 0«[66] ausging.

Mit Gewißheit ist es nicht zutreffend, das Ergebnis dieser Beratung darin zu sehen, an diesem Tag sei beschlossen worden, den europäischen Krieg zwar nicht unmittelbar, aber im Sommer 1914 zu beginnen. Weil der Nordostseekanal erst dann fertiggestellt sein konnte und weil die Kriegsmarine noch nicht gefechtsbereit war, trat Tirpitz für »das Hinausschieben des großen Kampfes um 1 1/2 Jahre«[67] ein. Für die äußere Politik der deutschen Kontinentalmacht wurde diese Forderung nicht ausschlaggebend. Wäre es nämlich nach dem Willen des Generalstabes gegangen, dann hätte man den Krieg keinen Tag länger aufgeschoben. Moltke hielt ihn »für unvermeidbar« und forderte ihn »je eher je besser«[68].

Nicht zuletzt in diesem Befund liegt die Erheblichkeit des sogenannten »Kriegsrates«: Der Beginn eines Waffenganges wurde nicht definitiv beschlossen, sein Ausbruch jedoch als schicksalhaft und unabwendbar angesehen – ganz im Gegensatz zu den Bemühungen des Reichskanzlers, der trotz eines ihn fatalistisch heimsuchenden Pessimismus an seiner äußeren Politik der Détente festhielt. Eine neue Heeres- und eine weitere Flottenvorlage standen am 8. Dezember 1912 ebenfalls zur Debatte; der Kaiser befahl zudem, den Plan für eine Invasion Englands auszuarbeiten; gleichzeitig ordnete er an, in der Öffentlichkeit »besser die Volkstümlichkeit eines Krieges gegen Rußland ... vor[zu]bereiten«[69].

Schon bald konnte der Reichskanzler dem bramarbasierend Geforderten die Spitze nehmen: Der antirussische Pressefeldzug unterblieb; das Vorhaben einer Bethmann Hollwegs Englandpolitik belastenden Flottenvorlage trat in den Hintergrund; dagegen wurde die Verstärkung des Heeres durchaus verfolgt: Sie paßte ins Konzept des Kanzlers. Noch einmal gelang es ihm, das Chaos an der Spitze des Reiches zu bändigen; in dem vom aufgeregten Kaiser improvisiert einberufenen »Kriegsrat« hatte es sich besonders kraß gezeigt.

Immerhin, mit Moltkes Einlassung, je eher es zum Krieg kommen werde, desto besser sei es für das Deutsche Reich, war erneut die spezifische Präventivkriegsbereitschaft der Militärs zum Vorschein gekommen. Bis in die Julikrise des Jahres 1914 sollte sie noch zunehmen. Der Krieg, für den der Chef des Generalstabes eintrat, war, recht betrachtet, kein Prävenire – also kein mit militärischem Einsatz einem Angriff des Gegners Zuvorkommen, der nach gesicherten Erkenntnissen unmittelbar bevorsteht. Nach dem davon erheblich abweichenden Präventivkriegsverständnis der preußisch-deutschen Militärs ging es vielmehr darum, ungünstige Entwicklungen, die sich vor dem allgemeinen Hintergrund der politischen Großwetterlage abzeichneten, mit kriegerischen Mitteln zu korrigieren, die Zukunft gleichsam mit dem Schwert vorwegnehmend zu gestalten.

Wenn am Jahresende 1912 auch nicht die Kriegsauslösung beschlossen wurde, lag die Bedeutung des »Kriegsrates« doch in der erneuten Artikulation einer Kriegsbereitschaft, die für den zukünftigen Gang deutscher Außenpolitik maßgeblich wurde. Eine tiefe Kluft zwischen politischer und militärischer Führung hatte sich einmal mehr aufgetan: Sie verdeutlichte nur die Unvereinbarkeit zwischen der englischen Détentepolitik der Zivilisten, die den Frieden bewahren wollten, und der gegen Westen zielenden Aufmarschplanung der

Militärs, die den Krieg auslösen wollten. Die Tatsache, daß im folgenden Jahr der ohnehin kaum mehr relevante, aber immerhin noch existierende Mobilmachungsplan Ost kassiert wurde und der Schlieffen-Plan nunmehr alternativlose Geltung besaß, erweiterte die ohnehin beträchtliche Distanz zwischen den beiden Lagern: Hier trieb Bethmann Hollweg seine äußere Politik, die auf die Aussöhnung mit England gerichtet war und eine antirussische Tendenz besaß. Dort planten die Militärs, die selbst einen Krieg mit Rußland, der aus dem österreichischen Bündnisfall erwuchs, nicht anders als durch den Angriff auf das mit Großbritannien verbundene Frankreich zu führen vorhatten – davon abweichen wollten und konnten sie nicht.

In seinen zivilen und militärischen Grundfesten stand das ins Schwanken geratene Haus des deutschen Konstitutionalismus inzwischen auf unsicherem Boden. Den Hiatus zwischen »Staatskunst und Kriegshandwerk« zu überwinden, hat der Reichskanzler, aus welchen Gründen auch immer, nicht energisch genug gefordert.

Die eher probritische und antirussische Orientierung deutscher Außenpolitik wurde von Kiderlen-Wächters Nachfolger im Amt des Staatssekretärs, Gottlieb von Jagow, fortgeführt und in der andauernden Balkankrise verfolgt. Diese spitzte sich im Frühjahr 1913 noch einmal bedrohlich zu. Denn ungeachtet des Beschlusses der Londoner Konferenz, ein selbständiges Albanien zu schaffen, belagerten die Serben weiterhin das im Nordwesten des künftigen Königreichs liegende Skutari. Auf den Ausgleich mit London bedacht, hatte Berlin daher alle Hände voll zu tun, Wien zu mäßigen, ohne darüber den österreichischen Alliierten zu verlieren. Erst als Serbien, das mit Montenegro verbündet war, Skutari genommen hatte und auf Dauer an der Adria Stellung zu beziehen im Begriff stand, somit also Österreichs Position und Prestige als Großmacht unübersehbar auf dem Spiel standen, zeigte das Reich für die Donaumonarchie Verständnis, falls diese militärisch dagegen vorzugehen gedachte.

Charakteristisch für die Diplomatie Bethmann Hollwegs und Jagows war, daß sie, über alle diese Angelegenheiten in engem Kontakt mit England, die Briten zu einem Zusammenwirken mit dem Dreibund veranlassen konnten. Das auf die englische Verständigung zielende Kalkül des Reichskanzlers schien aufzugehen; die Drohung der Triple-Entente erschien, zumindest erst einmal, vielleicht sogar zukunftsträchtig, gebannt. Serben und Montenegriner gaben schließlich nach, und am 30. Mai 1913 kam es zum Präliminarfrieden von London. Deutsche und Briten hatten konstruktiv zusammengewirkt: Das bot Aussichten auf eine Détente im deutsch-englischen Verhältnis; das weckte für die Zukunft Hoffnungen auf ein europäisches Krisenmanagement unter deutsch-britischer Ägide.

Allerdings: Umgehend galt es hinter solch hochgemute Erwartungen bange Fragezeichen zu setzen. Die balkanischen Kontrahenten Österreich-Ungarn und Rußland von deutscher und englischer Seite aus zu mäßigen, setzte mehr voraus als ein deutsch-britisches Einvernehmen: In erster Linie kam es selbstverständlich darauf an, daß Wien und Sankt Petersburg friedensbereit, nicht aber kriegswillig waren. Ebendiese Einstellung änderte sich nach den Balkankriegen grundlegend und für das Kommende maßgeblich! Die beiden Rivalen in Südosteuropa zeigten sich bald darauf, in ganz anderem Maße als 1912/13, dazu entschlossen, ihre unvereinbaren Standpunkte um jeden Preis durchzusetzen, sogar in die Offensive zu gehen und ihr Gewicht im Rahmen der jeweils bestehenden Bündnisformationen rücksichtsloser als zuvor auszuspielen: Das galt für Rußland, dessen Macht noch beträchtlich anwuchs, in weit höherem, ja entscheidenderem Maße als für Österreich-Ungarn, dessen Einfluß vergleichsweise zurückging.

Der Streit um die Beute aus dem ersten Balkankrieg ließ, weitgehend unabhängig vom Tun der Großmächte, unter den südosteuropäischen Völkern im Juni 1913 den zweiten Waffengang ausbrechen. Der bulgarische Angreifer wurde von den attackierten Serben und Griechen geschlagen, denen die Rumänen und Türken an die Seite getreten waren. Daß Österreich-Ungarn dem bulgarischen Verlierer, seinem südosteuropäischen Protegé, nicht beisprang, ging erneut auf deutsche Einwirkung zur Mäßigung zurück. Ergebnis war daher, daß Serbien zu Lasten der Bulgaren der maßgebliche Nutznießer wurde und im Frieden von Bukarest am 10. August 1913 territoriale Gewinne erzielte. Erneut gelang es den Serben jedoch nicht, sich an der Adria festzusetzen; dagegen wurde die Gründung des albanischen Staates beschlossen. Dennoch war die regionale Lage alles andere als beruhigt.

Bulgarien und die Donaumonarchie mochten sich mit dem Bukarester Frieden, der Serbien über Gebühr begünstigte, partout nicht abfinden. Die Serben wollten ihrerseits noch mehr als das, was sie ohnehin schon bekommen hatten. Als sie mit ihren in Albanien stehenden Truppen darangingen, eine dort ausgebrochene Revolte niederzuschlagen, zeigte sich rasch, was sie vorhatten: Energisch schritt Österreich-Ungarn daraufhin ein und forderte am 18. Oktober in ultimativer Form den serbischen Rückzug. Das Deutsche Reich unterstützte die mit festem Schritt auftretende Habsburgermonarchie. Sein Handeln lag ganz auf der Linie dessen, was es schon im April nach dem Fall Skutaris getan hatte – mit einem gravierenden Unterschied: Der Jagow vertretende Unterstaatssekretär Zimmermann hielt nicht den engen Kontakt zu England, den die Wilhelmstraße ein halbes Jahr zuvor erfolgreich zu gestalten verstanden hatte. Allein, das offensichtlich auf einem bürokratischen Fehler beruhende Mißverständnis ließ sich noch einmal beheben. Zudem vollzog sich Österreich-Ungarns Vorgehen gegen Serbien in grundsätzlicher Übereinstimmung mit dem, was die Großmächte beschlossen hatten: Belgrad mußte nachgeben.

Zwar hatte der deutsche Kaiser sich wieder in unreifes Kraftmeiertum geflüchtet, hatte das österreichische Ultimatum vom 18. Oktober mit der tumben Bemerkung, »da unten« müsse endlich einmal »Ordnung und Ruhe geschafft werden«[70], kommentiert und mit geradezu lebensgefährlicher Kurzsichtigkeit bekräftigt, daß »was immer vom Wiener Auswärtigen Amte komme, für Ihn [Wilhelm II.] Befehl sei«[71]. Dagegen hatte die Reichsregierung den neu austarierten Kurs ihrer Zweibundpolitik um keinen Zollbreit verlassen. Stand der Großmachtstatus Österreich-Ungarns ernsthaft zur Debatte, zeigte sie sich zur Hilfeleistung fest entschlossen. Dagegen war sie keineswegs darauf aus, Serbien zu vernichten; im Gegenteil: Seine Existenz erschien in dem Maße erforderlich zu sein, in dem die Deutschen eine grundlegende Revision des Bukarester Vertrags ablehnten. Eine kalkuliert gewährte Unterstützung für Österreich-Ungarn durfte Serbiens Dasein nicht so stark in Mitleidenschaft ziehen, daß Rußland auf den Plan treten mußte. Um die eigene Position ebenso wie die des Zweibundes dennoch zu verstärken, bemühten sich die Deutschen darum, nicht zuletzt unter dem Einfluß Kaiser Wilhelms II., eine Formation südosteuropäischer Monarchien auf ihre Seite zu ziehen. Sie sollte ein Gegengewicht zu dem erheblich angewachsenen Einfluß bilden, den das Zarenreich inzwischen auf dem Balkan besaß.

Doch eine noch so gekonnte Diplomatie vermochte den offensichtlich unaufhebbaren Tatbestand nicht aus der Welt zu schaffen, der auf dem deutsch-österreichischen Verhältnis lastete: Das »gemütliche Siechtum«[72] der Donaumonarchie schritt voran. Doch gerade Österreich-Ungarns Angst vor dem politischen Abstieg konnte jederzeit seine Bereitschaft zum kriegerischen Risiko auslösen. An den deutschen Bündnispartner stellte das Anforderungen, die schwieriger wurden. Zudem blieb die konfliktträchtige Überschneidung österreichischer und russischer Interessen auf dem Balkan bestehen. Während viele Jahre lang der Westen dieser Region als Einflußgebiet der Donaumonarchie und der Osten als Rayon des Zarenreichs gegolten hatte, setzte vom Jahre 1907 an eine Durchmischung ein, die explosiv wirkte. Im österreichischen Westen Südosteuropas wurde Serbien ein russischer Klient, und im russischen Osten war Bulgarien inzwischen ein österreichischer Vasall. Die Probleme waren mit Händen zu greifen.

Die allgemeine Lage blieb ernst, ungeachtet der Erfolge deutsch-britischen Krisenmanagements. Vor allem strategische Sachzwänge waren es zunehmend mehr, die den in ihren Gestaltungsmöglichkeiten reduzierten Politikern das notwendige Element der freien Wahl raubten. Tatsächlich zog über Europa, um Bethmann Hollwegs düster prophetische Empfindung anzuführen, ein »Fatum, größer als Menschenmacht«[73] herauf. Das geradezu wuchernde Sicherheitsbedürfnis der Staaten führte zum Gegenteil des Beabsichtigten und endete im allgemeinen Sicherheitsverlust; die tatsächliche Orientierungslosigkeit im Politischen drängte auf den verlockenden Ausweg ins Militärische.

Im Verlauf und im Gefolge der beiden Balkankriege setzte ein bislang noch nicht dagewesenes Wettrüsten ein. Seine populäre Verankerung in den nationalen Gesellschaften der Staaten Europas überrollte die in den einzelnen Ländern ohnehin nur schwachen Gegenkräfte ebenso wie die internationale Friedensbewegung der Zeit. Österreich-Ungarn ging im Jahre 1912 voran, erhöhte die Friedensstärke seiner Armee von 385 000 auf 470 000 Mann und modernisierte seine Artillerie. Rußland verstärkte daraufhin sein Heer von 1,2 auf 1,42 Millionen Mann und plante, diese gewaltige Zahl bis 1917 noch einmal, auf 1,8 Millionen, zu vermehren. Daß die Russen zudem ihr strategisches Eisenbahnnetz in Polen zum militärischen Aufmarsch gegen Österreich-Ungarn und Deutschland beschleunigt ausbauten, rief nicht zuletzt im Reich Beunruhigung hervor.

Auf die russische Aufrüstung antwortete Deutschland mit einer erheblichen Vermehrung und Modernisierung seines Heeres. Bis 1915 sollten zusätzlich 136 000 Mann aufgestellt werden; im Sommer 1914 hatte das Reich fast 750 000 Soldaten unter Waffen. Ein vergleichbares Potential stand den Franzosen zur Verfügung, weil sie, in einem lange zuvor bereits initiierten Gegenzug auf die deutschen Anstrengungen, von der zwei- zur dreijährigen Dienstpflicht übergegangen waren. Sogar England verstärkte seine Landstreitkräfte, ganz abgesehen von der Vermehrung der Flotte und ihrer Konzentration in den Heimatgewässern.

Was die seit dem Herbst 1912 im Deutschen Reich erörterte Heeresvorlage anging, so warf sie ein ganz grundlegendes Problem auf: Die Frage nach der Überlebensfähigkeit des deutschen Konstitutionalismus war gestellt; seine Verträglichkeit mit den innen- und außenpolitischen Anforderungen der Moderne stand zur Prüfung an. Der preußische Kriegsminister von Heeringen wollte, wie bereits in anderem Zusammenhang erwähnt worden ist, von einer erheblichen Steigerung der Heeresquantität an sich nichts wissen, mußte doch dadurch die »feudale« Prägung des Offizierkorps verlorengehen. Dagegen verlangte der Generalstab immer dringender nach einer deutlichen Vermehrung der Armeestärke. In diesem Begehren wurde von Moltke jetzt durch den energischen Oberst Ludendorff maßgeblich beeinflußt. Sein bemerkenswerter Aufstieg spiegelte einen rapiden Wandel der Gesellschaft: Selbst im Heer, und nicht nur wie bisher in der Marine, vermochten Angehörige des Bürgertums in hohe Positionen aufzusteigen.

Die beiden großen Denkschriften des Generalstabes, die im November und Dezember 1913 vorgelegt wurden und Ludendorffs Handschrift trugen, wiesen tatsächlich, wären sie wie vorgeschlagen verwirklicht worden, den Weg in eine »Rüstungsgesellschaft«[74], die Ludendorff später, unter dem revolutionären Eindruck des Ersten Weltkrieges, programmatisch forderte. Jetzt hätte die von dem Obersten vorgeschlagene, auf zwei Jahrgänge verteilte Erhöhung der Friedensstärke des Heeres um etwa 300 000 Mann die Armee um gut ein Drittel vermehrt: eine außenpolitische Belastung, wenn man die Reaktionen der europäischen Partner und Gegner in Betracht zog; ein innenpolitisches Problem, wenn man nur an die Finanzierung dachte.

Begleitet wurde die Debatte um die deutsche Heeresverstärkung von einer fanatisch fordernden und lautstark agitierenden Öffentlichkeit. Der neue, bürgerliche Militarismus, der inzwischen bereits seine gesellschaftliche Fortsetzung im »Militarismus der ›kleinen Leute‹«[75] und ihrer Kriegervereine fand, machte mobil: Nicht mehr länger Rücksicht nehmen wollte er auf die Vorbehalte des alten, aristokratischen Militarismus gegen eine quantitative Vergrößerung der Armee, weil sie aus überholtem Standesdenken und Standesdünkel resultierten. Ohne Einschränkung huldigte er dem Kult der größeren Zahl, ja der strategischen Offensive, die ihrerseits ein Mehr an Soldaten, nicht aber an Comment erforderte.

In der hin- und hergehenden Debatte trat der Reichskanzler damals für eine, an den Forderungen des Generalstabs gemessen allerdings gemäßigte Heeresvermehrung ein. Zum einen sorgte er sich um die Schlagkraft des lange Zeit zugunsten der Marine zurückstehenden Heeres, das die Sicherheit gegenüber der russisch-französischen Allianz zu garantieren hatte. Zum anderen gedachte er, weil man eine Goldmark schon damals nur einmal ausgeben konnte, auf diesem Weg eine neue Flottenvorlage zu unterlaufen.

»Am schwersten hat mich der Einblick belastet«, kommentierte er in grüblerischem Nachdenken, »den mich die Militärs in unsere Stärkeverhältnisse für den Fall eines Krieges haben tun lassen. Man muß schon ein gut Teil Gottvertrauen haben und auf die russische Revolution als Bundesgenossen rechnen, wenn man einigermaßen ruhig schlafen will. Ob der Flotte haben wir die Armee vernachlässigt und uns mit der ›Flottenpolitik‹ gleichzeitig Feinde ringsum geschaffen. Das brauchten wir nicht, und konnten doch Schiffe bauen. Die Armeevorlage ist unbedingt nötig. Wir können keinen Rekruten missen, der den Kuhfuß tragen kann. Ich mache die Vorlage so wie sie das Militär verlangt, ohne Abstriche. Sonst kommen die Kerls im nächsten Jahr wieder und Keim u[nd] Gen[ossen] [das ist der Wehrverein] hetzen weiter.«[76]

Am 23. Januar 1913 wurde die Vorlage zur Verstärkung des Heeres unterbreitet, die schließlich im Sommer des Jahres, am 30. Juni, im Reichstag angenommen wurde. Sie besaß nicht die gigantischen Ausmaße dessen, was Ludendorff ursprünglich vorgeschlagen hatte. Doch die geplante Verstärkung an Mannschaften und Offizieren, insgesamt 136 000 Soldaten, war auch so gewaltig und kostete enorm viel Geld an einmaligen und an laufenden Aufwendungen.

Über ihre Finanzierung kam es zu innenpolitischen Auseinandersetzungen. In krisenhaften Zeiten pflegt es nicht selten so zu sein, daß äußerer Druck innere Probleme hervortreten läßt, die bereits lange zuvor angelegt sind. Das war jetzt der Fall: Die außenpolitische Last, die zu erhöhten militärischen Anstrengungen nötigte, warf für die wilhelminische Gesellschaft das Legitimationsproblem auf. Vor allem die Sozialdemokratie und die Fortschrittspartei machten ihre Zustimmung zur Heeresvorlage nicht zuletzt davon abhängig, daß diese mit einer inneren Reform einherging und die Gelder dafür durch die

Einführung von Besitzsteuern aufgebracht wurden. Die Forderung stieß auf schroff-entschiedene Ablehnung der Konservativen. Obwohl diese bald isoliert dastanden, wollte der Reichskanzler keine Lösung, die sich bevorzugt auf die parlamentarische Linke stützte. Am Ende kam es zu einem kompliziert ausgehandelten Kompromiß. So unbefriedigend er sich im innenpolitischen Feld für die widerstreitenden Interessen ausnahm, in außenpolitischer Perspektive ermöglichte er, die erforderlichen Militärausgaben zu tragen.

Im Verlauf der Auseinandersetzungen um die Heeresvorlage gab Bethmann Hollweg bei verschiedenen Gelegenheiten, in öffentlicher Rede vor dem Parlament und in vertraulichen Verhandlungen mit den Mitgliedern der Haushaltskommission, Einblick in seine außenpolitische Gedankenbildung; sie kreiste, wie hätte es anders sein können, um das Verhältnis des Reiches zu Rußland und England. Was die östliche Weltmacht anging, trat seine antirussische Orientierung, ohne daß er jede Chance auf Einigung von vornherein verworfen hätte, unübersehbar hervor. Was die westliche Weltmacht betraf, zeigte er sich, ungeachtet, ja gerade im Sinne seiner englischen Détentepolitik, davon überzeugt, Großbritannien werde im Falle eines europäischen Krieges auf seiten der Russen und Franzosen fechten, also nicht neutral bleiben.

Von derlei akuten Befürchtungen und wahrscheinlichen Entwicklungen abgesehen, konnte sein nachdenklicher Pessimismus nicht verborgen bleiben, mit dem er im allgemeinen auf die weit vorangeschrittene, Segen und Fluch in sich bergende Entwicklung Europas blickte: In diesem Zusammenhang beklagte er die sich auftürmenden Schwierigkeiten der europäischen Kabinette, den allgemeinen Frieden angesichts einer sich in den einzelnen Staaten immer schriller bemerkbar machenden öffentlichen Meinung zu bewahren, die überall ohne Zagen kriegsbereit wirkte.

Bethmann Hollwegs »Politik der Diagonale«, die das Ziel hatte, im Inneren über den Parteien zu regieren und nach außen hin den Frieden zu bewahren, geriet zunehmend von links bis rechts unter Druck. Der Drohung mit der sozialistischen Revolution entsprach die Gefahr des konservativen Staatsstreichs; in der Zabern-Affäre vom Jahre 1913 traten die Zerklüftungen der Gesellschaft, vor allem aber der Machtanspruch der Militärs auf bedenkliche Weise in Erscheinung. In einem viel beachteten Memorandum, das Freiherr von Gebsattel im November 1913 vorlegte und das dem leichtsinnigen Kronprinzen zugeleitet wurde, verlangten die Alldeutschen den inneren Umsturz und den äußeren Krieg.

Noch einmal trat Bethmann Hollweg diesem geradezu lebensgefährlichen Ansinnen mit Entschiedenheit und mit Erfolg entgegen. Eine überlegene Absage erteilte er dem törichten Gedanken an eine Revolution von rechts im Inneren; und er führte dem Thronfolger, der ihm das Dokument übermittelt hatte, warnend vor Augen, was der »radikale Playboy«[77] und die staatsstreichlüsterne Opposition offensichtlich übersahen: »In einem zukünftigen Krieg, der ohne zwingenden Anlaß unternommen wird, steht nicht nur die Hohenzollernkrone, sondern auch die Zukunft Deutschlands auf dem Spiel. Gewiß muß unsere Politik kühn geführt werden. Aber in jeder diplomatischen Verwicklung mit Schwertern rasseln, ohne daß die Ehre, die Sicherheit und die Zukunft Deutschlands bedroht sind, ist nicht nur tollkühn, sondern verbrecherisch.«[78] Die eindringliche Mahnung zur Besonnenheit entsprach der nicht zu verkennenden Tatsache, daß sich die allgemeine Lage des Deutschen Reiches und der Staatenwelt gefährlich kompliziert hatte. Hochgerüstet lagen sich, in antagonistische Blöcke aufgespalten, die europäischen Großmächte gegenüber. Die Frage war, ob sie noch einmal, wie in den Jahren seit 1905, mit einer großen internationalen Krise fertigwerden konnten, ohne den Frieden zu verspielen – trieb doch schon ein an sich marginales Zerwürfnis zwischen Deutschen und Russen wie die am Ende des Jahres 1913 beginnende Liman-von-Sanders-Affäre den alten Kontinent erneut an den Rand des militärischen Konflikts.

Die Liman-von-Sanders-Affäre

Das Bestreben des Deutschen Reiches, die Türkei nicht dem russischen Imperialismus zu überlassen und sie vor der Aufteilung zu bewahren, wurde nach der Niederlage des Osmanischen Reiches im ersten Balkankrieg deutlicher auf die Probe gestellt als jemals zuvor. Angesichts der anti-habsburgischen Südosteuropapolitik des Zarenreiches sowie mit Blick auf die eigenen Interessen in der Türkei bestand diese Notwendigkeit nach dem Ausgang des zweiten Waffenganges dringend fort.

Die schon längere Zeit zuvor gehegten Pläne, das türkische Heerwesen durch deutsche Hilfe zu reformieren, konkretisierten sich jetzt. »Die Macht, welche die Armee kontrolliert«, informierte der deutsche Botschafter in Konstantinopel, von Wangenheim, den Reichskanzler im April 1913, »wird in der Türkei immer die stärkste sein«[79]. Da die Engländer seit geraumer Zeit die türkische Marine unterstützten und die Flotte des Sultans von einem britischen Admiral kommandiert wurde, eröffnete sich bei einer parallelen Aktion der Deutschen für das türkische Heer die Möglichkeit eines deutsch-englischen Zusammenwirkens, dessen antirussische Ausrichtung auf der Hand lag.

Anfang Dezember 1913 wurde die entsprechende Offerte der Türken aufgegriffen. Der Kaiser entsandte den Generalleutnant Otto Liman von Sanders mit einer Abordnung von über vierzig Offizieren nach Konstantinopel. Ihr Auftrag bestand nach den Worten Wilhelms II. darin, im Osmanischen Reich »eine neue starke Armee zu schaffen, die meinen Befehlen gehorcht« und die ein »Gegengewicht gegen die aggressiven Absichten Rußlands« bilden sollte. »Germanisierung der türkischen Armee« sowie »die Behauptung der dominierenden deutschen Autorität und des Einflusses auf Fragen der Außenpolitik«[80] waren die nicht eben bescheidenen Wünsche des Monarchen, denen er in der geheimen Abschiedsaudienz für die Mitglieder der türkischen Mission am 9. Dezember auftrumpfenden Ausdruck verlieh. Allerdings: Die Spekulation, auf diesem Wege sogar die Bindungen der Franzosen und Briten an das Zarenreich zu lockern, spielte gleichfalls eine Rolle. Ein Beweis mehr dafür, wie bedrückend die außenpolitische Isolierung auf dem Reich lastete und welche beschwerlichen Umwege eingeschlagen werden mußten, um diesem zentralen Mangel über periphere Manöver abzuhelfen.

Daß ein deutscher Generalleutnant zum Generalinspekteur der osmanischen Armee und zum Kommandeur aller Heeresschulen ernannt wurde, dazu als kommandierender General das erste Armeekorps befehligte, das die Verteidigung von Konstantinopel und der Meerengen zu besorgen hatte, stieß in Rußland auf heftigsten Protest. Dem Streben des Zarenreiches nach der Herrschaft über die Verbindungswege vom Schwarzen ins Mittelländische Meer stellten sich die Deutschen in den Weg und machten damit alte Träume der Russen zunichte. Eine Konfrontation zwischen den beiden Kaiserreichen spitzte sich zu, die vom Jahre 1895 an deutlich sichtbare Züge angenommen hatte. An die Stelle der Briten, die ihre imperiale Verteidigungslinie bereits damals vom Bosporus an den Suezkanal verlegten, rückten, durch ihr eigenes wirtschaftliches Engagement dazu getrieben und durch ihr erzwungen willfähriges Ausharren an der österreichischen Seite dazu bestimmt, immer stärker die Deutschen. Jetzt führten sie den Russen, wenn auch nur in einem buchstäblich übertragenen Sinne, sogar militärische Präsenz vor Augen. Das konnte das Zarenreich nicht ohne weiteres hinnehmen, wenngleich der deutsche Schritt in gewisser Hinsicht als eine Reaktion auf die offensive Haltung der Russen in Südosteuropa und an den Meerengen zu beurteilen war.

Ende des Jahres 1913 drohte der Krieg, so ungestüm fiel die Reaktion in Sankt Petersburg dieses Mal aus. Dafür war nicht allein die Tatsache verantwortlich, daß sich das Zarenreich in seiner imperialistischen Ausdehnung nach Konstantinopel und an die Meerengen, zum Schwarzen Meer und zum Mittelmeer, in Kleinasien und auf dem Balkan blockiert sah. Es befürchtete noch weit Schlimmeres. Typisch für den kriegsschwangeren Zustand des ans Räderwerk der Koalitionen, der Ententen und der Konventionen gefesselten Europa bangten die Russen, deren Diplomatie mittlerweile, wie überall anders auch, zur Magd der Allianzpolitik abgesunken war, um ihre bündnispolitische Glaubwürdigkeit: Was würden Franzosen und Briten sagen, wenn der Zar, um den Frieden zu retten, einfach zurückwich? Eine an sich marginale Affäre, die nur zwei Staaten anging, erhielt umgehend internationale Bedeutung, weil die Mechanik der Allianzen automatisch von jeder außenpolitischen Frage Besitz ergriff und Europa an den Abgrund des großen Krieges drängte.

Doch der Waffengang konnte erneut vermieden werden. Am 31. Dezember

1913 legte die russische Führung fest, es nur dann zum Äußersten kommen zu lassen, wenn man im Krieg gegen Deutschland zweifelsfrei auf England und Frankreich zählen könne. Immerhin: Im Deutschen Reich hinterließ die unerwartet entschlossene Reaktion der Russen Wirkung. Ein übriges tat das Drängen der Briten und Franzosen, die in Berlin und in Konstantinopel zum Einlenken anhielten: Deutschland gab nach und rettete den Frieden. Sogar der ansonsten stets zum Krieg drängende Chef des Generalstabes von Moltke sprach sich angesichts der Aussicht auf einen Winterkrieg für Nachgiebigkeit aus. Generalleutnant Liman von Sanders wurde zur Armee des Sultans abgeordnet und blieb Generalinspekteur des türkischen Heeres. Gleichzeitig wurde er zum Feldmarschall des Osmanischen Reiches befördert, was zur beabsichtigten Folge hatte, daß er das Kommando über das Konstantinopler Armeekorps aufgeben mußte. Für den hyperkritisch gewordenen Augenblick gaben sich die Russen damit zufrieden, weil sie dem Krieg zwar nicht auswichen, ihn aber auch nicht suchten.

Unübersehbar blieb dennoch, daß das deutsch-russische Verhältnis, dem kriegerischen Absturz gerade noch einmal entronnen, einen Tiefpunkt erreicht hatte: Die beiden Reiche balancierten buchstäblich auf Messers Schneide. Die Russen intensivierten ihre Vorbereitungen für den als unausweichlich angesehenen Waffengang mit den Mittelmächten. Auf die deutsche Seite blieb das nicht ohne Auswirkungen. Über die politischen und strategischen Aktionen und Reaktionen hinaus erfuhr der bilaterale Gegensatz eine gesellschaftliche und weltanschauliche Vertiefung, die den machtpolitischen Antagonismus der Staaten populär machte.

Das Zarenreich ließ erkennen, daß es den bis zum Jahresende 1917 laufenden Handelsvertrag mit dem Reich, der den agrarischen Interessen Deutschlands weit entgegenkam, in dieser Form nicht zu erneuern bereit war. Die deutsche Öffentlichkeit wurde dadurch aufgeputscht, daß die Presse darüber spekulierte, Rußland werde nach Abschluß seiner gewaltigen Rüstungen und seiner logistischen Vervollkommnung im Jahre 1916/17 das Reich mit Krieg überziehen. Die Stimmung ging hoch: Seit dem Frühjahr 1914 tobte zwischen beiden Staaten ein regelrechter Pressekrieg. Lautstark verschaffte sich, bis in die Sozialdemokratie hinein, die antirussische Stimmung Gehör. Immer fanatischer ertönte auf der politischen Rechten und im liberalen Lager die nur noch rhetorisch aufgeworfene Frage, ob man etwa abwarten wolle, bis die Russen in einigen Jahren über Deutschland herfielen, oder ob man dem nicht, solange die Lage dazu noch einigermaßen günstig erschien, militärisch zuvorkommen müsse.

Die antirussische Stimmung im Reich, die auf der anderen Seite der Grenze ihre unangenehme Entsprechung fand, führte Bethmann Hollweg wiederum die von ihm einige Monate zuvor diagnostizierte, ja beklagte »Macht der öffentlichen Meinung«[81] vor Augen. So unerwünscht die Auswüchse der Pressekampagnen seine Politik der Friedensbewahrung gefährdeten, so klar war auch, daß der Reichskanzler selbst von der russischen Gefahr zutiefst überzeugt war – ohne sie allerdings, im Frühjahr 1914, kriegerisch bannen zu wollen. Ebendafür trat die militärische Führung immer entschiedener ein. Sie wollte nicht länger abwarten, bis sich die strategischen Voraussetzungen für den Zweifrontenkrieg weiter zu deutschen Ungunsten verschoben hätten. Ihrer Überzeugung gemäß mußte dem Zarenreich gegenüber das Prävenire ergriffen werden, bevor sich die russischen Eisenbahnen bis an die Grenzen der Mittelmächte herangeschoben hatten.

Die Chefs der Generalstäbe in Berlin und in Wien, von Moltke und Conrad von Hötzendorf, setzten sich immer nachdrücklicher dafür ein, die große Auseinandersetzung, weil sie doch bald komme, nicht länger zu vertagen. Noch hielt indes die politische Führung des Reiches dagegen. Die Haltung der Wilhelmstraße, die so lange wie eben möglich auf den Erhalt des Friedens Wert legte, machte Staatssekretär von Jagow dem Generalstabschef gegenüber in einem Gespräch klar, das Ende Mai/Anfang Juni 1914 stattfand. Darin führte Moltke dem Diplomaten geradezu beschwörend vor Augen, daß Rußland »in 2–3 Jahren [...] seine Rüstungen beendet haben würde«; darauf folgte die rhetorische Frage, ob es nicht besser sei, »einen Präventivkrieg zu führen, um den Gegner zu schlagen, so lange wir den Kampf noch einigermaßen bestehen könnten«[82]. Doch Jagow wollte davon nichts wissen; noch setzte die zivile Reichsführung auf den Ausgleich mit England.

Um so ernster traf es Bethmann Hollweg, als ihn vom Mai 1914 an durch einen »Geheimnisverrat«[83] aus London die bestürzende Information erreichte, daß Großbritannien und Rußland über eine Marinekonvention verhandelten. Die Nachricht löste beim Reichskanzler einen Schock aus. Daß man das Deutsche Reich im übrigen Europa nicht eben »liebt« – damit hatte er sich notgedrungen abgefunden: »Dafür sind wir zu stark, zu sehr Parvenü und überhaupt zu eklig«[84], hatte er sich, nicht ohne selbstkritischen Unterton, dem deutschen Botschafter in Sankt Petersburg, Pourtalès, unter dem Datum des 30. Juli 1912 anvertraut. Aber jetzt ging es um weit mehr, im Grunde um alles: Der würgende »Ring« schien sich endgültig zu schließen! England, auf dessen Zusammenarbeit Bethmann Hollwegs Außenpolitik angelegt war, wandte sich dem feindlichen Bündnis der Franzosen und Russen offensichtlich noch enger zu, als es ihm bislang ohnehin schon verbunden war. Bedrohliche Szenarien britisch-russischer Militäraktionen, die das Reich tödlich treffen konnten, spielten sich in der nur noch schwarzsehenden Phantasie des Kanzlers ab.

Zwar gelang es ihm, die Briten am 11. Juni durch lancierte Presseattacken zur Beendigung der Verhandlungen mit den Russen zu veranlassen, ehe diese zum Abschluß einer Konvention gekommen waren. Dennoch hatte die häßliche Episode Bethmann Hollwegs englische Détentepolitik schwer getroffen. Sein Vertrauen zum britischen Partner war geschwunden; und das nicht zuletzt deshalb, weil Außenminister Grey das Vorhaben, ein Marineabkommen mit den Russen schließen zu wollen, vor dem Unterhaus schlankweg dementierte. Gewiß, in umgekehrter Richtung säte der Abbruch der Verhandlungen zwischen Großbritannien und dem Zarenreich auf seiten der russisch-französischen Allianz Mißtrauen gegenüber den Engländern. Diese waren den letzten Schritt in die Triple-Entente noch nicht zu tun bereit, den die Franzosen und Russen forderten, letztere sogar mit der erklärten Bereitschaft, den Briten dafür im nach wie vor umstrittenen Persien entgegenzukommen.

Dessenungeachtet: Bethmann Hollwegs innen- und außenpolitische Position war geschwächt. Seine Englandpolitik, der Pivot seiner äußeren Politik schlechthin, schien zu scheitern, mußte er doch selbst am 6. Juni dem nationalliberalen Parteiführer Bassermann gegenüber »fatalistisch resigniert« einräumen: »Wenn es Krieg mit Frankreich gibt, marschiert der letzte Engländer gegen uns. Wir treiben dem Weltkrieg zu.«[85] Nichtsdestoweniger erklärte der Reichskanzler alle Hoffnungen auf seiten der Militärs und in der Öffentlichkeit, ein äußerer Waffengang werde zu einer inneren Gesundung beitragen und die sozialdemokratische Gefahr bannen, schlicht für »Unsinn«[86]. Für wahrscheinlich hielt er viel eher das Gegenteil, daß nämlich »ein Weltkrieg mit seinen gar nicht zu übersehenden Folgen die Macht der Sozialdemokratie, weil sie den Frieden predigt, gewaltig steigern und manche Throne stürzen«[87] würde. Doch im Reich wuchs die Partei der Befürworter eines präventiven Streichs; noch weiter abzuwarten kam inzwischen vielen bereits als riskant vor.

Dabei eröffnete die wirtschaftliche Entwicklung des Reiches glänzende Aussichten, gleichsam auf indirektem Wege zur europäischen Vormacht aufzusteigen. Noch zu Beginn des Jahres 1914 hatte sich die Reichsregierung entgegen dem Plädoyer von Walther Rathenau, dem künftigen Präsidenten der AEG, der für eine Intensivierung der deutschen Außenwirtschaft im mitteleuropäischen Zusammenhang eintrat, für die Fortsetzung der weltwirtschaftlichen Orientierung entschieden. Als Kaiser Wilhelm II., nur eine Woche vor dem schicksalhaften Attentat von Sarajewo, dem Hamburger Bankier Max Warburg die Frage vorlegte, ob es angesichts der russischen Gefahr nicht »besser wäre, loszuschlagen anstatt zu warten«, antwortete ihm dieser: »Abwarten könne uns nur Gewinn bringen«[88]. Mit ungläubigem Erstaunen äußerte der amerikanische Botschafter Gerard, kurz nach dem Ausbruch des großen Krieges, in diesem Sinne sein bares Unverständnis über die deutsche Entscheidung, sich Mars hinzugeben und Merkur zu mißtrauen: »In 25 Jahren hätte [den Deutschen] bei der Aufwärtsentwicklung, wie sie hier im Gange war, niemand mehr etwas anhaben können. Jetzt hätten [sie] alles auf eine Karte gesetzt. Er begriffe nicht, wie der Kaiser sich dazu habe entschließen können.«[89]

Allein, die rationalen Maßstäbe der modernen Ökonomie vermochten die angereicherten Bestände der überlieferten Machtpolitik noch lange nicht von ihrem ererbten Platz zu verdrängen. Als Methode und Ziel äußerer Politik waren sie weder international akzeptiert noch im Reich dominant. Daß die Kraft des Wirtschaftlichen, wenn sie, einmal entfesselt, zur Geltung kam, keineswegs umgehend bei allen Mitgliedern der Staatenwelt Anerkennung fand, beschreibt im übrigen ein Problem der internationalen Beziehungen, das wir während der Zwischenkriegsära des 20. Jahrhunderts näher kennenlernen werden.

Im Sommer 1914 jedenfalls war man, wenngleich mit unterschiedlichen Akzenten im einzelnen, überall in Europa und besonders in Deutschland, nicht davon überzeugt, daß sich wirtschaftlicher Einfluß in politische Macht umsetze und daß er ein militärisches Vorgehen überflüssig mache.

Was weit darüber hinaus die zivilisatorische Veredlung der schieren Machtpolitik anging, erkannte der ebenso weitblickende wie gebildete Bethmann Hollweg das zählebige Mißverhältnis, das im damaligen Deutschland, im Unterschied zu England und Frankreich beispielsweise, zwischen Kultur und Politik klaffte: »Wir sind noch nicht so weit. Wir sind unserer Kultur, unseres inneren Wesens, unseres nationalen Ideals nicht sicher und bewußt genug. Es liegt wohl in der Eigenart unserer doch wohl individualistischen und noch nicht ausgeglichenen Kultur, daß sie nicht die gleiche suggestive Kraft hat wie die britische und französische, daß nicht jeder Deutsche im Auslande seine Heimat in sich abbildet, wie der Franzose Paris und der Engländer die britische Insel.«[90] Den Grund für diesen Mangel sah der Reichskanzler in der politischen Unerfahrenheit der Deutschen angelegt, die als große Macht noch nicht lange genug am Wettbewerb der Staaten teilnahmen: »Wir sind ein junges Volk, haben vielleicht allzuviel noch den naiven Glauben an die Gewalt, unterschätzen die feineren Mittel und wissen noch nicht, daß, was die Gewalt erwirbt, die Gewalt allein niemals erhalten kann.«[91]

Hatte sich im Frühjahr und Sommer 1914 der europäische Himmel auch bedrohlich verdunkelt, der Mehrzahl der Zeitgenossen fiel es schwer, sich vorzustellen, daß sie am Vorabend der »Ur-Katastrophe«[92] des neuen Jahrhunderts lebten. Dennoch: In Europa selbst, das moralisch und machiavellistisch, wohltätig und destruktiv, fortschrittlich und atavistisch zugleich auftrat, das zudem in der Welt bis dato ohne wirkliche Konkurrenz dastand, waren die Kräfte seines Untergangs herangereift; nachgerade übermächtig drängten sie auf seine »Selbstentmachtung«[93]. Welche Rolle dabei die Außenpolitik und Kriegführung des Deutschen Reiches spielte, soll uns nunmehr die Geschichte der Julikrise und des Weltkrieges vor Augen führen.

Julikrise und Weltkrieg:
Um das Kriegsziel eines Friedensschlusses
(1914–1918)

»Die Direktion verloren«

Als der österreichische Thronfolger Franz Ferdinand am 28. Juni 1914 im bosnischen Sarajewo von serbischen Attentätern ermordet wurde, entschloß sich die deutsche Reichsleitung dazu, die als günstig eingeschätzte Gelegenheit zu nutzen: Sie ergriff die diplomatische Initiative, um die internationale Position des Reiches zu verbessern. Längst war Deutschland in eine außenpolitische Defensive geraten, die inzwischen als unerträglich empfunden wurde. Diese Konstellation galt es, mit Hilfe einer Politik der begrenzten Offensive aufzulockern, auf längere Sicht sogar zu wandeln.

Wollte man überhaupt noch einmal »eine diplomatische Machtprobe« mit Rußland und Frankreich wagen, dann konnte dafür, wie der Historiker Karl Alexander von Müller die Gedankenbildung Bethmann Hollwegs rückschauend erläuterte, »nur eine südöstliche Frage in Betracht kommen, das heißt eine, bei der Österreich als erster beteiligt war und Deutschland hinter ihm stand«[1]. Weil man sich von Gegnern umzingelt fühlte, zielten der Reichskanzler und der Staatssekretär des Auswärtigen darauf ab, die gegnerischen Ententen mit diplomatischen Mitteln zu sprengen. Ganz bewußt nahmen sie dabei das Risiko in Kauf, für den Fall eines Mißlingens dieser Aktion den großen Krieg in Europa führen zu müssen. Sie hegten dabei nicht von vornherein die Absicht, territoriale oder wirtschaftliche Ziele auf militärischem Wege zu erkämpfen. Ihre eigentlichen Motive sahen anders aus.

Bei ihrem gewagten Handeln geleitet, fast getrieben wurden die deutschen Staatsmänner von der fatalen Überzeugung, daß sich eine militärische Auseinandersetzung über kurz oder lang sowieso, gleichsam naturnotwendig, ergeben werde. Daher wollten sie jetzt, zu einem Zeitpunkt, der ihnen gerade noch günstig vorkam, die Existenzprobe bestehen. Sie ließen sich im vollen Bewußtsein der damit verbundenen Gefahr auf ein todernstes Spiel ein, das sie zwar zu kalkulieren versuchten, das aber doch insgesamt unwägbar war. Darin liegt die initiierende Verantwortung des Deutschen Reiches für den Verlauf der Julikrise und für den Ausbruch des Ersten Weltkrieges im Jahre 1914: »Die Politik Bethmann Hollwegs war eine bewußte Herausforderung an die Ententemächte.«[2] Sie wurde von der großen Mehrheit der im Parlament und in der Öffentlichkeit repräsentativen Kräfte getragen; sie ließ sich ebensowenig wider eigenen Willen von den anderen Mächten in den Krieg drängen, wie sie keineswegs selbst willkürlich zum Krieg drängte; und sie war in ihrem Tun von jener machtpolitischen Grundüberzeugung getragen, »von der wir das Handeln aller am europäischen System beteiligten Großstaaten bestimmt sehen«[3].

Ursprünglich, zwischen dem 28. Juni und dem 2. Juli, hatten Bethmann Hollweg und Jagow erneut, wie schon häufiger zuvor im Zusammenhang mit Verwicklungen des österreichischen Bundesgenossen auf dem Balkan, zur mäßigenden Einwirkung auf Wien geneigt. Jedem Trachten nach dem Präventivkrieg wurde aus der Haltung heraus eine Absage erteilt, die Jagow einige Monate zuvor Moltke gegenüber mit Entschiedenheit bezogen hatte. Allein, das änderte sich bis zum 5. und 6. Juli, als der Emissär Kaiser Franz Josephs in Berlin um deutsche Unterstützung bat, in ganz wesentlicher Art und Weise. Ob es das übermächtige Drängen der Militärs war, die offensichtlich günstige Situation zum Krieg zu nutzen, oder ob die ununterbrochene Auseinandersetzung mit der komplizierten Lage Bethmann Hollweg selbst zu der folgenschweren Überzeugung finden ließ, es gelte der miserablen Situation unter Inkaufnahme des kriegerischen Risikos abzuhelfen, sei dahingestellt. Auf jeden Fall ließ der Reichskanzler, ob nun eher gedrängt oder stärker aus eigenem Antrieb, den Dingen ihren Lauf.

Im Kalkül der Militärs, aber auch für die Entscheidungsbildung des Kanzlers spielte die Überzeugung eine ausschlaggebende Rolle, daß »wir es zum Kriege, jetzt, wo Rußland noch nicht fertig, kommen lassen sollten«[4]. Mit Sicherheit schien sich, wie das zumindest die Verantwortlichen empfanden, die Kriegsgefahr mit dem Zarenreich für den Zeitraum der Jahre 1916/17 abzuzeichnen, wenn Logistik und Rüstung der Russen für den großen Waffengang bereit waren. Diese Vermutung reichte allein schon aus, um zur diplomatischen Offensive überzugehen, weil der Augenblick dafür als vorteilhaft angesehen wurde. Der mögliche Ausbruch des allgemeinen Krieges wurde in Kauf genommen, weil sein Beginn jetzt noch Erfolg zu versprechen schien.

Bis zu einem gewissen Grade erinnert die deutsche Politik, aus nicht zu übersehender Angst vor der wachsenden Macht des östlichen Nachbarn die Flucht nach vorn anzutreten, an die Ausgangslage des Jahres 431 vor Christi Geburt, als der Peloponnesische Krieg zwischen Athen und Sparta begann. Mögen moderne Wissenschaftler heute auch davon ausgehen, daß die athenische Expansionskraft damals schon wieder rückläufig war, der antike Historiker Thukydides zeigte sich davon überzeugt, der Krieg sei ausgebrochen, weil Athen immer mehr an Stärke zugenommen habe und Spartas Furcht dementsprechend gewachsen sei. Doch anders als im 5. vorchristlichen Jahrhundert zielte Bethmann Hollweg eben nicht direkt auf eine kriegerische Korrektur des zukünftigen Schicksals seines Landes. Vielmehr spekulierte er im Zuge einer diplomatischen Lösung auf einen demonstrativen Erfolg.

Mit von vornherein zwiespältigem Gefühl freilich hoffte er dabei auf englische Vermittlung. Sie war für eine Lokalisierung des Konflikts erforderlich und hatte sich, unter freilich günstigeren Bedingungen, in der zurückliegenden Balkankrise der Jahre 1912/13 bewährt. Mittlerweile war aber nicht allein die Kriegsbereitschaft der Russen und Österreicher, die ihre sich in Südosteuropa kreuzenden Interessen im vergangenen Streit noch einmal verglichen hatten, unübersehbar größer geworden; sie tendierte inzwischen nachgerade ohne Einschränkung zur Offensive. Darüber hinaus stimmte die bestürzende Nachricht von den britisch-russischen Marineverhandlungen, die ihm im Frühsommer 1914 zu Ohren gekommen war, den Reichskanzler generell eher pessimistisch. Ob die Ausgleichsverhandlungen mit Großbritannien ein für allemal abgebrochen blieben oder bald wiederaufgenommen werden könnten, spielte eine nachgeordnete Rolle. Seine Politik der Détente gegenüber England geriet an den Rand des Scheiterns; dadurch war auch seine innenpolitische Position in arge Mitleidenschaft gezogen; im außenpolitischen Feld drohte sich das letzte Glied im »Einkreisungsring« zu schließen.

Alles in allem: Der Reichskanzler fühlte sich in der Haltung bestärkt, sogar zu dem Entschluß gedrängt, mit diplomatischen Mitteln und, wo es unvermeidlich war, mit militärischem Einsatz die Offensive zu suchen: »Wir müssen was tun, sonst ist Österreich in ein paar Jahren nicht mehr bündnisfähig. Indem wir was tun, stechen wir zugleich in die Entente hinein. Eine Blutprobe, sehen, wie sie eigentlich denkt. Macht sie Krieg, dann wollte sie ihn, und dann kommt er besser 1914 als 1916. Oder sie weicht zurück, und dann kolossaler Erfolg.«[5] So erläuterte Tirpitz kurz nach dem Ende des Ersten Weltkrieges das Kalkül der deutschen Reichsregierung in einem Gespräch mit dem Historiker Fritz Kern. Dieser prägte daraufhin, vom Großadmiral in seiner Beurteilung der Sachlage unterstützt, den Begriff vom »Eventualpräventivkrieg«[6].

Ob der Terminus des Präventivkrieges in diesem Zusammenhang überhaupt zu verwenden ist, erscheint fragwürdig. Jedenfalls nahmen ihn die zivile und die militärische Reichsleitung, ungeachtet seiner im völkerrechtlichen Sinne anderslautenden Definition, für ihr Handeln in Anspruch. Allerdings: Das militärische Prävenire kam erst dann in Betracht, wurde als Konsequenz gleichsam erforderlich, im Grunde unausweichlich, wenn die diplomatische Offensive scheitern sollte. Vorläufig ging es darum, die Entente der Briten, Franzosen und Russen aufzubrechen. Keinen Augenblick lang konnte dabei irgendein Zweifel darüber aufkommen, daß der Grat zwischen Krieg und Frieden buchstäblich nur ein Haar breit war: »Kommt der Krieg aus dem Osten, so dass wir also für Oesterreich-Ungarn und nicht Oest(erreich)-Ungarn für uns zu Felde zieht, so haben wir Aussicht, ihn zu gewinnen. Kommt der Krieg nicht, will der Zar nicht oder rät das bestürzte Frankreich zum Frieden, so haben wir doch noch Aussicht, die Entente über diese Aktion auseinanderzumanoeuvrieren.«[7]

War die internationale Konstellation erst einmal gelockert und in Bewegung geraten, konnten die Karten neu gemischt werden. Bereits im Verlauf der Julikrise beschäftigte Bethmann Hollweg der Gedanke, sich dann den Russen zu nähern und zur Habsburgermonarchie auf Distanz zu gehen, den Ausgleich mit Rußland sogar zu österreichischen Lasten zu suchen. Doch die Bedingungen dafür, eine solche Lösung herbeizuführen, die an Bismarcks Außenpolitik erinnerte, nahmen sich insgesamt weit unvorteilhafter aus, als es dem Kanzler zeitweise vorkam. Die Last der alten Bündnisse erdrückte die Freiheit neuer Orientierung. Wie in zwei steuerlos aufeinander zurasenden Galeeren waren ihre Insassen an die Ruderbänke gefesselt. Das galt für Deutschlands Verhältnis zur Doppelmonarchie, die schon vor dem Attentat von Sarajewo zur Balkan-Offensive gegen Rußland angetreten war. Das bestimmte Englands Haltung gegenüber dem Zarenreich, das seinerseits in Europa längst zum Sturm auf die österreichischen Bastionen geblasen hatte. Das Reich mußte, vorläufig jedenfalls, ohne echte Alternative an der Seite Österreich-Ungarns verharren. Aus Angst davor, von dem mit Frankreich fest alliierten Rußland allein gelassen und auf imperialem Terrain herausgefordert zu werden, fügte sich sogar Großbritannien den verhängnisvoll wirkenden Regeln der Allianzpolitik.

Von vornherein behinderten diese spezifischen Bedingungen der internationalen Konstellation die deutsche Strategie, die auf eine Lokalisierung des Konflikts abhob und auf politische Gewinne zielte. Wenn es gelang, die militärische Auseinandersetzung auf das ungleiche Duell zwischen Österreich-Ungarn und Serbien zu beschränken, Rußland aber durch festes Auftreten vom Kriegseintritt fernzuhalten, dann war der Erfolg gewiß. Er sollte sich in einer Stärkung der Doppelmonarchie niederschlagen und dem Zweibund Auftrieb geben. Anderenfalls wurde im Kreis um Bethmann Hollweg befürchtet, daß die Habsburgermonarchie, würde sie vom Deutschen Reich mit ihren südosteuropäischen Herausforderungen allein gelassen, möglicherweise nach Westen abdriften könnte, und das noch, bevor man selbst die internationale Lage gewandelt hatte und für Rußland zu optieren imstande war.

Ohne Zweifel neigte diese arg pessimistische Sicht der Dinge dazu, Österreich-Ungarns außenpolitischen Spielraum erheblich zu überschätzen. Dagegen wurde das Risiko zu gering veranschlagt bzw. fatalistisch hingenommen, das sich in der über Krieg und Frieden entscheidenden Frage zusammenzog, ob Rußland in einer zwar nicht lebenswichtigen, aber höchst prestigeträchtigen Auseinandersetzung den Rückzug antreten würde. Davon abgesehen gab es noch zwei maßgebliche Faktoren, die den politischen Handlungsspielraum der deutschen Reichsleitung elementar beeinträchtigten. Das eine Element galt, *mutatis mutandis*, auch für die übrigen Staaten der Zeit; das andere beschrieb dagegen ein deutsches Spezifikum. Beide zusammen machten das von Bethmann Hollweg gerade noch für kalkulierbar gehaltene Risiko seines Kurses im Grunde unberechenbar.

Zum einen störte die öffentliche Agitation, die sich aus den Massenleidenschaften der vielen speiste, die Kabinettspolitik der wenigen doch weit empfindlicher, als man das in der Wilhelmstraße für möglich hielt. In dieser Beziehung herrschte dort während der Julikrise erstaunlich, im Grunde erschreckend lange ein unberechtigter Optimismus vor. Noch am 25. Juli war Unterstaatssekretär von Stumm fest davon überzeugt, im Falle eines Scheiterns der diplomatischen Offensive und einer militärischen Reaktion der Russen über genügend Bewegungsspielraum zu verfügen, um »unsere Militärs zurückzuhalten«[8]. Allein, dieses kostbare Element der freien Wahl existierte nicht mehr. Der unkontrollierbare Druck einer entfesselten Öffentlichkeit schränkte es bereits gefährlich ein; der kompromißunfähigen Militärplanung mußte es vollends zum Opfer fallen, gerade dann, wenn »Rußland mobilisier[te]«, was es sich freilich, nach der im Auswärtigen Amt vorwaltenden Einschätzung, »zweimal überlegen«[9] werde. Über den deutschen Fall hinaus war den Diplomaten und Staatsmännern die Freiheit solchen Rückzuges allgemein abhanden gekommen; die Militarisierung und Popularisierung ihres Handwerks hatte ihnen dieses lebenswichtige Privileg geraubt. Vielleicht hat der englische Historiker James Joll recht, wenn er die Autorität einer 1914 bereits vergangenen und das Totalitäre einer 1914 schon drohenden Zeit beschwört; er vermutet nämlich, wohl nur ein Bismarck oder ein Lenin hätten der Politik damals die notwendige Autonomie zurückgewinnen können.[10]

Jäh klaffte zum anderen, was im besonderen die deutsche Außenpolitik während der Julikrise angeht, ein Abgrund zwischen »Staatskunst und Kriegshandwerk«: zwischen der Politik des »Bluffs«, die den Gegner im Zuge eines Nervenkrieges durch gezieltes Abwarten zum Nachgeben zu zwingen vorsah, und der Militärstrategie, die mit dem seit vielen Jahren festliegenden »Schlieffen-Plan« ihr eigenes Gewicht besaß. Er sah, wie im einzelnen gezeigt worden ist, vor – nachdem die als unmöglich verworfene Option eines östlichen Aufmarsches im Jahr 1913 endgültig kassiert worden war –, wo immer der Krieg beginnen sollte, zuerst Frankreich niederzuringen und sich danach gegen Rußland zu wenden. Wie fatal die »beinahe groteske Unnatur«[11] dieser militärischen Mechanik, selbst bei dem durch einen Vorfall auf dem Balkan ausgelösten *casus foederis* an Österreichs Seite den Krieg durch eine Offensive gegen Frankreich zu eröffnen, jede politische Vernunft überlagerte, zeigte sich ganz am Ende der Julikrise, als ihr Verlauf praktisch bereits in den Krieg eingemündet war, mit besonders erschreckender Ausweglosigkeit.

Am 1. August schien sich die vage Aussicht zu bieten, Englands Neutralität retten, möglicherweise durch britische Hilfe sogar auf Frankreichs Einverständnis zählen zu können, falls der drohende Krieg auf den östlichen Teil Europas beschränkt bleiben sollte. Wie befreit griffen Kaiser und Kanzler bereitwillig nach diesem letzten Hoffnungsfaden, der vor dem Sturz in den Abgrund zu bewahren versprach. Doch der Befehl des Kaisers, den schon angelaufenen Aufmarsch im Westen anzuhalten und den militärischen Schwerpunkt nach Osten zu verlagern, ging ins Leere. Zu solch grundlegender Umorientierung seiner militärischen Planung sah sich der Generalstab schlicht außerstande.

Einmal davon abgesehen, daß die Briten diesen Gedanken nicht weiterverfolgten, fand er auf deutscher Seite deshalb keine das Verhängnis anhaltende Beachtung, weil der Primat des Militärischen längst die Erfordernisse des Politischen verdrängt hatte.

Dabei zielte, wie vom Jahre 1909 an zu beobachten, Bethmann Hollwegs außenpolitisches Konzept aufs gerade Gegenteil dessen, was die strategische Planung vorsah. In außenpolitischer Hinsicht fürchtete der Kanzler vom Jahre 1912 an in zunehmendem Maße vor allem die russische Bedrohung. In innenpolitischer Perspektive konnte einen Krieg zu führen überhaupt nur dann erwogen werden, wenn das bei der politischen Linken, gerade bei der Sozialdemokratie, verhaßte Rußland der Gegner war, der das Reich attackierte. Nachdem sich der Fehlschlag einer Lokalisierung des österreichisch-serbischen Konflikts abzeichnete und der große Krieg wahrscheinlich wurde, prägte diese innenpolitische Überlegung die äußere Politik des Deutschen Reiches während der Julikrise.

Gefährlich entwickelten sich politische Konzeption und militärische Planung in den dramatischen Wochen zwischen Ende Juni und Anfang August 1914 auseinander. Nicht zuletzt diese Tatsache verwehrte dem Kanzler die Chance einer Diplomatie eskalierender Zwischenstufen; Bethmann Hollweg sah sich vielmehr auf ein Spiel um alles oder nichts beschränkt. Hatte sich das Reich erst einmal – mit den Worten des dem Kanzler damals sehr nahestehenden Kurt Riezler gesprochen – »festgeblufft« und gab Rußland wider das hoffnungsvolle Erwarten der Deutschen nicht nach, dann blieb nur noch der Rückzug offen, der einer Kapitulation gleichgekommen wäre. Die Alternative reduzierte sich darauf, den großen Krieg zu wagen, der neben Frankreich und Rußland umgehend auch England, allein schon aufgrund der die belgische Neutralität mißachtenden deutschen Militärplanung, auf die Seite der Gegner rufen mußte.

Vor dem Hintergrund solcher Lageeinschätzung und im vollen Bewußtsein des kriegerischen Risikos, also aus Angst vor einem zukünftig unter verschlechterten Bedingungen zu führenden Waffengang, der allen sicher bevorzustehen schien, obwohl seinen Ausbruch natürlich keiner mit Gewißheit vorhersagen konnte, hat Reichskanzler Bethmann Hollweg nicht zuletzt an den entscheidenden Tagen des 5. und 6. sowie des 28. und 29. Juli 1914 maßgeblich und verantwortlich gehandelt. Selbstverständlich waren seine Entscheidungen durch mannigfache innen- und außenpolitische, gesellschaftliche und militärische Zwänge eingeengt, dennoch: Die deutsche Politik in der Julikrise war, wie die Dinge lagen, seine Politik.

Der Kanzler war damit einverstanden, dem nach Berlin entsandten österreichischen Emissär, dem Grafen Hoyos, den für die sich zuspitzende Entwicklung bedeutenden »Blankoscheck« der Deutschen auszuhändigen. Das Reich machte sich damit keineswegs aus blinder »Nibelungentreue« zum Handlanger Wiens. Vielmehr leitete Bethmann Hollweg auf diesem Weg seine Krisenstrategie ein. In ihrem prekär ausgetüftelten Zusammenhang sollte Österreich-Ungarn eine Rolle spielen, die ihm vom deutschen Zweibundpartner zugewiesen wurde. Seinen machiavellistisch geplanten Kurs wählte der Kanzler, obwohl ihm die grundlegenden Veränderungen nicht entgangen waren, die sich auf österreichischer Seite inzwischen vollzogen hatten: Außenminister Berchtold und die Wiener »Kriegspartei«, die lange Zeit »als zu harmlos und desinteressiert«[12] beurteilt worden sind, hatten nicht nur auf die russische Heeresvorlage aus dem Jahre 1913 reagiert. Vielmehr hatten sie den ihnen vom Zarenreich hingeworfenen Fehdehandschuh in Form des gegen die Donaumonarchie zielenden Balkanbundes aufgenommen: Aus Verzweiflung hatten sie sich in eine Offensive gestürzt. Jetzt, nach dem Attentat von Sarajewo, wollten sie die günstige Gelegenheit ergreifen und Serbien, das nationalrevolutionäre Zentrum der Südslawen, zerschlagen, weil es die österreichisch-ungarische Monarchie ernsthaft bedrohte.

Ihre Absicht paßte in Bethmann Hollwegs Konzept. Daher trieb er die Österreicher zu einem möglichst raschen Handeln gegen die Serben an und unterschätzte dabei ganz offensichtlich die Schwerfälligkeit des Entscheidungsweges in Wien: »Ein schnelles fait accompli, und dann freundlich gegen die Entente, dann kann der Choc ausgehalten werden«[13], umriß Bethmann Hollwegs Vertrauter Kurt Riezler am 11. Juli die Gedanken des Kanzlers. In der Tat: Die allgemeine Konstellation begünstigte das deutsche Vorhaben, weil Europa über die noch in unmittelbarer Erinnerung stehende Bluttat am österreichischen Thronfolger und seiner Gemahlin tief empört war. Als gewiß wurde angenommen, was sich nach dem großen Krieg als richtig herausstellte, daß nämlich die serbische Regierung von dem blutigen Plan der Attentäter gewußt hatte. Dessenungeachtet war sich der verantwortliche deutsche Staatsmann des tiefen Ernstes und des großen Wagnisses vollauf bewußt, die mit seinem kühn initiierten Vorgehen verbunden waren; sinnierte er doch schon wenige Tage zuvor, am 7. Juli, darüber, »eine Aktion gegen Serbien« könne »zum Weltkrieg führen«[14].

Bethmann Hollwegs zwiespältiges, aus hoffnungsvollen und düsteren Elementen gespeistes Empfinden durchzog die deutsche Außenpolitik während des gesamten Zeitraums der Julikrise. Das nach außen demonstrierte Vertrauen auf einen positiven, friedlichen Ausgang des waghalsig angesetzten Experiments knüpfte sich an die zuversichtliche Erwartung russischen Einlenkens. Frankreich und Großbritannien, davon zeigte man sich in Berlin überzeugt, würden nicht für Serbien fechten, sondern im Gegenteil kalmierend auf das Zarenreich einwirken. Bethmann Hollwegs Pessimismus kam dagegen in seinem oft angeführten Wort über den »Sprung ins Dunkle«[15] zum Ausdruck, den die eingeleitete Aktion tatsächlich darstellte.

Das außenpolitische Kalkül des Reichskanzlers gründete sich im Sinne überlieferter Staatsräson auf einen Begriff der Macht, der vor allem auf militärischen, geographischen und demographischen Elementen basierte und der den

Kategorien der Psychologie und des Prestiges hohe Bedeutung beimaß, die neuartige Kraft des Ökonomischen dagegen eher geringschätzte. Diese Tatsache erklärt, warum Bethmann Hollweg so handelte, wie er handelte: Weil »Rußland, das wächst und wächst«[16], nach der Überzeugung des Kanzlers die »Zukunft« gehörte, sah er einen fast unabwendbaren Niedergang Deutschlands voraus. Daß Wirtschaftsexperten vom geraden Gegenteil überzeugt waren und zu gelassenem Abwarten rieten, weil das Reich »mit jedem Jahr des Friedens stärker«[17] werde, vermochte ihn von seinen pessimistischen Annahmen nicht abzubringen. Den Kanzler leiteten andere Maßstäbe der Beurteilung, die ihm für den Aufstieg und Fall großer Reiche als entscheidend vorkamen. Im zeitgenössischen Europa besaßen sie im übrigen Verbindlichkeit; dagegen gehörten die auf dem ökonomischen Fundament zivilisatorischer Überlegenheit fußenden Maßstäbe für politisches Handeln einer Zukunft an, die noch nicht begonnen hatte.

Aufgrund historischer Erfahrungen, objektiver Gegebenheiten und subjektiver Einschätzungen; aufgrund des preußischen Erbes, der geostrategischen Mittellage und einer aus Angst und Anmaßung gemischten Krisenstimmung dominierte mit alles andere verdrängender Einseitigkeit in Deutschland der herkömmliche Machtbegriff, der für die übrigen Staaten durchaus vergleichbare politische Relevanz besaß. Vor diesem Hintergrund galt es, den von Staatssekretär Jagow einmal so genannten »eisernen Ring« der Gegner zu lockern, sei es politisch und im lokalisierten Rahmen, sei es, falls das fehlschlug, militärisch und im großen Krieg.

Doch die Wiener Regierung ließ kostbare Zeit verstreichen, ohne den Serben ein Ultimatum zu stellen. In ihrem politischen Kalkül, das auf die Überraschung und das Einlenken der anderen Seite berechnet war, hatten die Deutschen maßgeblich darauf spekuliert, daß ein energischer Schritt ihres Bündnispartners von jener vorteilhaften Stimmung in der europäischen Öffentlichkeit gedeckt würde, die der Donaumonarchie unmittelbar nach der frevelhaften Mordtat von Sarajewo mit großer Sympathie begegnete. Als die zeitgebundene Gunst der Lage jedoch ungenutzt verstrichen war, rieten die deutschen Staatsmänner dem österreichischen Alliierten sogar davon ab, sein Ultimatum bereits am 15. Juli in Belgrad zu überreichen, sondern hielten dazu an, bis zum 23. des Monats zu warten.

Zu diesem Zeitpunkt hatte der französische Staatspräsident Poincaré, der seinem russischen Verbündeten einen Staatsbesuch abstattete, Sankt Petersburg wieder verlassen, das heißt aber: Über eine gemeinsame Reaktion auf den österreichischen Schritt, von dem im übrigen alle wußten, daß die Deutschen dahinterstanden, konnte nicht direkt an Ort und Stelle zwischen Franzosen und Russen beraten werden. Berlin hoffte vielmehr darauf, daß Frankreich das Zarenreich zur Mäßigung drängen, Rußland sich in der Isolierung wiederfinden und notgedrungen einlenken werde. Doch der Kommentar, den der russische Außenminister Sasonow am 24. Juli aus Anlaß der Übergabe des österreichischen Ultimatums an die Serben abgab, wies in eine ganz andere als die friedliche Richtung: »C'est la guerre européenne«[18], lautete das Unheil verkündende Fazit des russischen Staatsmannes. In der Tat: Militärs, freilich auch Zivilisten dachten bereits stärker daran, wie der vor der Tür stehende Waffengang zu gewinnen, nicht aber, wie er noch aufzuhalten sei.

Während die von seiten der Sozialistischen Internationale unternommenen Versuche, den Frieden zu retten, einer nach dem anderen fehlschlugen, tat das Deutsche Reich in den Wochen zwischen dem 5./6. und 29. Juli alles, um nach außen hin Normalität zu demonstrieren und seine Lokalisierungspolitik nicht zu gefährden. Auf das Strikteste gab Bethmann Hollweg Anweisung, gegenüber Rußland keine deutsche Kriegsabsicht an den Tag zu legen. Ganz in Übereinstimmung mit vergleichbaren diplomatischen Schritten im Verhältnis zu Rumänien wiesen der Kanzler, Staatssekretär Jagow und sein Stellvertreter Zimmermann bis zum großen Umschwung der Lage am 29. Juli »die Wiener Regierung nachdrücklich darauf hin, im Interesse einer *Lokalisierung* des Konfliktes kein Bündnis mit Bulgarien anzustreben«[19].

Insgesamt schien das deutsche Kalkül aufzugehen. Das blieb selbst nach dem 23. Juli so, als in Europa die Wellen der Empörung über das österreichische Ultimatum hochgingen, das so offensichtlich auf Krieg zielte. Großbritannien trennte nämlich zwischen dem österreichisch-serbischen Problem, mit dem es nichts zu tun haben wollte, und dem österreichisch-russischen Konflikt, in dem es zusammen mit anderen Großmächten zu vermitteln vorhatte. Anfänglich schien auch Frankreich diese Haltung einzunehmen. Sie blieb freilich in hohem Maße davon abhängig, was der russische Verbündete tun würde. Denn in einer südosteuropäischen Frage war das Zarenreich auf jeden Fall eher gefordert als sein westlicher Partner. Wie die anderen Mächte war Frankreich inzwischen ein »Opfer seiner Allianz«[20] geworden.

Doch die Russen hielten sich erst einmal zurück und schlugen nicht sogleich gegen Österreich-Ungarn los. Vielmehr waren sich Paris und Sankt Petersburg darüber einig, es komme darauf an, daß sich die Donaumonarchie gegenüber Serbien ins Unrecht setze. Nachteiliger klang schon für die Deutschen, was kurz vor dem Scheitern ihres riskanten Spiels der stellvertretende Außenminister Frankreichs dem deutschen Botschafter als den geeigneten Weg vorschlug, um aus der andauernden Krise herauszukommen: »Das beste Mittel zur Vermeidung eines allgemeinen Krieges ist die Verhinderung des lokalen.«[21] Damit wäre dem Reich freilich der diplomatische Erfolg abhanden gekommen, auf den es so kühn spekulierte.

Zum innenpolitischen Teil dieser Doppelstrategie gehörte es, für den Fall eines Kriegsausbruchs Rußland zweifelsfrei als den Verantwortlichen erscheinen zu lassen: Nur so konnte die eigene Nation zur inneren Geschlossenheit finden. Daher bestand Bethmann Hollweg mit Erfolg darauf, auf die an sich bei

Kriegsbeginn vorgesehenen Verhaftungen sozialdemokratischer Politiker zu verzichten. Der mit der SPD in Kontakt stehende Kanzler war fest davon überzeugt, im Falle eines Verteidigungskrieges würden die Sozialdemokraten der Regierung an die Seite treten. Diese glaubten ihrerseits daran, mit einer Unterstützung des Kanzlers der Kriegspartei im Reich entgegenzuwirken. Am 29. Juli wurde Bethmann Hollweg von seiten der Sozialdemokratie versichert, sie werde, sollte es durch Rußlands Verschulden zum großen Krieg kommen, dem Vaterland gegenüber ihre Pflicht erfüllen.

Der komplementäre Kurs des Reichskanzlers verband die Elemente der Konfliktlokalisierung und der Kriegsvorbereitung miteinander: Das eine sollte den Zweibund und das Reich zu einem großen diplomatischen Erfolg führen, das andere bei einem Scheitern der friedlichen Lösung durch Betonung der russischen Verantwortung für die nationale Einigkeit sorgen. Ebenso vorsichtig wie entschieden verfolgte er diese Krisenstrategie bis in die allerletzten Julitage hinein. Noch am 27. des Monats, als die serbische Antwortnote auf das österreichische Ultimatum einging, Kaiser Wilhelm II. daraufhin einen Tag später »jeden Grund zum Kriege«[22] entfallen sah und mit seinem »Halt in Belgrad« einlenken wollte, war Bethmann Hollweg nicht zu einer gemeinsam mit England vermittelten Lösung bereit.

Nach wie vor reflektierte er auf den sichtbaren Erfolg seiner Lokalisierungspolitik und wollte Österreich-Ungarn vor einem für die Monarchie nachteiligen, gar demütigenden Einlenken bewahren. In diesem Sinne wurde der deutsche Botschafter Lichnowsky noch am 27. Juli vom Kanzler instruiert, man könne »Österreich in seinem Serbenhandel nicht vor ein europäisches Gericht ziehen«[23]. Eine internationale Konferenz zur Schlichtung des österreichisch-serbischen Streits einzuberufen, lehnte das Reich daher ab. Als die serbische Antwort auf das österreichische Ultimatum der Habsburgermonarchie weitgehend entgegenkam und den Zweibundpartner geschickt ins Unrecht setzte, vollzog sich in Europa ein allgemeiner Meinungsumschwung. Diese Entwicklung zwang Bethmann Hollweg dazu, sein Vorgehen zu ändern. Dem Wiener Alliierten wurde jetzt empfohlen, den direkten Dialog mit dem Zarenreich zu suchen – und das nicht zuletzt deshalb, um vor den Briten als kompromißbereit zu erscheinen und um die Verantwortung bei einem Scheitern auf jeden Fall Rußland zuzuschieben.

Auf russischer Seite klärte Kriegsminister Suchomlinow, anders als sein Vorgänger im Verlauf der bosnischen Annexionskrise im Jahre 1909, den Monarchen nicht über die schweren Mängel der eigenen Rüstung auf, als der entscheidende Kronrat am 25. Juli tagte. Er entschied sich dafür, das kriegerische Risiko einzugehen. Kompromißlos und zum Waffengang bereit reagierte das Zarenreich auf die herausfordernde Initiative der Hohenzollernmonarchie, die ihrerseits dem gütlichen Vergleich der Verhandlungen jederzeit die *ultima ratio* des Krieges vorzuziehen entschlossen war. Erst als sich – im Gefolge der österreichischen Kriegserklärung an Serbien vom 28. Juli mit der Beschießung Belgrads durch die Habsburgermonarchie und mit den russischen Mobilmachungsplänen – die allgemeine Lage dramatisch zuspitzte und verschlechterte, schien Bethmann Hollweg endlich der Zeitpunkt gekommen zu sein, unter Einschaltung Großbritanniens einen diplomatischen Ausweg aus der Krise zu suchen.

Allein, die vom Reichskanzler beabsichtigte Entspannung scheiterte jetzt vor allem an zwei Faktoren. Die Wiener Regierung war keineswegs dazu bereit, von heute auf morgen ihren Krieg gegen Serbien abzubrechen. Energische Mahnungen der Deutschen am 29. und 30. Juli blieben erfolglos. Selbst Bethmann Hollwegs deutliche Drohung fruchtete nicht, ungeachtet seiner durch nichts in Frage zu stellenden Bündnistreue lehne das Deutsche Reich es ab, sich von Österreich-Ungarn, das den Empfehlungen seines Alliierten keine Beachtung schenke, in einen Weltkrieg stürzen zu lassen.

Nach wie vor vertrauten die Österreicher darauf, mit Deutschland im Rücken werde es gelingen, die Russen von einer militärischen Aktion abzuhalten, den Gegner zur Räson zu bringen. Daß die Intervention des Reichskanzlers beim Verbündeten ohne Resonanz verhallte, hing auch mit dem zweiten Element zusammen, das die von Bethmann Hollweg in letzter Minute eingeleiteten Entspannungsversuche durchkreuzte.

Dominierend trat angesichts der russischen Mobilmachung umgehend die Eigenständigkeit der deutschen Militärplanung hervor. Noch stärker als bislang schon wurde die Diplomatie in die Rolle einer Magd verwiesen, deren Handeln fast nur noch auf die bestmögliche Vorbereitung der als unvermeidlich angesehenen Kriegsauslösung reduziert wurde. Seit dem 29. Juli drängten die Militärs darauf, die Lage gegenüber Frankreich und Rußland ultimativ zu klären. Beiden Mächten war die aufs Ganze gehende Frage nach Krieg oder Frieden unmißverständlich vorzulegen. Denn angesichts der russischen Vorbereitungen auf einen Waffengang sollte sichergestellt werden, ohne weiteren Zeitverlust losschlagen zu können, der für den auf Überraschung und Schnelligkeit abgestellten »Schlieffen-Plan« unverträglich war.

Diese nötigenden Erfordernisse des »Kriegshandwerks« waren es, die Generalstabschef von Moltke dazu trieben, die von Reichskanzler Bethmann Hollweg unternommenen Versuche der »Staatskunst«, Wien zum Einlenken zu bewegen, direkt zu unterlaufen. Dem österreichischen Generalstabschef ließ er versichern, Deutschland gehe im bevorstehenden Krieg »unbedingt mit«[24]. Er forderte Conrad von Hötzendorf sogar dazu auf, die Habsburgermonarchie solle ohne Verzug mit der Mobilmachung gegen das Zarenreich beginnen. Mehr noch: Frontal bezog der General Stellung gegen den Kanzler. Dringend riet er seinem österreichischen Kollegen dazu, den »von England erneuert eingebrachten Schritt zur Erhaltung des Friedens ab[zu]lehnen«[25]. Zur Begründung wurde einmal mehr jene düster-fatalistische Sicht der allgemeinen

Lage bemüht, die Moltke und Conrad von Hötzendorf schon seit Jahren immer auswegloser daran denken ließ, den Krieg als eine Flucht aus dem Übel der Welt zu suchen.

Selbst wenn der große Waffengang in den Abgrund führen sollte und nicht die erhoffte Wirkung mit sich bringen würde, schien er den Militärs einem Frieden immerhin vorzuziehen, der nichts als Niedergang verhieß und als unehrenhaft galt. Das überlieferte Weltbild der Soldaten triumphierte über moderne Wertvorstellungen von einem vernünftigen Ausgleich zwischenstaatlicher Gegensätze: »Für Österreich-Ungarn zur Erhaltung Durchhalten des europäischen Krieges letztes Mittel«[26], erläuterte Moltke sein eigenmächtiges Vorgehen, das der Diplomatie Bethmann Hollwegs zerstörerisch entgegenlief.

Im internen Machtkampf zwischen Zivilisten und Militärs wurde in Berlin tatsächlich eine »jagende Angst des Zuspätkommens« spürbar, die der »nervösen Hast der Entschließungen«[27] jener Tage zugrunde lag. Gewiß, das europäische »Sicherheitsdilemma« zwang mehr oder minder alle Mächte dazu, sich dem »Kult der Offensive«[28] hinzugeben; dennoch: Die einen, Rußland, Deutschland und Österreich, huldigten dem unübersehbar stärker als die anderen, England und Frankreich. Das allgemeine Phänomen verschärfte sich für die Deutschen sogar noch einmal auf spezifische Weise. Weil die »Chancen eines ... Sieges« für das Reich im Jahre »1914 unglaublich gering« waren, mußte der militärische Triumph, wenn er überhaupt zu erringen war, der Ungunst der Lage durch einen »Vorsprung an Zeit« und ein »rasches Zupacken«[29] gleichsam abgetrotzt werden. Tatsächlich übernahmen sich die Deutschen mit dieser Aufgabe, die der »Erforderlichkeit des Unmöglichen«[30] gleichkam, von vornherein.

Das serbische Szenario war längst kein überschaubares Manövrierfeld mehr. In einem Pokerspiel um alles oder nichts hatte das Deutsche Reich sein Geschick aus der Hand gegeben: Die Entscheidung über Krieg und Frieden war in der Hoffnung auf ein Nachgeben der Russen dem Zarenreich zugeschoben worden. In Sankt Petersburg hatte Außenminister Sasonow schon am 25. Juli den Eindruck, nicht mehr Herr des ihm über den Kopf gewachsenen Verfahrens zu sein, »in der Sache überwältigt zu sein«[31]. Dementsprechend mußte Bethmann Hollweg fünf Tage später, in der Sitzung des preußischen Staatsministeriums am 30. Juli, einräumen, »es sei die Direktion verloren und der Stein ins Rollen geraten«[32]. Die am selben Tag verkündete russische Generalmobilmachung erforderte gleichsam automatisch, den nämlichen Schritt auf deutscher Seite zu tun. Die Logik der Aufmarschplanung, die militärische Offensive auf jeden Fall im Westen des Kontinents eröffnen zu müssen, machte auf die Aktion der Russen eine Reaktion der Deutschen erforderlich, die Europa in den großen Krieg stürzte. Dem Kanzler blieb kaum noch ein Element der freien Wahl übrig, es sei denn der Rückzug, der einer Kapitulation gleichgekommen wäre – das war mit der Ehre, mit dem Prestige und mit dem Lebensinteresse einer Großmacht nicht vereinbar.

Am 1. bzw. 3. August 1914 erklärte das Deutsche Reich Rußland und Frankreich den Krieg. Einen Tag später befand es sich im Zustand militärischer Auseinandersetzung mit Belgien. Die Verletzung der belgischen Neutralität wiederum lieferte Großbritannien den Anlaß, seinerseits am 4. August Deutschland den Krieg anzusagen: Aus bündnispolitischen und imperialen Gründen, aus Furcht vor deutscher Hegemonie und aus Angst vor russischer Übermacht war Englands Außenminister Grey sowieso längst entschlossen, in den Waffengang einzutreten. Nicht zuletzt deshalb mußten Bethmann Hollwegs halbherzige Versuche scheitern, die in letzter Minute unternommen wurden, um Englands Neutralität zu sichern – selbst wenn sie für Großbritannien akzeptabler ausgefallen wären und selbst wenn Belgien nicht attackiert worden wäre: Die Briten konnten eine militärische Niederlage Frankreichs nicht zulassen. Das hätte sie in gefährliche Isolierung gestürzt und mit dem zukünftigen Hegemon Europas, sollte er nun Deutschland oder Rußland heißen, allein gelassen.

Bethmann Hollwegs Krisenstrategie war mißlungen, allerdings nicht ganz und gar: Zum diplomatischen Erfolg hatte sein risikoschweres Kalkül nicht geführt, war vielmehr in den Krieg umgeschlagen. Doch im Sinne seiner von vornherein verfolgten Doppelstrategie gelang es dem Kanzler, das Volk geschlossen in die militärische Auseinandersetzung eintreten zu lassen. Vor allem die Haltung, die das Zarenreich während der Julikrise bezog, rief bei den Deutschen den Eindruck hervor, den die Regierung ihrerseits gebührend zu verstärken wußte, das Reich müsse sich gegen den russischen Kriegswillen wehren. Dem rauschhaft gefeierten Augusterlebnis der Massen lag das überwältigende Gefühl zugrunde, in einen gerechten Verteidigungskrieg zu ziehen.

Weit über seinen unmittelbaren Anlaß und seinen politischen Zusammenhang hinaus wurde der Kriegsausbruch zudem wie eine willkommene Erlösung von den bedrückenden Lasten des kleinlich Alltäglichen empfunden. Davon einmal abgesehen, gab Kaiser Wilhelm II. mit seiner Thronrede am 4. August 1914 der in Deutschland vorherrschenden Stimmung den angemessenen Ausdruck, als er vor den Mitgliedern des Reichstages versicherte: »Die gegenwärtige Lage ging nicht aus vorübergehenden Interessenkonflikten oder diplomatischen Konstellationen hervor, sie ist das Ergebnis eines seit langen Jahren tätigen Übelwollens gegen Macht und Gedeihen des Deutschen Reiches. Uns treibt nicht Eroberungslust, uns beseelt der unbeugsame Wille, den Platz zu bewahren, auf den Gott uns gestellt hat, für uns und alle kommenden Geschlechter.«[33]

Daß dieser Krieg die einmal so genannte »Ur-Katastrophe« Europas einleiten sollte, ahnte keiner aus dem Kreis derjenigen, die in Deutschland für seinen Beginn mitverantwortlich waren. Überhaupt vermochte sich kaum jemand wirklich vorzustellen, daß die Welt, wie der Dichter Rainer Maria Rilke bekannte, »im Großen Untergang hervorbringen würde«[34]. Selbst der nachdenkliche Bethmann Hollweg konnte im einzelnen kaum ermessen, welches Schicksal auf die Zeitgenossen wartete, als er am 25. Juli ahnungsschwer in die Zukunft blickte: »Der Kanzler erwartet von einem Krieg, wie er auch ausgeht, eine Umwälzung alles Bestehenden. Das Bestehende sehr überlebt, ideeenlos. ›alles so sehr alt geworden‹.«[35]

Allein: Ungeachtet der bangen Vorgefühle stand Bethmann Hollweg an der Spitze derjenigen, die mit offensiven Mitteln die deutsche Position der als unerträglich empfundenen Defensive zu überwinden trachteten und die nach ihrem Verständnis der Lage das Prävenire ergriffen. Ihre Haltung stimmte mit einer Beobachtung Kurt Riezlers überein, die dieser unter dem Pseudonym Ruedorffer im Jahr des Kriegsausbruchs in seiner Darstellung über die »Grundzüge der Weltpolitik in der Gegenwart«, scharfsinnig und zutreffend, niedergelegt hatte: »Kriege zwischen Großmächten werden nicht mehr um der durch sie zu erringenden Vorteile willen begonnen, sondern nur mehr aus Not.«[36] Diese Einsicht trifft zumindest so weit den Kern der Dinge, als die allgemeine Notlage nach riskanten Auswegen drängte, die Vorteil mit sich zu bringen versprachen. Im Zusammenhang der Zeit hatte der kaum mehr kalkulierbare Wagemut der deutschen Reichsleitung natürlich auch mit dem überschäumenden Kraftgefühl einer jungen Nation zu tun, die einer ungewissen Zukunft in der kriegerischen Bewährungsprobe verheißungsvolle Orientierung zu verleihen suchte und die ihren nach wie vor gefährdet erscheinenden Zusammenhalt im nationalen Waffengang zu vollenden hoffte.

Über den politischen Rahmen zweckrationaler Gegenwartsüberlegungen und unsicherer Zukunftsspekulationen hinaus handelten nicht zuletzt die Deutschen, die Regierenden wie in großer Zahl die Regierten, im Bann einer zerstörerischen Spannung aus Zivilisationszweifel und Kriegsanfälligkeit. Aus schierem Überdruß an der zivilisatorischen Sekurität ergriffen sie geradezu die »Flucht vor dem Frieden«[37]. Damit leiteten sie ein Ringen von bis dahin unbekanntem Ausmaß und nicht erahnten Folgen ein. Daß die Lawine eines Weltkrieges losgebrochen war, wollte vor allen Dingen Bethmann Hollweg nicht wahrhaben. Er war vielmehr eine geraume Zeitlang noch davon überzeugt, das seiner diplomatischen Steuerung entglittene Geschehen der militärischen Auseinandersetzung wie einen Kabinettskrieg führen zu können.

Abschied vom Kabinettskrieg

Mit verhängnisvoller Logik hatte das Räderwerk der Mobilmachungen den Beginn des großen Krieges ausgelöst. Von seinem Verlauf wurde überwiegend angenommen, er werde sich kurz und siegreich gestalten. Skeptische Stimmen regten sich vorerst nur vereinzelt. Sie beurteilten die Auseinandersetzung bereits im Augenblick ihres Ausbruchs »als Existenzkrieg, bei dem jede Nation ihr

Überleben in Frage gestellt sah«[38]: »Der jetzige Krieg«, notierte der französische Botschafter in Sankt Petersburg, Paléologue, über eine Unterredung mit dem russischen Außenminister Sasonow am 20. August 1914, »gehört nicht zu denjenigen, die durch einen politischen Vertrag beendet werden wie nach einer Schlacht bei Solferino oder Sadowa; es ist ein Krieg auf Leben und Tod, in welchem jeder Kämpfende seine nationale Existenz aufs Spiel setzt«[39]. Im Gegensatz zum bitteren Realismus solch pessimistischer Einschätzung glaubte Reichskanzler Bethmann Hollweg nach wie vor daran, den ins Rollen geratenen Wagen auf seiner abschüssigen Fahrt zum totalen Krieg noch einmal bremsen, die militärische Auseinandersetzung in Form des Kabinettskriegs kontrollieren zu können.

Erst einmal triumphierte, als die »Gemeinschaftlichkeit von Europa« (Heinrich Triepel) in der »Hypertrophie des Sicherheitsdenkens«[40] unterging, auf allen Seiten der Front eine problematische Tendenz, die für die deutsche Außenpolitik bereits im Verlauf der zurückliegenden Julikrise bestimmend gewesen war. Unter dem unvergleichlich gesteigerten Druck des europäischen Krieges trat sie jetzt noch viel schärfer hervor: Einem durchgehend hohen Vertrauen in die militärischen Kapazitäten entsprach eine zunehmende Geringschätzung der politischen Möglichkeiten.

Dem Dogma der Offensive gemäß setzte das Deutsche Reich auf einen raschen Sieg. Innerhalb weniger Wochen wurde jedoch erkennbar, wie überlegen sich im gerade erst begonnenen Krieg die Verteidigung dem Angriff gegenüber ausnahm. Der Traum von einem kurzen Krieg der Duellanten mündete in die Realität eines langen Ringens der Völker ein. Die Formen, in denen sich die militärische Auseinandersetzung vollzog, wandelten sich, als Gas und Tanks zu Waffen wurden, gegenüber allem bislang Bekannten und Akzeptierten von Grund auf. Der Oberkommandierende des englischen Expeditionskorps, Lord Kitchener, zeigte sich von der menschenverachtenden Perversität schließlich so angewidert, daß ihm das, was sich in den Stellungs- und Materialschlachten abspielte, einfach »kein Krieg«[41] mehr zu sein schien. Zutreffender gesagt war, banal und schrecklich zugleich, aus dem ursprünglich geplanten ein anderer Krieg geworden.

Bis zu einem gewissen Grade handelte es sich bereits, wie Paul Valéry diagnostizierte, um einen demokratischen Krieg, in dem sich »als Soldaten verkleidete Zivilisten« bekämpften. In dieser Perspektive wurde schon bald ein in hohem Maße ideologisierter Weltanschauungskrieg ausgetragen, da die Bürger daran glaubten, »ihre Seelen zu verteidigen«[42]. Seine vielfältigen und lastenden Folgen machten sich gerade in Deutschland nachhaltig bemerkbar. Denn auf einen Zermürbungs- und Abnutzungskrieg hatte sich die Regierung, nicht zuletzt in wirtschaftlicher Hinsicht, gar nicht vorbereitet. Diesen zu führen, schickte sich Großbritannien von vornherein an. Die Engländer gingen, über das Militärische hinaus, aufs Ganze. Durch eine Seeblockade, die im November 1914 in großräumigem Maßstab gegen Deutschland verhängt wurde, zielten sie auf den Nerv der Volkswirtschaft des Feindes, ja auf Gesellschaft und Zivilisation des Reiches schlechthin.

Diese einschneidende Maßnahme mußte den Charakter des Waffenganges ändern. Bis dahin galt selbst die blutige Existenz eines großen Krieges noch nicht als ein menschheitsgefährdendes Instrument, gehörte vielmehr zur abstoßenden Normalität europäischer Politik und Geschichte. Doch jetzt wich der Rausch des Kriegserlebnisses, in dem das Einrücken der Soldaten wie ein Opfergang vom Todesdrang befallener Menschen gefeiert wurde, der Ernüchterung durch die neue Wirklichkeit: Was bislang die Ausnahme vom bürgerlichen Alltag beschrieb, wurde zum Normalzustand einer kriegerischen Gesellschaft. Überall in Europa wurde sie, binnen kurzer Zeit, von einer zügig aufgebauten und effizient arbeitenden, schließlich aber gefährlich wuchernden Staatsbürokratie reglementiert. Mit etatistischem Zwang verwaltete sie nicht zuletzt den in allen Bereichen der Wirtschaft und der Gesellschaft spürbaren Mangel. »Eine lange Zeit der Ordnung und des Gesetzes, wie sie unsere Generation hinter sich hatte«, kam es Ernst Jünger rückblickend vor, »bringt einen wahren Heißhunger nach dem Außergewöhnlichen hervor«[43]. Unter den ehernen Notwendigkeiten des umfassend geführten, alles beanspruchenden Krieges mündete die revolutionäre Entwicklung in eine andere Zeit.

Ihre Gesetze waren nicht mehr länger die der bürgerlichen Gesellschaft, sondern die des totalen Krieges: Alle bislang verbindlichen Werte begann er umzuwerten, hob die Trennlinien zwischen Front und Heimat, zwischen Krieg und Frieden, zwischen Soldaten und Zivilisten auf. Das heroische Abenteuer eines Kabinettskrieges, dem man sich für einen der Normalität geraubten Augenblick lang mit begehrlicher Neugierde fast frivol hinzugeben gedacht hatte, wandelte sich, ehe man sich zu versehen imstande war, mit unkontrollierbarer Wucherkraft zur zerstörerischen Orgie eines Weltkrieges. Daß es aus ihr keine geradlinige Rückkehr zum ursprünglich Vorhandenen geben konnte, beschlich das bange Empfinden der sich nach dem Verlorengegangenen zurücksehnenden Zeitgenossen mehr und mehr. Nur eine weitere Steigerung des Schrecklichen schien überhaupt geeignet zu sein, aus dem Verhängnis einen Ausweg zu eröffnen, der darin lag, Waffengänge ein für allemal sinnlos zu machen: »Möchte doch bald eine Zeit kommen«, seufzte der mit dem Fürsten Eulenburg verwandte Hamburger Geschäftsmann Arnold Gumprecht am 6. Dezember 1914, »in der die technischen Vollkommenheiten der Zerstörungsmittel so fortgeschritten sind, daß Kriegführen gleichbedeutend mit Selbstmord wird!«[44]

Allein, im August 1914 war die Geschichte des soeben begonnenen Waffenganges längst noch nicht so weit und grausam vorangeschritten, daß sie ihren bleibenden Ausdruck bereits uneingeschränkt im Symbol des »unbekannten Soldaten« gefunden hätte, das erst im Rückblick auf die mörderische Zeit seine allgemein verbindliche Anerkennung gefunden hat. Noch schienen die Verantwortlichen der Reichsleitung jene Hebel der Entwicklung zu betätigen, der sie bald darauf nur mehr hilflos dienten.

Der nationale Aufbruch einte die Deutschen, die sich mit der Herausforderung des Industriestaates schwertaten, nach der Reichsgründung und nach der Flottenbegeisterung ein weiteres Mal im »Augusterlebnis«. Eine Zeitlang wurden die innenpolitischen Spannungen im »Burgfrieden« beigelegt, bis sein Bestand, vergleichsweise rasch übrigens, vom Kriegsverlauf aufgezehrt war. An seiner Stelle kamen neue gesellschaftliche und politische Formationen zum Vorschein, die mit ganz unterschiedlicher Zielrichtung in die Zukunft wiesen. Vor dem Hintergrund einer Zeit, die sich scharf in die Kurve legte, ohne zu erkennen zu geben, wohin sie strebte, huldigte Reichskanzler Bethmann Hollweg der »Illusion vom begrenzten Krieg«[45]. Ganz anders dagegen die britischen Staatsmänner: Nachdem sich das Land zum Kriegseintritt durchgerungen hatte, war es entschlossen, das Ringen mit aller Kraft zu führen. Gerade im Hinblick auf England kalkulierte Bethmann Hollweg mit dem Gegenteil vom Tatsächlichen.

Bis zum 27. August 1914, mit freilich rapide abnehmender Hoffnung sogar bis zum 6. September des Jahres, glaubte er an die Chance eines kurzen und begrenzten Kabinettskrieges. England und seine Alliierten sahen im deutschen Aufbruch einen Kampf um die Hegemonie und setzten sich dagegen aufs äußerste zur Wehr. Diese fundamentale Tatsache wurde dem Reichskanzler erst nach dem 27. August 1914 klar, als deutlich wurde, daß ein britisches Expeditionskorps von unerwarteter Stärke auf dem Kontinent eingreifen würde. Nachricht um Nachricht, die Bethmann Hollweg im Großen Hauptquartier erreichte; Zug um Zug, mit dem die alliierten Truppen an die Front befördert wurden; und Schritt um Schritt, mit dem sich die feindlichen Verbände den deutschen Linien näherten, verflüchtigte sich die Hoffnung des Kanzlers auf den überschaubaren Konflikt. Sein Scheitern war bereits vor dem dramatischen Umschlag des militärischen Geschehens in der Marneschlacht am 9. September zur Gewißheit geworden.

Zuvor allerdings hatte die optimistische Annahme, einen kontrollierten Waffengang führen zu können, das Kalkül seiner äußeren Politik einige Wochen lang bestimmt: »Ich halte es nach eingehender Erwägung für wahrscheinlich«, hatte Bethmann Hollweg dem Chef des Admiralstabes, Hugo von Pohl, gegenüber am 8. August seine Erwartung erläutert, »daß England zurückhält, um keine Entscheidung für Verlängerung des Krieges zu geben. Es wäre dringend erwünscht«, forderte er gezielt die Marine auf, »daß wir ebenso verführen, um die Möglichkeit zu geben, daß England den Frieden herbeiführen kann«[46]. Bis sich diese Illusion, Ende August/Anfang September, endgültig auflöste, spekulierte der Reichskanzler darauf, gleichsam im Zuge eines Kabinettskrieges, der mit gezügeltem Waffeneinsatz zu führen war, doch noch das zu erreichen, was mit der am 5./6. Juli 1914 eröffneten politischen Offensive verfehlt worden war:

nämlich eine Erleichterung der deutschen Position und eine Stärkung des Zweibundes.

Eine solche Entwicklung hielt er im Interesse des europäischen Gleichgewichts für grundsätzlich erforderlich, schätzte sie aber vor allem für die englische Balancepolitik als vorteilhaft ein. Großbritannien und seine Alliierten sahen den Zusammenhang dagegen ganz anders: Was Bethmann Hollweg als eine Förderung des europäischen Gleichgewichts beurteilte, kam ihnen, genau umgekehrt, wie dessen Bedrohung durch die deutsche Hegemonie vor. Daher konnte England, nach Ausbruch des Krieges noch weniger als vorher, nicht neutral bleiben, wenn Deutschland und Österreich-Ungarn darangingen, mit Rußland und Frankreich um die Vormacht auf dem Kontinent zu ringen. Daß der deutsche Kanzler darin keine Überwindung, sondern die Wiederherstellung des europäischen Gleichgewichts erblickte, das nach seiner Einschätzung der Dinge zu Deutschlands Ungunsten verschoben war, blieb für die Briten unerheblich.

Die Kluft zwischen dem, was Deutsche und Engländer an der Spitze ihrer Bündnisformationen unter Gleichgewicht und Hegemonie verstanden, wirkte nicht unüberwindbar breit. Schlagartig konnte sie allerdings ein geradezu gähnendes Ausmaß gewinnen, wenn der tollkühne Kriegsplan des Reiches gelingen und Deutschland die französisch-russische Koalition besiegen sollte. Wie unwahrscheinlich ein deutscher Erfolg selbst in diesem kontinental begrenzten Unternehmen war, mögen die um den Bestand ihrer Allianzen und ihres Weltreiches gleichermaßen besorgten Briten, bewußt oder unbewußt, verdrängt haben. Auf keinen Fall wollten sie am Ende isoliert dastehen.

Wie auch immer: Englands resolute Beteiligung an der militärischen Auseinandersetzung ließ Bethmann Hollwegs zuversichtliche Spekulation auf einen kurzen, begrenzten Kabinettskrieg knapp einen Monat nach Ausbruch des Ringens wie eine Fata Morgana verschwinden. Schonungslos trat dagegen im September zutage, daß sich das Deutsche Reich eine militärisch und politisch unlösbare Aufgabe zugemutet hatte: Frankreich mußte in wenigen Wochen geschlagen, und in unmittelbarem Anschluß daran, noch während des Jahres 1914, sollte Rußland besiegt werden, dessen Offensive bis dahin in erster Linie durch den österreichisch-ungarischen Verbündeten abzuwehren war. Danach kam es, weit über die Triumphe der Kriegführung hinaus, darauf an, militärische Siege in politischen Erfolg zu verwandeln, vor allem Großbritannien für einen Friedensschluß zu gewinnen. Seine Ergebnisse mußten für das Reich, sonst wäre sinnlos zu tun gewesen, was es getan hatte, weit günstiger ausfallen als das, was vor Kriegsausbruch Europas Ordnung darstellte. Für England hätte das möglicherweise die Anerkennung einer deutschen Vormacht auf dem Kontinent bedeutet.

Daß die Sicherheit des einen die Unsicherheit des anderen nach sich zog, blieb nach Beginn des Krieges für die gegensätzlichen Kriegsziel- und Friedensentwürfe der Mächte so kennzeichnend, wie diese Tendenz zu seinem Ausbruch entscheidend beigetragen hatte. Das heißt aber: Solange im allgemeinen Zusammenhang das rechte Maß an Sicherheit zu dosieren verfehlt wurde, auf das sich alle Beteiligten im großen und ganzen als zufriedenstellend einigen konnten, dominierte auf allen Seiten eine Empfindung der Unsicherheit, die den Krieg zu beenden ein ums andere Mal erschwerte.

Nach dem Scheitern seiner riskanten Militärplanung nahm sich die Situation des Deutschen Reiches noch weit ernster aus als zuvor schon, ja sie wirkte bis zur Existenzfrage bedrohlich. Daher bemühte sich der Reichskanzler darum, den Krieg auf eine Art und Weise zu beenden, die allerdings möglichst günstig ausfallen sollte, sich also vorläufig auf gar keinen Fall mit dem Status quo ante begnügen wollte: Immerhin, Bethmann Hollweg suchte nach einem Frieden. Die vielschichtig angelegte Politik des Reichskanzlers war von dem erforderlichen Bemühen um einen Friedensschluß und dem unumgänglichen Streben nach Kriegszielen, stark gegensätzlich und kaum miteinander vereinbar, getragen. Dessenungeachtet hatte, *summa summarum*, Gültigkeit, was ein einsichtsvoller Beobachter, Graf Lerchenfeld, am Ende des Jahres 1915 so umschrieb: »Wenn es geht, annektieren, aber um annektieren zu können, nicht eine Fortsetzung des Krieges ins Ungemessene mit unsicherem Ausgang.«[47]

Mit nüchternem Kalkül auf diesem Kurs zu bleiben, fiel nicht zuletzt deshalb ungemein schwer, weil die Stimmung angesichts der aus West und Ost eintreffenden Siegesmeldungen in weiten Teilen der deutschen Öffentlichkeit hochging. Nationale Verbände und wirtschaftliche Interessenten, einzelne Persönlichkeiten und sich spontan zusammenfindende Gruppierungen erhoben, bis weit in die Regierung hinein, ausladende, nachgerade extreme Kriegszielforderungen. In territorialer, wirtschaftlicher und strategischer Hinsicht erstreckten sie sich in nahezu alle Himmelsrichtungen Europas und der Welt. Der Krieg, der keineswegs um der Erreichung solcher Ziele willen begonnen worden war, ließ jetzt Forderungen zutage treten, die seine Existenz verlängerten, sein zerstörerisch wucherndes Leben erhielten. Der rapide voranschreitenden Umwertung aller Normen gemäß, wurde die Planung der Kriegsziele nunmehr stärker von der Lage an den Fronten diktiert, während der Verlauf der Kampflinien weniger nach der Maßgabe dieses oder jenes Kriegsziels zu verändern unternommen wurde. Ebendiese Dialektik von Außenpolitik und Kriegführung spiegelt sich in der Septemberdenkschrift Bethmann Hollwegs und in dem Novemberräsonnement Falkenhayns vom Jahre 1914 wider.

Septemberdenkschrift und Novemberräsonnement

Am 9. September 1914, dem Tag also, an dem die deutsche Westoffensive in der Marneschlacht scheiterte, wurde auf Veranlassung des Reichskanzlers Bethmann Hollweg eine »vorläufige Aufzeichnung über die Richtlinien unserer Politik beim Friedensschluß«[48] angefertigt; sie ist als »Septemberdenkschrift« oder »Septemberprogramm« bekannt geworden. Eher hastig improvisiert als langfristig entworfen, entstand sie, was die allgemeine Lage des Krieges anging, unter dem Eindruck der militärischen Anfangserfolge des Deutschen Reiches. Daß sich das Kriegsglück just am Tage ihrer Ausfertigung wendete, ist für die Entstehung des Dokuments nicht relevant geworden.

Als der Reichskanzler den Auftrag zum Entwurf der provisorischen Festlegungen für eine Beendigung des Krieges erteilte, hatte er die bittere Einsicht gewinnen müssen, daß Großbritannien den andauernden Krieg bis zum Äußersten führte. Zur Vorbereitung aller Möglichkeiten wurden, wie es der württembergische Militärbevollmächtigte im Großen Hauptquartier, Generalleutnant von Graevenitz, in einem am 5. September an seinen Ministerpräsidenten Carl Weizsäcker verfaßten Brief umschrieb[49], die deutschen Kriegsziele, eher addierend als systematisch, zusammengestellt, die für den sich hinziehenden Kampf gegen England als Kriegsmittel angesehen wurden und die in Verhandlungen für einen Friedensschluß in Betracht zu ziehen waren.

Ohne jeden Zweifel wirkten sie ausladend, sogar maßlos; und für die überlieferte Gestalt vom europäischen Staatensystem waren sie im Grunde unverträglich. Nach Westen hin sollte, neben der Annexion von Luxemburg sowie von Teilen Belgiens und des französischen Nordens, Frankreich insgesamt »so geschwächt werden, daß es als Großmacht nicht neu erstehen kann«[50]. Belgien, »wenn es auch als Staat äußerlich bestehen bleibt«, sollte »zu einem Vasallenstaat herabsinken«. Undeutlicher lautete es dagegen, daß nach Osten hin »Rußland von der deutschen Grenze nach Möglichkeit abgedrängt und seine Herrschaft über die nichtrussischen Vasallenvölker gebrochen werden« müsse. Nur umrißhaft tauchte »die Schaffung eines zusammmenhängenden mittelafrikanischen Kolonialreichs« als Ziel auf. Zentral gefordert wurde dagegen »die Gründung eines mitteleuropäischen Wirtschaftsverbandes durch gemeinsame Zollabmachungen unter Einschluß von Frankreich, Belgien, Holland, Dänemark, Österreich-Ungarn, Polen und eventuell Italien, Schweden und Norwegen. Dieser Verband wohl ohne gemeinsame konstitutionelle Spitze, unter äußerlicher Gleichberechtigung seiner Mitglieder, aber tatsächlich unter deutscher Führung, muß die wirtschaftliche Vorherrschaft über Mitteleuropa stabilieren [sic]«. Insgesamt hatten diese Forderungen dem »allgemeinen Ziel des Krieges« zu dienen, eine »Sicherung des Deutschen Reiches nach West und Ost auf erdenkliche Zeit« herbeizuführen.

Lassen wir diese Vorstellungen Revue passieren, und betrachten wir sie im

Hinblick auf die traditionelle Qualität der europäischen Staatenwelt sowie die zukünftige Entwicklung des andauernden Krieges, dann ergibt sich erst einmal dies: Im Mittelpunkt des Kriegszielkatalogs vom 9. September stehen die Forderungen nach der Hegemonie Deutschlands über den Westen Europas, nach der Dominanz über Mitteleuropa und nach dem Erwerb eines Kolonialreiches in Mittelafrika. Die gegenüber Rußland vage gehaltenen Ansprüche deuten auf die Absicht hin, einen »polnischen Grenzstreifen«[51] zu schaffen; er sollte, je nach Möglichkeit und Bedarf, entweder auf dem Wege direkter Annexion zugunsten des Reiches vergrößert oder durch die Bildung eines Sicherheitsgürtels zwischen Deutschland und Rußland ebenfalls zu Lasten des Zarenreiches ergänzt werden. Noch war dagegen nicht die Rede von jenen Plänen im Osten Europas, die Ludendorff schon ein Jahr darauf ventilierte und die in der zweiten Hälfte des Krieges verwirklicht wurden, nämlich einen deutsch beherrschten Großraum an die Stelle des völlig besiegten und als Großmacht ausgeschalteten Rußlands treten zu lassen, der nicht zuletzt großzügige Möglichkeiten der Autarkie- und der Siedlungspolitik eröffnen sollte.

Dessenungeachtet: Der im September unterbreitete Entwurf, der für den Reichskanzler keineswegs in allem verbindlich, sondern vielmehr disponibel war, spiegelte durchaus schon, was eine chauvinistisch berauschte Kriegszielbewegung im Reich, was vor allem die innenpolitischen und militärischen Gegenspieler Bethmann Hollwegs auf der nationalistischen Rechten forderten. Für das Deutsche Reich wurde in so umfassender Form nach Sicherheit verlangt, daß die Verwirklichung des Reklamierten automatisch die Unsicherheit aller anderen Staaten voraussetzen oder nach sich ziehen mußte. Ungeachtet der Tatsache, daß auch die Gegner Deutschlands ihre spezifischen Kriegsziele verfolgten und daß sich das Handeln von Kontrahenten unter den Bedingungen moderner Kriege überhaupt zu gleichen beginnt, ist als Befund festzuhalten: Die deutschen Forderungen glichen einem »Griff nach der Weltmacht«[52] – ohne daß der verantwortliche Staatsmann an der Spitze des Reiches, Bethmann Hollweg, den Krieg zu diesem Zweck begonnen oder geführt hätte. Nichtsdestoweniger drängte ihn die rücksichtslose Kriegszielbewegung immer wieder zum radikalen Bekenntnis. Nicht zuletzt durch verbale Konzessionen an die rohe Unvernunft seiner Widersacher vermochte er seinen im Kern besonnenen Kurs der Vernunft überhaupt zu schützen.

Bethmann Hollweg ließ die in der »Septemberdenkschrift« auftauchenden Forderungen niederlegen, um sich für einen günstigen Ausgang des militärischen Ringens vorzubereiten. Im übrigen mußte, nach seiner Einschätzung der Lage, über die endgültigen Bedingungen eines Friedensschlusses verhandelt werden. Im Sinne seiner Vorkriegspolitik war es nach wie vor sein Ziel, die bedrängte Position des Reiches zu verbessern, nicht aber das europäische Staatensystem umzustürzen. Offen blieb darüber die ganz andere Frage, ob sich der Kanzler unter dem Druck der Kriegszielbewegung letztlich nicht gezwungen sehen würde, auf den im »Septemberprogramm« aufgeführten Forderungen zu bestehen. Daß Bethmann Hollweg zum Werkzeug der Radikalen werden konnte, die ihn fast wider seinen Willen zu veranlassen vermochten, nach der Weltmacht zu greifen und das Bestehende von Grund auf in Frage zu stellen, beschreibt eine nicht von der Hand zu weisende Gefahr.

Die Illusionen der Öffentlichkeit über das in diesem Krieg Erreichbare schossen jedenfalls unkontrollierbar ins Kraut. Bevor der Kanzler den Auftrag gab, die deutschen Kriegsziele in der erst später so genannten »Septemberdenkschrift« einmal für alle Fälle zu katalogisieren, sah sich die Regierung längst einer »Flut der Annexionsforderungen«[53] ausgesetzt. Repräsentanten aus Wirtschaft und Politik, aus dem Reichstag und aus den Dynastien meldeten sich unmittelbar zu Wort, als in den ersten Wochen des Krieges die deutschen Armeen im Westen scheinbar unaufhaltsam voranstürmten und als die »große Russenschlacht in Ostpreußen«[54] siegreich bestanden wurde. »Man watet in Denkschriften!«[55], urteilte der Staatssekretär des Reichskolonialamtes, Solf, am 25. September 1914 über die inzwischen ins Unübersichtliche gestiegene Anzahl von Kriegszielmemoranden. *Au fond* ein Gemäßigter innerhalb der unterschiedlich zusammengesetzten Kriegszielbewegung, beteiligte sich der spätere Staatssekretär des Auswärtigen Amtes seinerseits mit einem spezifischen Plan an der gefährlich ausufernden Diskussion: Er schlug vor, in Afrika ein großes Kolonialreich zu errichten und die deutschen Interessen in Kleinasien zu konsolidieren.

Dagegen waren, um repräsentative Beispiele anzuführen, die Eingaben des Generaldirektors des Krupp-Konzerns, Hugenberg, und des Vorsitzenden des Alldeutschen Verbandes, Claß, des oldenburgischen Großherzogs Friedrich August II. und des bayerischen Königs Ludwig III., aber auch die Anfang September unterbreitete Forderung des Zentrumspolitikers Matthias Erzberger, »der später die deutsche Kapitulation unterzeichnet hat und schließlich als angeblicher ›Verräter‹ Deutschlands von fanatischen Nationalisten ermordet worden ist«[56], stärker auf kontentinentale Erwerbungen und europäische Ziele gerichtet, ohne daß Erzberger den Anspruch auf ein deutsches, den französischen und belgischen Kongo umfassendes Kolonialreich in Afrika ausgelassen hätte. Verlangt wurden »strategische Sicherungen durch Erwerb von Festungsplätzen, das Erzbecken von Longwy und Briey ... Bald dehnten sich diese Annexionswünsche bis an die Kanalküste aus – natürlich im Hinblick auf den englischen Krieg.«[57] Gleichzeitig wurde die deutsche Oberherrschaft über Belgien und das nordfranzösische Küstengebiet bis Boulogne[58] gefordert. Alles in allem, eine »Angliederung Belgiens an Bayern«[59] und die Herabstufung der französischen Großmacht »zu einem deutschen Vasallenstaat«[60] hätten das Reich zur Herrschaft über den Kontinent aufsteigen lassen. »Auch von einer ›Befreiung‹ der baltischen Randstaaten aus russischer Herrschaft und ihrer Angliederung an Deutschland in irgendeiner Form war schon damals die Rede. Die großen Erfolge des Ostfeldzugs von 1915 ließen diesen Wunsch noch stärker hervortreten und fügten den Gedanken einer Befreiung Polens hinzu.«[61]

Mit nüchterner Skepsis urteilte der Historiker Gerhard Ritter unter dem Eindruck der Katastrophe des Zweiten Weltkriegs, als er im Jahr 1948 auf die Geschichte der Deutschen in der ersten Hälte des 20. Jahrhunderts zurückblickte, über das zerstörerisch Maßlose des sogleich zu Beginn des Ersten Weltkrieges aufbrechenden Problems: »Mit alle dem begann eine unheilvolle Entwicklung. Aus der Besetzung Belgiens, ursprünglich nur als Notmaßnahme gedacht, die Deutschland später wieder gutzumachen versprach, wurde ein Eroberungszug, der uns mindestens ›reale Garantien‹ gegen das Vorwalten englisch-französischer Einflüsse, also praktisch das dauernde Protektorat und die Verwendbarkeit des Landes als Aufmarschbasis gegen Frankreich und England verschaffen sollte. Das machte einen Verständigungsfrieden mit den Westmächten ebenso unmöglich wie die Pläne einer Losreißung des Baltikums und Polens eine Verständigung mit Rußland.«[62]

Zutreffend lautet Ritters entschiedene Schlußfolgerung, »daß die Annexionsprogramme allesamt auf einer Selbsttäuschung über unsere militärischen Aussichten beruhten und daß der ursprüngliche Sinn des Krieges zunehmend durch sie verfälscht wurde; weiterhin: daß der Glaube an ›strategische Sicherungen‹ durch Grenzverschiebung eine militärische Fehlspekulation darstellt, die schon seit dem 17. Jahrhundert unendlich viel Unheil auf dem europäischen Kontinent angerichtet und sehr viel mehr Kriege erzeugt oder gefördert als verhindert hat. Endlich: die Rückwirkung des Streites über die Kriegsziele, der sehr bald einsetzte und in jahrelanger Fortsetzung sich immer mehr vergiftete, auf das deutsche Volk war in jedem Sinn ein Unglück.«[63]

Zumindest angedeutet sind damit die Schwierigkeiten, denen sich Bethmann Hollweg ausgesetzt sah, wenn es für ihn darauf ankam, im erklärten Gegensatz zur Kriegszielbewegung einen Frieden zu schließen, der geeignet sein sollte, die außenpolitische Position des Reiches im europäischen Staatensystem dauerhaft zu verbessern. Durch extremen Druck von außen bis zum Zerreißen gespannt, im Grunde zum Mißlingen verurteilt, bewegten sich die außenpolitischen Zielvorstellungen des Kanzlers, deren defensives Sicherheitsbedürfnis gefährlich leicht in die fast ununterscheidbare Nähe zum offensiven Hegemonialstreben geraten konnte, auf einem schmalen Grat. Zwischen dem, was Europa möglicherweise gerade noch verträglich vorkam und was somit den allgemeinen Frieden zu schließen erlaubte, und dem, was es als unmöglich ablehnte und was die Fortführung des großen Krieges um Hegemonie und Gleichgewicht förderte, bestand kaum ein Spaltbreit Unterschied.

Lange vor vielen anderen ergriffen den Kanzler Zweifel darüber, ob manche Forderung, die Anfang September erhoben worden war, nicht allein in militärischer Hinsicht unrealistisch, sondern auch in moralischem Sinne unvernünftig erschien. »Ich habe anfangs die Phrase vom halbsouveränen Tributärstaat

[Belgien] nachgeschwatzt«, distanzierte sich der Kanzler davon einige Wochen später recht eindeutig: »Jetzt halte ich das für eine Utopie. ... Ein Ägypten ist im kontinentalen Europa doch wohl nicht möglich.«[64] Überhaupt schätzte er das in der Denkschrift vom 9. September Niedergelegte nicht zuletzt als ein »Kampfmittel«[65] gegenüber der britischen See- und Weltmacht ein. Denn spätestens seit dem 6. September 1914 war ihm klar, daß England mit allen zur Verfügung stehenden Mitteln in den Weltkrieg eingetreten war. Daher erschien ein unter Deutschlands Führung organisiertes Mitteleuropa, für dessen Schaffung sich Walther Rathenau jetzt erneut mit nüchternem Engagement einsetzte, dem Kanzler gleichfalls als ein unumgängliches Erfordernis.

Auch in diesem Zusammenhang tritt der fast bis ins Grundsätzliche hinein erhebliche Unterschied zwischen dem, worum es Bethmann Hollweg ging, und dem, was seine Gegenspieler wollten, umgehend zutage: »Mitteleuropa« zu fordern, kam nicht wenigen deshalb als erwünscht vor, um für den nächsten Krieg, der nach einer Pause des »Zwischenfriedens« mit Sicherheit erwartet wurde, vor allem auf wirtschaftlichem Gebiet zureichender als vor Ausbruch des gegenwärtigen Ringens gewappnet zu sein. Angesichts seiner Idee vom zukünftigen Frieden Europas und der Welt wurde die Haltung des verantwortlichen Staatsmannes den Mitteleuropaplänen gegenüber von prinzipiell anderen Überlegungen geleitet. Über den andauernden Krieg hinaus Mitteleuropa im Sinne der von Walther Rathenau empfohlenen Zollunion unter deutscher Führung als einen kontinentalen Binnenmarkt zu organisieren, wies der Reichskanzler bereits am 19. September 1914 zurück. Damit schienen ihm für die Zukunft, nach Kriegsende, in erster Linie nur handels- und innenpolitische Nachteile für das Reich verbunden zu sein. Vier Wochen später, am 22. Oktober 1914, veranlaßte er, zweiseitige Handelsverträge mit den gegenwärtigen Kriegsgegnern des Reiches, die im zukünftigen Frieden erneut die Partner der deutschen Volkswirtschaft sein würden, vorzubereiten. Eine großräumige Abschottung des mitteleuropäischen Marktes lehnte er ab, weil sie die »Wiederbelebung unseres überseeischen Exports nach dem Kriege«[66] schwer schädigen würde.

Im Sinne der zu Anfang des Jahres 1914 getroffenen Entscheidung für eine weltwirtschaftliche Orientierung des Reiches sah der Kanzler das Ziel deutscher Außen- und Außenwirtschaftspolitik auch nach dem Ende des Krieges keineswegs darin, zum Schutz eines selbstgenügsamen Blocks einen geschlossenen Binnenmarkt zu errichten. Auf bilateralem Weg sollte sich Deutschland vielmehr »den offenen Zugang zu den Weltmärkten des britischen Empire und des russischen Reiches«[67] bahnen. Bis dahin freilich, bis zu einem politischen Friedensschluß und einem ökonomischen »Arrangement mit den Hauptgegnern«[68] galt es, an der vom Kanzler prinzipiell eher abgelehnten Konzentration auf Mitteleuropa als einem »Kampfmittel« im andauernden Ringen festzuhalten.

Dieses Kriegsziel erhielt, je länger der Weltkrieg dauerte und die Volkswirtschaft darbte, immer mehr Gewicht, schob sich vom Jahre 1915 an sogar ins

Zentrum der Debatte und besaß bis 1917/18 hinein dominierende Geltung. Danach wurde die Mitteleuropaforderung – zu Lasten Rußlands – durch das Kriegsziel eines weitgehend direkt beherrschten Großraums in Ostmittel- und Osteuropa verdrängt; er bot dem Reich, nicht zuletzt im Hinblick auf kommende Kriege, wirtschaftliche Autarkie und geostrategischen Vorteil.

Insgesamt fand die für Bethmann Hollwegs Außenpolitik charakteristische »Kontinuität seiner Überlegungen zur Kriegsbeendigung«[69] in dem immer wieder erörterten Dokument vom 9. September 1914 ihren doppeldeutigen Ausdruck. Einen derart maßlos gestalteten Frieden zu suchen, bedeutete auf der einen Seite, ein Kriegsziel zu verfolgen, das einer Neuordnung Europas durch die Errichtung der deutschen Hegemonie gleichgekommen wäre. Auf der anderen Seite stand der vorläufig entworfene Katalog von möglichen Zielen, nach Bethmann Hollwegs Verständnis der Dinge, sowohl als Kriegsziel wie als Kampfmittel zur Disposition.

Die entgegenkommende Bereitschaft des Kanzlers, das nur provisorisch Festgelegte mit den unvorhersehbaren Realitäten in Einklang zu bringen, hatte einmal im Hinblick auf seine innenpolitischen Gegner Bedeutung. Angesichts der für sie verbindlichen Kriegszielvorstellungen, die sich ehrgeizig, teilweise ausgesprochen extrem ausnahmen, waren sie für eine Reduzierung des in der »Septemberdenkschrift« Zusammengestellten nur schwer, im Grunde kaum zu gewinnen. Zum anderen hatte sich Bethmann Hollweg mit den äußeren Feinden zu vereinbaren, für die der Katalog vom 9. September im Grundsatz und in den Einzelheiten unannehmbar war – und das nicht zuletzt deshalb, weil sie ihrerseits eigenständige Kriegsziele verfolgten.

Bereits am 5. September 1914 verpflichteten sich die Alliierten darauf, einen Frieden nur gemeinsam zu schließen. Keiner von ihnen sollte zudem, ohne sich darüber zuvor mit den anderen zu vereinbaren, einseitig die Bedingungen eines Friedens, also die Ziele des Krieges fixieren. Was ihren Umfang anging, wurde bereits im August und September 1914 deutlich, daß über die traditionelle Forderung der Russen nach der Herrschaft über Konstantinopel sowie die türkischen Meerengen und über den revisionistischen Anspruch der Franzosen auf Elsaß-Lothringen hinaus bald schon alarmierende Rufe laut wurden, die nach einer Amputation des östlichen Ostpreußens und nach einer Abtretung des linken Rheinufers verlangten. Auf Widerstand stießen die alles andere als maßvollen Kriegsziele der Russen und Franzosen bei den Briten, die ihrerseits auf den zukünftigen Besitz der deutschen Kolonien reflektierten und im übrigen unmißverständlich die Ausschaltung der deutschen Schlachtflotte forderten. Rußland und Frankreich ging es indes um weit mehr, zielten sie doch letztlich – in der Annahme, »darin seien alle drei verbündeten Mächte völlig solidarisch« – auf die »Vernichtung des Deutschen Reiches und die möglichste Schwächung der militärischen und politischen Macht Preußens«[70].

Zusammen mit den im Verlauf des Weltkrieges hervortretenden Plänen, den

Nahen Osten zwischen England und Frankreich aufzuteilen und die Habsburgermonarchie, anfangs zugunsten des Zarenreiches, später zugunsten der slawischen Völker, zu zertrümmern, wird im Umriß deutlich, daß der in der »Septemberdenkschrift« angelegten Tendenz zur Revolutionierung des Status quo auf seiten der alliierten Kriegsgegner eine ebensolche Bereitschaft zum Umsturz des Bestehenden entsprach. Das konträr Entworfene führte zu einer Unvereinbarkeit beider Standpunkte. Sie verwehrte einen Friedensschluß, der auf gerechtem Ausgleich beruhte und allgemeine Sicherheit garantierte. Daher war der Kanzler gewiß nicht frei von einer Selbstüberschätzung seiner Möglichkeiten, als er im Dezember 1916 äußerte, daß »in dem Augenblick, wo eine greifbare Friedensmöglichkeit vorliegt und ich damit komme, ... ich beim Kaiser alles durchsetze. Ich werde von der Obersten Heeresleitung mit Vorwürfen überschüttet und auch beschimpft werden. Das Volk wird sagen: Ich habe einen miserablen Frieden abgeschlossen. Aber der Friede wird gemacht!«[71]

Immerhin gibt die optimistische Prognose augenfällig zu erkennen, worum es Bethmann Hollweg im Kern ging, nämlich den Waffengang zu beenden. Leitend für einen Friedensschluß, den der Kanzler von 1914 bis 1917 durchgehend und vorrangig zu finden bemüht war, blieb das Ziel, das ihn bereits dazu bestimmt hatte, während der Julikrise die diplomatische Offensive zu ergreifen: Die ihm gefährdet vorkommende Position des jungen Nationalstaates im Kreis der Großen Mächte sollte verbessert, Deutschlands Stellung als Großmacht unter Großmächten, als Staat im Staatensystem gefestigt werden.

Die Erfahrungen des Krieges machten es darüber hinaus erforderlich, daß ein Friedensschluß dem Deutschen Reich und seinem Volk erfahrbare Genugtuung für die bezeigte Opferbereitschaft zu bringen hatte, absehbare Ruhe und sichtbare Entschädigung, »Sicherungen« und »Garantien« bieten mußte. Am 12. September 1914 umschrieb Bethmann Hollweg dieses Ziel in einer Weisung an Unterstaatssekretär Zimmermann, der über die Behandlung eines amerikanischen Angebotes zur Friedensvermittlung instruiert wurde: »Wir können nur Frieden annehmen, der wirklich Dauer verspricht und uns vor neuen Überfällen unserer Feinde schützt. Wenn wir jetzt das amerikanische Vermittlungsangebot annehmen, würde uns dies von unseren Gegnern nur als Schwäche gedeutet und von unserem Volke nicht verstanden werden. Denn das Volk, das solche Opfer gebracht hat, verlangt Garantien für Sicherheit und Ruhe.«[72]

Selbstverständlich waren den ursprünglichen Erwägungen des Reichskanzlers auch taktische Zwecke zu eigen. In innenpolitischer Hinsicht zielten sie darauf, allzu stürmischen Forderungen der Deutschen, die nach dem Weltkrieg nicht mehr länger zu vertrösten sein, sondern die Einführung der Demokratie verlangen würden, durch äußere Kompensation die radikale Spitze zu nehmen. Dessenungeachtet ist die im Kern defensive Orientierung, die Bethmann Hollwegs Außenpolitik kennzeichnete, selbst im Weltkrieg nicht zu übersehen. Allerdings: Für Deutschlands Sicherheit stellte der Reichskanzler, damals jedenfalls noch, kolossale Garantieforderungen. Ihr provozierender Umfang gestaltete die zentrale Suche nach einem gelungenen Ausweg aus dem andauernden Krieg zunehmend schwieriger. Gleichwohl verschärfte sich die Notwendigkeit, zu einem Frieden zu gelangen, sei es separat und nach einer Seite hin, sei es allgemein und mit allen Gegnern zusammen.

Denn mit dem Fortgang des Krieges wurde die Gesamtlage für das Deutsche Reich nicht eben besser. Die Tripelallianz gewann dadurch Verstärkung, daß Japan im August 1914 und Italien im Mai 1915 zu ihr stießen. Der Kriegseintritt der ostasiatischen Großmacht beschäftigte den Reichskanzler in einem nicht unerheblichen Maße, rechnete er doch, zumindest zeitweise, mit einem Auftauchen japanischer Truppen in Europa. Was den abgefallenen Dreibundpartner Italien anging, hatte Bethmann Hollweg mit nahezu allen Mitteln, wenn auch am Ende vergeblich, versucht, dessen Anschluß an die gegnerische Koalition zu verhindern. Der Kanzler ging sogar so weit, die Österreicher, falls sie sich dazu bereit gefunden hätten, durch eine Abtretung des Trentino Italien bei der Stange zu halten, mit schlesischem Gebiet zu entschädigen, das im 18. Jahrhundert zwischen Wien und Berlin den Besitz gewechselt hatte. Allein, das im Kabinettszeitalter übliche Prinzip des Ländertauschs in die Epoche der Nationalstaaten übertragen zu wollen, hatte von vornherein nicht viel Aussicht auf Erfolg.

Auf die Seite des Zweibundes traten dagegen im Oktober 1914 die Türkei und nach der Eroberung Serbiens Ende 1915 Bulgarien. Doch die äußerliche Verstärkung der Mittelmächte wirkte keineswegs kriegsentscheidend. Noch weniger das Blatt zu wenden vermochten jene geheimnisumwitterten Insurrektionsversuche, die sofort nach Kriegsausbruch gegen die Feinde in die Wege geleitet wurden. Auf unorthodoxe Weise versuchten die Deutschen, durch die Anzettelung und Unterstützung von Aufstandsbewegungen das russische Vielvölkerreich und das britische Empire zu erschüttern.

Um den Krieg zu beenden, blieb also nur zu tun übrig, was vier Jahre lang – zuerst vergeblich und am Ende erfolgreich, wenn auch ohne durchschlagendes Gelingen des damit Beabsichtigten – unternommen wurde: Nach Osten oder Westen hin galt es, zu einem Separatfrieden zu kommen, um, zumindest der idealen Vorstellung nach, die gesammelte Schlagkraft auf den noch verbliebenen Kriegsschauplatz konzentrieren zu können. Sich für diesen Weg zu entscheiden schien noch vor dem Ende des Jahres 1914 um so dringender geboten zu sein, als der neue Chef des Generalstabes, von Falkenhayn, der die Stelle des nach dem Scheitern des »Schlieffen-Plans« zurückgetretenen von Moltke eingenommen hatte, Reichskanzler Bethmann Hollweg gegenüber die militärische Situation mit schonungsloser Offenheit darlegte: Sie hatte sich gegenüber den ersten Wochen des siegreich geführten Bewegungskrieges drastisch verschlechtert!

Obwohl das Mißlingen des Westfeldzuges auf der Hand lag, war der auf die

Kriegführung gegen Frankreich konzentrierte Falkenhayn nicht dazu bereit, die sich möglicherweise im Osten bietende Siegeschance zu nutzen. Vielmehr malte er, als er in einem eingehenden Gespräch mit dem Kanzler am 18. November 1914 seine ernüchternde Bilanz über die Lage des Deutschen Reiches vortrug, ein Bild in schwärzesten Farben. Dieser 18. November, an dem der Generalstabschef seine kritische Diagnose unterbreitete, war der Tag, an dem Falkenhayn sich endlich dazu durchgerungen hatte, die verlustreichen Angriffe bei Ypern einzustellen. Sie sollten schon nicht mehr, wie ursprünglich einmal geplant war, den entscheidenden Umschwung im Westen herbeiführen, sondern sie dienten nur noch dazu, einen gefährlichen Frontbogen zu beseitigen; danach konnten beträchtliche Truppenkontingente, so jedenfalls war es vorgesehen, für eine von Hindenburg und Ludendorff im Osten geplante Offensive abgegeben werden.

Doch angesichts der im Westen kaum konsolidierten Lage rückte der zögerliche Generalstabschef nun auch von dem Plan ab, im Sinne des Oberkommandos Ost auf der anderen Seite des Kontinents die Entscheidung zu suchen. Hier wie dort verlegte er sich vielmehr auf eine hinhaltende Kriegführung, die höchstens noch Teilerfolge, nicht aber den Sieg mit sich zu bringen vermochte. Vor diesem Hintergrund fand die entscheidende Unterredung zwischen dem Generalstabschef und dem Reichskanzler statt. In einem Schreiben an den im Auswärtigen Amt in Berlin amtierenden Unterstaatssekretär Zimmermann berichtete Bethmann Hollweg schon am nächsten Tag über Falkenhayns »Raisonnement«[73].

Vergleicht man die Positionen der beiden Gesprächspartner, der militärischen und der zivilen Spitze der Reichsleitung, miteinander, tritt eine unvermutete Auffälligkeit hervor: Am Ende des ersten Kriegsjahres, als noch eine gewisse Handlungsfreiheit verfügbar zu sein schien, war es der Repräsentant des »Kriegshandwerks«, der dem Vertreter der »Staatskunst« dringend »einen stufenweisen Abbau der Fronten«[74] empfahl. An die Möglichkeit des umfassenden Sieges glaubte General Falkenhayn nicht mehr; daher schreckte er »vor der Anerkennung der Kräftegleichheit«[75] nicht länger zurück. Das verband ihn, damals jedenfalls noch, mit führenden Militärs im Lager der Tripel-Entente ebenso wie auf der Seite des Zweibundes. Dagegen traten zivile Angehörige der Regierungen in England, Frankreich und Rußland unter dem Druck aus Öffentlichkeit und Gesellschaft nicht selten für eine Kriegführung *à outrance* ein; auch im Deutschen Reich und in Österreich-Ungarn mußten Reichskanzler Bethmann Hollweg und Außenminister Burian beispielsweise dem maßlosen Verlangen der berauschten »Heimat«, aber ebenso den kompromißlosen Forderungen aus Kreisen der Militärs, die anders als Falkenhayn auf den totalen Sieg eingeschworen waren, immer wieder nachgeben, weil sie ein ums andere Mal schmerzlich an die engen Grenzen ihres politischen Manövrierraums stießen.

Weil das Heer nach Falkenhayns Einschätzung inzwischen ein »zerbrochenes Instrument«[76] darstellte, die Truppe nach den verlustreichen Kämpfen erschöpft und die Unterlegenheit der eigenen Artillerie bedenklich war, hielt der Chef des Generalstabes einen kriegsentscheidenden Sieg über die feindliche Koalition für ausgeschlossen: »So lange Rußland, Frankreich und England zusammenhielten, sei es uns unmöglich, unsere Gegner so zu besiegen, daß wir zu einem anständigen Frieden kämen. Wir würden vielmals Gefahr laufen, uns langsam zu erschöpfen.«[77]

Daraus ergab sich für Falkenhayn die Schlußfolgerung, einen separaten Frieden zu suchen: »Entweder Rußland oder Frankreich müsse abgesprengt werden.«[78] Daß er eindeutig bevorzugte, im Osten Frieden zu schließen, gibt den Blick auf seine außenpolitische Konzeption frei. Da ihre Stoßrichtung gegen Großbritannien zielte, berührte sie sich mit den Vorstellungen, die der Großadmiral Tirpitz und die Marine favorisierten: »Gelingt es, was in erster Linie anzustreben sei, Rußland zum Frieden zu bringen, so würden wir Frankreich und England so niederzwingen können, daß wir den Frieden diktierten ... Es sei aber mit Sicherheit zu erwarten, daß, wenn Rußland Frieden machte, auch Frankreich klein beigäbe. Dann würden wir England, wenn es uns nicht völlig zu Willen wäre, dadurch niederzwingen, daß wir es, gestützt auf Belgien durch Blockade aushungerten ...«[79]. Den »psychologischen Moment zur Fühlungnahme mit Rußland« sah Falkenhayn gekommen, »wenn es dem General Hindenburg gelingen sollte, die Russen in den jetzt im Gange befindlichen Kämpfen so zu schlagen, daß sie in diesem Winter nichts mehr gegen uns unternehmen könnten«. Um das Gelingen seines Ratschlags zu erleichtern, zeigte sich der Generalstabschef für diesen Fall sogar dazu bereit, »daß dann selbst eine gewisse Invite von unserer Seite stattfände«, selbstverständlich »in vollem Einverständnis mit Wien«.

Was die Behandlung des Zarenreiches anging, verlangte Falkenhayn »beim Friedensschluß von Rußland nichts als eine ausreichende Kriegsentschädigung, aber kein Land, vorbehaltlich kleiner Grenzberichtigungen im Verteidigungsinteresse ...«. Auch von Frankreich forderte der General für den Fall der Bereitschaft zum Friedensschluß »kein Land«[80]. Die »Schleifung Belforts« erschien ihm erforderlich, aber »den Westabhang der Vogesen, den er mir früher als notwendig bezeichnet hatte«, so gab Bethmann Hollweg das ihm von Falkenhayn am 18. November Mitgeteilte wieder, »brauche er nicht. Ebenso wenig das Vorland von Metz (bassin de Briey). Kolonialerwerbungen berührten nicht seine Interessen. Eine ausreichende Kriegsentschädigung sei, was er verlange.«

Die »belgische Frage« zu erörtern, war nach Falkenhayns – rückblickend gewiß unzutreffendem – Urteil zum gegenwärtigen Zeitpunkt noch nicht notwendig. Dieses Problem, eröffnete er dem Reichskanzler, »könne erst nach der Niederwerfung Englands gelöst werden«. Damit hatte der Generalstabschef das, nach seiner Einschätzung der Konstellation, zentrale Ziel des gegenwärtigen

Krieges überhaupt benannt: »In dieser Niederwerfung Englands, als auch vom Volksempfinden gefordert, erblickt General von Falkenhayn, wie mir scheint, die einzige, aber auch die ausreichende Sicherung vor erneuten Kriegen.«

Bethmann Hollwegs Schlußfolgerungen, die er aus der Lagebeurteilung und den Empfehlungen des Generalstabschefs zog, fielen alles andere als optimistisch aus. Vor allem die Erfolgsaussichten der Ratschläge Falkenhayns beurteilte der Kanzler weit skeptischer, als sie sich in den Darlegungen des Generals ausgenommen hatten. Innerhalb weniger Wochen, zwischen dem Beginn des September und der Mitte des November 1914, hatte sich die Gesamtlage grundlegend geändert!

Ohne Einschränkung stimmte Bethmann Hollweg der Beurteilung Falkenhayns zu, daß an »einen entscheidenden *militärischen* Sieg« nur dann zu denken sei, »wenn wir unsere im Osten engagierte Armee nach Frankreich werfen können«. Für diesen Fall schien ihm der Triumph so gewiß zu sein, daß »wir, wenn wir es für richtig hielten, selbst ein etwaiges Friedensangebot Frankreichs zurückweisen« könnten, um »Frankreich, wenn uns das Glück zur Seite steht, militärisch so auf die Kniee [sic!] (zu) zwingen, daß es jeden von uns gewünschten Frieden annehmen muß und zugleich, wenn die Marine hält, was sie verspricht, England unseren Willen auf[zu]zwingen«. Die verlockende Aussicht, die mit dieser strategischen Option verbunden war, faßte der Reichskanzler zusammen, indem er nicht zuletzt auf sein bevorzugtes Ziel zurückkam, das ihn während der Julikrise geleitet und das die gegnerische Koalition zu sprengen im Auge gehabt hatte: »Wir könnten also gegen den Preis, daß gegenüber Rußland die Verhältnisse im Wesentlichen so bleiben wie vor dem Kriege, gegen Westen hin die uns passenden Zustände schaffen. Damit wäre zugleich die Triple Entente beseitigt.«

Freilich, ob die verheißungsvolle Rechnung aufgehen würde, hing von der schwer kalkulierbaren Bereitschaft der Russen zum Separatfrieden ab. Falkenhayn ging von ihrer Wahrscheinlichkeit aus, während Bethmann Hollweg mit Recht Skepsis an den Tag legte. »Gelingt es nicht, Rußland abzusprengen«, räsonierte er über diese unter Umständen kriegsentscheidende Alternative, »so werden wir militärisch keinem unserer Gegner ganz Herr« und »laufen der Gefahr, daß ... der Krieg eine im Ganzen für uns ungünstige Wendung nimmt. Aber auch wenn dieses Extrem nicht eintritt«, folgerte er bohrend weiter, um die verbleibende Grundlage einer zukünftigen Existenz des Reiches sichtbar zu machen, das sich durch eine achtunggebietende Demonstration seines nationalen Selbstbehauptungsvermögens dem Äußersten entziehen sollte, »bleibt uns als Chance nur, daß der Krieg wegen allgemeiner gegenseitiger Erschöpfung ohne ausgesprochene militärische Niederlage der einen oder anderen Partei aufhört«.

Selbst deutsche Faustpfänder, das besetzte Belgien oder die okkupierten Territorien Nordfrankreichs, vermochten in solcher Lage prekärer Unentschiedenheit Großbritannien kaum zu einem Einlenken zu bewegen: »England gegenüber ... wäre unsere Macht sehr gering«, selbst wenn es zum »Abschluß eines Separatfriedens« mit Rußland und Frankreich kommen sollte. »Das Ergebnis des Krieges«, resümierte der Kanzler mit hoher Einsichtsfähigkeit, aus der die Kraft und die Legitimation für die Weiterexistenz des Reiches und die Fortführung des Krieges erwuchsen, »würde sich dann für uns im Wesentlichen auf die aller Welt demonstrierte Tatsache reduzieren, daß selbst die größte feindliche Koalition uns nicht niederzwingen kann, eine Tatsache, die zwar nicht ohne friedenswirkende und entwicklungsfördernde Folgen bleiben, zunächst aber dem Volke als durchaus ungenügender Lohn für so ungeheure Opfer erscheinen würde.«

Zu den leichtfertig erhobenen Forderungen der Kriegszielbewegung war der Kanzler damit auf prinzipielle Distanz gegangen. Weit entfernt hatte er sich aber auch von den hochgemuten Erwartungen, mit denen er noch wenige Wochen zuvor für den Fall eines Friedensschlusses auf nicht eben geringe territoriale und wirtschaftliche Sicherungen, auf nicht zu knapp bemessene Garantien nach Westen und Osten hin reflektiert hatte. Dagegen trat jetzt jenes Motiv in den Vordergrund, das für Bethmann Hollwegs Gedankenbildung und Außenpolitik bis zu seinem Abschied vom Amt des Reichskanzlers zentrale Verbindlichkeit behielt. Mochte er sich aus eher taktischen als aus prinzipiellen Erwägungen heraus in erforderlicher Anpassung an wechselnde Lagen, kaum aber aus politischer Überzeugung, immer wieder einmal mit ausladenden Kriegszielen durch öffentliche Bekenntnisse oder interne Einverständniserklärungen identifizieren, von seinem nunmehr eingeschlagenen Kurs vermochten sie ihn nicht abzubringen: Bethmann Hollweg näherte sich der Idee von einem »Hubertusburger Frieden«, der die außenpolitischen Konsequenzen aus dem militärischen Remis zog. Wie einst das friderizianische Preußen der großen Koalition seiner Feinde getrotzt hatte, würde im Nachweis seiner Unbesiegbarkeit der größte Gewinn für den zukünftigen Bestand des Deutschen Reiches liegen. Potentielle Angreifer sollten durch die lebendige Erinnerung an die blutige Vergeblichkeit des ersten Versuchs zur militärischen Niederwerfung Deutschlands von selbstschädigenden Experimenten abgehalten werden.

Bereits am Ende des Jahres 1914, nach wenigen Wochen der militärischen Auseinandersetzung, zeichnete sich das Grundmuster der Staatenwelt ab, das die kommenden Jahre des Krieges durchzog und das weit über sein Ende hinaus prägend blieb. Das »Gleichgewicht der halben Erfolge«[81], das die Kriegführenden auf beiden Seiten der Front buchstäblich auf Messers Schneide balancieren ließ, erstarrte in einer vorläufig kaum aufzulösenden Unentschiedenheit der Lage, weil keine Formation der anderen ihren Willen aufzuzwingen imstande war. Die Kraft der Alliierten reichte aus, um den Zweibund in Schach zu halten, war aber zu gering, um die von Deutschland ausgehende Herausforderung zu überwinden. Das Reich seinerseits verfügte über genügend Macht, um die bestehende Ordnung der Staatenwelt zu zerstören, war aber nicht einflußreich genug, um Europa nach seiner Vorstellung zu beherrschen.

Alle »Führungskrisen im Ersten Weltkrieg«, auf deutscher Seite und bis zu einem gewissen Grade auf alliierter Seite, hatten letztlich »in dem paradoxen Sachverhalt« ihre Ursache, »daß dieses große Reich der Mitte stark genug war, allen seinen großen Nachbarn lebensgefährliche Schläge zu versetzen, aber nie mächtig genug, ihrer Herr zu werden«[82]. Eine Nation, die auf derart unwägbare Weise um Sieg oder Niederlage, um Triumph oder Überleben ringt, bewegt sich auf einem gefährlich schmalen, mit andauerndem Krieg fast ausweglos erscheinenden Pfad zwischen Arroganz und Panik, zwischen Selbstüberschätzung und Vertrauensverlust. Daher war es, zum Teil jedenfalls, nicht nur leichtfertiger Übermut, sondern immer häufiger »ohnmächtige Verzweiflung«, die selbst »vernünftige und ehrenwerte Beamte und Offiziere« ein ums andere Mal auf »absonderliche Wege«[83] geraten und zu riskanten Irrfahrten aufbrechen ließ. In gleichsam ständiger Flucht nach vorn wollten sie der nicht akzeptierten Unabänderlichkeit einer blockierten Konstellation entkommen und strebten immer wieder, ohne daß ihnen das überanstrengt Hybride ihres Handelns vor Augen stand, nach dem schier Unmöglichen.

Überdeutlich trat damit während des Ersten Weltkrieges eine Grundtendenz deutscher Geschichte zutage, die der Außenpolitik des Nationalstaates zwischen 1871 und 1945 durchgehend unterlag. Seit seiner späten Gründung befand sich das Reich in »eingepferchter« Lage, die seine Staatsmänner mit unterschiedlichen Mitteln zu lockern und zu überwinden versuchten: mit den Methoden der Diplomatie; auf dem Wege überproportionaler Rüstung; durch die *ultima ratio* des Krieges. Auch sie gaben indes nur zu erkennen, was zuvor schon im Wettrüsten der wilhelminischen Ära deutlich geworden war: Nach jeder heftigen Bewegung taten sich neue Engpässe auf, die ihrerseits zu einem weiteren Ausbruchversuch anhielten.

Weder in Deutschland noch bei seinen Gegnern reifte – zumal diesen komplizierten Zusammenhang mitten in einer militärischen Auseinandersetzung und angesichts der ungeheuren Opfer noch schwerer zu begreifen fiel, als das ansonsten schon der Fall war – die ernüchternde Einsicht, die an sich rigorose Konsequenzen zu ziehen nahegelegt hätte: Krieg zu führen vermag vergleichsweise primitiven Gesellschaften, selbst im Falle der Niederlage, Vorteile zu bringen; hochzivilisierten Staaten dagegen kann, selbst im Falle eines Sieges, aus einem *totalen* Waffengang in der Regel nur Nachteil erwachsen. Die »Hubertusburger« Erkenntnis des Kanzlers indes wollte die aus unterschiedlichen Motiven auf einen Siegfrieden setzende Mehrheit der Deutschen, vorläufig jedenfalls, auf keinen Fall teilen.

Mit plausiblem Realismus entwickelte Bethmann Hollweg sie erneut, als er in seiner Funktion als Preußischer Ministerpräsident in der Staatsministerialsitzung vom 28. November 1914 das Wort ergriff. Mit kritisch abwägendem Blick auf die militärische Lage ging er davon aus, »daß der Krieg noch lange dauern« werde und man »darauf gefaßt sein« müsse, »daß vielleicht noch Rückschläge auftreten würden, wie das ja von vornherein im Bereich der Möglichkeit gelegen hätte«[84]. Bethmann Hollweg fuhr fort, indem er an das anknüpfte, was er gut eine Woche zuvor in seinem Bericht über die Aussprache mit Falkenhayn niedergelegt hatte: »Daß wir Erfolge erreichen würden, welche uns gestatteten, über die Welt zu disponieren, glaube er nicht. Aber selbst wenn wir nur erreichen sollten, vor der Welt zu konstatieren, daß uns selbst eine so ungeheure Koalition wie die jetzige nicht zu überwinden vermöge, so würde das einen Erfolg bedeuten, welcher die Gewähr für den späteren Frieden in sich trage.«[85]

Frieden zu schließen, der allerdings die Selbstbehauptung des Deutschen Reiches garantieren mußte, war der Kanzler unentwegt bemüht – sei es im allgemeinen Rahmen, sei es an einer der Fronten. Daß er innerhalb seines eng bemessenen Handlungsspielraums mit diesen immer wieder scheiternden Versuchen das jeweils Günstigste für sein Land erreichen wollte, erscheint selbstverständlich. Ebenso evident ist aber die Tatsache, daß er den ruinösen Krieg nicht zu dem vorrangigen Zweck weiterführte, um ehrgeizige, extreme Kriegsziele zu verwirklichen. Bethmann Hollweg trachtete danach, einen vernünftigen und ehrenvollen Frieden zu finden.

Vor diesem Hintergrund kam ihm die von Falkenhayn in seinem »Raisonnement« entworfene Aussicht, Rußland abzusprengen und »einen absoluten Sieg über Frankreich und England« zu feiern, schon Mitte November »nicht ganz ungewagt«[86] vor. Er prüfte sie dennoch, nahm aber gleichzeitig die entgegengesetzte Option ins Auge, eine politische Verständigung nach Westen hin und die militärische Entscheidung im Osten zu suchen. Ob das Streben nach dem Separatfrieden, weit über Bethmann Hollwegs subjektive Absichten hinaus, in erster Linie die Grundlage für einen Siegfrieden oder für einen Verständigungsfrieden legen würde, mußte vorläufig offenbleiben und hing davon ab, wer im entscheidenden Augenblick an der Reichsspitze das Sagen haben würde, die Gemäßigten oder die Radikalen.

Unübersehbar geworden war jedoch mittlerweile, daß die Gestaltungsmöglichkeiten des Reichskanzlers mit voranschreitender Zeit abnahmen. Seine Abhängigkeit vom Willen der äußeren Gegner lag auf der Hand. Seine zwischen den innenpolitischen Fronten der Anhänger eines »Hindenburg-« oder »Scheidemann-Friedens« mehr und mehr aufgeriebene »Politik der Diagonale« verlor um so mehr an Wirkung, je stärker sich die extremen Positionen polarisierten. Mehr noch: Die außenpolitischen Forderungen der Kriegszielbefürworter und Kriegszielgegner glichen sich den innenpolitischen Ansprüchen der Reformgegner und Reformbefürworter weitgehend an. Aus einer so vielfältig eingeschnürten Stellung den ohnehin schon schwierigen Versuch zu unternehmen, auch nur zu einem separaten Frieden zu gelangen, glich tatsächlich der Quadratur des Kreises.

Ein separater Frieden?

Bereits nach einem Jahr Krieg begann die politische Zerklüftung im Inneren des Reiches den »Burgfrieden« vom August 1914 auszuhöhlen. In Staat und Gesellschaft entwickelte sich der Ausnahmezustand zunehmend mehr zum Normalzustand. Der Zugriff der staatlichen Bürokratie suchte den Mangel zu regeln, der sich in allen kriegführenden Staaten bemerkbar machte. Erst einmal ertrug ihn die Zivilbevölkerung ohne große Klagen, weil die Hoffnung auf den Sieg, der für alle Opfer entschädigen würde, noch jung war. Frauenarbeit in den Fabriken wurde nötig, weil die Männer im Felde standen; Kriegsanleihen wurden bereitwillig gezeichnet, um die finanzielle Last der Auseinandersetzung aufbringen zu können; Lebensmittel unterlagen der Rationierung, um den Hunger zu überwinden. Dennoch breitete er sich, ebenso wie der Wucher des Schwarzmarkthandels, aus und erreichte im »Steckrübenwinter« 1916/17 einen traurigen Höhepunkt.

Bislang vom gouvernementalen Zugriff freie Bereiche der Gesellschaft und der Wirtschaft wurden jetzt regierungsamtlich kontrolliert, um den Bedürfnissen der Kriegführung gerecht werden zu können. Die von Walther Rathenau eingerichtete Kriegsrohstoffabteilung verwies auf den Weg einer umfassenden Mobilisierung aller inneren und äußeren Kräfte; sie hob die Grenzen zwischen Front und Heimat, zwischen »Staatskrieg und Privatfrieden«[87] zunehmend auf. Dieser mit einem grundlegenden Wandel des Bestehenden einhergehende Vorgang kulminierte im Jahre 1916 in dem von Ludendorff konzipierten »Hindenburg-Programm«, das die Konzentration aller materiellen und menschlichen Reserven auf die Kriegführung vorsah. Im Gesetz über den Vaterländischen Hilfsdienst vom 5. Dezember 1916 wurde vorgesehen, alle Männer zwischen 17 und 60 Jahren, die nicht Soldaten waren, heranzuziehen, um in der Landwirtschaft, in der Krankenpflege und in der Kriegsindustrie eingesetzt zu werden, wo eine beträchtliche Anzahl von Spezialisten ohnehin als unabkömmlich vom Waffendienst freigestellt war.

Die Tendenz zur Verstaatlichung des Gesellschaftlichen, die sich unter dem Eindruck der Kriegsanforderungen vollzog, setzte in revolutionärem Ausmaß und mit atemberaubendem Tempo eine säkulare Entwicklung fort, die seit dem letzten Drittel des 19. Jahrhunderts mit der Ausbildung des bürokratischen Interventionsstaates zu beobachten war. Im Zeichen der sich verabsolutierenden Kriegführung formte sich diese Erscheinung schließlich zu etwas Neuem: Mit Staatssozialismus und Gemeinwirtschaft gleichermaßen verwandt, etablierte es sich als eine Art von »geregelter Bedarfswirtschaft«[88].

Die zur Verstaatlichung des Gesellschaftlichen umgekehrte Tendenz, die ebenfalls seit dem 19. Jahrhundert in langfristiger Perspektive angelegt war, kam unter dem Druck der Notwendigkeiten gleichfalls zum Tragen; sie machte diesseits wie jenseits der Fronten die Beteiligung der kriegführenden Bevölkerungen am Handeln ihrer Regierungen erforderlich, die an Macht gleichzeitig zunahmen und verloren. Unter den Bedingungen des »Burgfriedens« schlug sich diese neuartige Tatsache im wachsenden Einfluß der Gewerkschaften nieder, deren Stellung im Verlauf des Krieges zukunftweisende Bedeutung erhielt. Die grundstürzenden Wirkungen der militärischen Auseinandersetzung rissen überlieferte Standesgrenzen ein und stellten traditionelle Privilegien in Frage; sie schufen freilich auch neue Ungleichheiten und förderten manch ungerechte Vorteilnahme innerhalb der deutschen »Klassengesellschaft im Krieg«[89].

Die Forderungen derjenigen, die für einen harten »Siegfrieden« mit ausladenden Kriegszielen eintraten, waren nicht selten durch die Innen- und Außenpolitik miteinander verbindende Vorstellung geprägt, die schweren Opfer in atavistischer Manier durch reiche Beute abzugelten, mit äußerem Erfolg die innere Reform zu vermeiden. Gleichwohl wurde insgesamt immer deutlicher, daß dieser Krieg, nicht nur in Deutschland, sondern überall im alten Europa, vor allem aber in den kontinentalen Monarchien, demokratische und egalitäre Folgen nach sich ziehen würde. »Mit dem bisherigen Kasten- und Klassenwesen ist es vorbei«, äußerte sich der Admiral Tirpitz, »Sieg oder Niederlage, wir bekommen die reine Demokratie«[90]. Nun, was immer das sein würde, ein grundlegender Umsturz des Bestehenden schien unaufhaltsam. Den Massen, die den Krieg trugen, die ihn anfangs frenetisch begrüßt hatten und die ihn lange opferwillig auf sich nahmen, würden sein Verlauf und seine Wirkungen mehr Beteiligung am Politischen einräumen.

Allerdings zeichnete sich erst einmal, was die gesellschaftliche und geistige Entwicklung anging, eine gegensätzliche Tendenz ab; ihre korrespondierenden Widersprüche prägten weit über das Ende des Krieges hinaus die Zwischenkriegsära des 20. Jahrhunderts. Der moderne Waffengang, der vor allem in seiner zweiten Hälfte durch technisiertes Massensterben gekennzeichnet war, wertete nahezu alles bis dahin Gültige um. In der »Kameradschaft der Gräben«[91] entstand eine neue Lebensform. Im »verwüsteten Land« (T.S. Eliot) der tiefeingefurchten Fronten, in dem zwischen Fortschritt und Barbarei nicht mehr zu unterscheiden war, wurde die Hierarchie der herkömmlichen Klassenunterschiede zugunsten der Gemeinschaft des neuen Kriegserlebnisses eingeebnet.

Ungeachtet der demokratisierenden Tendenzen, die auch hier hervortraten, verbreiterten sich in der Heimat die sozialen Gräben. Sie trennten diejenigen, die sich durch Kriegsgewinne schamlos bereicherten, von jenen, die durch ihre Opfer die Kriegführung entsagungsvoll ermöglichten. Zwischen denen, die, in der Heimat unabkömmlich gestellt, in den Waffen produzierenden Fabriken gut entlohnt wurden, und denen, die an der Front mit Gesundheit und Leben bezahlten, taten sich Klüfte auf. Sie hoben diese Welt von jener ab, obwohl der fast schon totale Krieg beide enger zusammenhielt als jemals zuvor. Zwillinghaft begleiteten Gewinnsucht und Opferbereitschaft, wie in jeder Gesellschaft, die

Geschichte des deutschen Kaiserreichs; in seinem tödlichen Existenzkampf traten sie noch schärfer hervor, als das im normalen Dasein der Fall zu sein pflegt.

Daß die gefährlichen Bruchlinien, die den Körper der Gesellschaft und des Staates zu sprengen drohten, der bindenden Zusammenfügung bedurften, wenn das schwer bedrängte Reich sein Überleben behaupten und Zukunft haben wollte, lag auf der Hand. Das Heilmittel schien in der Forderung nach einem »nationalen Sozialismus« zu liegen. Im Sinne der schon an der Jahrhundertwende von Friedrich Naumann entworfenen Synthese sollte er die beiden mächtigen Grundströmungen des 19. Jahrhunderts, das Nationale und das Soziale, miteinander vermählen. In erklärtem Gegensatz zum individualistischen Kapitalismus ging es darum, eine spezifisch deutsche, preußische Tugend wie den Dienst am Ganzen wiederzubeleben, sei es in Schelers »christlichem Sozialismus« oder in Natorps »deutschem Sozialismus«.

Einen dritten Weg zu gehen zwischen Kapitalismus und Kommunismus, zwischen Adam Smith und Karl Marx, bald schon zwischen Wilsons Vereinigten Staaten von Amerika und Lenins Sowjetrußland, zwischen wirtschaftsbürgerlichem Profitstreben und staatlichem Kollektivzwang, schien sich durch die extremen Bedingungen des Krieges als Gebot der Gegenwart und Zukunft nachgerade zwangsläufig zu ergeben. Nicht zufällig prägte der Staatsrechtler Johannes Plenge, der ebendiese Forderung nach einem »nationalen Sozialismus« erhob, die Formel von den »Ideen von 1914«. In ihrem Namen, so kam es vor allem manchem Späterlebenden vor, seien die Deutschen in diesen Krieg gezogen. Andere dagegen, wie der Historiker Siegfried A. Kaehler, sprachen im nüchternen Rückblick auf das in bleibender Erinnerung Stehende von den eigentlich »nie vorhanden gewesenen ›Ideen von 1914‹«[92]. Wie auch immer: Zum Vorschein kam, daß sich im Namen dieses Bekenntnisses der deutsche Aufstand gegen die »Ideen von 1789« vollzog.

Vor Ausbruch des Krieges fühlten sich die Deutschen nicht nur in geostrategischer und in machtpolitischer Hinsicht von ihren Gegnern eingeengt und umstellt. Auf diese Herausforderung hatten sie mit der politischen Flucht in die diplomatische Offensive geantwortet; das Resultat war der Weltkrieg. Vielmehr kamen sie sich zudem in weltanschaulicher und geistiger Perspektive von der westlichen Demokratie und dem östlichen Panslawismus, von der Zivilisation des britischen Parlamentarismus und der französischen Republik sowie von der russischen Autokratie des Zarismus wie umzingelt vor. Revoltierend begehrten sie dagegen auf; trotzig stellten sie dem, was immer sich dahinter im einzelnen verbarg, einen eigenen »Weltgedanken«[93] entgegen. Deutsche Angst und deutsche Sendung gingen miteinander einher und setzten sich gegen das Etablierte in eine Bewegung, die zuweilen selbstzweckhaften Charakter trug, im Aufstand gegen das Fremde, in der Zertrümmerung des Bourgeoisen, in der kühnen Tat gegen das wägende Rechnen. Das Allgemeinwohl wurde mit dem Sonderinteresse konfrontiert; die Tiefe deutscher Kultur sollte über die Flachheit westlicher

Zivilisation triumphieren; das Metaphysische mußte sich im Vergleich mit dem Politischen als überlegen zeigen.

Thomas Mann hat dem deutschen Empfinden dieser Zeit in seinen »Betrachtungen eines Unpolitischen« literarischen Ausdruck verliehen. »Die Philosophentendenz zur Moralisierung der Politik wurde zum Weltberuf der Deutschen gesteigert«[94] – und blieb dennoch aufs Ganze ohne Erfolg. Die ostensible Missionsidee, die ihnen im Wettbewerb der Völker und Ideologien fehlte, stellte sich mit der neuen Kriegskultur nicht ein; der weltanschauliche Vormarsch gegen die »Ideen von 1789« scheiterte noch deutlicher als der militärische, der auf halber Strecke zum Erliegen kam – und blieb doch für die zukünftige Geschichte der Deutschen im 20. Jahrhundert wirksam, ja mächtig.

Daß sie in Wirklichkeit gar keine Idee ihrer Mission besaßen, die mit der Wertewelt des Westens oder des Ostens, mit der Demokratie und dem Kapitalismus auf der einen, mit dem Panslawismus oder, später, dem Kommunismus auf der anderen Seite konkurrieren konnte, sahen sie nicht, weil sie ein überstark ausgeprägtes Gefühl ihrer Sendung besaßen und behielten. Es entging ihnen gleichsam, daß »dem Sarge der deutschen Macht ... 1918 [nur] ein bescheidenes Trauergefolge«[95] nachging. Den gegnerischen, nicht zuletzt den neutralen Völkern wurde niemals recht klar, »für welchen Weltgedanken«[96] die Deutschen denn eigentlich fochten. Die »Ideen von 1914«, in der preußischen und deutschen Geschichte lange zuvor angelegt, sodann unter dem Druck des Krieges akut an die Oberfläche getragen, entwickelten eine zu geringe Ausstrahlungskraft, um mit der westlichen Demokratie und mit dem östlichen Kommunismus, mit Wilson und Lenin konkurrieren zu können.

Im Grunde blieb den Deutschen, insbesondere ihrem über den Parteien regierenden Staat der gerechten Obrigkeit, nur das Pochen auf die Macht. Sie war ursprünglich aus militärischer Tüchtigkeit geboren, hatte mit den Erfordernissen einer bedrängten Kontinentalmacht zu tun und wurde mehr und mehr durch betörenden Erfolg zum leeren Selbstzweck – bis ihre schiere Existenz die Deutschen jede Kritik und viel an Moral vergessen ließ und sie bis zur Niederlage ins Verderben trieb: Macht und Geist lebten eher unversöhnt nebeneinander, als daß sie sich gegenseitig kraftvoll ergänzt hätten. Vor diesem Hintergrund ist Gerhart Hauptmanns bezeichnende Antwort auf die zeitgenössische Frage Romain Rollands zu verstehen, ob die Deutschen »die Enkel Goethes oder Attilas« seien; der Dichter des deutschen Naturalismus bekannte: »Weit besser, Sie nennen uns Söhne Attilas, machen drei Kreuze über uns und bleiben außerhalb unserer Grenzen, als daß Sie uns eine empfindsame Inschrift, als den geliebten Enkeln Goethes, auf das Grab unseres deutschen Namens setzen.«[97]

Im Vergleich mit anderen hatten die Deutschen eher das Gefühl, einer historischen Mission verpflichtet zu sein, als daß diese tatsächlich existierte. Militärisch eine Großmacht, die vorläufig von ihren Gegnern nicht zu überwinden war, glichen sie im Wettbewerb der Ideen eher einem mittleren oder kleineren Staat, die eines Ausstrahlung ausübenden »Weltgedankens« in der Regel entbehren. Dieser Mangel verweist auf eine spezifische Entwicklung ihrer inneren Politik, die sich unter den Bedingungen des Krieges weiterentwickelte und neu formierte, so daß in der Realität der Gegenwart bereits Möglichkeiten, ja Gefahren der Zukunft sichtbar wurden. Doch vorläufig dominierte die alles beanspruchende und alles verzehrende, sich zum endgültigen Zweck erhebende Wirklichkeit des großen Krieges, dessen Ende, inständig herbeigesehnt, je länger er dauerte, um so unwahrscheinlicher erschien. »Was meinst du, Bill«, fragte im März 1916 ein englischer »Tommy« seinen Kameraden, »wann der Krieg zu Ende ist?« – »Keine Ahnung«, lautete die resigniert schnoddrige Antwort: »Wenn wir ganz Belgien in Sandsäcke geschaufelt haben.«[98]

Im Zeichen der nationalen Begeisterung, die den Kriegsausbruch im August 1914 zum rauschhaften Massenerlebnis verklärte, wurden die inneren Probleme des deutschen Konstitutionalismus im »Burgfrieden« aufgehoben, bis der erwartete kurze Krieg mit einem sicherlich strahlenden Sieg beendet sein würde. Unter Einschluß der Sozialdemokratie stimmten die Parteien den Kriegskosten einmütig zu. Daß das politische Leben sich fortan unter dem Vorzeichen des Belagerungszustandes, also unter Aufsicht der stellvertretenden Kommandierenden Generale der Korpsbereiche vollzog, wurde hingenommen. Unter der Decke des »Burgfriedens«, der eine öffentliche Erörterung der Kriegsziele verbot, blieb manches unklar und verborgen, was doch subkutan wirkte und allmählich zum Vorschein kam.

Zum einen gab es eine breite Kriegszielmehrheit. Ihre Front reichte von den Konservativen bis auf den rechten Flügel der Sozialdemokratie; sie forderte bleibende Erfolge als sichtbare Resultate des andauernden Ringens. Zum anderen trat mit voranschreitender Zeit eine Reformmehrheit hervor. Ihr Zentrum bildete die Sozialdemokratie; sie verlangte nach der Parlamentarisierung des deutschen Konstitutionalismus und nach der Demokratisierung des preußischen Wahlrechts. Beide Lager, dasjenige, das äußere Kriegsziele forderte, und dasjenige, das innere Reformen verlangte, waren nicht identisch. Dieser Inkongruenz der Kräfte, die für seine Regierung maßgeblich waren, versuchte Bethmann Hollweg ein ums andere Mal die Chance für eine »Politik der Diagonale« abzugewinnen, die zwischen Annexionisten und Status-quo-Anhängern, zwischen den Protagonisten des bestehenden Konstitutionalismus und den Befürwortern grundlegender Reformen einen mittleren Weg zu gehen versuchte. Solange der allmählich abbröckelnde »Burgfriede« andauerte, bis zur Jahreswende 1916/17, war die Machtfülle des Kanzlers so groß, wie das für keinen seiner Vorgänger je der Fall gewesen war. Doch von der Grundstimmung getragen, »daß unsere Größe sehr vieles in sich hatte, was wie ein beängstigender Alp auf uns selbst drückte«[99], vermochte er seinen Spielraum nicht über das hinaus auszudehnen, was, jedenfalls vorläufig, dem Erhalt des Bestehenden diente.

Der Primat des Äußeren gebot, die kriegerische Bewährungs- und die nationale Existenzprobe zu bestehen. Dabei war sich Bethmann Hollweg über die Unumgänglichkeit zukünftiger, tiefgreifender Wandlungen für das Innen- und Verfassungsleben im klaren, war solcher Entwicklung im Grunde sogar zugetan. »Daß der gegenwärtige Krieg uns nach seiner Beendigung noch vor innenpolitisch ganz neue und schwierige Aufgaben stellen wird, ist nicht zu bezweifeln«, faßte er seinen Eindruck schon im September 1914 zusammen und fuhr fort; »Schon jetzt ... dürfte soviel feststehen, daß diese ... Probleme nicht wohl durch ein Zurückgreifen auf diejenigen Grundsätze gelöst werden können, welche in vergangenen Zuständen wurzelten. Sonst würden die gewaltigen Opfer dieses Krieges umsonst gebracht werden.«[100]

Kein Wunder, daß der Reichskanzler im Verlauf des Krieges in den Sozialdemokraten und im Freisinn, weil sie inzwischen »Freude am Staat gefunden«[101] hatten, mehr und mehr diejenigen Kräfte erblickte, mit denen die notwendigen Veränderungen in Zukunft herbeigeführt werden konnten. Dagegen geriet er zu den Parteien auf der Rechten, den Konservativen und Nationalliberalen, weil sie »es bisher nicht verstanden sich zu verjüngen«[102], in immer schärferen Gegensatz. Und was nach seiner Einschätzung des Parteienspektrums am Jahresende 1915 das Zentrum betraf, das »seiner Natur nach ... ein amphibienhaftes Wesen« besäße, sei es bislang nur geblieben, »was es war«[103]. Dennoch: An grundlegende Veränderungen der Verfassung dachte Bethmann Hollweg, solange der Krieg dauerte, weder für das Reich noch für Preußen.

Allein, der vorläufig am inneren Status quo festhaltende Kanzler geriet zunehmend in Bedrängnis. Unverkennbar kamen die Dinge nämlich in Bewegung: Ohne Aussicht auf grundlegenden Wandel im Inneren und ein baldiges Kriegsende nach außen vermochte die Sozialdemokratie den »Burgfrieden« nicht unabsehbar lange mitzutragen. Eine wachsende Zahl von Abgeordneten enthielt sich ihrer Stimme bei der Bewilligung der Kriegskredite; die Partei lebte mit der Gefahr ihrer Spaltung; im April 1917 bildete sich, unter dem Eindruck der russischen »Februarrevolution« und der Abdankung des Zaren Mitte März, eine selbständige Partei des linken Radikalismus, die USPD.

Während die Unruhe im Inneren wuchs und im Sommer 1916 erste politische Streiks aufflammten, kam es zu einer zukunftweisenden Initiative. Ihren Ausgang nahm sie von Bethmann Hollwegs entschiedensten Gegnern im Reichstag, den Nationalliberalen unter Gustav Stresemann. Auf dem Felde der Kriegszielforderungen war der führende Repräsentant dieser Partei mit dem Kanzler in einem Maße zerfallen, wie Extremes und Maßvolles nun einmal unverträglich sind. Ungeachtet ihrer tiefen Verschiedenheiten auf dem zentralen Gebiet der Kriegszieldiskussion, die, am Ende des Jahres 1916 freigegeben, bald giftige Früchte trieb, schlossen sich Nationalliberale und Zentrum, Fortschrittliche Volkspartei und Sozialdemokratie zu einer reformerischen Front zusammen. Ihr Ziel: das Mitspracherecht des Parlaments, nicht zuletzt in außenpolitischen Fragen, wesentlich zu verstärken. Mit der Überführung des Haushaltsausschusses in einen ständigen Hauptausschuß und mit der Bildung eines Verfassungsausschusses hatten die Parteien jenen Weg beschritten, an dessen Ende eine Parlamentarisierung des deutschen Konstitutionalismus stehen sollte.

Schließlich trat Ende August 1916 Hindenburg anstelle von Falkenhayn an die Spitze der Obersten Heeresleitung. Der Reichskanzler hatte tatkräftig an diesem Wechsel mitgearbeitet. Mit ihm kam als Erster Generalquartiermeister der vor Energie schier berstende Ludendorff; schon im Sommer 1916 hatte Bethmann Hollweg über ihn geäußert, anders als Falkenhayn, von dem zu befürchten sei, daß er den Krieg strategisch verlieren werde, sei Ludendorff derjenige, der ihn politisch zu verlieren drohe[104]. In der Tat: Die grundsätzlichen Meinungsverschiedenheiten zwischen beiden waren Legion; zu ihnen zählte der zähe Streit um den innenpolitischen Reformkurs; die umstrittene Frage der Kriegsziele; die erbitterte Auseinandersetzung über den unbeschränkten U-Boot-Krieg und den damit verbundenen Kriegseintritt der Vereinigten Staaten von Amerika. Bald schon trennten Welten den nachdenklichen Bethmann Hollweg, der beileibe nicht tatenscheu war, und den herrischen Ludendorff, der seine zweifellos hohe Intelligenz dem auftrumpfenden Voluntarismus seines Wesens immer wieder unterwarf.

Die Kluft zwischen denen, die im »Sieg-« oder »Hindenburg-Frieden« extreme Kriegsziele suchten und inneren Reformen absagten, und denen, die im »Verständigungs-« oder »Scheidemann-Frieden« auf Annexionen verzichteten und innere Reformen verlangten, vertiefte sich. Die kraftlose »Osterbotschaft« des Monarchen vom Jahre 1917 vermochte diesen Graben nicht mehr zu überbrücken. Wilhelm II. führte mittlerweile ein Schattendasein und hatte sich längst, ohne seiner zentralen Aufgabe gerecht zu werden, den Widerstreit zwischen »Staatskunst und Kriegshandwerk« zu koordinieren, hinter den Kanzler und die Oberste Heeresleitung zurückgezogen. Am 7. April machte er zwar allerlei Versprechungen, doch eingelöst werden sollten sie allesamt nicht sofort, sondern erst nach einem siegreichen Ende des Krieges. Zudem: Was das preußische Wahlrecht anging, wurde das Prinzip der direkten und geheimen Wahl zugesagt, nicht aber die Gleichheit der Stimmen garantiert. Wie sollte eine derart hinhaltende und enttäuschende Verlautbarung angesichts der aggressiv aufrüttelnden Appelle aus dem Osten und Westen, angesichts des russischen Revolutionsfanals und der amerikanischen Kreuzzugsidee, überhaupt bestehen? Die negativen Folgen der Osterbotschaft überwogen denn auch in unübersehbarem Maße die positiven Absichten. Sie halfen schließlich sogar mit, daß es vor dem Hintergrund der ersten Massenstreiks in Berlin und Leipzig während des April 1917 zu einer programmatischen Massierung der Forderung nach dem annexionslosen Frieden und der Demokratisierung der Verfassungen kam. Dem standen die »Siegfrieden«-Anhänger und Reformgegner unversöhnlicher denn je gegenüber.

Tief spalteten fast unüberbrückbare Fronten die neue Reichstagsmehrheit[105]. Dennoch fand sie sich zusammen, um im unheiligen Bündnis mit der Obersten Heeresleitung das beiden Machtzentren – dem im Parlament und dem beim Militär – gemeinsame Anliegen zu vollenden, nämlich den aus ganz verschiedenartigen Gründen mittlerweile für untragbar gehaltenen Reichskanzler Bethmann Hollweg zu stürzen. Den einen war der Mann an der Regierungsspitze unliebsam geworden, weil er zu wenig für die innenpolitischen Reformen tat; die anderen lehnten ihn ab, weil er ihnen auf diesem Feld als zu nachgiebig erschien; die einen wollten ihn loswerden, weil er ihnen in den Kriegszielforderungen als zu flau vorkam; und die anderen versagten ihm die Unterstützung, weil er den Kriegszielen nicht konsequent genug abschwor. In der Tat war es, wie wir sehen werden, gerade auf diesem Feld der äußeren Politik gar nicht leicht auszumachen, was sich hinter den vieldeutigen Einlassungen Bethmann Hollwegs eigentlich verbarg. In einem momentanen Akt von dissonanter Harmonie gingen die ansonsten antagonistischen Kräfte aus dem Reichstag und aus der Armee zusammen: Im Juli 1917 stürzten sie den unliebsamen Reichskanzler – danach strebten sie erneut zu ganz und gar verschiedenartigen Zielen auseinander, die sich in der Zukunft Deutschlands als Demokratie und Diktatur entfalten sollten.

Für Bethmann Hollweg war es nicht ohne Tragik, daß ihn der Sturz gerade in dem Augenblick ereilte, als sich unter dem Eindruck des fehlgeschlagenen U-Boot-Krieges und des amerikanischen Kriegseintritts der Interfraktionelle Ausschuß des Reichstages dazu entschlossen hatte, mit einer Friedensresolution aktiv zu werden: Entschieden bezog sie Stellung gegen »erzwungene Gebietserwerbungen« sowie »politische, wirtschaftliche oder finanzielle Vergewaltigungen«[106]. Unter Führung von Matthias Erzberger, ursprünglich ein glühender Befürworter des U-Boot-Krieges und inzwischen durch die Tatsachen seines Verlaufs zum Gegner bekehrt, schufen vor allem SPD und Zentrum eine innere Basis für die Anbahnung des äußeren Friedens. Nur gelegentlich vermochten die Nationalliberalen diese informelle Mehrheit im Interfraktionellen Ausschuß zu unterstützen, weil sie sich im zentralen Feld der Kriegszieldiskussion von den anderen wesentlich unterschieden. Indes, sechs Tage bevor sich die neue Reichstagsmajorität zur Friedensresolution bekannte, war Bethmann Hollweg zurückgetreten. Angesichts der Kriegslage hatte er die Stellungnahme des Parlaments anfangs nicht für opportun gehalten und sich schließlich doch damit einverstanden erklärt.

Daß der Reichstag, als er mit den Militärs zusammen Bethmann Hollweg stürzte, eine Torheit beging, liegt auf der Hand. Daß das Lavieren des Kanzlers dann ein Ende finden mußte, wenn die entgegengesetzten Lager im innenpolitischen Kräftefeld, zwischen denen er die Diagonale zu bilden bemüht war, zeitweilig zusammenarbeiteten, zeigte sich umgehend. Weil Bethmann Hollweg sich nicht eindeutig entscheiden konnte und wollte, ließ die Vieldeutigkeit seines Handelns die jeweiligen Gegner einhellig zur Tat finden. Als Reaktion auf die Friedensresolution der neuen Reichstagsmehrheit bildete sich mit der Deutschen Vaterlandspartei eine außenpolitische Protestbewegung, die binnen kurzem eine stattliche Zahl von Mitgliedern anzog. Auf Massenbasis huldigte sie einem radikalen Nationalismus; der Forderung der in sich heterogenen Parlamentsmehrheit nach einem »Scheidemann-Frieden« stellte sie mit hybridem Trotz den Katalog eines »Hindenburg-Friedens« von extremen Ausmaßen entgegen. Doch wir sind dem Geschehen inzwischen vorausgeeilt und müssen in Kenntnis der inneren Geschichte des Kaiserreichs nunmehr seine äußere Entwicklung bis ins weltpolitische »Wendejahr 1917« verfolgen und das Ringen um Krieg und Frieden, um Kriegsziele und Friedensschluß näher darstellen.

Wie schwierig es geworden war, den Weg der »Friedensanbahnung«[107] zu finden, hatte sich bereits im deutsch-französischen Krieg von 1870/71 gezeigt. Daß die »Kunst« des »Friedensschlusses«[108] den Kontrahenten beinahe abhanden gekommen war, trat in dem 1914 begonnenen großen Krieg schon bald deutlich zutage. Im vorrevolutionären Europa, als die Legitimität der Herrscher längst noch nicht so stark bezweifelt wurde wie danach, als sie weder den bohrenden Fragen einer fundamentalen Kritik ausgesetzt war noch der aufwendigen Anstrengungen einer theoretischen Begründung bedurfte, hätte zumindest die bessere Chance zum Friedensschluß der Staaten bestanden, weil die Einsicht in die Existenz des ruinösen Unentschiedens im andauernden Waffengang die kriegführenden Kabinette wohl dazu gedrängt hätte. Im modernen Krieg des 20. Jahrhunderts war es unendlich komplizierter geworden, diesen Schritt zu tun, weil der militärische Konflikt sich längst zu einem Ringen der Völker ausgeweitet und intensiviert hatte.

Es herrschte ein Schwebezustand, in dem keiner Seite der völlige Sieg möglich wurde und alle Kontrahenten vom allgemeinen Frieden fast gleich weit entfernt waren. »Weder Krieg noch Frieden«, diese Jahre später propagandistisch zu eigensüchtigem Zweck – um dem revolutionären Sowjetrußland Lebenschancen zu eröffnen – in die Friedensverhandlungen von Brest-Litowsk eingeführte Formel Leo Trotzkis spiegelte, weit über ihre instrumentelle Absicht hinaus, tatsächlich die allgemeine Lage. Furchtsamer denn je war jede Regierung darum bemüht, bei Friedensfühlern nur ja nicht den Eindruck eigener Schwäche zu vermitteln. Diese prestigeängstliche Haltung überwog in der Regel den eigentlichen Versuch, das Ziel der Sondierung wirklich zu erreichen.

Die Tatsache läßt im Grunde erkennen, daß zum damaligen Zeitpunkt noch keine Großmacht des Friedens so elementar bedurfte, wie das im modernen Massenkrieg erst nach dem erschöpften Zusammenbruch ihrer Gesellschaften der Fall sein kann. Ein der deutschen Reichsleitung nahestehender Politiker wie der Liberale Conrad Haußmann hat mit der ihm eigenen kritischen Distanz, die er sich stets bewahrte, über diesen Zusammenhang Anfang Dezember

1915 zutreffend geurteilt: »Jeder will, der andere soll wollen, und keiner muß. Die Contenance von allen ist Pose. Aber solange man posieren kann, ist man noch leidlich kräftig.«[109]

Längst hatte die entfesselte Bellona die Politiker zu Gefangenen gemacht. Den Geboten der Staatsvernunft zu folgen war ihnen verwehrt; Täter und Opfer, Verführer und Verführte zugleich, hatten sie sich den Massenleidenschaften ausgesetzt und wurden von ihnen fortgerissen. Schon bald glichen die kriegführenden Lager den Skorpionen in der Flasche: Wie von einem dumpfen Trieb gesteuert, war es ihnen verwehrt, den Weg aus der tödlichen Arena des Krieges zu finden, in die sie eingesperrt waren, um ganz offensichtlich einem einzigen Zweck zu dienen, nämlich sich gegenseitig zu vernichten. Gewiß, es fehlte nicht an einer schier endlos scheinenden Zahl von Versuchen, das Ringen zu beenden. Würde der seit dem Jahresende 1914 zunehmend mehr vom Bewegungs- in den Ermattungskrieg verwandelte Waffengang am Ende tatsächlich, wie ein englischer General mutmaßte, von der Partei mit dem längeren Sparstrumpf gewonnen werden?

Erst einmal gingen alle Initiativen ins Leere, die Kriegführende und Neutrale unternahmen, um die Möglichkeiten eines Friedensschlusses zu erkunden. Die in diesem Zusammenhang oftmals im Zentrum der vermittelnden Bemühungen stehende schwedische Hauptstadt Stockholm erhielt in Diplomatenkreisen damals schon den Spitznamen »Paxopolis«. Gleichwohl scheiterten die Versuche insbesondere an den unüberwindbaren Rücksichten, die alle Kriegführenden auf das Prestige ihrer Nationen und auf die Reaktionen ihrer Völker zu nehmen hatten. Diese waren mehrheitlich noch nicht so kriegsmüde, daß sie auf einen sichtbaren Siegespreis als gerechte Belohnung für die gebrachten Opfer zu verzichten bereit gewesen wären. Spezifischer Bedacht war aber auch zu nehmen, weil, im Rahmen des Zweibundes beispielsweise, die Österreicher im Zuge ihrer Sondierungen von Friedenschancen die Reaktion der Deutschen und diese umgekehrt die der Doppelmonarchie zu respektieren hatten.

Was die Haltung der deutschen Reichsleitung unter ihrem Kanzler Bethmann Hollweg anging, wandelte sich ihre Kriegsziel- und Friedenspolitik, abhängig von der jeweiligen militärischen Lage, im Verlauf der Jahre. Auf die Zeit der Siegeshoffnungen während des Sommers 1914, in der üppige Forderungen erhoben wurden, folgte eine bis ins Jahr 1916 hinein andauernde Phase, in der ein vertretbarer Friedensschluß mit dem zentralen Kriegsziel der nationalen Selbstbehauptung gesucht wurde. Seine Bedingungen sollten Garantien und Sicherungen für die Zukunft enthalten, die geeignet waren, den Status quo ante zu verbessern und die Opfer des Reiches einsichtig zu machen. Danach trat immer stärker die Friedenspolitik Bethmann Hollwegs in den Vordergrund, deren vorrangiges Ziel die »Hubertusburger« Konstellation war: In abschreckender Absicht galt es, der vereinten Koalition der Feinde die Unbesiegbarkeit des Reiches vor Augen zu führen: »Wenn wir der Welt gezeigt hätten, daß wir nicht zu besiegen seien«, umschrieb der Reichskanzler seine politische Leitlinie im Oktober 1916, »wenn wir das 1870 Erreichte erfolgreich verteidigt hätten, dann müßten wir Gott dankbar sein.«[110] Nach Bethmann Hollwegs Urteil konnte das Ringen dann sogar als gewonnen angesehen werden.

Ebendiese Haltung, die der Staatssekretär des Äußeren von Kühlmann nach dem Sturz des Reichskanzlers im Sommer 1917 vergeblich fortzusetzen bemüht war, traf auf den erbitterten Widerstand der Kriegszielbewegung. Im Februar 1918, als die deutschen Siegeshoffnungen erneut hochgingen, lautete Ludendorffs kompromißlose Forderung: »Ein Friede, der nur den territorialen status quo gewährleistet, würde bedeuten, daß wir den Krieg verloren hätten.«[111] Die folgenschwere Unvereinbarkeit einer derart hartnäckig behaupteten Ambition mit den diametral entgegengesetzten Erwartungen der gegnerischen Koalition liegt auf der Hand. Schon ein Friedensschluß, der in gemäßigter Art und Weise über den reinen Status quo hinausging und leichte Verbesserungen für das Reich mit sich brachte, um die Opfer plausibel zu machen und Sicherheit zu gewinnen, erschien allzu bedenklich mit der Unsicherheit der anderen Mächte verknüpft zu sein und die Hegemonialfrage aufzuwerfen. Abgesehen davon, daß die Gegner des Reiches autonome Kriegsziele verfolgten und nach einem eigenen Ideal von Sicherheit verlangten, das auf umgekehrte Art und Weise den Deutschen unverträglich vorkam, galt für das Reich, was mit seiner Existenz seit der Gründung verbunden war: Der verständliche Versuch, sich aus der Bedrängnis einer eingeschnürten Lage zu befreien oder diese zumindest erträglicher zu gestalten, warf umgehend das Problem der kontinentalen Hegemonie auf, weil die Freiheit der Deutschen nur allzu leicht die Unfreiheit Europas nach sich ziehen konnte.

Dieses Grunddilemma durchzog alle Bemühungen, durch einen separaten Friedensschluß im Westen oder Osten die geballte Kraft auf eine Front konzentrieren und damit zum allgemeinen Frieden gelangen zu können. Ein solches Ende des Waffenganges stand, aus der Sicht der Gegner des Reiches, in der Gefahr, eher ein deutscher als ein europäischer Frieden zu sein. Doch im Zwischengelände des halben Erfolgs und der halben Erschöpfung verblieb der deutschen Seite nicht viel anderes zu tun, als auf diese Gelegenheit zu setzen, zumal auch die amerikanischen Versuche um eine Friedensvermittlung im Sommer 1914, im März 1915 und zu Anfang des Jahres 1916 keinen Erfolg zeitigten.

Daher wurde seit dem Herbst 1914 immer wieder versucht, im Osten oder Westen einen Sonderfrieden zu schließen. General Falkenhayn bevorzugte die östliche Lösung und wollte sich mit dem Zarenreich vergleichen. Mit konzentrierter Kraft gedachte er sodann im Westen anzutreten – nicht in erster Linie gegen Frankreich, von dem er annahm, es werde nach dem Ausfall des russischen Alliierten einlenken, sondern gegen Großbritannien, das er als den eigentlichen Feind des Reiches ansah. Bethmann Hollweg dagegen favorisierte, ohne die östliche Möglichkeit völlig auszuschließen, *au fond* das Gegenteil. Er wollte, das zeichnete sich jedenfalls im August 1915 ab, »lieber mit den Engländern contra Rußland gehen«, wie Unterstaatssekretär Zimmermann diese Position innerhalb der Reichsleitung umschrieb, »da ... er in Rußland die größere Gefahr für die weitere Zukunft erblickt«[112].

In dieser Perspektive beschäftigte den Reichskanzler, eben weil er wie andere Repräsentanten in der wilhelminischen Führung vorhatte, »den Ausweg mehr über Frankreich zu suchen als über Rußland«[113], bereits an der Jahreswende 1914/15 die Überlegung, mit den Franzosen zu einem Separatfrieden zu kommen. Die gefahrvollen Konsequenzen, die sich beispielsweise aus einer – damals noch im Bereich des Möglichen liegenden – Kriegsteilnahme Italiens auf seiten des Dreibundes ergeben würden, sollten Frankreich als glaubhafte Drohung vor Augen geführt werden. »An Zertrümmerung Frankreichs haben wir kein Interesse und könnten ihm ehrenvollen Frieden gegen entsprechende Kriegsentschädigung und Abtretung eines Teils seiner Kolonien ›Congo‹ gewähren«, heißt es zum Problem eines Friedensschlusses mit Frankreich in einem Telegramm des Kanzlers vom 5. Januar 1915.[114] Auch Bethmann Hollwegs alter Gegenspieler Tirpitz suchte damals nach einer Einigung, sei es mit Frankreich, sei es mit Rußland; dabei leitete ihn, wie eh und je, der zentrale Gedanke, gegen England Front zu machen. Der Reichskanzler, der dem allgemeinen Frieden zumindest schrittweise näherkommen wollte, war dagegen, ungeachtet anders lautender Einlassungen aus seinem Mund und aus seiner Feder, die nach Situation und nach Adressat variierten, im Grunde davon überzeugt, daß England unbesiegbar dastand: »England können wir ärgern, aber nicht niederwerfen«, vertraute Kurt Riezler seinem Tagebuch an.[115]

Die Möglichkeit einer deutsch-britischen Verständigung, die in einem dänischen Vermittlungsangebot an die Kriegführenden enthalten war, hätte der Kanzler daher gerne ergriffen. Am 18. November 1914, als der Generalstabschef und Bethmann Hollweg die allgemeine Lage erörterten und nach Auswegen suchten, wurde die deutsche Seite von dieser Initiative unterrichtet. Gegen die Opposition von Falkenhayn und Tirpitz erhielt Bethmann Hollweg in seinen nunmehr einsetzenden Bemühungen Unterstützung durch den Unterstaatssekretär Zimmermann. Ganz im Sinne seiner bereits aus der Vorkriegszeit bekannten antirussischen Konzeption riet er zu einem Friedensschluß im Westen, bevorzugt mit Frankreich, um alle Schlagkraft auf die Kriegführung im Osten zu vereinen.

Allein, angesichts der britischen Haltung blieb die westliche, vornehmlich englische Variante eines separaten Friedensschlusses ohne Chance. Die Kriegsentschlossenheit der Inselmacht wurde, was auch in der Zukunft gesonderten Friedensanbahnungen entgegenwirken sollte, durch das Schicksal Belgiens angefacht. Zwar lehnte Bethmann Hollweg eine Annexion des Landes als »schweren Fehler«[116] ab. Überhaupt hätte er wohl nach Scheidemanns Eindruck, den dieser aufgrund einer am 29. November 1914 mit dem Reichskanzler geführten Unterredung festhielt, »mit allen Fingern danach gegriffen, wenn er den Frieden hätte haben können«[117]. Dennoch vermochte er sich nicht zu einem unzweideutigen Verzicht auf das okkupierte Belgien und zu einem klaren Signal an die englische Adresse durchzuringen. Einerseits hinderte ihn daran die eigene Überzeugung, wonach sich das Reich einen zumindest indirekten Einfluß über Belgien sichern mußte. Ausschlaggebend für Bethmann Hollwegs zögerliche Haltung wirkte jedoch, daß er sich gerade in der belgischen Frage dem übermächtigen Druck seiner annexionistischen Gegenspieler ausgesetzt wußte. Eine in ihren Ohren falsch klingende Verlautbarung des Kanzlers über Belgiens Zukunft hätte ihn mit großer Wahrscheinlickeit umgehend aus dem Amt befördert.

In Anbetracht der Aussichtslosigkeit einer westlichen Friedenslösung blieb daher nur übrig, auf die östliche Alternative zu hoffen. Diese Entwicklung erreichte Anfang März 1915 einen Höhepunkt. Wiederum stand sie im Zusammenhang mit einer dänischen Vermittlungsaktion, die bereits seit dem Sommer 1914 andauerte. Nach dem Namen des Unternehmers Hans Niels Andersen, der ein enger Berater des dänischen Königs war, ist sie als »Mission Andersen« bekanntgeworden. Am 6. März telegraphierte Bethmann Hollweg dem dänischen Außenminister Scavenius, damit dieser den in Sankt Petersburg weilenden Andersen dementsprechend instruieren konnte: »Wir wünschen in dauerndem Frieden mit Rußland zu leben.«[118] Daher ließ der Kanzler wissen, »daß unsere Bedingungen nicht schwer sein und [wir] nur kleinere Konzessionen zum Schutz unserer östlichen Grenzen (nicht aber Warschau), sowie finanzielle und Handelsvertrags-Bedingungen im Auge haben würden«.

Wie ein solcher bescheidener Frieden, den Richard von Kühlmann im gleichen Jahr dem Historiker Friedrich Meinecke gegenüber skizzierte[119], im einzelnen aussehen würde, blieb offen. Immerhin, soviel stand fest: Auch ein maßvoller Sonderfrieden im Osten sollte nicht ohne territoriale Gewinne abgeschlossen werden. Zudem würde er das Instrument für den Sieg, den »Siegfrieden« im Westen abgeben: eine Entwicklung, durch die das Reich zumindest gegenüber Frankreich, aber selbst im Verhältnis zu Großbritannien in den Genuß erheblicher Vorteile gelangen mußte.

Bereits das an Scavenius gerichtete Telegramm des Reichskanzlers machte darüber hinaus auf ein weiteres Problem aufmerksam, das den Weg zur Verständigung mit Rußland verstellte. Bis zu einem gewissen Grade mit dem belgischen Streitfall im Westen vergleichbar, stand im Osten die polnische Frage einem Friedenssschluß mit dem Zarenreich entgegen; und das um so hinderlicher, als die Deutschen mit ihrem österreichischen Alliierten keine Einigung über das künftige Schicksal des Landes zu erzielen vermochten. Selbst der als maßvoll eingeschätzte Vorschlag, von den Russen die Abtretung eines »polnischen Grenzstreifens« zu fordern, war dem nach wie vor unbesiegten Zarenreich, mochte sich seine Situation auch anfälliger ausnehmen als die anderer Kriegführender, nicht zumutbar, zumal mit dieser Art von territorialer Grenzsicherung demographische Verschiebungen einhergehen sollten. Der »an Preußen fallende Landstrich«[120], erläuterte Bethmann Hollweg dieses Vorhaben schon am 3. Dezember 1914, müßte »von den Russen evacuiert« werden.

Daß der Kanzler im Zusammenhang mit seinem russischen Friedensangebot vom März 1915 auf das folgenschwere Problem einer »Verpflanzung der polnischen ›Grundbesitzer‹ dieser Gebiete nach Rußland und ihre Ersetzung durch deutsche Kolonisten aus Rußland«[121] zurückkam, unterstreicht die Schwierigkeit, die ein solches Ansinnen für den separaten Friedensschluß im Osten mit sich brachte. Mochte der Reichskanzler von der Überlegung geleitet sein, auf dem Weg einer begrenzten »Flurbereinigung« ein östliches Elsaß-Lothringen zu umgehen, so sind doch die in eine andere, aggressive Richtung zukünftiger Siedlungs- und Raumpolitik weisenden Stimmen in der Gesellschaft und in der Regierung nicht zu überhören. Sie dachten, wovon Kaiser Wilhelm II. im Hinblick auf geplante Landnahmen im Westen Europas schon sehr früh träumte, an die Errichtung von »Militärkolonien« und planten, Land »an verdiente Unteroffiziere und Mannschaften«[122] zu vergeben.

Daß die somit sichtbar werdende »völkische« Tendenz unter dem wachsenden Druck des Krieges und der zunehmenden Erwartung künftiger Waffengänge noch an Intensität gewinnen sollte, ließ Ludendorff bereits am Ende des Jahres 1915 erkennen. Was er dem Historiker Hans Delbrück damals anvertraute, verwies schon in die Zukunft des letzten Kriegsjahres, als Deutschland den ersehnten Separatfrieden im Osten diktieren konnte. Der General sprach sich zwar dafür aus, daß das »Zartum Polen ohne Suwalki ein autonomer Staat«[123] werden sollte. Was jedoch die sogenannte »Ostfrage« darüber hinaus anging, hatten »die anderen Teile, und zwar möglichst viel, an Preußen« zu gelangen: »Hier gewinnen wir Zuchtstätten für Menschen, die für weitere Kämpfe nach Osten nötig sind. Diese werden kommen, unausbleiblich.«[124]

Nun, die gebieterisch vorgetragenen Forderungen litten unter dem unübersehbaren Mangel, daß diverse Felle verteilt wurden, bevor die Bären erlegt waren: An der einen Seite der Front kämpfte Frankreich, von dem Ludendorff Ende des Jahres 1915 schon gar nicht mehr »sprechen« wollte, weil es »sterben« würde »wie Spanien«[125], ungebeugt weiter; und an der anderen Seite der Front war Rußland längst noch nicht erschöpft genug, um den Deutschen nachzugeben. Kein Wunder also, daß Andersens Friedenssondierung in Sankt Petersburg am 10. März 1915 scheiterte. Auch die fortgesetzten Bemühungen, das russische Vielvölkerreich durch Insurrektionen von Finnland aus, über Russisch-Polen, über die Ukraine bis in den Kaukasus hinein sowie durch ein Zusammenwirken mit der jüdischen Bevölkerung im Zarenreich kriegsentscheidend zu schwächen, schlugen insgesamt fehl.

Nachdem es mißlungen war, im Osten zu einem Friedensschluß zu gelangen, bemühte sich Bethmann Hollweg aufs neue darum, den umgekehrten Weg zu gehen. Noch im Frühjahr 1915 sondierte er in Richtung Großbritannien, ohne britische Resonanz zu finden. Die seit den Vorkriegsjahren andauernden, nach Bethmann Hollwegs Sturz von Staatssekretär Kühlmann weitergeführten Versuche, mit England zusammenzuarbeiten, scheiterten an der grimmigen Entschiedenheit der Briten. Alles andere als leicht oder gar leichtfertig in den großen Krieg eingetreten, waren die Engländer mittlerweile fest dazu entschlossen, den für sie mit beträchtlichem Blutzoll verbundenen Waffengang dazu zu benutzen, der unverkennbaren Hegemonialgefahr Herr zu werden, die sich herausfordernd mit Deutschlands Großmachtstellung verband. Daher war es, aus britischer Sicht, einfach nicht an der Zeit, mit der potentiellen Vormacht des Kontinents Frieden zu schließen.

Am Jahresende 1915 keimten im Zusammenhang mit dem siegreich verlaufenden Feldzug gegen Serbien noch einmal Hoffnungen auf ein Kriegsende im Osten auf. Doch die Erwartung trog bitter. Am 17. November mußte der Reichskanzler vielmehr einräumen: »Friedensangebote durch einen unserer Gegner bezw., da jede Aussicht auf Separatfrieden aufgegeben werden muß, durch die Gesamtheit unserer Gegner erhalten wir in absehbarer Zeit nicht.«[126] Bethmann Hollweg war ratlos! Nach dem Eindruck seines Gesprächspartners Albert Ballin wußte er »nicht, wo er den Hebel ansetzen könnte, um Frieden zu machen«[127].

Trotz der militärischen Erfolge und der territorialen Faustpfänder nahm sich die Lage im Urteil des Kanzlers insgesamt düster aus: »Der Rahmen, innerhalb dessen wir nach dem Kriege unser staatliches Leben zu führen haben werden«, prognostizierte er am 9. Dezember 1915 gegenüber dem Chef des Geheimen Zivilkabinetts, von Valentini, dessen Auftrag es war, den Kaiser davon zu unterrichten, »ist schon jetzt gegeben und kann durch die mehr oder minder glückliche Ausgestaltung des Friedensschlusses kaum mehr wesentlich verschoben werden. In unseren auswärtigen Beziehungen werden wir für lange Jahre hinaus nach wie vor der überlegt unfreundlichen, wenn nicht geradezu feindlichen Politik der Entente gegenüberstehen. Unsere Weltwirtschaft werden wir mühsam wieder aufbauen müssen, der Steuerdruck wird unerhört sein. So werden wir nach aussen und innen unsere Fesseln vielleicht schmerzlicher spüren als zuvor, selbst wenn der Druck eines jeden Tag möglichen Krieges nicht mehr auf uns lastet.«[128]

Angesichts der politischen Hilflosigkeit, auf irgendeinem Weg ans Ziel eines Teil- oder Gesamtfriedens zu gelangen, blieb nur der militärische Ausweg übrig – die fragwürdige Flucht nach vorn also: aus Verzweiflung über das bedrückende Dilemma noch tollkühner ans Schwert zu appellieren, ohne sicher sein zu können, daß so erzielter Fortschritt nicht einen weiteren Rückschritt einleitete. Das zutiefst Widersprüchliche des paradoxen Zusammenhangs fand seinen bezeichnenden Niederschlag in der radikalen Lösung, die General Falkenhayn dem Reichskanzler am 29. November 1915 erläuterte, nämlich »den Krieg so lange fortzuführen, bis der Wille der Feinde zum Siege und damit auch zum Durchhalten des Krieges gebrochen ist, selbst auf die Gefahr hin, daß Deutschland dabei den letzten Mann und den letzten Groschen einsetzen müßte«[129]. Der den Generalstabschef leitende Gedanke wurde erkennbar: An der westlichen Front wollte er die Entscheidung herbeizwingen, und zwar in einer Verluste nicht nur nicht scheuenden, sondern geradezu suchenden Form, die der General einige Monate später rückblickend so umschrieb: »Im Westen waren wir entschlossen, Frankreich durch Blutabzapfung zur Besinnung zu bringen.«[130]

In seiner Weihnachtsdenkschrift, die er einem Vortrag beim Kaiser zugrunde legte und deren »Bedeutung ... mit dem Novemberräsonnement ... zu vergleichen«[131] ist, entwickelte er seinen Entschluß zur Offensive bei Verdun. Diese Festung gedachte er nicht zügig zu erobern, ihr Fall sollte sich vielmehr möglichst lange hinziehen, sollte immer neue Kräfte der Franzosen binden und sollte ihre Armeen allmählich »verbluten« lassen. So, und zwar nur so, gab er sich überzeugt, sei es überhaupt möglich, dem eigentlichen Gegner England »die Aussichtslosigkeit seines Beginnens«[132] vor Augen zu führen.

Ende Juni 1916 war die aus der Verzweiflung geborene Perversion vom »Ausbluten« des Gegners gescheitert. Zwei Monate darauf wurde Falkenhayn durch Hindenburg und Ludendorff in der Obersten Heeresleitung abgelöst. Schon am 25. Juli hatte Bethmann Hollweg dem Kaiser eröffnet, jetzt gehe es »um die Dynastie der Hohenzollern. Mit Hindenburg könne er einen enttäuschenden Frieden machen, ohne ihn nicht«[133].

Nachdem sich die Aussichten auf einen Sieg an der westlichen Front im Sommer 1916 verflüchtigt hatten, schien sich eine erneute Gelegenheit zum Separatfrieden mit Rußland zu bieten. Daher versuchte Bethmann Hollweg, das wie eh und je sperrig zwischen Deutschland und dem Zarenreich stehende Polenproblem zu beseitigen. Er war vor allem darum bemüht, die für Rußland kaum hinnehmbare Proklamierung eines polnischen Staates aufzuschieben, der unter der Vormundschaft des Zweibundes stehen würde. Er sei nun einmal »nicht in der glücklichen Lage«, begründete er in bezug auf die »Erörterung der Kriegsziele« sein entgegenkommendes Vorgehen, »zwischen dem Osten und Westen optieren zu können, er müsse die erste sich bietende Gelegenheit ergreifen, um die Entente zu sprengen«[134].

Allein, die Oberste Heeresleitung setzte sich mit ihrem ehrgeizigen Vorhaben durch, einen polnischen Staat zu errichten. Damit verband Ludendorff die feste Hoffnung, in großem Umfang Soldaten rekrutieren zu können. Daher forderte er »die volle Ausnutzung der polnischen Volkskraft«[135] und stellte, ohne auf deutsche Sonderfriedensaussichten gegenüber Rußland oder auf den Wunsch des österreichischen Alliierten nach einer austro-polnischen Lösung die geringste Rücksicht zu nehmen, mit erschreckender Schlichtheit fest: »Alles ist Machtfrage und wir brauchen Menschen.«[136] Am 5. November 1916 wurde das Manifest an die Polen proklamiert. Wenn es auch den Frieden mit Rußland nicht verhindert hat, erwies es sich doch als ein völliger Fehlschlag. Die Kraft des Zarenreiches wurde dadurch nicht entscheidend geschwächt; das ohnehin problematische Verhältnis der Mittelmächte verschlechterte sich darüber noch weiter; die polnische Nationalbewegung trat nicht an Deutschlands Seite; und die erwartungsvolle Spekulation auf polnische Rekruten blieb blanke Illusion.

Im Reich schlug die Kriegszieldebatte, obwohl sie bis zum November nicht öffentlich geführt werden durfte, mittlerweile immer höhere Wellen. Während alle Friedensversuche ergebnislos endeten – beispielsweise die in verschiedenen Etappen ablaufenden Verhandlungen über Belgien, die 1915/16 auf inoffiziellen Pfaden ans Ziel zu gelangen suchten; oder die 1916 einsetzenden, sich bis ins letzte Kriegsjahr hinziehenden Bemühungen der Japaner, durch einen deutsch-russisch-japanischen Friedensschluß eine »Kontinentalliga« zu schaffen –, schossen die Siegeserwartungen noch einmal mit Elan ins Kraut. Ihren Niederschlag fanden sie, um die bekanntesten Dokumente der grassierenden Maßlosigkeit zu benennen, in einer Petition, die sechs führende Wirtschaftsverbände am 20. Mai 1915 dem Reichskanzler übergaben, sowie in einer Denkschrift, der sogenannten Professoreneingabe, die Hochschullehrer, Beamte und Intellektuelle am 20. Juni 1915 Bethmann Hollweg präsentierten. Die weitgehenden Wünsche der wirtschaftlichen Interessenten zollten wohl eher dem überhitzten Klima einer aus den Fugen geratenen Zeit ihren Tribut, als daß sie ökonomischen Bedürfnissen entsprangen. Denn sie wirkten dem Prinzip des wirtschaftlichen Freihandels entgegen, das in dauerhafter Perspektive als erfolgversprechend gelten mußte, und verlangten statt dessen nach der Errichtung eines geschlossenen Wirtschaftsraums, der nur auf begrenzte Zeit vorteilhaft sein konnte: Welches Motiv, das politische oder das wirtschaftliche, im einzelnen den Aussschlag gegeben hat, ist kaum zweifelsfrei zu klären.

Auf jeden Fall trat ein bemerkenswerter Befund hervor, der für die heftig hin- und hergehende Kriegszieldiskussion bezeichnend war: Die alldeutschen Forderungen umfaßten weiträumige Annexionen im Westen und Osten des Kontinents; sie verlangten für die Flotte Stützpunkte an allen Ecken der Welt und forderten ein Kolonialreich in Mittelafrika – Hegemonie in Europa und »Griff nach der Weltmacht«, lauteten ihre extremen Ziele. Die von dem Historiker Hans Delbrück und dem ehemaligen Staatssekretär des Kolonialamtes Bernhard Dernburg unterbreitete Gegeneingabe zur Professorendenkschrift, die am 9. Juli 1915 von so maßgeblichen Persönlichkeiten des geistigen Lebens wie Albert Einstein, Ludwig Quidde, Paul Rohrbach, Gustav Schmoller, Ferdinand Tönnies, Ernst Troeltsch, Max und Alfred Weber, Leopold von Wiese und Theodor Wolff unterzeichnet wurde, lehnte dagegen »die Einverleibung oder Angliederung politisch selbständiger und an Selbständigkeit gewöhnter Völker«[137] ab. Doch auch sie begnügte sich nicht mit dem Status quo ante. In elastischer Formulierung erhob sie die zeitgemäße Forderung nach einem Frieden, »der den strategischen Bedürfnissen, den politischen und wirtschaftlichen Interessen des Landes und der ungehemmten Betätigung seiner Kraft und seines Unternehmungsgeistes in der Heimat und auf dem freien Meere gesicherte Grundlagen«[138] zu garantieren imstande sein sollte.

Daher kann es nicht verwundern, daß einer der Unterzeichner der gemäßigten Gegeneingabe, Max Weber, noch ein Jahr darauf, ganz im Sinne seiner Antrittsvorlesung aus dem Jahre 1895, den andauernden Krieg als die letzte Gelegenheit zur großzügigen Erweiterung des »nationalstaatlich-kontinentalen Bismarckreiches«[139] legitimierte: »Wollten wir diesen Krieg nicht riskieren, nun, dann hätten wir die Reichsgründung ja unterlassen und als Volk von Kleinstaaten weiter existieren können.«[140] Was die auf innenpolitischem Terrain maßgeblichen Kräfte anging, vertraten allein die Sozialdemokraten, inzwischen noch entschiedener als zu Beginn der militärischen Auseinandersetzung, den unzweideutigen Standpunkt, ein Verteidigungskrieg schließe Annexionen aus. Wie sie mit unerschütterlicher Selbstverständlichkeit am nationalen Bestand des Reiches festhielten und eine »Schwächung und Zertrümmerung Österreich-Ungarns und der Türkei« durch die »Kriegsziele des Vierverbandes«[141] mit erstaunlicher Beharrlichkeit ablehnten, so unmißverständlich machten sie Front »gegen jede Annexionspolitik« und gaben ihrer Sehnsucht auf »einen baldigen Frieden« Ausdruck.[142]

Dieses hohe Ziel hatte auch Bethmann Hollweg, freilich an einschränkende Voraussetzungen geknüpft, »stets ... im Auge behalten«[143]. Daher bemühte er sich im Verlauf des Jahres 1916 darum, als er dieses Anliegen »mehr denn je«[144] verfolgte, alles zu tun, um den Weg für eine großangelegte Friedensinitiative zu ebnen. So gut es ging – aufgrund der existierenden Kräfteverhältnisse ging dies oft mehr schlecht als recht – war er bestrebt, extremen Forderungen durch abwiegelndes Lavieren die Spitze zu nehmen. Insbesondere war er darum bemüht, den hochfliegenden Erwartungen der Radikalen die für das gegnerische Lager schlimmsten Zähne auszubrechen. Mehr noch: In der vom Jahre 1915 an hin- und hergehenden Debatte um die Aufnahme des unbeschränkten U-Boot-Krieges war er bestrebt, die folgenschwere Entscheidung zumindest hinauszuzögern und den amerikanischen Kriegseintritt damit zu vermeiden.

War die große Abwehrschlacht gegen die feindliche Offensive an der Somme ehrenhaft, mit Erfolg bestanden, glaubte er daran, ohne sich dem Verdacht der Schwäche auszusetzen, das Wagnis eingehen zu können, mit einem allgemeinen Friedensangebot des Deutschen Reiches vor die Welt zu treten: Da erlitten die Österreicher an der östlichen Front einen empfindlichen Rückschlag; er hob den als Voraussetzung für eine Friedensinitiative notwendigen Vorteil der Deutschen im Westen wieder auf; allein, durch den militärischen Sieg über Rumänien wurde der temporäre Nachteil erneut wettgemacht. Jetzt schien der Zeitpunkt günstig, um, ohne sich eine Blöße zu geben, den Teufelskreis zu durchbrechen. Schierer Durchhaltewille hatte die kriegführenden Staaten in diesen *circulus vitiosus* eingesperrt: Seine Ausweglosigkeit war dafür verantwortlich, daß im Angebot des Feindes jeweils nur ein Zeichen der Nachgiebigkeit erblickt werden konnte, die, falls man selbst in den zerstörerischen Verdacht geriet, den Anfang vom Ende der eigenen Existenz einzuleiten drohte: »Gewiß haben die Völker den Krieg satt«, darüber war man sich auf seiten der Verantwortlichen im Reich, die einsichtsfähig waren, durchaus im klaren, »aber genau wie bei uns, ist auch bei den Feinden die Überzeugung fest gegründet: Wir müssen durchhalten, sonst sind wir verloren.«[145] Sechs Tage nach der militärischen Einnahme von Bukarest unterbreiteten die Mittelmächte am 12. Dezember 1916 ein Friedensangebot, in dem sie ihre Bereitschaft zu Verhandlungen erklärten. Das war nicht allein und keineswegs in erster Linie ein Schritt machiavellistischer Taktik, um der Welt Sand in die Augen zu streuen, wie zuweilen behauptet wird. Danach sollten die gegnerischen und neutralen Staaten nicht erkennen, daß die deutsche Offerte nur dazu diente, die Vereinigten Staaten von Amerika vom Eintritt in den Waffengang fern- und sich selbst eine Hintertür zum unbeschränkten U-Boot-Krieg offenzuhalten. Derart taktische Erwägungen spielten für Ludendorff, der gegen die Initiative war, in viel stärkerem Maße eine Rolle als für Bethmann Hollweg, der das Angebot unterstützte. In historischen Entscheidungslagen erfüllt das abgeleitete Motiv durchaus eine gar nicht zu unterschätzende Funktion; allerdings sieht es, insbesondere nach einem Fehlschlag des an sich Beabsichtigten, täuschend leicht wie das Ursprüngliche aus. So war es in diesem Fall.

Bethmann Hollweg hatte den Befürwortern des U-Boot-Krieges, im Grunde als Konzession für seine Friedensinitiative, zugestehen müssen, im Falle einer Ablehnung des Angebots zur warnungslosen Versenkung von bewaffneten Handelsschiffen überzugehen. Dessenungeachtet: Das Friedensangebot der Mittelmächte, mit dem der Reichskanzler sich noch einmal gegen die Front der Radikalen aus der Kriegszielbewegung und den Militärs durchsetzte, besaß über alle taktischen und propagandistischen Elemente hinaus seinen Eigenwert: nämlich über die Beendigung des Krieges in Gespräche einzutreten. Es war ernstgemeint! »L'offre de paix du 12 décembre nous paraît donc sérieuse«, urteilt der französische Historiker Georges-Henri Soutou mit Recht[146]. Zu verhandeln lehnten die Alliierten jedoch mit Entschiedenheit ab, so daß sich in Deutschland der Eindruck verstärken mußte, »der Friede« sei gar »keine Frage von Bedingungen. Wir könnten heute die Rückgabe von Polen, Belgien und dem Norden von Frankreich anbieten, es würde nichts nützen. Deutschland muß besiegt sein, das ist es, was unsere Feinde verlangen.«[147] So jedenfalls stellte sich dem bayerischen Gesandten Graf Lerchenfeld die mißliche Lage dar.

Nun, ganz so war es gewiß nicht. Man darf vor allem nicht übersehen: Auf alle Gewinne zu verzichten, kam selbst dem friedensbereiten Kanzler noch nicht in den Sinn. Immerhin, im Zuge der Vorbereitung auf die Friedensinitiative vom Dezember und im Zusammenhang mit der Reaktion auf die Note des amerikanischen Präsidenten Wilson vom 21. Dezember, in der einen Meinungsaustausch über die Friedensbedingungen herbeizuführen vorgeschlagen wurde, trat hinlänglich klar zutage, daß Bethmann Hollweg für den Fall der Kriegsbeendigung damals bereits mit weniger zufrieden gewesen wäre als die Alliierten, die mit dem Knockout-Kurs des britischen Premierministers Lloyd George radikalere Ziele verfolgten.

Im Grunde war für Bethmann Hollweg nach wie vor verbindlich, was er, bei dieser Gelegenheit nicht zum erstenmal, Ende Oktober 1916 vor dem Bundesratsausschuß betonte: »Wenn wir diese Übermacht bestehen und verhandlungsfähig herauskommen, so haben wir gewonnen.«[148] Allein, so zu sprechen, bedeutete auch für den Kanzler, ganz abgesehen von seinen Kontrahenten bei der Dritten Obersten Heeresleitung, nicht unbedingt, von vornherein im Vergleich mit der Vorkriegslage auf Verbesserungen zu verzichten. Warum hätte er sonst noch verhandeln sollen, warum zeigen sollen, daß Deutschland nicht zu besiegen war? Verbindlich festzustellen, was der Reichskanzler eigentlich wollte, ist ungemein schwierig. Aus innen- und außenpolitischen Gründen vermied er es, sich ein für allemal festzulegen: Bethmann Hollweg machte sein Trachten von der Gelegenheit abhängig.

»Niemals während des ganzen Krieges«, hat er sein schwer durchschaubares Vorgehen rückblickend erläutert, »habe ich der Obersten Heeresleitung ... ein allgemeines Kriegszielprogramm vorgelegt, bis zu dessen Erreichung der Krieg fortgeführt werden müsse. Ich habe im Gegenteil stets die Notwendigkeit betont, jede sich bietende Möglichkeit zur Einleitung von Friedensverhandlungen zu ergreifen, um dann im Verlauf solcher Verhandlungen das nach der militärisch-politischen Lage Mögliche und für Deutschland als nützlich Erkannte zu erreichen. Details sind *meinerseits* hierbei niemals festgestellt worden, sondern als Umrisse nur angegeben: Wiedererwerb unserer Kolonien; im Westen: Verhütung, daß Belgien ein feindliches Einfalltor werde, wenn möglich Erwerb von Longwy-Briey, eventuell im Wege gegenseitiger Grenzberichtigung; im Osten: Königreich Polen und Verbesserung der strategischen Grenzen Preußens unter möglichst geringen Annexionen, eventuell Bildung von Randstaaten aus Kurland und Litauen. Einer Annexion irgend nennenswerter polnischer Landesteile habe ich mich stets widersetzt.«[149]

Sein umsichtiges Taktieren, das er an den Tag legte, um im innenpolitischen Kampf zu überleben und um Schlimmeres zu verhüten, rückte Persönlichkeit und Politik Bethmann Hollwegs ins Zwielicht, ließ sogar die Grenzen zwischen ihm und seinen Gegnern zerfließen. Nach dem Scheitern der Friedensinitiative vom Jahresende 1916, nach der Eröffnung des U-Boot-Krieges am 1. Februar 1917 und nach dem amerikanischen Kriegseintritt vom 6. April des Jahres wurden schließlich am 23. April 1917 im Kreuznacher Hauptquartier die Kriegszielvorstellungen des Reiches festgelegt, das sich nunmehr zur Entscheidungsschlacht rüstete.

Dem riesigen Katalog maßloser Forderungen, der von den Militärs durchgesetzt wurde, stimmte der Reichskanzler zu, weil er es nicht für vertretbar hielt, um solcher Blaupausen willen aus dem Amt gehen zu müssen. Einige Tage später legte er für die Akten des Auswärtigen Amtes nieder, er halte die in dem wahrlich ausufernden Kriegszielprogramm reklamierten Vorstellungen nur für erreichbar, »wenn wir den Frieden *diktieren* können. Nur unter dieser Voraussetzung habe ich ihnen zugestimmt.«[150] Da er einen Diktatfrieden für ausgeschlossen hielt, erachtete er das von ihm Mitgetragene aufgrund seines schriftlichen Vorbehalts als hinfällig. Freilich entging ihm darüber keineswegs, wie schmal der Grat zwischen Glaubwürdigkeit und Opportunismus, zwischen Grundsatz und Taktik, zwischen Annexions- und Friedenspolitik inzwischen geworden war. Wie zur Selbstrechtfertigung legte er nämlich am 1. Mai 1917 in einer Aktennotiz der Reichskanzlei fest: »Ich habe das Protokoll mitgezeichnet, weil mein Abgang über Phantastereien lächerlich wäre. Im übrigen lasse ich mich natürlich durch das Protokoll in keiner Weise binden. Wenn sich irgendwo und irgendwie Friedensmöglichkeiten eröffnen, verfolge ich sie. Was ich hiermit aktenmäßig festgestellt haben will.«[151]

Tatsächlich gibt es eine Kontinuitätslinie deutscher Kriegsziele vom »Septemberprogramm« 1914 bis zum Kreuznacher Kriegszielprogramm 1917: Für den Fall, daß ein völliger Sieg errungen wurde, fixierten sie das Wünschbare. Daß selbst in dem günstig gestalteten Zusammenhang einer rundum vorteilhaften Entwicklung zwischen dem Eroberungsdrang Ludendorffs und dem Sicherheitsstreben Bethmann Hollwegs noch Unterschiede bestanden, wäre wahrscheinlich bei einem Friedensdiktat zurückgetreten.

Was den Reichskanzler angeht, existiert gleichfalls eine vom September 1914 bis zu seinem Sturz im Juli 1917 andauernde Kontinuität: Krieg zu führen und das Ringen zu verlängern, um bestimmte Ziele zu erreichen, kam für ihn nicht in Frage; im Vordergrund seines Handelns stand vielmehr das Anliegen, möglichst rasch über einen zum Ausgleich der Interessen führenden Frieden zu verhandeln. Weil er mit bewußter Uneindeutigkeit auftrat und mit seiner »Politik der Diagonale« auf Zeit spielte, fiel es schwer, das eigentlich Beabsichtigte vom taktisch Vorgeschobenen zu unterscheiden. Daher mußte er sich schon ein Jahr nach Kriegsende herbe Kritik gefallen lassen, weil er eben nicht selten »das Richtige« kannte und »das Falsche« tat, weil er »die Stimme der Vernunft in sich« hörte, »sie von dreisten Machern übertäuben« ließ »und den Protest des Gewissens zu den Akten«[152] gab.

Seinen Abschied mußte der Kanzler nehmen, als die Friedensresolution des Reichstages ihm eine Grundlage hätte bieten können, um sich endlich klar zu entscheiden – ohne mit genügender Wahrscheinlichkeit behaupten zu wollen, er hätte dieses »Dynamit« auch tatsächlich benutzt, um »die Felsblöcke« zu sprengen, »die die Bahn versperrten«[153]. Sein farbloser Nachfolger im Amt des Reichskanzlers jedenfalls ließ sich dazu bewußt nicht hinreißen. Seine jederzeit revozierbare Zustimmung zur Bekundung des Parlaments kommentierte er vielmehr vor aller Öffentlichkeit mit entlarvender Vieldeutigkeit, die sich in den gezielt reservierten Worten niederschlug: »wie ich sie auffasse«[154]. Dem Kronprinzen gegenüber erläuterte Michaelis, der den Gegnern seines Vorgängers zuneigte, am 25. Juli 1917 seinen Standpunkt: »*Durch meine Interpretation derselben habe ich ihr die größte Gefährlichkeit geraubt.* Man kann schließlich mit der Resolution jeden Frieden machen, den man will.«[155]

Ohne Zweifel glich das Deutsche Reich im Jahre 1917, wie Golo Mann seine fast ausweglose Lage in einem Bild gezeichnet hat, einem »Bergsteiger, der sich verstiegen hat, nahe dem Gipfel an einer steilen Wand hängt, nicht hinauf kann, aber auch nicht hinunter mag, weil auch der Abstieg gefährlich ist, und weil dann alle bisherige Mühe und Qual umsonst gewesen wäre – so kann Deutschland im Jahre 1917 weder Frieden machen noch siegen«[156].

Erneut versuchten die Deutschen, der Zwangslage durch einen Ausbruchsversuch zu entkommen. Das angeborene Dilemma ihrer Existenz, das in der überlieferten Beengtheit des Reiches lag, wollten sie nun ein für allemal durch den Einsatz von militärischer Macht und durch den Gewinn von geostrategischem Raum lösen. Das traditionelle Muster europäischer Geschichte, das durch die Spannung zwischen Hegemonie und Gleichgewicht charakterisiert war, sollte endgültig verschwinden und an seine Stelle eine internationale Ordnung von neuer Beschaffenheit treten. Aus einer Position der Unverwundbarkeit heraus wollte das Reich fortan über den Kontinent dominieren. In diesem historischen Augenblick, da die Deutschen sich anschickten, das herkömmliche Staatensystem zu revolutionieren, traten Wilsons Amerika und Lenins Sowjetrußland ins Zentrum der Weltgeschichte.

Wilson und Lenin

Zu Beginn des weltpolitischen Entscheidungsjahres 1917 dachte der einstige Vertraute Kaiser Wilhelms II., Fürst Eulenburg, über die grundlegende Schwäche nach, die dem Deutschen Reich anhaftete. Von Anfang an hatte sie mit dem problematischen Streben zu tun, daß die Deutschen einen machtpolitisch und weltanschaulich unabhängigen Weg zwischen West und Ost gehen wollten. In der so behaupteten Souveränität lag, den Maßstäben der Zeit zufolge, das kostbarste Gut einer Großmacht aufgehoben; dennoch erwies sich die Aufgabe als eine Last, die über die Existenz des Reiches als Großmacht hinaus dessen Bestand als Nationalstaat bedrohen konnte: »Für das Schweben zwischen zwei Weltmächten, wie sie England und Rußland darstellen, waren wir nicht stark genug – trotz unseres österreichischen Bündnisses«[157], lautete der einsichtsvoll kritische Kommentar des inzwischen in tiefste Ungnade gefallenen, gesellschaftlich geächteten Philipp Eulenburg.

Diese unvorteilhafte Konstellation veränderte sich in langfristiger Perspektive noch einmal zu Ungunsten der Deutschen. Denn mit den Vereinigten Staaten von Amerika und mit Sowjetrußland traten zwei mächtige weltgeschichtliche Potenzen auf den Plan. Jede war auf ihre Art, die sich von derjenigen der anderen bis zur Unversöhnlichkeit verschieden ausnahm, darum bemüht, das Ende der Geschichte herbeizuführen. Im akuten Zusammenhang allerdings führte die neue Entwicklung zu einer ganz unvorhergesehenen Erleichterung der deutschen Bedrängnisse.

Tatsächlich kämpfte das Reich, weil West und Ost sich zur großen Koalition gegen die Mitte zusammengefunden hatten, um sein Überleben. Der Versuch der Reichsleitung, der verzweifelt anmutete und doch niemals bedingungslos unternommen wurde, die geschrumpfte Bewegungsfreiheit durch Abschluß eines separaten Friedens mit einer kriegführenden Seite zurückzugewinnen, um sodann alle Kraft gegen die andere Front konzentrieren zu können, wurde durch die Begebenheiten des Jahres 1917 begünstigt: Sie waren von atemberaubender Dramatik und wälzten das Bestehende radikal um. An der Schwelle einer neuen Epoche, die den Auftakt zum Ende des europäischen Zeitalters der Geschichte einleitete und das überlieferte »Staatensystem als Vormacht der Welt« (Theodor Schieder) aus den Angeln hob, stand das Deutsche Reich, das auf Leben und Tod in einen Kampf gegen die westliche Entente verwickelt war, zwischen den beiden großen Herausforderungen des 20. Jahrhunderts: Repräsentiert wurden sie auf der einen Seite durch die Vereinigten Staaten von Amerika, die England und Frankreich an die Seite getreten waren, und auf der anderen Seite durch Sowjetrußland, das aus dem Kriegsbündnis der Tripel-Entente ausgeschert war.

Die Intervention der Amerikaner brachte eine zusätzliche Belastung und die Revolution der Sowjets eine vorläufige Entlastung für das Reich mit sich. In der Mitte des sich gleichsam selbst verzehrenden Europa waren die Deutschen von nun an mit dem zentralen Thema konfrontiert, das die Geschichte des 20. Jahrhunderts bestimmend durchzog: Zwei globale Missionsideen rangen miteinander, kämpften um die Seelen der Völker in Europa und in der Welt; die eine wollte über die andere herrschen. Im Jahr 1917, dessen weltgeschichtliche Bedeutung in vielerlei Hinsicht mit dem Epochendatum von 1789 zu vergleichen ist, verkörperten sich die östliche Botschaft der Weltrevolution und die westliche Vision der Freiheit in den Persönlichkeiten von Lenin und Wilson.

»Die beste auswärtige Politik ist gar keine«[158] – davon waren die schließlich im Novemberputsch an die Macht gekommenen Bolschewisten überzeugt, als sie den revolutionären Frieden weltweit dekretierten. Krieg zu führen, um eine von der Geißel des Krieges befreite Epoche einzuleiten und um den Grundsatz zu verwirklichen, die Welt »safe for democracy«[159] zu machen, lautete die Botschaft Amerikas, das in das bis dahin weitgehend europäische Völkerringen eingetreten war. Mit dem Aufbau ihrer großen Flotte hatten sich die Amerikaner vom Jahre 1916 an darauf vorbereitet, dem künftigen Sieger der militärischen Auseinandersetzung gewachsen zu sein. Die ins Trudeln geratene Balance der alten Welt sollte durch das Gewicht der neuen dauerhaft gefestigt werden.

Daß die endzeitlich getönten Losungen der einen wie der anderen Seite den Völkern einleuchteten, die inzwischen mehrheitlich geneigt waren, der aus der Kriegsmüdigkeit geborenen Parole »Nie wieder Krieg« zu folgen, erscheint verständlich. Daß damit ganz gewiß das Gegenteil vom Ersehnten erreicht wurde, ist in einem allerdings vielschichtigen Zusammenhang nicht zu übersehen. Die absolute Ethik einer neuen Zeit, im attraktiven Gewande der sowjetischen Weltrevolution oder der amerikanischen Freiheitsidee, förderte, leichter als zuvor jedenfalls, die Totalisierung von Konflikten. Bis zur Todfeindschaft unduldsame Ideologien bildeten die Signatur des Zeitalters der Weltkriege und Revolutionen im 20. Jahrhundert.

Allein, mitten in dem blutigen Ringen des andauernden Großen Krieges dämmerte, was vor allem die zugkräftigen Parolen der russischen Revolutionäre anging, noch kaum jene warnende Erkenntnis, die André Malraux erst zwanzig Jahre später niederschrieb: Wenn der Mensch »auf die Revolution zählt, um seine Tragik aus der Welt zu schaffen, so denkt er einfach verkehrt«[160]. Daß »jede Gesellschaft, die ein Paradies auf Erden errichten will, notwendigerweise und immer in Tyrannei enden muß«[161], bewahrheitete sich im sinnverwirrenden Verlauf des furchtbaren Säkulums tatsächlich. Die kriegführenden Völker waren kaum dazu imstande, sich die schreckensvolle Perspektive einer solchen Zukunft auszumalen, lauschten doch viele Menschen vorläufig mit teilweise gläubiger Inbrunst vor allem den revolutionären Versprechungen Lenins: »Schluß mit dem Krieg« und »Alle Macht den Räten«.

Weil die Mehrheit der Deutschen weder Lenins kommunistischer Idee noch Wilsons amerikanischem Traum folgen wollte, begab sie sich, eben in dem schicksalsträchtigen Jahr 1917, auf einen Weg, der alles in ihrer Geschichte bisher Dagewesene hinter sich ließ. Den Herausforderungen der Moderne erteilte sie eine spezifische Antwort, die verhängnisvoll und destruktiv ausfiel. Insgesamt: Der Kampf der beiden für das Schicksal des 20. Jahrhunderts ausschlaggebenden Weltmächte um den alten Kontinent hatte 1917 begonnen. Gleichzeitig wurden in diesem Entscheidungsjahr wesentliche Voraussetzungen für den deutschen Weg durch die jüngste Geschichte gelegt. Um machtpolitische und ideologische Eigenständigkeit gegenüber Ost und West bemüht, wollten die Deutschen der übermächtigen Enge, die von seiten der sowjetischen und angelsächsischen Welt drohte, mit einem todesmutigen Sprung ins Freie, mit dem Durchbruch zur Weltmacht entkommen.

In dieser Perspektive entwarf Ludendorff ein Konzept, das über sich hinaus bereits in eine mit Adolf Hitlers Namen verbundene Zukunft wies. Die fatale Entwicklung zu erwähnen bedeutet nicht, die Identität des einen mit dem anderen zu behaupten. Verkannt werden soll auch keineswegs, daß zwischen einer flüchtig Realität gewordenen Idee im Ersten Weltkrieg und ihrer zur verbrecherischen Wirklichkeit gesteigerten Tat im Zweiten Weltkrieg qualitative Unterschiede bestehen. Daß freilich, in einem allgemeinen Zusammenhang, vom Hier und Heute des Jahres 1917, »wie einst von der Schlacht bei Valmy... eine neue Epoche der Weltgeschichte«[162] ausging, das trifft für die Geschichte der Menschheit ebenso wie für die in ihr aufgehobene Geschichte der Deutschen zu.

Natürlich lag diese Entwicklung noch weitgehend im Dunklen und Ungewissen; zeichnete sich nur undeutlich ab. Im Gegenteil: Erst einmal fiel die eine der militärischen Fronten, die das Reich über zwei Jahre lang eingeschnürt, ihm förmlich den Atem genommen hatten, kraftlos in sich zusammen. Gewiß, zunächst hielt die Provisorische Regierung Rußlands, nach dem Ende des alten Regimes am 12. bzw. 15. März, besonders nachdem sie im Mai umgebildet und Kerenski Kriegsminister geworden war, am Kampf gegen die Deutschen an der Seite der Alliierten fest. Die russische Schwächung war indes unübersehbar, zumal Lenin und andere führende Bolschewisten bereits im April aus dem Exil nach Petrograd zurückkehrten. Die deutschen Behörden hatten bei der Fahrt des Revolutionärs von der Schweiz nach Rußland, die durch das Hohenzollernreich führte, tätig mitgeholfen. Denn sie spekulierten bewußt auf einen Auflösungsprozeß, der durch die radikalen Kommunisten vorangetrieben wurde. Welche weltgeschichtliche Tendenz sie damit beförderten, war ihnen wohl kaum klar. Dem Horizont des Zeitgenossen blieben, wie es in der Regel zu sein pflegt, die Einsichten des Späterlebenden verschlossen.

Diese Feststellung bewahrt ihre grundsätzliche Gültigkeit, wenngleich schon bald die Diskussion darüber auf deutscher Seite einsetzte, ob man sich der Bolschewisten als eines Ferments der Dekomposition weiterhin bedienen oder sie als revolutionäre Bedrohung jeder Tradition kriegerisch bekämpfen sollte. Erst einmal schien für die deutsche Seite zu gelten, was der Diplomat Brockdorff-Rantzau bereits im Dezember 1915 so umschrieb: »Der Sieg und als Preis der erste Platz in der Welt ist aber unser, wenn es gelingt, Rußland rechtzeitig zu revolutionieren und dadurch die Koalition zu sprengen.«[163] Aus der Sicht der Westmächte, aber auch der Amerikaner, zeichnete sich eben in dieser Perspektive seit dem März 1917 eine reale, wachsende Gefahr ab. In ihrem langen Schatten fällte die Regierung in Washington am 20. März ihren Entschluß, in den Krieg einzutreten – gegen die Autokratie und für die Demokratie, wozu mittlerweile auch das neue Regiment im revolutionären Rußland gezählt wurde.

Die eigentlichen Gründe für den amerikanischen Entschluß, der am 6. April zur Kriegserklärung an das Deutsche Reich führte, hoben sich also von den spektakulären Anlässen ab, die beileibe nicht ohne Gewicht waren. Während die Deutschen sich nach wie vor auf nichts anderes als auf ihr Schwert zu verlassen geneigt schienen – so jedenfalls mußte sich die für die Vereinigten Staaten inzwischen auf die Frage nach Krieg oder Frieden zugespitzte Lage aus amerikanischer Sicht ausnehmen –, demonstrierten die Alliierten, zumindest nach außen hin, verhaltene Verhandlungsbereitschaft.

Bereits am 9. Januar hatte die deutsche Reichsleitung in ihrem Hauptquartier zu Pleß beschlossen, den unbeschränkten U-Boot-Krieg zu führen. Einen Tag später antwortete die Entente, die einer amerikanischen Friedensvermittlung im Grunde ebenso zögernd begegnete wie ihre Kriegsgegner, auf die Initiative Wilsons, mit der der Präsident an die kämpfenden Parteien herangetreten war und sie aufgefordert hatte, die konkreten Bedingungen für eine Friedenskonferenz zu benennen, wenn auch unter einschränkenden Voraussetzungen, doch insgesamt zustimmend. Jedenfalls blieb die deutsche Reaktion, die es unter dem Datum des 26. Dezember 1916 bei allgemeinen Verlautbarungen über Konfliktvermeidung in einer zukünftigen Friedensordnung hatte bewenden lassen, dahinter weit zurück. Mehr noch: Am 31. Januar wurde den Amerikanern vom Deutschen Reich angekündigt, wozu man sich bereits zu Anfang des Monats entschlossen hatte: Am 1. Februar 1917 werde der unbeschränkte U-Boot-Krieg beginnen! Was die deutsche Seite als eine berechtigte Reaktion auf die völkerrechtswidrige Seeblockade der Briten verstand, ließ den Vereinigten Staaten von Amerika kaum eine andere Alternative als diejenige, in den Krieg einzutreten.

Reichskanzler Bethmann Hollweg, der seit dem Jahre 1915, mit wechselndem Erfolg, gegen die Forderungen der Marine und der Zweiten sowie Dritten Obersten Heeresleitung, definitiv zum verschärften, sogar zum unbeschränkten U-Boot-Krieg überzugehen, angekämpft hatte, unterlag schließlich, am Beginn des Jahres 1917, den Militärs. Sie zogen die vermeintlich letzte Karte und gaben sich siegesgewiß: Ihr Trumpf würde stechen, weil England auf diese radikale Weise von der lebenswichtigen Zufuhr abgeschnitten werde und weil Amerika seine Soldaten nicht über den Atlantik nach Europa werde transportieren können. Davon abgesehen unterschätzten die Militärs die Schlagkraft der USA, die im darauffolgenden Jahr maßgeblich wurde, sträflich.

Alles in allem: In der amerikanischen Öffentlichkeit standen die Zeichen auf Krieg. Seine folgenschwere Erklärung, die der Präsident bis Anfang April vertagte, wurde immer wahrscheinlicher, war bald gar nicht mehr länger aufschiebbar. Der britische Geheimdienst entzifferte nämlich eine deutsche Note, in der Staatssekretär Zimmermann Mexiko unter dem Datum des 19. Februar 1917 für den Fall einer militärischen Auseinandersetzung zwischen den Vereinigten Staaten von Amerika und dem Deutschen Reich ein Kriegsbündnis anbot. Die amerikanischen Bundesstaaten Texas, Neu-Mexiko und Arizona sollten dem mittelamerikanischen Land dafür als Belohnung zufallen.

Mit der leichtsinnigen Eröffnung des unbeschränkten U-Boot-Krieges und mit dem törichten Angebot der Zimmermann-Depesche hatten die Deutschen eine wahre Drachensaat gelegt, die rascher und tödlicher aufging, als die militärischen Experten das im entferntesten erwartet hatten. Diese Entwicklung hatte nicht zum geringsten mit den spezifischen Bedingungen zu tun, die das englisch-amerikanische Verhältnis charakterisierten. Bereits seit der Jahrhundertwende lebten Briten und Amerikaner in einer »ungeschriebenen Entente«[164]. Als England das letzte Mal, vor hundert Jahren, durch Napoleon I. tatsächlich vor die Existenzfrage gestellt worden war, hatte es sich gleichzeitig, zwischen 1812 und 1814, in einen Krieg gegen die USA verwickelt gesehen. Ein Jahrhundert später hatte sich die Welt grundlegend verändert: 1917 traten die Amerikaner an der Seite der Briten in den Waffengang ein, um gemeinsam den deutschen Hegemon zu besiegen.

Die angelsächsische Koalition kam nicht eben überraschend zustande, hatte sich vielmehr lange zuvor angedeutet. Mit generöser Nachsicht behandelte der große Gläubiger jenseits des Atlantischen Ozeans die westlichen Schuldnerländer, vor allem Großbritannien, die auf amerikanisches Geld angewiesen waren, um den laufenden Krieg überhaupt finanzieren zu können. Und mit familiärer Sympathie übergingen die Amerikaner einfach die völkerrechtswidrige Seeblockade der Engländer, die dem deutschen Gegner die Luft abdrückte.

Mit dem Sturz des Zaren wuchs die Gefahr des russischen Zusammenbruchs; eine deutsche Herrschaft über Ostmittel- und Osteuropa rückte in den Bereich des Möglichen; der herkömmlichen Gestalt der internationalen Ordnung drohte ein revolutionärer Wandel. Ruckartig verstärkte sich daraufhin noch einmal Amerikas Neigung zur Hilfe für die Entente. Als Präsident Wilson schließlich den entscheidenden Schritt in den großen Krieg tat, begleitete ihn ein gleichsam missionarischer Trieb. Er wollte den Deutschen seine universale Idee einer neuen Weltordnung diktieren, um sein zentrales Kriegsziel zu erreichen, einen Bund der Völker zu begründen, der sich die Aufgabe der Friedensbewahrung angelegen sein ließ: »a League to enforce peace«. Dagegen verwies sein Außenminister Lansing auf das machtpolitische Motiv, das für den amerikanischen Kriegseintritt am 6. April ausschlaggebend war. Auch wenn Deutschland die amerikanischen Rechte nicht so flagrant verletzt hätte, wären die Vereinigten Staaten dazu gezwungen gewesen, den Alliierten zu Hilfe zu kommen. »Denn wir durften niemals zulassen, daß der deutsche Kaiser zum Herrn von Europa aufstieg, da er ansonsten die Welt beherrschen konnte und unser Land das nächste Opfer seiner Gier sein würde.«[165]

Der dramatische Wandel der weltpolitischen Lage, vor allem der Kriegseintritt der Vereinigten Staaten von Amerika, förderte Bethmann Hollwegs Bereitschaft, den mittlerweile mit Nachdruck vorgetragenen Forderungen des österreichischen Allianzpartners nach einem Friedensschluß nachzugeben und dem sich immer stärker bemerkbar machenden Verlangen nach innenpolitischen

Reformen entgegenzukommen. Allein, es war ebendieser akute Zustand der internationalen Konstellation, vor allem der gar nicht zu übersehende Schwächezustand Rußlands, der Ludendorff auf seinen ausgreifenden Kriegszielen im Osten, nicht zuletzt gegenüber dem Baltikum, seinem »Königreich«[166], bestehen ließ. Insofern existierte nicht im geringsten die Chance, hätte der Reichskanzler diesem Gedanken jemals wirklich näherzutreten versucht, die Entente mit dem Angebot eines Friedens auf der Basis des Status quo ante in Verlegenheit zu bringen. Daß die andere Seite nicht versöhnungsbereiter als sie selbst war, ließen sich die Deutschen unter Beweis zu stellen entgehen. Weil sie sich im unübersichtlichen Spannungsfeld von Friedensschluß und Kriegszielen nicht eindeutig zu entscheiden imstande waren, gaben sie deutlich zu erkennen, daß sie nicht friedenswilliger als die anderen waren.

Im Gegenteil: Vom Sommer 1917 an, vor allem nach dem Abschied Bethmann Hollwegs, nahm der Einfluß der Obersten Heeresleitung auf die äußere Politik des Reiches noch einmal maßgeblich zu. Die vom Kanzler aus taktischen Gründen widerwillig akzeptierten Kriegszielplanungen der Militärs gewannen entscheidende Bedeutung für die Fortsetzung des Waffenganges. Vor diesem Hintergrund blieben die Friedensresolution des Reichstages vom 19. Juli, die der Nachfolger Bethmann Hollwegs im Grunde unmißverständlich abgelehnt hatte, und die päpstliche Friedensnote vom 1. August, die bei keiner kriegführenden Macht auf Zustimmung stieß, vorläufig nichts anderes als Episoden. Herrschsüchtiger denn je regierte Mars die Stunde!

Nachdem die letzte große Offensive der Russen unter General Brussilow im Juli gescheitert war und die Schlacht um Riga mit der Einnahme der Stadt am 3. September für die Deutschen gewonnen wurde, witterten die militärischen »Halbgötter« der Dritten Obersten Heeresleitung und die deutsche Kriegszielbewegung Morgenluft. Nach dem bolschewistischen Putsch in Petrograd Anfang November 1917 zeichnete sich ab, daß die programmatische Forderung der neuen Machthaber nach einem umgehenden Ende des Krieges die deutsche Aussicht auf einen separaten Frieden plötzlich in einem realistischen Licht erscheinen ließ. Dagegen scheiterten alle Versuche, die der nach Bethmann Hollwegs Sturz neu ins Amt gekommene Staatssekretär des Äußeren von Kühlmann einleitete und die sich bis in den März 1918 hineinzogen, mit dem belgischen »Faustpfand« in der Hand und im Stile der überlieferten Geheimdiplomatie mit Großbritannien zum Frieden zu kommen. Unzeitgemäß vernünftig und sympathisch überlebt mutete die Außenpolitik dieses im Grunde auf verlorenem Posten fechtenden Repräsentanten einer vergangenen Epoche an. Von Bethmann Hollwegs Kurs der Mäßigung und Selbstbehauptung, der mittlerweile, im großen und ganzen jedenfalls, mit einem Zustand des Status quo ante identisch sein mußte, versuchte er zu retten, was noch zu retten war: Viel war das allerdings schon längst nicht mehr!

Seiner eigenen Einschätzung nach klang es »wie ein Märchen aus längst vergangenen Zeiten«, als Kühlmann im September 1917 dem Hauptausschuß des deutschen Reichstages den fast schon in Vergessenheit geratenen Zustand Europas vor dem August 1914 mit beschwörender Melancholie vor Augen führte: »Es steht uns allen noch klar im Gedächtnis, das alte Europa, und ich sage nicht zuviel, wenn ich behaupte, daß für keinen der Staaten in diesem alten Europa der Zustand, wie er in den letzten vierzig Jahren bestanden hat, so unerträglich war, daß er auf die Gefahr der Selbstvernichtung hin seine Abstellung erreichen mußte. Daß Europa nicht zugrunde gehe, ist vielleicht heute noch, mitten in diesem gewaltigen Kriege, ein gemeinsames Interesse aller Großstaaten.«[167] Ob es den Diplomaten um Kühlmann gelingen würde, von dem verblassenden Ziel der herkömmlichen Ordnung Europas so viel zu bewahren, wie ihnen unverzichtbar erschien, oder ob sie sich den Militärs um Ludendorff beugen mußten, die ein großräumiges Imperium im Osten zu erobern planten, mußte sich erweisen. Die Entscheidung darüber stand an, als die Mittelmächte sich dazu bereit erklärten, auf den sowjetischen Vorschlag eines Waffenstillstandes einzugehen, den Leo Trotzki am 28. November 1917 allen Kriegführenden unterbreitete.

Das Imperium im Osten

Als am 15. Dezember 1917 zwischen dem Deutschen Reich und Rußland dieser Waffenstillstand tatsächlich geschlossen wurde, eröffnete sich den Deutschen geradezu schlagartig eine große Gelegenheit. Im Verlauf des Krieges oftmals voller Sehnsucht beschworen, hatte sie sich in weit vorgerückter Stunde unerwartet ergeben und bot die erträumte Möglichkeit, das Schicksal doch noch zu wenden: Lebensgefährlich balancierte der deutsche Nationalstaat zwischen »Weltmacht« und »Niedergang«[168]. Die russische Revolution, die, bis zu einem gewissen Grade, die Gefahr des »Finis Germaniae« in letzter Minute abwendete, schaffte umgehend die Voraussetzung dafür, daß die Deutschen den »Griff nach der Weltmacht« wagten.

Längst vergangen war jene erste Phase des Krieges, in der sich das Reich als europäische Großmacht zu behaupten versuchte und seine außenpolitische Position durch territoriale Korrekturen zu verbessern trachtete. Was die Deutschen in diesem Zusammenhang verlangten, die Sprengung der gegnerischen Entente und eine Verschiebung des europäischen Gleichgewichts zu ihren Gunsten, erschien den anderen Mächten bereits als der deutsche Anspruch auf die Hegemonie über den alten Kontinent. Der Eindruck verfestigte sich noch, als der Entwurf eines deutschen Mitteleuropa, der das von den Zweibundmächten besetzte Polen umfassen sollte, als Kampfmittel und Kriegsziel ins Zentrum der deutschen Außenpolitik und Kriegführung rückte. Damals veröffentlichte

Friedrich Naumann sein mächtiges Plädoyer für ein vor allem ökonomisch geeintes »Mitteleuropa«. Die weltwirtschaftliche Orientierung, die für das Reich während der Vorkriegszeit verbindlich gewesen war, trat unter dem ehernen Zwang der militärischen Notwendigkeiten zurück und diente nur noch wenigen, wie dem Reichskanzler Bethmann Hollweg, als Leitidee für eine kommende Friedenszeit. Nunmehr, an der Jahreswende 1917/18, bot sich ein scheinbar ohne Einschränkung günstiger Augenblick der Geschichte – und beschrieb rückblickend doch nichts anderes als die Hybris, die dem Fall vorausgeht.

Vorläufig schien es jedenfalls so zu sein, daß sich für das Reich die einmalige Gelegenheit bot, die verbindlichen Kategorien der überkommenen Großmachtpolitik, ja sogar der europäischen Hegemonialpolitik hinter sich lassen zu können. Die unerhörte Möglichkeit, ein kontinentales Ostimperium zu errichten, tat sich verheißungsvoll auf, dessen unüberwindbare Existenz die Voraussetzung für den militärischen Sieg im Westen legen sollte: In großem Stil winkten europäische und überseeische Erwerbungen; geradezu epidemisch grassierten die verführerischen Träumereien von der Weltmachtstellung des Reiches.

Bevor die deutsche Niederlage auf den Schlachtfeldern des Ersten Weltkrieges besiegelt wurde, ergab sich im Verlauf des Jahres 1918 die betörende Aussicht, auf gleichem Podest mit den anderen Weltmächten der Zeit zu stehen, diese sogar überwinden und beerben zu können. Das war zum einen Rußland, dessen lange gefürchtete Kraft im alles verschlingenden Strudel der inneren Revolution versank, während die neue Missionsidee des jungen Sowjetstaates von den Deutschen verkannt wurde. Das war zum anderen Großbritannien, dessen zivilisatorische Magnetwirkung nachzulassen schien; sein Empire zu besiegen, hatte Deutschland jetzt augenscheinlich Gelegenheit. Und das waren schließlich die Vereinigten Staaten von Amerika, die sich in militärischer, politischer und wirtschaftlicher Perspektive zum globalen Handeln aufgeschwungen hatten und deren demokratische Sendungsidee eine ungeheure Anziehungskraft ausübte. Auch diesen, von den Deutschen weit unterschätzten Gegner galt es nunmehr im kriegerischen Duell entscheidend zu treffen. Ohne selbst von einer mit der sowjetischen oder amerikanischen Weltanschauung vergleichbar zugkräftigen Ideologie getragen zu werden, traten die Deutschen, voll siegesgewisser Zuversicht, zum Entscheidungskampf an. Erneut verließen sie sich auf die schiere Macht der militärischen Mittel, die in einem ebenso überwältigenden wie überraschenden Ausmaß anzuwachsen versprachen.

Als die Friedensverhandlungen zwischen den Mittelmächten und Rußland am 22. Dezember 1917 begannen, war es keineswegs so, daß die Delegationen aus Berlin und Wien das ehrgeizige Ziel kontinentaler Imperiumsbildung einhellig verfolgt hätten. Dem stand entgegen, daß die Divergenzen zwischen den deutschen und österreichischen Kriegszielvorstellungen beträchtlich waren; und dem stand vor allen Dingen entgegen, daß die Unterschiede innerhalb der deutschen Delegation zwischen dem, was das Auswärtige Amt, und dem, was die Oberste Heeresleitung wollte, erheblich waren, sich sogar qualitativ voneinander abhoben. Der differenzierenden Feststellung muß freilich umgehend, als Erläuterung und Einschränkung, die konstitutive Bemerkung hinzugefügt werden, daß solche Abweichungen der am Verhandlungstisch sitzenden Gegenseite und den anderen Mächten der Staatenwelt oftmals nur als taktische Varianten, mithin fast unerhebliche Quisquilien vorkamen. Letztlich zählte allein das Ergebnis des Ausgehandelten, gleichgültig, ob dafür die Diplomaten oder die Militärs des Reiches verantwortlich zeichneten.

Was die Vertreter der »Staatskunst« und des »Kriegshandwerks« tatsächlich tief voneinander trennte, waren die Erwartungen, die sie jeweils mit dem russischen Friedensschluß verbanden. Staatssekretär von Kühlmann wollte über den Weg des Verhandlungsfriedens mit Rußland an das Ziel eines allgemeinen Ausgleichs mit den Gegnern des Reiches gelangen; er wollte den zerstörerischen Krieg beenden und Europa einen stabilen Frieden zurückgeben. General Ludendorff wollte Rußland den Separatfrieden diktieren, um die geballte Kraft des Heeres nach Westen zu verlagern und den »Siegfrieden« zu erringen. Stärker als die Idee vom künftigen Frieden bewegte die Offiziere bei den Verhandlungen in Brest-Litowsk der Gedanke an den nächsten Krieg. »Die Militärs denken immer nur an den Kriegsfall«[169], seufzte der neue Reichskanzler Hertling, der Michaelis am 2. November abgelöst hatte. Wenn er auch Kühlmanns Vorstellung, über einen maßvollen Frieden mit Rußland zu einem für alle Beteiligten erträglichen Kriegsende zu gelangen, nicht in allem und jedem teilte, war ihm doch ohne weiteres klar: »Man muß aber auch an den Frieden denken.«

Die einsichtsvolle Empfehlung des Staatssekretärs des Äußeren lautete, auf keinen Fall den zum Scheitern verurteilten Versuch zu unternehmen, »die Russen in die Knie zu zwingen und in ihnen das Gefühl zu erwecken, daß man nun einer hoffnungslos geschlagenen Nation mit harter Faust schwere Bedingungen auferlegt«. Sein maßvoller Ratschlag ging vielmehr dahin, »sobald die schweren Nachwehen des Krieges beseitigt sind, die Verhältnisse wieder herzustellen, die anderthalb Jahrhunderte lang die Grundfesten und die Grundbedingungen des Erfolges der preußisch-deutschen Politik gewesen sind«[170].

Indes kämpfte Kühlmann mit abnehmendem Erfolg dagegen an, die Schaffung eines »Zustandes« zu riskieren, »der mit absoluter Sicherheit einen dauernden deutsch-russischen Gegensatz schaffen und zu einem künftigen Kriege führen muß«[171]. Daher warnte er davor, nach einer »Abtretung ... großer Landstriche« gegenüber »einer seit Jahrhunderten konsolidierten Großmacht ersten Ranges« zu streben; »nach allen historischen Erfahrungen« würde das nichts anderes als »eine schwere Erschütterung«[172] der europäischen Staatenordnung mit sich bringen. Während die einen darum bemüht waren, alles zu tun, um einen künftigen Krieg zu vermeiden, waren die anderen darauf bedacht, alles zu unternehmen, um einen künftigen Krieg zu bestehen. Ludendorff zeigte sich davon überzeugt, »die militärische Lage« sei »so günstig wie sie während der dreieinhalb Kriegsjahre überhaupt nicht gewesen ist«[173]. Die Kriegsziele der Militärs fielen dementsprechend aus!

In einer bizarren Vermischung von Rassischem und Kriegerischem schwebte dem Generalquartiermeister vor, »einen Wall deutscher Menschen gegen das Slawentum zu schaffen«[174]. Vor allem im Hinblick auf das Baltikum wollte er jetzt die Basis dafür legen, um den bereits 1915 geäußerten, unheimlich anmutenden, uns schon in anderem Zusammenhang bekannt gewordenen Gedanken zu verwirklichen, »Zuchtstätten für Menschen zu gewinnen, die für weitere Kämpfe nach Osten nötig sind«[175]. Sich für den »Zweiten Punischen Krieg«[176] zu wappnen, über die baltischen Länder zur Entfaltung der linken Flanke, so Hindenburg am 18. Dezember 1917, im nächsten Krieg[177] verfügen zu können, darauf kam es der Obersten Heeresleitung damals an.

In furchtgebietendem Umriß zeichneten sich die Schattenlinien eines kontinentalen Imperiums ab, das, wirtschaftlich unabhängig und geostrategisch praktisch unverwundbar, allen künftigen Gefahren zu trotzen imstande sein sollte. Anders als der aus der europäischen Geschichte bekannte Gedanke der kontinentalen Hegemonie, der seinerseits bereits mit der Gestalt Europas unverträglich war, hätte die Existenz eines autarken Großraumes eine politische Revolution der Weltordnung mit sich gebracht. Daß sie für einen flüchtigen Augenblick lang in die Nähe der Realität vordrang und aufgrund der allgemeinen Bedingungen des sich hinziehenden Krieges doch nur zu sehr eingeschränkter Wirksamkeit gelangen konnte, verweist auf das Ergebnis der mit den Sowjets geführten Friedensverhandlungen und den sich daran anschließenden Verlauf deutscher Ost- und Rußlandpolitik.

Entscheidend erleichtert wurde die Aufgabe der deutschen Verhandlungsdelegation in Brest-Litowsk durch die Tatsache, daß es Lenin am 19. Januar 1918 gelang, die neugewählte Volksvertretung durch bolschewistisches Militär auseinanderjagen zu lassen. An die Stelle der parlamentarischen Demokratie trat eine Räterepublik. Damit setzte sich in Rußland diejenige Kraft durch, die um nahezu jeden Preis, den die Deutschen verlangten, den Frieden einzugehen bereit war; ging es doch aus der Sicht der revolutionären Putschisten allein darum, dem gefährdeten Fortbestand der bolschewistischen Machtübernahme die notwendige »Atempause« zu verschaffen.

Am 9. Februar 1918 kam es zum Abschluß eines separaten Friedens der Mittelmächte und des Osmanischen Reiches mit der Ukraine. Der in bedingte Selbständigkeit entlassene Staat, dem Unabhängigkeit versprochen wurde, verpflichtete sich zu umfangreichen Getreidelieferungen an die Sieger. Insofern mag einleuchten, daß es sich bei dem mit der Ukraine Vereinbarten stärker um einen »Brotfrieden« gehandelt hat, der aus der Not der Kriegslage geboren wurde, und weniger um ein Ergebnis langfristiger Planung, die Ukraine von Rußland abzusprengen. Daß sich die für das Reich lebenswichtige Kornversorgung aus dieser zur Botmäßigkeit verpflichteten Region künftig weit schwieriger gestaltete, als ursprünglich angenommen, beschreibt die eine Seite deutscher Rußlandpolitik: Ein erheblicher Aufwand an militärischer Präsenz und bürokratischer Organisation blieb nach wie vor erforderlich. Daß die Ukraine, die zunehmend stärker unter deutschen Einfluß geriet, zum Ausgangspunkt für Ludendorffs »Alexanderzüge« in den Süden Rußlands wurde, verweist auf ihre andere Seite: Auch ein aus wirtschaftlicher Bedrängnis entstandener Frieden bot militärische Ausfalltore für eine bald grenzenlos anmutende Expansionssucht. Wie so oft lagen Defensive und Offensive, Furcht und Hochmut, Notwehr und Maßlosigkeit eng beieinander.

Einen Tag nach Abschluß des ukrainischen Sonderfriedens wurden die sich in Brest-Litowsk hinschleppenden Verhandlungen von den Mittelmächten abgebrochen. Der klug berechnete Versuch des neuen russischen Delegationsleiters Trotzki, mit der verwirrenden Parole »Weder Krieg noch Frieden« Zeit zu gewinnen, scheiterte. Sein gleichzeitig vorwärts und rückwärts orientierter Kurs, den Kriegszustand für beendet zu erklären, aber die deutschen Friedensbedingungen nicht zu akzeptieren, stieß selbst im eigenen Lager auf Ablehnung. Vor allem Lenin wollte endlich uneingeschränkten Frieden haben, um die Revolution in Rußland zu vollenden und sie – in unmittelbarem Anschluß daran – nach Europa zu übertragen.

Angesichts der unübersichtlichen Sachlage gingen die Deutschen mit sich zu Rate, welche neuen Schritte gegen Rußland in Betracht zu ziehen seien. Nach dem entscheidenden Kronrat in Bad Homburg, auf dem Ludendorff sich am 13. Februar mit seinen kompromißlosen Vorstellungen durchsetzte, wurde fünf Tage darauf der russische Krieg erneut aufgenommen. Zügig kam der deutsche Vormarsch voran und zwang die Sowjetregierung zur vollständigen Kapitulation. Am 3. März 1918 wurde in Brest-Litowsk der Friede zwischen dem Deutschen Reich, Österreich-Ungarn, dem Osmanischen Reich sowie Bulgarien auf der einen und Sowjetrußland auf der anderen Seite geschlossen. Bei dem Unterzeichneten handelte es sich um einen Diktatfrieden, der dem Besiegten oktroyiert wurde. Ungeachtet aller Differenzen zwischen den Militärs und den Diplomaten bildete er das Ergebnis *einer* deutschen Außenpolitik. Sowjetrußland verzichtete auf Polen, Litauen und Kurland, die im Einvernehmen mit dem Deutschen Reich, dem Selbstbestimmungsrecht der Völker gemäß, über ihre Zukunft entscheiden sollten. Estland und Livland blieben von deutschen Polizeikräften besetzt, bis sie sich im August 1918 von Sowjetrußland trennten. Finnland und die Ukraine wurden, wenngleich ohne Zweifel im deutschen Einflußbereich, als selbständige Staaten anerkannt.

Das den Russen rücksichtslos Zugemutete, das karthagische Züge trug, geriet in Deutschland nach dem Ende des Ersten Weltkrieges rasch in Vergessenheit. Denn der dem Reich oktroyierte Versailler Frieden, der nach Lenins Urteil »hundertmal erniedrigender, gewaltsamer und räuberischer«[178] war als der von

Brest-Litowsk, verdrängte das von ihnen in jüngster Vergangenheit brutal Angerichtete aus dem kollektiven Gedächtnis der Nation. Übrigens brachte der maßlose Friedensschluß gegenüber Sowjetrußland, der auf dem fragwürdigen Grundsatz der schieren Gewalt beruhte, bei weitem nicht soviel Nutzen mit sich, wie man sich auf deutscher Seite erhofft hatte. Ganz gewiß aber richtete er mehr Schaden an, als erwartet worden war. Weil eine Million deutscher Soldaten in den riesigen Territorien Osteuropas gebunden blieb, wendete sich Ludendorffs militärische Misere nicht zum Besseren. Mitte Mai 1918 bilanzierte er: »Wenn ich jetzt einige Hunderttausend Mann frischer Truppen aus der Heimat bekäme, könnte der Feldzug [Krieg im Westen] in wenigen Wochen beendet sein.«[179] Statt dessen erforderten die militärischen Unternehmungen, zu denen Ludendorff in Rußland aufbrach, zusätzliche Kräfte. Sogar Kohle und Öl, die eigentlich aus den östlichen Territorien bezogen werden sollten, mußten zusätzlich herbeigeschafft werden, um das aufwendige Besatzungsregime zu unterhalten und für die weiträumigen Expeditionen gerüstet zu sein.

Ausschlaggebender noch war, daß das Diktat von Brest-Litowsk den Widerstandswillen der Gegner, vor allem der Amerikaner, anfachte: »Gewalt«, rief Woodrow Wilson mit ablehnender Empörung aus und schleuderte den deutschen Siegern im Osten die unversöhnliche Drohung entgegen: »Gewalt bis zum Äußersten!«[180]

Richard von Kühlmanns rückwärtsgewandt harmonisches Ideal, Europa nach dem Vorbild des vergangenen Säkulums neu einzurichten, vor allem den Frieden als Normalzustand der Staatenwelt zu verstehen, war längst gescheitert. Dagegen triumphierte Ludendorffs beängstigend moderne Vision, die bereits angebrochene Zukunft als ein Zeitalter der Kriege zu begreifen, deren kontinuierliche Regelhaftigkeit lediglich durch die Pausen von Waffenstillständen unterbrochen wurde. Daher hatte Kühlmanns Erwartung, der er damals noch einmal mit banger Zuversicht Ausdruck verlieh, keine Chance mehr: Der Staatssekretär gab sich der bereits überholten Hoffnung hin, »beim allgemeinen Friedensschluß« sei »das in Brest-Litowsk Beschlossene und Unterzeichnete nur als Provisorium zu betrachten ... Erst der allgemeine Friedensschluß würde zeigen, was von diesem Vertragswerke als endgültig gesichert angesehen und übrigbleiben würde.«[181]

Das vernünftige Bestreben des Diplomaten, die überlieferte Gestalt des alten Europa zu retten, unterlag den rohen Gegenkräften in Deutschland ebenso, wie darüber hinaus der böse Geist einer kriegerischen Zeit inzwischen von allen kämpfenden Völkern verhängnisvoll Besitz ergriffen hatte. Die nicht gerade knapp bemessenen Absichten, die von seiten der französisch-britisch-russischen Koalition gegenüber dem Deutschen Reich, der Habsburgermonarchie und dem Osmanischen Reich, mit allerdings wechselnder Intensität, verfolgt wurden, hätten, wären sie zum Zuge gekommen, die Landkarte Europas erheblich verändert. Diese Feststellung gilt ebenfalls für die nicht verwirklichten Aufteilungspläne, die von den Briten und Franzosen im Hinblick auf Sowjetrußland ventiliert wurden. Tatsächlich haben dann die territorialen Umgestaltungen im Nahen Osten, in Südosteuropa und in Ostmitteleuropa als Ergebnisse des Großen Krieges die überlieferte Beschaffenheit der Staatenwelt tiefgreifend gewandelt.

Das trotz aller Widrigkeiten, die nach wie vor auf ihm lasteten, durch seine stolzen Gewinne zu ungeahnter Machtfülle aufgestiegene Reich blieb vorläufig dem gesteigerten Widerstandswillen und dem kaum mehr zu überbietenden Mißtrauen seiner Gegner ausgesetzt. Der am 3. März 1918 diktierte Frieden von Brest-Litowsk, den ein vier Tage darauf mit Finnland abgeschlossener Sonderfrieden ergänzte, wurde am 22. März mit großer Mehrheit im Reichstag angenommen. Einen Tag, nachdem im Westen die deutsche Offensive eingesetzt hatte, deren Scheitern den Auftakt zum Ende markierte, war es im wesentlichen nur die Sozialdemokratie, die zu diesem Gewaltfrieden der Annexionen auf Distanz ging.

Nach dem Friedensschluß der Mittelmächte mit Rumänien am 7. Mai 1918, der Deutschland die Ausnutzung der Ölquellen des südosteuropäischen Landes einräumte, erfuhr die deutsche Expansions- und Machtpolitik in Rußland noch einmal eine Steigerung, die nachgerade grundlegend in das niemals komplikationsfreie Verhältnis zwischen Deutschland und Österreich-Ungarn eingriff. Im Frieden von Bukarest war es Staatssekretär von Kühlmann zwar gelungen, die arg ramponierten Beziehungen zum österreichischen Alliierten zu verbessern. Sein bescheidener Erfolg war freilich von notdürftiger Qualität und kaum auf Dauer angelegt. Denn nicht allein Ludendorff gab angesichts des Friedensschlusses von Brest-Litowsk seiner Genugtuung darüber Ausdruck, daß die Existenz des seit Bismarcks Tagen bestehenden Zweibundes endlich überflüssig geworden war: Der russische Gegner, gegen den man das Gewicht der Doppelmonarchie benötigt hatte, war praktisch nicht mehr vorhanden.

Dieser ganz neue Perspektiven eröffnende Eindruck festigte sich, als Ludendorff über das in Brest-Litowsk Erworbene hinaus während des Frühjahrs und Sommers 1918 zu weiteren militärischen Expeditionen in Rußland aufbrach. Seine Intervention richtete sich vor allem gegen die in offenem Aufruhr stehende Ukraine, galt es doch, wenn auch am Ende mit nicht allzu großem Erfolg, sich die als lebenswichtig angesehene Verfügung über die wirtschaftlichen Ressourcen des reichen Landes zu sichern. Allein, ohne Maß und Ziel strebte der von Raumgier und Machtrausch befallene Feldherr darüber noch hinaus: Im Süden stießen deutsche Truppen bis ans Schwarze Meer vor, besetzten die Krim und marschierten nach Transkaukasien, während sie im Norden, von den Finnen willkommen geheißen, gegen die Bolschewisten kämpften. Sieht man einmal von den längst überlebten Träumereien ab, deutsche Dynastien, vor allem im Norden und Osten Europas, zu begründen, ging es Ludendorff, von Finnland bis Georgien, darum, Soldaten zu rekrutieren und für kommende

Kriege strategische Ausgangsstellungen zu beziehen. Daher kann es kaum verwundern, daß Großbritannien damals, unter dem beängstigenden Eindruck des deutschen Vordringens in die südlichen Provinzen des zerfallenen Zarenreiches, schon die zukünftige Bedrohung Indiens vom übermächtig gewordenen Reich ausgehen sah.

Besiegelt wurden die in den russischen Weiten geradezu ins Endlose schweifenden Eroberungszüge der Militärs, die vom Auswärtigen Amt als ein »Wandeln in napoleonischen Bahnen«[182] verurteilt, als »uferlos« und »utopisch«[183] abgelehnt wurden, in den Berliner »Zusatzverträgen« vom 27. August 1918, die den Vertrag von Brest-Litowsk komplettierten. Sie brachten Sowjetrußland insgesamt in deutsche Abhängigkeit und trennten Estland, Livland und Georgien vom untergegangenen Vielvölkerstaat der Zaren ab. Die vergleichsweise machtlosen Vertreter des Auswärtigen Amtes, an dessen Spitze seit dem 9. Juli 1918 Staatssekretär von Hintze stand, sahen diese Rußlands Zertrümmerung vorantreibende Entwicklung als verhängnisvoll an. Dennoch glaubten sie insgesamt, mit den Berliner Ergänzungsvereinbarungen die Chance gewahrt zu haben, im Hinblick auf einen allgemeinen Friedensschluß und eine friedliche Zukunft der Staatenwelt die radikale Dekomposition, ja eine völlige Auflösung des russischen Reiches verhindert zu haben. Wie auch immer: Nachdem sich das Kriegsgeschehen am 8. August 1918 endgültig zu Ungunsten der Deutschen gewendet hatte, gerieten ihre östlichen Ambitionen in den nicht zu umgehenden Sog ihrer westlichen Niederlagen.

Doch vorläufig blieb der zwingend voneinander abhängige Zusammenhang zwischen dem russischen und dem französischen Kriegsschauplatz verdeckt. Während die deutschen Truppen im Westen der alliierten Übermacht, vor allem den frischen Kräften der Amerikaner, weichen mußten, standen sie im Osten »in Finnland, hielten die Linie von Narwa im Norden über Orscha und Mogilew am Dnjepr bis zum Don östlich von Rostow«[184]. Die Krim befand sich in deutschem Besitz, bis nach Transkaukasien reichte die militärische Präsenz des Reiches. Rußland, das vor dem Krieg wie ein böser Alpdruck auf vielen Zeitgenossen in Deutschland gelastet hatte, während es von anderen lediglich als tönerner Koloß eingeschätzt worden war, schien endgültig besiegt zu sein!

Die Eroberung des Großraums im Osten, der wehrwirtschaftliche Blockadefestigkeit und strategischen Vorteil zu garantieren versprach, ging mit zeitgleichen Planungen einher, die von bäuerlichen Siedlungs- und Kolonisationsgedanken getragen waren, »völkische Flurbereinigung« und demographische Verschiebungen ins Auge faßten. Es waren diese Ideen und Tatsachen, welche die geschichtliche »Augenblickserscheinung«[185] des deutschen Ostimperiums, sieht man von der rassischen Vernichtungspolitik des »Dritten Reiches« ab, in eine »Analogie zum ›nationalsozialistischen Amoklauf‹«[186] rücken: »Hitlers in den 1920er Jahren fixiertes Fernziel, ein deutsches Ost-Imperium auf den

Trümmern der Sowjetunion aufzubauen, war somit nicht bloß eine aus Wunschvorstellungen erwachsene ›Vision‹. Diese Zielvorstellung besaß vielmehr einen konkreten Ansatzpunkt in dem 1918 schon einmal Erreichten. Das deutsche Ost-Imperium war – wenn auch nur für kurze Zeit – bereits einmal Wirklichkeit.«[187]

Sogar der grauenerregende Tatbestand einer physischen Vernichtung von unschuldigen Menschenleben, der in die »Ära der Tyranneien« (Élie Halévy) und auf den »Völkerkampf« der »Zukunft«[188] vorauswies, schlug seine verhängnisvoll keimenden Wurzeln während dieses düsteren Zeitraums, als der totale Krieg die lange zuvor begonnene Umwertung aller Werte des alten Europa bestialisch vollendete. Staatssekretär von Kühlmann, der im Sommer 1918 seinen Abschied nehmen mußte, als er auf einem Höhepunkt der in weiten Teilen der deutschen Bevölkerung vorwaltenden Siegeszuversicht von einem Verständigungsfrieden als dem Ziel der Kriegführung und Außenpolitik des Reiches gesprochen hatte, berichtete, einer rückschauenden Überlieferung zufolge, bereits im November 1917 mit Abscheu von einem unvorstellbaren Verbrechen: Die Serben würden von den »unersättlich« erscheinenden Bulgaren »auf dem Verwaltungswege ›erledigt‹ ..., man bringt sie der Reinigung wegen in Entlausungsanstalten und eliminiert sie durch Gas«[189].

Im mittlerweile eisernen Zeitalter von Krieg, Tod und Vernichtung waren alle Hoffnungen auf einen Frieden des Ausgleichs, der Vernunft und der Versöhnung zerstoben. Die alldeutschen Forderungen, unmittelbar nach Ausbruch des Krieges fordernd vorgetragen und nach Freigabe der Kriegszieldiskussion im November 1916 öffentlich propagiert, schienen, ungeachtet der im Volk weitverbreiteten Friedenssehnsucht, vor ihrer Verwirklichung zu stehen. Die vor allem zwischen Diplomaten und Militärs in Deutschland grundsätzlich geführte Auseinandersetzung darüber, wie mit dem revolutionären Regime in Rußland zu verfahren sei, reduzierte sich im alles überschattenden Banne des zum Greifen naheliegenden »Siegfriedens« auf das scheinbar rein Taktische.

Ludendorff hatte im Verlauf des Jahres 1918 erwogen, einen militärischen Feldzug gegen die Bolschewisten zu unternehmen, um ihre Herrschaft ein für allemal, wie er mit leichtfertigem Optimismus mutmaßte, zu beseitigen. Das Auswärtige Amt, allen voran Staatssekretär von Hintze, plädierte, zweifellos von Illusionen über die Beständigkeit des neuen Systems geleitet, dafür, das Gesamte in der Schwebe zu halten und die Genossen um Lenin gewähren zu lassen. Es gelte, umschrieb er seine ganz von den Bedürfnissen der Stunde geprägte Haltung wenige Tage nach Abschluß der »Zusatzverträge« vom 27. August 1918, »mit den Bolschewisten zu arbeiten oder sie vielmehr zu benutzen, und zwar in einer Weise«[190], die der eigenen Sache am meisten dienlich sei, nämlich zur »Erhaltung Rußlands in seiner Schwäche und zur weiteren Förderung der Eigenentwicklung der abgetrennten Randgebiete im Rahmen unserer Interessen«[191]. Weil die Diplomaten darüber hinaus das in Brest-Litowsk Vereinbarte sowieso eher als vorläufig, kaum aber als endgültig ansahen, widersetzten sie sich Ludendorffs Idee, »einen kurzen Schlag auf Petersburg« und »auch einen in Richtung auf Moskau zu führen«[192]. Dieses Mal obsiegten die Zivilisten aus dem Auswärtigen Amt sogar über die militärischen Heroen der Obersten Heeresleitung.

Von dem janusgesichtigen Erfolg der deutschen Diplomaten, der für die allgemeine Entwicklung des deutsch-russischen Verhältnisses seit dem Brest-Litowsker Frieden symptomatisch war, profitierte ohne Zweifel Lenin, der die bolschewistische Herrschaft in der gewünschten »Atempause« zu konsolidieren vermochte. »Brest ist dadurch bedeutsam, daß wir es hier zum erstenmal in gigantischem Maßstab, unter unermeßlichen Schwierigkeiten verstanden haben, die Gegensätze zwischen den Imperialisten so auszunutzen, daß zuletzt der Sozialismus dabei gewann«, beschrieb er seine in die Zukunft weisende Strategie, die zu Lasten des sogenannten imperialistischen Lagers und zugunsten der bolschewistischen Herrschaft wirkte: »Wenn wir durchgehalten haben, obwohl unsere militärische Stärke gleich Null war, obwohl wir wirtschaftlich nichts aufzuweisen hatten und uns ununterbrochen auf absteigender Linie dem Abgrund des Chaos zu bewegten; wenn wir durchgehalten haben, so geschah dieses Wunder nur, weil wir den Zwist zwischen dem deutschen und dem amerikanischen Imperialismus richtig ausnutzten ... dadurch, daß wir der einen imperialistischen Gruppe Zugeständnisse machten, schützten wir uns zugleich vor den Verfolgungen beider imperialistischer Gruppen.«[193]

Dessenungeachtet hatte die bolschewistische Revolution dem Deutschen Reich, zumindest vorläufig, einen unschätzbaren Vorteil gebracht: Ihre Existenz hatte sein vorzeitiges, wahrscheinlich sein definitives Ende verhindert. Beinahe schlagartig war dem deutschen Nationalstaat durch eine frappierende Kehrtwendung der unberechenbaren Weltpolitik noch weit mehr zuteil geworden: Der drohende Untergang schien sich gleichsam über Nacht in einen strahlenden Sieg zu verkehren! Für einen historischen Moment lang wurde den Deutschen im Osten Europas ein riesiges Imperium in die Hände gespielt, das, im Rückblick, über sich hinaus in eine dunkle Zukunft verweist. Das tolldreiste Ausmaß und die unnatürliche Gestalt der deutschen Eroberungen trugen ihrerseits umgehend dazu bei, das Ende der Hohenzollernmonarchie zu beschleunigen. Daß jedoch im Untergang des Alten gleichzeitig ein Auftakt zu innen- und außenpolitisch Neuem aufgehoben war, unterstreicht nur mit Nachdruck die überlebensfähige Beständigkeit des jungen Nationalstaates der Deutschen.

Ende und Auftakt

Unverhofft war durch den russischen Zusammenbruch gleichsam die Hälfte der sogenannten »Krimkriegssituation« wiederhergestellt worden. Ihre Existenz, die durch das vorübergehende Desinteresse der Briten und Russen an der zentraleuropäischen Entwicklung chrakterisiert war, hatte in der Mitte des 19. Jahrhunderts die Voraussetzung für die Entstehung der Deutschen Reiches gebildet. Gewiß, der Diktatfriede von Brest-Litowsk spornte Deutschlands Gegner im Westen zu verstärktem Einsatz an. Doch nach Osten hin war ein Sieg errungen, der die tödliche Zange der zwei Fronten nach einer Seite hin aufgebrochen hatte: Auf einmal waren selbst die ehrgeizigsten Erfolgsträume in die Nähe der Wirklichkeit gerückt. Denn zu Anfang des Jahres 1918 nahm sich die militärische Gesamtlage für das Reich so günstig aus, wie das seit dem Scheitern des »Schlieffen-Plans« im September 1914 nicht mehr der Fall gewesen war.

Daher ernteten die »Vierzehn Punkte«, in denen Präsident Wilson in seiner Rede vom 8. Januar 1918 das Muster des künftigen Weltfriedens umriß, erst einmal nur Spott von seiten der militärischen Führung. Daß Deutschland seine Eroberungen in West und Ost räumen, beispielsweise auch Elsaß-Lothringen zurückgeben sollte, wie die Amerikaner es vorschlugen, davon wollten die siegestrunkenen Offiziere, vorerst jedenfalls, nichts wissen. Bevor Wilsons Programm schließlich zum Rettungsanker Ludendorffs werden sollte, als er, von Torschlußpanik übermannt, nach einem umgehenden Waffenstillstand verlangte, triumphierte auf deutscher Seite, ohne Bindung und Moral, die Machtpolitik. Erneut schlugen die Wogen eines hybriden Triumphgefühls hoch, das tatsächlich nur dem Fall der Hohenzollernmonarchie vorausging. Weil die entsprechende Sucht nach dem absoluten Sieg und nach der radikalen Neuordnung des Alten auch bei den Alliierten anzutreffen war, trugen die gegenläufigen Tendenzen, deren frappierende Ähnlichkeit ihre tödliche Feindschaft bedingte, in Aktion und Reaktion zur Zerstörung der überlieferten Staatenordnung Europas bei: Ihre seit einem Jahrhundert bestehende Gestalt fiel dem Ersten Weltkrieg definitiv zum Opfer.

Organisiert wurde der deutsche Siegeswille in der »Vaterlandspartei« des 1916 vom Posten des Staatssekretärs des Reichsmarineamtes zurückgetretenen Großadmirals von Tirpitz. Ihre anhängerstarke Bewegung hatte sich im Grunde bereits vom monarchischen Zusammenhang der überlieferten Legitimität gelöst; sie verwies auf das moderne Diktaturphänomen des 20. Jahrhunderts, das sich auf Führerkult und Massengefolgschaft gründen sollte. In der ersten Hälfte des Jahres 1918 schien die autoritäre Entwicklungslinie, die in der proteushaften Erscheinung des deutschen Konstitutionalismus aufgehoben war, doch noch über die parlamentarische Tendenz zu siegen, die in der konstitutionellen Verfaßtheit des Deutschen Reiches gleichfalls angelegt war. Kräftig hatte sie sich unter den extremen Bedingungen des totalen Völkerringens entwickelt und hatte Deutschland während der zweiten Hälfte des Weltkrieges auf den parlamentarischen Weg geführt. Allein, die dem entgegentretenden Kräfte hatten sich umgehend formiert; durch den Sieg im Osten erhielten sie Auftrieb.

An der Jahreswende 1917/18 erschien dem politischen Berater Ludendorffs, Oberst Albrecht von Thaer, Chef des Generalstabs des neunten Reservekorps, die Errrichtung der »Diktatur geboten und nötig! Im Inland durchzugreifen und nach außen große Politik zu machen! Einen Bismarck müßten wir haben!«[194] Wie das deutsche Ostimperium im Feld der äußeren Politik einen historischen Augenblick lang als die menetekelhafte Eröffnung einer schrecklichen Zukunft auftauchte und verging, deutete sich auch in innenpolitischer Perspektive mit dem lauter werdenden Verlangen nach der Diktatur, die mißverständlich mit Bismarcks Namen in Zusammenhang gebracht wurde, ähnlich Verwerfliches an. Insofern hatte Friedrich Meinecke recht, als er 1946 unter dem Eindruck der »deutschen Katastrophe« kritisch feststellte, daß »Alldeutsche und Vaterlandspartei ein genaues Vorspiel für den Aufstieg Hitlers«[195] gewesen seien. Bis dahin nahm die Geschichte der Deutschen allerdings noch manch andere, ganz entgegengesetzte Wendung; in ihr lagen reelle Chancen, dem Unheil, das sich im rückblickenden Urteil viel klarer als in der zeitgenössischen Einschätzung abzeichnete, zu entgehen.

Am 21. März 1918 eröffnete das Deutsche Reich seine große Militäroffensive im Westen. Sie glich einem Pokerspiel! »Was geschieht, wenn die Offensive mißlingt?« hatte Prinz Max von Baden, der Anfang Oktober Reichskanzler werden sollte, schon am 19. Februar zweifelnd den General Ludendorff gefragt: »Dann muß Deutschland eben zugrunde gehen«[196], lautete die nur auf Sieg oder Untergang trotzig spekulierende Auskunft des zu allem Entschlossenen. Ende März herrschte bei vielen im Reich Siegesstimmung. »Wer das erlebt hat!«, begeisterte sich ein junger Offizier, der dem Auswärtigen Amt attachiert war: »Die Weltherrschaft!«[197] Ganz anders klang dagegen, was Kronprinz Rupprecht von Bayern in sein Tagebuch eintrug: »Nun haben wir den Krieg verloren.«[198]

Allein, von Niederlage oder Kapitulation, von politischer Verständigung und ausgleichendem Einlenken wollten die militärischen Dioskuren zu diesem Zeitpunkt noch kein Sterbenswort hören. Als der Staatssekretär des Auswärtigen Amtes in einer uns schon bekannt gewordenen Rede vor dem Reichstag die Unmöglichkeit eines Diktatfriedens der einen oder anderen Seite und daher die Erforderlichkeit eines allgemeinen Verständigungsfriedens beschwor, hatte seine Stunde geschlagen. Ludendorff bestand auf Kühlmanns Rücktritt, der am 8. Juli 1918 vollzogen wurde. Im Grunde hatte der Staatssekretär im Zusammenhang mit seinen recht aussichtslos gewordenen Bemühungen, im Rahmen der im holländischen Den Haag geführten Geheimverhandlungen zu einem Friedensschluß mit Großbritannien zu kommen, lediglich angeboten, über alles, auch über Belgien, zu sprechen: »Ohne solchen Gedankenaustausch wird bei der ungeheuren Größe dieses Koalitionskrieges und bei der Zahl der in ihm begriffenen auch überseeischen Mächte durch rein militärische Entscheidungen allein ohne alle diplomatische Verhandlungen ein absolutes Ende kaum erwartet werden können.«[199]

Mit der alliierten Gegenoffensive, die wenige Tage nach dem Wechsel im Auswärtigen Amt von Kühlmann zu Hintze einsetzte, nahm die allgemeine Entwicklung ihren entscheidenden Verlauf, die den Auftakt zum Ende der Hohenzollernmonarchie einleitete. Bereits am 18. Juli 1918, als Marschall Foch zwischen Soissons und Reims zum Gegenangriff überging, dämmerte es Ludendorff, als er angesichts der überwältigenden Wucht der feindlichen Attacke feststellte: »Das ist der Zusammenbruch.«[200] Die deutsche Militärmacht wankte! Ihr Triumph im Osten war nicht so vollkommen gelungen, daß der Sieg im Westen zwangsläufig folgen mußte. Gewiß, Ludendorff brach im Verlauf des Jahres 1918 zu gefährlich phantastischen Feldzügen in Rußland auf, die ihn verführerische Erfolge erleben ließen. Die Alliierten sahen sich ihrerseits dazu veranlaßt, in dem von revolutionären und gegenrevolutionären Wirren geschüttelten Land mit militärischen Kräften zu intervenieren, nicht zuletzt um für alle Fälle gegenüber dem deutschen Vormarsch eine militärische Frontstellung aufzubauen. Doch am 8. August, der nach Ludendorffs Worten »der schwarze Tag«[201] des deutschen Heeres wurde, gelang den Briten in der Schlacht bei Amiens der entscheidende Einbruch in die Linien des Gegners.

Von nun an hatten sogar die deutschen Militärs nur noch einen Gedanken: die Verteidigungsfront, die auf die sogenannte »Siegfriedstellung« im Westen zurückverlegt wurde, zu halten und einen Waffenstillstand, der möglichst glimpflich ausfallen sollte, zu erreichen. Indes, jetzt noch Bedingungen der deutschen Seite zu akzeptieren, dazu waren ihre Gegner nicht mehr bereit. Diese unversöhnliche Haltung galt nicht nur für die Briten und Franzosen, die auf die absolute Niederlage des Deutschen Reiches eingeschworen waren. Inzwischen dachten darüber auch die Amerikaner nicht mehr grundlegend anders: »Deutschland deutet uns fortwährend die Bedingungen an, die es anzunehmen bereit wäre, doch es erfährt immer wieder, daß die Welt keine Friedensbedingungen haben will«, kennzeichnete Präsident Wilson am 27. September die für das Reich chancenlose Lage und fuhr fort: »Sie [die Welt] will den endgültigen Triumph der Gerechtigkeit und des anständigen Handelns.«[202]

Kurz darauf, als die Niederlage unabwendbar geworden war, eröffneten Hindenburg und Ludendorff den Politikern einigermaßen unerwartet, der Krieg sei verloren. Die in erster Linie verantwortlichen Militärs verlangten, eine parlamentarische Regierung zu bilden und um sofortigen Waffenstillstand zu ersuchen. Der Kriegsverlauf drohte zur Katastrophe zu werden, als die Verbündeten Deutschlands – Bulgarien, das Osmanische Reich und Österreich-Ungarn

– zwischen dem 30. September und 3. November 1918 aus dem Kriege ausschieden. Der sich rundum abzeichnende Zusammenbruch intensivierte das panikartige Verlangen der Militärs, den Krieg sofort zu beenden – ohne daß sie für die Bedingungen des Waffenstillstandes und des Friedensschlusses die ihnen zufallende Verantwortung tragen wollten. Diese zukunftsbeschwerende Erblast wälzten sie mit drückebergerischer Feigheit auf die Politiker des sich nun hastig parlamentarisierenden Staates ab.

Wohlgemerkt: Weder ein verräterischer »Dolchstoß«, den die Heimat der Front in den Rücken versetzt, noch ein »struktureller« Geburtsfehler, der das Bismarck-Reich von Anfang an zum sicher absehbaren Tode verurteilt hätte, haben die deutsche Niederlage im Ersten Weltkrieg verursacht. Verantwortlich dafür waren vielmehr die politischen sowie militärischen Entscheidungen der Deutschen und die Reaktionen sowie Aktionen ihrer Gegner, die das Ende im Jahr 1918 bewirkten.

Das am 3. Oktober von dem neuen Reichskanzler Prinz Max von Baden, einem liberalen Anhänger des Verständigungsfriedens, aus den Mehrheitsparteien des Reichstages gebildete Kabinett, dem erstmals sozialdemokratische Staatssekretäre angehörten, mußte es auf sich nehmen, um Waffenstillstand zu bitten. Der bis dahin allmächtig erscheinende Ludendorff hatte sich einfach aus der Verantwortung zurückgezogen. Umgehend bot die neue Regierung dem amerikanischen Präsidenten Wilson an, den Krieg auf der Grundlage der »Vierzehn Punkte« zu beenden. Daß ein in höchster Not unterbreitetes Angebot, die Kampfhandlungen gegenseitig einzustellen, kaum mehr als die notdürftig verhüllte Bitte der Deutschen um einen milden Frieden war, wurde in dem sich anschließenden Notenwechsel nur zu deutlich.

Am 23. Oktober forderten die Amerikaner das Deutsche Reich klipp und klar auf, sich, ohne Bedingungen zu stellen, zur Kapitulation zu verstehen. Gleichzeitig verlangten sie, Deutschland möge, um durch innere Demokratisierung die äußere Friedensfertigkeit zu fördern, seine bisherige Staatsform aufgeben. Weil ihm eine militärische Kapitulation unannehmbar vorkam, begehrte Ludendorff, ein letztes Mal noch, gegen die amerikanischen Bedingungen auf. Doch sein Ratschlag, den Kampf bis zum äußersten fortzusetzen, war illusorisch; der Generalquartiermeister nahm seinen Abschied.

Im Reich klammerten sich Regierende und Regierte an die »Vierzehn Punkte« Wilsons, von denen man das Heil im Unheil erwartete. In der Tat erkannte die Note des amerikanischen Staatssekretärs Lansing am 5. November – bis auf zwei Ausnahmen: die Freiheit der Meere und die Frage der Reparationen wurden zu Ungunsten Deutschlands neu gefaßt – die »Vierzehn Punkte« als Grundlage eines künftigen Friedensvertrages an. Wie sich ihre Verwirklichung jedoch im einzelnen ausnehmen und konkretisieren würde, darüber herrschten auf beiden Seiten der Front sehr verschiedene, im Grunde unvereinbare Ansichten. Die besiegten Deutschen wollten ihre militärische Niederlage, standen ihre

Heere in West und Ost doch tief in Feindesland, nicht einsehen, geschweige denn anerkennen. Daher erwarteten sie ohne jeden Zweifel viel zuviel, als sie zunehmend fordernder, ja verbohrter auf den »Vierzehn Punkten« beharrten. Hier wurde eine später giftige Blüten treibende Wurzel ihres verzweifelt unvernünftigen Aufbegehrens gegen den Versailler Friedensvertrag gelegt, bevor dieser überhaupt zustande gekommen war.

Die nicht akzeptierte Niederlage sowie die enttäuschte Hoffnung auf einen erträglichen Frieden belasteten die Geburt der liberalen Demokratie von vornherein schwer: Die untergehende Hohenzollernmonarchie war seit Änderung der Bismarckschen Reichsverfassung am 28. Oktober 1918 neu, nämlich parlamentarisch eingerichtet worden. Revolutionäre Wirren breiteten sich über das Reich aus, nachdem sich die Matrosen der kaiserlichen Flotte geweigert hatten, noch einmal zu einer letzten, vom Admiralstab befohlenen Schlacht gegen England auszulaufen. Das alte Regiment, das längst schon morsch geworden war, zerfiel rapide.

Da war es in der Stunde höchster Gefahr die Sozialdemokratie, die Staat und Nation vor der Revolution und dem Auseinanderbrechen rettete: Am 9. November übernahm Friedrich Ebert von Prinz Max von Baden das Amt des Reichskanzlers, während Philipp Scheidemann am gleichen Tag die Republik ausrief und der Kaiser ins holländische Exil ging. Die neue Parlamentsmehrheit, allen voran die SPD, bewahrte Deutschland vor den Gefahren innenpolitischer Radikalisierung und außenpolitischer Zerstörung. Am 11. November 1918 war es schließlich soweit: Der Zentrumspolitiker Matthias Erzberger, von zwei Offizieren des Großen Hauptquartiers begleitet, unterzeichnete in einem Salonwagen der französischen Staatsbahn auf einer Waldlichtung bei Compiègne den Waffenstillstand. Was das Militärische anging, war der Große Krieg zu Ende!

Den Europäern, die bis dahin die Welt dominiert hatten, war nach Paul Valérys Einsicht aufs schrecklichste bewußt geworden, daß sie »sterblich« waren[203]. In den Köpfen und Herzen der Menschen lebte der Krieg fort, weil seine Vergangenheit nicht vergehen wollte, sondern in vielfacher Weise lebendig blieb – als Mahnung, das Übel nicht zu wiederholen; aber auch als Stachel, seine Resultate zu korrigieren. Für das Deutsche Reich bedeutete der Waffenstillstand zugleich Finale und Anfang: Besiegelt war das Ende der Hohenzollernmonarchie, deren Repräsentanten, Kaiser und Kronprinz, dem Thron entsagten. Dagegen bestand der deutsche Nationalstaat fort. Auf innenpolitischem Feld war seine Existenz unumstritten, insbesondere für die neue Parlamentsmehrheit, die mit Leidenschaft für ihn kämpfte: »Niemals hat die deutsche Sozialdemokratie mehr Verantwortung, mehr Führung und mehr Kaltblütigkeit gezeigt als angesichts des Zusammenbruchs, der nicht zur Revolution wurde«[204]. Insofern barg das Ende des Alten zugleich den Anfang des Neuen. Tatsächlich beschrieb die Katastrophe des Kaiserreichs vor allem »das Resultat eines verlorenen Krieges«, nicht aber die generelle »Widerlegung der Vergangenheit«[205] insgesamt.

Indes, zu dieser Einsicht zu finden, fiel vielen schwer: »Wir werden gewaltig umlernen müssen«, ermahnte Kapitän zur See von Egidy, Kommandeur der Marineschule Mürwik, die Uneinsichtigen bereits vor der sogenannten Novemberrevolution: »Und ich finde, Alles kann man heute vertragen, nur die Leute nicht, die Einem jetzt das Umlernen verbauen wollen. ... Das ist ... nicht vornehm, wenn man abgewirtschaftet hat (und das haben ›wir‹) und hat abtreten müssen von der Bühne, den Anderen, die noch dafür im Moment der Gefahr, eingesprungen sind, dauernd Knüppel zwischen die Räder stecken zu wollen. Denn wir *haben* nun mal abgewirtschaftet.«[206]

In außenpolitischer Hinsicht überlebte das Deutsche Reich, zwar erheblich eingeschränkt, doch erstaunlich unbeschädigt, selbst unter Beibehaltung seines merkwürdig unzeitgemäßen Namens. Die internationale Entwicklung, die bolschewistische Revolution in Rußland und die drohende Hegemonie Frankreichs auf dem Kontinent, machten andere, während des Krieges auf seiten der Gegner entwickelte Vorstellungen über Deutschlands Zukunft zunichte, die sich weit radikaler ausgenommen hatten. Im internationalen Zusammenhang erschien die Existenz des deutschen Nationalstaates unverzichtbar. Seine innenpolitische Festigkeit und seine gesellschaftliche Stabilität ließen ihn den Wechsel von der Monarchie zur Republik souverän bestehen, setzten diesen, um dem Schlimmsten zu entgehen, sogar zwingend voraus.

Daß der innere Wandel seiner Gestalt in vielem auch ein »Mittel der Macht« darstellte, »um Staat und Vaterland in den Stürmen des Weltkriegs und den auf ihn wahrscheinlich folgenden Zeiten ... so stark und verteidigungsfähig wie möglich zu erhalten«[207], bemerkte der Historiker Friedrich Meinecke im Zusammenhang mit den Erörterungen über die Wahlreform schon zu Anfang des Jahres 1918. Daß die Veränderung der inneren Verfaßtheit des Reiches dazu beitrug, es insbesondere den Briten zu erleichtern, die äußere Gestalt Deutschlands als erträglich einzuschätzen, beschreibt im Wechselspiel von Innen- und Außenpolitik einen zentralen Tatbestand, der dem inzwischen parlamentarisierten Deutschland zum Vorteil gereichte.

Inwieweit der äußere Erhalt des Nationalstaates zukünftig die Voraussetzung für die Verwirklichung der inneren Freiheit legte, blieb abzuwarten. Das hing nicht zuletzt davon ab, wie das Reich auf den neuen Frieden reagieren würde, der jetzt insgesamt für Europa auszuhandeln war. Vom Entsetzen über die militärische Niederlage abgesehen, war jedenfalls eins schon bei Kriegsende klar: Nach wie vor war das Deutsche Reich, zumindest potentiell, eine europäische Großmacht. Sein Streben würde es daher, wie eh und je in der Geschichte des alten Kontinents, wahrscheinlich sein, sich die Revision des durch den Krieg Eingebüßten angelegen sein zu lassen. Maß oder Unmaß, Annehmbarkeit oder Unannehmbarkeit dieser Bemühungen der Deutschen waren – von den in hohem Grade maßgeblichen Reaktionen der anderen Mächte abgesehen – von der Antwort auf die zentrale Frage abhängig, die für die Geschichte der deutschen Außenpolitik im Zeitalter des Nationalstaates zwischen 1871 und 1945 durchgehend ausschlaggebende Bedeutung besaß: War das objektiv Erreichbare nur subjektiv vertan worden, oder war das subjektiv Begehrte objektiv einfach nicht erreichbar?

Das Streben nach Revision:
Die Weimarer Republik
1919–1932

Zwischen Versailles und Rapallo:
Das ungeteilte Deutschland
(1919–1922)

Die neue Welt

Am 18. Januar 1919, auf den Tag genau 48 Jahre nach der Proklamation Wilhelms I. zum deutschen Kaiser im Spiegelsaal von Versailles, trat die Pariser Friedenskonferenz der 70 Delegierten aus 27 Siegerstaaten an diesem Ort zusammen. Ihr Auftrag, den vorläufigen Waffenstillstand in eine dauerhafte Staatenordnung zu überführen, mußte die Teilnehmer, zieht man die Anzahl und Beschaffenheit der sich vor ihnen auftürmenden Probleme in Betracht, beinahe mit Notwendigkeit überfordern. Denn die nachwirkenden Schäden des Ersten Weltkriegs, die in vielem wohl kaum oder nur mühsam, jedenfalls lediglich allmählich behebbar waren, erschwerten die ohnehin schwierige Aufgabe des Friedensschlusses in einem bis dahin kaum bekannten Maße.

Sieht man einmal vom Ende des Dreißigjährigen Krieges ab, gilt dieses Urteil ganz gewiß, wenn man sich auf einen Vergleich mit dem hundert Jahre zuvor abgehaltenen Wiener Kongreß einläßt. Sein historisches Beispiel diente vor allem den Briten als politische Orientierung, hatte er doch alles in allem eine bemerkenswert lang andauernde und stabile Periode des Friedens eingeleitet. Damals, am Beginn des 19. Jahrhunderts, war es darum gegangen, die alte Welt der vorrevolutionären Epoche wiederherzustellen. Ohne den erstaunlichen Erfolg der großangelegten Bemühung zu verkennen, blieb unübersehbar, wieviel Neues, das auf die geschichtsmächtigen Dekaden der Großen Revolution und der napoleonischen Ära zurückging, dennoch im restaurierten Europa fortbestand. Jetzt, am Beginn des 20. Jahrhunderts, ging es um den ungleich ehrgeizigeren Anspruch, eine neue Welt zu schaffen. Freilich trat schon während des Konferenzverlaufs immer nötigender hervor, mit welch beinahe übermächtigem Beharrungsvermögen die überkommenen Traditionen der untergegangenen Staatenwelt zählebig ihr Existenzrecht behaupteten.

Charakteristisch für den Pariser Friedenskongreß war, daß er nicht zusammen mit den Besiegten, sondern über die Besiegten tagte. Diese waren viel zu erschöpft, um sich gegen ihr Los zu wehren. Zu einem zweiten militärischen Anlauf der Geschlagenen nach dem Vorbild Napoleon Bonapartes, der den in Wien tagenden Kongreß am 1. März 1815 durch seine Rückkehr nach Frankreich in Schrecken versetzte und die Welt noch einmal mit Waffengewalt herausforderte, kam es nicht. Die deutschen Militärs schlossen, zu diesem Zeitpunkt jedenfalls, eine Erhebung des Volkes und eine Wiederaufnahme des Krieges von vornherein aus.

Es gab auch keine einflußreichen Neutralen, die im diplomatischen Ringen der zerstrittenen Mächte das Zünglein an der Waage hätten spielen können. Die alliierten und assoziierten Siegerstaaten blieben, ganz allein mit ihren Interessen und Gegensätzen beschäftigt, unter sich. Bis zum Beginn der Friedenskonferenz hatten sie, was England und Frankreich anging, auf kaum etwas anderes vertraut als auf die mit banaler Überzeugungskraft zutreffende Maxime, wonach der Sieg durch nichts zu ersetzen sei. Vom Gefühl der Rache beseelt, hatten vor allem die Franzosen nur den einen Gedanken, daß nämlich die besiegten »Boches« für alles Angerichtete bezahlen sollten. Den Deutschen den »Knockout-Schlag« zu versetzen und ihren »Kaiser zu hängen«, hatte Großbritanniens Premierminister Lloyd George, der mit blutrünstigen Parolen auf Stimmenfang ging, noch in den »Khakiwahlen« vom Dezember 1918 gefordert. Ernüchtert mußten die Sieger inzwischen einsehen, daß es zwar gelungen war, den Krieg zu gewinnen, aber beileibe nicht den Frieden. Zu gegensätzlich waren die Bilder, die sich die erfolgreichen Alliierten in ihrem nahezu unverträglichen Nebeneinander von diesem Frieden machten. Zu gewaltig lastete die Aufgabe auf der unter Leitung des französischen Ministerpräsidenten Georges Clemenceau zusammengetretenen Konferenz, eine zertrümmerte Welt neu zu fügen.

Außer über die Zukunft des besiegten Deutschland mußte über das Schicksal des revolutionären Rußland entschieden werden. Als gesellschaftlicher Fremdkörper in der sich neu formierenden Staatenwelt war es in Paris gleichfalls nicht vertreten. Aber selbst in Abwesenheit forderte die ihm anhaftende Qualität des Revolutionären die bislang nicht in Frage gestellte Dominanz des Nationalen elementar heraus. Mit dem russischen Problem verbunden, stellte sich zudem die Frage, was aus den vom untergegangenen Zarenreich abgetrennten Randregionen werden sollte. Die vielfältigen Schwierigkeiten, die mit der verwirrenden Existenz der auf dem Territorium der zerfallenen Habsburgermonarchie entstandenen Nachfolgestaaten zu tun hatten, erschwerten die ohnehin komplizierte Konstellation noch einmal beträchtlich. Was schließlich die Fragen betraf, die sich im Zusammenhang mit der türkischen Erbschaft in Südosteuropa stellten, waren auch sie nicht eben schlüssig und leicht zu beantworten.

Ohne daß sich das deutsche und das russische Problem, die ohne Zweifel im Mittelpunkt der Pariser Konferenz standen, als Elemente von wechselseitiger Funktion begreifen ließen, hingen sie doch eng miteinander zusammen. Eine Bolschewisierung Europas durch Sowjetrußland, die nach Lenins Urteil nur über das Deutsche Reich ihren Ausgangspunkt nehmen konnte, war unbedingt zu vermeiden. Einer Gefährdung Europas durch Deutschland, die angesichts der verbliebenen Stärke des Besiegten nicht auszuschließen war, galt es ebenfalls vorzubeugen. Beide Ziele suchten die Amerikaner durch das bislang unbekannte Instrument des Völkerbundes zu erreichen, der eine neuartige Qualität internationaler Politik garantieren sollte.

Die Franzosen versuchten der doppelten Herausforderung durch die Etablierung eines »Cordon sanitaire« ostmitteleuropäischer Staaten zu begegnen: Er sollte gleichzeitig die russische Revolution und die deutsche Gefahr eindämmen. Die Briten hingegen setzten schon früh darauf, die Lebenschancen des geschlagenen Deutschland zu fördern: Auf diese Weise sollte das schwer darniederliegende Reich gegen den bolschewistischen Bazillus immunisiert werden; es sollte eine neue wirtschaftliche Blüte erleben und durch sein Schule machendes Beispiel letztlich das sowjetische Experiment zum ökonomisch Herkömmlichen zurückfinden lassen.

Nahezu unvereinbar stießen das amerikanische Ideal von der »Völkerbundsfamilie«[1] und das französische Beharren auf der »Militärgrenze«[2] am Rhein aufeinander. Die notdürftig errungenen Kompromisse zwischen den Ideen von nationaler Selbstbestimmung sowie kollektiver Sicherheit auf der einen und überliefertem Machtdenken sowie extremem Sicherheitsverlangen auf der anderen Seite warfen umgehend die Frage nach ihrer Dauerhaftigkeit auf. Daher mag es in gewissem Sinne plausibel erscheinen, daß das Ergebnis der Pariser Konferenz manchem Beobachter als kaum mehr denn »politisches Flickwerk«[3] vorkam.

Diese unleugbare Tatsache festzustellen, darf nicht die zukunftweisenden Signale vergessen lassen, die von der Konferenz ausgingen und die zur »Überwindung von Gewalt und Krieg«[4] aufriefen. Erwähnt zu werden verdienen vor allem »die verfassungsrechtlichen Normen, die die innerstaatliche Konsolidierung der industrialisierten Länder im Laufe des 19. Jahrhunderts gewährleistet« hatten und die »im 20. Jahrhundert durch internationale Organisationen zur Basis der zwischenstaatlichen Beziehungen«[5] erhoben wurden. Schließlich wird es immer ein unerreichtes Ziel bleiben, nach Paul Valérys Worten erst dann vom »wirklichen Frieden« in der Welt sprechen zu wollen, wenn alle Beteiligten mit der eingerichteten Ordnung zufrieden sind.[6] Ob ein derart vorteilhafter Zustand, zumindest nach der skeptischen Einschätzung maßgeblicher Repräsentanten in der damaligen Zeit, zudem ein schönes Zukunftsgemälde entwarf, bezweifelte allen voran Georges Clemenceau. Sein politischer Realismus hatte ihn bereits lange zuvor, im Jahre 1905, über die Leute spotten lassen, »die die internationalen Kriege unterdrücken wollen, um uns *in Frieden den Annehmlichkeiten des Bürgerkrieges auszuliefern*«[7].

Im November 1919 fiel die weitreichende Entscheidung des amerikanischen Senats, sich nicht am Völkerbund, dem alles Zukunftverheißende bündelnden Ideal ihres Präsidenten Wilson, zu beteiligen. Der für die Zwischenkriegszeit insgesamt folgenschwere Rückzug der Amerikaner aus Europa deutete sich an. »In seinem Rollstuhl«[8] ließen die siegreichen Herren der Neuen Welt den schwer blessierten alten Kontinent zurück, handhabten die internationale Politik wie ein episodisches Unternehmen.

Kühn und ein für allemal gedachten sie, mit chirurgischem Schnitt ein lebensbedrohendes Problem zu lösen. Als die Nachwirkungen der Operation ganz und gar nicht nach ihrem Verständnis verliefen und als das undankbare Europa Amerikas Glücksangebot nicht kompromißlos annahm, zogen sie sich grollend in die prekäre Position eines halben Isolationismus zurück. In komplizierter Mischung setzte sich dieser einigermaßen unberechenbare Zustand aus den uneinheitlichen Ingredienzen von militärischer Abwesenheit, politischer Distanz, aber wirtschaftlicher Präsenz zusammen. Daß man die Welt ebensowenig einseitig beherrschen kann, wie man sich ihr einseitig zu entziehen vermag, mußten die Amerikaner in mühsamer Gewöhnung an die Regeln des Diplomatischen erst noch lernen: Sein stärker auf das Vorläufige als auf das Endgültige gerichtetes Wesen besteht gerade darin, in alltäglichem Ringen immer neue Lösungen zu finden und sich dieser entsagungsvollen Aufgabe in der ernüchternden Gewißheit zu unterziehen, ebendamit neue Probleme aufzuwerfen.

Allein gelassen, mußten die ermatteten Sieger der Weltkriegsallianz, allen voran das buchstäblich ausgeblutete Frankreich, »eine unerwartete Hauptrolle«[9] spielen. Würden sie ohne amerikanische Unterstützung mit dem russischen und deutschen Problem fertigwerden – vor allem dann, wenn diese beiden Potenzen sich einmal, wie Lloyd George es im Fontainebleau-Memorandum vom März 1919 an die Wand malte, gegen die übrige Welt zusammenschließen würden? Deutschlands Macht war zwar erheblich gemindert, aber keineswegs gebrochen oder gar vollständig beseitigt. Die gescheiterten Interventionsfeldzüge gegen das revolutionäre Rußland hatten ihrerseits veranschaulicht, daß das schwer gezeichnete Riesenreich noch immer stark genug war, »seine neue sphinxhafte Daseinsform zu verteidigen gegen die widerspruchsvollen Versuche der ermatteten Westmächte«[10].

Die jungen Nationalstaaten »Zwischeneuropas«[11] aber, die dem Recht auf Selbstbestimmung ihr Dasein verdankten und die vor Rußland ebenso wie vor Deutschland Schutz bieten sollten, markierten auf Dauer gerade das enttäuschende Gegenteil zum hoffnungsvoll Beabsichtigten: Für die neue Staatenordnung wurden sie problematische Elemente einer bedenklichen Schwäche. Bis zur haßerfüllten Feindschaft untereinander uneinig, fristeten sie zwischen dem deutschen und dem russischen Großstaat ihre unsicheren Existenzen, waren stets auf Frankreichs und Englands Hilfe stärker angewiesen, als daß sie umgekehrt den Westmächten tatsächliche Unterstützung hätten leihen können.

Ob das epochale Experiment der Pariser Friedensordnung, das unter derart negativen Vorzeichen eingeleitet wurde, eine reelle Chance auf dauerhafte Stabilität und friedlichen Wandel besaß, blieb, eher mit banger Zurückhaltung als mit hohen Erwartungen, vorläufig dahingestellt. Viele, allzu viele Unbekannte jedenfalls begleiteten seinen Anfang; bleiern haftete dem schwierigen Auftakt mehr Belastendes an, als daß Beflügelndes den mühsamen Start erleichtert hätte. Unverkennbar hatte das europäische Zentrum seine traditionelle Macht eingebüßt, die Welt nach seinem Gutdünken ordnen zu können; gleichwohl mußten sich Briten und Franzosen ebendieser Aufgabe aufs neue stellen.

Immerhin blieb der alte Kontinent nach wie vor mächtig genug, um die Welt auch künftighin in Unordnung stürzen zu können. Daß Europa noch einmal in den Mittelpunkt der Weltpolitik gestoßen wurde, als seine Abschiedsstunde fast schon geschlagen hatte, lag vor allem daran, daß die beiden Mächte, die in eifersüchtiger, schließlich verfeindeter Konkurrenz den Globus nach ihrem ideologischen Entwurf gestalten wollten, zum europäischen Geschehen auf Distanz gingen: Sowjetrußland, »eine ungeheure Welt für sich, die außerhalb jeder Ordnung blieb und die zugleich Geheimnis und Drohung darstellte«[12]; und die Vereinigten Staaten von Amerika, die sich ernüchtert in ihre, freilich mit einer »offenen Tür« für den unteilbaren Welthandel ausgestattete, ansonsten aber uneinnehmbare Festung zurückzogen.

An der überseeischen Peripherie, die durch die Erschütterungen des Weltkriegs in emanzipatorische Bewegung geraten war, begannen sich die Selbständigkeitsbestrebungen der kolonialen und halbkolonialen Welt zu regen. Auf spezifische Art und Weise verstärkten sie das ohnehin wiederaufbrechende »Sicherheitsdilemma« der europäischen Großmächte England und Frankreich, das durch immense Belastungen von ganz neuer Art wie Kriegsschäden, Kriegsschulden und Kriegsopfer in historisch beispielloser Form verschärft war. Bald wurde die Status-quo-Politik der beiden Westmächte schroff von den mit dem Bestehenden unzufriedenen Staaten einer revisionistischen Front herausgefordert, die sich an allen Ecken der Erde regte und deren kämpferisch gesinnte Mitglieder von ganz unterschiedlichen Motiven getrieben wurden.

Zu dieser Unruhe verbreitenden Formation zählte die zu kurz gekommene Großmacht Italien, die an ihrem »verstümmelten Sieg« litt; dazu gehörte der Kriegsgewinnler Japan, der sich auf der Washingtoner Konferenz vom Jahreswechsel 1921/22 um seine chinesischen Beutestücke gebracht sah; und in diese Phalanx der Aufbegehrenden reihte sich umgehend Deutschland ein, das seine Stärke im Kern gewahrt hatte. Solange es ging, wurde das Reich von Frankreich in einen fragwürdigen Zustand künstlicher Schwäche versetzt. Daß die französische Vormacht nur so lange mächtig war, wie der besiegte Gegner ohnmächtig blieb, beschrieb eine Binsenweisheit, die zu mißachten folgenreich sein sollte. Angesichts einer ohnehin schwer überschaubaren Weltlage hatten sich die Westmächte, durch die aggressiven Kräfte der Revision und Revolution herausgefordert, neu und mühsam zu orientieren. Niemals vermochten sie sich zudem über den langen Schatten hinwegzusetzen, den die unübersehbare Macht des auf einmal wieder fernen Amerika warf. Er verhieß Schutz, verbreitete aber auch Kälte; signalisierte, daß die Amerikaner als willkommene Helfer für akute Notlagen bereitstanden, in der weltpolitischen Erbfolge aber gleichzeitig als unwillkommene Sukzessoren drohten.

Allein auf sich gestellt und hart bedrängt, hatten Briten und Franzosen als

Garantiemächte der Pariser Verträge das Ringen um die Friedenssicherung im 20. Jahrhundert aufzunehmen. In internationaler Perspektive galt es, das Gleichgewicht der Kräfte zwischen Sicherheit und Risiko, zwischen Festigkeit und Elastizität, zwischen Berechenbarkeit und Spontaneität neu auszutarieren; im Wechselspiel zwischen der inneren und äußeren Politik der Staaten war der erforderliche Ausgleich zwischen Stabilität und Freiheit erst noch zu finden. Konnte es den Erschöpften, die nur mit amerikanischer Hilfe überlebt hatten, gelingen, noch einmal die Herkulesaufgabe zu bewältigen, mit den Mißständen dieser Welt fertigzuwerden? Als besonders schwierig stellte sich heraus, die angemessene Mischung zwischen den bis zur Gegensätzlichkeit unterschiedlichen Elementen einer umfassend entworfenen Politik der Friedenssicherung zu wählen, da ein Bestandteil ohne den anderen für sich nicht auszukommen vermochte.

In dieser Perspektive Maß zu halten fiel vor allem der französischen Kontinentalmacht schwer. Aus blanker Furcht ließ sie sich zum riskanten Hegemonialstreben verführen; schickte sich das nachzuholen an, was sie im Krieg nicht erreicht hatte, nämlich Deutschland zu vernichten. Das eigene Sicherheitsbedürfnis zu verabsolutieren, machte sich wieder einmal als Versuchung breit. Notgedrungen mußte das ehrgeizige Streben ins Gegenteil umschlagen und für alle, nicht zuletzt für das eigene Land, vermehrte Unsicherheit schaffen. Nicht über das Ziel hinauszuschießen und die erforderliche Dosierung zu treffen – im Leben von Individuen wie von Völkern ohnehin die schwierigste Bewährungsprobe –, überstieg fast das menschliche Vermögen in einer Zeit, die von einem abgrundtiefen Empfinden der Angst getrieben war. In ihr blieb für Ausgleich und Harmonie nur wenig Raum.

Die erschütternde Erfahrung, daß scheinbar für die Ewigkeit gebaute Ordnungen sterben können, ließ diese bedrückende Grundstimmung so mächtig grassieren, wie ein Jahrhundert zuvor das Glück die Empfindungen der Menschen anregend beflügelt hatte. Jetzt schien das »Dasein« für die Individuen, denen der Boden unter den Füßen schwankte, überhaupt nur noch »Angst zu sein«[13]. Harry Graf Kessler, der kultiviert-feinfühlige Betrachter und Kritiker des Zeitgeschehens, schrieb an dem Tag, an dem in Paris der Friedensvertrag ratifiziert wurde, ahnungsvoll in sein Tagebuch: »Eine furchtbare Zeit beginnt für Europa, eine Vorgewitterschwüle, die in einer wahrscheinlich noch furchtbareren Explosion als der Weltkrieg enden wird.«[14] Fast konnte man sich nicht vorstellen, daß es überhaupt Schlimmeres und Schrecklicheres geben konnte als den gerade beendeten Großen Krieg; erdrückend überlagerte seine noch lange gegenwärtige Erinnerung den zerbrechlichen neuen Frieden.

Unverhüllt blickten die Menschen dem Janusgesicht des Fortschritts in sein ebenso anziehendes wie abstoßendes Antlitz. Die Demokratisierung im Inneren der Staaten zeitigte nicht die glücklichen Konsequenzen, von denen der hochgemute Glaube einer liberalen Weltzivilisation erwartet hatte, sie würden sich gleichsam automatisch einstellen. Denn parallel zum moralischen Fortschritt im inneren und äußeren Leben der Nationen sollten ja nach Victor Hugos zuversichtlicher Prognose den Völkern schließlich »die Waffen aus den Händen«[15] fallen. Indes, nach wie vor bestand neben dem neuen Bund der Völker die alte Räson der Staaten: Die zunehmende Mitwirkung vieler an der Macht der wenigen ließ, selbst wenn sich dieser Vorgang parlamentarisch geläutert vollzog, erst recht aber, wenn er, von Massenleidenschaft und Gruppenegoismus begleitet, ungezügelt hervortrat, eine neue Qualität der Staatenwelt entstehen, die dazu veranlaßte, zur Kardinalfrage nach Krieg und Frieden nicht unbedingt maßvoll Stellung zu nehmen.

Denn jede Antwort auf diese Herausforderung war jener spannungsreichen Widersprüchlichkeit von Absicht und Ergebnis ausgesetzt, die nicht selten den Traum auf seinem Weg zur Tat ins Gegenteil vom Gewollten abirren läßt. Während des 20. Jahrhunderts steigerte sich das verständliche Bedürfnis zur zügellosen Sucht, anstelle der nüchternen Suche nach vernünftigen Lösungen für die vielfältigen Probleme die umfassende Erlösung von allen Übeln dieser Welt finden zu wollen. Die scheinbar rettende Flucht in die vermeintliche Geborgenheit der totalen Weltanschauung, in die Utopie des Endgültigen führte mit fataler Gleichzeitigkeit zu Überreaktion und Wirklichkeitsverlust. Vor diesem Hintergrund zog auch die ebenso vernünftig klingende wie verführerisch betörende Parole »Nie wieder Krieg!« mit Macht das Gegenteil vom Ersehnten nach sich.

Der traditionelle europäische Friedensschluß, der mit dem völligen Vergessen des gemeinsam Beigelegten endete, wurde einem verhängnisvollen Bedürfnis nach dem Strafgericht geopfert, das den Geist der Revanche anstachelte. Ohne Zweifel, die absolute Ethik einer neuen Zeit erwies sich, wie Max Weber im Oktober 1919 klarsichtig prognostizierte, für die Wahrung des Friedens als nachteilig und für den Ausbruch des Krieges als förderlich: »Nun wird – wenn die Ermattungsepoche vorbei sein wird – *der Frieden diskreditiert sein, nicht der Krieg*: eine Folge der absoluten Ethik.«[16]

Bevor es im Grunde gelungen war, die Art und Weise der Kriegführung zu zähmen und zu humanisieren, wurde die rigorose Abschaffung jeder militärischen Auseinandersetzung schlechthin gefordert. Das erscheint mehr als begreiflich und wirkte dennoch fatal. Daß das Unwahrscheinliche erstrebt wurde, bevor das Mögliche verwirklicht war, unterlief am Ende das erhoffte Resultat. Der Krieg wurde zwar geächtet, aber er hörte deshalb nicht auf. Im Gegenteil: Unerklärt und unkontrolliert sollte er zukünftig im kranken Gewebe des neuen Friedens wuchern, dessen Ordnung konturenlos blieb und hinfällig wurde. Der beklagenswerte Zustand wiederum begünstige Absicht und Tun jener Desperados, die schon bald nach dem Pariser Frieden von sich reden machten. Am Ende einer windungsreichen Route, die keineswegs schnurstracks ins große Unglück führte, sondern an ihren zahlreichen Weggabelungen immer wieder Gelegenheit zur Umkehr bot, stürzten sie Europa und die Welt in den Abgrund eines neuen Krieges, der die »Selbstentmachtung« des alten Kontinents vollendete.

Was in diesem Zusammenhang die Geschichte der Deutschen und ihre Außenpolitik angeht, zeichnete sich für sie, lange bevor sie sich dem radikalsten unter den Abenteurern der Zeit opferwillig hingaben und hingebungsvoll opferten, ein Lichtstreif am Horizont ab. Doch vor lauter Düsternis, die aus der schmerzlichen Niederlage des verlorenen Weltkrieges herabfiel und ihren Blick nachhaltig verdunkelte, wollten sie das erstaunlich Positive nicht sehen. Denn fast kam es einem Wunder gleich, daß ihr Haus in einer von Krieg und Revolution geborstenen Welt nicht zerbrach, sondern daß ihnen das »ungeteilte Deutschland«[17] blieb.

Ein Mirakel des Deutschen Reiches?

Als Frankreich im Großen Krieg buchstäblich um seine Existenz rang und sodann nach dem Waffenstillstand von der triumphalen Höhe seines militärischen Sieges mit nach wie vor ängstlichem Argwohn auf das vorläufig in betäubter Ohnmacht dahingestreckte Deutschland starrte, drohte dem Reich von seiten des »Erbfeindes« so viel an vergeltendem Unheil, daß seine überlieferte Gestalt auf dem Spiel stand. Insofern war es kaum zu glauben, daß der deutsche Nationalstaat, wenn auch territorial verkleinert, vielfach gefesselt und tief gedemütigt, dennoch ungeteilt fortbestand. Denn das ungestillte Sicherheitsbedürfnis seines westlichen Nachbarn schien einfach unersättlich. Die Franzosen wollten in der Tat, wie Jean Giraudoux diese tragische Sehnsucht seiner Landsleute einmal umschrieb, »ewige Sicherheit ... bis ans Ende der Welt ... und zum letzten Gericht«[18].

»Um Europa einen dauerhaften Frieden zu sichern«, forderte eine Denkschrift des französischen Außenministeriums kurz vor Kriegsende am 25. Oktober 1918, »muß das Werk Bismarcks zerstört werden«[19]. Unerbittlich hielt Frankreich daran lange Zeit in den Verhandlungen fest, die zum Versailler Vertrag führten; tatsächlich hätte es das Reich am liebsten mit dem Exekutionsinstrument eines neuen Westfälischen Friedens in seine Teile zergliedert. Mit »hellsichtigem Mißtrauen« ahnte die westliche Siegermacht »die Labilität der deutschen Bekehrung mit der Intuition des Schicksalsverwandten«, weil wohl tatsächlich »nur ein Montecchi ... einen Capuletti«[20] richtig versteht.

Wie kam es zur unerwarteten Kehrtwendung, die das Mirakel des Deutschen Reiches vom ungeteilten Überleben erklärt und die Poincaré den schicksalsverdrossenen Kommentar entlockte: »Nun ja, ... wir bescheren uns die deutsche Einheit selber«[21]? Ohne Zweifel, genau um ihre Existenz ging es; und daß sie überlebte, hatte gute Gründe.

Im Westen des Reiches kam es nicht zu den befürcheten Abtretungen auf dem linken Ufer des Rheins, und selbst die bis 1923 immer wieder auftauchende Gefahr innerer Separations- und Autonomiebewegungen blieb ohne nachhaltige Wirkung. Dementsprechendes galt für Abspaltungstendenzen im Osten des Reiches, die, über die friedensvertraglichen Regelungen hinaus, zeitweise akut waren.

Was Frankreich anging, so wurde es im Rahmen der großen Friedenskonferenz schließlich davon abgebracht, auf allzu ausladenden Forderungen zu beharren. Um die französische Position zu stärken, versprachen die Angelsachsen dafür im Gegenzug, mit dem Land einen Pakt abzuschließen, der den Status quo in Europa garantieren sollte. Später rückten zuerst die Amerikaner, in ihrem Gefolge dann die Briten von dieser Zusage wieder ab. Damit trieben sie die Franzosen auf die alte Bahn zurück, das natürliche Ungleichgewicht, das aufgrund der »forces profondes« (Jacques Bariéty) zwischen Frankreich und Deutschland herrschte, durch den künstlichen Anspruch zu überwinden, der »Grande Nation« die Hegemonie zu sichern. Nachholend versuchte Frankreich bis zum Jahre 1923 zu erwerben, was ihm im Verlauf des Waffenganges und im Zuge der Pariser Friedenskonferenz zu erreichen verwehrt worden war.

Daß die Angelsachsen den französischen Partner rigoros dazu gedrängt hatten, Deutschland gegenüber nachzugeben, hing mit verschiedenen Faktoren zusammen. Für die Amerikaner war es die Furcht vor dem sich ausbreitenden Bolschewismus, der ihnen den Bestand des deutschen Nationalstaates zu erhalten angeraten sein ließ. Schon frühzeitig wurde auf deutscher Seite erwogen, ebendiese amerikanische Karte auszureizen und »Präsident Wilson und ganz Amerika mit Schrecken vor Umsichgreifen des Bolschewismus in Deutschland zu erfüllen«[22]. Diese Gefahr hatte im übrigen ein Fundament in der Sache, entsprach sie doch genau Lenins Absichten. Daher brauchten die Amerikaner gar nicht mehr dafür gewonnen zu werden, Deutschland im großen und ganzen zu belassen, wie es war. Sie waren im Grunde entschlossen, das Reich als notwendige Barriere gegenüber dem bolschewistischen Rußland zu erhalten.

Auch England ließ sich von dieser Überlegung leiten. Weitere Motive traten hinzu, die geeignet waren, den besiegten Nationalstaat vor einer Zerschlagung zu retten. Das deutsche Wunder hatte also seine handfesten Gründe! Anders als die mißtrauischen Franzosen, die der gefährlichen Nachbarschaft mit den unberechenbaren Deutschen unmittelbar ausgesetzt waren, zeigten sich die Briten davon überzeugt, die innere Parlamentarisierung des Reiches werde die äußere Verträglichkeit des deutschen Nationalstaates im europäischen Zusammenhang fördern. »Die Revolution in Deutschland war«, faßte James Headlam-Morley, Oxforder Historiker, Deutschlandexperte und Ratgeber der britischen Delegation auf der Pariser Friedenskonferenz, seinen Eindruck im Juni 1919 zusammen, »so weit ich feststellen kann, so durchschlagend, vollständig und ernsthaft, wie irgendeine Revolution nur sein kann, von der wir Kunde haben.«[23] Zudem ging es für England, nicht zuletzt innerhalb des »neuen Systems« der Weltpolitik, darum, traditionelle Gefahren nicht zu verkennen und überlieferte Regeln der Staatsvernunft nicht zu vergessen. Daher schien das deutsche Gegengewicht, das sich mit einer Teilung oder Zerstückelung des Reiches nicht vertrug, gegenüber der französischen Hegemonialmacht erforderlich zu sein.

Die globale Konstellation ermöglichte die Existenz des »ungeteilten Deutschland«, sie verlangte sogar danach: In machtpolitischer, wirtschaftlicher und weltanschaulicher Perspektive war sein Bestand aus angelsächsicher Sicht unaufgebbar. Die internationale Entwicklung förderte indes auch die innere Bauform des Parlamentarismus in Deutschland. Gegenüber den Herausforderungen von rechts und links trug sie zu seinem Überleben bei, ließ die längst abgelebte Idee der Monarchie als überholt und den zeitweise akuten Anspruch des Rätesystems als unbrauchbar erscheinen. Diese innen- und außenpolitische Entscheidung für die angelsächsische Welt wurde, unmittelbar nach Kriegsende jedenfalls, in Deutschland von einer mächtigen Stimmungswoge getragen. Später sollte sich das in der hitzig-gefühlsbetonten Auseinandersetzung um den von den westlichen Siegern diktierten Frieden von Versailles erheblich wandeln. Vorerst gab Max Weber einem verbreiteten Gefühl zukunftweisenden Ausdruck, als er davon sprach, mit ihrem Sieg über das ehemalige Zarenreich sei es den Deutschen gelungen, »viel Schlimmeres – die *russische* Knute! ... abgewendet«[24] zu haben. Gewiß, räumte er umgehend ein, »Amerikas Weltherrschaft war so unabwendbar wie in der Antike die Roms nach dem punischen Krieg. Hoffentlich *bleibt* es dabei, daß sie nicht mit Rußland geteilt wird. *Dies* ist für mich das Ziel unserer künftigen Weltpolitik, denn die russische Gefahr ist nur für jetzt, nicht für immer, beschworen.«[25]

Neben seiner außenpolitischen Funktion, die dem Bestand des Deutschen Reiches Sinn verlieh, war die fortexistierende »Faszination des Nationalstaates«[26] im Inneren nicht zu unterschätzen. Weil man ihn als unveräußerliche Idee und als erfahrbare Realität entschiedener als jemals zuvor haben wollte, förderte die populäre Stimmung seine bleibende Existenz. Daß unter Umständen »Ideen ohne Macht ... mächtiger als Macht ohne Ideen« wirken könnten, hielt einer der im Ersten Weltkrieg rigorosesten Vertreter des deutschen Großmachtanspruchs, Gustav Stresemann, unter dem Datum des 1. Dezembers 1921 fest. Er war davon überzeugt, daß »die deutsche Idee«, was immer das sein mochte, »eines Tages stärker sein« werde »als die waffenstarrende Macht Frankreichs ohne Idee«[27]. Hatte sich der bislang chronische Mangel der Deutschen, keinen überzeugenden Missionsauftrag zu besitzen, auf einmal gelindert? Hatte Frankreich dafür im Gegenzug sein zivilisatorisches Mandat dem abstoßenden Götzen der öden Macht geopfert? Selbst wenn dem so sein sollte, erhob sich doch die Frage: Worin lag die neue deutsche Sendung? Im Antibolschewismus der »künftigen Weltpolitik« im Sinne von Max Weber oder lediglich im Revisionsanspruch auf das dem Bismarckreich Abhandengekommene?

Letzterer wurde tatsächlich zum außenpolitischen Bewegungsgesetz der Weimarer Demokratie, die nach einigen Debatten in der verfassunggebenden deutschen Nationalversammlung den alten Namen des Reiches in seiner vagen Unbestimmtheit für die neue Republik übernommen hatte. Konnte das Ziel der Revision, so historisch legitim und allgemein akzeptiert es war, ausreichen, das weltanschauliche Defizit einer die schiere Macht veredelnden Botschaft zu ersetzen? Wohl kaum! Im Gegenteil, die bange Frage mußte lauten: Würde sich eine republikanische Außenpolitik, die von den Weimar tragenden Parteien favorisiert, im Auswärtigen Amt maßgeblich repräsentiert und während der »Ära Stresemann« tatkräftig verfolgt wurde, mit ihren spezifischen Methoden und Vorstellungen über Völkerverständigung und Friedenssicherung mit dem machtpolitischen Revisionsanspruch vereinbaren lassen; oder würde sie diesem schließlich zum Opfer fallen? Von Beginn an beschrieb dieser widersprüchliche Sachverhalt das kardinale Problem der Weimarer Außenpolitik.

Erst einmal ging es darum, in der innenpolitischen Auseinandersetzung um die Annahme des Versailler Vertrages alles zu tun, um die Einheit des Reiches zu erhalten. Das erforderte aber, sich in das tatsächlich Unvermeidbare des als überhart und ungerecht empfundenen Friedensdiktates zu fügen. An seinem Zustandekommen wurden die Deutschen nicht beteiligt, konnten dazu lediglich schriftlich Stellung nehmen und hatten schließlich unter ultimativem Zwang einzulenken. Diejenigen, die in der höchst umstrittenen, leidenschaftlich erörterten Frage der Unterzeichnung dafür eintraten, sich am 28. Juni 1919 in das Unvermeidliche zu schicken, nahmen das überschwere Opfer in dem bittern Bewußtsein auf sich, damit eine Wiederaufnahme des alliierten Vormarsches, des aussichtslosen Kampfes und der drohenden Aufteilung des Reiches zu umgehen.

Gewiß, eine Verweigerung der Unterschrift hätte die gleichfalls kriegsmüden Alliierten zumindest in Verlegenheit gebracht. Doch selbst die Amerikaner, die auf dem Sprung standen, sich aus Europa zurückzuziehen, waren für diesen extremen Fall dazu bereit, noch einmal an der Seite der Franzosen anzutreten, um den Norden Deutschlands vom Süden zu trennen und mit den geteilten Einheiten separat Frieden zu schließen. Daß vor allem Frankreich, von Begierde nach Sicherheit wie verblendet vorangetrieben, bei so vorteilhaft auftauchender Gelegenheit versucht hätte, alte Ziele zu realisieren, lag als bedrohlich langer Schatten über der erregt ausgetragenen Debatte um das Für und Wider der schicksalhaften Unterschrift.

Die Unterzeichnung war wohl der einzige Weg, den Nationalstaat ungeteilt zu bewahren; zumindest führte er sicherer an dieses Ziel, als sich zu verweigern. Die Gefahr einer totalen Besetzung und demütigenden Aufgliederung ihres Landes zu riskieren, konnte nur unabsehbaren Schaden für eine Nation mit sich bringen, der, ganz anders als nach dem Ende des Zweiten Weltkrieges, das staatliche Gehäuse im großen und ganzen erhalten geblieben war. Diese lebenswichtige Tatsache beschreibt, was die deutsche Geschichte angeht, einen gravierenden Unterschied zwischen den beiden Kriegsenden im 20. Jahrhundert. Zusammen mit anderen, nicht minder ausschlaggebenden Faktoren läßt dieser konstitutive Sachverhalt das historische Urteil einsichtig erscheinen, daß die Niederlage von 1918 nicht mit der von 1945 zu vergleichen ist: Sie war schwer, aber nicht total; die Kapitulation fiel hart, aber nicht bedingungslos aus; das Reich war besiegt, aber nicht zerbrochen; die historische Last wurde als subjektive Schmach empfunden, stellte aber keine objektive Katastrophe dar.

Insofern wird, bis zu einem gewissen Maße jedenfalls, verständlich, daß Max Weber bereits im Angesicht der Niederlage von der kommenden »Weltpolitik« des Deutschen Reiches sprechen konnte. Über das voluntaristische Element der trotzig anmutenden Prognose hinaus besaß die indirekte Aufforderung ein kaum zu verkennendes Fundament in der nicht zu unterschätzenden Tatsache, daß Deutschlands Potenz als Großmacht latent fortbestand. Gewiß, der analytisch scharfsinnige, allerdings voreilig kühne »Vortrag über die Lage«, den General Groener am 19. Mai 1919 im Großen Hauptquartier hielt, besaß kaum Aktualität, war eher Geschichtsdeutung. Indem er die wilhelminische Vergangenheit kritisch betrachtete, richtete er den Blick gleichzeitig nach vorne und sinnierte darüber, wie das Deutsche Reich, »von langer Hand her vorausschauend«[28], machtpolitische Ziele nicht wie ehedem alle auf einmal, sondern in einer Abfolge von Stufen zu erreichen imstande sein könnte. Für die bedrückende Gegenwart realistischer erschien dagegen, was zuvor schon auf einer Offiziersversammlung im Gebäude des Großen Generalstabes am 20. Dezember 1918 zur Sprache gekommen war. Erörtert wurden die Aufgaben und Möglichkeiten deutscher Außenpolitik in der absehbaren Zukunft.

General von Seeckt, der künftige Chef der auf 100000 Mann begrenzten Reichswehr, trat dafür ein, die reduzierten Streitkräfte bevorzugt und zügig auszubauen. Allein auf diesem Wege werde es gelingen, für Deutschland die militärische Bündnisfähigkeit zurückzugewinnen; sie wiederum galt ihm als die grundlegende Voraussetzung, um erneut, und zwar vergleichsweise rasch, politische Macht zu erlangen. Nur so werde Deutschland überhaupt eine Zukunft zu erwarten haben! In der Aufzeichnung des anwesenden Hauptmanns von Rabenau nahm sich die prognostische Forderung so aus: »Für ein Land, das im Augenblick Machtmittel nicht zur Verfügung habe, um sich durchzukämpfen, ergäbe sich die Pflicht, die belassene Wehrmacht wenigstens so zu gestalten, daß man ein begehrenswerter Bundesgenosse für andere würde. ... Deutschland müsse so schnell als möglich wieder bündnisfähig sein.«[29]

Damit widersprach Seeckt, der kompromißlos auf die herkömmlichen Bestandteile äußerer Politik, auf das militärische Instrument und die traditionelle

Macht, vertraute, einem entgegengesetzten Konzept, das anders vorzugehen vorschlug und moderner anmutete. Sein gewandter Fürsprecher war Major von Schleicher, gleichfalls einer der zukünftig herausragenden Repräsentanten der Weimarer Republik. Nach Wiedergewinnung der inneren Ordnung legte er vor allem auf die Gesundung der Wirtschaft Wert. Ihre Kraft sollte als Schwungrad dienen, um »nach langen, mühevollen Jahren« schließlich »an die Wiedererrichtung der äußeren Macht«[30] herangehen zu können. Die feste Überzeugung, daß der wirtschaftliche Weg zu neuer Großmachtpolitik der richtige war, wurde von der politischen Rechten bis zur Linken, bei Teilen des Militärs bis in die Reihen der Sozialdemokratie hinein, von maßgeblichen Kräften und Vertretern der jungen Weimarer Demokratie geteilt: Sie verwies auf eine Phase deutscher Außenpolitik, die während der Ära Stresemann Wirklichkeit werden sollte.

Die Zukunft der besiegten Großmacht, die gegenwärtig schwer darniederlag, mußte nicht ewig düster bleiben. Angesichts der Tatsache, daß »Deutsch-Österreich« in überwiegendem Maße den Anschluß an Deutschland suchte und mit seinem Begehren im Reich auf lebhafte Resonanz stieß, schien sogar, wenn der ehrgeizige Wunsch auch vorläufig von den alliierten Siegern blockiert wurde, die großdeutsch-mitteleuropäische Vision der nationalen Geschichte näher zu rücken, als das jemals seit den Tagen von 1848 der Fall gewesen war. Auf innenpolitischem Feld war die großdeutsche Tradition der Paulskirche, die diesen außenpolitischen Gedanken ursprünglich getragen hatte, im nunmehr parlamentarisierten Deutschland endlich zur Macht gekommen. Es würde alle Kunst des Möglichen erfordern, die in der empfindlichen Niederlage aufblitzenden Chancen einer republikanischen Außenpolitik für das »ungeteilte Deutschland« schöpferisch zu nutzen, nicht aber nachteilig zu verspielen. Bis zu einem gewissen Grade jedenfalls wurden sie von der gewandelten Konstellation der internationalen Lage bereitgehalten. Weil sich Angelsachsen und Sowjets tief mißtrauten, teilweise dem kontinentalen Europa den Rücken zukehrten, glich der Zustand der Weltpolitik in manchen Teilen und Perspektiven der für Deutschland einst vorteilhaften Gunst der »Krimkriegssituation«.

Im Wechselspiel von Innen- und Außenpolitik aber hatten die Zeitgenossen, wie selten zuvor in der Geschichte, unmittelbar erfahren und erlitten, in welchem Ausmaß ihr alltägliches Leben von der weltpolitischen Entwicklung abhing; daß das Ob und das Wie ihres Daseins von der äußeren und der internationalen Politik direkt geprägt wurden. Im Bann der Tatsache, daß das innere Leben einer Nation von den externen Umständen entscheidend geformt wird, fingen die Deutschen, was Max Weber mit erwartungsvoller Ungeduld umschrieb, »*noch* einmal wie nach 1648 und 1807 *von vorn an*. Das ist der einfache Sachverhalt. Nur daß heute schneller gelebt, schneller und mit mehr Initiative gearbeitet wird.«[31] Nun, soviel Glück im Unglück, dem um alles oder nichts geführten Völkerringen und darüber hinaus dem unversöhnlichen Willen des französischen Gegners »ungeteilt« entkommen zu sein, ließ das besiegte Deutschland auf fatale Weise verdrängen, daß es den zurückliegenden Weltkrieg verloren hatte: Die Tatsache der Niederlage aber mußte Folgen zeitigen, die sich nicht nur in einem »Wilson-Frieden« niederschlagen konnten.

Die verdrängte Niederlage

Nach dem Waffenstillstand vom 11. November 1918 richteten sich die Hoffnungen der Deutschen in überzogener Form auf den amerikanischen Präsidenten und seine am Beginn des letzten Kriegsjahres verkündeten »Vierzehn Punkte«. In dem von Ernst Troeltsch einmal so genannten »Traumland der Waffenstillstandsperiode«[32], in der die illusionäre Hoffnung, nach einem totalen Krieg einen milden Frieden erwarten zu dürfen, ihre trügerischen Blüten trieb, wurde die schwere Niederlage, die dem Deutschen Reich von der überlegenen Koalition der Feinde beigebracht worden war, einfach verdrängt: Mit unseligen Auswirkungen begleitete dieser kognitive Irrtum die Geschichte der Weimarer Republik.

Der Tatsache, daß man das Eingeständnis, besiegt worden zu sein, zu vermeiden bemüht war, entsprach der nicht zuletzt von Außenminister Brockdorff-Rantzau über Gebühr stark akzentuierte Gedanke des Rechtsfriedens, der mit einer Ablehnung der Kriegsschuld verbunden wurde. So zu argumentieren, weckte falsche Erwartungen; sie mußten enttäuscht werden und beschweren, über das Außenpolitische hinaus, verhängnisvoll den Anfang und den Verlauf der Weimarer Republik bis an ihr Ende. Worauf die Deutschen spekulierten, die mehrheitlich von ihrer Unschuld am Ausbruch des Krieges ebenso überzeugt waren, wie sie sich in bezug auf die Art der Niederlage »nichtschuldig«[33] fühlten, lag keineswegs in Wilsons Absicht, ganz zu schweigen davon, daß er so viel Mildtätigkeit gegenüber Briten und Franzosen kaum hätte durchsetzen können. Nach dem Eindruck von Präsidentenberater House gingen die Deutschen ihre Probleme im übrigen zu wenig mit dem nüchternen Sinn von Geschäftsleuten an. Tatsächlich: Begriffe und Empfindungen wie Ehre und Schmach rückten stark in den Vordergrund.

Die deutschen Hoffnungen beruhten deshalb auf gefährlichen Illusionen, weil sie auf einer Verdrängung der Tatsachen aufbauten. Schon bald, vom November 1919 an, wurde die militärisch erlittene Niederlage mißverständlich mit einem heimtückischen »Dolchstoß« erklärt, den Revolutionäre und Verräter der kämpfenden Truppe angeblich meuchlings in den Rücken versetzt hätten. Die trüben Ursprünge dieser geschichtsmächtigen Legende liegen in den Monaten zwischen dem Kriegsende im November 1918 und dem Friedensvertrag im Juni 1919. Sie lieferte den Stoff dafür, daß sich Stresemanns ironisch geißelndes Wort über die rückwärtsgewandte Rechte im Verlauf der Weimarer Republik mehr als bewahrheitete: »Unsere tägliche Illusion gib uns heute.«[34]

Als Friedrich Ebert »die heimkehrenden Truppen« am 10. Dezember 1918 in Berlin begrüßte, rief er ihnen zu: »Kein Feind hat Euch überwunden.«[35] Blieb die eigentliche Frage offen, deren falsche Antwort Ebert damit nicht provozieren wollte und für die er dennoch genügend Raum ließ, wer denn die Niederlage herbeigeführt hatte. Gewiß, der bald darauf zum Reichspräsidenten Gewählte räumte ein, es sei die »Übermacht der Gegner an Menschen und Material immer drückender« geworden und daraufhin sei der »Kampf aufgegeben«[36] worden. Doch die nicht ausgeräumte Uneindeutigkeit der problematischen Tatsachenfeststellung, ein vom Gegner ungeschlagenes Heer kehre heim, wucherte, vor allem auf der politischen Rechten, bis zum Gegenteil des von Ebert Gemeinten. »Invictis victi victuri« – lautete die später angebrachte Inschrift auf dem Ehrenmal, mit der die Berliner Universität ihrer im Felde Gebliebenen gedachte. Sie spiegelte die fatale Unklarheit des politischen Sachverhalts. Waren diese Worte »in der Niederlage ein Aufruf zur Meisterung des Schicksals im Hinblick auf die ungebrochene Haltung der gefallenen Krieger, oder waren sie ein Aufruf zur Revanche, der seine Sicherheit und Legitimierung durch den Hinweis auf das unbesiegte Heer des Jahres 1918 gewann? Woher aber dann die Niederlage?«[37]

Die auf dem vergessenen, nicht eingestandenen Zusammenbruch beruhenden Hoffnungen wurden grausam enttäuscht, als den Deutschen am 7. Mai 1919 der Entwurf des Friedensvertrages übergeben wurde. Sicherlich, daß Wilson Kompromisse »zu unsern Ungunsten«[38] an die Alliierten machen müßte, war Eingeweihten wie Brockdorff-Rantzau mittlerweile klar geworden; mit Abtretungen von Territorien im Westen an Frankreich, also Elsaß-Lothringen, und dem Verlust von Gebieten im Osten, die, von Polen bewohnt, dem neuen Nachbarstaat zufallen würden, hatte man ebenso gerechnet wie mit Reparationen. Doch alles in allem wurde ein milder »Wilson-Friede« erwartet. Nach dem Urteil eines mit den Umständen vertrauten Amerikaners machte Deutschland »seine eigenen Interpretationen der 14 Punkte Wilsons« und vergaß »dabei, daß die Alliierten den Krieg gewonnen«[39] hatten.

Wie ein Sturz aus dem Himmel der Selbsttäuschung in die Hölle der Realität wirkten daher die von den Siegermächten unterbreiteten Bestimmungen; verzweifelt wurde noch einmal um sie gerungen, bis sie am 28. Juni unter ultimativem Druck unterzeichnet werden mußten. Die erbitterte Auseinandersetzung spielte sich, weil es keine deutsche Beteiligung in Versailles gab, als lautloser Notenkampf ab; in seinem Verlauf konnten noch einige Korrekturen erreicht werden, während sich in der Substanz nichts mehr ändern ließ.

Die Atmosphäre, in der sich dieser ungleiche Streit zwischen den Siegern und den Besiegten um das Ausmaß und die Schärfe des Diktierten vollzog, war von unvorstellbarer Erregung und aufgeregter Politisierung erfüllt. Unannehmbar kam der Vertrag dem sozialdemokratischen Präsidenten des Reichsministeriums Philipp Scheidemann vor, der empört ausrief: »Welche Hand müßte nicht verdorren, die sich und uns in diese Fesseln legt«[40]. Sogar im Siegerlager regten sich erste Stimmen, die gegen das, was den Deutschen aufgeladen wurde, Bedenken erhoben. Sie befürchteten, an einem derart unversöhnlichen Frieden könne nicht nur der deutsche, sondern der gesamte europäische Neuanfang scheitern. Der später zum Präsidenten der Vereinigten Staaten von Amerika gewählte Herbert Hoover, der unmittelbar nach dem Ende des Krieges ein großzügiges Hilfsprogramm für das darbende Europa organisierte, zeigte sich »zutiefst beunruhigt« über so viel »Haß und Rachsucht«[41]: »Es waren Bedingungen geschaffen, unter denen Europa niemals wieder aufgebaut oder der Menschheit der Frieden zurückgegeben werden konnte«.

Allein, so weitblickende Repräsentanten blieben auf der triumphierenden Siegerseite in der Minderheit. Daher hatten die empörten Deutschen auch keine andere Wahl, als sich zu beugen. Nicht zu unterzeichnen, hätte die Einheit des Reiches gefährdet. Denn die alliierten Heere standen bereit, den Krieg erneut zu beginnen. Bis zur Weser vorzudringen, schwebte ihnen als vorläufiges Ziel eines wiederaufgenommenen Feldzugs vor. Im Westen lockten die nicht realisierten Kriegsziele auf dem linken Rheinufer, die damit noch einmal in verführerische Reichweite gerieten, die Franzosen geradezu magnetisch an.

Was die gefährlich phantastischen »Oststaatspläne« betraf, die deutsche Volksräte in Ost- und Westpreußen, in Polen und Schlesien bereits Monate zuvor erwogen hatten, nämlich einen ostdeutschen Separatstaat polnischem Zugriff zu entziehen und durch zeitweise Abtrennung vom Reich für Deutschland zu retten, so waren das in der Tat »traumtänzerische Ideen«[42]. Unter dem Eindruck der militärischen Niederlage und der allgemeinen Erschöpfung mutet die von der Obersten Heeresleitung entworfene »Operation Frühlingssonne«, die einen Wiederbeginn der Kampfhandlungen vorsah, kaum anders an. Die hinter die Elbe zurückgezogenen militärischen Kräfte sollten Polen angreifen, in kürzester Zeit sogar Warschau einnehmen, während der Westen des Reiches den Alliierten zufallen würde. Wo kalkulierter Widerstand gegen tatsächlich Unzumutbares begann oder blinde Rache in selbstmörderischen Aktionismus umschlug, war kaum unterscheidbar. Nein, zur Unterzeichnung des Versailler Vertrages gab es keine reale Alternative!

Um ebendazu nicht die Hand reichen zu müssen, trat das Kabinett Scheidemann am 20. Juni zurück. Die nachfolgende Regierung Bauer bestand die Debatte in der Nationalversammlung, und am 28. Juni 1919 unterzeichneten Reichsaußenminister Hermann Müller von der Sozialdemokratie und Reichspostminister Johannes Bell vom Zentrum den Versailler Vertrag. Der mit großer Überzeugungskraft für die Annahme des Friedensdiktates eintretende Matthias Erzberger, der sich bereits dem Unvermeidbaren des demütigenden Waffenstillstandes unerschrocken gestellt hatte, kommentierte den Notwehrakt, der erforderlich war, und die Vorbehalte, die damit verbunden blieben, in der Kabinettssitzung vom 3. und 4. Juni 1919: »Wenn jemand von mir bei gefesselten Armen und unter Vorhalten des Revolvers auf die Brust die Unterzeichnung eines Stückes Papier fordere, wonach ich mich verpflichten müsse, in 48 Stunden auf den Mond zu klettern, so würde jeder denkende Mensch – um sein Leben zu retten – dies unterzeichnen.«[43]

Was legte der Versailler Vertrag fest, der zu Beginn des Jahres 1920 formal in Kraft trat? Bevor die relevanten Einzelheiten benannt werden, sind zwei allgemeine Tatbestände hervorzuheben: Der Vertrag verband – charakteristisch für seinen Geist und seine Absichten, aber vielfältig belastend für seine Handhabbarkeit und seine Wirkungen – die in seinen ersten Teil aufgenommene Völkerbundsatzung mit den im Folgenden fixierten Friedensbedingungen. Die Amerikaner, die ausschlaggebenden Befürworter dieser widersprüchlichen Lösung, ratifizierten, weil sie sich inzwischen mit ihren assoziierten Partnern entzweit hatten, das von ihnen maßgeblich Mitgestaltete nicht mehr. Sie schlossen statt dessen im darauffolgenden Jahr einen Separatfrieden mit dem Reich.

Was die territorialen Abtretungen anging, mußte Deutschland auf sämtliche Kolonien verzichten. Als Mandatsgebiete wurden sie einzelnen Siegerstaaten zur zeitweiligen Verwaltung und Betreuung anvertraut, was tatsächlich nichts anderes bedeutete, als daß sie deren überseeischen Besitz vermehrten. Im Westen fiel Elsaß-Lothringen an Frankreich zurück. Das Saargebiet wurde vom Völkerbund verwaltet. Deutschland hatte auf das Eigentum an den Kohlegruben zugunsten von Frankreich zu verzichten; nach 15 Jahren sollte eine Volksabstimmung über die Zukunft der Region stattfinden. Abstimmungen waren auch für das von Belgien besetzte Eupen-Malmedy, für Nordschleswig, für die südostpreußischen Regierungsbezirke Marienwerder und Allenstein sowie für Oberschlesien vorgesehen. Im letzten Fall hatte sich der deutsche Einspruch gegen eine schlichte Abtretung an Polen mit einigem Erfolg behauptet. Dafür wurden Posen und Westpreußen dem ungeliebten Nachbarn im Osten zugeschlagen. Danzig kam dagegen nicht in polnischen Besitz, sondern wurde unter Kontrolle des Völkerbundes eine Freie Stadt. Das Memelgebiet lebte, vorläufig noch mit französischer Besatzung, unter alliierter Verwaltung; der litauische Staat durfte die Stadt Memel als Hafen benutzen. Das wegen seiner Steinkohlevorkommen begehrte Hultschiner Ländchen ging in den Besitz der Tschechoslowakei über.

Die Unabhängigkeit Österreichs mußte das Reich als »unabänderlich« anerkennen, jeder Wandel hing von der »Zustimmung des Rats des Völkerbundes« ab. Von den Alliierten besetzt blieb das linksrheinische Gebiet mit den drei Brückenköpfen Köln, Bonn und Mainz; eingeteilt war es in drei Zonen, aus denen sich die Besatzer nach fünf, zehn bzw. fünfzehn Jahren zurückziehen wollten, ohne daß dem Reich sodann die Militärhoheit westlich des Rheins zuteil werden sollte: Der französische Traum von der Rheingrenze und der militärischen Sicherheit mischte sich mit dem deutschen Alptraum von einer Aufteilung des Reiches und einer Beschränkung der politischen Souveränität zu explosiver Unvereinbarkeit.

Alles in allem büßten die Deutschen ein Siebtel ihres Territoriums und ein Zehntel ihrer Bevölkerung ein. Das hatte nicht geringe wirtschaftliche Auswirkungen: Verloren gingen 50 Prozent der Eisenerzversorgung, 25 Prozent der Steinkohleförderung, 17 Prozent der Kartoffelernte und 13 Prozent der Weizenanbaufläche. So empfindlich diese Verluste auch schmerzten, der Nationalstaat blieb erhalten.

Schließlich fielen Reparationsforderungen in einer Höhe und in einem Ausmaß an, die den Zeitgenossen den Atem verschlugen, geradezu unaufbringar erschienen. Unmittelbar verlangten die Alliierten 60 Prozent der deutschen Kohleförderung und 25 Prozent der pharmazeutischen Produktion, die Abtretung aller Handelsschiffe über 1600 Bruttoregistertonnen und der Hälfte der Schiffe zwischen 1000 und 1600 Bruttoregistertonnen. Fast alle modernen Lokomotiven und erhebliche Waggonkapazität, Viehbestände und Baustoffe waren sofort zu stellen. Das antike »Vae victis« machte vor den Beständen der modernen Volkswirtschaft nicht halt.

Diese umgehend zu erbringenden Wiedergutmachungen verwiesen nur auf die zu erwartende Gesamthöhe der Reparationskosten. Sie stand noch nicht fest und war von einer alliierten Reparationskommission zu bestimmen. Als Vorauszahlung sollte erst einmal, innerhalb von zwei Jahren nach Inkrafttreten des Vertrages, eine Summe von zwanzig Milliarden Goldmark aufgebracht werden. Wo darüber hinaus der Begriff der Reparationen, der die Geschichte der Weimarer Republik belastend begleitete, anfangen und enden sollte, war noch keineswegs erkennbar. Würden sie sich allein auf den Wiederaufbau des Zerstörten beschränken, für das dem geschlagenen Reich Verantwortung zufiel? Oder würde mit ihnen darüber hinaus ein Teil der Aufwendungen kompensiert werden, welche die Sieger für ihre Kriegführung hatten aufbringen müssen? Diese extensive Auslegung des Reparationsbegriffs lag zumindest im Interesse Englands, das keine mit Frankreich und Belgien vergleichbaren materiellen Schäden zu beklagen hatte. Nach dem Vorschlag des südafrikanischen Vertreters Smuts sollten die Reparationen selbst noch das an fortlaufender Wiedergutmachung umfassen, was in Form der neuartigen Kriegsfolgen nach staatlicher Unterstützung verlangte: Aus Kriegsversehrten beispielsweise wurden im Frieden Anspruchsberechtigte. Sollten diese nur schwer kalkulierbaren Belastungen gleichfalls durch lange sich hinziehende Sühnezahlungen abgetragen werden, dann mußten die Deutschen tatsächlich im Sinne der französischen Verfluchung »Le boche payera« in bis dahin unvorstellbarer Dimension Familienunterstützungen, Ruhegehälter und Pensionen aufbringen.

Sogenannte »Ehrenpunkte« des Vertrages waren in den Teilen IV und V aufgehoben. Sie setzten unter anderem die Höchstgrenze für das neue Berufsheer fest, das die alte Wehrpflichtarmee ablöste: 100 000 Mann Landstreitkräfte und 15 000 Mann Marinetruppen mit insgesamt 4000 Offizieren. Verboten wurde der Große Generalstab, der den Alliierten als die Verkörperung des preußischen Militarismus vorkam; zu schleifen waren die Festungen, vor allem im Westen des Reiches; rigoros eingeschränkt wurden Bewaffnung und Munitionierung. Tanks und U-Boote waren den Deutschen ebensowenig erlaubt wie Kriegsflugzeuge und Gas. Die Flotte existierte bis auf wenige veraltete Schiffe nicht mehr. Eine Interalliierte Militärkommission hatte die Abrüstung zu überwachen. Sie sollte im übrigen nur den Auftakt zur allgemeinen Entwaffnung der Staaten legen: Mit dieser an sich zukunftsträchtigen Bestimmung bot sich ein Hebel an, den Deutschland zur Aufrüstung nutzen würde, weil die anderen Staaten nicht abrüsteten. Insgesamt sollte das 100 000-Mann-Heer dazu imstande sein, innere Ordnungsaufgaben, vor allem im Kampf mit bolschewistischen Aufständischen, zu erfüllen; es durfte dagegen nicht über die Fähigkeit zum Angriff verfügen.

Gegründet wurden die Ansprüche der Alliierten, was vor allem die Reparationsforderungen anging, auf den bald so genannten »Kriegsschuldartikel« 231, der von Beginn an vergiftend wirkte. Er belegte Deutschland und seine Verbündeten mit der Alleinschuld für den Großen Krieg. Heftigste Gegenwehr erhob sich und prägte das politische Klima der Weimarer Republik. Erschienen die materiellen Lasten schon kaum tragbar, so wurde die damit aufgebürdete moralische Schuld als ganz und gar unerträglich empfunden. Gegen den verhaßten »Schmachparagraphen« setzte ein erbitterter Kampf ein. Er erstickte jeden Ansatz zur Versöhnung im Keim und verlieh dem Waffengang aufs neue tödliche Lebendigkeit. Der zurückliegende Krieg, nicht der zukünftige Frieden blieb das Thema der Weimarer Republik, ja der europäischen Zwischenkriegszeit überhaupt.

Bereits zeitgenössisch wurde über die Qualität des Friedens von Versailles mit kontroverser Unversöhnlichkeit gestritten. In seiner Entstehung ohne Zweifel ein Diktat, war die Mehrheit der Deutschen davon überzeugt, er sei zu hart, während in Frankreich die Meinung vorherrschte, er sei zu weich ausgefallen. Grundlegende Kritik erfuhr er recht bald durch den englischen Währungsexperten John Maynard Keynes, der an der Pariser Friedenskonferenz teilgenommen hatte. »Die wirtschaftlichen Folgen des Friedensvertrages« erschienen dem britischen Nationalökonomen für Deutschland als unzumutbar und für die Welt als nachteilig.

Ganz vereinzelt, beinahe kaum vernehmbar, gab es im Reich die eine oder andere Stimme, die zu dissentieren wagte. Doch nur wenige Nonkonformisten hoben sich vom aufgeregt schrillen Chor derjenigen ab, die den Friedensvertrag ablehnend als eine Drachensaat beschworen und diese gerade dadurch ins Leben riefen. Der Berliner Sozialwissenschaftler Oskar Stillich beispielsweise verurteilte »die Usurpierung des Rechtsfriedens durch die einstigen Propagandisten des Siegfriedens« und trat dafür ein, »Versailles« zu akzeptieren: »Wie milde ist doch dieser harte Vertrag, gemessen an der Gier und Habsucht aller derer, die bei uns für einen Machtfrieden eintraten.«[44]

Zu hart oder zu weich – lautete das gegensätzliche Urteil über den Versailler Frieden, das die Gemüter in Europa tief spaltete. Der Vertrag war, wie Karl Dietrich Erdmann seinen Gehalt und seine Wirkung resümiert hat[45], »kein Karthago-Friede; bei allen schweren Verlusten blieben die Substanz und die Einheit des Reiches erhalten. Er war aber auch kein Friede der Verständigung. Er war nicht auf Ausgleich angelegt, sondern auf wirtschaftliche, militärische und politische Garantien gegen eine mögliche deutsche Revanche. Nach den Worten des französischen Historikers Jacques Bainville war er zu hart, als daß er nicht den Willen der Deutschen, die Fesseln des Vertrages abzuschütteln, hätte bewirken müssen; und er war wiederum nicht hart genug, insofern er die Betätigung eines solchen Willens nicht zu hindern vermochte«.

Ohne Zweifel hatten die schweren Auflagen von Versailles, vor allem die sogenannten »Ehrenpunkte«, Deutschland gedemütigt, keineswegs aber vernichtet. Damit war die Maxime des Machiavell mißachtet worden, wonach man das eine ohne das andere nicht tun darf, ohne selbst auf Dauer Schaden zu erleiden. Mehr noch als das Diktat der Macht war es die Anklage der Moral, die nicht heilte, sondern zerstörte. Gewiß spielte eine verantwortungslose Agitation den leidigen Tatbestand immer wieder hoch, wendete ihn zugleich nach außen gegen die verhaßten Sieger und nach innen gegen die ungeliebte Republik; indes, dem frevelhaften Tun wurde auch unübersehbar viel Gelegenheit geboten. Die verletzte Ehre der Deutschen nährte den Kampf der Extremisten auf der politischen Rechten ebenso wie auf der Linken gegen die »Vorbehaltsrepublik« (Karl Dietrich Bracher) von Weimar, die sie mit jeweils unterschiedlicher, ja gegensätzlicher Zielsetzung hinter sich lassen wollten. In ihrem trüben Gärungsvorgang kaum voneinander zu trennen, schäumten die sich mischenden Ingredienzen des innen- und außenpolitischen Giftes immer wieder hoch. »Versailles« wurde mit eindeutiger Absicht »Weimar« gleichgesetzt; und in dem Maße, in dem keins von beiden akzeptiert wurde, verfielen beide zusammen der Verweigerung.

Der unter Protest angenommene Diktatfrieden konnte nur so lange Bestand haben, wie die Machtverhältnisse unverändert blieben, auf denen er beruhte. Daß Frankreich, wenn es auf sich allein gestellt war, Deutschland gegenüber, vor allem dann, wenn sich das Reich mit Rußland verständigen sollte, zu schwach war, um die neue Ordnung zu behaupten, erkannte als einer der ersten, bereits im Jahre 1919, der englische Premierminister Lloyd George. Von seiner jingoistischen Haltung bei Kriegsende entfernte er sich, erstaunlich rasch, immer mehr. Bald gelangte er zu der weit vorausschauenden Einsicht, wonach sich müde und ausgeblutete Nationen erst einmal jedem Frieden unterwerfen. Als schwierig schätzte er dagegen die Aufgabe ein, diesen Frieden so zu gestalten, daß er auch dann noch Bestand hätte, wenn neue Generationen heranwüchsen, welche die Erfahrungen des Krieges und des Sterbens noch nicht gemacht hatten.[46]

Daß aller Wahrscheinlichkeit nach der Besiegte auf das ihm Abgetrotzte nur so lange verzichtete, wie er selbst schwach und der Sieger stark war, lag auf der Hand. Die zentrale Frage, die sich damit für das Schicksal der Weimarer Demokratie verband, lautete, auf welche Weise und mit welchen Methoden der niemals akzeptierte Frieden von Versailles revidiert werden würde. Dieses Grundproblem deutscher und europäischer Geschichte, das im Kern die Frage nach Krieg und Frieden aufwarf, hing vom Handeln der Deutschen ebenso ab wie von den Reaktionen der westlichen Garantiemächte der neuen Staatenordnung.

In innenpolitischer Hinsicht schürzte sich das mit dem außenpolitischen Problem verbundene Unheil schon frühzeitig. Die »Schmach« des Versailler Vertrages wurde mit der Existenz der Weimarer Demokratie identifiziert. Allen voran für die Extremisten von rechts waren der Kampf gegen das »System von Versailles« und das »System von Weimar« ein und dasselbe. Ihren Ausgang nahm die Kampagne von der uns schon bekannt gewordenen »Dolchstoßlegende«: Was in ihr schließlich kulminierte, hatte längst vor Kriegsende begonnen. Am 1. Oktober 1918 sprach Ludendorff vor den Offizieren der Obersten Heeresleitung davon, er habe »*S.M. gebeten, jetzt auch diejenigen Kreise an die Regierung zu bringen, denen wir es in der Hauptsache zu danken haben,* daß wir so weit gekommen sind. Wir werden also diese Herren jetzt in die Ministerien einziehen sehen. Die sollen nun den Frieden schließen, der jetzt geschlossen werden *muß*. Sie sollen die Suppe jetzt essen, die sie uns eingebrockt haben!«[47] In Wahrheit hatten die demokratischen Kräfte, neben dem Zentrum allen voran die SPD, die tapfer in die nationale Bresche gesprungen waren, die Bürde auf sich genommen, das vom alten Regime Verursachte zu beheben und dafür das neue Regime mit einer schweren Hypothek zu belasten.

»Wie hundert Jahre zuvor in Frankreich ... die aufpeitschende Erinnerung an die versunkene Glorie die junge Generation kein gutes Haar finden« ließ »an der neuen Staatsführung und Staatsform, weil beide ihre schmähliche Existenz einer Katastrophe verdankten«[48], so hat Ludwig Dehio in einem hellsichtigen Vergleich zwischen der französischen Geschichte des 19. und der deutschen Geschichte des 20. Jahrhunderts über das Ähnliche und Unterschiedliche der beiden nationalen Entwicklungen geurteilt, vollzog sich »genau das Entsprechende« in der Republik von Weimar. Es gab freilich, was das ausschlaggebende Wechselspiel von Innen- und Außenpolitik anging, eine wesentliche Differenz. Daß Völker, wenn sie »*auswärts Ansehen haben*«, sich »*im Hause viel gefallen*«[49] lassen, wußte um die Mitte des zurückliegenden Säkulums schon Otto von Bismarck, als er diese Einschätzung im Hinblick auf Franzosen und Deutsche äußerte. Daß aus der Zumutung des innenpolitisch »Vielen«, das man für das Außenpolitische zu opfern bereit war, im Verlauf der modernen Geschichte Deutschlands während des 20. Jahrhunderts ein gefräßiges »Alles« werden sollte, beschreibt die Kluft zwischen dem ausklingenden Zeitalter der Kabinette und dem heraufziehenden Zeitalter des Totalitarismus – freilich auch zwischen den jeweils verschiedenartigen politischen Traditionen in Frankreich und Deutschland, die mit einem vergleichbaren außenpolitischen Schicksal auf innenpolitisch unterschiedliche Art und Weise fertigzuwerden verstanden bzw. daran scheiterten.

In Deutschland jedenfalls zogen sich die Innen- und Außenseite der Geschichte in der lügenhaften »Dolchstoßlegende« zusammen. Propagiert wurde sie durch Hindenburgs Auftritt vor dem Untersuchungsausschuß, den die Nationalversammlung zur Aufklärung der Ursachen des deutschen Zusammenbruchs eingesetzt hatte. Wie verführerisch diese Parole wirkte, zeigt sich daran, daß sie sogar einem besonnenen Kopf wie dem Historiker Friedrich Meinecke zwar alles in allem als eine »tendenziöse Karikatur des Hergangs« vorkam, aber dennoch mit einem »Körnchen Wahrheit«[50] ausgestattet erschien. Doch das, was als etwas marginal Vorhandenes vermutet wurde, warf sich mit täuschender Verwegenheit zur dominierenden Meinung auf. Pöbelhaft und gezielt verunglimpfte es die sogenannten »Novemberverbrecher« von 1918 und attackierte die neue Republik von Weimar.

Die verblendete Überzeugung herrschte nämlich vor, zu der sich der Major i. G. Ludwig Beck schon Ende November 1918 bekannte: »Im schwersten Augenblick des Krieges ist uns die – wie ich jetzt auch keinen Moment mehr zweifle – von langer Hand vorbereitete Revolution in den Rücken gefallen.«[51] Was würde obsiegen – die böse wuchernde Erbschaft der alten Zeit oder die hoffnungsvoll aufkeimende Erwartung einer neuen Welt, die sich mit der Existenz der Weimarer Demokratie verband und die Max Weber schwärmen ließ: »Wir haben der Welt vor 110 Jahren gezeigt, daß wir – *nur* wir – unter Fremdherrschaft eines der ganz großen Kulturvölker zu sein vermochten. *Das* machen wir jetzt noch einmal! Dann schenkt uns die Geschichte, die uns – *nur* uns – schon eine zweite Jugend gab, auch die dritte.«[52]

Auf jeden Fall hing das Alte mit bleierner Schwere am Neuen; und ohne Zweifel lastete der Vertrag von Versailles, durch seine objektiven Folgen und subjektiven Wirkungen, als bedrückende Hypothek auf der jungen Republik. Ohne mit verzerrender Einseitigkeit zu behaupten, der Diktatfriede habe zum Ende der Weimarer Demokratie geführt, ist immerhin festzustellen, daß seine nachteilige Existenz manch eine schöpferische Entwicklungschance republikanischer Außenpolitik und demokratischer Kultur von vornherein abgeschnitten hat.

Mit seiner Unterzeichnung im Juni 1919 gelangte der mit viel gutem Willen und mit nüchternem Kalkül unternommene kühne Versuch an sein vorläufiges Ende, anstelle der diskreditierten Machtpolitik, deren unheilvolles Scheitern im zurückliegenden Waffengang unübersehbar geworden war, zu einer zukunftweisenden Verständigungspolitik überzugehen, deren zarte Wurzeln gleichfalls im Ersten Weltkrieg gelegt wurden. Der hoffnungsvolle Neuanfang, der freilich von Beginn an auf innenpolitisch und international eng gezogene Grenzen stieß, sollte das zerrüttete System der hergebrachten Außenpolitik ökonomisch veredeln, sollte es gleichsam in vernünftige Bahnen lenken.

Im dunklen Schatten der nachwirkenden Kriegskatastrophe regte sich erneut, wie schon des öfteren zuvor in der europäischen Geschichte, der verständliche Wunsch, die offensichtlich an ihr Ende gekommene »époque de la guerre« in die Wohlfahrt versprechende »époque du commerce«[53] übergehen zu lassen. Am Ausgang des Weltkrieges stellten sich liberale Repräsentanten aus Wirtschaft und Politik für dieses lohnende Experiment zur Verfügung. Ein seit den Vorkriegsjahren dieser modernen Orientierung deutscher Außenpolitik verpflichteter Repräsentant wie Max Warburg versuchte den ehrgeizigen Bemühungen um eine grundlegende Umgestaltung der außenpolitischen Tradition Konzept und Richtung zu verleihen. Während der Waffenstillstandszeit ging es, von der Regierung des Prinzen Max von Baden ebenso unterstützt wie danach vom Rat der Volksbeauftragten, in dieser fortschrittlichen Perspektive darum, dem geplanten Aufbruch in die neue Zeit durch einen auskömmlichen Frieden der wirtschaftlichen Vernunft eine solide Basis zu verleihen.

Unterbrechen wir an diesem Punkt den Bericht über die Ereignisse und stellen wir aus gegebenem Anlaß fest: Über die Zäsur des Jahres 1918 hinaus existierte, was die Geschichte der deutschen Außenpolitik angeht, ohne Zweifel viel Kontinuität, die während des Verlaufs der Weimarer Republik, in verschiedenen Phasen ihrer Entwicklung jedenfalls, zunehmend hervortrat. Indes, es gab mindestens ebensoviel Neuanfang, der sich beileibe nicht *idealiter* durchzusetzen vermochte, aber auch nicht völlig der Vergeblichkeit anheimfiel. Das heißt aber: Es verfehlt wesentliche Bestandteile des historischen Phänomens, wer den in ganz unterschiedlichen Erscheinungsformen auftretenden Revisionismus, das leitende Bewegungsgesetz der Weimarer Außenpolitik, allein mit der fortbestehenden Tradition herkömmlicher Machtpolitik identifiziert. Kennzeichnende Elemente des außenpolitischen Neubeginns, beispielsweise die Betonung des Ökonomischen, sind in seine facettenreiche Existenz eingegangen, dominierten sogar während geschichtswirksamer Stadien der äußeren Politik Deutschlands in den zwanziger Jahren. Mit anderen Worten: Altes und Neues, Kontinuität und Diskontinuität, Überlieferung und Neuorientierung standen nebeneinander, arbeiteten zwar teilweise gegeneinander und gingen doch alles in allem miteinander eine spezifische Legierung ein. Das ursprünglich Gegensätzliche wandelte sich zum ununterscheidbar Gemeinsamen, gewann historische Eigenständigkeit und hebt die Außenpolitik der Weimarer Republik von derjenigen der vorangehenden sowie der nachfolgenden Zeit charakteristisch ab.

Daß die Außenpolitik des Deutschen Reiches verstärkt auf außenwirtschaftliche Grundlagen gestellt werden sollte, kam nicht zuletzt in der zwischen 1917 und 1920 geplanten und verwirklichten Schülerschen Reform des Auswärtigen Amtes zum Ausdruck, die den ökonomischen Erfordernissen der modernen Epoche ihren Tribut zollte. Insgesamt: Deutschland sollte auf wirtschaftlichem Wege an das amerikanische System des global prosperierenden Freihandels erfolgverheißenden Anschluß gewinnen. Mit dieser kühnen Entscheidung würde es nach und nach seine politische Gleichberechtigung im Rahmen der neuen Friedensordnung des Wilsonschen Völkerbundes zurückgewinnen.

Allein, schon im Frühsommer 1919 wurde dem Experiment der Schwung genommen. Für das scharfe Bremsmanöver verantwortlich war in erster Linie nicht die beharrende Macht der akkumulierten Bestände der herkömmlichen Außenpolitik. Maßgeblich wurde vielmehr, daß im Versailler Friedensvertrag die fortschrittliche Satzung des Völkerbundes und die knebelnden Auflagen gegenüber Deutschland eins wurden. Dies hob in verhängnisvoller Weise den lebenswichtigen Unterschied zwischen Hoffnung und Enttäuschung auf. Die Aussicht auf eine über das Wirtschaftliche geläuterte vernünftige und liberale Verständigungspolitik verlor gegenüber dem alten Rezept der auf das Militärische gestützten, unversöhnlichen und konservativen Machtpolitik bedeutend an Terrain. Mehr noch: »Versailles« erfüllte eine Vorhersage, die Max Weber am Ende des Jahres 1918 vor Augen gestanden hatte, als er über die deutsche Reaktion für den Fall größerer Irredenta im Osten des Reiches prognostizierte: »Dann wird, nach einer Epoche von bloßem Ermüdungspazifismus, jeder letzte Arbeiter, der das spürt, Chauvinist werden! Der Völkerhaß ist in Permanenz ... Der Völkerbund wäre innerlich tot.«[54]

Das »System von Versailles«, wie es im abqualifizierenden Sprachgebrauch der politisch Extremen lautete, entfaltete, durch die gehässige Agitation einer maßlosen Propaganda zum alles bedrohenden Ungetüm aufgebauscht, genau diese Wirkung: Sie ließ den Frieden brüchig und die Staatenordnung disponibel erscheinen. Unter dem deprimierenden Eindruck des sich negativ Auftürmenden blieb die maßgebliche Tatsache weitgehend unbeachtet, daß ebendieses »System von Versailles«, von der fortdauernden Existenz des ungeteilten Nationalstaates ganz abgesehen, sogar außenpolitische Chancen eröffnete, Chancen, die in einem schon lange Zeit nicht mehr dagewesenen Umfang für das Deutsche Reich vorteilhaft sein konnten.

Die Chance von Versailles

Vom bitter empfundenen Unglück der Zeit nahezu verdeckt, hielt die internationale Lage tatsächlich eine Reihe kaum wahrgenommener Vorzüge bereit, die der Gestaltung der deutschen Außenpolitik einen unverhofft großen Handlungsspielraum einräumten. Dieser Tatbestand stellt sich dem rückschauenden Betrachter freilich deutlicher dar, als daß er dem Miterlebenden erkennbar zu werden vermochte. Die fundamentalen Umwälzungen, welche die Gesellschaft und Staatenwelt Europas seit der zweiten Hälfte des Krieges ergriffen hatten, befreiten den deutschen Nationalstaat, der akut geschwächt war, aber potentiell stark blieb, vor allem vom Druck der Zweifrontenlage. Unvermutet tat sich die unschätzbar wertvolle Möglichkeit auf, dem Bann der Beengtheit, der seit der Gründung des Reiches auf dem Land im Zentrum Europas lastete, endlich zu entkommen. Wie nach dem Ende des Krimkrieges, als Rußlands und Englands Rückzug von der Mitte des alten Kontinents eine machtpolitisch verdünnte Zone entstehen ließ, bot sich, ganz unerwartet, aufs neue ein relativ großzügig bemessenes Manövrierfeld.

Die russisch-französische Zange, die Deutschland seit 1871 im Prinzip und vom Beginn der neunziger Jahre des 19. Jahrhunderts an direkt bedroht hatte, war zerbrochen. Notgedrungen hatte sich das revolutionäre Rußland vom machtpolitischen Pokerspiel zurückgezogen und war auf lange Zeit mit sich selbst beschäftigt. Die Tatsache, daß neben der sowjetischen Staatspolitik, die auf zurückhaltende Distanz gegenüber der Ersten Welt bedachtsam Wert legte, die revolutionäre Ideologie, die auch den Klassenfeind im Ausland mit intervenierenden Attacken überzog, eine aggressive Drohung darstellte, vertiefte nochmals einen ohnehin schon existierenden Gegensatz in der Staatenwelt: Vom europäischen Schauplatz bis in die Weiten der kolonialen Welt hinein trennte er das kommunistische Rußland von den kapitalistischen Garantiemächten der Pariser Friedensordnung.

Aus dieser todernsten Spannung wuchsen willkommene Gelegenheiten, die dem Deutschen Reich zugute kommen konnten. Im Gefolge der Amerikaner waren die Briten ebenfalls auf merkliche Distanz zum kontinentalen Geschehen gegangen. Der allein gelassenen französischen Großmacht stand nicht einmal mehr, wie das nach dem berühmten *renversement des alliances* im 18. Jahrhundert der Fall gewesen war, der österreichische Allianzpartner zur Verfügung. Mit dieser schlagkräftigen Kombination hatte Bismarck im Vorfeld der Reichsgründung bis in die Zeit des Krieges von 1870 hinein durchaus rechnen müssen. Selbst danach gab es immer wieder Gerüchte über eine Annäherung zwischen Wien und Paris, die sich, wie wenig überzeugend sie sich letzten Endes ausnehmen mochten, immerhin in entsprechenden Friedensfühlern während des Ersten Weltkrieges verdichteten. Indes: Die Doppelmonarchie, der problematische Alliierte, der im Fall eines Falles, weil er eine Großmacht war, auch

Gegner sein konnte, existierte nicht mehr. »Deutsch-Österreich« aber begehrte nichts sehnlicher als den Anschluß an das Deutsche Reich.

Frankreich blieb also gar nichts anderes übrig, als bei den neuen Staaten »Zwischeneuropas« Unterstützung zu suchen. In ihrer Entstehung und Existenz vom Nationalitätsprinzip gefördert, verdankten sie ihr zumeist anfälliges Dasein einer gar nicht zu übersehenden »Balkanisierung« des Raumes, den zuvor die Großreiche der Romanows, der Habsburger und der Osmanen weitgehend beherrscht hatten. Teilweise neu gegründet und teilweise fortbestehend, teilweise vergrößert und teilweise amputiert, erstreckten sie sich von der Ostsee bis an das Ägäische und Adriatische Meer, zogen sich von Finnland über die baltischen Republiken und Polen, über die Tschechoslowakei und Ungarn bis nach Jugoslawien. Im Grunde waren diese Mittel- und Kleinstaaten allesamt stärker auf Frankreichs Halt angewiesen, als daß sie ihrerseits Frankreich wirklich hätten unterstützen können.

Zwischen der Sowjetunion und dem Deutschen Reich gelegen, stellten sie, vor allem dann, wenn diese beiden vorläufig noch Schwachen wieder an Kraft zulegen würden, leicht so etwas wie »außenpolitisch loses Geröll«[55] dar. Sieht man von der Tschechoslowakei ab, waren sie wirtschaftlich in der Regel »nur sehr beschränkt lebensfähig«[56]. Und nicht zum geringsten setzten sie »eine Fülle von nationalen Minderheitsproblemen in die Welt«[57]. Mochte Frankreich sie auch durch ein noch so ausgeklügeltes Vertragsnetz an sich binden, sie blieben unsichere Kantonisten. Wenn alle diese im Grunde antisowjetisch orientierten Staaten »Zwischeneuropas« bei den Westmächten, die ihnen allein schon durch die Geographie ferner waren als das Deutsche Reich, nicht den erforderlichen Schutz finden würden, den sie suchten und benötigten, dann würden sie das Entbehrte gleichsam automatisch beim deutschen »Erbfeind« der Franzosen suchen. Eine solche, für das Reich vorteilhafte Gravitationsbewegung der nordost-, ostmittel- und südosteuropäischen Staaten war allerdings an zwei Bedingungen gebunden: Zum einen daran, daß sie vom großen Nachbarn im Westen nicht gleichermaßen bedrängt wurden wie von dem im Osten; eine Politik der offenen Gewalt verbot sich daher von vornherein für das Reich. Zum anderen daran, daß ihre Anlehnung dadurch erleichtert wurde, daß ihnen die parlamentarisch verfaßte Republik von Weimar die gleichen, nicht zuletzt ökonomischen Vorzüge des »liberalen Systems« (Ernst Nolte) bieten konnte wie Frankreich und England.

Alles in allem »war das Ergebnis der großen Mächteverschiebung für Deutschlands Zukunft« keineswegs »unbedingt ungünstig«[58]. Der deutsche Nationalstaat hatte am Ende des verlorenen Weltkriegs geradezu eine zweite Chance des schöpferischen Anfangs gewonnen. Sie beruhte, in gewisser Hinsicht, sogar auf günstigeren Voraussetzungen, als das im Zusammenhang mit der Reichsgründung im 19. Jahrhundert der Fall gewesen war. Damals lastete die Hypothek der Bewegungslosigkeit auf dem neuen Reich. Und der erforderlichen Genügsamkeit mit dem spät Erworbenen mußte, weil die Existenz des Gesamten auf dem Spiel stand, eisern Rechnung getragen werden. Innere Entwicklungsmöglichkeiten, die zukunftweisend wirkten, wurden coupiert, weil sie den äußeren Status quo zu gefährden drohten.

Jetzt galt genau das Umgekehrte: Die Existenz derjenigen Kräfte, die Bismarck bei seinem zähen Kampf gegen den Strom der Zeit so lange wie eben möglich von der Macht ferngehalten hatte und die inzwischen durch die klassische Parlamentarisierung der inneren Verfaßtheit zur Entfaltung gelangt waren, bildete die ideale Voraussetzung für ein spezifisches außenpolitisches Handeln der jungen Republik: Anziehungskraft und Entfaltungschance, nicht zuletzt in bezug auf die gärende Staatenwelt »Zwischeneuropas«, konnten bevorzugt in einer republikanischen Außenpolitik Gestalt annehmen, die innere Freiheit verkörperte und äußere Macht demonstrierte, die anderen zu wirtschaftlicher Wohlfahrt gereichte und für sich selbst politischen Vorteil nahm. Der alte Traum von einem deutschen Mitteleuropa, zumindest eines vom Reich beeinflußten Mitteleuropa, konnte sich möglicherweise leichter als zuvor den Weg in die Wirklichkeit bahnen.

Ob er gefunden oder verfehlt wurde, hing von vielen, auch vielen unwägbaren Umständen ab; in maßgeblicher Art und Weise allerdings davon, für welche Prinzipien und Methoden seiner äußeren Politik das Deutsche Reich sich entscheiden würde. Chancen jedenfalls, eine republikanische Außenpolitik zu verfolgen, die das in der nationalen Entwicklung des Reiches lange Zeit für unvereinbar Gehaltene harmonisch miteinander verband, nämlich im Inneren über freiheitliche Einrichtungen zu verfügen und nach außen hin machtvollen Einfluß zu nehmen, boten sich in so zahlreicher und verlockender Anzahl wie kaum jemals zuvor in der Geschichte der Deutschen. Ein funktionierender Parlamentarismus, eine liberale Demokratie und eine florierende Wirtschaft hätten wie ein Magnet auf »Zwischeneuropa« gewirkt und seine Staaten, von Frankreich und Rußland weg, an die Seite Deutschlands gezogen. Vielleicht hätte eine derart zum Vorbild gereichende Republik, die aufgeklärten Geist und imperiale Macht im Sinne des erhabenen Ideals vom Jahre 1848 miteinander versöhnte, nach den ernüchternden Erfahrungen mit der politischen und militärischen Maßlosigkeit vergangener Tage sogar die geläuterte Kraft zur notwendigen Selbstbeschränkung aufbringen können; hätte also die kardinale Frage nach der Verträglichkeit eines in der Mitte Europas zu imponierender Größe gelangten Deutschland mit den nicht zu mißachtenden Interessen des alten Kontinents schöpferisch beantwortet.

Nun, so sinnvoll es sein kann, dem nicht zum Zuge Gekommenen der Geschichte angemessene Aufmerksamkeit zu schenken, so geboten erscheint es gleichzeitig, seine eben nicht auf die Probe gestellten Erfolgsaussichten in nicht allzu strahlendem Licht zu zeichnen. Sicherlich, ein Beitritt Österreichs zum Reich, der auf beiden Seiten der Grenze populär war, hätte den »großen Block der 70 Millionen Deutschen«[59] geschaffen, von dem Gustav Stresemann bereits im Dezember 1918 geschwärmt hatte. Daß damit allerdings nicht nur Vorteile verbunden sein würden, lag auf der Hand. Im internationalen Zusammenhang mußte eine solche Vereinigung vielmehr umgehend schwerwiegende Probleme aufwerfen. Zwar würde ein aus dem Deutschen Reich und Österreich zusammengesetztes Gebilde tatsächlich »wie ein Klotz inmitten Europas« liegen, »an dem keiner vorbeigehen kann«[60]. Seine mächtige Existenz würde freilich mit niederdrückender Schwere auf dem Kontinent lasten. Um wieder frei atmen zu können, hätten sich die unter der deutschen Riesengestalt ächzenden Nachbarn wahrscheinlich dazu gezwungen gesehen, sich von dem bedrohlichen Koloß zu entlasten. Die aus der europäischen Geschichte bekannte Gefahr dieser Entwicklung, der hegemonialen Gewalt die unüberwindlichen Grenzen des ausbalancierenden Gegengewichts zu demonstrieren, war nicht von der Hand zu weisen.

Wie auch immer: Das in einer gewissen Gunst der historischen Konstellation Angelegte zu verwirklichen, blieb der Zukunft vorbehalten. Die Bedingungen dafür nahmen sich, im Prinzip jedenfalls, vorteilhaft aus: Den Weltkrieg überlebte Deutschland als ungeteilter Nationalstaat; der Druck der britisch-französisch-russischen Vorkriegskoalition war gewichen; Österreich-Ungarn, der schwierige Verbündete, existierte nicht mehr; der zeitgemäße Auftrag einer demokratischen Sendung konnte der parlamentarischen Republik im Hinblick auf die noch ungefestigt nach ihrer Bestimmung suchenden Staaten »Zwischeneuropas« werbende Anziehungskraft verleihen; die leidvollen Erfahrungen der gescheiterten Machtpolitik standen der neuen Außenpolitik, warnend und hilfreich zugleich, als orientierende Maßstäbe zur Verfügung. Wenn sie wollte und sich diese Einsichten anverwandelte, vermochte sie zu sich selber zu finden und andere für sich zu gewinnen. Ein hoffnungsvoller Anfang konnte durchaus bevorstehen. Die drängenden Erfordernisse der Revision in einem modernen Zusammenhang äußerer Politik durch zukunftweisendes Handeln in dauerhafte Lösungen zu überführen, mußte möglich sein, ohne sogleich der Erblast des Überlieferten zu erliegen, die alles auf die schiefe Bahn des gerade erst Mißlungenen zurückzuwerfen drohte.

»Für eine kluge, besonnene und geduldige deutsche Politik«, charakterisierte Gerhard Ritter die sich erneut – zum zweiten Mal für den deutschen Nationalstaat – bietende Gelegenheit, »die für unseren Staat nichts anderes erstrebte, als ihn zur friedenssichernden Mitte Europas zu machen, eröffneten sich – auf lange Sicht gesehen – die besten Chancen.«[61] Was würden die so bevorzugten Deutschen aus der Fülle an Möglichkeiten machen, die ihnen ihre Position zwischen Ost und West einräumte? Würde es gelingen, die neue Chance, durch ein maßvolles Vorgehen vieles erreichen zu können, nicht wieder durch die alte Versuchung zu verspielen, in einem maßlosen Anlauf alles erzwingen zu wollen? Würden die inneren Voraussetzungen, die nicht eben fest gefügt waren, konsolidiert werden können, um eine republikanische Außenpolitik zu verfolgen, die Freiheit und Macht miteinander verband – im Einverständnis mit Europa und zu seinem Wohle, nicht aber im Gegensatz zu Europa und zum Nachteil aller? Den sich langfristig auswirkenden Wandel der Staatenwelt, der die Weimarer Republik begünstigte, konnte sie freilich nur nutzen, wenn es ihr vergleichsweise kurzfristig gelang, mit den innen- und außenpolitisch lastenden Problemen zum Ausgleich zu finden, die auch, aber beileibe nicht nur, mit dem Versailler Vertrag zusammenhingen.

Die Last der Probleme

Akut wog die Bürde, die aus der Niederlage und dem Friedensschluß erwuchs, allerdings so schwer, daß darunter selbst der Riese Atlas zusammengebrochen wäre. Heftig, geradezu bedrohlich schwankte die heimische Erde unter dem vom Krieg gebeugten und in seiner Ehre verletzten Reich. Niedergeschlagen, mutlos und verbittert, vermochten die Deutschen mit keinem Deut in den Pariser Vorortverträgen zu entdecken, was diesen an Vorzügen innewohnte. Erst im Rückblick trat der im Rahmen der Friedenskonferenz unternommene, schätzenswerte Versuch klarer zutage, »liberaldemokratische Grundsätze und das Prinzip der Gerechtigkeit auf die Ordnung der Staatengesellschaft zu übertragen«[62]. Was Deutschland anging, blieb es vorläufig kaum mehr als ein Objekt der Weltgeschichte, das mühsam und entbehrungsvoll versuchen mußte, sich den Wiedereintritt in die Völkerfamilie zu verschaffen.

Sein Streben vollzog sich vor dem Hintergrund innenpolitischer Erschütterungen. Sie gingen von der politischen Linken ebenso wie von der Rechten aus und entzweiten das Land zutiefst. Vom Streik und Bürgerkrieg, der Deutschland erschütterte, als die Nationalversammlung gewählt wurde, über den Kampf der Freikorps gegen die Spartakisten, deren Aufstand blutig niedergeschlagen wurde, zog eine abwärts führende Linie fortdauernder Radikalisierung ihre zerstörerische Bahn. Rapide verlor die ursprüngliche Mehrheit der demokratischen Parteien, welche die Republik trugen, an politischem Einfluß. Im März 1921 gipfelte die negative Entwicklung im Kapp-Putsch, der von Extremisten auf der politischen Rechten inszeniert wurde. Rasch, geradezu sang- und klanglos scheiterte er an der Weigerung der Ministerialbürokratie zur Mitarbeit sowie am Generalstreik der Gewerkschaften im Reich und in Preußen.

Die teilweise als Gegenwehr veranstalteten Aktionen der politischen Linken steigerten sich in Sachsen und Thüringen zu öffentlichem Aufruhr; im Ruhrgebiet war der Generalstreik in einen regelrechten Aufstand umgeschlagen. Gegen die dort kämpfende »Rote Armee«, mit der die Freikorps allein nicht fertigzuwerden vermochten, setzte die Reichsregierung reguläre Truppen ein.

Großbritannien hatte zugestimmt, als die Deutschen darum ersuchten, Militär in die entmilitarisierte Zone schicken zu dürfen. Dagegen hatten sich die Franzosen der einem Hilferuf gleichenden Bitte hartherzig verschlossen.

Nach der unumgänglichen Mißachtung des kurzsichtigen Verbots besetzten französische Truppen vorübergehend Frankfurt, Wiesbaden und den Rheingau. Kraß trat die Abhängigkeit hervor, in der sich Deutschlands Innenpolitik von den außenpolitischen Entscheidungen der Alliierten befand. Freilich zeigte sich auch, daß die beiden Westmächte das zukünftige Schicksal des Reichs mittlerweile von unterschiedlicher Warte aus betrachteten. Die nahöstlichen Spannungen, die zwischen der See- und Gleichgewichtsmacht England und der Kontinental- und Hegemonialmacht Frankreich aufgebrochen waren, verlängerten sich bis nach Zentraleuropa. In der sich andeutenden Entzweiung der Sieger konnte eine Chance deutscher Außenpolitik liegen. Genutzt werden mußte sie allerdings, ohne darüber in den Spalt zu stürzen, der sich zwischen der britischen und französischen Position auftat.

Der Tendenz nach zeichnete sich ab, daß die Briten einer äußeren Politik des friedlichen Wandels zuneigten. Die große Anzahl der in Versailles offen gebliebenen Probleme gedachten sie im normalisierenden Zusammenwirken mit dem besiegten Deutschland in einer Reihe von Konferenzen zu lösen. Vor allem die Wiedergutmachungsansprüche der Alliierten sollten dabei behandelt werden. Ganz anders Frankreich, das auf rigoroser Vertragserfüllung bestand! Aus nackter Angst vor der geringsten Veränderung des krampfhaft Behaupteten gab es sich immer herrischer und bemerkte gar nicht, daß brüchiges Eis durch trotziges Aufstampfen nicht fester wird. Solange das innerlich zerrüttete Deutschland geschwächt war und der Krieg noch mit abschreckender Lebhaftigkeit in der Erinnerung aller stand, versuchte Frankreich, das gegenüber Deutschland bislang Versäumte nachzuholen und die eigene Hegemonie auszubauen. Mit konturenloser Zwitterhaftigkeit ging sein unstillbares Sicherheitsbedürfnis in selbstsüchtigen Imperialismus über.

In unverkennbarer Notwehr hatte sich das Deutsche Reich gegen die aggressive Herausforderung der Franzosen zu behaupten, ehe es überhaupt an außenpolitische Revision denken konnte. Die Auseinandersetzung mit den Siegern vollzog sich auf den Feldern der militärischen Entwaffnung, der territorialen Selbstbehauptung und der wirtschaftlichen Reparationen. Was das zuerst genannte Problem angeht, wurde es während dieser Zeit durch ein simples Grundmuster der deutsch-alliierten Beziehungen geprägt. Das Reich war darum bemüht, die vorläufig einseitige Abrüstung hinauszuzögern, während die Siegermächte auf den zügigen Vollzug pochten. Wie schmerzlich die niederschmetternde Erfahrung, die mit dem demütigenden Vorgang der einseitigen Entwaffnung einherging, für das kollektive Empfinden der Deutschen war, mag annähernd deutlich werden, wenn man sich vergegenwärtigt, daß es eine derart radikal abgerüstete Großmacht in der europäischen Geschichte erst einmal gegeben hatte: Nach dem Frieden von Tilsit im Jahre 1807 war Preußen von diesem bitteren Los getroffen worden.

Allein, in den tiefdunklen Schatten, der über dem schwer geprüften Deutschland lag, fielen wenigstens einige aufhellende Lichtstrahlen: Die zersetzenden Attacken des Separatismus vermochten der territorialen Selbstbehauptung des Reiches vor allem deshalb nichts anzuhaben, weil sie am überwältigenden Willen der Deutschen, ihre nationale Einheit zu bewahren, zerbrachen. Eine gerade in dieser Hinsicht vorbildliche Entschlossenheit demonstrierte nicht zuletzt die sozialdemokratische Arbeiterschaft, die von Beginn an für die Einheit und Unversehrtheit des Reiches eingetreten war. Unmittelbar nach der militärischen Kapitulation hatte Philipp Scheidemann in diesem Sinne programmatisch erklärt: »Wir können es verstehen, wenn in den süddeutschen Staaten die Tendenz einer Trennung von Preußen durchbricht; wir halten es aber für unsere Pflicht, dieser Trennung auf das entschiedenste entgegen zu wirken. Frankreich wünscht den Zerfall des Reichs. Das ist begreiflich. Die wertvollste Errungenschaft des Deutsch-Französischen Krieges von 70/71 war die Gründung des Reichs ... Es wäre geradezu unerträglich, daß Deutschland sich nach nahezu 50-jährigem Bestande in kleine Staaten auflöst, während alle übrigen Völker der Welt die letzte Kraft aufbieten, um all ihre Volksgenossen einheitlich zusammenzuführen.«[63]

Dieser stabile Konsens, der vor allem die den Weimarer Staat tragenden Parteien beseelte, trug auch die Kämpfe jener Freiwilligen, die insbesondere an den bedrohten Grenzen des Reiches im Osten gegen polnische Gebietsansprüche auftraten. 1921 steigerte sich die erbitterte Auseinandersetzung in Oberschlesien zum offenen Konflikt. Seine außenpolitischen Konturen berührten sich in charakteristischer Weise mit dem strittigen Reparationsproblem, das einen konstitutiven Bestandteil der Großen Politik ausmachte. Die Volksabstimmung, die im Versailler Vertrag zur Lösung der oberschlesischen Frage festgesetzt worden war, hatte am 21. März ein Ergebnis gezeigt, das die deutschen Interessen förderte. 60 Prozent der Abstimmenden sprachen sich für ein Verbleiben beim Deutschen Reich aus, 40 Prozent votierten dagegen. Daraufhin entfesselten die Polen einen Aufstand, den die westlichen Siegermächte einmal mehr mit geteiltem Kommentar versahen. Die französischen Besatzungstruppen favorisierten das Vorgehen der Polen; die Briten duldeten die Aufstellung eines deutschen Selbstschutzes.

Obwohl sich die Freikorps, die am 23. Mai 1921 den Annaberg erstürmten, militärisch behaupteten, trafen die Alliierten im Oktober eine Regelung, die das Reich eher benachteiligte. Im Einklang mit dem Versailler Vertrag, der diese kompromißhafte Möglichkeit vorsah, wurde Oberschlesien geteilt. Deutschland erhielt zwar den territorial größeren Teil; dieser war aber insgesamt weniger wertvoll. Denn das ostoberschlesische Industriegebiet, in dem über die Hälfte der Abstimmenden für den Anschluß an Polen eingetreten waren, wurde dem verfeindeten Nachbarn im Osten zugeschlagen. Zuvor mußten die Deutschen noch, um die britische Unterstützung für ihre oberschlesischen Interessen nicht zu verlieren, den englischen Wünschen auf dem Feld der Reparationen entgegenkommen.

Neben der Entwaffnung war es vor allem das Problem der Wiedergutmachung, das die Deutschen die erlittene Schmach bitter fühlen ließ. Nach Inkrafttreten des Friedensvertrages im Jahre 1920 war die bürgerliche Minderheitsregierung Fehrenbach mit diesem bis zur Unlösbarkeit vertrackten Problem zentral beschäftigt. Das ermunternd-waghalsige Wort Gustav Stresemanns, wonach die Sieger in wirtschaftlicher Hinsicht noch mehr zu leiden hätten als die Besiegten, besaß, wenn es überhaupt zutraf, keine Aktualität. Immerhin hatten die Alliierten Sieg und Ehre auf ihrer Seite, während den Deutschen nur Niederlage und Demütigung geblieben waren.

Zudem mußte die Regierung mit einer schier erdrückenden Last nicht enden wollender Probleme in einer Zeit fertigwerden, in der ihre Minderheitsposition von rechts und links unter heftigem Beschuß stand. Die Weimarer Koalition, die der erforderlichen Entwicklung des deutschen Nationalstaates den verwandelnden Durchgang durch das leicht zu verfehlende Tor zum zeitgemäß Neuen gebahnt hatte, verfügte nicht mehr über eine regierungsfähige Mehrheit im Parlament. Nach dem bitteren Kommentar von Ernst Troeltsch war diese »die neue Verfassung tragende Mitte«[64] zertrümmert. Als nachteilig erwies sich die beklagenswerte Tatsache nicht zuletzt für eine tatkräftige Regelung des fast unüberschaubaren Reparationsproblems, das genau auf der empfindlichen Bruchlinie zwischen Innen- und Außenpolitik lag. Selbst eine starke Regierung hätte sich in der Kräfte verzehrenden Auseinandersetzung mit den inneren und äußeren Widerständen einer rauhen Zeit schwergetan; aber nur sie hätte Unpopuläres im Inneren vertreten und Erfolgreiches nach außen hin unternehmen können. Um wievieles hilfloser stand eine schwache Regierung vor den turmhohen Problemen!

Vorläufig herrschte nur gerüchtetreibende Unklarheit über die Höhe der Summe, die an Reparationen zu entrichten war. Die bis zum 1. Mai des Jahres 1921 aufzubringenden 20 Milliarden Goldmark beschrieben ja lediglich einen vorab zu leistenden Wiedergutmachungsbeitrag, der die Ungewißheit über das Endgültige keineswegs beseitigen konnte. Sein Ausmaß wurde auf einer Reihe von Konferenzen erörtert, die in den Jahren von 1920 bis 1922 stattfanden: Sie beschäftigten sich vor allem mit dem äußerst komplizierten Problem der möglichen Zahlungsverfahren und mit diversen Bitten der Deutschen um Moratorien.

Die alliierten Forderungen, die auf der Pariser Konferenz im Januar und auf der Londoner Konferenz im März 1921 zwischen den Franzosen und Briten ausgehandelt worden waren, führten zu einem schweren Zusammenstoß mit den Deutschen. Die Zahlungshöhe, pro Jahr zwischen zwei und sechs Milliarden ansteigend, und die Zahlungsfrist von 42 Jahren wurden vom Reich als unzumutbar und unmöglich zurückgewiesen. Angesichts des deutschen Widerstandes traten, unmittelbar nach dem Ende der Zusammenkunft in London, ultimativ angedrohte Sanktionen in Kraft: Am 8. März wurden Düsseldorf, Duisburg und Ruhrort, jener damals noch selbständige große Binnenhafen am Niederrhein, besetzt, die Zolleinnahmen der wohlhabenden Region konfisziert. Hilfesuchend bat das Kabinett Fehrenbach in dramatisch zugespitzter Lage um die Vermittlung der Amerikaner. Als der verzweifelte Versuch mißlang, trat die unglückliche Regierung am 4. Mai zurück.

Unterdessen war die Reparationssumme auf 132 Milliarden festgesetzt worden. Mit dem Londoner Ultimatum vom 5. Mai erzwangen die Alliierten die Einwilligung des Reiches. Damit wurde eine Besetzung des Ruhrgebiets vermieden, auf die es vor allem Frankreich abgesehen hatte. Der aus den Weimarer Koalitionsparteien gebildeten Regierung Wirth war es gelungen, das Schlimmste gerade noch abzuwenden. Die unfreiwillige Annahme des Londoner Ultimatums vollzog sich unter dem belastenden Eindruck der ungeklärten Oberschlesienfrage: Nur durch ein schmerzhaftes Einlenken im schwelenden Konflikt um die leidigen Reparationen konnte sich Deutschland die unverzichtbare Rückendeckung Englands gegenüber Polen und Frankreich bewahren.

Den Londoner Zahlungsplan zu akzeptieren, ging mit einem geradezu paradoxen Versuch der deutschen Seite einher, das brutal Oktroyierte durch scheinbare Loyalität *ad absurdum* zu führen: In den Jahren 1921/22 leitete die Regierung Wirth die sogenannte »Erfüllungspolitik« ein. Sie markierte in gewisser Hinsicht den Auftakt für Stresemanns Verständigungspolitik, die sich, mit dem Jahre 1923 beginnend, anschloß. Durch demonstrative Erfüllung der alliierten Forderungen sollte deren tatsächliche Unerfüllbarkeit unter Beweis gestellt werden. Doch die Gläubiger gingen darauf nicht ein. Alliierter Einschätzung der Sachlage nach trennten die Deutschen nicht klar und lauter genug den Tatbestand der politischen Zahlungsunwilligkeit von dem der wirtschaftlichen Zahlungsunfähigkeit. Nach dem gestrengen, aber nicht verkehrten Urteil der Briten und Franzosen unterließ die deutsche Seite es, durch Währungssanierung, Ausgabenkürzung und Steuererhöhung wesentliche Voraussetzungen für die Aufbringung der Reparationen zu legen. Vielmehr mußten die Westmächte beobachten, daß die Deutschen eine Inflation zustimmend in Kauf nahmen, die eine echte Politik ehrlichen Entgegenkommens eher behinderte als förderte. Um die Abtragung der Reparationslasten sowohl billiger als auch unübersichtlicher zu gestalten, nahm die deutsche Regierung – von anderen ihr verfügbaren oder sich ihr entziehenden Beweggründen des Währungsverfalls abgesehen – eine progressive Geldentwertung in Kauf. In den Jahren bis 1922 trabte diese vor sich hin, ein Jahr später verfiel sie in zügellosen Galopp.

Daß die Regierung, um sich der Reparationslasten wohlfeiler entledigen zu können, mit dem leichtfertigen Inflationspoker eine gesellschaftliche und politische Bürde auf sich lud, die katastrophale Folgen hatte, blieb vorläufig noch verborgen. Erst im abwägenden Rückblick stellte sich der insgesamt ruinöse Preis eines machiavellistischen Manövers mit selbstschädigendem Ende heraus. Nach Stefan Zweigs Urteil hat »nichts ... das deutsche Volk ... so erbittert, so haßwütig, so hitlerreif gemacht wie die Inflation«[65]. In ihrem wachen Mißtrauen, die Deutschen trieben ein falsches Spiel, das den eigentlichen Zweck der scheinheiligen »Erfüllungspolitik« in verweigernder Nichterfüllung suchte, wurden die Alliierten bald bestätigt. Schon nach Zahlung der ersten Milliarde erreichte sie die deutsche Bitte um ein Moratorium: Die »Erfüllungspolitik« war beendet.

Auf britischer Seite setzte aufs neue die Suche nach gangbaren Wegen ein; sie sollten an erreichbare Ziele führen – die, *admirabile dictu*, zwischen allen Beteiligten gemeinsam zu vereinbaren waren! Eine derart verständigungsbereite Prozedur, so jedenfalls mußte der englische Plan den argwöhnischen Franzosen vorkommen, trug nur dazu bei, die alten Weltkriegsalliierten einander noch weiter zu entfremden. Für den britischen Premierminister Lloyd George lag die verfahrene Auswegslosigkeit des zugegebenermaßen Komplizierten vor allem darin begründet, daß »wir ... der französischen Politik schon viel zu sehr nachgegeben« haben: »Ich fürchte, ihre Reparationsforderungen werden in Deutschland eine Katastrophe ausrichten, die einen erneuten Rückschlag für den europäischen Handel mit sich bringen und Deutschland vermutlich in den Bolschewismus oder den Imperialismus treiben wird.«[66]

Unendlich weit entfernt schienen auf einmal die erst wenige Jahre zuvor verkündeten blutrünstigen Parolen, mit denen Lloyd George den *knock out* gegen die Deutschen zum Wahlprogramm erhoben hatte. Jetzt entwickelte er, vom Verbündeten durch mannigfache Spannungen getrennt, wenn auch keineswegs unversöhnlich entzweit mit Frankreich, eine neue Initiative: Zusammen mit den Deutschen und den Russen, die seinerzeit beide nicht an der Pariser Friedenskonferenz beteiligt waren, so lautete sein Vorschlag, sollten die nicht mehr länger aufschiebbaren Probleme des Wiederaufbaus und der Reparationen in einem internationalen Zusammenhang erörtert werden. Der Weg zur Weltwirtschaftskonferenz von Genua zeichnete sich ab! Wo die Deutschen nur wenig Hoffnung hegen durften, über außenwirtschaftliche Vereinbarungen innenpolitische Erleichterung zu finden, setzten sie ein erstes außenpolitisches Signal. Am Rande der Genueser Konferenz, mitten aus dem bewegten Gang ihrer Verhandlungen heraus und doch lange zuvor geplant, wurde der deutsch-russische Vertrag von Rapallo abgeschlossen.

Empfindlich eingeengt waren die Erfolgschancen der Konferenz von Genua von vornherein dadurch, daß die Amerikaner nicht an ihr teilnahmen. Außerdem blieb der neue Ministerpräsident Frankreichs, Raymond Poincaré, der anders als sein Vorgänger Briand auf den englischen Kurs um nahezu nichts in der Welt, es sei denn um den Preis eines britisch-französischen Garantiebündnisses, einzuschwenken bereit war, der Veranstaltung demonstrativ fern. Mit starrer Unerbittlichkeit beharrte der lothringische Jurist auf unbedingter Vertragserfüllung. Nach dem Eindruck seines Landsmannes, des Schriftstellers, Dramatikers und Diplomaten Jean Giraudoux, den dieser in seinem 1926 erschienenen Roman »Bella« niederlegte, verfolgte der von Rache erfüllte Feind der Deutschen seine Reparationspolitik wie einen Erbschaftsstreit: Ausgefochten wurde er um die heiligen Ansprüche der Millionen Toten, die ihr Leben für Frankreich geopfert hatten.[67]

In der Tat, Poincaré wollte etwas ganz anderes als die Briten: Einer Politik des friedlichen Wandels, die die Engländer bevorzugten, um durch europäischen Wiederaufbau das Deutsche Reich und den alten Kontinent gegen revolutionäre Veränderungen zu immunisieren, vermochte er nichts abzugewinnen. Worum es ihm allein zu gehen schien, war, in letzter Minute das einzuheimsen, was Marschall Foch und Ministerpräsident Clemenceau verwehrt geblieben war, nämlich Deutschland endgültig zu erledigen. Louis Barthou, der in Genua die französische Republik vertrat, wies der kompromißlose Poincaré an, über Probleme der Reparationen und der Abrüstung nicht zu sprechen.

Daß die Konferenz von Beginn an wenig Aussicht auf Erfolg bot, hing nicht unwesentlich mit der französischen Außenpolitik »gefährlicher Halbheiten«[68] zusammen, mit der die »Große Nation« den Deutschen und der Welt damals begegnete. Von den Angelsachsen im Ökonomischen und Finanziellen extrem abhängig, im Gefühl, von Amerikanern und Briten im kranken Europa mit den gefährlichen Deutschen und den unberechenbaren Sowjets alleingelassen zu sein, wirkten ihre Reaktionen verwirrend doppeldeutig, zugleich verzagt und aggressiv. Ihr Sicherheitsbedürfnis ließ sie Hegemonialpolitik treiben; ihre Verteidigungsstellung wollte sie durch das Prävenire festigen; um der Balance willen strebte sie nach Vormacht.

Als Gefangene ihrer angsterfüllten Hast nahmen die Franzosen den aussichtslosen Wettlauf mit der ihnen enteilenden Zeit auf, die, über kurz oder lang, eine Normalisierung der arg künstlichen Machtverhältnisse in Europa mit sich bringen mußte. Sie wollten ihre Lage ein für allemal stabilisieren; wollten Versäumtes überstürzt nachholen; wollten über die offensichtlich zu schwachen Fesseln von Versailles hinaus die Deutschen für immer an schwere Ketten legen. Was sie mit instinktiver Gewalt anzog und was sie zu einem Erfordernis des Gleichgewichts erklärten, nahm sich für das davon in erster Linie betroffene Deutschland und für die am Erhalt der kontinentalen Balance interessierte englische Weltmacht wie ein Griff nach der europäischen Vormacht aus.

In dem seit Jahrhunderten währenden Ringen um Hegemonie und Gleichgewicht war Frankreich die ebenso verführerische wie undankbare, letztlich tragische Rolle des umfassenden Verdacht auf sich ziehenden Staates zugefallen, der die Herrschaft über alle anderen zu beanspruchen schien. Verräterisch trat diese ehrgeizige Neigung immer wieder hervor, wenn die ungeduldig fordernde Siegermacht ihre vor Kraftanstrengung zitternde Hand mit unkontrollierter Begierde ausstreckte, um territoriale Pfänder zu nehmen, wenn finanzielle Leistungen der Deutschen ausblieben.

Nur notdürftig vermochten Geld- und Warenlieferungen das unersättliche Sicherheitsverlangen der Franzosen zu stillen; denn im eigentlichen ging es ihnen darum, die vergötzte *sécurité* in Form von Landnahme und Okkupation erfahrbar zu machen. Der traditionelle, vielleicht bereits obsolete Machtbegriff der direkt ausgeübten Herrschaft, der das kontinentale Hegemoniestreben seit den Tagen der Spanier bestimmt hatte, dominierte in uralter Weise aufs neue das Denken und Handeln der Franzosen. Sicherlich, ein weitblickender Kritiker des Versailler Vertrages wie John Maynard Keynes mochte, bis zu einem gewissen Grade und aufs Ganze doch wiederum nicht, recht behalten, wenn er bereits unmittelbar nach Kriegsende mit beschwörender Einseitigkeit warnte: »die Gefahren der Zukunft« lägen »nicht in Grenz- und Gebiets-, sondern in Lebensmittel-, Kohlen- und Verkehrsfragen«[69].

Für die französische Außenpolitik hatte diese normative Einsicht am Beginn der zwanziger Jahre mit fataler Gewißheit noch keine ausschlaggebende Bedeutung. Im Sinne des traditionellen Machtbegriffs hielt sie kompromißlos an der Überzeugung fest, mit der Napoleon im Jahre 1808 Goethe gegenüber bekannt hatte: »Die Politik ist das Schicksal.«[70] In spiegelbildlicher Verkehrung zum lange Zeit scheinbar eindeutig Feststehenden vertraute Walther Rathenau, der im neuen Kabinett Wirth zuerst das Amt des Wiederaufbauministers und dann den Posten des Außenministers bekleidete, fest darauf, »schon in wenigen Jahren« werde »die Welt erkennen, daß die Politik nicht das Letzte entscheidet«, weil »die Wirtschaft... das Schicksal«[71] sei. Nun: Mochte das Politische im Ökonomischen letztlich aufgehen, oder mochte wirtschaftliche Stärke der alten Machtpolitik nur als neue Triebkraft dienen, auf jeden Fall gewannen die Elemente des Handels und des Geldes, der Prosperität und des Kapitalverkehrs erheblich an Bedeutung.

Als sich die Deutschen auf den Weg zur Weltwirtschaftskonferenz nach Genua machten, insbesondere aber, als sie von dort aus den abzweigenden Sonderweg nach Rapallo einschlugen, stellte sich ihnen ein grundsätzliches Problem ihrer staatlichen Existenz, das die Geschichte der Außenpolitik der Weimarer Republik begleitete: Der innenpolitischen Bauform nach mit dem Westen verbunden, mußten sie sich auf außenpolitischem Feld gegen Frankreich und Großbritannien, die Garantiemächte der Pariser Ordnung, behaupten. Dieser Gegensatz, der die innere und äußere Orientierung des Weimarer Staates aufspaltete, konnte die dem demokratischen Parlamentarismus und der kapitalistischen Wirtschaftsform verpflichtete Republik, um zu außenpolitischem Handeln, zu Abwehr und Revision, befähigt zu sein, leicht an die Seite des bolschewistischen Rußland treiben. Zwischen West und Ost hatte das Reich im Zentrum Europas mit einer gleichsam halbierten Staatsräson zu existieren.

Die Deckungsungleichheit zwischen seinem inneren und äußeren Bewegungsgesetz vermochte dem deutschen Nationalstaat unter gewissen Umständen manchen Vorteil zu bieten. Die spezifische Inkongruenz eines derart uneindeutigen Daseins konnte es freilich auch mit sich bringen, genau zwischen den unvereinbaren Positionen des westlichen und östlichen Lagers im gefährlichen Abseits zu landen; sich womöglich einmal mehr dem nie erlahmenden Verdacht auszusetzen, die Deutschen seien, wie Friedrich Nietzsche einst gespottet hatte, nach wie vor ein »Täusche-Volk«[72].

Die halbierte Staatsräson

»Deutschlands weltpolitische Sonderstellung in den zwanziger Jahren«[73] lag in dem Widerspruch zwischen seiner inneren Organisation und seinen äußeren Interessen begründet. Nach dem Ende des Großen Krieges hatte sich das Reich für die innenpolitische Ordnung des westlichen Parlamentarismus entschieden und war auf außenpolitischem Feld gleichzeitig von den westlichen Siegern zur Annahme des Versailler Diktats gezwungen worden. Dieses fundamentale Paradoxon der staatlichen Existenz Deutschlands, das einmal offen hervortrat und dann wieder verdeckt blieb, das zeitweise die internationale Position des Reiches gefährdete und sie manchmal förderte, machte sich nach dem Bekanntwerden der Friedensbedingungen und nach dem Inkrafttreten des Versailler Vertrages auf das Nachteiligste bemerkbar.

Grundsätzlich gab es für die junge Republik zwei entgegengesetzte Optionen ihrer Außenpolitik; deckungsgleich oder inkongruent konnten sie sich mit charakteristischen Alternativen innenpolitischer Herkunft verbinden. Einen harmonischen Ausgleich zwischen innerer und äußerer Politik, zwischen der Entscheidung für den Parlamentarismus und den Kampf gegen Versailles zu finden, war beinahe unmöglich, zumindest außerordentlich schwierig. Daher wurde Deutschland fast automatisch darauf verwiesen, das west-östliche Zwischengelände zu erkunden. Auf innenpolitischem Feld wurde am zukunftweisenden Entschluß für die westliche Demokratie gegenüber der sowjetischen Diktatur, aber ebenso gegenüber dem spukbildhaften Traum von einem dritten Weg des demokratischen Sozialismus festgehalten.

Auf außenpolitischem Feld wurde es den Deutschen dagegen nahezu unmöglich gemacht, einen damit übereinstimmenden Kurs an der Seite der Briten und Franzosen zu steuern – es sei denn, sie hätten, anders als es in der europäischen Geschichte seit Jahrhunderten üblich war, auf die Revision des Verlorenen verzichtet und das Diktat der Sieger anerkannt. Daher blieb vorerst nichts anderes übrig, als unter Ausnutzung der revolutionären Gefahr, die von Sowjetrußland ausging, mit den Westmächten, die das »System von

Versailles« verkörperten, zu einer spannungsreichen Verständigung zu gelangen. Auf ein leidliches Gelingen dieses schwierigen Manövers spekulierte, anfangs jedenfalls, Reichsaußenminister Ulrich Graf Brockdorff-Rantzau. Nach dem vorläufigen Scheitern dieser umstrittenen Möglichkeit ging der eigenwillige Aristokrat, zwar nicht mit Ausschließlichkeit, aber doch der Tendenz nach, zur entgegengesetzten Alternative über: Eher mit Rußland als mit den Westmächten wollte er jetzt zusammenwirken und die kolossale Macht der Sieger durch ein östliches Gegengewicht relativieren.

Bald schon begannen die Briten die »Bolshies« mehr zu fürchten als die »Boches«, die dafür um so mißtrauischer von den Franzosen im Auge behalten wurden. Mochten die westlichen Sieger sich in der Intensität ihrer Ablehnung dem geschlagenen Deutschland gegenüber voneinander unterscheiden, gemeinsam war ihnen, daß keiner von beiden eine Bolschewisierung des großen Landes in der europäischen Mitte in Kauf nehmen wollte. Ob diese gesellschaftspolitische Präferenz der Westmächte eine parlamentarische Verfaßtheit des Reiches erforderte, wovon die Zeitgenossen mehrheitlich überzeugt waren, oder womöglich ein sozialistisches Räteregime zuließ, wie Historiker rückblickend feststellen, wird heute möglicherweise intensiver erörtert, als es damals tatsächlich relevant war. Die innenpolitische Westorientierung erschien jedenfalls zeitgemäß und bot Vorteile. Durch ihr Zusammenwirken mit England und Frankreich, aber auch mit den Vereinigten Staaten von Amerika hoffte die Republik von Weimar im Politischen auf einen »anständigen Frieden«[74] und im Wirtschaftlichen auf eine »Retablierung Rußlands«[75]. Die innenpolitische Ausrichtung nach Westen paßte, eine Zeitlang zumindest, nahtlos zu der sich abzeichnenden neuen Außenpolitik des jungen Staates.

Mit der Friedensresolution des Reichstages vom 19. Juli 1917 hatte sie ihren manchmal vielleicht überschätzten, aber nicht zu verkennenden Anfang genommen, einen Neuanfang. Über die Außenpolitik der Regierung des Prinzen Max von Baden und des Rats der Volksbeauftragten hinaus deutete sich in ihr, neben der Betonung des wirtschaftlichen Elements, die bevorzugte Tendenz an, dem internationalen Rechtsdenken hohe Beachtung zu schenken. Getragen wurde sie von Kräften auf der politischen Rechten ebenso wie auf der politischen Linken, von Repräsentanten der alten Elite im Auswärtigen Amt und aus liberalen Unternehmerkreisen bis hin zu Vertretern der SPD, der USPD und der Gewerkschaften.

Nicht aus den Augen verlieren darf man darüber die starke Existenz beharrender Gegenkräfte, die nach wie vor auf die hergebrachten Rezepte der alten Machtpolitik vertrauten. Manchem Anhänger der neuen Außenpolitik, die an die moderne Linie der weltwirtschaftlichen Orientierung im wilhelminischen Deutschland anknüpfte und dem Primat einer aufs militärische Fundament gegründeten Machtpolitik absagte, lag der im Innenpolitischen vollzogene Wandel nicht gleichermaßen am Herzen, wie er den ihm aussichtsreich vorkommenden Wegen der außenpolitischen Umorientierung entschlossen folgte. Die Konsequenzen solcher Gesinnung konnten nicht ausbleiben. Die latente Spannung, die darin angelegt war, vermochte leicht zu vornehmlich innenpolitischen Verwerfungen führen. Schon früh, im Zusammenhang mit der Außenpolitik des Rats der Volksbeauftragten, tat sich die Kluft zwischen innerer und äußerer Staatsräson auf, die sich danach, am Beginn der zwanziger Jahre, noch vertiefte.

Allzu heftig geriet nämlich der Versuch, sich zusammen mit dem Westen vor dem bolschewistischen Rußland abzuschirmen, mit jener Politik der Sieger in Konflikt, die den Deutschen mit kaum zu überbietender Härte entgegentrat. Umgehend drängte die tiefe Enttäuschung über den Westen, für dessen innenpolitische Bauform sich die Deutschen entschieden und gegen dessen außenpolitische Attacken sie sich zu verteidigen hatten, die grundlegende Frage geradezu auf, ob man nicht aus einer alles andere als unproblematischen Verbesserung seines Verhältnisses zu Sowjetrußland, dem man in gesellschaftspolitischer Perspektive ablehnend gegenüberstand, mit dem man aber im internationalen Feld möglicherweise einiges gemeinsam hatte, praktischen Vorteil ziehen könne. Damit ist das politische Grundmuster der Weimarer Republik gezeichnet, das die junge Demokratie im Inneren und Äußeren von Anfang an begleitete.

Die zweite, fundamentale Wahlchance, die in außenpolitischer Hinsicht existierte, lautete also, sich mit dem Osten gegen den Westen zu verbünden. Im Innenpolitischen konvenierte diese schwierige Option sowohl mit restaurativen Forderungen auf der reaktionären Rechten wie mit revolutionären Bestrebungen auf der kommunistischen Linken; im Verlauf der zwanziger Jahre lebte die bedrohliche Versuchung, das eine mit dem anderen, die innenpolitische Neigung mit dem außenpolitischen Ziel zu verbinden, immer wieder auf. Diese außenpolitische Alternative umfaßte einen auf der politischen Rechten ebenso wie auf der Linken mit entgegengesetzten Absichten verfolgten Entwurf: traditionelle Koalition mit einem, wenn eben möglich, »weißen« Rußland, wenn nicht möglich, auch mit einem »roten« Rußland und monarchische Überwindung der Demokratie im Reich; oder sozialistische Zusammenarbeit mit einem »roten« Rußland und kommunistische Revolution in Deutschland. In Teilen der Reichswehrführung und bei den Deutschnationalen wurde, ungeachtet ihrer idealen Planungen über das an sich Erwünschte, *rebus sic stantibus* ein staatspolitisches Zusammengehen der Weimarer Republik mit Sowjetrußland gefordert, um Front gegen Polen zu machen; um den Westen vor allem in der Abrüstungsfrage unter Druck zu setzen; und um aufs neue »Bündnisfähigkeit« zu gewinnen.

Beide Entwürfe deutscher Außenpolitik – die prowestliche und antisowjetische auf der einen, die prorussische bzw. prosowjetische und antiwestliche auf der anderen Seite – bargen die Gefahr in sich, Deutschland zum Juniorpartner, vielleicht sogar zum Degen des Westens oder des Ostens absinken zu lassen. Gerade bei dem leidenschaftlichen Versuch, die abhanden gekommene Großmachtstellung wiederzuerlangen, drohte unversehens ein Verlust an nationaler Souveränität. Die zwei Optionen waren im übrigen mit soviel exklusiver Unvereinbarkeit konzipiert, daß sie kaum die parlamentarische Unterstützung des jeweiligen Gegners finden konnten, also nachgerade zur wechselseitigen Blokkierung im Reichstag tendierten. Beide Vorschläge bargen nicht zuletzt das Risiko, durch einseitige Bindung in Form einer Allianz mit dem Westen oder dem Osten die auf jeden Fall zu vermeidende Belastung nach sich zu ziehen, in einen für die Existenz der Weimarer Republik lebensgefährlichen Krieg verwickelt werden zu können. Angesichts der militärischen Ohnmacht des Reiches hätte ein großer Waffengang über das definitive Ende der – noch nicht einmal wiederhergestellten – souveränen Großmachtstellung hinaus mit Wahrscheinlichkeit den Zerfall des deutschen Nationalstaates nach sich gezogen.

Deutschland blieb gar nichts anderes übrig, wollte es seine außenpolitische Objektrolle lockern und neuen Manövrierraum gewinnen, als eine Chance abzupassen, um ein Gegengewicht zu den Siegermächten in die Waagschale zu werfen. Zu diesem Zweck blieb nur die Zusammenarbeit mit dem anderen vom Westen stigmatisierten Staat, dem bolschewistischen Rußland. Als das Deutsche Reich und die Sowjetunion, die aus machtpolitischem und die aus weltanschaulichem Grund geächtete Potenz, im Vertrag zu Rapallo zueinanderfanden, vollzog sich dieser historische Vorgang als eine dramatische Normalisierung.

Eine dramatische Normalisierung

Daß die Außenpolitik der Weimarer Republik von Beginn an im Banne des Kampfes gegen den Vertrag von Versailles stand, hatte für das Verhältnis der Deutschen zu den Westmächten und zu Sowjetrußland Konsequenzen. Diese Feststellung gilt um so mehr, als die Weimarer Republik gerade am Anfang ihrer Existenz den bis 1923 andauernden Versuch der Franzosen abzuwehren hatte, den bestehenden Friedensvertrag zu einem »Über-Versailles«[76] auszubauen. Dadurch ergab sich über alle ideologischen Gräben hinweg die Annäherung an das bolschewistische Rußland gleichsam zwangsläufig. Denn die machtpolitischen Gegensätze zum parlamentarisch verwandten Westen, vor allem gegenüber Frankreich, schlugen einfach erheblicher zu Buche. Insofern war es zumindest angeraten, die eigene Position zur Entente durch einen Wink mit dem russischen Zaunpfahl zu verbessern. Ostpolitik zu treiben bedeutete also, die Voraussetzungen der eigenen Defensive zu verbessern und zugleich Grundlagen für die zukünftige Offensive zu schaffen.

Ungeachtet tiefgreifender Differenzen, durch die sie ansonsten bis zu blanker Feindschaft hin getrennt wurden, stiftete diese spezifische Ausrichtung der äußeren Politik des Reiches eine innenpolitische »Waffenbrüderschaft«[77] zwischen ganz unterschiedlichen Kräften und Repräsentanten. Der eher dem linken Flügel der Zentrumspartei angehörende Reichskanzler Wirth gelangte über diese außenpolitische Brücke zu einem Einverständnis mit einem so konservativen Vertreter im Auswärtigen Amt wie dem Leiter der Ostabteilung von Maltzan oder mit dem Chef der Reichswehr von Seeckt. Wirths antipolnische Orientierung: »Polen muß erledigt werden« fand ihn »in diesem Punkt ... ganz einig mit den Militärs, besonders mit dem General von Seeckt«[78]. Dieser hätte ohne Zweifel die Zusammenarbeit mit einem monarchisch restaurierten Rußland vorgezogen. Er schob die ideologischen Vorlieben jedoch nüchtern beiseite, weil ihm »nur im festen Anschluß an ein Groß-Rußland ... Deutschland die Aussicht auf Wiedergewinnung seiner Weltmachtstellung« zu besitzen schien: »Jetzt heißt es, sich mit dem Sowjet-Rußland abfinden – uns bleibt keine Wahl.«[79]

Ein außenpolitischer Repräsentant wie der nach Abschluß des Rapallo–Vertrages als deutscher Botschafter nach Moskau entsandte Diplomat Brockdorff-Rantzau, in dessen Gedankenbildung sich während der Jahre zwischen dem Ende des Krieges und der Annäherung an Rußland die west-östlichen Optionschancen immer wieder andersartig mischten, sah in dem unumgänglichen Ausgleich mit der östlichen Großmacht durchgehend eine entscheidende Voraussetzung dafür, im internationalen Zusammenhang überhaupt wieder handlungsfähig zu werden. Diese pragmatisch begründete Forderung wurde nicht im Sinne entschiedener Ostorientierung mit antiwestlicher Spitze erhoben. Um letztlich zu einem Ausgleich mit England zu gelangen, dachte Brockdorff-Rantzau daran, eine von Deutschland durch Kooperation in Abhängigkeit gehaltene Sowjetunion als Hebel seiner britisch akzentuierten Westpolitik zu benutzen.

Auf der einen Seite erscheinen derlei Erwägungen vor dem Hintergrund der europäischen Staatengeschichte durchaus nicht als sensationell; handelt es sich doch, was ihr außenpolitisches Optionsproblem angeht, um normale Gedankenspiele einer besiegten Großmacht. Auf der anderen Seite enthalten sie, weil der potentielle Partner, das bolschewistische Rußland, das revolutionäre Kainsmal gesellschaftlicher Andersartigkeit auf der Stirn trug, neue, ungewöhnliche Züge. Vor dem zeitgenössischen Hintergrund war es schon ein abenteuerliches Wagnis, sich mit dem ideologischen *outlaw* der Staatengesellschaft einzulassen.

Freilich: Singuläre Züge hatte dieses aufsehenerregende Experiment nun wieder nicht. Auf dem Weg zur Konferenz von Genua und während ihrer Dauer setzte nämlich ein wahrer »Wettlauf nach Rußland«[80] ein. Von der sich in England ausbreitenden Überzeugung angesteckt, daß der bolschewistische Versuch, »die Lebensrätsel«[81] zu lösen, mittlerweile gescheitert sei, wollte jeder an der Heimkehr Rußlands in die kapitalistische Weltwirtschaft teilhaben und aus dem profitablen Geschäft Vorteil ziehen. Der Pariser Frieden, durch den Europa, in einem geographisch großzügig verstandenem Sinne, 1919/20 versuchsweise geordnet worden war, hatte im Zuge der Washingtoner Konferenz an der Jahreswende 1921/22 eine Ergänzung gefunden, durch die Ostasien revidierte Konturen verliehen worden waren. Daher schien das Treffen von Genua, sieht man einmal vom sturen Insistieren der Franzosen auf dem Status quo ab, die von Großbritannien aus eröffnete Gelegenheit zu bieten, die europäische Staaten- und Gesellschaftsordnung schöpferisch weiterzuentwickeln, vor allem die beiden bis dahin Geächteten, Deutschland und Rußland, an sich zu binden. Die unnahbare Hegemonialpolitik der Franzosen, die diese Staaten einfach ausschloß, zeigte mittlerweile unübersehbare Schwächen. Sie mußten noch schärfer hervortreten, sollten sich die beiden Außenseiter der Staatenwelt in der Zukunft einmal zusammenschließen: Gerade diese bilaterale Annäherung ging mit der multilateralen Veranstaltung einher, die nach Genua einberufen wurde.

Daß die Benachteiligten zueinanderfanden, war an sich nicht verwunderlich, zumal es eine Vorgeschichte und Anlässe gab, die diese Entwicklung förderten. Schon im polnisch-sowjetischen Krieg, der vom April bis zum Oktober 1920 ausgefochten wurde, hatte das Deutsche Reich eine »prorussische Neutralität«[82] bezogen; darüber hinaus verstärkten sich bereits früh, in der Anfangsphase der Weimarer Republik, die wirtschaftlichen und militärischen Kontakte zwischen beiden Staaten.

Am 16. April 1922 verdichtete sich diese stetig zunehmende Tendenz zum deutsch-russischen Ausgleich im geheimnisumwitterten Vertrag von Rapallo. Zu seinem Abschluß kam es nicht so überraschend, gar unvorbereitet, wie das der Mehrzahl der Zeitgenossen erschien. Die Aufregung, mit der die Nachricht aus Rapallo damals aufgenommen wurde, mag auf den heutigen Betrachter fremd, beinahe unerklärlich wirken, denn: Was tatsächlich zwischen dem Deutschen Reich und Sowjetrußland vereinbart wurde, war an sich harmlos – und war doch nicht ohne! Die Einzelheiten fanden weniger Beachtung; die Tatsache als solche wirkte sensationell. Anders als lange Zeit irrigerweise angenommen, enthielt der Vertrag keine geheimen Klauseln oder Ergänzungen, die sich auf militärische Absprachen bezogen hätten. Er regelte in erster Linie den gegenseitigen Verzicht beider Partner auf finanzielle Ansprüche. Sowjetrußland gab damit Forderungen auf, die sich auf den Artikel 116 des Versailler Vertrages stützten; das Reich sah von Entschädigungsansprüchen für deutsches Eigentum ab, das durch die Revolution verloren war. Vereinbart wurde zudem die Aufnahme diplomatischer Beziehungen; in der Zollpolitik sollte das Prinzip der Meistbegünstigung gelten; und was die »wirtschaftlichen Bedürfnisse der beiden Länder« anging, so wollten ihre Regierungen sich »in wohlwollendem Geist wechselseitig entgegenkommen«[83].

Das war, was die Einzelheiten des Vereinbarten anging, bescheiden und wenig genug; und es war dennoch, was die Existenz des Vertrages an sich betraf, ehrgeizig und ziemlich viel. Zuviel auf jeden Fall für die herausgeforderten Westmächte, insbesondere für das aufs höchste alarmierte Frankreich. Den schweren Komplex der deutsch-russischen Komplizenschaft sind die Franzosen von da an nicht mehr losgeworden, obwohl »Rapallo« eher einen Mythos als eine Realität darstellte. Indes, bis zu einem gewissen Grade sind Mythen nun einmal Realitäten. In diesem historischen Augenblick blitzte umrißartig die von der Mehrzahl der Deutschen lang ersehnte Chance auf, das Etablierte aus den Angeln zu heben. Seine goliathhaft wirkende Existenz war längst nicht so fest gefügt, wie es über Jahre hin ausgesehen hatte; manch Künstliches haftete ihr vielmehr an, dessen Verwundbarkeit jetzt bloßgelegt wurde.

Wie war es zu dieser mit dem Namen von Rapallo verbundenen Begebenheit gekommen, die beifälliges Staunen und ablehnende Bestürzung hervorrief? Im einzelnen verwunderte kaum, was insgesamt verwirrte; und was potentiell für das Bestehende bedrohlich werden konnte, mutete für sich genommen unschuldig an. Daß »der Kommunismus als solcher kein Grund dafür« war, »weshalb eine deutsche republikanische und bürgerliche Regierung nicht mit einer Sowjetregierung«[84] zusammenarbeiten sollte, hatte Außenminister Simons schon zu Beginn des Jahres 1921 im Reichstag verkündet. In diesem Sinne bewegten sich die beiden Staaten aufeinander zu; in den der Genueser Konferenz vorausgehenden Monaten intensivierte sich ihre Annäherung mit Stetigkeit. Weit über das Praktische einzelner Kontakte im Ökonomischen und Militärischen hinaus beseelte Deutsche und Russen allgemein eine wechselseitige Furcht davor, den anderen ganz an die Westmächte zu verlieren und selbst vollends isoliert zurückzubleiben.

Die sowjetische Sorge galt dem tatsächlichen oder eingebildeten Bemühen, eine »kapitalistische Einheitsfront«, unter Einschluß der in Genua vertretenen Deutschen, zu verhindern. In diesem Sinne ging es sowohl dem Kominternfunktionär Karl Radek, als er zu Anfang des Jahres 1922 darüber in Berlin Gespräche führte, als auch dem sowjetischen Außenkommissar Georgi V. Tschitscherin, als er in den ersten Apriltagen auf der Reise nach Genua in der deutschen Hauptstadt Station machte, darum, das Vorgehen des Reiches und der Sowjetunion auf der bevorstehenden Konferenz abzustimmen. Vor Beginn der Verhandlungen sollten die zwischen den beiden Staaten schwebenden juristischen und finanziellen, wirtschaftlichen und politischen Fragen geregelt sein. Konzipiert wurde als Ergebnis dieser Einigung ein Entwurf, der in weiten Teilen mit dem in Rapallo unterzeichneten Vertrag identisch war.

Daß es nicht bereits in Berlin zum förmlichen Abschluß des Vereinbarten kam, lag daran, daß Reichskanzler Wirth und das Auswärtige Amt zögerten, sich kurz vor der Konferenz von Genua einer so spektakulären »Sonderaktion«[85] zu unterziehen. Vor allem Außenminister Rathenau, der, wie die Sozialdemokratie mit Reichspräsident Ebert an der Spitze, im Grunde westlich orientiert war, wollte nicht schon vorab eine sich womöglich bietende, große Gelegenheit verspielen, die Erfolg, aber auch Scheitern mit sich bringen konnte. Spekuliert wurde auf deutscher Seite darauf, daß dem zwischen Ost und West liegenden Reich in Genua das schiedsrichterliche Amt zufallen könnte, zwischen den Westmächten und Sowjetrußland zu vermitteln. Was hätte nach dem Verständnis und Ideal der Zeit besser zu demonstrieren vermocht, daß Deutschland die kostbare Ungebundenheit seiner außenpolitischen Position zurückgewonnen hatte, die für das ausgleichende Werk des neutralen Maklers erforderlich war? Was hätte zudem den Großmachtanspruch des Reiches überzeugender unterstreichen können als die auf einer Konferenz der Staatenwelt bezogene Position des überlegenen Arbiter, die an die vielen noch lebendig vor Augen stehenden Leistungen Bismarcks erinnern mochte?

Darüber hinaus lagen dem deutschen Zögern gegenüber dem russischen Drängen plausible Beweggründe defensiver Vorsicht zugrunde. Das Reich wollte sich durch ein weitgehend normalisiertes Verhältnis zur Sowjetregierung »nicht in einen Konflikt mit den Westmächten treiben lassen«[86]. Die Gefährdungen der Vergangenheit tauchten wie zum Leben erweckte Gespenster auf, als Deutschland sich erneut anschickte, zwischen Ost und West seinen traditionellen Handlungsspielraum zu suchen. Auf diplomatischem Weg wollte das Reich die hinderliche Tatsache, daß ihm die Eigenmacht, die für die Aufgabe des Mittlers erforderlich war, offensichtlich fehlte, kunstvoll und künstlich zugleich umgehen: Gerade durch sein diplomatisches Handeln sollte ihm politische Macht zuwachsen.

Wie eh und je in der Geschichte deutscher Außenpolitik tauchte aber gleichzeitig jene andere Gefahr wieder auf, die dem zwischen West und Ost liegenden Reich durchgehend drohte. In seinen Berliner Unterredungen hatte Karl Radek, im Augenblick eher taktisch als tatsächlich gemeint, als düstere Aussicht für die Zukunft jedoch nicht zu unterschätzen, die Deutschen daran erinnert, daß als Alternative zu der von ihm beschworenen »Schicksalsgemeinschaft«[87] der beiden Anti-Versailles-Mächte eine Wiederaufnahme der russisch-französischen Vorkriegspolitik nicht auszuschließen sei. Die gewaltigen Nachteile, die dem Reich seinerzeit daraus erwachsen waren, standen noch in böser Erinnerung.

Als »Spatz in der Hand«[88] wollten die Deutschen bei einem Scheitern der Konferenz von Genua, das nicht unwahrscheinlich war, auf das mit den Russen zuvor Verabredete sowieso zurückgreifen. Offenzuhalten gedachten sie sich diesen Schachzug so lange, bis sich zeigte, ob der Verlauf der Verhandlungen möglicherweise Günstigeres mit sich bringen würde. Als sich die Lage sodann aber, der tatsächlichen Tendenz oder der subjektiven Einschätzung nach, eher verdüsterte, bog man von dem unsicher gewordenen Genueser Corso auf den einladend gebahnten Sonderweg nach Rapallo ab und unterzeichnete das mit den Sowjets bereits vorab Ausgehandelte.

Wachsende Furcht vor außenpolitischer Isolierung verlieh dem sich lange anbahnenden Entschluß akute Schubkraft. Es war dieses zwingende Motiv, das Außenminister Rathenau veranlaßte, die nicht eben geringen Vorbehalte zu überwinden, sich mit den Sowjets zu arrangieren. Was der Architekt von Rapallo, Ministerialdirektor von Maltzan, schon lange wollte, wurde jetzt durch die sich bis zur Unvermeidbarkeit aufdrängende Gelegenheit möglich; sie wurde im vorgefaßten Sinne beurteilt und genutzt. Wie nicht selten in der Geschichte mischten sich die unterschiedlichen Beweggründe der Verantwortlichen zu einem gemeinsamen Resultat: Die Absicht Maltzans, mit Sowjetrußland zusammenzugehen, um eine offensive Ausgangsposition für die außenpolitische Revision zu gewinnen, paarte sich mit der Befürchtung Rathenaus, um außenpolitischer Isolierung zu entkommen, sei es unumgänglich, den russischen Vertrag zu unterzeichnen. Daß der Vorantreibende die Gelegenheit nutzte, in die der Getriebene sich versetzt sah, liegt auf der Hand; daß die solches Tun begünstigenden oder erzwingenden Umstände existierten, ist dennoch nicht zu leugnen.

Angesichts der separat geführten Verhandlungen des Westens mit Sowjetrußland fühlte sich die deutsche Delegation »auf der Konferenz isoliert und fürchtete, daß sich Rußland mit den Westmächten dadurch auf Kosten Deutschlands einigen könnte, daß es die im Artikel 116 des Versailler Vertrages vorbehaltenen russischen Reparationsansprüche an Frankreich als Ersatz für dessen Vorkriegsanleihen abtrat, falls Frankreich ihm zusätzlich neue Kredite gewährte, während deutsche Ersatzansprüche gegenüber Rußland aus Enteignungsschäden unberücksichtigt bleiben würden«[89]. Ohne eine Einigung mit der Sowjetunion drohte dem isolierten Reich eine nochmalige Verschlechterung des Reparationsproblems, das ohnehin schon drückend genug auf ihm lastete. Darüber hinaus sollte die Entscheidung für den Vertrag einem sich intensivierenden Zusammenwirken zwischen West und Ost die Grundlage nehmen.

Im eher privaten Zusammenhang hat Rathenau die unmittelbar vor der Unterzeichnung eingetretene Lage übrigens weniger dramatisch dargestellt als in seiner offiziellen Begründung, mit der er den ungewöhnlichen Schritt rechtfertigte. Wie auch immer: Ob »die Gefahr der endgültigen Ausschaltung« tatsächlich »drohend«[90] bevorgestanden hat; ja, ungeachtet der Tatsache, daß Rathenau von Maltzan überspielt wurde und Wirth diesen Schachzug gedeckt hat, das objektiv Prekäre der zugespitzten Situation ist auf keinen Fall zu verkennen. Die Möglichkeit einer Isolierung war nicht von der Hand zu weisen. Aus Furcht davor, endgültig jede außenpolitische Manövrierfreiheit einzubüßen, vermochte sich von Maltzans Konzeption durchzusetzen, eine Verständigung mit Moskau zu erzielen, um dem Westen gegenüber mehr Bewegungsspielraum zu gewinnen. Damit sind die Motive benannt, die für die deutsche Entscheidung, den Vertrag zu unterzeichnen, maßgeblich wurden; sie verweisen bereits über sich hinaus auf die Reaktionen, die nach seinem Abschluß laut wurden.

Im Zuge einer, zumindest bis zu einem gewissen Grade, gemeinsamen Politik, die unübersehbar, weil notgedrungen gegen Frankreich Stellung bezog, war es den Unterzeichnerstaaten gelungen, die ursprüngliche Absicht der Franzosen zu durchkreuzen, das Deutsche Reich und die Sowjetunion aus der europäischen Staatengesellschaft auszuschließen. Im Gegenteil: Gemeinsam hatten sie neue Handlungsmöglichkeiten gewonnen; im Zuge ihrer Gleichgewichtspolitik, zusammen mit dem jeweils anderen Vertragspartner ein Gegengewicht zur Entente in Europa zu bilden, hatte jeder von ihnen seine außenpolitische Position verbessert. Im Vergleich damit trat die militärische Zusammenarbeit zwischen beiden Staaten, die schon vor dem Vertragsabschluß eingesetzt hatte und deren psychologische Auswirkungen keineswegs zu unterschätzen sind, erst einmal zurück. Denn General von Seeckts ehrgeiziges Programm, das über die begrenzte Kooperation im Militärischen weit hinausreichte und mit den Russen ein regelrechtes Bündnis abzuschließen plante, kam nicht zum Zuge.

Mit Nachdruck lehnte der zukünftige deutsche Botschafter in Moskau, Graf Brockdorff-Rantzau, unter dem Datum des 15. August 1922 die von General von Seeckt geforderte Entwicklung ab. Er hielt ein geheimes Militärbündnis zwischen dem Reich und Sowjetrußland für schädlich. Seeckt, der den beträchtlichen Vorteil am Rapallo-Vertrag in der ominösen Tatsache erblickte, daß es verunsichernde Gerüchte gab, wonach insgeheim militärische Absprachen existierten, zog beinahe leidenschaftlich gegen den sich ihm in den Weg stellenden Diplomaten zu Felde. Er erklärte ihn gar in einer schriftlichen Stellungnahme zu Brockdorff-Rantzaus vorangegangenem Memorandum schlicht für ungeeignet, den Moskauer Botschafterposten zu übernehmen. Um Frankreich wirklich zu treffen, trat der General dafür ein, Polen zu vernichten und mit Rußland zu einer gemeinsamen Grenze zu gelangen. Sein kompromißlos zugespitztes Plädoyer mündete in eine gefährlich weitreichende Schlußfolgerung ein, die seiner politischen Gedankenbildung höchst problematischen Ausdruck verlieh: »Am klarsten wird das Für und Wider des Krieges in militärischen Köpfen abgewogen werden, aber Politik treiben, heißt führen. Dem Führer wird trotz allem das deutsche Volk in den Kampf um seine Existenz folgen. Diesen Kampf vorzubereiten, ist die Aufgabe; denn erspart wird er uns nicht.«[91]

Ohne Zweifel, eine antipolnische Tendenz unterlag dem Handeln der Deutschen und Sowjets, als sie sich in Rapallo miteinander verständigten. Dennoch: Was die deutsche Seite angeht, ist der ausschlaggebende Beweggrund fürs erste mit Sicherheit nicht darin zu suchen, daß sie mit Rußland gemeinsam »negative Polenpolitik«[92] treiben wollte. Der Rapallo-Vertrag geht, was die Absichten der Deutschen und Sowjets betrifft, nicht darin auf, daß vor allem die »konspirative Absicht zur gewaltsamen Sprengung der Fessel von Versailles«[93] die Hand der Unterzeichner geführt hätte. Ebensowenig kann »ein aggressives Begehren«, durch das russische »Bündnis« und »mit militärischen Mitteln« das »Unrecht der Grenzziehung im Osten zu korrigieren«, »nachgewiesen«[94] werden.

Im Sinne gleichgewichtspolitischer Erfordernisse, die den Bedingungen der Zeit angepaßt wurden, stellte die Übereinkunft von Rapallo vielmehr einen »aus unmittelbaren wirtschaftlichen und politischen Bedürfnissen herausgewachsenen Normalisierungs- und Liquidationsvertrag« dar, der »keine konkreten bündnispolitischen Verpflichtungen«[95] enthielt. Weil er aber gerade mit »dem Typus der namentlich von Großbritannien in dem Jahrzehnt vor dem ersten Weltkrieg bevorzugten Ausgleichsverträge wie der Entente Cordiale von 1904 oder dem russisch-englischen Vertrag von 1907«[96] verglichen werden kann, tritt das Dramatische dieser Normalisierung deutlich hervor, denn: Die über den konkreten Vereinbarungsgegenstand hinausweisenden Entwicklungsmöglichkeiten und Entwicklungszwänge, die der britischen Vertragspolitik in der Dekade vor 1914 zu eigen waren, sind beileibe nicht zu unterschätzen.

Das Unerwartete, das dem deutschen Gang nach Rapallo anhaftete, weckte bei den Westmächten ungute Erinnerungen an das sprunghaft Unberechenbare wilhelminischer Außenpolitik; das um so mehr, als der Spiritus rector der neuen Ostpolitik, Ago von Maltzan, ein Schüler Alfred von Kiderlen-Wächters war, an dessen leichtsinnige Initiative zum »Panthersprung nach Agadir« man keine allzu guten Reminiszenzen hatte. Was die Wirkungen von Rapallo angeht, mag man auf deutscher Seite die wirtschaftlichen Chancen zu hoch veranschlagt haben, die der Vertrag mit sich bringen würde, während man die politischen Nachteile zu gering eingeschätzt haben dürfte, die aus der Entfremdung gegenüber dem Westen resultierten. In England und Frankreich kam erneut Mißtrauen über das Unzuverlässige und Unstete, über das Schaukelnde und Trügerische deutscher Außenpolitik auf. Verkannt wurde über dem Befremden die Zwangslage, aus der heraus die Deutschen letztlich handelten: Furcht vor außenpolitischer Isolierung und vor einem finanzpolitischen »Über-Versailles« trieb sie auf den Sonderweg nach Rapallo, der freilich zuvor gebahnt worden war.

Daß der deutsch-russische Vertrag die Konferenz von Genua habe scheitern lassen, wird man kaum mit Fug und Recht behaupten können. Die enormen Belastungen, die aus dem amerikanischen Fernbleiben von der Veranstaltung und aus der französischen Reserve ihr gegenüber von vornherein erwuchsen, sprechen in ausschlaggebender Art und Weise für sich. Zu argumentieren, es sei der Vertrag von Rapallo gewesen, der Poincaré ein Jahr später zu seiner abenteuerlichen Hegemonialpolitik gegenüber Deutschland angetrieben habe, verwechselt ebenfalls Grund und Anlaß für das französische Vorgehen. Die ängstliche Siegermacht, die auf die Chance zum Fangschuß gegen Deutschland lauerte, benutzte Rapallo, um lange Geplantes endlich zu verwirklichen; Poincarés am 24. April 1922 in Bar-le-Duc gehaltene Rede instrumentalisierte das acht Tage zuvor von den Deutschen Unterzeichnete postwendend zur kapitalen Drohung.

Vom Nachteiligen zu sprechen, das sich unmittelbar im Anschluß an den

Vertrag von Rapallo bemerkbar machte, darf nicht das Vorteilhafte in Vergessenheit geraten lassen, das sich gleichfalls unter dem frischen Eindruck der deutsch-russischen Annäherung vollzog: Noch während der Genueser Konferenz gelang es Außenminister Rathenau, die angestrebte Vermittlerrolle zwischen Großbritannien und Rußland wahrzunehmen. Anders als Reichspräsident Ebert, der aus innen- und außenpolitischen Gründen, aus weltanschaulicher Überzeugung und aus Abneigung gegen die Machtpolitik das schwer kalkulierbare Zusammengehen mit Sowjetrußland ablehnte, verband der gleichfalls westlich orientierte Außenminister damit die Hoffnung, gerade auf diesem Weg an das erstrebte Ziel zu gelangen, zwischen Ost und West möglichst viel an unabhängiger Eigenständigkeit zu gewinnen und zu behaupten.

Im politischen Grundmuster vertraut, in den wirtschaftlichen Methoden neu, wurde nicht zuletzt mit dem Vertrag von Rapallo durch Rathenau eine Außenpolitik initiiert, die danach von Stresemann fortgeführt und weiterentwickelt wurde. Im Sinne der westlichen Grundausrichtung, die für die Weimarer Republik verbindlich war, wurde dem bolschewistischen Rußland gegenüber, mit dem es zu einem distanzierten Zusammenwirken kam, dennoch ein demonstrativ großer ideologischer und politischer Abstand gewahrt. Auf keinen Fall sollte, wie Brockdorff-Rantzau die Sowjets später drastisch warnte, das deutsch-russische Verhältnis so eng gestaltet werden, daß es dazu kommen würde, »Rußland durch unsere Freundschaft großzufüttern, um uns dann von ihm auffressen zu lassen«[97].

Ohne die unmittelbaren Erfolgsaussichten zu überschätzen, ging es Außenminister Rathenau mit aller Nüchternheit darum, mit dem russischen Vertrag ein Gegengewicht zum Westen zu installieren, das die deutsche Handlungsfähigkeit vergrößerte. Im Innenpolitischen führte der Ausgleich mit Sowjetrußland, der den Gegnern von Reichskanzler Wirth und Außenminister Rathenau im Außenpolitischen mehrheitlich willkommen war, nicht zu einer Versöhnung zwischen den tief zerstrittenen Lagern, obwohl alle Parteien – ohne Einschränkung die DDP, die anderen mit Vorbehalten – dem Vertrag zustimmten. Außenminister Rathenau wurde von seinen Feinden weiterhin tödlich gehaßt und bald darauf von Rechtsextremisten ermordet.

In außenpolitischer Perspektive zeichnete sich eine internationale Alternative zur Pariser Friedensordnung ab, deren zerbrechliche Vorläufigkeit bedrohlich unterstrichen wurde. Daß eine bilaterale Normalisierung auf dramatische Art und Weise die kaum mehr zu verbergende Künstlichkeit einer multilateralen Friedensordnung bloßlegte, erhärtete den bohrenden Zweifel an ihrer Akzeptanz und ihrer Stabilität, an ihrem Sinn und ihrer Dauerhaftigkeit. Das heißt aber: Rapallo konnte dazu dienen, einen Anstoß zu liefern, das Bestehende im Zuge einer Politik des friedlichen Wandels allmählich durch anpassende Veränderungen erträglich zu machen. Voraussetzung dafür war, daß die Alliierten aus dem Schock der nachwirkenden Affäre, mit der Deutschland sich in Rapallo den Weg ins Freie zu bahnen versuchte, angemessene Konsequenzen zu ziehen imstande waren.

Denn zweifellos konnten, wenn der allgemeine Verlauf der internationalen Beziehungen das förderte und wenn der spezifische Gang der deutschen Entwicklung dazu beitrug, mit dem neuen Vertrag auch negative Tendenzen zum Durchbruch gelangen. Viel hing also davon ab, welche außenpolitische Linie sich vor dem Hintergrund des in Rapallo Vereinbarten im Deutschen Reich durchsetzen würde: diejenige, welche die Annäherung an Rußland als Ausgangspunkt für eine antiwestliche und antipolnische Orientierung einzusetzen vorhatte; oder diejenige, die durch die russische Balance dem übermächtigen Westen gegenüber die eigene Souveränität zu vergrößern bemüht war. Viel würde in diesem mannigfach miteinander verschlungenen Zusammenhang von den Alliierten, vor allem von den Franzosen abhängen. Ihr Handeln oder Unterlassen würden geeignet sein, den Einfluß des einen oder des anderen außenpolitischen Lagers in Deutschland zu stärken oder zu begrenzen.

Angesichts der Tatsache, daß der zeitgenössische Horizont der internationalen Politik weit offen war, ist es gewiß nicht zutreffend, in der Übereinkunft von Rapallo vor allem einen »entscheidenden Sieg der Revisions- und Restaurationspolitik« zu erblicken, von dem sich »Deutschland wie Europa nie mehr erholen«[98] sollten. Im Zuge einer derart pointierten Beurteilung gerät die evidente Tatsache allzu leicht aus dem Blick, daß außenpolitische Revision zu treiben im Zusammenhang der europäischen Geschichte ein normales Verhalten beschreibt; davon Abstand zu nehmen, hatte Deutschland nach dem Ende des Ersten Weltkrieges keine Veranlassung.

Dessenungeachtet ist aber festzuhalten: Das Werk von Rapallo war nicht einfach ein völlig normaler Vertrag, wie es viele andere vor und nach ihm gab. Es war übrigens auch nicht in erster Linie das Muster einer Koexistenzregelung zwischen kapitalistischen und sozialistischen Staaten; so lautete, nachdem sie den ursprünglich abgelehnten Vertrag von Versailles mittlerweile akzeptiert hatte, die später gültige Argumentation der Sowjetunion. Die Übereinkunft von Rapallo ging vielmehr aus einer historischen Lage hervor, die sich für beide Staaten einzigartig ausnahm. Für Sowjetrußland stellte sie im Sinne Lenins »den einzigen richtigen Ausweg aus den Schwierigkeiten, dem Chaos und der Kriegsgefahr«[99] dar. Für die Weimarer Republik, die sich dem russischen Werben um eine Intensivierung des Vereinbarten entzog, weil sie nicht das Gleichgewicht zu verlieren vorhatte, sondern vielmehr die Balance zwischen Ost und West zu halten bemüht war, hatte der Vertrag doppelte Bedeutung: Zum einen verschaffte er in »einer akut bedrohlichen Situation«[100] Erleichterung und wurde zum anderen auf die Dauer zu einem Element »aktiver Außenpolitik«[101]. In dieser Perspektive konnte der Weg aus der Exklusivität des deutsch-sowjetischen Verhältnisses zur Mitarbeit im internationalen System beschritten werden.

Wenn der Vertrag von Rapallo die Pariser Ordnung auch bis zu einem gewissen Maße beeinträchtigte, trug sein Abschluß doch insgesamt auf friedliche Weise zur erforderlichen Weiterentwicklung des Bestehenden bei. Denn das vor allem von Frankreich abgelehnte, für die deutsche Westorientierung sperrige Element von Rapallo ging, allerdings auf Umwegen, konstitutiv in Gustav Stresemanns Außenpolitik der »Ost-West-Balance« ein.

»Rekonstruktion«, »Geist von Locarno« und Berliner Vertrag: Stresemann und das Problem der »Ost-West-Balance« (1923–1926)

Deutschlands Ende?

Bevor es der Außenpolitik Gustav Stresemanns gelang, dem Deutschen Reich die Rückkehr in die Gesellschaft der Staaten zu ebnen, war ein dunkles Tal zu durchmessen. Auf seinem Tiefpunkt, im November 1923, sah der Reichskanzler geradezu verzweifelt das »Ende Deutschlands«[1] bevorstehen. In innen- und außenpolitischer Hinsicht war der Bestand des kleindeutschen Nationalstaates aufs äußerste gefährdet. Viel akuter als am Ausgang des Weltkrieges stand die Einheit des Bismarckreiches zur Disposition. Seine Existenz mußte vor allem gegen die Angriffe verteidigt werden, die von der französischen Siegermacht mit einer zum Letzten entschlossenen Verbissenheit geführt wurden. Sollte das Reich die extreme Kraftprobe bestehen, würde der deutsche Nationalstaat über kurz oder lang auch wieder zur europäischen Großmacht aufsteigen; würde es Frankreich dagegen gelingen, Deutschland endgültig niederzuringen, dann schien die Hegemonie der angstvollen Vormacht erst einmal auf absehbare Zeit gesichert. Insofern beschreibt das Krisenjahr 1923 den Höhepunkt und Umschlag des französischen Versuchs, Deutschland über das in Versailles Auferlegte hinaus der von Reichsaußenminister von Rosenberg angeklagten »Wahnsinnspolitik«[2] Poincarés hilflos auszuliefern und das Reich als Nationalstaat in Frage zu stellen.

In ihrem sich zwischen Krieg und Frieden hin und her bewegenden Ringen vermochten die Deutschen lediglich auf den sowjetischen Vertragspartner zu zählen, der ihnen seit Rapallo durch eine »Vernunftpartie«[3] verbunden war. Auf dem Feld der weltanschaulichen Auseinandersetzung war das bolschewistische Rußland nach wie vor auf die Revolutionierung des Reiches und seine Konversion zum Kommunismus bedacht. Dagegen trug die staatspolitische Unterstützung der Sowjets im deutschen Überlebenskampf zumindest dazu bei, polnische Begehrlichkeiten im Zaum zu halten, die auf die östlichen Gebiete des Reiches gerichtet waren. Daß solche Gefahr drohte, zeigte sich umgehend, als das kleine Litauen am 10. Januar 1923 in dem Augenblick widerrechtlich die Hand auf das Memelland legte, als sich französische und belgische Truppen anschickten, das Ruhrgebiet zu besetzen.

Wie kam es dazu, daß sich die Verhältnisse in der Staatenwelt so dramatisch zuspitzten? Um einen als Misere empfundenen Zustand des Friedens durch die *grandeur* einer militärischen Aktion zu überwinden, blies die französische Siegermacht zum Vormarsch, der auch vor dem kriegerischen Risiko nicht zurückscheute. Wie zuvor in der Geschichte Frankreichs, beispielsweise im Übergang von der äußeren Politik der großen Kardinäle zu der Ludwigs XIV., erlag wiederum der defensive Wunsch nach Sicherheit und Gleichgewicht dem offensiven Streben nach Expansion und Hegemonie – Ziele, die das übrige Europa auf den Plan rufen mußten.

Keinen Zoll war der erbarmungslose Poincaré bereit, der Regierung Cuno entgegenzukommen. Der Nachfolger Wirths beendete nämlich die »Erfüllungspolitik« und ersuchte um einen Zahlungsaufschub für die Reparationen. Weil es dem französischen Ministerpräsidenten nicht in erster Linie um Geld, sondern um Territorien, nicht um Ausgleich, sondern um Herrschaft ging, war er zu dem Zugeständnis eines Moratoriums nur um den Preis »produktiver Pfänder« bereit. Großbritannien vermochte diesem konfliktträchtigen Verlangen des alten Weltkriegsalliierten nicht viel abzugewinnen. Entschieden dagegen stellte es sich aber nicht, weil die Engländer die Zahlungsunwilligkeit der Deutschen gleichfalls beklagten.

Fehl schlug sogar ein schöpferisch in die Zukunft weisender Versuch, das drängende Problem zu regeln, den Reichskanzler Cuno im Dezember 1922 unternahm: Sein Vorschlag zur Neuregelung der Reparationen sah vor, das Gesuch um einen Zahlungsaufschub und um Anleihen für das Reich mit dem Angebot einer Grenzgarantie im Westen zu verbinden. Da sich die akute Situation für Deutschland nachgerade verzweifelt ausnahm, vermochten die Franzosen in der auf den ersten Blick großzügig erscheinenden Offerte, nach Westen hin das in Versailles Festgelegte anzuerkennen, kaum ein attraktives Entgegenkommen auszumachen. Im Grunde handelte es sich um einen verspäteten Abwehrversuch der Deutschen gegen die einsetzende französische Offensive. Ihr Griff nach dem westlichen Reichsgebiet sollte im allerletzten Moment dadurch verhindert werden, daß die französischen Sanktionen unterlaufen und die nationalen Grenzen geschützt wurden. Vergeblich, denn Poincaré hatte längst mehr ins Auge gefaßt!

In den ersten Januartagen des Jahres 1923 war es soweit. Frankreich schob das Versailler Vertragswerk beiseite und setzte zum Sturm auf Deutschland an. Eine Konferenz, die sich am Ende des zurückliegenden Jahres in London mit dem Problem des deutschen Zahlungsaufschubs beschäftigt hatte, war an der französischen Unerbittlichkeit gescheitert. Jetzt nahm Poincaré einen terminlichen Verzug deutscher Sachlieferungen zum Vorwand, um vom 11. Januar 1923 an mit militärischen Kräften das Ruhrgebiet zu besetzen. Ohne Zweifel, mit der fälligen Lieferung von Kohle, Telegraphenmasten und Grubenholz befand sich das Reich im Rückstand. Insofern war das, was von französischer Seite aus erfolgte, vom juristischen Buchstaben gedeckt. Allerdings war schon den Zeitgenossen klar, daß es sich um eine Aktion handelte, die von langer Absicht getragen war, kaum aber um eine Reaktion, die spontaner Initiative entsprang. Nicht zu Unrecht wurde auf englischer Seite, die sich von Frankreichs gewaltsamem Vorgehen durch diplomatischen Protest distanzierte, spöttisch bemängelt, daß, »seit Troja durch die List des hölzernen Pferdes gefallen war, die Geschichte niemals mehr eine ähnliche Verwendung von Holz gekannt hat«[4].

Die von Frankreich und Belgien zur Überwachung der deutschen Lieferungen ins Ruhrgebiet entsandte Ingenieurkommission wurde dieses Mal durch Truppen geschützt, und zwar gleich durch fünf französische und eine belgische Division, insgesamt also von etwa 60 000 Soldaten. Ihre Zahl wurde bald auf 100 000 gesteigert. Aller Welt war klar, daß Frankreich die Hand auf das Ruhrgebiet, das Zentrum der deutschen Schwerindustrie, legte. Poincarés Kammerrede vom 11. Januar 1923 zufolge gedachte es sich zu holen, was ihm zustand. Das heißt aber: Frankreich wollte den Bestand der deutschen Großmacht als Nationalstaat dauerhaft schwächen. Daher war die Lage für das Reich plötzlich ernster als in den Tagen der Niederlage vom November 1918. Denn jetzt wurde es innerhalb seiner eigenen Grenzen von alliierten Truppen attackiert.

Gleichzeitig mit der äußeren Bedrohung regten sich im Inneren separatistische Bewegungen. Im einzelnen von ganz unterschiedlicher Herkunft, kollaborierten sie teilweise mit den Franzosen und trieben vor allem an Rhein und Ruhr, in Rheinhessen und in der bayerischen Pfalz ihr Unwesen. Da die Mehrheit der Bevölkerung sie als Verräter ablehnte, hatte das »Gesindel«[5], wie Außenminister Stresemann die »separatistischen Banden«[6] in der Pfalz beschimpfte, kaum eine reelle Chance. Denn der französische Einmarsch rief eine Welle nationaler Empörung im Reich hervor, vor allem natürlich im Ruhrgebiet; mit dem Mut der Verzweiflung lehnten sich die Deutschen dagegen auf, daß Frankreich ihr Land okkupierte. Aufbruchstimmung, ernst und wild zugleich, die an die Zeit der napoleonischen Befreiungskriege erinnern mochte, ließ die alten Klassengegensätze zurücktreten und für kurze Zeit so etwas wie einen neuen »Burgfrieden« einkehren. Weil es erneut gegen Frankreich ging, übten sich die Deutschen in nationaler Geschlossenheit.

Da sich das geschwächte Reich militärisch nicht zur Wehr setzen konnte, rief die Regierung die Bevölkerung an der Ruhr zum »passiven Widerstand« auf. Die Reparationslieferungen wurden ausgesetzt; die Beamten, vor allem der Reichsbahn, erhielten Order, keine Befehle von den Besatzern entgegenzunehmen. Frankreich reagierte mit aller Härte; das Ruhrgebiet wurde vom Reich vollständig abgeschnürt. Bald gingen weniger Kohlelieferungen als vor der Besetzung nach Frankreich und Belgien; die französische Eisenindustrie geriet in nicht geringe Schwierigkeiten. Doch auf Dauer waren es die Deutschen, die den kürzeren zogen: Sie trieben dem Ruin zu!

Vor allem die angeschlagene Währung wurde nun vollends zerrüttet. Die Bevölkerung an der Ruhr mußte in Milliardenhöhe unterstützt werden, ohne daß Steuern aus dem besetzten Gebiet zurückflossen. Weil aus dem Ruhrgebiet keine Kohle mehr kam, mußte diese sogar gegen Devisen im Ausland gekauft werden. Das Deutsche Reich konnte seine geradezu wuchernde Finanznot nicht auf reelle Weise durch angemessene Einnahmen decken; wie ein Süchtiger griff es nach dem Gift der Notenpresse. Über Nacht galoppierte die Inflation davon; bald war die Mark nichts mehr wert.

Die vom Frühjahr 1923 an eingeleiteten Versuche der deutschen Regierung, den ruinösen Ruhrkampf ohne totale Kapitulation beizulegen, scheiterten an Frankreichs unnachgiebiger Haltung. Poincaré wollte – das war nicht allein der Eindruck der für ein Bündnis zwischen Moskau und Berlin werbenden *Iswestija* – »Deutschland um jeden Preis zermalmen und bis auf den Grund zerstören«[7]. Eine geraume Zeit lang hatte sich dagegen im Reich die gefährliche Illusion ausgebreitet, man könne aus dieser Kraftprobe siegreich hervorgehen. Die imponierende Haltung des nationalen Widerstandes fand ihre beifällige Kommentierung durch den britischen Botschafter Lord D'Abernon, schien doch »von Tag zu Tag ... bei allen Klassen in Deutschland das Bewußtsein« zu erstarken, »daß man nicht nachgeben soll und darf«[8].

Die »starke nationale Welle«, auf die Reichskanzler Cuno seine Hoffnung gesetzt hatte, blieb tatsächlich nicht aus. Sie trug den »passiven Widerstand« bis zu bewaffneten Aktionen gegen die französischen und belgischen Okkupanten empor, die sich ihrerseits in blutige Sanktionen flüchteten. Der Freikorpsoffizier und Nationalsozialist Albert Leo Schlageter wurde von einem französischen Kommando erschossen und daraufhin von der extremen Rechten und Linken, von NSDAP und KPD, gleichzeitig zum Helden erklärt. Die heraufziehende Gefahr einer innenpolitischen Extremisierung, die sich über der äußeren Herausforderung einzustellen begann, entging Reichskanzler Cuno keineswegs. Daher trat er dafür ein, die nationale Stimmung »dem Staate dienstbar zu machen, sie nicht sich selbst zu überlassen und nicht etwa unter das Zeichen des Hakenkreuzes, auch nicht der schwarz-weiß-roten Flagge kommen zu lassen, sondern dafür zu sorgen, daß sie von vornherein der Einigung und Verständigung im deutschen Volke diene«[9].

Aus der einmütigen Ablehnung, die »dem französischen Imperialismus« und seinen »belgischen Hilfstruppen«[10] mit erregter Leidenschaft entgegenschlug, konnte nach der Befürchtung des französischen Botschafters de Margerie für die Deutschen tatsächlich eine »Schule der Diktatur«[11] hervorgehen. Erst einmal gaben sich weite Teile der politischen Publizistik dem illusionären Traum hin, »am Ende des Widerstandskampfes würden ... die völlige Beseitigung des Systems der Pariser Verträge und die Rückgewinnung der außenpolitischen Handlungsfreiheit Deutschlands stehen«[12]. Als die Erforderlichkeit aufzugeben schließlich unausweichlich erschien, wurden sogar Stimmen laut, die eine neue »Dolchstoßlegende« propagierten. »Es wird so dargestellt«, heißt es in einem kurz vor dem Ende des Ruhrkampfes die Haltung der Parteien spiegelnden Bericht für das Kabinett, »als ob wir den Abwehrkampf noch lange durchzuführen in der Lage seien, und daß der Sieg unser wäre, wenn nicht jetzt genau wie im Jahre 1918 die Judenregierung uns verkauft und verriet«[13].

Indes, auch Frankreich hatte mit wachsenden Schwierigkeiten zu kämpfen: Weil insbesondere England zunehmend auf Distanz ging, fand es sich schließlich in die unvorteilhafte Rolle des isolierten Hegemon gedrängt. Notdürftig, beinahe fadenscheinig wirkten Poincarés Versuche, das Vorgehen seines Landes zu rechtfertigen. Nichts wollte er von dem sich überstark aufdrängenden Verdacht wissen, dem er in einer aus Anlaß der Einweihung eines Kriegerdenkmals in Dünkirchen am 15. April 1923 gehaltenen Rede mit durchsichtiger Emphase entgegentrat: Niemand könne doch im Ernst daran glauben, »daß Frankreich, das die Menschenrechte proklamiert und das der Volkssouveränität den vollkommensten Ausdruck gegeben hat, den tollen Gedanken hegt, fremde Völker unter sein Joch zu bringen und sich Gebiete gegen den Willen der Bewohner anzueignen«[14]. Mit auftrumpfendem Trotz, der das verkrampfte Suchen der gefährdeten Vormacht nach absoluter Sicherheit in bedrohliche Einsamkeit abirren ließ, wollte Poincaré »das Werk seiner Toten vollenden«[15]. Unversöhnlich zielte er auf den zentralen Nerv der gegnerischen Politik.

Was die Deutschen in diesem Zusammenhang wirklich traf, war weniger der innenpolitische Verlust der abgedankten Hohenzollernmonarchie; empfindlicher schmerzte sie schon die außenpolitische Einbuße ihrer einstigen Großmachtstellung, die durch den Versailler Vertrag für geraume Zeit dahin war. Vernichtet vorkommen mußten sie sich aber, wenn ihnen der Nationalstaat zerschlagen wurde, den sie erst vor einem halben Jahrhundert erkämpft hatten. Gegen diese Gefahr lehnten sie sich mit fast selbstmörderischer Hingabe auf, die sich allerdings auf Dauer kaum gegen die französische Übermacht behaupten konnte. Beide Kontrahenten nahmen unübersehbaren Schaden: Frankreich akut, vor allem aber langfristig; Deutschland eher für den schmachvollen Augenblick, während ihm der gähnende Abgrund des Jahres 1923 in der Zukunft zur Ausgangsbasis eines neuen Aufstiegs wurde. Wie auch immer: Bald mußte ein Ende des Kampfes gesucht werden, zumal die Sozialdemokratie, die auf die Leiden der darbenden Bevölkerung Rücksicht zu nehmen hatte, jetzt darauf drängte.

Bis zum Juni 1923 scheiterten die entsprechenden Bemühungen der Reichsregierung. In der wirkungslos bleibenden Note vom Mai 1923 zogen sie sich noch einmal zusammen; erneut unterbreitete der Reichskanzler bei dieser Gelegenheit einen schon bekannten Vorschlag, eine Regelung der Reparationsfrage mit einem Garantieangebot für die westlichen Grenzen zu verbinden. Zusehends nahm jene Kluft zwischen den Siegern zu, die die Franzosen und Briten ohnehin schon voneinander trennte. Im Grundsatz unterschied sich beider Haltung zum Reparationsproblem nicht, doch in der Praxis gab es erhebliche Differenzen zwischen der eher flexiblen Einstellung Englands und der starren Position Frankreichs. Für Deutschland konnte die Entzweiung der ehemaligen

Kampfgefährten zum Rettungsanker werden. Ihn zwischen die französische und britische Stellung zu werfen, um das taumelnde Reich wieder festen Grund finden zu lassen, gelang Kanzler Cuno allerdings nicht mehr. Nach seinem Rücktritt am 12. August 1923 nahm sich Gustav Stresemann im Zuge seiner »nationalen Realpolitik«[16] dieser Aufgabe erfolgreich an.

Auftakt zur Ära Stresemann

Damit haben wir die Schwelle zur Ära Stresemann erreicht; in ihrem Zeichen stand die Geschichte der Weimarer Republik in den kommenden Jahren. Während der hunderttägigen Reichskanzlerschaft des danach über Jahre als Außenminister Amtierenden war allerdings nur in schattenhaften Umrissen zu erkennen, was sich bis zum Jahre 1929 entfaltete, was gelingen und was scheitern sollte. Selbst während des Zeitraums, in dem Stresemann die äußere Politik maßgeblich bestimmte, wird man nur mit zweifelndem Zögern davon sprechen, eine festgefügte Konzeption sei planmäßig in politisches Handeln umgesetzt worden. Ungeachtet der Existenz leitender Ideen und vorwaltender Methoden, die sich in seinen gelungenen und gescheiterten Unternehmungen niederschlugen, ging es Gustav Stresemann letztlich so wie vielen anderen Staatsmännern vor und nach ihm in der Weltgeschichte: Zuweilen ahnt der Handelnde nur die Folgen dessen, was er tut, und oftmals begleitet ihn nicht einmal eine Ahnung davon. Eher zusammenhanglos als gezielt, verfolgt er nicht selten bruchstückhafte Teile eines ihm nur vage bewußten oder noch verborgenen Ganzen, das sich dem Späterlebenden vergleichsweise leicht, möglicherweise sogar überklar im Begriff erschließt. Diese prosaische Feststellung trifft ganz gewiß auf die aus den Fugen geratene Zeit im Sommer 1923 zu, als Stresemann an die Spitze des aufs äußerste gefährdeten Reiches trat und binnen kurzem zum Retter der Republik wurde – ohne daß es ihm als dem »Anwalt der Ernüchterung«[17] gelingen konnte, für seine sachliche Leistung bei den Deutschen Popularität und Gefolgschaft zu finden.

Für viele Zeitgenossen und Nachlebende mutete es erstaunlich genug an, mit welch verzögerungsloser Entschiedenheit Stresemann sich dem neuen Staat nach dem Ende des alten Regimes zur Verfügung stellte. Noch während des Ersten Weltkrieges hatte er als »Ludendorffs ›junger Mann‹«[18], von Philipp Scheidemann abfällig als »Kriegstrompete«[19] apostrophiert, zu den lautesten Befürwortern ausladender Kriegszielforderungen gezählt. Als »böser Geist hinter den Kulissen«[20] war er mit denjenigen im Bunde gewesen, die im Sommer 1917 tatkräftig den Sturz Bethmann Hollwegs betrieben hatten. Er durchlebte zwischenzeitlich auch kein »Damaskus«, wie über die angeblich eingetretene Wandlung des chauvinistischen Saulus zum gemäßigten Paulus oftmals gemutmaßt worden ist. Das Fernziel, dem Deutschen Reich die alte Großmachtstellung zurückzugewinnen – »bündnisfähig für unsere Freunde«, wie er sich dem deutschen Botschafter in Moskau, Brockdorff-Rantzau, gegenüber am 1. Dezember 1923 einließ, »und gefährlich für unsere Gegner«[21] –, behielt er unverrückbar vor Augen. Allerdings besaß er, was unter den verwirrenden Umständen einer maßstablos gewordenen Zeit ungemein viel war, genügend realistisches Einsichtsvermögen, um die spärlich verbliebenen Mittel mit seinen langfristigen Vorstellungen in verträglichen Einklang zu bringen.

Die äußere Machtposition des Reiches hielt er durchgehend für wichtiger als seine innere Regierungsform. Als ein mit der großdeutsch-liberalen Tradition von 1848 Verwandter eignete er sich, da keine Chance auf die Errichtung eines von ihm ursprünglich bevorzugten »Volkskaisertums« mehr bestand, die parlamentarische Republik als kongeniale Staatsform mit nahezu müheloser Überzeugung an. Sie allein schien ihm die Gewähr für eine Wiedergewinnung der nationalen Großmachtrolle zu bieten; die Existenz der inneren Freiheit würde zur vorantreibenden Voraussetzung für die Entfaltung der äußeren Macht werden. »Alles spricht dafür«, umschreibt der Historiker Hagen Schulze die erstaunliche Entwicklung eines Mannes, der sich, ungeachtet einer ihm durchgehend anhaftenden Proteushaftigkeit, im Kern seines Wesens nicht veränderte, »daß Stresemann der blieb, der er war, daß er jedoch die seltene Fähigkeit besaß, aus begangenen Fehlern zu lernen und ohne erhebliche Ressentiments Politik zu betreiben.«[22] Dieser in der Tat rare Vorzug trennte ihn unüberbrückbar von seinen ehemaligen Weggefährten aus dem Kaiserreich und ließ viele sogar in unversöhnliche Feindschaft gegen ihn verfallen.

Manches, was er an verblüffend Neuem tat und was ihn vom vertraut Überlieferten abhob, erinnert an ein Wort Otto von Bismarcks, das sich in Stresemanns immer wieder angeführter Rede vor der »Arbeitsgemeinschaft deutscher Landsmannschaften in Groß-Berlin« vom 14. Dezember 1925 findet. Im Jahre 1849 hatte der spätere preußische Ministerpräsident geschrieben: »Ich bin bereit, jeden anderen Weg zu diskutieren, der uns besser zum Ziele führt; aber eine Kritik, die nicht andere Wege zeigt, würde unsere Außenpolitik in ein Stadium passiver Planlosigkeit hineinbringen, die für keinen Staat schwerer zu ertragen ist wie für uns in der Mitte, in der wir uns in Europa befinden.«[23]

Von Beginn an galt Stresemanns vorrangige Sorge dem Streben, für Deutschland die Gleichberechtigung als Großmacht innerhalb der Staatenwelt zurückzugewinnen. »So wird es auch in Zukunft wieder Mächtegruppierungen geben«, lautete seine Diagnose schon im Jahre 1919, »und die Aufgabe für uns ist, wieder bündnisfähig zu werden.«[24] Mit untrüglichem Sinn für das Mögliche und mit unpopulärem Mut für das Unvermeidliche fand er sich damit ab, daß ihm für sein vom Primat der Außenpolitik geleitetes Handeln vorläufig alles andere als komfortable Mittel zur Verfügung standen. Vorläufig konnten die deutschen Interessen nur »mit dem Einzigen, womit wir noch Großmacht sind«, wie Stresemann die Lage im November 1925 vor dem Zentralvorstand der Deutschen Volkspartei einschätzte, »mit unserer Wirtschaftmacht«[25], gewahrt werden. Die Überzeugung, Außenpolitik mit der Schubkraft des Ökonomischen zu betreiben, bestimmte vom Kriegsende an bis ins Jahr 1929 hinein durchgehend seine Gedankenbildung und sein Tun.

Um die Existenzprobe im machtpolitischen Wettbewerb der Staaten zu bestehen, schien ihm zweierlei unter den gegebenen Umständen erforderlich und verfügbar zu sein: nationale Geschlossenheit, die er auf dem Feld der Revisionspolitik freilich gegen ausufernde Gefährdungen zu kanalisieren hatte; und wirtschaftliche Potenz, die, in akuter Ermangelung anderer Möglichkeiten herangezogen, zunehmend mehr sogar als überlegener Ersatz für das militärische Instrument betrachtet wurde. Wie einst die Athener den Meliern gegenüber mit antiker Schicksalsergebenheit, die keineswegs zur Tatenscheu verführte, vom unentrinnbaren »Gesetz« der Macht und seiner »ewigen Geltung«[26] gesprochen hatten, umschrieb er mit beinahe fatalistisch anmutendem Realismus sein entsprechendes Bekenntnis und zog daraus die spezifischen Schlußfolgerungen: »Ich habe nie daran gezweifelt, daß die Macht das erste ist, was die Geschicke der Völker bestimmt und in alle Ewigkeit bestimmen wird. Diese Macht haben wir nicht. Also muß man davon absehen.«[27] Statt dessen hielt er sich an die Kraft der Wirtschaft als »das einzige, worin wir noch groß sind ... Mit ihr können wir anderen Ländern Freundlichkeiten erweisen oder feindlich gegen sie vorgehen«[28].

Vorläufig, im Jahre 1923, war durch Frankreichs Vorgehen an der Ruhr dem Reich selbst diese Chance weitgehend genommen. Stresemann mußte, um seiner immer wieder geäußerten Überzeugung von der Macht der Ökonomie als dem bevorzugten Mittel deutscher Außenpolitik weiter huldigen zu können, zunächst die schiere Existenz der nationalen Volkswirtschaft retten, denn: Was der Versailler Vertrag den Deutschen 1919, zumindest der Tendenz nach, belassen hatte, drohte im Unheil des Jahres 1923 verlorenzugehen. Im Verlauf der voranschreitenden Zeit würde überhaupt die grundlegende Frage ihre höchst ungewisse Antwort verlangen, ob das wirtschaftliche Element dauerhaft dazu dienen konnte, den politischen Zusammenhang grundlegend zu wandeln.

Während der Ära Stresemann trat immer offenkundiger zutage, daß die unfreiwillige Entscheidung des Außenministers für den Einsatz des wirtschaftlichen Hebels allmählich zur eigenständigen Überzeugung heranwuchs. Mit friedlichen, vernünftigen Mitteln wollte das Deutsche Reich zur allgemeinen Verständigung der Staaten beitragen und sich im Einvernehmen mit den anderen Nationen einen führenden Platz in Europa sichern. Ob das Neue dieser äußeren Politik über die zählebigen Bestände des Alten dominieren konnte, hing, vom innenpolitischen Zustand des Reiches abgesehen, nicht zuletzt von den Reaktionen seiner Nachbarn ab.

Denn der aus Modernem und Überliefertem, aus Wirtschaftlichem und Militärischem legierte Machtbegriff, der die äußere Politik Deutschlands ebenso wie die internationalen Beziehungen der Staaten während der zwanziger Jahre charakterisierte, konnte allzu leicht in seine Bestandteile zerfallen. Angesichts ihrer wechselseitigen Unverträglichkeit würden dann, aller Wahrscheinlichkeit nach, die herkömmlich rauhen Ingredienzen die neuen, edleren Elemente verdrängen oder absorbieren: »Militärische Macht«, warnte einige Jahre darauf die sowjetische *Prawda* das von ihr heftig umworbene Reich vor einer zu engen Bindung an den Westen, »kann durch keinen noch so glänzenden ›wirtschaftlichen Wiederaufstieg‹ ersetzt werden.«[29]

Im Jahre 1923 sollte das Deutsche Reich, das um sein Überleben rang, sogar seiner ökonomischen Kraft beraubt werden. Daher stand Stresemann, als er im August zum Reichskanzler berufen wurde, wahrhaftig vor einer Aufgabe, welche die erfinderische Tatkraft eines Herkules erforderte. Das Einzige, worauf er zu spekulieren vermochte, war die anfangs von ihm freilich überschätzte Möglichkeit, aus einer Kluft zwischen den Angelsachsen und Franzosen eigenen Manövrierraum zu gewinnen. Dieser fiel keineswegs so üppig aus, daß er dem Reich erlaubt hätte, eine offen gegen Frankreich gerichtete Außenpolitik zu betreiben, im Gegenteil: Ein wie immer zu erreichendes Arrangement mußte auf jeden Fall mit den Franzosen gefunden werden.

Der neue Kanzler hatte Deutschland vor der innen- und außenpolitischen Zerstörung zu retten – nicht mehr und nicht weniger. Zu bestehen hatte er in der kurzen Zeit seiner Kanzlerschaft die Herausforderung des ruinösen Ruhrkampfes, der, was leichter erklärt als verwirklicht war, beendet werden mußte. In der Auseinandersetzung mit der extremen Linken galt es, durch Reichsexekution gegen die sozialistisch-kommunistischen Koalitionsregierungen in Sachsen und Thüringen der Gefahr eines »deutschen Oktober« vorzubeugen, für den die Kommunistische Internationale und ihr Moskauer Zentrum damals durchaus Chancen sahen. Mit der Abwehr dieser Bedrohung ging, wie auf anderen Feldern auch, die Nachkriegszeit zu Ende. Denn die Sowjetunion nahm jetzt von ihrer zur Aktion animierenden Überzeugung Abschied, durch den Griff nach Deutschland das Ziel der Weltrevolution ohne Verzug vollenden zu können; statt dessen beschränkte sie sich darauf, zunächst den »Sozialismus in einem Lande« aufzubauen.

Weniger entschieden ging die Berliner Zentrale gegen die sich ebenfalls zuspitzenden Zustände in Bayern vor, die im Hitler-Putsch vom November 1923 kulminierten. Nach Stresemanns Einschätzung der Verhältnisse bestand dort für das Reich nur wenig Aussicht auf Erfolg. Im übrigen gab es innerhalb der Großen Koalition für die bayerische Entwicklung mehr Verständnis als für die sächsischen und thüringischen Vorgänge; kein Wunder, daß die sozialdemokratischen Minister am 3. November die Regierung verließen. Schließlich mußte die durch den Krieg entscheidend geschwächte, durch den Ruhrkampf endgültig ruinierte Mark stabilisiert werden. Die nationale Währung zu sanieren war die elementare Voraussetzung dafür, überhaupt an eine wirtschaftlich geprägte Außenpolitik denken zu können.

Entscheidend kam es zudem darauf an, die inzwischen gefahrvoll angewachsene Bewegung aufzuhalten, die der separatistischen »Parole ›Los vom Reich‹«[30] nachlief. Von Oberschlesien bis in die Pfalz, von Schleswig-Holstein bis nach Bayern unterspülte diese zerstörerische Woge die wankenden Fundamente des Bismarckschen Nationalstaates: »Der Untergang der Republik, ja des Reichs«, lautet Hagen Schulzes zutreffend gefälltes Urteil, »schien gewisser denn je, eine Frage von Monaten, wenn nicht von Wochen.«[31] Im Todeskampf eines Menschen pflegen nicht selten entscheidende Stationen und markante Weggabelungen seines Lebens, schemenhaft und doch klar, im zeitgerafften Rückblick aufzutauchen. Dem vergleichbar zeichneten sich in dem agonieähnlichen Zustand, in den das Reich 1923 versunken war, grundlegende Alternativen seiner außenpolitischen Entwicklung ab. Zur »nationalen Realpolitik« Gustav Stresemanns existierten sie allesamt in einem Kontrast, der sie bald schon der Vergangenheit angehören oder der sie noch in ferner Zukunft aufgehoben sein ließ.[32]

Das vorrangige Ziel des Reichskanzlers war, so paradox es klingt, das französische »Über-Versailles«, das bereits drohende Gestalt angenommen hatte, wieder auf das alliierte »Diktat von Versailles« zurückzuführen. Nur seine Grundlage konnte als Ausgang für die wirtschaftliche Gesundung des Reiches dienen und zur Entfaltung der noch verbliebenen außenpolitischen Möglichkeiten beitragen. Allein, dem Neuanfang – das stand Stresemann mit bitterer Unausweichlichkeit vor Augen – mußte die Kapitulation an der Ruhr vorausgehen. Erleichterung vermochte sich lediglich dann einzustellen, wenn es mit Franzosen und Angelsachsen unter maßvoller Ausnutzung ihrer nicht zu überschätzenden Spannungen zu einem Zusammenwirken kam.

Im scharfen Gegensatz dazu spekulierten die deutschen Kommunisten auf eine ganz andere Wahlchance der inneren und äußeren Politik des Reiches. Die insbesondere von Karl Radek propagierte Verehrung für den von den Franzosen füsilierten Nationalsozialisten Albert Leo Schlageter ließ eine Allianz mit dem radikalen Nationalismus der Rechten in Reichweite rücken. Die innenpolitische Koalition der bis zum Verwandten widersprüchlichen Kräfte konnte die beispielgebende Voraussetzung für eine deutsch-sowjetische Formation bilden, die eine gesellschafts- und staatspolitische Frontstellung gegen die westlich-kapitalistische Entente beziehen würde. Indes, die zutiefst revolutionäre Option kam nicht zum Zuge.

Ebenso verflog Hitlers wahnwitzige Vision, die zu einem selbstmörderischen Amoklauf aufrief. Er wollte, um der politischen Misere zu entfliehen, das Ruhrgebiet in Brand stecken und in ein tödliches Inferno verwandeln. Beide Alternativen deutscher Außenpolitik, die im Jahre 1923 gegenüber der sich behauptenden Wirklichkeit keine Chance besaßen, erlebten viele Jahre später ihre schreckliche Wiedergeburt: Mit Stalins Rückendeckung führte Hitler 1939/40 seine »Blitzkriege« gegen Polen, gegen den Norden und den Westen Europas. Unmittelbar vor dem Ende des Zweiten Weltkrieges konnte im Ruhrgebiet nur um Haaresbreite verhindert werden, daß die apokalyptische Forderung, die in den »Nero-Befehlen« des Diktators wieder zum Vorschein kam, alle Lebensmöglichkeiten der Deutschen zu vernichten und ihr Land unbewohnbar zu machen, doch noch Wirklichkeit geworden wäre.

Verworfen wurde schließlich, nachdem es Mitte November 1923 zur Währungsreform gekommen war, die in der akuten Krisenlage des Jahres 1923 erwogene sogenannte »Versackungspolitik«, die, grob gesagt, Westdeutschland vorläufig preiszugeben gedachte, um Restdeutschland damit zu retten. Die mit dem Namen des deutschnationalen Oberbürgermeisters von Duisburg, Karl Jarres, verbundene Theorie ging davon aus, die Verantwortung für die von den Franzosen und Belgiern besetzten Gebiete den Okkupanten »stillschweigend«[33] zu überlassen; »unsere Zahlung und Ernährung von Ruhr und Rhein einzustellen«[34]; die gefährdeten Territorien nicht »innerlich und moralisch«, wohl aber äußerlich und »wirtschaftlich ... abzuschreiben«. So jedenfalls erläuterte Staatssekretär von Maltzan, um den Bestand des Reiches insgesamt zu bewahren, im Gespräch mit dem britischen Botschafter Lord D'Abernon am 13. September 1923 diesen verwegenen Gedanken. Kurzum: Die neu besetzten Gebiete, auf deren zukünftige Rückkehr zum Reich gehofft wurde, sollten vorläufig einfach »versacken«. Weil Stresemanns Kurs bis zur Unumgänglichkeit überzeugte, verfehlte im Vergleich damit auch dieser machiavellistisch anmutende Plan die Erfordernisse der Gegenwart ebenso wie die Aufgaben der Zukunft.

Anders verhielt es sich mit der staatsrechtlichen und außenpolitischen Lösung, mit der Stresemanns damaliger Gegenspieler Konrad Adenauer die verfahrene Situation bereinigen wollte. Gewiß muß man bei dem, was der Kölner Oberbürgermeister vorschlug, und dem, was der Kanzler des Deutschen Reiches dagegen vorbrachte, durchgehend in Rechnung stellen, daß der eine für eine große Kommune im Westen des Reiches und der andere für den Bestand des Nationalstaates insgesamt verantwortlich war. Über die daraus abgeleiteten Unterschiede hinaus wurden jedoch eigenständig vorhandene Differenzen in der Gedankenbildung der beiden Repräsentanten sichtbar, die den Blick auf morphologische Grundmuster deutscher Außenpolitik im 20. Jahrhundert freigeben. Die Selbständigkeit des Rheinlandes gegenüber Preußen zu stärken; das Territorium nichtsdestoweniger im Reich zu belassen; die wirtschaftliche Zusammenarbeit der Region mit Frankreich zu suchen, um die nachbarschaftliche Versöhnung im Westen Europas zu fördern – das war im skizzenhaften Umriß Adenauers innen- und außenpolitischer Entwurf. 1923 hatte er im zwar gefährdeten, aber noch ungeteilten Reich sowenig Erfolgsaussichten, wie er in der davon grundlegend veränderten Situation nach 1945 bis zur Unvermeidlichkeit realistisch zu wirken vermochte.

Stresemanns Methode, durch das Eingeständnis der Niederlage Chancen für einen Neubeginn zu schaffen, gelangte im Herbst des Jahres an ein erstes Ziel: Unter dem Zwang der sich rapide verschlechternden innenpolitischen, finanziellen und wirtschaftlichen Lage gab das Reich am 26. September 1923 den »passiven Widerstand« auf. Umgehend wurde dem Reichskanzler, vor allem von seiten der politischen Rechten, der schwere Vorwurf des nationalen Verrats entgegengeschleudert. Nichtswürdige Herabsetzungen sollten sein Handeln, das auf Verständigung, nicht auf Konfrontation gerichtet war, stets begleiten. Der schnöde als »Verzichtspolitiker« gebrandmarkte Stresemann begegnete dem ehrenrührigen Vorwurf im Reichstag mit den aufreizend ernüchternden Worten: »Der Mut, die Aufgabe des passiven Widerstandes verantwortlich auf sich zu nehmen, ist vielleicht mehr national als die Phrasen, mit denen dagegen angekämpft wurde.«[35] Die Tatsache, daß den Deutschen die Courage »zur Verantwortlichkeit«[36] schlicht fehlte, sollte den Kanzler und Minister noch oftmals in seiner Laufbahn behindern.

Von nun an zeichnete sich tatsächlich für das Reich ein »Silberstreifen«[37] am internationalen Horizont ab. Frankreich hatte gesiegt, aber nicht gewonnen, hatte seinen angsterfüllten Trotz vielmehr mit der außenpolitischen Isolierung bezahlt. Deutschland hatte verloren, aber manches gewonnen, weil die Angelsachsen sein vernünftiges Einlenken mit Sympathie verfolgten. Stresemanns »Kunst des aktiven Zuwartens«[38] und des entschlossenen Handelns im rechten Moment trug Früchte. Mochten sie im einzelnen auch bescheiden wirken, so waren sie doch insgesamt ansehnlich. Denn immerhin gelang es dem Reichskanzler, die Republik gegen die innenpolitische Gefahr von rechts und links zu stabilisieren und das Reich vor der außenpolitischen Herausforderung durch Frankreich und die Separatisten zu retten. Gleichzeitig wurden feste Grundlagen für die zukünftige Stabilisierung gelegt: Am 15. November 1923 kam es durch Einführung der Rentenmark zur Sanierung der Währung.

Für das historische Grundmuster des kleindeutschen Nationalstaates erscheint es als charakteristisch, daß sich diese Entwicklung vorwaltend im Zeichen der Außenpolitik vollzog, die Stresemann von nun an prägte und die auf das Innere günstig zurückwirkte. Tatsächlich spricht »vieles ... dafür«, so hat der Historiker Heinrich-August Winkler die Wechselwirkung von innerer Regierungsform und äußerer Politik im Jahre 1923 plausibel gekennzeichnet, »daß die parlamentarische Demokratie die Krisen vom Herbst 1923 nur deshalb überlebte, weil sich – noch in der Regierungszeit Stresemanns – eine außenpolitische Wende abzeichnete, die nicht nur die Hoffnung auf ein Gelingen der Währungsreform verstärkte, sondern der gesamten deutschen Politik eine neue Perspektive gab.«[39]

In der Tat waren, weit über Stresemanns am 23. November endende Kanzlerschaft hinaus, für die nach ihm benannte Ära, während der er in den verschiedenen Kabinetten vom Jahresende 1923 bis zu seinem Tode im Oktober

1929 ununterbrochen als Außenminister amtierte, die Weichen gestellt: Die Nachkriegszeit gelangte an ihr Ende! Frankreich, das noch einmal machtvoll aufgetrumpft hatte, mußte, nicht zuletzt von den wirtschaftlich dominierenden Angelsachsen dazu gedrängt, schließlich einlenken. Es zeigte sogar Bereitschaft, den Souveränitätswillen der Deutschen zu respektieren – wie das Reich seinerseits von jetzt an mehr Verständnis für das Sicherheitsbedürfnis der Franzosen aufbrachte. Die von der Sowjetunion ausgehende Gefahr der Weltrevolution verlor an akuter Bedeutung; das außenwirtschaftliche Engagement der Amerikaner und Briten in Europa nahm zu. Die gewandelten Rahmenbedingungen boten der von Ernst Troeltsch so genannten »Rekonstruktion der Welt im Sinne des Wirtschaftsfriedens«[40], die zuvor bereits Lloyd George, mit freilich nur geringem Erfolg, gefordert hatte, reelle Chancen auf Verwirklichung. Sie ging mit dem zukunftweisenden Versuch einer wachsenden Ökonomisierung der traditionellen Politik einher.

Primat der Ökonomie?

Das gemeinsame Interesse der Amerikaner, der Briten, bis zu einem gewissen Maße auch der Franzosen am wirtschaftlichen Wiederaufbau der Alten Welt behauptete sich zunehmend gegenüber den politischen Differenzen der Sieger. Daß sich die Tendenz zu einer Entpolitisierung des Reparationsproblems durchzusetzen vermochte, lag vor allem daran, daß der amerikanische Hauptgläubiger das störrische Frankreich und das zögernde Großbritannien auf den Weg der ökonomischen Vernunft zwang. Diese Entwicklung kam Gustav Stresemanns Einschätzung der allgemeinen Lage durchaus entgegen. Denn in den Vereinigten Staaten von Amerika erblickte er gleichsam den machtvollen Seniorpartner deutscher Außenpolitik. *A la longue* erschien ihm die Haltung, die die USA dem Deutschen Reich gegenüber einnahmen, wichtiger als das, was die Engländer und die Franzosen taten. Amerikanische Kredite mußten die Grundlage für die wirtschaftliche Erholung bilden, ohne die es keine politische Stabilisierung des geschwächten Kontinents geben konnte.

Insofern lagen »die Entscheidungen über Europas Zukunft« tatsächlich, wie der Außenminister am 7. April 1925 feststellte, »in den Händen der Vereinigten Staaten«[41]. Die französische Deutschlandpolitik, die trotz ihres Sieges im Ruhrkampf vom Jahre 1923 alles in allem gescheitert war, geriet um so mißlicher ins Hintertreffen, je zügiger Deutschland sich, vorerst wirtschaftlich, dann außenpolitisch, zu erholen vermochte. Den Weg dahin waren die Deutschen durch einen engen Anschluß an das angelsächsische System der liberalen Weltwirtschaft zu finden bemüht. Hoffnungsvolle Anzeichen einer allmählichen Gesundung ließen sich schon am Jahresende 1923 registrieren. Damals nahm der britische Botschafter Lord D'Abernon eine »erstaunliche Ruhe und Besserung« im Reich wahr, »die unter der Berührung des Zauberstabes der Währungsstabilität eingetreten ist«[42].

Die auf nationaler Ebene eingeleitete Tendenz erhielt im darauffolgenden Jahr durch den Dawes-Plan internationale Schubkraft. Weit über die neue Regelung der Reparationsfrage hinaus zeichnete sich für den Gang der deutschen Außenpolitik und für die Beschaffenheit der Staatenwelt ein deutlicher Qualitätswandel ab. Von allen finanziellen und technischen Vereinbarungen abgesehen, deren heilsame Wirkung nicht zu unterschätzen ist, beruhte er auf der politischen Einsicht, die ausschlaggebend werden sollte: Man war zu gemeinsamem Handeln gezwungen, wollte man den gemeinsamen Ruin vermeiden.

Vor dem Hintergrund der entzweienden Erfahrungen des Ersten Weltkrieges, des Versailler Diktates und des gerade beendeten Ruhrkampfes lernten die Hauptrivalen auf der kontinentalen Szene, Franzosen und Deutsche, diese Lektion am schwersten. Dennoch war Außenminister Stresemann inzwischen längst klar geworden, was er am 6. März 1924 vor dem Reichstag so erläuterte: »Ich kann nicht mit einer Ententemacht allein irgendeinen Sonderfrieden schließen, es gibt keine französische oder englische Richtung, die meiner Meinung nach jetzt ein deutscher Außenminister einschlagen könnte, es gibt nur den Versuch, innerhalb dieses ganzen Bundes der Entente ein Verständnis dafür zu finden, daß die bisher gegen Deutschland geübte Politik nicht nur Deutschland zugrunde richtet, sondern Europa und die ganze Weltwirtschaft, vielleicht die ganze Weltpolitik. Ich bin viel zu viel Realpolitiker, als daß ich annehme, daß irgend jemand aus Liebe für uns oder aus Sympathie für Deutschland irgend etwas täte. Nein, dieser Anruf der Sachverständigen ist etwas ganz anderes, das ist ein Appell an die reale Vernunft der Wirtschaftler der Welt, sich nicht selbst zugrunde zu richten dadurch, daß sie Deutschland zugrunde gehen lassen.«[43]

Das aussichtsreiche Ergebnis des neuen Denkens schlug sich im Dawes-Plan nieder, der am 9. April 1924 unterbreitet wurde. Eine unabhängige Expertenkommission unter Leitung des amerikanischen Bankiers und Generals Charles G. Dawes schlug darin eine Regelung des Reparationsproblems vor. Bereits im Oktober 1923 hatten sich die beteiligten Staaten zu diesem Schritt entschlossen und auch das ursprünglich abgeneigte Frankreich mitzugehen veranlaßt. Als die Empfehlung der Fachleute im Sommer 1924 auf der Londoner Konferenz gebilligt wurde, war es erstmals gelungen, jenes bis dahin das Deutsche Reich und die Sieger tief spaltende Problem gemeinsam zu lösen: Das vorläufige Ergebnis beruhte auf dem Einvernehmen der Verhandlungspartner. Allen kam es erträglich vor, und es wurde international akzeptiert. Über die Reparationsregelung hinaus wurde den Deutschen zur allgemeinen Verbesserung des politischen Klimas zugesagt, binnen Jahresfrist würde das Ruhrgebiet geräumt, würden die ursprünglichen Bestimmungen des Friedensvertrages über das Rheinland wieder in Kraft gesetzt werden.

Im Deutschen Reichstag wurde die Annahme des Dawes-Plans nach erregten Debatten schließlich dadurch möglich, daß die erst dagegen Sturm laufende DNVP mit Rücksicht auf ihre wirtschaftliche und industrielle Klientel knapp die Hälfte ihrer Abgeordneten zustimmen ließ. Insgesamt schlug die internationale Atmosphäre jetzt um; der tödlichen Krise folgte eine belebende Erholung. Politisches Mißtrauen wich ökonomischer Zuversicht, und diese wiederum eröffnete einer neuen Politik die erforderlichen Möglichkeiten. Der britische Premierminister MacDonald sprach, weil das erste Mal seit dem Kriege ein Abkommen zusammen ausgehandelt und nicht einseitig diktiert worden war, vom »ersten Friedensvertrag«. Sein erfolgreiches Zustandekommen sei anzuzeigen geeignet, daß »wir den furchtbaren Kriegsjahren und der Kriegsmentalität unseren Rücken gewandt haben«[44]. Die Franzosen, vom deutschen Botschafter in Moskau, Brockdorff-Rantzau, noch wenige Monate zuvor als »Bestien«[45] verdammt, beschritten den für sie alles andere als leicht begehbaren Pfad des Friedens notgedrungen mit. Hätten sie sich erneut verweigert, wäre ihnen tatsächlich, wie Ministerpräsident Herriot beschwörend warnte, die alleinige Verantwortung dafür zugefallen, wenn das »kostbare Gut« des Friedens »in die Brüche«[46] ging.

Als »gewaltig« charakterisierte der deutsche Botschafter in Paris, von Hoesch, den »Umschwung …, den uns das Regime Herriot gebracht hat«[47]. Übrigens war dem Diplomaten das, was das Gutachten der von General Dawes geleiteten Expertenkommission unterbreitet hatte, schon recht früh als ein »überraschend günstiger Lösungsversuch« erschienen, der dazu geeignet war, »viele Sorgen, die uns bisher bedrängten, durch den Befund der Sachverständigen von uns«[48] zu nehmen; ja, um den »Traum einer vollständigen Herstellung [der] Souveränität Deutschlands über seine Gebiete … Gestalt gewinnen«[49] zu lassen. Er zögerte nicht, die »im Laufe der letzten Monate« erzielten »Erfolge« Deutschlands als »glänzend«[50] einzuschätzen. Doch eingedenk der Tatsache, daß es die angelsächsischen, vor allem amerikanischen Finanzleute gewesen waren, die den widerspenstigen Franzosen keine andere Wahl als einzulenken gelassen hatten, fügte er umgehend hinzu, »daß Frankreich durch den moralischen Druck der Welt unter Führung Englands zum Nachgeben bewogen wurde«. Nachdenklich heißt es weiter: »Man darf … nicht vergessen, daß zwischen Frankreich und uns das sécurité-Problem steht und daß ein Mann wie Herriot, bedroht von der Feindschaft und der Tücke der Nationalisten und des Militärs, weniger als irgendein anderer geneigt ist und es auch nicht wagen kann, Konzessionen auf dem Gebiete der Sicherheit Frankreichs ohne schärfsten Zwang zu machen.«[51]

Zwar wurde die günstige Entwicklung von schwerwiegenden Vorbehalten begleitet, doch erst einmal schob sich anderes, Willkommenes, in den Vordergrund: Der Wind des Wandels blies die schwarzen Wolken einer scheinbar nicht endenden Düsternis fort; die milden Strahlen einer wirtschaftlichen Frühlingssonne wärmten das ausgelaugte Europa. Diese langersehnte Entwicklung leitete der Dawes-Plan ein. Seiner Existenz lag der Gedanke zugrunde, Deutschland durchaus dazu zu verpflichten, Reparationen zu zahlen; ihre Höhe war auch beileibe nicht knapp bemessen. Allerdings sollte das Reich gleichzeitig in die Lage versetzt werden, die geforderten Leistungen aufbringen zu können. Das ging nicht ohne Hilfen von seiten der Gläubiger. Daher sah der Dawes-Plan vor, dem deutschen Schuldner mit einer kräftigen Kreditspritze von 800 Millionen Mark auf die Beine zu helfen, seine Konjunktur in Gang zu bringen, seine Wirtschaftskraft zu stärken und seine Zahlungsfähigkeit zu erhöhen. Insgesamt ging es darum, den Haushalt und die Währung des Reiches zu stabilisieren und dem europäischen Wiederaufbau zu dienen. Die förderliche Tatsache, daß das Reparationsproblem entpolitisiert und dem Primat wirtschaftlicher Belange unterworfen wurde, brachte Stresemann auf ökonomischem Weg dem politischen Ziel näher, für das Deutsche Reich, die gefesselte Großmacht, außenpolitische Gleichberechtigung und territoriale Revision zu erstreiten.

Die Bestimmungen des Plans legten den Grund für die »Stetigkeit und Überschaubarkeit«[52] der aufzubringenden Reparationsleistung. Ohne vorläufig eine Gesamtsumme zu fixieren, war eine Steigerung der Zahlungen vorgesehen, die von 1 Milliarde im Zeitraum 1924/25 auf 2,5 Milliarden für 1928/29 anwuchs; damit war zugleich die normale Höhe des sodann jährlich anfallenden Betrags benannt. Auf Deutschlands wirtschaftliche Erholungsnotwendigkeit und auf sein eingeschränktes Leistungsvermögen wurde dadurch Rücksicht genommen, daß ihm praktisch für zwei Jahre ein Moratorium eingeräumt wurde.

Dem grundlegenden Prinzip, wonach Gläubiger und Schuldner entweder miteinander an das Ziel der »Rekonstruktion« gelangen konnten oder sich gegenseitig in den Abgrund reißen mußten, wurde nicht zuletzt bei der schwierigen Umwandlung deutscher Zahlungen in ausländische Gegenwerte, im Transferschutz, Rechnung getragen. Weil die neue Währung keinen Schaden nehmen durfte, wachte, was die Reichsmarkzahlungen ins Ausland anging, über die Stabilität des deutschen Geldes ein in Berlin residierender Reparationsagent, der amerikanische Finanzexperte Parker Gilbert. Dem französischen Verlangen nach deutschen Garantien für das gemeinsam Vereinbarte wurde dadurch entsprochen, daß die Reichsbahn in eine Gesellschaft überführt wurde, die einschlägige Verpflichtungen auf sich nahm und in deren Aufsichtsrat Repräsentanten der Gläubigerstaaten saßen. Gegenseitige Kontrolle sollte für überschaubare Sicherheit sorgen und gleichzeitig allen Beteiligten ihre wechselseitige Abhängigkeit vor Augen führen, die Gläubiger und Schuldner miteinander verband. Stresemanns spöttisch-wirklichkeitsnahe Einsicht, die dem Dawes-Plan als Maxime zugrunde lag, bewahrheitete sich auf jeder Stufe des nun in Kraft tretenden Vertrages, der die gähnende Kluft zwischen

Siegern und Besiegten zu überbrücken sich anschickte, weil Wohlergehen oder Ruin des einen über das Schicksal des anderen bestimmte: »Man muß nur genug Schulden haben, ... man muß soviel Schulden haben, daß der Gläubiger seine eigene Existenz mitgefährdet sieht, wenn der Schuldner zusammenbricht.«[53]

Auch im Zeichen des Dawes-Plans lasteten die Reparationszahlungen nach wie vor hart und drückend auf dem Deutschen Reich. Darüber waren indes die eingetretenen Erleichterungen jedoch nicht zu verkennen, die das Gesamte erträglicher gestalteten, die das Vereinbarte wirtschaftlich aufzubringen ermöglichten und die Deutschlands Währung international schützten.

Für die Geschichte der Weimarer Außenpolitik fiel allerdings noch entscheidender ins Gewicht, daß gleichzeitig mit der Annahme der veränderten Reparationsregelung eine neue Epoche der internationalen Beziehungen begann. Ein verwandelter Geist verhalf zu erstaunlicher Besserung, manifestierte sich kurz darauf in den Verträgen von Locarno und wurde im Zusammenhang damit sogar sprichwörtlich. Eine geraume Zeit tönten von jetzt an jene verbohrten Stimmen der Unbelehrbaren leiser; aber das währte eben nur eine Zeitlang. Am Ende der zwanziger Jahre machten sie wieder mit schriller Lautstärke von sich reden, erklärte doch beispielsweise Hjalmar Schacht wenige Jahre später mit kategorischer Borniertheit, einfach »nicht zahlen« zu wollen »und deshalb ... keine Theorie« zu akzeptieren, »die mir beweist, daß ich zahlen muß«[54]. Erst einmal gelangte allerdings die Tendenz zum Durchbruch, die für die Dawes-Regelung prägend wurde. Es war kein anderer als derselbe Hjalmar Schacht, jenes chamäleonhafte Finanzgenie, das 1923 das Präsidium der Reichsbank übernommen hatte und das Neuartige der Vereinbarung so umschrieb: »Loslösung des Reparationsproblems aus der Sphäre politischer Gewaltmaßnahmen und seine Zurückführung auf das wirtschaftlich Mögliche.«[55]

Der im Mai 1924 vollzogene Wechsel von der Regierung Poincaré zum Kabinett Herriot ermöglichte es der französischen Außenpolitik, sich auf den kaum mehr zu umgehenden Wandel einzulassen, der mit Nachdruck sein Recht beanspruchte. An die Stelle einer Politik der »Exekution« (Jacques Bariéty) trat die des Verhandelns. Für ihr Entgegenkommen sollten die Franzosen vom englischen Partner belohnt werden – doch der geplagten Siegermacht im Westen blieb erneut nichts anderes als eine herbe Enttäuschung! Mit dem Ende des Ruhrkampfes hatte Frankreich auf das militärische Mittel einer direkten Beherrschung Deutschlands verzichtet; das Problem der Reparationen war im Dawes-Abkommen durch internationale Vereinbarungen geregelt. Die unsichere Siegermacht besaß praktisch kein bilaterales Druckmittel mehr, um die Deutschen zur Räson zu bringen.

Als Entschädigung dafür erhielten die Franzosen von der 1924 ins Amt gekommenen Labour-Regierung MacDonalds eine Zusage: Mit britischer Hilfe sollte eine in der Völkerbundsatzung klaffende Lücke im Sicherheitssystem geschlossen werden, die Frankreich zu beunruhigen nicht aufhörte. Eine möglichst unmißverständliche Definition des Aggressors war die Voraussetzung dafür, »das grundsätzliche Verbot des Krieges mit einem sorgfältig durchdachten und nahezu lückenlosen System der Kriegsverhütung und *friedlichen Regelung int. Streitigkeiten*«[56] gleichsam fugenlos zu verbinden. Um einem zweifelsfrei als Angreifer ausgemachten Staat auch mit militärischen Mitteln im Rahmen einer kollektiven Aktion der am Frieden interessierten Nationen entgegentreten zu können, wurde am 2. Oktober 1924 in Genf ein entsprechendes Protokoll unterzeichnet. Es war geeignet, Frankreich gegenüber dem Deutschen Reich zusätzliche Sicherheit zu gewähren. Allerdings, das konservative Kabinett Baldwin, das noch im gleichen Monat die Labour-Regierung ablöste, ratifizierte dieses Genfer Protokoll nicht.

Die ablehnende Haltung der Dominions verstärkte dabei nur die tiefverwurzelte Scheu der Engländer vor europäischen Interventionen. Wie hundert Jahre zuvor nach dem kurzen Intermezzo der Konferenzdiplomatie Lord Castlereaghs versuchte Großbritannien, wenngleich mit nur sehr vorläufigem Erfolg, zum Kontinent auf Distanz zu gehen. Aufs neue sah sich Frankreich von den Briten allein gelassen! In Versailles hatte es sich mit unverhohlenem Widerwillen in Unerwünschtes geschickt, das ihm wie Selbstaufgabe vorkam. Dafür war ihm von den Amerikanern und Briten ein Garantiepakt versprochen worden, von dem diese später nichts mehr wissen wollten. Jetzt sahen die Franzosen sich einmal mehr von den Engländern getäuscht – »Perfides Albion«, hatte schon der große Napoleon geklagt. Doch was blieb Frankreich anderes zu tun übrig, als einen weiteren Anlauf zu wagen, um mit den Briten gemeinsam vor den Deutschen Schutz zu finden? Damit initiierte es, vorläufig noch ganz wider seinen Willen, eine Entwicklung, die in eine unvorhergesehene Richtung lief und für alle Beteiligten viel Vorteilhaftes mit sich brachte: Das Resultat kam in Locarno zum Vorschein!

Was die deutsche Außenpolitik anging, hatte sie, von zeitgenössischen Beschwernissen abgesehen, die oftmals den Blick auf das Eigentliche verstellten, Erstaunliches erreicht: Die Gefahr eines »Über-Versailles« war abgewehrt. Die Rückkehr zu den Grundlagen des Versailler Vertrages aber ging gleichsam automatisch in einen neuen Aggregatzustand der internationalen Beziehungen über. Mit seiner Existenz vollzog sich ein grundlegender Wandel des »Diktats von Versailles«: Der Graben zwischen Siegern und Besiegten wurde schmaler. Der Preis, der dafür zu entrichten war, bestand darin, daß Deutschland in außenwirtschaftlicher Hinsicht von amerikanischem Kapital durchdrungen wurde. Aus der wirtschaftlichen Abhängigkeit ergab sich aber gerade der politische Entschluß, sich dem lange zuvor von Staatssekretär von Schubert, dem vertrauten Mitarbeiter Stresemanns im Auswärtigen Amt, anvisierten Ziel zu nähern, »als gleichberechtigter Partner in das Konzert der Mächte«[57] zurückzukehren.

Im Zeichen des nunmehr in der Alten Welt einkehrenden »amerikanischen

Friedens«[58], der die wirtschaftlich »chaotische Periode der Nachkriegszeit« beendete und »so etwas wie eine Konjunktur herkömmlicher Vorstellung«[59] aufkommen ließ, konnte die innen- und außenpolitische, die gesellschaftliche und internationale »Rekonstruktion« voranschreiten. Im Reich trug »die mit dem Dawes-Plan eingeleitete außenpolitische Wende ... wesentlich zur innenpolitischen Stabilisierung des politischen Systems von Weimar bei«[60].

Gewiß, die innere Besserung, die sich im Zeichen der äußeren Politik bemerkbar machte, darf nicht vergessen lassen, welche schweren Konflikte weiterhin existierten, die über sich hinaus auf das Ende der Weimarer Republik verwiesen: »Verhärtung der Gegensätze zwischen den Arbeiter- und den bürgerlichen Parteien, Aufwertung der verfassungsilloyalen Rechte, Zunahme der sozialen Konflikte, Fortbestehen der wirtschaftlichen Unsicherheiten«, »fortdauernde Arbeitslosigkeit«[61] und eine verhängnisvoll enge Einbindung des Staates in die Verteilungskämpfe zwischen Arbeitgebern und Arbeitnehmern. Dennoch sind die Fortschritte einer Konsolidierung, die sich vorsichtig bemerkbar machte, nicht zu unterschätzen. Sie ging mit einem entscheidenden Wandel im internationalen System einher, der Deutschland zum Vorteil gereichte. Die Ökonomisierung des Politischen, der zeitweilige Primat der Außenwirtschaft kam dem ansonsten mittellosen Reich entgegen, das seine Wirtschaftskraft durch amerikanische Kredite zu stärken vermochte.

Auf einmal segelte das besiegte Deutschland vor dem kräftig auffrischenden Wind der Weltpolitik, der Frankreich unangenehm steif ins Gesicht blies. Daß die schwierige Navigation auf dem unruhigen Strom der Zeit zwar alles andere als problemlos, doch insgesamt erfolgreich gelang, war mit dem Namen Gustav Stresemanns verbunden; über seine Persönlichkeit und Politik vertraute der britische Botschafter Lord D'Abernon seinem Tagebuch damals schon an: »Um auf Stresemann zurückzukommen, so bin ich überzeugt, daß, wenn einmal die Geschichte unserer Zeit geschrieben werden wird, er eine überragende politische Rolle eingeräumt bekommt. Wie so viele der besten politischen Köpfe Englands – Disraeli, Peel, Gladstone, Balfour, Lloyd George –, hat er in viel stärkerem Maße die Fähigkeit, Mißtrauen zu erregen als Bewunderung und Vertrauen zu erwecken. Niemand liebt ihn wirklich; keine Partei hat volles Vertrauen zu ihm, aber er ist durch seine dialektische Überlegenheit, seine klaren, entscheidenden Ansichten und die Richtigkeit seiner Auffassung unentbehrlich geworden.«[62] Bald stellten sich für die deutsche Außenpolitik Erfolge ein, als es auf dem westlichen Schauplatz des alten Europa zu neuen Entwicklungen kam.

Viel Neues im Westen

Wie so häufig in der Geschichte waren es auch dieses Mal langfristige Voraussetzungen und akute Erfordernisse, deren Zusammenwirken den verantwortlichen Staatsmännern den Weg nach Locarno zu gehen ermöglichten. Ein bemerkenswerter Wandel der internationalen Konstellation vollzog sich. Im Westen Europas brachte er viel Neues mit sich; für die Geschichte der deutschen Außenpolitik erlangte er historische Bedeutung.

Zu den langfristig wirkenden Bedingungen, die zu der Veränderung der allgemeinen Lage beitrugen, zählte zum einen die Tatsache, daß die Vereinigten Staaten von Amerika im Zusammenhang mit der im Dawes-Plan zustande gekommenen Reparationsregelung ihre Bereitschaft gezeigt hatten, sich zumindest in außenwirtschaftlicher Hinsicht wieder stärker um die europäischen Angelegenheiten zu kümmern. Zum anderen hatte die Sowjetunion, die bald darauf von einer Reihe europäischer Staaten formell anerkannt wurde, seit dem Herbst 1923 von ihrer kurzfristigen Erwartung der unmittelbar bevorstehenden Weltrevolution vorläufig Abschied genommen, um in einer »Atempause« der Weltgeschichte zu sich selbst zu finden. Und zum dritten waren, noch zaghaft und zerbrechlich, aber immerhin vorhanden und wirksam, erste Anzeichen eines deutsch-französischen Verständigungswillens zum Vorschein gekommen, die zu Hoffnungen Anlaß gaben.

Über diesen vorteilhaften Bedingungen, welche die bevorstehende Rückkehr des Reiches in die europäische Staatenwelt zu befördern mithalfen, darf man allerdings nicht jene schwerwiegenden Belastungen verkennen, die parallel dazu, ja vermischt damit existierten. Eben jetzt konkretisierten sie sich in einer Form, die für das Reich geradezu bedrohlich war. Denn das Ergebnis von Locarno, das Deutschland viele offensive Möglichkeiten zur Revision des in Versailles Diktierten eröffnete, ergab sich im geraden Gegenteil zu dem, was ursprünglich vorherrschte: Die Deutschen hatten einer sich gefährlich verengenden Defensive zu entkommen!

Diesem Grundmuster, außenpolitischer Bedrängnis durch einen beherzten Schritt ins Freie zu entgehen, sind wir, in freilich ganz unterschiedlichen Zusammenhängen, im Verlauf der deutschen Geschichte seit den Tagen Bismarcks immer wieder begegnet. Allein, der Unterschied beispielsweise zwischen Stresemanns republikanischer Außenpolitik, deren überlegene Vielschichtigkeit in manchen Zügen an Bismarcks Diplomatie erinnerte, und der wilhelminischen Prestigepolitik, deren pompöse Bewegung nicht selten den nüchternen Sinn äußerer Politik vermissen ließ, trat unverkennbar hervor. Der notwendige Aufbruch aus der Enge erfolgte schöpferisch und nicht störend, im Einvernehmen mit den anderen Staaten und nicht im Gegensatz zu ihren Interessen. Doch wie gesagt: An der Jahreswende 1924/25 standen die Zeichen für die deutsche Außenpolitik nicht eben günstig!

Nachdem das Genfer Protokoll im Oktober 1924 gescheitert war, kam auf französisches Drängen hin in England der Gedanke auf, gegen die deutsche Bedrohung zum Schutze Frankreichs einen Westpakt zwischen London, Paris und Brüssel zu schließen. Damit war für die deutsche Seite Gefahr im Verzug; erneut schien die Front der Sieger von Versailles gegenüber dem Reich die Reihen zu schließen. Deutschland drohte außenpolitische Isolierung, sieht man von jener unsicheren Brücke zum kommunistischen Rußland ab, die nur unter allergrößten Bedenken zu benutzen war. Als am 10. Januar 1925 die fällige Räumung der ersten, der Kölner Besatzungszone ausblieb, weil die Alliierten den Deutschen eine Umgehung der Entwaffnungsbestimmungen von Versailles vorwarfen, verließ Außenminister Stresemann, von Staatssekretär von Schubert tatkräftig unterstützt, die Verteidigungsstellung und leitete den Gegenangriff ein. Er kam dabei auf einen schon von Reichskanzler Cuno unterbreiteten Plan zurück.

In einer am 20. Januar nach London und am 9. Februar nach Paris gerichteten Note schlug er den »am Rhein interessierten Mächten«[63] vor, dort gemeinsam den »gegenwärtigen Besitzstand«[64] zu garantieren. Die Initiative nahm sich, vor allem für die nationalistische Rechte in Deutschland, so revolutionär aus, daß Stresemann das Kabinett, mit Ausnahme von Reichskanzler Luther, davon erst einmal nicht unterrichtete. Denn er hegte die berechtigte Befürchtung, daß vor allem die der Deutschnationalen Volkspartei angehörenden Minister dagegen voller Empörung Sturm laufen würden. Tatsächlich brach das Unwetter sofort los, als die ersten Reaktionen der französischen Seite bekannt wurden.

Im nunmehr beginnenden Notenwechsel verlangten die Franzosen vor allem den bedingungslosen Eintritt Deutschlands in den Völkerbund, der als Instrument der Sieger von Versailles angesehen wurde. Mehr noch: Sie bestanden neben der Anerkennung der westlichen Grenzen zudem auf einer Garantie des Status quo im Osten. Auf die erste Forderung Frankreichs ließ Stresemann sich nur halb ein; die zweite lehnte er rundweg ab. Vorläufig war noch viel Hinderliches aus der sich abzeichnenden Bahn zu räumen.

Zunächst mußte, nicht zuletzt durch die initiierende Unterstützung des britischen Botschafters in Berlin, Lord D'Abernon, die bedenkliche Zurückhaltung überwunden werden, die Außenminister Austen Chamberlain dem Vorschlag Stresemanns gegenüber anfangs an den Tag legte. Sodann drängten Amerikaner und Briten gemeinsam die Franzosen, die, aus ihrer Sicht verständlich, mit zögernder Ablehnung reagierten, dazu, sich auf das deutsche Angebot ernsthaft einzulassen. Geraume Zeit verstrich. Dann ging die inzwischen neu ins Amt gekommene Regierung der »Befreiung und Versöhnung« unter ihrem Ministerpräsidenten Briand, der über genügend Einsichtsvermögen und Wandlungsfähigkeit verfügte, um für Notwendiges Gespür zu haben, tatsächlich auf die neue Entwicklung ein. Der Weg zur Konferenz von Locarno war damit frei; im Oktober 1925 beriet sie über das von den Deutschen Vorgeschlagene.

Worum ging es? Das Reich erklärte sich dazu bereit, den in Versailles festgelegten Status quo nicht mit kriegerischen Mitteln ändern, sondern ihn vielmehr akzeptieren zu wollen. Dafür erwartete es, vom Abzug der Franzosen und Belgier aus dem Ruhrgebiet abgesehen, die baldige Räumung der besetzten Rheinlande, die Anerkennung seiner Gleichberechtigung und die Wiederherstellung der nationalen Souveränität. Anders als die Franzosen es verlangten, waren die Deutschen, was die östlichen Grenzen anging, zu keiner Konzession bereit. Der Preis, den Deutschland im Kern zu bezahlen anbot, bestand im Verzicht auf Elsaß-Lothringen. Darüber kam es auf innenpolitischem Terrain zu leidenschaftlichen Kämpfen!

Denn was uns heute schlichtweg als vernünftig vorkommt, war damals heftig umstritten. Und was uns rückblickend in außenpolitischer Perspektive bis zur Alternativlosigkeit unumgänglich erscheint, geriet zeitgenössisch zwischen die unversöhnlichen Fronten deutscher Innenpolitik. Im Grunde ging es bei dem Ganzen um einen Tausch zwischen Deutschen und Franzosen. Er bezog sich auf Objekte, die sich weder in der Verfügungsgewalt der einen noch der anderen Seite befanden: Deutschland trat das ehemalige Reichsland ab, das es inzwischen längst verloren hatte; Frankreich verzichtete auf sein traditionelles Ziel der historischen Rheingrenze, das es weder im Weltkrieg noch in Versailles noch in der Nachkriegszeit zu erreichen vermocht hatte.

Am 16. Oktober 1925 wurde in Locarno eine Reihe von Abkommen paraphiert, die am 1. Dezember mit ihrer Unterzeichnung in London in Kraft traten. Im Mittelpunkt stand der Rhein- oder Westpakt. Darin verzichteten Deutschland, Frankreich und Belgien auf eine gewaltsame Veränderung der im Versailler Vertrag für Westeuropa festgelegten Grenzen. England und Italien, zwei Großmächte, die nicht direkt in die vornehmlich zwischen Deutschen und Franzosen strittigen Territorialprobleme verwickelt waren, übernahmen für diese Abmachung die Garantie. Da Deutschlands Eintritt in den Völkerbund vorgesehen war, sollten die Ächtung des Krieges und die Stabilisierung des Friedens im weiteren Rahmen eines kollektiven Sicherheitssystems bevorzugte Beachtung finden. In vier gleichlautenden Schiedsabkommen bzw. Schiedsverträgen, die das Deutsche Reich mit Frankreich, Belgien, Polen und der Tschechoslowakei abschloß, wurde zusätzlich festgelegt, Streitfragen von regionalem Ausmaß auf friedliche Art und Weise regeln zu wollen. Flankiert wurden diese Vereinbarungen durch zwei Abkommen Frankreichs mit der Tschechoslowakei und Polen. Sie sahen eine wechselseitige Garantie dafür vor, daß die von Deutschland gegenüber Polen und der Tschechoslowakei eingegangenen Verpflichtungen beachtet wurden. Bestandteil der Locarno-Verträge waren sie, in juristischer Hinsicht und nach deutscher Einschätzung, nicht.

Mit dem Vertragswerk von Locarno brach eine neue Zeit an: Internationales

Recht und friedlicher Wettbewerb sollten die Staatenbeziehungen prägen, unkontrollierter Machteinsatz und kriegerischer Aktionismus hatten dagegen zu verschwinden. Nicht wenige Zeitgenossen hingen damals dem Glauben an, Europa habe das Tor zu einer heilsamen Epoche seiner Geschichte aufgestoßen. In den »Peace, Peace«-Rufen, die nach Abschluß der Verhandlungen in Locarno aus dem Kreis einer begeisterten Menschenansammlung laut wurden, schlug sich etwas von dieser sehnsuchtsvollen Erwartung nieder. Ein neuer Geist, der von Locarno, sollte die Staaten und Völker von nun an beseelen, so jedenfalls lautete die hochgemute Hoffnung vieler. Sie vermochten nicht zu ahnen, daß manches, was epochal erschien, sich nur episodisch entfalten konnte und schon einige Jahre darauf vom reißenden Strom einer veränderten Zeit einfach fortgeschwemmt wurde. Die zukünftige Entwicklung kann jedoch die erst einmal maßgebliche Tatsache nicht verdrängen, daß gemeinsam eine Chance erarbeitet worden war, eine andere, qualitativ überlegene Phase internationaler Politik zu eröffnen. In diesem historischen Zusammenhang war es Deutschland gewesen, woran Austen Chamberlain ausdrücklich erinnerte, »von dem die Initiative zum Frieden Europas ausging«[65].

Im Reich kam es zu einer erbitterten Auseinandersetzung, zu einem nachgerade erbarmungslosen Kampf um die Ratifizierung der Verträge. Ihre Befürworter feierten sie als »Sieg des Friedens«; mehr noch: Von Locarno erwarteten sie sogar »vielleicht eine Zeitenwende«[66] zu Besserem. Dagegen standen diejenigen, die Locarno als vaterlandslose »Verzichtspolitik« verdammten. Der General von Seeckt wartete nur darauf, das Vereinbarte umwerfen zu können, sobald er über genügend militärische Macht verfügte; denn: »sobald wir diese Macht haben, holen wir uns selbstverständlich alles wieder, was wir verloren haben«[67].

Blind vor wütender Empörung, übersahen Stresemanns fanatische Gegner völlig die unbestreitbaren Vorzüge seiner Locarnopolitik. Denn ohne Zweifel enthielt das jetzt Vereinbarte größere Möglichkeiten zur friedlichen Revision als das zuvor den Deutschen Diktierte. Insofern war in dieser »wichtigsten und bedeutsamsten Fortentwicklung der europäischen Ordnung von 1919«[68] zwar kein »Ersatz« für Versailles geschaffen worden, wohl aber eine »Ergänzung«[69], die Deutschland aufs Ganze stärker entgegenkam als Frankreich.

Die Wende zu einer Erholung der Verhältnisse zeitigte rasch sichtbar werdenden Erfolg: Von Ende November 1925 bis Ende Januar 1926 wurde die Kölner Zone geräumt. Selbst der ausdrückliche Verzicht auf eine gewaltsame Umgestaltung des Bestehenden schloß die Möglichkeit zum friedlichen Wandel nicht aus. Was das abgetretene Elsaß-Lothringen anging, hat Stresemann darauf für die absehbare Zeit realistischerweise kaum gehofft, hat diese Perspektive aber gleichwohl nicht ein für allemal verworfen. Im Hinblick auf das inzwischen Belgien zugeschlagene Eupen-Malmedy hat er dagegen, wenn auch letztlich vergeblich, auf die Möglichkeit spekuliert, mit wirtschaftlichen Zugeständnissen territorialen Rückgewinn verbuchen zu können. Inwieweit eine solche gewaltlos verfolgte Revisionspolitik mit dem in Fluß geratenen, sich allmählich umbildenden Status quo Europas verträglich war, wo schließlich die kompatible Beschaffenheit friedlicher Veränderung in die revolutionäre Qualität des zerstörerischen Krieges umschlagen konnte oder mußte, hing von zahlreichen Determinanten nationaler und internationaler, wirtschaftlicher und weltanschaulicher Art ab. Als subkutan wirkende Triebkräfte förderten oder behinderten sie das im Vordergrund stehende Handeln der Diplomatie, trugen zu seinem Gelingen oder Scheitern erheblich bei.

In engem Zusammenhang mit dem europäischen Erfolg von Locarno erhebt sich die grundsätzliche Frage danach, welche außenpolitischen Ziele Gustav Stresemann überhaupt verfolgte. Daß der deutsche Außenminister seine »nationale Revisionspolitik als internationale Versöhnungspolitik«[70] betrieb, verweist schon darauf, daß ihre Ziele und Mittel mit zunehmendem Verlauf mehr und mehr deckungsgleich wurden. Diese Entwicklung basierte nicht zuletzt auf der einige Jahre später, im Frühjahr 1927, geäußerten Einsicht Stresemanns über die ausgesprochene Hinfälligkeit alles gewaltsam Verwirklichten: »Ich bin in meinem Leben aber zu der Ansicht gekommen, daß *ohne Kompromiß*, d.h. ohne einen Ausgleich, *noch nie etwas Großes in der Welt geschaffen worden ist*, was Bestand hatte.«[71]

Weil ihn diese politische Maxime leitete und weil das traditionelle Machtinstrumentarium fehlte, weil die außenwirtschaftlichen Mittel seiner Diplomatie und die Methode internationaler Verständigung Schritt für Schritt zu den anvisierten Zielen der Revision führten, erlangte das, was erfolgreich diente, autonomen Charakter. Vor allem anderem: Die Möglichkeit des Reiches, Krieg zu führen, war im Grunde abhanden gekommen. Daher wurde für Stresemann, ohne daß er pazifistischen Neigungen huldigte, das aktuell Gebotene zum gültigen Prinzip seiner Friedenspolitik. In der oftmals angeführten Rede vor dem Zentralvorstand seiner Partei, mit der er am 22. November 1925 die Locarno-Verträge erläuterte und rechtfertigte, führte er mit aktuellem Bezug auf das gerade Vereinbarte über den Zusammenhang von Krieg und Frieden aus: »Wir haben verzichtet auf das, was wir nicht besitzen, nämlich auf eine Macht, die Krieg führen kann. Das ist der ausgesprochene Verzicht, und die anderen, die die ganz große Macht uns gegenüber haben und die es jetzt in der Hand hatten, mit mehr oder minder Gewaltpolitik die Politik Ludwigs XIV. durchzuführen und sich dauernd an den Rhein zu setzen, sind durch diesen Vertrag gezwungen, auf diese Rheinpolitik zu verzichten.«[72]

Nicht ohne Berechtigung ist daher von einem »metallharten Nationalismus«[73] gesprochen worden, der in Stresemanns internationaler Verständigungspolitik angelegt war, ohne daß ihre vielgestaltige Existenz darauf reduziert werden könnte. Ihr Ziel war und blieb, mit friedlichen Mitteln, vor allem außenwirtschaftlicher Natur, Deutschlands Großmachtrolle wiederzugewinnen und dem Reich, im Einverständnis mit den anderen Staaten Europas, zu einer führenden Stellung auf dem alten Kontinent zu verhelfen. Ohne Einsatz von kriegerischen Mitteln, sondern auf friedlichem Weg, der in der Tradition von 1848 zwischen den einrahmenden Markierungen von Freiheit und Macht verlief, wollte er einen Staat schaffen, wie er sein außenpolitisches Ziel im Januar 1925 umschrieb, »dessen politische Grenzen alle deutschen Volksteile« umfaßten, »die innerhalb des geschlossenen deutschen Siedlungsgebietes in Mitteleuropa leben und den Anschluß an das Deutsche Reich wünschen«[74].

Wollte man die erforderlichen Sprossen auf dem mühsamen Weg nach oben erklimmen, mußte eine zeitlich geordnete Abfolge vereinbart werden. Denn die ausländischen Mächte waren ihr Tempo zu verlangsamen bemüht, während dem Reich an einer Beschleunigung gelegen war. Das heißt aber: Der zeitliche Faktor ihrer Verwirklichung bestimmte nicht unwesentlich über Erfolg oder Mißerfolg der äußeren Politik Stresemanns mit. Bevorzugt anvisiert wurden die Räumung des besetzten Rheinlandes und die Rückkehr des Saargebietes. In diesem Zusammenhang und weit darüber hinaus stand für den deutschen Außenminister zweierlei fest: Seine Forderungen ließen sich, wie die vergeblichkeitserfüllten Erfahrungen aus den Jahren zuvor bitter demonstriert hatten, nur zusammen mit, nicht aber gegen Frankreich erreichen. Um diesen Vorgang zu befördern, mußte die durch amerikanische Kredite inzwischen angefachte Wirtschaftskraft des Reiches gezielt genutzt werden. Die zweifache Vorgehensweise zog sich gleichsam zu einem untrennbaren »Axiom« seiner Außenpolitik zusammen: »wirtschaftliche Opfer Deutschlands gegen politische Zugeständnisse der Ententemächte, besonders Frankreichs«[75].

Wie er den Krieg als Mittel der Politik ausklammerte, weil Deutschland über keine militärische Macht verfügte, setzte er die wirtschaftliche Kraft ein, die dem Reich zu Gebote stand. Im Verlauf seines erfolgreichen Handelns verwandelten sich beide Methoden seiner äußeren Politik zu Prinzipien. In diesem Sinne charakterisierte er die Wirtschafts- und Finanzkraft Deutschlands, die sich das Reich, zugespitzt formuliert, von den Vereinigten Staaten von Amerika geborgt hatte, in seiner bekannten Rede vor der »Arbeitsgemeinschaft deutscher Landsmannschaften« am 14. Dezember 1925 erneut als die »einzige große Waffe«[76], die zum politischen Gebrauch bereitstehe.

Nach Locarno hoffte Stresemann vor allem auf eine zügige »Lösung der Reparationsfrage in einem für Deutschland erträglichen Sinne«[77]. So heißt es in dem immer wieder angeführten Brief vom 7. September 1925 an den mit ihm befreundeten Kronprinzen; wegen seiner – nicht zuletzt auf den Adressaten berechneten – ungeschützten Äußerungen von machtpolitischer Unbekümmertheit ist dieses berühmt-berüchtigte Dokument aufs höchste umstritten. Betont wird in ihm freilich auch, daß über die Lösung der drückenden Reparationsfrage hinaus »die Sicherung des Friedens« erforderlich sei, weil sie »die Voraussetzung für eine Wiedererstarkung Deutschlands ist«. Als nächste große Aufgabe in der Stufenfolge seiner Vorhaben spricht Stresemann von dem Schutz der »zehn bis zwölf Millionen« Auslandsdeutscher, der nach einem Eintritt des Reiches in den Völkerbund besser wahrzunehmen sei. Schließlich ging es ihm um ein noch weit ehrgeizigeres Ziel. Dieses anzustreben wurde ihm gerade durch die neue Westpolitik, die Frankreich beruhigte und Polen isolierte, ermöglicht: »die Korrektur der Ostgrenzen«, also »die Wiedergewinnung von Danzig, vom polnischen Korridor und eine Korrektur der Grenze in Oberschlesien«[78].

Den Anschluß Österreichs hatte der in der großdeutsch-liberalen Tradition Stehende niemals aus dem Auge verloren. Freilich räumte er in dem Maße, in dem er seit 1918 dafür plädierte, durchgehend ein, »daß dieser Anschluß nicht nur Vorteile für Deutschland bringt, sondern das Problem des Deutschen Reiches sehr kompliziert«; charakteristisch für den protestantischen Nationalliberalen erläuterte er seinen Vorbehalt so: »Verstärkung des katholischen Einflusses, Bayern plus Österreich gegen Preußen, Vorherrschen der klerikalen und sozialistischen Parteien in Deutsch-Österreich«[79]. Bereits zu Beginn des Jahres 1924 hatte er »alles daran zu setzen« für erforderlich gehalten, um den Verlust der deutschen Kolonien zu revidieren und um zu einem »Zeitpunkt«, der »nicht mehr allzu fern sein möge«[80], erneut afrikanischen Besitz zu erwerben.

Zur Verwirklichung dieser anspruchsvollen Ziele kam es darauf an, von der Grundlage des in Locarno Erreichten aus – jedenfalls solange man nicht »den Würger ... vom Halse« hatte –, eine Option für den Westen oder den Osten zu vermeiden, vielmehr »zu finassieren und den großen Entscheidungen auszuweichen«[81]. Erneut zeichnet sich, im gewandelten Zusammenhang der Zeiten, das deutsche Muster eines eigenständigen Weges zwischen West und Ost ab.

Bismarck war diesen schmalen Pfad zu gehen imstande gewesen, weil das Reich über eine genügend große Macht an letztlich militärischen Ressourcen verfügt hatte. Daher vermochte es seine kostbare Unabhängigkeit zu behaupten und besaß gleichzeitig für den äußersten Fall die begründete Aussicht, für die eine oder andere Seite optieren zu können. Dagegen blieb Stresemann allein auf seine Methode des Lavierens angewiesen. Ihm fehlte eben die militärische Grundlage, die eine unabhängige Existenz mit echter Optionschance bei drohender Gefahr und tatsächlicher Rückkehrmöglichkeit zum Normalen erlaubte. Das Deutsche Reich war zu schwach, um sich mit irgendeiner Macht militärisch zu verbünden, weil es schon durch Anlehnung zum Gefangenen geworden wäre. »Optieren«, erläuterte er seine Politik der »Ost-West-Balance« (Michael-Olaf Maxelon), die in einem allgemeinen Sinne mit der Wertewelt des Westens verbunden war, durch ihre in Rapallo begründete Rußlandpolitik jedoch ein Gegengewicht zu einer allzu einseitigen Vereinnahmung durch die Ententemächte geschaffen hatte, optieren »kann man ... nur, wenn man eine militärische Macht hinter sich hat. Das fehlt uns leider. Wir können weder zum Kontinentaldegen für England werden, wie einige glauben, noch können wir uns auf ein deutsch-russisches Bündnis einlassen.«[82]

Daß er dem Westen, »Locarno«, ohne sich ihm bedingungslos zu ergeben, insgesamt mehr zuneigte als dem Osten, »Rapallo«, schlug sich in der Überzeugung des Außenministers nieder, wonach eine Allianz mit der Sowjetunion das Ende Deutschlands heraufbeschwören mußte und zu einer Bolschewisierung zumindest der östlichen Teile des Reiches führen würde. Wehe die »Rote Fahne« erst einmal auf dem Schloß zu Berlin, dann falle der Rest Deutschlands »den Franzosen zum Fraß«. Dieses weltanschaulich getönte Szenario trieb ihn allerdings nicht dazu, sich »nach dem Westen« hin zu »verkaufen«[83].

Stresemanns aus autonomen Motiven entworfene Außenpolitik beschreibt einen innenpolitischen Kompromiß zwischen den exklusiven Positionen der Anhänger einer West- und Ostorientierung. Sie zeichnete sich dadurch aus, daß sie eine wirkliche Option zwischen beiden vermied und sich der Einbindung in Allianzen entzog. Vielmehr entschied sie sich für eine Politik der Balance. Niemals ließ sie allerdings Zweifel darüber aufkommen, daß Deutschland unter wirtschaftlichen und gesellschaftlichen Vorzeichen fest im westlichen System verankert war. Seine politischen Beziehungen zur Sowjetunion verstand das Land als Gegengewicht zu dieser Westorientierung zu benutzen. Nur so behielt es genügenden Bewegungsspielraum und ausreichende Handlungsfreiheit, um seine revisionistisch ausgerichtete, allerdings friedlichen Mitteln verschriebene Außenpolitik zu verfolgen, um einer deutschen Großmacht im Rahmen der europäischen Staatenordnung einen gebührenden Platz zu sichern.

Gewiß, auch während der Stabilisierungsphase der Weimarer Republik zwischen 1924 und 1929 erfuhr Stresemanns Außenpolitik von der rechten und linken Seite des politischen Spektrums nicht endende Anfeindungen, die den Fortgang seiner Bemühungen erheblich belasteten. Dennoch ist grundsätzlich nicht zu übersehen, daß es seiner außenpolitischen Orientierung der »Ost-West-Balance« gelang, mit den Notwendigkeiten des damaligen Parlamentarismus kompromißhaft zum Ausgleich zu finden. Denn der Außenminister vermochte den grundlegenden Widerspruch von innerer und äußerer Staatsräson, von westlicher und östlicher Ausrichtung deutscher Innen- und Außenpolitik miteinander zu vereinbaren. In einem derart sorgfältig abgezirkelten Rahmen äußerer Politik, die »die Ost-West-Abhängigkeiten bzw. -Gegensätze«[84] auszunutzen bemüht war, erlangte die in den Vereinbarungen von Locarno aufgipfelnde Verständigungspolitik mit Frankreich ihre sinnvolle Funktion. Der empfindliche Mangel an deutscher Souveränität sollte dadurch behoben werden, daß vor allem die Rheinlande, Eupen-Malmedy und das Saargebiet bald zurückkommen, daß die Reparations- und Entwaffnungsfrage vorteilhaft gelöst würden.

In der so betriebenen Westpolitik steckte zugleich ein gut Teil Ostpolitik: Denn mit der Status-quo-Garantie am Rhein wurde Frankreichs Aufmerksamkeit von seinem polnischen Allianzpartner, dem Gegner des Deutschen Reiches, automatisch abgezogen. Ziemlich isoliert fand sich Polen, das Reichskanzler Cuno wenige Jahre zuvor »nächst Frankreich als den gefährlichsten Störenfried nicht nur in Europa, sondern in der ganzen Welt«[85] eingeschätzt hatte, zwischen dem feindlichen Rußland und dem revisionistischen Deutschland wieder. Die Sowjets ihrerseits beschworen die Deutschen, kein »Ost-Locarno« einzugehen, und die Deutschen wiederum schlossen ein westliches »Locarno« ab, um am Gegenteil einer solchen Bestandsgarantie im Osten festhalten zu können.

Polen, das Briand damals mit abfälliger Klage als den »europäischen Rheumatismus«[86] kennzeichnete, war tatsächlich der Geschädigte einer Entwicklung, die mit dem Namen von Locarno verbunden war und die den tödlichen Streit im Westen Europas friedlich beilegte. Was für die zentrale Frage nach Krieg und Frieden aussschlaggebend werden sollte, die schöpferische Entwicklung im Westen oder der gerade dadurch verschärfte Konflikt im Osten, war grundsätzlich offen. Ihre Beantwortung hing von zahlreichen Faktoren ab, die, gegenwärtig noch ganz unvorhersehbar, die zukünftige Entwicklung bestimmen konnten: Die Auseinandersetzung um das Zustandekommen eines östlichen Locarno spielte in diesem Zusammenhang eine maßgebliche Rolle.

Kein »Ost-Locarno«

Es liegt auf der Hand, warum Außenminister Stresemann ein »Ost-Locarno« abzuschließen entschieden zurückwies. Die Gebietsverluste im Osten, die dem Deutschen Reich 1919 auferlegt worden waren, wollte und konnte er auf gar keinen Fall als endgültig anerkennen. Rückblickend mag eine derart kompromißlose Haltung auf einen unverkennbaren Mangel an Verständnis für die Belange des neuen Polen verweisen. Indes, der östliche Nachbar der Deutschen stand diesen, was Unversöhnlichkeit und Nationalismus anging, in nichts nach. Über die Notwendigkeit territorialer Revision an Deutschlands Ostgrenzen waren sich alle Regierungen der Weimarer Republik einig. Diesen Konsens zu verlassen, wäre ein Reichskanzler oder Außenminister auch nur der Idee nahegetreten, hätte sein politisches Ende bedeutet.

Im Gegenteil: Im Westen mit Frankreich zur Verständigung zu gelangen, erleichterte das Vorgehen gegenüber Polen im Osten. Wie zwei Seiten einer Medaille gehörte das eine zum anderen, machten beide zusammen die deutsche Revisionspolitik aus. Nach dem treffenden Urteil des Historikers Eberhard Kolb beschrieb es »geradezu das Arcanum von Stresemanns politischer Strategie, erst nach Klärung der anstehenden Probleme im Westen die Lösung der Ostfragen in Angriff zu nehmen«[87].

Im Sinne dessen, was in Locarno vereinbart worden war, hatte Stresemann sich dazu verstanden, auf eine gewaltsame Korrektur der westlichen Grenzen zu verzichten; keineswegs war damit jedoch für alle Zeiten das Bestehende sanktioniert. Daher erklärte er in seiner Reichstagsrede vom 24. November 1925 mit dem Blick nach Westen, »vom moralischen Standpunkt aus« bestehe keine Verpflichtung, »daß Deutschland auf Land und Leute, auf deutsches Land und deutsches Volkstum dauernd verzichte«, im Gegenteil: »Die bestehenden Grenzen im Wege friedlicher Verständigung zu ändern«, könne »als innerhalb des Vertrags von Locarno liegend«[88] angesehen werden. Wieviel stärker, leidenschaftlicher galt dieser Vorbehalt für die im Osten abgetretenen Territorien.

Betont werden muß freilich umgehend, daß Stresemann auch für diesen Fall nicht daran dachte, die Revision auf kriegerischem Wege zu betreiben. Allein, die Forderungen danach, die kollektive Garantie für den Westen auf den Osten auszudehnen, die im Zuge der Verhandlungen in Locarno vor allem von Frankreich erhoben wurden, besaßen auf deutscher Seite nicht die Spur einer Chance auf Verwirklichung. Ihnen wurde nicht einmal jenes anteilnehmende Verständnis zuteil, das allein die wirkliche Grundlage dauerhafter Verständigung abzugeben vermag: Die Zeit war einfach nicht danach!

Die den westlichen Garantievertrag ergänzenden Schiedsabkommen, die ersatzweise in Locarno zustande kamen und die das Deutsche Reich mit Frankreich, Belgien, Polen und der Tschechoslowakei abschloß, blieben in bezug auf die ostmitteleuropäischen Vertragspartner »bedeutungslos«[89]; sie hatten keine obligatorische Wirkung und entbehrten der gemeinsamen Haftung. Gegen seinen Willen mußte sich Frankreich mit dem östlichen Revisionsvorbehalt der Deutschen abfinden. Vom französischen Plan eines »Ost-Locarno« blieb kaum mehr als eine vom Einsturz bedrohte Ruine übrig.

Frankreich, das die Staaten Ostmitteleuropas gegen das bolschewistische Rußland und das unruhige Deutschland im »Cordon sanitaire« an sich gebunden hatte, ging – wider seine Absicht, aber, weil es sich Deutschland annäherte, durch die Macht der Tatsachen gezwungen – zu seinen Satelliten auf Distanz. Diese begannen ihre außenpolitische Orientierung einzubüßen; sie wurden geradezu gezwungen, nach neuen Umlaufsystemen zu suchen. Der Leidtragende dieser Entwicklung war vor allem Polen. Seine Existenz stand zwar noch keineswegs auf dem Spiel. Doch wurde seine bislang hocheingeschätzte Position durch Frankreichs neue Deutschlandpolitik erheblich gemindert. Dem gegen Polen gerichteten Revisionsverlangen der Deutschen jedenfalls begegneten die Franzosen nicht mehr mit allen denkbaren Mitteln.

Der eingetretene Wandel hatte nicht zuletzt damit zu tun, daß die andere Garantiemacht der Pariser Friedensordnung, Großbritannien, die deutsche Haltung indirekt bestärkte. Zu irgendwelchen Garantien in Ostmitteleuropa waren die Engländer weniger denn je bereit. Drastisch klargeworden war diese britische Abstinenz gegenüber solchen Bindungen, als Außenminister Austen Chamberlain am 16. Februar 1925 geäußert hatte, für den polnischen Korridor werde »keine britische Regierung jemals die Knochen eines britischen Grenadiers riskieren«[90]. Das blieb im Grunde so, bis Premierminister Neville Chamberlain am 31. März 1939 mit der englischen Garantieerklärung für Polen eine revolutionäre Kehrtwendung vollzog. Sogar sie mußte im übrigen der Einlassung seines Halbbruders, die dem berühmten Wort Bismarcks nachgebildet war, gar nicht so unbedingt widersprechen, wie das auf den ersten Blick erscheinen mag – doch davon zu handeln gehört in ein noch in der Zukunft liegendes Kapitel der Geschichte deutscher Außenpolitik auf ihrem Weg zwischen Bismarck und Hitler.

Die Frage danach, warum Frankreich sich im einzelnen so verhielt, wie es sich verhielt, tritt hinter das Ergebnis zurück: Der ostmitteleuropäische Pfeiler des französischen Sicherheitssystems wankte. Vor allem Polen mußte sich, zwischen Rußland und Deutschland eingezwängt, gefährlich isoliert vorkommen. Gewiß, gerade durch das Vertragswerk von Locarno war die internationale Lage vorläufig für ganz andere, positive, schöpferische Entwicklungen geöffnet worden. Sie mochten, dem neuen »Geist von Locarno« gemäß, mit voranschreitender Zeit zu einem so allgemeinen, moralischen, überlegenen Fortschritt in den zwischenstaatlichen Beziehungen führen, daß sich die überlieferten Konflikte zunehmend abschleifen und schließlich erledigen würden. Bei einem unvorteilhaften Gang des Gesamten konnte sich aber ebensogut das Gegenteil davon einstellen. Seine Existenz mußte geeignet sein, im isolierten Frankreich eine verkrampfte Festungsmentalität zu fördern und die verstörte Siegermacht des Großen Krieges in unschöpferische Selbstgenügsamkeit versinken zu lassen.

Mit Recht konnte Stresemann vor dem Kabinett als einen Erfolg deutscher Außenpolitik reklamieren, daß »Polen diese Lösung [die Locarno-Verträge] als eine vollkommene Niederlage ansehe«[91]. In der Tat: Von jetzt an war die Westgrenze Polens deutlich weniger wert als die Ostgrenze Frankreichs! Im polnischen Sejm war von Grenzen zweiter Klasse die Rede, worauf Stresemann sich in seinen Ausführungen vor der »Arbeitsgemeinschaft deutscher Landsmannschaften in Groß-Berlin« am 14. Dezember 1925 umgehend mit Stolz bezog[92]. Die Annäherung zwischen Frankreich und Deutschland hatte den Status des neuen Polen reduziert, dem bis dahin fast eine Großmachtrolle zuerkannt worden war.

Nach dem Eindruck des deutschen Gesandten in Warschau, Ulrich Rauscher, fand sich Polen am Ende des Jahres 1925 »bündnispolitisch wie auch machtpolitisch auf den ihm gebührenden Rang«[93] zurückverwiesen. Nur dann, wenn unmißverständlich feststand, daß Deutschland in einem Krieg der Aggressor war, vermochte Polen zukünftig noch auf die Hilfe Frankreichs zu zählen. Das sahen jedenfalls Abmachungen vor, mit denen die furchtsame Vormacht das in Locarno zum Nachteil ihrer ostmitteleuropäischen Alliierten Festgelegte gegenüber Polen und der Tschechoslowakei durch einen verstärkten Ausbau der »Kleinen Entente« kompensieren wollte. Das rein defensive, allein für den äußersten Notfall vorgesehene Handeln konnte nicht darüber hinwegsehen lassen, daß der deutsche Manövrierraum in Ostmitteleuropa größer geworden war und daß das wiederbegründete Polen an Sicherheit empfindlich eingebüßt hatte.

Während im Westen Europas die Beziehungen der Staaten unter die zähmende Herrschaft des Rechts gestellt wurden, dominierte im Osten das urwüchsige Spiel der Macht; ja, die Zivilisierung auf der einen Seite förderte geradezu die Verwilderung auf der anderen. Den Sachverhalt festzustellen, darf nicht zu der Annahme verleiten, von jetzt an habe den Deutschen jede Tür und jedes Tor für ihre revisionistischen Forderungen offengestanden. Verschlossen blieb insbesondere der Eingang zum Tempel des Janus, weil allen anderen voran Außenminister Stresemann nicht daran dachte, das Ziel der Revision mit dem Mittel des Krieges zu verwirklichen.

Schon 1925 galt, was nur wenige Jahre später Stresemanns engen Vertrauten, Staatssekretär von Schubert, zu einem sarkastischen Kommentar über ein Kriegsspiel der Reichswehr veranlaßte: Am Jahresende 1927 ging der Chef des Truppenamtes, Oberst von Blomberg, für einen lokalisierten Krieg zwischen Deutschland und Polen mit wirklichkeitsfernem Optimismus davon aus, »daß einerseits unsere Beziehungen zu Frankreich so sehr gefestigt sind, daß mit seinem Eingreifen gegen uns nicht gerechnet zu werden braucht, andererseits Rußland von innerpolitischen Kämpfen so stark in Anspruch genommen wird, daß es keine Bedrohung für Polen darstellt«[94]. Voll beißenden Spotts über soviel Realitätsverlust ergänzte von Schubert höhnisch: »Ferner wird anscheinend angenommen, daß England das Opfer eines Seebebens wurde und Amerika teils durch Wirbelstürme, teils durch falsche Spekulationen dem Ruin anheimfiel, während die Tschechoslowakei vollständig mit dem Abschluß von Konkordatsverhandlungen beschäftigt war.«[95]

Nein, im Osten des Reiches ging es für Stresemann darum, ohne kriegerischen Einsatz an das revisionistische Ziel zu gelangen: »Ich denke auch in bezug auf die Ostfragen, wo das Selbstbestimmungsrecht der Völker in unerhörter Weise vergewaltigt worden ist«, erläuterte er sein Vorgehen am 14. Dezember 1925 in der uns schon bekannt gewordenen Rede, »nicht an kriegerische Auseinandersetzungen. Was ich mir aber vorstelle, ist das, daß wenn einmal Verhältnisse entstehen, die den europäischen Frieden oder die wirtschaftliche Konsolidierung Europas durch die Entwicklung im Osten bedroht erscheinen lassen, und wenn man zur Erwägung kommt, ob diese ganze Nichtkonsolidierung Europas nicht ihren Grund in unmöglichen Grenzziehungen im Osten mit hat, daß dann Deutschland auch die Möglichkeit haben kann, mit seinen Forderungen Erfolge zu erzielen, wenn es sich vorher mit den ganzen Weltmächten, die darüber zu entscheiden haben, politisch auf einen freundschaftlichen Verständigungsfuß und auf eine wirtschaftliche Interessengemeinschaft auf der anderen Seite gestellt hat. ... Das ist meiner Meinung nach die einzig praktische Politik.«[96] Um allerdings, wie Stresemann es mit einer an Bismarck erinnernden Wendung umschrieb, »im gegebenen Moment den Zipfel des Gewandes« zu ergreifen, war es notwendig, »wenn man nicht in der Lage ist, selber Machtmittel zu haben, ... daß man sich Freundschaften oder Bündnisse oder wirtschaftliche Verbundenheiten schafft«[97].

Ein außenpolitisch isoliertes und innenpolitisch geschwächtes Polen sollte mit französischer Duldung, bei englischem Desinteresse und mit russischer Unterstützung zur Anerkennung deutscher Revisionswünsche gezwungen werden. Zwar vollzog sich der »Handelskrieg«[98] zwischen Deutschland und Polen, der vom Juni 1925 an intensive Form annahm, erst einmal unabhängig von revisionistischen Absichten der Deutschen als eine normale Auseinandersetzung zwischen zwei rivalisierenden Volkswirtschaften. Gleichwohl trat im autonomen Zusammenhang des Ökonomischen die politische Intention der deutschen Seite deutlich zutage. Entweder wirtschaftliche Hilfe zu gewähren oder die ökonomische Konsolidierung Polens zu behindern, stellte ohne Zweifel ein Instrument bereit, den deutschen Vorstellungen Nachdruck zu verleihen, »bis das Land«, also Polen, wie Stresemann im April 1926 darlegte, »für eine unseren Wünschen entsprechende Regelung der Grenzfrage reif und bis unsere politische Machtstellung genügend gekräftigt ist«[99].

Daß sich die deutschen Hoffnungen auf einen Zusammenbruch Polens nach dem Militärputsch von Marschall Pilsudski im Mai 1926 sehr bald verflüchtigten, entzog diesen Spekulationen rasch die Grundlage. Von den Perspektiven und dem Scheitern solcher Erwägungen und Initiativen abgesehen, erhebt sich im Rückblick eine Reihe von Fragen: Gab es eine echte Chance, schöpferische Polenpolitik zu betreiben, die sich die Deutschen entgehen ließen? Hätte eine so kühn eingeschlagene Wendung ihre Hoffnung auf Räumung des besetzten Rheinlandes befördern können, die zeitgenössissch fast exklusiv mit der Westpolitik verbunden war? Wäre Stresemann damit vielleicht dem hinderlichen Zeitverlust entgangen, der ihm sichtbare Erfolge rechtzeitig zu demonstrieren verwehrte?

Ohne auf Hypothetisches verläßlich eingehen zu können, läßt sich mit Gewißheit soviel sagen: Späterlebenden fällt es vergleichsweise leicht, in der fast selbstverständlichen Erwartung auf positive Antworten diese Fragen aufzuwerfen; für die Zeitgenossen stellten sie sich dagegen nicht mit derselben Intensität, schon gar nicht mit einer vergleichbaren Aussicht auf konstruktive Resonanz: Sie hatten im Grunde kein breites Fundament in der vertrackten Sache.

Das polnische Mitspracherecht für die westlichen Probleme, das von Warschau beansprucht wurde, teilten selbst die Franzosen nur noch mit deutlicher Zurückhaltung, während die Deutschen solches Ansinnen ohne jede Konzession ablehnten: Tatsächlich wurde mit der Westpolitik auch Ostpolitik gemacht. Allein, in umgekehrter Art und Weise den Versuch zu unternehmen, durch ein Entgegenkommen in der Polenpolitik die Räumung des besetzten Rheinlandes zu beschleunigen, blieb einfach außerhalb des damals Vorstellbaren. Fast haftet dem Gedanken etwas unzeitgemäß Unwirkliches an, so bedenkenswert die damit verbundene Frage auch erscheinen mag, ob Stresemann nicht gerade »im Augenblick seines größten diplomatischen Erfolges Zeit versäumte, die er später nicht mehr einholen konnte«[100].

Die spezifische Methode des deutschen Außenministers, die in diesem zentralen Zusammenhang erneut an Bismarcks Diplomatie erinnerte, bestand gerade darin, den westlichen und östlichen Schauplatz so voneinander zu trennen, daß die Verständigung über den Konflikt auf der einen Seite die Chance erhöhte, ihn auf der anderen Seite zu den eigenen Gunsten zu entscheiden. Diese Außenpolitik der verschlungenen Trennung hatte nicht zum geringsten darauf zu achten, das Verhältnis zum sowjetischen Vertragspartner zu pflegen. In diesem Sinne unterrichtete Stresemann Botschafter Krestinski am 15. April 1925 von »unserer Absicht..., uns im Westen Ruhe zu schaffen und im übrigen für den Osten die Entwicklung genau zu verfolgen, unsere Ansprüche aufrecht zu erhalten und uns die Freiheit des Handelns zu bewahren. Gerade von diesem Gesichtspunkt aus müsse Rußland für unseren Schritt Verständnis haben. Der Sicherheitspakt mit den Westmächten schließe ein gutes Verhältnis mit Rußland nicht aus.«[101]

Erneut tritt das für die Geschichte der Weimarer Republik und ihrer äußeren Politik zentrale Problem der durchmischten Staatsräson zutage: In gesellschaftspolitischer Hinsicht mußte das innere Bewegungsgesetz des Reiches ein Zusammengehen Deutschlands mit Polen gegen die Sowjetunion begünstigen; unter außenpolitischem Vorzeichen drängte die äußere Staatsräson auf ein Zusammengehen Deutschlands mit Rußland gegen Polen. Weil der Primat der Außenpolitik über die Erfordernisse des Weltanschaulichen galt, lehnte das Reich das von den westlichen Staaten in Locarno erhobene Ansinnen mit geradezu unbeirrbarer Entschiedenheit ab, Polen im Falle eines sowjetischen Angriffs zu Hilfe zu kommen.

Damit wird bereits auf die grundlegenden Fragen verwiesen, die mit dem vorgesehenen Eintritt der Deutschen in den Völkerbund zur Debatte stehen sollten: Wie würde es im Falle eines polnisch-sowjetischen Krieges mit dem Durchmarschrecht der westlichen Mächte durch das Reich bestellt sein? Wie ließe sich im Hinblick auf das deutsch-sowjetische Verhältnis eine Mitgliedschaft Deutschlands in der Société des Nations mit dem Interventionsartikel 16 ihrer Satzung vereinbaren? Denn: Der Argwohn, mit dem die Sowjets die deutsche Annäherung an den Westen verfolgten, machte sich schon seit geraumer Zeit bemerkbar. Stresemann hatte dafür zu sorgen, daß nicht gerade in dem Augenblick, als dem französisch-polnischen Bündnis die gefährlichsten Zähne ausgebrochen wurden, eine noch größere Bedrohung heraufzog. Zu verhindern war also, daß die Sowjets aus Enttäuschung über die Deutschen ungeachtet aller ideologischen Differenzen zu einer Annäherung an die Franzosen getrieben würden. Eine derart abträgliche Entwicklung in der Staatenwelt wäre geeignet gewesen, an die gefährliche Existenz der russisch-französischen Zange während der wilhelminischen Epoche zu erinnern.

Argwohn der Sowjets

Die enge Annäherung des Reiches an den Westen und der sich abzeichnende Eintritt der Deutschen in den Völkerbund, in dem Moskau damals nichts anderes als ein Herrschaftsinstrument der kapitalistischen Status-quo-Mächte erblickte, nährte das grundlegende Trauma des jungen Sowjetstaates. Durch das Einschwenken des besiegten Reiches an die Seite der westlichen Sieger schien die »Einheitsfront« der »kapitalistisch-nichtrevisionistischen« Staaten noch durch das »kapitalistisch-revisionistische« Deutschland ergänzt zu werden. Ein antisowjetischer Block drohte Rußland feindlich zu isolieren. Zutreffend äußerte sich Außenminister Stresemann nach einem Gespräch mit seinem sowjetischen Kollegen Tschitscherin am Jahresende 1925 über den »Alpdruck des gegen Rußland zusammengefaßten Kontinents«[102], der bis dahin geradezu beklemmend auf den Sowjets gelastet hatte. Insbesondere die Vorstellung, das Deutsche Reich könne Großbritannien, das die Sowjetunion unter allen kapitalistischen Mächten am meisten fürchtete, als Kontinentaldegen gegen das sozialistische »Vaterland der Werktätigen« dienen, jagte den Russen Angst und Schrecken ein.

Als sich die Kampagne der Sowjetunion, Deutschland von der bevorstehenden Westbindung abzubringen, ihrem Zenit näherte, beschwor die *Prawda* im Sommer 1925 die Vergangenheit des Siebenjährigen Krieges. Damals sei die Rettung für Preußen, das von England lange Zeit weidlich ausgenutzt worden sei, schließlich auch aus Rußland gekommen. Die zunehmend intensivierten Versuche, das Reich vom Westen abzuziehen und für die Sowjetunion zu gewinnen, gipfelten in dem Besuch, den Tschitscherin kurz vor Stresemanns Abreise nach Locarno am 1. und 2. Oktober in Berlin machte: Der sowjetische Außenkommissar versuchte zu retten, was noch zu retten war. Zwar erreichte er bei weitem nicht alles, was die Russen den Deutschen seit langem abzujagen suchten; doch was ihm gelang, war nicht eben wenig.

Der Sowjetunion standen beileibe nicht nur Bitten und Appelle zur Verfügung. Vielmehr hatte sie ernste Argumente und kampfbereite Drohungen bei der Hand, die sich auf die spezifische Lage des Landes zwischen West und Ost bezogen. Das Ringen um Deutschland, das nach der Überzeugung des britischen Außenministers Austen Chamberlain immer, ja vor allem ein Ringen um Deutschlands Seele für den Westen darstellte, war voll entbrannt! Am Ende siegte keine der beiden Seiten ganz, die eine zwar mehr als die andere, aber eben nicht uneingeschränkt. Nachhaltig verstärkte das bei allen den mißlichen Eindruck über die schwankenden Deutschen, die mit diplomatischem Geschick zwischen den beiden um sie konkurrierenden Welten verharrten.

Ob sie, wie noch zu Bismarcks Zeiten, tatsächlich über genügend souveräne Macht verfügten, um ihren Eigenweg fortsetzen zu können, mußte sich zeigen. Vorläufig kam für sie gar nichts anderes in Frage: Zwischen Ost und West versuchten sie die Unabhängigkeit ihrer Außenpolitik zu wahren, der, damit verwandt, Bestandteile einer eigenständigen Existenz im Weltanschaulichen charakteristisch beigemischt waren. Welche Gefahren einem derart ungebundenen Kurs innewohnten, machte Karl Radek, an die deutsche Adresse gerichtet, bereits im Januar 1925 unmißverständlich klar: Er warnte Stresemann davor, sich »zwischen zwei Stühle«[103] zu setzen. Schon im April 1924 hatte Tschitscherin, im Schatten des Dawes-Plans, zum Jahrestag von Rapallo die Formel vom »Vertrag zwischen dem besiegten Deutschland und dem internationalen Paria Sowjetrußland«[104] bekräftigt.

Allein, die russische Vision einer »Achse«[105] zwischen Berlin und Moskau, die manche deutschen Repräsentanten, in der Regierung ebenso wie beim Militär, teilten, hatte im Zeichen einer resoluten Westbindung der Stresemannschen Außenpolitik kaum Aussicht auf Erfolg. Freimütig hatte der entschiedene Protagonist dieser Orientierung, Staatssekretär von Schubert, bereits am 23. Juni 1926 über die kommunistischen Machthaber bekannt: »Ich mißtraue der Bande in Moskau auf das stärkste.«[106] Die deutsche Außenpolitik schickte sich an, der Verständigung mit dem Westen den Vorrang einzuräumen; das Verhältnis zur Sowjetunion blieb dem untergeordnet. Das heißt: Der russische Faktor diente nach wie vor als Gegengewicht, um nicht in eine zu einseitige Abhängigkeit vom Westen zu geraten – nicht mehr, aber auch nicht weniger. Zu wenig auf jeden Fall für die Sowjets. Denn im Vergleich mit dem, was sie von den Deutschen erwarteten, vollzog sich in geradezu dramatischer Form das Umgekehrte. Indes, vorläufig ließ die Sowjetunion nicht locker, das Deutsche Reich von diesem Kurs abzubringen.

Vom Herbst 1924 an steigerte sich die Kampagne noch einmal; im Dezember des Jahres kulminierte sie in einem regelrechten Bündnisangebot der Russen: Es hatte das Ziel, wie Graf Brockdorff-Rantzau, der deutsche Botschafter in Moskau, vielsagend drohte, »Polen auf seine ethnographischen Grenzen zurückzudrängen«[107]. Zu der Allianzinitiative, die eine vierte Teilung des zwischen Rußland und Deutschland gelegenen Landes nach sich ziehen konnte, dürfte Tschitscherin nicht zuletzt durch entsprechende Ermunterungen aus dem Auswärtigen Amt animiert worden sein. Was Rußlands Werben mit der Bündnisofferte anging, besaß diese Politik ihre Tradition, seit Leo Trotzki während des russisch-polnischen Krieges vor der Schlacht von Warschau damit hervorgetreten war. General von Seeckt hatte dieses Vorhaben stets befürwortet.

Als die Deutschen das Angebot jetzt ablehnten, bekamen sie es von sowjetischer Seite aus mit den versteckt stets vorhandenen Drohungen offen zu tun: Unverhohlen spielte Rußland auf seine Möglichkeiten an, sich über Deutschlands Kopf hinweg mit dessen Gegnern zu arrangieren. Unmißverständlich wurde zumindest der Versuch gemacht, dem Deutschen Reich, das sich bereits auf dem Weg nach Locarno befand, die außenpolitischen Optionsmöglichkeiten der Sowjetunion vor Augen zu führen. Im Sommer 1925 glich Deutschland tatsächlich, wie Stresemann seinen Eindruck umschrieb, »dem Reiter in der Fabel, dem zur Seite diejenigen traben, die ihn zu sich herüberziehen wollen«[108].

Nun, der erneute Versuch der Sowjets, Deutschland für sich zu gewinnen, ging zwar beileibe nicht auf, scheiterte aber auch nicht vollkommen. Die Sowjetunion knüpfte an ihre früh eingeleiteten Bemühungen an, die Westorientierung des Reiches zugunsten der Ostbindung zu unterlaufen; auf diese Weise hatte sie Jahre zuvor den Weg nach Rapallo gebahnt. Damit war ihr per Saldo mehr Erfolg beschieden worden als mit ihrem gewaltsamen Versuch, in dem von Moskau aus dirigierten »deutschen Oktober« des Jahres 1923 die Revolution ins Reich zu tragen. Jetzt vermochte selbst Tschitscherins diplomatische Begabung das Zustandekommen von »Locarno« und den Eintritt der Deutschen in den Völkerbund nicht zu verhindern. Aber er erhielt doch von Stresemann vor dessen Abreise zur Konferenz zwei wesentliche Zusagen, die er gefordert hatte: Der deutsche Außenminister versprach, bei der bevorstehenden Zusammenkunft keine Garantie für die polnischen Grenzen abzugeben und eine bedingungslose Übernahme des Interventionsartikels 16 der Völkerbundssatzung durch das Reich abzulehnen.

Dieser Befund schlug sich, eher allgemein gehalten, in dem nieder, was Stresemann einen Tag nach seiner Ankunft in Locarno betonte. Das Reich wolle »keine Option«[109] vollziehen, sondern mit dem Westen und dem Osten gute Beziehungen pflegen. Damit war das Spezifische der deutschen Position zwischen West und Ost angedeutet: Es wurde zwar sichtbar, daß das Reich dabei war, sich enger an die eine Seite als an die andere zu binden. Aber dieses Band wurde wiederum nicht so fest geknüpft, gar untrennbar verknotet, daß der deutsche Partner für die Sowjetunion völlig uninteressant geworden wäre. Das enger gestaltete Verhältnis zum Westen mußte noch genügend Spielraum belassen, um das zentrale Ziel der Revisionspolitik verfolgen und die Eigenständigkeit der nationalen Existenz demonstrieren zu können.

Mit der Tschitscherin in Berlin gegebenen Zusage hing es ursächlich zusammen, daß Stresemann der in Locarno von seiten des Westens erhobenen Forderung, die sich aus der Völkerbundssatzung ergebenden Sanktionsverpflichtungen einschränkungslos anzuerkennen, sein definitives »non possumus absolu«[110] entgegenhielt. Tatsächlich wurde dem Deutschen Reich für seinen jetzt vereinbarten Beitritt zum Völkerbund, was den umstrittenen Artikel 16 anging, lediglich abverlangt, sich in dem Maße an Sanktionen zu beteiligen, »das mit seiner militärischen Lage verträglich ist und seiner geographischen Lage Rechnung trägt«[111].

Deutschland behauptete also auch in diesem Zusammenhang eine Sonderstellung. Dem Westen vermochte Stresemann klarzumachen, er habe für sein Land die Gefahr zu vermeiden, daß Deutschland im Fall des Falles zum Schlachtfeld zwischen Ost und West würde. Gleichzeitig versicherte er jedoch, das Reich werde seine besondere Lage und die ihm zugestandenen Privilegien nicht dazu benutzen, um als künftiges Mitglied im Völkerbundsrat die Notwendigkeit einstimmiger Beschlußfassung durch sein Vetorecht zu verhindern, falls Sanktionen bei einem russischen Angriff auf Polen erforderlich würden.

Was aber die Sowjetunion anging, wollte der Außenminister ungeachtet, ja gerade wegen der nunmehr engen Verbindung mit dem Westen die Russen auf keinen Fall als Gegengewicht verlieren. Daher kam er ihnen, neben der Absage an die Forderung nach einem »Ost-Locarno« und über die Sonderregelung des Artikels 16 hinaus, die beide im russischen Interesse lagen, sogar noch weiter entgegen. Damit gedachte er der Drohung zu entgehen, die von sowjetischer Seite aus nach wie vor existierte. Gleichgültig, ob die Sowjets nur so taten oder tatsächlich vorhatten, sich mit Polen und mit Frankreich, sei es alternativ oder gemeinsam mit beiden, zu Lasten von Deutschland zu einigen, dem Gesamten mußte die Spitze genommen werden: Den in Rapallo angelegten Weg weiter auszubauen, bot sich an.

Dem sowjetischen Wunsch, die Deutschen ganz für sich zu gewinnen, sie entweder im Bündnis an sich zu binden oder durch strikte Neutralität vom Westen zu entfremden, widerstand die deutsche Außenpolitik. Dagegen ließ sie sich auf eine mit den westlichen Verbindungen verträgliche Form der spezifischen Neutralität gegenüber Rußland ein. Die »Schicksalsgemeinschaft« von Rapallo, in der zwei Ausgestoßene zueinander gefunden hatten, verwandelte sich im Zusammenhang mit der deutschen Locarnopolitik, die dem Reich den Weg ins Freie der Staatengesellschaft eröffnete, zu einer »Zweckgemeinschaft«[112]: Wie eine Art von Rückversicherung prägte sie von nun an die Außenpolitik des Reiches.

Eine Art von Rückversicherung

Die russischen Bedenken gegen eine zu enge Bindung Deutschlands an den Westen konnten zwar nicht vollständig ausgeräumt, aber immerhin erheblich gemindert werden. Denn am 24. April 1926 wurde in Berlin ein Freundschafts- und Neutralitätsvertrag zwischen den beiden Staaten abgeschlossen, der vor aller Welt demonstrierte, daß »Rapallo« keineswegs durch »Locarno« verdrängt worden war.

Innerhalb des Reiches kam dieser Schritt denjenigen entgegen, die – wie beispielsweise der deutsche Botschafter in Moskau – ebendiese Befürchtung ernsthaft gehegt hatten. Durch »Locarno« schien ihm »das wichtigste Druckmittel«[113], das dem Westen gegenüber in einer deutsch-russischen Koalition gelegen habe, abhanden gekommen zu sein. Nun sei gleichsam der Trumpf, »das Atout, das wir seit Rapallo den Alliierten gegenüber besaßen«[114], verschwunden. Diese Sorgen der Locarno-Gegner vermochte der neue Vertrag von Berlin zumindest zu besänftigen. Lediglich einer Minderheit, die mit kompromißloser Ausschließlichkeit für die Westbindung eintrat, kam der russische Vertrag dagegen so vor, als hätten die Sowjets sich auf diese Weise, wie *Die Weltbühne* klagte, »mitten aus dem Locarno-Lager eine Geisel geholt«[115].

Die Wahrheit lag dazwischen, wenn auch nicht ganz genau in der Mitte. Die Waage hielten sich die Locarno-Verträge und der Berliner Vertrag nämlich nicht, weil die Orientierung nach dem Westen alles in allem viel ausgeprägter blieb als die nach dem Osten. Allerdings: Genügend große Distanz gegenüber dem westlichen Kraftarm der widersprüchlich harmonischen Konstruktion zu halten, blieb unbedingt erforderlich, um das Grundmuster deutscher Außenpolitik bewahren zu können.

Mit dem Abschluß des Berliner Vertrags wurde die Rapallolinie deutscher Außenpolitik fortgesetzt, ja über normalisierte Beziehungen, über wirtschaftliche Verbindungen und über militärische Geheimkontakte deutscher Rußlandpolitik hinaus wurde sie sogar ausgeprägter als zuvor markiert: Sie erhielt eine präziser entworfene Zielrichtung. Für den Fall eines Krieges zwischen der Sowjetunion und Dritten versprach Deutschland Neutralität zu wahren, selbstverständlich unter der Voraussetzung, daß die UdSSR nicht der Angreifer war. Damit blieben die Verpflichtungen, die sich aus der vorgesehenen Mitgliedschaft des Reiches im Völkerbund ergaben, voll gewahrt. Darüber hinaus versprach das Deutsche Reich, sich nicht an einem »wirtschaftlichen oder finanziellen Boykott« gegen die Sowjetunion zu beteiligen, falls diese Maßnahme in einem nicht von Rußland verursachten Kriegsfall oder »auch zu einer Zeit, in der sich keiner der vertragschließenden Teile in kriegerischen Verwicklungen befindet«[116], gegen die Sowjetunion verhängt wurde.

Selbstverständlich traf man diese Abmachung, wie das vertragsüblich ist, auf Gegenseitigkeit; daß sie für Rußland ungleich akutere Bedeutung besaß als für Deutschland, lag auf der Hand. In einem Protokoll, das als Annex zum Vertrag gehörte, wurde schließlich der schon erwähnte Passepartout gefunden, um die durch Artikel 16 verschlossene Tür zum gemeinsamen Abkommen zu öffnen: Das Deutsche Reich verpflichtete sich, nur unter der Bedingung eines Vorbehalts in den Völkerbund einzutreten, der dem Sicherheitsbedürfnis der Sowjetunion entgegenkam.

Ungeachtet seiner komplizierten Anlage enthielt der Vertrag nichts Doppelzüngiges, nichts Zweideutiges, nichts Unvereinbares. Darin unterschied er sich, obwohl die Erinnerung das eine mit dem anderen zu verbinden geneigt ist, von Bismarcks berühmtem Rückversicherungsvertrag. Dieser hatte seine verschwommene Kontur durch die spezifische Anlage einer Friedenspolitik erhalten, die in riskantem Maße von Bismarcks Persönlichkeit abhing: Nahezu ihm allein vermochte sie sich mit der notwendigen Klarheit darzustellen, während sie für viele andere nichts als Verwirrung mit sich brachte. Ohne mit derart problematischen Bürden belastet zu sein, stellte sich indes auch Stresemanns Berliner Vertrag als eine Art von Rückversicherung dar. Nicht ohne Grund, wenn auch vielleicht einen Ton zu euphorisch, sprach der bekannte Historiker Otto Hoetzsch daher »geradezu bewundernd« vom »russischen Rückversicherungsvertrag«[117] der Weimarer Außenpolitik.

Anders als im Jahre 1887 handelte es sich dieses Mal nicht mehr um eine Abmachung, die zwischen zwei ungefähr gleich starken Partnern geschlossen wurde. Denn im Jahre 1926 besaß das Deutsche Reich kaum mehr als potentielle Stärke. Dessenungeachtet: Der Vertrag verhalf den Sowjets, die sich ständig, ja übertrieben bedroht vorkamen, zu leidlicher Sicherheit an ihrer europäischen Grenze. Der westliche Garantiepakt, durch den sich Deutschland und Frankreich nähergekommen waren, büßte an Bedrohlichkeit ein, die er, ohne mit einer antirussischen Spitze ausgestattet zu sein, für die Sowjetunion besaß: »Locarno« wurde »in gewissem Maße«, wie der spätere Außenkommissar Litwinow sich äußerte, »seines antisowjetischen Stachels«[118] beraubt. Die konkrete Sorge der Sowjets, die nunmehr ausgeräumt war, hatte in der Befürchtung gelegen, von der Botschafter Krestinski Stresemann gegenüber gesprochen hatte: Die Sowjets wollten den Verdacht nicht loswerden, »im Falle eines Konfliktes... mit Rußland« würden »die Westmächte« dem Deutschen Reich »plötzlich die Erlaubnis geben..., 500000 Mann unter die Waffen zu rufen«[119].

Der unschätzbare Vorteil, den Deutschland aus der russischen Rückversicherung zog, war evident: Einer gegen die dazwischenliegende Mitte gerichteten Koalition der Westmächte und der Sowjetunion war ein Riegel vorgeschoben worden. Deutschland hatte sich einerseits davon befreit, Amboß der Flügelmächte zu werden, andererseits hatte es die Gefahr hinter sich gelassen, im Dienste des Westens zu einem »Werkzeug«[120] gegen Rußland abzusinken. Gleichwohl repräsentierte das Reich für die Siegermächte des Weltkrieges in ideologischer und in wirtschaftlicher Hinsicht ein beachtliches, fast unverzichtbares Bollwerk gegenüber der revolutionären Herausforderung aus dem Osten.

Diese Feststellung gilt um so mehr, als Stresemanns zukünftiges Handeln darauf zielte, in einem friedlichen Sinne der wirtschaftlichen Zusammenarbeit und der ökonomischen Durchdringung der Sowjetunion die gesellschaftlichen Verhältnisse des riesigen Landes allmählich wieder zu normalisieren: »Wir haben mit Rußland Kreditverhandlungen geführt und stehen mit ihm in einem regen Güteraustausch«, entfaltete er den Gedanken, die sozialistische Verfaßtheit des Sowjetstaates zu wandeln. Sich auf dieser Grundlage mit den Russen intensiv einzulassen, erschien ihm deshalb erforderlich, fuhr er fort, »nicht nur weil wir ihn [den Güteraustausch] brauchen, sondern weil ich der Meinung bin, daß es notwendig ist, Rußlands Wirtschaft so eng mit dem kapitalistischen System der westeuropäischen Mächte zu verknüpfen, daß wir dadurch den Weg ebnen für eine Evolution in Rußland, die meiner Meinung nach allein die

Möglichkeit gibt, aus Sowjetrußland einen Staat und eine Wirtschaft zu machen, mit der sich leben läßt«[121]. Es blieb abzuwarten, inwieweit die neue Qualität des Wirtschaftlichen, die Stresemanns republikanische Außenpolitik so kennzeichnend mit der amerikanischen *open door-policy* verband, die überlieferte Tradition der herkömmlichen Machtpolitik zu überwinden vermochte, die sich im Sowjetstaat so unverwechselbar verkörperte. Würde das Weiche auf Dauer das Harte grundlegend zu wandeln imstande sein?

Bei eindeutiger Akzentuierung ihrer westlichen Orientierung und mit spezifischer Nutzung des östlichen Gegengewichts vollzog sich die deutsche Außenpolitik der »Ost-West-Balance« zwischen Rußland und den Ententemächten; zwischen dem sowjetischen System und der bürgerlichen Welt; zwischen der äußeren und inneren Staatsräson des Reiches. Ihr vorrangig verfolgtes Ziel war die Revision. Die Hoffnung auf eine Rückgewinnung der abgetretenen östlichen Gebiete und die Erwartung eines zügigen Endes des Besatzungsregimes in den westlichen Territorien rangierten auf der außenpolitischen Prioritätenliste ganz oben. Um diese Aufgaben lösen zu können, die, in entgegengesetzten Himmelsrichtungen gelegen, dennoch miteinander verbunden wären, war es nach Stresemanns Einschätzung der Lage erforderlich, einen vergleichsweise unabhängigen Weg zwischen West und Ost einzuschlagen. Diese außenpolitische Orientierung förderte zugleich das besondere Bewußtsein der Deutschen für ihre eigenständige Stellung zwischen den konträren Welten des kapitalistischen Westens und des kommunistischen Ostens.

Konstitutiv gehörte der Berliner Vertrag zum Grundmuster der deutschen Außenpolitik. Mit den in Locarno abgeschlossenen Verträgen, die Außenminister Chamberlains zuversichtlicher Einschätzung nach die eigentliche Trennungslinie zwischen den Jahren des Krieges und den Jahren des Friedens markierten, fügte er sich zu einem sinnvollen Ganzen. Daß »in den Beziehungen der Völker zueinander ein neues Zeitalter angebrochen«[122] zu sein schien, feierte jedenfalls der ansonsten über »Locarno« eher spottende Mussolini damals das historische Ereignis des deutsch-französischen Ausgleichs, durfte nicht darüber hinwegtäuschen, daß die machtpolitischen Auseinandersetzungen, auch wenn der gute Geist von Locarno Besseres verhieß, durchaus weitergingen. Doch erst einmal überwog viel Hoffnung die vorhandene Skepsis, die das seltsame Vertragsgemisch aus herkömmlicher Bündnis- und kollektiver Sicherheitspolitik, zumindest im Rückblick, als eine »Illusion der Paktomanie«[123] entlarvte.

Für das Deutsche Reich bot die miteinander harmonierende Existenz des westlichen Garantiepakts und des östlichen Neutralitätspakts den unbestreitbaren Vorzug, das Land zwischen den Fronten davor bewahrt zu haben, in die Defensive zu geraten. Mit »Locarno« war das Projekt eines französisch-britisch-belgischen Beistandsvertrages gegen Deutschland unterlaufen; war die Gefahr einer polnisch-französischen Offensive entschärft; war der Drang Frankreichs nach der »natürlichen Grenze« am Rhein gebremst. Mit »Berlin« hatte die drohende Zange einer französisch-russischen Allianz gegen Deutschland ihr Scharnier verloren. Mehr noch: In dem Augenblick, in dem es den Deutschen gelungen war, der gefährlichen Defensive zu entkommen, war ihnen der Weg ins Freie der Weltpolitik geebnet. In gewisser Hinsicht sah sich das Deutsche Reich sogar wieder ins Zentrum der großen Mächte gerückt, nicht isoliert und eingekreist, sondern mit allen verbunden und für alle interessant.

Falls die äußere Politik Deutschlands, die sich auf wirtschaftliche Kraft gründete und auf internationale Verständigung baute, dem überlieferten Bestand der machtpolitischen Tradition im nationalen ebenso wie im internationalen Zusammenhang noch weiteres Terrain abzuringen imstande sein würde, konnte das Deutsche Reich sogar die vorteilhafte Lage desjenigen gewinnen, der die Kräfte der europäischen Staatenwelt auszubalancieren vermochte. Darin konnte eine unschätzbare Chance liegen, wie die Erfahrungen der Ära Bismarck lehrten; damit konnte ihm aber auch eine nicht zu unterschätzende Bürde aufgehalst werden, mit der die Diplomatie des Reichsgründers gleichfalls fertigzuwerden hatte.

Viel, möglicherweise alles hing davon ab, daß die Metamorphose des Politischen durch das Wirtschaftliche voranschritt – und daß die von den Amerikanern geborgte ökonomische Potenz nicht vorzeitig versiegte. Daß diese Gefahr im Herbst 1929 tatsächlich eintrat und daß vom kommenden Jahr an durch ein Zusammenrücken der Franzosen und der Polen ebenso wie der Russen und der Franzosen die traditionelle Bedrängnis, ja eine drohende Isolierung Deutschlands schlagartig wiederauflebte, beschreibt ein Ergebnis, das sich aus dem eigenen Handeln der Deutschen ebenso wie aus internationalen Entwicklungen der Staaten- und Wirtschaftswelt zusammensetzte. Noch war diese Tendenz zum Nachteiligen nicht absehbar. Im Gegenteil: Unter den angelsächsischen Vorzeichen des liberalen Handels und der internationalen Schiedsgerichtsbarkeit dehnte das Deutsche Reich, was seine ökonomischen Aktivitäten anging, seinen Handlungsspielraum sogar weit über Europa aus, kehrte es in die Weltwirtschaft und in das Weltgeschehen zurück.

Daß Deutschland nicht endgültig, vor allem nicht militärisch, für oder gegen den Osten oder den Westen optieren konnte, lag letztlich daran, daß es revisionistische Ziele verfolgte und auf seine spezifische Existenz Rücksicht nehmen mußte. Sich in einem militärischen Bündnis mit dem Westen gegen die Sowjetunion zu vereinen, hätte angesichts der defensiven Orientierung einer solchen Koalition den Verzicht auf die Rückkehr der östlichen Territorien bedeutet; sich auf eine militärische Allianz mit der Sowjetunion einzulassen, hätte die Gefahr der inneren Revolutionierung und vielleicht sogar der Aufteilung Deutschlands zwischen Rußland und Frankreich mit sich gebracht. Ausschließlich mit dem Westen oder mit dem Osten revisionistische Außenpolitik zu treiben, war nicht möglich, zumindest aber weniger erfolgversprechend, als aus einer unabhängigen Position heraus zu handeln. Dieses Privileg zu beanspruchen, korrespondierte im übrigen mit dem nicht nur in Deutschland vorwaltenden Verständnis vom Auftrag und Rang einer großen Macht. Tatsächlich wurden die beiden bevorzugten Ansprüche, nach Revision zu streben und den Großmachtstatus zurückzuerlangen, mit den neuen Methoden, die der Ära von Locarno gemäß waren, Schritt für Schritt verwirklicht. Die schöpferisch gewandelten Instrumente der Stresemannschen Außenpolitik gewannen nach und nach Autonomie. Gleichberechtigt traten sie neben die überlieferten Ziele, mit denen sie allmählich eins wurden. Die Chance einer neuartigen Außenpolitik zeichnete sich ab.

Ihr Erfolg würde davon abhängen, wie zügig und sichtbar die nunmehr geweckten, nicht eben geringen Erwartungen tatsächlich erfüllt werden konnten. Gedeih oder Mißlingen des Experiments waren eng mit dem Handeln der Deutschen, aber ebenso wesentlich mit dem der anderen Staaten verbunden. Es sollte nicht allzu lange dauern, bis neben ihren Möglichkeiten auch die Grenzen der außenwirtschaftlich geprägten Revisionspolitik des Reiches deutlicher als bislang hervortraten.

Völkerbund, Thoiry und Europaidee: Möglichkeiten und Grenzen außenwirtschaftlicher Revision (1926–1929)

Republikanische Außenpolitik

Begriff und Phänomen einer republikanischen Außenpolitik sind eng mit der Persönlichkeit Gustav Stresemanns verbunden. Ihre Eigenständigkeit, die im Verlauf des Zeitraums der Jahre zwischen 1923/24 und 1929 zunehmend klarer hervortrat, hebt sich von der vorwaltenden Linie wilhelminischer Außenpolitik ebenso charakteristisch ab wie von derjenigen der präsidialen Kabinette am Ende der Weimarer Republik, von der auswärtigen Politik Hitlers ganz zu schweigen. Die nationalpolitischen Ziele aus den vorhergehenden Dekaden behielt sie gewissermaßen bei. Allerdings war sie darum bemüht, zu Anfang aus bitterer Notwendigkeit, dann mehr und mehr aus gewachsener Überzeugung, diese mit neuen Methoden zu verwirklichen. Indem sie das herkömmliche Instrumentarium hintanstellte, versuchte sie unter Einsatz von außenwirtschaftlicher Kraft zum Erfolg zu kommen. Weil sie auf multilaterale Zusammenarbeit und internationale Vereinbarung setzte, um zu den notwendigen Resultaten zu gelangen, unterschied sie sich erheblich von jener rigorosen Methode der nachfolgenden Jahre, sich ohne Rücksicht auf Verluste dem bilateralen Vorgehen anheimzugeben. Denn in den Absichten und Mitteln triumphierte zwischen 1930 und 1933 erneut die nackte Eigensucht; in nationalem und internationalem Zusammenhang trug sie die dünn ausgebildete Schicht der in Europa langsam entstehenden Schieds- und Friedensordnung rücksichtslos ab.

Kurzum: Da sich in den Jahren der Ära Stresemann die modernen Methoden und die überlieferten Ziele der äußeren Politik zu etwas qualitativ Neuem fügten, das seinerseits Autonomie entwickelte, läßt sich mit Recht von einer republikanischen Außenpolitik eigener Provenienz sprechen. Freilich blieb sie äußerst anfällig. Über ihren Bestand oder ihr Scheitern entschieden nicht zuletzt die Erfolge oder Enttäuschungen, die sich mit ihren Initiativen und Resultaten verbanden. Diese zeitigten wiederum nicht zu unterschätzende Rückwirkungen auf die innere Gestalt und für die politische Zukunft der Weimarer Republik. Jetzt, nach dem Abschluß der Locarno-Verträge und des Berliner Vertrages, im Scheitelpunkt der Ära Stresemann, war es der Zeitfaktor, der ausschlaggebende Bedeutung erlangen sollte. Er bestimmte darüber mit, welches Element in der neuen Legierung republikanischer Außenpolitik – das Neue oder das Alte, die wirtschaftliche Substanz oder der staatliche Kern, das Multilaterale oder das Bilaterale – künftig prägende Kraft besitzen würde. Stresemanns »nationale

Realpolitik« stand vor ihrer Bewährungsprobe; das Schicksal der jungen Demokratie war damit aufs engste verbunden.

Inwieweit sich außenpolitische Erfolge zügig einstellen oder ausbleiben würden, bestimmte wesentlich darüber mit, ob der bislang eingeschlagene Kurs des Neuen weiterverfolgt werden konnte oder in den allzu bekannten Trott des Traditionellen zurückzufallen drohte; ob im Inneren die parteipolitischen und gesellschaftlichen Kräfte reüssierten, die Stresemanns Außenpolitik loyal förderten, oder ob jene Zulauf erhalten würden, die sie gehässig bekämpften. Würden die Repräsentanten Deutschlands die Oberhand behalten, das nach dem Eindruck des amerikanischen Diplomaten Hugh Wilson tatsächlich mit der Welt befreundet sein wollte[1], oder würden jene obsiegen, die der rückwärtsgewandten Losung, viel Feind für viel Ehr zu halten, anzuhängen vorzogen? Diese für den Verlauf der Weimarer Republik entscheidenden Fragen hatten maßgeblich mit der außenpolitischen Konstellation des Reiches, mit dem Erfolg oder dem Mißerfolg Gustav Stresemanns zu tun.

Das heißt aber auch: Die Aussichten dafür hingen zuerst, aber beileibe nicht allein von den Deutschen ab. Die Reaktionen der anderen Staaten, vor allem der Franzosen und Briten, trugen in hohem Maße Mitverantwortung. Waren sie dazu bereit und imstande, Entgegenkommen zu zeigen und Stresemann bei seinem alles andere als unumstrittenen Handeln zu unterstützen? Oder zogen sie es egoistisch und borniert vor, sich verzagt, ja ablehnend zu verhalten und dem deutschen Außenminister zusätzliche Hindernisse auf den ohnehin schon riskanten Parcours zu stellen?

Die Antwort darauf hatte selbstverständlich nicht wenig mit ihrer eigenen innenpolitischen Lage zu tun. Über allem stand letztlich die ungemein schwierige und komplizierte Frage danach, inwieweit die Mitglieder der Staatengesellschaft willens waren, sich die neuen Maßstäbe, vornehmlich in außenwirtschaftlicher Perspektive, zu eigen zu machen, die ihr die Angelsachsen durch die normative Kraft des Faktischen vorgaben und denen sich Stresemanns Außenpolitik verpflichtet fühlte. Ob die ökonomisch geprägte Vernünftigkeit internationaler Konfliktaustragung und der damit einhergehende friedliche Wandel künftig die Stelle der kriegerischen Risikopolitik einnehmen würden, die leicht ins anarchisch Revolutionäre umschlagen konnte, war die entscheidende Frage des Zeitalters.

Würde die vom übermächtigen Vorbild der wirtschaftsbürgerlichen Staaten ausgehende Anziehungskraft einen unentrinnbaren Legitimationszwang auf die innen- und außenpolitische Orientierung anderer Völker ausüben, dadurch die Qualität der internationalen Beziehungen grundlegend wandeln und so das Gelingen der Außenpolitik Gustav Stresemanns begünstigen? Oder würde das Vorbild der wohlhabenden Angelsachsen das Gegenteil dieser Vision befördern? Warum sollten die mit erheblich weniger Gütern gesegneten Staaten die überlegene Werte- und Wirtschaftswelt des angelsächsischen Westens eigentlich ohne weiteres akzeptieren und sich nicht dagegen auflehnen? Konnten die Inseln des Wohlstandes nicht wie begehrenswerte Beuteobjekte wirken, die atavistischen Eroberungsinstinkte der hungrigen Habenichtse animieren und die in Deutschland Stresemann gegenüber oppositionellen Kräfte des alten Nationalismus aufs neue stärken? Mit anderen Worten: Die fragile Harmonie des eben formierten europäischen Konzerts konnte die schrillen Dissonanzen eines populär geschürten Chauvinismus nur dann übertönen, wenn überall, vor allem in Deutschland, möglichst umgehend unverkennbare Fortschritte der noch frischen Verständigung auf innerem und äußerem Terrain sichtbar wurden.

In der Tat, die Erwartungen, die in dieser Hinsicht nach Locarno im Reich gehegt wurden, waren alles andere als gering. Sie bezogen sich auf die baldige Räumung des gesamten Rheinlandes, dessen erste Besatzungszone noch im Laufe des Jahres 1925 frei wurde. Sie strebten nach der raschen Ablösung der Internationalen Militärkontrolle, die Anfang 1927 tatsächlich abgezogen wurde. Sie verlangten nach der Rückkehr von Eupen-Malmedy; nach einer Vorverlegung der Volksabstimmung im Saarland; nach einer weiteren Reduktion der Reparationen; und nach einer Korrektur der Grenzen im Osten, die durch Polens außenpolitische Isolierung erleichtert erschien. Das waren ehrgeizige Ziele. Sie erforderten genau jene Zeit, die Weimar und der Staatenwelt nicht gegeben war.

Stresemanns Außenpolitik war »auf lange Sicht« angelegt und benötigte den kurzfristigen Erfolg; sie brauchte »viel Geduld, wirtschaftliche Prosperität, eine Mehrheit im Reichstag und die Zustimmung wichtiger Interessengruppen«[2]. Über diese kostbaren Rahmenbedingungen zu verfügen, war ihr indes nicht vergönnt. Im Wechselspiel zwischen inneren und äußeren Verhältnissen hätten außenpolitische Erfolge dazu beitragen können, innenpolitische Voraussetzungen zu legen und zu befestigen, die ihrerseits eine zukunftweisende Außenpolitik abgesichert und gefördert hätten. Aber die Beschaffenheit, vor allem die Ungeduld der Zeit ließen weder das eine noch das andere zu.

Nirgendwo war der alte Nationalismus vollständig besiegt. Auf allen Seiten bezog er gegen die neue Ordnung seine aufbegehrende Position – auftrumpfend und mit hochgehender Aggression wie in Deutschland gegen Stresemanns Kurs der Verständigung; angsterfüllt und auf der Flucht nach vorn wie in Frankreich gegen Briands Kurs der Versöhnung. Stresemanns äußere Politik entschied in erheblichem Maße darüber mit, ob Deutschland am Ende eine Demokratie oder eine Diktatur sein würde. Daß in diesem Zusammenhang vom Tun oder Unterlassen der anderen Staaten Beträchtliches abhing, liegt auf der Hand. Ihre Bereitschaft, Konzessionen zu machen, ließ sichtlich nach, vor allem auf seiten Polens, das keinen Deut nachgab, aber auch auf seiten Frankreichs, das die polnische Haltung unübersehbar unterstützte.

Allerdings: Konnte einen die französische Reaktion eigentlich verwundern, wenn man sich vor Augen führt, was die verbitterte Siegermacht seit dem Pariser Frieden alles eingebüßt und wie wenig sie dafür gewonnen hatte? Frankreichs Rückzug hinter die vom Jahre 1929 an errichtete Maginot-Linie symbolisierte die fatale Neigung der »Großen Nation«, sich in furchtbarer Enttäuschung von der unwirtlichen Staatenwelt abzukehren. Empfindlich störte diese trotzige Abstinenz das gemeinsame Handeln zwischen Deutschland, das außenpolitisch inzwischen vieles erreicht hatte, ohne daß dies der ungeduldig fordernden Szene im Inneren zu genügen vermochte, und Frankreich, das außenpolitisch vieles aufgegeben hatte, was den Legitimationsdruck der Regierenden im Inneren verschärfte.

Nach seinen stolzen Anfangserfolgen stand Stresemann vor dem unaufhebbaren Dilemma, in das er, wie das beim Unverfügbaren der Geschichte oftmals der Fall zu sein pflegt, immer tiefer hineingeriet. Es lag im Prinzip darin begründet, daß die Franzosen nach André François-Poncets rückblickendem Urteil »wohl eine Verständigung, aber ohne Unkosten«[3] wollten. Dennoch: Die bewegende Anklage, die der deutsche Außenminister kurz vor seinem Tod in bitterer Resignation erhob, als er »meine Tragik und eure Schuld«[4] beschwor, nahm sich aus französischer Sicht ganz anders aus. Mit hohem Blutzoll hatte das Land um sein nationales Überleben gekämpft und mußte sogar nach dem teuer bezahlten Sieg noch um seine Sicherheit fürchten. Gewiß, seine äußere Politik des verzagten Immobilismus war beileibe nicht weitblickend, verständlich erscheint sie allemal. Denn die haßerfüllten Stimmen des deutschen Nationalismus, die tagtäglich über den Rhein schallten, waren gar nicht zu überhören. Roh übertönten sie Stresemanns Verständigungsangebote und bestärkten die Franzosen nur darin, solcher Drohung aus dem Osten könne allein mit unerbittlicher Härte begegnet werden.

Zudem: Konnte man von Frankreich verlangen, das seit historischer Zeit – ob zu Recht oder Unrecht, sei dahingestellt – die führende Nation in Europa zu sein beanspruchte, mit Deutschland zusammen einen Weg zu beschreiten, an dessen Ende es mit einiger Sicherheit auf dem nachgeordneten Rang landen würde? Hoch war der französische Preis, der für den europäischen Frieden aufzubringen war! Sich an diesen geradezu revolutionären Gedanken zu gewöhnen, erforderte, neben stabiler Ordnung und allgemeiner Prosperität, vor allem Zeit, viel Zeit, die Frankreich dringend benötigte und die Deutschland einfach nicht hatte. Daher gewinnt Stresemanns Beschuldigung der Alliierten, die er den hartherzig zögernden Siegern im April 1929 in einem Interview entgegenschleuderte, tatsächlich einen tragischen Zug.

Nichtsdestoweniger, dem Außenminister kam das im Rückblick nahezu unabänderlich Erscheinende als dem menschlichen Willen verfügbar vor: »Es ist nun fünf Jahre her, seit wir Locarno unterzeichnet haben, wenn ihr mir nur ein einziges Zugeständnis gemacht hättet, würde ich mein Volk überzeugt haben. Ich könnte es noch heute. Aber ihr habt nichts gegeben, und die winzigen

Zugeständnisse, die ihr gemacht habt, sind immer zu spät gekommen.«⁵ Weil sich die französische Position zunehmend verhärtete, schloß Stresemann sich, bis zu einem gewissen Grade wenigstens und beileibe nicht ohne Vorbehalte, noch enger an die Amerikaner an, als das zuvor schon der Fall gewesen war.

Die teilweise Abwendung der Vereinigten Staaten von Amerika vom Isolationismus hatte zum deutschen Vorteil dafür gesorgt, daß nur wenige Jahre nach dem Versailler Frieden, der 1919 von den Siegern diktiert worden war, 1924/25 in London gleichsam so etwas wie ein neuer Friedensschluß zustande kam, der dieses Mal zwischen den Beteiligten ausgehandelt wurde. Daß politischer Ausgleich an die Stelle unschöpferischen Kommandierens treten konnte, lag nicht zuletzt daran, daß Deutschland sich mit Ergebenheit und Geschick in die weltweite Wirtschaftsordnung der Amerikaner eingefügt hatte. Als bevorzugter Satrap, der in wirtschaftlicher Hinsicht ein von den Vereinigten Staaten vielfach abhängiges, ja »penetriertes System« (Werner Link) darstellte, zog er unübersehbaren Vorteil aus der ökonomischen Abhängigkeit von den USA. Im Zeichen der allgemeinen Stabilisierung schritt diese Entwicklung beachtlich voran. Amerikanische Firmen faßten in Deutschland zunehmend Fuß, ihre Investionen, vor allem in der Autoindustrie, wuchsen üppig. Der neue »Wettbewerb durch Zusammenarbeit«, der sich in der Chemie- und Elektroindustrie beispielhaft verdichtete, diente nicht nur dem Kapital spendenden Amerika, sondern verhalf auch den Deutschen in diesen Branchen zu jener Weltstellung, die sie teilweise schon vor dem Krieg innegehabt hatten.

Die deutsch-amerikanische Kooperation schürte automatisch den Gegensatz zu Frankreich: Ein Land mit vorwiegend agrarischer und kleingewerblicher Wirtschaftsordnung war für die Amerikaner längst nicht so interessant wie Deutschland, das seinerseits in politischer Hinsicht elementar auf den französischen Nachbarn angewiesen war. In dieser Perspektive regte sich im Reich allmählich die Befürchtung, die lukrative Bindung ans wirtschaftlich starke Amerika könne zur politischen Fessel werden. Daher mußte die deutsche Außenpolitik einen nicht gerade einfachen Spagat zwischen Washington und Paris wagen, der stets die Gefahr einer Überdehnung ihrer ohnehin begrenzten Kraft in sich barg. Solange die chauvinistischen Ambitionen Frankreichs und die sozialrevolutionäre Herausforderung der Sowjetunion das Reich elementar bedrohten, halfen die amerikanischen Wirtschaftsspritzen entscheidend mit, diese lebensgefährlichen Attacken zu überstehen. Als die Gefahr abgenommen hatte und als die Immunität dagegen gewachsen war, begannen die goldenen Ketten allmählich hinderlich zu werden. Diese mißliche Erfahrung stellte sich beispielsweise ein, wenn mit Hilfe der neu gesammelten Wirtschaftskraft versucht werden sollte, in einem ökonomisch-politischen Tauschgeschäft mit Frankreich Ziele zu erreichen, die mit der von den Vereinigten Staaten von Amerika aus vorgegebenen Orientierung nicht unbedingt identisch waren.

Dennoch: Das Reich war fast mit Notwendigkeit diesen Weg einzuschlagen gezwungen, um jene außenpolitischen Erfolge verbuchen zu können, die innenpolitisch bitter not taten, weil deren Ausbleiben die Demokratie gefährden und ihren Gegnern helfen konnte. Denn daß »die Außenpolitik jedes Staates ... nicht nur von seiner inneren Klassenstruktur«[6] abhängt, schlug sich – damals, 1925, erstaunlich zu lesen – sogar in einem offiziellen Memorandum der Sowjets nieder. Ihre fast dramatische Entsprechung fand diese realpolitische Feststellung in der für die Weimarer Republik lebenswichtigen Tatsache, wonach die inneren Zustände elementar mit denen der Außenpolitik zu rechnen haben.

Die solide Dauerhaftigkeit der aufkommenden Stabilisierung stand in den sogenannten »goldenen zwanziger Jahren« ohne Unterlaß, sogar im Prinzip, auf dem Prüfstand. Mit unverkennbarer Dankbarkeit über das inzwischen glücklich Eingekehrte, wenn auch nicht ohne bang abwartende Zurückhaltung, empfand Stefan Zweig so etwas wie den Anflug einer besseren Zeit. Die allgemeine Lage schien, von echter Konsolidierung weit entfernt, für »einen Weltaugenblick« die hoffnungsvolle Chance auf »ein normales Leben«[7] zu bieten.

Übrigens muten in diesem Zusammenhang, im Rückblick zumindest, die grundlegenden Bedingungen der auf den ersten Blick vorteilhaft blühenden Wirtschaft als ebenso stark belastet an wie die politischen Voraussetzungen der Weimarer Demokratie. Weil beider Existenz eng miteinander zusammenhing, büßt eine derart unterscheidende Feststellung jedoch umgehend an Aussagekraft ein. Sie verweist vielmehr darauf, daß sowohl im Ökonomischen als auch im Politischen während der ruhigen Periode relativer Stabilität Versäumnisse und Defizite zu beklagen waren. Zeitgenössisch ließen sie sich vergleichsweise schwierig ausmachen; erst danach, in krisenhafter Zeit, entfalteten sie sich wirklich unangenehm, ja lebensbedrohend.

Sogar in den mittleren Jahren der Weimarer Republik zeigte die an sich prosperierende Volkswirtschaft, vor allem im Vergleich mit anderen Industrieländern, ungesunde Symptome, die zumindest Anfälligkeiten ihrer nur auf den ersten Blick robust anmutenden Natur anzeigten. Ihr Aufschwung fiel, von den beiden Interludien während der Jahre 1924/25 und 1926/27 abgesehen, insgesamt »wenig dynamisch«[8] aus; die Arbeitslosigkeit verharrte durchgehend auf einem vergleichsweise problematischen Stand; die »inländische Ersparnis- und Geldkapitalbildung« blieb »anhaltend gering«; der »Kapitalmangel« machte sich notorisch bemerkbar und zog bei »hohem Zinsgefälle einen riesigen Kapitalstrom nach Deutschland«.

Die wirtschaftliche »Zwischenkrise« vom Jahre 1925/26 ging an den anderen Ländern weitgehend vorbei; das Wachstumspotential, das andernorts dazu verhalf, das »Vorkriegsniveau der Produktion« weit hinter sich zu lassen, wurde in Deutschland »nur mäßig ausgenützt«; die internationale Wettbewerbsfähigkeit war aufgrund eines relativ hohen Lohnniveaus nicht gerade stark, ohne damit die in der Forschung nicht unumstrittene These von den überhöhten Löhnen als allzu gewichtig zu veranschlagen; und »die Investitionstätigkeit blieb ... relativ schwach«. »Alles in allem«, resümiert der Wirtschaftshistoriker Knut Borchardt die wirtschaftliche Lage der Weimarer Republik in den sogenannten »goldenen Zwanzigern«, »fiel die deutsche Wirtschaft – anders als die US-Wirtschaft im Herbst 1929 – nicht aus Träumen von der ewigen Prosperität, als sich die Krise verschärfte«.

Diese Feststellung gilt *mutatis mutandis* für die innenpolitische Lage der Weimarer Demokratie. Dennoch läßt sich gar nicht verkennen, daß gerade die »wenigstens oberflächliche Erholung des Wirtschaftslebens«[9] mit dazu beitrug, die innenpolitischen Bruchlinien notdürftig zu kitten und manche Verwerfung zu glätten. Im parlamentarischen Zusammenhang fanden die bürgerlichen Parteien von links bis rechts – von der DDP über das Zentrum, die BVP bis hin zur DVP, zeitweise sogar unter Einschluß der DNVP, die, innerparteilich darüber zerstritten, in der Regierung mitwirkte und die Weimarer Demokratie somit akzeptierte – zu einem »relativ stabilen Mehrheitsblock«[10]. Obwohl die Regierungen häufig wechselten, gab es, bis zu einem gewissen Grad, politische Kontinuität. Dafür sorgte nicht zuletzt der bemerkenswerte Umstand, daß die oppositionelle SPD vor allem die äußere Politik Gustav Stresemanns konstruktiv mittrug.

Vorläufig, aber eben nur vorläufig wirkte sich auch der 1925 vollzogene Wechsel im Amt des Reichspräsidenten von dem Sozialdemokraten Friedrich Ebert zu dem ehemaligen Generalfeldmarschall Paul von Hindenburg gar nicht so nachteilig aus, wie Freunde der Republik befürchtet hatten. Abgesehen davon, daß das neue Staatsoberhaupt die Verfassung achtete, bot seine Persönlichkeit die Chance, bislang der Republik Fernstehende oder sie Ablehnende im amorphen Lager der politischen Rechten an die Demokratie heranzuführen. Die relative Stabilität des jungen Staates zeigte sich beispielsweise darin, daß die republikfeindlichen Nationalsozialisten und Kommunisten, die die Existenz der Demokratie vernichten wollten, bei den Wahlen vom Mai 1928 mit zusammen nur 13 % der Wählerstimmen auf der Stelle traten. Das Ergebnis gab gleichzeitig zu erkennen, daß sich die bislang regierenden Parteien verbraucht hatten. Ihr Anteil sank von 54 % bei den Wahlen von 1924 auf nunmehr nur noch 43 % ab.

Da die »verfassungstreue Opposition«[11] der Sozialdemokratie 4 % zulegte und jetzt 30 % der Stimmen auf sich vereinigte, bot sich die Möglichkeit an, das Experiment der Großen Koalition zwischen SPD, Zentrum, DDP und DVP zu wiederholen. Bereits die arg mühsame Bildung dieser Regierung unter ihrem Kanzler Hermann Müller konnte indes nicht übersehen lassen, wie tief die Unterschiede zwischen den vier Koalitionsparteien ausgebildet waren. Die krisenhafte Geschichte ihrer gemeinsamen Arbeit ließ diese Tatsache ein ums andere Mal deutlich hervortreten, vom »Streit um den Bau des Panzerkreuzers ›A‹, bei dem die SPD-Reichstagsfraktion ohne weiteres ihre Minister desavouierte ..., bis zu jenem Streit um die Erhöhung der Beiträge zur Arbeitslosenversicherung um ein halbes Prozent, der dazu führte, daß Hermann Müller und mit ihm das letzte parlamentarisch gebildete Reichskabinett der 1. Republik auf Geheiß seiner Fraktion am 27. 3. 1930 demissionierte«[12].

Indes, über alle wirtschaftlichen und gesellschaftlichen Zerwürfnisse hinweg, die beispielsweise das gewerkschaftliche Element der Sozialdemokratie von den industriellen Interessen der Rechtsliberalen trennten, verstellte eine entscheidende Tendenz den Weg zur Zusammenarbeit der Koalitionäre, die als Ergebnis mächtig nachwirkender Spezifika der deutschen Verfassungsgeschichte im negativen Sinne Folgen zeitigte. Das Trachten der deutschen Parteien war nicht in erster Linie darauf gerichtet, handlungsfähige Regierungen zu bilden. Von der dafür erforderlichen Bereitschaft zum demokratischen Kompromiß wollten sie jedenfalls nichts hören. Ihre in der Vergangenheit nicht allzu einflußreiche Existenz hatte sie vielmehr dazu verleitet, sich im Stile säkularisierter Glaubensbekenntnisse vornehmlich aufs Weltanschauliche zu konzentrieren und ohne Zugeständnis über die jeweils reine Lehre zu wachen. Daher erschien es ihnen auch noch in der Demokratie von Weimar wichtiger, sich die »Unfehlbarkeit ihrer programmatischen Positionen« angelegen sein zu lassen, als sich »mit der Funktionsfähigkeit parlamentarisch verantwortlicher Regierungen zu befassen«[13]. Weil das weltanschauliche Prinzip höher als der politische Kompromiß rangierte, wurde die parlamentarische Demokratie in der zerstörerischen Kategorie eines Freund-Feind-Verhältnisses wahrgenommen.

Diese tiefverwurzelte Mentalität, die in der Periode der Normalisierung verdeckt vorhanden war, sich aber noch nicht verheerend auswirkte, sollte sich in der Krise zum Existenzproblem der Republik ausweiten. Um so dringender kam es darauf an, neben einer abfedernden Entwicklung im Wirtschaftlichen durch augenscheinliche Erfolge im Außenpolitischen die kostbare Zeit zu gewinnen, die dringend erforderlich war, um der Weimarer Republik eine allgemeine Gewöhnung an die neuen Regeln ihres demokratischen Lebens zu ermöglichen. Wenn es dem mißtrauisch beäugten, argwöhnisch abgelehnten und feindlich bekämpften Staat von Weimar gelingen konnte, die außenpolitische »Schmach von Versailles« in absehbarer Zeit zu beseitigen, würden die gefährlichen Verheißungen von einer antidemokratischen Rettung durch die Überwindung der existierenden Verfaßtheit erheblich an Überzeugungs- und Anziehungskraft einbüßen. Gustav Stresemann hatte den beschwerlichen Weg zu diesem begehrenswerten Ziel geebnet: Im Zeichen einer besonderen Normalität trat das Deutsche Reich jetzt sogar in den Völkerbund ein.

Eine besondere Normalität

Die endgültige Rückkehr Deutschlands in die Weltgesellschaft der in Genf versammelten »zivilisierten Nationen« vollzog sich unter spezifischen Bedingungen. Diese Tatsache hatte mit jener Politik der »Ost-West-Balance« zu tun, deren Eigenart durch die Mitgliedschaft des Reiches in der Société des Nations nicht beeinträchtigt werden durfte. Die Ausnahmen vom Artikel 16 der Satzung, die vor allem in militärpolitischer Hinsicht auf die Unabhängigkeit der deutschen Position Rücksicht nahmen, sind uns schon bekannt geworden: Der Eintritt in den Völkerbund, logische Konsequenz der Locarno-Politik, bedeutete keine politische, erst recht keine militärische Einbindung in den Westen. Dazu waren im übrigen die Gegensätze zu Frankreich noch viel zu groß, als daß sie eine solche Entscheidung zugelassen hätten.

Daher beschritt das Reich zwischen West und Ost – dem einen Pol, ohne sich ganz und gar an ihn zu lehnen, in verschiedener Hinsicht zweifellos stärker zugeneigt als dem anderen – einen eigenen Weg. Ihn einzuschlagen hatte viel mit seiner Großmachttradition als unabhängiger Nationalstaat zu tun und erfuhr doch eine gegenüber der wilhelminischen Zeit wesentliche Änderung. Man verfolgte seinen Weg nicht mehr allein, von allen anderen fern, manches Mal sogar frontal gegen die übrige Welt gewendet, sondern ging ihn mit den anderen gemeinsam, hielt sich mitten in ihrem Kreis auf und suchte das Einverständnis mit ihnen.

Es war dieser qualitative Wandel der diplomatischen Prozedur, der Stresemanns republikanische Außenpolitik kennzeichnete, geradezu auszeichnete. Sie verstand es, auf die ehemaligen Sieger, sogar auf Frankreich, vertrauenerweckend zu wirken. Freilich gab es im zeitgenössischen Deutschland auch ganz andere Stimmen; sie ließen die französische Garantiemacht des Pariser Friedens immer wieder aufhorchen, mußten sie gewissermaßen aufschrecken. Ohne Zweifel, im unübersichtlichen Gewirr der unterschiedlichen Meinungen hatte sich jede französische Regierung erst einmal an die Verständigungspolitik des Berliner Kabinetts zu halten, die durch und durch vernünftig klang. Aus ihrer Wahrnehmung nicht verdrängen konnten Regierung und Öffentlichkeit Frankreichs jedoch das, was unabhängig davon, sogar im Gegensatz dazu, an ganz anderen, teilweise haßerfüllten Tiraden nach Westen drang. Daß innerhalb der deutschen Führungszirkel keineswegs Einverständnis über die von Stresemann verfolgte Außenpolitik herrsche, blieb dort nicht verborgen. Sicherlich, bis zu einem gewissen Grade war es nicht unnatürlich, über die verschiedenen Wege zu streiten, die ans Ziel der von allen Lagern angestrebten Revision des Versailler Vertrages führen sollten. Dennoch war nicht zu übersehen, daß vor allem die Mittel, teilweise die Ziele so erhebliche Differenzen aufwiesen, daß sich die Frage nach Krieg oder Frieden darüber ganz unterschiedlich beantworten würde.

Dieser Sachverhalt wird beispielhaft deutlich, wenn man sich die außenpolitischen Methoden und Vorstellungen vergegenwärtigt, die damals, weitgehend im Gegensatz zu der im Auswärtigen Amt vorwaltenden Linie, in der Reichswehrführung dominierten. Sie schlugen sich in einer Aufzeichnung nieder, die der Vertreter des Reichswehrministeriums für Abrüstungsfragen, Oberst Otto von Stülpnagel, dem dafür im Auswärtigen Amt zuständigen Bernhard von Bülow am 6. März 1926 zustellte. Darin unterbreitete der Offizier der Wilhelmstraße Vorschläge, über die seit dem Januar 1926 beraten worden war und die Gegenstand der Vorbereitenden Abrüstungskommission des Völkerbundes sein sollten. In erster Linie ging es Stülpnagel um die »Wiedergewinnung der vollen Souveränität über das Deutschland verbliebene Gebiet«[14]; aus der Sicht der Reichswehrführung hieß das vor allem: Beseitigung der militärischen Auflagen des Friedensvertrages. Sodann sollten das Rheinland und das Saargebiet wieder zum Reich gelangen; daraufhin hatten der polnische Korridor zu verschwinden und das Polen zugeschlagene Oberschlesien zurückzukehren; danach wurde der »Anschluß Deutsch-Österreichs«[15] fällig; und schließlich mußte die entmilitarisierte Zone des Rheinlandes aufgehoben werden.

Diese Ziele anzuvisieren, ging mit einer unverkennbaren Frontstellung gegen Frankreich und seine ostmitteleuropäischen Alliierten einher. Folgerichtig war daher die Rede davon, es gelte, Frankreich »seiner dominierenden militärischen Macht zu entkleiden«[16]. Die Chance dafür boten, Stülpnagel zufolge, die vor der Tür stehenden Abrüstungsverhandlungen. Sie sollten Frankreich schwächen und Deutschland stärken, indem eine Angleichung der Rüstungen zu erreichen war. Darüber hinaus lag dem Gesamten ein großzügiger, ehrgeiziger, vorläufig noch visionär anmutender Entwurf zugrunde, der so umschrieben wurde: »In den nächsten Stadien seiner politischen Entwicklung« sollte es sich für das Reich »nur um die Wiedergewinnung seiner europäischen Stellung und viel später erst um das Wiedererkämpfen seiner Weltstellung handeln«[17]. Für die nunmehr anstehende erste Phase würde es daher auf die Landstreitkräfte ankommen; danach müsse das Reich allerdings auch über Seestreitkräfte verfügen, wenn es sich im »Gegensatz zu dem amerikanisch-englischen Machtkreise«[18] beim Kampf um Absatzmärkte und Rohstoffe zu behaupten habe.

Die Unterschiede zur äußeren Politik Stresemanns überwiegen bei weitem das Gemeinsame zwischen beiden Positionen. Daran ließ der Kommentar gar keinen Zweifel, den die Denkschrift von Stülpnagels, eines engen Vertrauten des in der Reichswehrführung beständig an Einfluß gewinnenden Kurt von Schleicher, durch das Auswärtige Amt fand. Gewiß, »Frankreich seiner dominierenden militärischen Macht zu entkleiden«[19], beschrieb eine Übereinstimmung mit der Wilhelmstraße. Allerdings: Bei den beginnenden Abrüstungsverhandlungen ging es Stresemann darum, dieses Ziel durch eine vertragliche Reduzierung der französischen Stärke zu erreichen. Im Gegensatz dazu wollte die Reichswehr die eigene Aufrüstung. Und dem Außenminister schwebte zwar gleichfalls eine Wiederherstellung der deutschen Großmacht vor; auf eine schiere Restauration des Vergangenen wollte er sein erfinderisches Bestreben dabei jedoch nicht beschränken. Die Mittel des einen schöpften aus der wirtschaftlichen Kraft des Reiches, die der anderen spekulierten auf das militärische Instrument; der eine wollte im Einvernehmen mit den übrigen Staaten handeln, die anderen wollten sich um das Placet der fremden Mächte nur wenig scheren.

Noch war Stresemanns Konzept für die äußere Politik des Reiches maßgebend. Ohne weiteres abgetan werden konnte die in Stülpnagels Memorandum hervortretende Alternative allerdings nicht, spiegelte sie doch »eine der Kontinuitätslinien deutscher Entwicklung vom Kaiserreich bis in die Zeit nationalsozialistischer Herrschaft ... : eine deutsche Vormachtstellung in Europa als Basis für eine Weltmachtstellung«[20].

Vom Jahre 1926 an stellte sich die Reichswehr darauf ein, die militärische Auseinandersetzung der Zukunft als einen »totalen Krieg« im Sinne einer Militarisierung aller Lebensbereiche im geheimen vorzubereiten. Dagegen schritt die offizielle Außenpolitik des Reiches auf ihrem bis dahin so erfolgreichen Weg voran, mit wirtschaftlichem Schwung politische Ziele zu erreichen: 1926 kam es zum Abschluß eines deutsch-französischen Kaliabkommens und Aluminiumkartells; zu einer internationalen Interessenabsprache der Stahlindustrien, an der neben deutschen und französischen auch belgische und luxemburgische Firmen beteiligt waren; und schließlich im Sommer 1927 zur Unterzeichnung eines deutsch-französischen Handelsvertrages. Das war die verbindliche Sprache privater Wirtschaftsdiplomatie und offizieller Außenwirtschaftspolitik, die über die oppositionellen Richtungen im Reich, vorläufig jedenfalls, dominierten. Ob sie weiterhin das Sagen haben würden, hing, wie gesagt, von den außenpolitischen Erfolgen der Regierung ab.

Im Jahr 1926 schickte sich das Deutsche Reich an, einen weiteren Schritt nach vorn zu tun, der in die neue, friedliche, zukunftverheißende Richtung führen sollte. Jetzt wurde spruchreif, was in Locarno angelegt worden war: Im Februar stellte Deutschland den Antrag auf Aufnahme in den Völkerbund. Damit schürzte sich für Frankreich auf der einen Seite eine schwer zu verkraftende Entwicklung zur nicht mehr länger aufschiebbaren Entscheidung. Vor aller Welt würde sie die bislang verhinderte Gleichberechtigung Deutschlands sichtbar demonstrieren. Auf der anderen Seite lag darin aber ebenso die Chance Frankreichs, im Rahmen der Société des Nations die Deutschen zu beobachten, zu kontrollieren und zu zähmen. Im Rahmen der Staatenwelt kam es daher vor allem auf die deutsch-französischen Beziehungen an, wenn danach gefragt wurde, ob der bevorstehende Beitritt der Deutschen den Völkerbund eher hemmen, vielleicht sogar lähmen oder aber fördern und beleben würde.

Vorab tauchten Schwierigkeiten auf, die das Aufnahmeverfahren verzögerten. Das Deutsche Reich beanspruchte einen ständigen Sitz im Völkerbundsrat, wie ihn Großbritannien, Frankreich und Italien innehatten. Der Widerstand dagegen, vor allem von seiten Brasiliens und Polens, die ihrerseits auf dieses Privileg reflektierten und die durch Italien und Frankreich Unterstützung fanden, ließ den ersten Anlauf auf der Märzsitzung der Vollversammlung ins Leere gehen. Erst eine zur Regelung eingesetzte Kommission legte Anfang September einen Vorschlag vor, der Zustimmung fand: Das Deutsche Reich erhielt einen ständigen Sitz im Völkerbundsrat; die Zahl der nichtständigen Mitglieder wurde von sechs auf neun erhöht; und im Hinblick auf die dafür in Frage kommenden Staaten, beispielsweise im Fall von Polen, wurde festgesetzt, daß sie sofort wieder wählbar sein würden.

Die stolzen Polen konnten ihr Prestige wahren und von einer längeren Teilnahme im Rat ausgehen. Zwar erhielten sie nicht den gleichberechtigten Platz im Kreis der Großen, aber immerhin mußten die Deutschen bei dieser Gelegenheit erneut erkennen, daß der über die Maßen gerüstete, schwierige, feindselige Nachbarstaat im Osten weit mehr darstellte, als die verächtlich apostrophierende Herabsetzung vom »Saisonstaat« glauben machen wollte. Von der hämischen Unterschätzung Polens galt es Abschied zu nehmen, weil mit ihm offensichtlich dauerhaft zu rechnen war; nicht zurückgesteckt wurde dagegen in bezug auf die territorialen Forderungen, die den Polen gegenüber durchzusetzen waren.

Endlich, am 10. September 1926, erfolgte die feierliche Aufnahme des Deutschen Reiches in den Völkerbund. Eine Stimmung erwartungsvoller Hoffnung begleitete die Sitzung. Am Ende entlud sich das zuversichtliche Gefühl sogar in begeisterten Hurra-Rufen, die den Genfer Reformationssaal, den provisorischen Tagungsort der Vollversammlung, fast ausgelassen durchhallten. Zuvor hatte Frankreichs Außenminister Briand in einer mitreißenden Rede, mit der er auf Stresemann antwortete, die Empfindungen und Wünsche der Zuhörer getroffen. Er verkündete das Ende des Zeitalters der Kriege und rief vor allem der deutschen Delegation zu: »Unsere Völker, meine Herren aus Deutschland, haben sich vom Standpunkt der Tapferkeit, des Heldenmutes keine Beweise mehr zu bringen. Wenn man die Seiten der Geschichte durchschlägt, haben sie beide auf den Schlachtfeldern solche Proben von Heldenmut abgelegt und einen so ungeheuren Ruhm geerntet, daß sie jetzt ihre Erfolge auf anderen Feldern sichern können.«[21] Ähnliche Motive hatten auch Stresemanns Ansprache durchzogen – ohne daß sie sich darauf einlassen konnte, damit den Status quo in Europa anzuerkennen. Am Abbau des 1919 vertraglich Festgelegten zu arbeiten, sollte sich von nun an vielmehr im Rahmen des Völkerbundes vollziehen, der in mancher Hinsicht als »Erbe und Vollstrecker«[22] der Pariser Friedensordnung galt.

Im Deutschen Reich überwog die Zustimmung zum Genfer Erfolg Gustav Stresemanns. Geradezu enthusiastisch feierte der sozialdemokratische *Vorwärts* die nunmehr vor aller Welt sichtbare Rückkehr Deutschlands in die Völkerfamilie als eine »weltgeschichtliche Wende«, als einen »weltgeschichtlichen Sprung«[23]. Seinen innenpolitischen Kritikern, die den Völkerbund als Inkarnation der «Versailler Schmach» grundsätzlich ablehnten, führte Stresemann vor Augen, welche Chancen sich durch die Mitwirkung im Genfer Gremium eröffneten. Die deutschen Minderheiten, in Ostmittel- und Südosteuropa vor allem, zu schützen war jetzt eher und wirksamer möglich als vordem.

Denn im neu geordneten Europa, dessen zwischen Ostsee und Adria gründlich gewandelte Gestalt die Frage des Minderheitenschutzes allgemein aufgeworfen hatte, repräsentierte die Minoritätenfrage ein zentrales Problem der deutschen Außenpolitik. Schon vor der Aufnahme des Reiches in den Völkerbund stand fest, daß Stresemann sich mit dieser Aufgabe intensiv beschäftigen würde. Früh hatte er sich davon überzeugt gezeigt, Deutschland, die potentielle Heimstatt für Minderheiten im gesamten Europa, habe die Verpflichtung, die durch internationale Verträge garantierten Rechte der in anderen Nationalstaaten lebenden Deutschen tatkräftig zu wahren. Jetzt schien der Völkerbund das Instrument zu bieten, um wirklich durchsetzen zu können, »daß die Menschheitsrechte der Sprache, der Rasse und der Religion, unbeschadet der staatlichen Grenzen, geachtet und gewürdigt werden«[24].

Die entscheidende Frage, die in diesem Zusammenhang umgehend auftauchte, lautete natürlich, wo die Grenzen und Ziele eines solchen Minderheitenschutzes liegen würden. Ohne Zweifel konnte das Minoritätenproblem zu einem Mittel der deutschen Revisionspolitik werden, beispielsweise gegenüber Polen; Stresemann hatte diese Möglichkeit durchaus schon ins Kalkül gezogen. Der Tendenz nach vermochte die Minderheitenfrage sogar zum Werkzeug dafür zu dienen, die deutsche Teilung von 1866 rückgängig zu machen und großdeutsche Wege zu beschreiten. In der Tat hat Stresemann den Anschluß Österreichs, so widersprüchlich er sich über den damit verbundenen Nutzen auch geäußert hat, immer erwogen. Im Sinne der ursprünglichen Konzeption des Völkerbundes, der aus liberaldemokratischer Tradition lebte und der vornehmlich einzelne Subjekte zu schützen beanspruchte, ging es darum, die individuellen Rechte von Deutschen zu wahren, die unter fremder Hoheit lebten. Insoweit war die edle Sache des nationalen Anspruches gewissermaßen enthoben, also unproblematisch. Indes: Nicht zuletzt auf kanadisches Betreiben hin, das sich auf einschlägige Erfahrungen im eigenen Land gründete, wurde das Individualrecht zum Volksgruppenrecht erweitert. Damit gestaltete sich die Wahrnehmung des Minderheitenschutzes durch das Deutsche Reich zu einem Grenzgang.

Er vollzog sich zwischen einer erforderlichen Einflußnahme, die im Rahmen des Bestehenden als vertretbar anmutete, und einer problematischen Intervention, die mit der existierenden Ordnung nicht mehr verträglich war. Friedlicher Wandel oder revolutionäre Veränderung hieß in diesem speziellen Fall ebenso wie im allgemeinen Zusammenhang der europäischen Geschichte die schicksalhafte Alternative. Das zweite zu wollen lag nicht in Stresemanns Absicht, der im übrigen die Autonomie in Deutschland ansässiger Minderheiten ohne Einschränkung bejahte. Das erste galt es dagegen in den bewährten Bahnen zu verfolgen, die alles in allem bislang erfolgreich beschritten wurden, denn: Stresemanns revisionistische Verständigungspolitik wollte und konnte sich nicht mit dem abfinden, was war. Sie mußte vielmehr um einen akzeptablen Wandel des Status quo bemüht sein. Dieser Auftrag beschreibt das A und das O seiner Außenpolitik, deren außenwirtschaftliche Möglichkeiten jetzt an ihre Grenzen stießen.

Grenzen der Außenwirtschaft

Um das, was hinderlich zwischen ihren Ländern stand, miteinander erörtern und möglicherweise lösen zu können, hatten Briand und Stresemann bereits seit dem Winter 1925/26 vorgesehen, ein intensives Gespräch miteinander zu führen. Die passende Gelegenheit dazu ergab sich, als Deutschland in den Völkerbund aufgenommen wurde. Am 17. September 1926 kamen die beiden Staatsmänner in der Stille des nicht weit vom geschäftigen Genf gelegenen Thoiry, einem Dorf im französischen Juragebirge, zusammen und nutzten die behagliche Atmosphäre des Gasthofs Léger für ihre Konferenz unter vier Augen. Was improvisiert erschien, entsprang also einem lange gehegten Plan und hatte eingehende Vorbereitung erfahren.

Die Motive, die Briand zu diesem »fast mysteriösen Ereignis«[25], um die Worte des französischen Historikers Jacques Bariéty zu verwenden, angetrieben haben, waren zweifacher Natur. Zum einen war es die nicht enden wollende Suche nach der *sécurité*. Vergeblich hatte Frankreich Sicherheit vor Deutschland durch ein Zusammengehen mit England zu finden versucht. Von den Briten alleingelassen und im Vergleich mit dem erstarkten Reich selber schwächer geworden, wollte es das begehrte Gut nunmehr in direktem Zusammenwirken mit Deutschland gewinnen. Zum anderen, und mit dem ersten Problem in engem Zusammenhang, konnte man sich im Schutz eines deutsch-französischen Blocks eher des amerikanischen Drucks erwehren, der in finanzieller, wirtschaftlicher und politischer Hinsicht schwer auf Frankreich lastete.

Was Stresemann von dem geheimnisumwitterten Treffen erwartete, schlug sich in dem nieder, was er Anfang August zur Vorbereitung der Konferenz schriftlich niederlegte; es zielte auf nicht mehr und nicht weniger als auf einen »strategischen Durchbruch«[26]: Die Zeit schien gekommen zu sein, um das deutsch-französische Verhältnis insgesamt zu bereinigen! Erzielt werden sollte eine zumindest erhebliche Verminderung der französischen Besatzung im Rheinland. Eingehen wollte er zudem auf das von belgischer Seite aus unterbreitete Angebot, das nicht ohne französisches Placet verwirklicht werden konnte, nämlich die nicht-wallonischen Teile des Gebiets von Eupen und Malmedy gegen finanzielle Leistungen den Deutschen zurückzugeben. Schließlich sollte den Franzosen im Wege einer teilweisen Aktivierung der Eisenbahnobligationen des Dawes-Plans deutsche Unterstützung zuteil werden, um die französische Finanzlage und den schwachen Franc zu stabilisieren. Die großzügige Hilfe war letztlich darauf berechnet, als angemessene Gegenleistung auf eine vorzeitige Räumung des besetzten Rheinlandes reflektieren zu können.

In der Tat: Beim Tête-à-tête von Thoiry kamen die Probleme zur Sprache, scheinbar sogar mit der hoffnungsvollen Aussicht auf politischen Erfolg. Im Kern ging es darum, einen Ausgleich deutscher und französischer Interessen durch den Tausch von Geld und Land herbeizuführen. Frankreich verfügte über die Territorien, die Deutschland zurückhaben wollte; Deutschland schien die Finanzmittel flüssig machen zu können, auf die Frankreich angewiesen war. Briand schlug in Thoiry vor, das Rheinland binnen eines Jahres, bis zum 27. September 1927, zu räumen, das Saargebiet für die Summe von 300 Millionen Goldmark zurückzugeben und die Militärkontrolle definitiv zu beenden. Im Gegenzug sollte die französische Währung durch deutsche Finanzhilfe gestützt werden. Frankreich wäre dadurch in die Lage versetzt worden, seine Währung zu sanieren, die der Belgier zu stärken und die fälligen Raten der Kriegsschuld an die Vereinigten Staaten von Amerika und Großbritannien zu zahlen.

Allein, die Rechnung der Franzosen und Deutschen war buchstäblich ohne den amerikanischen Wirt gemacht. Von dem Widerstand abgesehen, der sich gegen dieses Tauschgeschäft in Frankreich selbst, vor allen Dingen bei Premierminister Poincaré, regte, war seine Abwicklung ohne Mitwirkung der Vereinigten Staaten von Amerika überhaupt nicht möglich. Da eine antiamerikanische Ausrichtung der deutsch-französischen Verabredungen, gegen Stresemanns Willen, aber Briands Absicht gemäß zustande gekommen, nicht verborgen bleiben konnte, gingen die Angelsachsen, vor allem die Amerikaner, auf Distanz. Stresemanns Außenpolitik, die viele Chancen eröffnet und genutzt hatte, geriet an ihre Grenzen! Diese wurden eben durch jenes außenwirtschaftliche Instrumentarium beschrieben, das er bislang virtuos eingesetzt hatte.

Vereinfacht gesagt, mußten die finanziellen Mittel, mit denen »Große Politik« gemacht werden sollte, erst in Amerika aufgebracht werden. Dieses Mal lehnten die Bankiers der Welt, obwohl anfangs amerikanische Bereitschaft bestand, die Eisenbahnobligationen der Dawes-Regelung zu kommerzialisieren, aus Eigeninteresse schlichtweg ab, die sanften Waffen zu liefern. Eine allzu enge wirtschaftliche Kooperation zwischen Franzosen und Deutschen lag nicht im amerikanischen Interesse. Daher konnte aus Stresemanns ehrgeiziger Hoffnung nichts werden, über die Gesamtlösung mit dem westlichen Nachbarn hinaus zu einer »Bereinigung von gewissen östlichen Fragen«[27] vorzudringen.

In Frankreich nahm der Widerstand gegen das in Thoiry Verabredete vehement zu. Bald sah sich Briand in die Rolle eines Mannes gedrängt, der die heiligsten Güter der Nation aufs Spiel gesetzt hatte; kein Wunder, daß er immer demonstrativer vom Thoiry-Entwurf abrückte. Nicht zu überhören waren schließlich auch die in Deutschland von Finanzfachleuten geäußerten Vorbehalte gegen das zwischen Stresemann und Briand Geplante. In dem ehrgeizigen Vorhaben eines Transfers derart hoher Summen erblickten sie Gefahren für die deutsche Währung. Alles in allem wurde aber die angelsächsische, vor allem die amerikanische Haltung für das definitive Scheitern des so hoffnungsvoll Eingeleiteten verantwortlich.

Umgehend, ja überdeutlich trat zutage, daß Deutschland eben keine unabhängige Großmacht war; seine außenwirtschaftliche Kraft hing vom Kreditwillen der Vereinigten Staaten ab. Solange der ökonomische Hebel in Übereinstimmung mit den Interessen der amerikanischen Weltwirtschaftsmacht betätigt wurde, vermochte das Deutsche Reich mit einer so gestalteten Außenpolitik Erfolg zu haben. Als es den Alleingang wagte und zusammen mit Frankreich in den Verdacht antiamerikanischer Orientierung geriet, versiegte der notwendige Kapitalstrom. Das Deutsche Reich saß buchstäblich auf dem trockenen und sah sich alleingelassen mit den im traditionellen Sinne der Machtpolitik starken, ihm überlegenen Staaten an seinen östlichen und westlichen Grenzen. Im besorgten Rückblick auf die entschwundenen Erwartungen von Thoiry beteuerte Stresemann, es müsse »unter allen Umständen ... im Ausland der Eindruck vermieden werden, als ob wir uns zu einem Zusammengehen mit Frankreich gegen Amerika bereitfinden würden. Bei der ausschlaggebenden praktischen Bedeutung der Mitwirkung der Vereinigten Staaten könnten wir im Gegenteil nur im engsten Einvernehmen mit diesen vorgehen«[28].

Die Skepsis über die Tragfähigkeit des zwischen dem deutschen und dem französischen Außenminister im September Vereinbarten, die aus Lord D'Abernons zeitgenössischem Tagebucheintrag spricht, hatte sich bewahrheitet: »Es unterliegt keinem Zweifel«, beobachtete der englische Botschafter frühzeitig, »daß in der Herzlichkeit des geselligen Zusammenseins sowohl Briand wie Stresemann einander vieles versprachen, was schwer durchzuführen sein wird, und sich über Finanzfragen verbreiteten, in denen ihre Kenntnisse mehr phantasiereich als zutreffend sind.«[29] Fazit: Schroff zeigte sich die Grenze der wirtschaftlich geprägten Außenpolitik des Reiches; zäh behauptete sich die überlieferte Machtpolitik Frankreichs und Polens; beinahe demütigend trat die deutsche Abhängigkeit von den Vereinigten Staaten von Amerika hervor. Daher blieb als Erfolg von Thoiry nur zu verbuchen, daß Verhandlungen über die vorzeitige Räumung des Rheinlandes sowie über die Rückgabe des Saargebietes und Eupen-Malmedys von französischer Seite aus nicht mehr länger von vornherein abgelehnt wurden.

Vor dem Hintergrund des Versailler Vertrages war das nicht wenig; an dem seit Locarno Erwarteten gemessen war es nicht viel. Ende des Jahres 1926, als

Stresemann und Briand gemeinsam der Friedensnobelpreis verliehen wurde, ging die Phase der ins Auge fallenden Erfolge der republikanischen Außenpolitik des Reiches zu Ende. Weitere Fortschritte wären gerade jetzt, da sich die unruhig Fordernden in Deutschland wieder schriller zu Wort meldeten, dringend notwendig gewesen. Das Unternehmen, »mit dem einzigen, womit wir noch Großmacht sind, mit unserer Wirtschaftsmacht« Außenpolitik zu treiben, wie Stresemann programmatisch verlangt hatte, war beileibe nicht ohne Erfolg geblieben. Doch dieser nahm sich unübersehbar begrenzt aus; verboten war dem Reich nach wie vor, im Stile einer unabhängigen Großmacht zu handeln. Ohne Zweifel war die »politisch-soziale Gestaltungskraft von Zoll- und Handelspolitik«[30] im Zenit der Ära Stresemann überschätzt worden; und das nicht zuletzt deshalb, weil man über die Mittel, derer man sich bediente, nicht eigenständig verfügte.

Schwieriger als zuvor nahm sich jetzt die außenpolitische Lage aus. Die Verständigungspolitik fortzuführen wurde vor allem dadurch erschwert, daß die DNVP im Januar 1927 in die Regierung zurückkehrte. Zuvor schon hatte sich die Haltung Poincarés versteift, der den französischen Franc aus eigener Kraft überraschend zügig sanierte und die fremde Hilfe der Deutschen überflüssig machte. Spektakuläre Erfolge deutscher Außenpolitik wurden rar, verloren an Gewicht und blieben schließlich ganz aus.

Gewiß war nicht zu unterschätzen, daß die internationale Militärkontrolle mit dem Beginn des Jahres 1927 ihr Ende fand. Auf der Weltwirtschaftskonferenz im Mai ebneten die Deutschen, von den liberalen Prinzipien und Praktiken des Warenaustauschs getragen, den Weg zu dem schon erwähnten Handelsabkommen mit Frankreich vom August 1927. Bescheidene Fortschritte schlugen sich in dem mit Litauen erzielten Kompromiß über die parlamentarische Repräsentation der Bevölkerung des Memellandes nieder. Durch Deutschlands Aufnahme in die Mandatskommission des Völkerbundes wurde dem Reich ein Mitspracherecht über seine ehemaligen Kolonien zuteil. Aber: Mit einem außenpolitischen Durchbruch, den Stresemann im milden Septemberlicht von Thoiry verheißungsvoll zu entdecken meinte, hatte das wahrhaftig nichts zu tun. Im Gegenteil: Das internationale Klima wurde rauher.

In charakteristischer Parallele zu dem tiefen Zerwürfnis zwischen der Sowjetunion und Großbritannien, das sich im Mai 1927 gefährlich verschärfte, verschlechterte sich das Verhältnis des Reiches zu seinem Berliner Vertragspartner: Nahezu automatisch sahen sich die Deutschen stärker an die Seite des Westens gedrängt. Damit beugten sie einer doppelten Gefahr vor: Mit den Russen alleingelassen zu werden, war ihnen ebenso unerwünscht, wie bei einem Zusammengehen der Sowjets mit den Polen und Franzosen isoliert dazustehen. Dessenungeachtet: Gegenüber den westlichen Mächten, insbesondere Frankreich, wurden die Forderungen nach der Revision jetzt zunehmend ungeduldiger und feindseliger erhoben. Das verwundert nicht, soweit es sich um die extreme

Rechte handelte. Doch mittlerweile hatte diese Stimmung auch die bürgerliche Mitte ergriffen, grassierte selbst in Stresemanns eigener Partei, der DVP. Umgehend schlug Frankreichs latenter Argwohn in offenes Mißtrauen um. Offensichtlich gebe es »noch sehr viel [sic] Elemente in Deutschland«, schränkte Philippe Berthelot, der Generalsekretär des Quai d'Orsay, sein Lob über die Verständigungspolitik Stresemanns bezeichnenderweise ein, die »dieser Politik feindlich oder zum mindesten zögernd oder mit Hintergedanken gegenüberständen«[31].

Mit großem Ernst fragte der deutsche Außenminister seinerseits im Reichstag: »Gallia quo vadis?«[32]. Denn für Stresemann war nicht mehr unzweideutig erkennbar, ob Frankreich zukünftig Ruhr- oder Locarno-Politik zu treiben vorhatte. Falls es geneigt sei, den Deutschen im »Geiste von Locarno« schöpferisch zu begegnen, dann sei, so ließ er Anfang des Jahres 1928 ohne Umschweife verlauten, eine weitere Besetzung des Rheinlandes einfach unzumutbar. Diese anklagende Feststellung galt um so mehr, wenn das in Locarno Initiierte zu Höherem dienen sollte als nur zur schieren Revision. Ebendas lag in der Absicht Stresemanns und vor allem seines Staatssekretärs von Schubert. Obwohl die revisionistische Zielsetzung erst einmal im Zentrum ihrer Locarnopolitik stand, bezeichnete sie auf keinen Fall deren Endpunkt.

Die drängende Frage lautete also: Wie ließ sich die Stagnation der nationalen Revisions- und der internationalen Verständigungspolitik überwinden? Die passende Gelegenheit schien sich zu bieten, als sich die Staaten der Welt darauf verständigten, den Krieg zu ächten. Ohne die widerspenstigen Franzosen verlieren zu wollen, suchten die Deutschen ihrer lahmenden Außenpolitik durch eine noch engere Anlehnung an die ohnehin maßgeblichen Amerikaner neuen Schwung zu verleihen.

Ächtung des Krieges

Immer darauf bedacht, dem nahezu unstillbaren Verlangen ihres im Weltkrieg schwer geprüften Landes nach Sicherheit zu entsprechen, unternahm die französische Außenpolitik einen neuen Versuch, der einem alten Muster verpflichtet war. Es ging ihr darum, die inzwischen halb nach Europa zurückgekehrten Amerikaner ganz für die eigene Position zu gewinnen. Der Gedanke, die angelsächsischen Mächte für die Garantie des im Pariser Frieden festgelegten Besitzstandes einzuspannen, durchzog Frankreichs äußere Politik während der zwanziger Jahre wie ein roter Faden. Ihm folgten die Franzosen ein ums andere Mal: Sie suchten Schutz vor dem fast mythisch gefürchteten *furor teutonicus*, und sie wollten der Isolierung entgehen, in der sie sich mit den Deutschen alleingelassen fühlten.

Diese Präferenz erklärt auch, warum die andere Linie französischer Außenpolitik, Sicherheit im Zusammengehen mit dem Deutschen Reich zu finden, nur zögernd realisiert wurde. Zweifellos verpaßten das furchtsam herrische Frankreich wie das aus anderen Gründen zurückhaltende England auf diese Art und Weise Chancen, durch ein schöpferisches Entgegenkommen friedlichen Wandel zu schaffen. Er hätte in der Tat Schlimmeres verhüten können, das bald drohend heraufzog. Allein, an der Seite Deutschlands die erforderliche Sicherheit zu finden, für die Franzosen fraglos mit Einbußen an Prestige und *grandeur* verbunden, machte ihnen die latente Führung auf dem Kontinent streitig und erschien ihnen eher wie eine gesteigerte Unsicherheit. Daher verfiel man in Paris bevorzugt darauf, das ferne Amerika als schützenden Nothelfer anzurufen, um selbst auf dem Kontinent der dadurch gestützte Erste zu bleiben.

In dieser Perspektive unterbreitete Außenminister Briand den Vereinigten Staaten von Amerika am 20. Juni 1927 einen Vorschlag, der über die konkrete Absicht weit hinausgehende Folgen haben sollte. Zunächst ging es den Franzosen darum, mit den Amerikanern einen zweiseitigen Vertrag zur Friedenssicherung abzuschließen, der zwischen den Paktpartnern auf das Mittel des Krieges für alle Zeiten zu verzichten vorsah. Dieses indirekte Nichtangriffsabkommen sollte geeignet sein, ein politisches Gegengewicht zur vornehmlich wirtschaftlichen Verbindung zwischen den USA und Deutschland zu bilden.

Was Frankreich wollte, konnte nicht im Interesse der Amerikaner liegen. Das State Department argwöhnte, der Quai d'Orsay ziele darauf ab, sich den Vorteil eines besonderen, bevorzugten Verhältnisses mit den Vereinigten Staaten von Amerika zu sichern. Dabei gehe es den Franzosen vor allem darum, die amerikanische Geneigtheit für die anstehenden Fragen der Abrüstung, der Reparationen und der interalliierten Schuldenregelung zu gewinnen, überhaupt die Amerikaner für französische Zwecke an Europa zu binden.

Darauf hatten die Vereinigten Staaten zu reagieren. Einfach abzuwarten, bis die leidige Angelegenheit im Sande verlaufen würde, war nicht möglich, brachte die amerikanische Öffentlichkeit dem französischen Ansinnen doch viel Sympathie entgegen. Was von Frankreich vorgeschlagen wurde, stillte ein Verlangen, das in Amerika weit verbreitet war. Der Traum von einer die Welt umfassenden Friedensordnung war spätestens seit den Tagen Woodrow Wilsons populär. Daher ging der amerikanische Außenminister Frank Kellogg daran, die idealistische Sehnsucht des Landes und das machtpolitische Interesse des Staates miteinander zu verbinden. Damit konnte er als heilbringender Schöpfer einer neuen Friedensordnung auftreten, ohne für die USA einen Deut an realen Belangen zu opfern.

Am 28. Dezember 1927 legte er einen Gegenentwurf vor. Die von den Franzosen angestrebte Bilateralität wurde darin ins Globale erweitert. Der Pakt, den zu unterzeichnen die Staaten der Welt eingeladen wurden, sah vor, den Krieg als Mittel der Politik zu ächten und an seine Stelle die Schiedsgerichtsbarkeit als Methode der Konfliktregelung zu rücken. Wie mit Rechtsverletzern zu verfahren war, blieb ungeklärt; im Vordergrund stand das Vertrauen in die werbende Kraft der kühnen Idee. Das heißt aber: Im Vorschlag des amerikanischen Außenministers vereinigten sich zwei mächtige Linien angelsächsischer Tradition, die sich widersprachen, die aufeinander bezogen waren und die letztendlich zusammengehörten.

Neben-, gegen- und miteinander durchzogen sie die englische Geschichte des 19. Jahrhunderts und prägten die amerikanische Entwicklung von ihrem Beginn an. Die aus dem Unterschiedlichen gefügte Synthese beruhte zum einen auf den Ideen, die aus pazifistischer Überzeugung erwuchsen und die internationale Friedensbewegung trugen; und sie hatte zum anderen mit den Vorstellungen zu tun, die seit George Washingtons »Non entanglement«-Botschaft existierten und den nationalen Isolationismus nährten. Daß beide Tendenzen durch die nötigende Kraft unvorhersehbarer Umstände in den globalen Interventionismus der amerikanischen Weltmacht umschlagen oder einmünden konnten, der sich im 20. Jahrhundert geschichtsmächtig entfaltete, sei nur, da dieses Phänomen hier nicht relevant ist, der Vollständigkeit halber erwähnt. Wie auch immer: Wenn sich das Denken der Menschen, der Regierenden wie der Regierten, nicht grundlegend änderte, konnte, nüchtern betrachtet, dem noblen Vorschlag einer allgemeinen Kriegsächtung kein praktischer Erfolg beschieden sein. Diese Feststellung zu treffen, bedeutet keineswegs zu übersehen, daß er auf längere Zeit moralische Wirkung auszuüben imstande war.

Für Frankreich wurde die Lage jetzt kompliziert. Denn der Kelloggsche Entwurf verkehrte das von den Franzosen eigentlich Gewollte ins gerade Gegenteil. Nun vermochten die Urheber das, was sie gezielt herbeigerufen hatten und was für sie unvorteilhaft verändert worden war, nicht mehr loszuwerden. Dazu trug nicht allein die amerikanische Außenpolitik bei, die unter dem Legitimationszwang ihrer Öffentlichkeit handelte. Direkt zu tun hatte damit auch die Haltung, die das Deutsche Reich nun dazu einnahm. Auf den eigenen Vorteil bedacht, schaltete es sich in die hin- und hergehende Debatte ein, bemühte sich darum, zwischen den Amerikanern und Franzosen zu vermitteln, und erhob das amerikanische Anliegen weitgehend zur eigenen Sache.

Unter dem angenehm weiten Faltenwurf internationaler Friedenspolitik ging die machtpolitische Auseinandersetzung der Staaten weiter. Den ernüchternden Tatbestand zu konstatieren, darf nicht dazu verleiten, die zukunftweisende Idee des Gesamten geringzuschätzen: Im Sinne des Ursprünglichen wurde ja schließlich um eine Zielsetzung gerungen, die durchaus edler Natur war und dem allgemeinen Fortschritt der Zivilisation dienen konnte. Es war diese allgemeine Orientierung des vielschichtigen Zusammenhangs, die einen nicht zu verkennenden Unterschied gegenüber den Zeiten der Vergangenheit beschreibt, als diplomatische Duelle zwischen Fürsten und Staaten nicht selten dazu dienten, beispielsweise die Verantwortung für einen anstehenden Krieg dem Kontrahenten aufzuhalsen.

Gewiß, auch jetzt konnte aus dem jahrhundertealten Schwarz der Mächtegeschichte nicht über Nacht das Weiß der Menschheitsgeschichte entstehen. Immerhin: Über die realpolitischen Resultate der Vereinbarungen hinaus wurde am Ende ein wenngleich verschnittenes Produkt hervorgebracht, das der allgemeinen Geschichte eine neue Dimension eröffnete: Krieg als Mittel der Politik wurde geächtet und damit ohne Zweifel moralischer Gewinn erzielt. Das beachtliche Resultat hervorzuheben, kann selbstverständlich nicht darüber hinwegsehen lassen, daß sich die Hoffnung, die von vielen mit dem Briand-Kellogg-Pakt verbunden wurde, nicht erfüllen konnte. Es stellte sich sogar als eine gefährliche Illusion heraus, die weltweite Ächtung des Krieges mit seinem tatsächlichen Ende zu identifizieren.

Was den machtpolitischen Kern der Dinge anging, rangen Deutsche und Franzosen miteinander darum, wen von beiden die Vereinigten Staaten von Amerika in den großen Fragen der europäischen Politik – Reparationen, Abrüstung und Sicherheit – stärker unterstützen würden. Die Deutschen behielten die Oberhand. Ganz im Sinne der liberalen Methode einer konstruktiven Außenpolitik verstanden sie es, das allgemein Unumstrittene, Verbindliche und Gewünschte mit den spezifischen Interessen der eigenen Sache zur Deckungsgleichheit zu bringen. Was Außenminister Kellogg unterbreitet hatte, kam ihnen entgegen. Auf den Krieg als Mittel der Konfliktregelung zu verzichten, Streit mithin in friedlichem Wettbewerb auszutragen, beschränkte Frankreichs politische Bewegungsfreiheit, relativierte die Macht seines ostmitteleuropäischen Allianzsystems, untersagte ihm, ans überlegene Waffenarsenal zu appellieren. Wenn man sich ohne die Drohung mit der *ultima ratio* einigen mußte, war das ohne den Ausgleich der Gegensätze nicht möglich – davon konnte das Deutsche Reich nur profitieren.

Sich für die Ächtung des Krieges einzusetzen, bot den Deutschen zudem die willkommene Chance, vor aller Welt sichtbar dem Fortschritt der Menschheit zu dienen, und das nicht nur im Ensemble mit den anderen, sondern an führender Stelle. Diese im Auswärtigen Amt maßgeblich von Staatssekretär von Schubert verfolgte Politik stellte die Deutschen so eng an die Seite der Vereinigten Staaten von Amerika, wie das bis dahin nicht der Fall gewesen war und danach, bis zum Jahre 1945 jedenfalls, nicht mehr der Fall sein sollte. Die vorteilhafte Verbindung war vor allem im Hinblick auf die sich jetzt wiederum regende Reparationsfrage entscheidend.

Daß Frankreich sich schließlich dem amerikanischen Willen fügen mußte, hatte nicht unerheblich damit zu tun, daß Kellogg im Angesicht französischer Ausflüchte, Verzögerungen und Behinderungen immer wieder auf die tatkräftige Hilfe der Deutschen zählen konnte. Im Einvernehmen mit seinem Außenminister ging es von Schubert bei seiner den Paktabschluß fördernden Diplomatie um weit mehr als nur um die Festigung des deutsch-amerikanischen Verhältnisses und die Abwehr des französischen Vorstoßes. Mit seinem entschiedenen Einsatz für Kelloggs Vorschlag wollte der Staatssekretär einen weiteren, resoluten Schritt in die Richtung tun, in der das zentrale Ziel deutscher Außenpolitik in der Ära Stresemann lag: Durch friedlichen Wandel sollte das Versailler Diktat fortentwickelt und überwunden werden.

Danach zu streben, erschöpfte sich beileibe nicht im landläufigen Revisionismus. Schubert bemühte sich nämlich darum, das europäische System zu erweitern, zu öffnen, zu globalisieren – und zwar nicht nur in atlantischer Dimension durch den Brückenschlag nach Nordamerika. Es kam ihm vielmehr, wenn auch vergeblich, darauf an, die Sowjetunion in die Phalanx der Staaten einzureihen, die als Erstunterzeichner auftraten. Die USA und die UdSSR sollten nicht weiter in unfruchtbarer Isolierung verharren, sondern sich aktiv an einer neuen Ordnung der Welt beteiligen. Ihre Existenz würde Deutschlands Chancen in nationaler und internationaler Perspektive vermehren.

Die maßgebliche Rolle, die das Deutsche Reich beim Zustandekommen des Briand-Kellogg-Pakts gespielt hatte, schlug sich in einem wahren Triumph für Gustav Stresemann nieder. Der bereits von schwerer Krankheit gezeichnete Staatsmann durfte ihn am 27. August 1928 in Paris erleben, als 15 Staaten dem Kriegsächtungspakt feierlich beitraten. Weitere 45, darunter die Sowjetunion, folgten nach. Sie verständigten sich auf ein Abkommen, das viel eindeutiger, als die Völkerbundsatzung das bereits getan hatte, den Angriffskrieg verurteilte und verbot.

Daß der Briand-Kellogg-Pakt ohne akute Bedeutung blieb, darf nicht vergessen machen, daß er besonders nach dem Ende des Zweiten Weltkrieges eine Grundlage dafür bildete, die Kriegsverbrecherprozesse durchzuführen. Überhaupt markierte er einen moralischen Qualitätssprung *sui generis*, der freilich, wie gesagt, die Gefahr in sich barg, die schöne Idee für die rauhe Wirklichkeit zu nehmen. In bezug auf die eigenen Interessen und die Belange der Staatenwelt war der deutschen Außenpolitik noch einmal ein unbestreitbarer Erfolg beschieden. Das schlug sich vor allem in Briands eindrucksvoller Rede nieder, mit der er, anläßlich der Unterzeichnung, Stresemanns Arbeit für den europäischen Frieden würdigte. Ob »dem überragenden Geist und Mut dieses großen Staatsmannes«[33] auch weiterhin die nicht zuletzt in innenpolitischer Hinsicht bitter nötigen Erfolge seiner Außenpolitik zuteil werden sollten, blieb abzuwarten. Würde er scheitern, zeichneten sich für Deutschland und Europa auf jeden Fall ernste Konsequenzen ab.

Zwischen Erfolg und Scheitern

Allem anderen voran war es das Problem einer vorzeitigen Räumung des besetzten Rheinlandes, das sich jeden Tag dringlicher, geradezu brennend stellte. Es war dazu geeignet, über das Schicksal der republikanischen Außenpolitik Gustav Stresemanns zu entscheiden. Von seiner längst überfälligen Lösung würde es abhängen, ob die Locarnopolitik Dauer erhalten oder Episode bleiben sollte. Hinzu kam, daß die Frage einer neuen Regelung der Reparationen an der Jahreswende 1928/29 mit größerem Nachdruck als in den zurückliegenden Jahren anstand. Nach den Vereinbarungen des Dawes-Plans brach jetzt die Zeit an, in der hohe Belastungen auf Deutschland zukamen. Sie mußten die ohnehin lahmende Volkswirtschaft in extremem Maße bedrängen.

Auf innenpolitischem Terrain existierten im Grunde günstige Voraussetzungen, um mit den schwierigen Fragen fertigzuwerden. Der seit dem Juli 1928 amtierende Reichskanzler Hermann Müller gehörte, was auf die Franzosen vorteilhaft wirkte, der westlich orientierten Sozialdemokratie an. In der Tat waren sich der französische Ministerpräsident Poincaré und der deutsche Botschafter von Hoesch damals darin einig, daß die Beziehungen zwischen ihren Ländern so gut waren wie schon lange nicht mehr. Gerade diese Tatsache machte es den Franzosen schwer, sich weiterhin gegen berechtigte Forderungen der Deutschen zu sperren. Diese verlangten lediglich, Hindernisse aus dem Weg zu räumen, die augenscheinlich nicht mehr in die Landschaft der Verständigung paßten.

Doch die Briten und Franzosen standen mit ihren Füßen nach wie vor im Beton. Das galt vor allem für die Abrüstungsfrage, in der sie sich überhaupt nicht bewegten. Sie zogen es in diesem spezifischen Zusammenhang vielmehr vor, sich lediglich gegenseitig zu helfen. Seit dem Herbst 1928 ließen sie die verstärkte Neigung erkennen, eine französisch-britische Entente abzuschließen. Bilaterale Allianzbildung konnte dem allgemeinen Abrüstungsgedanken indes kaum dienen. Um so lauter und ungeduldiger machten sich in der deutschen Öffentlichkeit die einschlägigen Ansprüche bemerkbar, die erst einmal nichts anderes bewirkten, als entsprechende Reaktionen in Frankreich hervorzurufen. Selbst der maßvolle Briand hatte dem Reich bereits Jahre zuvor martialisch gedroht, von der allzu ausgreifenden Forderung nach Deutsch-Österreich gefälligst abzulassen: »Der Anschluß, das ist der Krieg.«[34]

Stresemann blieb nur übrig, aufs Bewährte zu setzen, also Frankreich zur Fortführung des in Locarno eingeschlagenen Weges zu drängen. Verlockend und werbend, schöpferisch und perspektivenreich versicherten die Deutschen immer wieder, über »Locarno« und die Revisionen hinaus strebten sie bevorzugt nach einer neuen, für alle Seiten vorteilhaften Friedensordnung: »Wir sehen also diesen Vertragsinhalt [Locarno] nicht als ein Endresultat«, verlautete es programmatisch aus dem Auswärtigen Amt, »sondern als Basis für ein ständiges vertrauensvolles Zusammenwirken in allen Fragen der europäischen Politik an. ... Wir haben Locarno stets von einem viel allgemeineren und höheren Gesichtspunkt aus bewertet. Wenn die Realisierung der Locarnopolitik in diesem allgemeinen und höheren Sinne die alsbaldige Beendigung der Besetzung erfordert, so ist das eine notwendige Konsequenz der nun einmal durch den Versailler Vertrag geschaffenen Ordnung der Dinge .... Wir würden eine Außenpolitik im Sinne der Locarnopolitik auch dann angestrebt haben, wenn der Versailler Vertrag die Besetzung gar nicht vorgesehen hätte. Die Beseitigung der Besetzung ist demnach für uns, wie wir stets betont haben, nicht der Endzweck der Locarnopolitik, sondern nur ein – allerdings notwendiger – Schritt auf dem politischen Wege, der uns vorschwebt.«[35]

Im Grunde ging es jetzt um die vollständige »Liquidation des Krieges«[36]. Das wurde jedenfalls im Jahr darauf einvernehmlich festgestellt, als Stresemann und Briand während der Tagung des Völkerbundsrates in Madrid die schwebenden Fragen, unter anderem auf dem Sektor der Reparationen, miteinander berieten. Allein, erneut zeigte sich, daß jeder Gesprächspartner darunter etwas anderes verstand – der deutsche Außenminister einen friedlichen Wandel im revisionistischen Sinne, sein französischer Kollege die definitive Anerkennung des Status quo. Die spezifische Differenz trat bald darauf noch deutlicher hervor, als Briand seine Europaidee entfaltete, die in der Madrider Ansprache bereits angeklungen war.

Durchgehend hatte Stresemann in diesem Zusammenhang vor allem darauf zu achten, daß die notwendige Zusammenarbeit auf wirtschaftlichem Sektor nicht, im Sinne des von den Franzosen Beabsichtigten, in die unerwünschte Konfrontation mit den Amerikanern umschlug. Dabei übersah der deutsche Außenminister keineswegs die Gefahr, daß Europa »eine Kolonie derjenigen zu werden« drohte, »die glücklicher gewesen sind als wir«[37]. Daß diese existentielle Herausforderung die europäischen Volkswirtschaften auf »einen gemeinsamen Weg«[38] führen mußte, verkannte er keineswegs. Dennoch: Im Balanceakt zwischen Paris und Washington mußte auf beide Rücksicht genommen werden. Vor allen Dingen durfte nichts geschehen, was den amerikanischen Gläubiger verprellte. Über die Maßen abhängig war die deutsche Wirtschaftsmacht von amerikanischem Kapital. Doch wir sind dem Gang der Dinge weit vorausgeeilt.

Auf der Sitzung des Völkerbundes im September 1928 forderten die Deutschen energisch, endlich ohne irgendeine Gegenleistung das Rheinland zu räumen. Die Alliierten bestanden dagegen auf einem Tauschgeschäft, das den militärischen Abzug mit der endgültigen Regelung der Reparationen verband. Entschieden attackierte Reichskanzler Müller, der die deutsche Delegation anstelle des schwer erkrankten Stresemann leitete, vor allem die Franzosen. Sein beherztes Auftreten hatte auch innenpolitische Gründe: »Es wird dann ein für alle Mal mit der Legende aufgeräumt«, so hieß es in einem an den Regierungschef gerichteten Schreiben aus der Redaktion des *Vorwärts*, »daß wir Sozialdemokraten nur eine weiche Außenpolitik treiben können. Ich halte das gerade im Hinblick auf kommende soziale Kämpfe für entscheidend wichtig.«[39]

Außenminister Stresemann, der sich damals in Baden-Baden aufhielt, hatte in erster Linie, weil er einen demonstrativen Erfolg für nötig hielt, auf das eher begrenzte Ziel einer Freigabe der zweiten Besatzungszone des Rheinlandes gedrängt; sein Staatssekretär von Schubert gab sich fordernder, wollte in einer großen Lösung die vollständige Rheinlandräumung und die endgültige Reparationsregelung auf einmal erreichen. Wenn man die getrennten Probleme im alliierten Sinne zu einem Junktim verband, hatte die ehrgeizige Lösung sogar mehr Aussicht auf Realisierung als die bescheidene.

Denn auf eine Regelung des leidigen Wiedergutmachungsproblems drängte in verstärktem Maße der amerikanische Reparationsagent Parker Gilbert. Der komplizierte Gegenstand wurde einer unabhängigen Expertenkommission übergeben, die unter dem Vorsitz des amerikanischen Bankiers Owen D. Young im Januar 1929 ihre Arbeit aufnahm. Außenminister Stresemann maß dieser Unternehmung hohe Bedeutung bei: Von ihrem Gelingen würde abhängen, ob der »Geist von Locarno« überleben konnte oder sich verflüchtigen mußte. Bezeichnenderweise sprach er bereits von einem »Rückweg«[40] nach Locarno, der sich den Staatsmännern Europas jetzt erneut biete: »Wenn die Pariser Verhandlungen zu einem positiven Ergebnis führen und wenn sie zugleich mit der finanziellen Auseinandersetzung die Beseitigung der Besatzung, die Rückgabe des Saargebietes herbeiführen, kann noch einmal eine Wiedergeburt dieses Geistes erfolgen. Wenn es nicht der Fall ist, wird es nichts anderes als eine Episode sein und bleiben.«[41]

Die deutschen Vertreter, die, von der Regierung Müller mit großem Verhandlungsspielraum ausgestattet, nach Paris entsandt wurden, waren Reichsbankpräsident Schacht und der Generaldirektor der Vereinigten Stahlwerke, Vögler. Schachts kompromißlos provozierendes Auftreten, das ein Mißlingen der Veranstaltung bewußt in Kauf nahm, entsprach beileibe nicht dem, was Stresemanns äußere Politik der Verständigung charakterisierte. Als der Reichsbankpräsident im Pokern um die strittigen Summen nur ein Viertel des von den Alliierten Erwarteten anbot und daraufhin von englischer Seite den Wink erhielt, hier finde »keine wirtschaftliche Konferenz, sondern eine politische«[42] statt, da verlangte er umgehend die Rückgabe der ehemaligen deutschen Kolonien sowie Grenzkorrekturen im Osten – angeblich, um das Reich zahlungsfähig zu machen. Dem Treffen drohte das Scheitern. Doch nunmehr zwangen verstärkt einsetzende Devisenabflüsse aus dem Reich die deutsche Regierung zum Einlenken; der von der Kommission unterbreitete Neue Plan wurde auf der ersten Haager Konferenz am 21. August 1929 angenommen.

Was legte er fest; was bot er dem Reich an Vorteilen; wo lagen die Nachteile? Erstmals wurde jetzt eine definitive Reparationssumme in Höhe von 112 Milliarden Reichsmark festgesetzt. Gleichfalls zum erstenmal war auch von einer zeitlichen Begrenzung die Rede: Bis 1988 sollte Deutschland 59 Jahre lang, anstatt der bislang verpflichtenden Summe von 2,5 Milliarden, im Durchschnitt 2 Milliarden pro Jahr aufbringen. In bezug auf den Gesamtzeitraum, in dem Reparationszahlungen zu leisten waren, blieb diese Regelung knapp unter den 62 Jahren, die das Maß des Zahlungsplans für die interalliierten Schulden umschrieben. Selbst der unerbittliche Poincaré hatte Stresemann gegenüber eingeräumt, als sie anläßlich der Unterzeichnung des Briand-Kellogg-Pakts in Paris zusammentrafen: diesen Zeitraum für die Deutschen verbindlich zu machen, sei einfach zu lang.

Der eindeutige Vorteil des Neuen Plans lag darin, daß Deutschland gegenüber dem, was der Dawes-Plan vorschrieb, zwischen dem 1. April 1929 und dem 31. März 1932 eine Entlastung von insgesamt 1,7 Milliarden zugestanden wurde – eine willkommene Erleichterung! Zudem verschwanden diejenigen Kontrollen, beispielsweise durch den Reparationsagenten und das Transferkomitee, die bis dahin obligatorisch waren. Der politische Souveränitätsgewinn, der durch den Wegfall des Transferschutzes eintrat, so ist jedenfalls in diesem Zusammenhang argumentiert worden, habe einen wirtschaftlichen Nachteil mit sich gebracht, der sich kurz darauf ausgewirkt habe: Die Existenz ebendieser Institution hätte die in der Weltwirtschaftskrise einsetzende Flucht ausländischen Kapitals eher verhindern können. Ebenso plausibel ist hingegen darauf hingewiesen worden, es habe keinen entscheidenden Verlust bewirkt, den Transferschutz des Dawes-Plans nicht mehr zu besitzen, »denn er stand nur auf dem Papier«[43].

Maßgeblich für die politischen Erwägungen, die über Annahme oder Ablehnung des Young-Plans entschieden, wurde ein anderer Sachverhalt, der auf die Handelnden Zwang ausübte: Die jetzt fälligen Auflagen der Dawes-Regelung hätten aller Wahrscheinlichkeit nach in wirtschaftlicher und sozialer Hinsicht zu ungemein schweren Belastungen, ja zu krisenhaften Verwerfungen geführt. In einer sich verschlechternden ökonomischen Lage sah man sich, was das Land drückend belasten mußte, dazu gezwungen, im Vergleich mit den vergangenen Jahren hohe Summen aufbringen zu müssen. Innerhalb der Regierung dominierte der Wille, eine politische Krise zu vermeiden, die durch diese Entwicklung entstehen konnte. Daher entschied sie sich für die Annahme des Neuen Plans, der im Ökonomischen Erträglicheres bot.

Der noch nicht lange der Regierung angehörende Minister für die besetzten Gebiete, Joseph Wirth, umschrieb den Tatbestand geradezu dramatisch, als er am 1. Mai 1929 erklärte, »daß ihm die etwa hereinbrechende Dawes-Krise jedenfalls mit den auf Grund der Verfassung gegebenen parlamentarischen Regierungsmethoden überhaupt nicht mehr lösbar erscheine«[44]. Indem man »das grauenvolle Ausmaß der sogenannten Dawes-Krise«[45], auf das Stresemann beschwörend hinwies, nicht zum Tragen kommen ließ, entzog man auch all denen die fruchtbare Grundlage ihrer gefährlichen Spekulation, die eine Regierungskrise befürworteten und eine Art von Wirtschaftsdiktatur forderten. Insofern war die Annahme des Neuen Plans eine Entscheidung für die Weimarer Demokratie und eine Absage an antidemokratische oder korporatistische Lösungen, die die bestehende Staatsform untergraben sollten. Schachts Obstruktionskurs, den er während der Pariser Verhandlungen verfolgte, und Vöglers Rücktritt aus der Kommission, der im Mai 1929 nach Abstimmung mit Repräsentanten aus der Schwerindustrie erfolgte, sind daher als kalkulierte Entscheidungen gegen die Verständigungspolitik Gustav Stresemanns und der Großen Koalition zu bewerten.

In der innenpolitischen Auseinandersetzung um den Young-Plan, dessen Annahme die Demokratie stärkte, formierte sich gleichzeitig die antirepublikanische Front von rechts, die auf das Ende der Republik von Weimar verweist: Diese schwerwiegende Tatsache beschreibt die düstere Kehrseite des mühsam Erreichten. Das Volksbegehren gegen den Young-Plan scheiterte zwar, weil es nur gut 4,1 Millionen der über 42,3 Millionen Stimmberechtigten mobilisieren konnte, aber: Es führte als Unterzeichner der entsprechenden Erklärung des »Reichsausschusses für das deutsche Volksbegehren« den Alldeutschen Verband von Heinrich Claß, den Stahlhelm von Franz Seldte, die DNVP Alfred Hugenbergs und die NSDAP Adolf Hitlers zusammen.

Die fatale Entwicklung ist rückblickend um so schwerer zu verstehen, als die Annahme des Young-Plans mit der alliierten Zusage verbunden war, das besetzte Rheinland bis zur dritten Zone um fünf Jahre früher zu räumen, als der Versailler Vertrag vorsah. Diese Zusage wurde am 30. Juni 1930 Wirklichkeit. Doch bereits die Annahme des Neuen Plans im Reichstag am 12. März erlebte Gustav Stresemann, der am 3. Oktober 1929 gestorben war, nicht mehr. Seine zuversichtlich resümierende Prognose, die dem Publizisten Theodor Wolff gegenüber die innen- und außenpolitischen Vorteile des Young-Plans benannte, erwies sich insgesamt als zutreffend: »Deutschlands Belastung ist durch den Young-Plan vermindert worden. Alle Möglichkeiten für die Zukunft bleiben gewahrt. Die Überwachung unserer Wirtschaft und unserer Finanzen verschwindet. Wir sind wieder *Herr im eigenen Hause.* In einigen Monaten wird das Rheinland frei sein, es bleibt auch keine Kontrolle zurück.«[46]

Doch derart maßvolle Fortschritte konnten vor dem maßlosen Rückschritt, in den eine zivilisierte Nation zu verfallen im Begriff stand, kaum länger Anerkennung finden, geschweige denn das Unglück aufhalten. Der außenpolitische Erfolg war nicht mehr dazu imstande, den inneren Konsens zu festigen. Vielmehr zerstörte ruinöse Ungeduld über das bislang Ausgebliebene, das umgehend und total zu erreichen gefordert wurde, die schwergeprüfte Republik von Weimar. Aus Erfolg wurde Scheitern, weil die innenpolitische Opposition in Deutschland das wollte und weil England und Frankreich das nahezu Unausweichliche nicht rasch genug taten.

Seit dem Herbst 1928 stand Stresemanns äußere Politik auf dem Spiel. Der

Ernst der Lage zeigte sich während der großen Reichstagsdebatte vom November, in der selbst Protagonisten der Locarnopolitik bis in die Reihen der SPD hinein Zweifel am bislang verfolgten Kurs artikulierten. Der Rechtsruck im bürgerlichen Lager tat ein übriges; im Oktober übernahm Hugenberg den Vorsitz der DNVP, und im Dezember des Jahres trat der konservativ orientierte Kaas an die Spitze des Zentrums, das den Außenminister freilich nach wie vor unterstützte. Der Erfolgsdruck, der auf Stresemann lastete, wurde übergroß!

Die Lage gestaltete sich ausgesprochen prekär, weil sich Frankreichs verhängnisvolles Zögern dem Reich gegenüber verstärkte. Durch die innenpolitische Entwicklung in Deutschland sahen sich die Franzosen in ihrer ablehnenden Haltung bestätigt. In der Tat: In Paris konnte niemand übersehen, daß bei einem Berliner Regierungswechsel, beispielsweise zu einem Kabinett Hugenberg, die Regelungen des Neuen Plans einseitig zerrissen zu werden drohten. Da kam noch einmal, wie ein leuchtender Hoffnungsschimmer in der hereinbrechenden Dunkelheit, unerwartete Zuversicht auf, als Außenminister Briand die Völker des alten Kontinents mit seinem Europaplan überraschte. Umgehend warf der verheißungsvolle Vorschlag allerdings die uns bereits in anderem Zusammenhang bekanntgewordene kritische Frage danach auf, was eigentlich »das Europäische an Europa« war.

»Das Europäische an Europa ...«

Am 5. September 1929, als die endgültige Räumung des besetzten Rheinlandes begann, trug der französische Außenminister Briand vor der zehnten ordentlichen Vollversammlung des Völkerbundes in Genf seine Ideen für eine Vereinigung Europas vor. Mit der ihm eigenen Überzeugungskraft, die seine Zuhörer in den Bann zu schlagen vermochte, sprach er in fast sensationeller Art und Weise davon, daß »zwischen Völkern, deren geographische Lage so ist, wie die der Völker Europas, eine Art föderatives Band bestehen muß«[47]. Er fuhr fort: »Diese Völker müssen jederzeit die Möglichkeit haben, miteinander in Verbindung zu treten, über ihre Interessen zu beraten, gemeinsame Entschließungen zu fassen, untereinander ein Band der Solidarität zu schaffen, das ihnen erlaubt, zu gegebener Zeit einer ernsten Lage, falls eine solche entsteht, gegenüberzutreten.«

»Ein Band der Solidarität zu schaffen« – das war Briands Anliegen, durch das er ein altes Ziel seiner Politik mit dem neuen Entwurf zukunftweisend verband. Denn was bislang eher Gegenstand theoretischer Erörterungen gewesen war, tauchte nun, mit dem freimütigen Bekenntnis versehen, »eine Spur Torheit oder Verwegenheit [zu] enthalten«[48], in der programmatischen Rede eines amtierenden Außenministers auf. Briand wurde daraufhin der Auftrag erteilt, das großzügig Entworfene, das zeitgenössisch wie eine Utopie anmuten mußte, stärker im einzelnen auszuarbeiten.

Als Gustav Stresemann vier Tage später, in der letzten großen Rede vor seinem Tod, darauf antwortete, waren bei aller Zustimmung zum Gesagten die Unterschiede gar nicht zu verkennen. In erheblichem Maße entkleidete der deutsche Außenminister Briands Vorschlag der politischen Dimension und akzentuierte einseitig das Wirtschaftliche. Von einer Abschaffung souveräner Rechte der Nationalstaaten wollte er wenig wissen. Betont wurde dagegen die Notwendigkeit, einen einheitlichen Wirtschaftsraum zu schaffen.

Angesichts der amerikanischen Herausforderung machte diese Initiative für ein durch Zollhindernisse balkanisiertes Europa ohne Zweifel Sinn. Indes: Die ökonomisch hinderliche Aufsplitterung des alten Kontinents wuchs mit seiner nationalstaatlichen Entfaltung an. Nach dem Zusammenbruch der Monarchien der Habsburger und der Romanows waren auf den ehemaligen Territorien der beiden Reiche weitere Nationalstaaten entstanden, die Europas Grenzen beträchtlich verlängerten: »Sie sehen neue Grenzen, neue Maße, neue Gewichte, neue Usancen, neue Münzen, ein fortwährendes Stocken des Verkehrs. Ist es nicht grotesk, daß Sie auf Grund neuer praktischer Errungenschaften die Entfernung von Süddeutschland nach Tokio um 20 Tage verkürzt haben, sich aber in Europa selbst stundenlang mit der Lokomotive irgendwo aufhalten lassen müssen, weil eine neue Grenze kommt, eine neue Zollrevision stattfindet, als wenn das Ganze ein Kleinkrämergeschäft wäre, das wir in Europa innerhalb der gesamten Weltwirtschaft noch führen dürfen? Neue Industrien werden aus nationalem Prestige begründet. Sie müssen geschützt werden, müssen sich selbst neue Absatzgebiete suchen und können oftmals kaum im eigenen Lande diejenigen Absatzmöglichkeiten finden, die ihnen die Rentabilität sichern. Wo bleibt in Europa die europäische Münze, die europäische Briefmarke?«[49]

In politischer Perspektive ging die Rede des deutschen Außenministers eher auf deutliche Distanz zum europäischen Enthusiasmus Briands. Die Belange des eigenen Nationalstaates, die Überwindung des »Diktats von Versailles«, standen nach wie vor im Zentrum. Gewiß, Stresemanns revisionistische Verständigungspolitik war ihrer Anlage nach anders entworfen, als das beispielsweise den aggressiver auf Veränderung drängenden Kräften vorschwebte, die sich im Auswärtigen Amt zunehmend regten.

Allerdings verhielt sich der Minister während der zwanziger Jahre gleichfalls durchweg ablehnend gegenüber den Paneuropa-Ideen der Zeit. Diese fanden bei nicht wenigen im sozialistischen und im bürgerlichen Lager, in Wirtschaftskreisen und in intellektuellen Zirkeln Resonanz. 1923 hatte der österreichische Schriftsteller Richard Graf von Coudenhove-Kalergi die »Paneuropa-Bewegung« ins Leben gerufen. Ein Jahr darauf fand sie eine wirtschaftliche Entsprechung im »Europäischen Zollverein«. 1925 forderte beispielsweise die Sozialdemokratie auf ihrem Heidelberger Parteitag die Schaffung der Vereinigten Staaten von Europa. In Italien und in Frankreich war die Zustimmung zur »Paneuropa-Bewegung« insofern größer, als Außenminister Briand 1927 den Ehrenvorsitz in Coudenhove-Kalergis Liga übernahm; in Deutschland dagegen bewahrte das Auswärtige Amt zurückweisende Distanz.

Der Interessengegensatz zwischen dem Deutschen Reich und Frankreich trat umgehend zutage, als Briand seinen Vorschlag zur europäischen Vereinigung unterbreitete. Obwohl die französische Initiative auch die Briten nicht gerade begeisterte, mußte die deutsche Reaktion für ihr Gelingen oder ihr Scheitern ausschlaggebend werden. Briand wollte ein stabiles und sicheres Europa schaffen, allerdings – auf der Grundlage des Bestehenden. Diese prinzipielle Voraussetzung widersprach dem deutschen Interesse diametral.

Stresemann war bereits tot, als die Franzosen ihr detailliert ausgearbeitetes Memorandum über die Bildung einer »Europäischen Föderalen Union« im Mai 1930 vorlegten. Dem deutschen Außenminister war es nicht um einen politischen Zusammenschluß Europas, sondern um einen großen Interessenausgleich zwischen Deutschland und Frankreich gegangen, der es ihm erlauben sollte, die noch verbliebenen Revisionsziele zu erreichen. Da die Deutschen äußere Politik mit wirtschaftlichen Methoden betrieben, mußte ihnen die Schaffung eines europäischen Wirtschaftsraums entgegenkommen. Seine Existenz konnte im übrigen der erforderlichen Selbstbehauptung des alten Kontinents gegenüber den mächtigen Vereinigten Staaten von Amerika dienen. Allerdings durfte er auf gar keinen Fall eine Tendenz annehmen, die gegen die angelsächsischen Handelsmächte gerichtet war. Und die Wirtschaftsbeziehungen mit der Sowjetunion, die sich seit dem Ende des Jahres 1928 wieder leidlicher anließen, sollten durch ein ökonomisch zusammenrückendes Europa auf keinen Fall negativ beeinflußt werden.

Insgesamt waltete auf deutscher Seite gegenüber der kühnen Idee einer politischen Union Europas tiefe Skepsis. Staatssekretär von Schubert mutete Briands Vorschlag geradezu als »etwas unheimlich«[50] an. Denn der französische Außenminister schien nach den Sternen zu greifen, um auf Erden alles beim alten belassen zu können, sich beispielsweise nicht mit der Saarfrage beschäftigen zu müssen. Über den politischen Zusammenhang hinaus war es für das allgemeine Bewußtsein der Epoche offensichtlich zu früh, Briands Europaplan vom Papier in die Wirklichkeit zu übertragen. In einer dem europäischen Einigungsgedanken nicht förderlichen Form bewahrheitete sich die erst viel später von dem Historiker Hermann Heimpel maximenhaft umschriebene Einsicht, wonach die Existenz der Nationen »das Europäische an Europa«[51] ausmacht. Diese historische Tatsache galt um so mehr für eine Zeit, die in einen ziemlich abrupten Galopp verfiel. Dem rückschauenden Betrachter gibt sich leicht zu erkennen, daß das scheinbar Neue ihrer Initiativen tatsächlich nichts anderes war als die überstürzte Rückkehr zum ganz Alten der europäischen Geschichte.

Neue alte Zeit

Das nationale Unglück, das mit Stresemanns frühem Tod verbunden war, fiel mit einer allgemeinen Katastrophe der Epoche zusammen: Am 29. Oktober 1929, dem »Schwarzen Freitag« der New Yorker Börse, erschütterte der Beginn der großen Wirtschaftskrise die gesamte Welt. Nachhaltig untergrub ihr zerstörerischer Verlauf die Fundamente des Pariser Friedenswerkes, die in den Jahren zuvor schon in heftige Bewegung geraten waren. Gleichzeitig wurde auch die noch im Entstehen befindliche Ordnung, die sich im Anschluß an »Locarno« herauszubilden begann, den fatalen Wirkungen einer bald nur noch schrecklichen Zeit ausgesetzt. Da Kommunisten die kapitalistische Welt durch ihre ideologisch gefärbte Brille verzerrt wahrnehmen, verwundert es nicht, daß sie der Gesellschaft des »Klassenfeindes« eine naturwüchsige Tendenz zur immanenten Hervorbringung äußerer Kriege unterstellen. Nichtsdestoweniger wirkt das Wort der sowjetischen Zeitung *Iswestija* wie eine düstere Prophetie des sich anbahnenden Unheils, als sie am 28. Juni des Jahres davon sprach, man befinde sich in einer geschichtlichen Periode »zwischen zwei Kriegen«[52].

Über dem, was sich von jetzt an nachteilig entwickelte, darf die eigenständige Leistung Gustav Stresemanns nicht verkannt werden, die keineswegs als eine schlichte Vorgeschichte des Kommenden mißzuverstehen ist. Seine äußere Politik war nicht mit derjenigen identisch, die im wilhelminischen Reich dominiert hatte. Wenngleich sie, wie dargelegt, an der traditionellen Zielrichtung nationalstaatlicher Großmachtbildung festhielt, unterschied sie sich doch mit ihrer liberalen Orientierung auf eine schiedlich friedliche Konfliktaustragung grundlegend vom Vorhergehenden. Ebenso hob sich Stresemanns »nationale Realpolitik« von dem ihr nachfolgenden Kurs eines forcierten Nationalismus der präsidialen Kabinette ab und markierte erst recht einen scharfen Bruch zur Außenpolitik Hitlers.

Der deutsche Außenminister trachtete Revisions- und Verständigungspolitik miteinander zu verbinden, setzte auf Außenwirtschaft und Ausgleich, nicht aber auf Waffenstärke und Krieg. Angesichts der dem Staat von Weimar verbliebenen Möglichkeiten sah er darin die einzige Chance, seine Ziele der nationalen Erholung und der internationalen Gleichberechtigung verwirklichen zu können. Daß er mit Sicherheit kein geradliniger Vorläufer Hitlers war, was ihm nicht selten vorgeworfen worden ist, macht ihn nicht umgehend zum überzeugten Europäer, wozu er ebenfalls immer wieder stilisiert wurde. Stresemann war, vom einen so weit entfernt wie vom anderen, die Inkarnation einer eigenständigen Entwicklung in der Geschichte der deutschen Außenpolitik auf ihrem Weg von Bismarck zu Hitler.

Mit einem hohen Sinn für das Unvermeidliche paarte sich ein ebenso vorteilhaft ausgeprägter Instinkt für das Mögliche. Wer ihm vorwirft, daß er nicht dazu bereit war, dem Revisionsgedanken ganz und gar abzuschwören, argumentiert an den Zeitläuften vorbei. Ein derart unorthodoxes Verhalten hätte ihn schlicht ins Abseits gestellt; es wäre so extrem gewesen, daß es sich außerhalb der verbindlichen Grenzen bewegt hätte, die von einem breiten gesellschaftlichen und politischen Konsens markiert wurden – ganz abgesehen davon, daß Stresemanns eigene Überzeugung im Prinzip mit der revisionistischen Stimmung konvenierte, diese freilich, unter größten Schwierigkeiten, vernünftig und schöpferisch zu kanalisieren verstand. Denn mit einem untrüglichen Gespür, das ihn das Machbare ebenso wie das Gefährliche scharf erkennen ließ, war ihm, anders als seinen zahlreichen Widersachern auf der politischen Rechten, klar, daß eine Revision, die sich allein auf das Herkömmliche der Machtpolitik verließ, im günstigen Falle erfolglos ausgehen mußte, im schlimmsten Falle tödlich enden konnte. In einem stets umstrittenen Ausgleich mit den inneren und äußeren Notwendigkeiten der Epoche stieg er zu ihrem Repräsentanten auf, der mit ungewöhnlicher Begabung auf den schwer berechenbaren Strömungen der Zeit zu steuern verstand.

Seine unübersehbar großen Leistungen fanden im Ausland mehr Anerkennung als bei seinem eigenen Volk; ihre Bilanz nimmt sich wahrhaftig eindrucksvoll aus: Dawes-Plan, Locarno-Vertrag, Völkerbundeintritt, Briand-Kellogg-Pakt, Young-Plan. Das überfällige Resultat der Räumung des Rheinlandes mit der späten Genugtuung des letztlich doch Erfolgreichen wahrzunehmen, blieb ihm verwehrt: Nach dem Abzug aus der ersten Zone, der sich vom 30. November 1925 bis zum 1. Februar 1926 vollzog, erlebte Stresemann am 23. September 1929 noch den Beginn der Räumung der zweiten Zone. Ihren Abschluß am 1. Dezember 1929 und den am 17. Mai 1930 einsetzenden Abzug aus der dritten Zone, der am 30. Juni des Jahres zu Ende ging, war ihm zu beobachten schon nicht mehr vergönnt.

An sich hätte man bei seinem Tod davon ausgehen können, daß er mit dem, was durch ihn geleistet, und mit dem, was durch ihn in die Wege geleitet worden war, die Grundlage für eine aussichtsreiche Zukunft deutscher Außenpolitik gelegt hatte. Doch das stets mühsam, nie unumstritten Erreichte erschien bereits am Ende seines Lebens unübersehbar gefährdet. Das galt vor allem in innenpolitischer Hinsicht und wurde bald darauf auch in internationaler Perspektive sichtbar.

Von der innenpolitischen Opposition gegenüber Stresemanns äußerer Politik ist wiederholt die Rede gewesen. Sie reichte vom vulgären Nationalismus einer aufgebrachten Öffentlichkeit bis in die höheren Ränge des Auswärtigen Amtes hinein. Maßgebliche Beamte wie Konstantin von Neurath, Ernst von Weizsäcker und Bernhard von Bülow, die mehr und mehr ins Zentrum der Macht gelangten, waren ausgesprochene Gegner der Außenpolitik Stresemanns und des Locarnokurses. Schon zu Anfang des Monats August 1929 ließ von Bülow als Dirigent der westeuropäischen Abteilung erkennen, daß er von tiefem Mißtrauen gegen Frankreich erfüllt war, eine Abkehr von der Locarnopolitik favorisierte und einer Anlehnung an Mussolinis Italien das Wort redete. War erst einmal die Räumung des Rheinlandes abgeschlossen, gedachte er die bevorzugte Aktivität deutscher Außenpolitik entschieden stärker als bisher auf den Donauraum, auf die Anschlußfrage und auf die Korrektur der polnischen Grenze zu verlagern – in der Wahl der Mittel und in der Priorität der Ziele fiel der Unterschied zu dem noch amtierenden Minister erkennbar ins Auge.

Die nationale Gegenströmung wurde im internationalen Zusammenhang durch den Einbruch der großen Krise entscheidend gefördert, die sich zu einer mächtigen Welle auftürmte. Ob Stresemann, wäre er am Leben geblieben, die radikale Opposition in Deutschland und die revolutionären Veränderungen in der Staatenwelt hätte zähmen können, muß offenbleiben. Tatsache ist: Bald nach seinem Tod vollzog sich der außenpolitische Kurswechsel, und die weltweite Depression beförderte ihrerseits diese fatale Tendenz. Stück für Stück brach die existierende Staatenordnung zusammen; die in Deutschland vorwaltende Außenpolitik dankte ab.

Damals vermochten die Zeitgenossen kaum so klar auszumachen, was wir heute zu erkennen imstande sind: Es war ein einmalig belastendes Zusammentreffen von internationalen und internen, von wirtschaftlichen und politischen Faktoren, die die Industrienationen im allgemeinen und Deutschland im besonderen heimsuchten. Ebenso stellt man sich erst im Rückblick stärker die Frage danach, ob nicht die – im nachhinein so genannte – Scheinordnung der zwanziger Jahre, vorausgesetzt ihr wäre eine längere Frist und angemessene Ruhe gegönnt gewesen, durch allgemeine Gewöhnung an sie und durch ein gemeinsames Handeln in ihr Stabilität gewonnen hätte.

Allein, die Hoffnung auf die heilende und stärkende Kraft der Zeit wurde enttäuscht; die erst ganz dünn ausgebildete Kruste der internationalen Moral zerstört. Die Staaten zogen sich auf das nackte Interesse oder auf das, was ihnen als solches vorkam, zurück; ihr Handeln war nicht mehr länger übernational gezähmt und völkerrechtlich gebunden. Es brach tatsächlich eine andere Zeit an. Waren die Jahre zuvor auch beileibe keine goldene Ära gewesen, was nun begann, wurde eisern. Das Neue, das sie mit sich brachte, entpuppte sich als nichts anderes als ein böser Rückfall ins Alte, mündete geradezu in eine Flucht in die Welt von gestern ein.

Vergleichsweise spät dämmerte im Verlauf der Weltwirtschaftskrise die deprimierende Erkenntnis, daß es sich bei der andauernden Erschütterung der Volkswirtschaften offensichtlich nicht um eine konjunkturell bekannte Erscheinung handelte, die sich bald ausbalancieren und selbst regulieren würde. Mit hilflosem Schrecken kam den Verantwortlichen und den Völkern zum Bewußtsein, daß sie es mit einem ökonomischen Phänomen von neuartigem, katastrophalem Ausmaß zu tun hatten. Die überlieferte Macht der wirtschaftlichen und politischen Mechanismen, die damals bekannt waren und auf die man sich verließ, versagte vor seiner präzedenzlosen Urgewalt.

Eben in diesem historischen Augenblick, als der kognitive Schock über das vorläufig Unverfügbare grassierte, kehrten die Nationalstaaten überall zu den ihnen geläufigen, bewährt erscheinenden Traditionen zurück. Auch in Deutschland kroch der alte Adam auf dem außenpolitischen Feld erneut hervor. Daß die präsidialen Kabinette die verschärfte Auseinandersetzung mit dem übriggebliebenen Erbe der Pariser Friedensordnung und mit dem gespensterhaft schwach gewordenen »Geist von Locarno« in einer Art und Weise aufnehmen konnten, die sich von Stresemanns äußerer Politik in erheblichem Maße abhob, wurde nicht zuletzt dadurch gefördert, daß die Staatenwelt insgesamt an Moral einbüßte und dem Egoismus verfiel: Götzenhaft wurde auf allen Seiten dem – von John Herz einmal so genannten – »System des ›Jeder für sich, keiner für alle‹«[53] gehuldigt.

Präsidialkabinette und Pariser Friedensordnung:
»Jeder für sich, keiner für alle«
(1930–1932)

1930: Die Wende von Weimar

Das Ende der Ära Stresemann markiert eine Zäsur in der Geschichte der Weimarer Republik; die schwierige Existenz der ersten deutschen Demokratie stand vor dem drohenden Scheitern. Das heißt aber: Wir haben uns mit dem Untergang des Weimarer Staates auseinanderzusetzen – nicht in der allgemeinen Absicht, den innenpolitischen Weg in die nationalsozialistische Diktatur nachzuzeichnen, sondern vielmehr unter dem spezifischen Gesichtspunkt, die Entwicklung deutscher Außenpolitik während der Agoniephase der Republik darzustellen. Daß inneres und äußeres Geschehen eng miteinander zusammenhingen, gilt, wie das für die Dekade zuvor bereits der Fall war, während dieser endzeitlich anmutenden Jahre der sterbenden Demokratie in besonderem Maße.

Diese Feststellung zu treffen, hat nichts mit allzu einfachen und suggestiven Überzeugungen vom Ende der Weimarer Republik zu tun. Sie redet nicht der zeitgenössisch weitverbreiteten Auffassung das Wort, der unglückselige Friedensvertrag habe das Mißlingen des neuen Staates von Anfang an unausweichlich gemacht. Ebensowenig wird damit der lange Zeit populären Einschätzung beigepflichtet, die das Ende von Weimar bevorzugt aus der kommunistischen Herausforderung der Zeit zu erklären bemüht ist. Mögen derart lapidare Eindrücke, auf »Versailles und Moskau«[1] entfalle der Löwenanteil für den Niedergang der Weimarer Demokratie, in der befangenen, oftmals verzerrten Perspektive der Miterlebenden auch verständlich erscheinen, den vielschichtigen Kern der Dinge treffen sie nicht. Überhaupt: Die schlagend wirkenden Erklärungen, die davon ausgehen, daß die Blüte des Unheils aus einer einzigen Wurzel gewachsen ist, verfehlen das verwirrend Komplexe des historischen Zusammenhangs.

In diesem Sinne waren es nicht das sinistre Tun der Kapitalisten oder eine seit den Tagen Martin Luthers bestehende Neigung der Deutschen zur Obrigkeitshörigkeit, nicht der verhängnisvolle Fortbestand des preußischen Militarismus oder die ruinöse Existenz des Verhältniswahlrechts, die, für sich allein genommen, eine ausreichende Deutung des allgemeinen Verhängnisses zu liefern vermögen. Sie sind vielmehr Teile in einem Ensemble von Motiven, das Weimars Weg ins Unglück zu erklären imstande ist. Im Rückblick deutete sich das Scheitern der Demokratie, das nicht mit Hitlers Machtübernahme identisch sein mußte, im März 1930 an, als die Große Koalition unter dem sozialdemokratischen Reichskanzler Hermann Müller zerbrach.

Diejenigen Parteien, die für den Bestand der Republik eintraten, büßten ihre Kompromißfähigkeit ein. Damit dankten sie im Grunde bereits ab, bevor die antidemokratischen Extreme auf der Rechten und Linken zu ihrem fanatischen Sturmlauf gegen den ihnen verhaßten Staat antraten. Mit verheerender Wucht überzog er eine politische Landschaft, deren angestammte Bewohner schon nicht mehr im Vollbesitz ihrer Kraft waren; ein Vakuum, das sich an der Stelle nicht genutzter Macht ausgebreitet hatte, füllte sich. Daß die Weimarer Demokratie für ihr Überleben wichtige Positionen – teils fahrlässig, teils erzwungen – aufgegeben hat, erklärt sich nicht dadurch, wie gleichfalls argumentiert worden ist, daß es am Anfang der Republik keine echte Revolution gegeben habe.

Die nachhaltig wirkende Tatsache der demokratischen Selbstpreisgabe hat viel wesentlicher damit zu tun, daß diejenigen Parteien und Gruppierungen, auf deren politischen, gesellschaftlichen und wirtschaftlichen Kompromiß die Weimarer Demokratie gebaut war, die verständigungsbereite Zusammenarbeit nicht als das Lebensgesetz des Parlamentarismus und die verfaßte Staatsform nicht als definitiv akzeptierten. Nur unter Vorbehalt gestalteten sie das Geschick des neuen Staates mit und warteten im übrigen als Repräsentanten unterschiedlicher Weltanschauungen auf ihre eigentliche Stunde. Im Grunde wollten sie die bestehende Staatsform nicht so, wie sie war. Vielmehr standen sie auf dem Sprung, um sie im progressiven oder restaurativen Sinne, beispielsweise unter sozialistischem oder unter monarchistischem Vorzeichen, grundlegend zu verändern.

Bereits vor dem Einbruch der großen Weltwirtschaftskrise gab es auf der rechten Seite des Parteienspektrums Überlegungen, die jetzt im Banne der sich allgemein verschlechternden Lage zum Tragen kamen, nämlich eine vom Parlament abgehobene, über den Parteien handelnde Regierung als ideale Verkörperung scheinbar neutraler Staatsmacht zu etablieren. Die verhängnisvolle Absicht, die Demokratie der Parteien dem Staat der Experten zu überantworten, wurde dadurch begünstigt, daß die volle Parlamentarisierung der Weimarer Demokratie nur zögerlich in Gang gesetzt worden war. Mannigfach gehemmt wurde sie nicht zuletzt dadurch, daß Reichstag und Reichspräsident der Verfassung nach gleiches Gewicht besaßen.

Zudem: Die parlamentarische Demokratie vermochte sich auch deshalb nicht uneingeschränkt zu entfalten, weil die inneren und äußeren Folgen des Krieges und der Niederlage in erheblichem Maße fortwirkten; weil sich, von repräsentativen Ausnahmen abgesehen, die Vertreter der Wissenschaft und Kultur auf dem rechten ebenso wie auf dem linken Spektrum der Republik von Weimar gegenüber distanziert oder ablehnend verhielten; weil der in Preußen-Deutschland traditionell problematische Dualismus zwischen politischer und militärischer Gewalt an trennender Schärfe enorm zunahm, stellte die Reichswehr doch tatsächlich einen »Staat im Staate« dar. Diese und andere Belastungen, die allesamt auf die schwachen Fundamente der Weimarer Demokratie drückten, wurden durch den verheerenden Einbruch der ökonomischen Krise verschärft.

Immer deutlicher zeichnete sich ab, in welchem Maße Denken und Handeln der Zeitgenossen an den Idealen von gestern oder von morgen orientiert waren. Sehnsuchtsvoll blickten die einen auf die in goldenes Licht getauchte Vergangenheit der Monarchie zurück; verhängnisvoll suchten die anderen das Glück in der Zukunft des Sozialismus. Allein der Gegenwart, wie sie war, der parlamentarischen Demokratie vermochten beide kaum Attraktives abzugewinnen. Sich für das Bestehende einzusetzen, hatten sie nicht gelernt; und die knapp bemessene Dauer der Republik ließ ihnen keine Zeit, solch schwierige Lektion zu erlernen.

Weimars Ende wurde aus einer Vielzahl von trüben Quellen gespeist; sie vereinigten sich schließlich zu einem reißenden Strom, dessen zerstörerischer Gewalt die brüchigen Dämme der Republik nicht gewachsen waren. In diesem Sinne ging »Weimar ... an der Resignation der demokratischen Parteien, an dem Hochtreiben plebiszitärer, antiparlamentarischer und antikapitalistischer Wellen, an der Selbstentleibung des Liberalismus und der bürgerlichen Freiheit zugrunde«[2]. Wie in einem politischen Lehrstück wird erkennbar, in welchem Maße die repräsentative Parteien- und Parlamentsdemokratie der Republik dadurch Schaden nahm, daß ihre Legitimation in mannigfacher Weise, von rechts und links, unter plebiszitären, autoritären und totalitären Gesichtspunkten nahezu ohne Unterlaß unter Verdacht gestellt und in Zweifel gezogen wurde. Davon profitierten am Ende weder Staat noch Demokratie; zur Stärkung gereichte diese fragwürdige Prozedur allein den antiparlamentarischen Bewegungen und der am Ende triumphierenden Diktatur.

Vom Wendejahr 1930 an fiel die Republik zunehmend in die Katastrophenstimmung und Existenzangst ihrer frühen Jahre zurück. Haß auf das »System« und Ablehnung der Demokratie gewannen die Oberhand. Schrecknisse und Traumata wie die Gefahr der Inflation und die Bedrohung durch den Kommunismus versetzten die Menschen in Panik. Mit Sehnsucht hielten sie bald nach der Heilsgestalt des Retters Ausschau. Alles in allem: Im innen- und außenpolitischen Zusammenhang zeichnete sich ab, daß der von Gustav Stresemann großzügig unternommene Versuch, sich auf das Erbe der Revolution von 1848 zu besinnen, endgültig zu mißlingen drohte. Sollte es für die Deutschen auf ewig ein Traum bleiben, dasjenige – Macht und Freiheit – erneut zusammenzuführen, was seit 1866, bis zu einem gewissen Maße jedenfalls und vorläufig, in national- und verfassungspolitischer Hinsicht getrennt worden war?

In der Tat: Während der Zwischenkriegszeit des 20. Jahrhunderts bot sich erneut die Chance, im großdeutschen und demokratischen Zusammenhang zu überwinden, was 1866 durch Teilung und Verzicht den kleindeutschen Nationalstaat konstituiert hatte. Noch einmal schien, was die äußere Gestalt der inzwischen gewonnenen Demokratie anging, das Streben danach, die Basis des Bismarckstaates auf mitteleuropäischer Grundlage zu erweitern, eine Chance auf Verwirklichung zu besitzen. Ob sich die verlockende Möglichkeit, welche die Geschichte damals bereitzuhalten schien, im eintretenden Fall wirklich mit den europäischen Verhältnissen vertragen hätte, muß offen bleiben. Die problematische Erfahrung mit vergleichbaren Experimenten, das beengte Ausmaß des deutschen Nationalstaates zu dehnen, hätte eher nachdenklich stimmen sollen.

Doch von der schwankenden Gunst oder Ungunst der historischen Lage abgesehen, erhielt die kühne Idee vom arrondierten Deutschland schon bald einen Todesstoß, der ihr von innen her gesetzt wurde: Er blieb anfangs unsichtbar und wirkte langfristig tödlich. Unter der Diktatur Hitlers wurde der traditionale Gedanke seiner selbst entfremdet und zu anderen Zwecken als zu den ursprünglichen Bestimmungen seiner Existenz mißbraucht. Mit den klein- und großdeutschen Wurzeln des historischen Zusammenhangs hatte das im »Dritten Reich« Verwirklichte höchstens noch äußerlich etwas gemein, nicht aber im Prinzip und dem Wesen nach; ja, tatsächlich vernichtete es das geschichtlich Überlieferte mit nachhaltiger Zerstörungskraft.

Die Feststellung, daß das Erbe von 1848 der Weimarer Republik während ihrer Stabilisierungsphase Pate stand, gilt, weit über das Außenpolitische hinaus, auch in bezug auf die weltanschauliche und innenpolitische Orientierung des jungen Staates. Doch das ehrgeizige Unternehmen, die Traditionen des Bismarckreiches von 1871 und der Revolution von 1848 miteinander zu vermählen und daraus für die neue Republik ein ebenso machtvolles wie fortschrittliches Bewegungsgesetz zu begründen, konnte sich nur in Ansätzen entfalten. Weil dem zukunftweisenden Experiment die notwendige Dauer zur kontinuierlichen Entwicklung versagt blieb, wurde es von den sich am Ende der zwanziger Jahre überschlagenden Ereignissen der großen Existenzkrise einfach hinweggespült.

Für das Scheitern der Weimarer Republik symptomatisch wurde die von Beginn an belastende Tatsache, daß es in innen- und außenpolitischer Perspektive nicht gelang, das traditionelle Dilemma loszuwerden, das den deutschen Nationalstaat seit seiner Gründung beschwerte: Geist und Macht fanden zu keinem erträglichen, geschweige denn förderlichen Verhältnis. Der im Rückblick oftmals brillant erscheinenden, in ihrer Einseitigkeit tatsächlich faszinierenden Intellektuellenkultur von Weimar fehlte die notwendige Verbindung zur politischen Wirklichkeit der Republik. Im Gegenteil: Die Weimarer Demokratie sah sich durchgehend der herabsetzenden Kritik, ja dem tödlichen Spott von seiten der kulturellen Linken und Rechten ausgesetzt.

Mit kritischer Sympathie begleitet wurde ihre gefährdete Existenz dagegen nur von vergleichsweise wenigen Repräsentanten aus dem wissenschaftlichen und künstlerischen Leben. Die spaltende Kluft im Inneren hinderte die Republik daran, eine werbende Idee für ihr eigenes Selbstverständnis und für ihre äußere Darstellung zu entwickeln. Wie zuvor schon der Staat Bismarcks und das wilhelminische Deutschland vermochte die Weimarer Demokratie dieses grundlegende Problem der deutschen Geschichte nicht schöpferisch zu lösen.

Die negativen Züge, die das Dasein des Weimarer Staates begleitet hatten, traten während seiner Endphase kraß hervor. In diesem verhängnisvollen Zusammenhang spielte die äußere Politik eine spezifische Rolle. Die Verantwortlichen an der Spitze des Reiches gedachten diese als Schwungrad zu benutzen, um die innere Entwicklung des torkelnden Staatskörpers in vorteilhafte Bewegung zu versetzen. Daß sie in der überhitzten Atmosphäre der untergehenden Republik dadurch nicht selten zu Gefangenen ihrer scheinbar instrumentalisierten Außenpolitik absanken, beschreibt ihr selbstverursachtes Dilemma: Die machiavellistische Absicht, durch außenpolitisches Handeln die innenpolitischen Zustände zu beruhigen und zu kanalisieren, führte nicht selten zum geraden Gegenteil des ausgeklügelt Erstrebten, endete in Lähmung, Radikalisierung und Anarchie. Eine kaum mehr aufzulösende Blockade, die zentrale Felder ihres politischen Lebens lahmlegte, führte nach und nach zum Absterben der Republik. Vor allem während der kurzen Ära Brüning ging es dem Reichskanzler darum, die äußere Politik dafür einzusetzen, um über Erfolge im Internationalen die »Handlungsspielräume«[3] im Inneren zu vergrößern. Ebendadurch geriet das Deutsche Reich mehr und mehr ins Räderwerk jener »Zwangslagen«[4], die nicht nur aus internationalem Druck erwuchsen, sondern zunehmend aus der inneren Konstellation resultierten.

Nachdem die Regierung der Großen Koalition den präsidialen Regimen unter Brüning, von Papen und von Schleicher, freiwillig und bedrängt zugleich, Platz gemacht hatte, glitt die Geschichte der Weimarer Republik auf schiefer Bahn ihrem Ende entgegen. In der Regierung Heinrich Brünings sahen jene Kräfte bereits ein Instrument, die die »Vorbehaltsrepublik« von Weimar in autoritäre Gestalt zu überführen planten. Dagegen kam sie nicht wenigen, die am Staat von Weimar festhielten, als letzte Rettung des Bestehenden vor. Selbstpreisgabe und Zerstörung gingen Hand in Hand; nach und nach verlor die Republik ihre Demokraten; am Ende erlag sie den gehässigen Attacken ihrer Feinde.

Obwohl die Präsidialregierungen die totalitäre Diktatur nicht wollten, an der parlamentarischen Demokratie freilich auch nicht mehr ohne Einschränkung festhielten, markiert ihre Existenz den Auftakt zum Ende der Weimarer Republik. »Die stufenweise Durchbrechung des Verfassungssystems«[5] nahm ihren fatalen Lauf. Von dem parlamentarisch vorerst noch tolerierten Präsidialregime Brünings aus nahm Schritt für Schritt eine Entwicklung ihren Weg, die der Weimarer Republik den Garaus machte: Sie führte zur Existenz von Regierungen, die allein vom Reichspräsidenten abhängig und dem Parlament entfremdet waren, die gleichsam über den Parteien zu bestehen versuchten.

Dieser Gang der Dinge konnte dem Parlamentarismus auf Dauer nicht dienen. Seine Regeln und sein Bewegungsgesetz wurden damit jedenfalls – auf Zeit, wie die einen hofften, zum Zwecke einer autoritären Metamorphose des Staates, wie die anderen dafürhielten – außer Kraft gesetzt. In dem ohne Zweifel rechtsstaatlich organisierten Gemeinwesen der Ära Brüning tat sich schon das politische Vakuum auf, in das die Extremen, allen voran die NSDAP, einzuströmen vermochten; am Ende der Republik von Weimar gab es schließlich keine Regierungsparteien mehr, sondern nur noch Oppositionsparteien. Diese Tendenz zeichnete sich seit dem »Schicksalsdatum«[6] der Septemberwahl vom Jahre 1930 ab, als die Kommunisten 77 Sitze im Reichstag errangen und die Mandatszahl der Nationalsozialisten überraschend auf 107 hochschnellte.

Was im Inneren geteilte Reaktionen hervorrief – enthusiastische Hoffnung bei den einen, ahnungsvolle Bestürzung bei den anderen – fiel im Ausland einhelliger aus: Das Wahlergebnis wirkte abstoßend und alarmierend! So jedenfalls lautete der Tenor dessen, was Außenminister Curtius, der damals in Genf weilte, über die Haltung der versammelten Völkerfamilie berichtete. Verunsichert zeigten sich ihre Mitglieder durchweg alle; bestürzt, ja persönlich getroffen, kündigte Frankreichs Außenminister Briand an, sein Land »müßte in Zukunft größte Zurückhaltung in der Zusammenarbeit mit Deutschland beobachten«[7].

Nicht zu übersehen ist in diesem Zusammenhang vor allem, daß die Deutschen den Nationalsozialismus in einem unvergleichlich stärkeren Maße, als das in der russisch-sowjetischen Geschichte oder für die italienisch-faschistische Entwicklung der Fall gewesen ist, tatkräftig in die Nähe der Macht gewählt haben. Daß Adolf Hitler der letzte Schritt dorthin durch die dafür verantwortlichen Repräsentanten ermöglicht worden ist, hatte vor allem zwei Gründe: Zum einen den, daß die Massen der Demokratie unter dem Eindruck der großen Krise mehr und mehr überdrüssig geworden waren. Zum anderen und wohl eher ausschlaggebend den, daß maßgebliche Vertreter der in Staat, Gesellschaft und Wirtschaft etablierten Eliten teilweise schon lange zuvor etwas anderes als das Bestehende wollten: Sie zielten nicht auf eine »Machtergreifung« der Nationalsozialisten, wohl aber auf einen »Neuen Staat« autoritärer Provenienz, der mit einer parlamentarischen Demokratie kaum etwas gemein hatte.

Verhängnisvoll wirkten der Rückzug der Republikaner aus den Stellungen der Macht, die Attacken der Extremisten auf die Demokratie und die Neigung zum Abschied von Weimar auf seiten der traditionellen Eliten zusammen. Die große Wirtschaftskrise, die unerwartet hereinbrach und ungewohnt verlief, bot schließlich, bei ständiger Zunahme ihrer zerstörerischen Radikalität und ohne erkennbare Aussicht auf dauerhafte Besserung, den giftigen Nährboden, auf dem die lange zuvor ausgelegte Saat zu keimen vermochte.

Die dominierende Prognose der Experten, die, beinahe ausnahmslos, noch zu Anfang des Jahres 1929 keine unwetterverheißenden Wolken am volkswirtschaftlichen Himmel heraufziehen sahen, wurde grausam widerlegt. Joseph Schumpeter, der renommierte Bonner Nationalökonom, sagte eine »möglicherweise noch zunehmende Stabilität unserer sozialen Verhältnisse«[8] voraus. Sieht man von einem Außenseiter unter den Wissenschaftlern wie dem marxistischen Theoretiker Eugen Varga ab, der eine empfindliche Krise prognostiziert hatte – im übrigen für Marxisten nichts Unübliches, da sie immer auf der theoretischen Lauer liegen, um den praktischen Zusammenbruch des verhaßten Kapitalismus zu prophezeien –, so galt allgemein, was Schumpeter für wahrscheinlich hielt: »In keinem Sinn, auf keinem Gebiet, in keiner Richtung sind daher starke Ausschläge, Aufschwünge oder Katastrophen wahrscheinlich.«[9]

Schon im Herbst des Jahres war das Gegenteil vom selbstsicher Prognostizierten richtig, und es nahm seinen lawinenartigen Verlauf. Die Agrar-, Finanz- und Wirtschaftskrise wuchs ohne Unterlaß, regulierte sich auch keineswegs selbst, sondern wucherte wie ein Krebsgeschwür. Sie griff auf das soziale Leben der Gesellschaft über und befiel zunehmend den politischen Körper. So wurde »aus der Depression das Desaster«[10]. »Nationale und internationale Institutionen« sowie »politische Mechanismen«[11] brachen zusammen, weil sie den übergroßen Druck der »konjunkturellen Beanspruchung«[12] nicht mehr länger aushielten. Ein wirtschaftlicher Zusammenbruch nach dem anderen machte, vor allem von der Mitte des Jahres 1931 an, auf erschreckende Weise klar, daß es sich im Volkswirtschaftlichen um etwas qualitativ anderes als um eine normale Konjunkturkrise handelte. Man stand vor dem völlig neuartigen Phänomen einer weltweiten »Strukturkrise«[13], der 1931 die Währungsordnung der Nachkriegszeit zum Opfer fiel und die sich im darauffolgenden Jahr noch ruinöser verschärfte. Deutschland registrierte im Winter 1931/32 eine Zahl von sechs Millionen Arbeitslosen, eine unheilvolle Quote, die im Verlauf von 1932 nicht unter fünf Millionen absank.

Das soziale Elend dieser Jahre, in denen eine verzweifelte Endzeitstimmung aufkam, ließ den innenpolitischen Extremismus und den außenpolitischen Nationalismus erstarken. Verheißungsvoll lockten die vertrauten Rezepte der scheinbar guten alten Zeit; die Sehnsucht nach dem starken Staat und der rettenden Heldengestalt wurde übermächtig; die Neigung zum Vertrauen auf schrankenlose Macht und nationalen Alleingang wuchs. Mit nicht mehr zu beruhigender Ungeduld wollte man auf außenpolitischem Feld das Schicksal endlich in die eigenen Hände nehmen und sich nicht mehr länger auf das Verständnis fremder Mächte verlassen.

Der lebendigen Tradition eingedenk, wonach gerade für ein Land wie Deutschland das innere Wohl vom äußeren Glück abhängt, wurde von der befreienden Tat nach außen Hoffnung auf Besserung im Inneren erwartet. Gewiß, die Grundannahme der inneren Abhängigkeit vom äußeren Zustand des

Staates war richtig. Dagegen erwies sich, weil einseitig verabsolutiert wurde, was nur als Wechselspiel zu verstehen ist, die von den Verantwortlichen gewählte Methode, bevorzugt auf den Primat der Außenpolitik zu vertrauen, als grundfalsch.

Das langersehnte »Ende« der »Nachkriegszeit«[14] vor Augen, dachten sie nur unzureichend über die internationalen und inneren Kosten ihrer neuen Außenpolitik nach. Starr war ihr Blick auf ein Ziel gerichtet: Sie wollten die Krise, die sich weltweit über die Volkswirtschaften, die Gesellschaften und die Staaten ausbreitete, nutzen, um ihre außenpolitischen Ziele auf den Sektoren der Reparationen, der Revision und der Abrüstung im Alleingang zu erreichen. Die Schwierigkeit, den innen- und außenpolitisch losgelassenen Tiger in einer zunehmend aus den Fugen geratenden Welt zu reiten, unterschätzten nicht wenige der Experten und Diplomaten. Sie waren eng auf das Hergebrachte ihres Berufs begrenzt; handelten ebenso ahnungslos wie verhängnisvoll drauf los; und standen den zerstörerischen Krisen und fanatisierten Massen am Ende hilflos gegenüber. Nicht ohne besserwisserische Anmaßung verließen sie Stresemanns multilaterale Verständigungspolitik, die bedächtig von Revision zu Revision geschritten war. Mit trotzigem Wagemut setzten sie statt dessen auf die bilaterale Revisionspolitik, die von dem entsagungsvollen Vorsatz, sich mühsam und kompromißhaft zu vereinbaren, fast nichts mehr wissen wollte. Als sie diesen Rubikon hinter sich ließen, glaubten die jetzt Maßgeblichen, den entscheidenden Schritt zur außenpolitischen Befreiung ihres Vaterlandes getan zu haben. Daß sie dagegen in die äußere Isolierung aufbrachen, stellte sich erst geraume Zeit später als schwer behebbarer Nachteil heraus.

Aufbruch in die Isolierung

Nach Stresemanns Tod kam es zu einer Umorientierung der deutschen Außenpolitik, für die es bereits zuvor sich mehrende Anzeichen gegeben hatte. Was sich in diesem Zusammenhang vollzog, leitete in gewisser Hinsicht eine Rückkehr zum Alten ein. Der außenpolitische Kurswechsel des Deutschen Reiches fiel in eine Zeit, in der sich der Zustand der internationalen Beziehungen geradezu dramatisch veränderte. Von den Auswirkungen dieses Zeitbruchs gedachten die Deutschen zu profitieren. Das bedeutete aber: Mit dem, was sie in nationaler Hinsicht unternahmen, förderten sie noch einmal die auf internationalem Feld bereits eingeleitete Entwicklung, die eine schroffe Wendung zu nehmen im Begriff stand.

Angesichts grundlegend neuer Herausforderungen, vor die sie sich nach dem Einbruch der großen Krise gestellt sahen, nahmen fast alle Staaten nach und nach Zuflucht zu den herkömmlichen Rezepten der überlieferten Machtpolitik. Auf spektakuläre Weise ging das japanische Kaiserreich voran. Schon im Frühjahr 1930 stellte es auf der Londoner Konferenz die acht Jahre zuvor in Washington ausgehandelten Vereinbarungen über die Flottenstärken der Mächte einseitig in Frage. Im Jahr darauf besetzte es, im Gefolge des am 18. Dezember 1931 provozierten Zwischenfalls von Mukden, in einem militärischen Handstreich die chinesische Mandschurei und setzte sich dort fest.

Im Rückblick markiert das »schreckliche Jahr«[15] 1931, von dem der englische Universalhistoriker Arnold Toynbee bereits zeitgenössisch sprach, den Scheitelpunkt zwischen Krieg und Frieden während der Zwischenkriegsära. Auf einem Höhepunkt der Weltwirtschaftskrise zeichneten sich, von Toynbee nahezu apokalyptisch beschworen, in wirtschaftlicher und in kultureller Hinsicht die Grenzen der westlichen Zivilisation ab. Dahinter gähnte drohend ein Abgrund aus Chaos und Krieg. In den beiden folgenden Jahren scheiterten die sich schon lange hinziehenden Abrüstungsbemühungen definitiv. Und wie es nicht selten der Fall ist, mündete das Streben nach der militärischen Détente in einen allgemeinen Rüstungswettlauf ein. Unter dem bröckelnden Firnis internationaler Moral zeichnete sich das Ende der mittlerweile sowieso recht künstlich und zerbrechlich wirkenden Pariser Friedensordnung ab. Und von dem mit so vielen hoffnungsfrohen Erwartungen bejubelten »Geist von Locarno« war binnen kurzem kaum noch etwas zu spüren.

Für die Signatur der Zeit erscheint es als bemerkenswert, daß nicht allein die große Weltwirtschaftskrise wie ein Naturereignis ganz unerwartet hereingebrochen war. Auch der ostasiatische Krieg, der die wirtschaftlichen Erschütterungen ins Politische verlängerte und sie eigenständig in eine neue Qualität des Zerstörerischen überführte, suchte die Staatengesellschaft einigermaßen unvorgesehen heim. Noch auf der 12. Ordentlichen Sitzung des Völkerbundes am 10. September war der britische Vertreter, Lord Robert Cecil, davon ausgegangen, »daß es kaum jemals einen Augenblick in der Weltgeschichte gegeben hat, zu der Krieg unwahrscheinlicher erschien als gegenwärtig«[16].

Auf einmal, im Angesicht von wirtschaftlicher Not, von politischer Krise und von militärischem Konflikt, wurde die Welt auf ein, möglicherweise auf das grundlegende Problem ihrer existierenden Ordnung aufmerksam gemacht. In gewandelter Erscheinungsform eignet es, vielleicht ein kaum lösbares Dilemma, zumindest subkutan, auch anderen Zeiträumen der Geschichte. Über Nacht probten jedenfalls die »Habenichtse« der Staatenwelt den Aufstand gegen die Besitzenden. Im verschärften Kampf zwischen Armen und Reichen, zwischen Zukurzgekommenen und Wohlhabenden weigerten sich die Revoltierenden offensichtlich, den Wertekatalog der angelsächsischen »Handelsstaaten«[17] länger zu akzeptieren.

Sie waren inzwischen viel zu ungeduldig geworden, um vom Rezept des »friedlichen Wandels« zufriedenstellende Remedur für ihre mannigfachen, nicht zuletzt auch psychologischen Leiden der schmerzlich empfundenen Unterlegenheit zu erwarten. Mit Gewalt schickten sie sich an, den internationalen Klassenkampf zu führen, und scheuten nicht davor zurück, in atavistischer Manier die Macht des Schwertes zu beschwören. Sie empfanden das wirtschaftliche Übergewicht und die zivilisatorische Überlegenheit der Privilegierten und Aufgeklärten als so belastend, ja für ihr Selbstverständnis und für ihre Existenz als so bedrohend, daß sie sich dagegen sogar mit militärischen Mitteln aufzulehnen bereit waren. Den modernen Wertvorstellungen über Ziele, Methoden und Funktionsweise der internationalen Ordnung weiterhin friedlich und folgsam zu vertrauen, lehnten sie zunehmend ab. Die bedrückende Vorbildlichkeit der westlichen Zivilisation animierte sie förmlich zur unbesonnenen Aktion. Trotzig lehnten sie sich gegen das beispielgebend Bestehende auf und verweigerten sich schlankweg seiner fortschrittlichen Realität.

In diesem wie in anderem Zusammenhang darf man, von der rational plausiblen und materiell attraktiven Wertewelt des Dominierenden überzeugt, eine fundamentale Gefahr nicht verkennen: Sie liegt gerade darin, daß die erdrückende Vortrefflichkeit des scheinbar Unbestrittenen zum geraden Gegenteil des Vernünftigen, des Beabsichtigten und des Erwarteten führen kann. Eine Demonstration des Wohlstandes, die Hungernden Mut machen und sie zur Übernahme vorteilversprechender Produktionsformen einladen will, kann die Armen leicht auf den scheinbar ebenso wohlfeilen wie erfolgversprechenden Gedanken verfallen lassen, zu einem gewaltsamen Beutezug gegen die goldenen Gefilde der Glücklichen aufzubrechen. An die Stelle friedlicher Zusammenarbeit im verbindlichen Rahmen des Etablierten tritt dann die kriegerische Attacke gegen das Vorherrschende.

Eine derart revolutionäre Entwicklung greift um so akuter und gefährlicher Platz, wenn hinter guten Taten und aufmunternden Worten der Vernünftigen allzu krasser Eigennutz oder gar unerträgliche Anmaßung unverkennbar durchscheinen. Die Repräsentanten des Existierenden und die Befürworter des »friedlichen Wandels« sehen sich immer wieder dem nur schwer ausräumbaren Verdacht des moralisch getarnten Egoismus ausgesetzt – selbst dann, wenn sie sich nicht in einer so herausfordernd arroganten Weise äußern, wie das, viele Jahre später, 1940, ein amerikanischer Senator aus dem Mittleren Westen getan hat. Ohne möglicherweise zu bemerken, was er anrichtete, fällte er das Todesurteil über eine fremde Kultur: »Mit Gottes Hilfe werden wir Schanghai auf unser Niveau heben, immer höher, so hoch, bis es genauso aussieht wie Kansas City.«[18]

Der reißende Wandel in einer Welt, die im Begriff stand, ihre Ordnung dem Chaos zu überantworten, und der dramatische Kurswechsel der deutschen Außenpolitik, die sich anschickte, ihr Locarno-Erbe zu liquidieren, trafen aufeinander. Schon zu Stresemanns Lebzeiten hatte sich, im Verlauf des Jahres 1929, die außenpolitische Kehrtwendung angedeutet; danach, während der Endphase der Regierung des Sozialdemokraten Hermann Müller, trat sie im Jahre

1930 immer deutlicher zutage. Vor allem in den Auseinandersetzungen um den Young-Plan waren die außenpolitischen Fronten zwischen der Stresemannschen Position, die im Sinne des Modernen am Bewährten festhalten wollte, und ihren Gegnern, die im Sinne des ganz Alten nach dem Neuen verlangten, wie Bruchlinien hervorgetreten, welche die innenpolitische Landschaft des Deutschen Reiches verwarfen.

Bald war nicht mehr zu verkennen, daß Außenminister Curtius ebenso wie maßgebliche Repräsentanten der Wilhelmstraße, allen voran der kurz darauf zum Staatssekretär beförderte von Bülow, einen Kurs verfolgten, der sich von dem der vorhergehenden Jahre gründlich abhob. Er gelangte vollends zum Durchbruch, als Staatssekretär von Schubert im Juni 1930 seinen Posten räumte. Damit war der entscheidende Repräsentant der liberalen Verständigungspolitik gegangen, der das Ziel der außenpolitischen Revision in multilaterale Zusammenhänge einzubetten verstanden hatte. Schubert war zudem nicht müde geworden zu betonen, daß sein Blick weit über das notgedrungen im Vordergrund stehende Anliegen revisionistischer Außenpolitik hinausging. Machtpolitische Revision und nationalstaatliche Wiederherstellung des 1919 Verlorenen beschrieben nicht das definitive Ziel seiner äußeren Politik. Dieses lag vielmehr in einer neuen Weltwirtschafts-, Welt- und Friedensordnung, in der das Deutsche Reich seinen maßgeblichen Platz einnehmen sollte.

Nach seinem Abgang machte sich das genau Entgegengesetzte breit: Rückkehr zum nationalstaatlichen Alleingang, zur bilateralen Methode, zum traditionellen Machtegoismus. Der Einfluß strategischer Überlegungen und der Reichswehr, der während der Ära Stresemann abgenommen hatte, trat erneut stärker hervor; Politik schien sich auf einmal wieder in einem erheblichen Maße auf das militärische und nicht mehr länger bevorzugt auf das wirtschaftliche Fundament zu gründen.

Das verpflichtende Gebot der Stresemannzeit, zum eigenen Nutzen die Verständigung mit Frankreich zu suchen, verlor an Bedeutung. Im Gegenteil! Der neue Staatssekretär von Bülow steuerte einen ausgesprochen antifranzösischen Kurs. Energisch war er darauf bedacht, sich zusammen mit Großbritannien und Italien gegenüber Frankreich und einer französischen Vorherrschaft in Europa zu behaupten. Zur außenpolitischen Gedankenbildung von Stresemann und Schubert hatte es gehört, eine neue Ordnung unter Beteiligung der Briten, der Amerikaner und der Sowjets im global entworfenen Maßstab zu errichten. Inzwischen konzentrierte sich die Außenpolitik des Reiches in eher begrenzter Perspektive vor allem auf die deutschen Interessen in Mitteleuropa, vornehmlich in Ostmitteleuropa und im Donauraum. Dort kam es zu einer regelrechten Konfrontation zwischen Deutschland und Frankreich, das seine südosteuropäischen Bastionen nicht ohne Widerstand zu räumen bereit war.

In einer noch verdeckten Form war an der europäischen Peripherie bereits der Kampf um die Hegemonie im Zentrum des alten Kontinents eröffnet. Endgültig triumphierten im Auswärtigen Amt diejenigen Kräfte, die für eine resolute Kurskorrektur plädierten: Das waren neben dem Staatssekretär von Bülow insbesondere der deutsche Botschafter in London, von Neurath, und der Vortragende Legationsrat in der Abteilung II des Amtes, von Weizsäcker, der als Mitglied der Vorbereitenden Kommission der Abrüstungskonferenz des Völkerbundes über beträchtlichen Einfluß verfügte. Sie galten als »dezidierte Gegner der Locarno-Politik und der Stresemann-Ära«[19]. Insgesamt verlor die Tradionsbehörde der Wilhelmstraße im außenpolitischen Entscheidungsvorgang an der Spitze des Reiches an Einfluß, der auf den Kanzler und auf die Streitkräfte überging.

Die neuen Repräsentanten einer alten Politik, die jetzt im Auswärtigen Amt das Sagen hatten, versuchten mittlerweile – im Sinne vertrauter, wenn auch nicht gerade bewährter Muster aus der europäischen Geschichte – die innere und äußere Politik kühn und riskant, zuweilen fast leichtfertig miteinander zu verbinden. Durch eine tatenfrohe Außenpolitik wollten sie innere Entlastung finden und »psychologischen Stau«[20] abbauen. Seine Existenz führten sie vor allem auf die zunehmende Unzufriedenheit der enttäuschten Massen zurück, die in einem »Fegefeuer nationaler Mißachtung und Mißhandlung«[21] litten. Die schweren Probleme der inneren Politik des Reiches erschienen ihnen in hohem Maße durch die außenpolitische Misere bedingt zu sein. Demgemäß mußten Erfolge in der äußeren Politik innenpolitische Linderung verschaffen; der Außenpolitik den Primat einzuräumen, erschien somit geboten. Tatsächlich geriet, als sie den inneren Problemen einer modernen Gesellschaft mit nationalen Erfolgserlebnissen beizukommen versuchten, etwas Unkalkulierbares in die außenpolitischen Aktionen des Deutschen Reiches.

Vor diesem Hintergrund ist immer wieder die Frage aufgeworfen worden, ob sich bei dem Übergang von der Außenpolitik Stresemanns zu derjenigen der Präsidialkabinette ein Bruch in den Zielen vollzogen oder ob lediglich ein Wandel der Methoden stattgefunden habe. Nun, auf den ersten Blick schien es so zu sein, daß eine rigorose Abkehr von den bislang verfolgten Zielen und ihre Ersetzung durch ehrgeizig neue Vorstellungen nicht zu beobachten war. Gewiß, am 25. Juni 1930 forderte Außenminister Curtius in einer programmatischen Rede vor dem Reichstag, mit der Räumung des Rheinlandes müsse die deutsche Außenpolitik in eine neue Phase eintreten. Sie habe sich nunmehr auf die Probleme im Osten des Reiches zu konzentrieren, wo endlich »die volle *politische Freiheit und Gleichberechtigung für Deutschland ... wiedergewonnen*«[22] werden müsse. Allein, das großzügig anvisierte Ziel war vorerst noch nicht erreichbar. Curtius selbst gelangte bald darauf, im März 1931, zu dieser Erkenntnis. Er mußte einräumen, »für die förmliche Aufrollung der Revisionsfrage, deren Kernpunkt unsere Ostgrenzen bilden«, sei die Zeit »noch nicht gekommen«[23]. Wie in den Jahren zuvor blieb es dabei, sich erst einmal auf die begrenzten Revisionsziele im Korridor, im Netze-Bereich und im östlichen Oberschlesien zu konzentrieren.

Doch davon abgesehen ist nicht zu verkennen, daß der drastische Wandel in den eingeschlagenen Methoden mehr und mehr den Charakter der angestrebten Ziele veränderte: Die Existenz des Bekannten wandelte sich unter der Hand; die nationalliberale und außenwirtschaftlich geprägte Politik Stresemanns dankte zugunsten einer nationalistisch und protektionistisch orientierten Ausrichtung ab; an die Stelle einer Integration in die Weltwirtschaft trat die Abschottung des eigenen Binnenmarktes. Ein derart grundlegender Wandel ging über das Methodische weit hinaus und gewann durchaus die Qualität einer eigenständigen Zielvorstellung. Symptomatisch erscheint in diesem Zusammenhang, daß Brüning und Curtius, ganz anders als Stresemann, der sich ausgesprochen gerne auf dem internationalen Parkett der Völkerfamilie bewegte, die Gesellschaft der Société des Nations lieber mieden. Stresemanns Amtsnachfolger scheint der Aufenthalt in Genf sogar regelrechte Qual bereitet zu haben.

Im Deutschen Reich machte sich ein neu-alter Nationalismus bemerkbar, der innen- und außenpolitische Folgen zeitigte. Seine Protagonisten schienen entschlossen, alles auf eine Karte zu setzen. Endlich wollten sie der »langjährigen ... Erfolgsarmut«[24] durch außenpolitische Taten entkommen, wollten überhaupt durch äußeren Erfolg umfassende Besserung vom inneren Leiden finden. In dem historischen Augenblick, in dem sich auf innenpolitischem Feld abzeichnete, daß starke Kräfte innerhalb der Regierung und der Gesellschaft darangingen, das Rad der Geschichte zurückzudrehen, vollzog sich auf außenpolitischem Terrain Vergleichbares. Wohlgemerkt: Während dieser letzten Jahre der Weimarer Republik strebten maßgebliche Repräsentanten der präsidialen Regimes, so unterschiedlich ihre politischen Leitbilder im einzelnen auch gewesen sind, nicht danach, die parlamentarische Demokratie in eine totalitäre Diktatur zu überführen. Vielmehr wollten sie zum Bismarckschen Obrigkeitsstaat der Vergangenheit zurückkehren und spielten demgemäß mit dem Gedanken an eine Restauration der Monarchie. In diesem Sinne mutete ihre äußere Politik viel eher wilhelminisch an, als daß sie mit der noch im Ungewissen der Zukunft aufgehobenen Außenpolitik der dreißiger und frühen vierziger Jahre, jedenfalls ihrem Wesen nach, Entscheidendes gemein gehabt hätte.

Bis zu einem gewissen Grade reicht es schon in die Nähe des Frivolen, daß gerade das Anwachsen der sozialen Not und der inneren Unruhe eines an den Rand des Bürgerkrieges gedrängten Landes zu einer äußeren Politik von kühnem Schwung animierte. Das Elend der Massen sollte durch den außenpolitischen Erfolg des Nationalstaates überspielt werden. Selbst die auf den Straßen randalierenden Nationalsozialisten schienen fast willkommene Hilfstruppen zu sein, um den außenpolitischen Forderungen die innere Drohkulisse gegenüber dem ohnehin arg besorgten Ausland zu verleihen. Am Ende stellte sich als ein schrecklicher Irrtum heraus, was Staatssekretär von Bülow noch als gute Chance einschätzte: Leichtsinnig ging er davon aus, daß »unsere innenpolitischen Wirrnisse ... uns außenpolitisch gar nicht schlecht bekommen«[25].

Alles in allem trat jetzt eine geharnischt vorgetragene Revisionspolitik an die Stelle der als verzagt abgelehnten Verständigungspolitik. Diese weiter zu verfolgen, davon gab man sich im Auswärtigen Amt mehrheitlich überzeugt, konnte kaum zum innenpolitischen Erfolg beitragen; das nunmehr proklamierte Gegenteil, dessen war man sich ganz gewiß, war dagegen zu heilen und zu begeistern geeignet. In diesem Sinne forderte von Weizsäcker im Dezember 1930 eine regelrechte »Umstellung von Erfüllungspolitik auf Revisionspolitik«[26]. Daß er die Schwierigkeit dieses außenpolitischen Wendemanövers beklagte, hatte vornehmlich damit zu tun, auf einmal schlicht und mit bewußtem Risiko trennen zu wollen, was zuvor kunstvoll und mit begrenztem Erfolg zusammengefügt worden war.

Daß das eine, die Erfüllung, das andere, die Revision, in dem vielschichtigen Sinne einer nationalen Verständigungspolitik beinhaltete, die Stresemann verfolgt hatte, wurde jetzt, weil klare Fronten gefragt waren, als Tatsache einfach beiseite geschoben. Die Forderung nach machtpolitischer Unabhängigkeit stand auf der aktualisierten Agenda der deutschen Außenpolitik ganz obenan. Selbstläufig entwickelten sich aus den diplomatischen Mitteln außenpolitische Ziele, mehr noch: Die äußere Politik des Deutschen Reiches wurde einem grundlegenden Gestalt- und Richtungswandel unterzogen. Ihr Planen und Handeln konzentrierten sich bevorzugt darauf, in wirtschaftlicher und politischer Hinsicht in Mitteleuropa zur Vorherrschaft aufzusteigen. Darüber hinaus trachtete sie im klassischen Sinne des traditionellen Nationalstaates danach, durch intensivierte Behandlung der internationalen Abrüstungsfrage die militärische Gleichberechtigung, wenn nicht sogar mehr, zu erreichen.

Angesichts dieser Konstellation, die in nationaler und internationaler Perspektive gegenüber dem noch vor gar nicht langer Zeit Gültigen fundamental gewandelt erschien, nimmt es nicht Wunder, daß der seit Stresemanns Tagen die Völkerfamilie beschäftigende Europaplan des französischen Außenministers Briand, der jetzt erneut zur Debatte stand, keine Chance zur Verwirklichung besaß.

Gewiß, die Friedenssehnsucht der Menschen, die dem seinerzeit kühn vorauseilenden Vorschlag Briands die Grundlage lieferte, war nicht über Nacht verflogen oder sogar kriegerischen Gelüsten gewichen. Selbst diejenigen, die den aggressiven Parolen des neuen Nationalismus zunehmend stärker zu folgen bereit waren, wollten nur zum geringen Teil wirklich vom Frieden Abschied nehmen. Als Frankreichs Außenminister Briand Ende September 1931 die deutsche Hauptstadt besuchte, von wo aus die haßerfüllten Parolen einer aufgepeitschten Öffentlichkeit den erschreckten Westen Europas immer sorgenvoller aufhorchen ließen und wo die marschierenden Kolonnen inzwischen den Bürgerkrieg probten, da schlugen ihm sehnsuchtsvolle Rufe entgegen, die den Frieden sogar hochleben ließen. Allein, die gefühlsbetonte Stimmung eines flüchtigen Augenblicks konnte nicht verhindern, daß sich der außenpolitische Kurswechsel von der Ära Stresemann zu den präsidialen Nachfolgeregierungen in der »vielleicht ... schwerwiegendsten außenpolitischen Fehlentscheidung des Kabinetts Brüning«[27] verdichtete, nämlich in der Ablehnung des Europaplans von Außenminister Briand.

Es war Gustav Stresemanns letzte große Rede gewesen, mit der er im September 1929 vor der Weltöffentlichkeit auf Briands beinahe visionär anmutenden Vorschlag geantwortet hatte. Alles andere als vorbehaltlos hatte er sich, wie erwähnt, bei dieser Gelegenheit auf den französischen Europaplan eingelassen, im Gegenteil: Dem deutschen Außenminister war beileibe nicht entgangen, daß das, was Briand empfahl, eine Anerkennung des Status quo auf dem Kontinent voraussetzte. Das konnte nicht im Interesse desjenigen liegen, der das Bestehende zu revidieren gedachte und erst im Anschluß daran den Gedanken an ein Zusammenrücken der europäischen Nationalstaaten erwog.

Allein, es wäre dem Stresemannschen Verständnis von äußerer Politik nicht angemessen gewesen, hätte er deswegen umgehend die französische Initiative abgelehnt oder unter fadenscheinigem Vorwand sterben lassen. Er wandte sich vielmehr dem zu, was für die beiden entscheidenden Partner auf dem Kontinent, für die Deutschen und die Franzosen, gemeinsam von Vorteil zu sein schien. Daher versuchte er, Briands Vorschlag einer politischen Union Europas vorläufig auf den Gedanken einer wirtschaftlichen Zusammenarbeit der Europäer zu begrenzen. Schließlich hatte der französische Außenminister den Auftrag erhalten, das von ihm den Völkern und Staaten großzügig und mitreißend Entworfene detailliert auszuarbeiten.

Dieser Entwurf lag jetzt, im Mai 1930, vor und wurde den Regierungen von 26 Staaten zur Stellungnahme übergeben. Selbstverständlich knüpfte er eng an das an, was Briand in seiner Rede vor dem Völkerbund am 5. September 1929 ausgeführt hatte. Im Kern ging es dem französischen Außenminister um eine Vereinigung der europäischen Staaten, die innerhalb des Völkerbundes existieren und der Société des Nations ihre guten Dienste zur Verfügung stellen sollten. Fragen, welche die europäischen Völkerbundsmitglieder gemeinsam angingen, waren nach Briands Einschätzung in diesem Rahmen zu behandeln und zu klären, um das zentrale Anliegen des Genfer Gremiums, die allgemeine Sicherung des Friedens, wirksam zu unterstützen.

Als Organe einer »Europäischen Konferenz«[28], zu der sich die einzelnen Staaten versammelten, schlug er einen ständigen politischen Ausschuß und ein Sekretariat zu bilden vor. Ihnen sollte die Beschäftigung mit den politischen Angelegenheiten anheimfallen. Anders als Stresemann es in seiner ersten Reaktion auf die Rede Briands getan hatte, setzte der französische Außenminister im Sinne seines ursprünglichen Konzepts auch dieses Mal den Akzent unübersehbar auf die politische Dimension des Gesamten, während das Wirtschaftliche dahinter eher zurücktrat. Unmißverständlich hieß es dazu in seinem Memorandum, daß »jede Fortschrittsmöglichkeit auf dem Wege der wirtschaftlichen Einigung streng durch die Sicherheitsfrage bestimmt wird«[29]. Insofern »müßte die Aufbaubestrebung, die Europa seine organische Struktur geben soll, zunächst auf dem politischen Gebiet einsetzen«[30]. Demgemäß war an die Verträge von Locarno anzuknüpfen; war das Prinzip der kollektiven Sicherheit zu pflegen; war der Bestand der europäischen Grenzen zu garantieren.

Die enormen Schwierigkeiten, die sich damit für die deutsche Position verbanden, lagen auf der Hand. Nach dem zutreffenden Urteil von Peter Krüger handelte es sich beim Briandschen Europaplan »um eine Mischung aus Genfer Protokoll und Ost-Locarno zur Absicherung des Status quo, eine Festlegung gegen territoriale Revisionen, wie sie Deutschland – das vermerkten auch die Engländer sofort – keineswegs akzeptieren konnte«[31].

Innerhalb des Auswärtigen Amtes waren nur noch ganz wenige Repräsentanten um Staatssekretär von Schubert dazu bereit, sich auf das von Briand Unterbreitete schöpferisch einzulassen. Längst waren sie mit ihrem Standpunkt in die Minderheit, ins Abseits geraten. Denn ihre Gegner, die zu einer vergleichsweise ungeschminkten Ablehnung neigten, waren Reichskanzler Brüning, Außenminister Curtius und der Schubert schon im Juni 1930 als Staatssekretär ablösende von Bülow. Sie vermochten in Briands Memorandum nichts anderes zu sehen als den in ein neues Gewand gekleideten Versuch, Europa der französischen Hegemonie zu unterwerfen. Das war, was Frankreichs subjektive Absichten anging und was nicht zuletzt die objektiven Wirkungen des Vorgeschlagenen betraf, durchaus zutreffend.

Angesichts dieser Sachlage traten jetzt, sei es im Zuge einer positiven Reaktion, die auf Wandel durch Verhandlungen Bedacht legte, sei es im Zuge einer negativen Reaktion, die ohne einen Kompromiß nur die Ablehnung suchte, wesentliche Unterschiede gegenüber der Ära Stresemann zutage. Anstatt sich im Rahmen ernsthafter Gespräche auf ein gestaltendes Mitwirken einzulassen, um das von Frankreich Intendierte dem eigenen Interesse förderlich anzupassen, verfuhr man nach der Methode, entweder alles oder nichts zu erhalten. Die Berliner Absage fiel barsch und unglaubwürdig zugleich aus; sie trug damit die maßgebliche Verantwortung für das Scheitern der Briandschen Initiative.

Sicherlich, Großbritannien war ebenfalls alles andere als geneigt, sich über Gebühr eng als eine Macht, die zu Garantieleistungen verpflichtet werden konnte, in die europäischen Angelegenheiten hineinziehen zu lassen. Zudem wollte es auf gar keinen Fall seine Verbindungen zu den Mitgliedern der britischen Reichsfamilie, vor allem zu den »weißen« Dominions, die unter dem Eindruck der Weltwirtschaftskrise an Bedeutung zugenommen hatten, für europäische Belange aufs Spiel setzen. Indes, zweifellos entscheidender als die spürbare Distanz der Briten wurde die ablehnende Haltung der Deutschen, denn: Die Regelung der europäischen Probleme und die Bewahrung des kontinentalen Friedens hingen bevorzugt von den benachbarten Rivalen auf beiden Seiten des Rheins ab. Von vornherein wollte das Deutsche Reich dem geringsten Verdacht ausweichen, nur im entferntesten auf ein Ost-Locarno eingehen zu können. Dieser ausschlaggebende Widerspruch gegenüber dem französischen Vorschlag paarte sich mit der abweisenden Zurückhaltung der Briten, die sich im Zeichen der Weltwirtschaftskrise auf ihr Commonwealth konzentrierten und an einem europäischen Zusammenschluß kein Interesse zeigten.

Tatsächlich gescheitert ist das zukunftweisende Projekt der Franzosen aber an der unnachgiebigen Haltung der Deutschen. Im Grunde nahm Reichskanzler Brüning in der denkwürdigen Kabinettssitzung vom 8. Juli 1930 ohne Umschweife gegen Briands Plan einer föderalen Union Europas Stellung. Alle Versuche, das schroffe Nein unter ein wenig versöhnender Schminke zu verbergen, konnten über die eigentliche Absicht der Deutschen nicht hinwegtäuschen. Ihr Vorschlag beispielsweise, auch die Sowjetunion und die Türkei in den Kreis einer europäischen Union aufzunehmen, war nicht viel mehr als ein durchsichtiger Versuch, das längst beschlossene Ende der lästigen Sache womöglich hinauszuzögern, vielleicht nur zu kaschieren.

Denn anders als in den Jahren zuvor bestand das Reich mit irritierender Unbeirrbarkeit auf dem Grundsatz der Gleichbehandlung. Das galt zum einen in bezug auf die Revision des territorialen Status quo, der – so wie er war – die Ungleichheit nicht verbergen konnte. Das galt zum anderen, unter dem Druck des Reichswehrministeriums stärker hervortretend und nicht ohne gefährlichen Bezug zum Anliegen der territorialen Umverteilung des Bestehenden, für das Problem der Rüstung. Wenn die anderen Staaten nicht endlich, wie es im Versailler Frieden vorgesehen war, abrüsteten, blieb Deutschland auf militärischem Gebiet einer gefährlichen Ungleichheit ausgeliefert – es sei denn, wonach die verantwortlichen Militärs immer nachdrücklicher verlangten, man half dem leidigen Mangel durch einseitige Aufrüstung einfach ab.

Dieser schroffe Kurswechsel der deutschen Außenpolitik vollzog sich vor dem Hintergrund einer im Inneren des Reiches nationalistisch aufgeputschten Atmosphäre, die vor allem in Frankreich zunehmende Beunruhigung hervorrief. Die nervöse Unsicherheit des westlichen Nachbarn wuchs nicht zuletzt deshalb, weil die Franzosen befürchten mußten, womöglich schon bald mit einem Reichskanzler vom Schlage Alfred Hugenbergs von der DNVP oder Adolf Hitlers von der NSDAP zu tun zu haben, die noch unversöhnlicher, ja feindlicher als die amtierende Regierung auftreten würden.

Im Banne dieser innenpolitischen Voraussetzungen war, über das sowieso negative Urteil des Kabinetts hinaus, auch in der Öffentlichkeit kaum mehr Raum für den Europaplan Briands. Ja, seine Ablehnung durch Reichskanzler Brüning war populär! Allgemein vermochte man, wie von Bülow es umschrieb, in »der ganzen Union« nichts anderes als den französischen Versuch zu erblicken, »uns neue Fesseln anzulegen«[32]. Kein Wunder also, daß Brüning, der aus eigener Überzeugung und in hoher Übereinstimmung mit den maßgeblichen Kräften seiner Regierung in der schon erwähnten Kabinettssitzung vom 8. Juli den Briandschen Plan zurückzuweisen entschlossen war, gegenüber dem ihm unterbreiteten Entwurf sogar noch eine Verschärfung der deutschen Antwort verlangte, die »bisher vielleicht etwas zu vorsichtig gehalten sei«[33].

Sich gegen Briands Plan auszusprechen, gleiche, begründete er seine Forderung beinahe programmatisch, einer »grundsätzlichen Festlegung« der deutschen Außenpolitik »von geschichtlichem Wert«[34]. Im zukünftigen Europa beanspruche das Deutsche Reich, so entfaltete der Kanzler die Perspektive seiner äußeren Politik, »ausreichenden natürlichen Lebensraum«[35]. Schon einer wirtschaftlichen Einigung des alten Kontinents begegnete man mit unverkennbarem Mißtrauen. Die protektionistischen Bedürfnisse der eigenen Landwirtschaft und Industrie besaßen inzwischen eindeutigen Vorrang.

Das Resultat der Beschlüsse vom 8. Juli 1930, die für die Gestaltung der deutschen Außenpolitik ebenso wie für die Entwicklung der internationalen Beziehungen weitreichende Bedeutung besaßen, resümierte Außenminister Curtius mit aller Offenheit. Drastisch sprach er davon, die deutsche Antwort »werde für die Aktion Briands ein Begräbnis erster Klasse werden«[36]. Über die ablehnende Reaktion hinaus und die eigenen Absichten vor Augen setzte er umgehend hinzu, der französische Plan »müsse andererseits der deutschen Außenpolitik als Plattform für die weitere Verfolgung ihrer politischen und wirtschaftlichen Ziele dienen«[37]. Hinter dieser allgemeinen Ankündigung verbarg sich das konkrete Vorhaben der Regierung, dem französischen Entwurf eines von Paris aus dirigierten Europa das deutsche Konzept eines von Berlin aus dominierten Mitteleuropa entgegenzustellen. Die Aktualität dieses Gedankens trat schon bald zutage, als der Plan einer Zollunion zwischen Deutschland und Österreich die Gemüter erhitzte.

Die österreichische Zollunion

Das Vorhaben der deutsch-österreichischen Zollunion war keineswegs mit dem Gedanken eines Anschlusses der Alpenrepublik an das Deutsche Reich identisch. Dennoch spielte diese nach wie vor lebendige Idee im historischen Zusammenhang der erregten Auseinandersetzung zwischen Deutschland und Frankreich eine maßgebliche Rolle. In beiden deutschsprachigen Ländern erfreute sich die Forderung nach einer politischen Vereinigung großer Beliebtheit. Gleich am Anfang ihres Weges, den die beiden Staaten nach dem Ende des Weltkrieges angetreten hatten, war der Ruf nach dem Zusammenschluß mit populärer Macht laut geworden. Nunmehr, am Beginn der dreißiger Jahre, schien sich, nicht zuletzt aus der bitteren Not einer schrecklichen Zeit geboren, in vorerst wirtschaftlicher Form eine Chance aufzutun, die Annäherung zwischen Österreichern und Deutschen zu fördern.

Nach dem Bruderkrieg von 1866 hatte die Trennung zwischen dem von Preußen geführten Deutschland und der auf Südosteuropa verwiesenen Habsburgermonarchie die Bildung des kleindeutschen Nationalstaates ermöglicht. Bot sich jetzt, inmitten einer Zivilisationskrise von bis dahin unbekanntem Ausmaß, die erneute Gelegenheit, die ehemaligen Mittelmächte, die Verlierer des Weltkrieges, zueinander finden zu lassen? Sollte sich vor dem Hintergrund einer katastrophalen Lage im 20. Jahrhundert verwirklichen, woran namhafte Vorläufer im zurückliegenden Säkulum gescheitert waren – Schwarzenberg mit seinem Plan, unter österreichischer Führung das Reich der 70 Millionen im Zentrum Europas aufzurichten; Bismarck mit seiner Idee, unter deutscher Vorherrschaft die Habsburgermonarchie durch »pragmatische Einrichtungen«[38], beispielsweise auf dem Zollgebiet, an sich zu binden?

Der wiederum hervortretenden Tendenz war ohne Zweifel förderlich, daß, von den in Österreich existierenden Neigungen zur Anlehnung an Deutschland abgesehen, die Völker Südosteuropas, mehr als ihre Staaten und Führungen, das Deutsche Reich als ihr natürliches »Gravitationszentrum«[39] betrachteten. Nach den grundlegenden Veränderungen, die der Weltkrieg mit sich gebracht hatte, war Deutschland, anstelle der untergegangenen Doppelmonarchie, diese Rolle gleichsam natürlich zugefallen. Allerdings: Was für Deutsche und Österreicher, zumindest in gewisser Hinsicht, eine verlockende Chance zu bieten schien, warf für viele Zeitgenossen im übrigen Europa umgehend die Frage auf, ob eine enge Annäherung dieser beiden Staaten für den alten Kontinent überhaupt annehmbar erschien. Das traditionelle Problem der politischen Hegemonie lugte aus dem wirtschaftlichen Unionsplan hervor.

Vor allem Frankreich, die Garantiemacht der Pariser Friedensordnung, mußten solche Ideen aufrütteln. Dem kleindeutschen Nationalstaat schien die zuerkannte Größe nicht mehr länger zu genügen; unübersehbar reckte er seine mächtigen Glieder über die angestammte Enge hinaus. Auf einmal trat erneut jenes Vage, Unbestimmte, sich selbst nicht Genügende seiner Existenz drohend hervor, das sich für Europa seit eh und je mit dem unklaren Begriff und dem undeutlichen Anspruch vom Reich problematisch verband.

Die Existenz des deutsch-österreichischen Zollunionsplans verwies nicht zuletzt auf die Tatsache, daß zwischen Deutschland und Frankreich ein Kampf um die Vormacht im Donauraum ausgebrochen war. Es war ausgerechnet Briands Memorandum über die europäische Union, das die deutsche Seite jetzt der eigenen Machtambition nutzbar zu machen versuchte. An die Stelle eines französisch geführten Europa sollte ein deutsch beherrschtes Mitteleuropa treten, das auf den Osten und Südosten des Kontinents eine magnetische Anziehungskraft ausüben würde. Nichts konnte geeigneter sein, aller Welt zu demonstrieren, daß die Ära Stresemann an ihr Ende gelangt war, als auf diese Art und Weise den Plan Briands zu instrumentalisieren.

Aufs Tapet gebracht wurde der Gedanke an eine Zollunion zu Beginn des

Jahres 1930 durch die Österreicher. Was von Wien aus vorgeschlagen wurde, war freilich manchem der in Berlin Verantwortlichen weder fremd noch unwillkommen. Diese Feststellung gilt vor allem für Außenminister Curtius, der schon seit geraumer Zeit eine Vorliebe für die Idee entwickelt hatte. Er war es allen voran, der den Briandschen Europaplan in einem machiavellistischen Kraftakt umbog. Die Zollunion als einen deutschen Beitrag zum Bau der europäischen Union zu bemänteln, stellte, im Vergleich mit der Ära Stresemann, in der Tat einen »Sündenfall«[40] deutscher Außenpolitik dar. Der in den zurückliegenden Jahren mühsam erworbene Vertrauenskredit wurde fast mit einem Schlag, auf jeden Fall leichtfertig, verspielt.

Noch kurz vor dem Besuch des österreichischen Bundeskanzlers Johannes Schober, der für den Zeitraum vom 22. bis zum 24. Februar 1930 anstand, nahm sich die Lage ganz anders aus. Zwar war die Stimmung in Österreich, wie schon seit längerem nicht mehr, für das Vorhaben eines Zusammengehens mit dem Reich günstig. Im erklärten Gegensatz dazu wies Staatssekretär von Schubert jedoch in einem nach Wien gerichteten Erlaß den Gedanken an eine Zollunion zwischen den beiden Ländern zurück. Daß das Auswärtige Amt das Ansinnen rundweg ablehnte, lag, von aktuellen Anlässen einmal abgesehen, in der Rücksichtnahme auf die anderen Mächte Europas begründet: Auf gar keinen Fall sollte das Deutsche Reich die Unabhängigkeit Österreichs, und sei es auch nur die wirtschaftliche Selbständigkeit des Landes, antasten. Den waghalsigen Versuch zu unternehmen, mußte nach Schuberts Einschätzung der europäischen Konstellation die anderen Nationen des Kontinents gegen Deutschland auf den Plan rufen. Wenn sich auf diesem Terrain überhaupt irgend etwas entwickeln könne, dann müsse die Sache auf lange Sicht von Österreich aus behutsam angebahnt werden. Damit schien der Plan vorerst zu den Akten gelegt zu sein.

Um so überraschender mutete es an, daß die Österreicher das Thema bei ihrem Berliner Besuch dennoch ansprachen. Ganz anders als sein Staatssekretär ging Außenminister Curtius, zum ungläubigen Erstaunen des in der Wilhelmstraße für die Wirtschaftsfragen zuständigen Ministerialdirektors Ritter, der einfach »seinen Ohren nicht«[41] trauen wollte, sofort darauf ein. Man einigte sich darauf, wie der sozialdemokratische Reichskanzler Müller am 24. Februar 1930 im Kabinett feststellte, »daß die Frage der Zollunion geprüft werden soll«[42].

Während Staatssekretär von Schubert, der deutsche Botschafter in Paris, von Hoesch, und zum damaligen Zeitpunkt auch noch Ritter, um maßgebliche Repräsentanten des Stresemannschen Kurses zu nennen, dem neu aufgekommenen Gedanken eher ablehnend gegenüberstanden und vor allem an der Zusammenarbeit mit Frankreich festhalten wollten, trieben Außenminister Curtius und von Bülow das Vorhaben der österreichischen Zollunion energisch voran. Der Müller bald nachfolgende Reichskanzler Brüning ließ sie dabei gewähren – obwohl der österreichische Zollunionsplan, was den Zeitpunkt, nicht die Sache an sich betraf, für den Ablauf seiner äußeren Politik zu früh auf die Tagesordnung geriet und die beabsichtigte Reihenfolge seiner Revisionsvorhaben stören konnte. Er wollte nämlich bevorzugt die Reparationen loswerden und für das Reich militärische Gleichberechtigung erringen. Erst danach gedachte er, die Spur der traditionellen Großmachtpolitik wieder aufzunehmen, die mit politischen Absichten auf den mitteleuropäischen Rayon zielen und die südosteuropäischen Länder unter wirtschaftlichen Vorzeichen ins Visier nehmen wollte.

Das traf sich, von den Differenzen in der zeitlichen Sequenz abgesehen, in der Zielrichtung mit dem, was vor allem von Bülow von nun an mit großer Tatkraft verfolgte, nämlich den deutschen Einfluß im Donauraum zu verstärken. In Südosteuropa, forderte der frischgebackene Staatssekretär am 26. August nahezu programmatisch, müsse das Deutsche Reich den »Hebel ansetzen«, weil »dort die Zukunftsmöglichkeiten Deutschlands liegen«[43]. Die Zollunion mit Österreich, mehr noch: der Anschluß schien ihm dafür die ebenso notwendige wie ideale Voraussetzung zu sein: »Bei der raschen Entwicklung der Dinge im Südosten Europas sollte der Zusammenschluß mit Österreich die vordringlichste Aufgabe der deutschen Politik sein, denn von einem zu Deutschland gehörenden Österreich aus könnte in ganz anderer Weise als dies jetzt möglich ist, die Entwicklung im Südosten im Interesse Deutschlands beeinflußt und gelenkt werden. Die Dinge treiben dort zu Festlegungen, die später kaum mehr rückgäng gemacht werden können.«[44]

Derart ehrgeizige Ziele zu verwirklichen, war allerdings, weil Druck nun einmal Gegendruck hervorruft, alles andere als einfach. Frankreich setzte sich dagegen zur Wehr, und zwar nicht zu knapp. Denn die in Bedrängnis geratene Vormacht des Kontinents verfügte, über das außenpolitische Instrument der Kleinen Entente hinaus, in diesem Raum über wirtschaftliche Macht von beträchtlichem Ausmaß. Gegenwärtig hatten die Deutschen der in Südosteuropa dominierenden Finanzkraft der Franzosen noch nichts Gleichwertiges entgegenzusetzen; verlockend winkte den Staaten dieser Region für die Zukunft allerdings der lukrative Absatzmarkt des großen Landes im Zentrum des Kontinents. Vorläufig war übrigens gar nicht zu verkennen, daß ein allzu enges Zusammengehen mit Österreich sogar wirtschaftliche und finanzielle Probleme für das Reich bergen konnte. Auch in dieser Hinsicht war im Vergleich mit dem direkten Anschluß die indirekte Form der Zollunion erst einmal günstiger. Denn in diesem Rahmen konnten die für das Reich schwierigen Fragen der Meistbegünstigung gelöst sowie die von den ostelbischen Großagrariern erhobenen Forderungen nach protektionistischen Privilegien entschärft werden.

War die Zollunion zustande gekommen, würde sie wahrscheinlich, der mit Nachdruck vertretenen Einschätzung von Bülows zufolge, wie ein Magnet auf Ungarn und die Tschechoslowakei, auf Jugoslawien und Rumänien wirken.

Sollte es dann noch gelingen, worauf der Staatssekretär ehrgeizig spekulierte, die baltischen Staaten in die wirtschaftliche Einflußzone des Deutschen Reiches zu ziehen, dann konnte endlich, mit ökonomischen Mitteln und politischen Absichten, gegenüber Polen aktiv gehandelt werden. Darin zog sich das eigentliche Ziel deutscher Ostpolitik zusammen; ihm hatte die Pflege der Handelsbeziehungen mit der Sowjetunion unterstützend entgegenzukommen.

Das Deutsche Reich sollte in den Stand gesetzt werden, Polen, buchstäblich von allen Seiten, unter Druck zu setzen. Nur so konnte, davon zeigte man sich in der Wilhelmstraße inzwischen überzeugt, das leidige Grenzproblem im deutschen Sinne revidiert werden. Mit dem staatlichen Bestand Polens, der in diesem Augenblick freilich nicht zur Debatte stand, ja mit der nahezu großmachtartigen Position, die das Land bislang in Ostmitteleuropa innehatte und die nunmehr auf die Probe gestellt wurde, konnte das »neue System«[45] von Versailles grundsätzlich zur Disposition stehen: Diese für die Existenz der europäischen Staatenwelt fundamentale Tatsache warf im Zuge solch ehrgeiziger Planungen der Deutschen ihre undeutlich bizarren Schatten voraus.

Stresemanns Außenpolitik hatte es vorgezogen, auch die für Deutschland vitalen Fragen im Osten gemeinsam mit Frankreich zu lösen, darüber auf gar keinen Fall in offener Schlacht das Hegemonialproblem aufzuwerfen. Die neue Außenpolitik seiner Nachfolger schickte sich an, die östlichen Probleme an Frankreich vorbei und, wenn die Garantiemacht des Pariser Friedens Widerstand leistete, notfalls im erbitterten Gegensatz zu Frankreich, gleichsam in einem nationalistischen Alleingang, zu lösen. Gewiß, es war Stresemann nicht gelungen, auf dem eingeschlagenen Weg den ersehnten Durchbruch zu dem fernen Ziel zu erreichen. Aber er hatte ein für diesen Zweck vorteilhaftes Klima der multilateralen Zusammenarbeit geschaffen und Deutschlands Position inmitten der Völkerfamilie gefestigt. Dagegen wurde jetzt auf Biegen und Brechen versucht, das bislang nicht Erreichte sogar unter Inkaufnahme des gefährlichen Risikos der außenpolitischen Isolierung zu erkämpfen.

Im Zusammenhang mit dem Vorhaben der österreichischen Zollunion schwebte Staatssekretär von Bülow, über die auf Ostmittel- und Südosteuropa zielenden Absichten hinaus, sogar viel Ehrgeizigeres vor. Mit dem mitteleuropäischen Hebel in der Hand wollte er letztlich die Weltpolitik in eine andere Richtung bewegen. Die »in Mitteleuropa« entstehende »wirtschaftliche Union« sollte, wie er Botschafter von Hoesch im Januar 1931 über seine vor allem Frankreich frontal herausfordernden Vorstellungen unterrichtete, die kontinentale Vormacht dazu zwingen, »über ähnliche Projekte mit uns zu verhandeln«[46]. Mit anderen Worten: Der Plan einer Zollunion mit dem österreichischen Nachbarn zielte, nach der kühn riskanten Idee des Staatssekretärs, auf mehr als nur darauf, Südosteuropa dem deutschen Einfluß zu öffnen. Im Kern sollte sie dazu dienen, einen wirtschaftlichen Zusammenschluß Europas in Gang zu bringen, der sich unter deutschen Vorzeichen zu gestalten hatte.

Am 19. März 1931 unterzeichnete Außenminister Curtius in Wien die Abmachung über eine Zollunion zwischen Deutschland und Österreich. Was vorerst nicht an die Öffentlichkeit dringen sollte, war unmittelbar darauf Thema der Presse. Daher blieb nichts anderes übrig, als die Übereinkunft schon am 21. März offiziell bekanntzumachen. Hoch schlugen die Wogen der umgehend lautstark geführten Diskussion. Ohne zwischen dem Wirtschaftlichen und dem Politischen des Vereinbarten näher zu unterscheiden, wurde, insbesondere im Vorfeld der offiziellen Bekanntgabe der Zollunion, von einem bevorstehenden Anschluß Österreichs an das Deutsche Reich geschrieben. Diese Mutmaßungen erhielten zusätzliche Nahrung, als der bekannte Wirtschaftsjournalist Gustav Stolper, der im Ersten Weltkrieg zu den Anhängern der Mitteleuropa-Konzeption Friedrich Naumanns gezählt hatte, das neu-alte Vorhaben entschieden befürwortete.

Vor allem Frankreich, über die Tatsache und die Form des Abkommens hellauf empört, fühlte sich offen brüskiert. Im heftig entbrennenden Streit der beiden Großmächte ging mehr und mehr unter, daß die Deutschen, vorläufig zumindest, keinen politischen Anschluß, sondern eine wirtschaftliche Zollunion anstrebten und *verbis expressis* darum bemüht waren, »auch den bloßen Anschein einer Verletzung der Unabhängigkeit Österreichs«[47] zu vermeiden. Auf erregte Ablehnung stieß dagegen mit Recht, daß das, was Frankreich wie der Auftakt zu einer Vereinigung des Alpenlands mit dem Reich vorkam, von deutscher Seite aus als ein Schritt auf dem Weg zum Briandplan der europäischen Union auszugeben versucht wurde. Dabei herrschte in Berlin unter den Eingeweihten durchaus Einverständnis darüber, daß diese Schutzbehauptung nicht mehr als ein »paneuropäisches Mäntelchen«[48] war, das die machtpolitische Blöße der wirtschaftlichen Zollunion verhüllen sollte.

Auf einmal, ja wieder einmal fühlte man sich an die Außenpolitik und die Diplomatie des wilhelminischen Reiches erinnert, standen die Deutschen als die naßforschen Störenfriede Europas da. Mit ihrem Vorgehen hatten sie sich vor allem von zwei außenpolitischen Grundprinzipien der Ära Stresemann ohne weiteres verabschiedet: Anstelle der offenen Sondierung hatten sie sich der Zollunion auf geheimem Wege genähert; zudem: Der multilateralen Prozedur war das bilaterale Verfahren vorgezogen worden.

Frankreich und an seiner Seite vor allem die Tschechoslowakei fühlten sich direkt herausgefordert. Was Staatssekretär von Schubert in seinen Gesprächen mit dem tschechoslowakischen Außenminister Benesch im Mai 1928 klargeworden war, galt nach wie vor: Eine Deutschland und Österreich umfassende Zollunion konnte überhaupt nur dann in Erwägung gezogen werden, wenn Frankreich und die Tschechoslowakei sich zu beteiligen eingeladen wurden.

Doch die Erinnerung daran verblaßte vor dem inzwischen die Berliner Außenpolitik dominierenden Zug. Die kleine Minderheit der Unentwegten, die für eine französische Beteiligung eintraten, blieb ohne Chance gegenüber dem

Reichskanzler, dem Außenminister und dem Staatssekretär des Auswärtigen Amtes, die ein Zusammenwirken mit Frankreich kompromißlos zurückwiesen. Im gesellschaftlichen Raum wurde der neuen Linie der deutschen Außenpolitik beispielsweise aus den Reihen der Industrie erhebliche Unterstützung zuteil. Während französischen Offerten zur Zusammenarbeit von wirtschaftlicher Seite aus eher mit ablehnender Distanz begegnet wurde, fand der Gedanke an eine Zollunion mit Österreich ungeteilten Beifall. Zwischen Deutschland und Frankreich standen die Zeichen der Zeit rundum auf Konfrontation!

Tief verärgert und nach wie vor mächtig, nahmen die Franzosen die deutsche Herausforderung an. Mit politischem und finanziellem Einsatz hielten sie hartnäckig, sogar ausgesprochen verbissen dagegen. Noch einmal konnten sie sich und ihre Welt im Jahre 1931, was die Entwicklung der von Paris aus maßgeblich garantierten Staatenordnung anging, gleichsam auf dem Scheitelpunkt zwischen Krieg und Frieden, vor dem deutschen Revisionismus retten. Frankreich aktivierte seine wirtschaftliche Macht, die von der Krise noch weitgehend verschont geblieben war: Deutschland und Österreich wurden zum Nachgeben gezwungen! Anders als in den zurückliegenden zwanziger Jahren vermochte das Deutsche Reich der französischen Gegenoffensive auf wirtschaftlichem Feld nichts Gleichwertiges mehr entgegenzusetzen; und wie in den kommenden dreißiger Jahren mit militärischem Einsatz zu drohen, konnte es sich aus mannigfachen Gründen noch nicht erlauben.

Österreich erwies sich dem französischen Druck gegenüber als noch weitaus anfälliger. Die Wiener Kreditanstalt war von französischen Einlagen mit kurzfristigen Laufzeiten extrem abhängig, geriet durch gezielte Vorstöße der Franzosen in Liquiditätsschwierigkeiten und war vom 11. Mai 1931 an zahlungsunfähig. Ihr dramatischer Zusammenbruch und seine weitreichenden Folgen konnten durch die deutschen Banken kaum zureichend aufgefangen werden. Ihre Lage nahm sich, nachdem die amerikanischen Kredite abgezogen waren, ohnehin prekär genug aus. Was drohte, war nicht nur eine peinliche Pleite der Kreditinstitute, sondern der finanzielle Zusammenbruch des Staates.

Die deutsche Bankenkrise, die sich beinahe epidemisch ausbreitete, ließ erkennen, daß das Reich auf französische Hilfe angewiesen war. Unterstützung wollten die Franzosen selbstverständlich nicht ohne Gegenleistungen gewähren. Ihre Forderungen klangen jetzt genauso unversöhnlich, wie die Deutschen zuvor rüde gehandelt hatten. Auf die Zollunion sollte praktisch verzichtet, am Panzerkreuzer B vorerst nicht weitergebaut und über deutsche Revisionsforderungen erst nach einem Interim von fünf bis zehn Jahren weiterverhandelt werden. Das traf die deutsche Außenpolitik bis ins Mark! Nicht zuletzt im Hinblick auf das innenpolitische Prestige, das mit der österreichischen Zollunion auf dem Spiel stand, war es unmöglich, dem Verlangen der Franzosen sofort nachzugeben.

Die drohende Konfrontation auf dem Kontinent politisch zu lösen, lag nicht zuletzt im Interesse Englands, das sich zuvor bereits, allerdings vergeblich, um eine gütliche Einigung zwischen den gefährlich Zerstrittenen bemüht hatte. Jetzt schlug der britische Außenminister Henderson vor, das leidige Problem vor ein neutrales Gremium, wie beispielsweise den Völkerbundsrat, zu tragen. Mit deutschem Einverständnis landete der Fall schließlich beim Internationalen Gerichtshof im Haag. Noch bevor die Richter das Urteil über die anhängige *causa* verkündeten, war Österreich dem Druck der Franzosen gewichen und hatte sich vom Plan der Zollunion verabschiedet. Die deutschen Schwierigkeiten waren dadurch nochmals gewachsen. Am 2. September 1931 mußte Außenminister Curtius die rundum mißliche Lage zugeben: »Im Einvernehmen mit der österreichischen Regierung«, beteuerte er, beabsichtige das Deutsche Reich nicht mehr länger, »das ursprünglich ins Auge gefaßte Projekt weiter zu verfolgen«[49].

Damit war, wenige Tage vor dem Haager Urteil, die politische Entscheidung gegen den Plan der Zollunion gefallen. Mit der denkbar knappsten Mehrheit von 8:7 Stimmen fällten die Richter sodann ihr Urteil: Das Vorhaben der deutsch-österreichischen Zollunion erschien ihnen mit der Existenz anderer Abkommen unvereinbar. Sowohl der Vertrag von Saint-Germain, mit dem die Sieger am 10. September 1919 den Frieden mit Österreich geschlossen hatten, wie das Genfer Protokoll vom 4. Oktober 1922, in dem eine Sanierungspolitik des Völkerbundes für die österreichische Wirtschaft vereinbart worden war, bestanden nach der mehrheitlichen Einschätzung des Haager Gerichts auf dem Anschlußverbot.

Der Rückschlag für die deutsche Außenpolitik war empfindlich, der am 3. Oktober 1931 erfolgte Rücktritt von Außenminister Curtius daher nur folgerichtig! Die außenpolitische Niederlage peitschte die innenpolitischen Wogen eines entfesselten Nationalismus hoch; noch ärger als zuvor schon geriet der Völkerbund im Reich in Mißkredit. Hatte es zum Kalkül der Regierung gehört, durch außenpolitischen Erfolg zur inneren Stabilität beizutragen, trat nunmehr das gerade Gegenteil ein. Der außenpolitische Mißerfolg steigerte die innenpolitische Radikalisierung auf das Heftigste. Nur fünf Wochen nach dem ruhmlosen Ende des Zollunionsplans rottete sich die »Harzburger Front« unter Hugenberg und Hitler zum Sturm auf die Republik zusammen. Das leichtfertig kühne Unternehmen, bei innenpolitisch hochgehender, schon stürmischer See durch außenpolitische Manöver zügige Fahrt zu gewinnen, hatte, fürs erste jedenfalls, schweren Schiffbruch erlitten. Beigelegt war der lichterloh entbrannte Kampf zwischen Deutschland und Frankreich, der an die Anfangsjahre der Nachkriegszeit erinnerte, damit keineswegs.

Durch den deutschen Drang nach Südosteuropa elementar herausgefordert, bauten die Franzosen, energisch vorangetrieben von Ministerpräsident Tardieu, ihre ohnehin starke Stellung in dieser Region aus. Der deutsche Griff in den Donauraum war gescheitert, weil sich Frankreich und die Kleine Entente mit Macht dagegenstellten. Später, im Verlauf der dreißiger Jahre, als die Neigung der südosteuropäischen Völker und die Schwäche der Franzosen, in gewissem Maße auch der Briten, den Deutschen die mitteleuropäische Chance aufs neue verheißungsvoll vor Augen hielten, waren es diese im Grunde selber, die das dann nicht mehr Unwahrscheinliche verspielten. Denn die alte Idee vom deutschen Mitteleuropa geriet, ehe sie richtig Gestalt zu gewinnen vermochte, in den alles fortreißenden Sog eines von ganz anderen Triebkräften gespeisten Expansionismus. Seine Grenzen- und Maßlosigkeit unterwarf auch diese überlieferte Tendenz der deutschen Geschichte einem zerstörerischen Bewegungsgesetz, raubte ihr die historische Eigenständigkeit, nahm ihr das bis dahin legitime Recht auf eine autonome Existenz fort. Doch damit sind wir dem dramatisch verlaufenden Gang deutscher Außenpolitik bereits um Jahre vorausgeeilt.

Vorläufig standen, auf allen Feldern der äußeren Politik des Reiches, die Themen der territorialen Revision, der finanziellen Reparationen und der militärischen Rüstung im Zentrum des Geschehens. Sie waren nicht mehr länger wie vordem von den abschleifenden und mäßigenden Elementen der Erfüllungs- und Verständigungspolitik umgeben, sondern wurden direkt, absolut und fordernd vorgetragen. Diese Ziele zu verwirklichen hieß inzwischen, ohne Verzug und Kompromiß zu handeln. Vor allem: Gefragt war nicht mehr das Zusammenwirken, sondern der Konflikt mit Frankreich. Wiederum wurde Europa Zeuge eines noch halb verdeckt, halb bereits offen geführten Kampfes um die Hegemonie auf dem Kontinent. Der deutsche Angriff gegen das in Europa Bestehende vollzog sich vor dem düsteren Hintergrund einer tiefgehenden Krise, die nicht zuletzt das Reich in eine zunehmend verzweifelte Lage gestürzt hatte. Indes, gerade mit Hilfe der äußeren Politik, die in seinem problematischen Handeln die unübersehbare Priorität besaß, gedachte Reichskanzler Brüning der inneren Misere, die er als ein abgeleitetes Phänomen beurteilte, Herr werden zu können.

Brünings Primat der Außenpolitik

Die Art und Weise, wie Briands Europaplan zurückgewiesen und das Vorhaben der deutsch-österreichischen Zollunion verfolgt wurde, verdeutlicht den Wandel, den die deutsche Außenpolitik im Übergang von der Stresemannzeit zum Kabinett Brüning durchlaufen hatte. Daher ist zu fragen, welche außenpolitischen Ziele der neue Regierungschef verfolgte, der als Repräsentant der Zentrumspartei seit dem 27. März 1930 an die Stelle des Sozialdemokraten Hermann Müller getreten war und der nach der Demission von Außenminister Curtius dessen Posten zusätzlich übernahm. In die Geschichte eingegangen ist

Heinrich Brüning als eine außerordentlich umstrittene Persönlichkeit. Denn dieser Reichskanzler war es, der den Auftakt zum Ende der Weimarer Republik einleitete; der sein unvorstellbar darbendes Land weitgehend mit »Notverordnungen zur Sicherheit von Wirtschaft und Finanzen« regierte; der seine einsame Bahn, zunehmend ohne das Parlament und allein auf den Reichspräsidenten gestützt, starr verfolgte; und der von den radikalen Feinden der Republik auf der politischen Rechten und Linken in wachsendem Maße attackiert wurde.

Mit allen diesen Problemen, die sich um so bedrohlicher auftürmten, je bedrängter die unglückliche Republik von Weimar um ihr Leben rang, wollte der Kanzler, in kalter Distanz zum alltäglichen Getümmel und ganz seiner Pflichterfüllung ergeben, durch eine rasche und rigorose Lösung der außenpolitischen Fragen seiner Zeit fertigwerden. »Innenpolitik durch Außenpolitik«[50], lautete sein waghalsiges Rezept, mit dem er als Reichskanzler überleben und der Misere des Staates beikommen wollte. Daher begriff er die drückenden Lasten und beengenden »Zwangslagen« geradezu als willkommene Chancen und einladende »Handlungsspielräume«. Da das fast leichtfertig anmutende Experiment des gewissensfesten Katholiken aufs Ganze gesehen mit schrecklichen Folgen mißlungen ist, leuchtet das von einem der besten Sachkenner der deutschen Geschichte des 20. Jahrhunderts gefällte Urteil über die zwischen Notwendigkeit und Freiheit hin- und hergerissene Politik des glücklosen Reichskanzlers ein; mit lapidarer Plausibilität stellt der Historiker Gerhard Schulz fest: »Brüning befand sich nicht ernsthaft in einer unvermeidlichen Zwangslage, aber er manövrierte sich selbst in eine solche hinein.«[51]

Wie auch immer: Ob man heute eher dazu neigt, davon auszugehen, Brüning habe an der sich verschärfenden Krise ein wohlberechnetes Interesse gehabt und sie bewußt instrumentalisiert; oder ob man nach wie vor daran festhält, die verzweifelte Konstellation habe nur wenig politische Alternativen übriggelassen und der Kanzler habe unter ihren ungünstigen Bedingungen weitgehend so handeln müssen, wie er gehandelt hat; ob er also eher der Gefangene einer fast ausweglos oder der Gestalter einer im Grunde offen anmutenden Lage war; ob er stärker planvoll oder situativ vorgegangen ist, fest steht im Rückblick jedenfalls dies: Mit asketischer Strenge und ohne lebendigen Kontakt zum Wahlvolk, ganz auf seine Arbeit konzentriert und ohne die erforderliche Sympathie für die politischen Grundlagen einer modernen Massendemokratie ging der ehemalige Frontoffizier in redlicher Absicht, wie er sie verstand, aber mit verhängnisvollen Wirkungen, die ihm nicht bewußt wurden, ohne nach Alternativen Ausschau zu halten, seinen Weg. Der Lösung des Reparationsproblems und den Zielen der Außenpolitik, die über weite Strecken eins waren, gab er, vom schreienden Elend auf den Straßen unbeeindruckt, zunehmend entschiedener den eindeutigen Vorrang vor dem erforderlichen Kampf gegen die Massenarbeitslosigkeit und gegen die Krise der Wirtschaft – wie begrenzt sich in diesem Zusammenhang, im Vergleich mit später entwickelten

Instrumentarien, die Handlungsmöglichkeiten zu Beginn der dreißiger Jahre auch ausnahmen.

Der herausfordernden Unbeirrtheit, mit der dieser »Hungerkanzler« durch Betonung der finanzpolitischen Deflation und des außenpolitischen Primats, wie weiland Doktor Eisenbart, das dahinsiechende Land retten wollte, haftet, zumindest im Rückblick und ohne die gute Absicht Heinrich Brünings zu bestreiten, etwas gefährlich Unwirkliches an. Während die Extremisten auf der republikfeindlichen Rechten im Herbst 1931 in Bad Harzburg zur Attacke auf die Demokratie bliesen, hielt der Regierungschef an seinem Konzept der Großen Politik fest: Allein auf diesem riskanten Weg glaubte er die sichere Chance zu haben, dem inneren Bürgerkrieg, der bereits ausgebrochen war, durch außenpolitische Erfolge die bedrohliche Spitze zu nehmen.

Massenelend und Massenarbeitslosigkeit wurden in Kauf genommen; sinkende Löhne und schwindende Sozialleistungen beschrieben für den Mann auf der Straße eine unerträglich lastende, nicht selten existenzbedrohende Wirklichkeit. Sein leidgeprüftes Dasein spielte sich ohne jede Beziehung zu dem artifiziellen Machtkalkül aus deflatorischer und äußerer Politik ab, das Brüning, für die Menschen kaum durchsichtig, verbissen verfolgte – bevor es am Ende dem orkanartig schweren Wetter der inneren Probleme zum Opfer fiel.

Die Wähler vermochten in Brünings kalt berechneter Strategie, die, überlegt und blaß zugleich, schließlich nur noch unmenschlich wirkte, nicht jene vertrauenerweckende, gar zündende Idee zu finden, die sie mehr denn je suchten. Insgesamt schien dem, was der Regierungschef im Stil eines Kabinettspolitikers der vergangenen Jahrhunderte tat, kein Sinn innezuwohnen, der den Hungernden Zuversicht bieten konnte. Dem Gesamten fehlte es einfach an mitreißendem Elan, der sie aus der um sich greifenden Lethargie befreit hätte. Wäre wenigstens einmal, vor aller Öffentlichkeit und mit werbender Kraft, aus Brünings Mund zu vernehmen gewesen, was ihn in innen- und außenpolitischer Perspektive tatsächlich bewegt hat, nämlich: in jeder Hinsicht an die »gute alte Zeit« des Kaiserreichs anzuknüpfen, möglicherweise die Hohenzollernmonarchie zu restaurieren, und gewiß die Revision von Versailles zu forcieren – viel Beifall wäre ihm gewiß gewesen, der seine versöhnende Wirkung nicht verfehlt hätte.

Allein, solche Ziele lauthals zu propagieren, verbot sich dem Kanzler aus innen- und außenpolitischen Gründen; sie blieben Vorhaben seiner Arkanpolitik, die sich auf das Kabinett beschränkten und am Volk vorbei verfolgt wurden. Nein, eine cäsaristische Persönlichkeit war Heinrich Brüning wahrhaftig nicht; erst recht keine catilinarische Natur, die über die geltende Verfassung hinweg mit einem *appel au peuple* vor die Deutschen getreten wäre und die mit dem berechnenden Blick nach innen dem Ausland den Kampf gegen den »Diktatfrieden« angesagt hätte. Alles das sollte, während die Massen ohne Zukunftsperspektive waren, im geheimen erreicht werden; erst nach gelungenem Werk würde dann der stolze Erfolg auch die inneren Leiden vergessen machen. Daß die Zeit dem Reichskanzler einfach fortlief und die Probleme der Innenpolitik die Erfolge der Außenpolitik ein ums andere Mal schlicht hinwegspülten, hat der prinzipientreu phantasielose Mann bis an das Ende seiner Regierung nicht zureichend erkannt.

Die Absicht, mit der äußeren Politik die inneren Bedingungen zu verbessern, diente in seiner Gedankenbildung im übrigen nicht bevorzugt dem Zweck, die Demokratie von Weimar zu fördern. Am Vorbild des wilhelminischen Kaiserreichs orientiert, ging es dem Regierungschef vielmehr darum, die Existenz des Rechtsstaates vor totalitären Bewegungen jeder Provenienz zu bewahren. Damit beantwortet sich, bis zu einem gewissen Grade zumindest, die Frage danach, ob Heinrich Brüning das Ende von Weimar besiegelt oder als letzte Bastion die todgeweihte Republik verteidigt hat. Wohlgemerkt, ihren rechtsstaatlichen Charakter wollte er vor den Extremisten aller Couleur retten, aber nicht unbedingt die demokratische Verfaßtheit.

Sein ursprünglicher Auftrag lag darin, die radikale Rechte an den Staat zurückzuführen. Doch dieses ehrgeizige Ziel war bereits mit der Septemberwahl vom Jahre 1930 und mit dem nationalsozialistischen Sensationserfolg gescheitert. Aber selbst aus dieser für die Weimarer Demokratie bitterbösen Niederlage gedachte er noch nützliches Kapital für sein politisches Konzept zu schlagen. Hitler gegenüber will er am 5. Oktober 1930 davon gesprochen haben, es gelte nun, um »im Laufe von anderthalb bis zwei Jahren den ganzen Versailler Vertrag ... ins Wanken zu bringen ... bis zum Äußersten zu gehen«[52]. Damit benannte er, in Analogie zu seinem Vorhaben, den Staat im Inneren auf neue Grundlagen zu stellen, die rigorose Methode, die ihm zu wählen geboten erschien: Es ging darum, das Revisionsanliegen, *pur et simple*, im Sinne wilhelminischer Machtpolitik zu betreiben.

Waren die innen- und außenpolitischen Ziele im großen und ganzen erreicht, wollte der zurückhaltend bescheidene Mann, der in seiner soldatischen Pflichterfüllung sphinxhaft wirkte, seinen Platz räumen. Als Reichskanzler an seine Stelle treten sollte dann ein Repräsentant wie Carl Goerdeler, der viel später aus konservativer Gesinnung heraus tapferen Widerstand gegen Hitlers Diktatur leistete, aber alles andere als ein überzeugter Republikaner war. Daß der entsagungsvoll gesuchte Erfolg Brüning, alles in allem, versagt blieb, lag nicht zum geringsten daran, daß ein gewissenloser Desperado wie Adolf Hitler für das »Aufs-Ganze-Gehen« geeigneter war als der katholische Zentrumspolitiker, der sich der Persönlichkeit des hochbetagten Generalfeldmarschalls und Reichspräsidenten von Hindenburg uneingeschränkt verpflichtet fühlte.

Gewiß gelang ihm, was er in seinem Gespräch mit Hitler als vorrangiges Ziel bezeichnet haben will, nämlich den Versailler Vertrag »im Laufe von anderthalb bis zwei Jahren ... ins Wanken zu bringen«. Allerdings: In die Brüche gingen bei diesem Kraftakt zugleich die Fundamente von Weimar. Der innenpolitische

Preis für den außenpolitischen Erfolg war von vernichtender Kostspieligkeit. Ohne die notwendige Rücksicht auf nicht mehr vertretbare Verluste verfolgte Brüning seine außenpolitischen Wünsche unter Ausschluß der Öffentlichkeit: Als sie sich erfüllten, befand sich der Staat, nicht allein die Demokratie, in einer existentiellen Gefahr, in der die Republik von Weimar am Ende umkam. Mit unverkennbarer Autonomie steht Brünings Außenpolitik zwischen derjenigen von Gustav Stresemann, mit der sie noch manches verband und von der sie schon vieles abhob, und derjenigen Adolf Hitlers, die gegenüber allen ihren Vorläufern den radikalen Bruch markierte. Doch dieser Gegenstand wird uns in anderem Zusammenhang noch näher beschäftigen.

Im Zuge außenpolitischer Fortschritte die dringende Lösung der inneren Übel zu suchen, rückten Deflationskurs und »Staatskunst« eng aneinander. Auf der einen Seite gedachte der Kanzler, durch deflatorische Maßnahmen, durch radikale Kürzungen der staatlichen Ausgaben und durch Erhöhung der Steuern zu einem Ausgleich des Haushalts zu gelangen. Auf der anderen Seite wollte er, wie ehedem sein Vorgänger im Amt des Reichskanzlers, Joseph Wirth, durch demonstrative Bereitschaft zur ruinösen Erfüllung des Young-Plans zeigen, daß dieser Weg in eine Sackgasse führte und allen Beteiligten, Deutschen wie Alliierten, schaden würde. Dann blieb nur übrig, die Zahlungsverpflichtungen rasch und für immer loszuwerden – das beschrieb sein primäres Ziel, in dem das Reparationsproblem und seine Außenpolitik untrennbar miteinander verbunden waren.

In diesem Sinne zeigte sich Brüning dazu »entschlossen, die Reparationsfrage noch während der Krise einer endgültigen Lösung zuzuführen«[53]. Gerade die wirtschaftliche Notlage galt es zu außenpolitischen Revisionszwecken zu nutzen. Denn danach, »in einer Zeit wiederaufsteigender Konjunktur«[54], diagnostizierte einer der engsten Mitarbeiter des Kanzlers, Staatssekretär Schäffer vom Reichsfinanzministerium, im Rückblick den für Brüning leitenden Zusammenhang von ökonomischer Krise und äußerer Politik, schien sich die Chance einer Streichung der Reparationen wieder zu verflüchtigen. Doch der ausgetüftelte Plan, »aus der Krankheit... unsere Waffe«[55] zu machen, über den Brüning sich in seinen Memoiren geäußert hat, negierte sträflich die fundamentale Tatsache, daß Deutschland in einem Chaos von Arbeitslosigkeit und Elend versank.

Weil ihm die innenpolitischen Grundlagen unter den Füßen weggezogen wurden, geriet der Kanzler nachgerade in die Gefangenschaft des außenpolitischen Nationalismus. Mehr noch: Seine unmittelbare Machtbasis bröckelte ab. Das hatte zum einen mit den undurchsichtigen Kabalen und großagrarischen Interessen zu tun, die im Umkreis des Reichspräsidenten gegen ihn arbeiteten und seinen Sturz schließlich besiegelten. Das hing zum anderen damit zusammen, daß er sich von Anfang an in einem gespannten Verhältnis zur Reichswehrführung befand, deren außenpolitische Prioritäten anders aussahen als die seinen. Die Militärs stützten Brüning, solange er ihnen die ersehnte Aufrüstung zu bringen schien. Diesem Verlangen nachzukommen, war der Reichskanzler im Prinzip gar nicht abgeneigt, aber anders als die Offiziere an der Spitze der Reichswehr wollte er vorab die Reparationsfrage lösen.

Davon abgesehen zögerte der Kanzler, einseitig aufzurüsten. Vielmehr gedachte er, sich gemeinsam mit den beteiligten Staaten vertraglich über Ab- und Aufrüstungsschritte zu einigen. Da wurde die Reichswehrführung ungeduldig! Bereits im Herbst 1930 hatte der verantwortliche Minister, Wilhelm Groener, verlangt: »Im politischen Geschehen Deutschlands darf kein Baustein mehr bewegt werden, ohne daß das Wort der Reichswehr ausschlaggebend in die Waagschale geworfen wird.«[56] Als Brüning, entgegen den Wünschen der Militärs, am Vorrang der Reparationsfrage festhielt und in der Aufrüstung maßvoll verfuhr, fiel der einflußreich-intrigante General von Schleicher von ihm ab. Der energische Vorstoß in der Rüstungsfrage, den die Offiziere seit dem Frühjahr 1932 immer ungeduldiger forderten, blieb, nach dem Urteil seiner Kritiker, unverständlicherweise aus: Die Reichswehrführung ging dem Kanzler gegenüber in die Opposition und trug zu seinem Ende als Regierungschef maßgeblich bei. Bis dahin allerdings konnte Brüning tatsächlich außenpolitische Erfolge verbuchen, die freilich nicht zur inneren Konsolidierung beitrugen, sondern die allgemeine Zerrüttung nur noch förderten.

In dem außenpolitischen Grundmuster, dem Brüning verpflichtet war, läßt sich eine antifranzösische Orientierung seiner Gedankenbildung und Politik gar nicht übersehen. Was Stresemann im Zuge der Verständigung mit dem westlichen Nachbarn zu erreichen suchte, strebte Brüning im erklärten Gegensatz zu Frankreich an. Die Art und Weise, wie er mit Briten, Amerikanern und Sowjets zusammenzuwirken bemüht war, während er den Franzosen mit reservierter Ablehnung gegenübertrat, mochte in manchem an die von Bismarck Jahrzehnte zuvor im »Kissinger Diktat« niedergelegte Vorgehensweise erinnern, mit allen außer mit Frankreich auf gutem Fuß zu verkehren, um diesen Staat zu isolieren.

Insofern hielt Brüning noch eine Idee entschiedener, als das am Ende der Ära Stresemann üblich war, an der »Rapallo-Linie« fest. Gewiß, ganz im Sinne einer Politik der »Ost-West-Balance« war auch er darum bemüht, »auf jeden Fall den Eindruck zu vermeiden, als ob Deutschland für den Osten optieren wolle«[57]. Nichtsdestoweniger wurde der Berliner Vertrag, der nach Ablauf von fünf Jahren 1931 endete, umgehend verlängert. Aus innenpolitischer Rücksichtnahme, die im Zeichen eines anwachsenden Antibolschewismus auf der Rechten angebracht erschien, und im außenpolitischen Blick auf Frankreich, das nicht an die Seite der Russen getrieben werden sollte, vollzog sich die Prolongierung, gleichsam unter Ausschluß der allgemeinen Öffentlichkeit, nur in paraphierter Form und ohne parlamentarische Ratifizierung. Was die Laufzeit anging, bestand Brüning darauf, sie erst einmal auf zwei Jahre zu begrenzen. Denn der

Kanzler wollte abwarten, was aus den für das Deutsche Reich nicht unproblematischen, unter Umständen gefährlichen Verhandlungen werden würde, die zwischen der Sowjetunion und Frankreich sowie zwischen Polen und der Sowjetunion im Gange waren.

Moskaus Annäherungen an Paris und Warschau wandelten die Qualität sowjetischer Westpolitik in entscheidendem Maße: Hatte sie sich bislang beinahe exklusiv auf den deutschen Rapallopartner konzentriert, stand Stalin jetzt im Begriff, eine überlegen abgesicherte Position zu beziehen. Bald schon war er dazu imstande, mit den Deutschen gegen die Polen und die Franzosen oder mit den Franzosen und den Polen gegen die Deutschen zusammenzuarbeiten, je nachdem, was die prekäre Lage der hemisphärischen Zweifrontenmacht Sowjetunion gebot. Im Osten hatte sie es mit dem aggressiven Japan und im Westen mit dem aufs neue unruhigen Deutschland zu tun. Es war die innenpolitische Lage im Reich, die Stalin dazu veranlaßte, sich zur Sicherung seiner Westgrenze nicht mehr allein auf den inzwischen unberechenbaren Vertragspartner in der Mitte des Kontinents zu verlassen. Zum unverkennbaren Nachteil der deutschen Position suchte er die Rückversicherung mit Frankreich und Polen.

Bei dieser internationalen Konstellation ging es für den Reichskanzler, der die äußere Politik ausschlaggebend gestaltete, darum, das zu tun, was schon das Kabinett Müller in seiner Endphase beschäftigt hatte, nämlich den Young-Plan zu liquidieren und die Reparationen loszuwerden. Gegenüber den verantwortlichen Gläubigermächten trat die deutsche Regierung dafür ein, den Young-Plan gründlich zu revidieren. Er war in der Tat unter wirtschaftlichen Prämissen vereinbart worden, die einer vergangenen Zeit angehörten. Der Vertrag sah vor, die deutsche Zahlungsfähigkeit von einem Wachstum der Weltwirtschaft abhängig zu machen, das es längst nicht mehr gab. Daher sah Brüning nur den Ausweg, sich der einsichtigeren Briten und Amerikaner zu versichern, um die widerspenstigen Franzosen gefügig zu machen. Sich im Stresemannschen Sinne mit Frankreich zu einigen, wurde vom Reichskanzler nicht erwogen. Daß darin eine alternative Chance liegen konnte, wurde zwar im Auswärtigen Amt erörtert, besaß aber keine Aussicht auf Verwirklichung.

Frankreich, das auch nach dem Einbruch der Weltwirtschaftskrise »finanziell von allen Ländern am glänzendsten«[58] dastand, hätte noch am ehesten mit Anleihen von erforderlichem Volumen aushelfen können. Doch »Frankreich und insbesondere den französischen Rentner an unserer Prosperität zu interessieren«[59], wie es im Auswärtigen Amt noch vor der Weltwirtschaftskrise mit einem warnenden Blick auf die gefährlich kurzfristig gewährten Kredite aus den Vereinigten Staaten von Amerika empfohlen worden war, hätte deutsche Zugeständnisse an das französische Sicherheitsbedürfnis erfordert. Auf dem Rüstungssektor Konzessionsbereitschaft an den Tag zu legen, paßte jedoch nicht mehr in die veränderte Landschaft der Brüningzeit.

Gezielt steuerte der Reichskanzler seinen außenpolitischen Kurs an Frankreich vorbei. Nicht ohne Erfolg versuchte er statt dessen, beispielsweise im Zusammenhang mit seinem Besuch in Chequers im Juni 1931, die Briten zum Entgegenkommen zu bewegen. Sollte die Last der Reparationen für die Deutschen nicht in gehörigem Maße erleichtert werden, prognostizierte der Kanzler einen Umschlag der wirtschaftlichen Notlage in das politische Chaos. Brüning beschwor die weitreichenden Folgen, die daraus, weit über nationale Belange hinaus, für die Existenz der Staatenwelt erwachsen würden. Drohend hielt er die Waffe der miserablen »wirtschaftlichen Situation« bereit, um in bezug auf die Revision der Reparationsfrage seine außenpolitischen Wünsche »auszusprechen«: »das hat mir in Chequers einen Erfolg gebracht und hat sich auch in späteren Situationen bewährt«[60], erläuterte er am 24. Mai 1932 sein Vorgehen vor dem Auswärtigen Ausschuß des Reichstages. Dahinter stand, ohne die Sache beim Namen nennen zu können, der entschlossene Wille, die Bürde der Reparationen ein für allemal abzuwerfen.

Dazu bedurfte es vor allem des Einverständnisses der Amerikaner. In der Tat ergriff Präsident Hoover im Juni 1931 die Initiative: Ein einjähriger Zahlungsaufschub für alle internationalen Verpflichtungen sollte allgemeine Entlastung stiften. Die Motive für das am 6. Juli proklamierte Moratorium lagen im Politischen begründet und waren durchaus auf den amerikanischen Vorteil bedacht. Hoover befürchtete, daß die wirtschaftlichen Probleme und ihre politischen Wirkungen nachteilige Folgen für das eigene Land zeitigen könnten. Ökonomischer Niedergang in Europa würde vor allem die jungen, noch ungefestigten Demokratien auf dem alten Kontinent politisch destabilisieren. Dem wollten die Amerikaner nicht tatenlos zusehen.

Daher bekundete der Präsident sein »starkes Interesse daran, liberal eingestellte Kreise in Deutschland, Österreich und Osteuropa zu unterstützen, die sich bemühten, ihre demokratische Staatsordnung gegen die sie bedrohenden politischen Kräfte zu schützen. Diese demokratischen Regierungen waren die Grundpfeiler jeder Hoffnung für einen dauerhaften Frieden in Europa.«[61] Ebenso weitblickend wie zutreffend war davon die Rede, daß wirtschaftliche und politische Stabilität einander bedingen, daß ökonomische Wohlfahrt und demokratisches Gedeihen zusammengehören. Einmal mehr trat inmitten der großen Krise hervor, was schon im Zeichen der zurückliegenden Normalität unübersehbar geworden war: Europa insgesamt und Deutschland im besonderen waren vom Wohlwollen und vom Diktat der amerikanischen Außen- und Außenwirtschaftspolitik extrem abhängig. Kein Wunder, daß Brüning mit Rücksicht auf die Politik der »offenen Tür« des allmächtigen Gläubigers unmittelbar vor seinem Abgang, im Mai 1932, von den ein knappes Jahr zuvor abgeschlossenen Präferenzverträgen für ausgewählte Agrarprodukte mit Rumänien und Ungarn Abstand nehmen mußte.

Die durch Präsident Hoover zwölf Monate lang ermöglichte Stundung der Schulden vermochte allerdings die rasende Fahrt nicht mehr aufzuhalten. Zu weit war die Misere vorangeschritten, zu mächtig hatte sie an Beschleunigung gewonnen. Dennoch: Mit der Verkündung des Hoover-Moratoriums war für das Deutsche Reich der Anfang vom Ende der Reparationen gekommen, das schon ein Jahr darauf in Lausanne praktisch besiegelt wurde. Weil die an sich für den Jahresanfang 1932 vorgesehene Konferenz auf französisches Drängen hin verschoben wurde, konnte dieser Triumph dem Kanzler bereits nicht mehr zuteil werden, der wenige Wochen zuvor vom Reichspräsidenten entlassen worden war.

Das Hoover-Moratorium war letztlich zustande gekommen, weil sich die englische und amerikanische Gläubigermacht in der Befürchtung, durch einen totalen Kollaps der deutschen Wirtschaft und der Weimarer Demokratie selbst in Mitleidenschaft gezogen zu werden, über Widerstände hinweggesetzt hatten, die von französischer Seite aus gegen den Vorschlag des amerikanischen Präsidenten vorgebracht worden waren. Ohne Zweifel, mit angelsächsischer Unterstützung vermochte Brüning Erfolg zu verbuchen, der jedoch umgehend der galoppierenden Krise zum Opfer fiel und dem Regierungschef kaum innenpolitische Erleichterung verschaffte. Immerhin: Die Methode, den *beati possidentes* in England und Amerika drohend vor Augen zu führen, daß ein unbewegliches Insistieren auf den Reparationen die »Gefahr eines nationalsozialistischen oder bolschewistischen Umsturzes mit dem Ergebnis völliger Verwirrung«[62] heraufbeschwöre, hatte zu ihrem Einlenken geführt. Sie sahen ein, daß ihnen der Selbstschutz nachzugeben gebot, zumal es Brüning auf innenpolitischem Feld gelungen war, auch die Sozialdemokraten und Gewerkschaften auf seinen Standpunkt zu verpflichten. Das Ende der Reparationen zu fordern, war das Gebot der Stunde!

Das heißt aber: Die Regierung Brüning war fest entschlossen, nach Ablauf des Moratoriums keine Zahlung mehr zu leisten. Zu verwirklichen suchte sie dieses Ziel in einem kompromißlos geführten Kampf mit Frankreich, ohne der Chance einer Zusammenarbeit mit dem westlichen Nachbarn ernsthaft nachzuspüren. Auf bewährte Weise hielt sich der Kanzler im Zuge von internationalen Gesprächen und Konferenzen bevorzugt an die Angelsachsen. Schließlich öffnete sich über die Bank für Internationalen Zahlungsausgleich der Durchgang zum Ziel: Der Bericht eines beratenden Ausschusses der BIZ, der unter dem Vorsitz von Alberto Beneduce das Problem untersucht hatte, teilte am Jahresende 1931 mit, der Young-Plan komme ihr nicht mehr realisierbar vor. Kurz darauf wurde zur internationalen Konferenz nach Lausanne eingeladen, um die Reparationsfrage abschließend zu regeln. Die Deutschen frohlockten; sie witterten Morgenluft; optimistisch äußerte sich Brüning im vertrauten Kreis über das Ende der Reparationen.

Allein, Frankreich fühlte sich schmählich hintergangen. Mehr als einen verzögernden Aufschub der für den Januar 1932 anberaumten Konferenz vermochte es jedoch nicht zu erreichen. Den Franzosen mußte es so vorkommen, als habe die deutsche Verständigungspolitik am Ende nur dazu gedient, die auferlegten Verpflichtungen loszuwerden. Der französische Botschafter, André François-Poncet, geißelte das deutsche Vorgehen als einen »heuchlerischen Kunstgriff«[63]. Daher war, was Frankreichs Haltung zu dem anderen großen Ziel der Außenpolitik Brünings anging, die Voraussetzung nicht gerade günstig. In der Tat stand jetzt die Rüstungsfrage im Zentrum der deutschen und der europäischen Politik. Sie war das Thema der am 2. Februar 1932 in Genf eröffneten Konferenz, auf der 64 Staaten über das Abrüstungsproblem verhandelten.

Unter dem zunehmenden Druck der Reichswehrführung neigte die deutsche Regierung dazu, nach der Aufrüstung zu verlangen, weil Frankreich nicht dazu bereit war, sich, den Bestimmungen des Friedensvertrages gemäß, auf die Abrüstung einzulassen. Brüning hätte es, in Stresemanns Sinne, wohl vorgezogen, im internationalen Rahmen eine vertragliche Einigung herbeizuführen. Doch die verzweifelte Lage im Inneren und der latente Krieg mit Frankreich nach außen begrenzten seinen Spielraum empfindlich. Im Auswärtigen Amt wurde in spiegelbildlicher Entsprechung zum französischen Sicherheitsverlangen jetzt immer fordernder auf das deutsche Sicherheitsinteresse verwiesen: »Das Ziel Deutschlands muß selbstverständlich sein«, umschrieb der Leiter des Völkerbunds- und Abrüstungsreferats, Ernst von Weizsäcker, den für die Wilhelmstraße verbindlichen Standpunkt in der Rüstungsfrage, der um vieles zurückhaltender ausfiel als das zunehmend offener auf die unbeschränkte Aufrüstung zielende Drängen der Offiziere, »bei der jetzt nach 12 Jahren zum ersten Mal gebotenen Gelegenheit sich einen Weg zu öffnen, der aus der unerträglichen Rüstungsüberlegenheit [sic] gegenüber seinen Nachbarn herausführt. Nichts hat unsere auswärtige Politik seit dem Krieg so sehr beeinträchtigt wie die Schutzlosigkeit unserer Grenzen.«[64] »Auf alle Fälle« sollten, so bot Weizsäcker als Repräsentant der »Staatskunst« die Hand zur Zusammenarbeit mit den ungeduldigen Vertretern des »Kriegshandwerks«, »Politiker und Soldat dafür sorgen, daß der Staat militärisch so stark wie irgend möglich ist, wenn Kriegsgefahr sich zeigt«[65].

Die verführerisch gefährliche Zauberformel, die innenpolitisch beide Seiten einte und außenpolitisch viele Probleme aufwarf, lautete, für das eigene Land auf der Gleichberechtigung zu bestehen. Das war einleuchtend, war *à la longue* im übrigen auch Stresemanns Ziel gewesen. Der Weg dahin konnte aber auf sehr verschiedene Art und Weise zurückgelegt werden: Der neu gewählte Kurs jedenfalls beschwor ernste Gefahr herauf. Durchschlagender Erfolg war auf dem Abrüstungssektor lange überfällig; die chauvinistische Welle im Inneren ging hoch; das ungestüme Drängen der Militärs auf die unbeschränkte Aufrüstung nahm zu. Vor diesem Hintergrund gingen die entscheidenden Protagonisten der Diplomatie davon ab, die Rüstungsfrage im internationalen Rahmen, beispielsweise auf dem Forum des Völkerbundes, einvernehmlich mit den anderen Staaten zu lösen. Sie kannten nur noch das eigene Anliegen; für alles andere hatte das zermürbende Warten sie kurzsichtig gemacht.

Als Japan im September 1931 die Mandschurei mit Krieg überzog und die existierende Ordnung mit Gewalt veränderte, bekannte von Weizsäcker mit verächtlichem Blick auf die Société des Nations, die nun zum Handeln aufgerufen war, er fühle »für den Völkerbund ... keine Verantwortung und keine Sympathie«[66]. Der Diplomat spekulierte im Gegenteil sogar auf vorteilhafte Zusammenhänge zwischen der ostasiatischen Krise und dem deutschen Revisionsstreben. Gerade durch einen Krieg lasse sich das Genfer Gremium »vielleicht zu unseren Gunsten umbauen oder [es] versinkt ins schadlose Nichts«[67]. Aus der inneren und der äußeren Gefahr, aus dem wirtschaftlichen Zusammenbruch der eigenen Gesellschaft und dem militärischen Konflikt im internationalen System Kapital zu schlagen, beschreibt eine mit höchstem Risiko behaftete Strategie, der die deutsche Außenpolitik damals folgte. Denn hinter einem solchen Kalkül und Handeln lauerten im Innenpolitischen wie im Außenpolitischen nichts anderes als Anarchie und Revolution.

Wie mit Blindheit geschlagen erschienen die deutschen Diplomaten und glichen in ihrer Ungeduld nicht selten ihren wilhelminischen Vorgängern. Auf die Abstimmung des eigenen Tuns mit den Interessen Europas und der Welt glaubte man immer seltener Rücksicht nehmen zu müssen. Das Zivilisierte der Stresemannzeit fiel wie eine Maske ab: Erneut stand die schicksalhafte Frage im Raum, ob ein derart einseitig fordernder, egoistisch auftretender Nationalstaat für die europäische Staatenwelt jemals verträglich sein würde. Das nicht mehr kontrollierbare Ausmaß der katastrophalen Krise, die sich in innen- und außenpolitischer, in wirtschaftlicher und internationaler Hinsicht verschärfte, ließ akut und bedrohlich zutage treten, was die Geschichte des Deutschen Reiches durchgehend und subkutan begleitete: das Problem seiner Verträglichkeit mit Europa! Deutschlands verantwortliche Staatsmänner jedenfalls waren, aus freien Stücken und unter übermächtigem Handlungszwang, nicht mehr länger bereit, der Gefahr eines Konflikts mit ihren Nachbarn auszuweichen.

Gewiß, es gab warnende Stimmen. Ihre Träger hatten die Lektionen der Vergangenheit begriffen, waren insbesondere entschlossen, die Lehren aus der mit Stresemanns Namen verbundenen Ära nicht zu mißachten. Sie lagen vor allem in der Einsicht, jeder Maßlosigkeit zu wehren, vielmehr im Sinne Bismarcks oder Stresemanns dem Reich stets die Zähmung seiner Wünsche und Möglichkeiten zu verordnen, um sein Überleben zu sichern und um seine Entwicklung zu fördern. Botschafter von Hoesch beispielsweise warnte Anfang 1931 eindringlich vor den Gefahren eines zerstörerischen Wettrüstens. Der im Auswärtigen Amt mittlerweile dominierenden Meinung, nach einem Scheitern der Abrüstungskonferenz solle man sich »einseitig von den Verpflichtungen des Teils V des Versailler Vertrages lossagen«[68], trat er mit Vehemenz entgegen. Fast beschwörend, gleichsam prophetisch klang die Mahnung, mit der von Hoesch sein Plädoyer für eine Fortsetzung der Abrüstungsbemühungen schloß, indem er vor der gleißnerischen Formel einer sogenannten »Gleichheit der Sicherheit«[69] warnte: »Die Lossagung Deutschlands von den Entwaffnungsbestimmungen des Friedensvertrages würde Deutschland unter allen Umständen in Gegensatz zur gesamten Welt bringen, denn es gibt keinen Staat, mit Ausnahme vielleicht von Sowjetrußland und Ungarn, der der Perspektive eines neuen Wettrüstens, die dann entstünde, mit Wohlwollen entgegensehen würde.« Doch die eindringliche Warnung vor »einer schweren Konfliktslage«[70] fruchtete nicht. Die Furcht vor der Isolierung war geringer als der Hang zur Tat; nicht kluge Besonnenheit und weise Zurückhaltung, sondern ungeduldiger Aktionismus und trotziges Aufbäumen regierten die Stunde.

Ohne auf die innenpolitischen und internationalen Folgen eines vielschichtigen Zusammenhangs angemessen Bedacht zu nehmen, wurde die Reparations- und Rüstungsfrage ungestüm angegangen. Bald zeichneten sich erste Vorteile für das Deutsche Reich ab. Allerdings, was unter Brünings Kanzlerschaft mit zäher Verbissenheit eingeleitet und erreicht wurde, kam erst seinen Nachfolgern zugute. Denn auf innen- und außenpolitischem Feld überholten ihn mit Leichtigkeit immer wieder diejenigen, die bei weitem rigoroser aufzutreten verlangten, als der verantwortungsbewußte Reichskanzler das zu tun vermochte. Sie forderten, jede Rücksichtnahme abzustreifen, die Brüning in freilich schon gebrochener Kontinuität zur Ära Stresemann zu wahren bemüht war. Kurzum: Wie toll stürmte eine von den Bindungen der Vernunft und Sitte weitgehend entfesselte Zeit an ihm vorbei; sie ließ ihn den aussichtslosen Wettlauf, durch außenpolitisches Prestige der inneren Anarchie Herr zu werden, schließlich verlieren. Der einseitige Austritt des Deutschen Reiches aus der Abrüstungskonferenz am 23. Juli 1932 lag bereits jenseits seiner Amtszeit; die am Ende des Jahres den Deutschen von den anderen Mächten zugestandene militärische Gleichberechtigung vermochte er nicht mehr als seine Frucht zu ernten.

Insofern enthält die verzweifelte Klage des einsamen Kanzlers, mag sie auch insgesamt als unzutreffende Annahme[71] oder als »bescheidene Legende«[72] gelten, manches an außenpolitischer Wahrheit, wenn, »in Abwandlung einer Wendung aus seiner letzten Rede im Reichstag am 11. Mai 1932«[73] gefolgert wird, er sei buchstäblich »hundert Meter vor dem Ziel«[74] gestürzt worden. Die immer wieder angeführten Abschiedsworte des Gescheiterten gelten jedenfalls für die Erfolge, die auf dem Sektor der Reparationen vorzuweisen waren, noch eindeutiger als für das Feld der Abrüstung, wo sich der Fortschritt gleichfalls abzeichnete. Daß die innenpolitischen Lasten, mit denen er seine außenpolitischen Leistungen ruinös überbürdete, viel zu schwer waren, ging dem Reichskanzler kaum auf; daß die Westmächte ihm, was Zugeständnisse auf dem Terrain der Revisionspolitik anging, nicht zügig genug entgegenkamen, intensivierte sein Dilemma.

In der Tat haben die Briten und Franzosen, wie Golo Mann die außenpolitische Seite des folgenreichen Debakels der Regierung Brüning umschrieben hat, »später ... dem wilden, bösen Mann alle die Konzessionen gemacht, die sie Brüning verweigerten«[75]. Daß Hitlers braune Bewegung gerade in den stürmischen Jahren der kurzen Ära Brüning weiter an Zulauf und Einfluß gewinnen konnte, lag freilich auch daran, daß ein isolierter Kabinettspolitiker, der durch außenpolitische »Staatskunst« innere Remedur schaffen wollte, die soziale und politische Misere seines Volkes verhängnisvoll unterschätzte.

Nicht zuletzt darin unterschied sich Heinrich Brüning von Gustav Stresemann, der dem Aggregatzustand der inneren Politik im Zusammenhang seiner außenpolitischen Entscheidungen stets die erforderliche Beachtung geschenkt hatte. Über dieser grundlegenden Differenz zwischen beiden Persönlichkeiten darf jedoch nicht aus dem Blick geraten, daß sich während der Regierungsjahre Brünings noch vieles an außenpolitischer Kontinuität mit der Stresemannzeit entdecken läßt. Diese Feststellung zu treffen gilt für die Ziele, die beide verfolgten, und bezieht sich zudem auf ihr Bemühen, mit Großbritannien, den Vereinigten Staaten von Amerika und der Sowjetunion zusammenzuarbeiten.

Ebensowenig ist aber der schwerwiegende Methodenwechsel zu übersehen, der ihre jeweils unterschiedliche Frankreichpolitik bestimmte und, weit darüber hinaus, zwischen dem Multilateralismus des einen und dem Bilateralismus des anderen klaffte. Dennoch ist es nicht angeraten, sich dem zeitgenössischen Urteil anzuvertrauen, das damals in den Vereinigten Staaten von Amerika zu vernehmen war. Dort wurde Brünings Regierung, weil sie am Reichstag und an den Parteien vorbei amtierte, als eine »verhüllte Diktatur«[76] eingeschätzt. Eine solche Ungenauigkeit der vergröbernden Beurteilung läßt die entscheidende Tatsache außer acht, daß der Rechtsstaat, also das Gegenteil der Willkürherrschaft, nach wie vor existierte und daß seine Existenz zu stärken eines der zentralen Anliegen Brünings ausmachte.

Nein, was Brüning von Stresemann im wesentlichen abhob, wurde schon angedeutet: Der eine trieb Außenpolitik auf Kosten der Innenpolitik; der andere nahm dagegen auf die notwendige Balance beider Gewichte sorgfältigen Bedacht. Erinnern wir uns, daß Stresemann beispielsweise im Streit um die Annahme des Young-Plans, eines außenpolitischen Gegenstandes, auf die innenpolitischen Stabilitätserfordernisse der Weimarer Demokratie verwies: Um dem inneren Chaos, das er heraufziehen sah, zu entgehen, hielt er die außenpolitische Entscheidung für den Young-Plan für unumgänglich.

Alles in allem war Stresemann ein Erfolg beschieden, der *prima vista* eher mäßig erscheinen mag. Im Rückblick betrachtet und an der Ausgangslage gemessen, mutet er dagegen geradezu erstaunlich an. Brünings außenpolitische Bilanz nimmt sich nicht übermäßig üppig, aber unmäßig kostspielig aus. Im historischen Urteil verwandeln sich seine fragwürdigen Pyrrhussiege in katastrophale Niederlagen. Dem Ziel der äußeren Revision, dem Fortschritt im Außenpolitischen, fielen der Bestand der Demokratie und die Stabilität im Inneren unbeabsichtigt, ja wider das gezielte Erwarten des Kanzlers zum Opfer. Mit anderen Worten: Die außenpolitisch erwirtschafteten Erträge konnten im Inneren nicht mehr umverteilt werden oder gar Kapital tragen, weil sie zuvor bereits von den wuchernden Zinsen der innenpolitischen Radikalisierung verschlungen wurden.

In einer Zeit, in der sich die Massenleidenschaften hemmungslos austobten und in der sich soziales Elend in unvorstellbaren Erscheinungsformen ausbreitete, blieb Brünings kühles Regiment einer sachgemäßen Politik, die, von Parteien und Parlament unabhängig, das objektiv Richtige zu tun bemüht war, auf der Strecke. Sein anspruchsvolles Kalkül eines stocknüchternen Nationalismus, das vom Primat der Außenpolitik geleitet wurde, war einer schrecklichen Zeit einfach nicht gemäß, auch nicht gewachsen. Brüning handelte viel zu maßvoll und zu verantwortungsbewußt, um auf außenpolitischem Feld so radikal aufzutreten, daß er sich beispielsweise dazu verstiegen hätte, mit dem Krieg zu drohen. Ein solches Maß an Unvernunft hätte ihm aber aneignen müssen, um die Radikalen im Reich zu übertönen und um das widerstrebende Ausland zu erpressen – oder um tatsächlich die große Katastrophe auszulösen.

Wider Willen wirkte der prinzipienfeste, theorietrockene Mann daran mit, daß eine Stimmung zur Lawine anwuchs. Am Ende wollte die Mehrheit des Volkes die Demokratie von Weimar einfach nicht mehr. In seiner nachdenklichen Ablehnung der Brüningschen Außenpolitik hat Peter Krüger auf die mannigfachen Nachteile verwiesen, die für die bescheidenen Erfolge bezahlt wurden: »Sicher ist schließlich einiges durchgedrückt worden, aber war das Ende der Reparationen den Preis wert – die Verhärtung der internationalen Beziehungen, den Zusammenbruch eines vertrauensvollen und engen Verhältnisses zu Frankreich, den drastischen Niedergang des europäischen Handels und Finanzkreislaufs, die immer tiefer sich einfressende innere Krise mit der ungeheuren Arbeitslosigkeit, der immer rücksichtsloseren Interessenauseinandersetzung und politischen Destruktion? ... Die außenwirtschaftlichen Chancen zur Milderung der Krise, die Zusammenarbeit mit Frankreich und dessen Kredite etwa, die vor der Zollunion noch zu einem akzeptablen politischen Preis zu haben waren, sie wurden ja von vornherein um der Revisionsziele willen bewußt ausgeschlossen.«[77]

Schließlich gingen die Inseln des außenpolitischen Fortschritts in einem Meer von innenpolitischer Reaktion unter. Alles, was innere und äußere Stabilität verleihen konnte, wurde von einem Unwetter des Extremismus weggespült. Nach dem zeitgenössischen Urteil des Publizisten Leopold Schwarzschild kam alles noch »rapider ..., als selbst der erbarmungsloseste Pessimismus voraussehen konnte«; und das »Chaos des Endstadiums der Deflation, – konträr im Anlaß« war eben »nicht viel anders in der Wirkung als das Chaos des Endstadiums der Inflation«[78].

War das Kapital der Ära Stresemann, das nicht zuletzt auf der außenpolitischen Habenseite des Deutschen Reiches angehäuft worden war, binnen kurzem unwiederbringlich verspielt? War Deutschland, von der Deflation niedergestreckt, am Anfang der dreißiger Jahre auf seine Ausgangslage vom Beginn der zwanziger Jahre zurückgeworfen, als es der Inflation zu erliegen drohte? Waren das militärische Wettrüsten und die außenpolitische Isolierung ein überpersönliches Schicksal, dem die Deutschen so blind folgten, wie die Lemminge auf unerklärte Weise regelmäßig ins tödliche Meer ziehen? Oder bot sich mit der außenpolitischen Option für Frankreich, die im Frühjahr 1932 unter der Regierung Franz von Papens unverhofft aufblitzte, eine völlig unerwartete Wendung der deutschen Außenpolitik?

Option für Frankreich?

Während der kurzen Zeitspanne vom 1. Juni bis zum 17. November 1932, in der das Kabinett von Papen amtierte, spitzte sich die innenpolitische Entwicklung so dramatisch zu, daß es einem beinahe das Wort verschlägt, von der Außenpolitik zu sprechen. Angesichts eines schier nicht enden wollenden Elends der Menschen, das wie ein alles dahinraffendes Krebsgeschwür wucherte, war eine neue Regierung gebildet worden. Anders als sein Vorgänger wurde dieses Präsidialregime nicht einmal über einen gewissen Zeitraum hin parlamentarisch toleriert, sondern war allein vom Staatsoberhaupt abhängig. Mit frivolem Leichtsinn zeigte sich die hochkonservative, ja reaktionäre Kamarilla um den greisen Hindenburg davon ebensowenig beeindruckt wie der neue Reichskanzler an der Spitze des »Kabinetts der Barone« selbst. Davon abgesehen war spätestens nach dem Ausgang der Reichstagswahlen vom 31. Juli 1932 die theoretische Rückkehr zu einer großen, sich von der SPD bis zur DVP erstreckenden Koalition nicht mehr möglich: NSDAP, DNVP und KPD besaßen zusammen die absolute Verhinderungsmehrheit.

Der Wahlkampf, der diesem Urnengang vorausging, glich einem Bürgerkrieg. Nachdem die Regierung Papen das SA-Verbot aufgehoben hatte, blieb den Uniformierten aller Couleur wiederum die Straße überlassen. Eine Serie von Gewalttaten ging über das Land. Die nationalsozialistische Sturmabteilung machte gegen den kommunistischen Rotfrontkämpferbund, das republikanische Reichsbanner und den konservativen Stahlhelm mobil. Allein der Altonaer Blutsonntag kostete im Juli 1932 17 Menschen das Leben. Die Regierung verschärfte die Gesetze für politische Straftaten. Doch die zerstörerische Gewalt ebbte nicht ab. Mit der bestialischen Ermordung eines kommunistischen Arbeiters im oberschlesischen Dorf Potempa durch einen Trupp von SA-Leuten erreichte sie in der Nacht vom 9. auf den 10. August vielmehr einen schrecklichen Höhepunkt. Es herrschte in der Tat, wie ein Zeitzeuge entsetzt festhielt, »Tag für Tag und Sonntag für Sonntag« eine »fortlaufende Bartholomäusnacht«[79]. Das Kabinett, das die nationalsozialistischen Extremisten in Schach halten und gleichzeitig für sich gewinnen wollte, war kaum mehr Herr der Lage.

Mit einer verhängnisvoll undeutlichen Mischung aus Ablehnung und Sympathie war dem, was sich auf Deutschlands Straßen abspielte, nicht mehr beizukommen; den reaktionären Nationalismus sklerotisch wirkender Exzellenzen übertraf die ordinäre Agitation der vitalen braunen Bewegung allemal. Wie sich beide als Konkurrenten befehdeten, trafen sie sich in der Demontage der Republik. Diesem Ziel dienten die Nationalsozialisten durch die Terrorisierung der Öffentlichkeit, die das Gewaltmonopol des Staates außer Kraft setzte; dieses Vorhaben förderte die Regierung durch ihr antidemokratisches Handeln, das im sogenannten »Preußenschlag« vom 20. Juli 1932 gipfelte: In einem Staatsstreich setzte von Papen das in Preußen geschäftsführende Kabinett des Sozialdemokraten Braun ab, übernahm als Reichskanzler das Amt des preußischen Ministerpräsidenten und ernannte für den Posten des Innenministers einen Reichskommissar in dieser bis dahin verläßlichen Bastion der Weimarer Demokratie.

Was wollte der neue Regierungschef auf außenpolitischem Terrain? Wie in der inneren Politik galt von Papen, der durch eine Art von Hofintrige an Brünings Stelle gehievt wurde, auch in der äußeren Politik erst einmal als ein nahezu unbeschriebenes Blatt. Der geheimnisumwitterte Drahtzieher im Hintergrund, General von Schleicher, der jetzt das Reichswehrministerium übernahm, war vor allem von Brüning abgerückt, weil der Kanzler die Rüstungsforderungen der Militärs nicht rigoros genug vertrat. In dieser Hinsicht versprach sich die graue Eminenz der untergehenden Republik von dem ehemaligen Kavallerieoffizier von Papen mehr entschlossene Rücksichtslosigkeit. Als Mitglied des »Herrenclubs«, eines kleinen Zirkels adeliger Reaktionäre, erschien von Papen, der zum rechten Flügel des Zentrums gehörte, aber kaum eine tiefere Bindung zu dieser Partei hatte, in innen- und außenpolitischer Hinsicht für eine rigorose Kehrtwendung geeignet, die sich an der Vergangenheit des wilhelminischen Kaiserreichs orientieren sollte. Der neue Außenminister von Neurath fand mit seiner forschen »Pressionspolitik« rasch zu einem Einverständnis mit der Reichswehrführung, die nicht länger Geduld aufbringen wollte, um eine Lösung der Rüstungsfrage aufzuschieben.

Endgültige Liquidierung des Reparationsproblems und kompromißlose Behandlung der Militärangelegenheiten – das waren die außenpolitischen Aufgaben, denen das nicht einmal ein halbes Jahr lang amtierende Regime von Papens seine besondere Aufmerksamkeit schenkte. Die Art und Weise, diese Forderungen durchzusetzen, ließ bald – nicht ohne die auswärtigen Mächte damit zu überraschen – erkennen, welches außenpolitische Grundmuster dieser Kanzler ohne parlamentarische Mehrheit in die deutsche Geschichte einzuzeichnen vorhatte. Im unübersichtlichen Verlauf, den der Gang der deutschen

Außenpolitik von der Ära Stresemann über das Kabinett Brüning zur Regierung von Papen nahm, heben sich die maßgeblichen Entwicklungslinien, so eng verschlungen sie tatsächlich miteinander waren, im Rückblick doch deutlich voneinander ab.

Stresemanns Diplomatie der »Ost-West-Balance«, die sich im Außenwirtschaftlichen bevorzugt an die Vereinigten Staaten von Amerika angelehnt hatte, war darauf bedacht gewesen, die erforderliche Revisionspolitik zu betreiben und die Eigenständigkeit einer Großmacht zu wahren, indem sie ihre nationale Verständigungspolitik im austarierten Zusammenhang mit den großen Mächten in West und Ost verfolgte. Wenn es ihr überhaupt darauf angekommen war, irgendeinen Staat in die Enge zu treiben, um ihn unterhalb der Schwelle des Krieges für eigene Interessen gefügig zu machen, dann war es Polen gewesen.

Brüning hielt an manchem Element der Politik Stresemanns fest und änderte doch Entscheidendes. Im Prinzip war auch er darum bemüht, mit den relevanten Kräften im Westen und Osten, mit Angelsachsen und Sowjets, ein gutes Einvernehmen zu pflegen. Daß die Briten im Rahmen seiner äußeren Politik an die Stelle der Amerikaner rückten, die sich wirtschafts- und finanzpolitisch eher zurückzogen, schlug weniger grundsätzlich zu Buche als die Tatsache, daß er in der deutschen Frankreichpolitik einen anderen Kurs einschlug. Über den polnischen Gegner hinaus wurde nunmehr der westliche Nachbar des Reiches ebenfalls zu isolieren versucht. Im Vordergrund seiner Außenpolitik stand nach wie vor, sehr zum Leidwesen der Reichswehrführung, die daher zum Kanzler auf Distanz ging, die Reparationsfrage, der das Rüstungsproblem nachgeordnet blieb.

Gerade das sollte sich unter von Papen ändern! Mehr noch: Bei der abschließenden Behandlung der Reparationsfrage wurde der grundlegende Versuch eines außenpolitischen Kurswechsels offenbar, denn Papen war augenscheinlich bestrebt, mit Frankreich, ja sogar mit Polen zu einer weitreichenden Verständigung zu gelangen. Der überraschend auftauchende Plan, sich mit den Franzosen zu arrangieren, wurzelte nicht zuletzt in weltanschaulichen Überzeugungen des neuen Kanzlers. Seine Spitze zielte gegen die Sowjetunion, aber auch gegen Großbritannien und die Vereinigten Staaten von Amerika. Wie sich der fast luftig anmutende Entwurf mit der konträren Forderung nach Priorität des Rüstungsproblems vertrug, die dem Regierungschef von der Reichswehrführung mit Nachdruck unterbreitet wurde, war im Grunde schwer einsehbar. Überhaupt mußte von Papens Einigungsversuch mit Frankreich, der zu einem wirtschaftlichen und militärischen Bündnis zwischen beiden Ländern ausgebaut werden sollte, notwendigerweise mit jener rigorosen Revisionspolitik kollidieren, der er mit dem herausfordernden Verlangen nach einer Streichung des »Kriegsschuldartikels« 231 auf schrille Art und Weise Gehör verschaffen wollte.

Immerhin trat der Reichskanzler im Rahmen der vom 16. Juni bis zum 9. Juli

1932 tagenden Lausanner Konferenz, die das nahezu erledigte Problem der deutschen Reparationen abschließend zu lösen hatte, mit weitreichenden Angeboten an Frankreich heran. Für einen vollständigen Verzicht der Franzosen auf deutsche Reparationen und für die grundsätzliche Anerkennung der Gleichberechtigung des Reiches bot er in ökonomischer, politischer und militärischer Perspektive seine Zusammenarbeit an: in Form einer wirtschaftlichen Zollunion zwischen beiden Ländern; in Form einer regionalen Garantie der deutschen Ostgrenze, die Frankreichs Ententepartner Polen an die Seite der neuen deutsch-französischen Koalition führen konnte; in Form regelmäßiger Kontakte zwischen den militärischen Spitzen beider Staaten.

Daß das vage Vorgeschlagene an den mächtigen Hindernissen scheitern mußte, die ihm auf dem innen- und außenpolitischen Parcours der Zeit im Weg standen, leuchtet ein. Dennoch: Die Idee einer Zusammenarbeit mit Frankreich beschreibt eine Grundkonstante der Außenpolitik von Papens. Im Vorhaben eines bilateralen Militärpakts, für dessen Zustandekommen der Reichskanzler zu rüstungspolitischen Konzessionen bereit zu sein schien, nahm von Papens französischer Allianzplan eine gewisse Gestalt an. In entsprechenden Initiativen lebte dieser Gedanke fort, die Reichsaußenminister von Neurath im August und September des Jahres in den hin- und hergehenden Auseinandersetzungen über die militärischen Fragen Frankreich gegenüber ergriff, zu einer Zeit also, als das Deutsche Reich der Abrüstungskonferenz offiziell bereits nicht mehr angehörte.

Ministerpräsident Herriot zeigte sich verblüfft und beeindruckt von dem, was der auf dem Parkett von Lausanne so gewandt auftretende von Papen an sensationell Neuem zu bieten hatte. Doch der »Geist von Lausanne«, von dem der französische Regierungschef am 8. Juli gesprochen hatte, als die Einigung über das Reparationsproblem zustande kam, verflog, ehe seine Wirkung die Seelen zu verändern vermochte. Die französische Reaktion auf die überraschende Offerte der Deutschen blieb kühl. Kein Wunder, wenn man sich vor Augen führt, daß der Reichskanzler ansonsten vor dem abstoßenden Hintergrund einer nationalistisch aufgepeitschten Öffentlichkeit im Reich mit markigen Reden grelle Schlagzeilen machte.

Frankreichs reservierte Haltung wurde allerdings auch dadurch geprägt, daß die Briten dem sie beunruhigenden Plan einer deutsch-französischen Annäherung ablehnend begegneten. Da half es nicht mehr, sondern schadete nur noch, daß von Papen, nachdem sich das Scheitern einer Zusammenarbeit mit Frankreich abgezeichnet hatte, seine kühnen Angebote an die Franzosen dem englischen Premierminister MacDonald gegenüber herunterzuspielen bemüht war. An die Stelle eines deutsch-französischen Konsultativpakts trat vielmehr eine entsprechende Vereinbarung zwischen Großbritannien und Frankreich, die es sich nicht zuletzt zur Aufgabe machte, das in Versailles Festgelegte zu behaupten.

Papens französische Option war gescheitert. Von Anfang an hatte sie nichts mit einer Frankreichpolitik im Sinne Stresemanns gemein, die schöpferisch über sich hinauswies und die allgemeine Verständigung im Auge hatte. Vielmehr trug sie, was der *Vorwärts*, das Parteiorgan der westlich orientierten Sozialdemokratie, gleich zu Beginn der Regierung von Papen bemerkte, »antirussischen Charakter«[80]. Daß die Sowjets aufatmeten, als der mit leichtfertiger Kühnheit westwärts steuernde Kurs des unpopulären Kanzlers scheiterte, verwundert daher nicht. Ein deutsch-französisches Arrangement hätte das Ende ihrer behutsamen Diplomatie mit sich gebracht, die ihren Pivot lange Zeit im Berliner Vertrag erblickt hatte. Angesichts deutscher Unsicherheiten erschien es für Stalin um so dringender erforderlich zu sein, sich bei Polen und Frankreich rückzuversichern, denn: Ein deutsch-französisch-polnischer Block hätte die Sowjetunion in Europa isoliert, und das zur gleichen Zeit, als Japan in Ostasien mobil machte.

Blieb für die Deutschen als Erfolg der Lausanner Konferenz nur das Ende der Reparationen. Das war viel und wenig zugleich: Viel, weil endlich ein langersehntes Ziel erreicht war; wenig, weil die chauvinistische Öffentlichkeit, aber auch mancher unter den konservativen Mitstreitern von Papens längst mehr erwarteten.

Zu dem notwendigen Kompromiß war es gekommen, nachdem der Reichskanzler von seiner anfänglichen Weigerung, gar nichts mehr an Reparationszahlungen aufbringen zu wollen, abgerückt war. Im Banne der allgemeinen Krise, die selbst die unmittelbar noch nicht davon Betroffenen belastete, und mit Rücksicht auf die schwierigen Probleme der entscheidenden Rüstungsfrage, die nunmehr zu lösen anstand, stimmte Frankreich schließlich der angebahnten Einigung zu. Der Young-Plan, der nicht mehr zu praktizieren war, wurde außer Kraft gesetzt. Die Deutschen erklärten sich dazu bereit, sobald sie wirtschaftlich genügend erholt wären, frühestens nach einer Frist von drei Jahren, eine abschließende Zahlung zu leisten. Sie belief sich auf drei Milliarden Reichsmark, die, zu 5 Prozent verzinst, in Form von Schuldverschreibungen über die Bank für Internationalen Zahlungsausgleich den Gläubigern zufließen sollten.

Das Ende der Reparationen war damit besiegelt. Wie eine reife Frucht hatte der frohgemut nach Berlin zurückkehrende von Papen den außenpolitischen Erfolg von dem Baum pflücken können, den Stresemann und Brüning entbehrungsvoll kultiviert hatten. Zu einem innenpolitischen Durchbruch reichte das in Lausanne wacker Erstrittene jedoch nicht aus. Gewiß, die republiktreuen Kräfte, vor allem die Sozialdemokraten, waren ungeachtet erheblicher Vorbehalte gegenüber den antidemokratischen Eskapaden des »Herrenreiters« an der Spitze eines erzreaktionären Kabinetts fair genug, die Vorzüge des Ertrags anzuerkennen, den die von ihnen getragenen oder tolerierten Regierungen vorbereitet hatten. Dagegen verurteilten die Extremisten von links und rechts, allen voran die Kommunisten und Nationalsozialisten, das in der Schweiz Ausgehandelte als eine Kapitulation von Papens, war es ihm doch nicht gelungen, das Joch der Reparationen ganz ohne Gegenleistung abzuschütteln.

Für die bald schon beendete Zukunft des neuen Kabinetts von Papen bedeutungsvoll, lehnte sein ursprünglicher Demiurg, General von Schleicher, das Ergebnis von Lausanne als »Niederlage«[81] rundweg ab. Die Reparationen ohne Zugeständnisse loswerden zu müssen, stellte für den Reichswehrminister längst etwas Selbstverständliches dar. Sein Sinnen und Trachten war vielmehr ganz auf die Rüstungsfrage konzentriert. Für die Genfer Konferenz bedeutete das nicht mehr und nicht weniger, als daß von Schleicher und die Reichswehrführung ohne jede Einschränkung auf der militärischen Gleichberechtigung Deutschlands bestanden. Von der rüstungspolitischen Konzessionsbereitschaft, die von Papen im Zusammenhang mit seiner französischen Option an den Tag legte, hob sich diese kompromißlose Haltung mit schneidender Schärfe ab. Tatsächlich wollten sich die Offiziere auf nichts anderes mehr einlassen, als völlige Freiheit für Deutschlands Wiederaufrüstung zu beanspruchen.

In diesem Zusammenhang tat sich an der Spitze des Reiches eine Kluft zwischen Zivilisten und Militärs, zwischen Auswärtigem Amt und Reichswehr auf, die auf vergleichbare Konstellationen im Kaiserreich verwies. Schon am 2. Juni hatte Staatssekretär von Bülow dafür plädiert, sich deutscherseits »an einem erfolgreichen Ausgang der Abrüstungskonferenz«[82] interessiert zu zeigen. Zum einen mußte Deutschland daran »ein sehr erhebliches allgemein-politisches Interesse« haben, da »die allgemeine politische Entspannung« erwünscht war, »die eine erfolgreiche Konferenz mit sich bringen würde«. Zum anderen galt es, diese wohlfeile »Verständigungsmöglichkeit« aber nicht zuletzt deshalb zu nutzen, weil das Reich »in den nächsten Jahren aus finanziellen Gründen zu einer irgendwie nennenswerten Aufrüstung nicht in der Lage sein«[83] würde.

Doch davon wollte der Mann, der die Fäden in der Regierung von Papen zog, ganz und gar nichts wissen: Notgedrungen mußte von Schleicher immer stärker mit dem hervortreten, was er eigentlich plante. In dem sich hinziehenden Ringen mit Staatssekretär von Bülow wurde deutlich, daß der Reichswehrminister sehr konkrete Vorstellungen über die Aufrüstung hatte. Deutschlands Stärke sollte entweder derjenigen Frankreichs oder derjenigen der Tschechoslowakei und Polens zusammen entsprechen. Anders als von Bülow, dem es vorläufig eher um »›theoretische‹ ... Gleichbehandlung«[84] für das Reich ging, bestand von Schleicher auf einer »völligen Gleichberechtigung, die aber de facto durch eine deutsch-französische Verständigung über die tatsächlichen deutschen Rüstungszahlen eingeschränkt werden könnte«[85].

Auf Anhieb vermochte der ambitiöse General sein Konzept nicht durchzusetzen. Dessenungeachtet befremdete das ebenso ungeduldige wie fordernde, ja anmaßende Auftreten der Deutschen im Rahmen der Abrüstungskonferenz vor allem die Briten. Die auftrumpfende Erklärung der deutschen Reichsregierung, man könne nicht akzeptieren, wenn die in Genf Versammelten »die Regeln und Grundsätze für die allgemeine Abrüstung der Staaten festlegen« wollten, »aber gleichzeitig Deutschland ... einem diskriminierenden Ausnahmeregime unterworfen würde«[86], raubte nahezu jeden Verhandlungsspielraum. Da der deutschen Entwaffnung die allgemeine Abrüstung nicht gefolgt war, bestand man geradezu auf einer generellen Zustimmung für die eigene Aufrüstung. Gefährlich nahe lagen Abrüstung und Wettrüsten wieder einmal beieinander!

Im langen Schatten der in Ostasien durch Japan eröffneten militärischen Auseinandersetzung wurde in Genf seit dem Februar 1932 langwierig um die militärische Demobilisierung gerungen. Inzwischen waren ringsum alle Mächte, weil eine konturenschwache Gemengelage aus Krieg und Frieden sie notgedrungen dazu trieb, auf das alte Rezept verfallen, nationale Sicherheit mit gefüllten Waffenarsenalen gleichzusetzen. Die prinzipielle Unvereinbarkeit der deutschen Forderungen mit den alliierten Vorstellungen führte am 22. Juli zum Auszug des Reiches aus der Genfer Abrüstungskonferenz; die in Berlin rücksichtslos auf Egalität pochende Fraktion hatte offensichtlich die Oberhand gewonnen. Ihre Existenz war mit dem Namen und der Politik von Schleichers verbunden, der sich mittlerweile aus innen- und außenpolitischen Gründen von seinem Protegé von Papen abgewandt hatte. Nach dem Rücktritt des gedankenlosen Kavaliers war der politisierende Offizier schließlich gezwungen, seine verborgene Position im geschützten Halbdunkel zu verlassen: Am 2. Dezember 1932 wurde Kurt von Schleicher Reichskanzler. Vornehmlich aus innenpolitischen Gründen, die ihre außenpolitische Entsprechung in seinen russischen Neigungen finden mochten, nannte man ihn den »roten General«.

Russische Neigungen

Diese Äußerung über die politische Gesinnung von Schleichers veranlaßt zu der Frage, welche Ziele der an die Spitze des Kabinetts Berufene eigentlich verfolgt hat. Daß sie vornehmlich im Innenpolitischen zur Geltung gekommen sind, lag in der vertrackten Natur der auf ihn einstürzenden Aufgaben, entbindet aber nicht davon, auch der Außenpolitik des letzten Kanzlers der Weimarer Republik Beachtung zu schenken. Nur wenige Wochen blieben ihm, bis er, der anderen so oft eine Grube gegraben hatte, sich in der beklagenswerten Rolle dessen wiederfand, der hilflos hineingestürzt war. Der kurz zuvor von ihm abgehalfterte Franz von Papen war es, der den ehemaligen Komplizen im Spiel um den Staat am 28. Januar 1933 zu Fall brachte und der Hitler damit die halb geöffnete Tür zum Reichskanzlerpalais weit aufzustoßen mithalf.

Nunmehr, im Januar 1933, befürwortete von Schleicher auf einmal, viel zu spät allerdings, was er noch im November des zurückliegenden Jahres, kurz vor seinem Amtsantritt, verworfen hatte, nämlich eine Diktatur zu etablieren, die sich gegen den rechten und den linken Extremismus auf die Reichswehr stützen sollte. Allein, inzwischen sahen maßgebliche Repräsentanten des Offizierkorps wie die Generäle von Reichenau und von Blomberg ihre Chance nicht mehr im Widerstand gegen Hitlers Bewegung, sondern vielmehr im Zusammenwirken mit ihr.

Wie er von einer Militärdiktatur am Jahresende 1932 nichts wissen wollte, wies Schleicher die kaum erfolgversprechende Möglichkeit ebenso zurück, unter von Papen und Hugenberg ein Regiment zu etablieren, das ohne Massenbasis und Reichstagsmehrheit kaum eine Chance auf Dauer haben konnte. Nein, ihm stand etwas völlig anderes vor Augen! Zur Rettung des Staates entwarf er ein unorthodoxes Notprogramm, für das er eine quer zu den normalen Formationslinien der politischen Kräfte liegende Basis im Parlament und in der Gesellschaft zu finden bemüht war. Mit dem mächtigen Reichsorganisationsleiter der NSDAP, Gregor Straßer, verhandelte er über eine Integration derjenigen Nationalsozialisten, die nach einer Spaltung der Partei kooperationswillig erschienen und die ihn nach Neuwahlen unterstützen würden. Zudem suchte er die Gewerkschaften für sich zu gewinnen, um in der Bevölkerung Fuß zu fassen.

Diese gesellschaftliche Querfront zu bilden, die politische Linke und Rechte, was ihre staatstragenden Möglichkeiten betraf, schöpferisch zu mischen, hatte etwas vom preußischen Sozialismus eines Oswald Spengler an sich. Ganz am Ende der im Todeskampf liegenden Weimarer Republik erinnerte Schleichers aussichtslos kühner Entwurf mit akzentuierter Deutlichkeit an das eigentümliche Bewegungsgesetz, dem diese anfangs schwer darniederliegende, sodann mehr und mehr zu sich kommende Großmacht durchgehend gefolgt war: Im Weltanschaulichen und im Außenpolitischen, weniger dagegen im Wirtschaftlichen und im Gesellschaftlichen suchte sie nach einem dritten Weg zwischen Ost und West, zwischen Kollektivismus und Individualismus.

In außenpolitischer Perspektive wurde das Ziel erreicht, weil es gelang, die »Ost-West-Balance« zu halten. In innenpolitischer Hinsicht, ihrer wirtschaftlichen und verfassungsmäßigen Bauform nach, gehörte die Demokratie von Weimar dagegen eindeutig zum Westen. Nichtsdestoweniger war die alte Sehnsucht nach der ideologischen, sogar nach der ökonomischen Eigenständigkeit, nach dem unabhängigen, dem autonomen, eben nach dem dritten Weg zwischen Kapitalismus und Sozialismus immer wieder beschworen worden. Nun sollte dieser halsbrecherische Grenzgang den in der Agonie liegenden Patienten retten, sollte den Staat von Weimar vor dem Sterben bewahren.

Wie würde sich die große alte Sozialdemokratie zu diesem fast exzentrisch wirkenden Experiment von Schleichers stellen? Die Demokratie, der sie sich verpflichtet fühlte, durch eine plebiszitär legitimierte Quasi-Diktatur, die sie indirekt mittragen sollte, in einen Wehrstaat zu verwandeln, den von Schleicher wollte und den sie ablehnte, konnte – selbst wenn das der letzte Ausweg zu sein schien, Hitlers »Machtergreifung« zu umgehen – die SPD nicht dazu bewegen, den auf Mehrheitssuche befindlichen Kanzler zu unterstützen. Sie hielt auch die einer Zusammenarbeit mit von Schleicher nicht abgeneigten Gewerkschaften dazu an, dem in die Reichskanzlei vorgedrungenen General die Gefolgschaft zu verweigern.

Immerhin hatte von Schleicher, vom August 1932 an, den gewalttätigen Ausschließlichkeitsanspruch der Hitlerbewegung erkannt; mit seinem politischen Scheitern wurde dem braunen Totalitarismus die freie Bahn geöffnet. Repräsentanten aus der alten, antirepublikanischen Elite setzten jetzt zunehmend auf Hitler, schon lange nicht mehr, wenn überhaupt jemals, auf die Weimarer Demokratie und auch nicht auf Schleichers Halbdiktatur; Repräsentanten der neuen, republikanischen Elite wollten sich deshalb nicht für die diktaturähnlichen Pläne des Reichskanzlers vereinnahmen lassen, weil sie damit der Demokratie Valet gesagt hätten. Daß sie, ohne diesen Gang der Dinge im entferntesten zu wollen, Hitlers Machtübernahme begünstigten, beschreibt die tiefe Tragik dieser prinzipienfesten Republikaner. Bewußte Zerstörung und absichtslose Selbstpreisgabe der Demokratie kamen gemeinsam an ihr verhängnisvolles Ende.

Von Schleicher blieb der innenpolitische Durchbruch versagt. Seine feste Hoffnung auf den konjunkturellen Aufschwung war keineswegs trügerisch; aber bevor dieser tatsächlich einkehrte, war er schon nicht mehr Kanzler. Seine bereits zeitgenössisch fragwürdige Spekulation, mit einem außenpolitischen Erfolg auf der Genfer Abrüstungskonferenz das innenpolitische Geschick glücklicher zu gestalten, wurde, was Brüning und von Papen vor ihm bitter erfahren mußten, von einem durch nichts mehr zu bändigenden Radikalismus der Straße verschlungen.

In der Tat: Der einzige Erfolg seiner extrem kurzen Regierungszeit lag im Außenpolitischen. Bald nach seinem Regierungsantritt konzedierten die Großmächte dem Deutschen Reich auf der Genfer Konferenz die militärische Gleichberechtigung. Über Nacht fand sich Schleicher jetzt in der Rolle wieder, in die er zuvor Brüning und von Papen gedrängt hatte. Der starken Worte ungeachtet gab er sich nämlich mit dem ansehnlichen Ergebnis erst einmal zufrieden. Anders dagegen die immer mehr an Einfluß gewinnenden Vertreter der Reichswehr wie von Blomberg und von Reichenau: In scharfer Opposition zum Kanzler forderten sie die rücksichtslose Aufrüstung! Auf innen- und außenpolitischem Feld wurde von Schleicher von den Kräften überholt, die das Heil bei der Hitlerbewegung suchten: Seine innenpolitischen Pläne und seine außenpolitischen Ideen blieben auf der Strecke.

Was die letztgenannten anging, waren die russischen Neigungen von Schleichers bekannt. In der antisowjetischen Papenzeit hatte er mit beruhigenden Worten auf Stalin eingewirkt und dem sowjetischen Botschafter Leo Tschintschuk gegenüber zukunftsvoll vom guten Verhältnis zwischen Reichswehr und Roter Armee geschwärmt. Die außenpolitische Reorientierung zur Sowjetunion, die er als Regierungschef einleitete, ohne darüber das Verhältnis zu Frankreich gefährden zu wollen, blieb freilich ohne Belang, da eine tatsächliche Entwicklung des sich vage Andeutenden ausblieb.

Am Ende der Ära der präsidialen Regimes und am Anfang des »Dritten Reiches« stand Deutschland auf der einen Seite als eine Großmacht unter Großmächten da. Auf der anderen Seite fand sich das Reich, weil seine latent hegemoniale Stellung in Ostmittel- und Südosteuropa unübersehbar war, in der Gefahr einer außenpolitischen Isolierung. Seine Beziehungen zu den angelsächsischen Mächten waren spätestens seit den Tagen von Papens getrübt. Der Zick-Zack-Kurs gegenüber der Sowjetunion hatte Stalin dazu veranlaßt, die Exklusivität sowjetischer Rapallopolitik durch umsichtige Rückversicherung zu relativieren. Ende 1932 schloß der Diktator, vom unruhigen Japan in Ostasien direkt bedroht, einen Pakt mit Frankreich ab, der den langjährigen Primat sowjetischer Deutschlandpolitik einschränkte. Daß Frankreich seinerseits, mit Deutschland aufs neue in das Ringen um die kontinentale Vormacht verstrickt, dem gefürchteten Nachbarn im Osten im Zweifelsfalle eher feindlich als freundlich gesinnt war, lag auf der Hand.

Die kaum mehr zu übersehende Vereinsamung war der überhöhte Preis für eine »Pressionspolitik«, die auf dem zentralen Feld der Revisionen stattliche Erfolge zu verzeichnen hatte. Nach der »Machtergreifung« nahm der scheinbar bewährte Kurs im »Dritten Reich« seinen vorläufigen Fortgang, büßte allerdings bald unter dem sich lange nicht enttarnenden Fluch des expansionistischen Dogmas seine revisionistische Eigenständigkeit ein. Denn die äußere Politik der präsidialen Kabinette war zwar nationalistisch, aber nicht nationalsozialistisch.

Nationalistisch – nicht nationalsozialistisch

Daß sich die deutsche Außenpolitik im Zeitraum der präsidialen Regimes von derjenigen in der Ära Stresemann unterschied, darf nicht dazu führen, sie mit derjenigen des »Dritten Reiches« zu identifizieren. Gewiß, sie besaß mit dem Vorhergehenden ebenso wie mit dem Nachfolgenden, wie hätte es anders sein können, mannigfache Berührungspunkte und Kontinuitäten. Dennoch repräsentierte sie, vielfach in sich schattiert, eine eigenständige Phase der Entwicklung.

Brüning, von Papen und von Schleicher verfolgten, in gewisser Hinsicht jedenfalls, die gleichen Revisionsziele, die auch Stresemann gehabt hatte. Gemeinsamer Horizont für ihre Orientierung war die Zeit vor dem Ersten Weltkrieg. Zutiefst unterschiedlich bis zu dem Punkt hin, wo ihre dienende Funktion zielhaften Charakter gewann, nahmen sich dagegen die Methoden aus, die in den zwanziger und in den beginnenden dreißiger Jahren zur Anwendung kamen. Stresemanns multilaterales Vorgehen entsprach den Erfordernissen einer gewandelten Zeit, die Großmacht- und Verständigungspolitik miteinander verband. Seine Nachfolger wählten die bilaterale Prozedur, die sie, um an ihr Ziel zu gelangen, in den schrecklichen Jahren einer grundstürzenden Veränderung für erforderlich hielten.

Im Zuge ihrer innen- und außenpolitischen Bemühungen, eine im Grunde bereits überlebte Vergangenheit zu restaurieren, lösten sie sich bewußt und rigoros vom lästig gewordenen Erbe der abgelehnten Ära Stresemann. Angesichts der wirtschaftlichen, gesellschaftlichen und innenpolitischen Krise suchten sie im scheinbar Bewährten, das in der glorifizierten Existenz der untergegangenen Hohenzollernmonarchie zu liegen schien, nach einer umfassenden Lösung. An die Stelle der europäischen Diplomatie aus der neuen, der Locarnozeit, trat die nationalistische Außenpolitik aus der alten, der imperialistischen Epoche – diese wiederum hob sich vom Zukünftigen dadurch grundlegend ab, daß sie nicht nationalsozialistisch war. Diese spezifische Differenz, die im Verlauf unserer Darstellung mit furchtbarer Deutlichkeit hervortreten wird, markierte den qualitativen Sprung, der sich allerdings, eine geraume Zeit lang zumindest, verdeckt und lautlos vollzog: Allmählich und schrittweise, fast unmerklich und scheinbar bruchlos nahm die verhängnisvolle Fahrt ins »Dritte Reich« ihren schwierig zu identifizierenden Verlauf.

Alles in allem führte sie an ein ganz und gar anderes Ziel, als es Stresemann auf der einen und die präsidialen Kabinette auf der anderen Seite vor Augen gehabt hatten. Gewiß, nach der Zäsur des Jahres 1929 wurden die außenpolitischen Forderungen immer rücksichtsloser und schriller angemeldet; die internationale Dimension deutscher Außenpolitik blieb zunehmend auf der Strecke. Anfang der dreißiger Jahre sah sich Europa einmal mehr vor die Frage gestellt, ob das sich mächtig reckende und erneut auftrumpfende Reich für den alten Kontinent überhaupt tragbar war. Dennoch: Bei den politisch Verantwortlichen dominierte zu keiner Zeit der Gedanke, den militärischen Waffengang zu suchen, um außenpolitische Ziele zu verwirklichen. Auf diese verantwortungslose Weise vorzugehen wurde, in revolutionärer Synthese mit dem Rassegedanken, für die nationalsozialistische Außenpolitik konstitutiv, die sich damit vom Vorhergehenden grundlegend abhob.

Stresemanns Handeln stand im Ausgleich mit den Notwendigkeiten der Zeit; seine Nachfolger begaben sich dagegen auf eine Flucht ins Gestern; Hitler seinerseits sprengte sowohl die eine wie die andere Dimension: Die Ziele und Methoden des Überlieferten vereinnahmte er nach Belieben, um sie dem totalitären Bewegungsgesetz seiner nationalsozialistischen Utopie zu unterwerfen.

Die prinzipielle Schwierigkeit, das eine vom anderen, die Tradition vom Umsturz, die schwarz-weiß-rote Vergangenheit von der braunen Zukunft, das Nationale, selbst das Nationalistische vom Nationalsozialistischen zu trennen, liegt darin, daß beide Welten bis weit in die dreißiger Jahre hinein miteinander identisch erschienen. Tatsächlich lieferte das Alte nur die Schminke für das Neue, verdeckte mit der Maske des Vertrauten die Fratze des Totalitären. Insofern schlug das konventionelle Element des populären Revisionismus die ins Unheil führende Brücke zur Weltanschauung und Praxis Adolf Hitlers, die sich, im grausamen Kern ihres verwerflichen Daseins, aus Expansionismus und Rassismus zusammensetzten. Das Überkommene lieferte, lange Zeit ungewollt, die Folie für das Abartige. Der Eigenweg irrte, fast unbemerkt, in den Sonderweg ab. Das Allgemeine deutscher Geschichte mündete, gleitend und abrupt zugleich, ins Singuläre der Untat Hitlers ein, ohne daß der fatale Wandel insgesamt rasch registriert oder energisch bekämpft worden wäre.

In einer schleichenden Metamorphose eignete sich das totale Regime alles an, was ihm brauchbar vorkam, und unterwarf es einer mitreißenden Bewegung, die einem völlig anderen Ziel verpflichtet war. Die Ideen von der nationalstaatlichen Großmacht, von der mitteleuropäischen Vormacht, selbst von der europäischen Hegemonie gehörten irgendwie, wenn auch beileibe nicht ohne schwerwiegende Probleme aufzuwerfen und kriegerische Gefahr heraufzubeschwören, zur Geschichte Europas. So zu denken und zu handeln begleitete den Weg der Deutschen, den andere Völker, von ähnlichen Motiven, Begierden und Zielen geleitet, getrieben und verlockt, bereits zuvor gegangen waren.

Das Geist und Sinn Verwirrende der Außen- und Rassenpolitik Hitlers, das buchstäblich Diabolische bestand darin, daß markante Phänomene, die der europäischen Entwicklung nicht unvertraut waren, die das zugleich Chancenreiche und Gefahrvolle nationalstaatlichen Strebens im historischen Zusammenhang des alten Kontinents ausmachten, in der nationalsozialistischen Diktatur scheinbar weiterexistierten. Tatsächlich verloren sie ihre geschichtliche, nicht zuletzt moralische Dignität an ein alles überwucherndes, schließlich zerstörendes Dogma: Im Zeichen tatsächlicher wie propagierter Kontinuität bewirkte seine allgewaltige Existenz den grundlegenden und unwiderruflichen Bruch mit der Vergangenheit.

Der Fluch des Dogmas:
Hitlers Diktatur
1933–1945

Von der »Machtergreifung« zur »Rheinlandkrise«: Revision und Expansion als Elemente deutscher Außenpolitik (1933–1936)

Der »geschichtliche Auftrag«

Am 30. Januar 1933 trat Adolf Hitler an die Spitze des sogenannten »Kabinetts der nationalen Konzentration«. Die damit einhergehende »Machtergreifung« der Nationalsozialisten beschrieb den Auftakt zu einer weltgeschichtlichen Revolution. In ihren Auswirkungen vorläufig noch verdeckt, erscheint ihre Dimension im Rückblick präzedenzlos. In vergleichsweise kurzer Zeit wurde die totalitäre »Gleichschaltung« der zentralen Bereiche des staatlichen und öffentlichen Lebens vollzogen. Als Hitler nach dem Tod des greisen Reichspräsidenten von Hindenburg im August 1934 auch dessen Amt übernahm, war der »Führerstaat«, fürs erste jedenfalls, vollendet.

Die Grundlagen waren gelegt, um nunmehr, geplant und improvisiert zugleich, über das Staatliche hinaus die Gesellschaft dem Willen der Partei und des Regimes zu unterwerfen. Mit der Inkraftsetzung des »Vierjahresplans« vom August 1936 erhielt diese Tendenz neue Schubkraft. Stärker als zuvor wurde jetzt reglementierend in das Leben der bis dahin eher verschonten Wirtschaft eingegriffen. 1938 kulminierte der nationalsozialistische Anspruch auf Omnipotenz, als das Auswärtige Amt und die Wehrmacht, die lange Zeit eine gewisse Autonomie hatten bewahren können, dem Zugriff des Regimes gleichfalls erlagen.

Die grundlegende Umwälzung des Bestehenden fand in einem politischen Klima von »Verführung und Gewalt«[1] statt, das für die Janusköpfigkeit der totalitären Herrschaft des »Dritten Reiches« bezeichnend war. In diesem Sinne handelte es sich bei der nationalsozialistischen »Machtergreifung« um eine jener für das 20. Jahrhundert charakteristischen Revolutionen: Neben einer rauschhaften Zustimmung der Unterjochten, die sich zumindest am Anfang der Tyrannei befreit fühlen, arbeiten sie »bewußt und betont mit neuartigen Mitteln des Terrors, der Massensuggestion und -kommunikation, der Kontrolle und des Zwanges«[2]. Um die unumschränkte Herrschaft des Diktators zu ermöglichen und um in seinen Händen ein willenloses »Eroberungsinstrument werden zu können«, mußte das Deutsche Reich vor allen Dingen »aufhören, Staat zu sein«[3].

Bei seinem zentralen Planen und Handeln, das im letzten ganz aufs Außen- und Rassenpolitische, auf die Verwirklichung seines »geschichtlichen Auftrags«[4] gerichtet war, wurde Hitler durch mannigfache Umstände der Epoche, nicht zuletzt von den niemals fehlenden Zufällen der Geschichte unterstützt. Er erntete die inzwischen reifenden Früchte der sich langsam erholenden Konjunktur, die lange vor seinem Machtantritt gepflanzt worden waren; wurde gleichsam zum »Gewinner der Weltwirtschaftskrise«[5], deren nahendes Ende er durch die Arbeitsbeschaffungspolitik des »Dritten Reiches« noch zu beschleunigen verstand. Daß die Zahl der Erwerbslosen nach dem 30. Januar 1933 rasch abnahm, trug auf kaum zu unterschätzende Weise zum Mythos des neuen Diktators bei.

Über die mächtige Legitimation des wirtschaftlichen Erfolgs hinaus, auf den jede Regierung angewiesen ist, besonders aber eine Diktatur, da das »Huhn im Topf« für die abhanden gekommene Bürgerfreiheit zu entschädigen hat, war es der allgemeine Lauf der Dinge, der die erstaunlich reibungslose Errichtung der nationalsozialistischen Diktatur begünstigte. Was sich im Europa der zwanziger Jahre abgezeichnet hatte, wurde in der folgenden Dekade zur Gewißheit. Resigniert stellte Paul Valéry mit Blick auf diese überwältigende Tendenz eines düsteren Zeitgeistes und auf die grassierende »Krise der Demokratie« schließlich, im Jahre 1938, fest, »die Idee der Diktatur« sei offenbar »gegenwärtig so ansteckend ... wie im vorigen Jahrhundert die Idee der Freiheit«[6].

In der Tat: Mit nahezu unwiderstehlicher Gewalt bog der Strom der Geschichte damals nach rechts – wenn man mit dieser Markierung, höchst unzulänglich, die Richtung beschreiben will, die sich vom Parlamentarismus und von der Demokratie fortbewegte und zu autoritären Systemen oder faschistischen Regimen strebte. Als Hitler die Macht übernahm, da schlug über die existierenden Diktaturtypen auf der politischen Rechten hinaus die entscheidende Stunde für einen ganz und gar neuartigen Totalitarismus von unvorstellbar zerstörerischer Dynamik. An krimineller Radikalität schien er im zeitgenössischen Zusammenhang nur noch Stalins Diktatur zu gleichen und unterschied sich von ihr doch gerade im Außen- und Rassenpolitischen auf spezifische Weise.

Längst existierten zu diesem Zeitpunkt in Europa zahlreiche Herrschaftsformen, die mit dem westlichen Parlamentarismus kaum etwas gemeinsam hatten; die sich vom russischen Kommunismus scharf abgrenzten; und die auf den ersten Blick, tatsächlich oder scheinbar, dem glichen, was im faschistischen Italien und im nationalsozialistischen Deutschland Wirklichkeit war: Mit dem »Marsch auf Rom« gab Mussolini im Oktober 1922 den epochalen Startschuß für die faschistische Entwicklung seines Landes. Im Juni 1923 hob ein Militärputsch in Bulgarien die autoritäre Regierung Zankoff in den Sattel. Wenige Monate später, im September, errichtete General Primo de Rivera in Spanien eine Diktatur, die nach parlamentarischen bzw. republikanischen Intervallen im Verlauf eines von 1936 bis 1939 blutig geführten Bürgerkrieges in die Alleinherrschaft General Francos einmündete. Seit dem Oktober 1923 formte Mustafa Kemal mit dem Beinamen Atatürk, »Vater der Türken«, den Nachfolgestaat des Osmanischen Reiches zu einer aufgeklärten Modernisierungsdiktatur um.

In Albanien existierte seit dem Jahre 1925 ein autoritär-nationalistisches Regime unter Achmed Zogu, der drei Jahre später den Königstitel annahm. Im Mai 1926 brachte ein Militärputsch Marschall Pilsudski in Polen an die Macht. Zur selben Zeit besiegelte ein Militäraufstand unter General Gomes da Costa Portugals Übergang von der Republik zur Diktatur, die über General António Carmona zu Professor António de Oliveira Salazar führte und im Windschatten der Geschichte erstaunliche Dauerhaftigkeit entwickelte. Auch Litauen war seit dem Jahresende 1926 eine Militärdiktatur, unter der sich eine Einparteiherrschaft ausbildete. 1929 veränderte Alexander I. Jugoslawien mit einem Staatsstreich in eine sogenannte Königsdiktatur. In Rumänien regierte König Carol bereits vom Jahre 1930 an im autoritären Stil.

Von der Ausbildung zahlreicher Quisling-Regimes, die unter deutschem Einfluß im Verlauf des Zweiten Weltkrieges zwielichtig emporsprossen, einmal abgesehen, setzte sich die antidemokratische Tendenz zuvor, während der dreißiger Jahre, ungehemmt fort: Zwei Monate nach der »Machtergreifung« überführte der österreichische Bundeskanzler Dollfuß, um durch Errichtung eines autoritären Ständestaates die Herausforderung des totalitären Nationalsozialismus besser abwehren zu können, sein Land in den »Austro-Faschismus«. 1934 nahm Estland Kurs auf die »gelenkte Demokratie«; Lettland begab sich im gleichen Jahr auf den Weg der autoritären Diktatur. Im August 1936 unterwarf General Metaxas Griechenland seiner Alleinherrschaft.

Insgesamt: Hitler wurde wahrhaftig von einer mächtig hochgehenden Woge der Zeit getragen, auf der er geradezu ideal zu navigieren verstand. Sogar in England und Frankreich, den Garantiemächten der sich auflösenden Pariser Friedensordnung, kam der braune Diktator nicht wenigen Repräsentanten eines Bürgertums, das seiner selbst längst nicht mehr sicher war, ebenso abstoßend attraktiv vor, wie er auf viele Konservative in Deutschland gewirkt hatte. Halb im Bunde mit ihnen und halb in Opposition zu ihnen war es sein kämpferischer Antikommunismus, der ihn in den westlichen Demokratien, zumindest auf den rechten Flügeln, interessant machte. Daß sich die demokratischen Bürgergesellschaften vom Kommunismus herausgefordert fühlten, erscheint nur zu begreiflich, wenn man sich die weltrevolutionären Ziele und die stalinistische Praxis, die ideologischen Kriegserklärungen an die kapitalistische Welt und die menschenvernichtende Herrschaft in der Sowjetunion vergegenwärtigt: »Damals war die Furcht vor Moskau durchaus verständlich.«[7] Daß sie mit Hitler, den sie, widerwillig und hoffnungsvoll, tatenscheu und schutzbedürftig zugleich, gewähren ließen, aufs falsche Pferd setzten, stellte sich erst verläßlich heraus, als es zu spät war, um den eingeschlagenen Kurs ohne kriegerische Komplikationen zu ändern. Erst einmal trug Europa eben den Mann, der gegen Europa anzutreten sich vorgenommen hatte.

Daß Hitler sich keineswegs mit einer außenpolitischen Revision der »Schmach von Versailles« begnügen wollte, ahnten damals im In- und Ausland nur wenige. Das Maßlose seiner Expansion, das Ungeheure seiner Rassenherrschaft und das alles Umstürzende seiner Revolution blieb ihnen lange verborgen. Die Aussicht, eine drückend empfundene innen- und außenpolitische Last endlich abwerfen zu können, von der die Mehrheit der Deutschen irrigerweise annahm, die argwöhnisch abgelehnte Demokratie habe sie verursacht, entfachte jene euphorische Stimmung der »nationalen Erhebung«, die, mit charakteristischen Schwankungen, die Geschichte der Hitlerdiktatur durchgehend begleitete.

Vor allem nach den März-Wahlen des Jahres 1933 herrschte im Verlauf des Sommers »ein sehr weit verbreitetes Gefühl der Erlösung und Befreiung von der Demokratie«[8] vor. Anfangs hatten viele in Deutschland die neue Zeit, auf die sich ihre »Erwartungsschauer«[9] mit banger Sehnsucht gerichtet hatten, mit gemischten Empfindungen begrüßt. Binnen kurzem vollzog sich sodann jener emotionale Umschwung, der in begeisterte Akklamation einmündete und der den Publizisten Sebastian Haffner an den nationalen Aufbruch im August 1914 erinnert hat. Die überschwengliche Stimmung vom Sommer 1933 verlieh dem totalitären Führerstaat, der sich daranmachte, die von Hitler bereits am 5. März im Kabinett verkündete Revolution des Nationalsozialismus voranzutreiben, »die eigentliche Machtgrundlage«[10].

Was der Mehrheit der Zeitgenossen wie eine Erlösung vom Übel der Vergangenheit vorkam, hatte für Hitler und seine verschworenen Spießgesellen ganz andere Bedeutung. Beiden, dem »Führer« und der »Gefolgschaft«, wie die Begeisterten und Verführten jetzt genannt wurden, war allerdings das Gefühl gemeinsam, an einer Zeitenwende zu stehen. Die Geschichte schien noch einmal von vorn zu beginnen, der Aufbruch ins verheißungsvoll Unbekannte, zu den Ufern einer besseren Zukunft unmittelbar bevorzustehen. Goebbels' fanalhafte Ankündigung vom 1. April 1933, mit der nationalsozialistischen Revolution werde »das Jahr 1789 aus der Geschichte gestrichen«[11], wies herausfordernd die Richtung, in die das neue Deutschland im Gleichschritt zu marschieren sich anschickte. »Halt« machen sollte die nationalsozialistische Revolution im Grunde »nirgends«, sondern vielmehr »alle Gebiete des öffentlichen Lebens« erobern, »um sie selbst sich anzugleichen«[12]. Ein Vorgang der Umwertung und Neuformung des Bestehenden setzte ein, der manch utopisch erscheinenden, mit Schauder beäugten Gedanken des 19. Jahrhunderts in die Wirklichkeit der Gegenwart überführte.

Unter dem unmittelbaren Eindruck des gerade untergegangenen »Dritten Reiches« urteilte der ehemalige rumänische Außenminister Grigore Gafencu im ersten Nachkriegsjahr über die wie spukbildhaft verflogene, dennoch lange Zeit nachwirkende Revolte gegen die Moderne, die den »Epochenprozeß der Emanzipation«[13] radikal herausgefordert hatte: Hitler »wollte eine Neue Ordnung schaffen, in der die alten Werte ihres inneren Sinnes beraubt gewesen wären: Europa seiner historischen Funktion; die Welt ihres Gleichgewichtes;

das Recht des Begriffs der Gerechtigkeit; die Moral des Gefühls der Barmherzigkeit; die Religion des Daseins Gottes. Er glaubte, einen solchen Plan verwirklichen zu können, wenn er ›bescheiden‹ vorginge – in Etappen. Die Herrenrasse würde dann die Erde und den Himmel mit deutschen Menschen und deutschen Göttern bevölkern können.«[14]

Was im überwältigenden Banne des übermächtig Bösen von einem erschüttert urteilenden Zeitgenossen mit kursorischer Präzision über das Ziel und die Methode der Außen- und Rassenpolitik Hitlers geäußert wurde, hat uns noch im einzelnen zu beschäftigen, um das im Kern zutreffend Angedeutete genauer zu entfalten. Entscheidend ist, sich vorab die Dimension dessen zu vergegenwärtigen, was den Miterlebenden im Jahre 1933 weitgehend noch gar nicht zu erkennen möglich war. Was sich von jetzt an in revolutionärer Perspektive entwickelte, besaß historische Ursprünge und ging gleichzeitig über das geschichtlich Bekannte hinaus. Es war Adolf Hitler selbst, der vom Beginn seiner Karriere bis zum Ende seiner Herrschaft in der grenzgängerischen Spannung zwischen Historischem und Endgültigem, zwischen Geschichte und Vorgeschichte, zwischen gesellschaftlicher Entwicklung und biolgischem Endzustand handelte. Sein fundamentaler Aufstand gegen das Existierende schlechthin, sein rigoroses Vorhaben, die angeblich heranflutende Anarchie einzudämmen, ließen ihn, wie er Mussolini in einem Brief am Jahresende 1941 anvertraute, die »letzten $1\frac{1}{2}$ tausend Jahre« lediglich als »eine Unterbrechung« des Natürlichen erscheinen; nunmehr werde die Geschichte »wieder zu den Bahnen von einst«[15] zurückkehren.

»Der Mensch wird umgebaut«[16] – hatte eine der verwegenen Losungen der kommunistischen Revolution gelautet, des anderen verwerflichen Experiments hybrider Menschenschöpfung im »Zeitalter der Tyranneien«[17]. Durch biologische Emporzüchtung der arischen Rasse einen neuen Menschen zu schaffen, um den historischen Prozeß der voranschreitenden Modernisierung ein für allemal zu beseitigen, beschreibt Hitlers Endziel, dem alles andere, auf den ersten Blick nicht umgehend erkennbar und doch ohne Zweifel durchgehend wirksam, untergeordnet wurde. Insofern war sein »geschichtlicher Auftrag« nichts anderes als eine ahistorische Utopie. Ihr gespensterhafter Entwurf gewann an monströser Realität, je länger die totalitäre Diktatur dauerte. Umgehend fiel er ins traditionslose Nichts, als der frevlerische Demiurg nicht mehr da war, dessen totalitäres Experiment sich an der Natur des *homo humanus* und der Geschichte der Menschheit vergangen hatte. Mit den Mitteln der Moderne strebte die »explodierende Altertümlichkeit«[18] des Nationalsozialismus in die mythische Vergangenheit grauer Vorzeit; die Technik des 20. Jahrhunderts hatte zu dienen, um die Welt zu erobern, die im Zeichen von Erdscholle, Wehrbauerntum und Arierglaube leben sollte.

Allein, die elementare Paradoxie aus Mitteln und Zielen, die dem »Dritten Reich« zu eigen war, kennzeichnet nicht die ganze Wirklichkeit seiner Existenz. Zum einen stiftete die in Gang gesetzte Entwicklung ihre eigene Dynamik, das heißt aber: In ihrem Verlauf erlangten die modernen Mittel durchaus zielhafte Eigenmacht, die über das zweckhaft Beabsichtigte hinausging und tatsächliche Gestalt annahm. Neuerdings wird sogar im Hinblick auf das von Hitler Geplante gefragt, ob er nicht, zumindest in zentralen Territorien seines künftigen Großreichs, im Ökonomischen und Gesellschaftlichen die Institutionen der Moderne belassen, ja fördern wollte. Zum anderen – und in diesem Zusammenhang wichtiger – erscheint jedoch die schon angedeutete Tatsache, daß sich Hitlers »geschichtlicher Auftrag« nicht nur an der mythischen Vergangenheit orientierte, sondern »dem Welthaß« eine göttergleiche »Ewigkeit«[19] abzutrotzen plante: Sie lag in einer biologischen Zukunft nationalsozialistischer Rassenherrschaft, die mit dem endgültigen Ende der Geschichte zusammenfiel.

Der italienische Faschismus träumte von einer grandiosen Wiederbelebung der glanzvollen Ära des römischen Imperiums; der deutsche Nationalsozialismus wollte die alte Welt durch die rassische Züchtung des neuen Menschen für alle Zeit von ihren Übeln erlösen. Die »große Angst«, die das europäische Bürgertum seit dem 19. Jahrhundert befallen hatte, galt es »mit Stumpf und Stiel« auszurotten, die Menschheit vom Leiden der Emanzipation für immer zu befreien. Tatsächlich lag ein wesentliches Element jener berserkerhaften Wucht, die der abstoßend effizienten Angriffskraft des Nationalsozialismus anhaftete, in pathologischen Befürchtungen gegenüber der Moderne. Konrad Heiden, der bereits zeitgenössisch deutungsmächtige Biograph Hitlers, hat die weltanschaulichen Vorstellungen der neuartigen so genannten faschistischen Diktatur des 20. Jahrhunderts in dieser Perspektive als »Prahlereien auf der Flucht«[20] charakterisiert.

Um der *grande peur* Herr zu werden, mußten Staat, Gesellschaft und Privatheit geopfert werden; um ihren erbebenden Schauder überall und dauerhaft abzuwerfen, mußten die Erde erobert und das Historische an sein Ende getrieben werden. Die Sehnsucht nach dem Unendlichen, die der Geschichte der Deutschen seit eh und je anhaftete und die im Traum vom Reich ihren begrifflich unabgegrenzten Ausdruck gefunden hatte, war in eine bis dahin unbekannte Qualität des Revolutionären umgeschlagen: In seiner erschreckenden Autonomie hatte Hitlers widernatürliches Experiment mit diesen tief eingepflanzten Wurzeln der historischen Entwicklung kaum etwas gemein, war auf keinen Fall als einfache Ableitung des ursprünglich Existierenden zu verstehen – ohne mit dieser Feststellung bestreiten zu wollen, daß der ins Auge springende Verlust an Wirklichkeit etwas spezifisch Deutsches beschreibt.

Daß die Mehrzahl der Zeitgenossen nicht ahnen konnte und wollte, daß ihr »Führer«, während er ihnen das Paradies auf Erden zu schaffen versprach, eine abscheuliche Tyrannei aufzurichten im Begriff stand, versteht sich von selbst. Denn zweierlei erscheint, obwohl oftmals anders gedeutet, unübersehbar: Ungeachtet zuwiderlaufender Anzeichen war Hitler vom Anfang seiner Herrschaft an der unbestrittene »Führer« im »Dritten Reich«; und: Die Deutschen haben seine »Bewegung« am Ende der Weimarer Republik durch reguläre Wahlen zur stärksten Partei gemacht.

Anders als Robespierre, Lenin und Mussolini, welche die Herrschaft usurpierten, ist Adolf Hitler von der deutschen Bevölkerung und von Repräsentanten ihrer Eliten an die Macht getragen worden. Insofern stellt er »den Ausnahmefall« moderner Diktaturen dar. Er hatte »seinen Aufstieg wirklich den Wählern zu verdanken ..., welche seine Partei (die NSDAP) zur mächtigsten Partei des Reichstags machten«[21]. Daß Hitler sodann, einmal an die Macht gelangt, zum Alleinherrscher des Deutschen Reiches aufstieg und eine Monokratie errichtete, wurde vor allem auf dem Feld der Außenpolitik umgehend deutlich. Der französische Botschafter in Berlin, André François-Poncet, verwies bereits im Jahre 1933 auf das beunruhigende Phänomen der unbestrittenen Allmacht des »Führers«, als er dem Quai d'Orsay berichtete: »Heute hat Adolf Hitler sein Volk tatsächlich in den Händen. ... Er hält die Balance zwischen den sich befehdenden Rivalen; er schlichtet ihre Streitigkeiten; seine Autorität steht außer Frage.«[22]

Dem Tyrannen an der Spitze der neuen Diktatur war nicht zuletzt dadurch auf geraume Zeit, wenngleich keineswegs dauerhaft, Erfolg im In- und Ausland beschieden, daß er es verstand, die Sinne und das Gewissen vieler Menschen zu verwirren. Werte büßten ihren Charakter ein und wurden ins gerade Gegenteil verkehrt; Böses erschien als gut und Verbrecherisches beinahe als normal. Allein, die Herrschaft der Täuschung und Gewalt war auch dieses Mal nur endlich. Schließlich erlag sie den gegen sie aufbegehrenden Kräften der Geschichte, die dafür freilich unvorstellbare Opfer im Humanen, im Moralischen und im Materiellen aufzubringen hatte.

Ohne wissen zu können, worauf sich seine Einsicht einmal beziehen mochte, hat Benjamin Constant, der zu seiner Zeit den korsischen Usurpator lange und leidenschaftlich bekämpfte, bis er sich schließlich mit ihm arrangierte, prognostische Kraft bewiesen, als er es als »ein großes Übel« bezeichnete, »wenn Männer, welche das Schicksal der Erde bestimmen, sich über das täuschen, was möglich ist«[23]. Das weitblickende Urteil trifft auf Hitler und seine historische Vision in einer so extrem Art und Weise zu wie wohl auf kaum einen anderen seiner Vorläufer im Zusammenhang der deutschen und europäischen Geschichte. Ebenso signifikant für den Verlauf seines persönlichen Schicksals und der allgemeinen Entwicklung ist, was Constant fortfahrend diagnostizierte: »Ihr Starrsinn, oder, wenn man will, ihr Genie verschafft ihren Anstrengungen einen vorübergehenden Erfolg; aber da sie mit den Plänen, den Interessen, der ganzen moralischen Existenz ihrer Zeitgenossen in Kampf geraten, so wenden sich diese Widerstandskräfte gegen sie: und nach einer gewissen Zeit, die für ihre Opfer sehr lang, aber geschichtlich betrachtet sehr kurz ist, bleiben von all ihren Unternehmungen nur die Verbrechen, die sie begangen, und die Leiden, die sie verursacht haben.«

Was verbirgt sich im einzelnen hinter der selbstbetört wirkenden Versicherung Hitlers, er habe einen »geschichtlichen Auftrag« zu erfüllen? Im Mittelpunkt der politischen Gedankenbildung des Diktators standen nicht die Begriffe von Volk und Nation, sondern von Rasse und Raum. Gewiß, innerhalb der NSDAP, die im Stile einer »Volkspartei des Protests«[24] Wähler aus allen Schichten und Milieus anzog, existierten auch andere außenpolitische Vorstellungen als diejenigen Hitlers; sie hatten eher konventionelle Qualität und hingen überlieferten Ideen an. Im »Dritten Reich« waren diese Vorstellungen bei denjenigen Repräsentanten der alten Eliten anzutreffen, die mit dem neuen Regime zusammenarbeiteten. Spitzenvertreter in der Diplomatie und beim Militär wie Außenminister von Neurath und Reichswehr- bzw. Reichskriegsminister von Blomberg verfolgten über den 30. Januar 1933 hinaus die herkömmlichen Ziele der traditionellen Großmachtpolitik, allerdings in radikal revisionistischer, militärpolitisch zugespitzter Form. Ziemlich rasch stellte sich jedoch heraus, daß es im Bereich der äußeren Politik ausschlaggebend auf das ankam, was Hitler wollte. Im Alltäglichen des politischen Geschäfts zeigte sich der Diktator nicht selten zögerlich und entschlußschwer; wenn es dagegen um Richtungsentscheidungen ging, die mit den außen- und rassenpolitischen Endzielen seiner historischen Vision zu tun hatten, erwies er sich als unbeirrbar.

Seine grundlegenden Vorstellungen hatten sich in verschiedenen Stadien während des Verlaufs der zwanziger Jahre entwickelt; im wesentlichen waren sie 1925/26 in »Mein Kampf« und im sogenannten »Zweiten Buch« 1928 niedergelegt worden. Die erstaunliche Geschlossenheit ihrer Argumentation hat in der Forschung dazu angeregt, sie als ein politisches Programm einzuschätzen, das sich in der Maxime zusammenzog: »Deutschland wird entweder Weltmacht oder überhaupt nicht sein.«[25] In seiner ruhelosen Gedankenbildung vermochte Hitler an jene Autarkie- und Großraumvorstellungen anzuknüpfen, die Ludendorff im Jahre 1918 für einen historischen Augenblick lang verwirklicht hatte.

Diese an sich schon maßlose Erbschaft aus der zweiten Hälfte des Ersten Weltkriegs wurde nun noch einmal übersteigert, aufgeladen und verformt: Der herausfordernde Entwurf des kontinentalen Großreichs, die fixe Idee des universalen Radikalantisemitismus und der perverse Gedanke des biologischen Rassismus verschmolzen zu einer geschichtlichen Vision von ganz eigenständiger Art. Wo immer die gefährlich krausen Ideen herkamen und welchen Wandlungen sie im einzelnen unterworfen wurden, wie das völkische Erbe einer unseligen Tradition und Hitlers psychische Disposition zum spezifischen Judenhaß und Rassenwahn der Nationalsozialisten beitrugen – bereits in der Mitte der zwanziger Jahre wurde das abartige Produkt des teuflisch Legierten in »Mein Kampf« mit programmatischem Anspruch niedergelegt. Das zentrale Vorhaben des fanatischen Autors, das später planvoll und schubweise, gezielt und situationsabhängig zugleich, verwirklicht wurde, bestand darin, »die Rasse in den Mittelpunkt des allgemeinen Lebens zu setzen«[26]. Der Rassismus war tatsächlich, wie der Historiker Norman Rich zutreffend geurteilt hat, »der eigentliche Felsen, auf den die Kirche der Nazis gebaut wurde«[27].

Es war diese qualitativ neuartige Fundierung der inneren und äußeren Politik, die Hitlers nationalsozialistische Weltanschauung, obwohl ihr unverkennbare Kontinuitäten mit lange Bekanntem innewohnten, letztlich vom Vorhergehenden und Parallelen fundamental abhob. Sein Rassegedanke ging nämlich nicht allein im Antisemitismus auf, sondern entwickelte darüber hinaus andere schreckliche Variationen seiner unheimlichen Existenz. Schon vor der Untat des jüdischen Genozids wurden sie verwirklicht, wenn man allein daran denkt, daß sich vom Beginn des »Dritten Reiches« an unter dem scheinbar uneindeutigen Begriff der Euthanasie die Vernichtung von sogenanntem »unwertem Leben« vollzog. Mehr noch: Es gab eine lange verborgene Seite nationalsozialistischer Rassenpolitik, die sich in den biologischen »Züchtungsmaßnahmen« des totalitären Regimes niederschlug. Unverwechselbar gehörten sie gleichfalls zur Gedankenbildung Hitlers, der die grausame Idee, quer durch Europa einen »blutsmäßigen Fischzug«[28] zu veranstalten, mit der kriegerischen Eroberung des Kontinents in die Tat umsetzen konnte.

Um kein Mißverständnis über die Gewichtung aufkommen zu lassen: Im Zentrum des nationalsozialistischen Rassismus stand, in einer spezifischen Verbindung mit den geopolitischen und ideologischen Elementen der Weltanschauung Adolf Hitlers, der Antisemitismus. Ob sich hinter der frühen Drohung, die menetekelhaft in »Mein Kampf« ausgestoßen wurde, man hätte die Juden schon im Ersten Weltkrieg dem Gas aussetzen sollen, das die an der Front Kämpfenden traf, der Todesweg nach Auschwitz, zielgerichtet oder verschlungen, abzeichnete, ist nicht schlüssig zu beantworten. Fest steht dagegen, daß der Radikalantisemitismus Hitlers Obsession war, die er von Anfang bis Ende »wie einen angeborenen Buckel«[29] mit sich herumtrug: vom 16. September 1919, als er in einem Brief, »dem ersten politischen Schriftstück seines Lebens«[30], »unverrückbar die Entfernung der Juden überhaupt«[31] forderte, bis zu seinem Testament vom Februar und April 1945, in dem er mit grausamer Genugtuung feststellte, »zum ersten Mal die jüdische Frage realistisch angepackt«[32] zu haben. Man werde »dem Nationalsozialismus ewig dafür dankbar sein, daß ich die Juden aus Deutschland und Mitteleuropa ausgerottet habe«[33].

Weil Antisemitismus und Rassismus im Mittelpunkt der historischen Vision Hitlers standen, ja mehr und mehr, vollends nach Kriegsbeginn, sein politisches Handeln konstituierten, wurde, im Grunde schon recht früh, klar, daß dieser essentielle Kernbestand den Nationalsozialismus von verwandten Erscheinungen der Zeit, nicht zuletzt vom italienischen Faschismus Mussolinis, grundlegend unterschied. Kein Geringerer als der »Duce« erkannte das wesentliche Unterscheidungsmerkmal mit hinlänglicher Klarheit. Noch im Jahr der nationalsozialistischen »Machtergreifung« wies er den französischen Botschafter in Rom, de Chambrun, auf diese systemtrennende Differenz hin, die es nach seinem Verständnis der Dinge verbot, von »einer weltanschaulichen Gemeinsamkeit zwischen Faschismus und Hitlerismus« zu sprechen. Beide Regimes stimmten zwar in manchen Elementen überein, beispielsweise was den »Kampf gegen den Kommunismus« angehe: »Im Positiven unterscheiden sich unsere Programme dagegen wesentlich. Ich billige weder ihre Rassentheorien noch die Judenverfolgungen.«[34]

In Hitlers planvoll chaotischer Gedankenbildung dagegen fügte sich indes gerade das zu einer gefährlichen Einheit, was für Mussolinis Handeln getrennt blieb: Antisemitismus und Antikommunismus verbanden sich mit dem Willen zur Eroberung von »Lebensraum« im Osten; dort lag das »Herzland«[35] des »Germanischen Reiches deutscher Nation«[36]. Hitlers schier unersättlicher Raumhunger konnte nur in den Weiten Rußlands gestillt werden; sein Antikommunismus ließ ihn gleichfalls Front gegen die Sowjetunion beziehen; und sein Antisemitismus trieb ihn in die nämliche Richtung der Welt. Fest war er davon überzeugt, das russische »Riesenreich« sei deshalb »reif zum Zusammenbruch«[37], weil das Regime des Kommunismus mit der Herrschaft des Judentums zusammengehe. Die ideologischen Triebkräfte des Antisemitismus, des Antikommunismus und der »Lebensraum«-Eroberung drängten Hitler, der von dieser dreifach miteinander verschlungenen Idee gefangen war, zum Kriegszug gegen Rußland.

Dem traditionellen Revisionismus, der die Grenzen von 1914 wiederzugewinnen forderte, erteilte er eine entschiedene Absage und plädierte für eine »Bodenpolitik der Zukunft«[38]. Seine territoriale Ambition, sein rassischer Haß und seine politische Phobie ließen ihn wie gebannt auf die Sowjetunion als das Objekt seiner Begierde starren. Ob sie ihm wie in den frühen Jahren seiner Karriere als »brutaler Machtkoloß«[39] vorkam oder ihm danach eher auf tönernen Füßen zu schwanken schien, durchgehend hielt sie seinen atavistisch anmutenden Eroberungsinstinkt wach. Damit ist der unheilbringende Kern seiner historischen Vision beschrieben: Sie zielte darauf, industrielle Revolution und säkulare Emanzipation, also den geschichtlichen Prozeß weit hinter sich zu lassen und einem »die Welt in den Dienst einer höheren Kultur nehmenden Herrenvolk«[40] zu unterwerfen.

Bis zur kontinentalen Vormacht, zur hemisphärischen Weltmacht und schließlich zur globalen Rassenherrschaft war ein außenpolitischer Weg zurückzulegen, über den Hitler sich frühzeitig Gedanken machte. Sie hatten eine solche Folgerichtigkeit, daß einer der besten Sachkenner des schrecklichen Untersuchungsgegenstandes, der Historiker Andreas Hillgruber, im Hinblick auf diesen Tatbestand von einem »Stufenplan«[41] Hitlers gesprochen hat, den der Diktator, ungeachtet taktischer Variationen und situationsbedingter Umwege, durchgehend verfolgt habe. Auch in diesem spezifischen Zusammenhang mischten sich die Elemente des Traditionalen und des Neuen, des Bekannten und des Revolutionären: Nationalpolitischer Revisionismus, wilhelminische Weltmachtambitionen und Ludendorffs Idee vom autarken Großraum verbanden sich mit Hitlers nationalsozialistischer, aus Raum und Rasse gespeisten Vision zu einem Phänomen *sui generis*, das etwas qualitativ Neuartiges in der Geschichte der deutschen Außenpolitik darstellte.

Die fast unentwirrbare Gemengelage aus herkömmlich Vertrautem, im Weltkrieg abrupt Hervorgebrochenem und von Hitler neu Gemischtem, die für die Beschaffenheit der Außenpolitik des »Dritten Reiches« charakteristisch war, bot vielen das, was sie jeweils suchten, und machte es allen, Deutschen wie Ausländern, lange Zeit schwer, das Wesentliche zu identifizieren. Aus diesen Wahrnehmungsschwierigkeiten erklären sich, bis zu einem gewissen Grade jedenfalls, die unglaublichen Erfolge des Diktators; von hier an bis zur Schwelle des Krieges wird uns ihre rätselhafte Existenz immer wieder beschäftigen.

Die außenpolitischen Ziele, die der »Führer« zu Beginn seiner Herrschaft anvisierte, die ersten Sprossen auf der Leiter, mit der er den Himmel stürmen wollte, wirkten keineswegs außergewöhnlich. Allem vorangehen sollte im übrigen eine Konsolidierung der inneren Macht, da sie die unabdingbare Voraussetzung für eine tatkräftige Außenpolitik bildete. Unter der Parole vom »Kampf gegen Versailles« bewegte sich diese vorerst im revisionistischen Rahmen. Mit seinem Vorhaben, Österreich mit dem Reich zu vereinigen, wollte Hitler dann, ohne sich um die Reaktionen der Europäer zu kümmern, der großdeutschen Parole folgen; in der nationalen Geschichte Angelegtes und Gewünschtes sollte endlich Wirklichkeit werden. Allein, nationalpolitische Konsolidierung und mitteleuropäische Raumerweiterung, Souveränität des Reiches und Hegemonie im Zentrum des Kontinents waren für den ehrgeizig Planenden nur die machtpolitischen Voraussetzungen, um mehr zu fordern.

Davon überzeugt, das bislang in den Blick Genommene auf friedliche Weise erreichen zu können, wollte er Weiteres mit einem überlegenen Militärinstrument in lokalisierten Feldzügen erfechten. Für erforderlich hielt er vor allem die kriegerische Niederwerfung Frankreichs – wenn er auch im Verlauf der dreißiger Jahre, hin und wieder jedenfalls, eine Verständigung mit den Franzosen erwogen zu haben scheint, die ihm ohne das Risiko des Waffengangs einen Juniorpartner an die Seite gestellt hätte. Von der abgesicherten Position der europäischen Vormacht aus sollte sodann die Sowjetunion erobert und auf ihrem Boden ein kontinentales Imperium errichtet werden. Im großen und ganzen waren das die außenpolitischen Ziele, die Hitler zu seiner Zeit zu realisieren trachtete und die sich für ihn mit dem Begriff einer Weltmacht verbanden.

Doch seine unruhigen Gedanken schweiften darüber weit hinaus. Ihren atemberaubenden Niederschlag fanden sie 1928 im sogenannten »Zweiten Buch«, das zu seinen Lebzeiten niemals veröffentlicht wurde. Die dort umrissenen Zukunftsvisionen deutscher Außenpolitik erhielten, lange Zeit unvorhersehbar, im Verlauf des Zweiten Weltkrieges, der die Geschichte ungemein beschleunigte und utopisch Anmutendes in die Wirklichkeit zerrte, noch zu seiner Zeit politischen Zielcharakter: eine, wie gesagt, ganz und gar unvermutete Entwicklung, die am Ende der zwanziger Jahre keiner, auch Hitler selber nicht, zu ahnen vermochte. Denn vom Realen gleichsam abgehoben, spekulierte er, die deutsche Herrschaft über den Kontinent, die imperiale Hegemonie über Rußland und die rassische Höherzüchtung des Volkes könnten das germanische Reich sogar in den Stand setzen, einen Kampf der Kontinente um die Weltvormacht zu bestehen, um nicht »das Gesetz des Handelns« an die damals noch als stark eingeschätzten Vereinigten Staaten von Amerika »zu verlieren«[42]. Die eher defensiv als offensiv entworfene Aufgabe würde es erfordern, im Zuge einer Flotten-, Stützpunkt- und Kolonialpolitik nach Übersee auszugreifen und die machtpolitischen Voraussetzungen für die militärische Auseinandersetzung mit den Amerikanern zu legen.

Allein, diese zeitgenössisch unwahrscheinliche Entwicklung lag nach dem frühen Entwurf vom Ende der zwanziger Jahre in der visionären Ferne zukünftiger Generationen. Fest stand nur eines: Eroberung hieß das Bewegungsgesetz dieses neuen Konquistadors, dem die Erde wie ein »Wanderpokal«[43] vorkam und für den jede erreichte Grenze nur die vorläufige Ausgangsstellung weiteren Vordringens beschrieb. Politik war ihm nichts anderes als Eroberung und Krieg; die Qualität der überlegenen Rasse erschien ihm als die maßgebliche Voraussetzung, um seinem Volk am Ende die Weltherrschaft zu sichern. Daß er das Streben nach diesem Ziel, dem sozialdarwinistischen Muster seines Geschichtsverständnisses gemäß, als natürlich ansah, hat er am 13. November 1930 in einer in Erlangen gehaltenen Rede vor aller Öffentlichkeit dargelegt: »Jedes Wesen strebt nach Expansion und jedes Volk strebt nach der Weltherrschaft.«[44]

Um sich dem extrem Entworfenen erfolgreich nähern zu können, hatte er vor, kühn kalkuliert und scheinbar rational, ein Bündnissystem aufzubauen: Großbritannien sollte darin die Schlüsselrolle zufallen. Daher ließ er in diesem Zusammenhang nichts über seine ausladenden Fernziele verlauten, im Gegenteil. England gedachte er gerade durch deutschen Verzicht auf Flotten- und Kolonialpolitik für sich zu gewinnen und von Frankreich zu trennen. Die beiden Westmächte, die Garanten des Vertrages von Versailles, erschienen ihm im übrigen bereits im Jahre 1923, halb richtig und insgesamt doch falsch, als »erbitterte Rivalen«[45]. Wie auch immer: Den Briten wollte er die Herrschaft über die See und das Empire überlassen; dafür verlangte er das englische Einverständnis für eine deutsche Hegemonie auf dem Kontinent. Bis zur Unbelehrbarkeit zeigte er sich von der unzutreffenden Prämisse überzeugt, angesichts der bolschewistischen Bedrohung, gegen die das Deutsche Reich als Wellenbrecher bereitstehe, habe Großbritannien seine klassische Gleichgewichtspolitik aufgegeben. »England wünscht kein Deutschland als Weltmacht«, erläuterte er seinen niemals zum Zuge gekommenen Bündnisplan in »Mein Kampf«[46], »Frankreich aber keine Macht, die Deutschland heißt.«

Daher war der westliche Nachbar der »unerbittliche Todfeind«[47], den es, um die kontinentale Hegemonie zu erringen und den Eroberungszug nach Osten ungestört antreten zu können, zu schlagen galt. Alles, was er mit haßerfülltem Blick auf Frankreich kaltblütig plante, war darauf berechnet, »Rückendeckung« zu gewinnen »für eine Vergrößerung des Lebensraumes unseres Volkes in Europa«[48]. In »der Vernichtung Frankreichs« sah Hitler »wirklich nur ein Mittel …, um danach unserem Volke endlich an anderer Stelle die mögliche Ausdehnung geben zu können«[49].

Dagegen hielt er England wie im übrigen Italien, wenn die italienische Option der britischen auch deutlich nachgeordnet blieb, für die idealen Bündnispartner. Da Deutschland »heute aber … nicht für eine Weltmachtstellung«[50] kämpfe, auf die er in überseeischer Dimension erst viel später spekulierte, mußte England, so kam es ihm fälschlicherweise vor, mit Sicherheit auf sein Angebot eingehen. Dann schien die entscheidende außenpolitische Bedingung geschaffen zu sein, den macht- und rassenpolitischen Weg zur Weltmacht und zur Weltherrschaft antreten zu können; eine Alternative dazu wollte er um keinen Preis akzeptieren, lehnte sie bis zuletzt fanatisch ab: »Deutschland wird entweder Weltmacht oder überhaupt nicht sein«[51], lautete sein, schon in anderem Zusammenhang zutage getretenes, programmatisches Bekenntnis, dem er bis an sein Ende folgte. Sieg und Niederlage; Hegemonie und Untergang; Weltmacht und »Weltenbrand« lagen in seinem Denken und Tun stets eng beieinander, deren Gesetz das Vabanquespiel war.

Worauf Hitlers historische Vision tatsächlich zielte, blieb lange Zeit unklar, fand kaum gebührende Aufmerksamkeit, wurde einfach nicht geglaubt. Das lag durchaus in der Absicht des Diktators, der im Zuge einer »Strategie grandioser Selbstverharmlosung«[52] seine ungeheuren Ziele ganz bewußt im täuschenden Schatten argloser Nichtbeachtung und andauernder Unterschätzung erreichen wollte. Dem Oberbefehlshaber der Marine gegenüber hat er später einmal die Stufen der Geheimhaltung erläutert, derer er sich bediente: »die erste, wenn wir beide unter vier Augen sprechen; die zweite, die behalte ich … für mich; die dritte, das sind Probleme der Zukunft, die ich nicht zu Ende denke«[53]. Noch entscheidender für den verhängnisvollen Verlauf der künftigen Entwicklung in Deutschland und in Europa wurde aber, daß selbst das, was allen bekannt sein konnte und in »Mein Kampf« publiziert war, so phantastisch und unwahrscheinlich anmutete, daß es keine Resonanz fand. Hellsichtig erkannte der britische Publizist Malcolm Muggeridge am Ende der dreißiger Jahre diese Tatsache als einen Schlüssel zum erstaunlichen Erfolg des Diktators: »Vielleicht lag Hitlers größter Vorteil … in dem Unglauben, den seine Absichten erregten.«[54]

Der Gewaltherrscher, der von der Vorstellung besessen war, einen »geschichtlichen Auftrag« erfüllen zu müssen, blieb für die Mehrzahl der Zeitgenossen, wie es Carlo Graf Sforza, dem aus Italien emigrierten Gegner Mussolinis, kurz vor der »Machtergreifung« mit einem beunruhigten Blick auf »die gegenwärtige Lage« im Reich im allgemeinen vorkam, »die deutsche Sphinx«[55]. Denn in Hitlers Gedanken und Taten mischten sich, der übersichtlichen Unterscheidung durch klärende Erkenntnis nahezu untrennbar entzogen, Traditionales und Revolutionäres zu einer neuartigen Mischung, die das außen- und rassenpolitische »Programm«[56] des Hitlerismus kennzeichnete. Was in diesem Zusammenhang normal wirkte, wurde selbstverständlich nicht als außergewöhnlich erkannt, denn: Es gab sich nicht umgehend als die Vorstufe zum revolutionär Umstürzenden, zum schrecklich Visionären zu erkennen, sondern schien nichts anderes als Selbstzweck zu sein. Und was tatsächlich fremd, geradezu utopisch anmutete, das wurde ebenfalls lange Zeit nicht ernst genommen.

Wer konnte, mit Ausnahme der Franzosen, der Polen und der Tschechen, um die vital am europäischen Status quo interessierten Staaten zu benennen, schon wirklich aufgebracht darüber sein, daß Hitler mit scheinbar derselben grimmigen Entschiedenheit gegen das »Diktat von Versailles« vorzugehen ankündigte, die man bereits von seiten der autoritären Kabinette erfahren hatte? Längst begann sich in Großbritannien die Einsicht durchzusetzen, daß man zu einem Wandel des Existierenden wohl oder übel die Hand werde reichen müssen. »Die Frage war nur, in welchem Sinne, auf welche Weise« und mit welcher Absicht man das Bestehende »revidieren würde. Das mußte von beiden Seiten, von Deutschland und den Westmächten, abhängen.«[57]

Verläßlich zu erkennen, daß Hitler sich von seinen Vorgängern im Kern der Dinge prinzipiell unterschied, war zeitgenössisch ungemein schwierig. Daß er beispielsweise Frankreich den Garaus machen wollte, um ungestört seinen Eroberungszug nach Osten antreten zu können, erschien, wenn man den abstrusen Gedanken überhaupt zur Kenntnis nahm, einfach lächerlich. Denn es fehlte schlicht die machtpolitische Voraussetzung dafür, die stärkste Militärmacht des Kontinents zu schlagen, die den Armeen des deutschen Kaiserreichs im Ersten Weltkrieg vier Jahre lang getrotzt hatte.

Einem ahnungsvollen Betrachter des drohend Heraufziehenden wie Konrad Heiden mochte andeutungsweise klar sein, daß der Nationalsozialismus, nach Hitlers verräterischer Selbsteinschätzung, die »Doktrin des Konflikts«[58] schlechthin verkörperte, die allem Etablierten auf grundsätzliche Weise den Krieg erklärte. Eine berechenbare Handlungsanleitung, nach der sich die innen- und außenpolitischen Partner und Gegner des »Dritten Reiches« richten konnten, war daraus wegen eines unübersehbaren Mangels an zureichender Beweisbarkeit kaum abzuleiten. Als die schmerzlichen Belege endlich, spät und folgenreich, grausame Klarheit schafften, war der Handlungsspielraum in beängstigendem Maße geschwunden, um das gespenstisch Aufgestiegene ohne weiteres stürzen zu können.

In diesen Grauzonen des Wahrnehmbaren, die ihm fatalen Schutz verliehen, lauerte Hitler: In seinen sinistren Absichten und in seiner finsteren Entschlossenheit lange unterschätzt, stürzte er sich von Fall zu Fall auf das, was sowieso bereits dabei war zu fallen. Daß die Friedensordnung von Paris brüchig geworden war und sich zunehmend auflöste, entging seinem »wölfischen Verständnis«[59] des Politischen noch weniger als anderen; ihr agoniehafter Zustand bot die Chance auf leichte Beute. Jeder Fang, der dem skrupellosen Räuber in die Hände fiel, schien, am Bestand des Gesamten gemessen, nicht lebenswichtig zu sein. Dennoch stellte die sich potenzierende Summe des unrechtmäßig Angeeigneten bald schon das Existierende in Frage. Lange Zeit lieh das Gewand des Traditionellen der Gestalt des Revolutionärs die täuschende Tarnung; wurde der gewissenlose Scharlatan als willkommener Heiler bejubelt; verbarg die Maske der historischen Überlieferung die Existenz der ahistorischen Utopie.

Gewiß, am Ende der Republik von Weimar wurde die braune Bewegung durch das Votum der Wähler zur stärksten Partei. Dennoch gilt auch in diesem Zusammenhang, daß Extremes nur dann wirklich zu reüssieren vermag, wenn das Etablierte dazu die Hand leiht, das heißt aber: Hitlers Erfolg wurde möglich, weil die in Deutschland Verantwortlichen ebenso wie die fremden Mächte sein Handeln förderten, zuließen, zumindest nicht bekämpften. Im Gegenteil: Bis weit in die dreißiger Jahre hinein kam es zu einem antagonistischen Zusammenwirken zwischen den Kräften des Bestehenden und der Gewalt des Revolutionären. Auf Zeit koalierte die totalitäre Diktatur mit denjenigen im In- und Ausland, die sie auf immer zu vernichten vorhatte. In vielfacher Hinsicht kam Hitlers Weg, vom europäischen Zusammenhang des Zeitalters ganz abgesehen, »aus der deutschen Geschichte und führte aus ihr heraus in Abgründe, wie sie die Menschheit vorher niemals betreten hatte«[60].

Allerdings: Wie radikal und umfassend Hitlers historische Vision tatsächlich war, konnte 1933 kaum jemand unter seinen Partnern und Kontrahenten, nicht zuletzt im Bereich der internationalen Politik, erkennen. Sicherlich, es gab Anzeichen dafür, daß sich auf dem schwankenden Boden der zerfallenden Staatenordnung von Paris Zivilisationen begegneten, die durch Welten voneinander getrennt waren und die wohl kaum zum friedlichen Kompromiß finden würden. Eine bereits gründlich aus den Fugen geratene Zeit trug dazu bei, daß die Akteure der Weltpolitik sich nicht bevorzugt als Partner sahen, sondern, *vice versa*, als Händler und Helden, als Phäaken und Krieger, als müde Verwalter eines abgelebten Erbes und als elanvolle Täter einer kraftvollen Zukunft mißverstanden.

Dennoch: Wer konnte schon ahnen oder wollte daran glauben, daß Hitler frontal, wenn auch auf teilweise verschlungenen Pfaden, und grundsätzlich, wenn auch mit zeitweiligen Kompromissen, gegen die vorwaltende Tendenz der Geschichte schlechthin, gegen die bürgerliche Vernunft und gegen den rationalen Geschichtsplan der westlichen Zivilisation aufbegehrte und ihr ebenso wie der kommunistischen Gegenwelt ein für allemal das Ende bereiten wollte? Weil die Chance, gegen Ost und West, gegen die kommunistische und die liberale Welt tatsächlich mit Erfolg zu revoltieren, so verheerend gering war, wurden selbst warnende Symptome solch wahnsinnigen Trachtens verdrängt – zumal das Deutsche Reich, in eklatantem Gegensatz zu Hitlers hybriden Phantasien im Jahre 1933, erst einmal in einem gefährlichen Maße isoliert dastand.

Die Gefahr der Isolierung

Daß sich das Deutsche Reich während der ersten Jahre der nationalsozialistischen Herrschaft beständig, sei es verdeckt, sei es offen, in der Gefahr außenpolitischer Isolierung befand, hatte mit dem Erbe zu tun, das Hitler übernahm. Als die neue Regierung die Nachfolge der präsidialen Kabinette antrat, die vom Jahre 1930 an die deutschen Revisions- und Rüstungsforderungen im nationalen Alleingang vertreten hatten, traf sie auf eine mehr als schwierige Lage. Daher konnte sich im Ausland zunächst jene Meinung behaupten, die von der Annahme ausging, radikaler als Hugenberg, von Papen und die Generäle der Reichswehr könne auch Hitler kaum vorgehen. Was den verantwortlichen Staatsmännern darüber hinaus durch die Lektüre von Hitlers Buch »Mein Kampf« bekannt war, das in den westlichen Demokratien nur in Bruchstücken zur Kenntnis genommen, von Stalin dagegen ganz gelesen wurde, fiel den abwiegelnden Dementis von seiten des Auswärtigen Amtes zum Opfer. Über die Zäsur der »Machtergreifung« hinaus erschienen die Diplomaten der Wilhelmstraße für die äußere Politik des Reiches weiterhin zuständig zu sein. »Es wird hier wie anderswo immer noch mit Wasser gekocht«, beruhigte Staatssekretär von Bülow, der wie sein Minister von Neurath nach wie vor an der Spitze der Traditionsbehörde stand, unter dem Datum des 6. Februar 1933 den sich besorgt aus Moskau meldenden Botschafter von Dirksen[61].

Was Adolf Hitler selber anging, so überwogen in der nationalen und internationalen Öffentlichkeit anfangs die Zeichen, die Frieden und Verständigung als Ziele seiner äußeren Politik proklamierten. Gegenteiliges, das auf weniger Freundliches verweisen konnte, spielte sich dagegen im geheimen ab, blieb unbemerkt oder wurde unterschätzt. Ins Auge fiel, daß der Mann, der vor seinem Regierungsantritt als Bolschewistenfresser auf sich aufmerksam gemacht hatte, nunmehr, nachdem er erst drei Monate im Amt des Reichskanzlers war, am 5. Mai 1933 den Neutralitätsvertrag mit der Sowjetunion ratifizierte, den Stresemann 1926 abgeschlossen und den Brüning 1931, ohne ihn dem Reichstag zur parlamentarischen Billigung vorzulegen, verlängert hatte[62]. Da er die außenpolitische Linien der Weimarer Republik scheinbar fortzusetzen bereit war, gelang es Hitler, der vorläufig noch damit beschäftigt war, um die innere

Macht zu ringen, maßgebliche Kräfte im konservativen Lager zu binden, die traditionell antipolnisch und prorussisch orientiert waren. Den sowjetischen Diktator, der seinerseits auf Spannungen zwischen den Westmächten und dem Deutschen Reich spekulierte und sich im Zusammenhang mit den Abrüstungsverhandlungen sowie mit dem von Mussolini vorgeschlagenen Viererpakt bedrohlich isoliert vorkam, konnte Hitler mit diesem Schritt ein gutes Stück zu sich herüberziehen. Im Licht des Zukünftigen, das allerdings nur im Rückblick erhellend wirkt, blitzt die dramatische Lage vom Sommer 1939 auf, als Hitler es im Wettlauf mit England und Frankreich verstand, den sowjetischen Diktator für sich zu gewinnen.

Kaum bemerkt wurde zur gleichen Zeit, im Frühjahr 1933, die genau entgegengesetzte Variante deutscher Außenpolitik, die vom Beginn des Jahres 1934 an bis ins Frühjahr 1939 hinein eine maßgebliche Rolle spielte. Drei Tage vor der Ratifizierung des russischen Vertrages erläuterte Hitler in Anwesenheit seines Außenministers von Neurath, der dieser Konzeption ganz und gar ablehnend gegenüberstand, dem polnischen Gesandten Wysocki seine Idee, dem bislang bekämpften Nachbarn im Osten großzügig entgegenzukommen, mit ihm gegen die Sowjetunion zusammenzuwirken.

Die aufsehenerregende Initiative zeitigte vorerst keine unmittelbaren Folgen. Im Gegenteil: Die Polen sondierten die Neigung der Franzosen, gemeinsam gegen die Deutschen vorzugehen. Doch Frankreich, das über die Gespräche zwischen Berlin und Warschau von seinem polnischen Bündnispartner unterrichtet wurde, sah noch keine Veranlassung zu irgendeiner Reaktion, die etwas zu parieren versucht hätte, was längst nicht mit Gewißheit absehbar war. Auch Hitlers »Politik des ›parteipolitischen‹ Intervenierens«[63] in die inneren Angelegenheiten Österreichs, die sich nach dem Wahlerfolg der Nationalsozialisten am 5. März 1933 bemerkbar machte, schlug nicht eben hohe Wellen. Mit Erfolg hatte Frankreich ja den Plan einer deutsch-österreichischen Zollunion im Jahre 1931 abgewehrt[64]. Im übrigen: Bei aller Sympathie, die es der deutschen Aufrüstung entgegenbrachte, stand Mussolinis Italien fest zur Alpenrepublik.

Andere Verlautbarungen und Initiativen, die den Blick auf Hitlers weitgespannte Ziele freizugeben vermochten, drangen entweder nicht an die internationale Öffentlichkeit oder schienen innenpolitische Bewandtnis zu haben. Unmittelbar nach der »Machtergreifung« hatte Hitler am 3. Februar 1933 in einer Ansprache vor hohen Militärs zu erkennen gegeben, was seine äußere Politik im wesentlichen kennzeichnete. Allein, seine Botschaft wurde selbst in diesem Kreis kaum ernst genommen; zudem lautete sie nicht so eindeutig, wie sie gemeint war. »Wie soll pol. Macht, wenn sie gewonnen ist, gebraucht werden?« – hielt Generalleutnant Liebmann in einer Aufzeichnung den Gedanken Hitlers fest, der fortfuhr: »Jetzt noch nicht zu sagen. Vielleicht Erkämpfung neuer Export-Mögl., vielleicht – und wohl besser – Eroberung neuen Lebensraumes im Osten u. dessen rücksichtslose Germanisierung.«[65]

Daß Hitler im Prinzip »eine Rückkehr Deutschlands in die sich nach der großen Krise 1929/33 wieder entfaltende Weltwirtschaft ablehnte, weil dies seiner Auffassung nach bei der unvermeidbar engen Verflechtung mit anderen Mächten auf wirtschaftlichem Gebiet für ihn zugleich politische Abhängigkeit und ›Unbeweglichkeit‹ im Hinblick auf seine ›programmatischen‹ Ziele bedeutet hätte«[66], können wir heute im Angesicht des tatsächlich Geschehen mit der Gewißheit feststellen, die damals noch fehlte. Schließlich sprach der Reichskanzler selbst von der Erschließung neuer »Export-Möglichkeiten«.

Mehr noch: Mit Hjalmar Schacht stand ein mächtiger, im Ausland freilich, was seinen tatsächlichen Einfluß anging, weit überschätzter Repräsentant dieser außenwirtschaftlichen Orientierung an Hitlers Seite. Der anerkannte Sachverstand dieses finanzpolitischen Magiers redete einer ökonomischen Expansion nach Südosteuropa und in Übersee das Wort, vermochte einem gewaltsamen Vorgehen im Zuge kriegerischer Eroberung dagegen nichts abzugewinnen. Die schlagend einfache Devise des Machiavell, wonach »Gold nicht« genügt, »um gute Soldaten zu schaffen, aber gute Soldaten ... gar wohl« genügen, »um Gold herbeizuschaffen«[67], schien auf den ersten Blick kaum aktuell. Immerhin ließ Hitler bereits in seiner Rede am 3. Februar 1933 seine Präferenz für die »Lebensraum-Politik« erkennen, als er feststellte: »Steigerung d. Ausfuhr zwecklos. Aufnahmefähigkeit d. Welt ist begrenzt u. Produktion ist überall übersteigert.«[68]

Allein, diese Verlautbarungen drangen nicht in die breite Öffentlichkeit und muteten zudem unwahrscheinlich an. Nur wenigen, gewiß nicht der Mehrheit der Verantwortlichen, erschien Hitler wirklich so gefährlich wie Leo Trotzki, dem im Exil lebenden Gegenspieler Stalins. Bereits am 2. Juni 1933 beschwor Trotzki die von dem deutschen Diktator ausgehende Gefahr, die gerade deshalb so bedrohlich sei, weil sie nicht gleich auf den ersten Blick erkennbar werde: »Wer erwartete, mit einem Unzurechnungsfähigen zusammenzustoßen, der seine Axt hin- und herschwenkt, und statt dessen einem Menschen mit einem unsichtbaren Browning in der Hosentasche begegnet, könnte nicht umhin, ein Gefühl der Erleichterung zu verspüren. Aber das hindert den Browning nicht, gefährlicher als die Axt zu sein.«[69] Indes, so weit reichten die Einsichten der Verantwortlichen längst nicht, das konnte, vorläufig jedenfalls, gar nicht der Fall sein, weil die Signale viel zu undeutlich ausfielen. Man mußte sich, auch wenn es, wie immer in der Geschichte, Anzeichen für das Gegenteilige gab, zunächst einmal auf das verlassen, was die offizielle Diplomatie verlautbarte.

Auf die Nachricht über eine »Beunruhigung«, die nach der »Machtergreifung« in Moskau um sich gegriffen habe, ließ Staatssekretär von Bülow, nur drei Tage nach Hitlers Ansprache vor den Militärs, den deutschen Botschafter wissen: »Ich glaube, man überschätzt dort [in Moskau] die außenpolitische Tragweite des Regierungswechsels. Die Nationalsozialisten in der Verantwortung sind natürlich andere Menschen und machen eine andere Politik als sie vorher angekündigt haben. Das ist immer so gewesen und bei allen Parteien dasselbe. Die Person von Neurath und auch von Blomberg garantieren das Fortbestehen der bisherigen politischen Beziehungen.«[70]

Eine solche Auskunft wirkte in den diplomatischen Kreisen der Hauptstädte mit Gewißheit beruhigend. Daß im Reich der illiberale Radikalismus nahezu epidemisch grassierte, daß extreme Rechtsverletzungen zu beklagen waren, daß am 1. April im Boykott gegen jüdische Geschäfte das Regime sein zutiefst unmenschliches Antlitz enthüllte, das alles waren innenpolitische Phänomene. Diese konnten die auswärtigen Mächte nicht dazu veranlassen, über Krieg und Frieden nachzudenken, geschweige denn zu entscheiden. Das schienen zum einen beklagenswerte Begleiterscheinungen einer sich etablierenden Diktatur zu sein, die in den westlichen Demokratien, auch wenn nach und nach Stimmen laut wurden, die Effizienz und Erfolge der Nationalsozialisten bewunderten, mehrheitlich abgelehnt wurden. Zum anderen führten diese Auswüchse im Inneren aber durchaus zu einer außenpolitischen Verschlechterung der internationalen Position des Deutschen Reiches: Vor allem England trat unter dem Eindruck der Exzesse in Deutschland im Zuge der laufenden Abrüstungsverhandlungen mittlerweile so hart auf, wie die Franzosen das von Anfang an getan hatten. Aber mehr war – wie hätte es anders sein können – in bezug auf die Reaktionen des Auslandes zunächst nicht zu erwarten.

Daß Hitler in seiner Rede am 3. Februar die Befürchtung geäußert hatte, Frankreich werde »vermutlich mit Ost-Trabanten«, also zusammen mit Polen und Tschechen, »über uns herfallen«[71], solange das Reich damit beschäftigt sei, die »Wehrmacht« aufzubauen, ist wohl nur vor dem dunklen Hintergrund der weitreichenden Ziele des Diktators zu verstehen, die Großbritannien und Frankreich verborgen waren. Im Gegenteil: Hoffnungsvoll, fast sehnsüchtig schenkten die Westmächte jedem vagen Zeichen deutscher Friedensbereitschaft ihre Aufmerksamkeit. In der sich ausbildenden Politik des *appeasement* und des *apaisement* beschworen sie, weil sie der Bestie des Krieges einfach nicht ins Auge sehen wollten, selbst dann noch die Normalität deutscher Außenpolitik, als diese Einschätzung der Lage kaum mehr vertretbar war. Abgesehen von den Schalmeienklängen der Friedensmelodie, die zu ihnen drang und sie einlullte, trug die vorwaltende Stimmung ihrer schlachtenmüden Bevölkerung zu dieser Haltung folgenschwerer Tatenscheu wesentlich bei. Eingedenk der noch lebendigen Vergangenheit des Großen Krieges wollten Briten und Franzosen von neuen militärischen Anstrengungen, erst recht von blutigen Konflikten einfach nichts hören.

Anfang 1933 fand der in Westeuropa weit verbreitete Pazifismus, der, so verständlich er sein mochte, angesichts der neuen Lage in Deutschland selbstzerstörerische Folgen nach sich ziehen mußte, seinen sensationellen Ausdruck: In der berühmten Resolution, welche die Oxford Union Society mit 275 zu 153

Stimmen verabschiedete, wurde mit rebellischer Machtvergessenheit verkündet, »daß dieses Haus unter keinen Umständen für König und Vaterland kämpfen wird«[72]. Als nur ein knappes dreiviertel Jahr später der Kandidat der Labour-Partei den Wählern in East Fulham versprach, »alle Rekrutierungsbüros [zu] schließen, die Armee auf[zu]lösen und die Luftstreitkräfte [zu] entwaffnen«[73], errang er, obwohl die Tories bei der letzten Wahl noch eine üppige Mehrheit von 14 000 Stimmen verbucht hatten, einen triumphalen Sieg über seinen konservativen Widersacher. Der »pazifistische Tornado«[74] einer sich zutiefst selbsttäuschenden Zeit gab Hitler stürmischen Rückenwind; er half mit, die Ziele des Diktators zu erreichen, die allerdings noch weitgehend im Unsichtbaren der Entwicklung lagen.

Wenngleich Mussolini hier und da das verwandte Regiment Hitlers unterstützte und den »Führer« Anfang Juni 1935 durch Goebbels sogar wissen ließ, er werde mit ihm »durch dick und dünn«[75] gehen, war vorläufig doch unübersehbar, daß der Graben zwischen dem nationalsozialistischen Deutschland und dem faschistischen Italien tief war. Immerhin, die akut konträren, langfristig sogar grundlegend verschiedenen Interessen der beiden Diktaturen trafen sich vorläufig in der destruktiv entworfenen Losung, der sie rastlos huldigten: »Nur nie Ruhe«[76]!

Wie das 19. Jahrhundert nach Heinrich von Sybels Eindruck über weite Strecken seines ansonsten vieldeutigen Verlaufs von einem »Fanatismus der Ruhe«[77] geprägt war, gaben sich die neuen Diktaturen, wenn auch nicht einschränkungslos, dem geraden Gegenteil hin: Vor Dynamik und Abenteuerlust berstend, gleichzeitig geradezu wie besessen auf der Jagd nach dem Bleibenden in der Flucht der Erscheinungen, huldigten sie einer Ekstase der Bewegung. Dennoch: Mussolini machte aus seiner ideologischen, ja kulturellen Verachtung für den von oben herab angesehenen Imitator nördlich der Alpen kaum einen Hehl! Was die machtpolitischen Fronten anging, stand er, auf absehbare Zeit jedenfalls, eher auf der Seite der Westmächte als auf jener der Deutschen.

Alles in allem schien sich auf außenpolitischem Feld für das Deutsche Reich gar nicht viel gegenüber den drei letzten Jahren der Weimarer Republik geändert zu haben. In diesem Sinne war das, was Staatssekretär von Bülow unter dem neuen Regime als das Langzeitprogramm des Auswärtigen Amtes entwickelte, eher bekannt als revolutionär: Es stellte Polens Bestand zur Disposition und verlangte koloniale Revision. Mit Hitlers programmatischem Entwurf und seinen ideologischen Beweggründen hatte es kaum vieles oder gar Wesentliches gemein. Sein radikaler Revisionismus indes, der nicht zuletzt in den rüstungspolitischen und territorialen Forderungen rabiat und ausufernd zum Vorschein kam, mußte Europa einmal mehr herausfordern, obwohl man sich in den Kapitalen der Alten Welt an solche Töne und Ansprüche der Deutschen inzwischen widerstrebend gewöhnt hatte. Schlimmer als die alten Exzellenzen im Auswärtigen Amt, deren Handeln im Grunde nur kaschierte, was Hitler eigentlich wollte, konnte der neue Diktator, so sprach man sich fadenscheinigen Trost zu, wohl kaum sein.

Daß die konkurrierenden Ämter, die Rosenberg und von Ribbentrop aufbauten, um auf eigene Faust äußere Politik zu betreiben, ohne Bedeutung blieben, war der Traditionsbehörde in der Wilhelmstraße nur willkommen. Hitlers Verachtung für das Auswärtige Amt, das ihm wie ein »Schuttplatz der Intelligenz«[78] vorkam, hinderte seine Repräsentanten nicht daran, dem neuen Regime zu dienen. Wie der deutsche Botschafter in Washington, von Prittwitz, aus Protest gegen den Nationalsozialismus zurückzutreten, beschrieb das Gegenteil vom Üblichen. Über alle persönlichen Motive und karrieristischen Exspektanzen hinaus, die in diesem Zusammenhang, wie eh und je, ihre Rolle gespielt haben, waren die Diplomaten wie die Konservativen auf innenpolitischem Feld davon überzeugt, nach wie vor den Gang der Dinge bestimmen zu können. Anfangs traten sie als Träger der revisionistischen Politik des Reiches sogar stärker in Erscheinung als Hitler, der eher bedächtig wirkte und vorsichtig zu Werke ging. Ja, dem Diktator fiel internationales Prestige zu, als er am 20. Juli 1933 das Konkordat mit dem Vatikan abschloß.

Daß er zwei Wochen zuvor den Reichsstatthaltern gegenüber verkündet hatte, der Bolschewismus ruiniere Rußland, und »eines Tages werden wir als die Erben auftreten«[79], war nichts, was im Westen Aufsehen erregen konnte, wenn es denn überhaupt bekannt wurde. Antibolschewismus war keineswegs unpopulär; den Mund so voll zu nehmen, ließ im übrigen den, der es vor dem Hintergrund einer verzweifelt schwierigen Lage des Reiches tat, nicht eben als ernstzunehmenden Realisten erscheinen. Daß Hitler kurz zuvor, im Juni 1933, einen außenpolitisch auftrumpfenden Konservativen wie den scheinbar so mächtigen Minister Hugenberg, seinen deutschnationalen Koalitionspartner, zurückgepfiffen und überspielt hatte, schien dagegen für seine Qualität als »Führer« zu sprechen.

Er nutzte den ungeschickten Auftritt Alfred Hugenbergs, der auf der Londoner Weltwirtschaftskonferenz ausladende Forderungen nach territorialem Zuwachs für Deutschland in Europa und in Übersee erhoben hatte, zu dem innenpolitischen Zweck, einen lästigen Rivalen auszuschalten. Das raffinierte Manöver sicherte ihm gleichzeitig außenpolitisches Kapital: Hugenbergs Radikalismus schien Hitlers Sache nicht zu sein. Während der ersten Wochen und Monate dominierte mithin das Bild des vernünftigen und besonnenen Politikers, das Hitler nicht zuletzt mit seiner viel beachteten Friedensrede vom 17. Mai 1933 von sich gezeichnet hatte. Seinem überzeugend klingenden Bekenntnis, die Welt vor der Geißel des Krieges bewahren zu wollen, stimmten damals, einschließlich der Sozialdemokraten, alle Abgeordneten des Reichstages zu, die sich am Ende der Ausführungen des Kanzlers als Zeichen der Anerkennung von ihren Sitzen erhoben.

Mit seinem werbenden Appell an die Regierungen und Völker Europas fing

Hitler die möglicherweise gefährlichen Folgen auf, die mit einem Scheitern der Genfer Abrüstungskonferenz einhergehen konnten. Im Zuge der im Februar 1933 begonnenen Gespräche hatte sich unter der Führung Frankreichs eine Front der Mächte gegen Deutschland gebildet. Ihr hatte sich unter dem Eindruck der innenpolitischen Radikalisierung im Reich das erst noch zögernde Großbritannien seit Ende März angeschlossen. Den Briten ging es vor allem darum, Italien ins westliche Lager zu ziehen, sich mit dem »Dictator Minor«[80] zu vereinbaren und damit Frankreichs Stellung gegenüber Deutschland zu stärken.

Was die Abrüstungsverhandlungen anging, war es nicht in erster Linie Hitler, der ihr Scheitern wollte. Im Gegenteil: Er zog ein ausgehandeltes Resultat einer wilden Aufrüstung damals augenscheinlich vor. Dagegen waren seine konservativen Koalitionspartner, allen voran die Minister von Blomberg und von Neurath, längst entschlossen, sich nicht länger auf diplomatisches Tauziehen und politisches Gerangel einzulassen. Über die Modalitäten der militärischen Gleichberechtigung, die dem Reich am 11. Dezember 1932 grundsätzlich zugestanden worden war, wollten sie mit den anderen nicht mehr verhandeln. Sie waren vielmehr fest entschlossen, auf eigene Faust vorzugehen und die Schuld für das Scheitern der Genfer Verhandlungen dem Westen in die Schuhe zu schieben. Auf ihre Entscheidungen hat Adolf Hitler kaum maßgeblichen Einfluß genommen.

Über dieser Feststellung darf allerdings folgendes nicht in Vergessenheit geraten: Was sich in diesem Zusammenhang entwickelte, kam dem, was der »Führer« wollte, prinzipiell, wenn auch vielleicht nicht aktuell, durchaus entgegen. Denn mit der Abrüstung und dem Völkerbund hatte er auf Dauer nichts im Sinn. Anstatt abzurüsten wollte er aufrüsten; anstelle der Genfer Internationalität setzte er auf bilaterale Bündniskontakte; den Krieg wollte er nicht bannen, sondern vorbereiten! Am 4. Oktober 1933 einigten sich von Blomberg und Hitler darauf, die weiteren Abrüstungsverhandlungen zu blockieren, die Konferenz und den Völkerbund zu verlassen.

Noch jetzt hätte Hitler lieber mit dem Einverständnis der anderen Mächte als ohne eine solche Billigung aufgerüstet. Im Grundsätzlichen war er allerdings ganz der destruktiven Überzeugung, die er am 13. Oktober im Kabinett äußerte, nämlich den Völkerbund »allmählich zum Einschlafen«[81] zu bringen und die Abrüstungskonferenz scheitern zu lassen. In diesem Sinne folgte er den bramarbasierenden Konservativen und verstand sich dazu, am 14. Oktober aus dem Völkerbund auszutreten. Damit waren die Demilitarisierungsverhandlungen gleichfalls am Ende. Die restriktive Haltung der Westmächte, die sich unter dem Eindruck der innenpolitischen Entwicklung im Reich zunehmend versteift hatte, lieferte den wohlfeilen Vorwand, um der Völkerfamilie den Rücken zu kehren. Deutschland folgte damit dem Vorbild Japans, das schon im März 1933, wegen seiner chinesischen Eroberungen mit der Société des Nations hoffnungslos überworfen, das Genfer Gremium verlassen hatte.

Die drohende Gefahr der außenpolitischen Isolierung wurde durch den plebiszitären Erfolg an innenpolitischer Zustimmung geschickt aufgefangen, mit der die Deutschen in den sogenannten Reichstagswahlen vom 12. November ihrem »Führer« akklamierten. Bei nüchterner Betrachtung konnte indes kein Zweifel bestehen, daß das Deutsche Reich im Anschluß an den Genfer Alleingang gefährlich isoliert dastand – eine außenpolitische Konstellation, die sich in beiden kommenden Jahren im Gefolge des nationalsozialistischen Putsches in Österreich und der einseitigen Verkündung der sogenannten »Wehrhoheit« riskant wiederholte. Allein, die Deutschen, in gewissem Maße sogar die auswärtigen Mächte ließen sich, jetzt zum ersten Mal, danach verblüffenderweise immer wieder, von Hitlers doppelter Strategie täuschen: Ohne jede Rücksichtnahme schaffte er außenpolitische Tatsachen und bot gleichzeitig mit überzeugungskräftiger Geste die Hand zur Versöhnung.

Eben an dem Tage, an dem das Reich die Genfer Liga verließ, bekräftigte der Diktator in einem Aufruf seinen Willen, »eine Politik des Friedens ... und der Verständigung zu betreiben«[82]. Das half, die Reaktion der fremden Mächte zu kalmieren. Mit seiner populären Forderung aber, eine solche Politik des Entgegenkommens an »wirkliche Gleichberechtigung«[83] zu binden, appellierte er an das Ehrgefühl der Deutschen. Diese sollten den Bruch mit internationalen Gepflogenheiten auf jeden Fall der Unehre einer schimpflichen Existenz vorziehen. Daher wurde ein Plebiszit vorbereitet. Es rief die Deutschen an die Urnen, damit sie dem Auszug Hitlers aus dem Völkerbund zustimmten. Seines Erfolges von vornherein sicher, ließ der Diktator die Abstimmung mit einer Neuwahl des erst am 5. März bestellten Reichstages verbinden. Die bereits erwähnten Scheinwahlen vom 12. November bezogen sich also nicht allein auf die Einheitsliste der NSDAP, sondern auch auf die Frage, ob die Politik gebilligt würde, die zum Austritt aus dem Völkerbund geführt hatte. Erneut gingen die Emotionen hoch; am Ende triumphierte der »Führer«. Mit über 90 Prozent der abgegebenen Stimmen wurde die Entscheidung befürwortet, sich aus Genf zu verabschieden. Nicht zuletzt durch sein außenpolitisches Handeln war die Macht des Diktators enorm gestärkt worden.

Die wirtschaftliche Entwicklung wies nach oben; die Demokratie war zerstört; und auf dem Feld der äußeren Politik spielte sich Hitler allmählich in den Vordergrund. Das geschah nicht zuletzt dadurch, daß er zum Nutznießer innenpolitischer Zufälle und außenpolitischer Gelegenheiten zu werden verstand, die er im Sinne seiner programmatischen Vorstellung zu handhaben wußte. Das von dem englischen Historiker James Headlam-Morley zeitgenössisch so genannte »neue System«[84] von Versailles war so zerrüttet, daß Hitler erste Schritte mit Aussicht auf Erfolg unternehmen konnte, um eine äußere Politik in die Wege zu leiten, die den multilateralen Internationalismus durch bilaterale Bündnisformationen ersetzen wollte. In der Perspektive des Zukünftigen nahm sich die Entwicklung der Weltpolitik für Hitlers Handeln und seine Ziele zweifellos günstig aus; in der aktuellen Konstellation dagegen befand sich das Reich in der Isolierung.

Gewiß, der lästige Viererpakt, dem Deutschland, damit es sich gefesselt fühlte, angehören sollte, war im Oktober 1933 endgültig verschwunden. Mit der geheimen Aufrüstung ging es so zügig voran, daß schon am 25. Oktober von der Existenz einer Luftwaffe die Rede war. Auf dem Wege zur innenpolitischen Diktatur war Hitler mit unglaublicher Reibungslosigkeit vorangekommen. Allein gegen die außenpolitische Gefahr der riskanten Isolierung mußte etwas unternommen werden. Der Diktator wählte, indem er sich Polen näherte, einen unerwarteten Ausweg.

Die polnische Überraschung

Am 26. Januar 1934 schlossen das Deutsche Reich und Polen einen Nichtangriffspakt miteinander ab. Während seiner zehnjährigen Geltungsdauer verpflichtete er die Unterzeichner dazu, sich »in den ihre gegenseitigen Beziehungen betreffenden Fragen, welcher Art sie auch sein mögen, unmittelbar zu verständigen« und »unter keinen Umständen ... zur Anwendung von Gewalt [zu] schreiten«[85]. Der Vertrag wirkte wie ein Paukenschlag: Die Welt horchte auf!

Hitler, der als radikaler Revisionist angetreten war, nahm – so hatte es jedenfalls den Anschein – sensationellen Abschied von den außenpolitischen Zielen, die keiner der von ihm verachteten und bekämpften Weimarer Politiker jemals aus dem Auge verloren hatte. Ihr außenpolitischer Revisionismus hatte ganz bevorzugt den Territorien im Osten des Reiches gegolten, die zwangsweise an Polen abgetreten worden waren. Die vergiftende Unzumutbarkeit des abgetrotzten Opfers verdichtete sich geradezu symbolisch in der ununterbrochen Anstoß erregenden Existenz des sogenannten Korridors, der das Reich und Ostpreußen voneinander trennte. Daß Hitler ausgerechnet mit Polen einen Gewaltverzicht vereinbarte und für die nach wie vor existierenden Revisionsziele auf den Einsatz kriegerischer Mittel zu verzichten sich verpflichtete, erschien dem britischen Botschafter in Berlin, Sir Eric Phipps, geradezu als staatsmännische Leistung[86].

In der Tat: Mit dem Abschluß des polnischen Pakts hatte Hitler, für die deutsche Innenpolitik zumindest ebenso überraschend wie für die internationale Öffentlichkeit, das »Einmaleins« der deutschen Ostpolitik resolut umgedreht. Anstatt wie bisher zusammen mit der Sowjetunion antipolnische Politik zu verfolgen, ging er nun daran, zusammen mit Polen antisowjetische Politik zu treiben. Ebendazu sollte die Verständigung mit dem Polen Marschall Pilsudskis dienen, das autokratisch regiert wurde und gleichfalls einem außenpolitischen

Revisionismus huldigte. Diese Tatsache zu erwähnen, heißt auf eine Paradoxie der polnischen Position zu verweisen. An der Seite Frankreichs nahm das Land gegenüber dem Deutschen Reich die Position eines Verteidigers des Status quo ein; in bezug auf seine gegenüber Litauen, möglicherweise sogar auf Teile der Sowjetunion erhobenen Ansprüche reihte es sich jedoch in die Front der revisionistischen Staaten ein und trat Seite an Seite mit Italien, Ungarn und Bulgarien, aber eben auch mit Deutschland auf.

Hitlers polnischer Schachzug handelte beinahe allem diametral entgegen, was bis dahin für das Auswärtige Amt von verbindlicher, grundlegender Gültigkeit gewesen war. In dieser Perspektive hatte Außenminister von Neurath noch am 7. April 1933 im Kabinett verkündet: »Eine Verständigung mit Polen ist weder möglich noch erwünscht.«[87] Der tiefgehende Eingriff des Diktators indes, der nach einem Jahr nationalsozialistischer Herrschaft die großen Linien der deutschen Außenpolitik bestimmte, wurde erstaunlich problemlos akzeptiert. Es war eben Hitler, der inzwischen überall das Sagen hatte!

Der Unmut, der im Zusammenhang mit der polnischen Überraschung innerhalb der NSDAP aufkam, legte sich nicht minder rasch. Denn Alfred Rosenberg, Chef des Außenpolitischen Amtes der Partei und einer ihrer ostpolitischen Experten, der mit der Annäherung an Polen keineswegs einverstanden war und seinerseits für eine sowohl gegen polnische wie sowjetische Interessen gerichtete Selbständigkeit der Ukraine eintrat, verlor, in der Hierachie der Bewegung ohnehin nicht allzu einflußreich, rapide an Macht. Im Mai 1934 paßte er seine außenpolitischen Vorstellungen schließlich dem dominierenden Kurs des »Führers« an. Nach dem zutreffenden Eindruck des aus Moskau scheidenden Botschafters von Dirksen war »das Rapallo-Kapitel« deutscher Außenpolitik im Herbst 1934 »abgeschlossen«[88].

Aus aktuellen und aus prinzipiellen Erwägungen, um der Isolierung zu entkommen und um sich seinem Grundplan zu nähern, war diese Entwicklung von Hitler im Juli 1933 mit dem Abbruch der geheimnisumwitterten, fast schon traditionellen Kontakte zwischen Roter Armee und Reichswehr demonstrativ eingeleitet worden. In demselben Monat wurden die bereits Wochen zuvor angebahnten Kontakte mit der polnischen Seite erneut aufgenommen und vertieft.

Zur gleichen Zeit, als der Neutralitätsvertrag mit der Sowjetunion im Mai 1933 ratifiziert wurde, hatte Hitler erstmals das polnische Terrain sondiert, um die »gemeinsamen Interessen beiderseits leidenschaftslos und nüchtern [zu] überprüfen und [zu] behandeln«[89]. Seine im Kabinett dargelegte Überzeugung, wonach die »belastenden Momente« im Verhältnis zur Sowjetunion »immer größer gewesen« seien »als die befruchtenden«[90], brach sich Bahn. Die ideologische Auseinandersetzung mit dem Bolschewismus nahm sogar gewaltsame Form an, als die SA nur zwei Tage nach der Ratifizierung des »Russenpakts« das sowjetische Generalkonsulat in Berlin verwüstete. Im konkreten Zusammenhang war es allerdings nicht allein, vor allem nicht ausschlaggebend das weltanschauliche Element, das die dramatische Schwenkung der deutschen Außenpolitik veranlaßte. Freilich bestimmte es ihre unverrückbare Grundrichtung: Ihr strebte Hitler mit derselben Instinkthaftigkeit zu, mit der ein Wolf die Lämmer aufspürt.

Der Abschluß des Pakts hatte erst einmal der Gefahr einer polnischen Invasion gegen das Reich, die 1933 durchaus nicht gegenstandslos war, die Spitze genommen. Als Polen im März 1933 die Westerplatte militärisch besetzte, also irregulär auf das Hoheitsgebiet der Freien Stadt Danzig übergriff, hatte es seine unübersehbare Bereitschaft zum Konflikt mit dem Deutschen Reich drohend unter Beweis gestellt. Marschall Pilsudskis Bemühungen, in Paris herauszufinden, ob die Franzosen mit den Polen zusammen bereit wären, in einer Art Polizeiaktion gegen die Deutschen vorzugehen und ihnen, um sie in der Hand zu haben, territoriale Faustpfänder zu entwinden, blieben nicht verborgen – mochte man das von polnischer Seite aus Vorgeschlagene nun als Präventivkriegsplanung kennzeichnen oder nicht.

Doch Polens Streben, die Versailler Fronten gegenüber dem nationalsozialistischen Deutschland im Westen und im Osten zu festigen, blieb ohne Erfolg. Die Erfahrungen, die Frankreich nur eine Dekade zuvor an der Ruhr mit einer Politik der Faustpfänder gemacht hatte, war nicht dazu geeignet, seine inzwischen ganz auf die strategische Defensive ausgerichtete Politik zu ändern, das Land vom Maginot-Denken Abschied nehmen zu lassen und sich der mächtigen Strömung des Pazifismus entgegenzustellen.

Daher hatte Hitler bei Pilsudski Erfolg. Dessen Versuch, mit Frankreich zusammen gegen Deutschland die erforderliche Sicherheit für sein Land zu finden, war gründlich mißlungen. In gewisser Weise fühlte er sich genauso isoliert wie Hitler. Deshalb suchte er jetzt ohne französischen Beistand gerade im Zusammengehen mit Deutschland den Halt, den ihm Frankreich in gemeinsamer Frontstellung gegen das Reich zu geben nicht bereit war. Seit dem Mai 1933 lief von beiden Seiten aus aufeinander zu, was sich im Januar 1934 treffen sollte. Obwohl beide Partner mit der UdSSR vertragliche Bindungen eingegangen waren, zielte die schließlich im Paktabschluß gipfelnde Annäherung der sich miteinander arrangierenden Regimes, die jedes auf seine Art von leidenschaftlichem Antikommunismus geprägt waren, letztlich gegen die Sowjetunion.

Die Ordnung von Paris oder besser gesagt das, was noch von ihr übrig war, und Frankreich als Garantiemacht des Status quo wurden durch die neue Verbindung arg in Mitleidenschaft gezogen. Für den Versuch der bedrängten Hegemonialmacht, das abdriftende Polen durch eine demonstrative Intensivierung der französischen Verbindungen mit den kleineren Staaten in Ostmitteleuropa zu ersetzen, bestand von Anfang an nicht viel Aussicht auf Erfolg. Frankreich hatte, was einfach nicht zu übersehen war, Schaden genommen. Indes: Polen, das unmittelbar so bevorzugt dastand, wirkte durch den Paktabschluß mit Hitler, der das Bestehende folgenreich demontierte, auf Dauer daran mit, eine Entwicklung der internationalen Politik zu beschleunigen, die ihm, freilich erst nach Jahren, zum tödlichen Nachteil gereichen sollte. Direkt spürbar wurde freilich auch Frankreich nicht zugleich das Opfer des Vollzogenen. Denn das deutsche Werben um die Gunst des westlichen Nachbarn begleitete von Beginn an die äußere Politik Hitlers. Die Franzosen systematisch zu beruhigen, um sie am Ende noch einmal »dreschen«[91] zu können, wie er gegenüber dem General Milch einige Jahre darauf mit entwaffnender Offenheit bekannte, lag der verwirrend anmutenden Frankreichpolitik des Diktators als teuflisch einfaches Muster zugrunde.

Nur einen Monat nach dem Abschluß des polnischen Vertrages wurde bereits deutlich, wie Hitler die neue Rückenfreiheit an der östlichen Grenze tatsächlich zu nutzen gedachte. Am 28. Februar 1934 erklärte er vor den Spitzen der Reichswehr und der SA, daß eine Miliz für seine militärischen Pläne nicht geeignet sei. Die »neue Armee«, die nun aufgebaut werde, »müsse nach fünf Jahren für jede Verteidigung, nach acht Jahren auch für den Angriff geeignet sein«. Deutschland habe nun einmal den »Lebensraum« zu erwerben, »den uns ... die Westmächte nicht gönnen. Daher könnten kurze, entscheidende Schläge nach Westen und dann nach Osten notwendig werden«[92]. So hatte er es in »Mein Kampf« bereits frühzeitig entworfen; so argumentierte er jetzt mit dem gerade abgeschlossenen Polenpakt im Rücken; so vollzog sich das Entworfene schließlich – mit dem entscheidenden Umweg freilich, daß er den Krieg zuerst gegen Polen, den gegenwärtigen Vertragspartner, führte; dann gegen Frankreich, das immer der Feind blieb; und am Ende gegen Rußland, mit dem er eine Zeitlang sogar wie ein Komplize verbunden war.

Der polnische Staat, der von Anfang seiner neuen Existenz an die Feindschaft des Deutschen Reiches zu spüren bekommen hatte, wurde plötzlich mit unübersehbarer Gleichberechtigung behandelt. Das bedeutete allerdings nicht, wie manche Politiker in Warschau leichtfertigerweise annahmen, der westliche Nachbar habe damit die existierenden Grenzen anerkannt: Ein auf die bilaterale Ebene reduziertes »Ostlocarno« war am 26. Januar 1934 auf gar keinen Fall abgeschlossen worden. Dem erfahrenen Pilsudski war diese schwerwiegende Tatsache keineswegs entgangen. Der damals schon ernsthaft erkrankte Staatschef, der nicht mehr lange zu leben hatte, gab sich über das Vereinbarte kaum Illusionen hin. Ja, in bezug auf den Sinn des Gesamten war er nicht frei von schweren Zweifeln und sinnierte über die »ungesunden Romanzen mit den Deutschen«[93], die nach seiner vorausblickenden Einschätzung »wohl doch kein gutes Ende finden könnten«[94]. Immerhin erhielt Polen zeitlichen Aufschub, um sich so oder so, politisch oder militärisch, auf das drohend Unvermeidliche einzustellen.

Zum eindeutigen Vorteil gereichte der unorthodoxe Vertragsabschluß dem Deutschen Reich, das seine spezifische Umklammerung merklich lockerte und die allgemeine Gefahr der Isolierung aufatmend linderte. Denn die polnisch-französische Entente war ebenso wie die französisch-sowjetische und die polnisch-sowjetische Vertragsvereinbarung durch die deutsch-polnische Annäherung beeinträchtigt worden. Sogar die Verbindung zwischen Paris und Prag hatte an Wirksamkeit eingebüßt, da es von nun an fraglich erschien, ob die Tschechen ohne Mitwirkung der Polen den Franzosen bei einer Attacke der Deutschen wirklich helfen konnten. Vor diesem Hintergrund mag einleuchtend sein, warum das Reich mit dem polnischen Erzfeind, der diese stigmatisierte Qualität auch in Zukunft nicht verlor, auf einmal die von den Polen seit einiger Zeit vorgeschlagene »Kippe [zu] machen«[95] bereit war.

Neben Frankreich war vor allem die Sowjetunion von dem unvermuteten Gezeitenwechsel der internationalen Beziehungen betroffen. Die mit bewährtem Machiavellismus eingehaltene Trennung zwischen Staatspolitik und Ideologie brach sichtbar zusammen. Erfolgreich hatten die Sowjets sie für lange Zeit praktiziert, indem sie mit dem Deutschen Reich, das in weltanschaulicher Perspektive durchgehend attackiert wurde, durch außenpolitische Verträge vergleichsweise sicher verbunden blieben. Hitlers Rede vom 23. März, die Außenverhalten und Weltanschauung voneinander abhob, schien dem vertrauten Kurs zwischen Berlin und Moskau ebenso zu entsprechen wie die Ratifizierung des Neutralitätsvertrages im Mai. Trotz ideologischer Attacken, mit der die Komintern den Nationalsozialismus überzog, hielten die Sowjets daher an ihrer traditionellen Außenpolitik fest. Noch im September 1933 gaben sie zu verstehen, am Schicksal der im »Dritten Reich« verfolgten Kommunisten keinen großen Anteil nehmen zu wollen.

Da begann Hitler das Blatt zu wenden! Zwar noch vorsichtig abwartend, aber doch genügend deutlich, ließ er nach einer Aufzeichnung von Bülows dem Kabinett gegenüber Ende September erkennen, was ihn in bezug auf die Sowjetunion eigentlich bewegte: »Der Reichskanzler legte in längeren Ausführungen dar, daß eine Wiederherstellung des deutsch-russischen Verhältnisses unmöglich sei, da die Neugestaltung in Deutschland jede Hoffnung der Russen auf die Durchführung der Weltrevolution vernichtet habe. Ein scharfer Antagonismus zwischen Deutschland und Rußland werde naturgemäß bleiben, er sei aber nicht dafür, die deutsch-russischen Beziehungen unsererseits abzubrechen oder den Russen Vorwände für diesen Abbruch zu geben. Deshalb sei er einverstanden, daß ich dem russischen Botschafter beruhigende Zusicherungen mache, und sei auch bereit, so unsympathisch ihm dies sei, Krestinski zu empfangen. Wir dürfen uns aber keinen Illusionen darüber hingeben, daß die Russen uns immer belügen und eines Tages doch im Stich lassen würden, den letzten Rest ihrer Schulden würden sie wahrscheinlich niemals abtragen.«[96]

Die deutsch-polnische Einigung vom Januar 1934, die mit dem definitiven Ende des deutsch-sowjetischen Sonderverhältnisses einherging, ließ die UdSSR eine grundlegende Neuorientierung ihrer äußeren Politik einleiten. Diese Tendenz hatte sich bereits im Jahre 1930 angedeutet, als die Beziehungen zwischen Berlin und Moskau abzukühlen begannen: Damals fühlten die Russen sich zur Annäherung an die Franzosen veranlaßt. Die Entwicklung setzte sich im Verlauf des Jahres 1933 fort, als Stalin in dem Maße auf die Westmächte zuging, in dem Hitler von der Sowjetunion abrückte. Schon damals galt, was Außenminister Litwinow im Jahre 1935, im Hinblick auf das Schicksal Österreichs, für das sowjetische Sicherheitsdenken geradezu klassisch umschrieb: »Wir können nicht indifferent sein in bezug auf die Verstärkung Hitlerdeutschlands, wie sie auch sein mag.«[97]

Daher nahm die Sowjetunion Kurs auf den Westen und trat am 18. September 1934 dem Völkerbund bei. Ein Jahr darauf ging die UdSSR, was die Kommunistische Internationale betraf, zur Politik der Volksfrontstrategie über und wollte die bis dahin als »Sozialfaschisten« bekämpften sozialdemokratischen sowie sozialistischen Parteien Europas für den gemeinsamen Kampf gewinnen. Die Wendung der Sowjetunion erhielt noch dadurch zusätzlichen Schwung, daß der im Juni 1934 unternommene Versuch mißlang, sich mit den Deutschen auf vertraglichem Wege über die Unabhängigkeit des Baltikums zu einigen. Offensichtlich fürchteten die Russen den wachsenden Einfluß des Reiches in dieser für ihre Sicherheit relevanten Region an der Ostsee. Ob sie damals bereits, sozusagen in Vorwegnahme des fünf Jahre später Zustandegekommenen, an ein machtpolitisches Tauschgeschäft zu Lasten der baltischen Staaten gedacht haben, muß dagegen offen bleiben.

Nur ein Jahr nachdem Hitler, der Autor von »Mein Kampf«, die Macht angetreten hatte, war das Verhältnis zwischen Deutschland und der Sowjetunion geradezu feindselig geworden. Danach allerdings, im Verlauf der dreißiger Jahre, blitzte auf beiden Seiten immer wieder jene an sich erstaunliche Neigung auf, die sich im Sommer 1939 dramatisch verdichtete und die entzweiten Diktatoren zueinander finden ließ.

Der bis dahin offen zutage tretende Antagonismus gegenüber der Sowjetunion gereichte Hitler, was die Atmosphäre der Zeit und die Entwicklung der internationalen Beziehungen anging, eher zum Vorteil als zum Nachteil. Obwohl Stalin sich dem Westen zu nähern versuchte, vermochte er, die menschenverachtende Inkarnation der bolschewistischen Weltrevolution, welche die bürgerlichen Demokratien, ihre Gesellschafts- und Werteordnungen mit prinzipieller Gehässigkeit attackierte, kaum wirklich Sympathien zu gewinnen, zumal die verheerenden Exzesse seiner despotischen Alleinherrschaft nicht verborgen blieben. Es war gerade Hitlers rigoroser Antikommunismus, der dem nationalsozialistischen Regime im Westen Europas zugute kam.

»Über alle Interessengegensätze, alle kreuz und quer laufenden Verfeindungen hinweg«, so hat der Hitler-Biograph Joachim Fest den paradox plausiblen Tatbestand beschrieben, »war jenes im ganzen noch immer konservative, bürgerliche Europa der dreißiger Jahre in der Angst vor der kommunistischen

Revolution geeint, als deren radikalster Feind und Überwinder Hitler sich so nachdrücklich anzupreisen wußte. ... indem er die eigenen revolutionären Absichten im Mantel des geschworenen Feindes der Revolution vorantrieb und als Verteidiger einer Ordnung auftrat, deren Zerstörung sein Vorsatz war. Wie viele Beklemmungen dieses merkwürdig rückfällig gewordene Deutschland der dreißiger Jahre in Europa auch wachrief, so viele uneingestandene Erwartungen richteten sich zugleich darauf, es möchte die alte Rolle des Reiches wieder übernehmen, der ›Aufhalter des Bösen‹ zu sein, Bollwerk oder Wellenbrecher, wie Hitler auf dem Reichsparteitag 1934 erklärte.«[98] Größer allerdings, gebietender gar durfte die problematische Funktion des mit ablehnender Zustimmung aufgenommenen Retters auf keinen Fall werden, dessen unheimliche Fremdheit immerhin vertrauter wirkte als die barbarische Roheit Stalins.

Hitler hatte die Gefahr der Isolierung zunächst hinter sich gelassen, gewiß nicht auf Dauer, wie sich bald erneut herausstellte, aber immerhin vorläufig. Das war viel, wenn man sich die mißliche Ausgangslage des Reiches im Kreis der Staaten vergegenwärtigt, die er bei seiner »Machtergreifung« antraf: Geradezu evident wird diese außenpolitische Leistung, wenn man sich vor Augen führt, wie es dem gleichfalls revisionistischen, schwer in internationale Bedrängnis geratenen Japan inzwischen erging. Im Gefolge seines kriegerischen Vorgehens gegen China hatte sich das Kaiserreich selber aus der Völkerfamilie ausgekreist und hatte daraufhin, in einem Akt von verzweifelter Kühnheit, aus der Not eine Tugend zu machen versucht. Mit trotzigem Stolz proklamierte es 1934 im Zuge der sogenannten Amau-Erklärung eine Art von ostasiatischer Monroe-Doktrin – eine selbstbewußte Geste, die den bedrohlichen Tatbestand seiner peinlichen Isolierung kaum verbergen konnte, freilich auch auf das übersteigerte Machtbewußtsein der kriegerischen Samurais verwies.

Hitler ging geschmeidiger vor und hatte Fortüne: Nur ein Jahr nach dem 30. Januar 1933 bestimmte er über die deutsche Außenpolitik, hatte er ihren Kurs, seinem doktrinären Willen gemäß und unter geschickter Ausnutzung des machtpolitisch Notwendigen, grundlegend geändert. Von rüstungs- und reparationspolitischen Hemmnissen im Grunde befreit, konnte er seine äußere Politik gestalten. Abwechselnd stellten sich in ihrem bald dramatischen Verlauf Erfolge und Rückschläge ein; ja, lange Zeit schien es in fataler Verkehrung des grundsätzlich Negativen so zu sein, als triumphiere das Vorteilhafte des Zusammenhangs bei weitem über seine Mißlichkeit.

Erfolge und Rückschläge

Was für Hitlers Außenpolitik im Jahre 1934 so erfolgreich begonnen hatte, setzte sich beileibe nicht gleichmäßig fort. Vielmehr hatte das Regime im Innen- wie im Außenpolitischen ernste Krisen und bedrohliche Situationen zu überwinden. Denn aufs neue tauchte das Gespenst der zerstörerischen Isolierung auf. Es begleitete die äußere Politik des Reiches bis zur Jahresmitte 1935.

Gewiß, im Inneren dauerte die hochgemute Stimmung vom Sommer 1933 weiter an. Auf wirtschaftlichem Gebiet wurde sie durch vorteilhafte Anzeichen einer normalen Konjunkturbelebung flankiert, die im Zeichen des allgemeinen Aufschwungs der Weltwirtschaft vorläufig nicht in erster Linie durch die ökonomisch riskante Aufrüstung getragen war. Doch nach außen hin verdüsterte sich, in nahezu unmittelbarem Anschluß an die »polnische Überraschung«, die Lage des »Dritten Reiches« auf beinahe dramatische Weise.

Ihren Ausgang nahm diese Entwicklung auf einem Gebiet, um das sich Hitler bevorzugt kümmerte. Die unvorhergesehenen Schwierigkeiten ergaben sich im Verhältnis zu Österreich und in den Beziehungen mit Italien. Schon auf der ersten Seite seiner Programmschrift »Mein Kampf« hatte der spätere Diktator die Rückkehr von »Deutschösterreich ... zum großen deutschen Mutterlande« gefordert, weil »gleiches Blut ... in ein gemeinsames Reich«[99] gehöre. Daß er dieses Ziel, als die Gelegenheit, es zu erreichen, im Verlauf des Jahres 1934 günstig erschien, dennoch verfehlte, hatte nicht zum geringsten mit der kompromißlos ablehnenden Haltung zu tun, die das faschistische Italien seinem herausfordernden Vorhaben gegenüber einnahm. Weil es der Staat des faschistischen »Duce« war, der sich ihm mit brüsker Geste in den Weg stellte, fiel die Enttäuschung des nationalsozialistischen »Führers« um so nachhaltiger aus, betrachtete er Italien neben Großbritannien doch als eine feste Größe in seinem früh entworfenen Bündnisplan. Allerdings: Im Rahmen seiner historischen Vision, in der die machtpolitisch und weltanschaulich begründete Eroberung des russischen »Lebensraums« im Zentrum seines Denkens und Handelns stand, war das sogenannte »›Anschluß‹-Problem« *à la longue* niemals mehr als eine »erste, ›kleine‹ Stufe der angestrebten weiten Expansion«[100]. Immerhin: Sie zu nehmen, mißlang im ersten Anlauf und mußte vertagt werden, bis die internationale Konstellation günstiger war.

Was sein Ziel des österreichischen »Anschlusses« anging, hatte Hitler tatkräftig die nationalsozialistische Revolution gefördert, die sich innerhalb des kleinen Alpenlandes regte. Wenn die Zeit reif war, konnte der innenpolitischen Umwälzung die nationalpolitische Vereinigung folgen. Doch in der österreichischen Republik, wo die Neigung zum »Anschluß« seit dem Ende des Ersten Weltkrieges dominiert hatte, vollzog sich angesichts der nationalsozialistischen »Machtergreifung« im Reich ein spürbarer Umschwung: Die Zustimmung zur

Union mit Deutschland wurde mehr und mehr von der Ablehnung der nationalsozialistischen Diktatur überlagert.

Um der wachsenden Bedrohung der staatlichen Selbständigkeit durch die österreichischen Nationalsozialisten wirkungsvoll zu begegnen, überführte Bundeskanzler Dollfuß das demokratische Gemeinwesen durch einen Staatsstreich in ein autoritäres Regime. Ohne republikanische Verfassung glaubte er der Herausforderung besser Herr zu werden; durch Angleichung der inneren Verfaßtheit seines Landes an das Vorbild des italienischen Faschismus wollte er dem ideologisch verwandten Nationalsozialismus das Wasser abgraben: »Die einzig erfolgversprechende Methode, die Situation in Österreich gegen die Dynamik des Nationalsozialismus zu stabilisieren«, lag für ihn in dem »Versuch, dem Konkurrenten die Waffe des Antimarxismus zu entwinden«[101].

Doch der Druck des Reiches, das die österreichischen Nationalsozialisten, zugleich offen und geheim, unterstützte, nahm im Verlauf des Jahres 1933 zu. Dagegen erhoben, jetzt ebenso wie später, nicht nur die österreichische Regierung, sondern auch die Westmächte und Italien Einspruch. Hitlers völkerrechtswidrige Überzeugung, daß es sich bei den zwischen Österreich und Deutschland strittigen Fragen nicht um eine internationale, sondern, wie es bald hieß, um eine deutsche Angelegenheit handle[102], ließ ihn die ausländischen Interventionen, die für Österreichs vertraglich geregelte Selbständigkeit eintraten, schlicht mißachten. Rasch spitzte sich die Lage zu!

Als die Wiener Regierung Anfang Mai das Tragen der braunen Parteiuniform untersagte und gegen Nationalsozialisten im Staatsdienst vorging, ließ die Reaktion des »Dritten Reiches« nicht lange auf sich warten. Der Goliath im Norden suchte den David an seiner südlichen Grenze vor allem wirtschaftlich zu drangsalieren; für jeden in den Nachbarstaat reisenden Deutschen wurde die Entrichtung einer Ausreisegebühr von tausend Reichsmark verfügt. Im Gegenzug führte, um sich gegen diese einer praktischen Reisesperre gleichkommende Maßnahme zu wehren, Österreich für den kleinen Grenzverkehr zwischen beiden Staaten den Visumzwang ein. Das traf nicht zuletzt die Bewegungsfreiheit der zwischen dem Deutschen Reich und dem vorgesehenen Anschlußgebiet bis dahin ungeniert hin- und herreisenden Nationalsozialisten. Eine wahre Attentatswelle überzog daraufhin das unglückliche Land; die dafür Verantwortlichen entzogen sich ihrer Verfolgung regelmäßig durch Flucht nach Bayern. Als schließlich im Juni 1933 die NSDAP in Österreich verboten wurde, hatten die Beziehungen zwischen Wien und Berlin einen Tiefpunkt erreicht.

Doch wie einst der biblische Held besaß der an sich hilflos dem mächtigen Nachbarn Ausgelieferte tatsächlich noch eine Schleuder. Vermochte er sie auch nicht nach eigenem Gutdünken zu benutzen, war ihre Wirkung keineswegs zu unterschätzen: Nach wie vor wurde Österreich von Großbritannien und Frankreich unterstützt, die Anfang 1934 erneut zugunsten des bedrängten Staates auftraten. Noch um vieles tatkräftiger als die Garantiemächte der Pariser Ordnung nahm Italien das österreichische Mündel in Schutz. Mussolini, der prospektive Allianzpartner Hitlers, begegnete den nach Süden und Südosten zielenden Ambitionen des Deutschen Reiches mit wachem Mißtrauen und tätiger Abwehr. Was immer, eher unkoordiniert als geplant, von seiten verschiedener Institutionen des »Dritten Reiches« zur Wahrnehmung deutscher Interessen in Südosteuropa unternommen wurde, es rief Mussolini, der diesen Teil des Kontinents als seinen Einflußbereich reklamierte, umgehend auf den Plan. In diesem Sinne richteten sich die am 17. März 1934 zwischen Italien, Österreich und Ungarn unterzeichneten »Römischen Protokolle«, die Italiens Führungsanspruch in der Donauregion unterstrichen und den Bestand der Signatare garantierten, durchaus gegen das mißtrauisch beobachtete Wildern der Deutschen in diesen Gefilden.

Daß der österreichische Bundeskanzler Dollfuß, vom Februar 1934 an verstärkt, die politische Linke seines Landes gewaltsam zurückdrängte und den autoritären Ständestaat am Muster des italienischen Faschismus orientierte, trug nicht gerade dazu bei, das belastete Verhältnis zum Deutschen Reich zu erleichtern: Um nicht von Hitler geschluckt zu werden, zog Österreich es offensichtlich vor, als Satellit im Schutze Mussolinis zu existieren. Kein Wunder, daß angesichts solcher Rivalität das Treffen zwischen »Führer« und »Duce«, das im Juni 1934 in Venedig zustande kam und auf das der deutsche Diktator seine erwartungsvollen Hoffnungen gesetzt hatte, in enttäuschender Folgelosigkeit endete.

Am 25. Juli 1934 putschten die österreichischen Nationalsozialisten gegen die Regierung in Wien; sie erschossen Bundeskanzler Dollfuß. Ihre deutschen Gesinnungsgenossen waren, was die turbulenten Begebenheiten jenseits der Grenze anging, längst nicht so ahnungslos, wie sie aus wohlerwogenen Gründen taten. Zwar hatte Hitler »niemals« einen »definitiven Befehl« für das Unternehmen gegeben[103], »aber ... in den Wochen zuvor« ebensowenig etwas unternommen, das sich Anbahnende zu untersagen, sondern »vielmehr alle Möglichkeiten offengelassen«[104], auch die zum raschen Rückzug, der jetzt erforderlich wurde. Denn Mussolini nahm seine Protektorenrolle wahr und ließ Truppen am Brenner aufmarschieren. Umgehend dementierte das Reich jede Beteiligung; entgegen den Tatsachen teilte die Regierung am 26. Juli 1934 vielmehr mit, »daß keine deutsche Stelle in irgendeinem Zusammenhang mit den Ereignissen steht«[105].

Wenige Wochen nachdem das Regime im Verlauf des sogenannten »Röhm-Putsches« eine schwere innere Krise überstanden hatte, fand sich das Deutsche Reich auf außenpolitischem Feld in nahezu vollständiger Isolierung wieder. Gewiß, der als Sonderemissär nach Wien und Rom entsandte von Papen konnte die sich auftürmenden Wogen ein wenig glätten. Aber mehr als ein paar Schaumkronen verschwanden damit nicht; ein Meer von ablehnendem Mißtrauen umgab das vereinsamte Deutschland. Die Lage des Reiches war tatsächlich, wie Staatssekretär von Bülow am 30. Juli 1934 deprimiert feststellte, schlichtweg »trostlos«: »Alle Mächte, auf die es ankommt, sind gegen uns. Frankreich, das nach wie vor mit seiner Drohung im Hintergrund steht, braucht keinen Finger zu rühren, um eine für es günstige Situation zu schaffen.«[106]

Im Inneren tat die beklagenswerte Entwicklung der äußeren Politik der nahezu allmächtigen Stellung Hitlers, der nach von Hindenburgs Tod im August 1934 das Amt des Reichspräsidenten zusätzlich übernahm, keinen Abbruch. Die außenpolitische Misere zu lindern aber half ihm einer jener Zufälle, die seine Karriere mit merkwürdiger Regelmäßigkeit begleiteten und die seine Absichten begünstigten.

Der Versailler Friedensvertrag hatte festgelegt, nach Ablauf von fünfzehn Jahren die Bevölkerung des Saargebietes über den Verbleib ihres Landes entscheiden zu lassen. Im Januar 1935 votierten nahezu 91 Prozent der abstimmenden Saarländer für die »Heimkehr« ins Reich, das mittlerweile eine Diktatur geworden war. Die Zugehörigkeit zur Nation erschien ihnen wichtiger zu sein als das Privileg der Demokratie; das nationale Anliegen rangierte vor der inneren Freiheit. Jenes für Hitlers Triumph an der Saar ausschlaggebende Motiv wurde zudem durch die allgemeine Tendenz der Zeit getragen. Diese trat immer stärker hervor und kam nicht zuletzt darin zum Vorschein, daß der Sog der Begeisterung für das neue Regime auch die Zweifler und Andersdenkenden zunehmend mitriß. Denn ursprünglich war die Bevölkerung an der Saar eher gegen als für den Nationalsozialismus eingestellt. Ohne große Bedenken wurden diese Reserven jetzt über Bord geworfen, um »Heim ins Reich« zu gelangen, das so geordnet und zielstrebig in eine bessere Zukunft zu marschieren schien.

Noch im Hochgefühl des stolzen Erfolges, der im Ausland die gebührende Beachtung fand, verkündete Hitler am 16. März 1935 die Einführung der allgemeinen Wehrpflicht und gab das öffentliche Startzeichen für den bislang geheimen Aufbau der Luftwaffe. Sein ehrgeizig propagiertes Ziel, 36 Divisionen und 550 000 Soldaten aufzustellen, ließ die nach wie vor längst nicht gebannte Gefahr der Isolierung noch schärfer hervortreten. Denn eins war klar: Die europäischen Mächte mußten diesem eklatanten Bruch des Versailler Vertrages wirkungsvoll entgegentreten; oder es würde in Zukunft tatsächlich so kommen, wie es François-Poncet bei dieser Gelegenheit düster beschwor, daß nämlich Hitler »sich alles erlauben und Europa die Gesetze vorschreiben« könne[107].

In der Tat befand man sich im Frühjahr 1935 in einer jener Entscheidungslagen, in denen das Schicksal Hitlers und Europas auf dem Spiel stand. Die außenpolitische Vereinsamung des Reiches konnte, falls die Mächte die Herausforderung des Diktators kompromißlos beantworteten, in den innenpolitischen Zusammenbruch des Regimes umschlagen. Sie konnte aber ebenso zum verlockenden Ausfalltor für weitere Parforceritte des Tollkühnen werden, wenn die Tatenlosigkeit der anderen ihn dazu ermuntern und der Erfolg des riskanten Spiels ihn stärken würde.

Der Areopag der europäischen Staaten schien tatsächlich zum Handeln bereit zu sein! Die noch von dem französischen Außenminister Barthou vom Beginn des Jahres 1934 an eingeleitete, nach seiner Ermordung am 9. Oktober desselben Jahres nicht aufgehobene Strategie der Eindämmung schien sich zu bewähren. Wenn die unruhigen Deutschen, allen Einladungen der Westmächte zur Multilateralität entgegen, an ihrer verdächtigen Vorliebe für bilaterale Abmachungen uneinsichtig festzuhalten gedachten, dann blieb nichts anderes übrig, als sie durch ein umsichtig ausgelegtes Netz von Allianzen zu fesseln – vor allem ein an die Vorweltkriegszeit gemahnendes Bündnis zwischen Frankreich und der Sowjetunion zu schmieden.

Angesichts der einseitigen Herausforderung durch das Deutsche Reich, das dieses Mal auf den Kern staatlicher Macht schlechthin, auf das Militärische, zielte, trafen sich die großen Staaten Europas – Frankreich, Großbritannien und Italien – in Stresa. Sie verurteilten »die Methode der einseitigen Aufkündigung«[108] von völkerrechtlich gültigen Verträgen. Der europäische Status quo wurde bekräftigt; von den Interventionsmöglichkeiten im Sinne der Locarnoverträge war unüberhörbar die Rede. Allein, gehandelt wurde nicht!

Von vornherein klangen die Deklarationen von Stresa wenig überzeugend, weil kein gemeinsamer Wille der Teilnehmer dahinterstand, das Angedrohte wahrzumachen. Die internationale Lage, die im Banne der Weltwirtschaftskrise seit dem kriegerischen Vorgehen der Japaner in heftige Bewegung geraten war, begünstigte Hitler. Die herausgeforderten Nationen aber ließen es bei drohenden Warnungen für das nächste Mal bewenden. Ebendiese Haltung schreckte Hitler keineswegs ab; sie ermunterte ihn nur zu weiteren Brüskierungen, wie die allerdings schwer voraussehbare Entwicklung der Zukunft ausweisen sollte.

Mussolini schielte längst mit begehrlichen Blicken auf die ihn reizende abessinische Beute und vermied es daher, sich mit Deutschland anzulegen. Frankreich, ganz und gar auf Defensive eingestellt, wollte auf keinen Fall, nur mit der ablehnend beargwöhnten Sowjetunion im unsicheren Bunde, alleine die Initiative ergreifen. Großbritannien, innenpolitisch mit wirtschaftlichen und sozialen Problemen überlastet und außenpolitisch durch eine weltweite und imperiale Überbürdung gehemmt, hatte sich bereits vor Hitlers einseitiger Proklamation der sogenannten »Wehrhoheit« dazu entschieden, mit den Deutschen, so oder so, einen Ausgleich zu suchen. Wenn diese von kollektiver Sicherheit partout nichts hielten, mußte man eben in zweiseitigen Verfahren sondieren. Denn es galt, auch um beträchtlich hohen Preis, einem Rüstungswettlauf vorzubeugen, an dessen verheerende Folgen man sich in der Generation der für das Land Verantwortlichen im Rückblick auf die Jahre vor 1914 nur allzu lebhaft erinnerte.

In diesem Sinne war, lange vor dem 16. März 1935, ein Treffen Hitlers mit britischen Staatsmännern geplant worden. Als die nicht mehr länger zu verheimlichende Aufrüstung der Deutschen im englischen Parlament am 1. März attackiert wurde, reagierte der eingeschnappte Diktator barsch und ließ den anstehenden Besuch wegen gesundheitlicher Indisposition absagen. Obwohl er sich zwei Wochen später des offenen Vertragsbruchs schuldig machte, kamen die Minister Simon und Eden am 25. März dennoch nach Berlin. Auf Hitlers Missetat folgten mithin keine Sanktionen, sondern vielmehr Gespräche über die gemeinsame Zukunft. Diese an sich überraschende Entwicklung beschrieb, im historischen Rückblick, den Auftakt zum Ende der Isolierung des Deutschen Reiches. Noch war es allerdings nicht ganz soweit.

Eine Rückkehr Deutschlands in den Völkerbund lehnte Hitler nämlich entschieden ab. Ja, er drohte auf diese britische Forderung hin sogar mit kolonialen Revisionsansprüchen, von denen er überzeugt war, daß sie England ganz besonders empfindlich treffen würden. Seinerseits schlug er den Briten einen zweiseitigen Flottenpakt vor, der nur die Bahn ebnen sollte, um, im Sinne seines früh entworfenen außenpolitischen Konzepts, ein allgemeines Bündnis mit England schließen zu können. Als die Briten zurückhaltend reagierten, führte er ihnen unverhohlen die Gefahr vor Augen, der sie durch die deutsche Luftrüstung ausgesetzt waren. Das machte zweifellos Eindruck auf die englischen Staatsmänner, die vorläufig kein Mittel wußten, dieses weit offenstehende Fenster britischer Verwundbarkeit zu schließen. Das deutsch-englische Treffen, dessen Verlauf von der antikommunistischen Grundmelodie in den Ausführungen Hitlers untermalt wurde, führte zwar nicht zu dem Durchbruch, auf den der Diktator hoffte; aber es schaffte die Voraussetzungen für bilaterale Verhandlungen über die Flottenstärken beider Länder, aus denen sich weiteres entwickeln konnte.

Obwohl die Zeit bis dahin, dem gedämpften Urteil von Joseph Goebbels zufolge, mit »Krisen und Gefahren«[109] einherging, tat sich für Hitlers Deutschland jetzt, weil die Briten sich zum Dialog bereitfanden, ein Ausweg aus der Isolierung auf. Zweifellos: Drohend lagerte der Fluch der Isolierung nach wie vor auf dem Reich. Im Januar 1935 hatte der sowjetische Außenminister Litwinow von der »Unteilbarkeit des Friedens« gesprochen, die zu wahren man gegenüber Aggressoren verpflichtet sei. Das mit einem kollektiven Vorgehen gegen den Unruhestifter verbundene Risiko wurde jedoch, in der Gegenwart ebenso wie in der Zukunft, fast unzumutbar dadurch vergrößert, daß eine solche zur Rettung des Friedens unternommene Aktion mit unkalkulierbarer Leichtigkeit im allgemeinen Krieg enden konnte, der mit Sicherheit gesellschaftliche Umbrüche, vielleicht sogar die soziale Revolution nach sich ziehen würde. Eine warnende Beobachtung des amerikanischen Botschafters in Rom ließ ein gut Teil dieser Befürchtungen erkennen. Am 1. April 1935 gab Breckinridge Long nämlich zu bedenken, ernsthaft könnten doch wohl Briten und

Franzosen mit den Sowjets nicht zusammenwirken, da solche Gemeinsamkeit nur dazu führen werde, »die Kommunisten nach Mittel- und Westeuropa einzuladen«[110].

Immerhin, die Franzosen zogen den Ring um Deutschland enger. Am 5. Mai 1935 wurde ein Pakt zwischen Paris und Moskau unterzeichnet, der das Reich in die Zange nahm; und nur zwei Wochen darauf verständigten sich auch Sowjets und Tschechen in einem Vertrag, der Deutschland gegenüber allerdings nur dann in Kraft treten sollte, wenn Frankreich mitmarschierte – eine verhängnisvoll hemmende Klausel, was das Schicksal der Tschechoslowakei im Jahre 1938 angehen sollte.

Alles in allem: Die kollektive Ordnung Europas begann – nach einem ersten Aufbegehren des »Dritten Reiches« gegen ihre in die Jahre gekommene Existenz – aus verschiedenen Gründen, ohne umgehend zu verschwinden, neuen Formationen der Staatenwelt zu weichen, die im Grunde uralten Mustern folgten. Die Fronten, wer mit wem gegen wen zusammenstand, begannen sich jedenfalls auszubilden.

Hitlers Bestehen auf bilateralen Abmachungen, das dem Prinzip des Multilateralen im Grundsatz eine Absage erteilte, ließ seinen Partnern und Gegnern in der Praxis keine andere Wahl, als zu Entsprechendem die Zuflucht zu nehmen. Er verstand es, sein undeutlich gezieltes Handeln, das der sich rapide auflösenden Ordnung von Paris endgültig den Garaus machen wollte, in immer neuen Beteuerungen seiner Friedensliebe zu verbergen. In diesem Sinne bot beispielsweise seine Rede vom 21. Mai 1935 ein besonders infames Lehrstück von Täuschung und Lüge. Aufs neue erteilte er dem Gedanken der kollektiven Sicherheit eine unmißverständliche Absage, bot den Nachbarn des Reiches gleichzeitig Nichtangriffspakte an und hinterging die Welt im übrigen in frevelhafter Weise, als er emphatisch verkündete: »Das nationalsozialistische Deutschland will den Frieden aus tiefinnersten weltanschaulichen Überzeugungen.«[111]

Im Sommer 1935 zeichneten sich drei Tatbestände ab, die für die Entwicklung der deutschen Außenpolitik maßgeblich wurden: Erfolgreich hatte Hitler die Werbungen und Drohungen der Mächte abgewehrt, sich einer Politik der Multilateralität anzuschließen. Aussichtsreich verfolgte er sein Anliegen, die von ihm bevorzugte Methode der Bilateralität durchzusetzen. Beinahe schon triumphierend stand er im Begriff, die Gefahr der Isolierung zu bannen, als Großbritannien auf sein Angebot einging, sich mit dem Deutschen Reich über ein zweiseitiges Flottenabkommen zu verständigen.

Das englische Flottenabkommen

Die am 4. Juni 1935 in London begonnenen Marineverhandlungen führten am 18. Juni 1935 zum Ergebnis. Deutschland und Großbritannien kamen vertraglich überein, ihre Flottenstärken in einem Verhältnis von 35 zu 100, bei der U-Boot-Waffe von 45 zu 100 einzurichten. Die Franzosen empfanden das Abkommen als einen Affront nicht nur deshalb, weil es am Jahrestag der Schlacht von Waterloo unterzeichnet wurde, als Briten und Preußen im Jahre 1815 gemeinsam den großen Napoleon besiegt hatten. Die Engländer beteuerten zwar, diesen Vertrag über eine Rüstungsbegrenzung vor allem als Modell für allgemeine Vereinbarungen ansehen und ihn in einem multilateralen Rahmen erweitern zu wollen. Doch zunächst befremdete die schroffe Durchbrechung ebendieses Prinzips zugunsten der von den Deutschen favorisierten Bilateralität – zumal Englands alter Weltkriegsalliierter mit dem Zustandekommen des Gesamten kaum ernsthaft befaßt worden war.

Sollte Hitlers Grundplan aufgehen, also mit Hilfe der britischen Allianz zur europäischen Hegemonie zu gelangen und sich den Rücken für seinen Eroberungszug im Osten freizuhalten? Schon früh, im April 1934, hatte der Diktator den »Königsgedanken«[112] gefaßt, die deutsche Flotte in etwa auf ein Drittel der britischen zu begrenzen. Damit wollte er seinem Werben um England einen, wie er fest glaubte, unwiderstehlichen Nachdruck verleihen. Eine Marinevereinbarung sollte nur den Auftakt für den »Beginn einer neuen Zeit«[113] im deutsch-britischen Verhältnis markieren, sollte schließlich in ein umfassendes Bündnis zwischen der Kontinental- und der Seemacht einmünden.

Diese ehrgeizige Absicht trat in den Verhandlungen, die Joachim von Ribbentrop als »Botschafter zur besonderen Verwendung« in London führte, vom ersten Tag an mit penetranter Aufdringlichkeit zutage. Mehr als einmal waren die darüber empörten Briten drauf und dran, die Veranstaltung scheitern zu lassen. In ganz und gar unorthodoxer Manier benannte nämlich von Ribbentrop von vornherein das Ergebnis, welches am Ende der gemeinsamen Arbeit stehen sollte. Auf die Frage der Briten nach der möglichen Gültigkeitsdauer eines eventuell abzuschließenden Vertrages antwortete er mit dem in der Diplomatie unüblichen Zeitmaß: »Ewig«[114].

Dessenungeachtet hatte von Ribbentrop letzten Endes Erfolg. Der Flottenpakt wurde zu den Bedingungen und in der Form abgeschlossen, die Hitler wollte. Dennoch ging das Kalkül, das mit dem Vertrag verbunden war, nicht auf; noch nicht, wie der »Führer« optimistisch annahm, wie aber auch sein Emissär sicher glaubte, der dem Diktator, obwohl von Ribbentrop dieses Amt noch gar nicht bekleidete, im strahlenden Licht des Londoner Erfolges als »der größte Außenminister Deutschlands seit Otto von Bismarck«[115] vorkam. Dennoch blieb gerade an dem Tag, den Hitler »den glücklichsten seines Lebens«[116] nannte, unverkennbar, daß die Briten seinem eigentlichen Ansinnen ablehnend gegenüberstanden. Sich auf ein zweiseitiges Bündnis einzulassen und in eine Teilung der Interessensphären einzuwilligen, unter Aufgabe ihrer traditionellen Gleichgewichtspolitik dem Reich den Kontinent zu überlassen, um dafür zur See und im Empire ungestört die eigenen Belange verfolgen zu können, wiesen sie zurück.

Die reservierte Distanz des eben neu ins Amt gekommenen Außenministers Hoare und die kühle Ablehnung des Ständigen Unterstaatssekretärs Vansittart, die beide im Zuge und am Rande der Verhandlungen deutlich an den Tag legten, konnten von Ribbentrop nicht entgehen. Was Hitler seinerseits und was Großbritanniens Staatsmänner ihrerseits wollten, blieb unvereinbar: Der eine sah in dem zweiseitig geschlossenen Flottenabkommen den Auftakt zu einem bilateralen Bündnis zwischen Großbritannien und Deutschland; die anderen erblickten im bilateralen Zugeständnis der Marinevereinbarungen die Chance, auf den Weg der Multilateralität zurückkehren zu können. Der eine zielte durch Allianzbildung auf die Revolutionierung des Existierenden; die anderen gedachten das Bestehende durch vernünftigen Wandel zu erhalten. Letztlich wollte der eine Krieg führen, während die anderen den Frieden zu sichern bestrebt waren.

Warum fanden Deutsche und Briten im Juni 1935 dennoch so überraschend zusammen? Was Hitlers Motive anging, ist allemal klar, daß er Großbritannien mit der flottenpolitischen Konzession an sich zu binden plante. Noch waren die Briten allerdings nicht soweit, um auf das für sie scheinbar vorteilhafte Angebot einzugehen. Das jedenfalls mutmaßten der Diktator und sein Englandfachmann von Ribbentrop fälschlicherweise, weil sie die Beweggründe und die Intentionen der sich herausbildenden britischen Appeasementpolitik gründlich verkannten. Hitler unterlag diesem fundamentalen Mißverständnis im übrigen viel länger als von Ribbentrop. Denn im Gegensatz zum »Führer«, der sich noch auf dem Höhepunkt des Zweiten Weltkrieges, ja bis an dessen furchtbares Ende vom britischen Kommen überzeugt zeigte, bezog sein künftiger Außenminister wesentlich früher, spätestens von der Jahreswende 1937/38 an, entschieden Front gegen England.

Doch vorläufig, während der dreißiger Jahre, glaubte Hitler daran, über ein todsicheres Mittel zu verfügen, um die Briten, wenn sie sein Entgegenkommen zur See zu honorieren nicht bereit waren, durch Sanktionen zum Einlenken zu zwingen: Er spekulierte auf die koloniale Waffe. Sie ließ er eben in diesen Wochen des Sommers 1935 demonstrativ schärfen. Nach dem 18. Juni 1935 erging an von Ribbentrop die Weisung, einen einheitlich organisierten, nationalsozialistisch ausgerichteten Reichskolonialbund aufzubauen. Damit war noch lange nicht das außenpolitische Ziel verbunden, überseeische Territorien wirklich erwerben zu wollen; dieser Plan nahm erst nach und nach, im Verlauf der dreißiger Jahre und in der sich rapide überschlagenden Entwicklung des Zweiten Weltkrieges, konkrete Gestalt an. Denn grundsätzlich behielt Gültigkeit, was Hitler frühzeitig niedergelegt hatte: Der Griff nach Afrika war, weder jetzt noch später, als er tatsächlich in die Perspektive des Erreichbaren rückte, eine außenpolitische Alternative zum Ritt nach Osten. Geraume Zeit diente seine hitzige Propagierung nur dazu, die außenpolitischen Grundlagen für die beabsichtigte Ostexpansion zu legen.

Anders dachte dagegen von Ribbentrop über dieses außenpolitische Problem. Von Anfang an erhob er die Kolonialforderung beileibe nicht nur in propagandistischer Absicht, sondern wollte sie tatsächlich realisieren. Im Zuge seiner antibritischen Wendung verfolgte er diese Idee sogar zunehmend intensiver. Ähnliches galt für die liberalen Imperialisten vom Schlage eines Hjalmar Schacht. Außenwirtschaftlich orientierte Großmachtpolitik schien ihnen Chancen auf Erfolg ohne das Risiko des Krieges zu bieten. Zu Hitler gerieten sie damit in unübersehbaren Gegensatz. Denn der »Führer« erblickte in der Kolonialpropaganda und Kolonialorganisation vorläufig nichts anderes als ein außenpolitisches Werkzeug, das seiner Englandpolitik diente, und ein innenpolitisches Instrument, um konservative Kolonialgesellschaften »gleichzuschalten«.

So plausibel die Motive erscheinen, die Hitler zum Abschluß des Flottenpakts bewegten, so schwer verständlich nehmen sich, zumindest auf den ersten Blick, die der Briten aus. Denn sie durchbrachen – wenn auch nur in der Methode, nicht im Ziel – das verbindliche Prinzip der kollektiven Sicherheit. Dennoch: Hitlers Angebot war ihnen willkommen. Angesichts der flottenpolitischen Bedrohung durch Japan in Ostasien und durch Italien im Mittelmeer mußte Großbritannien, das in seiner Handlungsfreiheit arg gelähmt war, daran interessiert sein, ein maritimes Wettrüsten in der Nordsee wie einst während der »Ära Tirpitz« zu vermeiden. Vor diesem Hintergrund, von einer verwirrenden Vielzahl ganz unterschiedlicher Gründe bewegt, schlugen die Engländer den Weg zu jener Politik des Appeasement ein, die zwei Jahre darauf von Neville Chamberlain systematisiert, bald darauf nahezu dogmatisiert wurde.

In dieser Perspektive bewerteten sie den Flottenvertrag als ein Resultat, das Außenminister Hoare zufolge »sowohl dem Frieden als auch dem Steuerzahler nützt«[117]. Dabei war man den Deutschen, was den Kern der Dinge anging, gar nicht einmal groß entgegengekommen. Lediglich im Vorgehen hatte man sich flexibel verhalten, um durch das zeitweilige Zugeständnis an die Bilateralität schließlich wieder zum Grundsatz der Multilateralität zurückkehren zu können. Konzessionsbereitschaft für alles Vertretbare an den Tag zu legen, schien den Briten überhaupt das Gebot der Stunde zu sein.

Denn mit seiner entschiedenen Meinung, die Deutschen seien durch den unfairen Vertrag von Versailles geradezu »in die Revolution getrieben worden«[118], stand Lloyd George, der ehemalige Premierminister aus dem Großen Krieg, der die »Hunnen« einst haßerfüllt verfolgt hatte und inzwischen unverkennbare Sympathien für das neue Deutschland Hitlers hegte, keineswegs allein. Daher glaubten die in Großbritannien Verantwortlichen, weil sie sich, bis die Wirklichkeit der Geschichte ihre Phantasie auf grausame Weise übertraf, Schlimmeres als den Krieg überhaupt nicht vorzustellen imstande waren, daß man dem Diktator so weit wie möglich entgegenkommen sollte, um den Frieden zu bewahren. Daß sie gerade auf diese Art und Weise dafür sorgten, den Ausbruch des Krieges zunehmend unvermeidlich werden zu lassen, beschreibt in gewissem Sinne die Tragik, zweifellos aber die Verantwortlichkeit, wohl auch die Schuld ihres Handelns. Gar nicht oder viel zu spät erkannten sie, was manche von ihnen bis zuletzt nicht wahrhaben wollten, daß Hitler Krieg, nicht Frieden suchte.

Immerhin glich Deutschland, dessen entstehende Luftwaffe den traditionellen Vorteil der englischen Insularität gefährlich in Frage stellte, damals bereits, also im Jahre 1935, einem »Heerlager«[119]; und die Konzentrationslager der Nationalsozialisten überzogen das Territorium des Reiches wie »Pockennarben«[120] einen kranken Körper. Doch diese Warnungen, mit denen sich vor allem Winston Churchill immer wieder beschwörend zu Wort meldete, konnten den Willen derjenigen nicht ändern, die alles zu tun bereit waren, um den im übrigen weitgehend mit Ablehnung und Verachtung betrachteten Alleinherrscher zu besänftigen.

Die mahnenden Appelle des exzentrischen Nachfahren des Herzogs von Marlborough, der in Europa für einflußreicher gehalten wurde, als er in seinem Land tatsächlich war, verpufften. Für einen zu allem entschlossenen Angreifer von der desperadohaften Spezies, die jetzt den Erdball, von Ostasien bis Europa, heimsuchte, versprach England, der erregt überspitzten Einschätzung Churchills zufolge, tatsächlich nicht viel mehr als eine »reiche und leichte Beute«[121] zu sein. Auf jeden Fall war das Land längst noch nicht dazu bereit, sich der militärischen Herausforderung zu stellen. Fast apathisch, schien Großbritannien, das seiner stolzen Vergangenheit offenbar überdrüssig und müde war, einer »riesigen, fetten, wertvollen Kuh« zu gleichen, wie eine andere, von Bitterkeit erfüllte Anklage des noch ins tiefste Außenseitertum verschlagenen nachmaligen Premierministers lautete, »die an einen Pfahl angebunden ist, um das Raubtier anzulocken«[122].

Der Regierung Baldwin freilich stellte sich die Lage längst nicht so dramatisch dar, wie ihr schärfster Kritiker sie zeichnete. Gewiß, in Asien galt es wachsam zu sein, um das expansionistische Japan im Zaum zu halten; auf der Hut zu sein hatte man im afrikanisch-mittelmeerischen Raum, wo sich das unruhige Italien störend bemerkbar machte; allein, Deutschland hatte doch gerade erst seine Bereitschaft unter Beweis gestellt, den Briten mit Konzessionen zur See großzügig entgegenkommen zu wollen. Für die revisionistischen Wünsche des Reiches gab es viel Manövrierraum, der eine friedliche Einigung ohne weiteres zuließ. Warum sollte man also im Rahmen dieser seit langem normalen Ausgangslage durch forcierte Aufrüstung gegen die wirtschaftliche Vernunft der ausgeglichenen Zahlungsbilanz verstoßen? Nicht wenigen der führenden Politiker Großbritanniens erschien dieser weitblickende Vorschlag auf jeden Fall riskanter zu sein als die von Hitler ausgehende Gefahr. Ihre Existenz blieb, zumindest vorläufig, noch im verborgenen.

Dem Diktator war es gelungen, die gefährliche Isolierung während der kritischen Anfangsphase nationalsozialistischer Außenpolitik zu überwinden. Nach Polen war es nun Großbritannien, das, ohne sich mit Frankreich darüber abzustimmen, ja vielmehr an seinem alten Partner vorbei, mit Deutschland ein nicht gerade unerhebliches Arrangement getroffen hatte. Die Front der Gegner bröckelte; der außenpolitische Handlungsspielraum des Deutschen Reiches hatte zugenommen. Schon bald nutzte Hitler ihn zu einem Vabanquespiel um alles oder nichts.

Vabanquespiel am Rhein

Gelegenheit dazu bot die allgemeine Entwicklung, die sich in der Staatenwelt anbahnte. Weil sie das große Los im Topf der Geschichte zu bieten schien, wurde sie von Hitler bedenkenlos ergriffen. Im Oktober 1935 ging das faschistische Italien daran, das Kaiserreich Abessinien mit Krieg zu überziehen. Mussolini schickte sich an, einen Traum zu verwirklichen, den er schon seit dem Ende der zwanziger Jahre hegte: Rache für die schmähliche Niederlage zu nehmen, die Italien 1896 bei Adua durch die Äthiopier unter ihrem Kaiser Menelik II. erlitten hatte, war das eine; durch afrikanische Expansion seinen Ehrgeiz ein gutes Stück zu befriedigen, der ihn unter dem Schlagwort vom *impero* vorantrieb, war sein anderes Ziel.

Nach Japan, das China bereits zuvor kriegerisch attackiert hatte, war es nun die italienische Großmacht, welche die bestehende Friedensordnung nachhaltig erschütterte. Als ihre Fundamente barsten und die Aufmerksamkeit der westlichen Garantiemächte durch ihre Interessen im Mittelmeer und in Afrika gebunden war, trat Hitler unvermutet auf den Plan. Mit dem Instinkt des Schakals, auf wohlfeile Beute gierig und im Fall drohender Gefahr immer zur Flucht bereit, stürzte er sich in ein trotz allem riskantes Abenteuer. Seine scheinbar untrügliche Witterung ließ ihn vom Erfolg überzeugt sein, der allen Experten in der Diplomatie und in der Wehrmacht ungewiß, ja im Gegenteil alles andere als absehbar vorkam.

Im Sommer 1935 zeigte sich Hitler, wie wir gesehen haben, davon überzeugt, England werde ein »ewiges Bündnis«[123] mit dem Deutschen Reich eingehen. Damit würde sich die Voraussetzung einstellen, um »nach Osten Ausweitung«[124] zu finden. Der Krieg zwischen Japan und Rußland, auf den der Diktator für eine nicht allzu ferne Zukunft mit Gewißheit setzte, würde die »große geschichtliche Stunde«[125] für den Feldzug gegen die Sowjetunion einläuten. Diese historische

Gunst, auf die er immer wieder spekulierte, wurde ihm niemals zuteil. Dagegen vermochte er die jetzt aufblitzende Chance zu ergreifen, um das sich bislang sträubende Italien für das Deutsche Reich zu gewinnen.

Anders als Mussolini es nach Absprachen mit den Westmächten, die freilich im Vagen geblieben waren, erwartet hatte, verhängte der Völkerbund unter dem Druck der kleineren Staaten am 7. Oktober 1935 Sanktionen gegen den italienischen Aggressor. Wurde ihre Anwendung auch nur halbherzig praktiziert, weil das für die Kriegführung existenzwichtige Erdöl weiter floß, traf der Widerstand der Völkerfamilie die Italiener doch empfindlich. Der militärische Vormarsch in Afrika, den die faschistische Propaganda im Stile des Futuristen Marinetti als einen schönen Krieg ausmalte, kam im übrigen längst nicht so zügig wie angenommen voran.

Da schlug Hitlers Stunde, um Italien an sich zu binden! Von Mussolini gedachte er zu bekommen, was er wollte, »ohne England«, auf das er nach wie vor fest rechnete, »auf die Zehen zu treten«[126]. Er leitete ein raffiniertes Doppelspiel ein: Mit kriegswichtigen Lieferungen unterstützt wurde das isolierte Italien. Insgeheim, wenngleich in erheblich geringerem Umfang mit Waffen und Sanitätsmaterial versorgt wurde aber auch der Negus: An einer langen Dauer des Krieges war Hitler grundsätzlich gelegen. Sollte die italienische Großmacht wider alles Erwarten eine Schlappe erleiden, dann begünstigte diese Entwicklung seine Ziele im Donauraum, in Südosteuropa und selbstverständlich gegenüber Österreich. Bei einem Sieg Italiens würde dessen machtpolitisches Prestige steigen; würde Mussolini sich dem nähern, der ihm geholfen hatte; würde der »Duce« den alten Gefährten von Stresa endgültig Valet sagen, von denen er enttäuscht war und sich hintergangen fühlte.

Insgesamt standen die Zeichen für Hitler günstig. Der afrikanische Krieg zog sich bis in den Mai 1936 hin, ehe Mussolini mit imperialer Geste die Annexion Abessiniens verkünden und König Viktor Emanuel den Titel »Kaiser von Äthiopien« annehmen konnte. Doch schon im Januar 1936 ließ der »Duce« die Deutschen wissen, anders als noch knapp zwei Jahre zuvor habe sein Land jetzt nichts mehr dagegen, daß Österreich ein »Satellit«[127] des Reiches werde. Damit begann der Ausbau jener »Achse« zwischen Rom und Berlin, die am Ende dieses Jahres, im November 1936, von Mussolini ausgerufen wurde. Obwohl sie mehr von sich reden machte, als sie tatsächlich bewirkte, diente sie doch dazu, was sich von jetzt an abzuzeichnen begann, nämlich das traurige Schicksal des unabhängigen Österreich zu besiegeln.

Allein, mit dem, was die Zukunft zu bieten versprach, wollte sich der Diktator nicht begnügen. Zu verlockend kam ihm die Gunst der Stunde vor. Also machte er sich daran, der morschen Staatenordnung in Mitteleuropa einen kräftigen Stoß zu geben, sich ein fettes Stück Beute zu holen und die Auflösung des Bestehenden voranzutreiben.

Im Februar 1936 entschloß sich Hitler dazu, im Windschatten der Weltpolitik in die entmilitarisierte Zone am Rhein einzumarschieren. Wohlgemerkt: Über dieses zentrale Ziel deutschen Revisionsverlangens gedachte er nicht auf diplomatischem Wege zu verhandeln, sondern wollte es vielmehr mit einem überraschenden Paukenschlag erreichen. Italien stand, dessen war er sich gewiß, mit beträchtlich gewachsenem Prestige auf seiner Seite. Was England und Frankreich anging, machte er einen waghalsigen Test, den er im Falle eines negativen Verlaufs abzubrechen sich vorbehielt. Aber ans Scheitern mochte er im Grunde nicht glauben.

Die allgemeine Weltlage sah nicht danach aus; die spezifische Methode seines Coups sollte das Gelingen seines Vabanquespiels fördern, mit dem er an einem Wochenende die Welt zu übertölpeln gedachte. Gewiß war dem Diktator ebenso wie denjenigen Militärs und Diplomaten, die zur Zurückhaltung mahnten, durchaus klar, »daß Deutschland militärisch noch unfertig sei und 1937 wesentlich stärker sein würde«[128]. Über das Wünschenswerte des anvisierten Ziels indes waren sich Hitlers Kritiker, die von dem halsbrecherisch erscheinenden Abenteuer abrieten, mit dem »Führer« einig, hielten jedoch den Zeitpunkt für verfrüht und scheuten die gewaltsame Methode.

Dessenungeachtet: Hitler war, wie er im Gespräch mit dem deutschen Botschafter in Rom, von Hassell, am 14. Februar 1936 betonte, fest davon überzeugt, daß »der psychologische Augenblick jetzt gekommen sei«[129]. Zur Begründung führte er an: Die Sowjetunion sei gegenwärtig »nur darauf erpicht, im Westen Ruhe zu haben, England sei militärisch in schlechtem Zustand und durch andere Probleme stark gefesselt, Frankreich sei innerpolitisch zerfahren. In beiden Ländern sei eine starke Gegnerschaft gegen den Russenpakt für uns zu buchen. Er glaubt nicht, daß man solchen deutschen Schritt mit militärischem Vorgehen beantworten werde – vielleicht allerdings mit wirtschaftlichen Sanktionen; diese seien aber inzwischen bei der als Prügelknaben dienenden Gefolgschaft der Großmächte recht unbeliebt geworden.«[130]

Der Diktator glaubte also nicht daran, daß die Verletzung des Versailler Vertrages und des Locarno-Abkommens militärische Folgen von seiten der Westmächte und Belgiens nach sich ziehen würde. Die Diplomaten und Militärs blieben besorgt. Zu fremd kam ihnen der Gedanke vor, Frankreich könne einem Anschlag auf seine nationale Sicherheit, zumal an einer zentralen Stelle mitten in Europa, tatenlos zusehen. Hitler setzte sich durch – und behielt mit ungemein weitreichenden Konsequenzen recht, Konsequenzen, die seine innere Stellung festigten und seine äußere Position geradezu sprunghaft aufwerteten.

Bevor die militärischen Befehle am 2. März ausgefertigt wurden, die den Einmarsch von drei Bataillonen vorsahen, hatte Hitler den psychologischen Poker schon fast gewonnen. Am 27. Februar war nach einer über zwei Wochen lang hitzig geführten Debatte im französischen Parlament der Beistandspakt mit der Sowjetunion ratifiziert worden. Der umstrittene Vertrag hatte Frankreich tief gespalten. Viele der Argumente, die Hitler in diesem Zusammenhang gegen ein Paktieren mit dem ideologischen Todfeind der bürgerlichen Welt ins Feld führte, entsprachen genau den Vorbehalten, die innerhalb der französischen Diskussion für die Widersacher des Regierungsvorschlages maßgeblich waren.

Nunmehr bot der sogenannte »Russenpakt«, obwohl es sich um einen mit der Satzung des Völkerbundes verträglichen Defensivvertrag handelte, einen willkommenen Vorwand: Was fadenscheinig als Flucht aus scheinbarer Bedrängnis ausgegeben wurde, war bei Lichte betrachtet nichts anderes als der Versuch, lange im Schilde Geführtes im Schutz einer günstigen Gelegenheit in die Tat umzusetzen. Die französische Öffentlichkeit, die bis zur Handlungsunfähigkeit zwischen Hitler und Stalin hin- und hergerissen war, wurde durch ein geschicktes Interview vereinnahmt, das Hitler, mitten in den Auseinandersetzungen um den Pakt der Franzosen mit den Sowjets, am 21. Februar dem Journalisten Bertrand de Jouvenel gewährte. Die deutschen Friedensbeteuerungen verfehlten nicht ihre täuschende Wirkung auf die ruhebedürftigen Gemüter der kriegsmüden Franzosen; die Gefahr des Bolschewismus, bei dieser Gelegenheit erneut beschworen, beunruhigte weite Teile der französischen Bevölkerung zutiefst. Gerade dagegen schien sich mit dem nationalsozialistischen Deutschland ein Bollwerk aufzutürmen, an dem sich die weltanschauliche und machtpolitische Welle aus dem Osten brechen konnte. Die »Erbfeindschaft« erklärte der deutsche Diktator für baren Unsinn; die antifranzösischen Auslassungen in »Mein Kampf« tat er als etwas ab, was längst der Vergangenheit angehöre; die entsprechende »Korrektur ... in das große Buch der Geschichte«[131] einzutragen, versprach er den Franzosen mit Emphase.

Am Morgen des 7. März 1936 war es dann soweit: Unter dem Jubel der Bevölkerung rückten deutsche Truppen in das entmilitarisierte Rheinland ein. Was Hitler damit wagte, glich tatsächlich, wie es dem damaligen Oberst Jodl rückblickend vorkam, der Entscheidung eines Spielers, »der sein ganzes Vermögen im Roulette auf Rot oder Schwarz setzt«[132]. Der Diktator wußte ebenso gut wie die verspotteten »Angstmeier«[133] vom Auswärtigen Amt, deren Vorbehalte er mit kühnem Instinkt beiseite geschoben hatte, daß es für die Franzosen ein leichtes wäre, den deutschen Einmarsch einfach »hinweg[zu]blasen«[134]. Für den Fall, daß die vorrückenden Truppen auf ernsthaften Widerstand stoßen sollten, war daher in den militärischen Anweisungen vorgesehen, umgehend den Rückzug anzutreten.

Krieg mit Frankreich wollte Hitler auf gar keinen Fall! Ein derart waghalsiges Unternehmen konnte allzu leicht den Sturz des nationalsozialistischen Regimes mit sich bringen. »Wären die Franzosen«, mußte Hitler später einräumen[135], »damals ins Rheinland eingerückt, hätten wir uns mit Schimpf und Schande wieder zurückziehen müssen, denn die militärischen Kräfte, über die wir verfügten, hätten keineswegs auch nur zu einem mäßigen Widerstand ausgereicht«. Kein Wunder also, daß der Diktator jetzt »die aufregendste Zeitspanne in [seinem] Leben«[136] zu überstehen hatte. Ja, angesichts bedrohlich wirkender Signale von seiten der Westmächte befiel ihn, mitten im Ablauf der Operation, eine derart hektische Nervosität, daß er sogar an einen überstürzten Abbruch dachte. Da war es der bis zum Beginn des Rheinlandcoups widerstrebende von Neurath, der die Ruhe behielt und schlicht beteuert haben soll: »Jetzt sind mer drinne und jetzt bleib mer drinne.«[137]

Die unentschlossen zögernden Westmächte, die den Krieg mehr als alles andere scheuten, vermochte Hitler mit süßem Gift zu betäuben: In seiner Rundfunkansprache vom 7. März und in einem Memorandum an die Signatarmächte der Locarnoverträge bot das Deutsche Reich in umfassender Form Frieden an! Unverfroren schlug der Diktator eine vertragliche Neuregelung der von ihm soeben gründlich zerrütteten Verhältnisse in Westeuropa vor: Frankreich und Belgien lud er ein, mit dem Reich einen auf 25 Jahre datierten Nichtangriffspakt zu schließen; Großbritannien und Italien forderte er auf, daran als Garantiemächte mitzuwirken; die Niederlande bat er, sich ebenfalls am neuen Vertragssystem zu beteiligen; und Großbritannien lockte er, was auf der Insel gerne gehört wurde, mit der Offerte eines Luftpakts, an dessen Zustandekommen den Engländern so viel lag.

Die Generosität kannte scheinbar keine Grenzen. Denn Hitler stellte sogar in Aussicht, in den Völkerbund zurückzukehren, wenn »auf dem Wege freundschaftlicher Verhandlungen die Frage der kolonialen Gleichberechtigung sowie die Frage der Trennung des Völkerbundstatutes von seiner Versailler Grundlage geklärt wird«[138]. Daß er dagegen nach Osten hin lediglich dazu bereit war, sich auf Nichtangriffspakte einzulassen, keineswegs aber Revisionsverzicht zu leisten, fiel kaum jemandem auf. Alles in allem standen die Staatsmänner des Westens jetzt vor der Frage: Sollte man wegen des deutschen Einmarsches in das entmilitarisierte Rheinland, das sowieso zum Reich gehörte, tatsächlich Krieg beginnen, wenn der Diktator großzügig um den Frieden warb?

Hitlers Strategem ging auf. Gewaltsam Tatsachen zu schaffen und verlockend von der Verständigung zu sprechen; den Westen barsch zu überrumpeln und scheinbar fair entgegenzukommen; etwas bis zu einem gewissen Grade Verständliches auf unrechtmäßige Weise zu tun und für die Zukunft den ewigen Frieden in schöne Aussicht zu stellen – dies waren die raffiniert miteinander verbundenen Bestandteile einer Verwirrung stiftenden Methode, mit der Hitler reüssierte. Bis zum Ende des Jahres 1938 jedenfalls verfing der diabolische Schachzug ein ums andere Mal. Daher wurde der März 1936 für Hitler zum Triumph. »Der Führer strahlt«, vertraute Goebbels seinem Tagebuch schon am 8. März an, »England bleibt passiv. Frankreich handelt nicht allein, Italien ist enttäuscht und Amerika uninteressiert. Wir haben wieder die Souveränität über unser eigenes Land.«[139]

In der Tat: Hitlers Zuversicht wurde nicht enttäuscht. In den westlichen

Hauptstädten verdrängte vordergründige Betriebsamkeit überlegtes Handeln. Das lag nicht zuletzt daran, daß die Westmächte sich nicht darüber einig waren, was zu tun sei. England sah schon seit dem Jahre 1935 keine Veranlassung, Krieg zu führen, wenn die Deutschen, wie der Empirepolitiker Lord Lothian bemerkte, ihren »eigenen Hintergarten«[140] wieder betraten. Stimmen, die zur Aktion mahnten, fanden kein Gehör. Der Friede schien Premierminister Baldwin »fast jedes Risiko wert«[141] zu sein, zumal die inneren und weltweiten Folgen einer militärischen Aktion für England auf jeden Fall nachteilig ausfallen mußten. Die entscheidende Frage lautete eben nicht, ob es Großbritannien gelingen würde, die noch schwachen Deutschen in einem Krieg zu besiegen. Insofern hatte Churchill schon recht, als er feststellte, man hätte nur handeln müssen, um zu gewinnen. Allein, der Nutzen einer solchen Aktion blieb mehr als zweifelhaft. Denn nicht wenige der Verantwortlichen befürchteten, ein Krieg würde zu nichts anderem taugen, als »den Kommunismus in Deutschland und Frankreich«[142] an die Macht zu bringen.

Gefordert waren im übrigen erst einmal die Franzosen. Daß sie ihr Handeln von der britischen Haltung abhängig machten, warf umgehend die Frage nach ihrem Großmachtstatus auf. Als sie sich, zusammen mit England, aufs Protestieren beschränkten und die Angelegenheit dem Völkerbund überließen, versagten sie, weil sie als Garantiemacht des Versailler Vertrages und Partner des Locarno-Abkommens nicht aktiv wurden. Das Ende der in Paris gelegten, von der Mitte der zwanziger Jahre an fortentwickelten Friedensordnung war gekommen – weil Frankreich, ebenso handlungsunwillig wie handlungsunfähig, dieser Entwicklung tatenlos zuschaute. Mitten im Wahlkampf sah sich Ministerpräsident Sarraut einfach außerstande, irgend etwas zu unternehmen, was über starke Worte hinausging. Drohend stand die »Volksfront« vor der Tür; ernsthaft zweifelte mancher Franzose, ob Hitler oder Blum das schlimmere Übel verkörpere; erstickend legte sich der Mehltau des Pazifismus über jede aufkommende Regung, die sich kämpferisch bemerkbar machte.

Der bei den französischen Diplomaten anfangs vorhandene Wille zum entschiedenen Widerstand wurde durch die mehr als zögerliche Haltung der Militärs blockiert. Mit selbstlähmender Übervorsicht erklärten diese, nur im Falle einer erheblichen Mobilisierung von Reserven mit der weit überschätzten deutschen Wehrmacht fertigwerden zu können. Frankreich war in keiner Weise darauf eingerichtet, mit geballter Kraft einen raschen Schlag zu führen, der dem gefährlichen Spiel um Leben und Tod der bestehenden Staatenordnung ein resolutes Ende bereitet hätte. Als die Franzosen zögerten, etwas zu tun, zögerten ihre britischen Verbündeten nicht mehr länger, wie Churchills sarkastischer Kommentar lautete, ihnen von jedem Tun abzuraten.

Die Auswirkungen des deutschen Überraschungsschlages, so trösteten sich die düpierten Engländer und Franzosen, hielten sich letztlich in scheinbar bescheidenen Grenzen. Diese beruhigende Einschätzung der neuen Lage galt für

Großbritannien noch viel mehr als für Frankreich. In psychologischer, politischer und strategischer Perspektive freilich markierte das Ereignis vom März 1936 den dramatischen Auftakt zu einem tiefgehenden Wandel. Wieder einmal hatte die Geschichte eine Weggabelung erreicht; sie schlug eine andere Richtung ein. Die Deutschen waren nun dazu imstande, die an der Westgrenze ihres Reiches konsolidierte Front zu befestigen. Die weitreichenden Voraussetzungen dafür konnten geschaffen werden, um mit an dieser Flanke eher schwachen Verteidigungskräften auf der entgegengesetzten Seite, im Osten, anzugreifen. Umgekehrt mochte das Neuerworbene aber auch zum Ausfalltor werden, um unter der lange Zeit für unmöglich gehaltenen Umgehung der Maginot-Linie den Westen zu attackieren. Die militärischen Optionen des Jahres 1939/40, die noch keine Aktualität zu besitzen schienen, standen dem als Kassandra belächelten Winston Churchill, auf den allerdings kaum einer der Maßgeblichen seines Landes hörte, schon früh vor Augen. Doch die beschwörenden Appelle des einsamen Rufers in der Wüste verhallten.

Die machtpolitische Aufwertung des Reiches, die mit einem entsprechenden Abstieg der französischen Großmacht einherging, trieb die sich beschleunigende Auflösung der europäischen Staatenordnung rapide voran. Daß Frankreich, die kontinentale Ordnungsmacht, es einfach hinnahm, daß sein außenpolitisches Werk vom Deutschen Reich zerschlagen wurde, und daß Großbritannien, die traditionelle Hüterin des internationalen Rechts, Hitlers Vertragsbrüche nicht ahndete, sorgte für allgemeine Unruhe und unterminierte im besonderen den Völkerbund. Im Zuge einer »regelrechten ›Los-von-Genf-Bewegung‹«[143] gingen die dem Westen verbundenen oder auf ihre Neutralität bedachten Klein- und Mittelstaaten Europas nach und nach deutlich auf Distanz zur Société des Nations und ihren führenden Garanten. Unvorhergesehen verließ der träge gewordene Fluß der Geschichte sein gewohntes Bett und suchte sich eine neue Bahn; die auf einmal reißend gewordene Strömung trug die jungen Regimes in Japan, Italien und Deutschland mit unwiderstehlicher Kraft voran, während die alten Mächte, Großbritannien und Frankreich, nur noch hinhaltenden Widerstand zu leisten vermochten. Ganz unverkennbar stand die Welt an einer Wende, ja vor einem Bruch der Zeiten!

Seine Umstände und Wirkungen erläuterte Außenminister von Neurath dem amerikanischen Botschafter in Frankreich, Bullitt, einem Freund des Präsidenten Roosevelt, schon am 18. Mai 1936. Der konservative Diplomat, dessen revisionistischer Kurs durchaus noch mit Hitlers äußerer Politik übereinstimmte, gab, was die Haltung seines Landes Österreich und der Tschechoslowakei gegenüber anging, beruhigende Erklärungen ab, bevor er seine Ausführungen mit einer zutreffenden Prognose beendete: »Sobald unsere Befestigungen [an der französischen und belgischen Grenze] fertiggestellt sind und die Länder in Mitteleuropa erkennen, daß Frankreich nicht nach Belieben auf deutsches Territorium vorstoßen kann, werden alle diese Länder über ihre jeweilige Außenpolitik neu nachdenken, und es wird sich eine neue Konstellation entwickeln.«[144]

Der deutsche Einmarsch in das entmilitarisierte Rheinland beschrieb nicht allein in außenpolitischer Hinsicht eine historische Zäsur. Auch auf innenpolitischem Feld stand Hitler, dessen Erfolg auf der Schwäche seiner Gegner beruhte, als Mann der Stunde da. Durch das Gelingen des außenpolitischen Streichs, dessen Mißerfolg an die Grundlagen der nationalsozialistischen Diktatur hätte gehen können, wuchs ihm innenpolitische Stärke zu. Ein leiser Unmut, der angesichts der ersten, durch die forcierte Aufrüstung bedingten wirtschaftlichen Einschränkungen bei der Bevölkerung aufkam, wurde vom nationalen Begeisterungstaumel ebenso hinweggefegt, wie eine sich gegenüber der nationalsozialistischen Kirchenpolitik regende Kritik rasch an den Rand gedrängt wurde.

Das Prestige konservativer Warner war unterhöhlt. Der wirtschaftspolitisch vernünftige Kurs von Hjalmar Schacht, der nur in Maßen aufzurüsten vorhatte, konnte sich gegen Hitlers Forderung, das Waffenarsenal um jeden Preis aufzufüllen, zukünftig nicht behaupten. Die innen- und außenpolitischen Alternativen zum erfolgreich Dominierenden verloren ihre Daseinsberechtigung. Ohne Zittern und Zagen, buchstäblich ohne Rücksicht auf Verluste, setzte das Regime auf Dynamik, Aufrüstung und Krieg. Stillstand lehnte es als Gefährdung seiner Existenz ab; Argumente der Vernunft wies es als Symptome des Krankhaften zurück; die Bewahrung des Friedens erschien ihm nicht als der Güter höchstes. Jede alternative Stimme innerhalb der Partei- und Staatsführung hatte kaum eine Chance, Gehör zu finden, weil die Bevölkerung Hitlers Charisma wie blind vertraute. Beschwerende Depressionen, die von Zeit zu Zeit die Gesellschaft befielen, wurden durch nationale Euphorie mit gefährlicher Leichtigkeit vertrieben. Allein: Diese außenpolitische Methode innerer Krisenüberwindung verlangte bei steigendem Risiko nach immer neuen Gewinnen. Hitler stand im Begriff, Sklave seiner Triumphe zu werden, sich dem außenpolitischen Erfolg zu verschreiben, um der innenpolitischen Gefahr zu entrinnen.

Im Zeichen des allgemeinen Hochgefühls wurden aufs neue ein Plebiszit und eine Reichstagswahl anberaumt: 98,8 Prozent stimmten am 29. März 1936 für die »Liste des Führers«. Gewiß handelte es sich um die manipulierte Veranstaltung einer totalitären Diktatur. Dennoch fiel das Einverständnis, selbst bei Schichten und in Regionen, die bislang eher Distanz zum Regime gehalten, teilweise sogar in ausgesprochener Opposition zu ihm verharrt hatten, im Banne der nationalen Begeisterung überwältigend aus. Daher war es nicht nur Ausdruck von Propaganda und Selbststilisierung, wenn Goebbels ganz unter dem mächtigen Eindruck der begeisterten Akklamation notierte: »Der Führer hat die Nation geeinigt.«[145] Tatsächlich herrschte, wie es in einem zeitgenössischen Lagebericht aus Bayern verlautete, überall »Zuversicht«, daß es Hitler »gelingen wird, alles zu einem guten Ende für Deutschland zu führen«[146].

Der Diktator hatte die außenpolitischen Voraussetzungen für die Verwirklichung seiner historischen Vision verbessert und die innenpolitischen Grundlagen seiner Alleinherrschaft gefestigt; denn »ehe man äußere Feinde besiegt«, mußte »erst der Feind im eigenen Innern vernichtet werden«[147]. Von jetzt an war er entschlossen, »mit traumwandlerischer Sicherheit«, wie er am 14. März 1936 großspurig, fast hybride verkündete, den Weg zu gehen, »den mich die Vorsehung gehen heißt«[148].

Die Tatsache, daß Hitler von der weltgeschichtlichen Zäsur des Jahres 1936 an seinem außenpolitischen Grundplan mit manisch anmutender Unaufhaltsamkeit gefolgt ist, hat immer wieder die kontroverse Erörterung darüber angefacht, warum die Westmächte nicht rechtzeitig interveniert hätten. Die nicht selten von einem unüberhörbaren Vorwurf begleitete Frage muß zweifellos präziser gestellt werden und lautet angemessen so: Warum wurden die Warnzeichen, die höchste Gefahr meldeten, im Geräusch der Zeit, in dem sich richtige und falsche Signale mischten, immer wieder überhört?

Geräusch und Signale

Dieses Wahrnehmungsproblem zu lösen gehört zu den schwierigsten Aufgaben, mit denen die Staatskunst es zu tun hat, zumal dann, wenn eine so hintergründige Persönlichkeit wie Adolf Hitler an der Partie teilhat. 1936 war tatsächlich nur schwer auszumachen, was dieser Mann, der an der Spitze seines Reiches bejubelt wurde, eigentlich wollte. Galt nach wie vor jenes »Programm« der Gewalt, das er vor seinem Machtantritt in »Mein Kampf« niedergelegt hatte? Oder hatte er sich davon, was nicht selten der Fall zu sein pflegt, wenn Politiker Regierungsverantwortung tragen, längst gelöst? Konnte man seinen Friedensbeteuerungen also vertrauen? Am vernünftigsten erschien, das zu tun, was man immer getan hatte, wenn es darum ging, sein Gegenüber einzuschätzen: Man beurteilte sein Handeln.

In diesem Sinne forderten Hitlers Aktionen die westlichen Staaten und den europäischen Status quo zwar heraus. Doch einen qualitativen Unterschied, der den Diktator von seinen Vorgängern in der Endphase der Weimarer Republik wie das Feuer vom Wasser abgehoben hätte, vermochte man darin vorläufig kaum zu erkennen. Von einem »Bruch in der deutschen Außenpolitik« konnte »mit Beginn der Kanzlerschaft Hitlers«, was das umgehend Sichtbare anging, »nur bedingt gesprochen werden«[149]. Das im Zusammenhang des Gesamten heute dagegen deutlich Erkennbare, Andersartige, Destruktive lag noch in der Zukunft oder beschränkte sich vorläufig aufs Rhetorische, von dem man nicht genau wußte, wo die bramarbasierende Propaganda aufhörte und das tatsächlich Gemeinte anfing.

Daher stellte sich sogar die Zäsur des Jahres 1936 im zeitgenössischen Urteil weniger scharf dar, als sie sich mittlerweile zu erkennen gegeben hat: Nichts, was irgendwie unwiederbringlich war, schien nach britischer und französischer Überzeugung ein für allemal verpaßt worden zu sein; der Gang der Dinge, in den man aus Verzagtheit und Unsicherheit vorläufig nicht eingreifen mochte, würde sich erforderlichenfalls schon regulieren lassen. Erst einmal war auf lange Zeit alles wie immer, bis auf einmal nichts mehr so war wie zuvor. Der Handlungsspielraum des Westens nahm sich so lange einigermaßen passabel aus, wie man sich über Hitlers Ziele nicht genügend im klaren war. Als unmißverständlich auf der Hand lag, was der Diktator eigentlich wollte, war die Manövrierfreiheit im Grunde auf die alternativlose Option des großen Krieges geschrumpft. Dieser Herausforderung um fast jeden Preis zu entgehen beschrieb das bis zur Unvernunft verständliche Lebensgesetz der großen Demokratien. Den Waffengang geradezu triebhaft zu suchen stellte dagegen das bis zur Selbstzerstörung vorherrschende Bewegungsgesetz der nationalsozialistischen Diktatur Hitlers dar. In diesem fundamentalen Gegensatz lag die nicht aufhebbare Unvereinbarkeit einer schrill dissonanten Welt, die aus den Fugen geraten war, die ihr zum Friedenserhalt notwendiges Gleichgewicht nicht mehr fand und die längst am Abgrund des Krieges taumelte.

Daß die nachteiligen Verhältnisse der Dekade trotz allem in erster Linie vom bösen Willen eines Diktators abhingen, den seine Zeit, paradox aber wahr, vielfältig begünstigte, war 1936 nur schwer, im Grunde kaum mit der Sicherheit auszumachen, die ohne großen Zweifel zu tatkräftigem Vorgehen hätte veranlassen müssen. Neben jenen selbstauferlegten Hemmnissen, die das bei Vertragsbruch an sich gebotene Handeln der Geschädigten blockierten, tat das nationalsozialistische Regime alles, um die Welt über seine wahren Pläne zu täuschen. Selbstgefällig hat Propagandaminister Goebbels diesen Tatbestand im Rückblick, am 5. April 1940, festgehalten und damit Einblick in die Methode nationalsozialistischer Innen- und Außenpolitik gegeben, nämlich das brutale Gegenteil vom lockend Versprochenen zu tun[150]: »Bis jetzt ist es uns gelungen, den Gegner über die eigentlichen Ziele Deutschlands im unklaren zu lassen, genauso wie unsere innenpolitischen Gegner bis 1932 gar nicht gemerkt haben, wohin wir steuerten, daß der Schwur auf die Legalität nur ein Kunstgriff war... Man hätte 1925 ein paar von uns in Haft nehmen können, und alles wäre aus und zu Ende gewesen. Nein, man hat uns durch die Gefahrenzone hindurchgelassen. Genauso war das in der Außenpolitik... 1933 hätte ein französischer Ministerpräsident sagen müssen (und wäre ich französischer Ministerpräsident gewesen, ich hätte es gesagt): Der Mann ist Reichskanzler geworden, der das Buch ›Mein Kampf‹ geschrieben hat, in dem das und das steht. Der Mann kann nicht in unserer Nachbarschaft geduldet werden. Entweder er verschwindet, oder wir marschieren. Das wäre durchaus logisch gewesen. Man hat darauf verzichtet. Man hat uns gelassen, man hat uns durch die Risikozone ungehindert durchgehen lassen, und wir konnten alle gefährlichen Klippen umschiffen, und als wir fertig waren, gut gerüstet, besser als sie, fingen sie den Krieg an«.

Gewiß wird man von der legendenhaften Selbststilisierung einer angeblich alles vorausplanenden Politik des »Dritten Reiches« gehörige Abstriche machen müssen, würde doch ansonsten die Macht des historisch Zufälligen und das Wirken des unvorhersehbar Improvisierten selbsttäuschend verkennen. Nichtsdestoweniger bleibt ein genügend großes Ausmaß von bewußt lancierter Täuschung zurück, das die Schwierigkeiten der Verantwortlichen auf der Gegenseite, ohne deren Tatenscheu und Versäumnisse damit mindern zu wollen, verständlich zu machen geeignet ist.

Von einem brüchigen Frieden, der dem rumänischen Außenminister Titulescu schon im April 1936 eher wie ein »Zustand zwischen 2 Kriegen«[151] vorkam, die Geißel des Krieges so lange fernzuhalten, wie das eben möglich war, beschrieb nun einmal das dominierende Ziel der großen Demokratien. Friedenssüchtig, wie sie waren, bemerkten sie darüber kaum, daß sie den großen Waffengang gerade durch ihre machtvergessene Abhängigkeit wahrscheinlich machten. Wie aussichtslos wirkt ihr paradoxes Bemühen im urteilenden Rückblick vor dem Hintergrund einer Zeit, die sich aus einer unentwirrbaren Gemengelage aus Krieg im Frieden und Frieden im Krieg zusammensetzte. Von Ostasien über das Mittelmeer bis nach Zentraleuropa herrschte die spezifische Konturenlosigkeit einer Epoche vor, in der die Gewißheit des künftigen Krieges in dem Maße wuchs, in dem das Vertrauen in den gegenwärtigen Frieden schwand.

Um so verzweifelter und – weil Hitler so war, wie er war – auch vergeblicher vermieden es die Westmächte, den ersten Stoß, der die bestehende Ordnung ernsthaft traf, angemessen zu parieren. Shakespeares Einsicht, wonach ein kleines Feuer leicht auszutreten ist, das, erst geduldet, Flüsse nicht mehr löschen können, vermochte in einer Zeit, in der das allgemeine Bedürfnis nach Ruhe den erforderlichen Mut zum Handeln gefährlich lähmte, kaum in die Tat umgesetzt zu werden. Daß ein Friedliebender nicht ungeschoren in einer Welt existieren kann, in der sein Gegenüber Streit und Verderben will, war zeitgenössisch noch nicht so klar wie heute. Vielmehr zeigten sich die westlichen Gesellschaften, was ihre Einschätzung Hitlers anging, prinzipiell gespalten: Während die einen den Dikatator als Schergen der Konzentrationslager ablehnten, neigten die anderen dazu, ihn als Wellenbrecher gegen den Kommunismus zu benutzen.

Gewiß, es gab genügend Warnungen, welche die heillose Natur des unersättlichen Diktators richtig deuteten. Allein, wer konnte es schon riskieren, beispielsweise auf die düsteren Vorhersagen eines Winston Churchill hin, der damals kaum mehr als ein »brillanter Versager«[152] zu sein schien, im Jahre 1936 einen großen Krieg mit unabsehbaren, auf jeden Fall nachteiligen Folgen zu beginnen? Selbst der innenpolitisch kaltgestellte Erbe Marlboroughs hatte noch im Jahre 1935, voll Abscheu und Bewunderung in einem, über Hitler, »das Kind aus Grimm und Gram eines mächtigen Reiches«[153], geäußert: »Es ist nicht möglich, sich ein gerechtes Urteil über eine Gestalt des öffentlichen Lebens zu bilden, welche die riesigen Ausmaße Adolf Hitlers erreicht hat, bevor nicht sein Lebenswerk als Ganzes vor uns liegt. Obgleich keine nachfolgende politische Handlung böse Taten ungeschehen machen kann, ist doch die Geschichte voller Beispiele von Männern, die dadurch zur Macht kamen, dass sie düstere, abstossende, ja entsetzliche Methoden anwandten, die jedoch nichtsdestoweniger, wenn ihr Leben in seiner Gesamtheit aufgedeckt wird, als große Persönlichkeiten angesehen werden, deren Dasein die Geschichte der Menschheit bereichert hat. So mag es auch mit Hitler sein.«[154]

Jetzt freilich, nach dem Rheinland-Abenteuer, stellte Churchill der zukünftigen Entwicklung die richtige Diagnose, als er vor dem »Konservativen Parlamentskomitee für Auswärtige Angelegenheiten« warnte: »Deutschland dagegen fürchtet niemanden. Es rüstet in einer Weise auf, wie man es in der deutschen Geschichte noch nie erlebt hat. Es wird von einer Handvoll übermütiger Desperados gelenkt. Das Geld wird knapp; unter der Despotenherrschaft regt sich Unzufriedenheit. Bald werden sie wählen müssen, ob sie einen wirtschaftlichen und finanziellen Zusammenbruch und innere Unruhen vorziehen oder einen Krieg, der kein anderes Ziel haben könnte – und der, wenn er gelingt, kein anderes Ergebnis bringen kann – als ein germanisiertes Europa unter nationalsozialistischer Aufsicht.«[155]

Allerdings, mit der unumstößlichen Sicherheit, die das Wagnis des Krieges auf sich zu nehmen rechtfertigen konnte, ließ sich das nach der skeptischen Meinung einer stattlichen Mehrheit in der konservativen Partei und in der Regierung, im Land und in der Öffentlichkeit überhaupt nicht abschätzen. 1936 dominierte vielmehr, wie schon ein Jahr zuvor und danach ein ums andere Mal wieder, die trügerische Hoffnung, daß »jede Krise die letzte war«[156]. Die Briten beließen es beim moralischen Protest des Völkerbundes; sie zogen einen Schlußstrich unter das Hingenommene; sie drohten nicht einmal konkret für den Wiederholungsfall; und sie richteten ihr Augenmerk ganz auf die Zukunft. Vor diesem Hintergrund legten sie Hitler schließlich die Frage vor, »ob sich Deutschland nunmehr in der Lage sehe, ›wirkliche Verträge‹ abzuschließen«[157]. Den Briten ging es nicht mehr darum, über den Vertragsbruch zu hadern, sondern vielmehr Gewißheit zu erlangen, »ob das Deutsche Reich jetzt erklären könne, daß es die bestehende territoriale und politische Ordnung Europas anzuerkennen und zu achten beabsichtige, soweit sie nicht später im Wege freier Verhandlungen und der Übereinkunft geändert werden sollte«[158].

Auf diesem Wege voranzuschreiten, war gar nicht so unrealistisch und blauäugig, wie es heute vielleicht wirken mag. Sogar der engste Vertraute Hitlers,

Joseph Goebbels, erwartete, wie so mancher Experte im Auswärtigen Amt, daß nunmehr, nachdem das Reich »frei und souverän« geworden war, »ein langer Frieden anbrechen«[159] werde. Die über das Jahr 1936 hinausweisende Frage, deren Beantwortung geeignet ist, genauer über die Haltung und Verantwortung der Westmächte während der dreißiger Jahre des 20. Jahrhunderts zu befinden, lautete dagegen: Waren Großbritannien und Frankreich geneigt, angesichts der hinter ihnen liegenden Erfahrungen mit mißtrauischer Entschlossenheit darüber zu wachen, ob der Kurs ihres tyrannischen Widersachers sich tatsächlich änderte oder nach wie vor der alten Bahn folgte? Wie würden sie reagieren, wenn er auch in Zukunft Teil für Teil aus der morschen Weltordnung herausbrach, bis nur noch das Chaos übrigblieb? Würden die Garanten des Bestehenden erkennen, daß der Diktator frontal anzugreifen vermied, sondern dem von Friedrich dem Großen zitierten Ratschlag Viktor Amadeus II. von Savoyen folgte, der Karl Emanuel zu sagen pflegte: »Mein Sohn, man muß Mailand essen wie eine Artischocke, Blatt für Blatt«[160]?

Hitler, die ihm stärker denn je ergebenen Repräsentanten aus den alten Eliten und das ihn wie betört vergötzende Volk mußten durch den triumphalen Ausgang des waghalsigen Tests, in dem England und Frankreich versagt hatten, geradezu auf die Bahn weiterer Abenteuer gelockt werden. Wie würden Briten und Franzosen dann reagieren? Über einen gewissen Zeitraum, zumal am Anfang einer Entwicklung, sind Fehleinschätzungen als Arglosigkeit verzeihbar. Danach kann man sie freilich immer weniger entschuldigen, mögen sie in vielerlei Hinsicht noch so verständlich erscheinen. Schließlich führen sie gar dazu, daß stabile Gesellschaften und die existierende Staatenordnung die tödliche Bedrohung, der sie ausgesetzt sind, nicht rechtzeitig als solche erkennen. Zug um Zug werden Territorien und Staaten dann zu wohlfeilen Stücken hilfloser Beute.

Genauso verhielt es sich mit Hitlers Aggressionstrieb und der Versöhnungsmanie seiner Gegenspieler. Fall für Fall trennte der Diktator das jeweils auserwählte Objekt von den anderen Gegenständen seiner maßlosen Begierde, stürzte sich auf das isolierte Opfer und frönte seinem schier unstillbaren Eroberungstrieb. In Verbindung mit dem nationalsozialistischen Rassismus beschreibt die Sucht nach Landgewinn ein Phänomen *sui generis*: Seine Existenz hebt die nationalsozialistische Außenpolitik und Kriegführung vom gewalttätigen Expansionismus anderer Konquistadoren der Epoche so spezifisch ab, daß ein prinzipieller Unterschied im Wesen der verschiedenen Imperialismen der Dekade hervortritt.

Der Zeitenbruch, der sich von der Mitte der dreißiger Jahre an abzeichnete, fand, wiewohl er von allgemeinen Bedingungen ermöglicht und durch überpersönliche Umstände getragen wurde, eine wesentliche Verkörperung seiner revolutionären Erscheinung in Hitlers Persönlichkeit und Politik: Weit über die Elemente des Revisionistischen, sogar des Hegemonialen hinaus strebte er, ohne an Stillstand zu denken und Ruhe zu kennen, nach globaler Expansion und rassischer Herrschaft.

Diskontinuität kennzeichnete in gewisser Hinsicht auch das Handeln der Westmächte, insbesondere der Briten. Von den Endzielen Hitlers einmal abgesehen, trat sie im Zusammenhang mit dem Europas Entwicklung seit eh und je kontinuierlich begleitenden, die Alte Welt jetzt aufs neue beunruhigenden Hegemonialproblem unverkennbar hervor. Bis 1914 war es in der europäischen Geschichte so gewesen, daß »Hegemonialkämpfe ... zumeist geführt [wurden] ohne klares Bewußtsein der Angreifer auf dem Festlande, während die Insularen sofort verstanden, worum es sich handelte«[161]. Auf einmal, in den dreißiger Jahren, verhielt es sich genau umgekehrt: Hitler, vorläufig noch in der Spur europäischer Vormachtanläufe, die vom Zeitalter Philipps II. über die Epochen Ludwigs XIV. und Napoleons I. bis zur wilhelminischen Ära verlief, visierte ganz bewußt die Herrschaft über den Kontinent an. Großbritannien dagegen verstand, der seit elisabethanischer Zeit verfolgten Lehre der Gleichgewichtspolitik seltsam uneingedenk, das herausfordernde Signal nicht rechtzeitig genug – weil es im Geräusch des Widersprüchlichen mit verführerischer Voreingenommenheit auf das angenehm Gegenteilige hörte.

Daher richtete sich angesichts der zunehmend lauter werdenden Kolonialpropaganda des Deutschen Reiches das gespannte Interesse der Westmächte, vor allem der Briten, in der zweiten Hälfte der dreißiger Jahre verstärkt darauf herauszufinden, ob die Deutschen Ansprüche auf Duala, Lome und Daressalam erheben würden – während Hitler über Wien, München und Prag den Weg in den Krieg suchte.

Wien – München – Prag:
Hitlers Weg in den Krieg
(1936–1939)

Weltpolitisches Szenario

Während der dreißiger Jahre des 20. Jahrhunderts begünstigte die Entwicklung der Weltpolitik Hitlers außenpolitische Absichten und sein Handeln in einem Ausmaß, wie das seinen Vorgängern im Verlauf der Geschichte des modernen deutschen Nationalstaates bislang nicht widerfahren war. Die doppelt konstruierte Friedensordnung der Nachkriegszeit, durch die Verträge von Paris 1919/20 und von Washington 1921/22 geschaffen, hatte, was ihre endgültige Dauer oder ihren wandelbaren Fortschritt anging, von vornherein proteushafte Gestalt getragen. Mit voranschreitender Zeit entpuppte sich ihre mühsame Kompromißhaftigkeit zunehmend deutlicher als gefährliche Halbheit. Daher konnte es nicht überraschen, daß sie im langen Schatten der Weltwirtschaftskrise rapide verfiel.

Die *in* den Gesellschaften ebenso wie *zwischen* den Staaten ohnehin tiefe Kluft zwischen Armut und Reichtum wurde gähnend. Die demütigenden Bürden, die auf den von der weißen Menschheit abhängigen Völkern der Erde nach wie vor lasteten, wurden zunehmend als unerträglich empfunden; ein ums andere Mal lauter erschallten daher die Rufe nach Emanzipation auf seiten der kolonialen und halbkolonialen Welt. Dementsprechend angestrengt, fast überfordert nahmen sich die Bemühungen der alten Kolonialmächte des Westens aus, alles zu tun, um im Mutterland und in den Imperien den gesellschaftlichen und internationalen Status quo notdürftig zu wahren.

Unübersehbar wuchsen die Risse zwischen den Staaten und Gesellschaften; in allen Bereichen, vom Zwischenstaatlichen bis zum Alltäglichen, verlor das Bestehende sein Gewicht; unverkennbar zerfiel das internationale System in disparate Fragmente. Die seit dem Jahre 1917 charakteristische Heterogenität zwischen Kapitalismus und Sozialismus erstarrte in globaler Dimension zum machtpolitischen Weltgegensatz der Briten und Sowjets; seine Existenz wiederum stiftete den freien Raum für mannigfache andere Konflikte in Ostasien, in Europa und an mancher der kolonialen Peripherien. Insgesamt war es eine Vielzahl sehr unterschiedlicher, dennoch miteinander verbundener Faktoren, die, ohne sie im einzelnen entfalten oder erwähnen zu können, im Spannungsfeld von großer Politik und weltweiter Modernisierung, von »internationaler Konstellation und innerstaatlichem Systemwandel«[1], letztlich darüber weit hinaus: von Krieg und Kultur die einmal verdeckte, dann ganz offene, einmal schleichende, immer häufiger jedoch galoppierende Auflösung der internationalen Ordnung nach sich zog.

Maßgeblich für den scheinbar unaufhaltsamen Erosionsprozeß des Gesamten wurde die Tatsache, daß die Vorstellungen der Akteure, der Staaten, der Gesellschaften und der Individuen in der von Karl Dietrich Bracher so genannten »Zeit der Ideologien«[2] auch nicht annähernd darüber in Einklang zu bringen waren, was den gemeinsamen Wert einer gerechten Welt auszumachen hatte. Daher verwundert es kaum, daß die zeitgemäß anmutende Maxime, die bis heute als Inschrift den Haager Friedenspalast schmückt: »si vis pacem cole iustitiam«, mehr und mehr an Überzeugungskraft einbüßte. Ohne daß an ihrer Stelle die bewährte Regel, wonach sich derjenige, der den Frieden erhalten will, für den Krieg zu wappnen hat, auf allen Seiten umfassend beherzigt worden wäre, gewann die weder durch Moral noch durch Macht gebändigte Idee des Krieges für die neuen Desperados der Staatenwelt einen gleichsam lebensgesetzlichen Selbstzweck. Kurzum: Ein Zeitalter, das alles Etablierte erbarmungslos relativierte, ohne die um sich greifende Orientierungslosigkeit schöpferisch zu bändigen; das längst jeder Autorität den Nimbus genommen hatte, ohne zur Schaffung neuer Legitimität wirklich fähig zu sein, bot Hitlers »Programm einer nach außen gerichteten Revolution«[3] eine fatale Chance.

Es waren vor allem vier weltpolitische Tendenzen, die seine lange Zeit revisionistisch erscheinende Expansionspolitik begünstigten. Gewaltsam und kühn genutzt, ließen sie ihn zum Profiteur des dahinsiechenden Staatensystems und der sich unversöhnlich bekämpfenden Ideologien aufsteigen:

Zum einen wurde die Aufmerksamkeit der Mächte, vor allem der Angelsachsen und Sowjets, durch die ostasiatische Dauerkrise in Anspruch genommen. Zum offenen Ausbruch gekommen war sie bereits im September 1931 durch Japans kriegerisches Vorgehen gegen China in der Mandschurei; durch den militärischen Zusammenstoß zwischen japanischen und chinesischen Truppen an der Marco-Polo-Brücke bei Peking wuchs sie sich vom 7. Juli 1937 an zum bewaffneten Konflikt aus. In bedingtem Maße unterstützten die Vereinigten Staaten von Amerika, auf noch zurückhaltendere Weise Großbritannien das schwerringende Regime des chinesischen Marschalls Tschiang Kai-schek. Hilfe wurde ihm, in engen Grenzen allerdings, auch von der Sowjetunion zuteil. Sie befand sich an ihrer fernöstlichen Grenze mit den Japanern ohnehin in einer heftigen Auseinandersetzung, die immer wieder die Schwelle des kalten Krieges überschritt. Nach dem Abschluß eines Defensivvertrages mit der äußeren Mongolei am 31. März 1936 trat die UdSSR dem japanischen Unruhestifter gegenüber, den sie bis dahin eher zu beschwichtigen versucht hatte, zunehmend fester auf.

Zum zweiten hatte sich der Mittelmeerraum inzwischen zu einem weltpolitischen Krisenzentrum entwickelt. Das hatte mit dem zwischen Oktober 1935 und Juli 1936 geführten Feldzug Italiens gegen Abessinien begonnen und fand danach im Spanischen Bürgerkrieg eine gesteigerte Fortsetzung. Zwischen dem Juli 1936 und dem März 1939 fesselte sein blutiger Verlauf, mit freilich unterschiedlicher Intensität, das Interesse und Potential der europäischen Großmächte einschließlich der Sowjetunion und beanspruchte, bis zu einem gewissen Grade, sogar die Aufmerksamkeit der USA.

Vor diesem Hintergrund wurde für Hitlers Deutschland entscheidend, daß Großbritannien, das für das Gelingen oder das Scheitern der Außenpolitik des »Dritten Reiches« ohne Zweifel der auschlaggebende Faktor war, neben seinen ostasiatischen Bürden und kontinaleuropäischen Herausforderungen durch dieses neue Krisenzentrum der Welt mehr als gebunden, im Grunde wie gefesselt dastand. Kein Wunder also, daß der deutsche Diktator den versammelten Spitzen des Reiches am Ende des Jahres 1937 anvertraute, »ein hundertprozentiger Sieg Francos«, den er mittlerweile auf militärischem Gebiet tatkräftig unterstützte, sei gar »nicht erwünscht; wir seien vielmehr an einer Fortdauer des Krieges und der Erhaltung der Spannungen im Mittelmeer interessiert«[4].

Zum dritten stellte sich im Verlauf der dreißiger Jahre immer krasser heraus, in welch gefährlichem Maße problematisch, im Grunde »künstlich«[5] sich das Pariser Friedenswerk von 1919/20 ausnahm. Es hatte nicht allein zu viele Konflikte »zwischen etablierten Siegern, zu kurz gekommenen Siegern und Besiegten«[6] ungelöst gelassen oder neu geschaffen. Vielmehr zeigte sich, Krise um Krise verhängnisvoller, daß vor allem Frankreich seiner Aufgabe als Garantiemacht nicht angemessen nachkam, ja sie sträflich vernachlässigte. Der französische Sieger war nur so lange ungewöhnlich stark gewesen, wie das Deutsche Reich künstlich schwach gehalten wurde. Als sich dieses auf Dauer unnatürliche Verhältnis zu normalisieren begann, führte es bald zur nicht erwarteten Umkehr des Ursprünglichen: Sie war für den Bestand des Gesamten unverträglich.

Frankreichs Tatkraft hatte sich mit dem Sieg vom Jahre 1918, der mit hohem Blutzoll erkämpft worden war, unübersehbar erschöpft. Nachhaltig erlahmt war der Wille, dasjenige kraftvoll zu behaupten, was seine Freiheit und Größe ausmachte, mehr noch, was ungeachtet gesellschaftlicher Spannungen und sozialer Mißstände das Leben in diesem Land während der dreißiger Jahre alles in allem beneidenswert attraktiv erscheinen ließ. Ein ebenso verständlicher wie selbstgenügsamer, letztlich aber kurzsichtiger Vorrang der inneren Verhältnisse ließ die Neigung Oberhand gewinnen, daran zu glauben, man müsse das Schiff nicht dem hochgehenden Wellengang der internationalen Politik anpassen, sondern könne darauf vertrauen, daß die Gewalt der Wogen dem schlingernden Gefährt gehorche.

Zum vierten war es in besonderem Maße der britisch-sowjetische Weltgegensatz, der, von Ostasien über das Mittelmeer bis nach Kontinentaleuropa hinein wirksam, die äußere Politik des nationalsozialistischen Deutschland für eine geraume Zeit in säkularem Maßstab begünstigte. Aus dem Mißtrauen und der Spannung zwischen der konservativen und der revolutionären Macht des Zeitalters zog Hitler, für eine Reihe von Jahren jedenfalls, erheblichen Gewinn: Er sollte ihm, fortwährend angereichert, so spekulierte seine aggressive Phantasie, schließlich erlauben, über beide, die eine nach der anderen, die Oberhand zu gewinnen. Im Bündnis mit dem kapitalistischen England wollte er die kommunistische Sowjetunion besiegen, um seine geballte Macht danach gegen den ehemaligen Alliierten und neuen Kontrahenten zu wenden.

Als das pokerähnliche Manöver mißlang, ging er, ohne sein hybrides Ziel letztlich zu erreichen, den genau umgekehrten Weg. Sein totalitäres Dogma und seine machtpolitische Eroberungssucht kannten im Prinzip weder Loyalitäten noch Grenzen, sondern nur Feindschaft und Krieg. Erst als diese lange Zeit verdeckte Tatsache zur unumstößlichen Gewißheit geworden war, legten Briten und Sowjets im Jahre 1941 – nicht freiwillig und aus Überzeugung, sondern notgedrungen und mit Widerwillen – ihre Spannungen beiseite. Der englisch-russische Konflikt wurde vertagt, weil Hitlers kriegerische Herausforderung Großbritannien und die Sowjetunion inzwischen gleichzeitig traf. Das nationalsozialistische Deutschland ließ den ideologischen und machtpolitischen Rivalen der Staatenwelt, wenn sie denn überleben wollten, keine andere Wahl, als sich in rettender Partnerschaft miteinander zu verbünden. Bis dahin aber dominierten Ablehnung und Mißtrauen das gestörte Verhältnis zwischen Engländern und Russen. Stalin konnte sich einfach nicht vorstellen, ohne daß seine Manie tatsächlich ein Fundament in der Sache gehabt hätte, daß die britischen Zwingherren in der Zitadelle des Weltkapitalismus nicht danach trachteten, das Bündnis mit Hitlers sogenanntem »Faschismus« zu suchen, um das sowjetische »Vaterland der Werktätigen« zu vernichten.

Die Briten ihrerseits vermochten von der revolutionären Kampfansage und der subversiven Tätigkeit Moskaus nicht unberührt zu bleiben. Zu spüren bekamen sie diese Herausforderung vor allem in den Kolonien, wo die kommunistische Propaganda dem autonomen Verlangen der Abhängigen und Unterdrückten nach Selbständigkeit und Freiheit nicht selten revolutionären Schwung verlieh. Früher als Hitler entlarvte Stalin sich zudem als einer der beiden großen »Menschenvertilger«[7] im Zeitalter der Gewaltherrschaften. Sein zutiefst inhumanes Experiment, das Paradies auf Erden zu errichten, landete wie Hitlers verbrecherischer Versuch, dessen schreckliche Klimax der Menschheit noch bevorstand, in der Hölle einer totalitären Diktatur. Die Millionen an Toten, die der Ukraine- und Kulakenpolitik des georgischen Despoten zum Opfer gefallen waren, blieben, wenn das aufklärende Interesse in den Gesellschaften des Westens auch verhängnisvoll gering war, dennoch nicht unbekannt. Vor diesem Hintergrund wuchs auf britischer Seite die problematische Tendenz, die nicht freiwillig zustande kam, sondern sich widerstrebend aufdrängte, zusammen mit Hitlers Deutschland, das gegenüber dem kommunistischen Rußland ein Bollwerk zu bilden schien, das Experiment zu wagen, eine stabile Friedensordnung zu bauen.

Daher wurde versucht, das prinzipiell ungeliebte, aber vorläufig nützliche Reich durch vertretbares Entgegenkommen zu befrieden. Die konziliante Haltung der Briten erleichterte Hitlers brutalen Marsch durch die Weltgeschichte für eine geraume Wegstrecke. Wie einst in der inneren Politik verwirklichte er seine ehrgeizigen Pläne im antagonistischen Zusammenwirken mit dem Etablierten. Keinen Augenblick lang verlor er dabei jedoch sein eigentliches Ziel aus dem beutegierigen Blick, nämlich am Ende alle, die Revolutionäre ebenso wie die Konservativen, gewaltsam zu überwinden. Bereits früh zeichnete sich in seinem Tun ab, was von Beginn an in seiner Gedankenbildung angelegt war: Bevor er im Verlauf der dreißiger Jahre sicher wußte, gegen wen an welcher Front er Krieg führen würde, wußte er genau, daß er Krieg führen würde. Ihn vorzubereiten war Inhalt seiner Politik.

Nach ersten außen- und rüstungspolitischen Schritten, die bereits in diese Richtung getan worden waren, ließ er im Verlauf des Jahres 1936 die wirtschaftlichen Vorbereitungen für die Waffengänge der Zukunft treffen. Damit initiierte Hitler ganz bewußt eine Entwicklung, die ins Ausweglose einmündete; an ihrem Ende blieb nur die Alternative zwischen innerem Zusammenbruch und äußerem Krieg übrig. Die Wahl des Diktators stand dabei von vornherein fest. Programmatisch hieß es schon im August 1936 in seiner Denkschrift zum »Vierjahresplan«, die höchster Geheimhaltung unterlag und nur wenigen Eingeweihten bekannt wurde: »I. Die deutsche Armee muß in 4 Jahren einsatzfähig sein. II. Die deutsche Wirtschaft muß in 4 Jahren kriegsfähig sein.«[8] Von nun an befand sich das Reich, den martialischen Worten von Hermann Göring zufolge, der mit der wirtschaftlichen Seite der Kriegsvorbereitung betraut war, tatsächlich »in der Mobilmachung und im Krieg, es wird nur noch nicht geschossen«[9]. Kurz darauf machte der »Zweite Mann im Reich«[10] vor dem Ministerrat sogar unmißverständlich klar, »alle Maßnahmen« hätten »so zu erfolgen, als ob wir im Stadium der drohenden Kriegsgefahr uns befänden«[11].

Hitlers wirtschaftspolitische Vorstellungen, die nur einen einzigen Bezugspunkt kannten, nämlich die Fähigkeit zur Kriegführung zu erlangen, hatten sich gegenüber der konkurrierenden Konzeption Hjalmar Schachts, die darauf bedacht war, den Krieg zu vermeiden, im Prinzip durchgesetzt. Ungeachtet aller Sympathie, die der konservative Wirtschafts- und Finanzfachmann für eine nationalistische Großmachtpolitik hegte, war ihm daran gelegen, die Wahl zwischen ökonomischem Bankrott und militärischem Risiko auf jeden Fall zu umgehen. Seine aggressive Außenwirtschaftspolitik, die auf Südosteuropa, selbst bis nach Lateinamerika zielte, und sein politischer Revisionismus, der über den alten Kontinent hinaus auf den Wiedererwerb überseeischer Kolonien gerichtet war, sollten die traditionelle Großmachtstellung des Deutschen Reiches wiederherstellen. Ohne dem Risiko eines Vabanquespiels zu verfallen, wollte er auf friedlichem Wege durch machtpolitischen und ökonomischen Einsatz durchaus ehrgeizige Ziele erreichen, welche die deutsche Position erheblich aufwerten würden, mit Hitlers Expansionismus aber keineswegs identisch waren.

Denkt man beispielsweise an die wirtschaftlichen Offerten, die dem Deutschen Reich von den Briten im allerletzten Augenblick des sterbenden Friedens während des Sommers 1939 unterbreitet wurden, dann besaß dieser Entwurf Hjalmar Schachts, der später bis zu einem gewissen Grad von Hermann Göring übernommen wurde, in seiner Zeit durchaus Chancen auf Verwirklichung. Daß sie nicht zum Zuge kommen konnten, lag allein daran, daß Hitler, der Krieg, nicht Frieden wollte, die Volkswirtschaft rücksichtslos in den Dienst des Militärischen zwang.

Über die ruinösen, letztlich ausweglosen Konsequenzen ihres Handelns waren sich nicht wenige derjenigen, die diesen Prozeß nunmehr initiierten, mit vorausblickender Skepsis im klaren. Auf die mannigfach vorgetragenen Einwände gegen die unprofitable Rüstungswirtschaft antwortete Göring am 17. Dezember 1936: »Die Auseinandersetzung, der wir entgegengehen, verlangt ein riesiges Ausmaß an Leistungsfähigkeit. Es ist kein Ende der Aufrüstung abzusehen. Allein entscheidend ist hier der Sieg oder Untergang. Wenn wir siegen, wird die Wirtschaft genug entschädigt werden. Man kann sich hier nicht richten nach buchmäßiger Gewinnrechnung, sondern nur nach den Bedürfnissen der Politik. Es darf nicht kalkuliert werden, was kostet es. Ich verlange, daß Sie alles tun und beweisen, daß Ihnen ein Teil des Volksvermögens anvertraut ist. Ob sich in jedem Fall die Neuanlagen abschreiben lassen, ist völlig gleichgültig. Wir spielen jetzt um den höchsten Einsatz. Was würde sich wohl mehr lohnen als Aufträge für die Aufrüstung?«[12]

Mit unmißverständlicher Drohung war Hitler in seiner Denkschrift vom August 1936 den Argumenten der ökonomischen Vernunft, die er als krämerhaft verurteilte, von vornherein entgegengetreten: »Das Wirtschaftsministerium hat nur die nationalwirtschaftlichen Aufgaben zu stellen, und die Privatwirtschaft hat sie zu erfüllen. Wenn aber die Privatwirtschaft glaubt, dazu nicht fähig zu sein, dann wird der nationalsozialistische Staat aus sich heraus diese Aufgabe zu lösen wissen.«[13] Daß der Diktator, wenn es um die wirtschaftlichen Grundlagen von Krieg und Frieden ging, alles andere als der Gendarm der gesellschaftlichen Gegenrevolution sein wollte, trat ebenso deutlich zutage, wie von nun an nicht mehr auszuschließen war, daß er notfalls sogar dazu übergehen würde, Stalins ablehnend bewunderte Methoden der Planwirtschaft zu übernehmen.

Die Ankurbelung der Rüstungswirtschaft wurde allerdings, bis weit in den Weltkrieg hinein, mit der Aufrechterhaltung des Privatkonsums zu vereinbaren versucht; damit war die deutsche Volkswirtschaft schlicht überfordert. Daher mehrten sich vom Jahre 1938 an krisenhafte Zeichen: Staatsverschuldung, die auf atavistische Weise durch kriegerischen Raub gedeckt, und Arbeitskräftemangel, dem durch sogenannte »Menschenbewirtschaftung« abgeholfen werden sollte, machten sich belastend bemerkbar. Immer drängender warfen sie die Frage nach der Dauerhaftigkeit des nationalsozialistischen Experiments auf. In paradoxer Entsprechung zu der janusköpfigen Existenz des »Doppelstaates« aus Recht und Unrecht, aus Zustimmung und Zwang, aus Frieden und Krieg korrespondierte eine innere Schwäche des Regimes seiner äußeren Stärke. Aus Angst vor der Revolution, die ihn seit dem Ende des Ersten Weltkrieges traumatisch begleitete, konnte Hitler sich über Gebühr lange nicht zu einer spürbaren Einschränkung der konsumtiven Seite des nationalen Haushalts entschließen. Weil er jedoch von der Obsession, Krieg zu führen, gefangen war, ließ er gleichzeitig in ruinösem Übermaß rüsten. Beides zusammen war zuviel und nur für eine begrenzte Dauer möglich.

Im Militärischen zwang die Überbürdung der Volkswirtschaft dazu, anstelle einer für die moderne Kriegführung und ihre ökonomischen Erfordernisse unumgänglichen Tiefenrüstung, die einen langen Krieg auszuhalten erlaubte, lediglich eine Breitenrüstung vorzubereiten, die nur einen kurzen Krieg zu bestehen ermöglichte. Ohne über rüstungswirtschaftlich zureichende Reserven zu verfügen, lebte die Wehrmacht bis in den Weltkrieg hinein »logistisch von der Hand in den Mund«[14]. Das lebensgefährliche Dilemma zwischen den Notwendigkeiten einer Rüstungs- bzw. Kriegswirtschaft einerseits und den Bedürfnissen einer Konsum- bzw. Friedenswirtschaft andererseits geißelte der Chef des Wehrwirtschafts- und Rüstungsamtes, der damalige Generalmajor Georg Thomas, der mit seinem wiederholten Plädoyer für die gebotene Tiefenrüstung gescheitert war, nach dem Ende des Polenfeldzuges, als er mit sarkastischer Verbitterung prognostizierte: »... mit Radioapparaten, Staubsaugern und Küchengeräten werden wir England niemals besiegen können.«[15]

Nicht zuletzt vor diesem Hintergrund blieb Hitler gar nichts anderes übrig, als in lokalisierten Feldzügen über zuvor isolierte Gegner herzufallen. Weil er auf diese politische und militärische Art vorzugehen gedachte, ließ er auch die wirtschaftliche Vorbereitung darauf ausrichten; diese wiederum erlaubte gar nicht mehr, als einen zeitlich begrenzten »Blitzkrieg« zu führen. Schon früh, in der Mitte der dreißiger Jahre, hat Hitlers hellsichtiger Biograph Konrad Heiden zutreffend erkannt, daß das »Dritte Reich« zu nichts anderem als zu einem begrenzten, »teilbaren Krieg«[16] des »kurzen Stoßes mit totalem Erfolg«[17], nicht aber zu einem umfassenden, langanhaltenden Waffengang imstande sein werde.

Insofern beschrieb der im Frieden vorbereitete »Blitzkrieg« diejenige Strategie des nationalsozialistischen Deutschland, die seiner hybrid überanstrengten Existenz entsprach. Über Hitlers lange Zeit gültigen Grundsatz hinaus, sich jeweils nur an einer Front auf die militärische Auseinandersetzung einzulassen, und von den wirtschaftlichen Möglichkeiten des Reiches abgesehen, die gefährlich schmal waren, korrespondierte diese spezifische Form der Kriegführung zudem »der diplomatischen Lage der deutschen Regierung. Sie gehörte zu der politischen Lage des NS-Regimes. Sie gehörte zu der nationalsozialistischen Verwaltungsmethode. Und schließlich gehörte sie zur Struktur der nationalsozialistischen Gesellschaft.«[18]

Der krisenhafte Zustand der deutschen Volkswirtschaft, der sich sprunghaft verschärfte, wurde unterdessen für den, der den Engpaß bewußt herbeigeführt hatte, zum scheinbar rationalen Argument, um den wirtschaftlichen Schwierigkeiten mit militärischer Gewalt zu entfliehen: »Die große Wehrmacht mit der Notwendigkeit der Sicherstellung ihrer Unterhaltung« auf der einen Seite und »die Aussicht auf Senkung des Lebensstandards und auf Geburteneinschränkung« auf der anderen Seite »ließen keine andere Wahl«, als gewaltsam »zu handeln«[19], wies Hitler Ende 1937 den Weg in die Einbahnstraße des Krieges, aus der sich ihm eine Umkehr zum Frieden kategorisch verbot.

Knapp zwei Jahre später, wenige Tage vor der Entfesselung des Zweiten Weltkrieges, beschwor er vor den Spitzen der Wehrmacht erneut die systematisch herbeigeführte Ausweglosigkeit der verzweifelten Situation als angebliches Motiv für den feststehenden Kriegsentschluß: »Wir haben nichts zu verlieren, nur zu gewinnen. Unsere wirtschaftliche Lage ist infolge unserer Einschränkungen so, daß wir nur noch wenige Jahre durchhalten können. Göring kann das bestätigen. Uns bleibt nichts anderes übrig, wir müssen handeln.«[20] Damit war das schreckliche Ende einer in den dreißiger Jahren eingeleiteten Entwicklung erreicht. Dem ebenso arbeitsamen wie disziplinierten, betörten wie verblendeten Volk der Deutschen war fast gänzlich die Möglichkeit genommen, sich dagegen zu wehren, »in einen Produktionsprozeß eingespannt zu werden, der auf die Herbeiführung eines von seiner Mehrheit nicht gewünschten Eroberungskrieges hin angelegt war«[21].

Der letztlich ausschlaggebende Grund dafür, daß alles so kam, wie es nach diktatorischem Willen kommen sollte, lag darin, daß Hitler die Politik schlechthin durch Waffengewalt ersetzen wollte. Weil er kriegssüchtig war, begab er sich auf eine tödliche Bahn, die erst zum militärischen Ruhm führte und danach in der nationalen Katastrophe endete. Die Gunst der Zeit, die Hitlers Handeln lange entgegengekommen war, wurde am Ende so gründlich mißachtet, daß ihre Bedingungen sich in das Gegenteil verkehrten. Gerade der deutsche Politiker, der über so viel außenpolitischen Manövrierraum verfügte wie keiner seiner Vorgänger, die mit dem angestammten »Gesetz der Enge«[22] des deutschen Nationalstaates auszukommen hatten, verspielte das ihm günstig Zugefallene mit frevelhafter Tollheit. Weil er vom Gedanken an den Krieg besessen war, setzte er, ohne nötigendem Zwang zu unterliegen, vom Jahre 1936 an auf innen- und wirtschaftspolitischem Gebiet, danach – bereits von Zeitangst und Zeitnot getrieben – vom Jahre 1937 an im außenpolitischen und internationalen Feld Entwicklungen in Gang, die ihn in innere und äußere Engpässe geraten ließen. Um dem selbstverursachten Druck von Fall zu Fall zu entkommen, blieb ihm jeweils nur übrig, die Flucht nach vorn zu ergreifen.

Wohlgemerkt: Im Inneren und Ökonomischen, im Außenpolitischen und Zwischenstaatlichen existierten diese Zwangslagen nicht von vornherein, besaßen keine natürliche Qualität. Sie waren vielmehr die Folgen dessen, was Hitler politisch und militärisch wollte. Wie der Drogensüchtige letztlich dem Herzversagen erliegt, beschreibt die ökonomische Auswegslosigkeit des Deutschen Reiches im Jahre 1939 nur das abgeleitete Symptom der Kriegsverfallenheit seines Diktators.

Diese zerstörerische Besessenheit war es auch, die ihn wie eine Furie ruhelos durch die Weltgeschichte trieb. 1936 kreisen die Gedanken und das Handeln des Alleinherrschers nur um das eine Problem, wie er, um sich für die »Lebensraum«-Expansion gegen die Sowjetunion zu wappnen, England zum Bündnis gewinnen könne. Wie von einem bösen Zauber gebannt, blieb er vom russischen Fernziel angezogen! In Gegenwart von Goebbels, Papen und Ribbentrop reflektierte er am 8. Juni 1936 auf einen »im Fernen Osten« heraufziehenden »Konflikt«. In seinem Verlauf werde »Japan ... Rußland verdreschen«, so daß »dieser Koloß« daraufhin »ins Wanken kommen« werde: »Und dann ist unsere große Stunde da«, hielt der Reichspropagandaminister dasjenige fest, worauf Hitler mit fanatischer Sehnsucht hoffte: »Dann müssen wir uns für 100 Jahre an Land eindecken.«[23]

Mit den unübersehbaren Spuren jener Zeitangst, die vom Jahre 1937 an noch weit stärker hervortrat und die allgemeine Gunst der Lage immer wieder in eine akute Ungunst des Krisenhaften verwandelte, vertraute Goebbels seinem Tagebuch an, was Hitler bereits damals beschäftigte: »Hoffentlich sind wir dann fertig und der Führer lebt noch. Daß gehandelt wird.«[24] Wenige Wochen darauf, am 22. Juli 1936, kurz nach dem Ausbruch des Spanischen Bürgerkriegs, wiederholte Hitler seine programmatische Absicht in einem Gespräch, das er mit dem japanischen Militärattaché Oshima in Bayreuth führte. Die brutale Quintessenz seiner raumgierig spekulierenden Ausführungen lautete, Rußland müsse wieder in seine »ursprünglichen historischen Teile«[25] zerlegt werden.

Mittlerweile hatte er sich auf dem mitteleuropäischen Terrain seiner äußeren Politik ein gutes Stück einem der Ziele genähert, die zu erreichen zu den revisionistischen Voraussetzungen seiner expansiven Strategie zählte. Am 11. Juli 1936 wurde zwischen dem Deutschen Reich und Österreich ein Abkommen abgeschlossen, das, zumindest dem werbenden Schein nach, freundschaftliche Beziehungen zwischen den Vertragspartnern wiederherzustellen geeignet war, auf jeden Fall zur Normalisierung zwischen Berlin und Wien beizutragen versprach. Doch die schöne Maske trog!

Im öffentlichen Teil des Vertrages wurde zwar, der Alpenrepublik entgegenkommend, »die volle Souveränität des Bundesstaates Österreich«[26] anerkannt. Dennoch hatten die Österreicher – wie einst die Trojaner ihre griechischen Feinde – die Deutschen, ebenweil sie Geschenke trugen, nach wie vor, jetzt sogar mehr denn je, zu fürchten. Insgesamt zielte, was die Absichten des Deutschen Reiches anging, das Juliabkommen darauf, den Nachbarstaat »mit den Methoden des Trojanischen Pferdes und der psychologischen Kriegführung für den Anschluß reif«[27] zu machen. Am Ende der Entwicklung, die mit dem Vertrag eingeleitet wurde, sollte nichts anderes als eine nationalsozialistische Machtergreifung in Österreich stehen. Insofern stellte das neu Geregelte nach dem Urteil von Joseph Goebbels nur »die Voraussetzung für einen 30. Jänner 1933 in Österreich«[28] dar.

Obwohl das Juliabkommen im Ausland fast durchgehend begrüßt wurde, war nicht zu übersehen, daß die Lage der bedrängten Republik gegenüber dem Sommer 1934, als Italien zugunsten der Unabhängigkeit des nördlichen Nachbarstaates bewaffnete Position bezogen hatte, grundsätzlich verändert war. Das Desinteresse Großbritanniens am Schicksal Österreichs, das schon 1935 zutage getreten war, und der Kurswechsel, den Mussolini ein Jahr darauf eingeleitet hatte, zeichneten eine Entwicklungslinie, die nunmehr ihre Fortsetzung fand: An ihrem Ende mußte das *finis Austriae* liegen!

Schon im öffentlichen Teil des zwischen Berlin und Wien Vereinbarten war die vom schwächeren Vertragspartner ausdrücklich akzeptierte »Tatsache« nicht zu übersehen, »daß Österreich sich als deutscher Staat bekennt«[29]. Im geheimen Teil war davon die Rede, daß die österreichische Regierung sich verpflichte, ihre äußere Politik »unter Bedachtnahme auf die friedlichen Bestrebungen der Außenpolitik der deutschen Reichsregierung zu führen«[30]. Sie versprach sogar, »über die sie [beide Regierungen] gemeinsam betreffenden Fragen der Außenpolitik jeweils in einen Meinungsaustausch ein[zu]treten«[31]. Was den innenpolitischen Teil anging, versicherte das heftig genötigte Land nicht allein, eine großzügige politische Amnestie zu erlassen. Darüber hinaus sagte es zu, »in dem geeigneten Zeitpunkte, der für nahe Zeit in Aussicht genommen ist, Vertreter der bisherigen sogenannten ›nationalen Opposition in Österreich‹ zur Mitwirkung an der politischen Verantwortung heranzuziehen«[32].

Bundeskanzler von Schuschnigg hoffte darauf, mit diesem Abkommen den deutschen Versuchen, Österreichs Selbständigkeit zu beseitigen, ein Ende gesetzt zu haben. Im Laufe der voranschreitenden Zeit vertraute er zudem auf internationale Veränderungen, die dem drangsalierten Staat Erleichterung verschaffen würden. Dagegen sah Hitler im Juliabkommen nur den Auftakt und das Mittel, um im Zuge innerer Evolution, die von den österreichischen Nationalsozialisten ausgehen sollte, dem Ziel näherzukommen, die Selbständigkeit der Nachbarrepublik aufzuheben. Anders als von Schuschnigg erwartet, dem gar nichts übrigblieb, als sich an vage Hoffnungen zu klammern, arbeitete die Zeit tatsächlich für Hitler. Der Errichtung eines »mittel-südosteuropäischen Wirtschaftsempire«[33], das *Die deutsche Volkswirtschaft* im Juli 1936 feierte, sollte bald, weil die Weltpolitik diese Entwicklung zuließ, das Ende für Österreich folgen.

Die ohnehin vorhandene Disposition der Mächte, sich für das österreichische Schicksal kaum zu engagieren, wurde durch ein weltgeschichtliches Ereignis gefördert, das in diesen Wochen die Staatenwelt beschäftigte und sie für die kommenden Jahre nicht mehr losließ. Am 18. Juli 1936 begann in Spanien der Bürgerkrieg, in dem sich die rebellierenden Truppen General Francos von Marokko aus gegen die republikanische Regierung in Madrid erhoben. Kurz darauf, am 25. Juli, erschienen zwei Mitglieder der Auslandsorganisation der NSDAP in Francos Auftrag bei Hitler. Sie überreichten ein Handschreiben des in ziemlich aussichtsloser Lage verharrenden Putschisten, in dem er den »Führer« um Hilfe bat.

Noch in der Nacht des 25. Juli sagte der Diktator seine Unterstützung zu – eine Entscheidung, die für den Sieg des künftigen Caudillo wesentlich wurde! In Berlin waren die deutschen Emissäre des spanischen Rebellen weder vom Auswärtigen Amt noch vom Kriegsministerium empfangen, sondern von Rudolf Heß zum »Führer« nach Bayreuth weitergeschickt worden. Gegen den Rat der Diplomaten und Militärs entschied Hitler, den Aufständischen zu helfen, gegen von Ribbentrop, der »neue Komplikationen mit England«[34] fürchtete, vor allem aber gegen Göring, der anfangs »mit Entsetzen« reagierte, auf die »Gefahr«[35] internationaler Schwierigkeiten hinwies und erst später zum Befürworter und Protagonisten der deutschen Spanienpolitik wurde.

Warum fällte Hitler diese Entscheidung? Weil einer solchen »ganz grundsätzlichen Frage« gegenüber ein »rein real-außenpolitisches Denken nicht genüge«[36], ließ der Diktator sich in erster Linie von ideologischen Motiven leiten. Es ging ihm darum zu verhindern, daß Spaniens Innenpolitik möglicherweise einen ähnlichen Weg einschlagen werde wie diejenige Frankreichs, wo seit dem Juni 1936 eine Volksfrontregierung amtierte. Eine solche Entwicklung hätte ihn nicht nur der Rückenfreiheit für seine Politik und Kriegführung gegenüber der Sowjetunion beraubt. Vielmehr wäre das Reich vom Osten und Südwesten Europas aus in eine bedrohliche Umklammerung geraten. »Gelingt es wirklich, ein kommunistisches Spanien zu schaffen«, begründete er seinen Interventionsentschluß, »so ist bei der derzeitigen Lage in Frankreich die Bolschewisierung auch dieses Landes nur eine Frage kurzer Zeit und dann kann Deutschland ›einpacken‹. Eingekeilt zwischen dem gewaltigen Sowjetblock im Osten und einem starken kommunistischen französisch-spanischen Block im Westen könnten wir kaum noch etwas ausrichten, falls es Moskau gefällt, gegen Deutschland vorzugehen.«[37] Sollte es dagegen gelingen, Franco durch deutsche Unterstützung zum Siege zu verhelfen und dem Reich zu verpflichten, geriet Frankreich seinerseits in eine äußerst prekäre Lage, die derjenigen des Hauses Bourbon zur Zeit der habsburgischen Vormacht unter Karl V. glich.

Den ideologischen und machtpolitischen Beweggründen gesellten sich andere Motive bei. Sie trugen die Entscheidung mit, besaßen jedoch keine ursächliche Bedeutung. Daß die nach Spanien entsandten Streitkräfte der »Legion

Condor«, am Ende zwischen 5000 und 6000 Mann, unter kriegsmäßigen Bedingungen Erfahrungen sammelten, vor allem in der Zusammenarbeit von Land- und Luftstreitkräften, war eine willkommene Folge des politisch Beschlossenen, aber nicht seine maßgebliche Ursache. Auch die wirtschaftlichen Vorteile, die aus dem spanischen Abenteuer erwuchsen, hatten abgeleiteten, keinen ursprünglichen Charakter.

Über die schon genannten Gründe hinaus ging es Hitler zusätzlich darum, durch sein militärisches Eingreifen die politische Zusammenarbeit mit dem gleichfalls intervenierenden Italien zu verstärken. Mussolinis Engagement »in der spanischen Arena«[38] überforderte die Wirtschaftskraft des Landes: Italien geriet mehr und mehr in Abhängigkeit vom Deutschen Reich. Mit gespannter Erwartung beobachtete Hitler zudem die Reaktion derjenigen Macht, die für den Bestand der internationalen Ordnung ausschlaggebend war: England! Würde sich Großbritannien, so gebot seine manichäische Sicht der Welt die sich schürzenden Dinge zu beurteilen, gegen ihn und damit für Stalin entscheiden?

Was den sowjetischen Diktator betraf, griff dieser, in mancher Hinsicht aus ähnlichen Gründen wie Hitler, freilich nur auf indirekte Art, in den Spanischen Bürgerkrieg ein. Er wollte die Haltung der Westmächte gleichfalls testen und gedachte, aus einem sich an der europäischen Peripherie einfressenden Krieg innen- und außenpolitischen Gewinn zu ziehen. Würde England Hitler und Mussolini, aber auch Stalin gewähren lassen, dann schien sich für das »Dritte Reich« über den spanischen Fall hinaus die allgemeine Chance zu bieten, auf dem Kontinent bei britischer Neutralität, also ohne England oder an ihm vorbei, seine festliegenden Ziele verfolgen zu können. Vielleicht würde es bei dem von Hitler jetzt mit militärischen Mitteln in Spanien geführten Kampf gegen den Bolschewismus sogar gelingen, Großbritannien für die Allianz mit dem Deutschen Reich gegen die Sowjetunion zu vereinnahmen.

Der Verlauf des Sommers 1936 war für Hitler zu einem gut Teil damit ausgefüllt, noch eindringlicher als bisher schon um das spröde England zu werben. Aus einem Treffen zwischen dem »Führer« und Premierminister Baldwin, möglicherweise auf einem Schiff in der Nordsee, um dessen Zustandekommen sich der von Hitler als Englandexperte eingeschätzte von Ribbentrop bemüht hatte, war nichts geworden. Was der Diktator vom Inselreich wollte, teilte er freilich den britischen Repräsentanten mit, die sich im Sommer 1936, als Deutschland die Olympischen Spiele ausrichtete, einer nach dem anderen bei Hitler buchstäblich die Klinke in die Hand gaben. Neben den Lords Rennell und Monsell waren es vor allem Unterstaatssekretär Vansittart, der Hitler mit Mißtrauen begegnete, und der ehemalige Weltkriegspremierminister Lloyd George, der für das nationalsozialistische Deutschland unübersehbare Sympathien aufbrachte: Ihnen allen erläuterte er seinen außenpolitischen Grundplan.

Anders als in den Anfangsjahren seiner Herrschaft beschränkte er sich inzwischen nicht allein auf das Werben um Großbritannien. Ganz unübersehbar mischten sich in die Gespräche jetzt Drohungen ein, glaubte er doch dafür mit der Kolonialforderung über ein geeignetes Mittel zu verfügen. Worum es ihm ging, brachte er von Ribbentrop gegenüber, als dieser im August 1936 Berlin verließ, um als Nachfolger des plötzlich verstorbenen Leopold von Hoesch den Botschafterposten in London zu übernehmen, auf die beschwörend, beinahe flehend klingende Formel: »Ribbentrop, bringen Sie mir das englische Bündnis!«[39]

Doch der »wandernde Arier«, der in England schon bald zu einem Objekt satirischen Spotts verfiel, hatte überhaupt keinen Erfolg. Im Dienste des Auswärtigen Amtes gelang ihm die Verwirklichung des Allianzgedankens so wenig wie zuvor an der Spitze des »Büro Ribbentrop«, einer außenpolitischen Dienststelle der Partei. Anderen Repräsentanten der NSDAP und ihren Einrichtungen, die sich mit verwirrender Vielfalt gleichfalls auf außenpolitischem Gebiet tummelten, erging es nicht besser: Rosenbergs Außenpolitisches Amt und Bohles Auslandsorganisation vermochten ebensowenig zu reüssieren wie die Aktivitäten Görings, Goebbels' und der SS. England hielt sich zurück – obwohl Hitler, der die vermeintliche Stärke des antibolschewistischen Fadens im kompliziert geknüpften Geflecht britischer Außenpolitik weit überschätzte, im Sommer 1936 die Propaganda gegen den Kommunismus und die Sowjetunion »ruckartig«[40] verschärfte.

Das diente zum einen der Selbstdarstellung des Regimes als eines mächtigen Bollwerks gegen die sogenannte »rote Flut« aus dem Osten; das diente zum anderen dazu – wie aus einer streng vertraulichen Weisung des Reichspropagandaministeriums für die Presse vom 21. August 1936 hervorging –, vor der deutschen Öffentlichkeit eine schlagende Begründung für die zukünftige Politik des Reiches zu schaffen: Ein demonstrativer Schritt in diese Richtung wurde schon drei Tage später getan, als am 24. August die aktive Dienstzeit für die wehrpflichtigen Soldaten auf zwei Jahre heraufgesetzt wurde. Doch ungeachtet aller Bemühungen um die Briten zeigte sich Hitler im Herbst 1936 bitter enttäuscht über England. »Es will und will nicht«, hielt Goebbels die Klage des »Führers« fest: »Seine Führung hat keinen Instinkt.«[41]

Daher gewann die deutsche Annäherung an Italien und Japan allmählich einen anderen als den ursprünglich vorgesehenen Charakter. Selbst das Bündnis mit Rom, vom Zusammengehen mit Tokio ganz abgesehen, sollte der Allianz mit London immer nur als Ergänzung dienen, ihrer Bedeutung stets eindeutig nachgeordnet sein. Angesichts der englischen Weigerung einzulenken, begann sich eine Entwicklung abzuzeichnen, die den sich zumindest äußerlich festigenden Beziehungen zu Italien und Japan Aushilfs-, ja Ersatzcharakter verlieh. Denn der italienische Partner gewährte Hitler ohne Zögern jene »freie Hand« im Osten, die Großbritannien zu konzedieren nicht bereit war, jetzt nicht und in Zukunft auch nicht. Dagegen erhob der neu ins Amt gekommene

Außenminister Ciano, der Hitler am 24. Oktober 1936 auf dem Berghof besuchte, keinerlei Einwände gegen das deutsche Vorhaben einer östlichen Expansion, zumal den Italienern im Verlauf der Unterredung vom »Führer« der Mittelmeerraum, der Balkan und der Nahe Osten als Ausdehnungs- und Einflußgebiet überlassen wurden.

In dieser Perspektive erhielt die kurz darauf, am 1. November 1936, von Mussolini mit stolzem Pathos in Mailand verkündete »Achse« zwischen Berlin und Rom, »um die herum alle jene europäischen Staaten sich bewegen können, die vom Willen zur Zusammenarbeit und zum Frieden beseelt sind«[42], eine unverhältnismäßig herausgehobene Bedeutung. Solange er noch ohne Beeinträchtigung vom Zustandekommen des englischen Bündnisses ausging, hatte Hitler der Partnerschaft mit Italien diese Erheblichkeit nicht beigelegt. Ähnliches läßt sich in bezug auf den wenig später, am 25. November 1936, zwischen dem Reich und Japan abgeschlossenen »Antikominternpakt« feststellen. Am Auswärtigen Amt vorbei, ja gegen die Wilhelmstraße, die im ostasiatischen Konflikt die chinesische Seite unterstützte, wurde dieses Abkommen auf Initiative von Ribbentrops durchgesetzt. In den mit Italien und Japan geschlossenen Verträgen bündelten sich nicht zuletzt die ungelösten Probleme der deutschen England- und Rußlandpolitik.

Der »Antikominternpakt« sah eine gemeinsame Propagandatätigkeit der Unterzeichnerstaaten gegen die Kommunistische Internationale vor. In seinem geheimen Teil wurde den Partnern untersagt, Verträge mit der Sowjetunion abzuschließen, die im Widerspruch zum Geist dieses Abkommens standen. Für Hitler fügte sich das mit Japan Vereinbarte in das Muster seiner gegen die UdSSR gerichteten Außenpolitik ein. Durch seine ostasiatischen Ambitionen lag das Kaiserreich im akuten Konflikt mit Rußland. Es steuerte, wie Hitler aus seiner Sicht der Dinge hoffnungsvoll mutmaßte, auf einen offenen Krieg mit der Sowjetunion zu.

Für von Ribbentrop dagegen verband sich mit dem Abschluß des »Antikominternpakts« bereits etwas anderes. Die außenpolitischen Vorstellungen des Botschafters und späteren Außenministers unterschieden sich, was jetzt immer deutlicher hervortrat, von denen Hitlers ganz wesentlich. Dies festzustellen gilt ungeachtet der Tatsache, daß es in der Außenpolitik und Kriegführung des »Führers« auch danach Phasen scheinbarer Übereinstimmung mit von Ribbentrops Gedankenbildung gegeben hat. Dessen Konzeption entbehrte vor allem des rassistischen Elements in dem zentralen Maße, das es für Hitler besaß; sie war zudem mit einer Vehemenz antibritisch orientiert, die Hitler niemals ohne Einschränkung teilte; sie spekulierte tatsächlich auf koloniale Revision, die Hitler erst einmal nur taktisch propagierte; und sie war schließlich auf einen Ausgleich mit dem stalinistischen Rußland bedacht, das Hitlers Todfeind war und blieb.

In dieser Perspektive schätzte von Ribbentrop den »Antikominternpakt« als ein Mittel ein, um zusammen mit der japanischen Seemacht ein Gegengewicht zur britischen Weltmacht zu bilden. Als Italien ein Jahr darauf dem Abkommen beitrat, zeichnete sich jenes von Ribbentrop großsprecherisch beschworene weltpolitische »Dreieck Berlin-Rom-Tokio«[43] ab, das einen neuen Faktor in den internationalen Beziehungen darstellte. In erster Linie gegen die Sowjetunion gerichtet, wurde es gleichfalls zu einem Instrument der Englandpolitik des »Dritten Reiches«, die im Entscheidungsjahr 1937 einem tiefgreifenden Wandel unterworfen war.

Entscheidungsjahr 1937

1937 herrschte in Mitteleuropa, nach dem im Vorjahr überstandenen Rheinlandcoup des deutschen Diktators, trügerische Ruhe. Hitler selbst lieferte diesem Eindruck zusätzliche Nahrung. In seiner Reichstagsrede vom 30. Januar suchte er zu versichern, die Zeit der Überraschungen sei nunmehr abgeschlossen. In diesem scheinbar ruhigen Jahr 1937 überdachte Hitler seine außenpolitischen Vorstellungen: Bekräftigt wurde sein alter Plan, Krieg zu führen, wo im einzelnen auch immer.

Sieht man vom verborgen Gebliebenen ab, gab es im übrigen, anders als die verdächtige Windstille in Europa suggerierte, wahrhaftig keine weltgeschichtliche Ereignisflaute. Im asiatischen Wetterwinkel kam es dem amerikanischen Botschafter in Tokio, Joseph C. Grew, so vor, als lebe man auf einem Vulkan, und niemand wisse, wann sein Ausbruch erfolgen werde. Was die Einschätzung der anderen Flügelmacht der Staatenwelt, der Sowjetunion, betraf, entging Josef Stalin keineswegs, daß bereits vom Sommer des Jahres an »der neue imperialistische Krieg ... von Schanghai bis Gibraltar«[44], von China bis Spanien im Gange war. Auf dem alten Kontinent, wo Hitler, mit »Erfolg, Prestige, Respekt«[45] überhäuft, längst wie »der neue europäische Schicksalsgott«[46] auftreten konnte, ließ sich mit drohendem, eine unruhige Zukunft verheißendem Grollen vernehmen, was der »Führer« am 24. Februar zur Jahresfeier der Parteigründung in München ebenso selbstzufrieden wie herausfordernd feststellte: »Wir sind heute wieder eine Weltmacht geworden!«[47]

Daß sich mit dem Beginn des Jahres 1937 eine grundlegende Wende der deutschen Außenpolitik ankündigte, war nicht zuletzt einem der führenden konservativen Repräsentanten des Auswärtigen Amtes klar. Der Leiter der politischen Abteilung in der Wilhelmstraße, Ernst von Weizsäcker, legte in einer Aufzeichnung seine Gedanken über die nun anbrechende »neue Ära«[48] nieder. Sie würde vornehmlich dadurch gekennzeichnet sein, »daß die äußeren Ziele des Reichs nach Ablauf der vier ersten Jahre seit der Machtergreifung jenseits unserer Grenzen liegen, während sie bisher innerhalb unserer Grenzen lagen und daher andere Methoden angezeigt waren«[49]. Der Ministerialdirektor, dem es unter anderem darum ging, seinem Amt wieder mehr Einfluß auf die außenpolitischen Entscheidungen zu sichern und den »Schäden« zu wehren, »welche das außenpolitische Amateurtum verschiedenster Stellen erzeugt hat«[50], steckte seine Ziele nicht eben bescheiden ab, sondern wollte im Gegenteil »für Deutschland hoch hinaus«[51].

Ein »föderatives Großdeutschland« schwebte Weizsäcker als Leitbild vor, »das Ostpreußen ... mit Deutschland wieder direkt verbände, Österreich u. das Sudetendeutschtum nahe an uns anschlösse u. gewisse Grenzkorrekturen in Oberschlesien, vielleicht auch bei Tondern, bei Eupen u.s.w. aufwiese«[52]. Die ehrgeizigen Pläne zu verwirklichen, schien ihm auf zweierlei Weise möglich zu sein: Zum einen dann, wenn es dem Reich gelingen sollte, im Windschatten grundstürzender Erschütterungen in Europa »um so überraschender [zu] handeln«, als es bis dahin ein »friedliches Gesicht« aufgesetzt hatte. Zum anderen konnten, wenn die Zeitläufte ruhig blieben, diese Vorhaben mit Geduld und Augenmaß verfolgt werden, und zwar von einer »ganz anderen Position« aus, als das bislang der Fall gewesen war, nämlich von einer »der Stärke, der Stabilität, der Verläßlichkeit und der Würde«[53].

Was im umrißartig Anvisierten bis zu einem gewissen Grade, nicht mehr und nicht weniger, an Hitlers Gedankenbildung erinnern mochte, hebt sich bei nüchterner Prüfung davon grundlegend ab! Das gilt sowohl für die unterschiedliche Zielsetzung zwischen dem »föderativen Großdeutschland« von Weizsäckers auf der einen und Hitlers »Germanischem Reich Deutscher Nation«[54] auf der anderen Seite, das der Diktator im Verlauf dieses Jahres bei verschiedenen Gelegenheiten beschwor: Revisionistische Großmachtpolitik und expansionistische Rassenpolitik waren nur für eine begrenzte Zeit miteinander verträglich und fielen bald schon unvereinbar, ja gegensätzlich auseinander.

Diese differenzierende Feststellung gilt noch stärker für die Methoden, die der konservative Diplomat und der revolutionäre Ideologe wählten. Der eine trat für eine abwartende Politik des dosierten Handelns ein und hielt die Schwelle für den prinzipiell nicht ausgeschlossenen Kriegsfall hoch. Der andere entschied sich, eben in diesem Jahre 1937, dafür, aufs Ganze zu gehen und den Krieg nachgerade zu suchen. In innen- wie außenpolitischer Hinsicht war von Weizsäcker darum bemüht, das Regime »auf den Weg der Evolution«[55] zu führen; ansonsten schienen ihm innere und äußere Radikalisierung, Revolution und Krieg unvermeidlich zu drohen. In diesen ablehnenswerten Methoden und verwerflichen Zielen aber zog sich das Lebensgesetz des Diktators gleichsam zusammen. Alles andere als vorwärts stürmende Dynamik bedeutete für ihn unerträglichen Stillstand, der seine auf das Bajonett und den Rausch gegründete Herrschaft als illegitim und brüchig ausweisen mußte.

Das Deutsche Reich befand sich am Scheideweg seiner äußeren Politik: Auf der einen Seite winkte das, was vor dem Hintergrund der europäischen Geschichte, wenn auch beileibe nicht problemlos, noch irgendwie möglich erscheinen mochte. Anders als im bisherigen Verlauf seiner Entwicklung seit dem Jahre 1871 konnte das Reich jetzt unter Umständen darauf hoffen, daß Europa und insbesondere Großbritannien selbst ehrgeizige Ziele, wenn sie nur auf friedlichem Wege angestrebt wurden, zu akzeptieren bereit waren. »Anders als Großbritannien, Frankreich oder seit 1914 selbst Italien ist Deutschland als politische Größe noch immer unvollständig«[56], kennzeichnete der britische Botschafter in Berlin, Sir Nevile Henderson, unter dem Datum des 20. Juli 1937 das spezifische Grundproblem des unvollendeten Nationalstaates der Deutschen. Daß diese den angestammten Makel endlich zu beheben entschlossen waren, kam dem englischen Diplomaten, der wegen seiner unübersehbaren Sympathien für das »Dritte Reich« in seinem Land umstritten war, durchaus verständlich vor. Sollte dieser nationalpolitische Versuch des Reiches, im mitteleuropäischen Zusammenhang ausdehnende Konsolidierung zu finden, dennoch scheitern, blieb, mit einiger Wahrscheinlichkeit jedenfalls, die Chance auf europäische Vereinbarungen und nationalstaatliches Überleben gewahrt, keineswegs sicher zwar, aber nicht von vornherein kategorisch ausgeschlossen.

Auf der anderen Seite drohte das, was so revolutionär wirkte, daß es für Europa und sogar für das friedlichem Wandel großzügig aufgeschlossene England, vor allem aber für die Sowjetunion und bald für die Vereinigten Staaten von Amerika einfach unannehmbar war. Ein Versagen dieses verantwortungslosen Risikospiels konnte nur im Untergang des Deutschen Reiches enden.

Die allgemeine Urteilsbildung über den Charakter und die Absicht des »Dritten Reiches« wurde dadurch ungemein erschwert, daß es damals so aussah, als bleibe zwischen der moderaten und der extremen Position noch eine echte Wahl zu treffen möglich. Indes: Tatsächlich hatte Hitler längst das Kommando übernommen. Nur im Falle einer tiefen Krise, welche die Fundamente des Reiches und seiner Herrschaft erschütterte, hätte er mit Gewalt daran gehindert werden können, seinen Kriegskurs weiterzuverfolgen. Immerhin waren alternative Stimmen, die ihre abweichende Meinung im Sinne der Vorstellungen von Weizsäckers kundtaten, noch nicht verstummt.

Hjalmar Schacht im Wirtschaftspolitischen und Konstantin Freiherr von Neurath im Außenpolitischen gerieten immer mehr in Gegensatz zu Hitlers Rüstungs- und Kriegskurs. Die Kolonialpropaganda, die ohne Unterlaß überseeische Territorialforderungen erhob und damit *de facto* nur von den europäischen Ambitionen des Diktators ablenkte, schien massiv vorgetragene Andeutungen auf andere Möglichkeiten deutscher Außenpolitik zu liefern. Was das Auswärtige Amt, das Wirtschaftsministerium und die Seekriegsleitung in diesem Zusammenhang verlangten: deutsche Groß- und Vormachtstellung in Mitteleuropa; kontinentaler Wirtschaftsraum unter der bestimmenden Ägide des Reiches; Kolonialbesitz in Übersee – all das benannte Ziele, die tatsächlich verfolgt wurden, zumal enge Paladine Hitlers wie von Ribbentrop und Göring sie sich unübersehbar zu eigen machten. Waren sie echte Alternativen, die Hitlers kriegerischen Expansionismus zu verdrängen vermochten, oder waren sie nichts als vorübergehende Stationen auf dem unaufhaltsamen Gewaltmarsch, der das Traditionelle, mißbraucht und verachtet, am Rande liegen ließ? Entscheidend wurde schließlich zweierlei: zum einen das, was Hitler wollte, und zum anderen, daß seine offenen oder versteckten Kritiker, die bewußt oder unbewußt mit konkurrierenden Entwürfen hervortraten, nachgaben oder entmachtet wurden.

Die fortgesetzten Bemühungen um Großbritannien hatten keinen Erfolg. Das galt vor allem für die höchst undiplomatische Diplomatie, die von Ribbentrop als Botschafter des Deutschen Reiches in London mit abstoßender Arroganz verfolgte. Das traf aber auch für die Gespräche zu, die Hitler mit so unterschiedlichen Repräsentanten wie dem konservativen Empirepolitiker Lord Lothian aus dem sogenannten »Kindergarten« Alfred Milners oder mit dem Herzog von Windsor, dem abgedankten König Eduard VIII. von England, führte. Vorläufig blieb nichts anderes übrig, als die Beziehungen zu Japan und Italien zu verstärken.

Weit über den europäischen Schauplatz hinaus regten sich die weltpolitischen Potenzen, begannen ihre Positionen zu bestimmen und Stellung zu beziehen. Vor allem die »Quarantänerede« des amerikanischen Präsidenten warnte die Aggressoren am 5. Oktober 1937. Noch mitten im Isolationismus gab Roosevelt überraschend seine interventionistischen Neigungen zu erkennen. Knapp vier Wochen danach entschied Hitler am 18. Oktober 1937, was vor allem vom Frühjahr 1938 an die offizielle Ostasienpolitik des Reiches bestimmte: Im japanisch-chinesischen Konflikt gab Deutschland seine vermittelnden Bemühungen auf; die China begünstigende Neutralität wich einer für Japan eintretenden Unterstützung.

Als sodann Italien, ohne über die geheimen Abmachungen zwischen den beiden anderen Vertragspartnern informiert zu werden, am 6. November dem deutsch-japanischen »Antikominternpakt« als »ursprünglicher Unterzeichner«[57] beitrat, wie es mit Rücksicht auf den anfangs nicht beteiligten »Achsen«-Alliierten hieß, stand ein zumindest nach außen hin furchterregender Machtblock der übrigen Welt gegenüber. Inwieweit er »eine Gemeinsamkeit ... des Handelns«[58] zu finden vermochte, die bei dem triumphalen Besuch des »Duce« in Deutschland Ende September 1937 markig beschworen worden war, blieb abzuwarten.

Immerhin: In dieser neuen Formation der Mächte verkörperte sich, von dem abgesehen, was dem Abkommen den Namen verlieh, nach dem Urteil des amerikanischen Botschafters in Tokio der Wille der Paktpartner, ihre »gemeinsame Politik« nicht zuletzt gegen die »sogenannten demokratischen Mächte« zu richten: Diese Allianz der »Vertragsbrüchigen«, warnte der Diplomat abwägend, habe sich vorübergehend zusammengeschlossen, um territoriale Veränderungen zu erzwingen.[59] Im neuen Dreieck der Weltpolitik fand eine Tendenz der Zwischenkriegszeit ihre abschreckende Gestalt, die sich lange abgezeichnet hatte: Die »Habenichtse« suchten, erst einer nach dem anderen und jetzt offenbar gemeinsam, Auswege aus ihrer objektiv bestehenden oder subjektiv empfundenen Misere, indem sie allen anderen mit dem Schwert drohten.

Die bis zum Erdrückenden vorbildliche Überlegenheit der westlichen Wertewelt war es nicht zuletzt, welche die »Have Nots« gerade nicht zur gemäßigten Anpassung an das unbestreitbar Vernünftige bewegte. Seine dominierende Existenz rief sie vielmehr zur kurzsichtigen Revolte gegen den westlichen Kapitalismus auf. Der Verlauf des Gesamten hing davon ab, wie die Herausgeforderten, allen voran die Briten und Franzosen, darauf reagierten. Würden sie sich tatenscheu weigern, die Wirklichkeit so zu sehen, wie sie sich immer herausfordernder darstellte? Würden die sich häufenden Rechtsverletzungen und Kriegshandlungen der Diktaturen auch zukünftig nur mit vordergründiger Aufregung quittiert werden? Würde sich danach, ein ums andere Mal rascher, jenes tiefsitzende Gefühl des »lâche soulagement«, der feigen Erleichterung, noch einmal davongekommen zu sein, einstellen, von dem Léon Blum, bis zum Frühjahr 1938 französischer Ministerpräsident an der Spitze eines Volksfrontkabinetts, auf dem Höhepunkt der Appeasementpolitik im Umkreis von München mit Verachtung sprach?

Mit diesen in die Zukunft zielenden Fragen sind wir dem Gang der Dinge weit vorausgeeilt. Zunächst gilt es festzuhalten, daß dem zwischen Deutschland, Italien und Japan abgeschlossenen »Antikominternpakt« weit über seine antisowjetische Stoßrichtung hinaus eine antibritische Orientierung beigegeben war. Dabei sah Hitler in dem, was von Ribbentrop im Zuge seiner gegen England gerichteten Außenpolitik tatsächlich erreichen wollte, eher ein zusätzliches Mittel, um Großbritannien in seinem Sinne zur Räson zu bringen. Denn das globale Militärbündnis, zu dem der Vertrag ausgebaut werden sollte, würde den Briten ihre Isolierung bedrohlich vor Augen führen – würde sie entweder zum Einlenken bringen oder würde ohne ihre Mitwirkung, wenn es gar nicht anders ging, sogar gegen sie, Außenpolitik zu treiben und Krieg zu führen ermöglichen.

Nicht zuletzt dies war ein Teil der Botschaft, die Hitler am 5. November 1937 in der Reichskanzlei dem Außen- und dem Kriegsminister sowie den Oberbefehlshabern des Heeres, der Marine und der Luftwaffe, von Neurath, von Blomberg, von Fritsch, Raeder und Göring mitteilte. Der Inhalt jener Rede, der uns durch eine wenige Tage danach angefertigte Niederschrift seines Wehrmachtadjutanten Oberst Hoßbach bekanntgeworden ist, bestimmte gerade die Englandpolitik des Reiches neu. Dieser Kurswechsel vollzog sich, nachdem Neville Chamberlain, seit einem halben Jahr im Amt des Premierministers, seine Deutschland weit entgegenkommende Appeasementpolitik konzipiert hatte, die er von nun an mit unglaublicher Zähigkeit verfolgen sollte. Indes: Die in ihr aufgehobenen Konzessionen genügten Hitler keineswegs! Denn sie zielten auf nicht mehr und nicht weniger als auf einen verträglichen Wandel der Dinge und auf die grundlegende Erhaltung des Bestehenden. Der Diktator aber ließ jetzt so offen wie kaum zuvor während seiner Regierungszeit im Sinne des in »Mein Kampf« programmatisch Entworfenen erkennen, daß er eine grundlegende Revolution der Weltordnung und den Krieg wollte.

Was hatte Hitler den Teilnehmern der Geheimkonferenz zu eröffnen? Was er in seiner mehrstündigen Rede »als seine testamentarische Hinterlassenschaft für den Fall seines Ablebens anzusehen« bat, stellte »seine grundlegenden Gedanken über die Entwicklungsmöglichkeiten und -notwendigkeiten unserer außenpolitischen Lage«[60] dar. Im Einklang mit dem, woran er seit den zwanziger Jahren festhielt, betonte Hitler, daß Deutschlands Zukunft »ausschließlich durch die Lösung der Raumnot« zu gewährleisten sei.[61] Dem könne nicht »die Ausbeutung von Kolonien«[62] abhelfen; dazu erschien ihm der »Weg der Autarkie« nicht gangbar zu sein; auch eine gesteigerte »Beteiligung an der Weltwirtschaft« sei nicht zu empfehlen. Zur Behebung des territorialen Mangels sei vielmehr die Gewinnung von Siedlungs- und Rohstoffgebieten »im unmittelbaren Anschluß an das Reich in Europa« erforderlich. Dieses zentrale Ziel, die »Raumerweiterung«, könne »nur durch Brechen von Widerstand und unter Risiko vor sich gehen«[63]. Daher habe er nunmehr den »Entschluß zur Anwendung von Gewalt unter Risiko« gefaßt, denn: »Zur Lösung der deutschen Frage könne es nur den Weg der Gewalt geben«[64].

Nach dieser grundsätzlichen Entscheidung habe es allein um das ›»Wann‹ und ›Wie‹« zu gehen. Weil sich die für das Reich noch günstigen Verhältnisse, insbesondere was seinen Rüstungsvorsprung angehe, in sechs bis acht Jahren umkehren würden, »sei es sein unabänderlicher Entschluß, spätestens 1943/45 die deutsche Raumfrage zu lösen«[65]. Gerate Frankreich jedoch zuvor in eine innenpolitische Krise, die seine Armee am Einsatz hindern würde, oder seien die beiden Westmächte, Briten wie Franzosen, durch einen Krieg im Mittelmeer abgelenkt, dann biete es sich schon für das Jahr 1938 an, aktiv zu werden.

In diesem Falle gehe es darum, Österreich niederzuwerfen, was ihm offensichtlich unproblematisch erschien. »Zur Verbesserung unserer militärpolitischen Lage«[66] sollte vor allem die Tschechoslowakei »blitzartig schnell«[67] besiegt werden. Weil er sich fest davon überzeugt zeigte, daß England und Frankreich »die Tschechei bereits im stillen abgeschrieben«[68] hätten, glaubte er sicher damit rechnen zu können, für einen militärischen Streich freie Hand zu haben. Dieser Erfolg werde die außenpolitische und strategische Lage Deutschlands erheblich verbessern. Hitler ging nämlich davon aus, daß Polen danach kaum mehr gegen das Reich Front machen werde, während die Sowjetunion im Fernen Osten durch Japan gebunden sei.

Daß es dem Diktator nicht im Sinne des großdeutschen Nationalgedankens um eine Vollendung dieser seit dem 19. Jahrhundert lebendigen Tradition ging, zeigt schon die Tatsache, daß er über den Erwerb Österreichs und der Sudetengebiete hinaus die gesamte Tschechoslowakei zu zerschlagen trachtete. Kurzum: Die mitteleuropäische Ausdehnung sollte nur die strategische Voraussetzung für seinen »Lebensraum«-Krieg im Osten schaffen; sollte zumal dann, wenn »eine zwangsweise Emigration«, über die er spekulierte, »aus der Tschechei von zwei, aus Österreich von einer Million Menschen zur Durchführung gelange«[69], die Ernährungsbasis des Reiches verbessern; sollte ihm vor allem neue Soldaten bescheren: »Auf 1 Million Einwohner eine neue Division«[70] auszuheben, würde ihm 12 neue Divisionen aufzustellen ermöglichen.

Die Bedenken, die im Anschluß an Hitlers Ausführungen, insbesondere durch den Minister von Blomberg und den General von Fritsch erhoben wurden, ließ Hitler nicht gelten. Die Vorhaltungen der Fachleute rechneten für den Fall eines deutschen Angriffs auf die Tschechoslowakei mit der militärischen Intervention der Westmächte. Sie verwiesen ferner auf die Stärke der tschechischen Befestigungsanlagen, die einen schnellen Krieg zu führen nicht erlaubten. Sie sahen nicht zuletzt die Schwäche des deutschen Westwalls, der den Franzosen einen militärischen Vorstoß ins Reich gestatten würde. Doch Hitler blieb dabei, daß England nicht in den Krieg eintreten und das von Großbritannien abhängige Frankreich dann gleichfalls beiseite stehen werde.

Bemerkenswert im Hinblick auf seine »testamentarischen« Einlassungen vom November 1937 erscheint der sich abzeichnende Kurswechsel seiner Englandpolitik: In dem Maße, in dem er auf Großbritanniens Neutralität oder sein Abseitsstehen fest rechnete, ging er nicht mehr unverrückbar vom Bündnisplan mit England als der elementaren Voraussetzung für den Ostkrieg aus. Die Westmächte wurden jetzt als »Haßgegner«[71] eingeschätzt. Nach wie vor hielt er zwar, im Grunde bis an sein Ende, an der Hoffnung auf das britische Einlenken fest; unter dem Eindruck der zurückliegenden Erfahrungen zog er jedoch auch eine mögliche Gegnerschaft Englands ins Kalkül; vor allem aber gab er sich davon überzeugt, daß Großbritannien, weil es vermeintlich schwach und Deutschland bedrohlich stark war, nicht zu marschieren wagen werde.

In der Hoßbach-Niederschrift wird jene Zeitangst Hitlers unübersehbar, die ihn mit sich beschleunigender Rastlosigkeit vorantrieb und die zu einem geschichtsmächtigen Faktor *sui generis* wurde. Ihre Existenz hatte subjektive und objektive Gründe. Die objektiven lagen darin, daß die maßlos überzogenen Rüstungsanstrengungen des Reiches nur noch eine begrenzte Zeit aufrechtzuerhalten waren. Rasch würde der hastig angeeignete Vorsprung daraufhin schwinden, würde sich die Lage demgemäß zuungunsten Deutschlands verändern.

Die subjektiven Motive bestanden darin, daß der Diktator angesichts des Alters der Parteispitze den Krieg nicht lange aufschieben zu können glaubte. Aufgrund der eigenen Lebenserwartung, die er nicht hoch veranschlagte, schränkte er selbst im Hinblick auf den Termin der Jahre 1943/45, den er für den Eroberungszug nach Osten anvisiert hatte, umgehend ein, »falls er dann noch am Leben sein«[72] werde. Kurz zuvor, im Oktober, hatte er in einer geheimen Ansprache vor Propagandaleitern der Partei ausgeführt, »er, Hitler, habe nach menschlichem Ermessen nicht mehr sehr lange zu leben. In seiner Familie würden die Menschen nicht alt ... Es sei daher notwendig, die Probleme, die gelöst werden müßten (Lebensraum!), möglichst bald zu lösen, damit dies noch zu seinen Lebzeiten geschehe. Spätere Generationen würden dies nicht mehr können. Nur seine Person sei dazu noch in der Lage.«[73]

In der Tat geriet Hitler in eine akute Zeitnot, die sich zur Zwangslage auswuchs und seinen Handlungsspielraum einschränkte. Die in vielerlei Hinsicht einmalige Gunst der internationalen Lage, die Deutschland in den dreißiger Jahren größeren Manövrierraum eröffnete, als ihm jemals zuvor seit 1871 zur Verfügung gestanden hatte, wurde durch die eigenen Handlungen des Diktators, gleichsam mit gezielter Unabsichtlichkeit, in jene Ungunst der Konstellation verwandelt, die den sodann beklagten Zeitmangel verursachte und den Atemlosen zu beinahe pausenloser Aktion antrieb. Hitler vermochte nicht abzuwarten, bis ihm der Lauf der Dinge, der ihn lange Zeit begünstigte, Erfolge bescherte, die absehbar waren. Seine maßlosen Ansprüche überschritten alles, was selbst unter den vorteilhaften Umständen der dreißiger Jahre zu erreichen war. Daher leitete er eine politische, militärische und wirtschaftliche Entwicklung ein, die ihn in den Stand setzen sollte, kriegerisch zu erobern, was ihm auf diplomatischem Wege zu erlangen als zu umständlich und langwierig vorkam. Mehr noch: Instinktiv ahnte er, daß seine unersättliche Raumgier friedliche Vereinbarungen kaum zuließ.

Daher geriet er, unbewußt und bewußt zugleich, in einen Engpaß nach dem anderen. Ihnen konnte er, weil er seine Ziele aufzugeben nicht bereit war, weil Politik für ihn letztlich im Krieg aufging und weil er von Zeitangst befallen war, nur durch zunehmend waghalsiger angelegte Rochaden entkommen. Es war in erster Linie nicht die traditionelle Beengtheit der deutschen Lage, die zur Flucht nach vorn veranlaßte. Im Gegenteil, dieser ererbte Zwang hatte sich im Vergleich mit früheren Perioden der deutschen Geschichte sogar erheblich gelockert. Verantwortlich für die Verschlechterung der Konstellation, die sich immer lastender bemerkbar machte, war vielmehr die von Lessing dem »Schwärmer« zugeschriebene Charaktereigenschaft, der die »Zukunft ... nicht erwarten« kann: »Er wünscht diese Zukunft beschleunigt – und wünscht, daß sie durch ihn beschleunigt werde. Wozu sich die Natur Jahrtausende Zeit nimmt, soll in dem Augenblicke seines Daseins reifen.«[74]

Daß sich das vorteilhaft Mögliche letztlich ins genaue Gegenteil des erschreckend Tatsächlichen verkehrte, hatte ursächlich mit dem »Fall Hitler« zu tun: Die maßlosen Ziele seiner historischen Vision waren für die Geschichte der Menschheit – für die liberale Weltzivilisation der Angelsachsen ebenso wie für den kommunistischen Revolutionsplan der Sowjets – einfach unannehmbar. Diese Entwicklung, die sich rückblickend bereits im Entscheidungsjahr 1937 erkennen läßt, sollte sich allerdings erst schicksalhaft schürzen, als Hitlers Allfeindschaft bewirkt hatte, daß sich das Deutsche Reich rundum, mit Konservativen und Revolutionären, mit Briten, Sowjets und Amerikanern zugleich, im Krieg befand.

Diese schicksalhafte Wende zum für alle Beteiligten Bösen zu verhindern, war die vordringlichste Aufgabe, die sich der neue Premierminister Großbritanniens, Neville Chamberlain, gestellt hatte. Den Frieden zu erhalten, beschrieb sein zutiefst verständliches, durch und durch vernünftiges Ziel. Selbst Winston Churchill, der entschiedenste Kritiker der *appeasers*, räumte im März 1937 gesprächsweise ein, daß Krieg für England in jedem Fall nur Verlust, nicht aber Gewinn mit sich bringen könne: »Selbst wenn wir ihn gewännen, würde das so viel kosten, daß der Sieg wie eine Niederlage aussehen würde.«[75]

Daher entsandte der englische Regierungschef im November 1937 einen Emissär zu Hitler. Als Herold der neu entworfenen Appeasementpolitik sollte er Großbritanniens Verständigungsbereitschaft signalisieren; die Briten wollten einen Grundstein für künftige Verhandlungen mit den Deutschen legen. Eben daran war Hitler, vierzehn Tage, nachdem er sein Programm einer gewaltsamen Lösung der deutschen »Raumnot« in »testamentarischer« Form verkündet hatte, nicht mehr gelegen! Ihn interessierte allein, möglichst bald eine definitive Antwort auf die vermeintlich offene Frage zu erhalten, ob doch noch eine Chance existiere, mit England ein Bündnis abzuschließen.

Obwohl der entschieden konservative Lord Halifax das »Dritte Reich« als »Bollwerk des Westens gegen den Bolschewismus«[76] pries, besaß der Allianzgedanke nicht die Spur einer Aussicht auf Verwirklichung. Über diese Hitler enttäuschende Tatsache vermochte beileibe nicht hinwegzutrösten, daß Chamberlains Sendbote mit vorsichtiger Zurückhaltung britisches Entgegenkommen in der strittigen Kolonialfrage demonstrierte. Gespräche darüber wollten die Briten zum Ausgangspunkt für Weitergehendes machen, wollten zu einem deutsch-englischen Ausgleich und zu einer neuen Friedensordnung gelangen. Allein, das koloniale Problem war für Hitler, obwohl drohend hochgespielt, auf absehbare Zeit im Grunde belanglos. Überseeische Territorien zu erwerben, interessierte ihn so lange nicht, wie er seine kontinentalen Ziele noch nicht erreicht hatte. Zu verhandeln hatte er sich gerade erst abzulehnen entschieden. Krieg zu führen, nicht Frieden zu halten, beschrieb Ziel und Methode seines Vorgehens.

Der schon bald, Anfang 1938, als Nachfolger Edens zum Außenminister ernannte Halifax bezeichnete »Änderungen in europäischer Ordnung«, die »wahrscheinlich früher oder später eintreten würden«[77], als unabänderlich und verwies in diesem Zusammenhang auf Danzig, Österreich und die Tschechoslowakei. Die entgegenkommende Einlassung bestätigte den Diktator nur in seiner nach außen hin bekräftigten Annahme, daß Großbritannien sich für diese Objekte nicht schlagen werde. Mit Befremden hörte er allerdings von der englischen Bedingung, es sei unerläßlich, »daß solche Änderungen im Wege friedlicher Entwicklung zustande kämen«[78].

Die Briten, so erschien es Hitler, verstanden einfach nicht, was er wollte: Die daraus zwischen England und Deutschland erwachsenden Mißverständnisse bestimmten das europäische Geschehen in den kommenden Jahren der großen Turbulenzen. Hitler war von dem, was Lord Halifax ihm unterbreitete, schlicht enttäuscht. Was er sich vorgenommen hatte, wollte er ohne große Rücksichtnahme auf England endlich angehen; die Briten hatten sich, seiner verzerrten Wahrnehmung der internationalen Wirklichkeit gemäß, aus dem kontinentalen Geschehen gefälligst zurückzuziehen. Der »Waffenstaat«[79], den er, um das Raumproblem zu lösen, mit beschleunigter Hast schmieden ließ, wie er in seiner Geheimrede auf der Ordensburg Sonthofen am 23. November 1937 ausführte, würde England abschrecken, sich in seine kontinentalen Planungen einzumischen, die er Anfang November unmißverständlich dargelegt hatte.

In dem Augenblick, in dem Chamberlain sich dazu entschlossen hatte, auf dem Verhandlungswege den europäischen Frieden zu sichern, hatte Hitler sich dafür entschieden, mit kriegerischem Einsatz das Bestehende in die Schranken zu fordern. Da in diesem Falle nicht, wie in der antiken Tragödie, Recht und Recht in unlösbaren Konflikt miteinander gerieten, läßt sich kaum von einer Tragik der Konstellation sprechen, wohl aber von einem unaufhebbaren Mißverständnis zwischen beiden Seiten, das nur durch das scheiternde Zurückweichen eines Kontrahenten zu beheben war: entweder durch Hitlers einlenkende Kapitulation, die Chance des Friedens zu akzeptieren, oder durch Chamberlains resignierenden Entschluß, sich auf die Herausforderung des Krieges einzulassen.

Hitlers riskant zugrundegelegte Annahme, England werde nicht kämpfen, solange er seine mitteleuropäischen Ziele verfolge, danach aber werde die Position deutscher Stärke auf den Kampfwillen der Briten nur noch abschreckender als zuvor wirken, erhielt für den Fall, daß sie sich als falsch erwies, eine zusätzlich drohende Brisanz. Für das Deutsche Reich wurde sie geradezu lebensgefährlich, weil von nun an mit dem bis dahin eher vernachlässigten »Faktor Amerika«[80] zu rechnen war!

Gewiß, Chamberlain selbst lag daran, Amerikaner und Sowjets so lange wie eben möglich von den europäischen Angelegenheiten fernzuhalten, weil er von ihrer Mitwirkung für sein Land nichts Gutes erwartete. Wie er die revolutionäre Macht des kommunistischen Rußland fürchtete, war ihm die hemdsärmelige Wirtschaftskraft der Amerikaner nicht eben geheuer. Mit ihrer aggressiven Forderung nach dem unbegrenzten Freihandel standen die »Yankees« weltweit auf dem Sprung, das britische Empire zu beerben.

Ungeachtet der Tatsache, daß sich die internationale Entwicklung für Hitler im kommenden Jahr noch einmal in einem verführerisch strahlenden Licht erhellte, war die verdunkelnde Tendenz einer amerikanischen Intervention doch bereits für den Fall absehbar, daß Großbritannien sich in einen Krieg gegen Deutschland einzutreten gezwungen sah. Gelangten damals aus Washington teilweise auch andere Signale nach Berlin, die das Bedrohliche gefährlich abwiegelten, um das Erwünschte beflissen zu berichten, lautete die Warnung des deutschen Botschafters doch unmißverständlich! In seinem grundlegenden Bericht »Amerikanische Außenpolitik – Isolation oder Aktivität?« faßte Hans Heinrich Dieckhoff sie am 7. Dezember 1937 so zusammen: »Aller Voraussicht nach werden die Vereinigten Staaten zunächst noch eine im wesentlichen passive Außenpolitik treiben, solange nicht England bereit ist, selbst aktiv zu werden oder solange die Vereinigten Staaten nicht unerträglich provoziert werden, bzw. Werte auf dem Spiele stehen, an deren Erhaltung die Vereinigten Staaten vital interessiert sind. Sollten diese Fälle eintreten, so werden die Vereinigten Staaten trotz aller Widerstände im Lande ihre jetzige Passivität aufgeben. In einem Konflikt, in dem es um die Existenz Großbritanniens geht, werden sie ihr Schwergewicht in die englische Waagschale legen.«[81]

Hatte sich die zwei Monate zuvor vom amerikanischen Präsidenten Roosevelt in seiner »Quarantänerede« ausgegebene Warnung an die totalitären und autoritären Regimes der Welt in erster Linie gegen das japanische Kaiserreich gerichtet, das vom Sommer 1937 an zum großen Eroberungszug in China aufgebrochen war, wurde die Tatsache amerikanischen Widerstandes, der das »Dritte Reich« ins Gesicht zu blicken hatte, inzwischen unverkennbar: Die Vereinigten Staaten von Amerika gaben ihrer moralischen Ablehnung gegenüber den aggressiven Diktaturen Ausdruck und meldeten sich in der internationalen Arena zurück. Die »Weltmacht wider Willen«[82], die, noch tief dem Isolationismus verhaftet, erste Zeichen interventionistischer Bereitschaft erkennen ließ, hielt zu den drei Partnern des »Antikominternpakts« im Grunde eine ideologisch gleich weit entfernte Distanz wie zu den Sowjets.

Erkennbar wurde schon am Jahresende 1937, daß sie potentiell bereitstanden, um England, das sich noch mit beharrlicher Selbstsucht gegen die nicht risikolose Unterstützung sträubte, als Helfer, allerdings gleichzeitig als Nachfolger an die Seite zu treten. Von dem ungestümen Lebens- und Bewegungsgesetz friedlicher, aber grenzenloser Ausdehnung ihrer überlegenen Zivilisation mit geradezu nötigender Gewalt vorangetragen, forderten sie kompromißlos die Unteilbarkeit der Freiheit, des Friedens und des Handels für den gesamten Erdkreis. Nicht zuletzt für alle diejenigen, die den alten Kontinent jetzt in Richtung Amerika verlassen mußten, um ihr Leben vor den Schergen der Diktatur, später auch vor den Schrecken des Krieges in Sicherheit zu bringen, verkörperten sie in einem umfassenden Sinne die Neue Welt. Ihre von außen nicht zu gefährdende Existenz versprach über die Fähigkeit zur Verteidigung der eigenen Grenzen hinaus, um sich dem noch unerprobt Zukünftigen mit einer klassischen Wendung zu nähern, »dem menschlichen Geiste einen neuen Ausdruck«[83] zu verschaffen. Die amerikanische Missionsidee des *pursuit of happiness*, die dem überkommenen Erbe der liberalen Weltzivilisation des europäischen Westens aufs neue schwungvolle Anziehungskraft verlieh, bewies der nationalsozialistischen Weltanschauung vom Rassendogma gegenüber offenkundige Überlegenheit und trat mit der kommunistischen Ideologie des Klassenkampfes in universale Konkurrenz.

Hitlers verhängnisvolle Wendung gegen Großbritannien, die den schlummernden amerikanischen Riesen auf den Plan rufen sollte, leitete eine vorläufig verdeckte Entwicklung ein, die sich vom Jahresende 1937 an rapide beschleunigte. An ihrem Ende würde das »Dritte Reich«, selbst in seiner großdeutsch gedehnten Gestalt, zwischen dem Block der Angelsachsen und der Sowjets wie ein mit gefährlicher Künstlichkeit zu unnatürlicher Stärke gelangter Zwerg dastehen, eingepfercht, hochgerüstet und angriffslustig. Vor allem Joachim von Ribbentrop, dessen Mission als deutscher Botschafter in Großbritannien inzwischen vollständig gescheitert war, spielte im Zusammenhang mit dem schicksalhaften Einschwenken in die antibritische Richtung eine fatale Rolle.

Nach wie vor auf das englische Bündnis erpicht, nahm Hitler für den immer wahrscheinlicher werdenden Fall, daß es nicht zustande kam, Englands Gegnerschaft in den Blick. Er suchte diese freilich nicht, sondern hoffte, als er zu seiner kontinentalen Parforcejagd ansetzte, im Grunde genommen auf das neutrale Desinteresse der Briten. Von Ribbentrop dagegen, dessen professionelle Unzulänglichkeit in London über den politischen Skandal hinaus zum gesellschaftlich verspotteten Ereignis geworden war, bezog entschlossen antienglische Position. In einem ausführlichen Bericht faßte der künftige Außenminister am Jahresende 1937 das Fazit seiner Botschafterzeit zusammen. In einer diesen Bericht resümierenden »Notiz für den Führer« heißt es unter dem Datum des 2. Januar 1938: »Eine Änderung des status quo im Osten im deutschen Sinne ist nur gewaltsam durchzuführen.«[84] Für diesen Fall müsse mit einer britischen Intervention gerechnet werden. Daher ergebe sich die Notwendigkeit, Großbritannien durch eine weltweite »Bündniskonstellation«[85] zu umstellen.

Obwohl die Sowjetunion in diesem Zusammenhang noch nicht erwähnt ist, zeichnet sich doch bereits der Weg ab, über das weltpolitische Dreieck »Berlin-Rom-Tokio« hinaus auch die UdSSR in diesen antibritischen Block einzufügen. Anders als Hitler, dessen ambivalente Englandpolitik sich davon abhob, faßte von Ribbentrop die kriegerische Auseinandersetzung mit Großbritannien ins Visier, falls es im Zuge einer globalen »Kontinentalsperre« nicht gelingen sollte, England machtpolitisch auf die Knie zu zwingen. Anders als für den Diktator gewann sie für ihn sogar Priorität vor den gegenüber der Sowjetunion gehegten Kriegsplänen: »Jeder Tag«, beschwor er seinen »Führer«, »an dem in Zukunft

– ganz gleich welche taktischen Zwischenspiele der Verständigung mit uns versucht werden sollten – unsere politischen Erwägungen nicht grundsätzlich von dem Gedanken an England als unserem gefährlichsten Gegner bestimmt würden, *wäre ein Gewinn für unsere Feinde.*«[86]

Von der Realisierung seines Lieblingsgedankens eines Bündnisses mit England war Hitler am Ende des Entscheidungsjahres 1937 weiter entfernt denn je. Dennoch zeigte er sich nicht dazu bereit, von Ribbentrops Plädoyer zu folgen, die Feindschaft mit Großbritannien als neues Ziel deutscher Außenpolitik an die Stelle seiner historischen Vision zu rücken. Daher blieb ihm, am Vorabend des sogenannten »Anschlusses« des österreichischen Nachbarstaates, nur übrig, wahrscheinlich »nicht mehr *mit* England, wie es das ›Mein Kampf‹-Konzept plante, sondern einfach *ohne*, aber möglichst nicht *gegen* England ... fortan sein ›Programm‹ zu verwirklichen«[87].

Der »Anschluß«

Zwischen November 1937 und Februar 1938 kam es in der Reichsregierung und an der Spitze der Wehrmacht zu Veränderungen, die Hitlers Alleinherrschaft abermals festigten. Am 26. November wurde Hjalmar Schacht als Wirtschaftsminister entlassen und durch den willfährigen Walther Funk ersetzt.

Ende Januar und Anfang Februar 1938 hatten im Zuge der inszenierten »Blomberg-Fritsch-Krise« der Reichskriegsminister und der Oberbefehlshaber des Heeres den Dienst zu quittieren. Den Oberbefehl über die Wehrmacht riß Hitler selbst an sich und ließ das neu eingerichtete Oberkommando der Wehrmacht durch den ihm völlig ergebenen General Keitel verwalten. An die Spitze der dem OKW zugeordneten operativen Planungsstelle des Wehrmachtführungsstabes trat im August 1939 Generalmajor Jodl, der in dieser Funktion während des Krieges Hitlers erster militärischer Berater werden sollte. Der Oberbefehl über das Heer wurde dem von Hitler vergleichsweise leicht zu beeinflussenden Generalobersten von Brauchitsch übertragen.

Schließlich vollzog sich am 4. Februar an der Spitze des Auswärtigen Amtes die Ersetzung von Neuraths durch Joachim von Ribbentrop – fast gleichzeitig kam es auch im Londoner Foreign Office zu einem Wechsel, der den Intentionen des Regierungschefs entsprach: Der mit Chamberlains Appeasementpolitik nicht in allem einverstandene Eden schied aus dem Amt, und an seine Stelle trat der Herold von Berchtesgaden, Lord Halifax, als neuer Außenminister. Doch zurück nach Deutschland: In Wirtschaft, Wehrmacht und Auswärtigem Amt verließen diejenigen Repräsentanten, die von Hitlers Kriegskurs abweichenden Auffassungen anhingen, die Kommandohöhen und wurden durch Vertreter ersetzt, die dem Diktator genehm waren.

Das umfassende Revirement, das Frankreichs Botschafter François-Poncet als »Auftakt zu Operationen großen Stils«[88] vorkam, schuf tatsächlich die internen Voraussetzungen für die gewaltsame Verwirklichung der Politik territorialer Veränderungen in Ostmitteleuropa. Umgekehrt diente die unmittelbar darauf eingeleitete Krise um Österreich dazu, die in der deutschen Führungsspitze immer wieder aufbrechenden Spannungen über den innen-, außen- und wirtschaftspolitischen Kurs des Reiches zu verdecken und die Autorität des Diktators zu stärken. »Führer will den Scheinwerfer von der Wehrmacht ablenken«, trug Jodl am 31. Januar 1938 in sein Tagebuch ein, »Europa in Atem halten u. durch Neubesetzung verschiedener Stellen nicht den Eindruck eines Schwächemoments, sondern einer Kraftkonzentration erwecken. Schußnig [!] soll nicht Mut fassen sondern zittern.«[89]

In der Tat: Im Januar 1938 entschloß Hitler sich dazu, wie er in seiner Reichstagsrede vom 30. Januar 1939 rückblickend erläuterte, »eine schon längst fällige ... Selbstverständlichkeit«[90] in die Tat umzusetzen. Was allerdings die Form des sogenannten »Anschlusses« vom März 1938 anging, entsprang sie keineswegs der vorausblickenden Planung des »Führers«, sondern vielmehr der situationsbedingten Improvisation durch die nationalsozialistische Führung: Den Initiativen seiner Paladine und dem Zwang der Verhältnisse, die gemeinsam einem lange anvisierten Ziel zustrebten, unterwarf sich Hitler gerne!

Seit der Jahresmitte 1937 verlief die deutsche Österreichpolitik auf drei verschiedenen Gleisen, die allesamt zum »Anschluß« führten. Franz von Papen, der deutsche Botschafter in Wien, setzte bevorzugt auf die evolutionäre Lösung, um eine nationalsozialistische Machtergreifung in Österreich zu befördern. Hermann Göring, der »Beauftragte für den Vierjahresplan«, favorisierte eindeutig den direkten »Anschluß«, um der krisengebeutelten Rüstungswirtschaft des Reiches die unbedingt erforderliche Erleichterung zu verschaffen. Adolf Hitler interessierte das Problem vornehmlich unter außenpolitischen und strategischen Gesichtspunkten, um Österreich und die Tschechoslowakei in seine Militärplanungen einbeziehen zu können.

Noch im Dezember 1937 wollte der zögernde Diktator Gewaltanwendung eher vermeiden. Gewiß, vor dem Hintergrund umherschwirrender Gerüchte über eine angebliche Restauration der Habsburger Monarchie wurden militärische Vorbereitungen für eine deutsche Intervention in Österreich getroffen. Allein, die unter dem Decknamen »Fall Otto«, der auf die Person des Thronerben anspielte, eingeleiteten Maßnahmen wurden nicht allzu wirksam betrieben. Die zwischen Berlin und Wien schwelende Krise erhielt freilich immer neue Nahrung. Denn Bundeskanzler von Schuschnigg weigerte sich nach wie vor beharrlich, die im Juliabkommen vom Jahre 1936 gegebene Zusage einzulösen, Mitglieder der sogenannten »Nationalen Opposition« an seiner Regierung zu beteiligen.

Auf Vermittlung von Papens kam es daher am 12. Februar 1938 in Berchtesgaden zu einem Treffen zwischen Hitler und von Schuschnigg. In rüdem Ton sprang der deutsche Diktator mit dem österreichischen Regierungschef um und drohte unverhohlen mit dem Einsatz militärischer Gewalt: Er preßte seinem hilflosen Gegenüber eine entwürdigend einseitige Vereinbarung ab, die Österreich dem deutschen Willen unterwarf. Das am 15. Februar offiziell angenommene Berchtesgadener Abkommen erlegte der Wiener Regierung nicht zuletzt auf, dem österreichischen Nationalsozialisten Seyß-Inquart das Innenministerium und damit die Polizeigewalt zu übertragen, der NSDAP die freie Betätigung zu erlauben, die Außenpolitik Österreichs mit der des Reiches abzustimmen und gemeinsame Generalstabsbesprechungen zu veranstalten.

Mit dem Mut der Verzweiflung versuchte Kurt von Schuschnigg in letzter Minute, nachdem Österreichs Stunde als souveräner Staat eigentlich schon geschlagen hatte, das Blatt zu wenden und die Unabhängigkeit seines Landes zu retten. Am 9. März trat er mit seinem Plan an die Öffentlichkeit, die österreichische Bevölkerung in einer Volksabstimmung über ihr Schicksal befinden zu lassen. Am Sonntag, dem 13. März, sollten die Österreicher ihren Willen zur Selbständigkeit bekräftigen und der zur Wahl gestellten Losung zustimmen: »Für ein freies und deutsches, unabhängiges und soziales, für ein christliches und einiges Österreich«.[91]

Die aus Ohnmacht geborene Kraftprobe stellte für Hitler ohne Zweifel eine Herausforderung dar. Um die zu großen Teilen vom Deutschen Reich und vom Nationalsozialismus begeisterte Jugend an der Stimmabgabe zu hindern, wurde das Wahlalter der Bevölkerung auf 24 Jahre heraufgesetzt. Diese problematische Entscheidung, beanstandenswerte Improvisationen und unübersehbare Unkorrektheiten in der Wahlvorbereitung gaben Hitler, der am Vormittag des 10. März die militärischen Maßnahmen für einen Einmarsch in Österreich zu treffen befohlen hatte, den Vorwand zur Intervention: Bundeskanzler von Schuschnigg wurde gezwungen, sein Vorhaben der Volksabstimmung aufzugeben. Das Schicksal Österreichs konnte der Gedemütigte damit allerdings nicht mehr wenden.

Es waren vor allem Göring und von Ribbentrop, die auf den militärischen Einmarsch drängten. Mit unüberhörbar andauerndem Stolz bekannte der ehemalige Wirtschaftsdiktator und Luftwaffenchef vor dem Nürnberger Militärgerichtshof noch rückblickend, es sei »weniger der Führer als ich selbst« gewesen, »der hier das Tempo angegeben hat«; ja »sogar über Bedenken des Führers hinwegschreitend« habe er die »Dinge zur Entwicklung gebracht«[92].

Was von Ribbentrop anging, hatte er sich schon in seiner »Notiz für den Führer«[93] davon überzeugt gezeigt, England werde für Österreich und die Tschechoslowakei nicht kämpfen. Damit gab er die in Großbritannien vorherrschende Stimmung richtig wieder. Zwar hätten die Briten den bestehenden Zustand, wie er war, einer Veränderung, die zugunsten Deutschlands ausfallen mußte, vorgezogen. Allein, dafür fest einzutreten, gar eine Garantie zu geben, um die sich von Schuschnigg schon im April 1937 vergeblich in London bemüht hatte, lag ganz außerhalb dessen, was den Engländern erforderlich, möglich und vernünftig vorkam. Letztlich erschienen die österreichischen Selbständigkeitsbestrebungen den Briten nicht recht plausibel. Sir Nevile Henderson, »unser Nazibotschafter in Berlin«[94], wie er von anderen Mitgliedern des Foreign Office bald apostrophiert wurde, bemerkte einem österreichischen Diplomaten gegenüber: »Sie sind Deutsche; die Deutschen gehören zusammen.«[95]

Da neben Großbritannien auch Italien mit absehbarer Sicherheit nicht mehr für sein ehemaliges Mündel eintreten würde, war das Schicksal des Landes so gut wie besiegelt. Der Brief, mit dem Hitler den SA-Führer und Oberpräsidenten Prinz Philipp von Hessen auf dem Höhepunkt der Krise zu Mussolini schickte, tat, obwohl der »Duce« von der bevorstehenden Besetzung Österreichs nicht direkt informiert wurde, ein übriges. Die auf die »Achse Berlin-Rom« aufgespießte Alpenrepublik wurde, wie der Schweizer Historiker von Salis ihr trauriges Schicksal bildhaft umschrieben hat, tatsächlich so lange »braun gebraten«[96], bis sie von Hitlers Deutschland verspeist werden konnte.

Am späten Abend des 11. März erfuhr Hitler telefonisch aus Rom von seinem Emissär, der »Duce« habe »die ganze Sache sehr sehr freundlich aufgenommen«. Der »Führer« reagierte geradezu überschwenglich: »Dann sagen Sie Mussolini bitte, ich werde ihm das nie vergessen ... Nie, nie, nie, es kann sein, was sein will.«[97] Die übertrieben hervorbrechende Freude zeigt den Grad der Erleichterung. Der letzte Rest von Ungewißheit war endlich gewichen, der bislang, was Italiens Haltung betraf, noch bestanden hatte.

Die rigorosen Aktivitäten des vorantreibenden Göring hatten die hektische Entwicklung inzwischen in ihr letztes Stadium treten lassen. Eine Umkehr vom eingeschlagenen Weg der militärischen Aktion war kaum möglich. Am 11. März trat von Schuschnigg unter dem ultimativen Druck aus Berlin zurück. Die entmutigenden Reaktionen, die er auf seine Hilferufe hin aus London, Paris und Rom erhalten hatte, vermochten ihn nicht eben zum Widerstand zu ermuntern. Noch weigerte sich der österreichische Bundespräsident Miklas standhaft, den Nationalsozialisten Seyß-Inquart zum Nachfolger des verabschiedeten Kanzlers zu berufen. Als er schließlich in allerhöchster Not und buchstäblich in letzter Sekunde während der Nacht vom 11. auf den 12. März doch nachgab, konnte seine verzweifelte Kapitulation den deutschen Einmarsch nicht mehr aufhalten.

Den fingierten Vorwand für die bewaffnete Intervention lieferte ein von Göring, der die militärische Lösung suchte, veranlaßtes Telegramm. Zwar wollte Seyß-Inquart, der Chef der neuen österreichischen Regierung, von einer Hilfeleistung durch deutsche Truppen nichts wissen. Doch der nach Wien entsandte SS-Obergruppenführer Keppler, »Beauftragter des Führers und Reichskanzlers für Wirtschaftsfragen«, der genauso wie Göring das österreichische Opfer erledigen wollte, um wehrwirtschaftliche Beute einzuheimsen, schickte einen unautorisierten Hilferuf nach Berlin. Nachdem von Ribbentrop Göring aus London noch einmal telefonisch versichert hatte, daß die Briten stillhalten würden, begann in den frühen Morgenstunden des 12. März 1938 der deutsche Einmarsch in Österreich.

Zu Beginn dieses Unternehmens war Hitler, was die künftige Staatsform des besetzten Landes betraf, noch geneigt, eine Personalunion zwischen zwei an sich weiterexistierenden Staaten zu erwägen. Unter dem überwältigenden Eindruck des unvorstellbaren Jubels, der dem von technischen Pannen begleiteten »Blumenfeldzug« entgegenbrandete, entschloß er sich spontan zum sogenannten »Anschluß«: Am Abend des 13. März unterzeichnete er in Linz das »Gesetz über die Wiedervereinigung Österreichs mit dem Deutschen Reich«. Mit messianischer Gebärde verkündete er sodann, am 15. März, vom Balkon der Wiener Hofburg aus einer ihn frenetisch feiernden Menschenmenge: »Als der Führer und Kanzler der deutschen Nation und des Reiches melde ich vor der Geschichte nunmehr den Eintritt meiner Heimat in das Deutsche Reich.«[98]

Am gleichen Tage erinnerte die *Neue Zürcher Zeitung* an die fast zwei Jahrzehnte zuvor, zur Zeit der Pariser Friedenskonferenz, gefallene Bemerkung eines italienischen Diplomaten, wonach derjenige, der »in Wien sitzt ... letzten Endes den Weltkrieg gewonnen« habe: »Da der Besitz Oesterreichs zugleich die Herrschaft über eine *Schlüsselposition* der europäischen Politik bedeutet, ist der tatsächliche *Machtzuwachs* für Deutschland unvergleichlich viel größer, als es ihn durch Revision aller territorialen Bedingungen, die ihm nach der Niederlage von 1918 auferlegt wurden, hätte erreichen können.«[99] Was Hitler anging, lautete die entscheidende Frage, die sich mit dem »Anschluß« Österreichs schärfer als zuvor stellte, längst nicht mehr, ob und inwieweit diese historische Beobachtung und politische Einschätzung zutreffend waren: Was wollte Hitler? War er wie die vielen Begeisterten im Reich und in Österreich von der Verwirklichung des großdeutschen Traumes erfüllt? Oder wollte er nicht ganz anderes? Sah er den Schritt nach Wien möglicherweise nur als einen bescheidenen Auftakt für viel Ehrgeizigeres?

Ohne Zweifel waren beispielsweise die ökonomischen Vorteile des »Anschlusses« nicht zu unterschätzen. Eine Übergangszeit lang halfen sie mit, Görings ächzender Wehrwirtschaft neuen Schwung zu verleihen. Für Hitler zählte im Grunde jedoch nur, daß es ihm, dem rückblickenden Urteil Jodls zufolge, jetzt gelungen war, die Tschechoslowakei, die bis dahin »in bedrohlichster Form nach Deutschland hineinragte ... ihrerseits in die Zange«[100] zu nehmen. Die Mehrzahl der Zeitgenossen in Deutschland und in Österreich, für die sich ihre großdeutsche Sehnsucht erfüllt hatte, empfand echte Freude über das »Hineinwachsen ›Großdeutschlands‹ in die Doppelfunktion Deutsches Reich plus Donau-Monarchie«[101]. Hitler wurde von dieser Stimmung bezeichnenderweise kaum erfaßt, ohne daß diese Tatsache umgehend erkennbar wurde. Wieder einmal überlagerte das von vielen lange Erwünschte, das der »Führer« ohne Blutvergießen verwirklichte, das vom Diktator eigentlich Gewollte, das nicht ohne Blutzoll zu haben war.

Begrüßt wurde die »Heimkehr« Österreichs ins Reich, wie gesagt, von einer breiten, überwältigenden Mehrheit, deren Empfindungen von freudiger Genugtuung bis zu ekstatischem Rausch reichten. So manchen ergriff Zustimmung, der über der Größe des geschichtlichen Ereignisses und des historischen Augenblicks die unrechtmäßigen Methoden und verbrecherischen Begleitumstände ihres Zustandekommens zu übersehen bereit war. Auch unter den Sozialisten diesseits und jenseits der nunmehr aufgehobenen Grenze fanden sich bedeutende Repräsentanten wie der erste österreichische Staatskanzler Karl Renner und der langjährige sozialdemokratische Reichstagspräsident aus der Weimarer Republik Paul Löbe, die das von ihnen leidenschaftlich Befürwortete und endlich Herbeigeführte voll bejahten.

Die sofort einsetzenden Verfolgungen von politischen Gegnern und jüdischen Bürgern ließ den überschwenglichen Jubel rasch wieder abklingen, nicht selten sogar in Ablehnung von Regime und Reich umschlagen. Doch zunächst überstieg begeisterte Zustimmung bei weitem alles andere. Hitler hatte Bismarck, der den kleindeutschen Nationalstaat durch unsentimentalen Verzicht auf die großdeutsche Option geschaffen hatte, hinter sich gelassen; hatte das zeitgenössisch gefeierte »deutsche Wunder«[102] vollbracht, für das ihm das freudetrunkene Volk hingebungsvoll dankte.

In der Tat: Der »Eiserne Kanzler« hatte den Nationalstaat durch die Teilung vom Jahre 1866 gegründet. Jetzt führte der umjubelte Diktator im »Großdeutschen Reich« aufs neue zusammen, was die kühnen Träume der Paulskirchen-Parlamentarier im Jahre 1848/49 gefesselt hatte und was vor allem nach dem Untergang der Habsburger- und der Hohenzollernmonarchie in der österreichischen und in der deutschen Republik verstärkt wiederaufgelebt war. Daß es Hitler letztlich um weit mehr und um ganz anderes ging, als sich in die Tradition des Alten Reiches zu stellen, war schwer auszumachen. Obwohl er jede geschichtliche Überlieferung und Verpflichtung seiner ahistorischen Utopie von Raum und Rasse opfern wollte, war er den täuschenden Anschein zu erwecken bemüht, sich in diese historische Kontinuität einreihen zu wollen. »Die zweite Einigung«, rief der Heilsbringer, der im September die Insignien des Alten Reiches von Wien nach Nürnberg überführen ließ, am 7. April 1938 auf einer Wahlkundgebung in Linz aus, »konnte dann wahrscheinlich nur ein Süddeutscher vollziehen. Denn er mußte ja nun den großen Teil in das Reich zurückführen, der im Laufe der Entwicklung unserer Geschichte den Zusammenhang mit dem Reich verloren hatte.«[103]

Alles in allem war es kaum verwunderlich – selbst wenn man die üblichen Manipulationen einer Wahl in totalitären Staaten in Rechnung stellt –, daß eine überwältigende Mehrheit, die mit über 99 Prozent angegeben wurde, am

10. April 1938 positiv auf die suggestive Frage antwortete, die wieder einmal an sich Unvereinbares, jedoch aktuell Zusammengefügtes zur Abstimmung stellte: »Bist du mit der am 13. März vollzogenen Wiedervereinigung Österreichs mit dem Deutschen Reich einverstanden und stimmst du für die Liste unseres Führers Adolf Hitler?«[104]

Mit der beinahe unkomplizierten Schaffung des »Großdeutschen Reiches« schien es endgültig so zu sein, als dominierten die Mächte des »Antikominternpakts« nahezu uneingeschränkt über die Geschicke der Welt. Italien fügte sich, eher resigniert als begeistert, dem scheinbar nicht endenden Erfolg des übermächtigen Verbündeten. Japan, dessen chinesischen Satelliten Mandschukuo anzuerkennen Hitler sich im Februar bereit erklärte, rückte näher an das Reich heran. Im Westen, bei den Garantiemächten der ursprünglich bestehenden, längst zerrütteten Staatenordnung, erschöpfte sich die Reaktion auf den österreichischen Coup der Deutschen tatsächlich allein, wie Außenminister Ciano seinem Tagebuch als Prognose anvertraute, in »entrüsteter Nachgiebigkeit«[105]. Die um ihr Schicksal aufs höchste besorgte Tschechoslowakei erhielt von deutscher Seite beruhigende Versicherungen. Dadurch war vor allem Frankreich zufriedengestellt, das während des »Anschlusses«, durch eine Regierungskrise in seiner Handlungsfähigkeit noch über das übliche Maß hinaus behindert, praktisch gelähmt war.

Was Großbritannien anging, das nach pflichtgemäßer Verurteilung des Unrechts innerhalb von vierzehn Tagen die neue Lage anerkannte, so war im Land, im Parlament und in der Regierung von vornherein eine Stimmung vorwaltend, die weit davon entfernt war, ernste Konsequenzen zu ziehen. Der Ständige Unterstaatssekretär Cadogan, der bereits im Februar, nachdem Bundeskanzler von Schuschnigg auf dem Berghof gedemütigt worden war, »fast« wünschte, daß »Deutschland Österreich schluckt und die Sache damit erledigt ist«[106], verlieh dieser allgemeinen Empfindung Botschafter Henderson gegenüber verräterisch beredten Ausdruck: »Gott sei Dank, das Problem Österreich ist erledigt. Ich muß zugeben, wir sind sehr schlecht über dieses Land unterrichtet gewesen ... Offenbar hätten wir einen großen Fehler begangen, wenn wir versucht hätten, den Anschluß gegen den Wunsch ... eines sehr großen Teils der Bevölkerung zu verhindern. Schließlich war das nicht unsere Sache. Wir hatten keine besonderen Sympathien für die Österreicher. Wir haben uns nur gegen den Anschluß gewendet, um Deutschland eins auszuwischen.«[107]

Blickt man von der historischen Zäsur des März 1938 auf die Geschichte der deutschen Großmacht zurück, dann springt eine Tatsache geradezu ins Auge: Keiner der Vorgänger Hitlers, weder Bismarck noch Bülow, weder Bethmann Hollweg noch Stresemann, besaß, nicht einmal für einen historischen Augenblick lang, jemals einen so großen, beinahe üppigen Handlungsspielraum im Außenpolitischen, wie er Hitler im Zeichen der österreichischen Krise 1938 zur Verfügung stand. Während der Vorweltkriegszeit führten bereits kleinste Gebietsveränderungen oder Territorialansprüche zu Stellvertreterkriegen, wie sie Europa beispielsweise 1912/13 erschütterten. Nunmehr konnte eine *nation civilisée*, ein Mitglied des Genfer Völkerbundes, von der Landkarte verschwinden, ohne daß die Staatenwelt ernsthaft reagiert hätte.

Bald darauf brach Hitler erneut auf, um die noch währende Gunst der internationalen Lage brutal zu nutzen. Wie er im Februar 1939 rückblickend erläuterte, schickte er sich unmittelbar nach dem österreichischen Abenteuer an, »zur weiteren Festigung der deutschen politischen und besonders der militärpolitischen Stellung ... auch das tschecho-slowakische Problem«[108] zu lösen. Die ausschlaggebende Frage, die schicksalhaft im Raum stand, lautete, ob die Attacke gegen die Tschechoslowakei zum Ausbruch des Krieges führen oder noch einmal dessen Vertagung erlauben würde.

Die Vertagung des Krieges

Hitlers innere Entschlossenheit, die tschechoslowakische Frage »in nicht allzu langer Zeit zu lösen«[109], trat bereits zwei Wochen nach dem »Anschluß« Österreichs bei einem Gespräch mit dem Führer der Sudetendeutschen Partei, Konrad Henlein, in drohender Ungeduld zutage. Jeweils so ausladende Ansprüche zu stellen, daß sie »die für die tschechische Regierung unannehmbar«[110] sein mußten, lautete die Weisung des Diktators, die er seinem Gefolgsmann bei dieser Unterredung am 28. März in Berlin erteilte. Die Sudetendeutschen, die in der tschechoslowakischen Republik tatsächlich ein von Anfang an benachteiligtes Dasein führten, gedachte er als Sprengsatz zu benutzen, um die nächste Station auf seiner der Welt den Atem verschlagenden Jagd durch Mitteleuropa zu erreichen.

Wohlgemerkt: Es ging ihm nicht darum, die Lage der Sudetendeutschen innerhalb der Tschechoslowakei zu verbessern. Sie und ihr Gebiet in das Deutsche Reich zu holen, genügte ihm gleichfalls nicht. Hitler ging aufs Ganze: Den ihm tief verhaßten Staat der Tschechen und Slowaken zu zerschlagen, war sein radikales Ziel. Diese Absicht ging schon aus den Überlegungen hervor, die er dem Chef des Oberkommandos der Wehrmacht am 21. April 1938 unterbreitete. Einen »strategischen Überfall aus heiterem Himmel ohne jeden Anlaß«[111] lehnte er ab. Ein solches Vorgehen werde eine »feindliche Weltmeinung« auf den Plan rufen und könne »zu bedenklicher Lage führen«[112]. Geeignet erschien ihm ein »Handeln nach einer Zeit diplomatischer Auseinandersetzungen, die sich allmählich zuspitzen und zum Kriege führen« sollten oder ein »blitzartiges Handeln auf Grund eines Zwischenfalls (z.B. Ermordung des deutschen Gesandten im Anschluß an eine deutschfeindliche Demonstration)«[113].

Drei Tage später meldete die Sudetendeutsche Partei in ihrem Karlsbader

Programm vom 24. April Forderungen an, deren Erfüllung das Ende der tschechoslowakischen Republik nach sich gezogen hätte. Neben einer außenpolitischen Kurskorrektur des Staates, neben der uneingeschränkten Autonomie sowie der Wiedergutmachung für die seit 1918 erlittenen wirtschaftlichen Schäden und das zugefügte Unrecht verlangte es die »volle Freiheit des Bekenntnisses zum deutschen Volkstum und zur deutschen Weltanschauung«[114]. Auf dieses Maximalprogramm einzugehen, war die Prager Regierung nicht bereit. Die Spannungen innerhalb des Landes steigerten sich zur Krise um die Tschechoslowakei!

Aus Hitlers beutegieriger Perspektive nahm sie den planmäßigen Verlauf. Anfang Mai erfüllte sein Italienbesuch nach seiner Einschätzung den beabsichtigten Zweck einer »Rückkehr mit Tschechei in der Tasche«[115]. Die Informationen, die aus England zu ihm drangen, ließen keine großen Komplikationen erwarten. Was Neville Chamberlain im Verlauf der Krise über dieses »ferne, unbekannte Land«[116] äußerte, wo Menschen miteinander stritten, ohne daß England davon etwas wissen wollte, bestimmte von Anfang an die britische Haltung. Mit journalistischer Pointe, aber ohne die Empfindungen des Landes zu verfälschen, gab Lord Rothermere einem für die *Daily Mail* verfaßten Artikel die charakteristische Überschrift: »Die Tschechen gehen uns nichts an.«[117]

Dennoch spitzte sich die Lage schlagartig zu. Premierminister Chamberlain, der anders als Hitler nicht an eine Auflösung des tschechoslowakischen Staates dachte, sondern die sudetendeutschen Gebiete an Deutschland zu übergeben erwog, sprach öffentlich davon, »eine Grenzrevision« könne durchaus geeignet sein, »eine kleinere, aber gesündere Tschechoslowakei [zu] schaffen«[118]: Da setzte sich die Prager Regierung massiv zur Wehr. Am 20. Mai mobilisierte sie ihre Streitkräfte, um einen angeblich bevorstehenden Angriff der Deutschen abzuwehren. Von Beginn der Krise an war der kriegsbereite Präsident Benesch dazu entschlossen, den Bestand seines Staates offensiv zu verteidigen. In nachgiebigem Verhandeln schien sich ihm überhaupt keine Chance für das Überleben der gefährdeten Republik zu bieten. Seine Courage wurde, erst einmal jedenfalls, belohnt. Die britische Regierung ließ in Berlin wissen, daß sie Frankreich, falls dieses der Tschechoslowakei beistehen werde, zu unterstützen gedenke – während die Engländer gleichzeitig alles taten, um die französische Haltung zu beschwichtigen.

Immerhin, Großbritannien und Frankreich billigten das tschechische Vorgehen; von der Sowjetunion unterstützt, beteuerten sie ihre Beistandspflichten. Die tschechoslowakische Mobilmachung bis zu einem gewissen Grade und die britische Festigkeit vor allen Dingen ließen Hitler in der »Wochenendkrise« schließlich zurückweichen. In einer am 22. Mai 1938 auf den Berghof einberufenen Konferenz befahl er, die militärischen Vorbereitungen anzuhalten, die gegen die Tschechoslowakei eingeleitet worden waren. Zwar stellte sich bei den Westmächten rasch die Erkenntnis ein, daß der Diktator offensichtlich gar nicht zu marschieren vorgehabt hatte. Die ohnehin schon belastete Stimmung gegenüber den »verdammten Tschechen«[119], die offensichtlich die Initiative ergriffen hatten, verschlechterte sich weiter. Dennoch: Der deutsche Diktator war durch die britische Reaktion unsicher geworden; erstmals hatte sich Hitler, von der Weltpresse stark herausgestellt, zurückgezogen!

Allerdings: Die verletzende Schmach ließ den gekränkten Diktator in unbändige Wut verfallen. Am 28. Mai gab er vor den in Berlin versammelten Spitzen der Partei, des Staates und der Wehrmacht bekannt, daß es nunmehr sein »unabänderlicher Entschluß« sei, »die Tschechoslowakei in absehbarer Zeit durch eine militärische Aktion zu zerschlagen«[120]. Noch im Juni 1937 hatte er in der Weisung zum »Fall Grün«, dem Decknamen für die geplante Operation gegen die Tschechoslowakei, festgestellt, es liege nicht in seiner Absicht, »einen europäischen Krieg zu entfesseln«[121]. In einer neuen Fassung dagegen wiederholte er jetzt wortwörtlich das zwei Tage zuvor Angekündigte. Danach hatte das Heer »spätestens ab 1. 10. 38«[122] dafür bereit zu sein, »Böhmen und Mähren rasch in Besitz zu nehmen« und »in das Herz der Tschechoslowakei vorzustoßen«[123].

Ohne Zweifel hatte sich Hitler dazu entschlossen, das kleine Nachbarland mit Krieg zu überziehen. Ob er dann in »drei bis vier Jahren«, wie der Diktator Keitel, von Brauchitsch und Beck am 28. Mai anvertraut haben soll[124], tatsächlich gegen den Westen vorzugehen gedachte, muß offenbleiben. Unter dem Eindruck wechselnder Konstellationen der internationalen Politik schwankte Hitler, was die Priorität einer auf den Osten oder den Westen Europas zielenden Militärplanung anging, während der dreißiger Jahre nicht selten hin und her. Ohne darüber das zentrale Ziel der russischen »Lebensraum«-Eroberung jemals aus dem Auge zu verlieren, stand für ihn Ende Mai 1938 eins fest: Er wollte den »Waffenkrieg«[125]!

Die bedrohliche Entwicklung rief die Opposition des Chefs des Generalstabes des Heeres, Ludwig Beck, auf den Plan. Selbstverständlich lehnte der Offizier den Krieg als Mittel der Politik nicht grundsätzlich ab. Er war durchaus ein Anhänger der traditionellen Großmachtpolitik des Reiches und zeigte sich sogar mit manchen der ostmitteleuropäischen Ziele Hitlers einverstanden. Die Vorgehensweise, die der Diktator wählte, lehnte er jedoch scharf ab. Ein Krieg, der dadurch provoziert zu werden drohte, wäre viel zu früh gekommen, konnte noch nicht gewagt werden. Daher beschwor er in verschiedenen Denkschriften, die er an den Oberbefehlshaber des Heeres von Brauchitsch richtete, die Gefahren eines großen Waffenganges. Den dorthin treibenden Risikokurs des Reiches wollte er nicht länger mittragen.

Inwieweit der Offizier bislang durch eigene Initiativen einer forcierten Militär- und Rüstungsplanung maßgeblich dazu beigetragen hatte, daß sich diese gefährliche, in gewisser Hinsicht ausweglose Entwicklung überhaupt zu vollziehen vermochte, die Hitler jetzt in den Stand setzte, den Schritt vom Frieden zum Krieg zu tun, wirft im vielfach miteinander verstrickten Verhältnis zwischen

Wehrmacht und Nationalsozialismus die Frage nach der Mitverantwortung der einen für das Handeln des anderen auf. Dennoch: In der sich zuspitzenden Entscheidungslage ist gar nicht zu übersehen, daß Beck vor den fatalen Konsequenzen des sich deutlich Abzeichnenden eindringlich gewarnt hat. Hitlers Planungen schienen mit nicht zu verantwortender Wahrscheinlichkeit, so prognostizierte er unter dem Datum des 16. Juli 1938, in einen allgemeinen Krieg zu münden, der »nach menschlicher Voraussicht mit einer nicht nur militärischen, sondern auch allgemeinen Katastrophe für Deutschland endigen wird«[126].

Da es um alles oder nichts ging, rief er von Brauchitsch auf, der Oberbefehlshaber des Heeres solle die Generalität dazu bewegen, sich den Befehlen Hitlers zu widersetzen. Seine Argumente zielten in die Mitte eines Problems, das damals noch bis zur Unlösbarkeit schwierig war: Wann durfte sich der Soldat dem Befehl des »Führers«, dem er den Eid geschworen hatte, versagen? Wann *mußte* er sich ihm sogar aufgrund zwingender Einsicht widersetzen, die Jahre darauf die Männer des 20. Juli zur Tat gegen den Tyrannen veranlaßte? Schon 1938 beschwor Ludwig Beck die ihn aufwühlende Tatsache, daß »hier letzte Entscheidungen über den Bestand der Nation auf dem Spiel«[127] stünden. Daher finde für die verantwortlichen Offiziere »soldatischer Gehorsam ... dort eine Grenze, wo ihr Wissen, ihr Gewissen und ihre Verantwortung die Ausführung eines Befehls verbietet... Außergewöhnliche Zeiten verlangen außergewöhnliche Handlungen!«[128]. Über von Brauchitschs ablehnende Passivität verbittert, nahm Beck schließlich am 18. August 1938 seinen Abschied.

Sein Nachfolger Halder, der die Bedenken des Vorgängers teilte, schlug einen anderen Weg ein, um dem heraufziehenden Unheil doch noch zu entgehen. Zusammen mit oppositionellen Kräften im Auswärtigen Amt um den Staatssekretär von Weizsäcker und dem Chef der militärischen Abwehr, Admiral Canaris, sowie dessen Mitarbeiter, dem damaligen Oberstleutnant Oster, bereitete er den Staatsstreich gegen Hitler vor. Der konservative Diplomat Ernst von Weizsäcker hatte den Posten des Staatssekretärs unter dem neuen Außenminister von Ribbentrop soeben, im März 1938, nicht zuletzt deshalb übernommen, um die Entwicklung zum großen Krieg zu verhindern. Sein Beginn mußte, dem Urteil von Weizsäckers zufolge, »nicht nur das Ende des III. Reichs« mit sich bringen, sondern vielmehr »Finis Germaniae«[129] bedeuten.

Wohlgemerkt, wie tief sich die Differenz zwischen Hitlers neuartiger Kriegs- und Rassenpolitik und der traditonellen Großmacht-, ja Hegemonialpolitik seiner konservativen Opponenten auch ausnahm – von Weizsäcker schloß den Krieg als die *ultima ratio* der Politik im Grundsatz so wenig aus wie Beck. Selbst mit dem Fortbestand der wenig geliebten Tschechoslowakei hatte er nichts im Sinn. Allein, bei klugem Vorgehen schien es ihm durchaus möglich zu sein, die ostmitteleuropäischen Ziele des Reiches unterhalb der kriegerischen Schwelle zu erreichen: Mit politischem Druck und diplomatischen Mitteln gedachte er, den »chemischen Auflösungsprozeß«[130] des tschechoslowakischen Staates zu fördern. Im kalkulierten Zusammenhang solcher Prozedur galt es vor allem »diejenige Grenze klar zu erkennen, bis zu welcher die deutsche Politik jeweils vorgetrieben werden kann, ohne die Entente zum Einschreiten zu veranlassen«[131].

Der mit hinhaltender Vorsicht zum Äußersten entschlossene Halder plante, den Diktator von zuverlässigen Truppen verhaften zu lassen, wenn er diese für das Reich lebensbedrohliche Linie verletzen und der große Krieg ausbrechen sollte. Als Voraussetzung dafür schien ihm eine feste Haltung Großbritanniens gegenüber Hitlers Gewaltpolitik unabdingbar zu sein. Von Beginn an geriet das Tun der zum Staatsstreich Entschlossenen damit in problematische Abhängigkeit. Im Grunde stellten sie dem Diktator und England anheim, ob gehandelt wurde oder nicht. Wich Hitler vor britischer Entschiedenheit zurück, büßte er in erheblichem, möglicherweise in entscheidendem Maße an Prestige ein; entfesselte er den Krieg, sollte er einem Staatsstreich zum Opfer fallen.

England hatte, so kam es den Verschwörern jedenfalls vor, viel, beinahe alles in der Hand. Indes, die Entscheidungen der Briten wurden, völlig zu Recht, in erster Linie von Interessen der englischen Außenpolitik und nicht von Erfordernissen der deutschen Innenpolitik bestimmt. Daß es im Felde der zwischenstaatlichen Beziehungen im Zuge der sich verschärfenden Krise auf die britische Reaktion ankam, stand Hitler ebenfalls mehr als deutlich vor Augen. »Große Frage«, notierte Goebbels am 1. September 1938, »was macht England? Läßt es sich eine Auseinandersetzung mit der Tschechei gefallen oder nicht – Die Frage, von der alles abhängt«[132].

Die Konservativen, die gegen Hitlers Kriegskurs opponierten und auf die Wahrung des Friedens bedacht waren, knüpften Kontakte nach Großbritannien. Das erschien von ihrem Standpunkt aus, der freilich nicht der englische war, durchaus verständlich. Ihre Sendboten schickten sie zur Regierung Neville Chamberlains, die dem *appeasement* mit inbrünstiger Ergebenheit huldigte, ebenso wie zu Winston Churchill, der diese Politik mit vergeblicher Leidenschaft bekämpfte. Seinen Emissär, den hochkonservativen Ewald von Kleist-Schmenzin, hatte Generalstabschef Beck im Sommer 1938 vor dessen Abreise nach Großbritannien beschworen: »Bringen Sie mir den sicheren Beweis, daß England kämpfen wird, wenn die Tschechoslowakei angegriffen wird, und ich will diesem Regime ein Ende machen.«[133]

Der Diktatur und dem Unrecht ein Ende zu machen, war allein Aufgabe der Deutschen, zu der sie nicht die Hand leihen konnten, so jedenfalls sahen es die Briten. Zudem: Premierminister Neville Chamberlain erschienen die im Geruch des Landesverrats stehenden Abgesandten der Opposition wie die »Jakobiten am Hofe von Frankreich«, die einst nach der Glorreichen Revolution vom Jahre 1688 bis ins nächste Jahrhundert hinein immer wieder mit Hilfe des feindlichen Frankreich versucht hatten, den englischen Weg des Parlamentarismus in den finsteren Absolutismus der Stuarts gewaltsam zurückzulenken. Letztlich kam es dem Regierungschef so vor, als böte der »Österreicher« Hitler Großbritannien die bessere Chance, mit Deutschland zu einem *general settlement* zu gelangen. Die Konservativen aus »Preußen« dagegen, die ihm zutiefst unsympathisch waren, identifizierte er mit manchem Unheil der lange zurückliegenden preußischen und der jüngsten deutschen Geschichte.

Kurzum: Die frühen Bemühungen der sich formierenden Opposition, für ihr Anliegen bei der britischen Regierung Gehör und Unterstützung zu finden, hatten keinen Erfolg. Ebenso ergebnislos verliefen die im letzten Stadium der Krise unternommenen Versuche der Diplomaten um Ernst von Weizsäcker. Bis in die erste Augusthälfte hinein hatte der Staatssekretär darauf vertraut, von innen her auf den Kurs der deutschen Außenpolitik einwirken zu können. Als ihm das Scheitern seines Bemühens gefährlich bewußt wurde, entschloß er sich dazu, das Geschehen »von außen«[134] zu beeinflussen. Großbritannien mußte endlich, wie er Carl J. Burckhardt, dem Danziger Völkerbundkommissar, anvertraute, zu einer unzweideutigen Sprache gegenüber dem Diktator den Mut finden, weil »wir ... am äußersten Rand«[135] stehen.

Mit Wissen des Staatssekretärs kam es in den ersten Septembertagen zu einer Initiative der Gebrüder Kordt. Der eine, Erich Kordt, Chef des Ministerbüros im Auswärtigen Amt, beriet mit von Weizsäcker den Plan, über seinen Bruder Theodor Kordt, Botschaftsrat in London, »einen besonderen Weg zur Warnung des Foreign Office und von Chamberlain«[136] einzuschlagen und der britischen Regierung eine »umfassende Botschaft«[137] zu übergeben.

Tatsächlich wurde der in England akkreditierte Diplomat am 7. September von Lord Halifax empfangen. Als Angehöriger »der deutschen Widerstandsbewegung«[138] versuchte er, den Außenminister für eine öffentliche Warnung Großbritanniens an Hitler zu gewinnen. Die Kriegsabsichten des Diktators seien in Deutschland »unpopulär«, sie würden sogar »als Verbrechen gegen die Zivilisation«[139] angesehen: »Wenn die erbetene Erklärung gegeben wird, sind die Führer der Armee bereit, gegen Hitlers Politik mit Waffengewalt aufzutreten. Eine diplomatische Niederlage würde einen sehr ernst zu nehmenden politischen Rückschlag für Hitler in Deutschland nach sich ziehen und würde praktisch das Ende des nationalsozialistischen Regimes bedeuten.«

Allein, der kühne Versuch des deutschen Botschaftsrats, der mit resoluter Entschlossenheit noch über das hinausging, was von Weizsäcker eher auf diskretem Wege ohne demonstrative Geste erreichen wollte, schlug fehl. Die konservativen Opponenten stießen auf wenig Sympathie, fanden kaum Vertrauen. Sie repräsentierten nun einmal jenes Deutschland der Vergangenheit, das England durch den Flottenbau frontal herausgefordert und Europa am Ende, nach britischer Überzeugung, in den Ersten Weltkrieg getrieben hatte. Jetzt erscholl nicht zuletzt aus diesem Milieu wiederum der Ruf nach Kolonien, der in Großbritannien besonders hellhörig vermerkt wurde.

Keineswegs vergessen war in England zudem, daß gerade Vertreter dieser

Kreise in den zurückliegenden zwanziger Jahren, anders als der entschieden antibolschewistische Hitler, mit der Sowjetunion und der Roten Armee eng zusammengearbeitet hatten. In dieser Perspektive soll Chamberlain beispielsweise den französischen Generalstabschef Gamelin, als dieser ihn am 26. September auf die Opposition im Reich ansprach, mit der tief eingelagerte Ängste entlarvenden Frage beschieden haben: »Wer aber garantiert uns dafür, daß Deutschland nicht nachher bolschewistisch wird?«[140]

Hitler profitierte von einem Alptraum, der die westlichen Mächte im Verlauf der europäischen Geschichte immer wieder in Schrecken versetzt hatte: »Die Kosaken werden Europa beherrschen« – diese Warnung Napoleons machte sich Ministerpräsident Daladier gerade in einem historischen Augenblick zu eigen, in dem die traditionelle machtpolitische Gefahr aus dem Osten um die neuartige ideologische Herausforderung durch den Kommunismus noch einmal bedrohlich angereichert worden war[141]. In der Entscheidung »zwischen Hitler und Preußen«[142] trat der Antikommunismus als auffälliger Faden im komplizierten Webmuster der Beschwichtigungspolitik hervor, ohne daß *appeasement* und *apaisement* allein an diesem Faden gehangen hätten.

Nun, über das Gesamte des Zusammenhangs, so plausibel im einzelnen dieses oder jenes Argument der um die englische Unterstützung bemühten Vertreter der deutschen Widerstandsbewegung klang, darf kein mißverständliches Urteil aufkommen. Daher sei, dem Gang der Dinge vorauseilend, an dieser Stelle bereits festgestellt, daß die immer wieder geäußerte Meinung, Chamberlain habe Hitler, nicht zuletzt im Zuge der Münchener Konferenz, vor dem Umsturz gerettet, höchst fragwürdig anmutet, letztlich falsch ist. Sie übersieht einfach, daß diejenigen, die ihren Widerstand von den Aktionen Hitlers, vor allem aber von den Reaktionen Englands abhängig gemacht hatten, sich der Autonomie ihres Handels begaben. Daher waren sie es selbst, die sich der einzig reellen Chance auf eine Umkehr ihres Vaterlandes zum Besseren beraubten. Denn sie konnten sich, von fremdem Einfluß frei und allein der prinzipiellen Ablehnung des Tyrannen wegen, nicht dazu entschließen zu verhindern, daß Chamberlain Hitler überhaupt zu retten vermochte.

Zunächst erreichte die tschechoslowakische Krise ihren vorläufigen Höhepunkt. Mit einer haßerfüllt die Nachbarrepublik attackierenden Rede auf dem Nürnberger Parteitag am 12. September trieb Hitler Europa an den Rand des Abgrunds. Um die fast schon herrenlose Kriegsfurie wieder einzufangen, unternahm der englische Premierminister Chamberlain, der dafür zum erstenmal in seinem Leben ein Flugzeug bestieg, die überall als sensationell empfundene Reise nach Deutschland.

Seiner Politik der Friedensbewahrung verpflichtet, sah der bis zur Blindheit für das Tatsächliche vernünftige Mann einfach nicht ein, warum es wegen der Sudetendeutschen und ihres Gebiets zwischen England und Deutschland zu einem alles verschlingenden Krieg kommen sollte. Sicherlich, die bereits Anfang August von London aus mit erheblichem Druck lancierte Initiative, die Tschechen zur Nachgiebigkeit anzuhalten, war erfolglos geblieben. Alle Vorschläge des nach Prag entsandten Vermittlers der britischen Regierung, Lord Runciman, waren daran gescheitert, daß sich die sudetendeutschen Unterhändler kompromißlos zeigten. Dennoch vertraute Chamberlain darauf, die gefährlich hochgehenden Wogen der Krise, die fast schon über Europa zusammenzuschlagen und den Kontinent zu überspülen drohten, mit Hitler gemeinsam wieder glätten zu können. Daher hatte er den sowjetischen Vorschlag, der unmittelbar nach dem »Anschluß« Österreichs unterbreitet worden war, von vornherein zurückgewiesen, »unverzüglich im Völkerbund oder außerhalb des Völkerbundes praktische Maßnahmen mit anderen Mächten zu erörtern, wie sie durch die Umstände diktiert werden. Morgen kann es schon zu spät sein, aber heute ist die Zeit dafür noch nicht verpaßt, wenn alle Staaten, besonders die Großmächte, im Problem der kollektiven Rettung des Friedens eine feste, unzweideutige Haltung einnehmen werden.«[143]

Chamberlain war – über seine instinktive Ablehnung hinaus, sich mit der Sowjetunion näher einzulassen – von tiefem Mißtrauen gegen die Existenz von Allianzen erfüllt, die in der Vorweltkriegszeit, einer weitverbreiteten Meinung zufolge, verhängnisvoll zum Ausbruch des Großen Krieges getrieben hatten. Zudem zeigte sich gerade in diesem Augenblick, in dem sich bestehende Bündnisse zu bewähren hatten, die unverkennbare Hinfälligkeit des französischen Allianzsystems: Frankreich war mit der Tschechoslowakei verbündet, die sich ihrerseits von Polen bedroht fühlte; es war gleichfalls mit Polen verbündet, das sich seinerseits von der Sowjetunion bedroht fühlte; und schließlich war es selber noch mit den Russen verbündet. Was die Kleine Entente anging, die unter französischer Ägide konstruiert worden war, hatten sich, weil Jugoslawien mittlerweile eher zum Deutschen Reich gravitierte, ihre antirevisionistischen Verstrebungen empfindlich gelockert.

Nein, Europas Zustand konnte und durfte, nach Chamberlains fester Überzeugung, nicht durch die Applizierung der Medizin gebessert werden, die sein erbitterter Kontrahent Winston Churchill verordnete: Wortgewaltig, aber erfolglos trat er für die Bildung der großen Allianz gegen das aggressive Deutsche Reich ein. Am Ende würde von einer solchen Neuformierung des Zwischenstaatlichen, nach Chamberlains Sicht der Dinge, wahrscheinlich nur das revolutionäre Rußland profitieren. Die Aussicht auf ein derart düsteres Ende beunruhigte ihn zumindest ebenso tief wie die Gefahr einer riskanten Allianzbildung. Das einzig Vernünftige, das in diesem Moment höchster Bedrängnis zu tun geboten blieb, war daher, mit Deutschland einen Ausgleich zu suchen, nicht aber mit Rußland zusammen ein Bündnis gegen das Reich zu schmieden. Zu leicht konnte ein solches Vorhaben in den Krieg zwischen den Engländern und den Deutschen umschlagen, als deren Gewinner ungeachtet seines Ausgangs mit Sicherheit die Sowjets dastehen würden.

Bis zur Unvereinbarkeit verschieden nahmen sich die Ordnungsentwürfe und Krisenstrategien der Russen und Briten aus, mit denen diese den in sich unterschiedlichen Attacken der unruhigen Deutschen, Italiener und Japaner begegneten. Die Sowjetunion fügte die gleichzeitig defensiv und offensiv angelegte Zielsetzung ihrer äußeren Politik in ein Konzept der kollektiven Sicherheit ein, das einige Jahre lang über das der Bilateralität dominierte. Im Kern der Dinge forderten die Sowjets nichts anderes als eine große Koalition in Permanenz, welche die Aggressoren abschreckend in Schach zu halten imstande sein sollte.

Dem setzte Großbritannien seine Politik des *appeasement* entgegen. Sie ging nicht davon aus, *gegen* Deutschland, Italien und Japan die Existenz des gefährdeten Friedens zu erhalten, sondern vielmehr *mit* diesen zusammen den Wandel der alten Ordnung vernünftig zu gestalten. Die eine Seite plädierte im Sinne von Außenminister Litwinow für eine Unteilbarkeit des Friedens, weil Produzenten und Konsumenten von Sicherheit aufeinander angewiesen waren. Die andere spekulierte auf Möglichkeiten einer Teilbarkeit des Friedens, weil ihr mit seiner Unteilbarkeit das Risiko des globalen Krieges allzu eng verbunden erschien. In begrenztem Maße Festigkeit zu demonstrieren, war sie nur um den Preis weitblickender Nachgiebigkeit an anderem Ort imstande. Die diesem Entwurf der Briten zugrundeliegende Annahme von der Wandlungsfähigkeit des totalitären Gegenübers teilten die Sowjets, weil ihnen die Qualität ihres zwillinghaften Kontrahenten vertrauter gewesen sein mag, ganz offensichtlich nicht.

Anders dagegen Chamberlain! Zwar verachtete er Hitler, nannte ihn unter dem Eindruck des ersten Zusammentreffens mit dem Diktator »den ordinärsten kleinen Hund«[144] und bekannte im Anschluß an diese Begegnung dennoch optimistisch: »Meinerseits gewann ich, trotz der Härte und der Rücksichtslosigkeit, die ich in seinem Gesicht zu sehen glaubte, den Eindruck, auf diesen Mann könne man sich verlassen, wenn er einem sein Wort gegeben hatte.«[145] Nun, bald mußte er bitter erfahren, daß dem nicht so war. Seine Erwartungen freilich, im Zusammenwirken mit Hitler, nicht aber im Gegensatz zu ihm den Frieden zu retten, gab er längst noch nicht auf.

Der englische Premierminister erkannte in seiner Unterredung mit dem Diktator das Recht der Sudetendeutschen auf Selbstbestimmung ebenso an wie die Abtretung der von ihnen bewohnten Gebiete an das Reich. Die Franzosen trugen die britische Auffassung mit. Allerdings bestanden sie auf einer internationalen Garantie für die verbleibende Tschechoslowakei und sprachen sich gegen eine Volksabstimmung in den strittigen Territorien aus. Würde das Beispiel des Plebiszits Schule machen, war die Südosteuropa verordnete Nachkriegsgestalt kaum mehr zu bewahren. Angesichts der gemeinsam von Briten und Franzosen bezogenen Haltung blieb den Tschechen nichts anderes übrig, als sich unter Protest in das Unabwendbare zu schicken.

Daß die drohende Balkanisierung der Tschechoslowakei, die Winston Churchill aufs schärfste verurteilte, eben nicht allein das direkt betroffene Land in Mitleidenschaft zog, »sondern auch die Freiheit und die demokratische Regierungsform aller Nationen«[146], war eine weitblickende Einsicht, der die umgehende Anerkennung versagt blieb. In der Tat war der von Churchill gegeißelte Versuch Chamberlains, Sicherheit dadurch zu erkaufen, daß man »einen kleinen Staat den Wölfen vorwirft«, auf Dauer, die nicht einmal lange währte, nicht mehr als »ein verhängnisvoller Irrtum«[147].

Doch Chamberlain ließ sich, weil es hier und jetzt um die Entscheidung für sein Land ging, in einen Krieg einzutreten oder weiterhin in Frieden zu leben, nicht von seinem Weg abbringen, den er schon lange eingeschlagen hatte und den er konsequent fortsetzte. »Welch ein Trick«, vertraute Thomas Mann am 22. September, als Chamberlain Hitler zum zweiten Mal persönlich in Deutschland aufsuchte, seinem Tagebuch ebenso verbittert wie resigniert an: »Ein Groß-Reich aufzurichten durch Erpressung des pazifistischen Reifezustandes der anderen! Die Geschichte wird's rühmen.... so weit sind die Menschen, ihre Aufklärung hält beim Pazifismus: Das ist für den Tiefstand die große Gelegenheit, seine ›historische‹ Stunde.«[148]

Dennoch drohte aus der Verhandlungsszene ein Kriegsschauplatz zu werden. Als Chamberlain bei seinem zweiten Deutschlandaufenthalt in Bad Godesberg das beim ersten Treffen Vereinbarte bestätigte, zeigte sich der deutsche Diktator damit plötzlich nicht mehr zufrieden. Vielmehr verlangte er von den Briten, daß sie einem unverzüglichen Einmarsch der Wehrmacht in die strittige Region und einem Plebiszit in einem noch nicht genau festgelegten Territorium zustimmten. Darüber hinaus machten, von Hitler dazu animiert, jetzt auch die Polen und die Ungarn der Tschechoslowakei gegenüber Gebietsansprüche geltend.

Von der am 24. September gescheiterten Godesberger Konferenz blieb nichts als ein deutsches Ultimatum zurück, in dem Hitler bis zum 28. September 1938 um 14 Uhr auf einer bedingungslosen Annahme seiner Forderungen bestand. Überall in Europa kam nunmehr eine gefährliche Bewegung in Gang, die politischer Steuerung leicht entgleiten konnte. Am 25. September setzte Großbritannien seine Flotte in Kriegsbereitschaft, und Frankreich berief Reservisten ein; einen Tag später schmähte Hitler in einer haßerfüllten Rede im Berliner Sportpalast den tschechoslowakischen Präsidenten Benesch und beteuerte gleichzeitig, dieses Mal handele es sich tatsächlich um seine letzte territoriale Forderung; am selben Tag versicherte Großbritannien die Franzosen des englischen Beistandes, falls sie für die Tschechoslowakei eintreten würden, und wiederum einen Tag danach informierte Sir Horace Wilson, der Vertraute des britischen Premierministers, Hitler im Auftrage Chamberlains von dieser Haltung seiner Regierung.

Dennoch: Dem englischen Premierminister wollte und wollte es einfach nicht in den Kopf gehen, daß der so weit entfernt liegende, im Grunde geringfügig erscheinende Anlaß es wert sein sollte, sein Land und das Empire in den Krieg zu führen. In der Sache hatte sich seit seinem ersten Besuch bei Hitler nichts geändert: Die sudetendeutschen Gebiete der Tschechoslowakei sollten an das Deutsche Reich abgetreten werden. Lohnte es sich also, nur wegen der vom Diktator einseitig veränderten Vorgehensweise die militärische Auseinandersetzung zu riskieren?

Chamberlain lenkte nochmals ein: Vor Abschluß des Ultimatums bat er Mussolini um die Vermittlung Italiens. Der »Duce« nahm bereitwillig an, und Hitler willigte notgedrungen ein. Daß er sich von den am Frieden Interessierten gleichsam überrumpeln ließ, lag daran, daß er sich letztlich doch nicht darüber im klaren war, wo Italien im Falle einer Auseinandersetzung stehen würde; daß er in bezug auf Englands Haltung unsicher geworden war; und daß er die allgemeine Kriegsunwilligkeit der deutschen Bevölkerung deprimiert zur Kenntnis nehmen mußte.

Am 29. September 1938 trafen Chamberlain, Daladier, Mussolini und Hitler in München zusammen. Der italienische »Duce« unterbreitete einen Vorschlag: Dieser war in der Wilhelmstraße, am kriegslüsternen Außenminister vorbei, unter der Federführung des Staatssekretärs von Weizsäcker und unter Mitwirkung von Neuraths, ja sogar Hermann Görings ausgearbeitet worden. Sein Ziel war, den Frieden zu erhalten. Widerwillig fügte sich Hitler dem von Mussolini Unterbreiteten.

Im wesentlichen wurde vereinbart, daß der Einmarsch der Wehrmacht in die sudetendeutschen Gebiete am 1. Oktober beginnen und am 10. dieses Monats abgeschlossen sein sollte. Der tschechoslowakische Reststaat erhielt durch England und Frankreich eine Bestandsgarantie, der sich Deutschland und Italien, sobald die Frage der polnischen und ungarischen Minderheiten geregelt war, anschließen wollten. Die Tschechen und Slowaken wurden nicht nach ihrem Einverständnis gefragt: Europas große Mächte diktierten ihnen das zukünftige Schicksal. So gut wie sicher zeichnete sich der Zerfall dieses Staates ab, der am 1. Oktober Polen das Teschener Gebiet zu überlassen und der im Inneren der Slowakei sowie der Karpatho-Ukraine weitgehende Autonomie zu gewähren hatte.

Am Morgen nach der Münchener Konferenz trafen Hitler, über die ihm entwundene Chance, endlich Krieg führen zu können, tief enttäuscht, und Chamberlain, über den ihm zugefallenen Erfolg, in letzter Minute den Frieden gerettet zu haben, sichtbar erfreut, in der Münchener Privatwohnung des deutschen Diktators erneut zusammen. In einer gemeinsamen Erklärung, die für Chamberlain so grundlegende Bedeutung besaß wie Hitler auf das lästige Papier keine Rücksicht zu nehmen entschlossen war, kamen die Unterzeichner überein, »Fragen, die unsere beiden Länder angehen, nach der Methode der Konsultation zu behandeln«[149]. Das war, was Chamberlain schon lange wollte, war aber auch das, was Hitler von Anfang an ablehnte! Der Premierminister gab sich der trügerischen Hoffnung hin, den »Führer« vom Vernünftigen überzeugt zu haben: Das Münchener Abkommen und der Flottenpakt symbolisierten den Wunsch der beiden Völker, »niemals wieder gegeneinander Krieg zu führen«[150]. Allerdings war das Vereinbarte tatsächlich viel weniger wert, als Chamberlain hoffnungsvoll erwartete, und stellte für Hitler, der mißmutig unterschrieb, bereits viel zuviel an abgetrotztem Entgegenkommen dar.

Daß der »Frieden in unserer Zeit«, wie Chamberlains stolze Formel lautete, im letzten Moment aus den Fängen des Kriegsgottes gerettet worden war, wurde überall, in England und Frankreich zumal, aber auch in Deutschland, begeistert gefeiert. Enttäuscht über den Erfolg der Friedensbewahrung, den seine Gegner und Partner ihm abgerungen hatten, und noch stärker deprimiert über die Friedenssehnsucht der Deutschen, stellte Hitler fest, worum es ihm eigentlich ging: »Mit diesem Volk kann ich noch keinen Krieg führen.«[151]

Der Diktator, der seiner Nation, ohne einen Tropfen Blut vergossen zu haben, die großdeutschen Wünsche erfüllt hatte, stand auf einem Höhepunkt seiner Popularität und Macht. Jedem Gedanken an einen Staatsstreich war der Boden entzogen. Das Wort vom Genie des »Führers« machte die Runde; abgöttische Verehrung verlieh seiner tyrannischen Herrschaft mythische Züge. Die Zeit und ihre Umstände, hätte er sie ohne schädliche Ungeduld und zerstörerischen Eingriff gewähren lassen, schienen ihn zu tragen, sogar für ihn zu arbeiten. Doch der Mann an der Spitze des Reiches war nicht Bismarck, der Kanzler der Hohenzollern, sondern Hitler, der Usurpator von der Straße. Das heißt aber: Seine maßlosen Ziele erlaubten ihm nicht, über das zu verfügen, was die Legitimität erwählten Herrschern ebenso wie gewählten Repräsentanten viel großzügiger verleiht, nämlich verweilen zu dürfen, sogar Rückschläge verwinden zu können.

Wie nahm sich die Lage des Deutschen Reiches vor dem Hintergrund der internationalen Konstellation im Herbst 1938 aus? Alles, was Hitler bislang an territorialem Zugewinn erstritten hatte, stand auf der einen Seite im Einklang mit Forderungen, die aus der nationalstaatlichen Tradition erwuchsen, und entsprach auf der anderen Seite dem Selbstbestimmungsrecht, das aus westlichen Prinzipien gespeist war. Aus diesen bislang plausiblen Grundsätzen konnte für weitere Objekte, die dem nimmersatten Zugriff des rastlos Voranjagenden anheimfallen würden – von den illegalen Methoden ihrer gewaltsamen Erwerbung abgesehen – keine Rechtfertigung mehr abgeleitet werden. Übrig blieben nur noch die nackte Eroberungssucht, der schiere Imperialismus gegenüber europäischen Nachbarn und die brutale Unterwerfung fremder Völker.

Im Verlauf der glücklich überstandenen Krise um die Tschechoslowakei war der Kriegswille Hitlers, der seinen Münchener Sieg im Grunde als bittere Niederlage empfand, allen Eingeweihten in Deutschland mit erschreckender

Überdeutlichkeit klar geworden. Noch kurz vor Kriegsende, im Februar 1945, sinnierte der besiegte Diktator in seinem Berliner Bunker über die »einmalige Gelegenheit«: »Schon 1938 mußten wir losschlagen. Damals war die letzte Gelegenheit, den Krieg abzugrenzen. Aber sie akzeptierten alles; wie Schwächlinge gaben sie allen meinen Forderungen nach. Unter solchen Voraussetzungen war es tatsächlich schwierig, einen Krieg vom Zaune zu brechen. Wir haben in München eine einmalige Gelegenheit verpaßt, den unvermeidlichen Krieg leicht und rasch zu gewinnen.«[152] Mit anderen Worten, im Herbst 1938 wußte Hitler bereits fest, wovon Chamberlain um nichts in der Welt etwas wissen wollte: daß der Krieg nur vertagt war.

Daher wurde die Kapitulation von München nicht nur vom britischen Regierungschef, sondern im ganzen Land als Sieg gefeiert. Die beängstigend hervortretende Tendenz, sich auf Dauer vor die Alternative gestellt zu sehen, mit einer deutschen oder amerikanischen Abhängigkeit vorliebnehmen zu müssen, wurde aufgeschoben, bis sie sich zwei Jahre später, im Weltkrieg, zuspitzte und unter dem Zwang des Unausweichlichen entschied. Erst einmal schienen die Chancen, die globale Pax Britannica zu behaupten, wieder zu wachsen. Unabdingbare Voraussetzung dafür war, um nahezu jeden Preis den Frieden der Welt zu bewahren. Aus inneren und äußeren Gründen fühlte sich der Premierminister zu diesem Erfolg geradezu verurteilt, um das Empire und die Gesellschaft, so wie sie waren, im großen und ganzen zu erhalten. Daher gab es für ihn keine Alternative zu seiner konservativen Appeasementpolitik. Ebendiese Tatsache ließ sie aber unausweichlich in eine Sackgasse geraten, an deren Ende der Krieg stand.

Mit erschütternder Eindeutigkeit und weitreichenden Folgen hatte Frankreich, vor aller Welt sichtbar, als Garantiemacht des Bestehenden, zu weiten Teilen sogar als Großmacht abgedankt. Ohne seiner Aufgabe nachzukommen, tatkräftig für den Erhalt der existierenden Ordnung einzutreten, hatte es sich, so »wie die Lotus essenden Mandarine hinter der großen Chinesischen Mauer«[153] ihr kultiviertes Heil gesucht hatten, in den trügerischen Schutz der Maginotlinie geflüchtet. Scheinbar nur noch zum Sterben fähig, wie der kriegstrunkene und todessüchtige Hitler verblendet annahm; tatsächlich aber, weil es partout nicht sterben wollte und der selbstgenügsamen Freude an seinem angenehmen Leben erlegen war. Auf ihr privilegiertes Dasein wollten die Bürger eines Landes nicht verzichten, in dem es sich im Vergleich mit vielen anderen Völkern Europas immer noch wie »Gott in Frankreich« leben ließ.

Daher fiel es verhängnisvollerweise leicht, auf die Rechtsbeugungen und Schandtaten der Diktaturen, selbst wenn sie andere Staaten das Leben kosteten, nur mit vordergründiger Aufregung zu reagieren und sich schnell wieder dem einlullenden Vergessen anheimzugeben. Frankreichs äußere Politik, die in unübersehbarer Parallele, nicht selten in abhängiger Entsprechung zur britischen Appeasementpolitik gleichfalls der Beschwichtigung Hitlers huldigte, mochte sich im einzelnen ohne Zweifel aus Elementen zusammensetzen, die eines wie das andere verständlich, bedenkenswert, vielleicht sogar ehrenhaft erschienen. Als Produkt zeitigten sie insgesamt mit Sicherheit Ergebnisse, die sich in Tatenscheu und Ohnmacht niederschlugen. Am Ende ihrer Politik der »décadence« (Jean-Baptiste Duroselle) blieb den Franzosen der bittere Schmerz über das beklagenswerte Schicksal ihres eroberten Landes nicht erspart.

Mit seinem gelungenen Spiel als Vermittler und Friedensstifter hatte Mussolinis Italien sprunghaft an Prestige gewonnen. Trotz seines martialischen Gehabes, so viel war klar geworden, lag dem »Duce« daran, vorläufig jedenfalls, den Frieden zu bewahren. Zu diesem Zweck hatte er, wohl das einzige Mal im Verlauf ihrer »brutalen Freundschaft«[154], Hitler, der ihn ansonsten vor vollendete Tatsachen zu stellen pflegte, zu überspielen und für einen Augenblick lang ein Stück eingebüßter Unabhängigkeit zurückzugewinnen vermocht.

Was die Sowjetunion anging, war sie von dem in München versammelten »inneren Kreis«[155] der europäischen Mächte bewußt nicht herangezogen worden. Zu Recht fühlte sie sich demgemäß als ausgekreist. Im machtpolitisch überschätzten Polen, das sich habgierig am Raub der in München vergebenen Beute beteiligte und das, selbst bereits im langen Schatten der nationalsozialistischen Expansion, die Tschechoslowakei als »ein zum Tode verurteiltes Land«[156] abtat, hielten Warschauer Diplomaten die Tatsache, die Sowjetunion draußen vor der Tür zu lassen, für einen »besonders glücklichen Aspekt«[157] der damaligen Entwicklung. Daß das im Westen isolierte Rußland, das zur Zeit der tschechoslowakischen Krise an den Grenzen seiner fernöstlichen Provinzen militärische Scharmützel, sogar regelrechte Gefechte mit den japanischen Eindringlingen zu bestehen hatte, nach neuen Wegen Ausschau halten mußte, um angesichts seiner hemisphärischen Bedrohung nicht am Ende allein dazustehen, liegt auf der Hand. Wenn die Politik der kollektiven Sicherheit fehlschlug, wenn es darüber hinaus zu keiner Allianz mit den Westmächten kam, blieb für die Sowjets nur der Ausweg, sich mit den Deutschen zu verständigen. Daß von der Münchener Konferenz aus kräftige Spuren zum »Hitler-Stalin-Pakt« führten, leuchtet ebenso ein, wie es falsch wäre, die offene Entwicklung zwischen dem September 1938 und dem August 1939 als eine Einbahnstraße mißzuverstehen.

Japan, dessen ostasiatische Expansion nicht nur die Aufmerksamkeit der Sowjetunion band, sondern auch Großbritannien und die Vereinigten Staaten von Amerika beschäftigte, verkündete im Gefolge des Zurückweichens der Westmächte vor Hitlers Deutschland am 22. November 1938 die »Neue Ordnung Ostasiens«: Von China, das vom Kaiserreich seit dem Sommer 1937 mit Krieg überzogen wurde, wollte der neue Hegemon nicht mehr lassen.

Das provozierende Auftreten der Japaner mußte die Vereinigten Staaten von Amerika auf den Plan rufen. Sie steckten nach wie vor tief im Isolationismus und hatten gegenüber dem in München Geregelten unverkennbare Distanz gehalten. Damit waren sie dem Großbritannien Chamberlains gewissermaßen entgegengekommen, das eigensüchtig darauf bedacht war, die europäischen Belange möglichst ohne die unerwünschte Einmischung der Amerikaner und Sowjets zu regeln. Zu berücksichtigen ist freilich, daß sich, durch die spektakulären Begebenheiten in der Alten Welt teilweise verdeckt, die Bedeutung des im Bürgerkrieg zerrissenen China in der amerikanischen, bis zu einem gewissen Maße auch in der britischen und sowjetischen Einschätzung einfach relevanter ausnahm als das, was sich im Zusammenhang mit der kleinen Tschechoslowakei abspielte. Dennoch: Insgesamt war es Hitlers Deutschland, welches das europäische Zentrum der Weltpolitik weit gefährlicher herausforderte, als Japan das ostasiatische Teilsystem bedrohte. Was die Reaktionen der Herausgeforderten anging, überwogen, zumindest der Tendenz nach, in Ostasien die Abschreckung und in Europa die Beschwichtigung. Geradezu paradox wurden die Elemente der Entschiedenheit und der Nachgiebigkeit, des Risikos und des Einlenkens miteinander vermischt, ohne daß das eine oder das andere, hier wie dort, gänzlich unverschnitten hätte wirken können.

Überblickt man das Ergebnis der Münchener Konferenz in der historischen Perspektive, die der verhängnisvolle Gang der Dinge schon unverhältnismäßig bald eröffnete, so war es nicht gelungen, den »Frieden für unsere Zeit« dauerhaft zu sichern. Daß es sich um einen »Frieden mit Ehre« handelte, wie Chamberlain überschwenglich verkündet hatte, war trotz des Jubels, mit dem das Resultat von München begrüßt wurde, nicht ungeteilt akzeptiert. Vor die »traurige Entscheidung zwischen Krieg und Schande«[158] gestellt, hatte Winston Churchill mit dem ihm eigenen tapferen Heroismus im Vorfeld von München gegen den sich abzeichnenden Verrat angekämpft. Neville Chamberlain, der mit kühlem Verstand die britischen Interessen kalkulierte und mit heißem Herzen den europäischen Frieden zu retten bemüht war, stellte er die düstere Prognose: »Ich habe das Gefühl, daß wir uns für die Schande entscheiden werden, um etwas später dennoch in einen Krieg getrieben zu werden, und zwar zu noch ungünstigeren Bedingungen als heute.«[159]

Chamberlains durch und durch vernünftiger, höchst zivilisierter Politik vermochte es letztlich nicht zu gelingen, den Frieden zu bewahren, weil Hitler der Gegenspieler war, der, durch und durch unvernünftig, den Krieg wollte. Daher wäre es nicht angemessen, den Teilerfolg von München leichtfertig zu verkennen. Immerhin war es gelungen, den Waffengang zu vertagen und Zeit zu gewinnen. Für das Unheil, das vielleicht doch oder sogar wahrscheinlich kommen würde, vermochte man sich moralisch wie militärisch zu wappnen. Ebensowenig ist freilich zu übersehen, was insgesamt schwerer wog: Die tragische Kehrseite des scheinbaren Triumphes der Friedenspolitik lag in der dadurch wahrscheinlicher gewordenen Unvermeidbarkeit der kriegerischen Auseinandersetzung. Denn mit dem Instinkt eines Raubtieres, das die Angst des Dompteurs wittert, hatte Hitler, wie er im August 1939 rückblickend zu verstehen gab, »die armseligen Würmer Daladier und Chamberlain ... in München« verachten gelernt: »Sie werden zu feige sein, anzugreifen.«[160]

Die bleibende Einsicht von München, wonach Moral ohne Macht wirkungslos und Macht ohne Moral bedeutungslos ist, verflüchtigte sich zeitgenössisch, fürs erste jedenfalls, ins folgenschwer Wirkungslose. Chamberlain, der auf die Überlegenheit seiner Argumente vertraute, hatte diese grundlegende Maxime der internationalen Politik noch nicht verstanden; Hitler, der sich allein auf den brutalen Effekt seiner furchteinflößenden Waffen verließ, sollte sie niemals begreifen. Wie gebannt starrte er vielmehr auf das nahende Ende der Tschechoslowakei!

Das Ende der Tschechoslowakei

Als die gerade noch einmal davongekommenen Europäer die wärmenden Strahlen der herbstlichen Friedenssonne von München zu genießen suchten, erteilte Hitler der Wehrmacht am 21. Oktober eine Weisung, die neues Unheil ankündigte: Es müsse »möglich sein«, verfügte der Kriegsbesessene, »die Rest-Tschechei jederzeit zerschlagen zu können, wenn sie etwa eine deutsch-feindliche Politik betreiben würde«[161]. Erst drei Wochen waren vergangen, daß der Krieg mühsam abgewendet worden war!

Von der tschechoslowakischen Regierung war nicht im entferntesten Widerstand gegen das Reich zu erwarten. Sie suchte im Gegenteil ihr selbständiges Überleben durch Anlehnung an ihren Henker zu retten, der zur Exekution bereitstand. Unbotmäßigkeit von tschechoslowakischer Seite konnte also nicht der Grund für Hitlers Entschluß sein, den nächsten Schlag vorzubereiten. Maßgeblich dafür war vielmehr eine wie blind vorwärtstreibende Dynamik, die ihn zunehmend stärker ergriff. Hitler wirkte mittlerweile wie der Gefangene seiner maßlosen Ziele und seiner gewaltsamen Methoden. Besorgt warf Albrecht Haushofer, der im Verlauf des Jahres 1938 von der kritischen Mitarbeit im »Dritten Reich« zur tätigen Opposition gegen das nationalsozialistische Regime überging und seinen tapferen Widerstand gegen die braune Tyrannis am Ende des Zweiten Weltkrieges mit dem Leben bezahlte, die für den Erhalt des Friedens oder den Ausbruch des Krieges entscheidende Frage auf: »Gibt es eine Grenze der deutschen, insbesondere der nationalsozialistischen Dynamik?«[162]

Der selbstentfesselte Schwung schien Hitler beinahe fortzureißen – und trieb letztendlich in die Richtung, die durch die Ziele seiner historischen Vision markiert war. Für den rastlosen Alleinherrscher stellte das, was er bislang erreicht, und das, was er mit dem geplanten Ende der Tschechoslowakei zum Greifen nahe vor sich hatte, wie er rückblickend erklärte, »nur ein[en] Schritt auf einem langen Weg«[163] dar. Er sollte zu den weitgehend noch verborgenen

Endzielen der nationalsozialistischen Diktatur führen. Von ihnen ahnten selbst diejenigen nichts, die in der mitteleuropäischen Vormacht des Reiches eine willkommene Voraussetzung erblickten, um gegenüber Polen aktiv zu werden, um Einfluß auf Südosteuropa zu nehmen und um überseeische Kolonien zurückzugewinnen. Hitler selber sah im bislang erzielten Landgewinn dagegen nicht mehr als zusätzlichen Einsatz für sein großes Spiel.

Jeder außenpolitische Erfolg, der das zutiefst Illegitime seiner Herrschaft vergessen ließ und der sie im Inneren zu festigen half, konnte der verwerflichen Natur des unrechtmäßigen Regimes nach nur der Auftakt zum zwangsläufig nächsten Abenteuer sein, das die ansonsten häßlich hervortretenden Blößen der Usurpation aufs neue gewaltsam verdeckte. Selbst wenn es so gewesen ist, wie der Historiker Hermann Graml mit bedenkenswerten Argumenten nüchtern urteilt, daß »der Triumph von München« ausgereicht hätte, um in der »Bewegung und [im] Herrschaftssystem ... jahrelang für Zufriedenheit und Ruhe zu sorgen«[164], bleibt über den objektiven Tatbestand hinaus der subjektive Faktor des Gesamten zu berücksichtigen, den Graml als das ausschlaggebende Element in einem vielschichtigen Wirkungszusammenhang hervorhebt: Hitler! Seine durch nichts zu bändigende »Unruhe« war es, die Europa unentwegt in Atemlosigkeit versetzte! Sie kam »aus ihm selbst«[165], und sie ging von ihm selbst aus; sie verursachte den Expansionismus des Reiches, und sie ließ ihn nicht wieder abreißen. Alles in allem glich Hitlers Diktatur zunehmend mehr dem Süchtigen, den die aufputschende Injektion euphorisch belebt; gleichwohl verschärft sie doch nur die aufzehrende Krankheit, weil die unstillbare Begierde nach dem nächsten »Schuß« des tödlichen Stoffes, mit zeitlich schwindendem Intervall, beständig wächst.

Die ruinöse Unrast eines vom Gift aus Raum und Rasse Abhängigen ließ Hitler nicht mehr aus ihren mörderischen Fängen. Ihnen hatte er sich bewußt hingegeben; aus ihnen wollte er sich – ob er dazu noch die Fähigkeit besaß oder nicht, sei dahingestellt – auch nicht lösen. Dessenungeachtet war »Hitler ... der Souverän und in seinen Entscheidungen frei von situationsbedingten oder systemimmanenten Zwängen«[166]. Auf spezifische Art und Weise frei, nämlich von allen Bindungen des Überlieferten losgelöst, und dennoch im ehernen Gehäuse seiner historischen Vision gefangen, hatte er sich dafür entschieden, das vollständige Ende der Tschechoslowakei herbeizuführen. Gleichzeitig beschäftigte ihn bereits die polnische Frage, über die er Europa schließlich in den Zweiten Weltkrieg stürzte.

Am 24. Oktober 1938 schlug Außenminister von Ribbentrop dem polnischen Botschafter Lipski eine »Generalbereinigung«[167] aller zwischen Berlin und Warschau strittigen Fragen vor. Am 24. November wies Hitler die Wehrmacht an, Vorbereitungen für eine überraschende Besetzung Danzigs zu treffen. Noch blieb den Polen, die zu den Beutemachern von München gehört hatten, Bedenkzeit, ob sie mit Deutschland zusammen gegen die Sowjetunion Front zu machen bereit waren oder nicht. Für den Fall einer abschlägigen Antwort drohte ihnen vom mächtigen Nachbarn im Westen Unheil, der sich jetzt erst einmal der tschechischen Frage zuwandte. Der im Anschluß an München flüchtig erwogene Gedanke an einen »Zwischenkrieg« im Westen verblaßte, zumal es Frankreich gegenüber bald zu Entwicklungen kam, die diese Eventualität noch weiter zurücktreten ließ.

Was die nun ins Zentrum der deutschen Außenpolitik rückende Attacke gegen die Tschechoslowakei anging, war Hitler davon überzeugt, leichtes Spiel zu haben. Am 17. Dezember 1938 befahl er der Wehrmacht, die »Erledigung der Resttschechei« lediglich als eine »Befriedungsaktion«[168] vorzubereiten, ohne sich auf einen großen Krieg einzustellen. Offensichtlich rechnete der Diktator nicht mit dem Widerstand der Westmächte, erst recht nicht mit einem Aufbegehren der vom Reich abhängigen Tschechoslowakei. Seine optimistische Lagebeurteilung stützte sich nicht zuletzt auf die Tatsache, daß sowohl England und Frankreich als auch die Tschechoslowakei den »Ersten Wiener Schiedsspruch« der Deutschen und Italiener vom 2. November 1938 anerkannt und damit die Führungsrolle des Reiches in Mitteleuropa akzeptiert hatten. Als sich Ungarn und Tschechen in den im Anschluß an das Münchener Abkommen begonnenen Verhandlungen über die von Budapest zu Lasten Prags erhobenen Gebietsforderungen nicht einigen konnten, sprachen Deutschland und Italien, ohne sich um die auf der gerade zurückliegenden Konferenz für einen solchen Fall ausdrücklich vorgesehenen Regelungen weiter zu kümmern, den Ungarn die südlichen Grenzgebiete der Slowakei und der Karpatho-Ukraine einfach zu.

Das Ende der Tschechoslowakei gedachte Hitler, gleichsam über Nacht ohne militärischen Einsatz herbeizuführen. Im übrigen ging er daran, das zu seinem Kummer wenig kriegsbereite Volk der Deutschen auf die Waffengänge der Zukunft einzustellen. Schon seine Saarbrücker Rede vom 9. Oktober 1938, die von antienglischen Ausfällen nur so strotzte, wies die hoffnungsvolle Überzeugung vom »Frieden in unserer Zeit« als bittere Illusion aus. Was er einen Monat darauf in einer nichtöffentlichen Rede, um die deutsche Presse auf den künftigen Generaltenor der nationalsozialistischen Propaganda einzustimmen, vor 400 Journalisten und Verlegern ausführte, ließ keinen Zweifel mehr daran, daß er das Reich von nun an mit ungeteilter Entschlossenheit auf den Kriegskurs dirigierte.

Gezwungenermaßen habe er bislang »fast nur vom Frieden ... reden«[169] müssen. Allein auf diesem Weg sei es überhaupt möglich gewesen, »dem deutschen Volk Stück für Stück die Freiheit zu erringen und ihm die Rüstung zu geben, die immer wieder für den nächsten Schritt als Voraussetzung notwendig war«. Einen derart gewundenen Weg einzuschlagen, »kann nur zu leicht dahin führen, daß sich in den Gehirnen vieler Menschen die Auffassung festsetzt, daß das heutige Regime an sich identisch sei mit dem Entschluß und dem Willen, den

Frieden unter *allen* Umständen zu bewahren«. Daher gehe es jetzt darum, um einer »falschen Beurteilung der Zielsetzung dieses Systems« entgegenzuwirken, »das deutsche Volk psychologisch allmählich umzustellen und ihm langsam klarzumachen, daß es Dinge gibt, die, wenn sie nicht mit friedlichen Mitteln durchgesetzt werden können, mit den Mitteln der Gewalt durchgesetzt werden *müssen*«. Allein, mit der bestürzenden Eindeutigkeit, mit der Hitler vor den Repräsentanten der gelenkten Presse den Krieg als die »Zielsetzung« des »Dritten Reiches« herausstellte, vermochten die ausländischen Staatsmänner diesen erschreckenden Tatbestand immer noch nicht auszumachen.

Die Außenpolitik des »Dritten Reiches« enthielt, im schwer durchschaubaren Zusammenhang ihrer verwirrend vielschichtigen Existenz, neben den unübersehbar kriegerischen Zügen, die ihr von Anfang an innewohnten und die immer schärfer hervortraten, noch ganz andere Elemente: Sie verwiesen zum einen auf weit Leidvolleres als das, was der »europäische Normalkrieg«[170] den Menschen an Schrecklichem gemeinhin aufzubürden pflegte; sie verwiesen zum anderen auf eher Tröstliches, wenn der zeitgenössisch hoffende Blick auf die verheißungsvollen Symptome friedensbewahrender Initiativen fiel. In der Tat gab es sehr unterschiedliche Triebkräfte in der äußeren Politik des nationalsozialistischen Deutschland. Ihre neuartigen und herkömmlichen Faktoren existierten, kaum unterscheidbar, neben- und miteinander; störten sich, vorläufig jedenfalls, kaum, sondern ergänzten sich, ganz im Gegenteil, auf effektive Art und Weise.

Nicht zu übersehen war vor allem, daß der Rassismus, das lange Zeit kaum zureichend erkannte Bewegungsgesetz, das Telos des »Dritten Reiches«, jetzt stärker hervortrat. Noch konkurrierten, was die so genannte »Judenfrage« anging, recht unterschiedliche Ideen, Erwägungen und Versuche, sich der »Lösung« dieses von den Nationalsozialisten programmatisch in das Zentrum ihrer Politik gerückten »Problems« zu nähern: Es gab beispielsweise die Auswanderungs- und Deportationspläne, die Hermann Göring, zeitweise auch den damit von Hitler betrauten Hjalmar Schacht unter dem Gesichtspunkt der für das Reich entscheidenden Devisenfrage beschäftigten; es gab daneben das Vorhaben des Chefs des Sicherheitsdienstes und der Geheimen Staatspolizei, Reinhard Heydrich, das die jüdische Bevölkerung aus dem Reich zu verdrängen und im Zusammenwirken mit zionistischen Organisationen den Exodus nach Palästina zu fördern vorsah. Im Rückblick betrachtet stellten sie Etappen auf dem Weg zu der »Endlösung« dar, die in Hitlers Gedankenbildung im Prinzip stets angelegt war.

Die Innen- und Außenpolitik des Regimes gleichermaßen einschließend, nahm die rassenideologische Zielsetzung des kommenden Krieges um die Jahreswende 1938/39 bereits drohende Gestalt an. Im Anschluß an das Pogrom der so genannten »Reichskristallnacht« vom 9. November fand am 12. dieses Monats unter dem Vorsitz von Hermann Göring eine Besprechung im Reichsluftfahrtministerium statt. In Anwesenheit von Goebbels und Heydrich sowie der Minister Funk, Schwerin von Krosigk, Gürtner und Frick wurde über die antijüdische Politik beraten. Bei dieser Gelegenheit gab Göring die Parallelität, vielleicht muß man sagen: Deckungsgleichheit von Judenpolitik und Kriegführung im »Dritten Reich« zu erkennen. Offenbar konnte das, was man eigentlich wollte, erst verwirklicht werden, wenn die ohnehin längst brüchige Normalität des Friedens endlich von dem lange drohenden Ausnahmezustand des Krieges abgelöst worden war. Das heißt, die moralischen Grenzen des Überlieferten mußten, um das Perverse in die Tat umsetzen zu können, im kriegerischen Eroberungszug der Revolutionäre gesprengt werden: »Wenn das Deutsche Reich in irgendeiner absehbaren Zeit in außenpolitischen Konflikt kommt, so ist es selbstverständlich, daß wir auch in Deutschland in aller erster Linie daran denken werden, eine große Abrechnung an den Juden zu vollziehen!«[171]

Diese Drohung wurde nur wenige Wochen später, am 30. Januar 1939, von Hitler in einer denkwürdigen Reichstagsrede wiederholt. Mit dumpfem Grollen beschwor sie gleichfalls die geradezu herbeigewünschte Verbindung zwischen dem kommenden »Weltkrieg« und der damit einhergehenden »Vernichtung der jüdischen Rasse in Europa«: »Wenn es dem internationalen Finanzjudentum in und außerhalb Europas gelingen sollte, die Völker noch einmal in einen Weltkrieg zu stürzen, dann wird das Ergebnis nicht die Bolschewisierung der Erde und damit der Sieg des Judentums sein, sondern die Vernichtung der jüdischen Rasse in Europa.«[172]

Zum einen war es der öffentlich bekundete, ständig wirkende Wille Hitlers, die »Judenfrage« möglichst total zu »lösen«, der dafür entscheidend war, daß später, in den Jahren des Zweiten Weltkrieges, ganz unterschiedliche Gelegenheiten und Anlässe genutzt werden konnten, um das Unvorstellbare, bei wucherndem Wachstum des totalitären Vernichtungswillens, zu verwirklichen. Zum anderen waren kriegerische Eroberung und rassische Exterminanation offenbar zwei Seiten ein und derselben Schreckensvision, deren abstoßende Satansgestalt jetzt mehr und mehr sichtbar wurde.

Schon am 8. November hatte der Reichsführer SS, Heinrich Himmler, in einer Rede vor seinen »lieben Männern« verkündet, Adolf Hitler werde »das größte Reich« schaffen, »das von dieser Menschheit errichtet wurde und das die Erde je gesehen hat«[173]. Wie sein »Führer« schon in den zwanziger Jahren prophezeit hatte, Deutschland werde entweder Weltmacht oder überhaupt nicht sein, zeigte sich sein Gefolgsmann davon überzeugt, daß außer weltweiter Herrschaft nur alles verschlingender Untergang übrigblieb. Denn der Vorkämpfer von Rassegedanken und Menschenzüchtung sah für die Zukunft nur das »großgermanische Imperium oder das Nichts«[174] voraus.

Die unheimlichen Zukunftsvisionen über die biologische Herrschaft und das arische Reich, die von den revolutionären Repräsentanten des nationalsozialistischen Regimes entwickelt wurden, deuteten auf das bestürzend Neuartige seiner bis dahin unbekannten Existenz hin. Im Zeichen der atemberaubenden außenpolitischen Erfolge, die alle, Regierende wie Regierte, Verführer und Verführte rauschhaft beflügelten, kamen auch auf seiten der traditionellen Eliten, bei allen Unterschieden zwischen Hitlerismus und Konservativismus im Wesentlichen, dennoch Zielsetzungen und Planungen zum Vorschein, die den kontinentaleuropäischen Rahmen weit überschritten. In diesem Lager des janusgesichtigen Staatsgebildes schlug die Politik der Revision gleichfalls ganz unverkennbar ins Expansionistische um. Ohne mit der menschenverachtenden Qualität des nationalsozialistischen Rassismus identisch zu sein, warfen bereits diese ausladenden Tendenzen deutscher Außenpolitik ernsthafte Fragen für die Existenz der Staatenwelt auf.

Im Jahre 1938 begann die Marine, sich mit den Problemen einer Seekriegführung gegen England zu beschäftigen. Über die kontinentalen Vorhaben deutscher Außenpolitik hinaus richtete sie den Blick auf die überseeische Weltmachtpolitik, die in Hitlers Gedankenbildung noch nicht aktuell war: »Wenn Deutschland nach dem Willen des Führers eine in sich gesicherte *Weltmacht*-Stellung erwerben soll«, heißt es in einer Stellungnahme von Admiral Carls zur »Entwurfsstudie Seekriegführung gegen England« vom September 1938, »bedarf es neben genügendem Kolonialbesitz *gesicherter Seeverbindungen und gesicherten Zugangs zum freien Ozean*«[175]. Ohne mit Hitlers Grundplan im einzelnen vertraut zu sein, maritime und überseeische Ziele erst in Angriff zu nehmen, wenn die europäische Hegemonie erstritten und das Imperium im Osten erobert waren, vielleicht sogar als außenpolitische Alternative zu einem derart verantwortungslosen Abenteurertum entworfen, folgte die Marine wilhelminischen Spuren: England, die Ozeane und das Weite der Welt nahm sie in ihren Blick!

Hitler selbst befahl kurz danach, Ende Januar 1939, den Bau einer großen Überwasserflotte. Der von der Seekriegsleitung erarbeitete »Z-Plan«, dessen Vollendung ursprünglich erst für die zweite Hälfte der vierziger Jahre vorgesehen war, mußte auf Geheiß des Diktators bereits 1945 verwirklicht sein. Wozu sollte die »›Risikoflotte‹ im Tirpitzschen Sinne«[176] dienen, die nach den Worten von Vizeadmiral Guse, dem Chef der Seekriegsleitung, mit Priorität vor der Heeres- und Luftwaffenrüstung gebaut werden sollte?

Ihre antibritische Orientierung lag auf der Hand – sei es, um England durch Machtprojektion zu politischem Einlenken zu zwingen; sei es, um sich für einen Krieg gegen Großbritannien, vielleicht sogar gegen die Vereinigten Staaten von Amerika, zu wappnen. Die Zukunftsplanungen, dereinst gegen die Angelsachsen zu kämpfen oder in Übersee Territorium zu gewinnen, spielten, vorläufig noch, eine nachgeordnete Rolle. Im Zentrum dessen, was jetzt mit wirtschaftlich ruinöser Hast eingeleitet wurde, stand der Abschreckungs- und Erpressungsgedanke: Wie einst während der »Ära Tirpitz«, deren Ende nichts als

Scheitern gewesen war, schien erneut die risikobehaftete Absicht zu sein, England mit drohendem Instrument willfährig zu machen.

Die gleichzeitig, weit über ihre propagandistische Funktion hinaus, im Reich von verschiedenen Dienststellen, Einrichtungen und Ämtern des Staates und der Partei, der Wehrmacht und der Wirtschaft getroffenen Vorbereitungen für eine koloniale Landnahme gewannen eine gewisse Autonomie. Ihr Planen und Handeln berief sich auf die vergleichsweise alte Tradition der deutschen Kolonialbewegung; aus der pausenlosen Instrumentalisierung der überseeischen Forderung durch die äußere Politik erhielt sie neuen Schwung. Am Ende der dreißiger Jahre pflegten Hitler und von Ribbentrop auf besorgte Fragen ausländischer Staatsmänner und Diplomaten, wann mit Deutschlands Griff nach außereuropäischen Gebieten zu rechnen sei, die zutreffend abwiegelnde Antwort zu geben: »Man könne ruhig 4, 6, 8, oder 10 Jahre warten.«[177] Unverrückbar stand für den Diktator fest, was selbst später nicht ins Wanken geriet, als die sich überstürzende Ereignisflut des Weltkrieges für die ferne Zukunft Geplantes mit magnetischer Kraft in die unmittelbare Gegenwart riß und als sich die Abfolge des zeitlichen Nacheinanders in mancherlei Hinsicht zur Gleichzeitigkeit des Ungleichzeitigen zusammenzog: Eine außenpolitische Alternative zum Ziel des kontinentalen Ostimperiums stellte die überseeische Kolonialpolitik niemals dar!

Ihre Verwirklichung in einer im einzelnen noch nicht absehbaren Zukunft vorzubereiten, auf diese Weise auch innenpolitische Energien regimedienlich zu bündeln, schickte sich Hitler allerdings jetzt schon an. Voranzutreiben befahl er, was ohne seine Weisung bereits weit gediehen war und sich von nun an auf den entscheidenden »Führerwillen« zu beziehen vermochte. Seine Magie brachte es nicht selten mit sich, daß nur beiläufig vom Diktator Hingeworfenes durch interessierte Paladine, vor allem während der »Ära Bormann«, zum begehrten Instrument des »Führerbefehls« umgegossen wurde.

Die Entstehung der einschlägigen Anweisung im Frühjahr 1939, die sich auf das Feld der überseeischen Politik bezog, war freilich leicht überschaubar. Im Auftrag Hitlers erhielt der designierte Kolonialminister Ritter von Epp vom Chef der Reichskanzlei, Lammers, am 9. März 1939 die Weisung, die erforderlichen Arbeiten für eine »Wiedererlangung von Kolonien«[178] in Afrika zügig voranzutreiben. Manchem Beobachter im In- und Ausland mochte es so vorkommen, als ob das »Dritte Reich« nunmehr ganz in die Spur des wilhelminischen Deutschland eingebogen sei – behauptete es doch mittlerweile die Vormachtstellung in Mitteleuropa; machte Front gegen England; baute eine große Flotte auf; und bereitete den Kolonialerwerb vor.

Nicht zuletzt in Großbritannien mußten sich böse Erinnerungen an eine unselige Vergangenheit einstellen, die nach wie vor gegenwärtig war. Daß Hitlers äußere Politik mit noch weit verhängnisvollerer Priorität nach ganz anderem strebte, dessen Folgen verheerend sein würden, schwante dagegen, zunehmend unheilvoller, dem einen oder anderen unter den Verantwortlichen im Reich: Ihnen kamen die Hegemonie in Ostmitteleuropa und der Erwerb von Kolonien als das geringere Übel vor im Vergleich mit der östlichen Expansion und dem globalen Krieg. Allein, was mancher noch für eine außenpolitische Alternative hielt, war für Hitler längst anders, gegenteilig entschieden: Das kontinentale Element seiner historischen Vision stand unbestritten im Mittelpunkt seines revolutionären »Programms«. Die Planungen und Aktivitäten konventioneller Art, in der Diplomatie und in der Wirtschaft, bei der Marine und im Kolonialpolitischen Amt, lieferten vorläufig die Folie, in deren Schutz sich das Eigentliche vollzog, ehe das Instrumentalisierte danach selbst einmal Wirklichkeit werden konnte.

Das explosive Gemisch aus alten und neuen Elementen, das die innere und äußere Politik des »Dritten Reiches« speiste, verlieh seiner rastlosen Maschinerie so lange mächtige Schubkraft, wie diese von Erfolg zu Erfolg eilte. Tradition und Revolution gingen eine spezifische Verbindung ein, die sich in einer berstenden Dynamik entlud. Sie ließ nichts anderes als ungestüme Bewegung zu, konsolidierende Ruhe war ihrem Wesen fremd. Bei echtem Stillstand drohte sie vielmehr in ihre antagonistischen Bestandteile zu zerfallen. Abzuwarten blieb, wann die überbordende Energie des Regimes womöglich den hergebrachten Bestand des Reiches gefährdete. Die eng aneinandergeketteten Gegensätze seiner unruhigen Existenz stifteten, für eine Zeitlang jedenfalls, eine fragwürdige Vereinbarkeit des an sich Unvereinbaren. Wie selbstverständlich wurde mit dem Untergang hantiert! Die bange Frage nach dem *pourvu que ça dure*, wann aus Wohltat Plage, aus Fortschritt Rückschlag und aus Erfolg Katastrophe zu werden drohte, vermochte das Reich trotz betörender Erfolge und betäubender Propaganda nicht loszuwerden.

Noch allerdings, im Zeitraum zwischen dem Herbst 1938 und dem Frühjahr 1939, zwischen »München« und »Prag«, sah es beileibe nicht nach Mißlingen, gar nach Scheitern aus. Im Gegenteil: Wie einem glücksverwöhnten Helden arbeiteten die Umstände der Zeit Hitler förmlich in die Hand. Die britische Appeasementpolitik, die in diesen Monaten den Höhepunkt ihrer Popularität erreichte, begünstigte sein Tun. Ein deutsches Mitteleuropa, das seit der Mitte des vorigen Jahrhunderts einen Traum der Nation beschrieb, war Wirklichkeit geworden. Die Staaten und Völker Südosteuropas suchten Anlehnung beim Deutschen Reich, das die »Sprachinseln«[179] auf dem Balkan und in Osteuropa als Sprungbretter für seine »völkische« Außenpolitik pflegte.

Hitler war auf einem Gipfel seines Erfolges angekommen. Südosteuropäische Länder wie Ungarn und Rumänien, Jugoslawien und Bulgarien baten um Schutz beim mitteleuropäischen Hegemon. Dennoch darf eine Tatsache nicht übersehen werden: Die Westmächte, allen voran die Briten, die im balkanischen Raum erhebliche Wirtschafts- und Finanzinteressen zu wahren hatten, überließen den Deutschen diese Region keineswegs freiwillig! Daran konnte auch die demonstrative Reise des neuen Wirtschaftsministers Funk nichts Grundlegendes ändern, der in den Tagen der Sudetenkrise und der Münchener Konferenz in diversen Balkan- und Donauländern den deutschen Anspruch auf diesen Teil Europas unterstrich. Erst in allerletzter Minute vor Ausbruch des großen Krieges im Sommer 1939 wurde Helmuth Wohlthat, dem engen Mitarbeiter Görings, ein britischer Vorschlag unterbreitet, über eine umfassende, vornehmlich außenwirtschaftliche Zusammenarbeit in der umstrittenen Einflußzone zu verhandeln. Noch viel weniger aber wurde, was für Hitlers Gedankenbildung und Entschlußfassung maßgeblich werden sollte, dem Deutschen Reich von Großbritannien – selbst jetzt nicht, um die Jahreswende 1938/39 – das angeboten, worum es Hitler von Beginn an und im Prinzip durchgehend ging: nämlich freie Hand im Osten zu erhalten.

Sogar die zuversichtliche Behauptung von Ribbentrops, Frankreichs Außenminister Bonnet habe ihm diese entscheidende Konzession gemacht, fußte auf einem längst nicht so eindeutigen Tatbestand, wie der Reichsaußenminister annahm. Seine optimistische Feststellung bezog sich im übrigen auf das, was er Anfang Dezember mit seinem französischen Kollegen vereinbart und was sich in der von beiden Staaten unterzeichneten Erklärung vom 6. dieses Monats niedergeschlagen hatte. Allerdings: Bonnets äußere Politik gegenüber dem Deutschen Reich war alles andere als klar und geradlinig! Aus seiner Sicht der Dinge hatte er, was für sein Land zählte, mit den Deutschen vorteilhafte Abmachungen getroffen: Pflicht zur Konsultation in allen Fragen, die von gemeinsamem Interesse waren; Pflege guter Beziehungen, die zwischen Nachbarn üblich sein sollten; Anerkennung der Grenze zwischen Frankreich und Deutschland, womit der östliche Nachbar auf Elsaß und Lothringen verzichtete.

In auffälliger Parallelität zum deutsch-britischen Bilateralismus, der in der gemeinsamen Erklärung vom 30. September erneut sichtbar geworden war, hatte sich Frankreich, nach dem verheerenden Scheitern seiner Sicherheitspolitik und im unmittelbaren Anschluß an die Münchener Konferenz, noch einmal zu eigenständigem Handeln aufgerafft. Die schwerwiegende Tatsache, daß seine ursprünglich dominierende Stellung in Ostmitteleuropa brüchig geworden war, veranlaßte Außenminister Bonnet, nach Churchills vernichtender Einschätzung »die Quintessenz der Beschwichtigung«[180], nach neuen Wegen Ausschau zu halten, um dem legitimen Sicherheitsbedürfnis seines Landes gerecht zu werden. Im Zuge eines »französischen Alleingangs ..., den die englische Regierung nicht ohne Unbehagen verfolgte«[181], suchte er die unverzichtbare *sécurité* nicht mehr bevorzugt im Gegensatz, gar in der Konfrontation mit Deutschland, sondern im Zusammenwirken, geradezu in der Anlehnung an das Reich zu finden. Dieser auf den ersten Blick erstaunliche Kerngedanke lag der *ligne Bonnet*, der französischen Spielart des *apaisement*, im Herbst 1938 zugrunde.

Nach München leitete die *Grande Nation* eine resolute Neuorientierung ihrer äußeren Politik ein: Die unerbittliche Verpflichtung, sich in abwehrender

Frontstellung gegen das Deutsche Reich zu wappnen, machte der versöhnlichen Neigung Platz, die Deutschen durch entgegenkommende Gemeinsamkeit zu umwerben. Anstelle erheblich reduzierter Vertragsverpflichtungen in Ostmitteleuropa wurde die Bedeutung des »größeren Frankreichs«, der *France d'outre-mer* betont. Das heißt aber: Ein französisches Desinteresse gegenüber dem Osten Europas wurde unverkennbar – mit Sicherheit im Vergleich zu dem entschiedenen Engagement der kontinentalen Vormacht in dieser Region während der zwanziger und frühen dreißiger Jahre. Trotzdem konnte keine Rede davon sein, wie von Ribbentrops überkühne Schlußfolgerung lautete, daß Deutschland damit freie Hand im Osten erhalten hätte.

Im übrigen war der *ligne Bonnet* nur eine sehr kurze Lebensdauer beschieden; im Grunde war sie bereits an ihr innenpolitisch bestimmtes Ende gelangt, als der deutsch-französische Vertrag am 6. Dezember 1938 im Uhrensaal des Quai d'Orsay unterzeichnet wurde. Vom Beginn des Monats November an schwand die anfängliche Begeisterung für den neuen Kurs zusehends: Frankreich raffte sich aus seiner schwächlichen Verzagtheit auf und machte den Rücken steif! Das nationalsozialistische Judenpogrom, vor allem aber die italienischen Kolonialforderungen und das Scheitern des kommunistisch infiltrierten Generalstreiks ließen »die ›feige Erleichterung‹ der ersten Oktobertage ... einem eindrucksvollen ›redressement‹« weichen, »das die öffentliche Meinung zu der von [Ministerpräsident] Daladier gepriesenen ›fermeté‹, der Festigkeit, ermutigte«[182]. Insofern war das Abkommen, mit dem von Ribbentrop neben der Rückenfreiheit im Westen vor allem die freie Hand im Osten, alles in allem irrtümlich, erhalten zu haben meinte, schon in dem Augenblick hinfällig, als es spruchreif wurde. Inwieweit die außenpolitische Wendung Frankreichs vom eingeschüchterten *apaisement* Bonnets, dessen politische »Chance ..., zugespitzt formuliert, allein im Defaitismus seiner Landsleute gelegen«[183] hatte, zur neuen Festigkeit Daladiers, die sich in vermehrten Rüstungsanstrengungen niederschlug, machtpolitische Auswirkungen haben würde, blieb abzuwarten.

Angesichts des in Europa brutal triumphierenden deutschen Diktators blieb vorläufig nichts anderes übrig, als am Ende des *annus miserabilis* deprimiert festzustellen: »Es war ein schlechtes Jahr. Chamberlain hat das Gleichgewicht der Kräfte zerstört ... ein übles Jahr.«[184] Ahnungsvoll setzte der britische Diplomat Harold Nicolson, der diese traurige Bilanz am Silvestertag des Jahres 1938 zog, hinzu: »Das nächste wird noch schlechter sein.« Dagegen förderte Hitler gerade den bangenden Glauben derjenigen, die sich mit tapferer Hoffnung oder mit leichtfertigem Optimismus vom Gegenteil überzeugt zeigten, weil sie davon ausgingen, die Friedenssaat der Appeasementpolitik sei tatsächlich aufgegangen. Die verlogene Prognose, mit der der Diktator in seiner Reichstagsrede vom 30. Januar 1939 der Welt den Beginn einer längeren Friedensperiode voraussagte, schien diese bald darauf grausam widerlegten Annahmen zu bestätigen.

Nur wenige Tage später schlug der »Führer« in seiner geheimen Ansprache vor den Truppenkommandeuren ganz andere Töne an. In der entlarvenden Rede vom 10. Februar 1939 wurden vor allem die ideologischen Motive seiner äußeren Politik, die ihn rastlos und ungezähmt vorantrieben, so deutlich wie bis dahin selten beim Namen genannt. Es gehe heute um »das Schicksal unserer Rasse in kommenden Jahrhunderten«, und daher werde »der nächste Kampf ... ein reiner Weltanschauungskrieg sein, d. h. bewußt ein Volks- und ein Rassenkrieg sein«[185].

»Mitte Februar beschloß Hitler, in etwa vier Wochen der Tschechoslowakei ›den Todesstoß‹ zu versetzen«[186]. Eingeleitet wurde die Operation, den siechen Patienten zu töten, mit einer entschiedenen Intervention des Reiches in die gärenden Angelegenheiten der Slowakei. Im Streit zwischen den Autonomisten und Separatisten setzte Hitler auf die letzteren; im Überlebenskampf zwischen Prag und Preßburg bezog er gegen die Zentrale Stellung. Dem slowakischen Ministerpräsidenten Tiso, der vom tschechischen Staatspräsidenten abgesetzt worden war und gleichwohl an den deutsch-slowakischen Verhandlungen in Berlin am 13. März teilnahm, ließ Hitler bei ultimativer Drohung keine andere Wahl, als im Benehmen mit den Verantwortlichen in seiner Heimat dafür zu sorgen, daß die Slowakei am 14. März ihre Unabhängigkeit erklärte.

Noch am Abend dieses Tages erschienen, von Hitler kurzfristig herbeibefohlen, der tschechoslowakische Staatspräsident Hácha und Außenminister Chvalkovský in der Neuen Reichskanzlei in Berlin. Unter rigoroser Anwendung von psychischem Terror, der Hácha im Verlauf der Nacht einen Herzanfall erleiden ließ, wurden sie vor die Alternative von Krieg oder Kapitulation gestellt. Am 15. März um 6 Uhr werde der deutsche Einmarsch in das ohnehin schwer heimgesuchte Nachbarland beginnen, erfuhren die vor Entsetzen gelähmten Tschechen, die mit vergeblicher Mühe wenigstens einen Rest von Unabhängigkeit für ihre Republik zu retten versuchten. Als Göring schließlich mit der Bombardierung von Prag drohte, blieb dem zermürbten Hácha nichts anderes übrig, als das vorbereitete Kapitulationsdokument zu unterschreiben, mit dem er »das Schicksal des tschechischen Volkes und Landes vertrauensvoll in die Hände des Führers des Deutschen Reiches«[187] legte.

In der Nacht des 15. März marschierten die Deutschen in Böhmen und Mähren ein. Am Tag darauf erklärte Hitler, der auf der Prager Burg, dem Hradschin, weilte, diese Territorien zu einem »Protektorat« des Deutschen Reiches. Aus der Tschechoslowakei wurde wenig später durch den im Reichsgesetzblatt am 31. März 1939 veröffentlichten »Vertrag über das Schutzverhältnis zwischen dem Deutschen Reich und dem Slowakischen Staat« vom 18./23. März 1939 ein deutscher Vasall. »Die Tschecho-Slowakei hat damit aufgehört zu existieren«, verkündete Hitler triumphierend[188]. Doch im denkwürdigen Augenblick des stolzen Sieges begann die Nemesis den scheinbar Unschlagbaren einzuholen: Ohne sich dessen bewußt zu sein, hatte er den Zenit seiner unglaublichen Erfolge, mit Gewalt, aber ohne Krieg Beute zu machen, überschritten.

Sicherlich, erst einmal zählte der »ungeheure Kraftzuwachs«[189], der dem Reich durch die Einverleibung von Böhmen und Mähren in politischer, strategischer und wehrwirtschaftlicher Hinsicht zuteil wurde. Die Proteste schätzte der Diktator dagegen gering. Daß ihm in Europa für einen Moment lang die Isolierung drohte, tat er angesichts ähnlicher Erfahrungen in der noch frischen Vergangenheit hochmütig ab. Dennoch fielen die ablehnenden Reaktionen dieses Mal anders aus: Ihre Wirkung hielt länger an, zeitigte bleibende Folgen!

Gewiß, Mussolini, der zuerst darüber verbittert war, daß Hitler mit dem »Griff nach Prag« nicht mehr länger die Ergebnisse von Versailles, sondern von München revidierte, fand bald wieder an die deutsche Seite zurück. Auch Premierminister Chamberlain, dessen Birminghamer Rede vom 16. März in ihren improvisierten Passagen deutliche Worte der empörten Anklage gegen das jüngste Unrecht des Diktators fand, versuchte zukünftig dennoch an seiner Politik des *appeasement* so verbissen festzuhalten »wie ein alter Hund, der einen abgenagten Knochen nicht loslassen will«[190]. Doch das Land – erst die Öffentlichkeit, daraufhin das Parlament – trugen den Kurs des Regierungschefs nicht mehr länger so ungeteilt mit wie zuvor. Der Welt waren die Augen geöffnet worden für das, was Hitler treuherzig versprach und nicht hielt, sowie für das, was er eigentlich wollte und nicht zugab. Das bis dahin Vieldeutige seines Tuns war eindeutig geworden, das Undurchsichtige erkennbar, das Verwirrende klar. Was sich bis dahin stets als ein tarnendes Gemisch aus Recht und Unrecht, aus Revision und Expansion, aus Friedens- und Gewaltpolitik darzustellen vermocht hatte, war über Nacht nur noch Unrecht, Expansion und Gewalt.

Die kompliziert einfache Grundfigur seiner äußeren Politik zerbrach, nämlich im Windschatten einer den Westmächten abgepreßten Duldung von Erfolg zu Erfolg zu eilen. Denn die nach wie vor andauernde Drohung durch das »Dritte Reich« richtete sich nun ganz offen gegen diejenigen, die es lange hatten gewähren lassen. Bisher hatte das bedrückende Wissen, daß »Krieg furchtbar ist« ist, die britische Außenpolitik maßgeblich geprägt. Jetzt dämmerte die schreckliche Ahnung, »daß Sklaverei« noch »schlimmer«[191] sein konnte: Für den sich bemerkbar machenden Wandel der Dinge erhielt diese nicht leicht zu gewinnende Einsicht von nun an geschichtsmächtige Bedeutung.

In finsterer Verblendung, die den mit hoher Gewalt Triumphierenden schlug, verkannte Hitler die langfristigen Wirkungen seines ungeschminkt hervorbrechenden Imperialismus. Er hatte ein fremdes Volk unterjocht, das sich durch nichts – weder durch seine Tradition noch durch seine Sprache noch gar durch den eigenen Willen – dazu veranlaßt sah, die staatliche Unabhängigkeit aufzugeben. Die Hybris eines buchstäblich sagenhaften Erfolgs hatte den Diktator ergriffen, als er am Abend des 15. März 1939, vom beinahe mühelos Erreichten ruinös betört, mit maßstabsverlorener Frechheit behauptete: »In 14 Tagen spricht kein Mensch mehr darüber.«[192]

Wenn Joseph Goebbels auch in seiner Anweisung für die Presse vom 16. März »die Verwendung des Begriffs ›Großdeutsches Weltreich‹« als »unerwünscht«[193] untersagte, wurde damit doch im Grunde das Ziel benannt, um das es ging. Daher hieß es in der Instruktion des Reichspropagandaministers weiter: »Letzteres Wort ist für spätere Gelegenheiten vorbehalten.« Der Weg dahin würde, anders als bisher, nicht mehr länger ohne Krieg zu durchmessen sein. Diese Einsicht verdichtete sich schon am Jahresende 1938 bei Staatssekretär von Weizsäcker, der die Kriegsentschlossenheit des Diktators und des Außenministers beklagte. »Man schwanke nur«, so lautete seine »ziemlich bedenkliche Beschreibung von der Ribbentropschen oder Hitlerschen Außenpolitik, die offensichtlich auf den Krieg los wolle«, »ob gleich gegen England, indem man sich dafür noch Polens Neutralität erhalte, oder zuerst im Osten zur Liquidation der deutsch-polnischen und der ukrainischen Frage«[194].

Ohne Zweifel war Polen ins Fadenkreuz der deutschen Außenpolitik gerückt worden: »Jeder neue Zug unserer Politik«, schätzte von Weizsäcker die sich schürzende Lage am Ende des Jahres 1938 ein, »wird uns irgendwie mit den Polen in Reibung bringen«[195]. »So oder so«, wie Hitler im reduzierten Jargon seiner Gewalttätigkeit die vielschichtigen Entscheidungslagen zwischen Krieg und Frieden primitiv zu charakterisieren pflegte, würde die polnische Frage dazu beitragen, die nur noch notdürftig gezähmte Bellona von ihren letzten Fesseln zu befreien.

Die Entfesselung der Bellona

Bereits am 24. Oktober 1938 hatte Reichsaußenminister von Ribbentrop dem polnischen Botschafter Lipski eine »große Regelung«[196] der zwischen Berlin und Warschau strittigen Fragen vorgeschlagen: Danzig sollte zum Reich zurückkehren; den »Korridor« sollten exterritoriale Eisenbahn- und Straßenverbindungen nach Ostpreußen durchqueren; in der westlichen Slowakei sollte eine deutsche Militärzone entstehen.[197] Dafür versprachen die Deutschen, Polens neue Grenzen zu garantieren; stellten neben einem langfristigen Nichtangriffspakt wirtschaftliche und außenpolitische Zusammenarbeit in Aussicht; und luden Polen ein, dem »Antikominternpakt« beizutreten.

Die geographischen Veränderungen, die auf den ersten Blick geringfügig waren, hätten Polen noch enger als bisher schon militärisch umfaßt; es hätte künftig an der Kette des Reiches gelegen. Deutschland wollte aus Polen einen Juniorpartner machen – sei es, um sich für einen eventuell zu führenden Krieg im Westen den Rücken freizuhalten; sei es, um bei fortdauernder Neutralität der Franzosen und Briten über einen Satrapen für den Eroberungszug im Osten zu verfügen. Das scheinbar großzügige Angebot stellte für die Polen eine unannehmbare Zumutung dar. Zwischen West und Ost, zwischen Deutschen und Russen ohne Anlehnung an eine der beiden Seiten die Unabhängigkeit zu erhalten, war ihr erklärtes Ziel. Auf den Status der »Freien Stadt Danzig« als das Symbol ihrer in der Pariser Friedensordnung bekräftigten Existenz zu verzichten, waren sie auf gar keinen Fall bereit. Daher hatte das deutsche Werben am Anfang und am Ende des Monats Januar 1939 keinen Erfolg, als Hitler den polnischen Außenminister Beck in Berlin traf und von Ribbentrop zum Gegenbesuch in Warschau weilte. Selbst als die Gespräche wenige Tage nach dem deutschen »Griff nach Prag«, am 21. März 1939, mit Nachdruck wiederaufgenommen wurden und die Deutschen sogar durchblicken ließen, Polen an dem künftigen Beutestück der sowjetischen Ukraine teilhaben lassen zu wollen, blieb die Haltung Warschaus unverändert.

Weil Hitler das Einlenken der Polen zunehmend ungeduldiger erwartete, standen diese tatsächlich vor der für ihr Schicksal entscheidenden Frage: Sie konnten sich entweder für die Partnerschaft mit dem Deutschen Reich entscheiden, oder sie mußten seine Feindschaft in Kauf nehmen! Polen, das über die Danziger Frage nicht mit sich verhandeln lassen wollte, entzog sich dem werbend-drohenden Drängen der Deutschen erneut.

Am 25. März, als der polnische Botschafter von der Warschauer Zentrale in diesem Sinne instruiert wurde, zeigte sich Hitler, was Krieg oder Frieden gegenüber dem östlichen Nachbarn anging, noch vergleichsweise zurückhaltend. Er gedenke, lautete es in einer militärischen Weisung vom selben Tag, die Danziger Frage oder die polnische Frage insgesamt vorläufig noch nicht zu lösen, es sei denn »unter besonders günstigen politischen Voraussetzungen«[198]. Dann sollte Polen freilich »so niedergeschlagen werden, daß es in den nächsten Jahrzehnten als pol[itischer] Faktor nicht mehr in Rechnung gestellt werden brauchte«[199].

Einen Tag darauf wiesen die Polen das deutsche Angebot definitiv zurück! Von da an verfiel Hitler, wie der italienische Botschafter in Berlin, Attolico, einige Zeit später sinngemäß festhielt, »getroffen in seiner Selbstliebe und enttäuscht von Polens Ablehnung«[200], mehr und mehr, führte der Diplomat wörtlich aus, »in jenen sphinxhaften Zustand ..., der jedem seiner Überfälle vorangeht«[201]. Am 3. April wies er das Oberkommando der Wehrmacht an, die Kriegsvorbereitungen gegen Polen, den »Fall Weiß«, so einzurichten, »daß die Durchführung ab 1. 9. 1939 jederzeit möglich ist«[202].

Der riskante Balanceakt, den das autoritär regierte Polen zwischen dem nationalsozialistischen Deutschland und dem kommunistischen Rußland gewagt hatte, wirkte tollkühn und endete katastrophal. Becks äußere Politik der nationalen Unabhängigkeit erwies sich als ein gefährliches Gemisch aus nüchternem Kalkül und hochfahrendem Stolz. Sicherlich konnte man die Integrität und die Identität des Landes nur bewahren, wenn man sich von den beiden, die auf der Lauer lagen, ihm den Garaus zu machen, gleich weit entfernt hielt. Offenkundig vertraute der polnische Außenminister darauf, daß sich die auf die zwischen ihnen gelegene Beute Erpichten gegenseitig in Schach halten und die Westmächte im Falle eines Falles helfen würden. Die eigene militärische Kraft überschätzte er im übrigen erheblich. Die unrealistisch anmutenden Versuche, unter polnischer Ägide ein »Drittes Europa« von der Ostsee bis zur Adria zu schaffen, um mit Hilfe dieser Längsachse die Gewichte des Kontinents auszubalancieren, verrieten zudem einen nicht zu verkennenden Wirklichkeitsverlust. Wie lange würde Becks mit kaltem Todesmut gesprochenes Wort noch Gültigkeit haben, wonach die Begebenheiten von München, als Polen bei der tschechoslowakischen Aufteilung mitmachte, gezeigt hätten, »daß die Löwen, wenn man eng mit ihnen zusammenlebt, gar nicht so gefährlich sind«[203]?

Eins jedenfalls trat deutlich zutage: Anders als die von ihnen tief verachteten Tschechen würden die Polen, selbst wenn es aussichtslos sein sollte, für ihre Freiheit kämpfen. Bestärkt wurden sie in ihrer eigensinnig kompromißlosen Haltung noch dadurch, daß ihnen eine unerwartete Hilfe zuteil wurde, die ihren ritterlichen Sinn ebenso wie ihr stolzes Gehabe anfachte: Die ersehnte Aussicht jedenfalls, das unabhängige Überleben Polens retten zu können, schien auf einmal kalkulierbar geworden zu sein!

Nachdem das Deutsche Reich am 23. März 1939 das zu Litauen gehörige Memelland besetzt hatte; nachdem es am gleichen Tag einen außerordentlich vorteilhaften Wirtschaftsvertrag mit Rumänien abgeschlossen hatte; und nachdem, im Gefolge von Mandschukuo und Ungarn, am 27. März Spanien dem »Antikominternpakt« beigetreten war, befiel vor allem die Briten hektische Nervosität. Im Zusammenhang mit den Verhandlungen zwischen Berlin und Bukarest war, vom rumänischen Gesandten Tilea in London lanciert, das Gerücht aufgekommen, sein Land werde das nächste Opfer der deutschen Expansion sein. Obwohl sich die »Tilea-Story«[204] rasch als Märchen erwies, ließ das in London mit zielloser Unbestimmtheit grassierende Gefühl die Verantwortlichen nicht mehr los, man müsse irgend etwas tun, um endlich Hitler gegenüber Festigkeit zu demonstrieren.

Weil man sich in die bedrohliche Nähe der deutschen Schußlinie gerückt sah, galt es ein unmißverständliches Zeichen zu setzen. Denn »das wahre Problem sei Deutschlands Versuch, die Weltherrschaft zu erlangen, was abzuwehren im Interesse aller Länder liege«[205]. Mit dieser beschwörenden Warnung hatte Lord Halifax dem Kabinett bereits am 18. März plausibel gemacht, was am letzten Tag des Monats zu der britischen Garantie für Polen führte. Offen, geradezu demonstrativ gingen die Engländer zu der langen außenpolitischen Tradition ihres Landes auf Distanz, sich durch bündnispolitischen Automatismus nicht in die militärischen Auseinandersetzungen des Kontinents hineinziehen zu lassen. Der dramatische Wandel in der arg erschütterten Staatenwelt ließ dem Außenminister jetzt nur noch festzustellen übrig, »daß wir das einzige Land seien, das eine solche Abwehr organisieren könne. Zweifellos sei es für dieses Land schwierig, wirksame Mittel für einen Angriff auf Deutschland zu finden, ob Deutschland nun Rumänien oder Holland angreife. Die Haltung der deutschen Regierung sei entweder Bluff, in welchem Falle sie durch eine öffentliche Erklärung von unserer Seite gestoppt würde, oder sie sei kein Bluff, in welchem Falle es notwendig sei, daß wir uns alle zusammenschließen, um ihr entgegenzutreten, und je früher wir uns vereinigten, desto besser sei es. Andernfalls könnten wir zusehen, wie ein Land nach dem anderen von Deutschland absorbiert wird.«[206]

Angesichts dieser Einschätzung der Weltlage erhielten die mittlerweile gefährlich unter deutschen Druck geratenen Polen eine englische Garantie: Am 31. März versicherte Premierminister Chamberlain im Unterhaus, Großbritannien werde Polen mit allen seinen Kräften unterstützen, und zwar »im Falle einer Aktion, welche die polnische Unabhängigkeit klar bedrohen und gegen welche die Polnische Regierung entsprechend den Widerstand mit ihrer nationalen Streitkraft als unerläßlich ansehen würde«[207].

Ungewöhnlich riskant hatte sich das ansonsten eher zögernde Großbritannien exponiert, hatte das eigene Schicksal mit dem der todesmutigen Polen verbunden, zwar nicht um jeden Preis, wenn man den Wortlaut der Garantie genau studierte, aber immerhin bedenklich weitgehend. England schaltete das Signal seiner äußeren Politik auf Rot, um die deutsche Lokomotive endlich zum Stehen zu bringen. Verhandlungen mit Deutschland, nachdem Hitler vom Pfad der Gewalt abgebracht und auf den Weg der Vernunft gedrängt worden war, sollten damit keineswegs aufgesagt, sondern ganz im Gegenteil erzwungen werden. Zu einer großen Allianz zwischen England, Frankreich, der Sowjetunion, Polen und Rumänien vermochte es dagegen nicht zu kommen. Vom britischen Mißtrauen dem stalinistischen Rußland gegenüber abgesehen, das später, im Sommer 1939, erneut für die von englischer Seite aus mit schleppender Halbherzigkeit geführten Moskauer Verhandlungen erheblich wurde[208], scheiterte ihr Abschluß am Widerstand, den die Polen und Rumänen den Sowjets gegenüber an den Tag legten.

Sich mit den Russen zu verbünden, konnte für die Briten leicht in einer weltweiten Konfrontation mit den Deutschen, den Italienern und den Japanern von Ostasien über das Mittelmeer bis nach Zentraleuropa enden. Das wäre für England, wenn es um eine militärische Auseinandersetzung ginge, tatsächlich der schlechteste aller denkbaren Fälle gewesen. Polen zu garantieren, bedeutete dagegen eine eindeutige Konzentration auf den europäischen Schauplatz. Zudem schätzten nicht wenige die militärische Kraft dieses Landes höher ein als die der Sowjets, die durch die großen Säuberungen der Roten Armee geschwächt war. Von derart kalkulierenden Erwägungen abgesehen, ging es letztlich darum, Hitler unmißverständlich, wie man hoffte, eine Warnung zukommen zu lassen.

Mit unübersehbarer Skepsis kommentierte Sir Robert Vansittart die außerordentlich waghalsig demonstrierte Absicht der Briten: »Vielleicht versteht Hitler, wenn wir unsere Muskeln spielen lassen; sicherlich versteht er nichts anderes.«[209] Unterstaatssekretär Cadogan faßte die Motive der Regierung, die um die Friedensrettung, aber auch bereits um die Kriegführung kreisten, so zusammen: »Das Hauptziel unserer Garantie an Polen lag darin, Deutschland von weiteren Aggressionsakten abzuschrecken und durch die Erlangung einer umgekehrten Garantie von Polen sicherzustellen, daß Deutschland, falls es doch zum Krieg kommen sollte, an zwei Fronten zu kämpfen hätte. Wir sind davon unterrichtet worden, ebendies sei wesentlich. Deutschland ist im Augenblick nicht in der Lage, einen Zweifrontenkrieg zu beginnen. Wenn es jedoch freie Hand hätte, nach Osten zu expandieren und sich die Kontrolle über die Ressourcen Mittel- und Osteuropas zu verschaffen, dann könnte es kräftig genug sein, um mit überwältigender Stärke über die westlichen Länder herzufallen.«[210]

Deutlich zeigen diese Einlassungen, daß das endgültige Ende der Appeasementpolitik noch keineswegs gekommen war, die immer eine »Doppelpolitik« aus Beschwichtigung und Abschreckung sein wollte. Noch war Neville Chamberlain längst nicht dazu bereit, seinen vernünftigen Traum vom »Frieden in unserer Zeit« aufzugeben. Ausdrücklich wies er darauf hin, seine polnische Garantierede habe den wichtigen Umstand betont, daß es »nicht um die Staatsgrenzen, sondern um Angriffe gegen die Unabhängigkeit der Polen«[211] gehe: Die Entscheidung darüber, ob diese bedroht war oder nicht, lag aber ausschließlich im englischen Ermessen.

Nichtsdestoweniger: Ein merklicher Ruck ging durch das Land; seiner ungewohnten Bewegung und neuen Richtung vermochte sich auch der Premierminister nicht ganz zu entziehen. Prägnant hieß es in einem Bericht des deutschen Botschafters von Dirksen über die Lage in Großbritannien während des Sommers 1939: »Der maßgebende Unterschied zwischen der englischen Stimmung im Herbst 1938 und jetzt ist der folgende: damals wollte die große Masse nicht kämpfen und war passiv; jetzt hat sie der Regierung gegenüber die Initiative übernommen und treibt das Kabinett vorwärts.«[212]

Als das britische Garantieangebot am 6. April zu einem Beistandsversprechen zwischen England und Polen ausgebaut wurde, lebte in Deutschland die Parole von der Einkreisung des Reiches durch Großbritannien verstärkt auf: Unflätig hatte der Diktator die Engländer bereits am 1. April aus Anlaß des Stapellaufs der »Tirpitz« attackiert. Die Wahrscheinlichkeit des Krieges war größer als die Dauerhaftigkeit des Friedens, die Fronten formierten sich. Nach dem militärischen Überfall Italiens auf Albanien am 7. April 1939 sprachen Briten und Franzosen gemeinsam, nur sechs Tage danach, Garantien für Griechenland und Rumänien aus; im Mai gingen sie mit der Türkei für den Fall eines Mittelmeerkonflikts Beistandspakte ein.

Nicht zuletzt durch Mussolinis albanisches Abenteuer provoziert, trat jetzt, wie schon einmal 1937 im Gefolge des japanischen Krieges gegen China, am 14. April Roosevelts Amerika auf den Plan. In der Zukunft sollte diese Tatsache für das »Dritte Reich« entscheidend werden! Der Appell des Präsidenten an die Diktatoren forderte diese auf, öffentlich zu versichern, in den nächsten 25 Jahren von Aggressionen gegen andere, im einzelnen genannte Länder in Europa und im Nahen Osten abzusehen. Diese Botschaft, die von Ribbentrop für »das Unpsychologischste« hielt, »was man sich Deutschland gegenüber vorstellen könne«[213], führte zu einem heftigen Schlagabtausch zwischen Roosevelt und Hitler. Wo der Präsident der Vereinigten Staaten von Amerika, die noch weitgehend dem Isolationismus frönten, stand, war kaum mehr zweifelhaft!

Schon im November 1938 hatte es ein für die Deutschen unüberhörbares Signal gegeben, das Amerikaner und Briten gemeinsam gesetzt hatten. Das englisch-amerikanische Handelsabkommen, das damals zustande kam, hatte das Reich von der Meistbegünstigung ausgeschlossen. Wirtschaftspolitische Spannungen in Lateinamerika und in Südosteuropa trugen ebenso zur Entfremdung zwischen Deutschland und den Vereinigten Staaten bei, wie vor allem die Kirchen- und Rassenpolitik des »Dritten Reiches« in Amerika Abscheu hervorriefen. Nach dem Judenpogrom der so genannten »Reichskristallnacht« wurde der amerikanische Botschafter abberufen; die antijüdische Reichstagsrede Hitlers vom 30. Januar 1939 versetzte die amerikanische Öffentlichkeit in helle Empörung. Zuvor bereits, am 4. Januar, hatte der Präsident den Kongreß beschworen, den Aggressoren mit entschiedenen Antworten »short of war« entgegenzutreten.

Allein, noch war das Land nicht dazu bereit, Roosevelt wirklich zu folgen. Der Kongreß verweigerte den Fortbestand der *cash and carry*-Klausel, die während des Spanischen Bürgerkriegs praktiziert wurde und die westlichen Demokratien beim Kauf von Kriegsmaterial in den USA begünstigte. Ihre Gültigkeit endete am 1. Mai 1939. Die Sympathie des Präsidenten für die Sache der Freiheit war trotzdem unverkennbar; im Falle eines großen Krieges würde sie mit Sicherheit von erheblichem, wahrscheinlich sogar von ausschlaggebendem Einfluß sein.

Die bekannte Haltung Roosevelts zeitigte sogar unmittelbare Wirkungen. In der sich lange und dramatisch hinziehenden Entscheidungslage während des Frühjahrs und Sommers 1939 versuchten die amerikanischen Botschafter in Paris, Bullitt, und in Warschau, Biddle, die Regierungen, bei denen sie akkreditiert waren, davon zu überzeugen, daß die Vereinigten Staaten von Amerika eine feste Haltung gegenüber Hitler befürworteten. Im Falle eines europäischen Krieges würden sie, wenn nicht unmittelbar, so doch mit voranschreitender Zeit, auf seiten der westlichen Demokratien militärisch eingreifen.

Der Aufforderung Roosevelts vom 14. April erteilte Hitler in seiner Rede vom 28. dieses Monats vor dem eigens dazu einberufenen Reichstag eine demagogische Antwort, die an beißendem, verletzendem Sarkasmus kaum zu überbieten war. In ihrem Verlauf kündigte er den 1934 mit Polen unterzeichneten Nichtangriffspakt ebenso auf wie das mit Großbritannien 1935 abgeschlossene Flottenabkommen. Den amerikanischen Präsidenten überschüttete er mit Kübeln von Spott: Der Tenor seiner Antwort lautete, die Vereinigten Staaten von Amerika, die den großen Doppelkontinent unter eifersüchtiger Berufung auf die traditionelle Monroe-Doktrin vor jeder fremden Intervention abschirmten, hätten sich aus den europäischen Angelegenheiten gefälligst herauszuhalten.

Mochte der Diktator für einen hochfahrend ausgekosteten Augenblick lang dem deutschen Publikum wie der überlegene Sieger des erbitterten Wortgefechts vorkommen – weit über den sich wieder verflüchtigenden Anlaß hinaus prägte sich der Weltmeinung das Bleibende des Zwischenfalls ein: Die amerikanische Union stand im Ernstfall an der Seite der westlichen Demokratien, also bei Hitlers Gegnern. Wie sich sein Todfeind im Osten, die Sowjetunion, im Konfliktfall verhalten würde, war offen. Der eingepferchten Lage, der drohenden Isolierung, die Hitler selbst in den Stunden seiner außenpolitischen, später auch seiner kriegerischen Triumphe nie überwinden konnte, suchte er durch den Ausbau des »Antikominternpakts« zu einem weltweiten Militärbündnis zwischen Berlin, Rom und Tokio zu entkommen.

Doch am 20. Mai wurde klar, daß der ostasiatische Partner nicht dazu bereit war, in eine uneingeschränkte Hilfszusage ohne spezifische Bedingungen einzuwilligen. Von Ribbentrops Drohungen, Deutschland könne durch Japans Haltung gezwungen werden, mit der Sowjetunion einen Nichtangriffsvertrag einzugehen, nutzten weder jetzt noch später, als Anfang Juni die Verhandlungen mit Tokio noch einmal, gleichfalls ohne Erfolg, aufgenommen wurden. Daher blieb vorerst nur übrig, ein derart weitgehendes Militärbündnis ohne Wenn und Aber allein mit Italien abzuschließen: Am 22. Mai wurde der »Stahlpakt« unterzeichnet, der dem italienischen Außenminister Graf Ciano wie »richtiges Dynamit«[214] vorkam. Seine furchterregende Existenz konnte allerdings nicht darüber hinwegtäuschen, daß der Achsenpartner, den Plänen des übermächtigen Alliierten gegenüber zutiefst mißtrauisch, weiterhin betonte, nicht dazu imstande zu sein, in absehbarer Zeit Krieg zu führen.

Ebendas aber war Hitlers Ziel, wie er vor den Spitzen des Oberkommandos der Wehrmacht und der drei Waffengattungen am 23. Mai ohne Umschweife zu erkennen gab. Er bekräftigte seine Absicht, »bei erster passender Gelegenheit Polen anzugreifen«[215]. Dabei ging es ihm beileibe nicht um die Danziger Frage, sondern um die Eroberung von »Lebensraum«: »Danzig ist nicht das Objekt, um das es geht. Es handelt sich um die Erweiterung des Lebensraumes im Osten und Sicherstellung der Ernährung, sowie der Lösung des Baltikum-Problems.«[216]

Hitler hielt es für erforderlich, Polen zu isolieren, weil es »nicht zu einer gleichzeitigen Auseinandersetzung mit dem Westen (Frankreich u. England) kommen« [217] sollte. In derselben Rede zog er freilich, wie die knappen, in sich nicht immer klaren Stichworte erkennen lassen, die sein Wehrmachtadjutant Schmundt über die Ansprache niederschrieb, gleichfalls in Erwägung, daß es im Zuge eines Konflikts mit dem östlichen Nachbarn durchaus zum Waffengang im Westen kommen könne. Über den wahrscheinlichen Ausgang eines solchen Ringens war er sich keineswegs sicher: Martialisch verkündete er, »ein Bündnis Frankreich-England-Rußland gegen Deutschland-Italien-Japan« werde ihn dazu »veranlassen, mit einigen vernichtenden Schlägen England und Frankreich anzugreifen«[218]. Im Widerspruch dazu spekulierte er beinahe gleichzeitig darüber, ein Kampf zwischen den westlichen Demokratien und dem Reich werde sich zu einer »Auseinandersetzung ... auf Leben und Tod«[219] steigern. Was Japan anging, konstatierte er mit beinahe enttäuschter Nüchternheit, das fernöstliche Kaiserreich habe bislang eine eher distanzierte Haltung gegenüber dem Gedanken an ein militärisches Zusammengehen mit Deutschland an den Tag gelegt. Was die Sowjetunion betraf, zog er mit verhaltener Zuversicht die Möglichkeit in Betracht, »daß Rußland sich an der Zertrümmerung Polens desinteressiert«[220] zeige. Wie sich die Dinge im einzelnen und im großen entwickeln mochten, ein Vorhaben stand für Hitler fest: Er wollte das sich widersetzende Polen isolieren und in einem kurzen Krieg besiegen. Daß ihn der »Lebensraum«-Drang nach Osten auch in diesem spezifischen Zusammenhang antrieb, wurde wiederum klar. In welcher internationalen und machtpolitischen Konstellation zwischen Ost und West sich der geplante Streich gegen Polen tatsächlich vollziehen würde, war dagegen ziemlich offen.

Maßgeblich, beinahe ausschlaggebend wurde jetzt die Haltung der Sowjetunion. Die großen Mächte Europas, in das britisch-französische Lager auf der einen Seite und den deutsch-italienischen Block auf der anderen Seite gespalten, setzten zu einer wahren »Parforce-Jagd«[221] nach Moskau an. Sie warben um Stalins Gunst, der sich nach München im Hinblick auf den europäischen Schauplatz ausgekreist sah und der in Ostasien mit den Japanern einen gefährlichen Dauerkonflikt zu bestehen hatte. Der sowjetische Diktator hatte seinerseits in einer Rede vor dem XVIII. Parteikongreß der KPdSU am 10. März 1939 mit erstaunlichen Signalen nicht gespart: Sie wurden in Deutschland erst einmal kaum gebührend beachtet!

Aus der Tatsache, daß die Politik der kollektiven Sicherheit gescheitert war, zog Stalin Konsequenzen. Sie zeigten sich, Anfang Mai, darin, daß der Exponent dieses mißlungenen Versuchs, Außenminister Litwinow, durch Molotow ersetzt wurde. Wenn die denkwürdige Rede auch grundsätzlich darauf bedacht war, zu beiden Lagern der kapitalistischen Staatenwelt Äquidistanz zu halten, behandelte sie Hitler-Deutschland doch vergleichsweise entgegenkommender als die Westmächte. Während der sowjetische Führer nach der einen Seite hin erklärte, die Ukraine fühle sich keineswegs von irgendwem bedroht, hieß es an die Adresse der anderen gerichtet, man werde vorsichtig sein und nicht zulassen, »unser Land in Konflikte hineinzuziehen« durch »Kriegsprovokateure, die es gewohnt sind, sich von anderen die Kastanien aus dem Feuer holen zu lassen«[222]. Auf das Bündnisangebot hin, das Frankreich am 15. April der Sowjetunion unterbreitete, bestand diese darauf, sowohl England als auch ihre westlichen Grenznachbarn »zwischen der Ostsee und dem Schwarzen Meer«[223] müßten sich an einer solchen Vereinbarung beteiligen.

Gleichzeitig suchte die UdSSR ihrerseits am 17. April das Gespräch mit dem Deutschen Reich. Diese sowjetische Initiative, die am Anfang des Weges zum Moskauer Nichtangriffsvertrag stand, stieß beim deutschen Adressaten umgehend auf große Neigung. Zwischenzeitlich ließ diese wieder nach, versiegte einmal beinahe ganz und schlug am Ende in ein geradezu stürmisches Drängen der Deutschen auf den Paktabschluß mit den Sowjets um. Der Westen und Rußland dagegen vermochten sich über die Behandlung der ostmitteleuropäischen Staaten nicht zu einigen. Diese sollten gegen Hitler geschützt werden, ohne durch sowjetische Hilfe Stalin ausgeliefert zu werden. Weil über das schwer lösbare Problem keine Einigkeit zu erzielen war, kam es zwischen Briten, Franzosen und Sowjets am 24. Juli vorläufig nur zu einem politischen Abkommen. Viel Strittiges klammerte es einfach aus; die Nützlichkeit seiner Existenz hing davon ab, ob der erforderliche Ausbau zu einem militärischen Abkommen gelingen konnte.

Immerhin, durch seinen Abschluß wurde die deutsche Bereitschaft erneut angefacht, den russischen Gesprächsfaden, der fast abgerissen war, wieder aufzunehmen. Am 26. Juli unterbreitete Legationsrat Schnurre vom Auswärtigen Amt, ein an sich für außenwirtschaftliche Probleme verantwortlicher Experte, dieses Mal allerdings mit Fragen der großen Politik befaßt, dem sowjetischen Geschäftsträger Astachow und dem stellvertretenden Leiter der sowjetischen Handelsmission Babarin im Rahmen einer eher informellen Runde, zu der er auf »Weisung«[224] in ein Berliner Weinrestaurant eingeladen hatte, ein Angebot, auf das die Sowjets zuvor bereits angespielt hatten: Denn Molotow und Stalin ließen immer wieder durchblicken, daß zu der »politischen Grundlage«[225] einer Vereinbarung zwischen Deutschland und Rußland auch sowjetische Ansprüche auf Ostmittel- und Südosteuropa gehörten.

Jetzt beteuerte Schnurre, »bei aller Verschiedenheit der Weltanschauung« gebe es zwischen beiden Ländern doch »*ein* Gemeinsames«[226], das in der Gegnerschaft zu den kapitalistischen Demokratien liege. Großbritannien könne der Sowjetunion doch nichts anderes offerieren als die »Beteiligung an einem europäischen Krieg« und die »Feindschaft Deutschlands«[227]. Das Reich biete den Sowjets dagegen »Neutralität und Herausbleiben aus einem etwaigen europäischen Konflikt«[228]. Gleichzeitig stellte der deutsche Diplomat, woran seinen Gesprächspartnern so sehr gelegen war, eine »Verständigung über die beiderseitigen Interessen«[229] in Ostmitteleuropa als durchaus möglich in Aussicht. Was die Russen tatsächlich wollten, bislang aber nur mit vorsichtigen Wendungen angedeutet hatten, war nunmehr von deutscher Seite aus direkt beim Namen genannt worden, der Weg zum Geheimen Zusatzabkommen des deutsch-sowjetischen Nichtangriffsvertrages vom 23. August 1939 gebahnt! »Das einen Rahmenplan für das zukünftige Handeln der Vertragspartner darstellende Protokoll«, urteilt der wohl beste Sachkenner des Untersuchungsgegenstandes, der die Geschichte dieser geheimnisumwitterten Paragraphen von ihrer Entstehung bis ins Jahr 1990 hinein dargestellt hat, »geht inhaltlich auf sowjetische und dem Wortlaut nach auf deutsche Initiative zurück.«[230]

Als sich die Einigung zwischen den Diktaturen immer konkreter abzeichnete und der Krieg mit Polen daher als wahrscheinlich drohte, entschlossen sich, wie schon im Jahr zuvor, konservative Diplomaten um Staatssekretär von Weizsäcker und die Gebrüder Kordt erneut, die Briten zu unterrichten und zu warnen: Sie wollten »über London den ›großen Krieg‹ verhindern«[231]. Allein, die Zeit war bereits zu weit vorangeschritten, ja vom Bösen vergiftet, um der mutigen Initiative eine leidliche Chance auf den bitter notwendigen Erfolg zu gewähren. Lange war es für die Briten schwierig, die Tradition deutscher Geschichte, die ihnen in nicht gerade freundlicher Erinnerung stand, und die Einzigartigkeit Hitlers, deren präzedenzlose Schrecken noch in der Zukunft lagen, voneinander abzuheben. Von einem gewissen Zeitpunkt an, der für die Engländer offensichtlich erreicht war, sahen sie es beinahe schon als irrelevant an, diese grundlegende Unterscheidung zu treffen.

Die Briten hielten sich an das offiziell Verlautbarte: Im Juli 1939 fanden auf Regierungsebene deutsch-englische Wirtschaftsgespräche statt. Daran beteiligt waren auf der einen Seite Helmuth Wohlthat, Ministerialdirektor zur besonderen Verwendung in Görings »Amt des Beauftragten für den Vierjahresplan«, und auf der anderen Seite Unterstaatssekretär Hudson vom britischen Handelsministerium sowie Sir Horace Wilson, der als Staatssekretär des britischen Schatzamtes Chamberlains *eminence grise* war und das Ohr des Premierministers besaß. Da die territorialen Möglichkeiten der ins Scheitern geratenen Beschwichtungspolitik erschöpft waren, verlegten sich die Engländer mit Nachdruck auf die noch verbliebenen Chancen des *economic appeasement*: Bis in den August hinein spielte dieser letzte Versuch, dem heraufziehenden Unheil zu entgehen, eine zentrale Rolle. Um ihre wirtschaftlichen Engpässe nicht zur politischen und militärischen Krise auswachsen zu lassen, wurden den Deutschen ökonomische Zusammenarbeit in weltweitem Maßstab und ein »koloniales Kondominium«[232] in Afrika in Aussicht gestellt.

Im einzelnen wollten die Briten jetzt, anders als noch in den Jahren zuvor, Ost- und Südosteuropa als »besondere wirtschaftliche Interessensphäre des Großdeutschen Reiches«[233] anerkennen. Sie zeigten sich bereit, auf ökonomische Beschränkungen, vom Clearingverkehr über Importquoten bis hin zur

Devisenfrage, zu verzichten, die eine deutsche Betätigung in dieser Region behinderten. Mehr noch: Der deutschen Industrie sollte bei einer gewiß nicht leicht zu vollziehenden Umstellung von der Rüstungs- auf die Friedenswirtschaft mit finanziellen Anleihen geholfen werden. Nur von einem Sachverhalt war in diesem Zusammenhang mit keiner entgegenkommenden Silbe die Rede: Den Deutschen freie Hand im Osten zu gewähren, waren die Briten keineswegs bereit, selbst eine Rückgabe der ehemaligen Kolonien des Reiches stellten sie nicht in Aussicht. Im Zuge einer Politik des friedlichen Wandels sollte höchstens noch einmal über die Danziger Frage verhandelt werden. Insgesamt: Was die Briten anboten, war nicht Land, sondern Geld; was sie dafür haben wollten, war Frieden, wie gesagt, für finanzielles Entgegenkommen, nicht für territoriale Entschädigung.

Für ihre großzügige Konzessionsbereitschaft verlangten die Briten vom Deutschen Reich den definitiven Verzicht auf Gewalt und Aggression als Mittel der Politik. Dieser zentrale Tatbestand sollte in einer »Joint Anglo-German declaration not to use aggression«[234] festgelegt werden – einem Nichtangriffsvertrag von ganz anderer Beschaffenheit und Orientierung als derjenige Nichtangriffsvertrag, über den gleichzeitig zwischen Berlin und Moskau verhandelt wurde.

Was die Engländer der mitteleuropäischen Vormacht in Aussicht stellten, war bislang, im 19. und 20. Jahrhundert, von ihrer Seite aus den Deutschen noch nie eingeräumt worden: Anerkennung der politischen Hegemonie im Zentrum Europas; indirekte Einflußnahme auf Ostmittel- und Südosteuropa; wirtschaftliche Sanierung der maroden Volkswirtschaft; und schließlich kolonialer Ausgleich. Allein, worauf die begeisterten Patrioten und verantwortlichen Staatsmänner seit 1848 nicht im Traum zu hoffen gewagt hatten, das war Hitler nicht genug, weil es einfach nicht das war, was er wollte. Mit dem ökonomischen Köder war der Diktator nicht zu fangen, weil wirtschaftliche Erwägungen in seinem atavistischen Politikverständnis nur eine untergeordnete Rolle spielten. Am Ende blieben die Gespräche folgenlos, weil der »Führer« nicht Frieden und Geld, sondern Krieg und Land wollte. Die deutsch-britischen Verhandlungen steigerten den auf sowjetischer Seite ohnehin beträchtlichen Argwohn, der sich auf die Gefahr eines Zusammengehens zwischen England und dem Reich richtete. Daher begegneten die Russen den Kontakten, die von deutscher Seite aus Ende Juli erneut aufgenommen wurden, mit mißtrauischer Zurückhaltung.

Doch inzwischen hatte man es in Berlin offensichtlich eilig voranzukommen! Anders als für die zögerlichen Westmächte, die über die ungemein schwierigen Fragen nach dem von Osten und von Westen her gleichermaßen gefährdeten Schicksal »Zwischeneuropas« nicht ohne weiteres hinweggehen konnten, gab es für die Deutschen, wie von Ribbentrop den sowjetischen Geschäftsträger Astachow am 2. August ohne Umschweife wissen ließ, überhaupt kein Problem »von [der] Ostsee bis zum Schwarzen Meer ... das nicht zur beiderseitigen Zufriedenheit gelöst werden«[235] könne. Zu einer Abmachung mit den Sowjets zu gelangen, die für den polnischen Kriegsfall Stalins Neutralität sicherstellte, wurde für die deutsche Seite zunehmend dringlicher. Hitler hatte sich inzwischen dazu entschlossen, den Waffengang binnen kürzester Frist, noch im laufenden Monat August, zu beginnen. Außenminister Ciano, der bei seinem Besuch in Deutschland zwischen dem 11. und 13. August erschrocken zur Kenntnis nehmen mußte, daß die militärische Auseinandersetzung mit Polen unmittelbar bevorstand und daß für Ausgleichsbemühungen Mussolinis kein Raum mehr war, gewann den deprimierenden Eindruck, »die Deutschen« seien »vom Dämon der Zerstörung besessen«[236].

Dem Kriegsbeginn hatte, wenn eben möglich, das Stillhalteabkommen mit Stalin vorauszugehen. Seine Existenz würde verhindern, daß die Sowjetunion mit Deutschlands Gegnern in eine gemeinsame Frontstellung einschwenkte, die das Deutsche Reich von zwei Seiten umfaßte: Wahrscheinlich würde die russische Vereinbarung, so lauteten die optimistischen Spekulationen im Umkreis des »Führers«, sogar bewirken, daß die Westmächte, weil die UdSSR neutral blieb, sich ebenso verhielten. Für diesen Fall war Polen rettungslos isoliert!

Am 12. August trat der Wettlauf um die russische Gunst in seine letzte Phase ein. Arg verzögert waren die Westmächte gestartet; sie hatten sich nicht gerade beeilt, ihre alles andere als hochrangig besetzten Delegationen nach Moskau gelangen zu lassen. Die dort am 12. August 1939 einsetzenden Verhandlungen mit der Sowjetunion über einen militärischen Beistandspakt führten sie zögernd und abwartend. Immerhin: Der Auftakt zum Versuch, die große Allianz zwischen Briten, Franzosen und Russen zu schmieden, alarmierte Hitler. Am selben Tag erfuhr er aus Tokio, daß die Japaner es nach wie vor ablehnten, mit dem Reich ein Bündnis einzugehen, durch dessen Existenz sie in Europa mit den Briten in einen Krieg verwickelt werden konnten. Soeben, am 24. Juli, hatte die neue ostasiatische Vormacht mit England den Tientsin-Konflikt beigelegt und das Craigie-Arita-Abkommen geschlossen. Die britisch-japanische Einigung wirkte auf manche Kritiker dieser Vereinbarung wie ein »fernöstliches München«[237].

Mit den Sowjets dagegen lieferten sich die Japaner kriegsähnliche Gefechte; sie hatten sich seit dem Überfall des Kaiserreichs auf die Mongolische Volksrepublik am 11. Mai 1939 gesteigert und wurden mittlerweile in Divisionsstärke ausgetragen. Japans allgemeine Lage wurde noch dadurch erschwert, daß die Vereinigten Staaten von Amerika den seit 1911 gültigen Handelsvertrag mit ihrem japanischen Partner kündigten. Anders als die Briten gingen die Amerikaner in China gegenüber den Japanern auf Konfrontationskurs. Alles in allem: Für einen europäischen Krieg war mit Tokios Hilfe nicht zu rechnen!

Italien, dem am 12. August der Entschluß, in absehbarer Zeit Krieg führen zu wollen, eröffnet wurde, zeigte sich davon weder angetan, noch war es dafür gewappnet. Dagegen ließen die Sowjets, just an diesem Tage, wissen, daß sie mit einem deutschen Emissär zu verhandeln bereit seien. Mit gieriger Hast griff

Hitler, der in der weltpolitischen Arena inzwischen ziemlich isoliert dastand, nach dieser letzten Chance, die im schnell wechselnden Spiel der großen Mächte noch verblieben war. Immer ungeduldiger ließ er die Russen, die sich Zeit gönnten, drängen, seinen Außenminister von Ribbentrop zu empfangen. Denn zwischenzeitlich hatte er festgelegt, Polen am 26. August anzugreifen.

Als von Ribbentrop schließlich am 23. August nach Moskau flog, war der Paktabschluß so gut wie besiegelt. Die Deutschen boten Stalin in jeder Beziehung mehr als die Westmächte: Anstelle eines brüchigen Friedens, der die Sowjetunion leicht in einen verheerenden Krieg mit dem Deutschen Reich stürzen konnte, winkte bei russischem Abseitsstehen die Aussicht auf einen lang andauernden Waffengang zwischen den kapitalistischen Staaten, Demokratien gegen Diktaturen. Weil das Deutsche Reich dagegen nichts einzuwenden hatte, bot sich zudem die einladende Chance, den eigenen Einfluß in Ostmittel- und Südosteuropa auszudehnen, während die Westmächte in dieser Region eher zur Bewahrung des Status quo neigten. Daß die zaudernden Briten und die ein Gran entschiedeneren Franzosen nach Rücksprache mit den eigenwilligen Polen den verärgerten Russen gleichsam in letzter Minute umständlich einräumten, »daß die Polen versprechen würden, die begehrten Gebiete unter gewissen Umständen in beschränkter Weise für beschränkte Zeit als bloße Operationsbasis unter polnischer Kontrolle den Russen zu überlassen«[238], konnte nicht im entfernten mit dem konkurrieren, was von Ribbentrop als Verhandlungsmasse in seinem Moskauer Gepäck hatte: Es ging weit über das hinaus, was die Sowjets forderten; Hitler hätte Stalin sogar den alten russischen Traum vom Besitz Konstantinopels erfüllt!

Vor diesem Hintergrund konnte der »Führer« den am 22. August versammelten Befehlshabern der drei Wehrmachtteile beruhigend versichern, das Schicksal Polens werde die Sowjetunion kaltlassen. Er sehe sich jetzt dazu imstande, zuerst den östlichen Nachbarstaat zu besiegen und sich dann nach Westen zu wenden. Einige Zeit vorher hatte er noch überlegt, zuerst im Westen zu attackieren und dann nach Osten auszugreifen: Wir sind dem während der dreißiger Jahre hin- und herschwankenden Urteil des Diktators über die Priorität und die Ausmaße eines West- oder Ostkrieges immer wieder begegnet. Jetzt scheint er, der in mehreren Fassungen überlieferten Ansprache zufolge, sogar fest, wenngleich am Ende falsch, damit gerechnet zu haben, die Westmächte würden für Polen nicht kämpfen. Sollten sie sich dennoch dazu aufraffen, schienen ihre Erfolgsaussichten mäßig zu sein, weil Deutschland durch eine Blockade nicht mehr länger zu treffen war.

Daß Hitler im übrigen die bedrohliche Wirtschaftslage des »Dritten Reiches« bei dieser Gelegenheit als auslösenden Faktor anführte, warum den Krieg zu beginnen nunmehr unumgänglich sei, besaß eine leicht durchschaubare Bewandtnis: Ein abgeleitetes Phänomen, das allein durch seine ruinösen Kriegsvorbereitungen zustande gekommen war, wurde zum ursprünglichen Motiv erhoben, um seiner irrationalen Kriegslust, die nicht mehr zu zähmen war, die gleichsam plausible Begründung zu verleihen.

In den späten Abendstunden des 23. August 1939 wurde der deutsch-sowjetische Nichtangriffsvertrag im Beisein Stalins von den Außenministern von Ribbentrop und Molotow im Kreml unterzeichnet. An diesem unmittelbar in Kraft tretenden Abkommen war entscheidend, daß es, über das bilaterale Nichtangriffsversprechen hinaus, im zweiten Artikel bedingungslose Neutralität vereinbarte. Sie sollte, mit anderen Worten, auch dann gelten, wenn einer der Vertragspartner den Krieg mit Absicht beginnen würde: »Falls einer der Vertragschließenden Teile Gegenstand kriegerischer Handlungen seitens einer dritten Macht werden sollte, wird der andere Vertragschließende Teil in keiner Form diese dritte Macht unterstützen.«[239]

Stalin wußte – nicht zuletzt deshalb, weil von Ribbentrop im Zuge seiner Moskauer Verhandlungen ganz offen darüber gesprochen hatte –, daß Hitler Polen »angreifen, sich aneignen und zu seinem Protektorat machen werde«[240]. Da der sowjetische Alleinherrscher keine »Einwendung gegen einen Krieg Deutschlands gegen Polen«[241] erhob, bedeutete sein Einverständnis zum Verzicht auf jede einschränkende Vertragsbedingung, daß Stalin den bevorstehenden Krieg Hitlers gegen Polen billigte, ja: Durch den Abschluß dieses »Angriffsvertrags«[242] hat er »die deutsche Kriegsanstiftung«[243] gefördert.

In einem »Geheimen Zusatzprotokoll« vereinbarten die Vertragschließenden »für den Fall einer territorial-politischen Umgestaltung«[244] eine Aufteilung ihrer Interessensphären. Für Ostmitteleuropa war sie klar abgegrenzt, für Südosteuropa wurde sie nur umrißartig festgelegt. Finnland, Estland und Lettland sollten zum sowjetischen, Litauen zum deutschen Einflußbereich gehören; Polen wurde zwischen Deutschland und Rußland entlang der Linie der Flüsse Narew, Weichsel und San, zum vierten Male, aufgeteilt; »ob die beiderseitigen Interessen die Erhaltung eines unabhängigen polnischen Staates erwünscht erscheinen lassen«[245], hing von der zukünftigen Entwicklung ab. Was den Balkan betraf, betonten die Sowjets ihr »Interesse an Bessarabien«, während die Deutschen »das völlige politische Desinteressement an diesen Gebieten« erklärten.

Krieg, den der eine Vertragspartner führen und den der andere nicht mehr verhindern wollte, sowie Expansion, über deren Richtungen sich beide miteinander verständigten – das war die schlimme Botschaft dieses Pakts zwischen den totalitären Diktaturen. Daß die beiden bis aufs Prinzip und Blut miteinander verfeindeten Führer des Kommunismus und des Nationalsozialismus auf machtpolitischem Terrain überraschend schnell, beinahe abrupt zur Verständigung fanden, rief weltweit Verwirrung und Bestürzung hervor. Das galt nicht zuletzt für die überzeugten Hüter der ideologischen Grallehre auf beiden Seiten. Mit Entsetzen lehnte beispielsweise Alfred Rosenberg den abscheulichen Verrat an der nationalsozialistischen Idee ab: »Ich habe das Gefühl, als ob sich dieser Moskau-Pakt irgendwann am Nationalsozialismus rächen wird. Das war nicht ein Schritt aus freiem Entschluß, sondern die Handlung einer Zwangslage, ein Bittgesuch seitens einer Revolution gegenüber dem Haupt einer anderen, die niederzukämpfen das vorgehaltene Ideal eines 20-jährigen Kampfes gewesen ist. Wie können wir noch von der Rettung und Gestaltung Europas sprechen, wenn wir den Zerstörer Europas um Hilfe bitten müssen?«[246]

Für Hitler war mit dem notgedrungen gefaßten Entschluß sein eigentliches Ziel vom »Lebensraum«-Krieg keineswegs aufgehoben; erforderlich geworden war nur, den »großen ›Umweg‹ über Moskau«[247] zu nehmen! Die Überzeugung »einer niemals zu überbrückenden Weltentfernung«[248] zwischen Nationalsozialismus und Kommunismus trat lediglich zeitweise zurück, wich aber keineswegs auf Dauer. Nach dem Abschluß des Nichtangriffsvertrages sprach Hitler bezeichnenderweise davon, er habe einen »Pakt mit [dem] Satan« geschlossen, »um [den] Teufel auszutreiben«[249].

Halten wir in dem sich förmlich überschlagenden Ablauf einer toll gewordenen Zeit kurz ein und stellen wir uns die Frage: Was bewegte Hitler und Stalin dazu, diesen »Teufelspakt« abzuschließen, der sie eine Art von Komplizenschaft eingehen ließ?

Den sowjetischen Diktator trieben zugleich defensive und offensive Motive, Furcht und Vorteilssuche, Angst und Expansionswille dazu an. Mit seiner machiavellistischen Entscheidung erleichterte er ohne Zweifel die hemisphärische Zweifrontenlage seines Landes. Denn von der notorischen Feindschaft des nationalsozialistischen Deutschland abgesehen, hatte sich Stalin, wie erwähnt, an der östlichen Flanke des russischen Imperiums in einem schon seit Monaten andauernden Waffengang gegen Japan zu behaupten. Mit dem überraschenden Entschluß, sich mit Hitler zu vereinbaren, durchkreuzte er zudem eine andere Gefahr, die ihn subjektiv stärker beunruhigte, als daß sie tatsächlich gedroht hätte, nämlich die Bildung einer sogenannten Einheitsfront der »kapitalistisch-revisionistischen« und der »kapitalistisch-nichtrevisionistischen« Staaten gegen die Sowjetunion.

Stalin entzog sich der nicht von der Hand zu weisenden Notlage außenpolitischer Isolierung. Er mied aber auch den verhängnisvollen Zwang, der bei einem Militärbündnis der Sowjets mit den Briten und Franzosen zu befürchten stand, nämlich für den Fall eines zwischen der großen Allianz und dem »Dritten Reich« geführten Krieges für den Westen »die Kastanien aus dem Feuer holen«[250] zu müssen. Stalin konnte nicht mit genügender Bestimmtheit davon überzeugt sein, daß eine Koalition zwischen der Sowjetunion, Großbritannien und Frankreich Hitlers Deutschland mit Sicherheit vom Krieg abgehalten hätte. Mißlang die Abschreckung, dann hätte sein Land die Hauptlast zu tragen gehabt, wäre für die anderen erst einmal zum Rammbock geworden. Daher zog er das überraschende Zusammengehen mit Hitler vor, das ihn zum überlegen lachenden Dritten werden ließ. Denn jetzt schien nahezu gewiß zu sein, daß die im Prinzip mit der Sowjetunion gleichermaßen verfeindeten kapitalistischen Staaten der Welt, die Diktaturen und die Demokratien, militärisch aneinandergerieten.

Am Ende dieser kraftraubenden Auseinandersetzung würde er im Sinne seiner berühmten Maxime, die er vor dem Parteitag der KPdSU im Januar 1925 entwickelt hatte, »das entscheidende Gewicht« als letzter »in die Waagschale werfen«[251] und den ermatteten Kontrahenten den Frieden diktieren. Die ersten Früchte winkten jedoch schon eher, nämlich im unmittelbaren Gefolge des vor seinem Ausbruch stehenden Krieges: Das »Geheime Zusatzabkommen« trat nämlich in Kraft, sobald die militärische Auseinandersetzung Deutschlands mit Polen die Voraussetzungen für seine Verwirklichung legte.

Beide Paktpartner hatten, wie Stalin es in seiner Unterredung mit dem britischen Botschafter Sir Stafford Cripps rückblickend am 1. Juli 1940, kurz nach dem Ende des Frankreichfeldzuges, umschrieb, »das gemeinsame Bestreben ..., das alte in Europa bestehende Gleichgewicht zu beseitigen, das Großbritannien und Frankreich vor dem Krieg aufrechtzuerhalten bestrebt«[252] waren. Wörtlich kennzeichnete der sowjetische Diktator diese weitreichende Absicht als »die Grundlage des [deutsch-sowjetischen] Nichtangriffspakts«[253].

Für Hitler eröffnete der Vertrag die »günstigsten Bedingungen«[254], um den Krieg entfesseln zu können, das heißt aber: Der gleichsam instinktiven Disposition des Diktators zum Waffengang wurde durch den Abschluß des deutsch-sowjetischen Nichtangriffsvertrages vom 23. August 1939 die destruktive Entfaltung ermöglicht. »Diktiert von dem Bedürfnis nach Krieg in Europa«[255], kommentierte eine Anweisung des Moskauer Außenministeriums an die sowjetische Botschaft in Tokio unter dem Datum des 1. Juli 1940 das für den Abschluß des Paktes mit Hitler zentrale Motiv Stalins, gab der sowjetische Diktator der unter Volldampf stehenden deutschen Kriegslokomotive »das ›grüne Licht‹«[256]. Insgesamt: Der eine, der den Krieg wollte, und der andere, der ihn nicht mehr verhindern wollte, wurden über ein Geschäft um Leben und Tod handelseinig.

Während Stalin, auf längere Sicht von der Überlegenheit der Westmächte überzeugt, fest davon ausging, daß nunmehr der Krieg zwischen den Briten, Franzosen, möglicherweise sogar den Amerikanern auf der einen und den Deutschen auf der anderen Seite vor der Tür stehe, nahm Hitler das gerade Gegenteil an. Er vertraute – letztlich vergeblich – darauf, daß der sensationelle Effekt und die spektakulären Auswirkungen des Paktabschlusses England und Frankreich von einem Eingreifen zugunsten Polens abhalten würden. Für den bevorstehenden Krieg gegen den unterlegenen Nachbarstaat im Osten schien der Nichtangriffsvertrag mit der Sowjetunion tatsächlich die nicht zustandegekommenen Bündnisse mit Großbritannien und Japan zu ersetzen. Mehr noch: Für den Fall, daß es über den polnischen Feldzug doch zum militärischen Konflikt mit dem Westen kommen sollte und daß diese Auseinandersetzung sich im Anschluß an den Waffengang gegen Polen ergeben würde, hielt das politische Abkommen mit Stalin dem Reich strategisch den Rücken frei und sicherte ihm wirtschaftliche Unterstützung.

Hitlers Motive für den Vertragsabschluß waren also mit Händen greifbar. Das alte Ziel, gegen Rußland Krieg zu führen, hat er darüber nie aus dem Blick verloren. Dagegen wollte von Ribbentrop dem Pakt, der seiner antibritischen Konzeption als Grundlage dienen konnte, Dauer verleihen. Hitler sah in dem Abkommen mit Stalin, der ihm seinerseits ebenfalls eine längerfristige Wirksamkeit beimaß, nur eine vorübergehende Aushilfslösung. Als Voraussetzung für die Verwirklichung globaler Rassenherrschaft strebte der »Führer« nach der Vormachtstellung in Europa und plante die Eroberung der Sowjetunion. Stalin wiederum war »nicht so einfältig, den deutschen Versicherungen zu glauben, sie hätten keinen Wunsch nach Hegemonie«, aber er war »von der physischen Unmöglichkeit einer solchen Hegemonie überzeugt, da Deutschland nicht über die dazu notwendige Seemacht verfügt«[257].

Über die Haltung der Westmächte, insbesondere der Briten, machte sich Hitler, der auf die abschreckende Wirkung des Pakts fest vertraute und die englisch-französische Hilfe für Polen bereits abgeschrieben hatte, gefährliche Illusionen. Durch die lange Gewöhnung an die immer wieder auf die Probe gestellte Folgenlosigkeit aller ihm bislang erteilten Warnungen wollte der Diktator einfach nicht auf das Wort der Briten hören, das sie ihm drohend zuriefen. Am 22. August versuchte Premierminister Chamberlain aufgrund eines Kabinettsbeschlusses Hitler in einem Brief die verhängnisvolle Gewißheit zu nehmen, mit dem bevorstehenden Abschluß des Vertrages zwischen Berlin und Moskau könne er die Erwartung verknüpfen, »daß eine Intervention seitens Großbritanniens zugunsten Polens nicht mehr eine Eventualität darstellt, mit der zu rechnen notwendig ist. Kein größerer Fehler könnte begangen werden.«[258] Ohne jede Einschränkung, die wenig Raum für manövrierendes Ausweichen übrig ließ, heißt es weiter: »Welcher Art auch immer das deutsch-sowjetische Abkommen sein wird, so kann es nicht Großbritanniens Verpflichtungen gegenüber Polen ändern, die Seiner Majestät Regierung wiederholt öffentlich und klar dargelegt hat, und die sie entschlossen ist, zu erfüllen.«[259]

Nach der Bekanntmachung des deutsch-sowjetischen Pakts, der die Welt durcheinanderrüttelte, blieb die englische Haltung deshalb unverändert. Da unternahm Hitler einen weiteren Versuch, um das Blatt in letzter Stunde vor Kriegsbeginn doch noch zu wenden. Dem britischen Botschafter Henderson unterbreitete er ein »großes umfassendes Angebot«[260], das ganz offensichtlich erst dann wirksam werden sollte, wenn die polnische Krise auf militärischem Wege im deutschen Sinne beendet sein würde. In Hitlers Offerte mischten sich das langfristige Ziel, England für ein Bündnis zu gewinnen, mit der akuten Absicht, Großbritannien von einer Unterstützung Polens im bevorstehenden Waffengang abzuhalten. Für den Fall, daß die Engländer ihm bei seinem Vorhaben, Polen niederzuwerfen, nicht in den Arm fielen, sondern sich ruhig verhielten, versprach er, wie gesagt, »noch einmal an England mit einem großen umfassenden Angebot heranzutreten«[261].

Er stellte Großbritannien in Aussicht, Abmachungen zu treffen, die »nicht nur die Existenz des Britischen Weltreichs unter allen Umständen deutscherseits garantieren würden, sondern auch, wenn es nötig wäre, dem Britischen Reich die deutsche Hilfe sicherten, ganz gleich, wo immer eine derartige Hilfe erforderlich sein sollte«[262]. Daß diese merkwürdigen Vorschläge tatsächlich nur für die Zeit nach einem siegreichen Feldzug gegen Polen gelten sollten, während er für den geplanten Waffengang britische Neutralität erwartete, wird durch den chronologischen Ablauf des von Hitler Vorgeschlagenen und Angeordneten deutlich. Kurz nach dem Ende seines Gesprächs, in dem er Henderson mit seinem »Angebot« bekanntmachte, gab der Diktator den Befehl, Polen am Morgen des 26. August anzugreifen. Noch einmal versuchte Hitler, im bewährten Stil voranzukommen, nämlich einseitig zu handeln, jetzt sogar kriegerisch, und gleichzeitig dem Westen Frieden und Unterstützung anzubieten. Doch die lange Zeit erfolgreiche Methode hatte sich verbraucht; ihr Protagonist war unglaubwürdig geworden!

Am Abend des 25. August nahm Hitler den Angriffsbefehl zurück. Die sich überstürzenden Nachrichten – England und Polen bauten ihre Beistandsverpflichtung zu einem Militärbündnis aus; Italien erklärte seine Unfähigkeit zur Teilnahme am Waffengang – machten ihn unsicher. Allein, die erzwungene Pause schob nur auf, was der dem Krieg Verfallene einfach nicht mehr lassen wollte.

Für den raum- und rassebesessenen Hitler waren die Motive und Ziele der vor der Tür stehenden Auseinandersetzung gegen Polen im letzten andere als für die Mehrzahl seiner konservativen Offiziere. Allerdings: Seit den zwanziger Jahren galt ihnen Polen, gegen das es nunmehr losgehen sollte, nicht aber Rußland, dessen Neutralität gesichert war, als der eigentliche Gegner im Osten. Aus unterschiedlichen Beweggründen fanden der »Führer« und die Wehrmachtspitze eng zueinander, als der Feldzug gegen Polen bevorstand. Anders als im zurückliegenden Jahr, während der tschechoslowakischen Krise, war die Stimmung im Offizierkorps jetzt viel weniger ablehnend. »Mit den Polen glauben wir rasch fertigzuwerden, und wir freuen uns offen gestanden darauf. Die Sache *muß* bereinigt werden«[263], heißt es in einem Privatbrief des Generalquartiermeisters Wagner vom 31. August.

Freilich dauerten die Bemühungen an, den fast schon verlorenen Frieden im Wettlauf mit der verrinnenden Zeit doch noch zu retten. Auf deutscher Seite war es vor allem Hermann Göring, der, wie seinerzeit vor der Münchener Konferenz, den militärischen Konflikt abzuwenden bemüht war. Birger Dahlerus, ein mit ihm gut bekannter schwedischer Geschäftsmann, riskierte als privater Unterhändler, der mehrfach zwischen Berlin und London hin- und herflog, angesichts der drohenden, kaum mehr abwendbaren Katastrophe den unorthodox anmutenden Versuch, auf eigene Faust die Welt vor dem Schlimmsten zu retten. Diesen Bemühungen seine Unterstützung zu leihen, brachte den »Ersten Paladin des Führers«[264] in gar nicht zu übersehenden Widerspruch zu Hitler, der den Krieg wollte. Die Grenze zur Opposition gegen den Diktator hat Göring, weil er letztlich immer nachgab, jedoch niemals überschritten. Hitler, der Dahlerus gleichfalls während der dramatischen Stunden vor Kriegsbeginn empfing, ging es nur noch um eines: Begierig hielt er nach einem Zeichen Ausschau, das anzudeuten geeignet sein konnte, die Briten würden, sozusagen im letzten Augenblick, vor einer Teilnahme am Kampf doch noch zurückschrecken.

Seine niemals aufgegebene Hoffnung auf das englische Desinteresse am europäischen Kontinent war und blieb, was die außenpolitischen Prinzipien Großbritanniens anging, eine folgenschwere Fehlspekulation des Diktators. Immerhin: Vorläufig taten die Engländer alles, um die nach ihrem Eindruck halsstarrigen Polen zur Nachgiebigkeit gegenüber dem Reich zu drängen, um sie zu Gesprächen mit Berlin zu bewegen. Der amerikanische Botschafter in London, Joseph Kennedy, konnte sich damals des Eindrucks nicht erwehren, als sorge sich vor allem Neville Chamberlain »mehr darum, wie man die Polen zur Vernunft bringen kann, als um die Haltung der Deutschen«[265].

Im Prinzipiellen Festigkeit zu demonstrieren und im Konkreten Verhandlungsbereitschaft zu wahren, beschreibt die auf unterschiedliche Weise zusammengehörenden Motive des *appeasement*, das nur einem Ziel, dem Friedenserhalt, diente. Dem ehrenhaft plausiblen Anliegen wirkte nach wie vor jener zerstörerisch feige Defätismus entgegen, der sich im Umfeld der Beschwichtigungspolitik lange eingenistet hatte. Bis ins französische Kabinett hinein fand, obwohl sich Ministerpräsident Daladier der ruinösen Tendenz tapfer entgegenstellte, die verführerisch suggestive Frage Marcel Déats »Mourir pour Dantzig?«[266] eine fatal positive Resonanz. Für Danzig zu sterben lohne sich nicht; daher bleibe gar nichts anderes übrig, als Hitler nachzugeben. Auch in Großbritannien wurden, ohne allerdings wirkliche Popularität zu erlangen, entsprechende Stimmen aufs neue laut. Doch ihr kleinmütiger Versuch, dem manipulativen Schlagwort, Danzig sei keinen Krieg wert, verführerisches Gehör zu verschaffen, blieb ohne durchschlagende Überzeugungskraft.

Am 29. August schien sich das schon fast zugeschlagene Tor zum Frieden noch einmal zu öffnen: Hitler gab dem englischen Vorschlag scheinbar nach, die Verhandlungen mit Polen wieder aufzunehmen. Gleichsam ultimativ verlangte der Diktator freilich von Botschafter Henderson, dafür zu sorgen, daß der polnische Unterhändler bereits am nächsten Tag, dem 30. August, in Berlin erscheine, um die deutschen Vorschläge entgegenzunehmen. Als die englische Regierung die ungewöhnlich kurze Fristsetzung als für die Polen unannehmbar zurückwies, regierte Mars sofort wieder die Stunde. Mitten in der Nacht vom 30. auf den 31. August verlas Außenminister von Ribbentrop dem britischen

Botschafter die »16 Punkte«, die an sich dem Bevollmächtigten der Warschauer Regierung unterbreitet werden sollten. Gegen jede diplomatische Gepflogenheit weigerte sich der deutsche Außenminister, Henderson die schriftliche Fassung des mündlich Eröffneten auszuhändigen. Weil kein polnischer Vertreter erschienen sei, bezeichnete von Ribbentrop den Text als hinfällig.

In diesem Zusammenhang ist kritisiert worden, Polen hätte, »indem es sich weigerte«, wie Karl Dietrich Erdmann den von ihm widerlegten Einwand umschrieben hat, »sachliches Entgegenkommen in den Fragen zu zeigen, die seit den unglücklichen Bestimmungen des Versailler Vertrages geregelt werden mußten, die Chance verpaßt, eine um so stärkere moralische Position zu gewinnen für die Abwehr aller Zumutungen gegen die polnische Integrität und Unabhängigkeit«[267]. Im Hinblick auf das deutsch-polnische Verhältnis während der Zwischenkriegsära des 20. Jahrhunderts mag der differenzierende Gedanke erwägenswert anmuten. Was die akute Situation, Ende August 1939, angeht, ist aber gar nicht zu übersehen, daß Hitler dieses sich bis in den 31. August hineinziehende Verhandlungsmanöver nur als »Alibi« benutzte. Besonders »dem deutschen Volke gegenüber« wollte er unter Beweis stellen, »daß ich alles getan hatte, den Frieden zu erhalten«[268]. Das vorgesehene Szenario sollte nach Hitlers Plan so ablaufen, wie General Halder es in brutaler Kürze seinem Tagebuch anvertraute: »30. 8. Polen in Berlin. 31. 8. Zerplatzen. 1. 9. Gewaltanwendung«[269].

Sich in Berlin wie einige Monate zuvor der unglückliche Präsident Hacha terrorisieren zu lassen, verspürten die stolzen Polen wenig Neigung. Im Hinblick auf die gerade erst zurückliegenden Moskauer Verhandlungen zwischen den Westmächten und der Sowjetunion hatten sie sich dem Verlangen Stalins nach dem Durchmarsch- und Interventionsrecht hartnäckig widersetzt. Denn sie fürchteten die Russen, die ihnen die »Seele« rauben würden, fast noch mehr als die Deutschen, die sie in »Gefahr« bringen würden, die »Freiheit zu verlieren«[270]. Mutig waren sie jetzt dazu bereit – nicht zuletzt im Vertrauen auf den Westen, dessen halbherzige Kriegführung sie dann bitter enttäuschte –, für ihre nationale Unabhängigkeit mit dem Leben zu bezahlen.

Für den Beginn des Waffenganges spielte es keine maßgebliche Rolle, daß Polen durch die britische Garantie vom 31. März 1939 ein vergleichsweise hohes Maß an Entscheidungsspielraum über Krieg und Frieden erhielt. Daß die polnische Regierung auf Hitlers durchsichtige Forderung nach direkten Verhandlungen mit Warschau, die er am 29. August 1939 fast ultimativ übermitteln ließ, gar nicht mehr eingehen wollte, war gleichfalls nicht von entscheidender Bedeutung. Angesichts der »politischen Gesamtsituation«[271] lag auch keine den Kriegsausbruch verursachende Wirkung darin, daß die britische Garantie, wie schon so oft zuvor in der englischen Weltpolitik der dreißiger Jahre, Abschreckung und Beschwichtigung miteinander zu verbinden trachtete. Daß schließlich jedes Element auf seine Art das anvisierte Ziel verfehlte, Hitler also weder vom militärischen Abenteuer abzuhalten noch in eine Friedensordnung einzubinden vermochte, unterstreicht nicht zuletzt die Kriegsentschlossenheit des deutschen Diktators.

Als die Polen doch noch, auf britisches Drängen hin, ihre Bereitschaft zu direkten Verhandlungen mit Deutschland am Mittag des 31. August zu erkennen gaben, war es bereits zu spät. Zu derselben Zeit erteilte Hitler jenen Befehl, der den Zweiten Weltkrieg entfesselte, nämlich Polen am 1. September 1939 anzugreifen. Der am 31. August von Mussolini angeregte Gedanke, die aufs äußerste zugespitzte Krise nach dem Münchener Vorbild im Zuge einer Konferenz abzuwenden, konnte bei Hitler keine zustimmende Resonanz finden. Am frühen Morgen des 1. September brach der Sturm über Polen los. Zwei Tage darauf erklärten England und, in seinem Gefolge, Frankreich dem Deutschen Reich den Krieg. »Alles war aus für immer«, bilanzierte der französische Lyriker René Char in seinem mit dem Datum »3. September 1939« überschriebenen Dreizeiler »Der Pirol« die traurige Niedergeschlagenheit seiner leidgeprüften Zeit.

Hitler wußte, daß dieser Waffengang, weil Großbritannien auf seiten seiner Gegner stand, »sehr schwer, vielleicht aussichtslos«[272] sein würde. Bereits früh hatte er ahnungsvoll bemerkt, ein Krieg mit England bedeute nichts anderes als »finis Germaniae«[273]. Sein »Vabanque«-Spiel[274], zu dem er sich am 29. August ausdrücklich bekannte, hatte ihm, am ursprünglich Beabsichtigten gemessen, eine ideologisch sowie machtpolitisch ganz und gar verkehrte Frontstellung beschert. Anstatt mit den konservativen Mächten im Bunde gegen den revolutionären Kommunismus zu ziehen, fand er sich, auf die wohlwollende Neutralität der Sowjetunion angewiesen, im Krieg mit Großbritannien und Frankreich wieder. Die deutsche Bevölkerung brach keineswegs, wie einst im August 1914, in begeisterten Kriegsjubel aus; bei niedergedrückter Stimmung übte sie sich vielmehr in gehorsamer Gefolgschaft.

Marschall Fochs Voraussage war eingetreten: Der siegreiche französische Heerführer hatte bereits 1919 geäußert, Versailles sei »kein Friede«, sondern »ein Waffenstillstand für zwanzig Jahre«[275]. Die düstere Prognose erfüllte sich nicht zuletzt deshalb, weil die Bedingungen des Friedens von Paris den Ausbruch eines neuen Krieges stärker begünstigten, als das beispielsweise zuvor die Ordnung von Wien getan hatte. Die frappierend anmutende Schlüssigkeit der frühen Vorhersage hat sich dennoch längst nicht so zwingend erfüllt, wie das *prima vista* erscheinen mag.

Der Gang durch die Geschichte der deutschen Außenpolitik hat vielmehr gezeigt, daß alles nicht so kommen mußte, wie es tatsächlich gekommen ist. Daß es aber so verlief, wie es sich schließlich zutrug, war ursächlich mit der Persönlichkeit und Politik Hitlers verbunden. Daher war das, was nunmehr über die Welt hereinbrach, keineswegs nur ein neuer Krieg um Europas Hegemonie und Gleichgewicht, an den Marschall Foch gedacht haben mag, als er mit verbittertem Pessimismus in eine ihm freudlos erscheinende Zukunft blickte. Nein, Hitler entfesselte seinen Krieg, der sich von Europa über die Welt ausdehnte, weil es ihm um die Herrschaft der germanischen Rasse, um die Knechtung der slawischen Rasse und um die Vernichtung der jüdischen Rasse ging.

Daß eine aus den Fugen geratene Zeit den Rasenden in seinem letztlich präzedenzlosen Handeln begünstigte, gehört zur Signatur einer Epoche, in der das Zerstörerische dem Schöpferischen immer wieder die Chance zur Entfaltung raubte, in der die vom Bösen ausgehende Verwirrung die Orientierung zum Guten für lange Zeit beinahe verschwinden ließ.

Denn im weltpolitischen Spiel der dreißiger Jahre wurden die Lehren der Vergangenheit von den einen insofern mißverstanden, als sie die Macht sträflich vernachlässigten. Von den anderen wurden, dem genau entgegengesetzt, die falschen Konsequenzen gezogen, indem sie die Macht hybride verabsolutierten. Daß Macht dagegen immer relativ ist, die eigene Stärke ebenso umfaßt wie die Schwäche der anderen, ging darüber als Einsicht verloren. Für die einen verfiel Macht zur Ohnmacht, und für die anderen verkam sie zur Übermacht. Das förderte ein kaum mehr auszubalancierendes *Ungleichgewicht der Ideen und Verhältnisse* und beschleunigte die ohnehin abschüssige Fahrt in den Krieg, den die einen zu vermeiden und die anderen zu führen suchten.

Daß der ostentative Verzicht auf Gegenmacht und Stärke die paradoxe Folge zeitigte, Risiken und Kriegsgefahr zu erhöhen, bedrohte den fragilen Frieden der Zeit. Sein Bestand wurde nicht zuletzt dadurch gefährdet, daß nicht wenige, voll guten Gewissens und ohne Neigung zum Kompromiß, absolut nach ihm verlangten, bevor er überhaupt unvollkommen existierte. Den Krieg als Möglichkeit zu bedenken und für den *casus belli* angemessen gewappnet, also nicht nur einseitig gerüstet zu sein, beispielsweise im Sinne der britischen Konzentration auf eine Abschreckung durch die Luftwaffe oder des französischen Dogmas einer Defensive an der Maginot-Linie, konstituiert nun einmal den Frieden einer Zeit. Zwanghafte Fixierung auf den Krieg und verwerfliche Verachtung des Friedens beschreiben die buchstäblich tödliche Gegenposition dazu. Daß beide Tendenzen nicht zu einem antagonistischen Miteinander zu gelangen vermochten, sondern sich im feindlichen Gegeneinander blockierten, ließ das ohnehin existierende *Ungleichgewicht zwischen Frieden und Krieg* schließlich zum militärischen Austrag der Spannung tendieren.

Diesen Sachverhalt zu konstatieren, legt die Feststellung zu treffen nahe, daß der Begriff des Politischen zeitgenössisch nahezu keine Verbindlichkeit mehr besaß, sogar zunehmend aufgerieben wurde. Ein sogenannter Politikverlust ging bereits seit dem Ende des 19. Jahrhunderts mit der Entstehung des »politischen Massenmarktes« beständig einher. Mit beunruhigter Ratlosigkeit fragte schon Lord Salisbury, wo die Macht, die den Verantwortlichen auf so unerklärliche Weise entglitten war, eigentlich geblieben sei. In der charakteristischen Frage liegen die sich im Verlauf der Moderne einstellenden Schwierigkeiten aufgehoben, den Begriff des Politischen adäquat zu bestimmen, bevor er sodann in den dreißiger Jahren des 20. Jahrhunderts als Wert schlichtweg abhanden kam. Durch die Existenz neuer Ideologien und Ordnungsentwürfe wurde er nach und nach reduziert, ersetzt und abgeschafft. Das heißt aber: An die Stelle des Politikers, des Staatsmannes und des Diplomaten traten der Kaufmann, der Eroberer und der Prophet, denen die Gemeinsamkeit des Gedankens, der Sprache und des Handelns verlorenging.

Neville Chamberlain beispielsweise reduzierte britische Außenpolitik in überproportional hohem Maße auf das *economic appeasement*, ohne zur Kenntnis zu nehmen, daß Hitler in den Jahren 1938/39 Land erobern, nicht aber wirtschaftlichen Vorteil erzielen wollte. Stalin ersetzte den überlieferten Begriff des Politischen durch das Dogma der revolutionären Ideologie und durch das Streben nach moralisch ungeläuterter Macht. Hitler plante, das Politische als Wert, ja die Geschichte einfach abzuschaffen und durch die visionäre Rassenutopie des Milleniums ein für allemal überflüssig zu machen.

Auf solche freilich fundamental unterschiedliche Art und Weise die Bedeutung des Politischen zu verkennen, verstärkte notwendigerweise noch einmal, ebenso verhängnisvoll wie entscheidend, das *Ungleichgewicht einer anarchischen Welt*, die ohnehin schon am Rande des Krieges torkelte. Daß Hitler, monströses Symbol der orientierungslosen Zeit, ihn mit dem deutschen Angriff auf Polen entfesselte, ließ den Diktator, der zugleich als Gefangener und Vollstrecker seiner ruchlosen Weltanschauung handelte, zum Zerstörer des alten Europa werden.

Die Welt hatte es mit einem neuen »Attila«[276] zu tun! Angesichts dieser definitiven Tatsache erscheint es fast müßig, mag manchem sogar verfehlt vorkommen, die Frage aufzuwerfen, ob es im Verlauf der zurückliegenden Jahre Chancen für eine bevorzugte Existenz der Deutschen in einem Mitteleuropa umfassenden Reich gegeben hat, die leichtfertig mißachtet worden sind. Das Problem muß dennoch geprüft werden.

Mißachtete Chancen?

Im Jahre 1950 urteilte der Historiker Eberhard von Vietsch im Rückblick auf die vorteilhafte Lage, in der sich das Deutsche Reich im Herbst 1938, nach der Konferenz von München, befand, mit nachklingender Wehmut über das nach seinem Eindruck frevelhaft Verspielte: »Hätte jetzt Hitler nach Bismarckschem Vorbild wirklich Maß gehalten, die großen Chancen eines für Deutschland und Europa vorteilhaften Friedens staatsmännisch zu nutzen gewußt, das Volk wäre ihm mit Leib und Seele gefolgt.«[277] Gleichsam mit intellektueller Gewalt mußte sich Sebastian Haffner aus den fesselnden Fängen des historischen Optativs befreien, als er, selbst noch im Jahre 1978, dieser verlorenen Spur der deutschen Vergangenheit in tiefer Nachdenklichkeit folgte. Im mutmaßenden Vergleich über die 1938 ebenso wie 1940 in unterschiedlicher Art und Weise sich eröffnenden und vertanen Chancen der nationalen Geschichte stellte er mit seufzender Resignation und dennoch nüchtern fest: »Hätte Deutschland damals einen Bismarck gehabt und nicht einen Hitler .... Aber geraten wir nicht ins Träumen. Deutschland hatte Hitler...«[278].

In gewisser Hinsicht erinnern solche Gedankenspiele an das nicht selten aufgeworfene Problem, ob der Diktator, hätte er 1938, das Jahr seiner Triumphe, nicht überlebt, als ein Großer in die Weltgeschichte eingegangen wäre. Sein zukünftiges Handeln hat darüber schreckliche Klarheit geschaffen! Obwohl sie eng und schicksalhaft mit der Person Hitlers verbunden war, reicht die zentrale Frage nach den europäischen Existenz- und Entwicklungschancen des Deutschen Reiches im Jahre 1938 dennoch weit über den personengebundenen Zusammenhang hinaus. Ansonsten wäre die verlogene Propagandaformel der Nationalsozialisten zutreffend gewesen, die behaupteten, Hitler sei Deutschland und Deutschland sei Hitler.

Ungeachtet dessen, was denjenigen, der es gewaltsam herbeiführte, an Motiven und Zielen bewegte, wurzelte das, was sich 1938 mit dem »Anschluß« Österreichs und der Einverleibung des Sudetenlandes vollzog, im nationalen Traum der Deutschen vom einigen Reich in der Mitte des europäischen Kontinents. Lebendig geblieben war es seit den in machtpolitischer Hinsicht teilweise schon überschäumenden Forderungen nach einem »Großdeutschland«[279], die bereits von den parlamentarischen Repräsentanten der Frankfurter Paulskirche erhoben wurden. Inzwischen, 1938, schien die Gunst der Geschichte die Verwirklichung dieser Idee zu gewähren.

Während der Reichsgründungsära hatte die Lage der Staatenwelt Otto von Bismarck nicht mehr und nicht weniger zu erreichen erlaubt als den kleindeutschen Nationalstaat, nicht zuletzt durch die Trennung von Österreich. Mehr zu erlangen und die alte Monarchie an das neue Reich zu binden, war ihm nicht vergönnt gewesen; den traditionalen Gedanken zu verwirklichen, wäre für das soeben Geschaffene lebensgefährlich geworden. Saturiert zu sein und sich mit dem erworbenen Besitzstand abzufinden, wurde zum Lebensgesetz des Bismarckstaates, wollte er seine Existenz nicht leichtfertig riskieren.

Nach dem Ende des Ersten Weltkrieges deuteten sich aufs neue Chancen an, die ein vergrößertes Dasein der Deutschen in Aussicht stellten. Angesichts der erlittenen Niederlage erscheint die kühne Feststellung auf den ersten Blick paradox. Im Hinblick auf die demokratischen Strömungen einer gewandelten Zeit und die veränderte Gestalt des internationalen Systems besaß die sich regende Tendenz dennoch ein reales Fundament in den mannigfachen Möglichkeiten der unberechenbaren Epoche. Mit den friedlichen Mitteln überlegener Wirtschaftskraft auf der einen Seite und der werbenden Botschaft von Freiheit und Selbstbestimmung auf der anderen Seite sollte aus der schönen Idee mächtige Realität werden. Allein, das verlockende Experiment, die nationale Gestalt zu dehnen, kam nicht zum Zuge, scheiterte vielmehr mannigfach. Mehr noch: Die Voraussetzungen, die das ehrgeizige Trachten nach moralischen Eroberungen und territorialen Erweiterungen ursprünglich trugen, schienen sich in vorangeschrittener Zeit, in der die Diktaturen sich den Demokratien überlegen wähnten, teilweise sogar in ihr Gegenteil verkehrt zu haben. Dennoch, ja gerade deshalb kam es noch einmal anders!

Der rapide Zerfall der Friedensordnung von Paris bot dem Revolutionär an der Spitze des Deutschen Reiches im Jahre 1938 die Gelegenheit, die seit 1848 andauernde Tradition, scheinbar, zu verwirklichen – in einem für ihr demokratisches Erbe grundlegend verkehrten Zusammenhang und nur für einen flüchtigen historischen Augenblick lang. 1871 war es, wie erwähnt, die sich in begrenztem Ausmaß öffnende Lage der Staatenwelt gewesen, die das kleindeutsche Reich zu gründen ermöglicht hatte. In einer erheblich veränderten Form ihrer Existenz, besser gesagt ihres Verfalls, war es erneut die internationale Konstellation, die nunmehr, 1938, die großdeutsche Reichsgründung zuließ.

Aktionsscheu zog Frankreich sich hinter den großen Wall der schützenden Maginot-Linie zurück. Weil aber Großmächte, die zu handeln sich weigern, ihrem Ordnungsauftrag nicht nachkommen, nahm die kontinentale Vormacht der zwanziger Jahre endgültig von ihrer Rolle als Garantin des Bestehenden Abschied. Herausgefordert fühlte sich die kleinmütig gewordene *Grande Nation* nicht zuletzt durch die Bedrohung ihrer angestammten Positionen im Mittelmeer und in Übersee, durch schrill erhobene Ansprüche auf Korsika, Nizza und Savoyen, die das faschistische Italien mit martialischer Gebärde geltend machte. Mit den großdeutschen Zielen des Reiches hatte sich das neue *impero* Mussolinis im übrigen schnell abgefunden, weil es gleichfalls die Spur der Eroberung verfolgte.

Die Sowjetunion, vom Scheitern der Politik kollektiver Sicherheit enttäuscht und der internationalen Umwelt gegenüber noch mißtrauischer als zuvor, hielt sich in bezug auf die territorialen Ambitionen der Deutschen in Mitteleuropa zurück, nachdem sie davor lange Zeit vergeblich gewarnt hatte. Nicht dazu bereit war sie jedoch, dagegen auf eigene Faust oder als Büttel der anderen einzuschreiten. Denn mit den kapitalistischen Demokratien lebte sie in ebenso grundsätzlicher Feindschaft wie mit dem nationalsozialistischen Deutschland, gegen das aufzutreten ihr zudem durch die japanische Gefahr an ihren fernöstlichen Grenzen die Hände gebunden waren.

Was die Vereinigten Staaten von Amerika anging, genügten sie vorläufig noch sich selbst. Konzentriert waren sie auf die Hemisphäre ihres Doppelkontinents und gaben sich bevorzugt dem Isolationismus hin. Seine Existenz schloß vor allem die militärische, weitgehend auch die politische Intervention aus. Hinzu kam, daß die Amerikaner im Pazifik und in Ostasien gleichfalls mit dem unruhigen Japan zu tun hatten. Aus ihrer Sicht der Dinge erschien im übrigen mancher Vorgang auf dem chinesischen Kriegsschauplatz relevanter als das, was sich in Mitteleuropa veränderte.

Blieb das wie eh und je für die Frage nach der Gestalt des Kontinents ausschlaggebende England. Sichtlich überfordert und unverkennbar geschwächt, war die britische Weltmacht, anders als bislang im Verlauf des 19. und 20. Jahrhunderts, jetzt dazu bereit, dem Reich zu gestatten, großdeutsche Konturen zu gewinnen, sogar die Rolle der Vormacht in Mitteleuropa zu beanspruchen.

Alles in allem: Die externen Bedingungen für die Existenz und die Entwicklung des vergrößerten Reiches nahmen sich im Jahre 1938 tatsächlich so vorteilhaft aus wie niemals zuvor in der modernen Zeit. Daß das günstig Begleitete dennoch nicht aufblühte, vielmehr rasch verging, sich sogar selbst zerstörte, lag vorwaltend an den internen Bedingungen deutscher Außenpolitik. Ihre maßgeblichen Repräsentanten, allen voran der »Führer«, fanden sich nicht dazu bereit, dem wie einst nach 1871 erneut verpflichtenden Gebot der Saturiertheit zu entsprechen und die immerhin geweiteten Grenzen als definitiv zu akzeptieren: Hitler hatte mit Bismarck nichts gemein! Nicht Bewegungslosigkeit, sondern Expansion hieß sein tödliches Lebensgesetz, dem er wie einem bösen Zauber verfallen war. Sein »Großdeutsches Reich« war nicht mehr als eine bald schon folgenreich überschrittene Etappe auf der mörderischen Jagd zum »Großgermanischen Reich« der arischen Rasse.

Doch es war nicht allein Hitler, dem die stolzen Ausmaße des gerade Erworbenen nicht genügten. Zahlreiche Vertreter aus den konservativen Eliten verlangten im Grunde viel mehr als das, was dem Reich zuteil geworden war. Den »Anschluß« beispielsweise schätzten sie »nicht ... um seiner selbst willen, sondern um weit darüber hinausreichender, wenn auch qualitativ anders zu bewertender Ziele willen als diejenigen Hitlers«[280]. Bei aller nicht selten klischeehaft anmutenden Berufung auf den ersten Reichskanzler waren sie doch weit eher dem wilhelminischen Erbe des modernen Nationalstaates als demjenigen Bismarcks verpflichtet. Die auf ihrer Seite vorhandene Neigung, dem polnischen »Saisonstaat« den Garaus zu machen; ihre unverhüllte Zustimmung, die ungeliebte tschechoslowakische Republik zu demontieren; ihre anhaltenden Revanchegefühle gegenüber Frankreich; ihr latenter oder offener Wille zur europäischen Hegemonie; ihre fortwährenden Rufe nach kolonialer Revision; und ihr provozierender Hang zum Aufbau einer großen Flotte geben zu erkennen, warum, von Hitlers Zielen abgesehen, das Deutsche Reich 1938 nicht zur Ruhe fand, sich nicht selbst zu genügen vermochte und über die eben erst gesteckten Grenzen hinausdrängte.

Die magnetische Anziehungskraft, die von seiner herrischen Existenz auf die Völker Südosteuropas ausging und diese beim mitteleuropäischen Hegemon Anlehnung suchen ließ, tat ein übriges. Kurzum: Die tendenzielle Unverträglichkeit mit der europäischen Staatenwelt im allgemeinen und mit der großzügigen Konzessionsbereitschaft Großbritanniens im besonderen zeichnete sich ab. Weil die Gunst der Stunde zu erkennen geboten und die künftige Entwicklung niemals sicher abzusehen ist, wurde subjektiv ohne Zweifel eine Chance der Geschichte mißachtet. Dennoch bleiben starke Zweifel angebracht, ob das verlockend Aufblitzende objektiv tatsächlich auf Dauer Bestand haben konnte.

Unabhängig davon, ob eine historische Gelegenheit durch subjektives Unvermögen verspielt wurde oder der objektiven Dauerhaftigkeit entbehrte – das historische Resultat liegt auf der Hand. Seinen ernüchternden Befund hat der österreichische Sozialist Adolf Schärf Repräsentanten des deutschen Widerstandes wie Carl Goerdeler, Wilhelm Leuschner und Jakob Kaiser gegenüber, als sie 1943 die Chancen für einen Fortbestand des »Anschlusses« nach einem Ende des Zweiten Weltkrieges und des »Dritten Reiches« sondierten, lapidar zusammengefaßt: »Der Anschluß ist tot, die Liebe zum Deutschen Reich ist den Österreichern ausgetrieben worden.«[281]

Weil die grundsätzliche Skepsis über seine Vereinbarkeit mit Europas Gestalt fortbestand und die erforderliche Selbstgenügsamkeit nicht zur Voraussetzung seiner Existenz erhoben wurde, verfehlte der Traum vom »Großdeutschen Reich«, was allein schon die Absichten und das Handeln seiner konservativen Befürworter anging, die historische Wirklichkeit. Ausschlaggebend dafür, daß er am Ende gründlich zerstört wurde, war Hitlers nationalsozialistische Gewalt-, Expansions- und Rassenpolitik. Im »Anschluß« Österreichs, das seinen Namen bald darauf an den neuen Begriff der »Ostmark« abtreten sollte und dessen Identität während des Krieges in der »Verlegenheitsbezeichnung«[282] »Donau- und Alpengaue« mißachtet wurde, sah der Diktator eben zu keiner Zeit mehr als einen kleinen Schritt[283] auf seinem Gewaltmarsch ins »Großgermanische Reich«, das zu erobern und zu planen nunmehr begonnen wurde.

Feldzüge und Planungen:
Die nationalsozialistische Utopie vom
»Großgermanischen Reich«
(1939–1942)

Das polnische Opfer

Im Krieg erfüllte sich das blutige Gesetz, unter dem Hitler und der Nationalsozialismus angetreten waren. Vollends wich politisches Handeln einem atavistischen Kampf, der weit über Eroberung und Zerstörung hinaus unstillbarer Raumgier nachgab und utopischer Rassenherrschaft diente. Schon ein kursorischer Rückblick auf den Sommer des Jahres 1914 läßt, zumindest was die deutsche Außenpolitik und Kriegführung angeht, den fundamentalen Unterschied zwischen den beiden Weltkriegen des 20. Jahrhunderts erkennen: Unklar und begrenzt nahmen sich die Kriegsziele im Jahre 1914 aus, die das wilhelminische Kaiserreich zum tödlichen Hegemonialkampf drängten; erschreckend klar und prinzipiell unbegrenzt waren dagegen Hitlers Ziele, die ihn zur Verwirklichung seiner historischen Vision antrieben.

Es war, was die deutsche Seite betrifft, vor allem die Triebkraft des Rassischen, die das zweite Völkerringen vom ersten fundamental abhob. Dieser Unterschied gilt ungeachtet all der Erscheinungen und Kontinuitätslinien, die beide Kriege miteinander verbinden, weil manches von dem, was Ludendorff plante und tat, an Hitler erinnert und ins »Dritte Reich« führte. Die wesentliche Differenz bleibt unübersehbar: Mit dem Beginn der militärischen Auseinandersetzung wurden für den nationalsozialistischen Diktator »Waffenkrieg«[1] und »Rassenkrieg«[2] umgehend eins. Der Angriff auf Polen gab ein furchtbares Startzeichen: Nach und nach wurde jene bis dahin trotz aller Verletzungen vorhandene Grenze frevlerisch überschritten, die das Humane unter religiösen oder moralischen Schutz gestellt hatte. Dem Wahn des rassischen Dogmas war von nun an, vorerst noch unter weitestgehender Geheimhaltung, mit voranschreitender Zeit des sich ausweitenden Krieges jedoch zunehmend ungehindert, die abschüssige Bahn in die »deutsche Katastrophe«[3] bereitet.

In diesem Sinne wurde Hitlers Erlaß vom Oktober 1939, der an den Leiter der »Kanzlei des Führers«, Bouhler, und an den »Begleitarzt« des Diktators, Brandt, gerichtet war und das so genannte »Euthanasieprogramm« einer Massentötung von Kranken einleitete, auf den Tag des Kriegsbeginns, den 1. September 1939, zurückdatiert. Gleichfalls im ersten Kriegsmonat begann die rassisch begründete Ausrottung der Zigeuner; und mit einem verräterischen Fehler seiner zeitverrückten Erinnerung verlegte Hitler die furchtbare Drohung, das Judentum vernichten zu wollen, die er am 30. Januar 1939 ausgestoßen hatte[4], jedesmal dann, wenn er davon sprach, auf den 1. September 1939: Die Entfesselung des Krieges ließ die politischen Rücksichten schwinden und die moralischen Barrieren einstürzen, die der unvorstellbar grausamen Verwirklichung der rassischen Utopie bis dahin noch entgegengestanden hatten.

Über Polen brach nicht nur der zerstörerische Sturm einer überlegenen Militärmacht herein. Mit dem Fanatismus, der dem Extremen aneignet, traf das arme Land und sein Volk vielmehr eine »Kriegserklärung ... gegen eine bestehende Weltauffassung überhaupt«[5]: Hitlers polnischer Feldzug, der den Weltkrieg auslöste, wütete von vornherein als Weltanschauungs- und Rassenkrieg.

Das militärisch ungleiche Ringen endete rasch mit einem Sieg des Deutschen Reiches. Die hingebungsvoll kämpfenden Polen, die teilweise noch mit schneidigen Kavallerieattacken die motorisierten Verbände der Wehrmacht aufzuhalten versuchten, standen von Beginn an auf verlorenem Posten. Im ersten »Blitzkrieg« des »Dritten Reiches« wurden sie zum Opfer der deutschen Überlegenheit, zumal sie sich von ihren französischen und britischen Verbündeten im Stich gelassen sahen, die keine zweite Front im Rücken des Reiches eröffneten. Vielmehr beschränkten diese sich im Westen auf einen »Sitzkrieg«, der als »komischer Krieg«, als *drôle de guerre*, und als *phoney war*, als »Scheinkrieg«, vor allem durch Untätigkeit gekennzeichnet war. Schon geraume Zeit bevor die Hauptstadt Warschau am 27. September kapitulierte, stand der deutsche Sieg fest.

Ungeachtet seines militärischen Triumphes nahm sich die allgemeine Lage des »Dritten Reiches« kaum vorteilhaft aus. Die innenpolitische Situation war, nicht zuletzt deshalb, weil die Mehrheit der Bevölkerung vom Krieg nichts wissen wollte, der zweifelnden Frage nach der politischen Legitimation des waghalsig Begonnenen ausgesetzt: Auch nach dem glänzenden Waffenerfolg ging die verhaltene Stimmung keineswegs in jubelnde Begeisterung über. Um jedem Gedanken an eine Verweigerung gegenüber dem Regime oder gar an eine Wiederholung des 1918 Eingetretenen umgehend die Spitze zu nehmen, wurde die deutsche Bevölkerung – in bezug auf den allgemeinen Konsum zu Lasten der wirtschaftlichen Kriegsbereitschaft –, etwa im Vergleich mit Großbritannien, außerordentlich bevorzugt behandelt.

In außenpolitischer Hinsicht trug die »verkehrte« Frontstellung, in deren Zeichen Hitler den Krieg entfesselt hatte, dazu bei, unübersehbar die Gefahr der Isolierung drohen zu lassen: Mit Großbritannien und Frankreich befand sich das Deutsche Reich im Krieg; die Vereinigten Staaten von Amerika hegten, nicht nur was ihren Präsidenten anging, eher für die Westmächte als für das »Dritte Reich« Sympathien; die Neutralität des stalinistischen Rußland erschien in vielerlei Hinsicht als problematisch; enttäuschend verharrte der italienische Bundesgenosse in einer abwartenden Position der »Nichtkriegführung«; und gegenüber dem japanischen »Antikominternpakt«-Partner war durch die »verräterische Tat Deutschlands«[6], ohne Konsultation des fernöstlichen Verbündeten den »Hitler-Stalin-Pakt« abzuschließen, der »Japan einen Schlag« versetzte und »China eine Hilfe«[7] bot, über Nacht eine »Vereisung«[8] der Beziehungen eingetreten.

Auf rüstungswirtschaftlichem und militärischem Gebiet war das Deutsche Reich auf den großen Krieg, in den es sich hineinmanövriert hatte, nur unzureichend vorbereitet; frühestens vom Jahre 1942 an wäre es für diesen Fall einigermaßen gewappnet gewesen. Die wirtschaftliche Abhängigkeit von ausländischen Lieferungen, die ungeachtet der im »Vierjahresplan« unternommenen Anstrengungen nach wie vor bestand, fachte Hitlers »blind wirkende Ungeduld«[9], dem langfristigen Mangel durch Eroberung und Beute mit kurzfristiger Improvisation abzuhelfen, immer wieder an. Alles in allem blieb ihm, wie schon des öfteren zuvor, nichts anderes übrig, als einen mäßigenden Ausgleich mit den unerbittlichen Notwendigkeiten des Existierenden zu suchen oder aber die höchst riskante Flucht nach vorn ins Ungewisse des Zukünftigen anzutreten: Für Hitler, Urheber und Opfer der von ihm in Gang gesetzten Dynamik, gab es keine politische Alternative zum kriegerischen Ausweg!

Bereits am 12. September 1939 hielt er daher eine militärische Auseinandersetzung im Westen Europas für unausweichlich. Er war davon überzeugt, Großbritannien sei nur in den andauernden Konflikt eingetreten, weil es mit Polen und Frankreich über zwei Festlandsdegen verfüge. Der im Osten, so kam es ihm vor, war den Briten mittlerweile aus der Hand geschlagen; der an der anderen Flanke des Reiches müsse ihnen sofort anschließend genommen werden. Das Grundmuster, aus selbstverursachter Zwangslage heraus mit militärischen Mitteln den notwendigen Handlungsspielraum wiederzugewinnen, war vor dem Beginn der Kampagne gegen Polen sichtbar geworden. Noch während des andauernden »Blitzkrieges« im Osten kam es erneut zum Vorschein und ließ den Frankreichfeldzug erforderlich erscheinen. In nochmals potenzierter Form trat es danach im Zusammenhang mit Hitlers Entscheidungen hervor, die Sowjetunion zu überfallen und den Vereinigten Staaten von Amerika den Krieg zu erklären.

Anfang Oktober jedenfalls ging der Diktator in seiner globalen Lagebeurteilung davon aus, daß »die Zeit mit größerer Wahrscheinlichkeit als Verbündeter der Westmächte ... denn als Verbündeter von uns«[10] wirkte. Daher kam es für ihn darauf an, durch einen siegreichen Krieg gegen Frankreich, der möglichst noch im November 1939 begonnen werden sollte, Großbritanniens Einfluß auf dem europäischen Kontinent auszuschalten. Danach würde es ihm gelingen, sich mit einer britischen Regierung, die endlich zur Einsicht in ihre angeblich wahren Interessen gekommen wäre, im Sinne seines Grundplans der zwanziger Jahre zu verständigen. Seine Idee einer Aufteilung weltpolitischer Interessensphären zwischen Großbritannien als der führenden See- und Kolonialmacht und dem Deutschen Reich als der Vormacht Kontinentaleuropas sollte England davor bewahren, von den USA in seiner Rolle als Weltmacht zukünftig beerbt und abgelöst sowie durch die Sowjetunion in ideologischer und machtpolitischer Hinsicht weiterhin herausgefordert und bedroht zu werden.

Über die Auseinandersetzung mit den europäischen Westmächten hinaus sah Hitler bereits im Oktober 1939 die eigentliche Gefahr für sein ehrgeiziges Vorhaben, den Kontinent deutscher Hegemonie zu unterwerfen, von der amerikanischen und sowjetischen Flügelmacht des internationalen Systems heraufziehen. Sie vermochten das geostrategisch und wehrwirtschaftlich eingeengt zwischen ihnen liegende Deutschland während einer vergleichsweise frühen Etappe seiner Expansion aufzuhalten: »Durch keinen Vertrag und durch keine Abmachung«, umschrieb Hitler am 9. Oktober 1939 diese tiefsitzende Befürchtung, »kann mit Bestimmtheit eine dauernde Neutralität Sowjet-Rußlands sichergestellt werden ... Die größte Sicherheit vor irgendeinem russischen Eingreifen liegt in der klaren Herausstellung der deutschen Überlegenheit bzw. in der raschen Demonstrierung der deutschen Kraft ... Der Versuch gewisser Kreise der U.S.A., den Kontinent in eine deutschfeindliche Richtung zu führen, ist im Augenblick sicher ergebnislos, kann aber in der Zukunft doch noch zu dem gewünschten Ergebnis führen. Auch hier ist die Zeit als gegen Deutschland arbeitend anzusehen.«[11]

In der Tat trieb ihn, wie es Eingeweihten vorkam, das russische Problem im Innersten um. Daher wollte Hitler jetzt, wie er es am 27. September umschrieb, im Westen den Krieg beginnen, um »Frankreich zu zerschlagen« und England »auf die Knie zu zwingen«[12], das seinem Friedensangebot vom 6. Oktober 1939 nicht nachgab. Hatte er den großen Nachbarn im Westen als militärische Macht erst ausgeschaltet, hatte er Großbritannien zum Einlenken gezwungen und hatte er die Vereinigten Staaten von Amerika auf ihre Hemisphäre beschränkt, dann war, im Sinne des früh Geplanten, doch noch die richtige Ausgangsstellung gewonnen, mit anderen Worten: Was auf politischem Wege nicht gelingen wollte, sollte mit militärischem Einsatz erreicht werden, um sich schließlich gegen die Sowjetunion wenden zu können.

Doch vorerst wurde der Frankreichfeldzug, dessen Beginn ursprünglich für den 12. November vorgesehen war, immer wieder, insgesamt neunundzwanzigmal, verschoben. Dafür waren objektive Gründe wie widrige Witterungsverhältnisse maßgeblich, die sich mit den subjektiven Absichten einer militärischen Opposition gegen das Unternehmen fast untrennbar verwoben. Denn es war unübersehbar, daß Deutschland für einen Krieg gegen das in scheinbar uneinnehmbarer Defensive organisierte Frankreich nicht vorbereitet war. Außer dem polnischen Feldzugsplan gab es keine weiteren Ausarbeitungen für militärische Offensiven; die Angst, wie in den Jahren zwischen 1914 und 1918 erneut in einen zermürbenden Stellungskrieg in Frankreich verwickelt zu werden, beschrieb die mächtige Gegenwart einer noch lebendigen Vergangenheit, die das Handeln der Mehrheit des Offizierkorps nachhaltig lähmte.

Wie schon im Jahre 1938 machte sich Widerstand bemerkbar, um den großen

Krieg, der zwar erklärt war, aber nicht geführt wurde, keine Gestalt annehmen zu lassen: Dessen Vertreter wollten den Diktator dazu zwingen, vom Kriegsentschluß im Westen Abstand zu nehmen. Es waren beinahe die gleichen Akteure, die bereits im Vorjahr aufbegehrt hatten. Unter dem Druck der inzwischen zugespitzten Verhältnisse unternahmen sie einen weiteren Anlauf, um die ruinöse Ausweitung des andauernden Waffenganges zur umfassenden Auseinandersetzung zu verhindern.

Durch die fachlichen Bedenken von Generälen wie Halder, Thomas und von Stülpnagel bestärkt, versuchten vor allem der zurückgetretene Generaloberst Beck sowie Admiral Canaris und Oberst Oster von der militärischen Abwehr, Carl Goerdeler, der ehemalige Oberbürgermeister von Leipzig, und der Diplomat Ulrich von Hassell, bis 1938 Botschafter in Rom, den Oberbefehlshaber des Heeres zum Handeln zu bewegen. Doch der halbherzig unternommene Versuch von Brauchitschs, den »Führer« in einer am 5. November 1939 stattfindenden Unterredung vom Krieg gegen Frankreich abzubringen, scheiterte. Hitlers wütender Wille, dem »Geist von Zossen«[13], wo der Generalstab des Heeres residierte, ein Ende zu bereiten, bestärkte ihn nur in seinem »unabänderlichen«[14] Entschluß, die Schlacht im Westen zu schlagen.

Bevor es im Frühjahr 1940 dazu kommen sollte, begann sich dem polnischen Besiegten gegenüber, zumindest der Tendenz nach, eine von Friedrich Engels in anderem Zusammenhang mit der kalkulierten Absicht grausamer Einschüchterung aufgestellte Prophezeiung aus dem zurückliegenden Jahrhundert zu verwirklichen. »Der nächste Weltkrieg«, so erschien es dem erbarmungslosen Vorkämpfer für das irdische Paradies nur vernünftig und »ein Fortschritt« zu sein, »wird nicht nur reaktionäre Klassen und Dynastien, er wird auch ganze reaktionäre Völker vom Erdboden verschwinden machen«[15]. Das schreckliche Ziel einzulösen, machten sich nun, die Nationalsozialisten noch umfassender und verheerender als die Bolschewisten, die Träger der revolutionären Weltanschauungen, das »Dritte Reich« und die Sowjetunion, zur Aufgabe. Als Teilungsmächte des Landes bestimmten sie, in zwillinghaftem Antagonismus wie Komplizen miteinander verbunden, über Polens Schicksal.

Zu dem frühen Zeitpunkt des Zweiten Weltkrieges, an dem wir uns befinden, gab es eine grundsätzliche Offenheit der geschichtlichen Konstellation, die den Zeitraum zwischen dem Polenfeldzug und dem Rußlandkrieg charakterisiert. Das Zukünftige der folgenden Jahre mit seiner Ausbildung der uns heute fast natürlich vorkommenden Frontstellungen in der globalen Auseinandersetzung erschien damals keineswegs als sichere Aussicht. Noch nahm sich das Verhältnis der beiden totalitären Partner so eng aus, daß die westlichen Demokratien, England und Frankreich, im Frühjahr 1940, nicht zuletzt unter dem Eindruck des erfolgreichen Abschlusses der deutsch-sowjetischen Wirtschaftsverhandlungen am 11. Februar jenes Jahres, daran dachten, das Deutsche Reich durch kriegerische Schläge gegen die Sowjetunion zu treffen.

In der Verwirklichung dessen, was in Moskau am 23. August 1939 vereinbart worden war, marschierte die Rote Armee am 17. September, nachdem der militärische Konflikt an der Grenze von Russisch-Fernost zwischen der Sowjetunion und Japan beigelegt worden war, in das ihr zufallende Ostpolen ein. Ein militärisches Zusammengehen der beiden totalitären Diktaturen erschien alles andere als ausgeschlossen! Angemessen spiegelt Harold Nicolsons Eintrag in sein Tagebuch am denkwürdigen 17. September die reale Sorge der britischen Regierung: »Vielleicht werden wir in wenigen Tagen Deutschland, Rußland und Japan gegen uns haben.«[16]

Allein, so weit ließ sich Stalin nicht aus der vorteilhaften Reserve locken. Ihre Aufgabe zugunsten einer gemeinsamen Kriegführung mit Hitlers Deutschland hätte das englische Imperium tatsächlich unter erheblichen, möglicherweise übermächtigen Druck geraten lassen. Immerhin, die Briten stellten sich auf die ungewöhnliche Lage ein, bis hin zum erwogenen und dann doch bezeichnenderweise verworfenen Einsatz militärischer Gewalt gegen die Sowjetunion, die von ihnen gleichzeitig, um sie von Hitlers Seite abzuziehen, als Partner umworben wurde. Die englische Haltung leuchtet um so mehr ein, wenn man sich vor Augen führt, daß die beiden Paktmächte das gut einen Monat zuvor Verabredete am 28. September in Moskau erneut bekräftigten. Darin wurde die Demarkationslinie zwischen der deutschen und der sowjetischen Interessensphäre an den Bug zurückverlegt. Die Sowjetunion überließ dem Deutschen Reich damit die polnischen Woiwodschaften Warschau und Lublin sowie einen Gebietszipfel bei Suwalki. Dafür kam nunmehr fast das gesamte Litauen in den sowjetischen Interessenbereich. Deutschland wurde insgesamt ein Territorium von ca. 118 000 Quadratkilometern, der Sowjetunion ein Gebiet von 200 000 Quadratkilometern zugesprochen.

Mehr noch: In einer gemeinsamen Erklärung klagten die jetzt befreundeten Vertragspartner, Deutschland und die Sowjetunion, die Westmächte an, für die Verlängerung des Kampfes verantwortlich zu sein. Bei »einer Fortdauer des Krieges« kündigten die beiden Regierungen sogar an, »sich gegenseitig über die erforderlichen Maßnahmen [zu] konsultieren«[17]. Kein Wunder, wenn auch für die jeweils Betroffenen nicht immer gleich einsichtig, daß das Deutsche Reich, vor allem an die geheimen Zusatzvereinbarungen der Verträge vom August und September 1939 gebunden, die Sowjets zukünftig gewähren ließ: Als diese über die ostpolnische Interessensphäre hinaus im September und Oktober 1939 Stützpunkte in den baltischen Staaten errichteten, zeigte sich Deutschland desinteressiert. In dem von der Sowjetunion gegen Finnland am 30. November vom Zaun gebrochenen Krieg wahrte es strikte Neutralität. Gegen die zugunsten der UdSSR verschobene Grenzziehung im russisch-finnischen Frieden vom 12. März 1940 hatte es nichts einzuwenden. Denn am 31. Oktober 1939 pries die Sowjetunion durch den Mund ihres Außenministers den Friedenswillen Hitler-Deutschlands und verurteilte die Westmächte ausdrücklich als Aggressoren[18] im andauernden Ringen. Polen erschien Molotow nicht viel mehr als eine »häßliche Ausgeburt des Versailler Vertrages«[19] gewesen zu sein, von der glücklicherweise nichts übriggeblieben sei.

Dem Ende mit Schrecken, das den polnischen Staat ereilte, folgte ein Schrecken ohne Ende, der das polnische Volk heimsuchte. Denn für das besiegte und geteilte Land blieb es, was seine Bewohner anging, nicht bei einer »Zwangsbekehrung der Seelen«. Deren grausame Existenz charakterisiert die totalitäre Allgewalt moderner Waffengänge, die weit über die Sphäre des Dynastischen und Staatlichen hinaus die Grenzen des Gesellschaftlichen und Privaten überschreiten und die mit revolutionärer Elementarmacht in das Leben und Denken der Menschen eingreifen. Für die den Deutschen und Sowjets ausgelieferten Polen ging es noch um viel mehr, nämlich buchstäblich um das nackte Überleben! Vor den gefräßigen Besatzungsmaschinerien der Okkupanten, die im Zeichen von Rasse und Klasse zu morden begannen, galt es die pure physische Existenz zu retten.

Verheerender als die Liquidationen und Deportationen des sowjetischen NKWD wirkte das, was sich auf dem bevölkerungs- und rassepolitischen Experimentierfeld der SS und des SD, der Sicherheitspolizei und der Gestapo im westlichen Polen vollzog, dessen künftige politische Gestalt vorläufig unklar blieb. Zunächst wurde am 25. September 1939 eine deutsche Militärverwaltung unter Generaloberst von Rundstedt errichtet. An die zivile Spitze dieses Provisoriums trat Hans Frank, bis er nach Auflösung der Militärverwaltung am 12. Oktober 1939 zum Generalgouverneur für das von Deutschland eroberte Polen ernannt wurde. Aus dessen Bestand wurden am 1. November 1939 die Freie Stadt Danzig, die 1919 durch den Versailler Vertrag an Polen abgetretenen Territorien, das Gebiet um Lodz, das nach Osten vergrößerte Oberschlesien und der Bezirk von Ciechanow dem Reich eingegliedert.

Den fünf Einsatzgruppen, die der Chef der Sicherheitspolizei und des SD, Reinhard Heydrich, für den Polenfeldzug aufgestellt hatte, fiel die »Bekämpfung aller reichs- und deutschfeindlichen Elemente in Feindesland rückwärts der fechtenden Truppe«[20] zu. Hinter diesen bürokratischen Formulierungen verbargen sich im Kern drei mörderische Aufgaben, für die den Tätern von vornherein Straffreiheit zugesichert war. Zum einen rotteten sie, zu Anfang vor allem in den »Eingegliederten Ostgebieten«, systematisch die polnische Intelligenz aus, die zunächst in Lagerhaft geraten war. Zum zweiten wurde die jüdische Bevölkerung in großen Ghettos, wie Warschau, Krakau, Lemberg, Lublin und Radom, konzentriert. Was aus ihr werden sollte, war im einzelnen noch unklar und blieb widersprüchlichen Weisungen unterworfen. Einmal wurden die in Gang gesetzten Deportationen ins »Generalgouvernement« angehalten, dann wurden sie wiederaufgenommen. Schließlich ließ Hitler den Generalgouverneur Hans Frank wissen, der darüber am 25. März 1941, also kurz vor Beginn des russischen Krieges, berichtete, man stehe »vor einem Ereignis, jenseits dessen etwas anderes erstehen wird«. Das »Generalgouvernement« wurde bei dieser Gelegenheit als das Territorium bezeichnet, das »vor allem entjudet werden« solle: »Der Führer ist entschlossen, aus diesem Gebiet im Laufe von 15 bis 20 Jahren ein rein deutsches Land zu machen.«[21] Die Ghettoisierung bildete nur eine Zwischenetappe auf dem Weg zur »territorialen«, später: zur physischen und mechanisierten »Endlösung«[22].

Zum dritten begann die SS in Polen, zuerst bevorzugt in den »Eingegliederten Ostgebieten«, danach im – anfangs vornehmlich wirtschaftlich ausgebeuteten – »Generalgouvernement« mit jener Umsiedlungs-, Eindeutschungs- und Volkstumspolitik, die den verhängnisvollen Auftakt zu den großen Bevölkerungsverschiebungen und Vertreibungsaktionen der Weltkriegs- und Nachkriegszeit markiert. Aus den Deutschland zugeschlagenen Territorien des Landes wurden Polen ins »Generalgouvernement« umgesiedelt; bis Februar 1940 waren es 300000, bis zum Sommer 1941 eine Million Polen, welche die Deutschen aus ihrer Heimat und von ihrem Besitz vertrieben hatten. Dementsprechend wurden sogenannte »Volksdeutsche« aus Südost- und Nordeuropa, aus dem Baltikum und vom Balkan in die Territorien der »Eingegliederten Ostgebiete« »eingesiedelt«. Den Umsiedlungs- und »Eindeutschungs«-Praktiken lagen Merkmale angeblich rassischer Qualifikation zugrunde; das Gesamte folgte einer »Volksdeutschen Liste«, in der alle »Deutschstämmigen« des Ostens erfaßt wurden. Im »Generalgouvernement« wie später in anderen besetzten Ländern Europas begann im Zuge von »Umvolkung« und »Wiedereindeutschung« die Fahndung nach sogenannten »rassisch Tauglichen«: Das waren vor allem blonde Kinder polnischer Eltern, auf die Himmler, der Anfang Oktober neu ernannte »Reichskommissar für die Festigung deutschen Volkstums«, das Augenmerk zu richten angeordnet hatte.

Es zeichnete sich ab, was Hans Frank meinte, als er später davon sprach, mit Polen beginne die »Epoche des Ostens« als eine »Zeit gewaltigster kolonisatorischer und siedlungsmäßiger Neugestaltung«[23]. Was in diesem revolutionären Zusammenhang der Geschichte aus den sogenannten »Fremdvölkischen im Osten« werden sollte, legte Himmler im Mai 1940 fest: »Für die nichtdeutsche Bevölkerung des Ostens darf es keine höhere Schule geben als die vierklassige Volksschule. Das Ziel dieser Volksschule hat lediglich zu sein: Einfaches Rechnen bis höchstens 500, Schreiben des Namens, eine Lehre, daß es ein göttliches Gebot ist, den Deutschen gehorsam zu sein und ehrlich, fleißig und brav zu sein. Lesen halte ich nicht für erforderlich ... Die Eltern dieser Kinder guten Blutes werden vor die Wahl gestellt, entweder das Kind herzugeben – sie werden dann wahrscheinlich keine weiteren Kinder mehr erzeugen, so daß die Gefahr, daß dieses Untermenschenvolk des Ostens durch solche Menschen guten Blutes eine für uns gefährliche, da ebenbürtige Führerschicht erhält, erlischt –, oder die Eltern verpflichten sich, nach Deutschland zu gehen und dort loyale Staatsbürger zu werden ...«. Es »erfolgt jährlich insgesamt bei allen 6–10-Jährigen eine Siebung aller Kinder des Generalgouvernements nach blutlich Wertvollen und Nichtwertvollen ... Die Bevölkerung des Generalgouvernements ... wird als führerloses Arbeitsvolk zur Verfügung stehen und Deutschland jährlich Wanderarbeiter und Arbeiter für besondere Arbeitsvorkommen (Straßen, Steinbrüche, Bauten) stellen.«[24]

Halten wir inne und suchen wir, vom atemberaubend Verwerflichen beinahe erdrückt, vertiefende Einsicht in der reflektierenden Orientierung. Sie lehrt das Spezifische vom Allgemeinen klärend abzuheben, mag dessen fragwürdige Normalität auch noch so ablehnungswürdig erscheinen. Was im Zuge der sogenannten Volkstums- und Rassenpolitik in Polen eingeleitet wurde und was danach vor allem in der Sowjetunion seine gesteigerte Fortsetzung fand, besaß eine andere Qualität als scheinbar Vergleichbares an verbrecherischem Tun in den bisherigen Kriegen Europas. Denn »Hitlers Massenmorde erkennt man als solche gerade daran, daß sie *keine* Kriegsverbrechen waren. Massaker an Kriegsgefangenen in Drang und Hitze der Schlacht; Geiselerschießungen im Partisanenkrieg; Bombardierungen reiner Wohngebiete im ›strategischen‹ Luftkrieg; Versenkung von Passagierdampfern und neutralen Schiffen im U-Bootkrieg: das alles sind Kriegsverbrechen, fürchterlich gewiß, aber nach dem Kriege nach allgemeiner Übereinkunft besser allseits vergessen. Massenmord, planmäßige Ausrottung ganzer Bevölkerungsgruppen, ›Ungeziefervertilgung‹ begangen an Menschen, ist etwas ganz anderes.«[25]

Was Heinrich Himmler im grausamen Vollzug dessen, was Adolf Hitler wollte, in Polen zu praktizieren begann, unterstrich den Anspruch, den die SS von nun an erhob: »Der Osten gehört der Schutzstaffel.«[26] Daß sich das Regime ganz bewußt dazu bekannte, seiner hybriden Aufgabe »mit verwerflichen Mitteln«[27] nachzugehen, hatte neben der Absicht, die Grundlagen der neuen Raum- und Rasseordnung zu bereiten, das Ziel, auf diesem Wege durch Verstrickung Beteiligter Komplizen zu schaffen. Hitlers menschenverachtende Überzeugung: »Verbrechen bindet stärker als Idealismus«[28], lagerte ihr tödliches Gift ab! Denn insgesamt konnte gar nicht verborgen bleiben, daß die Deutschen, wie Generaloberst Ritter von Leeb die »schlechte Stimmung der Bevölkerung« unter dem Datum des 3. Oktober 1939 umschrieb, »das Unnötige des Krieges«[29] spürten. Daher galt es, durch verbrecherische Indienstnahme nach und nach jede Alternative zur Kriegführung zu beseitigen. Durch die Teilhabe am Bösen sollte das Aufgenötigte allmählich für alle zum Unausweichlichen werden. Der verstrickende Wandel vollzog sich freilich nicht abrupt, weil ein breites Bekanntwerden des Ungeheuerlichen womöglich zu ganz anderen Reaktionen als den vom Regime beabsichtigten geführt hätte. Der gleitende Vorgang gestaltete sich mit gefährlicher Allmählichkeit, bis die Ebene des Verbrecherischen schließlich so abschüssig geworden war, daß es kein Zurück zum Normalen mehr gab.

Noch war es freilich nicht soweit: Anders als im Frühjahr 1941 während der

Vorbereitungen für den Rußlandkrieg wurde im polnischen Feldzug, ungeachtet des praktischen Zusammenwirkens zwischen dem Heer und den Einsatzgruppen des Reichssicherheitshauptamtes, im Prinzip zwischen den Aufgaben von Wehrmacht und SS noch mit Bedacht getrennt. Im Vorfeld der Auseinandersetzung mit Polen, die nicht nur ein militärischer Waffengang, sondern ein rassischer Vernichtungskrieg werden sollte, war Hitler nämlich durchaus klar, daß »sich ... Dinge ereignen« würden, wie er vor den Befehlshabern der Wehrmacht am 22. August andeutete, »die nicht den Beifall der deutschen Generale finden würden. Er wolle deshalb nicht das Heer mit den notwendigen Liquidationen belasten, sondern [sie] ... durch die SS vornehmen lassen.«[30]

Heydrich erläuterte das zwischen Heer und Schutzstaffel trennende Vorgehen des Regimes. Es zeigte sich darin, »daß die Weisungen, nach denen der polizeiliche Einsatz handelte, außerordentlich radikalisiert waren (z.B. Liquidierungsbefehl für zahlreiche polnische Führungskreise, der in die Tausende ging) ... Den gesamten führenden Heeresbefehlsstellen« konnte »dieser Befehl nicht mitgeteilt werden ..., so daß nach außen hin das Handeln der Polizei und SS als willkürliche, brutale Eigenmächtigkeit in Erscheinung trat«[31]. Solch zweifelhafte »Unschuld«[32] sollte Hitler, am Anfang des Rußlandfeldzuges, nachdem die Zeit der Verstrickung vorangeschritten war und der Kern seiner historischen Vision Wirklichkeit zu werden begann, der Wehrmacht nicht mehr gewähren. Vorläufig war noch Rücksicht geboten, um sich hinter der Folie des scheinbar Normalen dem tatsächlich Ungeheuerlichen nähern zu können. Langsam keimte die spezifische Saat des Totalitären auf, die unfreiwillige Komplizenschaft mit dem Verbrecherischen, das Schuldigwerden von Unschuldigen!

Die Greueltaten, die hinter den deutschen Frontlinien begangen wurden, blieben nicht gänzlich verborgen. Tapfer hatte Generaloberst Blaskowitz, Militärbefehlshaber im besetzten Polen, darüber im ersten Kriegswinter Beschwerde geführt und angewidert beklagt, daß sich im Rücken der Truppe »tierische und pathologische Instinkte«[33] austobten. Der Protest des daraufhin seiner Stellung Enthobenen verhallte ebenso ergebnislos, wie die Empörung des Obersten Stieff resonanzlos blieb, der über die Verbrechen der SS urteilte: »*Ich schäme mich, ein Deutscher zu sein*! Diese Minderheit, die durch Morden, Plündern und Sengen den deutschen Namen besudelt, wird das Unglück des ganzen deutschen Volkes werden, wenn wir ihnen nicht bald das Handwerk legen.«[34]

Allein, die gewissensfeste Kritik einzelner mündete beileibe nicht, weil die Zeichen der Zeit in eine andere Richtung wiesen, in einen Gewissensaufstand vieler ein. Nichtwissen und Nichtwissenwollen; die Begeisterung für das Regime und die Opportunität, ihm zu dienen; Angst vor Strafe und Sorge um das Alltägliche; fehlender Einblick und versagender Erkenntnismut ließen die Mehrheit zum Protest vielmehr auf Distanz gehen. Nur ganz selten, ja vereinzelt fand sich jenes diagnostische Vermögen, das weit über moralische Empörung hinaus das durch und durch ruinöse, sich nunmehr im Krieg voll entfaltende Telos der nationalsozialistischen Diktatur erkannte. Korvettenkapitän Franz Liedig, ein Freund des Obersten Oster und des Oberstleutnants Groscurth, die beide zu den frühen Mitgliedern des Widerstandes gegen den Tyrannen zählen, schrieb im Dezember 1939 nieder: »Adolf Hitler, der Verderber Deutschlands, damit der Zerstörer Europas, sieht und verfolgt mit der Dynamik des geborenen Anarchisten in der Richtung auf den scheinbar geringsten Widerstand das Ziel einer ideenlosen Weltherrschaft: der aufgabenlosen Gewalt- und Raubverfügung über Räume und Rohstoffe, deren man sich mit den brutalsten Mitteln bemächtigt. Eine revolutionäre Dynamik der Zersetzung aller geschichtlichen Bindungen und aller kulturellen Gebundenheiten, die einst die Würde und den Ruhm Europas ausgemacht haben, ist das einzige und ganze Geheimnis seiner Staatskunst.«[35]

Die Frage, deren Beantwortung über die Zukunft der Alten Welt entscheiden sollte, lautete demnach: Würde es einem Gewaltherrscher, dessen Planen und Tun präzedenzlos war, gelingen, mit schierer Macht ohne schöpferische Idee blindwütig auf Dauer zu triumphieren? Oder würde sich jene Einsicht in den Geist der Geschichte Europas erneut bewahrheiten, wonach nur »die wahre moralische Energie« (Leopold von Ranke) jeweils den Sieg behauptet?

Erst einmal schien der europäische Genius der barbarischen Herausforderung durch den siegreichen Tyrannen zu erliegen. Denn so vergeblich wie die Versuche der militärischen Opposition, ihn von der Gewaltspur des geplanten Krieges gegen Frankreich abzudrängen, blieben auch die Initiativen – etwa der neutralen Staaten –, im Herbst 1939 Frieden zu stiften. Im Gegenteil: Der Raum- und Rassenkrieg, der Unterwerfungs- und Vernichtungskrieg, der in Polen seinen Auftakt genommen hatte, setzte sich nach dem Intervall des »europäischen Normalkrieges« (Ernst Nolte) im Westen in nochmals gesteigertem Ausmaß fort. Denn in Hitlers perverser Vorstellung vom Krieg, die den Zustand des Friedens als Anomalie einschätzte, hatte nichts anderes Platz als die krankhafte Idee vom ewigen Kampf. Vor seinem Schlag gen Westen, der die Voraussetzung für den Zug nach Osten legen sollte, setzte das Deutsche Reich indes noch zu einem ganz unvorhergesehenen Sprung nach Norden an.

Der Sprung nach Norden

Kriege entwickeln, wenn sie begonnen haben, ihre eigenen Gesetze; sie treiben die Kontrahenten nicht selten zu Zielen, denen sich zu nähern ihnen zuvor kaum in den Sinn gekommen wäre. Weit mehr als für die in aller Regel behutsam kalkulierten Waffengänge im Ancien Régime des 18. Jahrhunderts, als

»kleine Berufsarmeen kleine Berufskriege«[36] ausfochten, gilt diese Tatsache für die Zeit nach der industriellen und politischen Revolution des 18. Jahrhunderts. In ihrem Gefolge ging es in erster Linie nicht mehr um Feldherrnglück, sondern zunehmend um Massenschicksal. Im vergleichsweise unkontrollierbaren Aufeinandertreffen von wirtschaftlichen, gesellschaftlichen und weltanschaulichen Potenzen verdichtete sich in den Weltkriegen des 20. Jahrhunderts die revolutionäre Erfahrung der Moderne: Von der natürlich legitimierten Existenz der Dynastien im vorrevolutionären Zeitalter unterscheidet sie sich so prinzipiell, wie sie das allgemeine Bewußtsein für die inzwischen unumstößliche Tatsache schärft, daß Staaten, sogar Völker sterblich sind.

Das Unvorhersehbare des Krieges vermochte selbst einen unbeirrt, ja verblendet an seinen ehernen Zielen festhaltenden Dogmatiker wie Hitler mit zwanghafter Wucht fortzureißen, ohne damit allerdings die Grundrichtung seiner Orientierung aufzuheben. Den schlagenden Beweis dafür liefert jener Sprung nach Norden, den die deutsche Militärmacht im April 1940 unternahm, ebenso wie der Feldzug gegen Jugoslawien und Griechenland, der ein Jahr darauf improvisiert wurde.

Als die Sehne des Bogens bereits für den Schuß des Pfeils in Richtung Westen gespannt war, zwang der Verlauf des Krieges das Deutsche Reich, sich zuvor noch einer militärischen Aktion gegen Dänemark und Norwegen zu unterziehen. Bereits seit der zweiten Hälfte der dreißiger Jahre beschäftigte sich die »Seekriegsleitung« der Marine mit dem »Fall Norwegen«. In ihren Überlegungen mischten sich defensive Motive mit solchen offensiver Natur. Zum einen ging es darum, die über das skandinavische Land laufende Erzzufuhr aus Schweden ins Reich zu sichern und gleichzeitig entsprechende Materiallieferungen nach Großbritannien zu unterbinden. Zum anderen sollte ein solches Unternehmen dem Deutschen Reich die erforderlichen Stützpunkte für eine Seekriegführung gegen England sichern, überhaupt die Basis für eine Kriegführung der Marine auf dem Atlantik legen.

Angesichts des finnisch-sowjetischen Winterkrieges wollten die Westmächte, vor allem Frankreich, die Initiative für den Kampf in und um Norwegen an sich reißen. Die Eröffnung des Kriegsschauplatzes in Skandinavien sollte nicht zuletzt die deutsche Offensive gegen den Westen Europas unterlaufen. Allein, der mit überraschender Plötzlichkeit am 12. März 1940 geschlossene Moskauer Frieden schob das Vorhaben einer Kriegsausweitung zunächst auf. Ende März faßte dann die britische Regierung den Entschluß, im Zuge einer peripheren Strategie ihrerseits die Hand auf Norwegen zu legen, die Küstengewässer des Landes zu verminen und zentrale Plätze wie Narvik, Drontheim, Bergen und Stavanger zu besetzen.

Davon unabhängig wurde im Reich Ähnliches beschlossen. Es war der Oberbefehlshaber der Marine, der Hitler dazu drängte. Am 1. April gab der Diktator den Befehl für das am 9. dieses Monats beginnende Unternehmen »Weserübung«. Als der deutsche Botschafter von der Schulenburg den sowjetischen Regierungschef Molotow mit der Absicht seines Landes, gegen die beiden Staaten im Norden Krieg zu führen, kurz vor dem Angriff bekanntmachte, zeigte sich erneut, wie tief sich die politischen Frontlinien eingefressen hatten, die das Lager der Westmächte von dem der beiden totalitären Paktpartner trennten. Die sowjetische Regierung zeigte »Verständnis« für die dem Reich »aufgezwungenen Maßnahmen«: »Wir wünschen Deutschland«, ließ Molotow nach Berlin übermitteln, »für seine Verteidigungsmaßnahmen vollen Erfolg«[37]. Eben zu dieser Zeit, Anfang April, lief auch die britische Aktion an, der die deutschen See-, Land- und Luftstreitkräfte nur knapp zuvorkamen. Ohne militärischen Widerstand zu leisten, ergab sich Dänemark umgehend. Dagegen dauerten die Kämpfe in Norwegen, an denen die inzwischen gelandeten Verbände der Westmächte ebenfalls teilnahmen, bis zur Kapitulation des norwegischen Heeres am 10. Juni 1940 an.

In Hitlers historischer Vision hatten die beiden skandinavischen Länder bislang keine Rolle gespielt. Auch fortan blieben sie im großen und ganzen einer eher herkömmlichen Besatzungspolitik unterworfen. Abgesehen von der Verfolgung von Juden, die beispielsweise aus Dänemark mit Hilfe der einheimischen Bevölkerung nach Schweden flohen, unterschied sich die deutsche Okkupation in Nordeuropa merklich von der in Polen geübten Praxis.

König Christian X. von Dänemark blieb unter der deutschen Besatzung im Land; die dänische Regierung amtierte noch bis zum 28. August 1943. Als »Reichsbevollmächtigter« fungierte der deutsche Gesandte von Renthe-Fink, der auf diesem Posten am 5. November 1942 durch einen »alten Kämpfer« der nationalsozialistischen »Bewegung«, Werner Best, abgelöst wurde. Als der Widerstand gegen das Besatzungsregime im dänischen Volk in den letzten Kriegsjahren zunahm, trat Best im August 1943 an die Spitze der Verwaltung des Landes; die vollziehende Gewalt übernahm der deutsche Wehrmachtbefehlshaber, General von Hanneken. Am 29. August 1943 wurde der Ausnahmezustand erklärt; das dänische Heer wurde entwaffnet; die Flotte versenkte sich selbst.

Dagegen setzten sich die norwegische Regierung und König Haakon VII. am 7. Juni 1940 nach England ab, bildeten dort eine Exilregierung und organisierten von London aus den Widerstand gegen die deutschen Eindringlinge. Mit diesen zusammenzuarbeiten war nur eine Minderheit im Land bereit, die Nasjonal-Samling des ehemaligen Kriegsministers Vidkun Quisling. Sein Name wurde überall in der Welt zum sprichwörtlichen Synonym für die Schande der Kollaboration mit den fremden Besatzern. Trotz seiner Sympathien für den Nationalsozialismus hat Quisling niemals eine Zusage Hitlers erhalten, daß Norwegen in einem künftigen, vom Reich geführten »Bund der germanischen Völker« seine Unabhängigkeit bewahren könne. Wenngleich der einheimische Satrap am 1. Februar 1942 eine Regierung bildete und die norwegische Verfassung außer Kraft setzte, war er doch nie mehr als eine Marionette Josef Terbovens, des ehemaligen Gauleiters von Westfalen. Ihn hatte Hitler am 24. April 1940 zum Reichskommissar für die besetzten norwegischen Gebiete ernannt.

In seinem Bemühen, die »nationalsozialistische Revolution in Norwegen«[38] einzuleiten, hatte sich Terboven in einem chaotisch anmutenden Kampf widerstreitender Institutionen und Ämter zu behaupten. Vor allem mußte er sich der Proteste erwehren, die der deutsche Wehrmachtbefehlshaber in Norwegen, Generaloberst von Falkenhorst, und der Kommandierende Admiral, Generaladmiral Boehm, gegen die Maßnahmen der Zivilregierung und der Polizei erhoben. Die Versuche Großadmiral Raeders, Boehm zum Reichskommissar aufsteigen zu lassen und Norwegen in erster Linie dem Einfluß der Marine zu unterstellen, verweisen auf weitreichende Pläne und kühne Überlegungen der Admiralität. Norwegen hatte sie zum Ausgangspunkt für die überseeische Strategie der künftigen deutschen Welt-, Flotten- und Kolonialmacht ausersehen. Weit über die Enge des traditionell durch Ostsee, Nordsee und Ärmelkanal begrenzten Operationsgebietes hinaus sollte ihre mächtig vergrößerte Existenz im Zuge atlantischer Kriegführung für die militärische Auseinandersetzung mit den Angelsachsen gewappnet sein.

Die strategischen Erwägungen der Marine trafen sich, was die Position Norwegens im deutsch beherrschten Europa der Zukunft betraf, bis zu einem gewissen Grade mit Plänen Alfred Rosenbergs und seines Außenpolitischen Amtes aus den dreißiger Jahren, Norwegen in eine »nordische Schicksalsgemeinschaft« einzufügen. Sie blieben letztlich ergebnislos, da Hitler zu keiner eindeutigen und endgültigen Entscheidung über die Zukunft des besetzten Landes zu bewegen war. Trotz wachsender Kritik des Auswärtigen Amtes, seit Ende 1941 aber auch des SD, behielt Terboven im nicht endenden Kompetenzenkampf der sich gegenseitig schachmatt Setzenden immer wieder die Oberhand.

Über die künftige Gestalt Norwegens im »Großgermanischen Reich« wollte Hitler zwar noch nicht befinden. Gleichwohl geben seine in diesem Zusammenhang angedeuteten Pläne die hybriden Umrisse des zu errichtenden Imperiums zu erkennen: Drontheim sollte zu einer gigantischen Marinebasis ausgebaut werden, gegen die das britische »Singapur ein Kinderspiel«[39] sein würde; eine von Klagenfurt nach Drontheim geführte Autobahn, die den Großen Belt und den Sund bei Helsingborg zu überbrücken hatte, sollte diesen größten deutschen Kriegshafen in der Zukunft mit dem Kontinent verbinden. Der Geschichte abgetrotzt und ihr Gesetz des Wandels herausfordernd, hatten allein schon die Ausmaße und die Ausgestaltung des künftigen Weltreiches die Unüberwindlichkeit und Dauer seiner Existenz zu symbolisieren. Doch vorläufig standen dieser Vision des Diktators noch mächtige Hindernisse im Weg. Sie waren eher das Unwahrscheinliche solch planerischer Blaupausen zu unterstreichen geeignet, als daß sie die Chance auf baldige Realisierung signalisiert hätten. Erst nach dem militärischen Triumph über Frankreich, der lang angestaute Energien blitzartig entlud, schien der unerwartete Verlauf des kriegerischen Duells eine nahezu alles ermöglichende Entwicklung zu eröffnen.

Triumph über Frankreich

Sehr zum Unwillen des unter Zeitnot stehenden Diktators war der Krieg im Westen immer wieder verschoben worden. Die ungeliebte Wartezeit hatte freilich dazu gedient, die militärischen Vorbereitungen für das riskante Unternehmen zu verbessern. Der deutsche Operationsplan wurde in dieser Zeit zum »Sichelschnitt« geschärft, wie Churchill die durch von Manstein und Hitler gemeinsam entworfene Schlachtordnung später bildhaft genannt hat: Ihre gelungene Realisierung führte, nachdem der Sturm am 10. Mai 1940 über Westeuropa losgebrochen war, für alle Welt verblüffend zu einem ebenso raschen wie überwältigenden Sieg der deutschen Waffen.

Bereits am 14. Mai kapitulierten die niederländischen Streitkräfte; zwei Wochen darauf ergab sich der belgische König als Oberbefehlshaber an der Spitze seiner Armee. Zwar gelang es dem britischen Expeditionskorps von 225 000 Soldaten, das allerdings den Großteil seiner schweren Waffen und seiner Ausrüstung zurücklassen mußte, zwischen dem 24. Mai und dem 4. Juni über Dünkirchen der Gefangenschaft zu entkommen: Hitler ließ die deutschen Panzer angesichts des unwegsamen Geländes aus militärischen Gründen, wie einleuchtend festgestellt worden ist, am La-Bassée-Kanal anhalten und wollte Großbritannien damit möglicherweise, wie scharfsinnig spekuliert worden ist, zugleich seinen nach wie vor bestehenden Willen zum politischen Ausgleich signalisieren. Für die als unbesiegbar eingeschätzte französische Armee und ihre rasch aufgerollten Befestigungen gab es hingegen keine Hilfe mehr.

Am 22. Juni 1940, nach nur sechs Wochen Krieg, war Hitlers Wehrmacht gelungen, was der kaiserlichen Armee vier Jahre lang verwehrt geblieben war: Frankreich mußte sich unterwerfen und im Wald von Compiègne um Waffenstillstand bitten! Vollzogen wurde er in jenem berühmten Salonwagen, in dem einst am Ende des Ersten Weltkrieges Marschall Foch, auf dessen Sessel jetzt Hitler Platz nahm, das Gesuch des besiegten Gegners, den Krieg zu beenden, empfangen hatte. Mit einem befreienden Schlag waren Demütigung und Schmach von den Deutschen genommen; ein dunkler Schatten aus Kränkung und Bitterkeit wurde vertrieben; ungehemmter Jubel kam auf und ging in grenzenloses Triumphgefühl über.

Als Folge seiner Politik der »Décadence« (Jean-Baptiste Duroselle), deren anhaltende Auswirkungen auch nicht durch das sich aufbäumende *redressement* während der letzten Jahre vor Kriegsbeginn unter der Ministerpräsidentschaft Daladiers wettzumachen oder gar zu tilgen waren, hatte Frankreich teuer für seine »demoralisierte Ohnmacht«[40] zu zahlen. Als habe »man einen halben Soldaten in einen halben Panzer gesetzt, um eine halbe Schlacht zu schlagen«[41], so kam die beklagenswert unentschlossene Kriegsbereitschaft der Franzosen André Malraux rückblickend vor. Von den Vorzügen seiner reichen Natur verwöhnt und vom Ruhm seiner großen Geschichte ermattet, fand sich das Land, zutiefst kriegsunwillig, wie es war, von einem an Kampffähigkeit weit überlegenen Sieger niedergeworfen.

Doch selbst im bedrückenden Unglück blieb ihm ein Mut spendendes Körnchen seines historischen Glücks erhalten. Zum einen gab es den unerschrockenen Mann, der sich im bitteren Angesicht der sicheren Niederlage nach England abgesetzt hatte, weil er entschlossen war, eine verlorene Nation zu retten. Charles de Gaulles wohlüberlegter Gang ins Exil war weit davon entfernt, etwa der denkwürdigen Flucht des letzten Maurenherrschers aus Granada zu gleichen: Mit Tränen in den Augen verließ dieser seine geliebte Stadt vor den heranziehenden Heeren der spanischen *reconquista*. Nach der vorwurfsvollen Anklage seiner Mutter hatte er wie ein Weib zu beweinen, was er als Mann nicht verteidigen konnte. Daher blieb ihm nur übrig, sich mit einem Mohrenseufzer, *el último suspiro del moro*, auf immer kampflos zu verabschieden. Ganz anders als der schwächliche Boabdil im Jahre 1492 verhielt sich der erhabene Charles de Gaulle im Jahre 1940: In der Stunde seiner tiefsten Erniedrigung stand Frankreichs zukünftiger Retter bereit!

Zum anderen diktierte Hitler den Franzosen einen Waffenstillstand, der im Vergleich mit dem furchtbaren Schicksal Polens gemäßigt ausfiel. Allein die erstaunliche Tatsache, daß er dem geschlagenen »Erbfeind« Flotte und Kolonialreich beließ, sollte nicht zuletzt dem weiterkämpfenden Großbritannien den Verständigungswillen der Deutschen signalisieren.

Dem Waffengang im Westen folgte eine Besatzungspolitik, die sich im großen und ganzen von der in Polen eingeleiteten und von der später in der Sowjetunion geübten Praxis erheblich unterschied – ohne daß diese differenzierende Feststellung die historischen Tatsachen der Unterwerfung und des Zwanges, der Greuel und der Kriegsverbrechen darüber in Vergessenheit geraten lassen möchte. Als von der zweiten Hälfte des Jahres 1941 an die nationalsozialistische Politik der Judenvernichtung auf das gesamte vom »Dritten Reich« besetzte Europa ausgedehnt wurde, erfuhr das im Osten und Westen unterschiedlich furchtbare Ausmaß der deutschen Herrschaft für das europäische Judentum im »Holocaust« eine spezifische Angleichung.

In den Niederlanden amtierte nach einer kurzen Zeit militärischer Administration eine Zivilverwaltung. Der österreichische Nationalsozialist und ehemalige Reichsstatthalter der »Ostmark«, Seyß-Inquart, der sich bei seiner Regierung auf ein aus niederländischen Staatssekretären gebildetes Gremium stützte, wurde am 19. Mai 1940 als Reichskommissar eingesetzt. Belgien blieb dagegen unter einer Militärverwaltung mit General von Falkenhausen an der Spitze, der auch die beiden französischen Departements Nord und Pas-de-Calais unterstanden. Der erst am 18. Juli 1944 ergangene Befehl, die Militärverwaltung Belgien-Nordfrankreich in eine von der Partei abhängigere Zivilverwaltung unter dem als Reichskommissar vorgesehenen Gauleiter Grohé umzuwandeln, wurde aufgrund des Zusammenbruchs der deutschen Front in Frankreich nicht mehr in die Tat umgesetzt. In Luxemburg bemühte sich Gauleiter Simon, in dauerndem Konflikt mit den zuständigen Wehrmachtbehörden, als Hitler direkt unterstellter Chef der Zivilverwaltung darum, das »alte deutsche Reichsland« zurückzugewinnen. Am 6. Mai 1940 wurde die Auflösung Luxemburgs verfügt; zuerst dem Gau Koblenz-Trier angeschlossen, wurde es am 30. August 1942 *de facto* in das Reich eingegliedert.

Das mit Frankreich am 22. Juni 1940 vereinbarte Waffenstillstandsabkommen teilte das besiegte Land in eine Zone, die von der Wehrmacht besetzt wurde, und in eine andere, die bis zum 11. November 1942 unbesetzt blieb. Zum besetzten Frankreich gehörten zwei Drittel des gesamten Territoriums, unter Einschluß von Paris und des nordfranzösischen Industriegebietes. Es erstreckte sich vom Norden bis etwa zur Loire und zog sich als ein breiter Gebietsstreifen an der Kanal- und der Atlantikküste bis zur spanischen Grenze hin. Unterstellt war dieser Teil Frankreichs dem in Paris residierenden Militärbefehlshaber, General von Stülpnagel, während die Regierung des unbesetzten Frankreich unter Marschall Pétain ihren Sitz in den mittelfranzösischen Badeort Vichy verlegte.

Das Deutsche Reich bemühte sich darum, diesen autoritären Staat der Franzosen für ein Zusammengehen gegen Großbritannien zu gewinnen. Daher legte es, bis zu einem gewissen Grade jedenfalls, Entgegenkommen an den Tag: Es wollte die von Staatschef Pétain repräsentierte Politik des *attentisme*, die sich den Weg für eine Option zugunsten der Deutschen ebenso wie für ein Zusammengehen mit den Angelsachsen offenzuhalten gedachte, in Richtung auf die von Ministerpräsident Laval verfolgte Politik der *collaboration* verändern, der Frankreichs zukünftiges Heil vornehmlich an Deutschlands Seite suchte. Der anvisierten Verständigung mit dem besiegten Land standen jene deutschen Bemühungen hinderlich entgegen, die darauf zielten, das französische Wirtschafts-, Rüstungs- und Arbeitskräftepotential soweit wie eben möglich für die deutsche Wehrwirtschaft verfügbar zu machen. Aber auch die *de facto* vorgenommene Rückführung von Elsaß-Lothringen ins Reich trug nicht eben dazu bei, Pétains abwartende Haltung zugunsten eines Kriegseintritts zu wandeln.

Nach dem unvergleichlichen Triumph über Frankreich stand Hitler auf einem einsamen Gipfel seiner Popularität und seines Ruhmes. Verschwunden war jeder Gedanke an eine, zuvor besonders in militärischen Kreisen vorhandene,

Opposition gegen den »Größten Feldherrn aller Zeiten«. So titulierte der beflissene Keitel jetzt den siegreichen Imperator, dem freilich nicht wie einst im antiken Rom ein dafür eigens bestellter Sklave im Triumphzug die Mahnung zur Mäßigung – nämlich der eigenen Sterblichkeit eingedenk zu bleiben – ins Ohr raunte. Reich und arm, Aristokraten und Arbeiter – alle lagen Hitler zu Füßen, waren zumindest vom einmaligen Glück des nationalen Erfolges über Frankreich beeindruckt und zeigten bis in oppositionell orientierte Milieus hinein eine »einwandfreie vaterländische Gesinnung«[42].

Geschlossen, teilweise begeistert stand die noch zwischen Polen- und Frankreichfeldzug über den zukünftigen Kurs der äußeren Politik und Kriegführung uneinige Elite des Reiches hinter ihrem inzwischen unumstrittenen »Führer«. Wie schon des öfteren zuvor, war es wiederum die lang ersehnte Erfüllung eines nationalen Traums, nämlich die Niederlage von 1918 ein für allemal aus dem Gedächtnis zu streichen, welche die janusgesichtige Tatsache außer acht ließ, daß gleichzeitig damit die Realisierung des nationalsozialistischen Alptraums voranschritt: Hitler stand im Begriff, seine historische Vision zu verwirklichen! Selbst ein dem Regime kritisch begegnender Kopf wie der Historiker Friedrich Meinecke war, längst nicht so vorbehaltlos wie die Mehrzahl seiner Landsleute, aber immerhin doch dazu bereit, »in Vielem umlernen« zu wollen, »aber nicht in Allem«[43]. Und ein den Nationalsozialismus längst prinzipiell ablehnender Konservativer wie Ulrich von Hassell klagte, man könne »verzweifeln unter der Last der Tragik, sich an den Erfolgen nicht freuen zu können«[44].

In der Tat, über die innenpolitischen Wirkungen hinaus reiften nach dem Sieg über Frankreich auch die außenpolitischen Früchte. Am 10. Juni gab Mussolinis Italien seine Position der *Nonbelligeranza* auf; beutegierig stürzte es sich an der Seite des mächtigen Achsenpartners auf das geschlagene Frankreich. Francos Spanien ging seinerseits von der Neutralität zur »Nichtkriegführung« über und bot Deutschland sogar den Kriegseintritt an, nicht ohne diese hintergründige Offerte mit derart prohibitiven Material- und Rohstofforderungen zu verbinden, daß es der erwünschten Ablehnung fast sicher sein konnte. Von der Mitte des Monats Juni an näherte sich sogar Japan, das seit dem 23. August 1939 in verärgerter Distanz zum Deutschen Reich verharrt hatte, dem neuen Hegemon in Europa wiederum sichtbar an. Außenminister von Ribbentrop sah darin umgehend die Chance, einen kontinentalen Block von Japan über Rußland bis nach Italien, Frankreich und Spanien mit Frontstellung gegen die Angelsachsen zu formieren. Für Hitlers Erwägungen, der von anderen Prämissen und Zielen als sein Außenminister geleitet wurde, schien die japanische Wendung dagegen ein politisches und militärisches Instrument zu bieten, das dazu geeignet sein konnte, die Vereinigten Staaten von Amerika im Pazifik zu binden und vom europäischen Schauplatz fernzuhalten.

Denn nach wie vor blieb die grundlegende Tatsache unübersehbar: Der Vorteilhaftigkeit der europäischen Lage, die Deutschland ungemein begünstigte, entsprach nicht gleichermaßen die weltpolitische Konstellation, hatte sie sich auch ohne Zweifel zugunsten des Reiches verbessert. Vor allem: Seit dem 10. Mai 1940 stand mit Winston Churchill ein Mann an der Spitze des allein gegen das siegreiche Deutschland ausharrenden England, der dazu entschlossen war, Hitlers Aura der Unbesiegbarkeit aufs Überwindbare zu reduzieren und kompromißlos auf Leben und Tod zu kämpfen. Vor diesem Hintergrund verfolgte der Diktator, als er die schließlich im Triumph endende Schlacht im Westen Europas eröffnete, im wesentlichen drei Ziele:

Zum einen sollte ein Sieg der Deutschen über die französischen Waffen dazu dienen, die *grande nation* als militärische und politische Potenz auszuschalten sowie Großbritannien vom europäischen Kontinent zu vertreiben. Sich mit dem geschlagenen Frankreich zu einigen, erschien dadurch erreichbar zu sein, daß ihm die Kriegsflotte und das Kolonialreich belassen wurden.

Die demonstrativ an den Tag gelegte Mäßigung hatte zum zweiten den Briten zu signalisieren, daß das Deutsche Reich mit ihnen nach wie vor den Ausgleich suchte. Der politische Grundplan der »Kampfzeit«, der im Verlauf der dreißiger Jahre gescheitert war, sollte über den militärischen Umweg der kriegerischen Auseinandersetzung doch noch verwirklicht werden. Weil Großbritanniens Flotte und sein Weltreich im großen und ganzen unversehrt bleiben sollten, mußte sich die globale Verständigung zwischen der See- und der Kontinentalmacht, darauf spekulierte der Diktator jedenfalls, zu guter Letzt trotz allem ergeben.

Durch das erstrebte Arrangement mit Frankreich und die umfassende Einigung mit Großbritannien wollte Hitler zum dritten indirekten Einfluß auf die Entwicklung in den Vereinigten Staaten von Amerika nehmen. Die isolationistische Strömung des Landes zu stärken und in spiegelbildlicher Entsprechung zur Tradition der Monroe-Doktrin Europa für die Europäer zu reklamieren, würde dazu beitragen, die Amerikaner in außenpolitischer und militärischer Hinsicht von einer Intervention in der Alten Welt abzuhalten.

Sollte es aufgrund der Waffenerfolge im Westen gelingen, diese drei zentralen Ziele zu erreichen, dann war endlich die Ausgangslage dafür geschaffen, den »Lebensraum«-Krieg gegen die Sowjetunion zu beginnen. Was sein Verhältnis zum besiegten Frankreich anging, hatte Hitler Erfolg; was seine Wünsche und Erwartungen gegenüber Großbritannien und den Vereinigten Staaten von Amerika betraf, schienen sie eine kurze Zeit lang, während des noch andauernden Krieges gegen Frankreich im Mai und Juni 1940, im Bereich des Möglichen zu liegen. Unter dem machtvollen Eindruck des deutschen Schlachtenglücks nahm die isolationistische Neigung in den USA nochmals kräftig zu. Was die Einschätzung der Lage in Großbritannien anging, ließ der schwedische Gesandte in Berlin Staatssekretär von Weizsäcker am Tag des Waffenstillstands mit Frankreich die lang erwartete Nachricht zukommen, daß »in dem jetzigen englischen Kabinett sich eine Friedensströmung bahnbreche« und Außenminister Halifax »die Friedensrichtung vertrete«[45].

Ebendiese für Hitlers Planen und Handeln entscheidende Wendung der Dinge blieb jedoch aus! Stärker als die friedensbereiten und isolationistischen Kräfte in ihren Ländern wirkten, ohne daß Hitler das Gesamte des Zusammenhangs jemals zureichend erkannt hätte, die zum Widerstand entschlossenen Führer beider Nationen, Churchill und Roosevelt. Während der deutsche Diktator in Europa die von ihm direkt oder indirekt abhängige Staatenwelt des Kontinents beinahe wie ein Marionettentheater bedienen konnte, hing er, was die Entscheidungen in den Zentren von London, Moskau und Washington betraf, seinerseits an den Fäden der Weltpolitik, vermochte diese zumindest nicht alleine zu ziehen.

Sein ruheloser Ehrgeiz, der ihn zu weit mehr antrieb, hinderte den Diktator daran – sofern diese unwahrscheinliche Wendung zu nehmen aus objektiven Gründen überhaupt möglich gewesen wäre –, sich in der vorteilhaft erreichten Konstellation des Entscheidungsjahres 1940 einzurichten. Daher wird die immer wieder aufgeworfene Frage umgehend gegenstandslos, ob Hitler damals die Chance gehabt oder verpaßt habe, als Herr über den Kontinent dem militärischen Ringen ein Ende zu machen und das Erworbene zu festigen. Noch weniger als zwei Jahre zuvor, im Herbst 1938, war diese von nicht wenigen Zeitgenossen herbeigesehnte Möglichkeit mit der realistischen Aussicht verbunden, historische Wirklichkeit zu werden – Hitler wollte eben nicht Frieden, Konsolidierung und neue Legitimität, sondern Kampf, Eroberung und rassische Revolution! Zudem war die Schwelle zum Krieg, der im Keim seiner Anlage ein Weltkrieg war, nun einmal überschritten worden. Damit waren, anders als in der zurückliegenden Dekade der dreißiger Jahre, mächtige Widerstandskräfte, vor allem in Großbritannien, geweckt, die den Kompromiß mit der Gewalt einfach nicht mehr eingehen wollten. Auch in dieser Hinsicht arbeitete die neue Zeit, die heraufzuziehen Hitler unfreiwillig gefördert hatte, gegen ihn, dem Mäßigung und Friedensfähigkeit einfach nicht mehr zugetraut werden konnten.

Gegenwärtig stand der »Führer« des »Dritten Reiches« in Europa ohne Konkurrenz da. Die stalinistischen Annexionen Bessarabiens, der nördlichen Bukowina und der baltischen Staaten während der Endphase des Frankreichfeldzuges trieb die nord- und südosteuropäischen Länder, mit Ausnahme des der Sowjetunion verbundenen Jugoslawien, dem Reich in die Arme. Das heißt aber gleichzeitig: Die unheimliche Existenz der UdSSR, von der Deutschland abhängiger war, als das in umgekehrter Richtung galt, wahrte nach wie vor ihren auf Hitler herausfordernd wirkenden Bestand. Von der bereits erwähnten Wiederannäherung Japans an das Reich abgesehen, reichte die deutsche Ausstrahlung im Gefolge des Triumphes über Frankreich sogar bis nach Südamerika, nach Indien und nach Arabien hinein, was den Amerikanern und Briten auf Dauer unangenehm werden konnte.

Indes: Alle diese im Frühjahr und Frühsommer 1940 vorteilhaft aufblitzenden Möglichkeiten, die sich, als der deutsche Machtsog nachließ, vom August des Jahres an schon wieder verflüchtigten, waren für Hitler nur von begrenztem Interesse. Denn die vielfältig auftauchenden Optionen verengten sich auf die einfältig verbohrte Frage danach, inwieweit die neuen Chancen der in Bewegung geratenen Weltpolitik seiner *idée fixe* vom britischen Ausgleich und vom russischen Krieg entgegenkamen. Was darüber hinaus an grundlegenden Alternativen in der Gunst der Stunde des Sommers 1940 möglicherweise aufgehoben sein mochte, berührte ihn nicht und verkümmerte.

Echte Partnerschaft, selbst herkömmliche Hegemonie blieben dem Diktator fremd; er hatte keine Neigung, sich zu vereinbaren, sondern war nur daran gewöhnt zu diktieren. Wenn die Nationalsozialisten jetzt oder später, vor allem im Zusammenhang mit dem Unternehmen »Barbarossa«, den Begriff Europa im Munde führten, vermochte sein Gebrauch doch niemals darüber hinwegzutäuschen, daß er nur dazu dienen sollte, das wahre Verhältnis von Herren und Knechten zu bemänteln. Daß die Nationen für Europas Gestalt konstitutiv sind und daß diese Tatsache den Respekt vor ihrer Existenz voraussetzt, daß damit möglicherweise sogar »die geistige Grundfarbe des Planeten«[46] beschrieben ist, kam nicht einmal den ideologischen Nachahmern des »Dritten Reiches« und seinen staatlichen Satelliten zugute. Quisling in Norwegen, Degrelle in Belgien, Mussert in den Niederlanden, Doriot und Déat in Frankreich spielten niemals eine eigenständige Rolle in der »Neuen Ordnung« Europas, die allein Hitlers ruchloser Herrschaft diente und alle anderen zu lemurenhaften Mitläufern degradierte. Vor diesem Hintergrund hat der Diktator die prekäre Lage, in der er sich trotz seines midashaften Glücks befand, richtig eingeschätzt, als er Ende Juni räsonierte: »Wir können die Erfolge dieses Feldzuges nur mit den Kräften erhalten, mit denen sie errungen wurden, also mit militärischer Gewalt.«[47] Zutreffend kommentierte Staatssekretär von Weizsäcker: »Die Schwierigkeiten liegen weniger in der augenblicklichen Lage, als in der künftigen Entwicklung. Denn die Erhaltung unseres Erfolges durch militärische Machtmittel muß zur Überanstrengung führen.«[48]

Krasser als in den zurückliegenden Dekaden trat, in gleichsam potenzierter Form, gerade im historischen Augenblick des größten Triumphes ein Problem zutage, das die Geschichte des deutschen Nationalstaates seit seiner Gründung begleitete: das Mißverhältnis von Macht und Idee. Wo im Zusammenhang der deutschen Außenpolitik einst Ideenlosigkeit, ja Ideenarmut zu beklagen war, herrschte jetzt die Ideologie des Nationalsozialismus. Ohne Zweifel, solange die deutschen Waffen von Sieg zu Sieg eilten, übte sie auch außerhalb des Reiches, bis zu einem gewissen Maße jedenfalls, eine teilweise bewunderte, teilweise gefürchtete Anziehungskraft aus. Insgesamt riefen ihr Herrenmenschentum und ihr Rassismus jedoch fast überall Ablehnung und Widerstand hervor. Japan beispielsweise, das bald darauf blutig erobernd durch Südostasien marschierte, zog aus der antikolonialistischen Parole, die seine kriegerischen Gewalttaten begleitete, unterstützenden Schwung: Eine derartige Hilfe durch die Kraft des

Ideellen und Weltanschaulichen zu erfahren, blieb dem »Dritten Reich« fast vollständig verwehrt. Von Hitlers Endzielen abgesehen, die dem Vernünftigen prinzipiell entgegenwirkten, lag nicht zuletzt in diesem schwerwiegenden Mangel ein wesentlicher Grund dafür, daß im Jahre 1940 keine echte Chance bestand, auf der Grundlage deutscher Hegemonie einen Frieden in Europa zu schließen: Völker lassen sich nicht allein, oder doch nur für sehr begrenzte Zeit, durch die rohe Herrschaft des blanken Säbels dominieren, wenn es im übrigen an politischer Legitimation und sozialer Gerechtigkeit fundamental mangelt.

Selbst wenn man das Tatsächliche der Geschichte einen fiktiven Moment lang vernachlässigt und von Hitlers nationalsozialistischem Regime als der bestimmenden Potenz des historischen Zusammenhangs absieht, gestaltet sich der Eindruck im Prinzip nicht freundlicher. Betrachtet man die eher konventionellen Kriegsziel- und Friedensvorstellungen, die beispielsweise aus militärischen und wirtschaftlichen Kreisen reklamiert wurden, erhebt sich gleichfalls starker Zweifel, ob diese eher gemäßigten Wünsche und Erwartungen mit der Gestalt Europas auf Dauer verträglich sein konnten. Wie schon des öfteren zuvor in spezifischen Entscheidungslagen, die sich im Verlauf der deutschen Geschichte im Zeitalter des modernen Nationalstaates immer wieder aufgetan haben, stoßen wir auch hier auf die grundlegende Frage, die aus einer nicht zu verkennenden Skepsis über die schwierige Existenz »der europäischen Großmacht Deutsches Reich«[49] gespeist wird: Wurde subjektiv eine historische Chance verspielt, oder war sie zu erreichen objektiv unmöglich?

Als sich Ende Mai 1940 der große Sieg gegen Frankreich sicher abzeichnete, setzte im Reich eine wahre Planungseuphorie ein: Für das bald erwartete Ende des Krieges wollte man vorbereitet sein. Auswärtiges Amt und wirtschaftliche Organisationen, Kolonialpolitisches Amt und Marineführung entwickelten ihre Vorstellungen über die künftige Ordnung des Kontinents und der Welt. Sicherlich kann man davon ausgehen, daß in der Gedankenbildung dieser Repräsentanten noch gewisser Spielraum für das Kompromißhafte war. Dennoch demonstrieren die unterbreiteten Blaupausen mit erschreckender Deutlichkeit, wie rücksichtslos deutsch selbst die eher konservativ gesinnten Kräfte im »Dritten Reich« die Nachkriegsrealität zu gestalten vorhatten. Daß die eigentlichen Herren des nationalsozialistischen Regimes, was Raum und Rasse anging, weit über die macht- und wirtschaftspolitische Dimension hinaus ganz anderes wollten, verweist zwar auf einen maßgeblichen, sogar wesentlichen Unterschied gegenüber den traditionellen Entwürfen, ohne allerdings deren minimale Chancen auf europäische Anerkennung damit zu erhöhen.

Auf Veranlassung von Außenminister von Ribbentrop legten Ministerialdirigent Clodius und Botschafter Ritter vom Auswärtigen Amt ihre jeweiligen Vorstellungen nieder. Der erste konzentrierte sich eher auf die wirtschaftlichen Belange des Reiches; der zweite akzentuierte stärker die allgemeinen Umrisse der Kriegszielwünsche seiner Behörde; beide setzten in ihren Einlassungen den als gewiß angenommenen Ausgleich mit England voraus. Im Kern schlug Ritter vor, unter deutscher Führung einen europäischen »Großwirtschaftsraum« mit »rund 200 Millionen Menschen«[50] zu schaffen und dieses mächtige Gebilde durch ein mittelafrikanisches Kolonialreich mit dem belgischen Kongo als Herzstück zu ergänzen.

Hermann Göring wies die Organisationen der deutschen Wirtschaft an, sich unter ökonomischen Aspekten Gedanken über die Zukunft zu machen. Daraufhin war beispielsweise in dem »Neuen Plan« der I.G.-Farben vom 3. August von der »Notwendigkeit« die Rede, »eine zielbewußte und schlagkräftige Führung in der zwangsläufigen Auseinandersetzung mit den sich schon heute abzeichnenden außereuropäischen Großwirtschaften zu sichern«. Die Prognose lautete: »Das Schwergewicht der Auseinandersetzung um eine Neuordnung des Weltmarkts wird im Verhältnis zu den amerikanischen Konzernen ruhen«[51]. Zuvor bereits, am 22. Juli 1940, hatte Reichswirtschaftsminister Funk zu der zentralen Frage »Autarkie oder Export« Stellung genommen. Seine Antwort war darum bemüht, den beiden, nicht miteinander zu vereinbarenden Erfordernissen Rechnung zu tragen. Dennoch räumte er dem Gebot, das Reich müsse »kriegsmäßig autark«[52] sein, letztlich die Priorität ein.

Ihren Ressortaufgaben gemäß konzentrierten sich das Kolonialpolitische Amt, die Keimzelle des geplanten, freilich nie gegründeten Reichskolonialministeriums, und die Marineführung auf die überseeischen Planungen. Ausgangspunkt ihrer Forderungen war die Tatsache, daß die westlichen Kolonialmächte Frankreich, Belgien und die Niederlande vom Deutschen Reich besiegt worden waren; Rücksicht zu nehmen hatten sie bei ihren Entwürfen auf die Bedingung, daß die lebenswichtige Übereinkunft mit Großbritannien noch ausstand. Was sie dennoch in ausladender Manier beanspruchten, waren ein sich von der afrikanischen West- bis zur Ostküste erstreckendes Kolonialreich sowie Flottenstützpunkte im Atlantischen und Indischen Ozean.

Manches zentrale Element dieser Denkschriften erinnert an die deutschen Kriegszielforderungen, die während des Ersten Weltkrieges erhoben wurden. Im Vergleich mit den nationalsozialistischen Vorstellungen Hitlers repräsentierten sie eher konventionelle Zwischenlösungen auf dem Weg zur historischen Vision des »Dritten Reiches«, das heißt aber: Eben in dem geschichtlichen Augenblick, als sich die traditionellen und revolutionären Elemente der totalitären Diktatur zu siegreicher Dynamik vereinigten, besaßen die Kriegszielvorschläge der Konservativen niemals den Rang einer echten Alternative zu Hitlers politischem Grundplan. Selbst wenn dieser jetzt hin und wieder mit dem Gedanken spielte, Großbritannien bei einem Friedensschluß im Vorausgriff auf Zukünftiges die eine oder andere Kolonie abzufordern, repräsentierte das mittelafrikanische Kolonialreich für den Diktator keine außenpolitische Wahlchance zum russischen Eroberungszug. Was im Kreise der alten und in Teilen der neuen Elite des »Dritten Reiches« als alternative Option erschien, ja vielleicht sogar mit dem Hintergedanken erwogen wurde, den »Führer« damit von weiteren Kriegszügen, nicht zuletzt gegen die Sowjetunion, abzuhalten, hatte für Hitlers Gedankenbildung höchstens die Bedeutung eines sich ergänzenden Nacheinanders.

Während diverse Ämter und Institutionen, von beutegieriger Unruhe befallen, die erwerbslüsternen Blicke weltweit schweifen ließen, kreiste Hitlers Denken nämlich im Grunde nur um die einzige, ihn bohrend quälende Frage: Wann würde sich Großbritannien zur Verständigung mit dem Deutschen Reich bereit finden, damit endlich die Voraussetzung geschaffen war, um sich dem eigentlichen Ziel seiner kometenhaften Karriere, dem russischen »Lebensraum«-Krieg, zuwenden zu können? »Wir suchen Fühlung mit England auf der Basis der Teilung der Welt«[53] – mit dieser Wendung hatte Hitler bereits am 21. Mai, während des noch andauernden Frankreichfeldzuges, zu erkennen gegeben, worum es ihm bei der Schlacht im Westen nicht zum geringsten ging.

Großbritannien, so stellte sich Hitler die Weltlage dar, hatte zwischen der Pax Americana und der Pax Germanica zu wählen. Die erste Option mußte für die Engländer mit einem Verlust ihrer weltwirtschaftlichen und imperialen Position an die Amerikaner einhergehen, die auf das britische Erbe erpicht waren. Die amerikanische Orientierung mußte für England bei dieser Sicht der Dinge also weit erheblicheren Nachteil mit sich bringen als der einlenkende Ausgleich mit dem Deutschen Reich, das die Welt zu teilen sich längst bereit erklärt hatte. Daher vermochte Hitler sich gar keinen anderen Ausgang der britischen Entscheidung vorzustellen, als daß sie zu seinen Gunsten ausfallen würde. Die angelsächsische Gemeinsamkeit der Tradition, der Sprache und der Überzeugungen; die tief eingefleischte Ablehnung der Briten gegenüber Diktaturen; die in nachhaltiges Mißtrauen eingemündeten Enttäuschungen Englands über seine verlogenen Friedensbeteuerungen in den zurückliegenden dreißiger Jahren – alle diese Elemente unterschätzte der Diktator grob!

Mit hoffnungsvoller Ungeduld zeichnete er vielmehr die außenpolitische und strategische Grundfigur, die seiner Weltanschauung ebenso dogmatisch entsprang, wie sie sein Handeln monoman festlegte. Zwischen dem 10. Mai und dem 30. Juni sprach er bei verschiedenen Gelegenheiten davon, beispielsweise am 2. Juni im Stabsquartier der Heeresgruppe A in Charleville, daß Großbritannien, dessen »Mission für die weiße Rasse«[54] er ausdrücklich anerkannte, jetzt endlich zu einem »vernünftigen Friedensschluß« bereit sei. Dann werde er »endlich die Hände frei« haben für seine »große und eigentliche Aufgabe: die Auseinandersetzung mit dem Bolschewismus«[55]. Allein, Großbritannien beschritt den vom Diktator beschworenen Weg noch immer nicht! Ende Juni schien es ihm dann nur noch »einer Demonstration unserer militärischen Gewalt [zu] bedürfen, ehe es nachgibt und uns den Rücken frei läßt für den Osten«[56]. Doch solange Großbritannien sich weigerte, in den Grundplan des Diktators einzulenken, stand er, der auf dem Kontinent unbestritten Triumphierende, wie ein gefesselter Sieger da.

Der gefesselte Sieger

Wenige Wochen lang, von Ende Mai, als am militärischen Sieg über Frankreich nicht mehr zu zweifeln war, bis Mitte Juli 1940, als die politischen Schatten des britischen Widerstandes länger wurden, wähnte Hitler sich in der vorteilhaften Ausgangslage, die herzustellen von Beginn an sein außenpolitisches Streben gewesen war. In der sicheren Annahme, daß das große Arrangement mit England unmittelbar bevorstehe, wollte er, von einer triebhaften Zielgerichtetheit seiner weltanschaulichen Überzeugung gedrängt, den vorgesehenen Krieg gegen die Sowjetunion im Herbst des Jahres 1940 führen. Die Woge der Begeisterung, die nach dem Frankreichfeldzug im Volk aufschäumte, sollte ihn ohne Verzug an das nächste, das eigentliche Ziel seiner Außenpolitik und Kriegführung tragen.

Bereits am 3. Juli beschäftigte sich der Generalstab des Heeres mit Vorüberlegungen für den russischen Feldzug. Herauszufinden war, »wie ein militärischer Schlag gegen Rußland zu führen ist, um ihm die Anerkennung der beherrschenden Rolle Deutschlands in Europa abzunötigen«[57]. Dieser Auftrag behielt seine Gültigkeit ungeachtet der Tatsache, daß sich kurz darauf die für Hitler grundlegenden Voraussetzungen der gewaltigen Kampagne änderten: Mit der Friedensbereitschaft Großbritanniens, das Kriegsentschlossenheit demonstrierte, war nicht mehr länger zu rechnen.

Auch die militärische Auseinandersetzung gegen die Sowjetunion sollte sich als »Blitzfeldzug« gestalten. Nach seinem siegreichen Ende würde das Deutsche Reich besser als jemals zuvor dafür gewappnet sein, sich mit einer möglichen Intervention der Vereinigten Staaten von Amerika auseinandersetzen zu können. Im weltpolitischen Pokerspiel der Zeit spekulierte Hitler zwar darauf, daß Japan, zu dem er eine undurchsichtig schwierige Partnerschaft unterhielt, die Kraft des amerikanischen Riesen, der sich vorläufig noch in isolationistischer Zurückhaltung räkelte, im Pazifik und in Ostasien binden würde. Dennoch erschien ihm diese Annahme, weil sie von fremden Entscheidungen abhängig war, weniger vertrauenerweckend zu sein, als sich nur auf sich selbst zu verlassen. Aus eigenem Vermögen wollte er deshalb das enteilende Schicksal einholen, wollte durch einen raschen Triumph über Rußland eine strategische, politische und wirtschaftliche Position der Unverwundbarkeit gewinnen.

Die zeitlichen Fristen, die seine militärischen Fachleute für die Dauer eines bis dahin in planerischer Hinsicht ganz fremden Kriegszuges gegen Rußland veranschlagten, kamen dieser Erwartung entgegen. Von neun bis siebzehn Wochen war in der entscheidenden Studie über den Ostfeldzug die Rede, die Generalmajor Marcks am 5. August 1940 fertigstellte. Dann würde die Rote Armee zerschlagen und die Sowjetunion bis zum unteren Don, der mittleren Wolga und der nördlichen Dwina besetzt sein. Die kriegswirtschaftlich bedeutenden Territorien des riesigen Reiches wären damit in deutscher Hand, während »die östlichen Industriegebiete« als »noch nicht leistungsfähig genug«[58] geringgeschätzt wurden.

Die Rote Armee müsse sich, so der Entwurf, zur Verteidigung der industriellen Kapazitäten im Westen des Landes dem Kampf stellen. Deshalb bleibe ihr dieses Mal verwehrt, sich nach dem historischen Vorbild vom Jahre 1812 in die Tiefe des Raumes zurückzuziehen: Man würde die sowjetischen Armeen stellen und schlagen können! Was die auf acht bis zwölf Millionen Mann bezifferten Reserven der feindlichen Streitkräfte anging, wurden sie nicht ernsthaft in Betracht gezogen, da dem Regime eine zügige Mobilisierung und die notwendige Logistik nicht zugetraut wurden. Man ging vielmehr davon aus, »der Russe«, der »diesmal nicht wie im Weltkrieg die Überlegenheit der Zahl besitzt«, werde, wenn seine Schlagkraft »einmal durchgebrochen« sei, »der Überlegenheit der deutschen Truppen und Führung bald erliegen«[59].

Wen die Götter vernichten wollen, den schlagen sie bekanntlich mit Blindheit! Die Deutschen waren vom Erfolg der bisherigen Feldzüge einfach berauscht; in ideologischer Verblendung überschätzten sie die Kraft des eigenen Systems und verkannten die Fähigkeit des kommunistischen Feindes; vom lange nachwirkenden, jetzt durchbrechenden Gefühl kultureller Überlegenheit ließen sie sich verführen; kurzum: Die Hybris eines verfehlten Planungsoptimismus ging dem Fall in die militärische Katastrophe voran. »In 3 Wochen« wollte die Wehrmacht, wie Generaloberst Halder unter dem Datum des 2. Dezember 1940 festhielt, »in Petersburg sein«[60]. Die Rote Armee, durch die großen Säuberungen am Ende der dreißiger Jahre geschwächt und im finnischen Winterkrieg nicht eben auf Anhieb erfolgreich, erschien Hitler »nicht mehr als ein Witz«[61] zu sein. Sie sollte gleichsam »zerlegt und in Paketen abgewürgt werden«[62], eine Aufgabe, die ihm nicht schwer vorkam. Wenn die deutschen Truppen auf der Linie Dnjepr-Peipus-See angelangt wären, umriß er am 5. Dezember 1940 die Aussichten für den Feldzug, sollten dem von der Roten Armee Übriggebliebenen in einer »Phase II«[63] des russischen Krieges nur noch »Panzerstiche« versetzt werden, wie der Chef der Operationsabteilung des Oberkommandos des Heeres, der damalige Oberst Heusinger, nach dem Ende des Zweiten Weltkrieges die Absichten des Diktators umschrieben hat. Es schien um nichts anderes mehr zu gehen als darum, das »Fallende zu stoßen und wichtige Schwerpunkte zu besetzen«[64].

Kein Wunder, daß Hitler, der den für den Herbst vorgesehenen Rußlandfeldzug in fast handstreichartig kurzer Zeit hinter sich zu bringen sicher war, am 11. Juli der Forderung der Marine zustimmte, den bei Kriegsbeginn zurückgestellten Bau der großen Überwasserflotte mit verstärkten Anstrengungen erneut aufzunehmen. Ihre zukünftige Existenz richtete sich in diesem Augenblick nicht mehr in erster Linie gegen Großbritannien. Von seinem Einlenken ging Hitler aufs neue fest aus, obwohl ihn die zweifelnde Frage geradezu umtrieb, warum England immer noch zögere, sich mit ihm auszusöhnen: »Den

Führer beschäftigt am stärksten die Frage«, hielt Halder die Gedanken des unstet Suchenden fest, »warum England den Weg zum Frieden noch nicht gehen will. Er sieht ebenso wie wir die Lösung der Frage darin, daß England noch eine Hoffnung auf Rußland hat. Er rechnet also damit, England mit Gewalt zum Frieden zwingen zu müssen. Er tut so etwas aber nicht gern. Begründung: Wenn wir England militärisch zerschlagen, zerfällt das britische Weltreich. Davon hat aber Deutschland keinen Nutzen. Wir würden mit deutschem Blut etwas erreichen, dessen Nutznießer nur Japan, Amerika und andere sind.«[65]

Auf gar keinen Fall wollte er das »Strafgericht«[66] an Großbritannien vollziehen, das eben zu dieser Zeit Joseph Goebbels forderte. Aus weltanschaulichen Gründen tendierte der Reichspropagandaminister zu dem, was der Außenminister aus machtpolitischen Erwägungen verfolgte: nämlich zum Ausgleich mit der Sowjetunion und zum Kampf gegen England. Nein, in Hitlers aus Überlebensangst und Eroberungssucht gespeister Phantasie richteten sich die maritimen Vorbereitungen im Juli 1940 vielmehr gegen die USA. Daß diese zunehmend enger an Großbritannien heranrückten, beunruhigte ihn ausgesprochen. Dennoch befahl er der Kriegsmarine, den sich im Atlantik häufenden Provokationen der Amerikaner vorläufig mit Zurückhaltung zu begegnen.

Nicht zuletzt diese Weisung zeigt, daß der Diktator, ungeachtet seiner Billigung der Flottenbaupläne, keineswegs die außenpolitische und strategische Konzeption des Großadmirals Raeder zu übernehmen bereit war: In einer gewissen Parallele mit von Ribbentrops Idee, einen gegen die angelsächsische Welt gerichteten Kontinentalblock zu schaffen, der sich auf die russische Neutralität, wenn nicht auf die sowjetische Mitwirkung in der antiangelsächsischen Front stützen sollte, schlug der Oberbefehlshaber der Marine vor, den Schwerpunkt der Kriegführung in den Mittelmeerraum zu verlagern. Dem konnte Hitler, der ganz auf den bevorstehenden Waffengang gegen Rußland konzentriert war, nichts abgewinnen. Die innerhalb der Marine mit Raeders Vorstellung konkurrierende Konzeption, die Admiral Dönitz vertrat, lehnte er gleichfalls ab. Mit dem massierten Einsatz seiner Streitkraft wollte der Oberbefehlshaber der U-Boote die Atlantikverbindungen zwischen Amerika und England unterbrechen, um die britischen Inseln von der lebenswichtigen Zufuhr abzuschneiden.

Seit der Mitte des Monats Juli schlug Hitlers ahnungsvolle Ratlosigkeit gegenüber der für ihn rätselhaften Haltung der Briten mehr und mehr in die trübe Gewißheit ihrer fortdauernden Feindschaft um. Zwei Wege gab es, um jenes Dilemma zu überwinden, das darin bestand, Großbritannien nicht bekämpfen zu wollen und doch gegen England Krieg führen zu müssen. Zum einen bot sich für Hitler ein Ausweg an, den er nur halbherzig wählte; kalkuliert und hintergründig zugleich, insgesamt eher widerwillig als entschieden hat er ihn beschritten. Offensichtlich bedurfte »England ... noch einer Demonstration unserer militärischen Gewalt ..., ehe es nachgibt und uns den Rücken frei läßt für den Osten«[67]. Beinahe stärker als Ausdruck seiner drohenden Entschlossenheit denn als unumstößliche Absicht, tatsächlich in Großbritannien landen zu wollen, ließ er vom 16. Juli an das niemals zum Zuge gekommene Unternehmen »Seelöwe« vorbereiten.

Knapp einen Monat darauf, am 13. August, begann die deutsche Luftoffensive gegen Großbritannien. Einen Monat später stand fest, daß die Deutschen in der für den britischen Widerstands- und Überlebenswillen epochalen »Battle of Britain« eine für den künftigen Verlauf des Zweiten Weltkrieges entscheidende Niederlage bezogen hatten. Hitlers Macht über den ihm hörigen Kontinent, die im Zweiten Wiener Schiedsspruch vom 30. August 1940, als Deutschland und Italien Teile Rumäniens Ungarn zuschlugen, aufs neue unter demonstrativen Beweis gestellt wurde, endete im Westen vor den Kreidefelsen von Dover und im Osten an der Demarkationslinie des Bug.

Lange bevor das Debakel des Luftkrieges die eigene Unfähigkeit offenbart hatte, Großbritannien an die deutsche Seite zu zwingen, zog der andere Weg, England beizukommen, Hitler wie magisch an. Er führte unter strategischem Vorzeichen genau in die Richtung, in die ihn sein weltanschaulicher Instinkt trieb: in den Landkrieg gegen die Sowjetunion! »Stalin kokettiert mit England, um England im Kampf zu erhalten und uns zu binden, um Zeit zu haben, das zu nehmen, was er nehmen will und was nicht mehr genommen werden kann, wenn Frieden ausbricht. Er wird Interesse haben, daß Deutschland nicht zu stark wird.«[68] Mit dieser weitreichende Schlußfolgerungen nahelegenden Feststellung, die von verdachtsbestimmtem Realismus getragen war, näherte Hitler sich am 22. Juli der überfälligen Lösung seines strategischen Dilemmas. Der gordische Knoten mußte durchschlagen werden, um mit einem einzigen Gewaltstreich alle Ziele auf einmal zu erreichen.

Wenn es auch »keine Anzeichen für russische Aktivität uns gegenüber« gab, wollte er gleichwohl »in diesem Herbst Rußland angreifen«[69]. Was der deutsche Diktator ideologisch lange vorhatte, wurde jetzt militärisch akut. Mit dem Einlenken der Briten war nicht mehr zu rechnen. Sein letzter Versuch, die zum Kampf entschlossenen Engländer mit seiner Rede vom 19. Juli 1940 doch noch umzustimmen, blieb merkwürdig vage und blaß: Hitler wußte, daß der unversöhnliche Churchill die Oberhand gewonnen hatte. Um so entschiedener rückte Präsident Roosevelt, dessen am gleichen Tag gehaltene Rede an Deutlichkeit nichts zu wünschen übrigließ, an die Seite der Briten. Nur »Blut, Kampf, Tränen und Schweiß«[70] hatte der seit dem 10. Mai an der Spitze des Landes stehende Churchill seinen Mitbürgern verheißen können; mit dieser alles fordernden und nichts versprechenden Losung hatte er sie endgültig für den Krieg gegen die Tyrannei Hitlers gewonnen. Bereitwillig ließen sich die Menschen von der düster entschlossenen Siegesgewißheit anstecken, die dem neuen Premierminister vorausging: »Ich glaube, ich kann dieses Land retten, außer mir kann es niemand.«⁷¹ Spätestens mit der endgültigen Absage, die Lord Halifax am 22. Juli allen Spekulationen auf eine britische Friedensbereitschaft erteilte, wurde klar, daß jene Zeit ein für allemal vorüber war, in der England, um es mit William Shakespeares Worten aus »Heinrich V.« zu sagen, »aller Wehr entblößt, gebebt« hatte »vor solcher üblen Nachbarschaft«⁷².

Tapfer harrte Großbritannien im Kampf gegen Hitlers Deutschland aus. Der englische Widerstand gab der andauernden Auseinandersetzung die entscheidende Wendung zum Zweifrontenkrieg, die für den Diktator ins Verderben führte. In der Tat überstand das Inselvolk zwischen dem 22. Juni 1940, als es nach der Kapitulation seines französischen Verbündeten auf sich allein gestellt zurückblieb, bis zum 22. Juni 1941, als ihm durch den deutschen Angriff auf die Sowjetunion unvermutet Erleichterung zuteil wurde, die wohl schwerste Zeit seiner nationalen Geschichte seit den Tagen der Französischen Revolution, gegen deren zündende Ideen und siegreiche Heere es sich damals zur Wehr setzen mußte. In jenen Jahren zwischen 1794 und 1797 war die Bedrohung, dem revolutionären Feind zu erliegen, freilich noch ernster als in dem kritischen Jahr zwischen 1940 und 1941. Denn über die außenpolitischen Fährnisse der Lage hinaus waren am Ende des 18. Jahrhunderts auch die innere Ordnung des Landes und die Disziplin der Streitkräfte nicht unerheblich in Mitleidenschaft gezogen. Das war jetzt ganz anders: Wie ein Mann leistete das Land Widerstand!

In dieser geschichtsmächtigen Tatsache spiegelte sich geradezu eine List der jüngsten Entwicklung. Nach vergleichsweise kurzer Zeit ließ sie die ursprünglich vorwaltenden Absichten einer äußeren Politik in den Hintergrund treten, während sie ihre nur nebensächlich verfolgten Intentionen ins Zentrum rückte, mit anderen Worten: Die neue Festigkeit war nicht zuletzt ein Ergebnis, ja ein Verdienst des vergangenen *appeasement*, das zwar alles in allem, aber nicht in allem und jedem gescheitert war. Stärker absichtslos als gewollt hatte die bis zum Illusionären entsagungsvolle Nachgiebigkeit der Briten ein massives Fundament für eine damals noch ferne Zukunft gelegt, die inzwischen, 1940, bedrückende Gegenwart geworden war. Mit gutem Gewissen, das den nationalen Konsensus ebenso wie die zähe Entschlossenheit ihres Handelns förderte, harrten die Engländer im Bewußtsein, alles getan zu haben, was möglich war, um den verlorenen Frieden zu retten, in ihrem einsamen Kampf gegen Hitlers Deutschland aus.

Nachdem sämtliche Vermittlungsversuche und Friedensinitiativen offizieller und halboffizieller Natur von beteiligter ebenso wie von neutraler Seite aus gescheitert waren, wurde für Hitler in der zweiten Hälfte des Juli 1940 zur bitteren Gewißheit, was er bis dahin einfach nicht wahrhaben wollte: Großbritannien lenkte nicht ein. Die entscheidende Voraussetzung für den russischen Feldzug, im Westen Rückenfreiheit zu haben, war damit entfallen. Mehr noch: England, so kam es ihm vor, reflektierte, wie ehedem im Jahre 1939 auf Polen und Frankreich, nunmehr auf noch mächtigere Kräfte in Europa und in der Welt, nämlich auf die Sowjetunion und die Vereinigten Staaten. Amerika konnte er, wenn überhaupt, nur indirekt beikommen. Rußland dagegen, das er aus ideologischen Gründen ohnehin anzugreifen entschlossen war, mußte jetzt auch aus militärischer Notwendigkeit heraus schleunigst der Garaus gemacht werden. Nur so würde es ihm gelingen, den Kopf aus der Schlinge zu ziehen, in der er sich, wenige Wochen nach seinem Triumph über Frankreich, verfangen hatte.

Hitlers Angriffsabsicht, die ideologisch motiviert war und die ihm militärisch geboten erschien, wurde noch dadurch bestärkt, daß Stalin, tief erschrocken über den unerwartet raschen Zusammenbruch der Franzosen, sein strategisches Vorfeld in Nord- und Südosteuropa in gleichsam kompensierendem Verfahren arrondierte. Mit der Inbesitznahme des litauischen Grenzstreifens, den er bei der Annexion der baltischen Staaten an sich riß, überschritt er die zwischen dem Reich und Rußland vereinbarte Demarkationslinie ebenso, wie er bei seiner Aneignung der nördlichen Bukowina, die sich zu Lasten Rumäniens gestaltete, das Maß des zwischen beiden Vertragspartnern gemeinsam Geregelten sprengte. Damit nicht genug: Für ihre wohlwollend freundschaftliche Neutralität, die sie während des zurückliegenden Krieges im Norden und Westen Europas Hitler entgegengebracht hatten, verlangten die Sowjets größere Entschädigungen als das in den Abkommen vom August und September 1939 bislang Zugestandene. Unmißverständlich betonte Molotow, daß die deutschen Siege, vor allem im Frankreichfeldzug, ohne die sowjetische Unterstützung nicht möglich gewesen wären. Daher beabsichtige die UdSSR nicht, wie der Regierungschef und Außenminister am 1. August 1940 ankündigte, sich ungeachtet »vieler neuer Erfolge ... mit dem zufriedenzugeben, was wir erreicht haben«[73].

Seine unruhig schweifende Gedankenbildung, in der sich dogmatische Disposition und strategisches Kalkül miteinander vermischten, ließ Hitler schließlich zu weitreichenden Schlußfolgerungen vordringen, die sich in globalen Dimensionen bewegten. Bei einer denkwürdigen Zusammenkunft auf dem Obersalzberg hat er sie seinen militärischen Beratern entwickelt: »Englands Hoffnung ist Rußland und Amerika. Wenn Hoffnung auf Rußland wegfällt, fällt auch Amerika weg, weil [auf den] Wegfall Rußlands eine Aufwertung Japans in Ostasien in ungeheurem Maße folgt. ... Ist aber Rußland zerschlagen, dann ist Englands letzte Hoffnung getilgt. Der Herr Europas und des Balkans ist dann Deutschland. Entschluß: Im Zuge dieser Auseinandersetzung muß Rußland erledigt werden. Frühjahr 1941.«[74]

Den nachhaltig zähen Widerstand Großbritanniens vermochte er nur als eine abgeleitete Erscheinung zu begreifen, deren widriges Dasein er auf die ungefährdete Existenz der Sowjetunion und Amerikas zurückführte. Die mächtigen Körper der beiden Riesenreiche verdunkelten im deutsch beherrschten

Europa die strahlende Größe der neuen Vormacht. Trotz aller Eroberungen wurde die vergleichsweise schmale Basis, über die das Reich im Strategischen und Wirtschaftlichen verfügte, schmerzlich erkennbar. Erneut sah der Diktator sich einer weitgehend selbstgeschaffenen Lage der Beengtheit ausgesetzt. Um diese zu sprengen, blieb ihm wiederum nur übrig, die militärische Flucht nach vorn zu ergreifen. Daher nahm er, entgegen allen wohlüberlegten Vorsätzen, die er bislang beherzigt hatte, den Zweifrontenkrieg auf sich. Mit einem »Blitzfeldzug«, der nur wenige Wochen oder Monate dauern würde, gedachte er, einem langen Krieg an zwei oder mehreren Fronten zu entgehen, der sich über Jahre hinziehen konnte.

Rußland vermochte er direkt zu treffen: Damit bot sich die Chance, England von seinem europäischen Hoffnungsanker zu lösen. Amerika war ihm nur indirekt verfügbar: Ein deutscher Sieg über die Sowjetunion würde die ostasiatische Position Japans ungemein stärken. Folglich müßten die Amerikaner der neuen Herausforderung im Pazifik zukünftig ihre bevorzugte Aufmerksamkeit schenken, so daß sie sich von England lösen und der Alten Welt fernbleiben würden. Anders als wenige Wochen zuvor, als er in der sicheren Erwartung des englischen Friedens den russischen Krieg als weltanschauliches Unternehmen an nur einer Front zu führen gedachte, verdichteten sich im Plan, die Sowjetunion zu attackieren, gleichermaßen Kalkül und Dogma, strategisches Mittel und ideologisches Ziel.

Auf dieser Grundlage wurde im Herbst 1940 ein improvisierter Gesamtkriegsplan erarbeitet. Er zielte darauf ab, die Sowjetunion zu besiegen, England das Hoffnungslose seiner Lage vor Augen zu führen und eine strategisch sowie wirtschaftlich so unverwundbare Ausgangsstellung zu gewinnen, daß selbst die Vereinigten Staaten von Amerika dem Deutschen Reich »gestohlen bleiben«[75] konnten. Der alles entscheidende Feldzug gegen Rußland, zugleich Etappe und Ziel in der Außenpolitik und Kriegführung Hitlers, den er nach wie vor als ein »Sandkastenspiel«[76] einschätzte, sollte, weil der für den Herbst des Jahres 1940 vorgesehene Angriffstermin als zu knapp bemessen erschien, im Mai 1941 beginnen.

Für Hitler brach damit eine ruhelose Zeit zermürbenden Wartens an. Schritt für Schritt, einmal zögernder und einmal entschiedener, verfestigte sich die getroffene Entscheidung für den russischen Krieg. Unterdessen spähte er immer wieder nach Möglichkeiten aus, um Großbritannien doch noch vorher zu einem Friedensschluß zu bewegen, um den geplanten Feldzug vom drückenden Risiko der zweiten Front zu entlasten. Gleichzeitig bewegten sich seine rastlosen Gedanken bereits über die historische Etappe des russischen Krieges hinaus; sein siegreicher Verlauf sollte nur das massive Fundament für weitere Eroberungen legen: Das Kontinentalimperium würde sich dann über Europa hinaus auf den Globus ausdehnen.

Noch schöpfte Hitler Hoffnung, England für sich zu gewinnen. Von Mitte

September bis Ende Oktober 1940 machte er sich von Ribbentrops Kontinentalblock-Konzeption zu eigen. Der notgedrungen zustande gekommene Entschluß des »Führers« hatte nichts mit der antibritischen und prorussischen Orientierung seines Außenministers gemein. Ihr hing auch Joseph Goebbels mit fanatischer Begeisterung an, der England »allmählich einkesseln«[77] wollte. Nein, ungeachtet taktischer Manöver hatte sein alter Grundplan nach wie vor Gültigkeit, der probritisch und antirussisch ausgerichtet war.

Eine Basis für den Aufbau der globalen, von »Yokohama bis Spanien« reichenden Koalition, die von Ribbentrop England und Amerika als kontinentalen Block entgegenzustellen plante, schien sich mit dem freilich von Anfang an brüchigen Dreimächtepakt anzubieten, den Deutschland, Italien und Japan am 27. September 1940 miteinander abschlossen. Sogar die Sowjetunion sollte dieser Formation beitreten, was Molotow im November 1940 »grundsätzlich durchaus annehmbar«[78] vorkam. Doch bereits die stärker vom Scheitern als vom Erfolg gezeichneten Besuche, die Hitler Franco und Pétain am 23. und 24. Oktober 1940 machte, um sie für eine Teilnahme am Krieg gegen England zu gewinnen, ließen die Fragwürdigkeit dieses weltpolitischen Ordnungsentwurfes deutlich hervortreten, den Hitler bevorzugt als Kriegsmittel ansah. Nicht zuletzt Mussolini, dessen territoriale Ansprüche im Mittelmeerraum, im Nahen Osten und in Afrika mit denen der Spanier und Franzosen kollidierten, durchkreuzte das Planen und Handeln der Deutschen gründlich. Ohne den großen Verbündeten jenseits der Alpen zu konsultieren, begann der »Duce« am 28. Oktober Krieg gegen Griechenland. Sein unerwarteter Verlauf sollte das Reich ebenfalls in Mitleidenschaft ziehen; sein unwillkommener Ausbruch legte die Bruchlinien des Kontinentalblocks frei, bevor es diesen überhaupt gab.

Nein, was immer Hitler erwog und versuchte, was er überlegte und tat, es trug nur dazu bei, seinen Entschluß zu bekräftigen, Rußland anzugreifen. Daher konnte der Besuch Molotows, den dieser am 12. und 13. November 1940 in Berlin abstattete, nur eine bemerkenswerte Episode im anschwellenden Strom des fast schon Unaufhaltsamen bleiben. Der Abgesandte Stalins war herauszufinden bemüht, ob Chancen dafür bestanden, zu einem neuen Übereinkommen zwischen dem »Dritten Reich« und der Sowjetunion zu gelangen, das in einem gegenüber dem Sommer 1939 vergrößerten Maßstab die Interessen beider Staaten gegeneinander abgrenzen sollte. Allein, an dem Tag, an dem Molotow in Berlin eintraf, erteilte der Diktator eine Weisung, welche die Richtung markierte: »Politische Besprechungen mit dem Ziel, die Haltung Rußlands für die nächste Zeit zu klären, sind eingeleitet. Gleichgültig, welches Ergebnis diese Besprechungen haben werden, sind alle schon mündlich befohlenen Vorbereitungen für den Osten fortzuführen.«[79]

Als er davon sprach, nun werde sich zeigen, ob man mit Rußland »Rücken an Rücken oder Brust gegen Brust«[80] stehe, wollte Hitler im Grunde nichts anderes als eine definitive Bestätigung für seine feststehende Absicht, sich mit

Stalin zu schlagen. Einen Tag bevor die Gespräche mit Molotow begannen, hatte er seinem Willen zum Krieg dem Generalfeldmarschall von Bock gegenüber in einer charakteristischen Wendung Ausdruck gegeben, die dem geplanten Angriff präventiven Anschein verleihen sollte: »Was im Osten werden soll, ist noch eine offene Frage; die Verhältnisse können uns dort zum Eingreifen zwingen, um einer gefährlichen Entwicklung zuvorzukommen.«[81]

Im Verlauf der Berliner Unterredungen zeigte Molotow nicht die geringste Neigung, auf die bizarren Vorschläge der Deutschen einzugehen, sich im Zuge einer großen Südexpansion mit den Staaten des Dreimächteabkommens gemeinsam die »gigantische Weltkonkursmasse«[82] der nach wie vor unbesiegten Briten als Beute zu teilen. Der sowjetische Regierungschef parierte das Ablenkungsmanöver des deutschen Außenministers, indem er mit ausladenden Ansprüchen herausrückte, die er gleichsam als Entlohnung für die neutrale Haltung seines Landes dem Deutschen Reich gegenüber erhob. Sie erstreckten sich auf Südost- und Nordeuropa, reichten bis nach Ungarn, Jugoslawien und Griechenland, zielten auf den westlichen Teil Polens und auf Schweden, erstreckten sich sogar auf die Ostseeausgänge des Großen und Kleinen Belt, des Skagerrak und des Kattegat.

Hitler fühlte sich in seiner vorgefaßten Meinung bestätigt, hatte er sich von den Berliner Verhandlungen doch sowieso nichts versprochen. Im Gegenteil: Die Russen hatten zu erkennen gegeben, worum es ihnen ging. Am 18. Dezember 1940 erließ er die »Weisung Nr. 21« für den »Fall Barbarossa«; darin befahl der Diktator, den Angriff auf die Sowjetunion vorzubereiten. Seine Zielsetzung erläuterte er so: »Die Deutsche Wehrmacht muß darauf vorbereitet sein, auch vor Beendigung des Krieges gegen England Sowjetrußland in einem schnellen Feldzug niederzuwerfen.«[83]

Von nun an geriet Hitler nahezu alles, was sich von der angelsächsischen Welt über den ostasiatisch-pazifischen Schauplatz bis zur balkanischen Krisenzone hin zutrug, zum wohlfeilen Argument, dem gefaßten Entschluß legitimierende Plausibilität zu verleihen. Britische und russische Aktivitäten in Südosteuropa trieben seine zielgerichtete Unruhe immer aufs neue in die östliche Richtung; die zunehmende Rivalität mit den Sowjets im umstrittenen Rayon »Zwischeneuropas«, von Finnland bis zur Türkei, bestätigte nur die sich offenbarende Unausweichlichkeit des innerlich längst Entschiedenen.

Als Jugoslawien am 27. März 1941 auf dem Wege des Staatsstreiches eine neue Regierung erhielt und von der deutschen auf die gegnerische Seite überzutreten drohte, entschloß Hitler sich noch an demselben Tag spontan dazu, den zuvor geplanten Feldzug gegen Griechenland um einen »Blitzkrieg« gegen den ungetreuen Frontwechsler zu erweitern. Das südosteuropäische Land »militärisch und als Staatsgebilde zu zerschlagen«[84], sollte dem russischen Feldzug den erforderlichen Flankenschutz sichern.

Binnen kürzester Frist hatte der am 6. April begonnene Balkanfeldzug sein

Ziel erreicht: Am 17. April kapitulierte Jugoslawien, am 21. April Griechenland. Beeindruckt gab Stalin seine bislang gegenüber dem Reich verfolgte Politik der kompensatorischen Forderungen und der provozierenden Nadelstiche auf. Von jetzt an suchte er Hitler durch größtes Entgegenkommen und demonstrative Nachgiebigkeit zu beschwichtigen.

Umgehend kam den Briten, im Mai und Juni 1941, die Beziehung der Paktpartner so eng vor, daß sie, wie ein gutes Jahr zuvor mit Frankreich zusammen, in Erwägung zogen, mit militärischen Mitteln gegen die Sowjetunion vorzugehen. Nicht zuletzt durch eine Bombardierung des Ölzentrums von Baku wollten sie die kommunistische Herrschaft zum Einsturz bringen und damit gleichzeitig das Deutsche Reich treffen. Der Plan verfiel: Bald kehrte er sich in das gerade Gegenteil um, als Hitlers Angriff auf Rußland die Fronten des Ringens neu formierte.

Der Beginn des Unternehmens »Barbarossa« hatte sich durch den Waffengang in Südosteuropa um etwa vier Wochen verschoben. Ein wirkliches Opfer, ein kriegsentscheidender Zeitverzug gar im Hinblick auf den Verlauf des russischen Feldzuges war damit nicht verbunden. Zum einen war sowieso fraglich, ob die nachwirkenden Folgen der Schlammperiode vom Frühjahr einen Angriff vor Mitte Juni überhaupt zugelassen hätten. Zum anderen stellte Hitler dem Generalstab des Heeres sogar anheim, erforderlichenfalls den Angriffstermin noch über den 22. Juni hinauszuschieben.

Vom raschen Ende der großen Kampagne war der Diktator fest überzeugt. Den russischen Gegner gleichfalls im Blitztempo niederzuwerfen, war deshalb erforderlich, weil sich im Verlauf des Jahres 1940, wie er bereits am 17. Dezember 1940 gefordert hatte, »alle kontinentaleuropäischen Probleme lösen müßten, da ab 1942 [die] USA in der Lage wären, einzugreifen«[85]. Mit Sorge nahm er zur Kenntnis, daß die Amerikaner mit dem am 11. März 1941 im Kongreß angenommenen Leih- und Pachtgesetz erneut ein gutes Stück an die Briten heranrückten, gegen die das Deutsche Reich an der nordafrikanischen Flanke seit dem Jahresbeginn 1941 zur Unterstützung der Italiener durch die Entsendung des »Deutschen Afrika-Korps« mit militärischem Einsatz vorging.

Von solchen Aktionen abgesehen, die das Bevorstehende flankierten, plante Hitler während dieser Wochen und Monate bereits für die Zeit, wenn der Feldzug gegen die Sowjetunion beendet sein würde. Wunschbilder, Vorstellungen und Ziele, die bislang visionär erschienen, schemenhaft wirkten oder noch gar nicht aufgetaucht waren, schoben sich nunmehr ins Blickfeld der Aufmerksamkeit. Als Herr über ein Kontinentalimperium, das bis zum »Ostwall« auf der Linie Archangelsk–Kaspisches Meer erobert war, plante Hitler, die strategisch wichtigen Räume in der »östlichen Hemisphäre«, mit Italien und Japan gemeinsam, gegen die Angelsachsen abzusichern. Bastionen im Nahen und Mittleren Osten sowie in Nordwestafrika hatten das gewaltige Großreich abzuschirmen. Bereits im August und September 1941 sollte der Großteil an Infanterie-

Panzer- und Luftwaffenverbänden aus Rußland abgezogen und der Schwerpunkt der Rüstung auf die Marine- und Luftstreitkräfte gelegt werden.

50 bis 60 Divisionen würden den russischen Raum kontrollieren und sich für eine militärische Operation über den Kaukasus hinaus in Richtung auf den Iran und Irak bereit halten. Zusammen mit geplanten Vorstößen von Libyen aus auf Ägypten und von Bulgarien und der Türkei aus auf Syrien gedachte er die englische Nahoststellung in die Zange zu nehmen und aufzubrechen. Indien wollte er von Afghanistan aus ins Visier nehmen, wo seiner Anweisung vom 17. Februar 1941 zufolge eine deutsche Operationsbasis zu errichten war. Darüber hinaus wurde für den Herbst 1941 die Eroberung Gibraltars geplant; in Nordwestafrika und auf den Azoren wollte das Reich Position beziehen, so daß die Vereinigten Staaten in den Einflußbereich der deutschen Luftwaffe rücken würden.

Fazit aller Überlegungen, die Hitler am Vorabend des Angriffs auf die Sowjetunion anstellte und die sich in seinen Äußerungen ebenso wie in den Ausarbeitungen des Wehrmachtführungsstabes vom 9. Januar, 17. Februar und 11. Juni 1941 niederschlugen, war, nach der Niederringung der UdSSR über den blockadefesten, autarken Raum Kontinentaleuropas hinauszugreifen. Im Zuge eines »Weltblitzkrieges«[86] galt es, eine strategische Stellung aufzubauen, die mit atlantischen Basen ausgestattet, durch eine erheblich vergrößerte Flotte und Luftwaffe geschützt und für die sicher erwartete Auseinandersetzung mit den USA gewappnet war. In der Defensive sollte das Sprungbrett errichtet werden, das jederzeit, um Roosevelts Amerika Paroli bieten zu können, zur Verteidigung oder zum Angriff gegen die Vereinigten Staaten benutzt zu werden vermochte.

Mit witternder Unruhe beschäftigte Hitler die früher oder später erwartete Intervention der Amerikaner. Dem japanischen Paktpartner gegenüber ließ er nichts Genaues von seiner bevorstehenden Angriffsabsicht verlauten. Sein bevorzugtes Interesse lag darin, die Japaner auf einen Vorstoß gegen die britischen Besitzungen in Südostasien, vor allem gegen Singapur, einzuschwören. Dagegen lag ihm nicht daran, sie am Krieg gegen Rußland zu beteiligen. Auf gar keinen Fall sollten sie die Amerikaner im Pazifik attackieren.

Dennoch ließ er sich der fernöstlichen Dreierpaktmacht gegenüber, wenngleich nur in sehr vager Form, auf deutsche Hilfszusagen ein. Als Außenminister Matsuoka im April 1941 Berlin besuchte, erhielt er so etwas wie »eine Art Doppel-Garantie«[87]. Verhindert werden sollte, daß der asiatische Verbündete, falls er doch mit den Vereinigten Staaten von Amerika in eine militärische Auseinandersetzung geriet, allein dastehen würde. Für diesen Fall eines isolierten amerikanisch-japanischen Duells nahm Hitler an, daß Japan rasch unterliegen oder zum politischen Kompromiß gezwungen sein würde. Daher stand für ihn fest: »Wenn Japan in einen Konflikt mit den Vereinigten Staaten geriete«, würde »Deutschland seinerseits sofort die Konsequenzen ziehen«[88]. Ohne zu ahnen, daß Matsuoka nur wenige Tage darauf, am 13. April, in Moskau einen

Neutralitätsvertrag mit der Sowjetunion abschließen würde, verpflichtete er sich nicht nur dazu, Japan gegen die Amerikaner, sondern auch gegen die Russen zu unterstützen: Er »würde keinen Augenblick zögern«, beteuerte der Diktator, »auf jede Kriegsausweitung, sei es durch Rußland, sei es durch Amerika, sofort zu antworten«[89].

Die eindringlichen Worte Stalins, der beim Besuch des japanischen Außenministers in Moskau dem deutschen Botschafter Graf von der Schulenburg gegenüber die Erhaltung der gegenseitigen Freundschaft beschwor, zählten für Hitler nicht mehr. Die durch den russisch-japanischen Vertrag ausgeschaltete Möglichkeit, Stalin durch eine zweite Front in Ostasien in Bedrängnis zu bringen, hielt er, da die Japaner an seinem ureigenen Krieg gegen die Sowjetunion sowieso nicht teilhaben sollten, für unwesentlich. Das Scheitern der »Friedensmission« seines Stellvertreters Rudolf Heß, der am 10. Mai, zwar nicht von Hitler befohlen, aber doch möglicherweise gebilligt, vielleicht auch nur toleriert, nach Schottland geflogen war, um Großbritannien in letzter Minute umzustimmen, bekräftigte seinen Entschluß, die zweite, die russische Front für eine voraussichtlich begrenzte Frist zu eröffnen, um nicht auf Dauer dem Abnutzungskrieg zu erliegen.

Kurz vor Beginn des Unternehmens »Barbarossa« wurde ihm die selbst herbeigeführte Notwendigkeit, die alles riskierende Flucht nach vorn antreten zu müssen, die sich als verführerische Lockung der eigenen Ziele und als lebensgefährliches Resultat des eigenen Handelns herausgebildet hatte, noch einmal dramatisch vor Augen geführt. In zwei Telegrammen der sowjetischen Führung an ihre Missionen im Fernen Osten, die im Mai 1941 abgefangen wurden, stand zu lesen, daß Moskau zum einen darauf reflektiere, neue Interessensphären mit dem Deutschen Reich abzustecken, und zum anderen, für Hitler geradezu alarmierend, vorhabe, das »Dritte Reich« als ein Werkzeug im Kampf gegen die angelsächsischen Mächte zu »benutzen«[90]. Aus dieser Zwangslage, in die Hitler sich selbst hineinmanövriert hatte, sollte ihn die militärische Aktion gegen Rußland befreien. Der rasche Sieg würde ihm jenen Handlungsspielraum zurückgeben, der erforderlich war, um seine Raum- und Rassenpolitik zu verwirklichen.

Um Raum und Rasse: »Barbarossa«

Der Waffengang, den das Deutsche Reich am 22. Juni 1941 gegen die Sowjetunion begann, war kein »europäischer Normalkrieg« im herkömmlichen Stil, sondern ein rassischer Vernichtungskrieg von neuer Qualität. Bereits die Vorbereitungen, die weit über das Militärische hinausgingen, verwiesen auf diese Dimension des Unternehmens »Barbarossa«. Die üblichen Normen der Kriegführung und des Völkerrechts sollten in seinem Verlauf von vornherein mißachtet werden. Am 30. März 1941 eröffnete Hitler vor einer »Generals-Versammlung«, die von über 200 höheren Offizieren besucht war, daß sich der bevorstehende Krieg im Osten vom ersten Augenblick an von dem im Westen unterscheiden werde. »Bolschewismus ist gleich asoziales Verbrechertum«, begründete er das ruchlose Ansinnen, gegen allgemeine Moral und soldatisches Ethos zu verstoßen. Er fuhr fort: »Der Kommunist ist vorher kein Kamerad und nachher kein Kamerad. Es handelt sich um einen Vernichtungskampf. Wenn wir es nicht so auffassen, dann werden wir zwar den Feind schlagen, aber in 30 Jahren wird uns wieder der kommunistische Feind gegenüberstehen. Wir führen nicht Krieg, um den Feind zu konservieren ... Kommissare und GPU-Leute sind Verbrecher und müssen als solche behandelt werden.«[91]

Die verheerenden Konsequenzen der drohenden Ankündigung wurden umgehend in entsprechende Anweisungen umgesetzt; sie leiteten die furchtbare Praxis des Zukünftigen ein. Am 13. Mai 1941 wurde in einem »Führererlaß« über die Ausübung der Kriegsgerichtsbarkeit im Gebiet »Barbarossa« der gerichtliche Verfolgungszwang für Fälle von Verbrechen oder Vergehen von Wehrmachtangehörigen gegen sowjetische Zivilpersonen aufgehoben. Am 6. Juni legten die vom Oberkommando der Wehrmacht erlassenen »Richtlinien für die Behandlung politischer Kommissare« der Roten Armee fest, daß gegen diesen Personenkreis »sofort und ohne weiteres mit aller Schärfe vorgegangen werden« müsse. Die politischen Kommissare »sind daher, wenn im Kampf oder Widerstand ergriffen, grundsätzlich sofort mit der Waffe zu erledigen«[92]. Im Verlauf des vor der Tür stehenden Krieges wurde Hitlers fanatischer Vernichtungswille auch den sowjetischen Kriegsgefangenen gegenüber mörderische Wirklichkeit, wurden sie doch in der Tat so behandelt, als seien sie »Keine Kameraden«[93].

Anders als im polnischen Feldzug, wo an der tatsächlich bereits aufgehobenen Trennung zwischen dem Handeln der Wehrmacht und den Untaten der SS zumindest nach außen hin festgehalten, ihr Zusammenwirken sogar kaschiert worden war, blieb dieser fragwürdige Vorzug an schuldhafter »Unschuld«[94] der Truppe im kommenden Weltanschauungskrieg nicht mehr länger reserviert. Zumindest mittelbar wurde das Heer von Beginn an in das Wüten der unter Heydrichs Kommando aufgestellten Einsatzgruppen des SD und der Sicherheitspolizei einbezogen. »Diese verhängnisvolle Entwicklung, welche Angehörige der Wehrmacht in die Henkersarbeit der Sondergruppen der SS und des SD«[95] verstrickte, vollzog sich selbstverständlich auf Befehl des Diktators. Allein, daß es »zu einer weitgehenden, in ihrem Ausmaß erschreckenden Integration des Heeres in das Vernichtungsprogramm und die Vernichtungspolitik Hitlers« (Helmut Krausnick) kommen konnte, ging nicht zuletzt auf das beflissene Betreiben von Franz Halder zurück, dem Chef des Generalstabes des Heeres[96]. Am 28. April 1941 vereinbarten das Oberkommando des

Heeres und das Reichssicherheitshauptamt die Unterstützung der kämpfenden Einheiten für die unmittelbar hinter ihnen mordende Gestapo »auf Rädern«[97].

Zwar sollten die vier jeweils zwischen 600 und 1000 Mann starken »Einsatzgruppen« im Rahmen ihres Auftrages »in eigener Verantwortlichkeit«[98] gegenüber der Zivilbevölkerung Exekutivmaßnahmen treffen können und den vorrückenden Armeen nur »hinsichtlich Marsch, Versorgung und Unterbringung«[99] unterstellt werden. Allein, mit ihrer logistischen Hilfe für das mörderische Tun der mobilen Exekutionskommandos war die Truppe in die Verbrechen des Regimes verstrickt.

Gewiß, einzelne Kommandeure des Heeres leisteten Widerstand, hier und da kam es nicht zum Vollzug des Vereinbarten; doch im großen und ganzen wurde es von vielen geduldet und mitgetragen. Von achtunggebietenden Beispielen nonkonformistischen Verhaltens gegenüber dem Verbrecherischen abgesehen, war die Wehrmacht diesen Auswüchsen gegenüber mit Sicherheit nicht so ahnungslos, wie nach dem Krieg lange Zeit angenommen worden ist. Sie hatte an der frevlerischen Untat des »Dritten Reiches« ihren schuldhaften Anteil! Allerdings: Hält man sich vor Augen, in welchem Ausmaß sich – moralisch, psychisch und physisch ruiniert – manche Führer der »Einsatzgruppen« und Teile ihrer Mannschaften angesichts der in Rußland begangenen Verbrechen oftmals schon nach wenigen Wochen und Monaten ihres blutigen Wirkens präsentierten, dann tritt, ohne im Grundsätzlichen die Beteiligung der Wehrmacht am Ungeheuren zu unterschätzen, doch im Spezifischen das vergleichsweise geringere Ausmaß ihrer Mitwirkung hervor. Denn zu »ihren immerhin beachtlichen Leistungen«, folgert einer der besten Sachkenner des schrecklichen Zusammenhangs, Hans-Heinrich Wilhelm, wäre die Truppe »wohl kaum noch in der Lage gewesen ..., wenn sie sich das ganze Ausmaß der Scheußlichkeiten hätte vorstellen können, die auch in ihrem Namen im Hinterland an Hunderttausenden wehrloser Zivilisten begangen wurden«[100].

Halten wir an dieser Stelle in der Darstellung über die Vorbereitung des Vernichtungskrieges ein, und betrachten wir das sich vor dem Hintergrund der totalitären Entwicklung schürzende Grundproblem des deutschen Nationalstaates: Dem Bannfluch des »Dritten Reiches« ausgeliefert, wurde er mit dessen abscheulicher Existenz, ob er wollte oder nicht, immer stärker eins. Was sich in den vorhergehenden Jahren andeutete, schritt nunmehr voran, nämlich die Durchmischung von Tradition und Revolution, von banaler Tat und verbrecherischer Untat, von konformistischer Existenz und wachsender Schuld. Das abwehrend beschwörende Wort des Schriftstellers Peter Bamm über die »Herrschaft der Anderen«[101], das Soldatentum und Verbrechertum, Heer und Regime voneinander abzuheben bemüht war, trifft, ohne die tragische Disposition des grundsätzlich Diabolischen zu verkennen, eben nur die lichtere Hälfte des insgesamt Dunklen.

Gewiß, die im Ostkrieg begangenen Verbrechen gingen vom Nationalsozialismus und von seinen Schergen aus. Doch im Vollzug des sich daraus Entwikkelnden wurden viele Einzelne und ganze Institutionen, direkt oder indirekt, bewußt oder unbewußt, zu Komplizen des Bösen, das heißt aber: Im Osten des Kontinents verwandelte sich die ursprüngliche »Herrschaft der Anderen« in die gegenüber dem »europäischen Normalkrieg« andere Herrschaft der Deutschen. Ebenso beabsichtigt wie unmerklich, ebenso schroff wie gleitend bewegten sich, als führe der Teufel Regie, das Normale und das Schreckliche aufeinander zu.

Mit abstoßender Macht brach eine bislang »unvermutete Gemeinheit der Menschennatur«[102] hervor, die dem Nationalökonomen Wilhelm Röpke für das Zeitalter der Weltkriege und Revolutionen des 20. Jahrhunderts deshalb so eigentümlich vorkam, weil auf seinem morastigen Boden Normalität und Missetat, Schuld und Unschuld ineinander versanken, weil das abartig Böse in der Belanglosigkeit des Alltäglichen seine abschreckende Kontur verlor. Die Diabolik, das Sinn und Gewissen teuflisch Verwirrende des totalitären Staates lag darin, daß Werte ihren Charakter einbüßten und ins gerade Gegenteil vom ursprünglich Gültigen verkehrt wurden. Daher mag, so schwer der Zusammenhang des an sich Unverbundenen auch zu erkennen oder gar zu erklären ist, einleuchten, daß sich das Handeln der Wehrmacht im Osten, die Arbeit der deutschen Zivilverwaltung in den »neuen Reichskommissariaten«, ja weit darüber hinaus auch die Tätigkeit der Diplomatie mehr und mehr »im Schatten der ›Endlösung‹«[103] vollzogen. Dieser historische Sachverhalt konstituiert eine Verantwortung aller, schafft aber zugleich die Voraussetzung dafür, die Schuld einzelner festzustellen und den Widerstand der wenigen zu würdigen.

Schon die Art und Weise der Vorbereitung des »anderen« Krieges gegen die Sowjetunion ließ erkennen, daß das Unternehmen »Barbarossa« nicht, wie oftmals angenommen und behauptet, in erster Linie machtpolitischem Kalkül entsprungen ist. Der neue »Blitzkrieg« im Osten, der im Prinzip nicht wegen, sondern trotz des englischen Ausharrens unternommen wurde, fand seinen vorwaltenden Ursprung auch keineswegs im Kreuzzugsgedanken gegen den Bolschewismus. Er diente mitnichten der Bewahrung der europäischen Kultur vor der so genannten asiatischen Barbarei. Und *last but by no means least*: Er war kein Präventivkrieg.

Hitler setzte die Wehrmacht nicht deshalb gegen die Sowjetunion in Marsch, weil ihm unmißverständliche Nachrichten darüber vorgelegen hätten, daß Stalin das Reich mit Krieg zu überziehen im Begriff stand. Offensichtlich hat der sowjetische Diktator in Erwägung gezogen, im Verlauf des Jahres 1942, möglicherweise sogar früher, für einen wie im einzelnen auch immer gearteten Eintritt in die militärische Auseinandersetzung bereit zu sein. Zweifellos hat er außenpolitische und strategische Ziele verfolgt, die, von Hitlers Aktionen unabhängig, Autonomie besaßen. Möglicherweise war er 1941 davon überzeugt, einen deutschen Angriff abwehren, die Kriegshandlung auf das Territorium des

Feindes tragen, mit gewachsener Legitimation in Europa expandieren und vor allem Großbritannien schaden zu können – ein hintergründiges Strategem, das allerdings erklären würde, warum den sowjetischen Führer der deutsche Angriff nicht sogleich, sondern erst Tage nach dem 22. Juni, als sich die Brüchigkeit seiner Annahmen herausstellte, unter Schock versetzt hat. Wie dem auch sei: Fest steht, daß Hitlers Krieg gegen die Sowjetunion nichts mit einem klassischen Prävenire zu tun hatte.

Gewiß, in seiner Kalkül und Dogma trübe mischenden Gedankenbildung paarten sich die Angst vor dem Ungewissen und die Sucht nach der Eroberung zu dem kriminellen Entschluß, weit über das gegenwärtig Verbindliche hinaus unliebsame Tendenzen der Zukunft mit militärischem Einsatz – seiner angstvoll gewalttätigen Einschätzung nach – ein für allemal vorbeugend zu korrigieren. Solches Handeln, das den Tatsachen vorauseilte, verweist auf eine spezifisch deutsche Form des Politikverständnisses: Kommenden Herausforderungen der grundsätzlich offenen Geschichte, die, wie sie sich objektiv im einzelnen entwickeln mochten, subjektiv vorwiegend als bedrohlich wahrgenommen wurden, sollte auf kriegerischem Weg mit dauerhaftem Erfolg die gefährliche Spitze genommen werden. Mit einem Präventivkrieg im völkerrechtlich anerkannten Sinne des Begriffs hat diese riskant eigenwillige Anschauung über das Verhältnis von »Staatskunst und Kriegshandwerk«, die nicht selten durch die voranschreitende, kaum vorhersehbare Wege einschlagende Zeit als voreilig oder fragwürdig demaskiert wird, nichts zu tun.

Im Zuge des russischen Krieges ging es für Hitler vielmehr darum, die sogenannte »jüdisch-bolschewistische« Führungsschicht des Landes zu vernichten und ihre vermeintlich biologische Wurzel, das Judentum, auszurotten. Durch riesige Landnahmen wollte er gleichzeitig »Lebens«-, Kolonial- und Siedlungsraum gewinnen, wollte zudem sein strategisches Manövrierfeld bis zur Unverwundbarkeit der eigenen Position erweitern. Von »Ostland« über die »Ukraine« bis nach »Moskovien« und »Kaukasien« sollte die unterworfene Masse der slawischen Bewohner den neuen Herren des russischen Raumes in dumpfer Ergebenheit arbeitend dienen. Als Kernstück des deutschen Kontinentalimperiums würde das unterjochte Rußland die mächtige Grundlage bilden, um den angelsächsischen Seemächten in künftigen Auseinandersetzungen unbesiegbar zu trotzen.

Der Überfall auf die Sowjetunion, der am 22. Juni 1941 mit der ungestümen Gewalt einer Naturkatastrophe losbrach, schien tatsächlich zu gelingen. »Ein Teufel jagt den anderen«[104], lautete ein im Vatikan kursierender Spott, der Hitlers Eilmärsche durch Stalins Reich nicht ohne höhnische Zufriedenheit kommentierte. Mit erwarteter Zügigkeit zeichnete sich der militärische Sieg im Unternehmen »Barbarossa« allem Anschein nach ab. Der amerikanische General Marshall, Chef des Generalstabes der Armee, verglich die deutsche Wehrmacht mit einem heißen Messer, das ein Stück Butter durchtrennt. Bereits einige Tage nach Feldzugsbeginn zeigte sich Hitler im Gespräch mit dem japanischen Botschafter Oshima davon überzeugt, »daß der Widerstand im europäischen Rußland« innerhalb kürzester Frist zusammenbrechen werde: »Wohin die Russen dann gingen, wisse er nicht. Vielleicht in den Ural oder über den Ural hinaus. Aber wir würden ihnen folgen, und er, der Führer, würde auch nicht davor zurückschrecken, über den Ural hinauszustoßen.«[105]

Fest überzeugt war er jedenfalls davon, er werde den Krieg »Mitte September« beendet haben und »in 6 Wochen ... so ziemlich fertig«[106] sein. Noch optimistischer lautete, was der Chef des Generalstabes des Heeres seinem Tagebuch am 3. Juli anvertraute: »Es ist also wohl nicht zuviel gesagt, wenn ich behaupte, daß der Feldzug gegen Rußland innerhalb [von] vierzehn Tagen gewonnen wurde.«[107] Am 8. Juli bekräftigte der Diktator sein zuvor schon gehegtes Vorhaben, »Moskau und Leningrad dem Erdboden gleich zu machen«, um die Menschen dieser Metropolen nicht im kommenden Winter ernähren zu müssen. Hitler beabsichtigte tatsächlich eine wahre »Volkskatastrophe« heraufzubeschwören, »die nicht nur den Bolschewismus, sondern auch das Moskowitertum der Zentren beraubt«[108].

Im Gefühl des sicheren Sieges über die Sowjetunion traten »die weiteren Aufgaben der Kriegführung gegen England wieder in den Vordergrund«[109]. Ohne daß ihn im Augenblick des vermeintlichen Triumphes über Rußland der Abschluß des britisch-sowjetischen Beistandspakts vom 12. Juli weiter kümmerte, verfügte Hitler zwei Tage darauf, den Schwerpunkt der Rüstung vom Heer auf die für die Kriegführung gegen Großbritannien, unter Umständen schon gegen die Vereinigten Staaten von Amerika, entscheidenden Waffengattungen der See- und Luftstreitkräfte zu verlegen. »Der Faktor Amerika« beschäftigte ihn selbst in dieser Zeit der sich geradezu überschlagenden Siegesmeldungen ohne Unterlaß.

Zwiespältig nahm sich die amerikanische Reaktion gegenüber dem dramatischen Geschehen in der Alten Welt aus. Zum einen verstärkten die stolzen Erfolge der deutschen Waffen die isolationistische Strömung des noch unentschiedenen Landes. Die Eroberung des eurasischen Herzlandes schien bevorzustehen. Im Weißen Haus aber wurde der weltgeschichtliche Gang der Dinge, der wie ein zerstörerischer Sturmwind durch das bolschewistische Rußland tobte, nach wie vor mit abwartendem Zögern betrachtet. Roosevelt war, kaum erstaunlich, längst noch nicht so entschlossen wie Churchill, mit dem bolschewistischen Satan zusammen den nationalsozialistischen Teufel aufzuhalten. Der eine besaß für seine außenpolitische Entscheidung mannigfache Wahlchancen, für den anderen ging es um alles oder nichts! Zudem gab es Stimmen in den USA wie beispielsweise diejenige des einflußreichen Senators Robert Taft, die einen kommunistischen Sieg »für weit gefährlicher als einen faschistischen hielten«[110].

Im unklaren Licht jener kalkulierenden Ablehnung, mit der die beiden sich auf Leben und Tod bekämpfenden »revolutionären Prinzipien«[111] in der Neuen Welt betrachtet wurden, mag alles in allem überwogen haben, was Senator Harry Truman damals so umschrieb: »Zeichnet sich ab, daß Deutschland gewinnen wird, sollten wir Rußland helfen, und zeichnet sich ab, daß Rußland gewinnen wird, sollten wir Deutschland helfen, bis dahin sollen sich so viele wie eben möglich von ihnen gegenseitig töten; allerdings: Hitler möchte ich unter keinen Umständen als Sieger sehen.«[112] Vorläufig blieb das mächtige Amerika also in der militärischen Reserve.

Zum anderen hatten die Vereinigten Staaten im Zuge ihrer ozeanischen Strategie, die die Gebote der Monroe-Doktrin sehr weitläufig auslegte, schon am 7. Juli 1941 Island besetzt: Die strategischen Vorposten der amerikanischen Union näherten sich dem europäischen Kontinent! Vor diesem Hintergrund, in der sicheren Erwartung des Sieges über die Sowjetunion und angesichts der in die eigene Hemisphäre hineinreichenden Präsenz der USA überschritten Hitlers ruhelose Überlegungen jetzt sogar die für sich bereits ins Riesenhafte gesteigerten Ausmaße seines improvisierten Gesamtkriegsplans vom Herbst 1940.

Dem japanischen Botschafter Oshima schlug der »Führer« am 14. Juli 1941 vor, im Zuge eines umfassenden Offensivbündnisses zwischen Deutschland und Japan gemeinsam die Sowjetunion zu besetzen, die schon als besiegt eingeschätzt wurde. Bei diesem Unternehmen sollten, wie es Außenminister von Ribbentrop vorschwebte, die Japaner von Wladiwostok aus bis nach Omsk vorrücken und die eroberten Territorien Sibiriens als ihr Einflußgebiet betrachten. Daraufhin aber, lautete Hitlers überraschender Vorschlag, den er Oshima unterbreitete, würden sich der deutsche und der japanische Verbündete zusammen gegen die andere Flügelmacht des internationalen Systems, die Vereinigten Staaten von Amerika, wenden: »Amerika drücke in seinem neuen imperialistischen Geist mal auf den europäischen, mal auf den asiatischen Lebensraum. Von uns aus gesehen drohe im Osten Rußland, im Westen Amerika, von Japan aus gesehen im Westen Rußland, im Osten Amerika. Daher sei er der Meinung, daß wir sie gemeinsam vernichten müßten. Es gebe im Völkerleben Aufgaben, die hart seien. Man könne diese Aufgaben nicht dadurch lösen, daß man sich ihnen verschließt oder sich auf einen späteren Zeitpunkt verläßt.«[113]

Im Hinblick auf das alliierte Japan und das ferne Amerika war Hitler von bislang Vertrautem abgewichen. Die Vereinigten Staaten ins Visier zu nehmen hatte er an sich als eine Aufgabe angesehen, die kommenden Generationen vorbehalten bleiben sollte. Doch unter dem übermächtigen Druck des großen Krieges wurden die vordem weit in der Zukunft liegenden, fast visionären Ziele mit derartiger Gewalt in die Wirklichkeit des Tages geschleudert, daß sie den unermüdlichen Offensivgeist Hitlers inzwischen unmittelbar beschäftigten. Japan, dessen Kriegseintritt von Ribbentrop durchgehend forderte, wollte Hitler, seinem ursprünglichen Vorhaben zufolge, nicht an seinem ureigenen Unternehmen des russischen Rassenkrieges beteiligen. Vielmehr sollten die von ihm als unzuverlässig eingeschätzten »Gelben« in Ostasien gegen die Briten militärisch zu Felde ziehen und die Amerikaner unterhalb der Schwelle des Krieges in der pazifischen Region binden. Das war so etwas wie die Quadratur des Kreises, eine für die Japaner nahezu unmögliche Forderung, gegen England Krieg zu führen und Amerika dabei auszusparen. Daher verlegten sie sich erst einmal, bevor der Waffengang gegen beide angelsächsischen Mächte eröffnet wurde, in Washington aufs Verhandeln, das sich bis in den Herbst 1941 hinzog. Jetzt, Mitte Juli 1941, hatte sich Hitler, der die Sowjetunion als geschlagen ansah und die Vereinigten Staaten von Amerika als Gegner ins Auge faßte, dazu entschlossen, die Japaner zur Kriegführung gegen beide einzuladen.

Doch von diesem tollkühnen Plan rückte der Diktator bald wieder ab. Denn über den russischen Feldzug legten sich die ersten Schatten und ließen das Waffenglück Hitlers matter glänzen. Bis zum demonstrativen Wendepunkt des Weltkrieges, der, lange zuvor bereits Wirklichkeit, vom Jahresbeginn 1943 an nicht mehr zu verbergen war, hielt er nun wiederum daran fest, daß Japans Aufgabe nicht im sibirischen Rußland, sondern im Pazifischen Ozean liege. Was die Vereinigten Staaten von Amerika anging, die seit dem 27. März 1941 für den Fall ihres Kriegseintritts die »Germany first«-Strategie beschlossen und die zusammen mit Großbritannien in der Atlantik-Charta vom 14. August 1941 selbstbewußt ihren Führungsanspruch für die Nachkriegszeit dokumentiert hatten, verschob sich der Gedanke an eine militärische Auseinandersetzung bald erneut ins weit Entfernte, vor allem: Der problematische Zusammenhang wurde längst nicht mehr in offensiver Manier erwogen; befürchtet wurde vielmehr eine amerikanische Intervention gegen das deutsch beherrschte Europa!

Während Hitler noch am 25. Juli 1941 ein »scharfes Vorgehen auch gegen USA«[114] nach Abschluß des Feldzuges gegen Rußland in Aussicht nahm, äußerte er am 10. September 1941 bei der Tafelrunde im »Führerhauptquartier« die seit den zwanziger Jahren bekannte Ansicht, der Entscheidungskampf gegen die amerikanische Union bleibe künftigen Generationen vorbehalten: »Ich werde es nicht mehr erleben, aber ich freue mich für das deutsche Volk, daß es eines Tages mit ansehen wird, wie England und Deutschland vereint gegen Amerika antreten. Deutschland und England werden wissen, was eins vom anderen zu erwarten hat. Und wir haben dann den rechten Bundesgenossen gefunden.«[115] Am 25. Oktober 1941 bekräftigte er gegenüber dem italienischen Außenminister Graf Ciano diesen Gedanken: »Eine spätere Generation wird sich mit dem Problem Europa – Amerika auseinanderzusetzen haben. Es würde sich nicht mehr um Deutschland oder England, um Faschismus, Nationalsozialismus oder entgegengesetzte Systeme handeln, sondern um die gemeinsamen Interessen Gesamteuropas innerhalb des europäischen Wirtschaftsgebiets mit seinen afrikanischen Ergänzungen.«[116]

Der Sinneswandel des Diktators, der binnen kurzem zu seinem ursprünglichen Amerikakonzept zurückkehrte, hatte mit der unerwarteten Stagnation der militärischen Bewegungen zu tun. Vorläufig wirkte sie nur lästig und zeitverzögernd, wurde keineswegs als grundsätzlich ernst und bedrohlich angesehen. Noch am 23. Juli hatte großer Optimismus die Lagebeurteilung bestimmt. Generalstabschef Halder ging davon aus, »etwa in einem Monat (25.8.)« mit dem Heer »um Leningrad, um Moskau, in [der] Linie Orel–Krim, Anfang Oktober an der Wolga, Anfang November im Kaukasus um Baku, Batum«[117] zu stehen. Doch dann lief sich, von Ende Juli an, der deutsche Vormarsch im Mittelabschnitt der Front, im Raum um Smolensk, für etwa zweieinhalb Monate fest. Der durch den Widerstand der Roten Armee erzwungene Halt zeitigte weltpolitische Konsequenzen; für den Verlauf des andauernden und zukünftigen Ringens wurden sie maßgeblich!

In der japanischen Führung, in der die Anhänger einer Teilnahme am russischen Krieg mit den Protagonisten einer pazifischen Südexpansion über die Priorität stritten, wurde nämlich jetzt der Gedanke beiseite geschoben, eine zweite Front gegen Stalins Reich zu eröffnen. Bei dieser Aktion schien es sich doch um weit Aufwendigeres zu handeln als um eine reine Okkupationsaufgabe. Nachdem die deutsche Offensive am 2. Oktober erneut in Tritt gekommen war, wurde die weitreichende Entscheidung in Tokio noch einmal überlegt und geprüft, freilich nicht aufgehoben oder revidiert. Also: Wäre der Vormarsch der Deutschen planmäßig verlaufen und hätte sein Erfolg das japanische Kaiserreich zur Intervention gegen die Sowjetunion animiert, wäre es im eroberten Rußland zur Verbindung zwischen den »Dreierpaktmächten« gekommen. Japans schwierige Lage, die sich unter dem Eindruck der amerikanischen Haltung von Woche zu Woche prekärer gestaltete, wäre dadurch behoben worden.

Denn die ungemein robuste Reaktion, mit der Präsident Roosevelt die japanische Besetzung Südindochinas vom 25. Juli umgehend ahndete, umfaßte ein für die Japaner nahezu tödlich wirkendes Ölembargo. Sie sahen sich »vor die Alternative einer politischen Kapitulation vor Amerika oder aber eines gewaltsamen Griffs nach den Rohstoffen in Südostasien gestellt«[118]. Doch »erst die Tatsache, daß das ›Barbarossa‹-Unternehmen nicht durchschlug, ließ die Situation Japans von Woche zu Woche brisanter werden«, denn: »Bei zeitgerechtem Abschluß von ›Barbarossa‹ und einer Verbindungsaufnahme zwischen deutschen und japanischen Truppen auf der Transsibirischen Bahn wäre zweifellos die ›Zeitbombe‹«, die mit dem amerikanischen Ölembargo gelegt worden war, »›entschärft‹ worden, da die wiederhergestellte Verbindung zwischen den beiden wichtigsten ›Dreierpakt‹-Mächten die Ölversorgung Japans aus dem eroberten Rußland ermöglicht hätte«[119]. Dieses schwer abschätzbare Risiko, sich am Feldzug gegen die Sowjetunion zu beteiligen, kam den Japanern, die tief in den chinesischen Konflikt verstrickt waren, allerdings nicht geheuer vor. Da ihnen nur die Wahl zwischen Kapitulation oder Krieg blieb, hatten sie sich im weitmaschig ausgelegten Netz der amerikanischen Politik fest verfangen.

Für die deutsche Kriegführung hatte die unvorhergesehene Verzögerung des russischen Feldzuges direkte Auswirkungen: Die militärischen Unternehmungen, die für das andauernde Jahr vorgesehen waren – die Schläge gegen die britische Position im Nahen Osten; die Eroberung von Gibraltar; der Ausgriff nach Nordwestafrika; und der Sprung auf die atlantischen Inseln der Portugiesen und Spanier –, mußten verschoben oder aufgegeben werden.

Im November 1941 machte sich, obwohl der im Schlamm steckengebliebene Angriff auf Moskau bei einsetzendem Frost am 15. des Monats wieder aufgenommen werden konnte, in der deutschen Führung Resignation breit. Hitler erwartete, »daß die beiden Feindgruppen sich gegenseitig nicht vernichten«[120] könnten. Diese Erkenntnis würde, sinnierte er mit möglicherweise bevorzugtem Blick auf Großbritannien vage, die Konkurrenten »zu einem Verhandlungsfrieden«[121] führen. Im Angesicht der Niederlage, die sich in Rußland abzeichnete, spekulierte er einmal mehr darauf, sich mit England, das er gerade durch einen Sieg über die Sowjetunion zum Einlenken bewegen wollte, arrangieren zu können: »Auf Kosten Frankreichs mit England ins Gespräch zu kommen«[122], wie er diese Illusion am 7. Dezember, zu einem Zeitpunkt also umschrieb, als, den Deutschen noch unbekannt, der japanische Angriff auf Pearl Harbor bereits angelaufen war.

In der zweiten Novemberhälfte wurde das Scheitern des improvisierten Gesamtkriegsplans offenbar. Erstmals schlug Hitler jetzt, im Sinne des sozialdarwinistischen Dogmas vom Kampf um »alles oder nichts«, jenes Leitmotiv an, das von nun an bis zu seinem »Nero-Befehl« vom März 1945 sein Denken und Handeln prägte. Falls die Deutschen versagen sollten, blieb ihnen nur der Untergang: »Wenn das deutsche Volk einmal nicht mehr stark und opferbereit genug sei, sein eigenes Blut für seine Existenz einzusetzen, so soll es vergehen und von einer anderen, stärkeren Macht vernichtet werden. Es verdiene dann nicht mehr diesen Platz, den es sich heute errungen habe.«[123]

Von einer Kapitulation wollte er um keinen Preis etwas wissen. Drohend stand ihm diese zutiefst verhaßte Möglichkeit vor Augen, als ihn der Reichsminister für Bewaffnung und Munition, Fritz Todt, am 29. November 1941 beschwor, den rüstungswirtschaftlich längst verlorenen Krieg schleunigst auf politischem Wege zu beenden. Am 5./6. Dezember setzte im Raum Moskau die sowjetische Gegenoffensive ein: Das Unternehmen »Barbarossa« war gescheitert, der im Herbst und Winter 1940/41 entworfene »Weltblitzkrieg« hinfällig geworden. Hitler wurde, wie der Chef des Wehrmachtführungsstabes kurz nach dem Ende des Krieges berichtete, nunmehr »klar«, daß vom »Kulminationspunkt des beginnenden Jahres 1942 an kein Sieg mehr errungen werden konnte«[124].

Die »Wende vor Moskau«[125] hatte die Sowjetunion aus eigener Kraft herbeigeführt. Unverkennbar hatte sie damit an Legitimation gewonnen, ihr Sicherheitsbedürfnis in Zukunft sogar auf expansive Weise zu verwirklichen, mit anderen Worten: Hinter dem berechtigten Anliegen, dem eigenen Schutz zu dienen, trat lange zurück, daß die Sowjets gegenüber dem Deutschen Reich und auf dem europäischen Kontinent autonome Kriegsziele verfolgten. Sie gingen weit über die Rückgewinnung des Verlorenen und über das Zumutbare des Erforderlichen hinaus. Doch selbst das Übertriebene ihres Verlangens, das die zähmende Trennlinie von Sicherheit und Expansion provozierend überschritt, verlor an Schrecken im Vergleich mit dem Ungeheuerlichen der nationalsozialistischen Raum- und Rassenpolitik.

Ihre Existenz, die mit der Außenpolitik und Strategie des Reiches unaufhebbar verwoben war, trat immer deutlicher als die eigentliche Triebkraft des »Dritten Reiches« hervor. Was sich ursprünglich zu einer unwiderstehlichen Dynamik aus Macht und Ideologie verbunden hatte, zerfiel nunmehr in seine widerstreitenden Elemente und endete im Dominat des Dogmatischen über das Kalkulierte. Mit universalem Anspruch strebte die nationalsozialistische Weltanschauung nach rassischer Herrschaft. Radikal wurden die liberalen Demokratien der Angelsachsen ebenso wie die kommunistische Diktatur der Sowjets herausgefordert. War die Überlegenheit der westlichen Zivilisationsideen im vergleichenden Zusammenhang der Weltgeschichte für die Völker gewissermaßen evident, vermochte selbst noch »der Bolschewismus ... wie einst die französische Revolution an menschheitliche Ideale zu appellieren: nicht mehr das Dritte Reich. Seine Ideologie umschrieb nur die Ansprüche Deutschlands und der es beherrschenden verschworenen Bande. Sie entwickelte nicht die Kraft einer Weltmission. Die Macht zeigte sich hier in brutaler Nacktheit und ohne Hülle des Geistes – auch insofern Steigerung ins Extrem dicht vor dem Umschlag in das Nichts.«[126] Doch dem Sturz in den Abgrund der Geschichte ging die Hybris einer rassenpolitischen Reichsbildung in Rußland voraus, die im Verlauf der modernen Geschichte Europas präzedenzlos wirkt.

Denn die besiegte Sowjetunion sollte nicht nur, was ihr machtpolitisches Gewicht anging, geschwächt, durch territoriale Amputationen auf einen niederen Rang ihrer staatlichen Existenz reduziert werden. Vielmehr war ihr das Schicksal zugedacht, höchstens noch im kolonialen Status eines »deutschen Indien«[127] zu existieren. Sogar hinter diese Qualität imperialistischer Herrschaft wollten die Nationalsozialisten sie grausam zurückwerfen, denkt man nur an die Massenmordaktionen, die auf ihrem Territorium stattfinden sollten und eingeleitet wurden.

Sicherlich, mit der Besatzungspolitik in Rußland ging, nicht zuletzt im Rahmen der »Neufassung des ökonomischen Konzepts«[128] deutscher Kriegswirtschaft im Jahre 1942, auch eine wirtschaftliche Ausbeutung des Landes von unvorstellbarem Ausmaß einher. Dessenungeachtet wurde die deutsche Herrschaft in Rußland von den dogmatischen Elementen der nationalsozialistischen Weltanschauung geprägt. Von politischen Erwägungen ganz zu schweigen, die unterworfene Bevölkerung für sich einzunehmen, ließ die abstoßende Mixtur aus »Kolonialmentalität«[129] und Rassenherrschaft die Priorität der militärischen Aufgaben und wirtschaftlichen Erfordernisse gefährlich zurücktreten. Lebhaft beklagte Generalleutnant Hans Leykauf, der Rüstungsinspekteur Ukraine, am 2. Dezember 1941 das existenzbedrohende Mißverhältnis zwischen rassischem Dogma und ökonomischem Kalkül: »Wenn wir die Juden totschießen, die Kriegsgefangenen umkommen lassen, die Großstadtbevölkerung zum erheblichen Teile dem Hungertod ausliefern, im kommenden Jahre auch einen Teil der Landbevölkerung durch Hunger verlieren werden, bleibt die Frage unbeantwortet: *Wer denn hier eigentlich Wirtschaftswerte produzieren soll.*«[130]

Im Juli 1941, als sich der militärische Triumph in Rußland abzuzeichnen schien, verdichteten sich, über die machtpolitische Dimension des andauernden Krieges und der ausstehenden Feldzüge hinaus, die raum- und rassenpolitischen Vorhaben des Regimes in einem jagenden Ablauf von Größenwahn, Verbrechen und Frevel. Nur einen Tag nachdem Hitler gegenüber dem japanischen Botschafter Oshima am 14. Juli 1941 seine ehrgeizigen Angriffsabsichten offenbart hatte, wurde vom Stabshauptamt des »Reichskommissariats für die Festigung des deutschen Volkstums« der Entwurf eines »Generalplans Ost« vorgelegt, der in modifizierter Form am 12. Juni 1942 Himmlers Billigung fand. Vom Reichsführer-SS am 24. Juni 1941, zwei Tage nach dem Beginn des Unternehmens »Barbarossa« in Auftrag gegeben, sah der Entwurf vor, Polen, das Baltikum, Weißruthenien und Teile der Ukraine mit Deutschen zu besiedeln. Dafür sollten 31 Millionen Menschen der dort ansässigen Bevölkerung nach Westsibirien vertrieben werden, während 14 Millionen sogenannter »Gutrassiger« bleiben könnten. Vollendet werden sollte dieser ungeheure Umsiedlungs- und Vertreibungsvorgang ursprünglich in 30 Jahren, einer Frist, die auf Himmlers Drängen hin zuerst auf 25 Jahre reduziert und danach noch einmal auf 20 Jahre verkürzt wurde.

Am 16. Juli 1941, einen Tag nach Vorlage des »Generalplans Ost«, entwickelte Hitler seine Vorstellung über die Errichtung der vier Reichskommissariate in Rußland: »Ukraine«, »Ostland«, »Moskovien« und »Kaukasien«. Die beiden letzten, die als Rohstofflieferanten dienen oder den Zugang zu den entsprechenden Quellen sichern sollten, wurden nie geschaffen. Dagegen war vorgesehen, das Reichskommissariat »Ukraine« als ein Reservoir von Arbeitssklaven und Rohstoffen auszubeuten. Alle davon abweichenden Versuche, die aus dem Umkreis von Reichsminister Rosenberg unternommen wurden, das unterworfene Land durch die Gewährung von Autonomie tatsächlich näher an Deutschland heranzuführen, scheiterten an Reichskommissar Erich Koch und an Hitler selbst. Es war nicht zuletzt die wirtschaftliche Ausbeutung der Ukraine, die unter den besetzten Gebieten in ganz erheblichem Maße zur »Güterverfügbarkeit«[131] der deutschen Wirtschaft beitrug und im andauernden Krieg dafür sorgte, daß »der private Konsum zunächst so verhältnismäßig geringfügig eingeschränkt worden ist«[132]. Das Reichskommissariat »Ostland« sollte seinerseits durch gezielte Siedlungs- und Kolonialpolitik allmählich »eingedeutscht« werden.

Am 17. Juli 1941, wiederum nur einen Tag nach Hitlers Ausführungen über die Reichskommissariate, erließ der freilich nicht sehr einflußreiche »Reichsminister für die besetzten Ostgebiete«, Alfred Rosenberg, Richtlinien für die Verwaltung dieser Territorien. Weit entscheidender war, daß Himmler am gleichen Tag »die politische Sicherung der neubesetzten Ostgebiete« übertragen wurde. In Fortführung der polnischen Praxis war damit von Anfang an die Stellung der SS im eroberten »Lebensraum« Osteuropas beherrschend. Mit dem Ausbau des SS-Staates im Inneren des Reiches, wo die Schutzstaffel seit dem Beginn des Krieges über alle staatlichen und militärischen Instanzen zu dominieren begann, ging die Herrschaft über Raum und Rasse im unterworfenen Osten gleichfalls an den »Orden unter dem Totenkopf« über.

»Ich zweifle keinen Augenblick«, verkündete Hitler Anfang 1941, »daß in hundert Jahren die ganze deutsche Führerschaft aus der SS hervorgeht. Sie treibt die rassische Auslese.«[133] Nunmehr, da sich der »Lebensraum«-Krieg und die Rassenpolitik in einer kaum vorstellbaren Vernichtungs- und Züchtungsorgie miteinander zu verbinden begannen, trat mit schrecklicher Deutlichkeit die revolutionäre Qualität des Nationalsozialismus hervor. Anders als im Kaiserreich und im »Reich als Republik« waren die Grundlagen des »Dritten Reiches« nicht mehr länger die Nation und der Staat, die moderne Großmachtstellung und die alte Reichsidee, sondern allein Blut und Rasse. In seiner berüchtigten Rede, die Heinrich Himmler, voll von beabsichtigter Selbstentlarvung, am 6. Oktober 1943 vor den Reichs- und Gauleitern in Posen hielt, führte er mit finster entschlossener Zuversicht aus, daß allein die Rasse über das Gedeihen und Verderben eines Volkes entscheide. Sie forme, seinem verbohrt fanatischen Eindruck zufolge, »das germanische Reich«, so hatte er zuvor bereits die gigantischen Dimensionen seiner imperialen Träume im Kreis der ihm zuhörenden Tischrunde erläutert, »dann das germanisch-gotische Reich bis zum Ural, und vielleicht dann auch noch das gotisch-fränkisch-karolingische Reich«[134].

»Die Stärke unserer deutschen Soldaten und unseres ganzen deutschen Volkes«, hieß es demgemäß in jener Posener Rede, »beruht im Glauben, im Herzen und in der Überzeugung, daß wir gemäß unserer Rasse und gemäß unserem Volkstum mehr wert sind als die anderen. Das ist ... das Fundament, die Voraussetzung unserer geschichtlichen Existenz. Ein Volk, das in der Mitte Europas liegt, von allen Seiten vom Feind umgeben ist, einen Dreißigjährigen Krieg überlebt hat, aus dem es mit dreieinhalb bis vier Millionen Menschen herauskam und sich dann zur geschichtlichen Größe eines Großdeutschland und eines werdenden Germanischen Reiches durchschlägt, ein solches Volk hat seine Existenz nur aufgrund seiner Qualität, seines rassischen Wertes. In dem Augenblick, wo wir an unserem Glauben, an diesem rassischen Wert selbst zu zweifeln beginnen, ist Deutschland, ist der germanische Mensch verloren.

Denn die anderen sind mehr als wir. Wir aber sind mehr wert als sie. Unsere Aufgabe in den nächsten Generationen, in den nächsten Jahrhunderten ist, wie es ehedem in grauer Vorzeit war, daß dieser nordische Mensch wieder die Führungsschicht für ganze Erdteile stellen wird und damit die Welt regiert.«[135]

Göttergleich – so malte sich Hitler das Zukünftige aus und verfiel selbst nach der gescheiterten Siegesillusion des Sommers 1941 immer wieder in phantastisches Planen – sollten die arischen Herren, von ihren erhöht angelegten Wehrsiedlungen aus, über das slawische Kolonialreich gebieten. Seine riesigen Entfernungen würden durch Breitbahnautostraßen von neuartigem Ausmaß und Eisenbahnzügen von enormer Größe überwunden werden. Im Zentrum des »Großgermanischen Reiches deutscher Nation« lag Berlin als die Welthauptstadt »Germania«, um deren architektonische Kolossalgestalt sich der Diktator persönlich kümmerte. Ehrfürchtiges Staunen sollte diese für die Ewigkeit gebaute Metropole dereinst den zu ihrem Besuch gezielt abkommandierten Trupps slawischer »Untermenschen« einflößen, wenn die Helotenvölker gleichsam als Höhepunkt ihres Sklavendaseins ein Mal in ihrem Leben durch dieses Momument der Macht geführt würden.

Vom französischen Atlantik bis in die Weiten Rußlands, vom skandinavischen Nordkap bis auf den afrikanischen Kontinent sollte Hitlers Imperium durch wehrhafte Garnisonen und befestigte Wallanlagen geschützt, sollten symbolhafte Mahnmale in Form von gewaltigen Totenburgen an seinen Grenzen errichtet werden. Die symbiotische Existenz von Technik und Todeskult verwies auf die zugleich modernen wie atavistischen Grundlagen des neuen Großreichs. In einer spezifischen Mischung aus Altertümlichkeit und Modernität stellten diese Entwürfe, geradezu ins Unwirkliche gesteigert, im Grunde ein Abbild des Nationalsozialismus und des »Dritten Reiches« dar, die, mit allem Überlieferten irgendwie verwandt und dennoch prinzipiell anders, historische Autonomie besaßen.

Gleichfalls im Monat Juli des Kriegsjahres 1941, in dem die Planungen für die Raum- und Rassenpolitik Hitlers aufgipfelten, erreichten die Vernichtungsaktionen gegen die jüdische Bevölkerung, die unmittelbar nach dem Angriff vom 22. Juni mit systematischen Erschießungen auf dem eroberten Territorium der Sowjetunion begonnen hatten, ein neues Stadium. Über den Osten des Kontinents hinaus wurde jetzt auch der Westen Europas in die bereits im Dezember 1940 so genannte »Endlösung«[136] der Judenfrage einbezogen. Am 21. Juli 1941 eröffnete der Diktator dem kroatischen Verteidigungsminister Kvaternik gegenüber seine Absicht, die jüdische Bevölkerung aus Europa heraus »nach Sibirien oder nach Madagaskar« deportieren zu wollen: »Denn, wenn auch nur ein Staat aus irgendwelchen Gründen eine jüdische Familie bei sich dulde, so würde diese der Bazillusherd für eine neue Zersetzung werden. Gäbe es keine Juden mehr in Europa, so würde die Einigkeit der europäischen Staaten nicht mehr gestört werden. Wohin man die Juden schicke, nach Sibirien oder nach Madagaskar, sei gleichgültig. Er werde an jeden Staat mit dieser Forderung herantreten.«[137] Im Namen des »Führers« beauftragte Hermann Göring am 31. Juli Reinhard Heydrich damit, »alle erforderlichen Vorbereitungen ... für eine Gesamtlösung der Judenfrage im deutschen Einflußgebiet in Europa zu treffen«[138].

Als sich in der Sowjetunion der militärische Triumph zu vollenden schien, wurde der rassische, der »fünfte Kriegsschauplatz«[139] auf den gesamten Kontinent ausgeweitet. Die so genannte »Judenfrage« jetzt zu lösen, stellte ein Kriegsziel des »Dritten Reiches« dar, das von nun an in allen besetzten Territorien und in den botmäßigen Staaten der Alten Welt verfolgt wurde: »Waffenkrieg« und »Rassenkrieg« waren eins geworden; gleichzeitig mit dem Aufbruch zur russischen Eroberung hatte die Vernichtung der jüdischen Bevölkerung eingesetzt. Das nationalsozialistische Genozid war also in erster Linie nicht ein unvorhergesehenes Resultat trotziger Rachsucht, das im langen Schatten des schwindenden Schlachtenglücks die braune Götterdämmerung zerstörerisch begleitete, weil es im Angesicht der militärischen Niederlage wenigstens den rassischen Sieg zu erringen galt. Da er von den Verantwortlichen planmäßig und frühzeitig organisiert wurde, stellte der Mord an den europäischen Juden, was zumindest die vorwaltende Tendenz des verbrecherischen Zusammenhangs angeht, auch nicht das improvisierte Resultat der anonym voranschreitenden Radikalisierung eines notwendigerweise zerfallenden Systems dar: Vom Beginn des russischen Feldzuges an zog er vielmehr seine blutige Spur durch die Geschichte des Zweiten Weltkriegs.

Im vermeintlichen Zenit des militärischen Sieges nahm sie ihren Ausgang; schien zwischenzeitlich in anderen, kaum weniger zerstörerischen Wegen der »Endlösung« zu verlaufen; und mündete schließlich im Zeichen der militärischen Stagnation in das finale Stadium des »Holocaust« ein. Das heißt aber: Unter zunehmender Extremisierung vollzog sich die »Judenpolitik« des »Dritten Reiches« in verschiedenen Phasen. Zeitlich voneinander getrennt, gingen sie teilweise ineinander über, existierten, was ihre jeweils charakteristischen Erscheinungsformen betrifft, jedoch im wesentlichen nacheinander.

Der ersten Phase nationalsozialistischer »Judenpolitik«, die vom Jahre 1933 bis zum Kriegsausbruch andauerte und sich in ihren verschiedenen Etappen als rechtliche Diskriminierung, wirtschaftliche Entmachtung und persönliche Bedrohung verwirklichte, folgte im Zeichen des siegreich verlaufenden Krieges im Westen eine zweite Phase. In ihr wurde der Gedanke einer »territorialen Endlösung« ins Blickfeld gerückt. Anfangs dominierte in diesem Zusammenhang die Idee, Europas Juden vom Kontinent auf die von Frankreich zur Verfügung zu stellende Insel Madagaskar zu verschleppen.

Der »Madagaskar-Plan« knüpfte in gewissem Sinne an Deportationsvorhaben an, die im Kreise der nationalsozialistischen Führungsspitze während der Jahre 1938/39 erwogen worden waren. Als Idee von Hitler am 18. und 20. Juli 1940 in Gesprächen mit Mussolini und Raeder erwähnt, entstand er im Zuge der Vorarbeiten für einen künftigen Friedensschluß als »Aufzeichnung des Legationssekretärs Rademacher« von der »Abteilung Deutschland« des Auswärtigen Amtes. In diesem Plan, der am 3. Juli 1940 zur »Lösung der Judenfrage«[140] unterbreitet wurde, schwang noch maßgeblich die zweckrationale Überlegung mit, die »nach Madagaskar deportierten Juden«, die dort unter SS-Bewachung gestellt werden sollten, »als Faustpfand in deutscher Hand« im Rahmen einer zukünftigen Weltmachtdiplomatie des Reiches benutzen zu können.

Die Aktualität des »Madagaskar-Plans« lag angesichts der Niederlage Frankreichs und der in Reichweite gerückten Möglichkeit, die Insel für den sinistren Zweck erhalten zu können, auf der Hand. Er verlor umgehend an Bedeutung, als sich, von Hitler seit langem gewünscht, im Rußlandfeldzug machtpolitisches Kalkül und weltanschauliches Dogma in zeitlicher und räumlicher Kongruenz zu realisieren schienen. Formal wurde der »Madagaskar-Plan« erst am 10. Februar 1942 *ad acta* gelegt, als der Entschluß des »Führers« mitgeteilt wurde, »daß die Juden nicht nach Madagaskar, sondern nach dem Osten abgeschoben werden sollen«, da »der Krieg gegen die Sowjetunion ... inzwischen die Möglichkeit gegeben« habe, »andere Territorien für die Endlösung zur Verfügung zu stellen«[141].

Hitler sprach noch einmal, am 29. Mai 1942, im Kreise seiner Tafelrunde im Führerhauptquartier davon, es sei am besten, die Juden Westeuropas nach Afrika und damit in ein für Europäer unverträgliches Klima zu transportieren; auch zuvor während des »rassischen Vernichtungskrieges« hat er den »Madagaskar-Plan« noch als Möglichkeit einer »Lösung« der »Judenfrage« erwähnt. Insgesamt ist jedoch nicht zu übersehen, daß die abstruse Idee mit dem Beginn des Rußlandkrieges, der in Hitlers Vorstellung stets aufs engste mit einer Vernichtung von Bolschewismus und Judentum zusammenhing, in den Hintergrund der Überlegungen der deutschen Führung geriet. Im Rahmen der »territorialen Endlösung« tauchte jetzt die vage Erwägung auf, Europas Juden nach Sibirien abzuschieben. Dabei wurden vorab bereits die hohen physischen Verluste in Rechnung gestellt, die mit der Vertreibung der jüdischen Bevölkerung in die unwirtlichen Gebiete östlich des Ural einhergehen würden.

Schon zu dem Zeitpunkt, als Hitler Kvaternik gegenüber diesen Deportationsgedanken erwähnte, setzte eine dritte Phase nationalsozialistischer »Judenpolitik« ein. Sie ging über das bislang Geplante hinaus, das vorsah, Europas Juden nach Madagaskar oder Sibirien zu vertreiben und sie damit zu einem großen Teil in den sicheren Tod zu schicken. Begonnen wurde jetzt vielmehr mit der »physischen Endlösung«, die direkt und systematisch betrieben wurde. Im Zeichen der Vorbereitungen zum russischen Feldzug fiel Hitlers Entscheidung zum Judenmord in der Sowjetunion, die möglicherweise keinen schriftlichen Niederschlag gefunden hat. Die Erschießungsaktionen der Einsatzgruppen, die unmittelbar am 22. Juni 1941 im Rücken der kämpfenden Truppe ihr verbrecherisches Tun aufnahmen, wurden rechtzeitig geplant: Im Mai 1941 erhielten die Kommandeure dieser Exekutionsverbände in der Grenzpolizeischule Pretzsch bei Wittenberg durch Reinhard Heydrich den geheimen Befehl zur Erschießung aller Juden, der auch die Tötung der kommunistischen Funktionäre, der sogenannten »Asiatisch-Minderwertigen« und der »Zigeuner« einschloß. Als eiskalter Vollstrecker des wahnhaften Führerwillens erklärte der Chef des Reichssicherheitshauptamtes einen Monat später vor den Befehlshabern der »Einsatzgruppen« und »Einsatzkommandos«, »dass das Ostjudentum das intellektuelle Reservoir des Bolschewismus sei und deshalb, nach Ansicht des Führers, vernichtet werden muss«[142]. Das heißt aber: Es handelte sich überhaupt nicht mehr darum, Juden beispielsweise von bestimmter Herkunft oder aus gewissen Schichten zu verfolgen, sondern das Kriterium für die systematische Erschießung war allein das Merkmal, Jude zu sein.

Zur gleichen Zeit, im Juni 1941, befahl Himmler unter Berufung auf Hitler dem Kommandanten des Konzentrationslagers von Auschwitz, für die Bereitstellung von Vergasungsanlagen mit vergleichsweise großer Kapazität zu sorgen. Damit erreichte die »physische Endlösung« ihre letzte Etappe: Mit technischer Perfektion trug sie vom Dezember 1941 an dazu bei, daß die quantitative »Dimension des Völkermords«[143] mindestens auf 5,29 Millionen und maximal auf knapp über 6 Millionen an jüdischen Opfern gesteigert wurde. Diese finale Aufgipfelung der nationalsozialistischen »Judenpolitik« zur technisch durchgeführten »physischen Endlösung« stellte die extreme Steigerung der Entscheidung zur »Liquidation« des Judentums schlechthin dar; sie fiel in den Zeitabschnitt des Krieges in Rußland, in dem ein Scheitern der militärischen Pläne bereits abzusehen war.

Die Ghettos und Lager im Osten, in denen die gejagten und gefangenen Juden konzentriert wurden, waren überfüllt. Der Raum, der für Deportationen und Vertreibungen benötigt worden wäre, nahm aufgrund des stockenden Vormarsches nicht in beliebigem Ausmaß zu. Die Zeit, das wahnwitzige Verbrechen zu vollenden, wurde mit der sich abzeichnenden Kriegswende knapper, lief unübersehbar ab: Die spezifische Konstellation, eine übergroße Zahl an Opfern, mangelnder Raum und verrinnende Zeit veranlaßten dazu, die physische »Endlösung« technisch zu perfektionieren. Die im Zuge des sogenannten »Euthanasieprogramms«[144] erprobten Einrichtungen der Gaskammern und ihr Bedienungspersonal wurden von dem dafür zuständigen SS-Brigadeführer Globocnik, dem früheren Gauleiter von Wien, zur Verfügung gestellt: Das grausame Experiment begann, Europas Juden durch Giftgas zu töten. Hitlers Rassenwahn – Ursprung, Motor und Ziel nationalsozialistischer »Judenpolitik«, die sich in allen Stadien ihrer uneinheitlichen, ungleichmäßigen und verschlungenen Entwicklung schubweise aktualisierte und umständeabhängig radikalisierte – hatte im Banne des stockenden Kriegsverlaufs am Jahresende 1941 eine bis dahin kaum vorstellbare Wirklichkeit erlangt.

Ihren schriftlichen Niederschlag fand sie im verschleiernd bürokratischen Jargon, unter dessen Zuhilfenahme Heydrich in seiner Funktion als Chef der Sicherheitspolizei und des SD am 29. November 1941 diverse »Zentralinstanzen« des Reiches zu einer »Besprechung mit anschließendem Frühstück«[145] einlud. In dieser für den 9. Dezember 1941 auf zwölf Uhr (in die Dienststelle der Internationalen Kriminalpolizeilichen Kommission, Berlin, Am Großen Wannsee 56–58) einberufenen Konferenz sollten die mit der »Gesamtlösung der Judenfrage in Europa«, mit der so genannten »Endlösung zusammenhängenden Arbeiten«[146] koordiniert werden.

Die militärischen Ereignisse warfen die Terminplanung für den »Rassenkrieg« über den Haufen: Am 5./6. Dezember setzte die russische Gegenoffensive bei Moskau ein; am 7. Dezember attackierten die Japaner die Vereinigten Staaten von Amerika in Pearl Harbor. Die »Wannsee-Konferenz« konnte daher erst am 20. Januar 1942 zusammentreten. Die Weisungen, die in ihrem Verlauf den Staatssekretären der beteiligten Ministerien von Heydrich erteilt wurden und die das Mittel der »Evakuierung« der europäischen Juden »nach dem Osten« als Element der bereits im wesentlichen überholten »territorialen Endlösung« erneut erwähnten, ließen gar keinen Zweifel daran, daß die Ankündigung der kommenden »Endlösung der Judenfrage«, daß eine Formulierung wie »natürliche Verminderung« und daß eine Versicherung, »der allfällig endlich verbleibende Restbestand« müsse, »da es sich bei diesem zweifellos um den widerstandsfähigsten Teil handelt, entsprechend behandelt werden«[147], allein die rhetorische Verharmlosung der biologischen Vernichtung darstellten. Mit anderen Worten: Da die Ausrottung der europäischen Juden bereits lange zuvor eingesetzt hatte, diente die berüchtigte Zusammenkunft am Wannsee nicht zuletzt dem Zweck, den beteiligten Zentralbehörden gegenüber die führende Rolle Heydrichs im mörderischen Komplott des »Dritten Reiches« zu demonstrieren.

Was die vom Jahresende 1941 an verwirklichte Methode dieser »Endlösung« angeht, so ist ihre perverse Existenz nicht direkt und schlüssig aus Hitlers Programmschrift »Mein Kampf« nachzuweisen. Im Keim ist sie jedoch selbst in ihrer radikalen Form in der Gedankenbildung des Diktators, in seiner Weltanschauung und in seinem Herrschaftsentwurf angelegt. Die Exterminierung der Juden Europas war das zentrale Ziel seiner Politik. Es stand schon zu Beginn seiner Karriere fest, als er am 16. September 1919 »unverrückbar die Entfernung der Juden überhaupt«[148] forderte; und es begleitete ihn bis zum letzten Satz seines Testaments vom 29. April 1945, in dem er seine »Gefolgschaft ... zum unbarmherzigen Widerstand gegen den Weltvergifter aller Völker, das internationale Judentum«[149], aufrief.

Wiederholt und öffentlich bekannte Hitler sich während des Krieges zum Rassendogma seines »Programms«, wenn er beispielsweise am 24. Februar 1942 drohte: »meine Prophezeiung wird ihre Erfüllung finden, daß durch diesen

Krieg nicht die arische Menschheit vernichtet, sondern der Jude ausgerottet werden wird. Was immer auch der Kampf mit sich bringen, oder wie lange er dauern mag, dies wird sein endgültiges Ergebnis sein.«[150] Einen Monat später notierte Joseph Goebbels unter dem Datum des 27. März 1942 in sein Tagebuch: »Die Prophezeiung, die der Führer ihnen [den Juden] für die Herbeiführung eines neuen Weltkriegs mit auf den Weg gegeben hat, beginnt sich in der furchtbarsten Weise zu verwirklichen.«[151]

Immer eindeutiger beherrschten die dogmatisch gespeisten Vorstellungen vom Rassenkampf die Politik und Kriegführung des Diktators. Selbst im Sommer 1942, als sich die Siegeshoffnungen des Deutschen Reiches doch noch zu erfüllen schienen, konnte Hitler sich nicht zu einer eindeutigen Erklärung zugunsten einer Priorität der machtpolitischen Notwendigkeiten gegenüber den weltanschaulichen Zielen entschließen. Auf dem Höhepunkt des Rußlandfeldzuges, während des Vorstoßes auf Stalingrad, »als man also hätte glauben können, alle Arbeitskräfte und alle Transportmittel würden für dieses eine Ziel benötigt, zu eben dieser Zeit rollten mit nahezu fahrplanmäßiger Regelmäßigkeit lange Eisenbahnzüge mit westeuropäischen Juden quer durch Europa in die Vernichtungslager im Osten, wo die Opfer zusammen mit ihren osteuropäischen Leidensgefährten im gleichen Augenblick ermordet wurden, in dem die Front jeden Rüstungsarbeiter und jeden Eisenbahnzug dringend brauchte. Transportdienststellen der Wehrmacht und das für die Endlösung der Judenfrage zuständige Reichssicherheitshauptamt stritten hartnäckig um die Prioritäten, aber nur um zu erfahren, beides sei gleichermaßen kriegswichtig.«[152]

Während das »Dritte Reich« in der zweiten Hälfte des Weltkrieges vor der erdrückenden Übermacht der gegnerischen Koalition beständig an allen Fronten zurückwich, wurde die sogenannte »Endlösung der Judenfrage« weiter vorangetrieben. Zuweilen gewinnt man den Eindruck, als korrespondierten den militärischen Niederlagen der Wehrmacht die rassischen »Siege« Hitlers. In einer permanenten Steigerung ihrer grausamen Anstrengungen waren der »Führer« und die SS darum bemüht, dem rassischen Dogma über politische und militärische Zweckmäßigkeitserwägungen zum Durchbruch zu verhelfen. Offensichtlich wollten sie wenigstens ein Ziel ihrer monströsen Pläne verwirklichen, nämlich das europäische Judentum als Voraussetzung einer rassischen Neugestaltung Deutschlands und Europas zu vernichten.

Ungeschminkt ausgesprochen wurde diese Zielsetzung des Nationalsozialismus, die das Geschehen in der zweiten Kriegshälfte maßgeblich bestimmte, die den Widerstand der kämpfenden sowie der unterjochten Völker immer wieder anstachelte und die Aussicht auf Frieden mehr und mehr schwinden ließ, in der oft angeführten Rede Himmlers vor den SS-Gruppenführern in Posen am 4. Oktober 1943: Bei dieser Gelegenheit erwähnte der Reichsführer-SS »in aller Offenheit ... ein ganz schweres Kapitel«, als er über »die Ausrottung des jüdischen Volkes« sprach. Diese der SS zufallende, von ihr übernommene Aufgabe bezeichnete er als »ein niemals geschriebenes und niemals zu schreibendes Ruhmesblatt«[153] ihrer Geschichte. Nur zwei Tage darauf in seiner ebenfalls in Posen gehaltenen Ansprache vor den Reichs- und Gauleitern nahm Himmler als »der eigentliche Verwalter [der] innersten Idee«[154] Hitlers und des »Dritten Reiches« wiederum zur »Judenfrage« Stellung. Auch das, wovon an Schrecklichem in diesem Zusammenhang berichtet wurde und was »in Himmler und der SS zutage trat, war nie etwas anderes als der Vollzug dessen, was Hitler ausdrücklich gewollt hat oder was in der Konsequenz seines Willens lag«[155].

In diesem Sinne verkörperte die SS das Programm des Regimes, wenn Himmler über die Forderung: »Die Juden müssen ausgerottet werden« ausführte: »Ich bitte Sie, das, was ich Ihnen in diesem Kreise sage, wirklich nur zu hören und nie darüber zu sprechen. Es trat an uns die Frage heran: Wie ist es mit den Frauen und Kindern? – Ich habe mich entschlossen, auch hier eine ganz klare Lösung zu finden. Ich hielt mich nämlich nicht für berechtigt, die Männer auszurotten – sprich also, umzubringen (!) oder umbringen zu lassen – und die Rächer in Gestalt der Kinder für unsere Söhne und Enkel groß werden zu lassen. Es mußte der schwere Entschluß gefaßt werden, dieses Volk von der Erde verschwinden zu lassen. Für die Organisation, die den Auftrag durchführen mußte, war es der schwerste, den wir bisher hatten. Er ist durchgeführt worden, ohne daß – wie ich glaube sagen zu können – unsere Männer und unsere Führer einen Schaden an Geist und Seele erlitten hätten ... Damit möchte ich die Judenfrage abschließen. Sie wissen nun Bescheid, und Sie behalten es für sich. Man wird vielleicht in ganz später Zeit einmal überlegen können, ob man dem deutschen Volke etwas mehr darüber sagt. Ich glaube, es ist besser, wir – wir insgesamt – haben das für unser Volk getragen, haben die Verantwortung auf uns genommen (die Verantwortung für eine Tat, nicht nur für eine Idee) und nehmen dann das Geheimnis mit in unser Grab.«[156]

Mit diesem Triumph des Dogmas über das Kalkül hatten »Realität und Irrealität des Nationalsozialismus ... in der Judenvernichtung ihren furchtbarsten Ausdruck erreicht«[157]. Der Völkermord war, zusammen mit den Euthanasie genannten Aktionen zur Tötung von »lebensunwertem Leben« und zusammen mit den eugenischen »Maßnahmen« zur biologischen Heranzüchtung eines neuen Menschentyps, nichts anderes als der hybride Versuch, Geschichte durch Rasse, historischen Wandel durch biologische Dauerhaftigkeit zu ersetzen. Die Gott und die Welt herausfordernde Freveltat Hitlers, die jedes Maß des Humanen mißachtete und jede Grenze des Moralischen sprengte, repräsentierte für den Verlauf der deutschen und europäischen Geschichte etwas in furchtbarer Dimension Neues. Was in diesem Zusammenhang als Vorlauf oder Weg zum Genozid erscheint, büßt diese Qualität im tatsächlichen Vergleich mit dem schlechthin Ungeheuerlichen umgehend ein. Denn das Spezifische des radikal Unbekannten führte ebenso unvermittelt wie schroff zum Bruch mit der Kontinuität des lange zuvor Bekannten.

Ohne Zweifel, Hitlers Weg kam aus der deutschen Geschichte; doch ebenso gewiß erscheint, daß er in Abgründen endete, von denen bis dahin kaum eine Ahnung existierte. Man kann darüber spekulieren, ob es nach der deutschen Niederlage vom Jahre 1918 im machtpolitischen Räderwerk der um Hegemonie und Gleichgewicht ringenden Staaten nicht auch ohne die Person Hitlers zu einem neuen Krieg der Deutschen in und um Europa gekommen wäre; auszuschließen ist dagegen, daß es ohne die Person Hitlers zur »Endlösung« gekommen wäre.

Daß die Deutschen das für sie präzedenzlos Verbrecherische gewähren ließen, hatte mannigfache Gründe. Obwohl die Motive im einzelnen, jedes für sich, teilweise ausgesprochen schlicht und banal wirken, sind sie insgesamt, als Befund, alles andere als einfach zu erkennen, geschweige denn zu erklären. Jedenfalls trugen sie dazu bei, daß die »Dimension des Völkermords«, der sich im undeutlichen Zwielicht des militärischen Ringens als gleichsam lautloser »Rassenkrieg« vollzog, ungeachtet der vereinzelten Proteste weniger Tapferer in der Öffentlichkeit weitgehend unbemerkt blieb.

Diese bedrückende Feststellung gilt, bis zu einem gewissen Grade zumindest, auch für die westalliierten Kriegsgegner Hitlers. Immer wieder ist ihnen die anklagende Frage entgegengehalten worden, warum sie gegen den nationalsozialistischen Massenmord nicht vorgegangen sind. Verantwortlich für die verhängnisvolle Unterlassung waren nach dem kritischen Urteil von Martin Gilbert in erster Linie ein »Mangel an Vorstellungsvermögen, Mangel an Reaktion, Mangel an nachrichtendienstlicher Aufklärung, an Fähigkeit, das bereits Bekannte zu einem Gesamtbild zusammenzufügen und Schlüsse daraus zu ziehen, Mangel an Koordination, an Initiative und zuweilen auch an Solidarität mit den Verfolgten und Ermordeten«[158]. Es war ein fatales Zusammenspiel unterschiedlicher Beweggründe, das die Rettung vor dem »Holocaust« verhinderte, sogar dafür sorgte, daß das absolut Schreckliche nur relativ geringe Beachtung fand. Die um ihre Existenz und ihr Leben Kämpfenden waren von den gefräßigen Erfordernissen eines totalen Ringens gewissermaßen absorbiert, das sich mit der amerikanischen Beteiligung endgültig zum Weltkrieg ausweitete.

Amerika im Weltkrieg

Überlegt und entschlossen zugleich hatte der amerikanische Präsident Roosevelt die Japaner in die außenpolitische Enge getrieben: Ihnen blieb nur die Wahl zwischen Kapitulation oder Krieg! In Tokio siegte der Kampfgeist der Tollkühnen über die Nachgiebigkeit der Kompromißbereiten. Am 7. Dezember 1941 attackierte Japan die amerikanische Pazifikflotte in Pearl Harbor und eröffnete das ungleiche Duell mit den USA. Am 11. Dezember erklärte das Deutsche Reich den Vereinigten Staaten von Amerika den Krieg. Damit vereinigten sich der europäische und der asiatische Schauplatz der militärischen Auseinandersetzungen endgültig zum Weltkrieg.

Hitlers Deutschland, das die global orientierten Interessen der amerikanischen Union in moralischer und ökonomischer, in politischer und militärischer Hinsicht umfassend herausforderte, war der bevorzugte Gegner des Präsidenten Roosevelt. Durch den japanischen Überfall und die deutsche Kriegserklärung befand er sich jetzt in der Auseinandersetzung mit den Dreierpaktmächten, gegen die zu kämpfen er sich schon lange entschieden hatte. Die historische Tatsache festzustellen hat nichts mit insinuierenden Verdächtigungen zu tun: Diese wollen glauben machen, Roosevelt seien, ohne daß er seine Streitkräfte dagegen gewappnet hätte, Tatsache und Zeitpunkt des japanischen Angriffs auf Pearl Harbor bekannt gewesen. Skrupellos habe er die blutige Chance genutzt, um endlich am Waffengang teilnehmen zu können.

Zutreffend ist vielmehr, daß der Präsident »den Krieg nicht bewußt herbeigeführt und nichts von den Angriffsplänen auf Pearl Harbor gewußt« hat – »diese Tatsache ist unwiderlegbar –, er war aber seit dem Herbst 1941 entschlossen, in den Krieg gegen Deutschland und Japan einzutreten, und deshalb nahm er die Vorgänge in Pearl Harbor, die mit einem Male fast sämtliche Widerstände einer immer noch recht kriegsmüden Nation, ganz zu schweigen von den Widerständen der Isolationisten, weggefegt hatten, mit jener Erleichterung auf, die Stimson, Ickes und andere bei der Kabinettssitzung am Abend des 7. Dezember an ihm feststellten.«[159]

Amerikas Eintritt in den Krieg verlieh der gleichzeitig vor Moskau eingetretenen »Wende« des Ringens die Aussicht auf Gültigkeit. Die stalinistische Sowjetunion, deren menschenverachtende Tyrannei durch Hitlers schnöden Überfall und seine barbarischen Folgen im »Großen Vaterländischen Krieg« neue innere und äußere Legitimation erhielt, hatte ihr verzweifeltes Schicksal aus eigener Kraft gemeistert: Der deutsche Siegesnimbus war zerstört! Dennoch bedurfte es, in einer machtpolitisch dramatischen Variation des stolzen Wortes von George Canning, der erneuten Intervention der Neuen Welt, um das in der Alten Welt zerstörte Gleichgewicht wiederherzustellen. Erst jetzt, als er vom Überfall der japanischen Flugzeuge auf die Hawaii-Insel Oahu erfuhr, zeigte sich Churchill davon überzeugt, daß das blutige Spiel gewonnen war. Erleichtert stellte er im Rückblick fest: »Damit hatten wir ... gesiegt!«[160]

Warum ließ Adolf Hitler, mit Großbritannien und der Sowjetunion in einen ruinösen Kampf auf Leben und Tod verwickelt, den Vereinigten Staaten von Amerika den Krieg erklären? Warum »erfaßte« bei der sensationellen Nachricht von der japanischen Attacke ein wahrer »Freudentaumel ... das gesamte Hauptquartier«[161]? Warum wurde den Japanern umgehend das »Göttergeschenk«[162] der Waffenbrüderschaft gemacht, das Deutschlands Schicksal endgültig besiegelte? Die stolze Geste, mit der die verstiegene Entscheidung verkündet wurde, täuschte über ihre zwanghaften Motive hinweg. Zum dritten Mal während des andauernden Krieges, nämlich wie im Herbst 1939 vor der Kampagne im Westen und wie im Herbst 1940 vor dem Feldzug im Osten, trat der Diktator, weil er sich durch eigenes Tun und fremde Reaktion in eine ausweglose Enge versetzt sah, die militärische Flucht nach vorn an. Doch anders als nach dem Triumph über Frankreich fand er sich am Jahresende 1941 auf die militärische Defensive, vor Leningrad, westlich von Moskau und im Raum Rostow am Don, zurückgeworfen. Seine Lage begann jener der Dritten Obersten Heeresleitung im Ersten Weltkrieg zu gleichen, auf die er sich denn auch wortwörtlich bezog.

Damals, im Jahre 1918, hatte Deutschland nach Hitlers Einschätzung der vergangenen und der gegenwärtigen Konstellation die Auseinandersetzung verloren, weil Amerikas Überlegenheit, nachdem das von der inneren Revolution geschüttelte Rußland besiegt worden war, in Europa den Ausschlag gegeben hatte. Jetzt, im Jahre 1941, würde Deutschland mit dem kommunistischen Rußland allein fertigwerden, vorausgesetzt, daß die Japaner sich dazu imstande zeigten, die Amerikaner im Pazifik lange genug zu fesseln. Um zu verhindern, daß das überlegene Amerika das wesentlich schwächere Japan rasch besiegen und dann mit geballter Macht in Europa eingreifen würde, hatte er sich bereits vor dem japanischen Überraschungsschlag gegen Pearl Harbor für den Fall des Kriegsausbruchs zwischen den Vereinigten Staaten und seinem Dreimächtepaktpartner zur militärischen Intervention entschieden. Durch einen Kriegseintritt des Deutschen Reiches auf japanischer Seite galt es das Kaiserreich zu unterstützen und Amerika in einen Krieg auf zwei Ozeanen zu verwickeln. Ob dem demonstrativen Signal Erfolg beschieden sein würde, blieb abzuwarten; die Alternative freilich, nach einem raschen Zusammenbruch des fernöstlichen Alliierten der ungeteilten Macht der amerikanischen Union auf dem europäischen Kontinent zu begegnen, erschien ihm noch weniger aussichtsreich zu sein als der waghalsige Sprung ins Ungewisse.

In dieser Perspektive hatte der Diktator den Japanern schon im Frühjahr 1941, was Rußland und Amerika anging, gewissermaßen eine doppelte Garantie zugesagt, die in der Tokioter Führung, weil sie ihr möglicherweise zuwenig verbindlich vorkam, kaum beachtet worden war. Ein weiteres Hilfsversprechen Hitlers vom Sommer dieses Jahres, dem asiatischen Verbündeten, sollte er sich in ein kriegerisches Duell mit den Amerikanern verwickelt sehen, beistehen zu wollen, überzeugte die mißtrauischen Japaner, denen das in Aussicht Gestellte zu vage erschien, gleichfalls nicht. Angesichts ihres sich zuspitzenden Konflikts mit den Vereinigten Staaten drängten sie nunmehr, im November 1941, energisch auf eine unmißverständliche Erklärung der deutschen Seite.

Am 21. November wies Außenminister von Ribbentrop die Botschaft in Tokio an, ihre japanischen Gesprächspartner wissen zu lassen, »daß [in Berlin] der Gedanke, Waffenstillstand und Frieden nur gemeinsam zu schließen für den

Fall, daß, ganz gleich aus welchem Grunde, Japan oder Deutschland in einen Krieg mit den USA verwickelt werden, als ein selbstverständlicher empfunden werde und daß man durchaus geneigt wäre, in einer für diesen Fall zu treffenden Vereinbarung Entsprechendes niederzulegen«[163]. Als die skeptischen Asiaten bohrend nachfragten, ob ihr Land somit auch außerhalb der im Dreimächtepakt ins Auge gefaßten Fälle mit deutscher Hilfe rechnen könne, interpretierte Botschafter Ott »die Antwort Ribbentrops auch unter derartigen Umständen als Zustimmung«[164].

Obwohl sich die Japaner darüber erleichtert zeigten, waren sie mit dem Erreichten keineswegs zufrieden. Ihr latenter Zweifel an der deutschen Interventionsbereitschaft war nicht einmal ausgeräumt, als Hitler persönlich dem japanischen Botschafter gegenüber am 28. November 1941 eine augenscheinlich zuverlässige Versicherung abgab, über die Oshima mit folgenden Worten nach Tokio berichtete: »Ich habe bestätigt gefunden, daß er [Hitler], falls in den japanisch-amerikanischen Beziehungen ein Konflikt entstehen sollte, Japan mit ganzer Kraft unterstützen wird.«[165]

Allein, was von Ribbentrop, der, anders als Hitler, seit eh und je für das Bündnis mit Japan eintrat, durch seinen Botschafter verlautbaren ließ, was Hitler dem Bericht des germanophilen Oshima zufolge versprochen haben sollte, war den Verantwortlichen in Tokio nicht geheuer. In der Tat kam es erst nach der Zäsur von Pearl Harbor zu hieb- und stichfesten Abmachungen zwischen beiden Staaten. Allerdings: Was den Japanern wenig erschien, war für die Deutschen viel. Als das Reich sich auf die nicht unproblematische Zusage für Japan einließ, die, Hitlers tastender Einschätzung der unübersichtlichen Lage gemäß, fast einem Blankoscheck gleichkam, waren die Folgen des Zugesicherten im einzelnen keineswegs verläßlich abzusehen – zumal über die hinter dem Rücken des deutschen Bündnispartners geführten Geheimverhandlungen zwischen Japan und den Vereinigten Staaten von Amerika, die einen Ausgleich in China und im Pazifik zu finden bemüht waren, in Berlin wenig Klarheit herrschte.

Mit seinem Hilfsversprechen hatte Hitler, der sich während der zweiten Hälfte des November bzw. Anfang Dezember zum Krieg gegen Roosevelts Amerika entschloß, nach seinem Verständnis der Dinge gerade die Gefahr einer japanisch-amerikanischen Annäherung vorläufig gebannt. Denn Berlin und Tokio waren immerhin übereingekommen, »daß Japan sich gegen den Preis des deutschen Kriegseintritts verpflichtete, keinen Sonderfrieden zu schließen«[166]: Die Japaner sollten das in hemisphärischer Zangenlage von den Dreierpaktstaaten bedrohte Amerika in Südostasien binden, um die Konstellation in Europa erst einmal offenzuhalten.

Die in höchstem Maße zeitabhängige Chance, die alles andere als vielversprechend war, galt es im Verlauf des Jahres 1942 zu nutzen: Bevor die Vereinigten Staaten von Amerika ihre Invasionsarmee auf dem europäischen Kontinent landen würden, mußte die Sowjetunion besiegt werden. Indes, die für eine globale Strategie notwendige Koordination der deutschen und japanischen Kriegführung kam selbst 1942, als sie überhaupt zum ersten und zum letzten Mal ernsthaft erwogen wurde, über schäbiges Flickwerk nicht hinaus. Immer wieder obsiegte der Egoismus über das Gemeinsame, untergrub das Mißtrauen die Verbindung, lähmte die Geheimniskrämerei eines jeden die Schwungkraft beider. Daher blieben die Erfolge weit hinter dem zurück, was möglich gewesen wäre und was beide bitter nötig hatten.

Nach Hitlers Einschätzung der Lage, die er dem japanischen Botschafter Oshima gegenüber am 3. Januar 1942 entfaltete, war es »wohl zum ersten Male in der Geschichte« der Fall, »daß zwei so gewaltige Militärmächte, die voneinander weit entfernt lägen, gemeinsam im Kampf stünden. Diese Position gäbe die Möglichkeit, bei genauer Abstimmung der militärischen Operationen eine Hebelwirkung in der Kriegführung zu erzeugen, die gewaltige Rückwirkungen auf den Feind haben müsse, da dieser dadurch gezwungen würde, seine Schwerpunkte immer wieder zu verlagern und auf diese Weise seine Kraft hoffnungslos zu verzetteln. Er glaube nicht, daß die Vereinigten Staaten noch Mut hätten, Angriffsoperationen im ostasiatischen Raum zu führen«[167]. Wenn Deutschland und Japan im weltweiten Zusammenhang gemeinsam darauf hinarbeiteten, daß »England Indien verliert, stürzt eine Welt ein. Indien ist der Kern des englischen Empire«[168]. Sollten die Verbündeten ihre Planungen zudem für die Jahre 1942/43 aufeinander abstimmen, sah Hitler die sich bietende Gelegenheit, »daß man England vernichten kann«. Im gleichen Atemzug setzte er freilich ratlos hinzu: »Wie man die USA besiege, wisse er noch nicht«[169].

In einem verzweifelten Wettlauf mit der Zeit hoffte er darauf, Amerika durch seine militärische Hilfe für Japan möglichst lange in Ostasien zu binden; im Sommer 1942 mit dem japanischen Verbündeten zusammen die »östliche Hemisphäre« gegen die Vereinigten Staaten abzusichern; durch militärischen Druck auf Indien, von Osten her mit einer Inbesitznahme Burmas durch die Japaner, von Westen her mit einem Vorstoß der Deutschen über den Kaukasus nach Süden, Großbritannien zu einem Sonderfrieden zu zwingen und damit die große »unnatürliche Koalition« der Gegner zu sprengen.

Im Verlauf der ersten Hälfte des Jahres 1942 keimten die deutschen Siegeshoffnungen tatsächlich wieder auf. Scheinbar unaufhaltsam stürmten Hitlers Armeen in diesem Sommer sowohl in Rußland als auch in Nordafrika voran. Das Deutsche Reich glich einem schwer Angeschlagenen, der auf Dauer verloren ist, für den Augenblick jedoch seine Kraft todesverzweifelt sammelt und den überlegenen Kontrahenten gefährlich zu treffen vermag. Nein, entschieden war der weltpolitische Poker im Jahre 1942 noch keineswegs. Im Gegenteil: Das gigantische Ringen erhielt während dieses Zeitraums, zuerst auf dem pazifischen und südostasiatischen, danach auf dem europäischen und nordafrikanischen Schauplatz, seine ungewisse Offenheit zurück. Diese Feststellung wird denjenigen kaum überzeugen, der im Rückblick die für die militärische Auseinandersetzung bereitstehenden oder fehlenden Ressourcen beider Lager ausgangsgewiß zu zählen imstande ist. Wohl aber gilt sie für denjenigen, der als Miterlebender unter dem Eindruck strahlender Siege oder verheerender Niederlagen zukunftsunsicher urteilen mußte. Allein, daß anfangs die Japaner und später die Deutschen voneinander unabhängig siegten, aber nicht miteinander zu gewinnen verstanden, besiegelte schon im Moment ihrer vermeintlichen Triumphe beider Schicksal.

Bereits das, was sie am 18. Januar 1942 in Berlin als »Militärische Vereinbarung zwischen Deutschland, Italien und Japan«[170] unterzeichneten, beschäftigte sich stärker mit dem Trennenden als mit dem Gemeinsamen. Fixiert wurden nämlich in erster Linie die jeweiligen Räume, in denen den See- und Luftstreitkräften der einen oder der anderen Seite, der Deutschen und Italiener hier sowie der Japaner dort, zu operieren erlaubt sein sollte. Mit dem 70. Grad östlicher Länge, der die deutsche und japanische Einflußsphäre im Indischen Ozean und auf der Höhe des Indusstromes trennte, war gleichzeitig die Demarkation für eine künftige Friedensordnung umrissen. Wenig Gutes verheißend, verwies der ausgewachsene Streit um einige umstrittene Industrieregionen in Sibirien, der die Verhandlungen der Vertragspartner durchzogen hatte, auf künftige Konflikte zwischen »Hakenkreuz« und »Sonnenbanner«.

Was die gemeinsame Kriegführung im Atlantik und im Mittelmeer, im Indischen und im Pazifischen Ozean anging, blieb die »militärische Vereinbarung« vage. Die ins einzelne gehende Ausführung des nur allgemein Geregelten überließ sie einem deutsch-italienisch-japanischen Ausschuß, der in Berlin residierte und wenig bewirkte. Denn zwischen den uneinigen Koalitionären gab es »viele Geheimnisse«, wie der japanische Vertreter in diesem Gremium, Admiral Nomura, feststellte, aber »nur wenige gemeinsame Probleme für Japan, Deutschland und Italien«[171].

Die einmalige Chance, mit vereinten Kräften die militärische Initiative zu gewinnen, verfiel dem unkoordinierten Vorgehen der Japaner und der Deutschen. Nach dem spektakulären Fall Singapurs am 15. Februar 1942 erreichte der japanische Vormarsch in Südostasien bereits im März des Jahres seinen Höhepunkt; er erhielt im Frühsommer, Anfang Juni, während der See- und Luftschlacht bei den Midway-Inseln, einen empfindlichen Rückschlag; und ging vom Anfang des Monats August an, nachdem die Amerikaner auf Guadalcanal gelandet waren, in den Rückzug über. Aufgrund ihrer erheblichen Verluste im Winterkrieg an der Jahreswende 1941/42 waren die Deutschen überhaupt erst Ende Juni 1942 dazu imstande, die Offensive in Rußland wiederaufzunehmen. Mit anderen Worten: Als Japan auf dem südostasiatischen Kriegsschauplatz bereits Schlappen und Niederlagen in Kauf nehmen mußte, erkämpften die deutschen Truppen Sieg auf Sieg, stießen bis zum Kaukasus und in Richtung auf Alexandria vor.

Jeder für sich allein siegten sich die Japaner und die Deutschen getrennt zu Tode, dehnten ihre riesigen Operationsgebiete ins schier Unhaltbare aus. Dagegen versäumten sie es sträflich, ihre flüchtigen Gewinne gemeinsam zu dauerhaftem Erfolg zu fügen. Sie verpaßten vor allem die politische Chance, die sich ihnen, im Frühjahr und Sommer 1942, im indischen und arabischen Raum des britischen Empire bot. Aufrührerische Unzufriedenheit mit den englischen Kolonialherren lud zu erfolgversprechenden Aktionen, das erzitternde Weltreich ihres Feindes zu stürmen, geradezu ein: Die säkulare Gelegenheit verstrich ungenutzt.

Hitler ging es eben nicht in erster Linie darum, Großbritannien zu treffen, sondern »die bolschewistischen Horden ... in dem kommenden Sommer bis zur Vernichtung«[172] zu schlagen. Daher legte er in der »Weisung Nr. 41« am 5. April die Aufgaben für den 1942 neu aufzunehmenden Feldzug im Osten fest: »Das Ziel ist, die den Sowjets noch verbliebene lebendige Wehrkraft endgültig zu vernichten und ihnen die wichtigsten kriegswirtschaftlichen Kraftquellen so weit wie möglich zu entziehen ... Unter Festhalten an den ursprünglichen Grundzügen des Ostfeldzuges kommt es darauf an, bei Verhalten der Heeresmitte, *im Norden* Leningrad zu Fall zu bringen und die Landverbindung mit den Finnen herzustellen, auf dem *Südflügel* der Heeresfront aber den Durchbruch in den Kaukasus-Raum zu erzwingen.«[173] Daß mit dieser Sommeroffensive in Rußland die letzte Karte gezogen wurde, um das Spiel aus eigenem Vermögen zu gewinnen, wurde Hitler in einer Denkschrift der Abteilung Fremde Heere Ost des Generalstabes des Heeres am 28. Juni drohend vor Augen geführt. Just an dem Tag, als der deutsche Vormarsch im Süden Rußlands wiederaufgenommen wurde, mußte der Diktator sich an die bittere Einsicht gewöhnen: Für eine dritte Offensive im Jahre 1943 würden die Kräfte nicht mehr ausreichen. Es währte in der Tat nicht lange, bis sich der noch zwei Jahre zuvor als »Größter Feldherr aller Zeiten« Gefeierte in der strategischen Defensive einzurichten hatte.

Im Spätsommer 1942 versiegte der deutsche Angriff in Rußland. Die gestellten Aufgaben, nämlich, anders als im ursprünglichen Nacheinander vorgesehen, gleichzeitig Stalingrad zu erobern und zum Kaukasus vorzustoßen, erwiesen sich als maßlos. Die lückenhaften Frontverläufe, die den Gegner zu Einbrüchen geradezu aufforderten, waren hoffnungslos überdehnt. Das Schicksal zu wenden, war im Spätsommer 1942 endgültig gescheitert. Mißlungen war der Versuch, den Hitler unternommen hatte, um in Analogie zum Ersten Weltkrieg eine Ausgangslage zu gewinnen, über die das Kaiserreich nach dem Frieden von Brest-Litowsk verfügt hatte.

In diesem Sinne war Großadmiral Raeder am 26. August 1942 durch den »Führer« mit der neuen Priorität der Kriegführung bekannt gemacht worden. Sie lag darin, einen »möglichst blockadefesten, nach außen hin sicher zu verteidigenden Lebensraum« zu erobern, »von dem aus der Krieg noch auf Jahre weitergeführt werden kann«[174]. Seine Existenz würde die unabdingbare Voraussetzung dafür sein, den »Kampf gegen die angelsächsischen Seemächte« zu bestehen, den er für »Ausgang und Dauer«[175] des Weltkrieges als entscheidend ansah. Allein, die erforderliche Basis dafür, der russische Sieg, war dahin! Als er die »grundsätzlichen Aufgaben der Verteidigung«[176] am 8. September 1942 umriß, verglich Hitler die Kriegslage, in die er inzwischen geraten war, mit der Material- und Abnutzungsschlacht an der Westfront zwischen Ende 1914 und 1918.

Während des Jahres 1942 drehte sich die Richtung des bislang einseitigen Kriegsverlaufs um: An den Rändern des Machtbereichs der Japaner, der Deutschen und der Italiener, im Pazifik und auf Madagaskar, in Ägypten und in Nordwestafrika drangen die Angelsachsen vor. Am 19. November 1942 setzten die Sowjets ihrerseits zur großen Gegenoffensive bei Stalingrad an: Mit unumkehrbarer Elementargewalt brach sich der Gezeitenwechsel der Weltgeschichte die reißende Bahn.

Gezeitenwechsel

Mit dem Sieg der Sowjets vor Moskau und mit dem Eintritt der Amerikaner in den Weltkrieg zeichnete sich im Dezember 1941 die grundlegende Wende des großen Konflikts ab. Der mörderische Kampfplatz hatte von jetzt an globales Ausmaß; er wurde für Hitler, der, wie einst Attila, die Menschheit heimsuchte, zum Katalaunischen Feld. Indes: Die vorwaltende Tendenz der sich abzeichnenden Entwicklung wurde im Verlauf des Jahres 1942 noch einmal durch das Gegenläufige verschüttet. Denn die Eroberungen der Japaner und der Deutschen gewannen gigantische Dimension. Erst am Ende des Jahres, in dem die Expansion des Deutschen Reiches ihre größte Ausdehnung erlangte, und am Beginn des neuen Jahres, das bald mit dem Namen von Stalingrad verbunden sein sollte, trat unverkennbar hervor, daß sich das Schicksal umgekehrt hatte.

Derjenige, der seine Gegner lange Zeit fast beliebig zu Paaren getrieben hatte, geriet nun in die Enge, ohne, wie es ihm mehrfach zuvor gelungen war, die Chance und die Kraft zur ausbrechenden Flucht nach vorn zu besitzen. Er war zum Gefangenen und Gejagten der feindlichen Koalition geworden, die er, so »unnatürlich« sich diese Allianz ansonsten auch ausnahm, durch seine auf Leben und Tod, auf alles oder nichts zielende Herausforderung zusammengezwungen hatte. Ihren konzentrierten Angriff vermochte er nicht aus der unüberwindlichen Weite jenes in seinen Planungen eroberten Großraumes mit überlegener Gelassenheit abzuwehren, der sich über Europa und die Sowjetunion hinaus bis in den Nahen Osten und nach Nordwestafrika hinein erstrecken sollte. Er sah sich vielmehr auf die vom Reich beherrschte, nichtsdestoweniger arg gefährdete »Festung« des europäischen Kontinents beschränkt. Sie galt es mit Fanatismus, zu dem Hitler immer häufiger Zuflucht zu nehmen predigte, zu verteidigen. Wie glanzlos ermattete Perlen auf einer endlosen Kette reihten sich von nun an seine gnadenlosen Haltebefehle aneinander, die im Grunde nichts anderes als Ratlosigkeit, bald sogar Verzweiflung durchschimmern ließen.

Ihren für die verbrecherischen Eiferer unter den Nationalsozialisten perversen Zweck gewannen die mit nachlassender Kraft unternommenen Anstrengungen des Diktators, die das Unabänderliche verlustreich aufzuschieben vermochten, *horribile dictu*, dennoch: Die hinhaltende Verteidigung der wieder und wieder behelfsmäßig hergerichteten Zwingburg diente dazu, in ihrem Inneren die Vernichtung der europäischen Juden mit krimineller Intensität zu besorgen.

Der mörderische Erfolg im Rassenpolitischen war ihm die immensen Opfer wert, die sich immer gewisser abzeichnende Niederlage im Militärischen vorläufig aufzuschieben. Die Drachensaat aus Gewalt, Gemeinheit und Kriminalität, die das »Dritte Reich« gesät hatte, unter deren tödlichen Früchten die unterworfenen Völker Europas nach wie vor litten, sproß von nun an zu Lasten der eigenen Sache. Hitlers hochfahrend mißachtendes Wort vom europäischen »Kleinstaatengerümpel«[177], das er wie loses Geröll im Zuge seiner geplanten Neuordnung des Kontinents rücksichtslos hin- und herschieben wollte, wurde zu einem fatalen Menetekel für den fragilen Bestand des deutschen Nationalstaates. Als die Mitglieder der »unnatürlichen Koalition« verstärkt über die Zukunft des besiegten Reiches nachdachten, wurde auf allen Seiten die Amputation, die Aufteilung, sogar die Parzellierung der verhaßten Großmacht erwogen.

Noch war es allerdings nicht soweit. Bis dahin entwickelte sich aber, weil von Anfang an Angelegtes unter dem Zwang des Bedrängten brutal hervortrat, der Diktator selbst zum gefährlichsten, weil heimtückischsten Feind der Deutschen: Ebenderjenige, der das Reich fanatisch zu verteidigen aufrief, war zugleich derjenige, der seine Existenz kaltblütig vernichten wollte. Unter dem deprimierenden Eindruck des gescheiterten Ostkrieges hatte Hitler, am 27. Januar 1942, die erstmals im November 1941 unheimlich offenbarte Losung wiederholt, dem eigenen Volk, wenn es nicht zu siegen imstande sei, »keine Träne nachweinen«[178] zu wollen. Die ruchlose Absicht, seinen allumfassenden Vernichtungswillen letztlich gegen die eigene »Gefolgschaft« zu kehren, erhielt mit abnehmendem Kriegsglück zunehmende Bedeutung; der vermeintliche »Aufhalter des Bösen«[179] enttarnte sich als sein tatsächlicher Vollstrecker: »Ich bin auch hier eiskalt. Wenn das deutsche Volk nicht bereit ist, für seine Selbsterhaltung sich einzusetzen, gut: dann soll es verschwinden!«[180]

Hitler wähnte sich vom Herbst des Jahres 1942 an, was die Kriegslage betraf, in der Rolle Ludendorffs. Doch anders als dieser, der schließlich im August 1918 um den Waffenstillstand nachsuchte, kam für ihn eine Kapitulation nicht in Frage. Daraus ergaben sich weitreichende Folgen. Sie vermögen im wesentlichen, ohne darüber andere Elemente von verursachender Wirkung zu unterschätzen, die Unterschiede zu erklären, die das Kriegsende des Jahres 1918 von dem des Jahres 1945 abheben. Für das Deutsche Reich jedenfalls begann der tödliche Poker um »Weltmacht oder Untergang« seine zutiefst ruinöse, vernichtende Wirkung zu entfalten; die rettende Chance, ein rechtzeitiges Ende zu finden, war ihm genommen. Weil Hitler weder im Traum noch in der Realität, die für den Isolierten mehr und mehr eins wurden, daran dachte, sich zu ergeben, türmte sich das beinahe Unwirkliche eines Alptraums allmählich zur Gewißheit des Zukünftigen auf: Von nun an standen die Existenz von Reich und Großmacht, ja selbst von Nation und Volk auf dem Spiel! Hitler schien eher dazu bereit, den andauernden Krieg durch den Wahn einer Selbstzerstörung dieser geschichtlichen Potenzen zu beenden, als durch das Eingeständnis der Niederlage ihr Schicksal den Siegern zu überlassen. Für das Reich und für Europa mündete der Zweite Weltkrieg, gleichsam zwangsläufig, in die »deutsche Katastrophe« ein.

Der Untergang des Reiches:
Die »deutsche Katastrophe« und Europa
(1942–1945)

Der totale Krieg

Als die letzten Reste der in Stalingrad eingekesselten 6. Armee am 2. Februar 1943 endgültig kapituliert hatten, war von Hitlers ehrgeizigem Vorhaben, den »Kommunismus seines Heiligtums«[1] zu berauben, nichts als katastrophales Scheitern zurückgeblieben. Das »Gespenst eines Kriegsverlusts«[2], das die deutsche Führung seit dem Dezember 1941 beunruhigte, kroch aus den Leichen- und Trümmerbergen der großen Niederlage in Rußland hervor. Dem siegverwöhnten Heer, das von nun an unübersehbar in die ungewohnte Defensive geriet, blieb allein noch der vom »Führer« oft verweigerte Rückzug. Aller Welt, im Inland und im Ausland, den Spitzen des Reiches und dem einfachen »Volksgenossen«, wurde schlagartig klar, was Eingeweihten schon seit der »Wende vor Moskau« und dem amerikanischen Kriegseintritt nicht mehr länger verborgen bleiben konnte: Der brutale Jäger war zum erbarmungslos Gejagten geworden.

Solange das Waffenglück die deutschen Truppen von Erfolg zu Erfolg eilen ließ, wurden die außenpolitischen Planungen immer ungezügelter bis ins Maßlose getrieben. Daß diese Blaupausen einer künftigen Weltordnung, mit deren Verwirklichung teilweise bereits im Verlauf des Krieges begonnen wurde und die zum anderen Teil nur papierene Entwürfe darstellten, allesamt eine wenig dauerhafte Grundlage besaßen, die auf nichts anderem als schierer Gewalt beruhte, trat jetzt klar hervor. Der militärische Boden schwankte, auf den, ohne die Dauer verleihenden Bestandteile aus Moral und Legitimität, das hybride Gebäude aus Macht- und Rassephantasien gebaut werden sollte. Würde daher im Zeichen der nicht mehr länger zu verkennenden Krise an die Stelle außenpolitischer Utopie diplomatischer Realismus einkehren, an die Stelle herrischen Diktats die ausgleichende Verhandlung, an die Stelle blinden Befehls die kompromißhafte Vereinbarung?

Bereits die Erinnerung an den Ersten Weltkrieg, in dem die Totalität der Auseinandersetzung beständig zugenommen und der Primat des Militärischen deutlich obsiegt hatte, verhieß in dieser Richtung nichts Gutes. Moderne Kriege besitzen eine ausgeprägte Tendenz zum Absoluten, zur Durchmischung von Front und Heimat, zur Entgrenzung zwischen Soldatischem und Zivilem. Sie kämpfen um den Sieg in der Schlacht *und* im Vaterland; sie beanspruchen den Kombattanten gleichermaßen wie den Bürger, dessen Besitz und Seele sie nicht schonen; kurzum: Sie verlieren die Kunst zur Mäßigung und zum Friedensschluß. Dieser allgemeine Zug der Zeit, der mit einer barbarisierenden Angleichung der Kriegsmittel und der Kriegführung auf allen Seiten einherging, wurde durch den Mann an der Spitze des Deutschen Reiches noch übersteigert.

Er hatte das schwer zähmbare Ringen, das sich der Kontrolle der Staatsmänner mehr und mehr entzog und wie ein undurchdringlicher Dschungel seine eigenen Gesetze entwickelte, nicht nur entfesselt. Zunehmend fanatischer bestand er darauf, von einem Wort nie und nimmer etwas hören zu wollen, und das hieß: Kapitulation. Frieden gedachte Hitler nach wie vor allein zu seinen eigenen Bedingungen zu schließen. Weil der Diktator ihn ablehnte und seine Gegner dem Reich die Kapitulation lediglich bedingungslos zu gewähren bereit waren, wurde der kriegbeendende Vergleich unwahrscheinlich. Die seit Jahrhunderten herkömmlichen Methoden, die entfesselte Bellona wieder einzufangen, versagten. Blieb also nichts anderes übrig, als sehenden Auges auf das schreckliche Ende zu warten, dessen Folgen für Europa insgesamt kaum berechenbar, aber sicherlich verheerend ausfallen mußten?

Ungeachtet aller Versuche, doch noch Kontrolle über die entgleitende Macht der widrigen Verhältnisse zu gewinnen, ungeachtet der lange Zeit illusionär keimenden Hoffnungen, das sich mit fast zwingender Notwendigkeit zum Negativen neigende Blatt wenden zu können, schlug mit der Kapitulation der 6. Armee die Stimmung im Reich gründlich um. Insofern symbolisierte »Stalingrad«, das sich lange Abzeichnendes kraß hervortreten ließ, auch den äußeren Niedergang einer inneren Zerrüttung. Ihre wirtschaftlichen und demographischen Probleme, ausschlaggebende Defizite im ökonomischen Ringen der Gesellschaften und gravierender Mangel an menschlichen Reserven im militärischen sowie zivilen Bereich, lagen schon seit geraumer Zeit offen. Bislang darüber hinweggetäuscht hatten die militärischen Siege. Aus ihnen war unbändige, genau besehen unnatürliche Kraft erwachsen, während die Gegner ihre vielfach überlegenen Ressourcen noch gar nicht richtig aktiviert hatten.

Daher trifft vom Jahreswechsel 1942/43 an, als der inneren Kriegswende vom Dezember 1941 die äußere unübersehbar folgte, auf Hitlers maßlose Eroberungszüge in verstärktem Maße das zu, was Montesquieu einst über die Niederlage der Schweden im Großen Nordischen Krieg vom Jahre 1709 festgestellt hatte: »Nicht Poltawa richtete Karl zugrunde: wäre er nicht an diesem Ort vernichtet worden, so wäre es an einem anderen geschehen. Die Wechselfälle des Schicksals lassen sich leicht wiedergutmachen: aber wie soll man Ereignisse abwenden, die sich der Reihe nach aus der Natur der Gesetze entwickeln?«[3]

In der Tat: Was sich von nun an vollzog, erscheint im Rückblick als der zum Scheitern verurteilte Versuch der Deutschen, dem ehern Vorherbestimmten zu entgehen. Für die Handelnden und Miterlebenden nahm es sich dagegen oftmals ganz anders aus. Im unübersichtlichen Verlauf eines verwirrenden Geschehens, im Kriege zumal, wo das Unvorhergesehene häufig das Normale ist, schienen sich immer wieder Auswege zu bieten. Sie taten sich beileibe nicht nur als eine Fata Morgana auf, wenn der trügerische Hang zum Unwirklichen mit der Dauer des Krieges auch unverkennbar wuchs; es gab durchaus Chancen, das Schicksal zu wenden, die freilich nicht zum Zuge kamen.

»Allgemein« breitete sich bei der Bevölkerung »die Überzeugung« aus, »daß Stalingrad einen Wendepunkt des Krieges bedeute«, wie der Sicherheitsdienst des Regimes berichtete: »Die labileren Volksgenossen« seien »geneigt, im Fall von Stalingrad den Anfang vom Ende zu sehen«[4]. Die Frage lautete von nun an tatsächlich, um wessen Ende es sich im andauernden Ringen, dessen Waagschale sich langsam aber stetig zuungunsten des deutschen Gewichts senkte, zuletzt handeln würde. Ging es um die Vernichtung Deutschlands oder diejenige des Hitler-Staates? Die Antwort darauf war offen.

Die »unnatürliche Koalition« der Gegner debattierte unentschieden darüber, ob sie das »Dritte Reich« oder das Deutsche Reich, das Regime und die Gewaltherrschaft der Nationalsozialisten oder die Großmacht, gar den Nationalstaat des Feindes zerschlagen sollte. Stalins beruhigendes Wort, das er am Vorabend der Schlacht von Stalingrad verlauten ließ, die Sowjetunion habe nicht vor, Deutschland zu vernichten, war nämlich, zuvor und danach, von ganz anderen Äußerungen der Kriegsgegner des Reiches umgeben. Sie deuteten auf Pläne für eine Aufteilung hin. Mochte der sowjetische Führer, zumindest der Tendenz nach, die Einheit des Landes aus eigenen Vorteilserwägungen bewahren wollen, mußten doch die davon erheblich abweichenden Vorstellungen der Angelsachsen berücksichtigt werden.[5] Untereinander, sogar in sich über das künftige Schicksal der Deutschen uneins, sahen sie territoriale Abtretungen, ja Aufteilungen des deutschen Gebietes weitgehend als notwendig an. »Eine solche Aufgabe wie die Vernichtung Deutschlands haben wir nicht«, äußerte, aus welchen Gründen im einzelnen auch immer, in der »Festsitzung des Sowjets« der große »Woschd« im Zenit der Kriegswende am 6. November 1942, »denn es ist unmöglich, Deutschland zu vernichten, so wie es unmöglich ist, Rußland zu vernichten. Aber den Hitlerstaat vernichten – das kann man und muß man.«[6]

Noch war allerdings mit der von den norwegischen Fjorden bis in die afrikanische Wüste, von der französischen Atlantikküste bis in die russischen Weiten postierten Militärmacht der Deutschen zu rechnen. Daß die Zeiten der »Blitzkriege« ein für allemal vorbei waren, mußte Hitler ebenso bitter wie klar erkennen. Noch vor der verheerenden Niederlage an der Wolga bekannte er dem rumänischen Staatschef Antonescu gegenüber, »wie und wann das Ende des Krieges herbeigeführt werden könne«[7], wisse er noch nicht; durch Vergleiche mit den Punischen Kriegen, dem Dreißigjährigen Krieg und dem Siebenjährigen Krieg deutete er freilich an, daß man sich auf lange Zeiträume einzurichten habe. Sein Heil suchte der Diktator auf zweifache Weise: Zum einen galt es, die bestehenden Fronten um jeden Preis zu halten, in begrenztem Umfang sogar gezielt, nicht zuletzt um des psychologischen Effekts willen, erneut zur Offensive überzugehen. Vor diesem Hintergrund spekulierte er zum anderen auf ein Zerbrechen der gegnerischen Koalition, deren problematische Existenz ohne jeden Zweifel mannigfache Bruchlinien aufwies. Daß er selbst es war, der die im Ideologischen und Machtpolitischen anzutreffenden Verwerfungen des gegnerischen Blocks kittete, entging ihm; es konnte Hitler auch kaum bewußt werden, weil solche Einsicht sein persönliches Ende besiegelt hätte.

Immerhin zwang ihn die Übermacht der ungünstigen Verhältnisse dazu, widerwillig und halbherzig, ganz entgegen seiner ursprünglichen Absicht und seinem bisherigen Tun, mitten im Kampf um Stalingrad den japanischen Verbündeten am 21. Januar 1943 um einen Entlastungsangriff in Rußland zu ersuchen. Außenminister von Ribbentrop, der anders als der Diktator von Anfang an die zweite Front in Sibirien gefordert hatte, setzte knapp einen Monat darauf in diesem Sinne noch einmal bei Botschafter Oshima nach: ohne Erfolg! Anfang März erfuhren die Deutschen, »daß es der japanischen Regierung ... angesichts ihrer derzeitigen Kriegslage nicht möglich« sei, »in den Krieg einzutreten«[8].

Die enttäuschende Antwort bestätigte Hitlers instinktive Abneigung gegen eine gleichberechtigte Koalitionskriegführung und fachte sein Mißtrauen gegen den ostasiatischen Alliierten erneut an: »Sie [die Japaner] lügen einem die Hucke voll«[9], stellte er, eher bestätigend als resigniert, am 5. März 1943 fest. Um so entschlossener zeigte er sich, allein auf die Kraft der eigenen Waffen zu vertrauen und den ersehnten Vorteil der mit Gewißheit zerbrechenden Koalition der Gegner abzuwarten.

Mit Gewalt, so kam es ihm vor, mußten die Verbündeten und Satrapen bei der Stange gehalten werden. Das wurde Vichy-Frankreich, nachdem es von der deutschen Wehrmacht im Angesicht der alliierten Landung in Nordafrika Anfang November besetzt worden war, seit dem 11. November 1942 zum Schicksal; das drohte auch den anderen Staaten im Norden und Westen, im Süden und Südosten Europas, die mit dem Reich alliiert, von ihm bereits okkupiert oder von ihm abhängig waren, wenn sich die Auseinandersetzung weiter zuspitzte. Mit voranschreitender Zeit, die nicht seine Sache, sondern die der Gegner begünstigte, mußte Hitler sich damit abfinden, ja sich zunehmend darum bemühen, die Freiwilligenverbände aus vielen Ländern Europas, die seit dem Beginn des Rußlandfeldzuges auf deutscher Seite gekämpft hatten, sogar um solche Kombattanten zu ergänzen, die er ursprünglich brüsk abgelehnt hatte. Russische Kriegsgefangene dienten als »Hilfswillige«; nichtrussische Einheiten, von kosakischer und kalmückischer Herkunft beispielsweise, stritten auf deutscher Seite; als ungeliebter Verbündeter wurde schließlich die nationalrussische Armee des Generals Wlassow akzeptiert, der, in deutsche Kriegsgefangenschaft geraten, für ein vom Bolschewismus befreites Rußland kämpfte: Seine politischen Ziele hatten mit Hitlers russischen Plänen nichts gemein.

Mit einem Wandel in der Gesinnung des Diktators, der einem Neuanfang im Verhältnis zwischen dem Reich und den an seiner Seite Kämpfenden gleichgekommen wäre, hatte die notgedrungen eingeleitete Entwicklung nichts zu tun. Sie glich einem ungeliebten Rettungsring, nach dem einer, der zu ertrinken droht, gezwungenermaßen greift. Die Verschlechterung der Kriegslage stellte sich ungeachtet der Tatsache, daß die deutschen Verbände noch tief im feindlichen oder besetzten Gebiet standen, dramatisch dar. Der Herr in der »Festung Europa«, die längst kein Dach mehr besaß, wurde durch die westalliierte Luftoffensive, die von der Mitte des Jahres 1943 an rapide, geradezu schlagartig zunahm, militärisch, vor allem aber auch psychologisch schwer getroffen. Zur See ging die Initiative, welche die deutsche Kriegsmarine in zumindest begrenztem Maße ergriffen hatte, endgültig verloren. Am 24. Mai 1943 mußte das Reich seine U-Boot-Kriegführung gegen die alliierten Geleitzüge einstellen, weil die eigenen Verluste nicht mehr vertretbar waren. Längst schon vermochten die Deutschen dem für andere Zeitalter europäischer Geschichte vielleicht eher zutreffenden Dichterwort Schillers keinen Sinn mehr abzugewinnen, wonach »der Krieg ... schrecklich, wie des Himmels Plagen« ist, »doch er ist gut, ist ein Geschick, wie sie«[10].

Bereits vor der Niederlage von Stalingrad, ja bevor die Alliierten im Januar 1943 die nachhaltig wirkende Formel von der »bedingungslosen Kapitulation« proklamiert hatten, die das Reich, wenn es den Frieden begehrte, ohne Wenn und Aber auf sich nehmen mußte, war in der von Goebbels gelenkten Presse und Propaganda die Rede vom »totalen Krieg«. Ohne Zweifel, in gewisser Hinsicht zeichnete sich die Tendenz dazu in Deutschland viel später ab als in Großbritannien; fast bis zum Kriegsende blieben privilegierte Bereiche des gesellschaftlichen und privaten Lebens davon ausgespart. Erheblich, bald unerträglich nahm dagegen der weltanschauliche Druck der Partei, die in den letzten Kriegsjahren wiederum an Macht und Einfluß gewann, im »Führer«- und SS-Staat des »Dritten Reiches« zu. Die dreitausend ausgewählten Zuhörer und Jubler, die am 18. Februar 1943 der berühmt-berüchtigten Rede von Joseph Goebbels im Berliner Sportpalast applaudierten, halfen bei dem Versuch mit, das Entsetzen über »Stalingrad« in der Zustimmung für das Regime verschwinden zu lassen. Für die Masse der Bevölkerung waren sie kaum repräsentativ; diese blieb zwar nach wie vor loyal, war aber längst nicht so begeistert, wie es das frenetische »Ja« der Fanatischen auf die rhetorische Frage des Reichspropagandaministers vermuten ließ: »Wollt ihr den totalen Krieg? Wollt ihr ihn, wenn nötig, totaler und radikaler, als wir ihn uns heute überhaupt erst vorstellen können?«[11]

Die Ideologisierung des gescheiterten »Unternehmens Barbarossa« zum »Großdeutschen Freiheitskampf«, die der zugkräftigen Losung vom »Großen Vaterländischen Krieg« der Sowjets propagandistisch Paroli zu bieten versuchte, sollte über die reale Gewichtsverlagerung hinwegtäuschen. Sie war insbesondere dadurch eingetreten, daß Stalins Rußland den gewaltigen Offensiven der Wehrmacht in den Jahren 1941 und 1942 erfolgreich getrotzt hatte. Weit über das noch vage und doch schon heraufziehende Schicksal des Deutschen Reiches hinaus, zeitigte diese säkulare Tatsache Folgen, die für die Entwicklung der Weltpolitik maßgeblich werden sollten.

In der sicheren Erwartung eines deutschen Sieges über die Sowjetunion waren die Amerikaner ursprünglich davon ausgegangen, mit den Briten zusammen die von den Deutschen und den Japanern beherrschte Hemisphäre in Europa, in Asien und in Afrika befreien zu müssen. Jetzt ließen sie, da die Russen dem Angriff der Wehrmacht standhielten, von diesem dafür im Sommer 1941 geplanten »Victory-Program« ab. Anstelle der vorgesehenen 215 Divisionen begnügten sie sich vom Juni 1943 an mit lediglich 89, verlagerten den Schwerpunkt ihrer Rüstung auf Luftwaffe und Marine, blieben daher auf die Hilfe der Sowjets angewiesen, die im Europa der Nachkriegszeit stark, wenn nicht sogar dominierend dastehen würden. Diesen hohen Preis waren die Amerikaner zu zahlen bereit. Sie wollten vermeiden, im Sinne einer sie leitenden Befürchtung durch die ihnen nicht geheure Überrüstung im Militärischen in das ruinöse Räderwerk der Macht zu geraten, wollten die bevorzugte Existenz einer attischen Demokratie nicht mit dem kargen Dasein eines spartanischen Kriegerstaates vertauschen.

Angesichts der veränderten Weltlage kam es in Deutschland zu mannigfachen Reaktionen. Mochten sie in manchem mit dem verwandt erscheinen, was Hitlers Tun und Trachten bestimmte, unterschieden sie sich doch in vielem von der dogmatischen Haltung des Diktators. Denn er setzte nach wie vor auf das militärische Ausharren, ließ darüber hinaus nicht von der politischen Illusion ab, die »unnatürliche Koalition« werde zerbrechen und das Kriegsglück zurückkehren. Anders als bei Reichspropagandaminister Goebbels, der – gewiß von nicht geringem Einfluß – der Tendenz nach eher an einem Ausgleich mit Stalin interessiert war, herrschte im Auswärtigen Amt und in der Wehrmacht, wie überhaupt in den Spitzen von Staat und Partei, die Neigung vor, »ein Einbruch der Westmächte« sei, wie Staatssekretär von Weizsäcker, als die Schlacht um Stalingrad tobte und die Deutschen in Nordafrika den Rückzug antraten, die vorwaltende Stimmung umschrieb, »bei uns einem solchen von Osten her vorzuziehen«[12].

Diese Haltung blieb auch nach dem großen Revirement in der Wilhelmstraße im Jahre 1943 dominierend, nachdem von Weizsäcker als Botschafter zum Vatikan gegangen und Gustav Adolf Baron Steengracht von Moyland sein Nachfolger geworden war, nachdem Unterstaatssekretär Woermann die Botschaft in Nanking übernommen hatte und Andor Hencke die Leitung der Politischen Abteilung übertragen worden war. Daß nunmehr versucht wurde, nicht allein mit militärischem Einsatz, sondern unter Zuhilfenahme der wiederentdeckten Diplomatie – zutreffender gesagt dessen, was man dafür ausgab – ohne Schaden, vielleicht sogar mit Gewinn aus dem Krieg auszuscheiden, führte auf den obersten Etagen des Auswärtigen Amtes zu Machtkämpfen und Intrigen. Zu Anfang des Jahres 1943 bemühten sich Walter Schellenberg, der den Auslandsnachrichtendienst im Reichssicherheitshauptamt (SD-Ausland) leitete, und Martin Luther, dem von Ribbentrop als einem Mann seines Vertrauens im Mai 1940 die Leitung der berüchtigten Abteilung Deutschland anvertraut hatte, nach Kräften, aber vergeblich darum – weil Himmler letztlich unentschieden blieb – den Reichsaußenminister »auszuschalten, um eine Neuorientierung der deutschen Außenpolitik nach Westen zu erreichen, der Ribbentrop im Wege stand«[13].

Abgesehen von solchen Bemühungen, dem unheilvollen Waffengang zu entkommen, die mit den nicht endenden Rivalitäten der Paladine Hitlers untrennbar verbunden waren, setzte bei den Diplomaten ein verstärktes Nachdenken darüber ein, wie die allein auf dem Reich lastende Bürde der Kriegführung auf andere europäische Schultern zu verteilen sei. Dazu mußte man den Besiegten, Besetzten und Abhängigen entgegenkommen, mußte mit Verlockendem werben, um sie zu gewinnen. »Man besinnt sich jetzt, wie das neue Europa aussehen soll«, notierte Staatssekretär von Weizsäcker unter dem Datum des 20. November 1942, als der Fehlschlag, in Rußland die Offensive zu behaupten, offenbar geworden war, und fügte nachdenklich hinzu: »Das war im vierten Jahr des letzten Krieges auch die Mode.«[14]

Vorerst hatte, weil die militärische Lage noch alles andere als beklagenswert aussah und die Deutschen den Kaukasus erreicht hatten, sogar Stalingrad zu erobern im Begriff standen, »jede Konkretisierung der Neugestaltung und Neuordnung Europas«[15], wie Unterstaatssekretär Woermann am 22. September 1942 verfügte, besser zu unterbleiben. Doch die Triumphstraße zum Erfolg wurde schmaler und beschwerlicher: Auf gefährlich verengtem Pfad rückte der Sieg an das ferne Ende eines ungewissen Weges, bevor er, kaum mehr in Reichweite, als »Endsieg« nur noch zum Zweck des Durchhaltens beschworen wurde. Kein Wunder, daß schon im Monat darauf ein im Auswärtigen Amt neugebildeter Europaausschuß konzeptionelle Überlegungen anstellte. Sobald es geboten und opportun erschien, wollte man mit werbenden Vorschlägen an die Europäer herantreten. Nach einem spektakulären Erfolg der eigenen Waffen, argumentierte der Reichsaußenminister Hitler gegenüber, schien für einen solchen Schritt erhöhte Aussicht auf Erfolg zu bestehen.

Was von Ribbentrop in diesem Zusammenhang vorschwebte, war die Gründung eines »Europäischen Staatenbundes« unter deutscher Führung. Im Grunde wollte Hitler von alledem nichts wissen, was der Außenminister und das Auswärtige Amt vorhatten und im März 1943 so niederlegten: »Die Gründung eines Europäischen Staatenbundes würde folgende politische Vorteile für uns haben: 1.) Es würde unseren Freunden und Bundesgenossen die Sorge nehmen, daß sofort bei Friedensschluß bei allen ein deutscher Gauleiter eingesetzt wird. 2.) Es würde den Neutralen die Sorge nehmen, daß sie bei Kriegsende Deutschland einverleibt werden. 3.) Es würde Italien die Sorge nehmen, daß das mächtige Deutschland Italien an die Wand drücken wolle. 4.) Es würde, wenn der Führer sich dazu verstehen will, aus bestimmten besetzten Gebieten noch eine Anzahl mehr oder weniger selbständiger Staaten zu machen, die dann trotzdem restlos in unserem Machtbereich sein würden, den Erfolg haben, daß eine starke Beruhigung und Anspannung der Kräfte für unseren Krieg in diesen Ländern eintreten würde. 5.) Es würde bei den Russen das Gefühl aufkommen lassen, daß Rußland ganz Europa entgegensteht, und so würde die russische Kampfkraft geschwächt. 6.) Es würde lähmend auf die Kampfkraft der Engländer und Amerikaner wirken, wenn sie die europäischen Staaten nicht befreien, sondern ein in sich geschlossenes und einiges Europa angreifen sollen. 7.) Es würde innenpolitisch sowohl in England wie in Amerika lähmend wirken ... 8.) Es würde sowohl in Frankreich als auch sonst in den besetzten Gebieten in der Richtung wirken, daß diese Länder zweifellos ganz anders zu den Kriegsanstrengungen auf personellem und materiellem Gebiet beitragen würden als bisher ... 10.) Wir würden manche Neutrale, wie z.B. Schweden, Türkei, Portugal usw. dadurch davon abhalten, sich eng mit England und Amerika einzulassen.«[16]

Daß diese allzu durchsichtigen Pläne vorläufig noch nicht im einzelnen auszuarbeiten waren, wurde kurz darauf, Anfang April 1943, ebenso bekräftigt wie die Forderung, daß das künftige Europa nur bei einer »voll durchgesetzten Vormachtstellung des Großdeutschen Reiches Bestand haben kann«[17]. Nachdrücklich vor Augen geführt werden sollte den Bewohnern des alten Kontinents, daß sie im Grunde nur die Wahl zwischen Hitler und Stalin hätten. Von Ribbentrops Argument lautete: »Ein sehr wirksames Mittel, die europäischen Völker auf die Notwendigkeiten der künftigen Neuordnung vorzubereiten, besteht jetzt schon in der entsprechenden Auswertung der Besorgnisse, die in allen Ländern der Gedanke an ein Vordringen des Bolschewismus nach Europa hinein auslöst.«[18]

Der ursprünglich zwanghaft konstruierte Gegensatz, sich zwischen Nationalsozialismus und Kommunismus entscheiden zu müssen, der dazu gedient hatte, die Vielfalt des dazwischen Existierenden schlicht aufs Alternative zu reduzieren, gewann mit dem andauernden Krieg vor allem in Ostmitteleuropa sowie in Südosteuropa tatsächlich an Realität. Je mehr »Zwischeneuropa« die Chance verlorenging, sich jenseits der Extreme für das Eigenständige zu entscheiden, sahen sich seine Bewohner wirklich auf die Wahl zwischen der nationalsozialistischen und der kommunistischen Diktatur beschränkt. Düster warf die deutsche Niederlage ihre Schatten voraus.

So zutreffend in manchen Einzelheiten, zuweilen auch im Kern der Dinge anmuten mochte, was im Auswärtigen Amt angesichts der neuentdeckten Europaidee erörtert wurde, seine Verwirklichung und sein Gelingen hingen vor allem von zwei Faktoren ab, die hinderlich im Wege standen: Das war zum einen Adolf Hitler, und das war zum anderen die Koalition der Feinde. Aus grundsätzlich unterschiedlichen Motiven lehnten sie beide ab, was den deutschen Diplomaten unter europäischen Vorzeichen zu tun vorschwebte. Denn sie wollten jeder für sich alles und engten den Spielraum für das Komproßmißhafte nahezu vollständig ein.

Allerdings: Dürftig genug war allein schon das, was das Auswärtige Amt den Völkern Europas anzubieten bereit war. Diejenigen, die für die militärische Auseinandersetzung mit der kommunistischen Sowjetunion gewonnen werden sollten, wollten nämlich vorab darüber Gewißheit haben, »wie das Europa von morgen aussieht und wie das neue Deutschland dieses Europa gestalten will«[19] – so umschrieb Alfred Rosenberg den kompliziert einfachen Sachverhalt in einer Denkschrift vom Sommer 1943. Vor diesem Hintergrund tauchte jetzt der Gedanke auf, der den Verlauf der deutschen Geschichte seit der Gründung des Bismarck-Reiches eher belastend als beflügelnd begleitet hatte, nämlich der rohen Macht, die unverkennbar dahinschwand, eine zündende Idee beizugeben, die zu begeistern vermochte: »die so wirkt«, forderte Rosenberg, »wie im ersten Weltkrieg auf das deutsche Volk die vierzehn Punkte Wilsons gewirkt haben«[20].

Einen »Feldzugsplan für den ideologischen Krieg« zu entwickeln, lautete jetzt die Forderung der Stunde. Im andauernden Krieg würde der obsiegen, zeigte sich der Vorsitzende des Amerikaausschusses des Auswärtigen Amtes, Colin Roß, im Sommer 1943, überzeugt, der für die Zukunft »die bessere Weltordnung verspricht«[21]. Als die Mittel der Gewalt zu entgleiten drohten, trat die traditionelle Ideenarmut des deutschen Machtstaates hervor. Im Grunde war der Zeitpunkt längst verpaßt, wo tatsächlicher Waffenerfolg seine werbende Sublimierung durch eine überzeugende Missionsidee hätte finden können. Was zurückgeblieben war, wirkte abgestanden und schmeckte nach Surrogat: Eine Talmiidee mußte her, weil die Kraft versagte. Endlich wollte man, was bislang nicht gelungen war, die »Idee des Jahrhunderts«, über die das »Dritte Reich« so vorteilhaft verfüge, »der Menschheit« richtig »›verkaufen‹«[22].

Um den Eindruck zu vermeiden, ein »geschlagenes oder im Zurückweichen befindliches Deutschland« sei »zu politischen Konzessionen an die übrigen europäischen Völker bereit ..., die ein siegreiches versagt« habe, müsse »der europäische Gedanke und darüber hinaus der einer neuen Weltordnung ... vielmehr als eine Selbstverständlichkeit«[23] behandelt werden. Doch keinem konnte gerade das verborgen bleiben, was überspielt werden sollte, weil nichts anderes als alter Wein in neuen Schläuchen feilgeboten wurde: »Europa« lieferte nur die täuschende Schminke, um der nach wie vor abstoßenden Grimasse einer deutschen Herrschaft über den hörigen Kontinent anziehende Züge zu verleihen. Die Umworbenen sollten im Grunde für ein Ziel kämpfen, das sie nicht wünschen konnten, nämlich für Hitlers macht- und rassenpolitische Vision.

Ob Stalins Diktatur, die manchen unter den Europäern gefährlicher drohte als anderen, erträglicher sein würde, blieb offen. Im Osten Europas stand, was die Russen und Polen anging, die Alternative gar nicht zur Debatte, da Hitler ihre Existenz schlechthin in Frage stellte. Im Westen, wo die Sowjets nicht unmittelbar an die Türe klopften, wandelte sich die *collaboration* mit den Besatzern mehr und mehr zur *résistance* gegen die Deutschen. In Südosteuropa dagegen wichen der Widerstand gegen das Reich und das Pochen auf eigene Souveränität, je bedrohlicher sich die Rote Armee den angsterfüllten Völkern der Region näherte, nicht selten einem widerwilligen Zusammenwirken mit den ursprünglich Abgelehnten.

Bei allen Unterschieden, die Hitler und seine Diplomaten voneinander trennten, war eins unübersehbar klar: Auch den Befürwortern des neuen Europagedankens ging es darum, Zeit zu gewinnen, »bis die latenten Gegensätze zwischen Engländern, Amerikanern und Sowjetrussen zum Tragen kommen«[24]. Das alte Ziel, am Ende Europa zu dominieren, geriet darüber nicht aus dem Blick: »Schöne Gesten sind billig und können äußerst wirksam sein. Warum wenden wir sie nicht an?«[25] fragte der stellvertretende Leiter der Informationsabteilung des Auswärtigen Amtes, Rudolf Rahn, mit kaltem Zynismus, der ungeachtet subjektiver Überzeugung oder Ablehnung erforderlich war, um höheren Orts überhaupt mit Vorschlägen Gehör zu finden, die nach Kompromiß aussehen könnten, und begründete seine machiavellistische Absicht: »Warum stellen wir nicht auch Zukunftsprogramme auf, die beruhigen, verführen oder doch wenigstens neutralisieren? Man sagt, weil wir uns damit zu Zugeständnissen verpflichten, die wir nachher nicht halten können. Seit wann sind wir so ängstlich und keusch geworden? Als ob sich nicht nach errungenem Sieg leicht eine Formel finden ließe, die unserem Führungsanspruch genügt und die uns dann erst recht die Möglichkeit gäbe, ohne sichtbare Anwendung von Gewalt unseren bestimmenden Einfluß zu sichern.«[26]

Weil im Verlauf des Jahres 1943 zumindest Teile der alliierten Nachkriegsplanungen der Welt bekannt wurden, mußte Deutschland seinerseits etwas Entsprechendes propagieren. Am 9. September 1943, einen Tag nach der Bekanntgabe des italienischen Waffenstillstandes, wurden Reichsaußenminister von Ribbentrop diverse Ausarbeitungen vorgelegt, die allesamt geeignet waren, dem Reich innere und äußere Entlastung zu schaffen, das eigene Lager zu stärken und die Koalition der Gegner zu schwächen. Entstehen sollte ein Staatenbund, der unter deutscher Führung für die Völker Europas abgestufte Formen gegenseitiger Beziehungen von relativer Unabhängigkeit über formale Gleichberechtigung bis hin zu völliger Abhängigkeit vorsah und der mit einem unverkennbaren West-Ost-Gefälle zwischen Selbständigkeit und Unterwerfung einherging.

Selbst davon wollte Hitler nichts hören! Im Kreise seiner engsten Vertrauten war es vor allem Joseph Goebbels, der sich die zukünftige Gestalt des Kontinents nur als ein Deutsches Reich vorstellen wollte. Am 15. November 1942 hatte er in der Wochenzeitung *Das Reich* geschrieben, »die deutsche Nation« sei »erst im Werden«. Als »zweite Aufgabe« des andauernden Krieges betrachtete er es, nicht nur »das uns Fehlende« noch »zu erobern«, sondern »weit darüber hinaus das Eroberte auch« zu »behaupten und aus[zu]schöpfen«[27]. Nicht zu vergessen ist in diesem Zusammenhang, daß, mit dem ureigenen Bewegungsgesetz der deutschen Eroberung und Herrschaft verbunden, die »Endlösung« voranschritt!

Staat um Staat in Hitlers Europa wurde aufgefordert, sich am Völkermord zu beteiligen. Mit gewissen Zugeständnissen an den übermächtigen Hegemon vermochte sich, neben Mussolinis Italien, vor allem Hórthys Ungarn dem grausamen Druck lange Zeit hinhaltend zu entziehen. Die ohnehin schon entrechteten und drangsalierten Juden könne man schließlich nicht ohne weiteres, wie der Reichsverweser dem deutschen Diktator im April 1943 empört erklärte, »ermorden oder sonstwie umbringen«[28]. Gleichwohl nahm das tödliche Verhängnis seinen schrecklichen Verlauf: In der Endphase des Krieges fielen auch die ungarischen Juden dem nationalsozialistischen Genozid zum Opfer. Nachdem das Land, um es im deutschen Lager zu halten, am 19. März 1944 durch die Wehrmacht besetzt worden war, begann genau das, was von Ribbentrop am 17. April 1943 vergeblich von Hórthy verlangt hatte, »daß die Juden entweder vernichtet oder in Konzentrationslager gebracht werden müßten«[29]. Die beklagenswerten Opfer, siebenhunderttausend an der Zahl, wurden von einem »Sonderkommando« unter der Leitung von Adolf Eichmann zu einem großen Teil nach Auschwitz-Birkenau transportiert.

Der »Untergangswille«[30] Hitlers, der sich bald gegen das eigene Volk richten sollte, dauerte an, ja er wucherte. Europas Zukunft schien im Beinhaus und in der Züchtungsanstalt zu liegen. Denn Heinrich Himmler, der Gralshüter des Rassegedankens seines »Führers«, hielt nach wie vor an seiner perversen Forderung fest, sogenannte »gutrassige« Kinder anderer Völker zu »germanisieren«: »Entweder wir gewinnen das gute Blut, das wir verwerten können, und ordnen es bei uns ein«, eröffnete er in einer Rede in Bad Schachen den Wehrmachtbefehlshabern am 14. Oktober 1943, »oder, meine Herren – Sie mögen es grausam nennen, aber die Natur ist grausam –, wir vernichten dieses Blut«[31].

Schrankenlose Herrschaft und rassisches Verbrechen taugten nicht als Pfeiler für die europäische Hegemonie, geschweige denn für eine Partnerschaft der Staaten; sie vermochten höchstens für eine gewisse Zeit brüchige Komplizenschaft zu schmieden. Sollen sie mich ruhig hassen, wenn sie mich nur fürchten, lautete die Maxime des Diktators, der seine Satrapen und Verbündeten, die noch Abseitsstehenden und die Umworbenen, einen nach dem anderen, im April des Jahres 1943 auf Schloß Kleßheim bzw. auf dem Berghof empfing und für seine Sache zu überreden versuchte. Was der einst Allmächtige ihnen vorzutragen hatte, dessen Stern im Sinken war und der dennoch über genügend Macht verfügte, um aller Geschicke zu lenken, hatten sie, beileibe nicht gleichberechtigt, weitgehend kaum geachtet, nur ergeben anzuhören: der bulgarische Zar Boris, der italienische »Duce« Mussolini, der rumänische Staatschef Antonescu, der ungarische Reichsverweser Hórthy, der norwegische Ministerpräsident Quisling, der slowakische Staatspräsident Tiso, der kroatische Poglavnik Pavelić und der Vichy-französische Regierungschef Laval.

Daß der »Führer« sie, mit Ausnahme von Mussolini, allesamt, vor allem soweit sie kleine Länder repräsentierten, für überflüssig hielt, wurde schon bald, am 8. Mai 1943, deutlich. Die Reichs- und Gauleiter, deren Einfluß inzwischen wieder gewachsen war, ließ er nämlich wissen, daß er froh sei, bei der künftigen Neuordnung Europas keine machtpolitischen Rücksichten nehmen zu müssen. Italien sei in dieser Hinsicht »keine ernsthafte Konkurrenz«. Ganz anders wäre die Lage, wenn er es mit Japan zu tun hätte. Daher sei er glücklich, »keine Japaner auf dem europäischen Kontinent zu besitzen«.[32] Denn die Herrschaft über Europa auszuüben, beanspruchte er ganz allein für das Reich: »Wer Europa besitzt, der wird damit die Führung der Welt an sich reißen.«[33] Von der vielfältigen Existenz kleiner Staaten wollte er daher überhaupt nichts wissen. Ohne jede Rücksicht forderte er vielmehr, sie »so schnell wie möglich« zu »liquidieren«: »Es muß das Ziel unseres Kampfes bleiben, ein einheitliches Europa zu schaffen. Europa kann aber eine klare Organisation nur durch die Deutschen erfahren.«[34] Den schwer angeschlagenen Diktator trieben noch immer dieselben Spukgebilde, die einst den strahlenden Sieger beflügelt hatten. Allein die militärische Lösung schien ihm geeignet, aufs neue politische Bewegung zu entfachen und den notwendigen Erfolg zu erzwingen.

Daher holte er im Juli 1943 zu einem Überraschungsschlag aus. Er sollte das Blatt der Geschichte wenden. An der Ostfront ließ er Vorsorge treffen, um »nach Beendigung der Winter- und Schlammperiode« dem russischen Angriff zuvorzukommen, »an einzelnen Frontteilen möglichst noch vor ihm [dem Russen] anzugreifen und ihm dadurch – wenigstens an einem Frontabschnitt – das Gesetz des Handelns vorzuschreiben«[35]. Im Raum von Kursk und Orel sollte die Wehrmacht, auf begrenztem Terrain, einen beispiellosen Sieg erringen, der dem Krieg eine andere Richtung verleihen würde. Ein hohes Risiko wurde für die eigene Truppe in Kauf genommen, um »mit örtlich überwältigender Überlegenheit *aller* Angriffsmittel« den demonstrativen Erfolg zu erzwingen. Das Überraschungsmoment spielte eine erhebliche Rolle, um »durch scharf zusammengefaßten, rücksichtlos und schnell durchgeführten Vorstoß je einer Angriffsarmee aus dem Gebiet Bjelgorod und südlich Orel die im Gebiet Kursk befindlichen Feindkräfte einzukesseln und durch konzentrischen Angriff zu vernichten«[36].

Mit dieser verzweifelten Anstrengung wollte Hitler »die Initiative für dieses Frühjahr und Sommer in die Hand« bekommen. Weit über den russischen Kriegsschauplatz hinaus sollte der gegnerischen Koalition klar werden, daß mit Deutschland nach wie vor zu rechnen war, mehr noch: daß der Westen der Wehrmacht bedürfe, wenn es zwischen den Angelsachsen, vor allem den Briten, und den Sowjets zum Konflikt komme: »Jeder Führer, jeder Mann muß von der entscheidenden Bedeutung dieses Angriffs durchdrungen sein«, ließ Hitler befehlen: »Der Sieg von Kursk muß für die Welt wie ein Fanal wirken.«[37] Indes: Aus der hochgemut trügerischen Hoffnung wurde nichts! Bereits am 13. Juli ließ der Diktator die gescheiterte Operation »Zitadelle« abbrechen, nicht zuletzt weil mit den Truppen, die aus Rußland abgezogen wurden, jenes Loch gestopft werden mußte, welches durch die alliierte Landung in Sizilien aufgerissen worden war. Daß die neue Front, die die Westalliierten sich zu bilden anschickten, dem Diktator wichtiger wurde als der russische Krieg, der sich noch weit im Inneren der Sowjetunion abspielte, deutete sich an!

Diese folgenreiche Tatsache entsprang zwar einer unübersehbaren Zwangslage, in die Hitler sein Reich manövriert hatte. Dennoch war sie die freie Entscheidung des in die Enge getriebenen Kriegsherrn, der immer noch, was die Priorität der im Westen oder Osten zu verstärkenden Front anging, über erheblichen Handlungsspielraum verfügte. Nachdem der Sturm auf den Frontbogen bei Kursk zurückgeprallt war, verbiß er sich in den Gedanken, der ihn bereits im zurückliegenden Jahr, ausweglos und fanatisch zugleich, fasziniert hatte. Die realitätsferne Idee, sich hinter einen »Ostwall« zurückzuziehen und, falls erforderlich, einen noch lange andauernden Krieg zu bestehen, kam nunmehr, unter erheblich verschlechterten Bedingungen, erneut auf.

Hinter einer noch nicht existierenden Verteidigungsstellung verschanzt, gedachte er, dem anrennenden Feind die verlustreiche Nutzlosigkeit aller Angriffe vor Augen zu führen. Welch eine merkwürdige, dennoch bezeichnende Verdrehung des Tatsächlichen, die das Urteilsvermögen des Geblendeten trübte! Die Macht, die den Krieg, was Ressourcen und Reserven anging, eigentlich schon verloren hatte, wollte die bei weitem überlegenen Gegner im Abnutzungskrieg erschöpfen. Über diese fragwürdige Perspektive hinaus plante der Diktator, seinem außenpolitischen Grundmuster der zwanziger und dreißiger Jahre gemäß, die feindliche Koalition, unnatürlich und fragil wie sie war, zu sprengen. Neue Formationen der Staatenwelt sollten entstehen, die sein ramponiertes Los begünstigen würden. Daher verfügte er, dem heraufziehenden Krieg im Westen Vorrang vor dem andauernden Krieg im Osten zu geben.

West vor Ost

Warum hob der Diktator an, gerade auf den verstärkt einzuschlagen, den er für sich gewinnen wollte, während er den, vorläufig jedenfalls, gewähren ließ, den er zu vernichten plante? Die Antwort darauf findet sich in Hitlers »Weisung Nr. 51« vom 3. November 1943: »Der harte und verlustreiche Kampf der letzten zweieinhalb Jahre gegen den Bolschewismus hat die Masse unserer militärischen Kräfte und Anstrengungen aufs Äußerste beansprucht. Dies entsprach der Größe der Gefahr und der Gesamtlage. Diese hat sich inzwischen geändert. Die Gefahr im Osten ist geblieben, aber eine größere im Westen zeichnet sich ab: die angelsächsische Landung! Im Osten läßt die Größe des Raumes äußersten Falles einen Bodenverlust auch größeren Ausmaßes zu, ohne den deutschen Lebensnerv tödlich zu treffen. Anders der Westen! Gelingt dem Feinde hier ein Einbruch in unsere Verteidigung in breiter Front, so sind die Folgen in kurzer Zeit unabsehbar. Alle Anzeichen sprechen dafür, daß der Feind spätestens im Frühjahr, vielleicht aber schon früher, zum Angriff gegen die Westfront Europas antreten wird. Ich kann es daher nicht mehr verantworten, daß der Westen zu Gunsten anderer Kriegsschauplätze weiter geschwächt wird. Ich habe mich daher entschlossen, seine Abwehrkraft zu verstärken, insbesondere dort, von wo aus wir den Fernkampf gegen England beginnen werden.«[38] So heißt es nicht ohne bezeichnende Anspielung auf zukünftig den Briten Drohendes. Mehr ließ er über die geplanten Angriffe mit Gleitbomben und Raketen, den sogenannten »Vergeltungswaffen«, gegen den Süden Englands und die Hauptstadt London an dieser Stelle allerdings nicht verlauten.

Die Neuorientierung der Kriegführung, die, erzwungen und gewollt zugleich, eine Mischung aus der Anpassung an das Unausweichliche und der Rückwendung zum Dogmatischen darstellt, vollzog sich angesichts einer grundsätzlich gewandelten Lageeinschätzung. Hitlers engster operativer Berater, der Chef des Wehrmachtführungsstabes Generaloberst Jodl, entwickelte sie am 7. November 1943 in einer in mancherlei Hinsicht ernüchternden Rede vor den Reichs- und Gauleitern in München. Danach war »die Initiative an den Gegner« übergegangen, weil dieser »überlegene wirtschaftliche Stärke« und ein »größeres Menschenreservoir«[39] zur Verfügung habe. »Wie dieser Krieg einmal enden wird«, mußte Jodl einräumen, »das kann kein Mensch vorhersagen.« Es blieb ihm nur der Rückzug auf eine von Endzeitstimmung umwehte Position aus Willens- und Schicksalsbeschwörung. Das Reich werde deshalb Erfolg haben, verkündete er, »weil wir siegen müssen, denn sonst hätte die Weltgeschichte ihren Sinn verloren«[40].

Die Notwendigkeit zur »Verteidigung Europas«[41], die Hitler zum Jahreswechsel in seinem »Tagesbefehl für die Soldaten der Wehrmacht und des Heeres« beschwor, zielte in ebendiese Richtung. Der Bestand Europas und der Welt wurde, weil ansonsten Untergang und Chaos drohten, mit dem Überleben und dem Sieg des Reiches identifiziert: »Jeder Zusammenbruch Deutschlands würde den Kontinent einer $2\frac{1}{2}$tausend Jahre zurückreichenden kulturellen Tradition beseitigen und an seine Stelle eine Barbarei setzen, die sich nur derjenige vorzustellen vermag, der den bolschewistischen Osten kennt.«[42]

Angesichts der düster beschworenen Gefahr, die aus dieser Himmelsrichtung heraufzog, erscheint die Sorglosigkeit um so unverständlicher, mit der Hitler bevorzugt die Verteidigungsanstrengungen im Westen zu intensivieren befahl.

Dennoch ist unschwer zu erkennen, was seine Gedankenbildung leitete und was bei den Deutschen, in der Führung ebenso wie in der Bevölkerung, Resonanz fand. Bis ins Jahr 1944 hinein standen die eigenen Truppen noch so tief auf sowjetischem Territorium, daß zwischen der russischen Gefahr und dem Deutschen Reich eine beruhigende Distanz räumlicher Trennung lag. Hinzu kam, daß der nach wie vor lebendige »Tannenbergmythos«, der in der Erinnerung an Hindenburgs ostpreußische Siege über die zarischen Armeen im Ersten Weltkrieg entstanden war, zu einer leichtfertigen Unterschätzung der russischen Stärke beitrug.

Lange Zeit, zumindest bis zum Zusammenbruch der deutschen Heeresgruppe Mitte im Frühsommer 1944, »blieben die Deutschen fest davon überzeugt, daß man mit Rußland irgendwie schon würde fertig werden – hatte man dies nicht auch im Ersten Weltkrieg geschafft?«[43]. Weil diese mythische Überzeugung weit verbreitet war, nicht nur den »Führer«, sondern auch weite Teile der »Gefolgschaft« beseelte, hatte Generalfeldmarschall von Manstein keine Chance, bei dem Diktator Gehör zu finden, als er am 16. Januar 1944 mit Rücksicht »auf die weitere Zukunft eines noch lange andauernden Krieges« die russische Front zu korrigieren forderte: »Deutschland könnte äußersten Falles sein Gebiet auf einer verkürzten Front zwischen Ostsee und Karpaten immer gegen Rußland verteidigen, und es wäre alsdann mehr als fraglich, ob der Russe den Versuch machen würde, sich an dieser Mauer endgültig zu verbluten, oder ob er nicht einen Sonderfrieden mit uns und ein Vorgehen gegen den Balkan vorziehen würde. Wobei noch zu bemerken ist, daß, wenn er selbst starke Kräfte in den weiteren Raum des Balkans festgelegt haben würde, wir daraus die Möglichkeit eines Entscheidungsschlages auf unserer Front gewinnen könnten.«[44]

Hitlers Vorstellungen über den Verlauf und die Zukunft des Krieges sahen ganz anders aus. An Sonderfrieden mochte er nicht einmal in bösen Träumen denken; die Entscheidung wollte er, wie im Jahre 1940, jetzt freilich unter weit ungünstigeren Bedingungen, im Westen herbeiführen. Eine angelsächsische Invasion abzuwehren, würde Deutschland zum Vorteil gereichen, erläuterte er seine neue Strategie, die auf altem Kalkül beruhte, dem rumänischen Staatschef Antonescu gegenüber am 26. Februar 1944: »Die Schockwirkung eines fehlgeschlagenen Unternehmens dieser Art im Verein mit den bestimmt zu erwartenden riesigen Verlustzahlen auf die öffentliche Meinung in England und Amerika könnte gar nicht hoch genug veranschlagt werden und würde voraussichtlich einen Wendepunkt des Krieges bilden. Es würden dann mit einem Schlage größere Kräftegruppen frei werden, die im Osten nicht nur zu einer Stabilisierung der Front, sondern zur Aufnahme offensiven Vorgehens gegen die Russen eingesetzt werden könnten.«[45]

Wie eh und je seit den zwanziger Jahren ging es ihm aufs neue darum, vor allem Großbritannien auf seine Seite zu ziehen, um in idealer Bündniskonstellation gegen die Sowjetunion kämpfen zu können. Was ihm auf außenpolitischem Feld während der dreißiger Jahre nicht gelungen war und was sich selbst nach dem militärischen Triumph über Frankreich unter den wütenden Schlägen der deutschen Luftwaffe im Jahre 1940 nicht einstellen wollte, gedachte er nun, längst in die hoffnungslose Defensive geraten, durch überwältigende Demonstration seiner Stärke zu erzwingen. Im Westen Europas sollte den Briten die Notwendigkeit vor Augen geführt werden, ihre Koalition zu verlassen und sich mit dem Reich zu verständigen. Unausweichlich würde ihnen ansonsten die Auseinandersetzung mit der tief nach Westen vorstoßenden Sowjetunion bevorstehen. Denn: Bis sich das Blatt der Geschichte grundsätzlich gewendet hätte, gedachte Hitler der Roten Armee nur noch das Allernotwendigste und nicht mehr länger das Alleräußerste an Verteidigungskraft entgegenzuwerfen: »Wenn Deutschland erledigt würde«, lautete, am 16. März 1944 vor den Mitgliedern des bulgarischen Regentschaftsrates entworfen, Hitlers unrealistische Spekulation auf den britischen Frontwechsel, »so würden die Engländer völlig unfähig sein, Widerstand gegen die Sowjetpläne zu leisten. Das gleiche gelte für Amerika ...«[46]

In dieser Perspektive wird die ansonsten nur schwer nachvollziehbare Tatsache verständlich, daß der Diktator die Nachricht von der alliierten Invasion am 6. Juni 1944 mit unverkennbarer Erleichterung, fast mit euphorischem Hochmut aufnahm. Die endgültige Wende des Krieges, in dem sich Deutschlands Schicksal im erfolglosen Abwehrkampf gegen zwei übermächtige Fronten im Westen und im Osten erfüllte, kam ihm wie der gelungene Auftakt zum grundlegend Besseren vor. Der mit Sicherheit erwartete Verteidigungserfolg im Westen würde vor allem die Briten zum Einlenken bewegen; damit schien der Weg frei zu werden, wieder alle Kraft nach Osten zu werfen.

Nicht allein Hitler, selbst mancher der militärischen Befehlshaber ließ sich von dieser mehr als vagen Hoffnung fortreißen. Kurzfristig täuschte man sich darüber hinweg, daß der Zweifrontenkrieg nunmehr auf dem Boden der »Festung Europa« ausgekämpft wurde, daß die allgemeine Lage an sich verzweifelt geworden war. Am Tag der alliierten Landung jedenfalls gab die Seekriegsleitung beispielsweise der nicht nur offiziell gepflegten, sondern weit verbreiteten Empfindung vieler Verantwortlicher Ausdruck: »Die auf allen lastende Spannung hat sich gelöst. Der Krieg ist für Deutschland in seine entscheidende Phase eingetreten. Noch einmal bietet sich die Möglichkeit, eine schnelle Entscheidung des Krieges durch einen kurzen aber wuchtigen Waffengang herbeizuführen.«[47]

Die trügerischen Erwartungen auf stolze Siegesmeldungen aus dem Westen verflogen schnell. Optimismus, der mit der alliierten Landung auch in der deutschen Bevölkerung wieder aufgekommen war, schlug ins Gegenteil um: *»Die Hochstimmung der ersten Tage nach dem Beginn der Invasion und der Vergeltung flaut allgemein sehr stark ab«*, meldete schon am 29. Juni ein Bericht des Sicherheitsdienstes: »Die anfängliche große Freude und Hoffnung, daß sich die

Kriegslage entscheidend verändert und daß es ›mit uns wieder vorangeht‹, ist sehr *nüchternen und skeptischen Erwägungen gewichen.*«[48]

Die unvorteilhafte, bald schon katastrophale Entwicklung auf den Kriegsschauplätzen im Westen, im Süden und im Osten des deutschen Machtbereichs vermochte Hitler nicht daran zu hindern, an seiner Entscheidung vom November 1943 festzuhalten. Im Westen sollte die große Entscheidung gesucht und bis dahin im Osten nur mit angehaltener Kraft verteidigt werden. Sogar bedrohliche Rückschläge vermochten ihn davon nicht abzubringen: nicht die seit dem 4. März andauernde Großoffensive der Sowjets im Süden der Ostfront, welche die Rote Armee bis an die Karpaten heranrücken ließ; nicht die am 12. Mai einsetzende Serie alliierter Luftangriffe auf die kriegswichtigen Herstellungsanlagen für synthetischen Treibstoff, die Rüstungsminister Speer dazu veranlaßten, Hitler auf das nahende Kriegsende hinzuweisen; nicht der westalliierte Großangriff an der italienischen Front, der am 4. Juni Rom einnahm und erst auf der Linie von Pisa, Florenz und Rimini vorübergehend zum Stehen gebracht werden konnte; nicht der alliierte Durchbruch der deutschen Stellung bei Avranches am 31. Juli, der die Schlacht in Frankreich entschied und de Gaulles Einzug in Paris am 25. August ermöglichte.

Zur Umkehr konnte den Starrsinnigen nicht einmal »die Katastrophe der deutschen Heeresgruppe Mitte« bewegen, die mit einem »Zangengriff der Roten Armee«[49] eingeleitet wurde: Vom 22. Juni 1944 an stießen die Sowjets bis zur Rigaer Bucht, an die ostpreußische Grenze und an die mittlere Weichsel vor, während sich ihnen im Süden der Weg in Richtung auf das rumänische Erdölgebiet sowie auf Bulgarien und Ungarn öffnete.[50] Hitler zeigte sich unbelehrbar! Seine außenpolitische Konzeption wie einen fehlanzeigenden Kompaß vor Augen, wollte er von einem Nachgeben im Westen auf gar keinen Fall etwas hören. Alle Folgerungen, die sich angesichts des von Generalfeldmarschall Rommel so genannten »ungleichen Kampfes«[51] in Frankreich geradezu aufdrängten, stießen, falls sie ihn überhaupt erreichten, auf taube Ohren. Rommels Warnungen, die den neuen Oberbefehlshaber West, Generalfeldmarschall von Kluge, beschworen, das militärische Geschehen neige sich »dem Ende entgegen«, und es seien »die politischen Folgerungen aus dieser Lage unverzüglich zu ziehen«[52], waren schon die Worte eines Mannes, der sich dem Widerstand gegen Hitler verbunden fühlte. Für den Fall, daß der Diktator sich weiterhin weigere, »Konsequenzen« zu ziehen, war der populäre Heerführer selbst zu »handeln« entschieden.[53]

Hitler tat genau das Gegenteil vom Geforderten. Im Angesicht der sich überall abzeichnenden Rückschläge wurden die Verteidigungsanstrengungen an der Westfront weiter verstärkt. Am 25. Juli 1944 setzte die zweite sogenannte »totale Mobilmachung« ein. Alles, was militärisch verfügbar war, wurde den Angelsachsen entgegengeworfen. Längst waren Engländer und Amerikaner ihrerseits lebensgefährlich in den »weichen Unterleib« der ehemaligen »Achse«

vorgestoßen. Der auf der Linie von Narwa, über Pleskau, Witebsk, den Dnjepr bis zum Asowschen Meer und später noch einmal, an der engsten Stelle der Ostfront, zwischen Riga und Odessa improvisierte »Ostwall« hatte nicht gehalten. Die systematischen Bombardements der Westalliierten brachten, wenn sie auch nicht umgehend kriegsentscheidende Wirkungen zeitigten, verheerende Folgen mit sich. Die vom September 1944 an einsetzenden Attacken auf das deutsche Transportsystem verschärften die ohnehin nicht geringen Schwierigkeiten erheblich: Indes, alle diese deprimierenden Tatsachen konnten Hitler nicht von seinem wahnwitzigen Vorhaben abhalten, im Westen die große Schlacht zu schlagen, die Alliierten entscheidend zurückzuwerfen und die strategische Offensive erneut an sich zu reißen.

Der erfolglose Ausgang des Attentats vom 20. Juli 1944 bestärkte sein tiefsitzendes Vorurteil, es gehe nur darum, wie oft schon zuvor, eine schwierige Lage zu meistern. Die Bevölkerung dagegen beschlich Hoffnungslosigkeit; sie wendete sich von Hitlers Krieg ab. Dabei wahrte sie Loyalität gegenüber dem »Führer« und verurteilte mehrheitlich das Attentat. Für den Diktator wurde es im Verlauf des Jahres 1944 immer mühsamer, die Verbündeten und Satelliten an sich zu binden, die, von Finnland bis Bulgarien, auf dem Sprung standen, um sich vom Reich zu lösen: Es galt, wurde Hitler zu verkünden nicht müde, auszuhalten, bis die immanenten Sprengkräfte der »unnatürlichen Koalition« zu deren natürlichem Ende führten. »Diese Dissonanzen« in der gegnerischen Allianz, äußerte sich der deutsche Botschafter beim Vatikan, Ernst von Weizsäcker, am 11. Februar 1944, »sind nicht nur deutsche Wunschträume. Nur eines ist unsicher, nämlich: wann sie zu Taten reifen. Das zu beschleunigen, ist wohl der politische Sinn der hinhaltenden Verteidigung der Festung Europa.«[54] Was Hitler mit militärischer Gewalt erreichen wollte, nämlich die einschnürende Zwangslage des Zweifrontenkrieges aufzubrechen, das suchten andere Repräsentanten des Reiches inzwischen auf diplomatischem Wege zu verwirklichen, nämlich durch Anbahnung eines Separatfriedens, sei es im Westen oder im Osten.

»Sonderfrieden«?

Weil Hitler jeden Gedanken an eine Kapitulation grundsätzlich verwarf, wollte er, auf lange Zeit jedenfalls, auch nichts von einem Separatfrieden hören. Ein solcher kam ihm nämlich wie ein Schritt in diese verhaßte Richtung, wie ein teilweises Strecken der Waffen vor. Dennoch mußte er sich im Verlauf des Weltkrieges, als ihn das Feldherrnglück zunehmend verließ, mit dem zutiefst abgelehnten Gedanken auseinandersetzen. Von ganz unterschiedlicher Seite aus unterbreitet – von seinen Verbündeten, von Repräsentanten des Reiches, selbst vom Feind – drangen entsprechende Vorschläge an sein Ohr.

Vergleichsweise früh riet ihm sein alter »Achsen«-Partner Mussolini dazu, »auf [die] eine oder die andere Weise das Kapitel des Krieges gegen Rußland, der keinen Zweck mehr hat«[55], zu beenden. Als der »Duce« am 1. Dezember 1942 Hermann Göring mit diesem Vorschlag bekannt machte, schwebte ihm vor, das Reich solle die »Ideallösung« eines »neuen Brest-Litowsk-Friedens«[56] mit der Sowjetunion suchen. Nur so könne gelingen, was aus italienischer Sicht der Dinge vordringlich war, nämlich alle verfügbaren Kräfte auf den Kampf gegen die Westmächte zu konzentrieren. Doch der deutsche Diktator wies das vermittelnde Ansinnen, wie Außenminister Ciano bald darauf im Rastenburger »Führerhauptquartier« erfahren mußte, schlankweg zurück.

Hitlers Einschätzung zufolge klaffte ein grundsätzlicher Unterschied zwischen der Lage des Jahres 1917/18 und derjenigen im Zweiten Weltkrieg: »Wenn die Russen etwa durch einen Waffenstillstand ein halbes Jahr zur Reorganisation ihrer Kräfte erhielten«, erläuterte er dem Schwiegersohn des »Duce« seine strikte Weigerung, sich mit Stalin derart zu arrangieren, wie Ludendorff es mit Lenin getan hatte, dann würde »eine neue russische Macht erstehen ..., gegen die dann Deutschland wieder vorgehen müsste. Außerdem gäbe es keine Linie, auf die sich Deutschland und Rußland mit Rücksicht auf die Erfordernisse ihrer Ernährungs- und Rohstoffversorgung einigen könnten.«[57] Was Hitler über rational erscheinende Gründe hinaus noch zu seiner entschiedenen Ablehnung bestimmt haben mag, geht aus dieser offiziellen Einlassung nicht hervor. Dennoch scheint ihn auch dieses Mal weltanschaulich Grundsätzliches, nämlich die Auseinandersetzung mit Rußland als einen Kampf um Sein oder Nichtsein führen zu wollen, dazu bestimmt zu haben, Mussolinis strategisches Konzept abzulehnen.

Ungeschützter als Ciano gegenüber gab er kurz darauf im Gespräch mit dem rumänischen Staatschef Antonescu, einem der ganz wenigen unter den ausländischen Politikern, denen er bis zu einem gewissen Grade vertraute, die Motive seiner Weigerung zu erkennen: »Der entscheidende Unterschied zwischen der Lage Mitteleuropas beim Zusammenbruch von 1918 und der Situation, die sich bei einem Zusammenbruch der Achse und ihrer Verbündeten ergeben würde, liege darin, daß im russischen Raum im Jahre 1918 ein Vakuum infolge des Zusammenbruchs des zaristischen Reiches entstanden sei, während dies jetzt keineswegs der Fall sein würde. Übrigens sei trotz des militärischen Zusammenbruchs Deutschlands im Jahre 1918 eine Ordnung der Staaten im russischen Raum entstanden, die im Grunde genommen die Brest-Litowsker Elemente enthielt. Finnland, Estland, Lettland, Litauen und Polen seien zu unabhängigen Staaten geworden, und Rumänien habe sich vergrößern können, eben weil das damalige Rußland völlig geschwächt aus dem Krieg hervorgegangen sei. Bei einem Zusammenbruch der Achse und ihrer Verbündeten würde heute die Lage völlig anders sein. Es würde ein mächtiges bolschewistisches Reich bestehen, mit starker Industrie und reichen Rohstoffquellen und großen

Menschenmassen, das die alten Expansionsziele Rußlands mit Hilfe dieser Massen mit Energie weiterverfolgen würde: nach Norden bis an den Atlantischen Ozean bis zu den Ausgängen der Ostsee in die Nordsee, nach Westen über ganz Westeuropa und nach Süden in Richtung auf das Mittelmeer.«[58]

Weil »das Entscheidende in dem gegenwärtigen Kampfe darin liege, daß dieser nicht, wie frühere Kriege, um Einsätze ginge, die später wieder zurückgewonnen werden könnten, wenn sie in der jetzigen Form verloren gingen«, beharrte der Diktator auf der rabiaten Lösung: »Kampf um Sein oder Nichtsein«[59]. Erfolg oder Untergang, Hitler oder Stalin – so zeichnete er den Völkern in Ostmittel- und Südosteuropa und, je näher die Rote Armee auf die Reichsgrenzen vorrückte, auch den Deutschen in den Ostprovinzen die sich unabwendbar zuspitzende Lage. Was viele Jahre lang eine ideologische Vereinfachung des politisch Komplexen gewesen war, wurde unter dem wachsenden Druck der widrigen Verhältnisse des Zweiten Weltkriegs, die den Handlungsspielraum aufzehrten und eine Zwangslage ausbildeten, zur einzig verbleibenden Wirklichkeit.

Diese Tatsache galt um so mehr, nachdem die westlichen Alliierten sich am 24. Januar 1943 in Casablanca darauf festgelegt hatten, das Deutsche Reich nicht ohne eine »bedingungslose Kapitulation« aus dem großen Ringen entkommen zu lassen. Wie weit die unversöhnliche Formel der Anti-Hitler-Koalition den Widerstandswillen der Deutschen erst recht beflügelt hat, wird unterschiedlich beurteilt. Sicher ist dagegen, daß der »totale Krieg« bereits vor der Proklamation der *unconditional surrender*-Formel eingeleitet worden war. Schon der Neujahrsaufruf des Diktators forderte, alles für den Sieg Erhebliche zu mobilisieren. Am 6. Januar 1943 hatte Gauleiter Sauckel, der für den Arbeitseinsatz verantwortlich war, dazu aufgerufen, jede Leistungsreserve, die noch irgendwo schlummere, zu wecken. Am 17. Januar beschwor Goebbels in seinem Leitartikel in *Das Reich* den »totalen Krieg«, den er einen Monat darauf – nachdem die Forderung nach der »bedingungslosen Kapitulation« in Casablanca erhoben worden war – am 18. Februar in seiner Rede im Berliner Sportpalast[60] proklamierte.

»Totaler Krieg« und »bedingungslose Kapitulation« gehörten, wie siamesische Zwillinge verbunden, zueinander, waren einander spinnefeind und doch eng miteinander verwandt. Die Westalliierten hatten ihre martialische Erklärung, die jeden Verhandlungsfaden praktisch von vornherein abriß, nicht zuletzt deshalb abgegeben, weil sie vor dem Hintergrund der traumatisch nachwirkenden Erfahrung vom 23. August 1939 ein neues Arrangement zwischen Hitler und Stalin befürchteten. Mit ihrem riskant definitiven Schritt kamen sie daher dem sowjetischen Führer außerordentlich weit entgegen. Vor diesem Hintergrund wird zudem erklärbar, warum sie dem territorialen Hunger des sowjetischen Tyrannen schließlich soviel an Land überließen, daß Ostmitteleuropa praktisch ganz in russische Hand fiel. Aus Schwäche und Furcht ließen vor allem die Briten ihre Politik des *appeasement,* der Beschwichtigung gegenüber Hitler, fast nahtlos in die der *acquiescence,* der Fügsamkeit gegenüber Stalin, einmünden.

Die Folge von Casablanca lag auf der Hand: Verstellt war nicht allein der Abschluß eines separaten, sondern auch der eines normalen Friedens. Ganz offensichtlich sollte Deutschland etwas bis dahin Ungewöhnliches widerfahren, sollte in der Mitte Europas eine Art *tabula rasa* geschaffen werden. Fragend, ja drohend stellte sich, je länger Krieg und Vernichtung andauerten, das zentrale Problem: Was hielt die Zukunft für Deutschland bereit? Was würde vom Reich und von der Großmacht, von der Nation und vom Volk der Deutschen bleiben?

Für den wankenden Hegemon, dessen Wehrmacht immer noch weite Teile Europas besetzt hielt, schienen sich zunächst noch andere Auswege zu bieten. Weiterhin versuchte Mussolini, den »Führer« von seinem Vorschlag zu überzeugen, im Osten für Entlastung zu sorgen. Zwischen Ende Februar und Anfang März 1943 erläuterte er Göring, von Ribbentrop und Hitler seinen Gedanken, die italienischen Truppen aus der Sowjetunion abzuziehen und im Mittelmeerraum zu verwenden. Das ging mit seinem Plädoyer einher, sich an der russischen Front entweder ganz auf die Defensive zu verlegen oder einen Separatfrieden zu schließen. »Das Kapitel Rußland kann beendet werden«, ließ sich Mussolini am 26. März vernehmen: »mit einem Friedenschluß, wenn möglich, und ich halte diesen Rückzug für möglich, oder mit der Anlage einer Verteidigungsstellung, eines gewaltigen Ostwalls, der von den Russen niemals überwunden werden kann.«[61] Doch alle Beschwörungen des »Duce«, wonach »der Sieg mit mathematischer Sicherheit unser sei, wenn es gelänge, die russische Front zu liquidieren«[62], fruchteten nicht. Anfang April erfuhren die Italiener, die auch danach die Idee vom teilweisen Friedensschluß nicht ruhen ließen, »auf jeden Fall könne das russische Problem«, wie von Ribbentrop es erläuterte, »nur eine militärische, nicht aber plötzlich eine politische Lösung finden«[63].

Noch war Hitlers Wille ungebrochen, Stalin in offener Schlacht zu besiegen, sich auf keinen Fall mit dem sowjetischen Diktator am grünen Tisch zu vereinbaren. In »Zwischeneuropa« wurde die deutsche Bastion zur gleichen Zeit in gefährliche Mitleidenschaft gezogen. Finnland streckte Friedensfühler nach Osten aus; Rumänien nach Westen und Osten; Ungarn bevorzugt nach dem Westen; und Bulgarien, noch an Deutschlands Seite gegen die Westalliierten im Kampf, weigerte sich nach wie vor, der Sowjetunion den Krieg zu erklären. Bei rapide schwindender Gunst der Schlachtenlage dauerte das verständliche Trachten der Partner des Reiches an, sich dem Frieden zu nähern. Es war nicht nur Italien, sondern auch Japan, das dem deutschen Alliierten empfahl, einen Separatfrieden mit der Sowjetunion zu suchen. Tokio bot dafür sogar seine Vermittlung an. Seit dem Herbst 1942 setzten diese Bemühungen ein; Mitte April 1943 gipfelten sie beispielsweise in einem Vorschlag der japanischen Marineführung, einen Sonderfrieden zwischen dem Deutschen Reich und der Sowjetunion zustande zu bringen. Bei Hitler fanden die Initiativen, vorläufig jedenfalls, nur Ablehnung.

»Sonderfrieden mit einem Gegner« wie der Sowjetunion sei »nicht zu *verwirklichen*«, beschied Jodl diesen japanischen Vorstoß abschlägig und gab damit der im Führungskreis um Hitler vorwaltenden Stimmung unmißverständlichen Ausdruck.[64] Es gehe vielmehr darum, die »Sowjetunion so zu schwächen, daß sie nicht mehr angriffsfähig im großen«[65] sei. Diese Haltung begann sich erst zu ändern, nachdem das Unternehmen »Zitadelle« gescheitert war. Höchst widerwillig zeigte sich Hitler schließlich im März 1944 zu einem Friedensschluß mit der Sowjetunion bereit, um Seite an Seite mit den Japanern die Attacken der Angelsachsen abwehren zu können. Indes: Der Zeitpunkt für ein Arrangement im Osten war längst verpaßt, marschierte Stalin doch inzwischen siegreich nach Westen. Geradezu erleichtert, so hat es den Anschein, wandte Hitler sich daraufhin erneut seiner alten Idee zu: Er verbiß sich förmlich in den Gedanken, einen Ausgleich mit England zu finden. Als von Ribbentrop im August 1944 noch einmal vorschlug, sich mit der Sowjetunion zu vergleichen, winkte Hitler ab.

Dagegen machte sich im Kreis seiner Paladine ebenso wie unter den höchsten Repräsentanten des Staates im Verlauf des Jahres 1943 immer stärker das Bedürfnis bemerkbar, die schier unerträgliche Last der beiden Fronten durch eine separate Kriegsbeendigung im Westen oder im Osten zu erleichtern. Als »eine ... Möglichkeit«, die »sehr angenehm wäre«, charakterisierte Goebbels, der im Prinzip eher mit Stalin als mit Churchill, eher mit dem kommunistischen als mit dem »plutokratischen« Gegner zur Verständigung kommen wollte, die vage Aussicht, »entweder mit den Engländern oder mit den Sowjets zu einem Sonderfrieden«[66] zu gelangen. Noch in seiner Eigenschaft als Staatssekretär des Auswärtigen Amtes spekulierte Ernst von Weizsäcker, der das Arrangement mit dem Westen an sich bevorzugte, bereits am 9. Dezember 1942 darüber, daß »mit den Engländern u. Amerikanern« mit Sicherheit »kein Gespräch zu führen« sein werde, »seitdem sie Erfolge aufweisen können, erst recht nicht«. Seine notgedrungene Schlußfolgerung lautete daher: »Als Brocken, der beim Gegner herauszubrechen wäre, bleibt also nur Rußland.«[67]

Zwischen West und Ost buchstäblich eingezwängt, vermochte das Deutsche Reich sich nicht mehr länger nach freiem Ermessen für die eine oder die andere Seite zu entscheiden. Mit lebensgefährlicher Notwendigkeit war es statt dessen darauf angewiesen, daß ihm von Westen oder Osten her die rettende Hand gereicht würde, damit es sich nach der anderen Himmelsrichtung hätte behaupten können. Über das seit eh und je die deutsche Großmacht begleitende Optionsproblem, das sich inzwischen zum tödlichen Kampf um die schiere Existenz verengt hatte, schrieb von Weizsäcker am 20. Dezember in sein Tagebuch: »Churchill, an sich ohne Skrupel und bereit, seine eigenen Schwüre zu vergessen, will und kann noch nicht mit uns sprechen. Er rechnet im Grunde mit dem deutschen Erlahmen, möglichst synchronisiert mit dem russischen; alsdann Rückkehr zur Empire-Politik ... Erst wenn dieser Weg ihm verbaut ist, kann er daran denken, mit uns zu sprechen. Auf diesen Moment zu warten, wäre ein gutes deutsches Ziel. Haben wir dazu aber nicht den Atem, so bleibt nur ein Herauslocken der Russen aus dem Gebäude der Alliierten.«[68]

Mit aller Macht stemmte sich Adolf Hitler gegen eine solche ungeliebte Wendung der ihm entgleitenden Dinge. Friedensfühler der Sowjets, die beispielsweise am Jahresende 1942 ebenso wie im Sommer 1943, aus welchen taktischen oder tatsächlichen Gründen auch immer, über einen separaten Frieden zu verhandeln bereit waren, sogar ihrerseits darüber zu sprechen anboten, stießen ins Leere. Hitler war nicht daran gelegen, das zwischen 1939 und 1941 existierende Übereinkommen mit Stalin zu wiederholen. Der sowjetische Diktator dachte seinerseits schon seit längerem, spätestens seitdem der »Blitzkrieg« der Wehrmacht vor Moskau gescheitert war, darüber nach, wie Deutschland aussehen sollte, wenn Hitlers sichtbar zerrüttete Herrschaft zu Ende gegangen wäre.

Vergleichsweise früh erörterte er in seinen Gesprächen mit dem britischen Außenminister Eden die Idee einer Aufteilung Deutschlands. Im Dezember 1941 schlug er vor, Österreich, dem Rheinland und eventuell Bayern die Selbständigkeit zu verleihen und Ostpreußen den Polen zuzuerkennen. Bald darauf jedoch tauchte in seinem berühmten Tagesbefehl vom 23. Februar 1942 die andere Variante seiner Kriegszielvorstellungen auf. Sie prägte, zumindest tendenziell, wenngleich nicht uneingeschränkt und kontinuierlich, die Außenpolitik des sowjetischen Diktators. Danach wollte er die staatliche Einheit Deutschlands bestehen lassen und auf das Geschick des ungeteilten Landes seinen Einfluß nehmen: Dieser hätte sich bis an den Rhein, ja sogar darüber hinaus erstreckt! In diesem Sinne lautete seine Parole: »die Hitler kommen und gehen, aber das deutsche Volk, der deutsche Staat bleibt«[69].

Zwei zutiefst unterschiedliche, in bezug auf ihren Raumanspruch dennoch verwandte Kriegszielentwürfe, derjenige Hitlers und derjenige Stalins, stießen aufeinander. Jeder für sich besaß erst einmal, was seine Entstehung und seine Forderungen anging, unübersehbare Autonomie. Dennoch war das, was der sowjetische Führer verlangte, ohne Zweifel stärker mit dem legitimierenden Schutz dessen umgeben, der auf erlittenes Unrecht reagierte. Ungeachtet ihrer ausladenden Zielsetzung blieb die sowjetische Seite, was Kriegsbeendigung und Friedensanbahnung betraf, flexibler als die deutsche. Das lag letztlich an der unterschiedlichen Haltung, die Hitler und Stalin zu den Fragen von Machtpolitik und Weltanschauung bezogen.

Im September 1943 zeigten die Sowjets mit behutsamer Zurückhaltung, aber hinlänglich erkennbar, aufs neue ihre Bereitschaft, mit den Deutschen über einen Separatfrieden zu verhandeln. Die Grenze vom Jahre 1941, die durch den Pakt der Diktatoren und seine Folgen gezogen worden war, wollten sie, für das

Reich alles andere als ungünstig, zur Grundlage solcher Gespräche machen. Außenminister von Ribbentrop empfahl, die sich bietende Chance zu ergreifen, doch Hitler lehnte wieder ab. Zum einen hielt er zuvor einen militärischen Erfolg für notwendig, um die erforderliche Rückendeckung für solche Verhandlungen in Stockholm zu besitzen; zum anderen, wohl entscheidender, eröffnete der nur noch auf Sieg oder Untergang orientierte Instinkttäter seinem Außenminister: »Wissen Sie, Ribbentrop, wenn ich mich heute mit Rußland einige, packe ich es morgen wieder an – ich kann halt nicht anders.«[70]

Hitler sträubte sich geradezu prinzipiell dagegen, auch nur die Chancen für einen Ausgleich mit Stalin näher auszuloten. Die Sowjetunion lebte ihrerseits mit einer ihr nicht zu nehmenden Angst, im Kampf gegen Hitlers Deutschland zu verbluten und schließlich dem überlegenen Westen geschwächt gegenüberzustehen. Die Befürchtung der Sowjets, einst »über der Leiche des vernichteten Deutschlands« und selber am Ende der Kraft »den blanken, von keinem Hieb abgestumpften Waffen der Westmächte entgegentreten«[71] zu müssen, wie einer der zwischen den Fronten agierenden Mittelsleute im undurchsichtigen Stockholmer Milieu, der Deutschrusse Edgar Clauß, die Beweggründe sowjetischer Gesprächsbereitschaft umschrieb, nährte Stalins Neigung, über einen Friedensschluß zu verhandeln. Was sich in dieser Hinsicht schon früher angebahnt hatte und was mit unterschiedlicher Intensität seinen Fortgang nahm, prallte letztlich stets an Hitler ab.

Daher blieben alle, teilweise in von Ribbentrops Auftrag, teilweise auf eigene Faust unternommenen Initiativen deutscher Diplomaten, Unterhändler und Kontaktpersonen erfolglos. Die je nach militärischer Lage und politischer Opportunität unterbreiteten sowjetischen Angebote, die anfangs die Grenzen von 1941, danach immerhin noch die von 1914 als Verhandlungsgrundlage ins Spiel brachten, waren somit gleichfalls von vornherein zum Scheitern verurteilt. Die komplizierte Frage nach der Ernsthaftigkeit oder dem Taktischen der in sich unterschiedlichen Vorstöße der stalinistischen Außenpolitik ist nach wie vor ungeklärt. Feststellen läßt sich lediglich dies: Nach der deutschen Niederlage bei Stalingrad scheint der sowjetische Diktator an eine Einkehr der Vernunft im Lager seines Feindes geglaubt und einen Sonderfrieden für möglich gehalten zu haben. Denn zuvor, in existentieller Bedrängnis, hatte er die rettende Möglichkeit des einlenkenden Friedensschlusses selbst ernsthaft erwogen. Im Gefolge der Wende des Krieges, die nach dem sowjetischen Sieg bei Kursk und Orel definitiv erschien, erfüllten seine noch immer ausgestreckten Friedensfühler dagegen fast ausschließlich den Zweck, die Westmächte zu erpressen: Briten und Amerikaner sollten endlich die zweite Front in Frankreich eröffnen und seine ausgreifenden Kriegsziele in Ostmittel- und Südosteuropa akzeptieren.

Von dieser Dominanz des Finassierenden zu sprechen, bedeutet nicht, andere Entwicklungen zu übersehen: Nach der westalliierten Invasion und der sowjetischen Großoffensive, die gleichzeitig am 6. Juni 1944 einsetzten, hat Stalin sich offenbar erneut darauf eingestellt, ein deutsches Gesuch um Sonderfrieden, möglicherweise schon von seiten der sich gegen Hitler formierenden Opposition, zu prüfen. Die Außenpolitik des russischen Alleinherrschers fuhr auf doppeltem Gleis, hielt am Bündnis mit den Westmächten fest und suchte mit Deutschland den Kontakt; sie wies, was ihre langfristigen Ziele und aktuellen Forderungen anging, mannigfache Varianten auf; sie gab sich, je nachdem wie die rasch sich wandelnde Kriegslage es ermöglichte, in ihren Zukunftsansprüchen einmal fordernder und dann wieder bescheidener. In einer derart vorteilhaften Wendigkeit lag der qualitative Unterschied gegenüber Hitler, dessen Dogma ein geschmeidiges Vorgehen einfach nicht zuließ: Der eine konnte sich mit Vorläufigem zufriedengeben, ohne das Endgültige darüber aus dem Auge zu verlieren; der andere war so sehr auf das Endgültige fixiert, daß er darüber schon das Vorläufige zu erreichen verpaßte.

Während Hitler sich bis in den Oktober 1944 hinein störrisch weigerte, das Komitee des in deutsche Kriegsgefangenschaft geratenen Generals Wlassow als Repräsentanten eines nationalen Rußland anzuerkennen, also eine politische Alternative zu Stalins Regime zu etablieren, schaffte der sowjetische Diktator bereits im Juli bzw. September 1943 auf russischem Boden mit dem »Nationalkomitee Freies Deutschland« sowie dem »Bund deutscher Offiziere« eine nationaldeutsche Anti-Hitler-Bewegung. Unter bewußter Anknüpfung an symbolträchtige Begebenheiten der Historie wie Tauroggen und Rapallo warb sie für die deutsch-russische Zusammenarbeit. Ganz anders Hitler: Im Angesicht der drohenden Niederlage triumphierte das Dogmatische in seiner Gedankenbildung stärker und einseitiger, als es bereits im Zenit der politischen Erfolge und der militärischen Siege dominiert hatte.

Daher konnte die im Sommer 1942 von Joseph Goebbels geäußerte Bereitschaft zur Verständigung mit der Sowjetunion um so weniger zum Zuge kommen, je länger sich der Krieg hinzog. Die bedachtsam plazierte Versicherung des Propagandaministers, »daß deutscherseits gar nicht die Absicht bestehe, unter allen Umständen Stalin immer weiter zu bekämpfen«[72], wollte ein Tor zum Separatfrieden aufstoßen. Da die militärische Lage im Osten Ende Juli 1942, als der Propagandaminister die Initiative ergriff, vorteilhaft aussah, bestand begründete Aussicht auf einen an deutsche Bedingungen geknüpften Erfolg: »Sollte Stalin, der über das Ausbleiben der zweiten Front schon äußerst erbittert sei, eines Tages zu einem Arrangement bereit sein, das uns eine strategisch gute Grenze und die Sicherheit gegen eine Neuaufrüstung Rußlands gibt, so werde deutscherseits eine solche Möglichkeit sicher nicht ohne weiteres verworfen werden«, ließ Goebbels sich der Ministerkonferenz gegenüber am 28. Juli ein[73]. Doch sein Versuchsballon geriet nicht in Fahrt, weil Hitler ihn, kaum daß er aufgestiegen war, platzen ließ.

Dessenungeachtet: Noch im September 1943, also lange nach der für alle

Welt sichtbaren Wende des Krieges, hielt der Propagandaminister »Stalin für zugänglicher«[74], einen separaten Waffenstillstand zu schließen, als Churchill. Hitler glaubte, unter Absehung von Personen, nach wie vor an das Umgekehrte, »daß man eher etwas mit den Engländern als mit den Sowjets machen könnte. Die Engländer würden, wie der Führer meint, zu einem gewissen Zeitpunkt zur Vernunft kommen.«[75] Außer diesem uralten Gedanken, der inzwischen so obsolet erschien, wie er immer schon unwahrscheinlich gewirkt hatte, an dem Hitler jedoch mit realitätsenthobener Verbissenheit festhielt, wollte der Diktator von Verhandlungen mit den Gegnern überhaupt nichts wissen.

Als Goebbels, der so oder so – bevorzugt im Osten, doch falls möglich auch im Westen – zum Frieden zu kommen für erforderlich, im Grunde für unumgänglich hielt, zwei Wochen später dem Diktator gegenüber die Rede darauf brachte[76], »ob er [Hitler] eventuell bereit wäre, mit Churchill zu verhandeln, oder ob er das grundsätzlich ablehne«, da flüchtete Hitler in eine fadenscheinige Behauptung. Müßte ein Friedensschluß unbedingt angestrebt werden, dann wäre er »schon eher« mit Stalin »zu verhandeln bereit«; allein: »er glaubt nicht«, hielt Goebbels unter dem Datum des 23. September das wiederum Vergebliche seines Vorstoßes fest, »daß das zu einem Ergebnis führen könnte, weil das, was er im Osten verlangt, von Stalin nicht abgetreten werden kann«[77].

Der Reichspropagandaminister blieb jedoch bei seiner an sich richtigen Einschätzung der Lage und der daraus erwachsenden Forderung, eine der beiden Fronten loswerden zu müssen. Was er in diesem Zusammenhang freilich kaum zureichend erkannte, war eine schlichte, hoffnungslose Tatsache. Seine Diagnose erforderte eine Therapie, die einfach nicht zu haben war, solange Hitler und das nationalsozialistische Regime existierten, mehr noch: solange im andauernden Weltkrieg überhaupt irgendein deutscher Repräsentant Besseres als die »bedingungslose Kapitulation« zu erreichen suchte. Ein ums andere Mal plädierte Goebbels, in realistischer Erkenntnis der vom »Zweifrontenkrieg«[78] ausgehenden Gefahr, für einen separaten Friedensschluß. Das unruhige Reich, das sich selbst nicht zu genügen vermochte und über seine nationalstaatlichen Grenzen hinausstrebte, das das eine Mal andere bedrohte und sich das andere Mal selbst bedroht wiederfand, verfügte nicht mehr über genügend Eigenkraft zur unabhängigen Existenz, ja zum schieren Überleben, es sei denn, es lehnte sich an eine der bislang bekämpften Seiten der feindlichen Koalition an: »Wie nun die Dinge auch liegen mögen, ich stelle dem Führer vor, daß wir mit der einen oder der anderen Seite ins Klare kommen müssen. Ein Zweifrontenkrieg ist vom Reich noch nie gewonnen worden. Wir müssen also sehen, aus dem Zweifrontenkrieg auf irgendeine Weise herauszukommen.«[79]

Nach Westen hin den Kopf aus der Schlinge zu ziehen, besaß freilich noch weniger Chancen, als gen Osten zu entkommen. Selbstverständlich erschien der westliche Fluchtweg der Mehrheit der Deutschen, in der Führung ebenso wie in der Bevölkerung, dem östlichen vorzuziehen – mögen die Gründe im

Prinzipiellen und im einzelnen sehr unterschiedlich gewesen sein, die Hitler auf der einen, Repräsentanten des konservativen Widerstandes auf der anderen Seite nach dem Ausgleich mit den Angelsachsen streben ließen. Der Diktator und die SS, Heer und Auswärtiges Amt, Vertreter aus Gesellschaft und Wirtschaft, schließlich die sich gegen Hitler formierende Opposition stimmten darin überein, einen Frieden im Westen als wünschenswert anzusehen, der den Krieg im Osten, zu welchem Ziel auch immer, weiterzuführen erlauben würde. Die deutsche Haltung traf sich, was die Verbündeten des Reiches anging, beispielsweise mit einem Vorschlag des rumänischen Staatsführers Antonescu: Nach der Katastrophe von Stalingrad, der rumänische Truppen zum Opfer gefallen waren, empfahl er Hitler, im Westen einen separaten Frieden zu schließen, um der Sowjetunion gegenüber die militärische Entscheidung zu suchen.

Aber wie gesagt: Noch erfolgloser als die tastenden Initiativen im Osten blieben alle Versuche, die sich auf den Westen richteten. Churchill hatte, nachdem er im Mai 1940 Premierminister geworden war, den Werbungen der Deutschen ebenso widerstanden wie ihren Drohungen; hatte alle diplomatischen Friedensfühler abgelehnt und die militärischen Schläge der bis dahin siegreichen Wehrmacht verwunden. Jetzt hatte sich das Blatt gewendet: Der erfolgreiche Verteidiger Großbritanniens sah keine Veranlassung, den bewährten Kurs zu ändern.

Wie bereits in den Jahren 1940/41 war zudem kaum sicher abschätzbar, welche Seriosität oder gar Legitimation einzelne Friedensinitiativen, die von deutscher Seite ausgingen, überhaupt besaßen. Offizielles und Halboffizielles, amtliche Kontakte und solche des Widerstandes überschnitten und mischten sich verwirrend, während gerade in einem Krieg klare Fronten vonnöten sind. Auf eines freilich spekulierten die durch Stellen des Staates oder der Partei gedeckten Unterhändler ebenso wie die Abgesandten der deutschen Opposition, die ihre Fühler nach Westen – jetzt auch bevorzugt zu den Vereinigten Staaten von Amerika – ausstreckten, ohne Unterschied allesamt. Ob Reinhard Spitzy, der Mitarbeiter von Ribbentrops, in der Schweiz Kontakte zu den Amerikanern knüpfte; ob der deutsche Botschafter Franz von Papen dasselbe in Ankara versuchte; ob der Leiter des Auslandsnachrichtendienstes in der Prinz-Albrecht-Straße, Walter Schellenberg, und Himmlers medizinischer Betreuer Felix Kersten, Ende 1943, zu diesem Zweck in Schweden sondierten; ob der Chef des verhaßten Reichssicherheitshauptamtes, Ernst Kaltenbrunner, damals ähnliche Wege einschlug; oder ob schließlich Hans-Bernd Gisevius und Adam von Trott zu Solz für die Goerdeler-Beck-von Hassell-Gruppe und den Kreisauer Kreis Kurs auf dieses Ziel nahmen – bei ihren diversen Vorstößen, die um ganz unterschiedlicher Ziele willen unternommen wurden, gingen sie von einer gemeinsamen Prämisse aus: Dem Westen könne, so zeigten sie sich überzeugt, an einer übergroßen Machtausdehnung Rußlands im Europa der Nachkriegszeit nicht gelegen sein. Daraus leiteten sie ein westliches Interesse an dem mehr oder minder ungeschmälerten Fortbestand des Deutschen Reiches ab.

Der zuversichtlich entworfenen Perspektive lag eine unverkennbare Überschätzung der eigenen Kraft zugrunde. Sie ging mit einer gefährlichen Fehleinschätzung der weltpolitischen Gesamtlage einher. Die Deutschen wollten einfach nicht wahrhaben, daß, solange Hitler und sein Regime existierten, Stalin dem Westen als das geringere Übel, sogar als der willkommenere Partner erschien. Groteske Blüte einer solchen Fehlbeurteilung des Gesamten war, daß selbst Heinrich Himmler vom Sommer 1943 an den Friedensschluß im Westen suchte. Zeitweise wirkte der Reichsführer-SS dabei sogar mit Repräsentanten der konservativen Opposition zusammen, deren Kontakte mit Briten und Amerikanern in Spanien und in Portugal, in der Schweiz und in Schweden der ranghöchste Scherge des nationalsozialistischen Regimes kannte, teilweise billigte. Daß er im April 1945, unmittelbar vor Toresschluß, dem befreiten Frankreich Charles de Gaulles ein Bündnisangebot unterbreitete, um dem sicheren Ende zu entgehen, wirkte fast schon wie das Satyrspiel zur Tragödie.

Immer mehr Repräsentanten des nationalsozialistischen Regimes wollten seinen Bestand und ihre Haut retten. Ihre geheimen Friedensfühler wurden von den sich häufenden Greueltaten der deutschen Besatzungsmacht begleitet, im Jahre 1942 in Lidice beginnend und über Oradour im Jahre 1944 hinaus andauernd. Mit anderen Worten: Daß es die Existenz des »Dritten Reiches« an sich war, die den fortwährenden Grund für das sichere Mißlingen aller dieser Bemühungen darstellte, entging den erfolglosen Friedensanbahnern. Hinzu kam, daß Hitler immer wieder bremste und brüsk abwinkte, selbst dann noch, als Himmler, in ganz später Stunde, die deutsche Polenpolitik neu zu formieren und auf Kurs gegen die Sowjetunion zu bringen versuchte. Nachdem der Warschauer Aufstand niedergeschlagen worden war und die polnische »Heimatarmee« am 2. Oktober 1944 kapituliert hatte, wollte er die Truppen Bór-Komorowskis für den Kampf gegen die Russen gewinnen: Hitler dagegen befahl die Zerstörung Warschaus.

Alles in allem nahmen sich die Bedingungen, unter denen die Kriegführenden separaten Frieden zu schließen oder nicht zu schließen bereit waren, so unverträglich aus, daß der andauernde Waffengang keinen Abschluß an einer Front finden und ein Ende somit nur im totalen Sieg der einen über die andere Seite liegen konnte. Ganz offensichtlich neigte sich die Waagschale zugunsten der Anti-Hitler-Koalition; das Deutsche Reich und seine Verbündeten verloren zusehends an Gewicht. Wie in den historischen Zeiträumen vor dem Aufkommen der nationalen Bewegung, schließlich der Gründung des Nationalstaates wurde das immer noch mächtige Reich, Niederlage für Niederlage und Kilometer um Kilometer, von den an allen Fronten vorrückenden Gegnern auf die Rolle eines Objekts der Staatenwelt zurückgeworfen. Was sollte aus Deutschland werden, das noch wenige Jahre zuvor seinerseits stolzgeschwellt und siegestrunken geplant hatte, was im Zeichen der eigenen Vorherrschaft aus Europa und der Welt werden sollte?

Die Meinungsunterschiede zwischen den Mitgliedern der »unnatürlichen Koalition« über die künftige Gestalt der Nachkriegsordnung fielen, weil sie sich bis zur Zerstrittenheit unversöhnlich ausnahmen, leicht ins Auge. Zudem: Unter dem Eindruck der sich rasch wandelnden Lage änderten sich die Standpunkte der Alliierten mit verwirrender Häufigkeit. Dennoch verstärkte sich im Streit um die Frage nach einem zukünftig eher ungeteilten oder geteilten Deutschland mehr und mehr die Tendenz, die seit der Konferenz von Teheran Ende November/Anfang Dezember 1943, auf westalliierter Seite klarer als bei den Sowjets, vorherrschte; sie leitete auch das Planen und Handeln der zuständigen »Europäischen Beratenden Kommission«. Anders als 1918, soviel zeichnete sich ab, sollte Deutschland, was seine künftige Gestalt anging, dieses Mal nicht überleben. Zumindest in Besatzungszonen, die allerdings nichts Endgültiges festlegten, wollte man das Reich aufteilen.

Da vor allem die Briten befürchteten, die Rote Armee werde bei Kriegsende den Rhein erreicht, möglicherweise sogar überquert haben, unterbreiteten sie, um aus ihrer Sicht der Dinge Schlimmeres zu verhüten und Vorteilhaftes zu retten, den Sowjets am 15. Januar 1944 einen entsprechenden Vorschlag, der die zukünftige Demarkationslinie zwischen Ost und West benannte. Sie verlief danach von Lübeck im Norden über Helmstedt und Eisenach bis nach Hof im Süden; Berlin sollte einen gesonderten Status erhalten. Als die sowjetische Regierung dem Entwurf am 18. Februar zustimmte, glaubten die Briten an einen großen Erfolg. Die Vereinigten Staaten von Amerika, die noch Ende 1943 eine für die Westmächte insgesamt günstigere Aufteilung des Reiches vorsahen, stimmten schließlich im April 1944 zu. Inzwischen stand fest, daß nicht, wie die Engländer es ursprünglich vorhatten, unter dem Dominat jeweils eines Siegers alle Zonen von allen Mächten besetzt würden, sondern daß jeweils einer Macht ihre Zone zur vollständigen Verfügung zuerkannt werden sollte.

Die alliierten Planungen blieben den Deutschen nicht verborgen; durch Geheimnisverrat wurde Hitler beispielsweise über den Verlauf und die Ergebnisse der Konferenz von Teheran im einzelnen unterrichtet. Daß die Kriegsziele der Alliierten, so erheblich sie auch im hin- und hergehenden Ringen als Reaktion auf das Vorgehen der Deutschen gelten müssen, eine davon unabhängige, autonome Dimension besaßen, ist im Hinblick auf das stalinistische Kriegszielprogramm bereits festgestellt worden. Seine Umrisse traten schon während der Jahre des noch andauernden Hitler-Stalin-Pakts hervor und wurden teilweise von Ministerpräsident Molotow anläßlich seines Besuchs in Berlin im November 1940 skizziert. Sie wurden dem britischen Außenminister Eden bei dessen Sondierung in Moskau am Ende des Jahres 1941 zumindest kursorisch bekannt und zeichneten sich schließlich im Zuge der Kriegskonferenzen von Teheran und Jalta mehr und mehr ab.

Bis zu einem gewissen Maße Vergleichbares gilt für die britischen Kriegsziele. Sie traten freilich nicht hervor, solange England mit dem Reich in Frieden lebte, sondern wurden erst entworfen, nachdem Hitler den Krieg begonnen hatte. Dann zeigte sich jedoch, schon vor der Proklamation der Forderung nach einer »bedingungslosen Kapitulation« zu Beginn des Jahres 1943, daß die Engländer dieses Mal, vor dem Hintergrund ihrer Erfahrungen mit dem Deutschen Reich im 20. Jahrhundert, die nach dem Ersten Weltkrieg vorwaltende Neigung zum ausgleichenden Kompromiß abgelegt hatten und aufs Ganze gehen wollten. Gewiß, die konzeptionellen Unterschiede, die zwischen den vorläufigen Planungen der Briten im einzelnen bestanden, waren unübersehbar. So fand die mehr als rigorose Empfehlung von Gladwyn Jebb, einem der führenden Beamten im britischen Foreign Office, aus dem »Herrenvolk« der Deutschen ein »Helotenvolk«[80] zu machen, vorläufig nicht die Billigung des Kabinetts. Dennoch zeichnete sich frühzeitig die Richtung ab, die später, vom übermächtigen Zwang der weltpolitischen Entwicklung gefördert, tatsächlich eingeschlagen wurde: nämlich das Reich und sodann auch Europa zu teilen.

»Wir bekämpfen nicht die Nazis, sondern Deutschland«, lautete Gladwyn Jebbs radikales Argument: »Wenn das zutrifft, besteht unser Ziel darin, Deutschlands Macht zu brechen. Einen der grundlegenden Bestandteile deutscher Macht stellt die Idee der Einheit dar. Folgerichtig reduzieren wir Deutschlands Macht in dem Maße, in dem wir die Idee der Einheit zerstören können.«[81] Erst einmal setzte sich freilich die entgegengesetzte Idee durch: Vollständig entwaffnet, sollte Deutschlands äußere Gestalt, nicht in allem, aber im Kern, belassen bleiben, wie sie war. Wirtschaftlich »fett«, aber militärisch »impotent«[82], wie Churchills wegweisende Spottformel aus dem Sommer 1941 lautete, hatte das besiegte Land dem zukünftigen Wiederaufbau des europäischen Kontinents zu dienen. Die neuen Grenzen, die dem verkleinerten Nationalstaat gesteckt werden sollten, zeichneten sich im Verlauf des Jahres 1942 ab: »Ostpreußen, Teile Oberschlesiens (Westverschiebung Polens, ohne schon die Oder als deutsch-polnische Grenze festzusetzen), Österreich (Erklärung Edens vom 9. September 1942 über die Befreiung Österreichs), die Sudetengebiete (Annullierung des Münchener Abkommens am 5. August 1942, die aus britischer Sicht jedoch noch keine Festlegung der Nachkriegsgrenzen der Tschechoslowakei darstellte) und Elsaß-Lothringen« sollten »vom Reich abgetrennt werden.«[83]

Zusammen mit den ostmittel- und südosteuropäischen Konföderationsplänen, die damals von den Briten für die kontinentale Nachkriegsordnung vorbereitet wurden, gingen mit der vorgesehenen Abtretung deutscher Territorien im Osten Entwürfe für Umsiedlungsaktionen und Bevölkerungsverschiebungen einher, die beklemmende Ausmaße erreichten. »Das, was im Ersten Weltkrieg«, so entwarf der Historiker Andreas Hillgruber diese spezifische Perspektive europäischer Geschichte zwischen dem Ersten und dem Zweiten Weltkrieg,

»an Gedanken einer völkischen Feld- und Flurbereinigung in Deutschland verbreitet war, was auf deutscher und auf sowjetischer Seite seit Beginn des Zweiten Weltkrieges im September 1939 praktiziert wurde, war nun – *ohne* daß sich direkte Bezüge zu den deutschen und sowjetischen Maßnahmen der Verpflanzung von Bevölkerungsteilen im Osten feststellen lassen – auch von britischer Seite in die eigene Kriegszielplanung als ein Element eingefügt worden, das eine vermeintlich dauerhafte Sicherung für die eigene Führungsrolle in Europa zu versprechen schien.«[84]

Allerdings: Bei allem, was den Massenumsiedlungen im Ersten und Zweiten Weltkrieg gemeinsam scheint, das frühere Geschehen war vom späteren durch die fundamentale Tatsache des systematischen Genozids abgehoben, der mit den Bevölkerungsverschiebungen des Zweiten Weltkrieges untrennbar verbunden war. Mag es im südosteuropäischen Zusammenhang des inzwischen untergegangenen Osmanischen Reiches zuvor schon ansatzweise Vergleichbares gegeben haben, als konstitutiver Faktor trat es erst im Verlauf des Zweiten Weltkrieges in Erscheinung. Ohne daß die westlichen Mächte es zeitgenössisch angemessen wahrgenommen hätten, wurde es zum kriminellen Stigma der deutschen Eroberungen in Europa. »Im Ersten Weltkrieg glaubte fast jeder an die Geschichten von deutschen Grausamkeiten, obwohl verhältnismäßig wenige wahr waren«, hat A.J.P. Taylor diesen paradoxen Sachverhalt der Geschichte des 20. Jahrhunderts im treffenden Vergleich gekennzeichnet: »Im Zweiten Weltkrieg weigerte sich fast jeder, an die Geschichten zu glauben, obwohl sie den Tatsachen entsprachen und die deutschen Verbrechen die schrecklichsten waren, die jemals von einer zivilisierten Nation begangen wurden.«[85]

Daß insbesondere die Briten den Sowjets immer wieder entgegenkamen und Stalin im Verlaufe des Jahres 1944 weite Teile Ostmittel- und Südosteuropas überließen; daß sie mit ihren Allianzpartnern zusammen schließlich auf der »politischen Totalkapitulation« bestanden; daß sie den Massenexodus von Millionen Deutschen, vor allem aus den Ostprovinzen des Reiches und der Tschechoslowakei, bewußt hinnahmen, hatte maßgeblich mit ihrer unübersehbar hervortretenden Schwäche zu tun. Ihre erbarmungslose Haltung, die Sowjets grausam gewähren zu lassen, wurzelte aber auch darin, daß sie die deutsche Gefahr endgültig bannen, daß sie vor allem das klischeehaft als Ursache allen Übels angesehene Preußen zerstören wollten. Die Frage kam auf, ob sich Bismarcks ahnungsschwere Warnung bewahrheiten sollte, wonach »Deutschland schwerlich dem Schicksal Polens entgehen« werde, sei »Preußens Macht einmal gebrochen«[86].

Die unheilschwangere Prophezeiung erfüllte sich nur zum Teil. Auf der einen Seite erlag das zerstörte Reich bald schon dem Schicksal eines geteilten Landes, das tatsächlich »als Glacis und Vorfeld der Großmächte in Anspruch«[87] genommen wurde. Auf der anderen Seite bewahrheitete sich die Vorhersage des Reichsgründers in einer Weise, an die er selbst kaum gedacht haben mag, als er sie aussprach: Die Idee des ungeteilten Nationalstaates, die über ein Jahrhundert lang im auseinandergerissenen Polen weitergelebt hatte, ging im gespaltenen Deutschland ebensowenig unter. Doch damit sind wir der Geschichte des Weltkrieges schon weit bis in die Nachkriegsära, ja bis an deren Ende vorausgeeilt.

Vorläufig herrschte, solange die Waffen sprachen, mehr Uneinigkeit als Eindeutigkeit über Deutschlands künftige Gestalt und sein Schicksal. Gewiß, über die politische Kapitulation des feindlichen Staates hatte sich die »Europäische Beratende Kommission« am 25. Juli 1944 geeinigt; ein Protokoll, das die Aufteilung des Landes festlegte, war am 12. September 1944 zustande gekommen; ein »Abkommen über die Kontrolleinrichtungen in Deutschland« wurde am 14. November des Jahres verabschiedet. Alle diese Abmachungen, die von den drei Mächten auf einer Konferenz bestätigt werden mußten, gingen in ihren Festlegungen vom territorialen Bestand des Reiches am 31. Dezember 1937 aus; zur künftigen Ostgrenze hatten sie nicht Stellung genommen – obwohl klar war, daß diese nicht dort gezogen würde, wo sie 1937 verlief. Über die Bedingungen der Kapitulation und des Friedens gab es ansonsten nicht viel Konsens zwischen den künftigen Siegern. Im Sommer 1944 hatte sich Stalin, der mal für die Einheit, mal für die Aufteilung des Landes eingetreten war, von den Westmächten für die »Zerstückelung« Deutschlands gewinnen lassen; am 25. Juli 1944 konnte das rabiate Ziel in den Entwurf für die deutsche Kapitulationsurkunde eingefügt werden. Allein, im März 1945 rückten die Sowjets davon wieder ab. Folge dieser Verwirrung war, daß im Mai 1945 kein gemeinsam beschlossenes alliiertes Dokument vorlag, das die Kapitulation regelte.

In Jalta war es im Februar 1945 gleichfalls zu keiner dauerhaften Einigung gekommen, nicht über die umstrittenen Reparationen und nicht über die künftige Gestalt Deutschlands. Vor allem der britische Außenminister Eden äußerte gegen die kompromißhaft entworfene Formel einer geplanten »Zerstückelung« des geschlagenen Reiches nunmehr erhebliche Bedenken, während sein sowjetischer Kollege Molotow sie zu diesem Zeitpunkt noch, anders als wenige Wochen später, für erforderlich hielt, um »den künftigen Frieden und die Sicherheit«[88] in Europa zu garantieren. Die akute Angst vor der Sowjetunion und die bleibende Ungewißheit über ihr zukünftiges Handeln ließen die Briten zögern, in Mitteleuropa ein Vakuum entstehen zu lassen.

»Solange meine Zweifel über Rußlands Intentionen nicht zerstreut sind«, bekannte Churchill bald darauf, »geht mir der Gedanke an die Aufteilung Deutschlands arg wider den Strich.«[89] Tauchte im Angesicht eines katastrophalen Endes, das wie das Strafgericht der Weltgeschichte zu nahen schien, gleichsam in Parallele zu den Vorgängen der Jahre 1917/19, die unglaubliche Chance eines erneuten »Mirakels« auf? Erwuchs aus dem aufkeimenden Streit der Sieger die rettende Chance für den Verlierer? Blieb Deutschland die »totale Zerstörung«, die *destruction totale*, die das beständig mit dem »Gift in der Tasche«[90] lebende Preußen seit den Zeiten des Siebenjährigen Krieges begleitet hatte, doch noch erspart? Tat sich begründete Hoffnung auf, daß der zur Disposition stehende deutsche Nationalstaat, in seinem territorialen Umfang nicht um schlechthin Unverzichtbares reduziert, weiter existieren konnte?

Immerhin, bald nach der Konferenz von Jalta stellte Marschall Stalin seinen außenpolitischen Kompaß, vorläufig jedenfalls, neu ein: Er zeigte, ohne daß der sowjetische Diktator sich damit definitiv festgelegt hätte, nicht mehr länger in die Richtung einer Zerstückelung Deutschlands, sondern in die der Bewahrung seiner Einheit. Zwar beantwortete sich die Frage nach der Zukunft des Reiches erst in den Nachkriegsjahren und fand im bald ausbrechenden Kalten Krieg ihre auf Jahrzehnte gültige Antwort; dennoch stand bereits jetzt so viel fest: Die historische Konstellation war eine grundsätzlich andere als 1918. Verbrechen und Schuld der Deutschen waren ungleich größer. Die Tendenz, das niedergerungene Reich aufzuteilen, war, wenn das Gegenläufige darüber auch nicht zu vergessen ist, am Ende des Zweiten Weltkriegs stärker ausgeprägt als am Ausgang des Ersten. Denn inzwischen standen sich nicht mehr wie 1919/20 ein starkes Großbritannien und ein schwaches Sowjetrußland, sondern genau umgekehrt eine ungemein gestärkte Sowjetunion und ein erheblich geschwächtes England gegenüber.

Aus mannigfachen Gründen war der Westen insgesamt, nicht zuletzt wegen des andauernden Krieges in Asien und um eines erträglichen Verhältnisses in Europa willen bereit, den Sowjets entgegenzukommen. Von ihnen sollte es daher entscheidend abhängen, was aus Deutschland wurde. Auf jeden Fall würde das Reich – oder was von ihm blieb – zunächst nichts anderes als ein Objekt der großen Politik und nicht mehr länger eines ihrer Subjekte sein; es würde vor allem nicht Mitglied der neuen Völkergemeinschaft, der Vereinten Nationen, werden, deren Gründung bevorstand. Mochten sich die Alliierten in Wesentlichem uneinig sein, was die Zukunft Deutschlands, Europas und der Welt anging: Daß das Reich nicht »zum Zwecke seiner Befreiung« besetzt wurde, »sondern als ein besiegter Feindstaat«[91], wie die amerikanische Direktive JCS 1067 vom 26. April 1945 unmißverständlich festlegte, darüber konnte es keinen Zweifel geben.

Was die für die Zukunft des europäischen Kontinents in hohem Maße ausschlaggebende Sowjetunion anging, so war ihr Bestreben vor allem dadurch charakterisiert, einer Wiederholung der traumatisch lebendigen Erfahrung des deutschen Überfalls vom 22. Juni 1941 auf erdenkliche Zeit, ja möglichst definitiv vorzubeugen. Ihr verständliches Sicherheitsbedürfnis ging dabei, vermischt mit den ausgreifenden Zielen ihrer äußeren Politik, die davon unabhängig existierten, in einen nicht unproblematischen Expansionsbedarf über, der bald wie ein unersättlicher Raumhunger anmutete. Für England stellte sich damit verhältnismäßig rasch, für die USA nach einiger Zeit die alte Frage nach der kritischen Grenze, an der das absolute Sicherheitsstreben eines einzelnen in die allgemeine Unsicherheit aller anderen einmündet.

Die Sowjetunion geriet, wie im beinahe blinden Vollzug der übermächtigen Regeln europäischer Staatengeschichte, die seit Jahrhunderten zwischen den Polen von Gleichgewicht und Hegemonie oszillierten, in die bevorzugte, zugleich gefährdete Rolle des Hegemon. Stalin schien, ungeachtet zeitweiliger Präferenzen, nach wie vor zu schwanken, ob er, über die sowjetischen Gewinne in Ostmittel- und Südosteuropa sowie über die Abtretung der deutschen Ostprovinzen an Polen und Rußland hinaus, eher für ein geteiltes oder ein ungeteiltes Deutschland votieren sollte. Beantwortet wurde die offene Frage schließlich durch jene spezifische Entwicklung der Staatenwelt, die beinahe unmittelbar im Anschluß an den Weltkrieg in die konfliktreiche Auseinandersetzung zwischen Ost und West einmündete.

In Großbritannien, dem so viele Trümpfe abhandengekommen waren, daß ihm, dem einst mächtigen Gegenspieler Rußlands, Wohlverhalten im Umgang mit der Sowjetunion angebrachter erschien als Konfrontation, ging diese Diskussion ebenfalls noch hin und her: Sollte man, lautete eine von vielen Fragen, eine waffenlose Einheit Deutschlands wünschen, die mit wirtschaftlichen Vorteilen für die Sieger verbunden war, oder sollte man, gaben andere zu bedenken, eine Zweiteilung des Landes vorziehen, die Preußen isolierte und einen deutschen Südstaat, mit Österreich zusammen, einem künftigen Donaubund einfügte?

Schließlich mußten auch die Franzosen gehört werden, die als vierte Macht Sitz und Stimme im Alliierten Kontrollrat über Deutschland erhielten und ein aus der amerikanischen sowie englischen Besatzungszone herausgeschnittenes Territorium okkupierten. Obwohl sie in Jalta nicht in den »Ausschuß für die deutsche Teilungsfrage« aufgenommen wurden, entwickelten sie, wenn es um die Zukunft Deutschlands ging, die entschiedensten Vorstellungen. Mehr als eine lockere Föderation des im Prinzip aufgeteilten Landes wollten sie nicht zulassen. Als erster westlicher Staatsmann hatte General de Gaulle, als er am Jahresende 1944 die Sowjetunion besuchte und mit den Russen einen Bündnisvertrag auf zwanzig Jahre gegen Deutschland unterzeichnete, bei dieser Gelegenheit die Oder-Neiße-Linie als künftige deutsch-polnische Grenze anerkannt.

Was aber wollte das große Amerika, die neue Weltmacht, die in Asien noch immer Krieg gegen Japan führte und die in Europa Entlastung suchte? Lebhaft, ja scharf ging, vor allem im Zeitraum zwischen den Konferenzen von Teheran und Jalta, die amerikanische Auseinandersetzung über Deutschlands Zukunft hin und her. Im Außen- und Kriegsministerium vertraten die Minister Hull und Stimson eine vergleichsweise gemäßigte Linie. Die Einheit eines deutschen Wirtschaftsgebietes wurde als notwendig angesehen, um dem schwer darniederliegenden Europa neue Prosperität zu verleihen. Ansonsten drohte es ganz und gar in den tiefen Abgrund des allgemeinen Elends zu versinken, aus dem sich das Gespenst der Revolution gefährlich leicht erheben konnte.

Dagegen bezogen vor allem Finanzminister Morgenthau und der frühere Unterstaatssekretär im State Department, Sumner Welles, Position. Sie gedachten Deutschlands politische Einheit zu opfern. Mehr noch: Morgenthau wollte dem geschlagenen Reich die industrielle Grundlage nehmen; übrigbleiben sollte ein reines Agrarland. Diese radikale Alternative kam schließlich nicht zum Tragen, obwohl Elemente des wahnwitzigen Entwurfs die amerikanische Kriegszieldiskussion für geraume Zeit mit prägten. Für den Präsidenten Roosevelt, der im einzelnen noch keineswegs entschieden war, kam es vornehmlich darauf an, die deutsche Frage im Rahmen, ja als Funktion einer künftigen Weltordnung zu betrachten, die nach amerikanischer Vorstellung entworfen wurde. Das heißt aber: Ein erträgliches Verhältnis zu Stalin herzustellen, hatte für Roosevelt Vorrang. Dem opferte er, wie die Briten das ebenfalls taten, ohne Zögern die deutschen Ostprovinzen und brachte für die russischen Interessen im alten »Zwischeneuropa« viel Verständnis auf. Der Vision der *one world*, der politischen Leitidee des amerikanischen Präsidenten, wurden, eine Zeitlang jedenfalls, die ostmitteleuropäischen Probleme und die deutsche Frage untergeordnet. Deutsche Frage! Viel mehr war inzwischen von dem unter den militärischen Schlägen der gegnerischen Koalition zerbrechenden Reich tatsächlich nicht übriggeblieben. Um ein ganzes Jahrhundert hatte die Geschichte die Deutschen zurückgeworfen!

Vom Erfolg ihres globalen Demokratie- und Freiheitskonzepts überzeugt, erbrachten die Amerikaner dem auf Land- und Ländergewinn erpichten Stalin konkrete Vorleistungen. Dafür erwarteten sie von ihm in absehbarer Frist politische Zugeständnisse, das heißt: Sie überließen den Sowjets Territorien in der Hoffnung, daß auf diesen Gebieten später demokratische Wahlen stattfinden könnten. Der amerikanische *way of life*, der unaufhaltsam voranzuschreiten schien, würde im übrigen dafür sorgen – so waren sie von naiver Siegesgewißheit erfüllt –, daß auch die Völker Ostmittel- und Südosteuropas als freie Mitglieder der neuen Weltordnung, der *one world*, leben könnten. Kurzum: Die Amerikaner waren bis zum Leichtsinn optimistisch, daß sie im friedlichen Wettbewerb der konkurrierenden Zivilisationen triumphieren würden! Ihre Überzeugung blieb unumstößlich, daß das anziehend Weiche dem abstoßend Harten, daß der Handels- dem Kasernenstaat auf Dauer überlegen sei.

Während die Anti-Hitler-Koalition ihre deutschen und europäischen Kriegsziele erörterte, näherte sich das »Dritte Reich« dem Abgrund der Geschichte. Im September 1943 hatte es endgültig seinen italienischen »Achsen«-Partner verloren; ein Jahr darauf kündigte ihm Finnland die Waffenbrüderschaft. Ende August 1944 wurde Rumänien von den Sowjets zum Frontwechsel gezwungen; Anfang September erklärte Bulgarien Deutschland den Krieg. Die »Festung Europa« wurde an allen Fronten eingedrückt, die Zahl ihrer Verteidiger schmolz dahin. Dem einst stolzen Reich der Deutschen drohte schmählicher Untergang. Nur sein blindwütiger »Führer« zeigte sich fest davon überzeugt, das Schicksal aus eigener Kraft wenden zu können. Mit Gewißheit würde es ihn, ließ die Hybris den Verblendeten glauben, noch einmal ganz außerordentlich begünstigen: Seine englische Illusion, die ihn von Beginn seiner politischen Karriere an begleitet hatte, ließ ihn bis an sein Ende immer wieder Hoffnung schöpfen, die jedoch nichts als Selbsttäuschung war.

Die englische Illusion

Was nährte Hitlers trügerischen Glauben, im düsteren Schatten der sich abzeichnenden Niederlage werde ihm gelingen, was selbst im gleißenden Licht seiner blendenden Triumphe fehlgeschlagen war, nämlich Großbritannien für ein Zusammengehen mit dem Deutschen Reich zu gewinnen? Ausschlaggebend dafür blieb die einfach nicht endende Spekulation über einen Bruch der feindlichen Koalition, für den es Anzeichen gab. Anfangs frönte der Diktator der illusionären Hoffnung, die Vereinigten Staaten von Amerika und England würden sich entzweien; später vertraute er der trügerischen Überzeugung, der Westen und die Sowjetunion würden auseinanderfallen. Der seit wilhelminischer Zeit genährte Glaube, die Briten würden sich aus Angst davor, von den Amerikanern im imperialen und wirtschaftlichen Zusammenhang beerbt oder von den Russen auf dem indischen Subkontinent machtpolitisch, sogar militärisch herausgefordert zu werden, dem Deutschen Reich annähern, existierte bis an das Ende des Zweiten Weltkriegs fort. Die verhängnisvolle Kontinuität dieses Irrtums, der nachhaltig auf der deutschen Englandpolitik lastete, war beileibe nicht auf Hitlers außenpolitische Gedankenbildung begrenzt.

Aus der Sicht des »Führers« standen die Westmächte, allen voran Großbritannien, ebenso wie die Völker des alten Kontinents, einschließlich des eigenen, besonders im östlichen »Zwischeneuropa« zunehmend vor der Alternative, sich zwischen ihm und Stalin entscheiden zu müssen. Von der Ukraine über Polen bis nach Jugoslawien und Griechenland ließ sich beobachten – mit charakteristischen Unterschieden im einzelnen, doch im Grundmuster unverkennbar ähnlich –, wie die ausweglose Option zwischen den beiden Tyranneien ausfiel.

Die Haltung der nichtkommunistischen Aufständischen, die gegen die deutsche Besatzungsmacht kämpften, wurde durch den Vormarsch der Roten Armee und durch die Existenz kommunistischer Widerstandsorganisationen im eigenen Land merklich verändert: In der Ukraine suchten sie zu einem nicht geringen Teil bei der deutschen Wehrmacht Schutz. In Polen stießen sie, wie das Beispiel der »Heimatarmee« zeigt, für ihre Bereitschaft, sich gegen die

Sowjets zu wenden, bei Hitler auf taube Ohren, weil der Diktator eine Allianz mit dem ostmitteleuropäischen Land in gar keiner Form einzugehen wünschte. In Südosteuropa bezogen sie gegen die neue Bedrohung durch die Kommunisten Stellung und wurden vom »Dritten Reich« nur halbherzig unterstützt.

Hitler beschwor zwar die diabolische Alternative zu Stalin; die sich bietende Chance, als ein im traditionellen Sinne auftretender Hegemon den bedrohten Völkern vor der Sowjetunion Schutz zu gewähren, ergriff er dagegen nicht. Er wollte sie nicht verteidigen, sondern unterwerfen; wollte nicht mit ihnen gemeinsam gegen die Russen kämpfen, sondern sie, ebenso wie Stalin, unterjochen. Er dachte nicht daran, seine gefährdete Position durch ein Geben und Nehmen zu verbessern. Vielmehr setzte er alles auf eine Karte und leitete ein allerletztes, gewagtes Spiel ein: Mit einem donnernden Schlag wollte er das widrige Schicksal wenden! Daß er am Jahresende 1943, eher dazu getrieben als davon überzeugt, endlich die »Provisorische Regierung des Freien Indien« unter Subhas Chandra Bose anerkannte, war keineswegs ein Zeichen dafür, daß er sich von seinem Suggestivgedanken an die britische Allianz verabschiedet hatte. Was er unter dem Zwang der Kriegslage, nicht zuletzt mit drohendem Wink an England tat, würde nichts Definitives mehr besitzen, wenn es zukünftig darum ging, mit Großbritannien zusammen das Jahrhundert in die Schranken zu fordern.

Gewiß, die Spannungen zwischen England und Rußland waren unverkennbar und die Verwerfungen zwischen Sowjets und Amerikanern gar nicht zu übersehen. Dennoch reichten diese Konflikte allesamt nicht aus, um Hitlers britische Illusion Wirklichkeit werden zu lassen. Die »unnatürliche Koalition« hielt: Die USA, auf deren Hilfe das ausgeblutete England so unumgänglich angewiesen war wie ein Schwerkranker auf die lebenerhaltende Infusion, waren fest davon überzeugt, die Unterstützung durch die Sowjetunion nicht entbehren zu können.

Mitte August 1943 machte das »Gutachten eines hohen Militärs der Vereinigten Staaten«, also der amerikanische Generalstab, der im andauernden Krieg natürlicherweise über beträchtlichen Einfluß verfügte, den Präsidenten mit seiner Lageeinschätzung für die Nachkriegszeit bekannt: »Rußland wird nach dem Kriege in Europa eine beherrschende Stellung einnehmen. Nach Deutschlands Zusammenbruch gibt es in Europa keine Macht, die sich Rußlands gewaltiger militärischer Kraft entgegenstellen könnte. Zwar ist Großbritannien im Begriff, im Mittelmeer eine Position gegenüber Rußland aufzubauen, die sich für das Gleichgewicht der Mächte in Europa nützlich erweisen mag. Aber auch hier ist es fraglich, ob England sich gegen Rußland behaupten kann, wenn es nicht von anderer Seite unterstützt wird.«[92] Daraus ging für die amerikanischen Militärs vor allem dies hervor: »Die Schlußfolgerungen aus diesen Gedankengängen liegen auf der Hand. Da Rußland im Kriege den entscheidenden Faktor darstellt, muß es jeglichen Beistand erhalten, und alles muß aufgeboten werden, es zum Freunde zu gewinnen. Da es nach der Niederlage der Achse ohne Frage die Vorherrschaft in Europa haben wird, ist die Entwicklung und Aufrechterhaltung der freundschaftlichsten Beziehungen zu Rußland nur um so wichtiger.«

Vor diesem Hintergrund war der Handlungsspielraum der Briten, auf deren Einlenken Hitler immer noch hoffte, zwischen Amerikanern und Sowjets eingeschnürt, fast bis zur Bewegungslosigkeit geschrumpft. Selbst wenn sie gewollt hätten, wäre es den Engländern nur unter größten, lebensgefährlichen Risiken möglich gewesen, die eingeschlagene Orientierung ihrer Außenpolitik und Kriegführung im grundlegenden Sinne zu verändern. Eben auf diesen unwahrscheinlichen Fall baute Hitler! Nach seiner vorurteilsbehafteten Überzeugung mußte gerade die Existenz ihrer weltpolitischen Zwangslage die Engländer dazu veranlassen, mit einem entscheidenden Schritt auf die Deutschen zuzugehen. Daß England Hitlers Deutschland für noch abstoßender und gefährlicher hielt als Stalins Sowjetunion oder gar das Amerika Roosevelts, entging ihm darüber völlig!

Im übrigen: Am 16. Mai 1944, kurz vor der Invasion in Frankreich, unterrichtete der amerikanische Stabschef Admiral Leahy Außenminister Hull davon, wie es um die Briten tatsächlich bestellt war. Sollte es zu einer kriegerischen Auseinandersetzung zwischen England und der Sowjetunion kommen, würden die Vereinigten Staaten zwar dazu imstande sein, an der Verteidigung des britischen Mutterlandes mitzuwirken. Daß die Engländer auf amerikanische Unterstützung angewiesen waren, stand ebenso fest, wie Leahy umgehend die Grenzen für ein solches Engagement seines Landes zog: »Wir könnten unter den gegenwärtig bestehenden Bedingungen nicht Rußland schlagen. Mit anderen Worten, wir würden uns in einen Krieg verwickelt finden, den wir nicht gewinnen könnten, wenn auch die Vereinigten Staaten dabei weder in Gefahr wären, geschlagen oder besetzt zu werden.«

Erst im zurückliegenden Jahr hatten sich die Amerikaner dafür entschieden, sich dem Joch der Macht nicht so willig zu beugen, daß sie ihr zu erliegen drohten: Sich mit einer Rüstung zu wappnen, die ihnen der Sowjetunion gegenüber Unabhängigkeit, sogar Überlegenheit verheißen konnte, hatten sie abgelehnt. Der innenpolitische Preis, der dafür möglicherweise aufzubringen war und der die Bauform ihrer »imperialen Republik« (Raymond Aron) unter Umständen deformiert hätte, kam ihnen zu gewaltig und unkalkulierbar vor.

Allein, derart differenzierte Überlegungen zum Verhältnis von Krieg und Kultur fanden im bedrängten Reich längst keine Beachtung mehr. Dort klammerten sich zahlreiche Repräsentanten aus Staat und Wehrmacht, aus Wirtschaft und Gesellschaft an die englische Illusion. Daß sie wie in einer Fata Morgana der Oase glich, die nicht in Reichweite lag, sondern unerreichbar Entferntes als verführerisch naheliegend vorgaukelte, übersahen die Selbstgetäuschten. Während sie auf abschüssiger Verliererstraße der Katastrophe entgegentorkelten, meinten sie immer noch, das sich schürzende Schicksal tatkräftig beeinflussen zu können. Mit der sogenannten zweiten totalen Mobilmachung im Westen liefen am 25. Juli 1944 die Vorbereitungen für das schaurig furiose Finale an, in dem sich die britische Hoffnung der Deutschen erfüllen sollte. Der vermessene Plan, die in Frankreich gelandeten Eindringlinge, vor allem die Amerikaner, umgehend ins Meer zu werfen, beschreibt den Auftakt zu jener großen Schlußoffensive Hitlers, die dem verlorenen Krieg in letzter Minute eine unerwartete Wendung geben sollte.

Seit dem Sommer 1944 wurde die verlustreiche Verteidigung der einstürzenden »Festung Europa«, nach dem rückblickenden Urteil von Generalfeldmarschall Keitel, mehr und mehr zu einem schieren »Krieg um Zeitgewinn«[93]. In einem dramatischen Wettlauf mit den dahinjagenden Wochen und Monaten mußte insbesondere England die Aussichtslosigkeit seines Tuns Schlag um Schlag eingehämmert werden, war ihm mit schmerzhafter Gewalt vor Augen zu führen, daß es auf das Reich angewiesen war. Am Ende des Jahres wollte Hitler zu einem Entscheidungsschlag gegen den Westen ausholen, um die Briten von den Amerikanern abzusprengen!

Unter ruinösem Einsatz von Menschen und Material war es gelungen, die Front im Osten zu stabilisieren. Noch im andauernden Jahr 1944 sollte auf der entgegengesetzten Seite des arg geschrumpften Kriegsschauplatzes attackiert werden. Man habe sich »darauf ein[zu]stellen«, erläuterte der Diktator sein bizarres Vorhaben in einer Besprechung am 19. August 1944, an der unter anderen Keitel, Jodl und Speer teilnahmen, »daß man im November offensiv wird, wenn der Feind nicht fliegen kann«[94]. Ein an sich aussichtsloses Unternehmen, wenn man bedenkt, wie »erfahrene und überlegte Kommandeure« damals die Lage im Westen beurteilten. Sie bestätigten »einwandfrei, das Heer beim Rückmarsch 1918 nach der Revolution sei eine Gardetruppe im Vergleich zu den flüchtenden Truppenhaufen gewesen«[95], denen man jetzt begegne. Dessenungeachtet gab Hitler am 10. November 1944 den Befehl zur Offensive, die im Raum um Monschau und Echternach anlaufen sollte und die als Ardennenoffensive bekannt geworden ist: »*Ziel der Operation* ist, durch Vernichtung der feindlichen Kräfte nördlich der Linie Antwerpen-Brüssel-Luxemburg eine entscheidende Wendung des Westfeldzuges und damit vielleicht sogar des ganzen Krieges herbeizuführen.«[96]

Die spektakulären Angriffe mit den geheimnisumwitterten V 2-Geschossen, die seit dem 8. September 1944 auf die britische Insel niedergingen, sollten die Engländer, weil es gegen die neue »Wunderwaffe« noch kein Abwehrmittel gab, systematisch zermürben: Eine erfolgreiche Kampagne zu Lande würde sie nunmehr endgültig von den Amerikanern abtrennen und den Deutschen in die Arme treiben. Ein letzter, verzweifelter Versuch wurde unternommen, um dem Unabwendbaren zu entgehen, um gleichsam dem Teufel von der Schippe zu springen. Glaubte man, was zunehmend häufiger der Fall war, zwar nicht mehr an den eigenen Sieg, so wollte man sich doch wenigstens denjenigen aussuchen, dem man sich ergab. Noch Ende Februar 1945 scheint selbst Botschafter von Weizsäcker die tatsächlich kaum noch vorhandene Chance für eine solch vorteilhafte Wahl gesehen zu haben, die der Prosekretär des Papstes, Domenico Tardini, arg optimistisch beschworen hatte: Wenn Deutschland auch »nicht mehr siegen« könne, sei es immerhin noch imstande, »sich seinen Besieger ... auswählen«[97] zu können. Der Westen, mit dem Deutschland sich zu einigen bestrebt sein müsse, könne kein Interesse daran haben, den deutschen Gegner zu einer »Umstellung auf den Osten« zu zwingen.

Die siegreichen Angelsachsen sollten mit der fragwürdigen Drohung auf den noch vorhandenen Bewegungsspielraum des geschwächten Reiches das Richtige zu tun veranlaßt werden, bevor Alles zu spät war: »Wenn erst einmal der Russe an der Elbe stehe, sei es für die Westmächte in Deutschland aus.«[98] Unter diesem Gesichtspunkt mochte es eine verführerische Plausibilität besitzen, daß Heinrich Himmler am 21. September 1944 vor den »Wehrkreisbefehlshabern und Schulkommandeuren« der Wehrmacht ausführte: »Jede Woche, die vorübergeht, stärkt uns in unserem politischen Wert und steigert unsere Kraft, ich möchte mal sagen als Sprengkeil oder als Sprengstoff, um die Koalition unserer Gegner geradezu zu sprengen. Die Koalition unserer Gegner England, Amerika, Rußland ist und war von vornherein eine unnatürliche. Es ist ja auch eine Erfahrungstatsache, daß kaum ein großer Krieg durchgeführt wurde, in dem die Koalitionen am Schluß dieselben waren wie am Anfang.«[99] Der Reichsführer SS sprach damit zum einen eine hoffnungsvolle Erwartung aus, die in der deutschen Führung weit verbreitet war. Zum anderen vermag diese Haltung seine eigenmächtigen Initiativen zu erklären, wie beispielsweise seine Kontaktversuche zum stellvertretenden Außenminister der Vereinigten Staaten, Stettinius, die darauf zielten, den verlorenen Krieg zu beenden und das eigene Leben zu retten.

Die Spekulation auf Koalitionsbruch und Separatfrieden dauerte an. Als Briten und Sowjets wegen ihrer in Griechenland divergierenden Interessen zu Anfang des Jahres 1945, wie Jodl feststellte, in »Konflikt«[100] gerieten, keimte im innersten Kreis der militärischen Führung erneut betörende Hoffnung auf. Die rettende Einsicht schien in der tröstenden Überzeugung zu liegen, der Großadmiral Dönitz kurz vor Toresschluß, am 5. Februar 1945, erwartungsvollen Ausdruck verlieh, als davon die Rede war, daß »die militärische und politische Lage in einem Krieg ... nie eine endgültige«[101] sei. Während Hitler sich seit dem Sommer 1944 auf den großen Überraschungsschlag vorbereitete, tauchten die Spitzen der Roten Armee an den Grenzen des Reiches auf. Das bis dahin, was die russische Gefahr anging, in allen Schichten vorherrschende Gefühl einer trügerischen Sicherheit ging jetzt rasch verloren. Dennoch wurde die Verteidigung an der Ostfront noch einmal »bis auf das Skelett«[102] entblößt, um sich an der Westfront überdimensional zu wappnen.

Dort ging Hitler, seiner festen Überzeugung nach, dazu über, die Entscheidung mit der Waffe zu erzwingen. Am 12. Dezember, vier Tage vor Beginn der Ardennenoffensive, erläuterte er vor den Kommandeuren der Wehrmachtverbände, die dafür bereitstanden, in seinem Hauptquartier »Adlerhorst« in der Nähe von Bad Nauheim, was er im Schilde führte: »Ist man selbst zur Abwehr, zur Defensive gezwungen, dann ist es erst recht die Aufgabe, von Zeit zu Zeit durch rücksichtslose Schläge dem Gegner wieder klarzumachen, daß er trotzdem nichts gewonnen hat, sondern daß der Krieg unentwegt weitergeführt wird. Ebenso ist es wichtig, diese psychologischen Momente dadurch noch zu verstärken, daß man keinen Augenblick vorübergehen läßt, um [ohne?] dem Gegner klarzumachen, daß, ganz gleich, was er auch tut, er nie auf eine Kapitulation rechnen kann, niemals, niemals ... Wenn ihm das durch die Haltung eines Volkes, einer Wehrmacht und zusätzlich noch durch schwere Rückschläge, die er bekommt, klargemacht wird, dann wird er am Ende eines Tages einen Zusammenbruch seiner Nervenkraft erleben.«[103]

Damit leitete der Diktator zum Kern dessen über, woran er unbeirrt glaubte und was er nach wie vor wollte: »(Es gab in der Weltgeschichte niemals) Koalitionen, die wie die unserer Gegner aus so heterogenen Elementen mit so völlig auseinanderstrebender Zielsetzung zusammengesetzt sind. Was wir an Gegnern heute besitzen, sind die größten Extreme, die überhaupt auf der Erde heute denkbar sind: ultrakapitalistische Staaten auf der einen Seite und ultramarxistische Staaten auf der anderen Seite; auf der einen Seite ein absterbendes Weltreich, Britannien, auf der anderen Seite eine auf Erbschaft ausgehende Kolonie, die USA. Es sind Staaten, die in ihrer Zielsetzung schon jetzt Tag für Tag aneinandergeraten. Und wer so wie eine Spinne, möchte ich sagen, im Netz sitzend diese Entwicklung verfolgt, der kann sehen, wie von Stunde zu Stunde sich diese Gegensätze mehr und mehr entwickeln. Wenn hier noch ein paar ganz schwere Schläge erfolgen, so kann es jeden Augenblick passieren, daß diese künstlich aufrechterhaltene gemeinsame Front plötzlich mit einem riesigen Donnerschlag zusammenfällt.«[104]

In dieser Perspektive wird, aus Hitlers Sicht der Dinge, deutlich, warum er, anders als die Feldmarschälle von Rundstedt und Model, sich nicht damit begnügen mochte, nur bis zur Maas vorzustoßen, um abzuwarten, wie die Lage sich entwickeln werde. Unter erheblich verschlechterten Bedingungen wollte er die Entscheidung vom Jahre 1940 gewissermaßen wiederholen. Er visierte einen aufsehenerregenden Durchbruch bis nach Antwerpen an, um die nach wie vor scheinbar ungebrochene Kraft der Wehrmacht zu demonstrieren und um England zum Einlenken zu zwingen. »Unabänderlich ist das Wagnis der großen Zielsetzung«, umriß Jodl am 1. November 1944 in Übereinstimmung mit Hitler und Keitel das Beabsichtigte, »die rein technisch betrachtet in einem Mißverhältnis zu den eigenen verfügbaren Kräften zu stehen scheint. Wir dürfen uns aber nicht scheuen, in unserer jetzigen Lage alles auf eine Karte zu setzen.«[105]

Von dieser vermessenen Absicht getragen, begann am 16. Dezember die Ardennenoffensive. Wütend fiel der längst Geschlagene den überlegenen Sieger an und versuchte, ihn zu Boden zu reißen. Hitler, dessen Lage verzweifelter war als die der Dritten Obersten Heeresleitung im September 1918, war nicht dazu bereit, den Weg Ludendorffs zu gehen und um Kapitulation zu bitten, im Gegenteil. Nachdem es ihm im Osten zwischen August und Oktober 1944 gelungen war, den totalen Zusammenbruch aufzuschieben, machte er sich daran, zwischen November 1944 und Januar 1945, den »Ausfall« nach Westen zu proben. Doch schon nach vier Tagen militärischen Erfolgs kam die massierte Attacke am 20. Dezember zum Stehen. Nur acht Tage später vermochten sich die Deutschen des alliierten Gegenangriffs kaum noch zu erwehren. Fanatisch beschwor Hitler die für diesen Tag erneut ins Hauptquartier einberufenen Divisionskommandeure, einfach nicht lockerzulassen: »Ich habe den Begriff Kapitulation in meinem Leben nie kennengelernt.«[106]

Um im Westen weiterhin die vermeintliche Initiative ergreifen zu können, widersetzte sich Hitler allen Mahnungen, den nahezu völlig entblößten Osten zu verstärken. Den sich abzeichnenden Aufmarsch der Sowjets für eine neue Offensive tat er unwirsch als »den größten Bluff seit Dschingis Khan«[107] ab. Seine illusionäre Lagebeurteilung hatte verheerende Konsequenzen! Als die Rote Armee am 12. Januar 1945 zum Sturm antrat, erwies sich tatsächlich, daß der Chef des Generalstabes, Heinz Guderian, recht hatte[108]: »Die Ostfront ist wie ein Kartenhaus«. Inzwischen war der Vormarsch in den Ardennen endgültig auf seine Ausgangsstellungen zurückgeworfen worden. Der letzte Versuch, mit militärischen Mitteln der englischen Illusion politische Realität zu verleihen, war gescheitert.

Während die Sowjets mittlerweile die Oder erreicht hatten und fünfzig Kilometer von Berlin entfernt standen, phantasierte Hitler bei kaum mehr existierendem Handlungsspielraum über weltpolitische Wendemanöver. Zu Anfang des Jahres 1945 war es zu einem Zerwürfnis zwischen den Vereinigten Staaten von Amerika und der Sowjetunion gekommen, die sich über einen finanziellen Kredit für den russischen Wiederaufbau zerstritten hatten. Umgehend erwartete Hitler, die bevorstehende Kriegskonferenz der Alliierten, die im Februar in Jalta stattfand, werde das definitive Ende des gegnerischen Bündnisses besiegeln. Weil der Diktator stur daran festhielt, die militärische Kraft in erster Linie auf die Verteidigung im Westen zu konzentrieren, brach die Front im Osten um so schneller zusammen. Aus dem Raum zwischen Ostsee und Karpaten ergoß sich eine »riesige Menschenlawine«[109] flüchtend nach Westen; aus Angst vor Mord, Vergewaltigung und Deportation schwoll der große Treck zur neuen Völkerwanderung an; Millionen von Menschen aus den von der Roten Armee eroberten Ländern Ostmittel- und Südosteuropas sowie aus den Gebieten des deutschen Ostens suchten, zu Wasser und zu Lande, dem gefürchteten Zugriff der Sowjets zu entkommen.

Die schwach gewordenen Kräfte der Wehrmacht schützten »in einem ganz elementaren Sinne die Menschen in ... [den] preußisch-deutschen Ostprovinzen«[110] vor der furchtbaren Rache der heranrückenden Roten Armee. Durch ihr Opfer wirkten sie freilich unaufhebbar daran mit, die Existenz des nationalsozialistischen Unrechtsregimes zu verlängern. Indem das Heer zur Rettung beitrug, ermöglichte es gleichzeitig die Vernichtung! Inmitten dieser Tragödie wurde, einer sinnlosen Nemesis gleich, das mit schlesischen Flüchtlingen überfüllte Dresden am 13./14. Februar 1945 von alliierten Bombern angegriffen und zerstört. Das verwerfliche Massaker war der entsetzliche Höhepunkt jener Bombenangriffe der Westalliierten, die zur Demoralisierung der deutschen Zivilbevölkerung führen sollten. Daß sie der nationalsozialistischen Propaganda leichte und willkommene Handhabe boten, die sogenannten »Terrorangriffe« der Engländer und Amerikaner anzuprangern und an den Durchhaltewillen der Deutschen zu appellieren, beschrieb die andere Seite der angelsächsischen Luftkriegführung.

Einen Wandel seiner Haltung vermochte das mit zerstörerischer Gewalt über Deutschland Hereinbrechende bei Hitler nicht mehr zu bewirken. Wie das Insekt die lockende Lichtquelle willenlos ansteuert und verbrennt, folgte er instinktiv der eingeschlagenen Bahn und scheiterte. Bar jeden Realitätssinns verstieg er sich zu der unglaublichen Prognose, für Ost und West, die im rapide schrumpfenden Reich aufeinanderstießen, gehe mit dem vermeintlichen Sieg das sichere Ende ihrer Koalition einher. Jetzt zeigte er sich auch dazu bereit, mit den Amerikanern gegen die Sowjets zusammenzuwirken. Knapp zwei Wochen nach Präsident Roosevelts Tod, auf den der Diktator gleichfalls seine vagen Hoffnungen für eine große Wende gesetzt hatte, trafen russische und amerikanische Soldaten am 25. April 1945 in Torgau an der Elbe zusammen; über den rauchenden Trümmern eines geschlagenen Landes reichten sie einander die Hände. Für Hitler, der jeden Bezug zur Wirklichkeit vollends verloren hatte, stellte sich die symbolische Vereinigung der triumphierenden Sieger in der Mitte des geborstenen Reiches so dar, als lasse er die Sowjets und Angelsachsen gezielt »aufeinanderprallen«[111].

Einige Tage zuvor hatte er mit dem realitätsfernen Gedanken gespielt, sich bei dem als gewiß erachteten »Bruch der Allianz zwischen den Russen und den Angelsachsen«[112] für eine der beiden Seiten frei entscheiden zu können: »Wer von den beiden zuerst an mich gelangt, mit dem werde ich mich gegen die anderen verbünden.«[113] Am Tag von Torgau glaubte er, nun sei der Augenblick erreicht, da er sich mit dem Westen gegen die Sowjetunion zusammentun könne: »Ich glaube es ist der Moment gekommen, wo die anderen sowieso aus Selbsterhaltungstrieb diesem maßlos gewordenen proletarisch-bolschewistischen Koloß und Moloch entgegentreten werden ... Schlage ich hier erfolgreich und halte ich die Hauptstadt, so wächst vielleicht die Hoffnung bei den Engländern und Amerikanern, daß man unter Umständen doch mit einem

Nazi-Deutschland eventuell dieser ganzen Gefahr würde doch noch entgegentreten können. Und der einzige Mann hierfür bin nun einmal ich.«

Die Weltgeschichte war jedoch längst über ihn hinweggemarschiert; alles schürzte sich zur letzten Entscheidung. Daß diese länger andauerte, als zu erwarten stand, hatte weniger mit der militärischen Abwehrkraft der Deutschen zu tun als mit den strategischen Planungen der Alliierten. Diese überschätzten das noch verbliebene Potential der Wehrmacht und beäugten sich gegenseitig mit unverkennbarem Mißtrauen. Daher verlängerte sich die lemurenhafte Bunkerexistenz Hitlers, bis es im Grunde schon fünf Minuten nach zwölf war. So lange freilich triumphierte sein wahnhafter Wille in verhängnisvoller Weise über alle anderen Erwägungen, die beispielsweise von seiten des Widerstandes über die Außenpolitik des Deutschen Reiches angestellt wurden.

Außenpolitik und Widerstand

Die historische Tatsache, daß es im »Dritten Reich« ein »anderes Deutschland« gegeben hat, dessen Repräsentanten sich unter Aufopferung ihres Lebens tapfer, ja heldenhaft gegen den Tyrannen erhoben haben, legt in unserem Zusammenhang umgehend die Frage nahe: Beabsichtigten diese Vertreter des deutschen Widerstandes eine Außenpolitik, die sich von derjenigen Hitlers prinzipiell abhob?

Bei der Auseinandersetzung mit diesem Problem ist grundsätzlich zu bedenken, daß jene, die gegen die Diktatur aufbegehrten, niemals die Chance erhielten, die Differenz zum Regime in der Praxis zu beweisen. Ihr selbstgestellter Auftrag lag, zumal im Krieg, nicht einmal primär darin, einschlägige Pläne zu schmieden. Wenn sie dem, was sich zukünftig vollziehen sollte, dennoch ihre Aufmerksamkeit schenkten, taten sie das, von der Berücksichtigung ihrer prinzipiellen Überzeugungen abgesehen, stets in direkter Abhängigkeit von mannigfachen anderen Einflüssen. Diese waren vor allem durch die äußere Lage des sich wandelnden Kriegsverlaufs und durch das innere Gebot der wechselseitigen Kompromißbedürfnisse untereinander bestimmt. Zusammenzurücken war die grundlegende Voraussetzung dafür, überhaupt dazu imstande zu sein, gegen die immer unerträglicher werdende Tyrannis vorzugehen.

Mit den militärischen Niederlagen steigerte sich, insbesondere während der zweiten Hälfte des Krieges, der politische Druck des Regimes. Der Terror gegenüber der Bevölkerung nahm zu; die Ideologisierung des öffentlichen ebenso wie des privaten Lebens schritt voran; der Einfluß der Partei, deren Gauleiter bereits seit Kriegsbeginn zugleich als Reichsverteidigungskommissare wirkten, wuchs nochmals an. Innerhalb der SS Heinrich Himmlers, deren Gewicht sich wie das der NSDAP unter Martin Bormann steigerte, zeichnete sich eine zweifache Entwicklung ab, die zugleich parallel und konträr verlief: Neben den auf Rückversicherung bedachten Versuchen, vom Existierenden möglichst viel über die bevorstehende Katastrophe zu retten und dafür Hilfe bei den Westmächten zu suchen, setzte eine ideologische Rückbesinnung auf das Ursprüngliche des nationalsozialistischen Gedankenguts ein.

Im Angesicht der Niederlage suchten intellektuelle Repräsentanten des Schwarzen Ordens erneut Zuflucht bei den mittelständischen und antikapitalistischen Parolen der frühen »Kampfzeit«. Soviel wie möglich wollten sie von jenen unumgänglichen Konzessionen wieder loswerden, die das Regime dem technischen Fortschritt und der industriewirtschaftlichen Entwicklung im Rahmen der bestehenden Wirtschafts- und Gesellschaftsordnung gezollt hatte. Ihr verbohrter Kampf gegen die quasi-liberalen Tendenzen der »Ära Speer«, ihre aufbegehrenden Versuche gegen die Übermacht der großen Konzerne blieben ohne Erfolg. Denn im inneren Machtkampf des untergehenden Regimes formten sich beträchtliche Gegenkräfte.

Mit Blick auf die Nachkriegszeit waren ihre Vertreter im Staat und in der Industrie, in der Wehrmacht und in der Partei vielmehr daran interessiert, Wirtschaft und Gesellschaft so, wie sie waren, zu erhalten, allerdings ohne die politische Diktatur des »Dritten Reiches«. Immerhin, das Atavistische des Nationalsozialismus, das sich unter dem Zwang des Notwendigen mit den Erfordernissen des Zeitgemäßen vermählt hatte, regte sich, bevor es verging, noch einmal mächtig. Ungeachtet aller Tendenzen zur Modernisierung, die der totalitäre Staat zum Teil mit Absicht, stärker noch wider Willen förderte, gibt dieser am Ende des »Tausendjährigen Reiches« erneut auflebende Zug zum Rückwärtsgewandten zu erkennen, welche Richtung das Regime bei einem Sieg aller Wahrscheinlichkeit nach eingeschlagen hätte. Damit ist freilich nicht gesagt, daß seine rückfälligen Intentionen unverschnitten über die gegenläufigen Erfordernisse obsiegt hätten. Daß die Anhänger des wirtschaftlichen und gesellschaftlichen Status quo, die am Ende des Krieges in die Defensive gerieten, schließlich doch die Oberhand behielten, hatte maßgeblich, sogar ausschlaggebend mit der militärischen Niederlage des Reiches zu tun. Erneut bewahrheitete sich Napoleons Diktum: Die Politik, nicht die Wirtschaft erwies sich, bei aller Eigengesetzlichkeit, die dem Ökonomischen eignet, als das Schicksal.

Noch feierte der Nationalsozialismus an der Heimatfront makabre Triumphe, während er auf den Schlachtfeldern verheerende Niederlagen bezog. Um für den »Endsieg« die längst erschöpften Kräfte zu mobilisieren, hatte schon eine Verordnung vom 27. Januar 1943 den Arbeitseinsatz aller Männer vom vollendeten 16. bis zum vollendeten 65. Lebensjahr und aller Frauen vom 17. bis zum 45. Lebensjahr verfügt. In der nationalsozialistischen Propaganda nahm Goebbels die Casablanca-Forderung Roosevelts und Churchills nach

»bedingungsloser Kapitulation« auf, um ihr das demagogische Verlangen nach dem »totalen Krieg« entgegenzusetzen. Doch es war nicht allein oder vornehmlich das Kampfinstrument der Propaganda, das dazu beitrug, den Krieg zu verlängern, sondern auch der immer offener hervortretende blanke Terror.

Im Gefolge des 20. Juli 1944, als der todesmutige Aufstand der deutschen Widerstandsbewegung fehlgeschlagen war, richtete sich die barbarische Rache des waidwunden Regimes beispielsweise im Rahmen der »Aktion Gewitter« vom 22. August 1944 gegen rund fünftausend ehemalige Repräsentanten des Weimarer Staates. Im Zeichen der heraufziehenden Niederlage ging es der nationalsozialistischen Führung offensichtlich darum, die für einen Regierungswechsel möglicherweise zur Verfügung stehende »politische Reserve«[114] auszuschalten. Hitler wollte tatsächlich, wie bereits in anderem Zusammenhang klargeworden ist, »bis fünf Minuten nach zwölf« weiterkämpfen!

Die inzwischen umfassend gewordene Kontrolle der SS über das Deutsche Reich schlug sich in formaler Hinsicht darin nieder, daß ihr Reichsführer Himmler am 24. August 1943 gleichzeitig das Amt des Reichsinnenministers übernahm. Angesichts der militärischen Rückschläge galt bereits der vorsichtig geäußerte Zweifel am »Endsieg« als ein todeswürdiges Verbrechen. Im Berliner Witz fand die bedrückende Stimmung einer schrecklichen Zeit ihre makabre Ausprägung: »Ick will lieber an den Sieg jlooben«, steht in Ulrich von Hassells Tagebuch unter dem Datum des 13. März 1944 zu lesen, »als ohne Kopp rumloofen«[115].

Im Banne der heraufziehenden Niederlage stiegen der Diktator und sein Regime zu einer fast maß- und grenzenlos praktizierten Macht auf. Grausam dokumentierte sie sich beispielsweise in der am 1. August 1944 verfügten, gegen die Familien der Männer des 20. Juli verhängten Sippenhaft. Die ungezügelte Wildheit, mit der sich der nationalsozialistische Terror auf die Repräsentanten des deutschen Widerstandes und ihre Angehörigen stürzte, verweist gerade auf die Bedeutung des Attentats: Die aufsehenerregende Tat zog sowohl die Behauptung des »Dritten Reiches« als auch die der alliierten Propaganda, Hitler mit Deutschland zu identifizieren, grundlegend und für die Zukunft wesentlich in Zweifel.

In diesem Zusammenhang hat man sich vor Augen zu führen, daß es keine deutsche Widerstandsbewegung gab, die einheitlich auftrat und handelte. Die Spuren ihrer Entstehung und Entwicklung haben wir seit den dreißiger Jahren verfolgt, als sich, insbesondere in der kriegsschwangeren Lage der Jahre 1938/39 sowie zwischen dem Polen- und dem Frankreichfeldzug 1939/40, eine konservative Opposition gegen den Diktator formierte. Was Widerstand war, wo er anfing und in welchen Formen er sich vollzog, ist alles andere als leicht auszumachen. Nicht jeder, der den Organisationen der nationalsozialistischen Partei fernblieb, zählte zur Opposition. Dagegen ging mancher, der in den Einrichtungen der NSDAP wirkte, allmählich auf Distanz zum Regime; mancher gar näherte sich den Institutionen der Tyrannis überhaupt nur oder jedenfalls in erster Linie mit der Absicht, das Entgegengesetzte vom Verordneten geschützter tun zu können.

Die »Übergänge zwischen privatem Nonkonformismus, oppositioneller Gesinnung, aktivem Widerstand und direkter Verschwörung zum Sturz Hitlers«[116] erscheinen gleitend. Von den Kommunisten, die in antagonistischer Zwillinghaftigkeit von Anfang an die braune Gewaltherrschaft bekämpften, über den Widerstand der Sozialdemokraten und Gewerkschafter reicht die Skala, von den Aktionen einzelner Täter und Gruppen abgesehen, bis hin zu den Attentätern des 20. Juli 1944. Sie gehörten zu den Repräsentanten aus dem Umkreis der national und konservativ orientierten »Honoratioren« um Goerdeler, Beck und von Hassell auf der einen Seite sowie zu dem christlich und sozialistisch ausgerichteten Kreisauer Kreis um die Grafen Moltke und Yorck von Wartenburg auf der anderen Seite, die im Verlauf des Weltkrieges zueinanderfanden. Was wollten die Mitglieder des in sich heterogenen Widerstandes, wenn man über das im Vordergrund stehende Ziel, die existierende Tyrannis zu überwinden, und wenn man über ihre ganz unterschiedlichen Vorstellungen, die innere Politik neu zu gestalten, einmal hinwegsieht, auf außenpolitischem Feld?

Die deutschen Kommunisten, erheblich abhängig von einer auswärtigen Macht und deren weltanschaulicher Orthodoxie gläubig verpflichtet, schwammen »im Fahrwasser der sowjetischen Außenpolitik«[117]. Die Frage nach ihren einschlägigen Vorstellungen beantwortete sich demgemäß »je nach der tatsächlichen oder vermeintlichen Haltung der Sowjetunion zur Zukunft Deutschlands«[118].

Was den sozialdemokratischen Widerstand angeht, fanden seine außenpolitischen Ideen Niederschlag und Berücksichtigung durch die Repräsentanz führender Sozialdemokraten wie Leber, Reichwein und Mierendorff im Kreisauer Kreis. Ihre Zukunftsvorstellungen prägten die Erörterungen der Kreisauer mit; maßgeblich beeinflußten sie die Gedankenbildung der Vertreter des Widerstandes um den Grafen Moltke.

Gleichfalls im Kreisauer Kreis sind außenpolitische Entwürfe aus beiden großen Kirchen und aus den Gewerkschaften erörtert worden. Dagegen brachten Angehörige des Militärs, Repräsentanten der hohen Bürokratie und Vertreter der Industrie ihre entsprechenden Überlegungen eher in der Beck-Goerdeler-von Hassell-Gruppe zur Geltung. Was planten diese beiden entscheidenden Formationen, die »Honoratioren« und die Kreisauer, auf außenpolitischem Terrain zu tun?

Die Überlegungen beider Zweige des deutschen Widerstandes kreisten, charakteristisch und unterschiedlich zugleich, um die nationalstaatliche und europäische Orientierung einer zukünftigen Außenpolitik des Deutschen Reiches. Grob gesagt, kann man davon ausgehen, daß der Typus des überlieferten Nationalstaates und die machtstaatliche Tradition Europas für die »Honoratioren« Verbindlichkeit behielten, das heißt aber: Den kleindeutschen Nationalstaat betrachteten sie auch für die Zukunft als den Bezugspunkt ihres außenpolitischen Handelns. Daher ging es darum, wie Ulrich von Hassell angesichts der für Deutschland immer bedrohlicher werdenden Entwicklung im Verlauf der zweiten Hälfte des Weltkrieges beschwörend forderte, »wenigstens die Rudimente des Bismarckreiches zu retten«[119].

Was die europäische Ausrichtung in den außenpolitischen Planungen im Kreis um Beck, Goerdeler und von Hassell angeht, ist sie einerseits im Zusammenhang mit machtpolitischen Überlegungen zu gewichten und andererseits als ein Ergebnis wirtschaftlichen Kalküls zu bewerten. Eine Überlebenschance für ihr Vaterland und für Europa vermochten die »Honoratioren« nur in einer beide Elemente berücksichtigenden Großraumbildung zu entdecken. In ihrem weiträumig gesteckten Rahmen sollte das Deutsche Reich als europäische Ordnungsmacht wirken. In dieser Perspektive forderten die Repräsentanten des Beck-Goerdeler-von Hassell-Kreises in den dreißiger Jahren ebenso wie, mit gewissen Einschränkungen, auch während des Weltkrieges durchgehend die Wiederherstellung der Grenzen von 1914 für den deutschen Nationalstaat. Darüber hinaus hielten sie, in Anknüpfung an großdeutsche Traditionen und mit dem Anspruch auf die entsprechenden Gebietsgewinne Hitlers, eine Einverleibung Österreichs und des Sudetenlandes für wünschenswert.

Von territorialen Forderungen und Entwürfen abgesehen, schwebte ihnen insgesamt vor, Kontinentaleuropa unter deutscher Führung als dritte Kraft zwischen Großbritannien und Rußland bzw. der Sowjetunion zu etablieren, die das europäische Staatensystem als Weltmächte flankierten. Die Überlebenskraft Englands und seines Empire schätzten sie sehr hoch ein, beurteilten den sich vollziehenden Wandel zum Commonwealth als Stärkung der britischen Macht und sahen in seiner föderal-imperialen Gestalt ein Vorbild für die kontinentaleuropäische Zukunft, die zu bauen sie sich als Aufgabe vornahmen. Kaum zureichend erkannten sie dagegen jene grundlegende Machtverschiebung innerhalb der westlichen Welt, die sich während des Krieges deutlich abzeichnete und die weltpolitische Wachablösung des niedergehenden Großbritannien durch das dominierende Amerika demonstrierte – eine welthistorische Tendenz, die sowohl Hitler als auch Stalin klarer und angemessener diagnostizierten als die Repräsentanten um Beck, Goerdeler und von Hassell.

Was die östliche Flügelmacht, die Sowjetunion, betraf, wurde sie aufgrund ihrer ideologischen Ausrichtung und ihrer innenpolitischen Verfaßtheit von den »Honoratioren« durchgehend mit Mißtrauen und Ablehnung betrachtet. Allerdings: Gerade in der feindseligen Andersartigkeit des stalinistischen Rußland erblickte Carl Goerdeler beispielsweise eine ausgesprochene Chance. Weil die Herausforderung des »radikalen Bolschewismus« gleichzeitig »auch fuer England eine große Gefahr«[120] darstellte, mußte der aus Dogma und Machtpolitik gewundene Zusammenhang dem deutschen Nationalstaat zum Vorteil gereichen. Diese Tatsache schien selbst, ja gerade dann zu gelten, wenn Rußland einmal »zu den wahren Gesetzen der Wirtschaft und der Politik allmaehlich«[121] zurückfinden sollte. Für diesen Fall ging von dem Riesenreich im Osten eine noch weit ernstere Gefahr aus: »Denn dann wird seine Kraft noch groeßer. Rußland duerfte die einzige Macht auf der Erde sein, die ohne eine große Flotte das englische Empire lebensgefaehrlich treffen koennte. Es ist selbstverstaendlich eigenste Sache Englands, diese Lage zu pruefen und jede Schlußfolgerung zu ziehen, die es in seinem Interesse fuer notwendig erachtet. Wir koennen nur unsere Meinung sagen, und die besteht darin, daß alle europaeischen Voelker westlich Rußlands sich gegen eine russische Uebermacht und Vorherrschaft sichern muessen.«[122]

Auch ohne die weltrevolutionäre Ideologie, allein aufgrund ihrer machtpolitischen Stärke – davon zeigten sich die »Honoratioren« überzeugt – mußte die Sowjetunion England furchterregend vorkommen. Ihre schiere Existenz würde die konzentrierten Verteidigungsanstrengungen eines von Deutschland geführten Europa erforderlich machen, zu dem im Osten des Kontinents ein polnischer Nationalstaat gehören sollte. Entferntes Ziel blieb allerdings, »Rußland allmählich in eine europäische Zusammenfassung einzubeziehen«[123]. Wenn es darauf ankommen würde, ein ökonomisch und gesellschaftlich gesundetes, gleichsam nach Europa zurückgekehrtes Rußland in Schach zu halten, war Deutschlands ungeschmälerte Mitwirkung um so dringlicher. Freilich: An eine militärische Intervention gegen die Sowjetunion hat beispielsweise Carl Goerdeler, der viele dieser Ideen in der von ihm mitverfaßten Denkschrift »Das Ziel« Anfang 1941 niederlegte, keineswegs gedacht. Er hat im Gegenteil vor »militärischen Zwangseingriffen« in Rußland, die dort »ungeahnte nationale Kräfte auf den Plan rufen«[124] würden, sogar dringend gewarnt.

Goerdeler, dessen Gedankenbildung im Sinne des liberalen Kapitalismus stark durch wirtschaftliche Überlegungen geprägt war, setzte voraus, daß sich das kommunistische Wirtschaftssystem aufgrund seiner als unnatürlich empfundenen Prämissen selbsttätig zugrunde richten werde. Zudem scheint er daran gedacht zu haben, die Sowjetunion durch außenwirtschaftliche Verflechtungen nach und nach in die kapitalistische Ordnung zurückzuführen. Das war eine, im Rückblick betrachtet, illusionäre Idee, die den anglo-amerikanischen Kooperationsangeboten an die UdSSR nach den beiden Weltkriegen gleichfalls zugrunde lag: Sie verkannte den für die Sowjetunion verbindlichen Primat ihrer politischen Zielsetzungen.

In wilhelminischer oder großdeutscher Tradition gedachten die »Honoratioren« schließlich, solche Territorien zu behaupten, an denen festzuhalten im Grunde längst illusionär war. Daß Österreich beispielsweise nicht mehr zum Reich gehören wollte, entging den Repräsentanten des deutschen Widerstandes weitgehend. Die Beck-Goerdeler-von Hassell-Gruppe sah das Verbleiben der ehemaligen Alpenrepublik im deutschen Staatsverband als natürliche Sache an, während die Kreisauer dieses Ziel auf freiwilliger Grundlage zu erreichen vorhatten. Mehr noch: Daß die Idee vom Reich, das seinem Untergang entgegensah, bereits vergangen war, haben sie kaum zureichend wahrgenommen. Zumindest der Tendenz nach hingen sie einem verblaßten Traum aus fernen Zeiten an, ohne die komplizierte Frage nach der europäischen Verträglichkeit ihres umstrittenen Ideals genügend intensiv zu bedenken.

Kein Wunder, daß sie die Absicht hegten, das vom Reich geführte Kontinentaleuropa zumindest auf informelle Weise zu beeinflussen. Damit knüpften sie an eine außenpolitische Linie an, die für die Gemäßigten innerhalb der wilhelminischen Elite und der Reichsleitung im Umkreis des Kanzlers von Bethmann Hollweg verbindlich gewesen war, nach seinem Abgang durch Staatssekretär von Kühlmann weiterverfolgt wurde und in anderem historischen Zusammenhang in Stresemanns Konzeption wieder auftauchte. Es ging den »Honoratioren« also nicht darum, im Sinne dessen, was die Dritte Oberste Heeresleitung während des Ersten Weltkrieges praktiziert hatte, in erster Linie nur dem außenpolitischen Zustand trauen zu wollen, der durch militärische Besatzung garantiert erschien. Ein solches Denken und Handeln lehnten Beck, Goerdeler und von Hassell strikt ab.

Gerade der zuletzt Genannte, ein erfahrener Diplomat, hob immer wieder hervor, daß es Bismarcks Vorzug gewesen sei, über die Fähigkeit verfügt zu haben, in europäischen Kategorien denken und politisches Maß halten zu können. Dieser bewährten Tradition fühlten sie sich verbunden; ihr gedachten sie zu folgen; in diesem Sinne sind Goerdelers positive Urteile über Stresemanns nationale Revisionspolitik zu verstehen, die er als erfolgreich beurteilte. Obwohl sie den nationalen Traditionen, Kulturen und Staaten ihre Achtung nicht versagten, hielten sie es für nahezu selbstverständlich, daß dem Deutschen Reich die gleichsam natürliche Führungsaufgabe in Europa zufallen werde – nicht als ein dominierendes Recht auf brutale Herrschaft, sondern als die paternalistische Verpflichtung des Ersten in der kontinentaleuropäischen Staatenwelt.

»Die zentrale Lage, die zahlenmäßige Stärke und die hochgespannte Leistungsfähigkeit«, begründete sich in ihrem Selbstverständnis dieser Auftrag des Reiches, »verbürgen *dem deutschen Volk die Führung* des europäischen Blocks, *wenn* es sie sich nicht durch Unmäßigkeit oder durch Machtsuchtmanieren verdirbt. Es ist dumm und anmaßend, vom deutschen Herrenmenschen zu sprechen. Es ist töricht, für sich selbst Achtung vor der nationalen Ehre und Selbständigkeit zu verlangen und sie anderen zu versagen. In die Führung Europas wird diejenige Nation hineinwachsen, die gerade die kleinen Nationen achtet und ihre Geschicke mit weisem Rat und weiser Hand, nicht mit brutaler Gewalt zu leiten versucht. Die Sachlichkeit der Gesichtspunkte muß entscheiden. Berechtigte Interessen müssen klug und weitschauend ausgeglichen werden.«[125] Welch ein Unterschied trennt diese maßvolle Haltung von Hitlers mißachtendem Wort über die kleinen »Dreckstaaten«[126] Europas, das er in nationalsozialistischem Sinne neu zu ordnen vorhatte! Legt man die uns schon bekannt gewordene Einsicht zugrunde, wonach sich Europa durch seine Nationen konstituiert, dann wird schlagartig deutlich, daß die »Honoratioren« im Grunde diese europäische Überlieferung zu achten bemüht waren, während Hitler mit ihr zu brechen versucht hat.

Dennoch: Das alte Problem der andauernden Unvollendetheit des deutschen Nationalstaates trat auch im verzweifelten Aufstand der Patrioten gegen Ende des Weltkrieges erneut hervor. Sie wollten das Beste für Deutschland und erlagen doch einer Tradition, die sie daran hinderte, sich eben dafür wirkungsvoll einzusetzen. Äußeres Erbe und innere Verhältnisse, objektive Umstände und subjektive Entscheidungen führten von Zeit zu Zeit immer wieder dazu, daß Deutschland, um nicht zu einer zweitrangigen Macht abzusinken, das Ziel der außenpolitischen Führung Europas anvisierte. Das ist genau der Zukunftsentwurf, den die »Honoratioren« aus nationalem Interesse und in europäischer Verantwortung, wie sie sich ihnen darstellte, zu verwirklichen planten.

Carl Goerdeler forderte in einem Memorandum vom Mai 1943, dessen inhaltliche Aussagen für die britische Regierung bestimmt waren, ein bis zu seiner ehemaligen Ostgrenze von 1938 wiederhergestelltes Polen müsse zusammen mit Finnland und einer »vollkommen frei[en] und selbständig[en]« Tschechoslowakei zu einer »europäische[n] Interessen- und Kulturgemeinschaft« gehören, »unter deren Mitgliedern es nie wieder Krieg geben darf«[127]. Den »Honoratioren« ist in diesem Zusammenhang kaum bewußt geworden, wie ablehnend das Europa der mittleren und kleineren Staaten ebenso wie das Europa der großen Mächte, England und Frankreich, mit denen Deutschland schiedsrichterlich zusammenarbeiten wollte, jene Pläne aufnehmen würde, die das Reich bestehen ließen und seine führende Stellung auf dem Kontinent voraussetzten. Welches Maß an deutscher Vormacht, ob überhaupt eine deutsche Führung des Kontinents in irgendeiner Form für die europäische Staatenordnung annehmbar war, beurteilten die anderen in Europa gänzlich anders, als es sich aus der Perspektive der Repräsentanten um Beck, Goerdeler und von Hassell ausnahm.

In England beispielsweise, mit dem die »Honoratioren« im Zuge der sogenannten Westlösung zusammenarbeiten wollten, um im Verlauf des Weltkrieges ein zu weit gehendes Vordringen der Sowjetunion nach Mitteleuropa hinein zu verhindern, wurden die in der Tat wesentlichen Unterschiede zwischen den außenpolitischen Vorstellungen des konservativen Widerstandes und den rassischen Raumvisionen Hitlers niemals so anerkannt und gewürdigt, wie es den Patrioten um Beck, Goerdeler und von Hassell wünschenswert vorkam. Mehr und mehr erschienen die Pläne der einen und die Verirrungen des anderen der britischen Führung als mit dem Bestand der europäischen Staatenwelt unvereinbar, wie Großbritannien sie wiederherzustellen bemüht war. Deshalb gewann Sir Robert Vansittarts zunächst noch umstrittenes Urteil aus dem Jahre

1938 über Goerdelers außenpolitische Vorstellungen innerhalb der britischen Regierung zunehmend an Verbindlichkeit: »Wie Sie wahrscheinlich beide wissen«, unterrichtete er seine Kollegen im Foreign Office, Sir Alexander Cadogan und Sir Orme Sargent, im Anschluß an eine Unterhaltung mit Goerdeler im Dezember 1938, »kenne ich Dr. Goerdeler persönlich, und zwar seit einiger Zeit. Ebenfalls seit einiger Zeit habe ich den Verdacht, daß er lediglich ein Strohmann für deutsche militärische Expansion ist, wobei ich hier die expansionistischen Vorstellungen der deutschen Armee im Unterschied zu denen der nationalsozialistischen Partei meine. Es besteht zwischen ihnen tatsächlich nur ein kleiner Unterschied. Die gleiche Art von Ambitionen wird von einer unterschiedlichen Menschengruppe gefördert – und das ist so ziemlich alles ... Ich ergreife daher diese Gelegenheit, um auszusprechen, was ich seit langem geargwöhnt habe, daß – obwohl Dr. Goerdeler von Zeit zu Zeit in der Lage sein mag, teilweise interessante Informationen über die innenpolitische Situation in Deutschland zu liefern – er nicht nur wertlos für uns ist, sondern als Mittelsmann für eine ›Verständigung‹ verdächtig. In dieser Hinsicht gleicht er tatsächlich weitgehend jedem anderen deutschen Expansionisten.«[128]

So klar wir heute dazu imstande sind, die Trennungslinie zwischen den außenpolitischen Zielen der »Honoratioren« und Hitlers rassenpolitischem »Programm« zu erkennen, so wenig scheint sie zeitgenössisch für die mit Deutschland im Krieg liegenden Mächte überzeugend gewesen zu sein. Die britische Regierung und sodann die der Vereinigten Staaten von Amerika gewannen vielmehr den Eindruck, daß sowohl die kontinentalen Neuordnungspläne Hitlers als auch die davon abgehobenen Vorstellungen des konservativen Widerstandes für ein Europa unannehmbar waren, das zumindest den englischen Politikern zu restaurieren im Sinn lag. Gerade an der Annehmbarkeit ihrer europäischen Zukunftsentwürfe scheinen die »Honoratioren«, eine verhängnisvolle Ironie der Geschichte, niemals ernsthaft gezweifelt zu haben.

Dieser Mangel an Einsicht dürfte sich, neben anderen Faktoren, im wesentlichen dadurch erklären, daß das Deutsche Reich bis zum Jahr 1941/42 beständig an Stärke zunahm. Zwar ließ sich Goerdeler beispielsweise von den kriegerischen Erfolgen Hitlers niemals zu dem Jubel hinreißen, der andere Kritiker des Diktators nach dem Sieg über Frankreich im Sommer 1940 zeitweise ergriff. Anhand moralischer Kategorien hatte er das Hitlerreich, und damit dessen außenpolitische Triumphe, durchgehend und konsequent abgelehnt. Dennoch: Im Bewußtsein der Macht, die durch die Eroberungen des Reiches enorm gesteigert worden war, könnte der konservative Widerstand dazu verführt worden sein, den deutschen Anspruch auf die hegemoniale Position, die sich von der nationalsozialistischen Herrschaft tatsächlich in qualitativem Maßstab unterschied, als natürlich, sogar im europäischen Sinne als notwendig angesehen zu haben.

In dieser Perspektive wird das Bemühen des Beck-Goerdeler-von Hassell-

Kreises vollends verständlich, den Krieg unter gar keinen Umständen bis zu einer völligen Niederlage Deutschlands andauern zu lassen: Das Reich mußte im Kern erhalten bleiben. Grundsätzlich unterschieden sich die konservativen Patrioten in dieser Hinsicht von Moltkes radikalen Überlegungen. Er hielt eine militärische Niederlage Deutschlands geradezu für nötig, um zu einer gänzlich anderen Ordnung der internationalen Politik gelangen zu können. Sie ging im Grunde darin auf, das überkommene System der machtstaatlichen Verhältnisse in einen neuartigen Zustand europäischer »Innenpolitik«[129] zu verwandeln.

Die »Honoratioren« waren davon überzeugt, der weltpolitische Gegensatz zwischen Großbritannien und der Sowjetunion sei die tragende Voraussetzung dafür, daß ihr außenpolitisches Konzept eine reelle Chance auf Verwirklichung besitze. Daher ist es verständlich, daß sich das Grundmuster ihrer Vorstellungen – ungeachtet aller Veränderungen, die es seit den dreißiger Jahren im einzelnen erfuhr – kaum wesentlich wandelte. Mit ihren Spekulationen über den englisch-russischen Weltgegensatz stellten sie sich in eine nicht unproblematische Traditionslinie: Die leichtsinnige Überschätzung der nicht zu leugnenden Spannungen zwischen Großbritannien und Rußland hatte bereits für die wilhelminischen Staatsmänner fatale Konsequenzen gezeigt und sich sodann für Hitlers Bündnisplan als schwerwiegender Irrtum erwiesen.

Ohne Zweifel, der machtpolitische Antagonismus zwischen England und Rußland bzw. der Sowjetunion prägte die Weltpolitik im Verlauf des 19. und 20. Jahrhunderts in entscheidendem Maße mit – seit dem Jahre 1917 war er in intensivierender Weise ideologisch aufgeladen worden. Dessenungeachtet hat der konservative Widerstand zu stark auf einen internationalen Systemzwang vertraut, den dieser säkulare Konflikt vermeintlich hervorbringen sollte: Aus Gegnerschaft zur Sowjetunion würde Großbritannien das Deutsche Reich als Ordnungsmacht Kontinentaleuropas mit Sicherheit akzeptieren, wahrscheinlich sogar begrüßen.

In der allzu einfach aufgemachten Rechnung wurde schlicht übersehen, was für England nach dem Ende der Ära Chamberlain das Vorrangige war. Trotz erheblicher Zweifel, die sich in der zweiten Kriegshälfte gegenüber den Absichten Stalins einstellten, hielten die Briten Deutschland, gegen das sie Krieg führten, für gefährlicher als die Sowjetunion, mit der sie verbündet waren. Im Rückblick kann man über die mögliche Fehlerhaftigkeit dieser Einschätzung nachdenken; auf die Unterschiede zwischen den außenpolitischen Vorstellungen Hitlers und der »Honoratioren« läßt sich ferner mit Recht verweisen. Allein, für die erste Hälfte der vierziger Jahre hat man als relevanten Befund die historische Tatsache festzustellen, daß den Engländern und Amerikanern selbst ein vom »andern Deutschland« geführtes Reich in Europa durchweg bedrohlicher erschien als die stalinistische Sowjetunion.

Diesen geschichtswirksamen Sachverhalt zu konstatieren bedeutet nicht, bestreiten zu wollen, daß die Gruppe um Beck, Goerdeler und von Hassell im

Vergleich mit Hitlers Gewaltpolitik maßvoll und verantwortungsbewußt plante und zu handeln vorhatte. Den seit eh und je gültigen Regeln der internationalen Politik wollten sie sich allerdings keineswegs entziehen, beanspruchten also nicht in idealistischer Art und Weise, von Grund auf die Staatenwelt zu verändern. Daß den Tugenden der Verantwortung und des Maßhaltens im Rahmen ihrer außenpolitischen Vorstellungen zentrale Bedeutung zukam, tritt besonders deutlich hervor, wenn man sich die Urteile der »Honoratioren« über Krieg und Frieden, die Extremwerte politischer Aktivität, näher ansieht.

Zwar verzichteten sie nicht darauf, den Waffengang als das letzte, durchaus legitime Mittel der Konfliktaustragung einzuschätzen. Niemals dachten sie jedoch wie Hitler daran, die Ausnahmesituation des Krieges als das Bewegungsgesetz des Staates zu begreifen. Seine unwägbare Existenz schien ihnen für den nationalen Bestand des Reiches ebenso gefährlich zu sein, wie er dazu führen konnte, die soziale Ordnung Europas revolutionär zu erschüttern. Nicht zuletzt in dieser Perspektive, also in bezug auf das Verhältnis von äußerem Krieg und innerer Revolution, lassen sich erneut Parallelen zur Gedankenwelt Bethmann Hollwegs entdecken: Auch dieser lehnte die militärische Auseinandersetzung keineswegs grundsätzlich ab, warnte vor ihr jedoch insbesondere deshalb, weil ihre Affinität zum gesellschaftlichen Umsturz unübersehbar war. Mit ihrem moderaten Urteil über den Krieg als Mittel der Politik und die Gefahr der Revolution hoben sich die »Honoratioren« im übrigen klar von jener außenpolitischen Tradition maßgeblicher Kräfte im wilhelminischen Deutschland ab, die gerade daran gedacht hatten, durch den äußeren Krieg die inneren Konflikte verschwinden zu lassen.

Alles in allem gilt es für die außenpolitischen Vorstellungen des konservativen Widerstands festzuhalten, daß ihr Horizont europazentrisch begrenzt war. Kolonialrevolutionäre Befreiungsbewegungen, nationalstaatliche Bestrebungen in den außereuropäischen Gebieten fanden kaum Beachtung. Die abhängige Welt in Afrika und in Asien betrachteten sie unter dem Gesichtspunkt einer offenbar als natürlich vorausgesetzten Zusammengehörigkeit der »weißen Rasse« und ihrer Rohstoffbedürfnisse – eine geläufige Auffassung, die beileibe nicht auf das zeitgenössische Deutschland begrenzt war. Manche Friedensinitiative im damaligen Europa, die dazu beitragen wollte, den andauernden Krieg zu beenden, beschwor, was die strittige Regelung des kolonialen Problems anging, das Gemeinsame des alten Kontinents gegenüber dem Emanzipationswillen der farbigen Menschheit.

Von prinzipiellen Zweifeln gegenüber der jahrhundertealten Tradition europäischer Machtpolitik waren die Repräsentanten des Kreisauer Kreises getragen. In der Existenz des Nationalismus sahen sie das Grundübel, das den Kontinent immer wieder in Kriege treibe. Daher ging es ihnen für die Zukunft nicht darum, eine deutsche Hegemonie durch eine französische zu ersetzen, weil der ruinöse Versuch nichts anderes nach sich ziehe als seine nicht minder zerstörerische Revision. Vielmehr strebten sie danach, dieses ungeliebte Erbe der europäischen Geschichte zu überwinden.

In einem grundlegenden Dokument des Kreisauer Kreises, welches das Datum des 24. April 1941 trägt, entwarf Helmuth James Graf von Moltke seine Vorstellungen über die Neugestaltung Europas: »Der Friede bringt eine einheitliche europäische Souveränität von Portugal bis zu einem möglichst weit nach Osten vorgeschobenen Punkt, bei Aufteilung des ganzen Festlandes in kleinere nicht-souveräne Staatsgebilde, die unter sich Verflechtungen politischer Art haben. Einheitlich sind mindestens: Zollgrenzen, Währung, Auswärtige Angelegenheiten einschließlich Wehrmacht, Verfassungsgesetzgebung, möglichst außerdem Wirtschaftsverwaltung.«[130]

Für einen radikalen Wandel auf außenpolitischem und internationalem Terrain traten nicht zuletzt die sozialdemokratischen Mitglieder des Kreisauer Kreises ein. Julius Leber hatte in diesem Sinne bereits 1928 diagnostiziert: »Europa ... krankt an einem Zustand, der nicht mehr in die Welt paßt: am Nationalismus ..., es wird höchste Zeit, daß die Politik anfängt, Schlußfolgerungen zu ziehen und das, was man Nationalismus nennt, über Bord wirft.«[131] Optimistisch glaubte Graf Moltke im Frühjahr 1941, wenige Wochen vor dem russischen Feldzug, daran, das Ende des Nationalismus sei bereits gekommen, habe dessen überlebte Erscheinung sich doch »als nicht mehr zugkräftige Parole erwiesen, so in Frankreich, so in Deutschland; der Rassegedanke ist absurd.«[132]

Mit grundsätzlichen Überlegungen zum Verhältnis von Individuum und Staat einerseits und zu den zwischenstaatlichen Beziehungen andererseits plädierte er für eine übernationale Ordnung Europas: »Alle Lösungen, die dem Verlust des Glaubens als einigenden Bandes folgten, haben sich als soviel Unterscheidungsmerkmale erwiesen, um Mensch gegen Mensch auszunutzen. Die Untertanen eines Fürsten sind die natürlichen Gegner der Untertanen jedes anderen Fürsten, die Angehörigen einer Nation die natürlichen Gegner der Angehörigen aller anderen Nationen, die Angehörigen eines Volkstumes die natürlichen Gegner der Angehörigen jedes anderen Volkstums geworden. Unter dieser Entwicklung zerbricht Europa; es ist die geschichtliche Aufgabe dieses Krieges, diese Gegensätze zu überwinden und mindestens für Europa eine einheitliche Grundauffassung wiederherzustellen; die notwendige Folge dieser Hoffnung ist die einheitliche Souveränität über Europa unter Überwindung aller einzelnen Souveränitätsansprüche.«[133]

Der hoffnungsvolle Entwurf eines in kleinen, gleichberechtigten Einheiten organisierten Europa, in dem Grenzstreitigkeiten nur noch marginale Bedeutung haben würden, konnte damals nicht in allen Einzelheiten ausgemalt werden. Im Grundsätzlichen zielte er darauf, eine europäische Zusammenarbeit unter Gleichen zu erreichen, nicht aber – was die »Honoratioren« vorhatten – ein Kondominium der Großen zu schaffen. Gewiß, im Urteil über das Verhältnis zwischen Nationalstaat und Europa gab es im Kreisauer Kreis unterschiedliche Meinungen. Der Diplomat Adam von Trott zu Solz wußte Kraft und Vorzüge der europäischen Nationen durchaus zu schätzen, ohne im entferntesten ein engstirniger Nationalist zu sein. Der unbequemen Einsicht, daß maßvolle Gebietsabtretungen, etwa »Ostpreußens als Kompensation an Polen«[134], möglicherweise unumgänglich sein würden, scheint er sich jedoch keineswegs von vornherein verschlossen zu haben.

Helmuth von Moltkes Position nahm sich entschieden radikaler aus: Vom Gedanken des Nationalstaates war er bereits weit entfernt. Vergleichsweise ruhig fand er sich mit der Wahrscheinlichkeit territorialer Verluste ab, die Deutschland kaum erspart bleiben könnten. Daß seine schlesische Heimat wohl an die Polen fallen würde, nahm er als erforderlich hin.

Insgesamt dominierte im Kreisauer Kreis die Vision eines europäischen Bundesstaates, über den Moltke sich im Zusammenhang seiner in drei Fassungen vorliegenden Denkschrift »Ausgangslage, Ziele und Aufgaben« aus dem Jahre 1941 geäußert hat[135]. In der föderalen Bauform sollte das neue Europa eine zukunftweisende Gestalt in Grenzen finden, die im Westen durch den Atlantik, im Süden durch das Mittelländische und Schwarze Meer, im Osten durch Bessarabien und Polen, im Norden durch das Baltikum und Finnland gezogen wurden. Der in »nicht-souveräne Staatsgebilde« aufgeteilte Kontinent sollte der europäischen Souveränität unterstehen: Einheit und Vielfalt würden sich zu einer bis dahin noch nicht erprobten Harmonie fügen.

Großbritannien und Rußland, so war es ausdrücklich vorgesehen, gehörten diesem neuen Gebilde der gewandelten Staatenwelt des alten Kontinents nicht an. Durch spezifische Verflechtungen, die beispielsweise die Staaten Skandinaviens, des Baltikums, Osteuropas, des deutschsprachigen Raumes, des Balkans, Westeuropas und des mittelmeerischen Gebietes jeweils miteinander verbinden sollten, erhielt der europäische Bundesstaat regional befestigten Halt. Den staatlichen Einheiten wurde als Selbstverwaltungskörpern weitgehende Zuständigkeit eingeräumt, so daß die erforderliche Balance zum zentralen Gewicht der Spitze vorhanden war; der Aufbau von unten linderte den Druck von oben, ließ ihn *idealiter* gar nicht erst aufkommen.

Gewiß, das beispiellos Neue wirft umgehend die skeptische Frage nach der voraussichtlichen Existenzfähigkeit der kühnen Konstruktion auf. Unrecht wird den Kreisauern zweifellos getan, wenn man ihnen »ein eigenes, genau bestimmbares außenpolitisches Programm«[136] schlechthin abspricht. Entschiedenen Vertretern der realistischen Schule eines internationalen Politikverständnisses fällt es offensichtlich schwer, in den auf Ideen, Glauben und Vertrauen aufgebauten Bekenntnissen der Kreisauer zur grundlegenden Veränderung der national- und machtstaatlichen Tradition Europas eine praktikable Alternative zum tatsächlich Existierenden zu erblicken. Denn »die Machtpolitik verurteilen«, folgerte in einem ganz allgemeinen Zusammenhang Jahre später einmal Raymond Aron, »heißt den ganzen Verlauf der politischen Geschichte verurteilen«[137].

Zu würdigen ist auf jeden Fall, daß sich die Kreisauer keineswegs damit begnügten, einfach in den europäischen Chor des radikalen Protestes gegen jede Form der äußeren Politik nationaler Staaten einzustimmen. Er ließ beispielsweise die Cobdeniten im England des 19. Jahrhunderts ungestüm fordern, man solle auf die Außenpolitik schlicht verzichten, da sie doch nichts weiter sei als eine überflüssige Sinekure des müßiggängerischen Adels; er ließ die russischen Revolutionäre im 20. Jahrhundert wie vor ihnen bereits Wilhelm Liebknecht schlankweg behaupten, »die beste Außenpolitik« sei gar »keine«[138]. Die Überlegungen der Kreisauer, die zur künftigen Organisation der Staatenwelt Stellung nahmen, fielen ohne Zweifel differenzierter aus. Sicherlich, sie sind unverkennbar der idealistischen Tradition eines internationalen Politikverständnisses verhaftet. Zuversichtlich unterstellten sie, daß es möglich sein würde, Machtstreben und Konkurrenzdenken als Merkmale der europäischen Geschichte hinter sich zu lassen, schließlich sogar ein »world commonwealth«[139] auf Erden etablieren zu können.

Die Hoffnung der Kreisauer basierte nicht zuletzt auf ihrem festen Glauben, eine neue soziale Ordnung werde auch einen neuen Menschentyp hervorbringen. Als Christ werde er sich in erster Linie dem Gemeinwohl verpflichtet fühlen; als Angehöriger der souveränitätslosen Gebietseinheiten Europas werde er die Entscheidungen übernationaler Schiedsgerichtsbarkeit akzeptieren. Alles in allem: Ihr Denken kreiste nicht bevorzugt um die herkömmlichen Probleme der äußeren und zwischenstaatlichen Politik. Das Heil Europas suchten die Kreisauer vielmehr in innenpolitischen Reformen. Diese sollten so grundsätzlich angelegt sein, daß sie die traditionelle Außenpolitik revolutionieren, im Grunde aufheben würden. Auffällig ist dagegen, daß sie der kolonialen Frage noch recht konventionell begegneten.

Fazit: Die radikalen Vorschläge der Kreisauer sind auf philosophische und christliche Überzeugungen gegründet. Aus beweisentbundener Glaubensgewißheit waren sie den Versuch zu unternehmen entschlossen, der entmutigenden Empirie, der Geschichte des Staatensystems, zu entgehen. Sicherlich kommen ihre Auffassungen dem Prototyp des idealistischen Politikverständnisses nahe, während man die hergebrachten Pläne des Kreises um Goerdeler, Beck und von Hassell eher der realistischen Schule zuzurechnen hat.

Als die Zusammenarbeit zwischen beiden Gruppen Ende des Jahres 1941 einsetzte, durchdrangen sich ihre außenpolitischen Konzepte. Kompromißhaft wurde es offenbar zur gemeinsamen Überzeugung, daß das Deutsche Reich erhalten bleiben müsse. Daher ist Hermann Gramls Urteil insgesamt zuzustimmen, wenn der Münchener Historiker feststellt: »Die Gedankenwelt der Kreisauer ist gleichsam im nationalen Sinne aufgeladen worden.«[140] Das wechselseitige Zusammenwirken mag alles in allem dazu beigetragen haben, die Überlegungen der Kreisauer realistischer erscheinen zu lassen und die Forderungen der »Honoratioren« europäischer.

Dessenungeachtet dürfte das sittenstrenge Gemälde, das die Kreisauer von der Zukunft der Alten Welt entwarfen, auf die anderen Nationen des Kontinents seltsam fremd gewirkt haben, und die einschlägigen Vorstellungen der »Honoratioren« waren »dem übrigen Europa« nie »ferner als zu der Zeit«, in der sie anfingen, »in europäischen Gedanken zu denken«[141]. Die einen visierten bewußt das Kommende an, die anderen orientierten sich eher am Vergangenen; keine der beiden Gruppen scheint die Gegenwart Europas jedoch aus dem Blickwinkel der betroffenen Völker und ihrer Wünsche wahrgenommen zu haben. Diese Feststellung zu treffen veranlaßt im Rahmen einer Geschichte der deutschen Außenpolitik auf ihrem Weg von Bismarck zu Hitler dazu, die grundsätzliche Frage aufzuwerfen, an welchen Maßstäben eine solche Einschätzung der außenpolitischen Vorstellungen beider Gruppen des Widerstandes orientiert ist.

Die Entwürfe der Beck, Goerdeler und von Hassell stehen, wie bereits erwähnt, in einer Tradition, die *mutatis mutandis* durch Bethmann Hollweg und Stresemann repräsentiert wird: Sie hielten am nationalstaatlichen Prinzip fest; sie gedachten die deutsche Führungsrolle in Europa nicht zuletzt mit wirtschaftlichen Mitteln informell auszugestalten; sie legten unter Beachtung der »politischen Gesamtsituation« Wert darauf, nach Möglichkeit gemeinsam mit und nicht im Gegensatz zu ihren Nachbarn zu handeln.

Insgesamt galt das sichtbare Bemühen der »Honoratioren« der schwierigen Aufgabe, jenes Kernproblem zu lösen, das den kleindeutschen Nationalstaat seit seiner Gründung begleitete, nämlich in außenpolitischer Hinsicht seine unvollendete Gestalt zu überwinden sowie die Zukunftlosigkeit seiner Existenz zu bannen. Dabei hielten sie, was auch für Stresemann selbstverständlich gewesen war, daran fest, auf einer eigenständigen Rolle Deutschlands zwischen Ost und West zu bestehen. In diesem Zusammenhang überschätzten sie, wie die Staatsmänner des wilhelminischen Deutschland das schon um die Jahrhundertwende getan hatten, den gleichsam als natürlich und kaum überbrückbar bewerteten Gegensatz der beiden Weltmächte England und Sowjetunion. Daß diese ungeachtet ihrer machtpolitischen und ideologischen Differenzen gerade durch die von Deutschland aus entfachte Bewegung, die das Hegemonialproblem aufwarf, mit beinahe mechanischer Regelhaftigkeit zueinander geführt wurden, entging den Konservativen des deutschen Widerstandes ebenso wie nicht wenigen ihrer Vorläufer seit 1871. Trotz dieser kapitalen Fehlkalkulation, die dem Konzept der Gruppe um Beck, Goerdeler und von Hassell von vornherein die Chance auf seine Realisierung nahm, ist die subjektive Absicht nicht zu unterschätzen, ihre national dimensionierte Europapolitik in eine umfassende Verständigung mit den anderen Staaten und in ein allseits anerkanntes völkerrechtliches Verfahren überleiten zu wollen. Doch selbst eine moderat gestaltete Führung des Reiches auf dem Kontinent zu akzeptieren, war den betroffenen Staaten und den maßgeblichen Mächten Europas nicht möglich.

In den vertrauten Kategorien der überlieferten Machtpolitik zu denken, war während der dreißiger und vierziger Jahre im übrigen auch bei den parlamentarisch bzw. republikanisch verfaßten Nationen des Westens durchaus normal. Zudem muß man sich, um die Gedankenbildung der »Honoratioren« zu verstehen, vor Augen führen, welche territorialen Zugeständnisse die englische Regierung Neville Chamberlain gegenüber Hitlers Deutschland mit den britischen und europäischen Interessen für vereinbar gehalten hatte, falls nur der alles – internationale Ordnung und soziales Gefüge der Alten Welt – bedrohende Krieg vermieden werden konnte. In dieser spezifischen Beziehung gab es einen unüberhörbaren Gleichklang zwischen deutschen und englischen Konservativen: Grundsätzlich folgten beide den eingefahrenen Bahnen der traditionellen Staatenpolitik; grundsätzlich waren beide darauf bedacht, die miteinander verwobenen Gefahren des Krieges und der Revolution zu umgehen; grundsätzlich lag daher beiden der abenteuerliche Gedanke fern, das internationale System zu revolutionieren, um sich der inneren Reform zu entziehen.

Allein, das Maß an allgemeiner Übereinstimmung reichte nicht aus, um die spezifischen Gegensätze des deutsch-britischen Antagonismus zu überbrücken: Was den »Honaratioren« als mit den europäischen und britischen Belangen vereinbar vorkam, hielt die englische Regierung Churchill für unverträglich mit ihren Forderungen und mit denen der mittleren sowie kleineren Staaten Europas. Was dem konservativen Widerstand im Angesicht der sowjetischen Gefahr für England vorteilhaft erschien, nämlich im Einvernehmen mit Großbritannien den Kontinent unter deutscher Führung zu organisieren, das empfanden die Engländer als eine größere Bedrohung als diejenige, die von der stalinistischen Sowjetunion ausging. In dieser Perspektive identifizierten die britischen Staatsmänner Hitlers Raum- und Rassenmanie mit den außenpolitischen Ideen der »Honoratioren«. Ohne die prinzipiellen Unterschiede zu verkennen, welche die Motive und Ziele des einen von denen der anderen trennen, ist für den Verlauf der internationalen Politik eine historische Tatsache wesentlich geworden: Der Gruppe um Beck, Goerdeler und von Hassell ist es nicht gelungen, Engländer und Amerikaner, auf deren Hilfe sie hofften, davon zu überzeugen, daß sie eine echte Alternative zu Hitler darstellten.

Was die stärker idealistisch orientierten Vorstellungen des Kreisauer Kreises angeht, so sind sie einer außenpolitischen Tradition deutscher Geschichte zuzuordnen, deren Repräsentanten sich zum ersten Mal vernehmlich und unorthodox im Zusammenhang mit der Niederlage des Kaiserreichs im Ersten Weltkrieg zu Wort meldeten. Die grundlegende Kritik, die die Kreisauer am Zustand der Staatenwelt insgesamt übten, erinnerte zudem an Bethmann Hollwegs fundamentalen Zweifel, mit dem er zu Anfang des Jahres 1918 die verhängnisvollen Potenzen des »Imperialismus, Nationalismus und wirtschaftliche[n] Materialismus«¹⁴² für das überhandnehmende Unglück des Großen Krieges verantwortlich machte. Ob die wohlfeile Methode, die überpersönlichen und übernationalen Kräfte der Zeit als dominierende, womöglich alleinige Ursachen für das Desaster der Weltpolitik anzuklagen, nicht einen automatischen Systemzwang unterstellt, der den tatsächlich bestehenden Freiheitsspielraum der individuellen und staatlichen Akteure unterschätzt, stellt sich angesichts des suggestiv Plausiblen dennoch als kritische Frage umgehend ein.

Wie auch immer: Weil die Kreisauer davon überzeugt waren, das internationale System bringe mit blinder Selbsttätigkeit immer wieder Kriege, Revisionsansprüche und Hegemonialkämpfe hervor, gewinnt Moltkes auf den ersten Blick unverständliche Forderung ihre logische Dimension, wenn er dafür eintrat, sich gegen die militärische Niederlage des Deutschen Reiches nicht aufzulehnen. Anscheinend hat er daran geglaubt, ein Opfergang der Deutschen könne dazu beitragen, durch das abschreckende Beispiel eines »Nationalstaates« eine moralische Besinnung des »Weltbürgertums« auszulösen, die gebrechenhaft vererbten Regeln europäischer Machtpolitik außer Kraft zu setzen und die Geschichte des Staatensystems und seiner unheilbringenden Bedingungen für immer hinter sich zu lassen.

Über den engeren Rahmen des außenpolitischen Denkens in Deutschland hinaus hat man den idealistischen Entwurf der Kreisauer sicherlich im weiteren Kontext jener europäischen Versuche zu beurteilen, die radikal darum bemüht waren, das außenpolitische und zwischenstaatliche Verhalten von Grund auf zu ändern: Mitten in der Ära des Imperialismus fanden sie in den Haager Konferenzen ihren Ausdruck; lebten, ohne vorläufig politische Erheblichkeit zu erlangen, im Gedankengut des europäischen Sozialismus und der verschiedenen Friedensbewegungen fort; und erfuhren, ehe sie von der Realpolitik erneut eingeholt wurden, unmittelbar nach dem Ende des Ersten Weltkriegs einen bis dahin unbekannten Aufschwung. Gut vorstellbar ist es, daß das idealistische Konzept der Kreisauer den britischen Tories genauso unwirklich, möglicherweise beunruhigend vorgekommen ist, wie sie die sich realistisch dünkenden Pläne der »Honoratioren« als zu ausladend und verdächtig zurückwiesen.

Im zeitgenössischen Zusammenhang fanden beide Vorstellungen ihren übermächtigen, bedrückenden Vergleichsmaßstab in Hitlers programmatischer Außenpolitik und Kriegführung. Beide Entwürfe, so unterschiedlich sie auch angelegt waren, hoben sich von Hitlers Weltanschauung und Praxis prinzipiell ab. Das liegt für die Ideen der Kreisauer auf der Hand; es gilt indes gleichermaßen für die Ziele des konservativen Widerstands. Wie diese den Krieg für ein Verderben hielten, wurde er für Hitlers Handeln zum Bewegungsgesetz. Während diese sich der außenpolitischen Tradition Bismarcks, Bethmann Hollwegs und Stresemanns verpflichtet fühlten, das Deutsche Reich im europäischen Zusammenhang an führender Stelle zu situieren, knüpfte der Diktator nur scheinbar an Vorbilder der vergangenen Außenpolitik an, brach im Grunde mit jeder

Überlieferung und trachtete danach, das Europa der Nationen in einer nationalsozialistischen Raumvision untergehen zu lassen. Während die »Honoratioren« in innen- und außenpolitischer Perspektive revolutionäre Erschütterungen zu vermeiden bemüht waren, strebte Hitler nach einer totalen, rassisch dimensionierten Neuordnung Deutschlands, Europas und der Welt.

Obwohl sich die territorialen Forderungen des Beck-Goerdeler-von Hassell-Kreises für die betroffenen Staaten und Völker beispielsweise in Ostmitteleuropa hart, ja unakzeptabel ausnahmen, kann dennoch kein Zweifel bestehen: Mit Hitlers Raum- und Rassenpolitik im Osten hatten sie nichts gemein! Vor solcher Untat bewahrte sie auf der einen Seite die pragmatische Vernünftigkeit ihres außenpolitischen Realismus. Davon hielten sie auf der anderen Seite, in entscheidendem, ausschlaggebendem Maße, ihre moralische Überzeugung, ihr christlicher Glaube und ihre angestammte Achtung vor den Kulturen und Nationen Europas ab. Allein, die Bedeutung des nationalsozialistischen Rassismus, der Konservativismus und Hitlerismus grundsätzlich voneinander trennte, kam den Westalliierten erst nach dem Ende des Krieges im vollen Umfang des präzedenzlos Schrecklichen zu Bewußtsein. Zeitgenössisch blieb jene genaue Einsicht in den komplizierten Zusammenhang verwehrt, die geeignet gewesen wäre, über die machtpolitischen Ähnlichkeiten zwischen dem traditionalen und dem revolutionären Deutschland hinaus das beide Welten Trennende hervortreten zu lassen.

Nicht vergessen werden darf in diesem Sinne auch, daß die »Honoratioren« niemals daran dachten, in einer Fortsetzung der außenpolitischen Planungen der Dritten Obersten Heeresleitung und Hitlers, Rußland bzw. die Sowjetunion als Faktor des Staatensystems auszuschalten. Aber, man kann es drehen und wenden, wie man will: Das lange vor dem Ersten Weltkrieg überall außerhalb Deutschlands aufgekommene Gefühl, die Existenz des Reiches werfe für die Bedürfnisse und Interessen Europas Probleme auf, triumphierte auf der ganzen Linie. Im Urteil des Auslandes rückte es den konservativen Widerstand eng an die Seite Hitlers. Für Großbritannien waren die üppigen Territorialforderungen, welche die »Honoratioren« in Mittel- und Ostmitteleuropa geltend machten, einfach nicht annehmbar. Für eine leidgeprüfte Nation wie Polen konnte es kaum glaubhaft sein, einerseits der Machtpolitik herkömmlichen Stils zu huldigen und andererseits mit Hitlers Rassenpolitik nichts zu tun haben zu wollen. Traditionelle Macht- und neuartige Rassenpolitik wurden in Ostmitteleuropa wie die beiden Seiten einer blutbefleckten Medaille empfunden!

»Honoratioren« und Kreisauer gewannen ihre außenpolitischen Konzepte, mit ganz unterschiedlichen Resultaten, in der auf Leben und Tod geführten Auseinandersetzung mit Hitlers Diktatur: Diese schätzten die einen als schimpfliche Perversion und abrupten Bruch mit den deutschen und europäischen Überlieferungen ein; die anderen beurteilten sie dagegen als beinahe zwangsläufiges Ergebnis und logisches Ende einer verkommenen Tradition jahrhundertealter Machtpolitik.

Am konsequentesten gedachten die Kreisauer, dem Räderwerk der Staatengeschichte zu entgehen: Ein für allemal wollten sie das ihnen verdächtige System der diplomatischen Aushilfen, die am bitteren Ende mit deprimierender Regelmäßigkeit versagenden Bemühungen um die Zähmung der Macht hinter sich lassen. Um dieses ehrgeizige Ziel zu erreichen, waren sie bereit, einen hohen Preis, beispielsweise in territorialer Münze, zu zahlen. Ihr idealistischer Entschluß ist in erster Linie vor dem Hintergrund der ungeheuerlichen Erfahrungen während des Zweiten Weltkrieges zu verstehen. Wie tragfähig und zukunftsträchtig er sein konnte, mußte bereits zeitgenössisch als fragwürdig erscheinen. Konnte ein außenpolitisches Konzept Bestand haben, das davon ausging, sich aus der internationalen Politik als einem Konkurrenzkampf der Staaten zurückzuziehen; das Sicherheits- und Machtdilemma der beteiligten Akteure einfach zu negieren und durch ein neues Menschenbild zu überwinden; sich allein auf moralische Erneuerung und völkerrechtliche Sicherungen zu verlassen?

Die zweifelnde Frage zu stellen drängt sich geradezu auf, wenn man sich vor Augen führt, daß die beiden aus dem Weltkrieg als die führenden Mächte hervorgehenden Staaten, die UdSSR und die USA, kompromißlos darauf bedacht waren, im jeweils nationalen Interesse den Einfluß der Pax Sovietica und der Pax Americana so weit wie möglich auszudehnen. Zudem ist, will man über das Konzept der Kreisauer urteilen, nicht zu übersehen, daß auch innerhalb der verschiedenen Résistancen, die gegen Hitlers Deutschland kämpften, nicht nur fortschrittliche europäische Zukunftspläne geschmiedet wurden. Vielmehr war es gerade die patriotische Besinnung auf die nationalstaatliche Idee, die zum todesmutigen Aufstand gegen das »Dritte Reich« beflügelte. Ihre geschichtswirksame Existenz würde somit für die heraufziehende Nachkriegswelt verpflichtend sein, die kaum im Sinne der Kreisauer mit einer prinzipiellen Absage an die traditionelle Machtpolitik einhergehen konnte.

Die Entwürfe der »Honoratioren« waren an den Maßstäben ausgerichtet, welche die europäische Staatengeschichte im allgemeinen und der Bismarcksche Nationalstaat im speziellen als Verpflichtungen und Belastungen überliefert hatten. Jede simple Identifizierung mit Hitlers außenpolitischem »Programm« verbietet sich aus offensichtlichen Gründen – es sei denn, man wollte zwischen dem Bemühen um Frieden und dem Hang zum Krieg, zwischen dem Führungsanspruch einer Großmacht und globaler Rassenherrschaft, zwischen der Respektierung und der Mißachtung des Völkerrechts, zwischen dem Eintreten für den Schutz nationaler sowie rassischer Minderheiten und der Praxis des Genozids nicht mehr unterscheiden.

Doch diese fundamentalen Differenzen zwischen dem Diktator und den Widerstandskämpfern waren nicht ausreichend, um Europa dazu bewegen zu können, das Reich als kontinentale Ordnungsmacht zu akzeptieren. Im Gegenteil: Gerade diese Forderung hinderte die Deutschen daran, die Bürde der nationalstaatlichen Unvollendetheit abwerfen zu können. Sicherlich wäre es ungerecht, die prinzipiellen Unterschiede verwischen zu wollen, die Hitler und seine Opponenten trennten. Verständlich erscheint es allerdings, daß Großbritannien, welches in entscheidender Zeit allein gegen die Deutschen ausgeharrt hatte, und daß die Völker Europas, die unter der Besatzung des »Dritten Reiches« litten, in den Plänen der »Honoratioren« nichts anderes als die deutsche Gefahr zu erblicken vermochten.

Als trügerisch erwies sich die Hoffnung der Repräsentanten um Beck, Goerdeler und von Hassell, die tiefsitzenden Befürchtungen der deutschen Nachbarn könnten schwinden, wenn das Reich als Vormacht des Kontinents gegenüber der drohenden Sowjetunion als schirmendes Bollwerk eine willkommene Funktion der machtpolitischen Unentbehrlichkeit gewinnen würde. Das Eigengewicht und die Eigenständigkeit der Probleme und Gefahren, die mit dem Bestand des kleindeutschen Nationalstaates in der europäischen Geschichte des endenden 19. und des 20. Jahrhunderts verbunden waren, besaßen eine viel zu prekäre Größenordnung, als daß man sie irgendwo in Europa und der Welt ausschließlich als sekundäre Phänomene im »Kalten Krieg« zwischen Ost und West hätte bewerten können und wollen.

Was die Sendboten des konservativen Deutschland den Angelsachsen anboten, um sie zu einschneidenden Lockerungen ihrer karthagischen Bedingungen zu veranlassen, vermochte diese nicht zu überzeugen. Nicht einmal das, was der dem Kreisauer Kreis nahestehende Diplomat Adam von Trott zu Solz vorschlug, der für einen Eigenweg des Deutschen Reiches »zwischen Ost und West« eintrat und die Versöhnung zwischen dem »Personalprinzip des Westens« und dem »Realprinzip des Ostens«[143] propagierte, erschien ihnen zukunftsträchtig zu sein. Wie schon in den Jahren 1938 und 1940, als sie vor dieser zentralen Herausforderung versagt hatten, mußten die Deutschen auch jetzt ihre Entschlossenheit beweisen, auf eigene Verantwortung und ohne fremde Rückversicherung zu handeln. Erst dann war die Zukunft wiederum offen und blieb dennoch ungewiß. Mehr noch: Daß sie im Sinne der in Casablanca verabschiedeten *unconditional surrender*-Formel für Deutschland hart zu werden drohte, war auf jeden Fall wahrscheinlicher, als daß sie sich, wie am Ende des Ersten Weltkrieges, im milden Licht eines Wilson-Friedens gezeigt hätte.

An ein derart eigenständiges Handeln, dessen unkalkulierbare Risiken durch alliierte Zugeständnisse auf einen erträglichen Friedensschluß also keineswegs gemildert wurden, war vor allem nach dem Ende des Westfeldzuges überhaupt nicht mehr zu denken. Diese Feststellung gilt ungeachtet der Tatsache, daß, wie erwähnt, führende Vertreter des konservativen Widerstandes wie Beck und Goerdeler sich selbst durch Hitlers Triumph in Frankreich nicht hatten blenden lassen und ihre Distanz zum Nationalsozialismus zu keiner Zeit aufgaben. Ein aktives Vorgehen gegen »Führer« und Regime konnte erst wieder erwogen werden, wenn das enorm gestiegene Ansehen des Diktators in der Zukunft durch militärische Rückschläge erschüttert sein würde. In diesem historischen Zusammenhang tritt das furchtbare Dilemma des deutschen Widerstandes hervor, das ihn von den europäischen Résistance-Bewegungen grundsätzlich abhob.

Um das Vaterland retten zu können, mußten ihm die Verschwörer als notwendige Voraussetzung schwere Niederlagen wünschen. Alle geheimen Kontakte mit den alliierten Regierungen blieben in diesem Sinne gleichfalls von dem schnöden Verdacht überschattet, während des Krieges mit dem auswärtigen Feind hinter dem Rücken der eigenen Führung zu konspirieren. Selbst diese umstrittenen Bemühungen und die noch so vagen Hoffnungen wurden hinfällig, nachdem sich die Alliierten in Casablanca zur Unerbittlichkeit entschlossen hatten. Bis zu einem gewissen Grad fand die einmal geäußerte Ansicht, wonach Kriegführende einander in ihren negativen Eigenschaften ähnlich werden, aufs neue eine Bestätigung.

Erst nach der für alle sichtbaren Wende des Krieges im Jahre 1943 setzte die Tätigkeit der Opposition wiederum verstärkt ein. Für die Repräsentanten des »anderen Deutschland«, das sich nunmehr sammelte, ging es im Zeichen einer furchtbaren Doppelbelastung zwischen Krieg und Bürgerkrieg darum, über den äußeren Gegner hinaus den »Führer« des »Dritten Reiches« als Feind bekämpfen zu müssen: »Die Europa zu terrorisieren schienen, lebten selber unter dem gleichen Terror.«[144] Denn für die Zeitgenossen war der Widerstand keineswegs nur patriotische Erhebung, sondern stand immer im Ruch des Hoch- und Landesverrates. Die Mehrheit der deutschen Bevölkerung vermochte zeitgenössisch nicht mit der Klarheit zu sehen, was wir heute wissen: Der alle Rechtsnormen in nationaler und internationaler Perspektive zerstörende Unrechtsstaat konnte keinen legitimen Anspruch auf Gehorsam mehr erheben; Widerstand war für die darum Wissenden längst zur moralischen Pflicht geworden.

Angesichts der gegnerischen Koalition, die die Grenzen des Deutschen Reiches bedrohte, in der eigenen Regierung den Feind zu erblicken, brachte beinahe unüberwindliche Schwierigkeiten mit sich. Während die Mitglieder der europäischen Résistance-Bewegungen in den besetzten Ländern, zumindest der mehr und mehr dominierenden Tendenz nach, bei ihren Mitbürgern Rückhalt fanden, ihr Kampf gegen die Okkupanten bald als Patriotismus galt, nahm sich die Lage der Vertreter des deutschen Widerstandes ganz anders aus: Sie gingen »einsam zur Richtstätte ..., beschimpft und ausgestoßen aus der ›Volksgemeinschaft‹«[145].

Für den inneren Kreis der Opposition zählte daher am Ende ihres Tuns allein noch die Tat als solche; die Gewißheit, sich für das Richtige entschieden zu haben, nahmen sie selbst im Scheitern und in den Tod mit: »Ich halte Hitler nicht nur für den Erzfeind Deutschlands«, gab Henning von Tresckow dieser

Empfindung Ausdruck, »sondern auch für den Erzfeind der Welt. Wenn ich in wenigen Stunden vor den Richterstuhl Gottes treten werde, um Rechenschaft abzulegen über mein Tun und mein Unterlassen, so glaube ich mit gutem Gewissen das vertreten zu können, was ich im Kampf gegen Hitler getan habe. Wenn einst Gott Abraham verheißen hat, er werde Sodom nicht verderben, wenn auch nur zehn Gerechte darin seien, so hoffe ich, daß Gott auch Deutschland um unsertwillen nicht vernichten wird. Niemand von uns kann über seinen Tod Klage führen. Wer in unseren Kreis getreten ist, hat damit das Nessushemd angezogen. Der sittliche Wert eines Menschen beginnt erst dort, wo er bereit ist, für seine Überzeugung sein Leben hinzugeben.«[146]

Die Männer des Widerstandes, die mit unendlicher Gewissensqual und nagendem Selbstzweifel moralische Gesinnung über hergebrachte Verantwortung stellten, handelten unter einer schwerwiegenden Belastung: Weil sie sich entschlossen hatten, Hitler zu beseitigen, mußten sie wider Willen dazu bereit sein, selbst den Vormarsch Stalins in Kauf zu nehmen. Nicht wenige derjenigen aber, die sich für das Weiterkämpfen entschieden, lebten ihrerseits mit dem aus Gewöhnung und Angst zusammengesetzten Dilemma, die überlieferte Verantwortung der sich regenden Gesinnung vorzuziehen: Indem sie den Krieg gegen Stalin fortsetzten, verlängerten sie gleichzeitig Hitlers Herrschaft.

Im Widerstand gegen den Diktator verdichtete sich der zukunftweisende Versuch, Deutschlands Existenz von den Verbrechen des Nationalsozialismus zu trennen; das bleibende Verdienst der Tapferen liegt ohne Zweifel im Innen-, nicht aber im Außenpolitischen aufgehoben. Denn die Europapläne der Kreisauer, die ihrer Zeit ungeduldig vorauseilten, waren derartig machtfern, daß sie in die neue Weltordnung der Sieger, so umstritten deren unklare Gestalt auch blieb, nicht einzugehen vermochten. Die traditionellen Hegemonialideen der »Honoratioren« aber wiesen, ungeachtet ihrer fundamentalen Unterschiede gegenüber Hitlers Rassenherrschaft, zu viele Berührungspunkte mit den Missetaten des Regimes auf. Das Gemeinsame zwischen Tyrannis und Widerstand zog sich in dem unbestimmt lastenden, gefährlich unabgegrenzten Anspruch des Imperiums zusammen: Seine befremdende Existenz stand zwischen Deutschland und Europa, weil sie aus beiden eins zu machen drohte.

Inzwischen ist das Reich vergangen, das innenpolitische Vermächtnis des deutschen Widerstandes dagegen lebendig. Sein verpflichtendes Erbe liegt vor allem darin, daß sich im Verlauf des Krieges Teile der Aristokratie dazu bereit fanden, Seite an Seite mit Repräsentanten aller Schichten, auch mit Sozialisten und Kommunisten, gegen den Gewaltherrscher aufzustehen. Das heißt aber: Diejenigen, die sich zusammen mit anderen gesellschaftlichen Gruppen 1933 daran beteiligt hatten, Hitler zur Macht zu verhelfen, ehe sie erkennen mußten, daß sie im totalitären Staat der Nationalsozialisten ebenso rechtlos waren wie der von ihnen zuvor bekämpfte Vierte Stand, schlossen sich mit denjenigen zusammen, die durch ihr Abseitsstehen und ihre Aktionen gleichfalls zum Untergang der Weimarer Republik beigetragen hatten. Angesichts gemeinsamer Erfahrungen konservativer, bürgerlicher und sozialistischer Verschwörer im Widerstand gegen das »Dritte Reich« bot die 1945 anbrechende neue Zeit, die über längst fragwürdig gewordene gesellschaftliche Schranken hinauswies, in der Tat, wie es von Ernst Nolte sinngemäß umschrieben worden ist[147], die Chance, das Bürgertum gegen totalitäre Überanstrengungen zu immunisieren und dem kommunistischen Gegner die Möglichkeit des Wandels nahezulegen.

Von solch trostreicher Gewißheit, die im Gescheiterten und Aussichtslosen des Widerstandes angelegt war, sich freilich erst nach dem Ende des Weltkrieges zu entfalten vermochte, war das sterbende Reich durch das bevorstehende Ende einer beispiellosen Katastrophe noch abgrundtief getrennt. Zuvor hatten die Deutschen dem grausamen Schicksal zu entkommen, das ihnen vom Diktator zugedacht war: Ihr physisches Dasein sollte verschwinden, jede Erinnerung an ihre Existenz getilgt werden. Nach dem unheimlichen Vorsatz des Zerstörungssüchtigen durfte von Deutschland nur noch verbrannte Erde übrigbleiben!

Verbrannte Erde

Nachdem die Ardennenoffensive zu Anfang des Jahres 1945 endgültig gescheitert war, ging das letzte Aufbäumen des vom Tode Gezeichneten in die Agonie über. Vor allem anderen, was er plante und tat, war Hitler bis zu seinem Selbstmord am 30. April 1945 von dem teuflischen Gedanken besessen, das deutsche Volk, weil es den Gipfel der Weltmacht nicht erstürmt hatte, in den Abgrund des Untergangs zu stürzen. Die frevlerische Alternative, die ihn von Beginn seiner atemverschlagenden Karriere an begleitet hatte, erfüllte sich in einem schieren »Vernichtungsvorsatz«[148]: Der Siegesrausch war verflogen, der Zerstörungswille triumphierte.

Schon im Herbst 1944, als sich die Gegner den deutschen Grenzen näherten, hatte der Diktator, dem Hang zum grandiosen Scheitern erlegen und auf perverse Mythenbildung bedacht, den barbarischen Befehl erteilt, auf dem Gebiet des Reiches nichts als »verbrannte Erde« zu hinterlassen. Nur eine »Zivilisationswüste«[149] sollten die feindlichen Eindringlinge vorfinden; jetzt drohte tatsächlich das Ende Deutschlands – »finis Germaniae« –, das Generaloberst Beck geraume Zeit zuvor bereits heraufziehen sah.[150] Es schien nichts zu nutzen, daß Albert Speer, weil der Krieg endgültig verloren war, den »Führer« am 30. Januar 1945 in einer Denkschrift erneut beschwor, die Lebensgrundlagen der deutschen Bevölkerung zu sichern, die Waffenproduktion dafür hintanzustellen. Hitler und fanatische Paladine wie Goebbels, Bormann und Ley, die nicht an das Überleben der Deutschen nach dem Ende des Waffenganges dachten, schwelgten geradezu in Kategorien der Verwüstung und des Weltenbrandes.

Die rauchenden Trümmer des totalen Ruins würden revolutionäre Blüten treiben, neue Legenden gebären und heldenhaften Tatendrang entfachen. »Moderne« Nationalsozialisten wie Speer und Dönitz standen mit ihrem Willen zur Rettung des deutschen Volkes den steinzeitlichen »Nazis« gegenüber, die sich im düsteren Banne der nordischen Sagenwelt am bevorstehenden Muspilli berauschten. »Den Amerikanern, Engländern und Russen nur eine Wüste«[151] zu überlassen, das allein beschäftigte ihr verwerfliches Sinnen und Trachten. Sogar dem alliierten Bombenkrieg vermochte Joseph Goebbels noch sozialrevolutionäre Wirkungen abzugewinnen. Unvorhergesehen schien sein zerstörerisches Wüten dem ursprünglichen Umsturzwillen des Nationalsozialismus tödliche Schubkraft zu verleihen, versprach ihn geradezu wiederzubeleben. Weil »der Bombenterror ... weder die Wohnstätten der Reichen noch die der Armen«[152] verschone, so lautete die perverse Philosophie des Reichspropagandaministers, müßten jetzt »vor den Arbeitsämtern des totalen Krieges ... die letzten Klassenschranken fallen«.

Die um sich greifende Zerstörung Deutschlands ging, wie Goebbels mit triumphierender Genugtuung feststellte, in eine lang aufgestaute Abrechnung mit der verhaßten Bürgerwelt schlechthin über: »Unter den Trümmern unsrer verwüsteten Städte sind die letzten sogenannten Errungenschaften des bürgerlichen neunzehnten Jahrhunderts endgültig begraben worden ... Zusammen mit den Kulturdenkmälern fallen auch die letzten Hindernisse zur Erfüllung unserer revolutionären Aufgabe. Nun, da alles in Trümmern liegt, sind wir gezwungen, Europa wiederaufzubauen. In der Vergangenheit zwang uns Privatbesitz bürgerliche Zurückhaltung auf. Jetzt haben die Bomben, statt alle Europäer zu töten, nur die Gefängnismauern geschleift, die sie eingekerkert hatten ... Dem Feind, der Europas Zukunft zu vernichten strebte, ist nur die Vernichtung der Vergangenheit gelungen, und damit ist es mit allem Alten und Verbrauchten vorbei.«[153]

Deutschland, das der Vernichtung von außen längst anheimgefallen war, sollte nach dem Willen derjenigen, die es aufopferungsvoll zu verteidigen vorgaben, nunmehr auch von innen zerschlagen werden. Für die Außenpolitik und Kriegführung des »Dritten Reiches« bestand kaum noch Handlungsspielraum; plötzlich glich alles dem puren Vollzug des wie zwanghaft Vorgegebenen.

Uneinsichtig hielt Hitler an seiner »Weisung Nr. 51« fest, dem Abwehrkampf im Westen zu Lasten der Verteidigung des Ostens Priorität zu geben. Erst in den buchstäblich letzten Tagen seines Lebens änderte der Diktator seine verbohrte Meinung, folgte einem »Vorschlag von Generaloberst Jodl« und drehte »die gesamte Front«[154] um. Das kraftlose Wendemanöver endete genauso vergeblich wie alle Ende 1944 und Anfang 1945 unternommenen Versuche, sogar an Hitler vorbei neue Verbündete im Osten zu finden, nicht zuletzt durch Himmlers SS.

Der Diktator seinerseits frönte, als er die strategische Umkehr der vom Kapitulationsgespenst begleiteten Verteidigungsanstrengungen befahl, dem Wahn, er werde das Schicksal noch einmal wenden können. Im Hinblick auf die Gründungskonferenz der »Vereinten Nationen«, die am 25. April 1945 in San Francisco stattfinden sollte, regte sich neue Hoffnung für seinen alten Wunsch, aus der bevorstehenden Entzweiung der gegnerischen Koalition eigenen Gewinn zu ziehen: »Wenn es wirklich stimmt, daß in San Franzisko unter den Alliierten Differenzen entstehen – und sie werden entstehen –, dann kann eine Wende nur eintreten, wenn ich dem bolschewistischen Koloß an einer Stelle einen Schlag versetze. Dann kommen die anderen vielleicht doch zu der Überzeugung, daß es nur einer sein kann, der dem bolschewistischen Koloß Einhalt zu gebieten in der Lage ist, und das bin ich und die Partei und der heutige deutsche Staat.«[155]

Doch das Spukbild dieser Erwartung zerstob unter dem Vormarsch der Alliierten. Diese kamen zwar nicht so rasch voran, wie es möglich gewesen wäre. Dennoch rückten sie unaufhaltsam vor, so daß für außenpolitische Manöver der Deutschen keine Bewegung mehr blieb. Im Februar und März 1945 wurden die linksrheinischen Gebiete Deutschlands erobert. Am 7. März überschritten amerikanische Truppen bei Remagen, am 24. März britische Einheiten bei Wesel den Rhein. Die Amerikaner, die zusammen mit der französischen 1. Armee in Süddeutschland einmarschierten, besetzten Vorarlberg, Tirol bis zum Brenner, das Salzkammergut, Oberösterreich und den Westen Böhmens bis zur Linie Karlsbad-Budweis-Linz. Im Norden erreichten die Engländer am 19. April 1945 die Elbe bei Lauenburg, während amerikanische Verbände ins Zentrum des Reiches vorstießen. Am 25. April 1945 kam es zu dem uns schon bekannt gewordenen Zusammentreffen mit den Sowjets bei Torgau an der Elbe. Weiter vorzudringen lehnte der alliierte Oberbefehlshaber General Eisenhower aus politischen und militärischen Gründen ab. Mit der Masse seiner Streitkräfte wollte er sich der Eroberung des deutschen »Alpen-Reduit« zuwenden, einem von der Koalition ernst genommenen Propagandaprodukt der Nationalsozialisten.

Der Osten des Reiches wurde im Zeitraum vom Januar bis zum Mai 1945 von der sowjetischen Armee erobert. Stalin, der die seit März 1945 laufenden Geheimverhandlungen zwischen westalliierten Repräsentanten und dem deutschen Oberkommando in Italien mit höchstem Mißtrauen verfolgte, war darum bemüht, den amerikanischen Oberbefehlshaber Eisenhower, der zügig nach Mitteldeutschland vorstieß, nach Süden abzulenken, um nicht zu große Teile des von den Sowjets beanspruchten Territoriums in anglo-amerikanische Hand fallen zu lassen. Für sein selbstsüchtiges Anliegen fand der sowjetische Diktator bei den Amerikanern mehr Gehör als bei den Briten: Churchill wollte »vom politischen Standpunkt aus so weit wie nur möglich nach dem Osten Deutschlands vormarschieren und Berlin unbedingt nehmen«[156]. Bereits am

16. April und nicht erst Mitte Mai, wie Stalin den Amerikanern vorgegaukelt hatte, traten die Sowjets zur Endoffensive an, während die Westalliierten an der Elbe verharrten. Die Rote Armee stieß über die Oder und die Lausitzer Neiße auf Berlin vor, schloß die Reichshauptstadt in den kommenden Wochen ein und eroberte sie am 2. Mai.

Vom »Endsieg«, der während der nächsten zehn Monate zu erwarten sei, hatte Hitler noch am 24. Februar den längst desillusionierten, zermürbten Deutschen gegenüber fabuliert. Am Tage darauf bediente sich Joseph Goebbels in einem Leitartikel der Wochenzeitung *Das Reich* des suggestiven Schlagworts vom »Eisernen Vorhang«[157], um die Gefahr aus dem Osten zu beschwören, um den angeblichen Verrat des Westens an Europa anzuprangern, und um die ermattete Kampfkraft erneut anzufachen. Unter der Überschrift »Das Jahr 2000« attackierte der Reichspropagandaminister die alliierten Abmachungen von Jalta, mit denen die Westmächte Ostmitteleuropa den Sowjets überantwortet hätten. Doch zur militärischen Auflehnung konnte die hoffnungslosen Deutschen schon lange nichts mehr antreiben.

Daß ein Ende bevorstand, war gewiß; unsicher blieb dagegen der Vollzug. Würden die fanatischen Selbstmörder des nationalsozialistischen Regimes, die Deutschland auszulöschen vorhatten, der »unnatürlichen« Koalition der Feinde, die sich das Reich zu erobern anschickte, auf verhängnisvolle Weise zuvorkommen?

»Wir haben kein Recht dazu«, beschwor Speer in einer Denkschrift vom 15. März, die den Zusammenbruch der deutschen Wirtschaft binnen ein bis zwei Monaten prognostizierte, den wütend zum Äußersten gegen die eigene Bevölkerung entschlossenen Hitler, »in diesem Stadium des Krieges von uns aus Zerstörungen vorzunehmen, die das Leben des Volkes treffen könnten«[158]. Doch der Diktator hatte sich längst für das extreme Gegenteil entschieden. Den Deutschen, die sich in diesem Krieg angeblich als zu schwach erwiesen hatten, sollte schlicht der Garaus gemacht werden. Denn, ließ er sich Speer gegenüber am 18. März mit düsterem Fatalismus ein, »dem stärkeren Ostvolk gehöre dann ausschließlich die Zukunft. Was nach dem Kampf übrigbleibe, seien ohnehin nur die Minderwertigen; denn die Guten seien gefallen!«[159]

Einen Tag darauf erging der sogenannte »Nero-Befehl«, der die Lebensgrundlagen der Deutschen zu zerstören forderte: »Alle militärischen, Verkehrs-, Nachrichten-, Industrie- und Versorgungsanlagen sowie Sachwerte innerhalb des Reichsgebietes, die sich der Feind für die Fortsetzung seines Kampfes irgendwie sofort oder in absehbarer Zeit nutzbar machen kann, sind zu zerstören.«[160] Daß es zu diesem wahnsinnigen Verbrechen nicht kam, war dem mutigen Widerstand zu verdanken, der sich gegen den verordneten Untergang seit geraumer Zeit in der privaten Industrie und in öffentlichen Verwaltungen, in der Wirtschaft und im Staat, ja selbst in der nationalsozialistischen Partei herangebildet hatte. Seit der zweiten Hälfte des Jahres 1943, als das Reich die strategische Initiative in Rußland verloren hatte und der italienische »Achsen«-Partner zusammengebrochen war, als die Deutschen den Bomberoffensiven der Alliierten schutzlos ausgesetzt und die Angelsachsen bis zur »bedingungslosen Kapitulation« Krieg zu führen entschlossen waren, kurzum: als die Gewißheit der Niederlage die Erwartung des Sieges verdrängte, da wurde vor allem »in den Vorständen der Großunternehmen« damit begonnen, »sich mit den Nachkriegsproblemen zu befassen«[161].

In diesem Zusammenhang trat deutlich hervor, so hat der Historiker Ludolf Herbst das sich in verzweifelter Lage rettend Anbahnende anschaulich dargestellt, »daß man ohne Kooperation mit den Behörden Nachkriegsvorsorge nur unzureichend treffen kann. So fühlt Rohland bei Speer vor, wendet sich Stahl an das RWM [Reichswirtschaftsministerium] und an Ohlendorf. Die Reichsgruppe Industrie und andere Selbstverwaltungsorgane, deren führende Repräsentanten wie Zangen oder Stahl zugleich Konzernchefs sind, spielen die vermittelnde Rolle. Die zuerst tastende Fühlungsnahme stößt auf Behörden, die einerseits den totalen Krieg propagieren, aber andererseits meinen, der kommende Friede könne ohne sie nicht gestaltet werden. Die Kooperation gleitet allmählich, je aussichtsloser der Krieg wird, desto mehr, in eine stillschweigende Sabotage der sinnlosen Kriegsanstrengungen über. Versteckt seit November 1944 und offen seit Januar/Februar 1945 durchkreuzen nennenswerte Teile der Industrie in enger Zusammenarbeit mit Reichsministern wie Speer, Funk, Backe, Dorpmüller, Schwerin von Krosigk und mit der Mehrzahl der Gauleiter die Zerstörungswut Hitlers und der ihn umgebenden Führungsclique.«[162]

Der Fluchtweg blieb beängstigend schmal und sicherte am Ende dennoch das kollektive Überleben der Deutschen: Hitlers »Götterdämmerungspolitik« stieß zukunftsorientierte Repräsentanten des »Dritten Reiches« vom Schlage eines Speer oder Dönitz ab: Die »Räson des Nationalsozialismus«, so ist der spezifische Wandel analysiert worden, der sich während des letzten Akts der braunen Herrschaft selbst im engen Kreis der Überzeugten einstellte, wies, was insbesondere »die ›jungen‹ Leute in der ›Bewegung‹« anging, in eine andere Richtung: »Zwar dachten auch Speer und Dönitz in rassistischen Vorstellungen, sie gingen aber nicht so weit wie die Vertreter der ›alten Garde‹ in der Partei. Dönitz wußte, daß das deutsche Volk auch nach der Niederlage weiterexistieren würde, und wenn Speer schon im Spätherbst 1944 unauffällig, aber wirksam auf dem wirtschaftlichen Sektor die Weichen für die Nachkriegszeit zu stellen begann, so sorgte Dönitz dafür, daß es nicht zu der von Hitler gewünschten demographischen Katastrophe, eben nicht zu einem Holocaust der Deutschen kam.«[163]

Ganz erreichte der Diktator keine der Alternativen, die ihn programmatisch leiteten. Er führte Deutschland weder zur Weltmacht noch in den Untergang, allerdings: In den Jahren 1940/41 und 1944/45 verfehlte er beide Ziele nur knapp. In letzter Minute erst wurde »das Schicksal« abgewehrt, das Hitler dem deutschen Volk als »unabwendbar« verordnet hatte, nämlich die »Grundlagen« zu tilgen, »die das Volk zu seinem primitivsten Weiterleben braucht«[164].

Der Diktator ging, nicht zuletzt im Hinblick auf seine Außenpolitik und Kriegführung, jetzt daran, die vernichtende Bilanz seines blutigen Rasens zu ziehen. Seine Gefolgsmänner Göring und Goebbels, Himmler und von Ribbentrop griffen dagegen, um Frieden mit dem Westen oder dem Osten zu machen, wie Ertrinkende nach Strohhalmen, die sie auf allen Seiten der nicht mehr so weit auseinanderliegenden Fronten zu entdecken meinten.

Am 29. April 1945, einen Tag vor seinem Selbstmord, forderte der Gewaltherrscher in seinem »Politischen Testament« die nach ihm kommende »Führung der Nation und die Gefolgschaft zur peinlichen Einhaltung der Rassegesetze und zum unbarmherzigen Widerstand gegen den Weltvergifter aller Völker, das internationale Judentum«[165] auf. Ganz im Sinne seines aus dem Raum- und Rassegedanken gefügten Dogmas heißt es schließlich in einer Botschaft an Generalfeldmarschall Keitel, gleichsam einem Nachsatz zum Testament: »Es muß weiter das Ziel sein, dem deutschen Volk Raum im Osten zu gewinnen«[166]. In einem räsonierenden Rückblick, der herauszufinden suchte, warum seine Außenpolitik und Kriegführung gescheitert waren, mischte sich Tatsächliches mit Abwegigem: Realistische Eingeständnisse über das Konto seiner Irrtümer, auf dem seine »unverbrüchliche Freundschaft«[167] mit Mussolini als Debetposten ganz oben figurierte, standen neben abstrusen Verschwörungstheorien über den »jüdischen Einfluß auf die Engländer Churchills«[168]. Anders vermochte er sich die ihn zutiefst verwirrende, maßlos enttäuschende Tatsache, daß die deutsch-britische Allianz niemals zustande gekommen war, einfach nicht zu erklären.

In strategischer Hinsicht sei der Krieg, weil der günstigste Zeitpunkt bereits verpaßt worden sei, »etwas zu spät«[169], für das Volk, das nach wie vor der erforderlichen Härte entbehre, sei er dagegen immer noch geraume Zeit zu früh gekommen: »Es ist die Tragik der Deutschen, daß wir nie genügend Zeit haben. Immer werden wir durch die Verhältnisse gedrängt. Und wenn wir derart unter Zeitdruck stehen, so darum, weil uns der Raum fehlt. Die Russen, in ihren endlosen Weiten, können es sich leisten, abzuwarten. Die Zeit arbeitet für sie. Und sie arbeitet gegen uns.«[170]

Wie ein Tropfen Einsicht in einem Meer der Illusionen wirkt Hitlers Erwähnung der Tatsache, daß Geschichte und Geographie, Zeit und Raum die Deutschen, anders als andere Völker und Nationen, möglicherweise eher benachteiligt als begünstigt hätten. Nicht im entferntesten gelangte er jedoch zu der Schlußfolgerung, daß es seine Außenpolitik und Kriegführung gewesen sind, die alles getan hatten, um die andauernden Bedingungen, anstatt sie zu lindern, katastrophal zu verschlimmern. Er wollte Europa, letztlich sogar die Welt dominieren, mochte sich auf gar keinen Fall vergleichen, verfolgte äußere Politik im Banne militärischer Expansion und rassischer Herrschaft. Der hybride

Vorsatz trieb ihn ein ums andere Mal in die politische und strategische Enge; zwang ihn zum risikoreichen Ausbruch ins Ungewisse; drängte ihn geradezu auf die gefährliche Bahn zerstörerischer Eroberung, die kein friedliches Ende der widrigen Umstände herbeiführte, sondern die Völker der Erde gegen Deutschland zusammenfinden ließ.

Bei dem beklemmenden Finale dieser diabolischen Karriere blieb nur das Gegenteil des Beabsichtigten übrig, wurde der Diktator zum Beförderer dessen, was er bekämpft hatte: Er wollte die Juden vernichten und trug indirekt dazu bei, daß sie eine staatliche Heimstatt in Israel fanden; er hatte vor, die Sowjetunion und die Vereinigten Staaten von Amerika niederzuringen und begünstigte gerade auf diesem Weg ihre Entwicklung zu den führenden Weltmächten der Nachkriegsordnung; er mißachtete Europa und leistete damit seinen ungewollten Beitrag zu einer Renaissance des Europäischen; er versuchte, das Ideal des Nationalen durch den Wahn des Rassischen auszulöschen, und ließ die Völker den Wert des Nationalstaates aufs neue erkennen; er plante, Deutschland zur Weltmacht aufsteigen zu lassen, und hinterließ doch nichts als Untergang.

Von Hitler selbst, der, zumindest zeitweise, in extremem Sinne die Janusköpfigkeit der Moderne zu repräsentieren schien, blieb am Ende nur das Negative, Verwerfliche, Zerstörerische übrig, das ihm jede Tradition zu bilden verwehrte. Der sich als »die letzte Chance«[171] für Europa anpries, hätte den alten Kontinent um ein Haar in den Abgrund gerissen, und er zog unter seine globale Vormachtstellung auf absehbare Zeit einen schwer aufhebbaren Schlußstrich. Derjenige, der in gewissem Sinne die gesamte Welt als seine Kolonie geringschätzte, diente, in einem dialektischen Sinne des historischen Prozesses, gerade durch sein widerwärtiges Beispiel der Dekolonisation der Welt. Als Revolutionär gegen die Revolution verkörperte Hitler die letzte Übersteigerung des eigenen, des dritten Weges der Deutschen zwischen West und Ost bzw. zwischen Kapitalismus und Kommunismus – und ließ gleichzeitig diesen überkommenen, vertrauten Zusammenhang der nationalen Geschichte weit und ruinös hinter sich. Der traditionelle Versuch, weltanschauliche Unabhängigkeit ohne ideologische Entscheidung zu wahren und ohne außenpolitische Option der Weltgeschichte die deutsche Spur einzukerben, endete, weil Hitlers Ziele und Mittel kriminell waren, im Äußersten an Gewalt und Verbrechen.

Das »Dritte Reich« lebte aus einer bis dahin unbekannten Verbindung zwischen Tradition und Revolution, die seit den umwälzenden Veränderungen des 18. Jahrhunderts, seit der Französischen und der Industriellen Revolution, als Gegensätze die europäische und die deutsche Geschichte in Bewegung und Unruhe gehalten hatten. Im mahlenden Widerstreit zwischen Überlieferung und Moderne, zwischen Ständegesellschaft und Massenzeitalter waren soziale Verwerfungen und politische Spannungen ausgelöst worden, die sich der Kompromißfähigkeit des alten Staates ebenso wie der des liberalen Parlamentarismus zu entziehen drohten.

Für das erwartungsvolle Empfinden weiter Kreise in der deutschen Bevölkerung versöhnte der Nationalsozialismus die beiden mächtigen, sich immer wieder aneinander brechenden Strömungen der Geschichte des 19. Jahrhunderts miteinander, den Nationalstaat und den Sozialismus; er schien einen dritten zukunftweisenden Weg zwischen kapitalistischem Liberalismus und marxistischem Kommunismus zu bahnen. Zweifellos ging von dem betörenden Experiment beträchtliche Anziehungskraft aus: Seine durchaus beabsichtigten, teilweise erreichten Wirkungen, Standesunterschiede in der »Volksgemeinschaft« des »Dritten Reiches«, zumindest in psychologischer und politischer Hinsicht, zu überwinden, verdeckten eine geraume Zeitlang das eigentliche Bewegungsgesetz der »braunen Revolution«, die Rassenidee Hitlers.

Gerade ihre abstoßende Existenz aber war das eigentliche Kennzeichen für die präzedenzlose Eigenständigkeit der neuen Weltanschauung und Praxis des »Dritten Reiches«. Gleichermaßen radikal unterschied sich der Nationalsozialismus vom liberalen Bekenntnis zur Idee der Weltzivilisation und vom marxistischen Glauben an einen über den Klassenkampf zu erreichenden Zustand irdischer Erlösung. Mit beiden die Welt bewegenden Phänomenen seiner Zeit war er durch historische Überlieferung und antagonistische Verwandtschaft verbunden; und ebendiese geschichtliche Verhaftung in dem zugleich Traditionellen und Entgegengesetzten der eigenen Erscheinung trachtete er total zu überwinden.

Im Prinzip hatte Hitlers Dogma nichts mehr mit der Nationalstaatsidee der Moderne gemein, im Gegenteil: Von Grund auf verneinten die nationalsozialistische Diktatur und ihre rassische Vision vom biologisch geordneten Reich seinen überlieferten Wert. Dieser beklagenswerten Tatsache hat Generaloberst Beck einmal in einem Gespräch mit Friedrich Meinecke zutreffenden Ausdruck verliehen, als er über Hitler feststellte: »Dieser Mensch hat ja gar kein Vaterland.«[172] Intuitiv erkannte Otto Hintze die ungeheuerliche Eigenmacht des »Dritten Reiches«, die jeden Glauben und alle Ideologien hinter sich ließ. In Hitlers archaischem Haß auf Tradition und Sitte zog sie sich zerstörerisch zusammen, so daß der Historiker entsetzt äußerte: »Dieser Mensch gehört ja eigentlich gar nicht zu unserer Rasse. Da ist etwas ganz Fremdes an ihm, etwas wie eine sonst ausgestorbene Urrasse, die völlig amoralisch noch geartet ist.«[173]

Das Schweifende und Ruhelose, das der Idee und Existenz des Imperiums anhaftete, wendete Hitler mit gezielter Absicht ins Utopische: Geschichtliche Bewegung sollte in biologischen Stillstand einmünden, das Deutsche Reich zum »Großgermanischen Reich« aufsteigen, die globale Rassenherrschaft den historischen Verlauf beschließen. Das Verwerfliche solchen Planens und Tuns, allein mit roher Gewalt und ohne werbenden Gedanken zu herrschen, stellte eine derart radikale Revolte gegen alles Bestehende dar, daß es den übermächtigen Widerstand fast des gesamten Erdballs herausforderte. Daher blieb schließlich nur übrig, das gleichzeitige Ende des »Dritten Reiches« und des Deutschen Reiches erleben zu müssen. Was im Ursprung und Ziel durch Welten voneinander getrennt war, das hatte die totalitäre Tyrannis in zwölf Jahren mit eiserner Klammer aneinandergekettet: Bismarckreich und Hitlerreich waren eins geworden und gingen gemeinsam unter – *finis imperii!*

Finis Imperii

Großadmiral Dönitz, den der »Führer« zu seinem Nachfolger bestimmt hatte, blieb nichts anderes übrig, als sich in das Unaufhaltsame zu schicken. Er konnte nicht viel mehr tun, als in dem alles überflutenden Ozean der Hoffnungslosigkeit einige Inseln der Zuversicht für die von Ost nach West Fliehenden zu behaupten. Als der Oberbefehlshaber der Kriegsmarine die Funkmeldung aus dem Bunker der Berliner Reichskanzlei erhielt, die ihm am Abend des 30. April 1945 die Verantwortung für das einstürzende Reich übertrug, da gab seine spontane Reaktion zu erkennen, worauf es ihm ankam: »Schluß machen, Heldenkampf ist genug gekämpft, Volkssubstanz erhalten, keine unnötigen Blutopfer mehr.«[174]

Außenpolitischen Spielraum, auf den die »geschäftsführende Reichsregierung« noch über die Kapitulation hinaus spekulierte, fand der zum Amtsnachfolger von Ribbentrops ernannte Schwerin von Krosigk nicht mehr vor. Der langjährige Finanzminister war mit dem Posten des Außenministers betraut worden, weil der an sich von Dönitz dafür vorgesehene von Neurath nicht auffindbar war. Was die neuen Männer, die Deutschland einer ungewissen Zukunft entgegenführten, überhaupt zu bewirken vermochten, konzentrierte sich darauf, Zivilisten und Soldaten zur Flucht vor der Roten Armee zu verhelfen. Es gelang ihnen, die Gesamtkapitulation hinauszuzögern und im Zuge schrittweiser Teilkapitulationen vielen Menschen zu Lande und zu Wasser den beschwerlichen Weg in den Westen zu bahnen.

Während sich die deutsche Italienarmee am 2. Mai bedingungslos ergab, drei Tage später der Kampf im Norden des deutschen Territoriums gegenüber Feldmarschall Montgomery eingestellt wurde und sich mit den Amerikanern weitere Abkommen über einseitige Waffenstreckungen anschlossen, strömte, bevor die Gesamtkapitulation am 7. und 9. Mai 1945 vollzogen wurde, eine wahre Menschenflut in die von Briten und Amerikanern besetzten Territorien. Über die Hälfte des deutschen Ostheeres, etwa 1850000 Soldaten, gelangte hinter die anglo-amerikanischen Linien, während 1490000 Mann in sowjetische und jugoslawische Kriegsgefangenschaft gerieten. Über zwei Millionen Zivilisten erreichten allein über die Ostsee Schleswig-Holstein und das noch immer deutsch besetzte Dänemark.

Die notdürftigsten Bedingungen für diesen von unsäglichem Leid und verheerenden Verlusten begleiteten Treck zu erhalten, bemühte sich die neue Reichsregierung, die entschieden prowestlich und antisowjetisch orientiert war. Aus dem gespannten Verhältnis, das vor allem zwischen Briten und Russen herrschte, versuchte sie Kapital zu schlagen – und spekulierte dabei viel zu hoch. Mitten in der deutschen Niederlage hielt die Kontinuität des Irrtums an: Sie schlug sich einmal mehr im fahrlässigen Vertrauen der Regierenden nieder, die kapitalistischen Westmächte gegen die kommunistische Sowjetunion ausspielen zu können. Längst schon am Ende, wollte man immer noch nicht einsehen, wie sehr man eigentlich am Ende war!

Zugegeben, Churchill beließ die im englischen Besatzungsgebiet in Nordwestdeutschland internierten Soldaten der Wehrmacht in einem Zustand, der es erlaubt hätte, sie im Fall des Falles umgehend in britischen Dienst zu nehmen; sicherlich, Dönitz gelang es, sich erfolgreich zu weigern, seine Regierung aus dem im englischen Rayon liegenden Flensburg in das von der Roten Armee eroberte Berlin zu verlegen; und bemerkenswerterweise hatten die Briten, aber auch einige amerikanische Befehlshaber, die etappenweise Kapitulationstechnik der Deutschen akzeptiert, welche die erforderliche Zeit für die lebensrettende Flucht aus dem Osten einräumte. Mehr zu erwarten blieb freilich Illusion!

Falsche Vorstellungen durchzogen – wie hätte es bei der engen Verwandtschaft mit dem unmittelbar Vorausgegangenen anders sein können! – die Rundfunkansprache an die deutsche Bevölkerung, die Dönitz am 1. Mai 1945 hielt: »Meine erste Aufgabe ist es, deutsche Menschen vor der Vernichtung durch den vordrängenden bolschewistischen Feind zu retten. Nur fuer dieses Ziel geht der militaerische Kampf weiter. So weit und so lange die Erreichung dieses Zieles durch die Briten und Amerikaner gehindert wird, werden wir uns auch gegen sie weiter verteidigen und weiterkaempfen müssen. Die Anglo-Amerikaner setzen dann den Krieg nicht mehr fuer ihre eigenen Voelker, sondern allein fuer die Ausbreitung des Bolschewismus in Europa fort.«[175]

Den Ost-West-Gegensatz zur eigentlichen Grundlage deutscher Außenpolitik zu machen, beschrieb die Quintessenz dessen, was kurz darauf Schwerin von Krosigk seinen tief entmutigten Landsleuten mitzuteilen hatte: »Im Osten wird der eiserne Vorhang immer weiter vorgerückt, hinter dem, den Augen der Welt entzogen, das Werk der Vernichtung der in die Gewalt der Bolschewisten gefallenen Menschen vor sich geht.«[176] Sein Appell an den Westen, illusionär und vergeblich zugleich, lautete: »In San Franzisko wird über die Organisation einer neuen Weltordnung beraten, die der Menschheit eine Sicherheit gegen einen neuen Krieg geben soll ... Man kann aber eine solche Ordnung nicht dadurch schaffen, daß man den roten Brandstifter mit zum Friedensrichter macht. Die Welt kann nur befriedet werden, wenn die bolschewistische Welle Europa nicht überschwemmt. Vier Jahre lang hat Deutschland in einem Heldenkampf ohnegleichen unter Aufbietung seiner letzten Kraft das Bollwerk Europas und damit zugleich der Welt gegen die rote Flut gebildet. Es hätte Europa vor dem Bolschewismus bewahren können, wenn es den Rücken frei gehabt hätte.«[177]

In diesem Sinne entwarf Dönitz in seiner Abschiedsbotschaft an die Wehrmacht ein außenpolitisches Programm, das über die Kapitulation hinaus vom Streit der Sieger zu profitieren beabsichtigte: »Es ist klar, daß wir mit den Westmächten zusammengehen und mit ihnen in den besetzten Westgebieten zusammenarbeiten müssen, denn nur durch Zusammenarbeit mit ihnen können wir hoffen, später unser Land von den Russen wiederzuerlangen.«[178] Noch Mitte Mai 1945 glaubte die Regierung Dönitz daran, »als ein europäischer Faktor« wirken zu können. Nach der Einschätzung des Generalobersten Jodl würde »der Moment kommen, wo wir Russen gegen Anglo-Amerikaner ausspielen werden«[179]. Zäh lebten Hitlers Selbsttäuschungen in den Erwartungen seiner Erben fort!

Wohlgemerkt: Sie hielten an ihrer schemenhaften Hoffnung selbst dann noch fest, als bereits Tage zuvor, am 7. und 9. Mai, in den Hauptquartieren von Reims und Karlshorst die Gesamtkapitulation der deutschen Wehrmacht stattgefunden hatte. Am 23. Mai wurde die von Stalin so genannte »militaristisch-faschistische Dönitz-Clique« für aufgelöst erklärt und zusammen mit dem Oberkommando der Wehrmacht von den Briten in Kriegsgefangenschaft genommen. Am 5. Juni 1945 ging die Oberste Regierungsgewalt im Deutschland der Grenzen von 1937 an die vier Hauptsiegermächte über, welche die am 14. November 1944 beschlossenen Kontrollratsvereinbarungen in Kraft setzten. Jetzt war zur bitteren Tatsache geworden, was Dönitz in seiner Rundfunkansprache vom 8. Mai über die Lage des eroberten Deutschen Reiches ausgeführt hatte: »Mit der Besetzung Deutschlands liegt die Macht bei den Besatzungsmächten.«[180] Ungeachtet seiner problematischen Hoffnung, das deutsche Schicksal zusammen mit dem Westen in der Frontstellung gegen den Osten zukünftig einmal zu wenden, lautete das bestürzende Fazit, das Hitlers Nachfolger zog, vorläufig so: »Wir sind tausend Jahre unserer Geschichte zurückgeworfen worden.«[181]

Die Forderung nach dem Millennium, verblendet verkündet und blutig in die Tat umgesetzt, hatte Deutschland in seinen Existenzgrundlagen getroffen. Offen war, ob das besiegte Land zukünftig gespalten würde oder ungeteilt blieb. Ungewiß war, welche Alternative sich für die Deutschen unter sehr verschiedenartigen Aspekten vorteilhafter ausnahm. Rätselhaft wirkte, was die hintergründige Erklärung Stalins vom 9. Mai 1945 eigentlich enthielt. In der sicheren Erwartung des bevorstehenden Rückzugs der Amerikaner aus Europa ließ der neue Hegemon des Kontinents verlauten, die Sowjetunion habe nicht vor, »Deutschland zu zerstückeln oder zu vernichten«[182]. Erschreckend klar wurde im deprimierenden Zusammenhang der unübersichtlichen Zeitläufte nur eins: Untergang hatte alles, was noch zusammengehörte und bald schon in seine

Teile zerfiel, ergriffen – den deutschen Nationalstaat, die deutsche Großmacht und das Deutsche Reich.

Der Nationalstaat wurde unter die Sieger aufgeteilt, und es erschien fraglich, ob er jemals wieder zur Einheit gefügt würde; die Großmacht war zerstört, und es mutete unwahrscheinlich an, daß sie auf absehbare Zeit restauriert würde; das Reich war vergangen, und es wirkte ausgeschlossen, daß es eine Wiedergeburt erleben würde – weil Europa die grenzenlose Gestalt und den umfassenden Anspruch des Imperiums mit der Existenz seiner Nationen als unvereinbar empfand.

Sobald das Überleben notdürftig gesichert war, wurde – noch im Angesicht der rauchenden Trümmer einer bis dahin für unmöglich gehaltenen Niederlage – innerhalb und außerhalb von Deutschland, das sich »erlöst und vernichtet in einem«[183] fühlte, die Frage nach den Ursachen für die Katastrophe aufgeworfen. Bohrendes Nachdenken setzte darüber ein, was sich im vergangenen Reich, schöpferisch und zerstörerisch zugleich, verkörpert hatte: die stolze Entschiedenheit, unabhängig zwischen Ost und West den eigenen Weg durch die Geschichte Europas zu finden; aber auch die gefährliche Neigung, sich als Nationalstaat nicht zu genügen, sondern ungeachtet der Gunst oder Ungunst der natürlichen Lage oder der sich wandelnden Konstellation beständig darüber hinauszustreben.

Was den Deutschen in dieser Perspektive verheißungsvolle Aussichten zu bergen schien, stellte Europa immer wieder vor das grundlegende Problem, ob es sich im Zustand des Gleichgewichts oder der Hegemonie, der Vielfalt oder der Einförmigkeit, der Freiheit oder der Knechtschaft einzurichten gedachte. Die Frage zu stellen heißt die Antwort zu geben! Keineswegs mit historischer Notwendigkeit, aber ebensowenig aus purem Zufall brachte das deutsche Experiment, sich mit den Herausforderungen der neuzeitlichen Geschichte Europas auseinanderzusetzen, Hitlers Diktatur hervor. Ihre verbrecherischen Entscheidungen endeten mit fataler Unumgänglichkeit in der »deutschen Katastrophe«. Präzedenzloses Scheitern besiegelte jene faustische Versuchung des Unendlichen, die das Deutsche Reich von Beginn seiner Existenz an, ebenso verlockend wie riskant, begleitet hatte.

Epilog

Das Deutsche Reich oder
Die Versuchung des Unendlichen

Am Ende einer Darstellung pflegt man innezuhalten und auf das Vergangene zurückzublicken. Im langen Schatten des weltgeschichtlichen Epochenjahres 1945 könnte leicht der fatale Eindruck haften bleiben, von deutscher Geschichte im Zeitalter des Nationalstaates zwischen Bismarck und Hitler zu handeln gehe darin auf, sich mit Mißerfolg und Versagen, mit Unheil und Verbrechen auseinanderzusetzen. Die verbreitete Neigung, diesen mißverständlichen Befund zu akzentuieren, hat nicht zuletzt damit zu tun, daß sich Menschen vom Gelingen einer Sache in der Regel weniger angezogen fühlen als von ihrem Scheitern. Für den Historiker darf allerdings die Frage danach, wie es dazu kommen konnte, nicht die Suche danach verdrängen, wie es eigentlich gewesen ist.

Mehr noch: Aus den Verschüttungen der Vergangenheit gilt es auch jene Tatsachen und Zusammenhänge der Geschichte freizulegen, die sich nicht zu entfalten vermocht haben. Als Möglichkeiten des Verlaufs haben sie, ohne das zum Zuge Gekommene letztlich zu bestimmen, zur Wirklichkeit gehört. Nicht selten verweisen sie auf das Ungewisse eines Weges und seine zahlreichen Gabelungen, die jeweils Entscheidungen erforderten. Dem Vergeblichen der Geschichte gebührende Beachtung zu schenken bewahrt davor, die Entwicklung eines Volkes als Einbahnstraße mißzuverstehen. Der verwirrenden Vielfalt des Historischen den erforderlichen Tribut zu zollen, verhilft, *last but by no means least,* dazu, jenen auf den ersten Blick oftmals einleuchtenden Erklärungen deutscher Geschichte mit kritischer Distanz zu begegnen, die das Gesamte vom Anfang bis an sein Ende mit faszinierender Einseitigkeit und formelhafter Suggestion scheinbar schlüssig erklären.

Thomas Mann, der in seinen »Betrachtungen eines Unpolitischen« am Ende des Ersten Weltkriegs mit passionierter Sympathie von Deutschland als dem »furchtbar bedrohten Staat«[1] gesprochen hatte, schien es am Ende des Zweiten Weltkriegs so zu sein, als habe Bismarcks Nationalstaat mit seiner kriegerischen Geburt das schreckliche Finale seiner unsteten Existenz gleichsam unausweichlich in sich getragen. »Durch Kriege entstanden«, lautet das im Mai 1945 in seiner Rede »Deutschland und die Deutschen« wie vom Weltgericht gefällte Urteil, »konnte das unheilige Deutsche Reich preußischer Nation immer nur ein Kriegsreich sein. Als solches hat es, ein Pfahl im Fleische der Welt, gelebt, und als solches geht es zugrunde.«[2]

So über die Geschichte des deutschen Nationalstaates zu sprechen, verweist ohne Zweifel auf eine mächtige, verhängnisvolle Spur und verfehlt dennoch das Vielschichtige seiner Existenz. Das Dazwischenliegende, die Versuche des Andersartigen, die Chancen des Alternativen, die von Beginn ihres Daseins unübersehbaren Metamorphosen deutscher Entwicklung kommen darüber zu kurz. Wie eine politische Karikatur, die Kennzeichnendes überspitzt und vieles wegläßt, mutet das betörend Plausible an. Im Banne des einseitig Erfahrenen kommt dabei dem unwägbar Zukünftigen der Geschichte die spezifische Offenheit abhanden. Denn die Tatsache zu berücksichtigen, daß menschliches Handeln nicht allein durch eigene frühere Entscheidungen, sondern auch durch frühere Entscheidungen anderer Menschen bedingt ist, heißt gleichzeitig zu konstatieren, daß es die Möglichkeit der Entscheidung, deren Ausgang dem Handelnden verborgen ist, grundsätzlich gibt.

Selbstverständlich unterlag die Geschichte der deutschen Außenpolitik im 19. und 20. Jahrhundert objektiven Zwängen. Historische Gestalt gewann ihre vorgegebene Existenz freilich durch das subjektive Handeln derjenigen, die sich mit den Herausforderungen des Überpersönlichen auf jeweils sehr unterschiedliche Weise auseinandersetzten. Das unabänderlich Vorhandene stellte ohne Zweifel eine gewichtige Tatsache dar; was daraus wurde, hing wesentlich davon ab, was Bismarck und Caprivi, Bülow, Bethmann Hollweg und Ludendorff, Stresemann, Brüning und schließlich Hitler daraus machten. Vieles nahm sich in diesem Zusammenhang charakteristischerweise deutsch aus, vieles war auf allgemeine Art europäisch. Von Beginn an lastete ein gehöriges Bündel schwer lösbarer Probleme auf dem 1871 neu gegründeten Nationalstaat der Deutschen; diese auffällige Tatsache gehörte zu seiner schwierigen Normalität.

Die Vielzahl der Probleme, die das Bismarckreich von vornherein bedrängten, war in der Tat stattlich. Beschwert erschien der deutsche Nationalstaat, wie es den einen vorkam, von jenem »Gesetz der Enge« (Eberhard von Vietsch), das mit seiner geographischen Mittellage zu tun hatte. Andere betonen die Tatsache seiner »verspäteten« Gründung, die eine eigentümliche Rastlosigkeit seiner Existenz nach sich gezogen habe. Seine innere Unvollendetheit kritisieren diejenigen, die den deutschen Konstitutionalismus, am parlamentarischen und demokratischen Ideal gemessen, als ungenügend beurteilen und für die nachteiligen Verwerfungen der deutschen Geschichte verantwortlich machen. Klagen über die Unzulänglichkeit der äußeren Gestalt des kleindeutschen Nationalstaates, die von den Miterlebenden lauter als von den Späterlebenden erhoben wurden, geben das zeitgenössisch starke Verlangen nach territorialer Arrondierung zu erkennen, verweisen auf das prekäre Phänomen, sich mit den existierenden Grenzen nicht begnügen zu wollen. Die risikobehaftete Forderung nach dem über das Bestehende Hinausweisenden, nach dem undeutlich Schweifenden, nach dem gefährlich Grenzenlosen zieht sich im vagen, fast traumhaften Begriff vom Reich zusammen; zeitgenössisch galt seine Idee vielen als willkommene Verheißung, rückblickend erscheint sie nicht wenigen als gleißnerische Verführung.

Mit Recht ist schließlich auf jene kennzeichnende Spannung verwiesen worden, die dem jungen Nationalstaat durchgehend innewohnte; sie ließ sein Dasein von Anfang an zu einer Gratwanderung zwischen natürlichem Trieb und notwendigem Verzicht werden, denn: Das prosperierende Wachstum seiner expandierenden Wirtschaft, das den teilweise stürmischen Wandel einer mobilen Gesellschaft förderte und erforderte, stand nicht selten in störendem Gegensatz zu jenem politischen Erfordernis der Ruhe, das zumindest sein Gründer Otto von Bismarck dem neuen Mitglied der europäischen Staatengesellschaft mit verpflichtender Strenge auferlegte. Indes, was der »Eiserne Kanzler« mit klug vorausschauender Rücksicht auf die anderen Staaten ebenso wie aus einem *prima vista* schwer einsehbaren Selbsterhaltungsimpuls heraus tat, überzeugte die Mehrzahl seiner Landsleute immer weniger.

Damit ist aber schon angedeutet, was Geschichte und Schicksal voneinander abhebt: die Freiheit des Handelnden nämlich, der sich ungeachtet günstiger oder mißlicher Umstände letztlich so oder so entscheidet. Die Vielzahl zwanghafter Bedrängnisse blieb, mit wechselnder Intensität und in mannigfacher Ausformung, als schwierige Belastung deutscher Geschichte vergleichsweise konstant; die Beschaffenheit der auf diese Herausforderung erteilten Antworten dagegen variierte bis zur grundsätzlichen Verschiedenartigkeit. Die Elemente historischer Kontinuität und Diskontinuität liegen im Verlauf deutscher Geschichte während des 19. und 20. Jahrhunderts ebenso eng beieinander, wie sie sich tief voneinander unterscheiden. Das mit dem deutschen Nationalstaat dilemmahaft Verbundene determinierte also keineswegs die Methoden und Ziele seiner äußeren Politik.

Gewiß, es gab überpersönliche Zwangslagen, etwa die fatale Konstellation eines bündnispolitischen Räderwerks im Sommer 1914 oder die unbeherrschbare Entwicklung der Weltwirtschaftskrise am Beginn der dreißiger Jahre, die den Handlungsspielraum der Akteure bis zum fast nicht mehr Vorhandenen einengten. Allerdings: Selbst das derart ausweglos Anmutende stellte, wenigstens teilweise, ein angereichertes Resultat zuvor gefällter Entscheidungen dar. Im allgemeinen blieb jedoch, was Mittel und Vorhaben deutscher Außenpolitik zwischen 1871 und 1945 angeht, genügend Freiheit für alternatives Handeln. Ob subjektiv leichtfertig vertan wurde, was objektiv durchaus erreichbar war, oder ob objektiv schlicht unerreichbar blieb, was subjektiv redlich versucht wurde, ist für den dramatischen Gang der nationalen Geschichte daher nicht ein für allemal zu beantworten. Im prägenden, nicht selten engen Rahmen des gemeinsam Vorgegebenen hängt die Antwort darauf von den jeweils gesteckten Zielen und gewählten Methoden ab.

Zu offensichtlich fällt doch ins Auge: Bismarck war die problematische Lage des von ihm gegründeten Reiches durch eine äußere Politik der Defensive zu meistern bemüht. Ganz anders dagegen seine Nachfolger an der Jahrhundertwende. Sie gedachten, die inzwischen noch komplizierter gewordene Situation der deutschen Großmacht durch eine äußere Politik der Offensive hinter sich zu lassen. Stresemann wollte der in Versailles gedemütigten Republik von Weimar durch gezielte Anwendung ökonomischer Macht zur außenpolitischen Revision verhelfen und den allgemeinen Frieden erhalten. Hitler zwang das »Dritte Reich« unter bewußter Mißachtung gültiger Normen und bestehenden Rechts auf den Kurs der Expansion und des Krieges.

Dennoch: So wesentlich sich das Handeln Bismarcks von dem Hitlers unterscheidet, so vielfältig gehören beide innerhalb der verschlungenen Entwicklung des deutschen Nationalstaates zusammen. Eine breite Spur, die aus der Ära Bismarck bis in die Hitlerzeit reicht, die ursprünglich auf ein akzeptables Ziel zulief und die später ins Fatale abirrte, zeichnet sich dauerhaft und grundlegend ab. Offen oder verdeckt erkennbar, direkt oder indirekt gelegt, besonnen, herausfordernd oder hybride verfolgt, durchzieht und verbindet sie die Geschichte der deutschen Außenpolitik zwischen 1871 und 1945. Allesamt waren die während dieser Epoche deutscher Geschichte an der Spitze des Reiches Stehenden darum bemüht, ohne dauerhafte Anlehnung an fremde Potenzen, unabhängig von den Mächten und Weltanschauungen in West und Ost, einen nationalen Eigenweg zu gehen. Auf diese Art und Weise Autonomie zu bewahren, beschrieb erst einmal nichts anderes, als das in der Großmacht-Tradition Europas Übliche zu tun. Im historischen Rückblick tritt klarer als im zeitgenössischen Zusammenhang hervor, daß die verständliche Neigung, auf der eigenen Autonomie zu bestehen, im deutschen Fall von Anfang an ein gefährliches Element der permanenten Überbürdung in sich barg. Sie trug schließlich mit dazu bei, daß Deutschlands Geschichte in den nationalsozialistischen Sonderweg abirrte, der das Reich verhängnisvoll und nachhaltig von der zivilisierten Welt trennte.

Allein, gerade für die »verspätete Nation« (Helmuth Plessner) der Deutschen ging es darum, politische und weltanschauliche Eigenständigkeit zu bewahren, die kostbare Unabhängigkeit nicht durch die Option für den Westen oder den Osten aufs Spiel zu setzen, auf der Rangliste der Souveränität nicht erneut in jenes überwundene Stadium des frühen 19. Jahrhunderts zurückzufallen, als Preußen, der Kern des modernen Nationalstaates, sein Dasein als Juniorpartner des Zarenreiches gefristet hatte. Hin und wieder blitzte die ahnungsvolle Einsicht auf, daß der stolze Alleingang zwischen den in vielem unverkennbar überlegenen Reichen der Weltgeschichte, dem der Briten bzw. Amerikaner und dem der Russen bzw. Sowjets, mit unkalkulierbar hohem Risiko behaftet war.

Deshalb zog bereits Bismarck, zumindest in Gedanken, eine außenpolitische Option für die Russen in Erwägung, während Bethmann Hollweg zu der genau umgekehrten Alternative der außenpolitischen Entscheidung für die Briten tendierte. Unter dem nachwirkenden Eindruck des Ersten Weltkriegs, der in der säkularen Perspektive deutscher Autonomiebehauptung insofern eine Aufgipfelung beschrieb, als der riskante Eigenweg nunmehr bis in einen Waffengang auf Leben und Tod weiter verfolgt wurde, meldete sich im Verlauf der zwanziger Jahre die Stimme Konrad Adenauers zu Wort. Vorläufig ohne Erfolg eilte er seiner Zeit, nicht zuletzt seinem obsiegenden Gegenspieler Stresemann mit dem frühen Plädoyer für eine westeuropäische Zusammenarbeit weit voraus, weil sie vorsah, an die Stelle nationaler Konkurrenz übernationale Kooperation treten zu lassen. Sein zukunftweisender Gedanke konnte erst um vieles später, im Konsequenzen erfordernden Gefolge schrecklicher Erfahrungen, zum Zuge kommen. Zuvor hatte Hitler, bis zu einem gewissen Grad in der Tradition des Eigenwegs, in entscheidendem Maße aber im Banne seines Dogmas jenen nationalsozialistischen Sonderweg eingeschlagen, der in einem in der deutschen Geschichte bis dahin unbekannten Abgrund von Gewalt und Verbrechen endete.

Tief, ja grundsätzlich heben sich Art und Weise der Handelnden voneinander ab, mit denen sie darum bemüht waren, die Unabhängigkeit des Nationalstaates zu bewahren und die Bürde seiner gefährdeten Existenz zu erleichtern. Das im einzelnen zutiefst Unterschiedliche verweist aber auf das Gemeinsame des Gesamten, so daß die Feststellung gilt: Adolf Hitler, der letzte Reichskanzler, gehört zu dem historischen Phänomen des deutschen Nationalstaates wie dessen Begründer Otto von Bismarck. Würde man die abgeschlossene Geschichte des vergangenen Reiches ohne den finalen Akt der nationalsozialistischen Diktatur beurteilen, wäre ein solches Unterfangen unredlich zu nennen; betrachtet man sie dagegen einseitig, also nur im Banne der braunen Gewaltherrschaft, dann stiftet eine solche Interpretation vor allem Mißverständnisse.

Zunächst wollten die Deutschen, nicht von vornherein alle, aber nach und nach immer mehr von ihnen, gar nichts anderes als das erreichen oder behaupten, was andere Völker, die Engländer, die Franzosen und die Spanier, schon lange vor ihnen besaßen: den Nationalstaat. Im Grunde war es Napoleon gewesen, der wider seinen Willen, im preußischen Norden zu Anfang stärker als in den südwestdeutschen und süddeutschen Territorien, auch in Deutschland die Brandfackel des gegen die französische Fremdherrschaft aufbegehrenden Nationalismus entzündet hatte. Die um sich greifende Flamme vermochte selbst Metternich, der die Kunst der Eindämmung des Revolutionären wie kein zweiter beherrschte, zu keinem Zeitpunkt seiner langen Regierung wirklich auszulöschen. Schließlich war es Bismarck, der in einer spezifischen Entscheidungslage, ohne einen zerstörerischen Flächenbrand zu legen, die feurige Glut hell auflodern ließ und den Deutschen, ohne ihnen durch die kriegerische Hitze der erforderlichen Gefechte unmittelbar zu schaden, die lange entbehrte Wärme des Nationalstaates schenkte.

Doch bis dahin war noch ein weiter Weg zurückzulegen durch die Ungewißheiten des 19. Jahrhunderts. In seiner ersten Hälfte, bis zur Zäsur der Revolution von 1848 bzw. bis zur Wegscheide der Staatenwelt im Krimkrieg von 1854/56, war beileibe nicht abzusehen, daß die Deutschen am Ende des Säkulums in einem modernen Nationalstaat leben würden, weil, nicht zum geringsten, schlechthin offen war, ob sie das in ihrer Mehrzahl am Anfang des Jahrhunderts überhaupt wollten. Was sich an Ideen, Entwürfen und Plänen mit der sogenannten deutschen Frage beschäftigte, mutete erst einmal verwirrend an.

Unzutreffend ist daher die Annahme, die Deutschen hätten den Nationalstaat nach den welthistorischen Umbrüchen der Französischen Revolution und des Napoleonischen Empire zielgerichtet gesucht und gefunden. Denn »der 1815 staatlich zusammengekommene Deutsche Bund«[3] besaß viel akzeptierte Realität, zumal er gleichsam bruchlos und natürlich die Verbindung zum Alten Reich und seiner Verfassungsentwicklung seit dem Westfälischen Frieden von 1648 symbolisierte. Freilich machte sich neben dieser für die Zeit bestimmenden Wirklichkeit die entgegengesetzte Tendenz zum Nationalstaat bemerkbar. Wie unterschiedlich intensiv die Wünsche danach im einzelnen ursprünglich vorgetragen wurden, am Ende mündete eine lange, komplizierte Entwicklung in seine geschichtsmächtige Bauform ein.

Mächtiger Anstoß dafür war, daß »sich Deutschland im Gefolge der etwa 1770 anhebenden Deutschen Bewegung und endlich im Zusammenhang der Freiheitskriege in der Romantik ein neues Verhältnis zu seiner Geschichte schuf«[4]. In der Auseinandersetzung mit den Herausforderungen der Großen Revolution in Frankreich, nicht zuletzt mit der Gewaltherrschaft Napoleons, wandelte sich die ursprünglich auf das Geistige und Literarische konzentrierte Tendenz, die vorläufig ohne Wirkung blieb, zu einem gesellschaftlichen und politischen Phänomen, das Konsequenzen zeitigte. Sichtbar wurden sie ein ums andere Mal, insbesondere im Zusammenhang mit der orientalischen Krise vom Jahre 1839/40, als französische Ansprüche auf die Rheingrenze das Nationalgefühl der Deutschen aufwühlten, gegenüber den tatsächlichen oder vermeintlichen Bedrohungen durch den westlichen Nachbarn. Wirkungsvoll trug die fremde Herausforderung zur Ausbildung der eigenen Ziele bei.

Anfangs gab es in den einzelnen Territorien unverkennbare Unterschiede an Frankophobie, mit voranschreitender Zeit nahm die allgemeine Ablehnung des »verruchten Frankreich« zu. Sie ließ den Turnvater Jahn Schutz fordern für das »fromme Deutschland« durch »einen nur von Wölfen, Auerochsen und Elenthieren bewohnten schirmenden Hinterwald«[5]. Der leidenschaftliche Widerstand gegen das französische »Ungeheuer«, das nach der erregten Einschätzung des Historikers Barthold Georg Niebuhr mit der Revolution von 1830 erneut »losgelassen«[6] war, förderte die Ausbildung der eigenen Identität. Ihre staatliche und konstitutionelle Kontur blieb freilich noch lange verschwommen, war im Grunde bis 1866 umstritten.

Vorläufig bewahrte der Deutsche Bund weit mehr an sinnfälliger Verbindung mit dem Alten Reich, als daß moderne Elemente eines zukünftigen Nationalstaates in ihm sichtbar geworden wären. Der aufkeimende Patriotismus der Deutschen, der im Vergleich mit anderen Nationen Europas als nachgeholter Fortschritt erscheint, wurde vorläufig durch die Wiener Ordnung gezähmt. Die in ihren Rahmen eingepaßte Konstruktion des Deutschen Bundes kam dem europäischen Interesse der Großmächte entgegen. Als kleines Gewicht in Zentraleuropa diente die damals gefundene Lösung des deutschen Problems der großen Mächtebalance des Kontinents, die der Welt den äußeren Frieden garantierte.

Wie eh und je seit den Tagen des Dreißigjährigen Krieges war Deutschland, dessen formlose Gestalt den sich kreuzenden Einflüssen der fremden Interessen ausgesetzt war, wie stark seine Territorien im einzelnen auch immer waren, als Ganzes schwach. Durch seine Schwäche förderte es die von den kriegs- und krisengebeutelten Zeitgenossen herbeigesehnte Stabilität Europas; als Objekt des Staatenlebens trug es zur Ruhe des alten Erdteils bei; kurzum: Noch vermochte sich Metternich, der erfolgreiche Baumeister der Restauration und Habsburgs Schutzherr gegen die Nationen, dem Freiherrn vom Stein gegenüber zu behaupten, dessen nationales Bekenntnis die Zukunft für sich hatte. Der eine faßte seine leidenschaftliche Überzeugung in dem provozierenden Wort zusammen: »Ich habe nur ein Vaterland, das heißt Deutschland«[7]; der andere hielt, mit einer gewissen Berechtigung in der Sache, überlegt dagegen: »Mein Vaterland ist Europa.«[8]

Bereits zu diesem frühen Zeitpunkt der Auseinandersetzung zwischen der übernationalen und der nationalen Strömung der Zeit fällt auf, daß die Gegner Metternichs, die letztlich das siegreiche Prinzip auf ihrer Seite hatten und den österreichischen Staatskanzler am Ende seiner Regierung wie einen »Don Quixote der Legitimität«[9] dastehen ließen, ihren modernen Nationalismus mit einer mittelalterlichen Reichsvorstellung zu verbinden trachteten, die für die deutsche Geschichte im 19. und 20. Jahrhundert maßgeblich wurde. Im »mehr erträumten als wirklichen«[10] Mittelalter hatte das kommende Deutschland seine glanzvolle Perspektive zu finden, sollten Nation und Reich eins werden: »Deutschland bildete zwischen dem 10. und 13. Jahrhundert ein mächtiges Reich«[11], lautete es in einer Denkschrift des Freiherrn vom Stein, die unter dem Datum des 18. September 1812 Deutschlands nationale Zukunft in der mittelalterlichen Vergangenheit des Reiches zu suchen vorsah.

Im Rückblick tritt das Fragwürdige dieser Synthese des Disparaten klarer zutage, als das im zeitgenössischen Zusammenhang der Fall war. Bereits die Vorstellung, der der Kölner Kanoniker Alexander von Roes im 13. Jahrhundert mit der oft angeführten Wendung den klassischen Ausdruck verlieh, wonach die Italiener das Papsttum hätten, die Franzosen das Studium, den Deutschen dagegen das Imperium gehöre, beinhaltet jenes Mißverständnis, dem die Miterlebenden und Historiker im geschichtsbewußten 19. Jahrhundert huldigten. Allzu leicht verfielen sie der unzutreffenden Annahme, das Reich, so geschichtswirksam es gewesen war, als die »einzige ... Kraft des mittelalterlichen Europa«[12] mißzuverstehen. Verkannt wurde darüber die Tatsache, deren Bedeutung in dem sich mehr und mehr durch die Existenz seiner Nationen konstituierenden Kontinent beständig wuchs, »daß das Reich als Imperium zu allen Zeiten seines Bestehens ein problematisches Gebilde gewesen ist. Problematisch in seinen vieldeutigen und daher undeutlichen Traditionen germanischer, christlicher, römischer Art. Undeutlich den Deutschen selbst, undeutlich und daher bedrohlich den Fremden, die sich gegen Ansprüche wehren, die das Imperium doch nie erhoben hat.«[13]

Mythos und Bürde zugleich, begleitete das schwer Faßbare und kaum Bestimmbare der Reichstradition den sich regenden und entfaltenden Nationalstaatsgedanken der Deutschen bis in die Mitte des 20. Jahrhunderts hinein. Bereits in den »Grundsätzen und Beschlüssen« der Burschenschaft vom Jahre 1817 wird demgemäß beschworen, was von nachhaltiger Dauer sein sollte: »Die Sehnsucht nach Kaiser und Reich ist ungeschwächt in der Brust jedes frommen und ehrlichen deutschen Mannes und Jünglings und wird bleiben, solange die Erinnerung an Kaiser und Reich nicht verschwunden und das Gefühl der Nationalehre nicht ausgetilgt ... ist.«[14] Um nicht mißverstanden zu werden, sei umgehend hinzugesetzt: In der Formel Kaiser und Reich sind auch die Begriffe Monarchie und Liberalität »dieses menschenfreundlichen Reiches« (Günter Barudio) aufgehoben, dessen ursprünglich unbezweifelbare Vorzüge über seinen verformt nachwirkenden Belastungen nicht zu übersehen sind. Seine freiheitlichen, föderativen Muster qualifizierten es, nach Montesquieus Urteil, tatsächlich zu einer »Ewigen Republik«; seine grundsätzliche Nichtangriffsfähigkeit ließ es mit der europäischen Friedensordnung identisch sein.

Dennoch: Ungeachtet einer lange währenden Offenheit der historischen Entwicklung erscheint dieses singuläre Gebilde des vormodernen Europa, am Parameter des modernen Nationalstaates gemessen, dessen weltbewegende Kraft das 19. Jahrhundert als historische Potenz dominierte, eher überfällig als zukunftweisend; es war, wie einmal im davon abgehobenen Zusammenhang formuliert worden ist, stärken zum »Würdentod historischer Petrifizierung«[15] verurteilt als zum Triumph geschichtlicher Entfaltung bestimmt. Denn »Deutschland war«, dem wenige Jahre nach der Wende zum 19. Jahrhundert gefällten Urteil der Madame de Staël zufolge, »ein aristokratischer Staatenbund. Dem Reich fehlte es an einem gemeinschaftlichen Mittelpunkt der Aufklärung und des Gemeingeistes. Es bildete keine zusammenhängende Nation, dem Bündel fehlte das Band.«[16]

Die kostbare Vielfalt des Vergangenen wurde, zumindest der sich ausbreitenden, schließlich überlegenen Tendenz nach, der erstrebten Einheit des Zukünftigen zunehmend geopfert. Weit über die innen- und außenpolitische Dimension ihrer Existenz hinaus gab die Nation die sinnstiftende Antwort auf die hereinbrechende »Krise der Entpluralisierung«, wurde zum »Widerlager gegen die weltweit gleichmacherischen Tendenzen der Moderne« (Lothar Gall).

Dennoch blieb ihre Erscheinung eine spezifische Frucht des Vergangenen, erstellte, wie könnte es anders sein, das neue Gebäude auf den Fundamenten des Überlieferten, das ihm zugleich Halt gab und zur Belastung gereichte. Bereits seit langem hatte sich das Land mit den unbestimmten Grenzen von dem sich entwickelnden »Regeltyp der nationalen Monarchie«[17] charakteristisch abgehoben. Die stolze Tatsache einer früh entwickelten Reichsbildung behinderte die Entstehung eines geschlossenen nationalen Staates auf dem Boden des Imperiums, den die westlichen Nachbarn, England und Frankreich, seit dem 13. Jahrhundert errangen. In gewissem Sinne begann, im mittelalterlichen Kontext europäischer Geschichte, der äußeren (Über-)Weite des Reiches die innere Enge des dynastischen Partikularismus zu korrespondieren. Insofern begründete nicht zuletzt »die Stauferzeit«, nach Hermann Heimpels perspektivenreichem Urteil, »bei allem Glanz schon eine restaurative Epoche, ... im Festhalten des alten König- und Kaisergedankens jene Entfremdung Deutschlands in Europa, jenen deutschen Nonkonformismus mit den jeweils geltenden Ideen, welche die deutsche Geschichte bis heute belasten.«[18] Seit dem Beginn des 13. Jahrhunderts war Deutschland im Grunde schon das, was seinen Bewohnern erst im Verlauf des 17. Jahrhunderts mit Schrecken bewußt wurde: ein Objekt der europäischen Mächte und ihrer Politik, die als Nationalstaaten in den kommenden Jahrhunderten um die Vorherrschaft stritten.

Diese Tendenzen zu einer spezifischen Entwicklung der deutschen Geschichte mit ihren sich beschleunigenden, sodann wieder verlangsamenden und sich zeitweise in andere Richtungen bewegenden Zügen verdichteten sich an der Wende vom 15. zum 16. Jahrhundert, als für Deutschland das Mittelalter zu Ende ging und eine neue Zeit begann[19]. Anders als im westlichen Europa stand hier keine nationale Dynastie an der Spitze. Im Vergleich mit anderen Staaten übten die von Wien aus regierenden Habsburger keine zentrierende, einigende Wirkung aus. Gerade die erhabene Einzigartigkeit der übernationalen Traditionen des Reiches, seiner originellen Verfaßtheit und seines umgreifenden Zusammenhangs, brachte es notwendigerweise mit sich, daß die Deutschen zugleich mehr und weniger als ihre Nachbarn besaßen. Sie hatten ein universales Kaiserhaus und entbehrten der nationalen Monarchie; sie erhoben den Anspruch auf das Imperium und scheiterten an der Praxis seiner Außenpolitik und Heeresorganisation.

Über die Bereiche des Staatlichen und Politischen hinaus, wenn auch mit ihnen untrennbar verbunden, bildete die Reformation mit ihren Folgen und Gegenwirkungen ihrerseits deutsche Besonderheiten aus. Sie entfalteten sich nicht zuletzt in zweierlei Hinsicht: Zum einen gipfelten die konfessionellen Auseinandersetzungen in einer ungestümen Schärfe und andauernden Feindseligkeit des ruinösen Streites auf. Der Deutschland spaltende Glaubenskampf hinterließ nicht zuletzt deshalb, weil er im Grunde unentschieden blieb, eine tiefe Spur konfessioneller, weltanschaulicher Leidenschaft, die sich, mit charakteristischen Wandlungen und Brechungen, bis ins deutsche Parteiwesen der Moderne verfolgen läßt.

Zum anderen bildete sich – seit dem Augsburger Religionsfrieden von 1555 deutlich sichtbar – unter dem brüchigen Dach des religiös gespaltenen Reiches eine weitere Eigentümlichkeit aus. Kaum entwirrbar und schwer beurteilbar, verband sie einmal mehr die Vorzüge und Nachteile deutscher Geschichte. Im Inneren der Territorien herrschte Religionseinheit, »konfessionelle ›Purität‹«; im Reich dagegen ein »gleichberechtigtes Nebeneinander der Katholiken und Evangelischen«, somit konfessionelle »Parität«[20]. Nationalreligionen, wie in England, Frankreich oder Spanien, historisch blutig, aber politisch definitiv erkämpft, gab es nicht. Davon hob sich das Alte Reich als ein Hort der Freiheit vorteilhaft ab, indem es die Konfessionen zugleich trennte und vereinte. In dieser Synthese des Unvereinbaren spiegelte sich, vielleicht für die Entwicklung des Imperiums insgesamt charakteristisch, ein historisches Spezifikum, mit der dem beispiellos komplizierten Corpus eine prinzipielle Entscheidung erspart wurde.

Die typische Verbindung, die Kirche und Politik im älteren, vor allem im lutherischen Territorialstaat miteinander eingingen, ließ eine weitere Besonderheit zutage treten. Sie unterschied sich von der Entwicklung der westlichen Staatstheorie sowie Staatspraxis und fand in der Ausbildung der deutschen Staatsverwaltungslehre sowie des deutschen Polizeigedankens ihre lange Zeit als vorbildlich geltende, viel später erst als nachteilig eingeschätzte Ausformung.

Während im neuzeitlichen England und Frankreich der Staatszweck mehr und mehr begrenzt und das *civil government*, worauf Hans Maier hingewiesen hat[21], gleichsam nur als Voraussetzung, als Rahmen für die Möglichkeit bürgerlichen und privaten Lebens betrachtet wurden, hielt die Verwaltung in Deutschland ihre kirchenpolizeilichen Aufgaben bei, die ihr durch die Reformation übertragen worden waren. Das Landesfürstentum nahm das geistliche Regiment wahr, was für alle staatlichen Tätigkeiten, für die Entstehung und Entwicklung der »guten Policey« maßgebend wurde. Staat, Regierung und Verwaltung gewannen »eine quasi-religiöse Dignität«[22]. Für den besonderen Zusammenhang der politischen Theorie ergibt sich daraus eine signifikante Differenz: Im Unterschied zu der entsprechenden Disziplin im westlichen Europa, die sich in erster Linie mit den nach außen gerichteten, säkularisierten, unverbindlichen Maximen der Machtpolitik und der *raison d'être* beschäftigte, standen im Mittelpunkt des Interesses der deutschen Staatslehre die nach innen gekehrten, aus der Symbiose von Kirche und Politik erwachsenen fürsorglichen Gedanken über Wohlfahrt und Erziehung der Untertanen.

Diese verpflichtende Sorge der Obrigkeit begünstigte jene besondere Tradition der erfolgreichen Reform, die für die deutsche Entwicklung charakteristisch wurde und lange Zeit als beispielhaft galt. In gewisser Weise waren es mit vorausblickender Regelmäßigkeit die verbessernden Resultate einer gezielten Erneuerung, die dem Revolutionären den Boden entzogen. In dieser Perspektive mag die Antwort auf die umstrittene Frage, ob Deutschland im 17. Jahrhundert Anschluß an die Aufklärung zu finden vermochte oder sich von dieser westlichen Strömung eher absonderte, vielleicht weniger maßgeblich erscheinen, wenn es darum geht, die wesentliche Qualität der deutschen Geschichte zwischen den Polen des Normalen und des Besonderen in der Frühen Neuzeit zu beurteilen.

Eine historische Eigenart, ein »Sonderstil der Aufklärung«[23], der von Friedrich dem Großen und Joseph II. bis ins 19. Jahrhundert hinein wirksam fortlebte, machte die Revolution in Deutschland gewissermaßen überflüssig, da die vorausplanende Weitsicht des fürstlichen Absolutismus – mit gravierenden Unterschieden im einzelnen, doch der vorwaltenden Tendenz nach – die Übel erträglich gestaltete. Damit ist das Charakteristische der deutschen Entwicklung im Vergleich mit der Geschichte Englands gekennzeichnet, wo im Jahre 1688, weil die verbohrte Uneinsichtigkeit des letzten Stuart sie dazu trieb, Whigs und Tories gemeinsam die »Glorious Revolution« herbeiführten, ebenso wie im Vergleich mit der Geschichte Frankreichs, wo hundert Jahre später, weil reformerische Bemühungen von oben nicht zum Zuge zu kommen vermochten, die »Große Revolution« ausbrach.

Insofern ist es, in einem gewissen Sinne, »nicht die deutsche Reaktion« gewesen, die »Deutschland gegenüber dem Westen zurückgeworfen« hat, »sondern der deutsche Fortschritt«[24]. Vernünftigkeit und Gerechtigkeit des »deutschen Staatsgedankens«, der Vorzüge und Nachteile, Freiheit und Zwang in sich versammelte, fanden in den Worten, die Goethe im Jahre 1824 gegenüber Eckermann äußerte, ihren sinnfälligen, über sich hinaus gleichermaßen in die Vergangenheit wie in die Zukunft weisenden Kommentar: »Revolutionen sind ganz unmöglich, sobald die Regierungen fortwährend gerecht und fortwährend wach sind, so daß sie ihnen durch zeitgemäße Verbesserungen entgegenkommen und sich nicht so lange sträuben, bis das Notwendige von unten her erzwungen wird.«[25]

Über der Erwähnung dieser proteushaft erscheinenden Merkmale der geistigen und politischen Entwicklung ist letztlich nicht zu vergessen, was bereits angedeutet wurde: Ob Deutschland im 16. Jahrhundert, also vor dem großen europäischen Ringen zwischen 1618 und 1648, eine Zeit der wirtschaftlichen und kulturellen Blüte erlebte oder nach dem Schrecken des Dreißigjährigen Krieges im 17. bis ins 18. Jahrhundert hinein eher »rückständig«[26] wirkte – das Reich war im Vergleich mit seinen westlichen Nachbarn kein Staat mit natürlichen und festen Grenzen. Vielmehr glich das von Samuel Pufendorf so genannte irreguläre Monstrum, das Großartigkeit und Provinzialität in sich vereinigte, einer »Anarchie in Form einer Monarchie«; stellte »ein politisches Gebilde« dar, »aus Teilen zusammengesetzt, die kein Ganzes ausmachen«; schien im Hinblick auf Frankreich oder England tatsächlich »jeder Logik zu entraten« und mutete insgesamt als »eine absonderliche Sache«[27] an.

Die Unsicherheit der Grenzen und die Gefährdung der Mittellage, kurzum, die sich schon im 17. Jahrhundert bemerkbar machende Bürde der Geographie förderten nicht zuletzt die notorische Unruhe der Deutschen. Im welthistorischen Umbruch der protestantischen Reformation gewann sie anhaltende Wirkung; in der weltbewegenden Philosophie des Idealismus, dessen gedanklicher Rigorismus den westlichen *common sense* unversöhnlich zermalmte, trat sie eindrucksvoll in Erscheinung. Die geistesgeschichtliche und geographische Zwischenlage der Deutschen, zwischen den religiösen Positionen der Konfessionen und zwischen den machtpolitischen Zielen der europäischen Staaten machte ihr Ausweichen vor der Entscheidung, in gewisser Hinsicht, unvermeidlich, legte ihre Neigung zur Neutralität des »dritten Weges« als Überlebensnotwendigkeit fordernd nahe. Ebenso vorteilhaft wie nachteilig gewann dieser gebieterisch wirkende Zusammenhang, wenn auch zu einem guten Teil noch aus anderen Quellen der Geschichte gespeist, für lange Zeit staatliche Gestalt in Preußens riskantem Existenzversuch zwischen den Fronten.

Schon Kurfürst Georg Wilhelm von Brandenburg begehrte zu Beginn des Schwedischen Krieges im Jahre 1630 von König Gustav II. Adolf, in der Auseinandersetzung zwischen Protestanten und Katholiken neutral bleiben zu können. Weil »solch Ding ... nichts als lauter quisquiliae« darstelle, »die der Wind aufhebt und wegweht«[28], belehrte ihn daraufhin der kurz zuvor in Pommern gelandete Schwager mit rücksichtsloser Entschiedenheit: »Tertium non dabitur«! Indes, Brandenburg-Preußen hielt, im Grunde bis in die Ära Bismarck hinein, nicht selten in höchst problematischen Entscheidungslagen, beispielsweise im Krimkrieg, mit Erfolg am waghalsigen Ziel der begehrten Neutralität fest: Sie gehörte zum preußischen Dasein zwischen den Lagern. Die bevorzugte Existenz einer derart prinzipiellen Unentschiedenheit stützte sich auf militärische Kräfte, die, von durchweg überproportionaler Gestalt, nach der »Vätterlichen Vermahnung« des Großen Kurfürsten an seinen Sohn im Politischen Testament vom 19. Mai 1667 besser »seindt« als alle »Alliancen«[29]. Im schnöden Austausch der Bündnispartner verfuhr das gefährdete Land auf außenpolitischem Gebiet mehr als bedenkenlos, mochte das »politische Wechselfieber«[30] des Brandenburgers nach den verständnisvollen Worten Richelieus für das Überleben der Kleinen auch notwendig sein. So zu bestehen erforderte im Innenpolitischen eine belastungsfähige Gesellschaft, der Preußens vorbildliche Toleranzpolitik diente, der die glaubensstarke Innerlichkeit des Pietismus entgegenkam, der durch den neutralen Obrigkeitsstaat soziale Gerechtigkeit zuteil wurde.

Der preußische »Rationalstaat« vermochte, nach der ihn leitenden *raison d'être*, seine Eigenständigkeit und seinen Fortbestand nur zu bewahren, wenn er den Konflikten entgehen konnte und sich nicht mit verpflichtender Eindeutigkeit entscheiden mußte. Das stiftete eine problematische Erbschaft, welche die europäischen Nachbarn, wenn sie auf die diplomatischen und kriegerischen Aktionen Preußens blickten, im doppelten Sinne des Wortes Schwindel empfinden ließ. Anstelle klarer Entscheidungen im Großen und der Pflege des *conventional wisdom* im Alltäglichen, so jedenfalls mußte es den Außenstehenden vorkommen, galt in der deutschen Welt lange Zeit eher das Umgekehrte. Der prinzipiellen Unentschiedenheit ihrer Bewohner korrespondierte ein unberechenbares Entscheidungsverhalten, das sie von Zeit zu Zeit aus der Beengtheit ihrer Lage aufbrechen und neue Grenzen suchen ließ. Weder Norden noch Süden, weder Luther noch den Papst, weder Habsburg noch Frankreich, weder Autokratie noch Parlamentarismus, weder Rußland noch England, weder Kapitalismus noch Kommunismus, weder Amerika noch die Sowjetunion zu wählen, all das gehörte zur Tradition des deutschen Strebens nach Neutralität, die ihre Fundamente in der Geschichte hat und die von Preußen, danach von Deutschland als für die Erhaltung seiner Unabhängigkeit notwendig angesehen wurde.

Allein, der vorwärtsdrängende Gang der Gedanken hat es mit sich gebracht, daß wir der langsam voranschreitenden Geschichte allzu weit vorausgeeilt sind! Daß Preußen dereinst zum Kern des deutschen Nationalstaates werden sollte, war am Eingang des bewegten 19. Jahrhunderts, im Grunde bis über seine Mitte hinaus, alles andere als ausgemacht. Gewiß forderte der Turnvater Jahn schon 1812: »Teutschland muß eins sein, und aus Preußen muß Teutschland werden.«[31] Voll böser Ahnung für das gefährdete Wohlergehen des übernational konzipierten Europa, mit dessen Existenz Österreichs Schicksal aufs engste verbunden war, geißelte Friedrich von Gentz drei Jahre später das »unmäßige Verlangen« des im deutschen Nordosten dominierenden Staates nach »Besitzungen auf Kosten aller Welt und ohne Rücksicht auf irgend einen Grundsatz der Gerechtigkeit und selbst des Anstandes«[32]. Daß diese »ländersüchtigen Projekte«[33] des geringsten Mitglieds in der europäischen Pentarchie einmal zu dem nationalen Einheitsstaat »Deutsches Reich« führen würden, das traute, was Qualität und Ausmaß der zukünftigen Staatsbildung anging, dieser »Großmacht höflichkeitshalber«[34] kaum jemand wirklich zu.

Diese eher unwahrscheinliche Perspektive des historischen Verlaufs lag nicht zuletzt deshalb außerhalb der realen Reichweite, weil sich das frühe Verlangen nach dem Nationalstaat keineswegs nur auf eine – Preußen von Gentz in anderem Zusammenhang unterstellte – »révolution territoriale de l'Allemagne«[35] konzentrierte. Im Gegenteil! Zumindest am Anfang der Entwicklung durchhallte der Ruf nach konstitutionellen Zuständen die deutschen Territorien, vor allem im Süden und Südwesten des Landes, viel lauter, als der

Ruf nach dem staatlichen Zusammenschluß vernehmbar war, denn: »Die Anfänge der modernen Vorstellung von Nation waren fortschrittlich, emanzipatorisch, demokratisch.«[36] Das reformerische Verlangen konzentrierte sich bevorzugt auf die angestammte *patria*, die zur verfaßten Nation emporzubilden war. Erst als sich abzeichnete, daß den modernisierenden Versuchen im überlieferten Rahmen kaum Erfolg beschieden war, wurde die innere Freiheit im größeren Zusammenhang der staatlichen Einheit zu verwirklichen gesucht. Der Patriotismus der Deutschen hatte, weil sie beispielsweise Bayern, Preußen und Sachsen waren, von Anfang an verschiedene Wurzeln, war gleichsam in sich gespalten.

Der allmählichen Ausbildung eines sich erweiternden Nationalverständnisses, die für den Süden und Südwesten Deutschlands kennzeichnend wurde, entsprach eine davon unterschiedliche Entwicklung, die sich im Norden vollzog, vor allem in Preußen. In weiten Teilen Deutschlands waren die staatsbildenden und reformerischen Segnungen der napoleonischen Herrschaft nämlich keineswegs vergessen. Sie überlagerten, ja verdrängten Erinnerungen an die schrecklichen Heimsuchungen während der ludovizianischen Epoche, die sich später, im Verlauf des 19. Jahrhunderts, erneut regten. Anders in dem vom korsischen Usurpator gedemütigten Preußen: Dort weckte eine leidenschaftliche Franzosenfeindschaft nationale Empfindungen, die nach einem mächtigen Reich der Deutschen verlangten.

Konstitutioneller Reformwille und antifranzösische Schubkraft, die Forderung nach Freiheit und der Ruf nach Einheit drängten auf das Ziel eines deutschen Nationalstaates. Lange Zeit hielten sich die konstitutiven Elemente, also das Liberale und das Zentrale, die Waage; noch 1832 bekannte einer der bedeutenden Protagonisten der bürgerlichen Nationalbewegung, Carl von Rotteck, vor eine alternative Wahl gestellt, ziehe er das erste, die Freiheit, vor. Doch mit voranschreitender Zeit erschallten, nicht zuletzt im Hinblick auf die ehernen Regeln der konkurrierenden Staatenwelt, die Rufe nach der Macht immer lauter. Im Inneren wie im Äußeren wurde sie als die maßgebliche Voraussetzung für Einheit und Freiheit der Nation angesehen.

Unüberhörbar waren sie schon beim Wartburgfest der Burschenschaften im Jahre 1817 zu vernehmen, das in manchen seiner Tendenzen und Verlautbarungen eher rückwärtsgewandt wirkte; allein, sie fehlten auch beim Hambacher Fest des radikalen Liberalismus vom Jahre 1832 nicht, das seiner vorwaltenden Tendenz nach fortschrittlich war. Im Prinzip niemals aufgegeben, sondern dem Gedanken der Nation vielmehr zwillinghaft verwandt, trat die Forderung nach innerer Freiheit unter dem übermächtigen Zwang internationaler Notwendigkeiten hinter das gebietende Postulat der nationalen Einheit zurück. Bereits in der Mitte der zwanziger Jahre des 19. Jahrhunderts antwortete der Unitarier in Friedrich von Gagerns Abhandlung über die Parteien auf die Frage des Föderalisten, »welche großen Vorteile« er sich »denn von dieser Einheit erhoffe«, mit dem zukunftsträchtigen Bekenntnis: »Vor Allem Ehre, Macht und Ansehen der Nation, die schönere Entwickelung derselben; ihren größeren Einfluß im Europäischen Staatensystem.«[37]

Wie nicht selten im Leben von Verspäteten und Zu-kurz-Gekommenen machten sich im Verlauf des 19. Jahrhunderts bei den Deutschen Züge der Hast, Symptome der Überanstrengung und ein Hang zur Uneigentlichkeit bemerkbar. Sie stellten sich ein, als seit der Mitte des Säkulums – lauter und auftrumpfender zwar, wenn auch kaum tatkräftiger und erfolgreicher als zuvor – zu überwinden versucht wurde, was den Gang der deutschen Geschichte seit den mit spukbildhafter Unwirklichkeit geführten Debatten in der Reichspublizistik des 17. Jahrhunderts begleitete, nämlich seine überkommene Unvollendetheit abzustreifen. In der großen Krise der europäischen Revolutionen vom Jahre 1848 fand der ungestüm irreale Anlauf dazu seine erste Aufgipfelung und einen vorläufigen Rückschlag.

Am Vorabend des »tollen Jahres« 1848 war in Deutschland aus der nationalen Bewegung eine Volksbewegung geworden. Was zu Anfang vor allem die Gebildeten in den deutschen Einzelstaaten angezogen und beispielsweise mit dem Aufkommen des Philhellenismus während der zwanziger Jahre des 19. Jahrhunderts regelrecht mobilisiert hatte, erfaßte allmählich breitere Schichten und zielte über territoriale Grenzen hinaus. Neben den Burschenschaften waren es die in Vereinen organisierten und bis in die vierziger Jahre hinein mächtig anwachsenden Bewegungen der Schützen, der Turner und der Sänger, die sich das nationale Anliegen zu eigen machten. Die Gesellen- und die frühe Arbeiterbewegung wurden sodann von der nationalen Parole ebenso ergriffen, wie sich Unternehmer und »Deutscher Zollverein« dem Ziel von Einheit und Freiheit der Nation verschrieben.

Konstitutionelle Verfassung, politischer Zusammenschluß und soziale Gerechtigkeit konzentrierten sich mehr und mehr auf das Ziel der Nation, deren kommende Existenz aufs engste mit der zentralen Frage nach ihren äußeren Grenzen verbunden war. Repräsentierte Deutschland ebenso wie Italien bereits mehr als nur einen »geographischen Begriff«[38]? Mit dieser herabsetzenden Kennzeichnung bestritt Metternich noch an der Jahrhundertmitte schlichtweg die »staatliche Lebensfähigkeit«[39] der Deutschen und der Italiener. In der Tat: Die europäischen Revolutionen prüften auch die geschichts- und staatsbildende Kraft der deutschen Nationalbewegung, ließen Latentes hervortreten, enttarnten Verdecktes und verliehen, gerade auch im Scheitern, scheinbar Sporadischem in schöpferischer wie in belastender Perspektive anhaltende Dauer.

Vereinbar mit den bestehenden Verhältnissen der europäischen Staatenordnung war im Grunde nur derjenige Entwurf über Deutschlands zukünftige Gestalt, der im Frankfurter Parlament am wenigsten populär war. Ganz am Ende fand sich, eher widerwillig als begeistert, eine knappe Mehrheit für das Vorhaben eines nach außen in verträglichen Grenzen und nach innen konstitutionell verfaßten, also kleindeutschen Nationalstaates, der für den alten Kontinent annehmbar gewesen wäre. Doch im Grunde wollten die Nationalversammlung und die Nationalbewegung anderes und mehr, nämlich ein großes und mächtiges, fortschrittliches und modernisiertes Deutschland.

Die Beweggründe für diese mit viel Anteilnahme, ja ausgesprochener Leidenschaft vertretene Option waren mannigfach. Für nicht wenige hatten sie maßgeblich mit der nach wie vor lebendigen Reichstradition und dem ihr jetzt eingepflanzten Einheitsgedanken zu tun. Für Katholiken und Liberale, danach, während der sechziger Jahre, auch für die Sozialisten ging damit die Absicht einher, das neue Deutschland nicht bevorzugt Preußen zu überlassen, dem eher mit Distanz begegnet wurde, sondern sich der Balance durch Österreich zu versichern, um Freiheit zu bewahren. Zukunftweisendes und Altes, konstitutionelles Reformverlangen und großdeutscher Reichsgedanke verbanden sich zu einer neuartigen Erscheinung, die für das Bestehende wie ein Sprengsatz wirken mußte. Obwohl seine Verwirklichung scheiterte, begleitete es die deutsche Geschichte im Zeitalter des Nationalstaates in mannigfacher Gestalt als Chance und Versuchung weiter.

Was schließlich, wesentlich abweichend von den ursprünglichen Entwürfen, die aus der Nationalbewegung hervorgingen, übrigblieb, waren die konkurrierenden Konzeptionen Preußens und Österreichs. Ihre Regierungen traten mit der jeweils verfolgten kleindeutschen und großdeutschen Lösung der nationalen Frage immer stärker hervor. Beiden ging es darum, die mißliebige Revolution zu beenden und das nationale Potential den politischen Staatsvorstellungen zu unterwerfen. Die Auseinandersetzung zwischen dem Kleindeutschen und dem Großdeutschen entwickelte sich über das traditionell Dynastische hinaus zum preußisch-österreichischen Konflikt um die Vormacht in Deutschland.

Daß in dieser Perspektive nur Preußen, nicht aber Österreich aufgrund der inneren Bauform beider Staaten das Bündnis mit der Nationalbewegung eingehen und die sogenannte Revolution von oben verwirklichen konnte, wurde für den künftigen Gang der deutschen Geschichte maßgeblich: maßgeblich im Hinblick auf das Scheitern der großdeutschen und den Erfolg der kleindeutschen Lösung, maßgeblich aber auch für das Gelingen und die Gefährdung des neuen Nationalstaates der Deutschen. Weil das Kleindeutsche am Ende über das Großdeutsche siegte, haftete ihm von Anfang an, in innenpolitischer und vor allem in außenpolitischer Hinsicht, das Problem der Unvollendetheit als dauerhafte Bürde an. Wie ein langer Schatten begleitete die existentielle Frage nach Maß und Ziel, nach Grenzen und Gestalt den deutschen Nationalstaat.

Im Vergleich mit dem historisch Verwirklichten ist immer wieder darüber nachgedacht worden, ob eine liberal oder demokratisch legitimierte, auf jeden Fall parlamentarische Staatsgründung die gleichen Gefahren heraufbeschworen hätte. Unter Umständen wäre sie für Europa noch rascher und radikaler zu einer Bedrohung geworden als die kleindeutsche Lösung Bismarcks, wenn man sich die in außenpolitischer Hinsicht ausgreifenden, nahezu visionären Ziele der in innenpolitische Perspektive parlamentarisch, liberal und demokratisch orientierten Vertreter der Paulskirche vor Augen führt. Die im Inneren für das Neue, die Reform, den Fortschritt eintraten, waren gleichzeitig diejenigen, die im Äußeren nach der Vormacht in Europa strebten, dem Vorbild eines historisch mißverstandenen Imperiums anhingen und sich von Träumereien nach dem Grenzenlosen fortreißen ließen. Ohne Zweifel forderte das verdächtige Ansinnen Europa heraus, was sich im Verlauf der Revolution bereits bemerkbar machte und die Reaktionen der Großen Mächte auf die deutschen Vorgänge bestimmte.

Wohlgemerkt: Die europäische Staatenwelt, allen voran Großbritannien, war nicht im Prinzip und auf jeden Fall gegen eine Nationalstaatsbildung der Deutschen. Indes, das Blatt wendete sich, als die politische Linke der Paulskirche den Gedanken eines Krieges gegen Rußland erwog, um Polen zu befreien. Mehr noch: Die breite Mittelgruppe der in Frankfurt versammelten Liberalen scheute sich nicht, gegen Dänemark einen Krieg um Schleswig-Holstein auszutragen, mit dessen Führung vom April an bis zum erzwungenen Waffenstillstand im August Preußen beauftragt wurde. Nunmehr fühlten sich vor allem das Zarenreich und England zu distanzierter, zurückweisender Wachsamkeit gegenüber den deutschen Forderungen aufgerufen. Kein Wunder, daß am Ende nur die jenseits des breiten Atlantik beheimateten Amerikaner das Paulskirchenparlament anerkannten.

Ablehnung und Furcht ergriffen die europäischen Nachbarn. Sie galten dem, was unter dem Druck der revolutionären Verhältnisse durch den Widerstand der Großen Mächte und im Gefolge der empfindlichen Schlappe im militärischen Konflikt mit dem kleinen Dänemark auf seiten der »unbesiegt Unterliegenden«[40] radikal hervorbrach. Im »Erlebnis der Machtlosigkeit«[41] wurde an sich nur deutlich, was zuvor schon angelegt war, als der Ruf nach äußerer Größe den nach innerer Freiheit immer häufiger und schriller übertönte. In einer »viel besuchten Vorlesung«[42] über Politik war Georg Gottfried Gervinus bereits vor den Erfahrungen des Jahres 1848 zu dem Schluß gekommen, daß »Freiheit ohne Macht nicht möglich sei«; sein Postulat lautete daher: »Das ist das Ein und Alles in Deutschland, daß wir uns nur in Masse, nur im Ganzen bewegen, weil nur im Ganzen Macht gelegen ist, und weil es uns um Erwerb von Macht ebensosehr zu thun sein muß, wie um den Besitz der Freiheit.«[43]

Endlich vorbei sein sollten die Zeiten, in denen – gemäß Ferdinand Freiligraths Klage: »Deutschland ist Hamlet!«[44] aus dem Jahre 1844 – durch verzagtes Zaudern die eigentliche Bestimmung verfehlt wurde. Als 1848 der Schrei nach größerer Feiheit erschallte, war er nach Friedrich Christoph Dahlmanns Überzeugung bereits »zur größeren Hälfte«[45] ein Schrei der Nation nach Macht. Die Deutschen wollten den anderen Staaten nicht mehr länger die Herrschaft über das Land und die See abtreten, während sie sich selber dem Geist und der Wissenschaft hingaben. »Die deutsche Nation ist der Principien und Doctrinen, der literarischen Größe und der theoretischen Existenz satt«, verkündete mit trotziger Entschlossenheit Julius Fröbel: »Was sie verlangt, ist Macht – Macht – Macht! Und wer ihr Macht gibt, dem wird sie Ehre geben, mehr Ehre als er sich ausdenken kann.«[46]

Macht wozu? Vor allem zur Ausdehnung der Grenzen! Das wurde im Verlauf der Paulskirchendebatten immer wieder betont und entzog dem Verlangen nach innerer Reform, zu Unrecht, viel allgemeine Aufmerksamkeit. Die Vision vom Imperium, die Hybris der Herrschsucht, die Versuchung des Unendlichen hatten die zugleich Ohnmächtigen und Machtverfallenen ergriffen. Die außenpolitische Vision des »›Großdeutschland‹ der Paulskirche«[47] nahm, so vage sie blieb, ja gerade deshalb, gefahrbergende Umrisse an. Offensichtlich drohte das unheimliche Ziel eines »mitteleuropäischen Riesenstaates«[48]: Von der Nord- und Ostsee bis zum Adriatischen und Schwarzen Meer sollte sich das Reich der »70 ... womöglich ... 80 oder 100 Millionen«[49] Deutschen erstrecken.

Mit dem kühnen Gedanken, eine stolze Flotte zu bauen, verband sich die ehrgeizige Idee, Großbritannien die Seeherrschaft streitig zu machen. Das »süße akademische Traumbild eines großen deutschen Reiches«[50] suchte, geradezu paradox, die nationalstaatliche Zukunft in der mittelalterlichen Vergangenheit, wollte die würdevolle Gelassenheit des Imperiums mit den unduldsamen Erfordernissen der Nation vermählen. Moderne und Mythos, konstitutionelles Fortschrittsbegehren und romantischer Reichsgedanke fanden zu einer problematischen Allianz. In ihrem widerstreitenden Zusammenhang siegte das neue Bedürfnis, das Streben nach Macht im Sinne der populären Forderung eines Repräsentanten der Paulskirche, erst einmal über die allgemeinen Freiheitsideale: »Die Bahn der *Macht*«, folgerte Dahlmann bis zum unversöhnlich Herausfordernden deutlich, »ist die einzige, die den gährenden Freiheitstrieb befriedigen und sättigen wird, der sich bisher selbst nicht erkannt hat. ... Deutschland muß als solches endlich in die Reihe der politischen Großmächte des Welttheils eintreten.«[51]

Daß der ganz mißverständlich mit der Idee vom Reich verbundene Anlauf zur Hegemonie auch am Widerstand der anderen Europäer scheiterte, die den Aufbruch der Deutschen ins Maß- und Ziellose nicht einfach hinnahmen, ließ das, was dieser ungestümen Bewegung zugrunde lag, nämlich die Dynamik aus fortschrittlichen und rückwärtsgewandten Elementen, keineswegs verschwinden. Obwohl sie vom Zwang des Faktischen zurückgedrängt wurde, existierte sie fort; obwohl sie später über längere Zeiträume hinweg staatlich gezähmt werden konnte, war sie unterschwellig immer vorhanden. In charakteristischen Entscheidungslagen brach sie mit kennzeichnender Regelmäßigkeit hervor; sie begleitete, ja prägte die deutsche Geschichte im Zeitalter des Nationalstaates während des 19. und 20. Jahrhunderts durchgehend.

Woran ist die Revolution von 1848 im Hinblick auf den ehrgeizigen Versuch, staatliche Einheit und politische Freiheit in einem zu erreichen, insgesamt gescheitert? Im Grunde an der für die deutsche Geschichte auch über den engeren Zusammenhang hinaus eigentümlichen Tatsache, daß zu viel auf einmal zu erreichen versucht wurde, was im verführerischen Horizont kaum zu bändigender Erwartungen damals vielleicht gar nicht zu vermeiden war. Erst das enttäuschende Mißlingen des ehrgeizigen Experiments zwang Deutschland auf jene geschichtliche Bahn, der andere Nationen unter glücklicheren Bedingungen zuvor bereits gefolgt waren, nämlich eins nach dem anderen zu tun. 1848 dagegen griffen die Deutschen nach den Sternen, wollten ohne Aufschub alles: den Staat gründen, die Verfassung erkämpfen, die Sozialordnung verbessern und – das Imperium errichten!

Bevor der konstitutionell verfaßte, gesellschaftlich modernisierte Nationalstaat dem zäh Beharrenden abgetrotzt war, wurden seine äußeren Grenzen – zumindest verbal – zur provozierenden Größe eines hegemonialen Reiches ausgedehnt. Daß sie die Polen in Posen, die Tschechen in Böhmen, die Italiener in Trient und die Dänen in Schleswig umfassen sollten, rief Europa auf den Plan. Sein Widerstand von außen, der sich vehement gegen einen derart revolutionären Wandel zur Wehr setzte, trat den beharrenden Kräften im Inneren an die Seite. Der zwischen Kleindeutschen und Großdeutschen aufbrechende Gegensatz wirkte, weil die ausschlaggebende Grenzfrage damit einherging, für die europäischen Nationen alles in allem wichtiger als die stärker parlamentarisch oder stärker obrigkeitlich orientierte Bauform eines deutschen Nationalstaates. Diese historische Tatsache festzustellen, verweist bereits auf die zukunftsträchtige Chance der politischen Lösung, die Otto von Bismarck für die deutsche Frage vorsehen sollte.

Schon 1848 ließen sich, ohne ihrerseits das dominierende Urteil zu prägen, in Großbritannien Stimmen vernehmen, die Deutschlands Revolution mehr fürchteten als Frankreichs Hegemonie. Denn die Franzosen besaßen einen klar umgrenzten, deutlich konturierten Staat, in dessen angestammte Geborgenheit sie nach ihren hegemonialen Anläufen zurückgekehrt waren. Den Deutschen wurde dagegen ein Aufbruch ins Unendliche zugetraut, dessen radikale Alternative aufgrund der staatlichen Gestaltlosigkeit des Landes in der Mitte das Unruhe stiftende Chaos eines machtpolitischen Vakuums sein konnte. »Die tragische Gleichzeitigkeit der Grundprobleme der neueren Geschichte«[52] Deutschlands im allgemeinen und seine spezifische Neigung zur Maß- und Grenzenlosigkeit im besonderen ließen die Revolutionäre von 1848 scheitern. Noch einmal obsiegten im Inneren wie im Äußeren, in Deutschland wie in Europa die Mächte der Tradition.

Wenige Jahre darauf wurde die europäische Staatenwelt von einem umbrechenden Wandel ergriffen. Er legte die Grundlage dafür, daß die – mit Bismarcks Namen verbundene – kleindeutsche Lösung, weil in ihr der Ausdehnungsdrang dem Einheitsstreben geopfert wurde, historische Wirklichkeit werden konnte. Mit dem Ende des Krimkriegs im Jahre 1856 zerbrach die bereits in den Jahrzehnten zuvor porös gewordene Solidarität der Pentarchie vollends. Tief waren das Zarenreich und die Habsburger Monarchie fortan entzweit; beträchtlich reduzierten die Kriegsgegner Rußland und Großbritannien ihre Einflußnahme auf Europas Zentrum. In dem Maße, in dem die großen Mächte auf Distanz gingen, wuchs der Einfluß der kleinen.

Ein nachhaltig beeindruckender Schein von der Macht und Ohnmacht einzelner Staaten überlagerte für geraume Zeit ihre tatsächlichen und verborgenen Potenzen. Die nicht dauerhafte Existenz dieser vorteilhaften Lage, der so genannten »Krimkriegssituation« (Andreas Hillgruber), ermöglichte es Preußen, seinem von Johann Gustav Droysen postulierten »Beruf für das Ganze«[53] nachzugehen und den kleindeutschen Nationalstaat zu bauen. Spätestens seit der internationalen Krise um Italiens Einigung im Jahre 1859 brach sich diese historische Tendenz deutscher Geschichte, ohne der Zukunft damit ihre bis ins Entscheidungsjahr 1866 andauernde Offenheit voreilig nehmen zu wollen, mehr und mehr Bahn: »Für immer mehr Deutsche«, so hat Franz Schnabel über diesen spezifischen Epochenzusammenhang geurteilt, wurde der später von Bismarck gegründete Nationalstaat »in der Zeit zwischen 1859 und 1914« die erst vorwaltende, dann »einzig denkbare Form Deutschlands und der eigentliche Schauplatz der deutschen Geschichte«[54].

Zur historischen Realität gelangte die moderate Lösung des nationalen Problems durch jenen deutschen Bruderkrieg vom Jahre 1866, in dem der österreichisch-preußische Konflikt um die politische Vormacht zum militärischen Austrag kam. An die Stelle von Reich und Einheit traten Nation und Teilung. Durch eine schmerzhafte Spaltung, die Österreich aus Deutschland verwies und das ursprünglich Verbundene trennte, wurde der moderne Nationalstaat der Deutschen konstituiert. Daß seine Geburt mit Begrenzung, Aufteilung und Verzicht einherging, beschrieb den »Sieg des politisch-staatlich bestimmten Nationalprinzips ... über das volksnationale großdeutsche Prinzip ebenso wie über die universale Reichsidee, die im Deutschen Bunde fortgelebt hatte«[55]. Ihren traditionsbehafteten Namen freilich vererbte diese auf den nationalstaatlichen Neuankömmling. In der problematischen Namenstaufe spiegelt sich jene dialektische Bewegung der geschichtlichen Entwicklung an der Schwelle von der vormodernen zur modernen Zeit, die sich insgesamt zu etwas unvergleichbar Neuem verdichtete: Der Nationalisierung des Reichsgedankens folgte auf Dauer die Imperialisierung des Nationalstaats.

Mit nicht absehbarer Plötzlichkeit, die in gewisser Hinsicht an »Preußens unerwartet emporgekommene Unabhängigkeit«[56] im zurückliegenden Jahrhundert erinnern mochte, war Deutschland im Jahre 1871 auf einmal da: als Nationalstaat, als Großmacht und als Reich. Seine Gestalt und sein Wesen blieben von

Beginn an unklar; offensichtlich wußte es selbst nicht so recht, was es im Kern war oder sein wollte. Aus jener Entscheidungsschwäche heraus, die eine lange historische Tradition hatte, gaben die Deutschen dem neuen Nationalstaat, der innen- und außenpolitisch unvollendet geblieben war, eine von lastender Erbschaft beschwerte Titulatur. Der Begriff vom Reich wies, beabsichtigt oder nicht, auf jeden Fall über das soeben Begründete hinaus.

An die Stelle des nüchtern beschreibenden »Neutrums«: Präsidium und Bund, das bislang zur staats- und völkerrechtlichen Kennzeichnung des unter preußischer Ägide zusammengefaßten Nordens von Deutschland gedient hatte, trat nunmehr die verwirrend bombastische Formel: Kaiser und Reich. Sie knüpfte bewußt an Altes an, ohne dieses so haben zu wollen, wie es tatsächlich gewesen war. Was sich ein undeutlich sehnendes Verlangen in der Stunde des kriegerischen und nationalen Triumphes wünschte, zielte auf ein lange zurückliegendes, verklärtes Vorbild. In der stilisierten Erinnerung bestand es allein aus Größe, Glanz und Glorie! Auf gar keinen Fall zu übernehmen gedacht man, was, am nationalen Parameter gemessen, das Nachteilige, das Schwächliche, das Gebrechliche des Alten Reiches, vor allem im Zeitalter zwischen 1648 und 1806, ausgemacht hatte. Mit ungerechter Einseitigkeit verkannte das zeitgenössische Urteil diese mißachtete Epoche der ehrwürdigen Reichsgeschichte vielmehr als ablehnenswerte Erscheinung des reinen Niedergangs.

Daher ging man noch einmal um Jahrhunderte zurück: Legitimation für das Moderne schien sich bevorzugt im frühen und hohen Mittelalter zu finden. Denn gesucht wurde die Kraft der Vergangenheit, nicht aber ihre Schwäche, das Imperiale, nicht aber das Defensive, die Macht, nicht aber die Libertät einer unbestimmt beschworenen Reichsidee. Die kentaurhafte Verbindung des an sich Unvereinbaren führte von der Stunde ihrer Geburt an zu verwirrenden Spekulationen über das rätselhafte Wesen der neuen Großmacht, über die immer wieder beklagten *incertitudes allemandes*. Die Deutschen wollten wie die anderen Völker Europas sein und einen Nationalstaat haben. Gleichzeitig wollten sie, zumindest dem schweifenden Begriff und dem vagen Gefühl nach, mehr sein, nämlich ein Reich. Daß dessen »Universalismus ... nur aus seinem sakralen Wesen zu rechtfertigen« war, nicht aber »aus raumpolitischen Funktionen«[57], fiel dem zeitgenössischen Mißverständnis, welches das Alte Reich mit moderner Staatlichkeit und robustem Ausdehnungstrieb gleichsetzte, unter fatalen Folgewirkungen zum Opfer. Mit ironisierender Überheblichkeit, die nichts anderes als ein tiefes Unverständnis gegenüber dem historischen Erbe des einen und dem politischen Auftrag des anderen zu erkennen gab, unterschied Gustav Freytag das soeben gegründete Deutsche Reich von »jenem früheren, welches während seiner Hilflosigkeit heilig genannt wurde«[58].

Wie ernst der aufwendige Reichstitel im einzelnen auch genommen worden ist, von Beginn des deutschen Nationalstaates bis an sein katastrophales Ende begleitete er seine knapp achtzigjährige Existenz. Bevor wirtschaftliches Wachstum, sozialer Wandel und politische Entwicklung ihrerseits ungeduldig nach arrondierender Ausdehnung und kontinentaler Vormacht verlangten, war die gefährliche Richtung ins unruhig Ziellose mit dem seines ursprünglichen Sinns entkleideten Reichsbegriff bereits verschwommen gewiesen. Während die europäischen Vorläufer bei dem immer wieder lockenden Gipfelsturm auf die Hegemonie und bei dem zur äußersten Kraftentfaltung verführenden Versuch zur Reichsbildung den gewaltigen Sprung erst wagten, nachdem sie sich als gleichsam nationalstaatlich organisierte Potenzen dauerhaft konstituiert hatten, verlief die deutsche Entwicklung anders. Dem unvollendeten Nationalstaat verlieh der undeutliche Name »Deutsches Reich« von seiner Geburtsstunde an die dumpfe Orientierung auf das konturenlos Weite. Der moderne Kern des nationalen Industriestaates hatte, mit einem sich rapide beschleunigenden Zeitverlauf zunehmend stärker, nichts mehr mit dem traditionalen Gehäuse des vormodernen Reichs zu tun. Was von dieser großen Vergangenheit zurückblieb, war allein das Unklare und Unabgegrenzte, das Unsichere und Unendliche seiner schattenhaften Gestalt, die Europa, vor allem nach Bismarcks Abgang, in wachsendem Maße als Gefahr empfand.

Das zutiefst Paradoxe des unentschiedenen Zusammenhangs, den nationalen Staat der Gegenwart mit der universalen Reichsidee vormoderner Jahrhunderte in eine mehr als fragwürdige Beziehung zu setzen, spiegelte die vielfachen Brechungen der unbeantworteten Frage nach der eigenen Identität. Das Verwirrende des Problems verstärkte sich noch dadurch, daß fortschrittliche und konservative Repräsentanten des neuen Reiches eine *prima vista* widersprüchliche, auf jeden Fall merkwürdige Position gegenüber dem zur Lösung Aufgegebenen bezogen. Während Wilhelm I. und Bismarck die der Vergangenheit entlehnten Begriffe Kaiser und Reich mit unübersehbarem Widerwillen und mit deutlicher Distanz aus praktischen, politischen Erwägungen heraus übernahmen, verband sich für ihre liberalen Gegenspieler mit der romantischen Programmatik viel mehr.

Das Kompromißhafte zwischen beiden Auffassungen, der Versuch, an Vergangenes anzuknüpfen und sich gleichzeitig davon zu distanzieren, das sakrale Wesen des Reichsbegriffs durch nationalen Gehalt zu ersetzen, kam, was den »Deutschen Kaiser« Wilhelm I. anging, auf charakteristische Weise zum Ausdruck. In seiner Proklamation an das deutsche Volk vom 18. Januar 1871 ließ er sich zwar darauf ein, von der Erneuerung der »seit mehr denn sechzig Jahre ruhenden deutschen Kaiserwürde«[59] zu sprechen. Mehr wollte er jedoch auf gar keinen Fall in Anspruch nehmen, geschweige denn einen »rechtlichen Zusammenhang«[60] reklamieren. Bismarck, der sich erst von der brausenden Zeit zur Allianz Preußens mit der lange abgelehnten Nationalbewegung drängen ließ, lehnte es prinzipiell ab, eine weitere, nicht mehr überschaubare, geschweige denn kontrollierbare Synthese mit der ins Überterritoriale weisenden Reichsidee einzugehen.

Wozu sie ihm bei nüchterner Einschätzung der Dinge als nützlich vorkam, war, sie als »ein werbendes Element für Einheit und Centralisation«[61] zu benutzen, um vor allem die bayerischen Gefühle gegenüber der preußischen Vormacht zu beschwichtigen, war doch »ein deutscher Kaiser ... nicht der im Stamme verschiedene Nachbar Bayerns, sondern der Landsmann«[62]. »Daß die großen Fürstenhäuser Deutschlands, das preußische eingeschlossen«, so hatte Bismarck bereits in seinem Brief an König Ludwig II. von Bayern am 27. November 1870 die sich ergebende Lehre der Geschichte mit taktvoller Geschicklichkeit gezogen, »durch das Vorhandensein eines von ihnen gewählten deutschen Kaisers in ihrer hohen europäischen Stellung nicht beeinträchtigt würden«[63], trug ganz praktisch den »föderalistisch-partikularistischen«[64] Elementen von Kaisertum und Reich Rechnung.

Für Deutschland, das alles andere als ein nationaler Einheitsstaat nach dem Vorbild der *nation une et indivisible* war, vermochte der Reichsbegriff, der eine »christlich-romantische, borussisch-ghibellinische, liberal-fortschrittliche, national-unitarische und partikularistisch-föderalistische«[65] Auslegung zuließ, innere Integrationskraft entwickeln. Dazu war er Bismarck und Wilhelm I. willkommen. Mit der auflebenden Reichsromantik, die schwelgende Barden dazu veranlaßte, Wilhelm I. als »Barbablanca« zu verherrlichen und den »weißbärtigen Preußenkönig«[66] mit Friedrich Barbarossa zu vergleichen, konnten sie dagegen nichts anfangen. Im Gegenteil: Sie scheuten bewußt die außenpolitischen Folgen, die mit dem unechten Schmuck einer solchen Titulatur und eines solchen Zeremoniells verbunden sein konnten.

Was die Konservativen, die sich dem preußischen Erbe verpflichtet fühlten, klare Distanz zum Reichsbegriff halten ließ, zog die Liberalen, die dem neuen Deutschland zugetan waren, verheißungsvoll an. Das wirkte in mancher Beziehung erstaunlich, gewann im übrigen aber niemals eindeutige Kontur. Im großen Historikerstreit zwischen Heinrich von Sybel und Julius von Ficker, der sich im Vorfeld der Reichsgründung an der Beurteilung der Italienpolitik der mittelalterlichen Kaiser, ja des universalen Reiches überhaupt entzündet hatte, schienen die Fronten nämlich ein für allemal geklärt worden zu sein. Von liberaler Warte aus hatte der dem nationalen Staatsgedanken verbundene Sybel im mittelalterlichen Reich kaum mehr als »einen Irrweg der deutschen Geschichte«[67] ausmachen können. Allein, was im Jahre 1859 mit zweifellos unhistorischer Eindeutigkeit festgestellt wurde, geriet nach der Zäsur von 1871 in nicht minder unhistorischen, ganz und gar politisch begründeten Zweifel.

Auf der einen Seite wehrten sich die Liberalen weiterhin dagegen, mit der neuen Formel Kaiser und Reich die Belastungen der alten universalistischen, selbst der jüngeren großdeutschen Vergangenheit zu übernehmen. Auf der anderen Seite suchten sie mit der traditionellen Aneignung der willkommenen Begriffe nach einer historischen Legitimation für den nationalen Staat. Vor allem der Kronprinz, der dem modernen Liberalismus nahestand und für eine zeitgemäße Verfaßtheit eintrat, bemühte sich um die Synthese mit der Geschichte des untergegangenen Reiches. Er sondierte, wenn auch vergeblich, nicht nur die Möglichkeit, die in Wien aufbewahrten Insignien des Imperiums ins neue Deutschland zu holen. Der künftige Hunderttage-Kaiser Friedrich III. wollte darüber hinaus, nach der Zählung der mittelalterlichen Herrscher, dereinst als Friedrich IV. regieren. Zur feierlichen Eröffnung des deutschen Reichstages ließ er, »um sichtbar nach außen die Kontinuität des Herrscheramtes zu dokumentieren«[68], »zum Erstaunen der Abgeordneten, den uralten Stuhl der Sachsenkaiser«[69] aus Goslar holen und für sich aufstellen.

Sich von der Tradition zu distanzieren und sie gleichzeitig zu adoptieren war beinahe ein und dasselbe geworden, lag zumindest verwirrend eng beieinander. Denn die Deutschen, die Liberalen stärker als die Konservativen, wollten beides, die moderne Nation und das alte Reich. Verfaßte Konstitution und vergangene Größe sollte der künftige Herrscher im »freien deutschen Kaiserstaat«[70] miteinander vereinigen.

Daß das neue Reich den würdigen Namen an sich nicht verdiente, »weil es eigentlich gar nicht ein ›Reich‹ sei, sondern ein ›Staat‹, der ... mit Nothwendigkeit immer weiter als Staat, im Gegensatze zum Begriffe eines Reiches, sich entwickeln müsse«[71], wurde als grundlegende Kritik von seiten katholischer Föderalisten wie Edmund Jörg und Constantin Frantz gegen die ihnen bastardhaft vorkommende Namenstaufe eingewendet. Die darin mitschwingende Empörung unterstrich im Grunde die zeitgenössisch getroffene Feststellung, der neue Nationalstaat verdiene mit mehr Berechtigung, als das Alte Reich das römische geheißen habe, das »preußische Reich deutscher Nation«[72] genannt zu werden. Deutlicher als zuvor trat jedenfalls zutage, daß der schillernde Begriff im 19. Jahrhundert einem nationalen Wandel unterzogen wurde, bevor er sodann, geweitet und dynamisiert, sogar globale Dimension erhielt.

In der nichtidentischen Identität von Nationalstaat und Reichsidee lag etwas aufgehoben, was die Deutschen in Bewegung versetzte und die Europäer beunruhigte, etwas Besonderes, das dem deutschen Weg durch die europäische Geschichte von Anfang an zu eigen war. Bevor der Nationalstaat, nicht zuletzt in innenpolitischer Perspektive, vollendet war, umgab ihn die Idee vom Reich; denn »das Unvollendbare dem Vollendeten«[73] vorzuziehen, das Vorläufige durch das Grenzenlose zu füllen, schien der deutschen Neigung entgegenzukommen. Die Bürde des unvollendeten Nationalstaates zu tragen wurde allerdings gerade durch den Traum vom Alten Reich erleichtert, der sich eben in diesem zwischen Realität und Vision schwebenden Zusammenhang für die Nachbarn Deutschlands zu einem Trauma auswuchs.

Im Mythos vom Reich wurde die Trennung von Österreich erträglich, weil zumindest der stolze Name als tröstende Erinnerung überdauerte, allerdings gleichzeitig wie eine bleibende Verheißung zur riskanten Tat zu ermuntern vermochte. Im Reichsbegriff verschmolzen die Teilung, die der Nationalstaatsgründung des 19. Jahrhunderts vorausging, und die Einheit, die niemals in Vergessenheit geriet, bis ins 20. Jahrhundert hinein zu einem unruhigen Gesamten. Die »gefährliche Unbestimmtheit ..., die das Ersatzsymbol mit altem Namen und neuem Inhalt«[74] barg, »ließ letztlich alles offen ...: man konnte diese Formulierung ebensogut auf einen nationalstaatlichen wie einen imperialen Nenner bringen, sie christlich oder säkular verbrämen, sie preußisch oder staufisch interpretieren, sie national, traditional oder gar liberal definieren. Die Chiffre ›Deutsches Reich‹ war eine Etikettierung von höchster Diffusität, aber untergründig von bedeutungsschwerem Charisma«[75].

Was nach innen durch vage Verschwommenheit kräftigend wirken mochte, nahm sich nach außen hin eher nachteilig aus. Schon der Begriff vom Reich rief beispielsweise in England seit Jahrhunderten tiefsitzende Schrecken hervor. Die prekäre Neigung zur territorialen Ausdehnung, die im unscharfen Begriff aufgehoben sein konnte, beschwor möglicherweise die verderblichen Expansionsgelüste, die den ungefestigten Bestand des soeben gegründeten Nationalstaats gefährden mußten. Kurzum: Im verführerischen Begriff vom Reich wurde, ohne die äußere Politik des deutschen Nationalstaates vorläufig zu beeinträchtigen, die lauernde Gefahr erkennbar, in der die Deutschen beständig lebten, sich nämlich, was für Europa unzumutbar war, zuviel auf einmal vorzunehmen. Nicht die zeitgemäße Tatsache also, daß sie in einem Nationalstaat lebten und eine Großmacht bildeten, wurde für die zwischenstaatliche Ordnung des alten Kontinents zum prinzipiellen Problem. Von Beginn an problematisch erscheinen ließ den deutschen Eigenweg vielmehr die unzeitgemäße Idee vom Reich. Paradox, aber wahr ist daher, was Thomas Nipperdey, der auf die vom »Traum und Symbol« des Reiches ausgehende »ungeheure Dynamik« nachdrücklich hingewiesen hat, so umschrieb: »Gerade das Unwirkliche, das unwirklich Gewordene bewegte die Wirklichkeit.«[76]

Vom Mythos der Reichsidee abgesehen, hatte sich die europäische Konstellation unter dem geschichtsmächtigen Eindruck der deutschen Nationalstaatsgründung wesentlich verändert. Von den unschätzbaren Vorzügen, die Europa seit 1648 dem Alten Reich und seit 1815 dem Deutschen Bund zu verdanken hatte, war kaum etwas übriggeblieben. Dieser frühneuzeitliche »Friedensstaat von Europa«[77], der noch am Beginn des 19. Jahrhunderts von Arnold Hermann Ludwig Heeren gepriesen worden war, inzwischen jedoch eher abgelehnt wurde, hatte aufgrund seiner Verfaßtheit und Heeresorganisation keine Angriffsfähigkeit besessen, sondern dem alten Kontinent die erforderliche Balance verliehen: Seine Defensivkraft verhinderte die Hegemonie eines Staates. Ganz anders nahm sich dagegen die mächtige Stellung des neuen Reiches aus. Umgehend sah es sich in die Rolle des »halben« Hegemon gedrängt, weil es das europäische Zentrum zu einem dynamischen Block vereinigte, dessen direkter und indirekter Einfluß auf die anderen Mächte ausstrahlte. Die kontinentalen Drucklinien verliefen nicht mehr länger, wie seit drei Jahrhunderten üblich, von den Rändern zur Mitte Europas, sondern wirkten umgekehrt von innen nach außen.

Ein neues Kapitel der Geschichte begann! Der Wandel des Gesamten, den der deutsche »Neuankömmling in einer vorgeformten europäischen Gesellschaft«[78], wenn auch nicht umgehend, so doch auf Dauer, hervorrief und der mit der allgemeinen Tendenz des imperialistischen Zeitalters zur ruhelosen Aktion einherging, war unverkennbar. Hatte Deutschland bis in die Mitte des 19. Jahrhunderts hinein der Ruhelage Europas gedient, mischte sich nun als ein Erbe Preußens das gerade Gegenteil in die deutsche und allgemeine Geschichte. Ungeachtet der Tatsache, daß die Reichsgründung, was ihren Grundsatz und ihre Entwicklung anging, entscheidend mehr mit der Entstehung eines modernen Nationalstaates als mit der eines ausgedehnten Großpreußen zu tun hatte, sah sich Deutschland von nun an in immerwährende Bewegung versetzt, die nicht zum stabilen Stillstand und zur inneren Einkehr gelangte.

Kritiker sahen darin die belastende Fortsetzung jener preußischen Tradition, deren von Constantin Frantz im Epochenjahr 1871 angeprangertes »Princip der *Unruhe*«[79] zur anhaltenden Aufregung des eigenen Volkes und der europäischen Welt beigetragen habe. Von »ungeschickter Größe«[80], so lautet Sebastian Haffners einprägsame Formel über das neue Reich, die uns schon in anderem Zusammenhang begegnet ist, das heißt also für das Gleichgewicht Europas zu stark und für die Hegemonie über den Kontinent zu schwach, traten die Deutschen den Gang durch die moderne Geschichte an. Sorgsam, fast ängstlich waren sie darauf bedacht, die spät erworbene Unabhängigkeit ihres Nationalstaates zu bewahren, sich weder in politischer noch in weltanschaulicher Hinsicht einer der anderen unter den Großen Mächten allzu eng zu nähern.

Ihren historischen Eigenweg, der zum Grenzgang zwischen Krieg und Frieden, zwischen Hegemonie und Niedergang der Großmacht, zwischen Weltmacht und Untergang des Reiches, zwischen Sein und Nichtsein des Nationalstaates wurde, legten die Deutschen im Zeichen vielfacher Belastungen zurück, denen »Das neue Deutschland« (Constantin Frantz) von Anfang an ausgesetzt war. Thomas Nipperdey hat sie mit meisterhafter Prägnanz zusammengefaßt und ihre weitreichenden Folgen angedeutet:

»Der Nationalstaat von 1871 ... trat ins Leben durch eine Revolution von oben; der Kanzler und die Armee der preußischen Militärmonarchie, die obrigkeitlichen Elemente und die alten Eliten blieben stark. Einheit und Freiheit traten für Jahrzehnte auseinander; der Nationalismus wurde aus einer linken Sache zu einer rechten. Das war zwar überall in Europa so, aber in Deutschland besonders stark; das hinderte die liberal-demokratische Weiterentwicklung. Die Umstände der Reichsgründung, Bismarcks polarisierende Innenpolitik und die frühe Einführung des allgemeinen Wahlrechts haben auch die Integration der Nation erschwert; sie haben die konfessionellen, sozialen, ideologischen Sonderungen von ›Lagern‹, die sozialkulturellen Milieus, wie das katholische, das sozialdemokratische, verstärkt. Das Maß von Homogenität, das einer pluralistischen Gesellschaft in allem Konflikt normalerweise eigen ist, war prekär; das hat die Demokratiefähigkeit geschwächt und dem Nationalismus nach innen eine reizbare ständige Sorge um Einheit und Identität eingebracht, einen Mangel an Selbstverständlichkeit und Gelassenheit. Die Deutschen waren eine unvollendete Nation, mit Deutschen außerhalb der Reichsgrenzen und mit nichtdeutschen Minderheiten innerhalb. Daran hat sich die Reizbarkeit des deutschen Nationalismus immer wieder entzündet, der Komplex von Leiden und Überheblichkeit, Unbefriedigtsein und expansivem Chauvinismus. Endlich: Die Deutschen, spät zur Nation geworden, haben unter dieser Verspätung gelitten, glaubten, in der Welt zu kurz gekommen zu sein, und diese Verwendung kompensierten sie mit einem massiven nationalen Machtegoismus.«[81]

In der Tat: Wo des Deutschen Vaterland, das sich nach innen zur Nation ausbildete, seine Grenzen nach außen haben würde, blieb durchgehend unklar. Diese schwerwiegende Tatsache bildete für den unfertigen Nationalstaat, der sich offenbar niemals selbst genügen mochte, ein bleibendes Element der unsteten Rastlosigkeit. Dagegen beschreibt die Tatsache, daß die neue Nation innenpolitische Konflikte zwischen den Klassen ihrer Gesellschaft zu bestehen hatte, im zeitgenössischen Europa, zu dessen historischer Signatur das allgemeine Phänomen der sozialen Ungleichheit zählte, beileibe nichts Außergewöhnliches. Im Gegenteil ließ Bismarcks vorbildliche Sozialgesetzgebung Deutschland im Vergleich mit anderen Industriestaaten ausgesprochen fortschrittlich erscheinen. Daß die spezifische Überzeugung bei den Deutschen möglicherweise weiter verbreitet war als bei anderen Völkern, wonach äußere Konkurrenz innere Genügsamkeit erfordere, also »die innere Politik ihr Gesetz ... von der auswärtigen Politik«[82] zu empfangen habe, bezog sich weniger auf die sozialpolitische Auseinandersetzung als vielmehr auf die verfassungspolitische Debatte der Nation. Denn das eigentümliche Phänomen des deutschen Konstitutionalismus als einer Zwischenexistenz aus traditioneller Monarchie und modernem Parlamentarismus berief sich bevorzugt auf die außenpolitische Lage des Landes in der Mitte, weil dessen zahlreiche Grenzen leicht zu Fronten werden konnten.

Ungeachtet einer enormen Machtkonzentration begleitete diese angeborene Ungunst den neuen Nationalstaat durch die kommenden Jahrzehnte seines gefährdeten Daseins. Kraftgefühl und Anfälligkeit lagen eng beieinander: Das begründete oder eingebildete Gefühl der Bedrohung ließ, in ganz unterschiedlichen Konstellationen und aus ganz verschiedenen Motiven, von der verständlichen Defensive bis zum frevlerischen Angriff, deutsche Regierungen und Staatsmänner immer wieder die Flucht nach vorn antreten. Weil ihnen die vorgegebene Lage durchgehend stärker als Bedrängnis denn als Chance erschien, suchten sie nicht selten einen anderen Ausgleich mit den widrigen Notwendigkeiten als den, sich mit dem wohl oder übel Unabänderlichen abzufinden.

In einem schwer kontrollierbaren Entscheidungsverhalten brachen sie vielmehr von Zeit zu Zeit auf, ihr nationales Heil mit der politischen oder militärischen Offensive zu verbinden. Allzu häufig wollten sie ihr Schicksal im Gegensatz zu Europa, nicht aber gemeinsam mit ihm gestalten. Schon um das zu erhalten, was spät errungen war und immer wieder als ungesichert empfunden wurde, gingen sie nicht selten davon aus, das Bestehende sei nur durch Machtdemonstration zu sichern. Daß sie mit jedem spektakulären Akt ihrer Außenpolitik, mit jedem Zoll dazugewonnenen Bodens, mit jedem Griff nach der Hegemonie die Existenz ihres Nationalstaates gefährdeten, blieb ihnen, mehrheitlich jedenfalls, auf lange Zeit verborgen und wurde erst im Gefolge des katastrophalen Endes vom Jahre 1945 zur historischen Einsicht.

Von Beginn an nahmen sich die außenpolitischen Probleme, die den Weg der jungen Großmacht säumten, zahlreich und ernst aus. Die Annexion von Elsaß-Lothringen hatte das Verhältnis zu Frankreich nachhaltig gestört. Kaum vergleichbar damit gab es zudem Minderheitenfragen, beispielsweise im Norden mit Dänemark oder im Westen mit Luxemburg, die sich hin und wieder regten, zumeist aber verkapselt blieben. Ernster zu nehmen war dagegen jener Doppelkonflikt im Osten, mit dem das Deutsche Reich seit seiner Entstehung zu tun hatte. Während er dem alten Preußen ferngelegen hatte, war das neue Deutschland mit ihm durchgehend beschäftigt, wenn auch in jeweils gewandelten Zusammenhängen: Gegenüber den Polen gab es einen nationalpolitischen, gegenüber der russischen Großmacht einen machtpolitischen Gegensatz, die in zeitweiser Verschränkung miteinander das Deutsche Reich stark belasteten.

Mit der äußeren Bedrängnis verbanden sich, in einer schwer entwirrbaren Mischung aus Ursache und Reaktion, innere Faktoren, die dem Reich zugleich eine Kraftquelle waren und seine Ruhelosigkeit verstärkten. Steigende Bevölkerungszahl, wirtschaftliches Wachstum und sozialer Wandel sorgten für gesellschaftliche Mobilität, die nach politischen Veränderungen verlangte. Noch zu Zeiten Bismarcks, des eisernen Garanten der bitternötigen Saturiertheit des Reiches, trafen sich diese innenpolitischen Bedingungen mit einer mächtigen Strömung der internationalen Entwicklung. Der Imperialismus ließ nahezu alle europäischen Völker einem regelrechten »Raumrausch« (Theodor Schieder) verfallen. Auch die vor Kraftgefühl und Fortschrittszuversicht gleichsam berstenden Deutschen liebäugelten nunmehr damit, über wirtschaftliche Exporteroberungen hinaus an eine politische Ausdehnung in Europa, vor allem aber in Übersee zu denken. Die riskante Hegemonial- und Weltpolitik zog sie magisch an!

In dieser Perspektive stiftete innenpolitischer Fortschritt nicht selten außenpolitische Probleme; erwuchsen aus den willkommenen Segnungen der Gesellschaft nicht zu unterschätzende Schwierigkeiten für den Staat; repräsentierte vor allem, wie uns schon in anderem Zusammenhang bekannt geworden ist,

»die Kontinuität wirtschaftlichen Wachstums ... eine der wichtigsten Grundtatsachen der deutschen Geschichte seit 1871«[83], weil die hochwillkommene Prosperität nicht ohne schwer steuerbare Probleme zu haben war.

Schließlich litt das ebenso überbürdete wie kraftvolle Reich, das aus einem zuweilen übertriebenen »Gefühl der Lebensbedrohtheit«[84] heraus die waghalsige Zuflucht in einer gefährlichen Politik der aufdringlichen Stärke suchte, an einem spezifischen Ideenmangel. Sein nachhaltiges Defizit unterschied die deutsche Existenz von derjenigen der konkurrierenden Franzosen und Briten, der Russen bzw. Sowjets und Amerikaner, in deren nationalen Bewegungsgesetzen Macht und Ideologie eher zum geschichtswirksamen Miteinander fanden. Die bald nach der Reichsgründung aufgeworfene, immer wieder erörterte Frage nach dem »ideellen Gehalt«[85], nach den »Ideen von 1871«[86], ließ klarwerden, daß der preußisch-deutsche Staatsgedanke einem Vergleich mit dem demokratischen Zivilisationsideal der Angelsachsen, mit der revolutionären Menschen- und Bürgerrechtsprogrammatik der Franzosen wie mit dem russischen Panslawismus und dem sowjetischen Kommunismus nicht standhielt.

Ganz am Ende des Kaiserreichs stellte Erich Marcks, Sohn des berühmten Historikers und Hauptmann im Generalstab, in einem Brief aus dem Großen Hauptquartier unter dem Datum des 25. Oktober 1918 fest, was die deutsche Geschichte weit darüber hinaus im Zeitalter des Nationalstaates ingesamt begleitet hat: »daß uns als Ganzem die Idee fehlte, wir hatten keinen geltenden Wert«[87]. Unmittelbar nach der Gründung des Nationalstaates tat sich die Kluft zwischen Geist und Macht, zwischen Kultur und Politik auf. Die Trennung wurde zu einer Last, die Friedrich Nietzsche bereits früh, 1873, beklagte, weil der Sieg über Frankreich eine »Niederlage« bedeuten könne, wenn es zu der, an anderer Stelle bereits einmal erwähnten, »Exstirpation des deutschen Geistes zugunsten des Deutschen Reiches«[88] komme. Anders als in späterer Zeit, in der er den schwierigen Zusammenhang skeptischer beurteilte, war Richard Wagner anfangs noch ganz anderer Auffassung. Optimistisch gab Cosima Wagner unter dem Datum des 20. Juni 1871 der gemeinsamen Überzeugung Ausdruck, »eine unerhörte Blüte des deutschen Reiches« stehe bevor. Für »keinen Zufall« hielt sie, nachdem der Meister am 5. Februar die Partitur des »Siegfried« geschlossen hatte, daß »das Nibelungenwerk zusammenfällt mit den deutschen Siegen«[89].

Indes, wie sich Preußen durch seine »Nichts-als-Staatlichkeit«[90] hervorgetan und vom vormodernen Europa in gewisser Weise abgehoben hatte, war auch die preußisch-deutsche Staatsidee alles andere als ein begeisterungsfähiges Missionsfanal, das werbende Anziehung ausgeübt hätte, im Gegenteil: Anstatt die staatliche Macht durch geistige Kraft zu fördern, verlangte der blasse Gedanke nach dem mächtigen Schutz des Staates.

Auf den spezifischen Ideenmangel der deutschen Großmacht zu verweisen, darf keineswegs dazu führen, dem Deutschen Reich damit die normale Qualität der nationalstaatlichen Entwicklung abzusprechen. Es war durchaus nicht so, daß sich die junge Großmacht allein auf schiere Gewalt und protzigen Reichtum gegründet hätte. Alles, was vorteilhaft und bleibend darüber hinausweist, was gleichsam erst das Wesen des modernen Nationalstaates ausmacht, hat das neue Deutschland keineswegs in hybrider Verblendung auszubilden versäumt. Das Deutsche Reich hatte, mit anderen Worten, nichts mit der gleichermaßen ordinären wie extravaganten, rohen wie überkultivierten Existenz von untergangsumwehten Gebilden der Weltgeschichte zu tun, die, wie beispielsweise die Diadochenreiche des späten Hellenismus, ihr fragwürdiges Glück vor allem auf die Zahl ihrer Soldaten und die Menge ihres Geldes gründeten. Nein, das Deutsche Reich erwarb, weit über die Dimension des Staatlichen hinaus, zeitweise in erklärtem, teilweise in erbittertem Gegensatz zum exekutiven Handeln, als Nationalstaat moralische Kraft.

Daß sein Gedanke und seine Gestalt sich als natürliche »Plattform der Politisierung und jeder außenstaatlichen Interessenformulierung« (Lothar Gall) behaupteten, trug maßgeblich dazu bei, daß das Deutsche Reich – jahrzehntelang – in der Ordnung, in der Normalität Europas zu leben vermochte. Dieser säkulare Vorgang vollzog sich im wilhelminischen Deutschland weit wirkungsvoller und dauerhafter als in der Ära Bismarck, deren staatliches Vorgehen gegen die »Reichsfeinde« von unterschiedlicher Herkunft die Verwerfungen und Zerklüftungen der Gründung teilweise sogar vertiefte. Gewiß zeichneten sich in der Zeit nach Bismarck, wenn es beispielsweise im Banne des imperialistischen Fieberwahns um das Für und Wider überseeischer Expansion ging, nicht minder tiefe Bruchlinien ab. Doch ungeachtet aller verletzenden Ausfälle gegen die »vaterlandslosen Gesellen« schritt die Entwicklung des Rechts- und Nationalstaates im wilhelminischen Deutschland alles in allem wirksam und umfassend voran. Diese vorwaltende Tendenz führte dahin, daß das Reich »in der Stunde der Gefahr, im August 1914, auch von der sozialdemokratischen Opposition als ›das eigene Vaterland‹ erlebt wurde«[91].

Das Ende der Monarchie vermochte dieser dauerhaften Tatsache keinen Abbruch zu tun, im Gegenteil: Als Republik tat das Deutsche Reich »entschiedene Schritte zur Verwirklichung des demokratischen Einheitsstaats«[92]. In dieser Perspektive war die Weimarer Republik dem Kaiserreich tatsächlich »näher, als den Kritikern zum Bewußtsein kam«[93]. Alles in allem: Die Integration von »Ländervielfalt und Gesamtstaat«[94], von Nation und Klassen schritt im Kaiserreich ungeachtet gegenläufig wirkender Unterbrechungen kontinuierlich voran: Im wilhelminischen Deutschland, wo der außenpolitischen Prestigepolitik vor dem Hintergrund wirtschaftlicher Blüte, lange Zeit jedenfalls, eine innenpolitische Hochstimmung entsprach, ließ sich der zukunftweisende Vorgang, der Tendenz nach, viel besser an als im Bismarckreich, wo die außenpolitische Ruhelage im Zeichen wirtschaftlicher Depression mit innenpolitischem Krisengefühl einherging.

Nur in einer äußeren Politik der Entsagung, die im Innenpolitischen eine zunehmend mürrischer getragene Hypothek darstellte, und in einer inneren Politik der Repression, die im Außenpolitischen die defensive Dominanz des Staates über die unruhige Nation garantierte, sah Bismarck eine Chance, seine Gründung vor den Folgen ihrer Entstehung zu schützen und am Leben zu erhalten. Ausdehnung und Expansion, Hegemonie und Weltmacht bedeuteten dagegen nichts als Gefahr für den anfälligen Nationalstaat. Nur Stillstand bekam seiner Existenz, mochte sein relatives Gewicht beim imperialistischen Wettbewerb gegenüber den expandierenden Nachbarn auch abnehmen. Nein, Bewegung war dem Deutschen Reich nach der durch nichts zu widerlegenden Überzeugung des alten Kanzlers ganz und gar abträglich!

Für den neuen Akteur im Zentrum Europas lagen die Extreme von Aufstieg und Fall, von kontinentaler Hegemonie und nationalstaatlichem Ende zu nah, bedrohlich nah beieinander. Im Vergleich mit den alten Nationalstaaten Europas, die allesamt – Spanier, Franzosen und Engländer – ihrem welthistorischen Trieb gefolgt waren und die sich jederzeit in die staatliche Geborgenheit sicherer Grenzen zurückzuziehen vermocht hatten, entbehrte die unvollendete Gestalt des deutschen Nationalstaates, weshalb ihm solch riskante Experimente zu wagen verwehrt war, der notwendigen Festigkeit, Dauer und Legitimität.

Allerdings, Bismarcks unbeirrbare Überzeugung stand »dem Geist der Zeit entgegen« (Johannes Ziekursch), kam einer wachsenden Anzahl seiner Zeitgenossen schlicht unnatürlich vor und steigerte die innere Angespanntheit des nervösen Giganten bis zum Bersten. Wie lange das künstlich anmutende Experiment des einsichtsvollen Verzichts und der freiwilligen Enthaltsamkeit anhaltenden Erfolg haben konnte gegenüber dem natürlichen, populären Verlangen nach dem Neuen und Anderen, nach politischem Prestige und territorialem Zuwachs, drängte sich als Frage immer fordernder auf. Denn die eingehende Betrachtung der langfristigen Entwicklung des europäischen Staatensystems ließ bereits Leopold von Ranke erkennen, daß es augenscheinlich nicht in der Natur der vorwaltenden Macht liegt, sich selbst in der Geschichte Schranken zu setzen.[95] Allein, was dem einen erlaubt und sogar verziehen wird, gilt nicht für den anderen, wird vielmehr geahndet. Sollte Deutschland die verlockende Bahn imperialistischer Weltpolitik einschlagen, der alle anderen Großmächte, ja selbst kleinere Staaten seit den achtziger Jahren des 19. Jahrhunderts wie rauschhaft folgten, dann würde, so lautete die warnende Mahnung Bismarcks, solcher Kurswechsel den Auftakt zum Ende des deutschen Nationalstaates einleiten.

Dem alten Kanzler, der auf einem schmalen Grat zwischen »Heilvollem und Unheilvollem«[96] balancierte, blieben, wenigstens teilweise, die dunklen Kräfte und elementaren Gefährdungen nicht verborgen, die mit seiner Gründung des Nationalstaates verbunden waren: Militarisierung des politischen Denkens und Unmöglichkeit dauerhafter Bündnisbildung; spezifische Ungleichgewichte der Verfassung und allgemeine Instabilität des Geschaffenen. Daher konnte sein Reich von Deutschland nur soviel in sich aufnehmen, wie Preußen, zumindest für eine Zeitlang, »beherrschen«[97] konnte. Sich von Europa und von der Welt mehr anzueignen, lehnte er strikt ab. Die Entscheidung, dieses Wagnis einzugehen, verwies auf einen »Neuen Kurs« in der nationalen Geschichte. Seine Spur nahm das wilhelminische Deutschland auf, als es die angestammten Gefilde der Ära Bismarck kühn hinter sich ließ.

Nachdem sie sich aus der zügelnden Bevormundung des »Eisernen Kanzlers« befreit hatten, ergriffen Bewegung und Aufbruch die von ihren Leistungen und Erfolgen ebenso verwöhnten wie verführten Deutschen. Daß sie zukünftig mehr wollten, als nur auf der Stelle zu treten, war verständlich; ihr Verlangen hatte Vorbilder in der europäischen Geschichte und gestaltete sich dennoch als ein deutscher Fall. Die Grenzen des Nationalstaates zu überschreiten, nach Vormacht, sogar nach Weltmacht zu streben, kennzeichnet eine allgemeine Erscheinung der europäischen Staatenwelt, ist also nichts Besonderes. Von Geburt an mit der Namensgebung, scheinbar oder tatsächlich, den Anspruch auf das Imperium zu erheben, fällt dagegen aus dem Rahmen des Üblichen, wirkt von vornherein verdächtig. Mehr noch: Als unfertige Nation über das Bestehende hinaus nach anderem zu greifen, gefährdet die Aussicht auf die eigene Vollendung.

Mit vorsorgendem Weitblick wollte Bismarck ebendieser verhängnisvollen Tendenz durch seine äußere Politik selbstverordneter Abstinenz entgegenwirken. Sie allein war nach der scharfsichtigen Beurteilung des Reichsgründers geeignet, dem, was der Geschichte spät und mühevoll abgerungen war, die kostbare außenpolitische Unabhängigkeit und die erforderliche innenpolitische Verfaßtheit zu erhalten. Daher stellt sich die während der Ära Bismarck vorwaltende, wie bleiern auf ihr lastende Bewegungslosigkeit, mochte sie auch zukunftsarm und deprimierend wirken, als ebenso überlegt wie überlegen dar. Was sich nach ihrem Ende wie ein lange angestauter Sturzbach über Europa ergoß, wirkt dagegen ursprünglich und gefährlich, natürlich und zerstörerisch zugleich. Daß man nur in der ungeliebten Enge seiner lästigen Grenzen stark war, überforderte auf Dauer die Einsichtsfähigkeit und die Geduld einer jungen, kraftvoll wachsenden, sich mächtig dehnenden Nation. Aus dem Auge geriet die Tatsache, daß alles andere als der Status quo, dessen überlieferte Existenz angesichts des Wachstums der anderen allmählichen Rückgang bedeutete, unkontrollierbare Risiken aufwarf, die bis zu der kritischen Frage nach dem eigenen Überleben reichen konnten.

Dennoch: Geradezu fraglos, gleichsam unbestritten brach sich nach der Zäsur des Jahres 1890 ein anderes Verständnis der Staatsräson die Bahn. Es verband sich mit den Namen von Caprivi, von Bülow und Tirpitz, von Bethmann Hollweg; es endete beileibe nicht zwangsläufig, aber auch nicht unwahrscheinlich in einem Krieg der deutschen Großmacht, in dem es um alles oder nichts, um die Erweiterung der Nation zum Reich oder um das Ende von Reich und Nation ging.

Im Einklang mit dem Zeitgeist der wilhelminischen Epoche wandelte sich der nationalstaatliche und föderalistische Reichsgedanke der Gründerjahre zu einem Reichsbewußtsein neuer Art. Obwohl Wilhelm II. ausdrücklich bestritt, das Haus Hohenzollern jage der Idee einer »öden Weltherrschaft«[98] nach, kam es jetzt zu der talmihaften Verbindung zwischen dem Universalismus des Mittelalters und dem Imperialismus der Gegenwart. In einer ganz mißverständlichen Beschwörung der ottonischen Weltpolitik beispielsweise, die das eigene Handeln legitimieren sollte, wurde jene Maß- und Grenzenlosigkeit des Wilhelminismus sichtbar, die Europa ein ums andere Mal, übrigens stärker durch Worte als durch Taten, beunruhigte. Seit den neunziger Jahren des 19. Jahrhunderts war immer öfter von einem »Weltreich« als dem Ziel deutscher Außenpolitik die Rede. Der kühne Begriff und sein ehrgeiziger Anspruch drängten den Nationalstaat in die imperiale Richtung, formten ihn zum Expansionsstaat um: Das, was man war, schien nicht mehr zu genügen; sehnsuchtsvoll und tatendurstig äugte man nach mehr! Der chimärenhaften Unbestimmtheit des Weltreichgedankens entsprach die im wilhelminischen Deutschland verbreitete Überzeugung, zur letzten Runde des großen Spiels um den Erdball gerade noch rechtzeitig eingetroffen zu sein, um seinen Ausgang für sich zu entscheiden.

Die traditionelle Berufung auf die verblichene Reichsgröße ging nicht zuletzt von den zukunftweisenden Kräften des bürgerlichen Liberalismus aus, die mit nicht zu unterschätzender Wirkungskraft an der fortschrittlichen Gestaltung des bismarckischen und wilhelminischen Deutschland beteiligt waren. Diese progressive Tendenz zur allgemeinen Modernisierung vollzog sich im überlieferten Gehäuse des deutschen Konstitutionalismus. Vor diesem Hintergrund sind Mutmaßungen darüber angestellt worden, ob bei einer klassischen Parlamentarisierung, die mit einer Übernahme der politischen Verantwortung durch die Liberalen einhergegangen wäre, die Geschichte Deutschlands anders, nämlich glücklicher verlaufen wäre. Die in diesem Zusammenhang entscheidende Frage lautet, ob das Produktive und Förderliche des Liberalismus, sein innenpolitischer Freiheitswille, das Problematische und Bedrohliche seiner Tradition, sein außenpolitisches Machtverlangen, vernünftig gezähmt oder unmäßig angefacht hätten. Über das nicht Verwirklichte der Geschichte zu urteilen, muß notwendigerweise spekulativ bleiben. Bedenkenswert erscheint allerdings, was Franz Schnabel in einem Vergleich zwischen den Repräsentanten des Fortschritts und ihrem Widersacher Otto von Bismarck einmal so umschrieben hat: »In der Tat fürchtete man in den Kabinetten [Europas] mehr die Ideologie der deutschen Liberalen und Demokraten als die Machttendenzen des preußischen Staatsmannes.«[99]

Bereits in der kurzen Ära Caprivi, die durch einen heftigen Kurswechsel in ihrer äußeren Politik zwischen der britischen und der russischen Bündnischance charakterisiert war, wurden die Grenzen einer Außenpolitik der Bewegung umgehend klar. Kritisch traten sie in dem Augenblick hervor, als die vom Reichskanzler bewußt und tatkräftig forcierte Doppelstrategie aus militärischer Abschreckung und ökonomischem Wachstum im außenwirtschaftlichen Zusammenhang mitteleuropäische Kontur annahm. Umgehend traf die halbhegemoniale Großmacht, deren inneres Gefüge unter den wachsenden Spannungen zwischen Industrie und Landwirtschaft ächzte, auf den Widerwillen, ja den Widerstand Europas, vor allem der Russen. Aus innen- und außenpolitischen Gründen scheiterte der kalkulierte Versuch, das deutsche Dilemma durch wirtschaftliche Vormacht und überlegene Rüstung zu lindern.

Was folgte, nahm sich im Vergleich mit dem Vorausgegangenen tollkühn aus! Ohne seine kontinentale Position grundlegend verbessert zu haben, sollte das Deutsche Reich, wie in einem Hasard um Leben und Tod, gleichsam an den Konkurrenten der Staatenwelt vorbei, zur Flottenmacht aufgerüstet und zur Weltmacht emporgehoben werden. Das defensive Element, das dem Risikogedanken der von Tirpitz initiierten Flottenpolitik eignete, spiegelte eine grundlegende Tatsache deutscher Geschichte: Die unverantwortliche Aufrüstung gegen das Meere und Welten beherrschende England war auch der lebensgefährlich auftrumpfende Ausdruck einer tiefsitzenden Angst um den gefährdeten Bestand des deutschen Nationalstaates. Das offensive Element der herausfordernden Wendung gegen Großbritannien aber war nichts als schiere Verstiegenheit: Im Krieg um die englische Erbfolge, der unmittelbar bevorzustehen schien, wollte der deutsche Sukzessor den Kampf um die Weltvormacht für sich entscheiden.

Das Reich schickte sich an, die Staatenwelt zu revolutionieren; ihre Ordnung auf den Kopf zu stellen; selber ganz nach oben vorzustoßen. Utopisch mutete der köhlerhafte Glaube an, das alles könne man heimlich tun und sein Pulver trocken halten, ohne daß die anderen bemerkten, was vorging. Widersprüchlich im ehrgeizigen Zusammenhang war, daß der Kaiser und die Nation, gegen Tirpitz' wohlbedachte Überzeugung, zur gleichen Zeit nach kolonialpolitischen Erfolgen verlangten. Reichskanzler Bülow mußte den ungeduldig Fordernden nachkommen, obwohl die überseeischen Erwerbungen, so minimal sie waren, die maritime Aufrüstung in Frage stellten, weil der verborgene Zusammenhang von »Tirpitz-Plan« (Volker R. Berghahn) und Weltpolitik damit für die anderen Staaten bedrohlich hervortrat. Bezeichnend für das unpolitische Vertrauen in die wachsende Macht der militärischen Kraft war, daß im berüchtigten Zickzackkurs des wilhelminischen Zeitalters das beträchtliche Gewicht des Reiches, verantwortungslos und launisch, einmal auf die eine und einmal auf die andere Seite verlagert wurde.

Das Ergebnis des unberechenbaren Tuns war nicht, wie lange voller Illusionen angenommen wurde, den Vorteil einer Freihandpolitik genießen zu können, sondern das Gegenteil davon. Die Gunst der »Krimkriegssituation«, das konfligierende Auseinandertreten der russischen und britischen Flügelmacht, das Bismarck erst mit natürlichen, dann mit künstlichen Mitteln kultiviert hatte, schwand rapide. Vielmehr setzte nach der Jahrhundertwende eine machtpolitische Rückwendung der großen Staaten zum kontinentalen Geschehen ein. Ihre sich untereinander ausgleichende Politik, die Franzosen, Briten und Russen miteinander verband, pferchte die ohnehin enge Ausgangslage der Deutschen bedrohlich ein, schnürte ihnen den feuerspeienden Atem allmählich ab. Diplomatische Befreiungs- und politische Ausbruchsversuche mißlangen, wirkten vielmehr wie ein Nessushemd. Die fatale Konsequenz des ungestümen Aufbruchs wurde überdeutlich: Forsch in die Weltpolitik auszuschreiten brachte vor allem Gefahr und Rückschritt mit sich, untergrub die nationalstaatliche Grundlage des Reiches und trug ein selbstmörderisches Risiko in sich.

Wohlverstanden: Eine Flotte zu bauen und nach Kolonien zu streben entsprach dem gemeineuropäischen, im Hinblick auf die Vereinigten Staaten von Amerika und Japan ebenso dem globalen Gesetz des imperialistischen Zeitalters. Spezifisch für die deutsche Außenpolitik war, daß das Wettrüsten zur See wie ein Sprung ins Abenteuer gewagt wurde, bevor der eigene Nationalstaat fertig und die kontinentale Sicherheit konsolidiert war. Mehr noch: Die Herausforderung des Status quo, mit seinem englischen Hüter an der Spitze, spielte sich nicht irgendwo in der Welt ab, vielmehr wappnete sich die kaiserliche Schlachtflotte unmittelbar vor der Haustür des britischen Mutterlandes zur Entscheidungsschlacht. Diese ausschlaggebende Tatsache beschreibt ein folgenschweres Merkmal des deutschen Imperialismus, das Ludwig Dehio, worauf bereits hingewiesen wurde, im Vergleich mit dem ansonsten durchaus entsprechenden Vorgehen anderer Mächte und ihren gleichfalls ehrgeizigen Zielen als »singulär«[100] beurteilt hat.

Als sich das Reich anschickte, das zu tun, was alle anderen längst taten, nämlich Weltpolitik zu treiben, stellte dieser Entschluß den Auftakt zu seiner Niederlage dar. Ohne Zweifel vollzog es diesen Schritt mit einer parvenuhaften Überbürdung seiner inneren und äußeren Kräfte. Auf der einen Seite haftete das Kennzeichen der Überanstrengung bis zu einem gewissen Grade allen Landmächten an, die von den Spaniern bis zu den Franzosen, von Karl V. über Philipp II. und Ludwig XIV. bis hin zu Napoleon I. nach der Hegemonie gegriffen hatten. Auf der anderen Seite spiegelte sich neben den gemeineuropäischen Zusammenhängen darin jedoch auch ein gutes Stück der preußischen Erbschaft. Denn aufgrund besonderer geographischer und geistesgeschichtlicher Bedingungen hatten sich Preußen und Deutschland seit dem 18. Jahrhundert daran gewöhnt, von Unruhe getrieben, mit dem »Gift in der Tasche« (Franz Mehring) zu leben. Europas unmißverständliche Antwort auf die empörende Herausforderung der anmaßenden Deutschen schlug sich in jener Auskreisung des wilhelminischen Reiches nieder, die dieses umgehend als seine »Einkreisung« beklagte.

Um die ausgesprochen mißliche Konstellation der Staatenwelt zum Vorteil Deutschlands zu ändern, gab es nach der nüchternen Einschätzung des Bülow im Amt des Reichskanzlers nachfolgenden Bethmann Hollweg nur eine Chance, die er ohne Verzug zu ergreifen versuchte. Anstelle der mißlungenen Konfrontation wollte er zu einer ausgleichenden Vereinbarung mit Großbritannien gelangen. Sein Plan war maßgeblich von der nicht mehr zu verdrängenden Einsicht bestimmt, daß das Deutsche Reich von den Weltmächten England und Rußland stärker abhängig war als diese von ihm. Eine fehlerhafte Prämisse deutscher Außenpolitik aus der Hoch-Zeit des Wilhelminismus während der Ära Bülow wurde stillschweigend und versuchsweise, allerdings keineswegs mit durchschlagendem Erfolg aufgegeben. In einer Weltlage, die sich für Deutschland unvorteilhaft zugespitzt hatte, brach sich erneut die Erkenntnis Bahn, die Bismarck unter ungleich günstigeren Verhältnissen nie vergessen hatte: Das Reich besaß einfach nicht genügend Eigengewicht, um von allem losgelöst in sich zu ruhen. Vielmehr war und blieb es von der Entwicklung der Mächtebewegung extrem abhängig.

Von seinen übermütigen Eskapaden und deren akuten Folgen abgesehen, hing die eigentümliche Ruhelosigkeit der jungen Großmacht auch mit der niemals verschwundenen Gefährdung ihrer Position, ja nicht zuletzt ihrer nationalstaatlichen Existenz zusammen. Für den Fall äußerster Bedrohung, durch eine Wiedergeburt der Kaunitzschen Koalition beispielsweise, hatte Bismarck, von innenpolitischer Neigung und von außenpolitischer Tradition zugleich geleitet, im gedanklichen Experiment für Rußland zu optieren erwogen. Vom Jahre 1909 an tat Bethmann Hollweg den umgekehrten Schritt in die englische Richtung: aus innenpolitischen Motiven, um das Reich mit der parlamentarischen Tendenz der Zeit zu versöhnen, aus außenpolitischer Not, um das ruinöse Wettrüsten mit Großbritannien zu beenden und wieder außenpolitischen Spielraum zu gewinnen.

Eher verdeckt als offen, stärker tatsächlich als programmatisch lehnte der Kanzler sich an das britische Weltreich an. Hätte er seine Option zugunsten Englands ohne Umschweife verkündet, wäre er als Defätist davongejagt worden. Daher zog er es vor, bedächtig, behutsam, beinahe versteckt voranzuschreiten. Anstelle des Wettrüstens zur See, das freilich nach wie vor weiterging, gedachte er im Zusammenwirken mit England und im Vertrauen auf seine Großzügigkeit überseeischen Besitz zu erwerben, um das Reich nach innen und nach außen hin zu kräftigen. Indes, seine Weltpolitik ohne Krieg scheiterte an der zögernd hinhaltenden Außenpolitik Englands, das seine Verbindungen und Absprachen mit Frankreich und Rußland nicht gefährden wollte, ebenso wie an den innenpolitischen Widersachern des Kanzlers, die der eingekreisten Lage des Landes mit Gewalt abhelfen wollten. Der einsichtsvolle Ausgleichsversuch kam nicht zum Zuge, die Politik der Détente schlug in den militärischen Konflikt um. Dessenungeachtet bewegte sich die Außenpolitik des Deutschen Reiches im Vorfeld des Ersten Weltkrieges durchaus noch im Rahmen dessen, was aus der europäischen Staatengeschichte bekannt war.

Im großen Krieg verstärkte das Spezifische des deutschen Kampfes sodann eine allgemeine Tendenz moderner Kriegführung zu einer vergleichsweise neuen Qualität des Waffenganges. Seiner entfesselten, umfassenden Natur nach ging es jetzt um alles oder nichts. Was die Deutschen anging, fochten sie um die Weltmacht und gleichzeitig gegen den Untergang, um den möglichen Aufstieg der Nation zum Reich und gegen das drohende Ende des Reiches als Nation.

Im Zeichen der rauschhaften Begeisterung, das Vaterland gegen eine Welt von Feinden zu verteidigen, trat auf einmal mit herrischer Gebärde manches Abstoßende hervor, was lange zuvor geschlummert hatte oder nicht wahrgenommen worden war. Die Not der Enge und die Bedrängnis der Einkreisung, selbstverschuldete Steigerungen der natürlichen Tatsache, daß das »moderne Deutschland«, wie die uns schon vertraute Formel David Calleos lautet, »eingepfercht geboren«[101] worden war, sollten jetzt ein für allemal, kriegerisch und glanzvoll zugleich, durch den Vorstoß zur Hegemonie und durch den »Griff nach der Weltmacht« (Fritz Fischer) überwunden werden. Untrennbar gingen Verzweiflung und Hochmut im Verlauf eines Ringens um Leben und Tod ineinander über, das zugleich um den Daseinserhalt und die Reichsbildung, um die Verteidigung der Grenzen und ihre expansive Verschiebung geführt wurde.

Angst und Anmaßung, Existenzgefahr und Eroberungssucht ließen die Deutschen ebenso wie nach und nach alle Kombattanten, die um ihr Überleben rangen, in Eigenbetörtheit und Weltvergessenheit verfallen. Der im Krieg verständliche Hang zur maßlosen Konzentration auf das eigene Schicksal ließ nach dem pointierten Eindruck eines kritischen Beobachters aus dem verbündeten Österreich-Ungarn bei den Deutschen lediglich etwas hervortreten, was ihnen seit eh und je anhaftete, was sie so unberechenbar machte. Denn »dieses ganz gottlose, ganz selbstvolle, selbstgewollte, selbstbestimmte, selbstdurchdrungene, selbstvermessene, ganz in sich selbst ruhende, nur um sich selbst kreisende, die Welt aus sich selbst zeugende, nach sich selbst formende und sich selbst wieder verschlingende, Urnebeln entstiegene, wieder in Urnebel aufgelöste Geschöpf« Deutschland, urteilte Hermann Bahr 1917 mit mitleidloser Strenge, werde vielleicht überhaupt »das größte Kuriosum der Weltgeschichte bleiben«[102].

Den Deutschen selbst kam es so vor, als kämpften sie nicht nur um Leben und Tod, um Aufstieg oder Verfall ihrer Macht, sondern gleichzeitig auch um ihre Seele und ihre Kultur. Was sie von den »Ideen von 1914« am Beginn des großen Krieges bis zum »preußischen Sozialismus« an seinem Ende als ihre geistige Identität und ihre weltanschauliche Botschaft ansahen, blieb einfach zu glanzlos und zu matt, als daß es mit den menschheitsbeglückenden Parolen ihrer Feinde hätte konkurrieren können. Im Grunde gab es keine »deutsche Ideologie«[103], die mit den gleichermaßen werbenden wie verlangenden Herausforderungen aus West und Ost Schritt zu halten vermochte. »Nach dem Zerfall der Hegelschen Philosophie«[104] existierte das neu gegründete Reich in einer Epoche deutscher Geschichte, die »ohne Weltanschauung« blieb. Das stolze

Leitbild vom übermenschlich Faustischen aber, das vor allem in den Jahrzehnten des Kaiserreichs eine sinnstiftende Aufgabe zu übernehmen versuchte, stellte aufgrund seiner natürlichen Anlage, weil es ausdrücklich den Deutschen vorbehalten war, kein einladendes Angebot für die anderen dar.

Für eine Autonomie seiner geistigen Existenz, die von auffällig undeutlicher Kontur war, erwehrte sich das Deutsche Reich der weltanschaulichen Offensiven seiner Feinde; versuchte seinerseits durch den Einsatz von Macht, der sich kurz vor Kriegsende in Rußlands Weiten tatsächlich ins nahezu Grenzenlose verlief, das »deutsche Wesen« zu bewahren und der Welt zu vermitteln. Das Eigenartige dieses Sonderbewußtseins lag darin, daß es zum einen süchtig war nach Politikferne und zum anderen »widerstandsarm« blieb »gegen Machtmißbrauch, Radikalnationalismus, Illiberalismus«[105]. Beständig war die deutsche Weltanschauung auf die staatliche Macht angewiesen, zu der sie Distanz hielt und bei der sie Schutz suchte. Politik und Kriegführung selbständig, ja selbstwirkend zu befördern, vermochte sie dagegen nicht. Geradezu einseitig und verhängnisvoll triumphierte im langen Verlauf der militärischen Auseinandersetzung ein gleichsam blindes Vertrauen in die schiere Macht.

Außenpolitische Vorstellungen, die im Frieden aus überschäumender Kraft verfolgt wurden, drängten sich während des großen Ringens vor allem in seiner zweiten Hälfte, aus bitterer Not, ins Zentrum der erregten Kriegszieldebatte. Die Hungerwinter und Versorgungsprobleme dieser nicht enden wollenden Jahre verwiesen mit scheinbar ausweglosem Zwang auf die expansive Notwendigkeit, auf dem Kontinent ein autarkes Großreich zu erobern und durch überseeische Kolonien zu ergänzen. Weit über den bestehenden Nationalstaat hinaus strebte Ludendorff 1917/18 nach einer ans Riesenhafte grenzenden Raumerweiterung für das Deutsche Reich. Über den strategischen Beweggrund militärischer Unbesiegbarkeit und über das ökonomische Motiv wirtschaftlicher Autarkie hinaus war sein maßloses Planen sogar schon von der Idee einer »völkischen Mission« getragen. Kurz vor dem Ende des Ersten Weltkriegs, im täuschenden Zauberlicht zwischen scheinbarem Triumph und tatsächlicher Niederlage tauchten menetekelhaft wesentliche Kennzeichen der nationalsozialistischen Außenpolitik und Kriegführung auf, um danach erst einmal wieder zu verschwinden.

Der Verlauf des Ersten Weltkriegs demonstrierte, daß das Deutsche Reich offensichtlich zu mächtig war, um sich in die Balance Europas einzufügen. Es war aber auch nicht stark und im Hinblick auf die wilhelminische Elite nicht fähig genug, Europa als Hegemonialmacht zu führen. Diese Feststellung beschreibt ein deutsches Dilemma, das sich seit dem 19. Jahrhundert bis heute beobachten läßt. Die Auseinandersetzung des Ersten Weltkriegs endete, was die konkurrierenden Organisationsmodelle internationaler Politik: Gleichgewicht und Hegemonie anging, mit einem Remis.

Die Niederlage der Hohenzollernmonarchie zog das Ende des deutschen

Nationalstaates, das in den Kriegszielplanungen der Alliierten durchaus eine Rolle gespielt hatte, wundersamerweise oder auch nicht, keineswegs nach sich. Das Mirakel vom Überleben des Bismarckreiches hatte, wie so oft in der preußischen und deutschen Geschichte, eng mit dem Gang, besser gesagt mit dem Zwang der weltpolitischen Lage zu tun. Ungeachtet aller Pläne, die im Verlauf des Weltkriegs gegen Deutschland geschmiedet, und ungeachtet aller Verabredungen, die von der feindlichen Koalition dazu getroffen worden waren, ging es nach der russischen Oktoberrevolution vom Jahre 1917 insbesondere für Großbritannien darum, das Deutsche Reich als handlungsfähige Potenz zu erhalten. Gegenüber dem revolutionären Sowjetrußland, in gewisser Hinsicht gegenüber dem hegemonieverdächtigen Frankreich bedurfte es eines ernst zu nehmenden Partners in der europäischen Mitte, der die ideologische Immunität bewahrte, die machtpolitische Balance hielt und den wirtschaftlichen Wiederaufbau förderte. Der deutsche Nationalstaat, in gewissem Sinne sogar die deutsche Großmacht, zumal sie inzwischen willkommenermaßen nach westlichem Vorbild als Republik verfaßt war, wurde für das allgemeine Gleichgewicht Europas benötigt.

Doch fremder Wille allein, Bismarcks Schöpfung nicht zu zerstören, hätte kaum ausgereicht, wären die Deutschen nicht selber, über alles in der Welt, dazu entschlossen gewesen, das Reich zu bewahren. Das erfolgreiche Ergebnis seiner jungen Geschichte war also, daß Bismarcks Gründung die Territorien und Stämme dauerhaft zusammengefaßt hatte. Rechtsstaatlichkeit und Sozialpolitik, aber auch die prestigeträchtige Außenpolitik und das patriotische Nationalgefühl hatten das ihre dazu getan. Ebenso maßgeblich wirkte, daß die Nation in ihrer staatlich überlieferten Gestalt breiten Schichten der Deutschen eine politische Hoffnung für ihren unerfüllten parlamentarischen, liberalen und sozialen Reformwillen blieb. Daher rettete die Opposition des Jahres 1914, allen voran die Sozialdemokratie, vier Jahre später, nach einer gründlichen Metamorphose des 1871 Geschaffenen, das gemeinsame Vaterland aller Deutschen und konsolidierte es als demokratischen Nationalstaat. In einer vielfältigen Verschränkung, fast ist man geneigt zu sagen: Brechung von vorwärtsweisenden und rückwärtsgewandten Elementen ihrer Existenz blieben Reich, Großmacht und Nation am Ende des Ersten Weltkriegs erhalten.

Was das deutsche Volk, zumindest in seiner großen Mehrheit, nach der Niederlage des Jahres 1918 weiterhin beseelte, war das unstillbare Verlangen nach dem verlorenen Sieg. Nur eine Generation danach, am Ende des Zweiten Weltkriegs, wollten die Deutschen dagegen nur noch eins: ein Ende des Schreckens und des Krieges, des Leidens und des Verbrechens. Das beschreibt einen fundamentalen Unterschied, der die Zäsur des ersten Weltkriegsendes von dem Einschnitt des zweiten prinzipiell abhebt. 1918 blieb das Reich als Republik dem Reich der Hohenzollernmonarchie wesentlich näher als die 1945 anbrechende Nachkriegszeit dem vorausgehenden »Dritten Reich«.

Daß die konturenarme Titulatur des schillernden Reichsbegriffs gegen den Widerstand der Unabhängigen Sozialisten beibehalten wurde, war durch eine mehrheitliche Entscheidung für die historische Tradition getragen. In gewissem Maße stärker als zuvor verband sich damit der alte Gedanke an das »großdeutsche Einheitsideal«, das, nach dem Bekenntnis des sozialdemokratischen Reichsministers David am 2. Juli 1919, »mit der Auflösung der habsburgischen Dynastie aufs neue das Ziel unserer Sehnsucht geworden«[106] ist. Das heißt aber: Von Beginn an beanspruchte der republikanische Staat von Weimar, der, von kriegsbedingten Amputationen abgesehen, seine kleindeutsche Gestalt gerettet hatte, eine über sich hinausweisende Entwicklungsperspektive zum Großdeutschen.

Auf beiden Seiten der deutsch-österreichischen Grenze wurde der Ruf nach einem Zusammenschluß, vor allem am Anfang der neuen Zeit, aber ebenso am Ende der strauchelnden Republik, laut vernehmlich, ohne im Zeitraum dazwischen, während der Ära Stresemann, völlig verstummt zu sein. Mit anderen Worten: Die republikanische Außenpolitik, die sich erst nach und nach herausbildete, betrachtete den Bismarckstaat als Tatsache und Ausgangspunkt für das eigene Handeln. Mit dem nationalen Ziel der Revision verbunden, das vielerlei Wurzeln hatte und unterschiedliche Blüten trieb, das Legitimes und Illegitimes, Zeitgemäßes und Reaktionäres widersprüchlich mischte, war sie bestrebt, die verlorenen Territorien zurückzugewinnen, und versuchte zudem, die großdeutsche Lösung des 19. Jahrhunderts als Fernziel im Auge zu behalten. Das historische Grundmuster, das oftmals bis zur prinzipiellen Unkenntlichkeit von aktuellen Problemen überlagert, geradezu verschüttet wurde, zeichnete sich ab: Zur innenpolitischen Entfaltung kamen nunmehr jene demokratischen Kräfte, die in außenpolitischer Perspektive seit eh und je über die kleindeutsche Schöpfung Bismarcks hinaus auf die Bildung eines großdeutschen Reiches gezielt hatten.

Doch erst einmal strebte, für die Geschichte des Staates von Weimar verhängnisvoll, das, was *prima vista* geeignet erschien, die deutsche Nation zu festigen, dramatisch, beinahe feindlich auseinander: Reich und Republik, Revision nach außen und Demokratie im Inneren. Bis zur tödlichen Entzweiung, die zu seinem Untergang wesentlich beitrug, wurde in Weimar über den Sinn der Demokratie und die Methode der Revision gestritten. Der Tendenz nach plädierten jene, welche die Demokratie in Frage stellten, für eine Revision *à outrance*; und diejenigen, welche die Republik verteidigten, traten für eine gemäßigte Außenpolitik ein.

Über diesen bleibenden Gegensatz des Weimarer Staates hinaus, der die Nation am Schnittpunkt von innerer und äußerer Politik teilte, waren es selbstverständlich noch andere, hier nicht im einzelnen aufzuführende Faktoren im Wirtschaftlichen, Gesellschaftlichen und Politischen, die von Anfang an auf der jungen Demokratie lasteten. Fast ließen die Bruchlinien, die sich zwischen den

Anhängern von Freiheit und Diktatur auftaten, das noch nicht allzu fest gefügte Fundament der neuen Staatskonstruktion bersten. Diejenigen, die das Joch der Klassenherrschaft für die deutsche Misere der Gegenwart allein verantwortlich machten, bekämpften diejenigen, die alle Schuld dafür bei dem »System« von Weimar und Versailles suchten. Zusammen bildeten die beiden republikfeindlichen Lager auf der Linken und Rechten eine unnatürliche Allianz, der die überforderte Republik am Ende erlag.

In diesen über Deutschland hinaus charakteristischen Tendenzen spiegelt sich nicht zuletzt ein Teil jener Modernisierungskrise der Zwischenkriegsära, die nach neuer Legitimation für den schwierigen Ausgleich zwischen den angereicherten Beständen der Vergangenheit und den aufbrechenden Herausforderungen der Zeit suchte. Den beschädigten Nationalstaat und die ungeliebte Demokratie, Reich und Republik miteinander zu versöhnen, war einem schwachen Staat kaum möglich, der einem gesellschaftlichen Dauerkonflikt ausgesetzt blieb; der an seinem Anfang und an seinem Ende buchstäblich um das wirtschaftliche Überleben rang; der mit dem offenen und latenten Bürgerkrieg durchgehend zu tun hatte.

In weltanschaulicher und politischer Perspektive warben der Osten und der Westen, Gefährdung und Chance zugleich, um die junge Republik, rangen geradezu um Deutschlands Seele. Doch wie eh und je wollte das Land in der Mitte weder dem einen noch dem anderen gehören, sondern seine außenpolitische Existenz als Großmacht und sein kulturelles Dasein als Nation unabhängig fristen. Daß es sich dennoch nicht selbst genügte, trat in seinen großdeutschen und mitteleuropäischen Aspirationen hervor, zog sich einmal mehr im Reichsbegriff zusammen. Die von Heinrich Ritter von Srbik postulierte Synthese aus »Raumerfordernis und Kulturidee«[107] wies über das im Vordergrund stehende Anliegen außenpolitischer Revision und nationalstaatlicher Behauptung weit hinaus. Im Jahre 1932 antwortete der österreichische Historiker daher auf die Frage »Was ist das Reich?«: »Nationalstaatsidee und Reichsidee im alten Sinn vereint können allein eine gedeihliche Zukunft des deutschen Volkes und der fremden Mitbewohner des mitteleuropäischen Raumes gewährleisten«[108].

Noch war die überlieferte Vorstellung vom Reich, wuchs ihr auch neuer Inhalt zu, vom Gedanken des Rechts legitimiert, bevor sie kurz darauf nicht mehr als einen verwerflichen Vorwand für die sinistren Ziele der nationalsozialistischen Gewaltherrschaft abgab. Auf innenpolitischem Feld war sie als Parole längst von der sogenannten »nationalen Opposition« für den Kampf gegen die Republik okkupiert; entwickelte sich zur »vielleicht wirksamsten Antithese gegen den Staat von Weimar«[109]; und gewann mit der 1923 von Arthur Moeller van den Bruck ausgegebenen Losung vom »Dritten Reich« eine mit bedeutungsschwerer Undeutlichkeit gezielt über das Bestehende hinausweisende Perspektive.

Verlauf und Ausgang des Krieges, Erfahrungen und Enttäuschungen mit der Republik verstärkten das traditionelle Sonderbewußtsein der Deutschen von der gefährdeten Mittellage, förderten ihre Rückbesinnung auf das geistesgeschichtliche Erbe der preußisch-deutschen Staatsidee, verwiesen sie unbeirrbar auf den Eigenweg zwischen West und Ost. Noch herrschte die hochgemute Überzeugung vor, im Politischen und Wirtschaftlichen, im Geistigen und Kulturellen reiche die angestammte Kraft aus, um gegenüber den anderen Potenzen der Weltgeschichte, ohne sich definitiv zwischen ihnen entscheiden zu müssen, Unabhängigkeit bewahren zu können. Sich so zu verhalten war im übrigen, anders als für das total besiegte, vielfach zerstörte, vom eigenen Verbrechen erdrückte Deutschland nach der Katastrophe des Jahres 1945, durchaus verständlich, ja im europäischen Zusammenhang gleichsam normal. Denn ungeachtet der nicht zu verkennenden Bestrebungen, ein übernationales Europa zu bauen, gingen die Völker in der Zwischenkriegsära des 20. Jahrhunderts ihre nationalstaatlichen Wege.

Zudem war Deutschland keineswegs über Nacht ein Kleinstaat geworden, der um des Überlebens willen bei einem der Großen hätte Anlehnung suchen müssen. Das Reich blieb, im Kern jedenfalls, eine Großmacht, deren außenpolitisches Gewicht bei einer Verlagerung auf die eine oder die andere Seite die Balance Europas verändern konnte.

Von Beginn an war die Weimarer Republik einem sie schwer belastenden Grundproblem ausgesetzt; in ihm spiegelte sich die überlieferte Eigenart der deutschen Entwicklung zwischen Ost und West, führte diese fort und verschärfte sie sogar noch. Die innere Staatsräson der jungen Demokratie orientierte sich an der parlamentarischen Bauform des Westens. Ihre äußere Staatsräson verlangte nach der nationalpolitischen Revision, das heißt aber: Sie zielte, weil England und Frankreich die verhaßte Ordnung von Versailles garantierten, eben gegen diejenigen Mächte, deren politische Wertewelt für den neuen Staat verbindlich sein sollte. Die nachteiligen Folgen lagen auf der Hand. Das Weimarer Haus stand von Anfang an auf schwankendem Grund. Lebhafter Phantasie bedurfte es im übrigen nicht, um sich auszumalen, welche revolutionären Konsequenzen für die politische, gesellschaftliche und wirtschaftliche Ordnung des Reiches und Europas es mit sich gebracht hätte, wenn eine innen- und außenpolitisch kongruente Option Deutschlands zugunsten der Sowjetunion vollzogen worden wäre.

Der Hiatus zwischen innerer und äußerer Staatsräson führte, ein Geburtsfehler gleichsam, zu heftigen, zerstörerischen Auseinandersetzungen um das innen- und außenpolitische Bewegungsgesetz der Weimarer Republik. Erst im Verlauf der Ära Stresemann gelangten die äußerst schwierig miteinander zu vereinbarenden Elemente des Inneren und des Äußeren zu einer zeit- und teilweisen Übereinstimmung, kam es zu einer gewissen Gewöhnung an den Parlamentarismus, setzte die beschwerliche Verständigung mit dem Westen ein.

Allein, diese zukunftweisende Entwicklung wurde im Innenpolitischen von den Extremisten auf der Linken und Rechten angefeindet und erfuhr im Außenpolitischen von seiten der Versailler Sieger und Patrone des Parlamentarismus nur unzureichende Unterstützung. Stresemanns außenpolitische Zusammenarbeit mit dem Westen, nicht zuletzt mit den Vereinigten Staaten von Amerika, wurde von der Hoffnung getragen, die ökonomische Stärke der überseeischen Weltwirtschaftsmacht für die nationalen Belange der Deutschen nutzen zu können, um auf friedlichem Wege mit der außenpolitischen Revision voranzukommen und um, allerdings erst später, sogar großdeutsche Ziele anzuvisieren.

Indes: Einschränkungslos optierte auch Stresemann zu keiner Zeit für West oder Ost. Neben der neuen Außenpolitik gegenüber Frankreich und England pflegte er vielmehr das überlieferte Neutralitätsverhältnis gegenüber der Sowjetunion. Er verfolgte eine Politik der »Ost-West-Balance« (Michael-Olaf Maxelon), welche die Unabhängigkeit der deutschen Position zwischen den großen Staaten zu erhalten erlaubte. Was seine äußere Politik von der herkömmlichen Tradition des deutschen Eigenweges unterschied, war die grundlegende Methode ihres Handelns. Stresemann kam es nämlich darauf an, deutsche Ziele nicht gegen den Willen Europas, sondern stets im Einvernehmen mit den anderen zu realisieren. Als Perspektive leitete ihn die Vorstellung, den Nationalstaat der Deutschen, an den das in Versailles Entwundene zurückfallen und der über Bismarcks kleindeutsche Grenzen hinauszielen sollte, als politische und wirtschaftliche Großmacht im Zentrum Europas zu etablieren.

Allein, die Idee der parlamentarischen Demokratie, mit der die junge Republik ihre Geschichte verbunden hatte, entwickelte weder nach innen noch nach außen genügend missionarische Kraft. Die undeutliche Reichsidee war ihrerseits längst noch nicht offenkundig genug mit politischer Macht, mit ökonomischem Vorteil und mit allgemeinem Glanz verbunden, um – wie in den folgenden dreißiger Jahren unter ganz anderen Vorzeichen und zu ganz anderen Zielen – mächtige Anziehung vor allem auf die südosteuropäischen Nachbarn Deutschlands auszuüben. Wann immer sich diese Tendenz der Entwicklung abzeichnete, hielten die Franzosen, die dazu noch gut imstand waren, mit allen Mitteln dagegen.

Ehe Stresemanns großer Versuch, das stolze Erbe von 1848 einzulösen, also innere Freiheit und äußere Macht miteinander zu versöhnen, gelingen konnte, fielen die mühsam verbundenen Elemente der inneren und äußeren Staatsräson unter den übermächtigen Zwangslagen der großen Weltwirtschaftskrise erneut auseinander. Das Reich gab seine bis dahin vorwaltende Orientierung auf! Im Inneren trat der Antiparlamentarismus noch stärker zutage als vordem schon. Nach außen hin spreizte sich der Machtegoismus ohne Rücksicht auf die Belange anderer. Die letztgenannte Tendenz wurde noch dadurch angefacht, daß auch die übrigen Staaten vom Gift des Nationalismus zunehmend mehr schluckten.

Was die Deutschen anging, glaubten sie wieder einmal daran, nur der machtpolitische Ausweg nach vorne könne ihnen helfen, mit der sich auftürmenden Vielzahl ihrer inneren und äußeren Belastungen fertigzuwerden. Darüber bemerkten sie nicht, daß gerade der Alleingang das Aufgebaute gefährdete. Briten, Franzosen und Sowjets wurden ihnen gleichzeitig fremd, weil keiner in Europa wußte, woran man mit dem verdächtigen Reich eigentlich war. Wachsender Antiparlamentarismus und zügelloser Revisionismus bildeten die vom Nationalsozialismus schwer zu unterscheidende Verbindungsmasse mit Hitlers »Bewegung«, die das Deutsche Reich revolutionieren sollte. Im Inneren und im Äußeren verfolgte ihr »Führer« ganz andere als die herkömmlichen Ziele, welche die Richtung der Republik während der Ära Stresemann, aber ebenso im Zeichen der autoritären Kabinette unter Brüning, von Papen und von Schleicher bestimmt hatten.

Auf das ererbte Problem der Enge, mit der die Deutschen im Verlauf ihrer modernen Geschichte zu keinem stabilen Ausgleich gelangt waren, suchte Hitler eine totale Antwort zu geben, um das bedrängende Dilemma für immer loszuwerden. Kriegführung und Rassenherrschaft sollten das Überlieferte, das nicht als natürlich akzeptiert wurde, ins Utopische verwandeln, das sich zutiefst unnatürlich, weil unhistorisch, ausnahm: Hitler wollte die geschichtliche Entwicklung in einen biologischen Stillstand überführen. Daß die Deutschen bislang mit den ihnen zur Verfügung stehenden Mitteln, nicht zuletzt mit militärischer Gewalt, die ihnen unvollkommen vorkommende Konstellation ihrer nationalstaatlichen Existenz zu weiten und zu bessern versucht hatten, hielt sich im Bereich dessen auf, was zur historischen Normalität Europas gehörte. Daß Hitler, davon ausgehend und damit verbunden, letztlich radikal darüber hinaus nach dem Absoluten zielte, nach dem Präzedenzlosen griff, überschritt die Grenze des geschichtlich Bekannten und riß zuvor nie gesehene Abgründe auf.

Gewiß, seiner Hybris, die in einem für den deutschen Zusammenhang beispiellosen Verbrechen endete, haftete manches von dem an, was die Geschichte des Reiches und seiner äußeren Politik seit der späten Gründung begleitet hatte. Über weite Strecken der nationalen Geschichte und der internationalen Entwicklung trieben seine Staatsmänner Weltpolitik und fielen ihr gleichzeitig zum Opfer; sie traten mit herausfordernder Gebärde als die Herren des großen Spiels auf und waren oftmals nichts anderes als seine eigenbetörten Knechte; sie gingen hochmütig mit dem Schicksal um und verloren sich hilflos in seinen Fängen. Das beschreibt historische Ambivalenzen, die vor allem im Zusammenhang der Staatengeschichte nicht selten anzutreffen sind. Kaum eine große Macht verfügt über soviel Kraft und unbestrittenen Einfluß, daß ihr alles Relevante gleichermaßen zu bestimmen verfügbar ist.

Dessenungeachtet springt im deutschen Fall die Tatsache schärfer, als das für andere, in sich ruhende Potenzen der Weltgeschichte zutreffend ist, in die

Augen, daß ihre Selbsttäuschung über das subjektive Vermögen und die Verkennung ihrer objektiven Abhängigkeit über Gebühr ausgebildet waren. Insofern beschreibt Hitlers ruchloses Experiment, mit Gewalt und Blut, mit »Waffenkrieg« und »Rassenkrieg« die angestammten »Mittelmachtfatalitäten«[110] des Reiches auf ewig zu überwinden, den letzten, quasi mystischen Akt in der deutschen Tragödie, die ein historisches Lehrstück für permanente Überanstrengung darstellt: Sie bietet sich dem rückschauenden Betrachter als ein Drama dar, das sich aus der eigenen Geschichte heraus entwickelt hat, aber weit jenseits ihrer ursprünglichen Voraussetzungen und Ziele endete.

Denn Hitler verfolgte die »›germanische‹ Entgrenzung der Reichsidee«[111]. Mit dem Überlieferten des Begriffs hatte diese monströse Absicht noch viel weniger gemeinsam, als das zuvor schon der Fall gewesen war, wenn der erhabene Gedanke im Kaiserreich oder in der Republik, talmihaft und verfälscht, zu nationalstaatlichen oder hegemonialen Zwecken benutzt wurde. Die rassische Weltreichsvision des Diktators sah vor, die bekannte Geschichte im nationalsozialistischen Millenium verschwinden und die göttergleiche Geschichtslosigkeit des »Großgermanischen Reichs« anbrechen zu lassen. Gerade damit wurde jene historische Chance der deutschen Geschichte bewußt ausgeschlagen, die sich mit der Verwirklichung des großdeutschen Traumes im Jahre 1938 auftat und auf die sich das sehnsuchtsvolle Trachten von Generationen Deutscher seit 1848 gerichtet hatte.

Daß der Usurpator die Kleinodien des Reiches von Wien nach Nürnberg bringen ließ, sich in eine seit Karl dem Großen andauernde Kontinuität einzureihen vorgab und an das »gewaltige germanisch-deutsche Reich« anzuknüpfen vorgaukelte, das »über ein halbes Jahrtausend vor der Entdeckung der neuen Welt ... bestanden hat«[112], schwindelte den Teilnehmern der Schlußkundgebung des Reichsparteitages am 12. September 1938 natürliche Geborgenheit und historische Legitimation vor, die nicht existierten und die der Gewaltherrscher nicht wollte. Ihm ging es um viel mehr, um ganz anderes als die Restauration des historischen Reichsgebildes, jagte er doch der aberwitzigen Zwangsvorstellung nach, die angestaute Sehnsucht der Deutschen nach dem Unendlichen im Ewigen biologischer Rassenherrschaft zu stillen.

Mit dem geschichtlichen Vermächtnis des vormodernen Reiches hatte das ebensowenig zu tun wie mit den modernen Projektionen des 19. und 20. Jahrhunderts, die ihr nationales und imperiales Trachten mit dem universalen Gedanken verbunden hatten. Selbst die spirituellen Reichsvorstellungen der bündischen Jugend aus den zwanziger Jahren, deren antidemokratische Ausrichtung die Heraufkunft der Diktatur gefördert hatte, wurden damit nur mißachtet und verworfen. Mit anderen Worten: Die vielfach gebrochene Tradition deutscher Geschichte diente der Ermöglichung Hitlers und hatte damit ihre Schuldigkeit getan. Für lange Zeit blieb das eine mit dem anderen allerdings so eng verwoben, daß Hergebrachtes von Revolutionärem zu unterscheiden schwerfiel, weil die frappierende Übereinstimmung des Überlieferten mit dem Neuen die Unterschiede lange verdeckte.

Die Tradition deutscher Geschichte und die Singularität Hitlers voneinander abzuheben, war zu Beginn schwierig und von einem gewissen Zeitpunkt an fast oder scheinbar irrelevant. Diese schwerwiegende Feststellung zu treffen, erklärt zu einem guten Teil das aufopferungsbereite Scheitern des konservativen Widerstandes. Denn in der zweiten Hälfte des Weltkrieges waren die Staaten des westlichen Auslandes ebensowenig wie die Völker der besetzten Territorien dazu bereit, zwischen konventioneller Hegemonie und nationalsozialistischer Rassenherrschaft zu unterscheiden. Es blieb kein Ausweg: Zumindest am Schicksal des nationalsozialistischen Deutschland erfüllte sich Friedrich Schillers von der Überzeugung einer Identität zwischen Weltgeschichte und Weltgericht getragene Maxime, wonach »für despotisch beherrschte Staaten ... keine Rettung als in dem Untergang«[113] sei.

Von dem Wunsch nach Stabilität und Ruhe überwältigt und für die Gefahren der Diktatur und des Krieges blind, ließen die innenpolitischen Repräsentanten des alten Deutschland und die außenpolitischen Kräfte des alten Europa Hitler zur Macht und zur Entfaltung kommen. Auf internationalem Feld wie auf nationaler Ebene trifft die Beobachtung zu, daß Extremes nur dann Erfolg zu haben vermag, wenn sein anstößiges Treiben vom Etablierten gefördert oder toleriert wird. Von 1933 an jedenfalls ging die Qualität des Normalen, das heißt des mit der europäischen Geschichte zu Vereinbarenden und für sie Üblichen, Deutschland mehr und mehr verloren. Es war der »Fall Hitler«, der alle und alles, die eigene Nation und Europa, in die Katastrophe riß.

Daß der deutsche Eigenweg, sich in machtpolitischer und weltanschaulicher Perspektive zwischen West und Ost zu behaupten, in den Sonderweg Hitlers einmünden konnte, der nichts anderes als eine Spur des Verbrechens hinterließ, hatte gewiß mit dem ehrgeizigen Sonderbewußtsein vom dritten Weg und mit einer auffälligen Überbürdung preußisch-deutscher Geschichte zu tun. Der verhängnisvolle Zusammenhang gründete zudem im wesentlichen darin, daß Hitler einen Faktor *sui generis* darstellte, der, angstvoll vorangetrieben, entweder alles erobern oder das Nichts heraufbeschwören wollte. Insofern stellte sein kalkulierter Amoklauf die letzte Steigerung und gleichzeitig die kriminelle Übersteigerung jener Flucht-nach-vorn-Mentalität dar, die sich aus Verzagtheit und Hochmut, aus Existenzangst und Angriffslust zusammensetzte. Was im Zeichen der sogenannten Realpolitik begonnen hatte, endete im Unwirklichen: Macht verdarb im Verbrechen.

Allein, die vielschichtige Entwicklung, die Hitlers Aufstieg zuließ und ermöglichte, hing über die spezifisch deutschen Elemente hinaus mit den epochalen Tendenzen ihrer Zeit zusammen. Allesamt sahen sich die parlamentarisch verfaßten Staaten Europas in der Zwischenkriegszeit unseres Jahrhunderts durch die »totalitäre Versuchung« (Jean-François Revel) des politischen Extremismus herausgefordert. Mächtig führte der Zug der Zeit im kontinentalen Europa damals nach rechts. Je nach ihrer politischen Tradition, also gemäß ihren Eigenarten, wurden die Staaten damit fertig, bewahrten die Demokratie oder verfielen dem Autoritarismus bzw. dem Faschismus. Nicht zuletzt infolge des weitverbreiteten Antiparlamentarismus, der mit dem außenpolitischen Sonderbewußtsein der Deutschen ebenso zu tun hatte wie mit innenpolitischen Gründen der Herrschaftserhaltung, tendierte die Republik von Weimar eher zur zweiten Kategorie, also zur autoritären oder faschistischen Lösung ihrer Krise. Verantwortung dafür traf die traditonellen Führungsschichten, die vormodernen Agrarier noch stärker als die modernen Kapitalisten, weil es maßgebliche Repräsentanten der nationalen Eliten waren, die Hitlers »Machtergreifung« zuließen und seine Machtausübung lange Zeit förderten. Daß es zum »Fall Hitler« und zu »Auschwitz« kam, stand, wenngleich das eine vom anderen kaum zu trennen ist, mit dem historischen Aufstieg der braunen Diktatur noch nicht in einem unmittelbar erkennbaren Zusammenhang, wurzelte aber insgesamt im Boden jenes schon zeitgenössisch als »Zeitalter der Tyranneien« (Elie Halévy) charakterisierten 20. Jahrhunderts.

Wohlgemerkt: Auf die verwirrende Vielfalt der allgemeinen Ursprünge des »Dritten Reiches« zu verweisen, soll die deutsche Tragödie nicht im europäischen Schicksal verschwinden lassen. Das faustische Verlangen nach dem Unendlichen, das auch ein generelles Kennzeichen der abendländischen Kultur darstellt, mag das deutsche Streben nach dem Grenzenlosen befördert haben. Sich auf diese – Übernationales und Spezifisches voneinander abhebende und in Bezug zueinander setzende – Überlegung einzulassen, bedeutet auf gar keinen Fall, den deutschen Eigenweg zu billigen oder zu rechtfertigen, der, ungeachtet aller Brüche im Qualitativen, Bismarck und Hitler miteinander verbindet, das heißt: »Auf Bismarck folgte nicht Hitler, aber die ultranationalen Tendenzen der Deutschen haben Hitlers ungeheuerliche Übersteigerung und Perversion des Nationalismus mit ermöglicht und unterstützt«[114].

Diese differenzierte Feststellung zu treffen, verweist auf ein bleibendes Grundmuster deutscher Geschichte im Zeitalter des Nationalstaates: Historische Entwicklung und rapider Wandel wirkten selbstverständlich auf die außenpolitische Existenz der Deutschen ein, vermochten sie jedoch, sei es im Positiven, sei es im Negativen, kaum prinzipiell zu verändern. Mit anderen Worten: Es hing von der Staatskunst ab, das überkommene Erbe, das angestammte Problem, das unaufhebbare Dilemma, zu groß und zu klein, zu stark und zu anfällig, zu mächtig und zu schutzlos in einem zu sein, zu entspannen oder zu verschärfen. Bismarck gelang, auf höchst unpopuläre Weise, durch freiwilligen Verzicht das erste; Wilhelm II. bewirkte, viel populärer, durch riskantes Auftreten das zweite. Stresemann entschied sich durch eine Politik der Reform im Inneren und der Verständigung nach außen für das erste. Hitler ergriff in einem tollkühnen Parforceritt die außenpolitische Initiative, trotzte dem Bestehenden skrupellos Spielräume ab, die sich umgehend als zu eng für das frevelhaft Gewollte auswiesen, rief schließlich immer mehr Gegner auf den Plan und stürmte aus einer gewalttätig oder kriegerisch herbeigeführten Ausweglosigkeit in die nächste.

Lange Zeit kam ihm während der dreißiger Jahre eine wieder eingekehrte Handlungsfreiheit zugute, deren ungeahnte Möglichkeiten an die einmalig vorteilhafte Gründungskonstellation des Reiches, an die »Krimkriegssituation«, erinnern mochten. England und Rußland waren ideologisch und machtpolitisch entzweit, wurden von dem zwischen ihnen stehenden Deutschland gegeneinander ausgespielt und ließen dieses vorläufig gewähren. Als Angelsachsen und Sowjets schließlich, durch Hitlers maßloses Tun einander widerwillig in die Arme getrieben, die »unnatürliche Koalition« eingingen, klappte die Schere der Flügelmächte erneut zusammen.

Bereits im Zenit seines Triumphes, im Sommer 1940, stand der Diktator unter dem übermächtigen Eindruck, daß diese sich drohend abzeichnende Konstellation seinen unnatürlich erweiterten Handlungsspielraum auf Dauer aufheben mußte – es sei denn, er wäre dazu bereit gewesen, von den Zielen seiner Kriegführung abzulassen, die ihm freilich unaufgebbar waren. Ohne die innenpolitischen Voraussetzungen äußerer Politik geringzuschätzen oder ihre internationalen Bedingungen zu überschätzen, gilt es mit Blick auf den Anfang und das Ende des Bismarckstaates festzustellen: Mag das Deutsche Reich, wie die einen meinen, von Beginn an todkrank oder, wie die anderen glauben, kerngesund gewesen sein, es ist gewiß »nicht an seinen wirtschaftlichen Zuständen und Umständen, nicht einmal an seiner Innenpolitik zugrunde gegangen, sondern an seiner äußeren Lage und an seiner Außenpolitik«[115].

Mehr noch: Deutschland hat keineswegs von Beginn an außerhalb der europäischen Ordnung gestanden und war beileibe kein von Geburt an abstoßendes Ungeheuer, wenn seine innere und äußere Entwicklung schließlich auch im Verbrechen und im Chaos endete. Mit seinem katastrophalen Scheitern wurden historische Tendenzen, beispielsweise die großdeutsche Idee vom österreichischen »Anschluß«, an ihr gleichsam natürliches Ende geführt, welche die Geschichte des Reiches durchgehend begleitet hatten. Was blieb, waren die Zusammengehörigkeit der Deutschen im geschichtlichen Rahmen des 1871 Erreichten und ihr Festhalten an der Errungenschaft des Nationalstaates. Seine Legitimität wurde durch die nationalsozialistischen Perversionen zwar geschädigt, widerlegt wurde sie dadurch nicht.

Überblickt man die knapp achtzigjährige Geschichte des modernen Deutschland zwischen 1871 und 1945, dann bleibt aus diesem vergleichsweise kurzen, aber geschichtsmächtigen Zeitraum ein dominierender Eindruck haften: Das Deutsche Reich kam plötzlich auf die Welt; es verstand nur wenig von der Welt; es siegte über manches auf der Welt; es zerstörte vieles in der Welt, nicht zuletzt sich selbst. Was es der Menschheit an Schöpferischem hinterließ, lag eher im Wissenschaftlichen und Technischen, im Künstlerischen und Geistigen, nicht aber im Politischen und Staatlichen. Auf diesem Sektor gleicht die Entwicklung zwischen Bismarck und Hitler einer Parabel vom sinnfälligen Versagen ehrgeiziger Stärke, die sich, weil das natürliche Gewicht und die moralische Kraft nicht ausreichten, alles in allem als zu schwach erwies.

Das Deutsche Reich, die deutsche Großmacht, der deutsche Nationalstaat fielen der »deutschen Katastrophe« (Friedrich Meinecke) vom Jahre 1945 zum Opfer. Daß der Reichsbegriff, von der außerordentlich problematischen Wünschbarkeit seiner Erhaltung ganz abgesehen, »noch einmal auf die Staatlichkeit reduziert werden kann, mit gleichzeitiger Reduktion des Staatlichen auf eine Funktion in einer übergeordneten europäischen Ganzheit«[116], erscheint mehr als fragwürdig, ja unwahrscheinlich. Die vielfach gebrochene, oftmals mißverstandene Reichstradition ist »an ihre Grenzen gekommen ... erschöpft, verbraucht, verdorben«[117]. Alles in allem: Das Deutsche Reich scheint in der Tat vergangen zu sein. Im Grunde kommt es einem so abgelebt vor wie das untergegangene Preußen, mit dem es sich nach der Zäsur von 1871 widerwillig mischte. In der explosiven Gemengelage, die das Reich »verpreußte« und Preußen »verreichte«, traten die jeweils problematischen Anlagen beider Phänomene oftmals stärker zutage als ihre vorteilhaften Seiten.

Auch der Großmachtanspruch verfiel im schicksalhaften Jahr 1945 dem Ende der Diktatur; er blieb für die Deutschen lange Zeit außerhalb jeder Diskussion; er geriet, was die bedingungslos Besiegten anging, unter den allgemeinen Verdacht der Welt. Ob er jemals, in welcher Form auch immer, wieder entstanden ist oder aufleben wird, erscheint offen. Ob Deutschland in dieser, der Gestalt der Großmacht also, die ihrerseits eine Normalität des Staatenlebens beschreibt, am Zusammenhang der Weltpolitik teilnehmen wird oder nicht, hängt von seinem Willen und dem seiner Nachbarn in der eins gewordenen Welt ab.

Schließlich wurde der deutsche Nationalstaat im Gefolge dessen, was auf den tiefen Einschnitt des Weltkriegsendes folgte, mehrfach geteilt. Er war scheintot, nicht gestorben. Endet »die Tragödie der Einzelnen« auch »mit dem Tode, die Tragödie der Nationen kennt Auferstehungen«[118] – für die Geschichte im 20. Jahrhundert gilt dieses Wort von Ernst Robert Curtius allemal. »Es kann ja sein«, sinnierte der fast achtundsiebzigjährige Bismarck im Jahr 1893, »daß Gott für Deutschland noch eine zweite Zeit des Zerfalles und darauf eine neue Ruhmeszeit vorhat, auf einer neuen Basis der Republik, das aber berührt uns nicht mehr«[119]. Obwohl die unverkennbare Tatsache, »daß es ein Volk, eine Nation jenseits von Staat, Verfassung, bestehender politischer und gesellschaftlicher Ordnung als eine mit sich selbst identische Einheit«[120] gibt, in Ost und West viele Jahre und Jahrzehnte lang verkannt, mehr noch: als pure Ideologie abgetan wurde, konnte solch voreilige Mißachtung die geschichtsmächtige Potenz des Nationalstaatlichen nicht verschwinden lassen. Zu evident war und ist, weit über den deutschen Fall hinaus, ihre ungeschmälerte Akzeptanz auf der gesamten Welt.

Sich auf die »Herkunft« anstatt auf die »Zukunft« zu berufen, hat Thomas Nipperdey einmal festgestellt[121], nicht nur das Los der Menschheit, die zusammengehört und im Weltstaat aufgeht, als Orientierung für sein Handeln zu wählen, sondern auch die kleineren Gemeinschaften, die sich voneinander abheben und zur Staatsbildung fähig sind, zu schätzen, erscheint vernünftig, legitim und geboten. Trotz des Abgeschlossenen, das der Geschichte des Deutschen Reiches und der deutschen Großmacht zwischen 1871 und 1945 anhaftet, trotz der Versäumnisse, Mängel und Untaten, die ihre Entwicklung begleitet haben, ist »die Begründung des Nationalstaates von 1871 mehr gewesen ... als ein wirkungsloses Transitorium«[122]. Auf das Bleibende dieses Vermächtnisses zu verweisen bedeutet nicht, blind zu verkennen, sondern bilanzierend festzustellen, daß das vereinigte Deutschland unserer Tage »mit dem Deutschen Reich, so wie es 1870/71 geschaffen« wurde, »noch weniger gemeinsam« hat, »als dieses mit dem 1806 aufgelösten Heiligen Römischen Reich Deutscher Nation gemein hatte«[123].

Nichts demaskiert die Macht des Politischen so gründlich wie der Strom der voranschreitenden Zeit. In dieser ernüchternden Perspektive wirkte das Reich wie ein Mythos und eine Last, die aus weit zurückliegender Vergangenheit in die Moderne reichten, stellte die Großmacht eine Chance und Versuchung dar, mit deren Notwendigkeiten die Deutschen nicht zum Ausgleich fanden, repräsentiert sich die Nation als etwas nahezu Unergründliches und offenbar Unaufgebbares, als eine »finalité de l'histoire« (Charles de Gaulle). Was aus dem neuen Nationalstaat der Deutschen werden wird, ist im Ungewissen der Zukunft aufgehoben. Im Rückblick auf das vergangene Reich und die »gescheiterte Großmacht« (Andreas Hillgruber), die Deutschland, Europa und die Welt ein dreiviertel Jahrhundert lang in Atem gehalten haben, gilt es vor allem darauf zu vertrauen und dafür zu sorgen, daß die Feststellung Gewißheit erlangt, mit der William Shakespeare seinen »König Lear« beschließt: »Wir jüngern werden nie so viel erleben.«

Anhang

Dank

Am Ende seiner Arbeit verspürt der Autor den Wunsch, vielfältigen Dank abzustatten. Er gilt vor allem dem Ministerium für Wissenschaft und Forschung des Landes Nordrhein-Westfalen, der Deutschen Forschungsgemeinschaft und der Fritz-Thyssen-Stiftung, die Sach- und Personalbeihilfen zur Verfügung stellten.

Daß ich das Manuskript in »Einsamkeit und Freiheit« abfassen konnte, wurde durch die Gewährung eines Stipendiums ermöglicht, das mir im Akademiejahr 1992/93 am Historischen Kolleg in München zu schreiben erlaubte: Die hochherzige Förderung durch diese vorbildliche Einrichtung, die vom Stiftungsfonds der Deutschen Bank und vom Stifterverband für die Deutsche Wissenschaft getragen wird, kam der Vollendung des Werkes zugute.

Mit ausgesprochener Dankbarkeit erwähne ich, daß Professor Dr. Lothar Gall den Text einer ebenso eingehenden wie kritischen Lektüre unterzogen hat.

Über Jahre hinweg haben die Herren Dr. Joachim Scholtyseck und Dr. Christoph Studt, denen ich mich dafür dankbar verbunden weiß, meine Forschungen durch wissenschaftlichen Dialog und tatkräftige Unterstützung begleitet.

Unter denen, die mir bei meiner Arbeit zur Hand gegangen sind, danke ich besonders Herrn Christoph Franzen, dessen kundige Hilfe ich gerne in Anspruch genommen habe.

Mit bewährter Zuverlässigkeit hat sich Frau Helga Kempen, der ich dafür herzlich danken möchte, der Computerfassung des Manuskripts angenommen.

Gerne erinnere ich mich der redaktionellen Betreuung, die ich durch Herrn Ulrich Volz, den versierten Lektor der Deutschen Verlags-Anstalt, aufs neue erfahren durfte.

Bonn, im Dezember 1994 *K. H.*

Anmerkungen

Im Zeichen der Saturiertheit: Die Ära Bismarck 1871–1890

Von der Reichsgründung zur »Krieg in Sicht«-Krise: Das Problem der »halben Hegemonie« (1871–1875)

1 Hansard's Parliamentary Debates. Third Series, Band CCIV, Sp. 81f.: Disraeli im Unterhaus am 9. Februar 1871.
2 Ebd., Band XCVIII, Sp. 521: Disraeli im Unterhaus am 19. April 1848.
3 J. Bryce, Das heilige römische Reich, Leipzig 1873, S. VII.
4 Zitiert nach K. Meine, England und Deutschland in der Zeit des Überganges vom Manchestertum zum Imperialismus 1871 bis 1876, Berlin 1937, ND Vaduz 1965, S. 205.
5 C. v. Rotteck, Allianz, heilige, oder heiliger Bund, in: Ders./C. Welcker (Hg.), Staats-Lexikon oder Enzyklopädie der Staatswissenschaften, Band 1, Altona 1834, S. 465.
6 Die Sturmjahre der preußisch-deutschen Einigung 1859–1870. Politische Briefe aus dem Nachlaß liberaler Parteiführer. Ausgewählt und bearbeitet von Julius Heyderhoff. Deutscher Liberalismus im Zeitalter Bismarcks. Eine politische Briefsammlung. Band 1. ND der Ausg. von 1925. Osnabrück 1970, S. 494: H. v. Sybel an H. Baumgarten vom 27. Januar 1871.
7 Stenographische Berichte über die Verhandlungen des Reichstags. I. Legislatur-Periode, 1. Session 1871, ND Bad Feilenbach 1986, S. 71: Antwortadresse des ersten Deutschen Reichstags vom 30. März 1871 auf die Thronrede Wilhelms I.
8 Das große Neujahr, in: *Historisch-politische Blätter für das katholische Deutschland*, redigiert von E. Jörg und F. Binder. Band 27, München 1871, S. 9.
9 F. Nietzsche, Die Geburt der Tragödie. Unzeitgemäße Betrachtungen I – III (1872–1874), Erstes Stück: David Strauss. Der Bekenner und der Schriftsteller (1873), Berlin/New York 1972, S. 155f.
10 Stenographische Berichte über die Verhandlungen des Reichstages des Norddeutschen Bundes. I. Legislatur-Periode, Session 1868. Band 1, Berlin 1868, ND Bad Feilenbach 1986, S. 442: Moltke am 15. Juni 1868.
11 L. von Ranke, Zwölf Bücher preußischer Geschichte. Band 1, Vorrede der neuen Ausgabe (1874), München 1930, S. 7.
12 Die politischen Reden des Fürsten Bismarck. Historisch-kritische Gesamtausgabe, besorgt von H. Kohl. Band 13, Stuttgart 1905, ND Aalen 1970 (künftig zitiert als: Kohl (Hg.), Politische Reden Bismarcks), S. 316: Ansprache an die Studenten der deutschen Universitäten und Technischen Hochschulen vom 1. April 1895.
13 J. S. Nye, Die Debatte über den Niedergang der Vereinigten Staaten, in: *Europa-Archiv* 45 (1990), S. 425.
14 H. Heimpel, Entwurf einer Deutschen Geschichte, in: Ders., Der Mensch in seiner Gegenwart. Acht historische Essais, Göttingen 2. erw. Aufl. 1957 (künftig zitiert als: Heimpel, Entwurf einer Deutschen Geschichte), S. 173.
15 F. Grillparzer, Sämtliche Werke. Ausgewählte Briefe, Gespräche, Berichte. Herausgegeben von P. Frank und K. Pörnbacher. Band 1, München 1960, S. 500: »Der Weg der neuren Bildung geht von Humanität durch Nationalität zur Bestialität.«
16 G. Mann, Deutsche Geschichte des 19. und 20. Jahrhunderts, Frankfurt am Main 1958 (künftig zitiert als: Mann, Deutsche Geschichte), S. 389.
17 Th. Schieder, Staatensystem als Vormacht der Welt 1848–1918, Frankfurt am Main/Berlin/Wien 1977 (künftig zitiert als: Schieder, Staatensystem), S. 124.
18 Ebd.

19 Ebd.
20 Ebd.
21 L. Dehio, Gleichgewicht oder Hegemonie. Betrachtungen über ein Grundproblem der neueren Staatengeschichte, Krefeld 1948 (künftig zitiert als: Dehio, Gleichgewicht oder Hegemonie), S. 190.
22 A. Hillgruber, Otto von Bismarck. Gründer der europäischen Großmacht Deutsches Reich, Göttingen/Zürich/Frankfurt am Main 1978 (künftig zitiert als: Hillgruber, Otto von Bismarck), S. 107.
23 Stenographischer Bericht über die Verhandlungen der deutschen constituirenden Nationalversammlung zu Frankfurt am Main, Band 7, Frankfurt am Main 1849, S. 4821: 19. Januar 1849.
24 Kohl (Hg.), Politische Reden Bismarcks, Band 3, S. 175: Rede vom 11. 3. 1867.
25 Zitiert nach H. Oncken, Das Deutsche Reich und die Vorgeschichte des Weltkrieges. Erster Teil, Leipzig 1933 (künftig zitiert als: Oncken, Reich und Vorgeschichte), S. 134.
26 Bismarck, Die gesammelten Werke, Politische Schriften, Band 6 a, Berlin o. J. (1930) (künftig zitiert als: Bismarck, GW), S. 526: Erlaß an den Gesandten in Petersburg Heinrich VII. Prinzen Reuß vom 21. Januar 1869.
27 Denkwürdigkeiten des Botschafters General von Schweinitz, Berlin 1927 (künftig zitiert als: Schweinitz, Denkwürdigkeiten), Band 1, S. 179.
28 F. Meinecke, Die deutsche Katastrophe. Betrachtungen und Erinnerungen, Wiesbaden 1946 (künftig zitiert als: Meinecke, Deutsche Katastrophe), S. 11.
29 L. von Ranke, Zur Geschichte Deutschlands und Frankreichs im neunzehnten Jahrhundert. Politisches Gespräch (1836), Leipzig 1887, S. 328.
30 J. Ziekursch, Politische Geschichte des neuen deutschen Kaiserreiches, Band 1, Frankfurt am Main 1925, S. 3.
31 Th. Schieder, Das Deutsche Reich in seinen nationalen und universalen Beziehungen 1871 bis 1945, in: Ders./E. Deuerlein (Hg.), Reichsgründung 1870/71. Tatsachen. Kontroversen. Interpretationen, Stuttgart 1970 (künftig zitiert als: Schieder, Das Deutsche Reich in seinen Beziehungen), S. 447.
32 H.A. Kissinger, Memoiren 1968–1973, Band 1, München 1979, S. 63.
33 Schieder, Staatensystem, S. 253.
34 J.-J. Rousseau, L'état de guerre, in: The Political Writings of Jean-Jacques Rousseau. Edited from the original MSS. and authentic editions with introduction and notes by C. E. Vaughan. Band 1, 1915, ND Oxford 1962, S. 297f.
35 Documents Diplomatiques Français (1871–1914) (künftig zitiert als: DDF), Serie 1, Band 1, S. 62: M. de Gabriac, Chargé d'Affaires de France à Berlin, à M. de Rémusat, Ministre des Affaires Étrangères, vom 14. August 1871.
36 Botschafter Paul Graf von Hatzfeldt, Nachgelassene Papiere 1838–1901. Erster Teil. Herausgegeben und eingeleitet von G. Ebel, Boppard am Rhein 1976 (künftig zitiert als: Hatzfeldt, Nachgelassene Papiere), S. 513: Holstein an Graf Hatzfeldt vom 26. Juli 1886.
37 M. Gregor-Dellin, Richard Wagner. Sein Leben. Sein Werk. Sein Jahrhundert, München/Zürich 1980, S. 765.
38 H. Lutz, Österreich-Ungarn und die Gründung des Deutschen Reiches. Europäische Entscheidungen 1867–1871, Frankfurt am Main/Berlin/Wien 1979, S. 492f.
39 Ders., Politik und militärische Planung, in: Österreich-Ungarn zu Beginn der Ära Andrássy. Das Protokoll der Wiener Geheimkonferenzen vom 17. bis 19. Februar 1872, in: Geschichte und Gesellschaft. Festschrift für Karl R. Stadler zum 60. Geburtstag. Herausgegeben von G. Botz/H. Hautmann/H. Konrad, Wien 1974, S. 29.
40 L. Dehio, Gedanken über die deutsche Sendung 1900–1918, in: Ders., Deutschland und die Weltpolitik im 20. Jahrhundert, München 1955 (künftig zitiert als: Dehio, Deutschland und die Weltpolitik), S. 94.
41 R. Wittram, Das Reich als Vergangenheit. Gedanken zum Problem der historischen Kontinuität, in: Ders., Das Nationale als europäisches Problem. Beiträge zur Geschichte des Nationalitätsprinzips vornehmlich im 19. Jahrhundert, Göttingen 1954, S. 106.
42 S. A. Kaehler, Bemerkungen zu einem Marginal Bismarcks von 1887, in: *Historische Zeitschrift* 167 (1943) (künftig zitiert als: Kaehler, Ein Marginal Bismarcks), S. 115.
43 O. Hintze, Die Hohenzollern und ihr Werk. Fünfhundert Jahre vaterländischer Geschichte, Berlin 1915 (künftig zitiert als: Hintze, Die Hohenzollern und ihr Werk), S. 651.
44 Zu dieser Formulierung Siegfried A. Kaehlers siehe W. Bußmann, Europa und das Bismarckreich, in: L. Gall (Hg.), Das Bismarck-Problem in der Geschichtsschreibung nach 1945, Köln/Berlin 1971, S. 311.

45 E. Kolb, Der Weg aus dem Krieg. Bismarcks Politik im Krieg und die Friedensanbahnung 1870/71, München 1989, S. 113.
46 W. Wehrenpfennig, Die deutschen Forderungen von 1815, in: *Preußische Jahrbücher* 26 (1870), S. 344.
47 Denkwürdigkeiten aus dem Leben des General-Feldmarschalls Kriegsministers Grafen von Roon, Band 3, Breslau ⁴1897, S. 213: Roon an Blanckenburg vom 6. September 1870.
48 N. Rich, Die deutsche Frage und der nationalsozialistische Imperialismus. Rückblick und Ausblick, in: J. Becker/A. Hillgruber (Hg.), Die deutsche Frage im 19. und 20. Jahrhundert, München 1983, S. 378.
49 J.F.V. Keiger, France and the Origins of the First World War, London 1983, S. 6.
50 Dehio, Deutschland und die Epoche der Weltkriege, in: Ders., Deutschland und die Weltpolitik, S. 15. Dort ist die Rede von der »halbhegemonialen Stellung des Bismarckreiches auf dem Festlande«.
51 Zitiert nach U. Lappenküper, Die Mission Radowitz. Untersuchungen zur Rußlandpolitik Otto von Bismarcks (1871–1875), Göttingen 1990 (künftig zitiert als: Lappenküper, Mission Radowitz), S. 158.
52 Mann, Deutsche Geschichte, S. 459.
53 H. Pross, Preußens klassische Epoche, in: H.-J. Netzer (Hg.), Preußen. Porträt einer politischen Kultur, München 1968, S. 57.
54 S. Haffner, Von Bismarck zu Hitler. Ein Rückblick, München 1987 (künftig zitiert als: Haffner, Von Bismarck zu Hitler), S. 15.
55 Bismarck, GW, Briefe, Band 14/2, S. 834: Brief an die Tochter Marie vom 23. Juni 1872.
56 Bismarck, GW, Gespräche, Band 8/2, S. 87: Gespräch mit Bernhard von Oettingen vom 24. Mai 1873.
57 Die Große Politik der Europäischen Kabinette 1871–1914 (künftig zitiert als: GP), Band 1, S. 206: Das Drei-Kaiser-Abkommen vom 22. Oktober 1873.
58 Lappenküper, Mission Radowitz, S. 50.
59 L. Gall, Bismarck. Der weiße Revolutionär, Frankfurt am Main/Berlin/Wien 1980 (künftig zitiert als: Gall, Bismarck), S. 509.
60 GP, Band 1, S. 214: Der Botschafter in Paris Graf von Arnim an Bismarck vom 29. September 1873.
61 Lappenküper, Mission Radowitz, S. 182.
62 Ebd., S. 288.
63 Bray an Ludwig II. vom 22. Dezember 1874 (Archivdokument), zitiert nach Lappenküper, Mission Radowitz, S. 218.
64 Münch an Andrássy vom 31. Oktober 1874 (Archivdokument), zitiert nach ebd., S. 219.
65 Jarnac an Decazes vom 2. November 1874 (Archivdokument), zitiert nach ebd., S. 226.
66 GP, Band 1, S. 240: Bismarck an den Botschafter in Petersburg Prinzen Heinrich VII. Reuß vom 28. Februar 1874.
67 G. Ritter, Staatskunst und Kriegshandwerk. Das Problem des »Militarismus« in Deutschland. Band 1: Die altpreußische Tradition (1740–1890), München 1954 (künftig zitiert als: Ritter, Staatskunst und Kriegshandwerk), S. 289.
68 Lappenküper, Mission Radowitz, S. 564.
69 K. Stählin, Die Briefe Louis Schneiders an den russischen Domänenminister Waluew, in: *Historische Zeitschrift* 155 (1937), S. 306.
70 Eintrag Bismarcks, zitiert nach R. Stadelmann, Moltke und der Staat, Krefeld 1950, S. 514, Anmerkung 51.
71 L. Ranke, Die großen Mächte. (Fragment historischer Ansichten.), in: *Historisch-politische Zeitschrift* 2 (1833–1836), S. 29.
72 Bismarck-Erinnerungen des Staatsministers Freiherrn Lucius von Ballhausen, Stuttgart/Berlin 1920 (künftig zitiert als Lucius von Ballhausen, Bismarck-Erinnerungen), S. 74 f.: Bismarck am 31. Mai 1875.
73 G. Ritter, Bismarcks Verhältnis zu England und die Politik des »Neuen Kurses«, in: *Archiv für Politik und Geschichte* 2 (1924) (künftig zitiert als: Ritter, Bismarcks Verhältnis zu England), S. 543.

Orientalische Frage und österreichischer Zweibund:
Eine »Periode der kontinentalen Hochspannung« (1875–1879)

1 W. F. Monypenny / G. E. Buckle, The Life of Benjamin Disraeli. Earl of Beaconsfield, Band 4, London 1916, S. 467.
2 Bismarck, GW, Politische Schriften, Band 6 b, S. 475: Erlaß an den Gesandten in Karlsruhe Grafen von Flemming vom 6. September 1870.

3 DDF, Serie 1, Band 1, S. 62: M. de Gabriac, Chargé d'Affaires de France à Berlin, à M. de Rémusat, Ministre des Affaires Étrangères, vom 14. August 1871. Siehe auch oben S. 22.
4 Haffner, Von Bismarck zu Hitler, S. 64.
5 Th. Schieder, Das Problem der Revolution im 19. Jahrhundert, in: Ders., Staat und Gesellschaft im Wandel unserer Zeit. Studien zur Geschichte des 19. und 20. Jahrhunderts, München ²1970, S. 40.
6 K. Borchardt, Die Industrielle Revolution in Deutschland 1750–1914, in: Europäische Wirtschaftsgeschichte. The Fontana Economic History of Europe in 4 Bänden. Herausgegeben von C. M. Cipolla. Deutsche Ausgabe herausgegeben von K. Borchardt, Band 4: Die Entwicklung der industriellen Gesellschaft, Stuttgart/New York 1977, S. 196.
7 M. Stürmer, Deutscher Flottenbau und europäische Weltpolitik vor dem Ersten Weltkrieg, in: Deutsches Marine-Institut und Militärgeschichtliches Forschungsamt (Hg.), Die deutsche Flotte im Spannungsfeld der Politik 1848–1985. Vorträge und Diskussionen der 25. Historisch-Taktischen Tagung der Flotte 1985, Herford 1985, S. 55.
8 P. Stadler, Weltgeschichte und Staatstraditionen. Ein Rückblick gegen Ende des 20. Jahrhunderts, o. O. 1989 (künftig zitiert als: Stadler, Weltgeschichte und Staatstraditionen), S. 9.
9 Briefe von Friedrich von Gentz an Pilat. Ein Beitrag zur Geschichte Deutschlands im XIX. Jahrhundert. Herausgegeben von K. Mendelssohn-Bartholdy, Band 2, Leipzig 1868, S. 131: Gentz an Pilat vom 8. Dezember 1822.
10 L. Gall, Europa auf dem Weg in die Moderne 1850–1890, München/Wien 1984, S. 19.
11 Oncken, Reich und Vorgeschichte, Erster Teil, S. 192.
12 Bismarck, GW, Erinnerung und Gedanke. Band 15, S. 422.
13 Schweinitz, Denkwürdigkeiten, Band 1, S. 184: Aufzeichnungen vom Herbst 1865.
14 GP, Band 2, S. 106: Staatssekretär Bülow an den Botschafter in London Münster vom 27. November 1876.
15 Bismarck, GW, Briefe, Band 14/2, S. 630: Bismarck an Heinrich VII. Prinzen Reuß vom 29. November 1862.
16 GP, Band 2, S. 37: Diktat Bismarcks vom 30. August 1876.
17 Ebd., S. 38: Wilhelm I. an Alexander II. vom 2. September 1876.
18 Ebd., S. 36: Diktat Bismarcks vom 30. August 1876.
19 Ebd., S. 53: Werder an Auswärtiges Amt vom 1. Oktober 1876.
20 Ebd., S. 56: Diktat Bismarcks vom 2. Oktober 1876.
21 Ebd., S. 76: Staatssekretär von Bülow an den Botschafter in Petersburg von Schweinitz vom 23. Oktober 1876.
22 Ebd.
23 Ebd., S. 80: Der Botschafter in Petersburg von Schweinitz an Staatssekretär von Bülow vom 1. November 1876.
24 Ebd., S. 88: Diktat Bismarcks vom 9. November 1876.
25 Ebd., S. 64: Diktat Bismarcks vom 14. Oktober 1876.
26 Kohl (Hg.), Politische Reden Bismarcks, Band 6, S. 461: Rede vom 5. Dezember 1876.
27 R. Stadelmann, Hegemonie und Gleichgewicht. Zum Problem der außenpolitischen Ordnung Europas, Schloß Laupheim o. J. (1950) (künftig zitiert als: Stadelmann, Hegemonie und Gleichgewicht), S. 12.
28 GP, Band 2, S. 153–154: Diktat Bismarcks, »z. Z. in Kissingen«, vom 15. Juni 1877.
29 F. Schnabel, Bismarck und die klassische Diplomatie, in: *Außenpolitik* 3 (1952), S. 636.
30 Lucius von Ballhausen, Bismarck-Erinnerungen, S. 112: Bismarck am 30. Juni 1877.
31 Gall, Bismarck, S. 519.
32 Oncken, Reich und Vorgeschichte, Erster Teil, S. 215.
33 Hatzfeldt. Nachgelassene Papiere, Erster Teil. S. 307, Anmerkung 9: Bismarck am 30. November 1876.
34 Kohl (Hg.), Politische Reden Bismarcks, Band 7, S. 92: Rede vom 19. Februar 1878.
35 Ebd., S. 94.
36 Stenographische Berichte über die Verhandlungen des Reichstags. III. Legislaturperiode, 2. Session 1878, Band 1, Berlin 1878, S. 114: Wilhelm Liebknecht am 19. Februar 1878.
37 H. Plessner, Die verspätete Nation. Über die politische Verführbarkeit bürgerlichen Geistes, Stuttgart 1959, S. 39.
38 E. Troeltsch, Politische Ethik und Christentum, Göttingen 1904, S. 6.
39 GP, Band 5, S. 175: Bismarck an den Staatssekretär Grafen Herbert von Bismarck vom 21. Mai 1887 (mit Bezug auf Bulgarien).

40 M. Stürmer, Das ruhelose Reich. Deutschland 1866–1918, Berlin 1983 (künftig zitiert als: Stürmer, Das ruhelose Reich), S. 199.
41 W. F. Monypenny/G. E. Buckle, The Life of Benjamin Disraeli, Earl of Beaconsfield, Band 6, London 1920, S. 367.
42 Lady Gwendolen Cecil, Life of Robert Marquis of Salisbury, Band 2, London 1921, S. 242: Salisbury an Odo Russell vom 10. April 1878.
43 Bismarck, GW, Briefe, Band 14/2, S. 893 f.: Brief an König Ludwig II. vom 12. August 1878.
44 Wolfgang Windelband, Bismarck und die europäischen Großmächte 1879–1885. Aufgrund unveröffentlichter Akten, Essen 1940, S. 60: Mitteilung des Privatsekretärs Rudolf Chrysander, *Bergedorfer Zeitung* vom 11. Februar 1904.
45 A. Novotny, Der Berliner Kongreß und das Problem einer europäischen Politik, in: *Historische Zeitschrift* 186 (1958), S. 287.
46 GP, Band 3, S. 16: Alexander II. an Wilhelm I. vom 15. August 1879.
47 Ebd., S. 20: Bismarck an Wilhelm I. vom 24. August 1879.
48 Ebd., S. 25: Bismarck an Staatssekretär von Bülow vom 1. September 1879.
49 Ebd., S. 27: Bismarck an Wilhelm I. vom 31. August 1879.
50 Ebd., S. 41: Bismarck an Wilhelm I. vom 5. September 1879.
51 Ebd., S. 53: Bismarck an Wilhelm I. vom 7. September 1879.
52 E. von Wertheimer, Graf Julius Andrássy. Sein Leben und seine Zeit, Band 3, Stuttgart 1913, S. 252: Bismarck am 5. September 1879.
53 GP, Band 3, S. 25: Bismarck an Staatssekretär von Bülow vom 1. September 1879.
54 Ebd., S. 58: Bismarck an Wilhelm I. vom 7. September 1879.
55 W. Frauendienst, Bündniserörterungen zwischen Bismarck und Andrássy im März 1878, in: Gesamtdeutsche Vergangenheit. Festgabe für Heinrich Ritter von Srbik, München 1938, S. 353–362.
56 GP, Band 3, S. 33: Bismarck an Wilhelm I. vom 31. August 1879.
57 Ebd., S. 27.
58 Ebd., S. 31.
59 Ebd., S. 99: Bismarck an Wilhelm I. vom 24. September 1979, Randbemerkung des Kaisers.
60 A. Hillgruber, Bismarcks Außenpolitik, Freiburg i. Brsg. 3. Aufl. 1993 (künftig zitiert als: Hillgruber, Bismarcks Außenpolitik), S. 137.
61 Gall, Bismarck, S. 597.
62 Ritter, Bismarcks Verhältnis zu England, S. 543.

Dreikaiservertrag und Kolonialepisode:
Das »Jahrfünft verhältnismäßiger Entlastung« (1879–1884/85)

1 GP, Band 4, S. 4: Bismarck an den Gesandten von Radowitz vom 14. September 1879.
2 J. Y. Simpson, The Saburov Memoirs or Bismarck and Russia. Being fresh light on the League of the Three Emperors 1881, Cambridge 1929, S. 111: 20. Januar 1880.
3 GP, Band 4, S. 4: Bismarck an den Gesandten von Radowitz vom 14. September 1879.
4 Ritter, Bismarcks Verhältnis zu England, S. 542.
5 GP, Band 4, S. 10: Der Botschafter in London Graf Münster an Bismarck vom 27. September 1879, Randbemerkung Bismarcks.
6 R. Fester, Saburow und die russischen Staatsakten über die russisch-deutschen Beziehungen von 1879 bis 1890, in: *Die Grenzboten. Zeitschrift für Politik, Literatur und Kunst* 80 (1921), S. 59.
7 GP, Band 3, S. 125, Anmerkung **.
8 Ebd., S. 41: Bismarck an Wilhelm I. vom 5. September 1879.
9 Ebd.
10 R. Wittram, Die russisch-nationalen Tendenzen der achtziger Jahre im Spiegel der österreichisch-ungarischen diplomatischen Berichte aus St. Petersburg, in: Schicksalswege deutscher Vergangenheit. Beiträge zur geschichtlichen Deutung der letzten hundertfünfzig Jahre. Festschrift für Siegfried A. Kaehler. Herausgegeben von W. Hubatsch, Düsseldorf 1950, S. 321.
11 GP, Band 3, S. 152: Bismarck an den Botschafter in Wien Prinzen Heinrich VII. Reuß vom 22. Dezember 1880.
12 Ebd., S. 175: Bismarck an Wilhelm I. vom 15. Juni 1881.

13 Ebd., S. 176: Text des Drei-Kaiser-Bündnisses von 1881.
14 Ebd., S. 179: Zusatz-Protokoll zum Drei-Kaiser-Bündnis.
15 Ebd., S. 175: Bismarck an Wilhelm I. vom 15. Juni 1881.
16 Ebd.
17 Die geheimen Papiere Friedrich von Holsteins. Herausgegeben von N. Rich und M. H. Fisher. Deutsche Ausgabe von W. Frauendienst, Band 2, Göttingen/Berlin/Frankfurt am Main 1957 (künftig zitiert als: Holstein-Papiere), S. 148: 4. Mai 1884.
18 GP, Band 3, S. 159: Bismarck an den Botschafter in Wien Prinzen Heinrich VII. Reuß vom 17. Januar 1881.
19 Ebd., S. 152: Ders. an dens. vom 22. Dezember 1880.
20 Ebd., S. 175: Bismarck an Wilhelm I. vom 15. Juni 1881.
21 Kohl (Hg.), Politische Reden Bismarcks, Band 9, S. 398: Rede vom 14. Juni 1882.
22 H. Herzfeld, Bismarck und die Skobelewepisode, in: *Historische Zeitschrift* 142 (1930), S. 279–302.
23 O. Becker, Bismarcks Bündnispolitik, Berlin 1923 (künftig zitiert als: Becker, Bismarcks Bündnispolitik), S. 50.
24 GP, Band 3, S. 238: Aufzeichnung des Hilfsarbeiters in der Reichskanzlei Grafen Wilhelm von Bismarck vom 1. Mai 1882.
25 Ebd., S. 246: Text des Dreibundvertrages vom 20. Mai 1882.
26 Hillgruber, Bismarcks Außenpolitik, S. 143.
27 W. L. Langer, European Alliances and Alignments 1871–1890, New York 1956, S. 244.
28 GP, Band 3, S. 247: Bismarck an Auswärtiges Amt vom 22. Mai 1882.
29 J. Dülffer, Deutschland als Kaiserreich (1871–1918), in: Deutsche Geschichte. Begründet von P. Rassow. Vollständig neu bearbeitete und illustrierte Ausgabe. Herausgegeben von M. Vogt, Stuttgart 1987, S. 486.
30 H.A. Kissinger, Großmacht Diplomatie. Von der Staatskunst Castlereaghs und Metternichs, Frankfurt am Main 1962.
31 K. Canis, Bismarck und Waldersee. Die außenpolitischen Krisenerscheinungen und das Verhältnis des Generalstabes 1882 bis 1890, Berlin (Ost) 1980 (künftig zitiert als: Canis, Bismarck und Waldersee), S. 101.
32 Gedächtnisprotokoll Bernhard von Bülows über eine Unterredung mit Bismarck im Sommer 1884 (Archivdokument), zitiert nach G. Fesser, Bernhard von Bülow und der Sturz Bismarcks, in: Otto von Bismarck. Person – Politik – Mythos. Herausgegeben von J. Dülffer und H. Hübner, Berlin 1993, S. 194.
33 Titus Livius, Ab urbe condita, herausgegeben von R. S. Conway und S. K. Johnson, Band 4, Oxford 1974, XXX, 30, 19.
34 Bismarck, GW, Politische Schriften, Band 6 c, S. 63: Immediatschreiben Bismarcks an Wilhelm I. vom 13. August 1875.
35 Kohl (Hg.), Politische Reden Bismarcks, Band 10, S. 413: Rede vom 10. 1. 1885.
36 Becker, Bismarcks Bündnispolitik, S. 12.
37 *The Pall Mall Gazette. An Evening Newspaper and Review*, No. 5771, vol. XXXVIII, 3. September 1883.
38 Bismarck, GW, Politische Schriften, Band 6 c, S. 223: Bericht Bismarcks an den Kronprinzen Friedrich Wilhelm vom 23. August 1881.
39 Mann, Deutsche Geschichte, S. 506.
40 Th. Schieder, Nietzsche und Bismarck, Krefeld 1963 (künftig zitiert als: Schieder, Nietzsche und Bismarck), S. 11.
41 H.A. Kissinger, Die weltpolitische Lage. Reden und Aufsätze, München 1983, S. 125.
42 G.F. Kennan, Bismarcks europäisches System in der Auflösung. Die französisch-russische Annäherung 1875–1890, Frankfurt am Main/Berlin/Wien 1981 (künftig zitiert als: Kennan, Bismarcks europäisches System), S. 86.
43 Stadler, Weltgeschichte und Staatstraditionen, S. 6.
44 Graf Hermann Keyserling, Das Reisetagebuch eines Philosophen, 2 Bände, Darmstadt ³1920, Motto.
45 Antwort Bismarcks an Baußnern. Entwurf Reichskanzleramt (Archivdokument), zitiert nach H. Böhme, Deutschlands Weg zur Großmacht. Studien zum Verhältnis von Wirtschaft und Staat während der Reichsgründungszeit 1848–1881, Köln/Berlin 1966, S. 93.
46 M. Busch, Tagebuchblätter, Band 2, Leipzig 1899, S. 157.
47 H. Ritter von Poschinger, Fürst Bismarck und die Parlamentarier, Band 3, Breslau 1896, S. 54.
48 Ebd.

49 GP, Band 4, S. 57, Anmerkung *: Bismarck vom 4. Juni 1884.
50 Ebd., S. 58: Schlußbemerkung Bismarcks zu Staatssekretär Graf von Hatzfeldt an Bismarck vom 24. Mai 1884.
51 Bismarck, GW, Band 15, Erinnerung und Gedanke, S. 597.
52 H. Oncken, Rudolf von Bennigsen. Ein deutscher liberaler Politiker, Band 2, Stuttgart/Leipzig 1910 (künftig zitiert als: Oncken, Bennigsen), S. 45.
53 GP, Band 3, S. 395: Bismarck an den Botschafter in Paris Fürsten von Hohenlohe vom 8. April 1880.
54 DDF, Serie 1, Band 5, S. 495: M. de Courcel, Ambassadeur de France à Berlin, à M. Jules Ferry, Ministre des Affaires Étrangères, vom 29. November 1884; und: Bismarck, GW, Politische Schriften, Band 6 c, S. 308: Immediatschreiben Bismarcks an Wilhelm I. vom 9. Oktober 1884.
55 Ebd., Gespräche, Band 8/2, S. 499: Gespräch mit dem Hausarzt Dr. Eduard Cohen am 8. Januar 1884.
56 DDF, Serie 1, Band 5, S. 268: M. de Courcel, Ambassadeur de France à Berlin, à M. Jules Ferry, Ministre des Affaires Étrangères, vom 25. April 1884.
57 Ebd., S. 424: Ders. an dens. vom 23. September 1884.
58 Ebd.
59 Bismarck, GW, Politische Schriften, Band 6 c, S. 308: Immediatschreiben Bismarcks an Wilhelm I. vom 9. Oktober 1884.
60 GP, Band 3, S. 446: Bismarck an den Botschafter in Paris Fürsten von Hohenlohe vom 25. Mai 1885.
61 H. Holborn, The Political Collapse of Europe, New York 1951, S. 53.
62 E. Wolf, Vom Fürsten Bismarck und seinem Haus. Tagebuchblätter, Berlin 1904, S. 16.

West-östliche Gefahr und »Großmacht Diplomatie«: Das »System der Aushilfen« (1885–1890)

1 W. Windelband, Die Einheitlichkeit von Bismarcks Außenpolitik seit 1871, in: Ders., Gestalten und Probleme der Außenpolitik. Reden und Aufsätze zu vier Jahrhunderten, Berlin/Essen/Leipzig 1937, S. 148.
2 Bismarck, GW, Politische Schriften, Band 6 c, S. 350: Schreiben Bismarcks an den Staatsminister General Bronsart von Schellendorf vom 24. Dezember 1886.
3 GP, Band 5, S. 260: Staatssekretär Graf Herbert von Bismarck an den Botschafter in Wien Prinzen Heinrich VII. Reuß vom 30. Juni 1887.
4 Dehio, Gleichgewicht oder Hegemonie, S. 197.
5 Zitiert nach Schieder, Staatensystem, S. 245.
6 Kohl (Hg.), Politische Reden Bismarcks, Band 12, S. 183: Rede vom 11. Januar 1887.
7 GP, Band 4, S. 134: Geheimer Regierungsrat Graf Wilhelm von Bismarck an Bismarck vom 19. August 1885.
8 Staatssekretär Graf Herbert von Bismarck. Aus seiner politischen Privatkorrespondenz. Herausgegeben und eingeleitet von W. Bußmann, Göttingen 1964 (künftig zitiert als: Herbert von Bismarck. Privatkorrespondenz), S. 332: Herbert Bismarck an Bülow vom 31. Oktober 1885.
9 Hatzfeldt. Nachgelassene Papiere, Erster Teil, S. 459: Graf Hatzfeldt an Graf Herbert Bismarck vom 25. Oktober 1885.
10 Bismarck, GW, Briefe, Band 14/2, S. 928: Bismarck an König Ludwig II. vom 31. Juli 1881.
11 Herbert von Bismarck an Bülow vom 28. September 1885 (Archivdokument), zitiert nach Canis, Bismarck und Waldersee, S. 146.
12 Oncken, Reich und Vorgeschichte, Erster Teil, S. 288.
13 Lucius von Ballhausen, Bismarck-Erinnerungen, S. 359: Bismarck am 13. Dezember 1886.
14 Kohl (Hg.), Politische Reden Bismarcks, Band 12, S. 181: Rede vom 11. Januar 1887.
15 Ebd., S. 182 f.
16 Herbert von Bismarck. Privatkorrespondenz, S. 393: Bismarck an Herbert von Bismarck vom 10. Oktober 1886.
17 GP, Band 5, S. 147: Staatssekretär Graf Herbert von Bismarck an den Botschafter in Wien Prinzen Heinrich VII. Reuß vom 3. Dezember 1886.
18 Kohl (Hg.), Politische Reden Bismarcks, Band 12, S. 186: Rede vom 11. Januar 1887.
19 Ebd., S. 177.
20 Bismarck, GW, Band 13, S. 125: Rede vom 26. März 1886.

21 Zitiert nach H. Rothfels, Probleme einer Bismarck-Biographie, in: Ders., Bismarck. Vorträge und Abhandlungen, Stuttgart/Berlin/Köln/Mainz 1970, S. 27.
22 Oncken, Bennigsen, Band 2, S. 535.
23 Schieder, Nietzsche und Bismarck, Krefeld 1963, S. 30.
24 Kaehler, Ein Marginal Bismarcks, S. 114.
25 J. Becker, Der Krieg mit Frankreich als Problem der kleindeutschen Einigungspolitik Bismarcks 1866–1870, in: Das kaiserliche Deutschland. Politik und Gesellschaft 1870–1918. Herausgegeben von M. Stürmer, Düsseldorf 1970, S. 87.
26 H. Bennecke, Bulgarien in der Politik Bismarcks bis zur Thronbesteigung Ferdinands von Coburg, Diss. Leipzig (1930), Dresden 1930, S. 98.
27 Ritter, Bismarcks Verhältnis zu England, S. 545 f.
28 Ebd., S. 546.
29 P.W. Schroeder, Gladstone as Bismarck, in: *Canadian Journal of History* 15 (1980), S. 163.
30 Herbert von Bismarck. Privatkorrespondenz, S. 379: Herbert von Bismarck an Rantzau vom 24. September 1886.
31 Ebd.
32 Neue Bismarck-Gespräche. Vier unveröffentlichte politische Gespräche des Kanzlers mit österreichisch-ungarischen Staatsmännern sowie ein Gespräch Kaiser Wilhelms II. Mitgeteilt und erläutert von H. Krausnick, Hamburg 1940, S. 39: Notizen über Besprechung mit Fürsten Bismarck in Varzin, August 1885.
33 Kohl (Hg.), Politische Reden Bismarcks, Band 12, S. 184: Rede vom 11. Januar 1887.
34 GP, Band 5, S. 96: Der Botschafter in Petersburg von Schweinitz an Bismarck vom 17. Dezember 1886. Randbemerkung Bismarcks.
35 Ebd., Band 4, S. 301: Bismarck an den Botschafter in London Grafen Hatzfeldt vom 3. Februar 1887.
36 Ebd., S. 322: Staatssekretär Graf Herbert von Bismarck an den Botschafter in London Grafen Hatzfeldt vom 11. März 1887.
37 Ebd., S. 198: Der Botschafter in Wien Prinz Heinrich VII. Reuß an Bismarck vom 29. August 1887. Randbemerkung Bismarcks.
38 Ebd., S. 226: Staatssekretär Herbert von Bismarck an Bismarck vom 3. Januar 1887. Randbemerkung Bismarcks über die Chancen eines von Italien und eventuell von England unterstützten Österreich-Ungarns in der Auseinandersetzung mit Rußland.
39 Ebd., S. 255: Ganz geheimes Zusatzprotokoll des Rückversicherungsvertrages vom 18. Juni 1887.
40 Ebd., S. 253: Text des Rückversicherungsvertrages und des Zusatzprotokolls vom 18. Juni 1887.
41 Ebd., Band 6, S. 303: Bismarck an den Botschafter in Wien Prinzen Heinrich VII., Reuß vom 3. Mai 1888.
42 Hatzfeldt. Nachgelassene Papiere, Erster Teil, S. 659, Anmerkung 9: Holstein an Graf Hatzfeldt vom 14. Januar 1888. Randbemerkung Bismarcks zu einem Bericht Hatzfeldts vom 17. Januar 1888.
43 H. Rothfels, Die Denkwürdigkeiten des Generals von Schweinitz, in: *Historische Zeitschrift* 138 (1928), S. 77.
44 GP, Band 6, S. 342 f.: Bismarck an Wilhelm II. vom 19. August 1888.
45 J. Haller wird zitiert nach R. Wittram, Bismarcks Rußlandpolitik nach der Reichsgründung, in: *Historische Zeitschrift* 186 (1958) (künftig zitiert als: Wittram, Bismarcks Rußlandpolitik), S. 277.
46 R. Ibbeken, Das außenpolitische Problem. Staat und Wirtschaft in der deutschen Reichspolitik 1880–1914. Untersuchungen über: Kolonialpolitik, Internationale Finanzpolitik, Handelsverträge und die Bagdadbahn, Schleswig 1928 (künftig zitiert als: Ibbeken, Staat und Wirtschaft), S. 96.
47 Herbert von Bismarck. Privatkorrespondenz, S. 456: Herbert Bismarck an den Bruder Wilhelm vom 13. Juni 1887.
48 P. Jakobs, Das Werden des französisch-russischen Zweibundes 1890–1894, Wiesbaden 1968, S. 12.
49 Herbert von Bismarck. Privatkorrespondenz, S. 457: Herbert Bismarck an den Bruder Wilhelm vom 19. Juni 1887.
50 Ebd., S. 457 f.
51 GP, Band 5, S. 251: Bismarck an den Botschafter in Petersburg von Schweinitz vom 13. Juni 1887.
52 Ebd., S. 265 f.: Diktat Bismarcks vom 28. Juli 1887.
53 Herbert von Bismarck. Privatkorrespondenz, S. 479: Herbert Bismarck an den Bruder Wilhelm vom 11. November 1887.
54 Kennan, Bismarcks europäisches System, S. 377.
55 GP, Band 6, S. 324: Aufzeichnung des Staatssekretärs Grafen Herbert von Bismarck vom 22. Juli 1888.

56 W. Sombart, Deutsche Volkswirtschaft im Neunzehnten Jahrhundert, 2. durchgesehene Aufl. Berlin 1909, S. 184.
57 Fürst Bülows Reden nebst urkundlichen Beiträgen zu seiner Politik. Mit Erlaubnis des Reichskanzlers gesammelt und herausgegeben von J. Penzler, Band 2, Berlin 1907, S. 199: Rede vom 15. März 1905.
58 Ibbeken, Staat und Wirtschaft, S. 111.
59 Ebd., S. 134.
60 Denkwürdigkeiten des General-Feldmarschalls Alfred Grafen von Waldersee. Auf Veranlassung des Generalleutnants Georg Grafen von Waldersee bearbeitet und herausgegeben von H. O. Meisner, Band 1, Stuttgart/Berlin 1922 (künftig zitiert als: Waldersee, Denkwürdigkeiten), S. 351: Eintrag vom 12. Januar 1888.
61 Ebd., S. 387: Eintrag vom 8. April 1888.
62 Bismarck an den deutschen Militärattaché in Wien Major von Deines vom 16. Dezember 1887 (Archivdokument), zitiert nach Oncken, Reich und Vorgeschichte, Erster Teil, S. 342.
63 GP, Band 6, S. 59: Bismarck an den Chef des Militärkabinetts General von Albedyll vom 19. Dezember 1887.
64 Graf Moltke, Die deutschen Aufmarschpläne 1871–1890. Herausgegeben von Oberstleutnant a. D. von Schmerfeld (Forschungen und Darstellungen aus dem Reichsarchiv. Siebentes Heft), Berlin 1929, S. 144 f.: Moltke an Bismarck vom 30. November 1887. Wiederabgedruckt in: Moltke. Vom Kabinettskrieg zum Volkskrieg. Eine Werkauswahl. Herausgegeben von S. Förster, Bonn/Berlin 1992, S. 620.
65 Schweinitz, Denkwürdigkeiten, Band 2, S. 351.
66 Moltkes Militärische Werke, Band 4: Kriegslehren. Erster Teil. Herausgegeben vom Großen Generalstabe, Kriegsgeschichtliche Abteilung I, Berlin 1911, S. 7.
67 Gesammelte Schriften und Denkwürdigkeiten des General-Feldmarschalls Grafen Helmuth von Moltke, Band 7: Reden, Berlin 1892, S. 138: Reichstagssitzung vom 14. Mai 1890.
68 Aufzeichnungen und Erinnerungen aus dem Leben des Botschafters Joseph Maria von Radowitz. Herausgegeben von H. Holborn, Band 2, Stuttgart/Berlin/Leipzig 1925, S. 276: Berchem an Radowitz vom 4. Dezember 1887.
69 Die von Ernst Esternaux, kommissarischer Hilfsarbeiter im Auswärtigen Amt (1899–1903), stammende Beurteilung wird zitiert nach der Einleitung zu: Holstein-Papiere, Band 1, S. XXXI.
70 G. Richter, Friedrich von Holstein. Ein Mitarbeiter Bismarcks, Lübeck/Hamburg 1966, S. 181.
71 H. Krausnick, Holsteins Geheimpolitik in der Ära Bismarck 1886–1890. Dargestellt vornehmlich auf Grund unveröffentlichter Akten des Wiener Haus-, Hof- und Staatsarchivs, Hamburg ²1942.
72 E. Kolb, Rezension über: Staatssekretär Graf Herbert von Bismarck. Aus seiner politischen Privatkorrespondenz. Herausgegeben und eingeleitet von W. Bußmann, Göttingen 1964, in: *Göttingische Gelehrte Anzeigen* 221 (1969), S. 313.
73 Kohl (Hg.), Politische Reden Bismarcks, Band 12, S. 182: In seiner Rede vom 11. Januar 1887 zitiert der Reichskanzler aus dem *Berliner Tageblatt.*
74 Zitiert nach K.-E. Jeismann, Das Problem des Präventivkrieges im europäischen Staatensystem mit besonderem Blick auf die Bismarckzeit, Freiburg im Breisgau/München 1957, S. 135.
75 Hatzfeldt. Nachgelassene Papiere, Erster Teil, S. 657: Holstein an Graf Hatzfeldt vom 14. Januar 1888.
76 Wittram, Bismarcks Rußlandpolitik, S. 282.
77 GP, Band 6, S. 69: Bismarck an den Botschafter in Wien Prinzen Heinrich VII. Reuß vom 27. Dezember 1887.
78 Kohl (Hg.), Politische Reden Bismarcks, Band 12, S. 477: Rede vom 6. Februar 1888.
79 GP, Band 6, S. 305: Bismarck an den Kronprinzen Wilhelm (vom 9. Mai 1888).
80 Ebd., Band 9, S. 353: Der Botschafter in London Graf von Hatzfeldt an den Vortragenden Rat von Holstein vom 18. Juni 1895.
81 Herbert von Bismarck. Privatkorrespondenz, S. 475: Herbert Bismarck an Bülow vom 4. Oktober 1887.
82 GP, Band 4, S. 366: Staatssekretär Herbert von Bismarck an den Botschafter in London Grafen von Hatzfeldt vom 8. November 1887.
83 Ritter, Bismarcks Verhältnis zu England, S. 546.
84 Bismarck, GW, Briefe, Band 14/2, S. 981: Bismarck an Lord Salisbury vom 22. November 1887.
85 Ebd.
86 GP, Band 4, S. 394: Der Botschafter in London Graf von Hatzfeldt an Bismarck. Anlage.
87 Ebd.
88 H. von Bismarck. Privatkorrespondenz, S. 396: Rantzau an Herbert Bismarck vom 15. Oktober 1886.

89 GP, Band 6, S. 62: Aufzeichnung des Vortragenden Rats Grafen zu Rantzau vom 20. Dezember 1887.
90 Ebd., Band 4, S. 400: Bismarck an den Botschafter in London Grafen Hatzfeldt vom 11. Januar 1889.
91 Ebd., S. 400 und S. 402.
92 W. F. Horsch, Unstimmigkeiten im deutsch-österreichischen Bündnis Ende 1888 und Anfang 1889, Diss. Tübingen 1931.
93 GP, Band 4, S. 405: Staatssekretär Herbert von Bismarck an Bismarck vom 22. März 1889.
94 C. Messerschmidt, Bismarcks russische Politik vom Berliner Kongreß bis zu seiner Entlassung, Diss. Hamburg 1935 (Würzburg 1936), S. 87.
95 Philipp Eulenburgs politische Korrespondenz. Band 1. Herausgegeben von John C. G. Röhl, Boppard am Rhein 1976 (künftig zitiert als: Eulenburgs politische Korrespondenz), S. 421: Eulenburg an Friedrich von Holstein vom 25. Januar 1890.
96 W. Frank, Hofprediger Adolf Stoecker und die christlichsoziale Bewegung, Berlin 1928, S. 413: Stoecker an Freiherrn von Hammerstein vom 14. August 1888.
97 Mann, Deutsche Geschichte, S. 553.
98 H. Oncken, Ziele und Grundlagen der auswärtigen Politik des Deutschen Reiches von 1871 bis 1914, in: Bernhard Harms (Hg.), Volk und Reich der Deutschen, Band 1, Berlin 1929, S. 154.
99 Gall, Bismarck, S. 642.
100 F. Schnabel, Das Problem Bismarck, in: *Hochland* 42 (1949/50) (künftig zitiert als: Schnabel, Problem Bismarck), S. 8.
101 L. von Muralt, Bismarcks Verantwortlichkeit, Göttingen/Zürich/Frankfurt am Main, 2. vermehrte Aufl. 1970, S. 35.
102 M. Weber, Der Nationalstaat und die Volkswirtschaftspolitik (1859), in: Ders., Gesammelte politische Schriften, neu herausgegeben von J. Winckelmann, 2., erweiterte Aufl., Tübingen 1958 (künftig zitiert als: Weber, Gesammelte politische Schriften), S. 19 f.
103 Goethes Gespräche. Eine Sammlung zeitgenössischer Berichte aus seinem Umgang auf Grund der Ausgabe des Nachlasses von F. Freiherrn von Biedermann. Ergänzt und herausgegeben von W. Herwig. Band 3, Zürich/Stuttgart 1971, S. 697.
104 O. Westphal, Feinde Bismarcks. Geistige Grundlagen der deutschen Opposition 1848–1918, München/Berlin 1930, S. 173.
105 Schweinitz, Denkwürdigkeiten, Band 2, S. 379 f.
106 Schnabel, Problem Bismarck, S. 27.
107 A. Hillgruber, Otto von Bismarck. Gründer der europäischen Großmacht Deutsches Reich, Göttingen u. a. 1978
108 L. von Ranke, Frankreich und Deutschland (1832), in: Ders., Zur Geschichte Deutschlands und Frankreichs im neunzehnten Jahrhundert, Leipzig 1887, S. 73.
109 Zitiert nach H. Rothfels, Zur Stellung Bismarcks im deutschen Geschichtsbild, in: Ders., Bismarck. Vorträge und Abhandlungen, Stuttgart/Berlin 1970, S. 103.
110 L. von Ranke, Deutsche Geschichte im Zeitalter der Revolution. Vierter Band, München 1925, S. 320.

Im Banne des Prestiges: Das wilhelminische Reich 1890–1918

»Mitteleuropa« zwischen England und Rußland:
»Neuer Kurs« ohne festes Ziel (1890–1897)

1 Das persönliche Regiment. Reden und sonstige öffentliche Aeußerungen Wilhelms II. Zusammengestellt von W. Schröder, München 1907, S. 92.
2 Die Reden Kaiser Wilhelms II. in den Jahren 1888–1895. Gesammelt und herausgegeben von J. Penzler, Leipzig o. J. (künftig zitiert als: Die Reden Kaiser Wilhelms II.), S. 14: Festmahl des Brandenburgischen Provinziallandtages am 24. Februar 1892.
3 Eine (ungenannte) französische Zeitung 1890 über Bismarck, zitiert nach Stadelmann, Hegemonie und Gleichgewicht, S. 12.

4 W.F. Monypenny, The Imperial Ideal, in: The Empire and the Century. A Series of Essays on Imperial Problems and Possibilities by Various Writers. Edited with an Introduction by Ch. S. Goldman, London 1905, S. 5 f.
5 GP, Band 7, S. 348: Aufzeichnung des Vortragenden Rats Raschdau vom 18. Juli 1890. Randbemerkung Caprivis.
6 E. Fehrenbach, Images of Kaiserdom: German attitudes to Kaiser Wilhelm II, in: J.C.G. Röhl/N. Sombart (Ed.), Kaiser Wilhelm II. New Interpretations, Cambridge, 1982, S. 283.
7 Weber, Der Nationalstaat und die Volkswirtschaftspolitik (1895), in: Ders., Gesammelte politische Schriften, S. 23.
8 Salisbury an Cranbrook vom 1. Januar 1895, zitiert nach R. Taylor, Lord Salisbury, London 1975, S. 145.
9 F. Stern, Der Traum vom Frieden und die Versuchung der Macht. Deutsche Geschichte im 20. Jahrhundert, Berlin 1988, S. 35.
10 Th. Fontane, Briefe in zwei Bänden. Ausgewählt und erläutert von G. Erler, Band 2, München 1981 (künftig zitiert als: Fontane, Briefe), S. 408: An Georg Friedlaender vom 5. April 1897.
11 Th. Schieder, Einführung zu: D. Langewiesche (Hg.), Ploetz. Das Deutsche Kaiserreich 1867/71 bis 1918. Bilanz einer Epoche, Freiburg im Breisgau/Würzburg 1984, S. 6.
12 Canis, Bismarck und Waldersee, S. 296.
13 Schweinitz, Denkwürdigkeiten, Band 2, S. 404.
14 GP, Band 7, S. 32: Aufzeichnung Caprivis vom 22. Mai 1890.
15 O. Hammann, Der neue Kurs. Erinnerungen, Berlin 1918, S. 53.
16 Denkschrift Raschdaus vom 15. Juli 1890 (Archivdokument), zitiert nach K. Canis, Zur Außenpolitik der Regierung des »Neuen Kurses« nach 1890, in: *Zeitschrift für Geschichtswissenschaft* 31 (1983), S. 985.
17 GP, Band 7, S. 49: Aufzeichnung des Vortragenden Rats von Holstein vom 10. Juni 1904.
18 Handbuch der Verträge 1871–1964. Verträge und andere Dokumente aus der Geschichte der internationalen Beziehungen, herausgegeben von H. Stoecker unter Mitarbeit von A. Rüger, Berlin (Ost) 1968, S. 73: 1. Juli 1890 Helgoland-Sansibar-Vertrag zwischen Deutschland und Großbritannien.
19 GP, Band 6, S. 372: Der Militärbevollmächtigte in Petersburg Oberst von Villaume an Wilhelm II. vom 10. April 1890. Randbemerkung Wilhelms II.
20 Schulthess' Europäischer Geschichtskalender. Neue Folge 7 (1891), München 1892, S. 111: Ansprache Caprivis am 27. September 1892 in Osnabrück.
21 Deym vom 2. Dezember 1891 (Archivdokument) zitiert nach Wolfgang Herrmann, Dreibund, Zweibund, England 1890–1895. Eine Skizze zur Außenpolitik auf Grund neuer Akten, Stuttgart 1929, S. 37 f.
22 Eulenburgs politische Korrespondenz, Band 3, S. 2296: Johannes Haller an Eulenburg vom 27. Dezember 1919.
23 Bülow an Eulenburg vom 2. März 1890 (Archivdokument), zitiert nach P. Winzen, Bülows Weltmachtkonzept. Untersuchungen zur Frühphase seiner Außenpolitik 1897–1901, Boppard am Rhein 1977 (künftig zitiert als: Winzen, Bülows Weltmachtkonzept), S. 50.
24 Erlebtes und Erstrebtes. Lebenserinnerungen von Generalleutnant Keim, Hannover 1925, S. 71.
25 A. von Tirpitz, Erinnerungen, Berlin/Leipzig, 5. durchgesehene und verbesserte Aufl. 1927 (künftig zitiert als: Tirpitz, Erinnerungen), S. 23.
26 G. Martel, Documenting the Great Game: »World Policy« and the »Turbulent Frontier« in the 1890s, in: *The International History Review* 2 (1980), S. 297: Aufzeichnung Lord Roseberys über eine Unterredung mit Paul d'Estournelles vom 25. Juli 1893.
27 British Documents on the Origins of the War 1898–1914 (künftig zitiert als: BD), Band 6, London 1930, S. 782: Extract from Minutes of the Committee of Imperial Defence at a Meeting of May 26, 1911 – Sir Edward Grey (Appendix V.).
28 M. Behnen (Hg.), Quellen zur deutschen Außenpolitik im Zeitalter des Imperialismus 1890–1911, Darmstadt 1977 (künftig zitiert als: Behnen (Hg.), Quellen), S. 71: Rede Caprivis im Reichstag am 23. November 1892.
29 Eulenburgs politische Korrespondenz, Band 3, S. 913 f.: Aufzeichnung Eulenburgs vom 11. Juli 1892.
30 Behnen (Hg.), Quellen, S. 11: Rede Caprivis im Reichstag am 12. Mai 1890.
31 C. K. Webster, The Foreign Policy of Castlereagh 1815–1822. Britain and the European Alliance, London 1925, S. 542: Metternich an Castlereagh vom 6. Juni 1822.
32 Eulenburgs politische Korrespondenz, Band 2, S. 770: August Graf zu Eulenburg an Philipp Eulenburg vom 14. Februar 1892.

33 Ebd., S. 1029: Eulenburg an Caprivi vom 24. Februar 1893.
34 Ibbeken, Staat und Wirtschaft, S. 279.
35 S. A. Kaehler, Briefe 1900–1963. Herausgegeben von W. Bußmann und G. Grünthal. Unter Mitwirkung von J. Stemmler, Boppard am Rhein 1993 (künftig zitiert als: Kaehler, Briefe 1900–1963), S. 313, Anmerkung 1: Rassow an Kaehler vom 28. Juni 1945.
36 F. List, Das Nationale System der Politischen Ökonomie, in: Ders., Schriften/Reden/Briefe, Band 6. Herausgegeben von A. Sommer, Berlin 1930, S. 99f.
37 R. Arndt (Hg.), Die Reden des Grafen von Caprivi im Deutschen Reichstage, Preußischen Landtage und bei besonderen Anlässen. 1883–1893, Berlin 1894, S. 177: Rede Caprivis im Reichstag am 10. Dezember 1891.
38 Waldersee, Denkwürdigkeiten, Band 2, S. 311.
39 Fontane, Briefe, Band 2, S. 408: An Georg Friedlaender vom 5. April 1897.
40 Ebd., S. 409.
41 Oncken, Reich und Vorgeschichte, Zweiter Teil, S. 411.
42 Th. Schieder, Europa im Zeitalter der Nationalstaaten und europäische Weltpolitik bis zum Ersten Weltkrieg, in: Ders. (Hg.), Handbuch der Europäischen Geschichte, Band 6, Stuttgart 1968 (künftig zitiert als: Schieder, Europa im Zeitalter der Nationalstaaten), S. 116.
43 Holstein-Papiere, Band 3, S. 338: Graf Hatzfeldt an Holstein vom 14. April 1891.
44 R. Lahme, Deutsche Außenpolitik 1890–1894. Von der Gleichgewichtspolitik Bismarcks zur Allianzstrategie Caprivis, Göttingen 1990, S. 497.
45 The Letters of Queen Victoria. Third Series. Edited by G. E. Buckle. Band 2, London 1931 (künftig zitiert als: The Letters of Queen Victoria), S. 405: Earl of Rosebery an Königin Victoria vom 13. Juni 1894.
46 GP, Band 11, S. 49: Der Vortragende Rat im Auswärtigen Amt von Holstein an den Botschafter in London Grafen von Hatzfeldt vom 10. Januar 1896.
47 B. Fürst von Bülow, Denkwürdigkeiten, Band 1. Herausgegeben von F. von Stockhammern, Berlin 1930 (künftig zitiert als: Bülow, Denkwürdigkeiten), S. 9.
48 Eulenburgs politische Korrespondenz, Band 3, S. 1621: Wilhelm II. an Eulenburg vom 25. Dezember 1895.
49 Ebd., S. 1742: Bülow an Eulenburg vom 20. Oktober 1896.
50 W. Baumgart, Deutschland im Zeitalter des Imperialismus 1890–1914. Grundkräfte. Thesen und Strukturen, Stuttgart/Berlin/Köln/Mainz ^{5}1986 (künftig zitiert als: Baumgart, Deutschland im Zeitalter des Imperialismus), S. 90.
51 GP, Band 12, S. 386: Der Geschäftsträger in Paris von Müller an das Auswärtige Amt vom 25. März 1897.
52 Die Reden Kaiser Wilhelms II., S. 9: Tischrede im königlichen Schloß am 18. Januar 1896.
53 Eulenburgs politische Korrespondenz, Band 3, S. 1695: Eulenburg an Bülow vom 8. Juni 1896.
54 Hintze, Die Hohenzollern und ihr Werk, S. 679.

Politik der freien Hand und deutscher Schlachtflottenbau:
Die Isolierung des Reiches (1897–1908/09)

1 J. Fisch, Die europäische Expansion und das Völkerrecht. Die Auseinandersetzungen um den Status der überseeischen Gebiete vom 15. Jahrhundert bis zur Gegenwart, Stuttgart 1984, S. 268.
2 Kaehler, Briefe 1900–1963, S. 316: Kaehler an Rassow vom 8. Juli 1945.
3 *The Times* vom 5. Mai 1898, S. 7: The Primrose League. Speech by Lord Salisbury.
4 F. Naumann, Demokratie und Kaisertum. Ein Handbuch für innere Politik, Berlin-Schöneberg 1900 (3. neubearbeitete Aufl. 1904).
5 Friedrich Naumann, Nationalsozialer Katechismus. Erklärungen der Grundlinien des National-Sozialen Vereins, Berlin und Leipzig 1897, in: Ders., Ausgewählte Schriften. Eingeleitet von Hannah Vogt, Frankfurt am Main 1949, S. 114.
6 Das Zitat von Victor Hugo wird angeführt bei H. Maier, Der christliche Friedensgedanke und der Staatenfriede der Neuzeit, in: Ders., Anstöße. Beiträge zur Kultur- und Verfassungspolitik, Stuttgart 1978 (künftig zitiert als: Maier, Anstöße), S. 140.
7 The Parliamentary Debates. Fourth Series, Band XCIII, Sp. 1572: Churchill im Unterhaus am 13. Mai 1901.

8 Fürst Bülows Reden. Herausgegeben von J. Penzler, Band 1, Berlin 1907 (künftig zitiert als: Penzler (Hg.), Bülows Reden), S. 8: Bülow im Reichstag am 6. Dezember 1897.
9 Zitiert nach R. Nürnberger, Imperialismus, Sozialismus und Christentum bei Friedrich Naumann, in: *Historische Zeitschrift* 170 (1950), S. 530.
10 Waldersee, Denkwürdigkeiten, Band 2, S. 449: Eintrag vom 13. Juli 1900.
11 *The Outlook. A weekly review of politics, art, literature and finance* vom 10. März 1906, S. 326.
12 L. von Ranke, Hardenberg und die Geschichte des preußischen Staates von 1793–1813 (Sämmtliche Werke, Band 47), Leipzig 1880, S. 145.
13 J.C.G. Röhl, Der »Königsmechanismus« im Kaiserreich, in: Ders., Kaiser, Hof und Staat. Wilhelm II. und die deutsche Politik, München 1987, S. 125.
14 P. Kennedy, The Rise and Fall of the Great Powers. Economic Change and Military Conflict from 1500 to 2000, New York 1987 (künftig zitiert als: Kennedy, Rise and Fall of the Great Powers), S. 213.
15 N. Rich, Diskussionsbeitrag, in: J. Becker/A. Hillgruber (Hg.), Die Deutsche Frage im 19. und 20. Jahrhundert, München 1983, S. 178.
16 Bülow, Denkwürdigkeiten, Band 1, S. 187 f.
17 Behnen (Hg.), Quellen, S. LI.
18 Siehe auch unten S. 243 und 246.
19 Viscount Haldane of Cloan, Before the War, London 1920, S. 71.
20 A. von Tirpitz, Politische Dokumente. Der Aufbau der deutschen Weltmacht, Stuttgart/Berlin 1924 (künftig zitiert als: Tirpitz, Politische Dokumente/Aufbau Weltmacht), S. 16, Anmerkung 1.
21 Eulenburgs politische Korrespondenz, Band 3, S. 2113: Bülow an Eulenburg vom 22. September 1905.
22 Winzen, Bülows Weltmachtkonzept, S. 81.
23 Dehio, Gedanken über die deutsche Sendung, in: Ders., Deutschland und die Weltpolitik, S. 81.
24 H. Delbrück, In Wehr und Waffen, in: *Preußische Jahrbücher* 142 (1910), S. 266.
25 G. Ritter, Europa und die deutsche Frage. Betrachtungen über die geschichtliche Eigenart des deutschen Staatsdenkens, München 1948 (künftig zitiert als: Ritter, Europa und die deutsche Frage), S. 136.
26 GP, Band 13, S. 34: Wilhelm II. an Hohenlohe vom 1. August 1897.
27 Ebd., S. 35.
28 Ebd., S. 34: Der preußische Gesandte in München Graf Monts an Hohenlohe vom 31. Juli 1897. Randbemerkung Wilhelms II.
29 V. R. Berghahn, Der Tirpitz-Plan. Genesis und Verfall einer innenpolitischen Krisenstrategie unter Wilhelm II., Düsseldorf 1971.
30 Mann, Deutsche Geschichte, S. 514.
31 Holstein-Papiere, Band 4, S. 220: Tagebuchaufzeichnung Holsteins vom 11. Januar 1902.
32 Dehio, Deutschland und die Epoche der Weltkriege, in: Ders., Deutschland und die Weltpolitik, S. 15.
33 Eulenburgs politische Korrespondenz, Band 3, S. 1878: Bülow an Eulenburg vom 26. Dezember 1897.
34 Diederich Hahn vom »Bund der Landwirte« wird zitiert nach V. R. Berghahn, Rüstung und Machtpolitik. Zur Anatomie des »Kalten Krieges« vor 1914, Düsseldorf 1973, S. 21.
35 D. Calleo, The German Problem Reconsidered. Germany and the World Order, 1870 to the Present, Cambridge/London/New York/Melbourne 1978 (künftig zitiert als: Calleo, The German Problem), S. 206.
36 Stichpunkte des Admirals von Tirpitz für den Immediatvortrag in Rominten (Abschrift): Die deutsche Flottenrüstung (Archivdokument), zitiert nach Behnen (Hg.), Quellen, S. 223.
37 Th. von Bethmann Hollweg, Die Memoiren des Herrn von Tirpitz, in: Th. von Bethmann Hollweg. Betrachtungen zum Weltkriege. Herausgegeben von J. Dülffer, Essen 1989, S. 318 f.
38 M. Howard, Der Krieg in der europäischen Geschichte. Vom Ritterheer zur Atomstreitmacht, München 1981, S. 166.
39 Baumgart, Deutschland im Zeitalter des Imperialismus, S. 50.
40 B. Sösemann, »Pardon wird nicht gegeben, Gefangene nicht gemacht«. Zeugnisse und Wirkungen einer rhetorischen Mobilmachung, in: Der letzte Kaiser. Wilhelm II. im Exil. Herausgegeben im Auftrage des Deutschen Historischen Museums von H. Wildrotter und K.-D. Pohl, Berlin 1991, S. 81.
41 Behnen (Hg.), Quellen, S. 247.
42 GP, Band 15, S. 244: Bülow an den Ersten Delegierten bei der 1. Haager Friedenskonferenz Botschafter Grafen Münster vom 3. Juni 1899.
43 Theodor Mommsen, in: *Der Bund* (Bern) vom 19. Mai 1899, zitiert nach J. Dülffer, Internationales System, Friedensgefährdung und Kriegsvermeidung: Das Beispiel der Haager Friedenskonferenzen

1899 und 1907, in: Lehren aus der Geschichte? Historische Friedensforschung, Frankfurt am Main 1990, S. 112.
44 GP, Band 15, S. 196: Aufzeichnung Bülows vom 14. Mai 1899. Randbemerkung Wilhelms II.
45 Ebd., S. 306: Bülow an Wilhelm II. vom 21. Juni 1899. Randbemerkung Wilhelms II.
46 Holstein-Papiere, Band 4, S. 95: Holstein an Fürst Radolin vom 9. März 1899.
47 Dehio, Gleichgewicht oder Hegemonie, S. 205.
48 GP, Band 17, S. 375: Der Vortragende Rat von Mühlberg an den Ersten Sekretär bei der Botschaft in London Freiherrn von Eckardstein vom 31. Januar 1900.
49 Stürmer, Das ruhelose Reich, S. 286.
50 Bülow, Denkwürdigkeiten, Band 3, S. 207.
51 The Milner Papers. South Africa 1899–1905. Edited by C. Headlam. Band 2, London/Toronto/Melbourne/Sydney 1933, S. 448: Lord Milner an Lady Edward Cecil vom 25. März 1903.
52 Holstein-Papiere, Band 4, S. 188: Holstein an Graf Hatzfeldt vom 9. Oktober 1900.
53 Ebd., Ders. an dens. vom 12. Oktober 1900.
54 Ebd.
55 Ebd., Ders. an dens. vom 9. Oktober 1900.
56 Kühlmann an Bülow vom 9. Dezember 1901 (Archivdokument), zitiert nach H. Rosenbach, Das Deutsche Reich, Großbritannien und der Transvaal, Göttingen 1993, S. 274.
57 GP, Band 17, S. 21: Bülow an Wilhelm II. vom 21. Januar 1901.
58 W. L. Langer, The Diplomacy of Imperialism 1890–1902, Band 2, New York/London ^{2}1951, S. 732.
59 The Letters of Queen Victoria, Band 3, S. 21: Salisbury an Queen Victoria vom 12. Januar 1896.
60 Penzler (Hg.), Bülows Reden, Band 1, S. 242: Rede im Reichstag vom 8. Januar 1902.
61 Holstein-Papiere, Band 4, S. 223: Tagebuchaufzeichnung Holsteins vom 14. Januar 1902.
62 F. Meinecke, Geschichte des deutsch-englischen Bündnisproblems 1890–1901, (1927), ND München/Wien 1972, S. 261.
63 GP, Band 4, S. 141: Bismarck an den Botschafter in London Grafen von Hatzfeldt vom 9. Dezember 1885.
64 F. Naumann, Wochenschau (Der Burenkampf und die Großmächte), in: *Die Hilfe*, 6. Jahrgang, vom 11. März 1900, S. 1.
65 Penzler (Hg.), Bülows Reden, Band 1, S. 245: Rede im Reichstag vom 8. Januar 1902.
66 Ebd., S. 243.
67 GP, Band 20, S. 78: Der Botschafter in Rom Graf Monts an Bülow vom 21. Mai 1904. Randbemerkung Bülows.
68 Vgl. H. Gollwitzer, Geschichte des weltpolitischen Denkens. Band 2: Zeitalter des Imperialismus und der Weltkriege, Göttingen 1982 (künftig zitiert als: Gollwitzer, Geschichte des weltpolitischen Denkens), S. 111.
69 R. Aron, Frieden und Krieg. Eine Theorie der Staatenwelt, Frankfurt am Main 1963 (künftig zitiert als: Aron, Frieden und Krieg), S. 123.
70 M. Paléologue, Un grand tournant de la politique mondiale (1904–1906), Paris 1934, S. 13: 29. Dezember 1898.
71 Ebd., S. 12: 1. Februar 1904.
72 GP, Band 18/2, S. 840: Bülow an das Auswärtige Amt vom 3. April 1903.
73 GP, Band 19/2, S. 373: Bülow an Wilhelm II. vom 26. Dezember 1904.
74 Ebd., Band 20/1, S. 22: Wilhelm II. an Bülow vom 19. April 1904.
75 Ebd., S. 147: Wilhelm II. an Bülow vom 6. Juni 1904.
76 Ebd, S. 144: Aufzeichnung Holsteins vom 5. Juni 1904.
77 Ebd.
78 M. Paléologue, Un grand tournant de la politique mondiale (1904–1906), Paris 1934.
79 GP, Band 19/2, S. 402f.: Bülow an Wilhelm II. vom 26. Dezember 1904.
80 S. Lee, King Edward VII. A Biography. Band 2, London 1927, S. 304.
81 GP, Band 19/1, S. 306: Wilhelm II. an Kaiser Nikolaus II von Rußland.
82 Ebd., S. 312: Bülow an Wilhelm II. vom 16. November 1904.
83 Ebd., S. 317: Wilhelm II. an Bülow vom 23. November 1904.
84 Ebd., Band 19/2, S. 463: Wilhelm II. an Bülow vom 25. Juli 1905.
85 Behnen (Hg.), Quellen, S. 358: Wilhelm II. an Bülow vom 31. Dezember 1905.
86 GP, Band 20/1, S. 203: Aufzeichnung des Vortragenden Rats Fürsten von Lichnowsky vom 13. April 1904.

87 O. Freiherr von der Lancken Wakenitz, Meine dreißig Dienstjahre 1888–1918. Potsdam-Paris-Brüssel, Berlin 1931 (künftig zitiert als: Lancken Wakenitz, Meine dreißig Dienstjahre), S. 56f.
88 F. Hartung, Das persönliche Regiment Kaiser Wilhelms II. (1952), in: Ders., Staatsbildende Kräfte der Neuzeit. Gesammelte Aufsätze, Berlin 1961 (künftig zitiert als: Hartung, Das persönliche Regiment), S. 401.
89 GP, Band 20/1, S. 209: Aufzeichnung Holsteins vom 3. Juni 1904.
90 Ebd., Band 20/2, S. 503: Holstein an den Botschafter in Paris Fürsten von Radolin vom 2. Juli 1905.
91 Archivdokument, zitiert nach G. Schöllgen, Imperialismus und Gleichgewicht. Deutschland, England und die orientalische Frage 1871–1914, München 1984 (künftig zitiert als: Schöllgen, Imperialismus und Gleichgewicht), S. 191.
92 GP, Band 20/1, S. 209: Aufzeichnung Holsteins vom 3. Juni 1904.
93 Ebd., Band 20/2, S. 622: Der Botschafter in London Graf von Metternich an Bülow vom 2. Oktober 1905. Randbemerkung Wilhelms II.
94 Holstein-Papiere, Band 4, S. 298: Holstein an Fürst Radolin vom 11. April 1905.
95 P. Rassow, Schlieffen und Holstein, in: *Historische Zeitschrift* 173 (1952), S. 305.
96 Behnen (Hg.), Quellen, S. 368: Wilhelm II. an Goluchowski vom 13. April 1906.
97 BD, Band 3, London 1928, S. 267: Memorandum by Sir Edward Grey, vom 20. Februar 1906.
98 Eulenburg an Holstein vom 8. April 1899 (Archivdokument), zitiert nach Winzen, Bülows Weltmachtkonzept, S. 208.
99 GP, Band 21/2, S. 591: Der Stellvertretende Staatssekretär von Mühlberg an Bülow vom 14. Juli 1907.
100 Ebd.
101 Ebd., Band 25/1, S. 48: Der Geschäftsträger in Petersburg von Miquel an den Reichskanzler Fürsten Bülow vom 9. Oktober 1907. Schlußbemerkung Wilhelms II.
102 DDF, Serie 2, Band 3, S. 561: M. Doulcet, Chargé d'Affaires de France à Saint-Pétersbourg, à M. Poincaré, Ministre des Affaires Étrangères vom 27. September 1912.
103 H. Delbrück, Politische Korrespondenz, in: *Preußische Jahrbücher* 131 (1908), S. 192.
104 GP, Band 26/1, S. 111: Bülow an den Rat im Kaiserlichen Gefolge Gesandten Freiherrn von Jenisch vom 7. Oktober 1908.
105 L. von Chlumecky, Erzherzog Ferdinands Wirken und Wollen, Berlin 1929, S. 96.
106 Holstein-Papiere, Band 4, S. 519: Holstein an Fürst Bülow vom 8. Oktober 1908.
107 Ebd., S. 556: Holstein an Fürst Bülow vom 12. März 1909.
108 Hartung, Das persönliche Regiment, S. 404.
109 BD, Band 5, S. 729: Sir A. Nicolson to Sir Edward Grey vom 23. März 1909.
110 GP, Band 28, S. 49: Der deutsche Botschafter in London Graf von Metternich an Bülow vom 1. Januar 1909.
111 H. Rogge, Holstein und Harden. Politisch-publizistisches Zusammenspiel zweier Außenseiter des Wilhelminischen Reichs, München 1959, S. 455: Holstein an Bülow vom 6. April 1909.
112 GP, Band 28, S. 172: Protokoll einer Besprechung im Reichskanzlerpalais am 3. Juni 1909 über die Frage einer Verständigung mit England.

Détente oder Krieg:
Bethmann Hollwegs außenpolitische Wahlchancen (1909–1914)

1 Stenographische Berichte über die Verhandlungen des Reichstags, Band 233, Berlin 1909, S. 6022: Scheidemann am 5. Dezember 1908.
2 Friedrich von Holstein. Lebensbekenntnis in Briefen an eine Frau. Eingeleitet und herausgegeben von H. Rogge, Berlin 1932, S. 223.
3 F. Greenwood, The Anglo-American Future, in: *The Nineteenth Century* 44 (1898), S. 2; zur Charakterisierung der Vereinigten Staaten von Amerika.
4 Stürmer, Das ruhelose Reich, S. 347.
5 GP, Band 31, S. 438: Bethmann Hollweg an das Auswärtige Amt vom 6. Juli 1912.
6 Ebd., Band 27, S. 211: Der Gesandte in Bukarest von Kiderlen an Bethmann Hollweg vom 20. August 1909.
7 Tirpitz, Politische Dokumente/Aufbau Weltmacht, S. 184: Aufzeichnungen für den Immediatvortrag beim Kaiser am 24. Oktober 1910.

8 Calleo, The German Problem, S. 6.
9 Das Wort von Friedrich Naumann wird angeführt bei W. Andreas, Kiderlen-Wächter und die deutsche Politik der Vorkriegszeit, in: Ders., Kämpfe um Volk und Reich. Aufsätze und Reden zur Geschichte des neunzehnten und zwanzigsten Jahrhunderts, Stuttgart/Berlin 1934 (künftig zitiert als: Andreas, Kiderlen-Wächter und die deutsche Politik), S. 178.
10 GP, Band 27/2, S. 862: Der Staatssekretär des Auswärtigen Amtes von Kiderlen an den Botschafter in Petersburg Grafen von Pourtalès vom 4. Dezember 1910.
11 Bethmann Hollweg an Eisendecher vom 27. Dezember 1910 (Archivdokument), zitiert nach M. Epkenhans, Die wilhelminische Flottenrüstung 1908–1914. Weltmachtstreben, industrieller Fortschritt, soziale Integration, München 1991, S. 70 f.
12 Dehio, Gedanken über die deutsche Sendung 1900–1918, in: Ders., Deutschland und die Weltpolitik, S. 101.
13 E. Zechlin, Kabinettskrieg und Wirtschaftskrieg. Politik und Kriegführung in den ersten Monaten des Weltkrieges 1914, in: *Historische Zeitschrift* 199 (1964), S. 400.
14 G. Schmidt, Parlamentarisierung oder »Präventive Konterrevolution«? Die deutsche Innenpolitik im Spannungsfeld konservativer Sammlungsbewegungen und latenter Reformbestrebungen 1907–1914, in: G. A. Ritter (Hg.), Gesellschaft, Parlament und Regierung. Zur Geschichte des Parlamentarismus in Deutschland, Düsseldorf 1974, S. 250.
15 J.H. Herz, Idealistischer Internationalismus und das Sicherheitsdilemma (1950), in: Ders., Staatenwelt und Weltpolitik. Aufsätze zur internationalen Politik im Nuklearzeitalter, Hamburg 1974 (künftig zitiert als: Herz, Staatenwelt und Weltpolitik), S. 39.
16 R. Löwenthal, Internationale Konstellation und innerstaatlicher Systemwandel, in: *Historische Zeitschrift* 212 (1981) (künftig zitiert als: Löwenthal, Internationale Konstellation), S. 57.
17 W. Widenmann, Marine-Attaché an der kaiserlich-deutschen Botschaft in London 1907–1912, Göttingen 1952, S. 312.
18 K. Riezler, Tagebücher, Aufsätze, Dokumente. Eingeleitet und herausgegeben von K. D. Erdmann, Göttingen 1972 (künftig zitiert als: Riezler, Tagebücher), S. 177: Eintrag vom 29. Mai 1911.
19 Kiderlen-Wächter – der Staatsmann und Mensch. Briefwechsel und Nachlaß. Herausgegeben von E. Jäckh, Stuttgart/Berlin/Leipzig 1924, Band 2 (künftig zitiert als: Kiderlen-Wächter – der Staatsmann und Mensch), S. 129: Erstes Abschiedsgesuch Kiderlens wegen Marokko an den Reichskanzler vom 17. Juli 1911.
20 Lancken Wakenitz, Meine dreißig Dienstjahre, S. 96.
21 H. Pogge von Strandmann, Rathenau, die Gebrüder Mannesmann und die Vorgeschichte der Zweiten Marokkokrise, in: I. Geiss/B.J. Wendt (Hg.), Deutschland in der Weltpolitik des 19. und 20. Jahrhunderts. Fritz Fischer zum 65. Geburtstag, Düsseldorf 1973, S. 251 f.
22 E. Oncken, Panthersprung nach Agadir. Die deutsche Politik während der Zweiten Marokkokrise 1911, Düsseldorf 1981, S. 419.
23 G. Barraclough, From Agadir to Armageddon. Anatomy of a Crisis, New York 1982, S. 110.
24 Kiderlen-Wächter – der Staatsmann und Mensch, Band 2, S. 129: Erstes Abschiedsgesuch Kiderlens wegen Marokko an den Reichskanzler vom 17. Juli 1911.
25 W. S. Churchill, Weltkrisis 1911–1914, Band 1, Leipzig 1924, S. 96.
26 Notiz Stresemanns vom 14. Oktober 1911 (Archivdokument), zitiert nach M. O. Maxelon, Stresemann und Frankreich 1914–1929. Deutsche Politik der Ost-West-Balance, Düsseldorf 1972 (künftig zitiert als: Maxelon, Stresemann und Frankreich), S. 28.
27 Riezler, Tagebücher, S. 180: Eintrag vom 30. Juli 1911.
28 Andreas, Kiderlen-Wächter und die deutsche Politik, S. 178.
29 Verhandlungen des Reichtags. Band 268. Stenographische Berichte, S. 7736: Bassermann am 9. November 1911.
30 Ebd., S. 7722: Heydebrand und der Lasa am 9. November 1911.
31 Ebd., S. 7756: Bethmann Hollweg am 10. November 1911.
32 H. von Moltke, Erinnerungen. Briefe. Dokumente 1877–1916. Herausgegeben von E. von Moltke, Stuttgart 1922, S. 362: Brief vom 19. August 1911.
33 Verhandlungen des Reichstags. Band 268. Stenographische Berichte, Berlin 1911, S. 7722: Bebel am 9. November 1911.
34 Zitiert nach A. Palmer, Glanz und Niedergang der Diplomatie. Die Geheimpolitik der europäischen Kanzleien vom Wiener Kongreß bis zum Ausbruch des Ersten Weltkriegs, Düsseldorf 1986, S. 371.

35 Aus dem privaten Nachlaß Meineckes von Professor Walter Bußmann zur Verfügung gestellte Abschrift eines Briefes von Bethmann Hollweg an Meinecke vom 7. Juni 1919.
36 Zu dem von Carl Schmitt geprägten Begriff vgl. W. J. Mommsen, Die latente Krise des Wilhelminischen Reiches. Staat und Gesellschaft in Deutschland 1890–1914, in: *Militärgeschichtliche Mitteilungen* 15 (1974), S. 9.
37 GP, Band 31, S. 33: Bethmann Hollweg an den Botschafter in London Grafen von Metternich vom 22. November 1911.
38 N. Rich, Die Deutsche Frage und der nationalsozialistische Imperialismus. Rückblick und Ausblick, in: J. Becker/A. Hillgruber (Hg.), Die Deutsche Frage im 19. und 20. Jahrhundert, München 1983, S. 379.
39 Stürmer, Das ruhelose Reich, S. 354.
40 Verhandlungen des Reichstags. Band 283. Stenographische Berichte, Berlin 1912, S. 67: Bethmann Hollweg am 16. Februar 1912.
41 F. Meinecke, Sammlungspolitik und Liberalismus (1910), in: Ders., Werke. Band 2. Politische Schriften und Reden. Herausgegeben von G. Kotowski, Darmstadt 1958, S. 41.
42 B. Huldermann, Albert Ballin, Oldenburg i. O./Berlin 1922, S. 201.
43 GP, Band 31, S. 118: Aufzeichnung Bethmann Hollwegs vom 12. Februar 1912 (»Keine der beiden Mächte wird einen unprovozierten Angriff auf die andere unternehmen oder vorbereiten oder in irgendeine Verbindung oder Absprache zu Angriffszwecken gegen die andere eintreten oder sich an irgendeiner Marine- oder Militärunternehmung mit diesem Ziel gegen die andere alleine oder mit einer anderen Macht beteiligen.«).
44 Ebd., S. 117.
45 Ebd., S. 157: Entlassungsgesuch vom 6. März 1912.
46 Ebd., S. 189: Bethmann Hollweg an den Botschafter in London Grafen von Metternich vom 18. März 1912.
47 Ebd.
48 H. Bley, Bebel und die Strategie der Kriegsverhütung 1904–1913. Eine Studie über Bebels Geheimkontakte mit der britischen Regierung und Edition der Dokumente, Göttingen 1975, S. 10.
49 F. Fischer, Griff nach der Weltmacht. Die Kriegszielpolitik des kaiserlichen Deutschland 1914/18, Düsseldorf, 3. verbesserte Aufl. 1964 (künftig zitiert als: Fischer, Griff), S. 32.
50 Verhandlungen des Reichstags, Band 284, Stenographische Berichte, Berlin 1912, S. 1300: Bethmann Hollweg am 22. April 1912.
51 M. Weber, Gesamtausgabe. Briefe 1906–1908. Abteilung II: Briefe. Band 5. Herausgegeben von M. R. Lepsius und W. J. Mommsen, Tübingen, 1990, S. 694: Max Weber an Friedrich Naumann vom 12. November 1908.
52 H. Plehn, Deutsche Weltpolitik und kein Krieg, Berlin 1913.
53 H. Claß, Wider den Strom. Vom Werden und Wachsen der nationalen Opposition im alten Reich, Leipzig 1932, S. 217.
54 Otto H. Kahn an Felix Deutsch (Archivdokument), zitiert nach W. Gutsche, Der gewollte Krieg. Zur deutschen Verantwortung für die Entstehung des Ersten Weltkrieges, in: *Blätter für deutsche und internationale Politik* 29 (1984), S. 749.
55 F. von Bernhardi, Deutschland und der nächste Krieg, Stuttgart/Berlin 2. und 3. Aufl. 1912.
56 Ders., Unsere Zukunft. Ein Mahnwort an das deutsche Volk, Stuttgart/Berlin 1912.
57 Briefe von Friedrich von Gentz an Pilat. Ein Beitrag zur Geschichte Deutschlands im XIX. Jahrhundert. Herausgegeben von K. Mendelssohn-Bartholdy, Band 2, Leipzig 1868, S. 131: Gentz an Pilat vom 8. Dezember 1822.
58 GP, Band 33, S. 93: Kiderlen-Wächter an Bethmann Hollweg vom 2. September 1912.
59 GP, Band 33, S. 425: Der Botschafter in Wien von Tschirschky an Bethmann Hollweg vom 27. November 1912, Anmerkung *.
60 Feldmarschall Conrad, Aus meiner Dienstzeit 1906–1918, Band 2, Wien/Berlin/Leipzig/München 1922 (künftig zitiert als: Conrad, Aus meiner Dienstzeit), S. 282.
61 Franz Ferdinand an Berchtold vom 1. Februar 1913 (Archivdokument), zitiert nach H. Hantsch, Leopold Graf Berchtold. Grandseigneur und Staatsmann, Graz/Wien/Köln 1963, S. 389 f.
62 Kiderlen-Wächter – der Staatsmann und Mensch, Band 2, S. 226.
63 Verhandlungen des Reichstags. Band 286. Stenographische Berichte, Berlin 1913, S. 2472: Bethmann Hollweg am 2. Dezember 1912.
64 GP, Band 39, S. 120: Der Botschafter in London Fürst von Lichnowsky an Bethmann Hollweg vom 3. Dezember 1912.

65 Ebd., S. 124: Aufzeichnung Kaiser Wilhelms II. für den Staatssekretär des Auswärtigen Amtes von Kiderlen.
66 J.C.G. Röhl, An der Schwelle zum Weltkrieg: Eine Dokumentation über den »Kriegsrat« vom 8. Dezember 1912, in: *Militärgeschichtliche Mitteilungen* 21 (1977), S. 100: Tagebucheintrag des Chefs des Marinekabinetts, Admiral von Müller, vom 8. Dezember 1912.
67 Ebd.
68 Ebd.
69 Ebd.
70 GP, Band 36/1, S. 399: Der Geschäftsträger in Wien Prinz zu Stolberg an das Auswärtige Amt vom 18. Oktober 1913. Randbemerkung Kaiser Wilhelms II.
71 Österreich-Ungarns Außenpolitik von der bosnischen Krise 1908 bis zum Kriegsausbruch 1914. Diplomatische Aktenstücke des österreichisch-ungarischen Ministeriums des Äußeren. Ausgewählt von L. Bittner/A. F. Pribram/H. Srbik und H. Uebersberger. Bearbeitet von L. Bittner und H. Uebersberger, Wien/Leipzig 1930 (künftig zitiert als: Ö-U-Außenpolitik), Band 7, S. 515: Tagesbericht Berchtolds vom 28. Oktober 1913 über eine am 26. Oktober 1913 mit dem deutschen Kaiser Wilhelm II. geführte Unterredung.
72 Karl Kraus wird zitiert nach Stürmer, Das ruhelose Reich, S. 361.
73 Riezler, Tagebücher, S. 192: Eintrag vom 27. Juli 1914.
74 M. Geyer, Deutsche Rüstungspolitik 1860–1980, Frankfurt am Main 1984, S. 88.
75 Th. Rohkrämer, Der Militarismus der »kleinen Leute«. Die Kriegervereine im Deutschen Kaiserreich 1871–1914, München 1990.
76 Politisches Archiv des Auswärtigen Amtes, Nachlaß Eisendecher, Band 1/1–7: Bethmann Hollweg an Eisendecher vom 23. März 1913.
77 Stürmer, Das ruhelose Reich, S. 364.
78 H. Pogge-von Strandmann, Staatsstreichpläne, Alldeutsche und Bethmann Hollweg, in: Ders./I. Geiss, Die Erforderlichkeit des Unmöglichen. Deutschland am Vorabend des ersten Weltkrieges, Frankfurt am Main 1965, S. 36: Bethmann Hollweg an den Kronprinzen vom 15. November 1913.
79 GP, Band 38, S. 200: Der Botschafter in Konstantinopel Freiherr von Wangenheim an den Reichskanzler von Bethmann Hollweg vom 26. April 1913.
80 Der Bericht des russischen Militärattachés in Berlin, Bazarow, vom 16. Dezember 1913 wird zitiert nach F. Fischer, Krieg der Illusionen. Die deutsche Politik von 1911 bis 1914, Düsseldorf 1969 (künftig zitiert als: Fischer, Krieg der Illusionen), S. 486f.
81 Verhandlungen des Reichstags, Band 289, S. 4513: Bethmann Hollweg am 7. April 1913.
82 E. Zechlin, Motive und Taktik der Reichsleitung 1914. Ein Nachtrag, in: *Der Monat* 18 (1966), S. 92: Aufzeichnung von Jagows über sein »Gespräch mit General v. Moltke im Frühjahr 1914«.
83 E. Hölzle, Der Geheimnisverrat und der Kriegsausbruch 1914, Göttingen 1973.
84 Bethmann Hollweg an Pourtalès vom 30. Juli 1912 (Archivdokument), in: Schöllgen, Imperialismus und Gleichgewicht, S. 439.
85 Zitiert nach E. Zechlin, Die Illusion vom begrenzten Krieg, in: Ders., Krieg und Kriegsrisiko. Zur deutschen Politik im Ersten Weltkrieg. Aufsätze, Düsseldorf 1979 (künftig zitiert als: Zechlin, Krieg und Kriegsrisiko), S. 61.
86 Riezler, Tagebücher, S. 183: Eintrag vom 7. Juli 1914.
87 Bayerische Dokumente zum Kriegsausbruch und zum Versailler Schuldspruch. Im Auftrage des Bayerischen Landtags herausgegeben von P. Dirr, 3. erweiterte Aufl., München/Berlin 1925, S. 113: Der Gesandte in Berlin (Lerchenfeld) an den Vorsitzenden im Ministerrate vom 4. Juni 1914.
88 M. M. Warburg, Aus meinen Aufzeichnungen, New York 1952 (künftig zitiert als: Warburg, Aufzeichnungen), S. 29.
89 A. von Tirpitz, Politische Dokumente. Deutsche Ohnmachtspolitik im Weltkriege, Hamburg/Berlin 1926 (künftig zitiert als: Tirpitz, Politische Dokumente/Deutsche Ohnmachtspolitik), S. 67: Unterredung Admirals von Capelle mit Herrn von Gwinner am 22. August 1914.
90 J.J. Ruedorffer, [= Kurt Riezler], Grundzüge der Weltpolitik in der Gegenwart, Stuttgart/Berlin 1914 (künftig zitiert als: Ruedorffer [=Riezler], Grundzüge der Weltpolitik), S. 251, Anmerkung 20.
91 Ebd.
92 Kennan, Bismarcks europäisches System, S. 12.
93 E. Hölzle, Die Selbstentmachtung Europas. Das Experiment des Friedens vor und im Ersten Weltkrieg, Göttingen/Frankfurt am Main/Zürich 1975.

Julikrise und Weltkrieg:
Um das Kriegsziel eines Friedensschlusses (1914–1918)

1 K. A. von Müller, Mars und Venus. Erinnerungen 1914–1919, Stuttgart 1954, S. 36f.
2 K. D. Erdmann, Deutschland im Ersten Weltkrieg. Methodische Fragen zur Auswertung der Schriften und Tagebücher Kurt Riezlers, in: *Jahrbuch der Akademie der Wissenschaften in Göttingen für das Jahr 1973*, Göttingen 1973, S. 52.
3 Ebd., S. 55.
4 Deutsche Gesandtschaftsberichte zum Kriegsausbruch 1914. Berichte und Telegramme der badischen, sächsischen und württembergischen Gesandtschaften in Berlin aus dem Juli und August 1914. Im Auftrag des Auswärtigen Amtes herausgegeben von A. Bach, Berlin 1937, S. 62: Der sächsische Gesandte in Berlin Freiherr von Salza Lichtenau an den sächsischen Staatsminister der auswärtigen Angelegenheiten Grafen Vitzthum von Eckstädt vom 2. Juli 1914.
5 F. Kern, Skizzen zum Kriegsausbruch im Jahre 1914. Herausgegeben und eingeleitet von H. Hallmann, Darmstadt 1968, S. 9.
6 Ebd.
7 Riezler, Tagebücher, S. 184: Eintrag vom 8. Juli 1914.
8 Theodor Wolff, Tagebücher 1914–1919. Der Erste Weltkrieg und die Entstehung der Weimarer Republik in Tagebüchern, Leitartikeln und Briefen des Chefredakteurs am »Berliner Tageblatt« und Mitbegründers der »Deutschen Demokratischen Partei«. Erster Teil. Eingeleitet und herausgegeben von B. Sösemann, Boppard am Rhein 1984, S. 64: Eintrag vom 25. Juli 1914.
9 Ebd.
10 J. Joll, The Origins of the First World War, London/New York 1984, S. 204.
11 G. Ritter, Der Anteil der Militärs an der Kriegskatastrophe von 1914, in: *Historische Zeitschrift* 193 (1961), S. 88.
12 H. Rumpler, Die rechtlich-organisatorischen und sozialen Rahmenbedingungen für die Außenpolitik der Habsburgermonarchie 1848–1918, in: A. Wandruszka/P. Urbanitsch (Hg.), Die Habsburgermonarchie 1848–1918, Band VI, 1. Teilband, Wien 1989, S. 86.
13 Riezler, Tagebücher, S. 185: Eintrag vom 11. Juli 1914.
14 Ebd., S. 181: Eintrag vom 7. Juli 1914.
15 Ebd., S. 185: Eintrag vom 14. Juli 1914.
16 Ebd., S. 183: Eintrag vom 7. Juli 1914.
17 Warburg, Aus meinen Aufzeichnungen, S. 29.
18 Die Internationalen Beziehungen im Zeitalter des Imperialismus. Dokumente aus den Archiven der Zarischen und der Provisorischen Regierung. Herausgegeben von der Kommission beim Zentralexekutivkomitee der Sowjetregierung unter dem Vorsitz von M. N. Pokrowski. Deutsche Ausgabe herausgegeben von O. Hoetzsch, Reihe 1, Band 5, Berlin 1934, S. 31: Tagesaufzeichnung des russischen Außenministeriums vom 24./11. Juli 1914.
19 W.-U. Friedrich, Bulgarien und die Mächte 1913–1915. Ein Beitrag zur Weltkriegs- und Imperialismusgeschichte, Stuttgart 1985, S. 284.
20 Äußerung des französischen Botschafters in Berlin Jules Cambon zu seinem belgischen Kollegen Beyens am 25. Juli 1914: Beyens an Davignon vom 26. Juli 1914 (Archivdokument), zitiert nach J. Stengers, July 1914: some reflections, in: Annuaire de l'Institut de Philologie et d'Histoire Orientales et Slaves, Band 17 (1963–1965), S. 120.
21 Julikrise und Kriegsausbruch 1914. Eine Dokumentensammlung. Band 2. Bearbeitet und eingeleitet von I. Geiss, Hannover 1964, S. 187: Botschafter Schoen an Bethmann Hollweg vom 28. Juli 1914.
22 Die Deutschen Dokumente zum Kriegsausbruch 1914. Herausgegeben im Auftrage des Auswärtigen Amtes. Neue, durchgesehene und vermehrte Ausgabe, Band 2, Berlin 1928 (künftig zitiert als: Deutsche Dokumente zum Kriegsausbruch), S. 16: Der Kaiser an den Staatssekretär des Auswärtigen vom 28. Juli 1914.
23 Ebd., Band 1, Berlin 1922, S. 241 f.: Der Reichskanzler an den Botschafter in London vom 27. Juli 1914.
24 Conrad, Aus meiner Dienstzeit, Band 4, S. 152: »31. Juli«.
25 Ebd.
26 Ebd.
27 Ritter, Europa und die deutsche Frage, S. 167.
28 S. Van Evera, The Cult of Offensive and the Origins of the First World War, in: *International Security* 9 (1984), S. 58–107.

29 Ritter, Europa und die deutsche Frage, S. 167.
30 K. Riezler, Die Erforderlichkeit des Unmöglichen. Prolegomena zu einer Theorie der Politik und zu anderen Theorien, München 1913.
31 Ö.-U.-Außenpolitik, Band 8, S. 725: Telegramm aus St. Petersburg vom 25. Juli 1914.
32 Deutsche Dokumente zum Kriegsausbruch, Band 2, S. 164: Protokoll der Sitzung des k. preußischen Staatsministeriums am 30. Juli 1914.
33 Schulthess' Europäischer Geschichtskalender. Neue Folge. 30 (1914), München 1917, S. 381 f.: Thronrede zur Eröffnung des Reichstages am 4. August 1914.
34 Zitiert nach J. R. von Salis, Die Ursachen des Ersten Weltkrieges, Stuttgart 1964, S. 93.
35 Riezler, Tagebücher, S. 183: Eintrag vom 7. Juli 1914.
36 Ruedorffer [=Riezler], Grundzüge der Weltpolitik, S. 221.
37 R. Musil, Das hilflose Europa oder Reise vom Hundertsten ins Tausendste (1922), in: Ders., Tagebücher, Aphorismen und Reden. Herausgegeben von A. Frisé, Hamburg 1955, S. 635.
38 Schieder, Staatensystem, S. 331.
39 M. Paléologue, Am Zarenhof während des Weltkrieges. Tagebücher und Betrachtungen, München 5. Aufl. 1939, S. 88.
40 Schieder, Staatensystem, S. 354.
41 Sir Llewellyn Woodward, Great Britain and the War 1914–1918, London 1972, S. 39 (Erstausgabe 1967).
42 Zitiert nach Aron, Frieden und Krieg, S. 198.
43 E. Jünger, In Stahlgewittern. Aus dem Tagebuch eines Stoßtruppführers, 13. Auflage Berlin 1931, S. 20.
44 Eulenburgs politische Korrespondenz, Band 3, S. 2225, Anmerkung 10.
45 Zechlin, Vorwort, in: Ders., Krieg und Kriegsrisiko, S. 11.
46 Tirpitz, Politische Dokumente/Deutsche Ohnmachtspolitik, S. 48.
47 Lerchenfeld an Hertling vom 2. November 1915 (Archivdokument), zitiert nach K.-H. Janßen, Der Kanzler und der General. Die Führungskrise um Bethmann Hollweg und Falkenhayn (1914–1916), Göttingen/Berlin/Frankfurt am Main/Zürich 1967 (künftig zitiert als: Janßen, Kanzler und General), S. 255.
48 E. Zechlin, Friedensbestrebungen und Revolutionierungsversuche, in: *Aus Politik und Zeitgeschichte*. Beilage zur Wochenzeitung *Das Parlament* B20/1963 vom 15. Mai 1963: »Die Septemberdenkschrift Bethmann Hollwegs« (künftig zitiert als: Zechlin, Friedensbestrebungen und Revolutionierungsversuche), S. 41, Anmerkung 1.
49 Graevenitz an Weizsäcker vom 5. September 1914 (Archivdokument), zitiert nach Zechlin, Probleme des Kriegskalküls und der Kriegsbeendigung im Ersten Weltkrieg, in: Ders., Krieg und Kriegsrisiko, S. 42.
50 Zechlin, Friedensbestrebungen und Revolutionierungsversuche, 15. Mai 1963, S. 42 bzw. 42 f.
51 I. Geiss, Der polnische Grenzstreifen 1914–1918. Ein Beitrag zur deutschen Kriegszielpolitik im Ersten Weltkrieg, Lübeck/Hamburg 1960.
52 Fischer, Griff.
53 Zechlin, Friedensbestrebungen und Revolutionierungsversuche, 17. Mai 1961, S. 271.
54 Ritter, Europa und die deutsche Frage, S. 171.
55 Solf an Jagow vom 25. September 1914 (Archivdokument), in: K.-H. Janßen, Macht und Verblendung. Kriegszielpolitik der deutschen Bundesstaaten 1914–1918, Göttingen/Berlin/Frankfurt am Main/Zürich 1936, S. 235, Anmerkung 88.
56 Ritter, Europa und die deutsche Frage, S. 171 f.
57 Ebd., S. 171.
58 Ebd., S. 172.
59 Zechlin, Friedensbestrebungen und Revolutionierungsversuche, 17. Mai 1961, S. 271.
60 Ebd.
61 Ritter, Europa und die deutsche Frage, S. 172.
62 Ebd.
63 Ebd., S. 172 f.
64 E. von Vietsch, Bethmann Hollweg. Staatsmann zwischen Macht und Ethos, Boppard am Rhein 1969 (künftig zitiert als: Vietsch, Bethmann Hollweg), S. 326: Der Reichskanzler an Ministerialdirektor O. Hammann vom 14. November 1914.
65 E. Zechlin, Probleme des Kriegskalküls und der Kriegsbeendigung im Ersten Weltkrieg, in: Ders., Krieg und Kriegsrisiko, S. 41.

66 Zitiert bei ebd., S. 44.
67 Ebd.
68 Ebd.
69 V. Ullrich, Die polnische Frage und die deutschen Mitteleuropapläne im Herbst 1915, in: *Historisches Jahrbuch* 104 (1984) (künftig zitiert als: Ullrich, Die polnische Frage), S. 350.
70 Die internationalen Beziehungen im Zeitalter des Imperialismus, Reihe 2, Band 6/1, S. 304: Der russische Botschafter in Paris an den russischen Außenminister vom 13. Oktober/30. September 1914.
71 Die Verhandlungen des 2. Unterausschusses des Parlamentarischen Untersuchungsausschusses über die Päpstliche Friedensaktion von 1917. Aufzeichnungen und Vernehmungsprotokolle. Bearbeitet und herausgegeben von W. Steglich, Wiesbaden 1974, S. 138.
72 Bethmann Hollweg an Auswärtiges Amt vom 13. September 1914 (Archivdokument), zitiert nach Zechlin, Friedensbestrebungen und Revolutionierungsversuche, 15. Mai 1963, S. 5.
73 Zechlin, Friedensbestrebungen und Revolutionierungsversuche, 17. Mai 1961, S. 285: Der Reichskanzler an den Unterstaatssekretär vom 19. November 1914.
74 R. Stadelmann, Friedensversuche im ersten Jahre des Weltkriegs, in: *Historische Zeitschrift* 156 (1937), S. 545.
75 Ebd.
76 Riezler, Tagebücher, S. 228: Eintrag vom 22. November 1914.
77 Zechlin, Friedensbestrebungen und Revolutionierungsversuche, 17. Mai 1961, S. 284.
78 Ebd.
79 Ebd.
80 Ebd., S. 285.
81 Schieder, Staatensystem, S. 343.
82 Janßen, Kanzler und General, S. 10.
83 Ebd.
84 Zitiert nach Zechlin, Friedensbestrebungen und Revolutionierungsversuche, 15. Mai 1963, S. 3.
85 Zitiert nach ebd., S. 3 f.
86 Zechlin, Friedensbestrebungen und Revolutionierungsversuche, 17. Mai 1961, S. 285.
87 Maier, Der christliche Friedensgedanke und der Staatenfriede der Neuzeit, in: Ders., Anstöße, S. 136.
88 Ursachen und Folgen. Vom deutschen Zusammenbruch 1918 und 1945 bis zur staatlichen Neuordnung Deutschlands in der Gegenwart. Eine Urkunden- und Dokumentensammlung zur Zeitgeschichte. Herausgeber und Bearbeiter H. Michaelis und E. Schraepler, Berlin o. J., Band 1 (künftig zitiert als: Ursachen und Folgen), S. 24: Aufruf der Generalkommission der Gewerkschaften Deutschlands an die Arbeiter und Angestellten vom 8. Dezember 1916.
89 J. Kocka, Klassengesellschaft im Krieg. Deutsche Sozialgeschichte 1914–1918, Göttingen 1973 (2. Aufl. 1978).
90 Tirpitz, Erinnerungen, S. 405: Brief an seine Frau vom 20. September 1914.
91 M. Eksteins, Tanz über Gräben. Die Geburt der Moderne und der Erste Weltkrieg, Hamburg 1990 (künftig zitiert als: Eksteins, Tanz über Gräben), S. 321.
92 Kaehler, Briefe 1900–1963, S. 225: Kaehler an Rothfels vom 22. Februar 1933.
93 A. Bonus, Für welchen Weltgedanken kämpfen wir?, in: *Der Kunstwart und Kulturwart* 28 (1915), S. 74–86.
94 Th. Nipperdey, Deutsche Geschichte 1866–1918. Band 1: Arbeitswelt und Bürgergeist, München 1990, S. 594.
95 Dehio, Gedanken über die deutsche Sendung 1900–1918, in: Ders., Deutschland und die Weltpolitik, S. 105.
96 Wie Anmerkung 93.
97 *Vossische Zeitung* vom 10. September 1914. Abend-Ausgabe (Nr. 460): »Romain Rolland und Gerhart Hauptmann. Ein Briefwechsel«.
98 Zitiert nach Eksteins, Tanz über Gräben, S. 332.
99 Th. von Bethmann Hollweg, Betrachtungen zum Weltkriege. Herausgegeben von J. Dülffer, Essen 1989, S. 461: Bethmann Hollweg an Valentini vom 11. Dezember 1920.
100 Erlaß des preußischen Staatsministeriums vom 12. September 1914 (Archivdokument), zitiert nach K. D. Erdmann, Die Zeit der Weltkriege (=Gebhardt, Handbuch der Deutschen Geschichte, Band 4), Stuttgart 9. neu bearb. Aufl. 1973 (künftig zitiert als: Erdmann, Zeit der Weltkriege), S. 105.
101 Militär und Innenpolitik im Weltkrieg 1914–1918. Quellen zur Geschichte des Parlamentarismus

und der politischen Parteien. Band 1, Erster Teil, bearbeitet von W. Deist, Düsseldorf 1970 (künftig zitiert als: Militär und Innenpolitik), S. 275: Schreiben des Reichskanzlers an den Chef des Geheimen Zivilkabinetts vom 9. Dezember 1915.
102 Ebd.
103 Ebd.
104 Janßen, Kanzler und General, S. 253.
105 Siehe oben S. 340.
106 Ursachen und Folgen, Band 2, S. 37: Die Friedensresolution des Deutschen Reichstags vom 19. Juli 1917.
107 E. Kolb, Der Weg aus dem Krieg. Bismarcks Politik im Krieg und die Friedensanbahnung 1870/71, München 1989.
108 H. von Hentig, Der Friedensschluß. Geist und Technik einer verlorenen Kunst, München 1965.
109 C. Haußmann, Schlaglichter. Reichstagsbriefe und Aufzeichnungen. Herausgegeben von U. Zeller, Frankfurt am Main 1924, S. 52.
110 Bethmann Hollweg im preußischen Staatsministerium am 27. Oktober 1917 (Archivdokument), zitiert nach G. Ritter, Staatskunst und Kriegshandwerk, Band 3, S. 335
111 Das Werk des Untersuchungsausschusses der Verfassunggebenden Deutschen Nationalversammlung und des Deutschen Reichstages 1919–1928. Verhandlungen. Gutachten. Urkunden. Vierte Reihe. Zweite Abteilung. Zwölfter Band. Erster Halbband, Berlin 1929 (künftig zitiert als: Werk des Untersuchungsausschusses), S. 220: Deutsch-österreichische Verhandlungen vom 5. Februar 1918. Anlage 21.
112 Holtzendorff an Ballin (über Gespräch mit Zimmermann) vom 6. August 1915 (Archivdokument), zitiert nach Ullrich, Die polnische Frage, S. 353.
113 Tirpitz, Erinnerungen, S. 426: Schreiben vom 15. November 1914, mit Bezug auf den Kriegsminister.
114 Bethmann Hollweg an AA für Bülow in Rom vom 5. Januar 1915 (Archivdokument), zitiert nach Zechlin, Friedensbestrebungen und Revolutionierungsversuche, 15. Mai 1963, S. 25.
115 Riezler, Tagebücher, S. 301: Eintrag vom 27. September 1915.
116 Werk des Untersuchungsausschusses. Vierte Reihe. Zweite Abteilung. Zwölfter Band. Erster Halbband, S. 36: Gutachten des Sachverständigen Reichsarchivrat Volkmann. Die Annexionsfragen des Weltkrieges.
117 Ebd., Siebenter Band. Erster Halbband, S. 279: Philipp Scheidemann am 15. Mai 1926.
118 Bethmann Hollweg an Brockdorff-Rantzau vom 6. März 1915 (Archivdokument), zitiert nach Zechlin, Friedensbestrebungen und Revolutionierungsversuche, 29. Mai 1963, S. 15.
119 F. Meinecke, Straßburg – Freiburg – Berlin. 1901–1919. Erinnerungen, Stuttgart 1949, S. 209 f.
120 Aufzeichnung Hertlings vom 3. Dezember 1914 über seine Unterredung mit dem Reichskanzler vom gleichen Tag (Archivdokument), zitiert nach Zechlin, Friedensbestrebungen und Revolutionierungsversuche, 29. Mai 1963, S. 17.
121 Bethmann Hollweg an Ganße (Archivdokument), zitiert nach ebd.
122 Bethmann Hollweg an Delbrück vom 9. September 1914 (Archivdokument), zitiert nach ebd., Anmerkung 28.
123 Zechlin, Ludendorff im Jahre 1915. Unveröffentlichte Briefe, in: Ders., Krieg und Kriegsrisiko, S. 225.
124 Ebd.
125 Ebd.
126 Die graue Exzellenz. Zwischen Staatsräson und Vasallentreue. Aus den Papieren des kaiserlichen Gesandten Karl Georg von Treutler, herausgegeben und eingeleitet von K.-H. Janßen, Frankfurt am Main/Berlin/Wien 1971, S. 233: Bethmann Hollweg an Treutler vom 17. November 1915.
127 Notizen Holtzendorffs vom 18. November 1915 (Archivdokument), zitiert nach V. Ullrich, Zwischen Verhandlungsfrieden und Erschöpfungskrieg. Die Friedensfrage in der deutschen Reichsleitung Ende 1915, in: *Geschichte in Wissenschaft und Unterricht* 37 (1986) (künftig zitiert als: Ullrich, Zwischen Verhandlungsfrieden und Erschöpfungskrieg), S. 406.
128 Militär und Innenpolitik, S. 274: Schreiben des Reichskanzlers an den Chef des Geheimen Zivilkabinetts.
129 Der Weltkrieg 1914 bis 1918. Im Auftrage des Reichskriegsministeriums bearbeitet und herausgegeben von der Forschungsanstalt für Kriegs- und Heeresgeschichte, Band 10, Berlin 1936, S. 1.
130 Vortrag bei Sr. Majestät am 8. Juli 1916. Konzept von der Hand des Generals von Falkenhayn. Akten der O. H. L. Operationsakten (Archivdokument), zitiert nach H. Wendt, Verdun 1916. Die

Angriffe Falkenhayns im Maasgebiet mit Richtung auf Verdun als strategisches Problem, Berlin 1931, S. 174.
131 Ullrich, Zwischen Verhandlungsfrieden und Erschöpfungskrieg, S. 411.
132 E. von Falkenhayn, Die Oberste Heeresleitung 1914–1916 in ihren wichtigsten Entschließungen, Berlin 1920, S. 178: »Weihnachtsdenkschrift«.
133 Regierte der Kaiser? Kriegstagebücher, Aufzeichnungen und Briefe des Chefs des Marine-Kabinetts Admiral Georg Alexander von Müller 1914–1918. Herausgegeben von W. Görlitz, Göttingen/Berlin/Frankfurt am Main 1959, S. 206: Eintrag vom 26. Juli 1916.
134 L'Allemagne et les problèmes de la paix pendant la Première Guerre Mondiale. Documents extraits des archives de l'Office allemand des Affaires étrangères publiés et annotés par A. Scherer/J. Grunewald, Paris 1962, S. 454: Protocole d'une séance du Conseil des Ministres de Prusse vom 19. August 1916.
135 Ebd., S. 516: Grünau à l'Office des Affaires Étrangères vom 13. Oktober 1916.
136 L. G. von dem Knesebeck, Die Wahrheit über den Propagandafeldzug und Deutschlands Zusammenbruch. Der Kampf der Publizistik im Weltkriege, München 1927, S. 159: Brief Ludendorffs vom 19. November 1916.
137 Ursachen und Folgen, Band 1, S. 365: Die Delbrück-Dernburg-Petition vom 9. Juli 1915.
138 Ebd.
139 Gollwitzer, Geschichte des weltpolitischen Denkens, Band 2, S. 235.
140 Weber, Deutschland unter den europäischen Weltmächten (1916), in: Ders., Gesammelte politische Schriften, S. 172.
141 Die Reichstagsfraktion der deutschen Sozialdemokratie 1898 bis 1918. Quellen zur Geschichte des Parlamentarismus und der politischen Parteien. Reihe 1, Band 3, Zweiter Teil bearbeitet von E. Matthias und E. Pickart, Düsseldorf 1966, S. 61: Gemeinsame Sitzung von Reichstagsfraktion und Parteiausschuß vom 14./16. August 1915.
142 Ursachen und Folgen, Band 1, S. 363: Eingabe des Partei- und Fraktionsvorstandes der Sozialdemokratischen Partei an Reichskanzler v. Bethmann Hollweg vom 25. Juni 1915.
143 Lerchenfeld an Hertling vom 8. Mai 1916, zitiert nach Ritter, Staatskunst und Kriegshandwerk, Band 3, S. 297.
144 Ebd.
145 Lerchenfeld am 27. Juli 1916 (Archivdokument), zitiert nach ebd., S. 298.
146 G.-H. Soutou, L'or et le sang. Les buts de guerre économiques de la Première Guerre mondiale, Paris 1989, S. 383.
147 Lerchenfeld am 27. Juli 1916 (Archivdokument), zitiert nach Ritter, Staatskunst und Kriegshandwerk, Band 3, S. 298.
148 Niederschrift Wahnschaffes (Archivdokument), zitiert nach ebd., S. 336.
149 Werk des Untersuchungsausschusses, Vierte Reihe. Zweiter Band, Berlin 1925, S. 142f.: Herr von Bethmann Hollweg an den Reichskanzler vom 26. Januar 1918.
150 Aktenvermerk Bethmann Hollwegs vom 24. April 1917 (Archivdokument), zitiert nach Ritter, Staatskunst und Kriegshandwerk, Band 3, S. 506f.
151 Graf Westarp, Konservative Politik im letzten Jahrzehnt des Kaiserreiches, Zweiter Band. Von 1914 bis 1918, Berlin 1935, S. 85f.
152 B. Guttmann/R. Kircher, Bethmann – Tirpitz – Ludendorff. Regierung und Nebenregierung, Frankfurt am Main 1919, S. 15.
153 Vietsch, Bethmann Hollweg, S. 334: Staatssekretär a. D. Dr. Solf an Botschafter a. D. Graf P. Wolff-Metternich vom 11. November 1919.
154 Ursachen und Folgen, Band 2, S. 42: Stellungnahme des Reichskanzlers Michaelis zur Friedensresolution vom 19. Juli 1917.
155 Ebd., S. 46: Reichskanzler Michaelis an Kronprinz Wilhelm vom 25. Juli 1917.
156 Mann, Deutsche Geschichte, S. 633.
157 Eulenburgs politische Korrespondenz, Band 3, S. 2230: Aufzeichnung Eulenburgs vom Februar 1917.
158 Stenographische Berichte über die Verhandlungen des deutschen Reichstags. V. Legislaturperiode. I. Session 1881/82, Berlin 1882, S. 920: Wilhelm Liebknecht am 24. Januar 1882.
159 The Papers of Woodrow Wilson. Edited by A. S. Link, Band 41, Princeton, N.J. 1983, S. 525: »An Address to a Joint Session of Congress« vom 2. April 1917 (künftig zitiert als: Papers of Woodrow Wilson).
160 A. Malraux, Die Hoffnung, Stuttgart 1981 (französische Erstauflage 1937), S. 373.

161 George Orwell wird zitiert nach F. Lennartz, Ausländische Dichter und Schriftsteller unserer Zeit. Einzeldarstellungen zur Schönen Literatur in fremden Sprachen, Stuttgart 1955, S. 504.
162 Stürmer, Das ruhelose Reich, S. 388.
163 Denkschrift Brockdorff-Rantzaus vom 6. Dezember 1915 (Archivdokument), zitiert nach Fischer, Griff, S. 180.
164 Dehio, Gleichgewicht oder Hegemonie, S. 206.
165 Tagebucheintrag Lansings vom 7. April 1917 (Archivdokument), zitiert nach E.-W. Hubrich, Zur amerikanischen Intervention in Europa 1914–1919: Außenminister Robert Lansing und Präsident Woodrow Wilson im Spiegel der Lansing Papers, in: Historisch-politische Streiflichter. Geschichtliche Beiträge zur Gegenwart. Herausgegeben von K. Jürgensen und R. Hansen, Neumünster 1971, S. 137.
166 Ritter, Staatskunst und Kriegshandwerk, Band 3, S. 493.
167 Schulthess' Europäischer Geschichtskalender. Neue Folge. 33 (1917), Erster Teil, S. 825: Staatssekretär von Kühlmann am 28. September 1917 vor dem Hauptausschuß des Deutschen Reichstages.
168 F. Fischer, Weltmacht oder Niedergang. Deutschland im Ersten Weltkrieg, Frankfurt am Main 1965.
169 Ritter, Staatskunst und Kriegshandwerk, Band 4, S. 121.
170 Quellen zur Geschichte des Parlamentarismus und der politischen Parteien: Erste Reihe. Band 1/2: Der Interfraktionelle Ausschuß 1917/18. Zweiter Teil. Bearbeitet von E. Matthias unter Mitwirkung von R. Morsey, Düsseldorf 1959, S. 12: 1. Januar 1918: Besprechung mit den Fraktionsführern bei Staatssekretär von Kühlmann.
171 Der Friede von Brest-Litowsk. Ein unveröffentlichter Band aus dem Werk des Untersuchungsausschusses der Deutschen Verfassunggebenden Nationalversammlung und des Deutschen Reichstages bearbeitet von W. Hahlweg. Quellen zur Geschichte des Parlamentarismus und der politischen Parteien. Reihe 1, Band 8, S. 691: Staatssekretär von Kühlmann (Bukarest) an das Auswärtige Amt vom 9. März 1918.
172 Ebd., S. 223: Staatssekretär von Kühlmann an Reichskanzler Graf von Hertling vom 7. Januar 1918.
173 Ritter, Staatskunst und Kriegshandwerk, Band 4, S. 119.
174 Ebd., S. 102.
175 Siehe oben S. 348.
176 Ritter, Staatskunst und Kriegshandwerk, Band 4, S. 103.
177 Vgl. J. W. Wheeler-Bennett, Brest-Litowsk. The Forgotten Peace. March 1918, London 1956, S. 109.
178 W. I. Lenin, Werke, Band 28, Berlin 1959 (künftig zitiert als: Lenin, Werke), S. 206: Versammlung der Moskauer Parteiarbeiter 27. November 1918.
179 Werk des Untersuchungsausschusses. Vierte Reihe, Zweiter Band, S. 371: Auszüge aus einem Ende 1918 der O. H. L. erstatteten dienstlichen Berichte des Obersten von Haeften über seine Tätigkeit 1918. Anlage 12.
180 Zitiert nach V. S. Mamatey, The United States and East Central Europe 1914–1918. A History in Wilsonian Diplomacy and Propaganda, Princeton 1957, S. 236: Rede vom 6. April 1918.
181 R. von Kühlmann, Erinnerungen, Heidelberg 1948, S. 547.
182 Zitiert nach W. Baumgart, Deutsche Ostpolitik 1918. Von Brest-Litowsk bis zum Ende des Ersten Weltkrieges, Wien/München 1966 (künftig zitiert als: Baumgart, Deutsche Ostpolitik), S. 377.
183 Zit. nach ebd.
184 A. Hillgruber, Die gescheiterte Großmacht. Eine Skizze des Deutschen Reiches 1871–1945, Düsseldorf 1980 (künftig zitiert als: Hillgruber, Die gescheiterte Großmacht), S. 58.
185 Haffner, Von Bismarck zu Hitler, S. 141.
186 Baumgart, Deutsche Ostpolitik, S. 375 f.
187 Hillgruber, Die gescheiterte Großmacht, S. 58 f.
188 B. Guttmann, Schattenriß einer Generation 1888–1919, Stuttgart 1950, S. 146: Wiedergabe einer Äußerung von Kühlmanns.
189 Ebd.
190 Baumgart, Deutsche Ostpolitik, S. 254.
191 Denkschrift von Hintzes vom 30. August 1918 (Archivdokument), zitiert nach ebd.
192 E. Ludendorff, Meine Kriegserinnerungen 1914–1918, Berlin 1919 (künftig zitiert als: Ludendorff, Kriegserinnerungen), S. 529.
193 Lenin, Werke, Band 31, S. 435: Rede in der Aktivversammlung der Moskauer Organisation der KPR (B). 6. Dezember 1920.
194 A. von Thaer, Generalstabsdienst an der Front und in der O.H.L. Aus Briefen und Tagebuchaufzeich-

nungen 1915–1919. Herausgegeben von S. A. Kaehler, Göttingen 1958 (künftig zitiert als: Thaer, Generalstabsdienst), S. 151: Tagebuch vom 31. Dezember 1917.
195 Meinecke, Deutsche Katastrophe, S. 50.
196 Prinz Max von Baden, Erinnerungen und Dokumente. Neu herausgegeben von G. Mann und A. Burckhardt. Mit einer Einleitung von G. Mann, Stuttgart 1968, S. 242.
197 Ebd., S. 268.
198 Kronprinz Rupprecht von Bayern, Kriegstagebuch. Herausgegeben von E. von Frauenholz, Band 2, Berlin 1929, S. 359: Spätere Notiz S. K. H. des Kronprinzen zu seinem Eintrag vom 27. März 1918.
199 Ursachen und Folgen, Band 2, S. 274: Aus der Rede des Staatssekretärs von Kühlmann im Reichstag am 24. Juni 1918.
200 Die Weizsäcker-Papiere 1900–1932. Herausgegeben von L. E. Hill, Berlin/Frankfurt am Main/Wien 1982 (künftig zitiert als: Weizsäcker-Papiere 1900–1932), S. 285: Eintrag vom 17. September 1918.
201 Ludendorff, Kriegserinnerungen, S. 197.
202 Präsident Wilson. Der Krieg. Der Friede. Sammlung der Erklärungen des Präsidenten der Vereinigten Staaten von Amerika über Krieg und Frieden. Vom 20. Dezember 1916 bis zum 27. September 1918, Zürich 1918, S. 108: Rede des Präsidenten Wilson zu New York am 27. September 1918.
203 E. F. Gautier, Genséric. Roi des Vandales, Paris 1932, S. 8.
204 Stürmer, Das ruhelose Reich, S. 398.
205 Ebd.
206 Militär und Innenpolitik. Band 1. Zweiter Teil, S. 1316 f., Anmerkung 8: Kapitän z. S. Egidy an Kapitän z. S. von Levetzow vom 22. Oktober 1918.
207 F. Meinecke, Volksbund und Vaterland (1918), in: Ders., Politische Schriften und Reden. Herausgegeben von G. Kotowski, Darmstadt 2. Aufl. 1966, S. 225.

Das Streben nach Revision: Die Weimarer Republik 1919–1932

Zwischen Versailles und Rapallo: Das ungeteilte Deutschland (1919–1922)

1 Papers of Woodrow Wilson, Band 51, S. 130: An Address in the Metropolitan Opera House vom 27. September 1918.
2 Schieder, Staatensystem, S. 405.
3 P. Krüger, Die Außenpolitik der Republik von Weimar, Darmstadt 1985 (künftig zitiert als: Krüger, Außenpolitik), S. 9.
4 F. Fellner, Die Friedensordnung von Paris 1919/20 – Machtdiktat oder Rechtsfriede? Versuch einer Interpretation, in: I. Ackerl/W. Hummelsberger/H. Mommsen (Hg.), Politik und Gesellschaft im alten und neuen Österreich. Festschrift für R. Neck zum 60. Geburtstag, Band 2, Wien 1981, S. 54.
5 Ebd.
6 Paul Valéry, Regards sur le monde actuel, in: Oeuvres, Band 2, Edition établie et annotée par J. Hytier, 1960, S. 931.
7 G. Sorel, Über die Gewalt, Frankfurt am Main 1969, S. 64 (*Aurore* vom 12. Mai 1905).
8 Eksteins, Tanz über Gräben, S. 379.
9 Dehio, Gleichgewicht oder Hegemonie, S. 213.
10 Ebd., S. 212.
11 Zum Begriff siehe H. Sundhausen, Die Kleine Entente. Zu ihrer Rolle im Versailler System, in: *Südosteuropa-Mitteilungen* 24 (1984), S. 17 und Anmerkung 1.
12 A. Tardieu, La Paix, Paris 1921, S. 437.
13 K. Jaspers, Die geistige Situation der Zeit, Berlin/Leipzig 1931, S. 56.
14 H. Graf Kessler, Tagebücher 1918–1937. Herausgegeben von W. Pfeiffer-Belli, Frankfurt am Main 1961 (künftig zitiert als: Graf Kessler, Tagebücher), S. 206: Eintrag vom 10. Januar 1920.

15 Zitiert nach Maier, Der christliche Friedensgedanke und der Staatenfriede der Neuzeit, in: Ders., Anstöße, S. 140.
16 Weber, Politik als Beruf (Oktober 1919), in: Ders., Gesammelte politische Schriften, S. 539.
17 H. Schulze, Weimar. Deutschland 1917–1933, Berlin 1982 (künftig zitiert als Schulze, Weimar), S. 21: »Deutschland bleibt ungeteilt«.
18 H. Kremp, Wir brauchen unsere Geschichte. Nachdenken über Deutschland, Berlin/Frankfurt am Main 1988, S. 37: Gespräch des Autors mit Arnold Toynbee im Jahr 1952.
19 Denkschrift des französischen Außenministeriums vom 25. Oktober 1918 (Archivdokument), in: G. Steinmeyer, Die Grundlagen der französischen Deutschlandpolitik 1917–1919, Stuttgart 1979, S. 115.
20 Dehio, Versailles nach 35 Jahren, in: Ders., Deutschland und die Weltpolitik, S. 119.
21 R. Poincaré, Au Service de la France, Band 11: A la Recherche de la Paix 1919, Paris 1974, S. 388: 2. Mai 1919.
22 Staatssekretär von Hintze an den Reichskanzler vom 12. November 1918 (Archivdokument), zitiert nach Schulze, Weimar, S. 21.
23 Sir James Headlam-Morley, A Memoir of the Paris Peace Conference 1919. Edited by A. Headlam-Morley/R. Bryant/A. Cienciala, London 1972 (künftig zitiert als: Headlam-Morley, A Memoir of the Paris Peace Conference), S. 164: Auszug eines Briefes an Rev. A. C. Headlam, D.D. vom 25. Juni 1919.
24 M. Weber, Max Weber. Ein Lebensbild, Tübingen 3. Aufl. (unveränderter ND der 1. Auflage 1926) 1984 (künftig zitiert als Weber, Max Weber), S. 648: Max Weber an Friedrich Crusius vom 24. November 1918.
25 Ebd.
26 Krüger, Außenpolitik, S. XIII.
27 Exposé Stresemanns vom 1. Dezember 1921 (Archivdokument), zitiert nach Maxelon, Stresemann und Frankreich, S. 108.
28 Vortrag über die Lage, gehalten im Großen Hauptquartier vom 19. Mai 1919 (Archivdokument), zitiert nach Fischer, Krieg der Illusionen, Motto.
29 Seeckt. Aus seinem Leben 1918–1936. Unter Verwendung des schriftlichen Nachlasses von F. von Rabenau, Leipzig 1941, S. 118.
30 Ebd.
31 Weber, Max Weber, S. 648: Max Weber an Friedrich Crusius vom 24. November 1918.
32 E. Troeltsch, Spektator-Briefe. Aufsätze über die deutsche Revolution und die Weltpolitik 1918/22, Tübingen 1924 (künftig zitiert als Troeltsch, Spektator-Briefe), S. 69.
33 M. Salewski, Der Erste Weltkrieg – ein deutsches Trauma, in: *Revue Internationale d'Histoire Militaire* 33 (1985) (künftig zitiert als: Salewski, Der Erste Weltkrieg), S. 175.
34 Zitiert nach S. Haffner, Gustav Stresemann: ein deutscher Realist, in: Ders., Im Schatten der Geschichte. Historisch-politische Variationen aus zwanzig Jahren, Stuttgart 1985, S. 282.
35 F. Ebert, Schriften, Aufzeichnungen, Reden. Mit unveröffentlichten Erinnerungen aus dem Nachlaß, Band 2, Dresden 1926, S. 127.
36 Ebd.
37 Erdmann, Zeit der Weltkriege, S. 219.
38 Akten der Reichskanzlei Weimarer Republik. Das Kabinett Scheidemann 13. Februar bis 20. Juni 1919, Boppard am Rhein 1971 (künftig zitiert als: Akten der Reichskanzlei), S. 83: Kabinettssitzung vom 21. März 1919.
39 Ebd., S. 28: Bericht Walter Loebs über seine Unterredung mit Oberst Conger am 8. und 9. März in Trier. Frankfurt a. M., 10. März 1919.
40 Verhandlungen der verfassunggebenden Deutschen Nationalversammlung. Band 327. Stenographische Berichte, S. 1083: Scheidemann am 12. Mai 1919.
41 H. Hoover, Memoiren, Band 1, Jahre der Abenteuer 1874–1920, Mainz 1953 (künftig zitiert als: Hoover, Memoiren), S. 413.
42 Schulze, Weimar, S. 199.
43 M. Erzberger, Erlebnisse im Weltkrieg, Stuttgart/Berlin 1920, S. 374.
44 O. Stillich, Der Friedensvertrag von Versailles im Spiegel deutscher Kriegsziele, Berlin 1921, S. IV.
45 K. D. Erdmann, Vom Scheitern einer Demokratie. Forschungsprobleme zum Untergang der Weimarer Republik, in: *Geschichte in Wissenschaft und Unterricht* 32 (1981), S. 67f.
46 Vgl. H. Schulze, Politische Entwicklung, in: Deutsche Verwaltungsgeschichte. Herausgegeben von K.G.A. Jeserich, H. Pohl, G.-Ch. von Unruh, Band 4: Das Reich als Republik und in der Zeit des Nationalsozialismus, Stuttgart 1985 (künftig zitiert als: Schulze, in: Deutsche Verwaltungsgeschichte, Band 4), S. 27.

47 Thaer, Generalstabsdienst, S. 235: Tagebuch vom 1. Oktober 1918.
48 L. Dehio, Der Zusammenhang der preußisch-deutschen Geschichte 1640–1945, in: K. Forster (Hg.), Gibt es ein deutsches Geschichtsbild? Würzburg 1961, S. 81.
49 Ebd., S. 84.
50 F. Meinecke, Die Revolution. Ursachen und Tatsachen, in: Handbuch des Deutschen Staatsrechts, herausgegeben von G. Anschütz und R. Thoma, Band 1, Tübingen 1930, S. 111.
51 K.-J. Müller, General Ludwig Beck. Studien und Dokumente zur politisch-militärischen Vorstellungswelt und Tätigkeit des Generalstabschefs des deutschen Heeres 1933–1938, Boppard am Rhein 1980 (künftig zitiert als: Müller, General Ludwig Beck), S. 323: Brief Becks an seine Schwägerin Gertrud Beck vom 28. November 1918.
52 Weber, Max Weber, S. 649.
53 B. Constant, Oeuvres. Texte présenté et annoté par A. Roulin, Paris 1957, S. 993.
54 Weber, Deutschlands künftige Staatsform (November 1918), in: Ders., Gesammelte politische Schriften, S. 444.
55 G. Ritter, Der Versailler Vertrag von 1919, in: Gratias Agimus. Festschrift alter Schüler zum 100jährigen Jubiläum des Ev. Stift. Gymnasiums zu Gütersloh. Herausgegeben von P. Schneider, Gütersloh 1951 (künftig zitiert als: Ritter, Versailler Vertrag), S. 107.
56 Ebd.
57 Ebd., S. 107f.
58 Ebd.
59 Zitiert nach A. Thimme, Gustav Stresemann. Eine politische Biographie zur Geschichte der Weimarer Republik, Hannover/Frankfurt am Main 1957, S. 46.
60 Ebd.
61 Ritter, Versailler Vertrag, S. 108f.
62 H. Graml, Europas Weg in den Krieg. Hitler und die Mächte 1939, München 1990 (künftig zitiert als: Graml, Europas Weg in den Krieg), S. 11f.
63 *Vorwärts*, 35. Jahrgang, Nr. 323 vom 24. November 1918: »Für die Einheit des Reiches!«.
64 Troeltsch, Spektator-Briefe, S. 142.
65 S. Zweig, Die Welt von Gestern. Erinnerungen eines Europäers, Berlin 1962, S. 288.
66 Lloyd George an Austen Chamberlain vom 24. März 1922 (Archivdokument), zitiert nach G. Niedhart, Deutschland in der britischen Appeasement-Politik 1919–1933, in: M. Stürmer (Hg.), Die Weimarer Republik. Belagerte Civitas, Königstein 1980, S. 119.
67 J. Giraudoux, Bella, Paris 1926 (deutsche Übersetzung 1927).
68 P. Krüger, Das Reparationsproblem der Weimarer Republik in fragwürdiger Sicht. Kritische Überlegungen zur neuesten Forschung, in: *Vierteljahrshefte für Zeitgeschichte* 29 (1981), S. 45.
69 J. M. Keynes, Die wirtschaftlichen Folgen des Friedensvertrages, München/Leipzig 1920, S. 119.
70 J. W. Goethe, Autobiographische Schriften der frühen Zwanzigerjahre. Herausgegeben von R. Wild, München 1986, S. 579: Unterredung mit Napoleon. 1808. September.
71 W. Rathenau, Gesammelte Reden, Berlin 1924, S. 264: Rede auf der Tagung des Reichsverbandes der deutschen Industrie. Gehalten in München am 28. September 1921.
72 F. Nietzsche, Sämtliche Werke. Kritische Studienausgabe in 15 Einzelbänden. Herausgegeben von G. Colli und M. Moutinari, Band 5, München/Berlin/New York, 2. durchgesehene Aufl. 1988, S. 186.
73 W. Conze, Deutschlands weltpolitische Sonderstellung in den zwanziger Jahren, in: *Vierteljahrshefte für Zeitgeschichte* 9 (1961), S. 166.
74 Brief Simons' an Max Weber vom 12. Januar 1919 (Archivdokument), zitiert nach Krüger, Außenpolitik, S. 54, Anmerkung 68.
75 Ebd.
76 A. Hillgruber, Deutsche Außenpolitik im Donauraum 1930 bis 1939, in: Ders., Die Zerstörung Europas. Beiträge zur Weltkriegsepoche 1914 bis 1945, Frankfurt am Main/Berlin 1988, S. 137: Die Rede ist von einem französischen Versuch, »über ›Versailles‹ [Hervorhebung des Verfassers] hinausgehend das Deutsche Reich auch als potentielle Großmacht auszuschalten«.
77 F. A. Krummacher/H. L. Lange, Krieg und Frieden. Geschichte der deutsch-sowjetischen Beziehungen. Von Brest-Litowsk zum Unternehmen Barbarossa, München/Esslingen 1970, S. 477: Anhang. Unveröffentlichte Aufzeichnung des Generalkonsuls a. D. Moritz Schlesinger über seine Unterredungen mit dem ehemaligen Reichskanzler Wirth am 26. September und 17. Oktober 1955 in Badenweiler.

78 Akten zur deutschen auswärtigen Politik (künftig zitiert als: ADAP), Serie A, Band 6, S. 328: Aufzeichnung des ehemaligen Reichsministers des Auswärtigen Graf von Brockdorff-Rantzau vom 24. Juli 1922.
79 Niederschrift Seeckts vom 4. Februar 1920 (Archivdokument), zitiert nach H. Meier-Welcker, Seeckt, Frankfurt am Main 1967, S. 295.
80 Krüger, Außenpolitik, S. 153.
81 The Parliamentary Debates: Official Report, 5. Serie, Band 152, Spalte 1899 f.: Premierminister Lloyd George im Unterhaus am 3. April 1922.
82 Graml, Europas Weg in den Krieg, S. 23.
83 Ursachen und Folgen, Band 6, S. 580: Der Vertrag von Rapallo vom 16. April 1922.
84 Verhandlungen des Reichstags, Band 346, S. 1994: Sitzung vom 21. Januar 1921.
85 Verhandlungen des Reichstags, Band 355, S. 7676: Reichskanzler Wirth am 29. Mai 1922.
86 Akten der Reichskanzlei, Kabinette Wirth I und II, Band 2, S. 688: Rathenau im Ministerrat vom 5. April 1922, 10.30 Uhr beim Reichspräsidenten.
87 ADAP, Serie A, Band 4, S. 530: Aufzeichnung des Legationsrats Hauschild vom 27. Januar 1922.
88 Krüger, Außenpolitik, S. 177.
89 Erdmann, Zeit der Weltkriege, S. 232.
90 Rathenau am 16. April 1922 (Archivdokument), zitiert nach H. G. Linke, Deutsch-sowjetische Beziehungen bis Rapallo, Köln 1970, S. 210.
91 Ursachen und Folgen, Band 6, S. 611: General von Seeckt: Deutschlands Stellung zum russischen Problem. Denkschrift vom 11. September 1922.
92 K. Zernack, Das Zeitalter der nordischen Kriege von 1558 bis 1809 als frühneuzeitliche Geschichtsepoche, in: *Zeitschrift für historische Forschung* 1 (1974), S. 56.
93 H. Helbig, Die Träger der Rapallo-Politik, Göttingen 1958, S. 5.
94 Ebd.
95 Th. Schieder, Die Entstehungsgeschichte des Rapallo-Vertrags, in: *Historische Zeitschrift* 204 (1967) (künftig zitiert als: Schieder, Entstehungsgeschichte des Rapallo-Vertrags), S. 599 f.
96 Ebd., S. 600.
97 G. Stresemann, Vermächtnis. Der Nachlaß in drei Bänden. Herausgegeben von H. Bernhard, Band 2, Berlin 1932 (künftig zitiert als: Stresemann, Vermächtnis), S. 535: Unterredung mit Brockdorff-Rantzau. Tagebuch Stresemanns vom 14. Dezember 1925.
98 H. Graml, Europa zwischen den Kriegen, München 1969, S. 151.
99 Lenin, Werke, Band 33, S. 343: Entwurf einer Entschließung des Gesamtrussischen Zentralexekutiv-Komitees zum Bericht der Delegation der Genuakonferenz.
100 Schieder, Entstehungsgeschichte des Rapallo-Vertrags, S. 600.
101 Ebd.

*»Rekonstruktion«, »Geist von Locarno« und Berliner Vertrag:
Stresemann und das Problem der »Ost-West-Balance« (1923–1926)*

1 A. Vallentin, Stresemann. Vom Werden einer Staatsidee, München/Leipzig 1948, S. 106.
2 ADAP, Serie A, Band 8, Göttingen 1990, S. 247: Der Reichsminister des Auswärtigen von Rosenberg an die Botschaften in London und Rom und die Gesandtschaften in Belgrad, Bukarest, Lissabon und Athen vom 8. August 1923.
3 Ebd., Band 10, S. 189: Der Botschafter in Moskau Graf von Brockdorff-Rantzau an das Auswärtige Amt vom 11. Mai 1924.
4 P. Kluke, Neuere Geschichte. Deutsche Außenpolitik im Zeitalter des Nationalstaates, Frankfurt am Main 1969, S. 204.
5 ADAP, Serie A, Band 9, S. 275: Der Reichsminister des Auswärtigen Stresemann an den Botschafter in London Sthamer vom 21. Januar 1924.
6 Ebd., S. 316: Der Reichsminister des Auswärtigen Stresemann an die Botschaft in Paris vom 30. Januar 1924.
7 *Iswestija*, Nr. 15 vom 24. Januar 1923, wird zitiert nach H. Grieser, Die Sowjetpresse über Deutschland in Europa 1922–1932. Revision von Versailles und Rapallo-Politik in sowjetischer Sicht, Stuttgart 1970 (künftig zitiert als: Grieser, Sowjetpresse), S. 38.

8 Viscount D'Abernon, Ein Botschafter der Zeitwende. Memoiren, Band 2, Leipzig o. J. (künftig zitiert als: D'Abernon, Botschafter), S. 188: Eintrag vom 20. Januar 1923.
9 Akten der Reichskanzlei, Kabinett Cuno, S. 123, Anmerkung 3: Ministerrat beim Reichspräsidenten. 9. Januar 1923, 18 Uhr.
10 Dokumente und Materialien zur Geschichte der deutschen Arbeiterbewegung, Band 7/2, Berlin (Ost) 1966, S. 209: Aufruf des Parteivorstandes der VSPD vom 11. Januar 1923 an die Mitgliedschaft zu Protestversammlungen gegen die Ruhrbesetzung.
11 L. Zimmermann, Frankreichs Ruhrpolitik von Versailles bis zum Dawesplan, Göttingen/Zürich/Frankfurt am Main 1971, S. 218.
12 H. Mommsen, Die verspielte Freiheit. Der Weg der Republik von Weimar in den Untergang 1918 bis 1933, Berlin 1989 (künftig zitiert als: Mommsen, Die verspielte Freiheit), S. 142.
13 Akten der Reichskanzlei, Kabinette Stresemann I und II, Band 1, S. 285: Bericht über die Haltung der Parteien im Ruhrgebiet. Gelsenkirchen, 15. September 1923.
14 Schulthess' Europäischer Geschichtskalender 1923, S. 300.
15 Ebd.
16 Der von Stresemann stammende Begriff wird zitiert nach Maxelon, Stresemann und Frankreich, S. 168.
17 H. Maier, Die Deutschen und die Freiheit. Perspektiven der Nachkriegszeit, Stuttgart 1985, S. 28, mit Bezug auf Konrad Adenauer.
18 Schulze, Weimar, S. 256.
19 Ebd.
20 W. Ruge, Stresemann. Ein Lebensbild, Berlin (Ost) 1966, S. 29.
21 ADAP, Serie A, Band 9, S. 76: Stresemann an den Botschafter in Moskau Graf von Brockdorff-Rantzau vom 1. Dezember 1923.
22 Schulze, Weimar, S. 257.
23 ADAP, Serie B, Band 1/1, S. 752 f. (Anhang II).
24 Archivdokument zitiert nach Maxelon, Stresemann und Frankreich, S. 88.
25 H. A. Turner, jr., Dokumentation. Eine Rede Stresemanns über seine Locarnopolitik, in: *Vierteljahrshefte für Zeitgeschichte* 15 (1967), S. 434 (Diskussion).
26 Thukydides, Geschichte des Peloponnesischen Krieges, o. O. 1962, S. 252.
27 Stresemanns Rede vor dem Langnamverein Düsseldorf vom 22. April 1926 (Archivdokument), zitiert nach K. H. Pohl, Weimars Wirtschaft und die Außenpolitik der Republik 1924–1926. Vom Dawes-Plan zum Internationalen Eisenpakt, Düsseldorf 1979, S. 3.
28 Ebd., S. 290, Anmerkung 22.
29 *Prawda*, Nr. 187 vom 14. August 1928, wird zitiert nach Grieser, Sowjetpresse, S. 192.
30 Schulze, Weimar, S. 262.
31 Ebd.
32 Zum Folgenden vgl. K. D. Erdmann, Stresemann und Adenauer – zwei Wege deutscher Politik, in: O. Franz (Hg.), Vom Sinn der Geschichte, Stuttgart 1976 (künftig zitiert als: Erdmann, Stresemann und Adenauer), S. 228–244.
33 ADAP, Serie A, Band 8, S. 372: Aufzeichnung des Staatssekretärs des Auswärtigen Amtes Freiherr von Maltzan vom 13. September 1923.
34 Ebd.
35 Verhandlungen des Reichstags, Stenographische Berichte, Band 361, S. 11937.
36 Ebd.
37 P. Schmidt, Statist auf diplomatischer Bühne 1923–1945. Erlebnisse des Chefdolmetschers im Auswärtigen Amt mit den Staatsmännern Europas, Bonn 1949 (künftig zitiert als: Schmidt, Statist), S. 64.
38 Erdmann, Stresemann und Adenauer, S. 238.
39 H. A. Winkler, Von der Revolution zur Stabilisierung. Arbeiter und Arbeiterbewegung in der Weimarer Republik 1918 bis 1924, Berlin/Bonn 1984, S. 689.
40 Troeltsch, Spektator-Briefe, S. 265.
41 Stresemann an von Maltzan vom 7. April 1925 (Archivdokument), zitiert nach W. Link, Die amerikanische Stabilisierungspolitik in Deutschland 1921–32, Düsseldorf 1970 (künftig zitiert als: Link, Stabilisierungspolitik), S. 348.
42 D'Abernon, Botschafter, Band 2, S. 329: Eintrag vom 23. Dezember 1923.
43 Verhandlungen des Reichstags, Band 361, S. 12634.
44 Schulthess' Europäischer Geschichtskalender 1924, S. 434.

45 ADAP, Serie A, Band 9, S. 137: Der Botschafter in Moskau Graf von Brockdorff-Rantzau an das Auswärtige Amt vom 14. Dezember 1923, nebst Anlage vom 13. Dezember 1923.
46 Schmidt, Statist, S. 63.
47 ADAP, Serie A, Band 11, S. 362: Der Botschafter in Paris an das Auswärtige Amt vom 6. November 1924.
48 Ebd., Band 10, S. 102: Der Botschafter in Paris von Hoesch an das Auswärtige Amt vom 25. April 1924.
49 Ebd., S. 203: Der Botschafter in Paris von Hoesch an das Auswärtige Amt vom 15. Mai 1924.
50 Ebd., Band 11, S. 362: Der Botschafter in Paris von Hoesch an das Auswärtige Amt vom 6. November 1924.
51 Ebd.
52 Krüger, Außenpolitik, S. 244.
53 ADAP, Serie B, Band 1/1, S. 733 (Anhang): Rede Dr. Stresemanns vor der »Arbeitsgemeinschaft deutscher Landsmannschaften in Groß-Berlin« vom 14. Dezember 1925.
54 H. Brügelmann, Politische Ökonomie in kritischen Jahren. Die Friedrich List-Gesellschaft e. V. von 1925–1935, Tübingen 1956, S. 85: Rede Schachts in Bad Pyrmont vom 6. Juni 1928.
55 H. Schacht, Das Ende der Reparationen, Oldenburg i. O. 1931, S. 44.
56 G. Dahm, Völkerrecht, Band 2, Stuttgart 1961, S. 342.
57 Schubert an Haniel vom 17. Juni 1920 (Archivdokument), zitiert nach Krüger, Außenpolitik, S. 261.
58 Link, Stabilisierungspolitik, S. 587.
59 K. Borchardt, Wachstum und Wechsellagen 1914–1970, in: Handbuch der Deutschen Wirtschafts- und Sozialgeschichte. Herausgegeben von H. Aubin und W. Zorn, Band 2, Stuttgart 1976 (künftig zitiert als: Borchardt, Wachstum und Wechsellagen), S. 703 f.
60 Mommsen, Die verspielte Freiheit, S. 191 f.
61 M. Vogt, Die Weimarer Republik (1918–1933), in: Deutsche Geschichte. Begründet von P. Rassow. Vollständig neu bearbeitete und illustrierte Ausgabe. Herausgegeben von M. Vogt, Stuttgart 1987, S. 607.
62 D'Abernon, Botschafter, Band 3, S. 181.
63 Akten der Reichskanzlei, Kabinette Luther I und II, Band 1, S. XXVI.
64 Ebd.
65 Stresemann, Vermächtnis, Band 2, S. 218.
66 *Vorwärts*, 42. Jahrgang, Nr. 491. Ausgabe A. Nr. 250 vom 17. Oktober 1925.
67 Aufzeichnung Stresemanns vom 26. Juni 1925 über die Kabinettssitzung vom 24. Juni 1925 (Archivdokument), zitiert nach K. D. Erdmann, Das Problem der Ost- oder Westorientierung in der Locarno-Politik Stresemanns, in: *Geschichte in Wissenschaft und Unterricht* 6 (1955) (künftig zitiert als: Erdmann, Problem der Ost- oder Westorientierung), S. 140.
68 Th. Schieder, Europa im Zeitalter der Weltmächte, in: Ders., (Hg.), Handbuch der Europäischen Geschichte, Band 7/1, Stuttgart 1979 (künftig zitiert als: Schieder, Europa im Zeitalter der Weltmächte), S. 153.
69 Krüger, Außenpolitik, S. 301.
70 K. D. Erdmann, Gustav Stresemann. Sein Bild in der Geschichte, in: *Historische Zeitschrift* 227 (1978), S. 615.
71 Stresemann, Vermächtnis, Band 3, S. 457: Ansprache Stresemanns vom (21.) Mai 1927 vor dem Verband Sächsischer Industrieller.
72 Rede Stresemanns über seine Locarnopolitik, in: *Vierteljahrshefte für Zeitgeschichte* 15 (1967), S. 418.
73 Mommsen, Die verspielte Freiheit, S. 216.
74 Geheime Denkschrift Stresemanns vom 13. Januar 1925 (Archivdokument), zitiert nach W. Ruge, Stresemann – ein Leitbild?, in: *Blätter für deutsche und internationale Politik* 14 (1969), S. 472.
75 Maxelon, Stresemann und Frankreich, S. 153.
76 ADAP, Serie B, Band 1/1, S. 729.
77 Ursachen und Folgen, Band 6, Berlin o. J., S. 487: »Kronprinzenbrief« vom 7. September 1925.
78 Ebd.
79 Ebd.
80 ADAP, Serie A, Band 9, S. 349: Der Reichsminister des Auswärtigen Stresemann an das Mitglied des Reichstags Koch (Weser) vom 4. Februar 1924.
81 Ursachen und Folgen, Band 6, S. 489.
82 Ebd., S. 488.
83 Ebd.
84 Maxelon, Stresemann und Frankreich, S. 188, Anm. 93.

85 ADAP, Serie A, Band 8, S. 230: Aufzeichnung des Botschafters in Moskau Graf von Brockdorff-Rantzau (z. Z. Berlin) vom 31. Juli 1923.
86 Zitiert nach C. A. Wurm, Die französische Sicherheitspolitik in der Phase der Umorientierung 1924–1926, Diss. Münster 1971, S. 214.
87 E. Kolb, Die Weimarer Republik, 2. durchgesehene und ergänzte Aufl. München 1988 (künftig zitiert als: Kolb, Weimarer Republik), S. 67.
88 Verhandlungen des Reichstags, Band 388, S. 4532: Sitzung vom 24. November 1924.
89 Kolb, Weimarer Republik, S. 67.
90 The Life and Letters of the Right Hon. Sir Austen Chamberlain by Sir Charles Petrie, Band 2, London/Toronto/Melbourne/Sydney 1940, S. 259: An Lord Crewe vom 16. Februar 1925.
91 Akten der Reichskanzlei, Kabinette Luther I und II, Band 2, S. 781 f.: Kabinettsrat beim Reichspräsidenten. 19. Oktober 1925, 11 Uhr.
92 ADAP, Serie B, Band 1/1, S. 740 f.
93 Ebd., Band 2/1, S. 78: Der Gesandte in Warschau Rauscher an das Auswärtige Amt vom 30. Dezember 1925.
94 Ebd., Band 7, S. 555: Aufzeichnung über das Kriegsspiel der Heeresleitung im Winter 1927/28 vom 22. Dezember 1927.
95 Ebd., S. 555 f., Anmerkung 3.
96 Ebd., Band 1/1, S. 743.
97 Ebd., S. 745.
98 H. Lippelt, »Politische Sanierung«. Zur deutschen Politik gegenüber Polen 1925/26, in: *Vierteljahrshefte für Zeitgeschichte* 19 (1971) (künftig zitiert als: Lippelt, Politische Sanierung), S. 332.
99 ADAP, Serie B, Band 2/1, S. 364: Der Reichsminister des Auswärtigen Amtes Stresemann an die Botschaft in London vom 19. April 1926.
100 Lippelt, Politische Sanierung, S. 373.
101 Aufzeichnung Stresemanns über seine Unterredung mit dem russischen Botschafter Krestinski vom 15. April 1924 (Archivdokument), zitiert nach Maxelon, Stresemann und Frankreich, S. 185, Anmerkung 77.
102 ADAP, Serie B: Band 2/1, S. 53: Aufzeichnung des Reichsministers des Auswärtigen Stresemann vom 22. Dezember 1925.
103 *Iswestija*, Nr. 15 vom 18. Januar 1925, zitiert nach Grieser, Sowjetpresse, S. 113.
104 *Iswestija*, Nr. 88 vom 16. April 1924, zitiert nach ebd., S. 85.
105 Krüger, Außenpolitik, S. 268.
106 Schubert am 23. Juni 1924 (Archivdokument), zitiert nach ebd.
107 Ursachen und Folgen, Band 6, S. 637: Besprechungen des Reichsaußenministers Dr. Stresemann mit dem Volkskommissar des Äußeren, Tschitscherin. Aufzeichnungen vom 30. September 1925.
108 Stresemann am 5. August 1925 (Archivdokument), zitiert nach Maxelon, Stresemann und Frankreich, S. 185, Anmerkung 77.
109 Stresemann, Vermächtnis, Band 2, S. 528: 4. Oktober 1925
110 Erdmann, Problem der Ost- oder Westorientierung, S. 144.
111 Ursachen und Folgen, Band 6, S. 387: Auslegung des Artikels 16 der Völkerbundssatzung Anlage F.
112 G. Hilger, Wir und der Kreml. Deutsch-sowjetische Beziehungen 1918–1941. Erinnerungen eines deutschen Diplomaten, Frankfurt am Main/Berlin 1955 (künftig zitiert als: Hilger, Wir und der Kreml), S. 132.
113 Locarno-Konferenz 1925. Eine Dokumentensammlung. Herausgegeben vom Ministerium für Auswärtige Angelegenheiten der Deutschen Demokratischen Republik, Berlin (Ost) 1962, S. 221: Aufzeichnung des deutschen Botschafters in Moskau, Brockdorff-Rantzau, vom 7. November 1925 über die Ergebnisse der Locarno-Konferenz.
114 Ebd.
115 *Die Weltbühne*, 22. Jahrgang, vom 11. Mai 1925, S. 720.
116 ADAP, Serie B, Band 2/1, S. 403: Freundschaftsvertrag zwischen Deutschland und der Union der Sozialistischen Sowjetrepubliken vom 24. April 1926 und Notenaustausch vom gleichen Tag.
117 Stresemann, Vermächtnis, Band 2, S. 537: Aufzeichnung Stresemanns vom 20. April 1926.
118 *Iswestija*, Nr. 95 vom 25. April 1926, wird zitiert nach Grieser, Sowjetpresse, S. 156.
119 Aufzeichnung des Staatssekretärs von Schubert vom 11. Dezember 1925 (Archivdokument), zitiert nach Erdmann, Problem der Ost- oder Westorientierung, S. 143.
120 Link, Stabilisierungspolitik, S. 545.

121 Stresemann, Vermächtnis, Band 3, S. 151: Aufzeichnung Stresemanns vom 15. Juni 1927.
122 Opera Omnia di Benito Mussolini. A cura di E. e D. Susmel, Band 21, Firenze 1965, S. 413.
123 J.-B. Duroselle, The Spirit of Locarno: Illusions of Pactomania, in: *Foreign Affairs* 50 (1972), S. 752–764.

Völkerbund, Thoiry und Europaidee:
Möglichkeiten und Grenzen außenwirtschaftlicher Revision (1926–1929)

1 Vgl. Schulze, Weimar, S. 293.
2 Krüger, Außenpolitik, S. 413.
3 A. François-Poncet, Von Versailles bis Potsdam. Frankreich und das deutsche Problem der Gegenwart 1919–1945, Mainz/Berlin 1949, S. 88.
4 R. H. Bruce Lockhart, Als Diplomat, Bankmann und Journalist im Nachkriegseuropa, Stuttgart/Berlin 1935, S. 406.
5 Ebd., S. 404.
6 Karl Radek wird zitiert nach Grieser, Sowjetpresse, S. 118.
7 S. Zweig, Die Welt von gestern. Erinnerungen eines Europäers, Frankfurt am Main 2. Aufl. 1982, S. 362.
8 K. Borchardt, Wachstum und Wechsellagen, S. 704. Das Folgende einschließlich der angeführten Zitate nach ebd., S. 704–706.
9 Schulze, in: Deutsche Verwaltungsgeschichte, Band 4, S. 33.
10 Ebd.
11 Ebd.
12 Ebd., S. 34.
13 Ebd., S. 35.
14 ADAP, Serie B, Band 1/1, S. 343: Die Abrüstungsfrage nach realpolitischen Gesichtspunkten betrachtet.
15 Ebd.
16 Ebd.
17 Ebd., S. 345.
18 Ebd.
19 Ebd., S. 343.
20 Krüger, Außenpolitik, S. 345.
21 Schulthess' Europäischer Geschichtskalender 1926, S. 478.
22 Ursachen und Folgen, Band 6, S. 500: Aus der Rede Dr. Stresemanns vor der Völkerbundsversammlung, 10. September 1926.
23 *Vorwärts*, 43. Jahrgang, Nr. 426, Ausgabe A, Nr. 218 vom 10. September 1926.
24 Ursachen und Folgen, Band 6, S. 725: Aus der Rede Dr. Stresemanns über das Minderheitenproblem auf der Tagung des Völkerbundsrats am 6. März 1929.
25 J. Bariéty, Der Versuch einer europäischen Befriedung: Von Locarno bis Thoiry, in: Locarno und die Weltpolitik 1924–1932, herausgegeben von H. Rößler, Göttingen/Zürich/Frankfurt am Main 1969, S. 43.
26 Maxelon, Stresemann und Frankreich, S. 221.
27 Stresemann vor dem Zentralvorstand der DVP am 1. Oktober 1926 (Archivdokument), zitiert nach ebd., S. 229.
28 ADAP, Serie B, Band 1/2, S. 334: Undatierte Aufzeichnung des Vortragenden Legationsrats Simon. Thoiry-Ausschuß. 2. Sitzung am 14. Oktober 1926. Bericht.
29 D'Abernon, Botschafter, Band 3, S. 310: Eintrag vom 30. September 1926.
30 V. Hentschel, Deutsche Wirtschafts- und Sozialpolitik 1815 bis 1945, Düsseldorf 1980, S. 46.
31 ADAP, Serie B, Band 7, S. 103: Der Botschafter in Paris von Hoesch an das Auswärtige Amt vom 21. Oktober 1927.
32 Verhandlungen des Reichstags. III. Wahlperiode. Band 393. Stenographische Berichte, Berlin 1927, S. 11009: Rede Stresemanns vom 23. Juni 1927.
33 Ursachen und Folgen, Band 7, S. 9: Aus der Rede des französischen Außenministers, Aristide Briand, bei der Unterzeichnung des Kriegsächtungs-Paktes, 27. August 1928.
34 F. Siebert, Aristide Briand, 1862–1932. Ein Staatsmann zwischen Frankreich und Europa, Erlenbach-Zürich/Stuttgart 1973, S. 581.

35 ADAP, Serie B, Band 9, S. 477: Der Staatssekretär des Auswärtigen Amtes von Schubert an die Botschaft in London vom 28. Juli 1928.
36 Ebd., Band 12, S. 43: Aufzeichnung über die Unterredung zwischen dem Herrn Reichsminister und Herrn Briand am 11. Juni 1929 im Hotel Ritz in Madrid von 5 Uhr 15 bis 6 Uhr nachmittags.
37 Ebd., S. 99: Der Reichsminister des Auswärtigen Stresemann an die Botschaft in Washington vom 26. Juni 1929. Vgl. auch Verhandlungen des Reichstags, Stenographische Berichte, Band 425, S. 2814: Stresemann am 24. Juni 1929.
38 Ebd.
39 Schwarz an Müller vom 8. September 1928 (Archivdokument), zitiert nach Krüger, Außenpolitik, S. 453, Anmerkung 595.
40 ADAP, Serie B, Bd. 11, S. 320: Der Reichsminister des Auswärtigen Stresemann an Viscount D'Abernon (London) vom 30. März 1929.
41 Ebd.
42 H. Schacht, 76 Jahre meines Lebens, Bad Wörishofen 1953, S. 309.
43 Krüger, Außenpolitik, S. 486.
44 Akten der Reichskanzlei, Kabinett Müller II, Band 1, S. 622: Fortsetzung der Aussprache über die Reparationslage. 1. Mai 1929, 20. 30 Uhr.
45 Ebd., S. 623.
46 Stresemann, Vermächtnis, Band 3, S. 565 f.: Stresemann über das Haager Ergebnis am 11. September 1929.
47 Ursachen und Folgen, Band 7, S. 30: Aus der Rede Aristide Briands auf der X. Völkerbundsversammlung am 5. September 1929.
48 Ebd.
49 Stresemann, Vermächtnis, Band 3, S. 578 f.: Letzte Rede vor dem Völkerbund am 9. September 1929.
50 ADAP, Serie B, Band 12, S. 300: Aufzeichnung des Staatssekretärs des Auswärtigen Amtes von Schubert vom 1. August 1929.
51 Heimpel, Entwurf einer Deutschen Geschichte, S. 173.
52 *Iswestija*, Nr. 145 vom 28. Juni 1929, wird zitiert nach Grieser, Sowjetpresse, S. 201.
53 Herz, Staatenwelt und Weltpolitik, Einleitung, S. 29.

Präsidialkabinette und Pariser Friedensordnung:
»Jeder für sich, keiner für alle« (1930–1932)

1 O. Braun, Von Weimar zu Hitler, New York 2. Aufl. 1940, S. 5.
2 K. D. Bracher, Demokratie und Machtvakuum: Zum Problem des Parteienstaats in der Auflösung der Weimarer Republik, in: K. D. Erdmann/H. Schulze (Hg.), Weimar. Selbstpreisgabe einer Demokratie. Eine Bilanz heute, Düsseldorf 1980, S. 133 f.
3 K. Borchardt, Zwangslagen und Handlungsspielräume in der großen Wirtschaftskrise der frühen dreißiger Jahre: Zur Revision des überlieferten Geschichtsbildes, in: *Jahrbuch der Bayerischen Akademie der Wissenschaften 1979*, München 1979.
4 Ebd.
5 K. H. Revermann, Die stufenweise Durchbrechung des Verfassungssystems der Weimarer Republik in den Jahren 1930 bis 1933. Eine staatsrechtliche und historisch-politische Analyse, Münster 1959.
6 Kolb, Weimarer Republik, S. 120.
7 J. Curtius, Sechs Jahre Minister der deutschen Republik, Heidelberg 1948, S. 170.
8 J. A. Schumpeter, Das soziale Antlitz des Deutschen Reiches, in: Ders., Aufsätze zur Soziologie, Tübingen 1953, S. 225.
9 Ebd.
10 Borchardt, Wachstum und Wechsellagen, S. 707.
11 Ebd.
12 Ebd.
13 Ebd.
14 J. R. von Salis, Weltgeschichte der neuesten Zeit, Band 3, Zürich 1960, S. 340.
15 A. J. Toynbee, Part I. The World Crisis, in: Survey of International Affairs 1931, Oxford/London 1932, S. 1.

16 Société des Nations. Journal Officiel. Supplément Spécial No. 93, Genf 1931, S. 59.
17 E. Schulin, Handelsstaat England. Das politische Interesse der Nation am Außenhandel vom 16. bis ins frühe 18. Jahrhundert, Wiesbaden 1969.
18 Senator Kenneth Wherry von Nebraska, zitiert nach TRB (Richard L. Strout), The Tarnished Age, in: *The New Republic. A Journal of Politics and the Arts*, Band 171, Nr. 17 vom 26. Oktober 1974, S. 4.
19 Krüger, Außenpolitik, S. 513.
20 Ebd.
21 A. Haushofer, Deutsch-englische Beziehungen, in: *Wille und Macht. Führerorgan der nationalsozialistischen Jugend 6* (1938), S. 11.
22 Verhandlungen des Reichstags. IV. Wahlperiode 1928. Band 428. Stenographische Berichte, Berlin 1930, S. 5815: Rede von Curtius am 25. Juni 1930.
23 ADAP, Serie B, Band 17, S. 54: Der Reichsminister des Auswärtigen Curtius an den Botschafter in London Freiherr von Neurath vom 17. März 1931.
24 Ebd., Serie B, Band 15, S. 527: Der Staatsseketär des Auswärtigen Amts von Bülow an die Deutsche Delegation in Genf vom 15. September 1930.
25 Bülow an Trautmann vom 6. Januar 1933 (Archivdokument), zitiert nach P. Krüger/E. J. C. Hahn, Der Loyalitätskonflikt des Staatssekretärs Bernhard Wilhelm von Bülow im Frühjahr 1933, in: *Vierteljahrshefte für Zeitgeschichte* 20 (1972), S. 384.
26 Weizsäcker-Papiere 1900–1932, S. 412: Eintrag vom 26. Dezember 1930.
27 W. Lipgens, Europäische Einigungsidee 1923–1930 und Briands Europaplan im Urteil der deutschen Akten, (2. Teil), in: *Historische Zeitschrift* 203 (1966), S. 361.
28 Europa. Dokumente zur Frage der europäischen Einigung (Forschungsinstitut der deutschen Gesellschaft für auswärtige Politik e. V. Dokumente und Berichte. Band 17 [in drei Teilbänden]), München 1962, S. 29: Memorandum der französischen Regierung über die Organisation einer europäischen Bundesordnung vom 1. Mai 1930.
29 Ebd., S. 36.
30 Ebd.
31 Krüger, Außenpolitik, S. 524.
32 ADAP, Serie B, Bd. 15, S. 93: Aufzeichnung des Vortragenden Legationsrats von Bülow vom 21. Mai 1930.
33 Akten der Reichskanzlei, Kabinett Brüning I und II, Band 1, S. 281: Ministerbesprechung vom 8. Juli 1930, 20 Uhr.
34 Ebd.
35 Ebd.
36 Ebd., S. 283.
37 Ebd.
38 Vgl. oben S. 61.
39 Aufzeichnung des Gesandten in Belgrad von Mutius, Anfang 1928 (Archivdokument), zitiert nach V. Torunsky, Entente der Revisionisten? Mussolini und Stresemann 1922–1929, Köln/Wien 1986, S. 213.
40 Krüger, Außenpolitik, S. 533.
41 Ebd., S. 531.
42 Akten der Reichskanzlei, Kabinett Müller II, Band 2, S. 1494: Politische Besprechungen mit dem österreichischen Bundeskanzler. 22 und 24. Februar 1930.
43 W. Ruge/W. Schumann, Die Reaktion des deutschen Imperialismus auf Briands Europaplan 1930, in: *Zeitschrift für Geschichtswissenschaft* 20 (1972), S. 70: Memorandum aus dem Auswärtigen Amt für den Reichskanzler vom 26. August 1930. Quellenkritische Bedenken gegen die Provenienz des Dokuments macht Krüger, Außenpolitik, S. 531, Anmerkung 58, geltend.
44 Ebd.
45 Headlam-Morley, A Memoir of the Paris Peace Conference, S. 163: Sir James Headlam-Morley an seinen Bruder Rev. A. C. Headlam vom 25. Juni 1919.
46 ADAP, Serie B, Band 16, S. 454: Der Staatssekretär des Auswärtigen Amts von Bülow an den Botschafter in Paris von Hoesch vom 23. Januar 1931.
47 J. Curtius, Bemühung um Oesterreich. Das Scheitern des Zollunionsplans von 1931, Heidelberg 1947, S. 95: Erklärung des Außenministers Dr. Curtius über den deutsch-österreichischen Zollunionsplan im Reichsrat am 31. März 1931.
48 ADAP, Serie B, Band 16, S. 436: Der Staatssekretär des Auswärtigen Amts von Bülow an den Botschafter in Washington von Prittwitz und Gaffron vom 20. Januar 1931.

49 Akten der Reichskanzlei, Kabinette Brüning I und II, Band 2, S. 1653, Anmerkung 6.
50 S. Nadolny, Abrüstungsdiplomatie 1932/33. Deutschland auf der Genfer Konferenz im Übergang von Weimar zu Hitler, München 1978, S. 143.
51 G. Schulz, Von Brüning zu Hitler. Der Wandel des politischen Systems in Deutschland 1930–1933. Band 3: Zwischen Demokratie und Diktatur. Verfassungspolitik und Reichsreform in der Weimarer Republik, Berlin/New York 1992 (künftig zitiert als: Schulz, Von Brüning zu Hitler), S. 704.
52 H. Brüning, Memoiren 1918–1934, Stuttgart 1970 (künftig zitiert als: Brüning, Memoiren), S. 193. Vgl. Schulz, Von Brüning zu Hitler, S. 179 ff., sowie R. Morsey, Zur Entstehung, Authentizität und Kritik von Brünings »Memoiren 1918–1934«, Opladen 1975 (künftig zitiert als: Morsey, Zur Entstehung, Authentizität und Kritik von Brünings »Memoiren«).
53 Schäffer an Staudinger vom 12. Juni 1952 (Archivdokument), wird zitiert nach Schulze, Weimar, S. 351.
54 Ebd.
55 Brüning, Memoiren, S. 309.
56 R. Fischer, Mythos und Wirklichkeit, Hamburg 1932, S. 38.
57 Hilger, Wir und der Kreml, S. 223.
58 De Haas an Prittwitz vom 6. Juni 1929 (Archivdokument), wird zitiert nach Krüger, Außenpolitik, S. 541.
59 Ebd.
60 H. Brüning, Außenpolitische Rundschau. Rede vor dem Auswärtigen Ausschuß des Reichstages am 24. Mai 1932, in: Ders., Reden und Aufsätze eines deutschen Staatsmanns. Herausgegeben von W. Vernekohl unter Mitarbeit von R. Morsey, Münster 1968, S. 176.
61 Hoover, Memoiren, Band 3, S. 69.
62 ADAP, Serie B, Band 17, S. 349: Aufzeichnung des Vortragenden Legationsrats Eisenlohr vom Ende Mai 1931. Ergebnis einer Vorbesprechung im Auswärtigen Amt über den Besuch in Chequers.
63 A. François-Poncet, Als Botschafter in Berlin 1931–1938, Mainz 1947, S. 33.
64 ADAP, Serie B, Band 17, S. 4 f.: Aufzeichnung des Vortragenden Legationsrats Freiherr von Weizsäckkers vom 2. März 1931.
65 Weizsäcker-Papiere 1900–1932, Band 1, S. 416: Eintrag vom 8. Januar 1931. Gedankengang zu einem Vortrag am 8. Januar 1931 vor Seeoffizieren.
66 Ebd., S. 433: Eintrag vom 15. November 1931.
67 Ebd., S. 434.
68 ADAP, Serie B, Band 16, S. 398: Der Staatssekretär des Auswärtigen Amts von Bülow an den Botschafter in Paris von Hoesch vom 14. Januar 1931.
69 Ebd., S. 505: Der Botschafter in Paris von Hoesch an den Staatssekretär des Auswärtigen Amts von Bülow vom 31. Januar 1931.
70 Ebd., Band 17, S. 14 f.: Der Botschafter in Paris von Hoesch an das Auswärtige Amt vom 6. März 1931 (Anlage).
71 Morsey, Zur Entstehung, Authentizität und Kritik von Brünings »Memoiren«, S. 37 f.
72 Schulze, Weimar, S. 358.
73 Morsey, Zur Entstehung, Authentizität und Kritik von Brünings »Memoiren«, S. 37.
74 W. Marx/H. Brüning, Reichstagsreden. Herausgegeben von R. Morsey, Bonn 1974, S. 256: »Die letzten hundert Meter vor dem Ziel«. Abgesang der Ära Brüning. Rede, gehalten am 11. Mai 1932.
75 Mann, Deutsche Geschichte, S. 775.
76 Link, Stabilisierungspolitik, S. 616.
77 Krüger, Außenpolitik, S. 540.
78 L. Schwarzschild, Die letzten Jahre vor Hitler. Aus dem »Tagebuch« 1929–1933. Herausgegeben von V. Schwarzschild, Hamburg 1966, S. 114 f.: Eintrag vom 18. Juli 1931. *Der Kollaps*.
79 Graf Kessler, Tagebücher, S. 676: Eintrag vom 12. Juli 1932.
80 »Papen angetreten«, in: *Vorwärts*, Nr. 253 vom 1. Juni 1932, zitiert nach H.-A. Winkler, Der Weg in die Katastrophe. Arbeiter und Arbeiterbewegung in der Weimarer Republik 1930 bis 1933, Berlin/Bonn 1987, S. 634.
81 T. Vogelsang, Papen und das außenpolitische Erbe Brünings. Die Lausanner Konferenz 1932, in: Neue Perspektiven aus Wirtschaft und Recht. Festschrift für Hans Schäffer zum 80. Geburtstag am 11. April 1966. Herausgegeben von C. P. Claussen, Berlin 1966, S. 506.
82 ADAP, Serie B, Band 20, S. 231: Aufzeichnung des Staatssekretärs des Auswärtigen Amts von Bülow vom 2. Juni 1932 (Anlage).

83 Ebd., S. 232.
84 Ebd., S. 230.
85 Ebd., S. 283, Anmerkung 3: Schleicher an Bülow vom 9. Juni 1932.
86 Ursachen und Folgen, Band 8, S. 284: Erklärung der Deutschen Reichsregierung vom 22. Juli 1932 zum Abschluß der ersten Phase der Abrüstungskonferenz.

Der Fluch des Dogmas: Hitlers Diktatur 1933–1945

Von der »Machtergreifung« zur »Rheinlandkrise«: Revision und Expansion als Elemente deutscher Außenpolitik (1933–1936)

1 H.-U. Thamer, Verführung und Gewalt. Deutschland 1933–1945, Berlin 1986.
2 K. D. Bracher, Die Krise Europas 1917–1975. Propyläen Geschichte Europas, Band 6, Berlin 1976, S. 132.
3 S. Haffner, Anmerkungen zu Hitler, München 1978 (künftig zitiert als: Haffner, Anmerkungen zu Hitler), S. 60.
4 K. von Schuschnigg, Ein Requiem in Rot-Weiß-Rot. »Aufzeichnungen des Häftlings Dr. Auster«, Zürich 1946, S. 40.
5 D. Petzina, Soziale und wirtschaftliche Entwicklung, in: Deutsche Verwaltungsgeschichte. Herausgegeben von K. G. A. Jeserich, H. Pohl, G.-Ch. von Unruh, Band 4: Das Reich als Republik und in der Zeit des Nationalsozialismus, Stuttgart 1985, S. 667.
6 I. Silone, Die Kunst der Diktatur, Köln/Berlin 1965, S. 36.
7 W. Manchester, Winston Churchill. Allein gegen Hitler 1932–1940, München 1990 (künftig zitiert als: Manchester, Churchill), S. 84.
8 Haffner, Von Bismarck zu Hitler, S. 237.
9 J. Fest, Der zerstörte Traum. Vom Ende des utopischen Zeitalters, Berlin 1991 (künftig zitiert als: Fest, Der zerstörte Traum), S. 33.
10 Haffner, Von Bismarck zu Hitler, S. 237.
11 J. Goebbels, Wider die Greuelhetze des Weltjudentums. Rede in Berlin am 1. April 1933, in: Ders., Revolution der Deutschen. 14 Jahre Nationalsozialismus, Oldenburg i. O. 1933, S. 155.
12 Ders., Rede über »Die Aufgaben des deutschen Theaters« im Hotel Kaiserhof zu Berlin am 8. Mai 1933, in: Ebd., S. 178.
13 J. Fest, Hitlers Krieg, in: *Vierteljahrshefte für Zeitgeschichte* 38 (1990) (künftig zitiert als: Fest, Hitlers Krieg), S. 363.
14 G. Gafencu, Europas letzte Tage. Eine politische Reise im Jahre 1939, Zürich 1946, S. 91.
15 ADAP, Serie E, Band 1, S. 113: Hitler an Mussolini vom 29. Dezember 1941.
16 Fest, Der zerstörte Traum, S. 31.
17 É. Halévy, L'ère des tyrannies. Études sur le socialisme et la guerre, Paris 1938 (ND 1990).
18 Thomas Mann, Doktor Faustus. Das Leben des deutschen Tonsetzers Adrian Leverkühn erzählt von einem Freunde, Frankfurt am Main 1948, S. 597.
19 H. Frank, Im Angesicht des Galgens. Deutung Hitlers und seiner Zeit auf Grund eigener Erlebnisse und Erkenntnisse. Geschrieben im Nürnberger Justizgefängnis, Neuhaus bei Schliersee 2. Aufl. 1955, S. 312.
20 K. Heiden, Die Geschichte des Nationalsozialismus bis Herbst 1933. Geburt des dritten Reiches, Zürich 2. Aufl. 1934, S. 266.
21 Stadler, Weltgeschichte und Staatstraditionen, S. 13.
22 DDF, 1932–1939, Serie 1, Band 5, S. 355 und 357: M. François-Poncet, Ambassadeur de France à Berlin, à M. Paul-Boncour, Ministre des Affaires Étrangères, vom 27. Dezember 1933.
23 Benjamin Constant wird zitiert nach J. Fest, Hitler. Eine Biographie, Frankfurt am Main/Berlin/Wien 1973 (künftig zitiert als: Fest, Hitler), S. 912.
24 J. W. Falter, Hitlers Wähler, München 1991, S. 364.

25 A. Hitler, Mein Kampf, München 1940 (künftig zitiert als: Hitler, Mein Kampf), S. 741 f.
26 Ebd., S. 446.
27 N. Rich, Hitler's War Aims. Ideology, the Nazi State and the Course of Expansion, Band 1, New York 1973, S. 4.
28 H. Picker, Hitlers Tischgespräche im Führerhauptquartier 1941–1942. 3. vollständig überarbeitete und erweiterte Neuausgabe Stuttgart 1976 (künftig zitiert als: Picker, Hitlers Tischgespräche), S. 195: Himmler am 5. April 1943, abends.
29 Haffner, Anmerkungen zu Hitler, S. 15.
30 E. Jäckel, Hitlers Herrschaft. Vollzug einer Weltanschauung, Stuttgart 1986 (künftig zitiert als: Jäckel, Hitlers Herrschaft), S. 89.
31 Hitler. Sämtliche Aufzeichnungen 1905–1924. Herausgegeben von E. Jäckel zusammen mit A. Kuhn, Stuttgart 1980 (künftig zitiert als: Hitler. Sämtliche Aufzeichnungen), S. 89 f.: An Adolf Gemlich vom 16. September 1919.
32 Hitlers Politisches Testament. Die Bormann Diktate vom Februar und April 1945, Hamburg 1981 (künftig zitiert als: Hitlers Politisches Testament), S. 64: 3. Februar 1945.
33 Ebd., S. 122: 2. April 1945.
34 DDF 1932–1939, Serie 1, Band 4, S. 197: M. de Chambrun, Ambassadeur de France à Rome, à M. Paul-Boncour, Ministre des Affaires Étrangères, vom 15. August 1933.
35 Vgl. Kennedy, The Rise and Fall of the Great Powers, S. 364.
36 M. Domarus, Hitler. Reden und Proklamationen 1932–1945. Kommentiert von einem deutschen Zeitgenossen, Band 1, Zweiter Halbband, München 1965 (künftig zitiert als: Domarus, Hitler), S. 761: Hitler auf dem Reichsparteitag am 13. September 1937.
37 Hitler, Mein Kampf, S. 743.
38 Ebd., S. 742.
39 Hitler. Sämtliche Aufzeichnungen, S. 703: München, 22. Oktober 1922 »Ausbau der Nationalsozialistischen Deutschen Arbeiterpartei«. Denkschrift.
40 Hitler, Mein Kampf, S. 438.
41 A. Hillgruber, Hitlers Strategie. Politik und Kriegführung 1940–1941, 2. Aufl. München 1982 (künftig zitiert als: Hillgruber, Hitlers Strategie), S. 717 f.
42 Hitlers Zweites Buch. Ein Dokument aus dem Jahr 1928. Eingeleitet und kommentiert von G. L. Weinberg, Stuttgart 1961, S. 125.
43 Picker, Hitlers Tischgespräche, S. 320.
44 H. Preiß (Hg.), Adolf Hitler in Franken. Reden aus der Kampfzeit, o.O. 1939, S. 171.
45 Hitler. Sämtliche Aufzeichnungen, S. 887: München, 13. April 1923 »Weltjude und Weltbörse, die Urschuldigen am Weltkriege«. Rede auf einer NSDAP-Versammlung.
46 Hitler, Mein Kampf, S. 699.
47 Ebd.
48 Ebd., S. 741.
49 Ebd., S. 767.
50 Ebd., S. 699.
51 Ebd., S. 741 f.
52 H.-A. Jacobsen, Nationalsozialistische Außenpolitik 1933–1938, Frankfurt am Main/Berlin 1968 (künftig zitiert als: Jacobsen, Nationalsozialistische Außenpolitik), S. 328.
53 Der Prozeß gegen die Hauptkriegsverbrecher vor dem Internationalen Militärgerichtshof Nürnberg 14. November 1945–1. Oktober 1946, Nürnberg 1948 (künftig zitiert als: IMT), Band 14, S. 341.
54 M. Muggeridge, The Thirties 1930–1940 in Great Britain, London/Glasgow 1971, S. 231 (Erstveröffentlichung 1940).
55 C. Sforza, Europäische Diktaturen, Berlin 1932, S. 131.
56 Vgl. dazu grundsätzlich Hillgruber, Hitlers Strategie, S. 21 ff. und 717 f.
57 Mann, Deutsche Geschichte, S. 677.
58 Eksteins, Tanz über Gräben, S. 463.
59 Graml, Europas Weg in den Krieg, S. 71.
60 Jäckel, Hitlers Herrschaft, S. 146.
61 ADAP, Serie C, Band 1/1, S. 21: Der Staatssekretär des Auswärtigen Amtes an den Botschafter in Moskau von Dirksen vom 6. Februar 1933.
62 Siehe oben S. 539 f.
63 G. Wollstein, Vom Weimarer Revisionismus zu Hitler. Das Deutsche Reich und die Großmächte in der

Anfangsphase der nationalsozialistischen Herrschaft in Deutschland, Bonn 1973 (künftig zitiert als: Wollstein, Weimarer Revisionismus), S. 290.
64 Siehe oben S. 532
65 T. Vogelsang, Neue Dokumente zur Geschichte der Reichswehr 1930-1933, in: *Vierteljahrshefte für Zeitgeschichte* 2 (1954) (künftig zitiert als: Vogelsang: Neue Dokumente), S. 435: 1933 Februar 3, Berlin: Ausführungen des Reichskanzlers Hitler vor den Befehlshabern des Heeres und der Marine anläßlich eines Besuches bei Gen. d. Inf. Frhr. von Hammerstein-Equord in dessen Wohnung. Handschr. Aufzeichnungen des Gen. Lt. Liebmann.
66 A. Hillgruber, Deutschlands Rolle in der Vorgeschichte der beiden Weltkriege, Göttingen 1967 (künftig zitiert als: Hillgruber, Deutschlands Rolle), S. 84.
67 N. Machiavelli, Discorsi. Gedanken über Politik und Staatsführung, Stuttgart 2., verb. Aufl. 1977, S. 194.
68 Vogelsang, Neue Dokumente, S. 435: Ausführungen des Reichskanzlers Hitler am 3. Februar 1933.
69 L. Trotzki, Hitler und die Abrüstung, in: *Die neue Weltbühne*. ND der Originalausgabe. Band 1, 1933, S. 761.
70 ADAP, Serie C, Band 1/1, S. 20f.: Der Staatssekretär des Auswärtigen Amtes von Bülow an den Botschafter in Moskau von Dirksen.
71 Vogelsang, Neue Dokumente, S. 435: Ausführungen des Reichskanzlers Hitler am 3. Februar 1933.
72 *The Times* vom 11. Februar 1933, S. 8: »Oxford Union Debate«.
73 Zitiert nach Manchester, Churchill, S. 78.
74 J.-B. Duroselle, La Décadence 1932-1939, Paris 1979 (künftig zitiert als: Duroselle, La Décadence), S. 171.
75 Die Tagebücher von Joseph Goebbels. Sämtliche Fragmente. Herausgegeben von E. Fröhlich, Teil 1, Band 2, München/New York/London/Paris 1987 (künftig zitiert als: Goebbels-Tagebücher), S. 427: Eintrag vom 4. Juni 1933.
76 Ebd., S. 426.
77 Heinrich von Sybel wird zitiert nach Fest, Der zerstörte Traum, S. 37.
78 B. Martin, Weltmacht oder Niedergang? Deutsche Großmachtpolitik im 20. Jahrhundert, Darmstadt 1989 (künftig zitiert als: Martin, Weltmacht oder Niedergang), S. 168.
79 Akten der Reichskanzlei, Regierung Hitler, Teil 1, Band 1, S. 633: Reichsstatthalterkonferenz vom 6. Juli 1933.
80 I. Colvin, Vansittart in Office. An historical survey of the origins of the second world war based on the papers of Sir Robert Vansittart, London 1965 (künftig zitiert als: Colvin, Vansittart in Office), S. 106.
81 ADAP, Serie C, Band 1/2, S. 908: Aufzeichnung des Oberregierungsrats Thomsen (Reichskanzlei). Niederschrift über die Ministerbesprechungen am 13. Oktober 1933 und am 14. Oktober.
82 Ursachen und Folgen, Band 10, S. 41: Aufruf der Reichsregierung an das deutsche Volk vom 14. Oktober 1933.
83 Ebd., S. 42.
84 Headlam-Morley, A Memoir of the Paris Peace Conference, S. 163. Siehe auch oben S. 392.
85 ADAP, Serie C, Band 2/1, S. 412: Gemeinsame Erklärung der Deutschen Regierung und der Polnischen Regierung vom 26. Januar 1934.
86 Documents on British Foreign Policy 1919-1939 (künftig zitiert als: DBFP), 2. Serie, Band 6, S. 365: Phipps an Simon vom 31. Januar 1934.
87 Akten der Reichskanzlei, Regierung Hitler, Teil 1, Band 1, S. 317: Ministerbesprechung vom 7. April 1933.
88 ADAP, Serie C, Band 2/1, S. 310: Der Botschafter in Moskau Nadolny an das Auswärtige Amt vom 9. Januar 1934.
89 Ebd., Band 1/1, S. 364: Aufzeichnung des Reichsministers des Auswärtigen Freiherrn von Neurath vom 2. Mai 1933 (Anlage).
90 Akten der Reichskanzlei, Regierung Hitler, Teil 1, Band 2, S. 838: Chefbesprechung vom 26. September 1933.
91 W. von Schramm, ... sprich vom Frieden, wenn du den Krieg willst. Die psychologischen Offensiven Hitlers gegen die Franzosen 1933 bis 1939. Ein Bericht, Mainz 1973, S. 103.
92 Generalfeldmarschall von Weichs, Lebenserinnerungen, Band 1, S. 11 (Archivdokument), zitiert nach K.-J. Müller, Das Heer und Hitler. Armee und nationalsozialistisches Regime 1933-1940, Stuttgart 1969, S. 99, Anmerkung 62.

93 Jozef Beck an Boleslaw Wieniawa-Dlugoszewski (Archivdokument), zitiert nach Graml, Europas Weg in den Krieg, S. 83.
94 Ebd.
95 Goebbels-Tagebücher, Teil 1, Band 2, S. 465: Eintrag vom 25. September 1933.
96 ADAP, Serie C, Band 1/2, S. 839 f.: Aufzeichnung des Staatssekretärs des Auswärtigen Amtes von Bülow vom 26. September 1933.
97 AA UdSSR, Fonds 05, Liste 15, Akte 122, Bl. 208 (Archivdokument), zitiert nach V. J. Sipols, Die Vorgeschichte des deutsch-sowjetischen Nichtangriffsvertrages, Köln 1981, S. 161.
98 Fest, Hitlers Krieg, S. 365.
99 Hitler, Mein Kampf, S. 1.
100 A. Hillgruber, Das »Anschluß«-Problem (1918–1945) aus deutscher Sicht, in: Ders., Die Zerstörung Europas. Beiträge zur Weltkriegsepoche 1914 bis 1945, Frankfurt am Main/Berlin 1988 (künftig zitiert als: Hillgruber, »Anschluß«-Problem), S. 126.
101 J. Petersen, Konflikt oder Koalition zwischen Christlich-Sozialen und Sozialdemokraten 1933/34? Ein Brief Ernst Karl Winters, in: *Österreich in Geschichte und Literatur* 16 (1972), S. 432.
102 Vgl. ADAP, Serie C, Band 5/2, S. 706: »Gentlemen's Agreement« vom 11. Juli 1936. Wortlaut des von Schuschnigg abgezeichneten Kommuniqués.
103 N. Schausberger, Österreich und die nationalsozialistische Anschlußpolitik, in: M. Funke (Hg.), Hitler, Deutschland und die Mächte. Materialien zur Außenpolitik des Dritten Reiches, Düsseldorf 1976 (künftig zitiert als: Schausberger, Österreich und die nationalsozialistische Anschlußpolitik), S. 735.
104 Hillgruber, »Anschluß«-Problem, S. 127.
105 Ursachen und Folgen, Band 10, S. 264: Amtliche Mitteilung der deutschen Regierung vom 26. Juli 1934.
106 Müller, General Ludwig Beck, S. 358: Aufzeichnung Becks über ein Gespräch mit Staatssekretär v. Bülow über die außenpolitische Lage (30. Juli 1934).
107 A. François-Poncet, Als Botschafter im ›Dritten Reich‹. Die Erinnerungen des französischen Botschafters in Berlin September 1931 bis Oktober 1938, Mainz/Berlin 1980 (künftig zitiert als: François-Poncet, Als Botschafter in Berlin 1931–1938), S. 264.
108 Ursachen und Folgen, Band 10, S. 334: Resolution der Vertreter der Regierungen Italiens, Frankreichs und Englands vom 14. April 1935 über das Ergebnis der Konferenz von Stresa.
109 Goebbels-Tagebücher, Teil 1, Band 2, S. 486: Eintrag vom 17. April 1935.
110 Foreign Relations of the United States (künftig zitiert als: FRUS). Diplomatic Papers 1935, Band 1, S. 215: The Ambassador in Italy (Long) to the Secretary of State vom 1. April 1935.
111 Domarus, Hitler, Band 1, Zweiter Halbband, S. 506: Rede vom 21. Mai 1935.
112 R. Ingrim, Hitlers glücklichster Tag. London, am 18. Juni 1935, Stuttgart 1962 (künftig zitiert als: Ingrim, Hitlers glücklichster Tag), S. 107.
113 E. Kordt, Nicht aus den Akten ... Die Wilhelmstraße in Frieden und Krieg. Erlebnisse, Begegnungen und Eindrücke 1928–1945, Stuttgart 1950 (künftig zitiert als: Kordt, Nicht aus den Akten), S. 109.
114 Schmidt, Statist, S. 315.
115 Ingrim, Hitlers glücklichster Tag, S. 151.
116 J. von Ribbentrop, Zwischen London und Moskau. Erinnerungen und letzte Aufzeichnungen, Leoni 1963 (künftig zitiert als: Ribbentrop, Zwischen London und Moskau), S. 64.
117 Parliamentary Debates. Official Report. Fifth Series, Volume 304, London 1935, S. 512: Hoare am 11. Juli 1935.
118 Zitiert nach Manchester, Churchill, S. 199.
119 Parliamentary Debates. Official Report. Fifth Series, Volume 305, London 1935, S. 358: Churchill am 24. Oktober 1935.
120 W. S. Churchill, Große Zeitgenossen, Amsterdam 1938 (künftig zitiert als; Churchill, Große Zeitgenossen), S. 315.
121 Ders., The Gathering Storm, Boston 1948, S. 116.
122 Ebd.
123 Goebbels-Tagebücher, Teil 1, Band 2, S. 504: Eintrag vom 19. August 1935.
124 Ebd.
125 Ebd.
126 Ebd., S. 527: Eintrag vom 13. Oktober 1935.

127 ADAP, Serie C, Band 4/2, S. 955: Der Botschafter in Rom von Hassell an das Auswärtige Amt vom 6. Januar 1936.
128 Ursachen und Folgen, Band 10, S. 413: Aufzeichnungen des deutschen Botschafters in Rom, Ulrich von Hassell, über eine Besprechung mit Hitler vom 14. Februar 1936.
129 Ebd.
130 Ebd.
131 Ebd., S. 416: Interview des Reichskanzlers Adolf Hitler mit Bertrand de Jouvenel vom *Paris Midi* vom 21. Februar 1936 über die deutsch-französischen Beziehungen.
132 IMT, Bd. 15, S. 386.
133 Goebbels-Tagebücher, Teil 1, Band 2, S. 580: Eintrag vom 6. März 1936; Äußerung von Goebbels.
134 IMT, Bd. 15, S. 387: Einlassung Jodls.
135 Schmidt, Statist, S. 320.
136 Ebd.
137 R. Fiedler, Hitlers »aufregendste« Stunden. Vor 25 Jahren: Einmarsch in die entmilitarisierte Zone, in: *Politische Studien* 12 (1961), S. 170.
138 Domarus, Hitler, Band 1, Zweiter Halbband, S. 595: Rede vom 7. März 1936.
139 Goebbels-Tagebücher, Teil 1, Band 2, S. 582: Eintrag vom 8. März 1936.
140 W. S. Churchill, Der Zweite Weltkrieg, Band 1, Hamburg 1949 (künftig zitiert als: Churchill, Der Zweite Weltkrieg), S. 244.
141 Baldwin im Kabinett (Archivdokument), zitiert nach Manchester, Churchill, S. 252.
142 H. Nicolson, Tagebücher und Briefe. Erster Band. 1930–1941, Frankfurt am Main 1969 (künftig zitiert als: Nicolson, Tagebücher und Briefe), S. 213: Harold Nicolson an Victoria Sackville-West vom 12. März 1936.
143 W. Hofer, Neutralität im totalen Krieg, in: Ders., Mächte und Kräfte im 20. Jahrhundert. Gesammelte Aufsätze und Reden zum 65. Geburtstag, Düsseldorf 1985, S. 100.
144 Nazi Conspiracy and Aggression, Band 7, Washington 1946, S. 890: Memorandum of Conversation between William C. Bullitt, American Ambassador to France, and the German Minister for Foreign Affairs, Von Neurath, in Berlin, on May 18, 1936.
145 Goebbels-Tagebücher, Teil 1, Band 2, S. 594: Eintrag vom 31. März 1936.
146 Bericht aus Bad Aibling vom 6. 4. 1936 (Archivdokument), zitiert nach I. Kershaw, Der Hitler-Mythos. Volksmeinung und Propaganda im Dritten Reich, Stuttgart 1980 (künftig zitiert als: Kershaw, Hitler-Mythos), S. 115.
147 Hitler, Mein Kampf, S. 775.
148 Domarus, Hitler. Band 1, Zweiter Halbband, S. 606: Rede vom 14. März 1936.
149 Wollstein, Weimarer Revisionismus, S. 308.
150 Ausführungen von Goebbels vor geladenen Vertretern der deutschen Presse am 5. April 1940 (Archivdokument), zitiert nach Hillgruber, Hitlers Strategie, S. 14, Anmerkung 5.
151 ADAP, Serie C, Band 5/1, S. 449: Der Gesandte in Bukarest Fabricius an das Auswärtige Amt vom 29. April 1936. Inhalt: Unterredung mit Titulescu.
152 Zitiert nach Manchester, Churchill, S. 125.
153 Churchill, Große Zeitgenossen, S. 306.
154 Ebd., S. 305.
155 Churchill, Der Zweite Weltkrieg, Band 1, S. 259.
156 Manchester, Churchill, S. 264.
157 DBFP, 2. Serie, Band 16, S. 409: Eden an Phipps vom 6. Mai 1936.
158 Ebd., S. 410.
159 Goebbels-Tagebücher, Teil 1, Band 2, S. 588: Eintrag vom 19. März 1936.
160 Die politischen Testamente der Hohenzollern. Bearbeitet von R. Dietrich, Köln/Wien 1986: Politisches Testament [1752], S. 375.
161 Archivdokument im Archiv der Deutschen Gesellschaft für Auswärtige Politik, Bonn: Ludwig Dehio an Dietrich Mende vom 10. Juni 1963.

Wien – München – Prag:
Hitlers Weg in den Krieg (1936–1939)

1 Löwenthal, Internationale Konstellation, S. 41.
2 K. D. Bracher, Zeit der Ideologien. Eine Geschichte politischen Denkens im 20. Jahrhundert, Stuttgart 1982.
3 Schieder, Europa im Zeitalter der Weltmächte, S. 183.
4 ADAP, Serie D, Band 1, S. 31: Niederschrift über die Besprechung in der Reichskanzlei am 5. November 1937 (sogenanntes Hoßbach-Protokoll).
5 Aron, Frieden und Krieg, S. 58.
6 A. Hillgruber, Grundzüge der nationalsozialisitschen Außenpolitik 1933–1945, in: *Saeculum* 24 (1973), S. 329.
7 P. Stadler, Rückblick auf einen Historikerstreit – Versuch einer Beurteilung aus nichtdeutscher Sicht, in: *Historische Zeitschrift* 247 (1988), S. 21.
8 W. Treue, Denkschrift Hitlers über die Aufgaben eines Vierjahresplans, in: *Vierteljahrshefte für Zeitgeschichte* 3 (1955) (künftig zitiert als: Treue, Denkschrift Vierjahresplan), S. 210.
9 Institut für Zeitgeschichte (München), NI/d 13–100. Nürnberger Dokumente NI–051: Rede Görings über die Durchführung des Vierjahresplanes vom 17. Dezember 1936.
10 S. Martens, Hermann Göring. »Erster Paladin des Führers« und »Zweiter Mann im Reich«, Paderborn 1985.
11 IMT, Band 36, S. 491.
12 Institut für Zeitgeschichte (München), NI/d 13–100. Nürnberger Dokumente NI–051.
13 Treue, Denkschrift Vierjahresplan, S. 209.
14 Martin, Weltmacht oder Niedergang, S. 216.
15 G. Thomas, Geschichte der deutschen Wehr- und Rüstungswirtschaft (1918–1943/45). Herausgegeben von W. Birkenfeld, Boppard am Rhein 1966, S. 501: Vortrag gehalten vor der Reichsgruppe Industrie am 29. November 1939.
16 K. Heiden, Adolf Hitler. Eine Biographie, Band 2, Zürich 1937, S. 317.
17 Ebd., S. 313.
18 A. S. Milward, Der Einfluß ökonomischer und nicht-ökonomischer Faktoren auf die Strategie des Blitzkriegs, in: F. Forstmeier/H.-E. Volkmann (Hg.), Wirtschaft und Rüstung am Vorabend des Zweiten Weltkrieges, Düsseldorf 1975, S. 191.
19 ADAP, Serie D, Band 1, S. 29: Hoßbach-Protokoll vom 5. November 1937.
20 Ebd., Band 7, S. 168: Ansprache des Führers vor den Oberbefehlshabern am 22. August 1939.
21 Erdmann, Zeit der Weltkriege, S. 412.
22 E. von Vietsch, Die Tradition der großen Mächte, Stuttgart 1950 (künftig zitiert als: Vietsch, Tradition der großen Mächte), S. 259 f.
23 Goebbels-Tagebücher, Teil 1, Band 2, S. 622: Eintrag vom 9. Juni 1936.
24 Ebd.
25 H. von Raumer, Aufzeichnung (unveröffentlicht): Der Antikominternpakt, zitiert nach Jacobsen, Nationalsozialistische Außenpolitik, S. 424 und S. 819.
26 ADAP, Serie C, Band 5/2, S. 706: Kommuniqué vom 11. Juli 1936.
27 Schausberger, Österreich und die nationalsozialistische Anschlußpolitik, S. 739.
28 Der Hochverratsprozeß gegen Dr. Guido Schmidt vor dem Volksgericht. Die Gerichtlichen Protokolle mit den Zeugenaussagen, unveröffentlichten Dokumenten, sämtlichen Geheimbriefen und Geheimakten, Wien 1947 (künftig zitiert als: Der Hochverratsprozeß gegen Dr. Guido Schmidt vor dem Wiener Volksgericht), S. 487: Die österreichische Gesandtschaft in Berlin, Tauschitz, an Staatssekretär Schmidt in Wien vom 22. Juli 1936.
29 ADAP, Serie C, Band 5/2, S. 706: Kommuniqué vom 11. Juli 1936.
30 Ebd., S. 705: »Gentlemen's Agreement« vom 11. Juli 1936.
31 Ebd.
32 Ebd., S. 705 f.
33 *Die deutsche Volkswirtschaft. Nationalsozialistischer Wirtschaftsdienst* 5 (1936), S. 654.
34 Ribbentrop, Zwischen London und Moskau, S. 88.
35 H.-H. Abendroth, Deutschlands Rolle im Spanischen Bürgerkrieg, in: M. Funke (Hg.), Hitler, Deutschland und die Mächte. Materialien zur Außenpolitik des Dritten Reiches, Düsseldorf 1976, S. 475.

36 Ribbentrop, Zwischen London und Moskau, S. 89.
37 Ebd. S. 89.
38 H.-H. Abendroth, Hitler in der spanischen Arena. Die deutsch-spanischen Beziehungen im Spannungsfeld der europäischen Interessenpolitik vom Ausbruch des Bürgerkrieges bis zum Ausbruch des Weltkrieges 1936–1939, Paderborn 1973.
39 Ribbentrop, Zwischen London und Moskau, S. 93.
40 Hillgruber, Die gescheiterte Großmacht, S. 80.
41 Goebbels-Tagebücher, Teil 1, Band 2, S. 724: Eintrag vom 13. November 1936.
42 Opera Omnia di Benito Mussolini, Band 28, Florenz 1959, S. 69 f.
43 ADAP, Serie D, Band 1, S. 134: Ribbentrops »Notiz für den Führer« vom 2. Januar 1938.
44 J. Stalin, Rechenschaftsbericht an den XVIII. Parteitag über die Arbeit des ZK der KPdSU (B) am 10. März 1939, in: Ders., Fragen des Leninismus, Moskau 1946, S. 680.
45 Fest, Hitler, S. 695.
46 A. Bullock, Hitler. Eine Studie über Tyrannei, Düsseldorf 1961, S. 355.
47 Domarus, Hitler, Band 1, Zweiter Halbband, S. 681: Ansprache im Hofbräuhausfestsaal am 24. Februar 1937.
48 Weizsäcker-Papiere 1933–1950, S. 112: Aufzeichnung vom Januar 1937.
49 Ebd., S. 111.
50 Ebd., S. 110.
51 Ebd., S. 112.
52 Ebd., S. 111.
53 Ebd.
54 Domarus, Hitler, Band 1, Zweiter Halbband, S. 761: Geheimrede zur Einweihung der Ordensburg in Sonthofen am 23. November 1937.
55 Weizsäcker-Papiere 1933–1950, S. 109: Aufzeichnung vom Januar 1937.
56 DBFP, 2. Serie, Band 19, S. 104: Memorandum by Sir N. Henderson on British policy towards Germany.
57 ADAP, Serie D, Band 1, S. 23: Protokoll vom 6. November 1937.
58 Domarus, Hitler, Band 1, Zweiter Halbband, S. 737: Hitlers Rede vom 28. September 1937.
59 FRUS 1937, Band 3, S. 614: The Ambassador in Japan (Grew) to the Secretary of State vom 15. Oktober 1937.
60 ADAP, Serie D, Band 1, S. 25: Hoßbach-Protokoll vom 5. November 1937.
61 Ebd., S. 26.
62 Ebd., S. 27.
63 Ebd.
64 Ebd., S. 29.
65 Ebd.
66 Ebd.
67 Ebd., S. 31.
68 Ebd., S. 30.
69 Ebd.
70 Ebd.
71 Ebd., S. 27.
72 Ebd., S. 29.
73 Domarus, Hitler, Band 1, Zweiter Halbband, S. 745: Ansprache vor Propagandaleitern am 29. Oktober 1937.
74 Gotthold Ephraim Lessing, Die Erziehung des Menschengeschlechts. Historisch-kritische Edition mit Urteilen Lessings und seiner Zeitgenossen, Einleitung, Entstehungsgeschichte und Kommentar, hrsg. von L. F. Helbig, Bern/Frankfurt am Main/Las Vegas 1980, S. 26, § 90.
75 Gunnar Hagglof, Diplomat. Memoirs of a Swedish Envoy in London. Paris. Berlin. Moscow. Washington, London/Sydney/Toronto 1972, S. 103.
76 ADAP, Serie D, Band 1, S. 47: Aufzeichnung über die Unterredung zwischen dem Führer und Reichskanzler und Lord Halifax in Anwesenheit des Herrn Reichsaußenministers am Obersalzberg am 19. November 1937.
77 Ebd., S. 57: Der Reichsminister des Auswärtigen von Neurath an die Deutschen Botschaften in Rom, London, Paris und Washington vom 22. November 1937.
78 Ebd., S. 57.

79 Picker, Hitlers Tischgespräche, S. 490: Adolf Hitlers Geheimrede vom 23. November 1937 auf der Ordensburg Sonthofen im Allgäu zur »Deutschen Geschichte und zum Deutschen Schicksal« vor dem »Politischen Führernachwuchs«... .
80 A. Hillgruber, Der Faktor Amerika in Hitlers Strategie 1938–1941, in: Ders., Deutsche Großmacht- und Weltpolitik im 19. und 20. Jahrhundert, Düsseldorf 1977, S. 197.
81 ADAP, Serie D, Band 1, S. 535: Der Deutsche Botschafter in Washington an das Auswärtige Amt vom 7. Dezember 1937.
82 E. Fraenkel, USA – Weltmacht wider Willen, Berlin 1957.
83 L. von Ranke, Zur Geschichte Deutschlands und Frankreichs im neunzehnten Jahrhundert. Herausgegeben von A. Dove. I. Restauration und Julirevolution. Zur französischen und deutschen Geschichte von 1815–1836. 3. Frankreich und Deutschland (1832) (= Gesammelte Werke Band 49–50), Leipzig 1887, S. 73.
84 ADAP, Serie D, Band 1, S. 133: Notiz für den Führer vom 2. Januar 1938.
85 Ebd., S. 136.
86 Ebd., S. 137.
87 J. Henke, England in Hitlers politischem Kalkül 1935–1939, Boppard am Rhein 1973, S. 101.
88 François-Poncet, Als Botschafter in Berlin 1931–1938, S. 289.
89 IMT, Band 28, S. 362.
90 Domarus, Hitler, Band 2, Erster Halbband, S. 1048: Rede vom 30. Januar 1939.
91 *Wiener Zeitung* vom 10. März 1938, zitiert nach Schausberger, Österreich und die nationalsozialistische Anschlußpolitik, S. 752.
92 IMT, Band 9, S. 333.
93 Siehe oben S. 643 f.
94 Sir N. Henderson, Failure of a Mission. Berlin 1937–1939, London 1940, S. 20.
95 Der Hochverratsprozeß gegen Dr. Guido Schmidt vor dem Wiener Volksgericht, S. 47.
96 J. R. von Salis, Weltgeschichte der Neuesten Zeit, Band III/2, Zürich 1980, S. 594.
97 IMT, Band 31, S. 368 f.
98 Domarus, Hitler, Band 1, Zweiter Halbband, S. 824.
99 *Neue Zürcher Zeitung* vom 15. März 1938.
100 IMT, Band 37, S. 634 f.
101 Hillgruber, Die gescheiterte Großmacht, S. 85.
102 Der Regierungspräsident von Schwaben am 8. April 1938 (Archivdokument), zitiert nach Kershaw, Hitler-Mythos, S. 116.
103 Domarus, Hitler, Band 1, Zweiter Halbband, S. 847.
104 Ebd., S. 850.
105 G. Ciano, Tagebücher 1937/38, Hamburg 1949 (künftig zitiert als: Ciano, Tagebücher 1937/38), S. 124: Eintrag vom 12. März 1938.
106 The Diaries of Sir Alexander Cadogan O.M. 1938–1945. Edited by D. Dilks, London 1971 (künftig zitiert als: Diaries of Sir Alexander Cadogan), S. 47: Eintrag vom 15. Februar 1938.
107 Ebd., S. 70: Eintrag vom 22. April 1938.
108 Rede Hitlers in Berlin an die Truppenkommandeure des Heeres am 10. Februar 1939, in: Hitlers Städte. Baupolitik im Dritten Reich. Eine Dokumentation von J. Dülffer/J. Thies/J. Henke, Köln/Wien 1978 (künftig zitiert als: Hitlers Rede am 10. Februar 1939, in: Hitlers Städte), S. 290.
109 ADAP, Serie D, Band 2, S. 158: Bericht Konrad Henleins über seine Audienz beim Führer am 28. März 1938.
110 Ebd.
111 Ebd., S. 190: Aufzeichnung des Majors im Generalstab Schmundt vom 22. April 1938: Grundlage zur Studie »Grün«. Zusammenfassung der Besprechung Führer – General Keitel am 21. April.
112 Ebd.
113 Ebd.
114 Ebd., S. 192: Aufzeichnung über »Die 8 Forderungen Konrad Henleins verkündet in Karlsbad am 24. April 1938«.
115 Ebd., S. 190: Aufzeichnung des Majors im Generalstab Schmundt [April 1938?]: Erwägungen des Führers.
116 D. Brandes, Die Politik des Dritten Reiches gegenüber der Tschechoslowakei, in: M. Funke (Hg.), Hitler, Deutschland und die Mächte. Materialien zur Außenpolitik des Dritten Reiches, Düsseldorf 1976, S. 515.

117 Zitiert nach Fest, Hitler, S. 761.
118 Der Hochverratsprozeß gegen Dr. Guido Schmidt vor dem Wiener Volksgericht, S. 46.
119 Zitiert nach Manchester, Churchill, S. 403.
120 ADAP, Serie D, Band 2, S. 282: Der Oberste Befehlshaber der Wehrmacht an die Oberbefehlshaber des Heeres, der Marine und der Luftwaffe. Weisung für Plan »Grün« vom 30. Mai 1938: (Anlage).
121 IMT, Band 34, S. 734.
122 ADAP, Serie D, Band 2, S. 282: Plan »Grün«.
123 Ebd., S. 284.
124 F. Wiedemann, Der Mann, der Feldherr werden wollte. Erlebnisse und Erfahrungen des Vorgesetzten Hitlers im Weltkrieg und seines späteren Persönlichen Adjutanten, Velbert/Kettwig 1964, S. 128.
125 ADAP, Serie D, Band 2, S. 283: Plan »Grün«.
126 Müller, General Ludwig Beck, S. 544: Denkschrift an den Oberbefehlshaber des Heeres über die militärische Aussichtslosigkeit eines Krieges gegen die Tschechoslowakei vom 16. Juli 1938.
127 Ebd., S. 552: Vortragsnotiz Becks über mögliche innen- und außenpolitische Entwicklungen, insbesondere über das Verhalten der obersten militärischen Führung angesichts der Gefahr eines Krieges mit der Tschechoslowakei vom 16. Juli 1938.
128 Ebd.
129 Weizsäcker-Papiere 1933–1950, S. 122: Eintrag vom 5. März 1938.
130 Ebd., S. 128: Eintrag vom 22. Mai 1938.
131 Ebd., S. 130: Eintrag vom 8. Juni 1938.
132 Goebbels-Tagebücher, Teil 1, Band 3, S. 525: Eintrag vom 1. September 1938.
133 Colvin, Vansittart in Office, S. 223.
134 Nachlaß Weizsäcker, Erinnerungen 1947 (Archivdokument), zitiert nach R. A. Blasius, Weizsäcker contra Ribbentrop: »München« statt des großen Krieges, in: F. Knipping/K. J. Müller (Hg.), Machtbewußtsein in Deutschland am Vorabend des Zweiten Weltkrieges, Paderborn 1984, S. 104.
135 Wilhelmstraßenprozeß, Verteidigung Weizsäcker, Dokumentenbuch 1a, Dokument 169f. (Extracts from the secret diaries of Dr. C. J. Burckhardt), zitiert nach ebd., S. 106.
136 Nachlaß Weizsäcker, Erinnerungen 1947 (Archivdokument), zitiert nach ebd., S. 108.
137 Ebd.
138 Ebd.
139 Kordt, Nicht aus den Akten, S. 281.
140 W. Jaksch, Europas Weg nach Potsdam. Schuld und Schicksal im Donauraum, Stuttgart 1958, S. 317.
141 FRUS 1938, Band 1, S. 687: The Ambassador in France (Bullitt) to the Secretary of State vom 27. September 1938.
142 B. J. Wendt, München 1938. England zwischen Hitler und Preußen, Frankfurt am Main 1965.
143 Ministerium für Auswärtige Angelegenheiten der UdSSR, Dokumente und Materialien aus der Vorgeschichte des Zweiten Weltkrieges, Band 1, Moskau 1948, S. 96, Anmerkung 3: Note der UdSSR an Großbritannien vom 17. März 1938.
144 D. Cooper, Das läßt sich nicht vergessen. Autobiographie, o. O. 1954, S. 291.
145 Churchill Papers (Archivdokument), zitiert nach Manchester, Churchill, S. 462.
146 Churchill Papers, zitiert nach ebd., S. 466.
147 Ebd.
148 T. Mann, Tagebücher 1937–1939. Herausgegeben von P. de Mendelssohn, Frankfurt am Main 1980, S. 293.
149 ADAP, Serie D, Band 2, S. 814: Deutsch-englische Erklärung vom 30. September 1938.
150 Ebd.
151 Kordt, Nicht aus den Akten, S. 268.
152 Hitlers Politisches Testament, S. 99f.
153 Manchester, Churchill, S. 668.
154 F. W. Deakin, Die brutale Freundschaft. Hitler, Mussolini und der Untergang des italienischen Faschismus, Köln/Berlin 1962.
155 The Inner Circle. Memoirs of Ivone Kirkpatrick, London 1959.
156 G. Bonnet, Vor der Katastrophe. Erinnerungen des französischen Außenministers 1938–1939, Köln 1951 (künftig zitiert als: Bonnet, Vor der Katastrophe), S. 41: Der polnische Botschafter in Paris, Lukasiewicz, zu Bonnet am 25. Mai 1938.
157 Frankiewski an Beck vom 21. September 1938 (Archivdokument), zitiert nach Graml, Europas Weg in den Krieg, S. 132.

158 Churchill an Lord Moyne (Archivdokument), zitiert nach Manchester, Churchill, S. 459. Das in der Darstellung ohne Datumsangabe zitierte Dokument stammt aus dem September 1938.
159 Ebd.
160 ADAP, Serie D, Band 7, S. 171, Anmerkung 1: Zweite Ansprache des Führers am 22. August 1939.
161 Ebd., S. 90: Weisung des Führers und obersten Befehlshabers der Wehrmacht vom 21. Oktober 1938.
162 Aufzeichnung »Die innere Entwicklung der britischen Außenpolitik seit 1936« (Archivdokument), zitiert nach U. Schlie, Kein Friede mit Deutschland. Die geheimen Gespräche im Zweiten Weltkrieg 1939–1941, München/Berlin 1994, S. 302.
163 Hitlers Rede am 10. Februar 1939, in: Hitlers Städte, S. 291.
164 Graml, Europas Weg in den Krieg, S. 146.
165 Ebd.
166 Ebd.
167 ADAP, Serie D, Band 5, S. 88: Aufzeichnung des Legationsrats Hewel. Aufzeichnung über die Besprechung zwischen Reichsaußenminister v. Ribbentrop und Botschafter Lipski am 24. Oktober [1938] in Berchtesgaden.
168 Ebd., Band 4, S. 164: Weisung des Oberkommandos der Wehrmacht vom 17. Dezember 1938.
169 Rede Hitlers vor der deutschen Presse (10. November 1938). Dokumentation von W. Treue, in: *Vierteljahrshefte für Zeitgeschichte* 6 (1958), S. 182 sowie für die folgenden Zitate.
170 E. Nolte, Der Faschismus in seiner Epoche. Die Action française. Der italienische Faschismus. Der Nationalsozialismus, München/Zürich 5. Aufl. 1979 (künftig zitiert als: Nolte, Der Faschismus in seiner Epoche), S. 433.
171 IMT, Band 28, S. 538 f.
172 Domarus, Hitler, Band 2, Erster Halbband, S. 1058: Rede vom 30. Januar 1939.
173 Heinrich Himmler. Geheimreden 1933 bis 1945 und andere Ansprachen. Herausgegeben von B. F. Smith und A. F. Peterson, Frankfurt am Main/Berlin/Wien 1974 (künftig zitiert als: Heinrich Himmler. Geheimreden), S. 49: Rede vor den SS-Gruppenführern zu einer Gruppenführerbesprechung im Führerheim der SS-Standarte »Deutschland« am 8. November 1938.
174 Ebd.
175 IMT, Band 34, S. 190.
176 Guse am 27. September 1938 (Archivdokument), zitiert nach M. Salewski, Die deutsche Seekriegsleitung 1935–1945, Band 1: 1935–1941, Frankfurt am Main 1970 (künftig zitiert als: Salewski, Seekriegsleitung), S. 53.
177 ADAP, Serie D, Band 1, S. 201: Aufzeichnung über die Unterredung zwischen dem Führer und Reichskanzler und dem kgl. britischen Botschafter in Anwesenheit des Herrn Reichsministers des Auswärtigen von Ribbentrop am 3. März 1938 in Berlin.
178 Abgedruckt bei K. Hildebrand, Vom Reich zum Weltreich. Hitler, NSDAP und koloniale Frage 1919–1945, München 1969, S. 904.
179 ADAP, Serie D, Band 4, S. 47: Notiz für den Führer vom 7. Oktober 1938. Aufzeichnung des Leiters der Politischen Abteilung.
180 Zitiert nach Manchester, Churchill, S. 426.
181 H. F. Bellstedt, Apaisement oder Krieg? Frankreichs Außenminister Georges Bonnet und die deutsch-französische Erklärung vom 6. Dezember 1938, Bonn 1993, S. 95.
182 Ebd., S. 241.
183 Ebd., S. 241 f.
184 Nicolson, Tagebücher und Briefe, Erster Band, S. 315.
185 Hitlers Rede am 10. Februar 1939, in: Hitlers Städte, S. 293 f. und S. 303.
186 Graml, Europas Weg in den Krieg, S. 147.
187 ADAP, Serie D, Band 4, S. 235: Erklärung der Deutschen und der Tschechoslowakischen Regierung vom 15. März 1939.
188 Domarus, Hitler, Band 2, Erster Halbband, S. 1095: Proklamation an das deutsche Volk vom 15. März 1939.
189 Der Generalquartiermeister. Briefe und Tagebuchaufzeichnungen des Generalquartiermeisters des Heeres, General der Artillerie Eduard Wagner. Herausgegeben von E. Wagner, München/Wien 1963 (künftig zitiert als: Der Generalquartiermeister), S. 82: 17. März 1939.
190 Manchester, Churchill, S. 625.
191 *New Statesman and Nation* vom 7. Januar 1939, S. 7: Conversation »Mr. Churchill on Democracy«.
192 E. Kordt, Wahn und Wirklichkeit, Stuttgart 1947, S. 144.

193 Presseanweisung vom 16. März 1939 (Archivdokument), zitiert nach Hillgruber, Deutschlands Rolle, S. 82.
194 Die Hassell-Tagebücher 1938-1944. Ulrich von Hassell. Aufzeichnungen vom Andern Deutschland. Nach der Handschrift revidierte und erweiterte Aufl. unter Mitarbeit von K. P. Reiß herausgegeben von F. Freiherr Hiller von Gaertringen, Berlin 1988 (künftig zitiert als: Die Hassell-Tagebücher), S. 68: Eintrag vom 20. Dezember 1938 über das Gespräch mit von Weizsäcker am 17. Dezember.
195 Weizsäcker-Papiere 1933-1950, S. 146: Eintrag vom 17. Dezember 1938.
196 ADAP, Serie D, Band 5, S. 88: Aufzeichnung über die Besprechung zwischen Reichsaußenminister v. Ribbentrop und Botschafter Lipski am 24. Oktober [1938] in Berchtesgaden.
197 Siehe auch oben S. 667f.
198 ADAP, Serie D, Band 6, S. 98: Weisung des Führers vom 25. März 1939 an die Oberbefehlshaber des Heeres.
199 Ebd.
200 Graml, Europas Weg in den Krieg, S. 199.
201 Attolico an Ciano vom 18. April 1939 (Archivdokument), zitiert nach ebd.
202 ADAP, Serie D, Band 6, S. 154: Weisung des Chefs des Oberkommandos der Wehrmacht vom 3. April 1939.
203 Diariusz i Teki. J. Szembeka (1935-1945), London 1972, S. 359, zitiert nach Graml, Europas Weg in den Krieg, S. 133.
204 Ebd., S. 175.
205 Kabinettssitzung vom 18. März 1939 (Archivdokument), zitiert nach G. Weinberg, The Foreign Policy of Hitler's Germany. Band 2: Starting World War II, 1937-1939, Chicago/London 1980, S. 543.
206 Ebd.
207 Parliamentary Debates. Official Report. Fifth Series, Volume 345, London 1939, S. 2415.
208 Siehe unten S. 689.
209 The Political Diary of Hugh Dalton 1918-40, 1945-60. Edited by B. Pimlott, London 1986, S. 263: Eintrag vom 3. Mai 1939.
210 Diaries of Sir Alexander Cadogan, S. 166.
211 K. Feiling, The Life of Neville Chamberlain, London 1947, S. 403.
212 ADAP, Serie D, Band 6, S. 748: Der Botschafter in London an das Auswärtige Amt vom 10. Juli 1939.
213 Ebd., S. 235: Aufzeichnung über die Unterredung zwischen dem Reichsminister des Auswärtigen und dem rumänischen Außenminister Gafencu in Berlin am 18. April 1939.
214 Graf G. Ciano, Tagebücher 1939-1943, Bern 1946 (künftig zitiert als: Ciano, Tagebücher 1939-1943), S. 89: Eintrag vom 13. Mai 1939.
215 ADAP, Serie D, Band 6, S. 479: Bericht über eine Besprechung am 23. Mai 1939.
216 Ebd.
217 Ebd.
218 Ebd.
219 Ebd.
220 Ebd.
221 Weizsäcker-Papiere 1933-1950, S. 159: Eintrag vom 20. August 1939.
222 J. Stalin, Rechenschaftsbericht an den XVIII. Parteitag über die Arbeit des ZK der KPdSU (B) am 18. März 1939, in: Ders., Fragen des Leninismus, Moskau 1947, S. 692.
223 DBFP 1919-1939, 3. Serie, Band 5, S. 228: Seeds (Moskau) an Halifax vom 18. April 1939.
224 ADAP, Serie D, Band 6, S. 846: Aufzeichnung des Vortragenden Legationsrats Schnurre (Wirtschaftspol. Abt.) vom 27. Juli 1939.
225 Ebd., S. 465: Botschafter von der Schulenburg an Staatssekretär von Weizsäcker vom 22. Mai 1939.
226 Ebd., S. 847: Aufzeichnung des Vortragenden Legationsrats Schnurre (Wirtschaftspol. Abt.) vom 27. Juli 1939.
227 Ebd., S. 848.
228 Ebd.
229 Ebd.
230 J. Lipinsky, Das Geheime Zusatzprotokoll zum deutsch-sowjetischen Nichtangriffsvertrag vom 23. 8. 1939: Seine Geschichte in Ost und West (1939-1990), Magisterarbeit Bonn 1991, S. 6.

231 R. Blasius, Über London den »großen Krieg« verhindern. Ernst von Weizsäckers Aktivitäten im Sommer 1939, in: Der Widerstand gegen den Nationalsozialismus. Die deutsche Gesellschaft und der Widerstand gegen Hitler. Herausgegeben von J. Schmädeke/P. Steinbach, München/Zürich 1986, S. 691–711.
232 ADAP, Serie D, Band 6, S. 827: Vermerk des Ministerialdirektors z. b. V. Wohlthat im Amt des Beauftragten für den Vierjahresplan vom 24. Juli 1939.
233 Ebd., S. 828.
234 Ebd., S. 826.
235 Ebd., S. 882: Der Reichsaußenminister an die Botschaft in Moskau vom 3. August 1939.
236 Ciano, Tagebücher 1939–1943, S. 122: Eintrag vom 11. August 1939.
237 H. Bartel, Frankreich und die Sowjetunion 1938–1940. Ein Beitrag zur französischen Ostpolitik zwischen dem Münchner Abkommen und dem Ende der Dritten Republik, Stuttgart 1986, S. 229, Anmerkung 411.
238 Weltgeschichte der Gegenwart in Dokumenten. Herausgegeben von M. Freund, Band 3, Freiburg im Breisgau/München 1956, S. 124.
239 ADAP, Serie D, Band 7, S. 205: Nichtangriffsvertrag zwischen Deutschland und der Union der Sozialistischen Sowjetrepubliken vom 23. August 1939.
240 N. S. Chruschtschow, Wospominanija. Memuary Nikity Sergejewitscha Chruschtschowa. Wtoraja mirowaja wojna priblishajetsja (Erinnerungen. Die Memoiren Nikita Sergejewitsch Chruschtschows. Der Zweite Weltkrieg naht), in: *Woprosy istorii*, 7/90, S. 86.
241 Ebd.
242 R. Ahmann, Der Hitler-Stalin-Pakt: Nichtangriffs- und Angriffsvertrag? In: Hitler-Stalin-Pakt 1939. Das Ende Ostmitteleuropas? Herausgegeben von E. Oberländer, Frankfurt am Main 1989, S. 26.
243 Kaehler, Briefe 1900–1963, S. 308: Kaehler an Martin Kaehler vom 26. Mai 1945.
244 ADAP, Serie D, Band 7, S. 207: Geheimes Zusatzprotokoll.
245 Ebd.
246 Das politische Tagebuch Alfred Rosenbergs aus den Jahren 1934/35 und 1939/40. Herausgegeben und erläutert von H.-G. Seraphim, Göttingen 1956 (künftig zitiert als: Das politische Tagebuch Alfred Rosenbergs), S. 75.
247 Hillgruber, Die gescheiterte Großmacht, S. 89.
248 Domarus, Hitler, Band 1, Zweiter Halbband, S. 509: Rede vom 21. Mai 1935.
249 Generaloberst Halder, Kriegstagebuch. Band 1. Bearbeitet von H.-A. Jacobsen, Stuttgart 1962 (künftig zitiert als: Halder, Kriegstagebuch), S. 38: Eintrag vom 28. August 1939.
250 Siehe oben S. 686.
251 J. W. Stalin, Rede auf der Plenartagung des ZK der KPR (B) am 19. Januar 1925, in: Ders., Werke, Band 7, Berlin 1952, S. 11.
252 Stalin und Hitler. Pakt gegen Europa. Herausgegeben und eingeleitet von J.W. Brügel, Wien 1973 (künftig zitiert als: Stalin und Hitler), S. 230.
253 Ebd.
254 W. I. Daschitschew, in: G. Knopp/H. Schott, Die Saat des Krieges. 1938–1939 Hitlers Angriff auf Europa, Bergisch Gladbach 1989, S. 274: Kommentar.
255 Überliefert in einem Telegramm des japanischen Generalkonsuls in Harbin, Kubota Kan'ichiho an Außenminister Arita Hachiro vom 12. Juli 1940, zitiert nach Hosoya Chihiro, The Japanese-Soviet Neutrality Pact, in: The Fateful Choice. Japan's Advance into Southeast Asia, 1939–1941. Edited by J. W. Morley, New York 1980, S. 311, Anmerkung 65.
256 K. D. Erdmann, Zeitgeschichte im Ost-West-Dialog, in: *Geschichte in Wissenschaft und Unterricht* 29 (1978), S. 156.
257 Stalin und Hitler, S. 231.
258 ADAP, Serie D, Band 7, S. 180: Aufzeichnung über die Unterredung zwischen dem Führer und dem britischen Botschafter Sir Nevile Henderson am 23. August 1939 im Berghof, Anlage.
259 Ebd.
260 Ebd., S. 234: Erklärung des Führers an Henderson vom 25. August 1939.
261 Ebd.
262 Ebd., S. 235.
263 Der Generalquartiermeister, S. 109: Eintrag vom 31. August 1939.
264 S. Martens, Hermann Göring. »Erster Paladin des Führers« und »Zweiter Mann im Reich«, Paderborn 1985.

265 FRUS 1939, Band I, S. 392: The Ambassador in the United Kingdom (Kennedy) to the Secretary of State, vom 30. August 1939.
266 R. Brender, Kollaboration in Frankreich im Zweiten Weltkrieg. Marcel Déat und das Rassemblement national populaire, München 1992, S. 65.
267 Erdmann, Zeit der Weltkriege, S. 501.
268 Schmidt, Statist, S. 460.
269 Halder, Kriegstagebuch, Band 1, S. 42: Eintrag vom 29. August 1939.
270 Bonnet, Vor der Katastrophe, S. 255: Marschall Rydz-Smigly am 20. August 1939.
271 GP, Band 2, S. 154: Otto von Bismarck im »Kissinger Diktat« vom 15. Juni 1877.
272 Halder, Kriegstagebuch, Band 1, S. 38: Eintrag vom 28. August 1939.
273 K. Dönitz, Zehn Jahre und zwanzig Tage, Frankfurt am Main/Bonn 2. Aufl. 1963, S. 44.
274 Weizsäcker-Papiere 1933–1950, S. 162: Eintrag vom 29. August 1939.
275 Churchill, Der Zweite Weltkrieg, Band 1, S. 21.
276 Manchester, Churchill, S. 650.
277 Vietsch, Tradition der großen Mächte, S. 274.
278 Haffner, Anmerkungen zu Hitler, S. 133 f.
279 G. Wollstein, Das »Großdeutschland« der Paulskirche. Nationale Ziele in der bürgerlichen Revolution 1848/49, Düsseldorf 1977 (künftig zitiert als: Wollstein, Das »Großdeutschland« der Paulskirche), S. 303.
280 Hillgruber, »Anschluß«-Problem, S. 134.
281 A. Schärf, Erinnerungen aus meinem Leben, Wien 1963, S. 167.
282 Hillgruber, »Anschluß«-Problem, S. 133.
283 Siehe oben S. 593

Feldzüge und Planungen:
Die nationalsozialistische Utopie vom »Großgermanischen Reich« (1939–1942)

1 Siehe oben S. 653.
2 Hitlers Rede am 10. Februar 1939, in: Hitlers Städte, S. 303.
3 Meinecke, Deutsche Katastrophe.
4 Siehe oben S. 670.
5 Hitler, Mein Kampf, S. 508.
6 Der Tagebucheintrag des japanischen Innenministers Kido Koichi wird zitiert nach Masaki Miyake, Nichi-Doku-I Sangoku domei no kenkyu (Studien zum japanisch-deutsch-italienischen Dreimächtepakt), Tokio 1975, S. 228. (Das Zitat und die Übersetzung verdanke ich Herrn Takeshi Ooki M.A., Die Reaktion Japans auf den Abschluß des Hitler-Stalin-Paktes, Seminararbeit Bonn, Wintersemester 1990/91).
7 Mao Tse-tung, Ausgewähle Werke, Band 2, Peking 1968, S. 303: Gespräch mit einem Korrespondenten der Zeitung *Hsinhua Jibao* über die neue internationale Lage (1. September 1939).
8 G. Krebs, Japans Deutschlandpolitik 1935–1941. Eine Studie zur Vorgeschichte des Pazifischen Krieges, Band 1, Hamburg 1984, S. 337.
9 Fest, Hitler, S. 834.
10 Dokumente zur Vorgeschichte des Westfeldzuges 1939–1940, Göttingen/Berlin/Frankfurt am Main 1956, S. 6: Hitlers Denkschrift und Richtlinien über die Führung des Krieges im Westen vom 9. Oktober 1939.
11 Ebd., S. 7 und 9.
12 Halder, Kriegstagebuch, Band 1, S. 90: Eintrag vom 27. September 1939.
13 Ebd., S. 132: Eintrag vom 23. November 1939.
14 ADAP, Serie D, Band 8, S. 349: Aufzeichnung über Besprechung des Führers mit den obersten militärischen Befehlshabern am 23. November 1939.
15 K. Marx/F. Engels, Werke, Band 6, Berlin (Ost) 1961, S. 176: »Der magyarische Kampf« (13. Januar 1849).
16 Nicolson, Tagebücher und Briefe, Band 1, S. 349: Eintrag vom 17. September 1939.
17 ADAP, Serie D, Band 8, S. 130: Erklärung der Deutschen Reichsregierung und der Regierung der UdSSR vom 28. September 1939.

18 Soviet Documents on Foreign Policy. Selected and edited by J. Degras, Band 3: 1933–1941, London/New York/Toronto 1953, S. 389: Auszüge aus der Rede Molotows vor dem Obersten Sowjet vom 31. Oktober 1939.
19 Ebd., S. 388.
20 H. Krausnick, Die Einsatzgruppen vom Anschluß Österreichs bis zum Feldzug gegen die Sowjetunion. Entwicklung und Verhältnis zur Wehrmacht, in: Ders./H.-H. Wilhelm, Die Truppe des Weltanschauungskrieges. Die Einsatzgruppen der Sicherheitspolizei und des SD 1938–1942, Stuttgart 1981, S. 36.
21 Das Diensttagebuch des deutschen Generalgouverneurs in Polen 1939–1945. Herausgegeben von W. Präg und W. Jacobmeyer, Stuttgart 1975, S. 335: Eintrag vom 25. März 1941.
22 Siehe unten S. 753 ff.
23 J. Wulf, Das Dritte Reich und seine Vollstrecker, Berlin 1961, S. 367: Oktober 1942.
24 H. Krausnick, Denkschrift Himmlers über die Behandlung der Fremdvölkischen im Osten (Mai 1940), in: *Vierteljahrshefte für Zeitgeschichte* 5 (1957), S. 197 f.: Einige Gedanken über die Behandlung der Fremdvölkischen im Osten.
25 Haffner, Anmerkungen zu Hitler, S. 165.
26 H. Heiber, Dokumentation. Der Generalplan Ost, in: *Vierteljahrshefte für Zeitgeschichte* 6 (1958), S. 284.
27 Hitlers Lagebesprechungen. Die Protokollfragmente seiner militärischen Konferenzen 1942–1945. Herausgegeben von H. Heiber, Stuttgart 1962 (künftig zitiert als: Hitlers Lagebesprechungen), S. 63: Abendlage vom 1. Dezember 1942.
28 I. Vermehren, Reise durch den letzten Akt. Ein Bericht (10. 2. 44 bis 29. 6. 45), Hamburg 1948, S. 143.
29 Generalfeldmarschall Wilhelm Ritter von Leeb. Tagebuchaufzeichnungen und Lagebeurteilungen aus zwei Weltkriegen. Aus dem Nachlaß herausgegeben und mit einem Lebensabriß versehen von G. Meyer, Stuttgart 1976, S. 184: Eintrag vom 3. Oktober 1939.
30 Generalfeldmarschall Fedor von Bock. Anklageschrift in dem Strafverfahren gegen Karl Wolff ..., Staatsanwaltschaft bei dem Landgericht München II, 10 a JS 39/60, S. 86, zitiert nach H. Höhne, Der Orden unter dem Totenkopf. Die Geschichte der SS, Hamburg 1966 (künftig zitiert als: Höhne, Orden unter dem Totenkopf), S. 273.
31 H. Krausnick, Dokumentation. Hitler und die Morde in Polen, in: *Vierteljahrshefte für Zeitgeschichte* 11 (1963), S. 207: Aktenvermerk Heydrichs vom 2. Juli 1940.
32 Haffner, Anmerkungen zu Hitler, S. 170.
33 Aus der Vortragsnotiz des Gen. Oberst Blaskowitz für einen Vortrag beim O. b. d. H. am 15. Februar 1940 (Archivdokument), zitiert nach H.-A. Jacobsen, Der Weg zur Teilung der Welt. Politik und Strategie 1939–1945, Koblenz/Bonn 1977, S. 33.
34 Hellmuth Stieff, Briefe. Herausgegeben und eingeleitet von H. Mühleisen, Berlin 1991, S. 108: An seine Frau vom 21. November 1939.
35 Helmuth Groscurth, Tagebücher eines Abwehroffiziers 1938–1940. Mit weiteren Dokumenten zur Militäropposition gegen Hitler. Herausgegeben von H. Krausnick und H. C. Deutsch, Stuttgart 1970, S. 513: Denkschrift des Korvettenkapitäns Franz Liedig. Dezember 1939.
36 F. Dyson, Weapons and Hope, New York 1984, S. 55.
37 ADAP, Serie D, Band 9, S. 87: Der Botschafter in Moskau an das Auswärtige Amt vom 9. April 1940.
38 H.-D. Loock, Quisling, Rosenberg und Terboven. Zur Vorgeschichte und Geschichte der nationalsozialistischen Revolution in Norwegen, Stuttgart 1970.
39 Das politische Tagebuch Alfred Rosenbergs, S. 110: Eintrag vom 30. April 1940.
40 Fest, Hitler, S. 865.
41 A. Malraux, Anti-Memoiren, Frankfurt am Main 1968, S. 121.
42 Kershaw, Hitler-Mythos, S. 137.
43 F. Meinecke, Werke. Band 6: Ausgewählter Briefwechsel. Herausgegeben und eingeleitet von L. Dehio und P. Classen, Stuttgart 1962 (künftig zitiert als: Meinecke, Ausgewählter Briefwechsel), S. 363: Meinecke an Kaehler vom 4. Juli 1940.
44 Die Hassell-Tagebücher, S. 220: Eintrag vom 24. Juni 1940.
45 ADAP, Serie D, Band 9, S. 563 f.: Aufzeichnung des Staatssekretärs vom 22. Juni 1940.
46 E. Brecht, Erinnerungen an Hugo von Hofmannsthal, Innsbruck 1946, S. 21: Hugo von Hofmannsthal im März 1917.
47 Halder, Kriegstagebuch, Band 1, S. 374: Eintrag vom 30. Juni 1940.
48 Ebd., S. 375.
49 Hillgruber, Otto von Bismarck. Gründer der europäischen Großmacht Deutsches Reich.
50 ADAP, Serie D, Band 9, S. 408: Aufzeichnung des Botschafters Ritter vom 1. Juni 1940.

51 Zitiert nach Hillgruber, Hitlers Strategie, S. 73.
52 Vermerk über die am 22. Juli 1940 unter dem Vorsitz von Reichsminister Funk im Reichswirtschaftsministerium abgehaltene Chefbesprechung (Archivdokument), zitiert nach ebd., S. 74.
53 Halder, Kriegstagebuch, Band 1, S. 308: Eintrag vom 21. Mai 1940.
54 Nachlaß Generalfeldmarschall Maximilian Freiherr von Weichs zu Glon (Archivdokument), zitiert nach Martin, Weltmacht oder Niedergang, S. 246.
55 K. Klee, Unternehmen »Seelöwe«. Die geplante deutsche Landung in England 1940, Göttingen/Berlin/Frankfurt am Main 1958, S. 189.
56 Halder, Kriegstagebuch, Band 1, S. 375: Eintrag vom 30. Juni 1940.
57 Ebd., Band 2, S. 6: Eintrag vom 3. Juli 1940.
58 A. Philippi, Das Pripjetproblem. Eine Studie über die operative Bedeutung des Pripjetgebietes für den Feldzug des Jahres 1941, Darmstadt 1956, S. 69: Generalmajor Marcks. Operationsentwurf Ost. 5. August 1940.
59 Ebd., S. 70.
60 Halder, Kriegstagebuch, Band 2, S. 203.
61 ADAP, Serie D, Band 11/2, S. 643: Zweite Besprechung des Führers mit dem bulgarischen Gesandten Draganoff am 3. Dezember 1940 von 13 Uhr 30 bis 14 Uhr.
62 Halder, Kriegstagebuch, Band 2, S. 214: Eintrag vom 5. Dezember 1940.
63 Heusingers Nachkriegsbetrachtung wird zitiert nach Hillgruber, Hitlers Strategie, S. 373.
64 Ebd.
65 Halder, Kriegstagebuch, Band 2, S. 21: Eintrag vom 13. Juli 1940.
66 Goebbels-Tagebücher, Teil 1, Band 4, S. 229: Eintrag vom 5. Juli 1940.
67 Halder, Kriegstagebuch, Band 1, S. 375: Eintrag vom 30. Juni 1940.
68 Ebd., Band 2, S. 32: Eintrag vom 22. Juli 1940.
69 Ebd., S. 32f.
70 Parliamentary Debates. Official Report. Fifth Series. Volume 360, London 1940, S. 1502: Churchill am 13. Mai 1940.
71 Interview William Manchesters mit Robert J. G. Boothby, zitiert nach Manchester, Churchill, S. 637.
72 Shakespeare, Sämtliche Werke. Erste Abteilung/Dramatische Werke. Übersetzt von A. W. von Schlegel und L. Tieck. Zweiter Band/Historien, Heidelberg o. J., S. 344: König Heinrich V., Erster Aufzug, Zweite Szene.
73 Soviet Documents on Foreign Policy, Band 3, S. 469.
74 Halder, Kriegstagebuch, Band 2, S. 49: Eintrag vom 31. Juli 1940.
75 Der Generalquartiermeister, S. 202: Brief vom 20. September 1941.
76 A. Speer, Erinnerungen, Frankfurt am Main/Berlin 1969 (künftig zitiert als: Speer, Erinnerungen), S. 188.
77 Goebbels-Tagebücher, Teil 1, Band 4, S. 378: Eintrag vom 29. Oktober 1940.
78 ADAP, Serie D, Band 11/1, S. 461: Aufzeichnung über die Unterredung zwischen dem Führer und dem Vorsitzenden des Rats der Volkskommissare und Volkskommissar für Auswärtige Angelegenheiten, Molotov, in Anwesenheit des Reichsaußenministers, des Stellvertretenden Volkskommissars Dekanozov sowie der Herren Botschaftsrat Hilger und Pavlov, die als Dolmetscher fungierten, am 12. November 1940.
79 Hitlers Weisungen für die Kriegführung 1939–1945. Dokumente des Oberkommandos der Wehrmacht. Herausgegeben von W. Hubatsch, Frankfurt am Main 1962 (künftig zitiert als: Hitlers Weisungen für die Kriegführung), S. 71: Weisung Nr. 18 vom 12. November 1940.
80 Halder, Kriegstagebuch, Band 2, S. 182.
81 Tagebuch v. Bock vom 11. November 1940, zitiert nach Hillgruber, Hitlers Strategie, S. 355.
82 ADAP, Serie D, Band 11/1, S. 468: Aufzeichnung über die Unterredung zwischen dem Führer und dem Vorsitzenden des Rats der Volkskommissare Molotov in Anwesenheit des RAM und des Stellvertretenden Volkskommissars für Auswärtige Angelegenheiten Dekanozov sowie der Herren Botschaftsrat Hilger und Pavlov, die als Dolmetscher fungierten, in Berlin am 13. November 1940.
83 Ebd., Band 11/2, S. 750: Weisung Nr. 21 vom 18. Dezember 1940.
84 Ebd., Band 12/1, S. 308: Besprechung über Lage Jugoslawien am 27. März 1941.
85 Kriegstagebuch des Oberkommandos der Wehrmacht. Herausgegeben von P. E. Schramm, Band 1, Frankfurt am Main 1965 (künftig zitiert als: Kriegstagebuch des Oberkommandos der Wehrmacht), S. 996: Oberkommando der Wehrmacht vom 21. Dezember 1940.
86 Hillgruber, Hitlers Strategie, S. 317.

87 A. Hillgruber, Der Zweite Weltkrieg 1939–1945. Kriegsziele und Strategie der großen Mächte. Stuttgart/Berlin/Köln/Mainz 3. Aufl. 1983 (künftig zitiert als: Hillgruber, Der Zweite Weltkrieg), S. 59.
 88 ADAP, Serie D, Band 12/1, S. 376: Aufzeichnung über die Unterredung zwischen dem Führer und dem japanischen Außenminister Matsuoka in Anwesenheit des Reichsaußenministers und des Staatsministers Meissner in Berlin am 4. April 1941.
 89 Ebd., S. 377.
 90 R. Cecil, Hitlers Griff nach Rußland, Graz/Wien/Köln 1977, S. 176.
 91 Halder, Kriegstagebuch, Band 2, S. 336 f.: Eintrag vom 30. März 1941.
 92 H.-A. Jacobsen, 1939–1945. Der Zweite Weltkrieg in Chronik und Dokumenten. 5., vollständig überarbeitete und wesentlich erweiterte Aufl., Darmstadt 1961 (künftig zitiert als: Jacobsen, 1933–1945), S. 572: »Kommissarbefehl«.
 93 C. Streit, Keine Kameraden. Die Wehrmacht und die sowjetischen Kriegsgefangenen 1941–1945, Stuttgart 1978.
 94 Haffner, Anmerkungen zu Hitler, S. 170.
 95 Kaehler, Briefe 1900–1963, S. 380: Kaehler an Carossa vom 5. April 1952.
 96 C. Hartmann, Halder. Generalstabschef Hitlers 1938–1942, Paderborn/München/Wien/Zürich 1991, S. 254.
 97 Höhne, Orden unter dem Totenkopf, S. 274.
 98 H.-A. Jacobsen, Kommissarbefehl und Massenexekutionen sowjetischer Kriegsgefangener, in: H. Buchheim/M. Broszat/H.-A. Jacobsen/H. Krausnick, Anatomie des SS-Staates, Band 2, Olten/Freiburg i. Brsg. 1965 (künftig zitiert als: Buchheim/Broszat/Jacobsen/Krausnick, Anatomie des SS-Staates), S. 204: Oberkommando des Heeres vom 28. April 1941.
 99 Ebd.
100 H.-H. Wilhelm, Die Einsatzgruppe A der Sicherheitspolizei und des SD 1941/42 – Eine exemplarische Studie, in: H. Krausnick/Ders., Die Truppe des Weltanschauungskrieges. Die Einsatzgruppen der Sicherheitspolizei und des SD 1938–1942, Stuttgart 1981, S. 555.
101 P. Bamm, Werke in 2 Bänden, Band 2, Zürich 1967, S. 612.
102 W. Röpke, Die deutsche Frage, 3. veränderte und erweiterte Ausgabe, Erlenbach/Zürich 1948, S. 72.
103 H.-J. Döscher, Das Auswärtige Amt im Dritten Reich. Diplomatie im Schatten der »Endlösung«, Berlin 1987 (künftig zitiert als: Döscher, Das Auswärtige Amt).
104 Actes et Documents du Saint-Siège Relatifs à la Seconde Guerre Mondiale, Band 5, S. 184: Notes de Mgr Tardini, 5. September 1941.
105 Staatsmänner und Diplomaten bei Hitler. Vertrauliche Aufzeichnungen über Unterredungen mit Vertretern des Auslandes 1939–1941. Herausgegeben und erläutert von A. Hillgruber, Zweiter Teil, Frankfurt am Main 1970 (künftig zitiert als: Staatsmänner und Diplomaten bei Hitler), S. 543: Aufzeichnung über die Unterredung des Führers mit Graf Oshima im Führerhauptquartier am 14. Juli 1941.
106 Ebd., S. 546.
107 Halder, Kriegstagebuch, Band 3, S. 38.
108 Ebd., S. 53.
109 Ebd., S. 39: Eintrag vom 3. Juli 1941.
110 J. G. Stoessinger, Crusaders and Pragmatists. Movers of Modern American Foreign Policy, New York/London 2. Auflage 1985 (künftig zitiert als: Stoessinger, Crusaders), S. 43.
111 Meinecke, Ausgewählter Briefwechsel, S. 373: Kaehler an Meinecke vom 24. Juni 1941.
112 Stoessinger, Crusaders, S. 43.
113 Staatsmänner und Diplomaten bei Hitler, Zweiter Teil, S. 549: Hitler-Oshima-Unterredung vom 14. Juli 1941.
114 Lagevorträge des Oberbefehlshabers der Kriegsmarine vor Hitler 1939–1945. Herausgegeben von G. Wagner, München 1972 (künftig zitiert als: Lagevorträge des Oberbefehlshabers der Marine vor Hitler), S. 271: Vortrag des Oberbefehlshabers der Kriegsmarine beim Führer am 25. Juli 1941.
115 Picker, Hitlers Tischgespräche, S. 71: 8. und 9. September 1941 nachts und 10. September 1941 mittags, abends und nachts.
116 ADAP, Serie D, Band 13/2, S. 567: Aufzeichnung über die Unterredung zwischen dem Führer und dem Grafen Ciano im Hauptquartier am 25. Oktober 1941.
117 Halder, Kriegstagebuch, Band 3, S. 107: Eintrag vom 23. Juli 1941.
118 Hillgruber, Der Zweite Weltkrieg, S. 75.

119 Ebd., S. 82.
120 Halder, Kriegstagebuch, Band 3, S. 295: Eintrag vom 19. November 1941.
121 Ebd.
122 Ebd., S. 333: Eintrag vom 7. Dezember 1941.
123 ADAP, Serie D, Band 13/2, S. 705: Empfang des dänischen Außenministers Scavenius durch den Führer am 27. November 1941 von 20–20.30 Uhr in Anwesenheit des Reichsministers des Auswärtigen.
124 Kriegstagebuch des Oberkommandos der Wehrmacht, Band 4/2, S. 1503: 15. Mai 1945.
125 K. Reinhardt, Die Wende vor Moskau. Das Scheitern der Strategie Hitlers im Winter 1941/42, Stuttgart 1972.
126 Dehio, Gleichgewicht oder Hegemonie, S. 226.
127 A. Hillgruber, »Ein Volk, ein Reich, ein Führer«. Die Pervertierung des Nationalgedankens, in: *Die Neue Ordnung* 39 (1985), S. 49.
128 W. Michalka, Das Dritte Reich, in: Deutsche Geschichte. Begründet von Peter Rassow. Vollständig neubearbeitete und illustrierte Ausgabe. Herausgegeben von Martin Vogt, Stuttgart 1987, S. 711.
129 R.-D. Müller, Das »Unternehmen Barbarossa« als wirtschaftlicher Raubkrieg, in: G. R. Ueberschär/W. Wette (Hg.), »Unternehmen Barbarossa«. Der deutsche Überfall auf die Sowjetunion 1941. Berichte, Analysen, Dokumente, Paderborn 1984 (künftig zitiert als: Ueberschär/Wette (Hg.), »Unternehmen Barbarossa«), S. 190.
130 Ueberschär/Wette (Hg.), »Unternehmen Barbarossa«, S. 393: Schreiben des Rüstungsinspekteurs Ukraine, Generalleutnant Hans Leykauf, an den Chef des Wehrwirtschafts- und Rüstungsamtes im OKW, General d. Inf. Thomas, vom 2. Dezember 1941.
131 Borchardt, Wachstum und Wechsellagen, S. 717.
132 Ebd.
133 Adolf Hitler. Monologe im Führerhauptquartier 1941–1944. Die Aufzeichnungen Heinrich Heims. Herausgegeben von W. Jochmann, München 1980, S. 121: 1./2. November 1941.
134 Tischgespräche Himmlers, undatiert, vermutlich 1942 (Archivdokument), zitiert nach Döscher, Das Auswärtige Amt, S. 100.
135 Heinrich Himmler. Geheimreden, S. 164f.: Rede vor den Reichs- und Gauleitern in Posen am 6. Oktober 1943.
136 W. Benz, Die Dimension des Völkermords, Einleitung, in: Ders. (Hg.), Dimension des Völkermords. Die Zahl der jüdischen Opfer des Nationalsozialismus, München 1991 (künftig zitiert als: Benz, Dimension des Völkermords), S. 2.
137 ADAP, Serie D, Band 13/2, Anhang III, S. 838: Unterredung des Führers mit Marschall Kvaternik im Beisein des Reichsministers des Auswärtigen und Generalfeldmarschalls Keitel am 22. Juli 1941 im Führerhauptquartier; zur Datierung vgl. Staatsmänner und Diplomaten bei Hitler, Zweiter Teil, S. 551, Anmerkung a.
138 H. Krausnick, Judenverfolgung, in: Buchheim/Broszat/Jacobsen/Krausnick, Anatomie des SS-Staates, S. 372.
139 A. Hillgruber, Der Entschluß zur Ermordung der europäischen Juden, in: Kriegswende Dezember 1941. Herausgegeben von J. Rohwer und E. Jäckel, Koblenz 1984, S. 227.
140 ADAP, Serie D, Band 10, S. 92f.: Aufzeichnung des Legationssekretärs Rademacher vom 3. Juli 1940. Die Judenfrage im Friedensvertrage.
141 Ebd., Serie E, Band 1, S. 403: Legationsrat Rademacher an Gesandten Bielfeld vom 10. Februar 1942.
142 Institut für Zeitgeschichte, Nürnberger Dokument NO–4145, S. 2.
143 Benz, Dimension des Völkermords.
144 Siehe oben S. 571.
145 Schreiben Heydrichs vom 29. November 1941 (Archivdokument), zitiert nach Döscher, Das Auswärtige Amt, S. 221.
146 Ebd.
147 ADAP, Serie E, Band 1, S. 269 und 271: Undatiertes Protokoll der Wannsee-Konferenz.
148 Hitler. Sämtliche Aufzeichnungen, S. 89f.: An Adolf Gemlich vom 16. September 1919.
149 Domarus, Hitler, Band 2, Zweiter Halbband, S. 2239: Zweiter Teil des politischen Testaments vom 29. April 1945.
150 Ebd., S. 1844: Rede vom 24. Februar 1942.
151 Goebbels-Tagebücher, Teil 2, Band 3, S. 561: Eintrag vom 27. März 1942.
152 E. Jäckel, Hitlers Weltanschauung. Entwurf einer Herrschaft. Erweiterte und überarbeitete Neuausgabe Stuttgart 1981, S. 73f.

153 IMT, Band 29, S. 145: Rede des Reichsführers SS bei der SS-Gruppenführertagung in Posen am 4. Oktober 1943.
154 J. Fest, Einführung, zu: Heinrich Himmler. Geheimreden, S. 22.
155 Ebd.
156 Heinrich Himmler. Geheimreden, S. 169: Rede vor den Reichs- und Gauleitern in Posen am 6. Oktober 1943.
157 K. D. Bracher, Die deutsche Diktatur. Entstehung, Struktur, Folgen des Nationalsozialismus, Köln 6. Aufl. 1969, S. 468.
158 M. Gilbert, Auschwitz und die Alliierten, München 1982, S. 400.
159 P. Herde, Japan, Deutschland und die Vereingten Staaten im Jahre 1941, in: Kriegswende Dezember 1941, S. 51.
160 Churchill, Der Zweite Weltkrieg, Band 3, S. 269.
161 W. Warlimont, Im Hauptquartier der deutschen Wehrmacht 39–45. Grundlagen, Formen, Gestalten, München 3. Aufl. 1978, S. 221.
162 Geheimes Kriegstagebuch des (japanischen) Generalstabs. Eintrag vom 10. Dezember 1941 (Archivdokument), zitiert nach G. Krebs, Deutschland und Pearl Harbor, in: *Historische Zeitschrift* 253 (1991) (künftig zitiert als: Krebs, Deutschland und Pearl Harbor), S. 363, mit Bezug auf die Gesamtlage.
163 ADAP, Serie D, Band 13/2, S. 660: Der Reichsaußenminister an die Botschaft in Tokio vom 21. November 1941.
164 Krebs, Deutschland und Pearl Harbor, S. 342.
165 Ebd., S. 369, Anhang: Botschafter Oshima an Außenminister Togo vom 29. November 1941.
166 E. Jäckel, Die deutsche Kriegserklärung an die Vereinigten Staaten vom Dezember 1941, in: Ders., Umgang mit Vergangenheit. Beiträge zur Geschichte, Stuttgart 1989, S. 194.
167 ADAP, Serie E, Band 1, S. 161 f.: Aufzeichnung über das Gespräch des Führers mit Botschafter Oshima am 3. Januar 1942 im Beisein des Reichsaußenministers in der Wolfsschanze von 16.15–18 Uhr.
168 Ebd., S. 163.
169 Ebd.
170 ADAP, Serie E, Band 1, S. 260 ff.
171 Kriegstagebuch des Oberkommandos der Wehrmacht, Band 2, Erster Halbband, S. 15.
172 Domarus, Hitler, Band 2, Zweiter Halbband, S. 1850: Rede vom 15. März 1942.
173 Hitlers Weisungen für die Kriegführung, S. 184.
174 Lagevorträge des Oberbefehlshabers der Kriegsmarine vor Hitler, S. 405: Vortrag des Oberbefehlshabers der Kriegsmarine beim Führer am 26. August 1942.
175 Ebd.
176 Kriegstagebuch des Oberkommandos der Wehrmacht, Band 1, Zweiter Halbband, S. 1292.
177 Goebbels-Tagebücher, Teil 2, Band 8, S. 236: Eintrag vom 8. Mai 1943.
178 Staatsmänner und Diplomaten bei Hitler, Erster Teil, S. 661: Empfang des kroatischen Außenministers Lorković durch den Führer am 27. November 1941.
179 Fest, Hitlers Krieg, S. 365.
180 Picker, Hitlers Tischgespräche, S. 98: 27. Januar 1942, mittags.

Der Untergang des Reiches:
Die »deutsche Katastrophe« und Europa (1942–1945)

1 Kriegstagebuch des Oberkommandos der Wehrmacht, S. 67.
2 Salewski, Der Erste Weltkrieg, S. 184.
3 Oeuvres complètes de Montesquieu, publiées sous la direction de A. Masson, Band 1, Paris 1961: De l'esprit des lois, Livre X, Chapitre XIII, S. 195.
4 Meldungen aus dem Reich. Auswahl aus den geheimen Lageberichten des Sicherheitsdienstes der SS 1939–1944. Herausgegeben von H. Boberach, Neuwied/Berlin 1965, S. 346: Nr. 356 vom 4. Februar 1943 (Auszug).
5 Siehe unten S. 792 f., S. 798 ff. und S. 801 ff..
6 J. Stalin, Über den Großen Vaterländischen Krieg, o. O. 1945, S. 60.

7 Staatsmänner und Diplomaten bei Hitler, Zweiter Teil, S. 206: Aufzeichnung über die Unterredung zwischen dem Führer und Marschall Antonescu im Führerhauptquartier »Wolfsschanze« am 10. Januar 1943.
8 ADAP, Serie E, Band 5, S. 362: Aufzeichnung über die Besprechung des Herrn Reichsaußenministers mit Botschafter Oshima am 6. März 1943.
9 Hitlers Lagebesprechungen, S. 169: Mittagslage vom 5. März 1943.
10 F. Schiller, Wallensteins Tod, München/Wien 1982, II, 2, S. 147.
11 G. Moltmann, Goebbels' Rede zum totalen Krieg am 18. Februar 1943, in: *Vierteljahrshefte für Zeitgeschichte* 12 (1964), S. 27.
12 Weizsäcker-Papiere 1933–1950, S. 306: Eintrag vom 9. November 1942.
13 Döscher, Das Auswärtige Amt, S. 261.
14 Weizsäcker-Papiere 1933–1950, S. 301.
15 Woermann am 22. September 1942 (Archivdokument), zitiert nach Deutschland im zweiten Weltkrieg, von einem Autorenkollektiv unter Leitung von W. Schumann, Band 3, Köln 1982 (künftig zitiert als: Deutschland im zweiten Weltkrieg), S. 409.
16 ADAP, Serie E, Band 5, S. 438f.: Aufzeichnung des Reichsaußenministers von Ribbentrop vom 21. März 1943.
17 Anatomie der Aggression. Neue Dokumente zu den Kriegszielen des faschistischen deutschen Imperialismus im zweiten Weltkrieg. Herausgegeben und eingeleitet von G. Hass und W. Schumann, Berlin 1973, S. 183: Richtlinien von Joachim von Ribbentrop vom 5. April 1943 für die Arbeit des »Europa-Ausschusses«.
18 Ebd., S. 184.
19 Denkschrift Alfred Rosenbergs vom 30. Juli 1943 (Archivdokument), zitiert nach Deutschland im zweiten Weltkrieg, Band 4, S. 301.
20 Ebd.
21 Weltherrschaft im Visier. Dokumente zu den Europa- und Weltherrschaftsplänen des deutschen Imperialismus von der Jahrhundertwende bis Mai 1945. Herausgegeben und eingeleitet von W. Schumann und L. Nestler, Berlin 1975, S. 356.
22 Ebd.
23 Ebd.
24 ADAP, Serie E, Band 6, S. 413: Aufzeichnung des Gesandten I. Klasse Rahn vom 19. August 1943.
25 Ebd., S. 415.
26 Ebd.
27 Deutschland im zweiten Weltkrieg, Band 3, S. 170: Abdruck des Originals des Artikels in der Wochenzeitung *Das Reich* vom 15. November 1942 (Auszug).
28 Staatsmänner und Diplomaten bei Hitler, Zweiter Teil, S. 245: Aufzeichnung über die Unterredung zwischen dem Führer und dem ungarischen Reichsverweser Admiral Hórthy in Kleßheim am 16. April 1943.
29 IMT, Band 35, S. 428: Unterredung Hitlers und Ribbentrops mit Horthy am 17. April 1943.
30 Fest, Hitlers Krieg, S. 372.
31 IMT, Band 37, S. 517.
32 Goebbels-Tagebücher, Teil 2, Band 8, S. 236: Eintrag vom 8. Mai 1943.
33 Ebd., S. 238.
34 Ebd., S. 236.
35 E. Klinck, Das Gesetz des Handelns. Die Operation »Zitadelle« 1943, Stuttgart 1966, S. 277: Operationsbefehl Nr. 5 vom 13. März 1943 (Weisung für die Kampfführung der nächsten Monate).
36 Ebd., S. 292: Operationsbefehl Nr. 6 vom 15. April 1943.
37 Ebd.
38 Hitlers Weisungen für die Kriegführung, S. 233.
39 IMT, Band 37, S. 641.
40 Ebd., S. 668.
41 *Deutschland im Kampf*. 1944. Januar-Februar-Lieferung (Nr. 105/108 der Gesamtlieferung), S. 116.
42 Ebd., S. 109: Aufruf des Führers an das deutsche Volk.
43 Salewski, Der Erste Weltkrieg, S. 184.
44 Manstein am 16. Januar 1944 (Archivdokument), zitiert nach Deutschland im zweiten Weltkrieg, Band 5, S. 47.

45 Staatsmänner und Diplomaten bei Hitler, Zweiter Teil, S. 352: Aufzeichnung über ein Tischgespräch des Führers mit Marschall Antonescu in Schloß Kleßheim am 26. Februar 1944.
46 Ebd., S. 373: Aufzeichnung über die Unterredung zwischen dem Führer und den Mitgliedern des bulgarischen Regentschaftsrates auf Schloß Kleßheim im Anschluß an die Abendtafel am 16. März 1944.
47 Kriegstagebuch der Seekriegsleitung vom 6. Juni 1944, S. 93 (Archivdokument), zitiert nach Salewski, Seekriegsleitung, Band 2, S. 428.
48 Deutschland im zweiten Weltkrieg, Band 5, S. 642 (Faksimile).
49 Hillgruber, Der Zweite Weltkrieg, S. 129.
50 Ebd.
51 H. Speidel, Invasion 1944. Ein Beitrag zu Rommels und des Reiches Schicksal, Tübingen/Stuttgart 1949, S. 138.
52 Ebd.
53 Ebd., S. 139.
54 Weizsäcker-Papiere 1933–1950, S. 369.
55 Kriegstagebuch des Oberkommandos der Wehrmacht, Band 2, S. 25.
56 ADAP, Serie E, Band 4, S. 545f.: Aufzeichnung über die Unterredung zwischen dem Führer und dem Grafen Ciano im Führerhauptquartier am 18. Dezember 1942.
57 Ebd., S. 547.
58 Ebd., Band 5, S. 88f.: Aufzeichnung über die Unterredung zwischen dem Führer und Marschall Antonescu ... im Führerhauptquartier am 10. Januar 1943 um 19 Uhr 30.
59 Ebd., S. 88.
60 Siehe oben S. 774.
61 Hitler e Mussolini. Lettere e documenti. Herausgegeben von V. Zincone, Mailand/Rom 1946, S. 152.
62 Bericht der deutschen Botschaft vom 1. April 1943 (Archivdokument), zitiert nach Deutschland im zweiten Weltkrieg, Band 3, S. 423.
63 ADAP, Serie E, Band 5, S. 546: Aufzeichnung über die Unterredung zwischen dem Reichsaußenminister und dem Staatssekretär Bastianini ... am 8. April 1943 nachmittags.
64 B. Martin, Deutschland und Japan im Zweiten Weltkrieg. Vom Angriff auf Pearl Harbor bis zur deutschen Kapitulation, Göttingen/Zürich/Frankfurt 1969, S. 275: Niederschrift über die Besprechung mit japanischen Offizieren im Führerhauptquartier am 18. April 1943.
65 Ebd.
66 Goebbels-Tagebücher, Teil 2, Band 8, S. 184: Eintrag vom 30. April 1943.
67 Weizsäcker-Papiere 1933–1950, S. 310.
68 Ebd., S. 313.
69 J. W. Stalin, Über den Großen Vaterländischen Krieg der Sowjetunion, Moskau 3. Ausgabe 1946, S. 36.
70 Ribbentrop, Zwischen London und Moskau, S. 265.
71 Zwischen Hitler und Stalin 1939–1945. Aufzeichnungen von Dr. Peter Kleist, Bonn 1950, S. 246: Äußerung von Edgar Clauß, dem »Mittelsmann«.
72 »Wollt ihr den totalen Krieg?« Die geheimen Goebbels-Konferenzen 1939–1943. Herausgegeben und ausgewählt von W. A. Boelcke, Stuttgart 1967, S. 266: 28. Juli 1942.
73 Ebd.
74 Goebbels-Tagebücher, Teil 2, Band 9, S. 464: Eintrag vom 10. September 1943.
75 Ebd.
76 Ebd., S. 582: Eintrag vom 23. September 1943.
77 Ebd., S. 582f.
78 Ebd., S. 583.
79 Ebd.
80 Dokumente zur Deutschlandpolitik. 1. Reihe, Band 3. 1. Januar bis 31. Dezember 1942. Britische Deutschlandpolitik. Erster Halbband (1.1.–30.6.1942). Bearbeitet von R. A. Blasius, Frankfurt am Main 1989, S. 489: 11. Juni–28. August 1942: Schreiben des Botschafters Großbritanniens bei der polnischen Exilregierung, Sir C. Dormer, an Außenminister Eden und Kommentare des britischen Außenministeriums: Verwendung deutscher Ausrüstung und deutscher Arbeitskräfte zur Wiedergutmachung des in Polen angerichteten Schadens.
81 Ebd., Zweiter Halbband (1.7.–31.12.1942), Frankfurt am Main 1988, S. 678: 17. August–10. September 1942: Vermerk des Leiters des Economic and Reconstruction Department, Jebb, für Unterstaatssekretär Sir O. Sargent und Kommentare des britischen Außenministeriums: Die Bedeutung eines Vier-Mächte-Plans für Europa und die Teilung Deutschlands.

82 Ebd., 1. Reihe, Band 1. 3. September 1939 bis 31. Dezember 1941, Frankfurt am Main 1984, S. 450: 26. August 1941: Tagebucheintrag des Ministers für wirtschaftliche Kriegführung, Dalton.
83 Ebd., 1. Reihe, Band 3, Erster Halbband, S. LXXIXf: R. Blasius, Zur Einführung.
84 A. Hillgruber, Der Zusammenbruch im Osten 1944/45 als Problem der deutschen Nationalgeschichte und der europäischen Geschichte, Opladen 1985 (künftig zitiert als: Hillgruber, Der Zusammenbruch im Osten 1944/45), S. 23.
85 A. J. P. Taylor, English History 1914–1945, Oxford 1966, S. 19, Anmerkung 3.
86 Zitiert nach J. Fest, Einführung, in: Preußische Geschichte. Eine Bilanz in Daten und Deutungen. Herausgegeben von M. Schlenke. 2., durchgesehene Aufl. Freiburg im Breisgau/Würzburg 1991, S. 5.
87 Ebd.
88 E. Deuerlein, Die Einheit Deutschlands. Ihre Erörterung und Behandlung auf den Kriegs- und Nachkriegskonferenzen 1941–1949. Darstellung und Dokumentation, Frankfurt am Main/Berlin 1957, S. 238.
89 Churchill, Der Zweite Weltkrieg, Band 6, S. 120.
90 F. Mehring, Zur preußischen Geschichte vom Mittelalter bis Jena, Berlin 1930, S. 201.
91 Germany 1947–1949. The Story in Documents, edited by the US Department of State, Washington 1950, S. 23.
92 R. E. Sherwood, Roosevelt und Hopkins, Hamburg 1948, S. 612.
93 Protokoll des Verhörs von Generalfeldmarschall Keitel, Wilhelm vom 17. Juni 1945, in: *Wehrwissenschaftliche Rundschau* (11) 1961, S. 654.
94 Jodl-Tagebuch (Archivdokument), zitiert nach Deutschland im zweiten Weltkrieg, Band 6, S. 106.
95 General Georg Ritter von Hengl, Kurze Aktennotiz über Frontbesuch im Westen in der Zeit vom 22. September bis 3. Oktober 1944 (Archivdokument), zitiert nach ebd.
96 H. Jung, Die Ardennen-Offensive 1944/45. Ein Beispiel für die Kriegführung Hitlers, Göttingen/Zürich/Frankfurt am Main 1971, S. 306: Befehl für den Aufmarsch und die Bereitstellung zum Angriff vom 10. November 1944.
97 Weizsäcker-Papiere 1933–1950, S. 395: Eintrag vom 26. Februar 1945.
98 Ebd., S. 382: Eintrag vom 26. August 1944.
99 Heinrich Himmler. Geheimreden, S. 246: Hoffen auf das Ende der Alliierten Koalition (1944).
100 1945. Das Jahr der endgültigen Niederlage der faschistischen Wehrmacht. Dokumente ausgewählt und eingeleitet von G. Förster und R. Lakowski, Berlin 1975, S. 92: Aus der Ansprache des Chefs des Wehrmachtführungsstabes, Generaloberst Alfred Jodl, vor den Waffenattachés verbündeter Staaten vom 13. Januar 1945.
101 Ebd., S. 143: Lageorientierung des Oberbefehlshabers der Kriegsmarine, Großadmiral Karl Dönitz, vom 5. Februar 1945.
102 Haffner, Anmerkungen zu Hitler, S. 191.
103 Hitlers Lagebesprechungen, S. 721: Ansprache des Führers vor Divisionskommandeuren am 12. Dezember 1944 im Adlerhorst.
104 Ebd., S. 722.
105 Schreiben Jodls an Chef des Generalstabes Oberbefehlshaber West vom 1. November 1944 (Archivdokument), zitiert nach Deutschland im zweiten Weltkrieg, Band 6, S. 125.
106 Hitlers Lagebesprechungen, S. 740: Ansprache des Führers vor Divisionskommandeuren am 28. Dezember 1944 im Adlerhorst.
107 H. Guderian, Erinnerungen eines Soldaten, Heidelberg 1951, S. 346.
108 Ebd., S. 351.
109 Fest, Hitler, S. 987.
110 Hillgruber, Der Zusammenbruch im Osten 1944/45, S. 29.
111 Hillgruber, Der Zweite Weltkrieg, S. 140.
112 *Die Gegenwart* 1 (1946), Nr. 10/11, S. 16: Chronik des Zusammenbruchs.
113 »... warum dann überhaupt noch leben!« Hitlers Lagebesprechungen am 23., 25. und 27. April 1945, in: *Der Spiegel* 20 (1966), Nr. 3, S. 34: Lagebesprechung vom 25. April 1945.
114 Haffner, Anmerkungen zu Hitler, S. 188.
115 Die Hassell-Tagebücher, S. 473: Eintrag vom 13. März 1944.
116 Erdmann, Zeit der Weltkriege, S. 570.
117 H. Duhnke, Die KPD von 1933 bis 1945, Köln 1972, S. 433.
118 Ebd.
119 Die Hassell-Tagebücher, S. 430: Eintrag vom 19. August 1943.

120 G. Ritter, Carl Goerdeler und die deutsche Widerstandsbewegung, Stuttgart 4. Aufl. 1984 (künftig zitiert als: Ritter, Carl Goerdeler und die Widerstandsbewegung), S. 588: Friedensplan Goerdelers, vermutlich für britische Leser bestimmt. Wahrscheinlich vom Spätsommer oder Herbst 1943.
121 Ebd.
122 Ebd., S. 588 f.
123 Beck und Goerdeler. Gemeinschaftsdokumente für den Frieden 1941–1944, herausgegeben und erläutert von W. Ritter von Schramm, München 1965, S. 100.
124 Ebd.
125 Ebd., S. 98 f.
126 Hitlers Lagebesprechungen, S. 786: Schlußteil einer Mittagslage vermutlich vom 9. Januar 1945.
127 Ritter, Carl Goerdeler und die Widerstandsbewegung, S. 335.
128 A. P. Young, Die ›X‹ Dokumente. Die geheimen Kontakte Carl Goerdelers mit der britischen Regierung 1938/39. Herausgegeben von S. Aster, München/Zürich 1989, S. 261 f.
129 G. van Roon, Neuordnung im Widerstand. Der Kreisauer Kreis innerhalb der deutschen Widerstandsbewegung, München 1967 (künftig zitiert als: Van Roon, Neuordnung im Widerstand), S. 452.
130 Europa-Föderationspläne der Widerstandsbewegungen 1940–1945. Eine Dokumentation. Gesammelt und eingeleitet von W. Lipgens, München 1968, S. 114: Moltke, »Ausgangslage, Ziele und Aufgaben« vom 24. April 1941.
131 Ein Mann geht seinen Weg. Schriften, Reden und Briefe von Julius Leber. Herausgegeben von G. Dahrendorf, Berlin/Frankfurt am Main 1952, S. 54: Eintrag vom 18. März 1928.
132 Van Roon, Neuordnung im Widerstand, S. 511: Denkschrift Moltkes vom 24. April 1941.
133 Moltke-Nachlaß (Archivdokument), zitiert nach ebd., S. 452.
134 »Spiegelbild einer Verschwörung«. Die Opposition gegen Hitler und der Staatsstreich vom 20. Juli 1944 in der SD-Berichterstattung. Geheime Dokumente aus dem ehemaligen Reichssicherheitshauptamt. Herausgegeben vom H.-A. Jacobsen, Band 1, Stuttgart 1984 S. 34.
135 Siehe Anmerkung 130.
136 Ritter, Carl Goerdeler und die deutsche Widerstandsbewegung, S. 340.
137 Aron, Frieden und Krieg, S. 693.
138 Siehe oben S. 357.
139 L. Curtis, Civitas Dei. The Commonwealth of God, London 1938, S. 937.
140 H. Graml, Die außenpolitischen Vorstellungen des deutschen Widerstandes, in: Der deutsche Widerstand gegen Hitler. Herausgegeben von W. Schmidthenner/H. Buchheim, Köln/Berlin 1966, S. 67.
141 Ebd., S. 41.
142 Vietsch, Bethmann Hollweg, S. 328: Th. v. Bethmann Hollweg an Prinz Max von Baden vom 17. Januar 1918.
143 H. Rothfels, Deutsche Opposition gegen Hitler. Eine Würdigung. Neue, erweiterte Ausgabe. Herausgegeben und eingeleitet von H. Graml, München 1977, S. 181.
144 Mann, Deutsche Geschichte, S. 946.
145 Ebd.
146 F. von Schlabrendorff. Offiziere gegen Hitler. Neue, durchgesehene und erweiterte Ausgabe von W. Bußmann. Nach der Edition von G. von Gaevernitz, Berlin 1984, S. 129.
147 Nolte, Der Faschismus in seiner Epoche, S. 439.
148 Fest, Hitlers Krieg, S. 372.
149 Ders., Hitler, S. 989.
150 Müller, General Ludwig Beck, S. 552: Vortragsnotiz Becks über mögliche innen- und außenpolitische Entwicklungen, insbesondere über das Verhalten der obersten militärischen Führung angesichts der Gefahr eines Krieges mit der Tschechoslowakei vom 16. Juli 1938.
151 Speer, Erinnerungen, S. 434.
152 H. R. Trevor-Roper, Hitlers letzte Tage, Frankfurt am Main/Berlin/Wien 1973, S. 79 f.
153 Ebd., S. 80.
154 Die geheimen Tagesberichte der deutschen Wehrmachtführung im Zweiten Weltkrieg 1939–1945. Herausgegeben von K. Mehner, Band 12, Osnabrück 1984, S. 498: 22. April 1945.
155 » …warum dann überhaupt noch leben!« Hitlers Lagebesprechungen am 23., 25., und 27. April 1945, in: *Der Spiegel* 20 (1966), Nr. 3, S. 37: Lagebesprechung vom 25. April 1945.
156 W. S. Churchill, Der Zweite Weltkrieg. Mit einem Epilog über die Nachkriegsjahre, Bern/München/Wien 1985, S. 1042.
157 Das Jahr 2000. Von Reichsminister Dr. Goebbels, in: *Das Reich* vom 25. 2. 1945, S. 1.

158 Speer, Erinnerungen, S. 442.
159 Jacobsen, 1939–1945, S. 529: Brief des Reichsministers Speer vom 29. März 1945.
160 Kriegstagebuch des Oberkommandos der Wehrmacht, Band 4/2, S. 1580: Führerbefehl »Verbrannte Erde«, am 19. März den militärischen und zivilen Stellen übermittelt.
161 L. Herbst, Der Totale Krieg und die Neuordnung der Wirtschaft. Die Kriegswirtschaft im Spannungsfeld von Politik, Ideologie und Propaganda 1939–1945, Stuttgart 1982, S. 403 f.
162 Ebd., S. 404.
163 M. Salewski, Das maritime Dritte Reich – Ideologie und Wirklichkeit, in: Die deutsche Flotte im Spannungsfeld der Politik 1848–1945. Vorträge und Diskussionen der 25. Historisch-Taktischen Tagung der Flotte 1985. Herausgegeben vom Deutschen Marineinstitut und vom Militärgeschichtlichen Forschungsamt, Herford 1985, S. 128.
164 Jacobsen, 1939–1945, S. 529: Brief des Reichsministers Speer vom 29. März 1945.
165 Domarus, Hitler, Band 2, Zweiter Halbband, S. 2239.
166 Ebd., S. 2242.
167 Hitlers Politisches Testament, S. 84: 17. Februar 1945.
168 Ebd., S. 43: 4. Februar 1945.
169 Ebd., S. 72: 14. Februar 1945.
170 Ebd., S. 72 f.
171 Ebd., S. 117: 26. Februar 1945.
172 Meinecke, Deutsche Katastrophe, S. 11.
173 Ebd.
174 Zitiert nach K. D. Erdmann, Die Regierung Dönitz. Über den Umgang mit Ereignissen der jüngsten deutschen Geschichte, in: *Geschichte in Wissenschaft und Unterricht* 14 (1963), S. 370, Anm. 9.
175 IMT, Band 35, S. 117: Rundfunkansprache und Tagesbefehl an die Wehrmacht von Dönitz am 1. Mai 1945.
176 Ursachen und Folgen, Band 23, S. 227: Ansprache des Grafen Schwerin von Krosigk vom 2. Mai 1945.
177 Ebd., S. 227 f.
178 Zitiert nach J. W. Wheeler-Bennett, Die Nemesis der Macht. Die deutsche Armee in der Politik 1918–1945, Düsseldorf 1954 (künftig zitiert als: Wheeler-Bennett, Die Nemesis der Macht), S. 722.
179 Kriegstagebuch des Oberkommandos der Wehrmacht, Band 4, Zweiter Halbband, S. 1501: Tagesmeldung der Informationsabteilung der Reichsregierung vom 12. Mai 1945 und politische Ausführungen Jodls (seit der Verhaftung Keitels am 13. Mai mit der Wahrnehmung der Geschäfte des Chefs OKW beauftragt) bei der Lagebesprechung am 15. Mai 1945.
180 Ursachen und Folgen, Band 23, S. 242: Rundfunkansprache des Großadmirals Dönitz vom 8. Mai 1945.
181 Zitiert nach Wheeler-Bennett, Die Nemesis der Macht, S. 722.
182 J. W. Stalin, Über den Großen Vaterländischen Krieg der Sowjetunion, Moskau 3. Ausg. 1946, S. 219.
183 Verhandlungen des Parlamentarischen Rates. Stenographischer Bericht. Sitzung 1–12. 1948/49, Bonn 1949, S. 210: Theodor Heuss am 8. Mai 1949 in der 10. Sitzung (Neudruck 1969).

Epilog

Das Deutsche Reich oder Die Versuchung des Unendlichen

1 T. Mann, Betrachtungen eines Unpolitischen, Berlin 1918, S. 238.
2 Ders., Deutschland und die Deutschen, in: Ders., Reden und Aufsätze, 3 (Gesammelte Werke Band 11), Frankfurt am Main 1960, S. 1144 (Vortrag, gehalten in englischer Sprache Ende Mai 1945 in der Library of Congress).
3 Heinz Angermeier, Deutschland zwischen Reichstradition und Nationalstaat. Verfassungspolitische Konzeptionen und nationales Denken zwischen 1801 und 1815, in: Ders., Das alte Reich in der deutschen Geschichte. Studien über Kontinuitäten und Zäsuren, München 1991, S. 519.

4 H. Heimpel, Europa und seine mittelalterliche Grundlegung, in: Ders., Der Mensch in seiner Gegenwart. Acht historische Essais. 2., erweiterte Aufl., Göttingen 1957 (künftig zitiert als: Heimpel, Europa und seine mittelalterliche Grundlegung), S. 76.
5 Preußen und Frankreich zur Zeit der Julirevolution. Vertraute Briefe des Preußischen Generals von Rochow an den Preußischen Generalpostmeister von Nagler. Herausgegeben von E. Kelchner und K. Mendelssohn-Bartholdy, Leipzig 1871, S. V.
6 G.H. Pertz, Das Leben des Minsters Freiherrn vom Stein, Band 6/2, Berlin 1855, S. 975: Niebuhr an Stein vom 27. August 1830.
7 Freiherr vom Stein. Briefe und amtliche Schriften. Bearbeitet von E. Botzenhart. Neu bearbeitet und herausgegeben von W. Hubatsch, Band 3, Stuttgart 1961 (künftig zitiert als: Freiherr vom Stein, Briefe und amtliche Schriften), S. 818: Stein an Münster vom 1. Dezember 1812.
8 Zitiert nach A. Rapp, Abschied von dreitausend Jahren. Eine Geschichte Europas, Stuttgart 1964, S. 243.
9 F. Grillparzer, Fürst Metternich (1839/40), in: Ders., Sämtliche Werke. Ausgewählte Briefe, Gespräche, Berichte, Band 3. Herausgegeben von P. Frank und K. Pörnbacher, München 1964, S. 1035.
10 H. Schulze, Gibt es überhaupt eine deutsche Geschichte?, Berlin 1989 (künftig zitiert als: Schulze, Gibt es überhaupt eine deutsche Geschichte?), S. 43.
11 Freiherr vom Stein, Briefe und amtliche Schriften, Band 3, S. 749: Denkschrift Steins für Alexander I. vom 18. September 1812.
12 Heimpel, Europa und seine mittelalterliche Grundlegung, S. 85.
13 Ebd., S. 86.
14 Quellen und Darstellungen zur Geschichte der Burschenschaften und der deutschen Einheitsbewegung, herausgegeben von H. Haupt, Band 4, 2. Aufl. Heidelberg 1966, S. 119.
15 T. Mann, Von deutscher Republik, in: Ders., Reden und Aufsätze. 3 (Gesammelte Werke Band 11), Frankfurt am Main 1960, S. 829.
16 De l'Allemagne. Par Madame de Staël. Nouvelle Édition. Revue d'après les meilleurs textes, Paris o. J. S. 18.
17 H. Lutz, Die deutsche Nation zu Beginn der Neuzeit. Fragen nach dem Gelingen und Scheitern deutscher Einheit im 16. Jahrhundert, München 1982 (künftig zitiert als: Lutz, Die deutsche Nation), S. 5, sowie für den abgehandelten Zusammenhang passim.
18 H. Heimpel, Entwurf einer deutschen Geschichte, S. 189, sowie für den abgehandelten Zusammenhang passim.
19 Lutz, Die deutsche Nation, S. 3.
20 H. Maier, Die Konfessionen, in: Ders., Die Deutschen und die Freiheit. Perspektiven der Nachkriegszeit, Stuttgart 1985 (künftig zitiert als: Maier, Die Deutschen und die Freiheit), S. 91, sowie für den abgehandelten Zusammenhang passim.
21 Ders., Wohlfahrtsstaat und Sozialstaat, in: Ders., Die Deutschen und die Freiheit, S. 87, sowie für den abgehandelten Zusammenhang passim.
22 Ebd., S. 88.
23 R. Stadelmann, Deutschland und die westeuropäischen Revolutionen, in: Ders., Deutschland und Westeuropa. Drei Aufsätze, Schloß Laupheim 1948, S. 26.
24 Ebd., S. 28.
25 J. W. Goethe, Sämtliche Werke nach Epochen seines Schaffens. Münchner Ausgabe. Herausgegeben von K. Richler. Johann Peter Eckermann. Gespräch mit Goethe in den letzten Jahren seines Lebens. Herausgegeben von H. Schlaffer, München 1986, S. 494: 4. Januar 1824.
26 R. Vierhaus, Die Ideologie eines deutschen Weges der politischen und sozialen Entwicklung, in: Die Krise des Liberalismus zwischen den Weltkriegen. Herausgegeben von R. von Thadden, Göttingen 1978, S. 104.
27 P. Gaxotte, Geschichte Deutschlands und der Deutschen. I. Von der Völkerwanderung bis zur Kleinstaaterei um 1700, Freiburg im Breisgau 1965, S. 248.
28 Gustav Adolf und die Kurfürsten von Sachsen und Brandenburg 1630–1632. Nach handschriftlichen Quellen des Königlich Sächsischen Haupt-Staats-Archivs dargestellt von K. G. Helbig, Leipzig 1854, S. 18 und S. 14.
29 Politisches Testament des Großen Kurfürsten, Cölln an der Spree 19. Mai 1667, in: Politische Testamente der Hohenzollern. Bearbeitet von R. Dietrich, München 1986, S. 191
30 H.-J. Netzer, Des Heiligen Römischen Reiches Streusandbüchse, in: Preußen. Porträt einer politischen Kultur. Herausgegeben von H.-J. Netzer, München 1968, S. 31.

31 H. Haupt, Die Jenaische Burschenschaft von der Zeit ihrer Gründung bis zum Wartburgfeste. Ihre Verfassungsentwicklung und ihre inneren Kämpfe, in: Quellen und Darstellungen zur Geschichte der Burschenschaft und der deutschen Einheitsbewegung, herausgegeben von H. Haupt, Band 1, Heidelberg 1910, S. 103.

32 Oesterreichs Theilnahme an den Befreiungskriegen. Ein Beitrag zur Geschichte der Jahre 1813 bis 1815 nach Aufzeichnungen von Friedrich von Gentz nebst einem Anhang: »Briefwechsel zwischen dem Fürsten Schwarzenberg und Metternich«. Herausgegeben von R. Fürst Metternich-Winneburg. Geordnet und zusammengestellt von A. Freiherrn von Klinkowström, Wien 1887, S. 499: Eine Denkschrift von Friedrich von Gentz an Fürst Caradja vom 12. Februar 1815.

33 Briefe von und an Friedrich von Gentz herausgegeben von F. C. Wittichen und E. Salzer, 3. Band: Schriftwechsel mit Metternich. Erster Teil: 1803–1819, München/Berlin 1913, S. 185: Gentz an Metternich vom 29. Oktober 1813. Vgl. B. Dorn, Friedrich von Gentz und Europa. Studien zu Stabilität und Revolution 1802–1822, Diss. phil. Bonn 1993 (künftig zitiert als: Dorn, Friedrich von Gentz), S. 180.

34 G. Mann, Politische Entwicklung Europas und Amerikas 1815–1871, in: Propyläen Weltgeschichte. Herausgegeben von G. Mann, Band 8, Berlin/Frankfurt am Main 1986 (Nachdruck), S. 375.

35 Zitiert nach Dorn, Friedrich von Gentz, S. 165.

36 D. Langewiesche, Reich, Nation und Staat in der jüngeren deutschen Geschichte, in: *Historische Zeitschrift* 254 (1992) (künftig zitiert als: Langewiesche, Reich, Nation und Staat), S. 355.

37 H. von Gagern, Das Leben des Generals Friedrich von Gagern, Band 1, Leipzig und Heidelberg 1856, S. 362 f.

38 Aus dem Nachlasse des Grafen Prokesch-Osten. Briefwechsel mit Herrn von Gentz und Fürsten Metternich, Zweiter Band, Wien 1881, S. 343: Metternich an Prokesch vom 19. November 1849.

39 J. Scholtyseck, Alliierter oder Vasall? Italien und Deutschland in der Zeit des Kulturkampfes und der »Krieg-in-Sicht«-Krise 1875, Köln/Wien 1994, S. 11.

40 Zu dem Wortgebilde Heinrich von Treitschkes vgl. W. Bußmann, Treitschke. Sein Welt- und Geschichtsbild, Göttingen 1952, S. 414, Anmerkung 93.

41 Ders, Der deutsche Reichs- und Nationsgedanke. Entwicklung im 19. Jahrhundert, in: Aus Politik und Zeitgeschichte. Beilage zur Wochenzeitung *Das Parlament* vom 26. Juli 1961, B 30/61 (künftig zitiert als: Bußmann, Der deutsche Reichs- und Nationsgedanke), S. 443.

42 Ebd., S. 442.

43 *Deutsche Zeitung*, No. 70, vom 10. März 1848, S. 544.

44 F. Freiligrath, Hamlet, in: F. Freiligrath's gesammelte Dichtungen, Dritter Band, Stuttgart 1870, S. 93.

45 Stenographischer Bericht über die Verhandlungen der deutschen constituirenden Nationalversammlung zu Frankfurt am Main, Band 7, Frankfurt am Main 1849 (künftig zitiert als: Stenographischer Bericht, Nationalversammlung), S. 4821: 19. Januar 1849.

46 J. Fröbel, Deutschland und der Friede zu Villafranca, Frankfurt am Main 1859, S. 14. Vgl. C. Studt, Lothar Bucher (1817–1892). Ein politisches Leben zwischen Revolution und Staatsdienst, Göttingen 1992, S. 200 f.

47 Wollstein, Das »Großdeutschland« der Paulskirche.

48 Großdeutsch – Kleindeutsch. Stimmen aus der Zeit von 1815 bis 1914 ausgewählt und eingeleitet von A. Rapp, München 1922, S. 65: Graf Deym in der Nationalversammlung am 26. Oktober 1848.

49 Ebd., S. 66

50 C. Manicus (Pseudonym: C. Hinrichsen), Historische Übersicht der Schleswig-holsteinischen Bewegungen, aus dem Dänischen bearbeitet von E. C., Kopenhagen 1847, S. 169.

51 Stenographischer Bericht, Nationalversammlung, Band 7, S. 4821.

52 T. Nipperdey, in: Deutscher Sonderweg – Mythos oder Realität, München/Wien 1982, S. 24.

53 J. G. Droysen, Geschichte der Preußischen Politik. Erster Theil: Die Gründung, Leipzig 2. Auflage 1868, S. 4.

54 F. Schnabel, Das neunzehnte Jahrhundert. Literaturbericht, in: *Geschichte in Wissenschaft und Unterricht* 7 (1956), S. 589.

55 T. Schieder, Das Jahr 1866 in der deutschen und europäischen Geschichte, in: Ders., Einsichten in die Geschichte. Essays, Frankfurt am Main/Berlin/Wien 1980, S. 281.

56 L. von Ranke, Die großen Mächte, in: Ders., Sämtliche Werke. Dritte Gesamtausgabe. Band 24. Abhandlungen und Versuche, Leipzig 2. Auflage 1877, S. 22.

57 Wittram, Das Reich als Vergangenheit, S. 101, sowie für den abgehandelten Zusammenhang passim.

58 G. Freytag, Das Deutsche Reich als Großmacht, in: Ders., Gesammelte Aufsätze. Erster Band: Politische Aufsätze, Leipzig 1888, S. 531.
59 Dokumente zur deutschen Verfassungsgeschichte. Herausgegeben von E. R. Huber, Band 2, Stuttgart/Berlin/Köln/Mainz, 3. neubearbeitete Aufl. 1986, S. 378.
60 Schieder, Staatensystem, S. 124.
61 Bismarck, GW, Band 15, Erinnerung und Gedanke, S. 324.
62 Ebd., S. 326.
63 Ebd., Band 6 b, S. 602: Bismarck an Ludwig II. vom 27. November 1870.
64 E. Fehrenbach, Wandlungen des deutschen Kaisergedankens 1871–1918, München/Wien 1969 (künftig zitiert als: Fehrenbach, Wandlungen des deutschen Kaisergedankens), S. 79.
65 Dies., »Reich«, in: Geschichtliche Grundbegriffe, herausgegeben von O. Brunner/W. Conze/R. Koselleck, Band 5, Stuttgart 1984, S. 505.
66 Schulze, Gibt es überhaupt eine deutsche Geschichte?, S. 46.
67 Schieder, Staatensystem, S. 124.
68 K.-P. Schröder, Die Nürnberger Reichskleinodien in Wien. Ein Beitrag zur »großdeutschen« Rechts- und Zeitgeschichte, in: *Zeitschrift der Savigny-Stiftung für Rechtsgeschichte* (Germanistische Abteilung) 108 (1991), S. 343, Anm. 89.
69 G. Freytag, Der Kronprinz und die deutsche Kaiserkrone. Erinnerungsblätter, Leipzig 1889, S. 30.
70 Kaiser Friedrich III. Das Kriegstagebuch von 1870/71, herausgegeben von H. O. Meisner, Berlin/Leipzig 1926, S. 180: Eintrag vom 24. Oktober 1870.
71 J. E. Jörg, Zeitläufe, in: *Historisch-politische Blätter* 69 (1872), S. 627.
72 A. Boretius, Das römische und das preußische Reich deutscher Nation, in: *Preußische Jahrbücher* 41 (1878), S. 507.
73 E. R. Curtius, Deutsch-romanische Glossen, in: Ders., Goethe, Thomas Mann und Italien. Beiträge in der *Luxemburger Zeitung* (1922–1925), herausgegeben von R. Kirt, Bonn 1988, S. 65.
74 Fehrenbach, Wandlungen des deutschen Kaisergedankens, S. 30.
75 R. A. Müller, Heiliges Römisches Reich Deutscher Nation. Anspruch und Bedeutung des Reichstitels in der Frühen Neuzeit, Regensburg 1990, S. 20.
76 T. Nipperdey, Deutsche Geschichte 1800–1866. Bürgerwelt und starker Staat, München 1983, S. 14.
77 A. H. L. Heeren, Handbuch der Geschichte des Europäischen Staatensystems und seiner Colonieen, in: Ders., Historische Werke, Neunter Theil, Göttingen 1822, S. 419 (Nachdruck 1987).
78 U. Scheuner, Preußen – ein Staat der Anstrengung und des Maßes, in: Preußen – eine Herausforderung. Herausgegeben von W. Böhme, Karlsruhe 1981, S. 12, mit Bezug auf die preußische Geschichte.
79 C. Frantz, Das neue Deutschland. Beleuchtet in Briefen an einen preußischen Staatsmann, Leipzig 1871, S. 224.
80 Haffner, Von Bismarck zu Hitler, S. 15.
81 T. Nipperdey, Die deutsche Einheit in historischer Perspektive, in: Ders., Nachdenken über die deutsche Geschichte. Essays, München 1986 (künftig zitiert als: Nipperdey, Die deutsche Einheit), S. 213.
82 F. Meinecke, Sammlungspolitik und Liberalismus (1910), in: Ders., Werke. Herausgegeben von H. Herzfeld, C. Hinrichs, W. Hofer, Band 2, Darmstadt 1958, S. 41.
83 Schieder, Das Deutsche Reich in seinen Beziehungen, S. 447.
84 Kaehler, Briefe 1900–1963, S. 414: Kaehler an Rassow vom 27. April 1961.
85 T. Schieder, Das Deutsche Kaiserreich von 1871 als Nationalstaat, Göttingen 1992, S. 66.
86 O. Westphal, Feinde Bismarcks. Geistige Grundlagen der deutschen Opposition 1848–1918, München/Berlin 1930, S. 145.
87 Kaehler, Briefe 1900–1963, S. 50 (W. Bußmann, Siegfried A. Kaehler: Persönlichkeit und Werk. Ein Essay): Marcks an Kaehler vom 25. Oktober 1918.
88 Siehe oben S. 15.
89 C. Wagner, Die Tagebücher. Band 1: 1869–1877. Ediert und kommentiert von M. Gregor-Dellin und D. Mack, München/Zürich 1976, S. 403: Eintrag vom 20. Juni 1871.
90 C. Schmitt, Die Stellung Lorenz von Steins in der Geschichte des 19. Jahrhunderts, in: *Schmollers Jahrbuch für Gesetzgebung, Verwaltung und Volkswirtschaft im Deutschen Reiche* 64 (1940), 1. Halbband, S. 3.
91 Wittram, Das Reich als Vergangenheit, S. 103.
92 Ebd.
93 Ebd.
94 Nipperdey, Die deutsche Einheit, S. 214.

95 Vgl. Bußmann, Der deutsche Reichs- und Nationsgedanke, S. 446.
96 Meinecke, Deutsche Katastrophe, S. 26.
97 Haffner, Von Bismarck zu Hitler, S. 16.
98 Die Reden Kaiser Wilhelms II., Dritter Teil, S. 242: Rede vom 22. März 1905 in Bremen.
99 Schnabel, Problem Bismarck, S. 7.
100 Dehio, Deutschland und die Epoche der Weltkriege, in: Ders., Deutschland und die Weltpolitik, S. 15.
101 Calleo, The German Problem, S. 206.
102 Hermann Bahr, Tagebuch vom 17. Januar 1917, wird zitiert nach H. Rumpler, Das Deutsche Reich aus der Sicht Österreich-Ungarns, in: Ders. (Hg.), Innere Staatsbildung und gesellschaftliche Modernisierung in Österreich und Deutschland 1867/71 bis 1914, Wien/München 1991, S. 232.
103 H. Schwerte, Faust und das Faustische. Ein Kapitel deutscher Ideologie, Stuttgart 1962, S. 165.
104 E. Beutler, Der Frankfurter Faust, in: Jahrbuch des Freien Deutschen Hochstifts Frankfurt am Main 1936/40, S. 615.
105 T. Nipperdey, Deutsche Geschichte 1866–1918. Erster Band: Arbeitswelt und Bürgergeist, München 1990, S. 834.
106 Die Deutsche Nationalversammlung im Jahre 1919. Herausgegeben von E. Heilfron, Band 5, Berlin 1921, S. 2995.
107 H. Ritter von Srbik, Reichsidee und Staatsidee, in: F. Büchner, Was ist das Reich? Eine Aussprache unter Deutschen, Oldenburg i. O. 1932, S. 70.
108 Ebd.
109 K. Sontheimer, Antidemokratisches Denken in der Weimarer Republik. Die politischen Ideen des deutschen Nationalismus zwischen 1918 und 1933. Studienausgabe mit einem Ergänzungsteil: Antidemokratisches Denken in der Bundesrepublik, München 1968, S. 223.
110 J. C. Fest, Die deutsche Frage: Das offene Dilemma, in: W. Jäger/W. Link, Republik im Wandel 1974–1982. Die Ära Schmidt, Stuttgart/Mannheim 1987, S. 437.
111 Langewiesche, Reich, Nation und Staat, S. 378.
112 Domarus, Hitler, Band 1, Zweiter Halbband, S. 905: Parteitagsrede in Nürnberg vom 12. September 1938.
113 F. von Schiller, Universalhistorische Übersicht der vornehmsten an den Kreuzzügen teilnehmenden Nationen, ihrer Staatsverfassung, Religionsbegriffe, Sitten, Beschäftigungen, Meinungen und Gebräuche, in: Ders., Historische Schriften, Sämtliche Werke, Vierter Band, München 1958, S. 846.
114 Nipperdey, Die deutsche Einheit, S. 214.
115 Haffner, Von Bismarck zu Hitler, S. 53.
116 Wittram, Das Reich als Vergangenheit, S. 108.
117 Ebd.
118 E. R. Curtius, Eine Kaiserbiographie, in: Ders., Goethe, Thomas Mann und Italien, S. 133.
119 Bismarck, GW, Band 9, S. 325: Gespräch mit Freifrau von Spitzemberg und anderen Tischgästen am 19. März 1893 in Friedrichsruh.
120 L. Gall, Die Germania als Symbol nationaler Identität im 19. und 20. Jahrhundert, Göttingen 1993, S. 58.
121 Nipperdey, Die deutsche Einheit, S. 208.
122 T. Schieder, Einzelbesprechung über Lothar Gall, Bismarck. Der weiße Revolutionär, in: *Geschichte in Wissenschaft und Unterricht* 32 (1981), S. 260.
123 Die Gründung des Deutschen Reiches 1870/71 in Augenzeugenberichten. Herausgegeben und eingeleitet von E. Deuerlein, München 1977, S. 16: Einleitung.

Zur Literatur

Die *Quellen*, auf die sich die Darstellung gründet, werden am entsprechenden Ort in den Anmerkungen nachgewiesen. Die im Folgenden aufgeführte *Literatur* erhebt keinen Anspruch auf Vollständigkeit. Benannt werden die Veröffentlichungen, die für die Auseinandersetzung mit dem Untersuchungsgegenstand relevant geworden sind.

Ausgewählte Literatur
Zur deutschen Geschichte im 19. und 20. Jahrhundert
Zur Geschichte der deutschen Außenpolitik im 19. und 20. Jahrhundert
Zur deutschen Geschichte 1871–1890
Zur Geschichte der deutschen Außenpolitik 1871–1890
Zur deutschen Geschichte 1890–1918
Zur Geschichte der deutschen Außenpolitik 1890–1918
Zur deutschen Geschichte 1918–1933
Zur Geschichte der deutschen Außenpolitik 1918–1933
Zur deutschen Geschichte 1933–1945
Zur Geschichte der deutschen Außenpolitik 1933–1945
Andere Staaten, Allgemeines und Übergreifendes

Verzeichnis der benutzten Abkürzungen
AHR: The American Historical Review
CEH: Central European History
GG: Geschichte und Gesellschaft
GWU: Geschichte in Wissenschaft und Unterricht
HJB: Historisches Jahrbuch
HZ: Historische Zeitschrift
JCH: Journal of Contemporary History
JMH: Journal of Modern History
MGM: Militärgeschichtliche Mitteilungen
VfZ: Vierteljahrshefte für Zeitgeschichte
VSWG: Vierteljahrschrift für Sozial- und Wirtschaftsgeschichte
ZfG: Zeitschrift für Geschichtswissenschaft

Literatur

Zur deutschen Geschichte im 19. und 20. Jahrhundert

Alff, W., Materialien zum Kontinuitätsproblem der deutschen Geschichte, Frankfurt am Main 1976.
Alff, W. (Hrsg.), Deutschlands Sonderung von Europa 1862–1945. Aufsätze, Frankfurt am Main/Bern/New York 1984.
Alker, E., Die deutsche Literatur im 19. Jahrhundert, 1832–1914, 3. Aufl. 1981 (urspr. 2 Bde. Stuttgart 1949/50).
Andreas, W., Das Zeitalter Napoleons und die Erhebung der Völker, Heidelberg 1955.
Aretin, K. O. von, Heiliges Römisches Reich 1776–1806. Reichsverfassung und Staatssouveränität, 2 Bde., Wiesbaden 1967.
Aretin, K. O. von, Vom Deutschen Reich zum Deutschen Bund, Göttingen 1980, 2. Aufl. 1993.
Aschhoff, G. / *Ashauer*, G. / *Born* K. E. u. a. (Hrsg.), Deutsche Bankengeschichte, Bde. 2 und 3, Frankfurt am Main 1982/1983.
Aubin, H. / *Zorn*, W. (Hrsg.), Handbuch der deutschen Wirtschafts- und Sozialgeschichte, Bd. 2: Das 19. und 20. Jahrhundert, Stuttgart 1976.
Badia, G., Histoire de l'Allemagne contemporaine, Bd. 1: République de Weimar, Troisième Reich, Paris 1962, 2. Aufl. 1987.
Bald, D., Der deutsche Generalstab 1859–1939. Reform und Restauration in Ausbildung und Bildung, München 1977.
Barth, W. / *Kehrig-Korn*, M., Die Philhellenenzeit. Von der Mitte des 18. Jahrhunderts bis zur Ermordung Kapodistrias' am 9. Oktober 1831, München 1960.
Bechtel, H., Wirtschaftsgeschichte Deutschlands im 19. und 20. Jahrhundert, München 1956.
Becker, J. / *Hillgruber*, A. (Hrsg.), Die deutsche Frage im 19. und 20. Jahrhundert. Referate und Diskussionsbeiträge eines Augsburger Symposions, 23. bis 25. September 1981, München 1983.
Beenken, H., Das Neunzehnte Jahrhundert in der deutschen Kunst. Aufgaben und Gehalte. Versuch einer Rechenschaft, München 1944.
Berding, H., Moderner Antisemitismus in Deutschland, Frankfurt am Main 1988.
Berghahn, V. R., Modern Germany. Society, economy and politics in the twentieth century, Cambridge 1982, 2. Aufl. 1987.
Bergsträßer, L., Die Geschichte der politischen Parteien in Deutschland, Mannheim/Berlin/Leipzig 1921, 11. Aufl. München/Wien 1965.
Berstein, S. / *Milza*, P., L'Allemagne 1870–1987. Paris 1971, 2. Aufl. 1988.
Blackbourn, D. / *Eley*, G., Mythen deutscher Geschichtsschreibung. Die gescheiterte bürgerliche Revolution von 1848, Frankfurt am Main/Berlin/Wien 1980 (engl. 1984).
Blackbourn, D., Populists and Patricians. Essays in Modern German History, London 1987.
Blaich, F., Kartell- und Monopolpolitik im kaiserlichen Deutschland. Das Problem der Marktmacht im deutschen Reichstag zwischen 1879 und 1914, Düsseldorf 1973.
Blaich, F., Staat und Verbände in Deutschland zwischen 1871 und 1945, Wiesbaden 1979.
Böckenförde, E.-W. (Hrsg.), Moderne deutsche Verfassungsgeschichte, 1815–1914, Köln 1972, 2. Aufl. Königstein im Taunus 1981.
Böckenförde, E.-W. (Hrsg.), Probleme des Konstitutionalismus im 19. Jahrhundert, Berlin 1975.
Böhme, H., Deutschlands Weg zur Großmacht. Studien zum Verhältnis von Wirtschaft und Staat während der Reichsgründungszeit 1848–1881, Köln/Berlin 1966, 3. Aufl. 1974.
Böhme, H. (Hrsg.), Probleme der Reichsgründungszeit 1848–1879, Köln/Berlin 1968.
Böhme, H., Prolegomena zu einer Sozial- und Wirtschaftsgeschichte Deutschlands im 19. und 20. Jahrhundert, Frankfurt am Main 1968, 10. Aufl. 1987.

Boldt, H., Deutsche Verfassungsgeschichte. Politische Strukturen und ihr Wandel, Bd. 2: Von 1806 bis zur Gegenwart, München 1990.
Boockmann, H. u. a., Mitten in Europa. Deutsche Geschichte, Berlin 1984.
Borchardt, K., Trend, Zyklus, Strukturbrüche, Zufälle: Was bestimmt die deutsche Wirtschaftsgeschichte des 20. Jahrhunderts? in: VSWG 64 (1977), S.145–178.
Borchardt, K., Die Industrielle Revolution in Deutschland 1750–1914, in: C. M. *Cipolla* / K. *Borchardt* (Hrsg.), Europäische Wirtschaftsgeschichte. The Fontana Economic History of Europe, Bd. 4: Die Entwicklung der industriellen Gesellschaften, Stuttgart/New York 1977, S.135–202 (TB 1985).
Borchardt, K., Grundriß der deutschen Wirtschaftsgeschichte, Göttingen 1978, 2. Aufl. 1985.
Born, K. E., Von der Reichsgründung bis zum Ersten Weltkrieg, in: H. *Grundmann* (Hrsg.), Handbuch der deutschen Geschichte. Begründet von B. *Gebhardt*, Bd. 3: Von der Französischen Revolution bis zum Ersten Weltkrieg, Stuttgart 9. Aufl. 1970, S.224–375 (TB 1988: Bd. 16).
Buchheim, K., Das deutsche Kaiserreich 1871–1918. Vorgeschichte-Aufstieg-Niedergang, München 1969.
Buchholz, A., Moltke, Schlieffen and Prussian War Planning, New York/Oxford 1991.
Büsch, O. / *Sheehan*, J. (Hrsg.), Die Rolle der Nation in der deutschen Geschichte und Gegenwart. Beiträge zu einer internationalen Konferenz in Berlin (West) vom 16. bis 18. Juni 1983, Berlin 1985.
Bußmann, W., Treitschke. Sein Welt- und Geschichtsbild, Göttingen 1952, 2. Aufl. 1981.
Bußmann, W., Politische Ideologien zwischen Monarchie und Weimarer Republik, in: HZ 190 (1960), S.55–77.
Bußmann, W., Das deutsche Nationalbewußtsein im 19. Jahrhundert, in: W. *Weidenfeld* (Hrsg.), Die Identität der Deutschen, Bonn 1983, S.64–82.
Carr, W., A History of Germany 1815–1945, London 1969, 2. Aufl. 1979.
Conze, W., Die deutsche Nation. Ergebnis der Geschichte, Göttingen 1963, 2. Aufl. 1965.
Cornevin, R., Geschichte der deutschen Kolonisation, Goslar 1974 (frz. 1969).
Craig, G. A., Die preußisch-deutsche Armee 1640–1945. Staat im Staate, Düsseldorf 1960 (engl. 1955).
Craig, G. A., Deutsche Geschichte 1866–1945. Vom Norddeutschen Bund bis zum Ende des Dritten Reiches, München 1980 (ND 1993).
Dahrendorf, R., Gesellschaft und Demokratie in Deutschland, München 1965, 5. Aufl. 1977 (TB).
Dann, O. (Hrsg.), Vereinswesen und bürgerliche Gesellschaft in Deutschland, München 1984.
Dann, O., Nation und Nationalismus in Deutschland 1770–1990, München 1993.
Dann, O. / *Dinwiddy*, J. (Hrsg.), Nationalism in the Age of the French Revolution, London/Ronceverte 1988.
Dehio, L., Deutschland und die Weltpolitik im 20. Jahrhundert, München 1955.
Dehio, L., Der Zusammenhang der preußisch-deutschen Geschichte 1640–1945, in: A. *Clément* u. a., Gibt es ein deutsches Geschichtsbild? Würzburg 1961, S.65–91.
Demeter, K., Das deutsche Offizierskorps in Gesellschaft und Staat 1650–1945, Frankfurt am Main 1962, 2. Aufl. 1965.
Deutscher Sonderweg – Mythos oder Realität? Kolloquien des Instituts für Zeitgeschichte, München/Wien 1982.
Digeon, C., La crise allemande de la pensée française, 1870–1914, Paris 1959.
Dreyfus, F.-G., L'Allemagne contemporaine 1815–1990, Paris 1991.
Droz, J. / *Tonnelat*, E., Les Révolutions Allemandes de 1848, Paris 1957.
Düding, D., Organisierter gesellschaftlicher Nationalismus in Deutschland (1807–1847). Bedeutung und Funktion der Turner- und Sängervereine für die deutsche Nationalbewegung, München 1984.
Düding, D. / *Friedmann*, P. / *Münch*, P. (Hrsg.), Öffentliche Festkultur. Politische Feste in Deutschland von der Aufklärung bis zum Ersten Weltkrieg, Reinbek bei Hamburg 1988.
Dülffer, J., Weimar, Hitler und die Marine. Reichspolitik und Flottenbau 1920–1939, Düsseldorf 1973.
Dülffer, J., Deutschland als Kaiserreich (1871–1918), in: M. *Vogt* (Hrsg.), Deutsche Geschichte. Begründet von P. *Rassow*, Stuttgart 1987, S.469–567.
Dülffer, J. (Hrsg.), Parlamentarische und öffentliche Kontrolle von Rüstung in Deutschland 1700–1970. Beiträge zur historischen Friedensforschung, Düsseldorf 1992.
Eley, G., From Unification to Nazism. Reinterpreting the German Past, London/Sydney 1986.
Eley, G., Wilhelminismus, Nationalismus, Faschismus. Zur historischen Kontinuität in Deutschland, Münster 1991.
Elias, N., Studien über die Deutschen: Machtkämpfe und Habitusentwicklung im 19. und 20. Jahrhundert, Frankfurt am Main 1989, 3. Auflage 1990.
Epstein, K., Die Ursprünge des Konservatismus in Deutschland 1770–1806, Frankfurt am Main/Berlin/Wien 1973 (engl. 1966).

Erdmann, K. D., Die Spur Österreichs in der deutschen Geschichte. Drei Staaten, zwei Nationen, ein Volk?, Zürich 1989.
Evans, R.J., Rethinking German History. Nineteenth-Century Germany and the Origins of the Third Reich, London 1987.
Eyck, F., Deutschlands große Hoffnung. Die Frankfurter Nationalversammlung 1848/49, o.O. 1973 (engl. 1968).
Faber, K.-G., Realpolitik als Ideologie. Die Bedeutung des Jahres 1866 für das politische Denken in Deutschland, in: HZ 203 (1966), S.1–45.
Faber, K.-G., Zur Machttheorie der politischen Romantik und der Restauration, in: R. *Brinkmann* (Hrsg.), Romantik in Deutschland. Ein interdisziplinäres Symposion, Stuttgart 1978, S.59–69.
Faulenbach, B., Ideologie des deutschen Weges. Die deutsche Geschichte in der Historiographie zwischen Kaiserreich und Nationalsozialismus, München 1980.
Fehrenbach, E., Wandlungen des deutschen Kaisergedankens 1871–1918, München/Wien 1969.
Fehrenbach, E., Vom Ancien Régime zum Wiener Kongreß, München 1981, 3. Aufl. 1993.
Fehrenbach, E., »Reich«, in: O. *Brunner / W. Conze / R. Koselleck* (Hrsg.), Geschichtliche Grundbegriffe. Historisches Lexikon zur politisch-sozialen Sprache in Deutschland, Bd.5, Stuttgart 1984, S.423–508.
Feldman, G. D., Vom Weltkrieg zur Weltwirtschaftskrise. Studien zur deutschen Wirtschafts- und Sozialgeschichte 1914–1932, Göttingen 1984.
Fischer, F., Bündnis der Eliten. Zur Kontinuität der Machtstrukturen in Deutschland 1871–1945, Düsseldorf 1979, 2. Aufl.1985.
Fischer, W. (Hrsg.), Wirtschafts- und sozialgeschichtliche Probleme der frühen Industrialisierung, Berlin 1968.
Fischer, W., Deutsche Wirtschaftspolitik 1918–1945, Hannover 1961, 3. Aufl. Opladen 1968.
Fischer, W., Wirtschaft und Gesellschaft im Zeitalter der Industrialisierung. Aufsätze–Studien–Vorträge, Göttingen 1972.
Flemming, J., Landwirtschaftliche Interessen und Demokratie. Ländliche Gesellschaft, Agrarverbände und Staat 1890–1925, Bonn 1978.
Fraenkel, E., Deutschland und die westlichen Demokratien, Stuttgart u.a. 1964, 7. Auflage 1979.
Fraenkel, E., Idee und Realität des Völkerbundes im deutschen politischen Denken, in: VfZ 16 (1968), S.1–14.
Freund, M., Napoleon und die Deutschen. Despot oder Held der Freiheit?, München 1969.
Gagliardo, J.G., Reich and Nation. The Holy Roman Empire as Idea and Reality 1763–1806, Bloomington/London 1980.
Gall, L., Liberalismus und Nationalstaat. Der deutsche Liberalismus und die Reichsgründung, in: H. *Berding* u.a. (Hrsg.), Vom Staat des Ancien Régime zum modernen Parteienstaat. Festschrift für Theodor Schieder, München/Wien 1978, S.287–300.
Gall, L., Bürgertum in Deutschland, Berlin 1989.
Gall, L., Germania. Eine deutsche Marianne? Une Marianne allemande?, Bonn 1993.
Galos, A. / *Gentzen,* F.-H. / *Jakóbczyk,* W., Die Hakatisten. Der Deutsche Ostmarkenverein (1894–1934). Ein Beitrag zur Geschichte der Ostpolitik des deutschen Imperialismus, Berlin (Ost) 1966.
Geiss, I., Die deutsche Frage 1806–1990, Mannheim u.a. 1992.
Gerschenkron, A., Bread and Democracy in Germany, Berkeley 1943, 2. Aufl. New York 1966.
Geyer, M., Deutsche Rüstungspolitik 1860–1980, Frankfurt am Main 1984.
Glaser, H., Spießer-Ideologie. Von der Zerstörung des deutschen Geistes im 19. und 20. Jahrhundert und der Aufstieg des Nationalismus, Freiburg im Breisgau 1964, 2. Aufl. Köln 1974 (TB 1985).
Gödde-Baumanns, B., Deutsche Geschichte in französischer Sicht. Die französische Historiographie von 1871 bis 1918 über die Geschichte Deutschlands und der deutsch-französischen Beziehungen in der Neuzeit, Wiesbaden 1971.
Gollwitzer, H., Europabild und Europagedanke. Beiträge zur deutschen Geistesgeschichte des 18. und 19. Jahrhunderts, München 1951, 2. Aufl. 1964.
Grebing, H., Der »deutsche Sonderweg« in Europa 1806–1945. Eine Kritik, Stuttgart u.a. 1986.
Gregor-Dellin, M., Richard Wagner. Sein Leben, sein Werk, sein Jahrhundert, München 1980.
Groote, W. von, Die Entstehung des Nationalbewußtseins in Nordwestdeutschland 1790–1830, Göttingen/Berlin/Frankfurt am Main 1955.
Gründer, H., Geschichte der deutschen Kolonien, Paderborn u.a. 1985, 2. Aufl. 1991.
Gruner, W.D., Die deutsche Frage. Ein Problem der europäischen Geschichte seit 1800, München 1985.
Gutsche, W., Wilhelm II. Der letzte Kaiser des Deutschen Reiches. Eine Biographie, Berlin 1991.

Gutsche, W., Ein Kaiser im Exil. Der letzte deutsche Kaiser Wilhelm II. in Holland. Eine kritische Biographie, Marburg 1991.
Haas, A. G., Metternich, Reorganization and Nationality (1813–1818). A Story of Foresight and Frustration in the Rebuilding of the Austrian Empire, Wiesbaden 1963.
Haffner, S., Die sieben Todsünden des Deutschen Reiches. Grundfehler deutscher Politik nach Bismarck – damals und auch heute, Hamburg 1965, 2. Aufl. Bergisch Gladbach 1981.
Haffner, S., Von Bismarck zu Hitler. Ein Rückblick, München 1987 (TB 1989).
Hamann, R. / *Hermand*, J., Deutsche Kunst und Kultur von der Gründerzeit bis zum Expressionismus, 5 Bde. (Ost) 1959–1975, auch unter dem Titel: Epochen deutscher Kultur von 1870 bis zur Gegenwart, München 1976 (TB 1977).
Hamerow, T. S., Restoration, Revolution, Reaction. Economics and Politics in Germany, 1815–1871, Princeton 1958, 6. Aufl. 1972.
Hardach, G., Deutschland in der Weltwirtschaft 1870–1970. Eine Einführung in die Sozial- und Wirtschaftsgeschichte, Frankfurt am Main 1977.
Hardach, K. W., Wirtschaftsgeschichte Deutschlands im 20. Jahrhundert, Göttingen 1976, 3. Aufl. 1993.
Hardtwig, W., Von Preußens Aufgabe in Deutschland zu Deutschlands Aufgabe in der Welt. Liberalismus und borussianisches Geschichtsbild zwischen Revolution und Imperialismus, in: HZ 231 (1980), S. 265–324.
Hartung, F., Deutsche Geschichte von 1871 bis 1919, Bonn/Leipzig 1920, 6. Aufl. Stuttgart 1952.
Heffter, H., Die deutsche Selbstverwaltung im 19. Jahrhundert. Geschichte der Ideen und Institutionen, Stuttgart 1950.
Heimpel, H., Entwurf einer Deutschen Geschichte. Rektoratsrede vom 9. Mai 1953, in: Ders., Der Mensch in seiner Gegenwart. Acht historische Essais, Göttingen 1954, 2., erw. Aufl. 1957, S. 162–195.
Henning, F.-W., Wirtschafts- und Sozialgeschichte in Deutschland, Bd. 2: Die Industrialisierung in Deutschland 1800–1914, Paderborn 1973, 7. Aufl. 1989.
Hentschel, V., Deutsche Wirtschafts- und Sozialpolitik 1815 bis 1945, Königstein im Taunus 1980 (TB 1980).
Herf, J., Reactionary modernism. Technology, culture and politics in Weimar and the Third Reich, Cambridge u. a. 1984.
Herre, F., Nation ohne Staat. Die Entstehung der deutschen Frage, Köln/Berlin 1967.
Herwig, H. H., Politics of Frustration. The United States in German Naval Planning 1889–1941, Boston/Toronto 1976.
Hildebrand, K., Vom Reich zum Weltreich. Hitler, NSDAP und koloniale Frage 1919–1945, München 1969.
Hildebrand, K., Der deutsche Eigenweg. Über das Problem der Normalität in der modernen Geschichte Deutschlands und Europas, in: Demokratie und Diktatur. Geist und Gestalt politischer Herrschaft in Deutschland und Europa. Festschrift für Karl-Dietrich Bracher, hrsg. von M. Funke u. a., Düsseldorf 1987, S. 15–34.
Hildebrand, K. / *Pommerin*, R. (Hrsg.), Deutsche Frage und europäisches Gleichgewicht. Festschrift für Andreas Hillgruber zum 60. Geburtstag, Köln/Wien 1985.
Hillgruber, A., Militarismus am Ende der Weimarer Republik und im »Dritten Reich«, in: Ders., Deutsche Großmacht- und Weltpolitik im 19. und 20. Jahrhundert, Düsseldorf 1977, S. 134–148, 2. Aufl. 1979.
Hillgruber, A., Die Last der Nation. Fünf Beiträge über Deutschland und die Deutschen, Düsseldorf 1984.
Hinrichs, C. / *Berges*, W. (Hrsg.), Die deutsche Einheit als Problem der europäischen Geschichte, Stuttgart (1960).
Hintze, O., Die Hohenzollern und ihr Werk. Fünfhundert Jahre vaterländischer Geschichte, Berlin 1915 (ND 1980).
Hofer, W. (Hrsg.), Europa und die Einheit Deutschlands. Eine Bilanz nach 100 Jahren, Köln 1970.
Hoffmann, W. G., Das Wachstum der deutschen Wirtschaft seit der Mitte des 19. Jahrhunderts, Berlin/Heidelberg/New York 1965.
Hölscher, L., Weltgericht oder Revolution. Protestantische und sozialistische Zukunftsvorstellungen im deutschen Kaiserreich, Stuttgart 1989.
Holborn, H., Deutsche Geschichte in der Neuzeit, Bd. 2: Reform und Restauration, Liberalismus und Nationalismus (1790–1871), München 1970 (engl. 1964), Bd. 3: Das Zeitalter des Imperialismus (1871 bis 1945), München 1971 (engl. 1969).
Holl, K., Pazifismus in Deutschland, Frankfurt am Main 1988.
Huber, E. R., Deutsche Verfassungsgeschichte seit 1789, Bde. 1–7, Stuttgart u. a. 1960–1992 (verschiedene Nachauflagen der Einzelbände).

Jäger, W., Historische Forschung und politische Kultur in Deutschland. Die Debatte 1914–1980 über den Ausbruch des Ersten Weltkrieges, Göttingen 1984.
James, H., Deutschland in der Weltwirtschaftskrise 1924–1936, Stuttgart 1988 (engl. 1986).
James, H., Deutsche Identität 1770–1990, Frankfurt am Main/New York 1991 (engl. 1989).
Jeserich, K. G. A. / *Pohl*, H. / *Unruh*, G.-C. von (Hrsg.), Deutsche Verwaltungsgeschichte, Bde. 1–6, Stuttgart 1983–1988.
Joachimides, C. M. / *Rosenthal*, N. / *Schmied*, W. (Hrsg.), Deutsche Kunst im 20. Jahrhundert. Malerei und Plastik 1905–1985. Ausstellungskatalog Staatsgalerie, Stuttgart 1986.
Joachimsen, P., Vom deutschen Volk zum deutschen Staat. Eine Geschichte des deutschen Nationalbewußtseins, Leipzig 1916, 3. Aufl. Göttingen 1956.
John, M., The German Empire. Problems of interpretation, London 1994.
Jordan, W. M., Great Britain, France and the German Problem 1918–1939. A Study of Anglo-French Relations in the Making and Maintenance of the Versailles Settlement, London 1943 (ND 1971).
Just, K. G., Von der Gründerzeit bis zur Gegenwart. Geschichte der deutschen Literatur seit 1871, Bern/München 1973.
Kaehler, S. A., Studien zur deutschen Geschichte des 19. und 20. Jahrhunderts. Aufsätze und Vorträge, Göttingen 1961.
Katzenstein, P. J., Disjoined Partners. Austria and Germany since 1815, Berkeley u. a. 1976.
Kehr, E., Der Primat der Innenpolitik. Gesammelte Aufsätze zur preußisch-deutschen Sozialgeschichte im 19. und 20. Jahrhundert, hrsg. v. H.-U. Wehler, Berlin 1965, 2. Aufl. 1970 (TB 1976).
Kellenbenz, H., Deutsche Wirtschaftsgeschichte, Bd. 2: Vom Ausgang des 18. Jahrhunderts bis zum Ende des Zweiten Weltkriegs, München 1981.
Kemiläinen, A., Auffassungen über die Sendung des deutschen Volkes um die Wende des 18. und 19. Jahrhunderts, Helsinki 1956.
Kemiläinen, A., Die historische Sendung der Deutschen in Leopold von Rankes Geschichtsdenken, Helsinki 1968.
Klemperer, K. von, Konservative Bewegungen zwischen Kaiserreich und Nationalsozialismus, München/Wien (1961) (engl. 1957).
Klemperer, K. von, Naturrecht und der deutsche Widerstand gegen den Nationalsozialismus. Ein Beitrag zur Frage des deutschen »Sonderwegs«, in: VfZ 40 (1992), S.323–337.
Kocka, J., German History before Hitler: The Debate about the German Sonderweg, in: JCH 23 (1988), S.3–16.
Kohn, H., Wege und Irrwege. Vom Geist des deutschen Bürgertums, Düsseldorf 1962 (engl. 1960).
Konrad, H., Sozialdemokratie und »Anschluß«. Historische Wurzeln. Anschluß 1918 und 1938, Nachwirkungen. Eine Tagung des Dr.-Karl-Renner-Instituts, Wien, 1. 3. 1978, Wien/München/Zürich 1979.
Koselleck, R., Preußen zwischen Reform und Revolution. Allgemeines Landrecht, Verwaltung und soziale Bewegung von 1791 bis 1848, Stuttgart 1967, 3. Aufl. 1981 (TB 1989).
Kraehe, E. E., A History of the German Confederation 1850–1866, Diss.phil. Ann Arbor 1948.
Kramer, D., Der Philhellenismus und die Entwicklung des politischen Bewußtseins in Deutschland, in: Kontakte und Grenzen. Probleme der Volks-, Kultur- und Sozialforschung, Festschrift für Gerhard Heilfurth zum 60. Geburtstag, Göttingen 1969, S.231–247.
Kramer, H., Deutsche Kultur zwischen 1871 und 1918, Frankfurt am Main 1971.
Kratzsch, G., Kunstwart und Dürerbund. Ein Beitrag zur Geschichte der Gebildeten im Zeitalter des Imperialismus, Göttingen 1969.
Krieger, L., The German Idea of Freedom. History of a Political Tradition, Boston 1957.
Krockow, C. Graf von, Die Deutschen in ihrem Jahrhundert 1890–1990, Reinbek bei Hamburg 1990.
Kruck, A., Geschichte des Alldeutschen Verbandes 1890–1939, Wiesbaden 1954.
Lamprecht, K., Deutsche Geschichte der jüngsten Vergangenheit und Gegenwart, 2 Bde., Berlin 1912/1913.
Langewiesche, D., Deutschland und Österreich: Nationswerdung und Staatsbildung in Mitteleuropa im 19. Jahrhundert, in: GWU 42 (1991), S.754–766.
Langewiesche, D., Reich, Nation und Staat in der jüngeren deutschen Geschichte, in: HZ 254 (1992), S.341–381.
Langewiesche, D. (Hrsg.), Ploetz. Das deutsche Kaiserreich. 1867/71 bis 1918. Bilanz einer Epoche, Freiburg im Breisgau/Würzburg 1984.
Lübbe, H., Politische Philosophie in Deutschland. Studien zu ihrer Geschichte, Basel/Stuttgart 1963 (TB 1974).

Lukács, G., Die Zerstörung der Vernunft. Der Weg des Irrationalismus von Schelling zu Hitler, Berlin (Ost) 1953, 2. Aufl. 1955 (ND 1962).
Lutz, H., Die deutsche Nation zu Beginn der Neuzeit. Fragen nach dem Gelingen und Scheitern deutscher Einheit im 16. Jahrhundert, München 1982.
Lutz, H., Zwischen Habsburg und Preußen. Deutschland 1815–1866, Berlin 1985.
Lutzhöft, H.-J., Der Nordische Gedanke in Deutschland 1920–1940, Stuttgart 1971.
Maier, H., Die Deutschen und die Freiheit, in: GWU 40 (1989), S.653–664.
Maier, H., Ideen von 1914 – Ideen von 1939? Zweierlei Kriegsanfänge, in: VfZ 38 (1990), S.525–542.
McKale, D. M., From Weimar to Nazism. Abteilung III of the German Foreign Office and the Support of Antisemitism, 1931–1935, in: Year Book of the Leo Beck Institute 32 (1987), S.297–307.
Mann, G., Deutsche Geschichte des neunzehnten und zwanzigsten Jahrhunderts, Frankfurt am Main 1958 (TB 1992).
Marcks, E., Der Aufstieg des Reiches. Deutsche Geschichte von 1807–1871/78, 2 Bde., Stuttgart 1936/1943.
Marschalck, P., Bevölkerungsgeschichte Deutschlands im 19. und 20. Jahrhundert, Frankfurt am Main 1984.
Martini, F., Deutsche Literatur im bürgerlichen Realismus 1848–1898, Stuttgart 1962, 3. Aufl. 1974.
Meinecke, F., Die deutsche Katastrophe, Wiesbaden 1946, 6. Aufl. 1965.
Messerschmidt, M., Militär und Politik in der Bismarckzeit und im Wilhelminischen Deutschland, Darmstadt 1975.
Messerschmidt, M., Die politische Geschichte der preußisch-deutschen Armee, (Handbuch zur deutschen Militärgeschichte 1648–1939, Abschnitt 4,1), München 1975.
Mommsen, W., Größe und Versagen des deutschen Bürgertums. Ein Beitrag zur Geschichte der Jahre 1848–1849, Stuttgart 1949, 2. Aufl. München 1964.
Mommsen, W.J., Das Ringen um den nationalen Staat. Die Gründung und der innere Ausbau des Deutschen Reiches unter Otto von Bismarck 1850–1890, Berlin 1993.
Mosse, G.L., Die Nationalisierung der Massen. Politische Symbolik und Massenbewegungen in Deutschland von den Napoleonischen Kriegen bis zum Dritten Reich, Berlin 1976 (ND 1991, engl. 1975).
Mottek, H., Wirtschaftsgeschichte Deutschlands. Ein Grundriß, Bd. 3: Von der Zeit der Bismarckschen Reichsgründung 1871 bis zur Niederlage des faschistischen deutschen Imperialismus 1945, Berlin (Ost) 1974, 2. Aufl. 1975.
Müllenbrock, H.J., Der historische Roman des 19. Jahrhunderts, Heidelberg 1980.
Müller-Seidel, W., Theodor Fontane. Soziale Romankunst in Deutschland, Stuttgart 1975, 2. Aufl. 1980.
Na'aman, S., Der Deutsche Nationalverein. Die politische Konstituierung des deutschen Bürgertums, 1859–1867, Düsseldorf 1987.
Namier, L., 1848: The Revolution of the Intellectuals, London 1946, 6. Aufl. 1971 (TB 1992).
Nipperdey, T., Nationalidee und Nationaldenkmal in Deutschland im 19. Jahrhundert, in: HZ 206 (1968), S.529–585.
Nipperdey, T., 1933 und Kontinuität der deutschen Geschichte, in: HZ 227 (1978), S.86–111.
Nipperdey, T., Deutsche Geschichte 1800–1866. Bürgerwelt und starker Staat, München 1983, 3. Aufl. 1985.
Nipperdey, T., Nachdenken über die deutsche Geschichte. Essays, München 1986.
Nipperdey, T., Deutsche Geschichte 1866–1918, Bd. 1: Arbeitswelt und Bürgergeist, München 1990, 2. Aufl. 1993, Bd. 2: Machtstaat vor der Demokratie, München 1992, 2. Aufl. 1993.
Nolte, E., Nietzsche und der Nietzscheanismus, Frankfurt am Main/Berlin 1990.
Nürnberger, R., Imperialismus, Sozialismus und Christentum bei Friedrich Naumann, in: HZ 170 (1950), S.525–548.
Pentzlin, H., Hjalmar Schacht. Leben und Wirken einer umstrittenen Persönlichkeit, Frankfurt am Main/Berlin/Wien 1980.
Petter, W./ *Güth*, R. / *Dülffer*, J., Deutsche Marinegeschichte der Neuzeit (Handbuch zur deutschen Militärgeschichte 1648–1939, Abschnitt 8), München 1977, 2. Aufl. 1979.
Petzina, D., Die deutsche Wirtschaft in der Zwischenkriegszeit, Wiesbaden 1977.
Petzina, D. / *Roon*, G. van (Hrsg.), Konjunktur, Krise, Gesellschaft. Wirtschaftliche Wechsellagen und soziale Entwicklungen im 19. und 20. Jahrhundert, Stuttgart 1981.
Plessner, H., Die verspätete Nation. Über die politische Verführbarkeit bürgerlichen Geistes, Stuttgart 1959 (ND 1974).
Prignitz, C., Vaterlandsliebe und Freiheit. Deutscher Patriotismus von 1750 bis 1850, Wiesbaden 1981.
Pross, H., Preußens klassische Epoche, in: H.-J. *Netzer* (Hrsg.), Preußen. Porträt einer politischen Kultur, München 1968, S.41–75.

Pulzer, P., Die Entstehung des politischen Antisemitismus in Deutschland und Österreich 1867 bis 1914, Gütersloh 1966 (engl. 1964).
Quack-Eustathiades, R., Der deutsche Philhellenismus während des griechischen Freiheitskampfes 1821–1827, München 1984.
Reden-Dohna, A. von (Hrsg.), Deutschland und Italien im Zeitalter Napoleons. Deutsch-italienisches Historikertreffen in Mainz 29. Mai–1. Juni 1975, Wiesbaden 1979.
Reiss, H., Politisches Denken in der deutschen Romantik, Bern 1966.
Ritter, G., Europa und die deutsche Frage. Betrachtungen über die geschichtliche Eigenart des deutschen Staatsdenkens, München 1948.
Ritter, G., Staatskunst und Kriegshandwerk. Das Problem des »Militarismus« in Deutschland, 4 Bde., München 1954–1968 (verschiedene Nachauflagen der Einzelbände).
Ritter, G.A., Staat, Arbeiterschaft und Arbeiterbewegung in Deutschland. Vom Vormärz bis zum Ende der Weimarer Republik, Berlin/Bonn 1980.
Ritter, G.A., Entstehung und Entwicklung des Sozialstaates in vergleichender Perspektive, in: HZ 243 (1986), S.1–90.
Rochau, A.L. von, Grundsätze der Realpolitik, angewendet auf die staatlichen Zustände Deutschlands, Stuttgart 1853, 3. Aufl. 1869 (TB 1972)
Rodes, J.E., The Quest for Unity. Modern Germany, 1848–1970, New York u.a. 1971.
Roh, F., Geschichte der deutschen Kunst von 1900 bis zur Gegenwart, München 1958.
Rohkrämer, T., Der Militarismus der »kleinen Leute«. Die Kriegervereine im Deutschen Kaiserreich, 1871–1914, München 1990.
Rosenberg, H., Politische Denkströmungen im Vormärz, Göttingen 1972.
Rürup, R., Deutschland im 19. Jahrhundert 1815–1871, Göttingen 1984, 2. Aufl. 1992.
Ruge, W., Deutschland von 1917 bis 1933. Von der Großen Sozialistischen Oktoberrevolution bis zum Ende der Weimarer Republik, Berlin (Ost) 1967.
Rumpler, H. (Hrsg.), Deutscher Bund und deutsche Frage 1815–1866. Europäische Ordnung, deutsche Politik und gesellschaftlicher Wandel im Zeitalter der bürgerlich-nationalen Emanzipation, Wien/München 1990.
Rumpler, H. (Hrsg.), Innere Staatsbildung und gesellschaftliche Modernisierung in Österreich und Deutschland 1867/71 bis 1914. Historikergespräch Österreich–Bundesrepublik Deutschland 1989, Wien/München 1991.
Salewski, M., Der Erste Weltkrieg – ein deutsches Trauma, in: Revue internationale d'histoire militaire 63 (1985), S.169–185.
Salewski, M., Deutschland. Eine politische Geschichte. Von den Anfängen bis zur Gegenwart, Bd. 2: 1815–1990, München 1993.
Sauer, W., Das Problem des deutschen Nationalstaates, in: H. *Böhme* (Hrsg.), Probleme der Reichsgründungszeit 1848–1879, Köln/Berlin 1968, S.448–479 (urspr. 1962).
Scharf, H., Kleine Kunstgeschichte des deutschen Denkmals, Darmstadt 1984.
Scheer, F.-K., Die Deutsche Friedensgesellschaft (1892–1933). Organisation, Ideologie, politische Ziele. Ein Beitrag zur Geschichte des Pazifismus in Deutschland, Frankfurt am Main 1981, 2. Aufl. 1983.
Schieder, T., Das deutsche Kaiserreich von 1871 als Nationalstaat, Köln/Opladen 1961, 2. Aufl. Göttingen 1992.
Schildt, A., Ein konservativer Prophet moderner nationaler Integration. Biographische Skizze des streitbaren Soziologen Johann Plenge (1874–1963), in: VfZ 35 (1987), S.523–570.
Schnabel, F., Deutsche Geschichte im 19. Jahrhundert, 4 Bde., Freiburg im Breisgau 1929–1937 (verschiedene Nachauflagen der Einzelbände).
Schröder, H.-C., Sozialismus und Imperialismus. Die Auseinandersetzung der deutschen Sozialdemokratie mit dem Imperialismusproblem und der »Weltpolitik« vor 1914, Bd. 1, Hannover 1968.
Schultz, H.-D., Deutschlands »natürliche« Grenzen. »Mittellage« und »Mitteleuropa« in der Diskussion der Geographen seit dem Beginn des 19. Jahrhunderts, in: GG 15 (1989), S.248–281.
Schulz, G., Deutschland seit dem Ersten Weltkrieg 1918–1945, Göttingen 1976, 2. Aufl. 1982.
Schulze, H., Der Weg zum Nationalstaat. Die deutsche Nationalbewegung vom 18. Jahrhundert bis zur Reichsgründung, München 1985, 3. Aufl. 1992.
Schwabe, K. (Hrsg.), Das Diplomatische Korps 1871–1945, Boppard am Rhein 1985.
Schwarz, H.-P., Adenauer. Der Aufstieg, 1876–1952, Stuttgart 1986, 3. Aufl. 1991 (TB 1994).
Seebacher-Brandt, B., Bebel. Künder und Kärrner im Kaiserreich, Bonn/Berlin 1988, 2. Aufl. 1990.

Sheehan, J. J., Der deutsche Liberalismus. Von den Anfängen im 18. Jahrhundert bis zum Ersten Weltkrieg, 1770–1914, München 1983 (engl. 1978).
Sheehan, J. J., What is German History? Reflections on the Role of the Nation in German History and Historiography, in: JMH 53 (1981), S. 1–23.
Sheehan, J. J., German History 1770–1866, Oxford 1989 (ND 1991).
Siemann, W., Die deutsche Revolution von 1848/49, Frankfurt am Main 1985, 2. Aufl. 1987.
Simpson, A. E., Hjalmar Schacht in Perspective, Den Haag/Paris 1969.
Smith, W. D., The German Colonial Empire, Chapel Hill 1978.
Snyder, L. L., German Nationalism. The Tragedy Of A People. Extremism Contra Liberalism In Modern German History, Harrisburg 1952, 2. Aufl. Port Washington/New York 1969.
Spree, R., Wachstumstrends und Konjunkturzyklen in der deutschen Wirtschaft von 1820 bis 1913. Quantitativer Rahmen für eine Konjunkturgeschichte des 19. Jahrhunderts, Göttingen 1978.
Stadelmann, R., Moltke und der Staat, Krefeld 1948.
Stadelmann, R., Soziale und politische Geschichte der Revolution von 1848, München 1948, 3. Aufl. 1970 (TB 1973).
Stern, C. / *Winkler*, H. A. (Hrsg.), Wendepunkte deutscher Geschichte 1848–1945, Frankfurt am Main 1979.
Stern, F., Kulturpessimismus als politische Gefahr. Eine Analyse nationaler Ideologie in Deutschland, Bern/Stuttgart/Wien 1963 (TB 1986).
Stern, F., Das Scheitern illiberaler Politik. Studien zur politischen Kultur Deutschlands im 19. und 20. Jahrhundert, Frankfurt am Main/Berlin/Wien 1974 (engl. 1972).
Stern, F., Der Traum vom Frieden und die Versuchung der Macht. Deutsche Geschichte im 20. Jahrhundert, Berlin 1988 (TB 1990, engl. 1987).
Stolper, G. / *Häuser*, K. / *Borchardt*, K., Deutsche Wirtschaft seit 1870, Tübingen 1964, 2. Aufl. 1966.
Studt, C., Lothar Bucher (1817–1892). Ein politisches Leben zwischen Revolution und Staatsdienst, Göttingen 1992.
Stürmer, M., Das kaiserliche Deutschland, Politik und Gesellschaft 1870–1918, Düsseldorf 1970, 3. Aufl. 1978 (TB 1984).
Stürmer, M., Die Geburt eines Dilemmas. Nationalstaat und Massendemokratie im Mächtesystem 1848, in: Merkur 36 (1982), S. 1–12.
Stürmer, M., Das ruhelose Reich. Deutschland 1866–1918, Berlin 1983.
Tilly, R. H., Vom Zollverein zum Industriestaat. Die wirtschaftlich-soziale Entwicklung Deutschlands 1834 bis 1914, München 1990.
Townsend, M. E., Macht und Ende des deutschen Kolonialreiches, [Leipzig 1932] (ND Münster 1988, engl. 1930).
Treitschke, H. von, Deutsche Geschichte im Neunzehnten Jahrhundert, 5 Bde., Leipzig 1879–1894 (TB 1981).
Valentin, V., Geschichte der deutschen Revolution von 1848–49, 2 Bde., Berlin 1930/1931 (ND 1977).
Valjavec, F., Die Entstehung der politischen Strömungen in Deutschland 1770–1815, München 1951 (TB 1978).
Vogt, P., Geschichte der deutschen Malerei im 20. Jahrhundert, Köln 1972, 3. Aufl. 1989.
Volkov, S., Kontinuität und Diskontinuität im deutschen Antisemitismus 1878–1945, in: VfZ 33 (1985), S. 221–243.
Vondung, K., Die Apokalypse in Deutschland, München 1988.
Wahl, A., Deutsche Geschichte. Von der Reichsgründung bis zum Ausbruch des Weltkrieges 1871–1914, 4 Bde., Stuttgart 1926–1936.
Weber, M.-L., Ludwig Bamberger. Ideologie statt Realpolitik, Stuttgart 1987.
Wehler, H.-U., Sozialdemokratie und Nationalstaat. Nationalitätenfragen in Deutschland 1840–1914, Würzburg 1962, 2. Aufl. Göttingen 1971.
Wehler, H.-U., Krisenherde des Kaiserreichs 1871–1918. Studien zur deutschen Sozial- und Verfassungsgeschichte, Göttingen 1970, 2. Aufl. 1979.
Wehler, H.-U., Das deutsche Kaiserreich 1871–1918, Göttingen 1973, 6. Aufl. 1988.
Wehler, H.-U., Deutsche Gesellschaftsgeschichte, Bd. 1: 1700–1815, München 1987, 2. Aufl. 1989, Bd. 2: 1815–1845/49, München 1987, 2. Aufl. 1989.
Wendt, B.-J., Deutschland in der Mitte Europas. Grundkonstellationen der Geschichte, in: Deutsche Studien. Vierteljahreshefte für vergleichende Gegenwartskunde 19 (1981), S. 220–275.
Wheeler-Bennett, J. W., Der hölzerne Titan. Paul von Hindenburg, Tübingen 1969 (engl. 1939).

Wheeler-Bennett, J. W., Die Nemesis der Macht. Die deutsche Armee in der Politik 1918–1945, Düsseldorf 1954 (engl. 1945).
Wiese, B. von, Deutsche Dichter des 19. Jahrhunderts. Ihr Leben und Werk, Berlin 1969, 2. Aufl. 1979.
Williamson, J. G., Karl Helfferich 1872–1924. Economist, Financier, Politician, Princeton 1971.
Winkel, H., Die deutsche Nationalökonomie im 19. Jahrhundert, Darmstadt 1977.
Winkler, H. A., Preußischer Liberalismus und deutscher Nationalstaat. Studien zur Geschichte der deutschen Fortschrittspartei 1861–1866, Tübingen 1964.
Winkler, H. A., Liberalismus und Antiliberalismus. Studien zur politischen Sozialgeschichte des 19. und 20. Jahrhunderts, Göttingen 1979.
Wippermann, W., Der ›deutsche Drang nach Osten‹. Ideologie und Wirklichkeit eines politischen Schlagwortes, Darmstadt 1981.
Witt, P.-C., Friedrich Ebert. Parteiführer, Reichskanzler, Volksbeauftragter, Reichspräsident, Bonn 1971, 3. Aufl. 1992.
Wollstein, G., Das »Großdeutschland« der Paulskirche. Nationale Ziele in der bürgerlichen Revolution 1848/49, Düsseldorf 1977.
Wollstein, G., Deutsche Geschichte 1848/49. Gescheiterte Revolution in Mitteleuropa, Stuttgart u. a. 1986.
Wulf, J., Der Deutsche Außenhandel seit 1850. Entwicklung, Strukturwandlungen und Beziehungen zum Wirtschaftswachstum, Stuttgart 1968.
Zechlin, E., Bismarck und die Grundlegung der deutschen Großmacht, Stuttgart/Berlin 1930, 2. Aufl. Darmstadt 1960.
Zechlin, E., Die Reichsgründung, Frankfurt am Main/Berlin 1967.
Ziekursch, J., Politische Geschichte des neuen deutschen Kaiserreiches, 3 Bde., Frankfurt am Main 1925–1930.
Zmarzlik, H.-G., Der Sozialdarwinismus in Deutschland als geschichtliches Problem, in: VfZ 11 (1963), S. 246–273.
Zmarzlik, H.-G., Das Bismarckbild der Deutschen – gestern und heute, Freiburg im Breisgau 1967.
Zucker, S., Ludwig Bamberger. German Liberal Politician and Social Critic. 1823–1899, Pittsburgh 1975.

Zur Geschichte der deutschen Außenpolitik im 19. und 20. Jahrhundert

Adams, H. M., Probleme der Beziehungen zwischen Preußen-Deutschland und den USA seit Bismarck, in: Jahrbuch der Albertus-Universität zu Königsberg/Pr. 12 (1962), S. 162–186.
Aretin, K. O. von / *Conze,* W. (Hrsg.), Deutschland und Rußland im Zeitalter des Kapitalismus 1861–1914. 1. Deutsch-sowjetisches Historikertreffen in der Bundesrepublik Deutschland, Mainz, 14.–21. Oktober 1973, Wiesbaden 1977.
Bakker, G., Duitse Geopolitiek 1919–1945. Een imperialistische ideologie. Deutsche Geopolitik 1919–1945. Eine imperialistische Ideologie, Utrecht 1967.
Becker, W., Von Stresemann zu Adenauer. Deutschland im Spannungsfeld von Großmachtstreben und europäischer Einigung, in: Jahrbuch für westdeutsche Landesgeschichte 13 (1987), S. 257–278.
Benz, W. / *Graml,* H. (Hrsg.), Aspekte deutscher Außenpolitik im 20. Jahrhundert. Aufsätze. Hans Rothfels zum Gedächtnis, Stuttgart 1976.
Birke, A. M. / *Recker,* M. L. (Hrsg.), Das gestörte Gleichgewicht. Deutschland als Problem britischer Sicherheit im neunzehnten und zwanzigsten Jahrhundert, München/London/New York 1990.
Böhme, H., Die deutsch-russischen Wirtschaftsbeziehungen unter dem Gesichtspunkt der deutschen Handelspolitik (1878–1894), in: K. O. von *Aretin* / W. *Conze* (Hrsg.), Deutschland und Rußland im Zeitalter des Kapitalismus 1861–1914, 1. Deutsch-sowjetisches Historikertreffen in der Bundesrepublik Deutschland, Mainz, 14.–21. Oktober 1973, Wiesbaden 1977, S. 173–190.
Borries, K., Deutschland im Kreis der europäischen Mächte. Eine historisch-politische Analyse, Stuttgart 1963.
Broszat, M., Zweihundert Jahre deutsche Polenpolitik, München 1963 (TB 1972).
Calleo, D., The German Problem Reconsidered. Germany and the World Order, 1870 to the Present, Cambridge 1978.
Carmel, A., Die deutsche Palästinapolitik 1871–1914, in: Jahrbuch des Instituts für Deutsche Geschichte (Universität Tel Aviv) 4 (1975), S. 205–255.
Carr, E. H., Berlin–Moskau: Deutschland und Rußland zwischen den beiden Weltkriegen, Stuttgart 1954.

Carroll, E. M., Germany and the Great Powers 1866–1914. A Study in Public Opinion and Foreign Policy, New York 1938 (ND 1966).
Cecil, L., The German Diplomatic Service, 1871–1914, Princeton 1976.
Conze, W., Das deutsch-russische Verhältnis im Wandel der modernen Welt, Göttingen 1967.
Craig, G. A., Deutsche Staatskunst von Bismarck bis Adenauer, Düsseldorf 1961 (engl. 1958).
Deist, W. */ Schottelius,* H. (Hrsg.), Marine und Marinepolitik im kaiserlichen Deutschland 1871–1914, Düsseldorf 1972.
Deuerlein, E., Der Bundesratsausschuß für die auswärtigen Angelegenheiten 1870–1918, Regensburg 1955.
Duroselle, J.-B., Les Relations franco-allemandes de 1914 à 1950, 3 Bde., Paris (1967).
Düwell, K. */ Link,* W. (Hrsg.), Deutsche auswärtige Kulturpolitik seit 1871. Geschichte und Struktur. Referate und Diskussionen eines interdisziplinären Symposions, Köln/Wien 1981.
Ernst, F., Die Deutschen und ihre jüngste Geschichte. Beobachtungen und Bemerkungen zum deutschen Schicksal der letzten 50 Jahre (1911–1961), Stuttgart 1963.
Farrar, L. L. jr., Arrogance and Anxiety. The Ambivalence of German Power, 1848–1914, Iowa City 1981.
Fink, C. */ Hull,* I. V. */ Knox,* M. (Hrsg.), German Nationalism and the European Response, 1890–1945, Norman/London 1985.
Fleury, A., La politique allemande au Moyen-Orient 1919–1939. Etude comparative de la pénétration de l'Allemagne en Turquie, en Iran et en Afghanistan, Diss. phil. Genf 1977.
Gatzke, H. W., Germany and the United States. A »Special Relationship«?, Cambridge (Mass.)/London 1980.
Geiss, I., German Foreign Policy, 1871–1914, London/Boston 1976 (ND 1979).
Gemzell, C.-A., Organization, Conflict and Innovation. A Study of German Naval Strategic Planning, 1888–1940, Lund 1973.
Gifford, P. */ Louis,* W. R. (Hrsg.), Britain and Germany in Africa. Imperial Rivalry and Colonial Rule, New Haven/London 1967.
Gollwitzer, H., Der politische Katholizismus im Hohenzollernreich und die Außenpolitik. Variationen zu einem weitläufigen Thema, in: W. *Pöls* (Hrsg.), Staat und Gesellschaft im politischen Wandel. Beiträge zur Geschichte der modernen Welt. (Walter Bußmann zum 14. Januar 1979), Stuttgart 1979, S.224–257.
Gruner, W. D., Frieden, Krieg und politisch-soziales System. Überlegungen zu den britisch-deutschen Beziehungen im 19. und 20. Jahrhundert, in: Zeitschrift für bayerische Landesgeschichte 41 (1978), S.921–958.
Guillen, P., L'Allemagne et le Maroc de 1870 à 1905, Paris 1967.
Haselmayr, F., Diplomatische Geschichte des Zweiten Reichs von 1871–1918, 7 Bde., München 1955–1964.
Heeren, A. H. L., Der Deutsche Bund in seinen Verhältnissen zu dem Europäischen Staatensystem, bei Eröffnung des Bundestages dargestellt 5. November 1816, in: Ders., Historische Werke, Bd. 2, Göttingen 1821, S.423–458.
Hiden, J. W., Germany and Europe 1919–1939, London/New York 1977.
Hildebrand, K., Staatskunst oder Systemzwang? Die »deutsche Frage« als Problem der Weltpolitik, in: HZ 228 (1979), S.624–644.
Hildebrand, K., Zwischen Allianz und Antagonismus. Das Problem bilateraler Normalität in den deutschbritischen Beziehungen des 19. Jahrhunderts (1870–1914), in: H. *Dollinger* / H. *Gründer* / A. *Hanschmidt* (Hrsg.), Weltpolitik, Europagedanke, Regionalismus. Festschrift für Heinz Gollwitzer zum 65. Geburtstag am 30. Januar 1982, Münster 1982, S.305–331.
Hildebrand, K., Saturiertheit und Prestige. Das Deutsche Reich als Staat im Staatensystem 1871–1918, in: GWU 40 (1989), S.193–202.
Hildebrand, K., Deutsche Außenpolitik 1871–1918, München 1989, 2. Aufl. 1994.
Hildebrand, K., German Foreign Policy from Bismarck to Adenauer. The Limits of Statecraft, London 1989.
Hillgruber, A., Deutschlands Rolle in der Vorgeschichte der beiden Weltkriege, Göttingen 1967, 3. Aufl. 1986.
Hillgruber, A., Kontinuität und Diskontinuität in der deutschen Außenpolitik von Bismarck bis Hitler, Düsseldorf 1969, 3.Aufl. 1971.
Hillgruber, A., Großmachtpolitik und Militarismus im 20. Jahrhundert. 3 Beiträge zum Kontinuitätsproblem, Düsseldorf 1974.
Hillgruber, A., Deutsche Rußland-Politik 1871–1918: Grundlagen. Grundmuster. Grundprobleme, in: Saeculum 27 (1976), S.94–108.
Hillgruber, A., Deutsche Großmacht- und Weltpolitik im 19. und 20. Jahrhundert, Düsseldorf 1977.
Hillgruber, A., Die gescheiterte Großmacht. Eine Skizze des Deutschen Reiches 1871–1945, Düsseldorf 1980.

Hirschfeld, Y. P., Deutschland und Iran im Spielfeld der Mächte. Internationale Beziehungen unter Reza Schah 1921–1941, Düsseldorf 1980.
Jonas, M., The United States and Germany. A Diplomatic History, Ithaca/London 1984.
Junker, D. (Hrsg.), Deutschland und die USA, 1890–1985, Heidelberg 1986.
Kennedy, P. M., The Samoan Tangle. A Study in Anglo-German-American Relations 1878–1900, Dublin 1974.
Kennedy, P. M., The Rise of the Anglo-German Antagonism 1860–1914, London 1980, 2. Aufl. 1982.
Kennedy, P. M., British and German Reactions to the Rise of American Power, in: R. S. *Bullen* / H. *Pogge von Strandmann* / A. B. *Polonsky* (Hrsg.), Ideas into Politics. Aspects of European History 1880–1950, London/Sydney 1984, S.15–24.
Kluke, P., Neuere Geschichte. Deutsche Außenpolitik im Zeitalter des Nationalstaates, Frankfurt am Main/Hamburg 1969.
Kröger, M., »Le bâton égyptien« – Der ägyptische Knüppel. Die Rolle der »ägyptischen Frage« in der deutschen Außenpolitik von 1875/6 bis zur »Entente Cordiale«, Frankfurt am Main u. a. 1991.
Krummacher, F. A. / *Lange*, H., Krieg und Frieden. Geschichte der deutsch-sowjetischen Beziehungen. Von Brest-Litowsk zum Unternehmen Barbarossa, München/Esslingen 1970.
Kuo Heng-yü (Hrsg.), Von der Kolonialpoltik zur Kooperation. Studien zur Geschichte der deutsch-chinesischen Beziehungen, München 1966.
Kuo Heng-yü (Hrsg.), Deutsch-chinesische Beziehungen 1928–1938. Eine Auswertung deutscher diplomatischer Akten, München 1989.
Lambi, I. N., The Navy and German Power Politics, 1862–1914, Boston 1984.
Laser, K., Der Rußlandausschuß der Deutschen Wirtschaft 1928–1941, in: ZfG 20 (1972), S.1382–1400.
Link, W., Demokratische Staatsordnung und außenpolitische Orientierung. Die Einstellung zu den USA als Problem der deutschen Politik im 20. Jahrhundert, in: L. *Albertin* / W. *Link* (Hrsg.), Politische Parteien auf dem Weg zur parlamentarischen Demokratie in Deutschland. Entwicklungslinien bis zur Gegenwart. Erich Matthias zum 60. Geburtstag gewidmet, Düsseldorf 1981, S.63–89.
Markert, W. (Hrsg.), Deutsch-russische Beziehungen von Bismarck bis zur Gegenwart, Stuttgart 1964.
Martin, B. (Hrsg.), Die deutsche Beraterschaft in China 1927–1938. Militär, Wirtschaft, Außenpolitik, Düsseldorf 1981.
Martin, B., Weltmacht oder Niedergang? Deutsche Großmachtpolitik im 20. Jahrhundert, Darmstadt 1989.
Martin, B. (Hrsg.), Deutschland in Europa. Ein historischer Rückblick, München 1992.
Martin, B. G., German-Persian Diplomatic Relations 1873–1912, 's Gravenhage 1959.
Meyer, H. C., Mitteleuropa in German thought and action 1815–1945, Den Haag 1955.
Mommsen, W. J., Großmachtstellung und Weltpolitik. Die Außenpolitik des Deutschen Reiches 1870–1914, Frankfurt am Main/Berlin 1993.
Moses, J. A. / *Kennedy*, P. M. (Hrsg.), Germany in the Pacific and Far East, 1870–1914, St. Lucia 1977.
Müller, K.-J., Les Deux Tentations de la Politique Extérieure Allemande de Bismarck à Nos Jours, in: Vingtième Siècle 27 (1990), S.15–25.
Müller, R.-D., Das Tor zur Weltmacht. Die Bedeutung der Sowjetunion für die deutsche Wirtschafts- und Rüstungspolitik zwischen den Weltkriegen, Boppard am Rhein 1984.
Oncken, H., Ziele und Grundlagen der auswärtigen Politik des Deutschen Reiches von 1871 bis 1914, in: B. *Harms* (Hrsg.), Volk und Reich der Deutschen. Vorlesungen gehalten in der Deutschen Vereinigung für Staatswissenschaftliche Fortbildung, Bd. 1, Berlin 1929, S.143–164.
Oncken, H., Das Deutsche Reich und die Vorgeschichte des Weltkrieges, 2 Bde., Leipzig 1933.
Osthoff, H. W., Die deutsch-russischen Vertragsbeziehungen im Spiegel ihrer Zeit, 1878–1978, Bern/München 1980.
Perrey, H. J., Der Rußlandausschuß der Deutschen Wirtschaft. Die deutsch-sowjetischen Wirtschaftsbeziehungen der Zwischenkriegszeit. Ein Beitrag zur Geschichte des Ost-West-Handels, München 1985.
Plieg, E.-A., Das Memelland 1920–1939. Deutsche Autonomiebestrebungen im litauischen Gesamtstaat, Würzburg 1962.
Poidevin, R., Die unruhige Großmacht. Deutschland und die Welt im 20. Jahrhundert, Freiburg im Breisgau/Würzburg 1985 (frz. 1983).
Poidevin, R. / *Bariéty*, J., Frankreich und Deutschland. Die Geschichte ihrer Beziehungen 1815–1975, München 1982 (frz. 1977).
Ratenhof, U., Die Chinapolitik des Deutschen Reiches 1871 bis 1945. Wirtschaft, Rüstung, Militär, Boppard am Rhein 1987.

Rathmann, I., Berlin–Bagdad. Die imperialistische Nahostpolitik des kaiserlichen Deutschlands, Berlin (Ost) 1962.
Recker, M.-L. (Hrsg.), Von der Konkurrenz zur Rivalität / From Competition to Rivalry. Das britisch-deutsche Verhältnis in den Ländern der europäischen Peripherie 1919–1939 / The Anglo-German Relationship in the Countries at the European Periphery, 1919–1939, Wiesbaden 1986.
Rich, N., Friedrich von Holstein. Politics and Diplomacy in the Era of Bismarck and Wilhelm II, 2 Bde., Cambridge 1965.
Ritter, G., Bismarcks Verhältnis zu England und die Politik des »Neuen Kurses«, in: Archiv für Politik und Geschichte 2 (1924), S.511–570, auch selbständig erschienen: Berlin 1924.
Schieder, T., Reichtum und Gefahr der Mittellage Deutschlands, in: GWU 13 (1962), S.269–281.
Schmidt, G., Der deutsch-englische Gegensatz im Zeitalter des Imperialismus, in: H. *Köhler* (Hrsg.), Deutschland und der Westen. Vorträge und Diskussionsbeiträge des Symposions zu Ehren von Gordon A. Craig, veranstaltet von der Freien Universität Berlin vom 1.–3. Dezember 1983, Berlin 1984, S.59–81.
Schmidt, G., Das Einmaleins politischer Konflikte – Zum Verhältnis von Regime-Unterschieden und Großmachtambitionen in den deutsch-britischen Beziehungen 1870–1914, in: GG 11 (1985), S.508–527.
Schmokel, W.W., Der Traum vom Reich. Der deutsche Kolonialismus zwischen 1919 und 1945, Gütersloh 1967 (engl. 1964).
Schöllgen, G., Imperialismus und Gleichgewicht. Deutschland, England und die orientalische Frage 1871–1914, München 1984.
Schöllgen, G., Die Macht in der Mitte Europas. Stationen deutscher Außenpolitik von Friedrich dem Großen bis zur Gegenwart, München 1992.
Schreiber, G., Revisionismus und Weltmachtstreben. Marineführung und deutsch-italienische Beziehungen 1919 bis 1944, Stuttgart 1978.
Schröder, H.-J., Deutsche Südosteuropapolitik 1929–1936. Zur Kontinuität deutscher Außenpolitik in der Weltwirtschaftskrise, in: GG 2 (1976), S.5–32.
Schüssler, W., Deutschland zwischen Rußland und England. Studien zur Außenpolitik des Bismarckschen Reiches 1879–1914, Leipzig 1940, 3. Aufl. 1943.
Sontag, R.J., Germany and England. Background of Conflict 1848–1894, New York 1938 (ND 1964).
Spira, T., German-Hungarian relations and the Swabian problem. From Károlyi to Gömbös 1919–1936, New York 1977.
Steurer, L., Südtirol zwischen Rom und Berlin 1919–1939, Wien/München/Zürich 1980.
Stichler, H.-C. u.a., Zur Geschichte der deutsch-chinesischen Beziehungen (1900–1949), in: Wissenschaftliche Zeitschrift der Humboldt-Universität zu Berlin, Reihe Gesellschaftswissenschaften 37 (1988), S.107–200.
Tafla, B., Ethiopia and Germany. Cultural, political and economic relations 1871–1936, Wiesbaden 1981.
Teichert, E., Autarkie und Großraumwirtschaft in Deutschland 1930–1939. Außenwirtschaftspolitische Konzeptionen zwischen Wirtschaftskrise und Zweitem Weltkrieg, München 1984.
Vagts, A., Deutschland und die Vereinigten Staaten in der Weltpolitik, 2 Bde., London/New York 1935.
Veit-Brause, I., Die deutsch-französische Krise von 1840. Studien zur deutschen Einheitsbewegung, Diss. phil. Köln 1967.
Wallach, J.L., Anatomie einer Militärhilfe. Die preußisch-deutschen Militärmissionen in der Türkei 1835–1919, Düsseldorf 1976.
Wegner-Korfes, S., Otto von Bismarck und Rußland. Des Reichskanzlers Rußlandpolitik und sein realpolitisches Erbe in der Interpretation bürgerlicher Politiker (1918–1945), Berlin 1990 (Ost).
Willequet, J., Le Congo Belge et la Weltpolitik (1894–1914), Brüssel 1962.
Wollstein, G., Vom Weimarer Revisionismus zu Hitler. Das Deutsche Reich und die Großmächte in der Anfangsphase der nationalsozialistischen Herrschaft in Deutschland, Bonn 1973.
Ziebura, G., Die deutsche Frage in der öffentlichen Meinung Frankreichs von 1911–1914, Berlin 1955.
Ziebura, G. (Hrsg.), Grundfragen der deutschen Außenpolitik seit 1871, Darmstadt 1975.

Zur deutschen Geschichte 1871–1890

Bartel, H. / *Engelberg*, E. (Hrsg.), Die großpreußisch-militaristische Reichsgründung 1871. Voraussetzungen und Folgen, 2 Bde., Berlin (Ost) 1971.
Bußmann, W., Das Zeitalter Bismarcks, (L. *Just* (Hrsg.), Handbuch der deutschen Geschichte, Bd. 3,2), Konstanz 1956, 4. Aufl. Frankfurt am Main 1968.
Dorpalen, A., Emperor Frederick III and the German Liberal Movement, in: AHR 54 (1948), S.1–31.
Engelberg, E., Bismarck, Bd. 1: Urpreuße und Reichsgründer, Berlin 1985 (TB 1991), Bd. 2: Das Reich in der Mitte Europas, Berlin 1990 (TB 1993).
Eyck, E., Bismarck, 3 Bde., Erlenbach-Zürich 1941–1944.
Foerster, R. G., (Hrsg.), Generalfeldmarschall von Moltke. Bedeutung und Wirkung, München 1991.
Freund, M., Das Drama der 99 Tage. Krankheit und Tod Friedrichs III., Köln/Berlin 1966.
Gall, L. (Hrsg.), Das Bismarck-Problem in der Geschichtsschreibung nach 1945, Köln/Berlin 1971.
Gall, L., Bismarck. Der weiße Revolutionär, Berlin 1980, 6. Aufl. 1983 (TB 1990).
Giesberg, R. I., The Treaty of Frankfurt. A Study in Diplomatic History, September 1870 – September 1873, Philadelphia 1966.
Herre, F., Kaiser Wilhelm I. Der letzte Preuße, Köln 1980.
Herre, F., Kaiser Friedrich III. Deutschlands liberale Hoffnung. Eine Biographie, Stuttgart 1987.
Herre, F., Bismarck. Der preußische Deutsche, Köln 1991.
Hertz-Eichenrode, D., Deutsche Geschichte 1871–1890. Das Kaiserreich in der Ära Bismarck, Stuttgart/Berlin/Köln 1992.
Hillgruber, A., Otto von Bismarck. Gründer der europäischen Großmacht Deutsches Reich, Göttingen/Zürich/Frankfurt am Main 1978.
Hollyday, F. B. M., Bismarcks Rival. A Political Biography of General and Admiral Albrecht von Stosch, Durham (N.C.) 1960 (ND 1993).
Kaelble, H., Der Mythos von der rapiden Industrialisierung in Deutschland, in: GG 9 (1983), S.106–118.
Kessel, E., Moltke, Stuttgart 1957.
Kissinger, H., Der weiße Revolutionär. Reflexionen über Bismarck, in: L. *Gall* (Hrsg.), Das Bismarck-Problem in der Geschichtsschreibung nach 1945, Köln/Berlin 1971, S.392–428 (engl. 1968).
Kolb, E., Helmuth von Moltke in seiner Zeit. Aspekte und Probleme, in: R. G. *Foerster* (Hrsg.), Generalfeldmarschall von Moltke. Bedeutung und Wirkung, München 1991, S.1–17.
Kunisch, J. (Hrsg.), Bismarck und seine Zeit, Berlin 1992.
Lambi, I. N., Free Trade and Protection in Germany 1868–1879, Wiesbaden 1963.
Meyer, A. O., Bismarck. Der Mensch und der Staatsmann, Leipzig 1944, 2. Aufl. Stuttgart 1949.
Muralt, L. von, Bismarcks Verantwortlichkeit, Göttingen/Berlin/Frankfurt am Main 1955, 2. Aufl. 1970.
Nichols, J. A., The Year of the Three Kaisers. Bismarck and the German Succession 1887–1888, Urbana (Ill.) 1987.
Oncken, H., Rudolf von Bennigsen. Ein deutscher liberaler Politiker, 2 Bde., Stuttgart/Leipzig 1910.
Pflanze, O., Bismarck and the development of Germany, Bd. 1: The Period of Unification, 1815–1871, Princeton 1963, 3. Aufl. 1990, Bd. 2: The Period of Consolidation 1871–1880, Princeton 1990, Bd. 3: The Period of Fortification 1880–1898, Princeton 1990.
Pflanze, O., Bismarcks Herrschaftstechnik als Problem der gegenwärtigen Historiographie, in: HZ 234 (1982), S.561–599.
Ritter, G., Das Bismarckproblem, in: L. *Gall* (Hrsg.), Das Bismarck-Problem in der Geschichtsschreibung nach 1945, Köln/Berlin 1971, S.119–137 (urspr. 1950).
Röhl, J. C., Wilhelm II. Die Jugend des Kaisers 1859–1888, München 1993.
Rosenberg, H., Große Depression und Bismarckzeit. Wirtschaftsablauf, Gesellschaft und Politik in Mitteleuropa, Berlin 1967 (ND 1976).
Rothfels, H. (Hrsg.), Bismarck und der Staat. Ausgewählte Dokumente, München 1925, 3. Aufl. Darmstadt 1958.
Rothfels, H., Bismarck, der Osten und das Reich, Darmstadt 1960 (ND 1962).
Rothfels, H., Bismarck. Vorträge und Abhandlungen, Stuttgart 1970.
Saul, S. B., The Myth of the Great Depression 1873–1896, London 1969, 2. Aufl. 1985.
Schieder, T., Nietzsche und Bismarck, in: HZ 196 (1963), S.320–342, auch selbständig erschienen: Krefeld 1963.
Schieder, T. / *Deuerlein*, E. (Hrsg.), Reichsgründung 1870/71. Tatsachen, Kontroversen, Interpretationen, Stuttgart 1970.

Schnabel, F., Das Problem Bismarck, in: L. *Gall* (Hrsg.), Das Bismarck-Problem in der Geschichtsschreibung nach 1945, Köln/Berlin 1971, S.97–118 (urspr. 1949).

Seeber, G., Zwischen Bebel und Bismarck. Zur Geschichte des Linksliberalismus in Deutschland 1871–1893, Berlin (Ost) 1965.

Seeber, G. (Hrsg.), Gestalten der Bismarckzeit, 2 Bde., Berlin (Ost) 1978/1986.

Stern, F., Gold und Eisen. Bismarck und sein Bankier Bleichröder, Berlin 1978 (TB 1988, engl. 1977).

Zur Geschichte der deutschen Außenpolitik 1871–1890

Albertini, R. von, Frankreichs Stellungnahme zur deutschen Einigung während des Zweiten Kaiserreiches, in: Schweizerische Zeitschrift für Geschichte 5 (1955), S.305–368.

Andrews, H. D., Bismarck's Foreign Policy and German Historiography 1919–1945, in: JMH 37 (1965), S.345–356.

Aretin, K. O. von (Hrsg.), Bismarcks Außenpolitik und der Berliner Kongreß, Wiesbaden 1978.

Aydelotte, W. O., Bismarck and British Colonial Policy. The Problem of South West Africa 1883–1885, London 1937, 2. Aufl. New York 1970.

Aydelotte, W. O., Wollte Bismarck Kolonien?, in: Deutschland und Europa. Historische Studien zur Völker- und Staatenordnung des Abendlandes. Festschrift für Hans Rothfels, hrsg. von W. *Conze*, Düsseldorf 1951, S.41–68.

Bade, K. J., Imperial Germany and West Africa. Colonial Movement, Business Interests, and Bismarck's Colonial Policies, in: S. *Förster* / W. J. *Mommsen* / R. *Robinson* (Hrsg.), Bismarck, Europe, and Africa. The Berlin Africa Conference 1884–1885 and the Onset of Partition, Oxford 1988, S.121–147.

Baumgart, W., Prolog zur Krieg-in-Sicht-Krise. Bismarcks Versuch, den Kulturkampf in die Türkei zu exportieren (1873/74), in: Politik und Konfession. Festschrift für Konrad Repgen zum 60. Geburtstag, hrsg. von D. *Albrecht* u. a., Berlin 1983, S.231–256.

Becker, J., Baden, Bismarck und die Annexion von Elsaß und Lothringen, in: Zeitschrift für die Geschichte des Oberrheins 115 (1967), S.167–204.

Becker, O., Bismarck und die Einkreisung Deutschlands, Bd. 1: Bismarcks Bündnispolitik, Berlin 1923 (ND 1960).

Becker, O., Bismarck und die Aufgaben deutscher Weltpolitik, in: Am Webstuhl der Zeit. Eine Erinnerungsgabe. Hans Delbrück, dem Achtzigjährigen, von Freunden und Schülern dargebracht, hrsg. von E. *Daniels* und P. *Rühlmann*, Berlin 1928, S.103–122.

Beyrau, D., Russische Orientpolitik und die Entstehung des deutschen Kaiserreiches 1866–1870/71, Wiesbaden 1974.

Böhmer, B., Frankreich zwischen Republik und Monarchie in der Bismarck-Zeit. Bismarcks Antilegitimismus in französischer Sicht (1870–1877), Kallmünz 1966.

Borejsza, J. W., Über Bismarck und die polnische Frage in der polnischen Historiographie, in: HZ 241 (1985), S.599–630.

Canis, K., Bismarck, Waldersee und die Kriegsgefahr Ende 1887, in: H. *Bartel* / E. *Engelberg* (Hrsg.), Die großpreußisch-militaristische Reichsgründung 1871. Voraussetzungen und Folgen, Bd. 2, Berlin (Ost) 1971, S.397–435.

Canis, K., Alfred von Waldersee. Außenpolitik und Präventivkriegsplanung in den achtziger Jahren, in: G. *Seeber* (Hrsg.), Gestalten der Bismarckzeit, Bd. 1, Berlin (Ost) 1978, S.404–425.

Canis, K., Bismarck und Waldersee. Die außenpolitischen Krisenerscheinungen und das Verhalten des Generalstabes 1882 bis 1890, Berlin (Ost) 1980.

Canis, K., Herbert von Bismarck. Außenpolitik und Kanzlerherrschaft in den achtziger Jahren, in: G. *Seeber* (Hrsg.), Gestalten der Bismarckzeit, Bd. 2, Berlin (Ost) 1986, S.325–351.

Corti, E. C. Conte, Alexander von Battenberg. Sein Kampf mit den Zaren und Bismarck, Wien 1920.

Deininger, H., Frankreich – Rußland – Deutschland 1871–1891. Die Interdependenz von Außenpolitik, Wirtschaftsinteressen und Kulturbeziehungen im Vorfeld des russisch-französischen Bündnisses, München 1983.

Der Bagdasarian, N., The Austro-German Rapprochement, 1870–1879. From the Battle of Sedan to the Dual Alliance, London u. a. 1976.

Diószegi, I., Österreich-Ungarn und der französisch-preußische Krieg 1870–1871, Budapest 1974.

Diószegi, I., Die Außenpolitik der Österreich-Ungarischen Monarchie 1871–1877, Wien/Köln/Graz 1985.

Doerr, J., Germany, Russia and the Kulturkampf, 1870–75, in: Canadian Journal of History 10 (1975), S.51–72.

Dülffer, J., Bismarck und das Problem des europäischen Friedens, in: J. *Dülffer* / H. *Hübner* (Hrsg.), Otto von Bismarck. Person – Politik – Mythos, Berlin 1993, S.107–121.

Elzer, H., Bismarcks Bündnispolitik von 1887. Erfolg und Grenzen einer europäischen Friedensordnung, Frankfurt am Main u. a. 1991.

Epstein, F.T., Der Komplex »Die russische Gefahr« und sein Einfluß auf die deutsch-russischen Beziehungen im 19. Jahrhundert, in: I. *Geiss* / B.J. *Wendt* (Hrsg.), Deutschland in der Weltpolitik des 19. und 20. Jahrhunderts, Düsseldorf 1973, S.143–159.

Förster, S. / *Mommsen*, W.J. / *Robinson*, R. (Hrsg.), Bismarck, Europe, and Africa. The Berlin Africa Conference 1884–1885 and the Onset of Partition, Oxford 1988.

Frahm, F., England und Rußland in Bismarcks Bündnispolitik, in: Archiv für Politik und Geschichte 8 (1927), S.365–431.

Fuller, J.V., Bismarck's Diplomacy at its Zenith, Cambridge/London 1922 (ND 1967).

Gall, L., Zur Frage der Annexion von Elsaß und Lothringen 1870, in: HZ 206 (1968), S.265–326.

Gall, L., Bismarck und England, in: P. *Kluke* / P. *Alter* (Hrsg.), Aspekte der deutsch-britischen Beziehungen im Laufe der Jahrhunderte. Ansprachen und Vorträge zur Eröffnung des Deutschen Historischen Instituts London, Stuttgart 1978, S.46–59.

Geiss, I. (Hrsg.), Der Berliner Kongreß 1878. Protokolle und Materialien, Boppard am Rhein 1978.

Grube, J., Bismarcks Politik in Europa und Übersee. Seine Annäherung an Frankreich im Urteil der Pariser Presse 1883–1885, Frankfurt am Main u. a. 1975.

Hagen, M. von, Bismarcks Kolonialpolitik, Stuttgart/Berlin 1923.

Hagen, M. von, Bismarck und England, Stuttgart/Berlin 1941, 2. Aufl. 1943.

Haller, J., Bismarcks letzte Gedanken, in: Ders., Reden und Aufsätze zur Geschichte und Politik, Stuttgart/Berlin 1934, S.266–294, 2. Aufl. 1941, S.307–335.

Hallgarten, G.W.F., War Bismarck ein Imperialist? Die Außenpolitik des Reichsgründers im Licht der Gegenwart, in: GWU 22 (1971), S.257–265.

Hallmann, H. (Hrsg.), Zur Geschichte und Problematik des deutsch-russischen Rückversicherungsvertrages von 1887, Darmstadt 1968.

Hampe, K.-A., Neues zum Kissinger Diktat Bismarcks von 1877, in: HJb 108 (1988), S.204–212.

Hampe, K.-A., Das Auswärtige Amt in der Ära Bismarck, Diss. phil. Bonn 1994.

Herzfeld, H., Die deutsch-französische Kriegsgefahr von 1875, Berlin 1922.

Herzfeld, H., Deutschland und das geschlagene Frankreich 1871–1873. Friedensschluß – Kriegsentschädigung – Besatzungszeit, Berlin 1924.

Hildebrand, K., Die deutsche Reichsgründung im Urteil der britischen Politik, in: Francia 5 (1977), S.399–424.

Hildebrand, K., Großbritannien und die deutsche Reichsgründung, in: E. *Kolb* (Hrsg.), Europa und die Reichsgründung. Preußen-Deutschland in der Sicht der Großen Europäischen Mächte 1860–1880, München 1980, S.9–62.

Hillgruber, A., Die »Krieg-in-Sicht«-Krise 1875 – Wegscheide der Politik der europäischen Großmächte in der späten Bismarck-Zeit, in: Gedenkschrift für Martin Göhring. Studien zur europäischen Geschichte, hrsg. von E. *Schulin*, Wiesbaden 1968, S.239–253.

Hillgruber, A., Bismarcks Außenpolitik, Freiburg 1972, 3. Aufl. 1993.

Hillgruber, A., Südosteuropa in Bismarcks Außenpolitik 1875–1879, in: R. *Melville* / H.-J. *Schröder* (Hrsg.), Der Berliner Kongreß von 1878. Die Politik der Großmächte und die Probleme der Modernisierung in Südosteuropa in der zweiten Hälfte des 19. Jahrhunderts, Wiesbaden 1982, S.179–188.

Holborn, H., Bismarcks europäische Politik zu Beginn der siebziger Jahre und die Mission Radowitz, Berlin 1925 (ND Ann Arbor/London 1980).

Holborn, H., Deutschland und die Türkei 1878–1890, Berlin 1926.

Howard, M., The Franco-Prussian War. The German Invasion of France, 1870–1871, London/New York 1961, 5. Aufl. New York 1990 (TB 1981).

Japikse, N., Europa und Bismarcks Friedenspolitik. Die internationalen Beziehungen von 1871 bis 1890, Berlin 1927 (ndl. 1925).

Jeismann, K.-E., Das Problem des Präventivkrieges im europäischen Staatensystem mit besonderem Blick auf die Bismarckzeit, Freiburg/München 1957.

Kaehler, S.A., Bemerkungen zu einem Marginal Bismarcks von 1887, in: HZ 167 (1943), S.98–115.

Kennan, G. F., Bismarcks europäisches System in der Auflösung. Die französisch-russische Annäherung 1875 bis 1890, Berlin 1981 (engl. 1979).
Kennedy, P. M., Bismarck's Imperialism. The Case of Samoa 1880–1890, in: The Historical Journal 15 (1972), S.261–283.
Kennedy, P. M., German Colonial Expansion. Has the »Manipulated Social Imperialism« been ante-dated?, in: Past and Present 54 (1972), S.134–141.
Kluke, P., Bismarck und Salisbury. Ein diplomatisches Duell, in: HZ 175 (1953), S.285–306.
Kolb, E., Bismarck und das Aufkommen der Annexionsforderung 1870, in: HZ 209 (1969), S.318–356.
Kolb, E., Der Kriegsausbruch 1870. Politische Entscheidungsprozesse und Verantwortlichkeiten in der Julikrise 1870, Göttingen 1970.
Kolb, E., Ökonomische Interessen und politischer Entscheidungsprozeß. Zur Aktivität deutscher Wirtschaftskreise und zur Rolle wirtschaftlicher Erwägungen in der Frage von Annexion und Grenzziehung 1870/71, in: VSWG 60 (1973), S.343–385.
Kolb, E. (Hrsg.), Europa und die Reichsgründung. Preußen-Deutschland in der Sicht der Großen Europäischen Mächte 1860–1880, München 1980.
Kolb, E., Der schwierige Weg zum Frieden. Das Problem der Kriegsbeendigung 1870/71, in: HZ 241 (1985), S.51–79.
Kolb, E. (Hrsg.), Europa vor dem Krieg von 1870. Mächtekonstellation – Konfliktfelder – Kriegsausbruch, München 1987.
Kolb, E., Der Weg aus dem Krieg. Bismarcks Politik im Krieg und die Friedensanbahnung 1870/71, München 1989.
Kolb, E., Großpreußen oder Kleindeutschland? Zu Bismarcks deutscher Politik im Reichsgründungsjahrzehnt, in: J. *Kunisch* (Hrsg.), Bismarck und seine Zeit, Berlin 1992, S.11–36.
Kos, F.-J., Die Rückwirkungen der Peripherie auf das Zentrum. Der Aufstand in Süddalmatien/Südherzegowina 1881/1882 und die Außenpolitik Bismarcks, in: Quellen und Forschungen aus italienischen Archiven und Bibliotheken 68 (1988), S.339–443.
Krausnick, H., Holsteins Geheimpolitik in der Ära Bismarck 1886–1890, Hamburg 1942.
Krausnick, H., Botschafter Graf Hatzfeldt und die Außenpolitik Bismarcks, in: HZ 167 (1943), S.566–583.
Krausnick, H., Rückversicherungsvertrag und Optionsproblem 1887–1890, in: Geschichtliche Kräfte und Entscheidungen. Festschrift zum Fünfundsechzigsten Geburtstage von Otto Becker, hrsg. von M. *Göhring* und A. *Scharf*, Wiesbaden 1954, S.210–232.
Krausnick, H., Holsteins großes Spiel im Frühjahr 1887, in: Geschichte und Gegenwartsbewußtsein. Historische Betrachtungen und Untersuchungen. Festschrift für Hans Rothfels zum 70. Geburtstag, dargebracht von Kollegen, Freunden und Schülern, hrsg. von W. *Besson* und F. Freiherr *Hiller von Gaertringen*, Göttingen 1963, S.357–427.
Kumpf-Korfes, S., Bismarcks »Draht nach Rußland«. Zum Problem der sozial-ökonomischen Hintergründe der russisch-deutschen Entfremdung im Zeitraum von 1878 bis 1891, Berlin (Ost) 1968.
Langer, W. L., European Alliances and Alignments 1871–1890, New York 1931, 4. Aufl. 1962.
Lappenküper, U., Die Mission Radowitz. Untersuchungen zur Rußlandpolitik Otto von Bismarcks (1871–1875), Göttingen 1990.
Lill, R., Aus den italienisch-deutschen Beziehungen 1869–76, in: Quellen und Forschungen aus italienischen Archiven und Bibliotheken 46 (1966), S.399–454.
Lipgens, W., Bismarck, die öffentliche Meinung und die Annexion von Elsaß und Lothringen 1870, in: HZ 199 (1964), S.31–112.
Lipgens, W., Bismarck und die Frage der Annexion 1870. Eine Erwiderung, in: HZ 206 (1968), S.586–617.
Lutz, H., Politik und militärische Planung in Österreich-Ungarn zu Beginn der Ära Andrássy. Das Protokoll der Wiener Geheimkonferenzen vom 17. bis 19. Februar 1872, in: Geschichte und Gesellschaft. Festschrift für Karl R. Stadler zum 60. Geburtstag, hrsg. von G. *Botz* / H. *Hautmann* / H. *Konrad*, Wien 1974, S.23–44.
Lutz, H. Österreich-Ungarn und die Gründung des Deutschen Reiches. Europäische Entscheidungen 1867–1871, Frankfurt am Main/Berlin/Wien 1979.
Medlicott, W. N., The Congress of Berlin and After. A Diplomatic History of the Near Eastern Settlement 1878–1880, London 1938, 2. Aufl. 1963.
Medlicott, W. N., Bismarck, Gladstone, and the concert of Europe, London 1956, 2. Aufl. New York 1969.
Meine, K., England und Deutschland in der Zeit des Überganges vom Manchestertum zum Imperialismus 1871 bis 1876, Berlin 1937 (ND Vaduz 1965).
Melville, R. / *Schröder*, H.-J. (Hrsg.), Der Berliner Kongreß von 1878. Die Politik der Großmächte und die

Probleme der Modernisierung in Südosteuropa in der zweiten Hälfte des 19. Jahrhunderts, Wiesbaden 1982.
Messerschmidt, C., Bismarcks russische Politik vom Berliner Kongreß bis zu seiner Entlassung, Würzburg 1936.
Mitchell, A., Bismarck and the French Nation 1848–1890, New York 1971.
Mitchell, A., The German Influence in France after 1870. The Formation of the French Republic, Chapel Hill (N.C.) 1979.
Moeller, R., Bismarcks Bündnisangebot an England vom Januar 1889, in: Historische Vierteljahrschrift 31 (1938), S.507–527.
Moeller, R., Noch einmal Bismarcks Bündnisangebot an England vom Januar 1889, in: HZ 163 (1941), S.100–113.
Müller-Link, H., Industrialisierung und Außenpolitik. Preußen-Deutschland und das Zarenreich von 1860–1890, Göttingen 1977.
Münch, F., Bismarcks Affaire Arnim. Die Politik des Diplomaten und die Verantwortlichkeit des Staatsmannes, Berlin 1990.
Muralt, L. von, Bismarcks Reichsgründung vom Ausland gesehen, Stuttgart 1947.
Muralt, L. von, Bismarcks Politik der europäischen Mitte, Wiesbaden 1954.
Noack, U., Bismarcks Friedenspolitik und das Problem des deutschen Machtverfalls, Leipzig 1928.
Novotny, A., Der Berliner Kongreß und das Problem einer europäischen Politik, in: HZ 186 (1958), S.285–307.
Puntila, L.A., Bismarcks Frankreichpolitik, Göttingen/Frankfurt am Main/Zürich 1971.
Rachfahl, F., Deutschland und die Weltpolitik 1871–1914, Bd. 1: Die Bismarck'sche Aera, Stuttgart 1923.
Rassow, P., Zur Interpretation des Rückversicherungs-Vertrages, in: HJb 74 (1955), S.758–765.
Rassow, P., Die Stellung Deutschlands im Kreise der Großen Mächte 1887–1890, Mainz 1959.
Rein, A., Bismarcks Afrika-Politik, in: HZ 160 (1939), S.79–89.
Reinhard, W., »Sozialimperialismus« oder »Entkolonialisierung der Historie«? Kolonialkrise und »Hottentottenwahlen« 1904–1907, in: HJb 97/98 (1978), S.384–417.
Renk, H., Bismarcks Konflikt mit der Schweiz. Der Wohlgemuth-Handel von 1889. Vorgeschichte, Hintergründe und Folgen, Basel/Stuttgart 1972.
Richter, G., Friedrich von Holstein. Ein Mitarbeiter Bismarcks, Lübeck/Hamburg 1966.
Riehl, A.T.G., Der »Tanz um den Äquator«. Bismarcks antienglische Kolonialpolitik und die Erwartung des Thronwechsels in Deutschland 1883 bis 1885, Berlin 1993.
Rothfels, H., Bismarcks englische Bündnispolitik, Stuttgart/Berlin/Leipzig 1924.
Salewski, M., Krieg und Frieden im Denken Bismarcks und Moltkes, in: R.G. *Foerster* (Hrsg.), Generalfeldmarschall von Moltke. Bedeutung und Wirkung, München 1991, S.67–88.
Schildt, G., Die Auswirkungen der deutschen Agrarzölle unter Bismarck und Caprivi auf den russischen Getreideexport, in: Jahrbuch für die Geschichte Mittel- und Ostdeutschlands 24 (1975), S.128–142.
Schmidt, R.F., Die gescheiterte Allianz. Österreich-Ungarn, England und das Deutsche Reich in der Ära Andrassy (1867 bis 1878/79), Frankfurt am Main u.a. 1992.
Schnabel, F., Bismarck und die klassische Diplomatie, in: Außenpolitik 3 (1952), S.635–642.
Scholtyseck, J., Alliierter oder Vasall? Italien und Deutschland in der Zeit des Kulturkampfes und der »Krieg-in-Sicht«-Krise 1875, Köln u.a. 1994.
Schroeder, P.W., The Lost Intermediaries. The Impact of 1870 on the European System, in: The International History Review 6 (1984), S.1–27.
Snyder, L.L., Diplomacy in Iron. The Life of Herbert von Bismarck, Malabar (Fla.) 1985.
Stamm, H., Graf Herbert von Bismarck als Staatssekretär des Auswärtigen Amtes, Diss. phil. Braunschweig 1978.
Steglich, W., Bismarcks englische Bündnissondierungen und Bündnisvorschläge 1887–1889, in: Historia Integra. Festschrift für E. Hassinger zum 70. Geburtstag, hrsg. von H. *Fenske* / W. *Reinhard* / E. *Schulin*, Berlin 1977, S.283–348.
Steinbach, C., Die französische Diplomatie und das Deutsche Reich 1873 bis 1881. Untersuchungen zum Zusammenhang zwischen der französischen Beurteilung der deutschen Politik und der Außenpolitik Frankreichs, Bonn 1976.
Stojanovic, M.D., The Great Powers and the Balkans 1875–1878, Cambridge 1939 (ND 1968).
Stolberg-Wernigerode, O. Graf zu, Deutschland und die Vereinigten Staaten von Amerika im Zeitalter Bismarcks, Berlin/Leipzig 1933.

Stürmer, M., Die Reichsgründung. Deutscher Nationalstaat und europäisches Gleichgewicht im Zeitalter Bismarcks, München 1984, 3. Aufl. 1990.
Trützschler von Falkenstein, H., Bismarck und die Kriegsgefahr des Jahres 1887, Berlin 1924.
Taylor, A. J. P., Germany's First Bid for Colonies, 1884–1885. A Move in Bismarck's European Policy, London 1938 (ND 1970).
Turner, H. A., Bismarck's Imperialist Venture. Anti-British in Origin?, in: P. *Gifford* / W. R. *Louis* (Hrsg.), Britain and Germany in Africa, New Haven/London 1967, S. 47–82.
Valentin, V., Bismarcks Reichsgründung im Urteil englischer Diplomaten, Amsterdam 1937.
Waller, B., Bismarck at the Crossroads. The Reorientation of German Foreign Policy after the Congress of Berlin 1878–1880, London 1974.
Waller, B., Bismarck, the Dual Alliance and Economic Central Europe, 1877–1885, in: VSWG 63 (1976), S. 454–467.
Wehler, H.-U., Bismarck und der Imperialismus, Köln 1969, 4. Aufl. 1976 (TB 1984).
Wereszycki, H., Alarm wojenny 1875 roku w wietle niewyzyskanych róde , in: Kwartalnik Historyczny 68 (1961), S. 689–716.
Wereszycki, H., Wolka o pokój Europejski, 1872–1878, Warszawa 1971.
Winckler, M. B., Bismarcks Bündnispolitik und das europäische Gleichgewicht, Stuttgart 1964.
Winckler, M. B., Der Ausbruch der »Krieg-in-Sicht«-Krise vom Frühjahr 1875, in: Zeitschrift für Ostforschung 14 (1965), S. 671–713.
Windelband, W., Bismarck und die europäischen Großmächte, 1879–1885, Essen 1940, 2. Aufl. 1942.
Wittram, R., Bismarck und Gorčakov im Mai 1875, in: Nachrichten der Akademie der Wissenschaften in Göttingen, Philologisch-Historische Klasse 7 (1955), S. 221–244.
Wittram, R., Bismarcks Rußlandpolitik nach der Reichsgründung, in: HZ 186 (1958), S. 261–284.
Wolter, H., Alternative zu Bismarck. Die deutsche Sozialdemokratie und die Außenpolitik des preußisch-deutschen Reiches 1878–1890, Berlin (Ost) 1970.
Wolter, H., Die Anfänge des Dreikaiserverhältnisses. Reichsgründung, Pariser Kommune und die internationale Mächtekonstellation 1870–1873, in: H. *Bartel* / E. *Engelberg* (Hrsg.), Die großpreußisch-militaristische Reichsgründung 1871. Voraussetzungen und Folgen, Bd. 2, Berlin (Ost) 1971, S. 235–305.
Wolter, H., Bismarcks Außenpolitik 1871–1881. Außenpolitische Grundlinien von der Reichsgründung bis zum Dreikaiserbündnis, Berlin (Ost) 1983.
Wolter, H., Joseph Maria von Radowitz. Stationen einer diplomatischen Karriere, in: G. *Seeber* (Hrsg.), Gestalten der Bismarck-Zeit, Bd. 2, Berlin (Ost) 1986, S. 251–272.

Zur deutschen Geschichte 1890–1918

Armeson, R. B., Total Warfare and Compulsory Labor. A Study of the Military-Industrial Complex in Germany during World War I, Den Haag 1964.
Barkin, K. D., The Controversy over German Industrialization 1890–1902, Chicago 1970.
Baumgart, W., Chlodwig zu Hohenlohe-Schillingsfürst (1819–1901), in: W. *von Sternburg* (Hrsg.), Die Deutschen Kanzler von Bismarck bis Schmidt, Königstein im Taunus 1985, erw. Neuausg. unter dem Titel »Die deutschen Kanzler. Von Bismarck bis Kohl«, Frankfurt am Main 1994, S. 55–67.
Bayerdörfer, H.-P. / *Conrady,* K. O. / *Schanze,* H. (Hrsg.), Literatur und Theater im Wilhelminischen Zeitalter, Tübingen 1978.
Berghahn, V. R., Der Tirpitz-Plan. Genesis und Verfall einer innenpolitischen Krisenstrategie unter Wilhelm II., Düsseldorf 1971.
Bermbach, U., Vorformen parlamentarischer Kabinettsbildung in Deutschland. Der Interfraktionelle Ausschuß 1917/18 und die Parlamentarisierung der Reichsregierung, Köln/Opladen 1967.
Bertl, K. D. / *Müller,* U., Vom Naturalismus zum Expressionismus. Literatur des Kaiserreichs, Stuttgart 1984.
Bertram, J., Die Wahlen zum Deutschen Reichstag vom Jahre 1912. Parteien und Verbände in der Innenpolitik des Wilhelminischen Reiches, Düsseldorf 1964.
Böhm, E., Überseehandel und Flottenbau. Hanseatische Kaufmannschaft und deutsche Seerüstung 1879–1902, Düsseldorf 1972.
Bruch, R. vom, Wissenschaft, Politik und öffentliche Meinung. Gelehrtenpolitik im Wilhelminischen Deutschland (1890–1914), Husum 1980.

Burchardt, L., Friedenswirtschaft und Kriegsvorsorge. Deutschlands wirtschaftliche Rüstungsbestrebungen vor 1914, Boppard am Rhein 1968.
Burmeister, H. W., Prince Philipp Eulenburg-Hertefeld (1847–1921). His Influence on Kaiser Wilhelm II and his Role in the German Government, 1888–1902, Wiesbaden 1981.
Born, K. E., Wirtschafts- und Sozialgeschichte des Deutschen Kaiserreichs (1867/71–1914), Stuttgart 1985.
Cecil, L., Albert Ballin. Wirtschaft und Politik im deutschen Kaiserreich, 1888–1918, Hamburg 1969 (engl. 1967).
Cecil, L., Wilhelm II. Prince and Emperor, 1859–1900, Chapel Hill (N.C.)/London 1989.
Chickering, R., We Men Who Feel Most German. A Cultural Study of the Pan-German League, 1886–1914, Boston/London 1984.
Coetzee, M. S., The German Army League. Popular Nationalism in Wilhelmine Germany, New York u. a. 1990.
Deist, W., Flottenpolitik und Flottenpropaganda. Das Nachrichtenbureau des Reichsmarineamtes 1897–1914, Stuttgart 1976.
Deist, W., Militär, Staat und Gesellschaft. Studien zur preußisch-deutschen Militärgeschichte, München 1991.
Domann, P., Sozialdemokratie und Kaisertum unter Wilhelm II. Die Auseinandersetzung der Partei mit dem monarchischen System, seinen gesellschafts- und verfassungspolitischen Voraussetzungen, Wiesbaden 1974.
Düding, D., Der Nationalsoziale Verein 1896–1903. Der gescheiterte Versuch einer parteipolitischen Synthese von Nationalismus, Sozialismus und Liberalismus, München 1972.
Dülffer, J. / *Holl*, K. (Hrsg.), Bereit zum Krieg. Kriegsmentalität im wilhelminischen Deutschland 1890–1914. Beiträge zur historischen Friedensforschung, Göttingen 1986.
Epkenhans, M., Die wilhelminische Flottenrüstung 1908–1914. Weltmachtstreben, industrieller Fortschritt, soziale Integration, München 1991.
Erdmann, K. D., Zur Beurteilung Bethmann Hollwegs, in: GWU 15 (1964), S. 525–540.
Eyck, E., Das persönliche Regiment Wilhelms II. Politische Geschichte des deutschen Kaiserreiches von 1890 bis 1914, Erlenbach-Zürich 1948.
Feldman, G. D., Armee, Industrie und Arbeiterschaft in Deutschland 1914 bis 1918, Berlin/Bonn 1985 (engl. 1966).
Fesser, G., Reichskanzler Bernhard Fürst von Bülow. Eine Biographie, Berlin 1991.
Förster, S., Der doppelte Militarismus. Die deutsche Heeresrüstung zwischen Status-quo-Sicherung und Aggression 1890–1913, Wiesbaden/Stuttgart 1985.
Frauendienst, W., Das Deutsche Reich von 1890 bis 1914 (1909), in: Ders. u. a., Deutsche Geschichte der neuesten Zeit von Bismarcks Entlassung bis zur Gegenwart. 1. Teil: Von 1890 bis 1933, (L. *Just* (Hrsg.), Handbuch der deutschen Geschichte. Bd. 4,1), Frankfurt am Main 1973, S. 3–274.
Geiss, I. / *Pogge-von Strandmann*, H., Die Erforderlichkeit des Unmöglichen. Deutschland am Vorabend des ersten Weltkrieges, Frankfurt am Main 1965.
Gilg, P., Die Erneuerung des demokratischen Denkens im Wilhelminischen Deutschland. Eine ideengeschichtliche Studie zur Wende vom 19. zum 20. Jahrhundert, Wiesbaden 1965.
Glaser, H., Die Kultur der Wilhelminischen Zeit. Topographie einer Epoche, Frankfurt am Main 1984.
Groh, D., Negative Integration und revolutionärer Attentismus. Die deutsche Sozialdemokratie am Vorabend des Ersten Weltkrieges, Frankfurt am Main/Berlin 1973.
Gutsche, W., Aufstieg und Fall eines kaiserlichen Reichskanzlers. Theobald von Bethmann Hollweg 1856–1921. Ein politisches Lebensbild, Berlin (Ost) 1973.
Gutsche, W. / *Klein*, F. / *Petzold*, J., Der erste Weltkrieg. Ursachen und Verlauf. Herrschende Politik und Antikriegsbewegung in Deutschland, Köln 1985.
Hank, M., Kanzler ohne Amt. Fürst Bismarck nach seiner Entlassung 1890–1898, München 1977, 2. Aufl. 1980.
Hartung, F., Das persönliche Regiment Kaiser Wilhelms II., in: Ders., Staatsbildende Kräfte der Neuzeit. Gesammelte Aufsätze, Berlin 1961.
Heckart, B., From Bassermann to Bebel. The Grand Bloc's Quest for Reform in the Kaiserreich, 1900–1914, New Haven (Conn.) 1974.
Hentschel, V., Wirtschaft und Wirtschaftspolitik im wilhelminischen Deutschland. Organisierter Kapitalismus und Interventionsstaat?, Stuttgart 1978.
Herwig, H. H., Das Elitekorps des Kaisers. Die Marineoffiziere im Wilhelminischen Deutschland, Hamburg 1977.

Herwig, H.H., ›Luxury‹ Fleet. The Imperial German Navy 1888–1918, London 1980, 2. Aufl. 1987.
Herzfeld, H., Johannes v. Miquel. Sein Anteil am Ausbau des Deutschen Reiches bis zur Jahrhundertwende, 2 Bde., Detmold/Bielefeld 1938.
Hildebrand, K., Bethmann Hollweg. Der Kanzler ohne Eigenschaften? Urteile der Geschichtsschreibung. Eine kritische Bibliographie, Düsseldorf 1970.
Huber, E.R., Das persönliche Regiment Wilhelms II., in: Ders., Nationalstaat und Verfassungsstaat. Studien zur Geschichte der modernen Staatsidee, Stuttgart 1965, S.224–248.
Huldermann, B., Albert Ballin, Oldenburg 1921 (ND 1922).
Hull, I.V., The Entourage of Kaiser Wilhelm II, 1888–1918, Cambridge 1982.
Janßen, K.H., Der Wechsel in der Obersten Heeresleitung 1916, in: VfZ 7 (1959), S.337–371.
Jarausch, K.H., The Enigmatic Chancellor. Bethmann Hollweg and the Hubris of Imperial Germany, New Haven (Conn.)/London 1973.
Kaelble, H., Industrielle Interessenpolitik in der Wilhelminischen Gesellschaft. Centralverband Deutscher Industrieller 1895–1914, Berlin 1967.
Kehr, E., Schlachtflottenbau und Parteipolitik 1894–1901. Versuch eines Querschnitts durch die innenpolitischen, sozialen und ideologischen Voraussetzungen des deutschen Imperialismus, Berlin 1930 (ND Nendeln/Liechtenstein 1975).
Kielmansegg, P. Graf, Deutschland und der Erste Weltkrieg, Frankfurt am Main 1968, 2. Aufl. Stuttgart 1980.
Kitchen, M., The Silent Dictatorship. The Politics of the German High Command under Hindenburg and Ludendorff, 1916–1918, London 1976.
Klein, F. (Hrsg.), Deutschland von 1897/98 bis 1917. (Deutschland in der Periode des Imperialismus bis zur Großen Sozialistischen Oktoberrevolution), Berlin (Ost) 1964, 5. Aufl. 1986.
Kocka, J., Klassengesellschaft im Krieg. Deutsche Sozialgeschichte 1914–1918, Göttingen 1973, 2., erg. Aufl. Göttingen 1978 (TB 1988).
Koszyk, K., Deutsche Pressepolitik im Ersten Weltkrieg, Düsseldorf 1968.
Kroboth, R., Die Finanzpolitik des Deutschen Reiches während der Reichskanzlerschaft Bethmann Hollwegs und die Geld- und Kapitalmarktverhältnisse (1909–1913/14), Frankfurt am Main/Bern/New York 1986.
Leibenguth, P., Modernisierungskrisis des Kaiserreichs an der Schwelle zum wilhelminischen Imperialismus: Politische Probleme der Ära Caprivi (1890–1894), Diss. phil. Köln 1975.
Lerman, K.A., The Chancellor as Courtier. Bernhard von Bülow and the Governance of Germany 1900–1909, Cambridge/New York 1990.
Lorenz, I.S., Eugen Richter. Der entschiedene Liberalismus in wilhelminischer Zeit 1871 bis 1906, Husum 1981.
Mai, E. / *Waetzold*, S. / *Wolandt*, G. (Hrsg.), Ideengeschichte und Kunstwissenschaft. Philosophie und bildende Kunst im Kaiserreich, Berlin 1983.
Meisner, H.O., Der Reichskanzler Caprivi. Eine biographische Skizze, Darmstadt 1969 (urspr. 1955).
Mielke, S., Der Hansa-Bund für Gewerbe, Handel und Industrie 1909–1914. Der gescheiterte Versuch einer antifeudalen Sammlungspolitik, Göttingen 1976.
Miller, S., Burgfrieden und Klassenkampf. Die deutsche Sozialdemokratie im Ersten Weltkrieg, Düsseldorf 1974.
Mogk, W., Paul Rohrbach und das »Größere Deutschland«. Ethischer Imperialismus im Wilhelminischen Zeitalter. Ein Beitrag zur Geschichte des Kulturprotestantismus, München 1972.
Mommsen, W.J., Max Weber und die deutsche Politik 1890–1920, Tübingen 1959, 2. Aufl. 1974.
Mommsen, W.J., Die Regierung Bethmann Hollweg und die öffentliche Meinung 1914–1917, in: VfZ 17 (1969), S.117–159.
Mommsen, W.J., Die latente Krise des Wilhelminischen Reiches. Staat und Gesellschaft in Deutschland 1890–1914, in: MGM 15 (1974), S.7–28.
Mommsen, W.J., Das deutsche Kaiserreich als System umgangener Entscheidungen, in: H. *Berding* u.a. (Hrsg.), Vom Staat des Ancien Régime zum modernen Parteienstaat. Festschrift für Theodor Schieder, München 1978, S.239–265.
Mommsen, W.J., Kaiser Wilhelm II and German Politics, in: JCH 25 (1990), S.289–316.
Mommsen, W.J., Der autoritäre Nationalstaat. Verfassung, Gesellschaft und Kultur des deutschen Kaiserreiches, Frankfurt am Main 1990 (ND 1992).
Nichols, J.A., Germany after Bismarck. The Caprivi Era 1890–1894, Cambridge (Mass.) 1958.
Patemann, R., Der Kampf um die preußische Wahlreform im Ersten Weltkrieg, Düsseldorf 1964.
Peters, M., Der Alldeutsche Verband am Vorabend des Ersten Weltkrieges (1908–1914). Ein Beitrag zur

Geschichte des völkischen Nationalismus im spätwilhelminischen Deutschland, Frankfurt am Main 1992.
Philippi, K.-P., Volk des Zorns. Studien zur ›poetischen Mobilmachung‹ in der deutschen Literatur am Beginn des Ersten Weltkriegs, ihren Voraussetzungen und Implikationen, München 1979.
Puhle, H.-J., Agrarische Interessenpolitik und preußischer Konservatismus im wilhelminischen Reich (1893–1914). Ein Beitrag zur Analyse des Nationalismus in Deutschland am Beispiel des Bundes der Landwirte und der Deutsch-Konservativen Partei, Hannover 1966, 2., verb. Aufl. Bad Godesberg 1975.
Rauh, M., Föderalismus und Parlamentarismus im Wilhelminischen Reich, Düsseldorf 1973.
Rauh, M., Die Parlamentarisierung des Deutschen Reiches, Düsseldorf 1977.
Röhl, J.C.G., Deutschland ohne Bismarck. Die Regierungskrise im Zweiten Kaiserreich 1890–1900, Tübingen 1969 (engl. 1967).
Röhl, J.C.G. / *Sombart*, N. (Hrsg.), Kaiser Wilhelm II. New Interpretations. The Corfu papers, Cambridge 1982.
Röhl, J.C.G., Kaiser, Hof und Staat. Wilhelm II. und die deutsche Politik, München 1987, 3.Aufl. München 1988.
Röhl, J.C.G. (Hrsg.), Der Ort Kaiser Wilhelms II. in der deutschen Geschichte, München 1991.
Roeseler, K., Die Finanzpolitik des Deutschen Reiches im Ersten Weltkrieg, Berlin 1967.
Salewski, M., Tirpitz. Aufstieg – Macht – Scheitern, Göttingen/Zürich/Frankfurt am Main 1979.
Saul, K., Staat, Industrie, Arbeiterbewegung im Kaiserreich. Zur Innen- und Sozialpolitik des Wilhelminischen Deutschland 1903–1914, Düsseldorf 1974.
Schiffers, R., Der Hauptausschuß des Deutschen Reichstags 1915–1918. Formen und Bereiche der Kooperation zwischen Parlament und Regierung, Düsseldorf 1979.
Schilling, K., Beiträge zu einer Geschichte des radikalen Nationalismus in der Wilhelminischen Ära 1890–1909. Die Entstehung des radikalen Nationalismus, seine Einflußnahme auf die innere und äußere Politik des Deutschen Reiches und die Stellung von Regierung und Reichstag zu seiner politischen und publizistischen Aktivität, Diss. phil. Köln 1968.
Schmidt, G., Innenpolitische Blockbildungen am Vorabend des Ersten Weltkrieges, in: Aus Politik und Zeitgeschichte B 20/72 vom 13. Mai 1972, S.3–32.
Schmidt, G., Parlamentarisierung oder »Präventive Konterrevolution«? Die deutsche Innenpolitik im Spannungsfeld konservativer Sammlungsbewegungen und latenter Reformbestrebungen (1907–1914), in: G. A. *Ritter* (Hrsg.), Gesellschaft, Parlament und Regierung. Zur Geschichte des Parlamentarismus in Deutschland, Düsseldorf 1974, S.249–278.
Schoenbaum, D., Zabern 1913. Consensus Politics in Imperial Germany, London 1982.
Schorske, C. E., Die große Spaltung. Die deutsche Sozialdemokratie 1905–1917, Berlin 1981 (engl. 1955).
Schulte, B.F., Die deutsche Armee 1900–1914. Zwischen Beharren und Verändern, Düsseldorf 1977.
Schwabe, K., Wissenschaft und Kriegsmoral. Die deutschen Hochschullehrer und die politischen Grundfragen des Ersten Weltkrieges, Göttingen/Zürich/Frankfurt am Main 1969.
Siedler, W.J., Die Modernität des Wilhelminismus, in: Ders., Weder Maas noch Memel. Ansichten vom beschädigten Deutschland, Stuttgart 1982 (TB 1985), S.94–102.
Skalweit, A., Die deutsche Kriegsernährungswirtschaft, Stuttgart 1927.
Stegmann, D., Die Erben Bismarcks. Parteien und Verbände in der Spätphase des Wilhelminischen Deutschlands. Sammlungspolitik 1897–1918, Köln/Berlin 1970.
Stribrny, W., Bismarck und die deutsche Politik nach seiner Entlassung (1890–1898), Paderborn 1977.
Stromberg, R.N., Redemption by War. The Intellectuals and 1914, Lawrence 1982.
Stubmann, P.F., Albert Ballin. Ein deutscher Reeder auf internationalem Feld, Hamburg 1957.
Tannenbaum, E.R., 1900: Die Generation vor dem Großen Krieg, Frankfurt am Main/Berlin/Wien 1978 (engl. 1976).
Theiner, P., Sozialer Liberalismus und deutsche Weltpolitik. Friedrich Naumann im Wilhelminischen Deutschland (1860–1919), Baden-Baden 1983.
Thimme, A., Hans Delbrück als Kritiker der Wilhelminischen Epoche, Düsseldorf 1955.
Thomson, W.C., In the Eye of the Storm. Kurt Riezler and the Crisis of Modern Germany, Iowa City 1980.
Ullmann, H.-P., Der Bund der Industriellen. Organisation, Einfluß und Politik klein- und mittelbetrieblicher Industrieller im Deutschen Kaiserreich 1895–1914, Göttingen 1976.
Ullmann, H.-P., Interessenverbände in Deutschland, Frankfurt am Main 1988.

Ullrich, V., Als der Thron ins Wanken kam. Das Ende des Hohenzollernreiches 1890–1918, Bremen 1993.
Vietsch, E. von, Bethmann Hollweg. Staatsmann zwischen Macht und Ethos, Boppard am Rhein 1969.
Vondung, K. (Hrsg.), Kriegserlebnis. Der Erste Weltkrieg in der literarischen Gestaltung und symbolischen Deutung der Nationen, Göttingen 1980.
Weitowitz, R., Deutsche Politik und Handelspolitik unter Reichskanzler Leo von Caprivi 1890–1894, Düsseldorf 1978.
Winkler, H. A., Pluralismus oder Protektionismus? Verfassungspolitische Probleme des Verbandswesens im deutschen Kaiserreich, Wiesbaden 1972.
Winter, The Experience of World War I, London 1988.
Witt, P.-C., Die Finanzpolitik des Deutschen Reiches von 1903 bis 1913. Eine Studie zur Innenpolitik des Wilhelminischen Deutschland, Lübeck 1970.
Zmarzlik, H.-G., Bethmann Hollweg als Reichskanzler 1909–1914. Studien zu Möglichkeiten und Grenzen seiner innerpolitischen Machtstellung, Düsseldorf 1957.
Zmarzlik, H.-G., Der Antisemitismus im Zweiten Reich, in: GWU 14 (1963), S.273–286.
Zunkel, F., Industrie und Staatssozialismus. Der Kampf um die Wirtschaftsordnung in Deutschland 1914–1918, Düsseldorf 1974.

Zur Geschichte der deutschen Außenpolitik 1890–1918

Albertini, L., The Origins of the War of 1914, 3 Bde., London u.a. 1952–1957 (ND Westport (Conn.) 1980).
Altrichter, H., Konstitutionalismus und Imperialismus. Der Reichstag und die deutsch-russischen Beziehungen 1890–1914, Frankfurt am Main 1977.
Anderson, P.R., The Background of Anti-English Feeling in Germany, 1890–1902, Washington 1939 (ND 1969).
Andreas, W., Kiderlen-Wächter. Randglossen zu seinem Nachlaß, in: HZ 132 (1925), S.247–276.
Andreas, W., Kiderlen-Wächter und die deutsche Politik der Vorkriegszeit, in: Ders., Kämpfe um Volk und Reich. Aufsätze und Reden zur deutschen Geschichte des neunzehnten und zwanzigsten Jahrhunderts, Stuttgart/Berlin 1934, S.151–186.
Andrew, C., German World Policy and the Reshaping of the Dual Alliance, in: JCH 1 (1966), S.137–151.
Andrew, C., Théophile Delcassé and the Making of the Entente Cordiale. A Reappraisal of French Foreign Policy 1898–1905, London 1968.
Aptiev, S.J., Das Deutsche Reich und die mazedonische Frage 1908–1918, Neuwied 1985.
Barlow, I.C., The Agadir Crisis, Chapel Hill (N.C.) 1940 (ND 1971).
Barraclough, G., From Agadir to Armageddon. Anatomy of a Crisis, London 1982.
Basler, W., Deutschlands Annexionspolitik in Polen und im Baltikum 1914–1918, Berlin (Ost) 1962.
Baumgart, W., Deutsche Ostpolitik 1918. Von Brest-Litowsk bis zum Ende des Ersten Weltkrieges, Wien/München 1966.
Baumgart, W., Unternehmen »Schlußstein«. Zur militärisch-politischen Geschichte des Ersten Weltkrieges, in: Wehrwissenschaftliche Rundschau 19 (1969), S.112–116, 172–176, 217–231, 285–291, 331–355, 411–414, 457–477.
Baumgart, W., Das »Kaspi-Unternehmen« – Größenwahn Ludendorffs oder Routineplanung des deutschen Generalstabs?, in: Jahrbücher für Geschichte Osteuropas. Neue Folge 18 (1970), S.47–126, 231–278.
Baumgart, W., General Groener und die deutsche Besatzungspolitik in der Ukraine 1918, in: GWU 21 (1970), S.325–340.
Baumgart, W., Deutschland im Zeitalter des Imperialismus 1890–1914. Grundkräfte, Thesen und Strukturen, Frankfurt am Main/Berlin/Wien 1972, 5., erg. Aufl. Stuttgart u.a. 1986 (TB).
Bayer, T.A., England und der Neue Kurs 1890–1895, Tübingen 1955.
Becker, O., Bismarck und die Einkreisung Deutschlands, Bd. 2: Das französisch-russische Bündnis, Berlin 1923 (ND 1960).
Becker, O., Die Wende der deutsch-englischen Beziehungen, in: Festschrift für Gerhard Ritter zu seinem 60. Geburtstag, hrsg. von R. *Nürnberger,* Tübingen 1950, S.353–400.
Behnen, M., Rüstung – Bündnis – Sicherheit. Dreibund und informeller Imperialismus 1900–1908, Tübingen 1985.
Berghahn, V.R., Germany and the Approach of War in 1914, London 1973.

Berghahn, V. R., Rüstung und Machtpolitik. Zur Anatomie des »Kalten Krieges« vor 1914, Düsseldorf 1973.
Beyer, H., Die Mittelmächte und die Ukraine 1918, München 1956.
Bihl, W., Die Kaukasus-Politik der Mittelmächte, Bd. 1: Ihre Basis in der Orient-Politik und ihre Aktionen 1914–1917, Wien/Köln/Graz 1975.
Birnbaum, K. E., Peace Moves and U-Boat Warfare. A Study of Imperial Germany's Policy towards the United States April 18, 1916 – January 9, 1917, Stockholm/Uppsala 1958.
Blänsdorf, A., Der Weg der Riezler-Tagebücher. Zur Kontroverse über die Echtheit der Tagebücher Kurt Riezlers, in: GWU 35 (1984), S.651–684.
Bley, H., Bebel und die Strategie der Kriegsverhütung 1904–1913. Eine Studie über Bebels Geheimkontakte mit der britischen Regierung und Edition der Dokumente, Göttingen 1975.
Böhme, H., »Grenzen des Wachstums«, außenwirtschaftliche Beziehungen und gesellschaftliche Systemstabilisierung. Bemerkungen zum deutsch-russischen Verhältnis 1886–1894, in: D. *Stegmann* / B.-J. *Wendt* / P.-C. *Witt* (Hrsg.),Industrielle Gesellschaft und politisches System. Beiträge zur politischen Sozialgeschichte. Festschrift für Fritz Fischer zum siebzigsten Geburtstag, Bonn 1978, S.175–192.
Borowsky, P., Deutsche Ukrainepolitik 1918 unter besonderer Berücksichtigung der Wirtschaftsfragen, Lübeck/Hamburg 1970.
Bosworth, R. J. B., Italy, the Least of the Great Powers: Italian Foreign Policy before the First World War, London u. a. 1979.
Bosworth, R. J. B., Italy and the Approach of the First World War, London 1983.
Brandenburg, E., Von Bismarck zum Weltkrieg, Berlin 1924, 3. Aufl. Leipzig 1939.
Brocke, B. vom, Der deutsch-amerikanische Professorenaustausch. Preußische Wissenschaftspolitik, internationale Wissenschaftsbeziehungen und die Anfänge einer deutschen auswärtigen Kulturpolitik vor dem Ersten Weltkrieg, in: Zeitschrift für Kulturaustausch 31 (1981), S.128–182.
Bruch, R. vom, Weltpolitik als Kulturmission. Auswärtige Kulturpolitik und Bildungsbürgertum in Deutschland am Vorabend des Ersten Weltkrieges, Paderborn u. a. 1982.
Bucholz, A., Hans Delbrück and the German Military Establishment. War Images in Conflict, Iowa City 1985.
Canis, K., Zur Außenpolitik der Regierung des »Neuen Kurses« nach 1890, in: ZfG 31 (1983), S.982–997.
Canis, K., Zur Wende in der deutschen Außenpolitik 1890. Die Englandpolitik, in: ZfG 40 (1992), S.42–52.
Carden, R. M., German Policy Toward Neutral Spain, 1914–1918, New York 1987.
Carlgren, W. M., Neutralität oder Allianz. Deutschlands Beziehungen zu Schweden in den Anfangsjahren des ersten Weltkrieges, Stockholm/Göteborg/Uppsala 1962.
Carlson, A. R., German Foreign Policy, 1890–1914, and Colonial Policy to 1914: a Handbook and Annotated Bibliography, Metuchen (N.J.) 1970.
Carsten, F. L., War Against War. British and German Radical Movements in the First World War, London 1982.
Chickering, R., Imperial Germany and a World Without War. The Peace Movement and German Society, 1892–1914, Princeton (N.J.) 1975.
Cockfield, J., Germany and the Fashoda Crisis, 1898–99, in: CEH 16 (1983), S.256–275.
Conze, W., Polnische Nation und deutsche Politik im Ersten Weltkrieg, Köln 1958.
Crampton, R. J., The Balkans as a Factor in German Foreign Policy, 1912–1914, in: The Slavonic and East European Review 55 (1977), S.370–390.
Crampton, R. J., The Hollow Detente. Anglo-German Relations in the Balkans, 1911–1914, London/Atlantic Highlands (N.J.) (1980).
Deckart, G., Deutsch-englische Verständigung. Eine Darstellung der nichtoffiziellen Bemühungen um eine Wiederannäherung der beiden Länder zwischen 1905 und 1914, Diss. phil. München 1967.
Deist, W., Die Politik der Seekriegsleitung und die Rebellion der Flotte Ende Oktober 1918, in: VfZ 14 (1966), S.341–368.
Dietrich, R., Die Tripolis-Krise 1911/1912 und die Erneuerung des Dreibundes 1912 (Ein Beitrag zur allgemeinen Politik der Vorkriegsjahre), Diss. phil. Würzburg 1933.
Doerries, R. R., Washington-Berlin 1908/1917. Die Tätigkeit des Botschafters Johann Heinrich Graf von Bernstorff in Washington vor dem Eintritt der Vereinigten Staaten von Amerika in den Ersten Weltkrieg, Düsseldorf 1975.
Doerries, R. R., Die Mission Sir Roger Casements im Deutschen Reich 1914–1916, in: HZ 222 (1976), S.578–625.
Droz, J., Les Causes de la Première Guerre mondiale. Essai d'historiographie, Paris 1973.

Dülffer, J., Regeln gegen den Krieg? Die Haager Friedenskonferenzen von 1899 und 1907 in der internationalen Politik, Berlin/Frankfurt am Main/Wien 1981.

Dülffer, J., Efforts to Reform the International System and Peace Movements before 1914, in: Peace & Change 14 (1989), S.25–45.

Earle, E.M., Turkey, The Great Powers and the Bagdad Railway. A Study in Imperialism, New York 1923, 2.Aufl. 1966.

Eisenbeiß, W., Die bürgerliche Friedensbewegung in Deutschland während des Ersten Weltkrieges. Organisation, Selbstverständnis und politische Praxis 1913/14–1919, Frankfurt am Main 1980.

Erdmann, K.D., Deutschland im Ersten Weltkrieg. Methodische Fragen zur Auswertung der Schriften und Tagebücher Kurt Riezlers, in: Jahrbuch der Akademie der Wissenschaften in Göttingen, Göttingen 1973, S.43–55.

Erdmann, K.D., Zur Echtheit der Tagebücher Kurt Riezlers. Eine Antikritik, in: HZ 236 (1983), S.371–402.

Evans, R.J.W. / *Pogge-von Strandmann,* H. (Hrsg.), The Coming of the First World War, Oxford/New York 1988.

Evera, S. van, The Cult of the Offensive and the Origins of the First World War, in: International Security 9 (1984), S.58–107.

Farrar, L.L., jr., The Short-War Illusion. German Policy, Strategy and Domestic Affairs. August – December 1914, Santa Barbara (Cal.) 1973.

Farrar, L.L., jr., Divide and Conquer. German Efforts to Conclude a Separate Peace, 1914–1918, New York 1978.

Fedyshyn, O.S., Germany's drive to the east and the Ukrainian revolution, 1917–1918, New Brunswick (N.J.) 1971.

Fellner, F., Der Dreibund. Europäische Diplomatie vor dem Ersten Weltkrieg, Wien 1960 (ND 1965).

Ferguson, N., Germany and the Origins of the First World War. New Perspectives, in: The Historical Journal 35 (1992), S.725–752.

Ferro, M., Der große Krieg 1914–1918, Frankfurt am Main 1988 (frz. 1969, ND 1990).

Fesser, G., Zur »Weltpolitik« Bernhard v. Bülows, in: ZfG 40 (1992), S.864–873.

Fiebig-von Hase, R., Lateinamerika als Konfliktherd der deutsch-amerikanischen Beziehungen 1890–1903. Vom Beginn der Panamerikapolitik bis zur Venezuelakrise von 1902/03, 2 Bde., Göttingen 1986.

Fischer, F., Deutsche Kriegsziele. Revolutionierung und Separatfrieden im Osten 1914–1918, in: HZ 188 (1959), S.249–310.

Fischer, F., Griff nach der Weltmacht. Die Kriegszielpolitik des kaiserlichen Deutschland 1914/18, Düsseldorf 1961, 4. Aufl. Düsseldorf 1977 (TB 1984).

Fischer, F., Weltmacht oder Niedergang – Deutschland im Ersten Weltkrieg, Frankfurt am Main 1965, 2. Aufl. 1968.

Fischer, F., Krieg der Illusionen. Die deutsche Politik von 1911–1914, Düsseldorf 1969, 2. Aufl. 1970 (ND 1987).

Fischer, F., Juli 1914: Wir sind nicht hineingeschlittert. Das Staatsgeheimnis um die Riezler-Tagebücher. Eine Streitschrift, Reinbek 1983.

Fletcher, R., Revisionism and Empire. Socialist Imperialism in Germany 1897–1914, London/Boston/Sydney 1984.

Flood, C.A., The Ambassadorship of Paul von Wolff-Metternich: Anglo-German Relations, 1901–1912, Diss. phil. Madison (Wisc.) 1976.

Fortuna, U., Der Völkerbundsgedanke in Deutschland während des Ersten Weltkrieges, Diss. phil. Zürich 1974.

Frauendienst, W., Deutsche Weltpolitik. Zur Problematik des Wilhelminischen Reichs, in: Die Welt als Geschichte 19 (1959), S.1–39.

Friedman, I., Germany, Turkey and Zionism 1897–1918, Oxford 1977.

Friedrich, W.-U., Bulgarien und die Mächte 1913–1915. Ein Beitrag zur Weltkriegs- und Imperialismusgeschichte, Stuttgart 1985.

Fröhlich, M., Von Konfrontation zur Koexistenz: Die deutsch-englischen Kolonialbeziehungen in Afrika zwischen 1884 und 1914, Bochum 1990.

Fröhlich, M., Imperialismus. Deutsche Kolonial- und Weltpolitik 1880–1914, München 1994.

Fuller, L.W., The Effect of the First Moroccan Crisis on Anglo-German Relations, Colorado Springs 1932.

Gade, C., Gleichgewichtspolitik oder Bündnispflege? Maximen britischer Außenpolitik (1909–1914), Diss. phil. Bonn 1994.

Gasser, A., Deutschlands Entschluß zum Präventivkrieg 1913/14, in: M. *Sieber* (Hrsg.), Discordia Concors. Festgabe für Edgar Bonjour zu seinem siebzigsten Geburtstag am 21. August 1968, Bd. 1, Basel/Stuttgart 1968, S.171-224.
Gasser, A., Preussischer Militärgeist und Kriegsentfesselung 1914. Drei Studien zum Ausbruch des Ersten Weltkrieges, Basel/Frankfurt am Main 1985.
Gatzke, H.W., Germany's Drive to the West (Drang nach Westen). A Study of Germany's Western War Aims during the First World War, Baltimore 1950 (ND 1978).
Gatzke, H.W., Zu den deutsch-russischen Beziehungen im Sommer 1918, in: VfZ 3 (1955), S.67-98.
Geiss, I., Der polnische Grenzstreifen 1914-1918. Ein Beitrag zur deutschen Kriegszielpolitik im Ersten Weltkrieg, Lübeck/Hamburg 1960.
Geiss, I., Weltherrschaft durch Hegemonie. Die deutsche Politik im I. Weltkrieg nach den Riezler-Tagebüchern, in: Aus Politik und Zeitgeschichte B 50/72 vom 9. Dezember 1972, S.3-23.
Geiss, I., Das Deutsche Reich und die Vorgeschichte des Ersten Weltkriegs, München/Wien 1978, 2.Aufl. 1985.
Geiss, I., Das Deutsche Reich und der Erste Weltkrieg, München/Wien 1978, 2.Aufl. 1985.
Geiss, I., Die manipulierte Kriegsschuldfrage. Deutsche Reichspolitik in der Julikrise 1914 und deutsche Kriegsziele im Spiegel des Schuldreferats des Auswärtigen Amtes, 1919-1931, in: MGM 34 (1983), S.31-60.
Gelfand, L.E., The Inquiry. American Preparations for Peace, 1917-1919, New Haven (Conn.)/London 1963.
Gelos de Vaz Ferreira, L., Die Neutralitätspolitik Spaniens während des Ersten Weltkrieges unter besonderer Berücksichtigung der deutsch-spanischen Beziehungen, Hamburg 1966.
Gollwitzer, H., Die Sympathisanten der Mittelmächte im Lager der europäischen Neutralen 1914-18, in: H. *Bodensieck* (Hrsg.), Preußen, Deutschland und der Westen. Auseinandersetzungen und Beziehungen seit 1789. Zum 70. Geburtstag von Prof. Dr. Oswald Hauser, Göttingen/Zürich 1980, S.133-154.
Gollwitzer, H., »Für welchen Weltgedanken kämpfen wir?« Bemerkungen zur Dialektik zwischen Identitäts- und Expansionsideologien in der deutschen Geschichte, in: K. *Hildebrand* / R. *Pommerin* (Hrsg.), Deutsche Frage und europäisches Gleichgewicht. Festschrift für Andreas Hillgruber zum 60.Geburtstag, Köln/Wien 1985, S.83-109.
Gordon, M.R., Domestic Conflict and the Origins of the First World War. The British and the German Cases, in: JMH 46 (1974), S.191-226.
Granfelt, H., Der Dreibund nach dem Sturze Bismarcks. Bd. 1: England im Einverständnis mit dem Dreibund 1890-1896, Lund 1962, Bd. 2: Der Kampf um die Weltherrschaft 1895-1902, Lund 1964.
Groh, D., »Je eher, desto besser!« Innenpolitische Faktoren für die Präventivkriegsbereitschaft des Deutschen Reiches 1913/14. in: Politische Vierteljahresschrift 13 (1972), S.501-521.
Grupp, P., Deutschland, Frankreich und die Kolonien. Der französische »Parti colonial« und Deutschland von 1890 bis 1914, Tübingen 1980.
Guillen, P., Les questions coloniales dans les relations franco-allemandes à la veille de la première guerre mondiale, in: Revue historique 248 (1972), S.87-106.
Gutsche, W., Mitteleuropaplanungen in der Außenpolitik des deutschen Imperialismus vor 1918, in: ZfG 20 (1972), S.533-549.
Gutsche, W., Grundtendenzen im Funktionsmechanismus zwischen Monopolkapital und Staat in der Außenpolitik des deutschen Imperialismus vor 1914, in: ZfG 27 (1979), S.1042-1057.
Gutsche, W., Monopolbourgeoisie, Staat und Außenpolitik vor dem ersten Weltkrieg. Zu einigen Forschungsproblemen der Geschichte der deutschen Bourgeoisie bis zum ersten Weltkrieg, in: ZfG 29 (1981), S.239-253.
Gutsche, W., Gewicht und Wirkungswege ökonomischer Triebkräfte in der imperialistischen deutschen Außenpolitik vor 1917. Gedanken zu ihrer weiteren Erforschung, in: ZfG 30 (1982), S.529-539.
Gutsche, W., Zur Herausbildung der unmittelbaren Kriegsdisposition des deutschen Imperialismus im Sommer 1914, in: Militärgeschichte 23 (1984), S.107-112.
Gutsche, W., Der gewollte Krieg. Der deutsche Imperialismus und der 1. Weltkrieg, Köln 1984.
Gutsche, W., Zur Entfesselung des ersten Weltkrieges. Aktuelle Probleme der Forschung, in: ZfG 33 (1985), S.779-793.
Gutsche, W., Monopole, Staat und Expansion vor 1914. Zum Funktionsmechanismus zwischen Industriemonopolen, Großbanken und Staatsorganen in der Außenpolitik des Deutschen Reiches 1897 bis Sommer 1914, Berlin (Ost) 1986.

Gutsche, W., Außenpolitische Ziele, Rüstungspolitik und Kriegsdisposition der deutschen Reichsleitung vor 1914, in: ZfG 36 (1988), S.963–977.
Hahlweg, W., Der Diktatfrieden von Brest-Litowsk 1918 und die bolschewistische Weltrevolution, Münster 1960.
Hale, O.J., Germany and the Diplomatic Revolution. A Study in Diplomacy and the Press 1904–1906, Diss. phil. Philadelphia 1931.
Hale, O.J., Publicity and Diplomacy. With Special Reference to England and Germany 1890–1914, New York/London 1940 (ND 1964).
Haller, J., England und Deutschland um die Jahrhundertwende, Leipzig 1929 (ND Ann Arbor/London 1980).
Hantsch, H., Leopold Graf Berchtold, Grandseigneur und Staatsmann, 2 Bde., Graz/Wien/Köln 1963.
Hardach, G.H., Der Erste Weltkrieg, München 1973.
Hatke, B., Hugo Stinnes und die drei deutsch-belgischen Gesellschaften von 1916. Der Versuch der wirtschaftlichen Durchdringung im Ersten Weltkrieg durch die Industrie-, Boden- und Verkehrsgesellschaft 1916 mbH, Stuttgart 1990.
Hatton, P.H.S., Harcourt and Solf: The Search for an Anglo-German Understanding through Africa, 1912–14, in: European Studies Review 1 (1971), S.123–145.
Hauser, O., Deutschland und der englisch-russische Gegensatz 1900–1914, Göttingen/Berlin/Frankfurt am Main 1958.
Hayashima, A., Die Illusion des Sonderfriedens. Deutsche Verständigungspolitik mit Japan im ersten Weltkrieg, München/Wien 1982.
Helmreich, E.C., The Diplomacy of the Balkan Wars, 1912–1913, Cambridge (Mass.) 1938.
Henning, H., Deutschlands Verhältnis zu England in Bethmann Hollwegs Außenpolitik 1909–1914, Diss. phil. Köln 1962.
Herbert, J., Theobald von Bethmann Hollweg in der europäischen Krise im Juli 1914 – im Spiegel der Historiographie. Ein kritischer Beitrag zur Geschichtswissenschaft, Frankfurt am Main 1989.
Herwig, H.H., Admirals versus Generals: The War Aims of the Imperial German Navy, 1914–1918, in: CEH 5 (1972), S.208–233.
Herwig, H.H., Germany's Vision of Empire in Venezuela 1871–1914, Princeton (N.J.) 1986.
Herwig, H.H., The Outbreak of World War I. Causes and Responsibilities, Lexington (Mass.) 1991.
Herzfeld, H., Zur deutschen Politik im Ersten Weltkriege. Kontinuität der permanenten Krise?, in: HZ 191 (1960), S.67–82.
Herzfeld, H., Die deutsche Kriegspolitik im Ersten Weltkrieg, in: VfZ 11 (1963), S.224–245.
Herzfeld, H., Der Erste Weltkrieg, München 1968, 7. Aufl. München 1985.
Heydecker, J.J., Der große Krieg 1914–1918. Von Sarajewo bis Versailles, Frankfurt am Main/Berlin 1988.
Hildebrand, K., Imperialismus, Wettrüsten und Kriegsausbruch 1914 (I). Zum Problem von Legitimität und Revolution im internationalen System, in: Neue Politische Literatur 20 (1975), S.160–194.
Hildebrand, K., Imperialismus, Wettrüsten und Kriegsausbruch (II). Kriegsausbruch 1914 – Zum gegenwärtigen Stand der Forschung, in: Neue Politische Literatur 20 (1975), S.339–364.
Hildebrand, K., Julikrise 1914: Das europäische Sicherheitsdilemma. Betrachtungen über den Ausbruch des Ersten Weltkrieges, in: GWU 36 (1985), S.469–502.
Hillgruber, A., Riezlers Theorie des kalkulierten Risikos und Bethmann Hollwegs politische Konzeption in der Julikrise 1914, in: HZ 202 (1966), S.333–351.
Hillgruber, A., Die deutsche Politik in der Julikrise 1914, in: Quellen und Forschungen aus italienischen Archiven und Bibliotheken 61 (1981), S.191–215.
Hillgruber, A., Der historische Ort des Ersten Weltkrieges, in: Demokratie und Diktatur. Geist und Gestalt politischer Herrschaft in Deutschland und Europa. Festschrift für Karl Dietrich Bracher, hrsg. von M. *Funke* u.a., Bonn 1987, S.109–123.
Hinsley, F.H. (Hrsg.), British Foreign Policy under Sir Edward Grey, Cambridge u.a. 1977.
Hölzle, E., Der Geheimnisverrat und der Kriegsausbruch 1914, Göttingen 1973.
Hölzle, E., Die Selbstentmachtung Europas. Das Experiment des Friedens vor und im Ersten Weltkrieg, Göttingen/Frankfurt am Main/Zürich 1975.
Hubatsch, W., Die Ära Tirpitz. Studien zur deutschen Marinepolitik 1890 bis 1918, Göttingen/Berlin/Frankfurt am Main 1955.
Hubatsch, W., Zur deutschen Nordeuropa-Politik um das Jahr 1905, in: HZ 188 (1959), S.594–606.

Hünseler, W., Das Deutsche Kaiserreich und die Irische Frage 1900–1914, Frankfurt am Main/Bern/Las Vegas 1978.
Ibbeken, R., Das außenpolitische Problem. Staat und Wirtschaft in der deutschen Reichspolitik 1880–1914. Untersuchungen über: Kolonialpolitik, Internationale Finanzpolitik, Handelsverträge und die Bagdadbahn, Schleswig 1928.
Jaffe, L. S., The Decision to Disarm Germany. British Policy towards Postwar German Disarmament, 1914–1919, Boston/London/Sydney 1985.
Jakobs, P., Das Werden des französisch-russischen Zweibundes 1890–1894, Wiesbaden 1968.
Janßen, K.-H., Macht und Verblendung. Kriegszielpolitik der deutschen Bundesstaaten 1914/18, Göttingen/Berlin/Frankfurt am Main 1963.
Janßen, K.-H., Der Kanzler und der General. Die Führungskrise um Bethmann Hollweg und Falkenhayn (1914–1916), Göttingen u. a. 1967.
Jerussalimski, A. S., Die Außenpolitik und die Diplomatie des deutschen Imperialismus Ende des 19.Jahrhunderts, Berlin (Ost) 1954 (russ. 1948).
Joll, J., 1914: The Unspoken Assumptions, London 1968.
Joll, J., Die Ursprünge des Ersten Weltkriegs, München 1988 (engl. 1984).
Kaehler, S. A., Zur Beurteilung Ludendorffs im Sommer 1918, in: Nachrichten der Akademie der Wissenschaften in Göttingen. Philologisch-Historische Klasse 1953, S.3–28.
Kahler, M., Rumors of War: The 1914 Analogy, in: Foreign Affairs 58 (1979/80), S.374–396.
Kaikkonen, O., Deutschland und die Expansionspolitik der USA in den 90er Jahren des 19.Jahrhunderts. Mit besonderer Berücksichtigung der Einstellung Deutschlands zur spanisch-amerikanischen Krise, Jyväskylä 1980.
Kaiser, D. E., Germany and the Origins of the First World War, in: JMH 55 (1983), S.442–474.
Kampen, W. van, Studien zur deutschen Türkeipolitik in der Zeit Wilhelms II., Diss. phil. Kiel 1968.
Kantorowicz, H., Der Geist der englischen Politik und das Gespenst der Einkreisung Deutschlands, Berlin 1929.
Kaulisch, B., Alfred von Tirpitz und die imperialistische deutsche Flottenrüstung. Eine politische Biographie, Berlin (Ost) 1982, 3. Aufl. 1988.
Keiger, J., Jules Cambon and Franco-German Détente, 1907–1914, in: The Historical Journal 26 (1983), S.641–659.
Keiger, J., France and the Origins of the First World War, London 1983.
Kennan, G. F., Die schicksalhafte Allianz. Frankreich und Rußland am Vorabend des Ersten Weltkrieges, Köln 1990 (engl. 1984).
Kennedy, P. M., German World Policy and the Alliance Negotiations with England, 1897–1900, in: JMH 45 (1973), S.605–625.
Kennedy, P. M. (Hrsg.), The War Plans of the Great Powers, 1880–1914, London u. a. 1979, 2. Aufl. Boston 1985.
Kennedy, P. M. / *Nicholls*, A. J. (Hrsg.), Nationalist and Racialist Movements in Britain and Germany before 1914, Oxford/London 1981.
Kent, M. (Hrsg.), The Great Powers and the End of the Ottoman Empire, London u. a. 1984.
Kern, F., Skizzen zum Kriegsausbruch im Jahre 1914, hrsg. von H. *Hallmann*, Darmstadt 1968.
Kiszling, R., Rumäniens und Bulgariens Politik bei Ausbruch des Ersten Weltkrieges, in: Österreich in Geschichte und Literatur 11 (1967), S.9–19.
Klein, F., Weltpolitische Ambitionen Österreich-Ungarns vor 1914, in: Jahrbuch für Geschichte 29 (1984), S.263–289.
Klein, F. / *Gutsche*, W. / *Petzold*, J. (Hrsg.), Deutschland im ersten Weltkrieg, 3 Bde., Berlin (Ost) 1968, 2. Aufl. 1970.
Kloosterhuis, J., »Friedliche Imperialisten«. Deutsche Auslandsvereine und auswärtige Kulturpolitik 1906–1916, 2 Bde., Frankfurt am Main u. a. 1994.
Koch, H. W., The Anglo-German Alliance Negotiations: Missed Opportunity or Myth?, in: History 54 (1969), S.378–392.
Koch, H. W. (Hrsg.), The Origins of the First World War. Great Power Rivalry and German War Aims, London 1972, 2.Aufl. 1984.
Koehl, R. L., A Prelude to Hitler's Greater Germany, in: AHR 59 (1953/54), S.43–65.
Krausnick, H., Holstein, Österreich-Ungarn und die Meerengenfrage im Herbst 1895. Persönliches Regiment oder Regierungspolitik?, in: R. *Dietrich* / G. *Oestreich* (Hrsg.), Forschungen zu Staat und Verfassung. Festgabe für Fritz Hartung, Berlin 1958, S.485–520.

Krumeich, G., Aufrüstung und Innenpolitik in Frankreich vor dem Ersten Weltkrieg. Die Einführung der dreijährigen Dienstpflicht 1913–1914, Wiesbaden 1980.
Lahme, R., Deutsche Außenpolitik 1890–1894. Von der Gleichgewichtspolitik Bismarcks zur Allianzstrategie Caprivis, Göttingen 1990.
Lahme, R., Das Ende der Pax Britannica: England und die europäischen Mächte 1890–1914, in: Archiv für Kulturgeschichte 73 (1991), S.169–192.
Langdon, J.W., July 1914: The Long Debate, 1918–1990, Oxford 1991.
Langer, W.L., The Franco-Russian Alliance 1890–1894, Cambridge (Mass.)/London 1929 (ND 1967).
Langer, W.L., The Diplomacy of Imperialism 1890–1902, New York 1935, 3. Aufl. 1965.
Langhorne, R., Anglo-German Negotiations concerning the Future of the Portuguese Colonies, 1911–1914, in: The Historical Journal 16 (1973), S.361–387.
Langhorne, R., Great Britain and Germany, 1911–1914, in: F.H. *Hinsley* (Hrsg.), British Foreign Policy under Sir Edward Grey, Cambridge u.a. 1977, S.288–314.
Langhorne, R., The Collapse of the Concert of Europe. International Politics, 1890–1914, London u.a. 1981.
Lee, D.E., Europe's Crucial Years. The Diplomatic Background of World War I, 1902–1914, Hanover (N.H.) 1974.
Lemke, H., Großbritannien und die deutsch-russischen Verhandlungen über Persien und die Bagdadbahn nach der Zusammenkunft in Potsdam (1910/11), in: Jahrbuch für Geschichte der sozialistischen Länder Europas 18 (1974), S.115–145.
Lemke, H., Allianz und Rivalität. Die Mittelmächte und Polen im ersten Weltkrieg (Bis zur Februarrevolution), Berlin (Ost) 1977.
Lemke, H., Finanztransaktionen und Außenpolitik. Deutsche Banken und Rußland im Jahrzehnt vor dem ersten Weltkrieg, Berlin (Ost) 1985.
Lieven, D., Pro-Germans and Russian Foreign Policy 1890–1914, in: The International History Review 2 (1980), S.34–54.
Lieven, D., Russia and the Origins of the First World War, London 1983.
Linde, G., Die deutsche Politik in Litauen im Ersten Weltkrieg, Wiesbaden 1965.
Linke, H.G., Das zarische Rußland und der Erste Weltkrieg. Diplomatie und Kriegsziele 1914–1917, München 1982.
Löding, D., Die deutsche und österreich-ungarische Balkanpolitik am Vorabend des 1. Weltkrieges und der Zweibund, in: E. *Schulin* (Hrsg.), Gedenkschrift Martin Göhring. Studien zur europäischen Geschichte, Wiesbaden 1968, S.254–265.
Löding, D., Deutschlands und Österreich-Ungarns Balkanpolitik von 1912–1914 unter besonderer Berücksichtigung ihrer Wirtschaftsinteressen, Diss. phil. Hamburg 1969.
Löhr, B., Die »Zukunft Rußlands«. Perspektiven russischer Wirtschaftsentwicklung und deutsch-russischer Wirtschaftsbeziehungen vor dem Ersten Weltkrieg, Stuttgart 1985.
Löhr, H.C., Die Albanische Frage. Konferenzdiplomatie und Nationalstaatsbildung im Vorfeld des Ersten Weltkrieges unter besonderer Berücksichtigung der deutschen Außenpolitik, Diss. phil. Bonn 1992.
Loulos, K., Die deutsche Griechenlandpolitik von der Jahrhundertwende bis zum Ausbruch des Ersten Weltkrieges, Frankfurt am Main 1986.
Lowe, C.J. / *Dockrill*, M.I., The Mirage of Power. British Foreign Policy (1902–22), 3 Bde., London 1972.
Mai, G., Das Ende des Kaiserreichs. Politik und Kriegführung im Ersten Weltkrieg, München 1987.
Mamatey, V.S., The United States and East Central Europe 1914–1918. A Study in Wilsonian Diplomacy and Propaganda, Princeton 1957 (ND 1972).
Mann, B., Die baltischen Länder in der deutschen Kriegszielpublizistik 1914–1918, Tübingen 1965.
Mansergh, N., The Coming of the First World War. A Study in the European Balance 1878–1914, London/New York/Toronto 1949.
Massie, R.K., Die Schalen des Zorns. Großbritannien, Deutschland und das Heraufziehen des Ersten Weltkrieges, Frankfurt am Main 1993 (engl. 1991).
Maurer, J.H., American Naval Concentration and the German Battle Fleet, 1900–1918, in: The Journal of Strategic Studies 6 (1983), S.147–181.
Mayer, A.J., Political Origins of the New Diplomacy, 1917–1918, New Haven (Conn.) 1959 (ND 1969).
McKale, D.M., Weltpolitik versus Imperium Britannicum: Anglo-German Rivalry in Egypt, 1904–14, in: Canadian Journal of History/Annales Canadiennes d'Histoire 22 (1987), S.195–207.
Mehnert, U., Deutsche Weltpolitik und amerikanisches Zweifronten-Dilemma. Die »japanische Gefahr« in den deutsch-amerikanischen Beziehungen 1904–1917, in: HZ 257 (1993), S.647–692.

Meinecke, F., Geschichte des deutsch-englischen Bündnisproblems 1890–1901, München/Berlin 1927 (ND 1972).
Meinecke, F., Zur Geschichte der deutsch-englischen Bündnisverhandlungen von 1901, in: Am Webstuhl der Zeit. Eine Erinnerungsgabe. Hans Delbrück, dem Achtzigjährigen, von Freunden und Schülern dargebracht, hrsg. von E. *Daniels* und P. *Rühlmann*, Berlin 1928, S. 82–90.
Mejcher, H., Die Bagdadbahn als Instrument deutschen wirtschaftlichen Einflusses im Osmanischen Reich, in: GG 1 (1975), S.447–481.
Menning, R. R. / *Menning*, C. B., »Baseless Allegations«: William II and the Hale Interview of 1908, in: CEH 16 (1983), S.368–397.
Miller, J. M., jr., The Concert of Europe in the First Balkan War 1912–1913, Diss. phil. Worcester (Mass.) 1969.
Möckelmann, J., Das Deutschlandbild in den USA 1914–1918 und die Kriegszielpolitik Wilsons, Hamburg 1965.
Möckelmann, J., Deutsch-amerikanische Beziehungen in der Krise. Studien zur amerikanischen Politik im ersten Weltkrieg, Frankfurt am Main 1967.
Mommsen, W. J., Die italienische Frage in der Politik des Reichskanzlers von Bethmann Hollweg 1914–1915, in: Quellen und Forschungen aus italienischen Archiven und Bibliotheken 48 (1968), S.282–308.
Mommsen, W. J., Domestic Factors in German Foreign Policy before 1914, in: CEH 6 (1973), S.3–43.
Mommsen, W. J., Kurt Riezler, ein Intellektueller im Dienste Wilhelminischer Machtpolitik, in: GWU 25 (1974), S.193–209.
Mommsen, W. J., Triebkräfte und Zielsetzungen des deutschen Imperialismus vor 1914, in: K. *Bohnen* / S.-A. *Jørgensen* / F. *Schmöe* (Hrsg.), Kultur und Gesellschaft in Deutschland von der Reformation bis zur Gegenwart, Kopenhagen/München 1981, S.98–129.
Monticone, A., Deutschland und die Neutralität Italiens 1914–1915, Wiesbaden 1982 (ital. 1971).
Moritz, A., Das Problem des Präventivkrieges in der deutschen Politik während der ersten Marokkokrise, Bern/Frankfurt am Main 1974.
Muhr, J., Die deutsch-italienischen Beziehungen in der Ära des Ersten Weltkrieges (1914–1922), Göttingen/Frankfurt am Main/Zürich 1977.
Nassua, M., »Gemeinsame Kriegführung. Gemeinsamer Friedensschluß«. Das Zimmermann-Telegramm vom 13.Januar 1917 und der Eintritt der USA in den 1. Weltkrieg, Frankfurt am Main 1992.
Nelson, H. I., Land and Power. British and Allied Policy on Germany's Frontiers 1916–1919, London/Toronto 1963.
Nintchitch, M., La Crise Bosniaque (1908–1909) et les Puissances Européennes, 2 Bde., Paris 1937.
Nish, I. H., Alliance in Decline. A study in Anglo-Japanese relations 1908–1923, London 1972.
Oncken, E., Panthersprung nach Agadir. Die deutsche Politik während der Zweiten Marokkokrise 1911, Düsseldorf 1981.
Pantenburg-Lankheit, I., Alternativen zum Zweibund? Probleme österreich-ungarischer Bündnispolitik 1897–1908, Diss. phil. Bonn 1993.
Parkinson, R., Tormented Warrior. Ludendorff and the Supreme Command, London 1978.
Plass, J. B., England zwischen Rußland und Deutschland. Der Persische Golf in der britischen Vorkriegspolitik, 1899–1907, Hamburg 1966.
Pogge von Strandmann, H., Rathenau, die Gebrüder Mannesmann und die Vorgeschichte der Zweiten Marokkokrise, in: I. *Geiss* / B.-J. *Wendt* (Hrsg.), Deutschland in der Weltpolitik des 19. und 20.Jahrhunderts. Fritz Fischer zum 65.Geburtstag, Düsseldorf 1973, S.251–270.
Poidevin, R., Les relations économiques et financières entre la France et l'Allemagne de 1898 à 1914, Paris 1969.
Poidevin, R., Wirtschaftlicher und finanzieller Nationalismus in Frankreich und Deutschland 1907–1914, in: GWU 25 (1974), S.150–162.
Pommerin, R., Der Kaiser und Amerika. Die USA in der Politik der Reichsleitung 1890–1917, Köln/Wien 1986.
Pommerin, R., Deutschlands Reaktion auf die Globalisierung der internationalen Beziehungen: Ein neuer Kurs?, in: G. *Schöllgen* (Hrsg.), Flucht in den Krieg? Die Außenpolitik des kaiserlichen Deutschland, Darmstadt 1991 (engl. 1990), S.132–147.
Rassow, P., Schlieffen und Holstein, in: HZ 173 (1952), S.297–313.
Rauchensteiner, M., Der Tod des Doppeladlers. Österreich-Ungarn und der Erste Weltkrieg, Graz/Wien/Köln 1993.

Rauh, M., Die »deutsche Frage« vor 1914: Weltmachtstreben und Obrigkeitsstaat?, in: J. *Becker* / A. *Hillgruber* (Hrsg.), Die Deutsche Frage im 19. und 20. Jahrhundert, München 1983, S.109–166.

Rauh, M., Die britisch-russische Marinekonvention von 1914 und der Ausbruch des Ersten Weltkrieges, in: MGM 41 (1987), S.37–62.

Raulff, H., Zwischen Machtpolitik und Imperialismus. Die deutsche Frankreichpolitik 1904/06, Düsseldorf 1976.

Renouvin, P., La Crise Européenne et la Première Guerre Mondiale (1904–1918), Paris 1934, 5. Aufl. 1969.

Renouvin, P., Die Kriegsziele der französischen Regierung 1914–1918, in: GWU 17 (1966), S.129–158.

Ritter, G., Die Legende von der verschmähten englischen Freundschaft 1898/1901: Beleuchtet aus der neuen englischen Aktenveröffentlichung, Freiburg im Breisgau (1929).

Ritter, G., Der Schlieffenplan. Kritik eines Mythos, München 1956.

Ritter, G., Zur Fischer-Kontroverse, in: HZ 200 (1965), S.783–787.

Ritter, G. A., Internationale Wissenschaftsbeziehungen und auswärtige Kulturpolitik im deutschen Kaiserreich, in: Zeitschrift für Kulturaustausch 31 (1981), S.5–16.

Robbins, K., The First World War, Oxford/New York 1984, 2. Aufl. 1985.

Röhl, J.C.G., Die Generalprobe. Zur Geschichte und Bedeutung des »Kriegsrates« vom 8. Dezember 1912, in: D. *Stegmann* / B.-J. *Wendt* / P.-C. *Witt* (Hrsg.), Industrielle Gesellschaft und politisches System. Beiträge zur politischen Sozialgeschichte. Festschrift für Fritz Fischer zum siebzigsten Geburtstag, Bonn 1978, S.357–373.

Rößler, H., (Hrsg.), Weltwende 1917. Monarchie, Weltrevolution, Demokratie, Göttingen u.a. 1965.

Rogge, H., Holstein und Harden. Politisch-publizistisches Zusammenspiel zweier Außenseiter des Wilhelminischen Reichs, München 1959.

Rogge, H., Zur Geschichte der Holstein-Forschung, Bad Godesberg 1974.

Rosenbach, H., Das Deutsche Reich, Großbritannien und der Transvaal (1896–1902). Anfänge deutsch-britischer Entfremdung, Göttingen 1993.

Rothfels, H., Die englisch-russischen Verhandlungen von 1914 über eine Marinekonvention, in: Berliner Monatshefte 12 (1934), S.365–372.

Rothwell, V.H., British War Aims and Peace Diplomacy 1914–1918, Oxford 1971.

Salis, J.R. von, Die Ursachen des Ersten Weltkrieges, Stuttgart 1964.

Schaefer, J., Deutsche Militärhilfe an Südamerika. Militär- und Rüstungsinteressen in Argentinien, Bolivien und Chile vor 1914, Düsseldorf 1974.

Schenk, W., Die deutsch-englische Rivalität vor dem Ersten Weltkrieg in der Sicht deutscher Historiker. Mißverstehen oder Machtstreben, Aarau 1967.

Schieder, W., Italien und Deutschland 1914/15, in: Quellen und Forschungen aus italienischen Archiven und Bibliotheken 48 (1968), S.244–259.

Schiefel, W., Bernhard Dernburg, 1865–1937. Kolonialpolitiker und Bankier im wilhelminischen Deutschland, Zürich/Freiburg im Breisgau (1974).

Schmidt, G., Rationalismus und Irrationalismus in der englischen Flottenpolitik, in: *Schottelius,* H. / *Deist,* W. (Hrsg.), Marine und Marinepolitik im kaiserlichen Deutschland 1871–1914, Düsseldorf 1972, S.283–295.

Schmidt, G., Der deutsch-englische Gegensatz im Zeitalter des Imperialismus, in: H. *Köhler* (Hrsg.), Deutschland und der Westen. Vorträge und Diskussionsbeiträge des Symposions zu Ehren von Gordon A.Craig, Berlin 1984, S.59–81.

Schmitt, B.E., The Coming of the War 1914, 2 Bde., New York/London 1930 (ND 1966).

Schmitt, B.E., The Origins of the First World War, London 1958.

Schmitt, B.E., The Annexation of Bosnia 1908–1909, Cambridge 1937 (ND New York 1970).

Schöllgen, G., Die deutsch-englische Orientpolitik der Vorkriegsjahre 1908 bis 1914, in: GWU 30 (1979), S.668–685.

Schöllgen, G., »Germanophobia«. Deutschland, England und die orientalische Frage im Spiegel der britischen Presse 1900–1903, in: Francia 8 (1980), S.407–426.

Schöllgen, G., Richard von Kühlmann und das deutsch-englische Verhältnis 1912–1914. Zur Bedeutung der Peripherie in der europäischen Vorkriegspolitik, in: HZ 230 (1980), S.293–337.

Schöllgen, G., »Dann müssen wir uns aber Mesopotamien sichern!« Motive deutscher Türkenpolitik zur Zeit Wilhelms II. in zeitgenössischen Darstellungen, in: Saeculum 32 (1981), S.130–145.

Schöllgen, G., Griff nach der Weltmacht? 25 Jahre Fischer-Kontroverse, in: HJb 106 (1986), S.386–406.

Schöllgen, G., Die Großmacht als Weltmacht. Idee, Wirklichkeit und Perzeption deutscher »Weltpolitik« im Zeitalter des Imperialismus, in: HZ 248 (1989), S.79–100.

Schöllgen, G. (Hrsg.), Flucht in den Krieg? Die Außenpolitik des kaiserlichen Deutschland, Darmstadt 1991 (engl. 1990).
Schuberth, I., Schweden und das Deutsche Reich im Ersten Weltkrieg. Die Aktivistenbewegung 1914–1918, Bonn 1981.
Schulte, B. F., Vor dem Kriegsausbruch 1914. Deutschland, die Türkei und der Balkan, Düsseldorf 1980.
Schulte, B. F., Zu der Krisenkonferenz vom 8. Dezember 1912 in Berlin, in: HJb 102 (1982), S.183–197.
Schulte, B. F., Europäische Krise und Erster Weltkrieg. Beiträge zur Militärpolitik des Kaiserreichs, 1871–1914, Frankfurt am Main 1983.
Schwabe, K., Die amerikanische und deutsche Geheimdiplomatie und das Problem eines Verständigungsfriedens im Jahre 1918, in: VfZ 19 (1971), S.1–32.
Schwabe, K., Die USA, Deutschland und der Ausgang des Ersten Weltkrieges, in: M. *Knapp /* W. *Link /* H.-J. *Schröder /* K. *Schwabe,* Die USA und Deutschland 1918–1975. Deutsch-amerikanische Beziehungen zwischen Rivalität und Partnerschaft, München 1978, S.11–61, 220f.
Shanafelt, G.W., The Secret Enemy: Austria-Hungary and the German Alliance, 1914–1918, Boulder (Col.)/New York 1985.
Silberstein, G. E., The Troubled Alliance. German-Austrian Relations 1914 to 1917, Lexington 1970.
Snyder, J., The Ideology of the Offensive: Military Decision Making and the Disasters of 1914, Ithaca (N.Y.)/London 1984.
Sösemann, B., Die Tagebücher Kurt Riezlers. Untersuchungen zu ihrer Echtheit und Edition, in: HZ 236 (1983), S.327–369.
Soutou, G.-H., L'Or et le Sang: Les buts de guerre économiques de la Première Guerre mondiale, Paris 1989.
Stadelmann, R., Friedensversuche im ersten Jahre des Weltkriegs, in: HZ 156 (1937), S.485–545.
Stadelmann, R., Die Epoche der deutsch-englischen Flottenrivalität, in: Deutschland und Westeuropa, Schloß Laupheim 1948, S.85–146, 159–175.
Stahl, F.-C., Botschafter Graf Wolff Metternich und die deutsch-englischen Beziehungen, Diss. phil. Hamburg 1953.
Steglich, W., Bündnissicherung oder Verständigungsfrieden. Untersuchungen zu dem Friedensangebot der Mittelmächte vom 12. Dezember 1916, Göttingen/Berlin/Frankfurt am Main 1958.
Steglich, W., Die Friedenspolitik der Mittelmächte 1917/18, Bd. 1, Wiesbaden 1964.
Steglich, W. (Hrsg.), Die Friedensversuche der kriegführenden Mächte im Sommer und Herbst 1917. Quellenkritische Untersuchungen, Akten und Vernehmungsprotokolle, Wiesbaden/Stuttgart 1984.
Steinberg, J., Yesterday's Deterrent. Tirpitz and the Birth of the German Battle Fleet, London 1965.
Steinberg, J., The Copenhagen Complex, in: JCH 1 (1966). H. 3, S.23–46.
Steinberg, J., Germany and the Russo-Japanese War, in: AHR 75 (1970), S.1965–1986.
Steinberg, J., The German background to Anglo-German relations, 1905–1914, in: F. H. *Hinsley* (Hrsg.), British Foreign Policy under Sir Edward Grey, Cambridge u.a. 1977, S.193–215.
Steiner, Z., The Foreign Office and Foreign Policy, 1898–1914, London 1969 (ND 1986).
Steiner, Z., Britain and the Origins of the First World War, London 1977 (ND 1979).
Stengers, J., July 1914: some reflections, in: Annuaire de l'Institut de Philologie et d'Histoire Orientales et Slaves (Université Libre de Bruxelles) 17 (1963–1965), S.105–148.
Stern, F., Bethmann Hollweg und der Krieg: Die Grenzen der Verantwortung, Tübingen 1968.
Stevenson, D., French War Aims against Germany 1914–1919, Oxford 1988.
Stevenson, D., The First World War and International Politics, Oxford 1988.
Stingl, W., Der Ferne Osten in der deutschen Politik vor dem Ersten Weltkrieg (1902–1914), 2 Bde., Frankfurt am Main 1978.
Stürmer, M., Deutscher Flottenbau und europäische Weltpolitik vor dem Ersten Weltkrieg, in: Die deutsche Flotte im Spannungsfeld der Politik 1848–1985, Herford 1985, S.53–65.
Taylor, A. J. P., The War Aims of the Allies in the First World War, in: R. *Pares /* A. J. P. *Taylor* (Hrsg.), Essays presented to Sir Lewis Namier, London/New York 1956, S.475–505.
Thielen, P. G., Die Außenpolitik des Deutschen Reiches 1890–1914. Literatur- und Forschungsbericht für die Jahre 1945–1960, in: Die Welt als Geschichte 22 (1962), S.27–48.
Thomas, L., Friedensvermittlungen zwischen Deutschland und Rußland während des ersten Weltkrieges. Probleme der Forschung, in: Jahrbuch für Geschichte der sozialistischen Länder Europas 32 (1988), S.73–90.
Trumpener, U., Liman von Sanders and the German-Ottoman Alliance, in: JCH 1 (1966), Heft 4, S.179–192.
Trumpener, U., Germany and the Ottoman Empire 1914–1918, Princeton 1968 (ND 1989).

Turner, L.C.F., The Russian Mobilisation in 1914, in: P.M. *Kennedy* (Hrsg.), The War Plans of the Great Powers, London u.a. 1979, S.252–268 (2. Aufl. Boston 1985).

Turner, L.C.F., The Signifance of the Schlieffen Plan, in: P.M. *Kennedy* (Hrsg.), The War Plans of the Great Powers, London u.a. 1979, S.199–221, 2. Aufl. Boston 1985.

Uhlig, R., Die Interparlamentarische Union 1889–1914. Friedenssicherungsbemühungen im Zeitalter des Imperialismus, Stuttgart 1988.

Ullrich, V., Entscheidung im Osten oder Sicherung der Dardanellen: das Ringen um den Serbienfeldzug 1915. Beitrag zum Verhältnis von Politik und Kriegführung im Ersten Weltkrieg, in: MGM 32 (1982), S.45–63.

Ullrich, V., Die deutschen Verständigungsversuche mit Japan 1914/15. Beitrag zu den deutschen Sonderfriedensbestrebungen im Ersten Weltkrieg, in: Saeculum 33 (1982), S.359–374.

Ullrich, V., Das deutsche Kalkül in der Julikrise 1914 und die Frage der englischen Neutralität, in: GWU 34 (1983), S.79–97.

Ullrich, V., Die polnische Frage und die deutschen Mitteleuropapläne im Herbst 1915, in: HJb 104 (1984), S.348–371.

Ullrich, V., Der Sprung ins Dunkle – Die Julikrise 1914 und ihre aktuellen Lehren, in: Geschichtsdidaktik 9 (1984), S.97–106.

Ullrich, V., Zwischen Verhandlungsfrieden und Erschöpfungskrieg. Die Friedensfrage in der deutschen Reichsleitung Ende 1915, in: GWU 37 (1986), S.397–419.

Vincent-Smith, J.D., The Anglo-German Negotiations over the Portuguese Colonies in Africa, 1911–14, in: The Historical Journal 17 (1974), S.620–629.

Vogel, B., Deutsche Rußlandpolitik. Das Scheitern der deutschen Weltpolitik unter Bülow 1900–1906, Düsseldorf 1973.

Wächter, E., Der Prestigegedanke in der deutschen Politik von 1890 bis 1914, Aarau 1941.

Walworth, A.C., America's Moment: 1918. American Diplomacy at the End of World War I, New York 1977.

Weber, F.G., Eagles on the Crescent. Germany, Austria, and the Diplomacy of the Turkish Alliance 1914–1918, Ithaca/London 1970.

Wedel, O.H., Austro-German Diplomatic Relations 1908–1914. Stanford (Cal.) 1932.

Wende, F., Die belgische Frage in der deutschen Politik des Ersten Weltkrieges, Hamburg 1969.

Wendt, B.-J., Zum Stand der »Fischer-Kontroverse« um den Ausbruch des Ersten Weltkrieges, in: Annales Universitatis Scientiarum Budapestinensis 24 (1985), S.99–132.

Wernecke, K., Der Wille zur Weltgeltung. Außenpolitik und Öffentlichkeit im Kaiserreich am Vorabend des Ersten Weltkrieges, Düsseldorf 1970.

Wheeler-Bennet, J.W., Brest-Litovsk. The Forgotten Peace, March 1918, London u.a. 1938, 3. Auflage 1971.

Wieland, L., Belgien 1914. Die Frage des belgischen »Franktireurkrieges« und die deutsche öffentliche Meinung von 1914 bis 1936, Frankfurt am Main 1984.

Wilson, K.M., The Policy of the Entente. Essays on the Determinants of British Foreign Policy 1904–1914, Cambridge/New York 1985.

Wilson, K.M., Empire and Continent. Studies in British Foreign Policy from the 1880s to the First World War, London/New York 1987.

Winterhager, W.E., Mission für den Frieden. Europäische Mächtepolitik und dänische Friedensvermittlung im Ersten Weltkrieg. Vom August 1914 bis zum italienischen Kriegseintritt Mai 1915, Stuttgart 1984.

Winzen, P., Die Englandpolitik Friedrich von Holsteins 1895–1901, Köln 1975.

Winzen, P., Bülows Weltmachtkonzept. Untersuchungen zur Frühphase seiner Außenpolitik 1897 bis 1901, Boppard am Rhein 1977.

Wippich, R.-H., Japan und die deutsche Fernostpolitik 1894–1898. Vom Ausbruch des Chinesisch-Japanischen Krieges bis zur Besetzung der Kiautschou-Bucht. Ein Beitrag zur Wilhelminischen Weltpolitik, Stuttgart 1987.

Young, H.F., Prince Lichnowsky and the Great War, Athens (Ga.) 1977.

Zechlin, E., Friedensbestrebungen und Revolutionierungsversuche, in: Aus Politik und Zeitgeschichte B 20/61 vom 17. Mai 1961, S.269–288, B 24/61 vom 14. Juni 1961, S.325–337, B 25/61 vom 21. Juni 1961, S.341–367, B 20/63 v. 15. Mai 1963, S.3–54, B 22/63 v. 29. Mai 1963, S.3–47.

Zechlin, E., Das »schlesische Angebot« und die italienische Kriegsgefahr 1915, in: GWU 14 (1963), S.533–556.

Zechlin, E., Deutschland zwischen Kabinettskrieg und Wirtschaftskrieg. Politik und Kriegführung in den ersten Monaten des Weltkrieges 1914, in: HZ 199 (1964), S.347–458.

Zechlin, E., Probleme des Kriegskalküls und der Kriegsbeendigung im Ersten Weltkrieg, in: GWU 16 (1965), S.69–83.

Zechlin, E., Krieg und Kriegsrisiko. Zur deutschen Politik im Ersten Weltkrieg. Aufsätze, Düsseldorf 1979.
Zechlin, Zum Kriegsausbruch 1914. Die Kontroverse, in: GWU 35 (1984), S.211-221.
Zechlin, E., Julikrise und Kriegsausbruch, in: *Erdmann,* K.D. / *Zechlin,* E., Politik und Geschichte. Europa 1914 – Krieg oder Frieden, Kiel 1985, S.51-96.
Zeman, Z.A.B., A Diplomatic History of the First World War, London/New York 1971.

Zur deutschen Geschichte 1918-1933

Bach, J.A., Franz von Papen in der Weimarer Republik. Aktivitäten in Politik und Presse 1918-1932, Düsseldorf 1977.
Becker, J., Heinrich Brüning und das Scheitern der konservativen Alternative in der Weimarer Republik, in: Aus Politik und Zeitgeschichte B 22/80 vom 31. Mai 1980, S.3-17.
Berglar, P., Walther Rathenau. Seine Zeit, sein Werk, seine Persönlichkeit, Bremen 1970.
Bessel, R., Germany after the First World War, Oxford 1993.
Borchardt, K., Zwangslagen und Handlungsspielräume in der großen Wirtschaftskrise der frühen dreißiger Jahre: zur Revision des überlieferten Geschichtsbildes, in: Jahrbuch der Bayerischen Akademie der Wissenschaften 1979, München 1979, S.87-132.
Borchardt, K., Wirtschaftliche Ursachen des Scheiterns der Weimarer Republik, in: K.D. *Erdmann* / H. *Schulze* (Hrsg.), Weimar. Selbstpreisgabe einer Demokratie. Eine Bilanz heute, Düsseldorf 1980, S.211-249.
Borchardt, K., Noch einmal: Alternativen zu Brünings Wirtschaftspolitik?, in: HZ 237 (1983), S.67-83.
Borchardt, K., Die Krise vor der Krise. Zehn Jahre Diskussion über die Wirtschaftspolitik Brünings. Thesen, Antithesen und mögliche Synthesen, München 1989.
Born, K.E., Die deutsche Bankenkrise 1931. Finanzen und Politik, München 1967.
Bracher, K.D., Die Auflösung der Weimarer Republik. Eine Studie zum Problem des Machtverfalls in der Demokratie, Villingen 1955, 7. Aufl. Düsseldorf 1984.
Bracher, K.D. / *Funke,* M. / *Jacobsen,* H.-A. (Hrsg.), Die Weimarer Republik 1918-1933. Politik, Wirtschaft, Gesellschaft, Bonn 1987.
Buchheim, K., Die Weimarer Republik. Das deutsche Reich ohne Kaiser, München 1970, 3. Aufl. Köln 1981.
Buddensieg, T. / *Hughes,* T. / *Kocka,* J. (Hrsg.), Ein Mann vieler Eigenschaften. Walther Rathenau und die Kultur der Moderne, Berlin 1990.
Büsch, O. / *Feldman,* G.D. (Hrsg.), Historische Prozesse der deutschen Inflation 1914 bis 1924. Ein Tagungsbericht, Berlin 1978.
Büttner, U., Politische Alternativen zum Brüningschen Deflationskurs. Ein Beitrag zur Diskussion über »ökonomische Zwangslagen« in der Endphase von Weimar, in: VfZ 37 (1989), S.209-251.
Carsten, F.L., Reichswehr und Politik 1918-1933, Berlin 1966.
Conze, W., Zum Sturz Brünings, in: VfZ 1 (1953), S.261-288.
Conze, W., Brüning als Reichskanzler. Eine Zwischenbilanz, in: HZ 214 (1972), S.310-334.
Conze, W., Die Reichsverfassungsreform als Ziel der Politik Brünings, in: Der Staat 11 (1972), S.209-217.
Conze, W. / *Raupach,* H. (Hrsg.), Die Staats- und Wirtschaftskrise des Deutschen Reichs 1929/33, Stuttgart 1967.
Dederke, K., Reich und Republik. Deutschland 1917-1933, Stuttgart 1969, 6. Aufl. Stuttgart 1991.
Dorpalen, A., Hindenburg in der Geschichte der Weimarer Republik, Berlin/Frankfurt am Main 1966 (engl. 1964).
Dreyer, M. / *Lembcke,* O., Die deutsche Diskussion um die Kriegsschuldfrage 1918/19, Berlin 1993.
Elben, W., Das Problem der Kontinuität in der deutschen Revolution. Die Politik der Staatssekretäre und der militärischen Führung vom November 1918 bis Februar 1919, Düsseldorf 1965.
Epstein, K., Matthias Erzberger und das Dilemma der deutschen Demokratie, Berlin/Frankfurt am Main 1962 (engl. 1959).
Erdmann, K.D., Die Geschichte der Weimarer Republik als Problem der Wissenschaft, in: VfZ 3 (1955), S.1-19.
Erdmann, K.D., Gustav Stresemann. Sein Bild in der Geschichte, in: HZ 227 (1978), S.599-616.
Erdmann, K.D., Die Weimarer Republik, in: H. *Grundmann* (Hrsg.), Handbuch der deutschen Geschichte. Begründet von B. Gebhardt, Bd. 4: Die Zeit der Weltkriege, Stuttgart 9. Aufl. 1973, S.145-330 (TB 1989: Bd. 19).

Erdmann, K. D. / *Schulze,* H. (Hrsg.), Weimar. Selbstpreisgabe einer Demokratie. Eine Bilanz heute, Düsseldorf 1984.

Eschenburg, T., Die Rolle der Persönlichkeit in der Krise der Weimarer Republik: Hindenburg, Brüning, Groener, Schleicher, in: VfZ 9 (1961), S.1–29.

Eyck, E., Geschichte der Weimarer Republik, 2 Bde., Erlenbach-Zürich 1954/1956 (ND 1972/1973).

Falter, J. W., Hitlers Wähler, München 1991.

Falter, J. W. / *Hänisch,* D., Die Anfälligkeit von Arbeitern gegenüber der NSDAP bei den Reichstagswahlen 1928–1933, in: Archiv für Sozialgeschichte 26 (1986), S.179–216.

Favez, J.-C., Le Reich devant l'occupation franco-belge de la Ruhr en 1923, Genf 1969.

Feldman, G. D., Der deutsche Organisierte Kapitalismus während der Kriegs- und Inflationsjahre 1914–1923, in: H. A. *Winkler* (Hrsg.), Organisierter Kapitalismus. Voraussetzungen und Anfänge, Göttingen 1974.

Feldman, G. D., Iron and Steel in the German Inflation 1916–1923, Princeton 1977.

Feldman, G. D. (Hrsg.), Die Nachwirkungen der Inflation auf die deutsche Geschichte 1924–1933, München 1985.

Feldman, G. D. / *Holtfrerich,* C.-L. / *Ritter,* G. A. / *Witt,* P.-C. (Hrsg.), Die deutsche Inflation. Eine Zwischenbilanz, Berlin/New York 1982.

Feldman, G. D. / *Holtfrerich,* C.-L. / *Ritter,* G. A. / *Witt,* P.-C. (Hrsg.), Die Erfahrungen der Inflation im internationalen Zusammenhang und Vergleich, Berlin/New York 1984.

Feldman, G. D. / *Holtfrerich,* C.-L. / *Ritter,* G. A. / *Witt,* P.-C. (Hrsg.), Die Anpassung an die Inflation, Berlin/New York 1986.

Felix, D., Walther Rathenau and the Weimar Republic. The Politics of Reparations, Baltimore/London 1971.

Funke, M., Republik im Untergang. Die Zerstörung des Parlamentarismus als Vorbereitung der Diktatur, in: K. D. *Bracher* / M. *Funke* / H.-A. *Jacobsen* (Hrsg.), Die Weimarer Republik 1918–1933. Politik, Wirtschaft, Gesellschaft, Bonn 1987, S.505–531.

Galbraith, J. K., Der große Krach 1929. Die Geschichte einer Illusion, die in den Abgrund führte, Stuttgart 1963 (engl. 1962).

Gay, P., Die Republik der Außenseiter. Geist und Kultur in der Weimarer Zeit, 1918–1933, Frankfurt am Main 1970 (engl. 1968).

Gessner, D., Agrarverbände in der Weimarer Republik. Wirtschaftliche und soziale Voraussetzungen agrarkonservativer Politik vor 1933, Düsseldorf 1976.

Gessner, D., Agrardepression und Präsidialregierungen in Deutschland 1930–1933. Probleme des Agrarprotektionismus am Ende der Weimarer Republik, Düsseldorf 1977.

Gessner, D., Agrarprotektionismus und Welthandelskrise 1929/32. Zum Verhältnis von Agrarpolitik und Handelspolitik in der Endphase der Weimarer Republik, in: Zeitschrift für Agrargeschichte und Agrarsoziologie 26 (1978), S.161–187.

Gessner, D., Das Ende der Weimarer Republik: Fragen, Methoden und Ergebnisse interdisziplinärer Forschung, Darmstadt 1978.

Hansen, E. W., Reichswehr und Industrie. Rüstungswirtschaftliche Zusammenarbeit und wirtschaftliche Mobilmachungsvorbereitungen 1923–1932, Boppard am Rhein 1978.

Hardach, G., Weltmarktorientierung und relative Stagnation. Währungspolitik in Deutschland 1924–1931, Berlin 1976.

Heiber, H., Die Republik von Weimar, München 1966, 18. Aufl. München 1988.

Heinemann, U., Die verdrängte Niederlage. Politische Öffentlichkeit und Kriegsschuldfrage in der Weimarer Republik, Göttingen 1983.

Helbich, W. J., Die Reparationen in der Ära Brüning. Zur Bedeutung des Young-Plans für die Deutsche Politik 1930 bis 1932, Berlin 1962.

Hentschel, V., Weimars letzte Monate. Hitler und der Untergang der Republik, Düsseldorf 1978.

Hentschel, V., Zahlen und Anmerkungen zum deutschen Außenhandel zwischen dem Ersten Weltkrieg und der Wirtschaftskrise, in: Zeitschrift für Unternehmensgeschichte 31 (1986), S.95–116.

Hertz-Eichenrode, D., Wirtschaftskrise und Arbeitsbeschaffung. Konjunkturpolitik 1925/26 und die Grundlagen der Krisenpolitik Brünings, Frankfurt am Main/New York 1982.

Heß, J. C., »Das ganze Deutschland soll es sein«. Demokratischer Nationalismus in der Weimarer Republik am Beispiel der Deutschen Demokratischen Partei, Stuttgart 1978.

Hill, L. E., Signal zur Konterrevolution? Der Plan zum letzten Vorstoß der deutschen Hochseeflotte am 30. Oktober 1918, in: VfZ 36 (1988), S.113–129.

Hillgruber, A., Die politischen Kräfte der Mitte und die Auflösung der Weimarer Republik, in: H. *Bodensieck* (Hrsg.), Preußen, Deutschland und der Westen. Auseinandersetzungen und Beziehungen seit 1789, Göttingen/Zürich 1980, S.155–175.
Hillgruber, A., Die Reichswehr und das Scheitern der Weimarer Republik, in: K.D. *Erdmann* / H. *Schulze* (Hrsg.), Weimar. Selbstpreisgabe einer Demokratie. Eine Bilanz heute, Düsseldorf 1984, S.177–192.
Hirsch, F.E., Gustav Stresemann. Patriot und Europäer, Göttingen 1964.
Hirsch, F.E., Stresemann. Ein Lebensbild, Göttingen/Zürich/Frankfurt am Main 1978.
Holl, K. (Hrsg.), Wirtschaftskrise und liberale Demokratie. Das Ende der Weimarer Republik und die gegenwärtige Situation, Göttingen 1978.
Holl, K. / *Wette,* W. (Hrsg.), Pazifismus in der Weimarer Republik. Beiträge zur historischen Friedensforschung, Paderborn 1981.
Holtfrerich, C.-L., Amerikanische Kapitalexporte und Wiederaufbau der deutschen Wirtschaft 1919–23 im Vergleich zu 1924–29, in: VSWG 64 (1977), S.497–529.
Holtfrerich, C.-L., Die deutsche Inflation 1914–1923. Ursachen und Folgen in internationaler Perspektive, Berlin/New York 1980.
Holtfrerich, C.-L., Die konjunkturanregenden Wirkungen der deutschen Inflation auf die US-Wirtschaft in der Weltwirtschaftskrise 1920/21, in: G.D. *Feldman* / C.-L. *Holtfrerich* / G.A. *Ritter* / P.-C. *Witt* (Hrsg.), Die deutsche Inflation. Eine Zwischenbilanz, Berlin/New York 1982, S.207–234.
Holtfrerich, C.-L., Alternativen zu Brünings Wirtschaftspolitik in der Weltwirtschaftskrise, in: HZ 235 (1982), S.605–631.
Holtfrerich, C.-L., Zu hohe Löhne in der Weimarer Republik? Bemerkungen zur Borchardt-These, in: GG 10 (1984), S.122–141.
Holzbach, H., Das »System Hugenberg«. Die Organisation bürgerlicher Sammlungspolitik vor dem Aufstieg der NSDAP, Stuttgart 1981.
Houwink ten Cate, J., Hjalmar Schacht als Reparationspolitiker (1926–1930), in: VSWG 4 (1987), S.186–228.
Hürter, J., Wilhelm Groener. Reichswehrminister am Ende der Weimarer Republik, München 1993.
James, H., The Reichsbank and Public Finance in Germany 1924–1933: A Study of the Politics of Economics during the Great Depression, Frankfurt am Main 1985.
Jochmann, W., Brünings Deflationspolitik und der Untergang der Weimarer Republik, in: D. *Stegmann* / B.-J. *Wendt* / P.-C. *Witt* (Hrsg.), Industrielle Gesellschaft und politisches System, Bonn 1978, S.97–112.
Kluge, U., Soldatenräte und Revolution. Studien zur Militärpolitik in Deutschland 1918/19, Göttingen 1975.
Kluge, U., Die deutsche Revolution 1918/19. Staat, Politik und Gesellschaft zwischen Weltkrieg und Kapp-Putsch, Frankfurt am Main 1985.
Kolb, E., Die Arbeiterräte in der deutschen Innenpolitik 1918–1919, Düsseldorf 1962, 2. Aufl. Berlin/Wien 1978.
Kolb, E. (Hrsg.), Vom Kaiserreich zur Weimarer Republik, Köln 1972.
Kolb, E., Internationale Rahmenbedingungen einer demokratischen Neuordnung in Deutschland 1918/19, in: L. *Albertin* / W. *Link* (Hrsg.), Politische Parteien auf dem Weg zur parlamentarischen Demokratie in Deutschland: Entwicklungslinien bis zur Gegenwart, Düsseldorf 1981, S.147–176.
Kolb, E., Die Weimarer Republik, München 1984, 3., erw. Aufl. 1988.
Kolb, E., Die sozialdemokratische Strategie in der Ära des Präsidialkabinetts Brüning – Strategie ohne Alternative?, in: U. *Büttner* (Hrsg.), Das Unrechtsregime. Internationale Forschung über den Nationalsozialismus, 2 Bde., Hamburg 1986, S.157–176.
Koszyk, K., Gustav Stresemann. Der kaisertreue Demokrat. Eine Biographie, Köln 1989.
Krüger, P., Deutschland und die Reparationen 1918/19. Die Genesis des Reparationsproblems in Deutschland zwischen Waffenstillstand und Versailler Friedensschluß, Stuttgart 1973.
Krüger, P., Die Rolle der Banken und der Industrie in den deutschen reparationspolitischen Entscheidungen nach dem Ersten Weltkrieg, in: H. *Mommsen* / D. *Petzina* / B. *Weisbrod* (Hrsg.), Industrielles System und politische Entwicklung in der Weimarer Republik, Düsseldorf 1974, S.568–592.
Krüger, P., Die Auswirkungen der Inflation auf die deutsche Geschichte 1924–1933, München 1985.
Lange, H., Julius Curtius (1877–1948). Aspekte einer Politikerbiographie, Diss. phil. Kiel 1970.
Laqueur, W., Weimar. Die Kultur der Republik, Frankfurt am Main/Berlin/Wien 1976, (engl. 1974).
Laubach, E., Die Politik der Kabinette Wirth 1921/22, Lübeck/Hamburg 1968.
Maier, C.S., Recasting Bourgeois Europe. Stabilization in France, Germany, and Italy in the Decade after World War I, Princeton 1975.
Maier, C.S., Die Nicht-Determiniertheit ökonomischer Modelle. Überlegungen zu Knut Borchardts These von der »kranken Wirtschaft« der Weimarer Republik, in: GG 11 (1985), S.275–294.

Matthias, E., Zwischen Räten und Geheimräten. Die deutsche Revolutionsregierung 1918/19, Düsseldorf 1970.

Maurer, I., Reichsfinanzen und Große Koalition. Zur Geschichte des Reichskabinetts Müller (1928–1930), Bern/Frankfurt am Main 1973.

McNeil, W. C., American Money and the Weimar Republic. Economics and Politics on the Eve of the Great Depression, New York 1986.

Meier-Welcker, H., Seeckt, Frankfurt am Main 1967.

Meister, R., Die große Depression: Zwangslagen und Handlungsspielräume der Wirtschafts- und Finanzpolitik in Deutschland 1929–1932, Regensburg 1991.

Meyer, G., Die deutsche Reparationspolitik von der Annahme des Young-Plans im Reichstag (12. März 1930) bis zum Reparationsabkommen auf der Lausanner Konferenz (9. Juli 1932), Diss. phil. Bonn 1991.

Michalka, W. / *Lee*, M. M. (Hrsg.), Gustav Stresemann, Darmstadt 1982.

Miller, S., Die Bürde der Macht. Die deutsche Sozialdemokratie 1918–1920, Düsseldorf 1978.

Möller, H., Weimar. Die unvollendete Demokratie, München 1985, 5. Aufl. 1994.

Mohler, A., Die Konservative Revolution in Deutschland 1918–1932. Grundriß ihrer Weltanschauung, Darmstadt 1972, 3. Aufl. 1989.

Molt, P., Der Reichstag vor der improvisierten Revolution, Köln/Opladen 1963.

Mommsen, H., Die verspielte Freiheit. Der Weg der Republik von Weimar in den Untergang 1918 bis 1933, Berlin 1989.

Mommsen, H. / *Petzina*, D. / *Weisbrod*, B. (Hrsg.), Industrielles System und politische Entwicklung in der Weimarer Republik, Düsseldorf 1974.

Morsey, R., Zur Entstehung, Authentizität und Kritik von Brünings »Memoiren 1918–1934«, Opladen 1975.

Müller, H., Die Zentralbank – eine Nebenregierung. Reichsbankpräsident Hjalmar Schacht als Politiker der Weimarer Republik, Opladen 1973.

Müller, H. H., Der Krieg und die Schriftsteller. Der Kriegsroman und die Weimarer Republik, Stuttgart 1986.

Müller, K.-J. / *Opitz*, E. (Hrsg.), Militär und Militarismus in der Weimarer Republik. Beiträge eines internationalen Symposiums an der Hochschule der Bundeswehr Hamburg am 5. und 6. Mai 1977, Düsseldorf 1978.

Nowak, J. R., Kurt von Schleicher. Soldat zwischen den Fronten, Diss. phil. Würzburg 1969.

Plehwe, F.-K. von, Reichskanzler Kurt von Schleicher. Weimars letzte Chance gegen Hitler, Esslingen 1983.

Rakenius, G. W., Wilhelm Groener als Erster Generalquartiermeister. Die Politik der Obersten Heeresleitung 1918/19, Boppard am Rhein 1977.

Reimer, K., Rheinlandfrage und Rheinlandbewegung (1918–1933). Ein Beitrag zur Geschichte der regionalistischen Bestrebungen in Deutschland, Frankfurt am Main/Bern/Las Vegas 1979.

Riesenberger, D., Die katholische Friedensbewegung in der Weimarer Republik, Düsseldorf 1976.

Rosenberg, A., Entstehung der Weimarer Republik, 19. Aufl. Frankfurt am Main 1981 (urspr. Berlin 1928: Die Entstehung der Deutschen Republik).

Rosenberg, A., Geschichte der Weimarer Republik, 19. Aufl. Frankfurt am Main 1980 (urspr. Karlsbad 1935: Die Geschichte der deutschen Republik).

Ruge, W., Weimar – Republik auf Zeit, Berlin (Ost) 1969.

Ruge, W., Matthias Erzberger. Eine politische Biographie, Berlin (Ost) 1976.

Rürup, R., Probleme der Revolution in Deutschland 1918/19, Wiesbaden 1968.

Rürup, R. / *Kolb*, E. / *Feldman* G. D., Die Massenbewegung der Arbeiterschaft in Deutschland am Ende des Ersten Weltkrieges (1917–1920), in: Politische Vierteljahresschrift 15 (1972), S. 84–105.

Ryder, A. J., The German revolution of 1918. A study of German socialism in war and revolt, Cambridge 1967.

Salewski, M., Das Weimarer Revisionssyndrom, in: Aus Politik und Zeitgeschichte, B 2/80 vom 12. Januar 1980, S. 14–25.

Schaefer, R., SPD in der Ära Brüning: Tolerierung oder Mobilisierung? Handlungsspielräume und Strategien sozialdemokratischer Politik 1930–1932, Frankfurt am Main/New York 1990.

Schildt, A., Militärdiktatur mit Massenbasis? Die Querfrontkonzeption der Reichswehrführung um General von Schleicher am Ende der Weimarer Republik, Frankfurt am Main/New York 1981.

Schulin, E., Walther Rathenau. Repräsentant, Kritiker und Opfer seiner Zeit, Göttingen/Zürich/Frankfurt am Main 1979.

Schulz, G., Zwischen Demokratie und Diktatur. Verfassungspolitik und Reichsreform in der Weimarer

Republik. Bd. 1. : Die Periode der Konsolidierung und der Revision des Bismarckschen Reichsaufbaus 1919–1930, Berlin 1963, Bd. 2. : Deutschland am Vorabend der Großen Krise, Berlin/New York 1987, Bd. 3. : Von Brüning zu Hitler. Der Wandel des politischen Systems in Deutschland 1930–1933, Berlin/New York 1992.
Schulz, G., Erinnerungen an eine mißlungene Restauration. Heinrich Brüning und seine Memoiren, in: Der Staat 11 (1972), S.61–81.
Schulz, G. (Hrsg.), Ploetz. Weimarer Republik. Eine Nation im Umbruch, Freiburg im Breisgau/Würzburg 1987.
Schulze, H., Freikorps und Republik 1918–1920, Boppard am Rhein 1969.
Schulze, H., Otto Braun oder Preußens demokratische Sendung. Eine Biographie, Frankfurt am Main/Berlin/Wien 1977.
Schulze, H., Weimar. Deutschland 1917–1933, Berlin 1982.
Schwarz, A., Die Weimarer Republik, Frankfurt am Main 1968.
Schwarz, H.-P., Der konservative Anarchist. Politik und Zeitkritik Ernst Jüngers, Freiburg 1962.
Schwierskott, H.-J., Arthur Moeller van den Bruck und der revolutionäre Nationalismus in der Weimarer Republik, Göttingen/Berlin/Frankfurt am Main 1962.
Sontheimer, K., Die Idee des Reiches im politischen Denken der Weimarer Republik, in: GWU 13 (1962), S.205–221.
Sontheimer, K., Antidemokratisches Denken in der Weimarer Republik. Die politischen Ideen des deutschen Nationalismus zwischen 1918 und 1933, München 1962 (TB 1992).
Spiller, J.-O., Reformismus nach rechts. Zur Politik des Reichsverbandes der Deutschen Industrie in den Jahren 1927–1930 am Beispiel der Reparationspolitik, in: H. *Mommsen* / D. *Petzina* / B. *Weisbrod* (Hrsg.), Industrielles System und politische Entwicklung in der Weimarer Republik, Düsseldorf 1974, S.593–602.
Stegmann, D., Deutsche Zoll- und Handelspolitik 1924/25–1929 unter besonderer Berücksichtigung agrarischer und industrieller Interessen, in: H. *Mommsen* / D. *Petzina* / B. *Weisbrod* (Hrsg.), Industrielles System und politische Entwicklung in der Weimarer Republik, Düsseldorf 1974, S.499–513.
Stürmer, M. (Hrsg.), Die Weimarer Republik: Belagerte Civitas, Königstein im Taunus 1980, 2. Aufl. 1985.
Thimme, A., Gustav Stresemann. Eine politische Biographie zur Geschichte der Weimarer Republik, Hannover/Frankfurt am Main 1957.
Thimme, R., Stresemann und die deutsche Volkspartei 1923–1925, Lübeck/Hamburg 1961.
Trumpp, T., Franz von Papen, der preußisch-deutsche Dualismus und die NSDAP in Preußen. Ein Beitrag zur Vorgeschichte des 20. Juli 1932, Diss. phil. Tübingen 1963.
Turner, H. A., Stresemann – Republikaner aus Vernunft, Berlin/Frankfurt am Main 1968, (engl. 1963).
Vallentin, A., Stresemann. Vom Werden einer Staatsidee, München/Leipzig 1948.
Vogelsang, T., Zur Politik Schleichers gegenüber der NSDAP 1932, in: VfZ 6 (1958), S.86–118.
Vogelsang, T., Reichswehr, Staat und NSDAP. Beiträge zur deutschen Geschichte 1930–1932, Stuttgart 1962.
Vogelsang, T., Kurt von Schleicher. Ein General als Politiker, Göttingen 1965.
Vogt, M., Die Weimarer Republik (1918–1933), in: Ders. (Hrsg.): Deutsche Geschichte. Begründet von P. *Rassow*, 2. Aufl. Stuttgart 1991, S.568–645.
Wandel, E., Die Bedeutung der Vereinigten Staaten von Amerika für das deutsche Reparationsproblem 1924–1929, Tübingen 1971.
Weisbrod, B., Schwerindustrie in der Weimarer Republik. Interessenpolitik zwischen Stabilisierung und Krise, Wuppertal 1978.
Wengst, U., Heinrich Brüning und die »konservative Alternative«. Kritische Anmerkungen zu neuen Thesen über die Endphase der Weimarer Republik, in: Aus Politik und Zeitgeschichte, B 50/80 vom 13. Dezember 1980, S.19–26.
Winkler, H. A., Die Sozialdemokratie und die Revolution 1918/19. Ein Rückblick nach sechzig Jahren, Berlin/Bonn 1979.
Winkler, H. A., Arbeiter und Arbeiterbewegung in der Weimarer Republik. Bd. 1: Von der Revolution zur Stabilisierung 1918–1924, Bonn/Berlin 1984, Bd. 2: Der Schein der Normalität 1924–1930, Bonn/Berlin 1985, Bd. 3: Der Weg in die Katastrophe 1930–1933, Bonn/Berlin 1987.
Winkler, H. A., Weimar 1918–1933: Die Geschichte der ersten deutschen Demokratie, München 1993.
Wohlfeil, R., Heer und Republik, in: Handbuch zur deutschen Militärgeschichte 1648–1939, Abschnitt 6, Frankfurt am Main 1970, 2. Aufl. München 1979, S.11–303.
Wulf, P., Hugo Stinnes. Wirtschaft und Politik 1918–1924, Stuttgart 1979.
Zeidler, M., Reichswehr und Rote Armee 1920–1933. Wege und Stationen einer ungewöhnlichen Zusammenarbeit, München 1993.

Zur Geschichte der deutschen Außenpolitik 1918–1933

Ambrosius, L. E., Secret German-American negotiations during the Paris Peace Conference, in: Amerikastudien 24 (1979), S.288–309.
Artaud, D., La reconstruction de l'Europe, 1919–1929, Paris 1973.
Artaud, D., La question des dettes interalliées et la reconstruction de l'Europe (1917–1929), Lille-Paris 1978.
Artaud, D., Die Hintergründe der Ruhrbesetzung 1923. Das Problem der interalliierten Schulden, in: VfZ 27 (1979), S.241–259.
Bariéty, J., Les relations franco-allemandes après la première guerre mondiale. 10 Novembre 1918–10 Janvier 1925, de l'exécution à la négociation, Paris 1977.
Bariéty, J., Finances et relations internationales: A propos du »plan de Thoiry« (septembre 1926), in: Relations Internationales 21 (1980), S.51–70.
Bariéty, J., Der Tardieu-Plan zur Sanierung des Donauraums (Februar–Mai 1932), in: J. *Becker* / K. *Hildebrand* (Hrsg.), Internationale Beziehungen in der Weltwirtschaftskrise 1929–1933. Referate und Diskussionsbeiträge eines Augsburger Symposions 29. März bis 1. April 1979, München 1980, S.361–387.
Bariéty, J. / *Bloch*, C., Une tentative de réconciliation franco-allemande et son échec (1932–1933), in: Revue d'Histoire moderne et contemporaine 15 (1968), S.433–460.
Baumgart, W., Deutsche Ostpolitik 1918–1926, in: A. *Fischer* / G. *Moltmann* / K. *Schwabe* (Hrsg.), Rußland – Deutschland – Amerika. Festschrift für Fritz T. Epstein zum 80. Geburtstag, Wiesbaden 1978, S.239–256.
Becker, J., La politique révisionniste du Reich de la mort de Stresemann à l'avènement de Hitler, in: La France et l'Allemagne, 1932–1936. Communications présentées au Colloque franco-allemand tenu à Paris (Palais du Luxembourg, salle Médicis) du 10 au 12 mars 1977, Paris 1980, S.15–26.
Becker, J., Probleme der Außenpolitik Brünings, in: J. *Becker* / K. *Hildebrand* (Hrsg.), Internationale Beziehungen in der Weltwirtschaftskrise 1929–1933. Referate und Diskussionsbeiträge eines Augsburger Symposions 29. März bis 1. April 1979, München 1980, S.265–286.
Becker, J. / *Hildebrand*, K. (Hrsg.), Internationale Beziehungen in der Weltwirtschaftskrise 1929–1933. Referate und Diskussionsbeiträge eines Augsburger Symposions 29. März bis 1. April 1979, München 1980.
Beitel, W. / *Nötzold*, J., Deutsch-sowjetische Wirtschaftsbeziehungen in der Zeit der Weimarer Republik. Eine Bilanz im Hinblick auf gegenwärtige Probleme, Baden-Baden 1979.
Bennett, E. W., Germany and the Diplomacy of the Economical Crisis 1931, Cambridge 1962.
Bennett, E. W., German Rearmament and the West, 1932–1933, Princeton 1979.
Berg, M., Gustav Stresemann und die Vereinigten Staaten von Amerika. Weltwirtschaftliche Verflechtung und Revisionspolitik 1907–1929, Baden-Baden 1990.
Bertram-Libal, G., Aspekte der britischen Deutschlandpolitik 1919–1922, Göppingen 1972.
Bertram-Libal, G., Die britische Politik in der Oberschlesienfrage 1919–1922, in: VfZ 20 (1972), S.105–132.
Boadle, D. G., Winston Churchill and the German question in British foreign policy, 1918–1922, Den Haag 1973.
Boetticher, M. von, Industrialisierungspolitik und Verteidigungskonzeption der UdSSR 1926–1930. Herausbildung des Stalinismus und »äußere Bedrohung«, Düsseldorf 1979.
Boisvert, J.-J., Les relations franco-allemandes en 1920, Montreal 1977.
Borowsky, P., Die »bolschewistische Gefahr« und die Ostpolitik der Volksbeauftragten in der Revolution 1918/19, in: D. *Stegmann* / B.-J. *Wendt* / P.-C. *Witt* (Hrsg.), Industrielle Gesellschaft und politisches System. Beiträge zur politischen Sozialgeschichte. Festschrift für Fritz Fischer zum siebzigsten Geburtstag, Bonn 1978, S.389–403.
Bosl, K. (Hrsg.), Versailles – St. Germain – Trianon. Umbruch in Europa vor fünfzig Jahren, München/Wien 1971.
Bosl, K. (Hrsg.), Gleichgewicht – Revision – Restauration. Die Außenpolitik der Ersten Tschechoslowakischen Republik im Europasystem der Pariser Vororteverträge, München/Wien 1976.
Bournazel, R., Rapallo. Ein französisches Trauma, Köln 1976 (frz. 1974).
Boyce, R. W. D., Britain's First »No« to Europe: Britain and the Briand Plan, 1929–30, in: European Studies Review 10 (1980), S.17–45.
Brink, M., Deutschlands Stellung zum Völkerbund in den Jahren 1918/19 bis 1922 unter besonderer Berücksichtigung der politischen Parteien und der Pazifisten-Vereinigungen, Diss. phil. Berlin 1968.
Broszat, M., Außen- und innenpolitische Aspekte der preußisch-deutschen Minderheitspolitik in der Ära

Stresemann, in: K. *Kluxen* / W.J. *Mommsen* (Hrsg.), Politische Ideologien und nationalstaatliche Ordnung, München/Wien 1968, S.393–445.
Bulhak, H., La Pologne et les relations franco-allemandes, 1925–1932. Perspective polonaise, in: Acta Poloniae Historica 46 (1982), S.141–158.
Campbell, F. G., The Struggle for Upper Silesia, 1919–1922, in: JMH 42 (1970), S.361–385.
Campbell, F. G., Confrontation in Central Europe: Weimar Germany and Czechoslovakia, Chicago/London 1975.
Castellan, G., Le Réarmement Clandestin du Reich 1930–1935, Paris 1954.
Chen Chi, Die Beziehungen zwischen Deutschland und China bis 1933, Hamburg 1973.
Conte, F., Lloyd George et le traité de Rapallo, in: Revue d'Histoire moderne et contemporaine 23 (1976), S.44–67.
Conze, W., Deutschlands weltpolitische Sonderstellung in den zwanziger Jahren, in: VfZ 9 (1961), S.166–177.
Crozier, A.J., Imperial Decline and the Colonial Question in Anglo-German Relations 1919–39, in: European Studies Review 11 (1981), S.207–242.
Crozier, A.J., Die Kolonialfrage während der Locarno-Verhandlungen und danach. Ein Essay über die Beziehungen zwischen Großbritannien und Deutschland 1924–1927, in: W. *Michalka* / M.M. *Lee* (Hrsg.), Gustav Stresemann, Darmstadt 1982, S.324–349.
Deist, W., Brüning, Herriot und die Abrüstungsgespräche von Bessinge 1932, in: VfZ 5 (1957), S.265–272.
Deist, W., Schleicher und die deutsche Abrüstungspolitik im Juni/Juli 1932, in: VfZ 7 (1959), S.163–176.
Dichtl, K. / *Ruge*, W., Zu den Auseinandersetzungen innerhalb der Reichsregierung über den Locarnopakt 1925, in: ZfG 22 (1974), S.64–88.
Dickmann, F., Die Kriegsschuldfrage auf der Friedenskonferenz von Paris 1919, in: HZ 197 (1963), S.1–101.
Dockrill, M. L. / *Goold*, J. D., Peace without Promise. Britain and the Peace Conferences 1919–1923, London 1981.
Dohrmann, B., Die englische Europapolitik in der Wirtschaftskrise 1921–1923. Zur Interdependenz von Wirtschaftsinteressen und Außenpolitik, München/Wien 1980.
Dolezel, S., Die deutsch-tschechoslowakischen Beziehungen von ihren Anfängen bis zum Ausgang der Ära Stresemann (1918–1929), in: K. *Bosl* (Hrsg.), Die demokratisch-parlamentarische Struktur der Ersten Tschechoslowakischen Republik. Vorträge der Tagung des Collegium Carolinum in Bad Wiessee am Tegernsee vom 28.11. bis 1.12. 1974, München/Wien 1975, S.225–246.
Doß, K., Das deutsche Auswärtige Amt im Übergang vom Kaiserreich zur Weimarer Republik. Die Schülersche Reform, Düsseldorf 1977.
Doß, K., Zwischen Weimar und Warschau. Ulrich Rauscher. Deutscher Gesandter in Polen, 1922–1930. Eine politische Biographie, Düsseldorf 1984.
Dülffer, J., Die französische Deutschlandpolitik nach dem Ersten Weltkrieg, in: Archiv für Sozialgeschichte 21 (1981), S.593–601.
Düwell, K., Deutschlands auswärtige Kulturpolitik, 1918–1932. Grundlinien und Dokumente, Köln/Wien 1976.
Düwell, K., Die Gründung der Kulturpolitischen Abteilung im Auswärtigen Amt 1919/20 als Neuansatz. Inhaltliche und organisatorische Strukturen der Reform auswärtiger Kulturpolitik nach dem Ersten Weltkrieg, in: K. *Düwell* / W. *Link* (Hrsg.), Deutsche auswärtige Kulturpolitik seit 1871. Geschichte und Struktur, Köln 1981, S.46–61.
Dyck, H.L., Weimar Germany and Soviet Russia, 1926–1933, London 1966.
Eichwede, W., Revolution und Internationale Politik. Zur kommunistischen Interpretation der kapitalistischen Welt 1921–1925, Köln/Wien 1971.
Elcock, H., Portrait of a Decision. The Council of Four and the Treaty of Versailles, London 1972.
Enssle, M.J., Stresemann's Territorial Revisionism. Germany, Belgium, and the Eupen-Malmédy Question 1919–1924, Wiesbaden 1980.
Erdmann, K. D., Der Europaplan Briands im Lichte der englischen Akten, in: GWU 1 (1950), S.16–32.
Erdmann, K. D., Das Problem der Ost- oder Westorientierung in der Locarno-Politik Stresemanns, in: GWU 6 (1955), S.133–162.
Erdmann, K. D., Deutschland, Rapallo und der Westen, in: VfZ 11 (1963), S.105–165.
Erdmann, K. D., Adenauer in der Rheinlandpolitik nach dem Ersten Weltkrieg, Stuttgart 1966.
Erdmann, K. D., Stresemann und Adenauer – zwei Wege deutscher Politik, in: O. *Franz* (Hrsg.), Vom Sinn der Geschichte, Stuttgart 1976, S.228–244.

Erdmann, K. D., Gustav Stresemann. The Revision of Versailles and the Weimar Parliamentary System, London 1980.
Erdmann, K. D. / *Grieser,* H., Die deutsch-sowjetischen Beziehungen in der Zeit der Weimarer Republik als Problem der deutschen Innenpolitik, in: GWU 26 (1975), S.403–426.
Fellner, F., Die Pariser Vorortverträge von 1919/20, in: K. *Bosl* (Hrsg.), Versailles – St. Germain – Trianon. Umbruch in Europa vor fünfzig Jahren, München/Wien 1971, S.7–23.
Fellner, F., Die Friedensordnung von Paris 1919–20. Machtdiktat oder Rechtsfriede? Versuch einer Interpretation, in: I. *Ackerl* / W. *Hummelberger* / H. *Mommsen* (Hrsg.), Politik und Gesellschaft im alten und neuen Österreich. Festschrift für Rudolf Neck zum 60. Geburtstag, Band 2, München 1981, S.39–54.
Fellner, F., Der Vertrag von St. Germain, in: E. *Weinzierl* / K. *Skalnik* (Hrsg.), Österreich 1918–1938. Geschichte der Ersten Republik, Band 1, Graz/Wien/Köln 1983, S.85–106.
Ferrell, R. H., Peace in their time. The origins of the Kellogg-Briand pact, New Haven (Conn.) 1952.
Fink, C., Defender of Minorities: Germany in the League of Nations, 1926–1933, in: CEH 5 (1972), S.330–357.
Fink, C., Stresemann's Minority Policies, 1924–29, in: JCH 14 (1979), S.403–422.
Fink, C., The Genoa Conference. European Diplomacy, 1921–1922, Chapel Hill/London 1984.
Fink, C. / *Frohn,* A. / *Heideking,* J. (Hrsg.), Genoa, Rapallo and European Reconstruction in 1922, Cambridge u. a. 1991.
Floto, I., Colonel House in Paris. A Study of American Policy at the Paris Peace Conference 1919, Aarhus 1973.
Fry, M. G., Illusions of Security. North Atlantic Diplomacy 1918–22, Toronto/Buffalo 1972.
Frommelt, R., Paneuropa oder Mitteleuropa. Einigungsbestrebungen im Kalkül deutscher Wirtschaft und Politik 1925–1933, Stuttgart 1977.
Gasiorowski, Z. J., Stresemann and Poland before Locarno, in: Journal of Central European Affairs 18 (1958), S.25–47.
Gatzke, H. W., Stresemann and the Rearmament of Germany, Baltimore 1954.
Geigenmüller, E., Botschafter von Hoesch und der deutsch-österreichische Zollunionsplan von 1931, in: HZ 195 (1962), S.581–595.
Geigenmüller, E., Botschafter von Hoesch und die Räumungsfrage, in: HZ 200 (1965), S.606–620.
Gescher, D. B., Die Vereinigten Staaten von Nordamerika und die Reparationen 1920–1924. Eine Untersuchung der Reparationsfrage auf der Grundlage amerikanischer Akten, Bonn 1956.
Geyer, M., Die Konferenz für die Herabsetzung und Beschränkung der Rüstungen und das Problem der Abrüstung, in: J. *Becker* / K. *Hildebrand* (Hrsg.), Internationale Beziehungen in der Weltwirtschaftskrise 1929–1933. Referate und Diskussionsbeiträge eines Augsburger Symposions 29. März bis 1. April 1979, München 1980, S.155–202.
Geyer, M., Aufrüstung oder Sicherheit. Die Reichswehr in der Krise der Machtpolitik 1924–1936, Wiesbaden 1980.
Gincberg, L., Joseph Wirth und die Rapallopolitik, in: Jahrbuch für Geschichte der sozialistischen Länder Europas 26 (1983), S.23–42.
Glashagen, W., Die Reparationspolitik Heinrich Brünings 1930–1931. Studien zum wirtschafts- und außenpolitischen Entscheidungsprozeß in der Auflösungsphase der Weimarer Republik, Diss. phil. Bonn 1980.
Goldbach, M.-L., Karl Radek und die deutsch-sowjetischen Beziehungen 1918–1923, Bonn 1973.
Goldberg, G., The Peace to End Peace. The Paris Peace Conference of 1919, New York 1969.
Gosmann, W., Die Stellung der Reparationsfrage in der Außenpolitik der Kabinette Brüning, in: J. *Becker* / K. *Hildebrand* (Hrsg.), Internationale Beziehungen in der Weltwirtschaftskrise 1929–1933. Referate und Diskussionsbeiträge eines Augsburger Symposions 29. März bis 1. April 1979, München 1980, S.237–263.
Gottwald, R., Die deutsch-amerikanischen Beziehungen in der Ära Stresemann, Berlin 1965.
Graml, H., Die Rapallo-Politik im Urteil der westdeutschen Forschung, in: VfZ 18 (1970), S.366–391.
Graml, H., Präsidialsystem und Außenpolitik, in: VfZ 21 (1973), S.134–145.
Grathwol, R. P., Germany and the Eupen-Malmédy Affair 1924–26: »Here Lies the Spirit of Locarno«, in: CEH 8 (1975), S.221–250.
Grathwol, R. P., Stresemann and the DNVP: Reconciliation or Revenge in German Foreign Policy 1924–1928, Lawrence 1980.
Grathwol, R. P., Gustav Stresemann. Betrachtungen über seine Außenpolitik, in: W. *Michalka* / M. M. *Lee* (Hrsg.), Gustav Stresemann, Darmstadt 1982, S.224–249.

Grieser, H., Die Sowjetpresse über Deutschland in Europa 1922–1932, Stuttgart 1970.
Gründer, H., Walter Simons als Staatsmann, Jurist und Kirchenpolitiker, Neustadt 1975.
Grupp, P., Deutsche Außenpolitik im Schatten von Versailles 1918–1920. Zur Politik des Auswärtigen Amts vom Ende des Ersten Weltkriegs und der Novemberrevolution bis zum Inkrafttreten des Versailler Vertrags, Paderborn 1988.
Grupp, P., Harry Graf Kessler als Diplomat, in: VfZ 40 (1992), S.61–78.
Grupp, P. / *Jardin,* P., Das Auswärtige Amt und die Entstehung der Weimarer Verfassung, in: Francia 9 (1981), S.473–493.
Guillen, P., La politique douanière de la France dans les années vingts, in: Relations Internationales 16 (1978), S.315–331.
Hagspiel, H., Verständigung zwischen Deutschland und Frankreich? Die deutsch-französische Außenpolitik der zwanziger Jahre im innenpolitischen Kräftefeld beider Länder, Bonn 1987.
Haupts, L., Deutsche Friedenspolitik 1918–19. Eine Alternative zur Machtpolitik des Ersten Weltkrieges, Düsseldorf 1976.
Haupts, L., Graf Brockdorff-Rantzau. Diplomat und Minister in Kaiserreich und Republik, Göttingen/Zürich 1984.
Hauser, O., Der Plan einer deutsch-österreichischen Zollunion von 1931 und die europäische Föderation, in: HZ 179 (1955), S.45–92.
Hecker, G., Walther Rathenau und sein Verhältnis zu Militär und Krieg, Boppard am Rhein 1983.
Heideking, J., Areopag der Diplomaten. Die Pariser Botschafterkonferenz der alliierten Hauptmächte und die Probleme der europäischen Politik, 1920–1931, Husum 1979.
Heideking, J., Vom Versailler Vertrag zur Genfer Abrüstungskonferenz. Das Scheitern der alliierten Militärkontrollpolitik gegenüber Deutschland nach dem Ersten Weltkrieg, in: MGM 28 (1980), S.45–68.
Helbich, W. J., Between Stresemann and Hitler. The Foreign Policy of the Brüning Government, in: World Politics 12 (1959/60), S.24–44.
Helbig, H., Die Träger der Rapallo-Politik, Göttingen 1958.
Heß, J. C., Europagedanke und nationaler Revisionismus. Überlegungen zu ihrer Verknüpfung in der Weimarer Republik am Beispiel Wilhelm Heiles, in: HZ 225 (1977), S.572–622.
Hiden, J., The Weimar Republic and the Problem of the Auslandsdeutsche, in: JCH 12 (1977), S.273–289.
Hiden, J., The Baltic States and Weimar Ostpolitik, Cambridge u. a. 1987.
Hildebrand, K., Das Deutsche Reich und die Sowjetunion im internationalen System, 1918–1932. Legitimität oder Revolution?, Wiesbaden 1977.
Hillgruber, A.,»Revisionismus« – Kontinuität und Wandel in der Außenpolitik der Weimarer Republik, in: HZ 237 (1983), S.597–621.
Himmer, R., Rathenau, Russia and Rapallo, in: CEH 9 (1976), S.146–183.
Holl, K., Europapolitik im Vorfeld der deutschen Regierungspolitik. Zur Tätigkeit proeuropäischer Organisationen in der Weimarer Republik, in: HZ 219 (1974), S.33–94.
Höltje, C., Die Weimarer Republik und das Ostlocarno-Problem 1919–1934. Revision oder Garantie der deutschen Ostgrenze von 1919, Würzburg 1958.
Holz, K. A., Die Diskussion um den Dawes- und Young-Plan in der deutschen Presse, 2 Bde., Frankfurt am Main u.a 1977.
Höpfner, H.-P., Deutsche Südosteuropapolitik in der Weimarer Republik, Frankfurt am Main/Bern 1983.
Höpfner, H.-P., Bessarabien und die Weimarer Außenpolitik, in: Jahrbücher für Geschichte Osteuropas NF 32 (1984), S.234–240.
Hovi, K., Cordon sanitaire or barrière de l'est? The emergence of the new French Eastern European alliance policy 1917–1919, Turku 1975.
Hovi, K., Alliance de revers. Stabilization of France's alliance policies in East Central Europe 1919–1921, Turku 1984.
Jacobson, J., Locarno Diplomacy. Germany and the West, 1925–1929, Princeton 1972.
Jacobson, J., Strategies of French Foreign Policy after World War I, in: JMH 55 (1983), S.78–95.
Jacobson, J. / *Walker,* J. T., The Impulse for a Franco-German Entente: The Origins of the Thoiry Conference 1926, in: JCH 10 (1975), S.157–181.
Jaitner, K., Aspekte britischer Außenpolitik 1930–1932, in: J. *Becker* / K. *Hildebrand* (Hrsg.), Internationale Beziehungen in der Weltwirtschaftskrise 1929–1933. Referate und Diskussionsbeiträge eines Augsburger Symposions 29. März bis 1. April 1979, München 1980, S.21–38.
Jaitner, K., Deutschland, Brüning und die Formulierung der britischen Außenpolitik Mai 1930 bis Juni 1932, in: VfZ 28 (1980), S.440–486.

Jones, K. P., Stresemann, the Ruhr Crisis, and Rhenish Separatism: A Case Study of Westpolitik, in: European Studies Revue 7 (1977), S.311–340.

Kaiser, A., Lord D'Abernon und die Entstehungsgeschichte der Locarno-Verträge, in: VfZ 34 (1986), S.85–104.

Kaiser, A., Lord D'Abernon und die englische Deutschlandpolitik 1920–1926, Frankfurt am Main u. a. 1989.

Kellermann, V., Schwarzer Adler, weißer Adler. Die Polenpolitik der Weimarer Republik, Köln 1970.

Kent, B., The Spoils of War. The Politics, Economics, and Diplomacy of Reparations 1918–1932, Oxford 1989.

Kimmich, C. M., The Free City. Danzig and German Foreign Policy 1919–1934, New Haven/London 1968.

Kimmich, C. M., Germany and the League of Nations, Chicago/London 1976.

Kleßmann, C., Der polnisch-sowjetische Krieg von 1920 als europäisches Problem, in: U. *Haustein* / G. *Strobel* / G. *Wagner* (Hrsg.), Ostmitteleuropa. Berichte und Forschungen. Gotthold Rhode zum 28. Januar 1981, Stuttgart 1981, S.310–334.

Klinkhammer, R., Die Außenpolitik der Sozialdemokratischen Partei Deutschlands in der Zeit der Weimarer Republik, Diss. phil. Freiburg im Breisgau 1955.

Klümpen, H., Deutsche Außenpolitik zwischen Versailles und Rapallo. Revisionismus oder Neuorientierung?, Münster/Hamburg 1992.

Knipping, F., Deutschland, Frankreich und das Ende der Locarno-Ära 1928–1931. Studien zur internationalen Politik in der Anfangsphase der Weltwirtschaftskrise, München 1987.

Köhler, H., Novemberrevolution und Frankreich. Die französische Deutschlandpolitik 1918–1919, Düsseldorf 1980.

Krekeler, N., Revisionsanspruch und Geheime Ostpolitik der Weimarer Republik. Die Subventionierung der deutschen Minderheiten in Polen, Stuttgart 1973.

Krieger, W., Labour Party und Weimarer Republik. Ein Beitrag zur Außenpolitik der britischen Arbeiterbewegung zwischen Programmatik und Parteitaktik (1918–1924), Bonn 1978.

Krüger, P., Beneš und die europäische Wirtschaftskonzeption des deutschen Staatssekretärs Carl von Schubert, in: Bohemia 14 (1973), S.320–339.

Krüger, P., Friedenssicherung und deutsche Revisionspolitik. Die deutsche Außenpolitik und die Verhandlungen über den Kellogg-Pakt, in: VfZ 22 (1974), S.227–257.

Krüger, P., Die Reparationen und das Scheitern einer deutschen Verständigungspolitik auf der Pariser Friedenskonferenz im Jahre 1919, in: HZ 221 (1975), S.326–372.

Krüger, P., Der deutsch-polnische Schiedsvertrag von 1925 im Rahmen der Locarno-Verträge, in: HZ 230 (1980), S.577–612.

Krüger, P., La politique extérieure allemande et les relations franco-polonaises (1918–1932), in: Revue d'Histoire diplomatique 95 (1981), S.264–294.

Krüger, P., Das Reparationsproblem der Weimarer Republik in fragwürdiger Sicht. Kritische Überlegungen zur neuesten Forschung, in: VfZ 29 (1981), S.21–47.

Krüger, P., Die »Westpolitik« in der Weimarer Republik, in: H. *Köhler* (Hrsg.), Deutschland und der Westen, Berlin 1984, S.105–130.

Krüger, P., Die Ansätze zu einer europäischen Wirtschaftsgemeinschaft in Deutschland nach dem Ersten Weltkrieg, in: H. *Berding* (Hrsg.), Wirtschaftliche und politische Integration in Europa im 19. und 20. Jahrhundert, Göttingen 1984, S.149–168.

Krüger, P., Die Außenpolitik der Republik von Weimar, Darmstadt 1985, 2. Aufl. 1993.

Krüger, P., Struktur, Organisation und außenpolitische Wirkungsmöglichkeiten der leitenden Beamten des Auswärtigen Dienstes 1921–1933, in: K. *Schwabe*, (Hrsg.), Das Diplomatische Korps 1871–1945, Boppard am Rhein 1985, S.101–169.

Krüger, P., Versailles. Deutsche Außenpolitik zwischen Revisionismus und Friedenssicherung, München 1986.

L'Huillier, F., Dialogues franco-allemands (1925–1933), Paris 1971.

Lee, M. M., Failure in Geneva. The German Foreign Ministry and the League of Nations 1926–1933, Ann Arbor 1977.

Lee, M. M., Disarmament and security. The German security proposals in the League of Nations, 1926–1930. A study in revisionist aims in an international organization, in: MGM 25 (1979), S.35–45.

Lee, M. M. / *Michalka*, W. (Hrsg.), German Foreign Policy 1917–33. Continuity or Break?, Leamington Spa/Hamburg/New York 1987.

Leffler, M. P., The Elusive Quest. America's Pursuit of European Stability and French Security, 1919–1933, Chapel Hill 1979.

Leonhardt, F. H., Aristide Briand und seine Deutschlandpolitik, Diss. phil. Heidelberg 1951.
Link, W., Die Ruhrbesetzung und die wirtschaftspolitischen Interessen der USA, in: VfZ 17 (1969), S.373–382.
Link, W., Die amerikanische Stabilisierungspolitik in Deutschland 1921–32, Düsseldorf 1970.
Link, W., Der amerikanische Einfluß auf die Weimarer Republik in der Dawesplanphase (Elemente eines »penetrierten Systems«), in: H. *Mommsen* / D. *Petzina* / B. *Weisbrod* (Hrsg.), Industrielles System und politische Entwicklung in der Weimarer Republik, Düsseldorf 1974, S.485–498.
Link, W., Die Beziehungen zwischen der Weimarer Republik und den USA, in: M. *Knapp* / W. *Link* / H.J. *Schröder* / K. *Schwabe* (Hrsg.), Die USA und Deutschland 1918–1975. Deutsch-amerikanische Beziehungen zwischen Rivalität und Partnerschaft, München 1978, S.62–106.
Linke, H.G., Deutsch-sowjetische Beziehungen bis Rapallo, Köln 1970, 2. Aufl. 1972.
Lipgens, W., Europäische Einigungsidee 1923–1930 und Briands Europaplan im Urteil der deutschen Akten, in: HZ 203 (1966), S.46–89 und S.316–363.
Lippelt, H., »Politische Sanierung« – Zur deutschen Politik gegenüber Polen 1925/26, in: VfZ 19 (1971), S.323–373.
Low, A.D., The Anschluss Movement 1918–1919 and the Paris Peace Conference, Philadelphia 1974.
Lundgreen-Nielsen, K., The Polish Problem at the Paris Peace Conference. A Study of the Policies of the Great Powers and the Poles, 1918–1919, Odense 1979.
Manfred, A., Der Deutsch-Tschechoslowakische Schiedsvertrag von 1925 im Rahmen der Locarno-Verträge, München/Wien 1970.
Marks, S., The Illusion of Peace. International Relations in Europe 1918–1933, London/Basingstoke 1976, 5. Aufl. 1983.
Marks, S., The Myths of Reparations, in: CEH 11 (1978), S.231–255.
Marks, S., Innocent Abroad. Belgium at the Paris Peace Conference of 1919, Chapel Hill 1981.
Marks, S., Fährnisse der Gipfeldiplomatie. Die Entscheidung zur Räumung Düsseldorfs, Duisburgs und Ruhrorts im Jahre 1924, in: VfZ 34 (1986), S.561–584.
Masuzoe, Y., Security and coercion. Foreign policy of Aristide Briand in 1921 and 1922 with special reference to his politics toward Germany, in: Comparative Studies of Culture 16 (1977), S.29–40.
Maxelon, M.-O., Stresemann und Frankreich 1914–1929. Deutsche Politik der Ost-West-Balance, Düsseldorf 1972.
Mayer, A.J., Politics and Diplomacy of Peacemaking. Containment and Counterrevolution at Versailles, 1918–1919, London 1968.
McDougall, W.A., France's Rhineland diplomacy, 1914–1924. The last bid for a balance of power in Europe, Princeton 1978.
Megerle, K., Deutsche Außenpolitik 1925. Ansatz zu aktivem Revisionismus, Bern/Frankfurt am Main 1974.
Megerle, K., Danzig, Korridor und Oberschlesien. Zur deutschen Revisionspolitik gegenüber Polen in der Locarnodiplomatie, in: Jahrbuch für die Geschichte Mittel- und Ostdeutschlands 25 (1976), S.145–178.
Megerle, K., Weltwirtschaftskrise und Außenpolitik. Zum Problem der Kontinuität der deutschen Politik in der Endphase der Weimarer Republik, in: J. *Bergmann* / K. *Megerle* / P. *Steinbach* (Hrsg.), Geschichte als politische Wissenschaft. Sozialökonomische Ansätze, Analyse politikhistorischer Phänomene, politologische Fragestellungen in der Geschichte, Stuttgart 1979, S.116–140.
Menze, H., Deutsch-österreichische Anschlußversuche vor 1933, insbesondere 1931, Diss. phil. Freiburg im Breisgau 1957.
Michalka, W., Die Außenpolitik von Weimar (I). Zwischen Revisionismus und Neuansatz 1918–1922, in: Neue Politische Literatur 37 (1992), S.384–403.
Miquel, P., La paix de Versailles et l'opinion publique française, Paris 1972.
Miquel, P., Versailles im politischen Meinungsstreit Frankreichs 1919–1926, in: VfZ 20 (1972), S.1–5.
Mitrović, A., Politische und wirtschaftliche Beziehungen Deutschlands und Jugoslawiens in der Zeit der Verständigungspolitik Stresemanns, in: J. *Hütter* / R. *Meyers* / D. *Papenfuss* (Hrsg.), Tradition und Neubeginn. Internationale Forschungen zur deutschen Geschichte im 20. Jahrhundert, Köln u.a. 1975, S.117–140.
Molt, H., Hegemonialbestrebungen der deutschen Außenpolitik in den letzten Jahren der Weimarer Republik. Gustav Stolpers »Dienstag-Kreis«, in: Jahrbuch des Instituts für Deutsche Geschichte (Universität Tel Aviv) 5 (1976), S.419–448.
Molt, H., »... Wie ein Klotz inmitten Europas«. »Anschluß« und »Mitteleuropa« während der Weimarer Republik 1925–1931, Bern 1986.

Müller, W., Rußlandberichterstattung und Rapallopolitik. Deutsch-sowjetische Beziehungen 1924–1933 im Spiegel der deutschen Presse, Diss. phil. Saarbrücken 1983.

Myers, D. P., Berlin versus Vienna: Disagreement about Anschluss in the Winter of 1918–1919, in: CEH 5 (1975), S.150–175.

Nadolny, S., Abrüstungsdiplomatie 1932/33. Deutschland auf der Genfer Konferenz im Übergang von Weimar zu Hitler, München 1978.

Nelson, K. L., Victors divided. America and the Allies in Germany, 1918–1923, Berkeley 1975.

Newman, M. D., Britain and the German-Austrian Customs Union Proposal of 1931, in: European Studies Review 6 (1976), S.449–472.

Niedhart, G., Multipolares Gleichgewicht und weltwirtschaftliche Verflechtung: Deutschland in der britischen Appeasement-Politik 1919–1933, in: M. *Stürmer* (Hrsg.), Die Weimarer Republik. Belagerte Civitas, Königstein im Taunus 1980, S.113–130.

Niemann, H.-W., Die Russengeschäfte in der Ära Brüning, in: VSWG 72 (1985), S.153–174.

Nitsche, P., Der Reichstag und die Festlegung der deutsch-polnischen Grenze nach dem Ersten Weltkrieg, in: HZ 216 (1973), S.335–361.

Nocken, U., Das Internationale Stahlkartell und die deutsch-französischen Beziehungen 1924–1932, in: G. *Schmidt* (Hrsg.), Konstellationen internationaler Politik 1924–1932. Politische und wirtschaftliche Faktoren in den Beziehungen zwischen Westeuropa und den Vereinigten Staaten, Bochum 1983, S.165–202.

Oertel, M., Beiträge zur Geschichte der Deutsch-Polnischen Beziehungen in den Jahren 1925–1930, Diss. phil. Berlin 1968.

Pade, W., Die Expansionspolitik des deutschen Imperialismus gegenüber Lateinamerika 1918–1933, in: ZfG 22 (1974), S.578–590.

Pieper, H., Die Minderheitenfrage und das Deutsche Reich 1919–1933/34, Frankfurt am Main 1974.

Pogge von Strandmann, H., Großindustrie und Rapallopolitik. Deutsch-Sowjetische Handelsbeziehungen in der Weimarer Republik, in: HZ 222 (1976), S.263–341.

Pogge von Strandmann, H., Industrial Primacy in German Foreign Policy? Myths and Realities in German-Russian Relations at the End of the Weimar Republic, in: R. *Bessel* / E. J. *Feuchtwanger* (Hrsg.), Social Change and Political Development in Weimar Germany, London/Totowa 1981, S.241–267.

Pogge von Strandmann, H., Rapallo – Strategy in Preventive Diplomacy: New Sources and New Interpretations, in: V. R. *Berghahn* / M. *Kitchen* (Hrsg.), Germany in the Age of Total War, London 1981, S.123–146.

Pogge von Strandmann, H., Deutscher Imperialismus nach 1918, in: D. *Stegmann* / B.-J. *Wendt* / P.-C. *Witt* (Hrsg.), Deutscher Konservatismus im 19. und 20. Jahrhundert. Festschrift für Fritz Fischer zum 75. Geburtstag und zum 50. Doktorjubiläum, Bonn 1983, S.281–293.

Pohl, K. H., Die »Stresemannsche Außenpolitik« und das westeuropäische Eisenkartell 1926. »Europäische Politik« oder »Nationales Interesse«?, in: VSWG 65 (1978), S.511–534.

Pohl, K. H., Weimars Wirtschaft und die Außenpolitik der Republik 1924–1926. Vom Dawes-Plan zum Internationalen Eisenpakt, Düsseldorf 1979.

Pohl, M., Die Finanzierung der Russengeschäfte zwischen den beiden Weltkriegen. Die Entwicklung der 12 großen Rußlandkonsortien, Frankfurt am Main 1975.

Post, G., The Civil-Military Fabric of Weimar Foreign Policy, Princeton 1973.

Poulain, M., Zur Vorgeschichte der Thoiry-Gespräche vom 17. September 1926, in: W. *Benz* / H. *Graml* (Hrsg.), Aspekte deutscher Außenpolitik im 20. Jahrhundert, Stuttgart 1976, S.87–120.

Poulain, M., Deutschlands Drang nach Südosten contra Mussolinis Hinterlandpolitik 1931–1934, in: Donauraum 22 (1977), S.129–153.

Poulain, M., Querelles d'Allemands entre locarnistes: La question d'Eupen-Malmédy, in: Revue Historique 258 (1977), S.393–439.

Puchert, B., Der Wirtschaftskrieg des deutschen Imperialismus gegen Polen, 1925–1934, Berlin (Ost) 1963.

Rahn, W., Reichsmarine und Landesverteidigung 1919–1928. Konzeption und Führung der Marine in der Weimarer Republik, München 1976.

Ratenhof, G., Das Deutsche Reich und die internationale Krise um die Mandschurei 1931–1933. Die deutsche Fernostpolitik als Spiegel und Instrument deutscher Revisionspolitik, Frankfurt am Main/Bern/New York 1984.

Renouvin, P., Le Traité de Versailles, Paris 1969.

Richter, R., Der Abrüstungsgedanke in Theorie und Praxis und die deutsche Politik (1920–1929), in: Wehrwissenschaftliche Rundschau 18 (1968), S.442–466.

Riekhoff, H. von, German-Polish Relations 1918–1933, Baltimore/London 1971.

Rödder, A., Der Mythos von der frühen Westbindung. Konrad Adenauer und Stresemanns Außenpolitik, in: VfZ 41 (1993), S.543–573.
Rosenbaum, K., Community of Fate. German-Soviet Diplomatic Relations 1922–1928, Syracuse 1965.
Rosenfeld, G., Sowjetrußland und Deutschland 1917–1922, Berlin 1960.
Rössler, H. (Hrsg.), Ideologie und Machtpolitik 1919. Plan und Werk der Pariser Friedenskonferenz 1919, Göttingen 1966.
Rössler, H. (Hrsg.), Die Folgen von Versailles 1919–1924, Göttingen/Zürich/Frankfurt am Main 1969.
Rössler, H. / *Hölzle*, E., (Hrsg.), Locarno und die Weltpolitik 1924–1932, Göttingen/Zürich/Frankfurt am Main 1969.
Ruge, W., Die Stellungnahme der Sowjetunion gegen die Besetzung des Ruhrgebietes. Zur Geschichte der deutsch-sowjetischen Beziehung von Januar bis September 1923, Berlin (Ost) 1962.
Ruge, W., Die Außenpolitik der Weimarer Republik und das Problem der europäischen Sicherheit 1925–1932, in: ZfG 22 (1974), S.273–290.
Ruge, W. / *Schumann*, W., Die Reaktion des deutschen Imperialismus auf Briands Paneuropaplan 1930, in: ZfG 20 (1972), S.40–70.
Rupieper, H.-J., Die freien Gewerkschaften und der Versailler Vertrag 1919–1923, in: GWU 29 (1978), S.482–499.
Rupieper, H.-J., The Cuno Government and Reparations 1922–1923. Politics and Economics, Den Haag/Boston/London 1979.
Salewski, M., Entwaffnung und Militärkontrolle in Deutschland 1919–1927, München 1966.
Salewski, M., Zur deutschen Sicherheitspolitik in der Spätzeit der Weimarer Republik, in: VfZ 22 (1974), S.121–147.
Salzmann, S., »The Overestimation of a Treaty«. British Realpolitik and the Myth of the Rapallo Friendship 1922–1934, Diss. phil. Cambridge 1994.
Schieder, T., Die Probleme des Rapallo-Vertrags. Eine Studie über die deutsch-russischen Beziehungen 1922–1926, Köln 1956.
Schieder, T., Die Entstehungsgeschichte des Rapallo-Vertrages, in: HZ 204 (1967), S.545–609.
Schmacke, E., Die Außenpolitik der Weimarer Republik 1922–1925 unter Berücksichtigung der Innenpolitik, Hamburg 1951.
Schot, S., Nation oder Staat? Deutschland und der Minderheitenschutz. Zur Völkerbundpolitik der Stresemann-Ära, Marburg 1988.
Schröder, H.-J., Die deutsche Südosteuropapolitik und die Reaktion der angelsächsischen Mächte 1929–1933/34, in: J. *Becker* / K. *Hildebrand* (Hrsg.), Internationale Beziehungen in der Weltwirtschaftskrise 1929–1933. Referate und Diskussionsbeiträge eines Augsburger Symposions 29. März bis 1. April 1979, München 1980, S.343–360.
Schröder, H.-J., Die politische Bedeutung der deutschen Handelspolitik nach dem Ersten Weltkrieg, in: G.D. *Feldman* / C.-L. *Holtfrerich* / G.A. *Ritter* / P.-C. *Witt* (Hrsg.), Die deutsche Inflation. Eine Zwischenbilanz, Berlin/New York 1982, S.235–251.
Schuker, S.A., The End of French Predominance in Europe. The Financial Crisis of 1924 and the Adoption of the Dawes Plan, Chapel Hill 1976.
Schuker, S.A., American »Reparations« to Germany, 1919–1933, in: G.D. *Feldman*, (Hrsg.), Die Nachwirkungen der Inflation auf die deutsche Geschichte 1924–1933, München 1985, S.335–384.
Schulin, E., Noch etwas zur Entstehung des Rapallo-Vertrages, in: H. von *Hentig* / A. *Nitschke* (Hrsg.), Was die Wirklichkeit lehrt. Golo Mann zum 70. Geburtstag, Frankfurt am Main 1979, S.177–202.
Schulz, G., Revolutionen und Friedensschlüsse 1917–1920, München 1967, 6. Aufl. München 1980.
Schulz, G., Deutschland und Polen vom Ersten zum Zweiten Weltkrieg, in: GWU 33 (1982), S.154–172.
Schulze, H., Der Oststaat-Plan 1919, in: VfZ 18 (1970), S.123–163.
Schwabe, K., Deutsche Revolution und Wilson-Frieden. Die amerikanische und deutsche Friedensstrategie zwischen Ideologie und Machtpolitik 1918/19, Düsseldorf 1971.
Schwabe, K. (Hrsg.), Die Ruhrkrise 1923. Wendepunkt der internationalen Beziehungen nach dem Ersten Weltkrieg, Paderborn 1985.
Schwabe, K., Die Vereinigten Staaten und die Weimarer Republik. Das Scheitern einer »besonderen Beziehung«, in: F. *Trommler* (Hrsg.), Amerika und die Deutschen. Bestandsaufnahme einer 300jährigen Geschichte, Opladen 1986, S.367–378.
Senn, A.E., The Great Powers, Lithuania and the Vilna question, 1920–1928, Leiden 1966.
Sharma, S.-K., Der Völkerbund und die Großmächte. Ein Beitrag zur Geschichte der Völkerbundpolitik Großbritanniens, Frankreichs und Deutschlands 1929–1933, Frankfurt am Main/Bern/Las Vegas 1978.

Sharp, A., The Versailles Settlement. Peacemaking in Paris 1919, New York 1991.
Siebert, F., Aristide Briand 1862–1932. Ein Staatsmann zwischen Frankreich und Europa, Erlenbach-Zürich/Stuttgart 1973.
Sieburg, H.-O., Das Gespräch zu Thoiry, in: E. *Schulin*, Gedenkschrift Martin Göhring. Studien zur Europäischen Geschichte, Wiesbaden 1968, S.317–337.
Soiron, R., Der Beitrag der Schweizer Außenpolitik zum Problem der Friedensorganisation am Ende des Ersten Weltkrieges, Basel/Stuttgart 1973.
Soutou, G., Der Einfluß der Schwerindustrie auf die Gestaltung der Frankreichpolitik Deutschlands 1919–1921, in: H. *Mommsen* / D. *Petzina* / B. *Weisbrod* (Hrsg.), Industrielles System und politische Entwicklung in der Weimarer Republik, Düsseldorf 1974, S.543–552.
Soutou, G., Les mines de Silésie et la rivalité franco-allemande, 1920–1923. Arme économique ou bonne affaire?, in: Relations Internationales (1974), S.135–154.
Soutou, G., Problèmes concernant le rétablissement des relations économiques franco-allemandes après la Première Guerre mondiale, in: Francia 2 (1974), S.580–596.
Soutou, G., La politique économique de la France en Pologne (1920–1924), in: Revue Historique 251 (1974), S.85–116.
Soutou, G., Die deutschen Reparationen und das Seydoux-Projekt 1920/21, in: VfZ 23 (1975), S.237–270.
Soutou, G., Deutschland, Frankreich und das System von Versailles. Strategien und Winkelzüge der Nachkriegs-Diplomatie, in: F. *Knipping* / E. *Weisenfeld* (Hrsg.), Eine gewöhnliche Geschichte: Deutschland – Frankreich seit 1870, Bonn 1988.
Spenz, J., Die diplomatische Vorgeschichte des Beitritts Deutschlands zum Völkerbund 1924–1926. Ein Beitrag zur Außenpolitik der Weimarer Republik, Göttingen u. a. 1966.
Stamm, C., Lloyd George zwischen Innen- und Außenpolitik. Die britische Deutschlandpolitik 1921/22, Köln 1977.
Stehlin, S.A., Weimar and the Vatican 1919–1933. German-Vatican Diplomatic Relations in the Interwar Years, Princeton 1984.
Steinbach, L., Revision oder Erfüllung. Der Versailler Vertrag als Faktor der deutsch-britischen diplomatischen Beziehungen 1920–1921, Diss. phil. Freiburg im Breisgau 1970.
Steinmeyer, G., Die Grundlagen der französischen Deutschlandpolitik 1917–1919, Stuttgart 1979.
Sundhaussen, H., Die Weltwirtschaftskrise im Donau-Balkan-Raum und ihre Bedeutung für den Wandel der deutschen Außenpolitik unter Brüning, in: W. *Benz* / H. *Graml* (Hrsg.), Aspekte deutscher Außenpolitik im 20. Jahrhundert, Stuttgart 1976, S.121–164.
Sundhaussen, H., Die kleine Entente. Zu ihrer Rolle im Versailler System, in: Südosteuropa-Mitteilungen 24 (1984), S.17–34.
Suval, S., The Anschluß Question in the Weimar Era. A Study of Nationalism in Germany and Austria, 1918–1932, Baltimore 1974.
Thompson, J.M., Russia, Bolshevism and the Versailles Peace, Princeton 1966.
Tillmann, S.P., Anglo-American Relations at the Paris Peace Conference of 1919, Princeton 1961.
Tokody, G., Deutschland und die Ungarische Räterepublik, Budapest 1982.
Tonch, H., Wirtschaft und Politik auf dem Balkan. Untersuchungen zu den deutsch-rumänischen Beziehungen in der Weimarer Republik unter besonderer Berücksichtigung der Weltwirtschaftskrise, Frankfurt am Main u. a. 1984.
Torunsky, V., Entente der Revisionisten? Mussolini und Stresemann 1922–1929, Köln/Wien 1986.
Trachtenberg, M., Reparations in World Politics. France and European Economic Diplomacy, 1916–1923, New York 1980.
Turner, H.A., Stresemann und das Problem der Kontinuität in der deutschen Außenpolitik, in: G. *Ziebura* (Hrsg.), Grundfragen der deutschen Außenpolitik seit 1871, Darmstadt 1975, S.284–304.
Vaïsse, M., Sécurité d'abord: La politique française en matière de désarmement, 9 décembre 1930–17 avril 1934, Paris 1981.
Vießhaus, E., Die Minderheitenfrage und die Entstehung der Minderheitenschutzverträge auf der Pariser Friedenskonferenz 1919. Eine Studie zur Geschichte des Nationalitätenproblems im 19. und 20. Jahrhundert, Würzburg 1960.
Vietsch, E. von, Arnold Rechberg und das Problem der politischen West-Orientierung Deutschlands nach dem Ersten Weltkrieg, Koblenz 1958.
Vincent, C.P., The Politics of Hunger. The Allied Blockade of Germany 1915–1919, Athens (Ohio) u.a. 1985.
Vogelsang, T., Papen und das außenpolitische Erbe Brünings. Die Lausanner Konferenz 1932, in: C.P.

Claussen (Hrsg.), Neue Perspektiven aus Wirtschaft und Recht. Festschrift für Hans Schäffer zum 80. Geburtstag am 11. April 1966, Berlin 1966, S.487–507.
Vogt, M., Letzte Erfolge? Stresemann in den Jahren 1928–1929, in: M.M. *Lee /* W. *Michalka* (Hrsg.), Gustav Stresemann, Darmstadt 1982, S.441–465.
Volkmann, H.-E., Politik und ökonomisches Interesse in den Beziehungen der Weimarer Republik zum Königreich Spanien, in: W. *Benz /* H. *Graml* (Hrsg.), Aspekte deutscher Außenpolitik im 20. Jahrhundert, Stuttgart 1976, S.41–67.
Wagner, G., Deutschland und der Polnisch-Sowjetische Krieg 1920, Wiesbaden 1979.
Walsdorff, M., Westorientierung und Ostpolitik. Stresemanns Rußlandpolitik in der Locarno-Ära, Bremen 1971.
Wandycz, P.S., France and Her Eastern Allies, 1919–1925. French-Czechoslovak-Polish Relations from the Paris Peace Conference to Locarno, Minneapolis 1962.
Weidenfeld, W., Die Englandpolitik Gustav Stresemanns. Theoretische und praktische Aspekte der Außenpolitik, Mainz 1972.
Weikardt, C.R., Das Rheinland in den deutsch-britischen Beziehungen 1918–1923. Eine Untersuchung zum Wesen der britischen Gleichgewichtspolitik, Diss. phil. Bonn 1967.
Wengst, U., Graf Brockdorff-Rantzau und die außenpolitischen Anfänge der Weimarer Republik, Bern/Frankfurt am Main 1973.
Wuest, E., Der Vertrag von Versailles im Licht und Schatten der Kritik. Die Kontroverse um seine wirtschaftlichen Auswirkungen, Zürich 1962.
Wurm, C.A., Die französische Sicherheitspolitik in der Phase der Umorientierung 1924–1926, Diss. phil. Münster 1971 (gedruckt mit dem gleichen Titel: Frankfurt am Main/Bern/Las Vegas 1979).
Zimmermann, L., Deutsche Außenpolitik in der Ära der Weimarer Republik, Göttingen/Berlin/Frankfurt am Main 1958.
Zimmermann, L., Deutschland und die großen Mächte 1918–1932, Stuttgart 1964.
Zimmermann, L., Frankreichs Ruhrpolitik von Versailles bis zum Dawesplan, Göttingen/Zürich/Frankfurt am Main 1971.
Zürrer, W., Kaukasien 1918–1921. Der Kampf der Großmächte um die Landbrücke zwischen Schwarzem und Kaspischem Meer, Düsseldorf 1978.
Zwehl, K. von, Die Deutschlandpolitik Englands von 1922 bis 1924 unter besonderer Berücksichtigung der Reparationen und Sanktionen, Diss. phil. München 1974.

Zur deutschen Geschichte 1933–1945

Ackermann, J., Heinrich Himmler als Ideologe, Göttingen 1970.
Adam, U.D., Judenpolitik im Dritten Reich, Düsseldorf 1972 (ND 1979).
Aly, G. / *Heim,* S., Vordenker der Vernichtung. Auschwitz und die deutschen Pläne für eine europäische Ordnung, Hamburg 1991.
Arad, Y., Alfred Rosenberg and the »Final Solution« in the Occupied Soviet Territories, in: Yad Vashem Studies 13 (1979), S.263–286.
Balfour, M. / *Frisby,* J. / *Moltke,* F., Helmuth James von Moltke 1907–1945. Anwalt der Zukunft, Stuttgart 1975.
Barkai, A., Das Wirtschaftssystem des Nationalsozialismus. Der historische und ideologische Hintergrund 1933–1936, Köln 1977.
Bartov, O., The Eastern Front 1941–1945. German Troops and the Barbarisation of Warfare, Basingstoke/London 1985.
Beck, D., Julius Leber. Sozialdemokrat zwischen Reform und Widerstand, Berlin 1983.
Bédarida, F. (Hrsg.), La politique nazie d'extermination, Paris 1989.
Benz, W. (Hrsg.), Dimension des Völkermords. Die Zahl der jüdischen Opfer des Nationalsozialismus, München 1991.
Bergander, G., Dresden im Luftkrieg, Köln/Wien 1977 (TB 1985).
Binion, R., »... daß ihr mich gefunden habt«. Hitler und die Deutschen: eine Psychohistorie, Stuttgart 1978 (engl. 1976).
Boelcke, W.A., Die deutsche Wirtschaft 1930–1945. Interna des Reichswirtschaftsministeriums, Düsseldorf 1983.

Boelcke, W. A., Die Kosten von Hitlers Krieg. Kriegsfinanzierung und finanzielles Kriegserbe in Deutschland 1933–1948, Paderborn 1985.
Bollmus, R., Das Amt Rosenberg und seine Gegner. Studien zum Machtkampf im nationalsozialistischen Herrschaftssystem, Stuttgart 1970.
Bracher, K. D., Die deutsche Diktatur. Entstehung, Struktur, Folgen des Nationalsozialismus, Köln/Berlin 1969, 7. Aufl. 1993.
Bracher, K. D. / *Sauer*, W. / *Schulz*, G., Die nationalsozialistische Machtergreifung. Studien zur Errichtung des totalitären Herrschaftssystems in Deutschland 1933/34, Köln/Opladen 1960, 2. Aufl. 1962 (TB 1973, 3 Bde.).
Bracher, K. D. / *Funke*, M. / *Jacobsen*, H.-A. (Hrsg.), Nationalsozialistische Diktatur 1933–1945. Eine Bilanz, Bonn/Düsseldorf 1983.
Bracher, K. D. / *Funke*, M. / *Jacobsen*, H.-A. (Hrsg.), Deutschland 1933–1945. Neue Studien zur nationalsozialistischen Herrschaft, Düsseldorf 1992.
Braham, R. L., The Politics of Genocide. The Holocaust in Hungary, 2 Bde., New York 1981.
Brechtken, M., »Madagaskar für die Juden« – Der Gedanke einer »territorialen ›End‹-Lösung der Judenfrage« von seiner Entstehung im Umfeld des Rassenantisemitismus bis zum Genocid im Dritten Reich, Diss. phil. Bonn 1994.
Breitman, R., The Architect of Genocide. Himmler and the Final Solution, London 1991.
Brenner, H., Die Kunstpolitik des Nationalsozialismus, Reinbek 1963.
Broszat, M., Der Staat Hitlers. Grundlegung und Entwicklung seiner inneren Verfassung, München 1969, 12. Aufl. 1989.
Broszat, M., Soziale Motivation und Führerbindung des Nationalsozialismus, in: VfZ 18 (1970), S.392–409.
Broszat, M., Hitler und die Genesis der »Endlösung«. Aus Anlaß der Thesen von David Irving, in: VfZ 25 (1977), S.739–775.
Broszat, M., »Holocaust« und die Geschichtswissenschaft, in: VfZ 27 (1979), S.285–298.
Broszat, M., Plädoyer für eine Historisierung des Nationalsozialismus, in: Merkur 39 (1985), S.373–385.
Broszat, M. u. a. (Hrsg.), Deutschlands Weg in die Diktatur. Internationale Konferenz zur nationalsozialistischen Machtübernahme im Reichstagsgebäude zu Berlin. Referate und Diskussionen. Ein Protokoll, Berlin 1983.
Broszat, M. / *Buchheim*, H. / *Jacobsen*, H.-A. / *Krausnick*, H., Anatomie des SS-Staates, 2 Bde., Freiburg im Breisgau 1965 (TB 1967).
Broszat, M. / *Frei*, N. (Hrsg.), Ploetz. Das Dritte Reich. Ursprünge, Ereignisse, Wirkungen, Würzburg 1983.
Broszat, M. / *Möller*, H. (Hrsg.), Das Dritte Reich. Herrschaftsstruktur und Geschichte. Vorträge aus dem Institut für Zeitgeschichte, München 1983.
Broszat, M. / *Henke*, K. D. / *Woller*, H. (Hrsg.), Von Stalingrad zur Währungsreform. Zur Sozialgeschichte des Umbruchs in Deutschland, München 1988.
Browning, C. R., Zur Genesis der »Endlösung«. Eine Antwort an Martin Broszat, in: VfZ 29 (1981), S.97–109.
Browning, C. R., Fateful Months. Essays on the Emergence of the Final Solution, New York/London 1985.
Bullock, A., Hitler. Eine Studie über Tyrannei. Vollständig überarbeitete Neuaufl., Düsseldorf 1971 (engl. 1952), 2. Aufl. Kronberg im Taunus 1977.
Bullock, A., Hitler und Stalin. Parallele Leben, Berlin 1991.
Burrin, P., Hitler und die Juden. Die Entscheidung für den Völkermord, Frankfurt am Main 1993 (frz. 1989).
Carroll, B. A., Design for Total War. Arms and Economics in the Third Reich, Den Haag/Paris 1968.
Conway, J. S., Der Holocaust in Ungarn. Neue Kontroversen und Überlegungen, in: VfZ 32 (1984), S.179–212.
Crankshaw, E., Die Gestapo, Berlin 1959 (engl. 1956).
Dawidowicz, L., The War Against the Jews 1933–1945, London 1975.
Dawidowicz, L., The Holocaust and the Historians, Cambridge (Mass.)/London 1981.
De Jong, L., Die Niederlande und Auschwitz, in: VfZ 17 (1969), S.1–16.
Deschner, G., Reinhard Heydrich – Statthalter der totalen Macht, Esslingen 1977 (TB 1980).
Deutsch, H. C., Verschwörung gegen den Krieg. Der Widerstand in den Jahren 1939–1940, München 1969 (engl. 1968).
Deutsch, H. C., Das Komplott oder die Entmachtung der Generale. Blomberg- und Fritsch-Krise. Hitlers Weg zum Krieg, Zürich 1974 (engl. 1974).
Dipper, C., Der Deutsche Widerstand und die Juden, in: GG 9 (1983), S.349–380.

Dörner, K., Nationalsozialismus und Lebensvernichtung, in: VfZ 15 (1967), S.121–152.
Dülffer, J., Deutsche Geschichte 1933–1945. Führerglaube und Vernichtungskrieg, Stuttgart/Berlin/Köln 1992.
Eichholz, D., Geschichte der deutschen Kriegswirtschaft 1939–1945, Bd. 1: 1939–1941, Berlin (Ost) 1969, Bd. 2: 1941–1943, Berlin (Ost) 1985.
Erdmann, K. D., Deutschland unter der Herrschaft des Nationalsozialismus, in: H. *Grundmann* (Hrsg.), Handbuch der deutschen Geschichte. Begründet von B. *Gebhardt,* 9. Aufl., Bd. 4: Die Zeit der Weltkriege, Stuttgart 1976, S.331–490 (TB 1980: Bd. 20).
Erdmann, K. D., Der Zweite Weltkrieg, in: H. *Grundmann* (Hrsg.), Handbuch der deutschen Geschichte. Begründet von B. *Gebhardt,* 9. Aufl., Bd. 4: Die Zeit der Weltkriege, Stuttgart 1976, S.491–592 (TB 1980: Bd. 21).
Esenwein-Rothe, I., Die Wirtschaftsverbände 1933–1945, Berlin 1965.
Favez, J.-C., Das Internationale Rote Kreuz und das Dritte Reich. War der Holocaust aufzuhalten?, München 1989 (franz. 1988).
Fest, J. C., Das Gesicht des Dritten Reiches. Profile einer totalitären Herrschaft, München 1963, 9. Aufl. 1988 (TB [8]1986).
Fest, J. C., Hitler. Eine Biographie, Frankfurt am Main/Berlin 1973, 8. Aufl. 1975 (TB 1976, ND 1989).
Fleming, G., Hitler und die Endlösung. »Es ist des Führers Wunsch ...«, Wiesbaden/München 1982 (engl. 1985).
Fleury, A., »La Croix« et l'Allemagne, 1930–1940, Paris 1986.
Forstmeier, F. / *Volkmann,* H.-E. (Hrsg.), Wirtschaft und Rüstung am Vorabend des Zweiten Weltkrieges, Düsseldorf 1975.
Forstmeier, F. / *Volkmann,* H.-E. (Hrsg.), Kriegswirtschaft und Rüstung 1939–1945, Düsseldorf 1977.
Fraenkel, E., Der Doppelstaat, Frankfurt am Main/Köln 1974 (TB 1984, engl. 1941).
Frei, N., Der Führerstaat. Nationalsozialistische Herrschaft 1933 bis 1945, München 1987, 2. Aufl. 1989.
Friedländer, S., Kurt Gerstein oder die Zwiespältigkeit des Guten, Gütersloh 1968 (engl. 1967).
Funke, M., Starker oder schwacher Diktator? Hitlers Herrschaft und die Deutschen. Ein Essay, Düsseldorf 1989.
Gellately, R., The Gestapo and German Society. Enforcing Racial Policy 1933–1945, Oxford 1990.
Georg, E., Die wirtschaftlichen Unternehmungen der SS, Stuttgart 1963.
Gilbert, M., Auschwitz und die Alliierten, München 1982 (engl. 1981).
Gilbert, M., The Holocaust: A Jewish Tragedy, London 1986.
Graml, H. (Hrsg.), Widerstand im Dritten Reich. Probleme, Ereignisse, Gestalten, Frankfurt am Main 1984.
Graml, H., Reichskristallnacht. Antisemitismus und Judenverfolgung im Dritten Reich, München 1988.
Grube, F. / *Richter,* G. (Hrsg.), Flucht und Vertreibung. Deutschland zwischen 1944 und 1947, Hamburg 1980.
Haffner, S., Anmerkungen zu Hitler, München 1978, 13. Aufl. 1993.
Hansen, R., Das Ende des Dritten Reiches. Die deutsche Kapitulation 1945, Stuttgart 1966.
Hansen, R., Die deutsche Kapitulation 1945, in: Historisch-politische Streiflichter. Geschichtliche Beiträge zur Gegenwart, hrsg. von K. *Jürgensen* / R. *Hansen,* Neumünster 1971, S.235–256.
Hartmann, C., Halder. Generalstabschef Hitlers 1938–1942, Paderborn u.a. 1991.
Heiber, H., Joseph Goebbels, Berlin 1962.
Heiden, K., Adolf Hitler. Eine Biographie. Bd. 1: Das Zeitalter der Verantwortungslosigkeit, Zürich 1936 (ND München 1980), Bd. 2: Ein Mann gegen Europa, Zürich 1937 (ND München 1980).
Henning, F.-W. (Hrsg.), Probleme der nationalsozialistischen Wirtschaftspolitik, Berlin 1976.
Herbert, U., Fremdarbeiter. Politik und Praxis des »Ausländer-Einsatzes« in der Kriegswirtschaft des Dritten Reiches, Berlin/Bonn 1985.
Herbert, U., Arbeit und Vernichtung. Ökonomisches Interesse und Primat der »Weltanschauung« im Nationalsozialismus, in: Ders. (Hrsg.), Europa und der »Reichseinsatz«. Ausländische Zivilarbeiter, Kriegsgefangene und KZ-Häftlinge in Deutschland 1938–1945, Essen 1991, S.384–426.
Herbst, L., Der Totale Krieg und die Ordnung der Wirtschaft. Die Kriegswirtschaft im Spannungsfeld von Politik, Ideologie und Propaganda 1939–1945, Stuttgart 1982.
Hiden, J. / *Farquharson,* J. (Hrsg.), Explaining Hitler's Germany. Historians and the Third Reich, London 1983.
Hilberg, R., Die Vernichtung der europäischen Juden. Die Gesamtgeschichte des Holocaust, Berlin 1982 (engl. 1961).

Hildebrand, K., Hitlers Ort in der Geschichte des preußisch-deutschen Nationalstaates, in: HZ 217 (1973), S.584–632.
Hildebrand, K., Das Dritte Reich, München 1979, 4. Aufl. 1991.
Hillgruber, A., Tendenzen, Ergebnisse und Perspektiven der gegenwärtigen Hitler-Forschung, in: HZ 226 (1978), S.600–621.
Hillgruber, A., Der Zusammenbruch im Osten 1944/45 als Problem der deutschen Nationalgeschichte und der europäischen Geschichte, Opladen 1985.
Hirschfeld, G. / *Kettenacker*, L. (Hrsg.), Der »Führerstaat«: Mythos und Realität. Studien zur Struktur und Politik des Dritten Reiches, Stuttgart 1981.
Hofer, W. / *Michaelis*, H., Deutsche Geschichte der neuesten Zeit von Bismarcks Entlassung bis zur Gegenwart. Teil II: Von 1933 bis 1945 (L. *Just* (Hrsg.), Handbuch der deutschen Geschichte, Bd. 5), Frankfurt am Main 1965.
Hoffmann, P., Widerstand, Staatsstreich, Attentat. Der Kampf der Opposition gegen Hitler, München 1969, 4. Aufl. München/Zürich 1985.
Hoffmann, P., Ludwig Beck: Loyalty and Resistance, in: CEH 14 (1981), S.332–350.
Hoffmann, P., Generaloberst Ludwig Becks militärisches Denken, in: HZ 234 (1982), S.101–121.
Höhne, H., Der Orden unter dem Totenkopf. Die Geschichte der SS, Gütersloh 1967 (TB 1969).
Höver, U., Joseph Goebbels – ein nationaler Sozialist, Bonn 1992.
Irving, D., Hitler und seine Feldherren, Frankfurt am Main/Berlin/Wien 1975.
Jäckel, E., Hitlers Weltanschauung. Entwurf einer Herrschaft, Tübingen 1969, 2. Aufl. Stuttgart 1981.
Jäckel, E., Hitlers Herrschaft. Vollzug einer Weltanschauung, Stuttgart 1986, 2. Aufl. 1988.
Jäckel, E. / *Rohwer*, J. (Hrsg.), Der Mord an den Juden im Zweiten Weltkrieg. Entschlußbildung und Verwirklichung, Stuttgart 1985.
Kershaw, I., Der Hitler-Mythos. Volksmeinung und Progaganda im Dritten Reich, Stuttgart 1980.
Kershaw, I., The Nazi Dictatorship. Problems and Perspectives of Interpretation, London 1985.
Kessel, E., Adolf Hitler und der Verrat am Preußentum, in: Aus Politik und Zeitgeschichte B 46/61 vom 15.11. 1961, S.649–661.
Kettenacker, L., Nationalsozialistische Volkstumspolitik im Elsaß, Stuttgart 1973.
Kettenacker, L. (Hrsg.), Das »Andere Deutschland« im Zweiten Weltkrieg. Emigration und Widerstand in internationaler Perspektive, Stuttgart 1977.
Kimmel, A., Der Aufstieg des Nationalsozialismus im Spiegel der französischen Presse 1930–1933, Bonn 1968.
Klee, E., »Euthanasie« im NS-Staat. Die »Vernichtung lebensunwerten Lebens«, 3. Aufl. Frankfurt am Main 1983 (TB 1985).
Kosthorst, E., Die deutsche Opposition gegen Hitler zwischen Polen- und Frankreichfeldzug, Bonn 1954, 3. Aufl. 1957.
Krausnick, H., Kommissarbefehl und »Gerichtsbarkeitserlass Barbarossa« in neuer Sicht, in: VfZ 25 (1977), S.682–738.
Krausnick, H. / *Wilhelm*, H.-H., Die Truppe des Weltanschauungskrieges. Die Einsatzgruppen der Sicherheitspolizei und des SD 1938 bis 1942, Stuttgart 1981.
Kube, A., Pour le mérite und Hakenkreuz. Hermann Göring im Dritten Reich, München 1986.
Kulka, O.D., Die deutsche Geschichtsschreibung über den Nationalsozialismus und die »Endlösung«. Tendenzen und Entwicklungsphasen 1924–1984, in: HZ 240 (1985), S.599–640.
Laqueur, W., Was niemand wissen wollte. Die Unterdrückung der Nachrichten über Hitlers »Endlösung«, Frankfurt am Main/Berlin/Wien 1981 (engl. 1980).
Lill, R. / *Oberreuther*, H. (Hrsg.), 20. Juli. Portraits des Widerstandes, Düsseldorf/Wien 1984.
Longerich, P., Hitlers Stellvertreter. Führung der Partei und Kontrolle des Staatsapparates durch den Stab Heß und die Partei-Kanzlei Bormann, München u.a. 1992.
Martens, S., Hermann Göring. »Erster Paladin des Führers« und »Zweiter Mann im Reich«, Paderborn 1985.
Marwick, A. (Hrsg.), Total War and Social Change, New York 1988.
Maser, W., Adolf Hitler. Legende – Mythos – Wirklichkeit, München/Esslingen 1971, 13. Aufl. 1993.
Mason, T.W., Arbeiterklasse und Volksgemeinschaft. Dokumente und Materialien zur deutschen Arbeiterpolitik 1936–1939, Opladen 1975.
Mason, T.W., Sozialpolitik im Dritten Reich. Arbeiterklasse und Volksgemeinschaft, Opladen 1977, 2. Aufl. 1978.
Matthias, E., Sozialdemokratie und Nation. Ein Beitrag zur Ideengeschichte der sozialdemokratischen Emigration in der Prager Zeit des Parteivorstandes 1933–1938, Stuttgart 1952.

Matthias, E. / *Morsey*, R. (Hrsg.), Das Ende der Parteien 1933, Düsseldorf 1960 (ND 1979).
Mayer, A.J., Der Krieg als Kreuzzug. Das Deutsche Reich, Hitlers Wehrmacht und die »Endlösung«, Reinbek 1989 (TB, engl. 1988).
Meinck, G., Hitler und die deutsche Aufrüstung 1933–1937, Wiesbaden 1959.
Messerschmidt, M., Die Wehrmacht im NS-Staat. Zeit der Indoktrination, Hamburg 1969.
Michalka, W., Das Dritte Reich (1933–1945), in: M. *Vogt* (Hrsg.): Deutsche Geschichte. Begründet von P. *Rassow*, 2. Aufl. Stuttgart 1991, S.646–727.
Milward, A.S., Die deutsche Kriegswirtschaft 1939–1945, Stuttgart 1966 (engl. 1965).
Milward, A.S., Der Zweite Weltkrieg. Krieg, Wirtschaft und Gesellschaft 1939–1945, München 1977.
Möller, H., Die nationalsozialistische Machtergreifung. Konterrevolution oder Revolution?, in: VfZ 31 (1983), S.25–51.
Möller, H., Exodus der Kultur. Schriftsteller, Wissenschaftler und Künstler in der Emigration nach 1933, München 1984.
Mollin, G.T., Montankonzerne und »Drittes Reich«. Der Gegensatz zwischen Monopolindustrie und Befehlswirtschaft in der deutschen Rüstung und Expansion 1936–1944, Göttingen 1988.
Mommsen, H., Die Realisierung des Utopischen: Die »Endlösung der Judenfrage« im »Dritten Reich«, in: GG 9 (1983), S.381–420.
Mommsen, H., Der Widerstand gegen Hitler und die deutsche Gesellschaft, in: HZ 241 (1985), S.81–104.
Mommsen, H., Der Nationalsozialismus und die deutsche Gesellschaft. Ausgewählte Aufsätze, Reinbek 1991.
Mosse, G.L., Toward the Final Solution. A History of European Racism, London/Melbourne/Toronto 1978.
Mosse, G.L., Ein Volk, ein Reich, ein Führer. Die völkischen Ursprünge des Nationalsozialismus, Königstein im Taunus 1979 (engl. 1964).
Mühleisen, H., Hellmuth Stieff und der deutsche Widerstand, in: VfZ 39 (1991), S.339–377.
Müller, K.-J., Staat und Politik im Denken Ludwig Becks. Ein Beitrag zur politischen Ideenwelt des deutschen Widerstandes, in: HZ 215 (1972), S.607–631.
Müller, K.-J., Ludwig Beck. Ein General zwischen Wilhelminismus und Nationalsozialismus, in: I. *Geiss* / B.J. *Wendt* (Hrsg.), Deutschland in der Weltpolitik des 19. und 20. Jahrhunderts, Düsseldorf 1973, S.513–528.
Müller, K.-J., Armee, Politik und Gesellschaft in Deutschland 1933–1945. Studien zum Verhältnis von Armee und NS-System, Paderborn 1979, 4. Aufl. 1986.
Müller, K.-J., General Ludwig Beck. Studien und Dokumente zur politisch-militärischen Vorstellungswelt und Tätigkeit des Generalstabschefs des deutschen Heeres 1933–1938, Boppard am Rhein 1980.
Müller, K.-J., Militärpolitik, nicht Militäropposition! Eine Erwiderung, in: HZ 235 (1982), S.355–371.
Müller, K.-J. (Hrsg.), Der deutsche Widerstand 1933–1945, Paderborn u.a. 1986.
Müller, K.-J., Armee und Drittes Reich 1933–1939, Paderborn, 1987.
Neumann, F., Behemoth. Struktur und Praxis des Nationalsozialismus 1933–1944, hrsg. von G. *Schäfer*, Frankfurt am Main 1984 (engl. 1944).
O'Neill, J., The German Army and the Nazi Party, 1933–1939, London 1966.
Orlow, D., The History of the Nazi Party, 2 Bde., Pittsburgh 1969–1973.
Petzina, H.D., Autarkiepolitik im Dritten Reich. Der nationalsozialistische Vierjahresplan, Stuttgart 1968.
Peukert, D., Der deutsche Arbeiterwiderstand gegen das Dritte Reich, Berlin 1980.
Prinz, M. / *Zitelmann*, R. (Hrsg.), Nationalsozialismus und Modernisierung, Darmstadt 1991.
Rebentisch, G., Führerstaat und Verwaltung im Zweiten Weltkrieg. Verfassungsentwicklung und Verwaltungspolitik 1939–1945, Stuttgart 1989.
Recker, M.-L., Nationalsozialistische Sozialpolitik im Zweiten Weltkrieg, München 1985.
Reitlinger, G., Die Endlösung. Hitlers Versuch der Ausrottung der Juden Europas 1939–1945, Berlin 1956, 4. Aufl. 1961 (engl. 1953).
Rhodes, J.M., The Hitler Movement. A Modern Millenarian Revolution, Stanford (Cal.) 1980.
Ritter, G., Carl Goerdeler und die deutsche Widerstandsbewegung, Stuttgart 1954 (ND 1984).
Roon, G. van, Neuordnung im Widerstand. Der Kreisauer Kreis innerhalb der deutschen Widerstandsbewegung, München 1967.
Rothfels, H., Die deutsche Opposition gegen Hitler. Eine Würdigung, Krefeld 1949 (TB 1986, engl. 1948).
Sahm, U., Rudolf von Scheliha 1897–1942. Ein deutscher Diplomat gegen Hitler. München 1990.
Salewski, M., Die deutsche Seekriegsleitung 1935–1945, 3 Bde., Frankfurt am Main/München 1970–1975.
Salewski, M., Das maritime Dritte Reich – Ideologie und Wirklichkeit 1933–1945, in: Die Deutsche Flotte

im Spannungsfeld der Politik 1848–1985. Vorträge und Diskussionen der 25. Historisch-Taktischen Tagung der Flotte 1985. Hrsg. vom Deutschen Marine Institut und vom Militärgeschichtlichen Forschungsamt, Herford 1985, S.113–139.

Scheffler, W., Judenverfolgung im Dritten Reich 1933–1945, Berlin 1960.

Scheffler, W., Zur Entstehungsgeschichte der »Endlösung«, in: Aus Politik und Zeitgeschichte B 43/82 vom 30.10. 1982, S.3–10.

Scheurig, B., Freies Deutschland. Das Nationalkomitee und der Bund Deutscher Offiziere in der Sowjetunion 1943–1945, München 1960 (ND 1984).

Scheurig, B., Ewald von Kleist-Schmenzin. Ein Konservativer gegen Hitler, Oldenburg/Hamburg 1968.

Scheurig, B., Henning von Tresckow. Eine Biographie, Oldenburg/Hamburg 1970, 3. Aufl. 1973 (TB 1980).

Scheurig, B., Alfred Jodl. Gehorsam und Verhängnis. Biographie, Berlin/Frankfurt am Main 1991.

Schlabrendorff, F. von, Offiziere gegen Hitler, Zürich 1946, 3. Aufl. Berlin 1984 (TB 1959).

Schleunes, K. A., The Twisted Road to Auschwitz. Nazi Policy Toward German Jews 1933–1939, Urbana (Ill.) 1970.

Schmädeke, J. / *Steinbach,* P. (Hrsg.), Der Widerstand gegen den Nationalsozialismus. Die deutsche Gesellschaft und der Widerstand gegen Hitler, München/Zürich 1985.

Schmitthenner, W. / *Buchheim,* H. (Hrsg.), Der deutsche Widerstand gegen Hitler. Vier historisch-kritische Studien, Köln/Berlin 1966.

Schmuhl, H.-W., Rassenhygiene, Nationalsozialismus, Euthanasie. Von der Verhütung zur Vernichtung »lebensunwerten Lebens«, 1890–1945, Göttingen 1987.

Schoenbaum, D., Die braune Revolution. Eine Sozialgeschichte des Dritten Reiches, Köln/Berlin 1968, ND Köln 1980 (engl. 1966).

Schöllgen, G., Ulrich von Hassell 1881–1944. Ein Konservativer in der Opposition, München 1990.

Schreiber, G., Hitler. Interpretationen 1923–1983. Ergebnisse, Methoden und Probleme der Forschung, Darmstadt 1984.

Schulz, G., Aufstieg des Nationalsozialismus. Krise und Revolution in Deutschland, Berlin/Frankfurt am Main 1975.

Schulz, G., Nationalpatriotismus im Widerstand. Ein Problem der Europäischen Krise und des Zweiten Weltkriegs – nach vier Jahrzehnten Widerstandsgeschichte, in: VfZ 32 (1984), S.331–372.

Schweitzer, A., Big Business in the Third Reich, Bloomington (Ind.) 1964, 2. Aufl. 1965.

Schwerin, D. Graf von, »Dann sind's die besten Köpfe, die man henkt«. Die junge Generation im Deutschen Widerstand, München/Zürich 1991.

Smelser, R. / *Zitelmann,* R. (Hrsg.), Die braune Elite. 22 biographische Skizzen, Darmstadt 1989.

Smelser, R. / *Syring,* E. / *Zitelmann,* R. (Hrsg.), Die braune Elite II. 21 weitere biographische Skizzen, Darmstadt 1993.

Smith, W. D., The Ideological Origins of Nazi Imperialism, New York/Oxford 1986.

Steinberg, J., Deutsche, Italiener und Juden. Der italienische Widerstand gegen den Holocaust, Göttingen 1992 (engl. 1990).

Steinert, M. G., Die 23 Tage der Regierung Dönitz, Düsseldorf 1967.

Steinert, M. G., Hitlers Krieg und die Deutschen, in: G. *Schulz* (Hrsg.), Die Große Krise der dreißiger Jahre, Göttingen 1985, S.137–153.

Steinert, M. G., Hitler, München 1994 (franz. 1991).

Stoakes, G., Hitler and the Quest for World Domination, Leamington Spa/Hamburg/New York 1986.

Sykes, C., Adam von Trott. Eine deutsche Tragödie, Düsseldorf 1969 (engl. 1968).

Thamer, H.-U., Verführung und Gewalt. Deutschland 1933–1945, Berlin 1986.

Thomas, G., Geschichte der deutschen Wehr- und Rüstungswirtschaft (1918–1943/45), hrsg. von W. *Birkenfeld,* Boppard am Rhein 1966.

Thun-Hohenstein, R. G. Graf von, Der Verschwörer. General Oster und die Militäropposition, Berlin 1982 (TB 1984).

Totalitarismus und Faschismus. Eine wissenschaftliche und politische Begriffskontroverse. Kolloquium im Institut für Zeitgeschichte am 24. November 1978, München/Wien 1980.

Trevor-Roper, H. R., Hitlers letzte Tage, Zürich 1948 (TB 1965, engl. 1947).

Turner, H. A., Faschismus und Kapitalismus in Deutschland. Studien zum Verhältnis zwischen Nationalsozialismus und Wirtschaft, Göttingen 1972.

Turner, H. A., Die Großunternehmer und der Aufstieg Hitlers, Berlin 1985 (engl. 1985).

Turner, H. A., Geißel des Jahrhunderts. Hitler und seine Hinterlassenschaft, Berlin 1989 (engl. 1989).

Walker, M., Die Uranmaschine. Mythos und Wirklichkeit der deutschen Atombombe, Berlin 1990 (engl. 1989).
Werner, K. F., Das NS-Geschichtsbild und die deutsche Geschichtswissenschaft, Stuttgart u. a. 1967.
Wilhelm, H.-H., Wie geheim war die »Endlösung«?, in: W. *Benz* (Hrsg.), Miscellanea. Festschrift für H. Krausnick zum 75. Geburtstag, München 1980, S.131–148.
Winkler, H. A., Wie konnte es zum 30. Januar 1933 kommen?, in: Aus Politik und Zeitgeschichte B 4–5/83 vom 29. 01. 1983, S.3–15.
Winterhager, W. E., Politischer Weitblick und moralische Konsequenz. Der Kreisauer Kreis in seiner Bedeutung für die deutsche Zeitgeschichte, in: GWU 38 (1987), S.402–417.
Zitelmann, R., Adolf Hitler. Eine politische Biographie, Göttingen 1989, 3. Aufl. 1990.
Zitelmann, R., Hitler. Selbstverständnis eines Revolutionärs, Hamburg/Leamington Spa/New York 1987, 3. Aufl. Stuttgart 1990.

Zur Geschichte der deutschen Außenpolitik 1933–1945

Abendroth, H. H., Hitler in der spanischen Arena. Die deutsch-spanischen Beziehungen im Spannungsfeld der europäischen Interessenpolitik vom Ausbruch des Bürgerkrieges bis zum Ausbruch des Weltkrieges (1936–1939), Paderborn 1973.
Abendroth, H. H., Mittelsmann zwischen Franco und Hitler. Johannes Bernhardt erinnert 1936, Marktheidenfeld 1978.
Abendroth, H. H., Die deutsche Intervention im Spanischen Bürgerkrieg. Ein Diskussionsbeitrag, in: VfZ 30 (1982), S.117–129.
Ackermann, J., Der begehrte Mann am Bosporus – Europäische Interessenkollisionen in der Türkei (1938–1941), in: M. *Funke* (Hrsg.), Hitler, Deutschland und die Mächte. Materialien zur Außenpolitik des Dritten Reiches, Düsseldorf 1976, 2. Aufl. 1977 (TB 1978), S.489–507.
Adam, J., Die Haltung der Schweiz gegenüber dem nationalsozialistischen Deutschland im Jahre 1940, Diss. phil. Mainz 1972.
Adam, M., Les pays danubiens et Hitler (1933–1936), in: Revue d'Histoire de la Deuxième Guerre Mondiale 25 (1975), S.1–26.
Adamthwaite, A., France and the Coming of the Second World War 1936–1939, London 1977.
Adamthwaite, A., The Making of the Second World War, London/Boston/Sydney 1977.
Ageron, C.-R., La perception de la puissance française en 1938–1939. Le mythe impérial, in: Revue française d'Histoire d'Outre-Mer 1982, S.7–22.
Ahmann, R., Nichtangriffspakte: Entwicklung und operative Nutzung in Europa 1922–1939. Mit einem Ausblick auf die Renaissance des Nichtangriffsvertrages nach dem Zweiten Weltkrieg, Baden-Baden 1988.
Albrecht, D., Der Hl. Stuhl und das Dritte Reich, in: Festschrift für E. Kessel zum 75. Geburtstag, hrsg. von H. *Duchhardt* / M. *Schlenke,* München 1982, S.283–299.
Albrecht, D., Zur Friedensdiplomatie des Vatikans 1939–1941. Eine Auseinandersetzung mit Bernd Martin, in: Politik und Konfession, Festschrift für K. Repgen zum 60. Geburtstag, hrsg. von D. *Albrecht* u. a., Berlin 1983, S.447–464.
Altrichter, H. / *Becker,* J. (Hrsg.), Kriegsausbruch 1939 – Beteiligte, Betroffene, Neutrale, München 1989.
Angerer, T., Die französische Österreichpolitik vor dem »Anschluß« 1938, in: VfZ 40 (1992), S.29–59.
Azeau, H., Le pacte franco-soviétique (Mai 1935), Paris 1969.
Azéma, J. P., De Munich à la Libération 1938–1944, Paris 1979.
Backer, J. H., The Decision to Divide Germany. American Foreign Policy in Transition, Durham (N.C.) 1978.
Baer, G. W., The Coming of the Italian-Ethiopian War, Cambridge (Mass.) 1967.
Baer, G. W., Test Case. Italy, Ethiopia and the League of Nations, Stanford (Cal.) 1976.
Bannies, U., Die französische Außenpolitik vom Januar 1933 bis April 1936. Der Abbau des französischen Widerstandes gegenüber Deutschland, Diss. phil. Hamburg 1957.
Bariéty, M. J., Léon Blum et l'Allemagne (1930–1938), in: Les Relations Franco-Allemandes 1933–1939. Colloques Internationaux. Strasbourg 7–10 Octobre 1975, hrsg. vom Centre National de la Recherche Scientifique, Paris 1976, S.33–55.
Bartel, H., Frankreich und die Sowjetunion 1938–1940. Ein Beitrag zur französischen Ostpolitik zwischen dem Münchner Abkommen und dem Ende der Dritten Republik, Stuttgart 1986.

Baumont, M., Les origines de la Deuxième Guerre Mondiale, Paris 1969.
Beer, K., Vorbereitung und Durchführung des Umsturzes vom 23. August 1944 in Rumänien, in: Südost-Forschungen 38 (1979), S.88–138.
Beer, S., Der »unmoralische« Anschluß. Britische Österreichpolitik zwischen Containment und Appeasement 1931–1934, Wien/Köln/Graz 1988.
Bell, P.M.H., The Origins of the Second World War in Europe, London/New York 1986.
Bellstedt, H.F., »Apaisement« oder Krieg. Frankreichs Außenminister Georges Bonnet und die deutsch-französische Erklärung vom 6. Dezember 1938, Bonn 1993.
Ben Elissar, E., La Diplomatie du IIIe Reich et Les Juifs (1933–1939), Paris 1969.
Benz, W. (Hrsg.), Die Vertreibung der Deutschen aus dem Osten. Ursachen, Ereignisse, Folgen, Frankfurt am Main 1985.
Benz, W. / Graml, H. (Hrsg.), Sommer 1939. Die Großmächte und der Europäische Krieg, Stuttgart 1979.
Bernhardt, W., Die deutsche Aufrüstung 1934–1939. Militärische und politische Konzeptionen und ihre Einschätzung durch die Alliierten, Frankfurt am Main 1969.
Besymenski, L., Geheimmission in Stalins Auftrag? David Kandelaki und die sowjetisch-deutschen Beziehungen Mitte der dreißiger Jahre, in: VfZ 40 (1992), S.339–357.
Bindschedler, R.L. / Kunz, H.R. / Carlgren, W. / Carlsson, S. (Hrsg.), Schwedische und schweizerische Neutralität im Zweiten Weltkrieg, Basel 1985.
Bitzel, U., Die Konzeption des Blitzkrieges bei der deutschen Wehrmacht, Frankfurt am Main u.a. 1991.
Blanke, R., The German Minority in Inter-War Poland and German Foreign Policy – Some Reconsiderations, in: JCH 25 (1990), S.87–102.
Blasius, R.A., Für Großdeutschland – gegen den großen Krieg. Staatssekretär Ernst Frhr. von Weizsäcker in den Krisen um die Tschechoslowakei und Polen 1938/39, Köln/Wien 1981.
Bloch, C., Hitler und die europäischen Mächte 1933/1934. Kontinuität oder Bruch, Frankfurt am Main 1966.
Bloch, C., Das Dritte Reich und die Welt. Die deutsche Außenpolitik 1933–1945, Paderborn u.a. 1993 (frz. 1986).
Bloch, M., Ribbentrop, London 1992.
Bloss, H., Deutsche Chinapolitik im Dritten Reich, in: M. *Funke* (Hrsg.), Hitler, Deutschland und die Mächte. Materialien zur Außenpolitik des Dritten Reiches, Düsseldorf 1976, 2. Aufl. 1977 (TB 1978), S.407–429.
Bloss, H., Die Zweigleisigkeit der deutschen Fernostpolitik und Hitlers Option für Japan 1938, in: MGM 27 (1980), S.55–92.
Böhm, J., Das nationalsozialistische Deutschland und die deutsche Volksgruppe in Rumänien 1936–1944. Das Verhältnis der deutschen Volksgruppe zum Dritten Reich und zum rumänischen Staat sowie der interne Widerstreit zwischen den politischen Gruppen, Frankfurt am Main 1985.
Bohn, R. / Elvert, J. / Rebas, H. / Salewski, M. (Hrsg.), Neutralität und totalitäre Aggression. Nordeuropa und die Großmächte im Zweiten Weltkrieg, Stuttgart 1991.
Booms, H., Der Ursprung des 2. Weltkrieges – Revision oder Expansion?, in: G. *Niedhardt* (Hrsg.), Kriegsbeginn 1939. Entfesselung oder Ausbruch des Zweiten Weltkrieges?, Darmstadt 1976, S.52–93 (urspr. 1965).
Botz, G., Die Eingliederung Österreichs in das Deutsche Reich. Planung und Verwirklichung des politisch-administrativen Anschlusses (1938–1940), Wien 1972, 2. Aufl. 1976.
Bourgeois, D., Le Troisième Reich et la Suisse 1933–1941, Neuchâtel 1974.
Boyd, C., The Extraordinary Envoy. General Hiroshi Oshima and Diplomacy in the Third Reich, 1934–1939, Washington 1985.
Bracher, K.D., Das Anfangsstadium der Hitlerschen Außenpolitik, in: VfZ 5 (1957), S.63–76.
Brandes, D., Die Tschechen unter deutschem Protektorat 1939–1945, 2 Bde., München 1969/1975.
Brandes, D., Die Politik des Dritten Reiches gegenüber der Tschechoslowakei, in: M. *Funke* (Hrsg.), Hitler, Deutschland und die Mächte. Materialien zur Außenpolitik des Dritten Reiches, Düsseldorf 1976, 2. Aufl. 1977 (TB 1978), S.508–523.
Brandes, D., Konföderationspläne im 2. Weltkrieg – Was aus den Entwürfen der ostmittel- und südosteuropäischen Exilregierungen wurde, in: Südosteuropa-Mitteilungen 23 (1983), S.3–19.
Brender, R., Kollaboration in Frankreich im Zweiten Weltkrieg. Marcel Déat und das Rassemblement National Populaire, München 1992.
Broszat, M., Nationalsozialistische Polenpolitik 1939–1945, Stuttgart 1961.
Broszat, M., Deutschland, Ungarn, Rumänien. Entwicklung und Grundfaktoren nationalsozialistischer

Hegemonial- und Bündnispolitik 1938–1941, in: M. *Funke* (Hrsg.), Hitler, Deutschland und die Mächte. Materialien zur Außenpolitik des Dritten Reiches, Düsseldorf 1976, 2. Aufl. 1977 (TB 1978), S.524–564 (urspr. 1968).
Browning, C.R., Unterstaatssekretär Martin Luther and the Ribbentrop Foreign Office, in: JCH 12 (1977), S.313–344.
Browning, C.R., The Final Solution and the German Foreign Office. A Study of Referat D III of Abteilung Deutschland 1940–1943, New York/London 1978.
Brügel, J.W. (Hrsg.), Stalin und Hitler. Pakt gegen Europa, Wien 1973.
Bußmann, W., Ein deutsch-französischer Verständigungsversuch vom 6. Dezember 1938, Göttingen 1953.
Bußmann, W., Zur Entstehung und Überlieferung der »Hoßbach-Niederschrift«, in: VfZ 16 (1968), S.373–384.
Carl, H., Vom Handlungsspielraum eines Kleinstaates. Zu Gerhard Krebs: Zwischen Fürst und Führer. Liechtensteins Beziehungen zum »Dritten Reich«, in: GWU 40 (1989), S.486–493.
Carlier, C. / *Martens,* S. (Hrsg.), La France et l'Allemagne en guerre. Septembre 1939 – novembre 1942. Actes du XXVème colloque franco-allemand organisé par l'Institut Historique Allemand de Paris en coopération avec l'Institut d'Histoire des Conflits Contemporains, Paris, et le Comité de la République fédérale d'Allemagne du Comité International d'Histoire de la Deuxième Guerre Mondiale. Wiesbaden, 17 au 19 mars 1988, Paris 1990.
Carr, W., Arms, Autarky and Aggression. A Study in German Foreign Policy, 1933–1939, London 1972.
Ceausescu, I. / *Constantin,* F. / *Ionescu,* M.E., A turning point in World War II. 23. August 1944 in Romania, Irvington (N.Y.) 1985.
Cecil, R., Hitlers Griff nach Rußland, Graz u.a. 1977 (engl. 1975).
Celovsky, B., Das Münchner Abkommen, Stuttgart 1958.
Chor'kov, A.G., Die Anfangsphase des Krieges – das Jahr 1941, in: R.G. *Foerster* (Hrsg.), »Unternehmen Barbarossa«. Zum historischen Ort der deutsch-sowjetischen Beziehungen von 1933 bis Herbst 1941, München 1993, S.137–150.
Clarke, J.C. III., Russia and Italy Against Hitler. The Bolshevik-Fascist Rapprochement of the 1930s, New York u.a. 1991.
Cointet, J.-P., Pierre Laval, Paris 1993.
Compton, J.V., Hitler und die USA. Die Amerikapolitik des Dritten Reiches und die Ursprünge des Zweiten Weltkrieges, Oldenburg 1968 (engl. 1967).
Conway, M., Collaboration in Belgium. Léon Degrelle and the Rexist Movement, 1940–1944, New Haven (Conn.)/London 1993.
Coox, A.D., Nomonhan. Japan against Russia, 1939, 2 Bde., Stanford (Cal.) 1985.
Cowling, M., The Impact of Hitler. British Politics and British Policy, 1933–1940, London 1975.
Craig, G.A., The German Foreign Office from Neurath to Ribbentrop, in: G.A. *Craig / F. Gilbert* (Hrsg.), The Diplomats 1919–1939, Princeton (N.J.) 1953, S.406–436.
Crowe, D.M., The Baltic States and the Great Powers. Foreign Relations 1938–1940, Boulder (Col.)/San Francisco/Oxford 1993.
Crozier, A.J., Appeasement and Germany's Last Bid for Colonies, London 1988.
Cruikshank, C., The German Occupation of the Channel Islands, London u.a. 1979.
Dallin, A., Deutsche Herrschaft in Rußland 1941–1945. Eine Studie über Besatzungspolitik, Düsseldorf 1958, ND 1981 (engl. 1957).
Deakin, F.W., Die brutale Freundschaft. Hitler, Mussolini und der Untergang des italienischen Faschismus, Köln/Berlin 1964 (engl. 1962).
Deist, W., Die militärische Planung des »Unternehmens Barbarossa«, in: R.G. *Foerster* (Hrsg.), »Unternehmen Barbarossa«. Zum historischen Ort der deutsch-sowjetischen Beziehungen von 1933 bis Herbst 1941, München 1993, S.109–122.
De Jong, L., Die deutsche Fünfte Kolonne im Zweiten Weltkrieg, Stuttgart 1959 (ndl. 1953).
De Jong, L., The Netherlands and Nazi Germany, Cambridge (Mass.)/London 1990.
Dengg, S., Deutschlands Austritt aus dem Völkerbund und Schachts »Neuer Plan«. Zum Verhältnis von Außen- und Außenwirtschaftspolitik in der Übergangsphase von der Weimarer Republik zum Dritten Reich (1929–1934), Frankfurt am Main/Bern/New York 1986.
Deringil, S., Turkish Foreign Policy during the Second World War: An »Active« Neutrality, Cambridge u.a. 1989.
Deschner, G., Bomben auf Baku. Angriffspläne Englands und Frankreichs auf die Sowjetunion 1940, Erlangen 1989.

Detwiler, D. S., Hitler, Franco und Gibraltar. Die Frage des spanischen Eintritts in den Zweiten Weltkrieg, Wiesbaden 1962.

D'Hoop, J.-M., Frankreichs Reaktion auf Hitlers Außenpolitik 1933–1939, in: GWU 15 (1964), S.211–223.

Dickel, H., Die deutsche Außenpolitik und die irische Frage von 1932 bis 1944, Wiesbaden 1983.

Dickmann, F., Machtwille und Ideologie in Hitlers außenpolitischen Zielsetzungen vor 1933, in: Spiegel der Geschichte, Festgabe für Max Braubach zum 10. April 1964, hrsg. von K. *Repgen* / S. *Skalweit*, Münster 1964, S.915–941.

Doering, D., Deutsche Außenwirtschaftspolitik 1933–1935. Die Gleichschaltung der Außenwirtschaft in der Frühphase des nationalsozialistischen Regimes, Berlin 1969.

Döscher, H. J., Das Auswärtige Amt im Dritten Reich. Diplomatie im Schatten der »Endlösung«, Berlin 1987 (TB 1991).

Dostert, P., Luxemburg zwischen Selbstbehauptung und nationaler Selbstaufgabe. Die deutsche Besatzungspolitik und die Volksdeutsche Bewegung 1940–1945, Luxemburg 1985.

Drechsler, K., Deutschland–China–Japan, 1933–1939, Berlin (Ost) 1964.

Drechsler, K. / *Dress*, U. / *Hass*, G., Europapläne des Deutschen Imperialismus im Zweiten Weltkrieg, in: ZfG 19 (1971), S.916–931.

Dreyfus, F.-G., Histoire de Vichy, Paris 1990.

Duggan, J. P., Neutral Ireland and the Third Reich, Dublin 1985.

Dülffer, J., Der Beginn des Krieges 1939: Hitler, die innere Krise und das Mächtesystem, in: GG 2 (1976), S.443–470.

Dülffer, J., Zum »decision-making process« in der deutschen Außenpolitik 1933–1939, in: M. *Funke* (Hrsg.), Hitler, Deutschland und die Mächte. Materialien zur Außenpolitik des Dritten Reiches, Düsseldorf 1976, 2. Aufl. 1977 (TB 1978), S.186–204.

Dülffer, J., Der Einfluß des Auslandes auf die nationalsozialistische Politik, in: E. *Forndran* / F. *Golczewski* / D. *Riesenberger* (Hrsg.), Innen- und Außenpolitik unter nationalsozialistischer Bedrohung. Determinanten internationaler Beziehungen in historischen Fallstudien, Opladen 1977, S.295–313.

Dülffer, J., Grundbedingungen der nationalsozialistischen Außenpolitik, in: L. *Haupts* / G. *Mölich* (Hrsg.), Strukturelemente des Nationalsozialismus. Rassenideologie, Unterdrückungsmaschinerie, Außenpolitik, Köln 1981, S.61–88.

Durica, M. S., Machtpolitische Eingriffe des Dritten Reiches in die Politik der Slowakischen Republik, in: Tradition und Neubeginn. Internationale Forschungen zur deutschen Geschichte im 20. Jahrhundert. Hrsg. von J. *Hütter* / R. *Meyers* / D. *Papenfuss*, Köln u.a. 1975, S.245–257.

Duroselle, J.-B., La Décadence 1932–1939, Paris 1979.

Duroselle, J.-B., L'Abîme, 1939–1945, Paris 1982.

Ebel, A., Das Dritte Reich und Argentinien. Die diplomatischen Beziehungen unter besonderer Berücksichtigung der Handelspolitik (1933–1939), Köln/Wien 1971.

Ecker, R., Vom »Fall Marita« zur »wirtschaftlichen Sonderaktion«. Die deutsche Besatzungspolitik in Griechenland vom 6. April 1941 bis zur Kriegswende im Februar/März 1943, Frankfurt am Main u.a. 1992.

Eichstädt, U., Von Dollfuß zu Hitler. Geschichte des Anschlusses Österreichs 1933–1938, Wiesbaden 1955.

Eisenblätter, G., Grundlinien der Politik des Reiches gegenüber dem Generalgouvernement 1939–1945. Diss. phil. Frankfurt am Main 1969.

El Dessouki, M.-K., Hitler und der Nahe Osten, Diss. phil. Berlin 1963.

Elstob, P., Hitler's Last Offensive, London 1971.

Elvert, J., »Germanen« und »Imperialisten«. Zwei Europakonzepte aus nationalsozialistischer Zeit, in: Historische Mitteilungen der Ranke-Gesellschaft 5 (1992), S.161–184.

Emmerson, J. T., The Rhineland Crisis 7. March 1936. A Study in Multilateral Diplomacy, London 1977.

Eubank, K., World War II – Roots and Causes, Lexington (Mass.) 1975, ND 1992.

Fabry, P. W., Iran, die Sowjetunion und das kriegführende Deutschland im Sommer und Herbst 1940, Göttingen 1980.

Feiling, K., The Life of Neville Chamberlain, London 1946.

Feis, H., The Road to Pearl Harbor. The Coming of the War between the United States and Japan, Princeton 1950.

Felice, R. de, Mussolini il duce, Bd.1: Gli anni di consenso 1929–1936, Torino 1974, Bd.2: Lo Stato totalitario, 1936–1940, Torino 1981.

Felice, R. de, Mussolini l'alleato, Bd.1: L'Italia in guerra 1940–1943, Torino 1990.

Fenyo, M. D., Horthy and Hungary. German-Hungarian Relations 1941–1944, New Haven/London 1972.

Fest, J., Hitlers Krieg, in: VfZ 38 (1990), S.359–373.
Fink, J., Die Schweiz aus der Sicht des Dritten Reiches 1933–1945. Einschätzung und Beurteilung der Schweiz durch die oberste deutsche Führung seit der Machtergreifung Hitlers – Stellenwert des Kleinstaates Schweiz im Kalkül der nationalsozialistischen Exponenten in Staat, Diplomatie, Wehrmacht, SS, Nachrichtendiensten und Presse, Zürich 1985.
Fischer, A., Sowjetische Deutschlandpolitik im Zweiten Weltkrieg 1941–1945, Stuttgart 1975.
Fleischer, H., Im Kreuzschatten der Mächte. Griechenland 1941–1944 (Okkupation – Resistance – Kollaboration), 2 Bde., Frankfurt am Main/Bern/New York 1986.
Fleischhauer, I., Die Chance des Sonderfriedens. Deutsch-sowjetische Geheimgespräche 1941–1945, Berlin 1986.
Fleischhauer, I., Der Pakt. Hitler, Stalin und die Initiative der deutschen Diplomatie 1938–1939, Berlin/Frankfurt am Main 1990.
Fleischhauer, I., Der deutsch-sowjetische Grenz- und Freundschaftsvertrag vom 28. September 1939. Die deutschen Aufzeichnungen über die Verhandlungen zwischen Stalin, Molotov und Ribbentrop in Moskau, in: VfZ 39 (1991), S.447–470.
Fleischhauer, I., Diplomatischer Widerstand gegen »Unternehmen Barbarossa«. Die Friedensbemühungen der Deutschen Botschaft Moskau 1939–1941, Berlin 1991.
Fletcher, W. A., The German Administration in Luxemburg 1940–1942. Toward a »de facto« annexation, in: The Historical Journal 13 (1970), S.533–544.
Floto, J.-H., Die Beziehungen Deutschlands zu Venezuela 1933 bis 1958, Frankfurt am Main u. a. 1991.
Foerster, R. G. (Hrsg.), »Unternehmen Barbarossa«. Zum historischen Ort der deutsch-sowjetischen Beziehungen von 1933 bis Herbst 1941, München 1993.
Förster, J., Das andere Gesicht des Krieges: Das »Unternehmen Barbarossa« als Eroberungs- und Vernichtungskrieg, in: R. G. *Foerster* (Hrsg.), »Unternehmen Barbarossa«. Zum historischen Ort der deutsch-sowjetischen Beziehungen von 1933 bis Herbst 1941, München 1993, S.151–162.
Ford, F. L., The Observers in Berlin: Rumbold, Dodd and François-Poncet, in: G. A. *Craig*/ F. *Gilbert* (Hrsg.), The Diplomats 1919–1939, Princeton 1953, S.437–476.
Forndran, E. / *Golczewski*, F. / *Riesenberger*, D. (Hrsg.), Innen- und Außenpolitik unter nationalsozialistischer Bedrohung. Determinanten internationaler Beziehungen in historischen Fallstudien, Opladen 1977.
Fox, J. P., Germany and the Far Eastern Crisis 1931–1938. A Study in Diplomacy and Ideology, Oxford u. a. 1982 (TB 1985).
La France et l'Allemagne 1932–1936, Communications présentées au Colloque franco-allemand tenu à Paris (Palais du Luxembourg, salle Médicis) du 10 au 12 mars 1977, Paris 1980.
Fraser, C., Der Austritt Deutschlands aus dem Völkerbund, Seine Vorgeschichte und seine Nachwirkungen, Diss. phil. Bonn 1969.
French, G. S., Louis Barthou and the German Question: 1934, in: Canadian Historical Association, Report of the annual meeting, Ottawa 1964, S.120–135.
Freymond, J., Le IIIe Reich et la réorganisation économique de l'Europe 1940–1942. Origines et Projets, Leiden 1974.
Friedländer, S., Auftakt zum Untergang. Hitler und die Vereinigten Staaten von Amerika 1939–1941, Stuttgart u. a. 1965 (frz. 1963).
Fromm, H., Deutschland in der öffentlichen Kriegszieldiskussion Großbritanniens 1939–1945, Frankfurt am Main/Bern 1982.
Frye, A., Nazi Germany and the Western Hemisphere 1933–1941, New Haven (Conn.) 1967.
Funke, M., Sanktionen und Kanonen. Hitler, Mussolini und der internationale Abessinienkonflikt 1934–1936, Düsseldorf 1970, 2. Aufl. 1971.
Funke, M. (Hrsg.), Hitler, Deutschland und die Mächte. Materialien zur Außenpolitik des Dritten Reiches, Düsseldorf 1976, 2. Aufl. 1977 (TB 1978).
Gehl, J., Austria, Germany and the Anschluss 1931–1938, London 1963.
Geiss, H., Das »Internationale Komitee für die Anwendung des Abkommens über die Nichteinmischung in Spanien« als Instrument sowjetischer Außenpolitik 1936–1938, Köln 1977.
Gemzell, C.-A., Raeder, Hitler und Skandinavien. Der Kampf für einen maritimen Operationsplan, Lund 1965.
Gensicke, K., Der Mufti von Jerusalem, Amin el-Husseini, und die Nationalsozialisten, Frankfurt am Main/Bern/New York/Paris 1988.
Genzell, F., Die deutsch-kanadischen Beziehungen (1933–1939), in: M. *Funke* (Hrsg.), Hitler, Deutschland

und die Mächte. Materialien zur Außenpolitik des Dritten Reiches, Düsseldorf 1976, 2. Aufl. 1977 (TB 1978), S.327–338.

Geyer, M., Militär, Rüstung und Außenpolitik. Aspekte militärischer Revisionspolitik in der Zwischenkriegszeit, in: M. *Funke* (Hrsg.), Hitler, Deutschland und die Mächte. Materialien zur Außenpolitik des Dritten Reiches, Düsseldorf 1976, 2. Aufl. 1977 (TB 1978), S.239–268.

Gilbert, M., Winston S. Churchill, Bd. 5: 1922–1939, London u. a. 1976.

Gillessen, G., »Friedensschuld«. Zu dem Aufsatz »Deutschland im Juni 1941 – ein Opfer sowjetischer Aggression?« von Bianka Pietrow in Heft 1/1988, in: GG 14 (1988), S.541.

Gillingham, J., Belgian business in the Nazi new order, Gent 1977.

Girault, R. / *Frank*, R. (Hrsg.), La Puissance en Europe 1938–1940, Paris 1984.

Goda, N. J. W., The Riddle of the Rock: A Reassessment of German Motives for the Capture of Gibraltar in the Second World War, in: JCH 28 (1993), S.297–314.

Gorodetsky, G., Stafford Cripps' Mission to Moscow, 1940–1942, Cambridge u. a. 1984.

Gorodetsky, G., The Hess affair and Anglo-Soviet Relations on the Eve of »Barbarossa«, in: The English Historical Review 101 (1986), S.405–420.

Gorodetsky, G., Stalin und Hitlers Angriff auf die Sowjetunion. Eine Auseinandersetzung mit der Legende vom deutschen Präventivschlag, in: VfZ 37 (1989), S.645–672.

Graml, H., Europas Weg in den Krieg. Hitler und die Mächte 1939, München 1990.

Grenzebach, W. S., Germany's informal empire in East-Central Europe. German economic policy toward Yugoslavia and Rumania 1933–1939, Stuttgart 1988.

Gross, J. T., Polish Society under German Occupation. The Generalgouvernement 1939–1944, Princeton 1979.

Gruchmann, L., Nationalsozialistische Großraumordnung. Die Konstruktion einer »deutschen Monroe-Doktrin«, Stuttgart 1962.

Gruchmann, L., Der Zweite Weltkrieg. Kriegführung und Politik, München 1967, 8. Aufl. 1985.

Gruchmann, L., Totaler Krieg. Vom Blitzkrieg zur bedingungslosen Kapitulation, München 1991.

Haestrup, J., Die dänisch-deutschen Beziehungen von 1933 bis 1945, in: Internationales Jahrbuch für Geschichtsunterricht 8 (1961/62), S.196–209.

Hagemann, A., Südafrika und das »Dritte Reich«. Rassenpolitische Affinität und machtpolitische Rivalität, Frankfurt am Main/New York 1989.

Haigh, R. H. / *Morris*, D. S. / *Peters*, A. R., The Years of Triumph? German Diplomatic and Military Policy 1933–1941, Aldershot 1986.

Hansen, R., Ribbentrops Friedensfühler im Frühjahr 1945, in: GWU 18 (1967), S.716–730.

Haraszti, E. H., Treaty-Breakers or »Realpolitiker«? The Anglo-German Naval-Agreement of June 1935, Boppard am Rhein 1974.

Hass, G., Von München bis Pearl Harbor. Zur Geschichte der deutsch-amerikanischen Beziehungen 1938–1941, Berlin (Ost) 1965.

Hauner, M., Did Hitler Want a World Dominion?, in: JCH 13 (1978), S.15–32.

Hauner, M., India in Axis Strategy. Germany, Japan and Indian Nationalists in the Second World War, Stuttgart 1981.

Hauner, M., The Professionals and the Amateurs in National Socialist Foreign Policy: Revolution and Subversion in the Islamic and Indian World, in: G. *Hirschfeld* / L. *Kettenacker* (Hrsg.), Der »Führerstaat«. Mythos und Realität. Studien zur Struktur des Dritten Reiches, Stuttgart 1981, S.305–328.

Hauser, O. (Hrsg.), Weltpolitik I, 1933–1939. 13 Vorträge, Göttingen u. a. 1973.

Hauser, O. (Hrsg.), Weltpolitik II, 1939–1945. 14 Vorträge, Göttingen u. a. 1975.

Hearden, P. J., Roosevelt Confronts Hitler. America's entry into World War II, De Kalb (Ill.) 1987.

Heimsoeth, H.-J., Der Zusammenbruch der Dritten Französischen Republik. Frankreich während der »Drôle de Guerre« 1939/1940, Bonn 1990.

Heindl, J. E., Die diplomatischen Beziehungen zwischen Deutschland und den Vereinigten Staaten von Amerika 1933–1939, Diss. phil. Würzburg 1964.

Heinemann, J. L., Hitler's First Foreign Minister Constantin Freiherr von Neurath, Diplomat and Statesman, Berkeley/Los Angeles/London 1979.

Henke, J., England in Hitlers politischem Kalkül. Vom Scheitern der Bündniskonzeption bis zum Kriegsbeginn (1935–1939), Boppard am Rhein 1973.

Herde, P., Pearl Harbor, 7. Dezember 1941. Der Ausbruch des Krieges zwischen Japan und den Vereinigten Staaten und die Ausweitung des europäischen Krieges zum Zweiten Weltkrieg, Darmstadt 1980.

Herde, P., Italien, Deutschland und der Weg in den Krieg im Pazifik 1941, Wiesbaden 1983.

Herde, P., Japan, Deutschland und die Vereinigten Staaten im Jahre 1941, in: J. *Rohwer /* E. *Jäckel* (Hrsg.), Kriegswende Dezember 1941. Referate und Diskussionsbeiträge des internationalen historischen Symposiums in Stuttgart vom 17.–19. September 1981, Koblenz 1984, S.36–54.

Herwig, H. H., Prelude to Weltblitzkrieg. Germany's Naval Policy toward the United States of America 1939–1941, in: JMH 43 (1971), S.649–668.

Hiden, J., National Socialism and Foreign Policy 1919–1933, in: P. D. *Stachura* (Hrsg.), The Nazi Machtergreifung, Boston/Sydney 1983, S.146–161.

Hiden, J. / *Lane,* T. (Hrsg.), The Baltic and the Outbreak of the Second World War, Cambridge u. a. 1992.

Hildebrand, K., Deutsche Außenpolitik 1933–1945. Kalkül oder Dogma?, Stuttgart u. a. 1971, 5. Aufl. 1990.

Hildebrand, K., Weltmacht oder Untergang: Hitlers Deutschland 1941–1945, in: O. *Hauser* (Hrsg.): Weltpolitik II 1939–1945, 14 Vorträge, Göttingen/Frankfurt am Main/Zürich 1975, S.286–322.

Hildebrand, K., Die Frankreichpolitik Hitlers bis 1936, in: Francia 5 (1977), S.591–625.

Hildebrand, K., Die ostpolitischen Vorstellungen im deutschen Widerstand, in: GWU 29 (1978), S.213–241.

Hildebrand, K. / *Werner,* K. F. (Hrsg.), Deutschland und Frankreich 1936–1939. 15. deutsch-französisches Historikerkolloquium des Deutschen Historischen Instituts Paris (Bonn, 26.–29. September 1979), München 1981.

Hill, L. E., The Wilhelmstraße in the Nazi era, in: Political Science Quarterly 82 (1967), S.546–570.

Hill, L. E., The Genesis and Interpretation of the Memoirs of Ernst von Weizsäcker, in: German Studies Review 10 (1987), S.443–480.

Hillgruber, A., Hitler, König Carol und Marschall Antonescu. Die deutsch-rumänischen Beziehungen 1938–1944, Wiesbaden 1954, 2. Aufl. 1965.

Hillgruber, A., Der Faktor Amerika in Hitlers Strategie 1938–1941, in: Ders., Deutsche Großmacht- und Weltpolitik im 19. und 20. Jahrhundert, Düsseldorf 1977, 2. Aufl. 1979, S.197–222 (urspr. 1965).

Hillgruber, A., Hitlers Strategie. Politik und Kriegführung 1940–1941, Frankfurt am Main 1965, 3. Aufl. München 1993.

Hillgruber, A., Die »Endlösung« und das deutsche Ostimperium als Kernstück des rassenideologischen Programms des Nationalsozialismus, in: Ders., Deutsche Großmacht- und Weltpolitik im 19. und 20. Jahrhundert, Düsseldorf 1977, 2. Aufl. 1979, S.252–275 (urspr. 1972).

Hillgruber, A., Grundzüge der nationalsozialistischen Außenpolitik 1933–1945, in: Saeculum 24 (1973), S.328–345.

Hillgruber, A., England in Hitlers außenpolitischer Konzeption, in: Ders., Deutsche Großmacht- und Weltpolitik im 19. und 20. Jahrhundert, Düsseldorf 1977, 2. Aufl. 1979, S.180–197 (urspr. 1974).

Hillgruber, A., Die »Hitler-Koalition«. Eine Skizze zur Geschichte und Struktur des »Weltpolitischen Dreiecks« Berlin-Rom-Tokio 1933–1945, in: Vom Staat des Ancien Régime zum modernen Parteienstaat. Festschrift für T. Schieder, hrsg. von H. *Berding,* München/Wien 1978, S.467–483.

Hillgruber, A., Sowjetische Außenpolitik im Zweiten Weltkrieg, Königstein im Taunus/Düsseldorf 1979.

Hillgruber, A., Imperialismus und Rassendoktrin als Kernstück der NS-Ideologie, in: L. *Haupts /* G. *Mölich* (Hrsg.), Strukturelemente des Nationalsozialismus. Rassenideologie, Unterdrückungsmaschinerie, Außenpolitik, Köln 1981, S.11–36.

Hillgruber, A., Noch einmal: Hitlers Wendung gegen die Sowjetunion. Nicht (Militär-)»Strategie oder Ideologie«, sondern »Programm« und »Weltkriegsstrategie«, in: GWU 33 (1982), S.214–226.

Hillgruber, A., Der Zweite Weltkrieg 1939–1945. Kriegsziele und Strategie der großen Mächte, Stuttgart u. a. 1982, 5. Aufl. 1989.

Hillgruber, A., Der Ostkrieg und die Judenvernichtung, in: G. R. *Überschär /* W. *Wette* (Hrsg.), »Unternehmen Barbarossa«. Der deutsche Überfall auf die Sowjetunion 1941, Berichte, Analysen, Dokumente, Paderborn 1984, S.219–236.

Hillgruber, A., Deutschland und Polen in der internationalen Politik 1933–1939, in: Deutschland und Polen von der nationalsozialistischen Machtergreifung bis zum Ende des Zweiten Weltkrieges, Braunschweig 1986, S.47–63.

Hillgruber, A., Der Hitler-Stalin-Pakt und die Entfesselung des Zweiten Weltkrieges. Situationsanalyse und Machtkalkül der beiden Pakt-Partner, in: Ders., Die Zerstörung Europas. Beiträge zur Weltkriegsepoche 1914 bis 1945, Frankfurt am Main/Berlin 1988, 2. Aufl. 1989, S.219–238.

Hillgruber, A. / *Dülffer,* J. (Hrsg.), Ploetz. Geschichte der Weltkriege. Mächte, Ereignisse, Entwicklungen 1900–1945, Freiburg im Breisgau/Würzburg 1981.

Hiroszowicz, L., The Third Reich and the Arab East, London 1966 (poln. 1963).

Hirschfeld, G., Fremdherrschaft und Kollaboration. Die Niederlande unter deutscher Besatzung 1940 bis 1945, Stuttgart 1984.

Hitchens, M.G., Germany, Russia, and the Balkans. Prelude to the Nazi-Soviet Non-Aggression Pact, New York 1983.
Hoensch, J.K., Die Slowakei und Hitlers Ostpolitik. Hlinkas Slowakische Volkspartei zwischen Autonomie und Separation 1938/1939, Köln/Graz 1965.
Hoensch, J.K., Der ungarische Revisionismus und die Zerschlagung der Tschechoslowakei, Tübingen 1967.
Hofer, W., Die Entfesselung des Zweiten Weltkrieges. Darstellung und Dokumente, Stuttgart 1954, 3. Aufl. Düsseldorf 1974 (ND 1984).
Hoffmann, J., Kaukasien 1942/1943. Das deutsche Heer und die Orientvölker der Sowjetunion, Freiburg im Breisgau 1991.
Hoffmann, P., Peace through Coup d'État: The Foreign Contacts of the German Resistance 1933–1944, in: CEH 19 (1986), S.3–44.
Hondros, J.L., Occupation and Resistance: The Greek Agony 1941–1944, New York 1983.
Hoppe, H.-J., Deutschland und Bulgarien 1918–1945, in: M. *Funke* (Hrsg.): Hitler, Deutschland und die Mächte. Materialien zur Außenpolitik des Dritten Reiches, Düsseldorf 1976, 2. Aufl. 1977 (TB 1978), S.604–611.
Hoppe, H.-J., Bulgarien – Hitlers eigenwilliger Verbündeter. Eine Fallstudie zur nationalsozialistischen Südosteuropapolitik, Stuttgart 1979.
Hubatsch, W., »Weserübung«. Die deutsche Besetzung von Dänemark und Norwegen 1940, Göttingen 1952, 2. Aufl. 1960.
Hübner, E., Neues Licht auf die sowjetische Außenpolitik vor dem Zweiten Weltkrieg? Zum Aufsatz von Ivan Pfaff »Stalins Strategie der Sowjetisierung Mitteleuropas 1935–1938. Das Beispiel Tschechoslowakei«, in: VfZ 40 (1992), S.79–94.
Iriye, A., The Origins of the Second World War in Asia and the Pacific, London/New York 1987.
Irving, D., Hitlers Krieg, Bd.1: Die Siege 1939–1942, München/Berlin 1983, Bd.2: Götterdämmerung 1942–1945, München/Berlin 1986.
Jäckel, E., Frankreich in Hitlers Europa. Die deutsche Frankreichpolitik im Zweiten Weltkrieg, Stuttgart 1966.
Jäckel, E., Die deutsche Kriegserklärung an die Vereinigten Staaten von 1941, in: Im Dienste Deutschlands und des Rechtes, Festschrift für W. Grewe zum 70. Geburtstag, hrsg. von F.J. *Kroneck* / T. *Oppermann*, Baden-Baden 1981, S.117–137 (wiederabgedruckt in: Ders., Umgang mit Vergangenheit. Beiträge zur Geschichte, Stuttgart 1989, S.171–194).
Jäckel, E., Hitlers doppeltes Kernstück, in: R.G. *Foerster* (Hrsg.), »Unternehmen Barbarossa«. Zum historischen Ort der deutsch-sowjetischen Beziehungen von 1933 bis Herbst 1941, München 1993, S.13–22.
Jacobsen, H.-A., Fall Gelb. Der Kampf um den deutschen Operationsplan zur Westoffensive, Wiesbaden 1957.
Jacobsen, H.-A., Nationalsozialistische Außenpolitik 1933–1938, Frankfurt am Main 1968.
Jagschitz, G., Der Putsch. Die Nationalsozialisten 1934 in Österreich, Graz/Wien/Köln 1976.
Jarausch, K.H., The Four Power Pact 1933, Madison (Wisc.) 1965.
Jedlicka, L. / *Neck*, R. (Hrsg.), Jahr 1934: 25. Juli. Protokoll des Symposiums in Wien am 8. Oktober 1974, München 1975.
Jedlicka, L. / *Neck*, R. (Hrsg.), Juliabkommen von 1936. Vorgeschichte, Hintergründe und Folgen. Protokoll des Symposiums in Wien am 10. und 11. Juni 1976, München 1977.
Jung, H., Die Ardennenoffensive 1944/1945. Ein Beispiel für die Kriegführung Hitlers, Göttingen u.a. 1971.
Junker, D., Der unteilbare Weltmarkt. Das ökonomische Interesse in der Außenpolitik der USA 1933–1941, Stuttgart 1975.
Junker, D., Kampf um die Weltmacht. Die USA und das Dritte Reich 1933–1945, Düsseldorf 1988.
Kaehler, S.A., Geschichtsbild und Europapolitik des Nationalsozialismus, in: Die Sammlung 9 (1954), S.338–354.
Kahle, G., Das Kaukasusprojekt der Alliierten vom Jahre 1940, Opladen 1973.
Kaiser, D.E., Economic Diplomacy and the Origins of the Second World War. Germany, Britain, France and Eastern Europe, 1930–1939, Princeton 1980.
Kehrig, M., Stalingrad. Analyse und Dokumentation einer Schlacht, Stuttgart 1974.
Kettenacker, L., Krieg zur Friedenssicherung. Die Deutschlandplanung der Britischen Regierung während des Zweiten Weltkrieges, Göttingen/Zürich 1989.
Kettenacker, L., Großbritannien und der deutsche Angriff auf die Sowjetunion, in: B. *Wegner* (Hrsg.): Zwei Wege nach Moskau. Vom Hitler-Stalin-Pakt zum »Unternehmen Barbarossa«, München/Zürich 1991, S.605–619.

Kienzle, W. R., German Policy towards the Union of South Africa, 1933-1939, Diss. phil. Ann Arbor (Mich.) 1974.
Kindermann, G.-K., Hitlers Niederlage in Österreich. Bewaffneter NS-Putsch, Kanzlermord und Österreichs Abwehrsieg von 1934, Hamburg 1984.
Klee, K., Das Unternehmen »Seelöwe«. Die geplante deutsche Landung in England 1940, Göttingen 1958.
Klefisch, P., Das Dritte Reich und Belgien 1933-1939, Frankfurt am Main 1988.
Klemperer, K. von, Adam von Trott zu Solz and Resistance Foreign Policy, in: CEH 14 (1981), S.351-361.
Klemperer, K. von, German Resistance Against Hitler. The Search for Allies Abroad, 1938-1945, Oxford 1992.
Klink, E., Das Gesetz des Handelns. Die Operation Zitadelle 1943, Stuttgart 1966.
Kluke, P., Nationalsozialistische Europaideologie, in: VfZ 3 (1955), S.240-275.
Knight, T.J., The Establishment of German Military Government in Belgium 1940-1941, Ann Arbor (Mich.) 1979.
Knipping, F., Frankreich in Hitlers Außenpolitik 1933-1939, in: M. *Funke* (Hrsg.), Hitler, Deutschland und die Mächte. Materialien zur Außenpolitik des Dritten Reiches, Düsseldorf 1976, 2. Aufl. 1977 (TB 1978), S.612-627.
Knipping, F., Die deutsche Diplomatie und Frankreich 1933-1936, in: Francia 5 (1977), S.491-512.
Knipping, F. / *Müller,* K.J. (Hrsg.), Machtbewußtsein in Deutschland am Vorabend des Zweiten Weltkrieges, Paderborn 1984.
Koblik, S., »No truck with Himmler«. The Politics of Rescue and the Swedish Red Cross Mission, March – May 1945, in: Scandia 51 (1985), S.173-195.
Komjathy, A. / *Stockwell,* R., German Minorities and the Third Reich. Ethnic Germans of East Central Europe between the Wars, New York/London 1980.
Korusiewicz, L., Polish-German Diplomatic Relations 1934-1939, Diss. phil. Berkeley 1955.
Kosyk, W., L'Allemagne national-socialiste et l'Ukraine, Paris 1986.
Kowalski, H.-G., Die »European Advisory Commission« als Instrument alliierter Deutschlandplanung 1943-1945, in: VfZ 19 (1971), S.261-293.
Kozlowski, M., Die politischen Gruppierungen innerhalb des Pilsudski-Lagers 1926-1939, München 1978.
Krautkrämer, E., Frankreichs Kriegswende 1942. Die Rückwirkungen der alliierten Landungen in Nordafrika. Darlan, de Gaulle, Giraud und die royalistische Utopie, Bern u. a. 1989.
Krebs, G., Japans Deutschlandpolitik 1935-1941. Eine Studie zur Vorgeschichte des pazifischen Krieges, 2 Bde., Hamburg 1984.
Krebs, G., Zwischen Fürst und Führer. Liechtensteins Beziehungen zum »Dritten Reich«, in: GWU 39 (1988), S.548-567.
Krebs, G., Deutschland und Pearl Harbor, in: HZ 253 (1991), S.313-369.
Krecker, L., Deutschland und die Türkei im Zweiten Weltkrieg, Frankfurt am Main 1964.
Krüger, P. / *Hahn,* E.J., Der Loyalitätskonflikt des Staatssekretärs Bernhard Wilhelm von Bülow im Frühjahr 1933, in: VfZ 20 (1972), S.376-410.
Kube, A., Außenpolitik und »Großraumwirtschaft«. Die deutsche Politik zur wirtschaftlichen Integration Südosteuropas 1933 bis 1939, in: H. *Berding* (Hrsg.), Wirtschaftliche und politische Integration in Europa im 19. und 20. Jahrhundert, Göttingen 1984, S.185-211.
Kuhn, A., Hitlers außenpolitisches Programm. Entstehung und Entwicklung 1919-1939, Stuttgart 1970.
Kum' A N'Dumbe III, A., Hitler voulait l'Afrique. Le projet du 3^e Reich sur le continent africain, Paris 1980.
Kupfermann, F., Le Bureau Ribbentrop et les campagnes pour le rapprochement franco-allemand: 1934-1937, in: Les Relations Franco-Allemandes 1933-1939. Colloques Internationaux, Strasbourg, 7.-10. Octobre 1975, hrsg. vom Centre National des Recherches Scientifique, Paris 1976, S.87-98.
Kupfermann, F., Laval 1883-1945, Paris 1987.
Kuusisto, S., Alfred Rosenberg in der nationalsozialistischen Außenpolitik 1933-1939, Helsinki 1984.
Kwiet, K., Reichskommissariat Niederlande. Versuch und Scheitern nationalsozialistischer Neuordnung, Stuttgart 1968.
Lamb, R., Der verfehlte Frieden. Englands Außenpolitik 1935-1945, Frankfurt am Main/Berlin 1989.
Le Goyet, P., Munich, »un traquenard«?, Paris 1988.
Lindgren, H., Adam von Trotts Reisen nach Schweden 1942-1944. Ein Beitrag zur Frage der Auslandsverbindungen des deutschen Widerstandes, in: VfZ 18 (1970), S.274-291.
Lipinsky, J., Das geheime Zusatzprotokoll zum deutsch-sowjetischen Nichtangriffsvertrag vom 23.8.1939: Seine Geschichte in Ost und West (1939-1990), Magisterarbeit Bonn 1991.
Longerich, P., Propagandisten im Krieg. Die Presseabteilung des Auswärtigen Amtes unter Ribbentrop, München 1987.

Look, H.-D., Quisling, Rosenberg und Terboven. Zur Vorgeschichte und Geschichte der nationalsozialistischen Revolution in Norwegen, Stuttgart 1970.

Look, H.-D., Nordeuropa zwischen Außenpolitik und »großgermanischer« Innenpolitik, in: M. *Funke* (Hrsg.), Hitler, Deutschland und die Mächte. Materialien zur Außenpolitik des Dritten Reiches, Düsseldorf 1976, 2. Aufl. 1977 (TB 1978), S.684–706.

Lorbeer, H.-J., Westmächte gegen die Sowjetunion 1939–1941, Freiburg 1975.

Low, A. D., The Anschluss Movement 1931–1938, and the Great Powers, New York 1985.

Lukacs, J., Churchill und Hitler. Der Zweikampf. 10. Mai–31. Juli 1940, Stuttgart 1992 (engl. 1990).

Lukas, R. C., The Forgotten Holocaust: The Poles under German Occupation 1939–1944, Lexington (Ky.) 1986.

Lukes, J., Benesch, Stalin und die Komintern. Vom Münchner Abkommen zum Molotow-Ribbentrop-Pakt, in: VfZ (1993), S.325–353.

Lumans, V. O., The Ethnic German Minority of Slovakia and the Third Reich, 1938–1945, in: CEH 15 (1982), S.266–296.

Lungu, D. B., Romania and the Great Powers 1933–1940, Durham (N.C.)/London 1989.

Lutzhöft, H.-J., Deutsche Militärpolitik und schwedische Neutralität 1939–1942, Neumünster 1981.

Luza, R., Österreich und die großdeutsche Idee in der NS-Zeit, Wien 1977 (engl. 1975).

Luza, R. V. / *Campbell,* F. G. / *Cienciala,* A. M., Stages to War: An Examination of Gerhard Weinberg's The Foreign Policy of Hitler's Germany, in: JMH 57 (1985), S.297–315.

Madajczyk, C., Die deutsche Besatzungspolitik in Polen (1939–1945), Wiesbaden 1967.

Madajczyk, C., Die Okkupationspolitik Nazideutschlands in Polen 1939–1945, Berlin (Ost) 1987 (poln. 1970).

Manchester, W., Winston Churchill, Bd. 2: Allein gegen Hitler 1932–1940, München 1990 (engl. 1988).

Martin, B., Deutschland und Japan im Zweiten Weltkrieg. Vom Angriff auf Pearl Harbor bis zur deutschen Kapitulation, Göttingen 1969.

Martin, B., Friedensinitiativen und Machtpolitik im Zweiten Weltkrieg 1939–1942, Düsseldorf 1974, 2. Aufl. 1976.

Martin, B., Die deutsch-japanischen Beziehungen während des Dritten Reiches, in: M. *Funke* (Hrsg.), Hitler, Deutschland und die Mächte. Materialien zur Außenpolitik des Dritten Reiches, Düsseldorf 1976, 2. Aufl. 1977 (TB 1978), S.454–470.

Martin, B., Friedens-Planungen der multinationalen Großindustrie (1932–1940) als politische Krisenstrategie, in: GG 2 (1976), S.66–88.

Martin, B., Verhandlungen über separate Friedensschlüsse 1942–1945. Ein Beitrag zur Entstehung des Kalten Krieges, in: MGM 20 (1976), S.95–113.

Martin, B., Amerikas Durchbruch zur politischen Weltmacht. Die interventionalistische Globalstrategie der Regierung Roosevelt 1933–1941, in: MGM 30 (1981), S.57–98.

Maschke, C. A., Friedensfühler. Die deutsche Vermittlung im chinesisch-japanischen Konflikt 1931–1941, Diss. phil. München 1980.

Mason, T. W., Zur Funktion des Angriffskrieges 1939, in: G. *Ziebura* (Hrsg.), Grundfragen der deutschen Außenpolitik seit 1871, Darmstadt 1975, S.376–413.

Mastny, V., Soviet War Aims at the Moscow and Teheran Conferences of 1943, in: JMH 47 (1975), S.481–504.

Maximytschew, I., Der Anfang vom Ende. Deutsch-sowjetische Beziehungen 1933–1939, Köln 1985.

Mayers, D., Nazi Germany and the Future of Europe: George Kennan's Views, 1939–1945, in: The International History Review 8 (1986), S.550–572.

Mayers, D., Soviet War Aims and the Grand Alliance: George Kennan's Views, 1944–1946, in: JCH 21 (1986), S.57–79.

McCane, E. R., Anglo-German diplomatic relations, January 1933-March 1936, Diss. phil. Lexington (Ky.) 1982.

McKale, D. M., The Swastika Outside Germany, o. O. 1977.

McMurry, D. S., Deutschland und die Sowjetunion 1933–1936. Ideologie, Machtpolitik und Wirtschaftsbeziehungen, Köln/Wien 1979.

Meehan, P., The Unnecessary War. Whitehall and the German Resistance to Hitler, London 1992.

Menzel, J. M., Der geheime deutsch-japanische Notenaustausch zum Dreimächtepakt, in: VfZ 5 (1957), S.182–193.

Merkes, M., Die deutsche Politik im spanischen Bürgerkrieg 1936–1939, Bonn 1961, 2. Aufl. 1969.

Meskill, J. M., Hitler and Japan. The Hollow Alliance, New York 1966.

Messerschmidt, M. / *Guth*, E. (Hrsg.), Die Zukunft des Reiches. Gegner, Verbündete und Neutrale (1943–1945), Herford/Bonn 1990.
Metzmacher, H., Deutsch-englische Ausgleichsbemühungen im Sommer 1939, in: VfZ 14 (1966), S.369–412.
Meyers, R., Britische Sicherheitspolitik 1934–1938. Studien zum außen- und sicherheitspolitischen Entscheidungsprozeß, Düsseldorf 1976.
Michael, R., The Radicals and Nazi-Germany. The Revolution in French attitudes toward Foreign Policy 1933–1939, Washington D.C. 1982.
Michaelis, M., World Power Status or World Dominion? A Survey of Literature on Hitler's Plan of World Dominion (1937–1970), in: The Historical Journal 15 (1972), S.331–360.
Michaelis, M., Mussolini and the Jews. German-Italian Relations and the Jewish Question in Italy 1922–1945, Oxford 1978.
Michalka, W., Die nationalsozialistische Außenpolitik im Zeichen eines »Konzeptionen-Pluralismus«. Fragestellungen und Forschungsaufgaben, in: M. *Funke* (Hrsg.), Hitler, Deutschland und die Mächte. Materialien zur Außenpolitik des Dritten Reiches, Düsseldorf 1976, 2. Aufl. 1977 (TB 1978), S.46–62.
Michalka, W., Ribbentrop und die deutsche Weltpolitik 1933–1940. Außenpolitische Konzeptionen und Entscheidungsprozesse im Dritten Reich, München 1980.
Michalka, W. (Hrsg.), Der Zweite Weltkrieg. Analysen, Grundzüge, Forschungsbilanz, München/Zürich 1989.
Michel-Durandin, C., La France et les Balkans en 1934, in: La Politique Française et les Balkans, 1933–1936. Colloque Historique Franco-Bulgare, Paris, les 17 et 18 Novembre 1972, Sofia 1975, S.13–20.
Michels, H., Ideologie und Propaganda. Die Rolle von Joseph Goebbels in der nationalsozialistischen Außenpolitik bis 1939, Frankfurt am Main u. a. 1992.
Milward, A.S., The New Order and the French Economy, Oxford 1970.
Milward, A.S., The Fascist Economy in Norway, New York 1972.
Milward, A.S., The Reichsmark Bloc and the International Economy, in: G. *Hirschfeld* / L. *Kettenacker* (Hrsg.), Der »Führerstaat«. Mythos und Realität. Studien zur Struktur und Politik des Dritten Reiches, Stuttgart 1981, S.377–413.
Minuth, K.-H., Sowjetisch-deutsche Friedenskontakte 1943, in: GWU 16 (1965), S.38–45.
Miyake, M., Japans Beweggrund für den Abschluß des Dreimächtepakts Berlin-Rom-Tokio. Zum Forschungsstand in Japan, in: GWU 29 (1978), S.681–692.
Moltmann, G., Amerikas Deutschlandpolitik im Zweiten Weltkrieg. Kriegs- und Friedensziele 1941–1945, Heidelberg 1958.
Moltmann, G., Weltherrschaftsideen Hitlers, in: Europa und Übersee. Festschrift für E. Zechlin, hrsg. von O. *Brunner* / D. *Gerhard*, Hamburg 1961, S.197–240.
Moltmann, G., Franklin D. Roosevelts Friedensappell vom 14. April 1939. Ein fehlgeschlagener Versuch zur Friedenssicherung, in: Jahrbuch für Amerikastudien 9 (1964), S.91–109.
Mommsen, W.J. / *Kettenacker*, L. (Hrsg.), The Fascist Challenge and the Policy of Appeasement, London u. a. 1983.
Morley, J.F., Vatican Diplomacy and the Jews during the Holocaust 1939–1943, New York 1980.
Mühle, R., Frankreich und Hitler. Die französische Deutschland- und Außenpolitik 1933–1935, Paderborn 1995.
Müller, F., Ein »Rechtskatholik« zwischen Kreuz und Hakenkreuz: Franz von Papen als Sonderbevollmächtigter Hitlers in Wien 1934–1938, Frankfurt am Main u. a. 1990.
Müller, K.-J., Frankreich in der Sicht des Auswärtigen Amtes und der militärischen Führung, in: J. *Bariéty* / A. *Guth* / J.M. *Valentin* (Hrsg.), La France et l'Allemagne entre les deux guerres mondiales. Actes du colloque tenu en Sorbonne (Paris IV), 15–16–17 janvier 1987, Nancy 1987, S.31–46.
Müller, M., Frankreich und die Rheinlandbesetzung 1936. Die Reaktion von Diplomaten, Politikern und Militärs, in: Geschichte im Westen 1 (1986), S.14–30.
Müller, R.-D., Hitlers Ostkrieg und die deutsche Siedlungspolitik. Die Zusammenarbeit von Wehrmacht, Wirtschaft und SS, Frankfurt am Main 1991.
Murray, W., The Change in the European Balance of Power 1938–1939. The Path to Ruin, Princeton 1984.
Myllyniemi, S., Die Neuordnung der baltischen Länder 1941–1944. Zum nationalsozialistischen Inhalt der deutschen Besatzungspolitik, Helsinki 1973.
Myllyniemi, S., Die baltische Krise 1938–1941, Stuttgart 1979.
Nebelin, M., Deutsche Ungarnpolitik 1939–1941, Opladen 1989.
Neck, R. / *Wandruszka*, A. (Hrsg.), Anschluß 1938. Protokoll des Symposiums am 14. und 15. März 1978, München 1981.

Neubert, F. P. H., Die deutsche Politik im Palästina-Konflikt 1937/1938, Diss. phil. Bonn 1977.
Neulen, H. W., Europa und das 3. Reich. Einigungsbestrebungen im deutschen Machtbereich 1939–1945, München 1987.
Nicosia, F. R., The Third Reich and the Palestine question, London 1985.
Niedhardt, G., Großbritannien und die Sowjetunion 1934–1939. Studien zur britischen Politik der Friedenssicherung zwischen den beiden Weltkriegen, München 1972.
Niedhardt, G. (Hrsg.), Kriegsausbruch 1939. Entfesselung oder Ausbruch des Zweiten Weltkrieges?, Darmstadt 1976.
Niedhardt, G. (Hrsg.), Der Westen und die Sowjetunion. Einstellungen und Politik gegenüber der UdSSR in Europa und in den USA seit 1917, Paderborn 1983.
Oberländer, E. (Hrsg.), Hitler-Stalin-Pakt 1939. Das Ende Ostmitteleuropas?, Frankfurt am Main 1989.
Offner, A. A., American Appeasement. United States Foreign Policy and Germany 1933–1938, Cambridge (Mass.) 1969.
Olshausen, K., Zwischenspiel auf dem Balkan. Die deutsche Politik gegenüber Jugoslawien und Griechenland von März bis Juli 1941, Stuttgart 1973.
Önder, Z., Die türkische Außenpolitik im Zweiten Weltkrieg, München 1977.
Orlov, A. S., Die sowjetisch-deutschen Beziehungen vom August 1939 bis Juni 1941, in: R. G. *Foerster* (Hrsg.), »Unternehmen Barbarossa«. Zum historischen Ort der deutsch-sowjetischen Beziehungen von 1933 bis Herbst 1941, München 1993, S. 55–68.
Overy, R. J., Germany, »Domestic Crisis« and War in 1939, in: Past and Present 116 (1987), S. 138–168.
Papy, M. (Hrsg.), Barthou. Un homme – une époque. Actes du colloque de Pau, 9 et 10 novembre 1984, Pau 1986.
Paulhac, F., Les Accords de Munich et Les Origines de la Guerre de 1939. Problèmes et controverses, Paris 1988.
Pautsch, I. D., Die territoriale Deutschlandplanung des amerikanischen Außenministeriums 1941–1943, Frankfurt am Main u. a. 1990.
Perkins, J., The Swastika Down Under: Nazi Activities in Australia 1933–1934, in: JCH 26 (1991), S. 111–129.
Petersen, J., Hitler-Mussolini. Die Entstehung der Achse Berlin–Rom 1933–1936, Tübingen 1973.
Petersen, J., Vorspiel zu »Stahlpakt« und Kriegsallianz: Das deutsch-italienische Kulturabkommen vom 23. November 1938, in: VfZ 36 (1988), S. 41–77.
Pfaff, I., Der Kurswechsel der sowjetischen Mitteleuropapolitik nach der Rheinlandbesetzung, in: Zeitschrift für Ostforschung 34 (1985), S. 67–108.
Pfaff, I., Stalins Strategie der Sowjetisierung Mitteleuropas 1935–1938. Das Beispiel Tschechoslowakei, in: VfZ 38 (1990), S. 543–587.
Pietrow, B., Stalinismus, Sicherheit, Offensive. Das »Dritte Reich« in der Konzeption der sowjetischen Außenpolitik 1933–1941, Melsungen 1983.
Pietrow, B., Deutschland im Juni 1941 – ein Opfer sowjetischer Aggression? Zur Kontroverse über die Präventivkriegsthese, in: GG 14 (1988), S. 116–135.
Pinette, G. L., Freund oder Feind? Die Deutschen in Frankreich 1940–1944, Bern u. a. 1990.
Plettenberg, I., Die Sowjetunion im Völkerbund 1934–1939. Bündnispolitik zwischen Staaten unterschiedlicher Gesellschaftsordnung in der internationalen Organisation für Friedenssicherung: Ziele, Voraussetzungen, Möglichkeiten, Wirkungen, Köln 1987.
Pommerin, R., Das Dritte Reich und Lateinamerika. Die deutsche Politik gegenüber Süd- und Mittelamerika 1939–1942, Düsseldorf 1977.
Pommerin, R., Rassenpolitik. Differenzen im Verhältnis der Achse Berlin–Rom 1938–1943, in: VfZ 27 (1979), S. 646–660.
Presseisen, E. L., Germany and Japan. A Study in Totalitarian Diplomacy 1933–1941, Den Haag 1958.
Quartararo, R., Roma tra Londra e Berlino. La politica estera fascista dal 1930 al 1940, Roma 1980.
Queuille, P. F., Histoire diplomatique de Vichy, Pétain diplomate, Paris 1976.
Queuille, P. F., La politique d'Hitler a l'égard de Vichy. Finassieren et Machtpolitik, in: Revue d'Histoire Diplomatique 97 (1983), S. 256–278.
Raack, R. C., Stalin's Plans for World War II, in: JCH 26 (1991), S. 215–227.
Ránki, G., Unternehmen Margarethe. Die deutsche Besetzung Ungarns, Wien/Köln/Graz 1984.
Ránki, G., Hitlers Verhandlungen mit osteuropäischen Staatsmännern 1939–1944, in: Deutsche Frage und europäisches Gleichgewicht. Festschrift für A. Hillgruber zum 60. Geburtstag, hrsg. von K. *Hildebrand* / R. *Pommerin*, Köln/Wien 1985, S. 195–228.
Rauchensteiner, M., Der Krieg in Österreich 1945, Wien 1970, 2. Aufl. 1984.

Rauh, M., Geschichte des Zweiten Weltkrieges. Bd. 1: Die Voraussetzungen, Berlin 1991.
Rautenberg, H.-J., Deutsche Rüstungspolitik vom Beginn der Genfer Abrüstungskonferenz bis zur Wiedereinführung der allgemeinen Wehrpflicht 1932–1935, Diss. phil. Bonn 1973.
Réau, E. du, Edouard Daladier 1884–1970, Paris 1993.
Recker, M.-L., Die Außenpolitik des Dritten Reiches, München 1990.
Das Deutsche Reich und der Zweite Weltkrieg, hrsg. vom Militärgeschichtlichen Forschungsamt, bisher 6 Bde., Stuttgart 1979–1990.
Reinhardt, K., Die Wende vor Moskau. Das Scheitern der Strategie Hitlers im Winter 1941/1942, Stuttgart 1972.
Reitlinger, G., The House Built on Sand: The Conflicts of German Policy in Russia 1939–1945, London 1960.
Rémond, R. / *Bourdin*, J. (Hrsg.), Edouard Daladier. Chef du gouvernement, Avril 1938 – Septembre 1939, Paris 1977.
Rich, N., Hitler's War Aims, 2 Bde., New York 1973/1974.
Rings, W., Leben mit dem Feind. Anpassung und Widerstand in Hitlers Europa 1933–1945, München 1979 (gleichzeitig erschienen unter dem Titel: Europa im Krieg 1939–1945. Kollaboration und Widerstand, Zürich 1979).
Robertson, E. M., Hitler's Pre-War Policy and Military Plans 1933–1939, London 1963.
Robertson, E. M., Hitler und die Sanktionen des Völkerbunds. Mussolini und die Besetzung des Rheinlands, in: VfZ 26 (1978), S.237–264.
Roesch, W., Bedrohte Schweiz. Die deutschen Operationsplanungen gegen die Schweiz im Sommer/Herbst 1940 und die Abwehrbereitschaft der Armee im Oktober 1940, Frauenfeld 1986.
Rohe, K. (Hrsg.), Die Westmächte und das Dritte Reich 1933–1939. Klassische Großmachtrivalität oder Kampf zwischen Demokratie und Diktatur?, Paderborn 1982.
Rohwer, J. / *Jäckel*, E. (Hrsg.), Kriegswende Dezember 1941. Referate und Diskussionsbeiträge des internationalen historischen Symposiums in Stuttgart vom 17.–19. September 1981, Koblenz 1984.
Rönnefarth, H. K.G., Die Sudetenkrise in der internationalen Politik. Entstehung, Verlauf, Auswirkung, 2 Bde., Wiesbaden 1961.
Roon, G. van, Small States in Years of Depression. The Oslo Alliance 1930–1940, Assen/Maastricht 1989.
Roos, H., Die »Präventivkriegspläne« Pilsudskis von 1933, in: VfZ 3 (1955), S.344–363.
Roos, H., Polen und Europa. Studien zur polnischen Außenpolitik 1931–1939, Tübingen 1957.
Rosenfeld, G., Das Zustandekommen und die Auswirkungen des Hitler-Stalin-Paktes, in: R.G. *Foerster* (Hrsg.): »Unternehmen Barbarossa«, Zum historischen Ort der deutsch-sowjetischen Beziehungen von 1933 bis Herbst 1941, München 1993, S.35–54.
Ross, D., Hitler und Dollfuß. Die deutsche Österreich-Politik 1933–1934, Hamburg 1966.
Ross, G., Foreign Office Attitudes to the Soviet Union 1941–1945, in: JCH 16 (1981), S.521–540.
Rothfels, H., Adam von Trott und das State Department, in: VfZ 7 (1959), S.318–336.
Rotundo, L., War Plans and the 1941 Kremlin Wargame, in: The Journal of Strategic Studies 10 (1987), S.84–97.
Ruhl, K.-J., Spanien im Zweiten Weltkrieg. Franco, die Falange und das »Dritte Reich«, Hamburg 1975.
Ruiz Holst, M., Neutralität oder Kriegsbeteiligung? Die deutsch-spanischen Verhandlungen im Jahre 1940, Pfaffenweiler 1986.
Sainsbury, K., The Turning Point. Roosevelt, Stalin, Churchill and Chiang-Kai-Shek, 1943. The Moscow, Cairo and Teheran Conferences, Oxford/New York 1985.
Sakmyster, T.L., Hungary, the Great Powers and the Danubian Crisis 1936–1939, Athens (Ga.) 1980.
Sakwa, G., The Franco-Polish Alliance and the Remilitarization of the Rhineland, in: The Historical Journal 16 (1973), S.125–146.
Salewski, M., Staatsräson und Waffenbruderschaft. Probleme der deutsch-finnischen Politik 1941–1944, in: VfZ 27 (1979), S.370–391.
Schärer, M.R., Deutsche Annexionspolitik im Westen. Die Wiedereingliederung Eupen-Malmedys im Zweiten Weltkrieg, Frankfurt am Main 1975.
Schafranek, H. / *Streibel*, R., 22. Juni 1941. Der Überfall auf die Sowjetunion, Wien 1991.
Schausberger, N., Österreich und die nationalsozialistische Anschlußpolitik, in: M. *Funke* (Hrsg.), Hitler, Deutschland und die Mächte. Materialien zur Außenpolitik des Dritten Reiches, Düsseldorf 1976, 2. Aufl. 1977 (TB 1978), S.728–756.
Schausberger, N., Der Griff nach Österreich. Der Anschluß, Wien/München 1978, 2. Aufl 1979.
Schieder, W. (Hrsg.), Außenwirtschaft und Außenpolitik im »Dritten Reich«, in: GG 2 (1976), S.1–142.

Schieder, W. / *Dipper*, C. (Hrsg.), Der Spanische Bürgerkrieg in der internationalen Politik (1936–1939), München 1976.
Schlie, U., Das Ausland und die deutsche Opposition gegen Hitler. Widerstandsforschung und politische Gegenwart seit 1945, in: MGM 52 (1993), S.153–168.
Schlie, U., Kein Friede mit Deutschland. Die geheimen Gespräche im Zweiten Weltkrieg 1939–1941, München/Berlin 1994.
Schmidt, G., England in der Krise. Grundzüge und Grundlagen der britischen Appeasement-Politik (1930–1937), Opladen 1981.
Schmidt, R.F., Der Hess-Flug und das Kabinett Churchill. Hitlers Stellvertreter im Kalkül der britischen Kriegsdiplomatie Mai-Juni 1941, in: VfZ 42 (1994), S.1–38.
Schöllgen, G., »Another« Germany: The Secret Foreign Contacts of Ulrich von Hassell during the Second World War, in: The International History Review 11 (1989), S.648–667.
Schramm, G., Der Kurswechsel der deutschen Polenpolitik nach Hitlers Machtergreifung, in: R.G. *Foerster* (Hrsg.), »Unternehmen Barbarossa«, Zum historischen Ort der deutsch-sowjetischen Beziehungen von 1933 bis Herbst 1941, München 1993, S.23–34.
Schramm, W. von, ... sprich vom Frieden, wenn du den Krieg willst. Die psychologischen Offensiven Hitlers gegen die Franzosen 1933 bis 1939. Ein Bericht, Mainz 1973.
Schröder, B.P., Deutschland und der Mittlere Osten im Zweiten Weltkrieg, Göttingen/Frankfurt am Main/Zürich 1975.
Schröder, H.-J., Deutschland und die Vereinigten Staaten 1933–1939. Wirtschaft und Politik in der Entwicklung des deutsch-amerikanischen Gegensatzes, Wiesbaden 1970.
Schröder, H.-J., Südosteuropa als »Informal Empire« Deutschlands 1933–1939. Das Beispiel Jugoslawien, in: Jahrbücher für Geschichte Osteuropas NF 23 (1975), S.70–96.
Schröder, H.-J., Das Dritte Reich, die USA und Lateinamerika 1933–1941, in: M. *Funke* (Hrsg.), Hitler, Deutschland und die Mächte. Materialien zur Außenpolitik des Dritten Reiches, Düsseldorf 1976, 2. Aufl. 1977 (TB 1978), S.339–364.
Schröder, H.-J., Das Dritte Reich und die USA, in: M. *Knapp* / W. *Link* / H.-J. *Schröder* / K. *Schwabe*, Die USA und Deutschland 1918–1975. Deutsch-amerikanische Beziehungen zwischen Rivalität und Partnerschaft, München 1978, S.107–152.
Schröder, J., Italiens Kriegsaustritt 1943. Die deutschen Gegenmaßnahmen im italienischen Raum: Fall »Alarich« und »Achse«, Göttingen 1969.
Schröder, J., Die Beziehungen der Achsenmächte zur arabischen Welt, in: M. *Funke* (Hrsg.), Hitler, Deutschland und die Mächte. Materialien zur Außenpolitik des Dritten Reiches, Düsseldorf 1976, 2. Aufl. 1977 (TB 1978), S.365–382 (urspr. 1971).
Schröder, J., Deutschland und seine Bundesgenossen im Zweiten Weltkrieg. Ein Beitrag zu Hitlers Kriegszielpolitik, in: Quellen und Forschungen aus italienischen Archiven und Bibliotheken 52 (1972), S.731–766.
Schröder, J., Bestrebungen zur Eliminierung der Ostfront 1941–1943, Göttingen 1985.
Schroeder, P.W., The Axis Alliance and Japanese-American Relations 1941, Ithaca (N.Y.) 1958.
Schröter, H.G., Außenpolitik und Wirtschaftsinteresse. Skandinavien im außenwirtschaftlichen Kalkül Deutschlands und Großbritanniens 1918–1939, Frankfurt am Main/Bern/New York 1983.
Schubert, G., Anfänge nationalsozialistischer Außenpolitik, Köln 1963.
Schulte, T.J., The German Army and Nazi Policies in Occupied Russia, Oxford/New York/München 1989.
Schulte, T.J., Die Wehrmacht und die nationalsozialistische Besatzungspolitik in der Sowjetunion, in: R.G. *Foerster* (Hrsg.), »Unternehmen Barbarossa«, Zum historischen Ort der deutsch-sowjetischen Beziehungen von 1933 bis Herbst 1941, München 1993, S.163–176.
Schulz, G., »Dismemberment of Germany«. Kriegsziele und Koalitionsstrategie 1939–1945, in: HZ 244 (1987), S.29–92.
Schumacher, A., Frankreichs Sicherheits- und Deutschlandpolitik 1931–1935 im Widerstreit der französischen öffentlichen Diskussion, Diss. phil. Frankfurt am Main 1970.
Schustereit, H., Vabanque. Hitlers Angriff auf die Sowjetunion 1941 als Versuch, durch den Sieg im Osten den Westen zu bezwingen, Herford/Bonn 1988.
Schwok, R., Interprétations de la Politique Étrangère de Hitler. Une Analyse de l'Historiographie, Paris 1987.
Scott, W.E., Alliance against Hitler. The Origins of the Franco-Soviet Pact, Durham (N.C.) 1962.
Seeber, E., Die Mächte der Antihitlerkoalition und die Auseinandersetzung um Polen und die ČSR 1941–1945, Berlin (Ost) 1984.

Seymour, S., Anglo-Danish Relations and Germany 1933–1945, Odense 1982.
Sierpowski, S., Germany's Withdrawal from the League of Nations, in: Polish Western Affairs 24 (1983), S.16–39.
Sipols, V.J., Die Vorgeschichte des deutsch-sowjetischen Nichtangriffsvertrags, Köln 1981.
Sipols, V.J., Die sowjetische Diplomatie im 2. Weltkrieg. Antihitlerkoalition, Jalta, Potsdam. Köln 1985.
Slutsch, S., Warum brauchte Hitler einen Nichtangriffspakt mit Stalin?, in: R.G. *Foerster* (Hrsg.), »Unternehmen Barbarossa«. Zum historischen Ort der deutsch-sowjetischen Beziehungen von 1933 bis Herbst 1941, München 1993, S.69–88.
Smelser, R.M., Das Sudetenproblem und das Dritte Reich 1933–1938. Von der Volkstumspolitik zur nationalsozialistischen Außenpolitik, München/Wien 1980 (engl. 1975).
Smith, B.F., Die Überlieferung der Hoßbach-Niederschrift im Lichte neuer Quellen, in: VfZ 38 (1990), S.329–336.
Sommer, T., Deutschland und Japan zwischen den Mächten 1935–1940. Vom Antikominternpakt zum Dreimächtepakt. Eine Studie zur diplomatischen Vorgeschichte des Zweiten Weltkrieges, Tübingen 1962.
Spivak, M., Vichy und der deutsch-sowjetische Krieg: eine Chronik aus dem Untergrund, in: R.G. *Foerster* (Hrsg.), »Unternehmen Barbarossa«. Zum historischen Ort der deutsch-sowjetischen Beziehungen von 1933 bis Herbst 1941, München 1993, S.123–136.
Stegemann, B., Hitlers Ziele im ersten Kriegsjahr 1939/1940. Ein Beitrag zur Quellenkritik, in: MGM 27 (1980), S.93–105.
Stegemann, B., Der Entschluß zum Unternehmen Barbarossa. Strategie oder Ideologie?, in: GWU 33 (1982), S.205–213.
Stehle, H., Deutsche Friedensfühler bei den Westmächten im Februar/März 1945, in: VfZ 30 (1982), S.538–555.
Steinert, M.G., Die alliierte Entscheidung zur Verhaftung der Regierung Dönitz, in: MGM 40 (1986), S.85–99.
Stourzh, G. / *Zaar*, B. (Hrsg.), Österreich, Deutschland und die Mächte. Internationale und österreichische Apekte des »Anschlusses« von März 1938, Wien 1990.
Streit, C., Keine Kameraden. Die Wehrmacht und die sowjetischen Kriegsgefangenen 1941–1945, Stuttgart 1978, 3. Aufl. Bonn 1991.
Sturm, H., Hakenkreuz und Kleeblatt. Irland, die Alliierten und das »Dritte Reich« 1933–1945, Frankfurt am Main u.a. 1984.
Suworow, V., Der Eisbrecher. Hitler in Stalins Kalkül, Stuttgart 1989.
Teichert, E., Autarkie und Großraumwirtschaft in Deutschland 1930–1939. Außenwirtschaftspolitische Konzeptionen zwischen Wirtschaftskrise und Zweitem Weltkrieg, München 1984.
Terry, S.M., Poland's Place in Europe. General Sikorski and the Origin of the Oder-Neisse Linie, 1939–1943, Princeton 1983.
Thielenhaus, M., Zwischen Anpassung und Widerstand. Deutsche Diplomaten 1938–1941. Die politischen Aktivitäten der Beamtengruppe um Ernst von Weizsäcker im Auswärtigen Amt, Paderborn 1984.
Thies, J., Architekt der Weltherrschaft. Die »Endziele« Hitlers, Düsseldorf 1976 (ND 1980).
Thies, J., Hitlers »Endziele«: Zielloser Aktionismus, Kontinentalimperium oder Weltherrschaft?, in: W. *Michalka* (Hrsg.), Nationalsozialistische Außenpolitik, Darmstadt 1978, S.70–91.
Thies, J., Peut-on qualifier Hitler de »dictateur faible«? Essai d'analyse des thèses de la politique extérieure nationale-socialiste, in: Revue de la Deuxieme Guerre Mondiale 30 (1980), S.33–48.
Thomas, E.J.F., The European Advisory Commission and Allied Planning for a defeated Germany, 1943–1945, Diss.phil. Washington 1981.
Thomsen, E., Deutsche Besatzungspolitik in Dänemark 1940–1945, Düsseldorf 1971.
Tilkovszky, L., Ungarn und die deutsche »Volksgruppenpolitik« 1938–1945, Köln/Wien 1981.
Tilkovszky, L., Teufelskreis. Die Minderheitenfrage in den deutsch-ungarischen Beziehungen 1933–1938, Budapest 1989.
Tillmann, H., Deutschlands Araberpolitik im Zweiten Weltkrieg, Berlin (Ost) 1965.
Toscano, M., The Origins of the Pact of Steel, Baltimore 1967.
Trevor-Roper, H.R., Hitlers Kriegsziele, in: VfZ 8 (1960), S.121–133.
Tyrell, A., Die deutschlandpolitischen Hauptziele der Siegermächte im Zweiten Weltkrieg, in: Aus Politik und Zeitgeschichte B 13/85 vom 30. März 1985, S.23–39.
Tyrell, A., Großbritannien und die Deutschlandplanung der Alliierten 1941–1945, Frankfurt am Main 1987.
Ueberschär, G.R., Hitler und Finnland 1939–1941. Die deutsch-finnischen Beziehungen während des Hitler-Stalin-Paktes, Wiesbaden 1978.

Ueberschär, G. R. / *Wette*, W. (Hrsg.), »Unternehmen Barbarossa«. Der deutsche Überfall auf die Sowjetunion 1941. Berichte, Analysen, Dokumente, Paderborn 1984.

Umbreit, H., Deutsche Militärverwaltungen 1938/1939. Die militärische Besetzung der Tschechoslowakei und Polens, Stuttgart 1977.

Umbreit, H., Nationalsozialistische Expansion 1938 bis 1941. Strukturen der deutschen Besatzungsverwaltungen im Zweiten Weltkrieg, in: Dienst für die Geschichte. Gedenkschrift für W. Hubatsch, hrsg. von M. *Salewski* / J. *Schröder*, Göttingen/Zürich 1985, S.163–186.

Urner, K., »Die Schweiz muss noch geschluckt werden«. Hitlers Aktionspläne gegen die Schweiz. Zwei Studien zur Bedrohungslage der Schweiz im Zweiten Weltkrieg, Paderborn 1990.

Vaïsse, M., Against Appeasement: French Advocates of Firmness, 1933–1936, in: W. J. *Mommsen* / L. *Kettenacker* (Hrsg.), The Fascist Challenge and the Policy of Appeasement, Boston/Sydney 1983, S.227–235.

Vaïsse, M., Der Pazifismus und die Sicherheit Frankreichs 1930–1939, in: VfZ 33 (1985), S.590–616.

Vierheller, V., Polen und die Deutschland-Frage 1939–1949, Köln 1970.

Voigt, J., Indien im Zweiten Weltkrieg, Stuttgart 1978.

Volkmann, H.-E., Die Sowjetunion im ökonomischen Kalkül des Dritten Reiches 1933–1941, in: R. G. *Foerster* (Hrsg.), »Unternehmen Barbarossa«. Zum historischen Ort der deutsch-sowjetischen Beziehungen von 1933 bis Herbst 1941, München 1993, S.89–108.

Volland, K., Das Dritte Reich und Mexiko. Studien zur Entwicklung des deutsch-mexikanischen Verhältnisses 1933–1942 unter besonderer Berücksichtigung der Ölpolitik, Frankfurt am Main 1976.

Vorholt, U., Die Sowjetunion im Urteil des sozialdemokratischen Exils 1933 bis 1945. Eine Studie des Exilparteivorstandes der SPD, des Internationalen Sozialistischen Kampfbundes, der Sozialistischen Arbeiterpartei und der Gruppe Neu Beginnen, Frankfurt am Main 1991.

Waddington, G. T., Hitler, Ribbentrop, die NSDAP und der Niedergang des britischen Empire 1935–1938, in: VfZ 40 (1992), S.273–306.

Wagner, W., Belgien in der deutschen Politik während des Zweiten Weltkrieges, Boppard am Rhein 1974.

Wasser, B., Himmlers Raumplanung im Osten. Der Generalplan Ost in Polen 1940–1944, Basel/Berlin/Boston 1993.

Watt, D. C., Too Serious a Business. European armed forces and the approach to the Second World War, London 1975.

Watt, D. C., The Debate over Hitler's Foreign Policy – Problems of Reality or Faux Problèmes?, in: Deutsche Frage und europäisches Gleichgewicht. Festschrift für A. Hillgruber zum 60. Geburtstag, hrsg. von K. *Hildebrand* / R. *Pommerin*, Köln/Wien 1985, S.149–168.

Watt, D. C., How War Came. The immediate origins of the Second World War, 1938–1939, London 1989.

Weber, F. G., The Evasive Neutral. Germany, Britain and the Quest for a Turkish Alliance in the Second World War, Columbia (Miss.)/London 1979.

Weber, R. W., Die Entstehungsgeschichte des Hitler-Stalin-Paktes 1939, Frankfurt am Main 1980.

Wegner, B. (Hrsg.), Zwei Wege nach Moskau. Vom Hitler-Stalin-Pakt zum »Unternehmen Barbarossa«, München/Zürich 1991.

Wegner-Korfes, S., Graf von der Schulenburg – Mitverschwörer des 20. Juli 1944. Zur außenpolitischen Konzeption des Botschafters des faschistischen Deutschlands in Moskau, in: ZfG 32 (1984), S.681–699.

Weinberg, G. L., Die geheimen Abkommen zum Antikominternpakt, in: VfZ 2 (1954), S.193–201.

Weinberg, G. L., Germany and the Soviet Union 1939–1941, Leiden 1954, 2. Aufl. 1972.

Weinberg, G. L., German Recognition of Manchukuo, in: World Affairs Quarterly 28 (1957/1958), S.149–164.

Weinberg, G. L., Secret Hitler – Beneš negotiations in 1936–1937, in: Journal of Central European Affairs 19 (1959/1960), S.366–374.

Weinberg, G. L., Hitler's Image of the United States, in: AHR 69 (1964), S.1006–1021.

Weinberg, G. L., The Foreign Policy of Hitler's Germany. Bd. 1: Diplomatic Revolution in Europe 1933–1936, London/Chicago 1970, Bd. 2: Starting World War II 1937–1939, London/Chicago 1980.

Weinberg, G. L., Hitler and England, 1933–1945: Pretense and Reality, in: German Studies Review 8 (1985), S.299–309.

Weinberg, G. L., Der Überfall auf die Sowjetunion im Zusammenhang mit Hitlers diplomatischen und militärischen Gesamtplanungen, in: R. G. *Foerster* (Hrsg.), »Unternehmen Barbarossa«. Zum historischen Ort der deutsch-sowjetischen Beziehungen von 1933 bis Herbst 1941. München 1993, S.177–185.

Weingartner, T., Stalin und der Aufstieg Hitlers. Die Deutschlandpolitik der Sowjetunion und der Kommunistischen Internationale 1929–1934, Berlin 1970.

Wendt, B.-J., München 1938. England zwischen Hitler und Preußen, Frankfurt am Main 1965.
Wendt, B.-J., Südosteuropa in der nationalsozialistischen Großraumwirtschaft. Eine Antwort auf Alan S. Milward, in: G. *Hirschfeld* / L. *Kettenacker* (Hrsg.), Der »Führerstaat«. Mythos und Realität. Studien zur Struktur und Politik des Dritten Reiches, Stuttgart 1981, S.414–428.
Wendt, B.-J., Großdeutschland. Außenpolitik und Kriegsvorbereitung des Hitler-Regimes, München 1987.
Werth, A., Rußland im Krieg 1941–1945, München 1965 (engl. 1964).
West, J.M., German-Swedish Relations, 1939–1942, Ann Arbor /London 1979.
Wette, W. / *Ueberschär*, G.R. (Hrsg.), Stalingrad. Mythos und Wirklichkeit einer Schlacht, Frankfurt am Main 1992.
Whealey, R.H., Hitler and Spain. The Nazi Role in the Spanish Civil War 1936–1939, Lexington (Ky.) 1989.
Wiggershaus, N., Der deutsch-englische Flottenvertrag vom 18. Juni 1935, Diss. phil. Bonn 1972.
Wild, S., National Socialism in the Arab Near East between 1933 and 1939, in: Die Welt des Islams. Internationale Zeitschrift für die Geschichte des Islams in der Neuzeit 25 (1985), S.126–173.
Wilhelm, H.-H., Rassenpolitik und Kriegsführung. Sicherheitspolizei und Wehrmacht in Polen und der Sowjetunion, Passau 1991.
Woerden, A.V.N. van, Hitlers Verhältnis zu England: Theorie, Vorstellung und Politik, in: W. *Michalka* (Hrsg.), Nationalsozialistische Außenpolitik, Darmstadt 1978, S.220–243.
Wojciechowski, M., Polsko-niemiecka deklaracja o nieagresji z 26 stycznia 1934, Katowice 1963.
Wojciechowski, M., Die deutsch-polnischen Beziehungen 1933–1938, Leiden 1971 (poln. 1965).
Wolfanger, D., Die nationalsozialistische Politik in Lothringen (1940–1945), Saarbrücken 1977.
Wolkogonow, D., Stalin. Triumph und Tragödie. Ein politisches Porträt, Düsseldorf 1989.
Wollstein, G., Die Politik des nationalsozialistischen Deutschland gegenüber Polen 1933–1939/1945, in: M. *Funke* (Hrsg.), Hitler, Deutschland und die Mächte. Materialien zur Außenpolitik des Dritten Reiches, Düsseldorf 1976, 2. Aufl. 1977, S.795–810.
Wollstein, G., Rudolf Nadolny – Außenminister ohne Verwendung, in: VfZ 28 (1980), S.47–93.
Wright, J. / *Stafford*, P., Hitler, Britain and the Hoßbach Memorandum, in: MGM 42 (1987), S.77–123.
Wuescht, J., Jugoslawien und das Dritte Reich. Eine dokumentierte Geschichte der deutsch-jugoslawischen Beziehungen von 1933 bis 1945, Stuttgart 1969.
Young, A.P., Die »X«-Dokumente. Die geheimen Kontakte Carl Goerdelers mit der britischen Regierung 1938/1939, München/Zürich 1989 (engl. 1974).
Young, R.J., Power and Pleasure. Louis Barthou and the Third Republic, Montreal/Kingston 1991.
Zapantis, A.L., Hitler's Balkan Campaign and the invasion of the USSR, New York 1987.
Zaugg-Prato, R., Die Schweiz im Kampf gegen den Anschluß Österreichs an das Deutsche Reich 1918–1938, Bern/Frankfurt am Main 1982.
Zimmermann, H., Die Schweiz und Großdeutschland. Das Verhältnis zwischen der Eidgenossenschaft, Österreich und Deutschland 1933–1945, München 1980.

Andere Staaten, Allgemeines und Übergreifendes

Adám, M., Richtung Selbstvernichtung. Die Kleine Entente 1920–1938, Budapest 1989.
Adanir, F., Die Makedonische Frage. Ihre Entstehung und Entwicklung bis 1908, Wiesbaden 1979.
Albertini, R. von, Europäische Kolonialherrschaft 1880–1940, Zürich/Freiburg im Breisgau 1976.
Albrecht-Carrié, R., A Diplomatic History of Europe since the Congress of Vienna, London 1958.
Albrecht-Carrié, R., France, Europe and the two World Wars, Genf/Paris 1960.
Aldcroft, D.H., Die zwanziger Jahre. Von Versailles zur Wall Street 1912–1929, München 1978.
Allain, J.-C., Agadir 1911. Une crise impérialiste en Europe pour la conquête du Maroc, Paris 1976.
Alter, P., Nationalismus, Frankfurt am Main 1985.
Anderson, E.N., The First Moroccan Crisis 1904–1906, Chicago 1930, ND 1966.
Anderson, M.S., The Eastern Question 1774–1923. A Study in International Relations, London/Melbourne/Toronto 1966.
Arendt, H., Elemente und Ursprünge totalitärer Herrschaft, Frankfurt am Main 1958 (engl. 1955, TB 1993).
Armstrong, J.A., Nations before Nationalism, Chapel Hill (N.C.) 1982.
Aron, R., Frieden und Krieg, Eine Theorie der Staatenwelt, Frankfurt am Main 1963 (ND 1986, frz. 1962).
Aron, R., Die letzten Jahre des Jahrhunderts, Stuttgart 1986 (frz.1984).

Bailey, T. A., A Diplomatic History of the American People, New York 1940, 10. Aufl. Englewood Cliffs (N.J.) 1980.
Balcerak, W., The Disintegration of the Versailles System in Central-Eastern Europe (1919–1939), in: Acta Poloniae historica 26 (1972), S. 47–72.
Bariéty, J. / *Fleury*, A. (Hrsg.), Mouvements et initiatives de paix dans la politique internationale 1867–1928. Actes du colloque tenu à Stuttgart, 29–30 Août 1985, Bern 1987.
Bartlett, C. J., The Global Conflict. The International Rivalry of the Great Powers, 1880–1970, London/New York 1984.
Baumgart, W., Brest-Litovsk und Versailles. Ein Vergleich zweier Friedensschlüsse, in: HZ 210 (1970), S. 583–619.
Baumgart, W., Der Friede von Paris 1856. Studien zum Verhältnis von Kriegführung, Politik und Friedensbewahrung, München/Wien 1972.
Baumgart, W., Vom europäischen Konzert zum Völkerbund. Friedensschlüsse und Friedenssicherung von Wien bis Versailles, Darmstadt 1974.
Baumont, M., La Faillite de la Paix (1918–1939), Paris 1945, 5. Aufl., 2 Bde, 1967/1968.
Baumont, M. / *Isay*, R. / *Germain-Martin*, H., L'Europe de 1900 à 1914, Paris 1966.
Becker, J.-J., La France en guerre (1914–1918). La grande mutation, Bruxelles 1988.
Beloff, M., The Foreign Policy of Soviet Russia 1929–1941, 2 Bde., London/New York/Toronto 1947–1949.
Beloff, M. / *Renouvin*, P. / *Schnabel*, F. / *Valsecchi*, F. (Hrsg.), Europe du XIXe et du XXe siècle. Problèmes et Interprétations historiques, 7 Bde., Paris 1959–1967.
Bemis, S. F., A Diplomatic History of the United States, New York 1936, 5. Aufl. 1965.
Birke, A. M. / *Heydemann*, G. (Hrsg.), Die Herausforderung des europäischen Staatensystems. Nationale Ideologie und staatliches Interesse zwischen Restauration und Imperialismus, Göttingen/Zürich 1989.
Birke, A. M. / *Wentker*, H. (Hrsg.), Deutschland und Rußland in der britischen Kontinentalpolitik seit 1815, München 1994.
Birtsch, G. (Hrsg.), Patriotismus, Hamburg 1991.
Bonjour, E., Die Schweiz und Europa, Ausgewählte Reden und Aufsätze, 4 Bde., Basel 1958–1976.
Bonjour, E., Geschichte der schweizerischen Neutralität. Vier Jahrhunderte eidgenössischer Außenpolitik 1939–1945, 2 Bde., Basel/Stuttgart 1970.
Borchardt, K., Wachstum, Krisen, Handlungsspielräume der Wirtschaftspolitik. Studien zur Wirtschaftsgeschichte des 19. und 20. Jahrhunderts, Göttingen 1982.
Bourne, K., The Foreign Policy of Victorian England 1830–1902, Oxford 1970.
Bracher, K. D., Die Krise Europas 1917–1975, Frankfurt am Main/Berlin/Wien 1976 (TB 1993).
Bracher, K. D., Europa in der Krise. Innengeschichte und Weltpolitik seit 1917, Frankfurt am Main/Berlin/Wien 1979.
Bracher, K. D., Zeit der Ideologien. Eine Geschichte politischen Denkens im 20. Jahrhundert, Stuttgart 1982 (TB 1985).
Bracher, K. D., Zeitgeschichtliche Kontroversen. Um Faschismus, Totalitarismus, Demokratie, München 1976, 5. Aufl. 1984.
Brandes, D., Großbritannien und seine osteuropäischen Alliierten 1939–1943. Die Regierungen Polens, der Tschechoslowakei und Jugoslawiens im Londoner Exil vom Kriegsausbruch bis zur Konferenz von Teheran, München 1988.
Braunthal, J., Geschichte der Internationale, 3 Bde., Hannover 1961–1971.
Bridge, F. R., From Sadowa to Sarajevo. The Foreign Policy of Austria-Hungary, 1866–1914, London/Boston 1972.
Bridge, F. R. / *Bullen*, R., The Great Powers and the European States System, 1815–1914, London/New York 1980.
Bruge, R., Histoire de la ligne Maginot. Offensive sur le Rhin, Paris 1977.
Bury, J. P. T. (Hrsg.), The Zenith of European Power 1830–1870, Cambridge 1960 (The New Cambridge Modern History, Bd. 10).
Bußmann, W. (Hrsg.), Europa von der französischen Revolution zu den nationalstaatlichen Bewegungen des 19. Jahrhunderts, (T. *Schieder* (Hrsg.), Handbuch der Europäischen Geschichte, Bd. 5), Stuttgart 1981.
Campus, E., The Little Entente and the Balkan-Alliance, Bucarest 1978.
Carr, E. H., The Twenty Years' Crisis 1919–1939. An Introduction to the Study of International Relations, London 1939.
Chabod, F., Storia della politica estera italiana dal 1870 al 1896, Bd. 1: Le premesse, Bari 1951.

Cipolla, C. M. / *Borchardt*, K. (Hrsg.), Europäische Wirtschaftsgeschichte, Bd. 3: Die Industrielle Revolution, Stuttgart/New York 1976 (TB 1985, engl. 1973), Bd. 4: Die Entwicklung der industriellen Gesellschaften, Stuttgart/New York 1977 (TB 1985, engl. 1973), Bd. 5: Die Europäischen Volkswirtschaften im zwanzigsten Jahrhundert, Stuttgart/New York 1980 (TB 1986, engl. 1977).
Cole, G. D. H., The Second International 1889–1914, 2 Bde., London/New York 1956.
Croce, B., Geschichte Europas im neunzehnten Jahrhundert, Zürich 1935, 2. Aufl. Zürich/Wien 1947.
Dahlhaus, C., Die Musik des 19. Jahrhunderts, Wiesbaden 1980.
Dahlhaus, C., Musikalischer Realismus. Zur Musikgeschichte des 19. Jahrhunderts, München/Zürich 1982.
Dann, O. (Hrsg.), Nationalismus und sozialer Wandel, Hamburg 1978.
Dann, O. (Hrsg.), Nationalismus in vorindustrieller Zeit, München 1986.
Dehio, L., Gleichgewicht oder Hegemonie. Betrachtungen über ein Grundproblem der neueren Staatengeschichte, Krefeld 1948.
Deutsch, K. W., Nationalism and Social Communication. An Inquiry into the Foundations of Nationality, Cambridge (Mass.) 1962, 2. Aufl. 1966.
Droz, J. / *Genet*, L. / *Vidalenc*, J., Restaurations et révolutions 1815–1871, Paris 1953, 2. Aufl. 1963.
Duchhardt, H., Gleichgewicht der Kräfte. Convenance. Europäisches Konzert. Friedenskongresse und Friedensschlüsse vom Zeitalter Ludwigs XIV. bis zum Wiener Kongress, Darmstadt 1976.
Duroselle, J.-B., Histoire diplomatique de 1919 à nos jours, Paris 1953, 11. Aufl. 1993.
Duroselle, J.-B., L'Europe de 1815 à nos jours. Vie politique et relations internationales, Paris 1964, 6. Aufl. 1991.
Eksteins, M., Tanz über Gräben. Die Geburt der Moderne und der Erste Weltkrieg, Reinbek 1990 (engl. 1989).
Eldridge, C. C., Victorian Imperialism, London 1978.
Elrod, R. B., The Concert of Europe: A Fresh Look at an International System, in: World Politics 28 (1975/1976), S. 159–174.
Felice, R. de, Der Faschismus. Ein Interview von M. A. Leeden, Stuttgart 1977 (ital. 1975).
Felice, R. de, Die Deutungen des Faschismus, hrsg. von J. *Schröder*, Göttingen/Zürich 1980.
Fisch, J., Krieg und Frieden im Friedensvertrag. Eine universalgeschichtliche Studie über Grundlagen und Formelemente des Friedensschlusses, Stuttgart 1979.
Fisch, J., Die europäische Expansion und das Völkerrecht. Die Auseinandersetzung um den Status der überseeischen Gebiete vom 15. Jahrhundert bis zur Gegenwart, Stuttgart 1984.
Fischer, W. (Hrsg.), Europäische Wirtschafts- und Sozialgeschichte von der Mitte des 19. Jahrhunderts bis zum ersten Weltkrieg, Stuttgart 1985.
Fraenkel, E., USA – Weltmacht wider Willen, Berlin 1957.
Freyer, H., Weltgeschichte Europas, 2 Bde., Wiesbaden 1948.
Friedjung, H., Das Zeitalter des Imperialismus 1884–1914, 3 Bde., Berlin 1919–1922.
Friedrich, C. J., Totalitäre Diktatur, Stuttgart 1958 (engl. 1957).
Gall, L., Die europäischen Mächte und der Balkan im 19. Jahrhundert, in: HZ 228 (1979), S. 551–571.
Gall, L., Zu Ausbildung und Charakter des Interventionsstaates, in: W. *Pöls* (Hrsg.), Staat und Gesellschaft. Beiträge zur Geschichte der modernen Welt, Stuttgart 1979, S. 1–16.
Gall, L., Europa auf dem Weg in die Moderne 1850–1890, München 1984, 2. Aufl. 1989.
Gauland, A., Das Legitimitätsprinzip in der Staatenpraxis seit dem Wiener Kongress, Berlin 1971.
Geiss, I., Der lange Weg in die Katastrophe. Die Vorgeschichte des Ersten Weltkriegs 1815–1914, München/Zürich 1990.
Gerschenkron, A., Economic Backwardness in Historical Perspective. A Book of Essays, Cambridge (Mass.) 1966.
Geyer, D., Der russische Imperialismus. Studien über den Zusammenhang von innerer und auswärtiger Politik 1860–1914, Göttingen 1977.
Geyer, D. / *Meissner*, B. (Hrsg.), Osteuropa-Handbuch. Sowjetunion – Außenpolitik III: Völkerrechtstheorie und Vertragspolitik, Köln/Wien 1976.
Gilbert, F., The End of the European Era. 1890 to the Present, London 1970.
Girault, R., Diplomatie européenne et impérialismes. Histoire des relations internationales contemporaines, Bd. 1: 1871–1914, Paris u. a. 1979.
Girault, R. / *Frank*, R., Turbulente Europe et nouveaux mondes. Histoire des relations internationales contemporaines, Bd. 2: 1914–1941, Paris u. a. 1988.
Gollwitzer, H., Die gelbe Gefahr. Geschichte eines Schlagworts. Studien zum imperialistischen Denken, Göttingen 1962.

Gollwitzer, H., Europe in the Age of Imperialism 1880–1914, London 1969.
Gollwitzer, H., Geschichte des weltpolitischen Denkens, 2 Bde., Göttingen 1972/1982.
Gooch, B.D., Europe in the Nineteenth Century, London 1970.
Graml, H., Europa zwischen den Kriegen, München 1969, 4. Aufl. 1979.
Grenville, J.A.S., Europe Reshaped 1848–1878, Hassocks 1976.
Griewank, K., Der Wiener Kongreß und die Europäische Restauration 1814/1815, Leipzig 1942, 2. Aufl. 1954.
Grimal, H., La décolonisation 1919–1963, Paris 1965 (ND 1991).
Groote, W. v. (Hrsg.), Napoleon I. und die Staatenwelt seiner Zeit, Freiburg 1969.
Habakkuk, H.J. / *Postan,* M. (Hrsg.), The Industrial Revolutions and after: Incomes, Population and Technological Change (The Cambridge Economic History of Europe, Bd.6), 2 Bde., Cambridge 1965.
Halecki, O., Europa. Grenzen und Gliederung seiner Geschichte, Darmstadt 1957 (engl. 1950).
Halecki, O., Das europäische Jahrtausend, Salzburg 1966.
Hallgarten, G.W.F., Imperialismus vor 1914. Die soziologischen Grundlagen der Außenpolitik europäischer Großmächte vor dem Ersten Weltkrieg, 2 Bde., München 1951, 2. Aufl. 1963.
Hamerow, T.S., The Birth of a New Europe. State and Society in the Nineteenth Century, Chapel Hill (N.C.)/London 1983.
Hauser, H. (Hrsg.), Histoire Diplomatique de l'Europe (1871–1914), 2 Bde., Paris 1929.
Hayes, P., The Nineteenth Century 1814–1880, London 1975.
Hentig, H. von, Der Friedensschluß. Geist und Technik einer verlorenen Kunst, München 1965.
Hepp, C., Avantgarde. Moderne Kunst, Kulturkritik und Reformbewegungen nach der Jahrhundertwende, München 1987.
Herz, J.H., Weltpolitik im Atomzeitalter, Stuttgart 1961 (engl. 1959).
Herz, J.H., Staatenwelt und Weltpolitik. Aufsätze zur internationalen Politik im Nuklearzeitalter, Hamburg 1974.
Herzfeld, H., Die moderne Welt 1789–1945. Bd.1: Die Epoche der bürgerlichen Nationalstaaten 1789–1890, Braunschweig 1950, 6. Aufl. 1969, Bd.2: Weltmächte und Weltkriege. Die Geschichte unserer Epoche 1890–1945, Braunschweig 1952, 5. Aufl. 1970.
Hildebrand, K., Krieg im Frieden und Frieden im Krieg. Über das Problem der Legitimität in der Geschichte der Staatengesellschaft 1931–1941, in: HZ 244 (1987), S.1–28.
Hildebrand, K., Europäisches Zentrum, überseeische Peripherie und neue Welt. Über den Wandel des Staatensystems zwischen dem Berliner Kongreß (1878) und dem Pariser Frieden (1919/1920), in: HZ 249 (1989), S.53–94.
Hildebrand, K., Mars oder Merkur? Das Relative der Macht oder: Vom Aufstieg und Fall großer Reiche, in: HZ 250 (1990), S.347–356.
Hildebrand, K., Die Entfesselung des Zweiten Weltkrieges und das internationale System. Probleme und Perspektiven der Forschung, in: HZ 251 (1990), S.601–625.
Hildebrand, K. / *Schmädeke,* J. / *Zernack,* K. (Hrsg.), 1939. An der Schwelle zum Weltkrieg. Die Entfesselung des Zweiten Weltkrieges und das internationale System, Berlin 1990.
Hillgruber, A., Die Zerstörung Europas. Beiträge zur Weltkriegsepoche 1914–1945, Frankfurt am Main/Berlin 1988, 2. Aufl. 1989.
Hinsley, F.H. (Hrsg.), Material Progress and World-wide Problems 1870–1898 (The New Cambridge Modern History, Bd.11), Cambridge 1962.
Hinsley, F.H., Power and the Pursuit of Peace. Theory and Practice in the History of Relations between States, Cambridge 1963.
Hinsley, F.H., Nationalism and the International System, London u.a. 1973.
Hintze, O., Machtpolitik und Regierungsverfassung, in: Ders., Staat und Verfassung. Gesammelte Abhandlungen zur allgemeinen Verfassungsgeschichte, hrsg. von G. *Oestreich,* Leipzig 1941, 2. Aufl. Göttingen 1962, S.424–456 (urspr. 1913).
Hintze, O., Liberalismus, Demokratie und auswärtige Politik, in: Ders., Soziologie und Geschichte. Gesammelte Abhandlungen zur Soziologie, Politik und Theorie der Geschichte, hrsg. von G. *Oestreich,* Leipzig 1942, 2. Aufl. Göttingen 1964, S.200–204 (urspr.1926).
Hobsbawm, E.J., Die Blütezeit des Kapitals. Eine Kulturgeschichte der Jahre 1848–1875, München 1977 (engl. 1975).
Hobsbawm, E.J., Das imperiale Zeitalter 1875–1914, Frankfurt am Main/New York 1989 (engl. 1987).
Hobsbawm, E.J., Nationen und Nationalismus. Mythos und Realität seit 1780, Frankfurt am Main/New York 1991 (engl. 1990).

Hoffmann, S., Gulliver's Troubles oder die Zukunft des internationalen Systems, Bielefeld 1970 (engl. 1967).
Holborn, H., The Political Collapse of Europe, New York 1951.
Holbraad, C., The Concert of Europe: A Study in German and British International Theory 1815–1914, London 1970.
Hollenberg, G., Englisches Interesse am Kaiserreich. Die Attraktivität Preußen-Deutschlands für konservative und liberale Kreise in Großbritannien 1860–1914, Wiesbaden 1974.
Hölzle, E., Die Revolution der zweigeteilten Welt. Eine Geschichte der Mächte 1905–1929, Reinbek 1963.
Howard, M., The Continental Commitment. The Dilemma of British Defense Policy in the Era of the Two World Wars, London 1972.
Howard, M., Der Krieg in der europäischen Geschichte. Vom Ritterheer zur Atomstreitmacht, München 1981 (engl. 1976).
Ingram, N., The Politics of Dissent. Pacifism in France 1919–1939, Oxford 1991.
Isensee, J., Europa – die politische Erfindung eines Erdteils, in: Ders. (Hrsg.), Europa als politische Idee und als rechtliche Form, Berlin 1993, 2. Aufl. 1994, S.103–138.
Jelavich, B., A Century of Russian Foreign Policy 1814–1914, Philadelphia/New York 1964.
Jelavich, B., The Habsburg Empire in European Affairs 1814–1918, Chicago 1969.
Jelavich, B., The Ottoman Empire, the Great Powers and the Straits Question 1870–1887, Bloomington (Ind.)/London 1973.
Jelavich, B., St. Petersburg and Moscow. Tsarist and Soviet Foreign Policy, 1814–1974, Bloomington (Ind.)/London 1974.
Jelavich, B., Russia and the Formation of the Romanian National State 1821–1878, Cambridge u.a. 1984.
Jena, K. von, Polnische Ostpolitik nach dem Ersten Weltkrieg. Das Problem der Beziehungen zu Sowjetrußland nach dem Rigaer Frieden von 1921, Stuttgart 1980.
Johnson, D. (Hrsg.), The Making of the Modern World, Bd. 1: Europe Discovers the World, London 1971, Bd. 2: The World of Empires, London 1973.
Joll, J., The Second International 1889–1914, London/Boston 1968, 2. Aufl. 1974.
Joll, J., Europe since 1870. An International History, London 1973.
Junker, D., Die Außenpolitik der USA 1920–1940, in: O. *Franz* (Hrsg.), Am Wendepunkt der europäischen Geschichte, Göttingen/Zürich 1981, S.200–217.
Karski, J., The Great Powers and Poland 1919–1945. From Versailles to Yalta, New York/Lanham/London 1985.
Keegan, J., A History of Warfare, London 1993.
Kennedy, P.M., The Realities behind Diplomacy: Background Influences on British External Policy, 1865–1980, London/Boston/Sydney 1981.
Kennedy, P.M., Aufstieg und Fall der großen Mächte. Ökonomischer Wandel und militärischer Konflikt von 1500 bis 2000, Frankfurt am Main 1989 (TB 1991, engl. 1987).
Kettenacker, L., Preussen in der alliierten Kriegszielplanung 1939–1947, in: L. *Kettenacker* / M. *Schlenke* / H. *Seier* (Hrsg.), Studien zur Geschichte Englands und der deutsch-britischen Beziehungen. Festschrift für P. Kluke, München 1981, S.312–340.
Kindleberger, C.P., Die Weltwirtschaftskrise 1929–1939, München 1973, 3. Aufl. 1984.
Kissinger, H.A., Großmacht Diplomatie. Von der Staatskunst Castlereaghs und Metternichs, Düsseldorf/Wien 1962 (ND 1992, engl. 1957).
Kohn, H., Die Idee des Nationalismus. Ursprung und Geschichte bis zur Französischen Revolution, Heidelberg 1950 (engl. 1945).
Kolinsky, M., Continuity and Change in European Society. Germany, France and Italy since 1870, London 1974.
Komjathy, A.T., The Crisis of France's East Central European Diplomacy, 1933–1938, Boulder (Col.) 1976.
Kovalio, J., Japan's Perception of Stalinist Foreign Policy in the Early 1930s, in: JCH 19 (1984), S.315–335.
Kreiner, J., Japan und die Mittelmächte im Ersten Weltkrieg und in den zwanziger Jahren, Bonn 1986.
Kunisch, J., Das Mirakel des Hauses Brandenburg. Studien zum Verhältnis von Kabinettspolitik und Kriegführung im Zeitalter des Siebenjährigen Krieges, München/Wien 1978.
Kunisch, J., Staatsverfassung und Mächtepolitik. Zur Genese von Staatenkonflikten im Zeitalter des Absolutismus, Berlin 1979.
Lademacher, H., Die belgische Neutralität als Problem der europäischen Politik 1830–1914, Bonn 1971.
Lamb, R., The Drift to War 1922–1939, London 1989.

Landes, D. S., Der entfesselte Prometheus. Technologischer Wandel und industrielle Entwicklung in Westeuropa von 1750 bis zur Gegenwart, Köln 1973 (engl. 1969).
Langewiesche, D., Europa zwischen Restauration und Revolution 1815–1849, München 1985, 3. Aufl. 1993.
Langewiesche, D., Liberalismus in Deutschland, Frankfurt am Main 1988.
Lauren, P. G., Diplomats and Bureaucrats. The first Institutional Responses to twentieth-century Diplomacy in France and Germany, Stanford 1976.
Lee, L. E., The War Years. A Global History of the Second World War, Boston/London/Sydney 1989.
Lemberg, E., Nationalismus, 2 Bde., Reinbek 1964.
Lichtheim, G., Europa im Zwanzigsten Jahrhundert. Eine Geistesgeschichte der Gegenwart, München 1973 (engl. 1972).
Lill, R., Geschichte Italiens in der Neuzeit, Darmstadt 1980, 4. Aufl. 1988.
Link, A. S. / *Leary,* W. M. jr. (Hrsg.), The Diplomacy of World Power: The United States 1889–1920, New York 1970.
Löwenthal, R., Internationale Konstellation und innerstaatlicher Systemwandel, in: HZ 212 (1971), S. 41–58.
Lowe, C. J. / *Marzani,* F., Italian Foreign Policy 1870–1940, London/Boston 1975.
Löwith, K., Von Hegel zu Nietzsche. Der revolutionäre Bruch im Denken des 19. Jahrhunderts, Zürich/New York 1941 (ND Stuttgart 1988).
Martin, B. / *Schulin,* E. (Hrsg.), Die Juden als Minderheit in der Geschichte, München 1981.
Mathias, P. / *Postan,* M. M. (Hrsg.), The Industrial Economies: Capital, Labour and Enterprise (The Cambridge Economic History of Europe, Bd. 7), Bd. 1: Britain, France, Germany and Scandinavia, Bd. 2: The United States, Japan and Russia, Cambridge u. a. 1978.
Mathias, P. / *Pollard,* S. (Hrsg.), The Industrial Economies: The Development of the Economic and Social Policies, (The Cambridge Economic History of Europe, Bd. 8), Cambridge u. a. 1989.
Mayer, A. J., Adelsmacht und Bürgertum. Die Krise der europäischen Gesellschaft 1848–1914, München 1984 (engl. 1981).
Meinecke, F., Weltbürgertum und Nationalstaat, hrsg. von H. *Herzfeld,* München 1962 (urspr. 1907).
Milward, A. S. / *Saul,* S. B., The Development of the Economies of Continental Europe 1850–1914, London 1977.
Milza, P., Les relations internationales de 1871 à 1914, Paris 1968.
Mommsen, W. J., Das Zeitalter des Imperialismus, Frankfurt am Main 1969, 19. Aufl. 1993.
Mommsen, W. J. (Hrsg.), Der moderne Imperialismus, Stuttgart u. a. 1971.
Mommsen, W. J., Imperialismustheorien. Ein Überblick über die neueren Imperialismusinterpretationen, Göttingen 1977, 3. Aufl. 1987.
Mommsen, W. J., Der europäische Imperialismus. Aufsätze und Abhandlungen, Göttingen 1979.
Morazé, C., Das Gesicht des 19. Jahrhunderts. Die Entstehung der Modernen Welt, Düsseldorf/Köln 1959 (frz. 1957).
Morgenthau, H. J., Macht und Frieden. Grundlegung einer Theorie der internationalen Politik, Gütersloh 1963 (engl. 1948).
Mosse, W. E., The Rise and Fall of the Crimean War System 1855–1871. The Story of a Peace Settlement, London 1963.
Mowat, C. L. (Hrsg.), The Shifting Balance of World Forces 1898–1945 (The New Cambridge Modern History, Bd. 12), Cambridge 1960, 2. Aufl. 1968.
Näf, W., Die Epochen der neueren Geschichte. Staat und Staatengemeinschaft vom Ausgang des Mittelalters bis zur Gegenwart, 2 Bde., Aarau 1945/1946, 2. Aufl. 1959/1960.
Néré, J., The Foreign Policy of France from 1914 to 1945, London/Boston 1975.
Newman, W. J., The Balance of Power in the Interwar Years, 1919–1939, New York 1968.
Niedhart, G., Das liberale Modell der Friedenssicherung – allgemeine Grundsätze und Realisierungsversuche im 19. und 20. Jahrhundert, in: M. *Schlenke* / K. J. *Matz* (Hrsg.), Frieden und Friedenssicherung in Vergangenheit und Gegenwart. Symposium der Universitäten Tel Aviv und Mannheim 19.–21. Juni 1979, München 1984, S. 67–83.
Niedhart, G., Internationale Beziehungen 1917–1947, Paderborn u. a. 1989.
Nish, I., Japanese Foreign Policy 1869–1942. Kasumigaseki to Miyakezaka, London/Henley/Boston 1977.
Nitschke, A. / *Ritter,* G. A. / *Peukert,* D. J. K. / *Bruch,* R. vom (Hrsg.), Jahrhundertwende. Der Aufbruch in die Moderne 1880–1930, 2 Bde., Reinbek 1990.
Nolte, E., Der Faschismus in seiner Epoche. Die Action française. Der italienische Faschismus. Der Nationalsozialismus, München 1963, 8. Aufl. 1990.

Nolte, E., Die faschistischen Bewegungen. Die Krise des liberalen Systems und die Entwicklung der Faschismen, München 1966, 9. Aufl. 1984.

Nolte, E., Der europäische Bürgerkrieg 1917–1945. Nationalsozialismus und Bolschewismus, Frankfurt am Main/Berlin 1987, 4. Aufl. 1989.

Northedge, F.S., The League of Nations. Its Life and Times 1920–1946, Leicester 1986.

Palmade, G. (Hrsg.), Das bürgerliche Zeitalter, Frankfurt am Main 1974, 12. Aufl. 1992.

Palmer, A., Glanz und Niedergang der Diplomatie. Die Geheimpolitik der europäischen Kanzleien vom Wiener Kongress bis zum Ausbruch des Ersten Weltkrieges, Düsseldorf 1986 (engl. 1983).

Paret, P. / *Craig,* G.A. / *Gilbert,* F. (Hrsg.), Makers of Modern Strategy from Macchiavelli to the Nuclear Age, Oxford 1986.

Pegg, C.H., Evolution of the European Idea, 1914–1932, Chapel Hill (N.C.)/London 1983.

Pohl, H., Aufbruch der Weltwirtschaft. Geschichte der Weltwirtschaft von der Mitte des 19. Jahrhunderts bis zum Ersten Weltkrieg, Stuttgart 1989.

Ramm, A., Europe in the Nineteenth Century 1789–1905, London/New York 1984.

Ramm, A., Europe in the Twentieth Century 1905–1970, London/New York 1984.

Ránki, G., Economy and Foreign Policy: The Struggle of the Great Powers for Hegemony in the Danube Valley, 1919–1939, Boulder (Col.)/New York 1983.

Renouvin, P. (Hrsg.), Histoire des relations internationales. Bd. 6: Le XIXe siècle, Teil II: De 1871 à 1914. L'apogée de l'Europe, Paris 1955.

Repgen, K., Der Westfälische Friede und die Ursprünge des europäischen Gleichgewichts, in: Jahres- und Tagungsbericht der Görres-Gesellschaft 1985, Köln 1986, S.50–66.

Rich, N., The Age of Nationalism and Reform 1850–1890, London 1970.

Ritter, G., Die Dämonie der Macht. Betrachtungen über Wesen und Wesen des Machtproblems im politischen Denken der Neuzeit, 6. Aufl. München 1948 (Sechste umgearbeitete Aufl. von: Machtstaat und Utopie, München 1940).

Robbins, K., The Eclipse of a Great Power. Modern Britain 1870–1975, London/New York 1983.

Roberts, J.M., Europe 1880–1945, London 1967.

Roos, H., Geschichte der polnischen Nation 1918–1984, Stuttgart 1961, 4. überarb. u. erw. Aufl. 1986.

Ross, G., The Great Powers and the Decline of the European States System 1914–1945, London/New York 1983.

Rostow, W.W., Stadien wirtschaftlichen Wachstums. Eine Alternative zur marxistischen Entwicklungstheorie, Göttingen 1960, 2. Aufl. 1967 (engl. 1959).

Rothfels, H., Gesellschaftsform und auswärtige Politik, Schloß Laupheim 1951.

Ruffmann, K.H., Sowjetrußland. Struktur und Entfaltung einer Weltmacht, München 1967, 10. Aufl. 1984.

Rumpler, H., Die rechtlich-organisatorischen und sozialen Rahmenbedingungen für die Außenpolitik der Habsburgermonarchie 1848–1918, in: A. *Wandruszka* / P. *Urbanitsch* (Hrsg.), Die Habsburgermonarchie 1848–1918, Bd.6,1: Die Habsburgermonarchie im System der internationalen Beziehungen, Wien 1989, S.1–121.

Schieder, T., Das Problem der Revolution im 19. Jahrhundert, in: Ders., Staat und Gesellschaft im Wandel unserer Zeit. Studien zur Geschichte des 19. und 20. Jahrhunderts, München 1958, 2.Aufl. 1970, S.11–57.

Schieder, T., Typologie und Erscheinungsformen des Nationalstaats in Europa, in: HZ 202 (1966), S.58–81.

Schieder, T. (Hrsg.), Europa im Zeitalter der Nationalstaaten und europäische Weltpolitik bis zum Ersten Weltkrieg, in: Ders. (Hrsg.), Handbuch der Europäischen Geschichte, Bd.6, Stuttgart 1968, S.1–196.

Schieder, T., Staatensystem als Vormacht der Welt 1848–1918, Berlin/Frankfurt am Main/Wien 1977.

Schieder, T. (Hrsg.), Europa im Zeitalter der Weltmächte, in: Ders. (Hrsg.), Handbuch der Europäischen Geschichte, Bd.7,1, Stuttgart 1979, S.1–351.

Schieder, T., Nationalismus und Nationalstaat. Studien zum nationalen Problem im modernen Europa, hrsg. von O. *Dann* / H.-U. *Wehler*, Göttingen 1991, 2. Aufl. 1992.

Schieder, T. (Hrsg.), Staatsgründungen und Nationalitätsprinzip, München/Wien 1974.

Schmidt, G., Der europäische Imperialismus, München 1985.

Schöllgen, G., Das Zeitalter des Imperialismus, München 1986, 2. Aufl. 1991.

Schroeder, P.W., The Nineteenth Century System: Balance of Power or Political Equilibrium?, in: Review of International Studies 15 (1989), S.135–153.

Schwarzenberger, G., Machtpolitik. Eine Studie über die internationale Gesellschaft, Tübingen 1955 (engl. 1941).

Sked, A., Der Fall des Hauses Habsburg. Der unzeitige Tod eines Kaiserreichs, Berlin 1993.

Sontag, R.J., European Diplomatic History 1871–1932, New York/London 1933.
Stadelmann, R., Hegemonie und Gleichgewicht. Zum Problem der außenpolitischen Ordnung Europas, Schloß Laupheim 1950.
Stadler, P., Weltgeschichte und Staatstraditionen. Ein Rückblick gegen Ende des 20. Jahrhunderts, o.O. 1989.
Stoessinger, J.G., Why Nations go to War, London/NewYork 1985, 4. Aufl. Basingstoke/London 1987.
Stone, N., Europe Transformed 1878–1919, Cambridge (Mass.) 1984.
Taylor, A.J.P., The Struggle for Mastery in Europe 1848–1918, Oxford 1954, 7. Aufl. 1987 (TB 1971).
Teichova, A., Kleinstaaten im Spannungsfeld der Großmächte. Wirtschaft und Politik in Mittel- und Südosteuropa in der Zwischenkriegszeit, München 1988.
Tilly, C. / *Tilly*, L. / *Tilly*, R., The Rebellious Century, Cambridge (Mass.) 1975.
Trommler, F. (Hrsg.), Amerika und die Deutschen. Bestandsaufnahme einer 300jährigen Geschichte, Opladen 1986.
Vagts, A., Defense and Diplomacy. The Soldier and the Conduct of Foreign Relations, New York 1956.
Vandenbosch, A., Dutch Foreign Policy since 1815. A Study in Small Power Politics, Den Haag 1959.
Vietsch, E. von, Die Tradition der großen Mächte, Stuttgart 1950.
Wallach, J.L., Das Dogma der Vernichtungsschlacht. Die Lehren von Clausewitz und Schlieffen und ihre Wirkungen in zwei Weltkriegen, Frankfurt am Main 1967.
Wallach, J.L. (Hrsg.), Germany and the Middle East 1835–1939. International Symposium April 1975, Tel Aviv 1975.
Walters, F.P., A History of the League of Nations, London/New York/Toronto 1952 (ND 1960).
Wandruszka, A. / *Urbanitsch*, P. (Hrsg.), Die Habsburgermonarchie 1848–1918, bisher 6 Bde., Wien 1973–1989.
Wandycz, P.S., The Twilight of French Eastern Alliances, 1926–1936. French-Czechoslovak-Polish Relations from Locarno to the Remilitarization of the Rhineland, Princeton 1988.
Wank, S. (Hrsg.), Doves and Diplomats. Foreign Offices and Peace Movements in Europe and America in the Twentieth Century, Westport (Conn.)/London 1978.
Winkler, H.A. (Hrsg.), Nationalismus, Königstein im Taunus 1978, 2. Aufl. 1985.
Winkler, H.A. (Hrsg.), Organisierter Kapitalismus. Voraussetzungen und Anfänge, Göttingen 1974.
Wippermann, W., Europäischer Faschismus im Vergleich (1922–1982), Frankfurt am Main 1983.
Wittram, R., Das Nationale als europäisches Problem. Beiträge zur Geschichte des Nationalitätsprinzips vornehmlich im 19. Jahrhundert, Göttingen 1954.
Wolfers, A., Britain and France between two Wars. Conflicting Strategies of Peace from Versailles to World War II, New York 1940 (ND 1966).
Woodward, E.L., Prelude to Modern Europe, 1815–1914, London 1972.
Wurm, C.A. (Hrsg.), Internationale Kartelle und Außenpolitik. Beiträge zur Zwischenkriegszeit, Stuttgart 1989.

Personenregister

Das Register wurde von Herrn Knut Linsel angefertigt

Abdulhamid II., türkischer Sultan 43, 45f., 179, 244
Adenauer, Konrad 443, 853
Aehrenthal, Alois Freiherr Lexa von 244
Albedyll, Emil Heinrich Ludwig von 126
Alexander I., russischer Zar 209
Alexander II., russischer Zar 19, 25, 27f., 31, 41–46, 53, 58, 60, 66, 70, 72f., 101, 256
Alexander III., russischer Zar 60, 70, 73, 75, 101f., 119, 122ff., 131, 156, 158, 174f.
Alexander I. Karadjordjević, König von Jugoslawien 565
Andersen, Hans Niels 347f.
Andrássy, Julius Graf 19, 23, 50, 54, 56, 61f., 83
Antonescu, Ion 772, 781, 784, 788, 796
Arendt, Hannah 277
Arita, Hachiro 689
Arndt, Ernst Moritz 50
Arnim, Harry Graf von 26, 28
Aron, Raymond 807, 826
Asquith, Herbert Henry 273
Astachow, Georgij 686, 688
Attolico, Bernardo 679

Babarin, Ewgenij 686
Backe, Herbert 839
Bahr, Hermann 885
Bainville, Jacques 402
Baldwin, Stanley 450, 603, 609, 629
Balfour, Arthur James 208, 214, 223, 451
Ballin, Albert 272, 349
Bamm, Peter 742

Bancroft, George 109
Bariéty, Jacques 391, 449, 488
Barthou, Louis 417, 597
Bartlett, Christopher John 46
Barudio, Günter 856
Bassermann, Ernst 252, 265, 300
Battenberg, Prinz Alexander von, Fürst von Bulgarien 101f.
Bauer, Gustav 376, 398
Baumgarten, Hermann 14, 145
Baußnern, Guido von 86
Bebel, August 239, 252, 268, 275
Beck, Józef 679f.
Beck, Ludwig 404, 653ff., 709, 796, 816–824, 826–832, 834f., 842
Bell, Johannes 398
Benedikt XV., Papst 362
Beneduce, Alberto 542
Benesch, Eduard 531, 652, 660
Bennigsen, Rudolf von 109
Berchem, Graf Max von 128, 157, 162
Berchthold, Leopold Graf von 285f., 308
Berg, Graf Friedrich Wilhelm Rembert 27
Berghahn, Volker Rolf 882
Bernhardi, Friedrich von 283
Bernhardt, Johannes 628
Berthelot, Philippe 492
Best, Werner 717
Bethmann Hollweg, Theobald von 205, 239ff., 243, 247–258, 260–264, 266f., 269–278, 283, 285–290, 292, 294ff., 298–316, 318–334, 339–342, 344–355, 360ff., 364, 438, 650, 819, 823, 827ff., 850, 852, 880, 884
Beust, Friedrich Ferdinand Graf von 19, 44, 83

Bienvenu-Martin, Jean-Baptiste 310
Biddle, Anthony 683
Bismarck, Herbert Graf von 46, 88, 94, 104f., 113, 116, 120f., 123, 129, 133, 138, 156
Bismarck, Otto Fürst von 19–38, 40 bis 145, 149–162, 164ff., 170–173, 175, 178, 180f., 183–186, 188f., 191f., 194, 196, 199, 206, 210, 212, 218, 220f., 223f., 241, 244, 249, 256–259, 275, 285, 305f., 369, 374, 390, 403, 407, 409, 426, 439, 452, 458, 462f., 465f., 470, 473, 505, 513, 521, 527, 539, 544, 600, 649f., 662, 700f., 703, 800f., 819, 827, 829, 831, 849–853, 860, 865, 867f., 870f., 874ff., 878–882, 884, 887f., 891, 895, 897
Bismarck, Wilhelm Albrecht Otto Graf von 104, 121
Blaskowitz, Johannes 714
Bleichröder, Gerson von 51
Blomberg, Werner von 463, 555f., 570, 581, 584, 636, 638, 644
Blum, Léon 609, 636
Boabdil (d. i. Mohammed XII., König von Granada) 720
Bock, Fedor von 737
Boehm, Hermann 718
Bohle, Ernst Wilhelm 630
Bonnet, Georges 674f.
Borchardt, Knut 481
Boris III., bulgarischer Zar 781
Bór-Komorowski, Tadeusz 797
Bormann, Martin 672, 814, 835
Bose, Subhas Chandra 806
Bouhler, Philipp 705
Boulanger, Georges 107f.
Bracher, Karl Dietrich 402, 619
Bracht, Franz 549
Brandt, Karl 705
Brauchitsch, Walther von 644, 653f., 709
Braun, Otto 549
Briand, Aristide 416, 453, 460, 477, 486, 488–491, 493, 495–498, 500, 502ff., 506, 514, 522–528, 531, 534

Brockdorff-Rantzau, Ulrich Graf von 359, 396f., 420, 423, 428, 430, 439, 447, 467, 469
Bronsart von Schellendorf, Paul 96
Bruck, Karl Ludwig Freiherr von 61
Brüning, Heinrich 513f., 520f., 523 bis 526, 528f., 532, 534–543, 545ff., 549f., 552, 556f., 578, 850, 892
Brussilow, Alexei Alexejewitsch 362
Bryce, James 13
Bülow, Bernhard Fürst von 167, 180f., 185, 187, 192, 196f., 200, 203, 205ff., 209–212, 215, 219f., 222f., 225ff., 229f., 233–237, 239ff., 243–251, 285, 650, 850, 880, 882ff.
Bülow, Bernhard Ernst von 59f.
Bülow, Bernhard Wilhelm von 484, 506f., 519ff., 524f., 528ff., 532, 553, 578, 580, 582, 590, 596
Bullitt, William Christian 610, 683
Burckhardt, Carl Jacob 656
Burian von Rajecz, Stephan Freiherr 329

Cadogan, Sir Alexander 650, 682, 821
Caillaux, Joseph 265
Calleo, David 885
Cambon, Paul 268, 287
Canaris, Wilhelm 654, 709
Canning, George 761
Caprivi, Leo Graf von 79, 150–153, 155ff., 159, 161–172, 177, 181, 184f., 189, 206, 850, 880ff.
Carls, Rolf 671
Carmona, António Oscar de Fragoso 565
Carol I., König von Rumänien 82
Carol II., König von Rumänien 565
Cassel, Sir Ernest Joseph 272
Castlereagh, Henry Robert Stewart, Viscount 450
Cecil of Chelwood, Edgar Algernon Robert Gascoyne-Cecil, 1st Viscount 517
Chamberlain, Sir Joseph Austen 453, 455, 461f., 466, 472

Chamberlain, Joseph 214f., 217–220, 222
Chamberlain, Arthur Neville 462, 602, 636, 640f., 644, 652, 655, 657–663, 665f., 675, 677, 681f., 687, 694, 696, 700, 822, 828
Chambrun, Charles de 572
Char, René 698
Christian X., König von Dänemark 347, 717
Churchill, Sir Winston Spencer 191, 265, 603, 609f., 615, 640, 655, 658, 660, 665, 674, 719, 723f., 732, 745, 761, 791, 795f., 799, 801, 814, 828, 837, 840, 844
Chvalkovský, František 676
Ciano, Galeazzo Graf 631, 650, 684, 689, 747, 788
Claß, Heinrich 263, 323, 501
Clauß, Edgar 793
Clemenceau, Georges 91, 107, 235, 384f., 417
Clodius, Carl August 726
Conger, Arthur Latham 397
Conrad von Hötzendorf, Franz Graf 246, 286, 299, 312f.
Constant de Rebecque, Benjamin 569
Costa, Manuel de Oliveira Gomes da 565
Coudenhove-Kalergi, Graf Richard 503f.
Courcel, Alphonse Chodron de 92
Craigie, Sir Robert 689
Cripps, Sir Stafford 693
Crowe, Eyre 88, 238, 254
Cuno, Wilhelm 434, 436ff., 453, 460
Curtius, Ernst Robert 897
Curtius, Julius 514, 519ff., 524, 526, 528, 531–534

D'Abernon, Edgar, 1st Viscount Stoke D'Abernon 436, 443, 446, 451, 453, 490
Dahlerus, Jean Birger 695f.
Dahlmann, Friedrich Christoph 18, 50, 865f.
Daladier, Edouard 657, 661, 666, 675, 696, 720
David, Eduard 888
Dawes, Charles Gates 446–449, 451f., 467, 489, 500, 506
Déat, Marcel 696, 725
Decazes, Louis Charles Élie Amanieu, Duc de 31
Degrelle, Léon 725
Dehio, Ludwig 403, 883
Deines, Gustav Adolf von 128
Delbrück, Hans 348, 351
Delcassé, Théophile 225, 233
Derby, Edward Henry Stanley, 15th Earl of 46
Dernburg, Bernhard 278, 351
Déroulède, Paul 75, 107
Descartes, René 36
Deym von Střítež, Franz Graf 160
Dieckhoff, Hans Heinrich 642
Dirksen, Herbert von 578, 580, 587, 682
Disraeli, Benjamin, 1st Earl of Beaconsfield 13, 34, 45, 54, 66ff., 451
Dönitz, Karl 731, 809, 836, 839, 843ff.
Dollfuß, Engelbert 565, 594f.
Doriot, Jacques 725
Dorpmüller, Julius 839
Dostojewski, Fjodor 29
Doulcet, Jean 242
Dreyfus, Alfred 151, 192
Droysen, Johann Gustav 868
Duroselle, Jean-Baptiste 664, 719

Ebert, Friedrich 377, 397, 425, 430, 481
Eckardstein, Hermann Freiherr von 215, 219
Eckermann, Johann Peter 859
Eden, Robert Anthony 598, 640, 644, 792, 798f., 801
Eduard VII., König von Großbritannien und Irland 220, 228, 245, 259
Eduard VIII., König von Großbritannien und Nordirland, Herzog von Windsor 635

Egidy, Moritz von 378
Eichmann, Adolf 780
Einstein, Albert 351
Eisenhower, Dwight David 837
Eliot, Thomas Stearns 336
Engels, Friedrich 709
Epp, Franz Xaver Ritter von 672
Erdmann, Karl Dietrich 402, 697
Erzberger, Matthias 323, 342, 377, 398
Eulenburg und Hertefeld, Philipp Fürst zu 187f., 236f., 317, 356f.

Falkenhausen, Alexander Freiherr von 721
Falkenhayn, Erich von 320, 328–331, 334, 341, 345f., 349f.
Falkenhorst, Nikolaus von 718
Fehrenbach, Konstantin 414f.
Ferdinand I., Fürst von Bulgarien, (Prinz Ferdinand von Sachsen-Coburg-Gotha-Koháry) 102
Ferry, Jules 83, 91, 93f., 100, 109
Fest, Joachim 591
Ficker, Julius von 871
Fischer, Fritz 885
Foch, Ferdinand 375, 417, 698f., 719
Fontane, Theodor 155, 170
Franco y Bahamonde, Francisco 564, 620, 628, 722, 736
François-Poncet, André 478, 543, 569, 596, 645
Frank, Hans 711f.
Frantz, Constantin 872, 874
Franz Ferdinand, Erzherzog, österreichischer Thronfolger 286, 302, 308
Franz Joseph I., Kaiser von Österreich 23, 27f., 72, 122, 286, 303
Freiligrath, Ferdinand 865
Freytag, Gustav 869
Frick, Wilhelm 670
Friedrich I. Barbarossa, Kaiser 871
Friedrich III., Kurfürst von Brandenburg 860
Friedrich II., der Große, König von Preußen 29, 47, 50, 616, 859

Friedrich III., Deutscher Kaiser 89, 101, 126, 133, 872
Friedrich August II., Großherzog von Oldenburg 323
Friedrich Wilhelm, der Große Kurfürst (von Brandenburg) 860
Fritsch, Werner Freiherr von 636, 638, 644
Fröbel, Julius 866
Funk, Walther 644, 670, 674, 727, 839

Gabriac, Joseph Jules Graf de 22
Gafencu, Grigore 566f.
Gagern, Friedrich von 862
Gagern, Wilhelm Heinrich August Freiherr von 50
Gall, Lothar 857, 878
Gamelin, Maurice 657
Garvin, James Louis 194
Gaulle, Charles André Joseph Marie de 720, 786, 797, 803, 898
Gebsattel, Ludwig Freiherr von 295
Gentz, Friedrich von 39, 100, 284, 861
Georg Wilhelm, Kurfürst von Brandenburg 860
Gerard, James Watson 300
Gervinus, Georg Gottfried 865
Giers, Nikolaus Karlowitsch von 83f., 103, 119, 124, 155–158, 160
Gilbert, Martin 760
Gilbert, Seymour Parker 448, 499
Giraudoux, Jean 390, 417
Gisevius, Hans-Bernd 796
Gladstone, William Ewart 13, 23, 29, 68, 89, 95, 112f., 173, 451
Globocnik, Odilo 756
Goebbels, Joseph 566, 582, 598, 608, 612f., 616, 626f., 630, 655, 670, 678, 731, 736, 758, 774f., 779f., 789, 791, 794f., 814, 835f., 838, 840
Goerdeler, Carl 537, 704, 709, 796, 816–824, 826–832, 834
Göring, Hermann 622f., 625, 630, 635f., 645–648, 661, 669, 674, 676, 687, 695f., 727, 754, 788, 790, 840

Goethe, Johann Wolfgang von 27, 143, 338, 418, 859
Goluchowski, Agenor Maria Adam Graf (d. J.) 234
Gortschakow, Alexander Michailowitsch Fürst 31 ff., 42, 58, 67 f.
Graevenitz, Friedrich von 321
Graml, Hermann 667, 826
Grew, Joseph Clark 632, 635
Grey, Sir Edward 238, 243, 258, 265, 268, 287, 300, 314
Groener, Wilhelm 394, 539
Grohé, Josef 721
Groscurth, Helmuth 715
Guderian, Heinz 811
Gürtner, Franz 670
Gumprecht, Arnold 317
Guse, Günther 671
Gustav II. Adolf, König von Schweden 860

Haakon VII., König von Norwegen 717
Habsburg-Lothringen, Otto von 645
Hácha, Emil 676, 697
Haffner, Sebastian 566, 700, 874
Haldane, Richard Burdon, 1st Viscount 254, 267, 269, 273 ff., 278, 288
Halder, Franz 654 f., 697, 709, 730 f., 741, 745, 748
Halévie, Elie 371, 895
Halifax, Edward Frederick Lindley Wood, 3rd Viscount 640 f., 644, 656, 680 f., 723, 733
Hanneken, Hermann von 717
Hanotaux, Gabriel 185
Hansemann, Adolph 87
Harcourt, Lewis Vernon 278
Harden, Maximilian 237
Hardinge, Sir Charles 218
Hassell, Ulrich von 606, 709, 722, 796, 815–824, 826–832, 834
Hatzfeldt, Paul Graf von 132, 136, 161, 173 f., 219, 225
Hauptmann, Gerhart 338
Haushofer, Albrecht 666

Haußmann, Conrad 343
Haymerle, Heinrich Freiherr von 68
Headlam-Morley, James 391, 585
Hecker, Friedrich 50
Heeren, Arnold Hermann Ludwig 873
Heeringen, Josias von 270, 293
Hegel, Georg Wilhelm Friedrich 885
Heiden, Konrad 568, 576, 624
Heimpel, Hermann 504, 857
Hencke, Andor 775
Henderson, Arthur 533
Henderson, Sir Nevile 634, 647, 650, 694–697
Henlein, Konrad 651
Herbst, Ludolf 839
Herriot, Edouard 447, 449, 551
Hertling, Georg Graf von 365
Herz, John 508
Heß, Rudolf 628, 740
Heusinger, Adolf 730
Heydebrand und der Lasa, Ernst von 267
Heydrich, Reinhard 669 f., 711, 714, 741, 754, 756 f.
Hillgruber, Andreas 572, 799, 868, 898
Himmler, Heinrich 670, 712 f., 751 f., 756, 758 f., 776, 780, 796 f., 809, 813, 815, 836, 840
Hindenburg, Paul von Beneckendorff und von 329 f., 334 f., 341 ff., 350, 354, 362, 366, 375, 404, 481, 514, 535, 537 f., 542, 548, 561, 563, 596, 762, 784, 811, 819, 830
Hintze, Otto 842
Hintze, Paul von 370 f., 375
Hitler, Adolf 37, 111, 210, 359, 370, 374, 416, 441 ff., 462, 475, 501, 505, 509, 512, 514, 525, 533, 537 f., 546, 554 ff., 558 f., 563–616, 618–641, 643–741, 743–747, 749, 751–764, 766–799, 805–813, 815 ff., 819–823, 827–843, 845 f., 849 f., 852 f., 892–897
Hoare, Sir Samuel John Gurney 601 f.
Hoesch, Leopold von 447, 497, 528, 530, 544 f., 630
Höß, Rudolf 756

Hoetzsch, Otto 471
Hohenlohe-Schillingsfürst, Chlodwig Fürst zu 91, 150, 161 f., 171, 181, 184 f., 202
Holstein, Friedrich von 22, 105, 128 ff., 153, 157, 162 f., 173 f., 180 f., 183 f., 186, 198, 203, 209, 215 f., 220, 226 f., 230, 232–235, 239, 245, 247, 249, 257, 264
Hoover, Herbert Clark 398, 541 f.
Horthy von Nagybánya, Miklos 780 f.
Hoßbach, Friedrich 636, 638
House, Edward Mandell (Colonel) 396
Hoyos, Alexander Graf 303, 307
Hudson, Robert Spear 687
Hugenberg, Alfred 323, 501 f., 525, 533, 555, 578, 583
Hugo, Victor 191, 389
Hull, Cordell 803, 807

Ickes, Harold LeClaire 761
Ignatjew, Nikolai Pawlowitsch Graf 52
Iswolski, Alexander Petrowitsch 244 ff.

Jaeckh, Ernst 281
Jagow, Gottlieb von 290 f., 299, 302 f., 309 f.
Jahn, Friedrich 50, 854, 861
Jakob II., König von England 859
Jameson, Leander Starr 179 f., 217
Jarres, Karl 443
Jebb, Gladwyn 799
Jodl, Alfred 607, 644 f., 648, 749, 783, 791, 808 ff., 836, 845
Jörg, Joseph Edmund 15, 872
Joll, James 306
Joseph II., röm.-deutscher Kaiser 859
Jouvenel, Bertrand de 607
Jünger, Ernst 317

Kaas, Ludwig 502
Kaehler, Siegfried August 190, 337
Kahn, Otto H. 280
Kaiser, Jakob 704
Kálnoky, Gustav Graf 77, 176 f.
Kaltenbrunner, Ernst 796

Kapp, Wolfgang 411
Karl der Große 893
Karl I., König von Rumänien 82
Karl V., Kaiser und König von Kastilien und Aragon 628, 883
Karl XII., König von Schweden 771
Karl Emanuel III., Herzog von Savoyen 616
Katkow, Michail Nikiforowitsch 75, 103, 107
Kaunitz, Wenzel Anton Graf von 29, 884
Keim, August 294
Keitel, Wilhelm 644, 651, 653, 722, 808, 810, 840
Kellogg, Frank Billings 493–496, 500, 506
Kemal Pascha, Mustafa, gen. Atatürk 564
Kennedy, Joseph Patrick 696
Keppler, Wilhelm 647
Kerenski, Alexander Feodorowitsch 359
Kern, Fritz 304
Kersten, Felix 796
Kessler, Harry Graf 388
Ketteler, Klemens Freiherr von 207
Keynes, John Maynard 401, 418
Keyserling, Hermann Graf von 85
Kiderlen-Wächter, Alfred von 245, 253 f., 257 f., 260–264, 266 f., 269, 276, 285 ff., 290, 429
Kitchener of Khartoum and of Broome, Horatio Herbert, 1st Earl 316
Kleist-Schmenzin, Ewald von 655
Kluge, Hans Günther von 786
Koch, Erich 751
Kolb, Eberhard 460
Kordt, Erich 656, 687
Kordt, Theodor 656, 687
Kościuszko, Tadeusz Andrei Bonaventura 50
Kossuth, Ludwig von 50
Krausnick, Helmut 741
Krestinski, Nikolai Nikolajewitsch 465, 471, 590
Krüger, Paulus (Ohm) 179 f., 220

Krüger, Peter 524, 547
Kühlmann, Richard von 218, 278, 345, 347, 349, 362f., 365, 368f., 371, 374f., 819
Kvaternik, Sladko 753, 755

Lambsdorff, Graf Wladimir Nikolajewitsch 226
Lammers, Hans Heinrich 672
Langenheim, Adolf 628
Lansdowne, Henry Charles Keith Petty-Fitzmaurice, 5th Marquess of 219f., 233
Lansing, Robert 361, 376
Laval, Pierre 721, 781
Leahy, William Daniel 807
Leber, Julius 816, 824
Leeb, Wilhelm Ritter von 713
Lenin, (d. i. Wladimir Iljitsch Uljanow) 306, 337f., 356–359, 362, 366f., 371f., 384, 391, 431, 569, 788
Leopold II., König der Belgier 93
Leopold III., König der Belgier 719
Lerchenfeld-Koefering, Hugo Graf von 232, 320, 353
Lessing, Gotthold Ephraim 639
Leuschner, Wilhelm 704
Ley, Robert 835
Leykauf, Hans 751
Lichnowsky, Karl Max Fürst von 288, 311
Liebknecht, Wilhelm 51, 826
Liebmann, Curt 579
Liedig, Franz 715
Liman von Sanders, Otto 186, 296, 298
Link, Werner 479
Lipinsky, Jan 687
Lipski, Józef 667, 678f.
List, Friedrich 167
Litwinow (eigentlich Maxim Maximowitsch Wallach) 471, 591, 598, 659, 685
Lloyd George, David 265, 354, 384, 386, 402, 416, 445, 451, 602, 629
Löbe, Paul 649
Long, Breckinridge 598

Lothian, Philip Henry Kerr, 11th Marquess of 609, 635
Ludendorff, Erich 293f., 322, 329, 335, 341, 345, 348, 350, 353ff., 359, 362f., 365–369, 371–376, 403, 438, 570, 573, 705, 762, 768, 788, 811, 819, 830, 850, 886
Ludwig II., König von Bayern 55, 871
Ludwig III., König von Bayern 323
Ludwig XIV., König von Frankreich 24, 434, 456, 617, 883
Lüderitz, Adolf 87f.
Luther, Hans 453
Luther, Martin, Reformator 509, 861
Luther, Martin, Leiter der Abteilung Deutschland im Auswärtigen Amt 776

MacDonald, James Ramsay 447, 449, 551
Machiavelli, Niccolò 47, 107, 169, 256, 402, 580
Mahan, Alfred Thayer 193
Maier, Hans 858
Malraux, André 358, 720
Maltzan, Adolf Georg Otto von (gen. Ago) 423, 427, 429, 443
Mann, Golo 81, 356, 545
Mann, Heinrich 251
Mann, Thomas 338, 660, 849
Mannesmann, Max 262f.
Mannesmann, Reinhard 262f.
Manstein, Erich von 719, 784
Manteuffel, Edwin Freiherr von 41
Marcks, Erich, General 729, 877
Marcks, Erich, Historiker 877
Margerie, Pierre Jacquin de 436
Marinetti, Emilio Filippo Tommaso 605
Marlborough, John Churchill, 1st Duke of 603, 615
Marschall von Bieberstein, Freiherr Adolf Hermann 153, 157, 163, 178ff.
Marshall, George Catlett 744
Marx, Karl 337
Matsuoka, Yōsuke 739f.

Max, Prinz von Baden 374, 376f., 405, 420
Maxelon, Michael-Olaf 458, 891
Mazarin, Jules 434
Mazzini, Giuseppe 50
Mehring, Franz 883
Meinecke, Friedrich 272, 347, 374, 378, 404, 722, 842, 897
Menelik II., äthiopischer Kaiser 604
Metaxas, Ioannis 565
Metternich, Klemens Wenzel Nepomuk Lothar Fürst von 21, 27, 43, 50, 97, 100, 107, 153, 209, 853, 855, 863
Metternich zur Gracht, Graf Paul von Wolff 203, 246f., 253, 270f., 274, 278
Michaelis, Georg 356, 362, 365
Mierendorff, Carlo 816
Miklas, Wilhelm 647
Milch, Erhard 589
Milner, Alfred, Viscount 214, 635
Model, Walter 810
Moeller van den Bruck, Arthur 889
Molotow, Wjatscheslaw Michailowitsch (Skrjábin) 685f., 691, 710f., 717, 734, 736f., 798, 801
Moltke, Helmuth Graf von [d. J.] 246, 265, 267f., 289, 293, 298f., 303, 312f., 328
Moltke, Helmuth James Graf von 816, 822, 824f., 829
Moltke, Helmuth Karl Bernhard Graf von (d. Ä.) 15, 27, 32, 57, 126f., 172, 193, 268
Mommsen, Theodor 209
Monsell, Bolton Meredith Eyres, Viscount 629
Montesquieu, Charles de Secondat, Baron de la Brède et de 771, 856
Montgomery, Bernhard Law 843
Morgenthau, Henry, Jr. 804
Mühlberg, Otto von 211
Müller, Georg Alexander von 288
Müller, Hermann 398, 481f., 497ff., 510, 518, 528, 534, 540
Müller, Karl Alexander von 302

Münster-Ledenburg, Georg Herbert Graf zu 65ff., 88
Muggeridge, Malcolm 575
Muhammad V., türkischer Sultan 296, 298
Mulay Abdulhamid, Sultan von Marokko 261
Mussert, Anton Adriaan 725
Mussolini, Benito 472, 507, 564, 567, 569, 571, 576, 579, 582, 584, 593, 595, 597, 604f., 627, 629, 631, 635, 647, 661, 664, 677, 683, 689, 698, 702, 722, 736, 755, 780f., 788, 790, 840

Napoleon I., Kaiser der Franzosen 24, 110, 164, 182, 201, 361, 383, 418, 450, 569, 600, 617, 657, 814, 853f., 862, 883
Napoleon III., Kaiser der Franzosen 51
Natorp, Paul 337
Naumann, Friedrich 190, 193, 198, 221, 337, 364, 531
Nelson, Horatio, Viscount 201
Nesselrode, Karl Robert Graf von 50
Neurath, Konstantin Freiherr von 506, 520, 549, 551, 570, 578f., 581, 584, 587, 608, 610, 634, 636, 644, 661, 843
Nicolson, Sir Harold George 675, 710
Niebuhr, Barthold Georg 854
Nietzsche, Friedrich 15, 53, 419, 877
Nikolaus II., russischer Zar 184, 209, 229f., 245, 253, 256, 281, 283, 286, 311, 340, 361
Nikolaus Michailowitsch, russischer Großfürst 123
Nipperdey, Thomas 873f., 898
Nolte, Ernst 408, 715, 835
Nomura, Naokuni 765

Ohlendorf, Otto 839
Oldenburg-Januschau, Elard von 271
Oncken, Hermann 140, 172
Oshima, Hiroshi 626, 745f., 751, 763f., 773
Oster, Hans 654, 709, 715
Ott, Eugen 763

Palacký, František 50
Paléologue, Maurice 225, 316
Papen, Franz von 513, 548–557, 578, 595, 626, 645, 796, 892
Pavelić, Ante 781
Peel, Sir Robert 151, 451
Pétain, Philippe 721, 736
Peters, Carl 87
Philipp II., König von Spanien 24, 617, 883
Philipp, Prinz von Hessen 647
Phipps, Sir Eric Clare Edmund 586
Pilsudski, Josef Klemens 464, 565, 586, 588 f.
Plehn, Hans 278
Plenge, Johannes 337
Plessner, Helmuth 852
Pobedonòszev, Konstantin Petrowitsch 103
Pohl, Hugo von 318
Poincaré, Raymond 268, 309, 390, 416 f., 429, 433–437, 449, 489, 491, 497, 500
Posadowsky-Wehner, Arthur Graf von 197
Pourtalès, Graf Friedrich von 299
Primo de Rivera y Oraneja, Miguel 564
Prittwitz und Gaffron, Friedrich Wilhelm von 583
Pufendorf, Samuel 859

Quidde, Ludwig 351
Quisling, Vidkun 717 f., 725, 781

Rabenau, Friedrich von 394
Radbruch, Gustav 441
Radek, Karl 425 f., 442, 467
Rademacher, Franz 755
Radowitz, Joseph Maria von 30–33, 128
Raeder, Erich 636, 716, 718, 731, 755, 766
Rahn, Rudolf 779
Ranke, Leopold von 20, 33, 125, 145, 195, 715, 879
Raschdau, Ludwig 157
Rassow, Peter 190

Rathenau, Walther 263, 300, 325, 335, 418, 425, 427, 430
Rauscher, Ulrich 462
Reichenau, Walter von 555 f.
Reichwein, Adolf 816
Rennell of The Rodd, James, 1st Baron 629
Renner, Karl 649
Renthe-Fink, Cécil von 717
Revel, Jean-François 894
Ribbentrop, Joachim von 583, 600 ff., 626, 628–632, 635 f., 643 f., 646, 648, 654, 661, 667, 672, 674 f., 678 f., 683 f., 688, 690 f., 694, 696 f., 722, 726, 731 f., 736 f., 746, 762 f., 773, 776 f., 779 f., 790 f., 793, 796, 840, 843
Rich, Norman 571
Richelieu, Armand Jean du Plessis, Duc de 47, 214, 434, 860
Richert, Arvid Gustaf 723
Riezler, Kurt 261, 307 f., 315, 346
Rilke, Rainer Maria 314
Ritter, Gerhard 324, 410
Ritter, Karl 528, 726 f.
Robespierre, Maximilien de 569
Rödiger, Alexander Feódorowitsch 246, 311
Röhm, Ernst Julius 595
Röpke, Wilhelm 743
Roes, Alexander von 855
Rößler, Constantin 31
Rohland, Walter 839
Rohrbach, Paul 281, 351
Rolland, Romain 338
Rommel, Erwin 786
Roon, Albrecht Theodor Emil von 24
Roosevelt, Franklin Delano 610, 635, 642, 683 f., 706, 724, 732, 739, 745, 748, 760 f., 763, 804, 806 f., 812, 814
Rosebery, Archibald Philip Primrose, 5th Earl of 173 f., 176 ff.
Rosenberg, Alfred 583, 587, 630, 691, 718, 751 f., 778
Rosenberg, Frederic Hans von 433
Rosenberg, Hans 85
Roß, Colin 778

Rothermere, Harold Sidney Harmsworth, 1st Viscount 652
Rotteck, Carl von 14, 862
Rousseau, Jean-Jacques 22
Rouvier, Maurice 233
Rumpler, Helmut 286
Runciman of Doxford, Walter, 1st Viscount 658
Rundstedt, Karl Rudolf Gerd von 711, 810
Rupprecht, Kronprinz von Bayern 374
Russell, Odo William Leopold 31, 55

Saburow, Pjotr Graf 65, 67
Sachsen-Coburg-Gotha-Koháry, Prinz Ferdinand von, siehe Ferdinand I., Fürst von Bulgarien
Salazar, António de Oliveira 565
Salis, Jean Rudolf von 647
Salisbury, Robert Arthur Talbot Gascoyne-Cecil, 3rd Marquess of 45, 54f., 67f., 83f., 102, 133f., 136ff., 152, 160, 173, 178ff., 190, 209, 214, 217, 220, 238, 699
San Giuliano, Antonio Marchese di 268
Sanderson, Sir Thomas Henry 238, 254
Sargent, Sir Orme 821
Sarraut, Albert 609
Sarrien, Jean Marie Ferdinand 235
Sasonow, Sergej Dmitrijewitsch 310, 313, 316
Sauckel, Fritz 789
Scavenius, Erik Julius Christian 347
Schacht, Hjalmar 449, 499, 501, 580, 602, 611, 622f., 634, 644, 669
Schäffer, Hans 538
Schärf, Adolf 704
Scheidemann, Philipp 249, 334, 341, 343, 346, 376f., 398, 413, 438
Scheler, Max 337
Schellenberg, Walter 776, 796
Schieder, Theodor 26, 35, 357, 876
Schiller, Friedrich 774, 894
Schlageter, Albert Leo 436, 442
Schleicher, Kurt von 395, 484, 513, 539, 549, 553–557, 892

Schlieffen, Alfred Graf von 172, 194, 230f., 274, 290, 306, 312, 328, 373
Schmidt, Guido 647
Schmoller, Gustav 351
Schmundt, Rudolf 685
Schnabel, Franz 49f., 141, 868, 881
Schnaebele, Guillaume 108
Schnurre, Julius 686
Schober, Johann 528
Schoen, Wilhelm Freiherr von 310
Schubert, Carl Theodor Conrad von 450, 453, 463, 467, 492, 495f., 499, 504, 519, 524, 528, 531
Schüler, Edmund 406
Schulenburg, Friedrich Werner Graf von der 717, 740
Schulz, Gerhard 535
Schulze, Hagen 439, 442
Schumpeter, Joseph 515
Schuschnigg, Kurt von 627, 645ff., 650
Schuwalow, Graf Paul Andrejewitsch 52, 118f., 121, 156, 158, 171
Schwarzenberg, Felix Fürst zu 50, 61, 527
Schwarzschild, Leopold 547
Schweinitz, Hans Lothar von 46, 126, 143, 157f.
Schweninger, Ernst 92
Schwerin von Krosigk, Johann Lutz Graf 670, 839, 843f.
Seeckt, Hans von 394, 423, 428, 455, 467
Seldte, Franz 501
Severing, Carl 481
Seyß-Inquart, Arthur 646f., 720
Sforza, Carlo Graf 576
Shakespeare, William 39, 614, 733, 898
Simon, Gustav 721
Simon, Sir John Allsebrook 598
Simons, Walter 425
Skobelew, Michail Dmitrijewitsch 75
Smith, Adam 169, 337
Smuts, Jan Christiaan 400
Solf, Wilhelm 323
Sollmann, Wilhelm 441
Sombart, Werner 124

Sophie, Herzogin von Hohenberg (Gemahlin Franz Ferdinands) 308
Soutou, Georges-Henri 353
Speer, Albert 786, 808, 814, 835f., 838f.
Spengler, Oswald 555
Spitzy, Reinhard 796
Srbik, Heinrich Ritter von 889
Staël, Germaine de 856
Stahl, Rudolf 839
Stalin, (d. i. Josef Wissarionowitsch Dschugaschwili) 443, 540, 552, 556f., 564, 578ff., 591f., 607, 621, 623, 629, 632, 664, 685f., 689–694, 697, 700, 707, 710, 732, 734, 736ff., 740, 743ff., 748, 772, 774f., 777f., 788–795, 797f., 800–807, 817, 822, 834, 837f., 844f.
Steengracht von Moyland, Gustav Adolf Baron 775
Stein, Heinrich Friedrich Karl Reichsfreiherr vom und zum 50, 855
Stettinius, Edward Reilly, Jr. 809
Stieff, Helmuth 714
Stillich, Oskar 401
Stimson, Henry Lewis 761, 803
Stinnes, Hugo 280
Stolper, Gustav 531
Straßer, Gregor 555
Stresemann, Gustav 141, 265, 340, 392f., 395f., 410, 414f., 430, 432f., 435, 438–446, 448, 450–453, 455–469, 471f., 474–479, 481–492, 496–509, 511, 516, 518–524, 527f., 530f., 534, 538ff., 543–547, 550, 552, 557f., 578, 650, 819, 827, 829, 850, 852f., 888, 890ff., 895
Stülpnagel, Karl-Heinrich von 709
Stülpnagel, Otto von 484f., 721
Stumm, Wilhelm von 306
Suchomlinow, Wladimir Alexandrowitsch 311
Swaine, Sir Leopold Victor 179
Sybel, Heinrich von 14, 16, 582, 871

Taft, Robert Alphonso 745
Talleyrand, Charles Maurice, Duc de 50
Tardieu, André 533
Tardini, Domenico 809
Taylor, Alan John Percivale 800
Terboven, Josef 718
Thaer, Albrecht von 374
Thiers, Louis Adolphe 44
Thomas, Georg 624, 709
Tilea, Viorel Virgil 680
Tirpitz, Alfred von 167, 180, 185, 192ff., 200–207, 211, 235, 237, 239, 243, 246f., 253f., 269ff., 273, 275, 289, 304, 330, 336, 346, 373, 602, 671, 880, 882
Tiso, Josef 676, 781
Titulescu, Nicolae 614
Todt, Fritz 749
Tönnies, Ferdinand 351
Toynbee, Arnold 517
Treitschke, Heinrich von 50
Tresckow, Henning von 833
Triepel, Heinrich 316
Troeltsch, Ernst 351, 396, 414, 445
Trott zu Solz, Adam von 796, 825, 832
Trotzki, Leo Davidowitsch (Bronstein) 343, 362f., 367, 467, 580
Truman, Harry Spencer 746
Tschiang Kai-schek 619
Tschintschuk, Leo 556f.
Tschitscherin, Georgi Wassiljewitsch 425, 466ff.

Valentini, Rudolf von 349
Valéry, Paul 316, 377, 385, 564
Vansittart, Sir Robert Gilbert 601, 629, 682, 820
Varga, Eugen 515
Varselow, Ernst 377
Victoria, Königin von Großbritannien und Irland 34
Vietsch, Eberhard von 700, 850
Viktor Amadeus II., Herzog von Savoyen, König von Sizilien und von Sardinien 616
Viktor Emanuel III., König von Italien, Kaiser von Äthiopien 605

Viktoria, Deutsche Kaiserin und Königin von Preußen (Kaiserin Friedrich) 89, 101, 169
Viktoria, Tochter Friedrichs III. 101
Vögler, Albert 499, 501

Waddington, William Henry 54, 83
Wagner, Cosima 877
Wagner, Eduard 695
Wagner, Richard 22, 877
Waldersee, Alfred Graf von 126, 170, 172, 193, 207
Wangenheim, Hans Freiherr von 296
Warburg, Max 300, 405
Washington, George 47, 494
Weber, Alfred 351
Weber, Max 143, 152, 277, 351f., 389, 392–395, 404, 406
Webster, Daniel 85
Weizsäcker, Carl 321
Weizsäcker, Ernst Freiherr von 506, 520, 522, 543f., 632ff., 654, 656, 661, 678, 687, 723, 725, 775f., 787, 791, 809
Welles, Sumner 804
Werder, Bernhard von 42
Wermuth, Adolf 270
Wherry, Kenneth 518
Widenmann, Wilhelm 270f.
Wiese, Leopold von 351
Wilhelm, deutscher Kronprinz 267, 295, 356, 377, 457
Wilhelm I., Deutscher Kaiser 19, 27f., 41, 54, 58ff., 62, 67f., 72, 93, 126, 133, 383, 870f.
Wilhelm II., Deutscher Kaiser 126f., 133, 139f., 149, 151, 153, 155–159, 161, 164, 169ff., 179–184, 187, 192, 198, 202ff., 206–210, 215, 220, 225ff., 229–235, 240, 243f., 246f., 252ff., 256, 259, 262f., 266, 269f., 272–275, 277, 283, 286, 288f., 291f., 296f., 300, 306, 311, 314, 327, 341, 348ff., 356, 361, 377, 384, 403, 881f., 895
Wilhelm, Hans-Heinrich 742
Wilson, Sir Horace 660, 687
Wilson, Hugh Robert 476, 683
Wilson, Thomas Woodrow 337f., 354, 356ff., 360f., 368, 373, 375f., 385, 391, 396f., 406, 493, 778, 832
Windthorst, Ludwig 80
Winkler, Heinrich-August 444
Winterfeldt, Detlev von 377
Wirth, Joseph 415, 418, 423, 425, 427, 430, 434, 500, 538
Wissell, Rudolf 481
Wlassow, Andrej Andrejewitsch 773, 794
Woermann, Ernst 775f.
Wohlthat, Helmuth 674, 687
Wolf, Eugen 94
Wolff, Theodor 351, 501
Wysocki, Alfred 579

Yorck von Wartenburg, Peter Graf 816
Young, Owen D. 499ff., 506, 538, 540, 542, 546, 552

Zangen, Wilhelm 839
Zankoff, Alexandar 564
Ziekursch, Johannes 879
Zimmermann, Arthur 291, 310, 327, 329, 346, 360f.
Zogu, Ahmed Bey 565
Zweig, Stefan 416, 480